Código Penal Comentado

www.editorasaraiva.com.br/direito
Visite nossa página

Livros do Primeiro Autor – Celso Delmanto (i.m.):

Código Penal Anotado, São Paulo, 1ª edição, 1980; 2ª edição, 1981; 3ª edição, 1982; 4ª edição, 1983; 5ª edição, 1984.

Código Penal Comentado, Rio de Janeiro, Renovar, 1ª edição, janeiro de 1986; 2ª edição, fevereiro de 1988; 3ª edição (atualizada e ampliada por Roberto Delmanto), junho de 1991; 4ª edição, março de 1998; 5ª edição, fevereiro de 2000, 6ª edição, março de 2002; 7ª edição, agosto de 2007; 8ª edição, São Paulo, Saraiva, março de 2010; 9ª ed., São Paulo, Saraiva, 2017.

Código Penal e Legislação Complementar, São Paulo, 1981.

Crimes de Concorrência Desleal, São Paulo, 1975.

Delitos de Concurrencia Desleal, Buenos Aires, 1976.

Infrações Penais na Incorporação, Loteamento e Corretagem de Imóveis, São Paulo, 1976.

Tóxicos, São Paulo, 1982.

Livros do Segundo Autor – Roberto Delmanto:

Código Penal Comentado, Rio de Janeiro, Renovar, 4ª edição, março de 1998; 5ª edição, fevereiro de 2000; 6ª edição, março de 2002; 7ª edição, agosto de 2007; 8ª edição, São Paulo, Saraiva, março de 2010; 9ª ed., São Paulo, Saraiva, 2017.

Leis Penais Especiais Comentadas, Rio de Janeiro, Renovar, 1ª edição, 2006; 2ª edição, São Paulo, Saraiva, 2013; 3ª edição, São Paulo, Saraiva, 2018.

"Causos" Criminais, Rio de Janeiro, Renovar, 2002.

Momentos de Paraíso (memórias de um criminalista), Rio de Janeiro, Renovar, 2006.

A Antessala da Esperança, São Paulo, Saraiva, 2013.

O gesto e o quadro, São Paulo, Saraiva, 2018.

Livros do Terceiro Autor – Roberto Delmanto Junior:

A Questão Agrária e a Justiça, obra coletiva organizada por Juvelino Strozak, São Paulo, Revista dos Tribunais, 2000.

Liberdade e Prisão no Processo Penal – As Modalidades de Prisão Provisória e seu Prazo de Duração, Rio de Janeiro, Renovar, 1ª edição, março de 1998; 2ª edição, agosto de 2001; 3ª ed., Saraiva, 2019.

Código Penal Comentado, Rio de Janeiro, Renovar, 4ª edição, março de 1998; 5ª edição, fevereiro de 2000; 6ª edição, março de 2002; 7ª edição, agosto de 2007; 8ª edição, São Paulo, Saraiva, março de 2010; 9ª ed., São Paulo, Saraiva, 2017.

Inatividade no Processo Penal Brasileiro, São Paulo, Revista dos Tribunais, 2004.

Leis Penais Especiais Comentadas, Rio de Janeiro, Renovar, 1ª edição, 2006; 2ª edição, São Paulo, Saraiva, 2013; 3ª edição, São Paulo, Saraiva, 2018.

Questões Agrárias (julgados comentados e pareceres), obra coletiva organizada por Juvelino Strozak, São Paulo, Método, 2002.

Livros do Quarto Autor – Fabio M. de Almeida Delmanto:

Código Penal Comentado, Rio de Janeiro, Renovar, 4ª edição, março de 1988; 5ª edição, fevereiro de 2000; 6ª edição, março de 2002; 7ª edição, agosto de 2007; 8ª edição, São Paulo, Saraiva, março de 2010; 9ª ed., São Paulo, Saraiva, 2017.

Leis Penais Especiais Comentadas, Rio de Janeiro, Renovar, 1ª edição, 2006; 2ª edição, São Paulo, Saraiva, 2013; 3ª edição, São Paulo, Saraiva, 2018.

Medidas Substitutivas e Alternativas à Prisão Cautelar, Rio de Janeiro, Renovar, 2008.

Endereço dos autores:
DELMANTO ADVOCACIA
Rua Bento de Andrade, 549 — Jardim Paulista — São Paulo — SP — CEP 04503-011
Tel.: (11) 3887-6251 — www.delmanto.com — contato@delmanto.com

Celso Delmanto (I.M.)

Roberto Delmanto

Roberto Delmanto Junior

Fabio M. de Almeida Delmanto

Código Penal Comentado

Acompanhado de comentários, jurisprudência e súmulas em matéria penal.

10ª edição
2ª tiragem
revista, atualizada e ampliada
2022

DADOS INTERNACIONAIS DE CATALOGAÇÃO NA PUBLICAÇÃO (CIP)
ANGÉLICA ILACQUA CRB-8/7057

Delmanto, Celso
  Código penal comentado / Celso Delmanto et al. – 10. ed. – São Paulo: Saraiva Educação, 2022.
  1408 p.

Bibliografia
ISBN 978-65-5559-390-7 (impresso)

1. Direito penal – Brasil. I. Título.

20-0740
CDD 341.51
CDU 342.2(81)

Índice para catálogo sistemático:
1. Brasil : Direito penal : Leis e códigos

Av. Paulista, 901, 3º andar
Bela Vista – São Paulo – SP – CEP: 01311-100

SAC sac.sets@saraivaeducacao.com.br

Diretoria executiva	Flávia Alves Bravin
Diretoria editorial	Ana Paula Santos Matos
Gerência editorial e de projetos	Fernando Penteado
Novos projetos	Dalila Costa de Oliveira
Gerência editorial	Isabella Sánchez de Souza
Edição	Daniel Pavani Naveira
Produção editorial	Daniele Debora de Souza (coord.)
	Daniela Nogueira Secondo
Arte e digital	Mônica Landi (coord.)
	Camilla Felix Cianelli Chaves
	Claudirene de Moura Santos Silva
	Deborah Mattos
	Guilherme H. M. Salvador
	Tiago Dela Rosa
Projetos e serviços editoriais	Daniela Maria Chaves Carvalho
	Emily Larissa Ferreira da Silva
	Kelli Priscila Pinto
	Klariene Andrielly Giraldi
Diagramação	SBNigri Artes e Textos Ltda.
Revisão	Carmem Becker
	Bernardete Maurício
Capa	Aero Comunicação
Ilustração de capa	Aleixa de Oliveira
Copyright	Delmanto & Filhos Editora S/C Ltda., Eduardo Dante Delmanto e Pedro Lopes Delmanto
Produção gráfica	Marli Rampim
	Sergio Luiz Pereira Lopes
Impressão e acabamento	Edições Loyola

Data de fechamento da edição: 27-12-2021

Dúvidas? Acesse www.editorasaraiva.com.br/direito

Nenhuma parte desta publicação poderá ser reproduzida por qualquer meio ou forma sem a prévia autorização da Saraiva Educação. A violação dos direitos autorais é crime estabelecido na Lei n. 9.610/98 e punido pelo art. 184 do Código Penal.

CL 606982   CAE 751004

SUMÁRIO

Nota da 10ª edição	7
Prefácio da 3ª edição	9
Carta do Jurista Evandro Lins e Silva	11
Carta do Jurista Argentino Sebastián Soler	13
Carta do Advogado Waldir Troncoso Peres	15
Abreviaturas	17
Índice Sistemático do Código Penal	23
Código Penal	27
Reflexão Histórica e Crítica do Direito Penal	33
Postulados do Direito Penal em um Estado de Direito Liberal, Solidário e Democrático ..	52
Tabela para Cálculo de Penas de Multa	1303
Súmulas da Jurisprudência (STF e STJ)	1309
Índice Alfabético-Remissivo do Código Penal	1325
Anexo – Artigos vetados da Lei n. 14.197/2021 cujos vetos ainda poderão ser derrubados	1405

NOTA DA 10ª EDIÇÃO

É com grande prazer e alegria que apresentamos à comunidade jurídica – advogados, juízes, promotores, professores universitários, delegados, escrivães de polícia e estudantes de direito – a nova edição do nosso *Código Penal Comentado*.

Esta obra, originada do anterior *Código Penal Anotado* de Celso Delmanto, de 1980, ou seja, há 41 anos, teve continuidade com a presente, da qual ele fez a 1ª e a 2ª edições. Com sua prematura partida em 1989, seu irmão Roberto e os filhos deste, Roberto Junior e Fabio, deram prosseguimento a ela, até chegarem, agora, à atual edição.

Ela foi inteiramente revisada e atualizada, artigo por artigo, inserindo-se todas as alterações introduzidas por 14 leis que foram editadas desde a 9ª edição, com os respectivos comentários e acompanhadas de jurisprudência recente de todos os Tribunais do país, bem como de acórdãos mais antigos que reputamos continuarem importantes.

A doutrina da Parte Geral foi toda revista e atualizada, dando-se ênfase ao tema dos crimes de perigo concreto, abstrato-concreto e abstrato, diante do princípio da intervenção mínima e do direito à ampla defesa.

Merece destaque a Lei Anticrime (Lei n. 13.964, de 24 de dezembro de 2019), originada do Projeto do ex-Ministro da Justiça Sérgio Moro, que modificou nove pontos do Código Penal: art. 25, parágrafo único – legítima defesa; art. 51: execução da pena de multa; art. 75: tempo máximo de prisão; art. 83: livramento condicional; art. 91-A: efeitos da condenação; art. 116: causas impeditivas da prescrição; art. 157: causa de aumento de pena no crime de roubo; art. 171: estelionato; art. 316: concussão.

Em todo o mundo civilizado, a pena de prisão, pelas suas deletérias consequências, tem sido reservada para os criminosos violentos, autores de crimes hediondos e reincidentes específicos, aplicando-se aos delitos menos graves penas alternativas, que preservam a dignidade do preso e facilitam sua reinserção social. Já para os criminosos de "colarinho branco" são impostas preferencialmente multas elevadas, sanções econômicas e perda de bens, que melhor atingem tais delinquentes na cobiça desenfreada que os move.

A Lei Anticrime vai, todavia, na direção oposta, priorizando de forma quase absoluta a pena de prisão e o regime fechado.

Um de seus maiores absurdos foi o aumento do tempo máximo de prisão de 30 para 40 anos. Ou seja, um condenado de 20 anos de idade, só sairá aos 60; se preso aos 30, apenas aos 70; e se aos 40, somente aos 80..., aproximando-se de uma prisão perpétua vedada por nossa Constituição.

Ignorou a nova Lei o caótico sistema prisional brasileiro – se é que se pode chamá-lo de sistema –, com a maioria das nossas cadeias medievais, superlotadas, imundas, sem qualquer espaço ou ventilação, piores do que canis, verdadeiros depósitos de seres humanos.

Dominadas há muito tempo por facções criminosas, ante a ausência do Estado, na entrada delas poderia estar escrito o que, para Dante Alighieri, em sua imortal *A Divina Comédia*, consta do "Pórtico do Inferno": "Vós que aqui entrais, deixai para fora toda a esperança".

Os novos detentos, se não quiserem ser jogados nos piores lugares, sofrer violências físicas e morais de todo o tipo, inclusive sexuais, ou mesmo morrer, precisarão entrar para uma dessas facções, onde estarão a salvo a não ser que haja um confronto com uma rival.

Mas, em contrapartida, terão se tornado escravos daqueles que os protegeram.

Principalmente com nossa juventude, época durante a qual muitos delinquem pela primeira vez, estamos "alimentando" tais nefastas facções.

Essa política criminal é totalmente equivocada, olvidando-se que a ressocialização dos condenados é, e deve ser, uma das finalidades da pena.

"Vendida" à população e à mídia como uma solução para diminuir a criminalidade, deverá, infelizmente, aumentá-la. Principalmente porque a causa maior dela é a nossa vergonhosa desigualdade social e educacional, das piores do mundo, que temos perpetuado.

A produção legislativa em matéria penal é constante. Recentemente foram editadas outras leis que alteraram o Código Penal, destacando-se, entre outras, a Lei n. 13.718, de dezembro de 2018, que criou o crime de importunação sexual, a Lei n. 14.132, de março de 2021, que tipificou o delito de perseguição; e a Lei n. 14.133, de abril de 2021 que trouxe uma série inteira de crimes envolvendo licitações ao Código Penal, revogando a Lei n. 8.666/90. No mesmo mês de abril, o Congresso Nacional derrubou vetos do Presidente da República que traziam alterações ao crime de homicídio praticado por meio de arma de uso restrito ou de armamento proibido, bem como nas causas de aumento da pena nos crimes contra a honra praticados nas redes sociais, por três vezes, com enorme recrudescimento. A Lei n. 14.188, de julho de 2021, que criou o delito de violência psicológica contra a mulher, e a Lei n. 14.197/2021, que revogou a Lei de Segurança Nacional, incluindo o Título XII ao CP, é também comentada nessa 10ª edição. Finalmente, comentamos também a chamada "Lei Mariana Ferrer", que trouxe causa de aumento de pena no crime de coação no curso do processo (CP, art. 344), quando ele envolver crime contra a dignidade sexual.

A capa desta 10ª edição é uma bela pintura da artista Aleixa de Oliveira, retratando o antigo Fórum de Botucatu, atual Pinacoteca Fórum das Artes de Botucatu, no Estado de São Paulo, projeto do famoso arquiteto Ramos de Azevedo.

Nessa cidade, cujo nome em língua indígena quer dizer "Bons Ares", nasceu DANTE DELMANTO, pai de CELSO e ROBERTO, e avô de ROBERTO JUNIOR e FABIO. Foi lá que nosso patriarca assistiu ao primeiro júri, no qual se defrontavam dois grandes tribunos da primeira metade do século passado: ANTONIO COVELLO e ALFREDO PUJOL. Como era menor de idade, Dante não pode entrar, tendo visto o julgamento do lado de fora. Mas foi o bastante para que, nesse dia, optasse pela advocacia criminal, em que brilharia por cinco décadas, estando seu busto no antigo Tribunal do Júri de São Paulo, no Palácio da Justiça.

Foi no ex-prédio do Fórum de Botucatu que se destacaram no passado quatro outros advogados da nossa família: MÁRIO RODRIGUES TORRES, avô materno de ROBERTO e CELSO, e bisavô de ROBERTO JUNIOR e FABIO, que com paixão e amor à liberdade defendeu ricos e pobres com o mesmo empenho, subindo já idoso as escadas da cadeia local para visitar seus clientes presos; RUBENS RODRIGUES TORRES, filho mais velho de Mário, que com invulgar e raro talento se destacou em todas as áreas da advocacia, inclusive criminal; AGOSTINHO JOSÉ RODRIGUES TORRES, filho mais moço de Mário, cuja fama transcendeu a comarca e cujos dotes oratórios levaram a que, merecidamente, seu nome fosse dado ao Salão do Júri do antigo Fórum e, agora, do novo; e OSMAR DELMANTO, primo em segundo grau de Dante, cuja alta qualidade profissional era reconhecida por todos os juízes que passavam por Botucatu.

Essas reminiscências nos motivam a continuar lutando, nesta e em outras obras, assim como na advocacia criminal, pelo Estado de Direito, pelas garantias constitucionais e pela liberdade individual, sempre na busca por um Direito Penal democrático, justo e, sobretudo, humano.

São Paulo, dezembro de 2021.

Roberto Delmanto
Roberto Delmanto Junior
Fabio M. de Almeida Delmanto

PREFÁCIO DA 3ª EDIÇÃO

> "... possui esse caminho um coração? Em caso afirmativo, o caminho é bom. Caso contrário, esse caminho não possui importância alguma" (Carlos Castañeda, *Os Ensinamentos de Don Juan*).

Com a perda, em abril de 1989, de Celso Delmanto, nosso irmão e colega de escritório há vinte e seis anos, no auge de sua carreira de advogado criminal e jurista, defrontamos com um dilema: que destino dar ao seu *Código Penal Comentado*, o mais festejado dos livros por ele escrito, verdadeiro *best-seller* do Direito Penal?

Atualizá-lo e ampliá-lo seria correr o risco de alterar uma obra-prima; não o fazer seria permitir que, com o passar do tempo, pela desatualização legislativa e jurisprudencial, ele se tornasse obsoleto.

Optamos pelo primeiro caminho. Para tanto, foi vital o entusiasmo de nosso filho Roberto Delmanto Junior, que incansavelmente nos auxiliou, desde a pesquisa até a montagem final do livro. Importante foi também a confiança em nós depositada pelos nossos sobrinhos Eduardo Dante e Luiz Álvaro.

Procuramos não mudar a essência da obra. Atualizamo-la em face da Constituição de 1988 e das modificações legislativas havidas. Cerca de 1.600 novos acórdãos, até 1990 inclusive, foram introduzidos, incluindo-se Tribunais antes não existentes e outros ainda não citados. Aproximadamente 270 notas remissivas foram acrescentadas ou alteradas.

A legislação penal especial – que constava do anterior *Código Penal Anotado* e fora retirada da 1ª edição do *Código Penal Comentado*, para não aumentar em demasia seu tamanho, dificultando o manuseio e encarecendo-o – foi agora reintroduzida, sem qualquer comentário, mas integralmente.

O objetivo foi fazer com que o livro voltasse a ser uma obra única, dispensando a utilização de outros códigos. Para obter o espaço necessário, além de pequenas alterações gráficas, retiramos a referência às espécies e aos números dos recursos que constam de ementários conhecidos, mantendo-os, entretanto, quando se tratasse do *Diário da Justiça da União* ou não constassem eles dos repertórios jurisprudenciais, a fim de facilitar a sua localização. Reduzimos, ainda, a indicação dos ementários a um por acórdão.

Esperamos, com isso, ter contribuído para manter a obra viva e atual, útil para estudantes e para a classe jurídica em geral, e, principalmente, ter conservado entre nós o espírito perspicaz, inovador e brilhante de Celso Delmanto, a quem todos nós – cultores do Direito Penal – tanto devemos.

São Paulo, junho de 1991.

Roberto Delmanto

CARTA DO JURISTA EVANDRO LINS E SILVA PARA ROBERTO DELMANTO

"Rio de Janeiro, 7 de agosto de 2002.

Meu caro Roberto

Quando o Celso publicou o seu *Código Penal Comentado*, felicitei-o, dizendo que ele repetia o que pouca gente sabe: o notável advogado criminal Jorge Severiano Ribeiro havia feito coisa semelhante em torno do Código da primeira república, de 1890, que eu apelidava de Código Penal de bolso, porque servia, a cada momento, para todo e qualquer interessado (juiz, promotor, advogado).

O Código de Celso era e é muito superior ao de Jorge Severiano, porque oferece um comentário sintético e sempre excelente da matéria que o leitor quer consultar ou conhecer.

A você cabe o mérito de ter mantido, sempre atualizada, a obra de seu irmão, acrescentando sua cooperação pessoal, de modo exemplar, tanto que hoje ela é também sua, e, segundo a indicação da página de rosto, com a cooperação de seu filho homônimo e de outro Delmanto (Fabio). Agradecendo a remessa desta 6ª edição, envio-lhe os meus cumprimentos e os estendo a Roberto Junior e Fabio, e a quem você menciona na Nota inicial, todas mulheres, três com o sobrenome Delmanto.

Ao escrever-lhe estou recordando as figuras de Dante e Celso, penalistas exímios e amigos cuja memória sempre reverencio.

Você talvez não imagine a importância e a utilidade de seu livro para os operadores do Direito Penal de nossos dias, no emaranhado de uma legislação extravagante, profusa, confusa e difusa, elaborada atabalhoadamente, ao sabor das pressões da mídia, como se uma legislação opressiva fosse capaz de resolver os problemas da violência e do aumento da criminalidade.

Muito grato pela carinhosa dedicatória e receba o abraço afetuoso de seu velho colega e amigo

EVANDRO LINS E SILVA."

CARTA DO JURISTA ARGENTINO SEBASTIÁN SOLER PARA CELSO DELMANTO

"29 de Mayo de 1980

Doctor
Celso Delmanto
Praça Padre Manoel da Nóbrega, 21
16º andar
SÃO PAULO Brasil

Distinguido y querido colega:

He recibido su 'Código Penal', que una vez más muestra la claridad de su mente con relación a lo que debe ser un Kommentar de esos que deben ser manejados todos los días para el efectivo ejercicio de la función real y vital del jurista y no para ir a discutir con otros colegas discutidores que en sus teorías son capaces de fusilar al inocente y absolver al culpable.

Muchas gracias y muchas felicitaciones, porque hasta su presentación es impecable.

Un abrazo.

SEBASTIÁN SOLER."

CARTA DO ADVOGADO CRIMINALISTA WALDIR TRONCOSO PERES PARA DANTE DELMANTO, PAI DOS COAUTORES CELSO E ROBERTO E AVÔ DOS COAUTORES ROBERTO JUNIOR E FABIO

"São Paulo, 20 de julho de 1978

Prezado Dr. Dante Delmanto

Quero dizer-lhe que a sua presença no casamento de minha filha deixou-me profundamente comovido.

Devemos-lhe, os advogados criminalistas e eu principalmente, muito de estímulo, de fé e de esperança.

Acredito, inclusive, que alguns não tenham consciência disto, embora penetrados pela sua influência.

Mas o seu exemplo, dominando a nossa área profissional nestas últimas quatro décadas, glorificou a profissão e foi um impulso para todos.

Sua figura lendária, o maior advogado criminal do Brasil, pelo talento, criatividade, dedicação, cultura, vigor, idealismo, agilidade, caráter, em síntese, pela conjugação de predicados inexcedíveis, está carinhosamente implantada nos nossos corações.

Receba os agradecimentos da minha família, que também deseja à sua muitas felicidades".

WALDIR TRONCOSO PERES."

ABREVIATURAS

ACr – Ação Criminal

ADIn – Ação Direta de Inconstitucionalidade

ADPF – Arguição de Descumprimento de Preceito Fundamental

Ag. – Agravo

AgCv – Agravo Cível

AgEx – Agravo em Execução

AgI – Agravo de Instrumento

AgRg – Agravo Regimental

Ajufe – Revista da Associação dos Juízes Federais do Brasil

Ajuris – Revista da Associação dos Juízes do Rio Grande do Sul

AOr – Ação Originária do Supremo Tribunal Federal

Ap. – Apelação

ApCr – Apelação Criminal

APn – Ação Penal

APO – Ação Penal Originária

AREsp – Agravo no Recurso Especial

art. – artigo

BF – Bahia Forense

Bol. AASP – Boletim da Associação dos Advogados de São Paulo

Bol. IBCCr – Boletim do Instituto Brasileiro de Ciências Criminais

Bol. IMPP – Boletim do Instituto Manoel Pedro Pimentel

C. – Câmara

CADH – Convenção Americana sobre Direitos Humanos (Pacto de San José da Costa Rica)

CAt – Conflito de Atribuição

c/c – combinado com

CC – Código Civil

CComp – Conflito de Competência

CCr – Câmara Criminal

CDC – Código de Defesa do Consumidor

CEsp – Corte Especial do Superior Tribunal de Justiça

cf. – confronte

CF – Constituição Federal

CJur – Conflito de Jurisdição

CLT – Consolidação das Leis do Trabalho

CP – Código Penal

CPar – Correição Parcial

CPC – Código de Processo Civil

CPM – Código Penal Militar

CPP – Código de Processo Penal

CPPM – Código de Processo Penal Militar
CR – Constituição da República Federativa do Brasil
CTB – Código de Trânsito Brasileiro
CTest – Carta Testemunhável
CTN – Código Tributário Nacional
Des. – Desembargador
desempate – decisão por voto de desempate
DJe – Diário da Justiça eletrônico
DJF – Diário da Justiça Federal
DJU – Diário da Justiça da União
DOE – Diário Oficial do Estado de São Paulo
DOU – Diário Oficial da União
EC – Emenda Constitucional
ECA – Estatuto da Criança e do Adolescente
ECP – Exame de Cessação de Periculosidade
ED – Embargos de Declaração
EDv – Embargos de Divergência
EI – Embargos Infringentes
EOAB – Estatuto da Ordem dos Advogados do Brasil
EREsp – Embargos no Recurso Especial
ExL – Exceção de Litispendência
Extr – Extradição
ExV – Exceção da Verdade
HC – *Habeas Corpus*
IncI – Incidente de Inconstitucionalidade
Inf. STF – Informativo do Supremo Tribunal Federal
Inq – Inquérito
IP – Inquérito Policial
j. – julgado(a) em (indica a data do acórdão e/ou julgados não publicados em repertórios)
JC – Jurisprudência Catarinense
JECr – Juizado Especial Criminal
JM – Jurisprudência Mineira
JSTJ e TRF – Jurisprudência do Superior Tribunal de Justiça e Tribunais Regionais Federais
JTAPR – Julgados do Tribunal de Alçada do Paraná
JTARS – Jurisprudência do Tribunal de Alçada do Rio Grande do Sul
JUIS – Jurisprudência Informatizada Saraiva
Julgados – Julgados do Tribunal de Alçada Criminal de São Paulo
LC – Lei Complementar
LCH – Lei dos Crimes Hediondos

LCP – Lei das Contravenções Penais
LEP – Lei de Execução Penal
LF – Lei de Falências
LICP – Lei de Introdução ao Código Penal
LICPP – Lei de Introdução ao Código de Processo Penal
LINDB – Lei de Introdução às Normas do Direito Brasileiro
LOMAN – Lei Orgânica da Magistratura Nacional
LONMP – Lei Orgânica Nacional do Ministério Público
MC – Medida Cautelar
Min. – Ministro
MP – Medida Provisória
MS – Mandado de Segurança
mv – maioria de votos
OAB – Ordem dos Advogados do Brasil
p. – página
Pet – Petição
PIDCP – Pacto Internacional sobre Direitos Civis e Políticos de Nova Iorque
PJ – Paraná Judiciário
PL – Projeto de Lei
Pleno – Tribunal Pleno
pp. – páginas
QCr – Queixa-Crime
QO – Questão de Ordem
R. – Região
RBCCr – Revista Brasileira de Ciências Criminais
RCr – Recurso Criminal
RDJTJDF – Revista de Doutrina e Jurisprudência do Tribunal de Justiça do Distrito Federal
RDP – Revista de Direito Penal
RDTJRJ – Revista de Direito do Tribunal de Justiça do Rio de Janeiro
RE – Recurso Extraordinário
Recl – Reclamação
RemEO – Remessa *Ex Officio*
REO – Recurso *Ex Officio*
Repr – Representação
REsp – Recurso Especial
RF – Revista Forense
RGJ – Revista Goiana de Jurisprudência
RHC – Recurso de *Habeas Corpus*
RISTF – Regimento Interno do Supremo Tribunal Federal
RISTJ – Regimento Interno do Superior Tribunal de Justiça
RJDTACr – Revista de Julgados e Doutrina do Tribunal de Alçada Criminal do Estado de São Paulo

RJTAMG – Revista de Julgados do Tribunal de Alçada de Minas Gerais
RJTJRS – Revista de Jurisprudência do Tribunal de Justiça do Rio Grande do Sul
RJTJSP – Revista de Jurisprudência do Tribunal de Justiça do Estado de São Paulo
RMS – Recurso em Mandado de Segurança
ROAB – Revista da OAB do Rio de Janeiro
ROCr – Recurso Ordinário Criminal
RP – Revista de Processo
RSE – Recurso em Sentido Estrito
RT – Revista dos Tribunais
RTFR – Revista do Tribunal Federal de Recursos
RTJ – Revista Trimestral de Jurisprudência
RTRF 1ª R. – Revista do Tribunal Regional Federal da 1ª Região
RTRF 3ª R. – Revista do Tribunal Regional Federal da 3ª Região
RvCr – Revisão Criminal
s/d – sem data
s/n – sem número
ss. – seguintes
STF – Supremo Tribunal Federal
STJ – Superior Tribunal de Justiça
t. – tomo
T. – Turma
TACrSP – Tribunal de Alçada Criminal de São Paulo (extinto)
TAMA – Tribunal de Alçada do Maranhão (extinto)
TAMG – Tribunal de Alçada de Minas Gerais (extinto)
TAPR – Tribunal de Alçada do Paraná (extinto)
TARJ – Tribunal de Alçada do Rio de Janeiro (extinto)
TARS – Tribunal de Alçada do Rio Grande do Sul (extinto)
TFR – Tribunal Federal de Recursos (extinto)
TJAC – Tribunal de Justiça do Acre
TJAL – Tribunal de Justiça de Alagoas
TJAM – Tribunal de Justiça do Amazonas
TJAP – Tribunal de Justiça do Amapá
TJBA – Tribunal de Justiça da Bahia
TJCE – Tribunal de Justiça do Ceará
TJDF – Tribunal de Justiça do Distrito Federal
TJES – Tribunal de Justiça do Espírito Santo
TJGO – Tribunal de Justiça de Goiás
TJMG – Tribunal de Justiça de Minas Gerais
TJMS – Tribunal de Justiça do Mato Grosso do Sul
TJM/SP – Tribunal de Justiça Militar de São Paulo
TJMT – Tribunal de Justiça do Mato Grosso

TJPB – Tribunal de Justiça da Paraíba
TJPI – Tribunal de Justiça do Piauí
TJPR – Tribunal de Justiça do Paraná
TJRJ – Tribunal de Justiça do Rio de Janeiro
TJRN – Tribunal de Justiça do Rio Grande do Norte
TJRO – Tribunal de Justiça de Rondônia
TJRR – Tribunal de Justiça de Roraima
TJRS – Tribunal de Justiça do Rio Grande do Sul
TJSC – Tribunal de Justiça de Santa Catarina
TJSE – Tribunal de Justiça de Sergipe
TJSP – Tribunal de Justiça de São Paulo
TRE – Tribunal Regional Eleitoral
TRF – Tribunal Regional Federal
TSE – Tribunal Superior Eleitoral
v. – volume
VCP – Verificação de Cessação de Periculosidade
vu – votação unânime
vv – voto vencido

ÍNDICE SISTEMÁTICO DO CÓDIGO PENAL

(Decreto-Lei n. 2.848, de 7 de dezembro de 1940, de acordo com a reforma da Lei n. 7.209, de 11 de julho de 1984)

PARTE GERAL

Título I
DA APLICAÇÃO DA LEI PENAL (arts. 1º a 12) 61

Título II
DO CRIME (arts. 13 a 25) 97

Título III
DA IMPUTABILIDADE PENAL (arts. 26 a 28) 185

Título IV
DO CONCURSO DE PESSOAS (arts. 29 a 31) 201

Título V
DAS PENAS (arts. 32 a 95) 217
Capítulo I — Das espécies de pena (arts. 32 a 52) 217
    Seção I — Das penas privativas de liberdade (arts. 33 a 42) 228
    Seção II — Das penas restritivas de direitos (arts. 43 a 48) 264
    Seção III — Da pena de multa (arts. 49 a 52) 285
Capítulo II — Da cominação das penas (arts. 53 a 58) 293
Capítulo III — Da aplicação da pena (arts. 59 a 76) 297
Capítulo IV — Da suspensão condicional da pena (arts. 77 a 82) 369
Capítulo V — Do livramento condicional (arts. 83 a 90) 384
Capítulo VI — Dos efeitos da condenação (arts. 91 e 92) 393
Capítulo VII — Da reabilitação (arts. 93 a 95) 403

Título VI
DAS MEDIDAS DE SEGURANÇA (arts. 96 a 99) 409

Título VII
DA AÇÃO PENAL (arts. 100 a 106) 419

Título VIII
DA EXTINÇÃO DA PUNIBILIDADE (arts. 107 a 120) 443

PARTE ESPECIAL

Título I
DOS CRIMES CONTRA A PESSOA (arts. 121 a 154-B) 505
Capítulo I — Dos crimes contra a vida (arts. 121 a 128) 505
Capítulo II — Das lesões corporais (art. 129) 544
Capítulo III — Da periclitação da vida e da saúde (arts. 130 a 136) 559
Capítulo IV — Da rixa (art. 137) 575
Capítulo V — Dos crimes contra a honra (arts. 138 a 145) 577
Capítulo VI — Dos crimes contra a liberdade individual (arts. 146 a 154-B) 604
    Seção I — Dos crimes contra a liberdade pessoal (arts. 146 a 149) 604
    Seção II — Dos crimes contra a inviolabilidade do domicílio (art. 150) 630
    Seção III — Dos crimes contra a inviolabilidade de correspondência (arts. 151 e 152) 635
    Seção IV — Dos crimes contra a inviolabilidade dos segredos (arts. 153 a 154-B) 642

Título II
DOS CRIMES CONTRA O PATRIMÔNIO (arts. 155 a 183) 649
Capítulo I — Do furto (arts. 155 e 156) 650
Capítulo II — Do roubo e da extorsão (arts. 157 a 160) 669
Capítulo III — Da usurpação (arts. 161 e 162) 695
Capítulo IV — Do dano (arts. 163 a 167) 700
Capítulo V — Da apropriação indébita (arts. 168 a 170) 708
Capítulo VI — Do estelionato e outras fraudes (arts. 171 a 179) 734
Capítulo VII — Da receptação (art. 180) 774
Capítulo VIII — Disposições gerais (arts. 181 a 183) 786

Título III
DOS CRIMES CONTRA A PROPRIEDADE IMATERIAL (arts. 184 a 196) 789
Capítulo I — Dos crimes contra a propriedade intelectual (arts. 184 a 186) 789
Capítulos II a IV — (arts. 187 a 196 — revogados) 796

Título IV
DOS CRIMES CONTRA A ORGANIZAÇÃO DO TRABALHO (arts. 197 a 207) 797

Título V
DOS CRIMES CONTRA O SENTIMENTO RELIGIOSO E CONTRA O RESPEITO AOS MORTOS (arts. 208 a 212) 813
Capítulo I — Dos crimes contra o sentimento religioso (art. 208) 813
Capítulo II — Dos crimes contra o respeito aos mortos (arts. 209 a 212) 815

Título VI
DOS CRIMES CONTRA A DIGNIDADE SEXUAL (arts. 213 a 234-B) 821

Capítulo I — Dos crimes contra a liberdade sexual (arts. 213 a 216-A) 822
Capítulo I-A — Da exposição da intimidade sexual (art. 216-B) 837
Capítulo II — Dos crimes sexuais contra vulnerável (arts. 217 a 218-B) 839
Capítulo III — Do rapto (Revogado) 855
Capítulo IV — Disposições gerais (arts. 225 e 226) 855
Capítulo V — Do lenocínio e do tráfico de pessoa para fim de prostituição ou outra forma de exploração sexual (arts. 227 a 231-A) 859
Capítulo VI — Do ultraje público ao pudor (arts. 233 e 234) 872
Capítulo VII — Disposições gerais (arts. 234-A e 234-B) 879

Título VII
DOS CRIMES CONTRA A FAMÍLIA (arts. 235 a 249) 881
Capítulo I — Dos crimes contra o casamento (arts. 235 a 240) 881
Capítulo II — Dos crimes contra o estado de filiação (arts. 241 a 243) 889
Capítulo III — Dos crimes contra a assistência familiar (arts. 244 a 247) 895
Capítulo IV — Dos crimes contra o pátrio poder, tutela ou curatela (arts. 248 e 249) 908

Título VIII
DOS CRIMES CONTRA A INCOLUMIDADE PÚBLICA (arts. 250 a 285) 913
Capítulo I — Dos crimes de perigo comum (arts. 250 a 259) 913
Capítulo II — Dos crimes contra a segurança dos meios de comunicação e transporte e outros serviços públicos (arts. 260 a 266) 932
Capítulo III — Dos crimes contra a saúde pública (arts. 267 a 285) 944

Título IX
DOS CRIMES CONTRA A PAZ PÚBLICA (arts. 286 a 288-A) 981

Título X
DOS CRIMES CONTRA A FÉ PÚBLICA (arts. 289 a 311-A) 1001
Capítulo I — Da moeda falsa (arts. 289 a 292) 1001
Capítulo II — Da falsidade de títulos e outros papéis públicos (arts. 293 a 295) 1011
Capítulo III — Da falsidade documental (arts. 296 a 305) 1017
Capítulo IV — De outras falsidades (arts. 306 a 311) 1054
Capítulo V — Das fraudes em certames de interesse público (art. 311-A) 1065

Título XI
DOS CRIMES CONTRA A ADMINISTRAÇÃO PÚBLICA (arts. 312 a 359-H) 1069
Capítulo I — Dos crimes praticados por funcionário público contra a administração em geral (arts. 312 a 327) 1070
Capítulo II — Dos crimes praticados por particular contra a administração em geral (arts. 328 a 337-A) 1115

Capítulo II-A — Dos crimes praticados por particular contra a administração pública estrangeira (arts. 337-B a 337-D) 1178

Capítulo II-B — Dos crimes em licitações e contratos administrativos (arts. 337-E a 337-P).. 1182

Capítulo III — Dos crimes contra a administração da justiça (arts. 338 a 359) 1218

Capítulo IV — Dos crimes contra as finanças públicas (arts. 359-A a 359-H) 1275

Título XII
DOS CRIMES CONTRA O ESTADO DEMOCRÁTICO DE DIREITO (arts. 359-I a 359-U) ... 1287

Capítulo I — Dos crimes contra a soberania nacional (arts. 359-I a 359-K) 1287

Capítulo II — Dos crimes contra as instituições democráticas (arts. 359-L e 359-M).............. 1292

Capítulo III — Dos crimes contra o funcionamento das instituições democráticas no processo eleitoral (arts. 359-N a 359-Q).. 1294

Capítulo IV — Dos crimes contra o funcionamento dos serviços essenciais (art. 359-R) 1297

Capítulo V — (art. 359-S).. 1298

Capítulo VI — Disposições comuns (arts. 359-T e 359-U).. 1298

DISPOSIÇÕES FINAIS (arts. 360 e 361) 1301

ID# Código Penal

DECRETO-LEI N. 2.848, DE 7 DE DEZEMBRO DE 1940

O Presidente da República, usando da atribuição que lhe confere o art. 180 da Constituição, decreta a seguinte lei:

Código Penal

> Os advogados criminalistas são guardiões da liberdade e por isso lutam, sempre, pela redução da incidência do Direito Penal como mecanismo de controle social excepcional, sob pena de a hipertrofia penal transformar-se em instrumento de opressão das liberdades individuais, que pode levar à destruição do Estado Democrático de Direito.

Evolução legislativa do CP

- **Origem e principais alterações:** O Código Penal vigente foi instituído pelo Decreto-Lei n. 2.848/40, nos termos do art. 180 da Constituição de 1937. No decorrer dos anos sofreu várias mudanças, as principais delas introduzidas pela Lei n. 6.416/77 e pelas seguintes:
- **Lei n. 7.209/1984:** Em seu art. 1º, ela *reforma* a Parte Geral do CP de 1940. No art. 2º, determina o cancelamento, na Parte Especial do CP e na legislação penal especial, de quaisquer referências a valores de multa, substituindo a expressão "multa de" por "multa".
- **Lei n. 9.714/1998:** Altera os arts. 43 a 47, 55 e 77, dispondo sobre as penas restritivas de direitos.
- **Lei n. 9.983/2000:** Acrescenta os arts. 168-A, 313-A, 313-B, 337-A e dá nova redação aos arts. 153, 296, 297, 325 e 327.
- **Lei n. 10.028/2000:** Dá nova redação ao art. 339 e acrescenta o Capítulo IV ao Título XI, arts. 359-A a 359-H.
- **Lei n. 10.224/2001:** Acrescenta o art. 216-A.
- **Lei n. 10.268/2001:** Altera os arts. 342 e 343.
- **Lei n. 10.467/2002:** Acrescenta o Capítulo II-A ao Título XI da Parte Especial, arts. 337-B a 337-D.
- **Lei n. 10.695/2003:** Altera os arts. 184 e 186.
- **Lei n. 10.741/2003:** Acrescenta parágrafos e incisos aos arts. 61, 121, 133, 140, 141, 148, 159 e 183.
- **Lei n. 10.763/2003:** Altera os arts. 33, 317 e 333.
- **Lei n. 10.803/2003:** Dá nova redação ao art. 149.
- **Lei n. 10.886/2004:** Acrescenta parágrafos ao art. 129.
- **Lei n. 11.035/2004:** Inclui parágrafo e incisos ao art. 293.
- **Lei n. 11.106/2005:** Altera os arts. 148, 215, 216, 226, 227, 231 e acrescenta o art. 231-A (os dois últimos revogados pela Lei n. 13.344/2016).
- **Lei n. 11.340/2006:** Altera os arts. 61, II, *f*, 129, § 9º, e acrescenta o § 11 a este último artigo.
- **Lei n. 11.466/2007:** Acrescenta o art. 319-A.
- **Lei n. 11.596/2007:** Inclui o inciso IV ao art. 117.

- Lei n. 11.923/2009: Acrescenta parágrafo ao art. 158.
- Lei n. 12.012/2009: Acrescenta o art. 349-A.
- Lei n. 12.015/2009: Reforma o Título VI da Parte Especial, que trata dos crimes sexuais.
- Lei n. 12.033/2009: Altera a redação do art. 145, parágrafo único.
- Lei n. 12.234/2010: Altera os arts. 109 e 110.
- Lei n. 12.550/2011: Inclui o inciso V ao art. 47 e inclui o Capítulo V – Das Fraudes em Certames de Interesse Público, ao Título X, acrescentando o art. 311-A.
- Lei n. 12.650/2012: Acrescenta o inciso V ao art. 111.
- Lei n. 12.653/2012: Acrescenta o art. 135-A.
- Lei n. 12.694/2012: Inclui os §§ 1º e 2º ao art. 91.
- Lei n. 12.720/2012: Acrescenta o § 6º ao art. 121, o § 2º ao art. 129 e cria o art. 288-A.
- Lei n. 12.737/2012: Inclui os arts. 154-A e 154-B, os §§ 1º e 2º ao art. 266, e o parágrafo único ao art. 298.
- Lei n. 12.850/2013: Altera o art. 288 e aumenta a pena do crime do art. 342.
- Lei n. 12.978/2014: Altera o *nomen juris* do art. 218-B.
- Lei n. 13.008/2014: Altera o art. 334 e inclui o art. 334-A.
- Lei n. 13.104/2015: Altera o art. 121.
- Lei n. 13.142/2015: Altera os arts. 121 e 129.
- Lei n. 13.228/2015: Acrescenta o § 4º ao art. 171 (estelionato contra idoso)
- Lei n. 13.330/2016: Acrescenta o § 6º ao art. 155 (qualificadora do furto de animal semovente domesticável de produção, ainda que abatido e dividido em partes) e o art. 180-A (receptação de animal semovente domesticável)
- Lei n. 13.344/2016: Revoga os arts. 231, 231-A e 232 (tráfico internacional de pessoa para fins de exploração sexual), acrescenta o inciso V ao art. 83 (aumenta para 2/3 o prazo para livramento condicional por crimes hediondos ou equiparados, sem reincidência específica), e cria o crime de tráfico de pessoas no art. 149-A
- Lei n. 13.445/2017: Acrescenta o crime do art. 232-A (promoção de migração ilegal)
- Lei n. 13.606/2018: Inclui o § 4º ao art. 168-A (apropriação indébita previdenciária, limitando a possibilidade de o juiz deixar de aplicar a pena se o valor for superior ao mínimo para ajuizamento de execução fiscal)
- Lei n. 13.654/2018: Inclui § 4º-A ao art. 155 (furto qualificado pelo emprego de explosivos), bem como o § 7º (furto qualificado se for de explosivos ou acessórios), dá nova redação ao § 2º do art. 157 (incrementa o aumento de pena para o roubo qualificado para 1/3 até a metade) e revoga o seu inciso I, e cria o § 2º-A ao art. 157 (aumento de 2/3 no roubo com arma de fogo ou rompimento de obstáculo com explosivo), o § 2º-B (aumento do dobro da pena a arma utilizada é de uso restrito ou proibido), e o § 3º (figuras qualificadas do roubo, se resulta lesão grave ou morte)
- Lei n. 13.715/2018: Dá nova redação ao inciso II do art. 92 (efeito da condenação de incapacidade para o exercício do pátrio poder, tutela e curatela nos crimes contra entes familiares)
- Lei n. 13.718/2018: Cria os crimes do art. 215-A (importunação sexual) e do art. 218-C (divulgação de cena de estupro, de sexo, nudez ou pornografia de vulnerável, ou sem autorização da pessoa), altera a redação do art. 225 (tornando a ação penal pública incondicionada para os crimes dos Capítulos I e II do Título IV – crimes contra a dignidade sexual) e dá nova redação ao inciso II do art. 226 (aumentando de 1/2 a pena se o autor for parente próximo da vítima, ou com ela conviver) e inclui o inciso VI (aumento de pena de 1/3 a 2/3 se o estupro for coletivo ou "corretivo"), dá nova redação ao art. 234-A (aumento de pena de 1/3 a 2/3 se o estupro gerar gravidez ou

transmitir doença sexual, ou se a vítima é idosa ou portadora de deficiência nos crimes contra a dignidade sexual)

- **Lei n. 13.771/2018:** Altera a redação do inciso II do § 7º do art. 121 (feminicídio contra menor de 14 anos ou maior de 60, ou mulher portadora de doenças degenerativas), do seu inciso III (feminicídio praticado na presença física ou virtual de ascendente ou descendente) e do seu inciso III (praticado em descumprimento de medida protetiva)

- **Lei n. 13.772/2018:** Inclui o Capítulo I-A ao Título VI (crimes contra a dignidade sexual), criando o crime de registro não autorizado de intimidade sexual do art. 216-B

- **Lei n. 13.869/2019:** Revoga o § 2º do art. 150 (violação de domicílio), revoga o art. 350 (exercício arbitrário ou abuso de poder)

- **Lei n. 13.964/2019:** Altera o art. 51 (conversão da pena de multa), altera o art. 75 (aumentando o limite máximo da pena a 40 anos), torna mais rigorosos os requisitos do art. 83 (livramento condicional), inclui o art. 91-A (tratando da perda de bens), dá nova redação e inclui incisos ao art. 116 (aumenta as causas suspensivas do curso da prescrição), altera a redação do §1º do art. 141 (duplica as penas dos crimes contra a honra se for cometido mediante paga ou promessa de recompensa), inclui o inciso VII ao art. 157 (qualifica o roubo mediante "arma branca"), acrescenta o § 2º-B ao art. 157 (aumentando para o dobro da pena se há emprego de arma de uso restrito ou proibido), inclui o § 5º ao art. 171 (ação penal pública condicionada para o crime de estelionato, salvo se a vítima for a Administração Pública, criança ou adolescente, deficiente mental ou maior de 70 anos), aumenta a pena do art. 316 (concussão) e inclui parágrafo único ao art. 25 (legítima defesa por agente de segurança pública)

- **Lei n. 13.968/2019:** Altera a redação do art. 122 (induzimento, instigação ou auxílio ao suicídio ou automutilação)

- **Lei n. 14.110/2021:** Dá nova redação ao art. 339 (denunciação caluniosa)

- **Lei n. 14.132/2021:** Inclui o crime do art. 147-A (perseguição) e revoga a antiga contravenção de perturbação da tranquilidade do art. 65 da LCP

- **Lei n. 14.133/2021:** Inclui os crimes dos arts. 337-E e 337-P (crimes envolvendo licitações e contratos públicos)

- **Lei n. 14.155/2021:** Altera os arts. 154-A, 155 e 171 do CP, aumentando as penas quando praticados mediante violação de dispositivo informático, de forma eletrônica ou pela *internet*

- **Lei n. 14.188/2021:** Acrescenta o art. 147-B, criando o delito de violência psicológica contra a mulher, bem como o § 13 ao art. 129, qualificando o crime de lesão corporal por razões da condição do sexo feminino

- **Lei n. 14.197/2021:** Revoga a Lei de Segurança Nacional (Lei n. 7.170/83) e acrescenta o Título XII ao CP, que trata dos crimes contra o Estado Democrático de Direito (arts. 359-I a 359-N; 359-P; 359-R; 359-T), além de alterar os arts. 141 e 286 do CP. Foram *vetados* pelo Presidente da República os arts. 359-O, 359-Q, 359-S e 359-U, sendo que o Congresso Nacional poderá, logo após a publicação desta 10ª edição, derrubar esses vetos, e esses artigos são comentados *em anexo*, ao final desta obra.

- **Lei n. 14.245/2021:** Inclui parágrafo único ao art. 344 do CP (coação no curso do processo, aumentando a pena se o processo envolver crime contra a dignidade sexual).

REFLEXÃO HISTÓRICA E CRÍTICA DO DIREITO PENAL

▪ **Anotações históricas do Direito Penal:** Antes de comentarmos o Código Penal, com o escopo prático que sempre nutriu nossa obra, é fundamental que o leitor tenha contato com a evolução histórica do Direito Penal para que possa, como fez GIORGIO DEL VECCHIO, um dos maiores juristas italianos de todos os tempos, constatar que "a história das penas, em muitas das suas páginas, não é menos desonrosa para a humanidade do que aquela dos delitos" (*La Giustizia,* Roma, Editrice Studium, 1946, p. 192). É por isso que iremos, nas próximas páginas, abordar esse tema, com o indispensável espírito crítico ao Código Penal e às "novas" tendências, muitas delas perigosas ao Estado de Direito Democrático, como a do "Direito Penal do Inimigo".

Do Antigo Oriente à Revolução Francesa

▪ **Antigo Oriente:** Nos tempos mais remotos, encontramos diversas formas de reação à agressão praticada por uma pessoa contra *tabus* (regras de convivência de índole religiosa), assumindo as penas o caráter de expiação, de purificação, caracterizando-se como verdadeira vingança divina. Assim ocorria na remota China (livro das Cinco Penas do imperador Seinu, mais de 2200 anos antes de Cristo), em que ladrões tinham as pernas amputadas, sendo as penas de morte (decapitação, esquartejamento, enterro com vida etc.) executadas em público, como ensina LUIS JIMÉNEZ DE ASÚA (*Tratado de Derecho Penal,* Buenos Aires, Losada, 1950, v. I, p. 232). Na antiguidade do direito indiano, o poder de punir decorria de Brahma e o Rei era seu delegado, ostentando as penas, previstas no Código de Manu (entre os séculos XIII e XI antes de Cristo), caráter de purificação para subir aos céus. No Código de Manu já se encontravam traços do que, mais de um milênio depois, seria conhecido como ordálios ou "juízos de Deus" (como veremos ao tratarmos do *Direito laico na Idade Média*). Um dos marcos mais importantes da história do Direito é o Código do Rei Hammurabi, da Babilônia (Mesopotâmia/Assíria), que subiu ao trono no século XVIII antes de Cristo. O Código era avançado para a época, sendo exceção no antigo Oriente por não vincular a pena à purificação religiosa, embora apareça, no topo do monolito de basalto em que ele se encontra insculpido, a figura do deus Sol diante do rei HAMMURABI, legitimando a sua soberania (BÉATRICE ANDRÉ-SALVINI, *Le Code de Hammurabi,* Musée du Louvre Éditions, 2003, p. 15). No Código de Hammurabi, a par de estipularem-se penas de morte para os delitos àquele tempo considerados mais graves (falso testemunho, rapto de crianças, complô contra o Estado, adultério ou má conduta da mulher, homicídio etc.), consagrou-se, para a classe superior dos notáveis, a regra do "olho por olho, dente por dente", conhecida como Lei de Talião, que repercutiu em inúmeros ordenamentos da Antiguidade, evitando-se vinganças desproporcionais. Neste Código havia, até mesmo, a distinção entre os crimes intencionais e os que resultam de imprudência e de caso fortuito. No Egito, o crime igualmente era visto como uma ofensa aos deuses, sendo as penas mais cruéis impostas pelos sacerdotes, como uma pena de talião "simbólica" (ao espião, cortava-se a língua; ao estuprador, mutilavam-se os órgãos genitais; à mulher adúltera, mutilava-se o nariz). Em Israel, nos cinco primeiros livros do Antigo Testamento (Pentateuco), o crime também era uma ofensa a Deus e a pena tinha caráter de sacrifício expiatório e de intimidação, valendo-se igualmente do Talião (EUGENIO CUELLO CALLÓN, *Derecho Penal,* 6ª ed., Barcelona, Bosch, 1943, v. I, p. 66).

▪ **Grécia:** Diversas eram as Cidades-Estado gregas, sendo o Direito Penal distinto em cada uma delas. Em Esparta, conhecida por seus guerreiros, na época de LICURGO (século IX antes de Cristo), o furto de alimentos praticado com destreza por adolescentes não era punido (seriam ágeis guerreiros no futuro), ao passo que se punia o celibato, o sentimento de piedade pelo escravo, a conduta afeminada de um jovem etc. Os criminosos sexuais, por exemplo, tinham os olhos arrancados. Em Atenas, com DRÁCON (século VII antes de Cristo), as penas eram extremamente severas para os crimes que ofendessem a comunidade, sendo, por outro lado, mais leves as penas por lesões individuais (CUELLO CALLÓN, ob. cit., pp. 67-68). Em um primeiro momento a vingança privada estendia-se a todos os membros da família do condenado (não havia a individualização da pena, como consta atualmente de nossa Constituição da República, em seu art. 5º, XLV, "nenhuma pena passará da pessoa do condenado"); em uma segunda fase, o caráter religioso foi acentuado, e o crime considerado uma ofensa ao deus Júpiter, assumindo as atrozes penas caráter de vingança e de purificação. Lembra Del Vecchio (*La Giustizia*, cit., pp. 15-16) a figura da deusa Têmis (que se apresenta como conselheira e deusa da Justiça nas relações dos homens com os deuses), de cuja união com o deus Giove nasce Dike (severa deusa da Justiça nas relações entre os homens). Interessante notar que, na mitologia grega, a deusa da Justiça Dike era irmã da deusa Verdade, sendo os julgamentos realizados no Areópago, sobre o abismo onde habitavam as Erinnias (espíritos assistentes dos deuses que executavam a vingança). Em um terceiro momento, lembra Jiménez de Asúa (ob. cit., pp. 238-240), filósofos questionaram as regras divinas, sendo Sócrates condenado a beber cicuta por atentar contra a religião ao não acreditar nos deuses do Estado; Protágoras teve a pena de desterro por duvidar da existência dos deuses; Anaxágoras também foi desterrado por afirmar que o sol era uma pedra incandescente. Houve paulatinamente, assim, rompimento com o fundamento teocrático (religioso) do Direito, com maior consciência individual e humanização das reações penais, passando a razão do Estado a ser soberana, bem como a pena a ter fundamento civil e moral.

- **Direito Romano:** Em seus 1300 anos, a história de Roma se divide em três períodos: da Monarquia etrusca (de 753 a 510 antes de Cristo), da República (510 a 31 antes de Cristo) e do Império (31 antes de Cristo até a sua queda em 553 depois de Cristo). Com exceção da época da decadência do Império, o romano não admitia a tortura de cidadãos romanos para confessar. Mas não é só. Sempre houve a característica do caráter público do Direito Penal, embora existissem penas com cunho religioso como a *consacratio bonorum*, em que, com a pena de morte, o condenado era "consagrado" à divindade, havendo notícia de casos em que pessoas eram jogadas no rio Tevere dentro de um saco com pedras, um galo e uma cobra. Havia, também, a vingança de sangue (o homem traído podia matar quem tivesse violado a fé conjugal, o ladrão noturno podia ser morto), existindo até mesmo composição entre agressor e agredido, mediante mutilação daquele (Asúa, ob. cit., p. 243). Os crimes (*crimina*) eram dois: *perduellio* (traição contra a pátria) e *parricidium* (a morte de um *pater famillias*, havendo dúvida se era apenas a praticada pelo próprio filho ou se era qualquer morte de um *pater famillias*). Ambos os crimes eram infrações de ordem pública, não sendo as penas uma vingança de parentes da vítima. Já os *delicta* eram considerados infrações de cunho privado, gerando o dever de ressarcir o dano provocado, sendo eles quatro: 1) *furto*; 2) *rapina*, equivalente ao nosso roubo; 3) *iniuria*, que abrangia não só a ofensa verbal, mas também a fratura de um osso, o rompimento de um membro e o atentado ao pudor; e o 4) *damnum iniuria datum*, isto é, o dano corpóreo a escravos e animais (cf. Ugo Brasiello, "Delicta", *in Novissimo Digesto Italiano*, Torino, UTET,1975, v. V, p. 378). Com a queda da Monarquia e o surgimento da República, tem-se a Lei das XII Tábuas (século V antes de Cristo), na qual são estipulados delitos privados (*delicta*) fora dos quais não se admitia a vingança privada, sendo reafirmada a regra de Talião que impunha limites à vingança, bem como fomentada a composição a fim evitar a vingança privada (Asúa, ob. cit., p. 244). No início da República, os magistrados supremos, que haviam herdado o poder de *imperium* dos reis etruscos, agiam sem qualquer formalidade, uma verdadeira *inquisição*. Impondo limites a esse modo de proceder, surgiu o procedimento da *anquisitio*, segundo o qual o cidadão romano apenado com morte ou multa máxima (excetuados as mulheres e os estrangeiros) utilizava-se da *provocatio ad populum*, que era a convocação de julgamento por assembleia popular. Nesta, o magistrado deveria sustentar a condenação, havendo a defesa e a decisão popular. Como mulheres e não cidadãos se encontravam desprotegidos, tornando-se a *anquisitio* uma perigosa arma política na mão dos magistrados, surgiu, no auge da República, o procedimento das *quaestiones perpetuae* (com tribunais públicos permanentes criados por leis, as quais definiam novos crimes com a respectiva pena e forma de julgar). Esses tribunais representaram um grande avanço ao banir a inquisição (*inquisitio*), trazendo para o processo penal público formas do direito privado. Consagrou-se, assim, o sistema acusatório puro (*accusatio*), onde havia a figura do acusador (um representante voluntário da coletividade) que apresentava a acusação (*postulatio*) ao pretor, o qual presidia o órgão colegiado que iria julgar o caso, após ouvir a defesa, com réplica e tréplica. Os tribunais (*ordo iudiciorum publicorum*) eram compostos por cinquenta cidadãos (*iudices iurati*), os quais recebiam três placas, com as inscrições "C" de *condemno*, "A" de *absolvo* e "NL" quando não encontravam certeza para julgar (*non liquet*), abrindo-se novamente a instrução. Com a *Lex Julia*, passou-se a exigir forma escrita para a acusação, mediante *libello*. Posteriormente, com a vinda do Império, o procedimento das *quaestiones perpetuae* foi sendo restringido pelo surgimento da *cognitio extra ordinem* (cognição extraordinária), cujo procedimento acabou abrangendo crimes que eram da competência daqueles tribunais (*quaestio*). Assim, disposições imperiais acabaram não só criando novos crimes (*crimina*), como também transformando delitos privados, que eram punidos com multa (*delicta*), em crimes mais gravemente apenados. Após o sopro de liberdade das *quaestiones perpetuae*, iniciou-se o período negro do procedimento inquisitório onde os magistrados se confundiam com a figura do acusador, podendo proceder *ex officio*, colhendo provas testemunhais (*testes*), documentais (*tabulae*) e até com tortura (*quaestiones*) praticadas pelo *quaesitor* com o auxílio do *tortor*, não só vitimando escravos, mas também cidadãos romanos e libertos de qualquer nação, sobretudo na época do imperador Tibério. Essa situação gerou reações veementes de Santo Justino na defesa dos cristãos (entre 150 a 160 depois de Cristo). Com a *cognitio extra ordinem*, o procedimento passou a ser totalmente arbitrário, permitindo-se, inclusive, interpretação extensiva e até mesmo analogia *in malam partem* em matéria penal, bem como pena irrogada *ad exemplum legis*, na lição de Nélson Hungria (*Comentários ao Código Penal*, 5ª ed., Rio de Janeiro, Forense, 1977, v. I, t. I, p. 37). Pode-se afirmar que a remota gênese do Ministério Público encontra-se na *anquisitio*, no início da República; e a origem do júri e da regra da legalidade, no procedimento das *quaestiones perpetuae*. É no Direito Romano, portanto, que o caráter público do Direito Penal acaba sendo afirmado, restringindo-se a vingança privada. E o *Corpus Iuris Civilis*, redigido a mando do imperador Justiniano em 533 e 534 depois de Cristo, no qual máximas de experiência romana foram compiladas, surge como um marco histórico na evolução do Direito, fazendo o gênio romano ecoar até os tempos atuais.

- **Direito germânico:** Com a queda do Império Romano acompanhada das invasões bárbaras, usos e costumes germânicos foram se mesclando com o Direito Romano. Característica dos germânicos era a vingança de sangue de um membro da própria tribo (por vezes alcançando até seus descendentes, como uma pena de infâmia). Tratando-se de delitos públicos (traição, deserção, rebelião etc.), havia a pena da perda da paz (*friedenslosigkeit*), na qual a morte tornava-se certa já que qualquer um poderia ceifar a vida do infrator. Cuidando-se de ofensas privadas, era costume a *faida* (vingança privada), não só contra o agressor, mas contra todos os seus parentes (*Sippe*). Quando o agressor pertencia a outra tribo, a vingança poderia atingir toda a sua coletividade, gerando verdadeiras guerras. Com o passar dos anos, por influência do Direito Romano e do próprio Cristianismo, foi a vingança de sangue (*blutrache*) sendo cada vez mais substituída pelo *ressarcimento privado* (*wergeld* e *busse*, com reparação pecuniária e pagamento a título de pena à vítima, sua família ou tribo). Mesmo na hipótese de delitos públicos, passou a existir a possibilidade de o ofensor recomprar a sua paz mediante um pagamento ao Estado (*friedegeld*), voltando a ter proteção estatal. A responsabilidade decorria do resultado da conduta; o questionamento sobre a conduta voluntária ou involuntária (negligência) do sujeito só foi feito muito depois (Asúa, ob. cit., p. 251; Callón, ob. cit., p. 70; Sebastián Soller, *Derecho Penal Argentino*, Buenos Aires, La Ley, 1945, t. I, pp. 70-71). Daí resultaram, na Idade Média, diversas leis, lembrando-se, na dinastia Merovíngia, a *Lex Salica* (500 d.C., aproximadamente); na península ibérica, invadida pelos Visigodos, em 470 depois de Cristo, a *Lex Romana Wisigothorum*; na península itálica, em 500 depois de Cristo, as leis dos Borgúndios e dos Longobardos. Igualmente, os ordálios ou "Juízos de Deus", utilizados como meio de prova com fundamento no sobrenatural, como veremos abaixo ao tratar do Direito laico na Idade Média (cf. Fragoso, *Lições de Direito Penal – Parte Geral*, São Paulo, José Bushatsky, 1976, pp. 32-33). Têm-se, assim, os senhores feudais e o nascimento das monarquias, ao lado do crescimento da influência da Igreja católica.

- **Direito Penal Estatutário (laico) na Europa:** O Direito Romano foi sendo reinterpretado por obra dos *glosadores* entre os anos 1100 e 1250, que estudaram o *Corpus Iuris Civilis*, dentre eles lembrando-se, na Universidade de Bologna, Irnerio e Accursio. A influência do Direito Romano consagrou-se com a chamada "recepção" que ocorreu na Alemanha, resultando em dois importantíssimos diplomas: *Constitutio Criminalis Bambergensis* do bispado de Bamberg (1507) e a *Constitutio Criminalis Carolina* do Imperador CARLOS V (1530 e 1532). Posteriormente, o Direito Romano veio a influenciar diversos estatutos legais da época, com a obra dos práticos (ou praxistas) como JULIO CLARO (1525-1575), IPPOLITO DEI MARSILII (1529), PRÓSPERO FARINACCIO (1618) e BENEDICTO CARPZOW (1595-1666), jurisconsultos cujos escritos, voltados à prática judicial, eram considerados verdadeiras fontes do Direito (CALLÓN, ob. cit., p. 73). Curioso notar que CARPZOW foi conhecido por sua severidade e crueldade, dando embasamento à continuidade das fanáticas atrocidades dos processos e de suas penas, por muitos anos, até a época da Revolução Francesa. Como exemplo, há registro de condenações a morte por bruxaria na Baviera em 1775 e na Suíça em 1782 (ASÚA, ob. cit., pp. 271 e 274). A prisão não era pena, mas somente uma medida imposta ao acusado, durante o seu julgamento, para não fugir. As punições eram a *morte, tortura com morte, amputação de membros,* de *marca com ferro quente* e *banimento* com a chamada "perda da paz". Os direitos bizantino, romano, germânico e canônico influenciaram os estatutos legais dos diversos feudos, que se tornaram reinos por toda a Europa. Existiam singularidades, mas muitas características em comum, como explica, em magnífica obra, o professor da Universidade de Pádova, TANCREDI GATTI (*L'Imputabilià, I Moventi del Reato e la Prevenzione Criminale negli Statuti Italiani dei Sec. XII – XVI,* Padova, CEDAM, 1933). Em muitos estatutos a *pena de morte* era a regra para mais de 40 crimes, sendo diferente a sua forma de execução: (a) crimes contra o Estado, como *conspiração e rebelião,* mediante atroz esquartejamento; (b) muitos estatutos previam a pena de morte, por enforcamento (que era considerada aviltante), para *crimes contra a administração da Justiça,* como favorecimento de condenados, ultraje ao oficial público e sua corrupção; *crimes contra a liberdade e a ordem pública* como o sequestro de pessoa, violação de trégua, o plágio e obstrução da atividade das Universidades; *crimes contra a fé-pública* como moeda falsa e falsidade documental; *crimes contra os "costumes",* como estupro, adultério, rapto, rufianismo e sodomia, sendo que, havendo sexo com animais, eram mortos não só o condenado, mas também o animal (!); *crimes contra a vida,* como assassinato (homicídio qualificado) mediante envenenamento e por vingança, bem como o homicídio premeditado; (c) já o homicídio simples era punido com a decapitação (tida como mais "digna"); punia-se com morte, também o aborto e a a própria tentativa de suicídio (!); *nos crimes contra o patrimônio,* havia estatutos que puniam o furto, se a coisa fosse de valor, também com a forca; igualmente eram enforcados os autores de roubo, incêndio e de chantagem (extorsão) e até do crime de "insolvência dolosa". Havia, também, as chamadas *penas expressivas* (amputações e marca com ferro quente), cuja origem, segundo TANCREDI GATTI, veio da influência da legislação oriental, do Direito Bizantino, no final do Império Romano com Theodósio, posto que nas épocas anteriores de Roma (nas épocas quiritária e clássica), não havia essa cultura atroz. Daí em diante, ao invés da pena de morte, em toda Europa passou-se às penas *expressivas,* que eram de dois tipos. As *mutilativas* consistiam na amputação da *mão direita* para muitos crimes (falsidade documental, falsa moeda, falso testemunho, roubo, furto, lesão corporal, sacrilégio, homicídio culposo por imperícia do médico – *Stat. Episcopatus Concordiae,* do ano de 1450, por exemplo), de *um pé* (crime de fuga de preso, rapto de mulher virgem, omissão de participar da defesa do estado), de *ambos os olhos* (crime de furto estupro, adultério, tentativa de homicídio e magia), da *língua* (falso testemunho, perjúrio, blasfêmia, corrupção de juiz, ultraje ao oficial público, violação de segredo de ofício, calúnia etc.), do *órgão genital* (testículos no estupro de uma menor impúbere, genitália no caso de estupro de mulher sequestrada), de *um dedo* (profanação de imagem religiosa), das *orelhas* (furto), do *nariz* (falso testemunho, lenocínio). Também havia as penas *representativas* que consistiam na marca com ferro quente com o brasão da cidade no rosto do condenado; na França era a *fleur de lys.* Como se vê, o horror dominou o Direito Penal na Europa. Além disso, costumes germânicos, como os ordálios ou "Juízos de Deus", eram práticas comuns na Europa, estando presentes como meio de prova. Havia, assim, a crença de que um poder sobrenatural se manifestaria sobre a culpa ou a inocência do acusado, mediante duelos judiciários (previstos na *Lex Burgundionum*) e na obtenção de "provas" como (a) cortar o corpo do cadáver na frente do suspeito e checar se o sangue jorra, (b) jogar o suspeito na água fria, impossibilitado de nadar e ver se afunda, (c) fazer o acusado pegar um objeto imerso em uma caldeira com óleo fervente, (d) gotejar chumbo derretido na mão protegida por um pedaço de pano, (e) expor o acusado a animais ferozes, (f) deixá-lo em estado mórbido, com drogas ou em jejum por dias, para ver se tem alucinações etc. Tais práticas persistiram por muito tempo (cf. MARIA ADA BEDENETTO, "Giudizio di Dio", in Novissimo Digesto Italiano, Torino, UTET,1975, v. VII, p. 902), muitas equivalendo às atuais e lamentáveis práticas de tortura, que permanecem vivas na história para vergonha da humanidade. Na França dos séculos XV a XVII, os reis foram instituindo as suas legislações, lembrando-se a Ordonance Criminelle e o Code Criminel de Luís XIV (1670), prosseguindo as atrocidades como o despedaçamento ou esquartejamento em vida do condenado por cavalos, em praça pública, até a metade do século XVIII. Em Portugal, no ano de 1759, foi executada em praça pública, em um espetáculo coletivo de horror, com torturas indescritíveis, de uma só vez, toda a família de FRANCISCO DE ASSIS, Marquês de Távora, acusada de participar de um atentado ao rei D. JOSÉ I. Até no século XIX, na Itália, chegava-se ainda a defender a tortura como método oficial indispensável para a descoberta da verdade, como o fez DE LUGO em 1869 (cf. DEL VECCHIO, ob. cit., p. 198).

- Direito canônico (convivendo com o Direito Laico): Já no Império Romano, foi a Igreja católica reconhecida por Constantino (em 313 d. C.), tendo, com TEODÓSIO I (381 d. C.), sido considerada religião oficial e exclusiva, chegando-se ao poder político quase universal do Sacro Império Romano. Tem-se, assim, o direito eclesiástico, que disciplinava a vida dos clérigos (sacerdotes e diáconos), cujos delitos (delicta eclesiastica) eram julgados por tribunais da Igreja e castigados com penitências espirituais (poenitentiae), buscando-se a reconciliação com Deus. Com o decurso do tempo, a jurisdição da Igreja passou a abranger delitos mistos (delicta mixta), praticados por pessoas comuns contra os canons (normas que derivam dos Concílios) da Igreja, como o adultério, o incesto, o concubinato, a sodomia, o sacrilégio, a blasfêmia, o perjúrio e a usura, reduzindo-se a atuação dos tribunais que não faziam parte da Igreja para passar a julgar os delitos meramente seculares (delicta mere secularia) com penas temporais (pecuniárias) (SOLLER, ob. cit., p. 66; FRAGOSO, ob. cit., p. 34). O direito canônico, com forte influência do Direito Romano (alguns procedimentos se assemelhavam à accusatio, lembrando o júri moderno), contrapõe-se à concepção puramente objetiva e causal do crime (ação e resultado) do direito germânico. Assim é que o direito canônico trouxe evolução no sentido de reconhecer a igualdade de todos, de se opor à atrocidade das penas (antes da negra fase da Inquisição que estava por vir), da sua individualização em face do caráter e do temperamento do condenado, e, sobretudo, da valorização do aspecto subjetivo (animus) da conduta do acusado. Ao reafirmar o caráter público do Direito Penal, o direito canônico impôs obstáculos à vingança de sangue privada herdada dos germânicos, admitindo a possibilidade da pessoa buscar asilo em determinadas localidades, onde se resguardava a paz, bem como com a Trégua de Deus no século XI, mediante a qual era considerada sacrilégio a vingança privada em determinadas épocas, impondo aos reis e aos senhores de terras que buscassem a composição entre criminoso, vítima e seus familiares (ASÚA, ob. cit., pp. 254 e 532-534). Como o objetivo primordial da Igreja era alcançar o arrependimento mediante a penitência, as penas temporais (pecuniárias) foram sendo substituídas pela prisão em celas (poena medicinalis). Sob o ângulo procedimental, no direito canônico havia três formas de se dar início à persecução penal: per accusationem, em que havia um acusador que postulava a aplicação da pena, como parte, e, caso não provasse a acusação, a ele era imposta a punição pleiteada (ad poenam talionis); per denuntiationem, ou seja, com base em uma denúncia na qual o denunciante não pedia pena e não se submetia à regra de talião (inquisitio cum promovente); e ex officio, sem denúncia alguma (ou com denúncia anônima), podendo haver a inquisição de ofício especial (para apurar determinado crime), geral (verdadeira devassa em determinada localidade) e mista (quando se encontrava um cadáver, seguindo daí uma inquisição para encontrar o culpado) (ROGÉRIO LAURIA TUCCI, Do Corpo de Delito, São Paulo, Saraiva, 1978, pp. 30-31). No campo legislativo, surge o Corpus Juris Canonici com as Decretais de GRACIANO (Decretum Gratiani) de 1140, posteriormente somado às Decretais de GREGÓRIO IX (1233-4), ao Liber Sextus de BONIFÁCIO VIII (1298) e às Constituições do Papa CLEMENTE V (1313) (FRAGOSO, ob. cit., p. 34).

- **Inquisição (convivendo com o Direito Laico):** Por ironia da história, enquanto na Inglaterra, no ano de 1215, surgia a *Magna Charta Libertatum*, resultante de um Pacto entre o Rei João Sem-Terra e os barões ingleses que, revoltados, pleiteavam respeito aos seus direitos pela Coroa, criando, por exemplo, o *habeas corpus* – o que significou o primeiro passo para o surgimento das posteriores Constituições, com a ideia de um texto escrito com os direitos a serem assegurados –, a Igreja, na Europa continental, com a confusão entre pecado e delito (de que é ícone o crime de heresia), foi responsável por uma das mais negras páginas da história da humanidade: a da Santa Inquisição, com os Tribunais do Santo Ofício perseguindo os hereges (sobretudo mulheres, sendo muitas parteiras acusadas de magia por conhecerem efeitos de ervas medicinais). Foi assim que, no mesmo ano de 1215, o Concílio de Latrão dava início à Inquisição, sucedido por uma coletânea de decretais organizada por S. Raimundo de Penyafort em 1234, com bulas do Papa Gregório IX do ano anterior, e de seus antecessores. Nessas Decretais já havia um capítulo intitulado *De haereticis* (Dos hereges). Por ordem de Bonifácio VIII compilou-se um suplemento intitulado *Sexto Livro das Decretais*. Igualmente, nas *Questiones* do Cardeal Guy Foulques, posteriormente Papa Clemente IV, reuniram-se cânones dos Concílios sobre a Inquisição. Seguiram-se as decretais do Papa Clemente V, de 1317, publicadas durante o pontificado do Papa João XXII, conhecido como o *Sétimo Livro das Decretais*, entre outras, ditando as normas para a Inquisição, destacando-se a Bula *Summis disiderantis* de 1484 do Papa Inocencio VIII (cf. Carlo Reviglio Della Veneria, "Inquisizione", in *Novissimo Digesto Italiano*, Torino, UTET, 1968, v. VIII, p. 720). Por mais de duzentos anos, com a busca da confissão, então tida como a "rainha das provas", e entendendo que com ela se alcançaria o "arrependimento" e a "purificação da alma", tranquilizando a "consciência" do julgador, institucionalizou-se a prática da tortura, cuja crueldade foi descrita pelo inquisidor Bernardo Guy no livro *Pratica inquisitionis haereticae pravitatis* do início do século XIV, e também, em 1487, pelos inquisidores Heinrich Kramer e James Sprenger no livro *O Martelo das Feiticeiras – "Malleus Maleficarum"* (7ª ed. publicada pela Editora Rosa dos Tempos, Rio de Janeiro, 1991, pp. 21-22). Carlos Byington, eminente psiquiatra membro da Sociedade Brasileira de Psicologia Analítica, afirma: "Ainda que delirante, sádico e puritano, não está aí a essência da patologia do *Malleus*. Ela advém fundamentalmente de o texto ter o objetivo de defender e de enaltecer Cristo, o que o transforma, loucamente, num código penal redigido por criminosos eruditos, doutamente referenciados no que havia de melhor na teologia cristã. Abençoados e protegidos por bula papal, os inquisidores Sprenger e Kramer, que escreveram o *Malleus*, são um sintoma da Inquisição, o grande câncer, a deformação psicótica do mito cristão. (...) Ao torturar e matar, os Inquisidores diziam lutar contra o Demônio para salvar a alma de volta para Cristo" (prefácio da referida obra).

- **Sharia (da Idade Média até hoje em alguns países do Oriente Médio e da África):** Os romanos conquistaram Constantinopla (330 d.C.), tornando-a capital do Império Romano do Oriente (395 d.C.), sendo o cristianismo declarada a religião oficial por Constantino (313 d.C.). O Ocidente se expandia sobre o Oriente. Nesse contexto surgiu a religião islâmica. Com efeito, durante e depois da época do Profeta Maomé, que faleceu em 632 d.C., eram intensas as batalhas de cunho religioso, de poder e território. Maomé, que se declarou o último Profeta, afirmou que os ensinamentos de Abraão foram corrompidos pelos judeus e pelos cristãos, criando a religião muçulmana, que trouxe união às várias tribos espalhadas pela Península Arábica. Foram muitas as batalhas, como, por exemplo, na cidade de Medina, que era dominada por poderosas tribos judaicas, tendo o Profeta Maomé exigido a sua conversão ao *Islã*. Narra-se que oitocentos judeus teriam sido decapitados e suas mulheres e filhos tomados como escravos por se negarem a tanto. Os muçulmanos atacaram Constantinopla já em 693 d.C., ou seja, sessenta e um anos após a morte de Maomé. O Império Bizantino perdurou até 1453 d.C., quando finalmente ruiu diante dos Turcos. A Síria, região hoje tão conturbada, por exemplo, ora pertenceu aos cristãos do império Bizantino, ora aos muçulmanos. Após as cruzadas dos católicos, que se iniciaram em 1096 d.C., buscando proteger Constantinopla e manter o domínio na Terra Santa, a verdade é que os muçulmanos prevaleceram na região, tendo se mantido íntegros na Península Arábica, avançado o *Islã* para quase toda a África, inclusive convertendo os Mouros, no Marrocos. Estes invadiram a Península Ibérica em 711 d.C., que se tornou parte do Califado de Damasco, perdurando até 1492 d.C. com a queda de Granada, na atual Espanha. Após a morte do Profeta Maomé, é nesse contexto de guerra religiosa (*Jihad*) e de conquista de territórios, que aos poucos se formou a Lei Islâmica, a *Sharia*, mediante a compilação de ensinamentos (*hadiths*) de Maomé elaborada por sete líderes religiosos (*Imãs*), com base no Corão. Com a *Sharia*, os Califas (havendo grande divergência entre *sunitas* e *xiitas* sobre quem Maomé teria indicado como seu sucessor) conseguiram manter-se legitimamente no poder. De fato, é impressionante verificar que, até os dias de hoje, em alguns países do Oriente Médio e da África, não há total separação entre Estado e religião muçulmana, como na Arábia Saudita e Irã, onde a *Sharia* é legislação que dá suporte a punições para determinados crimes, com penas severíssimas e por vezes cruéis. Frequente, ainda, vem sendo a mais radical interpretação da *Sharia* aplicada em países dominados por grupos radicais como o *Estado Islâmico* na Síria e no Iraque, o Taleban no Afeganistão, a Al-Qaeda no Iêmen, Boko Haram na Nigéria etc. São penas de decapitação por pregar outra religião, morte por apedrejamento da mulher infiel, mutilação de membros em praça pública, como a mão direita e o pé esquerdo por roubo, ou a mutilação do nariz de uma mulher que tenha cometido adultério, e chibatadas àqueles que não se adaptem às regras. Aliás, são as mulheres, muitas destituídas de qualquer direito e que se encontram sob total submissão dos maridos mediante contratos de casamento, escondidas no mundo de suas casas e debaixo de véus negros (*nikab*), as maiores vítimas do rigor medieval da *Sharia*. Até hoje podem ser agredidas em caso de insubordinação e, para os mais radicais, até mortas pelo marido e familiares se entenderem que elas os traíram, conversaram com homens fora de seu círculo familiar. Sobre a intolerável opressão às mulheres no Islã, vale a leitura do livro da egípcia NONIE DARWISH (*Cruel and Usual Punishment*, Tomas Nelson Editor, USA, 2008). Como visto, a crueldade de muitas das penas da *Sharia* equivalem às da Inquisição e às das punições havidas na Europa do direito estatutário, antes do Iluminismo (*vide* notas acima).

- **Indígenas no Brasil no século XVI:** Interessante a leitura da obra de JOÃO BERNARDINO GONZAGA intitulada *O Direito Penal Indígena – À Época do Descobrimento do Brasil* (São Paulo, Max Limonad, 1970). O autor narra a barbárie da época, sendo comum o infanticídio, seja pelo fato da criança ter alguma deformidade, seja por ter sido concebida em adultério; igualmente o abandono dos doentes e de crianças cujos pais tenham morrido. Igualmente o aborto era comum, inclusive quando a mulher desejava vingar os maus-tratos sofridos pelo homem, sendo prática também um cônjuge envenenar o outro, pelas mais fúteis desavenças (ob. cit., p. 135). O caráter místico estava presente, sendo que encontrando sepulturas de desafetos, eles os desenterravam e quebravam a sua cabeça. Para os Tupis, "a fratura do crânio tinha particular importância não só simbólica, mas também porque acreditavam que os defuntos 'andam na outra vida feridos, despedaçados, ou de qualquer maneira que acabavam nesta" (ob. cit., pp. 131-132). A vingança era a regra, e perdurava por gerações, pois "enquanto a vingança não sobreviesse, os espíritos dos falecidos permaneciam intranquilos e atentos, vagando pelo mundo" (*idem*). Sendo a responsabilidade coletiva, confundindo-se a pessoa com o grupo da qual é membro, não havendo a ideia de personalidade individual, matavam-se pessoas por fatos de seus ancestrais ou por outros membros de seu grupo. Velhos eram enterrados vivos, em cerimônias dos índios *Goyanás*.

- **Iluminismo, o Estado fundado na razão e humanização do Direito Penal:** Diante da crueldade dessas torturas e penas sanguinárias, o movimento pela humanização do Direito Penal foi se consolidando, ao mesmo tempo em que se passou a questionar o sistema monárquico de governo, culminando com a Revolução Francesa de 1789 e a Declaração dos Direitos do Homem e do Cidadão. Assim, com o advento do iluminismo, pensando o Estado em função da razão, diversos filósofos se destacaram nessa transformação política vivida na Europa, com a queda de muitas Monarquias e o advento das Repúblicas. Foi assim que floresceu o humanismo de THOMAS MORE idealizando mundos em figurativas ilhas isoladas, em seu livro *Utopia* (1516), fazendo severas críticas ao sistema social inglês da época, sucedido por FRANCIS BACON defendendo o progresso com um povo feliz em sua obra Nova Atlantis (1602). Depois vieram grandes filósofos fundamentando o Estado na razão, como os holandeses UGO GROZIO (Huig Van Groot), ao publicar *Direito de Guerra e de Paz* (1625) e BARUCH SPINOZA, português que, sendo judeu, fugiu da Inquisição para a Holanda, defendendo, no plano político, a liberdade de pensamento e de expressão, e sustentando a libertação das paixões pelo exercício da razão, fundamento da virtude, em seus livros *Ethica more geometrico demonstrata* (1677) e *Tractatus theologico-politicus* (1670), influenciado por Descartes. Já o inglês Thomas Hobbes, autor da célebre frase *homo homini lupus* ("homem lobo do homem", posto que o homem em estado de natureza e na luta pela sobrevivência estaria em permanente estado de guerra), fundamenta o Estado, com poder absoluto, para a salvaguarda da vida e da prosperidade, em um pacto de sujeição, comparando-o ao monstro bíblico *Leviatã*, em suas obras *De cive* (1642), *Leviatano* (1651), *De corpore* (1655) e *De homine* (1658). Cria-se, com isso, o terreno fértil para o nascimento do Iluminismo, tendo como ícone o inglês John Locke que, com a histórica publicação de seu *Tratado sobre o governo civil* de 1690, advoga a existência do Estado como fruto de um livre contrato social em que os cidadãos cedem parcela de sua liberdade para que o Estado, com leis justas, defenda a parcela da liberdade de cada um que não foi cedida, inclusive religiosa, a separação dos poderes e o reconhecimento dos direitos naturais, neles incluindo a prosperidade. Também o alemão *Christian Wolff*, desenvolvendo uma concepção racional da ética e distinguindo o conhecimento científico fundado no *princípio da não contradição*, do conhecimento sensível, baseado no experimentalismo e na indução, com as obras *Theologia rationalis* (1737) e *Ethica* (1750), entre outras. Por sua vez, de forma especial para o Direito Penal, o francês Charles De Secondat Montesquieu, juiz criminal admirador dos avanços políticos ingleses e crítico da sociedade francesa, publicou o famoso *O Espírito das Leis* (1748), no qual luta contra o despotismo ao defender o controle dos poderes. Igualmente, pôs-se contra o autoritarismo do Legislativo, ao afirmar que as leis é que devem se conformar com a vida dos povos e não o contrário. Nesse tratado, traz grandes avanços na humanização do Direito, afirmando ser inútil a excessiva severidade das leis penais e que é melhor ensinar do que punir: "Um bom legislador se interessará menos em punir os crimes, do que preveni-los; ele se dedicará mais a dar os costumes do que infligir os suplícios" (Livro VI, Capítulos IX e XII). Igualmente, quanto à liberdade do cidadão em face do Estado e do cidadão em face de outro cidadão, aduz: "A liberdade é o direito de fazer tudo o que as leis permitem; se um cidadão pudesse fazer tudo o que elas proíbem, não teria mais liberdade, porque os outros teriam tal poder" (Livro XI, Capítulo III). Lembramos também Jean-Jacques Rousseau, que lutou contra a injustiça e a discriminação social, enfatizando que todo homem tem uma bondade originária, inspiração da liberdade e da justiça. Em seu célebre *Contrato Social* (1762), Rousseau defendeu a função do Estado como meio para restabelecer a igualdade entre todos, a fim de que exista justiça. Em sua obra *De l'Économie Politique* adverte que "a primeira das leis é respeitar as leis: o rigor dos castigos não é mais do que um recurso em vão imaginado por aqueles com pequeno espírito por substituir, pelo medo, o respeito que não se conseguiu obter" (*apud* Giorgio Del Vecchio, *La Giustizia*, Roma, Editrice Studium, 1946 p. 198). Imprescindível mencionar, igualmente, o francês François-Marie Arouet Voltaire que, após exílio na Inglaterra, lutou pelo triunfo da razão contra os preconceitos, contra toda forma de superstição e de fanatismo religioso, e contra privilégios políticos, defendendo maior tolerância e justiça. Entre os seus diversos livros, destaca-se o *Tratado sobre a tolerância* (1763), sendo suas as críticas indagações: "Não lhes chama a atenção que os países onde o rito da lei apresenta os mais horrendos espetáculos são os mesmos aonde os crimes mais se multiplicam? Vocês não se convencem que o amor à honra e o medo da vergonha são melhores moralistas do que os carrascos?" ("Prix de la justice et de l'humanit", Art. XXVIII, *in Oeuvres*, t. XXIX, 1785, p. 347). Significativos foram os avanços das reformas legislativas na Toscana em 1786, por Pietro Leopoldo, abolindo a tortura e a pena de morte, bem como refutando a "legislação passada, pela qual a contumácia do réu e a sua fuga ou ausência do Estado eram consideradas confissão, ao reconhecermos o quanto ele é injusto e falacioso, e quanto facilmente o temor de um processo e da prisão pode induzir à contumácia e à fuga mesmo os inocentes" (cf. Vincenzo Manzini, "Contumacia (Diritto Processuale Penale)", *in* Novissimo Digesto Italiano, Torino, UTET, 1968, v. VIII, p. 779). Também na Itália, Romagnosi publica em 1791 o livro *Genesi del Diritto Penale*, no qual sustenta ser a pena excepcional, a sua utilização como meio exclusivamente preventivo, e não como um mal destinado a satisfazer o espírito de vingança, tampouco como expiação, servindo como contraestímulo (*contro spinta*) ao impulso criminoso (*spinta criminosa*), impondo freios, com a sua ameaça, à "injusta intemperança". Na Inglaterra, destaca-se o humanista JOHN HOWARD, que chegou a ser *sheriff* do Condado de Bedford (1773) e visitou as prisões de quase toda a Europa, denunciando as vergonhosas instalações penitenciárias, inclusive inglesas, estando as pessoas presas em calabouços infectos, sem ar, sem iluminação, sem assistência material e moral, publicando, entre outros, o livro *State of Prisons* (1777). Em meio a essa profusão de grandes pensadores políticos, fundamental lembrarmos de EMMANUEL KANT que solidificou o conceito de *dignidade humana* como valor a ser observado diante da razão utilitarista, sendo considerado o "pai" dos direitos humanos, ao escrever, em sua célebre obra *Fundamentação da Metafísica dos Costumes*, de 1785, que "O homem, e, duma maneira geral, todo o ser racional, existe como fim em si mesmo, não só como meio para o uso arbitrário desta ou daquela vontade. Pelo contrário, em todas as suas ações, tanto nas que dirigem a ele mesmo como nas que se dirigem a outros seres racionais, ele tem sempre de ser considerado simultaneamente como um fim (...) "O homem, e, e uma maneira geral, todo o ser racional, existe como fim em si mesmo, não só como meio". Trata-se da chamada *Golden Rule* ou *Regra de Ouro*, que incorpora o valor da alteridade, fundamental à vida em sociedade. Contrapondo-se ao humanismo de KANT, não podemos deixar de mencionar o pensamento utilitarista do pensador inglês JEREMIAS BENTHAM, em sua *Teoria das Penas e das Recompensas* (1827), ao afirmar que a pena deve ser tida como uma necessidade, com funções de prevenção geral e de prevenção especial (para que o condenado não cometa novos crimes, corrigindo-o e intimidando-o), sendo a busca da felicidade o ponto de partida de toda ação humana. Sobre tais bases buscou fundamentar uma ciência da Moral e do Direito, tendo como fim a máxima felicidade do maior número possível de pessoas (cf. SEBASTIÁN SOLLER, *Derecho Penal Argentino*, Buenos Aires, La Ley, 1945, t. I, p. 76; e EUGENIO CUELLO CALLÓN, *Derecho Penal*, 6ª ed., Barcelona, Bosch, 1943, v. I, pp. 41 e 58). No âmbito do Direito Penal, ANSELMO FEURBACH também na primeira metade do século XIX, consolida, como conhecemos atualmente, a regra da taxatividade da lei penal (cf. FRANZ VON LISZT, *Tratado de Derecho Penal*, tradução para o espanhol da 18ª edição alemã, 2ª ed., Madrid, Reus, 1926, t. I, p. 78), com os *tipos penais*. A sua origem remota está no Direito Romano no qual já havia o princípio *nullum crimen, nulla poena sine praevia lege*, postulado com gênese na segunda fase do Direito Penal romano, ou seja, do procedimento acusatório (*accusatio*), que vigorou no final da República romana. Durante a sua vigência, tribunais permanentes denominados *quaestiones perpetuae* eram competentes para julgar crimes (*crimina*) definidos por leis (*leges*), as quais, por vezes, além de instituírem o próprio tribunal (*quaestio*), estabeleciam o procedimento acusatório a ser seguido. Em outras palavras, a lei definia tudo: o tribunal, o crime e o procedimento. No procedimento acusatório das *quaestiones perpetuae* encontram-se, portanto, as remotas raízes da regra insculpida no art. 1º do CP, a qual inspirou, na Inglaterra, o art. 39 da *Magna Charta Libertatum* de 1215 ("Nenhum homem livre será detido ou sujeito à prisão, ou privado dos seus bens, ou colocado fora da lei, ou exilado, ou de qualquer modo molestado, e nós não procederemos nem mandaremos proceder contra ele senão mediante um julgamento regular pelos seus pares ou de harmonia com a lei do país"). Os tipos penais foram evoluindo com as Escolas Penais que se sucederam: ERNEST VON BELING, no início do século XIX, MAX ERNEST MAYER e EDMOND MEZGER, entre outros, nos idos de 1930, culminando com o Finalismo de HANS WELZEL, encontrando-se descritos no tipo: (a) a conduta comissiva ou omissiva, denominada tipo objetivo; (b) o dolo ou a culpa do agente, isto é, o tipo subjetivo; (c) o resultado naturalístico (crimes materiais) ou normativo (crimes de perigo); (d) o nexo de causalidade. Por vezes há a descrição, ainda, de (e) elementos normativos do tipo (como nas expressões "indevidamente", "sem justa causa"; *vide* nota Tipo e antijuridicidade) e, em alguns casos, do (f) elemento subjetivo do tipo, que impõe um especial fim de agir (por exemplo, "em proveito próprio ou alheio"). Atualmente, encontra-se já solidificado o funcionalismo e a Teoria da Imputação Objetiva de CLAUS ROXIN, que vem substituindo o finalismo em vários ordenamentos.

- **A Revolução Francesa:** Influenciados pelos grandes pensadores iluministas, e buscando, no reconhecimento da liberdade, igualdade e fraternidade de todos os cidadãos, lançaram-se os fundamentos do moderno Estado francês, inaugurando, com a Declaração dos Direitos do Homem e do Cidadão de 1789, uma nova fase da história da humanidade. Os ideais da Revolução, vistos com restrição pelas monarquias, como a portuguesa, repercutiram nos códigos que lhe sucederam, como no Código Penal francês de 1810 – Código de Napoleão, que foi um avanço para a época. Humanização esta, é importante registrar, que veio aos poucos sendo implementada, mesmo porque, durante o decorrer da Revolução Francesa, foi frequente o recurso à pena de morte pela guilhotina (entendendo-a, alguns, como uma evolução por levar a uma morte rápida, ao contrário das execuções com tortura). Penas de morte impostas, inclusive, a advogados por alegados excessos em suas defesas. De triste memória, durante a Revolução Francesa, foi, além da guilhotina, a *Lei dos Suspeitos*, de 17 de setembro de 1793, como consigna GUILLAUME BERNARD, *in Reveu de l'Institut de Criminologie de Paris*, v. 4 – *La Présomption d'Innocence*, 2003-2004, p. 55. Em razão dessa terrível lei, que ignorava a presunção de inocência reconhecida pela própria Declaração dos Direitos do Homem e do Cidadão, houve a punição de pessoas em razão da classe social e da oposição política, possibilitando classificar como "suspeitos" todos os adversários do regime, estabelecendo uma série de presunções de culpabilidade. Essa situação, de considerar o oponente político como um inimigo do Estado que não merece a proteção do direito comum, havendo, quanto a ele, a presunção de culpa, perdurou pelo menos até 1814, o que não deixa de ser uma contradição histórica, tudo a demonstrar como são lentas e difíceis as mudanças dos regimes políticos e o império da Democracia. O trágico período da Revolução Francesa, no qual foram executadas 2.780 pessoas – número impressionante, ainda mais para a época – e onde se destacou tristemente FOUQUIER-TIMVILLE, acusador público do Tribunal Revolucionário, começou a se desmoralizar com a instituição da *Grande Peur* ("Grande Pavor"), lei processual que limitava a instrução e os debates a três dias, e só permitia duas decisões: absolvição ou condenação à morte, sem direito a recurso.

Após o iluminismo – As Escolas de Direito Penal (da Escola Clássica ao Direito Penal do Inimigo)

▪ **A Escola Clássica:** A Escola Clássica tem origem no Iluminismo e nas críticas feitas por autores como BECCARIA ao Antigo Regime que vigorava na França, fundamentando-se na teoria do contrato social de ROUSSEAU, segundo a qual cada um renuncia a uma pequena parcela de sua liberdade ao Estado, a fim de que este assegure o bem de todos e o gozo da maior parte dessa mesma liberdade da qual não se renunciou, sendo a pena necessária somente em função da manutenção desse equilíbrio (ANÍBAL BRUNO, *Direito Penal*, Rio de Janeiro, Forense, 1967, p. 98). Com o espírito voltado ao direito natural, racional e liberal, ANSELMO FEUERBACH, na primeira metade do século XIX, consolidou a ideia da *taxatividade* da lei penal com a terminologia que conhecemos atualmente: *nulla poena sine lege* (cf. FRANCESCO ANTOLISEI, *Manuale di Diritto Penale – Parte Generale*, 30ª ed., atualizada por Luigi Conti, Milano, Giuffrè, 1994, p. 62). Na França, PELLEGRINO ROSSI, em seu *Tratado de Direito Penal* publicado em 1824, afirma que o Direito Penal funda-se na moral (moralismo metafísico), sendo a pena uma retribuição do mal praticado (o crime) com um outro mal (a pena) (FRAGOSO, ob. cit., p. 46). O expoente máximo da Escola Clássica na Itália foi FRANCESCO CARRARA, tendo como fundamento do Direito Penal a *razão* e o *direito natural*, lei eterna criada por Deus. A responsabilidade penal tem como base o livre-arbítrio e a capacidade moral; e a pena, uma natural retribuição pela violação da lei natural. Distingue CARRARA, ainda, a *força física* (o crime em sua exterioridade) da *força moral* (a vontade que animou a conduta), havendo culpabilidade quando presente o denominado *dolus malus* ou "dolo maligno". Na escola clássica havia a separação da *teoria da imputação* da *teoria da pena*: "A *teoria da imputação* contempla o delito nas suas puras relações com o agente, e [as relações] que este a sua volta contempla com a lei moral, segundo os princípios do livre-arbítrio e da responsabilidade humana; que são imutáveis, não se modificam com a variação dos tempos, de pessoas ou de costumes. A *teoria da pena* contempla o delito na sua vida exterior, nas suas relações com a sociedade civil considera da na sua primária razão de ser, isto é, de conferir a necessária tutela jurídica sobre a terra". E conclui: "Apesar de não poder haver pena onde não há imputação, pode haver imputação não seguida de pena; e apesar de tudo aquilo que modifica a imputação deva por justiça influir na pena, esta pode por vezes ser modificada ainda que inalterada a imputação" (*Programma del Corso di Diritto Criminale dettato nella R. Università di Pisa – Parte Generale*, 9ª ed., Firenze, Fratelli Cammelli, 1902, v. I, pp. 47-48).

Uma curiosidade é a de que, enquanto Pellegrino Rossi na França não se opunha à pena de morte, Francesco Carrara foi um dos grandes abolicionistas da pena capital (que já havia sido definitivamente extinta na Toscana por dois decretos, um de 1859 e outro de 1860), tendo tido importante papel nos debates sobre a sua extinção para toda a Itália, o que veio a ocorrer depois de sua morte, com o Código de 1889 (Código Zanardelli), quando já unificada a Itália, ressalvados poucos crimes militares em tempo de guerra. Assim, para a Escola Clássica, o livre-arbítrio, atrelado à capacidade moral do homem, é o fundamento da culpabilidade, da reprovabilidade e da retribuição pelo mal causado, sendo que a pena não tem caráter utilitarista. Dentro do classicismo, cumpre referir a importantíssima contribuição de J. M. Birnbaum que foi o primeiro a escrever, em 1834, trabalho intitulado Sobre a necessidade de uma lesão jurídica para o conceito de delito, afirmando que "se se considera o delito como lesão, este conceito deve ser referido por natureza, não a um direito, mas a um bem", segundo Franz Von Liszt, que complementa: "Birnbaum tinha razão (...) Os direitos não podem ser lesionados porque não são reais. O que se lesiona são interesses, é dizer, bens" (*Tratado de Derecho Penal*, 20ª ed. trad. por Luis Jiménez de Asúa, Madrid, Reus, 1927, t. I, p. 10). A Escola Clássica tem a característica de estar atrelada ao conceito de Direito Natural, havendo frequente referência, entre seus autores, a Deus e aos dogmas do Cristianismo. Comparado com o que ocorria anteriormente, a evolução na época foi enorme, tendo sido Ernest Von Beling, por exemplo, *quem introduziu o conceito de tipo como modelo de injusto penal*, como anota Fritz Loos ("Hans Welzel (1904-1977) – A Busca do Suprapositivo no Direito", in *O Passado e o Futuro do Finalismo no Direito Penal*, org. por Pablo Rodrigo Alflen, Porto Alegre, CDS, 2020, p. 25). Para Von Beling: "Deve entender-se por 'ação' um comportamento corporal (fase externa, 'objetiva' da ação) produzido pelo domínio sobre o corpo (liberdade de enervação muscular, 'voluntariedade', fase interna, 'subjetiva' da ação); ela é um 'comportamento corporal voluntário', consistente ou em um 'fazer' (ação positiva), isto é, um movimento corporal, p.ex. levantar a mão, movimentos para falar, etc., ou em um 'não fazer' (omissão), isto é, distensão dos músculos" (*Esquema de Derecho Penal*, trad. por Sebastián Soler, Buenos Aires, Depalma, 1944, pp. 19-20). Era adotada a *teoria causal-naturalística* da ação, sendo que o tipo penal era exclusivamente *objetivo* (ação voluntária causando um resultado), e o aspecto subjetivo daquela conduta, do seu agente visar o resultado, ter a intenção de o praticar, estava fora do tipo penal. Ele era analisado, como *dolus malus*, ínsito à malícia e à intenção de violar a lei penal, no âmbito da *culpabilidade*

- A Escola Positiva: Opondo-se ao liberalismo, na Escola Positiva o Direito Penal passa a ser tratado como uma ciência empírica, baseada nos dados sensíveis da realidade social, buscando-se eliminar a metafísica, o caráter religioso da Escola Clássica. Ressalta-se o *determinismo* da conduta criminosa do sujeito, traçando-se um perfil do delinquente, com base em fatores sociais, físicos e psicológicos, a partir dos quais era constatada a sua hipotética *periculosidade*. Em outras palavras, determinadas pessoas já nasceriam predeterminadas a cometer crimes, em razão de fatores inclusive físicos. Como expoente do positivismo, Cesare Lombroso, com o seu clássico *L'Homme Criminel* (trad. para o francês por Regnier e Bournet, Paris, Félix Alcan, Éditeur, 1887), buscando definir o delinquente sob os aspectos fisiológicos e morfológicos, analisando a medida do crânio, os ângulos faciais etc. Até mesmo a mulher foi tratada de modo específico por Lombroso e G. Ferrero (*La Femme Criminelle*, trad. para o francês por Louise Meille, Paris, Félix Alcan, Éditeur, 1896). Já agora sob o ângulo social, Enrico Ferri, em seu *Sociologia Criminal* (trad. de Antonio Soto y Hernández, Madrid, Centro Editorial de Góngora, 1907), ressaltou o enfoque sociológico do crime, sendo a pena uma sanção social aplicável como meio de *prevenção especial* (para que a pessoa não venha a delinquir), e não como retribuição pelo que fez (como ocorria na Escola Clássica). Um dos seus maiores expoentes foi também Raffaele Garofalo, com o seu conceito de *delito natural*. Escreve: "O senso moral é, pois, ao menos em pare, orgânico. Criado na espécie, como todos os nossos outros sentimentos, por evolução hereditária, pode ser deficiente nos indivíduos de entendimento fraco, pode perder-se por doença ou pode ainda faltar inteiramente no indivíduo por monstruosidade de organismo que pode, à falta de outra explicação, atribuir-se em alguns casos ao atavismo (...) E assim não admira que, numa sociedade culta, haja um certo número de indivíduos cuja moralidade não corresponde à da generalidade da população. São *anomalias naturais* (...)". Questionado por autores como VACCARI no sentido de que o fato de uma pessoa, em um momento isolado e excepcional de sua vida, ter cometido um crime e depois se arrepender não a torna uma ser imoral e anômalo, GAROFALO responde: "O delinquente não se denuncia apenas pelo ato criminoso, mas pela coerência desse ato com certos caracteres especiais: o crime não é nele, portanto, um fato isolado, mas *o sintoma de uma anomalia moral*" (*Criminologia*, 3ª ed., versão portuguesa por Julio de Mattos, Lisboa, Livraria Clássica, 1916, pp. 31, 90 e 91). Segundo MIGUEL REALE JÚNIOR, o conceito de crime, na Escola Positiva, não é jurídico, mas sociológico; "a sociedade reage ao delito como a um fato indigno, incompatível com sua organização, devendo, para o pronto restabelecimento da saúde social, ser o delinquente expurgado" (*Teoria do Delito*, São Paulo, Revista dos Tribunais, 1998, p. 20). Dessa forma, a partir do momento em que se trata o crime como decorrência de fatores fisiológicos, morfológicos e sociais, que *determinam* a prática de crimes por certas pessoas, o delito deixa de ser considerado sob o ângulo da reprovabilidade pela violação consciente de valores, passando a sê-lo como *um fenômeno natural*, em razão de fatores individuais (endógenos) e sociais (exógenos). Com efeito, MIGUEL REALE JÚNIOR, apoiado em UGO SPIRITO, observa que com a "substituição da responsabilidade moral pela social, extrai-se da noção de delito qualquer juízo de valor". Trata-se, assim, de um preconceituoso *Direito Penal do autor*, onde *o fato praticado pela pessoa deixa de ser o principal*; o que mais importa é a aferição de sua personalidade criminosa, de sua "natural" tendência para o crime (*determinismo criminoso*), decorrendo, daí, o principal fundamento de sua exclusão da sociedade, como defesa social.

- A "Terceira Escola" (*Terza Scuola*): A denominada *Terza Scuola* italiana, com EMMANUELE CARNEVALE e BERNARDINO ALIMENA, posicionou-se em um campo intermediário entre a Escola Clássica e a Escola Positiva. Como ensina JUAN BUSTOS RAMÍREZ (*Introducción al Derecho*, cit., p. 172), ao mesmo tempo em que esses autores não aceitam o livre-arbítrio da Escola Clássica e se declaram partidários do determinismo da Escola Positiva, rechaçam a ideia de responsabilizar criminalmente os inimputáveis, o que era uma consequência lógica da periculosidade. Assim, para a Terceira Escola, a ação penal só poderia ser intentada em face de sujeitos que *possam dirigir os seus atos*, estando conscientes da ameaça da pena (é a chamada "capacidade para delinquir" ou imputabilidade). Aos inimputáveis, segundo essa doutrina, aplicar-se-ia a medida de segurança, considerada uma *medida não penal*. As penas, por sua vez, teriam mais um caráter aflitivo (retributivo) e de prevenção geral, ao passo que as medidas de segurança somente o caráter de prevenção especial.

- A Escola Sociológica Alemã (uma "nova política criminal"): Na Alemanha, o rechaço ao positivismo foi a inspiração da denominada *Escola Sociológica Alemã*, com FRANZ VON LISZT, o qual, refutando a ideia de um "criminoso nato". O grande penalista VON LISZT enfatiza que o crime, entendido como um fato jurídico, tem por detrás um homem e inúmeras circunstâncias sociais que atuam como fatores geradores de criminalidade. Assim, busca desenvolver uma *nova Política Criminal* para preencher o abismo entre o Direito Penal (dogmático, rígido, estático, igualitário) e a vivente realidade (eminentemente variável, individual e circunstancial), voltada para *os fins do Direito*, ou seja, *a proteção dos interesses* mais relevantes da sociedade. E complementa: "A velha 'repressão' (*Bestrafung*) se moderniza nesta fórmula universal da vida: a 'luta' (*Bekämpfung*). A 'luta contra o delito', e suas causas (...) um 'direito de luta contra o delito' (*Verbrechenbekämpfungsrechtes*) – algo mais que o velho Direito Penal, algo menos que a reação individual arbitrária – que tem seus limites e uma ciência da luta contra o delito (*Wissenschaft der Verbrechenhekäpfungsrechtes*): a Política Criminal". Contudo, LISZT faz uma importante ressalva. Após reconhecer que a *política criminal* teve como consequência, em um primeiro momento, o *recrudescimento de penas para a prevenção do crime*, em uma fase posterior faz crítica, protestando contra a distorção que se verificou com o excesso das punições, tida como único meio de luta contra o delito. Assim alerta: *a política criminal, pujante, tem que se deter diante da fortaleza inexpugnável das conquistas revolucionárias (da Revolução Francesa)*. A política criminal não pode deixar de ser política... "A segurança geral não pode atacar as essências constitucionais da segurança individual: *a liberdade*. O Direito Penal – filho da Política – as consagra. Como o Direito Penal, a política criminal tem, pois, os seus limites: 'o Direito Penal é a barreira intransponível da política criminal'" (*Tratado de Derecho Penal*, 20ª ed. trad. por Luis Jiménez de Asúa, Madrid, Reus, 1927, v. II, pp. 64-65). Sob o enfoque dessa "nova política criminal" há influência, assim, da psicologia, da antropologia e da sociologia. VON LISZT aceita a diferenciação entre imputáveis e inimputáveis, com base na capacidade de autodeterminação, aduzindo que para haver aplicação de medida de segurança ao inimputável, deve-se constatar a periculosidade do sujeito (ANÍBAL BRUNO, ob. cit., p. 128). Segundo JUAN BUSTOS RAMÍREZ (*Introducción al Derecho Penal*, cit., p. 159), VON LISZT trouxe grande avanço ao Direito Penal, sendo um dogmático moderno. Tanto assim que afirma, com uma visão garantista: "o Código Penal é a Magna Carta do delinquente. Não protege a ordem jurídica nem a comunidade, senão o indivíduo que contra esta agiu. Dispõe para ele o direito a ser castigado somente quando concorrerem os requisitos legais e dentro dos limites estabelecidos pela lei". É de LISZT, ainda, a famosa teoria da relação de causalidade da *conditio sine qua non*, com reflexos em nosso Direito até hoje. A antijuridicidade, para LISZT, por fim, não é algo somente formal, de transgressão de uma norma, mas sim *material*, consistente em uma conduta antissocial, contrária à sociedade, o que pressupõe entender o delito como *ataque a um bem jurídico*, ou seja, ao "interesse juridicamente protegido" (ob. cit., p. 163). Sem dúvida, FRANZ VON LISZT foi um dos maiores penalistas da história, refutando a ideia de "criminoso nato" dos positivistas, ao mesmo tempo em que ressalta a fundamental questão dos fatores sociais como responsáveis, em boa parte, pela criminalidade (FRAGOSO, ob. cit., p. 52). Abria-se, já com VON LISZT, a importante porta da sociologia (e da criminologia) para as ciências criminais e para o Direito Penal.

- **A Escola Técnico-Jurídica:** Como superação do positivismo, surge na Itália e na Alemanha, também, a Escola Técnico-Jurídica. Com ela, busca-se estudar cientificamente o Direito Penal de modo autônomo, sem influxos filosóficos, bem como separando-a de outras ciências afins, como a criminologia e a sociologia. Embora reconhecendo a importância delas, buscou-se traçar um sistema de princípios de direito, delimitando o seu objeto, evitando o empirismo ao adotar um método técnico-jurídico para o estudo do Direito, com três modalidades de investigação: exegética (interpretativa), dogmática (com seus postulados) e crítica (BUSTOS RAMÍREZ, ob. cit., p. 174), embora esta última, a crítica, ficasse um tanto prejudicada pela exclusão de questionamentos filosóficos e de outras ciências, como a sociologia, aos dogmas estabelecidos (ANÍBAL BRUNO, ob. cit., p. 133). Assim, ARTURO ROCCO enfatiza: "Devemos logo estudar o bem e o interesse, não já em si, mas sim com relação ao delito que o ofende, ou seja, estudar o delito como ação danosa ou perigosa, como lesão e como ameaça àquele bem e àquele interesse. É preciso, ainda, investigar a relação entre bem e interesse, que é objeto da tutela jurídica penal, e essa tutela, é dizer, *estudar o direito penal como tutela de bens e de interesses*", e de forma sistemática (*El Objeto del Delito y de la Tutela Jurídica Penal*, Montevideo-Buenos Aires, Editorial B de F, 2005, pp. 237-238). Ao tratar o Direito Penal dessa forma, a Escola Técnico-Jurídica acabou incidindo na mesma via dos clássicos, afastando-se da realidade. FRANCESCO ANTOLISEI buscou corrigir esse rumo, salientando ser necessário *analisar a realidade social e as ciências que tratam das causas do delito* – as quais, todavia, não seriam parte da ciência do Direito Penal –, sendo o trabalho do jurista o de criticar a norma (estudo dogmático *de lege ferenda*) para, inclusive, elaborar reformas a fim de trazê-la à realidade, como ensina BUSTOS RAMÍREZ (ob. cit., pp. 174-175). Com efeito, afirma ANTOLISEI acerca do realismo que propõe: "Não se trata, portanto, de dar início a uma nova escola (...). Trata-se somente de liberar a dogmática penal da incrustação que as tendências formalísticas fizeram surgir ao seu entorno, prendendo ou falseando o seu desenvolvimento. Trata-se, em uma palavra, de trazer ao estudo do direito um espírito novo: aquele senso realístico que corresponde à atmosfera da época em que vivemos. Realismo no campo do direito penal e do direito em geral – importante repetir – significa sobretudo praticidade e a praticidade implica, de um lado, limitar o estudo às questões que são realmente úteis para a aplicação do direito e, de outro lado, adotar um método de trabalho que torne a teoria facilmente acessível a todos aqueles a que é destinada; significa, em resumo, ter sempre presente que a ciência é feita para a vida e não a vida para a ciência" (*Scritti di Diritto Penale*, Milano, Giuffrè, 1955, pp. 39-41). Para essa escola, a pena tem caráter retributivo e expiatório, com responsabilidade moral baseada no livre-arbítrio. São expoentes dessa Escola, além dos autores acima citados, EDUARDO MASSARI (com o seu *La Norma Penale*, S. Maria C. V., Francesco Cavotta Editore, 1913), VINCENZO MANZINI (*Tratato di Diritto Penale Italiano*, nova edição atualizada, Torino, UTET, 1941) e CARLO BINDING (*Compendio di Diritto Penale – Parte Generale*, trad. de Adelmo Borettini, Roma, Athenaeum, 1926), entre outros.

- **A Escola da Defesa Social e a Escola de Kiel:** Na Itália, podemos citar, igualmente, a denominada *Escola da Defesa Social*, com FILIPPO GRAMATICA (*Principi di Diritto Penale Soggettivo*, Torino, Fratelli Bocca Editore, 1934), entre outros, que representou um *retrocesso* no Direito Penal. Visava-se mais uma vez um *direito penal do autor* (e *não do fato*), ou seja, a pessoa é presa como uma medida de defesa social em razão de sua antissocialibilidade e não como pena em razão do fato criminoso que cometeu. Em outro momento negro do Direito Penal, registramos, também, a *Escola de Kiel* da época nazista, com inspiração em ADOLF MERKEL, FERNECK e KOHLRAUSCH. Segundo JUAN BUSTOS RAMÍREZ (*Manual de Derecho Penal*, 4ª ed., Barcelona, PPU, 1994, p. 221), entendendo-se a culpabilidade como a lesão dos deveres sociais do povo, traição e dever de lealdade tornavam a antijuridicidade e a culpabilidade indissolúveis. A propósito, MIGUEL REALE JÚNIOR, referindo-se à comunidade do povo da raça alemã (*Volksgemeinschaft*), conduzida pelo *Führer*, observa que o Direito era imanente à comunidade, sua função e resultado, havendo menosprezo à forma e ao normativismo, ao passo que eram considerados fontes materiais do Direito o "espírito objetivo e o 'sal do sentimento do povo'", admitindo-se a analogia *in malam partem* e ampliando-se a função criadora do juiz, em prejuízo da liberdade e da segurança jurídica. Pune-se a *vontade delituosa*, atrás de cada tipo penal, já que o fato espelharia "a tendência do agente contrária à comunidade e merecedora de punição", ainda que não houvesse tipo específico que incriminasse determinada conduta (*Teoria do Delito*, cit., pp. 23-24).

- **O Finalismo de HANS WELZEL:** Ao fim da II Grande Guerra, em um momento em que havia grande preocupação em *humanizar* o Direito Penal, o gênio de HANS WELZEL (*Derecho Penal – Parte General*, Buenos Aires, Depalma, 1956) rechaçou a teoria causal-naturalística da Escola Clássica, com seus dogmas (é comum, nos autores clássicos, a referência a Deus e ao dogmas católicos, por vezes autoritários), propondo a *subjetivação do tipo penal*, trazendo para ele o dolo e a culpa, o aspecto da vontade humana, manifestada em conduta, *dirigida a um fim*: trata-se da *Teoria da Ação Finalista*. No finalismo o dolo não é a mera "vontade de ação", mas sim a *intenção subjetiva de praticar a conduta proibida* prevista no tipo penal. O juízo valorativo da reprovabilidade da conduta típica e antijurídica, diante da consciência real ou potencial de sua ilicitude por parte de seu autor, que gera o juízo de culpabilidade, está fora do tipo. WELZEL trouxe para o Direito Penal uma *visão ôntica* (da essência do ser humano ao tomar suas decisões), interpretando os tipos com vistas a não incriminar condutas socialmente adequadas (*teoria da adequação social*). Como escreve FRITZ LOOS: "A contribuição de WELZEL consistiu, até aqui, na transformação do sistema por meio do desenvolvimento do conceito de *'injusto pessoal'*, sendo esta a característica que imediatamente chama a atenção naquele sistema, pois o assim chamado *dolo natural* não é um elemento da culpabilidade – como era em seus predecessores –, mas é, como dolo do tipo, um elemento subjetivo deste", tendo para além de uma questão técnica de colocar o dolo no tipo, "encontrado, com a estrutura pré-jurídica da ação, um ponto de partida dogmático relevante para ordenamentos jurídicos-penais completamente distintos quanto ao seu conteúdo", sendo por isso traduzido o famoso *Manual* de WELZEL em diversas línguas, em grande parte do mundo. Com isso, proporcionou uma sistematização do Direito Penal, um *standard* técnico, constando de sua obra que era isso mesmo que pretendia: "Como ciência sistemática, a Ciência do Direito Penal apresenta as bases para uma administração da justiça igualitária e justa, pois somente a compreensão das conexões internas do Direito. Leva à aplicação deste além da sorte e da arbitrariedade" (FRITZ LOOS, "Hans Welzel (1904-1977) – A Busca do Suprapositivo no Direito", in *O Passado e o Futuro do Finalismo no Direito Penal*, org. por Pablo Rodrigo Alflen, CDS, Porto Alegre, 2020, p. 26 e 31). Nas palavras do saudoso professor ANTÔNIO LUÍS CHAVES DE CAMARGO, "WELZEL partiu do pressuposto de que existe uma estrutura categorial do fazer humano que não pode ser modificada pelo legislador. Essa ação humana, como estrutura lógico-objetiva fundamental, tem como característica decisiva a capacidade humana de prever, em determinada medida, as consequências causais de seu agir, sua estrutura final .. o legislador não pode proibir a causação de resultados, mas apenas ações finais, e estas se caracterizam por ser a espinha dorsal da ação, que é a vontade consciente dirigida a um fim que determina o acontecer causal, este prévio"; o homem, enfim, "pode antecipar e controlar o curso causal, direcionando sua ação a determinado objetivo, o que exige a consciência total da exteriorização da ação para cumprir o objetivo final" (*Imputação Objetiva e Direito Penal Brasileiro*, São Paulo, Cultural Paulista, 2002, p. 30). Assim, com o Finalismo não se proíbe o resultado, *mas a conduta praticada com determinado fim proibido*; há ênfase no *desvalor da ação* na própria tipicidade. Na tentativa, o primordial para a configuração do crime *não é o perigo real do resultado visado pelo autor ter ocorrido*, mas sim a sua conduta típica e antijurídica, apta para tanto. Trata-se da reprovabilidade do processo volitivo que ensejou a conduta contrária ao Direito (típica e antijurídica), tendo o sujeito podido agir de forma diversa. Já a culpabilidade consiste na *reprovabilidade* do agente em função de sua consciência atual ou potencial da antijuridicidade de sua conduta, fora do tipo penal. Separou-se do *dolo* ("dolo natural") da *consciência da antijuridicidade* (reprovabilidade e culpabilidade). Ensina novamente Fritz Loos (cit., p. 32): "Com a distinção entre *direcionamento da ação* e *direcionamento dos impulsos*, se *separam* o *dolo* e a *consciência do injusto*; a última permanecia na culpabilidade como momento da motivação reprovável de uma ação finalista ilícita. A reprovabilidade, no sentido dos delitos dolosos, poderia se dar, também, quando não existia consciência atual, mas sim consciência potencial do injusto, justamente se o desconhecimento do injusto era evitável". Desse modo, o dolo e a culpa passam a integrar o tipo, como essência da violação da norma, vinculando-se à capacidade humana de conscientemente dirigir os seus atos voltados a determinado fim, ou praticando condutas sem observância dos deveres de cuidado exigidos pela lei. Quanto ao nexo de causalidade (*conditio sine qua non*), esclarece Enrique Bacigalupo que "os limites da causalidade tipicamente relevante no delito doloso são fixados pelo tipo subjetivo: somente é relevante a causalidade materialmente dirigida pela vontade de acordo com um fim" (*Lineamentos de la Teoría del Delito*, Buenos Aires, Astrea, 1974, p. 46). Cumpre observar, todavia, que, mesmo no Finalismo (para o qual importa mais o aspecto *subjetivo* do desvalor da ação voltada a um fim ilícito), não se pode abandonar na consideração da culpabilidade o *desvalor do resultado*, caso contrário não haveria diferença na punição do crime tentado e do consumado, o que seria aceitável; nesse sentido, e com razão, Gunter Stratenwerth (*Disvalor de Acción y Disvalor de Resultado en el Derecho Penal*, 2ª ed., Buenos Aires, De Palma-Hammurabi, 2006, pp. 53-54). O Finalismo, que já completa mais de 70 anos, influenciou diversos Códigos Penais, alguns vigentes *até hoje*, seja na América Latina (como Brasil, Argentina, Equador, Colômbia, Bolívia e Paraguai), na América do Norte (México) e na Europa (lembrando-se Espanha e Portugal, entre outros). Entre os principais defensores do finalismo, lembramos Armin Kauffmann (falecido em 1985), Hans Joachim Hirsch (falecido em 2011), além de Gunter Stratenwerth (falecido em 2015).

- **A teoria social da ação de** Jescheck: Buscando superar algumas dificuldades que o Finalismo enfrenta, como na questão do *delito culposo* (com inobservância do dever de cuidado), do *delito omissivo* (em que não há uma ação voltada a determinado fim, mas um não fazer), do *dolo eventual* (diante da dificuldade em enxergar um *fim* no fato de uma pessoa "assumir conscientemente um risco embora não deseje que ele ocorra") e também da polêmica sobre poder haver, ou não, *tentativa* em casos de *dolo eventual* (no clássico do crime de incêndio em que o autor assume o risco eventual de haver algum morador no imóvel, sendo que de fato havia uma pessoa lá que consegue sair ilesa), novas teorias vêm surgindo, sobretudo ao enfocar o conceito de conduta. Com efeito, na teoria social da ação de Hans-Heinrich Jescheck (*Tratado de Derecho Penal*, 4ª ed., trad. por José Luis M. Samaniego, Granada, Comares, 1993, p. 202), a ação é entendida como o "comportamento social relevante" realizado pelo homem no mundo circundante, podendo esse comportamento ser uma ação dirigida a um fim, ou não, nas hipóteses de culpa e omissão, sendo necessário, contudo, que esse comportamento tenha tido consequências socialmente relevantes no mundo exterior, seja um resultado naturalístico (com modificações no mundo concreto) ou normativo (como nos casos dos crimes de perigo, em que não chega a existir uma lesão concreta ao bem jurídico, mas a violação da norma com a sua exposição a perigo).

- **O sistema teleológico-funcional com finalidades político-criminais de Claus Roxin:** Conforme a teoria desenvolvida por Claus Roxin (*Funcionalismo e Imputação Objetiva no Direito Penal*, trad. de Luís Greco dos §§ 1 e 11 do *Strafrecht, Allgemeiner Teil*, 3ª ed., Munique, Beck, 1997, Rio de Janeiro, Renovar, 2002, pp. 205-210), deve-se *integrar a dogmática com a política criminal,* ou seja, a teoria do Direito Penal com a luta contra a criminalidade. Segundo Roxin, o caráter retributivo da pena não mais se sustenta, a não ser para proporcionalmente impor limites à sanção em face da gravidade do crime. A finalidade da pena, assim, é exclusivamente de prevenção (geral e especial). A prevenção, contudo, como observa Chaves de Camargo, "não é intimidadora, mas prevenção integradora positiva, devendo a pena restaurar a paz jurídica" (ob. cit., pp. 37-38), *reafirmando valores* (prevenção geral positiva). O dolo, para Roxin, é essencial não somente para integrar a descrição do tipo, mas também para a valoração da culpabilidade do autor (*Política Criminal y Sistema del Derecho Penal*, 2ª ed., Buenos Aires, Hammurabi, 2000, p. 106). No que concerne à relação entre conduta e resultado, tem-se a *imputação objetiva* (vide comentários prévios ao art. 13 do CP), segundo a qual "somente pode ser objetivamente imputável um resultado causado por uma ação humana (no sentido da teoria da condição) quando a mesma criou, para o seu objeto protegido, uma situação de perigo (ou risco) juridicamente proibida e o perigo se materializou no resultado típico" (Hans-Heinrich Jescheck, ob. cit., p. 258). A *Teoria da Imputação Objetiva*, efetivamente, tem crescido e ganhado prestígio em todo o mundo, preenchendo muitas lacunas do Finalismo, revolucionando a Teoria do Delito em meio à moderna sociedade de risco. Segundo Luís Greco, dentre os defensores do sistema teleológico-funcional, destaca-se Bernd Schünemann: "De um lado, o discípulo de Claus Roxin é um dos mais proeminentes defensores de uma perspectiva teleológica-funcional do direito penal, isto é, de uma perspectiva segundo a qual o sistema e os conceitos da teoria do delito têm de ser construídos tendo em vista certas finalidades político-criminais. Mas, levando em diante uma consideração que, em Roxin, também está presente, mas fica em segundo plano, Schünemann enfatiza a importância de dados ontológicos, de estruturas lógico-reais ou lógico--materiais, quase no sentido que lhes conferia o finalismo, para que essas finalidades possam vir a ser alcançadas. Nisso, Schünemann se destaca como o mais notável crítico da perspectiva normativista radical desenvolvida por Jakobs, que quer sistematizar a teoria do delito com total desconsideração de quaisquer dados ontológicos" (*Estudos de Direito Penal, Processual Penal e Filosofia de Direito*, coordenado por Luís Greco, Madri, Barcelona, São Paulo e Buenos Aires, Marcial Pons, 2013, p. 9).

- **Crítica ao sistema de Roxin por finalistas:** Como observa Francisco Muñoz Conde (*De Nuevo Sobre el "Derecho Penal del Enemigo"*, Buenos Aires, Hammurabi, 2006, pp. 12-13), a proposição de Claus Roxin no sentido de se incluir a finalidade político-criminal *na elaboração da teoria do delito* (e não somente das leis, o que é incumbido aos políticos) foi, já no início dos anos 80, vista com reservas pela chamada Escola de Frankfurt, com Winfried Hassemer e outros, os quais alertaram que uma *política criminal demasiadamente pragmática* acarreta risco às garantias e aos direitos dos cidadãos em face do poder punitivo do Estado, ameaçando o seu caráter de *ultima ratio* que fundamenta o princípio da intervenção mínima do Direito Penal. Uma "política criminal" disposta a resolver a todo custo, *por meio do Direito Penal*, problemas que não são propriamente de Direito Penal, e que poderiam ser solucionados de forma menos radical e satisfatoriamente por outros ramos do Direito. De fato, Muñoz Conde, diante da célebre frase de Liszt (vide nota acima) de que "o Direito Penal é a *barreira intransponível* da política criminal" (*Tratado* .., cit., v. II, pp. 64-65), observa que *com o Funcionalismo essa barreira é quebrada*, adaptando-se a própria *teoria do delito* à influência de uma visão *funcionalista pragmática do Direito Penal* na luta contra o crime (a política criminal). Por exemplo, o conceito de causalidade foi substituído pelo de imputação objetiva; as diferenças entre ação e omissão foram desaparecendo cada vez mais, por meio de uma construção normativa que faz recair a base da imputação objetiva não tanto no que o sujeito faz ou não faz; o conceito de dolo se reduz à mera consciência da periculosidade da ação prescindindo das referências volitivas ao resultado, ampliando-se assim enormemente seu campo de aplicação às custas da imprudência; o conceito tradicional de bem jurídico referido principalmente ao desenvolvimento e à autorrealização da pessoa individual, e dotado de um *conteúdo material* (vida, liberdade, patrimônio). A necessidade de uma lesão a um bem jurídico para o conceito de delito, como mencionada por J. M. BIRNBAUM em 1834, é substituída pelo conceito de "função social" ou por conceitos vagos de caráter universal, como meio ambiente, equilíbrio do sistema financeiro, ordem socioeconômica .. sem conteúdo material determinável. Pode-se dizer que frente ao delito de lesão ou de perigo concreto de lesão se desenvolveu e ganhou cada vez mais terreno o modelo do delito de perigo abstrato ou a pura desobediência normativa como conteúdo material da antijuridicidade; e o princípio da legalidade ou da reserva de lei foi "perfurado como um queijo gruyere" por contínuas referências nos novos tipos penais a disposições de caráter administrativo de hierarquia inferior à lei, por meio da técnica conhecida como "norma penal em branco". De fato, com esse pragmatismo penetrando a própria teoria do delito, passa o Estado a *antecipar a intervenção penal* para antes da tentativa, punindo, cada vez mais, condutas que até hoje configuravam, no máximo, atos preparatórios, bem como ampliando o rol dos crimes de perigo abstrato, vinculado a bens jurídicos coletivos ou supraindividuais (meio ambiente, incolumidade na circulação de veículos, saúde pública etc.). Punem-se condutas que geram riscos inaceitáveis e assim proibidos, preventivamente. Não obstante, HANS JOACHIM HIRSCH (*Derecho Penal – Obras Completas*, Buenos Aires/Santa Fé, Rubinzal-Culzoni Editores, 1999, t. I, p. 29), *defensor do Finalismo*, falecido em 2015, afirma, após tecer considerações sobre as teorias de JESCHECK e ROXIN, que "a construção do sistema proposto por WELZEL não foi seguida de novas concepções dogmáticas convincentes de natureza fundamental. Com razão constata JESCHECK que, hoje em dia, o perigo de que nossa dogmática atual seja jogada pela janela é mínimo". O embate é infindável.

- **Funcionalismo Sistêmico de GÜNTER JAKOBS e o Direito Penal do Inimigo:** Impactado com os ataques terroristas às "Torres Gêmias" em Nova Iorque, em 11 de setembro de 2001, GÜNTER JAKOBS apresentou o trabalho denominado *Derecho Penal del Ciudadano y Derecho Penal del Enemigo* (in *Derecho Penal del Enemigo*, em coautoria com MANUEL CANCIO MELIÁ, Thomson/Civitas, Madri, 2003, pp. 19-55). Partindo da premissa, dentro de sua visão sistêmica, de que todo crime "significa uma desautorização da norma, um ataque à sua vigência", afirma que a pena, significa, primeiramente, a reafirmação da norma, que segue vigente, mantendo-se a configuração da sociedade (prevenção geral). Porém, como coação, dirige-se a um indivíduo *perigoso*, voltando-se não só para o passado, mas também para o futuro (prevenção especial). Logo em seguida, JAKOBS faz incursão na filosofia, referindo-se notadamente a HOBBES para quem, embora o delinquente continue a ter o *status* de cidadão, em casos de "alta traição" a situação seria distinta: "'pois a natureza deste crime está na rescisão da submissão, o que significa uma recaída no estado de natureza (...) e aqueles que incorrem em tal delito não são castigados como súditos, mas como inimigos'". Também a KANT, que faz uso do modelo contratual como fundamentação e limitação do poder do Estado, faz a pergunta: E aqueles que não desejam se obrigar, que não participam da vida em um 'estado comunitário-legal"? E responde: Hão de ser tratados "como um inimigo". A partir de então, JAKOBS, sob o mote de que os cidadãos têm direito à segurança (*finis oboedientiae est protectio*), afirma que deve haver dois direitos penais: *o Direito Penal do Cidadão*, cuja punição visa a manter a vigência da norma, e o *Direito Penal do Inimigo*, visando o direito ao combate ao perigo. Sob a alegação de que, caso se trate "inimigos terroristas" como cidadãos com direitos iguais a qualquer cidadão no processo penal, estar-se-ia *indevidamente mesclando* os conceitos de "guerra" e "processo penal", JAKOBS sustenta que os cidadãos já estão sendo prejudicados com essa mistura, diante do fato de o Direito Penal já estar prevendo uma série de medidas processuais penais enérgicas de forma ampla, as quais deveriam ser destinadas somente a "inimigos", como a antecipação da intervenção penal para a punição dos atos preparatórios, a previsão da legislação antiterrorismo de "incomunicabilidade" do preso, até mesmo com seu advogado durante certo período, sob o pretexto de "evitar riscos para a vida, integridade física ou liberdade de uma pessoa (§§ 31 y ss EGGVG)". Quem seriam os inimigos? Segundo JAKOBS, um exemplo seria o ditador sérvio MILOSEVIC, cuja punição pelo Tribunal Penal Internacional possui traços de um direito penal do inimigo. Enfim, afirma: "Com esse instrumento, o Estado não dialoga com seus cidadãos, mas ameaça seus inimigos".

■ **Críticas ao Direito Penal do Inimigo** (*direito penal do autor*): A esmagadora maioria da comunidade jurídica tece ferrenhas críticas a essa construção de GÜNTER JAKOBS, chamando-a de tudo, *menos* direito penal. Se de um lado a doutrina de CLAUS ROXIN foi definida por JESUS-MARIA SILVA SANCHEZ como um "funcionalismo moderado", a teoria de GÜNTER JAKOBS foi por ele tida como uma teoria "funcional radical", como observa CHAVES DE CAMARGO (*Imputação Objetiva*, cit., pp. 38-39). SILVA SANCHEZ afirma que JAKOBS propõe a criação de um direito penal da 3ª velocidade. Com efeito, ao lado do direito penal da 1ª velocidade (em que há o clássico processo penal com penas privativas de liberdade, prevendo-se todas as garantias da ampla defesa e demais direitos), e da 2ª velocidade (que é o direito penal sem pena privativa de liberdade, mas somente com multas e penas alternativas, em que se admite abreviações e simplificações, mitigando-se os rigores do clássico devido processo legal), o Direito Penal do Inimigo seria uma 3ª velocidade, onde haveriam penas severíssimas acompanhadas de um processo penal com garantias relativizadas ou até mesmo suprimidas, e com medidas extremamente invasivas e draconianas, como bem anotou CANCIO MELIÁ (*in Derecho Penal del Enemigo*, em coautoria com MANUEL CANCIO MELIÁ, Thomson/Civitas, Madri, 2003, pp. 59-102). Mas quem seria esse "inimigo", indaga FRANCISCO MUNHOZ CONDE (*De Nuevo sobre el "Derecho Penal del Enemigo"*, Hammurabi – Depalma ed., Buenos Aires, 2005, pp. 26-37). Seriam aqueles que vivem do tráfico de drogas membros de organizações criminosas? Tratar-se-ia dos que de forma duradoura abandonaram o direito, os criminosos habituais? Seriam *somente* os que cometem crimes graves contra bens jurídicos individuais em práticas terroristas? Mesmo que se considere somente os últimos, como afirmado posteriormente por JAKOBS, haveria, então, duas classes de pessoas: os cidadãos e os inimigos? Nesse mesmo sentido, EUGENIO RAÚL ZAFFARONI escreve: "A admissão resignada de um tratamento penal diferenciado para um grupo de autores ou criminosos graves não pode ser eficaz para conter a avalanche do atual autoritarismo *cool* no mundo, entre outras razões por que não será possível reduzir o tratamento diferenciado a um grupo de pessoas, sem que se reduzam as garantias de todos os cidadãos em face do poder punitivo, dado que não sabemos *ab initio* quem são essas pessoas. O poder seletivo está sempre nas mãos das agências que o empregam segundo interesses conjunturais e o usam também para outros objetivos" (*El Enimigo en el Derecho Penal*, Buenos Aires, Ediar, 2006, p. 190). De fato, o retrocesso, como inúmeros outros autores têm enfaticamente alertado, é terrível, transformando-se de um "direito penal do autor". Afastar-se-ia, enfim, tudo o que foi conquistado em séculos de evolução do Direito Penal e do Direito Processual Penal: (*1*) a garantia da legalidade estrita; (*2*) o Direito Penal vinculado a uma efetiva conduta delitiva praticada pelo sujeito e não ao conceito abstrato de uma "personalidade" potencialmente criminosa; (*3*) o conceito de antijuridicidade material; (*4*) a individualização e a proporcionalidade da pena; (*5*) o devido processo legal; (*6*) a presunção de inocência ou a desconsideração prévia de culpabilidade; (*7*) a vedação da tortura, das penas cruéis e do tratamento degradante etc., o que fez MUNHOZ CONDE mais uma vez indagar: Seria o "Direito Penal do inimigo" *mesmo* Direito Penal? Sem dúvida, não é. MANUEL CANCIO MELIÁ (ob. e p. cits.) foi igualmente preciso em suas críticas, destacando que a expansão do ordenamento penal, com a criminalização de atos preparatórios, com penas desproporcionais, de um *Direito Penal do Risco* com *características antiliberais*, incorpora o ressurgimento do *punitivismo* acompanhado do *direito penal simbólico* que, em seu ápice, deságua nessa proposta de JAKOBS. Direito penal simbólico que, como lembra HASSEMER, parece esquecer a "dureza muito real e nada simbólica das vivências de quem se vê submetido à persecução penal, detido, processado, acusado, condenado e encarcerado", havendo dano concreto à pessoa, muito mais do que "simbólico". Enfim, CANCIO MELIÁ (*idem*) observa que "a essência deste conceito de Direito penal do inimigo está, então, em que se constitui uma reação de combate do ordenamento jurídico contra indivíduos especialmente perigosos, *que nada significa*". E são vários os autores, além dos citados, que criticam veementemente Jakobs, como Bernd Schunemann e Friedrich Muller em palestras proferidas na Faculdade de Direito da Universidade de São Paulo nos dias 3 e 4 de outubro de 2006, alertando para o perigo de se conferir substrato teórico, no âmbito da própria doutrina penal, para essas odiosas práticas. Recordamos, aqui, as palavras de THOMAS JEFFERSON: "Those who desire to give up freedom *in* order to gain security, will not have, nor do they deserve, either one" ("Aqueles que desejam abrir mão da liberdade a fim de obter segurança, não terão, nem merecem ter nenhuma delas"). E igualmente, o pensamento de Eduardo Galeano, ao descrever, na Espanha fascista, "A Justiça nos tempos de Franco": "Acima, no alto do estrado, envergando sua toga, o presidente do tribunal. À direita, o advogado. À esquerda, o promotor. Degraus abaixo, o banco dos réus, ainda vazio. Um novo julgamento vai começar. Dirigindo-se ao meirinho, o juiz, Alfonso Hernandes Pardo, ordenava: *Faça o condenado entrar*" (*Espejos*, Montevidéu, 2008).

- **"Direito Penal do inimigo" nos atentados terroristas:** Exemplo desse "Direito Penal do inimigo" foi o que ocorreu nos Estados Unidos, terra de Jefferson, após o ataque às torres gêmeas do *World Trade Center* em Nova Iorque, no dia 11 de setembro de 2001. Em propalada "Guerra ao Terror", sendo os inimigos os membros da al-Qaeda e do Taleban (vide nota *Sharia* acima), a eles foram impostas prisões sem direito a *habeas corpus* e a assistência de advogado, como na famosa base militar americana de Guantánamo, em Cuba, e na prisão de Abu Ghraib, no Iraque, além de outras, secretas, administradas pela CIA fora dos Estados Unidos, vergonhosamente "legalizadas" em 29 de novembro de 2006 pelo Senado norte-americano ao aprovar o denominado *Military Commissions Act*. Isto, acompanhado da criação de comissões militares para julgar "inimigos combatentes" (um verdadeiro Tribunal de Exceção), afirmando-se que a eles não se aplicaria a 3ª Convenção de Genebra, que trata dos direitos dos presos de guerra. Seguiram-se, ademais, restrições ao direito de intimidade de todos os cidadãos mediante o famoso *USA Act* baixado pelo governo Bush e aprovado pelo Senado dos Estados Unidos em 22 de outubro de 2001. Medidas, essas, somadas à não submissão dos Estados Unidos ao Tribunal Penal Internacional, que ainda perduram. Com elas, restaram, sem dúvida, violadas normas constitucionais elementares de todos os Estados de Direito Democráticos, bem como o Direito Internacional dos Direitos Humanos, assegurado mediante tratados internacionais como o Pacto Internacional sobre Direitos Civis e Políticos de Nova Iorque, a Convenção Americana sobre Direitos Humanos, a Convenção de Genebra, entre outros. Felizmente, nota-se radical mudança nos rumos dessa política do Direito Penal do inimigo pelo ex-presidente dos EUA, o democrata Barack Obama, o qual, já nos primeiros dias de seu mandato, no início de 2009, determinou o fechamento da prisão de Guantánamo (que até o início de 2015 não ocorreu), proibiu os interrogatórios realizados pela CIA com tortura, bem como apoiou o entendimento de que presos fora do território norte-americano têm direito de recorrer às Cortes daquele país contra a sua prisão. Houve, inclusive, um movimento no próprio Senado norte-americano, que até hoje não se concretizou, de se buscar a punição criminal de altos membros da administração George Bush, Dick Cheney, Donald Rumsfeld e Alberto Gonzales, cogitando-se até mesmo de eventual indiciamento em cortes federais que cuidam da apuração do cometimento de crimes de guerra, quando declararam que a 3ª Convenção de Genebra não se aplicaria a pessoas tidas como membros da al-Qaeda ou do Taleban, e ao editarem memorandos autorizando que a CIA utilizasse tortura, listando técnicas de interrogatório com o uso de cães, privação do sono, deixando os presos nus e sob intensa e alta música, simulando afogamento, mantendo o interrogando em posições dolorosas por horas, e demais humilhações. Assim, escreveu o senador democrata Patrick Leahy (*Time Magazine*, edição de 2.3.2009, p. 15): "Os Estados Unidos precisam ir ao fundo do que aconteceu para ter certeza que isso nunca aconteça novamente". Afinal, conclui o escritor Joe Klein, "o sancionamento da tortura por Bush foi o seu mais insensível e deplorável ato", devendo ser o seu último legado (*Time Magazine*, edição de 19.1.2009, p. 11). Passados alguns anos, em dezembro de 2014, a Senadora Democrata Dianne Goldman Berman Feinstein, da Califórnia, divulgou o relatório da Comissão de Estudo do Programa de Detenção e Interrogatório da CIA do Senado Norte-Americano, onde dezesseis métodos vergonhosos de tortura praticados durante o governo Bush, na chamada "Guerra ao Terror", são descritos e comprovados, sendo a CIA duramente criticada por sua atuação, que perdurou até 2006 disponível em: http://www.vox.com/xpress/2014/12/9/7360291/full-senate-torture-report). Registramos essas palavras para que sempre tenhamos em mente os extremos a que se pode chegar em um *Direito Penal máximo*, defendido, de forma incauta, por arautos da "defesa da ordem pública" e de punições exemplares, ainda mais em um país como o Brasil, em que as cadeias, além de insuficientes, são, em sua grande maioria, vergonhosas, medievais e desumanas, representando verdadeira chaga aberta em um país que pretende ser um Estado de Direito Democrático.

POSTULADOS DO DIREITO PENAL EM UM ESTADO DE DIREITO LIBERAL, SOLIDÁRIO E DEMOCRÁTICO

- **Dignidade humana:** Depois dos horrores da história do direito penal que retratamos na introdução deste *Código Penal Comentado*, é somente a partir do reconhecimento do valor da *dignidade humana* que se desenvolveu a possibilidade de vivermos – ou ao menos termos essa aspiração insculpida na Constituição de nossa República – em um Estado de Direito Liberal, Solidário e Democrático. Estado de *Direito* na medida em que se organiza por meio de um *ordenamento jurídico* que impõe, a todos, a submissão às mesmas regras (o que o direito anglo-saxão denomina *rule of law*). Leis que criam e organizam os órgãos estatais pertinentes aos Poderes Legislativo, Judiciário e Executivo, independentes, concebidos após a Revolução Francesa, com a queda do absolutismo monárquico e dos governos autocráticos. Estado *Liberal* na medida em que a máxima garantia da *liberdade do ser humano* é a regra, como reconhecido na Declaração Universal dos Direitos do Homem de 1789, em três artigos que mudaram em grande parte do planeta, a forma de a civilização humana se organizar: art. 2º: – "O fim de toda associação política é a conservação dos direitos naturais e imprescindíveis do homem"; art. 4º: – "a liberdade consiste em poder fazer tudo o que não prejudica outrem. Assim o exercício dos direitos naturais de cada homem não tem outros limites do que os que assegurem aos restantes membros da sociedade o gozo dos mesmos direitos"; art. 5º: – "A lei só pode proibir as ações prejudiciais para a sociedade" (cf. excelente monografia de GERARDO BARBOSA CASTILLO e CARLOS ARTURO GÓMEZ PAVAJEAU, *Bien Jurídico y Derechos Fundamentales*, Universidad Externado de Colombia, 1996, p. 20). Estado *Solidário*, na medida em que, do reconhecimento da *inviolabilidade da dignidade humana*, como respeito ao valor inato de todo *homo sapiens*, coexistindo como *iguais*, respeitando mutuamente a *personalidade*, a *liberdade* e o *livre-arbítrio* de cada um, lembrando KANT. Daí decorre a expectativa de que, nas relações interpessoais, quando exercemos a nossa liberdade devemos reconhecer igualmente a liberdade do próximo, bem como a expectativa de que iremos nos socorrer uns aos outros, caso venhamos a nos deparar com situações que nos degradem em nossa condição humana, ou seja, a *solidariedade*. Como bem observa WERNER MAIHOFER (*Estado de Derecho y Dignidad Humana*, trad. de José Luis Guzmáj Dalbora, Montevideo-Buenos Aires, IBdeF editora, 2008, p. 19), é o "enlace recíproco na solidariedade, a solidariedade mútua". A quebra dessa confiança mútua, permitindo-se que alguns sofram o que não desejaríamos para nós mesmos, acarreta o desmantelamento do reconhecimento da nossa própria *dignidade*. Por fim, Estado *Democrático*, como sendo a única forma de governo que é compatível com o respeito às diferenças ideológicas de todos seres humanos, justamente em função do reconhecimento da *dignidade* do próximo, de sua *personalidade*, viabilizando o convívio *plural* de ideias e de visão de mundo distintas, que se contrapõem. A Democracia pressupõe o embate ideológico, o convívio dos diferentes, livres em sua essência para pensar e se manifestar. Afinal, dignidade humana pressupõe o respeito à personalidade, entendida como "a *fundamental indisponibilidade* do ser humano por parte dos demais e, por sua vez, a *fundamental disponibilidade* do ser humano consigo mesmo" (ob. cit., p. 13). O Direito Penal, como ramo do Direito Público, bem como os juízes criminais e as autoridades policiais, hão de estar alinhados com essas concepções, uma vez que, em nossa Constituição, vivemos em um Estado *Liberal*, Solidário e *Democrático*, onde o arbítrio e a violação da dignidade humana não têm vez.

- **Direito Penal:** O Direito Penal é um ramo do direito público, com fundamento constitucional, mediante o qual é o Estado autorizado a restringir o que há de mais precioso à vida de um ser humano: a sua liberdade; e em países que admitem a pena de morte, até mesmo a vida. É por isso que, em Estados de Direito pluralistas e democráticos, nos quais o reconhecimento do valor da dignidade do ser humano é um de seus fundamentos, o direito penal só tem legitimidade como instrumento excepcional e subsidiário de controle social, com a finalidade de assegurar a paz mediante a proteção de bens jurídicos. Restam punidas condutas que, com violação ao ordenamento jurídico, e de modo reprovável, ofendem bens protegidos pela legislação penal, ou os colocam em risco.

Assim é que, quando cometido um crime, a punição do seu autor não pode se distanciar dessa finalidade: a de proteção de bens jurídicos. Desse modo, enquanto o direito penal volta-se, sobretudo, para o passado (condena-se alguém, com proporcionalidade, pelo que fez), a pena deve focar o futuro, escolhendo-se a mais adequada para que o condenado não volte a delinquir (prevenção especial). A punição, porém, acaba exercendo função simbólica, reafirmando à sociedade que o Estado protege determinados bens que são valorados como fundamentais à pacífica e plural convivência (prevenção geral positiva) e, ao mesmo tempo, intimidando as pessoas para que se abstenham de praticar determinadas condutas que, de modo ilícito e reprovável, ofendam ou exponham a risco esses bens (prevenção geral negativa). *Vide*, acerca dos fundamentos da pena, comentários ao art. 33.

- **Coação indireta:** Só o Poder Judiciário, por meio de seus órgãos (tribunais e juízes), após o devido processo legal, é que pode determinar que a punição (até então em potência) seja liberada pelo Estado-Administração, isto é, concretizada mediante a imposição de pena ou de medida de segurança. Daí falar-se em coação indireta. Note-se que o Poder Judiciário, no Brasil, continua presente e atuante durante a imposição da pena ao condenado; é a jurisdicionalização da execução penal, prevista na LEP.

- **A teoria constitucional do bem jurídico:** A exigência de que *exista um bem jurídico* ofendido ou ameaçado por uma conduta contrária ao Direito, somada a um juízo de reprovabilidade de seu autor, para que possa ser liberada a mais severa das coações estatais, é a única forma de garantir *legitimidade* ao Direito Penal em um Estado Democrático, Liberal e Solidário de Direito, na medida em que se impõe limites ao Direito Penal. A concepção de bem jurídico consolidou-se no movimento iluminista, primeiro com BECCARIA quando afirmou que a razão de ser do Estado é a proteção das liberdades que o homem tem em estado de natureza, e de que o direito de um cidadão vai até onde começa o do outro; depois com FEUERBACH, que lutou contra um Direito Penal voltado a impor regras morais, como infração de uma norma ética ou divina, afirmando que "a conduta humana somente pode ser um injusto punível se lesiona um bem jurídico" (cf. WINFRIED HASSEMER, *Fundamentos del Derecho Penal*, Barcelona, Bosch, 1984, pp. 36-38), criticando-se, por exemplo, a antiga incriminação, na Alemanha, do homossexualismo. Na genial concepção de J. M. BIRNBAUM – que foi o primeiro a escrever, em 1834, trabalho intitulado *Sobre a necessidade de uma lesão jurídica para o conceito de delito* – "se se considera o delito como lesão, este conceito deve ser referido por natureza, não a um direito, mas a um bem", tendo FRANZ VON LISZT complementado: "BIRNBAUM tinha razão (...) Os direitos não podem ser lesionados porque não são reais. O que se lesiona são interesses, é dizer, bens" (*Tratado de Derecho Penal*, 20ª ed. trad. por Luis Jiménez de Asúa, Madrid, Reus, 1927, t. I, p. 10). Germinou, assim, a *teoria do bem jurídico*, com o entendimento de que ele (o bem jurídico) não pode ser confundido com a própria lei que o protege. Desse modo, embora toda norma tenha um conteúdo ético e moral (o Poder Legislativo, quando disciplina as relações sociais, gerando expectativas de comportamento, valora como indispensáveis à sociedade o respeito a determinados bens), a simples desobediência à norma, sem nocividade concreta ao bem protegido, não pode ser ilícito penal (*v.g.*, a incriminação do adultério que perdurou, entre nós, até 2005, embora a lei civil admitisse a separação judicial e o divórcio). Isto porque não é legítimo que o direito penal seja utilizado para a imposição de determinada regra moral; deve, exclusivamente, proteger bens jurídicos contra o ataque de determinadas condutas nocivas à sociedade. Desse modo, quando se diz que uma pessoa cometeu um crime porque "violou a lei penal", na verdade compreende-se que ela, de forma reprovável, praticou uma conduta proibida ou se omitiu quando tinha o dever legal de agir, lesionando, tentando lesionar ou colocando em risco a integridade de um bem protegido pela lei penal. E a escolha desses bens, bem como a descrição de quais condutas a eles nocivas serão punidas, cabe ao legislador, mediante a devida elaboração das leis penais (daí não se admitir medida provisória em matéria penal – CR, art. 62), nos moldes da *Constituição* de cada país. Chega-se, assim, à *teoria constitucional do bem jurídico*, devendo o legislador penal fundamentar-se na Constituição da República ao eleger os bens jurídicos a serem penalmente protegidos, bem como quais as condutas a eles lesivas que merecem repressão penal. Isso, tendo como referência o ser humano, seu destinatário, devendo a ele servir o Estado e o Direito. Como visto, não se pode prescindir do conceito de bem jurídico – vinculado ao valor da dignidade humana – como fundamento legitimador e limitador do Direito Penal, sob pena de abrir o caminho para uma perigosa maximização do Direito Penal, tornando-o um instrumento ditatorial e incompatível com as liberdades públicas. E, nesse contexto, adotamos a teoria constitucional do bem jurídico, desenvolvida com notável contribuição da doutrina italiana (FRANCESCO PALAZZO, FRANCESCO ANGIONI, SERGIO MOCCIA e outros), segundo a qual o poder criminalizador somente encontra legitimidade quando alinhado com os valores contidos na Constituição da República, os quais também impõem limites à intervenção penal. Como se sabe, se de um lado a *Magna Carta* determina ao legislador ordinário a criminalização de determinadas condutas (como a tortura, o racismo, o tráfico ilícito de entorpecentes etc. – art. 5º, XLI, XLII, XLIII e XLIV), de outro impõe limites à intervenção penal, com a proibição, por exemplo, de penas perpétuas, de trabalhos forçados, de banimento e cruéis (art. 5º, XLVII), com a determinação da pessoalidade da sanção penal, na medida da culpabilidade do seu autor (art. 5º, XLV). Desse modo, afirmam GERARDO BARBOSA CASTILLO e CARLOS ARTURO GÓMEZ PAVAJEAU que os limites da intervenção penal surgem no seio da própria *teoria constitucional do bem jurídico*, suportada pelos direitos fundamentais: – "portanto, os princípios da proporcionalidade, subsidiariedade e fragmentariedade não se encontram antes da adoção de uma teoria constitucional do bem jurídico, mas emanam dela. Somente assim se obtém limites efetivos para o *ius puniendi*; do contrário, se constitui apenas em um catálogo de boas intenções dependente – igualmente – das boas intenções do legislador" (ob. cit., p. 92). Desse modo, em um Estado Democrático, Liberal e Solidário de Direito, o legislador ordinário encontra limites na elaboração das leis penais, na própria Constituição da República, fundamentada no valor da *dignidade humana*, com maximização da esfera das liberdades individuais (Liberal), fomentando-se o convívio plural de ideias (Democrático) e com vistas à igualdade de todos com solidariedade ao próximo (Solidário). Assim, é dentro desse plexo normativo ao redor da *dignidade humana* e da maximização da *autorrealização individual*, que se tem a escolha de quais são os bens jurídicos a serem protegidos pelas normas penais: (a) de índole individual, como a vida, a integridade física, a liberdade, a honra, o patrimônio; (b) voltados à proteção do próprio Estado-Administração, como essencial à garantia das condições mínimas para que todos os cidadãos possam ter uma existência plena, protegendo-se a arrecadação tributária por exemplo; (c) o Estado-juiz, por meio da Administração da Justiça, atingido pelo crime de coação de testemunhas; (d) como também de índole coletiva, supraindividual e difusa, objeto dos crimes contra o meio ambiente (Lei n. 9.605/98) e dos delitos de trânsito (Lei n. 9.503/97). O direito penal, em última análise, deve proteger bens reconhecidos pela própria *Magna Carta* como essenciais à concretização da liberdade do ser humano, com membro de uma sociedade que nela se fundamenta, com respeito a uma existência digna e igualitária, em que se garanta a sua *autonomia*, o seu *livre-arbítrio*, tendo como vetor a proporcionalidade entre bem jurídico violado ou ameaçado pela conduta incriminada, e a pena a ele imposta, levando-se em conta a sua danosidade social (*vide* notas abaixo). Cf. a propósito, a obra de MARIA DA CONCEIÇÃO FERREIRA DA CUNHA, *Constituição e Crime*, Universidade Católica Portuguesa Editora, Porto, 1995.

- **O alto custo social diante das graves consequências do Direito Penal:** É da essência do Direito Penal, em um Estado Democrático de Direito, ser ele um instrumento de controle social subsidiário, aplicando-se de modo excepcional, como *ultima* ou *extrema ratio*. Afinal, em meio às diversas categorias de ilícitos (administrativo, civil, tributário e penal), o ilícito penal é o mais grave, trazendo consequências severas ao seu autor, com danos irreparáveis ao seu *status libertatis* ("ninguém poderá devolver a liberdade já perdida, ultrapassada pelo tempo, ao próprio preso", como disse uma vez o Ministro MARCO AURÉLIO da Suprema Corte, em voto proferido no HC 75.512-7, *RT* 748/154) e ao seu *status dignitatis* (a prisão de uma pessoa, durante o processo ou quando condenada, impõe-lhe indelével e vergonhosa pecha, posto que "etiquetada" como criminosa, com todas as consequências sociais daí decorrentes). Célebres são as palavras proferidas por BERRINI, na década de 1920, lamentavelmente aplicáveis à realidade brasileira: "Com frase genial as penitenciárias têm sido chamadas de Universidade do crime. O Estado gasta somas enormes para cultivar intensamente a periculosidade e a criminalidade dos delinquentes:

e restitui depois à sociedade delinquentes mais amedrontadores que antes. O ócio, a promiscuidade em reclusões fechadas e restritas, tudo, tudo embrutece ainda mais os rés" (La Giustizia – Problemi giudiziari italiani, Milano, 1921, p. 42, *apud* GIORGIO DEL VECCHIO, *La Giustizia*, Roma, Studium, 1946, p. 194). A criminalização de condutas deve, portanto, ser evitada ao máximo, dadas as suas nefastas consequências. Com efeito, adverte FRANCESCO ANTOLISEI: "A pena é um mal não somente àquele que a ela é submetido, mas também para o Estado, ao qual impõe ônus consideráveis, e precisamente à organização da polícia judiciária, à instituição dos tribunais penais e sobretudo à criação e à manutenção das prisões: tem sido, assim, comparada a uma espada sem empunhadura, por ferir também aquele que a maneja" (*Manuale di Diritto Penale – Parte Generale*, 13ª ed. atualizada por Luigi Conti, Milano, Giuffrè, 1994, p. 153).

Intervenção mínima do direito penal

■ **Razão, Humanismo e Princípio da Intervenção Mínima** (*fragmentariedade, subsidiariedade e necessidade, proibição do excesso* ou *proporcionalidade*): Com toda a evolução do pensamento filosófico e político europeu, culminando no iluminismo, na segunda metade do século XVIII e do início do XIX, notadamente com o pensamento de KANT reafirmando o conceito de *dignidade humana*, desenvolveram-se as bases do direito penal moderno, em que a punição criminal é entendida como *exceção*, *ultima ratio*, somente se justificando como *necessária* na hipótese em que outros ramos do direito, como o civil e o administrativo, por si sós, não são suficientes para proteger o bem jurídico em questão (*subsidiariedade*), tratando-se da *intervenção mínima* do direito penal. Afinal, nem todas as condutas socialmente danosas são consideradas um crime (*fragmentariedade*), lembrando, por exemplo, a proibição constitucional de prisão por dívida, salvo se em razão de pensão alimentícia, e mesmo assim não configuradora de crime. Ademais, diante do conceito de *dignidade humana*, que é a base da própria concepção de bem jurídico, é atualmente inconcebível que o direito penal intervenha no âmbito da autonomia individual de cunho moral ou ético, não sendo crime, *v.g.*, o *incesto, moralmente inadmissível para culturas como a judaico-cristã*; igualmente a fidelidade conjugal não é mais tida como um valor ou bem jurídico-penal, desde 2005 quando o adultério deixou de ser crime no Brasil; a homossexualidade, que ainda é crime em alguns países menos desenvolvidos ou com sistema teocrático de governo, deixou de ser infração penal somente em 1967 na Inglaterra. Hoje, intervenções penais no campo da moral não têm mais cabimento, concebendo-se o princípio *favor libertatis* como a fonte de todo Estado Democrático de Direito, na lição de MARCELO CAETANO (*Direito constitucional*, 1977, p. 374-377, *apud* Franco, João Melo; Martins, Herlander Antunes. *Dicionário de conceitos e princípios jurídicos*. Coimbra: Almedina, 1993, p. 399): – "O valor supremo da sociedade política é a liberdade, consistindo a autoridade num sistema de restrições só admissível na medida do estritamente indispensável à coexistência das liberdades individuais". No mesmo sentido KARL DOEHRING, ao afirmar que "O desenvolvimento da pessoa em liberdade é a base do Estado social da lei fundamental" (*Estado Social, Estado de Derecho y Ordem Democrático, in El Estado Social*, Madrid, Centro de Estudos Constitucionais, 1986, p. 133 e 161, *apud* Gerardo Barbosa Castillo e Carlos Arturo Gómez Pavajeau, cit., p. 85). Desse modo, só deve haver intervenção penal quando ela for efetivamente necessária e *indispensável* para o convívio social harmônico, preservando-se ao máximo a liberdade. As lições de SANTIAGO MIR PUIG (*Derecho Penal*, 3ª ed., PPU, Barcelona, 1990, p. 98, livre tradução) são precisas; após discorrer sobre o *princípio da utilidade da intervenção penal* (*necessidade* e *subsidiariedade*) aduz: – "O Direito penal deixa de ser necessário para proteger a Sociedade quando pode-se conseguir por outros meios, que serão preferíveis enquanto sejam menos lesivos para os direitos individuais. Se trata de uma exigência de *economia social* coerente com a lógica do Estado social, que deve buscar o maior bem social com o menor custo social. (...) Ele conduz a uma *fundamentação utilitarista* do Direito penal não tendente à maior prevenção possível, mas sim ao *mínimo de prevenção imprescindível*. Entra em jogo, assim, o '*princípio da subsidiariedade*', segundo o qual o Direito penal é a *ultima ratio*, o último recurso a utilizar à falta de outros menos lesivos. O chamado '*caráter fragmentário do direito penal*' constitui uma exigência relacionada com a anterior. Ambos postulados integram o chamado '*princípio da intervenção mínima*'". Em trabalho profundo sobre o tema, ANTONIO GARCÍA-PABLOS DE MOLINA (*Derecho Penal, Parte General*, Editorial Areces, Madri, 2009, pp. 508-518, livre tradução) aduz que, como decorrência do *princípio da intervenção mínima*, têm-se correlatamente a *proibição do excesso ou princípio da proporcionalidade*, que abrange o caráter *fragmentário* do Direito Penal. Afirma: "O princípio da intervenção mínima se acha ligado ao próprio processo de desenvolvimento cultural e é, por certo, uma das diretrizes mais características da *Política Criminal* contemporânea. Porque hoje parece já óbvio que a tutela eficaz de uma ordem social não pode nem deve garantir-se através de uma presença sem fissuras, asfixiante, do Direito Penal. Que a inflação penal e a hipertrofia penal, ademais, longe de contribuir para um controle racional e eficaz do crime, submetem o ordenamento jurídico ao desprestígio de uma contínua derrota; '*pessima republica, plurimae leyes* (...) O princípio da intervenção mínima tem uma dupla manifestação ou concretude: o princípio da 'subsidiariedade' (o Direito penal como '*ultima ratio*') e o da 'fragmentariedade' (intervenção seletiva). (...) O princípio da subsidiariedade, definitivamente, significa que a política 'penal' – a prevenção do delito através da pena – deve ocupar o último lugar nos planos de política 'criminal' do Estado (prevenção do delito em geral). Deverá preferir-se, como se disse, antes de tudo a utilização de meios desprovidos de caráter sancionatório, como uma adequada política social. Seguirão, em continuação – em uma lógica ordem de prioridades – as sanções não penais, sejam civis (*v.g.* nulidade do negócio, reparação do dano, repetição por enriquecimento injusto ...), sejam administrativas (*v.g.* multas, sanções disciplinares, privação de concessões etc.). Somente quando nenhum destes meios seja suficiente, estará legitimado o recurso à pena. '*Iure en civiliter utendum*'". Referindo-se ao *meio ambiente*, CLAUS ROXIN (*Derecho Penal – Parte General*, 2ª ed., Tomo I, trad. de Diego--Manuel Luzón Peña, Thomson/Civitas, Madri, 1997, pp. 65 e 66) é textual: "O direito penal somente é incluído como a última dentre todas as medidas protetoras que há de se considerar, ou seja somente se pode fazer intervir quanto falham os outros meios de solução social do problema – como a ação cível, as regulações de polícia ou técnico--jurídicas, as sanções não penais etc. Por isso se denomina a pena como a '*ultima ratio* da política social' e se define sua missão como proteção *subsidiária* de bens jurídicos (...) Em outros casos – p. ex. em algumas formas de condutas nocivas para o meio ambiente – os deveres e sanções administrativas podem ser frequentemente mais eficazes do que a persecução penal, que nestes casos frequentemente tropeça em dificuldades para aclarar a responsabilidade individual. Também oferece possibilidades que, de longe, ainda não foram esgotadas para fins de política judiciária, a substituição de soluções criminais por soluções de direito civil". No mesmo sentido, GONZALO QUINTERO OLIVARES (*Derecho Penal, Parte General*, 2ª ed., Marcial Pons, Madri, 1992, pp. 66-67) afirma que o princípio da intervenção mínima tem duas vertentes: a) quanto aos bens jurídicos, no sentido de que "não pode ser empregado em defesa de interesses minoritários e não necessários para o funcionamento do Estado de Direito, pois então não merecem ser protegidos com tão grandes medidas coativas – sem prejuízo de que sejam ou não respeitáveis"; b) "que tampouco é adequado recorrer ao direito penal e suas gravíssimas sanções se existe a possibilidade de garantir uma tutela suficiente *com outros instrumentos jurídicos não penais*. O convencimento de que a pena é um mal irreversível, e uma solução imperfeita que deve ser utilizada somente quanto não haja mais remédio, é dizer, diante do fracasso de qualquer outro modo de proteção (a pena entendida como *ultimo ratio*), obriga a reduzir ao máximo o recurso ao direito penal (*intervenção mínima*)". Entre nós, NELSON HUNGRIA (*Comentários ao Código Penal*, Rio de Janeiro, Forense, 1967, v. 7, p. 178), como ninguém, ensina: "Somente quando a sanção civil se apresenta ineficaz para a reintegração da ordem jurídica é que surge a necessidade da enérgica sanção penal. O legislador não obedece a outra orientação. As sanções penais são o último recurso para conjurar a antinomia entre a vontade individual e a vontade normativa do Estado. Se um fato ilícito, hostil a um interesse individual ou coletivo, *pode ser convenientemente reprimido com as sanções civis, não há motivo para a reação penal*". De todo o exposto, o *princípio da intervenção mínima*, cujos corolários são a *proibição do excesso* ou *proporcionalidade*, a *subsidiariedade* e a *fragmentariedade* do Direito Penal, é ínsito ao Estado Democrático de Direito que tem como premissa, inexorável e fundada na razão, a menor intervenção penal possível em face do primado *favor libertatis*, que se solidificou com o *Iluminismo*. Bem afirma GARCIA--PABLOS DE MOLINA (ob. cit., p. 508), "o moderno princípio de 'intervenção mínima' goza de uma lógica inquestionável: se tem dito, inclusive, que se trata de uma verdadeira exigência 'ética' dirigida ao legislador cuja vulneração pode conduzir a uma hipertrofia penal e ao terror".

- **Princípio da intervenção mínima (imposição ética ao Poder Judiciário):** Para além de nortear o Legislador, ao criar os tipos penais mediante a seleção dos bens ou valores essenciais à vida em sociedade, e ainda com critérios específicos baseados na maneira como determinadas ações ou omissões são realizadas (por exemplo, a necessidade de dolo e de fraude nas condutas que atingem o patrimônio, não sendo crime o mero inadimplemento, o "dano culposo" ou o enriquecimento indevido "sem fraude", todos solucionáveis no âmbito cível), para punir o cidadão com a mais violenta das intervenções do Estado, atingindo o seu *status libertatis*, o princípio da intervenção mínima (que tem origem na própria essência dos Estados Democráticos) *há de servir de bússola, de critério ético norteador, igualmente, ao Poder Judiciário* ao julgar as causas criminais, posto ser ele, ao lado do Poder Legislativo, também órgão estatal. Nesse sentido, RENÉ ARIEL DOTTI (*Curso de Direito Penal, Parte Geral*, 6ª ed., São Paulo, RT, 2018, pp.166 e ss.), traz a lição de SOUZA E BRITO referindo-se à *"jurisdicionalidade da aplicação do direito penal":* – "Segundo clássica lição da doutrina, apoiada pela jurisprudência, o Estado *somente deve recorrer à pena criminal quando não houver, no ordenamento positivo, meios adequados para prevenir e reprimir o ilícito.* (...) No mesmo sentido o jurista português SOUZA E BRITO salienta que, traduzindo-se a pena em restrições ou sacrifícios importantes dos direitos fundamentais do acusado, cujo respeito é uma das finalidades essenciais do Estado, é indispensável que tal sacrifício seja necessário à paz e conservação sociais, isto é, à própria defesa dos direitos e das liberdades e garantias em geral que constituem a base do Estado. E arremata: 'É este o princípio da necessidade ou da máxima restrição das penas e das medidas de segurança (...), que está ligado ao princípio da legalidade (...) e ao princípio da *jurisdicionalidade da aplicação do direito penal,* como garantia da máxima *objetividade* e do mínimo abuso'('A lei penal na Constituição', em *estudos sobre a Constituição*, 2º/200)". Desse modo, o princípio da intervenção mínima, como princípio que é, irradia-se a ambos: ao Legislador e ao Juiz na interpretação e aplicação da lei, diante das especificidades do caso concreto.

- **Princípio do dano (*harm principle*) e a proporcionalidade:** A teoria do bem jurídico encontra-se umbilicalmente atrelada ao chamado "princípio do dano", conhecido dos romanos com a máxima *nullum crimen sine iniuria*, ou do *harm principle* dos ingleses, que desde 1859 já era tratado por STUART MILL em sua obra *On Liberty* – Cf. ANDREW VON HIRSCH, "El concepto de bien jurídico y el 'principio del daño'", *La Teoría del Bien Jurídico*, org. por Roland Hefendehl, Madrid, Marcial Pons, 2007, p. 39. Com o passar dos séculos, a teoria do dano foi sendo abrandada, sendo que o direito penal da atualidade pune condutas voltadas à destruição de determinado bem e, portanto, reprováveis (desvalor da ação), ainda que, por vezes, não se tenha verificado um resultado concreto de lesão ao bem jurídico (desvalor do resultado). Como exemplo, temos a punição da tentativa, isto é, quando iniciada a execução da conduta incriminada, o sujeito não consegue obter o resultado desejado por circunstâncias alheias à sua vontade. Mesmo aqui, exige o Direito Penal que a agressão ao bem jurídico tenha tido ao menos a real possibilidade de atingi-lo, não sendo punível a tentativa impossível (*vide* comentários ao art. 14, II). Aliás, é no princípio do dano que reside um dos grandes dilemas do direito penal de nossos dias, com a proliferação dos crimes de *perigo abstrato* e de *perigo abstrato-concreto*, bem como do aumento das hipóteses de punição de *atos preparatórios* (*vide* nota abaixo), levando a uma maximização do direito penal como instrumento minimizador de riscos, ficando cada vez mais distante da questão do efetivo dano ou perigo de dano a determinado bem jurídico. Nos tempos modernos da visão funcionalista, o "princípio do dano" está sendo substituído pelo "princípio da evitação do dano" (*vide* abaixo).

- **A "sociedade do risco" e o futuro do Direito Penal:** Diante das grandes mudanças experimentadas pelo mundo nos últimos tempos, de que são exemplos a evolução tecnológica e o efeito estufa, o sociólogo alemão ULRICH BECK, em 1986, alertou sobre a existência de novos riscos à sociedade, nunca antes imaginados. Diante dessa nova realidade, CORNELIUS PRITTWITZ escreveu em 1993 um livro chamado Direito Penal e Risco, no qual questiona "se o Direito Penal está em condições de fazer frente, com o seu tradicional aparato liberal e ajustado ao Estado de Direito, ao qual também pertence sobretudo o conceito de bem jurídico, aos modernos riscos da vida (como do tipo atômico, químico, ecológico ou de técnicas de genética)" (*in* CLAUS ROXIN, *Derecho Penal – Parte General*, Madrid, 2ª ed., 2006, p. 61). Assim, alguns autores vêm sustentando que o direito penal deve abandonar a Teoria do Bem Jurídico como fundamento de sua legitimidade, como BERND MUSSIG (*Desmaterialización del Bien Jurídico y la Política Criminal*, Universidad Externado de Colombia, Bogotá, 2001). Defendem que o direito repercute na concreta configuração da vida em sociedade, devendo o direito penal proteger o seu funcionamento, isto é, o próprio sistema e as normas legais que lhe dão base. Para fundamentar essa ideia, baseiam-se no entendimento da Teoria Geral do Direito de que as normas dão segurança às *expectativas de condutas* em relação aos outros, conferindo às pessoas o direito de esperar determinadas atitudes dos demais com quem se relacionam, para que a sociedade caminhe. De uma visão tradicional voltada ao *individual*, passa-se a uma que enxerga a sociedade como um *sistema* (cf.*Teoria Institucional dos Sistemas*, com base em NIKLAS LUHMANN). Assim, passam a antecipar a intervenção do Direito Penal, conferindo-lhe a função de proteger, reafirmar e garantir o próprio sistema normativo, garantindo a vigência da norma, devendo a pena ser aplicada como reação à "quebra da norma", com o incremento dos crimes de perigo abstrato, abstrato-concreto e o aumento de hipóteses de punição de atos preparatórios, como no crime de terrorismo do art. 10 da Lei n. 13.260/2016 e de organização criminosa do art. 2º da Lei n. 13.850/2013. Põe-se em xeque, assim, pilares da doutrina penal liberal desenvolvida a partir do Iluminismo, da qual resultaram os *princípios da intervenção mínima*, da *subsidiariedade*, da *fragmentariedade*, da *necessidade* e da *proporcionalidade* entre gravidade do injusto e pena. Como em um movimento pendular, vão sendo questionadas muitas das conquistas inspiradas em grandes iluminados, como BECCARIA, FEUERBACH, VON LISZT, BETTIOL e WELZEL, entre outros, diante da criação de uma nova Teoria do Direito Penal de cunho notadamente "preventivo", substituindo-se o tradicional "princípio do dano" por um novo que podemos denominar "princípio da evitação do dano", em que até mesmo o conceito de proteção de bens jurídicos é transformado em "proteção da vigência das normas", sendo que a mitigação de riscos com estabilização das expectativas sociais se transformou no fim do Direito Penal na visão pós-finalismo. Nos idos de 1970, WELZEL, ao escrever em seu famoso *Manual*, além de trazer grandes conquistas, trouxe a preocupação sobre a importância de criar uma Teoria do Direito Penal que fosse didática e pudesse ser difundida pelo mundo: "Como ciência sistemática, a Ciência do Direito Penal apresenta as bases para uma administração da justiça igualitária e justa, pois somente a compreensão das conexões internas do Direito. Leva à aplicação deste além da sorte e da arbitrariedade" (Fritz Loos, "Hans Welzel (1904-1977) – A Busca do Suprapositivo no Direito", *in O Passado e o Futuro do Finalismo no Direito Penal*, org. por Pablo Rodrigo Alflen, CDS, Porto Alegre, 2020, pp. 26 e 31). Com o desenvolvimento da sociedade, com a globalização do conhecimento e das conexões entre pessoas de todo o mundo, com a inexistência de fronteiras digitais, com a mudança de padrões de comportamento, busca-se, com o funcionalismo moderado de ROXIN e com o funcionalismo sistêmico radical de JAKOBS (com o seu inadmissível "direito penal do inimigo"), um novo *standard*. É natural que as Teorias sejam reavaliadas diante das transformações da sociedade, sendo que na própria Alemanha o finalismo já vem sendo, há um bom tempo, menos prestigiado. É justificável que teorias sejam, a todo momento, questionadas, buscando-se aperfeiçoamentos, e que surjam novas teorias. A única coisa que não se pode é termos retrocessos em conquistas liberais voltadas a maximizar a liberdade e a dignidade do ser humano. A teoria de Roxin, que ao lado de WELZEL é outro gênio do Direito Penal, é equilibrada, sendo forte candidata a vingar como novo standad em muitos países do mundo ocidental.

PARTE GERAL

Título I
DA APLICAÇÃO DA LEI PENAL

ANTERIORIDADE DA LEI

Art. 1º Não há crime sem lei anterior que o defina. Não há pena sem prévia cominação legal.

Constituição da República e Pactos Internacionais

- **Constituição da República e Pactos Internacionais:** As garantias da reserva legal e da anterioridade são encontradas na CR, art. 5º, XXXIX: "não há crime sem lei anterior que o defina, nem pena sem prévia cominação legal: Igualmente no PIDCP (art. 15, 1), promulgado pelo Decreto n. 592, de 6-7-1992, e na CADH (art. 9º), promulgada pelo Decreto n. 678, de 6-11-1992, ambos acolhidos pela CR (art. 5º, §§ 2º e 3º).

Fundamento garantista

- **Lei penal e liberdade:** Ao lado de buscar a manutenção da paz social mediante a punição de condutas que ofendam bens juridicamente relevantes, de acordo com a Constituição da República (teoria constitucional do bem jurídico), como a vida, a liberdade, a dignidade e o patrimônio dos cidadãos, o meio ambiente, o sistema financeiro, os direitos do consumidor, como também a existência do próprio Estado, das suas instituições, inclusive a arrecadação tributária etc., a lei penal tem uma função de garantia. E não há paradoxo nenhum, já que, ao Estado, a punição dos culpados por práticas criminosas, a fim de proteger a harmonia do tecido social, é tão importante quanto a proteção dos inocentes e a imposição de limites claramente fixados ao poder-dever de punir. A função garantista do Direito Penal exsurge, assim, da própria tipificação das condutas consideradas delituosas, bem como das espécies e dos limites de suas penas, evitando-se a surpresa, o arbítrio e a desproporcionalidade, que são incompatíveis com o Estado Democrático de Direito. Por meio da garantia da reserva legal, salienta MAURACH, impõe-se "a clara regulação da inequívoca lei escrita, não suscetível de ser estendida"; e conclui: "Tradicionalmente (e de modo restritivo) se considera que tão somente neste trabalho de deslinde radica a própria função de garantia da lei penal, a função de garantia individual das cominações penais (`tipos')... Mais acertado seria transformar este princípio na *nulla poena sine lege scripta et stricta*" (*Tratado de Derecho Penal*, cit., v. I, pp. 110-113). CLAUS ROXIN (*Derecho Penal – Parte General*, 2ª ed., Madrid, Civitas, 1997, pp. 140-141) trata, com felicidade, dos quatro desdobramentos do princípio da legalidade: a) *nullum crimen, nulla poena sine lege scripta*; b) *nullum crimen, nulla poena sine praevia lege*; c) *nullum crimen, nulla poena sine lege certa*; e d) *nullum crimen, nulla poena sine lege stricta*, ou seja, não há crime nem pena sem lei escrita, prévia, certa e estrita; no mesmo sentido, FRANCISCO DE ASSIS TOLEDO (*Princípios Básicos de Direito Penal*, 2ª ed. São Paulo, Saraiva, 1986, p. 22).

Princípios da reserva legal e da anterioridade

- **Noção:** O CP inicia-se com o mais importante de seus postulados: não pode haver crime nem pena sem lei anterior que os defina (*nullum crimen, nulla poena sine praevia lege*). Em razão da garantia expressa nesse art. 1º do CP, nenhum comportamento pode ser considerado crime sem que uma lei anterior à sua prática (e não apenas ao seu julgamento) o defina como tal; igualmente, nenhuma pena poderá ser aplicada sem prévia cominação. Trata-se de postulado indispensável à segurança jurídica e à garantia da liberdade de todas as pessoas, impedindo que alguém seja punido por um comportamento que não era considerado delituoso à época de sua prática, bem como evitando que a pena aplicada seja arbitrária, impondo a ela prévios limites. As palavras crime, pena e lei têm sentido amplo neste artigo. Assim, a expressão "crime" compreende, também, as contravenções; a palavra "pena" inclui as mais diversas restrições de caráter penal (penas privativas de liberdade, restritivas de direitos e de multa; *vide* art. 32 do CP); como "lei" devem ser entendidas todas as normas de natureza penal, elaboradas na forma que a Constituição prevê, abrangendo não só as do CP, como as das demais leis penais especiais. Nas palavras do jurista francês JULLIOT DE LA MORANDIÈRE (*Dalloz Répertoire de Droit Criminel et de Procédure Pénale*, Paris, 1953, t. I, p. 854), a regra da legalidade é "uma das mais preciosas garantias da liberdade individual contra o arbítrio da repressão". De acordo ainda com VINCENZO MANZINI, "somente com a certeza e a previsibilidade da lei é possível a igualdade frente a ela, ou seja, a atuação da máxima garantia da liberdade" (*Trattato di Diritto Penale Italiano*, Torino, UTET, 1941, v. I, pp. 517-519).

- **Origem histórica do princípio *nullum crimen, nulla poena sine praevia lege***: O princípio *nullum crimen, nulla poena sine praevia lege*, postulado de todo e qualquer Estado Democrático de Direito, tem remota origem na segunda fase do Direito Penal romano, ou seja, do procedimento acusatório (*accusatio*), que vigorou no final da República romana. Durante a sua vigência, tribunais permanentes denominados *quaestiones perpetuae* eram competentes para julgar crimes (*crimina*) definidos por leis (*leges*), as quais, por vezes, além de instituírem o próprio tribunal (*quaestio*), estabeleciam o procedimento acusatório a ser seguido. Em outras palavras, a lei definia tudo: o tribunal, o crime e o procedimento. No procedimento acusatório das *quaestiones perpetuae* encontram-se, portanto, as remotas raízes da regra insculpida no art. 1º do CP, a qual inspirou, na Inglaterra, o art. 39 da *Magna Charta Libertatum* de 1215 ("Nenhum homem livre será detido ou sujeito à prisão, ou privado dos seus bens, ou colocado fora da lei, ou exilado, ou de qualquer modo molestado, e nós não procederemos nem mandaremos proceder contra ele senão mediante um julgamento regular pelos seus pares ou de harmonia com a lei do país"). Aí reside a doutrina de ANSELMO FEURBACH, da primeira metade do século XIX, consolidando, como conhecemos atualmente, a regra da taxatividade da lei penal – cf. FRANZ VON LISZT, *Tratado de Derecho Penal*, tradução para o espanhol da 18ª edição alemã, 2ª ed., Madrid, Reus, 1926, t. I, p. 78; FRANCESCO ANTOLISEI, *Manuale di Diritto Penale – Parte Generale*, 30ª ed., atualizada por Luigi Conti, Milano, Giuffrè, 1994, p. 62; REINHART MAURACH, *Tratado de Derecho Penal*, Barcelona, Ediciones Ariel, 1962, v. I, p. 114; e ROGÉRIO LAURIA TUCCI, *Teoria do Direito Processual Penal*, São Paulo, Revista dos Tribunais, 2003, p. 163.

- **(a) *Nullum crimen, nulla poena sine lege scripta* (legalidade):** Somente a lei, criada com a observância dos princípios e das regras constitucionais fixadas para a sua devida elaboração, pode determinar o que é crime e indicar a pena cabível. Deve, portanto, ser lei federal, oriunda do Congresso Nacional. Veda-se punição com base no direito objetivo (que abrange os usos e costumes), admitindo-se a criminalização de condutas e a sua punição somente com fundamento no direito positivo, ou seja, objeto de lei (*ius positum*), lembrando-se a máxima *nullum crimen, nulla poena sine lege scripta* (não há crime nem pena sem lei escrita). Isto não impede, contudo, que a favor da liberdade possam os usos e costumes influenciar a resposta penal, chegando a afastar, por vezes, a própria subsunção da conduta ao tipo penal (*vide* nota no art. 13 sob a rubrica Princípio da adequação social), a antijuridicidade (cf., no art. 23 do CP, a nota Causas supralegais de exclusão da antijuridicidade) ou a culpabilidade (*vide* nota Não exigibilidade de conduta diversa, nos comentários ao art. 22 do CP). A propósito, afirma CLAUS ROXIN (*Derecho Penal*, cit., p. 161) que o direito consuetudinário para "efeito de atenuar e eximir a responsabilidade" é admissível sem restrições, "exatamente igual à analogia favorável ao réu". Quanto às medidas provisórias, previstas no art. 62 da CR, elas não podem ser aplicadas no campo penal. A fim de afastar qualquer discussão a respeito, a EC n. 32, de 11.9.2001, modificou a redação do art. 5º, XXXIX, passando a vedar, expressamente, no atual § 1º, I, *b*, a edição de medida provisória tratando de Direito Penal, Processual Penal e Processual Civil. Deve-se abrir exceção, todavia, quando a medida provisória editada for favorável à liberdade do investigado, acusado ou condenado, ainda que em desacordo com a citada vedação constitucional, como decorrência do princípio *favor libertatis*.

- **(b) *Nullum crimen sine praevia lege* (anterioridade e irretroatividade):** Para que qualquer fato possa ser considerado crime é indispensável que a vigência da lei que o define como tal seja anterior ao próprio fato. Por sua vez, a pena cabível deve ter sido cominada (prevista) também anteriormente à conduta incriminada. Como consequência, sendo as leis editadas para o futuro, as normas incriminadoras não podem ter efeito para o passado, a menos que seja para favorecer o agente (vide, ainda, art. 2º do CP). Também não retroagem as leis posteriores que, mesmo sem incriminar, prejudicam a situação do acusado.

▪ **(c) *Nullum crimen, nulla poena sine lege certa* (taxatividade):** É imprescindível que a lei penal contenha, em seus tipos, termos precisos, delimitados, decorrendo, daí, a taxatividade da lei penal, característica de sua função garantista. As leis que definem crimes devem, assim, marcar exatamente a conduta que objetivam punir, remontando à parêmia nullum crimen, nulla poena sine lege certa (não há crime nem pena sem lei certa). Assim, como decorrência da garantia da reserva legal, não podem ser aceitas leis vagas ou imprecisas, que não deixam perfeitamente delimitado o comportamento que pretendem incriminar – os chamados tipos penais abertos, como lembra Hans--Heinrich Jescheck (*Tratado de Derecho Penal* – Parte General, 4ª ed., Granada, Editorial Comares, 1993, p. 223). O vício da imprecisão legislativa tem o condão de enodoar o dispositivo legal, por afronta à Magna Carta de 1988 (art. 5º, XXXIX), tornando-o inaplicável. Como exemplo, lembramos o crime de gestão temerária, previsto no art. 4º, parágrafo único, da Lei n. 7.492/86, que trata dos crimes contra o Sistema Financeiro Nacional, cujo tipo é demasiadamente aberto, violando-se a garantia da reserva legal (cf. nossa obra *Leis Penais Especiais Comentadas*, 3ª ed., São Paulo, Saraiva, 2018, p. 82). Pena: O mesmo rigor se aplica à previsão da sanção penal de cada crime, que também deve ser delimitada, evitando-se a inflição de penas arbitrárias, mesmo porque, em nosso país – salvo raríssimas exceções em que não há definição de pena mínima (por exemplo, os arts. 289 a 321 da Lei n. 4.737/65 – Código Eleitoral e os arts. 36 a 40 e 42 da Lei n. 6.538/78 – Serviços Postais) –, todos os crimes possuem penas mínima e máxima já delimitadas no próprio tipo, consoante dispõe o art. 53 do CP.

▪ **(d) *Nullum crimen, nulla poena sine lege stricta* (lei estrita):** É vedado, em matéria penal, o emprego da analogia *in malam partem* e de interpretação com efeitos extensivos em prejuízo da liberdade. A interpretação com efeitos extensivos afigura-se totalmente inconciliável com um Estado Democrático de Direito, já que a ampliação do significado literal dos termos empregados no tipo penal implica, não temos dúvida, imprecisão e falta de segurança jurídica, o que nos faz lembrar as palavras de Miguel Reale: "a incerteza e arbítrio são incompatíveis com a vida jurídica" (*Filosofia do Direito*, São Paulo, Saraiva, 1956, p. 521). Inadmissível, igualmente, o emprego de analogia *in malam partem* em matéria penal, mesmo porque as lacunas não podem ser supridas em desfavor da liberdade, em consonância com a máxima *ubi voluit dixit, ubi non dixit voluit* (o que o legislador quis dizer disse; o que não quis dizer não disse). Não se defende uma visão mecanicista do juiz, dele tolhendo a atividade interpretativa, como já foi sustentado por iluministas como Montesquieu com a célebre frase "os juízes nada mais são do que a boca que pronuncia as palavras da lei", ou Beccaria, que defendia o juiz como um impessoal "autômato da subsunção" do fato à lei, na lembrança de Claus Roxin (*Derecho Penal* – Parte General, 2ª ed., Madrid, Civitas, 1997 reimpressão 2006, p. 148). Aliás, como salienta o último autor citado, o juiz, na sua atividade interpretativa, deve ater-se ao significado mais próximo possível do literal, e não de seus eventuais significados correntes, usuais; assim, uma interpretação que não se encontre abrangida pelo seu sentido literal será equivalente a uma analogia fundamentadora da pena e, portanto, inadmissível. Citando vários exemplos de inadmissível ampliação do texto legal, Roxin escreve: "A vinculação da interpretação ao limite do teor literal não é em absoluto arbitrária, mas sim deriva dos fundamentos jurídico-políticos e jurídico-penais do princípio da legalidade (...). Com efeito: o legislador somente pode expressar com palavras suas prescrições; e o que não se depreenda de suas palavras, não está prescrito, não 'rege'. Por isso, uma aplicação do Direito Penal que exceda do teor literal vulnera a autolimitação do Estado na aplicação do poder punitivo e carece de legitimação democrática" (ob. cit., pp. 149-150). Estamos, aqui, também, em total consonância com Manuel Cavaleiro de Ferreira que, comentando o Código Penal lusitano, afirma que ele não só proíbe "a analogia e, por isso, a aplicação das normas a casos omissos embora análogos, como também o emprego de meios que conduzam a uma interpretação extensiva (indução por paridade ou maioria de razão)" (*Direito Penal Português* – Parte

Geral, Lisboa – São Paulo, Verbo, 1982, v. I, p. 105). Os preceitos da lei penal hão de ser interpretados de modo estrito; havendo dúvida, não se pode ampliar o texto em prejuízo da liberdade do cidadão, com fundamento no princípio geral do direito do *favor libertatis*. Em resumo, e como decorrência de todo o exposto nas notas acima lançadas, a norma penal há de ser clara, precisa. Desse modo, e fazendo alusão à expressão cunhada por REINHART MAURACH (*Tratado...*, cit., pp. 113 e 115), nullum crimen, nulla poena sine lege scripta et stricta (não há crime nem pena sem lei escrita e estrita), não se admite margem de dúvida sobre a adequação típica da conduta imputada ao acusado, vedando-se interpretação com efeitos extensivos da norma incriminadora, bem como o emprego de analogia *in malam partem*. Tamanha é a relevância desse postulado que esse renomado tratadista alemão salienta: foi justamente durante os anos de 1935 a 1945 da Segunda Grande Guerra e do regime nazista que houve, no território germânico, a mitigação da garantia da reserva legal, abrindo-se caminho à criação judicial do Direito Penal e, sobretudo, da punição e de sua fundamentação. A propósito do tema, lembramos as palavras de CÍCERO: *Legus servi sumus, uti liberi esse possimus*, ou seja, "somos servos da lei, para podermos ser livres".

■ **Reserva legal e inércia do Poder Legislativo diante de mandados de criminalização constantes da Constituição:** Diante da dinâmica social, e da inércia do Poder Legislativo, o Supremo Tribunal Federal proferiu decisão na Ação Direta de Inconstitucionalidade por Omissão n. 26/DF e no Mandado de Injunção n. 4.733, nos quais, por maioria, fixou a seguinte tese: "1. Até que sobrevenha lei emanada do Congresso Nacional destinada a implementar os mandados de criminalização definidos nos incisos XLI e XLII do art. 5º da Constituição da República, as condutas homofóbicas e transfóbicas, reais ou supostas, que envolvem aversão odiosa à orientação sexual ou à identidade de gênero de alguém, por traduzirem expressões de racismo, compreendido este em sua dimensão social, ajustam-se, por identidade de razão e mediante adequação típica, aos preceitos primários de incriminação definidos na Lei n. 7.716, de 8.1.1989, constituindo, também, na hipótese de homicídio doloso, circunstância que o qualifica, por configurar motivo torpe (Código Penal, art. 121, § 2º, I, *in fine*); 2. A repressão penal à prática da homotransfobia não alcança nem restringe ou limita o exercício da liberdade religiosa, qualquer que seja a denominação confessional professada, a cujos fiéis e ministros (sacerdotes, pastores, rabinos, mulás ou clérigos muçulmanos e líderes ou celebrantes das religiões afro-brasileiras, entre outros) é assegurado o direito de pregar e de divulgar, livremente, pela palavra, pela imagem ou por qualquer outro meio, o seu pensamento e de externar suas convicções de acordo com o que se contiver em seus livros e códigos sagrados, bem assim o de ensinar segundo sua orientação doutrinária e/ou teológica, podendo buscar e conquistar prosélitos e praticar os atos de culto e respectiva liturgia, independentemente do espaço, público ou privado, de sua atuação individual ou coletiva, desde que tais manifestações não configurem discurso de ódio, assim entendidas aquelas exteriorizações que incitem a discriminação, a hostilidade ou a violência contra pessoas em razão de sua orientação sexual ou de sua identidade de gênero; 3. O conceito de racismo, compreendido em sua dimensão social, projeta-se para além de aspectos estritamente biológicos ou fenotípicos, pois resulta, enquanto manifestação de poder, de uma construção de índole histórico-cultural motivada pelo objetivo de justificar a desigualdade e destinada ao controle ideológico, à dominação política, à subjugação social e à negação da alteridade, da dignidade e da humanidade daqueles que, por integrarem grupo vulnerável (LGBTI+) e por não pertencerem ao estamento que detém posição de hegemonia em uma dada estrutura social, são considerados estranhos e diferentes, degradados à condição de marginais do ordenamento jurídico, expostos, em consequência de odiosa inferiorização e de perversa estigmatização, a uma injusta e lesiva situação de exclusão do sistema geral de proteção do direito, vencido o Ministro Marco Aurélio, que não subscreveu a tese proposta. Não participaram, justificadamente, da fixação da tese, os Ministros Roberto Barroso e Alexandre de Moraes. Plenário, 13.6.2019".

Crime e tipicidade

- **Crime:** O injusto ou ilícito penal é a conduta típica (que se conforma perfeitamente à descrição de um tipo penal), sendo também antijurídica (contrária ao ordenamento como um todo): tipicidade + antijuridicidade. Para haver punição criminal, ao injusto soma-se a *culpabilidade*, que é o juízo de reprovabilidade da conduta diante da consciência real ou potencial, por parte do agente, da ilicitude de sua conduta, e da possibilidade de se comportar de acordo com esse entendimento. Esse art. 1° do CP trata da tipicidade.

- **Tipicidade:** Todos os tipos penais possuem, em sua descrição, os elementos que lhes são *essenciais* na descrição da conduta proibida, com a respectiva punição. Há o *tipo objetivo* e o *tipo subjetivo*. No *tipo objetivo* estão presentes: (a) elementos *objetivos* (concretos, reais) onde está descrita a conduta incriminada, com todas as suas características que variam: sujeito ativo ("quem"), verbo ("matar", "apropriar-se", "desviar", "portar", "falsificar"), ao modo como a conduta é praticada ("mediante fraude, engodo ou ardil"), por vezes há referência ao objeto atrelado ao verbo ("coisa alheia móvel", "arma de uso proibido ou restrito", "documento público"), outras há menção a determinado sujeito passivo ("filho", "pessoa sob sua guarda", "preso"); (b) elementos *normativos*, para muitos dos quais já *um juízo de valor*, recorrendo-se a outras normas, até mesmo culturais e morais ("indevidamente", "sem justa causa", "em desacordo com disposição legal"), trazendo questões da própria *antijuridicidade* (contrariedade ao direito) para dentro da descrição típica. No *tipo subjetivo*, tem-se que a regra é a punição a título de *dolo*, que é a intenção do agente de voluntariamente praticar a conduta incriminada. Há também o *dolo eventual*, em que se pune a *indiferença ao bem jurídico*, quando o agente atua e conscientemente assume e admite o risco de produzir o resultado proibido pela norma penal. Por fim, sempre que expressamente constante do tipo, existe a punição a título de culpa, em que o agente pratica conscientemente uma conduta, sem observar os deveres de cuidado impostos aos cidadãos (imprudência, negligência ou imperícia), embora não deseje o resultado.

- **Tipo e antijuridicidade:** Para boa parte da doutrina, a tipicidade da conduta é mero indício (*ratio cognoscendi*) de antijuridicidade, sendo necessário que a conduta típica seja valorada para se saber se ela, realmente, no caso concreto, (a) lesionou um bem jurídico ou o colocou em risco, mediante conduta comissiva ou omissiva, dolosa ou culposa, (b) proibida pelo ordenamento jurídico, ou seja, praticada de forma contrária ao direito posto (*ius positum*). Exemplificamos: ao vermos um cadáver na rua, com outrem segurando uma arma ao seu lado, tem-se um indício de que houve um crime de homicídio; porém, o sujeito pode ter agido em legítima defesa, não tendo sido a sua conduta contrária ao direito (antijurídica). Todavia, se é certo que os tipos penais possuem elementos objetivos destituídos de qualquer aspecto valorativo (como "alguém", "menor de 14 anos", "coisa móvel"), é correto afirmar, também, que em várias figuras penais existem os denominados elementos normativos do tipo (como nas expressões "sem justa causa" e "indevidamente"), os quais, no próprio tipo, trazem a valoração da ilicitude. São dados que não descrevem objeto nenhum e tampouco estão em relação causal com a conduta, afirmando Claus Roxin: os elementos normativos do tipo "são autênticos elementos da antijuridicidade", posto que essas circunstâncias não são meros indícios de antijuridicidade, mas sim a própria razão de ser (*ratio essendi*) da antijuridicidade, integrando-a (*Derecho Penal*, cit., p. 281). O caráter não valorativo do tipo, defendido por Beling (*vide* notas acima), foi, assim, sendo abandonado. Essa concepção levou ao desenvolvimento da chamada "Teoria dos Elementos Negativos do Tipo", da qual, entre nós, Miguel Reale Júnior é um dos defensores (*Instituições de Direito Penal*, 3ª ed., Rio de Janeiro, Forense, Gen e Bilac Pinto, 2009, p. 145), segundo a qual a conduta típica já é em si antijurídica – *vide* adiante notas d) Teoria dos elementos negativos e d1) Crítica de autores à teoria dos elementos negativos do tipo.

Tipicidade Penal

- **Tipicidade (observação histórica):** Como ensina Claus Roxin (*Derecho Penal*, cit., pp. 276-278), o conceito de tipo, com significado Político Criminal de garantia (*Tatbestand*), teve o seu embrião com Ernest von Beling, no início do século XIX. No começo de sua formulação, ainda com Beling, a conduta típica, objetivamente descrita, não era dotada de qualquer caráter subjetivo e valorativo, sendo o dolo e a culpa vinculados à análise da culpabilidade (reprovabilidade), estando fora do tipo (Escola Clássica). No movimento neoclássico, com MAX ERNEST MAYER e EDMOND MEZGER, entre outros, nos idos de 1930 apontou-se que não se podia renunciar, sempre, ao elemento subjetivo na própria configuração da conduta típica, lembrando-se o exemplo da apropriação indébita, na qual o ânimo de se apropriar da coisa como se dono fosse (*rem sibi habendi*) está na própria descrição típica (art. 168 do CP). Em continuação desse processo, desenvolveu-se o Finalismo com o gênio de HANS WELZEL, encontrando-se descritos no tipo: (a) a conduta comissiva ou omissiva, denominada tipo objetivo; (b) o dolo ou a culpa do agente, isto é, o tipo subjetivo; (c) o resultado naturalístico (crimes materiais) ou normativo (crimes de perigo); (d) o nexo de causalidade. Por vezes há a descrição, ainda, de (e) elementos normativos do tipo (como nas expressões "indevidamente", "sem justa causa"; *vide* nota Tipo e antijuridicidade) e, em alguns casos, (f) com especial fim de agir (por exemplo, "em proveito próprio ou alheio"). Nosso CP, a exemplo de muitos Códigos Penais como o da Espanha, México, Argentina, Bolívia, Paraguai, Equador e Colômbia, adota o *finalismo*. Todavia, já se falando em "pós-finalismo", o funcionalismo e normativismo moderado, em uma sociedade de risco, de CLAUS ROXIN (que foi aluno de HANS WELZEL), com sua *Teoria da Imputação Objetiva*, vem ganhando muitos adeptos no mundo, sendo o segundo grande jurista alemão que vem influenciando o pensamento penal em muitos países. Igualmente GÜNTER JAKOBS, com seu *funcionalismo sistêmico*, com base na doutrina de NIKLAS LUHMANN (cf. José Cerezo Mir, "A influência de WELZEL...", *in O Passado e o Futuro do Finalismo no Direito Penal*, Porto Alegre, CDS, 2020, pp. 79-99) (*vide* notas introdutórias no começo dos comentários ao CP).

- **Tipos fundamental ou básico e tipos derivados:** É comum, também, além do disposto no *caput* do artigo, existir as figuras dos tipos qualificados (com aumento da pena) ou privilegiados (com sua redução), que, baseadas em circunstâncias, tornam o injusto previsto no *caput*, mais ou menos grave. Aí está a diferença entre *tipo básico ou fundamental* e *tipo derivado*, como ensina HELENO CLÁUDIO FRAGOSO: "Classificam-se os tipos em *básicos* ou *fundamentais* e *derivados*, compreendendo estes as figuras de crimes qualificados e privilegiados. Os tipos básicos *constituem a espinha dorsal* do sistema na parte especial (*Mezger*). As derivações são formuladas tendo-se em vista que apresentam, em relação ao tipo básico, diverso merecimento de pena, pela ocorrência de circunstâncias que agravam ou atenuam, particularmente, a antijuridicidade do fato ou a culpabilidade do agente, na perspectiva de determinada figura de delito. Em alguns casos, limita-se o legislador a introduzir, no mesmo dispositivo de lei, hipóteses agravadas ou atenuadas dos tipos básicos, formando, assim, crimes *qualificados* ou *privilegiados*. Nos casos de crimes qualificados ou privilegiados, surgem tipos derivados, que constituem distintos tipos de ilicitude. Aqui, elementos acidentais que, normalmente, seriam meras circunstâncias do crime, passam a ser elementos constitutivos do tipo qualificado ou privilegiado, que *pressupõe sempre a aplicação do tipo básico*. O tipo básico do homicídio é o do homicídio simples, previsto no art. 121, CP. Tipos derivados são os do homicídio qualificado (art. 121, § 2º, CP), que se referem ao homicídio praticado de forma mais grave e reprovável. Também é tipo derivado o do homicídio privilegiado (art. 121, § 1º, CP), que se refere ao crime praticado por motivo de relevante valor social ou moral ou sob o domínio de violenta emoção, logo em seguida a injusta provocação da vítima, ou seja, em condições de menor reprovabilidade" (*Lições de Direito Penal – Parte Geral*, 15ª ed., Rio, Forense, 1995, pp. 157-158).

- **Princípio da adequação social:** Dando relevância ao significado *social* das condutas tipificadas como crime, o gênio de HANS WELZEL, ao construir a teoria finalista da ação, adotada por nosso CP, solidificou o entendimento de que "as ações que se movem de acordo com os padrões das regras sociais, nunca estão compreendidas dentro dos tipos de delito, mesmo quando elas poderiam se subsumir em um tipo interpretado literalmente; são as chamadas ações socialmente adequadas" (*Derecho Penal – Parte General*, Buenos Aires, Depalma, 1956, pp. 63-66; tradução livre). Em outras palavras, as condutas que se desenvolvem em consonância com os preceitos culturais, ético-sociais da vida de determinada sociedade, sendo totalmente aprovados socialmente, não ensejariam a tipicidade penal, embora a conduta esteja, em si, descrita no preceito incriminador, por serem "socialmente adequadas". O fundamento, aqui, não é necessariamente atrelado ao direito positivo (*ius positum*) – como ocorre na teoria da tipicidade conglobante (*vide abaixo*) –, mas abrange aspectos pertinentes a valores ético-sociais e culturais enraizados de forma inquestionável no seio social. Nesse sentido, em monografia sobre o tema, Renato Jorge Mello Silveira defende que a adequação social é uma "válvula emergencial" do sistema penal que se insere em um âmbito "pré-típico" (a conduta sequer é típica), não ferindo o princípio da legalidade ou da segurança jurídica, pois como "peça hermenêutica auxiliar, ela apenas justifica a não aplicação penal em determinados casos", como uma "chave de segurança da Justiça, sobrepondo-se à positivada ideia de segurança jurídica" (*Fundamentos da Adequação Social em Direito Penal*, Quartier Latin, São Paulo, 2010, p. 402). Assim, ao contrário do princípio da insignificância, em que a conduta é relativamente tolerada por sua escassa gravidade, no princípio da adequação ela recebe total aprovação social (Santiago Mir Puig, *Derecho Penal*, PPU, Barcelona, 1990, pp. 567-570). Günter Jakobs, crítico do finalismo e defensor de um funcionalismo radical, aponta que o princípio da adequação social de Welzel já era o prenúncio da *Imputação Objetiva* dos funcionalistas, onde se avalia se um risco criado ao bem jurídico é socialmente permitido, adequado à realidade, ou não ("O significado de Welzel para a Ciência do Direito Penal de hoje", in *O Passado e o Futuro do Finalismo no Direito Penal*, org. por Pablo Rodrigo Alflen, CDS, Porto Alegre, 2020, p. 145).

▪ **Princípio da adequação social e limites nos valores constitucionais e na dignidade humana:** Por vezes, práticas enraizadas na cultura de determinados povos, em certas localidades e determinadas épocas, aprovadas por determinado grupo social, mostram-se absolutamente contrastantes com valores constitucionais, como o da dignidade humana (CR, art. 1º), do respeito ao meio ambiente, da vedação de crueldade contra animais (CR, art. 226, § 1º, VII) etc. Assim, o princípio da adequação social encontra *limites*. Há casos *mais simples*, como o da circuncisão dos meninos na religião judaica, ou da mãe que fura a orelha da filha pequena, não havendo o que se falar de lesão corporal do art. 129 do CP. Outros, que se situam em uma *zona cinzenta clara*, lembrando-se a hipótese de um pai, com sua supervisão, ensinar o seu filho de 18 anos a dirigir em uma via isolada e sem movimento, em vez de matriculá-lo em uma autoescola, diante do crime do art. 310 do Código de Trânsito e da *Súmula* 575 do STJ que diz estar configurado esse delito "independentemente da ocorrência de lesão ou perigo de dano concreto na condução do veículo". Há, aqueles, que já se aproximam de *um espectro mais escuro*, como o maltrato aos animais em festas populares que impõem grande sofrimento aos animais, como a "Farra do Boi", a chamada "Vaquejada" em que se derruba o animal pelo seu rabo, os "rodeios", as "rinhas de cães" ou de "galos", diante do art. 32 da Lei n. 9.605/98, havendo frequente embate entre leis municipais que frequentemente regulamentam tais práticas e o STF julgando-as inconstitucionais. O *jus corrigendi* dos pais na educação dos filhos, traz grandes preocupações diante do art. 136 do Código Penal que pune *o abuso* dos meios de correção ou disciplina de pessoa sob sua autoridade, guarda ou vigilância. Aliás, o art. 18-A da Lei n. 8.069/90, com redação da Lei n. 13.010/2014: "A criança e o adolescente têm o direito de ser educados e cuidados sem o uso de castigo físico ou de tratamento cruel ou degradante, como formas de correção, disciplina, educação ou qualquer outro pretexto, pelos pais, pelos integrantes da família ampliada, pelos responsáveis, pelos agentes públicos executores de medidas socioeducativas ou por qualquer pessoa encarregada de cuidar deles, tratá-los, educá-los ou protegê-los". Enfim, até que ponto uma situação é abusiva, configurando violência doméstica (Lei n. 11.340/2006), lesões corporais (CP, art. 129), cárcere privado (CP, art. 148), vias de fato (art. 21 da Lei das Contravenções Penais)? Não muitas décadas atrás, admitia-se o castigo físico nas escolas, além de punições vexatórias; um tapa no filho pode até ser "socialmente adequado", mas chicoteadas, beliscões, arranhões, deixá-lo em cárcere privado, a pão e água por um ou mais dias, pode ser, para alguns poucos grupos sociais algo aceitável e, para outros, inadmissível. Dentre práticas culturais, inquestionavelmente *inadmissíveis* por violarem a dignidade humana, lembramos a mutilação genital feminina que já vitimou mais de 200 milhões de mulheres no mundo entre povos de cultura africana, do oriente médio e asiáticos, segundo a Organização Mundial da Saúde (<https://www.who.int/news-room/fact-sheets/detail/female-genital-mutilation>), sendo um problema em países ocidentais que recebem imigrantes com essa cultura. O "socialmente adequado" para determinado grupo social, por vezes, representa o atraso, o machismo, a violação de direitos humanos, a crueldade contra animais etc. Há que se ter, como visto, muita cautela com o princípio da adequação social.

Causas de exclusão da tipicidade

■ **Noção:** Como vimos acima, a doutrina e a jurisprudência têm se preocupado com a necessidade de se adequar ou corrigir, sempre a favor da liberdade, o eventual rigorismo das frias palavras que isoladamente compõem os tipos penais, corrigindo situações que, embora aparentemente se subsumam a determinadas figuras típicas, na prática não chegam a ofender ou a colocar em risco, nem em potencial, o bem jurídico penalmente tutelado, seja em função da sua escassa relevância, seja em razão da sua total adequação social, seja em decorrência, ainda, da análise do ordenamento jurídico como um todo, não se podendo admitir que uma conduta seja ao mesmo tempo proibida pela lei penal e permitida por outro ramo do Direito. Situações há, contudo, em que o próprio ordenamento jurídico prevê a exclusão da tipicidade, como no caso do crime impossível, previsto no art. 17 do CP.

■ **"Tipicidade formal" e "tipicidade material":** Dada a crescente vinculação entre tipicidade e antijuridicidade, sendo a tipicidade considerada, por muitos, a própria razão de ser da antijuridicidade, e não mero indício desta (*vide* nota *Teoria dos elementos negativos do tipo* nos comentários que antecedem o art. 13 do CP), autores como CEZAR ROBERTO BITENCOURT (*Código Penal Comentado*, São Paulo, Saraiva, 2005, p. 6) e PAULO QUEIROZ (*Direito Penal*, São Paulo, Saraiva, 2005, pp. 38-39) têm defendido que a insignificância de condutas que formalmente se amoldam ao tipo legal, mas que não apresentam nenhuma relevância material, são "materialmente atípicas". Ou seja, a inexistência de lesividade ao bem jurídico, que a doutrina estrangeira trata como ausência de ilicitude ou antijuridicidade material da conduta típica (inexistindo daí o injusto penal), é, aqui, tratada como circunstância excludente da própria tipicidade "material", diferenciando-a da mera tipicidade "formal". Trata-se de salutar construção ainda mais garantista que vem sendo adotada pelo STF e pelo STJ, empregando-se o conceito de "ausência de tipicidade material" em casos de aplicação do princípio da insignificância (STF, HC 93.482/PR, 2ª T., rel. Min. CELSO DE MELLO, j. 7.10.2008; STJ, HC 136.519/RS, 5ª T., rel. Min. ARNALDO ESTEVES LIMA, j. 19.8.2009) (*vide*, também, jurisprudência abaixo).

■ **Princípio da insignificância:** O "princípio da insignificância" fundamenta-se nos postulados constitucionais da intervenção mínima do Direito Penal e da proporcionalidade da pena em relação à gravidade do crime. Exemplo: a pessoa que furta uma fivela de plástico de uma loja de departamentos. A propósito, ensina CARLOS VICO MAÑAS que o "princípio da insignificância" é instrumento de interpretação restritiva, por intermédio do qual se alcança "a proposição político-criminal da necessidade de descriminalização de condutas que, embora formalmente típicas, não atingem de forma relevante os bens jurídicos protegidos pelo direito penal" (*O Princípio da Insignificância como Excludente da Tipicidade no Direito Penal*, Saraiva, 1994, p. 58). Segundo esse autor, "a escassa repercussão do fato indica a exagerada e desproporcional resposta penal fornecida, aconselhando que se reconheça a atipicidade material da ação" (TJSP, Ap. 993.08.013059-0, j. 2.9.2009). Nesse sentido, também, EUGENIO RAÚL ZAFFARONI, *Manual de Derecho Penal* – Parte General, Buenos Aires, Ediar, 1977, p. 405. O Ministro CELSO DE MELLO, do Supremo Tribunal Federal, com felicidade, escreveu ao relatar o HC 98.152, julgado em 19.5.2009: "O sistema jurídico há de considerar a relevantíssima circunstância de que a privação da liberdade e a restrição de direitos do indivíduo somente se justificam quando estritamente necessárias à própria proteção das pessoas, da sociedade e de outros bens jurídicos que lhes sejam essenciais, notadamente naqueles casos em que os valores penalmente tutelados se exponham a dano, efetivo ou potencial, impregnado de significativa lesividade", sendo que "o direito penal não se deve ocupar de condutas que produzam resultado, cujo *desvalor* – por não importar em lesão significativa a bens jurídicos relevantes – não represente, por isso mesmo, prejuízo importante, seja ao titular do bem jurídico tutelado, seja à integridade da própria ordem social". Enfim, ressaltando que o princípio da insignificância "deve ser analisado em conexão com os postulados da fragmentariedade e da intervenção mínima do Estado em matéria penal – tem o sentido de excluir ou de afastar a própria tipicidade penal, examinada esta na perspectiva de seu caráter material", propõe os seguintes critérios para a aferição da insignificância: "(a) a mínima ofensividade da conduta do agente, (b) a nenhuma periculosidade social da ação, (c) o reduzidíssimo grau de reprovabilidade do comportamento e (d) a inexpressividade da lesão jurídica provocada". O princípio da insignificância, atrelado à denominada tipicidade material da conduta, conquistou, com razão e justiça, grande espaço em nossas Cortes, sobretudo no Supremo Tribunal Federal. É importante consignar, ademais, que o princípio da insignificância diz com a inexistência de lesão relevante ao bem jurídico protegido pela norma incriminadora, não sendo obstáculo à sua aplicação aspectos subjetivos atrelados aos antecedentes do acusado (vide jurisprudência).

- **Consentimento do interessado (noção):** Diversos são os bens jurídicos tutelados pelo direito penal. Atualmente, existem bens denominados supraindividuais (como a integridade do Sistema Financeiro na Lei n. 7.492/86 e o meio ambiente, objeto da Lei n. 9.605/98), sendo evidente que ninguém pode dispor de direito alheio. Existem, igualmente, bens jurídicos individuais, os quais podem ser divididos em duas categorias: (a) disponíveis, isto é, bens de que a pessoa pode perfeitamente dispor (p.ex., o sigilo bancário, o patrimônio, a integridade corporal) e (b) indisponíveis, ou seja, aqueles que, em face do nosso atual ordenamento, deles não se pode abrir mão (v.g., a vida). O consentimento válido do interessado, tratando-se de bens disponíveis e pessoais, não enfrenta grandes obstáculos, gerando atipicidade da conduta, como nas lesões esportivas dentro das regras do desporto, inclusive dolosas (por exemplo, no boxe). Quanto à vida, bem é de ver que nem sempre foi considerada indisponível, bastando lembrar o antigo duelo em que os desafetos espontaneamente e em defesa de sua honra ajustavam, com hora certa e determinadas regras, o momento em que inexoravelmente um deles tiraria a vida do outro, com isso consentindo, como um "juízo de Deus" (cf. VINCENZO MANZINI, *Trattato di Diritto Processuale Penale Italiano*, 2ª ed., Torino, UTET, 1942, v. I, p. 9; ver, também, ROBERTO DELMANTO JUNIOR, *Inatividade no Processo Penal Brasileiro*, São Paulo, Revista dos Tribunais, 2006, p. 38, n. 30). A propósito dos tempos em que a honra era quase tudo para um homem, inclusive o seu bom crédito, LAWRENCE FRIEDMAN relata que os duelos persistiram até o século XIX nos EUA, tendo o famoso escritor norte-americano ALEXANDER HAMILTON sido morto em um deles (*Guarding Live's Dark Secrets*, Stanford, Stanford Press, 2007, pp. 60-61).

- **Consentimento do ofendido ou acordo entre autor e vítima (natureza jurídica):** Como visto nas notas acima, o afastamento da responsabilidade penal do autor de determinado fato, em virtude de o titular do bem atingido ter dele disposto, não é recente e está longe de encontrar um consenso na doutrina. Na lembrança de JOÃO DANIEL RASSI (*Comportamento da Vítima no Direito Penal Sexual*, dissertação de mestrado apresentada na USP, 2006, p. 108), é do jurista romano ULPIANO (aproximadamente 170-228 d.C.) a máxima *nulla iniuria est, quae in volentem fiat* ("o que se realiza com a vontade do lesionado, não constitui injusto" – Livro 47 do Digesto, D. 7. 10. 1. 5.), posteriormente transformada no brocardo *volenti non fit injuria* ("não há ofensa a quem consente"). Segundo MIGUEL POLAINO-ORTS ("Alegato a favor de un tratamiento jurídico-penal unitario para los casos de acuerdo y consentimiento como causas de atipicidad", Cuadernos de Política Criminal, Madrid, CESEJ, 2004, n. 82, p. 164), existem dois entendimentos sobre o tema: a doutrina monista e a dualista. Na doutrina unitária, entende-se supérflua a distinção entre acordo e consentimento, e considera-se que todo consentimento exclui o tipo. Com esse entendimento, salientando ser praticamente impossível diferenciar acordo de consentimento, CLAUS ROXIN (*Derecho Penal – Parte General*, 2ª ed., Madrid, Civitas, 1997, reimpressão 2006), t. I, p. 522, §§ 22 e ss.). Para a doutrina dualista, distingue-se acordo (*Einverständnis*) de consentimento (*Einwilligung*). No acordo haveria a exclusão da tipicidade porque o atuar contra ou sem a vontade do sujeito passivo é elemento da descrição típica (p.ex., os crimes de violação de correspondência, de domicílio e de divulgação de segredo – arts. 150, 151 e 153 do CP). Por outro lado, no consentimento haveria uma causa de exclusão da antijuridicidade ou ilicitude, mas não da tipicidade – v.g., o crime de dano previsto no art. 163 do CP, como lembram JOSÉ HENRIQUE PIERANGELI (*O Consentimento do Ofendido na Teoria do Delito*, 3ª ed., São Paulo, Revista dos Tribunais, 2001) e FRANCISCO DE ASSIS TOLEDO (*Princípios Básicos de Direito Penal*, 5ª ed., São Paulo, Saraiva, pp. 171, 172 e 214 e ss.). Para este último autor, necessário se faz, para a exclusão da ilicitude: "a) que o ofendido tenha manifestado sua aquiescência livremente, sem coação, fraude ou outro vício de vontade; b) que o ofendido, no momento da aquiescência, esteja em condições de compreender o significado e as consequências de sua decisão, possuindo, pois, capacidade para tanto; c) que o bem jurídico lesado ou exposto a perigo de lesão se situe na esfera de disponibilidade do aquiescente; d) finalmente, que o fato típico penal realizado se identifique com o que foi previsto e se constitua em objeto de consentimento pelo ofendido". *Vide*, no art. 23 do CP, nota Causas supralegais de exclusão da antijuridicidade, onde há o pensamento de PIERANGELI no sentido de que o consentimento do ofendido, nos jogos não regulamentados, enseja a exclusão da ilicitude ou antijuridicidade das lesões esportivas.

■ **Consentimento e ortotanásia (polêmica):** *Vide* rubrica Ortotanásia nos comentários ao art. 121 do CP.

■ **Tipicidade conglobante:** EUGÊNIO RAUL ZAFFARONI (*Manual de Derecho Penal – Parte Geral*, cit., 1977, pp. 319 e ss.), e mais recentemente em conjunto com JOSÉ HENRIQUE PIERANGELI (*Manual de Direito Penal Brasileiro – Parte Geral*, São Paulo, Revista dos Tribunais, 1997, pp. 459 a 461 e 551) defendem teoria correlacionando o tipo legal (*v.g.*, o crime de lesão corporal, o crime de furto), a norma proibitiva que lhe dá fundamento (não matarás, não furtarás) e o bem jurídico tutelado (vida, patrimônio). Nessa concepção, sustentam que para existir tipicidade penal é indispensável haver não só a tipicidade legal (ou seja, subsunção do fato à fórmula legal), mas também a tipicidade conglobante (isto é, violação à norma proibitiva que não pode ser vista isoladamente, posto que inserida em todo um conjunto de normas dos diversos ramos do Direito). Em outras palavras, e sempre a favor da liberdade em razão da garantia da reserva legal (CP, art. 1º), a análise de todo o conjunto de normas que venha a tratar de determinado bem jurídico (tipicidade conglobante) pode reduzir a amplitude do tipo legal, corrigindo-o. Citam, assim, nos jogos oficialmente regulamentados, a atipicidade das lesões culposas desportivas, desde que respeitadas as regras do jogo (há o art. 129 do CP ao lado de todo o ordenamento desportivo fomentando o esporte); igualmente, a atipicidade da conduta do médico nas intervenções cirúrgicas com fim terapêutico, realizadas dentro dos padrões de excelência médica que orientam o exercício da arte médica. Sustentam, nesses exemplos, que as condutas são atípicas, não havendo que se cogitar da incidência da causa de exclusão da antijuridicidade do exercício regular de direito (CP, art. 23, III) que pressupõe ser o fato típico. *Vide*, a propósito, nossos comentários no art. 23, III, do CP, sob a rubrica Violência esportiva.

Jurisprudência das causas de exclusão da tipicidade

■ **Princípio da insignificância (criação doutrinária acolhida pelos tribunais):** "A alegação dos representantes do Ministério Público de que o colegiado foi omisso nos fundamentos jurídicos que possibilitariam a aplicação do princípio da insignificância não tem procedência. O acórdão, citando doutrina e jurisprudência, está motivado. (...) No caso em exame (e somos obrigados a discutir a subtração de poucas abóboras, meu Deus), o acórdão, como se verá infra, analisou os fundamentos jurídicos aplicáveis à insignificância e concluiu por sua aplicação. Não houve nenhuma omissão, a não ser que os autores da petição de embargos, 'porque não têm nada a fazer e o ócio cansa', querem o impossível: dispositivos legais a respeito. Afinal, eles sabem, ou deveriam sabê-lo, que a ideia de afastar o Direito Penal destes fatos irrelevantes é uma criação da doutrina que vem sendo acolhida pelos tribunais. Não existem normas legais a respeito. (...) Ora, o que distingue uma ação considerada de bagatela ou insignificante, de outra penalmente relevante e que merece a persecução criminal, é a soma de três fatores: o valor irrisório da coisa, ou coisas, atingidas; a irrelevância da ação do agente; a ausência de ambição de sua parte em atacar algo mais valioso ou que aparenta ser. (...) Assim, nos termos *supra*, rejeito os embargos" (TJRS, 8ª CCr, ED 70.007.545.148, rel. Des. Sylvio Baptista, j. 19.11.2003, *vu, Bol. IBCCr* 139/807).

■ **Princípio da insignificância e antecedentes criminais:** Para a incidência do princípio da insignificância só devem ser considerados os aspectos objetivos da infração praticada, sendo que os aspectos de ordem subjetiva, como a existência de registro de antecedentes criminais, não podem obstar ao julgador a aplicação do instituto (STF, RE

514.531, rel. Min. Joaquim Barbosa, j. 21.10.2008; igualmente, STF, RExtr 536.486, rel. Min. Ellen Gracie, j. 26.8.2008). Nos termos da jurisprudência da Corte Suprema, o princípio da insignificância é reconhecido, podendo tornar atípico o fato denunciado, não sendo adequado considerar circunstâncias alheias às do delito para afastá-lo; o fato de já ter antecedente não serve para desqualificar o princípio da insignificância (STF, HC 94.502, rel. Min. Menezes Direito, j. 10.2.2009). A reincidência e os maus antecedentes não impedem a aplicação do princípio da insignificância diante do pequeno valor do bem subtraído, o qual é insuficiente para caracterizar o fato típico previsto no art. 155 do CP, concedendo-se *habeas corpus* (STJ, 6ª T., HC 132.492, rel. Min. Celso Limongi, j. 18.8.2009, *DJe* 8.9.2009). "Evidenciado que a subtração do objeto decorreu da fome e da inadiável necessidade de o agente se alimentar, vez que não possuía outros meios para fazê-lo, acolhe-se a excludente de ilicitude do estado de necessidade ("furto famélico"). O valor da *res furtiva* (trinta reais), aliado às peculiaridades do caso concreto, justificam a aplicação do princípio da insignificância para fins de absolvição, ainda que reincidente o réu" (TJMG, Ap. 10024161452446001, rel. Juíza Conv. Luziene Barbosa Lima, j. 21.5.2020, publ. 25.5.2020). Contra, em parte: aplica-se o princípio da insignificância, ressalvada a hipótese de comprovada reiteração delituosa (STF, RHC 96.545-8, rel. Min. Lewandowsky, j. 16.6.2009). Contra: Tratando-se de furto, em que pese o valor irrisório da *res*, a aplicação do princípio da insignificância condiciona-se não somente aos fatores objetivos, como também aos parâmetros previstos no art. 59 do CP, cabendo ao juiz avaliar a sua necessidade e conveniência, sendo inaplicável a réus que fazem do crime seu modo de vida (TJDF, 1ª T., Ap. 2005.07.1.004092-9, j. 9.3.2006, *vu*, *Bol. IBCCr 165*/1015). "A reiteração delitiva tem sido compreendida como obstáculo inicial à tese da insignificância, por evidenciar maior grau de reprovabilidade da conduta do acusado, ressalvada excepcional peculiaridade do caso penal" (STJ, AgRg no AREsp 904.286/MG, rel. Min. Nefi Cordeiro, 6ª T., *DJe* 7.12.2016).

- **Princípio da insignificância e furto:** A jurisprudência tem acolhido este princípio em casos de furto (STF, 2ª T., HC 84.412/SP, rel. Min. Celso de Mello, *DJU* 19.11.2004; HC 93.482/PR, 2ª T., rel. Min. Celso de Mello, j. 7.10.2008; RHC 89.624/RS, rel. Min. Cármen Lúcia, *DJU* 7.12.2006; HC 87.478-9, 2ª T., rel. Min. Eros Grau, j. 29.8.2006; STJ, 5ª T., HC 138.144/MG, rel. Min. Laurita Vaz, j. 8.9.2009; 6ª T., HC 137.740/SP, rel. Min. Celso Limongi, j. 25.8.2009; 6ª T., HC 125.976/SP, rel. Min. Og Fernandes, j. 24.8.2009; TJSP, Ap. 993.08.013059-0 e Ap. 990.09.150110-7, j. 2.9.2009, rel. Des. Carlos Vico Mañas; Ap. 990.09.046388-0, rel. Des. João Morenghi, j. 19.8.2009; HC 990.09.156412-5, rel. Des. Angélica de Almeida, j. 19.8.2009).

- **Princípio da insignificância e moeda falsa:** Admissibilidade para o crime de moeda falsa (STF, 1ª T., HC 83.526/CE, rel. Min. Joaquim Barbosa).

- **Princípio da insignificância e crime de responsabilidade:** Admite-se a sua aplicação para o crime de responsabilidade (Decreto-Lei n. 201/67, art. 1º) (HC 77.003-4, 2ª T., rel. Min. Marco Aurélio, j. 16.6.98).

- **Princípio da insignificância e lesões corporais:** Aplica-se ao crime de lesões corporais leves (TACrSP, *Julgados* 75/307).

- **Princípio da insignificância nos crimes contra a mulher nas relações domésticas:** Súmula 589 do STJ: "É inaplicável o princípio da insignificância nos crimes ou contravenções penais praticados contra a mulher no âmbito das relações domésticas".

- **Princípio da insignificância e maus-tratos:** É aplicável a maus-tratos (TACrSP, *Julgados* 78/44).

- **Princípio da insignificância e crimes contra a honra:** Admite-se a aplicação aos crimes contra a honra (TACrSP, *RJDTACr* 1/216).

- **Princípio da insignificância e descaminho (R$ 10.000,00):** Aplica-se, tendo o STF assentado que falta justa causa para ação penal quando a quantia sonegada não ultrapassar R$ 10.000,00 (dez mil reais), referidos na Lei n. 10.522/2002 (STF, 2ª T., HC 96.374/PR, rel. Min. Ellen Gracie, *vu*, j. 31.3.2009; 1ª T., HC 92.438/PR, rel. Min. Joaquim Barbosa, *DJe* 241; HC 96.309, rel. Min. Cármen Lúcia, j. 24.3.2009; HC 99.610-8, rel. Min. Cezar Peluso, j. 8.9.2009). O STF tem aplicado esse entendimento inclusive para fatos anteriores à entrada em vigor do aumento do valor determinado pela Lei n. 11.033/2004, o que ocorreu na data de sua publicação, em 22.12.2004 (HC 94.058/RS, rel. Min. Carlos Britto, j. 18.8.2009, DJe 176). Vide, também, jurisprudência no art. 334 do CP.

- Princípio da insignificância e crimes contra a Administração: Súmula 599 do STJ: "O princípio da insignificância é inaplicável aos crimes contra a administração pública". Não se aplica o princípio da insignificância aos crimes contra a Administração Pública, mesmo que a lesão seja ínfima, uma vez que a norma busca resguardar não somente o aspecto patrimonial, mas a moral administrativa, o que torna inviável a afirmação do desinteresse estatal à sua repressão (STJ, REsp. 655.946, j. 27. 2.2007; HC 92.004, j. 5.5.2009).

- Princípio da insignificância e crimes contra o meio ambiente: Aplica-se o princípio da insignificância à imputação de crime ambiental (art. 40 da Lei n. 9.605/98) consistente em alteração do meio ambiente (desmatamento da vegetação capoeira em estágio inicial, mourões de concreto, arame e pequenos blocos calçando a rua, com plantas ornamentais), visando a construção de uma rua na propriedade do acusado, dentro do Parque Estadual da Serra do Mar. Abrangência mínima de 0,0652 hectare da terraplanagem, com um custo de recuperação de R$ 130,00 (cento e trinta reais). Absolvição por falta de tipicidade suficiente para caracterizar o crime; não houve degradação ou risco de degradação do equilíbrio ecológico das espécies e dos ecossistemas (STF, Pleno, APn 439-1, j. 12.6.2008). É possível a aplicação do princípio da insignificância a delitos ambientais diante do assim compreendido caráter instrumental do Direito Penal, sopesando-se, ainda, os princípios da proporcionalidade e razoabilidade, sendo preciso que fique demonstrada no caso concreto a pouca valia. Os interesses em princípio colidentes (restrição de direitos fundamentais em prol da conservação da natureza) apresentam-se, ao mesmo tempo, mutuamente dependentes, não se olvidando que a proteção constitucional do meio ambiente é realizada em prol da manutenção não só das futuras gerações, mas da vida humana presente (art. 225, caput, CF/88) (TRF da 4ª R., Ap. 2006.71.00.001035-8, j. 20.11.2007). Contra: O princípio da insignificância não encontra fértil seara em matéria ambiental (no caso, extração mineral), porquanto o bem jurídico ostenta titularidade difusa e o dano, cuja relevância não pode ser mensurada, lesiona o ecossistema, pertencente à coletividade (TRF da 4ª R., Ap. 2005.71.00.042656/0, j. 6.8.2008).

- Princípio da insignificância e transmissão clandestina de sinal de internet via radiofrequência: Súmula 606 do STJ: "Não se aplica o princípio da insignificância a casos de transmissão clandestina de sinal de internet via radiofrequência, que caracteriza o fato típico previsto no art. 183 da Lei n. 9.472/1997".

- Princípio da adequação social: Se o descaminho referiu-se a objetos de pequeno valor para comércio de sacoleiro, além do princípio da insignificância, aplica-se o da adequação social, pois a sociedade não considera a prática de tal comércio ilícito penal (TRF da 1ª R., RT 727/601). O princípio da adequação social não se aplica ao estoque e venda de DVDs e CDs falsificados ou "piratas" diante do art. 184, § 2º, do CP (STJ, REsp. 1.193.196/MG, 3ª Seção, rel. Min. Maria Thereza Assis Moura, DJe 4.12.2012; HC 531.030/SP, rel. Min. Rogério Schietti, j. 23.6.2020, DJe 1º.7.2020). "Não é possível a aplicação do referido princípio ao crime de posse ilegal de arma de fogo, pois a conduta praticada pelo apelante é típica e tem relevância penal para ser reprimida. Com efeito, referida conduta não se trata de uma ação tolerada e aceita pela sociedade" (STJ, RHC 70.141-RJ, rel. Min. Rogério Schietti, 6ª T., j. 7.7.2017; TRF 4ª Reg., Ap. Crim. 0000342-12.2016.822-RO, 7ª T., j. 10.10.2019, publ. 17.10.2019; TJRO, 1ª CCr, Ap. 0000342-12.2016.8.22.0018, j. 10.10.2019). Incabível aplicar o princípio da adequação social para o crime de descaminho (TRF 4ª Reg., Ap. Crim. 5001179-77.2016.4.04.7014-PR, j. 17.12.2019). Não incide em crime de violação de direito autoral, por ser valor reconhecido constitucionalmente (art. 5º, XXVII, da CF) (TJMG, Ap. 104871400006460001-MG, j. 1.10.2019, publ. 9.10.2019). Não cabe para "rádio pirata" (art. 183 da Lei n. 9.472/97), uma vez que "tem o condão de causar sérias interferências prejudiciais em serviços de telecomunicações regularmente instalados (como, por exemplo, polícia, ambulância, bombeiro, navegação aérea, embarcação, bem como receptores domésticos adjacentes à emissora) (...) A hipótese versada nos autos não é de conduta que possa ser considerada socialmente adequada. Rechaçada a aplicação do princípio da adequação social, notadamente porque não há como se considerar socialmente tolerável uma conduta que expõe a perigo serviços regulares e essenciais de telecomunicações" (TRF 3ª Reg., Ap. 0000861-34.2013.4.03.6006 MS, rel. Des. Fausto De Sanctis, j. 25.6.2020).

Jurisprudência

- **Descrição:** Fora dos termos formais da lei inexiste crime, pois não se pode concluir, por indução, pela existência de alguma figura penal, sem que a lei a defina expressamente (TACrSP, *Julgados* 87/244).

- **Importância:** O princípio da reserva legal é fundamental e inarredável em matéria de restrição da liberdade (TACrSP, *RT* 559/343). O princípio da legalidade constitui verdadeiro anteparo da liberdade individual; representa autêntica garantia constitucional dos direitos do homem e não deve ser vulnerado sob pretexto algum (TJSP, *RJTJSP* 74/346).

- **Reserva legal:** O princípio da reserva legal exige que a lei penal seja interpretada sem ampliações nem equiparações analógicas, salvo se for para beneficiar o réu (TACrSP, *RT* 594/365).

- **Vedação de interpretação ampliativa ou analógica:** No campo do direito disciplinar, assim como ocorre na esfera penal, interpretações ampliativas ou analógicas não são, de espécie alguma, admitidas, sob pena de incorrer-se em ofensa direta ao princípio da reserva legal (STJ, 5ª T., RMS 2003/0060165-4, rel. Min. Laurita Vaz, j. 21.3.2006, *vu, DJU* 2.5.2006, p. 339).

- **Aplicação ao processo:** Os princípios da reserva legal e da tipicidade, adotados em nossa sistemática jurídica, obrigam o juiz a ajustar os fatos no conjunto de elementos descritivos do delito, contidos na lei, sendo-lhe defeso, sob pena de violentar a liberdade jurídica do réu, escolher outra figura que não a própria (TACrSP, *RT* 511/361).

- **Antigo decreto-lei:** Embora inconstitucional, sendo mais favorável, pode e deve ser aplicado em matéria penal (Decreto-Lei n. 2.457/88 – extinção da punibilidade pelo pagamento do imposto de importação de automóvel) (STJ, RHC 3.337-1, j. 20.9.94, *DJU* 31.10.94).

- **Medida provisória:** A medida provisória que contenha tipificações de infrações penais entra em conflito não só com a lei ordinária, mas também com a própria Carta Magna, incidindo na sanção de nulidade máxima em nosso sistema jurídico, que é a eiva da inconstitucionalidade (TRF da 4ª R., RHC 412.908, *DJU* 23.8.1990, p. 18785). A medida provisóra não é o instrumento normativo apropriado para dispor sobre Direito Penal, que exige sua regulamentação através de lei em sentido estrito, como consequência do princípio da legalidade (STJ, 5ª T., REsp 2001/0066024-7, rel. Min. Gilson Dipp, j. 5.9.2002, *vu, DJU* 21.10.2002, p. 383; idem, REsp 2002/0051874-8, j. 13.5.2003, *vu, DJU* 16.6.2003, p. 376). No mesmo sentido: não se confere a eventual medida provisória o poder de legislar sobre matéria penal, tema privativo do Congresso Nacional (STJ, 5ª T., REsp 2000/0002476-7, rel. Min. Edson Vidigal, j. 16.5.2000, *vu, DJU* 19.6.2005, p. 199).

- **Reserva legal, Lei das Contravenções Penais e "jogo do bicho":** A Lei das Contravenções Penais, elaborada sob a forma de decreto-lei, em estrita observância do processo legislativo vigente naquele momento, encontra-se em plena vigência, não tendo sido revogada por força do princípio constitucional da reserva legal. O legislador federal tipificou a exploração de loterias denominadas "jogo do bicho" como contravenção penal, sendo impossível a sua descriminalização pelo Poder Judiciário (STJ, 6ª T., RHC 1996/0016100-3, rel. Min. Adhemar Maciel, j. 24.6.96, *DJU* 26.8.96, p. 29725, *in* RSTJ e TRF 89/322).

- **Reserva legal e o crime de gestão temerária (art. 4º, parágrafo único, da Lei n. 7.492/86):** O crime de gestão temerária, em afronta ao princípio da reserva legal, não descreve quais as condutas incriminadas, nem quaisquer elementos ou circunstâncias que delimitem o tipo objetivo, a exigir, portanto, maior cautela para a instauração da ação penal. Na interpretação do elemento normativo, tem-se por temerária a gestão abusiva, inescrupulosa, imprudente, arriscada além do aceitável nas atividades peculiares, que põe em risco os bens protegidos pela norma – a saúde financeira da instituição, o patrimônio do sistema financeiro como um todo (TRF da 3ª R., 2ª T., HC 96.03.077760-9/SP, rel. Desa. Fed. Sylvia Steiner, j. 24.4.97, *mv*, *DJU* 21.5.97, p. 35896). Contra, em parte: A norma penal ao definir o delito emprega conceito perfeitamente inteligível e tanto basta para regular definição do ilícito criminal. Definir qualquer objeto de conhecimento é construir conceitos e se há a presença do conceito na descrição legal da conduta punível atendido está o princípio da reserva legal (TRF da 3ª R., 2ª T., HC 2004.03.000155199/SP, rel. Des. Fed. Peixoto Junior, j. 22.6.2004, *DJU* 30.7.2004, p. 387).

LEI PENAL NO TEMPO

Art. 2º Ninguém pode ser punido por fato que lei posterior deixa de considerar crime, cessando em virtude dela a execução e os efeitos penais da sentença condenatória.

Parágrafo único. A lei posterior, que de qualquer modo favorecer o agente, aplica-se aos fatos anteriores, ainda que decididos por sentença condenatória transitada em julgado.

Retroatividade da lei mais benigna

- **Remissão:** CR, art. 5º, XL; PIDCP, art. 15, 1; CADH, art. 9º.
- **Noção:** A garantia da irretroatividade da lei penal mais gravosa (CP, art. 2º, parágrafo único) é encontrada na CR, art. 5º, XL: "a lei penal não retroagirá, salvo para beneficiar o réu". Tratando-se de norma penal mais benéfica, a regra a ser aplicada é a da retroatividade. Isso pode acontecer em duas hipóteses: a. O fato não é mais considerado crime pela nova lei (*abolitio criminis* – art. 2º, *caput*). b. A lei nova, de alguma forma, beneficia o agente (*lex mitior* – art. 2º, parágrafo único). Portanto, em caso de lei mais benéfica, há retroatividade, quando ela for posterior ao fato, ou há ultratividade, quando a lei for anterior. Tratando-se de crime continuado ou permanente, iniciado na vigência da lei anterior benéfica, o STF editou a Súmula 711 segundo a qual "a lei penal mais grave aplica-se ao crime continuado ou ao crime permanente, se a sua vigência é anterior à cessação da continuidade ou da permanência".
- **Lei posterior:** É aquela que entra em vigor após outra. Não basta a promulgação da nova lei, pois esta só adquire eficácia a partir de sua efetiva vigência. Exemplo: os dispositivos penais introduzidos pela Lei n. 7.209/84 somente se tornaram eficazes ao entrar ela em vigor (às 24 horas do dia 12.1.85) e não no dia de sua promulgação (11.7.84) ou de sua publicação oficial (13.7.84) pelo DOU.
- **Lei intermediária:** Caso uma lei seja sucedida por outra, e esta por outra ainda, para os fins da retroatividade deste art. 2º prevalecerá a mais favorável delas, ainda que seja a segunda (chamada intermediária ou *intermédia*) e não a última lei.
- **Exceção (leis excepcionais ou temporárias):** Cf. comentários ao art. 3º do CP.
- **Extinção da punibilidade:** A entrada em vigor da lei nova (posterior), que deixa de considerar o fato como criminoso (*abolitio criminis*), é uma das causas de extinção da punibilidade (CP, art. 107, III).
- **Efeitos penais e civis:** A nova lei, que deixa de considerar criminoso determinado fato, faz cessar os efeitos penais da sentença condenatória, mas não os seus *efeitos civis*.

Assim, na revogação do art. 240 do CP, que previa o crime de adultério, pela Lei n. 11.106, de 28.3.2005, tal conduta deixou de existir como crime, desaparecendo todos os efeitos penais de eventual sentença condenatória transitada em julgado. Essa mesma sentença, porém, continuará produzindo efeitos de natureza civil.

Parágrafo único

- **Alcance:** A redação do parágrafo único deixa incontestável que a retroatividade benéfica *não sofre limitação alguma* e alcança sua completa extensão, sem dependência do trânsito em julgado da condenação. Basta, apenas, que a lei posterior favoreça o agente *de qualquer modo*, para retroagir em seu benefício.

Conflito temporal de leis

- **Noção:** Desde a data em que uma lei entra em vigor, até o dia em que termina a sua vigência, ela deve regular todos os fatos ocorridos durante o tempo em que estava vigorando. Tratando-se, porém, de norma penal, ela é submetida à regra da *irretroatividade* da norma mais severa, e da *retroatividade* e *ultratividade* da lei mais favorável. Por isso, pode acontecer o chamado *conflito de leis* no tempo: quando há sucessão de leis penais, torna-se necessário encontrar qual a norma que é aplicável ao fato; se aquela que vigia quando o crime foi praticado, ou a que entrou depois em vigor.

- **Apuração da lei mais favorável:** Não basta a comparação, em abstrato, de duas leis penais, para descobrir-se qual é a mais benéfica. Elas devem ser comparadas em cada caso *concreto*, apurando-se quais seriam os resultados e consequências da aplicação de uma e de outra.

- **Escolha do interessado:** Há casos em que a opção entre a lei nova e a velha só pode ser decidida por uma apreciação subjetiva e não objetiva. Em tais hipóteses, pode-se e deve-se aceitar que o próprio acusado, por intermédio de seu defensor, aponte qual das duas leis aplicáveis lhe parece ser a mais favorável. Embora essa nossa posição possa não ser a endossada pela doutrina tradicional, ela é a única capaz de solucionar, com justiça, algumas hipóteses de conflito temporal de leis penais.

- **Combinação de leis:** A doutrina majoritária não admite a combinação de normas para favorecer o agente, acreditando que dessa integração resultaria uma terceira lei. Exemplo típico disto foi a discussão acerca do art. 366 do CPP, com redação dada pela Lei n. 9.271/96, e que continua em vigor após as reformas processuais penais ocorridas em 2008. Com esse dispositivo instituiu-se a suspensão do processo e da prescrição para o acusado que, citado por edital, não comparece nem constitui advogado, havendo interpenetração de questões de direito penal (suspensão do curso da prescrição) e processual penal (suspensão do processo) em uma mesma norma. A jurisprudência do STJ consolidou-se no sentido da irretroatividade por inteiro do referido dispositivo (*vide* jurisprudência abaixo sob o mesmo título), embora tenham sido diversas as decisões em sentido contrário. Com a devida vênia, entendemos que a combinação de leis para beneficiar o agente é possível, nada obstando, no caso do art. 366 do CPP, aplicar-se retroativamente a suspensão do processo; quanto à suspensão da prescrição, ela é inviável, por força do postulado da irretroatividade da lei penal mais gravosa. Desse modo, devendo o juiz aplicar a lei que mais favoreça, de qualquer modo, o agente, e podendo escolher entre uma norma e outra, não há razão para impedir-se a combinação das duas, como forma de integração necessária à obrigatória aplicação da lei mais favorável.

- **Vacância da lei e *lex mitior*:** Em regra, a lei marca o dia de sua entrada em vigor na data de sua publicação, ou após certo período. No silêncio, em 45 dias (LINDB, art. 1º). *Na vacatio legis a Lei existe*, mas ainda não vige para que a sociedade e os Tribunais se adequem. Porém, no caso de lei penal ou processual mais favorável à liberdade, sua aplicação é sempre *imediata* e *retroativa* diante dos princípios constitucionais da dignidade humana e da retroatividade da lei benéfica (arts. 1º, III; 5º, XL), não restringidos por normas infraconstitucionais de *vacatio*. Cf. Silva Franco, *CP Interpr. Jurisprud.*, 1995, p. 47; René Dotti, *Curso de D. Penal*, 2018, p. 369; L. V. Cernicchiaro e P. José da

COSTA, *D. Penal na Const.*, RT, 1991, p. 70; G. DE S. NUCCI, *CP Coment.*, 14ª ed., p. 32; e R. GRECO, *Curso de D. Penal*, Impetus, 2006, p. 126).

■ **Competência para a aplicação da lei nova:** Há duas hipóteses a considerar, dependendo de já ter sido ou não julgado o caso em definitivo: *1. Se a condenação já transitou em julgado.* A aplicação da lei posterior compete ao *juiz da execução*, considerando-se como tal aquele assim indicado pela lei local de organização judiciária (LEP, art. 66, I; LICPP, art.13; Súmula 611 do STF), com recurso para a superior instância. *2. Se o processo ainda está em andamento.* Dependendo da fase em que se encontrar, caberá ao juiz ou tribunal, com quem o processo estiver, a aplicação da lei nova. Via de regra, não se admite pedido de revisão tão só para aplicação da nova lei; todavia, ao julgar uma revisão, o tribunal aprecia todo o processo e não pode deixar, como é óbvio, de fazer incidir a lei posterior mais favorável. O que não se tem aceito é a solicitação direta (sem passar antes pelo juiz das execuções) à instância superior, da aplicação de novos dispositivos, principalmente daqueles que dependem de pressupostos subjetivos, sob pena de supressão de instância.

■ **Execução penal (em geral):** A nosso ver, o disposto neste art. 2º, parágrafo único, irradia-se à execução penal, à qual se aplica, igualmente, a garantia da legalidade. Desse modo, se houver alteração da Lei de Execução Penal que venha a favorecer o condenado, ela terá aplicação imediata. Ao contrário, se o novo dispositivo que trate da execução penal for desfavorável ao condenado, ele não será aplicado. Por exemplo, não poderá retroagir o aumento para 70% de cumprimento de pena para poder haver progressão se o apenado for reincidente em crime hediondo ou equiparado com resultado morte, vedando-se o livramento condicional, instituído pela Lei n. 13.694/2019, que alterou o art. 112 da LEP.

■ **Execução penal e medidas de segurança:** O parágrafo único deste art. 2º não deixa dúvida de que as medidas de segurança, que se inserem no âmbito da execução penal, obedecem ao postulado da reserva legal e da anterioridade, de modo que seguem a regra da retroatividade da lei nova mais favorável à pessoa submetida a medida de segurança, como na hipótese de *abolitio criminis*.

■ **Processo penal:** Ao contrário do que ocorre no Direito Penal, o CPP, em seu art. 2º, estatui que "a lei processual penal aplicar-se-á desde logo, sem prejuízo da validade dos atos realizados sob a vigência da lei anterior". Essa regra, traduzida na máxima *tempus regit actum*, comporta exceção. Isto porque, em casos especiais, há que se admitir a ultratividade de normas processuais penais revogadas ou derrogadas, desde que a nova lei processual penal imponha maiores restrições às liberdades públicas do acusado durante o processo, bem como à sua defesa. Como já pudemos escrever (ROBERTO DELMANTO JUNIOR, *Liberdade e Prisão (As Modalidades de Prisão Provisória e seu Prazo de Duração)*, 3ª ed., São Paulo, Saraiva, 2019, pp. 110-113), a doutrina, de forma praticamente unânime, entende que as normas processuais penais, indistintamente, são aplicáveis de imediato. Analisando o art. 2º do CPP, ROGÉRIO LAURIA TUCCI (*Persecução Penal, Prisão e Liberdade*, Saraiva, 1980, pp. 10-11) sustenta: "Por competir ao Estado disciplinar, como melhor entender, a administração da justiça, é de se presumir seja a nova lei mais perfeita que a precedente, quer para a proteção do interesse coletivo, quer, também, no Estado de Direito, para tutela dos direitos individuais dos membros da comunhão social: como enfatiza, a respeito, EDGARD MAGALHÃES NORONHA (*Curso de Direito Processual Penal*, 10ª ed., São Paulo, 1978, p. 12, n. 5, cit. ob. TUCCI), 'o fundamento da aplicação imediata da lei processual é que se presume seja ela mais perfeita do que a anterior, por atentar mais aos interesses da Justiça, salvaguardar melhor o direito das partes, garantir defesa mais ampla ao réu etc.'". É de se registrar, porém, que esse tradicional posicionamento tem sido questionado, mesmo porque a lei nova não é, sempre, mais garantista para as liberdades individuais do que a lei antiga. Ademais, não é pelo simples fato de uma norma estar inserida em um Código de Processo que ela passa a ostentar a qualidade de norma de cunho estritamente processual. Isto porque inúmeras são as regras constantes de nossa lei processual penal que, no fundo, são normas de direito penal, bastando, para tal verificação, nos reportarmos às regras atinentes à prescrição e à decadência, que encontram disciplina tanto no Código Penal quanto no Código de Processo Penal. Aqui, diante da prevalência do conteúdo material dessas normas, não há qualquer obstáculo à incidência da garantia de que a lei penal não deve retroagir, salvo para beneficiar o acusado, insculpida no art. 5º, XL, da CR. Com efeito, AMÉRICO A. TAIPA DE CARVALHO, lembrando GEORGES LEVASSEUR, escreve: "O princípio da proibição da retroactividade da lei penal – que, servindo de garantia política contra a arbitrariedade legislativa, judicial ou penitenciária na função punitiva, tutela, portanto, a liberdade e os direitos fundamentais do cidadão – aplica-se a todo direito repressivo. E, segundo Levasseur, 'o direito repressivo, em cada um dos seus aspectos, limita e ameaça a liberdade dos cidadãos, pelo que as regras que ele estabelece são impostas sob a mais estrita necessidade. É assim para as leis do processo e da condução do processo penal, e para as leis e regulamentos sobre as modalidades de execução das penas e medidas de segurança'. Nesta linha, afirma: 'A regra da não retroactividade das leis repressivas, ligada como está ao princípio da legalidade da repressão, deve ter logicamente o alcance deste princípio, isto é, aplicar-se a todas as leis repressivas, a todas as regras concernentes à tarefa dos poderes públicos na luta contra a delinquência, desde a investigação das infracções até ao termo da execução da sanção pronunciada'". Fazendo distinção entre normas de direito processual penal com conteúdo material e normas processuais penais formais, aduz o mesmo autor: "O esquecimento prático desta especificidade e autonomia do processo penal, aliado a um viciado método de dedução conceitualístico-formal, conduziu à aceitação superficial do princípio da aplicação imediata das leis processuais penais na sua globalidade. (...) Numa palavra: menosprezavam-se as rationes jurídico-política e político-criminal da aplicação da lei penal favorável e descurava-se a distinção entre normas processuais penais materiais e normas processuais penais formais. 'Esquecia-se' que as primeiras (de que são exemplos, como já referimos, a queixa, a prescrição, as espécies de prova, os graus de recurso, a prisão preventiva, a liberdade condicional) condicionam a efectivação da responsabilidade penal ou contendem directamente com os direitos do arguido ou do recluso, enquanto que as segundas (de que são exemplos as formas de citação ou convocação, a redacção dos mandados, as formas de audição e registro dos intervenientes processuais: estenografia, vídeo, etc., prazos de notificação do arguido, formalidades e prazos dos exames periciais, formalidades e horários das buscas), regulamentando o desenvolvimento do processo, não produzem os efeitos jurídico-materiais derivados das primeiras". Por fim, TAIPA DE CARVALHO, ao criticar a doutrina dominante, observa: "Não se deu já o caso de haver quem pensasse aprovar uma lei que alargasse os prazos da prisão preventiva, com o objectivo de aplicar imediatamente essa 'ansiada' nova lei a determinada categoria de presos preventivos, invocando-se, pateticamente, que, além de tal ser do 'interesse público', juridicamente a tal nada haveria a opor, pois que tal lei, ao ser aplicada imediatamente, não violava a proibição constitucional da retroactividade da lei penal desfavorável, uma vez que se aplicava a um prazo que ainda estava a correr, a uma situação que não era do passado?!.." (*Sucessão de Leis Penais*, Coimbra Editora, 1990, p. 221; a obra de GEORGES LEVASSEUR citada pelo autor é intitulada "Opinions Heterodoxes sur les Conflits de Lois Répressives dans le Temps", *in En Hommage a Jean Constant*, Liège: Faculté de Droit, 1971, n. 125, pp. 198, 206 e 207).

Jurisprudência

- **Súmula 611 do STF:** "Transitada em julgado a sentença condenatória, compete ao juízo das execuções a aplicação da lei mais benigna". O entendimento sumulado subsiste diante dos arts. 66, I, e 194 da LEP, e só excepcionalmente o STF pode tomar conhecimento de pedido para tal fim (STF, *RT* 633/335; RE 113.316, *DJU* 19.6.87, p. 12453; *RT* 597/405).

- **Súmula 711 do STF:** "A lei penal mais grave aplica-se ao crime continuado ou ao crime permanente, se a sua vigência é anterior à cessação da continuidade ou da permanência".

- **Trânsito em julgado:** A lei nova se aplica, no que favorecer o agente, até mesmo já havendo condenação transitada em julgado (STF, RE 102.932, *DJU* 10.5.85, p. 6855; RE 102.720, *DJU* 10.5.85, p. 6855; RE 103.306, *DJU* 22.3.85, p. 3629).

- **Irretroatividade:** As disposições mais severas da lei nova não se aplicam a fatos praticados anteriormente à sua vigência (STF, *RT* 608/443; TACrSP, Ap. 393.785, j. 13.6.85). Não pode haver retroatividade prejudicial para o réu (TACrSP, Ap. 384.807, j. 23.1.85).

- **Retroatividade benéfica (*arma branca* deixou de ser causa de aumento de pena do crime de roubo – Lei n. 13.654/2018):** Com o advento da Lei n. 13.654/2018, autoriza-se a exasperação das penas do crime de roubo (CP, art. 157) nas hipóteses em que o agente se utiliza de arma de fogo para a prática do crime, excluídas do seu âmbito de incidência eventuais armas brancas, em atenção ao princípio da legalidade (art. 5º, XXXIX, da CR e art. 1º do CP). A despeito de o fato ter sido praticado na vigência da norma anterior, estamos diante de um caso de *novatio legis in mellius*, o que autoriza a retroatividade de seus efeitos para favorecer os réus nos termos do art. 2º, parágrafo único, do CP, e art. 5º, XL, da CR) (TJMG, Ap. 10231170162227001, publ. 15.5.2019; TJBA, Ap. 0302510-07.2015.8.05.0022, publ. 20.6.2018).

- **Execução penal (retroatividade benéfica):** Após o trânsito em julgado da sentença condenatória, compete ao juízo das execuções a aplicação da lei mais benéfica ao réu, nos termos da Súmula 611 do STF (TJPE, RCr 0006133-88.2015.8.170000, publ. 7.1.2016). A lei nova, mais benéfica, retroage sem nenhuma limitação (TACrSP, *Julgados* 85/332). O parágrafo único do art. 2º é amplíssimo, de modo que não alcança só os crimes e as penas, mas também as medidas de segurança e o regime de execução penal (TACrSP, *Julgados* 82/403).

- **Execução penal e crime hediondo (irretroatividade da Lei n. 11.464/2007 que alterou o art. 2º da Lei dos Crimes Hediondos, enquanto esteve em vigor, pois esta última foi revogada pela Lei n. 13.964/2019, ainda mais gravosa, dando nova redação ao art. 112 da LEP, que igualmente não retroage para pior):** A exigência de cumprimento de dois quintos da pena imposta para a progressão, se primário, e de três quintos dela, caso reincidente, constante da nova redação do art. 2º da LCH (Lei n. 8.072/90), dada pela Lei n. 11.464/2007, é de se aplicar apenas para fatos praticados após a sua entrada em vigor, em homenagem ao art. 5º, XL, da CR (STF, HC 97.602-6, j. 24.3.2009; HC 91.631, j. 16.10.2007). *Vide*, também, jurisprudência no art. 33 do CP.

- **Combinação de leis:** A combinação já foi aceita para beneficiar o réu, compondo-se, por exemplo, a pena privativa de liberdade de uma lei com a pena pecuniária de outra (TACrSP, *Julgados* 88/273, 85/332, 84/347; *RT* 533/366, 515/360, 509/393). Atualmente, a jurisprudência não tem aceito a combinação. Os princípios da ultra e da retroatividade da *lex mitior* não autorizam a combinação de duas normas para se extrair uma terceira mais benéfica (STF, HC 68.416, *DJU* 30.10.92, p. 19515; *RTJ* 96/561). Quanto ao art. 366 do CPP, com redação dada pela Lei n. 9.271/96, que instituiu a suspensão do processo e da prescrição para o acusado que, citado por edital, não comparecer nem constituir advogado, a jurisprudência do STJ consolidou-se no sentido da irretroatividade por inteiro do referido dispositivo (STJ, RHC 11.088-SP, *DJU* 20.8.2001, p. 493; ROMS 8.869-SP, *DJU* 5.2.2001, p. 126; RHC 9.757-MA, *DJU* 23.10.2000, p. 187; REsp 220.629-SP, *DJU* 2.10.2000, p. 188; REsp 208.385-SP, *DJU* 14.8.2000, p. 190).

- **Vacância da lei:** A lei em período de *vacatio* deve ser aplicada desde logo, se mais favorável (TARS, *mv* – *RT* 667/330).

- **Competência para aplicar a lei nova:** Os efeitos da lei penal nova devem ser apreciados no juízo da execução (STF, *RTJ* 122/444, 115/1142; STJ, REsp 1.953, *DJU* 2.4.90, p. 2461; TJSP, *RT* 641/333). Se a condenação já transitara em julgado, a aplicação da lei nova mais benigna deve ser pleiteada ao juízo de execução e não diretamente ao tribunal, em revisão (TJSP, *RT* 600/327; RvCr 31.997, j. 5.3.85; TACrSP, *Julgados* 87/41). *Contra*, em parte: embora o cancelamento da medida de segurança seja da competência do juízo de execução, pode ser decretado em revisão, que aprecia todos os aspectos da condenação (TACrSP, *Julgados* 81/67; *contra*: TJSP, *RT* 598/291) ou em *habeas corpus*, concedido de ofício (STF, HC 64.910, *DJU* 12.6.87, p. 11858), ou requerido (STF, *RTJ* 114/156).

- **Interferência da defesa na opção pela lei mais favorável:** Quando há dúvida em ser benéfica ou não ao agente a aplicação de norma posterior, não se deve, sem pedido da defesa, fazê-la incidir (TACrSP, Ap. 390.427, j. 16.5.85). Na incerteza quanto às vantagens para o acusado em fazer-se a substituição permitida pela Lei n. 7.209/84, mas a defesa pleiteando-a, deve-se concedê-la (TACrSP, *Julgados* 87/188).

- **Retroatividade da Súmula 593 do STJ (estupro de vulnerável – irrelevância do consentimento da ofendida):** Descabida a alegação de irretroatividade do entendimento mais severo constante da Súmula 593 do STJ, no sentido de que o consentimento do menor de 14 anos para manter relação sexual é *irrelevante* para a configuração do crime (STJ, 5ª T., Ag.Rg. no REsp 1.769.793/SC, *DJe* 11.2.2019).

LEI EXCEPCIONAL OU TEMPORÁRIA

Art. 3º A lei excepcional ou temporária, embora decorrido o período de sua duração ou cessadas as circunstâncias que a determinaram, aplica-se ao fato praticado durante sua vigência.

Exceções à regra da retroatividade benéfica

- **Noção:** A regra da retroatividade benigna não é aplicável em casos de *leis excepcionais* ou *temporárias*. Leis excepcionais são as promulgadas para vigorar em situações ou condições sociais anormais, tendo sua vigência subordinada à duração da anormalidade que as motivou. Leis *temporárias* são as que têm tempo de vigência determinado em seus próprios dispositivos. Difícil, na realidade, dissociar ambas: a lei temporária é necessariamente excepcional e vice-versa. Como anota TAIPA DE CARVALHO, "a lei temporária tem de ser, necessariamente, lei de emergência, embora não baste a razão de emergência para definir como temporária uma lei penal, sendo ainda necessária a delimitação formal e rigorosa do respectivo e limitado período de vigência" (*Sucessão de Leis Penais*, Coimbra: Coimbra Editora, 1990, p. 163). São normas de natureza especial, claramente editadas para vigorar apenas em situações anormais ou durante tempo determinado. Tendo em vista a natureza especial dessas normas, o CP abre exceção, com relação a elas, à regra da retroatividade da lei posterior mais favorável. Como é óbvio, elas perderiam toda a sua força intimidativa, caso o agente já soubesse, de antemão, que, após cessada a anormalidade (no caso das leis excepcionais) ou findo o período de vigência (das leis temporárias), acabaria impune pela aplicação do princípio da retroatividade. O importante é ter em mente que, como o art. 3º trata de exceção à regra fundamental do art. 2º, a natureza excepcional (emergencial) ou temporária (com data de cessação de sua vigência já expressa no próprio texto) da norma há que estar patentemente caracterizada, sob pena de se transformar em regra o que é exceção e, assim, aniquilar-se o art. 2º do CP. E esse, certamente, não foi o espírito do legislador.

- **Leis penais em branco:** São assim chamadas as leis que não possuem definição integral, necessitando ser complementadas por outras leis, decretos ou portarias. Nas clássicas palavras de CARLO BINDING (*Compendio di Diritto Penale*, prefácio, notas e trad. da 8ª ed. alemã por Adelmo Borettini, Roma, Athenaeum, 1927, p. 116), essas leis são como "corpos errantes que procuram a sua alma". Costumam ser divididas em: a. *homogêneas* (ou normas em branco em sentido lato), quando são complementadas por normas originárias da mesma fonte ou órgão, ou seja, tratando-se de tipo penal aberto, quando o complemento é encontrado em outra lei editada pelo próprio Poder Legislativo; b. *heterogêneas* (ou normas em branco em sentido estrito), quando seu complemento provém de fonte ou órgão diverso, ou seja, nas hipóteses em que o complemento da lei penal provém de outra esfera, como na Lei de Drogas (Lei n. 11.343/2006) em que é o Ministério da Saúde, por meio de Portaria, que define o rol das substâncias entorpecentes proibidas. A propósito dessas últimas, é interessante consignar o entendimento de M. COBO DEL ROSAL e de T. S. VIVES ANTON (*Derecho Penal – Parte General*, 3ª ed., Valencia, Tirant lo Blanch, 1990, p. 119) de que, por meio das leis penais em branco em sentido estrito se abandona, por vezes, a regulamentação da matéria penal ao Poder Executivo, o que pode "implicar uma clara infração do princípio da legalidade, posto que a reserva absoluta de lei impede a remissão normativa, sendo em princípio contrária à Constituição". JUAN BUSTOS RAMÍREZ (*Introducción al Derecho Penal*, 3ª ed.,

Bogotá, Temis, 2005, p. 69), buscando contornar o perigo que essa técnica legislativa implica, mediante eventuais arbitrariedades das autoridades administrativas, defende que a norma complementadora "somente se encarregue de indicar condições, circunstâncias, limites e outros aspectos claramente complementários", mas nunca defina o que é proibido (desvalor da conduta) sob pena da garantia constitucional de que não há crime sem lei anterior que o defina restar clara e abertamente violada. A nosso ver, as normas penais em branco, sobretudo aquelas complementadas por atos administrativos como portarias, que são uma realidade em todos os países, devem sempre ser vistas com cautela, admissíveis somente em matérias excepcionais cuja dinâmica dos fatores sociais imponha essa técnica legislativa.

- **É o art. 3º aplicável às leis penais em branco?:** Discute-se se a revogação das normas que complementam as leis penais em branco dá lugar à aplicação da retroatividade benéfica do art. 2º do CP, ou está abrangida pela exceção deste art. 3º. As indagações que se fazem são as seguintes: toda norma penal em branco constitui-se, necessariamente, em norma excepcional ou temporária? Todo complemento de norma penal em branco é excepcional ou temporário? Em nosso entendimento, ambas as respostas são negativas. Bem é de ver que a doutrina não é pacífica. Com efeito, contra a retroatividade do complemento benéfico da norma penal em branco, posiciona-se NELSON HUNGRIA (*Comentários ao CP*, 4ª ed., Rio de Janeiro, Forense, 1958, t. I, v. I, p. 129), sem entrar na análise do caráter da norma complementadora. Igualmente DAMÁSIO DE JESUS (*Direito Penal*, 30ª ed., São Paulo, Saraiva, 2009, v. 1, p. 101), para quem a norma penal em branco pode ser dividida em duas partes: a primeira é uma lei, com vigência comum; a segunda, a do complemento, "que pode ter aqueles caracteres que lhe dão ultra-atividade", isto é, excepcionalidade e temporariedade. Já BASILEU GARCIA (*Instituições de Direito Penal*, 7ª ed., atualização coord. por Maira Rocha Machado e Denise Garcia, São Paulo, Saraiva, 2008, v. I, t. I, p. 212) entende como indiscutível a retroatividade penal benéfica da lei penal em branco, aduzindo que "a disposição extrapenal de que se entretece a norma penal em branco (...) impregna-se do cunho penal, como parte que passa a constituir a figura delituosa. E, por isso, a retroatividade benéfica se impõe". Também a favor da retroatividade, posiciona-se TAIPA DE CARVALHO (*Sucessão*..., cit., pp. 162-163) escrevendo, com absoluta precisão, que "é hoje a doutrina assente e pacífica que a norma implementadora da lei penal em branco assume, por força da remissão desta e seja qual for a natureza jurídica originária (administrativa, estradal, etc.) daquela, natureza penal. Logo, a alteração das normas integrantes é verdadeira alteração do tipo legal em sentido estrito e, como tal, está sujeita ao regime da sucessão de leis penais: proibição da retroactividade da norma criminalizadora (penalizadora) e imposição da retroactividade da norma ou disposição descriminalizadora (despenalizadora)", abrindo uma única exceção: "salvo o caso de a norma integrante ser uma disposição inequivocadamente temporária". Nessa mesma esteira, JOSÉ HENRIQUE PIERANGELI ("A norma penal em branco e a sua validade temporal", *RJTJSP* 85/28-29) trouxe importante contribuição: primeiramente, distinguiu as normas penais em branco homogêneas (complementadas também por leis em sentido estrito) das heterogêneas (integradas por portarias, atos normativos etc.). Àquelas, complementadas pela mesma fonte legislativa, aplicar-se-ia, sempre, a regra da retroatividade benéfica. Já às últimas, nas quais o complemento provém de instância legislativa diversa, poderá ou não ocorrer a retroatividade benéfica, tudo dependendo da característica desse dispositivo complementar, isto é, se excepcional ou temporário, ou não. Assim, conclui, "se a legislação complementar não se reveste de excepcionalidade e traz consigo a autorrevogação", a retroatividade benéfica se impõe; ao contrário, "a situação modifica-se quando a proibição aparece em legislação editada em situação de anormalidade econômica ou social que reclama uma pronta e segura intervenção do poder público, tendente a minimizar ou elidir seus efeitos danosos sobre a população", já que, aqui, a norma complementar se aproxima da norma excepcional ou temporária referida no art. 3º do CP. O pensamento de PIERANGELI é transcrito, sem ressalvas, e portanto endossado, por ALBERTO SILVA FRANCO (*Temas de Direito Penal*, São Paulo, Saraiva, 1986, p. 30). Sem dúvida, a solução do problema reside na análise sobre a natureza do complemento da norma penal, ou seja, se tem ele nítido caráter excepcional ou temporário, ou não. Trata-se, na verdade, do cotejamento do art. 2º com o art. 3º do CP. Vejamos algumas hipóteses:

- **(a) Caso das tabelas de preço:** A hipótese mais comum da questão acerca da aplicabilidade do art. 3º do CP às normas penais em branco está ligada aos crimes contra as relações de consumo (art. 6º, I, II e III, da Lei n. 8.137/90), correspondente ao antigo art. 2º, VI, da Lei n. 1.521/51 (Lei de Economia Popular), quando se discute se as novas tabelas que liberam ou majoram os preços retroagem ou não. Em nosso entendimento, tais tabelas têm nítida natureza excepcional ou temporária que este art. 3º prevê. As tabelas de preço são editadas para disciplinar o mercado em certas épocas ou situações, sendo-lhes, por isso, inaplicável a regra da retroatividade benéfica. Além do mais, o delito em tela é de consumação instantânea.

- **(b) Lei de Drogas e o crime de notificação de doença compulsória:** Há leis penais em branco nas quais a alteração de seu complemento pode favorecer o agente, pois não possuem caráter excepcional ou temporário. Assim, se alguém é condenado por tráfico de substância entorpecente (art. 33 da Lei n. 11.343/2006), como tal prevista à época do fato em portaria, mas uma posterior portaria deixa de considerar aquela substância como proibida, obviamente deverá ser reconhecida em favor do agente a retroatividade benéfica. Igual solução se dará à hipótese de agente condenado por omissão de notificação de doença (CP, art. 269), se houver nova lei retirando essa moléstia da lista das doenças de notificação obrigatória.

- **(c) Crime contra o Sistema Financeiro Nacional (o crime permanente de manutenção de conta não declarada no exterior):** O art. 22, parágrafo único, da Lei n. 7.492/86 pune com pena de reclusão, de dois a seis anos, e multa, a conduta de quem mantiver no exterior "depósitos não declarados à repartição federal competente". Como os três últimos autores desta obra já puderam observar (ROBERTO, ROBERTO JUNIOR E FABIO DELMANTO, *Leis Penais Especiais Comentadas*, 3ª ed., São Paulo, Saraiva, 2018, pp. 170 e ss.), a repartição federal competente é o Banco Central e não a Secretaria da Receita Federal, mesmo porque a não declaração de valores ao Fisco é tratada de modo específico como crime contra a ordem tributária (Lei n. 8.137/90), que não se confunde com a manutenção de conta não declarada no exterior, que é crime contra o sistema financeiro. O Banco Central, por sua vez, edita Cartas Circulares estipulando quem deve comunicar a manutenção do ativo no exterior, a partir de certo montante considerado relevante para o controle do Sistema Financeiro Nacional. Segundo a Carta-Circular n. 3.181, de 6 de março de 2003, a exigência de declaração alcançava somente valores que superavam o equivalente a R$ 300.000,00. Em 2004, o Banco Central mudou o parâmetro para US$ 100.000,00, mediante a Carta-Circular n. 3.225, o que foi por 16 anos, por sucessivas Resoluções do Conselho Monetário Nacional objeto das Cartas-Circulares (n. 3.278, de 23 de fevereiro de 2005; n. 3.313, de 2 de fevereiro de 2006, n. 3.345, de 16 de março de 2007; n. 3.384, de 7 de maio de 2008; e n. 3.442, de 3 de março de 2009, n. 3.449, de 7 de junho de 2010, e assim por diante, até a Resolução n. 3.854, de 19.12.2017). Em 30 de julho de 2020, o Conselho Monetário Nacional baixou a Resolução n. 4.841, aumentando esse valor para US$ 1.000.000,00, entrando em vigor a partir de 1º de setembro. Ou seja, o Banco Central, a partir de 2020, entende *irrelevante* saber dos ativos de brasileiros no exterior inferiores a esse valor. Embora a lei não estipule prazo, a conduta de manter conta não declarada no exterior pressupõe, à evidência, habitualidade (ver, também nesse sentido, MANUEL PEDRO PIMENTEL, *Crimes contra o Sistema Financeiro Nacional*, São Paulo, Revista dos Tribunais, 1987, p. 157). Assim, o comportamento ocasional, como a existência de uma única operação ou transação em nome de determinada pessoa, com uma conta bancária aberta por curto espaço de tempo, não configurará este crime. Para ANDREI ZENKNER SCHMIDT E LUCIANO FELDENS (*O crime de evasão de divisas: a tutela penal do sistema financeiro nacional na perspectiva da política cambial brasileira*. Rio de Janeiro: Renovar, 2006, pp. 145, 185 e 186), as circulares do Banco Central teriam natureza excepcional ou temporária, e, desse modo, a Circular posterior benéfica não poderia retroagir para beneficiar o réu, sendo este o entendimento de julgados do TRF da 4ª Região (ACr 2000.71.00.021894-0, *DJ* 16-5- 2007, e ACr 2005.70.00.008903-5, *DJ* 18-2-2009). Discordamos frontalmente desse entendimento, e explicamos os nossos motivos. As circulares, que complementam o art. 22, não podem ser tidas como "excepcionais" ou "temporárias" (ao contrário das "tabelas de preços" impostas por excepcionais, temporários e artificiais "Planos" ou "Pacotes Econômicos" que, com caráter "emergencial", tantos danos trouxeram ao nosso país, e que, felizmente, não foram implementados nos últimos anos, dada a estabilidade econômica), por tratarem-se simplesmente de controle do montante de ativos dos brasileiros no exterior. Ademais, entendemos *inaplicável* o art. 3º do CP ao delito do art. 22 da Lei dos Crimes contra o Sistema Financeiro Nacional, diante do caráter *permanente* desse crime. Basta imaginar o absurdo a que a aplicação do art. 3º levaria ao caso: um cidadão manteve desde o ano de 2018 a quantia de US$ 300.000,00 no exterior, não tendo declarado a mesma, encerrando a conta em 2019 (em tese, cometeu o crime do art. 22). Agora imaginemos esse *mesmo* cidadão, mantendo essa conta aberta com os mesmos US$ 300.000,00 não declarada, sendo que, a partir de 2020, por ser o valor inferior a US$ 1.000.000,00, ele não mais precise declarar ao Banco Central a sua conta. Ora, sendo o crime *permanente*, como poderia haver a existência do crime até 2019 e não mais a partir de 2020, sendo *a mesma conta, o mesmo titular*? Impossível, por tratar-se de crime de caráter *permanente*. Aliás, lembramos a Súmula 711 do STF: "A lei penal mais grave aplica-se ao crime continuado ou ao crime permanente, se a sua vigência é anterior à cessação da continuidade ou da permanência". Desse modo, se até para casos de uma nova lei mais severa, o Supremo manda aplicá-la aos crimes permanentes, desde que a sua vigência tenha se dado enquanto durava a permanência, o que dizer do complemento benéfico (que integra o próprio tipo objetivo) da lei penal em branco que não é excepcional e tampouco temporário? Ainda que o Banco Central renove, de tempos em tempos, esse regramento, é inafastável é a conclusão de que ao art. 22, parágrafo único, segunda parte, da Lei n. 7.492/86 não se aplica à exceção do art. 3º do CP, havendo, sim, retroatividade benéfica em relação ao seu complemento constante das citadas Circulares, *tratando-se de crime permanente*, incompatível com a disciplina do art. 3º do CP. E isso é salutar, limitando-se a Polícia Federal, o Ministério Público Federal e a Justiça Federal às investigações efetivamente relevantes para o Sistema Financeiro Nacional, envolvendo movimentações milionárias não declaradas ao Banco Central.

▪ **(d) Descaminho e princípio da insignificância (R$ 20.000,00):** O antigo valor de R$ 10.000,00 (dez mil reais), referidos no art. 20 da Lei n. 10.522/2002, que prevê que a Fazenda Nacional não deverá ajuizar execuções fiscais quando a dívida for inferior a esse montante, foi atualizado e aumentado para R$ 20.000,00 (vinte mil reais) por meio das portarias do Ministério da Fazenda n. 75/2012 e n. 130/2012. Nesse sentido, STF, HC n. 120.620/RS, j. 18.3.2014, rel. Min. Ricardo Lewandowski. A questão não é pacífica no STJ. *Vide* nota nos comentários ao art. 334 do CP.

Jurisprudência

▪ **Anterioridade:** A regra ou ato integrativo de norma penal em branco, para ser eficaz, há de ser anterior à ação criminosa (STF, *RTJ* 120/1095).

▪ **Alteração de lei:** A mudança de lei municipal, que contemplava o crime de loteamento ilegal (Lei n. 6.766/79), retroage para favorecer o agente (TJSP, *RJTJSP* 104/501).

▪ **Revogação de portaria:** Revogada a portaria que considerava tóxica a substância traficada pelo agente, declara-se extinta a punibilidade do fato pela retroatividade benéfica (TJRS, RJTJRS 110/60).

▪ **Falta de previsão:** Não integra a lei penal em branco disposição legislativa autônoma, sem expressa previsão de efeitos criminais (STF, *RTJ* 120/1092).

TEMPO DO CRIME

Art. 4º Considera-se praticado o crime no momento da ação ou omissão, ainda que outro seja o momento do resultado.

Tempo do crime

▪ **Noção:** A fixação do instante em que o crime ocorre é importante para fins de aplicação da lei penal. Especialmente, na determinação da lei vigente no dia do crime (quando há sucessão de leis penais), na aferição da imputabilidade do agente no momento do crime (se era maior de idade, se era mentalmente são etc.), na aplicação de eventual anistia condicionada no tempo, no exame de circunstâncias do crime etc. Na doutrina, têm destaque três teorias: a. da atividade (pelo momento da conduta, isto é, da ação ou omissão); *b. do resultado* (considerando-se tempo do crime o do seu resultado); *c. mista* (atendendo-se tanto à data da conduta como à do resultado). A reforma de 1984 optou pela primeira *(a)*, a teoria da atividade.

- **Determinação do momento do crime:** O art. 4º do CP manda considerar como momento do crime o da ação ou omissão. Assim, se o agente atira na vítima e esta vem a falecer no hospital um mês depois, o momento do crime é aquele em que houve a ação de atirar (conduta) e não o dia de seu resultado (morte). Vejamos algumas hipóteses especiais:

- **Crimes permanentes:** Quanto à incidência de lei penal mais gravosa, promulgada durante a permanência da prática criminosa por vontade do agente (ex.: extorsão mediante sequestro – CP, art. 159), o STF, em face da unicidade do crime permanente, editou a Súmula 711, assentando que "a lei penal mais grave aplica-se ao crime continuado ou ao crime permanente, se a sua vigência é anterior à cessação da continuidade ou da permanência". Por outro lado, se o agente inicia o sequestro quando era ainda menor de 18 anos, mas retém a vítima após alcançar a maioridade, será penalmente responsável pelos atos que praticou a partir do dia em que completou os 18 anos, mas não pelos anteriores.

- **Crimes continuados:** São os tratados pelo art. 71 do CP. Independentemente da posição doutrinária que se tome a respeito deles (unidade fictícia ou real), a regra da legalidade deveria ser rigidamente obedecida (CR, art. 5º, XXXIX; CP, art. 1º), só incidindo a lei mais grave na série de crimes ocorridos durante sua vigência e não na anterior. Todavia, o STF, na já referida Súmula 711, firmou o entendimento que "a lei penal mais grave aplica-se ao crime continuado ou ao crime permanente, se a sua vigência é anterior à cessação da continuidade ou da permanência". De outra banda, o agente não poderá ser punido pelos atos componentes do crime continuado que praticou quando menor de idade.

- **Crimes instantâneos de efeitos permanentes:** Não se deve confundir delito permanente com delito instantâneo de efeitos permanentes, pois neste último o resultado perdura naturalmente e não pela conduta subsequente do agente (ex.: o descaminho previsto no art. 334 e o contrabando no art. 334-A do CP, segundo jurisprudência majoritária). Nos crimes instantâneos de efeitos permanentes não há cogitar de aplicação da lei mais gravosa, nos termos do art. 2º do CP.

- **Crimes habituais:** Crimes habituais são aqueles nos quais o próprio tipo penal exige a reiteração da conduta incriminada para que o crime se configure, como no delito de fazer operar instituição financeira sem autorização ou com autorização obtida mediante fraude (Lei n. 7.492/86, art. 16) e no crime de curandeirismo (CP, art. 284). A nosso ver, nesses crimes, a nova lei penal quando mais gravosa só se aplica às práticas criminosas efetuadas após a vigência da nova lei, não retroagindo. Quanto à maioridade do agente, deve-se atentar à necessidade de que haja ocorrido a repetição de atos, caracterizadora da habitualidade, durante a vigência da nova lei ou após o agente ter completado 18 anos.

- **Exceções à regra do art. 4º:** *1. Prescrição*. Não se aplica a ela a regra deste art. 4º, pois a prescrição segue normas próprias especiais (cf. CP, art. 111, I a IV). Apenas com relação à redução do prazo para o agente relativamente menor (CP, art. 115, primeira parte), a regra incide. *2. Decadência*. Conta-se do dia em que a vítima veio a saber, com grau de certeza, que houve um crime e quem foi o seu autor (CP, art. 103).

Jurisprudência

- **Prescrição retroativa entre o fato e o recebimento da denúncia ou queixa com base na pena em concreto (extinta em 2010):** Em virtude dessa teoria, encampada pelo art. 4º do CP, aplica-se a lei em vigor ao tempo da conduta, se a lei posterior não favorecer o agente. Assim, incidem o § 1º em sua redação original e o revogado § 2º do art. 110 do CP, com ultratividade benéfica, no cálculo da prescrição retroativa entre o fato e o recebimento da denúncia ou queixa com base na pena em concreto fixada na sentença, se a conduta foi praticada antes de 5.5.2010 (TJMS, Ap. 0008608-23.2013.8.12.0001, publ. 5.6.2019).

- Crime tributário (tempo da conduta e momento da consumação com o lançamento definitivo do AIIM): O tempo do crime não se confunde com a consumação do delito pelo lançamento definitivo do crédito tributário, e consequente início do transcurso do prazo prescricional. A legislação a ser aplicada é aquela do tempo de crime, nos termos do art. 4º do CP. Supostos crimes tributários praticados quando o paciente contava com menos 21 anos de idade, incidindo a redução do prazo prescricional do art. 115 do CP (TJSP, HC 2032236-78.2017.8.260000, publ. 24.4.2017).

TERRITORIALIDADE

Art. 5º Aplica-se a lei brasileira, sem prejuízo de convenções, tratados e regras de direito internacional, ao crime cometido no território nacional.

§ 1º Para os efeitos penais, consideram-se como extensão do território nacional as embarcações e aeronaves brasileiras, de natureza pública ou a serviço do governo brasileiro onde quer que se encontrem, bem como as aeronaves e as embarcações brasileiras, mercantes ou de propriedade privada, que se achem, respectivamente, no espaço aéreo correspondente ou em alto-mar.

§ 2º É também aplicável a lei brasileira aos crimes praticados a bordo de aeronaves ou embarcações estrangeiras de propriedade privada, achando-se aquelas em pouso no território nacional ou em voo no espaço aéreo correspondente, e estas em porto ou mar territorial do Brasil.

Eficácia da lei penal no espaço

- Noção: Cada país tem suas próprias leis, editadas para serem aplicadas no espaço onde ele é soberano. É, aliás, a própria *soberania* que impede que as leis de um Estado sejam aplicadas noutro. Há, porém, casos em que um comportamento criminoso interessa a mais de um Estado, quando, então, se discute o problema da *eficácia da lei no espaço*. As principais regras usadas para disciplinar a questão podem ser divididas em cinco postulados: da territorialidade, da defesa, da nacionalidade, da justiça universal e da representação. Quanto aos direitos e garantias decorrentes de tratados internacionais em que o Brasil seja parte, *vide* nota abaixo.

- Regra geral brasileira: Nosso CP acolhe, como regra geral, a da territorialidade, pela qual a lei penal brasileira é aplicada em nosso *território*, independentemente da nacionalidade do autor ou da vítima do delito. A regra, porém, não é adotada em caráter absoluto, pois são previstas exceções: há as ressalvas deste próprio art. 5º (convenções, tratados e regras de direito internacional), além de casos especiais de extraterritorialidade penal (cf. CP, art. 7º). Por isso, diz-se que o Brasil adota a territorialidade *temperada*.

- O art. 5º e seus parágrafos: O *caput* do artigo manda aplicar a lei penal brasileira a todos os crimes praticados no território nacional, ressalvando apenas as disposições de convenções, tratados e regras de direito internacional. O § 1º faz considerar, para fins penais, extensão do território nacional as embarcações e aeronaves brasileiras, em determinadas condições e situações. Por sua vez, o § 2º manda aplicar a lei penal brasileira às embarcações e aeronaves estrangeiras privadas, em certas situações.

- Hierarquia supralegal dos tratados internacionais que tratam de direitos e garantias fundamentais: *Vide* comentários nas notas introdutórias.

- Tribunal Penal Internacional: O Brasil reconheceu e se submeteu à jurisdição do Tribunal Penal Internacional mediante a assinatura, aprovação pelo Congresso Nacional (Decreto Legislativo n. 112/2002) e promulgação pelo Presidente da República (Decreto n. 4.388/2002) do Estatuto de Roma. Assim é que, de forma complementar e subsidiária, poderá o Tribunal Penal Internacional processar e julgar criminalmente uma pessoa por determinados crimes cometidos no Brasil, quando o nosso Poder Judiciário não atuar. São, assim, várias as gravíssimas condutas tipificadas, como o crime de genocídio, contra a humanidade, de guerra e de agressão (arts. 5º a 8º). Tipificação penal, esta, incorporada ao nosso ordenamento jurídico e que permite a atuação do Tribunal Penal Internacional quando as nossas instituições se mostrarem incapazes de apurar as responsabilidades penais por esses fatos ou se demonstre que não há a intenção de investigar os fatos. Em outros termos: a atuação do Tribunal Penal Internacional será sempre subsidiária ou complementar à jurisdição brasileira, devendo-se respeitar a coisa julgada e a regra que proíbe que uma pessoa seja julgada duas vezes pelo mesmo fato (*ne bis in idem*), caso processada e julgada por nosso Poder Judiciário, tendo sido absolvida ou condenada mediante processo legítimo (arts. 17 a 20). Desse modo, os Estados signatários, exercendo sua soberania, se comprometeram a cumprir as decisões do Tribunal Penal Internacional em prol da proteção dos direitos humanos. Trata-se de grande avanço internacional, algo, décadas atrás, inimaginável em termos de soberania dos Estados. Aliás, o Tribunal Penal Internacional, em março de 2009, determinou, de modo inédito, a prisão cautelar do presidente da República do Sudão, Omar al Bashir, acusado de crimes de guerra (ataque a civis e pilhagem) e de crimes contra a humanidade (extermínio de pessoas, deslocamento forçado, torturas e estupros) durante conflito na região de Darfur, onde mais de 300.000 pessoas morreram, em processo iniciado a pedido do Conselho de Segurança da ONU (http://bashirwatch.org). Como o Sudão não é signatário do Estatuto de Roma, o ditador continua no poder; todavia, ele não poderá viajar para nenhum país que reconheça a jurisdição do Tribunal Penal Internacional, sob pena de ser preso.

■ Convenções de Palermo e de Mérida: Restabelecida a Democracia com a Constituinte de 1988, o Brasil passou a subscrever e a ratificar inúmeros tratados internacionais. Já cuidamos, ao comentar o art. 1º do Pacto de San José da Costa Rica e do Pacto Internacional sobre Direitos Civis e Políticos de Nova Iorque, que eles são de importância ímpar para a proteção da liberdade e da dignidade do ser humano, impondo limites ao Direito Penal e ao Direito Processual Penal. Tratamos, na nota acima, também do Estatuto de Roma, que instituiu o Tribunal Penal Internacional. Todavia, neste forte movimento de padronização internacional do Direito Penal, como efeito da globalização, foram incorporados ao nosso ordenamento dois tratados que trazem, em diversas passagens, *perigosa maximização do poder punitivo* a título de "prevenir e combater o crime", e que representam, em algumas disposições, retrocesso às liberdades públicas. São eles: a Convenção de Palermo (2000) contra o crime organizado transnacional, promulgada pelo Decreto n. 5.015/2004, que prevê que os Estados deverão punir *meros atos preparatórios* e até mesmo a *simples intenção de uma pessoa cometer um crime* (art. 5º), e a Convenção de Mérida (2003), que cuida do combate à corrupção mediante cooperação internacional, promulgada pelo Decreto n. 5.687/2006, a qual, além de estar pessimamente traduzida para o português, com artigos ininteligíveis, contém verdadeiras afrontas a postulados do Direito Penal, como dar valor a presunção de culpa (art. 41). Cf., a propósito, Vladimir Aras, "A norma fantasma do art. 47 da Convenção de Mérida. Ou como se corrompeu o tratado anticorrupção", *Jus Navigandi*, n. 2.060 (20.2.2009).

■ Tráfico de drogas e lavagem de dinheiro: Além dos tratados internacionais referidos nas notas anteriores, o Brasil ratificou a Convenção de Viena de 1988 contra o tráfico de drogas e a lavagem de dinheiro (Decreto n. 154/91).

■ Violência contra a mulher: Nosso país ratificou, igualmente, a Convenção Interamericana para Prevenir, Punir e Erradicar a Violência contra a Mulher, conhecida como "Convenção de Belém do Pará" de 1994 (Decreto n. 1.973/96).

■ Tráfico internacional de menores: Também foi incorporada ao nosso ordenamento jurídico a Convenção Interamericana contra o Tráfico Internacional de Menores de 1998 (Decreto n. 2.740/98).

■ Território nacional: A expressão *território* deve ser entendida em seu sentido jurídico, que alcança todo o espaço – terrestre, fluvial, marítimo e aéreo – onde o Brasil é soberano. Compreende, assim, todo o solo delimitado por suas fronteiras externas, as porções de terra separadas da parte principal, bem como os rios e lagos interiores. Tratando-se de rios ou lagos fronteiriços, também chamados exteriores, a soberania costuma ser fixada por tratados ou convenções. Quanto ao mar territorial, seus limites voltaram a ser fixados em doze milhas marítimas, contadas a partir da baixa-mar, pelo art. 1º da Lei n. 8.617/93. Como espaço aéreo, entende-se todo aquele sobrejacente ao nosso território, incluindo o mar territorial (art. 2º da mesma lei).

- **Embarcações e aeronaves:** Dividem-se em *públicas* e *privadas*. *a.* São considerados navios ou aviões *públicos* aqueles de guerra ou em serviço militar, bem como os que estão a serviço oficial. *b.* Por sua vez, são *privados*, quando mercantes ou de propriedade particular. Para efeitos penais, o § 1º do art. 5º manda considerar como extensão do território nacional: a. Os navios e aviões *públicos brasileiros*, onde quer que se encontrem, mesmo que se achem em país estrangeiro. *b.* Os navios ou aviões *brasileiros particulares*, quando em alto-mar ou no espaço aéreo correspondente ao alto-mar. Embora a redação final do parágrafo seja defeituosa e truncada, a lógica nos indica que a expressão "espaço aéreo correspondente ou em alto-mar", sem qualquer sentido, somente pode ser entendida como indicamos acima.

- **Embarcações e aeronaves estrangeiras:** Tratando-se de navios ou aviões estrangeiros, não há a extensão do § 1º. No entanto, o § 2º manda aplicar a lei brasileira aos crimes praticados a bordo deles, desde que sejam embarcações ou aeronaves estrangeiras de propriedade *particular* (não públicas), e se achem aquelas em porto ou mar territorial brasileiro ou, estas, pousadas em nosso território ou voando em espaço aéreo brasileiro.

- **Embaixadas e imunidade diplomática:** Este dispositivo prevê a aplicação da regra da territorialidade, mas com a ressalva constante do *caput* do art. 5º: "sem prejuízo de convenções, tratados e regras de direito internacional". Como exemplo, temos as *imunidades diplomáticas* estabelecidas na Convenção de Viena de Relações Consulares de 1963 (Decreto n. 61.078/67), a qual garante a inviolabilidade absoluta dos estabelecimentos consulares. Quanto aos funcionários consulares e aos empregados consulares, eles "não estão sujeitos à jurisdição das autoridades judiciárias e administrativas do Estado receptor pelos atos realizados *no exercício das funções consulares*" (arts. 43 e 71). Como se vê, se houver prática de *crime* que *não esteja vinculado ao exercício de suas funções consulares*, poderão eles ser processados criminalmente. Consoante estabelece o art. 41 da Convenção, caso sejam processados criminalmente, os funcionários consulares só poderão ser detidos ou presos preventivamente, em caso de crime grave e em decorrência de decisão de autoridade judiciária competente (nos termos da legislação processual penal brasileira), não podendo, com exceção desta hipótese, ser presos nem submetidos a qualquer outra forma de limitação de sua liberdade pessoal, senão em decorrência de sentença judiciária definitiva.

Jurisprudência

- **Brasil e Portugal – teoria da territorialidade temperada:** É adotada no art. 5º, *caput*, aplicando-se a lei brasileira ao crime cometido no território nacional, ressalvadas as disposições contidas em tratados e regras de direito internacional. O tratado de extradição entre o Brasil e Portugal, celebrado em 7.5.1991 e internalizado em 2.12.1994. O instrumento prevê a figura jurídica da transferência de processos judiciais entre os dois países para nas hipóteses de inadmissibilidade de extradição, passando o acusado a submeter-se a julgamento pelo tribunal de seu país de origem (STF, AgR ARE 0002225-62.2010.8.19.0058/RJ, *DJe* 17.9.2019).

- **Navio mercante estrangeiro:** Aplica-se a lei penal brasileira no caso de crime cometido em águas territoriais do Brasil, a bordo de navio mercante de outra nacionalidade, afastada a incidência do art. 301 do Código de Bustamante, por importar a sua prática em perturbação da tranquilidade de nosso país, tanto mais quando os países de nacionalidade do autor, da vítima e da bandeira do navio não são signatários da Convenção de Havana de 1928 (STJ, RHC 853, *DJU* 3.12.1990, p. 14330).

- **Imunidade diplomática:** A inviolabilidade pessoal, a que alude o art. 71 da Convenção de Viena sobre Relações Consulares, e a consequente imunidade de jurisdição, só abrange os atos oficiais realizados no exercício das funções consulares, não se aplicando a cônsul honorário que pratica crime não vinculado a ato oficial realizado no exercício das funções (STF, HC 55.014, j. 4.3.77), como no exemplo de cônsul acusado do crime de pedofilia previsto no art. 241 da Lei n. 8.069/90, que respondeu a processo criminal no Brasil preso cautelarmente (STF, HC 81.158/RJ, j. 14.5.2002).

LUGAR DO CRIME

Art. 6º Considera-se praticado o crime no lugar em que ocorreu a ação ou omissão, no todo ou em parte, bem como onde se produziu ou deveria produzir-se o resultado.

Lugar do crime

- **Determinação do lugar do crime:** Das três teorias existentes a respeito (da atividade, do resultado e da ubiquidade), nosso CP tomou por critério o *princípio da ubiquidade*. Assim, embora o art. 4º, ao tratar do *tempo do crime*, considere o delito praticado no momento da ação ou da omissão, ainda que outro seja o momento de seu resultado (com implicações na verificação da lei aplicável à época, no início do curso do prazo prescricional etc.), este art. 6º entende ser o *lugar do crime* tanto o local em que ele foi praticado quanto o local em que ocorreu o seu resultado (com repercussão, por exemplo, na questão da aplicação da lei brasileira em casos de extraterritorialidade previstos no art. 5º do CP; igualmente, na definição da competência para processar e julgar acusados da prática criminosa, nos moldes dos arts. 70 e 71 do CPP). Geralmente, a questão não suscita maiores dúvidas, a não ser nos chamados crimes a distância e nas tentativas.

- **Crimes a distância:** São assim denominadas as infrações em que a ação ou omissão se dá em um país e o resultado ocorre em outro. Como exemplo, um estelionato praticado no Brasil e consumado na Argentina (ou vice-versa). Nos termos deste art. 6º, incide a lei brasileira, desde que: *1*. Aqui tenham sido praticados todos ou algum dos atos executórios (*"lugar em que ocorreu a ação ou omissão, no todo ou em parte"*). *2*. Ou aqui se tenha produzido o resultado do comportamento criminoso (*"bem como onde se produziu .. o resultado"*). Com a globalização, com o avanço da *internet* a aproximação dos países, os crimes cometidos à distância adquiriram proporções jamais imaginadas, trazendo grandes desafios em termos de cooperação internacional por meio de tratados, acordos multilaterais, promessas de reciprocidade etc., ainda mais cuidando-se do combate a organizações criminosas transnacionais. Lembramos, entre outros diplomas, a Convenção de Viena de 1988 contra o tráfico de drogas e a lavagem de dinheiro (Decreto n. 154/91), a Convenção Interamericana contra o Tráfico Internacional de Menores de 1998 (Decreto n. 2.740/98) e a Convenção de Palermo (2000) contra o crime organizado transnacional (Decreto n. 5.015/2004).

- **Tentativa:** Também incide a lei penal brasileira na hipótese de tentativa, ou seja, quando a conduta, embora praticada em outro país, deveria ter aqui se consumado (*"bem como onde .. deveria produzir-se o resultado"*). Estranhamente, a Lei n. 7.209/84 não repetiu, neste art. 6º, a expressão "embora parcialmente" (constante do primitivo art. 4º do CP). Assim, restou duvidosa a incidência das normas brasileiras, quando era o resultado em parte (parcial e não total) que deveria acontecer em nosso país.

- **Lugar do crime no Brasil:** Este art. 6º diz respeito à aplicação da lei penal brasileira em face da lei de outros países, pertencendo ao denominado Direito Penal internacional. Em caso de conflito *interno* de competência (entre duas comarcas ou seções judiciárias brasileiras), cf. arts. 70 e 71 do CPP. No caso de infrações penais de menor potencial ofensivo, cf. art. 63 da Lei n. 9.099/95.

Jurisprudência

- **Princípio da ubiquidade e prevenção da jurisdição:** O art. 6º do CP adota a teoria da ubiquidade, sendo local da prática do crime tanto aquele em que foi cometida a infração penal quanto o do resultado. Tratando-se de crime permanente de tráfico, com o deslocamento dos indiciados por mais de uma comarca, todos os juízos teriam competência, tradando-se do denominado crime plurilocal. Nesta circunstância, a competência será firmada pelo juízo que realizar o primeiro ato judicial, pela regra da prevenção do art. 83 do CPP (TJRS, Ap. 70070519285, *DJe* 17.9.2018).

- **Ação no Brasil e resultado no exterior:** Pelo art. 6º do CP, cabe à lei brasileira o julgamento de crime cujos atos de execução ocorreram no Brasil, embora o resultado se tenha produzido no exterior (TACrSP, *RT* 609/336).

- **Ação no exterior e resultado no Brasil:** Compete à jurisdição brasileira o julgamento dos crimes de associação e tráfico de drogas, fabricadas ou refinadas em território de outro país, mas que de algum modo tenha produzido efeitos no Brasil, com a traficância em larga escala. Independe ser o agente cidadão estrangeiro não residente no Brasil, para o fim de ser julgado pela Justiça Federal, pois sua participação deveu-se ao fato de compor organização criminal, na condição de principal fornecedor das drogas que foram internalizadas no território brasileiro. Tal prerrogativa jurisdicional decorre, ademais, da assinatura, pelo Brasil, da Convenção de Viena (STJ, RHC 67735/PR, *DJe* 1º.9.2016).

- **Reflexo no CPP:** O "lugar em que se consumar", referido pelo art. 70 do CPP, deve ser interpretado de acordo com o art. 6º do CP (TJRS, *RT* 599/371) e também de acordo com o art. 4º do CP (TJSP, *RT* 632/275).

EXTRATERRITORIALIDADE

Art. 7º Ficam sujeitos à lei brasileira, embora cometidos no estrangeiro:

I – os crimes:

a) contra a vida ou a liberdade do Presidente da República;

b) contra o patrimônio ou a fé pública da União, do Distrito Federal, de Estado, de Território*, de Município, de empresa pública, sociedade de economia mista, autarquia ou fundação instituída pelo Poder Público;

c) contra a administração pública, por quem está a seu serviço;

d) de genocídio, quando o agente for brasileiro ou domiciliado no Brasil;

II – os crimes:

a) que, por tratado ou convenção, o Brasil se obrigou a reprimir;

b) praticados por brasileiro;

c) praticados em aeronaves ou embarcações brasileiras, mercantes ou de propriedade privada, quando em território estrangeiro e aí não sejam julgados.

§ 1º Nos casos do inciso I, o agente é punido segundo a lei brasileira, ainda que absolvido ou condenado no estrangeiro.

§ 2º Nos casos do inciso II, a aplicação da lei brasileira depende do concurso das seguintes condições:

a) entrar o agente no território nacional;

b) ser o fato punível também no país em que foi praticado;

c) estar o crime incluído entre aqueles pelos quais a lei brasileira autoriza a extradição;

d) não ter sido o agente absolvido no estrangeiro ou não ter aí cumprido a pena;

e) não ter sido o agente perdoado no estrangeiro ou, por outro motivo, não estar extinta a punibilidade, segundo a lei mais favorável.

§ 3º A lei brasileira aplica-se também ao crime cometido por estrangeiro contra brasileiro fora do Brasil, se, reunidas as condições previstas no parágrafo anterior:

a) não foi pedida ou foi negada a extradição;

b) houve requisição do Ministro da Justiça.

*Com a Constituição da República de 1988, foram extintos os "Territórios".

Extraterritorialidade

- **Noção:** Como exceções ao princípio geral da territorialidade (CP, art. 5º), este art. 7º prevê casos especiais de *extraterritorialidade*, pela aplicação de outros princípios, como os da defesa, da nacionalidade, da justiça universal e da representação.

- **Divisão:** As hipóteses aqui previstas são de duas espécies: *1. Extraterritorialidade incondicionada*, que não depende de requisitos. *2. Extraterritorialidade condicionada*, quando se subordina a certas condições ou pressupostos.

- **Extraterritorialidade incondicionada:** São as hipóteses do inciso I, em que se aplica a extraterritorialidade pelos princípios da proteção ou defesa (letras *a, b* e *c*) e da justiça universal (letra *d*). Vejamos as quatro hipóteses: *a. Crimes contra a vida ou a liberdade do Presidente da República*, como os arts. 121, 122, 146 e 147 do CP, que podem configurar, inclusive, crime previsto na Lei de Segurança Nacional em vigor. *b. Crimes contra o patrimônio ou a fé pública da União, do Distrito Federal, de Estado, de Município, de empresa pública, sociedade de economia mista, autarquia ou fundação instituída pelo Poder Público*. São os previstos nos arts. 155 a 180 e 289 a 311 do CP. *c. Crimes contra a administração pública, por quem está a seu serviço*. São os dos arts. 312 a 326, combinados com o art. 327 do CP. *d. Crime de genocídio, quando o agente for brasileiro ou domiciliado no Brasil*. É o crime definido na Lei n. 2.889/56.

- *Ne bis in idem* **e exceção à coisa julgada:** Em todos os quatro casos previstos no inciso I (letras *a, b, c* e *d*), há aplicação incondicional da nossa lei penal e o agente é por ela punido, "ainda que absolvido ou condenado no estrangeiro" (§ 1º deste art. 7º). Verifica-se, assim, que mesmo absolvido no exterior com sentença transitada em julgado, o Brasil, nestes casos, não reconhece a autoridade dessa decisão. Se condenado no exterior, a pena eventualmente já cumprida no estrangeiro será, todavia, descontada para que a pessoa não seja punida duas vezes pelo mesmo fato (cf. CP, art. 8º).

- **Extraterritorialidade condicionada:** Já nas hipóteses do *inciso II*, letras *a, b* e *c*, e do § 3º deste art. 7º, a extraterritorialidade fica na dependência de certos requisitos ou condições, indicados nas alíneas dos §§ 2º e 3º. Os casos de extraterritorialidade condicionada fundam-se nos princípios da justiça universal (II, *a*), da nacionalidade ou personalidade (II, *b*), da representação (II, *c*) e da proteção ou defesa (§ 3º). São estas as quatro hipóteses de extraterritorialidade condicionada: *a. Crimes que, por tratado ou convenção, o Brasil se obrigou a reprimir* (II, *a*). São, por exemplo, os de tráfico de entorpecentes (Convenção de Viena, de 20.12.88), promulgada pelo Decreto n. 154, de 26.6.91), de tráfico de menores (Convenção da Cidade do México, promulgada pelo Decreto n. 2.740, de 20.8.98), de corrupção transnacional (Convenção Interamericana de Combate à Corrupção firmada em Caracas, promulgada pelo Decreto n. 4.410, de 7.10.2002; Convenção das Nações Unidas contra o crime organizado transnacional, conhecida como Convenção de Palermo, promulgada pelo Decreto n. 5.015, de 12.3.2004; Convenção de Mérida, que cuida do combate à corrupção mediante cooperação internacional, promulgada pelo Decreto n. 5.687/2006), inclusive de funcionários públicos estrangeiros (Convenção sobre o combate da Corrupção de Funcionários Públicos Estrangeiros em Transações Comerciais Internacionais, promulgada pelo Decreto n. 3.678, de 30.11.2000). *b. Crimes praticados por brasileiro* (II, *b*). Como o brasileiro não pode ser extraditado do Brasil, pune-se, aqui, o crime por ele praticado no exterior. *c. Crimes praticados em aeronaves ou embarcações brasileiras, mercantes ou de propriedade privada, quando em território estrangeiro e aí não sejam julgados* (II, *c*). Incide, tão só, quando as infrações não forem julgadas pelo país em cujo território foram cometidas. *d. Crimes praticados por estrangeiro contra brasileiro, fora do Brasil* (§ 3º), na dependência de duas condições especiais, além das gerais (§ 3º, *a* e *b*).

- **Condições:** Os casos de extraterritorialidade condicionada dependem dos seguintes requisitos ou pressupostos: *1. Nos casos previstos pelo art. 7º, II, a, b* e *c*, há as seguintes condições, indicadas pelo § 2º, letras *a* a *e*: entrada do agente no território nacional, voluntariamente ou não, e mesmo que depois saia dele; ser o crime também punível no país onde foi cometido; tratar-se de crime que comporte extradição; não ter havido absolvição ou cumprimento de pena, no exterior; ou não ter sido o agente perdoado ou extinta a punibilidade do fato. *2. No caso previsto pelo art. 7º, § 3º*, há duas condições extras, além daquelas mencionadas no § 2º, letras *a* a *e*; são elas apontadas pelas alíneas do § 3º: a. não ter sido pedida a extradição ou, se requerida, ter sido ela negada; b. haver requisição do Ministro da Justiça.

- **Crime de tortura:** A Lei n. 9.455, de 7.4.97, que tipificou a tortura como delito, prevê em seu art. 2º que "o disposto nesta Lei aplica-se ainda quando o crime não tenha sido cometido em território nacional, sendo a vítima brasileira ou encontrando-se o agente em local sob jurisdição brasileira".

- **Pena cumprida no estrangeiro:** cf. CP, art. 8º.

Jurisprudência

- **Competência da Justiça Estadual:** Compete à Justiça Estadual processar e julgar homicídios cometidos por brasileiros no exterior, não sendo o caso de interesse da União, nos termos do art. 109 da CR (TRF 1ª Reg., HC 0023951-96.4.010000, publ. 10.8.2016). Compete à Justiça Estadual o julgamento de crime praticado por brasileiro no exterior, salvo se cometido em detrimento da União, suas autarquias ou empresas públicas (STF, *RT* 474/382; TFR, CComp 6.990, *DJU* 15.5.86, p. 8059; CComp 6.921, *DJU* 29.5.86, p. 9113; TJRS, *RT* 606/379; contra: TFR, RCr 324, em Heleno Fragoso, *Jurisprudência Criminal*, 1979, v. I, n. 78-A). *Vide*, também, jurisprudência abaixo.

- **Competência da Justiça Federal:** O crime cometido, no estrangeiro, contra brasileiro ou por brasileiro, é da competência da Justiça brasileira e, nesta, da Justiça Federal, a teor da norma inserta no inciso IV do art. 109 da CR, por força dos princípios da personalidade e da defesa, que, ao lado do princípio da justiça universal, informam a extraterritorialidade da lei penal brasileira (CP, art. 7º, II, *b* e § 3º) e são, em *ultima ratio*, expressões da necessidade do Estado de proteger e tutelar, de modo especial, certos bens e interesses. O atendimento dessa necessidade é, precisamente, o que produz o interesse da União, em detrimento do qual o crime cometido, no estrangeiro, é também praticado. Por igual, compete à Justiça Federal julgar os crimes "previstos em tratado ou convenção internacional, quando, iniciada a execução no País, o resultado tenha ou devesse ter ocorrido no estrangeiro, ou reciprocamente" (CR, art. 109, V) (STJ, HC 18.307-MT, rel. Min. Hamilton Carvalhido, j. 18.4.2002, *vu, RT* 814/535).

- **Uso de documento brasileiro falso no Paraguai por brasileiro:** Cidadão brasileiro com documento falso, preso em Assunção, no Paraguai, entregue à Polícia Federal de Foz do Iguaçu/PR. Aplica-se o instituto da extraterritorialidade da lei penal brasileira (STJ, HC 468.042, *DJe* 12.9.2018).

- **Passaporte brasileiro com visto estrangeiro falso:** A utilização de passaporte nacional, documento de natureza pública, com visto falso (conduta prevista no art. 297 do CP), tipifica, em tese, o crime descrito no art. 304 do CP, que tem por sujeito passivo a União e, secundariamente, a terceira pessoa prejudicada, enquanto o objeto jurídico tutelado pela norma é a fé pública. Evidencia-se lesão ao bem jurídico porquanto a lei não admite desvirtuamento tanto dos documentos públicos, em sua acepção material, quanto das informações neles constantes. Não há falar-se em extraterritorialidade do prejuízo intentado com a ação típica, na medida em que o réu foi impedido de embarcar ainda em território nacional, ao apresentar o passaporte às autoridades (TRF da 3ª R., 1ª T., HC 2001.61.19.003566-8, rel. Des. Fed. Johnsom di Salvo, j. 5.8.2003, *DJU* 21.8.2003).

- **Tratado ou convenção:** A hipótese do art. 7º, II, a, é de competência cumulativa e não absoluta: por isso, não se nega pedido de extradição, quando ele é anterior à ação jurisdicional suplementar brasileira (STF, Pleno, *mv – RTJ* 114/18). Se houver desistência do pedido de extradição, há devolução à origem dos autos do processo-crime em que está denunciado o alienígena (STF, Pleno, *RT* 640/347).

- **Crime cometido no exterior por brasileiro e extradição:** Se o cidadão *naturalizado* brasileiro praticou o crime de estupro no exterior, em momento posterior à sua naturalização, não se acolhe o pleito de extradição (STF, Extr 1.223/DF, publ. 28.2.2014). O brasileiro naturalizado só pode ser extraditado em duas hipóteses: a. caso tenha cometido no exterior crime comum antes da naturalização; b. tratando-se de tráfico de entorpecentes e drogas afins praticado em qualquer momento, antes ou depois da naturalização (Magna Carta, art. 5º, LI) (STF, *Pleno*, Extr. 1.082, j. 19.6.2008). "O brasileiro nato, quaisquer que sejam as circunstâncias e a natureza do delito, não pode ser extraditado pelo Brasil", pois "a Constituição da República, em cláusula que não comporta exceção, impede, em caráter absoluto, a entrega extradicional daquele que é titular, seja pelo critério do *jus soli*, seja pelo critério do *jus sanguinis*, de nacionalidade brasileira primária ou originária. Esse privilégio constitucional, que beneficia, sem exceção, o brasileiro nato (CF, art. 5º, LI), não se descaracteriza pelo fato de o Estado estrangeiro, por lei própria, haver lhe reconhecido a condição de titular de nacionalidade originária pertencente a esse mesmo Estado (CF, art. 12, § 4º, II, *a*)". Não sendo possível a extradição, "legitimar-se-á a possibilidade de o Estado brasileiro, mediante aplicação extraterritorial de sua própria lei penal (art. 7º, II, *b*, e respectivo § 2º) – e considerando, ainda, o que dispõe o Tratado de Extradição Brasil/Portugal (Artigo IV) –, fazer instaurar, perante órgão judiciário nacional competente (CPP, art. 88), a concernente *persecutio criminis*, em ordem a impedir, por razões de caráter ético-jurídico, que práticas delituosas, supostamente cometidas no exterior, por brasileiros (natos ou naturalizados), fiquem impunes" (STF, *Pleno*, HC 83.113-QO/DF, j. 26.3.2003).

- **Crime cometido no exterior:** Se o diretor financeiro de um banco assinou contratos de empréstimo no Uruguai, mesmo que tenha havido o cometimento de alguma infração, tal não ocorreu no Brasil, não estando a conduta, portanto, sujeita às leis penais brasileiras, circunstância que retira a justa causa para o prosseguimento da ação penal contra ele, na qual é imputada exclusivamente a conduta de ter assinado contratos de empréstimos e de comissão (TRF da 1ª R., HC 2007.01.00.042175-0, j. 22.10.2007, *DJU* 9.11.2007).

- **Lavagem de dinheiro:** Se a execução e os efeitos da lavagem de dinheiro ocorreram no território nacional, admite-se a persecução penal pela Justiça brasileira, independentemente de outra condenação no exterior, nos termos do art. 5º do CP. Todavia, segundo a previsão do art. 8º, a pena cumprida no estrangeiro vai atenuar a reprimenda aqui imposta (STJ, RHC 78.684/SP, *DJe* 8.2.2019).

- **Requisição do Ministro da Justiça:** Só é necessária em caso de crime cometido por estrangeiro contra brasileiro, e não por brasileiro no exterior (STF, *RTJ* 69/85).

PENA CUMPRIDA NO ESTRANGEIRO

Art. 8º A pena cumprida no estrangeiro atenua a pena imposta no Brasil pelo mesmo crime, quando diversas, ou nela é computada, quando idênticas.

Pena cumprida no estrangeiro

- **Ne bis in idem**: O reconhecimento da regra fundamental (e até mesmo de direito natural) de que ninguém pode ser punido duas vezes pelo mesmo fato tem sido vinculado à máxima latina *ne bis in idem*, como afirma Hans-Heinrich Jescheck (Tratado de Derecho Penal – Parte General, 4ª ed. traduzida para o espanhol por José Luiz M. Samaniego, Granada, Comares, 1993, pp. 159 e 814). É nela que se inspira o art. 8º do CP, ora em comento, bem como entendimentos jurisprudenciais relacionados ao cálculo da pena (cf., por exemplo, jurisprudência no art. 59 do CP, sob a rubrica *Bis in idem*). Correlata à máxima *ne bis in idem* (não repetir no mesmo), de cunho material, há outra, de conotação processual, expressa nos brocardos *bis de eadem re ne sit actio* ("não se deve duas vezes discutir em tribunal o mesmo caso") ou *ne bis in idem sit actio* ("duas vezes sobre uma mesma matéria não haja ação"). A diferença é sutil: enquanto a regra material do *ne bis in idem* pressupõe punição imposta que não pode ser repetida (*v.g.*, considerar, no cálculo da pena, uma circunstância como agravante e qualificadora ao mesmo tempo), a regra processual do *bis de eadem re ne sit actio* ou do *ne bis in idem sit actio* incide mesmo nas hipóteses de anterior absolvição por nosso Poder Judiciário que, no Direito Processual Penal, faz coisa julgada de natureza absoluta, não existindo revisão criminal *pro societate*. No direito norte-americano fala-se, de forma a abranger tanto o direito material quanto o processual, em proibição do *double jeopardy* ("duplo risco") com fundamento na V Emenda à Constituição daquele país, a qual protege o cidadão "contra segunda persecução penal pelo mesmo ilícito após absolvição ou condenação, e contra múltipla punição pela mesma ofensa" (*North Carolina v. Pearce*, 395 U.S. 711, 89 S.Ct. 2072, 23L.Ed.2d 656, in *Black's Law Dictionary*, 6ª ed., St. Paul, Minnesota, West Publishing Co., 1990, p. 491). Cf., também, ROBERTO DELMANTO JUNIOR, *Inatividade no Processo Penal Brasileiro*, São Paulo, Revista dos Tribunais, 2004, pp. 354 e ss.

- **Critério**: A atenuação, em caso de diversidade qualitativa da pena imposta (restritiva de direitos no exterior e privativa de liberdade no Brasil, por exemplo), é obrigatória, ficando a quantidade da redução ao critério prudente do magistrado. Já na hipótese de a pena cumprida no estrangeiro ser da mesma qualidade (privativa de liberdade em ambos os países, *v.g.*), ela é, simplesmente, abatida da pena a ser executada no Brasil.

EFICÁCIA DE SENTENÇA ESTRANGEIRA

Art. 9º A sentença estrangeira, quando a aplicação da lei brasileira produz na espécie as mesmas consequências, pode ser homologada no Brasil para:

I – obrigar o condenado à reparação do dano, a restituições e a outros efeitos civis;

II – sujeitá-lo a medida de segurança.

Parágrafo único. A homologação depende:

a) para os efeitos previstos no inciso I, de pedido da parte interessada;

b) para os outros efeitos, da existência de tratado de extradição com o país de cuja autoridade judiciária emanou a sentença, ou, na falta de tratado, de requisição do Ministro da Justiça.

Sentença estrangeira

- **Noção**: São *limitados* os efeitos da sentença penal estrangeira no Brasil, pois a execução de pena é ato de soberania. Da mesma forma que não se aplicam em nosso território as leis estrangeiras, aqui seus julgados não podem ser executados, como se nacionais fossem. Tão só para *duas finalidades restritas* (e pouco usuais) poderá ser executada no Brasil a sentença penal estrangeira.

- **Execução restrita e condicional**: Apenas quando a lei penal brasileira produza, na espécie, *as mesmas consequências*, a sentença penal estrangeira pode ser homologada no Brasil para: *I.Consequências civis* (reparação do dano, restituições e outros efeitos civis). *II. Aplicação de medida de segurança*. Como a medida de segurança está restrita aos inimputáveis e semirresponsáveis (a estes como opção), é quase impossível a utilização do dispositivo em exame.

- **Homologação**: Para as duas consequências acima, a sentença penal pode ser homologada. Tal homologação depende: *I*. Para as *consequências civis*, de pedido da parte interessada (parágrafo único, *a*). *II*. Para a *medida de segurança*, da existência de tratado de extradição com o país em que a sentença foi proferida, ou, na falta dele, de requisição do Ministro da Justiça (parágrafo único, *b*). Erroneamente, a alínea *b* não foi modificada pela Lei n. 7.209/84, em concordância com a alteração do inciso II, de modo que continua se referindo a "outros efeitos", quando há um único.

- **Competência**: Com a edição da EC n. 45, de 30.12.2004, que revogou o art. 102, I, *h*, da CR, e acrescentou ao seu art. 105, I, a alínea *i*, a competência para a homologação de sentença estrangeira (que era, até então, do STF) passou para o STJ, restando derrogado, outrossim, o art. 787 do CPP.

- **Efeitos secundários**: Embora não se trate, propriamente, de consequência de sentença penal condenatória estrangeira, esta pode vir a ter efeitos *colaterais*, especialmente previstos no CP: a. gerar reincidência (art. 63); b. ser pressuposto de extraterritorialidade condicionada (art. 7º, II, § 2º, *d* e *e*). Para tais decorrências, *não é necessária a homologação*, bastando a prova legal da existência da condenação estrangeira.

■ **Sentença do Tribunal Penal Internacional:** Como a atuação do Tribunal Penal Internacional é sempre *complementar* à jurisdição nacional, ou seja, caso os crimes de genocídio, contra a humanidade, de guerra e de agressão cometidos por brasileiro não tenham sido punidos e tampouco devidamente apurados em nosso país (art. 17), não há falar em ofensa à soberania brasileira, mesmo porque o Brasil, soberanamente, reconheceu a sua jurisdição, comprometendo-se a acatar as suas decisões (arts. 12 e 17 do Estatuto de Roma – Decreto n. 4.388/2002).*Vide*, detalhadamente, nota no art. 5º.

CONTAGEM DE PRAZO

Art. 10. O dia do começo inclui-se no cômputo do prazo. Contam-se os dias, os meses e os anos pelo calendário comum.

Contagem dos prazos penais

■ **Prazos do CP:** Ao contrário do que se dá com os prazos processuais, na contagem dos previstos pelo CP o próprio *dia do começo inclui-se* no cálculo (exemplo: o prazo de dez dias, iniciado no dia 8, termina às 24 horas do dia 17). Tal forma de contagem se aplica a *todos os* prazos do CP: duração das penas, *sursis*, livramento condicional, prescrição, decadência etc.

■ **Prazos previstos em dois códigos:** Quando o mesmo prazo estiver previsto no CP e no CPP, aplica-se a contagem mais favorável ao agente. Assim deve-se aplicar a regra deste art. 10, e não a do art. 798, §1º, do CPP, na contagem da prescrição, decadência etc. Quanto à contagem do prazo de perempção, *vide* nota ao art. 107, IV, do CP.

■ **Calendário comum:** A contagem dos prazos é feita pelo calendário usual (gregoriano), de forma que os meses e anos têm sempre seu número real de dias. Além disso, os prazos penais não se suspendem nem se prorrogam por férias, feriados, domingos. Assim, por exemplo, o prazo de um ano, iniciando-se a qualquer hora do dia 15 de novembro, findará às 24 horas do dia 14 de novembro do ano seguinte, independentemente do dia do início ser feriado nacional e do ano ser ou não bissexto. A hora do início é irrelevante, computando-se o dia inteiro do começo do prazo, indiferentemente da hora (exemplo: ainda que o homicídio seja cometido às 23 horas e 50 minutos de um dia qualquer, esse dia será contado no lapso prescricional).

■ **Pena fracionada:** Cf. CP, art. 11.

Jurisprudência

■ **Regra para a contagem:** O próprio dia do começo é incluído no cálculo dos prazos previstos pelo CP (TJSP, Ap 0002173-48.2013.8.26.0452, publ. 23.4.2019; *RT* 612/299; STF, *RT* 535/391, *RTJ* 47/592). O prazo penal se inicia no mesmo dia da prisão; o prazo processual penal no dia seguinte ao da intimação (STF, *RTJ* 126/831).

■ **Saída temporária prevista no art. 124 da LEP:** Deve ser observada a regra do art. 10 do CP, computando-se o dia da saída como o primeiro do início do prazo (TJRR, AgExPen 9001705-34.2018.8.230000, *DJe* 10.4.2019).

■ **Súmula 520 do STJ:** "O benefício de saída temporária no âmbito da execução penal é ato jurisdicional insuscetível de delegação à autoridade administrativa do estabelecimento prisional".

■ **Improrrogabilidade dos prazos penais:** A Lei n. 810/49 não se aplica aos prazos do CP (STF, *RTJ* 47/592). Assim, os prazos de decadência e de prescrição são fatais, não se suspendendo ou prorrogando por domingos, feriados ou férias (TACrSP, *Julgados* 86/223; *RJDTACr* 1/207; *Julgados* 76/344, 74/116, 71/148; *RT* 530/367, 485/330).

- **Fixação da pena:** Quando a lei prevê a pena em meses ou ano, o juiz não pode fixá-la em dias, pois os meses não têm, sempre, trinta dias (TACrSP, *Julgados* 65/419; *RT* 504/358).

- **Prazos de prescrição e decadência:** São contados pela regra do CP e não pela do CPP (STF, *RT* 490/389; STJ, HC 8.978/GO, *DJU* 25.10.99, p. 102; TJSP, *RJTJSP* 103/451; TRF da 1ª R., RCr 94.01.02687-4, *DJU* 13.10.94, p. 58090; TACrSP, *Julgados* 95/168). O prazo de prescrição é de natureza penal, expresso em anos, sendo irrelevante o número de dias do mês; assim, o prazo de um ano tem início em determinado dia e termina na véspera do mesmo dia do mês e ano subsequentes (STJ, REsp 188.681-SC, *RT* 785/571).

FRAÇÕES NÃO COMPUTÁVEIS DA PENA

Art. 11. Desprezam-se, nas penas privativas de liberdade e nas restritivas de direitos, as frações de dia, e, na pena de multa, as frações de cruzeiro.

Frações

- **Alteração:** O Decreto-Lei n. 2.284/86 instituiu o cruzado; a Lei n. 7.730/89 criou o *cruzado novo*, mantendo o centavo; a Lei n. 8.024, de 12.4.90, voltou a instituir o *cruzeiro*, mantendo igualmente o centavo; a Lei n. 8.697, de 27.8.93, criou o *cruzeiro real*; por fim, a Lei n. 8.880, de 27.5.94, instituiu o *real*, com centavos.

- **Aplicação às penas privativas de liberdade:** Não são computadas as frações de dia. Assim, não se fixa a pena, por exemplo, em quinze dias e doze horas, mas, simplesmente, em quinze dias. Entretanto, não podem ser desprezadas as frações de mês ou ano. Quando se tratar de cálculo de pena fracionada, as frações de mês devem ser reduzidas a dias e as frações de ano a meses.

- **Aplicação às penas restritivas de direitos:** É desnecessária a aplicação da regra a elas, pois as penas restritivas substituem as privativas de liberdade (CP, arts. 54 e 55), de forma que o art. 11 já deverá ter sido observado quanto a estas.

- **Aplicação às penas de multa:** São desprezáveis as frações de *dia-multa* e as frações de *real*, ou seja, os centavos. Com relação às frações de *dia-multa* (CP, art. 49), entendemos que estas podem não ser computadas, por força do postulado que manda desprezar as "frações de dia".

Jurisprudência

- **Fração de dia-multa:** A pena pecuniária, na nova sistemática penal, não enseja a aplicação de parcela do dia-multa (TACrSP, *Julgados* 88/342).

- **Proporcionalidade:** A pena de multa deve ser fixada de forma proporcional à pena privativa de liberdade, desprezando-se as frações de dias-multa, por força do art. 111 do CP (TJMG, Ap. 10024141451617001, publ. 15.5.2019).

LEGISLAÇÃO ESPECIAL

Art. 12. As regras gerais deste Código aplicam-se aos fatos incriminados por lei especial, se esta não dispuser de modo diverso.

Leis especiais

- **Aplicação:** Embora os principais ilícitos penais estejam descritos no CP, há outros de altíssima relevância definidos em leis especiais, as quais formam a chamada legislação penal especial ou extraordinária (ex.: crimes falimentares, contra o sistema financeiro nacional, contra a ordem tributária, econômica e relações de consumo, contra o meio ambiente, contra a lavagem de dinheiro, contra os idosos, relativas ao registro, posse e comercialização de armas de fogo etc. Cf. a propósito, Roberto Delmanto, Roberto Delmanto Junior e Fabio Machado de Almeida Delmanto, *Leis Penais Especiais*, 3ª ed., São Paulo, Saraiva, 2018). Este art. 12 manda que as *regras gerais* do CP sejam aplicadas a toda legislação penal especial, *se esta não dispuser de modo diverso*. Assim, caso a lei especial conte com dispositivo próprio a respeito, este prevalecerá sobre a regra geral do CP. Ex.: não há tentativa de contravenção, porque a lei especial expressamente a declara impunível (Decreto-Lei n. 3.688/41, art. 4º); mas ela poderá existir em crime contra a propriedade industrial (cuja Lei n. 9.279/96 não se refere à tentativa), pela incidência da regra geral do art. 14, II, do CP.

- **Regras gerais:** Além das regras contidas na Parte Geral do CP, nele também há regras gerais inseridas na Parte Especial, como o conceito de funcionário público enunciado pelo art. 327 do CP. Por isso, se for necessário encontrar o conceito de funcionário público em alguma lei especial, a regra do art. 327 do CP será utilizada, salvo se a norma especial dispuser diferentemente.

- **Regra da especialidade:** Embora mande aplicar as regras gerais do CP, este art. 12 segue o chamado princípio da especialidade, pelo qual a lei especial derroga a lei geral. Por isso, mesmo que haja regra geral do CP, ela não será aplicável quando a lei especial dispõe de forma diferente.

- **Dias-multa:** O critério adotado para o cálculo do número de dias-multa que podem ser impostos ao condenado estabelecido no art. 49, *caput*, do CP ("... no mínimo de 10 (dez) e, no máximo, de 360 (trezentos e sessenta) dias-multa") não se aplica à Lei n. 9.434/97, cujos arts. 14 a 20 estipulam crimes envolvendo a remoção de órgãos, tecidos e partes do corpo humano, a qual estabelece números mínimo e máximo de dias-multa de forma diversa, ou seja, de cem a duzentos dias-multa, de cento e cinquenta a trezentos dias-multa ou de duzentos a trezentos e sessenta dias-multa.

Jurisprudência

- **Aplicação do art. 12:** Por força deste dispositivo, as regras gerais do CP alcançam a LCP, quando esta não dispõe em contrário (TACrSP, *Julgados* 88/373).

- **Alcance:** As regras gerais do CP aplicam-se aos crimes regulados por leis especiais, se compatíveis com as regras traçadas por estas, de duas maneiras: *a.* integralmente, na ausência de qualquer dispositivo a respeito; *b.* parcialmente, quando a lei regula só em parte a matéria (TJSP, *RT* 644/262).

- **Estatuto da Criança e do Adolescente:** O limite de idade estabelecido pelo Estatuto da Criança e do Adolescente para a aplicação de medidas socioeducativas – que podem ser aplicadas excepcionalmente até 21 anos de idade (art. 121, § 5º) – é especial, não se fazendo menção à maioridade civil como causa de sua extinção. Não se aplicam, assim, as regras do Código Civil ou do Código Penal, em razão do princípio da especialidade (STF, HC 94.938/RJ, j. 12.8.2008).

- **Código de Trânsito Brasileiro:** Orientando-se o CP pelo princípio da especialidade (art. 12), aplica-se o art. 312-A do CTB, que possui previsão específica, determinando a substituição da pena corpórea por prestação de serviços à comunidade em entidades com atendimento a vítimas de trânsito (TJSC, Ap. 0001023-07.2018.8.24.0066, j. 24.9.2019).

- **Princípio da especialidade e desclassificação de imputação:** "Recurso Especial. Tráfico de drogas. Participação de Menor Importância Reconhecida. Art. 33 da Lei n. 11.343/2006, c/c art. 29, § 1º, do CP. Desclassificação para a figura do art. 37 da Lei de Drogas. Colaborador como Informante. 1. O conflito aparente de normas penais incriminadoras tem lugar quando um mesmo fato admite, em tese, a subsunção de mais de um tipo penal a ele. Em nome da unidade do sistema jurídico e, buscando evitar a ocorrência da dupla punição pelo mesmo evento (*bis in idem*), cumpre ao aplicador da norma se valer dos critérios interpretativos, afastando a incidência de múltiplas leis sobre um mesmo fato. (...) O pleito desclassificatório deve ser solucionado pela aplicação do princípio da especialidade. Considera-se especial a norma que acrescenta elementos à norma geral, de modo a ser possível afirmar a incidência desta última sempre que aplicável aquela, mas nem sempre aplicável a norma especial quando aplicável a geral" (STJ, 6ª T., REsp n. 1698621/MG, rel. Min. Sebastião Reis Júnior, j. 28.03.2019).

Título II
DO CRIME

Divisão dos ilícitos penais

- **Divisão dos ilícitos penais:** No Brasil, só há dois tipos de infrações penais: *1.* os crimes (também chamados delitos); *2.* as contravenções. Na verdade, inexiste um dado exato que sirva de divisor entre crime e contravenção. Nem mesmo a diferença entre as penas (LICP, art. 1º) é critério suficiente, pois crimes há que podem ser punidos só com pena de multa (cf., p.ex., os crimes previstos nos arts. 292, 303 e 304 da Lei n. 4.737/65 – Código Eleitoral). Tanto os crimes como as contravenções são comportamentos que infringem mandamentos legais, que contêm, como sanção, a imposição de pena. A única distinção entre crimes e contravenções reside na maior ou menor gravidade com que a lei vê tais infrações, denominando "contravenções" as mais leves e "crimes" as mais graves. Por isso, estão certos os italianos quando chamam as contravenções de delitos anões (*delitti nani*). Atualmente, as infrações penais também passaram a ser diferenciadas, por nosso legislador, em dois extremos opostos: *a.* as infrações penais de menor potencial ofensivo, nos termos do art. 61 da Lei dos Juizados Especiais Criminais (Lei n. 9.099/95), o qual, a exemplo do que já fizera a Lei dos Juizados Especiais Criminais Federais (Lei n. 10.259/2001), foi modificado pela Lei n. 11.313, de 28.6.2006, sendo consideradas infrações penais de menor potencial ofensivo as contravenções e os crimes com pena máxima não superior a dois anos, cumulada ou não com multa, não fazendo restrição ao tipo de procedimento, se comum ou especial, nem ao tipo de ação (pública incondicionada, pública condicionada ou privada); *b.* os crimes hediondos e equiparados, conforme estabelece o art. 1º da Lei n. 8.072/90.

Teoria do crime

- **Noção de crime (conceito material):** Crime é a lesão de um bem jurídico protegido pela lei penal, ou a sua exposição a perigo de lesão, como decorrência de uma conduta dolosa ou culposa (com inobservância do dever de cuidado) e contrária ao ordenamento jurídico, para a qual, sendo imputável o autor, e reprovável a sua conduta, se prevê a inflição de pena privativa da liberdade, restritiva de direitos ou de multa. Se o autor do fato criminoso é inimputável, e demonstrada a sua periculosidade, a ele será imposta a sanção penal da medida de segurança; se semi-imputável, uma pena reduzida ou medida de segurança.

- **Evolução do conceito material de crime:** Como se diz, ao olharmos para o passado, entendemos o presente. É por isso que faremos abaixo algumas referências à evolução que se verificou acerca do conceito de crime na doutrina italiana desde o século XIX, atrelando-o à religião, à consciência ética de um povo em determinada época e à moral. Com efeito, Francesco Carrara (*Programma del Corso di Diritto Criminale dettato nella R. Università di Pisa – Parte Generale*, 9ª ed., Firenze, Fratelli Cammelli, 1902, v. I, §§ 21 a 32, pp. 61-70), vinculando antijuridicidade à moral, definia crime como um ente jurídico, uma infração à lei do Estado, promulgada para proteger a segurança dos cidadãos resultante de um ato externo do homem, positivo ou negativo, moralmente imputável. Já Garofalo (*Criminologia*, 2ª ed., Torino, 1891, p. 2, apud Enrico Ferri, *Principii di Diritto Criminale*, Torino, Torinese, 1928, p. 383), defendendo a noção do "delito natural", com fundamento no jusnaturalismo, afirmava que o crime era "a violação dos sentimentos altruísticos fundamentais da piedade e da probidade, segundo a medida média em que se encontram na humanidade civil, por meio de ações nocivas à coletividade", ao passo que Carmignani o definia como violação dos direitos alheios que decorrem da reta razão difundida entre os homens (*recta ratio diffusa in omnes*) sendo confirmados pelo consenso de quase todas as nações; o delito era, portanto, uma criação artificial da lei, já que conhecido universalmente, pelo Direito Natural. Enrico Ferri (*Principii*..., cit., pp. 385-386, nota 3), desde 1900, em seu *Sociologia Criminal*, sustentava que o Direito é uma das ordens de disciplina social, ao lado dos costumes, da religião e da moral, sendo todas as violações a eles consideradas ilícitos, cada um com as próprias sanções (desestima, penitência ou excomunhão, coerção civil e penal). O crime, assim, era "o ilícito atingido por uma sanção penal, por razões de segurança pública, ou seja, quando ofende ou ameaça as condições de existência social e a moralidade média". Em 1920, VINCENZO MANZINI (*Trattato di Diritto Penale Italiano*, Torino, UTET, 1941, v. I, pp. 517-517), após criticar o conceito de "delito natural" e alertar para o perigo do "relativismo histórico" (que tem o crime como a ação que a consciência ética de um povo em certo momento considera passível de sanção, já que tudo pode ser bom ou mau, dependendo do ponto de vista, o que poderia "justificar" as mais atrozes aberrações), assim afirmava: "O crime é uma ação ou uma omissão, imputável a uma pessoa, lesiva ou perigosa a um interesse penalmente tutelado, constituída de determinados elementos, e eventualmente subordinada a certas condições de punibilidade ou acompanhada de determinadas circunstâncias". Já na década de 1940, GIUSEPPE MAGGIORE (*Diritto Penale*, 5ª ed., Bologna, Nicola Zanichelli Editore, 1949, t. I, pp. 189-208) definia crime como "toda ação que ofende gravemente a ordem ético-jurídica e é por isso merecedora daquela grave sanção que é a pena", ou "que exige uma expiação na pena"; tratava-se "de um mal que é retribuído com outro mal, para a reintegração da ordem ético-jurídica ofendida", afirmando, ainda, que "a ação delituosa é uma ação sempre contrária à moralidade cristã", embora ressaltando que o contrário nem sempre é verdadeiro: "não é todo pecado crime. Não pode ser, por exemplo, delito o pecado de pensamento". Igualmente REMO PANNAIN (*Manuale di Diritto Penale – Parte Generale*, 2ª ed., Torino, UTET, 1950, v. I, pp. 176-177) afirmava em 1950: "Crime é o fato lesivo a um interesse garantido penalmente, é o fato que lesa ou ameaça os bens-interesses tutelados pela lei penal, porque tidos pelo legislador como merecedores desta enérgica proteção". Mais recentemente, SILVIO RANIERI (*Manual de Derecho Penal – Parte General*, 4ª ed. trad. por Jorge Guerrero, Bogotá, Temis, 1975, t. I, p. 141), de forma bastante detalhada e abrangente, escreveu: "Delito é o fato humano previsto de modo típico por uma norma jurídica sancionado com pena em sentido estrito (pena criminal), lesivo ou perigoso para os bens ou interesses considerados pelo legislador como merecedores da mais enérgica defesa, e expressão reprovável da personalidade do agente, tal como se encontra no momento histórico de seu cometimento". Já se aproximando da entrada do século XXI, FRANCESCO ANTOLISEI (*Manuale di Diritto Penale – Parte Generale*, 13ª ed., Milano, Giuffrè, 1994, p. 154), não se agarrando ao conceito de bem jurídico, que por ele é criticado em razão da sua "vagueza", assim escreve: "É crime aquele comportamento humano que, a juízo do legislador, contrasta com os fins do Estado e exige como sanção uma pena (criminal)", devendo a pena ser sempre excepcional (*extrema ratio*), aplicável somente quando outras sanções menos gravosas não forem possíveis ou suficientes para a tutela de valores de particular significado para a conservação e para o desenvolvimento do Estado. Atualmente, dentre outros, lembramos GIOVANNI FIANDACA e ENZO MUSCO (*Derecho Penal – Parte General,* trad. Luis Fernando Niño, Temis, Bogotá, 2006, p. 165), para quem "o delito é um fato humano que agride um bem jurídico considerado merecedor de proteção por um legislador que atua dentro da estrutura de valores constitucionais, sempre que a medida da agressão torne inevitável a aplicação da pena e insuficientes as outras sanções para garantir uma tutela eficaz".

Conceito analítico de crime

- **Noção de crime (teorias acerca do seu conceito analítico-formal):** Ao se buscar conceituar o fenômeno *crime* sob o prisma formal ou analítico, a doutrina não é pacífica, havendo não só duas ou três correntes, mas pelo menos seis.

- *a*. **Crime é a conduta típica, ilícita (antijurídica), culpável e punível:** Para o jurista alemão FRANZ VON LISZT (1851-1919), o "delito (ato punível) é o fato ao qual a ordem jurídica associa a pena como legítima consequência", possuindo três características essenciais gerais: ato humano (voluntário), contrário ao direito (implicando, materialmente, lesão ou perigo de lesão a um bem jurídico) e culpável (ato doloso ou culposo de um indivíduo responsável), acrescidas de uma quarta característica essencial específica de cada delito, referente à cominação da pena (*Tratado de Derecho Penal*, 20ª ed. trad. por Luis Jiménez de Asúa, Madrid, Reus, 1927, pp. 253-254). Por sua vez, ERNEST VON BELING, em sua inovadora concepção doutrinária que ensejou o nascimento da teoria da tipicidade penal, escreve: o "delito é o ato típico contrário ao direito, culpável, sancionado (...) com uma pena adequada e suficiente às condições objetivas da punibilidade"

(*Teoría del Delito*, 1906, *apud* Von Liszt, ob. e p. cits., o qual, neste ponto, o referenda). Para Roberto von Hippel, o "crime é o injusto sancionado com uma pena, ou seja, a ação (fazer ou se omitir) do homem, que invade substancialmente a esfera de outrem juridicamente protegida, portanto que é objetivamente antijurídica. A esses dois elementos conceitualmente necessários de todo injusto se acrescenta, no mais alto grau de civilidade e, portanto, como regra hoje, o outro requisito subjetivo da culpabilidade. Então, no elemento da antijuridicidade há um juízo de desvalor sobre o fato, no outro da culpabilidade aquele sobre o autor" (*Manuale di Diritto Penale*, trad. por Roberto Vozzi, Napoli, Dott. Eugenio Jovene, 1936, pp. 119-120). Já o italiano Giulio Battaglini (*Diritto Penale – Parte Generale*, 3ª ed., Padova, CEDAM, 1949, pp. 122, 159 e 164) entende que a punibilidade, sempre abstrata (caso se torne concreta ter-se-á pena), assume o caráter de elemento do próprio crime, ao lado do fato típico (criticando a distinção entre tipicidade e ilicitude) e da culpa. Tratando do direito chileno, J. Raimundo del Rio C. (*Explicaciones de Derecho Penal*, Santiago de Chile, Editorial Nascimento, 1945, t. I, p. 256) e Gustavo Labatut Glena (*Derecho Penal*, 4ª ed., Valparaiso, Editoral Juridica de Chile, 1963, t. I, p. 133) defendem que a punibilidade integra o conceito analítico de crime, ao lado da conduta típica, antijurídica e culpável. No mesmo sentido posicionam-se autores espanhóis como Eugenio Cuello Calón (*Derecho Penal* – Parte General, 6ª ed., Barcelona, Bosch, 1943, pp. 252-254), Frederico Puig Peña (*Derecho Penal – Parte General*, 5ª ed., Barcelona, Rios Rosas, 1959, t. I, v. I, p. 262) e Gonzalo Quintero Olivares (*Derecho Penal – Parte General*, 2ª ed., Madrid, Marcial Pons, 1992, p. 277). No direito argentino, Jimenez de Asúa (*Tratado de Derecho Penal*, cit., t. III, p. 60) também inclui a punibilidade como elemento do crime, assim definindo-o: ato (ação ou omissão) tipicamente antijurídico (proclamando estreita ligação entre a tipicidade e a antijuridicidade e vice-versa), imputável (exclusivamente atribuída à ação do homem capaz, como indispensável antecedente à culpabilidade) e cominado com uma pena (uma das mais constantes características específicas do crime). Igualmente Ricardo C. Nuñez (*Manual de Derecho Penal*, 2ª ed., Córdoba/Buenos Aires, Lerner, 1975, p. 125). No direito mexicano a punibilidade igualmente é considerada um elemento do crime por Raul Carranca y Trujillo e Raul Carranca y Rivas (*Derecho Penal Mexicano – Parte General*, México D.F., Porrúa, 1997, pp. 223-225). Entre nós, com o mesmo entendimento, lembramos Nelson Hungria (*Comentários ao Código Penal*, 5ª ed., Rio de Janeiro, Forense, 1978, v. I, t. II, p. 9) e Basileu Garcia (*Instituições de Direito Penal*, 7ª ed. revista e atualizada, São Paulo, Saraiva, 2008, v. I, t. I, pp. 259-264).

- *a.1* **Crítica da inclusão da punibilidade como elemento do crime:** Inúmeros são os autores que contestam a inclusão da punibilidade no conceito de crime, denominando essa concepção como sendo uma tautologia, nas palavras de Edmondo Mezger: "Não aceitamos a adição 'ameaçado com pena'.. ou a adição 'garantido com uma adequada ameaça de pena'.. porque inaceitável repetição daquilo que se devesse com a definição definir (tautologia)" (*Diritto Penale*, 2ª ed., trad. de Filippo Mandalari, Padova, CEDAM, 1935, p. 111). A mesma crítica é feita por Vincenzo Manzini, para quem "crime e pena são certamente termos correlatos, mas distintos: assim a sanção não é um elemento do crime, mas sim, ao invés, um elemento extrínseco, no qual se concretiza a responsabilidade penal daquele que cometeu o crime" (*Trattato di Diritto Penale Italiano*, Torino, UTET, 1941, v. I, p. 517). Entre nós, já tecia igual crítica Magalhães Noronha (*Direito Penal*, São Paulo, Saraiva, 1959, v. 1, p. 134).

- *b*. **Crime é a conduta típica, antijurídica (ilícita) e culpável:** Esta é a concepção mais difundida e aceita. Entre os seus diversos defensores destacamos: Reinhart Maurach (*Tratado de Derecho Penal*, Barcelona, Ariel, 1962, p. 171); Hans-Heinrich Jescheck, para quem o crime é "o injusto merecedor de pena" (*Tratado de Derecho Penal – Parte General*, 4ª ed., Granada, Comares, 193, p. 43); e Johannes Wessels, ao defender que o "'fato punível' é uma ação típica, antijurídica e culpável" (*Direito Penal – Parte Geral*, cit., p. 17), daí resultando o modelo fundamental para a construção do delito. Enrique Bacigalupo, por sua vez, define crime como uma "violação culpável da ordem jurídica, ou seja, ação típica, antijurídica e culpável" (*Lineamientos de la Teoría del Delito*, Buenos Aires, Astrea, 1974, p. 20). No mesmo sentido, Giuseppe Bettiol (*Diritto Penale – Parte Generale*, 1ª ed., Palermo, Priulla Editore, 1945, pp. 135-137); Eugenio Raul Zaffaroni (*Manual de Derecho Penal*

– *Parte General*, Buenos Aires, Ediar, 1977, p. 257); M. COBO DEL ROSAL e T. S. VIVES ANTON (*Derecho Penal – Parte General*, 3ª ed., Valencia, Tirant lo Blanch, 1990, p. 197) e SANTIAGO MIR PUIG (*Derecho Penal – Parte General*, 3ª ed., Barcelona, PPU, 1990, p. 121), o qual, "prescindindo de divergências menores", anota que geralmente admite-se que o delito é um fato (comportamento) humano tipicamente antijurídico e culpável. No Brasil, entre outros, MAGALHÃES NORONHA (*Direito Penal*, São Paulo, Saraiva, 1959, v. 1, p. 134); ANÍBAL BRUNO (*Direito Penal – Parte Geral*, 3ª ed., Rio de Janeiro, Forense, 1967, t. I, p. 291); FRANCISCO DE ASSIS TOLEDO (*Princípios Básicos de Direito Penal*, 5ª ed., São Paulo, Saraiva, 2000, p. 82); JOSÉ FREDERICO MARQUES (*Tratado de Direito Penal*, 1ª ed., Campinas, Bookseller/Millennium, 1997, v. II, p. 28); GUILHERME DE SOUZA NUCCI (*Código Penal Comentado*, 4ª ed., São Paulo, Revista dos Tribunais, pp. 91 a 93); CEZAR ROBERTO BITENCOURT (*Tratado de Direito Penal – Parte Geral*, 10ª ed., São Paulo, Saraiva, 2006, v. I, pp. 263-264); ROGÉRIO GRECO (*Curso de Direito Penal*, 6ª ed., Rio de Janeiro, Impetus, pp. 149-152); FRANCISCO VANI BEMFICA (*Da Teoria do Crime*, São Paulo, Saraiva, 1990, p. 16); LUIZ REGIS PRADO (*Curso de Direito Penal Brasileiro*, 2ª ed., São Paulo, Revista dos Tribunais, v. I, p. 149), que, ao conceituar analiticamente o crime, destaca a conduta da tipicidade, chegando a uma concepção, portanto, quadripartida – "ação ou omissão, tipicidade, ilicitude e culpabilidade".

▪ **c. Crime é a conduta típica e antijurídica (a culpabilidade é inseparável da antijuridicidade):** Há autores, como ADOLF MERKEL, FERNECK e KOHLRAUSCH, que entendiam ser inseparável a antijuridicidade da culpabilidade, sobretudo nos crimes culposos (Cf. JUAN BUSTOS RAMÍREZ, *Manual de Derecho Penal*, 4ª ed., Barcelona, PPU, 1994, p. 221). Essa concepção bipartida do crime (fato típico e antijurídico), embutindo-se a culpabilidade no conceito de antijuridicidade, foi adotada por ocasião do nazismo, segundo este último autor, pela escola de Kiel, entendendo-se a culpabilidade como a lesão dos deveres sociais do povo; traição e dever de lealdade tornavam indissolúveis a antijuridicidade e a culpabilidade. De fato, MERKEL escreve: "Culpabilidade é o fazer ou não fazer antijurídico de uma pessoa que, segundo os critérios correntes, coloca esta, como tal, em dívida" (*Derecho Penal*, trad. por P. Dorado, Madrid, La España Moderna, s/d, t. 1, p. 101). Essa concepção é, claramente, inaceitável em qualquer Estado Democrático de Direito.

▪ **d. Teoria dos elementos negativos:** Sustentando ser a tipicidade indissociável da antijuridicidade, EDMONDO MEZGER escreveu, no ano de 1935, que "o crime é ação. Esta ação deve estar em conformidade com um tipo jurídico-penal, enquanto todavia não intervenha alguma causa excludente da ilicitude. Além disso, a ação deve ser imputável ao agente". E, acrescentou: "1. O crime deve ser sempre uma 'ação'. Tudo aquilo que não é ação não interessa ao direito penal. (...) 2. Para ser punível, a ação deve ser 'antijurídica'. Mas isso só não basta: a ação deve ao mesmo tempo conformar-se a um 'tipo legal'. Todos os dois elementos característicos não estão todavia um junto ao outro: com efeito, uma ação, conforme um tipo legal, é antijurídica sempre que não intervenha uma causa específica de 'exclusão da ilicitude'. (...) 3. A ação segundo um tipo, e não justificada por uma excludente da ilicitude (de modo mais conciso: uma ação antijurídica conforme um tipo), para que seja punível, enfim, deve ser imputável. Salvo exceções que vão desaparecendo, então uma ação é imputável quando é reprovável, ou seja, quando ela é culpável. A consciência jurídico-penal evoluída dos nossos tempos se recusa a admitir imputabilidade sem culpabilidade" (*Diritto Penale*, 2ª ed., trad. de Filippo Mandalari, Padova, CEDAM, 1935, pp. 110-111). ADOLF MERKEL também defendeu ser a tipicidade indissociável da antijuridicidade, bem como REINHART FRANK, tendo atualmente CLAUS ROXIN aperfeiçoado a denominada teoria dos elementos negativos, como bem observa ALFONSO SERRANO MAÍLLO (*Ensayo sobre el Derecho Penal como Ciência*, Madrid, Dykinson, 1999, p. 262). Conforme sustenta ROXIN (*Derecho Penal – Parte General*, 2ª ed., Madrid, Civitas, 1997, pp. 283-284), as causas de justificação foram retiradas dos tipos somente por razões de técnica legislativa para não se ter que repeti-las em cada tipo penal, apontando que ainda existem tipos que se referem à antijuridicidade por meio de elementos normativos ("sem justa causa", "indevidamente" etc.). Entende, assim, as causas de justificação como elementos negativos do tipo, enquanto os elementos constantes das descrições dos tipos seriam elementos positivos. Desse modo, a presença de uma causa de exclusão da ilicitude ou antijuridicidade excluiria o próprio tipo. Entre nós, lembramos a lição de MIGUEL REALE JÚNIOR (*Teoria do Delito*, São Paulo, Revista dos Tribunais, 1998, p. 54), para quem "a teoria dos elementos do tipo é decorrência obrigatória da concepção do tipo como portador de conteúdo valorativo", acrescentando o ilustre professor que "a antijuridicidade seria a constatação de que a ação é típica pela ausência de causas de justificação, ou seja, o que já se contém na compreensão de fato típico, pois só é típico o que for lesivo de um valor por não se realizar a ação iluminada pelo sinal positivo do valor presente em uma causa de justificação". E conclui: "O delito se compõe da ação típica, em suas faces positiva e negativa, e da culpabilidade" (*Instituições de Direito Penal*, 3ª ed., Rio de Janeiro, Forense, Gen e Bilac Pinto, 2009, p. 145). Assim, ocorrendo uma causa de justificação não haveria adequação típica. Nesse sentido, também, PAULO QUEIROZ (*Direito Penal*, 2ª ed, Saraiva, 2005, p. 140).

- **d.1. Crítica de autores à teoria dos elementos negativos do tipo:** HANS WELZEL criticou a teoria dos elementos negativos do tipo afirmando que ela gera um "ciclo vicioso", pois a tipicidade não se configura sem comprovar-se primeiramente a antijuridicidade, mas esta por sua vez somente pode ser determinada se previamente comprovada a tipicidade. Igualmente, ao afirmar que "a legítima defesa não exclui a tipicidade de uma conduta lesiva, sendo o seu efeito o de eliminar, somente, o seu antagonismo com a ordem jurídica, ou seja, a antijuridicidade" (*Derecho Penal – Parte General*, Buenos Aires, Depalma, 1956, p. 90). É de WELZEL, também, a crítica segundo a qual "a doutrina das circunstâncias negativas do fato desconhece a significação autônoma das normas permissivas (das concessões do Direito) [...] não haveria diferença entre matar um homem em legítima defesa e matar um mosquito", na lembrança de ALFONSO SERRANO MAÍLLO (*Ensayo* .., cit., p. 263). JUAN BUSTOS RAMÍREZ (*Introducción al Derecho Penal*, 3ª ed., Bogotá, Temis, 2005, p. 58), endossando as críticas de WELZEL, aduz que o tipo penal tem uma função motivadora em face de todo cidadão (p. ex., não matar), ao contrário do que se poderia deduzir da teoria dos elementos negativos ("matar, mas em legítima defesa"), havendo, segundo esse autor, uma inversão de valores. Existem autores, também, que criticam essa teoria, fundamentando-se no fato de que a fonte do tipo penal é o direito positivo, isto é, a lei positivada em textos legais (*nullum crimen sine praevia lege*), ao passo que a antijuridicidade ou ilicitude tem como fonte o direito como um todo, ou seja, o *direito objetivo* (que abrange as normas decorrentes, inclusive, dos usos e costumes).

- **e. Crime é a conduta típica, ilícita e punível (em abstrato):** A demonstrar que a questão não é pacífica, o saudoso LUIZ FLÁVIO GOMES (*Direito Penal – Parte Geral*, 2ª ed., São Paulo, Revista dos Tribunais, 2006, pp. 35, 50 e 85) defende que "a culpabilidade não pertence ao conceito de crime", do mesmo modo que "também está fora do conceito de injusto penal (e do injusto punível) a periculosidade (que é a base e o fundamento da medida de segurança)", sendo elas os "elos de ligação (os fundamentos) entre o fato ou injusto punível e, respectivamente, a pena e a medida de segurança". Sustenta, ainda, que a punibilidade deve ser considerada um elemento do crime, ao lado da tipicidade e da antijuridicidade. A inclusão da punibilidade justificar-se-ia em razão do art. 1º da LICP (Decreto-Lei n. 3.914/41) fazer menção expressa à punibilidade ao definir crime (à semelhança do que ocorre no art. 1º do CP espanhol), lembrando que o legislador brasileiro chegou a prever uma figura típica sem pena, o que é um *non sense*, como ocorreu no art. 95 da Lei n. 8.212/91. Entende, ainda, não haver crime (considerado como *fato punível*) nas hipóteses em que houver o afastamento da punibilidade efetiva, como na desistência voluntária (CP, art. 15), imunidade diplomática, condição objetiva de punibilidade (art. 163 da Lei de Falências e de Recuperação de Empresas – Lei n. 11.101/2005), escusas absolutórias em crimes patrimoniais ocorridos sem violência ou grave ameaça entre familiares (CP, art. 181) etc.

- **f. Crime é a conduta típica e antijurídica (a culpabilidade é ínsita à Teoria da Pena):** Segundo esta teoria, crime identifica-se com o conceito de injusto penal (conduta humana típica e antijurídica), restando a aplicação da pena condicionada à culpabilidade, que é a reprovação ao agente pela contradição entre sua vontade e a vontade da lei. Seu precursor, no Brasil, foi RENÉ ARIEL DOTTI (cf., atualmente, o seu *Curso de Direito Penal*, Rio de Janeiro, Forense, 2001, pp. 335-339), para quem "o crime, visto como ação tipicamente ilícita, é um fenômeno distinto e separável da pena cuja imposição depende dos pressupostos da imputabilidade, consciência da ilicitude e exigibilidade de conduta diversa, *i.e.*, da culpabilidade". Nesse sentido, também encontram-se Julio Fabbrini Mirabete (*Manual de Direito Penal*, 23ª ed., atualizada por Renato N. Fabbrini, São Paulo, Atlas, 2006, t. I, pp. 83-85), Damásio De Jesus (*Código Penal Comentado*, 17ª ed., São Paulo, Saraiva, 2006, p. 33), Romeu de Almeida Salles Jr. (*Código Penal Interpretado*, 2ª ed., São Paulo, Saraiva, 2000, pp. 18-19) e Flávio Augusto Monteiro de Barros (*Direito Penal – Parte Geral*, 5ª ed., São Paulo, Saraiva, 2006, v. I, pp. 117-119), além de outros. Para essa teoria, é fundamental a compreensão de que o inimputável pratica conduta como decorrência de sua personalidade, tendo vontade e agindo de acordo com essa vontade, ainda que sem compreensão do caráter ilícito de sua conduta ou, embora compreendendo a ilicitude de sua conduta, sendo incapaz de agir de acordo com esse entendimento. Não obstante, a sua conduta, que pode ser, portanto, típica e antijurídica, não será reprovável. Entre autores estrangeiros que admitem que o inimputável pode praticar crime, embora sem culpabilidade, lembramos o pensamento de Eusebio Gómez (*Tratado de Derecho Penal*, Buenos Aires, Compañia Argentina de Editores, 1939, t. I, p. 382), que escreve o seguinte: "O delito é um fato humano, antijurídico, real ou potencialmente lesivo de um bem ou interesse protegido pela lei. A sanção imposta a quem o comete não é um de seus atributos, senão uma consequência. (...) Não se ajusta, quando se enunciam os caracteres do delito, aludir à condição de que o autor seja legalmente imputável. O fato delituoso cometido por um inimputável poderá ou não ser objeto de sanção, segundo seja a doutrina da lei a esse respeito, mas o delito manterá sempre o seu caráter como tal".

- *f.1.* **Crítica à consideração de crime como conduta típica e antijurídica:** Por todos, lembramos Cezar Roberto Bitencourt para quem não há sentido afirmar serem *tipicidade* e *antijuridicidade* pressupostos do crime, e a *culpabilidade* pressuposto da pena, já que todos os três são *pressupostos da pena* (*Tratado de Direito Penal*, 10ª ed., Saraiva, 2006, v. I, p. 409), e David Teixeira de Azevedo ("A culpabilidade e o conceito Tripartido de crime", *RBCCr* n. 2, abril/junho de 1993, pp. 46-55). René Ariel Dotti, ao rebater as críticas tecidas, afirma: "Se é verdade que o juízo de censura" não recai somente sobre o agente, mas, especial e necessariamente, sobre a ação por este praticada (Cezar Bitencourt...), também é absolutamente certo que a reprovação deixa de existir se a ação é praticada por um inimputável (doente mental ou menor) ou pelo sujeito que atua por erro de proibição ou sob o domínio de coação moral irresistível. E todos esses aspectos dizem respeito à culpabilidade. (...) é forçoso reconhecer que o crime, *i.e.*, a ação típica e ilícita, é uma causa funcionando o juízo de reprovação (culpabilidade) como o seu efeito. São, portanto, fenômenos associados, porém distintos e separáveis conforme as circunstâncias. (...) a culpabilidade é muito mais um pressuposto da pena que um elemento do crime" (*Curso de Direito Penal*, cit., pp. 335-339).

- *g.* **Nossa posição:** Deparamo-nos, no Brasil, com um Código Penal cuja sistematização, em que pesem as críticas, aponta para a culpabilidade como sendo elemento da aplicação da pena (teoria da pena). Desse modo, e lembrando Alfonso Serrano Maíllo (ob. cit., p. 222), quando diz que "a concepção de delito que se pretende defender deve procurar de todos os modos ser coerente – ou compatível – com a própria lei positiva, em especial com as instituições mais importantes que integram a mesma", a teoria desenvolvida por René Dotti, em 1976, e que influenciou uma geração de autores brasileiros, no sentido de que crime é a conduta típica e antijurídica, estando a culpabilidade vinculada à pena, encontra respaldo em diversas passagens do atual legislação penal brasileira. Vejamos os exemplos abaixo:

    - *g.1.* **A medida de segurança:** O entendimento de que um inimputável pode cometer crime coaduna-se com o texto de nosso atual Diploma Penal, justificando a liberação da coação estatal de cunho penal consubstanciada na medida de segurança. Partindo-se do pressuposto de que a medida de segurança é sanção penal, e sanção que implica severíssima restrição da liberdade por tempo indeterminado, não concebemos como se poderia justificar tamanha violência estatal sem a prática de um *crime*, ainda que a pessoa que teve determinada vontade e a pôs em prática não tenha compreendido o caráter criminoso de sua conduta (não havendo valoração, por falta de capacidade de compreensão) ou não tenha podido agir de acordo com esse entendimento (apesar de haver valoração, não há capacidade de inibição do impulso), adotando-se a concepção de que basta o "dolo natural" de WELZEL, destituído de caráter valorativo (em sentido contrário, MIGUEL REALE JÚNIOR, *Teoria do Delito*, cit., pp. 5, 48 e ss. e 83). Com efeito, o art. 96 do CP estatui: "Se o agente for inimputável, o juiz determinará sua internação (art. 26). Se, todavia, o fato previsto como crime for punível com detenção, poderá o juiz submetê-lo a tratamento ambulatorial". Ademais, não nega a doutrina a possibilidade do inimputável matar alguém em legítima defesa, sendo que, embora possa até mesmo ser considerado potencialmente "perigoso", não poderá ser submetido a medida de segurança em razão desse fato, permitindo-nos afirmar: se pode o inimputável agir conforme o Direito (repelir agressão atual ou iminente, e injusta, a qual não deu causa, utilizando-se moderadamente dos meios necessários, nos termos do art. 25 do CP), pode ele, também, ser autor de um homicídio sem legítima defesa (fato típico e antijurídico), e, dada a periculosidade demonstrada, submetido a medida de segurança. Discordamos, desse modo, da respeitável crítica de PAULO QUEIROZ (*Direito Penal*, cit., p. 133, nota 29), no sentido de que o fato do inimputável, nos termos do Código de Processo Penal, ser "absolvido" (art. 386, VI), demonstra que ele não comete crime. Embora exista esse descompasso legislativo, tal sentença, ainda que se atenha aos ditames do Código de 1941, assume o *caráter de condenatória*, tendo a medida de segurança, como já apontado, natureza de resposta penal negativa. A demonstrar, *data venia*, a improcedência do argumento, ressaltamos que o Projeto de CPP de 1983 (que se pretendia aprovar juntamente com a Reforma Penal de 1984 e com a LEP), ao tratar da "sentença condenatória" estipulava: "Art. 361. Procedente a acusação, o juiz proferirá sentença condenatória, aplicando ao acusado as sanções cabíveis. Cumpre-lhe ainda: (...) IV – impor a medida de segurança adequada ao inimputável ou semi-imputável". Ademais, tanto na LEP (art. 171) quanto no CP (art. 96), a medida de segurança tem caráter de resposta penal de cunho preventivo (prevenção especial) e terapêutico, como reação do Estado ao crime, lembrando o brocardo *nulla poena sine crimen*. Crime, este, que denota a periculosidade do sujeito a quem o fato criminoso é atribuído. Ousamos, aqui, e por tudo o que foi exposto, asseverar que, nos moldes do art. 97 do CP, não há diferença ontológica entre a prática de um *crime* e a prática de um *fato definido como crime* (*fatto di reato* para os italianos). Aliás, o próprio art. 96, parágrafo único, do CP, ao estabelecer que "extinta a punibilidade, não se impõe medida de segurança nem subsiste a que tenha sido imposta", não deixa ao intérprete de nosso Código outra alternativa. Isto porque a punibilidade a ser extinta decorre de uma *conduta criminosa*. Afinal, como poderíamos falar em punibilidade sem crime? Não é possível.

- **g.2. O art. 59 do CP:** Ainda com o mesmo propósito de enfocar nosso Diploma Penal, verifica-se que nos termos do art. 59 do CP, ao tratar da individualização da pena, o que é valorado mediante a análise da culpabilidade (reprovabilidade) é o "crime", *verbis*: "Art. 59. O juiz, atendendo à culpabilidade, aos antecedentes, à conduta social, à personalidade do agente, aos motivos, às circunstâncias e consequências *do crime*, bem como ao comportamento da vítima, estabelecerá, conforme seja necessário e suficiente para reprovação e prevenção do *crime*: (...)". Resta claro, pelos termos do citado artigo, que uma coisa é valoração ("atendendo à culpabilidade"), outra, aquilo que é valorado ("consequências do crime"), ou seja, ao menos sob os métodos da interpretação gramatical, lógica e sistemática, a eles somando-se a interpretação histórico-evolutiva (cf. TÉRCIO SAMPAIO FERRAZ JÚNIOR, *A Ciência do Direito*, 2ª ed., São Paulo, Atlas, 1996, pp. 74-80), a culpabilidade, como juízo de reprovabilidade, não constitui elemento daquilo que é valorado a fim de aferir a censurabilidade do sujeito a quem é atribuída a prática do crime, entendido como conduta típica e ilícita.

- **g.3. Os arts. 26 e 28 do CP e o art. 45 da Lei n. 11.343/2006:** Observa-se que se o legislador pátrio, por um lado, utiliza-se expressamente da locução "não há crime" quando há estado de necessidade, legítima defesa, estrito cumprimento de dever legal ou exercício regular de direito (causas de exclusão da ilicitude previstas no art. 23 do CP), por outro lado emprega a expressão "é isento de pena" ao dispor, por exemplo, sobre a exclusão da culpabilidade na embriaguez completa proveniente de caso fortuito ou força maior (art. 28, § 1º). Igualmente, ao tratar da inimputabilidade, estipula no art. 26 que "é isento de pena o agente que, por doença mental ou desenvolvimento mental incompleto ou retardado, era, ao tempo da ação ou da omissão, inteiramente incapaz de entender o caráter ilícito do fato ou de determinar-se de acordo com esse entendimento". Como visto, nesses dois exemplos, o legislador poderia ter se utilizado das frases "não há crime quando o autor encontra-se em estado de embriaguez completa proveniente de caso fortuito ou força maior", ou "não há crime quando o autor for inimputável". Ocorre que não o fez. Ora, se partirmos do pressuposto de que a lei não possui palavras inúteis, não podemos chegar a outra conclusão senão à adotada por RENÉ ARIEL DOTTI (ob. e p. cits.). Ademais, se a punibilidade decorre do crime, a outra conclusão também não se pode chegar. Os arts. 26 e 28, § 1º, são textuais, não deixando margem a dúvida em (a) considerar que a imputabilidade não é pressuposto do crime, bem como (b) em entender que a culpabilidade, como juízo de reprovabilidade, não é elemento do crime, mas, sim, pressuposto da aplicação da pena que dele decorre. Reafirmando esse entendimento, a Lei de Drogas (Lei n. 11.343/2006), em seu art. 45, *caput*, estatui, expressamente: "É isento de pena o agente que, em razão da dependência, ou sob o efeito, proveniente de caso fortuito ou força maior, de droga, era, ao tempo da ação ou da omissão, *qualquer que tenha sido a infração penal praticada*, inteiramente incapaz de entender o caráter ilícito do fato ou de determinar-se de acordo com esse entendimento". Há, portanto, reconhecimento expresso, *pelo legislador*, de que o inimputável pratica infração penal.

- *g.4.* **A coação moral irresitível (CP, art. 22, primeira parte):** A admissão da *imputabilidade* como pressuposto do crime e da *culpabilidade* como seu elemento levaria, a nosso ver, a situações absolutamente incongruentes em face do que é disposto em nosso Código Penal. Assim, imagine-se a imputação de um crime, em coautoria, de apropriação indébita (CP, art. 168). No decorrer da instrução, um dos acusados prova que agiu sob coação moral irresistível (que é causa de exclusão da culpabilidade). Ora, por mais que seja pessoal esta causa, haveria incongruência em considerar o mesmo fato como sendo crime em relação a um acusado e, ao mesmo tempo, entender que o mesmo fato, realizado no mesmo instante, e contra a mesma vítima, não seria crime em relação ao outro, que teve a culpabilidade (reprovabilidade) afastada.

- *g.5.* **O crime de receptação:** Um outro aspecto que pode ser lembrado é a questão da receptação. Isto porque somente com a admissão da culpabilidade como pressuposto da pena, e não do crime, é que se explicaria o art. 180, § 4º, do CP. Neste artigo estipula-se que a receptação será punível "ainda que desconhecido ou isento de pena o autor do crime de que proveio a coisa". Nesses termos, se um menor, mediante ameaça de arma de fogo, subtrai a carteira e o relógio de um motorista, não teria cabimento deixar de considerar criminosa a conduta daquele que adquire o seu produto. Na hipótese de se entender a imputabilidade e a culpabilidade como elementos do crime, haveria a atipicidade de uma receptação do produto de um "ato infracional" praticado por um menor.

- *g.6.* **O Estatuto da Criança e do Adolescente:** O sempre respeitável FERNANDO GALVÃO (*Direito Penal – Parte Geral*, Rio de Janeiro, Impetus, 2004, p. 111) afirma que o fato de o Estatuto da Criança e do Adolescente estipular em seu art. 103 que ato infracional é "a conduta descrita como crime ou contravenção penal" seria um reconhecimento do legislador de que a culpabilidade integra o conceito de crime e que o menor não o comete. *Data venia*, a denominação "ato infracional", a nosso ver, não passa de um pleonasmo, mesmo porque o seu conceito se identifica com as próprias figuras típicas que definem crimes. Os menores não são processados criminalmente justamente por serem inimputáveis, faltando justa causa para a ação penal, embora possam ter cometido um "ato infracional" que assim é considerado por ser descrito pelo Código Penal como "crime". "Ato infracional" que legitima a imposição da resposta penal prevista naquele diploma, como a internação, que se consubstancia em privação de liberdade com inegável conteúdo sancionatório em face da prática, pelo menor, de fato previsto como "crime". Nesse sentido, aliás, posiciona-se ANA PAULA MOTTA COSTA (*As Garantias Processuais e o Direito Penal Juvenil como Limite na Aplicação da Medida Socioeducativa* *de Internação*, Porto Alegre, Livraria do Advogado, 2005, pp. 78 – 82), ao escrever: "Coerente é o entendimento que atribui natureza sancionatória às medidas socioeducativas, embora seu conteúdo na execução deva ser predominantemente educativo. (...) Tais medidas, por serem restritivas de direitos, inclusive da liberdade, consequência da responsabilização, terão sempre caráter penal, sendo sua natureza de sanção ou de retribuição". Igualmente, em monografia específica, WILSON DONIZETI LIBERATI (*Adolescente e Ato Infracional*, São Paulo, Editora Juarez de Oliveira, 2003, p. 100), assevera que "as medidas socioeducativas têm, nitidamente, natureza punitiva, mas são executadas com meios pedagógicos". É essa a realidade, cuja teoria não pode desconsiderar, sendo claro e realístico o conteúdo sancionatório.

Classificação doutrinária dos crimes

- **Noção:** Os crimes são classificados, pela doutrina, de diversas formas.

- **Resultado naturalístico e jurídico ou normativo (distinção):** O resultado da conduta pode ser visto sob dois ângulos: *a. Naturalístico*. Consiste na modificação provocada no mundo exterior pela conduta do agente (ex.: a morte, no homicídio; o dano, no crime de dano). Assim, nos delitos materiais exige-se a ocorrência de resultado naturalístico para a sua consumação; nos formais, o resultado naturalístico poderá ocorrer ou não (ex.: crime de extorsão, que se consuma sem dependência da obtenção do proveito), caracterizando a sua ocorrência mero exaurimento do crime; já nos crimes de mera conduta, o resultado naturalístico não ocorre (ex.: crime de desobediência; porte de drogas etc.). *b. Jurídico ou normativo*. Refere-se à própria lesão ou perigo de lesão ao bem jurídico penalmente tutelado (ex.: a incolumidade e a saúde públicas, nos crimes contra a saúde pública; a fé pública, nos crimes de falsidade documental). Pode-se dizer, portanto, que nem todo crime acarreta resultado naturalístico, mas todo crime exige resultado jurídico ou normativo.

Quanto ao sujeito ativo

- **Quanto à qualidade do sujeito ativo:** Tem-se, aqui, os *crimes comuns*, os *crimes próprios* e os *crimes de mão própria*. A diferenciação dos tipos penais em função do sujeito ativo é bem esclarecida por HANS-HEINRICH JESCHECK, *verbis*: "Nos delitos *comuns* qualquer um pode ser o autor, como indica o anônimo 'quem' no começo da maioria dos preceitos penais. Nos *delitos especiais próprios*, pelo contrário, só se incluem no tipo, como autores, algumas pessoas especialmente caracterizadas (*v.g.*, funcionários ou soldados). Os *delitos especiais impróprios* podem ser cometidos por qualquer um, mas a autoria de pessoas qualificadas constitui uma causa de agravamento da pena. Nos *delitos de mão própria* o tipo pressupõe um ato de execução corporal ou, ao menos, pessoal, que o autor deve realizar, porque de outra forma faltará o injusto específico" (*Tratado de Derecho Penal – Parte General*, 4ª ed., Granada, Comares, 1993, p. 240; tradução livre). As diferenças, portanto, são bem claras. O *crime de mão própria* é aquele em que o tipo penal exige circunstâncias *personalíssimas* do sujeito ativo, sendo *impossível* outra pessoa praticá-lo, nos moldes da figura incriminadora, inviabilizando, assim, coautoria de terceiros que não as ostentem. Isto porque a *coautoria* não deixa de ser a *autoria* de uma parte dos atos de execução por outra pessoa, como lembram M. COBO DEL ROSAL e T. S. VIVES ANTON: "Existe coautoria quando o tipo do injusto se realiza conjuntamente por várias pessoas, cada uma das quais toma parte direta na execução dos fatos" (*Derecho Penal* – Parte General, 3ª ed., Valencia, Tirant lo Blanch, 1990, p. 596). Como exemplo de crime de mão própria, lembramos o delito de falso testemunho ou de falsa perícia, tipificado no art. 342 do CP, que só podem ser praticados pela testemunha ou perito, como também o crime de patrocínio infiel ou tergiversação, que só pode ser cometido por advogado ou procurador, previsto no art. 355 do CP. Já o *crime próprio* é aquele específico de determinada categoria de pessoas, como os funcionários públicos, não fazendo a lei *expressa* exigência de algum caráter *personalíssimo* que o autor deva possuir. Como exemplo de crime próprio podemos citar a concussão, prevista no art. 316 do CP, que é própria de funcionário público. Ressalte-se, por fim, que nos crimes próprios pode haver tanto coautoria quanto participação de terceiros, desde que o *extraneus* tenha consciência da especial qualidade do autor, ao passo que os crimes de mão própria não admite coautoria de estranhos, mas somente participação (*vide* nota *Divisão do concurso de pessoas* no art. 29).

Quanto ao tipo de conduta	■ **Crimes comissivos, omissivos próprios, omissivos impróprios, plurissubsistentes e unissubsistentes:** 1. Crimes comissivos. São os que requerem comportamento positivo (ação), o "fazer" o agente alguma coisa. Exemplo: matar ou ferir alguém, furtar algo. 2. Crimes omissivos próprios. São os praticados mediante o "não fazer" o que a lei manda (comportamento negativo), sem dependência de qualquer resultado naturalístico. Exemplo: omissão de socorro simples. 3. Crimes omissivos impróprios (ou comissivos por omissão). São aqueles em que o agente, por deixar de fazer o que estava obrigado, produz o resultado. A omissão, assim, transforma-se em causa do resultado naturalístico. Como ensina Miguel Reale Júnior, "o entendimento de que é impossível admitir a omissão como causa, posto que do nada, nada pode provir, não merece acolhida, pois o não impedimento do processo causal assume caráter de causa do evento, como fenômeno de ausência, se a quebra omitida desse processo causal teria evitado o evento" (Instituições de Direito Penal, cit., p. 259). Exemplo: a mãe que deixa de dar alimento ao recém-nascido, causando-lhe a morte; o enfermeiro que não administra ao paciente o remédio prescrito, dando causa à sua morte. Ainda quanto à conduta, podem eles ser divididos em: *4. Crimes plurissubsistentes*, quando há *iter criminis*, ou seja, a conduta se desdobra em vários atos (*v.g.*, no crime de roubo); e *5. Crimes unissubsistentes*, isto é, quando o comportamento criminoso não pode ser cindido (p.ex., na injúria praticada verbalmente).
Quanto à consumação	■ **São três as formas de classificação:** *1. Crimes instantâneos*: são aqueles delitos em que a consumação se dá no mesmo momento em que a conduta é praticada (p.ex., o crime de violação de segredo profissional – CP, art. 154). *2. Crimes permanentes:* trata-se daqueles delitos cuja consumação se protrai no tempo, enquanto perdurar a conduta (*v.g.*, no crime de extorsão mediante sequestro – CP, art. 159), o que viabiliza a prisão em flagrante a todo tempo (CPP, art. 301). *3.Crimes instantâneos de efeitos permanentes:* são aqueles delitos em que a consumação é instantânea, embora os seus efeitos perdurem no tempo (como nos crimes de contrabando e descaminho – CP, arts. 334 e 334-A).
Quanto à conduta ou o resultado	■ **Classificação dos delitos sob a ótica da imputação da *conduta* ou da *conduta + resultado*:** A estruturação dos tipos penais em função dos critérios de imputação tem as seguintes características: *A) Imputação focada na conduta + resultado*: (a1) crime de resultado material ou de lesão; (a2) crime qualificado pelo resultado; (a3) crime de resultado de perigo concreto. *B) Imputação focada na conduta, sendo indiferente o resultado:* (b1) crime formal; (b2) crime de mera conduta; (b3) crime de perigo abstrato ou presumido. Vejamos: ■ **(a1) Crimes de lesão ou crimes materiais:** A consumação ocorre com a efetiva concretização de um resultado no mundo naturalístico, *destacado da ação*, em termos de *tempo e espaço*, havendo nexo de causalidade. São a maioria dos crimes previstos na legislação penal, como no crime de homicídio em que a ação pode se dar em um local e em determinado momento (disparo de arma de fogo na via pública) e o resultado em outro (morte no hospital dias depois). Ocorre *tentativa* quando esse resultado desejado pelo agente não venha a ocorrer. ■ **(a2) Crimes qualificados pelo resultado:** A figura básica do crime não exige uma lesão efetiva ao bem jurídico, sendo a pena aumentada, mediante uma figura qualificada, quando daquela conduta ocorra um dano efetivo ao bem jurídico protegido. Casos típicos são, por exemplo, os delitos de omissão de socorro qualificado pela morte (CP, art. 135, parágrafo único) e de lesão corporal seguida de morte (CP, art. 129, § 3º). Em termos de tipo subjetivo, tendo em vista que não há pena sem culpa, a doutrina criou a figura do *preterdolo*, em que o agente é punido a título de dolo e culpa: por sua vontade, é punido por dolo, pois agiu visando àquele fim; quanto ao resultado não desejado, é punido por culpa. ■ **(a3) Crimes que geram como resultado o perigo concreto:** Neles, o tipo penal exige que a conduta do agente *gere* como *resultado*, suficiente à consumação do crime, a colocação do bem jurídico protegido em *perigo efetivo, concreto de dano*. Ele só não ocorre por mera causalidade. Assinala Hans-Heinrich Jescheck que "a produção de um dano aparece como provável segundo as concretas circunstâncias existentes, e a possibilidade do mesmo resulta óbvia" (*Tratado de Derecho Penal – Parte General*, 4ª ed., Comares, Granada, 1993, p.

238). A situação de perigo concreto é, em si, *um resultado* da conduta, já que "é algo a mais do que a realização de uma ação em determinadas circunstâncias subjetivas, isto é, a produção de uma situação de perigo para determinado objeto de ataque existente na realidade", na lição de Gunter Jakobs (cf. Percy García Caveiro, *Lecciones de Derecho Penal*, Grijley, Lima, 2008, p. 379) e de Claus Roxin (*Derecho Penal – Parte General*, Tomo I, 2ª ed., CIVITAS, Madri,1997, p. 404). Não é necessário haver resultado ou evento naturalístico para a sua consumação; porém necessária a real ameaça ao bem jurídico para a configuração do crime. O tipo penal exige a concreta geração de risco, de perigo ao bem jurídico. É o caso do art. 308 do Código de Trânsito, onde a punição está focada no *resultado risco à incolumidade pública*:- "Art. 308. Participar, na direção de veículo automotor, em via pública, de corrida, disputa ou competição automobilística ou ainda de exibição ou demonstração de perícia em manobra de veículo automotor, não autorizada pela autoridade competente, *gerando situação de risco à incolumidade pública ou privada*: Penas – detenção, de 6 (seis) meses a 3 (três) anos, multa e suspensão ou proibição de se obter a permissão ou a habilitação para dirigir veículo automotor". Trata-se, assim, de *um crime* que exige, para o seu aperfeiçoamento, um resultado ("gerando") de perigo concreto ("situação de risco") ao bem jurídico. Não se imputa exclusivamente o comportamento comissivo ou omissivo do agente, mas também o resultado. Tendo em vista que toda sentença há que ser *motivada*, indaga-se: Como se demonstra esse *perigo concreto* já que não há uma lesão concreta ao bem jurídico protegido? Há que se ter *prova nos autos*, como, por exemplo, de que o local não é ermo, havendo a factível possibilidade de pessoas correrem risco de serem atropeladas. Ou seja, uma avaliação *fundamentada* sobre a *probabilidade* da lesão ao bem jurídico diante da conduta do autor, que é mais do que a mera e abstrata possibilidade. Como visto, o perigo concreto é um resultado que não deixa vestígios (resultado normativo), mas a sua comprovação mediante prova nos autos e fundamentação da sentença é essencial, para que se preencha o referido *elemento do tipo* que faz referência ao *risco concreto de dano*.

- **(b1) Crimes formais:** Há autores, como Manoel Pedro Pimentel (*Crimes de Mera Conduta*, 2ª ed., RT/USP, São Paulo, 1968, p. 84), que distinguem os crimes formais dos delitos de mera conduta, com quem concordamos, embora doutrinadores como Miguel Reale Júnior entendam essa distinção supérflua (*Instituições de Direito Penal – Parte Geral*, 3ª ed., Gen/Forense/Bilac Pinto, Rio de Janeiro, 2009, p. 268). Os *crimes formais* pressupõem, sempre, ação e *resultado visado pelo agente*, sendo que este resultado pode ocorrer em outro momento e em outro lugar. Para fins de configuração do tipo, todavia, pouco importa o resultado dele derivado, *consumando-se o delito com a simples prática da conduta* independentemente do resultado desejado ter se verificado. Nos *crimes formais* há sempre o *dolo do agente voltado a um resultado que pode ocorrer de forma destacada, no tempo e no espaço, da conduta*, como no exemplo do crime de concussão do art. 319 do CP: – "Exigir, para si ou para outrem, direta ou indiretamente, ainda que fora da função ou antes de assumi-la, mas em razão dela, vantagem indevida: Pena – reclusão, de 2 (dois) a 8 (oito) anos, e multa". Lembramos, aqui, o crime de assédio sexual previsto no art. 216-A do CP, que se consuma com o constrangimento, independentemente da obtenção da vantagem sexual visada: – "Constranger alguém com o intuito de obter vantagem ou favorecimento sexual, prevalecendo-se o agente da sua condição de superior hierárquico ou ascendência inerentes ao exercício de emprego, cargo ou função: Pena – detenção, de 1 (um) a 2 (dois) anos".

- **(b2) Crimes de mera conduta:** Neles o dolo do agente *não visa* um resultado futuro, que se destaque da ação ou omissão em si mesma, e que pode ocorrer ou não, como sucede nos *crimes formais* acima referidos. No *crime de mera conduta* a *ação e resultado estão imbricados*, havendo identidade de *espaço e tempo*. Ou seja, *no crime de mera conduta, há sempre o resultado unido ao próprio comportamento (de dano ou de perigo ao bem jurídico), no tempo e no espaço*. O foco, assim, é a punição da conduta, não sendo necessário sequer cogitar de resultado visado pelo agente para efeitos de punição, como assinala MANOEL PEDRO PIMENTEL: – "Para nós, portanto, os crimes de mera conduta constituem uma categoria autônoma, diversa dos crimes formais, mantendo com estes apenas um ponto de semelhança: aparentemente, ambos se completam com a conduta. Mas, enquanto os crimes formais são crimes de resultado, os crimes de mera conduta não o são; nestes, não há resultado algum a cogitar, pois a razão de punir está na mera conduta, *em si mesma danosa ou perigosa*" (*Crimes de Mera Conduta*, cit., p. 96). Como exemplo em que a conduta incorpora em si o resultado, atingindo o bem jurídico tutelado, lembramos o crime de *invasão de domicílio* previsto no art. 150 do CP: – "Entrar ou permanecer, clandestina ou astuciosamente, ou contra a vontade expressa ou tácita de quem de direito, em casa alheia ou em suas dependências: Pena – detenção, de 1 (um) a 3 (três) meses, ou multa". Há autores como Santiago Mir Puig (*Derecho Penal – Parte General*, 3ª ed., PPU, Barcelona, 1990, p. 215), que entendem alguns *crimes sexuais* como de mera conduta no sentido de que o resultado é necessariamente imbricado na conduta, no tempo e no espaço, onde *a prática do ato libidinoso* mediante grave ameaça já constitui em si ia lesão ao bem jurídico da dignidade sexual, como no caso de um *contato lascivo*: – "Art. 213. Constranger alguém, mediante violência ou grave ameaça, a ter conjunção carnal ou a praticar ou permitir que com ele se pratique *outro ato libidinoso*: Pena – reclusão, de 6 (seis) a 10 (dez) anos". Houve um resultado ínsito, indissociável da própria conduta, no tempo e no espaço; a conduta já configura o tipo.

- **(b3)** *Crimes de perigo abstrato ou presumido*: A junção *crime de mera conduta + perigo abstrato* ou *presumido*, onde não há lesão ao bem jurídico e não há criação de perigo concreto de lesão sequer, é um dos temas mais polêmicos no Direito Penal na atualidade. Ao analisar o "conteúdo do injusto", M. Cobo del Rosal e T. S. Vives Anton (Derecho Penal – Parte General, 3ª ed., Valencia, Tirant lo Blanch, 1990, pp. 254-255) observam que, em um direito penal liberal, "a lesão de bens jurídicos de natureza material desempenha o papel de núcleo básico do conteúdo do injusto", e criticam com ênfase os chamados crimes de perigo, cujo conteúdo da conduta típica e antijurídica não consiste, efetivamente, em um dano ou lesão, mas sim em um perigo de dano ou lesão. Ensina Claus Roxin (*Derecho Penal – Parte General*, Tomo I, 2ª ed., CIVITAS, Madri,1997, p. 407) que os delitos de perigo abstrato são aqueles em que se pune uma *conduta tipicamente perigosa como tal*, sem que no caso concreto tenha que ter produzido um resultado de colocação em perigo de determinado bem jurídico. Dessa forma, o seu escopo é *justamente evitar o perigo concreto* de dano *ou o próprio dano ao bem jurídico*. Há uma *antecipação da intervenção penal* até o extremo, não havendo sequer ofensividade concreta na conduta. Os crimes de *perigo abstrato* aproximam-se do *funcionalismo alemão*, incluindo-se a finalidade político-criminal na elaboração da teoria do delito (e não somente das leis, o que é incumbido aos políticos), o que na década dos anos 80 era visto com reservas pela chamada Escola de Frankfurt, com Winfried Hassemer e outros, os quais alertaram que uma política criminal demasiadamente pragmática acarreta risco às garantias e os direitos dos cidadãos em face do poder punitivo do Estado, ameaçando o seu caráter de *ultima ratio* que fundamenta o princípio *da intervenção mínima* e da *fragmentariedade* do Direito Penal. Uma "política criminal" disposta a resolver a todo custo, por meio do Direito Penal, a *minimização de riscos* que não são propriamente de Direito Penal, e que poderiam ser solucionados de forma menos radical e satisfatoriamente por outros ramos do Direito, com o civil e o administrativo. Como adverte Francisco Muñoz Conde (*De Nuevo Sobre el "Derecho Penal del Enemigo"*, Buenos Aires, Hammurabi, 2006, pp. 12-13) a necessidade de uma lesão ou de uma concreta ameaça a um bem jurídico para o conceito de delito, como mencionada por J. M. Birmbaum em 1834, é substituída pelo conceito de "função social"; pode-se dizer que frente ao delito de lesão ou de perigo concreto de lesão se desenvolveu e ganhou cada vez mais terreno o modelo do delito de perigo abstrato ou a pura desobediência normativa como conteúdo material da antijuridicidade; e o princípio da legalidade ou da reserva de lei foi "perfurado como um queijo gruyere" por contínuas referências nos novos tipos penais a disposições de caráter administrativo de hierarquia inferior à lei, por meio da técnica conhecida como "norma penal em branco".

- **(b4)** Crimes de *perigo genérico (abstrato-concreto)*: Como é muito difícil "categorizar" em compartimentos estanques a diversidade dos tipos penais, ensina Francesco Angioni (*Il Pericolo Concreto como Elemento Della Fattispecie Penale*, 2ª ed., Milano, Giuffrè, 1994, p. 210-211) que parte da doutrina criou, além do *perigo concreto* de um lado, e do *perigo abstrato ou presumido* do outro, a categoria do *perigo genérico (abstrato-concreto)* em face das especificidades de cada tipo penal: – "(...) nos últimos anos dentro do tipo de perigo expresso foi proposta a distinção entre tipos de *perigo concreto* e tipos de perigo *abstrato-concreto*, ou *abstrato* somente; ou seja, na terminologia do texto, entre os tipos de perigo concreto em sentido estrito e de perigo (concreto) genérico. A diferença do perigo concreto em sentido próprio, que não tolera abstrações de seu surgimento pelo juízo que decide, o elemento do perigo genérico pressupõe *alguma generalização* que pode se ater às características intrínsecas do fato do qual se busca a periculosidade (e que pode ser um pressuposto, uma conduta, um evento) ou das circunstâncias ambientais no qual ele ocorre, ou das características peculiares do sujeito passivo titular do bem jurídico ameaçado (...)". Segundo Heinitz-Festschr Gallas (*Abstrakte und Konkrete* Gefährdung, 1972, p. 181, *apud* Francesco Angioni, *cit*.), no crime de *perigo genérico (abstrato-concreto)*, "a sua verificação se apoia *em dados fáticos* e com o *emprego das leis empíricas das ciências naturais* em relação a esses dados. A periculosidade genérica representa, portanto, um elemento objetivo do tipo penal, verificável *a posteriori*". E continua: "Assim no comum exemplo relativo às leis sobre alimentos (...) é imperativo ter em conta o fato de que a substância inserida no alimento (colorante, conservante etc.) se demonstre, em uma investigação posterior, como nociva ou não à saúde. Deve, todavia restar fora de consideração a questão se o consumidor acabou exposto realmente a perigo ou *a priori* imune". São condutas que são *efetivamente aptas* a gerar um perigo concreto ao bem jurídico, *embora esse perigo não esteja descrito no tipo*. Lembramos dois exemplos: o crime de dirigir veículo automotor sem habilitação, previsto no art. 309 da Lei n. 12.971/2014, punido com pena de 6 (seis) meses a 1 (um) ano, ou multa. Por mais que a pessoa possa até estar dirigindo adequadamente, entende-se que a falta de permissão para conduzir o veículo representa, por si só, um risco à incolumidade pública, diante da experiência, é clara hipótese de crime de perigo abstrato-concreto. Outro exemplo é o do crime de tráfico previsto no art. 33 da Lei de Drogas, tendo-se que a mera conduta de ter em depósito tóxico como a cocaína (demandando-se exame de constatação) é, por si só, tida como um comportamento *apto a expor em efetivo perigo concreto* a saúde pública na medida em que se potencializa o acesso do entorpecente ao público, o qual possui vários efeitos nocivos à saúde dos seus consumidores, que dela tornam-se dependentes químicos: – "Art. 33. Importar, exportar, remeter, preparar, produzir, fabricar, adquirir, vender, expor à venda, oferecer, ter em depósito, transportar, trazer consigo, guardar, prescrever, ministrar, entregar a consumo ou fornecer drogas, ainda que gratuitamente, sem autorização ou em desacordo com determinação legal ou regulamentar: Pena – reclusão de 5 (cinco) a 15 (quinze) anos e pagamento de 500 (quinhentos) a 1.500 (mil e quinhentos) dias-multa".

■ **Reflexão crítica – os crimes de perigo abstrato-concreto e de perigo abstrato ou presumido:** Como se pode observar, são tênues e maleáveis as diferenças entre os crimes de "perigo abstrato" e de "perigo abstrato-concreto". Citamos o exemplo do crime do art. 280 do CP ("Art. 280. Fornecer substância medicinal em desacordo com receita médica. Pena – detenção, de um a três anos, ou multa"), na hipótese de um farmacêutico fornecer remédio (substância medicinal) de efeitos *análogos* ao prescrito pelo médico. Em não havendo perigo à saúde, inclusive à eficácia da terapia da doença, por ser o medicamento vendido de efeitos análogos, entendemos que se estará diante de um irrelevante penal, não ocorrendo a própria configuração do tipo diante da mais absoluta ausência de antijuridicidade ou ilicitude material, permitindo-se ao acusado fazer a prova nesse sentido. Trata-se do conceito de *antijuridicidade ou ilicitude material*, ou seja, avaliando-se o próprio conteúdo do injusto, não bastando existir a mera *antijuridicidade formal*, como lembra Hans-Heinrich Jescheck, decorrente de "um comportamento contrário ao dever de atuar ou de se abster estabelecido em uma norma jurídica" (*Tratado de Derecho Penal*, cit., p. 210). E para avaliar se determinada conduta é materialmente ilícita, deve-se ter em conta a sua *danosidade social*. Assim, a ausência de antijuridicidade material da conduta típica afasta a caracterização do próprio injusto penal, tornando a conduta um irrelevante penal. Desse modo, é justamente na criação da categoria dos crimes de *perigo abstrato-concreto*, ao julgar a aptidão da conduta para colocar efetivamente em perigo concreto o bem jurídico, como sendo o "perigo do perigo concreto", mediante análise feita *a posteriori* com base na ciência e na experiência, abre-se caminho para que a defesa demonstre a ausência de antijuridicidade material da conduta, embora formalmente típica. O princípio do dano (*harm principle*), nos crimes de perigo *abstrato-concreto*, não se encontra totalmente descartado. Já nos crimes de perigo abstrato ou presumido, o legislador *estaria a se contentar com a mera antijuridicidade* *formal* da conduta, notadamente quando trata de bens jurídicos coletivos, buscando organizar atividades sociais como a circulação de veículos automotores. Nesses casos, de perigo abstrato, a desobediência pura e simples à norma torna-se o crime; como se o bem jurídico fosse o próprio respeito à norma, sem preocupação de haver sequer um perigo concreto de dano a algum bem jurídico. O conflito é inevitável com a clássica exigência de que todo injusto penal demanda, para sua configuração, não só a antijuridicidade formal, mas também a antijuridicidade material, cujo substrato são os postulados constitucionais da *intervenção mínima*, da *ofensividade* e da *proporcionalidade ou razoabilidade* entre conduta e punição. A nosso ver, a única maneira de se coadunar os tipos penais de perigo presumido com a exigência da antijuridicidade material para punir criminalmente uma pessoa, é *elevar os crimes de perigo abstrato ou presumido à categoria dos crimes de perigo abstrato-concreto*, permitindo-se a *prova da não periculosidade* da conduta. Assim defende Schröder (ZStW 81 (1969), 17, citado por Claus Roxin, ob. cit., p. 408), ao afirmar: se determinado tipo penal serve para proteger bens jurídicos palpáveis (por exemplo, a vida e a integridade físicas das pessoas que caminham na rua), essa prova seria possível nas situações em que, no caso concreto, se pode demonstrar com segurança se efetivamente esses bens jurídicos foram postos em perigo ou não. De forma correlata, Cramer (1962, 74, igualmente citado por Claus Roxin, ob. cit., p. 408, nota de rodapé 211) sustenta a necessidade de se considerar o *perigo abstrato* como "um estado..., em que é provável a colocação em perigo (concreto) do bem jurídico protegido"; "colocação em perigo abstrato significa probabilidade de uma colocação em perigo de um bem jurídico", ou seja, a *"probabilidade de um perigo concreto"*, ou seja, entendendo-o também como um perigo concreto de intensidade menor. Como escreve Miguel Reale Júnior (*Instituições* .., cit., pp. 276-277), "o desafio do Direito Penal hodierno está em limitar as figuras de perigo abstrato, que *beiram a inconstitucionalidade* por ausência de lesividade", concluindo que, de todo modo, há que se viabilizar que o acusado *faça prova em contrário* de que a sua conduta não gerou perigo qualquer, nem remoto, ao bem jurídico, inclusive no crime de tráfico de drogas. Se não houver a leitura do perigo abstrato como sendo uma forma de perigo concreto atenuada, ou seja, de perigo *abstrato-concreto*, viabilizando a demonstração pela defesa de que o perigo não se verificou no caso concreto, é inegável que os delitos de perigo abstrato ou presumido representam a expansão do direito penal sob uma ótica *funcionalista*, abrindo espaço para a criação de Estados Policialescos em que cada vez mais a vida em sociedade vai sendo passível de criminalização, violando, a nosso ver, os postulados constitucionais da intervenção mínima, da ofensividade e da proporcionalidade ou razoabilidade entre conduta e punição. Tratando-se de bens jurídicos de conotação supra individual, como a vida e a integridade física na circulação de veículos, a saúde pública e o meio ambiente, onde os crimes de perigo abstrato têm sua maior incidência, os Tribunais, porém, os têm aceitado, anotando Giovanni Fiandaca e Enzo Musco (*Derecho Penal – Parte General*, 4ª ed. traduzida para o espanhol, Temis, Bogotá, 2006, p. 215) que "a Corte Constitucional italiana entendeu que os tipos de perigo presumido ou abstrato não são incompatíveis, em princípio, com o texto constitucional, pertencendo à discricionariedade político-criminal do legislador a eleição dos setores em que resulta mais útil recorrer a tais modelos delitivos". Ressaltam esses autores, todavia, que o importante é que essas tipificações penais *não sejam irrazoáveis ou arbitrárias*, mas sim fruto de "valorações rigorosas fundadas na experiência". Mesmo porque admitir a tutela antecipada do direito penal, mediante os crimes de perigo abstrato, ainda mais tratando-se por exemplo de delitos de opinião ou de associação ilícita ou instigação criminosa, cria-se risco de uma repressão penal que venha a impor uma limitação inadmissível às liberdades ideológico-políticas, constitucionalmente garantidas.

RELAÇÃO DE CAUSALIDADE

Art. 13. O resultado, de que depende a existência do crime, somente é imputável a quem lhe deu causa. Considera-se causa a ação ou omissão sem a qual o resultado não teria ocorrido.

SUPERVENIÊNCIA DE CAUSA INDEPENDENTE

§ 1º A superveniência de causa relativamente independente exclui a imputação quando, por si só, produziu o resultado; os fatos anteriores, entretanto, imputam-se a quem os praticou.

RELEVÂNCIA DA OMISSÃO

§ 2º A omissão é penalmente relevante quando o omitente devia e podia agir para evitar o resultado. O dever de agir incumbe a quem:

a) tenha por lei obrigação de cuidado, proteção ou vigilância;

b) de outra forma, assumiu a responsabilidade de impedir o resultado;

c) com seu comportamento anterior, criou o risco da ocorrência do resultado.

Não há crime sem conduta

▪ **Não há crime sem conduta:** Há quase um século, escrevia MAURO ANGIONI (*La Volontarietà del Fatto nei Reati*, Torino, Fratelli Bocca, 1927, pp. 93-94): "Há quem pense que não seja possível, nem sequer para fins de análise científica do crime e do fato, conceber a ação desacompanhada da vontade do movimento, nem, portanto, a omissão como realidade externa por si só. (...) Diz CROCE: 'não é concebível nem volição sem ação nem ação sem volição'. Diz, por último, MASSARI: 'o simples movimento fisiológico não basta para realizar a ação'". De há muito ensinava ERNEST VON BELING (*Esquema de Derecho Penal*, trad. por Sebastián Soler, Buenos Aires, Depalma, 1944, pp. 19-20): "Deve entender-se por 'ação' um comportamento corporal (fase externa, 'objetiva' da ação) produzido pelo domínio sobre o corpo (liberdade de enervação muscular, 'voluntariedade', fase interna, 'subjetiva' da ação); ela é um 'comportamento corporal voluntário', consistente ou em um 'fazer' (ação positiva), isto é, um movimento corporal, p.ex. levantar a mão, movimentos para falar etc., ou em um 'não fazer' (omissão), isto é, distensão dos músculos". É a manifestação de uma vontade, "a pedra angular de toda a sistemática do delito", como observa JOSÉ HENRIQUE PIERANGELI, aduzindo: "O direito não cria conduta; apenas a valora. Os tipos, portanto, constituem meras descrições abstratas da conduta. Esta existe concretamente e cumpre à tipicidade torná-la um delito. Consequentemente, a conduta é um conceito básico, sobre a qual se estruturará o conceito de crime, fazendo sobre ela recair as categorias ou caracteres da tipicidade, da antijuridicidade e da culpabilidade. A conduta, portanto, é a pedra angular de toda a sistemática do delito... Para que exista conduta, faz-se mister que ela seja voluntária... A conduta é voluntária quando existe uma decisão da parte do agente, ou, por outras palavras, quando não é um simples resultado mecânico. Essa voluntariedade se apresenta ainda quando a decisão do agente não tenha sido tomada livremente, ou quando este tome motivado por coação ou por circunstâncias extraordinárias... Conduta não significa conduta livre... A conduta realiza-se mediante a manifestação da vontade, na sua essência, dirigida a um fim (...) podemos dividi-la em dois aspectos (...) que MAURACH denomina vontade e manifestação da vontade. O primeiro aspecto – vontade dirigida a um fim –, como esclarece WELZEL, abrange: a) o objetivo pretendido pelo agente; b) os meios utilizados para a execução; e c) as consequências secundárias da atividade praticada. O segundo aspecto, ou 'elemento' (atividade), caracteriza-se pelo movimento ou abstenção de movimento corpóreo. Apresenta-se, portanto, na realidade física e desenvolve-se no mundo exterior (...)" (*Do Consentimento do Ofendido na Teoria do Delito*, Revista dos Tribunais, 1989, pp. 19-20). Desse modo, quando a manifestação corpórea do ser humano for fruto de efetiva exteriorização de sua vontade, espontânea ou não (cf., p. ex., CP, art. 22, primeira parte), é que o seu comportamento poderá ser considerado conduta comissiva, bem como a sua inatividade, conduta omissiva. Essa conduta poderá configurar autoria, coautoria ou participação (cumplicidade ou instigação) de um crime, desde que preenchidos os requisitos objetivo e subjetivo (dolo ou culpa) do tipo, estando presente a antijuridicidade e a culpabilidade (que é a reprovabilidade pela consciência da ilicitude sendo a pessoa imputável) de seu autor.

- **Proibição de responsabilidade penal objetiva (crimes societários e no âmbito da administração pública):** Como escrevemos na nota *Teoria do Domínio do Fato*, nos comentários ao art. 29, sem a exteriorização de um comportamento (*ação ou omissão*) de uma pessoa, voltada à prática do tipo penal, é impossível cogitar-se de autoria, coautoria ou participação criminal. Mesmo nos crimes societários, a *simples* circunstância de uma pessoa constar do contrato social com poderes de administração de uma empresa, ou ocupar cargo de direção, ou ainda ter assento em um conselho deliberativo, sem a demonstração pelo Ministério Público de que ela tenha efetiva e conscientemente adotado comportamento proibido pela lei penal, não poderá haver responsabilização penal. Nos crimes envolvendo agentes públicos, também é vedada a responsabilização pela exclusiva situação de a pessoa ostentar cargo hierarquicamente superior, com poder de decisão, ou de pertencer a um colegiado deliberativo, se não houver *prova* de que tenha concorrido, conscientemente, para a infração penal praticada por outros que se encontram na mesma hierarquia, ou inferior, dentro da Administração, não existindo imputação penal pela *exclusiva posição hierárquica* na qual a pessoa formalmente se encontra. O antigo brocardo, com a genialidade romana, diz tudo: *nulla poena sine culpa*.

- **A motivação nas condutas dolosas e culposas:** Como vimos, toda conduta advém de uma motivação; isso é da natureza do ser humano. A conduta, por vezes refletida, por vezes impulsiva, mas sempre voluntária. Quando essa conduta tem por finalidade a realização de um crime, têm-se o *dolo*. Quando a pessoa assume conscientemente a possibilidade de praticar um crime, mas mesmo assim age, há o *dolo eventual*, punindo-se a sua *indiferença*. Quando a pessoa age conscientemente de forma imprudente, violando deveres de cuidado impostos a todo cidadão, embora não deseje que o crime ocorra, pune-se a sua imprudência, negligência ou imperícia, como crime *culposo*. Há, sempre, o *desvalor da ação*.

- **Atos reflexos, inconsciência e *vis physica absoluta* (inexistência de conduta):** A liberdade física de agir e a manifestação da vontade são pressupostos da conduta humana. Não há conduta quando houver *vis absoluta* (uma pessoa amarrada em uma cadeira não pode omitir-se, por exemplo). Igualmente, nos movimentos corpóreos reflexos (meramente causais e destituídos de qualquer volição) e nos movimentos inconscientes (um acidente de trânsito decorrente de um infarto do condutor do veículo o qual vem a perder a consciência em razão de problema cardíaco que desconhecia). Não há, aqui, qualquer vinculação do ato ou não ato, com a personalidade do sujeito.

- **Reações involuntárias e situações *limite*:** Existem situações involuntárias, como a da pessoa rir em voz alta diante de uma situação inusitada, ou pelo nervosismo, que podem ter questionamentos penais. Imagine-se a cena de um réu, advogado ou promotor dando risadas em uma audiência, em face de uma determinada conduta do juiz, entendendo, este, estar configurado o crime de desacato do art. 331 do CP. Outra situação é a hipótese de a pessoa dar gargalhadas em uma cerimônia funerária, cuja perturbação é tipificada como crime no art. 209 do CP. GUNTER STRATENWERTH defende que todas as reações involuntárias "desencadeadas diretamente por um estímulo do sistema nervoso e que, como meros reflexos, não podem fundamentar a responsabilidade penal"; já ROLF DIETRICH HERZBERG, questionando o *finalismo*, discorda, ao sustentar: "o que importa não é sua qualidade da ação, mas sim se o sujeito poderia influenciar no processo corporal, por exemplo mudando de lugar, ou mediante sua contenção, de modo que não se produzisse o resultado". ("Reflexões sobre a Teoria Final da Ação", *in O Passado e o Futuro do Finalismo no Direito Penal*, org. por Pablo Rodrigo Alflen, CDS, Porto Alegre, 2020, p. 107). Embora viável, uma tese defensiva de que inexistiu conduta voluntária muito provavelmente não será exitosa; a saída será, justamente com base no *finalismo*, a inexistência de dolo específico de desacatar ou de perturbar a cerimônia funerária.

- **Evolução da *conduta* na psique humana:** Com exceção dos crimes praticados de forma impulsiva, em regra, a conduta possui estágios: *cogitação* (momento em que ideia voltada a uma finalidade ilícita surge na mente da pessoa por impulsos de toda natureza, como a busca do prazer, poder, ciúmes, ganância, vingança etc.), *planejamento* (quando o cidadão, não aborta de plano a sua vontade, passando a arquitetar como a colocará em prática), *atos preparatórios* (levanta recursos para financiar a execução futura do crime, faz levantamento do local acompanhando a rotina da vítima, chamando outras pessoas para viabilizar a execução futura do crime, adquire armas etc.) e *início da execução* (quando a conduta criminosa é posta em prática; a vontade de delinquir se manifesta de forma concreta). A intervenção penal, *na maioria dos casos*, tem como pressuposto o *início da execução* (CP, art. 31); porém, por vezes pune desde logo os *atos preparatórios*, como ocorre no crime de terrorismo (arts. 10 e 5º, da Lei n. 13.260/2016), no crime de organização criminosa (art. 2º da Lei n. 12.850/2013), com uma visão *funcionalista* do Direito Penal, nele integrando a política criminal.

▪ **Pressupostos da culpa (conduta, imputabilidade, liberdade e consciência da ilicitude):** Para que alguém seja responsabilizado criminalmente, ou seja, julgado *culpado* (juízo de *reprovabilidade*, que é a *culpabilidade*), e assim punido pela prática de um comportamento proibido pelo direito penal (conduta típica e antijurídica), o direito penal demanda *condições*: a) que a pessoa seja *imputável* (art. 26 do CP), isto é, capaz de entender o caráter ilícito do que esteja fazendo, ou que possa se comportar de acordo com esse entendimento, controlando os seus impulsos; b) que o cidadão não esteja *coagido* de forma absoluta (*vis compulsiva*), não tendo como resistir (art. 22, primeira parte, do CP); c) que não tenha agido mediante *erro inevitável* de que a conduta é proibida por lei (art. 21 do CP).

▪ **A conduta e o inimputável:** No conceito de "dolo natural" de Hans Welzel, tanto o imputável quanto o inimputável podem praticar condutas voltadas a determinado fim, ainda que, para este, falte a capacidade de compreensão da ilicitude de seus atos e omissões, ou capacidade de se comportar de acordo com esse entendimento. Importante faz-se consignar, aqui, o respeitável entendimento de Miguel Reale Júnior para quem só o imputável é que pratica "crime", ao passo que o inimputável só pratica "fato definido como crime", *verbis*: "... convencido de uma compreensão total do agir humano, iluminado de conteúdo valorativo já no seu nascedouro, constituindo a possibilidade de optar entre valores, a imputabilidade, um pressuposto da ação, e estando o dolo carregado de significado, no que me distanciava do 'dolo natural', insosso e vazio, adotado por Welzel, como solução para justificar a aplicação de medida de segurança aos inimputáveis, que agiam porque também portadores de uma vontade descolorida, mas voltada para o resultado" (*Teoria do Delito*, São Paulo, Revista dos Tribunais, 1998, p. 5).

▪ **A conduta dos entes morais e o direito penal (introdução):** Klaus Tiedemann é, hoje, o autor mais renomado na Alemanha a se dedicar ao tema da responsabilidade criminal dos entes coletivos, ou seja, das pessoas jurídicas e dos consórcios de empresas, notadamente nos crimes ambientais e nos delitos envolvendo a ordem econômica (como o crime de cartel). É evidente que pessoas jurídicas, a todo instante, praticam condutas em seu nome, contratando funcionários, vendendo e comprando imóveis, assinando contratos, participando de licitações e consórcios etc. É certo, que por detrás das condutas dos entes morais, estão as pessoas físicas que tomam as decisões, em sua grande maioria de forma colegiada e, por vezes, sem unanimidade entre diretores. Nas grandes corporações, são diversas as diretorias executivas divididas por setores a depender da atividade (financeira, meio ambiente, relações com investidores, novos negócios, engenharia etc.), lideradas por um diretor-presidente ou *Chief Executive Officer* (CEO), o qual se reporta a um Conselho de Administração (que é o órgão máximo da empresa), além de assembleias de acionistas. Cada uma das diretorias possui, por vezes, subdiretorias com profissionais técnicos nas respectivas áreas, que lideram funcionários que estão em posições hierárquicas inferiores, até se chegar ao mais humilde funcionário. Há também os consórcios, quando algumas empresas se unem para determinado fim, criando uma outra pessoa jurídica. Tem-se, claramente, dois planos: o individual e o coletivo. No plano individual, em havendo a prática de um crime ambiental por uma empresa, há o desafio da imputação em descobrir, nessa intricada cadeia de comando em diversos órgãos de uma empresa (a) quem determinou que se agisse contrariamente à lei, (b) quem agiu, (c) quem tinha conhecimento da prática ilícita e podia evitá-la, (d) se houve por parte de um funcionário em hierarquia inferior desvio de conduta extrapolando a ordem dada, sem conhecimento de superiores com o intuito de melhorar a performance de seu setor visando a promoções ou bônus financeiros pelo bom resultado, (e) se um funcionário de baixo grau hierárquico executou uma ordem sem ter o menor conhecimento de que ela era ilícita. Igualmente, se houve (f) cegueira deliberada, ou seja, adoção de rotinas empresariais criadas para que determinadas decisões não cheguem ao conhecimento de diretores em posições hierárquicas superiores, preservando-os de eventual responsabilização criminal, uma vez que, caso soubessem, teriam toda condição de evitar a prática do crime ou fazê-lo cessar. Esse complexo de instâncias decisórias e executivas pode levar, de fato, a nenhuma responsabilização individual nos crimes cometidos no âmbito empresarial.

- A conduta dos entes morais e o direito penal e o *Compliance*: Objetivando viabilizar a individualização de condutas dentro das empresas, surgem as exigências regulatórias governamentais, de cunho administrativo, conhecidas como *compliance*, que impõem que as empresas adotem rotinas que (a) identifiquem os responsáveis na cadeia de comando, (b) exerçam controle sobre as atividades realizadas por funcionários e (c) preservem em bancos de dados quais as decisões tomadas, e por quem, impondo aos gestores o dever de cuidado, visando prevenir desvios de conduta. Isso porque o Direito Penal historicamente foi forjado na concepção do ilícito individual, da reprovação da pessoa que, por vários fatores criminógenos (ganância, egoísmo, desvios de caráter etc.) conscientemente pratica um crime quando podia agir de forma diferente (trata-se do princípio da culpabilidade). É por isso que nos crimes cometidos no âmbito empresarial, grande relevância assume a figura dos crimes comissivos por omissão e a figura do garante (cf. art. 13, § 2º, *b* e *c*, do CP), ou seja, daquele que tendo o "domínio da causa do resultado" (BERND SCHÜNEMANN) causou o perigo ou tinha o dever de evitá-lo. Como se vê, tradicionalmente a legitimidade do Direito Penal repousa na reprovabilidade da conduta (culpabilidade) somada aos fundamentos da punição atrelados à retribuição, prevenção especial e prevenção geral (*vide* nossos comentários e críticas no art. 32 do CP).

- A conduta dos entes morais e o direito penal (argumentos que defendem o *Direito Penal Coletivo*): Diante dessas dificuldades de se individualizar condutas das pessoas físicas nos crimes societários, por imperativos de política-criminal têm-se entendido que a punição das pessoas físicas de representantes da empresa, que praticaram crimes que geraram benefícios ilícitos não só para eles mesmos (como bônus diante de resultados financeiros), mas também para os resultados econômico-financeiros da pessoa jurídica, são insuficientes para prevenir a prática de crimes típicos da atividade econômica dos entes morais, devendo também as empresas serem punidas criminalmente, e não apenas na seara do direito administrativo. Observando que práticas ilícitas são, por vezes, até mesmo incentivadas pelas empresas ao adotarem políticas internas como a de maximizar os lucros em detrimento da segurança, o conceito de *Direito Penal Coletivo*, que se choca com o tradicional *Direito Penal Individual*, vem se desenvolvendo há décadas. É o que defende KLAUS TIEDEMANN ao afirmar que, ao lado do direito penal individual, pode o legislador, sem violar o Estado de Direito, prever a responsabilidade penal da empresa, paralelamente à das pessoas físicas de seus diretores, representantes ou funcionários, complementando-se as punições mutuamente (*Derecho Penal y Nuevas Formas de Criminalidad*, Grijley, Lima, 2007, pp. 89 a 110).

- A conduta dos entes morais e o direito penal (choque com o *Direito Penal Individual*): Como afirmado, é evidente que o *Direito Penal Coletivo* entra em histórico conflito com os fundamentos clássicos do *Direito Penal Individual*, tendo sido rechaçado em 1954 no Congresso de Juristas Alemães realizado naquele ano, como explica BERND SCHÜNEMANN. Colide (a) com o princípio da culpabilidade; (b) com o tradicional conceito de quem pratica crime são pessoas físicas em nome da sociedade e não a pessoa moral (*societas delinquere non potest*); (c) com o fundamento de a pena criminal ser atrelada ao desvalor ético e social da conduta humana, (d) com caráter retributivo além da prevenção especial e geral, lembrando que a lógica empresarial do custo-benefício guia-se por critérios objetivos; (d) de que a conduta praticada por uma pessoa não pode ser imputada a outrem, e muito menos a pena atingir terceiros, como as pessoas que ficariam desempregadas ou acionistas prejudicados. Porém, a responsabilização penal da pessoa jurídica é, hoje, uma realidade em vários países, sendo inclusive prevista no Brasil na Lei dos Crimes contra o Meio Ambiente (Lei n. 9.605/98 – *vide* nota abaixo).

- A conduta dos entes morais e o direito penal (TIEDMANN e SCHÜNEMANN e a busca por uma conciliação: a polêmica punição sem culpabilidade): Diante dessas objeções, BERND SCHÜNEMANN (*"La punibilidade de las personas jurídicas desde la perspectiva europea"*, *in* Obras – Colección Autores de Derecho Penal, coord. Edgardo A. Donna, Rubinzal-Culzoni

Editores, Buenos Aires, 2009, Tomo II, pp. 115-161) observa que KLAUS TIEDEMANN busca contorná-las, fazendo uma comparação da conduta empresarial com a *actio libera in causa* (daquele que se embriaga e depois comete crime – cf. CP, art. 28, II), somada ao que denomina de conceito social de culpabilidade (com o seu "homem médio"), afirmando que a legitimação da punição criminal para entes coletivos se fundamenta na culpa pela violação do dever de vigilância dos órgãos da empresa, "substituindo o modelo de imputação de ações e culpas alheias por uma conexão com uma falta de organização da empresa representada não necessariamente por uma pessoa natural e desta forma criar uma própria culpabilidade da empresa em sentido sociológico-organizacional". Contestando os que se opõem a imputar a ação de uma pessoa natural a uma pessoa jurídica como BARBERO SANTOS na Espanha e ENGISH na Alemanha, TIEDEMANN afirma, ainda, que a própria figura do garante nos crimes comissivos por omissão, os crimes imprudentes, a responsabilidade criminal nos crimes tributários que abrange sócios com poderes de gerência, bem como as situações em que há uma "cultura corporativa" voltada à prática de infrações penais, admitiriam a possibilidade da responsabilização criminal da pessoa jurídica, nada impedindo que se possa considerar as pessoas morais como destinatárias de normas jurídicas revestidas de um caráter ético (ob. cit., p. 107). Por sua vez, SCHÜNEMANN, mudando seu entendimento anterior, admite que, no Estado de Direito, é possível, mediante modificações legislativas, que se viabilize a legitimação da punição penal da pessoa jurídica de forma especial, *sem aplicação do princípio da culpabilidade* (do *Direito Penal Individual*), desde que se conceba a pena exclusivamente como prevenção, e não retribuição. Para ele, nessa punição sem culpabilidade haveria um "estado de necessidade preventivo do bem jurídico", como ocorre na aplicação de *medida de segurança* ao inimputável que é uma resposta penal sem culpa (CP, arts. 96 e 97). Dentre as penas, com a preocupação de não prejudicar terceiros, ao invés de pesadas multas, SCHÜNEMANN defende a *intervenção do Poder Judiciário nomeando administrador para a empresa* por determinado período, como já é previsto no Código Penal francês (art. 131.39, número 3). Como se vê, a polêmica sobre o tema é intensa.

- A conduta dos entes morais e o direito penal (comparação com alguns países): Interessante consignar que a responsabilidade da pessoa moral por crimes praticados por seus órgãos ou representantes, com exceção da administração direta do Estado, é, na França, tradicionalmente aceita. A partir de uma Lei de 10 de julho de 2000, para crimes *culposos* admite-se a responsabilidade criminal da empresa sem haver cumulação com a punição da pessoa física que atuou como seu representante ou órgão, ao contrário do que ocorre nos crimes *dolosos*, em que a punição criminal do ente moral demanda que se faça um *bond*, um elo com a pessoa física que tenha atuado em nome da empresa, até mesmo para se compreender a intenção criminal. Assim, nos crimes dolosos, a punição da pessoa jurídica assume caráter indireto, com um efeito *ricochete*, demandando a condenação da pessoa física que tenha atuado como representante ou órgão da empresa no cometimento do crime (cf. SOFIE GEEROMS, "La responsabilité pénale de la personne morale: une étude comparative", *in Revue internationale de droit compare*, Année 1996, n. 48-3, pp. 533-579). Igualmente admitem a punição criminal da pessoa jurídica a Inglaterra, Escócia, Austrália, Japão e Bélgica, como ainda a Suíça, desde que não tenham tomado as medidas necessárias em sua organização para prevenir o cometimento do delito pela pessoa física que atua na empresa (TIEDEMANN, ob. cit., p. 99).

- Responsabilidade penal da pessoa jurídica no direito brasileiro: A CR, em seu art. 173, § 5º, dispõe: "A lei, sem prejuízo da responsabilidade individual dos dirigentes da pessoa jurídica, estabelecerá a responsabilidade desta, sujeitando-se às punições compatíveis com a sua natureza, nos atos praticados contra a ordem econômica e financeira e contra a economia popular". Por sua vez, o art. 225, § 3º, estabelece expressamente que "as condutas e atividades lesivas ao meio ambiente sujeitarão os infratores, pessoas físicas ou jurídicas, a sanções penais e administrativas, independentemente da obrigação de reparar os danos causados". Em nível ordinário, a Lei dos Crimes contra o Meio Ambiente (Lei n. 9.605/98) chegou a disciplinar a responsabilidade penal da pessoa jurídica. A jurisprudência, que já vinha admitindo essa responsabilidade, desde que acompanhada da responsabilização de uma pessoa física por ela responsável (STJ, RMS 37.293/SP, rel. Min. Laurita Vaz, *DJe* 9.5.2013; RMS 27.593/SP, rel. Min. Maria Thereza Assis Moura, *DJe* 2.10.2012), vem sofrendo flexibilização no STF, havendo precedente admitindo processo criminal exclusivamente contra pessoa jurídica, mesmo sem haver imputação a pessoa física (STF, 1ª T., RE 548.181, rel. Min. Rosa Weber, j. 6.8.2013, *mv*, *DJ* 30.10.2014). Para parte da doutrina brasileira, os citados dispositivos constitucionais não admitem a responsabilização penal das pessoas jurídicas, lembrando-se, entre os constitucionalistas, José Cretella Júnior ao afirmar que "a Constituição de 1988, em momento algum, aceita o princípio da responsabilidade da pessoa jurídica", fazendo distinção entre conduta e atividade, relacionando a primeira à pessoa física e a segunda à pessoa jurídica, sendo aquela sujeita à responsabilidade penal e esta à administrativa (*Comentários à Constituição de 1988*, 2ª ed., Forense Universitária, 1993, pp. 4.044-5). Igualmente, Miguel Reale Júnior, para quem a redação constante do art. 225, § 3º, não autoriza a conclusão de que a Lei Maior admite a responsabilidade penal da pessoa jurídica, tendo inclusive, durante o processo constituinte, sido excluída a expressão "criminal" do conteúdo do art. 173, que trata da responsabilidade por atos praticados contra a Ordem Econômica, Financeira e Economia Popular (A lei de crimes ambientais, *RF* 345/121). No mesmo sentido: Oswaldo Henrique Duek Marques (A responsabilidade da pessoa jurídica por ofensa ao meio ambiente, *Bol. IBCCr* n. 65, abr.I/98, p. 6), Damásio E. de Jesus (*Direito Penal – Parte Geral*, 19ª ed., São Paulo, Saraiva, 1995, v. 1, p. 150) e Juarez Cirino dos Santos (*Direito Penal* – Parte Geral, 3ª ed., Rio, ICPC e Lumen Juris, 2007, pp. 432-437). Ainda que se depreenda da leitura conjunta dos dispositivos constitucionais que a intenção do legislador constituinte foi a de, realmente, introduzir em nosso sistema a responsabilidade penal da pessoa jurídica, como aponta Celso Ribeiro Bastos, em coautoria com Ives Gandra Martins (*Comentários à Constituição do Brasil*, São Paulo, Saraiva, 1990, v. 7, pp. 103-105), ela colide com os fundamentos clássicos do *Direito Penal* construído nos últimos séculos, desde o Iluminismo, ou seja, com o princípio da culpabilidade ou reprovabilidade da conduta do ser humano que é punido, bem como o princípio da responsabilidade pessoal, por meio do qual a pena não pode passar da pessoa do condenado (CR, art. 5º, XLV), atingindo terceiros, como a própria pessoa jurídica e os seus acionistas que não tenham cargo de direção, além de funcionários que, por vezes, acabam demitidos com a punição da pessoa jurídica. Dentro dos conceitos iluministas do direito penal, bem representados pela Escola de Frankfurt, entre nós René Ariel Dotti igualmente nega, por completo, a possibilidade de se criar um *direito penal coletivo*, ao lembrar que os crimes e as contravenções "não podem ser praticados pelas pessoas jurídicas, posto que a imputabilidade penal é uma qualidade inerente aos seres humanos" (*Curso de Direito Penal – Parte Geral*, Forense, 2001, p. 303; A incapacidade penal da pessoa jurídica, *RBCCr* n. 11, jul.-set.1995, p. 184). Apontando para essa impossibilidade, por absoluta incompatibilidade com o art. 13 do CP, lembrando-se a milenar máxima *societas deliquere non potest*, posto que o conceito de conduta criminalmente punível é "eminentemente pessoal e individual, porque o agir, movimento corpóreo, é seguido de manifestação de vontade, momento cognoscitivo e movimento volitivo, incompatíveis com o ente moral que é a pessoa jurídica", posiciona-se Marcelo Fortes Barbosa (Pessoa jurídica e conduta punível, *Bol. IMPP*, ano 2, n. 11, mar. 2000, pp. 8-9). De forma contrária, entendendo ser constitucional e possível a responsabilização penal da pessoa jurídica, entre outros, Roque de Brito Alves, A responsabilidade penal da pessoa jurídica, *RT* 748/494; Fausto Martin de Sanctis, *Responsabilidade Penal das Corporações*, 2ª ed., Saraiva, 2009, pp. 36-50; Sérgio Salomão Shecaira, Responsabilidade Penal da Pessoa Jurídica, *Revista dos Tribunais*, 1998, pp. 149-150. Em que pese as críticas, é fato que a responsabilização criminal da pessoa jurídica em matéria ambiental é uma realidade no Brasil, tendo se solidificado na jurisprudência majoritária de nossos Tribunais.

Relação de causalidade (caput)

- **Nexo de causalidade:** O *caput* do art. 13 estabelece o *nexo de causalidade* (ou relação causal) pelo qual o resultado só pode ser atribuído a quem lhe deu causa. A palavra *causa* significa aquilo que faz com que algo exista; as palavras *ação* e *omissão* correspondem, respectivamente, aos comportamentos humanos positivo e negativo.

- **Teoria da equivalência dos antecedentes causais:** É a teoria acolhida neste art. 13, também chamada de *conditio sine qua non* (condição sem a qual não). Para ela, tudo o que contribuiu para o resultado é causa, não se distinguindo entre causa e condição ou concausa. Para saber se um antecedente foi causa do resultado deve-se procurar eliminá-lo, mentalmente, e verificar se o resultado, sem ele, teria acontecido. Tendo em vista, contudo, que tal procedimento não resolve o problema da extensão do conceito de causa, outras teorias surgiram a respeito com o objetivo de delimitar o conceito de causa deste art. 13, inclusive com o finalismo adotado pelo nosso CP (*vide* notas abaixo).

- **Delimitação do conceito de causa e finalismo:** A teoria da equivalência dos antecedentes causais ou da *conditio sine qua non*, adotada pelo CP neste art. 13, tem sido objeto de críticas, dentre as quais pode-se destacar a principal delas: constituiria, sem dúvida, um exagero, como se depreende da análise isolada deste art. 13, *caput*, segunda parte, que *toda ação ou omissão sem a qual o resultado não teria ocorrido* deva ser considerada causa. No dizer de SANTIAGO MIR PUIG, admitir que "toda condição do resultado é igualmente causa do mesmo conduz certamente a uma determinação amplíssima da causalidade que tende ao infinito" (*Derecho Penal – Parte General*, 3ª ed., Barcelona, 1990, p. 231). Explica-se: levando-se a teoria da *conditio sine qua non* ao extremo, chegaríamos ao absurdo de considerar como causa de um homicídio provocado por disparo de arma de fogo até mesmo a sua fabricação. Impondo limites à teoria da *conditio sine qua non*, por influência do pensamento desenvolvido na década de 1930 por HELLMUTH VON WEBER e ALEXANDER ZU DOHNA, aperfeiçoado por HANS WELZEL, *agregou-se ao fato típico o dolo e a culpa* (Escola Finalista). Assim, ao se analisarem os crimes previstos na Parte Especial do CP, verifica-se, em cada um deles, o seu *tipo objetivo* (composto pelo *elemento objetivo*, v.g., no crime de furto, a expressão "subtrair coisa móvel", acrescido, por vezes, de *elementos normativos* como, no caso desse delito, a palavra "alheia") e o seu *tipo subjetivo* (isto é, o dolo ou a culpa, devendo esta ser expressa – CP, art. 18). Ainda no tipo subjetivo, há em alguns casos o que se denomina *elemento subjetivo do tipo*, isto é, expressa referência a determinado fim especial de agir, como, também no exemplo do furto, a locução "para si ou para outrem" (cf. EUGENIO RAÚL ZAFFARONI, *Manual de Derecho Penal – Parte General*, Buenos Aires, Ediar, 1977, pp. 315 e 332). Para ENRIQUE BACIGALUPO, "os limites da causalidade tipicamente relevante no delito doloso são fixados pelo tipo subjetivo: somente é relevante a causalidade materialmente dirigida pela vontade de acordo com um fim" (*Lineamentos de la Teoría del Delito*, Buenos Aires, Astrea, 1974, p. 46). Assim se posiciona o nosso CP em seu art. 18, impondo o postulado de que sem dolo ou culpa jamais pode haver punição, sob pena de inadmissível responsabilidade penal objetiva, o que seria uma verdadeira afronta ao direito penal da culpa (cf., p. ex., nossas críticas ao art. 28, II, do CP).

- **Delimitação do conceito de causa e teoria da relevância do nexo causal:** Também em razão da necessidade de se limitar a demasiada amplitude do conceito de causa, nosso legislador adotou a chamada teoria da relevância do nexo causal, por meio da qual, não obstante continue a se utilizar, em sua essência, da clássica *conditio sine qua non*, agregou-lhe outros elementos. Assim, "os pressupostos para a punibilidade pelo resultado são os seguintes: a) o nexo causal entre ação e o resultado, determinado de modo empírico pela teoria da equivalência das condições; b) a relevância jurídica deste nexo de causalidade de acordo com as exigências do tipo penal; c) a culpabilidade do sujeito, normativa, e não meramente psicológica, como ocorria no sistema clássico" (ANTONIO LUÍS CHAVES CAMARGO, *Imputação Objetiva e Direito Penal Brasileiro*, São Paulo, Cultural Paulista, 2002, p. 60). Além da teoria da relevância, são apontadas, na doutrina nacional e internacional, outras soluções quanto à delimitação do conceito de causa, a seguir tratadas:

- **Delimitação do conceito de causa e teorias individualizadoras da causalidade:** Lembrando as palavras de SANTIAGO MIR PUIG, para as *teorias individualizadoras da causalidade* "nem toda condição do resultado pode ser considerada causa do mesmo, mas somente aquela condição que se distingue por possuir uma *maior eficácia causal que as demais*" (ob. cit., p. 241).

- **Delimitação do conceito de causa e teoria da adequação:** Segundo esta teoria, para que a ação humana possa ser tida como causa de um resultado, não basta que esta ação tenha sido sua condição, sendo necessário que ela seja *adequada* a produzir tal resultado. Para saber se a ação era ou não adequada a produzir certo resultado, deve-se verificar a situação concreta em que o autor se encontrava no momento da conduta (análise *ex ante*), bem como os conhecimentos que o autor tinha a respeito das circunstâncias.

Exemplo: se o agente, com o uso de faca, fere a vítima no braço, vindo esta a falecer em virtude de ser hemofílica, ele somente responderá pela morte se soubesse, de antemão, que a vítima era hemofílica, causando-lhe, mesmo assim, um corte no seu braço; ou seja, a conduta em si do agente, sem este conhecimento, não era *adequada* a produzir tal resultado, não podendo ser tida, para efeitos penais, como causa do mesmo.

- **Teoria da imputação objetiva**: Decorrendo de todas as posições acima elencadas, mormente da teoria da adequação, surge a teoria da imputação objetiva. Para ela, ensina HANS-HENRICH JESCHECK, "somente pode ser objetivamente imputável um resultado causado por uma ação humana (no sentido da teoria da condição) quando a mesma criou, para o seu objeto protegido, uma *situação de perigo (ou risco) juridicamente proibida e o perigo se materializou no resultado típico*" (Tratado de Derecho Penal – Parte General, 4ª ed., Editorial Comares, Granada, p. 258). Verifica-se, assim, que para esta teoria importa saber se a ação do agente criou uma *situação de perigo ou de risco juridicamente proibida*, e se esse perigo ou risco se materializou no *resultado típico*. A diferença entre os conceitos de risco permitido (ínsito a toda sociedade civilizada) e risco proibido (ou juridicamente proibido) é, pois, fundamental para o estudo desta teoria. Assim, a condução de veículo automotor de acordo com as regras de trânsito gera um *risco permitido* (aceitável, adequado, tolerável) para toda a sociedade, que, via de regra, não pode gerar responsabilização criminal. Já a condução deste veículo em via pública movimentada, estando o motorista com concentração de álcool por litro de sangue igual ou superior a 6 (seis) decigramas (art. 306, *caput* e § 1º, do CTB, com redação dada pela Lei n. 12.760/2012), gera um *risco proibido* (ou desaprovado) pelo legislador, com base em uma presunção fundada em regras de experiência e científicas tendo em vista que o álcool reduz a capacidade psicomotora, podendo, assim, levar à punição criminal do condutor com base no *perigo* ou *risco proibido* que a conduta gera. No que tange ao resultado, interessa não apenas o *resultado naturalístico* (ex.: a morte ou as lesões corporais em função de atropelamento), mas, sobretudo, o *resultado jurídico ou normativo* (perigo que ameaça de lesão ao bem juridicamente tutelado). É por isso que, segundo esta teoria, o crime não deve ser analisado apenas no plano da causalidade material ou físico, devendo sê-lo, também, no plano normativo e jurídico. É de se observar, contudo, que a teoria da imputação objetiva sofre críticas de adeptos da teoria finalista, entendendo estes ser ela supérflua para os crimes dolosos e inadequada para os culposos, conforme discorre MANUEL CANCIO MELIÁ (*Líneas Básicas de la Teoría de la Imputación Objetiva*, Ediciones Jurídicas Cuyo, Mendoza, 2001, pp. 75-80). Não obstante, é fato que a teoria da imputação objetiva, desenvolvida por CLAUS ROXIN (cf. o seu *Problemas Fundamentais de Direito Penal*, 2ª ed., Lisboa, Vega, 1993, pp. 267-272), tem encontrado grande recepção na Alemanha, impactando muitos autores em todo o mundo. Apesar de não adotada por nosso Código, há precedentes jurisprudenciais brasileiros aplicando a doutrina da *teoria da imputação objetiva ao delito culposo* (vide jurisprudência abaixo).

Superveniência de causa independente (§ 1º)

- **Limite à regra do *caput***: O § 1º deste art. 13 limita a extensão da regra da equivalência dos antecedentes causais, enunciada no *caput*, retirando dela a concausa *relativamente independente*, pois a concausa absolutamente independente já está afastada pela própria regra geral do *caput*. Com este § 1º fica excluído o nexo de causalidade quando sobrevém uma *segunda causa* que se situa fora do desdobramento normal da causa original, e que, por si só, já causaria o resultado. Assim, se a segunda causa estiver dentro do desdobramento físico da primeira, o agente responde pelo resultado; ao contrário, se a segunda causa (ou concausa) não se achar no desdobramento normal da anterior e por si só produzir o resultado, o agente não responde por este. Exemplo: a vítima agredida pelo agente é transportada ferida para o hospital em ambulância, que, no caminho, sofre uma colisão; se o posterior falecimento da vítima no hospital foi consequência do abalroamento do veículo (e não da agressão sofrida), trata-se de uma causa relativamente independente, de forma que não se poderá imputar ao acusado o delito de homicídio, mas apenas o de lesões corporais.

Causalidade normativa na omissão (§ 2º)

- **Alcance**: A regra do § 2º somente é aplicável aos crimes omissivos impróprios, também chamados comissivos por omissão, em que há um resultado decorrente do não agir.

■ **Constituição da República:** O art. 5º, XLIII, da Magna Carta, ao considerar crimes inafiançáveis e insuscetíveis de graça ou anistia a prática da tortura, o tráfico ilícito de entorpecentes e drogas afins, o terrorismo e os definidos como crimes hediondos, dispõe expressamente: "por eles respondendo os mandantes, os executores e *os que, podendo evitá-los, se omitirem*".

■ **Crimes omissivos impróprios e causalidade (normativa):** Não se pode dizer que a omissão produza um resultado, pela lógica razão de que "o nada nada causa". Daí o motivo deste § 2º, estabelecendo que a relação de causalidade nos crimes omissivos impróprios é normativa: não há nexo de causalidade entre a omissão (abstenção) e o resultado, mas, sim, entre o resultado e o comportamento que o agente estava juridicamente compelido a adotar, mas se omitiu. Ou seja, não se pune o comportamento físico negativo *em si*, mas a *omissão ilegal*, isto é, o *não ter* o agente cumprido um dever legal. Foi a fórmula inserida neste § 2º: a omissão (conduta humana negativa ou abstenção de agir) é *penalmente relevante quando o omitente* (a pessoa que deixa de agir) *devia e podia agir para evitar o resultado*. É necessário, portanto, a conjugação de dois fatores: que aquele que se omitiu tivesse o *dever de agir* e *pudesse de fato agir* (dever legal + possibilidade real). Tanto a consciência do dever de agir como a possibilidade real de fazê-lo, sem risco pessoal, devem estar presentes. Então, se não agir para evitar o resultado, poderá ser responsável por este, a título de dolo (não quis agir, de forma consciente e intencional, assumindo a possibilidade do resultado ocorrer) ou de *culpa* (na hipótese, p. ex., daquele que se omite por negligência, como a de um policial de trânsito que, vendo um veículo quebrado em um local de risco, não toma as providências de praxe, ocorrendo, logo em seguida, grave acidente que poderia ter sido evitado, mas com o qual ele, negligentemente, não se preocupou).

■ **Crimes societários – cegueira deliberada, omissão e teoria do domínio do fato nos crimes omissivos impróprios:** Ao prever a figura do *garante* nos crimes *omissivos impróprios*, ou seja, daqueles em que da omissão decorre um resultado, o § 2º do art. 13 tem sido aplicado aos crimes societários, notadamente ambientais. Desse modo, quando diretores empresariais tenham, em razão da atividade, *criado um risco* da ocorrência de um resultado danoso (alínea c do § 2º), eles têm o *dever* de, proativamente, adotar todas as medidas para afastar o risco, desde que eles tenham condições de fazê-lo. Daí o *caput* ser expresso: "quando o omitente devia e *podia agir* para evitar o resultado". Nessa situação *específica* em que ele mesmo tenha *criado* o risco, ou que tenha *expressamente o dever legal* de agir para evitar o risco ou a própria lesão ao bem jurídico, *limitando-se* a sua responsabilização, há que se verificar se ele tem, aqui, o *domínio da situação*, ou o *domínio funcional do fato*. Assim, é essencial que ele tenha condições para, efetivamente, alterar a situação por ele criada, ou cujo enfrentamento seja, por lei, a ele imposto, a fim de evitar ou pelo menos minimizar o risco, *não se podendo dele exigir o impossível*. A hipótese demanda análise individual em cada caso, a fim de saber se esses diretores tinham (a) ciência do risco + (b) se existiam medidas proativas, ao seu alcance, que pudessem ser adotadas por eles para afastar ou minimizar o risco, ou seja, com domínio sobre o fato + (c) se funcionários ou colaboradores em hierarquia inferior não tenham, eles, a assunção desse dever. Nesse sentido, Luís Greco, em obra dedicada a Bernd Schünemann, bem esclarece: "O domínio do fato, característico dos delitos comissivos, é um domínio sobre o próprio corpo; enquanto isso, no delito omissivo, o autor domina ou um perigo para o bem, ou a situação de fragilidade ou desamparo deste próprio. Próprio corpo, perigo e fragilidade do bem são, todos eles, causas fundamentais do resultado; o domínio do fato não passa, assim, de uma concretização ou especificação de um domínio mais geral, que fundamenta o injusto de todos os delitos dolosos, comissivos *como omissivos*, e que Schünemann chama de domínio sobre o *fundamento do resultado*. Deste domínio deriva ele a teoria das *posições de garantidor do delito omissivo impróprio*" (*Estudos de Direito Penal, Processual Penal e Filosofia de Direito*, coordenado por Luís Greco, Madri, Barcelona, São Paulo e Buenos Aires, Marcial Pons, 2013, p. 12). Dito isto, somente na conjunção desses fatores, é que responderão pelo crime que se consumou. A demonstração dessa *ciência* por parte da acusação perpassa pela questão da *cegueira deliberada* ("*willful blindness*") que é um dos temas mais palpitantes no seio empresarial mundial, uma vez que, ser diretor-presidente ou CEO – *Chief Executive Officer* de uma empresa de razoável porte virou uma profissão de extremo risco. Por vezes, são diversas as diretorias (ambiental, financeira, qualidade etc.), com decisões tomadas de forma colegiada, inclusive com votos discordantes, apoiadas em laudos técnicos e jurídicos que divergem de laudos oficiais, não sendo tarefa fácil individualizar responsabilidades. Pode ocorrer o fato de um diretor mais cuidadoso, que tenha votado para que se adotassem medidas a fim de evitar o resultado, ter sido voto vencido na decisão colegiada, e mesmo assim acabar processado criminalmente, embora não tivesse, ele, causado o risco, bem como não possuísse a concreta possibilidade de agir para impedir o resultado, não podendo ser punido criminalmente por algo que não tinha a menor possibilidade fática de fazer, sem domínio do fato. A *teoria do domínio do fato* atua, aqui, como fator de *restrição* da responsabilização criminal, diante do primado *nulla poena sine culpa* e de que inexiste culpa sem ação ou omissão que lhe fosse fática e juridicamente exigível. *Vide* nota *Teoria do Domínio do Fato* nos comentários ao art. 29 do CP.

▪ **Violação de direitos humanos, autoridades que se omitem e necessidade de se prestigiar o concurso de agentes nos crimes comissivos por omissão:** O Brasil, lamentavelmente, vem assistindo, há décadas, a episódios de flagrante violação aos direitos humanos, em nossa áspera realidade. Evidentemente, toda a sociedade vem sofrendo com roubos, latrocínios, extorsões mediante sequestro e ataques de facções criminosas com traços que perigosamente se aproximam de práticas terroristas, ao mesmo tempo em que se cobra a devida implementação da LEP, notadamente do seu Capítulo IV, Seção II, que trata dos direitos do preso (arts. 40 a 43). Direitos estes, diga-se de passagem, diuturnamente violados pelas autoridades públicas em praticamente todos os Estados brasileiros, como bem reportado por Rogério Lauria Tucci em trabalho encaminhado à Comissão Europeia de Direitos Humanos e ao Instituto Latino-americano das Nações Unidas para a Prevenção do Delito e o Tratamento do Delinquente – ILANUD ("Processo penal e direitos humanos no Brasil", *RT* 755/455). Há tempos, nesta obra, vínhamos lembrando episódios como o ocorrido em julho de 2006, quando 1.477 presos da Penitenciária de Araraquara, no Estado de São Paulo, ficaram confinados em pátio aberto e sem abrigo das intempéries, dormindo ao relento, e ainda sem condições mínimas de higiene ou atendimento médico, por semanas, após uma rebelião na qual a população carcerária depredou as instalações prisionais. Seus portões foram soldados e a comida era lançada aos presos pelo ar, chegando-se à dramática situação de um preso com liberdade concedida ter sido içado por um helicóptero. O governo brasileiro foi até notificado pela Corte Interamericana de Direitos Humanos, da Organização dos Estados Americanos (OEA), para adotar medidas de proteção aos detentos do presídio de Araraquara. Por mais que se pondere a dramática situação que todas as famílias compostas por pessoas de bem, trabalhadoras, honestas e que pagam os seus impostos, têm sofrido com o brutal aumento da criminalidade, é evidente que, em um Estado de Direito Democrático, não podem as autoridades, inclusive dos escalões superiores, tendo ciência dessa situação, deixar de cumprir o seu dever jurídico de agir, a fim de impedir que seus subordinados perpetrem infrações penais como os crimes de homicídio, tortura, de abuso de autoridade etc., sob o discurso maniqueísta, falacioso e retórico de que deve ser priorizada a tutela "dos direitos humanos das pessoas de bem", ainda que isto implique o sacrifício "dos direitos humanos dos condenados". Daí, mais do que nunca, a importância deste art. 13, § 2º, do CP, ao viabilizar a punição daqueles que se omitem nos crimes comissivos por omissão, lembrando-se as palavras de José Saramago: "O pior de tudo é quando sabemos as coisas e não agimos". E, de fato, decorrida quase uma década, a caótica situação carcerária perdura, gerando frequentes episódios que denotam o mais absoluto descaso do Estado brasileiro com os estabelecimentos penitenciários. O quadro é tão grave que, durante rebeliões, em dezembro de 2013 quatro presos foram degolados no Centro de Detenção Provisória de Pedrinhas, em São Luís, Maranhão, e, em agosto de 2014, dois outros presos foram decapitados na Penitenciária Estadual de Cascavel, Paraná.

▪ **Quem tem dever de agir:** O mesmo § 2º, que formula a equiparação normativa da abstenção à ação, indica, em três alíneas, a *quem* incumbe o dever jurídico de agir para evitar o resultado:

- *a.* **Dever legal:** Em primeiro lugar (alínea a), são apontadas como compelidas a agir as pessoas que têm, *por lei* (em sentido estrito), *o dever de cuidado, proteção ou vigilância*. Ficam alcançados *todos os comportamentos que se originam daqueles deveres*. Exemplos: os de guarda e manutenção dos filhos pelos pais; os de vigilância do policial; os de proteção do preso, desde o agente penitenciário ou carcereiro até o diretor do presídio e o secretário estadual de justiça ou de administração penitenciária; o dever do juiz da execução penal de vistoriar as prisões e zelar pelo respeito aos direitos humanos da pessoa encarcerada (LEP, art. 66, VI, VII e VIII) e dos membros do Ministério Público de defender os direitos individuais indisponíveis (CR, art. 127), fiscalizando os estabelecimentos prisionais (Lei n. 8.625/93 – LONMP, arts. 25, VI, e 27) etc. Atento ao movimento jurisprudencial que vem ampliando a incidência do dever de cuidado, proteção ou vigilância, João Daniel Rassi adverte, sobretudo quanto ao último (dever de vigilância), preocupante "crescimento na jurisprudência de situações em que os pais são responsabilizados por atos infracionais cometidos pelos filhos, posição que toma corpo na jurisprudência alemã e passa, lentamente, a informar as decisões das cortes brasileiras" (*Imputação das Ações Neutras e o Dever de Solidarieade no Direito Penal*, São Paulo, LiberArs, 2014, p. 178). *Vide* jurisprudência neste artigo, sob a rubrica Crime doloso comissivo por omissão.

- *b.* **Situação de garantidor (ou "garante"):** Também ficam obrigados a agir todos aqueles que, em razão de contrato ou mesmo por situação de fato, se colocaram, efetivamente, na situação de "garantidores" da não ocorrência do resultado. Assim, tanto são garantidores a enfermeira paga como a vizinha que voluntariamente se ofereceu para olhar o recém-nascido; também o são o guia profissional contratado para a excursão perigosa e o morador do local que espontaneamente se ofereceu para guiar os excursionistas. Todos eles poderão ser responsáveis pela morte ou lesão das pessoas de quem deviam cuidar, caso as abandonem. Deve haver, porém, *proximidade entre a pessoa à qual incumbe o dever de agir e aquelas titulares dos bens protegidos*. Por exemplo, se a referida enfermeira *faltar ao trabalho*, não será ela responsável pelo óbito do paciente que não obteve dela os devidos cuidados naquele dia; de forma diversa, se tiver assumido o plantão de uma colega e o abandonar durante o seu turno de trabalho, vindo o paciente a morrer em razão desse abandono, ela, diante da sua condição de *garante*, será responsável criminalmente pela omissão que causou o falecimento (crime de *homicídio culposo em razão de negligência* – art. 121 c/c art. 18, II, do CP, ou, até mesmo, a depender das circunstâncias, com dolo eventual se o resultado morte era previsível e foi por ela aceito, nos termos do art. 18, I, *in fine*, do CP). Não se trata, aqui, de omissão de socorro com morte (art. 135, parágrafo único, do CP), crime muito mais levemente apenado.

- *c.* **O criador do risco:** Na última alínea, estabelece-se o dever de agir e evitar o resultado de quem *criou o risco da ocorrência do resultado*. Trata-se da chamada "tese da ingerência". A conduta anterior que cria o risco não é necessariamente ilícita. Muitos crimes societários, com danos ambientais, podem entrar nessa situação em que a empresa cria riscos, tendo o dever legal de evitá-los ou minimizá-los ao máximo (*vide* nota acima sobre crimes societários). O exemplo clássico é o do nadador profissional, que convida banhista inexperiente para uma travessia e não o socorre quando este está se afogando. Mediante esse dispositivo, a possibilidade de responsabilização criminal por omissão é significativamente ampliada, impondo-se o dever de agir também com base em uma situação fática que demanda solidariedade, e não em razão de um comando legal específico ou de um contrato. Nesse sentido, cf., também, João Daniel Rassi (ob. e p. cits.).

- **Confronto:** Das inovações introduzidas neste art. 13 podem resultar incoerências: a. O *caput* trata a omissão pela teoria naturalística, enquanto o § 2º a considera de acordo com a doutrina normativa. *b.* Se aplicadas a algumas hipóteses previstas na Parte Especial do CP, como as do homicídio culposo com aumento de pena, art. 121, § 4º, e da omissão de socorro, art. 135, esta acabaria sendo mais severamente punida, o que se não pode aceitar. Por isso, cremos que o § 2º deve ser usado com parcimônia e só quando inexistir previsão especial em contrário.

Jurisprudência do caput

■ **Nexo de causalidade:** Sem que haja relação de causa e efeito entre a ação ou omissão do agente e o resultado morte, não pode ele ser responsabilizado por esta (TACrSP, *Julgados* 78/210; *RT* 529/368), sendo inadmissível, no Direito Penal, a culpa presumida ou a responsabilidade objetiva (STF, *RTJ* 111/619). Se é incerta a relação de causalidade entre a atividade do agente e a morte do ofendido, absolve-se (TACrSP, *Julgados* 66/227). Se a vítima, para escapar à agressão, feriu-se na fuga, responde pela lesão o agente que a quis agredir, pois há relação de causa e efeito (TACrSP, *Julgados* 86/311, 69/327).

■ **Simples condição de representante legal e responsabilidade penal objetiva:** "A mera invocação da condição de 'representante legal' da sociedade empresária, sem a correspondente e objetiva descrição de determinado comportamento típico que vincule o sócio ou acionista, concretamente, à prática criminosa, não constitui fator suficiente apto a legitimar a formulação de acusação estatal, muito menos a autorizar a prolação de decreto judicial condenatório. – Não existe, no ordenamento jurídico positivo brasileiro, ainda que se trate de práticas configuradores de delinquência econômica (*'reato societario'*), a possibilidade constitucional de incidência da responsabilidade penal objetiva. Prevalece, sempre, em sede criminal, como princípio dominante do sistema normativo, o dogma da responsabilidade com culpa (*nullum crimen sine culpa*), absolutamente incompatível com a velha concepção medieval do *'versari in re illicita'*, banida do domínio do direito penal da culpa. *Doutrina. Precedentes.* – *Em matéria de responsabilidade penal, não se registra, no modelo constitucional brasileiro, qualquer possibilidade de o Judiciário, por simples presunção ou com fundamento em meras suspeitas, reconhecer a culpa do réu.* Os princípios democráticos que informam o sistema jurídico nacional repelem qualquer ato estatal que transgrida o dogma de que não haverá culpa penal por presunção nem responsabilidade criminal por mera suspeita. Precedentes *(HC 84.580/SP, rel. Min. Celso de Mello, v.g.).* – *Possibilidade de o Relator da causa, ainda que se cuide de ação penal de iniciativa privada, exercer, monocraticamente, controle jurisdicional preliminar, notadamente em face do que dispõe o art. 41 do CPP, em ordem a inviabilizar, desde logo, a prática abusiva do poder de acusar. Precedentes*" (STF, Petição 5.732/MG rel. Min. Celso de Mello, j. 13.10.2017). A decisão acima transcrita, traz diversos precedentes nesse sentido: STF, HC 51.837/PA, rel. Min. Nilson Naves; HC 80.549/SP, rel. Min. Nelson Jobim; HC 88.875/AM, rel. Min. Celso de Mello; HC 89.427/BA, rel. Min. Celso de Mello; HC 107.187/SP, rel. Min. Ayres Britto; STJ, HC 109.782/SP, Rel. Des. conv. Jane Silva; HC 294.728/SP, rel. Min. Rogerio Schietti Cruz.

■ **Nexo de causalidade e crimes societários (denúncia coletiva):** Nos crimes societários, embora não seja exigida a descrição minuciosa da conduta do acusado, é necessário que haja narrativa dos fatos delituosos, de sua suposta autoria, do vínculo de causalidade (teorias causalista e finalista) e do nexo de imputação (teorias funcionalista e constitucionalista), de maneira a permitir o exercício da ampla defesa; se não há demonstração do *vínculo* entre o risco causado ao objeto penalmente tutelado (ordem tributária) e a conduta efetiva do denunciado na condição de sócio, tranca-se a ação penal (STJ, HC 2006/0247052-0, j. 31.8.2009). Quanto à necessidade de haver *imputação da conduta* geradora do resultado, e a chamada *denúncia coletiva*, vide também jurisprudência no art. 29 do CP, sob a rubrica *Pessoas jurídicas (denúncia coletiva).*

■ **Nexo de causalidade em crime ambiental (vazamento em oleoduto):** A responsabilização penal de pessoa física (...) ainda obedece a parâmetros legais de garantia que tem caracterizado o Direito Penal moderno, especialmente a partir do pensamento de BECCARIA. E aqui não há espaço para o arbítrio. Entre inúmeras garantias do acusado, remanesce a perspectiva de que não há crime sem conduta, e também não há crime sem que exista um vínculo entre conduta e resultado. Nessa linha, indago: podemos equiparar, sem qualquer restrição, no âmbito penal, a conduta de pessoa jurídica com a conduta de seu dirigente? Podemos tratar, do mesmo modo, o nexo de causalidade entre atos de pessoa jurídica e evento danoso, e atos do dirigente da pessoa jurídica e evento danoso praticado em nome da pessoa jurídica? Não estou excluindo, obviamente, a possibilidade de prática de crimes por parte de dirigentes de pessoas jurídicas justamente na direção de tais entidades. Não é isto! O que quero enfatizar é que não podemos, para fins de responsabilização individual, admitir uma equiparação tosca entre atos de pessoa jurídica e atos de seus dirigentes. (...) Da leitura da denúncia, penso, resta evidente um grosseiro equívoco e uma notória lacuna na tentativa de vincular, com gravíssimos efeitos penais, a conduta do ex-presidente da Petrobrás e um vazamento de óleo ocorrido em determinado ponto de uma malha de mais de 14 mil quilômetros de oleodutos! (...) Concluo meu voto no sentido do trancamento da ação penal (STF, 2ª T., HC 83.554/PR, rel. Min. Gilmar Mendes, j. 16.8.2005, *DJU* 28.10.2005).

■ Nexo de causalidade e previsibilidade (crimes culposos): *Vide* jurisprudência no art. 18, II, do CP.

■ Nexo de causalidade (exame em recurso especial): Configurada a alegada contrariedade ao art. 13 do CP, cabível o recurso especial com base no art. 105, III, a, da CR. Não se trata de reexame de provas, mas de valorar a existência de nexo de causalidade entre a conduta do acusado e o evento delituoso. Sendo incerta a relação de causalidade entre a conduta e o furto, não pode ser o agente responsabilizado porque inadmissível no Direito Penal a culpa presumida ou a responsabilidade objetiva (STJ, REsp 224.709/MG, 5ª T., rel. Min. José Arnaldo, j. 18.12.2003, *vu, DJU* 16.2.2004, p. 284, *in Bol. IBCCr* n. 137, p. 789).

■ Falta de manutenção: Se a precariedade desta, em ônibus já com bastante tempo de uso e pneu traseiro em péssimo estado, concorreu para o resultado do acidente, mantém-se a condenação do apelante por homicídio culposo na direção do veículo (TJMG, Ap. 10394090970432001, publ. 24.5.2019).

■ Conduta: Não há caso fortuito se o motorista que desmaia, em virtude de baixa pressão arterial, tinha conhecimento da doença de que era portador (TAMG, *RJTAMG* 51/295).

■ Nexo de causalidade em crime culposo: *Vide* jurisprudência no art. 18 do CP.

■ Teoria da imputação objetiva, delito culposo e nexo causal: "A imputação objetiva, embora não prevista na codificação pátria, não tem sua aplicação vedada pelo ordenamento jurídico. Emerge como objeto de estudo em diversos países, sendo efetivamente aplicado. No Brasil, conta com crescente adesão dos estudiosos no Direito Penal, sendo que várias decisões dos tribunais pátrios já se valeram de seus fundamentos. (...) Extrai-se, pois, a finalidade da imputação objetiva: analisar o sentido social de um comportamento, precisando se este se encontra, ou não, socialmente proibido e se tal proibição se mostra relevante para o Direito Penal. Portanto, para se ter a imputação objetiva, será necessário, além da causalidade natural, a verificação da criação de um risco jurídico penalmente relevante, imputável no resultado e alcançado pelo fim de proteção do tipo penal. Criou-se, então, diversos critérios valorativos de natureza negativa que, uma vez verificados, excluiriam a imputação objetiva frente a não valoração da conduta como juridicamente relevante para o resultado, culminando na irrelevância jurídica do nexo causal para o tipo. *In casu*, há a exclusão da imputação não só pela permissão do ordenamento jurídico ao risco criado, como também pelo fato de o resultado produzido não estar amparado pelo fim de proteção da norma de cuidado. Por fim, rompe-se o nexo de causalidade pelo consentimento das vítimas em sua autocolocação na situação de perigo". Agente que transporta pessoas na carroceria de caminhão, com a permissão da Justiça Eleitoral, no qual foram instalados bancos para que os eleitores viajassem sentados, tendo a vítima com o veículo em movimento se levantado para urinar na traseira do caminhão, vindo a perder o equilíbrio, cair e falecer. O comportamento desta é que determinou a ocorrência do resultado lesivo, já que espontaneamente favoreceu o incremento da situação de risco, com a qual o condutor do caminhão em nada contribuiu. Logo, não há como lhe debitar o fatídico resultado, pela simples relação naturalística (TAMG, rel. Juiz Antonio Armando dos Anjos, *RT* 811/702). *Vide*, também, jurisprudência do § 2º deste art. 13.

■ Teoria da imputação objetiva, morte de mergulhador e omissão culposa: Embora não exista nexo causal material (o não agir nada poderia causar), pode haver relação causal normativa na hipótese de omissão daquele que tem o dever normativo de agir e nada faz (posição de garantidor). No caso, a denúncia imputa a engenheiro naval crime omissivo culposo pela morte de mergulhador devido a sua exposição a substância tóxica. Contudo, não houve negligência pois o acusado prestou as informações pertinentes ao mergulhador qualificado, alertando-o sobre a sua exposição à substância tóxica, confiando que o mergulhador efetuaria o trabalho dentro das regras de segurança exigíveis, o qual mesmo em situações normais já é extremamente perigoso. Ainda que se admita a teoria da imputação objetiva, seria necessário demonstrar que o engenheiro tivesse criado uma situação de risco não permitido ao mergulhador, ou estabelecido situação de risco que ultrapassasse os limites para os quais tal risco seria juridicamente tolerado. Atipicidade da conduta (STJ, 6ª T., HC 2006/023748-1, rel. Min. Maria Thereza Rocha de Assis Moura, j. 6.8.2009).

Jurisprudência do § 1º

- **Admitindo a superveniência de causa independente:** A responsabilidade subjetiva (dolo ou culpa) há sempre que ser observada, não bastando a "relação de causalidade material"; assim, embora "fugir" do assalto seja previsível, não se pode responsabilizar o autor do roubo pela morte da vítima que, após entregar o seu patrimônio, sai correndo e, ao atravessar a estrada, é atropelada (STJ, 6ª T., REsp. 104.221, rel. Min. Vicente Cernicchiaro, j. 19.11.96). O nexo causal, tanto nos crimes dolosos como nos culposos, não suporta a superveniência de causa que, por si só, afete o resultado e possa isentar a responsabilidade do agente (TACrSP, *Julgados* 84/407; *RT* 598/349). A cirurgia facial, que não tinha por objetivo afastar perigo de vida, provocado pela lesão, mas tão só corrigir o defeito, constitui-se causa independente, apta, por si só, a produzir a morte (TJSP, *RT* 530/329). Se o evento resultou de ato da vítima, consistente na ação independente de descer do veículo em movimento, que se intercalou na relação causal iniciada pelo agente ao abrir a porta antes do ponto de desembarque, a interrupção da causalidade afasta a culpa do agente (TACrSP, *RT* 453/401). Se a morte da vítima decorreu de sua condição pessoal de cardíaca, ignorada pelo agente, não a tendo atingido os tiros desfechados por este, responde ele por tentativa e não por homicídio consumado (TJSP, *RT* 405/128).

- **Não admitindo a superveniência de causa independente:** Não busca de atendimento médico em tempo hábil: Se foi agredido com um golpe de foice na cabeça e inexiste prova nos autos de que o fato de não buscá-lo em tempo ábil, por si só, não foi determinante e suficiente para a produção do resutado morte, não há como reconhecer a ocorrência de superveniência de causa relativamente independente (TJMS, Ap. 0004124-65.2018.8.12.0008, publ. 29.1.2020). Não é superveniência de causa independente o surgimento de infecção nas meninges ou broncopneumonia durante o tratamento das lesões sofridas (TACrSP, *Julgados* 82/305; TJSP, *RJTJSP* 161/276). Não importa que a condição de diabética tenha concorrido para a morte da vítima de delito de trânsito (TACrSP, *RT* 527/362). Responde pelo crime o agente que, ameaçando a vítima de submetê-la à prática de atos libidinosos, deu causa a que se atirasse do veículo em movimento (TJRJ, *RT* 637/290). Não se aplica o § 1º se a morte da vítima foi um desdobramento natural da conduta do acusado de empurrar violentamente uma pessoa idosa (TJCE, Ap. 057469-37.2015.8.06.0001, publ. 22.10.2019).

Jurisprudência do § 2º

- **Causalidade normativa:** Se os denunciados concorreram de forma comissiva e também omissiva – art. 13, § 2º, do CP – para a produção e as dimensões do incêndio que destruiu a loja, assumindo o risco de matar pessoas, como ocorreu, nega-se o trancamento da ação penal (STJ, RHC 111.109/BA, *DJ* 11.2.2020). Nos crimes cometidos por omissão, a causalidade não é fática, mas jurídica, consistente em não haver o omitente atuado, como devia e podia atuar, para impedir o resultado (STF, *RTJ* 116/177). Omitir não é *non fare nulla* (não fazer nada), mas, sim, não desenvolver uma determinada atividade, contrariando uma norma jurídica em que se contém um comando de agir (STF, RHC 67.286, *DJU* 5.5.89, p. 7162).

- **Crime culposo comissivo por omissão:** Pressupõe a violação, pelo omitente, do dever de agir para impedir o resultado, incumbindo tal dever a quem criou o risco por seu comportamento anterior, na forma da letra c do § 2º do art. 13 (STF, *RT* 610/432).

- **Crime doloso comissivo por omissão:** Há concurso de pessoas entre o PM que agride cidadãos e o seu superior hierárquico que assiste a agressão sem nada fazer, praticando, ambos, o crime previsto no art. 209 do CPM. Na autoria do crime comissivo por omissão, é autor aquele que "viola norma que impõe comportamento ativo, com abstenção da atividade devida. Consiste em não fazer o que a lei manda. (...) Nos crimes comissivos por omissão a omissão consiste na transgressão de um dever jurídico de impedir o resultado que configura o fato punível", na lição de Heleno Fragoso (TJRO, *RT* 811/691). Além do especial dever jurídico de impedir o dano ou o perigo, é também indispensável que haja a vontade de omitir a ação devida (TJSP, *RT* 643/276).

- **Poder agir:** A omissão só se torna penalmente relevante quando o agente pode agir, sem pôr em risco sua própria vida, pois a lei não obriga ninguém a ser herói ou santo (TACrSP, *RT* 604/370). Falta justa causa à ação penal instaurada contra dirigentes de órgãos públicos encarregados da construção e recuperação de estradas, atribuindo-lhes culpa omissiva por acidente de trânsito com vítimas; a omissão do art. 13, § 2º, encontra-se delimitada pela expressão *podia*, cumprindo-se evidenciar que os acusados dispunham de todos os recursos necessários para colocar as vias de tráfego em condições ideais de segurança (TAMG, *RT* 780/701).

- **Dolo eventual e incêndio:** Se os denunciados concorreram, de forma comissiva e omissiva – art. 13, § 2º, do CP – para a produção e para as dimensões do incêndio que destruiu a loja, tendo assumido o risco de matar pessoas, o que ocorreu, nega-se o trancamento da ação penal (STJ, RHC 111.109/BA, *DJ* 11.2.2020).

- **Inexistência de dever funcional:** Acusados que não estavam, por força de normas editadas pela Universidade, obrigados a fiscalizar o processo licitatório, não cometem crime comissivo por omissão (TRF da 4ª R., HC 94.04.52396-8, *DJU* 29.3.1995, p. 16.993).

Art. 14. Diz-se o crime:

CRIME CONSUMADO

I – consumado, quando nele se reúnem todos os elementos de sua definição legal;

TENTATIVA

II – tentado, quando, iniciada a execução, não se consuma por circunstâncias alheias à vontade do agente.

PENA DE TENTATIVA

Parágrafo único. Salvo disposição em contrário, pune-se a tentativa com a pena correspondente ao crime consumado, diminuída de um a dois terços.

Crime consumado (inciso I)

- **Noção:** O crime é consumado quando o agente realizou todos os elementos que compõem a descrição do tipo penal.
- **Aplicação:** Consumam-se os diversos crimes:
- *a.* **Materiais:** No momento em que o resultado é produzido.
- *b.* **Formais e de mera conduta:** Com o simples comportamento incriminado.

- *c. Permanentes:* Desde quando configurados os seus requisitos, perdurando até que cesse a conduta do agente.

- *d. Omissivos próprios:* No momento do comportamento negativo (inatividade) do agente.

- *e. Omissivos impróprios (ou comissivos por omissão):* Na ocasião em que se produz o resultado naturalístico.

- *f. Culposos:* Quando se verifica o resultado naturalístico.

- **Exaurimento (*post factum* impunível):** A consumação do crime *não* pode ser confundida com o seu exaurimento. Com efeito, o mero exaurimento do delito, sem ofensa a novos bens jurídicos e tampouco incremento da lesão ao bem jurídico anteriormente atingido, como decorrência natural do mesmo intento, não tem o condão de ensejar outra punição (que se daria em concurso material) além da referente ao crime antecedente. A respeito, Santiago Mir Puig refere-se às condutas que "constituem a forma de assegurar ou realizar um benefício obtido ou perseguido por um fato anterior e não lesionam nenhum bem jurídico distinto ao ofendido por este fato anterior, nem aumentam o dano produzido por ele mesmo" (*Derecho Penal – Parte General*, Barcelona, PPU, 1990, p. 741). Nesse sentido, também Hans Heinrich Jescheck, *Tratado de Derecho Penal – Parte General*, 4ª ed., Granada, Comares, 1993, p. 674. Entre nós, podemos lembrar o magistério de Aníbal Bruno, para quem "um fato anterior ou posterior, que não ofende novo bem jurídico, é muitas vezes absorvido pelo fato principal, e não tem outra punição além da punição deste (*mitbestrafte*). É o chamado antefato ou *pós-fato* não punível (...). Neles há sempre uma pluralidade de ações em sentido naturalista (...) embora só ofendam o mesmo bem jurídico e obedeçam, geralmente, a um só motivo, que orienta a linha dos fatos que se sucedem, tendo por núcleo o fato principal" (*Direito Penal*, 3ª ed., Rio de Janeiro, Forense, 1967, t. I, p. 277). Por exemplo, no crime de concussão, que se consuma com a simples exigência de vantagem indevida, não poderá o agente ser preso em flagrante quando vai, depois, recebê-la, pois este último ato é simples exaurimento da infração que já se consumara com a exigência anterior.

- **Crimes materiais tributários. Súmula Vinculante 24:** A Súmula Vinculante 24 do STF assentou que "não se tipifica crime material contra a Ordem Tributária previsto no art. 1º, I a IV, da Lei n. 8.137/90, antes do lançamento definitivo do tributo". Com todo o respeito ao entendimento do Pretório Excelso, entendemos não se tratar da melhor solução, uma vez que a consumação ocorre com a efetiva supressão ou redução do tributo, contribuição social ou acessória, o que se dá no momento da expiração do prazo para o seu recolhimento, sem que este tenha se efetivado. O julgamento na esfera administrativa no sentido de que o tributo não recolhido ou suprimido era realmente devido, não deveria ter o condão de protrair o momento da consumação. A decisão do STF em postergar a consumação do crime tributário material traz reflexos no início da contagem do prazo prescricional em abstrato (pelo máximo da pena), entre a data do fato e a do recebimento da denúncia (CP, art. 117, I). *Data venia*, não há sentido em "condicionar" a consumação de um delito em função de um julgamento administrativo, que pode ser célere ou demorado. A propósito, indaga o Juiz Federal Flavio Antônio da Cruz: "Servidores públicos estariam consumando crime alheio?", podendo haver a consumação até mesmo quando "o agente já tiver falecido – anos depois disso, por sinal" ("Quanto aos crimes do art. 1º da Lei 8.137, a deflagração do processo administrativo fiscal é causa de mera suspensão da prescrição penal. O cômputo da prescrição não pode ser reiniciado do zero com o seu término", Bol. IBCCr n. 230, janeiro de 2012, p. 6-7). Fabio M. de Almeida Delmanto lembra, outrossim, não ser igualmente o caso de aplicação do art. 93 do CPP c/c o art. 116, I, do CP, que pressupõe a existência de uma questão prejudicial objeto de *ação cível*, não se confundindo com o procedimento administrativo-fiscal, sendo defeso haver analogia *in malam partem* consistente em se admitir uma causa de suspensão do curso do prazo prescricional (que é prejudicial ao *ius libertatis*), a qual não se encontra tipificada em lei ("A suspensão e o início da contagem do prazo prescricional nos crimes tributários", *RT* 856/423 a 443).

Tentativa (inciso II)

▪ **Noção:** Na maioria dos crimes, entre a ideia de praticar um delito e a sua efetiva execução, pode-se vislumbrar três fases: a da *cogitação* (com a idealização), a dos *atos preparatórios* (com a compra de uma arma, por exemplo) e a da *execução* (quando a conduta idealizada começa a ser posta em prática). Isto posto, observamos que o próprio inciso II dá a definição de tentativa, ao dizer que o crime é tentado quando, *após iniciada a execução*, não se consuma por circunstâncias alheias à vontade do agente. Ou seja, o tipo não se completa, ficando interrompido durante o seu desenvolvimento. Portanto, tentativa é a execução começada de um crime, que não chega à consumação por motivos alheios à vontade do agente.

▪ **História da punição da tentativa:** Foi tarde, na história, o desenvolvimento do conceito de crime tentado. Vincenzo Cavallo, professor da Universidade de Nápoles, em preciosa obra (*Il Delitto Tentato*, Napoli, ed. Jovene, s/d, mas após 1934, pp. 2 a 27), traz as seguintes lições históricas, adiante resumidas com base em sua obra: como na antiguidade de regia a *Lei de Talião*, tanto no Código do Rei Hammurabi (2285-2242 antes de Cristo) quanto na Lei Mosaica (Êxodo, Cap. XXI, Levíticos, Cap. XXIV; e Deuteronômio, Cap. XIX), só havia a retribuição do "olho por olho, dente por dente, pé por pé"; assim, sem resultado material não havia punição. Entre os atenienses, ensina Platão que aquele que tentasse matar, era exilado para agradecer aos deuses por terem poupado a vida daquele que ele iria matar, e a sua própria que seria aplicada como pena capital; o cunho era religioso. Nos 1300 anos de história de Roma, já na *Lex Cornelia de sicariis et veneficiis* (81 a.C.) que cuidava do homicídio por envenenamento, punia-se a tentativa. Para o *criminis* de *lesa majestade* a simples manifestação desse propósito pelo agente era punida. Em determinado período, para delitos de gravidade extraordinária (*extraordinariis criminibus*), como o estupro, punia-se o consumado com a morte e o tentado com a deportação. Durante mais de um milênio, tanto nos ordenamentos dos povos germânicos, quanto no direito canônico, somente era punida a tentativa em casos episódicos de excepcional gravidade, geralmente vinculados ao *envenenamento* que foi um dos crimes mais temidos por séculos, como na *Lex Salica,* redigida em torno do ano 500 d.C. pelos Francos Sálios, sob o reinado de Clovis I, e entre os Lombardos nos Éditos do rei Rotaro em 643 d.C., punindo-se a tentativa com pena inferior à do crime consumado, reduzindo-a de acordo com a maior ou menor proximidade do resultado. Séculos depois, no direito estatutário, em Padova (1360) e no Piemonte (1470), punia-se excepcionalmente a tentativa de homicídio, embora igualmente a regra geral fosse só punir o crime consumado. Ainda na Idade Média, dentre os *glosadores* (que comentavam as leis romanas), Gandino já distinguia "a pura proposição: *qui cogitat, nec agit, nec perficit*; o delito tentado: *qui cogitat et agit, nec perficit*; o delito consumado: *qui cogitat, agit et perficit*". (ob. cit., p. 24). Todavia, foi somente em 1532, na Constituição do Rei Carlo V, cujo art. 178 passou a de forma expressa tratar da tentativa, punindo-a para todos os crimes, até mesmo, e curiosamente, com pena ainda mais severa do que o delito consumado. Daí em diante, códigos passaram a dispor sobre a tentativa, lembrando Vincenzo Cavallo, cit., p. 25) o chamado *Código Giuseppino*, expressamente afirmando em seu §9: "O simples atentado de uma ação criminal se torna delito, tão logo o mal intencionado tiver começado a execução do mal, manifestando sua vontade com algum sinal ou ato externo, apesar do fato permanecer não executado por acaso ou outro impedimento superveniente" (livre tradução). Já a *redução da pena* para o crime tentado, lembra o Professor da Universidade de Nápoles que ela apareceu na Bula Papal de Pio VI de 1788: "A pena daquele que fere com arma mortal é aquela do homicídio na medida das circunstâncias em que se manifesta o esforço mais ou menos próximo. Por isso, quando o esforço traz absoluto perigo de vida, se pune com um grau somente menor do homicídio; se ao invés tenha ocorrido somente algum perigo de vida, com pena menor em menos dois graus" (livre tradução). Já as leis francesas, que tradicionalmente puniam a tentativa com a pena do crime consumado, desde o Código de 1791, permanecem assim até hoje (cf. acima Jean Pradel, *Droit Pénal Général*, 16ª ed. Paris, CUJAS, 2006/2007, p. 355). Diferentemente na Itália (com uma ou outra exceção), sempre houve a tradição da pena do crime tentado ser menor do que a do consumado, como constava do do *Codice penale per gli Stati di S.M. il Re di Sardegna* (1839) e do *Codice penale pel Granducato di Toscana* (1853) e do *Codice penale per gli Stati di S.M. il Re di Sardegna* (1839). Com a unificação da Itália, o Rei Umberto I assinou o

Codice Penale per il Regno D'Italia de 1889, cujo art. 61 determinava a redução da pena de metade a dois terços. No Brasil, no Código Penal do Império de 1830, havia uma redução na tentativa: se a pena fosse de morte, era reduzida para galés perpétuas; se fosse de galés perpétuas ou de prisão perpétua com trabalhos forçados, ou sem, era reduzida para galés por 20 anos, ou prisão com trabalho, ou sem, por 20 anos; se a pena fosse de banimento, seria reduzida para desterro para fora do Império por 20 anos. Se fosse de degredo, ou desterro perpétuo, esse seria limitado para 20 anos. Já na República, no Código Penal de 1890, a pena do crime tentado era diminuída de um terço (art. 63). Na redação original do Código Penal de 1940, previa-se a redução de um a dois terços (art. 12, parágrafo único).

- **Distinção entre atos preparatórios e de execução:** Nosso CP segue o critério exclusivamente objetivo (e não o subjetivo) para a aferição da tentativa. Assim, os atos preparatórios distinguem-se dos executivos porque, embora possibilitem a prática do crime, não configuram o início de sua execução. Como exemplo, a compra da arma, a procura de lugar para a emboscada e até a pontaria são atos preparatórios, enquanto o disparo da arma em direção à vítima que o agente deseja matar já é início de execução do crime de homicídio. Outro exemplo que serve para mostrar a diferença entre atos preparatórios e atos de execução é que, nos primeiros, o agente pode *não começar* o crime, enquanto, nos outros, *deve parar* para desistir.

- **Punição dos atos preparatórios – art. 31 do CP:** Como salientado na nota Início de execução, nem a cogitação do crime nem os atos preparatórios são puníveis, em vista do critério do art. 14, II. Poderá haver, contudo, exceções, como admite o art. 31 do CP, *verbis*: "O ajuste, a determinação ou instigação e o auxílio, salvo disposição expressa em contrário, não são puníveis, se o crime não chega, pelo menos, a ser tentado". *Vide* comentários naquele artigo.

- **Elementos da tentativa:** Início de execução da figura penal + dolo + falta de consumação por circunstâncias alheias à vontade do agente.

- **Início de execução:** Considera-se iniciada a execução quando o agente começa a realizar o fato que a lei define como crime, ou seja, quando tem início o denominado *iter criminis*. Na prática, é importante observar o verbo (núcleo) que indica o comportamento punível, para verificar se houve ou não tentativa. Nem a cogitação do crime nem os atos preparatórios são puníveis, em vista do critério do art. 14, II.

- **Tentativa imperfeita (*iter criminis* interrompido) e tentativa perfeita (crime *falho*):** Após iniciada a execução, pode haver a sua interrupção por circunstâncias alheias à vontade do agente (é a tentativa *imperfeita*). Ou, apesar de ter o agente realizado toda a fase de execução, o resultado não ocorre por circunstâncias também alheias à sua vontade (é a tentativa *perfeita* ou crime falho). Em *ambos* os casos, trata-se da tentativa referida pelo art. 14, II, do CP. Se houver desistência voluntária do agente, *vide* CP, art. 15, primeira parte.

- **Dúvida:** Caso reste dúvida intransponível sobre o caráter preparatório ou executório do ato, deve-se decidir pelo primeiro, posto ser vedado, em qualquer ordenamento jurídico democrático, haver condenação sem certeza.

- **Crime material:** Como salientado, pode haver duas modalidades de tentativa: a perfeita (quando o agente percorreu todo o *iter criminis*, não tendo, contudo, ocorrido o resultado visado) e a *imperfeita* (quando o *iter criminis* foi interrompido por circunstâncias alheias à vontade do agente). Evidentemente, tratando-se de crimes materiais (cuja consumação exige resultado naturalístico), se o núcleo do tipo for plurissubsistente, havendo *iter criminis* com sucessivas condutas durante a sua execução, as duas modalidades de tentativa poderão ocorrer. Todavia, se o núcleo do tipo for unissubsistente, não havendo *iter criminis*, só poderá haver a tentativa perfeita quando eventualmente o resultado não se verificar, jamais pela interrupção do ato de execução.

- **Crime material de consumação instantânea:** Quando a conduta prevista no tipo objetivo de determinado crime é unissubsistente (em que não há *iter criminis*), por vezes será difícil haver separação entre a conduta e o resultado, havendo o que se chama de consumação instantânea. Lembramos, por exemplo, o crime do funcionário público que emite atestado ou certidão ideologicamente falso (CP, art. 301, § 1º), para aqueles que entendem que a consumação se dá com a efetiva falsificação ou alteração, e não com o uso do atestado ou certidão falsificado.

- **Crime formal:** Os *crimes formais* pressupõem, sempre, ação e *resultado visados pelo agente*, sendo que este resultado pode ocorrer em outro momento e em outro lugar. Para fins de configuração do tipo, todavia, pouco importa o resultado dele derivado, *consumando-se o delito com a simples prática da conduta* independentemente do resultado desejado ter se verificado. Nos *crimes formais* há sempre o *dolo do agente voltado a um resultado que pode ocorrer de forma destacada, no tempo e no espaço, da conduta*. Se o núcleo do crime formal for unissubsistente (não se vislumbrando a possibilidade de haver *iter criminis*), impossível haver tentativa. Por outro lado, se o núcleo do tipo objetivo do crime formal for plurissubsistente (vislumbrando-se a possibilidade de haver *iter criminis*), em tese é possível cogitar-se de tentativa imperfeita quando o próprio *iter criminis* é interrompido por circunstâncias alheias à vontade do agente, possibilidade que, contudo, não deixa de ser remota. Lembramos, assim, o crime de injúria quando o meio utilizado pelo agente para ofender a honra subjetiva de alguém assume caráter plurissubsistente, como no exemplo em que a pessoa contrata a publicação de um informe publicitário em determinado jornal e, embora enviado o texto e quitado o custo da publicação, esta é obstada pelo editor-chefe, no último instante. Apesar de difícil ocorrência, poderia, assim, haver tentativa no crime de injúria, que é delito formal, tendo em vista o meio empregado pelo agente e o fato de que a sua consumação só ocorreria na hipótese das expressões injuriosas chegarem ao conhecimento do próprio ofendido.

- **Crime de mera conduta:** Nos crimes de mera conduta, ou de simples atividade, o dolo do agente *não visa* a um resultado futuro, que se destaque da ação ou omissão em si mesma, e que pode ocorrer ou não, como sucede nos *crimes formais* acima referidos. No *crime de mera conduta a ação e resultado estão imbricados*, havendo identidade de *espaço e tempo*. Ou seja, *no crime de mera conduta, há sempre o resultado unido ao próprio comportamento (de dano ou de perigo ao bem jurídico), no tempo e no espaço*. O foco, assim, é a punição da conduta, não sendo necessário sequer cogitar de resultado visado pelo agente para efeitos de punição, como assinala Manoel Pedro Pimentel: – "Para nós, portanto, os crimes de mera conduta constituem uma categoria autônoma, diversa dos crimes formais, mantendo com estes apenas um ponto de semelhança: aparentemente, ambos se completam com a conduta. Mas, enquanto os crimes formais são crimes de resultado, os crimes de mera conduta não o são; nestes, não há resultado algum a cogitar, pois a razão de punir está na mera conduta, *em si mesma danosa ou perigosa*" (*Crimes de Mera Conduta*, cit., p. 96). Nos crimes de *mera conduta*, que inclusive podem trazer resultado sempre imbricado na própria conduta, a nosso ver não é possível falar em tentativa.

- **Crime culposo (impossível haver tentativa):** Como o inciso II deste art. 14 faz referência à "vontade" do agente, deve haver dolo direto por parte deste. É *impossível*, assim, a tentativa no crime culposo.

- **Dolo eventual e impossibilidade de tentativa:** Esse é um dos temas mais palpitantes envolvendo, inclusive, críticas ao *Finalismo*. No caso de dolo eventual (modalidade de dolo indireto), em que o agente não quer a ocorrência de determinado resultado, mas tão somente assume o risco de produzi-lo, consentindo com ele, não se faz possível a ocorrência de tentativa. Em monografia sobre o assunto, José de Faria Costa (Tentativa e Dolo Eventual, separata do *Boletim da Faculdade de Direito de Coimbra em homenagem ao prof. Eduardo Correia* (1984), Coimbra ed., 1987, pp. 108 e 109) traz como exemplo duas hipóteses envolvendo o crime de incêndio, que vamos adaptar à nossa realidade. Na primeira, imaginemos uma invasão de propriedade em que o dono do terreno decide *incendiar a casa ilegalmente construída*, para expulsar os invasores. Ele não quer matar ninguém, mas ao colocar fogo na casa admite como possível ocorrer a morte da pessoa que lá reside. A casa pega fogo, mas felizmente a pessoa que lá morava sai ilesa. Como assinala o referido autor, "os autores que advogam com a compatibilidade entre o dolo eventual e a tentativa punem o agente da infração por crime de incêndio em concurso com tentativa de homicídio. Mas será isto razoável? Ou melhor: será isto dogmaticamente correto? Primeiro que tudo há que perguntar – o que nem sempre se faz – se a situação concreta configuraria ou não, sob o ponto de vista objetivo, uma tentativa. Com efeito, bem pode suceder que o incêndio se tenha processado e extinguido numa ala da casa que de modo algum pôs em perigo a vida de B. Ora, sendo assim, o incêndio não só não era idóneo a alcançar o resultado típico (morte de outrem) como também a experiência comum não apontaria para que daí se esperasse aquele resultado. (...) O agente que provocou o incêndio e que objetivamente fez desencadear o perigo susceptível de, noutro plano, nos levar a que nos confrontemos com a possibilidade de tentativa de homicídio não pode ser punido a esse título, pela razão bem simples, que temos vindo a repetir, de que a sua conformação é com o resultado, não podendo daí concluir, como também já vimos, que aquela postura da consciência jurídico-normativa permite extrair que a conformação se estenda também à tentativa. Se B saiu ileso, não obstante a situação de real perigo a que esteve sujeito, perante este quadro subjetivo *não há tentativa de homicídio*". Outra situação completamente distinta seria a de que o homicídio da pessoa seria um *meio necessário* para o incêndio, desejado precipuamente, onde temos dolo direto tanto de homicídio quanto de incêndio: "Diferentemente é o caso – e é esta uma outra questão nem sempre suficientemente sublinhada – de o agente ter representado o resultado *não como uma mera eventualidade* mas antes *como uma necessidade*. Perante um tal modo de subjetivamente estruturar a finalidade principal do agente (incêndio) com o fim lateral, no caso necessário à realização daquela finalidade precípua, a tentativa já é perfeitamente possível de se conceber". Neste último caso, o homicídio da pessoa é tido como um *necessário meio* para o incêndio, não havendo falar-se em dolo eventual, mas dolo direto. De todo o exposto, temos como *impossível* haver tentativa com dolo eventual diante do *Finalismo* adotado por nosso Código Penal, cuja tentativa demanda que o fato desejado pelo agente contido no tipo penal (homicídio, por exemplo) não tenha ocorrido por "circunstâncias alheias à vontade do agente". No dolo eventual, *não tem o resultado morte desejado*.

- **Contravenção penal:** Como visto na nota acima, a tentativa, tratando-se de contravenção penal, não é punível nos termos do art. 4º da LCP.

- **Execução penal e falta grave:** Na dicção do art. 49, parágrafo único, da Lei n. 7.210/84 – Lei de Execução Penal, "pune-se a tentativa com a sanção correspondente à falta consumada".

Pena da tentativa (parágrafo único)

- **Pena da tentativa:** Aplica-se à tentativa a pena prevista para o crime consumado, *mas diminuída* de um a dois terços. Essa *redução* deve ter em vista o caminho já percorrido pelo agente na prática delituosa. Assim, se o seu desenvolvimento foi impedido no início, a diminuição será maior; ao contrário, se já percorreu maior espaço, o abatimento será menor. A quantidade da redução ("diminuída de um a dois terços") deve ser fixada pelas circunstâncias da *própria tentativa* e não pelas do crime, pois estas já são consideradas no cálculo da pena-base. Quando o juiz não aplica a redução máxima que a lei permite, deve justificar a razão dessa menor diminuição, sob pena de nulidade (CR, art. 93, IX). Embora o dever de fundamentar incida sobre todas as decisões, independentemente de seu teor, quando a redução é fixada no máximo, em que pese a falta de fundamentação, não haverá prejuízo ao condenado. O parágrafo único ressalva "disposição em contrário", porquanto há tentativas que são punidas com pena igual à do delito consumado (ex.: art. 352 do CP).

- **Não temos um "finalismo radical":** Observa-se, aqui, que embora o nosso Código Penal tenha adotado o finalismo, fundamentando a configuração do injusto no desvalor da conduta praticada pelo sujeito, *apta* à realização do tipo penal (ficando em segundo plano a constatação do maior ou menor "perigo" dela decorrente para o bem jurídico, ressalvada a hipótese de crime impossível), a pena é diminuída se o resultado não ocorre por circunstâncias alheias à sua vontade. Pode-se assim dizer que não há, entre nós, um finalismo "radical", haja vista que a tentativa é punida com menor rigor do que o crime consumado. Nesse sentido, e com razão, GUNTER STRATENWERTH (*Disvalor de Acción y Disvalor de resultado en el Derecho Penal*, 2ª ed., trad. de Marcelo A. Sancinetti e Patrícia S. Ziffer, Buenos Aires, Depalma/Hammurabi, 2006, pp. 53-54). É interessante consignar que na legislação francesa, em que vigora a tese subjetiva, tradicionalmente, *e até hoje*, a tentativa é punida com a mesma pena do crime consumado, o que tem levado os tribunais a abrandar as penas e até a conceder perdão judicial (cf. JEAN PRADEL, *Droit Pénal Géneral*, 16ª ed., Paris, CUJAS, 2006/2007, p. 355).

Jurisprudência do crime consumado (inciso I)

- **Consumação e exaurimento:** O crime de concussão, sendo de mera conduta, consuma-se por ocasião da exigência; assim, o recebimento da exigência foi mero *exaurimento* do crime já *consumado* (STF, *RTJ* 71/651; TJSP, *RT* 487/271; TJPR, *RT* 628/343).

Jurisprudência da tentativa (inciso II)

- **Atos preparatórios:** No furto, a aquisição da chave falsa é ato preparatório, mas a abertura da porta, com essa chave, já é ato de execução (STF, *RTJ* 102/216). Os atos preparatórios não configuram a tentativa (TJSP, *RT* 536/288; TACrSP, *RT* 621/323, 545/380, 530/370), como no caso em que os agentes apenas planejaram assaltar um caminhão de gás (TJCE, Ap. 0007225-47.2014.8.06.0096, publ. 29.1.2020). Na dúvida se o ato foi preparatório ou de início de execução, absolve-se (TACrSP, *Julgados* 85/380, 73/373; *RT* 603/347, 515/369). Não cabe condenação por tentativa de estupro se há dúvida quanto ao efetivo início da execução do comportamento punível (STJ, 5ª T., HC 41.621/RJ, j. 6.12.2005, *vu, DJU* 10.4.2006, *in Bol. IBCCr* 165/1010; TJPA, 2ª C., Ap. 2005.3002494-8, j. 30.8.2005. *vu, Bol. IBCCr* 165/1012). Atos preparatórios não bastam, sendo necessário que o bem tutelado tenha corrido risco em consequência da conduta do agente (TJMG, *RT* 510/435). Se a condutora do veículo deixa claro que só não foi roubada por ter "arrancado com seu veículo", denunciando o fato aos policiais, não há falar em tentativa de roubo, somente em atos preparatórios impuníveis (TJRJ, 7ª C., Ap. 2005.050.06522, j. 28.3.2006, *vu, Bol. IBCCr* 165/1212-3). A idealização de roubo de agência dos correios confessada pelos acusados, sem qualquer ato de execução, configura ato preparatório, sendo descabida a imputação de "roubo idealizado". A conduta preparatória de portar ilegalmente arma de fogo de uso permitido se subsume ao art. 14 da Lei n. 10.826/2003, de competência da Justiça Estadual (STJ, 3ª S., CComp 56.209/MA, *vu, DJU* 6.2.2006, *in Bol. IBCCr* 165/1009). Se sequestram a família do gerente da CEF para coagi-lo a colaborar no posterior roubo, mas se a atitude desastrada de um autor ao disparar contra o pé de outro pôs fim não apenas ao crime que se praticava, como impediu a realização do roubo, *antes mesmo de iniciado*, não tendo sequer os agentes ido ao local da agência, só respondem pelo crime consumado do art. 148 do CP, não havendo tentativa de roubo; respondem pelo crime praticado, e não também pelo desejado, sob pena de *bis in idem* (TRF da 5ª R., Ap. 2007.83.03.000192-0, j. 16.10.2007, *DJU* 12.11.2007). Se joga gasolina no local, afirmando a pretensão de atear fogo na oficina da vítima, mas é obstado pela própria vítima a prosseguir na ação, há somente atos preparatórios, não podendo falar-se em tentativa (TJMG, 3ª C., Ap. 1.0134.99.009018-2/001(1), j. 4.4.2006, *Bol. IBCCr* 165/1009). Atos preparatórios de crime viável, mas estancados, contra a vontade dos agentes, pela ação de terceiros. Pessoa que, alertada de que terceiros pretendiam furtar sua bicicleta, correu até o local tendo os acusados apenas ficado próximos do bem. A tentativa de furto pressupõe ideia de movimento, de tirar e levar o bem, não tendo havido sequer início da subtração (TJMS, 1ª T., Ap. 2005.008485-0, j. 6.9.2005, *vu, Bol. IBCCr* 165/1009).

- **Intenção:** Para saber de que figura penal se trata (homicídio, lesão corporal, exposição a perigo etc.), é preciso ter em conta a intenção subjetiva do agente (TJSP, *RT* 544/346, 525/345).

- **Dupla tentativa:** Já se entendeu que pode haver, como no caso da mulher que, por duas vezes distintas, pôs veneno na comida do marido (TJSP, *RT* 512/366).

- **Crimes culposos:** Não pode haver tentativa (STF, *RT* 625/388; TJMG, *RT* 620/336).

- **Dolo eventual:** "Tanto no dolo eventual como na culpa ... não se encontra presente a vontade de produzir o resultado. À vista dessa similitude, a mesma razão que determina a inviabilidade da tentativa nos crimes cometidos com culpa própria – posicionamento pacificado tanto na doutrina quanto na jurisprudência – impõe que ela seja afastada no dolo eventual. Em palavras simples, ninguém pode tentar realizar o que não quer realizar" (TJSP, RSE 0041926-90.2012.8.260405, 14ª CCr, rel. Des. Hermann Herschander, j. 3.7.2014; EI n. 0041713-69.2011.8.26.0001/50001, 14ª CCr, rel. Des. Marco de Lorenzi, j. 28.11.2013). É inadmissível se ter como tentativa de homicídio o evento não desejado; nas hipóteses de aberratio (ictus e delicti) deve-se observar a unidade subjetiva da conduta do agente, pois sendo único o dolo não há como fracioná-lo, nem mesmo na forma eventual (TJSP, Ap. 203.737-3, DOE 27.9.96).

■ Apelação e reconhecimento *ex officio*: Ainda que não haja menção nas razões recursais do apelante, se o delito não se consumou por circunstâncias alheias à sua vontade, a tentativa há de ser reconhecida posto que o âmbito de devolução do recurso de apelação é amplo (TRF da 2ª R., 1ª T., Ap. 1998.51.02.206927-7/RJ, j. 18.1.2006, *DJU* 30.1.2006, *in Bol. IBCCr* 165/1011).

■ Contravenção: Não se pune a tentativa (TFR, *DJU* 28.2.89, p. 2226).

■ Roubo: Ainda que o agente tenha se apossado da res subtraída sob a ameaça de arma de brinquedo, há tentativa se ficou ele a todo tempo monitorado por policiais que se encontravam na cena do crime (STF, 1ª T., HC 88.259/SP, *DJU* 26.5.2006, *in Bol. IBCCr* 165/1010). Se presos logo após subtraírem a bolsa da vítima, mediante ameaça com arma de fogo, há tentativa, reduzindo-se no mínimo de um terço (TJRJ, Ap. 2005.050.05999, j. 2.5.2006, *Bol. IBCCr* 165/1212). Há tentativa se preso logo após, ao caminhar e colocar a arma de volta na cintura (TJRJ, Ap. 2006.050.01540, j. 25.4.2006, *Bol. IBCCr* 165/1212). *Vide*, também, jurisprudência no art. 157 do CP.

■ Furto: Se em nenhum momento o acusado deteve a posse tranquila da res, tendo sido imediatamente perseguido e capturado por policiais, há tentativa e não crime consumado (STJ, REsp 663.900/RS, j. 16.12.2004, *mv*, *DJU* 27.6.2005, *in Bol. IBCCr* 165/1010-1). *Vide*, igualmente, jurisprudência no art. 155 do CP.

■ Descaminho: Há tentativa se a mercadoria estrangeira instruída com documentos falsos é apreendida ainda na zona primária da alfândega (TRF da 2ª R., Ap. 99.51.01.047404-8/RJ, j. 19.10.2005, *DJU* 27.10.2005, *in Bol. IBCCr* 165/1011; TRF da 4ª R., APn 94.04.15047-9, *DJU* 7.6.95; RvCr 91.04.03149-0, *DJU* 24.8.1994. *Vide*, também, jurisprudência no art. 344.

■ Estelionato: Na sua forma fundamental (art. 171, *caput*), se a vítima não sofreu prejuízo, há tentativa (TJSC, 1ª C., Ap. 2005.019440-5, rel. Des. Amaral e Silva, *vu*, *Bol. IBCCr* 165/1013). Se chegaram a substituir, em um dos caixas eletrônicos da CEF, o aparelho leitor de cartões por outro adulterado, para clonar dados, quando da chegada de viatura policial, há tentativa de estelionato qualificado, e não meros atos preparatórios (TRF da 3ª R., ACr 2004.61.02.008118-8, j. 22.10.2007, *DJU* 29.1.2008). *Vide*, igualmente, jurisprudência no art. 171.

■ Tentativa e crime qualificado: É admissível a tentativa nos crimes qualificados, quando a conduta qualificante precede à do tipo fundamental, entendendo-se que a tentativa se inicia com o começo da execução da conduta qualificante precedente (escavação de túnel para furto de agência bancária) (TRF da 4ª R., ACr 20006.71.000326842, j. 15.7.2009, *DJU* 22.7.2009).

Jurisprudência da pena de tentativa (parágrafo único)

■ Alcance: A redução é obrigatória (TRF da 2ª R., Ap. 2.090, *DJU* 3.5.90, p. 8581) e alcança não só as penas privativas de liberdade, mas também as de multa (TACrSP, *Julgados* 78/304).

■ Cálculo da redução: "O Código Penal, em seu art. 14, II, adotou a teoria objetiva quanto à punibilidade da tentativa, pois, malgrado semelhança subjetiva com o crime consumado, diferencia a pena aplicável ao agente doloso de acordo com o perigo de lesão ao bem jurídico tutelado. Nessa perspectiva, a jurisprudência desta Corte reconhece o critério de diminuição do crime tentado de forma inversamente proporcional à aproximação do resultado representado: quanto maior o *iter criminis* percorrido pelo agente, menor será a fração da causa de diminuição. (...) Sendo incontroverso nos autos que a hipótese é de tentativa branca, já que, apesar de o paciente ter efetuado disparos de arma de fogo enquanto travava luta corporal com a vítima, nenhum deles a atingiu, sendo certo, portanto, que o bem jurídico (vida), neste caso, embora tenha sofrido ameaça, não foi minimamente lesado pela conduta delituosa, deve ser aplicada a fração de 2/3, que é a máxima prevista no dispositivo de regência, nos termos da jurisprudência dessa Corte Superior. Precedentes" (STJ, HC 574589-BA, rel. Min. Ribeiro Dantas, 5ª T., j. 23.6.2020, *DJe* 30.6.2020). A quantificação da diminuição de pena há de ser realizada conforme o *iter criminis* percorrido pelo agente; a redução será inversamente proporcional à maior proximidade do resultado almejado (STF, AgR no RHC 0309275-13.2018.3.00.0000/SC, *DJe* 25.9.2019; TJMG, Ap. 10701130288668006, publ. 25.5.2019; Ap. 10223180166116001, publ. 29.11.2019). Na tentativa, a quantidade da redução deve ser calculada pelas circunstâncias da própria tentativa, e não pelas do crime (STF, *RTJ* 59/199, 143/178; TACrSP, *Julgados* 69/91; contra, levando em consideração também as circunstâncias judiciais do art. 59 do CP: TARS, *RT* 702/384). A redução deve levar em conta o maior ou menor caminho do crime que o agente percorreu na tentativa (STJ, *RT* 822/548, 840/559; TJSP, *RT* 634/282; TJAP, *RT* 819/627; TJMT, *RT* 642/330; TJMG, 5ª C., Ap. 1.0024.05.728572-8/001, j. 23.5.2006, *Bol. IBCCr* 165/1012), sendo indispensável a motivação da decisão por este ou aquele percentual, sob pena de nulidade (STF, HC 69.342, *DJU* 21.8.92, pp. 12784-5). Em caso de tentativa de furto noturno com arrombamento, se foi preso em flagrante já na posse dos bens, quando ia sair do estabelecimento, correta a redução no mínimo (TJDF, Ap. 0004172-29.2018.8.07.0019, rel. Des. George Lopes, j. 16.7.2020, Publ. 5.8.2020). Considerando-se o *iter criminis* percorrido pelo agente em direção à consumação do crime, verifico que o réu não se aproximou consideravelmente da consumação, razão pela qual mantenho a diminuição em 2/3, para fixar a pena em 02 (dois) anos, 05 (cinco) meses e 05 (cinco) dias de reclusão, mais 54 (cinquenta e quatro) dias-multa (TJCE, 1ª CCrim, APL 0009928-54.2015.8.06.0115, publ. 09.04.2019, j. 09.04.2019). *Vide*, também, jurisprudência no art. 68 do CP, sob o título Fundamentação.

- **Justificativa da redução:** Quando a diminuição da pena não for a maior, a sentença precisa fundamentá-la (TJMG, *RT* 638/326; TAMG, Ap. 11.512, j. 8.4.85; TACrSP, *Julgados* 72/274, *RT* 563/348).

- **Suspensão condicional do processo (art. 89 da Lei n. 9.099/95):** Nas hipóteses de crime tentado, o percentual a ser adotado para o efeito de concessão do benefício da suspensão condicional do processo é o máximo de dois terços previsto no art. 14, II, do CP (TRF da 4ª R., 8ª T., Ap. 2003.04.01.046573-0, j. 24.5.2006, *DJU* 31.5.2006, in Bol. IBCCr 165/1011).

DESISTÊNCIA VOLUNTÁRIA E ARREPENDIMENTO EFICAZ

Art. 15. O agente que, voluntariamente, desiste de prosseguir na execução ou impede que o resultado se produza, só responde pelos atos já praticados.

Desistência voluntária e arrependimento eficaz

- **Noção (a "ponte de ouro"):** Como consigna o CP, art. 14, II, há tentativa quando o crime não se consuma por circunstâncias alheias à vontade do agente. Por consequência, se ele próprio, *voluntariamente*, desiste da conduta que poderia completar, ou *se arrepende eficazmente* e atua, impedindo que o resultado se produza, há exclusão da punibilidade, respondendo o agente, *tão só*, pelos atos que praticara antes. É uma verdadeira "ponte de ouro", segundo os alemães, ou "ponte de prata", como preferem os argentinos, por razões de política criminal (teoria político-criminal) ou, mais modernamente, como um prêmio (teoria da graça ou do prêmio) (Hans-Heinrich Jescheck, *Tratado de Derecho Penal*, Granada, Editorial Comares, 1993, pp. 487-489). *Vide*, também, Roberto Delmanto, "O ladrão parisiense", *in Antessala da Esperança – Crônicas Forenses*, São Paulo, Saraiva, 2013, p. 89.

- **Diferença:** Na *desistência voluntária*, o agente interrompe o processo de execução que iniciara; ele cessa a execução, porque *quis* interromper (mesmo que haja sido por medo, remorso ou decepção) e não porque tenha sido *impedido* por fator externo à sua vontade. No *arrependimento eficaz*, embora já houvesse realizado todo o processo de execução, o agente impede que o resultado ocorra. Em ambos os casos, sempre voluntariamente. Diferentemente do que ocorre no art. 16 (arrependimento posterior), na desistência voluntária e no arrependimento eficaz deste art. 15 não há falar em crime consumado; ao contrário, a conduta passa a ser *atípica* (*vide* abaixo nota *Natureza jurídica*).

- **Voluntariedade:** Tanto a desistência voluntária como o arrependimento eficaz devem ser *voluntários*, embora não necessitem ser espontâneos. Ou seja, devem acontecer por vontade própria do agente, ainda que este seu querer não seja espontâneo, mas provocado por temor, vergonha, receio etc. A propósito do arrependimento eficaz, mesmo que se observe que o termo *arrependimento* tenha sentido de reconhecimento espontâneo de um erro, de "mágoa ou pesar por faltas ou erros cometidos" (cf. *Novo Dicionário Aurélio*, 1ª ed. – 14ª reimpressão, Rio de Janeiro, Nova Fronteira, p. 139), este art. 15, segunda parte, como salientado, aplica-se inclusive nas hipóteses em que o agente impede que o resultado se produza impelido por fatores externos, como o receio de ser descoberto por ter se apercebido da presença de uma testemunha. Isto porque o *nomen juris* não tem o condão de, em prejuízo da liberdade, restringir o significado dos termos empregados pelo tipo, o qual não se utiliza da palavra arrependimento, mas, tão só, da locução "voluntariamente desiste de prosseguir (...) ou impede que o resultado se produza".

- **Natureza jurídica:** Questiona-se se a desistência voluntária e o arrependimento eficaz são: *a. Causas de extinção da punibilidade*, estabelecidas por motivos de política criminal (estímulo para abandonar a tentativa ou impedir o resultado) ou prêmio (reconhecimento de sua conduta meritória por assim ter agido). *b. Causas* que tornam *atípico o comportamento*. A primeira das posições *(a)* parecia-nos a melhor, sendo inclusive adotada por Nelson Hungria (*Comentários ao Código Penal*, 5ª ed., Rio de Janeiro, Forense, 1958, v. I, t. II, p. 93); contudo, convenceu-nos a argumentação tecida por Miguel Reale Júnior, defendendo a segunda *(b)* posição, no sentido de que "se típica é a tentativa, quando o resultado deixa de ocorrer em razão alheia à vontade do agente; atípica é a tentativa quando o evento deixa de se efetivar, não por causa alheia à vontade do agente, mas graças à sua própria vontade". E complementa: "Independente do aspecto político-criminal, a não punição da desistência voluntária e do arrependimento eficaz decorre da atipicidade da conduta como forma tentada" (*Teoria do Delito*, São Paulo, Revista dos Tribunais, 1998, pp. 206-207). A nosso ver, a elaboração deste art. 15 teve, sem dúvida, influxos político-criminais no sentido de estimular o agente a desistir do crime ou a evitar o seu resultado; todavia, as hipóteses de desistência voluntária e de arrependimento eficaz tornam, na prática, *atípica* a própria tentativa.

- **Parte vital do corpo:** Há desistência voluntária na conduta de quem, "visando a seu adversário em parte vital do corpo (cabeça, tórax, ventre), desfecha-lhe um tiro, que se perde ou apenas fere levemente a vítima, e deixa de fazer novos disparos, embora dispondo de outras balas no tambor da arma" (Hungria, *Comentários ao Código Penal*, 5ª ed., v. 1, t. II, p. 96; Luis Jiménez de Asúa, *Tratado de Derecho Penal*, Buenos Aires, Losada, 1970, t. VII, pp. 823-824), respondendo pelos delitos de exposição da vida ou da saúde de outrem a perigo ou de lesões corporais leves.

- **Terrorismo e punição de atos preparatórios:** Dispõe o art. 10 da Lei n. 13.260/2016 que, mesmo antes de iniciada a execução do crime de terrorismo, na hipótese do art. 5o desta Lei (nota nossa: referido dispositivo pune a realização dos chamados "atos preparatórios de terrorismo"), aplicam-se as disposições do art. 15 do Código Penal. Ou seja, a desistência voluntária e o arrependimento eficaz (sobre a diferença, *vide* nota acima) são aplicáveis mesmo nos casos de atos preparatórios de terrorismo.

- **Remissão:** *Vide*, também, *Arrependimento posterior* (CP, art. 16).

Jurisprudência

- **Voluntariedade:** Tanto a desistência como o arrependimento precisam ser *voluntários*, mas é indiferente que sejam espontâneos (TJRJ, Ap. 2005.050.01115, j. 11.8.2005, *Bol. IBCCr* 165/1010; TACrSP, *Julgados* 81/26, 65/210; *RT* 607/336, 526/390). Assim, não é punível a tentativa, se o agressor se afasta, assustado com os gritos da vítima (STF, RCr 1.316, *DJU* 25.11.77, p. 8505; TJSP, *RJTJSP* 104/409; TACrSP, *Julgados* 85/533, 77/407; *contra*:TACrSP, *Julgados* 85/534), pois são irrelevantes os motivos que o compeliram a desistir; todavia, deixa de haver desistência voluntária quando ela se dá em razão de causas externas, como a intervenção de terceiro (TACrSP, *RT* 706/325,586/321; *Julgados* 66/344; TJSP, *RF* 257/290) ou a reação da própria vítima (STF, RHC 59.002, *DJU* 2.10.81, p. 9774). Igualmente não há desistência voluntária se fogem da agência dos correios em razão do disparo de alarme, já que o crime não se consumou por circunstâncias *alheias à vontade* dos agentes, hipótese de tentativa (TRF da 5ª R., ACr 2005.80.000019668, j. 9.4.2009; TACrSP, *mv – Julgados* 76/254; TJSC, *RT* 612/391).

- **Desistência voluntária:** Há desistência voluntária se, depois de ter obrigado a vítima a desnudar-se sob ameaça, desiste do estupro (TJSP, *RJTJSP* 81/398; *RT* 783/630). Se desistiu de consumar o estupro, por ter a vítima prometido não levar o fato ao conhecimento de ninguém, é desistência voluntária (TJSC, *RT* 582/362). É desistência a conduta do ladrão que tenta arrombar a porta e depois se afasta (TJRS, *RF* 260/345). Também a devolução do veículo intacto, em caso de roubo (TJSP, *RJTJSP* 68/420). Se, percebendo o nervosismo da vítima, pediu perdão, desistindo de assaltá-la, reconhece-se a desistência voluntária (TJSE, Ap. 0041167-94.2018.8.25.0001, j. 3.12.19). Se, após tentar matar a vítima, voluntariamente desiste de consumar o homicídio, desclassifica-se para lesão corporal (TFR, RCr 920, *DJU* 30.8.84). Se não existia obstáculo para que o autor continuasse a golpear a vítima com a faca, tendo ele simplesmente parado, desclassifica-se para lesões leves, ainda que admitido o *animus necandi*. Não houve o resultado morte, ademais, porque as lesões foram leves, e não em razão do atendimento médico (TJSP, RSE 379.912-3/3, j. 31.5.2005, *Bol. IBCCr* 165/1010). O descarte da *res furtiva*, após a consumação do delito, não configura a desistência voluntária (TJRO, Ap. 0001562-46.2019.822.0501, publ. 28.8.2019).

- **Desistência antes de iniciada a execução:** Não há tentativa, se ocorre desistência antes da prática de atos de execução (TJSC, *RF* 256/390). Não comete crime quem, tendo participado do ajuste para a sua prática, desiste e retira-se antes do início (TJRS, *RF* 194/381). Se colocou a arma no chão e correu, sem ter realizado nenhum disparo, houve desistência voluntária; como não houve início de execução, é caso de absolvição sumária (TJCE, Ap. 0009478-44.2016.8.06.0126, publ. 26.3.2019). *Vide*, também, jurisprudência no art. 14, sob a rubrica *Atos preparatórios*.

- **Desistência e os atos anteriores de execução:** Se os atos anteriores são *típicos*, o agente não fica isento deles (STF, *RTJ* 80/733). Assim, na desistência da tentativa de estupro, poderá restar o delito de constrangimento ilegal do art. 146 do CP (TJSP, *RT* 546/344).Na desistência de furto, após arrombamento, o dano não deverá ser punido, salvo para os que entendem que lhe basta o "dolo genérico" (TACrSP, *Julgados* 65/364). Se há desistência do furto após violar o domicílio da vítima, responderá por violação de domicílio (TACrSP, *mv – RT* 632/325).Se desiste voluntariamente da tentativa de homicídio, após ter disparado tiro, a acusação poderá ser desclassificada para o delito de expor a vida ou saúde de outrem a perigo (TJMG, *RF* 258/367) ou de lesão corporal (TFR, RCr 920, *DJU* 30.8.1984; TJSP, *RJTJSP* 139/258; *RT* 545/346, 544/346, 378/210; TJMG, *RT* 535/341). Tratando-se de tráfico, não há desistência voluntária se o agente não interrompeu a execução do delito por ato próprio, mas sim em razão de ter passado mal devido à ingestão das cápsulas de cocaína; ainda que assim não fosse, o crime já havia se consumado na modalidade de "trazer consigo" a droga (TRF da 3ª R., ACr 2007.61.190020679, j. 29.1.2009).

- **Júri:** Se o Conselho de Sentença acatou a tese da tentativa, fica implicitamente recusada a tese da desistência voluntária, sendo desnecessária a sua quesitação (HC 11.271/PR) (STJ, REsp 2003.00.069226, j. 28.9.2009).

- **Arrependimento eficaz:** Configura arrependimento eficaz a conduta do agente que, após obter o *visto* do banco no cheque falsificado, guarda-o consigo, sem descontá-lo (TACrSP, *RT* 562/335).Há arrependimento eficaz se, logo em seguida à subtração do objeto, o devolve à vítima, pois a não consumação do crime decorreu de ato voluntário do agente (TACrSP, *RT* 551/357).Ocorre se, depois de ultimado o processo executivo do delito, o agente se arrepende e evita que aconteça o resultado (TJSP, *RT* 495/305). Se, logo após o cometimento do furto, tendo carregado as *rei furtivae* para dentro de sua casa, informou a Polícia, mediante telefonema, sobre o ocorrido, evitando eficazmente a produção do resultado, há reconhecimento do arrependimento eficaz com a exclusão da tipicidade (TJRS, Ap. 70011269776, j. 10.11.2005, *Bol. IBCCr* 159, fev. de 2006).

■ **Rejeição da denúncia por não descrever o arrependimento:** Se a denúncia por tentativa de homicídio duplamente qualificado não descreve o arrependimento eficaz comprovado no inquérito policial, ela deve ser rejeitada. Não cabe ao juízo, ademais, recebê-la mediante desclassificação que a ajustasse ao arrependimento posterior verificado no inquérito, posto que esta solução implicaria em inadmissível aditamento da denúncia, pelo juízo, de fato não constante da imputação formulada pelo Ministério Público (STF, HC 84.653/SP, j. 2.8.2005, *DJU* 14.10.2005, *in Bol. IBCCr* 165/1013).

■ **Eficácia:** A desistência voluntária precisa ser eficaz (STF, RE 86.561, *DJU* 10.3.78, p. 1175).

■ **Crime consumado:** Tratando-se de delito consumado, não se pode falar em desistência voluntária ou arrependimento eficaz (TJSP, *RJTJSP* 158/332; TACrSP, *RJDTACr* 12/48).

ARREPENDIMENTO POSTERIOR

Art. 16. Nos crimes cometidos sem violência ou grave ameaça à pessoa, reparado o dano ou restituída a coisa, até o recebimento da denúncia ou da queixa, por ato voluntário do agente, a pena será reduzida de um a dois terços.

Reparação do dano antes da ação penal

■ **Noção:** Sob o pleonástico nome de arrependimento "posterior", a reforma penal de 1984criou esta causa de diminuição da pena, aplicável a determinados crimes, quando houver *reparação do dano* ou *restituição* da coisa, antes do recebimento da denúncia ou queixa.

■ **Natureza jurídica:** Trata-se de causa obrigatória de diminuição da pena e não de mera atenuante. Por isso, ela pode reduzir a pena abaixo do mínimo previsto para o crime, como também influir no cálculo da prescrição penal.

■ **Limite temporal:** O art. 16 só é aplicável antes do recebimento da denúncia ou da queixa. Obviamente, se o recebimento for anulado, a oportunidade estará reaberta ao agente. Caso a reparação ou a restituição se dê após o recebimento, ela servirá, apenas, como atenuante (CP, art. 65, III, *b*, última parte).

■ **Alcance:** A redução deste art. 16 atinge todos os crimes *cometidos sem violência ou grave ameaça à pessoa*. A lei não faz, aqui, distinção entre crimes dolosos e culposos, sendo esta causa de diminuição de pena aplicável a ambos. Igualmente, não faz a lei distinção qualquer em razão do crime ser material ou formal, sendo possível a incidência deste art. 16 tanto ao crime material quanto ao crime formal que houver causado dano a ser reparado. Assim, *só é inaplicável* aos delitos efetivamente praticados com violência (física) à pessoa ou grave ameaça (ameaça séria) à pessoa. Portanto, não impedem a redução a violência física contra coisa nem a ameaça não grave. Tratando-se de *crimes culposos*, não deve incidir a restrição de terem sido cometidos "sem *violência à pessoa*", pois nos delitos culposos a violência nunca é querida pelo agente, de modo que não se pode dizer ter ele "cometido" o crime com violência. Para *aplicação* do art. 16, é indiferente que se trate de infração consumada ou tentada, privilegiada, agravada ou qualificada.

■ **Requisitos:** Para que haja a redução, exige-se: *a. Reparação do dano ou restituição da coisa nos crimes que tenham causado prejuízo material*. Se aquela não for completa ou esta não for total, a redução da pena pode ser negada. Este art. 16 refere-se tão só à reparação do dano *material* e não à do dano moral. Se fosse também exigida a indenização do último, este preceito tornar-se-ia inaplicável, já que a apuração do montante do dano moral demanda a competente ação civil, o que certamente jamais ocorreria antes do recebimento da denúncia criminal. Portanto, não há que se aplicar, analogicamente, a Súmula 37 do STJ – "são cumuláveis as indenizações por dano material e dano moral oriundos do mesmo fato" – ao art. 16 do CP. *b. Ato voluntário do agente*. O ato de reparar ou restituir precisa ser voluntário, embora possa não ser espontâneo. Da mesma forma que ocorre no art. 15, segunda parte, do CP, apesar do *nomen juris* fazer referência ao termo *arrependimento*, que tem o sentido de "mágoa ou pesar por faltas ou erros cometidos" (cf. *Novo Dicionário Aurélio*, 1ª ed. – 14ª reimpressão, Rio de Janeiro, Nova Fronteira, p. 139), este art. 16 não exige espontaneidade, mas tão somente voluntariedade. Isto porque o *nomen juris* não tem o condão de, em prejuízo da liberdade, restringir o significado dos termos empregados pelo tipo deste art. 16, o qual não se utiliza da palavra arrependimento, mas, tão só, ao fato objetivo de ser reparado o dano ou restituída a coisa por ato voluntário do agente. Será, todavia, incabível se decorrer de apreensão policial ou penhora judicial, ainda que isso ocorra antes do recebimento da denúncia. A nosso ver, se terceira pessoa age em nome do agente (na qualidade de pai, mãe, filho, irmão, procurador, advogado etc.), a reparação deve ser considerada para a redução, pois a lei fala em ato do agente e não em ato pessoal seu.

- **Comunicabilidade:** Salvo raras exceções, pacífico é o entendimento jurisprudencial e doutrinário de que a devolução da coisa ou a reparação do dano feita por um dos acusados aproveita aos demais, considerando-se o art. 16 como circunstância *objetiva*. Entendemos acertada essa posição, mesmo porque uma vez restituída a coisa ou reparado o dano por um dos coautores ou partícipes, não há como o outro fazê-lo (é impossível *devolver a mesma coisa ou reparar o dano duas vezes*). Com efeito, pode ocorrer, por exemplo, que um dos comparsas seja preso, sendo a coisa resitituída pelo outro que estava foragido e que detinha a posse da *res furtiva*, sendo mesmo *impossível* ao que estava preso restituir a coisa que não estava consigo. Como se vê neste simples exemplo, considerar essa circunstância como *pessoal* ou *subjetiva* fatalmente levará a iniquidades em desfavor da liberdade daquele que *quer restituir* ou *reparar o dano*, mas não consegue porque o outro já o fez. Não comungamos, desse modo, com a posição adotada por Guilherme de Souza Nucci exigindo que todos os coautores e partícipes decidam conjuntamente devolver a coisa ou reparar o dano para que a cada um deles seja aplicada a redução da pena prevista neste art. 16 (*Código Penal Comentado*, 9ª ed., São Paulo, Revista dos Tribunais, 2008, p. 195).

- **Equidade e aplicabilidade do arrependimento posterior aos crimes que não tenham causado prejuízo patrimonial:** A doutrina entende que o arrependimento posterior tem aplicabilidade "*a todos os crimes e não somente àqueles patrimoniais, como fazia a jurisprudência*" (Paulo José da Costa Jr., *Comentários ao Código Penal*, 6ª ed., São Paulo, Saraiva, 2000, p. 59). Tendo em vista que o art. 16 faz expressa referência à reparação do dano ou à restituição da coisa, autores como Guilherme de Souza Nucci defendem, todavia, que essa causa de diminuição de pena só seria aplicável a crimes patrimoniais ou com efeitos patrimoniais (*Código Penal Comentado*, 6ª ed., São Paulo, Revista dos Tribunais, 2006, p. 178). Entendemos iníquo esse entendimento. Com efeito, se nas palavras de Paulo José da Costa Jr. "o arrependimento posterior não se diversifica, ontologicamente, do arrependimento eficaz", sendo "a essência a mesma", residindo a diferenciação "somente no momento cronológico" (ob. e p. cits.), a que título se justificaria essa diferenciação, ou seja, de que o arrependimento posterior, ao contrário do arrependimento eficaz, só se aplica aos crimes patrimoniais ou com efeitos patrimoniais. Isto porque existem inúmeros delitos cometidos sem violência ou grave ameaça que não possuem efeitos patrimoniais. Nessas hipóteses, como ficaria a situação do agente que busca, espontaneamente e antes do oferecimento da denúncia, minorar a lesão ao bem jurídico atingido, não só fazendo cessar a conduta criminosa, como também evitando maior lesão ao bem jurídico, embora não tenha ele produzido efeitos patrimoniais. Restaria ao sujeito, tão somente, a atenuante genérica do art. 65, III, *b*, primeira parte ("ter o agente .. procurado, por sua espontânea vontade e com eficiência, logo após o crime, evitar-lhe ou minorar-lhe as consequências")? Entendemos, assim, que a expressão "reparado o dano" deve ser entendida, aqui, como "dano ao bem jurídico", por uma questão de equidade, inspirando-nos na lição de Francisco Clementino de San Tiago Dantas no sentido de que se deve repelir, "como *undue process of law*, a lei caprichosa, arbitrária no diferenciar tratamento jurídico dado a uma classe de indivíduos" (*Problemas de Direito Positivo – Estudos e Pareceres*, Forense, 1953, pp. 46-47). Afinal, se assim não fosse, estar-se-ia "premiando" os autores de crimes por vezes mais graves, já que ostentam efeitos patrimoniais, como o de peculato (CP, art. 312) e, de forma não razoável, preterindo autores de delitos com nenhum efeito patrimonial, como o de usurpação de função pública (CP, art. 328), o que seria, *data venia*, um *non sense*. A propósito, *vide* jurisprudência, abaixo, sob a rubrica *Crime não patrimonial e sem efeito patrimonial*.

- **Homicídio culposo no trânsito:** A grande maioria dos crimes, inclusive o de homicídio culposo no trânsito, tem efeitos patrimoniais que impactam a *família* da vítima. Além da dor moral, que enseja indenização, também existem danos materiais a dependentes econômicos da vítima, como filhos, esposa, pais ou irmãos que dele dependiam. *Estimular* a pronta reparação dos danos materiais causados *aos familiares*, evitando talvez mais de uma década de litígio cível, notadamente quando aqueles que necessitavam dos recursos hauridos pelo trabalho da vítima de homicídio culposo são crianças ou idosos, ou ainda esposa em situação de penúria causada pela morte de seu marido, é medida imperiosa por motivos de *humanidade* e *solidariedade*. A interpretação deste art. 16 do CP há que estar em sintonia com essa premente necessidade: a da mais rápida reparação material aos familiares da vítima de um homicídio culposo no trânsito. O art. 16 ora em comento, por sua vez, não traz *nenhuma restrição* à sua aplicação a esses casos, pois como já dito (*vide* também *nota acima*), diante dos danos materiais, ao lado dos morais, que são objeto de demandas indenizatórias na esfera cível. Lamentavelmente, indo contra a boa política-criminal e com inegável estímulo ao maior sofrimento dos familiares da vítima de um homicídio culposo no trânsito, o STJ pacificou jurisprudência no sentido da inaplicabilidade do art. 16 do CP para esses crimes: "(...) 1. Esta Corte possui firme entendimento de que, para que seja possível aplicar a causa de diminuição de pena prevista no art. 16 do Código Penal, faz-se necessário que o crime praticado seja patrimonial ou possua efeitos patrimoniais. Precedentes. 2. Inviável o reconhecimento do arrependimento posterior na hipótese de homicídio culposo na direção de veículo automotor, uma vez que o delito do art. 302 do Código de Trânsito Brasileiro não pode ser encarado como crime patrimonial ou de efeito patrimonial. Na espécie, a tutela penal abrange o bem jurídico mais importante do ordenamento jurídico, a vida, que, uma vez ceifada, jamais poderá ser restituída, reparada. Precedente. 3. Em sede de *habeas corpus* vigora a proibição da *reformatio in pejus*, princípio imanente ao processo penal (HC 126.869/RS, rel. Min. Dias Toffoli, 23.6.2015 – *Informativo* 791 do STF). 4. Agravo regimental improvido" (STJ – AgRg no HC: 510.052 RJ 2019/0136931-4, rel. Min. Nefi Cordeiro, j. 17.12.2019, 6ª T., DJe 4.4.2020). No STF, igualmente, assim decidiu monocraticamente o eminente Min. Ricardo Lewandowski: "2. As Turmas especializadas em matéria criminal do Superior Tribunal de Justiça firmaram a impossibilidade material do reconhecimento de arrependimento posterior nos crimes não patrimoniais ou que não possuam efeitos patrimoniais. 3. *In casu*, a composição pecuniária da autora do homicídio culposo na direção de veículo automotor (art. 302 do CTB) com a família da vítima, por consectário lógico, não poderá surtir proveito para a própria vítima, morta em decorrência da inobservância do dever de cuidado da recorrente" (HC 138.258, j. 3.8.2017, *DJe* 9.8.2017). Com todo o respeito, no afã de se punir o crime culposo de homicídio no trânsito sem a redução de um a dois terços deste art. 16, temos a convicção de que o Poder Judiciário *se afasta da realidade* que impõe premência à pronta reparação não só dos danos morais, beneficiando o autor do fato que prontamente repare os danos materiais sofridos pelos familiares que dependiam da renda da pessoa que faleceu para sobreviver. Ademais, a atual negativa de aplicação do art. 16 para o homicídio culposo no trânsito impõe restrições à aplicação que *não estão previstas* em lei, sendo por isso ilegal essa interpretação restritiva de nossos Tribunais. Enfim, essa interpretação não só contraria o princípio da legalidade como impõe *maior sofrimento* aos familiares das vítimas que, além de terem perdido um ente amado, não raro passam por grandes privações materiais em razão de seu falecimento, aguardando, por anos, uma decisão transitada em julgado na esfera cível. Uma iniquidade de nossos Tribunais que deveria olhar mais para os familiares da vítima de homicídio no trânsito.

- **Quantidade da redução:** Caso o juiz não aplique o maior fator de redução da pena, entre os limites que a lei permite, deve fundamentar a quantidade que escolheu, sob pena de nulidade (CR, art. 93, IX).

- **Reparação e mera atenuante:** A reparação pode ser mera *atenuante*, se feita após o recebimento da denúncia ou queixa (CP, art. 65, III, *b*, última parte).

- **Reparação e extinção da punibilidade:** No peculato culposo é causa de *extinção da punibilidade*, se anterior à sentença irrecorrível, ou de *redução de metade da pena*, se posterior a esta (CP, art. 312, § 3º).

- **Reparação e extinção da punibilidade nos crimes contra a Ordem Tributária:** A Lei n. 12.382/2011 inseriu no art. 83 da Lei n. 9.430/96 o atual § 2º, o qual passou a prever que somente o parcelamento com pedido feito (formalizado) *antes do recebimento da denúncia* suspende a pretensão punitiva, *verbis:* "§ 2º É suspensa a pretensão punitiva do Estado referente aos crimes previstos no *caput*, durante o período em que a pessoa física ou a pessoa jurídica relacionada com o agente dos aludidos crimes estiver incluída no parcelamento, desde que o pedido de parcelamento tenha sido formalizado antes do recebimento da denúncia criminal". O § 3º, incluído também pela Lei n. 12.382/2011, previu ainda que "a prescrição criminal não corre durante o período de suspensão da pretensão punitiva". A previsão constante do referido § 2º, por ser maléfica em relação à disciplina legal anterior (que não exigia que o pedido de parcelamento fosse realizado "antes do recebimento da denúncia" – *vide* Leis ns. 10.684/2003 e 11.941/2009), não deve retroagir, abrangendo somente fatos praticados após a entrada em vigor da Lei n. 12.382/2011. Embora o § 2º preveja que a suspensão da pretensão punitiva só ocorra com a inclusão do contribuinte no parcelamento (ou seja, com o seu *deferimento*), tendo havido pedido de parcelamento formalizado, mas ainda não deferido por estar em análise, a nosso ver faltará *justa causa* para a ação penal até se definir se ele será deferido ou não. O que importa é a conduta do contribuinte ao pedir o parcelamento, o que se faz geralmente com o pagamento da primeira parcela, sendo que a maior ou menor agilidade da Fazenda Pública foge ao seu controle. Caso, entretanto, a denúncia seja nessa hipótese recebida, será caso de *habeas corpus* objetivando o seu trancamento por falta de justa causa. A ação penal só poderá ser instaurada se o parcelamento for indeferido ou na hipótese de o contribuinte deixar de pagar as parcelas e ser dele excluído. A Lei n. 12.382/2011 inseriu, ainda, no art. 83 da Lei n. 9.430/96 o § 4º, que passou a prever: "Extingue-se a punibilidade dos crimes referidos no *caput* quando a pessoa física ou a pessoa jurídica relacionada com o agente efetuar o pagamento integral dos débitos oriundos de tributos, inclusive acessórios, que tiverem sido objeto de concessão de parcelamento", ou seja, estará extinta a punibilidade com o pagamento total do débito parcelado, com pedido *formalizado* antes do recebimento da denúncia.

- **A Súmula 554 do STF e o art. 16:** Permite a referida súmula que fique obstada a ação penal, caso seja pago, antes do recebimento da denúncia, o cheque emitido sem provisão de fundos. A nosso ver, ela contempla hipótese especial e seu fundamento é diverso daquele do art. 16. Partiu o entendimento sumulado da discussão sobre a natureza formal ou material do tipo do art. 171, § 2º, VI, do CP, e acabou por exigir o efetivo prejuízo da vítima como pressuposto à consumação. Assim, acreditamos que a Súmula 554 continua sendo aplicável à hipótese restrita que prevê, restando o art. 16 do CP válido para os demais casos. Aliás, o próprio STF proclamou que o art. 16 do CP não é incompatível com aquela orientação sumular, continuando válida a Súmula 554. Assim, apesar de uma súmula não ser lei, o pagamento do cheque, antes do recebimento da denúncia, nos termos do entendimento do STF, obsta a ação penal, e não é, apenas, uma causa de redução da pena.

Jurisprudência

- **Natureza:** É um comportamento pós-delitivo positivo, em que o agente repara o dano ou restitui a coisa com a finalidade de restaurar a ordem perturbada (TJDF, RvCr 0706400-56.2019.8.07.0000, j. 1.10.2019). O art. 16 é causa especial de diminuição de pena, que não exclui a criminalidade, mas ameniza, em homenagem à conduta do acusado, o rigor penal (STJ, RHC 2.020, *DJU* 29.3.93, p. 5266).

- **Causa obrigatória de diminuição:** Verificado o arrependimento posterior, a pena deverá ser reduzida (TRF da 1ª R., Ap. 12.515, *DJU* 3.8.92, p. 22351).
- **Delitos culposos:** Cabe a redução da pena, inclusive nos delitos de trânsito com lesões corporais (TACrSP, *RT* 702/347), pois como a violência contra pessoa não é querida, não se pode dizer que tenham sido cometidos "com violência" (TACrSP, *Julgados* 87/401, 89/440-1). *Contra:* Não cabe a redução quando ocorre violência à pessoa ainda que na forma culposa (TACrSP, *mv – Julgados* 89/268).
- **Crime formal:** Tratando-se de delito formal (art. 17 da Lei n. 7.492/86) e de perigo abstrato, no qual é irrelevante a ocorrência do dano ou o seu valor, descabe a concessão do benefício do arrependimento posterior, assim como a aplicação do princípio da insignificância (TRF da 3ª R., 2ª T., Ap. 97030301002, j. 30.10.2001, *DJU* 10.12.2001). *Contra*, aplicando o art. 16 ao crime de gestão temerária (art. 4º, parágrafo único, da Lei n. 7.492/86), vez que houve o ressarcimento integral dos valores antes do recebimento da denúncia e que se trata de incentivo à devolução das quantias às vítimas do crime praticado (TRF da 4ª R., 7ª T., ApCr 200204010372991, j. 9.12.2003, *DJU* 11.2.2004, p. 471). Entendemos acertada a segunda posição, já que não se pode distinguir onde a lei não distingue.
- **Compatibilidade com as súmulas:** O art. 16 do CP não é incompatível com as Súmulas 554 e 246 do STF, que continuam sendo aplicáveis (STF, *RT* 616/379; TFR, RHC 6.892, *DJU* 25.6.87, p. 13077; TACrSP, *Julgados* 91/157, 90/283).
- **Espontaneidade:** Não se faz necessário que a iniciativa de reparação parta do agente, bastando que ele, por vontade própria, tenha restituído a coisa, ainda que provocado por terceiros (TJMG, EI na Ap. 10132150020494002, publ. 12.2.2020).
- **Reparação parcial e redução parcial:** A aplicação do arrependimento posterior não exige que o dano seja integralmente reparado, principalmente se a vítima se satisfez com a reparação parcial, devendo a pena ser, a partir de um terço, proporcional ao volume do ressarcimento, reservando-se a diminuição máxima de dois terços às hipóteses de pagamento integral, ficando à escolha do juiz o coeficiente do abatimento (TACrSP, 5ª C., Ap. 1.326.103/4, j. 3.2.2003, *Bol. IBCCr* 132/752). A graduação da diminuição deve ser aferida segundo o momento procedimental e a proporção do montante ressarcido; por isso existirem limites mínimo e máximo. Se o ressarcimento foi total e ocorreu no mesmo dia do fato, a redução deve ser a máxima de dois terços (TJSP, 1ª C., Ap. 480.823-3/9-00, j. 27.6.2005, *Bol. IBCCr* 165/1014).
- **Reparação ou devolução:** A reparação do dano deve ser integral, voluntária e antes do recebimento da denúncia para haver a incidência do art. 16 do CP (TRF4, Ap. 5063367-51.2016.4.04.7000, j. 25.3.2019). A reparação deve ser efetiva, não bastando a simples intenção de fazê-la (TFR, Ap. 7.201, *DJU* 11.6.87, p. 11738). O dano deve ser reparado integralmente (TJRO, *RT* 778/678). Serve a feita por irmão do agente (TJSP, *RJTJSP* 100/490). Não serve se, embora feita pela mulher do acusado, este, no inquérito ou no processo, não fez referência ao pagamento, presumindo-se que não teve conhecimento dele (STF, *RTJ* 145/228). *Contra:* Se devolvido o dinheiro por um parente, é lícito presumir-se que foi a pedido do acusado (TACrSP, *RJDTACr* 12/49). Cabe a redução, se a devolução se fez deixando os objetos furtados na soleira da porta da vítima (TACrSP, *Julgados* 86/253) ou quando o autor de estelionato repara o prejuízo causado antes do recebimento da denúncia (TACrSP, *RT* 807/634). Não serve a devolução em razão de apreensão policial no flagrante (TACrSP, *mv – RT* 618/331; TJMG, Ap. 10145140317093001, j. 29.3.2019).
- **Reparação do prejuízo recusada pela vítima:** Se o réu, logo após o ilícito, propôs à vítima a reparação do prejuízo causado, no que obteve recusa, tem-se configurado o arrependimento posterior do art. 16 do CP (TJRS, ACr 7002.1545.660, rel. Des. Amilton Bueno de Carvalho, j. 31.10.2007, *Bol. AASP* n. 1.566).
- **"Moralidade administrativa":** Não procede o argumento de que o art. 16 não seria aplicável, embora reparado o prejuízo causado, posto ser "irreparável a moralidade administrativa, resguardada pelo legislador e também atingida". Isto porque o art. 16 apenas exclui a sua incidência aos delitos praticados com grave ameaça ou violência à

pessoa, ficando, assim, bem claro que aos demais delitos é ele aplicável. Não se pode distinguir onde a lei não distingue, principalmente tratando-se, como se trata, de dispositivo contido em lei repressiva (TJSP, *RJTJSP* 123/461).

- **Pessoalidade e voluntariedade:** O arrependimento posterior requer a pessoalidade e a voluntariedade do agente na restituição da coisa, não sendo aplicável, portanto, a casos em que decorre de cumprimento de mandado de busca e apreensão pela polícia (TJMG, *RT* 852/634). A reparação ou devolução não precisa ser espontânea, bastando que seja voluntária (TJSP, *RT* 636/281; TACrSP, Ap. 1.215.695-4, j. 25.10.2000; TJGO, *RT* 699/359; TJRS, 4ª C., Ap. 70013991518, j. 8.6.2006, *vu – Bol. IBCCr* 165/1014). O art. 16 do CP se aplica ao agente que, tendo esquecido seus documentos no lugar do furto, em razão deste último fato devolve, no dia seguinte, a *res furtiva* ao proprietário (TACrSP, *RJDTACr* 9/67). Impõe-se a devolução imediata, ou pelo menos rápida, e sempre espontânea da coisa, não servindo o seu abandono dois dias após o furto, perante ameaça da vítima de registrar queixa (TACrSP, *Julgados* 89/442); se parte foi apreendida pela polícia, não houve devolução espontânea (TAMG, *RJTAMG* 26-7/493).

- **Violência ou grave ameaça:** O arrependimento posterior é incompatível com a violência ou grave ameça, como num crime de roubo (TJPB, Ap. 0000783-42.2019.8.15.2003, j. 6.2.2020).

- **Crime não patrimonial e sem efeito patrimonial:** Se o condenado por tráfico internacional de crianças (art. 239 da Lei n. 8.069/90), com medo de ser processado à época, teria voluntariamente determinado que as crianças retornassem do exterior, viabilizando que a mãe dos menores as buscassem no Paraguai, há incidência do art. 16 do CP (TRF da 4ª R., Ap. 2001.70.02.000860-6/PR, *RT* 854/709).

- **Extensão na medida da participação na reparação:** Uma vez reparado o dano integralmente por um dos autores, a diminuição de pena estende-se aos demais coautores, cabendo ao julgador avaliar a fração a ser aplicada, conforme a atuação de cada agente em relação à reparação efetivada (STJ, 6ª T., REsp 1.187.976-SP, rel. Min. Sebastião Reis Júnior, j. 7.11.2013).

- **Extensão:** A reparação do dano é circunstância objetiva que não se restringe à esfera pessoal de quem a realiza, estendendo-se, portanto, aos coautores e partícipes (STJ, REsp 122.760/SP, *DJU* 21.2.2000, p. 148; REsp 264.283/SP, *DJU* 19.3.2001; RHC 4.147-1, *DJU* 6.2.95, p. 1361). *Contra*, entendendo que o arrependimento posterior tem natureza subjetiva e não se estende aos demais coautores que não participaram da reparação dos danos (STJ, HC 92.004-PR, j. 5.5.2009; TRF da 3ª R., 5ª T., Ap. 95.03.103643-7/SP, j. 30.1.2005, *DJU* 7.3.2006, *in Bol. IBCCr* 165/1013-4).

- **Redução da pena:** O art. 16 permite que a pena seja reduzida mesmo abaixo do mínimo cominado ao crime (STJ, REsp 184.862-RJ, *DJU* 27.8.2001, p. 419, *in RBCCr* 38/380; REsp 122.760-SP, *DJU* 21.2.2000, p. 148; TRF da 2ª R., Ap. 2.148, *mv – DJU* 3.4.90, p. 5893). Em peculato doloso, a restituição dos valores apropriados não extingue a punibilidade, mas reduz a pena (TFR, Ap. 6.396, *DJU* 17.10.1985, p.18.353; Ap. 6.258, *DJU* 19.9.1985, p.15895; TJSP, *RT* 632/280).

- **Prescrição:** A redução da pena, pela aplicação do art. 16 do CP, reflete-se na prescrição (TFR, Ap. 6.934, *DJU* 7.4.1988, p. 7234).

CRIME IMPOSSÍVEL

Art. 17. Não se pune a tentativa quando, por ineficácia absoluta do meio ou por absoluta impropriedade do objeto, é impossível consumar-se o crime.

Crime impossível

- **Noção:** Este art. 17 trata do *crime impossível*, também chamado quase crime ou tentativa impossível, inidônea ou inadequada. Diz o dispositivo ser impunível a tentativa nas duas hipóteses que aponta: *1.ineficácia absoluta do meio*; ou *2. impropriedade absoluta do objeto*, que torna impossível a consumação do crime.

■ **História:** O tema do crime impossível foi palco de acaloradas discussões no direito penal. Em esplêndida Tese de Livre Docência, J. SOARES DE MELLO (*O Delicto Impossível*, São Paulo, Revista dos Tribunais, 1936) traz boa parte do repertório abaixo por nós referido, cuja menção é indispensável. Em determinada passagem de seu livro (ob. cit., p. 143), o citado autor traz um exemplo que retrata a polêmica havida entre penalistas no século passado. Mencionando a obra *Les vies des hommes illustres* de PLUTARCO, narrou a seguinte história: dois amigos dormiam na mesma tenda, POMPEU e LUCIUS TERENTIUS. Seduzido por terceiros, mediante paga, LUCIUS planejou a morte de POMPEU: enquanto este dormia deveria esfaqueá-lo, momento em que outros colocariam fogo na tenda. Tendo descoberto o plano, POMPEU fingiu nada saber. Durante a noite, deixou a cama discretamente, colocando volumes embaixo das cobertas. De espreita, observou LUCIUS levantar e desferir vários golpes de espada nas cobertas da cama vazia de POMPEU. Contrapuseram-se penalistas. (a) Com visão *subjetiva* (desvalor da conduta, juízo de periculosidade do agente), notadamente os adeptos da antiga Escola Positiva defendiam a punição do crime impossível a partir do momento em que o autor manifestou sua *temibilidade* em atos voltados a cometer um crime, ainda que a consumação do crime seja impossível por sua ignorância quanto à absoluta impropriedade dos meios empregados ou do objeto. Assim RAPHAEL GAROFALO, na década de 1880, defendia que deveria ser punido quem compra veneno de um químico, tendo este último se arrependido e, na hora, entregue substância não venenosa, que foi utilizada em vão pelo temível autor. (b) Visão *objetiva* (inexistência de ofensa ou perigo de lesão ao bem jurídico), não sendo possível punir o início da execução de um crime que, pelas circunstâncias, *jamais poderia se consumar*, em que pese a repugnância ou temibilidade da conduta manifestada pelo autor. Os primeiros grandes penalistas a tratarem sistematicamente do crime impossível foram ANSELM FEUERBACH, na Alemanha, com seu *Tratado de Direito Penal* em 1808, e GIAN DOMENICO ROMAGNOSI, na Itália, em *Genesi del Diretto Penale* de 1836. Para *ambos*, não deviam ser punidas as tentativas com meio inidôneos, insuficientes ou com inexistência de objeto, uma vez que não ofereceram nenhum perigo objetivo, como *usar sal no lugar de veneno*, ou *atirar à noite em uma árvore acreditando ser uma pessoa*. Na França, PELLEGRINO ROSSI, em seu *Traité de Droit Pénal* de 1829, inclusive com base no art. 2º do Código Penal Francês de 1810, ao dispor que só havia tentativa com o início *da execução* do crime. Não havendo como iniciar a execução de algo impossível (seja pelos meios, seja pelo objeto), não há como punir o crime impossível. Já CARL MITTERMAIER, em 1859, seguido por ORTOLAN, em 1886, defendeu fazer-se diferenciação entre situações em que (a) é *absolutamente impossível* o crime se consumar, por quando há inidoneidade do objeto (esfaquear um cadáver) ou quando o meio empregado é *absolutamente inidôneo*, em ambas não havendo punição, das (b) situações em que em o agente emprega meios *relativamente* inidôneos, que em tese poderiam causar o resultado desejado, quando então estaria configurada a tentativa punível, analisando-se caso a caso. É a hipótese do chamado *delito falho* ou *tentativa perfeita*, em que o agente fez tudo, não ocorrendo o resultado por circunstâncias *alheias* e *fortuitas*. Lembrado por J. SOARES DE MELLO (ob. cit., p. 115), FRANZ VON LISZT, em sua obra de 1888, defende que o juiz deverá avaliar, em cada situação específica, se houve *perigo* e, em caso afirmativo, *em que grau* (*si et in quantum*), ou seja, se houve *perigo concreto* para saber a hipótese é de tentativa punível, ou de crime impossível sem punição. OTTORINO VANNINI, em seu *Manuale di Diritto Penale* (Firenze, Casa Ed. Carlo Cya, 1947, p. 74), afirma não existir crime quando é impossível haver a produção do evento devido à *inidoneidade da ação* ou à *inexistência ou inidoneidade do objeto*, acrescentando a hipótese de total *não ofensividade* ao interesse protegido (como na hipótese da precaução da polícia ou do agente provocador). Por fim, há de se referir RENÉ GARRAUD que critica a distinção entre impossibilidade absoluta da impossibilidade relativa, defendendo a não punição da conduta quando houver *impossibilidade de direito*. Isto é, na hipótese em que a intenção criminosa, ainda que manifestada em ato, será *juridicamente irrealizável*. Diferentemente ocorre com a *impossibilidade de fato*, sendo o crime apenas impedido por circunstâncias fortuitas, hipótese de tentativa punível. O juiz deveria avaliar, caso a caso, por qual motivo o crime não se consumou. Afirma GARRAUD: *delito putativo, imaginário, suposto*, não é delito: "tentar envenenar com veneno imaginário, praticar manobras abortivas numa mulher não grávida; pretender matar uma pessoa já morta;

subtrair, para si, coisa própria que se acredita de outrem, – nada disso é delito", defende o mestre francês, lembrado por J. SOARES DE MELLO (ob. cit., p. 126), que nos trouxe muitas das informações acima citadas. Fazemos a ressalva, todavia, que não concordamos com a conclusão da tese de J. SOARES DE MELLO, quando defende que o crime impossível deveria ser punido, embora com uma pena mais baixa do que o crime tentado, adotando a teoria subjetiva, na linha da Escola da Defesa Social.

- **Natureza:** Torna atípico o fato, não havendo violação e tampouco perigo de violação do bem jurídico tutelado pelo tipo penal.

- **Ineficácia absoluta do meio:** O meio é absolutamente ineficaz quando totalmente inadequado ou inidôneo para alcançar o resultado criminoso. Não basta a ineficácia relativa, sendo necessária a absoluta. Exemplo: o revólver sem munição é absolutamente inidôneo para matar alguém a tiro; já o revólver com balas velhas (que podem ou não disparar) é meio só relativamente ineficaz e seu uso permite configurar tentativa punível.

- **Ou absoluta impropriedade do objeto:** Nesta hipótese, é o *objeto* material do crime que se apresenta absolutamente *impróprio* para que o ilícito se consume. Também aqui, a impropriedade deve ser completa e não parcial. Os exemplos clássicos são os de facadas em cadáver ou de práticas abortivas em mulher que não está grávida.

- **Crime putativo ou imaginário:** O crime impossível não se confunde com o *crime putativo* (ou *imaginário*), em que o agente, erradamente, pensa que está praticando um crime, mas sua conduta não é penalmente proibida. No putativo, a conduta é atípica por si própria, dispensando a invocação deste art. 17 do CP.

- **Crime putativo provocado:** Preceitua a Súmula 145 do STF que "não há crime quando a preparação do flagrante pela polícia torna *impossível* a sua consumação". Todavia, tal súmula tem sido objeto de dúvidas quanto à sua *extensão*. Para alguns, basta que "a consumação seja *impossível*, dado o artifício empregado contra o indiciado, sendo irrelevante que o flagrante tenha sido preparado exclusivamente pela polícia ou com o auxílio da pretensa vítima" (voto do relator Min. Cunha Peixoto, no RHC 54.654 do STF, *RTJ* 84/399). Ao contrário, para outros julgados, que hoje predominam, "a interpretação correta da citada ementa é a que promana destas palavras que lhe deviam formar o contexto: não há crime quando o fato é preparado, mediante provocação ou induzimento, direto ou por concurso, de autoridade, que o faz para o fim de aprontar ou arranjar o flagrante" (STF, *RTJ* 98/136; Pleno, *RTJ* 82/140; *RF* 263/277; TJSC, *RT* 540/345). É importante, pois, distinguir as duas hipóteses: *a*. Quando o agente atua por provocação, direta ou indireta, da polícia. *b*. Quando não houve intervenção prévia da polícia, que, avisada, interfere para surpreender o agente durante a prática do crime. Note-se que, para efeitos de prisão em flagrante, deve-se atentar, em certos delitos, para o problema do exaurimento (*vide* nota Exaurimento (post factum *impunível*), no art. 14, II, do CP). Quanto à consumação, tem-se decidido ser inaplicável a Súmula 145 do STF se o crime já estava consumado quando o flagrante de concussão foi preparado, como no caso da concussão, cuja consumação se dá com a simples exigência, independentemente do recebimento da vantagem (STF, RE 104.568, *DJU* 10.5.85, p. 6856; *RT* 537/396).

- **Ação controlada e infiltração por agentes (Lei n. 12.850/2013):** As medidas cautelares ligadas à obtenção de prova consistentes na *ação controlada* e na *infiltração de agentes* em investigações de crimes praticados por organizações criminosas estão previstas nos arts. 8º a 14 da Lei n. 12.850/2013). Ocorre que, por vezes, poderá a ação controlada levar à configuração da hipótese de crime impossível prevista no art. 17 do CP com relação a crime que venha a ser praticado pela organização criminosa (não ao delito da própria organização do art. 2º da Lei n. 12.850). Isto quando *a própria autoridade policial tiver interagido e com isso estimulado* o agente durante a ação controlada, já com vistas a efetuar a prisão em flagrante. Nessa hipótese, que pode, por exemplo, ocorrer em casos de *corrupção ativa* (CP, art. 333), deixará o agente policial de ser mero *observador que acompanha a ação criminosa*, como preceitua a disciplina legal da *ação controlada*, podendo caracterizar verdadeiro *flagrante preparado*, o que torna impossível a configuração do crime, não havendo ofensa a bem jurídico qualquer.

- **Drogas (Lei n. 11.343/2006 – antiga Lei n. 6.368/76 c/c Lei n. 10.409/2002):** Se a anterior guarda do entorpecente era para *uso pessoal* (art. 28), a instigação da polícia para que o usuário o vendesse, prendendo-o em seguida como *traficante* (art. 33), caracteriza flagrante preparado ou provocado, inidôneo para configurar o tráfico, embora possa ser idôneo para caracterizar o porte para uso próprio (Roberto Delmanto, "Tóxico e flagrante preparado ou provocado", *RT* 679/454).

Jurisprudência do crime impossível

- **Banco avisado antes:** É crime impossível a tentativa de estelionato com a apresentação ao banco de cheque, se a vítima já determinara a sustação do pagamento do cheque furtado (TACrSP, *RT* 611/380). Se apesar de sustado, o cheque fora encontrado na rua, tendo o agente mandado seu empregado descontá-lo, configura-se o delito de apropriação de coisa achada (CP, art. 169, parágrafo único, II) (TACrSP, *RJDTACr* 20/58).

- **Inexistência de saldo em conta corrente:** O preenchimento de documento de compensação bancária não configura tentativa de estelionato (CP, art. 171) se não havia possibilidade de pagamento do "DOC" em face da inexistência de saldo. O desconto ou depósito do documento de compensação é antecedido pela conferência do saldo da conta, não havendo possibilidade de transferência de saque sem que haja saldo em conta. Crime impossível por absoluta ineficácia do meio (TRF da 5ª R., 3ª T., Ap. 2002.83.00.002758-0/PE, j. 4.8.2005, *Bol. IBCCr* 165/1014).

- **Dólares na bagagem de mão (Lei n. 7.492/86, art. 22, parágrafo único – "colarinho branco"):** Há absoluta inidoneidade do meio no ato de portar moeda estrangeira acima do permitido na bagagem de mão em embarque aéreo internacional, pois inexoravelmente seria detectada na esteira do *raio X* (TRF da 3ª R., *mv – JSTJ* eTRF 3/367).

- **Desobediência e crime impossível:** Se o agente não portava os documentos solicitados pela autoridade policial, estando, portanto, sem condições de cumprir a referida ordem, a hipótese é de crime impossível (TJPE, 3ª C., ApCr 92.104-8/PE, j. 16.12.2003, *vu – Bol. AASP* n. 2.374, p. 891).

- **Acusado que mente sobre a sua identidade:** Não existe crime na conduta de pessoa presa sob acusação de furto que mente sobre seu nome. Considerando que o Estado tem a possibilidade de identificar fisicamente o flagrado ou o indiciado, colhendo-se suas impressões digitais, torna impossível a ocultação de sua verdadeira identidade. Se a polícia judiciária, que tem meios de buscar a verdadeira identidade do agente, não o faz, a omissão do Estado não pode levar o Judiciário a punir o cidadão. Afinal, o acusado não tem o dever de dizer a verdade (*nemo tenetur se detegere*) (TJRS, 7ª C., Ap. 70014165864, j. 6.4.2006, *mv – Bol. IBCCr* 165/1015).

- **Vítima sem dinheiro em crime de furto ou roubo:** Se, após anunciar o assalto mediante o emprego de arma de fogo, se afastou por não haver numerário no caixa, não se configura o crime impossível (TJRS, Ap. 70076006519, *DJ* 20.3.2019). A ausência acidental de dinheiro com a vítima de roubo é impropriedade relativa de objeto, não configurando crime impossível, mas, sim, tentativa punível (TJSP, *RJTJSP* 87/381; TACrSP, *mv – Julgados* 79/309, *RT* 542/345), mormente se houve o desapossamento da própria pasta e de documentos que estavam em seu interior (TACrSP, *RJDTACr* 11/230). Contra: A tentativa de roubo contra pessoa que não trazia dinheiro ou valor algum é crime impossível, pois há inidoneidade absoluta do objeto (TJSP, *mv – RT* 573/367; TACrSP, *RT* 560/339, *mv – Julgados* 65/398, *RT* 531/357).

- **Correios:** Ocorre crime impossível quando o objeto específico do furto – no caso dinheiro – é manifestamente inexistente no local onde a ação foi perpetrada. A ausência de outros bens de valor e o dolo específico de subtrair valores em pecúnia denota a impropriedade absoluta do objeto por sua inexistência, e não impropriedade relativa (TRF da 5ª R., 4ª T., Ap. 2004.83.00.021834-5/PE, j. 22.11.2005, *vu – Bol. IBCCr* 165/1015).

- **Vítima em crime de extorsão:** Há crime impossível se a assinatura do cheque entregue pela vítima era falsa e ainda não possuía fundos (TACrSP, *Julgados* 91/366).

- **Vítima sem dinheiro em outros crimes:** Ao contrário do que se dá com o furto ou roubo, o fato de a vítima do estelionato estar, no momento da fraude, sem bens para entregar ao agente, não caracteriza o crime impossível, pois nada impede que o ofendido vá à procura do dinheiro que o agente pediu (TACrSP, *Julgados* 72/376).

- **Sistema de alarme:** Há crime impossível se a coisa que se pretendia furtar estava protegida por aparelho de alarme que tornava absolutamente ineficaz o meio empregado para a subtração (TACrSP, *RT* 545/373). Não há crime impossível se o veículo não foi furtado por dispor de bloqueador de combustível (TACrSP, *RJDTACr* 16/211, 15/59) ou por estar com bateria descarregada, mormente se o agente tentou "pegá-lo no tranco" (TACrSP, *RJDTACr* 15/57). Não há falar em crime impossível quando o meio utilizado para a prática do delito não se mostra absolutamente ineficaz, sendo o eventual descuido de servidores de cartório na identificação da fraude documental suficiente para a consumação do delito de subtração ou inutilização de livro oficial ou de documento custodiado por funcionário público, previsto no art. 337 do CP (STJ, REsp 799.141, *DJe* 13.10.2009).

- **Sistema de vigilância eletrônica:** Embora a autora estivesse sendo vigiada pelo sistema de segurança da loja por meio de circuito interno de TV, no momento da subtração da *res furtiva*, tendo sido abordada pela vendedora que constatou o furto, não há falar em crime impossível já que existia a possibilidade, ainda que mínima, do delito se consumar. Tendo em vista a não consumação e o valor ínfimo da coisa, aplica-se à hipótese o princípio da insignificância (STJ, REsp 710.667/RS, j. 23.8.2005, *DJU* 3.10.2005, p. 324). A presença de sistema eletrônico de alarme nas mercadorias da loja ou mesmo o seu constante monitoramento realizado por circuito interno de TV, não é circunstância que venha a impedir, totalmente, a consumação do crime, pois, muitas vezes, o equipamento apresenta defeito (TJDF, Ap. 2005.07.1.004092-9, j. 9.3.2006, *in Bol. IBCCr* 165/1015). A presença de sistema eletrônico de vigilância no estabelecimento comercial não torna o agente completamente incapaz de consumar o furto, não havendo crime impossível (STJ, HC 118.947/RJ, *DJU* 19.12.2008; HC 89.530/SP, *DJU* 11.2.2008; TJMG, Ap 1.0024.02.746814/001, *RT* 857/632).

- **Vigilância permanente por funcionários:** Se a todo tempo a mercadoria e o denunciado estavam sendo vigiados por funcionários do estabelecimento vitimado, não tendo o réu, assim, como consumar o furto, caracterizado está o crime impossível (TJRS, Ap. 70044778041, j. 6.10.2011, *in Bol. AASP* n. 2.780, p. 12).

- **Vigilância em presídio por agentes de segurança pública:** Nem sempre obsta o ingresso de drogas, não se reconhecendo o crime impossível (TJMG, Ap. 10231120042156001, publ. 31.5.2019).

- **Agente visto por terceiro:** Se o terceiro que percebeu a ação do acusado lhe permitiu praticar o furto, para só então contatar os moradores da residência e, depois, partir em sua perseguição, não há crime impossível (TJDF, Ap. 12.413, *DJU* 25.11.92, p. 39514).

- **Inidoneidade absoluta:** Não há crime se a fraude usada era absolutamente inidônea e a vítima a percebeu, mas mesmo assim concluiu o negócio, apenas para possibilitar a prisão em flagrante (TACrSP, *RT* 624/327, *Julgados* 87/281). Não obstante o artifício, o ardil ou a fraude utilizados para induzir a vítima a erro, se ela, ao invés de ser enganada, desde logo desconfiou e chamou a polícia, não há tentativa de estelionato, mas crime impossível (TJMG, Ap. 1.0145.02.021470-9/001 (1), j.15.12.2005, *Bol. IBCCr* 165/1015). Há crime impossível se era absoluta a inidoneidade do meio empregado (TACrSP, *Julgados* 85/441), o que o torna impróprio à produção do resultado e incapaz de lesar a fé pública (CP, arts. 297 e 304 – passaporte) (TRF da 1ª R., Ap. 2000.38.00.021425-9/MG, j. 23.5.2006, *Bol. IBCCr* 165/1014), ou no caso de falsificação grosseira (CNH – Carteira Nacional de Habilitação) (TJRJ, 5ª C., EI 2004.054.00165, j. 14.3.2006, *in Bol. IBCCr* 165/1015). Não há crime se a rádio comunitária instalada sem a devida autorização possuía baixa frequência, pela inocorrência de potencialidade lesiva ao bem tutelado pela norma penal, já que incapaz de causar danos a terceiros, além de não se ter indicativos da pessoa que com ela colaborava tivesse obtido vantagem financeira, não havendo também dolo (TRF da 5ª R., RSE 2002.81.00.006723-8/CE, j. 17.3.2005).

- **Inidoneidade relativa:** É só relativa a ineficiência, se o agente deu veneno à vítima, mas em quantidade insuficiente para matá-la (TJSP, *RT* 613/303). Não há crime impossível, se a ineficácia do meio não era absoluta, fracassando a tentativa por caso fortuito (TACrSP, *Julgados* 85/304). A inidoneidade relativa do meio ou do objeto não exclui a tentativa punível, se há condição de perigo (TFR, Ap. 3.983, *DJU* 30.4.81, p. 3759). Também não há crime impossível, mas sim tentativa de furto, se o veículo não funcionou por defeito mecânico (STJ, REsp 58.870, *DJU* 10.4.1995, p. 9282).

- **Inidoneidade da fraude:** Há crime impossível, se o meio empregado era absolutamente ineficaz, tanto que a vítima desde o início percebeu a fraude (TACrSP, *RT* 608/336). A fraude que não chega a convencer a vítima é inidônea para configurar tentativa de estelionato (TACrSP, *Julgados* 81/158). Se o meio empregado não chegou a induzir em erro o funcionário encarregado do pagamento, não se configura a tentativa de estelionato, pois há crime impossível (TFR, Ap. 4.056, *DJU* 12.12.1980, p. 10606). *Contra*: Ainda que a vítima não acredite na fraude, há tentativa de estelionato e não delito impossível, se a história contada pelo agente era apta a enganar pessoa de menor percepção (TACrSP, *RT* 533/367). Não há crime impossível, se o meio de que se valeu o agente (documento público adulterado) era absolutamente idôneo (TFR, Ap. 8.613, *DJU* 19.4.1989, p. 5726). Se foram utilizados, sem êxito, meios suficientes para ludibriar o homem médio, a hipótese é de tentativa de estelionato (TACrSP, *RT* 820/592).

- **Dinheiro marcado:** É crime impossível o furto de dinheiro guardado, cujas cédulas haviam sido marcadas para descobrir quem iria tentar a subtração (TACrSP, *RT* 520/405).

- **Revólver sem munição:** A tentativa de homicídio com revólver descarregado ou cujas cápsulas já estavam deflagradas é crime impossível (TJSC, *RT* 568/329; TJSP, *RT* 514/336).

- **Revólver que falha:** Se, na tentativa de roubo, efetua disparos contra a vítima, mas a arma falha, não há crime impossível (TJMG, AP. 10209170047028001, publ. 28.11.2019).

- **Falta de documento:** Se a consumação do crime pressupõe a exibição de instrumento de procuração para receber benefício em nome de terceiro, a falta do documento caracteriza tentativa impossível de estelionato (TFR, Ap. 3.740, *desempate – DJU* 29.10.79, p. 8411).

- **Diferença entre flagrante esperado e preparado ou provocado:** No flagrante *preparado desvirtua-se* a atividade que tinha sido desenvolvida pelo infrator nos seus aspectos fundamentais de querer, exclusividade da ação e autenticidade dos fatos. No flagrante *esperado*, a atividade policial é *apenas de alerta, sem instigar* o mecanismo causal da infração; procura colhê-la ou frustrá-la em sua consumação (STF, *RTJ* 105/573).

- **Flagrante preparado:** Existe flagrante preparado quando a própria vítima, fingindo-se enganada pela tentativa de estelionato, colabora na remoção de seus próprios bens, para dar formalidade à prisão do agente (TACrSP, *Julgados* 87/245). Há flagrante preparado e crime impossível se a vítima, alertada pela polícia, foi ao encontro do agente estimulada pela autoridade policial e sob a proteção desta (TACrSP, *RT* 564/346, 618/337). Há crime impossível se a ação delituosa foi provocada por policial disfarçado, em flagrante preparado (TJSP, *RT* 636/287). Há crime impossível se a execução do furto dependia do concurso do guarda do prédio, e esse vigia, instruído pelo gerente, apenas fingiu colaborar no crime que sabia frustrado (TJMT, *RT* 548/384).

- **Extensão ao coautor:** A atipicidade da conduta, com fundamento no instituto do crime impossível, tem natureza objetiva, e não de caráter pessoal, devendo, assim, ser estendida ao coautor, sob pena de afronta ao princípio constitucional da isonomia (TRF, 3ª R., 5ª T., HC 0010529-68.2014.4.03.0000, rel. Des. Fed. Luiz Estefanini, j. 30.6.2014).

Art. 18. Diz-se o crime:

CRIME DOLOSO

I – doloso, quando o agente quis o resultado ou assumiu o risco de produzi-lo;

CRIME CULPOSO

II – culposo, quando o agente deu causa ao resultado por imprudência, negligência ou imperícia.

Parágrafo único. Salvo os casos expressos em lei, ninguém pode ser punido por fato previsto como crime, senão quando o pratica dolosamente.

Crime doloso (inciso I)

- **Dolo natural da Escola *Finalista* adotada pelo CP:** Na *doutrina* finalista de HANS WELZEL – que a reforma de 1984 adotou –, *dolo natural* consiste na *vontade e na manifestação dessa vontade com o fim* de praticar *a conduta proibida pela lei penal*, querendo esse resultado. O *dolo típico* não é idêntico à vontade de praticar simplesmente uma ação qualquer, mas sim pela finalidade de realizar determinada conduta descrita em um tipo penal. Já o juízo de reprovabilidade sobre o fato do agente estar consciente de que a sua conduta é ilícita, mantem-se na culpabilidade. Antes, na Escola Clássica, o dolo era ínsito à própria *culpabilidade*, unido à consciência da ilicitude: era o *dolo ("dolus malus")* que se distingue do "dolo natural" do finalismo. Ensina FRITZ LOOS ("Hans Welzel (1904-1977) – A Busca do Suprapositivo no Direito", *in O Passado e o Futuro do Finalismo no Direito Penal*, org. por Pablo Rodrigo Alflen, CDS, Porto Alegre, 2020, p. 32): "Com a distinção entre *direcionamento da ação* e *direcionamento dos impulsos*, se *separam* o *dolo* e a *consciência do injusto*; a última permanecia na culpabilidade como momento da motivação reprovável de uma ação finalista ilícita. A reprovabilidade, no sentido dos delitos dolosos, poderia se dar, também, quando não existia consciência atual, mas sim consciência potencial do injusto, justamente se o desconhecimento do injusto era evitável". Desse modo, com WELZEL, a *subjetivação do injusto* (daí falarmos hoje em *tipo objetivo* e *tipo subjetivo*), trazendo o dolo para a figura típica, e assim *separando* o dolo (no tipo), da consciência ou potencial ciência da antijuridicidade, da qual decorre a reprovabilidade de sua conduta (culpabilidade). Por exemplo, quando um inimputável, sem consciência da ilicitude de sua conduta, mata uma pessoa, para a doutrina finalista ainda assim age com dolo, em razão da vontade de matar a vítima, que foi posta em prática; terá afastada, todavia, a sua culpabilidade (que é o juízo de reprovabilidade de sua conduta, diante da sua incapacidade para entender o caráter antijurídico desse fato ou de comportar-se de acordo com esse entendimento). No *finalismo*, no âmbito da *tipicidade* da conduta, o dolo típico foi reduzido à vontade de realizar a conduta tipificada em lei como proibida. Nesse "dolo natural", não haveria *considerações ou valorações éticas*, um "dolo neutro", como diz MIGUEL REALE JÚNIOR, um dolo insosso e vazio, "uma vontade descolorida, mas voltada para o resultado" (*Teoria do Delito*, São Paulo, Revista dos Tribunais, 1998, p. 5). As avaliações sobre a reprovabilidade ética do agente, no finalismo, foi deslocada para a análise da *culpabilidade* do agente ("fora do tipo penal"), diante da sua *consciência acerca da ilicitude* daquela conduta.

- **História – *Dolus malus* na Escola *Clássica* e outras:** Na antiga Escola Clássica, o dolo estava atrelado à *culpabilidade*, sendo o tipo penal *exclusivamente objetivo*, baseando-se, conduta e resultado, na teoria causal-naturalística da ação. Assim, a *consciência da ilicitude* da conduta estava *unida ao dolo*, no âmbito da *culpabilidade*. Ao contrário do que acontece no finalismo (que buscou separar o dolo (colocando-o no tipo) da culpabilidade (consciência da ilicitude), na Escola Clássica, portanto, o *dolo* era imbuído de *valor*. Assim, em esplêndida monografia, e criticando os finalistas, NELSON HUNGRIA (*A Legítima Defesa Putativa*, Rio, Jacinto Editora, 1936) discorre, como ninguém, sobre o que é o dolo: "A teoria da *neutralidade* do dolo, formulada principalmente por VON LISZT, não teve senão um êxito passageiro. (...) Eis, textualmente, a lição de Liszt-Schmidt, depois de acentuar que o dolo penal é um avatar do *dolus malus* romano (de cunho essencialmente ético) e não pode, portanto, ser concebido como uma atitude psíquica alheia ao *valor* da ação: 'Neste sentido, só há falar-se em ação dolosa quando dada a sua injuricidade, é praticada com a representação subjetiva das circunstâncias de fato pertinentes ao molde penal e da sua nocividade social, posto que tenha sido exigível do agente uma conduta conforme ao direito, ao invés da ilícita. Ou mais concisamente: é culpado a título de dolo aquele que, em oposição ao dever, atua no prévio conhecimento da significação, de fato e de direito, da própria conduta'" (ob. cit., pp. 36-37). A consciência da injuridicidade, ou pelo menos a possibilidade dessa consciência (que para os *finalistas* foi deslocada para a avaliação da *culpabilidade*), integrava o próprio *dolo*. Assim, apesar do princípio de política criminal de que a ninguém é dado alegar o desconhecimento da lei, era inseparável do conteúdo do dolo o elemento ético-jurídico. Desse modo, para os clássicos, a consciência da ilicitude era ínsita ao dolo, lembrando-se, entre outros, Carrara, para quem "o dolo, ainda que indeterminado 'pressupõe uma intenção maldosa voltada ao fim de prejudicar o direito de outrem' (...) Eis a lição de Maggiore: 'O dolo não implica a vontade de violar a lei mas sim a consciência da antijuridicidade da ação' (...) Angioni afirma que, para a subsistência do dolo, 'não basta dizer que o fato foi desejado pelo acusado mas é necessário outrossim afirmar e demonstrar que o mesmo acusado estava cônscio da delituosidade da ação eu cometeu'" (ob. cit. p. 45-47). Para os autores da época, a *boa-fé*, o *erro* afastava o próprio *dolo*: "É o que, aliá, já ensinava o próprio Manzini (...): 'Ao dolo contrapõe-se a boa fé, isto é, a razoável persuasão da legitimidade do fato voluntariamente causado. Em tal caso, o fato apresenta-se antijurídico no seu aspecto objetivo, mas não é tal subjetivamente, porque o agente faltou a consciência da ilegitimidade'" (*Idem*, p. 49). Era a chamada *intenção criminosa, maligna, maldosa*, o *ânimo de delinquir* a que se referem autores franceses e belgas, como Garraud, Vidal-Magnol, Roux, Haus; ou o *criminal intent, unlawful intent, wrongful intent, guilt state of mind, malevolence* dos anglo-saxões como Bishop e Wharton, ressaltando este último: "(...) 'Em nosso sistema, malícia, no senso geral, inclui toda intenção contrária à lei' (...) 'De acordo com os escritores ingleses da velha escola, malicia é tida como denotadora não somente da especial malevolência do assassinato de um homem, mas o espírito perverso, depravado e maligno, um coração sem dever social e deliberadamente inclinado para ao ofensa'" (ob. cit., p. 55). Por fim, Hungria conclui: "Se se limita o dolo ao simples fenômeno psicológico da representação do resultado a produzir-se com o movimento corpóreo (ou abstenção deste) consequente ao *fiat* da vontade, não haveria razão plausível para que tivesse ele especial significação no campo de direito penal (...)" (ob. cit., p. 62).

- **Reflexão:** Observamos que as teorias, com seus dogmas e classificações, nem sempre refletem todas as situações vivenciadas no dia-a-dia de nosso Direito Penal. A separação do dolo ("dolo natural" no tipo penal), da consciência da antijuridicidade ou ilicitude (culpabilidade), do *Finalismo*, mostra-se, frequentemente, *difícil e artificial*. Há figuras penais cujos tipos também demandam um *plus* que é muito difícil de ser separado da própria consciência do injusto na conduta incriminada (o antigo "*dolus malus*"). Citamos os crimes contra a honra, para os quais exige-se *animus caluniandi, difamandi* ou *injuriandi* (CP, arts. 138, 139 e 140), afastando-se *o próprio dolo* (que está no tipo penal) quando o agente demonstra que, ao escrever um texto ou publicar uma matéria, não teve *intenção criminosa* (aquela dos "clássicos") de ofender a honra daquela pessoa, tornando a sua conduta atípica. No crime de apropriação indébita (CP, art. 168), para o qual se exige *animus rem sibi habendi*, ou seja a malícia de saber que a coisa é de outrem e mesmo assim ter a *intenção criminosa* dispor dela como se fosse sua. Günter Jakobs ("O significado de Welzel parda a Ciência do Direito Penal de hoje", *in O Passado e o Futuro do Finalismo no Direito Penal*, org. por Pablo Rodrigo Alflen, CDS, Porto Alegre, 2020, p. 151), lembra, inclusive, a posição do *garante* (que é prevista no art. 13, § 2º, de nosso CP), nos crimes comissivos por omissão ou omissivos impróprios, em que "o omitente devia e podia agir para evitar o resultado", quando "tenha por lei obrigação de cuidado, proteção ou vigilância", "de outra forma, assumiu a responsabilidade de impedir o resultado" ou "com seu comportamento anterior, criou o risco da ocorrência do resultado". Ora, a *consciência da ilicitude* é inafastável para haver a configuração da situação de garante. A depender da especificidade do tipo penal, são comuns as situações em que, na atividade defensiva, busca-se demonstrar que o agente atuou sem consciência da ilicitude, com boa-fé, sem intenção criminosa, acarretando a *atipicidade* da conduta imputada.

- **Crime doloso:** Para o CP, o crime é doloso quando: *a. o agente quis o resultado proibido no tipo penal*; *b. o agente assumiu conscientemente o risco de produzi-lo*. Na primeira parte *(a)* é o *dolo direto* (ou determinado); a segunda *(b)* é o chamado *dolo indireto* (ou indeterminado), que tem duas formas (eventual e alternativo).

- *a.* **Dolo direto:** O dolo é direto quando o agente age movido à realização de determinado resultado, tendo a intenção de provocá-lo. Como anota José de Faria Costa, "o agente traduz o resultado em termos cognitivos como *altamente provável* ou *como certo*" (Tentativa e Dolo Eventual, separata do Boletim da Faculdade de Direito de Coimbra em homenagem ao prof. Eduardo Correia (1984), Coimbra ed., 1987, p. 26).

- *b.* **Dolo indireto (eventual ou alternativo):** O dolo é indireto quando a vontade do agente não visa a um resultado preciso e determinado, não obstante saiba que sua conduta pode causar resultados. Compreende duas formas: *(b1) dolo eventual*, quando o agente, conscientemente, admite e aceita o risco de produzir o resultado (*vide* explicação abaixo); *(b2) dolo alternativo*, quando a vontade do agente visa a um ou outro resultado (exemplo: matar ou ferir).

- **Dolo eventual (noção e teorias):** Trata-se de um dos grandes desafios do *finalismo*, uma vez que, nele, a conduta do agente *não é voltada a um fim*. Os debates entre os defensores do finalismo de um lado, e os do funcionalismo, de outro, são intermináveis. A polêmica é enorme, afirmando Rolf Dietrich Herzberg ("Reflexões sobre a Teoria Final da Ação", *in O Passado e o Futuro do Finalismo no Direito Penal*, org. por Pablo Rodrigo Alflen, CDS, Porto Alegre, 2020, p. 115) que a Teoria Final da Ação é inconciliável com o dolo eventual, como no exemplo do médico que, por ganância, esconde de seu paciente o alto risco da operação, "somente atua animado pela vontade de *evitar a morte* e não quer a sua 'realização'", mesmo porque, se isso ocorresse, não receberia honorários. Os finalistas defendem que, ao assumir conscientemente como possível o resultado proibido por lei, a sua ocorrência eventual também estaria dentro "da vontade da ação" do o agente, como defende Hirsch (cit. por Herzberg, "Reflexões...", *idem*). No dolo eventual pune-se a *indiferença*. Essa é a melhor explicação para definir o dolo eventual, como ensina José de Faria Costa: "a atitude ética da indiferença é o elemento nuclear ou, pelo menos, o ponto de passagem obrigatório para a global compreensão do dolo eventual" (ob. cit., pp. 27 e 32). Várias são as teorias que buscam explicar a criação dogmática do dolo eventual, seja por se aproximar do *dolo direto*, seja por se avizinhar da *culpa consciente*. Como ensina Claus Roxin (Tratado de Derecho Penal, cit., pp. 430 e ss.), são várias as teorias: a) teoria da indiferença, de Engisch, segundo a qual há dolo eventual "quando o sujeito dá por boas ou recebe com indiferença as consequências acessórias negativas meramente possíveis"; a indiferença seria um indício seguro do dolo eventual; b) teoria da representação ou da possibilidade, de Schröder, entendendo-se dispensável haver perquirição da vontade do sujeito, bastando demonstrar a possibilidade da produção do resultado para caracterizar-se o dolo eventual, o que faz desaparecer a ideia de "culpa consciente"; c) teoria da probabilidade do resultado, que é mais do que a mera possibilidade dele ocorrer, defendida por H. Mayer, entre outros; d) teoria da não colocação em prática da vontade de evitar o resultado, defendida por Armin Kaufmann, segundo a qual o fato do sujeito nada fazer para evitar o resultado possível configura o dolo eventual. Diante da dificuldade de se separar dolo eventual da culpa consciente, ainda na lição de Roxin (ob. cit., p. 447), Eser e Weigend propõem a criação de uma nova categoria, situada entre o dolo e a culpa, lembrando a figura anglo-saxônica do *recklessness* (algo próximo da conduta inconsequente). Na prática é *quase impossível* saber o que se passou na mente do agente em casos limítrofes, se realmente a hipótese, por exemplo, da morte de uma pessoa foi por ele *cogitada*, e se essa cogitação teria sido em nível de uma *possibilidade* (dolo eventual) ou, ao contrário, como um resultado *certo* ou *provável* em seu íntimo (dolo direto), o que deixa a todos em uma *zona cinzenta*. Como se vê, no dolo eventual reina sempre a *dúvida*. Enfim, há um complicado alargamento da punição de condutas a título de dolo, como ensina JOSÉ DE FARIA COSTA: "O sancionar como dolosa a conduta em que o agente prevê o resultado como possível e em que 'se acomoda no seu foro íntimo aquela consequência' (SCHWANDER, VITAL...), não pode deixar de constituir uma extensão da punibilidade a título de dolo" (ob. cit. p. 30).

- Dolo eventual *versus* culpa consciente: É importante não confundir o *dolo eventual* com a *culpa consciente*. No dolo eventual, não é suficiente que o agente se tenha conduzido de maneira a assumir o risco, a possibilidade de produzir o resultado; exige-se, mais, que ele tenha em seu foro íntimo, consentido com a possibilidade da sua conduta produzir o resultado, como, por exemplo, a morte de uma pessoa, agindo de forma *indiferente*. No Brasil, a propósito da imputação de dolo eventual em homicídios praticados ao volante, adverte JOSÉ BARCELOS DE SOUZA: "O que costuma ocorrer, efetivamente, em delitos de trânsito, não é um imaginado dolo eventual, mas uma culpa consciente, grau mais elevado da culpa, muito próxima do dolo, que, entretanto, não chega a configurar-se" ("Dolo eventual em crimes de trânsito", *Bol. IBCCr* 73/11). Ensina LUIS JIMÉNEZ DE ASÚA (*La Ley e el Delito*, 6ª ed., Buenos Aires, Editorial Sudamericana, 1973, pp. 368-369), também lembrado por DANTE BUSANA (TJSP, Ap. 213.944-3/7, j. 17.9.98), que o conceito de dolo eventual "deve ser manejado com extremo cuidado, porque se se diferencia, em doutrina, da chamada 'culpa com previsão', requer por parte do juiz um exame das representações e dos motivos que atuaram sobre a psique do sujeito, obrigando o intérprete e aplicador das leis a investigar nos mais recônditos recantos da alma humana". Evidentemente, a sempre difícil aferição do conteúdo psicológico da conduta do sujeito deverá ser extraída das circunstâncias objetivas do fato, dado ser impossível ao julgador saber o que se passava na sua mente no momento do fato; o que impõe ainda maior rigor quanto à necessidade da denúncia *efetivamente* evidenciar, com apoio nas circunstâncias do fato, como e em que momento, anterior à conduta, o sujeito assumiu o risco de produzir o resultado, não bastando alegar o seu "conhecimento potencial" (*vide* jurisprudência). Assim, havendo dúvida quanto ao conteúdo psicológico da conduta, prevalecerá a hipótese menos gravosa de culpa consciente, em face do princípio *favor libertatis*, que é a fonte de todo Estado de Direito Democrático, o qual, em matéria probatória nos campos penal e processual penal, se traduz na máxima *in dubio pro reo*.

- Culpa gravíssima – o novo art. 302, § 2º, do CTB (*Lex Mitior*): Na esteira da proposta feita por ESER e WEIGEND, lembrados por ROXIN (*vide* nota acima), que sugerem a criação de uma nova categoria, situada entre o dolo e a culpa, lembrando a figura anglo-saxônica do *recklessness* (algo próximo da conduta inconsequente), entrou em vigor no dia 1º de novembro de 2014 a Lei n. 12.971/2014, que acrescentou ao art. 302 daquele Código, que trata do *homicídio culposo no trânsito*, o seguinte § 2º: "Se o agente conduz veículo automotor com capacidade psicomotora alterada em razão da influência de álcool ou de outra substância psicoativa que determine dependência ou participa, em via, de corrida, disputa ou competição automobilística ou ainda de exibição ou demonstração de perícia em manobra de veículo automotor, não autorizada pela autoridade competente: Penas – reclusão de 2 (dois) a 4 (quatro) anos e suspensão ou proibição de se obter a permissão ou a habilitação para dirigir veículo automotor". Como se vê, a pena privativa de liberdade passou, nessas hipóteses, a ser de *reclusão* e não de *detenção,* como no *caput* e no § 1º. Assim, no homicídio praticado nessas condições, não há mais falar em dolo eventual, mas sim em uma nova modalidade de culpa, a *culpa gravíssima*, pondo fim à antiga discussão doutrinária e jurisprudencial sobre a matéria.

- "Cegueira deliberada" ou "ignorância deliberada" e dolo eventual: No direito anglo-saxônico e em tratados internacionais ligados ao combate à lavagem de dinheiro e à corrupção transnacional, a doutrina da "cegueira intencional" ou "ignorância deliberada", denominada *willful blindness doctrine*, tem encontrado ampla aceitação. Por exemplo, em crimes praticados no âmbito empresarial, mesmo sabendo da *elevada probabilidade* da transação envolver lavagem de dinheiro ou corrupção, o agente *deliberadamente* se omite e, com a sua omissão, assume o risco de que o ilícito seja praticado por subordinados. Trata-se de dolo eventual e não de culpa consciente.

- Outros tipos de dolo: Além das duas espécies de dolo que o art. 18, I, do CP indica (*direto e indireto*), há outros tipos de dolo que a doutrina consigna (*dolo de dano* ou *de perigo, dolo genérico* ou *específico*), e que são abaixo apontados.

- **Dolo de dano:** O elemento subjetivo é relacionado com o dano (quis ou assumiu o risco de produzi-lo).
- **Dolo de perigo:** Refere-se ao perigo (quis ou assumiu o risco de produzir o perigo).
- **Dolo "genérico" e dolo "específico":** Para a doutrina *finalista*, não há essa divisão, pois o dolo é considerado único, sendo o fim especial (que a teoria clássica chamava de dolo "específico") *elemento subjetivo* do tipo ou do injusto. A antiga escola clássica, porém, faz uma divisão do dolo, entendendo que, no dolo "genérico", há a vontade de praticar o fato descrito na lei, e, no dolo "específico", também existe a vontade de produzir um fim especial.
- **Dolo "antecedente", "intensidade do dolo" e "dolo subsequente" (irrelevância):** Em nosso Direito Penal, o que importa é o dolo no momento da prática da conduta criminosa, quando o agente deu início ao curso causal de sua conduta, voltada à prática do tipo penal, sendo irrelevantes os conceitos de: *1. dolo antecedente*, ou seja, da premeditação, do planejamento do delito, mesmo porque não se pune a intenção (CP, art. 31), salvo no crime de associação criminosa (CP, art. 288) ou de promover, constituir, financiar ou integrar organização criminosa (art. 2º da Lei n. 12.850/2013). Ademais, a premeditação e o planejamento são da essência do atuar dolosamente em muitos crimes, como no estelionato (CP, art. 171); *2. intensidade do dolo*, igualmente irrelevante, já que o dolo, como querer determinado objetivo para a realização do tipo, não comporta graus; e *3. dolo subsequente*, lembrando o exemplo de Claus Roxin, de que responde por homicídio culposo aquele que mata por imprudência um inimigo, ainda que, depois, tenha se alegrado com o fato (*Derecho Penal*, cit., p. 454).
- **Preterdolo:** É a situação oposta à do *dolo subsequente* acima referido. No *preterdolo*, o agente é punido a título de dolo e culpa: por sua vontade, é punido por dolo, pois agiu visando àquele fim; é também sancionado por culpa, por ter causado outro resultado além daquele que sua vontade desejava (como no crime de lesão corporal seguida de morte – CP, art. 129, § 3º). *Vide* nota ao CP, art. 19, sob o título *Crime preterdoloso*.
- **Contravenção penal:** Embora o art. 3º, primeira parte, da LCP (Decreto-Lei n. 3.688/41) estabeleça que "para a existência da contravenção, basta a ação ou omissão voluntária", entendemos que a CR, ao repelir a responsabilidade penal objetiva (art. 5º, XXXIX e XLV), não acolheu esta norma. Assim, a existência de dolo ou culpa será indispensável para a tipificação das contravenções penais. Nesse sentido, Luiz Vicente Cernicchiaro e Paulo José da Costa Jr., *Direito Penal na Constituição*, Revista dos Tribunais, 1991, pp. 76, 78 e 80.

Crime culposo (inciso II)

- **Culpa:** *1. Teoria finalista*. Pela escola que a reforma penal de 1984 adotou, a culpa fundamenta-se na aferição do *cuidado objetivo* exigível pelas circunstâncias em que o fato aconteceu, o que indica a tipicidade da conduta do agente. A seguir, deve-se chegar à culpabilidade, pela análise da *previsibilidade subjetiva*, isto é, se o sujeito, de acordo com sua capacidade pessoal, agiu ou não de forma a evitar o resultado. Enquanto o dolo gira em torno da vontade e finalidade de comportamento do sujeito para a prática da conduta proibida pelo tipo penal, a *culpa* não cuida da finalidade da conduta, mas *da não observância do dever de cuidado pelo sujeito*, da qual ocasionou um resultado proibido. Por vezes é a chamada "boa-fé", quando o agente atua sem a intenção de matar ou machucar ninguém, não desejando esse resultado de forma alguma ou mesmo nem cogitando essa hipótese, mas se comporta de forma *imprudente*, *negligente* ou com *imperícia*, violando um dever objetivo de cuidado. *2. Teoria clássica*. Por ela, a culpa baseia-se na *previsibilidade* do resultado. Assim, haveria crime culposo quando o sujeito, não empregando a atenção e cuidado exigidos pelas circunstâncias, não previu o resultado de seu comportamento ou, mesmo o prevendo, levianamente pensou que ele não aconteceria.
- **Divisões da culpa:** Ela pode ser distinguida de acordo com suas modalidades (indicadas no CP), *espécies* (apontadas pela doutrina) ou ainda em graus (de acordo com a escola tradicional).
- **Modalidades de culpa:** *a. imprudência* (prática de ato perigoso); *b. negligência* (falta de precaução); *c. imperícia* (falta de aptidão técnica, teórica ou prática). A última delas *(c)*, segundo entendemos, só pode ser atribuída a alguém no exercício de arte ou profissão.

- **Espécies de culpa:** *a. Culpa consciente e culpa inconsciente.* Na primeira, o sujeito prevê o resultado, mas espera que este não aconteça. Na segunda, o sujeito não prevê o resultado, embora este seja previsível. *b. Culpa própria e culpa imprópria.* Naquela, o sujeito não prevê o resultado nem assume o risco de provocá-lo. Nesta (também chamada culpa por assimilação, extensão ou equiparação), o sujeito prevê e quer o resultado, mas sua vontade baseia-se em erro de tipo inescusável ou vencível (CP, arts. 20, § 1º, *in fine*, e 23, parágrafo único, *in fine*).

- **Graus de culpa:** Tradicionalmente, ela é graduada em *grave, leve,* ou *levíssima,* conforme a maior ou menor previsibilidade do resultado e da maior ou menor falta de cuidado objetivo por parte do sujeito. Da culpa *levíssima* dificilmente pode decorrer responsabilidade penal, pois esta inexiste quando o sujeito tomou os cuidados objetivos de que era capaz. Restará, porém, a responsabilidade civil do agente.

Punição por culpa (parágrafo único)

- **Punição por culpa:** Como consigna o parágrafo único deste art. 18, ninguém pode ser *punido por culpa, a não ser naqueles crimes para os quais a lei, expressamente, prevê* a punibilidade a título de *culpa*. Assim, em face da garantia da reserva legal (CR, art. 5º, XXXIX; CP, art. 1º), nenhuma pessoa pode ser punida por conduta culposa, a menos que a figura penal preveja, textualmente, a punição do agente a título de culpa. Trata-se de regra geral, aplicável tanto aos crimes do CP como aos da legislação penal especial.

- **"Deveria saber", "devendo saber" e "deva saber":** A punição por dolo é, portanto, a regra, enquanto a sanção por culpa é *excepcional*. Ela só é admissível quando a lei textualmente a prevê. Assim, por exemplo, é inadmissível a punição por culpa nos crimes dos arts. 130 (perigo de contágio venéreo), 174 (induzimento à especulação) e 245 (entrega de filho menor a pessoa inidônea), como já sustentava Celso Delmanto, contrariamente à maioria da doutrina nacional (*Código Penal Anotado*, 1984, pp. 171, 254 e 329). O mesmo ocorrendo com o atual § 1º do art. 316 (excesso de exação) e com o art. 1º, IV (crime contra a ordem tributária) da Lei n. 8.137/90. Isto porque todos esses artigos usam expressões similares: *"deveria saber"* (arts. 130 e 316, § 1º), *"devendo saber"* (art. 174) e *"deva saber"* (art. 245 do CP e art. 1º, IV, da Lei n. 8.137/90), tratando-se de *dolo eventual* e não de culpa. Nesse mesmo sentido, as opiniões de Rui Stoco (RT 675/346) e de César de Faria Júnior (RBCCr 5/73), ao comentarem esta última lei. Entendimento diverso implicaria, nos exemplos acima dados, punir com as *mesmas* penas as figuras dolosa e culposa.

Jurisprudência do dolo (inciso I)

- **Como distinguir entre dolo eventual e culpa consciente:** Se o agente não deu seu assentimento último ao resultado, não agiu com dolo eventual, mas com culpa consciente (TJSP, *RT* 607/275, 548/300). Se não assumiu o risco de produzir o resultado, mas tão só agiu com negligência, houve culpa e não dolo eventual (TFR, RCr 990, *DJU* 28.8.86, p. 15005). *Não basta* que o agente tenha procedido de tal forma a assumir o risco de produzir o resultado. Com efeito, assume o risco de atropelar alguém o motorista que dirige o veículo em velocidade excessiva, ou sem que os breques estejam funcionando normalmente. E não haveria como se sustentar nessas hipóteses o dolo eventual. Este exige também o *consentimento* no resultado, o que não ocorre na culpa consciente (TACrSP, *RT* 429/426). Não basta a assunção do risco, sendo necessário o elemento volitivo representado pelo consentimento do agente, quanto ao resultado que se produziu conforme sua representação (TJSE, *RT* 784/709). *Contra, em parte*: O dolo eventual, na prática, não é extraído da mente do autor mas, isto sim, das circunstâncias, não se exigindo que o resultado seja aceito (o que seria adequado ao dolo direto), mas que a aceitação se mostre no plano possível, provável, como no caso de "racha" (STJ, 5ª T., REsp 247.263, j. 5.4.2001, *DJU* 20.8.2001). Para a configuração do dolo eventual não é necessário o consentimento explícito do agente, nem sua consciência reflexiva em relação às circunstâncias do evento; deve ser extraído das circunstâncias do evento, e não da mente do autor, eis que não exige uma declaração expressa do agente (caso de "racha" ou "pega" no trânsito) (STF, HC 91.159, j. 2.9.2008, *DJU* 24.10.2008).

- **Dolo eventual e embriaguez:** A embriaguez, seja voluntária ou culposa, por si só não caracteriza dolo eventual (STF, HC 46.791, rel. Min. Aliomar Baleeiro, j. em 1969).

- **Dolo eventual e *offendicula* (sistemas de proteção):** Não configura dolo eventual, mas culpa, quiçá consciente, a ativação da ofendícula (cerca de arame farpado ligada à rede elétrica) na qual sequer se insinua que o agente a teria efetivado ainda quando previsse o evento morte como certo, e não só como provável (STF, HC 75.666, j. 25.11.97, *DJU* 6.2.98). Quanto às "armadilhas de defesa", *vide* também jurisprudência no art. 25 do CP (legítima defesa).

- **Dolo eventual e arremesso de pedra:** Se a arremessou em direção à vítima, causando-lhe lesões corporais, com imediato sangramento, configura-se o dolo eventual (TJMG, Ap.10251130038242001, publ. 5.7.2019).

- **Dúvida:** A dúvida se o agente atuou com dolo eventual ou culpa, restando o delito do art. 89 da Lei n. 8.666/93 (dispensa de licitação) punido a título de dolo específico (não bastando o dolo genérico), impõe a aplicação da máxima *in dubio pro reo* como decorrência dos princípios da reserva legal e da presunção de inocência; condenação exige certeza, não arbítrio (STJ, APn 214, rel. Min. Luiz Fux, j. 7.5.2008, *DJU* 1.7.2008). Nota: O art. 89 da Lei n. 8.666/93 foi revogado pela Lei n. 14.133/2021.

- **Dolo eventual e denúncia:** O dolo, como elemento subjetivo do tipo, deve ser compreendido sob o aspecto cognitivo (conhecimento dos elementos objetivos do tipo com efetivo conhecimento de que o resultado poderá ocorrer) e o volitivo (vontade de realizar a conduta típica; o agente quer a produção do resultado de forma direta – dolo direto –, ou admite a possibilidade de que o resultado sobrevenha – dolo eventual). A *mera possibilidade de conhecimento*, o chamado "conhecimento potencial", não basta para caracterizar o elemento cognitivo do dolo. Considerando que o dolo eventual não é extraído da mente do acusado, mas das circunstâncias do fato, se a denúncia limita-se a narrar o elemento cognitivo do dolo, o seu aspecto de conhecimento pressuposto ao querer (vontade), não há como concluir pela existência do dolo eventual. Para tanto, há que evidenciar como e em que momento o sujeito assumiu o risco de produzir o resultado, isto é, admitiu e aceitou o risco de produzi-lo. Deve-se demonstrar a antevisão do resultado, isto é, a percepção de que é possível causá-lo antes da realização do comportamento (STJ, Ag. no REsp 104.327-9, j. 14.10.2008, *DJU* 3.11.2008, *in RT* 880/550).

- **Dolo eventual e necessidade de suporte probatório mínimo (evasão de divisas):** Para a configuração do dolo eventual, é necessário um suporte probatório mínimo capaz de caracterizar a conduta como tal ou a existência de circunstância que possa demonstrar a assunção do risco pelo agente, cuja não comprovação evidencia a culpa consciente, não comportada pelo crime do art. 22 da Lei n. 7.492/86 (TRF da 2ª R., ACr 1999.02010371464, j. 4.12.2002, *DJU* 29.8.2006).

- **Dolo eventual e incêndio:** Se os denunciados concorreram, de forma comissiva e omissiva – art. 13, § 2º, do CP – para a produção e para as dimensões do incêndio que destruiu a loja, tendo assumido o risco de matar pessoas, o que ocorreu, nega-se o trancamento da ação penal (STJ, RHC 111109/BA, *DJ* 11.2.2020).

- **"Ignorância deliberada" e dolo eventual (lavagem de dinheiro):** A *willful blindness doctrine* tem sido aceita por cortes norte-americanas quando há prova de que o agente tinha conhecimento da elevada probabilidade de que os bens, direitos ou valores envolvidos eram provenientes de crime e de que agiu de modo indiferente a esse conhecimento. A ignorância deliberada não se confunde com negligência, havendo aqui a mesma fronteira tênue, pelo menos do ponto de vista probatório, entre o dolo eventual e a culpa consciente (TRF da 4ª R., ACr 2006.71000326842, j. 15.7.2009, *DJU* 22.7.2009).

- **Pessoa jurídica e dolo eventual (crime ambiental):** Em acórdão admitindo a responsabilidade penal da pessoa jurídica, entendeu-se que ela, através de seu centro de decisão, poderá praticar crimes dolosos, com dolo direto ou eventual, e crimes culposos (no caso, contra o meio ambiente). Quando são vários os indivíduos encarregados da administração, basta que um dirija a vontade da empresa para certa atividade, para se configurar a culpa. A pessoa jurídica é direcionada por seus representantes. São eles os artífices da ação final objeto da imputação penal. Muito se utilizou de empresas para encobrir ações delituosas. A doutrina moderna sustenta a responsabilidade criminal da pessoa jurídica, afastando-se de uma dogmática construída sobre uma experiência individual do crime. Hoje, a delinquência está por trás dos grandes empreendimentos. Denúncia que aponta dolo eventual pela falta de cuidado exigível com a assunção do risco diante do resultado previsível (TRF da 4ª R., MS 2002.204.010.138.430, rel. Des. Fed. Fabio Bittencourt da Rosa, j. 10.12.2002, *DJU* 26.2.2002).

- **Cirurgia com parada respiratória e lesão cerebral irreversível (culpa e não dolo eventual):** Tanto o médico cirurgião quanto o médico anestesista têm o dever de cuidado e são responsáveis, de modo indissociável, pela cirurgia que levou a paciente a coma profundo irreversível. Caso em que o procedimento cirúrgico apresentou diversas particularidades que, ocorridas isoladamente, compõem o risco do ato cirúrgico, não havendo como se exigir a previsão de tais acontecimentos, ainda que tomadas as medidas necessárias no pré e transoperatório. Todavia, na hipótese, a sequência de problemas claramente percebidos era suficiente para a dedução dos acusados, médicos de larga experiência, de que a cirurgia não estava ocorrendo dentro dos padrões habituais, o que já seria o suficiente para que ambos tivessem a previsibilidade das potenciais consequências, de modo a reforçarem as cautelas no procedimento. Havendo falta de cuidado necessário, com agir imprudente e negligente, e restando evidenciado que durante todo o procedimento os acusados *sequer cogitaram* acerca da possibilidade de superveniência de tais lesões, atuando com a certeza de que estas jamais se produziriam, mantém-se a desclassificação para lesões corporais culposas (TRF da 4ª R., ACr 2000.71010016409, j. 8.3.2005, *DJU* 14.3.2005).

Jurisprudência da culpa (inciso II)

- **Nexo de causalidade e previsibilidade:** Nos crimes culposos deve haver nexo causal entre a conduta e o resultado; como este é reprovável pela desatenção do agente ao dever de cuidado para evitar o previsível, se o resultado estava fora da relação de causalidade, também estava fora da previsibilidade (STF, *RTJ* 111/619; TACrSP, *RT* 601/338). Há culpa na omissão do fornecimento de equipamentos de proteção individual e na falta de fiscalização de seu uso obrigatório, em trabalhos de risco previsível (TARS, *RT* 631/344). Não há culpa, se o agente não omitiu qualquer providência tendente a evitar o acidente, em obra da qual era empreiteiro, e não houve desrespeito a exigência de cautela ou proteção (STF, *RT* 644/354). Há culpa na conduta do responsável pela segurança de trabalho, que se omitiu na colocação de fechamento provisório na abertura de duto de incêndio nos andares de prédio em construção, dando causa à morte de operário (TACrSP, *RJDTACr* 20/106).

- **Previsibilidade:** Condição mínima da culpabilidade é a previsibilidade ou evitabilidade do resultado antijurídico; não há culpa, se o resultado exorbita da previsão e diligência do homem médio (TACrSP, *RT* 606/337, 599/345, 599/343, 490/346, 488/376; TJSC, *RT* 538/410).

- **Culpa levíssima:** Quando a previsibilidade é possível somente mediante atenção extraordinária ou excepcional, a culpa apenas acarreta responsabilidade civil (TACrSP, *RT* 497/348).

- **Tentativa:** Não pode haver tentativa de crime culposo (STF, *RT* 625/388; TJMG, *RT* 620/336).

- **Infração regulamentar:** Não faz presumir a culpa, pois não existe responsabilidade penal objetiva; assim, por exemplo, o motorista sem habilitação legal que atropela alguém não terá sua culpa presumida pela inobservância de disposição regulamentar (TAMG, *RT* 544/424, *RF* 261/340; TACrSP, *RT* 546/377).

- **Erro profissional:** Culpa profissional exige indagação de normas fundadas em critérios técnicos, com indicação da regra de dever violada, derivada da lei, ciência ou costumes (TACrSP, *Julgados* 84/230). Não se deve confundir o erro profissional, decorrente das próprias imperfeições da ciência atual, com a imperícia penalmente punível (TACrSP, *Julgados* 80/266; TARS, *mv – RT* 571/388).

- **Responsabilidade:** Deve ser atribuída à pessoa diretamente incumbida de tomar as cautelas necessárias (STF, *RT* 595/440). Não se pode atribuir culpa a quem não tinha responsabilidade direta sobre a segurança e engenharia locais (TACrSP, *RT* 592/327, 601/338).

- **Coautoria:** Pode haver nos crimes culposos (STF, *RTJ* 120/1136, RHC 55.258, *DJU* 12.9.77, p. 6169; TACrSP, *Julgados* 88/283, *RT* 537/336). *Vide*, também, jurisprudência no art. 29 do CP.

- **Culpa concorrente:** É irrelevante a culpa concorrente da vítima, não elidindo a responsabilidade do acusado (STJ, REsp 28.960, *DJU* 31.5.93, p. 10692; TACrSP, *RJDTACr* 20/94; TAPR, *RT* 643/336).

- **Crime omissivo culposo:** Embora não exista nexo causal material (o não agir nada poderia causar), pode haver relação causal *normativa* na hipótese de omissão daquele que tem o dever normativo de agir e nada faz (posição de garantidor). No caso, a denúncia imputa a engenheiro naval crime omissivo culposo pela morte de mergulhador devido a sua exposição à substância tóxica. Contudo, não houve negligência, pois o acusado prestou as informações pertinentes ao mergulhador qualificado, alertando-o sobre a sua exposição à substância tóxica, confiando que o mergulhador efetuaria o trabalho dentro das regras de segurança exigíveis, o qual mesmo em situações normais já é extremamente perigoso. Atipicidade da conduta (STJ, 6ª T., HC 2006/0233748-1, rel. Min. Maria Thereza Rocha de Assis Moura, j. 6.8.2009).

- **Prova da culpa:** A culpa deve ficar provada acima de qualquer dúvida, não se aceitando presunções ou deduções que não se alicercem em prova concreta e induvidosa (TACrSP, *RT* 504/381; TJES, *RT* 625/333).

- **Delitos de trânsito:** *Vide* jurisprudência na nota ao art. 121, § 3º, do CP.

- **Teoria da imputação objetiva, delito culposo e nexo causal:** *Vide* jurisprudência no art. 13 do CP.

Jurisprudência do parágrafo único

- **Punição por culpa:** É princípio fundamental do Direito Penal, também aplicável às leis penais especiais, que a regra geral é a punibilidade a título de dolo, sendo exceção a punibilidade por culpa (STF, *Julgados* 69/543-4).

AGRAVAÇÃO PELO RESULTADO

Art. 19. Pelo resultado que agrava especialmente a pena, só responde o agente que o houver causado ao menos culposamente.

Pena especialmente agravada pelo resultado

- **Noção:** Este art. 19, que declara expressamente o princípio *nulla poena sine culpa* (René Ariel Dotti, *in RBCCr* 7/126), visa a impedir a punição de alguém por mera responsabilidade penal objetiva. Para isso, determina que pelo resultado que *agrava especialmente a pena*, o agente só responderá quando o houver causado, *ao menos por culpa*. Explica-se com um exemplo: no crime de roubo, o § 3º do art. 157 determina que, se da violência resulta lesão grave ou morte, a pena é especialmente agravada. Pela aplicação deste art. 19, tal agravação só será aplicável ao agente se ele houver causado aquele resultado (lesão grave ou morte), ao menos culposamente. Assim, se o resultado agravador *não decorreu de dolo nem de culpa* do agente, este será responsabilizado pelo roubo, mas não pelo resultado agravador do § 3º do art. 157, à vista da restrição do art. 19. Observe-se, porém, que este dispositivo do art. 19 tem por finalidade restringir a pena, não podendo ser emprestado para indevidamente exacerbá-la. Por isso, não se pode dispensar o dolo (substituindo-o pela culpa) nas demais qualificadoras e agravantes que não tratem de situações envolvendo o *desdobramento natural da conduta perpetrada* (desdobramento causal da ação), as quais devem estar cobertas pelo dolo (direto ou eventual) do agente.

- **Crimes *preterdolosos***: O tema do *preterdolo* também é objeto de infindáveis embates entre os defensores do *finalismo*, de um lado, com os do *funcionalismo*, de outro. Embora seja a ênfase do *finalismo* o "desvalor da ação" (tanto assim que se pune a tentativa), caso o agente pratique uma conduta com determinada finalidade, dela acaba resultando uma consequência mais danosa do que a desejada, a pena será agravada ("desvalor do resultado") na hipótese do tipo penal prever a qualificadora pelo resultado mais gravoso, desde que, com relação à essa consequência, o autor tenha agido ao menos com *culpa* (imprudência, negligência ou imperícia). Os crimes preterdolosos são mistos, pois o agente é punido a título de dolo e também por culpa. Por sua vontade, é punido por dolo, pois agiu visando àquele fim. E é sancionado por culpa, por ter causado outro resultado além daquele que sua vontade desejava. Exemplo: art. 129, § 3º, em que o agente é punido pela conduta dolosa (lesão) e pelo resultado culposo (morte). Nos crimes qualificados pelo resultado ou preterdolosos, portanto, há exceção à regra do art. 18, parágrafo único, de que toda a punição, a título de culpa, deve ser expressa no próprio tipo penal.

- **Crimes qualificados pelo resultado:** São aqueles aos quais a lei prevê, além da indicação simples do tipo e de sua sanção correspondente, a possibilidade de pena maior, quando ocorrer resultado mais grave do que aquele cogitado na figura simples. Por via de regra, essa punição mais severa é indicada pela fórmula se resulta morte, se resulta lesão grave, se o menor é enviado para o exterior etc. Exemplos: arts. 127, 133, §§ 1º e 2º, 137, parágrafo único, 157, § 3º, 245, § 1º, segunda parte. Como se vê, *na prática*, não há diferença entre eles e os *crimes preterdolosos* (vide nota acima).

- **Efeitos da regra do art. 19:** Como se viu, nos crimes qualificados pelo *resultado*, este pode ocorrer porque o agente efetivamente o desejava (*dolo direto*), ou ainda porque consentiu no risco de causá-lo (*dolo eventual*). Pode, porém, aquele *resultado* originar-se de *culpa* do agente ou de *simples causalidade* (sem dolo nem culpa). Com a regra, afasta-se a responsabilidade objetiva: a agravação da pena em razão do resultado somente se dará se *o agente o houver causado ao menos culposamente*).

- **Limites da regra do art. 19:** Diz a Exposição de Motivos, que acompanhou a reforma penal de 1984, que "a regra se estende a todas as causas de aumento situadas no desdobramento causal da ação" (n. 16). É importante notar, contudo, que ela apenas alcança os crimes qualificados (ou agravados) *pelo resultado*, isto é, aqueles com resultado "que agrava especialmente a pena". A regra deste art. 19 não se aplica, assim, às qualificadoras que não se vinculem ao resultado da conduta, mas, por exemplo, ao modo pelo qual ela é praticada (p.ex.: no homicídio qualificado – CP, art. 121, § 2º, III e IV) ou às agravantes (*v.g.*: na agravante da vítima ser mulher grávida, é que é necessário que o agente tenha ciência dessa sua condição – CP, art. 61, II, *h*), que devem estar cobertas pelo dolo (e não só culpa) do agente.

Jurisprudência

- **Resultado imprevisto:** Se o resultado não era previsível, mas de todo inesperado, não se pode falar que tenha atuado com dolo preterintencional na conduta (TJSP, *RT* 614/269).

- **Resultado previsível:** Nos crimes qualificados pelo resultado, a agravação da pena restringe-se aos intervenientes (coautor, instigador ou cúmplice), em relação aos quais a consequência mais grave era ao menos previsível. No roubo à mão armada, responde pela morte todos que, mesmo não participando da execução do homicídio, planejaram e executaram o tipo básico, assumindo conscientemente o risco do resultado mais grave (TJSP, RvCr 0008747-12.2018.8.26.0000, publ. 26.6.2019).

ERRO SOBRE ELEMENTOS DO TIPO

Art. 20. O erro sobre elemento constitutivo do tipo legal de crime exclui o dolo, mas permite a punição por crime culposo, se previsto em lei.

DESCRIMINANTES PUTATIVAS

§ 1º É isento de pena quem, por erro plenamente justificado pelas circunstâncias, supõe situação de fato que, se existisse, tornaria a ação legítima. Não há isenção de pena quando o erro deriva de culpa e o fato é punível como crime culposo.

ERRO DETERMINADO POR TERCEIRO

§ 2º Responde pelo crime o terceiro que determina o erro.

ERRO SOBRE A PESSOA

§ 3º O erro quanto à pessoa contra a qual o crime é praticado não isenta de pena. Não se consideram, neste caso, as condições ou qualidades da vítima, senão as da pessoa contra quem o agente queria praticar o crime.

Erro de tipo (caput)
- **Remissão:** Além do erro sobre elementos do tipo (chamado *erro de tipo*) previsto neste art. 20, o CP também trata do erro sobre a ilicitude do fato (ou *erro de proibição*) no art. 21. Quanto à distinção entre ambos, *vide*, no CP, art. 21, nota sob o título *Diferença entre os dois erros*.

- **Noção:** *Tipo* é a descrição legal do comportamento proibido, ou seja, a fórmula ou modelo usado pelo legislador para definir a conduta penalmente punível. Em vez de dizer "é proibido matar", ou "é proibido furtar", a lei descreve, pormenorizadamente, o que é crime. Assim, o tipo do homicídio está na descrição que o art. 121 do CP dá ("matar alguém"), e o do furto é encontrado no art. 155 do CP ("subtrair, para si ou para outrem, coisa alheia móvel"). Geralmente, tais descrições são compostas só por *elementos objetivos*, como no exemplo do homicídio ("matar alguém"). Noutras, como no exemplo do tipo do furto, aparecem, além de *elementos objetivos* ("subtrair coisa móvel"), *elementos normativos* ("alheia") e *elementos subjetivos* ("para si ou para outrem"). Ora, como se viu do conceito de *dolo* (CP, art. 18, I), este compreende a vontade e a consciência de realizar a conduta descrita no *tipo* penal. Assim, se o sujeito pensou matar um animal, mas, na verdade, estava matando um ser humano ("alguém") por erro, não tinha dolo, intenção de realizar o comportamento punível. Semelhantemente, se o agente se engana e leva embora a mala alheia em vez da própria, ele não tem consciência de estar subtraindo coisa "alheia" móvel. É para regular tais hipóteses e outras semelhantes que este art. 20 dispõe que o *erro* (engano) sobre *elemento constitutivo* (seja elemento objetivo ou normativo) *do tipo legal do crime* (de sua descrição legal) *exclui o dolo, mas permite a punição por crime culposo* (CP, art. 18, II), *se for previsto em lei* (CP, art. 18, parágrafo único). A teoria do erro de tipo é uma das características do *Finalismo*.

- **Alcance:** Como *elementos constitutivos do tipo legal do crime* devem ser entendidos não apenas aqueles elementos (objetivos ou normativos) da definição legal, como, ainda, outros elementos, causas ou circunstâncias que qualificam o crime ou aumentam a pena.

- **Erro essencial e erro acidental:** O *erro de tipo* pode ser: *1. Essencial*, quando recai sobre os próprios elementos ou circunstâncias do crime. *2. Acidental*, quando diz respeito a dados acessórios ou secundários do crime. *Somente* o erro essencial é relevante e alcançado pela norma deste art. 20. Assim, no exemplo de furto, se o sujeito subtraiu a mala "alheia" crendo ser a própria, o engano terá significação, será *essencial*, pois o fato de ser coisa "alheia" é elementar do crime. Todavia, se o agente pretende furtar a mala cheia de joias, mas, por erro, subtrai outra com roupas, seu erro é *acidental*, pois diz respeito a dado secundário, irrelevante para o tipo penal, já que tanto é furto a subtração de joias como a de vestimentas. Portanto, o *erro acidental não beneficia* o agente.

■ **Consequências do erro de tipo essencial:** Elas serão diferentes, conforme o erro de tipo *essencial* seja *inevitável* ou *evitável*: *1.* Diz-se que o erro essencial é *inevitável* (ou invencível, escusável) quando o sujeito errou, apesar de ter tomado os cuidados normais exigíveis nas condições em que se achava. Por isso, ele não é responsável nem por dolo nem por culpa. *2.* O erro essencial é considerado *evitável* (ou vencível, inescusável) quando o agente, embora não agindo com dolo, poderia ter evitado seu erro, caso agisse adotando os cuidados objetivos necessários. Inexistirá o dolo, mas a culpa não é excluída e ele responderá pelo resultado culposo, caso o fato também seja punível a título de culpa. Nos exemplos anteriores, se ele matou um homem em vez do animal por falta de cuidado, responderá por homicídio culposo, já que esta figura é prevista (CP, art. 121, § 3º). Todavia, no exemplo do furto da mala alheia que pensava ser própria, não será punido por dolo nem por culpa, pois não existe furto culposo (só doloso), sendo a sua conduta atípica.

■ **Outros efeitos do erro de tipo:** Além das consequências principais acima indicadas, outros efeitos semelhantes podem suceder: *a. Desclassificação*. Se o sujeito, por exemplo, desacata funcionário público por desconhecer essa sua qualidade, poderá haver desclassificação para o crime de injúria, pois a condição de funcionário do sujeito passivo é indispensável para o tipo do desacato (CP, art. 331), enquanto a injúria (CP, art. 140) pode ser praticada contra qualquer pessoa. *b. Erro quanto à causa excludente da ilicitude*. O CP declara ser impunível o aborto necessário e o sentimental (CP, art. 128, I e II). Caso o agente erre, por culpa, quanto às suas circunstâncias de fato, terá agido culposamente, mas não poderá ser punido, porquanto não há a figura de aborto culposo. *c. Agravantes*. Se o agente, por exemplo, agride um enfermo, desconhecendo o seu estado, não incidirá a agravante (CP, art. 61, II, *h*) prevista em lei. *d. Erro sobre outros dados*. Também outros enganos poderão ser alcançados pelo erro de tipo: idade da vítima nos crimes contra a liberdade sexual (CP, art. 217-A, *caput*, 218, 218-A e 218-B), ou contra o idoso (Lei n. 10.741/2003), estado de gravidez da ofendida (art. 129, § 2º, V) etc.

Descriminantes putativas (§ 1º)

■ **Noção:** A *ilicitude* (ou antijuridicidade) do comportamento pode ser excluída por algumas causas (chamadas *descriminantes*), como as indicadas no art. 23 do CP: *estado de necessidade, legítima defesa, estrito cumprimento de dever legal e exercício regular de direito*. A elas se refere o § 1º, sob a rubrica *descriminantes putativas*, ao isentar de pena quem, *por erro plenamente justificável pelas circunstâncias*, supõe estar agindo de acordo com uma dessas causas que excluem a ilicitude. Exemplos: *a.* Supondo que o barco vai afundar, o sujeito agride outro passageiro para apossar-se do único colete salva-vidas (*estado de necessidade putativo*). *b.* No auge de uma discussão entre duas pessoas, uma delas leva a mão ao bolso e a outra, supondo que aquela ia sacar uma arma, atira primeiro, mas depois se descobre que a vítima estava desarmada (*legítima defesa putativa*). *c.* Acreditando prender um condenado foragido, o policial detém e encarcera pessoa que depois se descobre ser homônima daquela, ou, ainda, entendendo haver estado de flagrância, o policial conduz coercitivamente a pessoa à presença da autoridade policial e esta, após a oitiva do conduzido, entende não ter se configurado o flagrante (CPP, art. 304, § 1º, primeira parte) (*estrito cumprimento de dever legal putativo*). *d.* Vendo escolares atirar pedras noutro, o agente dá um tapa nas nádegas de um deles, que pensava ser seu filho, mas depois descobre que o agredido era outro colega, usando o mesmo uniforme (*exercício regular de direito putativo*).

■ **Consequências das descriminantes putativas:** *1. Erro inevitável.* Se o engano do sujeito era invencível, escusável, não há dolo nem culpa (§ 1º, primeira parte), inexistindo tipicidade, uma vez que, no finalismo, o dolo e a culpa estão inseridos no próprio preceito incriminador, como *tipo subjetivo*, ao lado do tipo objetivo. *2. Erro evitável.* Se o erro do agente podia ter sido evitado, caso tomasse os cuidados objetivos devidos, diz-se que seu engano era vencível, que seu erro foi inescusável; embora afastado o dolo, será responsabilizado por culpa, caso o fato seja punível como crime culposo (§ 1º, última parte).

- **Distinção entre erro de tipo e erro de proibição na descriminante putativa:** Se o erro do sujeito não recai sobre circunstância de fato da descriminante (a descriminante putativa por erro de tipo deste art. 20, § 1º), mas incide sobre os limites jurídicos da descriminante, a reforma penal de 1984 – seguindo doutrina minoritária alemã – considera que houve descriminante putativa por erro de proibição (vide nota ao CP, art. 21). Exemplos: se o agente agride o amante da mulher por crer, erradamente, que este ia agredi-lo, o caso seria de legítima defesa por erro de tipo (CP, arts. 20, § 1º, e 25). Se, porém, o agride acreditando que estava acobertado por imaginária descriminante da legítima defesa da "honra conjugal", uma vez que a vítima estava mantendo relações sexuais com sua esposa, a hipótese, no passado, já foi citada como exemplo de legítima defesa por erro de proibição (CP, arts. 21 e 25), o que hoje não tem mais cabimento, por não existir honra conjugal, sendo a honra um bem personalíssimo.

Erro causado por outrem (§ 2º)

- **Noção:** O erro pode ter sido cometido pelo sujeito espontaneamente (*erro espontâneo*) ou causado por terceira pessoa (*erro provocado*). É desta última forma que cuida o § 2º, estabelecendo que *responde pelo crime o terceiro que determina* (causa, provoca) o *erro*.

- **Consequências:** *a.* Se a terceira pessoa que causou o erro agiu dolosamente, com o propósito de provocar o engano para que o crime ocorresse, houve *provocação dolosa* e ela responderá pelo crime na forma dolosa. *b.* Se tiver causado o erro por culpa, houve *provocação culposa* e a pessoa que o determinou responderá por culpa, se o fato for punível a tal título. *c.* O provocado, ou seja, o sujeito que errou por provocação de outrem, estará isento de pena, se o erro a que foi levado era inevitável, ou responderá por culpa, se pudesse ter evitado tal engano caso agisse tomando os cuidados objetivos necessários, e o fato for punível a título de culpa.

Erro sobre a pessoa (§ 3º)

- **Noção:** O erro sobre a pessoa é aquele em que há engano de representação, pois nele o agente crê tratar-se de outra pessoa. Difere do erro na execução ou *aberratio ictus* (art. 73), em que o agente visa atingir certa pessoa e, por acidente ou erro no uso dos meios de execução, vem a atingir outra. O erro do agente quanto à pessoa ofendida não o isenta de pena. No entanto, as qualidades ou condições da vítima, que contarão para agravar ou qualificar o delito, serão as da *vítima pretendida* (aquela que se quis ofender) e não as da efetivamente ofendida. Exemplos: se o sujeito quis agredir o próprio irmão, mas por erro de representação ofende pessoa estranha, será aplicável a agravante de parentesco (CP, art. 61, II, *e*). Ao contrário, se desejava agredir pessoa estranha, mas por erro de representação fere o irmão, responderá pela lesão corporal sem aquela agravante.

Jurisprudência

- **Erro de tipo (art. 20, *caput*):** Reconheceu-se a ocorrência do erro de tipo, por estar ele provado, embora não seguramente (TACrSP, *Julgados* 82/372). Se o agente, diante da compleição do rapaz que lhe pediu bebida, supôs fosse ele maior de 18 anos e o serviu, configura-se o erro de tipo (TACrSP, *RT* 705/335). Há erro de tipo na conduta de quem, supondo que o vocábulo "autorização", contido no art. 12 da Lei n. 6.368/76 [atual art. 33 da Lei n. 11.343/2006], compreenderia também a autorização verbal ou tácita de autoridades policiais e judiciárias, mantém sob sua guarda drogas com a finalidade de serem mostradas em palestras antitóxicos (TJMG, *JM* 128/319). Existe erro de tipo na conduta de marinheiro estrangeiro apanhado com lança-perfume, que supõe a licitude de seu uso, levado por fotos do nosso carnaval; não se trata de erro de proibição, por não ser obrigado a conhecer a lei brasileira (TJSP, *RT* 709/312). Em caso de estelionato contra o INSS, se a omissão da informação se deu por ignorância quanto à necessidade da mesma, e não para induzir em erro, ocorre erro de tipo vencível, respondendo o agente por culpa; inexistindo estelionato culposo, rejeita-se a denúncia (TRF da 4ª R., Ap. 1999.04.01.012410-6/RS, *DJU* 17.5.2000, p. 53, *in Bol. IBCCr* 93/472).

- **Ônus da prova:** Alegando o agente desconhecer tratar-se de área de preservação ambiental, cabe a ele a demonstração do alegado, invertendo-se o ônus da prova (TJMS, Ap. 0001063-93.2018.8.12.0010, publ. 4.2.2020). Inverte-se igualmente o ônus da prova na alegação de que desconhecia a idade da vítima de estupro de vulnerável (TJDF, AP. 0003973-07.2018.8.07.0019, DJe 26.11.2019).

- **Descriminante putativa (art. 20, § 1º):** Se o dono da casa, em vista da situação de fato, supôs, sem culpa, tratar-se de ladrão o vizinho que entrava de madrugada, era razoável que nele atirasse como atirou (TACrSP, Julgados 87/190). Se a vítima, ao tentar abrir, por equívoco, porta de carro alheio, induziu o proprietário a reagir violentamente, sem resíduo culposo, supondo tratar-se de furto, há legítima defesa putativa do patrimônio (STJ, RHC 2.300, DJU 7.12.92, p. 23325). Vide, também, jurisprudência na nota Legítima defesa putativa, art. 25 do CP.

- **Erro sobre a pessoa:** Não há, quando o resultado é único e não houve intenção de atirar em pessoa determinada (STF, RHC 67.036, DJU 10.3.89, p. 3014).

ERRO SOBRE A ILICITUDE DO FATO

Art. 21. O desconhecimento da lei é inescusável. O erro sobre a ilicitude do fato, se inevitável, isenta de pena; se evitável, poderá diminuí-la de um sexto a um terço.

Parágrafo único. Considera-se evitável o erro se o agente atua ou se omite sem a consciência da ilicitude do fato, quando lhe era possível, nas circunstâncias, ter ou atingir essa consciência.

Erro de proibição

- **Culpabilidade:** A consciência da ilicitude, real ou potencial, da conduta típica e antijurídica praticda pelo agente, e a possibilidade de agir de acordo com essa consciência, é o fundamento da sua *reprovabilidade*, ou seja, do juízo de culpabilidade. Segundo a doutrina finalista, não basta que uma conduta seja típica e antijurídica para que se imponha a sanção penal. É necessário, ainda, que fique provada a culpabilidade, ou seja, a reprovabilidade da conduta (*nulla poena sine culpa*). Todavia, só pode haver *reprovabilidade* quando presentes os seus pressupostos: *a. Imputabilidade do agente*: Maioridade penal (18 anos) e capacidade psíquica de entender a ilicitude e de comportar-se de acordo com esse entendimento. *b. Possibilidade de conhecer a ilicitude ou antijuridicidade da sua conduta*: condições de perceber a ilicitude. *c. Exigibilidade de conduta diversa*: possibilidade de exigir-se que o sujeito, nas circunstâncias em que o fato ocorreu, pudesse ter agido de forma diversa, sem violar a norma penal, mesmo porque não há responsabilidade sem liberdade e tampouco liberdade sem responsabilidade. Por meio da culpabilidade é que se aferirá o quantum da pena a ser individualmente aplicada, nos moldes do art. 59 do CP. A culpabilidade, como consciência da ilicitude, real ou potencial, na atual sistemática finalista não se confunde com o "dolo natural" que está no tipo penal. No passado, na Escola Clássica, o dolo estava vinculado à culpabilidade, daí falar-se, naquela época, em "dolus malus", "dolo maligno" etc.; atualmente, separou-se o dolo no tipo, do conhecimento da injuridicidade da conduta, pressuposto de sua reprovabilidade. Por isso, o CP prevê causas de exclusão da culpabilidade (não havendo punição), em decorrência da não imputabilidade (arts. 26, *caput*, 27 e 28, § 1º), em virtude da impossibilidade de conhecer a ilicitude (art. 21 e parágrafo único) ou em função de não se poder exigir conduta diversa (art. 22, primeira parte).

- **Noção:** Este art. 21 trata do *erro sobre a ilicitude do fato*, mais conhecido como *erro de proibição*. É, pois, de uma causa que pode impossibilitar a compreensão da ilicitude (ou antijuridicidade) de que trata este artigo. Dispõe ele que, embora o desconhecimento formal da lei seja inescusável (*indescupável*), o erro sobre a ilicitude do fato pode isentar de pena (se o engano foi inevitável) ou diminuí-la (se tal erro podia ter sido evitado). Assim, fica estabelecido o chamado *erro sobre a ilicitude do fato* (ou *erro de proibição*), que ocorre quando o sujeito, embora agindo com vontade (dolosamente), atua por erro quanto à *ilicitude* de seu comportamento, que afeta, portanto, a reprovabilidade ou culpabilidade de sua conduta.

- **A separação do dolo da consciência da ilicitude:** Na Escola Clássica, em que o tipo penal era objetivo, estando o dolo na culpabilidade, o *dolo* era tido como *dolus malus*, *maligno*, *intenção criminosa* etc. (*vide* comentários no art. 18 do CP) pois a ele era intrínseca a consciência da ilicitude. Hoje, o "dolo natural" do tipo penal, sem carga valorativa, é decorrência da separação entre *dolo* (no tipo subjetivo) e *consciência da ilicitude* (na culpabilidade), feita pelos finalistas.

- **Reflexão (da teoria à prática forense):** A separação, na prática, por vezes afigura-se *artificial*, pois existem crimes cujo *dolo* exigido pelo tipo penal não se limita àquele "dolo natural" de WELZEL, mas requer um *plus*, como sucede nos crimes contra a honra em que é necessário que o autor tenha proferido as ofensas com *animus injuriandi*, *difamandi* ou *caluniandi* (arts. 138 a 140). De forma semelhante ocorre no crime de apropriação indébita (CP, art. 168), para o qual se exige *animus rem sibi habendi*, ou seja aquela mesma *intenção criminosa* dos "clássicos" de ter a coisa de outrem para si. Desafiador, em casos como esse, separar o dolo da consciência da ilicitude. Como se vê, na prática, as teorias encontram a realidade, notadamente *a depender de como está disposto o tipo penal*, por vezes exigindo *um especial fim de agir* (*v.g.* para prejudicar direito de terceiro), havendo um limbo entre a isenção ou redução da pena deste art. 21 (culpabilidade), e a atipicidade subjetiva. São várias as situações em que, como em uma escala da cor cinza, diante da falta de consciência da injuridicidade da conduta, a defesa não se contenta em pleitear a ausência de culpabilidade. Busca, diante do agir de boa-fé do agente, demonstrar a própria inexistência do dolo previsto no tipo subjetivo, e portanto a atipicidade da conduta, argumentando que, inexistente a má-fé, ausente o agir com *intenção criminosa* de ofender ou colocar em risco determinado bem jurídico, ou seja, sem a consciência de que aquela ação seria injusta, não haveria o próprio dolo exigido pelo tipo. O dolo foi trazido para o tipo pelos *Finalistas,* separando-o da consciência do injusto (culpabilidade); porém, há casos específicos em que essa separação feita em teoria se depara com uma realidade que a desafia; é como se, ao trazer o "dolo" para o tipo penal, tenha-se "arrastado consigo a consciência da ilicitude" em seu próprio ânimo, "para dentro do tipo penal". *Vide* comentários no art. 18 do CP, sob a rubrica *Dolo natural na escola* Finalista *adotada pelo CP.*

- **Diferença entre os dois erros:** No *erro sobre elementos do tipo* (CP, art. 20), o engano recai sobre elemento do tipo penal e exclui o *dolo*. No *erro sobre a ilicitude do fato* (CP, art. 21), o engano incide sobre a ilicitude do comportamento do sujeito, refletindo na *culpabilidade*, de forma a excluí-la ou atenuá-la.

- **Alcance:** O *erro de proibição* deste art. 21 pode incidir: *1. Quanto à existência do tipo penal*. Embora conhecendo formalmente a lei, o sujeito engana-se em seu entendimento, erra na interpretação do que ela proíbe. Exemplo: o proprietário de um imóvel alugado, diante do inadimplemento do locatário, solicita à empresa pública que corte a luz de sua propriedade, sem imaginar que existe o crime de exercício arbitrário das próprias razões. *2. Quanto às causas de exclusão da ilicitude: 2a. Suposição de existir causa excludente da ilicitude*. O sujeito pensa, erradamente, que a lei contém causa excludente da ilicitude que, na realidade, inexiste. Exemplo: o agente agride a mulher quando esta confessa estar lhe traindo, na suposição de que existiria legítima defesa da "honra conjugal". *2b. Quanto aos seus limites jurídicos*. O sujeito erra não sobre a situação de fato (que dá lugar ao erro de tipo do art. 20, § 1º, do CP), mas quanto aos limites fixados na lei para a causa excludente da ilicitude. Exemplo: o sujeito engana-se no entendimento de um dos requisitos da legítima defesa.

- **Desconhecimento da lei e erro de proibição:** O *caput* do art. 21 se inicia com a declaração de que o *desconhecimento da lei é inescusável*. Obedece, assim, ao princípio da inescusabilidade do desconhecimento formal da lei, que é indispensável sob risco das leis não serem mais obedecidas. Em seguida, porém, dispõe a respeito do *erro sobre a ilicitude do fato* (erro de proibição) e indica sua relevância. Explica-se a diferença: se de um lado ninguém pode ignorar a existência formal da lei (que proíbe matar, furtar etc.), pode faltar ao sujeito o potencial conhecimento da proibição nela contida, levando-o a atuar com desconhecimento do *injusto*. Este é o erro de proibição, que incide na ilicitude do fato. Portanto, para o CP são diferentes em suas essências e efeitos o *desconhecimento da lei* e sua *errônea compreensão (erro de proibição)*.

- **Descriminantes putativas por erro de proibição:** Mostramos, em nota anterior (vide CP, art. 20, § 1º), que pode haver descriminantes putativas por erro de tipo, quando o agente, por erro justificável pela *situação de fato*, pensa agir de acordo com causa excludente da ilicitude. Além daquelas, também existem *descriminantes putativas por erro de proibição*, quando o engano incide sobre o entendimento da causa excludente da ilicitude, seja quanto à existência dela, seja quanto aos seus limites jurídicos (vide exemplos na nota ao CP, art. 20, § 1º, sob o título *Distinção entre erro de tipo e erro de proibição na descriminante putativa*).

- **Consequências:** *1. Desconhecimento da lei.* Não isenta de pena nem é causa de sua diminuição, embora sirva de atenuante genérica (CP, art. 65, II). *2. Erro sobre a ilicitude do fato (erro de proibição): a. Se inevitável* (invencível, escusável) o erro, há isenção de pena. *b.* Se, porém, o erro for *evitável* (vencível, inescusável), a pena será *diminuída* de um sexto a um terço.

- **Diminuição inafastável:** Embora o art. 21 diga que a pena "poderá" ser reduzida, essa diminuição é inafastável, pois trata-se de *direito público subjetivo* do acusado (cf. CELSO DELMANTO, "Direitos públicos subjetivos do réu no CP", *RT* 554/466). Apreciando o caso concreto, pode o juiz julgar se houve ou não erro de proibição evitável. Caso, porém, decida que ele existiu, não poderá deixar de diminuir a pena, pois sua redução é um direito do condenado. E se entender de diminuí-la em quantidade inferior à máxima autorizada por lei (um terço), deverá fundamentar sua decisão, por força de mandamento constitucional (CR, art. 93, IX), pois a quantidade da redução não pode ser arbitrária. Tratando-se de causa de diminuição de pena, esta pode ser fixada *abaixo* do mínimo legal cominado ao crime (vide nota *Aplicação das causas de aumento ou de diminuição*, CP, art. 68).

- **Índios e dupla punição:** Não obstante o Estado detenha o monopólio da justiça penal, respeitadas as regras constitucionais e infraconstitucionais atinentes à prestação jurisdicional (a reserva legal, o devido processo legal etc.), é interessante destacar a existência de uma exceção. Trata-se dos povos indígenas, cuja cultura é tutelada pela CR quando, em seu art. 231, estabelece que "são reconhecidos aos índios sua organização social, *costumes*, línguas, crenças e tradições, e os direitos originários sobre as terras que tradicionalmente ocupam, competindo à União demarcá-las, proteger e fazer respeitar os seus bens". A Lei n. 6.001/73, que dispõe sobre o Estatuto do Índio, estatui, em seu art. 56, *caput*, que "no caso de condenação de índio por infração penal, a pena deve ser atenuada e na sua aplicação o juiz atenderá também ao grau de integração do silvícola". Em seu parágrafo único é disposto, ainda, que "as penas de reclusão e de detenção serão cumpridas, se possível, em regime especial de semiliberdade, no local de funcionamento do órgão federal de assistência aos índios mais próximo da habitação do condenado". Em seu art. 57, que "será tolerada a aplicação, pelos grupos tribais, de acordo com as instituições próprias, de sanções penais ou disciplinares contra os seus membros, desde que não revistam caráter cruel ou infamante, proibida em qualquer caso a pena de morte". Percebe-se, assim, que em nosso país reconhece-se, atualmente, a existência de instituições indígenas, admitindo-se a aplicação de sanção penal baseada em usos e costumes tribais, respeitados os limites do referido art. 57. Tem-se, desse modo, uma grande diversidade, já que "cada grupo indígena – o tupi, o guarani, o tamoio, o aimoré, o xavante, o tupinambá, o caiapó, o mencragnotire, o tupiniquim, o ianomânmi – é típico, inconfundível, na língua, nas instituições, nas leis tribais, nas crenças, nas tradições", como escreve JOSÉ CRETELLA JÚNIOR (*Comentários à Constituição de 1988*, 2ª ed. Rio de Janeiro – São Paulo, Forense Universitária, v. VIII, p. 4565). Percebe-se, assim, ser perfeitamente possível a compatibilização do disposto no art. 21 do CP com o tratamento dado ao silvícola pelo art. 56 do Estatuto do Índio, podendo ocorrer casos de índios que vivam em locais ermos, efetivamente desconhecendo a legislação, sequer falando o português. Anotamos, porém, que não poderá haver *dupla punição*. Imaginemos a hipótese em que o indígena já tenha sido punido, nas tradições de sua aldeia, inclusive com restrição de liberdade, o que deverá ser levado em conta pelo Judiciário. Nesse sentido, EUGÊNIO RAÚL ZAFFARONI e NILO BATISTA, *Direito Penal Brasileiro – I*, Rio, Editora Revan, 2003, p. 236).

Evitabilidade do erro de proibição (parágrafo único)

- **Noção:** Como se viu, o erro de proibição pode ser evitável ou inevitável, decorrendo dessa diferença distintas consequências. Dispõe o parágrafo único deste art. 21 ser *evitável o erro* quando *era possível* ao agente, *nas circunstâncias, ter ou atingir essa consciência*, ou seja, era-lhe possível alcançar o conhecimento da ilicitude (antijuridicidade) de sua conduta.

Jurisprudência

- **Erro de proibição (art. 21 e parágrafo único):** O erro sobre a ilicitude do procedimento, quando inevitável, isenta de pena (TAMG, *RJTAMG* 29/332). Só se reconhece o erro sobre a ilicitude do fato, quando o agente se equivoca sobre a injuridicidade de sua conduta, não podendo, pois, invocar erro de proibição quem tem pleno conhecimento de que atua ilicitamente (TACrSP, *RT* 610/350). Não se configura erro de proibição quando a consciência da ilicitude do fato típico era passível de ser alcançada pelo agente, com base na sua experiência de vida (TRF da 1ª R., Ap. 176.170, *DJU* 26.11.92, p. 39591), nem quando atua na dúvida, propositadamente deixando de informar-se, para não ter que se abster (TACrSP, *Julgados* 84/346). Há erro de proibição, quando o comerciante cobra taxa de serviço vedada pela antiga SUNAB e que supôs lícita em virtude de prévia consulta e autorização de funcionário desta (TACrSP, *Julgados* 90/154). Constitui erro escusável a comercialização de rifa sem conotação de prática profissional reiterada e perniciosa (TAMG, *RJTAMG* 52/386). Se realizou saques por entender que o dinheiro era devido a seu irmão incapaz, dependente do genitor falecido, que teve o direito a pensão por morte reconhecido posteriormente, configurou-se o erro de proibição inevitável/escusável, na modalidade de erro direto (TJAL, Ap. 0800234-56.2016.8.02.0001, publ. 20.9.2019). Senhora idosa e muito simples, que ao guardar arma de fogo de seu falecido marido, não tinha noção da ilicitude do fato. Erro de proibição reconhecido (TJMG, Ap. 10056160003168001, publ. 20.7.2019).

- **Desconhecimento da lei:** O princípio que veda a alegação de ignorância da lei como escusa não alcança casos de normas penais em branco, nas quais algum elemento que as complete exija informações técnicas mais apuradas do agente (TACrSP, *Julgados* 72/361). Em caso de manutenção de pássaros silvestres em cativeiro, não pode alegar erro de proibição acusado que, por ser sócio de entidade ornitológica, tinha o dever de informar-se sobre a licitude ou não da conduta imputada (TRF da 4ª R., Ap. 344, *DJU* 8.11.1989, p.13843).

COAÇÃO IRRESISTÍVEL E OBEDIÊNCIA HIERÁRQUICA

Art. 22. Se o fato é cometido sob coação irresistível ou em estrita obediência a ordem, não manifestamente ilegal, de superior hierárquico, só é punível o autor da coação ou da ordem.

Fundamento

- **Não exigibilidade de conduta diversa:** A *possibilidade de exigir-se conduta diversa* é, segundo a teoria finalista adotada pelo nosso Código, um dos pressupostos da culpabilidade, ou seja, da reprovabilidade penal de uma ação ou omissão típica e antijurídica (*vide* nota *Noção*, no art. 21 do CP; cf., também, HANS WELZEL, *Derecho Penal – Parte General*, Buenos Aires, Depalma, 1956, p. 180). Da mesma forma que não há liberdade sem responsabilidade, não pode haver *responsabilidade penal sem liberdade*, pois esta é fundamento daquela, como há muito tempo já era sustentado pela doutrina (cf. p. ex., VINCENZO CAVALLO, *Libertà e Responsabilità*, Napoli, Alberto Morano Editore, 1934, p. 196). Aliás, o primeiro autor a tratar da não exigibilidade de conduta diversa foi BERTHOLD FREUDENTHAL, em 1922, afirmando, acerca da culpabilidade, o seguinte: "Se esta supõe sempre uma desaprovação que se faz ao autor do crime por se haver comportado assim, *enquanto podia e devia fazê-lo de outra maneira*, o fato não poderá reprovar-se-lhe quando, tendo em conta as circunstâncias concomitantes do caso concreto, não se lhe podia exigir um comportamento distinto daquele que levou a cabo" (*apud* FRANCISCO MUÑOZ CONDE, *Edmund Mezger e o Direito Penal do seu tempo*, Rio de Janeiro, Lumen Juris, 2005, p. 20).

■ **Causa supralegal de exclusão da culpabilidade:** No CP, a não exigibilidade de conduta diversa é a essência de algumas causas legais de exclusão, tanto da *culpabilidade* (como no caso da *coação moral irresistível* deste art. 22, primeira parte) quanto da *antijuridicidade* (*v.g.*, na legítima defesa e no estado de necessidade – CP, arts. 23 a 25). Todavia, nos casos em que a conduta do agente não se encaixe, perfeitamente, nas excludentes legais, a doutrina diverge ao admitir, ou não, a *inexigibilidade de conduta diversa* como uma *causa supralegal de exclusão da culpabilidade*. Aceitam-na, entre outros, GIUSEPPE BETTIOL (*Diritto Penale – Parte Generale*, Busto Arsizio, G. Priulla Editore, 1945, pp. 308-311), GOLDSCHMIDT (Concepción Normativa de la Culpabilidad, Buenos Aires, Depalma, 1943, p. 21, *apud* Carlos Fontán Balestra, *Derecho Penal – Introducción y Parte General*, 4ª ed., Buenos Aires, Abeledo-Perrot, 1961, p. 338), EDMONDO MEZGER (*Diritto Penale [Strafrecht]*), Padova, Cedam, 1935, pp. 390-391); e, entre nós, o saudoso HERMÍNIO ALBERTO MARQUES PORTO (*Júri – Procedimento e Aspectos do Julgamento – Questionários*, 8ª ed., São Paulo, Malheiros Editores, p. 332). Essa orientação, porém, é tida como *insustentável* por autores como REINHART MAURACH (*Tratado de Derecho Penal*, Barcelona, Ariel, 1962, v. II, pp. 51-52), FRANCESCO ANTOLISEI (*Manuale di Diritto Penale – Parte Generale*, 13ª ed. atualizada por Luigi Conti, Milano, Giuffrè, 1994, pp. 394-396), HANS-HEINRICH JESCHECK (*Tratado de Derecho Penal – Parte General*, 4ª ed., Granada, Comares, 1993, pp. 456-458) e MANUEL FUZÓN DOMINGO (*Tratado de la Culpabilidad y de la Culpa Penal*, Barcelona, Editorial Hispano-Europea, 1960, t. I, pp. 440-447), lançando-se mão de conceitos abstratos e convencionais como o do "homem médio", *bonus pater familias* etc. A nosso ver, a *inexigibilidade de conduta diversa* como causa supralegal de exclusão da culpabilidade deve ser aceita, dependendo da análise das circunstâncias específicas de cada caso. A ciência penal, com suas teorias e esquematizações classificatórias, que influencia a redação dos Códigos Penais, há que reconhecer e valorar os dramas da vida humana, que não são poucos, demandando-se humildade aos teóricos e a admissão da possibilidade de os magistrados deixarem de aplicar penas em casos dramáticos de inexigibilidade de conduta diversa, ainda que não tipificadas nas formas rígidas do Código Penal.

Jurisprudência da não exigibilidade de conduta diversa

■ **Não exigibilidade de conduta diversa:** O TRF da 3ª Região, em acórdão pioneiro da lavra do Desembargador Federal SINVAL ANTUNES, admitiu a inexigibilidade de conduta diversa como causa supralegal da exclusão da culpabilidade em caso de empresário que deixou de recolher contribuições previdenciárias por se encontrar em situação de penúria (1ª T., Ap. 96.03.006121-2, *vu – DJU* 16.9.97, p. 74417). No mesmo sentido: TRF da 3ª R., 2ª T., Ap. 1999.03.99.089529-9-SP, rel. Desa. Federal SYLVIA STEINER, j. 5.12.2000, *Bol. AASP* n. 2.234, p. 2001. Há precedentes, também, dos Tribunais Regionais Federais de todas as outras regiões:TRF da 1ª R.,Ap. 1999.38.00.040748-4/MG, rel. Des. Federal CÂNDIDO RIBEIRO, j. 13.12.2004, *DJU*, 28.1.2005; TRF da 2ª R., Ap. 1.612-ES, rel. Juiz Federal convocado PAULO FREITAS BARATA, *vu – DJU* 15.9.1998, p. 135, *in* Ementário da *RBCCr* n. 24, p. 330; TRF da 4ª R., Ap. 2002.04.01.052322-1, rel. Des. FED. LUIZ FERNANDO W. PENTEADO, j. 22.10.2003, *DJU* 5.11.2004; Ap. 98.04.03996-6-PR, rel. Juiz Federal convocado FÁBIO BITTENCOURT DA ROSA, *vu – DJU* 31.3.1999, p. 247, *in Bol. IBCCr* 78/351; idem, do mesmo relator: Ap. 2002.04.01.049680-1, j. 18.3.2003, *DJU* 30.4.2003, p. 910; Ap. 2001.04.01.057284-7, j. 11.6.2002. Cf., também, sentença proferida nos autos do Processo 96.1300576-5 da 2ª Vara Federal em Bauru-SP, em 23.3.2006, da lavra do Juiz Federal convocado HERALDO GARCIA VITTA.

■ **Pedido de refúgio e anistia com nome falso:** A conjuntura que levou o imigrante a sair de seu país era grave, apta a justificar seu receio em retornar. Causa supralegal de excludente da culpabilidade reconhecida (TRF2, Ap. 0035032-77.2012.4.02.5101, Rel. Des. Fed. Simone Schreiber, j. 6.12.2016).

Coação irresistível (primeira parte)

- **Noção:** *Coação* é a utilização de força física (coação física, também chamada *vis absoluta*) ou *grave ameaça* (coação moral, igualmente denominada *vis compulsiva*) contra alguém, a fim de que este faça ou deixe de fazer alguma coisa. O art. 22 do CP cuida da coação *moral* (*vis compulsiva*), pois a coação física irresistível retira a própria voluntariedade do comportamento, deixando de haver *conduta* (vontade + manifestação da vontade; *vide* nota Conduta na rubrica Estrutura do delito e conceitos fundamentalis no início deste Título II, antes do art. 13). Deve tratar-se de coação moral *irresistível*, que leva à *não exigibilidade de conduta diversa*. Se for resistível, só beneficiará o agente como atenuante (CP, art. 65, III, *c*, primeira parte). A ameaça do coator pode ser dirigida contra terceira pessoa, e não, necessariamente, contra a pessoa que agiu sob coação (o coato).

- **Natureza:** É causa de exclusão da culpabilidade.

- **Existência de coator:** Para que se possa falar em coação, é necessário que exista uma terceira pessoa (o coator), além do coagido e da vítima. Quanto à possibilidade de a vítima ser considerada coatora, *vide* jurisprudência no final deste artigo.

- **Irresistibilidade da coação:** A lei refere-se à coação irresistível, que significa insuperável. Todavia, a insuperabilidade ou não da coação deve ser aferida em concreto (e não abstratamente), de acordo com a situação, condição e personalidade do coagido.

- **Efeito para o coagido:** Se a coação moral era irresistível, fica excluída a culpabilidade. Se era *resistível*, o coato apenas contará com a atenuante do art. 65, III, *c*, primeira parte.

- **Efeito para o coator:** Este responde pelo crime, de forma especialmente agravada (CP, art. 62, II). *Discordamos* do entendimento de que ainda haveria concurso formal com crime de constrangimento ilegal (CP, art. 146). Tal solução é inadmissível, em vista de resultar em dupla punição pelo mesmo fato e em razão das regras específicas dos arts. 22 e 62, II.

- **Coação moral irresistível putativa:** Pode existir, em face de erro do coagido, que erroneamente acredita estar sofrendo coação.

Obediência hierárquica (segunda parte)

- **Noção:** A culpabilidade também pode ser afastada pelo dever de obediência. Da hipótese trata a segunda parte deste art. 22, ao dispor que se o fato é cometido em estrita obediência à ordem, não manifestamente ilegal, de superior hierárquico, só é punido o autor da ordem.

- **Natureza:** É causa excludente da culpabilidade.

- **Requisitos:** Para que haja a exclusão são necessários certos pressupostos, tanto em relação à ordem como à obediência. 1.*Da ordem*. a. *Subordinação hierárquica*. Como a lei fala em superior hierárquico, deve existir uma subordinação administrativa entre quem dá a ordem e quem a recebe. *Sempre* de uma autoridade ou funcionário público para outra autoridade ou servidor público que lhe é *inferior*. O art. 22 não alcança outras subordinações, como a empregatícia, familiar, religiosa etc. b. *Formalidades legais*. A ordem deve provir de funcionário competente para determiná-la. c. *Ordem não manifestamente ilegal*. Ela não pode ser flagrantemente, visivelmente ilegal. Assinale-se que não só essa, mas todas as demais exigências devem ser consideradas em cada caso concreto, tendo-se em vista a situação de fato e a capacidade intelectual de quem recebe a ordem. 2. *Da obediência*. Deve ela ser estrita, pois se o agente se excede, não obedecendo rigorosamente à ordem, responderá pelo seu excesso.

- **Efeitos:** 1. *Para quem recebe a ordem*. Se ela preenche os requisitos acima e é estritamente cumprida, há exclusão da culpabilidade. Caso a ordem seja desprovida daqueles requisitos, o sujeito só será beneficiado pela atenuante do art. 65, III, *c*, segunda parte. 2. *Para quem dá a ordem*. Será este quem sofrerá a punição pelo fato cometido em sua obediência.

- **Obediência hierárquica putativa:** Pode haver, por erro de quem recebe a ordem (CP, arts. 20 ou 21).

Jurisprudência da coação irresistível

- **Elementos da coação moral irresistível:** Ameaça de dano grave, inevitabilidade do perigo, contra o coato ou pessoas queridas, em regra três pessoas (coator, coato e vítima), irresistibilidade da ameaça, segundo o critério do homem médio (TJDF, Ap. 0004744-80.2016.8.07.0010, *DJe* 17.6.2019).

- **Irresistível:** É irresistível a coação moral quando não pode ser superada senão com uma energia extraordinária e, portanto, juridicamente inexigível (TACrSP, *RT* 501/382, 488/382). Não é irresistível, se o comparsa usava arma de brinquedo e o coautor, desempregado, aquiesceu a mero convite daquele (TACrSP, *RJDTACr* 20/60).

- **Ônus da prova:** Incumbe à defesa, nos termos do art. 156 do CPP (TRF da 4ª Reg., Ap. 5040423-12.2017.04.04.7100/RS, j. 12.2.2020).

- **Entorpecente levado para filho preso:** Se a prova confirma que a mãe, analfabeta e sem perspectivas e esperanças, não obrou com vontade livre e consciente no transporte de entorpecente para o filho preso, eis que coactada por seu companheiro e integrantes de sua quadrilha, é de justiça reconhecer a sua submissão à coação moral irresistível, imposta com ameaça de morte (TJRJ, Ap. 1620/99, rel. Des. Gama Malcher, j. 25.5.93).

- **Três pessoas:** A coação irresistível pressupõe, sempre, a existência de três pessoas, ou seja, o coator, o coagido e a vítima (STF, *RTJ* 93/1071; STJ, *mv – RT* 699/400; TJPB, *RF* 270/327; TJDF, Ap. 10.045, *DJU* 7.5.90, p. 8934).

- **Vítima como coatora:** Embora, geralmente, não se admita a própria vítima desempenhando o papel de coatora (STJ, *mv – RT* 699/400), a Suprema Corte já decidiu que não aberra da lógica jurídica considerar-se a vítima como coatora (STF, HC 62.982/RJ, rel. Min. Francisco Rezekj, j. 3.12.85, *RTJ* 118/89; HC 71.086/MG, rel. Min. Ilmar Galvão, j. 30.5.94). No mesmo sentido: TJDF, Ap. 10.045, *DJU* 7.5.90, p. 8934.

- **Existência de um coator:** É necessária a existência de um coator, não se podendo considerar a sociedade (TJRJ, *RT* 519/438; TJSP, *RT* 511/357; TJRS, *RF* 267/305) ou a *família* como tal (TJGO, *RGJ* 10/97).

- **Prova:** Para ser aceita como excludente de culpabilidade, a coação moral irresistível deve ser substancialmente comprovada por elementos concretos existentes no processo, não bastando a simples alegação dos acusados, especialmente quando a descrição dos fatos por eles fornecida encontra-se rebatida por prova em contrário (TACrSP, *RT* 813/596).

Jurisprudência da obediência hierárquica

- **Requisitos:** A ordem deve ser emanada de superior hierárquico (autoridade pública) do agente e só isenta o agente se não for manifestamente ilegal (TARS, *RT* 579/393; TACrSP, *RT* 490/331; TJSP, Ap. 236.356-3/1, *Bol. IBCCr* 89/441).

- **Exclusão da ilicitude:** A estrita obediência à ordem não manifestamente ilegal é causa de exclusão da ilicitude (TACrSP, *RT* 606/342).

- **Exame da legalidade:** O servidor público, em que pese estar via de regra, obrigado a cumprir as ordens de seu superior hierárquico, deve sempre executar um exame prévio da legalidade delas (TJRJ, Ap. cível 0009572-45.2009.8.19.0006, j. 5.11.2019).

- **Erro sobre a legalidade da ordem:** Se a ordem era ilegal, mas não manifestamente, e houve erro justificável sobre o elemento constitutivo que é a ilegalidade, absolve-se, pois agiu iludido (CP, art. 20) pelas circunstâncias de fato (TACrSP, *Julgados* 84/200).

EXCLUSÃO DE ILICITUDE

Art. 23. Não há crime quando o agente pratica o fato:
I – em estado de necessidade;
II – em legítima defesa;
III – em estrito cumprimento de dever legal ou no exercício regular de direito.

EXCESSO PUNÍVEL

Parágrafo único. O agente, em qualquer das hipóteses deste artigo, responderá pelo excesso doloso ou culposo.

Exclusão da ilicitude (caput)

- **Exclusão da ilicitude:** Como se observou ao tratarmos da *teoria do crime* (nos comentários que antecederam o art. 13 do CP), para que haja imposição de pena privativa de liberdade ou restritiva de direitos a uma pessoa, é necessário que ela tenha praticado um fato *típico* (descrito por lei como crime) e *ilícito* (isto é, *antijurídico*, contrário à ordem jurídica como um todo), surgindo daí o chamado *injusto penal*. Todavia, para a imposição de pena, faz-se imperioso haver *culpabilidade* (isto é, *juízo de reprovabilidade*) da ação ou omissão típica praticada pelo agente, que pressupõe que ele seja imputável, tenha consciência da antijuridicidade da sua conduta (havendo as hipóteses de *erro* de tipo ou de fato, agindo, por exemplo, com toda boa-fé, estando convicto de estar se comportando de acordo com o ordenamento jurídico), tenha capacidade de agir de forma diversa (não estando sujeito, por exemplo, a uma coação). Caso o autor do fato definido como crime seja inimputável, a imposição de medida de segurança dependerá da verificação de sua concreta *periculosidade*. Vê-se, assim, que a *ilicitude* (também chamada *antijuridicidade*) é nada mais do que a contradição entre o comportamento típico do sujeito e a vedação que é imposta a esse comportamento pela ordem jurídica, como um todo. Explicou-se, ainda, que *ilicitude*, em um Estado Democrático de Direito, deve ser *sempre material* (com efetiva lesão ou ameaça concreta de lesão a um bem juridicamente tutelado) e não meramente formal (abstrata, hipotética). A *ilicitude* pode ser excluída por determinadas causas. É dessas causas de exclusão de *ilicitude* que trata este art. 23, indicando-as: estado de necessidade, legítima defesa, estrito cumprimento de dever legal e exercício regular de direito. Elas são também chamadas *excludentes da antijuridicidade, descriminantes, justificativas* ou *tipos permissivos*.

- **Causas de justificação ou de exclusão do injusto:** São causas que excluem a própria ilicitude da conduta; por isso, o CP diz que "não há crime". Na doutrina, há quem defenda a diferenciação entre a *causa de justificação* (para as quais o direito *valora positivamente a* conduta praticada, embora típica, como nos casos de legítima defesa em que além da proteção do bem jurídico ameaçado, há o aspecto supraindividual da reafirmação do direito, um ato meritório), da *causa de exclusão do injusto* (quando se exclui meramente a antijuridicidade da conduta, sem contudo ser ela valorada positivamente pelo ordenamento, sendo *tolerada*, neutra ou indiferente, como no estado de necessidade quando o conflito é de bens jurídicos de igual valor), como GÜNTER STRATENWERTH, como ensina cf. DIEGO M. LUZÓN PEÑA (*Aspectos Esenciales de la Legítima Defensa*, cit., p. 94 a 99). Este último autor, com razão, aponta para o fato de essa distinção ser supérflua: "Creio mais aconselhável utilizar indiferentemente as denominações *causa de justificação ou causa de exclusão da antijuridicidade* para todas as circunstâncias pelas quais desaparece a ilicitude de uma conduta, com reserva de se notar em cada caso a diferente valoração jurídica de uma causa de justificação em comparação com outra".

- **Efeito civil:** As quatro causas fazem coisa julgada na justiça cível, quando reconhecidas no juízo criminal (CPP, art. 65). Também fazem coisa julgada no cível, se decididas na esfera penal, a existência do fato e a sua autoria (CC, art. 935).

- **Causas previstas na Parte Especial:** Em certas hipóteses, como nas do aborto necessário e sentimental (CP, art. 128, I e II), a exclusão da antijuridicidade é prevista na Parte Especial do CP (HELENO FRAGOSO, *Lições de Direito Penal*, J. Bushatsky, 1976, p. 200).

Estado de necessidade (I)

- **Remissão:** *Vide* nota e jurisprudência no art. 24 do CP.

Legítima defesa (II)

- **Remissão:** *Vide* nota e jurisprudência no art. 25 do CP.

Estrito cumprimento de dever legal (III, primeira parte)

- **Noção:** O fundamento do dispositivo é óbvio. Se o agente atua no cumprimento de dever legal, seu comportamento não é antijurídico. O *dever* que ele cumpre pode ser imposto por qualquer norma legal (lei, decreto, regulamento etc.) e não apenas por leis de natureza penal. O CP requer que o agente se conduza em *estrito cumprimento*, sendo, pois, necessário que obedeça, rigorosamente, aos limites do dever. Caso ele ultrapasse tais limites, haverá abuso de direito ou excesso de poder – ou o *excesso punível* do parágrafo único – e não exclusão da ilicitude (ou antijuridicidade). Admite-se que o dever seja referente não só a funcionário público, como, também, a particular.

- **Requisito subjetivo:** Para a doutrina finalista, é necessário, ainda, um requisito subjetivo (conhecimento de que age no cumprimento de dever). Não obstante nossa concordância com o pensamento, deve-se observar que a reforma penal de 1984 perdeu a ocasião de inseri-la, expressamente, na definição desta causa. Embora se possa declarar atípica uma conduta ou mesmo descriminá-la por falta de um requisito subjetivo "implícito" na lei, parece-nos problemático negar a ocorrência de uma causa excludente da ilicitude, a pretexto de que lhe faltaria um requisito subjetivo não expresso na lei, mas reclamado agora pela doutrina mais atual. A nosso ver, a garantia da reserva legal atua como óbice intransponível à exigência de requisito subjetivo nas descriminantes dos arts. 23, II e III, e 25 do CP.

- **Comunicação:** A excludente alcança o coautor e o partícipe.

- **Descriminante putativa:** Pode haver, quando o sujeito, por erro, pensa agir cumprindo dever legal (CP, arts. 20 ou 21).

Exercício regular de direito (III, segunda parte)

- **Noção:** A lei considera excludente o *exercício regular de direito*. O fundamento dessa exclusão está em que a ilicitude é única e não privativa do Direito Penal ou de qualquer outro ramo do Direito. O ordenamento jurídico tem de ser harmônico, diante do princípio da *não contradição* do direito. Por isso, se um comportamento é aprovado ou legitimado por lei extrapenal (civil, administrativa etc.), o Direito Penal não pode considerá-lo crime. Assim, sempre que o Direito – em qualquer de seus ramos – permite uma conduta, essa mesma conduta não pode ser considerada ilícito penal. Note-se, porém, que a lei fala em exercício *regular* de direito, demonstrando que não podem ser ultrapassados os limites, determinados ou implícitos, em que o ordenamento jurídico extrapenal faculta seu exercício (*vide Excesso punível*, no parágrafo único). Assim, se forem excedidos esses limites, poderá até haver abuso de direito, e não a excludente de ilicitude deste art. 23, III.

- **A Justiça é monopólio estatal:** A ninguém é dado "fazer justiça com as próprias mãos", havendo a previsão do crime de exercício *arbitrário* das próprias razões pelo art. 345 do Código Penal ("Fazer justiça pelas próprias mãos, para satisfazer pretensão, embora legítima, salvo quando a lei o permite"). A situação da causa de justificação do exercício regular de direito diz com *outras situações*, isto é, quando a pessoa pratica uma conduta que, por algum ramo do ordenamento jurídico, a ela é outorgada a possibilidade de assim agir. Por exemplo, o depositário de um bem (art. 644 do CC), o mandatário (art. 681 do CC), quem presta serviço mediante pagamento de comissão (art. 707 do CC) e o transportador (art. 742 do CC) poderão reter o bem até o pagamento de suas despesas; o vizinho tem o direito de cortar os galhos de árvores limítrofes à sua propriedade (art. 1.283); o possuidor ou proprietário tem o direito de imediatamente expulsar quem entre em sua propriedade, mediante os meios necessários (art. 1.210, § 1º, do CC).

- **Não existe direito de matar:** Salvo hipóteses de legítima defesa e do estado de necessidade, sempre com critérios rígidos impostos pelos arts. 24 e 25 do CP, não existe direito de matar uma pessoa. Desse modo, havendo homicídio, jamais se poderá arguir que alguém assim agiu sob a justificativa de um alegado exercício regular de direito, mesmo porque a vida é inviolável (art. 5º, *caput*, da CR/88). A pena de morte, por sua vez, foi banida do direito brasileiro desde a Constituição da República de 1891, sendo admitida somente em caso de guerra declarada contra outro país (art. 5º, XLVII, *a*). Aliás, prisioneiros de guerra haverão de ser capturados, e não executados, respeitando-se a sua vida e honra, sendo vedado tratamento desumano, nos termos da Convenção de Genebra (arts. 44 e 45 do Decreto n. 849/93).

- **Marido não tem poder sobre a mulher:** De triste lembrança, na antiguidade, na Idade Média e também na época do direito estatutário e nos Códigos Penais europeus antes do iluminismo, havia a possibilidade de o marido castigar a mulher, seja mantendo-a em cárcere privado, agredindo-a e até mesmo matá-la caso se deparasse com um adultério (*vide* notas sobre a evolução histórica do direito penal no início desta obra). No Brasil, em tempos não muito distantes, a violência contra a esposa era admitida sob o pretexto de um teratológico *ius corrigendi*. Apregoava-se haver "direito a manter relações sexuais" contra a sua vontade, sendo que esse absurdo hoje não mais existe, sendo que o marido pode, sim, ser sujeito ativo de crime de estupro contra a esposa (*vide* jurisprudência sob a rubrica *Marido* no art. 213 do CP). A violência no âmbito familiar há de ser coibida pelo Estado, como determinado pelo art. 226, § 8º, da Constituição da República. Homem nenhum tem direito de agredir a esposa ou a companheira, representando a Lei Maria da Penha (Lei n. 11.340/2006) um grande avanço no combate a essa ignomínia.

- **Pais e filhos e o *jus corrigendi*:** No passado, também de triste lembrança, era admitida, sob o pretexto do *jus corrigendi*, aos pais, e até professores, a possibilidade de imporem castigos físicos a crianças. Até nas escolas havia absurda "palmatória", a prática de "ajoelhar no milho" e outras humilhações públicas perante os colegas praticadas por professores, na Europa e no Brasil. Com a evolução da sociedade, isso atualmente é proibido por imperativo constitucional que reconhece o valor da *dignidade humana* (ainda que parcela menos esclarecida da sociedade as defenda), não mais existindo exercício regular de direito de pais imporem a filhos castigos físicos, tratamento cruel ou degradante, o que é expresso no art. 18-A da Lei n. 8.069/90, com redação da Lei n. 13.010/2014: "A criança e o adolescente têm o direito de ser educados e cuidados sem o uso de castigo físico ou de tratamento cruel ou degradante, como formas de correção, disciplina, educação ou qualquer outro pretexto, pelos pais, pelos integrantes da família ampliada, pelos responsáveis, pelos agentes públicos executores de medidas socioeducativas ou por qualquer pessoa encarregada de cuidar deles, tratá-los, educá-los ou protegê-los". Há situações limítrofes, como a de um "tapa" ou "palmadas leves", que facilmente se desdobram para inadmissíveis castigos com "cintadas", "cárcere privado a pão e água" etc. Como bem escrevem Giovanni Fiandaca e Enzo Musco (*Derecho Penal, Parte General*, cit., p. 280), "no momento histórico atual, ademais, a esfera das intervenções corretivas consideradas lícitas se restringe progressivamente como consequência do aumento da sensibilidade em favor da tutela da personalidade e da autonomia dos menores". O assunto é muito sério diante da perversidade de pais e guardiões desequilibrados, os quais devem ser punidos criminalmente nos termos do art. 136 do CP e outros crimes (cf. o Estatuto da Criança e do Adolescente e a Lei Maria da Penha sendo a vítima filha mulher), inclusive sendo destituídos do pátrio poder. A violência no âmbito familiar há de ser coibida pelo Estado, como determinado pelo art. 226, § 8º, da Constituição da República.

- **Direito de greve:** É incontroverso, nos termos do art. 9º, *caput* e §§ 1º e 2º, da Constituição da República, que a todos é garantido o exercício do direito de greve. Porém, a legislação impõe regramentos para tanto, notadamente tratando-se de serviços essenciais (cf. Lei n. 7.783/89), punindo-se o *abuso* com a prática de "piquetes", de "violência" contra trabalhadores que desejam trabalhar (cf. nossos comentários aos arts. 197 a 202 do CP). A eximente deste art. 23, III, segunda parte, pressupõe o exercício *regular* de direito.

- **Liberdade de imprensa, obras literárias, artísticas (exercício regular de direito e crimes contra a honra:** *Vide comentários* na introdução do Capítulo V – Dos Crimes contra a Honra, do Título I do CP, que antecedem os arts. 138 (calúnia), 139 (difamação) e 140 (injúria) do Código Penal.

- **Requisito subjetivo:** Para a escola finalista exige-se, como requisito subjetivo, a consciência de agir com conhecimento de exercer direito. *Vide* nota, com igual título, no comentário ao estrito cumprimento de dever legal.

- **Comunicação:** Comunica-se ao coautor e ao partícipe.

- **Violência esportiva:** Em certos tipos de esportes regulamentados (futebol, boxe, judô etc.) podem resultar lesões nos contendores. Estarão elas compreendidas nesta causa de exclusão, desde que obedecidas as regras próprias do esporte que disputavam. Há opinião, porém, que sustenta que as lesões seriam *conglobantemente atípicas*, com exceção do boxe (EUGÊNIO RAÚL ZAFFARONI, *Manual de Derecho Penal – Parte General*, Buenos Aires, Ediar, 1977, pp. 402-403). A primeira posição (exercício regular de direito) nos parece a mais acertada (*vide* nota, a respeito, nos comentários que antecedem o art. 13 sob a rubrica *Tipicidade conglobante*). A respeito dos jogos não oficialmente regulamentados e dos espetáculos perigosos, há o *consentimento do interessado* (*ofendido*) como justificadora supralegal, ressalvada eventual conduta culposa do seu organizador (cf. JOSÉ HENRIQUE PIERANGELI, *O Consentimento*..., cit., pp. 172-173; ver, igualmente, nota sob o título *Consentimento do ofendido* no art. 1º do CP, como causa de exclusão da tipicidade).

- **Descriminante putativa:** Pode existir, se o agente, erroneamente, acredita estar agindo em exercício regular de direito (CP, arts. 20 ou 21).

- **Cível:** O exercício regular de direito é tratado no art. 188, I, do CC, que dispõe: "Não constituem atos ilícitos: I – os praticados em legítima defesa ou no exercício regular de um direito reconhecido".

Outras causas de exclusão da ilicitude

- **Causas supralegais de exclusão da ilicitude (antijuridicidade):** Na lição de REINHART MAURACH, a tipicidade seria um "indício" (*ratio cognoscendi*) de que a conduta é ilícita, afirmando: "O indício da tipicidade resultará desvirtuado pela *presença de causas de justificação*. Desse modo deve-se extrair da totalidade do ordenamento jurídico, tanto do direito escrito como do consuetudinário" (*Tratado de Derecho Penal*, Barcelona, Ariel, 1962, pp. 173-174). Assim, embora típica, uma conduta pode não ser antijurídica quando presente uma causa de justificação. Para autores como HUNGRIA (*Comentários ao Código Penal*, Forense, 1978, v. I, t. II, pp. 23-24), essas causas de justificação devem sempre estar previstas em lei. Porém, a doutrina predominante entende, com razão, que podem existir outras causas de exclusão da antijuridicidade além das expressamente disciplinadas no CP (legítima defesa, estado de necessidade, estrito cumprimento do dever legal e exercício regular de direito). São as denominadas causas *supralegais de exclusão da ilicitude ou da antijuridicidade da conduta*, uma vez que "o legislador não é onisciente, não lhe sendo dado o dom de prever todas as hipóteses e casos que a vida social possa apresentar nos domínios do Direito Penal" (JOSÉ FREDERICO MARQUES, *Tratado de Direito Penal*, Saraiva, 1965, v. II, pp. 106-107). Seriam "situações verdadeiramente legítimas que o legislador não previu de modo explícito" (LUIS JIMÉNEZ DE ASÚA, *Tratado de Derecho Penal*, Buenos Aires, Losada, 1952, t. IV, p. 634), nas quais deve haver uma valoração entre os bens ou interesses violados e os que o agente buscava proteger, de acordo com as "*normas de cultura*". Assim, não seria ilícita (antijurídica) a conduta de uma mulher que registra como seu recém-nascido que lhe foi entregue por uma parteira, cuja verdadeira mãe iria abandoná-lo (*idem*, pp. 642-643). O *consentimento do interessado* (*ofendido*), no entendimento de alguns, também seria uma causa supralegal de exclusão da antijuridicidade – por exemplo: crime de dano (CP, art. 163) (FRANCISCO DE ASSIS TOLEDO, *Princípios Básicos de Direito Penal*, Saraiva, 1991, pp. 171-172; cf., igualmente, nota no art. 13 do CP sob a rubrica Consentimento do ofendido).

- **Termo de Ajustamento de Conduta (TAC) como causa especial de exclusão da antijuridicidade:** A Lei n. 7.347/85 instituiu, em seu art. 5º, § 6º, o chamado *Termo de Ajustamento de Conduta*, ao disciplinar a ação civil pública de responsabilidade por danos causados ao meio ambiente, ao consumidor, a bens e direitos de valor artístico, estético, histórico, turístico e paisagístico. Ali é estabelecido que o Ministério Público poderá "*tomar dos interessados compromisso de ajustamento de sua conduta às exigências legais, mediante cominações, que terá eficácia de título executivo extrajudicial*". Com base nisso, o Juiz Federal JOSÉ MAGNO LINHARES MORAES, titular da 2ª Vara Federal de São Luís, Maranhão, entendeu ser o TAC uma verdadeira causa especial de exclusão da antijuridicidade: "É cediço que o Termo de Ajustamento de Conduta é um instrumento moderno e eficiente para pacificação social. Serve como um meio alternativo, complementar à jurisdição, na busca pela efetividade dos direitos transindividuais através da solução negociada pré-processual. Não pode ser entendido apenas como um instituto restrito apenas aos limites do Direito Ambiental e do Direito do Trabalho, é muito mais do que isso. Como instituto abrangente, irradia efeitos sobre todos os segmentos do mundo jurídico. A razão de existir do ajustamento de conduta repousa exatamente na perspectiva de ser um meio econômico, breve e justo de solução definitiva do conflito de interesse entre as partes que o celebram. Seria incompreensível imaginar que tal ajuste fosse exímio pacificador no âmbito *do chamado do direito civil*, e, ao mesmo tempo, funcionar como motor propulsor de demandas penais. Afinal, é quase impossível não vislumbrar em seu conteúdo a confissão da prática de ilícitos penais por parte do compromissário. O interesse maior do compromissário é, sem dúvida, de não sofrer penalidade ou responder ação judicial depois de corrigir a sua conduta, ou, eventualmente, se abster de praticá-la. Com certeza, a proposta de ajustamento de conduta seria pouco estimulante para o compromissário se tivesse conhecimento que depois iria responder a uma ação penal, mesmo cumprindo o avençado. Note-se, na hipótese presente, que a ausência de prisão em flagrante dos denunciados e a não instauração de inquérito policial não foram um acaso, decorrente do desconhecimento da lei. Afinal, o Ministério Público do Trabalho e a Polícia Federal estavam participando do mencionado Grupo de Fiscalização do Trabalho Rural. Na realidade, tais circunstâncias revelam que o Ministério Público, com muita propriedade, optou por dar preferência à realização dos direitos dos trabalhadores, de forma célere e prática, ao invés de agir pela via tradicional, utilizando-se do aparato policial e do Poder Judiciário para solucionar a controvérsia no plano civil e penal. Se assim o fez, é porque erigiu o termo de ajustamento de conduta como autêntica causa especial de exclusão da antijuridicidade. Destarte, é absolutamente injusto que o próprio Ministério Público sirva-se agora do termo de ajustamento de conduta para propor a presente ação penal, como se aquele instrumento também não vinculasse a sua atuação na seara criminal. Por via de consequência, não vislumbro a ocorrência de justa causa para instauração da presente ação penal em virtude da 'existência manifesta de causa excludente da ilicitude do fato', até porque, foi proposta menos de seis meses depois da realização da fiscalização, sem que houvesse qualquer prova nos autos de que o pacto avençado tivesse sido descumprido ..."(sentença absolutória proferida em 13.5.2009, nos autos do Processo 2006.37.00.002719-6). A matéria não é pacífica, tratando-se de precedente pioneiro, merecedor de registro para reflexão.

- **Termo de Ajustamento de Conduta (TAC) e falta de justa causa para a ação penal:** *Vide* nota sob o mesmo título no art. 100 do CP.

- **Confronto:** Para os defensores da *teoria dos elementos negativos do tipo*, a presença de uma causa de exclusão da ilicitude ou antijuridicidade descaracteriza o próprio tipo. Cf., entre nós, MIGUEL REALE JÚNIOR (*Teoria do Delito*, São Paulo, Revista dos Tribunais, 1998, p. 54), bem como nota sob a rubrica *Teoria dos elementos negativos do tipo* nos comentários que antecedem o art. 13 do CP. Quanto aos princípios da *insignificância* e da *adequação social*, há exclusão da *tipicidade* e não da antijuridicidade (*vide* notas *Princípio da insignificância* e *Princípio da adequação social*, no art. 13 do CP). Em relação à *inexigibilidade de conduta diversa*, existe exclusão da culpabilidade (*vide* nota *Não exigibilidade de conduta diversa*, no art. 22 do CP).

Excesso punível (parágrafo único)

- **Noção:** Em *todas* as causas de exclusão de ilicitude pode haver excesso do agente. Isso ocorre quando ele, após iniciar seu comportamento em conformidade com a justificativa, ultrapassa os limites legais desta, excede-se nela. Exemplo: quase a morrer de fome, o sujeito arromba uma casa e se alimenta; após saciado, aproveita a ocasião e lança mão de licores ou *champagne*, levando-os embora. Agiu ele em estado de necessidade até se alimentar, razão pela qual fica excluída a ilicitude do furto qualificado pelo arrombamento; mas responderá pelo excesso que cometeu *a seguir*, ou seja, o furto simples das bebidas, pois a conduta anterior ficou abrigada pela justificativa. Noutro exemplo, o sujeito, em legítima defesa, fere gravemente seu agressor e o derruba; mas, após estar este prostrado, excede-se, e ainda o fere levemente. Não haverá crime pela lesão corporal grave praticada em legítima defesa, mas o agente será responsabilizado pelo seu excesso, ou seja, a lesão leve posterior à defesa.

- **Modalidade de excesso:** Pode ser doloso, culposo ou resultante de erro.
- **Excesso doloso:** Deliberadamente, o agente quer um resultado além do necessário. Responderá pelo excesso, como crime doloso.
- **Excesso culposo:** Embora não o desejando, o agente, por não tomar o cuidado objetivo devido, causa um resultado além daquele que era necessário. Responderá pelo excesso, a título de culpa, se o resultado excessivo for previsto como crime culposo.
- **Excesso por erro:** Aplicam-se as regras do erro de tipo ou de proibição (CP, arts. 20 ou 21).

Jurisprudência das excludentes
- **Criminoso contumaz:** Mesmo a ele é permitido agir sob as excludentes do art. 23 do CP (TJRS, ED na Ap. 70079196609, *DJ* 18.1.2019).

Jurisprudência do cumprimento de dever legal
- **Estrito:** Se o agente excede os limites de seu dever, há excesso ilícito de poder (TACrSP, *RT* 587/340). Impõe-se que a ação fique limitada ao *estrito* cumprimento do dever legal (TJSP, *RT* 572/299, 486/277, 517/295; TJSC, *RT* 561/405).
- **Para desarmar suspeito:** Policial militar que desfere golpes de cacetete para desarmar suspeito que reage à abordagem, age no estrito cumprimento de dever legal (TJGO, Ap. 015.3131-36.2011.8.09.0146, *DJ* 26.4.2017).
- **Não aplicação:** O estrito cumprimento de dever legal é incompatível com os delitos culposos (TACrSP, *RT* 516/346).

Jurisprudência do exercício regular de direito
- **Efeito:** Como a ilicitude é una, não se pode reconhecer ilicitude no comportamento permitido por norma jurídica, pois o exercício de um direito nunca é antijurídico (TACrSP, *Julgados* 87/77).
- **Denúncia contra fiscal de tributos:** Não há calúnia, mas exercício regular de direito (CR, art. 5º, XXXIV), na conduta de quem denuncia fiscal de tributos a superior hierárquico (STJ, *RT* 686/393).
- **Queixa-crime contra fiscais por calúnia:** Não se pode extrair crime de calúnia na conduta de Auditores Fiscais do Tesouro Nacional que, após auditoria realizada nas dependências da empresa, lavraram Auto de Infração e Termo de Apreensão e Guarda Fiscal, encaminhando-o, ainda, ao Ministério Público Federal, nos termos do art. 83 da Lei n. 9.430/96, tendo agido com razoabilidade e no estrito cumprimento do dever legal (STJ, REsp 631.596, j. 7.4.2005, *DJU* 9.5.2005).
- **Representação contra juiz perante a Comissão de Prerrogativas da OAB:** Não pratica crime contra a honra de juiz o advogado que representa à Comissão de Prerrogativas da OAB solicitando desagravo, afirmando que a autoridade "passou por cima da lei", "agiu fora da lei", "agiu com pura má-fé e intuito preordenado de prejudicar" o advogado representante, "comprovadamente demonstrou desconhecer totalmente tanto o Estatuto da Advocacia quanto o Código de Ética da OAB e, sistematicamente, vem 'metendo os pés pelas mãos', confundindo Jesus (não o filho de Deus) por Genésio, tais e tantas arbitrariedades, ilegalidades e ofensas a diversos causídicos que vem cometendo" (STF, HC 82.992/SP, rel. Min. Gilmar Mendes, j. 20.9.2005, *DJU* 14.10.2005, p. 26).
- **Expulsão:** Age no exercício regular de direito o presidente de sociedade recreativa que emprega força física para expulsar do recinto pessoa que se comportava desrespeitosamente (TJRS, *RF* 267/318). Exerce regular direito quem expulsa de seu escritório, empurrando, pessoa que ali fora insultá-lo (TACrSP, *RT* 421/248).
- **Marido:** Não pode agredir a esposa, a pretexto desta negar-se a manter relações sexuais com ele (TACrSP, *RT* 569/325). *Vide*, também, jurisprudência no art. 213 do CP.
- **Violência esportiva:** Pune-se a lesão corporal esportiva, se desnecessária ou produzida além das regras do jogo (TAMG, *RT* 611/418, 596/397).

Jurisprudência do excesso punível

- **Limites:** Não se aplica a homicídio, pois a lei não confere a quem quer que seja o direito de matar (TJMG, *RT* 628/352). Há abuso de direito e não o seu exercício regular, quando o agente exorbita dos limites (TACrSP, *RT* 587/340).

- *Vide* na nota ao CP, art. 25.

Jurisprudência de causa supralegal de exclusão da ilicitude

- **Pessoa miserável:** Pessoa miserável que, sem recursos para sua mantença e muito menos para locação de imóvel de forma a que tivesse condições de conforto e higiene adequadas, constrói barraco em local de preservação ecológica, sem autorização da autoridade competente. Acusação por crimes ambientais de poluição pelo esgoto e de construção irregular (art. 54, § 2º, V, e art. 64 da Lei n. 9.605/98), restando absorvido aquele por este pela inexistência de rede de esgoto doméstico no local. Condenação em primeiro grau. Não se aplicando à hipótese o estado de necessidade, que tem requisitos específicos, é de se invocar a existência de causa supralegal de exclusão da ilicitude, já ensinada por Bettiol. Responsabilizar-se penalmente quem, numa situação de penúria, procura construir habitáculo para resguardo da família, parece injusto e se trata efetivamente de problema de ordem social que não encontra respaldo no devido amparo da autoridade pública. Não que com isso se justifiquem invasões organizadas e promovidas de modo a atentar contra a ordem estabelecida. No caso presente, a mera providência administrativa e civil eram suficientes, com a desocupação da área (TJSP, 5ª C., rel. Des. José Damião Pinheiro Machado Cogan, *RT* 835/545).

ESTADO DE NECESSIDADE

Art. 24. Considera-se em estado de necessidade quem pratica o fato para salvar de perigo atual, que não provocou por sua vontade, nem podia de outro modo evitar, direito próprio ou alheio, cujo sacrifício, nas circunstâncias, não era razoável exigir-se.

§ 1º Não pode alegar estado de necessidade quem tinha o dever legal de enfrentar o perigo.

§ 2º Embora seja razoável exigir-se o sacrifício do direito ameaçado, a pena poderá ser reduzida de um a dois terços.

Estado de necessidade (caput)

- **História:** Desde o Direito Romano já havia a previsão do estado de necessidade, sendo isento de responsabilidade o capitão que, em caso de perigo, jogava ao mar a carga (Ulpiano, f. 2, § 2, *De lege Rhodia de jactu*, DIX); no direito canônico, não se responsabilizava furtos de alimentos e roupas quando o agente assim agia pela necessidade de alimentar-se e vestir-se (Eugenio Cuello Calón, *Derecho Penal*, 6ª ed., Barcelona, Bosch, 1943, t. I, p. 382).

- **Noção:** Estado de necessidade é a situação de perigo atual, não provocado voluntariamente pelo agente, em que este lesa bem de outrem, ou o expõe a perigo concreto, para não sacrificar direito seu ou alheio, cujo sacrifício não podia ser razoavelmente exigido.

- **Natureza:** É uma das causas de exclusão de ilicitude (CP, art. 23, I).

- **Fundamento:** Como diziam autores italianos clássicos, no estado de necessidade e na legítima defesa haveria uma situação de força maior, de violência moral, lembrando-se Enrico Pessina e Francesco Carrara (cf. Eugenio Cuello Calón, *Derecho Penal*, 6ª ed., Barcelona, Bosch, 1943, t. I, p. 378). Todavia, para muito além de uma não exigibilidade de conduta diversa do art. 22 do CP, que afasta a culpabilidade (e, portanto, a pena) do autor de uma conduta ilícita, no estado de necessidade e na legítima defesa temos verdadeiros *tipos permissivos* em que o agir é *lícito, aprovado pelo Direito*, tratando-se de causas *justificantes* da conduta. Fala-se em *direito de necessidade*, em que o sujeito age por não ter como, naquele momento excepcional, recorrer ao Estado para salvar o direito próprio ou alheio ameaçado. Por exemplo, quando se salva bem ameaçado de terceiro, causando ofendendo um bem jurídico de uma outra pessoa, como no exemplo de pegar um carro sem a ciência ou consentimento do dono, para levar um ferido ao hospital, e dirigindo em alta velocidade, com luzes acesas e buzinando, o agente está atuando por imperativo de solidariedade, salvando uma vida, em que pese o sacrifício do direito à propriedade do dono do veículo, e da exposição a risco de pessoas nas ruas diante do conduzir o veículo em desacordo com as regras de trânsito.

- **Diferença entre legítima defesa e estado de necessidade:** No estado de necessidade *não existe atuação contra um agressor*, não há reação contra agressão; existe ação em razão de um perigo que pode ter sido causado por acidentes naturais, situações de desespero que atingem o próprio autor ou terceiros, perigos atuais a que uma pessoa está exposta. Lembra LUIS JIMÉNEZ DE ASÚA que na "legítima defesa há um conflito entre o ilegítimo interesse do agressor (matar, roubar, estuprar etc.) e o bem juridicamente protegido do atacado (vida, honra, liberdade, propriedade etc.); no estado de necessidade em sentido estrito, o conflito se produz entre dois interesses legítimos, procedentes de bens jurídicos igualmente protegidos pelas leis: no roubo que comete o faminto acham-se em colisão o direito a vida do que rouba, e o direito de propriedade do despojado" (*La Ley y el Delito*, 6ª ed. Buenos Aires, Editorial Sudamericana, 1973, p. 303). CARRARA já dizia que a legítima defesa é uma reação e o estado de necessidade uma ação; semelhantemente MORIAUD: a primeira é um contra-ataque; o segundo um simples ataque (ASÚA, ob. e p. cits.). Como se vê, só há legítima defesa contra agressão humana, enquanto o estado de necessidade pode decorrer de qualquer causa. Assim, no estado de necessidade não há injusto agressor, permitindo-se que o agente lesione bens ou interesses de terceiros que não violaram regra nenhuma, ao contrário do que ocorre com a legítima defesa (SANTIAGO MIR PUIG, *Derecho Penal – Parte General*, 8ª ed., Buenos Aires, IBDF, 2008, p. 452).

- **Requisitos do estado de necessidade:** *a.* perigo atual; *b.* ameaça a direito próprio ou de terceiro, cujo sacrifício era irrazoável exigir-se, devendo haver proporcionalidade; *c.* situação não provocada pela vontade do agente; *d.* conduta que não podia de outro modo evitar; *e.* conhecimento da situação de fato (requisito subjetivo); *f.* inexistência do dever legal de enfrentar o perigo (§ 1º deste art. 24).

- **Requisito subjetivo:** Ao contrário das outras justificantes relacionadas no art. 23, nesta vem *expresso* o requisito subjetivo "para salvar de perigo". Por isso, se o sujeito age sem conhecimento do perigo, com outra finalidade, estará afastada a descriminante do estado de necessidade.

- **Balanceamento de valores (proporcionalidade):** Nosso Código adotou a chamada *teoria unitária*, aceitando a justificativa mesmo quando se trate de colisão de bens jurídicos de *igual valor* (PAULO JOSÉ DA COSTA JR., *Comentários ao Código Penal*, Saraiva, 1989, p. 205). Boa parcela da doutrina estrangeira, porém, entende que só se pode admitir a exclusão da ilicitude quando o bem sacrificado seja de menor valor do que o bem que o agente buscou, de forma ponderada, preservar, e que estava efetivamente ameaçado, sendo necessário haver *proporcionalidade*. É a chamada *teoria diferenciadora*, segundo a qual sendo o bem ou interesse sacrificado inferior ao efetivamente ameaçado, haveria o *estado de necessidade justificante* (restando excluída a própria ilicitude ou antijuridicidade do fato); sendo de igual valor, estaríamos diante de um *estado de necessidade exculpante*, ou seja, de uma causa excludente da *culpabilidade* e não da antijuridicidade (SANTIAGO MIR PUIG, *Derecho Penal – Parte General*, 8ª ed., Buenos Aires, IBDF, 2008, p. 452; LUIS JIMÉNEZ DE ASÚA, *Tratado de Derecho Penal*, Buenos Aires, Losada, 1952, t. IV, p. 360; JUAN BUSTOS RAMÍREZ, *Manual de Derecho Penal – Parte General*, Barcelona, PPU, 1994, p. 335). Outros doutrinadores estrangeiros só admitem a justificativa para bens de igual valor quando o bem sacrificado pelo agente esteja em situação de *menor perigo* do que a do bem preservado (p. ex.: o agente expõe a vida de outrem a perigo para salvar a vida de pessoa acidentada, que conduz em seu carro ao hospital) (WINFRIED HASSEMER, *Fundamentos del Derecho Penal*, Barcelona, Bosch, 1984, p. 263). Se o bem sacrificado tiver *maior* valor do que o bem *salvo*, não haverá a excludente da ilicitude do estado de necessidade, mas somente redução da pena diante da menor reprovabilidade da conduta, que continua a ser ilícita (vide comentários ao § 2º).

- **Tortura policial para elucidar crimes e salvar vidas:** Diante do valor da *dignidade humana*, nada justifica a tortura policial, estando esse crime disciplinado pela Lei n. 9.455/97. Ainda que as autoridades aleguem que o "interrogatório forçado" de um suspeito seja necessário, por exemplo, para salvar a vida de uma pessoa sequestrada em iminente risco, não se pode admitir a incidência da causa de justificação deste art. 24 para a tortura, diante dos limites constitucionais dos arts. 1º, III; e 5º, incisos III, XLIII e LVI, da *Magna Carta* e no princípio da legalidade que disciplina a atuação das autoridades, mediante o Código de Processo Penal. GIOVANNI FIANDACA e ENZO MUSCO (*Derecho Penal* .., cit., pp. 301 e 308), trazem o exemplo ocorrido na década de 1980, em que policiais italianos do NOCS – Núcleo Operativo Central de Segurança prenderam cinco integrantes do grupo "Brigadas Vermelhas", responsáveis pelo sequestro de um general norte-americano, submetendo um dos terroristas a torturas para obter informações consideradas "necessárias para salvar o país do perigo da subversão", alegando-se "estado de necessidade". Como bem escrevem os autores citados, "o recurso à violência moral e física contra os brigadistas presos não pode ser considerado instrumento necessário e inevitável para a luta contra o terrorismo, pois existem outros meios mais eficazes para combatê-lo", não podendo "a eximente do estado de necessidade ser invocada por órgãos públicos para justificar intervenções autoritárias que excedem os poderes que formalmente se lhes são atribuídos", uma vez que isso significaria "renunciar o respeito do princípio da legalidade no campo da atuação dos órgãos públicos", e concluem: "invocar o estado de necessidade para justificar a violência inquisitorial significaria esquecer que em um Estado democrático os instrumentos de busca da verdade são regulamentados pelas leis processuais, não somente para condenar os culpados, mas também como garantia dos direitos de pessoas submetidas a restrições da liberdade".

- **Descriminante putativa:** Pode haver estado de necessidade putativo quando o agente pensa, por erro, estar se comportando em estado de necessidade dentro dos limites dessa justificativa (cf. CP, arts. 20 ou 21).

- **Comunicação:** Embora a questão não seja pacífica, entendemos que a justificativa é comunicável ao coautor ou ao partícipe.

- **Cível:** O estado de necessidade faz coisa julgada no cível, quando reconhecido no juízo criminal (CPP, art. 65). No CC, a questão é tratada nos seguintes artigos: "Art. 188. Não constituem atos ilícitos: (...) II – a deterioração ou destruição da coisa alheia, ou a lesão a pessoa, a fim de remover perigo iminente"; "Art. 929. Se a pessoa lesada, ou o dono da coisa, no caso do inciso II do art. 188, não forem culpados do perigo, assistir-lhes-á direito a indenização do prejuízo que sofreram"; e "Art. 930. No caso do inciso II do art. 188, se o perigo ocorrer por culpa de terceiro, contra este terá o autor do dano ação regressiva para haver a importância que tiver ressarcido ao lesado".

Dever legal (§ 1º)

- **Noção:** Não pode alegar estado de necessidade quem tinha o *dever*, imposto por *lei*, de enfrentar o perigo. O parágrafo refere-se a dever legal, de modo que não compreende outros deveres, como o ético, contratual ou de fato. Note-se que o atual art. 13, § 2º, considera dever *legal* não se omitir na hipótese de *garante*, respondendo pelo crime. Por exemplo, mesmo havendo risco pessoal, o policial tem o dever de enfrentar o perigo a que está sujeito alguma pessoa, ao contrário do que sucede com particulares para os quais só haverá crime de omissão de socorro, caso se omitam diante de uma situação que não lhes oferecia risco pessoal algum, conforme disposto no art. 135 do CP.

Redução da pena (§ 2º)

- **Noção:** Caso fosse *razoável* ao agente sacrificar o bem ameaçado, em face da maior relevância do direito por ele violado, não haverá exclusão de ilicitude, havendo o crime, mas com pena diminuída de um a dois terços, diante da menor reprovabilidade da conduta.

- **Redução inafastável:** Embora o § 2º empregue a locução verbal "poderá ser reduzida", entendemos que a diminuição é de rigor. Se o juiz, apreciando o caso concreto e o valor não preponderante do bem ou interesse ameaçado, *entender* que era *razoável* exigir-se o seu sacrifício, negará a descriminante, mas reduzirá a pena dentro dos limites previstos no § 2º. Trata-se de direito público subjetivo e não de puro arbítrio do juiz (CELSO DELMANTO, "Direitos públicos subjetivos do réu no CP", *RT* 554/466). Desse modo, só não caberá a diminuição do § 2º se o juiz entender que a desproporção entre os bens era muito grande.

- **Quantidade da redução:** Não pode ser fixada arbitrariamente, devendo o julgador fundamentar sua opção entre um a dois terços (CR, art. 93, IX).

- **Excesso punível:** cf. CP,art. 23, parágrafo único.

Jurisprudência

- **Noção:** O estado de necessidade é circunstância capaz de forçar o homem médio ao antissocial, quando for irrazoável exigir-lhe procedimento diverso (TAMG, *RJTAMG* 22/376).

- **Em crime de furto:** "Evidenciado que a subtração do objeto decorreu da fome e da inadiável necessidade de o agente se alimentar, vez que não possuía outros meios para fazê-lo, acolhe-se a excludente de ilicitude do estado de necessidade ("furto famélico"). O valor da *res furtiva* (trinta reais), aliado às peculiaridades do caso concreto, justificam a aplicação do princípio da insignificância para fins de absolvição, ainda que reincidente o réu" (TJMG, Ap. 10024161452446001, rel. Juíza Conv. Luziene Barbosa Lima, j. 21.5.2020, publ. 25.5.2020). Reconheceu-se estado de necessidade em favor de quem, recém-chegado de seu Estado natal, sem recursos e sem emprego, sem alimentos nem habitação, pratica furto (TACrSP, *RT* 574/370). Deve haver necessidade de sobrevivência, diante de risco iminente (TJDF, Ap. 9.597, *DJU* 2.5.90, p. 8485). Atua em estado de necessidade o responsável pelo sustento de família numerosa e carente que, tendo a luz de sua casa cortada por falta de pagamento, efetua ligação clandestina para fazer funcionar vaporizador para filho doente (TACrSP, *RT* 785/621). Reconhece-se o furto famélico no caso de um pacote de 500 gramas de charque devolvido à vítima (TJRS, Ap. 70067560375, *DJ* 7.10.2016).

- **Em crime de invasão de domicílio:** Estando razoavelmente demonstrado que o réu adentrou, sem consentimento da vítima, à residência desta para proteger-se de desafetos que o perseguiam, resta configurado o estado de necessidade, aplicando-se o princípio *in dubio pro reo* (TJMG, Ap. 10231170219639001, rel. Des. Renato Martins Jacob, j. 7.2.2020, publ. 7.2.2020).

- **Em crime de exercício arbitrário das próprias razões:** Mulher do réu que necessitava de tratamento médico e medicamentos, com possibilidade de dano presente e imediato. Estado de necessidade reconhecido (STJ, Ag Rg no REsp 1472834/SC, *DJe* 18.5.2015).

- **Em crime de porte ilegal de arma de fogo:** Vigilante profissional de posto que, estando armado, repele meliantes que o rondavam, com intenção de assaltá-lo. Estado de necessidade reconhecido (TJAL, AP. 0700426-45.2014.8.02.0067, publ. 24.9.2015).

- **Disparo de arma de fogo:** Configurado o estado de necessidade ao disparar contra o cachorro do vizinho que atacava os animais de sua propriedade, tendo anteriormente matado outros animais, absolve-se (TJRS, Ap. 70078559804, rel. Des. Newton Brasil de Leão, j. 13.12.2018).

- **Aplicações:** O estado de necessidade costuma ser invocado em infrações penais como homicídio ou furto (TACrSP, *Julgados* 86/425, 82/206, *RT* 488/380), mas já foi reconhecido em delito de trânsito (TACrSP, *RT* 436/406), estelionato contra a Previdência Social (TFR, Ap. 5.602, *DJU* 1.3.84), contravenção penal (TACrSP, *RT* 603/354), inclusive na antiga contravenção penal de direção sem habilitação, em virtude da motorista estar passando mal na estrada, entregando a direção a seu pai, que estava com a habilitação apreendida (TACrSP, *RT* 724/686). Igualmente, em peculato (STF, *RTJ* 62/741; contra: TJSP, *RT* 597/287; TFR, Ap. 4.408, *DJU* 4.6.81, p. 5325) e "jogo do bicho" (TACrSP, *RT* 526/391; *contra*: TACrSP, *RT* 593/357).

- **Apropriação indébita de contribuição previdenciária:** Pode haver estado de necessidade em hipótese de apropriação indébita de contribuições previdenciárias (TRF da 4ª R., Ap. 11.700-5, *DJU* 21.9.94, p. 52776; Ap. 3.243-0, *mv*, *DJU* 2.12.92, p. 40574). *Vide*, também, nota e jurisprudência sob a rubrica *Não exigibilidade de conduta diversa* no art. 22 do CP.

- **Maus-tratos de filhos sob a guarda da ex-mulher:** Não configura o crime de exercício arbitrário das próprias razões (CP, art. 345) o pai que, exercendo seu direito de visita, retira seus filhos do poder de sua ex-companheira e não os devolve, justificando sua atitude diante da constatação de maus-tratos por ela impingidos aos menores, tendo, em seguida, ingressado com ação de modificação de guarda (TACrSP, Ap. 1.391.887-4, j. 1.3.2004, *Bol. IBCCr* 141/824).

- **Inevitabilidade:** É necessário que a ação seja inevitável (TACrSP, *RT* 637/273, *Julgados* 65/384; STJ, *JSTJ* e *TRF* 67/417), não caracterizando o estado de necessidade se podia recorrer ao auxílio de parentes, vizinhos ou autoridades públicas (TACrSP, *RT* 787/642). A insuficiência de recursos para custear tratamento médico não pode ser alçada à condição de excludente da ilicitude do estado de necessidade quando outros meios, afora a transgressão da lei, se vislumbram para a salvaguarda do bem jurídico ameaçado, a exemplo do recurso à via judicial, como na hipótese de pessoa que há sete anos vinha se submetendo a tratamento em hospital da rede pública estadual, não se rastreando indicação de impossibilidade de adquirir medicamentos, tampouco a comprovação da compra destes (TRF da 5ª R., Ap. 2002.05.00.020321-9/PE, *RT* 824/719). A mera estreiteza de recursos, desacompanhada de prova cabal e convincente, não basta para o reconhecimento do estado de necessidade, senão se converteria em razão universal de impunidade (TJSP, *RT* 861/576). Se o próprio agente não alegou ter agido por necessidade, não se reconhece (TACrSP, *Julgados* 89/402).

- **Perigo atual:** É necessário que o perigo seja atual, não bastando o risco iminente, remoto ou incerto (TJSP, *RT* 597/287; STJ, *JSTJ* e *TRF* 67/417). Não há perigo atual ou iminente no caso de homem que dispara tiro em conhecida cadela que incomodava todos os dias o réu, e quem passasse pela rua, mas nunca atacando ninguém, restando condenado por disparo de arma de fogo (art. 15 da Lei n. 10.823/2003) e maus-tratos a animais (art. 32 da Lei n. 6.205/98) (TJMS, *RT* 859/649). A continuidade de peculato ao longo do tempo exclui a justificativa (TRF da 2ª R., Ap. 11.843, *DJU* 14.2.91, p. 1915).

- **Proporcionalidade:** Para haver estado de necessidade, é imperioso o requisito da proporcionalidade entre a gravidade do perigo que ameaça o bem jurídico do agente ou alheio, e a gravidade da lesão causada (TACrSP, *RT* 724/686).

- **Agente que criou o perigo:** Não pode invocar estado de necessidade quem criou a situação de perigo em que se encontrou no momento do fato (TACrSP, *RT* 546/357, 535/304; TJSC, *RT* 572/380).

- **Comunicabilidade:** Na jurisprudência, é discutida a comunicabilidade ou não do estado de necessidade aos demais partícipes do crime (TJSP, *mv – RJTJSP* 73/317).

LEGÍTIMA DEFESA

Art. 25. Entende-se em legítima defesa quem, usando moderadamente dos meios necessários, repele injusta agressão, atual ou iminente, a direito seu ou de outrem.

Parágrafo único. Observados os requisitos previstos no *caput* deste artigo, considera-se também em legítima defesa o agente de segurança pública que repele agressão ou risco de agressão a vítima mantida refém durante a prática de crimes.

Legítima defesa (caput)

- **Alteração:** Parágrafo único acrescentado pela Lei n. 13.964, de 24.12.2019, entrando em vigor no dia 25.01.2020.

- **Noção:** Age em legítima defesa quem, usando de meios necessários com moderação, reage à injusta agressão, atual ou iminente, a direito seu ou de terceiro.

- **Natureza:** É uma das causas excludentes da ilicitude ou antijuridicidade (CP, art. 23, II).

■ **História:** Sobre a história da legítima defesa, DANTE DELMANTO, que como grande tribuno era chamado o "príncipe dos advogados criminais", havendo um busto seu no Plenário do I Tribunal do Júri de São Paulo, escreveu: "Os que estudam a legítima defesa e a evolução deste instituto explicam que o seu fundamento natural é o instinto de conservação da vida, que é a lei suprema da criação e cedo se manifesta em todas as criaturas. Nos primórdios da vida social, já foram encontrados os primeiros traços fisiológicos e psicológicos da legítima defesa. O homem primitivo não podia ter a ideia desse direito. Em virtude, entretanto, dos instintos de conservação e de reprodução, ele reagia, como irracional, contra tudo o que punha em perigo a sua existência, respondendo às excitações exteriores por atos reflexos automáticos. O instituto evoluiu através dos séculos e é um produto da civilização. LETOURNEAU, em excelente trabalho, mostra que o direito, de fato puramente biológico, se transformou em fenômeno sociológico. Ao ser constituída a sociedade jurídica e organizado o poder social, a defesa passou a ser exercida pelo Estado e começaram a ser tomados em consideração os motivos determinantes da ação. A vingança e o delito passaram a ser tidos como fatos antissociais, sujeitos à punição. GEIB afirmou que a legítima defesa não tem história, pois está na de todos os povos e sempre foi reconhecida em todos os tempos e lugares. Como direito escrito, apareceu pela primeira vez entre os romanos, na Lei das XII Tábuas. A legislação justiniana inscreveu-a na frente do Primeiro Título do Digesto, como epígrafe de todo o *Corpus Juris*. E CÍCERO já proclamava, na oração 'pro Milone': 'A legítima defesa é a lei sagrada, nascida com o próprio homem; anterior a legistas, à tradição e a todos os livros; que dispensa estudos porque nós a pressentimos e adivinhamos. É direito natural e inalienável'" (*Defesas que Fiz no Júri*, 7ª ed. comemorativa do centenário de nascimento do autor, Renovar, 2008, p. 55). Ainda no Direito Romano, foi a legítima defesa reconhecida em sentenças de GAIO, afirmando que *a razão natural permite defender-se contra o perigo* ("Nam adversus periculum naturalis ratio permittit se defendere", D.9, 2, 45) e de PAULO no sentido de que *todas as leis e todos os direitos permitem defender-se da violência pelo uso da violência* ("Vim vi defendere omnes leges omniaque iura permittunt", I, 45, § 4, D. 9, 2). No já referido Código de Justiniano era prevista, expressamente, a morte do agressor em legítima defesa quando se tratava de proteger a vida, a integridade física e até o pudor, mas não os bens, salvo exceções; ademais, já se exigia *moderação* (*cum moderamine inculpatae tutelae*). Na evolução, encontramos, no direito canônico, a exigência, para a configuração da legítima defesa, de que a *agressão devia ser injusta e atual* (não bastando a ameaça pura e simples), bem como que a reação fosse *imediata e proporcional* (*moderada*), não se admitindo que produzisse uma perda de um bem *máximo* para proteger um bem *mínimo*, ou ainda que pudesse ter sido protegido de outra forma (cf. FERNANDO DELLA ROCCA, "Legittima difesa", *Novissimo Digesto Italiano*, Torino, UTET, 1957, v. IX, p. 715).

■ **Fundamento tríplice** – instinto de conservação *disciplinado* pelo Direito (caráter *individual*), reafirmação do direito diante do injusto (*supraindividual*) e solidariedade: Legítima defesa não é justiça de mão própria. É proteção contra uma injusta agressão quando ausentes ou impotentes os órgãos de segurança pública para fazê-lo. O Direito aprova a conduta de uma pessoa quando protege bem jurídico seu (autodefesa) ou alheio (de forma solidária e generosa, colocando-se em risco), agindo de forma proporcional, necessária e com a moderação possível, em face de uma agressão injusta, atual ou iminente a um bem jurídico *particular* (vida, patrimônio, integridade física de uma pessoa, seja ele mesmo ou de terceiro). O instinto de conservação, inclusive agindo de forma *solidária* quando se defende terceiro ameaçado, é recepcionado pelo ordenamento jurídico, que o *disciplina*. Assim, não é a reação a qualquer agressão passível de atuar em legítima defesa; igualmente a reação tem limites, devendo ser proporcional, estritamente necessária e moderada diante das circunstâncias do momento. A existência a uma ameaça injusta, atual e iminente, a um bem jurídico, há de ser analisada sob o plano concreto de cada situação. Geralmente ocorre quando o Estado não está presente, encontrando-se o agredido à sua própria sorte. Todavia, há casos em que até mesmo agentes estatais atuam ilegalmente, transformando-se nos agressores (como ocorre com policiais envolvidos em milícias) ou ainda se omitindo por razões diversas (inimizade, corrupção etc.), deixando o particular à própria sorte diante do agressor. Ademais, mesmo que o Estado esteja atuando corretamente ao defender o particular, a possibilidade do agredido se defender em legítima defesa continua válida. Afinal, não é porque chegaram as autoridades policiais ao local que o particular deixa de ter a faculdade de agir em sua própria defesa ou de terceiro, diante da urgência em atuar e repelir a agressão. O monopólio da força é do Estado, mas há exceção na legítima defesa, nessas circunstâncias, estando normatizada pelo ordenamento jurídico o *inato, elementar* e *natural instinto de defesa e de solidariedade do ser humano em proteger-se, ou a outrem, de um agressor que age ilicitamente,* empregando a força contra força. Com a legítima defesa, *reafirma-se* o império do Direito diante do injusto, em face da ausência, da impotência ou ineficácia do Estado. Ou a pessoa, com moderação, contra-ataca, ou o injusto agressor irá ter sucesso em sua criminosa empreitada. Trata-se, assim, de uma atuação necessária e ínsita a um dos mais elementares instintos humanos, o de preservação, que passa a ser *regulado pelo direito*. Como diziam autores italianos clássicos, no estado de necessidade e na legítima defesa há uma situação de força maior, de violência moral, lembrando-se Enrico Pessina e Francesco Carrara (cf. Eugenio Cuello Calón, *Derecho Penal*, 6ª ed., Barcelona, Bosch, 1943, t. I, p. 378).

- **Outras teorias:** Além da teoria que fundamenta a legítima defesa como disciplina jurídica do inato *instinto de conservação do homem* (*vide* notas acima), diante de uma injusta agressão, que foi *positivada* no ordenamento jurídico, impondo-lhe *condições* (atualidade ou iminência da agressão, meios necessários e proporcionais utilizados na reação pelo agredido, ausência ou impotência do Estado), em magnífica obra – talvez a mais completa sobre a legítima defesa, Diego M. Luzón Peña (*Aspectos Esenciales de la Legítima Defensa*, 2ª ed., Montevideo-Buenos Aires, Editorial IBdeF, 2006, pp. 6 a 109), discorre sobre outras teorias acerca da natureza da legítima defesa. É com fundamento da obra de Luzón Peña que redigimos as notas abaixo citando as mais relevantes:

- a) *Teoria da Inimputabilidade*: No passado, chegou-se a defender a tese de que a legítima defesa, diante da forte emoção causada pelo agressor no ofendido, levaria à *inimputabilidade* daquele que agia em legítima defesa (Pufendorf), o que foi rechaçado de plano pela doutrina, mesmo porque há casos em que a pessoa se defende com plena capacidade mental, ainda mais quando defende terceira pessoa que está sendo agredida. Uma curiosidade é que, no Brasil, durante a vigência da antiga Consolidação das Leis Penais (1932 a 1940), a violenta emoção que levasse à "completa perturbação dos sentidos e da inteligência" (art. 27, § 4º), levava à absolvição.

- b) *Teoria do Conflito:* Outra antiga teoria entendia que na legítima defesa haveria um *conflito de motivações* entre o instinto de autoconservação contrapondo-se à regra de que é proibido matar ou agredir terceiros, prevalecendo o instinto (Uttelbach), mesmo porque a pena imposta pelo Estado ao fato do agredido matar o agressor seria igual ou inferior ao resultado da própria agressão sofrida, caso não houvesse defesa; esta teoria acabou isolada, por também não explicar a legítima defesa de terceiros.

- c) *Teoria da Retribuição:* Salientando que a legítima defesa deve ser *proporcional* à agressão, Geyer sustenta que o Estado não pune a agressão realizada em legítima defesa por uma questão de equilíbrio. O agredido retribuiu proporcionalmente a agressão sofrida, estando as situações balanceadas. Haveria uma *causa de exclusão da punibilidade*. Essa teoria não se sustenta, uma vez que há casos em que a legítima defesa ocorre na *iminência atual* da agressão, a qual não chega a se concretizar, justamente em função da reação defensiva do agredido. Aliás, se já tivesse havido "retribuição" no ato de defesa ao ferir o agressor por exemplo, como se justificaria a punição criminal desse agressor pela tentativa de homicídio frustrada pela defesa do agredido? Ademais, a *pena*, que também incorpora aspecto retributivo, é de exclusividade do Estado. Em linha similar, já se sustentou que o agressor, com a sua conduta, comete uma indignidade perante o Direito, lesionando a paz pública e, nessa condição, perderia a proteção de seus bens jurídicos (H. Mayer) ou a paz jurídica (Wegner), sendo por isso impunível a conduta de quem age em legítima defesa contra o agressor. Essa visão também não se sustenta, pois o agressor não se torna um "proscrito", mesmo porque a legítima defesa há de ser *proporcional* à agressão. Além disso, legítima defesa *nada tem a ver com punição do agressor*, mas sim em uma conduta voltada exclusivamente à evitar a agressão.

- **d) *Concessão do Estado na sua ausência:*** O Estado tem o monopólio da força. Para autores como Levita (1856), Dohna (1905) e Heffter (1857) a legítima defesa não é um direito natural, mas sim um direito outorgado pelo Estado ao cidadão, de forma *subsidiária*. Em sua obra, Luzón Peña cita Levita ao afirmar que 'a legítima defesa não é um direito natural *extraestatal*, mas emerge totalmente do Estado e se fundamenta *porque* o Estado... transmite ao particular agredido em seu direito, a faculdade de fazê-lo valer por e em nome do Estado, quando este não se encontre em situação de fazê-lo por si mesmo com a força da lei" (*Recht der Notwehr*, 1856, nota 20, p. 18, *apud* Luzón Peña, ob. cit., p. 20). Igualmente, a clássica lição de Feuerbach (1832) no sentido de que "a conformidade ao Direito de *autodefesa* no Estado, além das causas em geral da defesa, *pressupõe* um caso ... aonde a força pública não pode proteger" (*Lehrbuch*, 11ª ed., p. 31, *apud* Luzón Peña, p. 21; no mesmo sentido, Roger Merle e André Vitu, Traité de Droit Criminel, Paris, Cujas, 1967, p. 312). A nosso ver, essa posição é *insustentável*. Não é porque chegaram as autoridades policiais ao local, que o particular deixa de ter a faculdade de agir em sua própria defesa ou de terceiro, diante da urgência em atuar e repelir a agressão. Notadamente quando o particular é a própria vítima da agressão, por mais que a polícia seja treinada, jamais se poderá dele tolher a possibilidade de se autodefender. O monopólio da força é do Estado, mas há exceção na legítima defesa, nessas circunstâncias sempre excepcionais. Ademais, não se trata da questão de o Estado "conceder", "delegar" ou "outorgar" o direito à legítima defesa aos particulares ameaçados injustamente, mas exclusivamente *discipliná-lo* (impondo a moderação, a proporcionalidade, sem excessos e a necessidade de uma ameaça atual ou iminente a um bem jurídico particular), mesmo porque entendemos ser ele *inato*. Basta imaginar o absurdo de um Estado ditatorial, sob o argumento de que somente os órgãos estatais podem empregar a força, *proibir* que cidadãos possam se defender contra agressões ilícitas, em situações de perigo real, excepcionais. Como ente ficcional criado pela sociedade humana para organizar o seu bem-estar e desenvolvimento pleno, o Estado não pode negar a essência da vida humana, a sua sobrevivência e autodefesa. Já dizia, em 1881, Joaquim Francisco Pacheco que "a lei não pode mandar ao homem que não se defenda, quando ela não o pode defender... Porque a lei tem que respeitar a natureza humana... e nossa natureza nos inspirou o sentimento da própria conservação" (*El Código Penal concordado y comentado*, t. I, 5ª ed., Madrid, p. 150, *apud* Luzón Peña, cit., p. 22); no mesmo sentido Finger (1904), para quem "o Direito não é tão mesquinho a ponto de desejar mantê-los (os bens jurídicos) somente através dos meios de força estatais" (*Lehrbuch*, p. 384, *apud* Luzón Peña, p. 22).

- **e) *Reafirmação do direito***: O fundamento da legítima defesa, para autores como Schütze (1874), é justamente o de que os bens jurídicos devem ser protegidos e preservados, ainda que com a força do particular, se necessário for; "o Direito não necessita ceder ao injusto" (*Lehrbuch*, p. 108, *apud* Luzón Peña, ob. cit., p. 22). Esse é o caráter *supraindividual* da legítima defesa. O particular, ao impedir o injusto (mesmo que esteja agindo exclusivamente com a mente voltada a se proteger ou a terceiro) acaba atuando não só em favor de si mesmo, ou do terceiro cujo bem jurídico protegeu, como também em favor do próprio Estado, ao reafirmar o Direito, que tutela esse mesmo bem jurídico que foi ameaçado.

- **Cível:** O ato praticado em legítima defesa é lícito também na esfera civil (CPP, art. 65). Com efeito, dispõe o art. 188, I, do CC: "Não constituem atos ilícitos: I – os praticados em legítima defesa ou no exercício regular de um direito reconhecido".

- **Requisitos da legítima defesa:** *a.* agressão injusta, atual (presente) ou iminente (prestes a acontecer); *b.* preservação de direito (qualquer bem jurídico), próprio ou de outrem; *c.* repelida por meios necessários, usados moderadamente.

- **Causa de justificação:** Para muito além de uma não exigibilidade de conduta diversa, que afasta a culpabilidade (reprovabilidade) do autor de uma conduta ilícita (vide nota Não exigibilidade de conduta diversa, nos comentários ao art. 22 do CP), na legítima defesa (como também no estado de necessidade) temos verdadeiros tipos permissivos, em que o agir é lícito, aprovado pelo Direito, estando a conduta justificada. Afinal, não se pode proibir que um cidadão se defenda ou atue para proteger outra pessoa, atuando com *coragem* e *generosidade*, colocando-se inclusive em situação de risco pessoal para tanto. E, ao atuar em benefício próprio ou de terceiro, logrando proteger o bem jurídico (caráter *individual*), acaba agindo em pról do próprio Estado (caráter *supraindividual*), reafirmando os valores do ordenamento jurídico, do *direito* sobre o *injusto* e da *solidariedade*.

- **Inexistência da figura jurídica de uma "legítima defesa preventiva":** Muito se falou, durante a intervenção norte-americana no Iraque, após o ataque às "Torres Gêmeas" de 11 de setembro, na utilização da força baseando-se em uma ação preventiva, contra futuros ataques terroristas. Essa figura jurídica, amplamente divulgada na mídia internacional, não existe no Direito Penal brasileiro. Desse modo, não é dado a uma pessoa "preventivamente" matar outrem, sob o argumento de que ele lhe havia ameaçado de forma concreta. Caberá ao ameaçado, evidentemente, comunicar à polícia essa situação, para que o Estado adote as providências cabíveis no sentido de ver processado o autor da ameaça e, ao mesmo tempo, protegida a pessoa ameaçada.

- **Inexistência de "legítima defesa da sociedade", mas sempre de um indivíduo:** Imagine-se a hipótese de um particular presenciar alguém, manifestamente embriagado, assumir o volante de um carro na saída de um restaurante. Nesse instante, terá no máximo ocorrido um ato preparatório do crime do art. 306 do Código de Trânsito, pois demanda a efetiva condução do veículo em estado de embriaguez. É evidente que esse particular *jamais* poderá retirar o motorista à força do carro, agredindo-o diante de sua recusa, sob o pretexto de estar "legitimamente defendendo" terceiros que estão em iminente risco de serem expostos a perigo de vida, caso ele saia dirigindo o veículo embriagado. Como visto, só existe legítima defesa diante de uma agressão atual ou iminente a um bem jurídico *particular* de alguém, não de bens *supraindividuais* ou *coletivos*, como bem demonstra Diego M. Luzón Peña (*Aspectos Esenciales...*, cit., p. 66). A segurança *pública* é função exclusiva do Estado, não de cidadãos.

- **Inexistência de legítima defesa da honra conjugal:** Não há legítima defesa na conduta do marido ou da mulher que agride o cônjuge, o amante ou a amante, ou ambos, pois a honra – bem personalíssimo –, que foi atingida não é a do cônjuge traído, mas a daquele que traiu, podendo ser reconhecida em favor do primeiro, dependendo das circunstâncias do caso concreto, a atenuante da violenta emoção ou do relevante valor moral ou social (CP, art. 65, III, *c*, última parte, ou *a*). Não há falar-se, atualmente, na outrora invocada legítima defesa da "honra conjugal" (Luis Jiménez de Asúa, *Tratado de Derecho Penal*, Buenos Aires, Losada, 1952, t. IV, p. 145). *Vide*, a propósito, nota *Homicídio passional no Júri* nos comentários ao art. 28 do CP, que trata da *emoção e da paixão*.

- **Legítima defesa própria ou de terceiro:** A legítima defesa pode ser *própria* ou de *terceiro*, dependendo de o bem ameaçado ser do próprio autor da repulsa ou de terceiro.

- **Legítima defesa putativa:** Quando o sujeito supõe, erradamente, que está agindo em legítima defesa ou dentro dos limites legais dessa justificativa (cf. CP, arts. 20 ou 21).

- **Diferença entre legítima defesa e estado de necessidade:** *Vide* nota no art. 24.

- **Requisito subjetivo:** Para a doutrina finalista, inspiradora da reforma de 1984, a legítima defesa não prescinde da vontade de defender-se. Todavia, ao contrário do que se dá no art. 24 (estado de necessidade), esse requisito subjetivo não vem *expresso* nas demais descriminantes (*vide* nota ao art. 23, III, do CP, sob igual título). Assim, parece-nos que o *princípio da legalidade* impede a rejeição da descriminante da legítima defesa, a pretexto da falta de um elemento subjetivo não pedido, expressamente, pela lei.

Excesso punível

- **Excesso punível:** Existe quando o sujeito repele a agressão excedendo-se na repulsa, seja valendo-se de meios superiores aos necessários, seja não os utilizando com moderação. Tal excesso é punível, na forma do parágrafo único do art. 23 do CP. Se o excesso foi doloso, o sujeito responde pelo que se excedeu, a título de dolo; se foi culposo, a título de culpa, caso o excesso constitua, em si, delito culposo. Exemplo: ao defender-se de injusta agressão, o sujeito põe seu contendor desacordado e gravemente ferido; após este estar caído ao solo, ainda lhe causa mais uma lesão leve. Embora a lesão grave esteja acobertada pela justificativa, a posterior lesão leve foi excessiva e será punida por dolo, caso a intenção tenha sido provocá-la; ou por culpa, se decorrente da falta de cuidado do agente.

■ **Limites do excesso punível:** Assinale-se que só a desnecessidade dos meios não basta para afirmar o excesso punível, desde que eles hajam sido usados moderadamente. O exemplo facilitará a compreensão: se, ao se ver ameaçado e tendo à mão uma bengala e uma pistola, o agente usa desta e alveja o braço de quem o ameaça, pode-se dizer que se valeu de meio desnecessário, mas usado moderadamente; ao contrário, se emprega a bengala (meio necessário), mas mata o agressor com bengaladas na cabeça, o uso do meio necessário é que terá sido imoderado. O excesso inclui, pois, tanto o *meio* como a *utilização* deste, devendo *ambos* ser examinados. Assim, em caso de júri, ainda que os jurados neguem o emprego do meio necessário, devem ser perguntados sobre a moderação no uso e sobre o elemento subjetivo do excesso (dolo ou culpa).

■ **Excesso culposo:** É o "derivado de desatenção, imponderação, demasiada precipitação" (HUNGRIA, *Comentários ao Código Penal*, 1978, t. II, p. 305), por vezes oriundo da própria emoção do momento, sobretudo nas pessoas que jamais passaram por essa dramática situação.

Parágrafo único

■ **Legítima defesa de terceiro por agente de segurança pública:** Visando a dar maior amparo jurídico ao *agente de segurança pública* que venha a matar ou ferir uma pessoa que esteja mantendo outra como refém, mediante agressão ou risco de agressão, o legislador incluiu este parágrafo único. São agentes de segurança pública os membros da polícia federal, da polícia rodoviária federal; polícia ferroviária federal; polícias civis; polícias militares e corpos de bombeiros militares e polícias penais federal, estaduais e distrital, nos termos do art. 144 da Constituição da República. Os seus requisitos são os mesmos do *caput*, como expressamente mencionado, ou sejam (a) uso moderado dos meios necessários, (b) agressão injusta, atual ou iminente, (c) no caso, a direito de outrem, isto é, à vítima mantida refém. Como se observa, o presente parágrafo único não alterou, na essência, em nada a legítima defesa. Ao contrário do que possa parecer, não incluiu uma causa excludente da ilicitude com menos requisitos para agentes de segurança pública, mesmo porque as expressões "agressão ou risco de agressão" (parágrafo único) e "agressão atual ou iminente" (caput) são similares.

Jurisprudência da legítima defesa

■ **Noção:** É a reação imediata à ameaça iminente ou agressão atual a direito próprio ou de outrem (TJSP, *RT* 518/349).

■ **Fundamento moral:** Em face de agressão injusta, a vítima tem a faculdade legal e o dever moral de obstá-la, mesmo recorrendo ao exercício de violência (TJSP, *RT* 624/303; TACrSP, *Julgados* 75/406).

■ **Direitos protegidos pela legítima defesa:** Ela alcança quaisquer bens ou interesses juridicamente protegidos, como a vida, saúde, honra, pudor, liberdade pessoal, patrimônio, tranquilidade do domicílio, pátrio poder, segredo epistolar etc. (TACrSP, *Julgados* 76/279; STJ, RHC 2.367-7, *DJU* 14.6.93, p. 11791).

■ **Atual ou iminente:** A legítima defesa pode não ser atual, mas ser iminente (STF, *RTJ* 84/638). Não pode, porém, referir-se a ameaça futura (TJSP, *RT* 549/316). Não é admissível contra uma simples ameaça desacompanhada de perigo concreto ou imediato (TJSP, *RT* 715/433).

■ **Provocação do agente:** Não há legítima defesa se o réu atirou primeiro (TJSP, *RT* 518/349) ou provocou (TJSP, *RT* 528/339; TAMG, *RT* 540/364; TAPR, *RT* 535/538). Não pode invocar legítima defesa quem deu causa aos acontecimentos (TJPR, *RT* 562/358; TACrSP, *RT* 511/403).

■ **Reação desproporcional à provocação:** Agente que desfere uma garrafa de vodka na cabeça do agressor, a ponto de causar-lhe traumatismo craniano, não age de forma razoável e proporcional, configurando-se o excesso doloso (TJDF, Ap. 0041002-92.2011.8.07.0001, *DJe* 31.7.2018). Ainda que o agente tenha inicialmente provocado a vítima, a reação desproporcional desta pode dar lugar à legítima defesa (TJSP, *mv – RT* 534/335). Se o agente vai armado para reconciliar-se com a vítima, e, diante de impropérios desta, desfere-lhe um tiro, procede com imoderação (TJMT, *RT* 783/686).

- **Dúvida quanto à iniciativa da agressão:** Na dúvida de quem partiu a agressão, absolve-se (TJSP, *RJTJSP* 96/452).

- **Criminoso contumaz:** Mesmo a ele é permitido agir sob as excludentes do art. 23 do CP (TJRS, ED na Ap. 70079196609, *DJ* 18.1.2019).

- **Contra inimputável:** Pode haver legítima defesa na reação a investida de alienado mental (TACrSP, *RT* 544/382).

- **Contra prisão ilegal:** Verifica-se a justificativa, se causa lesões corporais no policial que empregava força física para prendê-lo ilegalmente (TARS, *RT* 686/370).

- **Tentativa de homicídio:** Não é incompatível com a legítima defesa (STF, *RTJ* 101/759; TJES, *RT* 624/347).

- **Provocação passada:** A agressão finda ou pretérita não justifica a legítima defesa (TJSC, *RT* 569/360, 539/343; TJMG, *RT* 539/347, 520/454). A ofensa já consumada ou agressão pretérita não justifica a repulsa (TJSP, *RT* 634/267, 492/313).

- **Reação imediata:** Demora na reação exclui a legítima defesa (TJSP, *RT* 548/308; TJDF, Ap. 10.772, *mv – DJU* 27.2.91, p. 3162).

- **Revide:** Não há legítima defesa se vai atrás de desafeto e o lesiona (TACrSP, *RJDTACr* 20/117), nem se, após desarmar o agressor, passa a agredi-lo (TACrSP, *RJDTACr* 20/116).

- **Desafio:** Não age em legítima defesa quem aceita desafio (TJMG, *RT* 543/410; TAPR, *RT* 542/418; TJSP, *RT* 785/593). Não é desafio se mulher honesta, agredida moralmente, volta para tomar satisfações e é novamente ofendida (TJMS, *RT* 631/340).

- **Premeditação:** Reação premeditada não é legítima defesa (TJSP, *RT* 498/294).

- **Generalidades:** Reconhece-se a legítima defesa na conduta da mulher que, com um único golpe de faca, tentou impedir, de forma moderada, agressão do marido com chutes na costela, murro e tapa no rosto, existindo ofensas físicas pretéritas e reiteradas que deixaram cicatrizes (TJES, Ap. 0014305-71.2012.8.08.0033, publ. 3.7.2015). Não pode haver legítima defesa contra vítima que dormia (TJSP, *RT* 563/323). Ausência de testemunhas de vista não impede, por si só, o reconhecimento da legítima defesa (TJSP, *RT* 619/284; TJRS, *RF* 276/246; TJMG, *RT* 667/318). Basta o depoimento da filha, vítima de tentativa de estupro (TJAL, *RT* 701/343). Parentesco também não impede o reconhecimento, como na hipótese de pai contra filho (TJSP, *RT* 581/294; TJSC, *RF* 257/312). Agressão (tiro) pelas (*ou nas*) costas não exclui, por si só, a legítima defesa, pois no decorrer da agressão podem ocorrer bruscas mudanças nas posições dos contendores (TJPR, *RF* 271/266; TJSC, *RT* 494/387; *vide*, também, jurisprudência no comentário do art. 121, § 2º). Caracteriza-se legítima defesa da propriedade, se o agente mata pessoa que estava furtando, de madrugada, o seu veículo (TJRS, *RT* 752/669). Agressões iniciadas pela vítima, tendo o réu reagido de forma imediata e proporcional, sem *animus necandi*, com tiros não direcionados ao ofendido. Legítima defesa reconhecida (TJMG, Ap. 10680120012561001, publ. 22.3.2019).

- **Armadilhas de defesa (*offendicula*):** Caracteriza-se legítima defesa se instalou cerca eletrificada no interior de propriedade rural, causando a morte de ladrão (TAMG, Ap. 16.190, j. 28.6.88). *Vide*, também, jurisprudência sob este título, no art. 121, *caput*, e no art. 18 do CP, quanto ao dolo eventual.

- **Moderação:** Legítima defesa é reação humana, que não pode ser medida com transferidor, milimetricamente (TJSP, *RJTJSP* 101/447 e 69/34, *RT* 604/327; TACrSP, *RJDTACr* 9/111; TJPR, *RT* 546/380) ou com matemática proporcionalidade, por ser ato instintivo, reflexo (TJSP, *mv – RT* 698/333). O critério da moderação é muito relativo e deve ser apreciado em cada caso (TJSP, *RT* 513/394; TJAL, *RT* 701/344). Há legítima defesa se, para preservar a própria vida e a da filha, usa de punhal, repetidas vezes, até cessar o risco (TJRJ, *RT* 628/348). Não há, todavia, legítima defesa por falta do requisito da necessidade do meio utilizado na reação, em situação em que o agente, em razão do agressor levantar uma cadeira para arremessá-la contra si, efetua dois disparos contra a sua cabeça (TJPE, *RT* 804/640).

- **Meios necessários:** Podem ser desproporcionais, caso não haja outros à disposição no momento da reação (TJSP, *RT* 603/315; TJMG, *RT* 667/318).

- **Legítima defesa de terceiro:** Age em legítima defesa quem, vendo conhecido seu na iminência de ser atingido por uma pessoa, ainda que seu conhecido houvesse dado início à contenda, agride o portador da arma moderadamente (TAPR, *RT* 638/330). Igualmente, o segurança particular que reage a ataque injusto à pessoa do patrão ou do patrimônio deste (TJSP, *RT* 786/632).

- **Legítima defesa da honra conjugal:** A antiga legítima defesa da honra conjugal era no passado admitida por nossos tribunais (TJSP, *mv* – *RT* 716/413 – duplo homicídio; TACrSP, *RJDTACr* 16/202 – lesões leves), sendo hoje inconcebível, como já se vem decidindo (TJSP, *RJTJSP* 71/328, *RT* 654/275; TJPR, PJ 44/264, *RT* 655/315; TJMG, *RF* 273/269), reconhecendo, apenas, a atenuante do relevante valor moral ou social (TJES, *RT* 621/345). Entendemos inadmissível a primeira posição e correta a segunda. "Honra é atributo pessoal, independente de ato de terceiro, donde impossível levar em consideração ser um homem desonrado porque sua mulher é infiel... A lei e a moral não permitem que a mulher prevarique. Mas negar-lhe, por isso, o direito de viver, seria um requinte de impiedade" (TJPR, *RT* 473/372).

- **Legítima defesa da honra (em injúria etc.):** Age em legítima defesa quem, imediatamente, repele ofensa verbal pesada com leve agressão (TACrSP, *Julgados* 75/215, 69/386; TAPR, *RT* 636/339; TAMG, *RT* 523/457; TJSC, *RT* 522/421). Não há legítima defesa se revida com seis tiros a bofetada (TJMG, *RT* 534/399).

- **Legítima defesa putativa:** Assim age quem, para defender sua casa, faz disparo contra pessoa que supõe ser ladrão (TACrSP, *Julgados* 87/190; TJSP, *RF* 265/354; TJRO, *RT* 715/506). O erro é relevante quando gera a suposição da presença de condições de fato que motivam a excepcional licitude penal da ação (TACrSP, *RT* 505/345).Age assim quem supõe situação de fato que, se existente, tornaria legítima a sua ação (TACrSP, *RT* 498/334). Não basta a situação imaginária, sendo necessário um princípio de realidade objetiva, da qual deriva a falsa suposição do agente (TJSP, *RJTJSP* 73/338; TJAP, *RT* 782/625; STJ, APn 8-DF, *mv* – *DJU* 15.6.92, p. 9211), tornando-se dispensável, em tal caso, diante do enfoque putativo, a certeza se a vítima portava ou não qualquer arma (TJDF, *RT* 835/608). Configura-se se a vítima mal-afamada, useira e vezeira em ameaçar pessoas com arma que traz na cintura, faz gesto de sacá-la (TJMT, *RT* 780/644). A agressão suposta pode ser iminente ou atual (TJSC, *RT* 521/459). *Vide*, também, jurisprudência no art. 20, § 1º, do CP.

- **Excesso punível:** O STF pacificou a jurisprudência, ao deixar assentado que o excesso culposo da legítima defesa compreende tanto o meio usado como a maneira de sua utilização. Assim, *ainda* que o júri negue a necessidade dos meios, devem também ser questionados a moderação na sua utilização e o elemento subjetivo que determinou o excesso (STF, Pleno, *RTJ* 85/466, 119/648, 108/1061, *RT* 612/430; TJSP, *RT* 657/268; TJMG, *RT* 780/653). *Contra*: TJSP, *RT* 562/310; TJMG, *RT* 623/340. Não cabe quesitação acerca de excessos na legítima defesa, se esta foi de pronto negada no quesito inicial (STJ, HC 8.510-MS, *DJU* 14.8.2000).

- **Excesso doloso:** Não há legítima defesa se, após ser ferido na mão, com faca, pela vítima, a desarma e lhe desfere dez facadas (TJES, *RT* 710/308). Configura-se a justificativa se, após levar um tiro na cabeça, arrebata o revólver do agressor e desfecha-lhe tiros, sendo seu estado gravíssimo e podendo aquele ter dado continuidade à agressão (TJSP, *RT* 706/304).

- **Excesso culposo:** Ao reagir a uma injusta agressão, ninguém pode exigir que o agente controle a quantidade de golpes que vai desferir, pois nesse instante os sentimentos jorram desmedidamente (TJES, *RT* 636/322). Se atacado, ao se defender se excedeu de forma não intencional, reagindo de maneira desproporcional sem observar o dever de cuidado objetivo, não se mostra arbitrária a decisão dos jurados que entendeu ter sido o excesso culposo (TJES, AP. 57070001284, publ. 26.6.2009).

- **Cível:** O ato praticado em legítima defesa é lícito também na esfera civil (STF, *RTJ* 83/649).

Título III
DA IMPUTABILIDADE PENAL

INIMPUTÁVEIS

Art. 26. É isento de pena o agente que, por doença mental ou desenvolvimento mental incompleto ou retardado, era, ao tempo da ação ou da omissão, inteiramente incapaz de entender o caráter ilícito do fato ou de determinar-se de acordo com esse entendimento.

REDUÇÃO DA PENA

Parágrafo único. A pena pode ser reduzida de um a dois terços, se o agente, em virtude de perturbação de saúde mental ou por desenvolvimento mental incompleto ou retardado, não era inteiramente capaz de entender o caráter ilícito do fato ou de determinar-se de acordo com esse entendimento.

Imputabilidade (caput)

- **Noção:** *Imputabilidade* é a capacidade de a pessoa entender que o fato é ilícito e de agir de acordo com esse entendimento. Na doutrina estrangeira, a imputabilidade é também denominada "capacidade de culpabilidade" (cf. CLAUS ROXIN, *Derecho Penal*, 2ª ed., cit., p. 822), ou seja, "capacidade de culpa", entre nós. Explica-se: como se assinalou na noção de crime apresentada no comentário ao CP, art. 13, *caput*, e na nota ao art. 21 do CP, não basta a prática de fato típico e ilícito para impor pena. É necessária, ainda, para que a sanção penal seja aplicada, a *culpabilidade*, que é a reprovabilidade da conduta. Por sua vez, a *imputabilidade* é pressuposto da culpabilidade, pois esta não existe se falta a capacidade psíquica de compreender a ilicitude. Por isso, este art. 26 dispõe que há isenção de pena se o agente, por doença mental ou carência de desenvolvimento mental, era – ao tempo de sua conduta – incapaz de compreender a ilicitude do fato (capacidade de compreensão) ou, embora compreendendo o caráter ilícito do fato, era incapaz de conduzir-se em conformidade com esse entendimento (capacidade de inibição). Assim, *inimputáveis* (não imputáveis) são as pessoas que não têm aquela capacidade (imputabilidade).

- **Natureza:** A *inimputabilidade* é uma das causas de exclusão da culpabilidade, afastando o juízo de *reprovabilidade* da conduta praticada e, portanto, a pena.

- **Efeito:** Declarada a inimputabilidade, o agente, nos atuais termos do nosso CPP, não é condenado, mas sim absolvido: "Art. 386. O juiz absolverá o réu, mencionando a causa na parte dispositiva, desde que reconheça: (...) VI – existirem circunstâncias que excluam o crime ou isentem o réu de pena (arts. 20, 21, 22, 23, 26 e art. 28, § 1º, todos do Código Penal), ou mesmo se houver fundada dúvida sobre sua existência". Não obstante, aferida a sua *periculosidade* com fundamento no fato criminoso *efetivamente praticado*, fica ele sujeito a *medida de segurança* (CP, arts. 96 e 97), a qual tem indiscutível caráter de sanção penal, sendo assim tratada na LEP (cf. nota *Medida de segurança* no art. 13 do CP). Sobre a possibilidade de tratamento ambulatorial em caso de crime punido com reclusão, *vide* nota *Efeitos, in fine*, no parágrafo único deste art. 26 e nota *Proporcionalidade e questionável constitucionalidade* no art. 97 do CP.

- **Requisitos:** São *três* os necessários para que se afirme a inimputabilidade prevista no *caput* deste art. 26: *1. Causas.* Doença mental ou desenvolvimento mental incompleto ou retardado. Cumpre observar que o nosso Diploma Penal não indica quais seriam essas "doenças mentais", cabendo à psiquiatria forense defini-las, ao contrário do que ocorre, por exemplo, na Alemanha, onde elas são indicadas pelo legislador (transtorno psíquico patológico; transtorno profundo de consciência; oligofrenia e anomalia psíquica grave) (cf. CLAUS ROXIN, *Derecho Penal*, 2ª ed., cit., p. 823). *2. Consequências.* Incapacidade completa de entender a ilicitude do fato ou de determinar-se de acordo com essa compreensão. *3. Tempo.* Os dois requisitos anteriores devem coexistir ao tempo da conduta. Assim, não basta a presença de um só dos requisitos, isolado. Necessário se faz que, em razão de uma das duas causas (*requisito 1*), houvesse uma das duas consequências (*requisito 2*), à época do comportamento do agente (*requisito 3*).

- Transtornos mentais: A classificação psiquiátrica dos transtornos mentais, na lição de EMILIO MIRA Y LOPEZ, é quase impossível, mesmo porque o diagnóstico psiquiátrico "não pode, de modo algum, ser sintetizado em uma pequena lista nominal" (*Manual de Psiquiatria*, trad. da 2ª ed. espanhola por Elso Arruda e Germano G. Thomsen, Rio de Janeiro, Scientifica, 1944, v. 1, p. 318). Não obstante, segundo o autor, é possível extrair da realidade alguns quadros clínicos que têm predominância. Nesse sentido, MIRA Y LOPEZ refere-se aos: (a) *transtornos deficitários*, que podem (a1) ser congênitos (as oligofrenias) levando à idiotia, à imbecilidade ou à debilidade mental; (a2) ou adquiridos (as demências) por razões vasculares, infecciosas, degenerativas ou mistas; (b) *transtornos na integração constitucional da pessoa*, lembrando as reações psicopáticas (astênicas, paranoides, histeroides, instáveis, compulsivas, explosivas, cicloides, esquizoides e perversas); (c) *transtornos mórbidos*, citando as (c1) psiconeuroses e organoneuroses (histérica, neurastênica, anascástica e angustiosa) e as (c2) psicoses (de situação ou reativas, traumáticas, infecciosas e pós-infecciosas, sifilíticas, exotóxicas, sintomáticas e endotóxicas, epilépticas, maníaco-depressivas, esquizofrênicas, paranoicas e parafrênicas" (*Manual de Psiquiatria*, cit., p. 326).

- Doença mental: A expressão inclui as moléstias mentais de qualquer origem, com fatores biopsicológicos (como a psicose maníaco-depressiva, a paranoia, a esquizofrenia, a epilepsia, além dos fronteiriços, bem como em razão de enfermidades pré-senis, *v.g.*, o Alzheimer, ou senis). Não se pode deixar de lado a dependência toxicológica que, na lição de GUIDO ARTURO PALOMBA, quando moderada pode levar à semi-imputabilidade (o viciado entende o caráter criminoso do fato mas é só parcialmente capaz de se determinar de acordo com esse entendimento) ou, até, à inimputabilidade, quando a dependência for grave (entende parcialmente, ou não entende o caráter criminoso do fato, e é totalmente incapaz de determinar-se de acordo com aquele entendimento parcial, quando houver). Igualmente, no que concerne ao alcoolismo crônico, que é doença mental, do ponto de vista psiquiátrico, como afirma o citado autor: "Muitas vezes promotores, juízes e advogados perguntam se é ou não doença mental, e o perito precisa responder que sim, como de fato é, e diga-se de caminho, doença grave .. sendo doença mental, havendo nexo causal entre patologia e delito, impõe-se a inimputabilidade" (*Tratado de Psiquiatria Forense Civil e Criminal*, São Paulo, Saraiva, 2003, p. 368).

- Desenvolvimento mental falho: A lei se refere a *desenvolvimento mental incompleto* ou *retardado*. Os retardamentos mentais têm três graus, havendo por vezes sinais físicos de degeneração, como mais uma vez ensina GUIDO ARTURO PALOMBA, lembrando: o *retardo mental grave* (idiotia) – no qual o indivíduo vive em estado semivegetativo, incapaz de qualquer ato que envolva alguma complexidade, faltando atenção, raciocínio e imaginação, mal falam; o *retardo mental moderado* (imbecilidade) – cujos portadores "têm atenção facilmente exaurível", com conteúdo de pensamento sempre pobre, com pouco desenvolvimento da compreensão e uso limitado da linguagem, podendo a pessoa ser apática ou irriquieta. São até capazes de executar certos trabalhos braçais; o *retardo mental leve* (debilidade mental) – decorre de uma diminuição da inteligência que não invalida a vida em sociedade, chegando a pessoa a constituir família e a trabalhar em atividades práticas, embora sem grande raciocínio, pensamento abstrativo e cultural; a pessoa, por vezes, tem consciência de sua debilidade, tentando compensá-la de diversas formas, com exibicionismo, ostentação, fala excessiva com palavreado difícil (*Tratado de Psiquiatria Forense...*, cit., pp. 486-488). No retardamento grave o indivíduo praticamente não é capaz de delinquir, salvo raras exceções, com episódios violentos, estando-se diante de um quadro de inimputabilidade; no retardamento moderado, pode haver também episódios de brutalidade, estupros, agressões nos filhos etc. Quando próximos ao retardo mental leve, por vezes são usados por criminosos como "laranjas", assumindo culpa de terceiros, havendo, igualmente, um quadro de inimputabilidade. Por fim, no que concerne ao retardo leve, pode haver tanto a semi-imputabilidade quanto, excepcionalmente, a inimputabilidade (*idem*, p. 489). Quanto aos menores de 18 anos, *vide* CP, art. 27.

■ **A visão da psiquiatria forense:** Lembrando CÂNDIDO MOTTA, GUIDO PALOMBA observa que as pessoas que acabam cometendo crimes podem, segundo a psiquiatria forense, ser divididas em cinco grupos, havendo, nos dois últimos (fronteiriços criminosos e loucos criminosos), quadro de doença mental: 1) *criminosos impetuosos*: aqueles que "agem em curto-circuito, por amor à honra, sem premeditação, fruto de uma anestesia momentânea do senso crítico", mencionando principalmente os passionais, que, geralmente, arrependem-se do crime praticado, já que o seu psiquismo é satisfatoriamente estruturado, "salvo a falha do senso moral quando em face de determinada situação que o instiga"; 2) *criminosos ocasionais*: apesar de não terem "tendência marcante para o crime, nele caem levados pelas condições pessoais e influências do meio em que vivem"; geralmente são pessoas "de vida honesta que, devido à debilidade do senso moral, diante de maus exemplos ou de dificuldades que a vida lhes impõe, não resistem à tentação que certas ocasiões proporcionam", praticando, geralmente, furto ou estelionato; "uma vez cometido o crime, mostram arrependimento e confessam"; quando saem da cadeia, geralmente não voltam a delinquir; 3) *criminosos habituais*: começando com os primeiros delitos desde a adolescência, são aqueles que têm no crime a sua "profissão"; unem-se a quadrilhas e gangs, embora possam agir individualmente; "quando recolhidos aos presídios formam a escória, usam drogas e álcool, corrompem-se física e moralmente. Recaem no crime, adquirindo hábito crônico", sendo a "emenda exceção"; são assassinos de aluguel, traficantes, sequestradores etc.; 4) *fronteiriços criminosos*: são pessoas que "apresentam permanentes deformidades do senso ético-moral, distúrbios do afeto e da sensibilidade", cujas alterações psíquicas os levam aos mais variados crimes; quando, porém, "dão de ser violentos, sem sombra de dúvidas, são os que praticam os atos mais perversos e hediondos dentre todos os outros", adentrando-se, agora, o campo patológico (ao contrário das três categorias anteriores). Nos fronteiriços, "de um lado está a normalidade e de outro a doença mental, entre ambos há a zona fronteiriça, que não é nem normalidade nem doença", sendo a característica principal dos fronteiriços *criminosos* "a extrema frieza e insensibilidade moral com que tratam as vítimas", tendo sido descritos, na história, como "loucos morais, loucos lúcidos, idiotas morais, psicopatas, sociopatas, condutopatas". De qualquer forma, complementa GUIDO ARTURO PALOMBA, "o fato de viverem na zona fronteiriça .., de não apresentarem características marcantes de doença mental, muitas vezes confunde juízes e promotores, que os tomam por normais, quando na verdade não são. Cabe ao perito explicar o tipo de indivíduo com o qual está se avindo, para que a Justiça possa, por meio de medida de segurança detentiva, mantê-los longe da sociedade". Certamente são os mais perigosos, agindo sozinhos, planejando, com ideias fixas, o seu plano doentio, recomeçando novamente após a prática de um crime, sem motivo externo qualquer, mas somente por um desejo mórbido; 5) loucos criminosos: "são indivíduos com notáveis e permanentes alterações de uma ou várias funções biopsicológicas", dividindo-se em dois grupos: (a) "aqueles que agem após um processo lento e reflexivo", como, por vezes, na paranoia ou na esquizofrenia paranoide, que têm um delírio sistematizado que os leva ao crime e (b) "aqueles que agem por impulso momentâneo", súbito, agindo em curto-circuito, quase sempre com ferocidade e multiplicidade de golpes, como uma explosão dirigida a um fim, podendo o paradigma ser a "epilepsia ou, às vezes, a oligofrenia", não obstante existam vários tipos de esquizofrênicos, epilépticos e oligofrênicos, podendo, todos, agir por impulso ou premeditadamente (*Tratado de Psiquiatria Forense Civil e Penal*, cit., pp. 184-188).

■ **Exame médico-legal:** O acusado deve ser submetido a exame (CPP, arts. 149 a 154), mas é o juiz quem decidirá da inimputabilidade ou não. À evidência, só motivadamente pode o julgador decidir em contrário ao parecer médico-psiquiátrico, sob pena de nulidade (CR, art. 93, IX).

Responsabilidade diminuída (parágrafo único)

- **Noção:** Cuida o parágrafo único de hipótese semelhante à do *caput*, mas referente à capacidade ou entendimento *apenas reduzido*. Aqui, possui o agente "meia capacidade" daqueles entendimentos, razão pela qual se diz que ele tem responsabilidade atenuada ou imputabilidade diminuída (inimputabilidade *relativa*). Neste caso, o agente não era *inteiramente capaz*, enquanto, na hipótese anterior, ele *era inteiramente incapaz* (inimputabilidade absoluta).

- **Natureza:** É causa especial de diminuição da pena. A culpabilidade não é excluída, mas a pena é reduzida, pois a responsabilidade estava diminuída.

- **Efeitos:** *1. Diminuição da pena*. A pena deve ser reduzida de um a dois terços. Entendemos que essa diminuição é *inafastável* (*obrigatória*) e não facultativa, a não ser que o juiz opte pela medida de segurança (ver abaixo). Examinando o caso concreto, pode o juiz reconhecer ou não a diminuição da capacidade ou do entendimento; mas, se a reconhece, não pode deixar, arbitrariamente, de reduzir a pena (Celso Delmanto, "Direitos públicos subjetivos do réu no CP", *RT* 554/466). Também a *quantidade da redução* não fica por conta do puro arbítrio do juiz, devendo basear-se no grau de diminuição da responsabilidade do agente. Por isso, a decisão deve ser fundamentada, sob pena de nulidade (CR, art. 93, IX), pois a redução da pena em quantidade inferior à máxima autorizada por lei não depende da exclusiva vontade do julgador. *2. Substituição por medida de segurança*. Fazendo remissão ao parágrafo único deste art. 26, o art. 98 do CP dispõe que "necessitando o condenado de *especial tratamento curativo*, a pena privativa de liberdade pode ser *substituída* pela internação, ou tratamento ambulatorial, pelo prazo mínimo de 1 (um) a 3 (três) anos, nos termos do artigo anterior e respectivos §§ 1º a 4º". Recomenda-se *prudência* ao juiz para optar pelo que é mais necessário ao condenado, em vista de suas condições atuais: imposição de pena *reduzida* ou, *alternativamente*, a *internação* em hospital de custódia e tratamento psiquiátrico ou o *tratamento ambulatorial*. A escolha pode representar um dilema, em face da precariedade de nossos sistemas carcerário e psiquiátrico. Note-se, também, que a substituição é *alternativa*, não sendo possível a cumulação de pena e medida de segurança, pois a Lei n. 7.209/84 aboliu o antigo regime do chamado duplo binário, que previa a aplicação de pena e, uma vez cumprida, de medida de segurança. Embora o art. 97, *caput*, do CP só admita tratamento ambulatorial em crime punido com detenção, há acórdãos admitindo esse tratamento em caso de furto qualificado, cuja pena é de reclusão, praticado por semi-imputável, quando houver recomendação pericial (TACrSP, *Julgados* 82/430-1) ou quando o mesmo não revelou temibilidade, praticando crime sem maiores consequências (TJSP, *RT* 634/272). Entendemos correta essa posição, que dá prevalência à opinião médico-legal e leva em conta não só a pouca periculosidade do agente, mas também a menor gravidade de certos crimes, não obstante apenados com reclusão, principalmente quando praticados sem violência contra a pessoa. Vide, também, nota *Proporcionalidade e questionável constitucionalidade* no art. 97 do CP.

- **Requisitos da responsabilidade diminuída:** São três os requisitos: *1. Causas*. Perturbação de saúde mental ou desenvolvimento mental incompleto ou retardado. *2. Consequências*. Falta de inteira capacidade de entender a ilicitude do fato ou de orientar-se de acordo com esse entendimento. *3. Tempo*. Existência dos dois requisitos anteriores no momento do crime.

- **Perturbação de saúde mental:** Toda doença mental é perturbação, mas esta nem sempre é doença mental. Lembramos, aqui, os transtornos neuróticos, embora tais patologias dificilmente sejam suscitadas no juízo criminal, salvo casos, citados por Guido Arturo Palomba (ob. cit., p. 562), como a *piromania* (incendiar), a *cleptomania* (furtar) e a *clastomania* (rasgar e quebrar coisas), quanto sintomas de neurose obsessivo-compulsiva, levando, por vezes, à semi-imputabilidade, posto que a pessoa entende o caráter criminoso, mas é só parcialmente capaz de determinar-se de acordo com esse entendimento.

- **Exame médico-legal:** A perícia médica é preponderante na avaliação da responsabilidade diminuída. A menos que tenha motivação adequada em contrário à perícia médica, não deve o juiz rejeitá-la.

- **Índios:** Segundo o art. 4º, parágrafo único, do CC, "a capacidade dos índios será regulada por legislação especial". A Lei n. 6.001/73, por sua vez, ao dispor sobre o Estatuto do Índio prevê, em seu art. 56, *caput*, que "no caso de condenação de índio por infração penal, a pena deverá ser atenuada e na sua aplicação o juiz atenderá também ao grau de integração do silvícola". *Vide*, ainda, nota sob a mesma rubrica no art. 1º do CP.

Jurisprudência da inimputabilidade (caput)

- **Ausência de causa excludente de ilicitude:** Deve-se averiguar se o inimputável não agiu amparado por descriminante, pois, se assim foi, será simplesmente absolvido; mas, se não estava presente uma excludente de ilicitude, também se absolve, porém com a aplicação de medida de segurança pelo prazo mínimo (TJRS, RCr 684048135, j. 7.2.85).

- **Necessidade de ação penal:** A circunstância do denunciado ser inimputável, nos moldes do art. 26 do CP, não conduz à impossibilidade de ser deflagrada ação penal em face do mesmo. Tal conclusão é extraída da leitura do inciso III do parágrafo único do art. 386 do CPP, onde se consagra a denominada sentença absolutória imprópria, que veicula a aplicação de eventual medida de segurança. Essa medida penal só pode ser aplicada em sede processual penal, o que está a possibilitar o oferecimento de denúncia em face de um inimputável (TRF da 2ª R., RCr 2000.02.01.010194-5/RJ, j. 29.3.2000, *RT* 783/761).

- **Absolvição:** Reconhecida a inimputabilidade, o réu é absolvido, sem ter seu nome lançado no rol dos culpados nem ser considerado reincidente (TACrSP, *RT* 429/453). Em processos do júri, não há pronúncia, mas absolvição sumária (TJSP, *RT* 631/285).

- **Livre convencimento:** O juiz não fica vinculado ao laudo pericial, podendo apreciar livremente o conjunto probatório (STJ, HC 3.323-1, *DJU* 7.3.94, p. 3669, in RBCCr 6/230, *RT* 655/368-9).

- **Em apelação:** É possível a substituição da pena pela medida de segurança em sede de apelação, tanto mais quando importa em benefício do acusado, necessitado de tratamento curativo; não se aplica a Súmula 525 do STF, elaborada na vigência do sistema do duplo binário (STJ, *RT* 655/366).

- **Aferição:** Para aferição da inimputabilidade se faz necessária a caracterização da irresponsabilidade do agente, não bastando a causa, doença mental ou desenvolvimento mental incompleto ou retardado; exige-se o efeito, inteira incapacidade de entender o caráter criminoso do fato ou de determinar-se de acordo com esse entendimento, que deverá ocorrer no tempo da ação ou da omissão (TJGO, *RT* 838/605).

- **Inimputabilidade reconhecida em outro processo:** A absolvição do paciente em processo-crime anterior em razão do reconhecimento da inimputabilidade, com a imposição de medida de segurança, dá existência a uma fundada dúvida acerca da sua integridade mental, a qual pode não se relacionar, necessariamente, com eventual dependência toxicológica, gerando a necessidade da realização de exame de insanidade mental. *Habeas corpus* concedido para anular a condenação, determinando-se a realização do exame de insanidade mental (STJ, 5ª T., RHC 13.826/SP, j. 15.4.2003, *DJU* 26.5.2003, p. 369, in Bol. IBCCr 128/717).

- **Absolvição imprópria:** Havendo laudo psiquiátrico atestando que o agente, autor do furto, era inteiramente incapaz de compreender seu ato ilícito e de se determinar frente a este, impõe-se medida de segurança de internação pelo prazo mínimo de 1 ano (TJRS, Ap. 70079912259, *DJ* 10.4.2019).

- **Demência:** A demência arteriosclerótica pode ser enquadrada no *caput* do art. 26 do CP (TJSP, *RT* 602/323).

- **Esquizofrenia:** Inclui-se entre as anormalidades psíquicas que podem excluir, totalmente, a imputabilidade penal (TJMG, *RF* 260/329; TJGO, *RGJ* 10/80).

- **Paranoia:** Comprovado, mediante exame médico-legal, que o agente era, ao tempo da ação, inteiramente incapaz de entender o caráter ilícito do fato ou de determinar-se de acordo com esse entendimento, é sumariamente absolvido nos termos do art. 411 do CPP, ficando submetido a medida de segurança (CP, arts. 96 e 97). O paranoico sofre de uma confiança exagerada e tem medo, constante, de ser agredido, teme ser humilhado. É um indivíduo incapacitado para conviver em sociedade, vive sempre em estado de desconfiança, em estado de alerta imaginário que a qualquer momento vai ser atacado (TRF da 1ª R., 3ª T., RCr 2002.32.00.005933-4, j. 24.5.2005, *mv*).

- **Psicose maníaco-depressiva:** Portador de psicose maníaco-depressiva, que cometeu o crime em intervalo de lucidez, é imputável (TRF da 2ª R., Ap. 98.02.02378-7-RJ, *mv* – *DJU* 15.9.98, p. 89, *in RBCCr* 24/315).

- **Epilepsia:** Tanto pode provocar a inimputabilidade (TJMG, *RT* 637/294) como a responsabilidade diminuída do parágrafo único (TJRS, Ap. 685.002.461, j. 28.2.85). Depende de o agente estar ou não, no momento do crime, em crise epilética (TJSP, *RT* 784/594, 591/319). *Contra*, em parte: A epilepsia, considerada distúrbio ou sintoma, não pode ser conceituada como doença mental, impondo-se que o denunciado seja pronunciado e submetido a Júri (TJRN, *mv* – *RT* 808/690). Obs. dos autores: a doutrina tem entendimento diverso acerca da epilepsia (*vide* nota *Doença mental*, neste artigo).

- **Índio:** É plenamente imputável o índio já aculturado, com desenvolvimento mental que lhe permite compreender a ilicitude de seus atos (STF, *RT* 614/393).Só por ser indígena em vias de integração, não é inimputável; depende de ter ele ou não desenvolvimento mental incompleto (STF, *RTJ* 105/396).O índio pode situar-se entre os inimputáveis, quando não demonstra grau de discernimento e de incorporação à sociedade civilizada (STF, *RTJ* 106/334).É injusto e descabível situar o indígena entre os penalmente irresponsáveis, como pretendem a Exposição de Motivos do CP e vários penalistas (TJAM, *RF* 275/328).É necessária perícia médica que comprove o desenvolvimento incompleto ou retardado, não bastando a só condição de silvícola (TJSC, *RT* 544/390; TJPR, *RT* 621/339). *Competência*: Súmula 140 do STJ: "Compete à Justiça Comum Estadual processar e julgar crime em que o indígena figure como autor ou vítima".

Jurisprudência da responsabilidade diminuída (parágrafo único)

- **Abolição do duplo binário:** Após a reforma de 1984, não mais cabe a aplicação de pena e medida de segurança, devendo o juiz optar entre uma ou outra (TJSP, *RT* 600/324; TACrSP, Ap. 387.841, j. 6.3.85, *RT* 595/376; TJRS, *RT* 594/383).

- **Parágrafo único do art. 26:** A diminuição da pena, prevista neste parágrafo, é obrigatória e não facultativa (STJ, REsp 10.476, *DJU* 23.9.91, p. 13090; TJSP, *RJTJSP* 103/453; *contra*: STJ, *RT* 655/366).

- **Quantidade da redução da pena:** Deve-se levar em conta a maior ou menor intensidade da perturbação mental do agente (TJMG, Ap. 10701150082645003, publ. 8.11.2019; TJDF, Ap. 0000514-42.2018.8.07.0004, *DJe* 17.6.2019). A redução da pena pode ser aplicada de acordo com o vulto da deficiência mental do réu (TJSP, *mv* – *RT* 599/312), ou,ainda, em função da gravidade do fato e da capacidade de delinquir demonstrada (TJSP, *RT* 645/266). Se o juiz apenas a diminui de um e não de dois terços, fica obrigado a motivar essa decisão (TACrSP, *Julgados* 67/56).

- **Substituição por tratamento:** A pena reduzida pode ser substituída pela internação ou tratamento ambulatorial, se os peritos acharem conveniente (TJSP, *RT* 600/322; TACrSP, *Julgados* 82/430). Só em caso de necessidade de especial tratamento é que a medida de segurança deve ser imposta, substituindo a pena reclusiva (TJSP, *mv* – *RT* 599/312, 645/266). *Vide*, também, art. 97 do CP.

- **Perturbação da saúde mental:** Oligofrenia é (TACrSP, *Julgados* 82/430). Epilepsia pode ser (TJRS, Ap. 685.002.461, j. 28.2.85).

MENORES DE 18 ANOS

Art. 27. Os menores de 18 (dezoito) anos são penalmente inimputáveis, ficando sujeitos às normas estabelecidas na legislação especial.

Menoridade

- **CR:** A inimputabilidade dos menores de 18 anos e a sua sujeição às normas da legislação especial estão previstas no art. 228 da Magna Carta.

- **Noção:** Adotando o melhor e mais aceito critério, o CP estabelece, neste art. 27, a presunção *absoluta de inimputabilidade* para os menores de 18 anos. Tal presunção obedece a critério puramente biológico, nele não interferindo o maior ou menor grau de discernimento. Ela se justifica, pois o menor de 18 anos em geral não tem personalidade já formada, ainda não alcançou a maturidade de caráter. Por isso, o CP presume sua incapacidade para compreender a ilicitude do comportamento, em sua inteireza, e para receber sanção penal. Não há dúvida de que, hoje, os menores recebem muito mais informações através da mídia em geral, da *internet* e de suas redes sociais, do que outrora. Todavia, maior conhecimento, inclusive em material sexual, não deve ser confundido com amadurecimento. Os que têm filhos ou netos menores de 18 anos sabem que isso é verdadeiro. Trata-se, evidentemente, de um critério artificial mediante o qual a pessoa passa a ser, quando completa a maioridade, "de um dia para o outro" imputável. Não obstante, esse critério é necessário até mesmo por imperativo de segurança jurídica em face da dificuldade de se aferir, caso a caso, a maturidade ou não de um adolescente, a sua capacidade de compreender o caráter ilícito do fato e de conseguir inibir os seus impulsos, sobretudo em um país que aboliu o exame criminológico de condenados que buscam a progressão do regime de cumprimento de pena, em razão da absurda lentidão e usual precariedade dos referidos exames, embora a jurisprudência tenha flexibilizado e permitido a realização de exame para os casos mais graves, a critério do juízo da execução. Ao contrário do que ocorre na Alemanha, onde, tratando-se de menores entre 14 e 18 anos, é prevista, caso a caso, a constatação de sua imputabilidade mediante perícia do seu desenvolvimento moral e mental (cf. CLAUS ROXIN, *Derecho Penal*, 2ª ed., cit., p. 848), o que entre nós afigura-se inaplicável e temerário. Aliás, o Código Penal Militar, como lembra MIGUEL REALE JÚNIOR, caminhava nesse sentido, ao admitir, em seu art. 50, "a figura do discernimento para reconhecimento da imputabilidade do menor de dezoito anos e maior de dezesseis anos, regra essa revogada em face do art. 228 da Constituição Federal" (*Instituições de Direito Penal*, 3ª ed., Rio de Janeiro, Forense, 2009, p. 212).

- **Efeitos:** Ainda que o jovem com idade inferior a 18 anos seja casado ou emancipado, ou mesmo que se trate de um superdotado com excepcional inteligência, a presunção legal persiste pelo seu caráter absoluto, que inadmite prova em contrário. Assim, mesmo que esse menor pratique um fato típico e ilícito, *jamais* poderá ser responsabilizado na esfera penal, pois lhe falta a imputabilidade, que é pressuposto da culpabilidade. Apenas ficará sujeito às providências previstas pelo Estatuto da Criança e do Adolescente, que possuem, inclusive, caráter punitivo, como no caso da internação. Ademais, embora possa o maior de 16 anos votar, não poderá ele ser sujeito ativo de crime eleitoral como o de "boca de urna" (cf., por exemplo, o art. 39, § 5º, I, II e III, da Lei n. 9.504/97), submetendo-se, mesmo nessa hipótese, ao Estatuto da Criança e do Adolescente.

- **Não redução da maioridade penal:** Tema constante dos debates políticos é o da redução da maioridade penal, o que, a nosso ver, seria um grave equívoco do legislador. A propósito, sob o aspecto pragmático, cabe indagar inicialmente: diante do medieval e vergonhoso caos do sistema penitenciário brasileiro, onde prender esses "novos" imputáveis? Em face do enorme *deficit* de vagas, nem se diga que seriam construídos presídios especialmente destinados aos menores, mesmo porque, há mais de trinta anos, desde a edição da Lei de Execução Penal, sequer foram construídas penitenciárias suficientes para os imputáveis. Assim, o contato com os presos adultos seria inevitável. Não só por essa, mas também por outras razões, o marco dos 18 anos estabelecido no art. 228 da *Magna Carta* deve ser prestigiado. Com efeito, em um país como o nosso, em que o abismo social é um dos maiores do mundo, sendo os infantes explorados mediante toda sorte de agruras, como a de pedir esmolas em faróis até altas horas da noite, vivendo em favelas sem um mínimo de dignidade e, sobretudo, sem qualquer perspectiva de ascensão social. Um país que, salvo elogiáveis iniciativas como a dos denominados "Centros Unificados Educacionais – CEUs" – belíssimas escolas públicas, com instalações de primeiro mundo, com piscina, teatro, educação integral etc., criadas em São

Paulo a partir de 2003 –, tem uma dívida social gigantesca a qual não dá legitimidade ao Estado para recrudescer o tratamento penal dos menores infratores que, em sua esmagadora maioria, só entraram para a "vida do crime" em razão da vergonhosa ausência dos Poderes Públicos. A solução para a violência juvenil não está em cadeias, mas em escolas. Ademais, na prática, já existe um Direito Penal Juvenil que é o do Estatuto da Criança e do Adolescente, o qual, no que concerne à internação, tem inquestionável caráter penal-repressivo (quanto à inadequação do prazo máximo de três anos de internação, *vide* nota abaixo). Com efeito, apesar de os menores não responderem a processo criminal justamente por serem inimputáveis, faltando justa causa para a ação penal, embora possam ter cometido um fato típico e antijurídico que passa a ser chamado de "ato infracional", há, em razão disto, imposição das respostas penais previstas naquele diploma, como a internação, que se consubstancia em privação de liberdade, com inegável caráter de pena. Nesse sentido posicionam-se ANA PAULA MOTTA COSTA (*As Garantias Processuais e o Direito Penal Juvenil como Limite na Aplicação da Medida Socioeducativa de Internação*, Porto Alegre, Livraria do Advogado, 2005, pp. 78 a 82), ao afirmar: "Coerente é o entendimento que atribui natureza sancionatória às medidas socioeducativas, embora seu conteúdo na execução deva ser predominantemente educativo. (...) Tais medidas, por serem restritivas de direitos, inclusive da liberdade, consequência da responsabilização, terão sempre caráter penal, sendo sua natureza de sanção ou de retribuição". Igualmente, em monografia específica, WILSON DONIZETI LIBERATI (*Adolescente e Ato Infracional*, São Paulo, Editora Juarez de Oliveira, 2003, p. 100) assevera que "as medidas socioeducativas têm, nitidamente, natureza punitiva, mas são executadas com meios pedagógicos". Quanto ao critério dos 18 anos, comungamos, aqui, com a opinião de MIGUEL REALE JÚNIOR, ao afirmar: "Os adolescentes são muito mais vítimas de crimes do que autores, contribuindo este fato para a queda da expectativa de vida no Brasil, pois se existe um 'risco Brasil', este reside na violência da periferia das grandes e médias cidades. Dado impressionante é o de que 65% dos infratores menores vivem em família desorganizada, junto com a mãe abandonada pelo marido, que por vezes tem filhos de outras uniões também desfeitas, e luta para dar sobrevivência à sua prole. Alardeia-se pela mídia, sem dados, a criminalidade do menor de dezoito anos, dentro de uma visão tacanha da 'lei e da ordem', que de má ou boa-fé crê resolver a questão da criminalidade com repressão penal, como se por um passe de mágica a imputabilidade aos dezesseis anos viesse a reduzir comodamente, sem políticas sociais, a criminalidade" (*Instituições de Direito Penal*, 2ª ed., cit., pp. 212-213). Por fim, lembramos que a inadequada nomenclatura utilizada pelo Estatuto da Criança e do Adolescente, ao falar em "apreensão" do menor e sua "internação", ao invés de "prisão", contribui para a sensação de impunidade. Anotamos, derradeiramente, que eventual redução da maioridade penal, além de enfrentar obstáculos constitucionais – que são polêmicos –, trará consequências em outras esferas do direito, como na civil. Afinal, se um maior de 16 (dezesseis) anos for criminalmente responsável, deverá também sê-lo, por imperativo lógico, para todos os outros atos da vida civil. Tudo há de ser muito bem ponderado.

- **Estatuto da Criança e do Adolescente (Lei n. 8.069/90):** As hipóteses de internação de menor infrator estão elencadas no art. 122 dessa lei, sendo que o período máximo de internação não poderá exceder a três anos (art. 121, § 3º) e a liberação será compulsória aos 21 anos de idade (art. 121, § 5º). Assim, o menor que mata para roubar na véspera de completar 18 anos, só poderá ficar internado até a véspera de atingir 21 anos; se o faz com 15, deverá ser liberado no máximo aos 18. Ao invés de diminuir a imputabilidade penal para menos de 18 anos, como querem alguns (sugerindo 16, 14 e até 12 anos...), achamos preferível que, nos atos infracionais praticados dolosamente por menor de que resultassem morte ou lesão corporal gravíssima, o limite máximo de internação e o prazo para a liberação compulsória pudessem ser *razoável* e *proporcionalmente* dilatados. Fixados, todavia, prazos *máximos* de internação, a serem *criteriosamente* estipulados em lei, *sempre inferiores* aos prazos de prisão previstos na legislação penal para os maiores de 18 anos, em situações semelhantes. Mantidos, também, os regimes de semiliberdade e liberdade assistida (art. 121, § 4º) e a reavaliação semestral (art. 121, § 2º), garantindo-se que o menor infrator *nunca* fique sujeito à internação por tempo igual ou superior ao de eventual regime fechado de cumprimento de pena, caso já tivesse 18 anos na data da infração e viesse a fazer jus à progressão.

Conferir também, a respeito, ROBERTO DELMANTO, "Maioridade penal", *Bol. IBCCr* n. 99, fevereiro de 2001).

- **Contagem da menoridade:** *a. Quanto à idade.* Considera-se alcançada a maioridade penal a partir do primeiro minuto do dia em que o jovem completa os 18 anos, independentemente da hora do nascimento. É a regra do art. 10 do CP. *b. Quanto à data do crime.* Na forma do art. 4º do CP, considera-se praticado o crime no momento da conduta (ação ou omissão), mesmo que outro seja o momento do resultado. Exemplo: se na véspera de completar 18 anos um jovem atira em alguém, e este entra em estado de coma, acabando por falecer meses depois, aquele jovem nunca poderá ser processado criminalmente, ainda que o resultado morte tenha acontecido após sua maioridade penal. Submeter-se-á ao Estatuto da Criança e do Adolescente, que prevê a internação por, no máximo, três anos.

- **Maioridade penal e civil:** A maioridade penal independe da civil.

- **Dúvida quanto à idade:** Na hipótese de haver dúvida séria e fundada quanto à menoridade ou não do agente, deve-se optar pela irresponsabilidade penal. Como se sabe, nem mesmo os exames médicos ou radiológicos têm condições de determinar, com a necessária exatidão, a idade precisa da pessoa examinada.

- **Maior de 18 e menor de 21 anos, e o Código Civil de 2002:** O Código Civil de 2002, em seu art. 5º, aboliu a denominada *maioridade relativa* que se aplicava, na antiga legislação, à pessoa que já completara 18 anos, mas ainda não alcançara os 21 anos de idade. Em nosso entendimento, apesar de a lei civil ter acabado com a chamada maioridade relativa, mantêm-se válidas e vigentes, em razão da sua especificidade, algumas regras dispostas no CP que concedem vantagens ao menor de 21 anos, como a atenuante do art. 65, I, primeira parte, e a redução de metade dos prazos prescricionais, prevista no art. 115. O mesmo se aplica, a nosso ver, às regras do CPP que tratam dos maiores de 18 e menores de 21 anos, como a nomeação de curador para a lavratura de sua prisão em flagrante (art. 262), embora o curador não seja mais exigido para o interrogatório judicial, com a revogação do art. 194 do CPP pela Lei n. 10.792/2003 (STJ, REsp 784.034/SP, rel. Min. MARIA THEREZA DE ASSIS MOURA, j. 9.11.2009). No que concerne à dupla titularidade para o exercício do direito de queixa ou de representação nos casos de ação penal privada ou pública condicionada, prevista no art. 34 do CPP, *vide* comentários ao art. 103 do CP.

- **Sugestão de alteração legislativa:** Frequentemente os menores são levados por adultos a participar de crimes, bem como a assumir a autoria em seus lugares, aproveitando-se de sua inimputabilidade. Ao invés de reduzir a maioridade penal, pensamos que uma grande contribuição para proteger os menores que, na prática, são vítimas de criminosos que deles se utilizam, seria acrescentar ao art. 61 do CP uma agravante sempre que houver o concurso de um menor. Para crimes mais graves, como homicídio, latrocínio, estupro, extorsão mediante sequestro e tráfico de drogas, essa participação poderia configurar uma causa especial de aumento de pena, ou, até mesmo, uma qualificadora.

Jurisprudência

- **Regra absoluta:** O CP estabelece regra absoluta, considerando *inimputáveis* os menores, por atos que praticarem antes de completar 18 anos (STF, RHC 58.450, *DJU* 8.5.1981, p. 4116, HC 55.438, *DJU* 2.9.1977, p. 5969, *RTJ* 55/598).

- **Data em que completa os 18 anos:** Considera-se penalmente imputável o agente que pratica o crime no dia em que está completando 18 anos (TJSP, *RT* 788/593), não obstante tenha sido o ilícito cometido em horário anterior ao de seu nascimento (STJ, *RT* 782/551; TJRS, *RT* 786/727; TACrSP, *RT* 616/308). Há, porém, entendimento minoritário no sentido de que, não havendo registro da hora do nascimento, os 18 anos só devem ser considerados completados após o transcurso integral do dia em que foram alcançados (voto em TJSP, *RJTJSP* 75/302).

- **Prova da menoridade:** Súmula 74 do STJ: "Para efeitos penais, o reconhecimento da menoridade do réu requer prova por documento hábil". É dispensável a autenticação da cópia da certidão de assento de nascimento do réu, se confirmada por elementos outros de prova existentes no processo, mormente se estes provêm da própria Secretaria de

Segurança Pública e, especialmente, da folha de antecedentes penais (STJ, AgRg no REsp 478.560/SP, *RT* 867/574). O registro civil é a prova da menoridade e não deve ser infirmado tão só por haver sido lavrado anos após o nascimento (STF, *RT* 549/430; TACrSP, *Julgados* 65/34).O documento de identidade é meio hábil (STJ, REsp 658, *DJU* 30.4.90, p. 3531).Se há discrepância entre as datas constantes do inquérito policial e da certidão de nascimento, esta deve prevalecer (TACrSP, *mv – Julgados* 71/23).Os métodos científicos são incapazes de determinar, com precisão, a idade da pessoa, devendo, pois, prevalecer o registro de nascimento (TJSP, *RJTJSP* 68/386).A certidão de batismo, realizado na época própria, prevalece sobre o laudo médico de verificação etária (STF, RHC 60.599, *DJU* 13.5.83, p. 6499). A certidão de batismo é documento hábil (TACrSP, *RT* 815/594).

- *Habeas corpus*: Demonstrada a menoridade por documentos que o instruem, concede-se a ordem para anular ab initio a ação penal (TJSP, HC 0010194-98.2019.8.26.0000, publ. 1º.7.2019).

- **Dúvida:** Havendo dúvida com relação à menoridade ou não do agente, deve-se reconhecer a irresponsabilidade (TACrSP, *Julgados* 75/330,75/242, *RT* 574/377; TJSP, *RJTJSP* 75/302, *RT* 541/368).Todavia, para fins de redução do prazo prescricional aos menores de 21 anos, *vide* jurisprudência no art. 115 do CP.

- **Horário de verão:** Delito ocorrido aos 30 minutos do dia 11 de janeiro de 1998, sob a vigência do Decreto n. 2.317/97, antecipando em meia hora o aniversário do autor do fato, nascido na data de 11 de janeiro de 1980. Essa antecipação adiantou a cessação da sua inimputabilidade artificialmente, ao largo do critério biológico, que pela sua natureza *juris et de jure* é causação de nulidade absoluta de todo o processo-crime, incluindo-se a sentença condenatória. Revisão criminal deferida (TACrSP, *RT* 815/584).

- **Prisão de menor de 18 anos:** Considera o Supremo Tribunal que, mesmo em cela especial e separada, não é recomendável nem encontra guarida na lei a detenção de menor em prisão comum (STF, *RF* 256/346).

- **Processo-crime:** Anula-se, se provado que o réu, à data do delito, era menor de 18 anos (STF, HC 64.797, *DJU* 10.4.87, p. 6418, *RTJ* 117/598; TACrSP, *Julgados* 81/96,73/155). É nula a sentença se o juiz não apura, antes, a alegada menoridade do acusado (STF, *RTJ* 120/618).

- **Crime permanente:** Se começou a integrar a quadrilha antes de ter 18 anos, mas continuou após completá-los, só se anula o processo quanto aos atos praticados na menoridade (TJPR, *RT* 621/340).

- **Conduta que se prolonga:** Se o roubo iniciou-se numa noite, mas se prolongou até o dia seguinte, quando o agente fez 18 anos, não há que se falar em inimputabilidade (TACrSP, *RT* 693/366).

EMOÇÃO E PAIXÃO

Art. 28. Não excluem a imputabilidade penal:

I – a emoção ou a paixão;

EMBRIAGUEZ

II – a embriaguez, voluntária ou culposa, pelo álcool ou substância de efeitos análogos.

§ 1º É isento de pena o agente que, por embriaguez completa, proveniente de caso fortuito ou força maior, era, ao tempo da ação ou da omissão, inteiramente incapaz de entender o caráter ilícito do fato ou de determinar-se de acordo com esse entendimento.

§ 2º A pena pode ser reduzida de um a dois terços, se o agente, por embriaguez, proveniente de caso fortuito ou força maior, não possuía, ao tempo da ação ou da omissão, a plena capacidade de entender o caráter ilícito do fato ou de determinar-se de acordo com esse entendimento.

Emoção e paixão
(inciso I)

- **Emoção:** É um movimento psíquico de forte e repentina comoção ou excitação, que pode acometer uma pessoa, à vista de alguém ou pela percepção de algo bom ou ruim.

- **Paixão:** É um estado psíquico similar à emoção, porém mais duradouro, muitas vezes originário de uma emoção guardada e constantemente lembrada.

- **Efeitos:** Dispõe este art. 28, I, que tanto os estados emotivos como os estados passionais não afastam a imputabilidade penal. Ou seja, ainda que o agente se encontre em um desses dois estados, responderá penalmente por seu comportamento. Todavia, caso a emoção ou a paixão tenha se tornado um *estado patológico*, enquadrável nas hipóteses do art. 26, *caput*, ou de seu parágrafo único, poderá ser reconhecida a inimputabilidade ou semirresponsabilidade do agente. Entretanto, mesmo que não se tenham transformado em patológicas, o estado emotivo, dependendo das circunstâncias, pode influir na pena como *atenuante*, se o crime é cometido sob *influência* de violenta emoção provocada por ato injusto da vítima (CP, art. 65, III, *c*, última parte), ou como *causa de diminuição da pena*, no homicídio e lesão corporal privilegiados, quando praticados sob o *domínio* de violenta emoção, logo em seguida a injusta provocação da vítima (CP, arts. 121, § 1º, e 129, § 4º).

- **Homicídio passional no Júri:** Bem é de ver que, no passado, a legislação brasileira admitia a absolvição de pessoas, sobretudo no Júri, que matavam em estado "de completa perturbação dos sentidos e da inteligência", consoante previa o art. 27, § 4º, da antiga Consolidação das Leis Penais (1932 a 1940), em face, por exemplo, da traição da mulher. Com o passar dos anos, a antiga dirimente passou a configurar mera atenuante ou causa de diminuição da pena (*vide* nota acima). Essa transição é bem relatada por Dante Delmanto, o qual narra defesas, com absolvição de acusados de crimes cometidos durante uma explosão passional, bem como, décadas depois, não mais resultando em absolvição, mas sim no reconhecimento do homicídio privilegiado, pela violenta emoção logo após injusta provocação da vítima. Pela beleza de suas palavras, transcrevemos, abaixo, o que o grande tribuno escreveu sobre uma de suas defesas, a do *Passional Russo*: "Mostramos ao Júri que o ciúme, o amor e a paixão podem ofuscar, momentaneamente, a razão. Invocamos a opinião do notável psiquiatra Fabret, a quem se deve a crítica da velha doutrina das monomanias, que escreveu em *Des maladies mentales*: 'O último termo de uma paixão e o primeiro termo de uma monomania *não se diferenciam facilmente*'. De outro seu eminente colega, Charles Féré, que sustenta na Pathologie de Émotions: 'A imunidade já conquistada para os crimes mórbidos *necessariamente deveria ser declarada para os crimes passionais*; e não se pode, em nome da fisiologia, opor embaraços a esta extensão, porque até a presente data *não se conhece diferença fundamental, sob o ponto de vista das condições físicas, entre as emoções normais e patológicas*'. E de Maurice de Fleury, que mais recentemente, em *L'Âme du Criminel*, ensina: 'A personalidade humana, não só nos enfermos, como nos sadios, está sujeita às deformações e às transformações mais tremendas, *seja por estreitamento da consciência (mecanismo da ideia fixa), seja por esgotamento ou excitação (mecanismo das emoções)*'. Salientamos que, entre nós, Austregésilo vê no ciúme uma quase 'neurose individual' e entende que os ciumentos sofrem de obsessão. Explica, a seguir: 'A ideia nasce vaga, aumenta, cristaliza-se, empolga a alma, *domina o eu, fixa-se, conduz o indivíduo ao automatismo, não raro ao cometimento de sevícias, violências, crimes*'. Nesse e em outros julgamentos, estudamos a emoção e a paixão também em face dos trabalhos de Freud, Maurice Boiger e outros. No campo jurídico, esclarecemos que o próprio direito canônico, de sentido subjetivista, já reconhecia a existência do defeituoso uso da razão nos estados afetivos ou passionais. O estudo das emoções e das paixões sempre preocupou os juristas, desde Carrara, que as dividia em paixões cegas e raciocinantes, a Lombroso – que exaltava o passional, e Ferri, que ganhou prestígio mundial com os seus trabalhos sobre os emotivos e os apaixonados. Alimena,

GARDEIL, LAVEILLE, MANCI e outros juristas, igualmente, analisaram com profundidade o passional. ASÚA, o grande criminalista, tão contrário ao passionalismo, pleitea-lhe um tratamento benigno e até o perdão judicial. Todos salientam que as leis não conseguem dominar os fenômenos da vida. Na literatura de todos os povos se exalta o amor e a tragédia antiga está repleta de criminosos passionais. SHAKESPEARE e DOSTOIEWSKY, pelos seus estudos sobre a alma humana, são considerados verdadeiros precursores da psicologia criminal. TOLSTÓI comenta, em uma de suas magistrais obras: 'No coração cada paixão é, a princípio, um mendigo, em seguida um hóspede e a final o dono da casa'. E chama o ciúme de 'fonte inesgotável de feridas'. ANATOLE FRANCE e VOLTAIRE descrevem tipos inconfundíveis de ciumentos. BOURGET, em sua *Fisiologia do amor moderno*, mostra a que extremos o ciúmes conduz. ANATOLE FRANCE, em *Le Lys Rouge*, põe em relevo que 'uma mulher não pode ser ciumenta da mesma maneira que um homem, nem sentir o que mais nos faz sofrer. Por quê? Porque não há no sangue, nem na carne da mulher, esse furor absurdo e generoso da posse, esse antigo instinto de que o homem fez um direito. O homem é o deus que quer a sua criatura inteira'. D'ANUNZIO, MAUPASSANT, DAUDET e outros criaram obras magníficas em que o ciúme e a paixão aparecem provocando os atos mais violentos. E os amores reais e morbidíssimos, vividos por D'ANUNZIO, MUSSET, GEORGE SAND, BYRON e outros? VINCENZO MELUSSI, na obra *Dall'Amore al Delitto*, adverte: 'Nos indivíduos sãos, o amor constitui um estado que não ultrapassa os limites fisiológicos e que pertence, portanto, à psicologia normal. A experiência de todos os dias demonstra, entretanto, que, quando o amor, por intensidade ou predomínio de um de seus elementos, *toma a forma de paixão, pode ser acompanhado de diversas perturbações psíquicas ou somáticas e ofuscar transitoriamente a razão*'. FERRI dizia ser o amor 'a mais humana das paixões, mas a mais terrível'. Para ele, entre os jovens é 'o amor sentimento', entre os adultos pode tornar-se 'o amor sensual ou o amor razão'. Ainda afirmava que 'o amor e o ciúme nasceram juntos, inseparáveis como o corpo da sombra'. Para RENAN, é 'o fato mais extraordinário e sugestivo do Universo'. SPENCER o considera 'a síntese de todas as energias espirituais do homem e da mulher'. A respeito desta, FERRI, em uma de suas magistrais defesas, observava: 'Há mulheres, como a *Vênus Afrodite*, a Vênus que surge, segundo o mito grego, da espuma do mar, nua e pura, e cujo amor é todo afeto e sentimento. Outras, que são *Vênus Lascívia*, nas quais o amor é apenas sensual e que sonham com uma longa fila de amantes com cio, como a dos ceifeiros que D'ANUNZIO tão bem descreve em a 'Filha de Jório'. E, finalmente, as que são verdadeiras *Vênus Pandêmia*, facilmente acessíveis a todos, que só querem dinheiro e das quais se poderia dizer, como o poeta, que 'toda a multidão da estrada passou sobre o seu corpo'. Apresentamos muitas vezes aos jurados, como das mais lindas páginas sobre o amor, a que foi escrita por um brilhante advogado criminal do Rio de Janeiro, BULHÕES PEDREIRA, que afirmou: 'Ninguém nega a existência do crime passional. Negá-lo, seria negar a paixão, que é a mais vibrante das realidades humanas. Ninguém nega a lágrima, a súplica, a angústia, o desespero, a exaltação, o delírio. E o amor, às vezes, é tudo isso: a tempestade desencadeada dentro de uma alma. Nessa convulsão da personalidade, opera-se a emancipação das funções psíquicas inferiores, dá-se o imperativo das tendências instintivas subjacentes e ninguém negará que o predomínio do instinto possa conduzir à destruição e à morte. Dir-se-ia da vida o supremo paradoxo. Pelo amor, o homem exalta-se ao idealismo mais puro e avilta-se na degradação mais baixa. Pelo amor, redime-se da culpa e, pelo amor, a honestidade transmuda-se, de improviso, no crime. Sublimação do instinto, irresistível atração dos sexos, afinidade indecifrável que os une, sagrada centelha que os perpetua, o amor participa das energias misteriosas da natureza, integrado no conceito universal, qual se fora a dinâmica dos mundos" (*Defesas que Fiz no Júri*, 7ª ed., Rio de Janeiro, Renovar, 2008, p. 7-10). Como ainda mostra DANTE DELMANTO, no capítulo de sua obra intitulado "Homicídio privilegiado", "muitos dos nossos juristas e intelectuais, na vigência da Consolidação das Leis Penais, combatiam o passionalismo e, principalmente, a dirimente da completa perturbação dos sentidos e da inteligência". Lembra, entre eles, NELSON HUNGRIA, aduzindo: "O mestre não aceitava, de forma alguma, o homicídio passional. E comentava: 'Comumente, quando se fala em homicídio passional, entende-se significar o *homicídio por amor*. Mas, será que o amor, esse nobre sentimento humano, que se entretece de fantasia e sonho, de ternura e êxtase, de suaves emoções e íntimos enlevos e que nos purifica do nosso próprio egoísmo e maldade, para incutir-nos o espírito da renúncia e do perdão, será, então, que o amor possa deturpar-se num assomo de cobra vingadora e tomar de empréstimo o punhal do assassino? Não. O verdadeiro amor é timidez e mansuetude, é resignação, é conformidade com o insucesso, é santidade, é autossacrifício; não se alia jamais ao crime. O amor que mata, o amor NEMESIS, o amor-açougueiro é uma contrafação monstruosa do amor: é o despeito do macho preterido, é a vaidade malferida da fêmea abandonada. É o furor do instinto sexual da Besta. O passionalismo que vai até o assassínio muito pouco tem a ver com o amor". Cita DANTE DELMANTO, também, outro grande adversário do homicídio passional, ROBERTO LYRA, que afirmava: "A rigor, crime de amor seria a compressão de um abraço, a violência de um beijo que esgotasse os pulmões. O amor é, por natureza, fecundo e criador. Não figura nas cifras da mortalidade, mas nas da natalidade; não tira, mas põe gente no mundo. As hemorragias que o identificam são as da vida e não as da morte" (*Defesas que Fiz no Júri*, cit., pp. 37-38). O grande criminalista WALDIR TRONCOSO PERES, que durante sua vida defendeu inúmeros passionais, em entrevista concedida a LUIZA NAGIB ELUF, afirmou que, embora existam passionais mulheres, a grande maioria de assassinatos ocorridos nesse contexto é praticada por homens que sustentam economicamente suas esposas, sentindo-se, com a traição, além de injuriados, também explorados por ela e pelo amante: "Existe sempre, em maior ou menor intensidade, mas existe sempre um átimo de razão econômica imanente ao crime passional". Defendendo que as mulheres busquem independência financeira, afirma: "O trabalho da mulher é uma proteção à violência"; "o marido pode só se julgar traído, mas você tira o fator econômico que eu acho que está na raiz de todas as condutas humanas. Ele não foi explorado". Por fim, WALDIR dá alguns sinais do que se passa na cabeça de um homicida passional, jamais tendo visto um único deles se arrepender: "Em determinados homens, o amor é a única razão de existir. E acho que ele é a razão de ser e de existir porque o que a natureza quer é se perpetuar .. Arrancar o amor de dentro do homem, arrancar o sentimento de vida, arrancar aquilo que lhe é imanente, aquilo que lhe é próprio, aquilo que é a matriz que conduz a sua vida, é a mesma coisa que matá-lo. Então, ele se sente no direito de matar porque ele está em legítima defesa" (*A Paixão no Banco dos Réus*, 4ª ed., Saraiva, 2009, pp. 209-234). É evidente que, nos tempos atuais, a sociedade e o ordenamento jurídico não toleram que o homem ou a mulher mate "por amor", "por paixão", "por legítima defesa de sua honra" ou da "honra conjugal", mesmo porque honra é bem personalíssimo, cada um tem a sua. A Constituição da República de 1988 reflete a mudança dos nossos costumes em relação à igualdade dos sexos, afastando o machismo que imperava em nossa sociedade no século passado, e que, por vezes, aqui ou acolá persiste. Refletindo sobre o tema, LUIZA NAGIB ELUF afirma: "Ninguém mata por amor. Os sentimentos que dominam o espírito do criminoso passional são o ódio, a vingança, o rancor, a egolatria, a autoafirmação, a prepotência, a intolerância, a preocupação com a imagem social, a necessidade de exercer o poder" (ob. cit., p. 235). Como lembra Roque de Brito Alves, ao lado da mania de grandeza e da mania de perseguição, a mania ou delírio de ciúme é, segundo a psiquiatria, uma das três clássicas manifestações ou formas de paranoia ("Ciúme: paixão perigosa").

Embriaguez (inciso II)

■ **Noção:** *Embriaguez* é o estado de intoxicação aguda e passageira, provocada pelo álcool ou outras substâncias de semelhantes efeitos, que reduzem ou privam a capacidade de entendimento. Por ficção jurídica, o CP declara que só a embriaguez acidental (e não a culposa ou voluntária) exclui a imputabilidade.

■ *Actio libera in causa:* A ficção do art. 28, II, do CP tem por base a denominada doutrina da *actio libera in causa*, ou seja, ação livre na causa da inimputabilidade, isto é, vontade livre e consciente de embriagar-se para determinado fim. Trata-se, sem dúvida, de um dos temas mais polêmicos do atual Direito Penal, de difícil equacionamento. Com efeito, UJALA JOSHI JUBERT, em tese de doutorado defendida na Universidade de Barcelona, sendo discípula de SANTIAGO MIR PUIG, adverte: "Efetivamente, se o Direito Penal quer proibir todas aquelas condutas que *ex ante* se demonstram capazes de lesionar os bens jurídicos que se quer proteger, é necessário que proíba as condutas através das quais o sujeito provoque a sua própria incapacidade" (*La Doctrina de la "Actio Libera in*

Causa" en Derecho Penal, Barcelona, Bosch, 1992, p. 415). Nos delitos culposos, como nos acidentes automobilísticos em razão de direção embriagada, não há maiores dificuldades já que o dirigir em estado de embriaguez, por si só, já é crime (art. 306 da Lei n. 9.503/97), além de poder caracterizar a própria imprudência na hipótese de acidente havendo lesão corporal ou morte (arts. 302 e 303 da citada lei). Contudo, nos delitos dolosos, pela ficção pune-se, como imputável, quem, no momento do cometimento do delito, não o é, lançando-se mão de duas teorias (a chamada *teoria da exceção*, de um lado, e a *teoria da tipicidade*, de outro). Segundo a teoria da exceção, a punição com base na *actio libera in causa* seria *uma exceção* à regra da culpabilidade, entendendo-se haver uma "vontade residual" na pessoa que se pôs voluntariamente no estado de inimputabilidade a fim de reduzir os seus freios inibitórios. Essa teoria não se sustenta, por afronta ao princípio da culpabilidade, cuja aferição deve se ater à capacidade de discernimento e de comportamento de acordo com esse entendimento *no momento da prática do injusto típico*, e não em momento anterior. Já segundo a denominada teoria da tipicidade, busca-se considerar a própria conduta de embriagar-se como um "início de execução" do delito e não mero ato preparatório; procura-se, assim, encontrar uma relação de causalidade entre o ato de embriagar-se e o resultado. Essa teoria também não se sustenta, mesmo porque a conduta daquele que se encontra em estado de inimputabilidade é evidentemente *imprevisível*, estando fora do controle do agente, sendo difícil, para não dizer impossível, estabelecer vínculo psicológico entre a conduta praticada sob estado de inimputabilidade e o seu estado anterior. Entender a embriaguez como "início de execução", outrossim, levaria ao absurdo, lembrado por UJALA JOSHI JUBERT (ob. cit., p. 414) de se cogitar de tentativa de um crime na hipótese em que o sujeito se embriaga e, dado ao excesso de álcool, se esborracha no chão ou dorme, ao invés de agredir sua esposa, furtar uma casa etc. Trata-se, enfim, da antiga e combatida *responsabilidade penal objetiva*, que persiste, apesar do princípio da *culpabilidade* adotado pela reforma penal de 1984 (*vide* nota *Noção* no art. 19 do CP).

- **Substância de efeitos análogos:** A lei equipara ao *álcool* qualquer substância com efeitos semelhantes a ele nas consequências. Quanto aos remédios que possam causar alterações psíquicas, afetando a cognição, a percepção, o controle motor e, até mesmo, o próprio comportamento, cada caso deverá ser analisado individualmente, sobretudo com relação ao que consta das respectivas "bulas", podendo ocorrer casos de embriaguez involuntária. Tratando-se de drogas, *vide* Lei n. 11.343/2006 (Lei de Drogas).

- **Incompatibilidade da embriaguez com certos crimes:** Na prática, apesar da regra da imputabilidade da embriaguez, nós a consideramos *incompatível* com o *elemento subjetivo* exigido por certos delitos (desacato, ameaça e resistência), afastando o próprio tipo, e pelas qualificadora e agravante do *motivo fútil*.

- **Divisão e graus:** Para o art. 28 do CP, há *duas espécies* de embriaguez: *a. acidental* (resultante de caso fortuito ou força maior); *b. não acidental* (voluntária ou culposa). Quanto aos *graus*, ela é considerada *completa* ou *incompleta*. Fora do art. 28 do CP, podem ser apontados dois outros tipos de embriaguez:

- *a.* **Embriaguez preordenada:** Trata-se da hipótese em que o agente, propositadamente, embriaga-se para cometer crime. É agravante (CP, art. 61, II, l).

- *b.* **Embriaguez patológica:** São os casos de alcoolismo crônico, como doença ou perturbação mental, que podem chegar à inimputabilidade ou à responsabilidade diminuída do art. 26 e seu parágrafo único (*vide* comentários ao art. 26 do CP).

Embriaguez voluntária ou culposa

- **Noção:** A embriaguez *não acidental* pode ser *voluntária* (quando o agente quis embriagar-se) ou *culposa* (embora não desejando embriagar-se, ele bebe de forma imprudente e chega à ebriedade).

- **Efeito:** Não exclui a imputabilidade, quer seja completa ou incompleta a embriaguez. Pode, porém, ser incompatível com o elemento subjetivo de alguns crimes e da qualificadora ou agravante do motivo fútil (*vide* nota *Incompatibilidade da embriaguez com certos crimes*,e jurisprudência neste art. 28).

Embriaguez fortuita ou proveniente de força maior (inciso II, §§ 1º e 2º)

- **Noção:** Trata-se da chamada embriaguez *acidental*, que não é desejada nem culposa. É *fortuita* quando o agente ignora que se está embriagando, seja por desconhecer que há álcool na bebida, seja por ignorar especial condição fisiológica sua (p. ex.: incompatibilidade ignorada com ingestão de remédio). É proveniente de *força maior* quando o agente foi, por exemplo, forçado a ingeri-la.

- **Consequências:** Se, em razão daquelas causas (caso fortuito ou força maior), o agente, ao tempo da ação ou omissão (no momento do crime): *a*. era inteiramente incapaz de entender o caráter ilícito do fato ou de autodeterminar-se de acordo com esse entendimento, haverá a *exclusão da imputabilidade* (art. 28, II, § 1º); *b*. se o agente não tinha a plena capacidade de entender ou autodeterminar-se (responsabilidade diminuída), a consequência será a *redução da pena* (art. 28, II, § 2º).

- **Redução inafastável da pena:** Caso o juiz reconheça, em face das provas, que o agente não tinha – na forma *deste* § 2º – "a plena capacidade" de entendimento ou determinação, a redução será obrigatória. Pode o julgador negar, pela prova existente, a falta da capacidade plena. No entanto, caso a reconheça, não pode, arbitrariamente, negar a redução que a lei prevê. Trata-se de direito público subjetivo do agente e não de faculdade do juiz (CELSO DELMANTO, "Direitos públicos subjetivos do réu no CP", *RT* 554/466). Também a quantidade da diminuição (de um até dois terços) deve ser fundamentada, não podendo ser aleatoriamente fixada pelo julgador, sob pena de nulidade (CR, art. 93, IX).

Jurisprudência da paixão e da emoção

- **Ciúme:** Embora seja sentimento muito perturbador, não é excludente da ilicitude (TACrSP, *Julgados* 89/441).

- **Enfermidade em família:** A emoção de corrente do extravasamento de sentimento em virtude de grave doença da mãe do agente, não exclui a imputabilidade pelo desacato (TJSC, Ap. 0003381-63.2017.8.24.0038, j. 27.3.2019).

- **Emoção e paixão:** Não excluem a imputabilidade (TACrSP, *RT* 625/306; TJMT, *RT* 625/330).

Jurisprudência da embriaguez

- **Voluntária:** Nos termos do art. 28, II, do CP, a embriaguez voluntária não exclui a imputabilidade penal (TJMG, Ap. 10084170021566001, publ. 31.1.2020; TJSP, *RT* 620/273; TJAP, *RT* 786/681). A embriaguez voluntária não isenta de responsabilidade (TJMG, *RT* 536/372; TJDF, Ap. 10.389, *DJU* 15.5.90, p. 9859; TJPR, *RT* 511/411). A embriaguez voluntária desserve a excluir a criminalidade ou a reduzir a responsabilidade de acusado que procurou no álcool um reforço à inibição de seus freios éticos, com isso praticando roubo com ousadia e simulação de porte de arma (TACrSP, *RT* 811/633).

- **Fortuita:** Há embriaguez fortuita se o réu agiu de forma inconsciente, tendo em vista grande quantidade de medicamentos que ingeriu na tentativa de acalmar-lhe a perturbação nervosa e mental pela qual passava, o que lhe causou a embriaguez completa e fortuita, circunstância esta que ao mesmo tempo do crime o tornou inteiramente incapaz de determinar-se de acordo com o entendimento do caráter ilícito do fato, mantendo-se a decisão do Júri que, com soberania, acolheu uma das teses verossímeis (STJ, REsp 323.865/AC, j. 17.2.2004, *DJU* 22.3.2004). Considera-se *fortuita* a ebriedade proveniente da ingestão de álcool, bebido após a tomada, por ordem médica, de remédio que afetava o sistema nervoso (TACrSP, Ap. 177.021, j. 16.3.1978). *Contra, em parte*: Não se pode considerar fortuita a embriaguez se o agente sabia que não podia beber quando tomava a medicação prescrita (TACrSP, *Julgados* 69/326).

- **Completa:** A embriaguez completa não exclui a imputabilidade, salvo se fortuita ou proveniente de força maior (TACrSP, *RJDTACr* 20/88; TJGO, *RT* 788/642).

- **Culposa:** A embriaguez *culposa* não elide a imputabilidade (TJMG, Ap. 10084170021566001, publ. 31.1.2020; TJSP, *RT* 513/379; TJAP, *RT* 786/681).

- **Incompatibilidade em certos crimes:** Na jurisprudência mais atual, considera-se a embriaguez *incompatível* com o elemento subjetivo: *a*. do *desacato* (TJSP, Ap. 990.09.096759-5, j. 10.9.09; *RT* 537/301, 532/329; TACrSP, *RT* 719/444; TARS, *RT*

751/684), não importando se a embriaguez era completa ou proveniente de caso fortuito ou força maior (TJSP, Ap. 990.08.172259-3, j. 12.5.2009; *contra*: TJSP, Ap. 990.08.081874-4, j. 14.9.2009); *b*. da *ameaça* (TACrSP, *Julgados* 70/335, *RT* 485/325); *c*. da *qualificadora ou agravante do motivo fútil* (TJSP, *RT* 541/366; TACrSP, *Julgados* 69/327, *RT* 553/377; *contra*: STJ, REsp 908.396/MG, j. 3.3.2009, *DJe* 30.3.2009; TJSP, *RT* 634/282); *d*. da *resistência* (TACrSP, *RT* 719/444, 525/366, 427/422, TAPR, *JTAPR* 5/286). *Vide*, também, jurisprudência nos comentários a cada um desses crimes.

- **Redução do § 2º:** Se agiu embriagado, nos termos do § 2º do art. 28, não é absolvido, mas pode ter a pena diminuída (TACrSP, *Julgados* 82/443).

- **Prova da embriaguez:** Para alguns acórdãos, o exame clínico é prova relativa e não absoluta (TACrSP, *RT* 429/430). Há decisões entendendo que tanto o laudo de exame clínico como a prova testemunhal são elementos de convicção hábeis (TACrSP, *RJDTACr* 14/67), ou ainda, que o primeiro, embora positivo, pode ser invalidado pela segunda (TACrSP, *Julgados* 69/428, 11/180).

Título IV
DO CONCURSO DE PESSOAS

Art. 29. Quem, de qualquer modo, concorre para o crime incide nas penas a este cominadas, na medida de sua culpabilidade.

§ 1º Se a participação for de menor importância, a pena pode ser diminuída de um sexto a um terço.

§ 2º Se algum dos concorrentes quis participar de crime menos grave, ser-lhe-á aplicada a pena deste; essa pena será aumentada até metade, na hipótese de ter sido previsível o resultado mais grave.

Concurso de pessoas

- Não há crime sem conduta (vontade + manifestação da vontade): *Vide* comentários no art. 13 que trata do *nexo de causalidade*, onde discorremos sobre os conceitos de ação e omissão, diante do princípio *nulla poena sine culpa*. A *conduta* é a pedra angular da teoria do delito, sendo fundamental bem compreendê-la pois trata ela do *alcance do tipo penal*, sendo vedada a responsabilidade penal objetiva. Este art. 29 trata da *conduta* praticada *por coautores ou partícipes* do crime, que de forma consciente e com a mesma finalidade, cooperam com o autor principal, *ampliando* àqueles a abrangência da punição criminal (coautores e partícipes). Como escreve em precioso ensaio ALAOR LEITE, "discutir autoria e participação significa discutir os *limites dos tipos penais* e, em última análise, realizar os ditames do *princípio constitucional da legalidade* (art. 5º, XXIX, CR)" (*Domínio do Fato ou Domínio da Posição? Autoria e Participação no Direito Penal Brasileiro*, Centro de Estudos Prof. Dotti, Curitiba, 2016, p. 31).

- Noção: Sob o título "Do Concurso de Pessoas", trata este art. 29 da hipótese em que o crime não é cometido por uma só pessoa, mas por duas (ou mais) pessoas que *concorrem* (isto é, contribuem, cooperam) para a prática do ilícito penal. Aliás, pela leitura da Parte Especial do CP vê-se que, além dos crimes que podem ser cometidos por um só sujeito (crimes *monossubjetivos*), outros há que necessitam de mais sujeitos para sua prática (crimes *plurissubjetivos*). Na hipótese destes últimos, temos o que se chama *concurso necessário de pessoas*. Já no caso dos primeiros, em que se não exige mais de uma pessoa para cometê-los, haverá *concurso eventual de pessoas* quando mais de um sujeito cooperar em sua prática.

- Sistema unitário *versus* Sistema Diferenciador: O Código Penal adotou a teoria unitária, mantida pela Reforma de 1984, na qual a diferenciação entre *coautor*, *cúmplice* e *instigador* torna-se pouco relevante na medida em que todos são colocados ao lado do autor no *caput* do art. 29 do CP (conceito de autoria *extensivo*), ficando só para a dosimetria da pena a questão da participação de menor importância ou se desejou o partícipe o cometimento de crime diverso. Diferentemente ocorre em outros sistemas, como o alemão, em que para se punir o instigador ou o cúmplice, é necessário haver um comando legal no próprio tipo penal, prevendo expressamente a punição a ele, de forma distinta, com critérios próprios (conceito de autoria *restritivo*).

- Havendo unidade de desígnios, a imputação em coautoria ou participação há que ser a mesma: Se há *unidade de desígnios* no cometimento de determinado delito, inclusive com a comunicação de circunstâncias pessoais elementares do crime (CP, art. 30), a exemplo da condição de funcionário público em infrações nas quais somente ele pode ser sujeito ativo, a acusação há que ser *a mesma* para todos os coautores ou partícipes. O que importa, na Teoria Finalista, é a *unidade de desígnios*. Não há como fazer acusações com tipos *distintos* tratando-se de imputação relativa aos mesmos fatos, com a mesma conduta, e com unidade de desígnios descrita na denúncia, sob pena de negativa de vigência deste art. 29 do CP, bem como de violação do princípio constitucional da isonomia (CR, art. 5º, *caput*). Não é juridicamente viável acusar por crimes diferentes agentes que concorreram *subjetivamente para o mesmo delito*, distinguindo a capitulação entre coautores e partícipes de forma a dar tratamento diverso a pessoas que agiram com idêntica vontade de praticar os mesmos fatos descritos em determinado tipo penal. Justamente por isso, é que o §2º traz a hipótese da cooperação dolosamente diversa, que precisa ser descrita como tal na denúncia. Desse modo, se o Tribunal desclassifica a imputação para um dos coautores ou partícipes dos mesmos fatos criminosos, para delito menos grave aplicando o princípio da especialidade, a mesma desclassificação há que ser estendida para os demais que tenham agido com unidade de desígnios, (a) por coerência lógica (princípio da não contradição), (b) por equidade e igualdade de tratamento para situações *subjetivas* idênticas descritas na denúncia (*isonomia*), (c) e por imperativo de aplicação do art. 29 do CP.

- **Teoria do Domínio do Fato:** Dentro do sistema alemão, CLAUS ROXIN, em uma de suas mais importantes obras, cuja 1ª ed. data de 1963, intitulada *Autoría y Dominio del Hecho en Derecho Penal* (7ª ed. trad. para o espanhol, Marcial Pons, Madrid-Barcelona, 2000), desenvolveu a *Teoria do Domínio do Fato* na qual traça critérios *diferenciadores* entre todas as formas de cooperação na prática de um crime, inclusive abordando o aspecto subjetivo da volição, diante da dogmática penal. No que denomina (1) *Delitos de domínio do fato*, faz distinção entre autor, coautor e partícipes com os seguintes critérios: *(1a) Domínio da ação,* executando direta e faticamente o crime, que é critério da autoria direta ou imediata. *(1b) Domínio da vontade*, sendo *autor mediato* aquele que induz o autor direto a erro ou impõe coação moral absoluta, inclusive em organizações criminosas do tipo mafioso, àquele que pratica a conduta. *(1c) Domínio funcional do fato*. Aqueles que possuem esse domínio, são coautores, ao planejarem o crime e dividirem entre si as tarefas para a sua execução por eles implementada. Sem domínio funcional do fato, têm-se as hipóteses de participação, seja por cumplicidade ou por instigação, desde que atuem com dolo. Ao lado dos delitos de domínio do fato, ROXIN analisa outras duas categorias de crimes no tocante aos autores dos: (2) *Delitos de infração de dever especial*: (2a) *Infração de um dever individual de agir* (como do *garante*), (2b) *Delitos omissivos* em geral (como a omissão de socorro), e (2c) *Delitos imprudentes* (violação de um dever comum de cuidado) (ob. cit., p. 570).

- **A Ação Penal 470/STF ("Mensalão") e a Teoria do Domínio do Fato e o "Domínio da Posição":** Na ação penal n. 470 do STF, denominado "Caso Mensalão", o Supremo Tribunal Federal, sob o argumento da aplicação da "Teoria do Domínio do Fato", condenou como coautores de crimes de corrupção pessoas em altos cargos na República, afirmando que, como detentores de posições hierárquicas superiores na cadeia de comando governamental, possuíam eles o "domínio dos fatos" atrelados à compra de votos do Poder Legislativo para aprovação de projetos de interesse do Poder Executivo, embora não se tivesse provado atos concretos nesse sentido. Em excelente texto, ALAOR LEITE, faz a seguinte análise: "Em qualquer sistema de autoria e participação, seja unitário, seja diferenciador, exige-se como requisito mínimo de imputação a existência de uma *ação ou omissão concretas*. (...) *Não existe responsabilidade pela mera ocupação de uma posição no interior de uma estrutura hierárquica*. Utilizar a teoria do domínio do fato para fundamentar responsabilidade penal pela posição significaria manobra ardilosa para conceder ares frescos à mais atávica forma de responsabilização, vigente em tempos imemoriais, a chamada *responsabilidade pelo pertencimento a um grupo* (*Sippenhaftung*). Esse requisito mínimo para qualquer imputação de um crime a um sujeito tem *status* de lei no ordenamento jurídico brasileiro, na medida em que o art. 13, segunda parte, do Código Penal prevê uma definição legal de causalidade: '(...) Considera-se causa a ação ou omissão sem a qual o resultado não teria ocorrido'. Evidentemente, apenas ações e omissões podem causar algo no mundo. Posições não causam nada. A responsabilização penal pela detenção de uma posição é, no Brasil, ilegal por violação direta do art. 13, *caput*, segunda parte, do CP. Lamentavelmente, tal modalidade se extrai da ideia já citada, segundo a qual existiria uma 'presunção relativa de autoria de dirigentes de empresas' (...) A rigor, trata-se de uma *teoria do domínio da posição* que esconde o seu verdadeiro rosto. Nos termos da teoria do domínio da posição, a posição de destaque de determinado sujeito parece, nos termos da formulação assentada na AP 470/SP, compensar a ausência de realização típica, uma solução ilegítima, como já se viu (...)" (Ob. cit., pp. 44-51).

■ **Teoria do Domínio do Fato e vedação de responsabilidade penal objetiva:** Demonstrando que no STF há uma "louvável tentativa de *correção de rota* a respeito dos rumos da teoria do domínio do fato", ALAOR LEITE (ob. cit. p. 50) traz dois importantes precedentes da Suprema Corte, após o julgamento da AP 470: "O Ministro LUÍS ROBERTO BARROSO, na AP 554/STF, esclareceu: 'Permitir que o acusado seja condenado somente pela posição hierárquica superior, no caso chefe do poder executivo estadual, seria um mal uso da teoria do domínio do fato. Deve haver prova inequívoca de que o acusado emitiu tal ordem, o que não é o caso dos autos. Ademais, o mero *'dever de saber'* não é suficiente para uma condenação em razão de ensejar responsabilização objetiva, incompatível com o direito penal. Não cabe presunção *in malam partem*, ante o princípio da não culpabilidade (art. 5º, LVII, da Constituição Federal). (... Primeira Turma, julgado em 5.5.2015, *DJe* 8.6.2015, p. 6 do inteiro teor). No mesmo sentido, o Ministro LUIZ FUX: 'Então, foi uma culpa presumida e uma aplicação absolutamente equivocada, com a devida vênia, dessa Teoria do Domínio do Fato. (manifestação oral, p. 36 do inteiro teor, em: STF – Ação Penal n. 421 – rel. Min. ROBERTO BARROSO, 1ª T., j. 28.4.2015 – *DJe* 30.6.2015)".

■ **Autor imediato:** Como o próprio termo diz, é quem age (atua de forma comissiva) desejando realizar a conduta incriminada no tipo penal, quem se omite (adota comportamento omissivo) violando dever legal de agir, ou quem pratica conduta com violação do dever de cuidado imposto aos cidadãos (imprudência, negligência ou imperícia). Ele *possui o domínio da ação* que pratica, igualmente com *domínio de sua vontade*, segundo a *Teoria do Domínio do Fato* de ROXIN.

■ **Coautores:** Quando existe mais de um autor imediato, são todos coautores ao executarem o comportamento que a lei define como crime, tendo-o planejado, distribuindo tarefas ou funções, agindo todos com o *domínio funcional do fato*. Embora a conduta deles não precise ser idêntica, ambos cooperam no cometimento do crime, interagindo durante a sua execução (ex.: no roubo, em que um ameaça enquanto outro recolhe o dinheiro da vítima). Quando se fala em coautoria, tem-se, como visto, a ideia de divisão de trabalho. Isto porque a coautoria não deixa de ser a autoria de uma parte dos atos de execução por outra pessoa, como lembram M. COBO DEL ROSAL e T. S. VIVES ANTON, *verbis*: "Existe coautoria quando o injusto típico é realizado conjuntamente por várias pessoas, cada uma delas toma parte direta na execução dos fatos" (*Derecho Penal – Parte General*, 3ª ed. Valencia, Tirant lo Blanch, 1990, p. 596, livre tradução). Ao se analisar a expressão "quem, de qualquer modo, concorre para o crime", a doutrina tem enfatizado que ela implica que o coautor, para que assim seja considerado, detenha certo *domínio funcional do fato*, sob pena de não se configurar coautoria, mas, sim, eventual participação. Daí as palavras, com que concordamos, de NILO BATISTA: "O fundamento dessa coautoria reside também no domínio do fato, especializado agora naquilo que ROXIN chamou de domínio funcional do fato (*funktionelle Tatherrschaft*). Isso significa que só pode interessar como coautor quem detenha o domínio (funcional) do fato; desprovida deste atributo, a figura cooperativa poderá situar-se na esfera da participação (instigação ou cumplicidade). O domínio funcional do fato não se subordina à execução pessoal da conduta típica ou de fragmento desta, nem deve ser pesquisado na linha de uma divisão aritmética de um domínio 'integral' do fato, do qual tocaria a cada coautor certa fração. Considerando-se o fato concreto, tal como se desenrola, o coautor tem reais interferências sobre o seu Se e o seu Como; apenas, face à operacional fixação de papéis, não é o único a tê-las, a finalisticamente conduzir o sucesso. Pode-se, entretanto, afirmar com ROXIN que cada coautor tem a sorte do fato total em suas mãos (*jeder das Schicksal der Gesamttat in der Hand hat*), 'através de sua função específica na execução do sucesso total, porque se recusasse sua própria colaboração faria fracassar o fato' (...). Não basta, pois, ao coautor que seja ele codetentor da resolução comum para o fato (...); é de mister, já que se trata de um autor, que realize tal resolução, e isto se dá quando disponha ele do domínio funcional do fato" (*Concurso de Agentes*, 2ª ed., Rio de Janeiro, Lumen Juris, 2004, pp. 101-103). Assim, aquele que fica na rua, vigiando o local a fim de avisar os meliantes que entraram para furtar o imóvel caso os proprietários apareçam, seria um mero partícipe e não um coautor, por não possuir o domínio funcional do fato, com o que também concorda o referido autor (ob. cit., p. 112).

- **Partícipes:** Partícipe é quem, mesmo não praticando a execução da conduta que a lei define como crime (ou seja não tendo o *domínio funcional do fato*), de *forma consciente e com unidade de desígnio* (com *domínio de sua vontade*) contribui de qualquer modo para a sua realização pelo autor. Existem duas formas de participação: a. *Instigação* (ou participação moral). A pessoa contribui moralmente para o crime, agindo sobre a vontade do autor, quer provocando-o para que nele surja a vontade de cometer o crime (chama-se determinação), quer estimulando a ideia criminosa já existente (é a instigação propriamente dita). b. *Cumplicidade* (ou participação material). A pessoa colabora materialmente para o crime, por meio de um comportamento positivo ou negativo (ex.: a ação do vigilante, emprestando a arma, ou a omissão desse mesmo vigia, não fechando a porta que deveria trancar, para facilitar o roubo). A participação pressupõe, portanto, que um crime tenha sido cometido; daí não existir participação na hipótese do autor ter sido absolvido, não só pela inexistência do fato ou por se encontrar presente alguma causa de justificação, mas também se absolvido por inexistência de provas, com trânsito em julgado. Isto porque, se não há provas sequer da autoria do crime, não há como buscar responsabilizar alguém que tenha para ele contribuído ou instigado.

- **Autor mediato:** A autoria mediata não se confunde com o concurso de pessoas. Nela, o *autor mediato* realiza a ação por meio de outra pessoa que é inimputável (menor, doente mental) ou que age por erro ou coação moral irresistível (*vis compulsiva*), denominado *autor imediato*. Como assinala Roxin, este não possui o "domínio de sua vontade" diante da indução a erro pelo autor mediato, ou de sua coação. Não há coautoria, não existe unidade de desígnios. Em organizações criminosas do tipo mafiosas, por exemplo, esse tipo autoria não é incomum.

- **Autores colaterais:** Existem situações em crimes culposos, onde duas ou mais pessoas atuam sem compartilhar uma finalidade, mas de forma imprudente, negligente ou imperita e sem unidade de desígnios, em um mesmo evento. O exemplo simples é o de dois motoristas, em carros distintos, apostando corrida em uma estrada, vindo ambos a colidir e matar uma pessoa. São autores colaterais.

- **Requisitos do concurso de pessoas:** *1. Pluralidade de comportamentos*. Deve haver condutas de duas ou mais pessoas, seja realizando o fato típico (coautoria), seja contribuindo de algum modo para que outrem o realize (participação). *2. Nexo de causalidade*. É indispensável que o comportamento do coautor ou partícipe seja relevante ou eficaz para a ação ou resultado. *3. Vínculo subjetivo ou psicológico*. Não basta o nexo causal, sendo necessário que cada concorrente tenha consciência de contribuir para a atividade delituosa de outrem. É indispensável a *adesão* subjetiva à vontade do outro, embora seja desnecessária a prévia combinação entre eles, já que o vínculo subjetivo pode surgir instantes antes do cometimento do crime. Inexistente o vínculo subjetivo, não há concurso de pessoas, embora possa haver *autoria colateral* (todos se comportando para o mesmo fim, mas desconhecendo a conduta alheia). *4. Identidade de crime*. A infração penal deve ser igual, objetiva e subjetivamente, para todos os concorrentes.

- **Efeitos do concurso de pessoas:** Só há um crime para todos os coautores e partícipes (é a chamada teoria monista). A culpabilidade, porém, é individual, respondendo cada um "na medida de sua culpabilidade", fórmula com que a reforma de 1984 abrandou a regra monista, temperando-a. Por isso, ao aplicar a pena, deve o juiz levar em consideração a reprovabilidade (culpabilidade) do comportamento de cada coautor e de cada partícipe, individualmente.

- **Concurso de pessoas em crimes culposos:** Pela doutrina tradicional, diante do finalismo, tratando-se de culpa é inviável imaginar cooperação no resultado (que não é desejado). Na Alemanha, por exemplo, o Código Penal expressamente prevê que só pode haver concurso de agentes em fato principal doloso (§§ 26 e ss. do Código Penal alemão) (cf. Gunter Jakobs, "O significado de Welzel para a ciência do Direito Penal", *in O Passado e o Futuro do Finalismo no Direito Penal*, org. por Pablo Rodrigo Alflen, CDS, Porto Alegre, 2020, p. 139). Nessa linha, Hans-Heinrich Jescheck não admite coautoria em crimes culposos porque faltaria a "resolução comum" voltada a determinado fim, devendo a conduta de cada um ser examinada isoladamente (*Tratado de Derecho Penal*, 4ª ed., cit., p. 617). Todavia, entendemos que, em casos específicos, é possível imaginar que duas pessoas possam agir em concurso, *com unidade de desígnio*, na prática *de uma ação sem observância dos deveres de cuidado*, ou seja, na *causa*. Como exemplo, imaginamos as condutas do piloto e do copiloto de um avião que voam em desacordo com o denominado "plano de voo", agindo ambos, conscientemente e voluntariamente, com imprudência e negligência, havendo, como consequência, um acidente aéreo do qual eles sobrevivem. A propósito, no direito espanhol, SANTIAGO MIR PUIG admite a coautoria nos crimes culposos: "O comum acordo não poderá se referir ao resultado, mas sim à conduta imprudente, que pode ser obra conjunta de vários sujeitos. O resultado aparecerá então como produto dessa obra comum" (*Derecho Penal – Parte General*, 3ª ed., Barcelona, PPU, 1990, p. 421). Hipótese completamente diversa é a de culpas concorrentes, como na colisão de dois veículos ao mesmo tempo, pois um não colaborava com o outro. Há, apenas, concorrência de culpas ou causas.

- **Concurso de pessoas em crime omissivo:** *a. Crimes omissivos próprios*. Pode haver participação (de quem, p.ex., determina ou instiga o autor à omissão). Entretanto, se duas ou mais pessoas tiverem todas o dever jurídico de agir, não haverá coautoria, pois todas serão, igualmente, autoras. *b. Crimes omissivos impróprios (ou comissivos por omissão)*. Nos crimes omissivos em que há um resultado no mundo naturalístico, é perfeitamente possível haver coautoria, desde que o coautor também tenha o dever jurídico de não se omitir, tendo a possibilidade de agir (inclusive como na situação do garante do art. 13, § 2º, do CP); em vez de agir, ele adere ao dolo do agente e igualmente se omite. A possibilidade de haver coautoria em crimes omissivos fica patenteada na hipótese do dever infringido só poder ser cumprido mediante a atuação conjunta de várias pessoas, como no clássico exemplo do alpinista que não é socorrido pelos demais companheiros, sendo impossível a um deles, sozinho, resgatá-lo. Nesse sentido, manifestam-se tanto HANS-HEINRICH JESCHECK (*Tratado de Derecho Penal*, cit., pp. 621-622) quanto SANTIAGO MIR PUIG (*Derecho Penal*, cit., p. 422). Note-se que, se a pessoa não tem o dever jurídico de agir, não poderá ser considerada coautora ou partícipe da omissão alheia (de quem tinha tal dever).

- **Omissão diante de crimes cometidos por terceiros:** A propósito da omissão diante do cometimento de crimes por outras pessoas, lembra o grande NELSON HUNGRIA que ninguém tem o dever de ser herói, ou seja, as pessoas não são obrigadas a impedir ou denunciar crime alheio, a não ser que tenham o dever legal de impedir a prática do crime ou de comunicá-lo às autoridades, como na hipótese de policial, sob pena de cometer o crime de prevaricação (CP, art. 319) ou a contravenção penal do art. 66 da LCP. Assim, por mais que seja *antiético*, um particular que saiba que alguém praticou um delito não tem o dever legal de comunicar o crime nem de denunciar seu autor. O problema jurídico e ético surge, contudo, ao lembrarmos que no crime cometido por terceiro, por vezes *há uma vítima* que necessita de socorro, havendo o dever imposto a todos os cidadãos, baseado inclusive na solidariedade, de prestar auxílio quando possível e sem risco pessoal, a quem corre perigo, sob pena de cometimento do crime do art. 135 do Código Penal.

- **Concurso de pessoas em crime comissivo, em razão da omissão de terceiro:** Se um autor pratica uma conduta comissiva e o outro, que tem o dever legal de impedi-lo, nada faz, como no caso de um policial que mata um cidadão preso, na frente de seu superior hierárquico que assiste ao hediondo ato e se omite, haverá, nos termos do art. 13, § 2º, do CP (relevância causal da omissão) participação no crime de homicídio. *Vide* comentários àquele artigo, sob a rubrica *Violação de direitos humanos, as autoridades que se omitem e a necessidade de se prestigiar o concurso de agentes nos crimes comissivos por omissão*.

- **Crimes próprios e o concurso de pessoas:** Como enfatizado nos comentários ao art. 13, sob a rubrica *Classificação doutrinária dos crimes (quanto à qualidade do sujeito ativo)*, nos *delitos comuns* qualquer pessoa pode ser sujeito ativo, ao passo que, nos *crimes próprios*, somente pessoas que ostentem determinada qualificação, como o funcionário público no peculato (CP, art. 312). Nos crimes próprios, a coautoria é possível somente quando o terceiro que não possui determinada qualidade (como ser funcionário público) conhece, nos moldes do art. 30 do CP, essa especial condição do autor.

- **Crimes de mão própria e o concurso de pessoas:** Os crimes de *mão própria* são aqueles em que o tipo penal exige determinada circunstância *personalíssima* do sujeito ativo, sendo *impossível* outra pessoa executar a conduta incriminada. Como exemplo de crime de mão própria, lembramos o delito de falso testemunho ou de falsa perícia, tipificado no art. 342 do CP, como também o crime de patrocínio infiel ou tergiversação, que só pode ser cometido por advogado ou procurador, previsto no art. 355 do CP. A doutrina é pacífica em admitir que a circunstância de determinado crime ser delito de mão própria impõe limites aos arts. 29 e 30 do CP, sendo impossível haver coautoria, não obstante possa ocorrer participação, tanto moral (instigação) quanto material (cumplicidade). Nesse sentido, REINHART MAURACH: "Os estranhos, nos delitos de mão própria, podem intervir como partícipes, mas não como autores, isto é: não como coautores nem como autores mediatos" (*Tratado de Derecho Penal*, Barcelona, Ediciones Ariel, 1962, v. I, p. 287). Igualmente, SANTIAGO MIR PUIG (*Derecho Penal – Parte General*, Barcelona, PPU, 1990, p. 420) e, entre nós, NILO BATISTA (*Concurso de Agentes*, 2ª ed., Rio de Janeiro, Lumen Juris, 2004, pp. 96-97).

- **Denúncia coletiva e inquérito policial:** Entre os doutrinadores, lembra ANÍBAL BRUNO que "a ação de cada concorrente há de apresentar-se como elemento causal indispensável à realização do fato punível nas condições, forma e no tempo em que veio realmente a ocorrer" (*Direito Penal*, 3ª ed., Rio de Janeiro, Forense, 1967, t. II, p. 261). JOSÉ FREDERICO MARQUES igualmente adverte: "Se a conduta do autor deve ser exposta na denúncia com todas as suas circunstâncias, com muito maior razão a do coautor. É imprescindível que este saiba qual o ato por ele praticado" (*Estudos de Direito Processual Penal*, 1ª ed., Rio de Janeiro, Forense, 1960, p. 150). Desse modo, evidentemente não se pode processar e punir pessoas físicas tão só pelo fato de comporem os quadros diretivos de uma empresa, mas apenas pelos crimes que – em nome da pessoa jurídica – elas praticaram ou determinaram fossem cometidos. Nem sempre, porém, são facilmente apontáveis tais indivíduos, pois o acusador, na maioria das vezes, desconhece as deliberações tomadas pelos diretores das pessoas jurídicas. Por esse motivo, a jurisprudência majoritária vinha dispensando que a denúncia individualizasse a conduta de cada um deles. Por esse motivo, o TRF da 3ª Região já decidiu que a denúncia coletiva "somente justificar-se-ia se, *concluída a investigação policial, não restassem, ainda assim*, em razão das dificuldades comumente encontradas na ordem interna das empresas, *apuradas a participação e a responsabilidade de cada um*" (HC 25/89, *JSTJ e TRF* 4/374). De acordo com esse entendimento, seria *sempre indispensável* a instauração de inquérito policial para apurar a responsabilidade de *cada* dirigente da pessoa jurídica, antes de submetê-lo ao constrangimento de um processo penal. *Somente* na hipótese de não se conseguir apurar essa responsabilidade em regular inquérito policial é que se admitiria, em *caráter excepcional*, a chamada denúncia coletiva. Concordamos com essa orientação apenas *em parte*, no que se refere à imprescindibilidade do inquérito policial para apurar a autoria, a coautoria e a participação. Todavia, se ao final da investigação policial elas não restarem apuradas, eventual denúncia ou queixa oferecida deverá ser *rejeitada*, uma vez que o art. 41 do CPP exige que a peça vestibular contenha "a exposição do fato criminoso, *com todas as suas circunstâncias*". Por outro lado, embora os arts. 12 e 28 do CPP admitam o oferecimento de denúncia sem inquérito policial, baseado em "quaisquer peças de informação" (inclusive nas investigações feitas pelo Ministério Público, de constitucionalidade questionável e que se encontram *sub judice* no STF), nos crimes de autoria coletiva, como em quaisquer outros, o inquérito só será *dispensável* na hipótese das peças de informação já fornecerem indícios *suficientes* de autoria, coautoria e participação de cada um dos dirigentes da pessoa jurídica. *Vide*, a propósito, jurisprudência sob o título *Pessoas jurídicas (denúncia coletiva)*, neste artigo.

Participação de menor importância (§ 1º)

- **Noção:** Este § 1º do art. 29 estabelece causa de diminuição de pena para o partícipe que teve cooperação de *menor importância* no crime. É a hipótese do participante cuja contribuição, moral ou material, foi de pouca importância na infração penal. Caso a participação não seja de menor importância, não haverá a redução de pena deste §1º, devendo o partícipe responder pelo crime "na medida de sua culpabilidade", nos termos do *caput*.

- **Redução inafastável:** Cabe ao juiz, em face dos elementos de prova, apreciar se a participação foi ou não de menor importância. Todavia, se entender que tal contribuição foi de pouco relevo, não poderá deixar de reduzir a pena dentro dos limites que a lei permite, pois se trata de direito público subjetivo do acusado (Celso Delmanto, "Direitos públicos subjetivos do réu no CP", *RT* 554/466). Também a quantidade da diminuição (de um sexto até um terço) terá de ser fixada de forma fundamentada e não ao acaso (CR, art. 93, IX).

Cooperação dolosamente diversa (§ 2º)

- **Noção:** Com a inclusão deste dispositivo, amenizou-se a teoria monística ou unitária da participação punível, pois cada concorrente será punido pela lei, de acordo com sua própria culpabilidade, independentemente da culpabilidade dos demais. Cuida o § 2º da hipótese em que um dos concorrentes (não só o partícipe do crime, mas também o coautor, conforme defendemos – *vide* nota abaixo) *queria participar de ilícito menos grave* do que aquele que acabou sendo cometido pelo outro concorrente. Dispõe a lei que cada coautor ou partícipe responde de acordo com o que quis, isto é, de conformidade com *seu dolo* (e não de acordo com o dolo diverso do autor), mas a pena do crime que queria cometer é aumentada até metade, se era previsível para ele o resultado mais grave. Assim, o concorrente responde pelo crime em que quis colaborar *(seu dolo)* e não pelo crime diverso que o autor acabou praticando; mas, se o resultado mais grave lhe era previsível *(culpa)*, a pena do crime para o qual ele concorrer será aumentada, até a metade. Exemplo: Alguém instiga outrem a surrar inimigo comum, dando-lhe um taco de bilhar para tanto, configurando cumplicidade. Mas o instigado se excede e mata a vítima durante seu espancamento. O partícipe que instigara e fornecera o taco de bilhar para a surra no inimigo poderá responder: *pelo homicídio*, por dolo eventual, se assumiu conscientemente o risco do resultado morte; ou por *lesão corporal*, com pena *aumentada* até metade, se a consequência letal lhe era previsível; ou *sem o aumento*, se não podia prever o resultado morte.

- **Ampliação do § 2º à hipótese de coautoria:** Tratando do concurso de pessoas, o *caput* deste art. 29, ao usar a expressão "quem, *de qualquer modo, concorre* para o crime", abrange tanto o coautor quanto o partícipe, que responderão "na medida de sua culpabilidade". Já o § 1º, ao empregar o termo "participação de menor importância", está se referindo apenas ao partícipe e não ao coautor, pois não pode existir "coautoria de menor importância". Por sua vez, o § 2º, embora utilize o verbo "participar", o faz em sentido amplo, abrangendo tanto o coautor quanto o partícipe, já que de sua redação consta expressamente o termo *concorrentes, verbis*: "Se algum dos *concorrentes* quis participar...". Observe-se que o *caput*, abrangendo, como vimos, tanto o coautor quanto o partícipe, emprega o verbo "concorrer", do qual o termo "concorrente", usado no § 2º, é substantivo. Assim, embora a unanimidade dos doutrinadores entenda que o § 2º alcança apenas o partícipe, desde a 6ª edição desta obra (2002), havíamos reformulado nossa posição anterior naquele sentido, para admitir a sua aplicação também ao coautor. Conforme explanado nos comentários ao *caput*, a coautoria pressupõe vínculo subjetivo, ou seja, unidade de desígnios na execução do mesmo crime. Na prática, contudo, existem situações em que um dos agentes age com determinado dolo e o outro, sem o conhecimento daquele e por sua exclusiva iniciativa, age com dolo diverso, alcançando resultado diferente do pretendido pelo primeiro. Por exemplo, dois acusados, desarmados, entram em uma casa com a intenção de furtar, julgando que os moradores estivessem ausentes; um deles, surpreendido pelo morador na cozinha, por sua exclusiva iniciativa o mata com uma faca que ali se encontrava, enquanto o outro agente está no andar superior. Pelo entendimento tradicional, ambos responderiam por latrocínio, na medida de sua culpabilidade; já pela exegese aqui defendida, aquele responde por latrocínio, enquanto este, que sequer estava na cozinha e não podia prever e tampouco evitar a conduta do outro, responde por furto qualificado pelo concurso de pessoas.

Como se pode verificar neste exemplo, durante o *iter criminis*, parte das condutas foi desejada e praticada por ambos (entrada na casa para a subtração de bens móveis); já a morte do morador, foi desejada e perpetrada unicamente por um deles, que alterou o seu dolo durante a prática do outro crime, sendo que esse desfecho não podia ser imaginado pelo outro. *Vide*, a propósito, jurisprudência neste artigo, sob o título *Cooperação dolosamente diversa... b. Quanto ao coautor*.

Jurisprudência geral

- **Teoria monista:** Nosso CP adotou a teoria unitária ou monista, segundo a qual todos aqueles que concorrem para o crime, incidem nas penas a ele cominadas (TJMG, Ap. 10625140035126001, publ. 10.7.2019), na medida de sua culpabilidade (TJES, Ap. 0019668-68.2013.8.08.0012, publ. 25.3.2019). Distinção entre coautoria e participação: A Lei n. 7.209/84 inovou o CP, distinguindo entre coautoria (quando várias pessoas realizam as características do tipo) e participação (quando não praticam atos executórios, mas concorrem, de qualquer modo, para a sua realização), segundo a culpabilidade (TJRJ, *RT* 597/344). Há coautoria, quando mais de uma pessoa pratica o comportamento proibido; há participação, quando não pratica tal conduta, mas concorre, de alguma forma, para a realização do crime (STF, *RTJ* 106/544).

- **Havendo unidade de desígnios (salvo cooperação dolosamente diversa), a imputação em coautoria ou participação há que ser a mesma:** "Como é de conhecimento, o concurso de agentes se refere à comunhão de esforços de uma pluralidade de pessoas que concorrem para o mesmo evento. Estes são os requisitos para sua caracterização: a) pluralidade de agentes, b) relevância causal das várias condutas, c) liame subjetivo entre os agentes e d) identidade de infração penal. O Código Penal adotou a teoria unitária ou monista, segundo a qual, havendo diversos agentes, com múltiplas condutas que levam ao mesmo resultado, há um só delito para todos. Ou seja, todos são apenados pelo mesmo tipo penal, salvo poucas exceções pluralistas dispostas no próprio Diploma Penal." (STJ, 5ª T., RHC n. 108.029/DF, rel. Min. Reynaldo Soares da Fonseca, j. 11.04.2019). "Tratando-se de crime praticado em concurso de pessoas, o nosso Código Penal, inspirado na legislação italiana, adotou, como regra, a Teoria Monista ou Unitária, ou seja, havendo pluralidade de agentes, com diversidade de condutas, mas provocando um só resultado, existe um só delito. Assim, denunciados em coautoria delitiva, e não sendo as hipóteses de participação de menor importância ou cooperação dolosamente distinta, ambos os réus teriam que receber rigorosamente a mesma condenação, objetiva e subjetivamente, seja por crime doloso, seja por crime culposo, não sendo possível cindir o delito no tocante à homogeneidade do elemento subjetivo, requisito do concurso de pessoas, sob pena de violação à teoria monista, razão pela qual mostra-se evidente o constrangimento ilegal perpetrado" (STJ, 5ª T., REsp n. 1.306.731/RJ, rel. Min. Marco Aurélio Bellizze, j. 22.10.2013).

- **Vínculo psicológico:** Não há participação sem adesão subjetiva de um na conduta do outro (TACrSP, *Julgados* 82/155; TJRJ, *RT* 597/344). Sem vontade consciente e livre de concorrer com a própria conduta na ação de outrem, inexiste participação criminosa (TFR, Ap. 3.441, *DJU* 11.6.81, p. 5650). A coautoria exige vínculo psicológico ligando os agentes com propósitos idênticos (TJSP, *RT* 524/346). Além do vínculo psicológico, é essencial que o comportamento do coautor seja relevante e eficaz (TJPR, *RT* 647/322). O conhecimento e a vontade devem sempre coexistir (TARJ, *RF* 266/317). É necessário o vínculo psicológico para haver coautoria (TJSP, *RJTJSP* 76/319; TACrSP, *Julgados* 68/375; TJAM, *RF* 271/279). O concurso precisa ser voluntário e consciente (TJSC, *RF* 256/389).

- **Desistência voluntária:** Quando esta se dá na fase dos atos preparatórios não há coautoria por falta de vínculo psicológico (TAMG, *RT* 640/338).

- **Consumação quanto a um dos coautores:** O mesmo crime não pode ser consumado para um dos autores e tentado para o outro. Assim, por exemplo, na hipótese de furto, se um dos autores é preso no ato, enquanto o outro consegue fugir com o produto do crime, o delito estará consumado para ambos (TACrSP, *Julgados* 68/476, 68/374).

- **Pessoas jurídicas (responsabilidade penal inviável):** Na dogmática penal a responsabilidade se fundamenta em ações atribuídas a pessoas físicas. Dessarte, a prática de uma infração penal pressupõe necessariamente uma conduta humana. Logo, a imputação penal às pessoas jurídicas, carecedoras de capacidade de ação, bem como de culpabilidade, é inviável em razão da impossibilidade de praticarem injusto penal (STJ, *RT* 836/505). *Contra*: É possível a responsabilidade penal da pessoa jurídica desde que acompanhada da responsabilização de uma pessoa física por ela responsável (STJ, RMS 37.293/SP, rel. Min. Laurita Vaz, *DJe* 9.5.2013; RMS 27.593/SP, rel. Min. Maria Thereza de Assis Moura, *DJe* 2.10.2012). É possível a responsabilização penal da pessoa jurídica mesmo sem haver imputação a pessoa física (STF, 1ª T., RE 548.181, rel. Min. Rosa Weber, j. 6.8.2013, *DJe* 30.10.2014).

▪ **Pessoas jurídicas (denúncia coletiva):** Existem três correntes: *a*. É impossível exigir-se, para o início da ação penal, descrição das deliberações delituosas tomadas pelos diretores das pessoas jurídicas (STF, *RT* 625/391, *RTJ* 118/152, HC 71.788, *DJU* 4.11.94, p. 29830, HC 71.899, *DJU* 2.6.95, p. 16230; STJ, RHC 3.129, *DJU* 20.6.94, p. 16125, *RT* 713/402, RHC 906, *DJU* 18.2.91, p. 1044,RHC 2.862, *mv – DJU* 7.3.94, p. 3678). *b*. A responsabilidade penal é pessoal. Ser sócio não é crime. A denúncia, por isso, deve imputar a conduta de cada sócio, de modo a que o comportamento seja identificado, ensejando possibilidade de exercício do direito pleno de defesa (STJ, RHC 2.882, *DJU* 13.9.93, p. 18580; STF, RCr 67.034, *DJU* 7.4.89, p.4909; TRF da 1ª R., HC 21.871, *DJU* 6.10.94, p. 56072; TRF da 3ª R., RCr 39.049, *DJU* 5.12.95, p. 84324, HC 62.865, *DJU* 5.12.95, p. 84324; *JSTJ e TRF* 25/385-9; TJSP, *RT* 712/393), mesmo porque "a mera invocação da condição de sócio quotista, sem a correspondente e objetiva descrição de determinado comportamento típico que o vincule ao resultado criminoso, não constitui fator suficiente apto a legitimar a formulação da acusação estatal ou a autorizar a prolação de decreto judicial condenatório" (STF, 2ª T., HC 84.436/SP, rel. Min. Celso de Mello, j. 5.9.2006, *DJU* 28.3.2008). *c*. A denúncia coletiva somente se justifica se, *concluída a investigação policial, não restem, ainda assim*, em razão de dificuldades encontradas na ordem interna das empresas, *apuradas a participação e a responsabilidade de cada um* (TRF da 3ª R., *JSTJ e TRF* 4/374). Entendemos correta a segunda orientação (*vide* nota *Responsabilidade penal da pessoa jurídica*, neste artigo). *Administrações diversas*: se a empresa teve administrações distintas ou sucessivas, não se pode englobar seus diretores, sem que a denúncia especifique quais os crimes a eles correspondentes (STF, *RTJ* 117/621).

▪ **Sócio ou diretor:** Para a coautoria ser reconhecida, não basta a mera condição de sócio, diretor, patrão etc., sendo necessária a participação no crime (TJSP, *RT* 612/291; TAMG, *RJTAMG* 28/337 e 353). A simples condição de sócia-cotista do marido não autoriza, por falta de justa causa, a inclusão da mulher na denúncia por sonegação fiscal (TJSP, *RJTJSP* 161/304) ou por crime falimentar (TJSP, *RJTJSP* 166/304). Não comprovada a existência de orientação superior para a prática da fraude fiscal, não se pode imputar aos diretores sua coautoria (TFR, RCr 977, *DJU* 25.8.83).

▪ **Crimes coletivos e multitudinários (denúncia coletiva):** Nos crimes praticados por muitas pessoas em conjunto, a maior ou menor atuação de cada uma delas, bem como as diferenças de dolo, não necessitam ser descritas com minúcia ou exatidão na denúncia, pois serão apuradas durante a instrução judicial (STF, *RTJ* 116/98, 115/1144, RHC 63.009, *DJU* 6.9.1985, p. 14871; STJ, RHC 2.308-2, *DJU* 15.3.93, p. 3823). *Contra, em parte*: Admite-se a denúncia coletiva somente na hipótese do inquérito policial não esclarecer as circunstâncias e particularidades do fato (STF, *RTJ* 110/116). *Contra*: Inepta é a denúncia que não descreve os fatos com precisão e clareza, de modo a definir a atuação dos acusados nos crimes em coautoria, sem possibilitar o exercício da defesa (STJ, HC 1.957-1, *DJU* 11.10.93, p. 21338; STF, RHC 66.020, *DJU* 17.2.89, p. 971).

▪ **Delitos culposos:** Pode haver coautoria, mas não participação (STF, *RTJ* 120/1136, 113/517, *RT* 613/410; TACrSP, *RT* 608/329; TJSC, *RF* 257/311).Para a coautoria é imprescindível a cooperação consciente de alguém na imprudência ou negligência de outrem (TACrSP, *RJDTACr* 19/81). Tanto em crimes dolosos quanto culposos, a coautoria depende da existência de um nexo causal físico ou psicológico, ligando os agentes do delito ao resultado. Não é admissível, por tal fato, a coautoria em delito culposo de automóvel onde figura como autor menor inimputável, que retirou as chaves do carro sem o conhecimento do pai (STJ, REsp 85.947/MG, *DJU* 4.5.98, p. 213, *in Bol. IBCCr* 99/517); a negligência do pai, quando existente, poderá dar causa à direção perigosa atribuída ao menor, jamais à causa do evento (STJ, REsp 25.070-9, *DJU* 24.5.93, p. 10013). *Vide*, também, jurisprudência dos delitos de trânsito, na nota ao art. 121, § 3º.

- **Autoria incerta**: Não se sabendo qual foi o verdadeiro autor do tiro mortal, é lícito atribuir a todos que atiraram a coautoria (STF, *RTJ* 108/569)."Tão só nos casos de coautoria colateral é que se pode admitir a autoria incerta" (TJSP, *RT* 521/343).

- **Falso testemunho**: Há duas correntes, admitindo e negando a admissibilidade de concurso de agentes. *Vide* jurisprudência no comentário do art. 342 do CP.

- **Acompanhamento**: Não pode ser considerado partícipe de homicídio pessoa que simplesmente presencia o crime sem, contudo, demonstrar qualquer adesão de vontade à conduta criminosa (TJSP, *RT* 805/566). O simples acompanhamento não é punível, inexistindo coautoria por omissão sem que haja o dever jurídico de impedir o resultado (TACrSP, *RT* 620/317, *Julgados* 85/425, *mv* – 67/39). Simples presença no local ou nas imediações do roubo não constitui participação punível (TACrSP, *RT* 782/588), mormente se tal imputação é baseada na assertiva de estar o acusado fornecendo o denominado "apoio moral", necessário para a consumação do delito, alegação que se mostra demasiadamente vaga e imprecisa para viabilizar a denúncia (TJSP, *RT* 833/540). Simples presença por ocasião dos descontos de cheques, sem induzimento, instigação ou determinação, não configura (TJSP, Ap. 111.999, j. 14.10.91, *Bol. AASP* n. 1.753, p. 270). *Contra*, em parte: É coautor quem, embora não participando da agressão, impede a intervenção de terceiros para livrar a vítima (TJSC, *RT* 523/433). O acompanhamento físico, em atitude de solidariedade, pode configurar a coautoria (TJMG, *RT* 536/368). O vigia ou sentinela de roubo tem participação de vulto e saliente, e não de somenos; dele depende o bom êxito da empreitada criminosa. A presença ao lado do executor material do delito, encoraja-o pela certeza de solidariedade e esperança de eventual ajuda, intimidando, concomitantemente, o espírito de resistência da vítima, havendo concurso de agentes (TJRJ, *RT* 824/666).

- **Cooperação póstuma**: Há coautoria se os agentes da conduta posterior à consumação do crime, antes dela, já haviam acertado com os autores do fato típico a cooperação póstuma, essencial à obtenção de proveito por todos visado (STF, HC 72.315, *DJU* 26.5.95, p. 15159). *Vide* jurisprudência sob o título *Concurso de pessoas*, no art. 155 do CP.

- **Simples ciência**: O mero conhecimento de que alguém está prestes a cometer um crime, ou a não denúncia, às autoridades, de um delito que vai ser praticado, não configura coparticipação (STF, *RT* 603/447; TJMS, *RT* 686/360), salvo se tinha o dever jurídico de impedir o crime (TACrSP, *Julgados* 88/400, 87/317). A mera ciência, ou mesmo a concordância, difere da instigação punível (TACrSP, *Julgados* 87/317; TJSP, *RT* 425/284).

- **Autor absolvido**: Não há que se falar em concurso de pessoas quando o corréu foi absolvido em primeira instância e o *Parquet* não apelou (TJDF, Ap. 2005.01.1.078357-9, j. 27.8.2007, *DJU* 31.10.2007). Se a gestante é absolvida, com trânsito em julgado, pela negativa do crime de aborto, fica sem justa causa a ação penal contra a coautora parteira (TJSP, *RT* 603/330). Se o autor foi absolvido pelo júri, que afirmou não ter ele praticado o crime, o coautor não mais pode ser responsabilizado (TJSP, *RT* 426/318).

Jurisprudência dos §§ 1º e 2º

- **Participação de menor importância**: Com a reforma de 1984, a participação de menor relevância deixou de ser mera atenuante para se transformar em causa de diminuição da pena (STF, *RT* 685/386), cabendo ao julgador fundamentadamente, dosar a minorante dentro dos limites preestabelecidos no dispositivo legal (TJCE, Ap. 475276-44.2011.8.06.0001, publ. 26.11.2019). Se a participação foi de menor importância, impõe-se a redução da pena (TFR, Ap. 6.270, *DJU* 30.10.86, p. 20756). É de menor importância se apenas transportou os executores do roubo (TACrSP, *Julgados* 90/34). O acompanhante poderá ter a pena diminuída consoante a regra do art. 29, § 1º, do CP (TJAP, *RT* 816/604). *Contra*: Não é participação de menor importância se, vigiando as proximidades, deu "cobertura" ao roubo (TACrSP, *RJDTACr* 16/141; *RT* 814/612) ou ao furto (TACrSP, Ap. 1.157.345-4, j. 26.8.99, *Bol. IBCCr* 86/418). Se o coautor não estava presente fisicamente, a pena pode ser diminuída, de acordo com sua culpabilidade (TACrSP, *Julgados* 89/282). Se a participação estava dirigida para os mesmos resultados, não pode ser considerada de menor importância (TJSP, *RJTJSP* 108/497). Não se aplica a diminuição do § 1º para o agente que planeja conjuntamente o roubo e fica responsável por dirigir o veículo roubado (TJAL, Ap. 0700261-42.2018.8.02.0007, publ. 28.8.2019).

- **Cooperação dolosamente diversa:** *a. Quanto ao partícipe.* Se um dos acusados queria participar apenas de furto, ficando de vigia na rua, não pode ser responsabilizado pelo latrocínio ocorrido dentro do estabelecimento, mormente se os comparsas neste ingressaram desarmados (TAPR, *RT* 691/352). Contra: Nos crimes com violência contra a pessoa, todos são responsáveis pelo resultado mais gravoso, não importando que a atuação de um tenha sido menos intensa (STF, *RT* 633/380). *b. Quanto ao coautor.* Embora não se conteste que, em regra, o § 2º alcança apenas o partícipe, deve ele incidir sem restrições nos delitos qualificados pelo resultado, quando patente que o evento mais grave foi informado por dolo direto e este só estava presente na conduta daquele que o produziu (TJSP, rel. Des. Dante Busana, *RJTJSP* 127/314). Se o intuito do agente era participar tão somente do roubo e se não foi ele o autor dos disparos letais, inviável a sua responsabilização pelo latrocínio; impõe-se a desclassificação para o delito de menor gravidade, com o agravamento da pena pela previsibilidade do resultado (TJSP, rel. Des. Renato Nalini, *RT* 672/309). Anunciando tratar-se de assalto, quatro acusados subtraíram diversos objetos das vítimas; em meio à subtração, vieram a saber que uma delas era delegado de polícia, ocasião em que um dos corréus disparou sua arma contra ele, matando-o; este responderá por latrocínio, enquanto que os demais por roubo qualificado, com o aumento da metade de vez que o evento morte era previsível (TJSP, rel. Des. Cunha Bueno, *RJTJSP* 98/448). Contra: o disposto no art. 29, § 2º, somente tem aplicação ao partícipe, ou seja, àquele que não executa a ação típica que a lei descreve como caracterizadora do crime (TJSP, *RT* 785/595).

- **Em júri (acórdãos aplicáveis, por analogia, ao atual art. 483, IV, do CPP – Lei n. 11.689/2008):** Cabe aos jurados reconhecer ou não o § 1º (TJSP, *RT* 612/291; TJMS, *RT* 611/405). Para que ocorra a diminuição do § 1º, não basta que os jurados tenham reconhecido não ser o acusado coautor, mas partícipe, impondo-se seja reconhecido que a participação foi de menor importância, por meio de quesito próprio requerido pela defesa (TJSP, *RT* 784/600). A participação de menor importância do §1º não se confunde com a mera participação menos importante do *caput*, não podendo a quesitação acerca do §1º ser feita de ofício (STJ, HC 8.822-MG, *DJU* 18.10.99, p. 240).

CIRCUNSTÂNCIAS INCOMUNICÁVEIS

Art. 30. Não se comunicam as circunstâncias e as condições de caráter pessoal, salvo quando elementares do crime.

Incomunicabilidade e comunicabilidade no concurso de pessoas

- **Fundamento:** O fundamento deste dispositivo diz com o fato de que a resposta penal há de ser *individualizada*, *vedando-se a responsabilidade penal objetiva*, ou seja, que alguém tenha a sua pena agravada, em razão de uma circunstância ou condição pessoal que diz respeito a *outrem*. Há casos, por outro lado, cuja circunstância ou condição pessoal pode favorecer um dos agentes, com redução da pena, como a violenta emoção no crime de homicídio privilegiado.

- **Circunstâncias reais ou objetivas (sempre se comunicam):** O art. 30 *não se refere* às circunstâncias *reais* ou *objetivas* de qualquer crime. As circunstâncias objetivas ou reais dizem respeito com o modo de execução do crime, com o seu objeto material e com elementos normativos do tipo. Por exemplo, no crime de furto do art. 155 do CP: *subtrair* (modo – tipo objetivo), *coisa móvel* (objeto material), *alheia* (elemento normativo). Desde que o coautor ou partícipe tenha ciência de que a coisa subtraída era de outrem, ele também responde, juntamente com o agente principal, pelo crime do art. 151, *caput*, nos termos do art. 29 do CP. Há condições reais, como o rompimento de obstáculo, que embora estejam na figura do tipo derivado (qualificadora), por serem objetivas, também se comunicam ao coautor que, por exemplo, tenha ajudado no rompimento do obstáculo (art. 151, § 4º, I).

- **Condições ou circunstâncias pessoais (em regra não se comunicam):** A locução *condição pessoal* significa a existência de um fato ou dado da realidade que *qualifica* a pessoa, que diz respeito ao seu *estado*. *Circunstâncias pessoais* são dados ou fatos de caráter individual que orbitam ao redor da prática criminosa, *na maioria dos casos* sendo acessórios (referindo-se ao aumento ou diminuição da pena), não se confundindo com os elementos essenciais da descrição da conduta típica. As expressões são redundantes, mesmo porque uma condição pessoal não deixa de ser uma circunstância pessoal e vice-versa. Em regra, essas circunstâncias ou condições, por serem pessoais, *não se comunicam* aos coautores ou partícipes. Todavia, o presente dispositivo faz uma exceção: salvo se *elementares do tipo*.

■ **Como distinguir circunstância pessoal elementar que se comunica (tipo básico ou fundamental) de uma circunstância pessoal não elementar que não se comunica (tipo derivado – qualificadora e privilégio)?**: Todos os tipos penais possuem, em sua descrição, os elementos que lhes são *essenciais*: há o *tipo objetivo* (onde está descrita a conduta incriminada, com todas as suas características) e o *tipo subjetivo* (dolo ou culpa, por vezes com um especial fim de agir). É comum, também, além do disposto no *caput* do artigo, existir as figuras dos tipos qualificados (com aumento da pena) ou privilegiados (com sua redução), que, baseadas em circunstâncias, tornam o injusto previsto no *caput*, mais ou menos grave. Aí está a diferença entre *tipo básico ou fundamental* e *tipo derivado*, como ensina Heleno Cláudio Fragoso: "Classificam-se os tipos em *básicos* ou *fundamentais* e *derivados*, compreendendo estes as figuras de crimes qualificados e privilegiados. Os tipos básicos *constituem a espinha dorsal* do sistema na parte especial (*Mezger*). As derivações são formuladas tendo-se em vista que apresentam, em relação ao tipo básico, diverso merecimento de pena, pela ocorrência de circunstâncias que agravam ou atenuam, particularmente, a antijuridicidade do fato ou a culpabilidade do agente, na perspectiva de determinada figura de delito. Em alguns casos, limita-se o legislador a introduzir, no mesmo dispositivo de lei, hipóteses agravadas ou atenuadas dos tipos básicos, formando, assim, crimes *qualificados* ou *privilegiados*. Nos casos de crimes qualificados ou privilegiados, surgem tipos derivados, que constituem distintos tipos de ilicitude. Aqui, elementos acidentais que, normalmente, seriam meras circunstâncias do crime, passam a ser elementos constitutivos do tipo qualificado ou privilegiado, que *pressupõe sempre a aplicação do tipo básico*. O tipo básico do homicídio é o do homicídio simples, previsto no art. 121, CP. Tipos derivados são os do homicídio qualificado (art. 121, § 2º, CP), que se referem ao homicídio praticado de forma mais grave e reprovável. Também é tipo derivado o do homicídio privilegiado (art. 121, § 1º, CP), que se refere ao crime praticado por motivo de relevante valor social ou moral ou sob o domínio de violenta emoção, logo em seguida a injusta provocação da vítima, ou seja, em condições de menor reprovabilidade" (*Lições de Direito Penal – Parte Geral*, 15ª ed. Rio, Forense, 1995, pp. 157-158). Desse modo, podemos distinguir: (a) *Elementar do crime*: se ao excluirmos uma das circunstâncias o fato se tornar atípico (atipicidade absoluta), ou ocorrer a desclassificação para outro tipo penal (atipicidade relativa), estamos diante de uma *elementar do tipo*. Desse modo, no crime de estelionato (CP, art. 171), se a vantagem auferida não for ilícita, ou se não houver prejuízo a outrem, não haverá crime algum (atipicidade absoluta). No crime de peculato-desvio (peculato-furto) do art. 312 do CP, em não havendo a figura do funcionário público, o crime será desclassificado para o de furto do art. 155 do CP (atipicidade relativa). (b) *Circunstância não elementar*: caso, embora se exclua certo dado, o crime não desaparecer ou ser desclassificado para outro tipo, trata-se de uma circunstância não elementar. "Se esta tem função de aumentar ou de diminuir a pena, a sua ausência não exclui o delito nem faz surgir outro, permanecendo o crime considerado em sua forma fundamental. Dentre os autores brasileiros, a nosso ver foi Damásio E. de Jesus que, com maior felicidade, destrinchou a matéria: "Se tirarmos a cabeça de um homem, a vítima não subsiste como pessoa humana. Assim a cabeça é elemento do homem. Se tirarmos, porém, a sua vestimenta, ela subsiste como homem. Logo a vestimenta constitui uma circunstância da pessoa humana. Ocorre o mesmo com o crime: possui elementares e circunstâncias. Daí ter afirmado Esmeraldino Bandeira que os elementos apresentam o crime despido, e as circunstâncias o mostram vestido (*Tratado de direito penal milita brasileiro*, 1925, p. 396) (...) a) Excluindo-se o repouso noturno, não desaparece o crime de furto, que permanece em sua forma simples. Logo, o repouso noturno é circunstância do furto (art. 155, § 1º). b) Excluindo-se o emprego de arma na execução do crime de extorsão, não desaparece o delito nem surge outro, subsistindo a figura típica fundamental (art. 155, § 4.º, II, 2ª figura). c) Excluindo-se o emprego de arma na execução do crime de extorsão, não desaparece o delito nem surge outro, subsistindo a figura típica fundamental (art. 158, § 1º, 2ª figura)". E conclui Damásio: "As circunstâncias são determinados dados acessórios que, agregados à figura típica fundamental, aumentam ou diminuem a pena. No crime de homicídio, o motivo de relevante valor moral diminui a sanção (art. 121, §1º), enquanto o motivo fútil a agrava (art. 121, § 2º, II). Ambos são circunstâncias, uma vez que, ausentes, permanece o tipo simples (art. 121, caput). São accidentalia delicti e não essentialia delicti" (Direito Penal – Parte Geral, 30ª ed., Saraiva, 2009, vol. 1º, pp. 547 a 549). Paulo José da Costa Júnior faz, com precisão, faz a distinção entre dados ou fatos pessoais que são essenciais ao delito (essentialia delicti) daqueles que são acidentais ao crime (accidentalia delicti): "Circunstância, gramaticalmente, é aquilo que está em derredor (de circum stat). São os elementos que não integram o tipo, porque acessórios e acidentais, influindo sobre a pena, para agravá-la ou atenuá-la. Distinguiam já os práticos os elementos constitutivos do crime (essentialia deliti) dos elementos acidentais (accidentalia delicti), hoje tidos como elementos circunstanciais ou circunstâncias. O crime poderá apresentar-se "nu em seu modelo legal", despido de circunstâncias, circunscrito a seus elementos essenciais. Poderá também surgir circundado por uma constelação de elementos acessórios (e esta é a hipótese mais frequente), que sem alterar o seu aspecto qualitativo intensifica ou abranda a sua quantidade. Circunstâncias, portanto, conforme o grande Carrara, são as condições que aumentam ou diminuem a 'qualidade política do delito'. *Circunstâncias há que participam da estrutura do tipo, transformando-se de acidentais em essenciais ou elementares.* Como é da natureza da circunstância ser ela acidental ou acessória, parte da doutrina elimina tais elementos do rol das circunstâncias" (*Código Penal Comentado*, 9ª ed., Dpj e Amaral Gurgel Editorial, p. 127). Como visto, um exemplo de circunstância pessoal elementar do tipo (essentialia deliti) é o fato do sujeito ativo necessariamente ser funcionário público nos crimes de peculato (CP, art. 312), corrupção passiva (CP, art. 317) e de contratação direta ilegal (CP, art. 337-E). Se não houvesse esse comando legal, seria impossível ocorrer coautoria ou participação nesses delitos por pessoas que não fossem funcionários públicos, isto é, por parte do *extraneus*.

- **Não alcança circunstância *pessoal* que *qualifica* ou *privilegia* o tipo básico:** Júlio Fabbrini Mirabete assinala: "Embora já se tenha entendido que a regra da comunicabilidade das elementares inclui as qualificadoras, são estas verdadeiras circunstâncias e não elementos do delito, razão pela qual não se comunicam quando de caráter pessoal" (*Código Penal Interpretado*, Atlas, São Paulo, 1999, p. 248). A nosso ver, o entendimento está correto, embora existam doutrinadores como o saudoso José Henrique Pierangeli que defendia haver essa comunicação na hipótese de furto qualificado pela circunstância pessoal de um dos autores gozar e abusar da confiança da vítima, o que teria materialmente facilitado o furto – art. 155, § 4º, inciso II (*Escritos Jurídico-Penais*, 3ª ed., São Paulo, RT, 2006, p. 65), como também Nelson Hungria ao entender que a qualificadora do motivo fútil no homicídio poderia se comunicar ao corréu, com o que discordamos por todos os motivos expostos nas notas anteriores.

- **Desde que tenha conhecimento da circunstância:** As circunstâncias do crime só podem se comunicar aos coautores ou partícipes desde que eles tenham *ciência* delas em face do princípio *nulla poena sine culpa*. Nesse sentido, Nilo Batista adverte: "A comunicabilidade de circunstâncias, quer objetivas, quer pessoais, só se opera quando o partícipe delas tenha conhecimento" (*Concurso de Agentes*, Rio, Liber Juris, 1979, p. 153).

Jurisprudência

- **Circunstância objetiva:** No roubo, praticado em concurso de pessoas, o emprego de arma de fogo constitui circunstância objetiva que se comunica a todos os participantes do delito (TJES, Ap. 0000105-92.2018.8.08.0051, publ. 5.8.2019; TJAL, Ap. 0700261-42.2018.8.02.0007, publ. 28.8.2019).

- **Crimes funcionais:** Particular pode ser coautor de peculato (STF, HC 70.610, j. 5.10.93, *DJU* 4.2.94; STJ, HC 2.863, *DJU* 12.12.94, p. 34376; STJ, HC 97.281, j. 24.3.2009), de concussão (STF, *RTJ* 71/354; STJ, RHC 5.779, j. 10.11.97, *JSTJ e TRF* 104/298; TJSP, *RT* 691/313) e de outros delitos funcionais.

- **Desconhecimento:** Nos crimes funcionais, a condição de servidor público do autor não se comunica ao copartícipe não funcionário, se este desconhecia a condição daquele (TJSC, *RT* 536/360).

- **Circunstâncias pessoais que qualificam o crime *não se comunicam*:** "As circunstâncias subjetivas ou de caráter pessoal são aquelas referentes à pessoa do agente e sua relação com a vítima ou eventuais concorrentes para a prática delitiva. Desde que não configurem elementares do tipo penal, não se comunicam entre os partícipes do crime. O motivo fútil configura circunstância de caráter pessoal, não se comunicando entre os participantes do delito" (STJ, HC 23.529/MG, rel. Min. Hamilton Carvalhido, j. 12.11.2002). "I. Os dados que compõem o tipo básico ou fundamental (inserido no *caput*) são elementares (*essentialia delicti*); aqueles que integram o acréscimo, estruturando o tipo derivado (qualificado ou privilegiado) são circunstâncias (*accidentalia delicti*). II. No homicídio, a qualificadora de ter sido o delito praticado mediante paga ou promessa de recompensa é circunstância de caráter pessoal e, portanto, *ex vi* do art. 30 do C.P., incomunicável. III. É nulo o julgamento pelo Júri em que o Conselho de Sentença acolhe a comunicabilidade automática de circunstância pessoal com desdobramento na fixação da resposta penal *in concreto*. Recurso provido. (...) Na distinção acima, não se pode olvidar, entretanto, que a elementar de caráter pessoal (integrante do tipo básico), esta sim, se comunica (nos crimes funcionais, v.g. arts. 312, 316, etc., do C.P.) desde que do conhecimento do partícipe ou coautor, cm virtude do princípio *nullum crimen sine culpa* (arts. 18 e 19 do C.P.). Já a circunstância ou condição de caráter pessoal é limitada ao agente, incomunicável (*v.g.*, a par do que já foi indicado, art. 150, § 2º, 1ª parte; art. 163, inciso IV, 1ª parte, 168, § 1º, inciso II). O próprio entendimento de N. Hungria sobre a questão das comunicabilidades, que ensejou desdobramentos múltiplos, na última edição de sua obra, restou alterado, em particular, no comentário ao *delictum sui generis* infanticídio com elogiável admissão expressa de anterior incorporação de concepção doutrinaria estranha ao nosso direito positivo. Decerto, *permissa venia*, o refazimento – que o tempo impediu – do comentário ao então art. 26 do C.P. não teria permitido a detectável incerteza denotativa acerca da distinção entre elementares, de um lado, e circunstâncias e condições, de outro. (...) Assim, nesta *quaestio*, de vetusta polêmica (com destaque, *v.g.*, inclusive, para o famoso caso "Fortunato", *RF* 197/285 a 288), é de se entender, *ex vi legis*, que a qualificadora da "mediante paga ou promessa de recompensa" é pessoal, incomunicável" (STJ, REsp 467.810-SP, rel. Min. Félix Fischer, j. 20.11.2003, *vu*; no mesmo sentido: STJ, REsp 1.415.502-MG, rel. Min. Félix Fischer, j.17.02.2017; STJ, REsp 1.209.852-PR, rel. Min. Rogério Schietti, *DJe* 2.2.2016). No homicídio, a qualificadora de ter sido o delito praticado mediante paga ou promessa de recompensa é circunstância de caráter pessoal e, portanto, incomunicável. É nula a pronúncia que acolhe a comunicabilidade de circunstância pessoal e deixa de motivar concretamente a admissibilidade das qualificadoras (STJ, HC 15.184/PI, j. 16.8.2001, DJU 24.9.2001, p. 232, *in Bol. IBCCr* 110/577). Afasta-se da pronúncia a qualificadora do motivo torpe, sendo incomunicável por ser circunstância de caráter pessoal (TJMG, Ap. 10005150017308001, publ. 7.2.2020). *Vide*, também, jurisprudência no art. 121 do CP.

CASOS DE IMPUNIBILIDADE

Art. 31. O ajuste, a determinação ou instigação e o auxílio, salvo disposição expressa em contrário, não são puníveis, se o crime não chega, pelo menos, a ser tentado.

Casos de impunibilidade

- **Ajuste, determinação, instigação ou auxílio:** *Ajuste* é o acordo feito para praticar o crime. *Determinação* é a provocação para que surja em outrem a vontade de praticar o crime. *Instigação* é a estimulação da ideia criminosa já existente. *Auxílio* é a ajuda material, prestada na preparação ou execução do crime. Como se viu na nota à *tentativa* (CP, art. 14, II), é indispensável, para sua configuração, que o agente inicie a execução do crime. Coerentemente, este art. 31 deixa estabelecido serem *impuníveis* (atípicos) o ajuste, a determinação, a instigação e o auxílio, caso não chegue, pelo menos, a ser iniciada a execução do crime.

- **Hipóteses de impunibilidade:** A respeito deste art. 31, ressalvado que à época a lei não fazia distinção entre coautoria e participação, são ainda válidas as tradicionais *três hipóteses* formuladas por Hungria (*Comentários ao Código Penal*, 1978, v. I, t. II, pp. 435-436):

- 1ª O fato é impunível: Quando "o arrependido é o designado executor, e não inicia a execução do crime projetado, ou é um partícipe, vindo este a impedir (por qualquer meio) que a execução se inicie".

- 2ª Há desistência voluntária ou arrependimento eficaz: Se o "arrependido é o executor e, já iniciada a execução, desiste da consumação ou impede que o resultado se produza"; ou "é um partícipe que alcança evitar (por qualquer meio) seja atingida a *meta optata*".

- 3ª Não há isenção: Quando "o arrependido é o partícipe, e resulta inútil o seu esforço para impedir a execução ou a consumação".

Punição dos atos preparatórios (tipos penais que antecipam a intervenção penal)

- **História do perene avanço do Direito Penal sobre os atos preparatórios:** Na antiguidade, na época da Lei de Talião, só havia punição do crime consumado; a partir de determinado momento, notadamente para o crime de envenenamento, já em Roma passou-se a punir a tentativa com a *Lex Cornelia de sicariis et veneficis* (81 a.C.) (*vide*, a respeito, nota *História da punição da tentativa* que redigimos nos comentários ao art. 14, II). Todavia, quando se tratasse de crimes que atentavam o próprio sistema de poder da época, ou seja, *criminis* de *lesa majestade*, admitia-se excepcionalmente a punição até mesmo dos atos preparatórios. A regra, porém, nos estatutos dos diversos que vigoraram até a alta Idade Média era a punição da tentativa, Lembrando Vincenzo Cavallo (ob. cit., p. 25) o chamado *Código Giuseppino*, que estabelecia em seu § 9: "O simples atentado de uma ação criminal se torna delito, tão logo o mal intencionado tiver começado a execução do mal, manifestando sua vontade com algum sinal ou ato externo, apesar do fato permanecer não executado por acaso ou outro impedimento superveniente" (livre tradução). Já no século XIX, Günter Jakobs, discorrendo sobre sua tese do *Direito Penal do Inimigo*, relata que na Alemanha, o Código Penal prussiano de 1851 e o Código penal do *Reich* de 1871, não previam punição para os atos isolados de preparação de um delito até quando surgiu um fato de especial gravidade. Segundo narra Jakobs, um cidadão belga de nome Duchesne teria se oferecido a instituições eclesiásticas estrangeiras (para o provincial dos jesuítas na Bélgica e para o Arcebispo de Paris) para, mediante paga, matar Otto von Bismarck, chanceler do *Reich*. Esse fato teria levado a uma reforma da legislação penal para incluir a punição de *atos preparatórios* de crimes gravíssimos com pena de prisão de três meses a cinco anos, e de crimes menos graves com punição de prisão até dois anos. Posteriormente, em 1943, houve nova alteração legislativa, em que "se agravou o preceito (...) vinculando a pena à correspondente ao fato planejado", de modo que "o delito contra a segurança pública se converteu em uma verdadeira punição de atos preparatórios, e esta modificação não foi revogada até hoje" (Derecho Penal del Ciudadano y Derecho Penal del Enemigo" (*in Derecho Penal del Enemigo*, em coautoria com Manuel Cancio Meliá, Madri, Thomson/Civitas, 2003, pp. 48 e 49).

- **A ressalva do art. 31 do CP no Brasil, atualmente:** Esse fenômeno ampliativo, que sempre esteve presente na história, já encontrava exemplos, no Brasil, há tempos. No atual CP, desde 1941 lembramos a punição de *condutas* que configuram instigação ou auxílio a suicídio (CP, art. 122), incitação ao crime (CP, art. 286), possuir petrechos para a falsificação de moeda (CP, art. 291) e associar-se com mais de três pessoas para o fim de cometer crimes (CP, art. 288). Mais recentemente, a *determinação, o ajuste, a instigação* e o auxílio são, em si, figuras típicas, bem como a promoção, constituição, financiamento ou integração de organização criminosa, independentemente da prática de qualquer crime visado pela *organização* (art. 2º da Lei n. 12.850/2013) e, de forma expressa, a punição a quem "*realizar atos preparatórios* de terrorismo com o propósito inequívoco de consumar tal delito", "recrutar, organizar, transportar ou municiar indivíduos que viajem para país distinto aquele de sua nacionalidade" ou "fornecer ou receber treinamento em país distinto daquele de sua residência ou nacionalidade" com o "propósito de praticar atos de terrorismo" (art. 5º da Lei n. 13.260/2016).

- **Reflexão:** Com ênfase no chamado "direito penal do risco", de índole *pragmática* e *funcionalista*, a intervenção penal tem sido cada vez mais antecipada, não só para crimes gravíssimos como o terrorismo, mas também para outros delitos. Busca-se evitar não só a consumação do crime, mas a própria tentativa. Com essa forma de conceber a Teoria do Delito, aumentam-se as hipóteses de *crimes de perigo concreto, abstrato-concreto e abstrato* ou *presumido*, tendo como consequência uma hipertrofia do Direito Penal que, por vezes, contrasta com o princípio da intervenção mínima segundo o qual a punição criminal há que ser entendida como *ultima ratio*, aplicável somente quando outros ramos do Direito, como o civil e o administrativo, não sejam suficientes para a tutela de determinado bem jurídico, essencial à vida em sociedade. *Vide*, a respeito, as *Notas Introdutórias* no início desta obra, sob a rubrica *Razão, Humanismo e Princípio da Intervenção Mínima (fragmentariedade, subsidiariedade e necessidade, proibição do excesso ou proporcionalidade)*.

Jurisprudência

- **Atos preparatórios:** Os atos simplesmente preparatórios, previstos no art. 31 do CP, são penalmente irrelevantes (TACrSP, *RT* 621/323).

- **Impunibilidade do ajuste:** Não tendo o homicídio ajustado sequer sido tentado, impunível a conduta (TJRS, Ap. 70071762850, *DJ* 9.4.2018). Não comete crime quem, tendo participado de ajuste para a sua prática, desiste e retira-se antes do início (TACrSP, RvCr 152.694, *mv*, j. 17.12.1986).

Título V
DAS PENAS

Capítulo I
DAS ESPÉCIES DE PENA

Art. 32. As penas são:
I – privativas de liberdade;
II – restritivas de direitos;
III – de multa.

A pena e suas espécies

■ **A pena e a função do Direito Penal:** A função e a razão de ser da pena encontram-se umbilicalmente vinculadas à função e à razão de ser do Direito Penal, como instrumento excepcional e subsidiário de *controle social*, reafirmando valores e buscando conter impulsos egoísticos, vinculados ao prazer e ao poder, que estão presentes em todo ser humano, e que, *para a grande maioria das pessoas*, já são espontaneamente contidos por uma adequada formação de sua personalidade. Pessoas que, em toda sua vida, muito provavelmente jamais cometeriam um crime, independentemente da existência da ameaça de punição pelo Estado. Daí ser a *prevenção*, com a formação de cidadãos cônscios de suas responsabilidades, e com perspectiva de realização de seus sonhos mediante educação e oportunidades, a melhor política criminal. Mediante o Direito Penal punem-se, excepcionalmente, condutas desviantes dos padrões de uma determinada sociedade, em certo momento histórico, que sejam consideradas as *mais graves*, visando proteger bens considerados essenciais à vida harmônica em sociedade. A punição estatal, desse modo, cumpre uma função notadamente *integradora* da sociedade, no sentido de que os cidadãos que contém os seus impulsos e respeitam as leis sentem-se coesos, unidos pelos valores acatados, restando legitimada a própria existência do Estado, mediante a punição daqueles que violam as normas, em prol da harmonia social. Sociedade, esta, que pressupõe igualdade de direitos e respeito ao próximo em sua mais ampla acepção, fomentando-se o desenvolvimento de cada um dos seres humanos que a integram em sua plenitude. Na clássica lição de Montesquieu, "a liberdade é o direito de fazer tudo o que as leis permitem; se um cidadão pudesse fazer tudo o que elas proíbem, não teria mais liberdade, porque os outros também teriam tal poder" (*Do Espírito das Leis*, Livro XII, *Das leis que formam a liberdade política na sua relação com o cidadão*, Capítulo 2). Todavia, o Estado necessita de *limites* diante do valor da *dignidade humana*. Daí Montesquieu ressaltar a necessidade da *tutela da liberdade dos cidadãos perante o próprio Estado*, característica dos Estados Democráticos de Direito atuais, por meio do reconhecimento dos direitos fundamentais do cidadão, defendendo a tripartição dos poderes para evitar-se a criação de leis tirânicas. Ou seja, a liberdade não só em relação ao próximo, mas também em relação ao próprio Estado. A partir do momento que o Estado assumiu para si o monopólio da violência (salvo casos especialíssimos a exemplo da legítima defesa e do estado de necessidade dos arts. 23, I e II, 24 e 25 do CP, e de alguns poucos previstos no Código Civil como o do possuidor ou proprietário de um bem ter o direito de imediatamente expulsar quem entre em sua propriedade, mediante os meios necessários previsto no seu art. 1.210, § 1º), é vedada a "justiça de mão própria", sendo terminantemente proibidos os "linchamentos" populares, lembrando-se as remotas práticas de "duelo" e da *faida* como ocorria entre os povos germânicos da Idade Média (cf. nossa introdução histórica ao Direito Penal, no início desta obra). Em suma, ainda que de forma paradoxal, o Estado, para garantir a liberdade dos cidadãos (o valor supremo da sociedade política é a liberdade), há que possuir poder de coação em face daquele que violar a lei penal previamente estabelecida, lesionando ou concretamente ameaçando bens ou interesses jurídicos, essenciais para a vida em comum. Assim é que na Declaração dos Direitos do Homem e do Cidadão de 1789, a tutela da liberdade constitui o fim e o fundamento da sociedade política. Daí com razão CLAUS ROXIN ao dizer que a missão do Direito Penal é a de "servir à proteção subsidiária de bens jurídicos e com isso o livre desenvolvimento do indivíduo, assim como a manutenção de uma ordem social baseada neste princípio" (*Derecho Penal – Parte General*, 2ª ed., Madrid, Civitas, 1997, p. 81). De qualquer forma, uma vez cometido o crime, não se volta no tempo, como lembra o grande jurista GIORGIO DEL VECCHIO: "cada delito cometido é, a rigor, qualquer coisa de irreparável" (*La Giustizia*, Roma, Studium, 1946, p. 197). A matéria, todavia, não é pacífica, em razão do que elencamos, abaixo, as diversas teorias acerca dos fins da pena.

- "Justiça Restaurativa": *Vide* nota no art. 43 do CP.

- A pena como retribuição: O sentimento de vingança, de retribuição do mal pelo mal, encontra raízes no âmago do ser humano, uma característica atávica, algo que passa de geração em geração como um instinto. Aliás, segundo pesquisa publicada na renomada revista *Science Magazine*, de autoria de DOMINIQUE DE QUERVAIN, da Universidade de Zurique, em 27 de agosto de 2004 (www.sciencemag.org), "os experimentos apoiam nossa hipótese de que as pessoas obtêm satisfação da punição e são recompensadas por suas ações"; daí, talvez, a vingança trazer para muitos um sentimento de satisfação, de alívio, de "justiça realizada". Como exemplos, lembramos na antiguidade a *Lei de Talião* do "olho por olho, dente por dente, pé por pé" prevista tanto no Código do Rei Hamurabi (2285-2242 antes de Cristo) quanto na Lei Mosaica (Êxodo, Cap. XXI, Levíticos, Cap. XXIV; e Deuteronômio, Cap. XIX) (cf. VINCENZO CAVALLO, *Il Delitto Tentato*, Napoli, ed. Jovene, s/d, mas após 1934, pp. 2 a 27). Também a vingança privada (*faida*) dos primórdios do Direito Penal germânico, que foi substituída pela atuação estatal, vedando-se a justiça de mão própria. A tônica da histórica retribuição vingativa, assim, tem *cunho individualista entre a vítima e seus familiares* e o *agressor*. Ela gerava, inexoravelmente, uma *escalada* da violência, pois qualquer que fosse a punição do agressor, ela jamais seria suficiente aos olhos da vítima e seus familiares, mesmo porque há crimes como o homicídio e o estupro que são *irreparáveis*, não se podendo voltar no tempo. Não obstante já no século III antes de Cristo tenha-se buscado impor *limites* à retribuição na *Lei de Talião*, como escreve KLAUS GÜNTER na grande maioria dos casos a retaliação *jamais* é feita em proporção idêntica à da ofensa, havendo uma *escalada* de violência pois aquele que é submetido à retaliação, ou seus familiares, inexoravelmente tendem a se julgar "injustiçados" diante do abuso, partindo novamente à retaliação ("Crítica da Pena I", *in Teoria da Responsabilidade no Estado Democrático de Direito*, trad. por Flavia Portella Püschel e Marta Rodriguez de Assis Machado, Saraiva – Direito GV, 2009, pp. 54 e ss.). A partir do momento em que o Estado assume o monopólio da violência, passando a vítima ou seus familiares, com suas emoções e sofrimentos, a ter um papel subsidiário no processo criminal (quando muito figurando como Assistente do Ministério Público ou querelante nas poucas hipóteses de ação penal privada), a ideia de retribuição, atrelada historicamente à da *vingança intersubjetiva entre vítima e agressor*, é esvaziada. No processo penal, as partes em sentido material são o Estado (detentor do *ius puniendi*) e o acusado (que possui o *ius libertatis*); o Ministério Público, o Assistente da Acusação e o querelante são somente partes *em sentido processual*. A pena, sob a ótica de retribuição, assume um caráter *simbólico* para a vítima e seus familiares, embora seja nada simbólica, mas bem *real*, para o condenado que sofre a punição criminal. Na filosofia encontra apoio em KANT, para quem retribuição e justiça são inseparáveis, sendo a lei penal um imperativo categórico ("A Metafísica dos Costumes", 1798), e em HEGEL, ao defender que o delito é a negação do direito e a pena a negação desta negação ("Linhas Fundamentais da Filosofia do Direito", 1821), como anota CLAUS ROXIN (Derecho Penal, cit., p. 83). A punição como retribuição, seja como satisfação devida à vítima, seja como uma exigência decorrente da cólera da sociedade (cf., a propósito, PAUL RICOEUR, *Finitud y Culpabilidad*, trad. por Cecilio Sánchez Gil, Madrid, Taurus, 1969, p. 381) assume, em razão de sua natureza, *caráter absoluto*, sem função social qualquer.

- **Crítica ao retributivismo:** Como observamos acima, a concepção da pena como retribuição é ínsita ao desejo de vingança, seja como satisfação ao sentimento de revolta da vítima ou seus familiares (caso não tenham em seu íntimo perdoado o autor da infração penal), seja como satisfação em razão da cólera da sociedade, algo absolutamente fluido, subjetivo e carregado de emoções. O sentimento de vingança é, de fato, uma das reações menos nobres do ser humano a ponto da vingança poder ser considerada, dependendo da razão que a originou, até mesmo motivo torpe no crime de homicídio (TJSP, *RJTJSP* 78/393; TJSC, *RT* 781/677), que é uma das suas qualificadoras (CP, art. 121, § 2º, II). A nosso ver, ter como fundamento absoluto da pena a retribuição do mal causado (o delito) com um outro mal (a inflição da pena) – o que, como visto na rubrica acima, é algo praticamente atávico do ser humano –, sem nenhuma perspectiva de *função social* da punição, afigura-se, cada vez mais, teoricamente insustentável, por diversas razões. A primeira, como já referido, é a de que o sentimento de vingança está longe de ser um sentimento nobre, sendo a compaixão e o perdão virtudes humanas. Lembramos, aqui, o gesto do Papa João Paulo II ao perdoar publicamente o autor do atentado contra a sua vida. A segunda razão é a de que a vingança é sempre algo personalíssimo (lembrando-se a antiga *faida*), vinculado a um sentimento íntimo da vítima e de seus familiares, jamais do Estado (cf., p. ex., a relevância do perdão da vítima nos crimes de ação penal privada). Ademais, falar em vingança em face da cólera da sociedade é algo que, como dito, não se sustenta diante da volatilidade do conceito e dificuldade de aferição do que seria a "cólera social". A terceira, por ser a retribuição, nas palavras de Claus Roxin, insustentável diante da finalidade do Direito Penal de tutelar a vida harmônica em sociedade, isto é, com fins sociais: "O Estado, como instituição humana, não é capaz de realizar a ideia metafísica de justiça nem está legitimado para tanto. A vontade dos cidadãos o obriga a assegurar a convivência do homem em paz e em liberdade; está limitado a esta tarefa de proteção. A ideia de que se pode compensar ou suprimir um mal (o delito) causando outro mal adicional (o do sofrimento da pena) só é suscetível de uma crença ou fé, a de que o Estado não pode obrigar a ninguém desde o momento em que já não recebe seu poder de Deus, senão do povo" (*Derecho Penal*, cit., p. 84). Daí a ferrenha crítica desse autor à teoria unificadora (adotada por nosso CP), ao considerar a retribuição um dos fundamentos da pena. Para Roxin (ob. cit., pp. 99-100), a pena há de ter, exclusivamente, fins de prevenção geral e de prevenção especial, cujos argumentos são respeitáveis. Por fim, e acompanhando em boa parte o pensamento de Roxin, a nosso ver a vingança (que é a essência do retributivismo) é um sentimento que não deve ser nutrido pelo Direito Penal. A vítima e seus familiares estão proibidos de usar de violência para se vingar do agressor; e o Estado, ao impor a pena, não deve exercer vingança nenhuma; ela necessita ser *socialmente útil*. Todavia, embora pertinentes as críticas, não se pode esquecer que a pena, como retribuição do mal causado com outro mal imposto pelo Estado ao criminoso, traz em si dois aspectos muito importantes e válidos: (a) A ideia de *limitar* a resposta penal em termos de *proporcionalidade* entre a gravidade do crime e a medida da resposta penal. (b) Demonstra à sociedade que embora os cidadãos estejam destituídos do poder de agredir aquele que cometeu um crime contra eles, de realizar de "mão própria" a ideia subjetiva de "justiça", o Estado se faz presente, empregando contra o criminoso a violência que foi tolhida do cidadão. (c) Há uma *legitimação* da razão de ser do próprio Estado, havendo uma mensagem simbólica à sociedade de que houve uma injustiça, ocorreu uma grave conduta violadora das normas impostas, há um culpado e o Estado está presente ao punir o criminoso.

- **A pena como prevenção especial:** Analisando a filosofia grega, Paul Ricoeur (*Finitud y Culpabilidad*, cit., pp. 380-381) observa, ao tratar da culpabilidade e da medida da pena, que "o verbo ||L⟨/Σ⟩ que designa repressão da sociedade, e que por isso mesmo decorre da cólera social, terminou por significar na época clássica grega a pena corretiva com seu duplo sentido: o que se refere à natureza da sanção – o verbo ||L⟨/Σ⟩ denota a punição moderada, como a que inflige um pai de família, e que pode oscilar desde a flagelação à briga – *e a que afeta a intenção: a qual concede mais importância à ideia de emenda que a de vingança*". É sabido o que disse Platão a este propósito em Protágoras e em Gorgias: "... nenhum homem sensato castiga porque pecou, senão para que não se peque ('nemo prudens punit, quia peccatum est, sed ne peccetur')". Na época do Iluminismo, como pudemos observar no início dos nossos comentários ao CP, FRANZ VON LISZT buscou desenvolver uma *nova política criminal* voltada para *os fins do Direito*, ou seja, *a proteção dos interesses* mais relevantes da sociedade, afastando "a velha 'repressão' (*Bestrafung*)", substituindo-a pela "'luta contra o delito', e suas causas". Política criminal que, segundo LISZT, há que se deter diante da fortaleza inexpugnável das conquistas revolucionárias (liberais): "A segurança geral não pode atacar a essência constitucional da segurança individual: *a liberdade.* O Direito Penal – filho da Política – as consagra. Como o Direito Penal, a política criminal tem, pois, os seus limites: 'o Direito Penal é a barreira intransponível da política criminal'" (*Tratado...*, cit. v. II, pp. 64-65). Nas palavras de CLAUS ROXIN, a prevenção especial pode atuar de três formas: "*assegurando*, com a prisão, a comunidade diante dos delinquentes; *intimidando* o autor, por meio da pena, para que não cometa futuros delitos; e *preservando-o* da reincidência mediante a sua correção" (*Derecho Penal*, cit., pp. 86-88). Tem-se, assim, a ideia de prevenção especial *negativa* (na qual o agente avaliaria "racionalmente" o "custo-benefício" entre a prática do crime *versus* a probabilidade e severidade da punição) e *positiva* (consistente na ressocialização, no arrependimento, na alteração de padrões comportamentais). Como lembra o eterno Mestre VON LISZT (ob. e p. cits.), contudo, o defeito mais grave em se adotar *exclusivamente* a teoria da prevenção especial é que ela levaria a penas sem limite de duração, já que restaria o condenado preso "o tempo necessário até que estivesse ressocializado", tendo por fundamento a sua *periculosidade*, o que é algo subjetivo e de difícil avaliação sem a pessoa ser posta em liberdade. Ademais, há sempre a questão de o ambiente carcerário ser desfavorável à ressocialização quando dominado por facções criminosas ou encontrar-se em situação degradante ao condenado, bem como o desafio da ressocialização de criminosos envolvidos com crimes mais graves, como o terrorismo, ou reincidentes em delitos de natureza sexual. Por outro lado, lembra ainda ROXIN que a Constituição alemã, em seu art. 1º, I, "proíbe uma educação forçosa em qualquer caso porque afeta o núcleo intocável da personalidade de um adulto", o que poderia ser entendido como um obstáculo à ideia de "ressocialização", tendo o Tribunal Constitucional alemão assentado que "não é missão do Estado 'corrigir' seus cidadãos". Sob essa ótica, todo ser humano tem o livre-arbítrio, arcando, evidentemente, com as consequências de suas opções. É por isso que a ressocialização, a nosso ver, há que ser obtida mediante estímulo positivo ao condenado, oferecendo-lhe benefícios como o da progressão do regime de cumprimento de pena e do livramento condicional. ROXIN (ob. cit., p. 88) observa, ainda, que na América e em países escandinavos já existe tendência de abandonar a ressocialização, consagrando as teorias da retribuição e da prevenção geral, o que, a nosso ver, seria um retrocesso sem precedentes. Com efeito, a ressocialização daquele que infringiu a lei penal, que é o meio para a sua reintegração social, é o maior mérito do Direito Penal, ainda que muitos entendam ser esse ideal utópico. O dia em que o ceticismo dominar os nossos espíritos, e deixarmos de acreditar no potencial de todo ser humano de se regenerar e viver de forma harmônica em sociedade, independentemente do crime que tenha cometido, o Direito Penal perderá o seu indispensável caráter humanista. Afinal, ainda que apenas uma pequena parcela dos condenados venha a se adequar às regras mínimas de convivência social, todo o esforço já terá sido válido, mesmo porque toda claridade começa com uma pequena luz... Como disse NELSON MANDELA, em sua autobiografia *Longo Caminho para a Liberdade*, "ninguém nasce odiando outras pessoas... as pessoas aprendem a odiar. Elas podem ser ensinadas a amar. Pois o amor chega mais naturalmente ao coração humano".

▪ **A pena como prevenção geral**: Ao tratarmos da Escola Clássica (*vide* nota *A Escola Clássica* no início dos comentários ao CP), fizemos referência ao espírito voltado ao direito natural, racional e liberal de ANSELMO FEUERBACH, na primeira metade do século XIX, consolidando a ideia da taxatividade da lei penal com a terminologia que conhecemos atualmente: *nulla poena sine lege* (cf. FRANCESCO ANTOLISEI, *Manuale di Diritto Penale – Parte Generale*, 30ª ed., atualizada por Luigi Conti, Milano, Giuffrè, 1994, p. 62). A FEUERBACH, contudo, coube mais. É dele o embrião da doutrina segundo a qual a pena não deve atuar especificamente sobre o condenado, mas genericamente sobre a sociedade, escrevendo esse autor: "Todas as infrações têm o fundamento psicológico de sua origem na sensualidade, até o ponto em que a faculdade de desejo do homem é incitada pelo prazer da ação de cometer o fato. Este impulso sensitivo pode suprimir-se ao saber cada qual que com toda segurança seu fato irá ser seguido de um mal inevitável, que será maior que o desagrado que surge do impulso não satisfeito ..". E complementa: como a lei deve intimidar a todos os cidadãos, ainda que a pena deva ser executada a quem infringiu a lei penal, o fim último da aplicação da pena é assim mesmo "a mera intimidação dos cidadãos por meio da lei". Tem-se, assim, uma dúplice vertente da prevenção geral: uma *negativa*, isto é, servindo de contraestímulo, de inibição do impulso violador de bens jurídicos protegidos pela lei penal; outra *positiva*, reafirmando-se à sociedade os seus valores, mediante a efetividade do sistema penal, o que tem um efeito pedagógico, um efeito de conferir à população a necessária confiança no Poder Judiciário e nas suas instituições, e um efeito pacificador, já que a aplicação da lei penal a quem cometeu crimes tranquiliza a consciência jurídica geral (cf., igualmente, ROXIN, ob. cit., pp. 80-92).

- **Crítica à pena como prevenção geral:** Não podemos deixar de consignar, aqui, a crítica que EUGÊNIO RAUL ZAFFARONI e JOSÉ HENRIQUE PIERANGELI, ao defenderem a *prevenção especial* como função da pena, fazem ao entendimento de que a pena tenha como função *exclusiva* a *prevenção geral*, isto é, uma função unicamente simbólica, coisificando o ser humano: "Será irracional e antijurídica, porque se vale de um homem como instrumento para a sua simbolização, o usa como um meio e não como um fim em si, 'coisifica' um homem, ou, por outras palavras, desconhece-lhe abertamente o caráter de pessoa, com o que viola o princípio fundamental em que se assentam os Direitos Humanos" (*Manual de Direito Penal Brasileiro – Parte Geral*, São Paulo, Revista dos Tribunais, 1997, pp. 107-108).

- **Pena como simples afastamento social do sujeito para a *segurança da sociedade***: Com caráter da *antiga Escola Positiva*, em que são traçados perfis de periculosidade e de um direito penal "do autor", existe o entendimento simplista de que a pena privativa de liberdade teria o seu verdadeiro sentido no fato de se excluir a "pessoa perigosa" do convívio social, garantindo segurança à sociedade na medida em que, preso, não conseguiria cometer novos delitos. Esse tipo de abordagem incentiva períodos de encarceramento mais e mais longos em razão de características pessoais comportamentais, sendo fundamento da prisão perpétua. Todavia, em um Estado Democrático de Direito como o brasileiro, em que a Constituição proíbe a perpetuidade da punição, o caráter da *prevenção especial* consistente na ressocialização do condenado *jamais* poderá ser abandonado. Ademais, não se pode, de modo algum, abandonar a *proporcionalidade* entre o crime cometido e a punição, vinculada ao fundamento também *retributivo* da sanção penal.

- **O caráter *integrador da sociedade* pela pena:** Em interessantíssimo artigo, cuja leitura recomendamos a todos, KLAUS GÜNTER ("Crítica da Pena I", cit., pp. 71 a 73) chama atenção para o pensamento do sociólogo francês EMILE DURKHEIM, constante de sua obra *A Divisão do Trabalho Social*, ao questionar o porquê de a sociedade sempre clamar por maiores punições, não obstante o fato de que a pena "não serve, ou serve apenas de modo secundário, à correção do culpado ou à intimidação de possíveis imitadores", sendo a sua eficácia "duvidosa e em todo caso módica". Em resposta, após lembrar a grande maioria dos cidadãos não precisa da ameaça do direito penal para respeitar as regras sociais, DURKHEIM afirma que a verdadeira função da pena "é manter a coesão social, na medida em que conserva a plena vitalidade da consciência coletiva"; quando há punição de um criminoso, os demais cidadãos que são cumpridores da lei identificam-se mutuamente. KLAUS GÜNTER observa que com a punição os cidadãos seriam *treinados a confiar nas normas, a respeitá-las e aceitar as consequências advindas de sua violação*, gerando estabilidade social. Afirma que "o crime é decididamente necessário para a integração da sociedade, já que é apenas por meio do teatro penal que ela consegue reativar e reestabilizar constantemente sua própria consciência coletiva. Caso contrário, as normas e valores comuns cairiam no esquecimento, tornar-se-iam frágeis, individualizados e privatizados e sua influência na determinação de comportamentos tornar-se-ia cada vez mais fraca. Ao final haveria risco de desintegração da sociedade" ("Crítica da Pena I", cit., pp. 71 a 73).

- **Reflexão acerca do caráter metafísico da punição**: Ao punir o *homicídio culposo*, o Código Penal prevê, em seu art. 121, § 5º, a hipótese de *perdão judicial* "se as consequências da infração atingirem o próprio agente de forma tão grave que a sanção penal se torne desnecessária". No Código Penal alemão, dispositivo semelhante, aplicável para crimes leves, está previsto em seu § 60: "A Corte dispensará a imposição de pena se as consequências do crime sofridas pelo ofensor são tão sérias que a imposição de penalidades é claramente inapropriada. Isso não se aplica nos casos de condenado a pena de prisão superior a um ano pelo crime". Em outras palavras, *"se o destino puniu"* o autor do crime, *a sanção do Direito Penal,* imposta pelos homens, com caráter humanitário, é dispensada e, portanto, desnecessária para esses crimes. De forma instigante, a reflexão filosófica de KLAUS GÜNTER: "Se ocorre uma *poena naturalis*, renunciamos à pena aplicada pelos homens. (...) Nesse caso, a necessidade de punição seria o último resto de metafísica que carregamos conosco no mundo moderno" ("Crítica da Pena I", cit., pp. 92).

- **Justiça Restaurativa**: Ao contrário do que sucede com a *Justiça* Penal convencional, também chamada de *Justiça Retributiva*, em que a principal meta é a punição do autor do crime, na chamada *Justiça Restaurativa*, o objetivo é a restauração dos danos causados pelo delito, com a responsabilização (e não punição) do infrator e aumento do protagonismo da vítima, sobretudo através do diálogo e busca de um consenso, tudo num procedimento que não é obrigatório, mas voluntário. Com o advento da Lei 9.099/95, alguns paradigmas da justiça penal foram quebrados – como é o caso do princípio da obrigatoriedade ou compulsoriedade da ação penal – marcando-se o surgimento da *Justiça Consensual* no processo penal brasileiro, de que são exemplos os institutos da composição civil e da transação penal, o acordo de não persecução penal, e a suspensão condicional do processo. Outro exemplo de *Justiça Consensual Penal* no Brasil é a colaboração premiada, ou seja, um *"negócio jurídico processual e meio de obtenção de prova"* (art. 3º-A da Lei n. 12.850, com redação dada pela Lei n. 13.964/2019), pelo qual o juiz poderá (i) conceder o perdão judicial, (ii) reduzir em até 2/3 (dois terços) a pena privativa de liberdade ou (iii) substituí-la por restritiva de direitos, desde que cumpridos os requisitos legais. Em 2015, seguindo a tendência mundial de autocomposição dos conflitos e solução dialógica das controvérsias, surge a *Lei da Mediação* (Lei n. 13.140, de 26.6.2015), em que um terceiro imparcial (mediador), sem poder decisório, escolhido e aceito voluntariamente pelas partes, auxilia e estimula a solução consensual da controvérsia. Vale lembrar que o Código de Processo Civil prevê que o juiz, assim que receber a petição inicial, e não sendo o caso de improcedência liminar do pedido, designará audiência de conciliação e mediação (art. 334). Pois bem, diante de todo esse atual cenário, que estimula a autocomposição dos conflitos, tanto na área penal quanto na área cível, a *Justiça Restaurativa* surge como um novo paradigma, um novo olhar para o fenômeno do crime e do processo, contrário ao que se pratica na chamada *Justiça Retributiva*, modelo que ainda vigora em nosso sistema. Embora os fundamentos da *Justiça Retributiva* sejam ancestrais, e, via de regra, as práticas antecedem, em muito, a teoria e os registros, os autores geralmente fixam como marco de sua origem o ano de 1974, no Canadá, tendo surgido diante de necessidades práticas para solucionar casos de adolescentes infratores, sendo depois adotada em outros países, tais como Austrália, Nova Zelândia, Bélgica, Estados Unidos e Canadá (ACHUTTI, DANIEL. *Justiça Restaurativa e Abolicionismo Penal: contribuições para um novo modelo de administração de conflitos no Brasil*. 2ª Ed. São Paulo: Saraiva, 2016; ZEHR, HOWARD. *The little book of Restorative Justice*. New York: Good Books, 2014). A *Justiça Restaurativa*, enfim, procura fornecer uma lente alternativa para pensar sobre crime e justiça, com uma visão diversa da denominada *Justiça Retributiva*, que é a justiça penal convencional conhecida entre nós (ZEHR, ob. cit.; SCURO, Pedro. Latin America. Regional Reviews. The Global Appeal of Restorative Justice. Handbook of Restorative Justice. Edt. by Gerry Johnstone and Daniel W. Van Ness. Devon (UK) & Oregon (USA): Willan, 2007). É importante ressaltar que a *Justiça Restaurativa* não se limita a infrações praticadas por adolescentes ou a crimes de menor ou médio potencial ofensivo, previstos na Lei n. 9.099/95, mas tem aplicação em todo e qualquer tipo de crime ou ofensa, ainda que graves ou praticados mediante violência ou grave ameaça. Em virtude do avanço dos estudos da criminologia crítica, em 1990, e com a chamada "criminologia da integração", o convite da *Justiça Restaurativa* é para que se olhe o crime como "um acontecimento global", que não diz respeito somente à pessoa do infrator, sendo "um fenômeno complexo", de múltiplas causas e consequências, que exige o desenvolvimento de um pensamento diferente daquele que vem sendo praticado na *Justiça Retributiva*, isto é, um "novo olhar integrativo" (ZEHR, 2014). Nesse novo contexto, ao contrário de se buscar, a todo custo, a punição do autor do delito, almeja-se a sua responsabilização, com foco, sobretudo, no atendimento das necessidades da vítima (*v.g.*, a reparação dos danos), mas também sem desmerecer as necessidades do autor do delito e de todos os que de alguma forma foram afetados pelo evento danoso, sejam eles familiares ou mesmo a própria comunidade. Ao contrário do que ocorre na *Justiça Retributiva*, em que a vítima praticamente é ignorada, sendo muitas vezes ouvida apenas para fazer prova contra o acusado, na *Justiça Restaurativa* pretende-se a abertura do diálogo, com a efetiva participação da vítima e de todos os envolvidos. Busca-se a compreensão do que ocorreu, como ocorreu, por que ocorreu, e como podemos restaurar os danos oriundos da prática delitiva. Com o apoio dos facilitadores e uso de técnicas específicas, na *Justiça Restaurativa* todos os participantes do processo têm a possibilidade de se manifestar livremente, dizer como se sentem e o que precisam, permitindo-se atingir resultados restaurativos jamais imaginados na Justiça penal tradicional. Em 2016, o Conselho Nacional de Justiça (CNJ), baseado nas recomendações da ONU para fins de implantação da *Justiça Restaurativa* nos Estados membros (Resoluções 1.999/26, 2.000/2014 e 2.002/2012) editou a Resolução 225, que dispõe sobre a Política Nacional de Justiça Restaurativa no âmbito do Poder Judiciário. No TJSP, a implementação da JR nas varas da infância e da juventude encontra-se regulamentada tanto na Corregedoria Geral de Justiça (Provimento CGJ 35/2014) quanto no Conselho Superior da Magistratura (Provimento CSM 2.416/2017). A Resolução 225 também instituiu o Comitê Gestor de JR através do CNJ (art. 27). Em 2019, o CNJ, considerando (i) o aumento acelerado da taxa de encarceramento, (ii) o reconhecimento pelo STF na ADPF 347 de que o sistema penitenciário nacional se encontra em "estado de coisas inconstitucional", (iii) o Acordo de Cooperação Técnica 6/2015, celebrado entre o CNJ e o Ministério da Justiça, editou a Resolução 288, que estabeleceu como política institucional do Poder Judiciário a promoção e aplicação de "alternativas penais", com enfoque restaurativo, em substituição à privação de liberdade. Dentre essas "alternativas penais", encontram-se: o acordo de não persecução, a transação penal e a suspensão condicional do processo; a conciliação, mediação e técnicas de justiça restaurativa e as medidas protetivas de urgência. Embora já existam algumas iniciativas legislativas no Brasil acerca da *Justiça Restaurativa*, que, por exemplo, se tornou política pública municipal em Santos/SP (Lei Municipal 3.371/2017),São Vicente/SP (Lei Municipal 3.658-A/2017) e Santa Maria/RS (Lei Municipal n. 6.185/2017), como forma de solução de conflitos em escolas públicas e na administração pública, e embora também já exista previsão legal para sua aplicação em casos que envolvem menores infratores (art. 35, III da Lei 2.594/2012 – Sinase), além de projetos de lei para inclusão da *Justiça Restaurativa* no Código de Processo Penal, a aplicação da *Justiça Restaurativa* no processo penal brasileiro, apesar de fortemente estimulada pelo CNJ, como visto, é ainda bastante reduzida, sobretudo em virtude da falta de previsão na legislação penal. Se a aplicação da *Justiça Restaurativa* no Brasil encontra total apoio do CNJ, que por sua vez embasou-se em Resoluções da ONU, a ponto de ter sido reconhecida como uma Política Nacional no âmbito do Poder Judiciário, não se deve negar esforços à efetiva aplicação da *Justiça Restaurativa* no processo penal brasileiro. Todavia é preciso atentar para que não ocorra uma banalização do novo instituto, a exemplo do que ocorre com a transação penal, em que o acusado, muitas vezes, comparece a audiências coletivas, sem a presença do Juiz e do Ministério Público, e, na presença de serventuários, se limita a "assinar um papel", desperdiçando-se oportunidade única de se aplicar as práticas e conceitos da *Justiça Restaurativa* no processo penal brasileiro. Aliás, nada impede, e tudo recomenda, que os juízes apliquem a *Justiça*

Restaurativa também nas audiências de transação penal (embora a proposta seja do Ministério Público para o acusado), conferindo-se maior efetividade e significado a esses acordos penais. É bem verdade que toda mudança causa certo desconforto e perplexidade aos operadores do Direito. Todavia, é justamente desta forma que os avanços ocorrem no sistema de justiça penal brasileiro, a exemplo do que sucedeu por ocasião do advento da Lei 9.099/95, das penas alternativas, das medidas cautelares diversas da prisão, da audiência de custódia, dentre outras significativas alterações legislativas, sendo todas mudanças que, no início, tiveram resistência, porém, depois, foram aceitas pela comunidade jurídica e pelos Tribunais. É o que se espera que ocorra, em breve, com a *Justiça Restaurativa* no âmbito no processo penal brasileiro (a presente nota foi extraída do artigo "A Justiça Restaurativa e o Acordo de Não Persecução Penal", de autoria de Fabio Machado de Almeida Delmanto, coautor deste *CP Comentado*, juntamente com Guilherme Augusto Souza Godoy e Amanda Castro Machado, integrantes da Comissão de Justiça Restaurativa da OAB/SP, gestão 2019/2021; artigo publicado no *Boletim IBCCRIM* n. 330 – Especial Lei Anticrime – maio 2020).

▪ **A posição do CP e da LEP:** O legislador de 1984 adotou a denominada teoria unitária, atribuindo à pena tríplice função: de retribuição, de prevenção especial e de prevenção geral, conforme observado nas notas anteriores. Com efeito, o art. 59 do CP é expresso em afirmar que a pena será estabelecida pelo juiz "conforme seja necessário e suficiente para a reprovação e prevenção do crime". A LEP, em seu art. 1º, faz expressa referência à *finalidade* do processo de execução, que é a reinserção social do condenado: "A execução penal tem por objetivo efetivar as disposições de sentença ou decisão criminal e proporcionar condições para a harmônica integração social do condenado e do internado". Pode-se afirmar, com Rogério Lauria Tucci (em suas aulas de pós-graduação na Faculdade de Direito da USP no segundo semestre do ano de 2006), que o objetivo do processo de execução penal é a ressocialização do condenado, a ser alcançada mediante a individualização da pena em um ambiente prisional saudável, com assistência social, assistência médica etc. Uma vez ressocializado, a finalidade da pena terá sido atingida: a reintegração social do condenado.

▪ **Postulados da sanção penal em um Estado Democrático de Direito:** Vistas as teorias acerca dos fins da pena, bem como a crítica ao retributivismo, é importante elencar alguns postulados da pena em um Estado Democrático de Direito:

▪ **a. Legalidade e anterioridade:** A pena deve ser prevista por lei vigente à data do fato, *inclusive quanto à execução* (cf. Américo A. Taipa de Carvalho, *Sucessão de Leis Penais*, Coimbra Editora, 1990, pp. 209-210), retroagindo só no que beneficiar o condenado (CR, art. 5º, II, XL e XXXIX; PIDCP, art. 15, n. 1; CADH, art. 9º; CP, arts. 1º e 2º, parágrafo único; LEP, art. 45).

▪ **b. Humanidade:** Com fundamento no valor da *dignidade do ser humano*, que exige respeito à integridade física, psíquica e moral da pessoa, incompatível com a imposição de tormentos insuportáveis (Stamatios Tzitzis, *Le Grandes Questions de La Philosophie Pénale*, 2ª ed., Buenos Books, Paris, 2007, p. 116), inadmitem-se penas de morte (salvo em caso de guerra *declarada*), perpétuas, de trabalhos forçados, de banimento, cruéis e desumanas ou degradantes (CR, arts. 1º, III, e 5º, III, XLVII e XLIX; PIDCP, arts. 7º e 10, n. 1; CADH, art. 5º, ns. 1 e 2; LEP, art. 40). Inaceitável, assim, o cumprimento de pena privativa de liberdade em estabelecimentos que não garantam um mínimo de condições humanitárias (LEP, arts. 41, 88 e 104). Sobre o flagrante desrespeito aos direitos humanos por nosso Estado na grande maioria das prisões brasileiras.

▪ **b1. Condenação do Brasil pela Corte Interamericana de Direitos Humanos – cômputo em dobro da privação de liberdade em estabelecimento degradante:** O Brasil foi condenado pela Corte Interamericana de Direitos Humanos, mediante Resolução de 22 de novembro de 2018, a computar "em dobro cada dia de privação de liberdade cumprido no IPPSC, para todas as pessoas ali alojadas, que não sejam acusadas de crimes contra a vida ou a integridade física, ou de crimes sexuais, ou não tenham sido por eles condenadas, nos termos dos Considerandos 115 a 130 da presente resolução". Trata-se do Instituto Penal Plácido de Sá Carvalho, que faz parte do Complexo Prisional de Gericinó, em Bangu, no Estado do Rio de Janeiro. A decisão da Corte foi adotada, em razão de os presos se acharem em situação degradante e desumana, com violação dos postulados da Convenção Americana sobre Direitos Humanos – Pacto de San José da Costa Rica, da qual o Brasil é signatário. Uma vez que o Brasil sujeitou-se à sua jurisdição, as decisões da Corte Interamericana de Direitos Humanos devem ser cumpridas, sendo defeso ao Poder Judiciário criar "modulações" para restringir o seu alcance. Esse foi o fundamento de histórica decisão do STJ, da relatoria do Min. Reynaldo Soares da Fonseca, proferida em 28.4.2021, nos autos do RHC 136.961 – RJ (2020/0284469-3), a qual, pela sua relevância, transcrevemos na íntegra: "Ao sujeitar-se à jurisdição da Corte IDH, o País amplia o rol de direitos das pessoas e o espaço de diálogo com a comunidade internacional. Com isso, a jurisdição brasileira, ao basear-se na cooperação internacional, pode ampliar a efetividade dos direitos humanos. As sentenças emitidas pela Corte IDH, por sua vez, têm eficácia vinculante aos Estados que sejam partes processuais, não havendo meios de impugnação aptos a revisar a decisão exarada. Em caso de descumprimento da sentença, a Corte poderá submetê-la à análise da Assembleia Geral da Organização, com o fim de emitir recomendações para que as exigências sejam cumpridas e ocorra a consequente reparação dos danos e cessação das violações dos direitos humanos. A supervisão de cumprimento de sentença ocorre pela própria Corte, a qual pode requerer informações ao Estado-parte, quando consideradas pertinentes. Essa característica deriva do princípio internacional do *pacta sunt servanda*. Isto é, parte-se da premissa que os Estados têm de cumprir suas obrigações e deveres de boa-fé ao assumirem a responsabilidade diante da comunidade internacional. Tal princípio evita que os Estados se eximam das obrigações adimplidas, perante o Direito Internacional, em razão de seu direito interno, o qual deve se coadunar com as resoluções e documentos internacionais dos quais faça parte. A propósito, o artigo 26 da CADH afirma que os Estados-partes se comprometem a adotar, tanto no âmbito interno quanto no internacional, as providências necessárias para conseguir o desenvolvimento progressivo e a plena efetividade dos direitos constantes da Carta da Organização dos Estados Americanos, inclusive para prevenir a violação dos direitos humanos. Portanto, a sentença da Corte IDH produz autoridade de coisa julgada internacional, com eficácia vinculante e direta às partes. Todos os órgãos e poderes internos do país encontram-se obrigados a cumprir a sentença. Sobre o tema vale destacar o art. 69 da CADH que afirma que a *'sentença da Corte deve ser notificada às partes no caso e transmitida aos Estados Partes na Convenção'*. Contudo, na hipótese, as instâncias inferiores ao diferirem os efeitos da decisão para o momento em que o Estado Brasileiro tomou ciência da decisão proferida pela Corte Interamericana, deixando com isso de computar parte do período em que o recorrente teria cumprido pena em situação considerada degradante, deixaram de dar cumprimento a tal mandamento, levando em conta que as sentenças da Corte possuem eficácia imediata para os Estados Partes e efeito meramente declaratório. De fato, não se mostra possível que a determinação de cômputo em dobro tenha seus efeitos modulados como se o recorrente tivesse cumprido parte da pena em condições aceitáveis até a notificação e a partir de então tal estado de fato tivesse se modificado. Em realidade, o substrato fático que deu origem ao reconhecimento da situação degradante já perdurara anteriormente, até para que pudesse ser objeto de reconhecimento, devendo, por tal razão, incidir sobre todo o período de cumprimento da pena. Nesse ponto, vale asseverar que, por princípio interpretativo das convenções sobre direitos humanos, o Estado-parte da CIDH pode ampliar a proteção dos direitos humanos, por meio do princípio *pro personae, interpretando a sentença da Corte IDH da maneira mais favorável possível aquele que vê seus direitos violados*. No mesmo diapasão, as autoridades públicas, judiciárias inclusive, devem exercer o controle de convencionalidade, observando os efeitos das disposições do diploma internacional e adequando sua estrutura interna para garantir o cumprimento total de suas obrigações frente à comunidade internacional, uma vez que os países signatários são guardiões da tutela dos direitos humanos, devendo *empregar a interpretação mais favorável a indivíduo*. Logo, os juízes nacionais devem agir como juízes interamericanos e estabelecer o diálogo entre o direito interno e o direito internacional dos direitos humanos, até mesmo para diminuir violações e abreviar as demandas internacionais. É com tal espírito hermenêutico que se dessume que, na hipótese, a melhor interpretação a ser dada, é pela aplicação a Resolução da Corte Interamericana de Direitos Humanos, de 22 de novembro de 2018 a todo o período em que o recorrente cumpriu pena no IPPSC. Ante o exposto, *dou provimento* ao recurso ordinário em *habeas corpus*, para que se efetue o cômputo em dobro de todo o período em que o paciente cumpriu pena no Instituto Penal Plácido de Sá Carvalho, de 09 de julho de 2017 a 24 de maio de 2019".

▪ **b2. Isonomia e aplicação da Resolução de 22 de novembro de 2018, da Corte Interamericana de Direitos Humanos, não só aos presos do Instituto Penal Plácido de Sá Carvalho, em Bangu – RJ, mas a todos os encarcerados que se encontram em situação idêntica à referida na condenação do Brasil:** Como sabemos, a situação *desumana* e *degradante* de grande parte das prisões brasileiras é de conhecimento do Conselho Nacional de Política Criminal e Penitenciária e do próprio Poder Judiciário. Inclusive, em 9.9.2015, o *Pleno* do STF, ao julgar a Medida Cautelar na Arguição de Descumprimento de Preceito Fundamental – ADPF n. 347/DF, publicada em 19.2.2016, assentou: – "Custodiado – Integridade Física e Moral – Sistema Penitenciário – Arguição de Descumprimento de Preceito Fundamental – Adequação. Cabível é a arguição de descumprimento de preceito fundamental considerada a situação degradante das penitenciárias no Brasil. Sistema Penitenciário Nacional – Superlotação Carcerária – Condições Desumanas de Custódia – Violação Massiva de Direitos Fundamentais – Falhas Estruturais – Estado de Coisas Inconstitucional – Configuração. Presente quadro de violação massiva e persistente de direitos fundamentais, decorrente de falhas estruturais e falência de políticas públicas e cuja modificação depende de medidas abrangentes de natureza normativa, administrativa e orçamentária, deve o sistema penitenciário nacional ser caraterizado como 'estado de coisas inconstitucional'. Fundo Penitenciário Nacional – Verbas – Contingenciamento. Ante a situação precária das penitenciárias, o interesse público direciona à liberação das verbas do Fundo Penitenciário Nacional. Audiência de Custódia – Observância Obrigatória. Estão obrigados juízes e tribunais, observados os artigos 9.3 do Pacto dos Direitos Civis e Políticos e 7.5 da Convenção Interamericana de Direitos Humanos, a realizarem, em até noventa dias, audiências de custódia, viabilizando o comparecimento do preso perante a autoridade judiciária no prazo máximo de 24 horas, contado do momento da prisão". Diante do princípio da *isonomia*, temos convicção de que o Poder Judiciário brasileiro deveria, até mesmo *ex officio* ou mediante provocação do Conselho Nacional de Política Criminal e Penitenciária (órgão que recebe denúncias e fiscaliza o Sistema Penitenciário) ou outra entidade, estender a aplicação da Resolução de 22 de novembro de 2018, da Corte Interamericana de Direitos Humanos, não só aos presos do Instituto Penal Plácido de Sá Carvalho, em Bangu – RJ, mas a todos os encarcerados que se encontram em situação idêntica à referida na condenação do Brasil.

▪ **b3. Monitoração eletrônica e superlotação carcerária:** A monitoração ou monitoramento eletrônico constitui importante instrumento de que pode o Estado se valer a fim de diminuir a vergonhosa superlotação carcerária que, há décadas, corrói todo o sistema de Justiça Criminal brasileiro. Foi introduzida pela Lei n. 12.258/2010, que alterou a LEP, nela incluindo os arts. 146-B, 146-C e 146-D, prevendo e disciplinando a monitoração eletrônica para condenados que já se encontram em regime semiaberto (CP, art. 34), impondo maior controle de suas atividades em meio livre, quando estiverem em prisão domiciliar ou gozando de saída temporária para trabalho ou estudo. Essa primeira lei, contudo, em *nada contribui* para o esvaziamento das prisões, uma vez que prevê o monitoramento para pessoas que *já tinham* o direito de estar fora das grades em situações específicas; traz maior controle, nada mais. A real possibilidade de se desafogar os cárceres brasileiros por meio da monitoração veio somente com a Lei n. 12.403/2011, que previu a possibilidade de monitoramento eletrônico como medida cautelar *alternativa à prisão provisória* (CPP, art. 319, IX), isto é, daqueles que não têm condenação transitada em julgado e que representam a grande massa carcerária.

- **c. Pessoalidade e individualização:** Ninguém pode ser punido por conduta alheia, devendo a pena ser individualizada em cada caso, não só no momento da sua cominação, como também no decorrer da execução (CR, art. 5º, XLV e XLVI; CADH, art. 5º, n. 3; CP, art. 59; LEP, arts. 45, § 3º, e 112).

- **d. Proporcionalidade (proibição do excesso):** As penas devem sempre guardar razoável proporção com o delito perpetrado e com a forma de sua execução. Incluem-se, aqui, tanto a atividade legislativa, repelindo-se "como *undue process of law*, a lei caprichosa, arbitrária no diferenciar tratamento jurídico dado a uma classe de indivíduos" (Francisco Clementino de San Tiago Dantas, *Problemas de Direito Positivo – Estudos e Pareceres*, Forense, 1953, pp. 46-47), quanto a atividade judiciária, ao aplicá-las e executá-las (CR, art. 5º, *caput* e LIV; CP, art. 59).

- **e. Proibição de dupla punição** *(ne bis in idem)*: Ninguém pode ser punido (nem processado) duas vezes pelo mesmo fato (*vide* comentários ao art. 8º do CP).

- **f. Jurisdicionalidade:** Só o Poder Judiciário pode impor pena e executá-la, respeitado o devido processo legal (CR, art. 5º, XXXVII, LIII, LIV e LV; PIDCP, art. 14, n. 1; CADH, art. 8º, n. 1; CP, arts. 59 e 68; LEP, arts. 65 e 66).

- **g. Igualdade e ressocialização:** É vedada a discriminação entre pessoas presas e soltas, não se podendo marginalizar indevidamente as primeiras (CP, art. 38); deve-se com elas sempre dialogar, com vistas à sua readaptação social (PIDCP, art. 10, n. 3; CADH, art. 5º, n. 6).

- **Responsabilidade penal da pessoa jurídica (CR e Lei n. 9.605/98):** *Vide* nota no art. 29 do CP.

- **Medida de segurança:** As medidas de segurança aplicáveis aos inimputáveis ou semi-imputáveis, de internação ou tratamento ambulatorial (arts. 96 e ss.), regem-se, no que couber, pelos mesmos postulados da pena (LEP, art. 42).

- **Classificação das penas no CP e na CR:** Em nosso CP, as penas são classificadas em: *a. privativas de liberdade* (reclusão e detenção); *b. restritivas de direitos* (prestação pecuniária, perda de bens e valores, prestação de serviço à comunidade ou entidades públicas; interdição temporária de direitos; e limitação de fim de semana); *c. penas de multa* (penas pecuniárias). A propósito, a CR, em seu art. 5º, XLVI, estatui: "a lei regulará a individualização da pena e adotará, entre outras, as seguintes: *a*) privação ou restrição da liberdade; *b*) perda de bens; *c*) multa; *d*) prestação social alternativa; *e*) suspensão ou interdição de direitos".

- **Pena sem processo (transação penal e acordo de não-persecução):** A Lei n. 9.099, de 26.9.95, que dispõe sobre os Juizados Especiais Criminais Estaduais, criou o instituto da transação, a qual, se aceita pelo acusado, implica a "aplicação imediata de pena restritiva de direitos ou multa" (art. 76, *caput*). Nessa mesma direção, a Lei n. 13.964/2019, que inseriu o art. 28-A ao CPP, previu a possibilidade de o *Parquet* propor acordo de não persecução penal, na hipótese de o investigado confessar formal e circunstancialmente a prática de infração penal, tratando-se de crime sem violência ou grave ameaça e com pena mínima inferior a 4 (quatro) anos, desde que necessário e suficiente para reprovação e prevenção do crime. No fundo, tanto a transação penal quanto o acordo de não persecução significam pena sem processo e sem busca da verdade, o que, lembrando as aulas de pós-graduação ministradas pelos saudosos Rogério Lauria Tucci e Sérgio Marcos de Moraes Pitombo, na Faculdade de Direito da USP, na década de 1990, se contrapõe ao disposto no art. 5º, LIV, da CR, segundo o qual "ninguém será privado da liberdade ... sem o devido processo legal". Todavia, a denominada "justiça penal consensual", voltada ao pragmatismo, é hoje uma realidade amplamente aceita pela doutrina e pelos nossos tribunais.

- **Penas acessórias:** Em sua redação original, os *antigos* arts. 67 a 73 do CP previam as chamadas "penas acessórias", que eram aplicáveis, junto com a pena principal, em certas hipóteses. A Lei n. 7.209/84 as aboliu (*vide* nota no comentário ao art. 92 do CP).

■ **Cumprimento de pena para indígenas:** A Lei n. 6.001/73 (Estatuto do Índio) prevê, em seu art. 56, parágrafo único, que "as penas de reclusão e de detenção serão cumpridas, se possível, em regime especial de semiliberdade, no local de funcionamento do órgão federal de assistência aos índios mais próximo da habitação do condenado".

Seção I
DAS PENAS PRIVATIVAS DE LIBERDADE

RECLUSÃO E DETENÇÃO

Art. 33. A pena de reclusão deve ser cumprida em regime fechado, semiaberto ou aberto. A de detenção, em regime semiaberto ou aberto, salvo necessidade de transferência a regime fechado.

§ 1º Considera-se:

a) regime fechado a execução da pena em estabelecimento de segurança máxima ou média;

b) regime semiaberto a execução da pena em colônia agrícola, industrial ou estabelecimento similar;

c) regime aberto a execução da pena em casa de albergado ou estabelecimento adequado.

§ 2º As penas privativas de liberdade deverão ser executadas em forma progressiva, segundo o mérito do condenado, observados os seguintes critérios e ressalvadas as hipóteses de transferência a regime mais rigoroso:

a) o condenado a pena superior a 8 (oito) anos deverá começar a cumpri-la em regime fechado;

b) o condenado não reincidente, cuja pena seja superior a 4 (anos) e não exceda a 8 (oito), poderá, desde o princípio, cumpri-la em regime semiaberto;

c) o condenado não reincidente, cuja pena seja igual ou inferior a 4 (quatro) anos, poderá, desde o início, cumpri-la em regime aberto.

§ 3º A determinação do regime inicial de cumprimento da pena far-se-á com observância dos critérios previstos no art. 59 deste Código.

§ 4º O condenado por crime contra a administração pública terá a progressão de regime do cumprimento de pena condicionada à reparação do dano que causou, ou à devolução do produto do ilícito praticado, com os acréscimos legais.

Reclusão e detenção (caput)

■ **Alteração:** A Lei n. 10.763, de 12.11.2003, incluiu um § 4º a este artigo.

■ **Noção:** Há duas espécies distintas de penas privativas de liberdade no CP: *reclusão* e *detenção*. Com as duas grandes mudanças sofridas pelo CP (Leis n. 6.416/77 e 7.209/84), restaram poucas diferenças entre a pena de reclusão e a de detenção. A LCP dá à pena privativa de liberdade aplicável às contravenções o nome de *prisão simples*.

■ **Diferenças entre reclusão e detenção:** *1ª)* Quanto ao regime de cumprimento delas (CP, art. 33, *caput*). *2ª)* Na ordem de execução, quando aplicadas cumulativamente, em concurso material (CP, art. 69, *caput*). *3ª)* Na incapacidade para o exercício do pátrio poder (CP, art. 92, II). *4ª)* Quanto à possibilidade de substituição do internamento por tratamento, na medida de segurança (CP, art. 97, *caput*; *vide*, também, nota *Efeitos* no art. 26, parágrafo único, do CP).

Regimes prisionais (§ 1º)

- **Execução apenas após o trânsito em julgado:** O Pleno do STF, em histórico julgamento ocorrido em 07.11.2019, sendo relator o Min. MARCO AURÉLIO, por maioria de votos, julgou procedente as ADC 43, 54 e 44, para assentar a constitucionalidade do art. 283 do Código de Processo Penal ("Art. 283. Ninguém poderá ser preso senão em flagrante delito ou por ordem escrita e fundamentada da autoridade judiciária competente, *em decorrência de sentença condenatória transitada em julgado* ou, no curso da investigação ou do processo, em virtude de prisão temporária ou prisão preventiva"). Desta forma, o Supremo, revendo posicionamento anterior (2016), afastou a possibilidade de execução provisória da pena em segunda instância.

- **Os três regimes:** Existem três regimes para o cumprimento das penas privativas de liberdade: fechado, semiaberto e aberto. De acordo com o *caput* deste art. 33, a pena de reclusão pode ser cumprida em qualquer desses três regimes; já a pena de detenção, em regra, somente nos dois últimos. Segundo dispõe o § 1º deste art. 33, considera-se: *a. Regime fechado* a execução da pena em estabelecimento de segurança máxima ou média. *b. Regime semiaberto* a execução em colônia agrícola, industrial ou estabelecimento similar. *c. Regime aberto* a execução da pena em casa de albergado ou estabelecimento adequado.

- **Progressão e regressão após a Lei n. 13.964/2019:** A reforma de 1984 idealizou um sistema de *execução progressiva* das penas privativas de liberdade, pelo qual elas ficam sujeitas à progressão ou regressão. Assim, após estabelecido pelo juiz da condenação o *regime inicial* de cumprimento (CP, arts. 33, § 3º, e 59, III; LEP, art. 110), a execução passa a ser *progressiva*, aos cuidados do juiz da execução. A Lei n. 13.964/2019 (chamada "Pacote Anticrime") alterou o art. 112 da LEP e aumentou o rigor penal para a obtenção da progressão. Assim estabeleceu que a pena privativa de liberdade será executada de forma progressiva, com transferência para regime menos rigoroso, quando o preso tiver cumprido ao menos: *a.* 16% (dezesseis por cento) da pena, se o apenado for primário e o crime tiver sido cometido sem violência à pessoa ou grave ameaça (art. 112, inciso I); *b.* 20% (vinte por cento) da pena, se o apenado for reincidente em crime cometido sem violência à pessoa ou grave ameaça (art. 112, inciso II); *c.* 25% (vinte e cinco por cento) da pena, se o apenado for primário e o crime tiver sido cometido com violência à pessoa ou grave ameaça (art. 112, inciso III); *d.* 30% (trinta por cento) da pena, se o apenado for reincidente em crime cometido com violência à pessoa ou grave ameaça (art. 112, inciso IV); *e.* 40% (quarenta por cento) da pena, se o apenado for condenado pela prática de crime hediondo ou equiparado, sendo primário (art. 112, inciso V); *f.* 50% (cinquenta por cento) da pena, se o apenado for: *i)* condenado pela prática de crime hediondo ou equiparado, com resultado morte, se for primário, vedado o livramento condicional; *ii)* condenado por exercer o comando, individual ou coletivo, de organização criminosa estruturada para a prática de crime hediondo ou equiparado; ou *iii)* condenado pela prática do crime de constituição de milícia privada (art. 112, inciso VI); *g.* 60% (sessenta por cento) da pena, se o apenado for reincidente na prática de crime hediondo ou equiparado (art. 112, inciso VII); *h.* 70% (setenta por cento) da pena, se o apenado for reincidente em crime hediondo ou equiparado com resultado morte, vedado o livramento condicional (art. 112, inciso VIII). Dispõe, ainda, o novo § 1º do art. 112 da LEP que a progressão somente será concedida se o apenado "ostentar boa conduta carcerária, comprovada pelo diretor do estabelecimento, respeitadas as normas que vedam a progressão". Por outro lado, o § 2º desse artigo, até mesmo por força de comando constitucional (CR, art. 93, inciso IX), prevê que a decisão judicial será sempre motivada, precedida de manifestação do Ministério Público e do defensor. Tal procedimento também será adotado na concessão de livramento condicional, indulto e comutação de penas, respeitados os prazos previstos nas normas vigentes (art. 112, § 2º, da LEP). Por fim, estabelece o novo § 5º do referido art. 112 que não se considera hediondo ou equiparado, para os fins deste artigo, o chamado tráfico privilegiado, previsto no § 4º do art. 33 da Lei n. 11.343/2006. E o § 6º traz uma outra novidade: a prática de falta grave durante a execução da pena privativa de liberdade interrompe o prazo para a obtenção da progressão no regime de cumprimento da pena, caso em que o reinício da contagem do requisito objetivo terá como base a pena remanescente.

■ **Percentual de 40% para progressão do condenado por crime hediondo sendo reincidente genérico:** Embora a Lei dos Crimes Hediondos não faça distinção entre reincidência específica ou genérica para exigir 60% de cumprimento de pena para a progressão do regime de cumprimento de pena para condenado por crime hediondo, diante da nova redação dada ao inciso VII do art. 112 da LEP, pelo chamado "Pacote Anticrime", a exigência de 60% para a progressão de pena para condenado na prática de crime hediondo só se aplica se ele for reincidente específico. Assim, se a reincidência criminal não for pelo cometimento de crime hediondo ou equiparado, o percentual será de 40% do inciso V do art. 112: "Constata-se, assim, que o § 2º do art. 2º da Lei n. 8.072/90 não diferenciava a reincidência específica da genérica para o cumprimento de 3/5 da pena para fins de progressão de regime, ao contrário da nova redação do inciso VII do art. 112 da LEP. Nessa linha de entendimento, a situação prevista no inciso VII do art. 112 da LEP refere-se aos casos de reincidência de crimes hediondos em geral, deixando o Pacote Anticrime de tratar sobre a situação característica do paciente (condenado por crime hediondo e reincidente não específico, conforme consta do acórdão à fl. 39). Assim, em razão da omissão legal, não há como aplicar de forma extensiva e prejudicial ao paciente o percentual de 60% que trata sobre a reincidência em crime hediondo ou equiparado. Ao contrário, merece na hipótese o uso da analogia *in bonam partem* para fixar o percentual de 40% previsto no inciso V do art. 112, relativo ao primário e ao condenado por crime hediondo ou equiparado. O referido entendimento foi acatado pela 6ª T. do Superior Tribunal de Justiça que, no julgamento do HC 581.315/PR, concluído em 6.10.2020, e por unanimidade de votos, concedeu a ordem de *habeas corpus*" (STJ, HC 621.228-PF, rel. Min. Nefi Cordeiro, j. 20.10.2020).

■ **Irretroatividade:** Antes da Lei n. 13.964/2019 eram previstas duas situações relativas à progressão: a. cumprimento de 1/6 (um sexto) da pena para os crimes em geral (LEP, antigo art. 112); b. para os crimes hediondos, cumprimento de 2/5 (dois quintos), se primário, e 3/5 (três quintos), se reincidente, conforme antiga redação do art. 2º, § 2º, da Lei n. 8.072/90. Ocorre que, com a reforma introduzida pela Lei n. 13.964/2019, houve significativas mudanças nos percentuais das penas a serem cumpridas pelo apenado a fim de conseguir a progressão (*vide* nota acima). A questão da retroatividade ou não da citada lei, e da ultratividade do antigo art. 112 da LEP, irá depender da análise do caso concreto. Nos casos em que a nova regra for prejudicial ao condenado, não haverá retroatividade (CF, art. 5º, inciso XL; CP, art. 2º, parágrafo único); são as hipóteses, por exemplo, dos novos percentuais previstos no art. 112, incisos II (20%), III (25%), IV (30%), VI (50%) e VIII (70%), ou seja, eles somente se aplicarão para fatos praticados após a entrada em vigor da Lei n. 13.964/2019, ocorrida em 23.1.2020. Já em outras hipóteses, a situação não mudou, como é o caso do art. 112, inciso I, para as condenações por crimes não hediondos, desde que o apenado seja primário e o crime tiver sido cometido sem violência à pessoa ou grave ameaça (16%, que equivalem ao antigo 1/6). Também não mudou as hipóteses do art. 112, inciso V (40%), que correspondem ao antigo 2/5, e VII (60%), que equivalem ao revogado 3/5. Como se verifica, em termos de progressão, não há uma situação sequer em que a nova lei seja mais benéfica, de forma que podemos aplicar a regra da irretroatividade do novel art. 112 da LEP, instituído pela Lei n. 13.964/2019, somente se aplicando para fatos posteriores à sua entrada em vigor.

■ **Parecer da Comissão Técnica de Classificação e "exame criminológico":** Atualmente não mais são condições para a progressão do regime de pena, situação não alterada pela Lei n. 13.964/2019. Hoje, para a progressão, além do fator temporal, exige-se boa conduta carcerária comprovada pelo diretor do estabelecimento (LEP, art. 112, § 1º). Desde o advento da Lei n. 10.792/2003, que alterou a LEP, não mais se exige a elaboração de parecer pela Comissão Técnica de Classificação, bem como a realização de "exame criminológico" como condição à progressão, embora a jurisprudência entenda que o juiz da execução, de modo fundamentado, poderá, se as peculiaridades do caso recomendarem, determinar a realização do exame (*vide* jurisprudência).

■ **Regressão:** Volta ao regime mais severo (CP, art. 33, § 2º), quando houver prática de crime doloso ou falta grave, ou quando sofrer condenação, por crime anterior, cuja pena, somada ao restante da pena em execução, tornar incabível o regime mais benéfico (LEP, art. 111 c/c art. 118). Quanto à possibilidade do condenado a regime aberto ser transferido para regime mais rigoroso, *vide* art. 118, § 1º, da LEP. O condenado, antes de sofrer a regressão, deverá ter respeitado o seu direito de defesa (LEP, art. 118, § 2º).

- **Faltas graves:** Estão previstas nos arts. 50 a 52 da LEP, tendo o art. 9º, § 8º, acrescentado pela Lei n. 13.964/2019 instituído uma nova modalidade de falta grave, qual seja, a recusa do condenado a submeter-se ao procedimento de identificação do perfil genético. Tal procedimento será obrigatório ao condenado por crime doloso, praticado com violência de natureza grave, ou por crime hediondo ou equiparado, por ocasião do ingresso no estabelecimento prisional ou durante o cumprimento da pena (art. 9º, § 4º). É válido lembrar que, com a entrada em vigor da Lei n. 13.964/2019, o cometimento de falta grave durante a execução da pena privativa de liberdade interrompe o prazo para a obtenção da progressão no regime de cumprimento da pena, caso em que o reinício da contagem do requisito objetivo terá como base a pena remanescente.

- **Regime Disciplinar Diferenciado (medida cautelar na execução penal):** O denominado RDD, criado originalmente como medida disciplinar no Estado de São Paulo, incorporado à LEP mediante a Lei n. 10.792/2003, e depois alterado pela Lei n. 13.964/2019, tem natureza de medida cautelar no processo de execução penal. É sob esta ótica a única interpretação que se pode fazer do atual art. 52 da LEP:

- **Regime Disciplinar Diferenciado – Uma Crueldade Ainda Maior:** Não satisfeita com a crueldade e desumanidade do RDD, criado pela Lei n. 10.792/2003, a recém-promulgada Lei n. 13.964/2019, originada do "Projeto Anticrime do Ministro Moro", tornou-a ainda mais cruel, permitindo sua duração por "até 2 (dois) anos, sem prejuízo da repetição por nova falta grave da mesma espécie" (art. 52, I, da LEP), sempre em cela individual (inciso II), limitando as visitas a "quinzenais", e não mais semanais, de duas pessoas por vez, incluindo as crianças, antes não computadas (inciso III), saída para banho de sol por duas horas em grupos de "até 4 (quatro) presos" (inciso IV), reforçando, assim, seu isolamento; entrevistas sempre monitoradas, exceto aquelas com seu defensor, em instalações equipadas para impedir o contato físico e a passagem de objetos, salvo expressa autorização judicial em contrário (inciso V); fiscalização do conteúdo da correspondência (inciso VI); participação em audiências "preferencialmente por videoconferência", o que será a regra na prática (inciso VII). Ou seja, o preso provavelmente nunca terá contato pessoal com o juiz, lembrando o bancário Josef K., de KAFKA, que foi condenado à morte e executado sem jamais ter conhecido o magistrado que o julgou ou comparecido a um tribunal. Se o preso, nacional ou estrangeiro, provisório ou condenado, apresentar "alto risco" (não especificado) para a segurança do estabelecimento ou da sociedade, a ele também passou a se aplicar o RDD (art. 52, § 1º, inciso I). Havendo "fundadas suspeitas" (não se exigindo prova) de envolvimento em organização criminosa, associação criminosa ou milícia, estendeu o RDD ao preso, "independentemente da prática de falta grave" (art. 52, § 1º, inciso II). Ou seja, não precisa sequer cometer uma falta grave, bastando a suspeita de envolvimento em um daqueles grupos. Existindo "indícios" (não prova direta) de que o preso exerce liderança em qualquer desses grupos ou atuação em dois ou mais Estados, o RDD será cumprido "obrigatoriamente" em presídio federal (art. 52, § 3º). Havendo "indícios" (mais uma vez, dispensando prova direta) de que ele continua apresentando "alto risco" (não especificado) ou mantendo vínculos "com aquelas entidades" (§ 4º, incisos I e II), acompanhados de outras condições absolutamente genéricas: "perfil criminal", "função desempenhada", "duração do grupo", "novos processos criminais", sem especificar sua natureza ou gravidade, e ainda, pasmem! – "os resultados do tratamento penitenciário" (tratamento em solitária?!), o RDD também será aplicado (§ 4º, inciso II), podendo ser "prorrogado sucessivamente por períodos de 1 (um) ano" (§ 4º), ou seja, indefinidamente... Mas não é só. A Lei n. 13.964/2013 alterou também a Lei n. 11.671/2008 que trata do RDD *em presídios federais*. De modo mais severo do que o previsto na LEP, aplicável aos presídios estaduais, esta lei específica para os federais dispõe que o banho de sol será de *até* duas horas diárias (e não *de* duas horas, o que é um verdadeiro absurdo), além do monitoramento de todos os meios de comunicação, inclusive de correspondência escrita, embora ressalvando que as gravações não poderão ser utilizadas como meio de prova de situações pretéritas. Trata-se de verdadeira "máquina de fazer doidos", pois aqueles submetidos ao RDD, se e quando dele saírem, estarão doentes, física e mentalmente, e, por certo, moralmente muito piores. O grande penalista Roque de Brito Alves, que merecidamente herdou de Aníbal Bruno o título de "O Mestre do Recife", em trabalho intitulado "Literatura e Crime" que apresentou no "Seminário de Tropicologia" da Fundação Joaquim Nabuco, realizado em 26 de novembro último, na capital pernambucana, lembrou: "Existe a maldade extrema, porém também a bondade infinita" (p. 3). Que no indispensável combate à criminalidade, o mal, mesmo que disfarçado, não prevaleça jamais sobre o bem...

- **Regime Disciplinar Diferenciado (inconstitucionalidade):** Além das críticas acima feitas, chamamos atenção para outras questões que envolvem a inconstitucionalidade do RDD, que conflita com a CR e com Tratados Internacionais ratificados pelo Brasil. Primeiramente, observa-se gritante violação à garantia da legalidade. Com efeito, os parágrafos do art. 52 da LEP são absolutamente vagos e imprecisos ao estabelecerem outras hipóteses de inclusão do preso provisório ou condenado no regime diferenciado, além das situações previstas no *caput* do mencionado artigo, referidas na nota acima. Assim, estatuem: "§ 1º O regime disciplinar diferenciado também será aplicado aos presos provisórios ou condenados, nacionais ou estrangeiros: I – que apresentem alto risco para a ordem e a segurança do estabelecimento penal ou da sociedade; II – sob os quais recaiam fundadas suspeitas de envolvimento ou participação, a qualquer título, em organização criminosa, associação criminosa ou milícia privada, independentemente da prática de falta grave". Como se pode verificar, há patente *violação da garantia constitucional da legalidade* que pressupõe que todo dispositivo legal que imponha restrições à liberdade seja preciso, delimitado, e não, como ocorre nesses parágrafos, absolutamente vagos e genéricos, dando ensejo ao arbítrio e à insegurança jurídica (*vide*, a propósito, nossos comentários ao art. 1º do CP, inclusive no que tange à execução penal).

- **Transferência de preso para penitenciária federal:** O RDD nas penitenciárias federais são os mais severos de nosso País. Quando há a transferência de um preso para essas penitenciárias, o STJ pacificou entendimento no sentido de que "não fere o contraditório e o devido processo a decisão que, sem oitiva prévia da defesa, determine a transferência ou permanência de custodiado em estabelecimento penitenciário federal" (Súmula 639). Tratando-se essa transferência de medida extremamente rigorosa, significando verdadeira punição disciplinar, entendemos totalmente equivocado o posicionamento do STJ.

Regime inicial (§ 2º)

- **Regra geral e critérios:** A determinação do regime inicial de cumprimento da pena depende de *dois fatores* diferentes: a. da *quantidade da pena* (art. 33, § 2º, a, b e c); b. de *condições pessoais* do condenado (arts. 33, § 3º, e 59). O *caput* deste art. 33 preceitua, como *regra geral*, que as penas de reclusão distinguem-se das de detenção pelo regime a que ficam sujeitas. Assim, enquanto as reclusivas podem ser cumpridas nos três regimes, as detentivas são cumpridas em regime semiaberto ou aberto, "salvo necessidade de transferência a regime fechado". Por sua vez, o § 2º do art. 33 indica *critérios* para estabelecimento do regime inicial.

- **Critérios do § 2º:** *1. Regime fechado.* Nele deve iniciar o cumprimento da pena o condenado *a pena superior a oito anos*. *2. Regime semiaberto.* Nele pode começar a cumprir a pena o condenado, não reincidente, cuja pena seja *superior a quatro anos e não exceda a oito*. *3. Regime aberto.* Nele pode iniciar o cumprimento o condenado não reincidente, cuja pena seja igual ou inferior a quatro anos.

- **Reincidente condenado à pena igual ou inferior a 4 anos:** De acordo com a Súmula 269 do STJ, "é admissível a adoção do regime prisional semiaberto aos reincidentes condenados à pena igual ou inferior a 4 anos, se favoráveis as circunstâncias judiciais" do art. 59 do CP.

- **Reincidente condenado à detenção:** A leitura do art. 33 e parágrafos deixa em aberto a seguinte questão: como fica a situação do reincidente condenado a detenção? Isto porque o § 2º, alíneas *b* e *c*, que tratam do regime semiaberto e aberto, referem-se, exclusivamente, ao condenado "não *reincidente*". A leitura isolada da referida alínea *b* leva a concluir que o condenado reincidente à pena entre quatro e oito anos haverá de cumpri-la em regime inicial fechado. Ocorre que esta regra somente poderá incidir para a pena de reclusão, já que o *caput* do art. 33 é expresso em excluir do regime inicial fechado a pena de detenção. Dessa forma, caso a pena aplicada seja a de detenção, ainda que o condenado seja reincidente, a sua execução jamais poderá iniciar-se no regime fechado. Em reforço à regra geral do *caput*, a LEP, em seu art. 87, registra que a Penitenciária (própria do regime fechado) só se destina aos condenados à pena de reclusão. Assim, em que pese a exigência de primariedade para o regime semiaberto, caso o condenado a pena de detenção superior a quatro e inferior a oito anos seja reincidente, deverá ele iniciar o cumprimento de sua pena em regime semiaberto. Por outro lado, da leitura da alínea *c* do § 2º deflui-se que o condenado reincidente a pena de detenção, cujo montante seja igual ou inferior a quatro anos, não poderia, a princípio, cumprir a pena em regime inicial aberto. Para alguns, teria ele que cumpri-la em regime inicial semiaberto, não obstante a alínea *b* também exija primariedade (cf. Cesar Roberto Bittencourt, *Tratado de Direito Penal*, 10ª ed., São Paulo, Saraiva, v. I, p. 560). Ocorre que tal raciocínio levaria a um tratamento desproporcional entre os condenados reincidentes a pena de detenção superior a quatro anos e inferior a oito, e aqueles condenados à pena de detenção inferior a quatro anos. É dizer: sendo reincidente, o condenado a detenção, seja qual for o montante da pena (ainda que inferior a quatro anos), teria incondicionalmente que iniciar o seu cumprimento em regime semiaberto. Tratar-se-ia, portanto, de forma igual condenados a penas totalmente diversas. Assim, em face do princípio da proporcionalidade, cremos que o condenado reincidente a pena de detenção inferior a quatro anos haverá de iniciar o seu cumprimento no regime aberto.

- **Falta de vagas no regime semiaberto ou aberto:** A prática forense tem mostrado uma situação totalmente ilegal a que vêm sendo submetidos condenados a regime semiaberto ou aberto. Isto porque muitos juízes e tribunais têm exigido, primeiro, a prisão do condenado (como se existisse uma "prisão prévia e preparatória" para a execução penal), submetendo-o a condição equivalente à do regime fechado, para somente então expedir a "guia de recolhimento" e encaminhar o condenado a estabelecimento próprio do regime semiaberto ou aberto, se e quando houver vaga. Essa situação tem surgido, de fato, em razão do aparente conflito dos arts. 105 e 107 da LEP, que dispõem: "Art. 105. Transitando em julgado a sentença que aplicar pena privativa de liberdade, *se o réu estiver ou vier a ser preso*, o juiz ordenará a expedição de guia de recolhimento para a execução. Art. 107. Ninguém será recolhido, para cumprimento de pena privativa de liberdade, sem a guia expedida pela autoridade judiciária". A nosso ver, a expressão "se o réu estiver ou vier a ser preso" deve ser compreendida como *preso ou que vier a ser preso em estabelecimento compatível com o do regime imposto pela condenação*. Lembramos, aqui, a lição de Rogério Lauria Tucci que, com a autoridade de um dos autores dessa lei, observa que a LEP "estabeleceu um, único, pressuposto (à evidência, jurídico) da execução penal, qual seja, o título executivo consubstanciado em ato decisório de mérito condenatório, coberto pela coisa julgada; expressando o conjunto dos arts. 105, 107, 171 e 172 que ninguém poderá ser recolhido em estabelecimento prisional ... sem a respectiva guia..." (*Direitos e Garantias Individuais no Processo Penal*, 2ª ed., Revista dos Tribunais, 2004, pp. 282-283). Ademais, não pode a garantia constitucional da individualização da pena – *in casu*, o regime inicial semiaberto coberto pela coisa julgada – ceder lugar à exigência, meramente burocrática, de que a guia deverá conter "a data da terminação da pena" (art. 106, V) e, em consequência, a data em que o condenado foi preso, o que poderá ser feito *a posteriori*, quando a prisão – garantido já o regime inicial fixado – for efetuada. Aliás, o § 2º do art. 106 prevê, expressamente, que "a guia de recolhimento *será retificada sempre que sobrevier modificação quanto ao início da execução* ou ao tempo de duração da pena". Nem se diga, outrossim, que a Resolução n. 9/85, do Tribunal de Justiça de São Paulo, segundo a qual "a guia de execução ... será expedida... logo após o cumprimento do mandado de prisão" daria embasamento jurídico para a prisão do condenado em regime mais gravoso ao fixado na sentença. Simples resolução não pode prevalecer sobre uma garantia constitucional. A jurisprudência do Superior Tribunal de Justiça, a propósito, é pacífica no sentido de que o condenado não pode ser submetido a regime de pena privativa de liberdade mais gravoso do que aquele que lhe foi imposto por decisão condenatória transitada em julgado (HC 8.158-SP, 5ª T., j. 1.6.99, rel. Min. Felix Fischer; HC 5.482-SP, 5ª T., rel. Min. Assis Toledo; RHC 2.608-SP, 5ª T., rel. Min. José Dantas; HC 13.526-SP, 6ª T., rel. Min. Vicente Leal; e RHC 13.897/MG, 6ª T., rel. Min. Paulo Gallotti). Aliás, o STJ, no julgamento do RHC 5.482-SP, 5ª Turma, relatado pelo saudoso Ministro Assis Toledo, foi taxativo: "A sentença condenatória é o título executivo judicial que deve ser executado com observância *estrita* do que nele se contém. Logo, constitui constrangimento ilegal submeter o paciente a regime mais rigoroso, *ainda que por pouco tempo e no aguardo da expedição de guia de recolhimento*. Acrescente-se que, apesar do art. 105 da LEP restringir a expedição da guia de recolhimento ao réu já preso ou que vier a ser preso, *não obriga seja o mesmo custodiado em regime mais rigoroso do que o imposto pela sentença condenatória*. Ante o exposto, conheço do recurso e dou-lhe provimento para assegurar ao paciente a execução da pena desde o início no regime aberto". Na mesma esteira, inúmeras outras decisões daquela Corte podem ser lembradas: RHC 8.250-SP, rel. Min. GILSON DIPP, *DJU* 22.3.99; RHC 9.447-SP, rel. Min. JORGE SCARTEZZINI, *DJU* 5.3.2000; HC 7.370-MG, rel. Min. FERNANDO GONÇALVES, *DJU* 24.8.98, p. 105; RHC 1.731-SP, rel. Min. ADHEMAR MACIEL, *DJU* 8.3.93, p. 3137; HC 48.629/MG, rel. Min. HAMILTON CARVALHIDO, *DJU* 4.9.2006, p. 331; RHC 16.582/MG, rel. Min. PAULO MEDINA, *DJU* 6.12.2004, p. 365; ED no REsp 538.362/SP, rel. Min. JOSÉ ARNALDO, *DJU* 8.11.2004, p. 271; e RHC 16.058/SP, rel. Min. FELIX FISCHER, *DJU* 6.9.2004, p. 271. Em resumo: em face das garantias da individualização da pena (CR, art. 5º, XLVI), complementada pelo art. 5º, XLVIII, que determina que "a pena será cumprida em estabelecimentos distintos, de acordo com a natureza do delito", e da coisa julgada (art. 5º, XXXVI), é inconstitucional exigir, como pressuposto para a expedição da guia de recolhimento, a prisão do condenado em regime mais gravoso para, somente depois, verificar-se a existência de vaga no regime semiaberto ou aberto judicialmente fixado em decisão transitada em julgado. A propósito, JOSÉ HENRIQUE RODRIGUES TORRES, Juiz Presidente do Tribunal do Júri de Campinas, Estado de São Paulo, sábia e humanamente tem condicionado a expedição de guia de recolhimento para a execução da pena à existência de vaga no regime inicial fixado. *Vide*, também, ROBERTO DELMANTO, "O Regime Inicial Semiaberto e o art. 105 da LEP", *Bol. IBCCr* n. 171, fevereiro de 2007, pp. 16-17.

- **Detração na escolha do regime inicial**: Pela regra da detração (CP, art. 42), computam-se, na pena privativa de liberdade e na medida de segurança, o tempo de prisão provisória, no Brasil ou no estrangeiro, o de prisão administrativa e o de internação em qualquer dos estabelecimentos referidos no artigo anterior. A detração, portanto, incide na escolha do regime inicial (CP, art. 33). Assim, por exemplo, se o acusado é condenado a cumprir quatro anos e dois meses de reclusão, mas já esteve provisoriamente preso por três meses, esta quantidade deve ser descontada, de modo que a pena a ser considerada (3 anos e 9 meses) será compatível com o regime inicial aberto.

- **Cumprimento de pena no país de origem**: O Brasil já assinou diversos tratados permitindo que o condenado estrangeiro cumpra a pena imposta pelo Poder Judiciário brasileiro em seu país de origem. *Vide*, a propósito: países do Mercosul (Decreto n. 4.795/2004); Angola, Cabo Verde, Guiné-Bissau, Moçambique, Portugal, São Tomé e Príncipe, Timor Leste (Decreto n. 8.049/2013); Panamá (Decreto n. 8.045/2013); Países Baixos (Decreto n. 7.906/2013); Bolívia (Decreto n. 6.128/2007); Peru (Decreto n. 5.931/2006); Arábia Saudita, Belize, Canadá, Chile, Costa Rica, El Salvador, Equador, Estados Unidos, Guatemala, México, Nicarágua, Panamá, Paraguai, República Tcheca, Uruguai e Venezuela (Decreto n. 5.919/2006); Portugal (Decreto n. 5.767/2006); Paraguai (Decreto n. 4.443/2002); Reino Unido (Decreto n. 4.107/2002); Chile (Decreto n. 3.002/99); Espanha (Decreto n. 2.576/98); e Canadá (Decreto n. 2.547/98).

Determinação do regime inicial (§ 3º)

- **Noção**: Cabe ao juiz da condenação, ao impor pena restritiva de liberdade, estabelecer o *regime inicial* de cumprimento, de acordo com a culpabilidade e demais critérios do art. 59 do CP. Com efeito, o referido dispositivo manda que o julgador, ao fixar a pena, estabeleça "o regime inicial de cumprimento da pena privativa de liberdade" (item III do art. 59). Cabe anotar que a exigência de fixação de regime inicial permanece ainda que o juiz substitua a pena privativa de liberdade por restritiva de direito (CP, art. 44) ou conceda o *sursis* (CP, art. 77), já que pode haver a conversão da restritiva de direito em privativa de liberdade (CP, art. 44, § 4º) ou mesmo a revogação do *sursis* (CP, art. 81).

- **Possibilidade ou não de mudança do regime inicial**: Estabelecido pela sentença transitada em julgado determinado regime inicial, é nele que deve principiar a execução, salvo dois motivos: *a*. reforma da decisão (mediante *habeas corpus* ou revisão criminal);

b. ocorrência de fatos novos, que justifiquem a alteração das condições a que fica submetido o condenado a regime aberto (LEP, art. 116); *c.* a unificação de penas (LEP, arts. 66, III, *a*, e 111). Isso demonstra que o fenômeno processual da coisa julgada torna imutável o conteúdo declaratório da sentença e não os seus efeitos consistentes na especificação e individualização da sanção (discordando, aqui, da clássica lição de ENRICO TULLIO LIEBMAN de que a coisa julgada torna imutáveis os efeitos da sentença; cf., a propósito, ROBERTO DELMANTO JUNIOR, *Inatividade no Processo Penal Brasileiro*, São Paulo, Revista dos Tribunais, 2004, pp. 350-351).

- **Regime inicial fechado para crime hediondo ou equiparado (inconstitucionalidade):** O Pleno do STF, no HC 111.840/ES, julgado em 27.6.2012, concedeu ordem de *habeas corpus* para remover o óbice constante do § 1º do art. 2º da Lei n. 8.072/90, com a redação dada pela Lei n. 11.464/2007, o qual determina que "[a] pena por crime previsto neste artigo será cumprida inicialmente em regime fechado". Declaração incidental de inconstitucionalidade, com efeito ex nunc, da obrigatoriedade de fixação do regime fechado para início do cumprimento de pena decorrente da condenação por crime hediondo ou equiparado. Tal entendimento, por óbvio, deve ser estendido à previsão constante do art. 1º, § 7º, da Lei n. 9.455/1997 (Tortura).

Crime contra a Administração Pública (§ 4º)

- **Noção:** O § 4º do art. 33, instituído pela Lei n. 10.763/2003, estatui que o condenado por crime contra a Administração Pública só poderá progredir de regime caso efetue a reparação do dano que causou ou a devolução do produto do ilícito praticado, com os acréscimos legais. Trata-se de inovação, já que a reparação do dano sempre foi condição para o livramento condicional (CP, art. 83, IV), mas nunca para a progressão de regime de cumprimento de pena tratada por este art. 33 e pelo art. 112 da LEP. Apesar do § 4º do art. 33 não fazer a ressalva constante do inciso IV do citado art. 83 – "salvo a impossibilidade de fazê-lo" –, por analogia *in bonam partem* ela há de aplicar-se a ambas as hipóteses, mesmo porque progressão e livramento condicional têm a mesma natureza e finalidade dentro da execução penal. Afinal, não teria cabimento exigir-se mais para a progressão do que é exigido para o livramento condicional.

Jurisprudência

- **Indicação do regime inicial:** Obrigatoriamente, deve a condenação manifestar-se sobre o regime inicial do cumprimento da pena privativa de liberdade (STF, *RT* 622/374), sob pena de nulidade (TJSC, *JC* 69/475; TRF da 4ª R., HC 24.343, *DJU* 3.11.93, p. 46717). O art. 387, § 2º, do CPP, introduzido pela Lei n. 12.736/2012, permitiu, salutarmente, que o magistrado sentenciante, na fixação do regime inicial de cumprimento de pena, já considerasse o período cumprido em decorrência da prisão cautelar. A interpretação sistemática da legislação processual é no sentido da possibilidade da alteração do regime inicial decorrente da pena fixada na sentença caso o período de prisão cautelar até então cumprido seja equivalente ao período necessário para o atendimento do requisito objetivo para progressão de regime. (STJ, REsp 1.480.168 PR 2014/0204437-8, *DJe* 29.8.2018). Somente se justifica a fixação do regime mais severo se as circunstâncias judiciais forem extremamente desfavoráveis (TJMG, 5ª C., Ap. 0011.322436-22.200.8.13.0525, rel. Des. Alexandre Victor de Carvalho, j. 19.6.2012, in Bol. IBCCr set./2012). Quando cabível, em tese, a concessão de regime menos severo, há de a sentença fundamentar a sua denegação e a imposição, em concreto, do mais rigoroso (STF, Pleno, *mv* – *RT* 713/432; HC 71.190, *DJU* 19.5.95, p. 13994; *RT* 752/510), sob pena de nulidade (STF, *mv* – *RTJ* 148/210; TACrSP, *RT* 672/326). Reduzidas, em sede recursal, as penas impostas na sentença, deve o tribunal completar o processo de individualização da reprimenda, com expresso pronunciamento sobre o regime inicial (STJ, HC 11.262/PA, *mv* – *DJU* 19.2.2001, p. 244, *in RBCCr* 34/308). O regime inicial depende não só das regras do art. 33 e seu § 2º, mas também de suas ressalvas, conjugadas com o *caput* do art. 59 e inciso III (STF, *RTJ* 136/145). É vedado, em regra, considerar apenas a gravidade do crime, sendo incompatível a fixação do regime fechado se a quantidade da pena permite o aberto e as circunstâncias judiciais, na determinação da pena-base, foram consideradas totalmente favoráveis (STJ, HC 24.141/RJ, *RT* 812/555). Se o condenado é primário e os critérios do art. 59 do CP impõem a aplicação da pena mínima, não cabe determinar regime inicial mais rigoroso que o admissível em tese (STF, HC 72.315, *DJU* 26.5.95, p. 15159; HC 76.424-6/SP, *DJU* 8.9.2000, p. 72, *in Bol. IBCCr* 95/484; STJ, HC 40.616-SP, j. 8.11.2005, *Bol. AASP* 2.455/3772; HC 12.888-MA, *DJU* 14.8.2000, p. 186, *in RBCCr* 32/335; HC 16.029-SP, *DJU* 20.8.2001, p. 508; e HC 16.466-SP, *DJU* 28.8.2001, p. 509, ambos *in RBCCr* 38/383; TJRJ, Ap. 4.333/99, j. 23.5.2000, *Bol. IBCCr* 100/524; TACrSP, Ap. 1.155.865-9, j. 15.9.1999, *Bol. IBCCr* 95/488). Sendo o condenado por crime de roubo pessoa de bons antecedentes, aposentado por invalidez e que na prática do delito não exerceu qualquer ato de violência, recomenda-se menor rigor no regime inicial, com aplicação do semiaberto (TJDF, Ap. 9.041, *DJU* 28.8.1991, p. 20360). *Vide*, também, jurisprudência no art. 59 do CP.

- **Regime fechado:** Pena de reclusão superior a oito anos deve começar a ser cumprida em regime fechado (TJSP, *RT* 716/432; TJMG, *JM* 125/250). Se na apelação o tribunal reduziu a pena para menos de oito anos, mas se omitiu quanto à fixação do regime inicial, cabe *habeas corpus* para que aquele complete o julgamento (STF, HC 70.653, *DJU* 10.12.93, p. 27119). Excetuada a hipótese de fixação de pena em montante superior a oito anos e não se tratando de reincidente, a determinação do regime inicial é norteada pelas circunstâncias judiciais. Mostra-se incongruente o estabelecimento da pena-base no mínimo legal, ficando aquém dos oito anos, com a imposição de regime fechado (STF, HC 83.509-1, j. 14.10.2003, *DJU* 21.11.2003, p. 14, *Bol. IBCCr* 135/772; STJ, REsp 665.422, *RT* 835/536). A gravidade genérica do delito, por si só, não justifica a imposição do regime inicial fechado (STF, HC 83.507-4, j. 21.10.2003, *DJU* 14.11.2003, p. 24, *in Bol. IBCCr* 135/772; HC 77.714/SP, *Inf. STF* n. 130, *DJU* 11.11.98, *clipping* do *DJU* 6.11.98, *in RBCCr* 25/322; HC 83.927-4, j. 18.5.2004, *DJU* 4.6.2004, p. 47, *in Bol. IBCCr* 140/812; STJ, HC 19.644/SP, *RT* 805/544), sendo de rigor a observância dos critérios do art. 59 do CP (STJ, HC 14.011-SP, *DJU* 18.12.2000, p. 222, *in Bol. IBCCr* 99/517; HC 30.371, *DJU* 19.12.2003, p. 539, *in Bol. IBCCr* 35/773; TACrSP, *RT* 814/612 e 817/592). Réu reincidente, possuidor de circunstâncias judiciais desfavoráveis, deve cumprir a pena em regime inicialmente fechado, ainda que a condenação não exceda a oito anos (TJGO, *RT* 857/656).

- **Regime fechado e "gravidade do delito":** A norma do art. 33, § 2º, *b*, do CP confere mera faculdade ao órgão julgador; contudo, não se permite a imposição de regime mais rigoroso fundado unicamente na gravidade do delito e na periculosidade do agente, sem suficiente fundamentação (STF, HC 76.472-1, *RT* 761/521). A gravidade do crime do art. 157 do CP, sozinha, não pode servir de justificativa para a imposição de regime mais grave (STJ, HC 12.567-SP, *DJU* 19.2.2001, p. 189, *in RBCCr* 34/308; HC 12.144-SP, *DJU* 21.8.2000, p. 155, *in RBCCr* 32/335; HC 83.605-4, j. 2.3.2004, *DJU* 23.4.2004, p. 39, *in Bol. IBCCr* 139/804), não se admitindo recusa a regime semiaberto com base em "pura e simples presunção de periculosidade" (STJ, HC 10.475-SP, *DJU* 19.2.2001, p. 242, *in RBCCr* 34/308). No crime de roubo, a circunstância da arma de fogo ter sido apontada contra o rosto da vítima não pode ser utilizada como fundamento para fixar regime mais severo do que o previsto no art. 33, § 2º, porque essa circunstância caracteriza grave ameaça, elemento ínsito do crime do art. 157 (STJ, AgRg no Ag. no REsp 349.732/RJ, rel. Min. Sebastião Reis Júnior, j. 5.11.2013). Fixada a pena para o crime de roubo duplamente qualificado (uso de arma e concurso de agentes) no mínimo legal, reconhecendo-se primariedade e bons antecedentes, é possível estabelecer o regime semiaberto (STF, HC 83.520-1/SP, j. 4.11.2003, *DJU* 28.11.2003, p. 15, *in Bol. IBCCr* 134/764), não podendo o juiz determinar regime fechado com base apenas na opinião pessoal sobre a gravidade do crime e as consequências patrimoniais suportadas pela vítima, por serem ínsitas ao tipo penal (STF, RHC 84.822-2, rel. Min. Eros Grau, *mv – RT* 835/500). *Vide*, também, jurisprudência no art. 59 do CP, sobre o tema.

- **Súmula 719 do STF:** "A imposição do regime de cumprimento mais severo do que a pena aplicada permitir exige motivação idônea".

- **Súmula 718 do STF:** "A opinião do julgador sobre a gravidade em abstrato do crime não constitui motivação idônea para a imposição de regime mais severo do que o permitido segundo a pena aplicada".

- **Súmula 716 do STF:** "Admite-se a progressão de regime de cumprimento de pena ou a aplicação imediata de regime menos severo nela determinada, antes do trânsito em julgado da sentença condenatória".

- **Súmula 639 do STJ:** "Não fere o contraditório e o devido processo decisão que, sem ouvida prévia da defesa, determine transferência ou permanência de custodiado em estabelecimento penitenciário federal".

- **Súmula 440 do STJ:** "Fixada a pena-base no mínimo legal, é vedado o estabelecimento de regime prisional mais gravoso do que o cabível em razão da sanção imposta, com base apenas na gravidade abstrata do delito".

- **Súmula 269 do STJ:** "É admissível a adoção do regime prisional semiaberto aos reincidentes condenados a pena igual ou inferior a 4 (quatro) anos se favoráveis as circunstâncias judiciais".

- **Regime fechado e autorização para estudo:** No regime fechado não é cabível frequência a curso de nível superior (TJSP, *RT* 595/313). *Contra*, entendendo que o juízo da execução pode autorizar o estudo, "fora do estabelecimento carcerário, em situação excepcional, que o legislador não poderia prever" (sentença do Juiz MARCO ANTONIO BANDEIRA SCAPINI, da Vara das Execuções Criminais de Porto Alegre, datada de 9.3.98). *Vide*, igualmente, jurisprudência no art. 34 do CP.

- **Regime fechado para detenção:** O art. 33 do CP exclui expressamente o regime inicial fechado para o cumprimento de pena detentiva (TACrSP, *RT* 781/599). A aplicação do regime inicial fechado, por interpretação extensiva da ressalva final do art. 33, *caput*, segunda parte, do CP, depende de fundamentação convincente da necessidade excepcional da medida, tal como se exigiria para a hipótese de regressão (STJ, RHC 4.017, *DJU* 21.11.94, p. 31779).

- **Limite ao juiz da execução:** Não pode o juiz da execução deferir o regime aberto, sob fundamento de equívoco de fato do julgado exequendo (STF, HC 67.632, *DJU* 1.12.89, p. 17760).

- **Regime semiaberto:** "De acordo com a Súmula 440/STJ, 'fixada a pena-base no mínimo legal, é vedado o estabelecimento de regime prisional mais gravoso do que o cabível em razão da sanção imposta, com base apenas na gravidade abstrata do delito'. De igual modo, as Súmulas 718 e 719/STF, prelecionam, respectivamente, que 'a opinião do julgador sobre a gravidade em abstrato do crime não constitui motivação idônea para a imposição de regime mais severo do que o permitido segundo a pena aplicada' e 'a imposição do regime de cumprimento mais severo do que a pena aplicada permitir exige motivação idônea'. (...) Malgrado a imposição da pena-base no mínimo legal e a primariedade do réu não conduza, necessariamente, à fixação do regime prisional menos severo, tratando-se de réu primário, ao qual foi imposta pena entre 4 e 8 anos de reclusão e cujas circunstâncias judiciais foram favoravelmente valoradas, sem que nada de concreto tenha sido consignado de modo a justificar o recrudescimento do meio prisional, por força do disposto no art. 33, § 2º, alínea "b", e § 3º, do Código Penal, deve a reprimenda ser cumprida, desde logo, em regime semiaberto. (...) *Habeas corpus* concedido, de ofício (...)" (STJ, HC 574.589-BA, rel. Min. Ribeiro Dantas, 5ª T., j. 23.6.2020, *DJe* 30.6.2020). A norma do art. 33, § 2º, b, do CP deve ser interpretada como faculdade conferida ao juiz para aplicar ou não o regime semiaberto (STF, HC 72.373, *DJU* 2.6.95, p. 16231). Ainda que fixada a pena-base acima do mínimo, há que se considerar o fato dos acusados serem "tecnicamente primários", estabelecendo-se o regime inicial semiaberto nos moldes do art. 33, § 2º (TRF da 2ª R., Ap. 98.02.11187-2, *RT* 804/699). É de rigor a fixação do regime prisional inicial semiaberto na hipótese de condenado não reincidente, com pena entre quatro a oito anos, quando desconsideradas as circunstâncias judiciais desfavoráveis na fase de individualização da pena (STJ, HC 9.943/SP, *DJU* 18.10.99, p. 283, *in RBCCr* 31/330). Não há proibição legal para a imposição de regime semiaberto a condenado não reincidente a pena inferior a oito anos (TACrSP, Ap. 1.331.623-1, *RT* 812/582), mormente se confessou judicialmente, revelando coragem moral (TACrSP, Ap. 1.196.407-8, j. 15.6.2000, *Bol. AASP* n. 2.218, p. 418) ou se era menor de 21 anos (TACrSP, *RT* 787/628). Deve-se fixar o regime semiaberto a condenado por roubo qualificado a pena inferior a oito anos, sendo primário e de bons antecedentes (STF, HC 77.682/SP, *clipping* do DJ 5.2.99, *Inf. STF* n. 137, *in RBCCr* 26/316; STJ, HC 112.742, j. 4.11.2008, *RT* 881/565). Se a primariedade, bons antecedentes e ausência de periculosidade foram reconhecidos na pronúncia e na condenação, torna-se desnecessário o exame de provas para reconhecer o direito ao regime semiaberto, cabendo *habeas corpus* para tal fim (STJ, *RTJ* 136/150). É admissível a imposição do regime semiaberto ao condenado não reincidente, com pena inferior a oito anos, sem registro de circunstâncias judiciais desfavoráveis na fase de individualização da pena (STJ, REsp 264.117/SP, *DJU* 4.12.2000, p. 113, *in Bol. IBCCr* 98/509). Embora seja o regime fechado o que, em linha de princípio, verdadeiramente condiz com a gravidade do roubo e com o caráter maligno de quem o pratica, a lei não proíbe que o juiz defira ao condenado primário e menor de 21 anos o regime semiaberto (TACrSP, *RT* 806/572). Se o regime inicial é o semiaberto, haveria manifesta ilegalidade se permanecesse recolhido à cadeia pública (TJPR, *RT* 667/327), sendo recomendável que se aguarde uma vaga em regime mais ameno (TJSP, *RT* 775/599). *Vide*, ainda, jurisprudência no art. 35 do CP.

- **Regime aberto:** A gravidade abstrata do delito já foi levada em consideração pelo legislador para a cominação das penas mínima e máxima, sendo que nos delitos materiais contra a ordem tributária a lesão ao erário é elementar do tipo. Imprestáveis, ambas as circunstâncias, para a exasperação da pena-base, que deve ser fixada no mínimo legal, e com regime aberto à falta de qualquer consideração desfavorável na sentença (CP, art. 33, § 2º) (STF, HC 92.274, j. 19.2.2008, *DJU* 7.3.2008). Deve ser assegurado o regime inicial aberto para menor de 21 anos, condenado por crime de roubo à pena de quatro anos de reclusão, primário e com bons antecedentes (STF, HC 76.706-1, *DJU* 19.11.99, p. 55, *in RBCCr* 30/321). Defere-se regime aberto a condenado por tentativa de roubo simples, tendo a pena-base sido fixada no mínimo legal (STF, liminar concedida na MC em HC 82.968-6/SP, pelo Min. Sepúlveda Pertence, em 8.4.2003, *DJU* 14.4.2003, p. 29, *in Bol. IBCCr* 126/700; TJMG, *RT* 857/668). O fato de a pena ser inferior a quatro anos e o acusado ser primário não implica, necessariamente, a adoção do regime aberto, havendo liberdade de apreciação pelo julgador das peculiaridades do caso (STF, *RT* 667/379; TAMG, *RJTAMG* 52/358). Contra: Se primário, com avaliação majoritariamente favorável das circunstâncias judiciais e pena não superior a 4 anos, deve iniciar o cumprimento em regime aberto (TJMG, Ap. 10223170160699001, publ. 12.3.2019). Mera revelia não impede a concessão de regime aberto (TAPR, *PJ* 43/280). Quem cumpre pena em regime aberto é considerado legalmente preso para todos os efeitos, incluindo o de recorrer de superveniente sentença de que não se livre solto (STF, *RTJ* 122/587). *Vide*, também, jurisprudência no art. 36 do CP.

- **Reincidência afasta o regime aberto:** Ante a reincidência específica na direção embriagada (art. 306 do Código de Trânsito), afasta-se o regime aberto (STF, Agr. Reg. no HC 182.017/SP, rel. Min. Roberto Barroso, j. 29.5.2020). A reincidência afasta o regime aberto: HC 127.071, rel. Min. Marco Aurélio; Agr. Reg. no HC 177.771, rel. Min. Alexandre de Moraes e Agr. Reg. No RHC 156.006, rel. Min. Gilmar Mendes. Embora trate-se de furto de coisa com valor superior a 10% do salário mínimo e da pena fixada ser inferior a 4 anos, tendo em vista que possui duas condenações definitivas por crimes patrimoniais, constatando-se, pela Folha de Antecedentes, que dizem elas respeito a roubo majorado, além de haver outras anotações, também por delitos patrimoniais, tais como dano e receptação, o que evidencia a sua habitualidade delitiva, o regime deve ser o semiaberto (STJ, AgRg no AREsp 1550027 SP 2019/0224320-7, 6ª T., rel. Min. Laurita Vaz, j. 25.5.2020, *DJe* 2.6.2020).

- *Reformatio in pejus*: O regime prisional fixado, ainda que erroneamente, pela sentença, não pode ser alterado em prejuízo do condenado, em apelação exclusiva deste (STF, HC 72.139, *DJU* 26.5.95, p. 15158). Concedido na sentença o regime inicial aberto, não pode o tribunal revogá-lo em recurso exclusivo do acusado (STF, *RTJ* 121/153).

- **Prisão simples:** Este tipo de sanção, previsto na LCP, só permite seu cumprimento sob o regime aberto ou semiaberto (TACrSP, *RJDTACr* 20/75).

- **Reincidência não afasta o regime semiaberto:** "É admissível a adoção do regime prisional semiaberto aos reincidentes condenados a pena igual ou inferior a quatro anos se favoráveis as circunstâncias judiciais, inteligência da Súmula 269/STJ" (TJAC, Ap.

0004258-22.2018.8.01.0001, publ. 18.11.2019). O disposto no art. 33, § 2º, a e c, do CP impõe o regime inicial fechado ao réu reincidente. Há, porém, que se atender às particularidades do caso, sob pena de ofensa ao princípio da individualização da pena, como na hipótese de reincidente condenado a um ano de reclusão por tentativa de furto, com regime inicial semiaberto. É fundamental observar os requisitos objetivos e subjetivos, mesmo quando se tratar da reincidência. Não há por que dar ao réu que não demonstra possuir grau de culpa intensa, cuja personalidade e conduta não revelam traços de periculosidade ou de temerabilidade social, o mesmo tratamento dado a quem é participante de criminalidade de alta periculosidade (STJ, REsp 196.940-DF, rel. Min. Vicente Cernicchiaro, *DJU* 17.5.1999, *RT* 768/545). Se ao reincidente condenado a pena igual ou inferior a quatro anos não pode ser aplicado o regime aberto desde o início, não lhe nega o art. 33, § 2º, a possibilidade de iniciar o cumprimento em regime semiaberto (TACrSP, *mv* – *RT* 746/625; *RT* 784/621; TACrSP, Ap. 1.323.063-3, *RT* 811/642), como no caso de reincidente condenado por estelionato, em regime semiaberto (TACrSP, Ap. 1.355.467-1, j. 24.3.2003, *Bol. IBCCr* 132/752). Diante do princípio da proporcionalidade, ao condenado a pena de dez meses e vinte dias de reclusão, e multa, pode ser aplicado o regime aberto, ainda que reincidente (TACrSP, Ap. 1.215.695-4, rel. Juiz Márcio Bártoli, j. 25.10.2000). Contra: É inaplicável, ainda quando a pena do reincidente for inferior a 4 anos, o regime inicial aberto – art. 33, § 2º, do CP (Súmula 269 do STJ) (TJMG, Ap. 10183140045646001, publ. 5.7.2019; *nota nossa*: a referida Súmula admite, no caso, o regime semiaberto inicial.

- **Reincidente condenado a detenção:** É ilegal fazê-lo cumprir pena em regime fechado: deve-se colocá-lo em regime aberto ou semiaberto (STJ, RHC 1.735, *DJU* 1.6.92, p. 8058; TJSC, *JC* 69/512; TJGO, *RGJ* 7/120; TJSP, *RT* 783/625), ou em liberdade vigiada (TJSP, *RT* 605/289).

- **Condenação anterior a multa:** Não impede a concessão do regime aberto a reincidência em crime doloso, quando resultante de condenação anterior à pena de multa (STF, HC 67.632, *DJU* 1.12.89, p. 17760).

- **Progressão:** É patentemente ilegal a decisão que indefere progressão sob a alegação de que o crime é grave, tendo o condenado longa pena a cumprir; afinal, a prática de crimes graves não é prevista em qualquer dispositivo legal vigente no Brasil como justa causa para indeferir o benefício. Ao ser condenado o réu já recebe uma pena e não pode ser novamente punido por esse fato; o juiz deve julgar de acordo com a lei e não sua vontade (TJSP, AgEx 993.08.031311-3, rel. Des. Ivan Marques, j. 21.7.2008, *Bol. IBCCr* 190/1200; HC 1.005.775-3/5, j. 9.1.2006, *RT* 857/634). Deveria ser inimaginável a omissão ocorrida na atividade de juízo criminal, mantendo-se o reeducando em regime mais gravoso sob o embasamento de que deveria ter sido realizada a audiência admonitória (TJMT, HC 99.889, j. 11.12.2007, *DOE* 14.12.2007, *in Bol. IBCCr* 183/1152). O condenado a pena de reclusão em regime fechado só pode ser transferido para regime menos rigoroso após, cumprimento de um sexto da pena e provada sua readaptação à vida comum, sem os riscos da periculosidade que revelou na prática do crime (STF, *RT* 605/411). Não basta que o condenado preencha o requisito temporal de um sexto, pois deve, também, demonstrar mérito para a progressão (TACrSP, *Julgados* 85/83; HC 141.482, j. 25.4.85). Se já cumpriu o tempo e todos os requisitos necessários, pode ir direto do regime fechado para o aberto (STJ, *RT* 655/352; TJSP, *RT* 625/274-277; *contra:* STF, RE 116.672, *DJU* 12.5.89, p. 7796). É nula, por falta de fundamentação, a decisão que indefere progressão, adotando, sem maiores considerações, a manifestação do Ministério Público (TACrSP, *RT* 700/353). O tempo da prisão cautelar não diminui o prazo do regime inicial, ainda que fechado (STJ, REsp 41.742, *DJU* 7.11.94, p. 30032; *contra:* STJ, *RT* 686/397). Atendido o requisito temporal, só se pode denegar a progressão se ausente o mérito, ou seja, clara rebeldia, inaptidão para progredir prognosticada e incapacidade provável de adaptação (TACrSP, *RT* 667/303). Havendo duas condenações, mas não tendo uma delas transitado em julgado e sequer havendo a execução provisória de tal decreto, incabível a sua invocação para efeito de impedir a progressão de regime prisional em outra condenação. *Habeas corpus* concedido (STJ, HC 15.896/MG, j. 10.4.2001, *DJU* 27.8.2001, p. 415, *in RBCCr* 38/368). *Vide*, também, jurisprudência no art. 34 do CP, sob igual título.

- **Não pagamento da multa não impede a progressão:** "É incoerente que se condicione a progressão de regime ou sua manutenção ao pagamento da multa/sanção, uma vez que a pena privativa de liberdade e a multa são institutos autônomos e distintos" (TJCE, EP 0018006-83.2018.8.06.0001, publ. 11.03.2020).

- **Progressão *per saltum*:** Súmula 491 do STJ: "É inadmissível a chamada progressão *per saltum* de regime prisional". Contra, em parte: "Constitui constrangimento ilegal submeter o apenado a regime mais rigoroso do que aquele para o qual obteve a progressão. Vale dizer, é flagrante a ilegalidade se o condenado cumpre pena em condições mais rigorosas que aquelas estabelecidas no regime para o qual progrediu. Se o caótico sistema prisional estatal não possui meios para manter os detentos em estabelecimento apropriado, é de se autorizar, excepcionalmente, que a pena seja cumprida em regime mais benéfico. O que é inadmissível é impor ao apenado, progredido ao regime semiaberto, o cumprimento da pena em regime fechado, por falta de vagas em estabelecimento adequado" (STJ, 5ª T., HC 296.898/SP, rel. Min. Felix Fischer, j. 16.9.2014). Embora haja vedação legal à transferência do sentenciado diretamente do regime fechado para o aberto, a regressão do agravado se mostraria contraproducente em seu processo de reintegração social (TJSP, 16ª C., Ag Ex 0051791-91.2012.8.260000, rel. Des. Almeida Toledo, j. 17.7.2012, in Bol. AASP n. 2.837). "Recurso ordinário provido para determinar a imediata transferência do paciente para estabelecimento penal compatível com o regime semiaberto e, na falta de vaga, seja ele colocado em regime aberto ou prisão domiciliar, até a disponibilidade de vaga em estabelecimento adequado ao regime intermediário" (STJ, 5ª T., RHC 45.787/SP, j. 13.5.2014; no mesmo sentido, 6ª T., HC 286.440/SP, j. 24.4.2014; 6ª T., RHC 426.78/SP, j. 10.12.2013).

- **Progressão e exame criminológico:** A Lei n. 10.792/2003 afastou a necessidade de exame criminológico para a progressão, determinando, apenas, a juntada de atestado de bom comportamento carcerário, comprovado pelo diretor do estabelecimento prisional (TJSP, AgEx 155.345-3/3, j. 28.2.2008, *Bol. IBCCr* 185/1168). Contra, em parte: Não obstante o advento da Lei n. 10.792/2003, que alterou o art. 112 da LEP – para dele excluir a referência ao exame criminológico –, nada impede que os magistrados determinem a realização de mencionado exame, quando o entenderem necessário, consideradas as eventuais peculiaridades do caso, desde que o façam, contudo, em decisão adequadamente motivada (STF, HC 88.052, rel. Min. Celso de Mello, j. 4.4.2006). Embora a nova redação do art. 112 da LEP não mais exija, de plano, a realização de exame criminológico, cabe ao juiz verificar o atendimento dos requisitos subjetivos à luz do caso concreto, podendo, por isso, determinar a realização do aludido exame, se entender necessário, ou mesmo negar o benefício, desde que o faça fundamentadamente, quando as peculiaridades da causa assim o recomendarem, atendendo-se, assim, ao princípio da individualização da pena, prevista no art. 5º, XLVI, da CF (STJ, HC 141.458, rel. Min. Laurita Vaz, j. 13.10.2009). O sentenciado que preenche os pressupostos necessários à progressão de regime possui direito subjetivo à sua concessão, sendo facultado ao juízo das execuções criminais determinar a realização do exame criminológico, tendo em vista a singularidade do caso concreto. A exigência da perícia, contudo, deve ser motivada com esteio nas peculiaridades da causa e no comportamento carcerário do sentenciado. A gravidade abstrata do delito, dissociada de elementos concretos, per si, não é suficiente para justificar a necessidade do exame criminológico, pois não tem o condão de demonstrar as condições pessoais do condenado, tampouco seu comportamento dentro do sistema penitenciário. Concessão de *habeas corpus* para restabelecer a decisão do juízo das execuções, concessiva da progressão ao regime semiaberto (STJ, HC 109.180, rel. Min. Celso Limongi, j. 29.9.2009). Ostentando o recorrido atestado de boa conduta carcerária e revelando-se o resultado do exame criminológico realizado, vago e impreciso, a progressão de regime concedida deve ser mantida, pois preenchidos os requisitos subjetivos (STJ, REsp 1.113.652, rel. Min. Felix Fischer, j. 6.10.2009).

- **Estrangeiros e regime inicial:** Para fixação do regime inicial não se distingue entre brasileiros e estrangeiros (TFR, Ap. 7.729, *DJU* 18.6.87, p. 12280).

- **Estrangeiros e progressão de regime:** Não se pode negar aos estrangeiros o direito à progressão sob fundamento de eventual fuga (TJSP, *RT* 653/281). O direito à progressão para o regime semiaberto, em atendimento às exigências do art. 112 da LEP, insere-se como um direito subjetivo público do sentenciado, integrando-se ao rol dos direitos materiais penais. No momento em que praticou o crime não se cogitou da sua expulsão, pelo que, estando àquela altura em pé de igualdade com os brasileiros sujeitos àquele tratamento, não há de ser modificada a referida situação jurídica por acontecimentos supervenientes. Ademais, vê-se que a decretação da expulsão não pode ter efeito decisivo no campo penal, pois é fenômeno jurídico pertinente a outro campo de atuação estatal, que é o administrativo. Ao se impedir a vantagem da progressão pelo fato da expulsão, o apenado permanece no cárcere até o final da pena, quando já teria meios de desfrutar de regime mais benigno, e claro que por aplicação analógica do disposto no art. 67 do Estatuto do Estrangeiro. A progressão não existe *pro societate* apenas, mas se impõe como vantagem pessoal do apenado, pois o alivia substancialmente de carga punitiva (TJSP, rel. Des. Oliveira Ribeiro, Ag. 182.365-5, *RT* 724/627). *Contra:* A progressão ao regime semiaberto é incompatível com a situação do estrangeiro, cujo cumprimento da ordem de expulsão está aguardando o cumprimento de pena privativa de liberdade por crimes praticados no Brasil (STF, HC 68.135, *DJU* 13.9.91, p. 12489). *Contra*, em parte: Apesar do entendimento jurisprudencial de que não se defere ao estrangeiro a progressão se existe decreto de expulsão a ser implementado após o cumprimento da pena, no caso inexiste sequer procedimento de expulsão em andamento, garantindo-se a progressão (TJPR, AgEx 422.954-5, j. 22.11.2007, *DOE* 7.12.2007, *in Bol. IBCCr* 182/1144).

- **Regime semiaberto, progressão e *habeas corpus*:** Cabe *habeas corpus* para deferir regime semiaberto (STF, HC 64.978, *DJU* 18.9.87, p. 19670) ou para que o tribunal coator complete o julgamento da apelação, explicitando o regime inicial (STF, *RT* 622/375), ou, ainda, para anular decisão que fixou regime fechado, sem fundamentação, quando cabível, em tese, regime semiaberto (STF, *RTJ* 148/210). *Contra:* Não cabe decidir regime em *habeas corpus*, pois depende de prova complexa a ser apreciada no juízo das execuções (STF, HC 62.432, *DJU* 1.4.85, p. 4281; RHC 62.916, *DJU* 26.4.85, p. 5892). O recurso de agravo previsto na LEP, assim como ocorre com o recurso de apelação, por si não impede a impetração e o conhecimento de *habeas corpus* com vistas a afastar ilegalidade flagrante ou abuso de poder no indeferimento de progressão no regime prisional. O que não se pode fazer é aprofundar exame de provas ou se avaliar os requisitos subjetivos em que se apoiou a decisão para indeferir a progressão (STJ, HC 3.571-2/SP, j. 30.8.95, *DJU* 25.9.95, p. 31115, *in RBCCr* 11/371). Se cumpriu um sexto da pena, não pode ficar esperando, indefinidamente (no caso, por mais de um ano), a juntada de folha de antecedentes; há coação ilegal por manifesto excesso de prazo (STJ, RHC 5.969/RJ, j. 25.11.96, *DJU* 24.2.1997, p. 3351, *in RBCCr* 18/230).

- **Prisão provisória, progressão e livramento condicional:** Deve-se interpretar extensivamente a Súmula 716 do STF garantindo-se livramento condicional às pacientes condenadas a seis anos de reclusão em regime fechado integral por tráfico e associação ao tráfico, posto que presas preventivamente há mais de três anos, tempo suficiente à progressão e ao livramento condicional. Flagrante constrangimento ilegal, com exceção à aplicação da Súmula 691 do STF, concedendo-se *habeas corpus* contra indeferimento de liminar (STF, HC 92.417, rel. Min. Eros Grau, j. 11.12.2007, *DJU* 19.2.2008, *in Bol. IBCCr* 186/1172). Antes do trânsito em julgado, o juiz da condenação pode apreciar a progressão (TJSP, *RT* 625/277). Durante a prisão processual há possibilidade de progressão (STF, HC 88.801-1, j. 6.6.2006, referindo-se aos seguintes julgados do STF: HC 72.656, *DJU* 30.8.1996; HC 73.760, *DJU* 24.5.1996; HC 72.569, *DJU* 15.12.1995). *Vide*, acima, a Súmula 716 do STF.

- **Trânsito em julgado só para a acusação e guia de recolhimento:** Transitada em julgado a sentença para a acusação, o condenado preso provisoriamente que dela recorreu tem direito à guia de recolhimento, para que possa começar a cumprir a pena tal como lhe foi imposta (STJ, *liminar* no HC 2.648, *DJU* 31.5.94, p. 13624; HC 2.613, *DJU* 29.8.94, p. 22216; RHC 3.804, *DJU* 29.8.94, p. 22206; RHC 2.830/SP, j. 30.6.93, *DJU* 9.8.93, p. 15234, *in RBCCr* 5/200; HC 695-SP, j. 18.9.91, *DJU* 7.10.91, p. 13977, *in RBCCr* 0/7; TRF da 1ª R., HC 31.569, *DJU* 12.12.94, p. 72485; TACrSP, *mv* – *RT* 702/340).

- **Condenação a pena substitutiva de prestação de serviços (CP, art. 43, IV) e mandado de prisão:** Conservada, pela Turma Recursal do Juizado Especial Criminal, a substituição da pena privativa de liberdade em prestação de serviços à comunidade, não cabe expedição de mandado de prisão (STF, MC em HC 82.642-3, decisão liminar monocrática, rel. Min. Gilmar Mendes, j. 5.12.2002, *DJU* 11.12.2002, p. 15, *in Bol. IBCCr* 123/676).

- **Revogação do regime aberto:** Sem prévia oitiva do condenado, é nula e corrigível por *habeas corpus* (TACrSP, HC 139.452, j. 22.5.85).

- **Regressão e ampla defesa:** Simples prática de crime doloso autoriza a regressão, nos termos do art. 118, I, da LEP (TJSP, *RT* 595/343); também falta grave (STJ, RHC 434, *DJU* 30.4.90, p. 3532) como a fuga (STF, HC 86.031-1, j. 10.10.2006, *RT* 857/524). Não pode o juiz decretar a regressão, baseando-se em simples listagem de presos faltosos, sem audiência do interessado (STJ, RHC 1.245, *DJU* 12.9.91, pp. 11817-8). Nos termos da LEP, faz-se imprescindível a presença física do condenado para ser ouvido em audiência pelo juiz, e desse modo o amplo direito de defesa pode e deve ser exercitado mediante oposição técnica ao pedido de regressão, a realizar-se por seu advogado, constituído ou integrante da Defensoria Pública (STJ, RHC 7.462/DF, j. 16.6.98, *DJU* 22.2.99, p. 112, *in RBCCr* 26/317). No mesmo sentido: STJ, *JSTJ* e TRF 276/573. A regressão é admissível, obediente ao devido processo legal. Não pode ser determinada, a título cautelar. Comando do disposto no art. 118, § 2º, da LEP, devendo "ser ouvido, previamente, o condenado". Olvidado o rito, resta caracterizado constrangimento ilegal (STJ, ED no RHC 6.138/SP, j. 8.9.97, *DJU* 20.10.97, p. 53138, *in RBCCr* 21/325). Contra: pode haver regressão cautelar sendo que o condenado, após recapturado, poderá exercer a sua defesa (STF, HC 76.271/SP, inf. STF 123, *in DJU* 23.9.98, clipping do *DJU* 18.9.98, *in RBCCr* 24/335). Tratando-se de sentença definitiva que determina a regressão de regime, exige-se a prévia oitiva do condenado que, em tese, praticou crime doloso ou falta grave, propiciando-se a oportunidade de defesa (STJ, HC 10.334/GO, j. 7.10.99, *DJU* 16.11.99, p. 218, *in RBCCr* 30/332).

- **Súmula 534 do STJ:** "A prática de falta grave interrompe a contagem do prazo para a progressão de regime de cumprimento de pena, o qual se reinicia a partir do cometimento dessa infração".

- **Súmula 533 do STJ:** "Para o reconhecimento da prática de falta disciplinar no âmbito da execução penal, é imprescindível a instauração de procedimento administrativo pelo diretor do estabelecimento prisional, assegurado o direito de defesa, a ser realizado por advogado constituído ou defensor público nomeado".

- **Súmula 526 do STJ:** "O reconhecimento de falta grave decorrente do cometimento de fato definido como crime doloso no cumprimento da pena prescinde do trânsito em julgado de sentença penal condenatória no processo penal instaurado para apuração do fato".

- **Fuga:** É falta grave (LEP, art. 50, II), incompatível com a prisão-albergue (TACrSP, *Julgados* 83/220).

- **Irretroatividade:** Se existia lei estadual anterior, possibilitando a prisão-albergue na época em que o crime foi cometido, aplica-se aquela lei e não a nova (TACrSP, *mv – RT* 605/314).

- **Falta de vaga:** Enquanto não houver vaga no regime semiaberto que atenda a todos os requisitos da LEP, deverá o condenado cumprir pena em regime domiciliar (TJRS, Ap. 70029175668, j. 15.4.2009, *mv*, vencido o Des. Amilton Bueno de Carvalho que determinava, inclusive, a suspensão da expedição de mandado de prisão enquanto não houvesse vaga). Inexistindo vaga em estabelecimento penal adequado ao regime inicial fixado (semiaberto), deve o sentenciado aguardar em regime mais benéfico até a abertura de vaga (STF, HC 94.526, j. 24.6.2008, *DJU* 29.8.2008; TRF da 3ª R., HC 36.626, DOE 15.6.92, p. 142). Ainda que não caiba ao Poder Judiciário a responsabilidade pela falta de vagas, não é possível a permanência do réu em regime fechado quando beneficiado pela progressão, devendo, em caráter excepcional, aguardar o cumprimento da pena em regime aberto na modalidade de prisão-albergue, até que sobrevenha vaga no semiaberto (STF, HC 77.399/SP, j. 24.11.98, Inf. STF 133, *in RBCCr* 25/335).

Persistindo a falta de vagas no regime semiaberto, deve ser assegurado, em caráter excepcional, o cumprimento da pena em regime aberto, sob as cautelas do juízo das execuções (STJ, RHC 13.897, *DJU* 11.12.2000, p. 223, *in Bol. IBCCr* 99/517; REsp 419.425/SP, j. 15.4.2003, *DJU* 9.6.2003, p. 286, *in RBCCr* 44/395), ou ainda, inexistindo casa de albergado, em regime domiciliar (STJ, RHC 9.289-SP, *DJU* 21.2.2000, p. 141, *in Bol. IBCCr* 89/439; *RT* 784/555). É constrangimento ilegal manter em regime fechado condenados a regime semiaberto, enquanto esperam vagas (STJ, HC 13.526/SP, *mv – DJU* 19.2.2001, p. 251, *in RBCCr* 34/309). Vide, também, jurisprudência nos arts. 35 e 36 do CP.

- **Falta de casa do albergado:** Quanto à inexistência de casas do albergado para cumprimento da pena em regime aberto, *vide* jurisprudência nos comentários ao art. 36 do CP sob igual título.

REGRAS DO REGIME FECHADO

Art. 34. O condenado será submetido, no início do cumprimento da pena, a exame criminológico de classificação para individualização da execução.

§ 1º O condenado fica sujeito a trabalho no período diurno e a isolamento durante o repouso noturno.

§ 2º O trabalho será em comum dentro do estabelecimento, na conformidade das aptidões ou ocupações anteriores do condenado, desde que compatíveis com a execução da pena.

§ 3º O trabalho externo é admissível, no regime fechado, em serviços ou obras públicas.

Regime fechado

- **Crítica ao cárcere em regime fechado:** Infelizmente, o ser humano, capaz de tantas maravilhas tecnológicas e artísticas, não conseguiu, até agora, encontrar um substituto para a medida de se colocar alguém atrás de grades, com trancas e ferrolhos. É bem verdade que a prisão, como punição, é recente na história da humanidade, já tendo, por incrível que possa parecer, sido uma *evolução*. Isso porque, como narramos na história do direito penal no início desta obra, a regra durante toda a idade média eram as penas corporais de mutilação, de marca com ferro quente e morte. A prisão era infligida somente durante o processo, enquanto o acusado aguardava julgamento. Por influência remota no Cristianismo (daí falar-se em *cela*) e, posteriormente, do Iluminismo, foram abandonadas as penas corporais, sendo substituídas pela prisão. Como afirmou Marc Ancel, penalista francês do século XX, "um dos principais problemas da política criminal de hoje é, salvo as exceções inevitáveis, o de se desembaraçar da prisão". Diante dessa impotência, as cadeias, entre nós, são cada vez mais numerosas e precárias, em que pese a honrosa adoção, pelo legislador brasileiro, das penas substitutivas previstas nos arts. 43 a 48 do CP, que devem sempre ser estimuladas (*vide* nota no art. 43 sob o título *Em defesa das penas restritivas de direito*). O cárcere, em regime fechado, deve ser tido, sempre, como medida extrema, excepcional mesmo, já que traz incomensuráveis e indeléveis mazelas, como medida bruta e grotesca que é, humilhando, aviltando e alienando o ser humano. Como já pudemos frisar em outra oportunidade (cf. Roberto Delmanto Junior, *Liberdade e Prisão no Processo Penal – As Modalidades de Prisão Provisória e seu Prazo de Duração*, 3ª ed., São Paulo, Saraiva, 2019, p. 46), tamanha é a violência do cárcere que pode ele levar a pessoa a tirar o seu bem mais precioso: a sua vida. Com efeito, todos os objetos que possam facilitar práticas suicidas (p. ex., cintos de calças e cadarços de sapatos) são retirados e guardados pelas autoridades, antes da pessoa ser enclausurada.

- **Superlotação carcerária:** Como diz Giorgio del Vecchio, "a história das penas, em muitas das suas páginas, não é menos desonrosa para a humanidade do que aquela dos delitos" (*La Giustizia*, Roma, Editrice Studium, 1946, p. 192). Essa frase aplica-se ao Brasil de ontem e de hoje devido, sobretudo, ao lamentável quadro de superlotação carcerária que assola o nosso sistema penitenciário desde o Império. Com efeito, é impressionante observar que em 1864 o então Ministro da Justiça FRANCISCO JOSÉ FURTADO já denunciava o deplorável estado das cadeias da época, criando "condições ideais para flagelar os inocentes e corrompê-los como para aumentar a depravação dos criminosos" (Ministério da Justiça, Rio de Janeiro, Imprensa Nacional, 1865, p. 52, *apud* MARCOS PAULO PEDROSA COSTA, *O Caos Ressurgirá da Ordem – Fernando de Noronha e a Reforma Prisional no Império*, São Paulo, Instituto Brasileiro de Ciências Criminais, 2009, p. 51). Passados 150 anos, na maioria das grandes cidades brasileiras os presos continuam submetidos a tratamento degradante, cruel e desumano, em absoluto desrespeito à nossa ordem constitucional (CR, arts. 1º, III, e 5º, III; PIDCP, arts. 7º, *caput*, e 10, 1; CADH, art. 5º, 1 e 2). Com efeito, ROGÉRIO LAURIA TUCCI, em trabalho elaborado a pedido do Instituto Max Plank, da *American Watch*, que, em 1989, já consignava: os "presos brasileiros estão frequentemente apinhados em celas pequenas, escuras, úmidas e sujas, construídas para comportar a metade, um terço ou ainda menor número de detentos do que efetivamente estão nelas confinados. As celas estão infestadas de ratos e baratas, e em muitos locais os detentos geralmente não têm nada para fazer o dia todo exceto jogar baralho ou abusar uns dos outros. Eles dormem com toalhas ou lençóis sobre o chão de concreto úmido" ("Processo penal e direitos humanos", *RT* 755/455 a 481). De 1989 para cá, quase três décadas se passaram e a situação só piorou em todo o Brasil, sendo recorrentes as notícias da absurda superlotação do sistema penitenciário, lembrando-se, inclusive, a possibilidade de responsabilização criminal de autoridades, inclusive judiciárias, que, podendo agir (como garantes), se omitem (cf. comentários ao CP, art. 13, § 2º, *a*). Como bem adverte o Desembargador AMILTON BUENO DE CARVALHO, do Tribunal de Justiça do Rio Grande do Sul, não subsiste o rançoso confronto: direitos da sociedade e direitos dos condenados, já que eles "não estão jamais em conflito: só se preservam os direitos do todo se se preservarem os direitos do um – todo é composto da soma de todos os 'uns' (ver LUC FERRY, *Aprender a Viver, Filosofia para os Novos Tempos*, Objetiva, p. 156)" (voto proferido na Ap. 70029175668, j. 15.4.2009). Ver, também, ROBERTO DELMANTO, "A implosão da Casa de Detenção: demagogia ou falta de bom senso?", *Bol. IBCCr* n. 110, janeiro de 2002, p. 7; e "Vergonha paulista e brasileira", *Folha de S. Paulo*, Seção *Data Venia*, 19.4.97). Enfim, com esse estado de coisas, fomenta-se a criminalidade organizada dentro do Sistema Penitenciário, com reflexos no aumento dos crimes violentos em nossa sociedade. O Brasil de hoje está tão atrasado, que a ele aplicam-se críticas que autores europeus faziam ao sistema punitivo dos séculos XVIII e XIX, como PAINE, ao afirmar, em 1793, que as punições sanguinárias (equiparáveis às cadeias superlotadas brasileiras) corrompem o gênero humano, sendo um incentivo à crueldade dos crimes, destruindo a sensibilidade das pessoas e excitando-se a vingança, tornando todos mais ferozes e selvagens (*Droits de l'Homme*, 2ª ed., Paris, 1793, t. I, pp. 50 e ss., *apud* GIORGIO DEL VECCHIO, *La Giustizia*, Roma, Studium, 1946, p. 193), e BERRINI, em 1920, ao dizer que "as penitenciárias têm sido chamadas de Universidade do crime. O Estado gasta somas enormes para cultivar intensamente a periculosidade e a criminalidade dos delinquentes: e restitui depois à sociedade delinquentes mais amedrontadores que antes. O ócio, a promiscuidade em reclusões fechadas e restritas, tudo, tudo embrutece ainda mais os réus" (*La Giustizia – Problemi giudiziari italiani*, Milano, 1921, p. 42, *apud* DEL VECCHIO, cit., p. 194). Transformadas as nossas cadeias em verdadeiros depósitos humanos, criou-se um desolador ciclo vicioso: os juízes prendem, na crença de estarem combatendo a criminalidade; porém, quando jovens primários são encarcerados, para sobreviver eles acabam aderindo às organizações criminosas que lá se instalaram, devendo favores e fidelidade quando soltos, tornando-as mais fortes. Não há vencedores, todos perdem. E a única saída para o rompimento desse ciclo vicioso é a completa reforma do Sistema Penitenciário, evitando-se, ao máximo, o cárcere, custoso em todos os sentidos. Ademais, ao afrontosamente desrespeitar o disposto nos arts. 41, 83, 85 e 88 da LEP, entre outros, que impõem sejam respeitadas condições *mínimas* para o cárcere, nosso Estado Democrático de Direito, que deveria dar o exemplo como bom cumpridor das leis, vem sendo condenado em Cortes Internacionais por violação aos Direitos Humanos.

▪ **A esperança – "Ainda há juízes em Berlim":** A situação estatal de total desprezo aos direitos humanos dos condenados ou presos provisórios faz despertar, em pessoas de bem, grande indignação, a ponto do Juiz de Direito de Minas Gerais, LIVINGSTHON JOSÉ MACHADO – a quem não faltaram injustas críticas –, ter determinado a soltura de presos em razão da superlotação e da mais absoluta precariedade da cadeia local, após reiterados ofícios ao Governo Estadual no sentido de transferi-los para outra unidade prisional. Nesse sentido, lembrando a famosa frase do *moleiro* alemão após ganhar uma ação contra o Imperador da Prússia – *ainda há juízes em Berlim*, Roberto Delmanto escreveu que ela, "misto de admiração e respeito, que até hoje ecoa viva nos Estados de Direito Democráticos, como um exemplo a ser seguido pela Magistratura livre e independente: 'Ainda há juízes em Berlim'. Recentemente, recordei-me dessa frase em razão de notícia vinda de uma cidade próxima a Belo Horizonte e publicada na imprensa de São Paulo. O juiz da comarca, devido às precaríssimas, desumanas e cruéis condições da cadeia local, com absurda superlotação, depois de não ter atendidos todos os seus pedidos ao Governo Estadual para a transferência de parte dos presos, arriscando a sua carreira, mandara soltar 16 deles; o Ministério Publico recorreu e o Tribunal de Justiça cassou sua decisão. Novamente o magistrado mandou soltar, dessa vez, 32 presos; de novo, a Promotoria recorreu e a Corte mineira rapidamente revogou sua decisão. Agora, ameaçam-lhe com processos administrativo e penal, pois, segundo algumas autoridades, ele teria cometido o crime de prevaricação (CP, art. 319), por ter praticado 'ato de ofício contra disposição expressa de lei, para satisfazer sentimento pessoal'. Até o jovem e popular Governador do Estado, candidato precoce e prematuro à Presidência da República, criticou de forma veemente o juiz. As fotografias da superlotação em que se achava a cadeia local falam, todavia, mais alto. Nela, pior do que em um canil, os presos se amontoavam espremidos junto às grades, os braços dos que o conseguiam estendidos para fora. Não havia higiene mínima, ar, ventilação, insolação. Como disse o corajoso juiz, de certa forma era pior do que os campos de concentração nazistas, pois naqueles havia beliches, e aqui sequer espaço para camas ou colchonetes... Lembrei-me de dois episódios históricos: em França, até que São Luís, primeiro feito rei e depois santo, o abolisse, o teto das celas individuais era mais baixo do que a altura média de um homem, não permitindo que os presos, por um instante sequer, ficassem eretos, de cabeça erguida; no Brasil, durante a ditadura getulista, o grande advogado SOBRAL PINTO, diante das torturas sofridas por LUIZ CARLOS PRESTES, líder comunista, esgotados todos os recursos legais, invocou a favor de seu cliente a Lei de Proteção aos Animais... A meu ver o juiz mineiro não praticou qualquer ilegalidade, infração administrativa ou, muito menos, o crime do art. 319 do Código Penal. Como já decidiu o próprio Tribunal de Justiça daquele Estado, se ficar demonstrado que o agente 'agiu movido pelo senso de cumprimento do dever, não há falar em prevaricação' (RT 780/656). Mais do que cumprir seu dever de cidadão e magistrado, resgatando o pouco que ainda poderia restar da dignidade humana dos presos, ante a total inércia do Poder Executivo e o absoluto descaso da sociedade local, o juiz cumpriu a Constituição brasileira, o Pacto Internacional sobre Direitos Civis e Políticos, e a Convenção Americana sobre Direitos Humanos, tratados internacionais por nosso país assinados. Tais diplomas garantem a integridade física e moral do preso (CR, art. 5º, XLIX), vedam o tratamento cruel, desumano ou degradante (PIDCP, art. 7º, *caput*), bem como as penas e tratos cruéis (CADH, art. 5º, 2), e determinam que toda pessoa privada da liberdade deve 'ser tratada com respeito devido à dignidade inerente ao ser humano' (*idem, ibidem*). Neste momento de descrédito nas instituições e nos homens públicos brasileiros, o corajoso ato do magistrado mineiro, fazendo respeitar a Constituição e os tratados internacionais, resgata mais do que a dignidade dos presos que mandou soltar; resgata-nos a confiança na Justiça e nos seres humanos, permitindo-me concluir, da Tribuna Livre que é o Bol. IBCCr, e esperando que ele ecoe, como costuma ecoar, até as Alterosas: Ainda há juízes em Minas Gerais!". ROBERTO DELMANTO, "ainda há juízes em Berlim", *in Bol. IBCCr* n. 157, ano 13, dez. 2005. O mesmo exemplo tem sido seguido por outros corajosos magistrados, como o Juiz CARLOS DE OLIVEIRA PAULA, do Maranhão, que em 8 de abril de 2009 determinou a soltura de cinco presos para diminuir a superlotação das celas da Delegacia de Polícia de Bacabal (255 Km de São Luís), onde 30 presos dividiam o espaço para 4 pessoas (*Folha on-line*, edição de 9.4.2009, www1.folha.uol.com.br/folha/cotidiano/ult95u548312.shtml), e magistrados gaúchos que decidiram não assinar novos mandados de prisão a partir do dia 8 de junho de 2009, salvo para autores acusados de crimes como latrocínio, estupro, sequestro, tráfico e homicídio qualificado, em razão da superlotação dos presídios gaúchos, como o Presídio Central de Porto Alegre, Rio Grande do Sul, onde encontravam-se 4.800 presos, quando a capacidade era para 1.550, vivendo em um espaço de 1 metro quadrado para cada um, quando a lei prevê um espaço mínimo de 6 metros e "em algumas áreas, esse espaço é inferior a 1 metro quadrado (50 ou 70 centímetros pra cada preso)", como afirmou o juiz SIDINEI BRZUSKA (Agência Brasil, 11.6.2009, http://www.agenciabrasil.gov.br/noticias/2009/06/11/materia.2009-06-11.74 06264050/view). Igualmente na cidade de Jundiaí, Estado de São Paulo, tendo o Juiz JEFFERSON BARIN TORELLI, em 9 de outubro de 2009, concedido o prazo de 72 horas para o Estado iniciar as transferências dos 500 presos das cadeias públicas da cidade de Jundiaí, São Paulo, com capacidade para 120, e das 67 presas da cadeia feminina de Itupeva, que pode abrigar 24 mulheres, sob pena de conceder, em 29 de outubro de 2009, *habeas corpus* para que todos os presos fossem soltos à zero hora do mesmo dia, o que não ocorreu, tendo o Estado transferido boa parte deles.

▪ **Regras gerais:** *1. Exame criminológico (LEP, art. 8º,* caput). É obrigatória sua realização para fins de individualização da execução. *2. Isolamento.* Durante o repouso noturno. *3. Trabalho interno.* Embora o trabalho seja meritório e ressocializante, parece-nos que a sua *obrigatoriedade,* prevista no § 1º deste artigo e no art. 39, V, da LEP, bem como a caracterização de sua inobservância como *falta grave* (art. 51, III, da LEP), *causadora de regressão* de regime de pena (art. 118, I, segunda parte, da LEP), colidem com o art. 5º, XLVII, *c,* da CR, que proíbe "trabalhos forçados" e com os arts. 8º, 3, *a,* do PIDCP e 6º, 2, primeira parte, da CADH, acolhidos pela nossa Magna Carta (art. 5º, § 2º), que proíbem trabalhos forçados *ou obrigatórios. 4. Trabalho externo.* É admissível em serviços ou obras públicas.

▪ **Remissão:** Cf. LEP, arts. 87 a 90.

Jurisprudência

▪ **Cadeia pública:** Não se presta ao cumprimento da pena de longa duração, em regime fechado, devendo, por isso, ser o preso recolhido a estabelecimento penal (STF, RHC 63.320, *DJU* 11.10.85, p. 17860).

▪ **Más condições dos presídios:** O sistema penitenciário, no campo da experiência, não traduz com fidelidade a expressão normativa. A LEP programou o estilo de execução. Há descompasso entre o "dever-ser" e o "ser". As razões do desencontro afastam a ilegalidade de modo a determinar a soltura dos internos dos presídios (STJ, RHC 2.913, *DJU* 28.2.94, p. 2916, *in RBCCr* 6/241-2).

▪ **Exame criminológico inicial:** É obrigatório para condenado com início da pena em regime fechado (TACrSP, *Julgados* 95/39).

▪ **Progressão:** Havendo injustificável demora no deferimento do seu direito à progressão ao regime semiaberto, concede-se *habeas corpus* para que o condenado aguarde no regime pleiteado, a final apreciação de seu pedido pelo juízo das execuções penais (STJ, RHC 2.168, *DJU* 16.11.92, p. 21164). Vide, também, jurisprudência no art. 33 do CP, sob igual título.

▪ **Trabalho externo:** No regime fechado, admite-se apenas em obras públicas ou particulares, desde que regido por regras de direito público (TJGO, AgEx 0147965-07.2019.8.09.0000, *DJ* 14.8.2019).

REGRAS DO REGIME SEMIABERTO

Art. 35. Aplica-se a norma do art. 34 deste Código, *caput,* ao condenado que inicie o cumprimento da pena em regime semiaberto.

§ 1º O condenado fica sujeito a trabalho em comum durante o período diurno, em colônia agrícola, industrial ou estabelecimento similar.

§ 2º O trabalho externo é admissível, bem como a frequência a cursos supletivos profissionalizantes, de instrução de segundo grau ou superior.

Regime semiaberto

- **Regras gerais:** *1. Exame criminológico (LEP, art. 8º e parágrafo único).* Ao tratar do exame criminológico para os que iniciam o cumprimento da pena em regime fechado, o art. 8º, *caput*, da LEP usa a expressão "será submetido a". Já ao cuidar do exame criminológico para os que começam o cumprimento da pena em regime semiaberto, o parágrafo único desse artigo emprega a palavra "poderá". Por esse motivo, em virtude do princípio *favor libertatis*, entendemos ser tal exame facultativo para o regime inicial semiaberto, devendo o juiz, caso o entenda necessário, fundamentar sua decisão. Trata-se de medida relacionada à individualização da pena, em sua execução. *2. Trabalho interno*. Em comum, durante o dia, na colônia ou estabelecimento similar. *3. Atividades externas*. É admissível o trabalho externo e a frequência a cursos.

- **Remissão:** Colônia agrícola, industrial ou similar (*vide* LEP, arts. 91 e 92).

- **Falta de vagas:** Não havendo vagas em colônia agrícola, industrial ou estabelecimento similar, previstos para o regime semiaberto, há de se conceder *prisão domiciliar* enquanto aquela falta perdurar.

- **Monitoração eletrônica (saída temporária e prisão domiciliar):** A Lei n. 12.258/2010 alterou a LEP, nela incluindo os arts. 146-B, 146-C e 146-D, prevendo e disciplinando a monitoração eletrônica para condenados que já se encontram em regime semiaberto, ou seja, impondo maior controle do preso em saída temporária ou em prisão domiciliar (cujas hipóteses são muito restritas como idade avançada e doença grave, e ainda a falta de vagas no regime semiaberto, como defendemos) e não um esvaziamento das prisões. Foi somente com o advento da Lei n. 12.403/2011 que a possibilidade de haver um efetivo alívio da superlotação de nossas cadeias ganhou mais um instrumento legal para se concretizar, ao prever a possibilidade de monitoração eletrônica como medida cautelar alternativa à prisão provisória (CPP, art. 319, IX), isto é, daqueles que não têm condenação transitada em julgado, e que representam a grande massa carcerária. No Brasil, a obra mais completa sobre o tema atualmente é *Monitoração Eletrônica, Probation e Paradigmas Penais* (org. por Paulo Iász de Morais e Nuno Caiado, São Paulo, ACLO Editoria, 2015).

- **Diferença entre prisão domiciliar e prisão-albergue domiciliar:** A *prisão domiciliar* não se confunde com a *prisão-albergue domiciliar*, que pode ser concedida na falta de vagas em casas de albergado ou na inexistência destas, previstas para o regime aberto.

- **Estrangeiros e regime semiaberto:** *Vide* nota no art. 33 do CP sob o título *Estrangeiros*.

Jurisprudência

- **Execução provisória e prisão cautelar com adequação ao semiaberto:** A "jurisprudência dominante nas Turmas que compõem a Terceira Seção deste Tribunal é no sentido de que o encarceramento provisório é compatível com o regime semiaberto, sendo necessária apenas a adequação da prisão cautelar com o regime carcerário fixado na sentença [...]" (STJ, RHC 94.536/MG, rel. Min. Maria Thereza de Assis Moura, 6ª T., j. 15.3.2018, DJe 27.3.2018; RHC 123277, rel. Min. Laurita Vaz, 6ª T., j. 19.5.2020, DJe 2.6.2020).

- **Exame criminológico:** Em face da contradição que há entre a remissão do art. 35 e o art. 8º da LEP, opta-se por este último e considera-se o exame criminológico facultativo, e não obrigatório (TACrSP, *Julgados* 90/73).

- **Aguardo burocrático da guia de recolhimento em Delegacia:** Constitui constrangimento ilegal submeter o condenado a regime mais rigoroso do que o estabelecido, como em Delegacia de Polícia, ainda que por pouco tempo e no aguardo, burocrático, da guia de recolhimento. Concessão de *habeas corpus* para que o sentenciado cumpra, de imediato, a pena no regime certo ou, na impossibilidade concreta, provisoriamente, em regime domiciliar (STJ, RHC 8.090/SP, rel. Min. Felix Fischer, j. 15.12.98, DJU 22.2.1999, p. 116, *in RBCCr* 26/317).

- **Colônia agrícola, industrial ou similar:** Inexistindo na Comarca, defere-se o trabalho externo sem dependência de ter cumprido 1/6 da pena, desde que favoráveis suas condições pessoais (TJMG, AgEx 10000190130518000, publ. 22.5.19). Na inexistência de vagas para o trabalho externo em uma das empresas conveniadas, ou no serviço público, deve-se autorizar o trabalho na iniciativa privada de sua preferência (TJMG, AgEx 10000190657742000, publ. 25.9.2019).

▪ **Falta de vagas:** "*Súmula Vinculante 56 do STF*: ´A falta de estabelecimento penal adequado não autoriza a manutenção do condenado em regime prisional mais gravoso, devendo-se observar, nessa hipótese, os parâmetros fixados no RE 641.320/RS´". Neste RE, referido pela Súmula vinculante, decidiu-se: "II – Os juízes da execução penal poderão avaliar os estabelecimentos destinados aos regimes semiaberto e aberto, para qualificação como adequados a tais regimes. São aceitáveis estabelecimentos que não se qualifiquem como ´colônia agrícola, industrial´ (regime semiaberto) ou ´casa de albergado ou estabelecimento adequado´ (regime aberto) (art. 33, §1º, b e c); III – Havendo *déficit* de vagas, deverá determinar-se: (i) a saída antecipada do sentenciado no regime com falta de vagas; (ii) a liberdade eletronicamente monitorada ao sentenciado que sai antecipadamente ou é posto em prisão domiciliar por falta de vagas; (iii) o cumprimento de penas restritivas de direitos e/ou estudo ao sentenciado que progride ao regime aberto. Até que sejam estruturadas as medidas alternativas propostas, poderá ser deferida a prisão domiciliar ao sentenciado" (STF, RE 641.320/RS, *DJe* 1.8.16). Não há óbices à concessão de prisão domiciliar com monitoração eletrônica ao sentenciado em regime semiaberto quando não há vagas no regime específico ou quando não há estabelecimento prisional adequado ou similar na localidade em que cumpre pena (STJ, AgRg no AREsp 1.635.909 DF 2019/0376248-7, 6ª T., rel. Min. Nefi Cordeiro, j. 4.8.2020, *DJe* 13.8.2020). Enquanto não houver vaga no regime semiaberto que atenda a todos os requisitos da LEP, deverá o condenado cumprir pena em regime domiciliar (TJRS, Ap. 70029175668, j. 15.4.2009, *mv*, vencido o Des. Amilton Bueno de Carvalho que determinava, inclusive, a suspensão da expedição de mandado de prisão enquanto não houvesse vaga). Inexistindo vaga em estabelecimento penal adequado ao regime inicial fixado (semiaberto), deve o sentenciado aguardar em regime mais benéfico até a abertura de vaga (STF, HC 94.526, j. 24.6.2008, *DJU* 29.8.2008; TRF da 3ª R., HC 36.626, *DOE* 15.6.92, p. 142). Concede-se prisão domiciliar enquanto persistir a falta de vagas (STJ, HC 178, *DJU* 7.5.90, p. 3836; *RT* 781/541; STJ, HC 22.718/RJ, rel. Min. Jorge Scartezzini, j. 17.10.2002, *DJU* 25.11.2002, p. 251-2, *in RBCCr* 41/375-6; TJMG, AgEx 1.0000.08.470026-9/001 (1), j. 19.8.2008, DOE 8.9.2008, *in Bol. IBCCr* 191/1208). Se não há estabelecimento adequado ao regime semiaberto, concede-se, em caráter excepcional, a prisão domiciliar, ainda que se trate de preso provisório, condenado por sentença recorrível (STJ, RHC 3.804, *DJU* 29.8.94, p. 22206). Condenado a regime semiaberto não pode aguardar a vaga em regime fechado, devendo fazê-lo em regime aberto ou, na falta de casa de albergado, em regime domiciliar (STJ, HC 18.911/SP, rel. Min. Edson Vidigal, j. 5.3.2002, *DJU* 22.4.2002, p. 224, *in RBCCr* 39/349-350). Pode-se usar local assemelhado, como quartel da PM (STF, *RT* 638/371) ou ala de presídio isolada e adaptada às exigências legais (STJ, RHC 4.388, *DJU* 10.4.95, p. 9279). Condenado a regime semiaberto que se encontra recolhido na Coordenação de Polícia Especializada, em regime fechado, sofre constrangimento ilegal, concedendo-se *habeas corpus* para que aguarde a abertura de vaga em prisão-albergue domiciliar (STJ, RHC 9.921/DF, rel. Min. Gilson Dipp, j. 6.6.2000, *DJU* 21.8.2000, p. 152; HC 12.489/DF, rel. Min. Gilson Dipp, j. 15.6.2000, *DJU* 21.8.2000, p. 156, *in RBCCr* 32/349). *Vide*, também, jurisprudência sob o título *Falta de vaga* no art. 33 do CP.

▪ **Trabalho externo:** O STJ consagrou o entendimento de que se admite a concessão de trabalho externo a condenado em regime semiaberto, independentemente do cumprimento de um sexto da pena ou de qualquer outro lapso temporal, após análise criteriosa, pelo Juízo da Execução, das condições pessoais do preso (STJ, HC 92.320, j. 11.3.2008, *DJU* 7.4.2008, *in Bol. IBCCr* 186/1173). Não é necessário o cumprimento de um sexto da pena para a concessão do direito a trabalho externo, pleiteado ao Juízo das Execuções por sentenciado que cumpre pena em regime semiaberto (TJAC, *RT* 776/621). Pode ser autorizado pelo juiz sentenciante, ao proferir a decisão inicial – arts. 35 e 36 do CP – ou pela direção do estabelecimento, neste caso após o cumprimento de um sexto da pena – art. 37 da LEP (STF, *RTJ* 120/1122). O trabalho externo deve, em regra, ser autorizado, desde que atendidos os requisitos objetivos, não se podendo exigir que o empregador afirme plena responsabilidade pela conduta e pelos atos do condenado durante o período de trabalho, pois a natureza humana, pela sua contingência, não pode ser medida e controlada (STJ, RHC 8.451/RJ, rel. Min. Fernando Gonçalves, j. 24.6.99, *DJU* 30.8.99, p. 76, *in RBCCr* 30/332).

- Frequência a cursos de instrução: Restando demonstrado que as condições pessoais do condenado são favoráveis, deve ser permitido o trabalho externo ou frequência a cursos de instrução, mesmo que o regime seja o semiaberto (TJPR, AgEx 434.831-8, j. 22.11.2007, *DOE* 7.12.2007, *in Bol. IBCCr* n. 182, p. 1244).

- Saídas temporárias: Não se admite a concessão automática de saídas temporárias a condenado que cumpre pena em regime semiaberto, sem a avaliação pelo Juízo da Execução e a manifestação do Ministério Público, sob pena de indevida delegação do exame do pleito à autoridade penitenciária (STJ, REsp. 850.947, j. 26.2.2007, *RT* 860/583).

- Estrangeiros e progressão de regime: *Vide* jurisprudência no art. 33 do CP.

- Progressão: Condenado a regime semiaberto que já cumpriu mais da metade da pena em regime fechado – já tendo, portanto, direito ao aberto – não pode ser mantido em regime fechado, sob o pretexto oficial de que não há vaga no albergue. Não havendo vaga neste, concede-se *habeas corpus*, em caráter excepcional, para que cumpra a pena em prisão-albergue domiciliar (STJ, RHC 2.443, *DJU* 15.3.93, p. 3823). *Vide*, igualmente, jurisprudência nos arts. 33 e 34 do CP, com o mesmo título.

- Reincidentes: De acordo com a Súmula 269 do STJ, "é admissível a adoção do regime prisional semiaberto aos reincidentes condenados à pena igual ou inferior a 4 anos, se favoráveis as circunstâncias judiciais" do art. 59 do CP.

REGRAS DO REGIME ABERTO

Art. 36. O regime aberto baseia-se na autodisciplina e senso de responsabilidade do condenado.

§ 1º O condenado deverá, fora do estabelecimento e sem vigilância, trabalhar, frequentar curso ou exercer outra atividade autorizada, permanecendo recolhido durante o período noturno e nos dias de folga.

§ 2º O condenado será transferido do regime aberto, se praticar fato definido como crime doloso, se frustrar os fins da execução ou se, podendo, não pagar a multa cumulativamente aplicada.

Regime aberto

- Regras gerais: 1. *Fundamento*. O regime aberto baseia-se na autodisciplina e senso de responsabilidade do condenado. 2. *Atividades*. Deve, fora do estabelecimento e sem vigilância, trabalhar, estudar ou desempenhar atividade autorizada, durante o dia. 3. *Recolhimento*. Deve permanecer recolhido na casa do albergado, no período noturno e dias de folga.

- Remissão: Sobre casa do albergado, *vide* LEP, arts. 93 a 95. Antes, durante e depois da reforma penal de 1984, sabia-se da quase inexistência de casas do albergado no Brasil, mesmo nas mais progressistas cidades. O óbvio aconteceu e, atualmente, o regime aberto vem sendo, na maioria das vezes, cumprido *sem* casa do albergado, na *própria casa do condenado*, a fim dele não ser prejudicado em função da contumaz inércia do Estado, apesar de a lei o proibir, salvo em hipóteses de caráter excepcional (LEP, art. 117). *Vide* jurisprudência no final.

- Perda do regime aberto: *a.* Se praticar crime doloso ou frustrar os fins da execução. No que tange ao não pagamento da multa aplicada cumulativamente, podendo fazê-lo, entendemos que o condenado não poderá ser transferido para regime mais severo, tendo em vista que a parte final do § 2º deste art. 36 foi revogada tacitamente pela Lei

n. 9.268/96, que alterou a redação do art. 51 do CP. *b.* Além das causas anteriores: se praticar falta grave; for condenado, por crime anterior, a pena que, somada ao restante em execução, torne incabível o regime aberto (LEP, art. 118, I, II e § 1º). *Defesa:* salvo na hipótese de condenação posterior definitiva, que torne inadequado o regime, deve-se ouvir o condenado, previamente (LEP, art. 118, II, § 2º). *Falta grave no cumprimento de pena privativa de liberdade:* cf. arts. 50 e 52 da LEP.

Jurisprudência

- **Falta de casas do albergado:** A insuficiência delas tem levado os tribunais a contorná-la de diversas maneiras: *a.* Com prisão-albergue domiciliar: quando o condenado tem direito a iniciar a pena em regime aberto, ou obtém a progressão para esse regime, mas inexistem casas do albergado ou estabelecimentos adequados, ou vagas neles, defere-se o recolhimento na própria residência do condenado, mesmo que este não se ache nas hipóteses previstas pelo art. 117 da LEP (STF, *RT* 657/377, 655/373; STJ, 6ª T., HC 285.153/RS, j. 26.8.2014; 5ª T., HC 291.650, j. 20.5.2014; 6ª T., AgRg no REsp 138.915-2/RS, j. 24.10.2013; *RT* 667/345, 655/341; REsp em RHC 13.219/MG, j. 29.10.2002, *DJU* 2.12.2002, p. 370, *in RBCCr* 41/375; REsp 173.663/MG, j. 3.12.98, *DJU* 22.2.99, p. 123, *in RBCCr* 26/316; REsp 153.454/DF, j. 18.8.98, *DJU* 21.9.98, p. 235, *in RBCCr* 24/334; TJSP, *RT* 708/306, *RJTJSP* 157/333; AgEx 78.645, j. 5.2.90; *mv – RT* 686/328; TJPR, HC 455.506-0, j. 20.12.2007, *DOE* 11.1.2008, *in Bol. IBCCr* 184/1160; HC 451.626-1, j. 29.11.2007, *DOE* 14.12.2007, *in Bol. IBCCr* 182/1144; PJ 42/199; TAPR, *JTAPR* 2/308, *RT* 686/365; TJDF, *RDTJDF* 43/340; TJMG, AgEx 1.0000.07.461.303-5/0001 (1), j. 12.2.2008, *DOE* 1.3.2008, *in Bol. IBCCr* n. 185, p. 1168; TJRS, *RT* 855/686; TACrSP, *RJDTACr* 19/48). Contra: Só nas hipóteses do art. 117 da LEP (STF, *mv – RTJ* 143/96; *mv –* HC 68.012, *DJU* 2.10.92, p. 16844; *RTJ* 136/208; HC 69.176, *DJU* 23.10.92, pp. 18780-1). *b.* Com liberdade vigiada (TJSP, *RJTJSP* 103/505). *c.* Na dependência de ser ou não perigoso, dá-se ou não a prisão-albergue domiciliar, conforme o caso concreto (TJSP, *RJTJSP* 100/434). *d.* Com recolhimento noturno em cela especial (TACrSP, *RT* 634/312, 602/365). *e.* Em sala especial de delegacia de polícia (TJPR, *PJ* 40/317). *f.* Em dependência separada, adaptada e exclusiva de presídio (STJ, RHC 1.174, *DJU* 16.9.91, p. 12641; RHC 3.315, *DJU* 30.5.94, p. 13516) ou cadeia pública (STJ, RHC 4.518-3, *DJU* 5.6.95, p. 16675; TJMG, *JM* 125/268). *g.* Em local compatível com as regras do regime aberto (TJPA, AgEx 0000964-72.2018.8.15.0000, j. 25.4.2019). Entendemos, *data venia* das demais, ser a primeira posição (a) a única jurídica e aceitável em um Estado Democrático de Direito.

- **Habeas corpus:** Ao condenado são assegurados todos os direitos não atingidos pela sentença, impondo-se a rigorosa observância do regime prisional nela fixado. Há constrangimento ilegal passível de *habeas corpus* na hipótese de submissão de condenado à prisão em xadrez comum de Delegacia de Polícia, com inobservância do regime prisional aberto, fixado na sentença (STJ, HC 6.012-RJ, j. 22.9.97, *DJU* 9.2.98, p. 45, *in RBCCr* 22/318-9).

- **Pernoite:** O recolhimento durante o repouso noturno do condenado é condição obrigatória, nos termos do art. 36, § 1º, do CP (TJGO, *RGJ* 7/121). "O agente que, em cumprimento de pena em regime de semiliberdade, deixa de retornar ao estabelecimento prisional, comete falta grave. O atestado apresentado a título de justificativa para a ausência do pernoite, limita-se a autorizar o afastamento do trabalho, não fazendo qualquer referência à impossibilidade de cumprimento de pena" (TJGO, HC 0509753-46.2019.8.09.0000, rel. Des. Lília Escher, j. 19.9.2019, publ. 19.9.2019). Não pode, todavia, o juiz, de forma *sui generis* e gravosa, impor, dada a falta de casa do albergado, que o pernoite se dê em cadeia pública (STJ, RHC 3.330-4/RS, j. 22.2.94, *mv – DJU* 11.4.94, p. 7661, *in RBCCr* 7/223-4). *Contra:* o pernoite em cela especial de cadeia pública, sem contato com os demais presos, é possível (STJ, RHC 2.362-8/SP, j. 18.11.92, *DJU* 7.12.92, p. 23326, *in RBCCr* 2/249; RHC 3.315-0/RS, j. 28.2.94, *DJU* 30.5.94, p. 13516, *in RBCCr* 8/237).

- **É ilegal impor prestação de serviços à comunidade do art. 44 do CP como condição para o regime aberto (LEP, art. 115):** *Súmula 493 do STJ*: "É inadmissível a fixação de pena substitutiva (art. 44 do CP) como condição especial ao regime aberto", sob pena de *bis in idem* diante do caráter substitutivo das penas restritivas de direitos (HC 499.571/PR, rel. Min. Nefi Cordeiro, 6ª T., j. 6.8.2019, *DJe* 12.8.2019). "A prestação de serviços à comunidade constitui uma espécie de pena restritiva de direitos, sendo assim pena autônoma, que substitui a pena privativa de liberdade, nas hipóteses mencionadas no art. 44 do Código Penal. Portanto, a cumulação de pena restritiva de direitos com pena privativa de liberdade ou sua imposição como condição para o regime aberto afronta o seu caráter substitutivo, especialmente por que não há previsão legal expressa a autorizar a aplicação dessa reprimenda no presente caso. Nesse sentido, a sentença condenatória deve ser readequada, pois está em contrariedade com a norma penal, e assim voto para julgar procedente a fim de afastar a prestação de serviços à comunidade como pedido revisional condição especial para o cumprimento do regime aberto" (TJPR, Rev. Crim. 0051894-33.2019.8.16.0000, rel. Des. Celso Jair Mainardi, j. 17.2.2020, publ. 18.2.2020; TJMS, Agr. em Exec. 0001123-48.2019.8.12.0037, rel. Des. Luiz Claudio Bonassini da Silva, j. 20.9.2019, publ. 24.9.2019). É lícito ao juiz estabelecer condições especiais para a concessão do regime aberto, em complementação àquelas previstas no art. 115 da LEP, mas não poderá adotar a esse título a pena adicional de prestação de serviços à comunidade do art. 46 do CP (quatro horas semanais de serviços em entidade assistencial), sob pena de *bis in idem* (STJ, 3ª S., REsp 1.107.314/PR, rel. desig. Napoleão Nunes Maia Filho, j. 13.12.2010).

■ **Perda do regime aberto:** Após o cumprimento da pena em regime aberto, este não pode ser revogado ainda que, durante seu decurso, tenha o sentenciado transgredido suas obrigações ou voltado a delinquir (TACrSP, *RT* 623/306).

■ **Inadmissibilidade de regime domiciliar para cuidar de neto órfão, doente mental, dependente dos cuidados da avó condenada a 37 anos por homicídio:** Tratando-se se senhora, que é avó, condenada a 37 anos por homicídio, em que pese a decisão proferida no HC coletivo 143.641-SP, rel. Min. Ricardo Lewandowski, j. 24.10.2018, *DJe* 26.10.2018, no sentido de que "todas as mulheres submetidas à prisão cautelar que ostentem a condição de gestantes, de puérperas ou de mães com crianças até 12 anos sob sua responsabilidade deve-se garantir a prisão domiciliar, não se concede regime domiciliar para cuidar de neto órfão, doente mental, dependente de seus cuidados, afirmando que "o regime aberto domiciliar, segundo o art. 117 da LEP, somente é cabível em se tratando de réu que se encontre no regime aberto, desde que seja maior de 70 anos, acometido de doença grave ou com filho menor ou deficiente físico ou mental, ou a gestante. Pressupostos que não foram atendidos pela paciente, a afastar qualquer alegação de teratologia, ilegalidade ou abuso de poder. Precedente específico: HC 177.164, rel. Min. Marco Aurélio, julgado pela 1ª T., em 18.02.2020" (STF, AgR HC 0021621-03.2019.1.00.0000 SP, rel. Min. Roberto Barroso, j. 27.4.2020, *DJe* 14.5.2020).

REGIME ESPECIAL

Art. 37. As mulheres cumprem pena em estabelecimento próprio, observando-se os deveres e direitos inerentes à sua condição pessoal, bem como, no que couber, o disposto neste Capítulo.

Mulheres

■ **Regime especial:** As mulheres condenadas a pena privativa de liberdade seguem regime especial de execução: *1. Estabelecimento próprio*. Elas não podem cumprir pena junto com presos masculinos. *2. Condição pessoal*. Devem ser observados os deveres e direitos inerentes à condição de mulher da sentenciada.

■ **Mulher e a gravidez no cárcere:** As mulheres, que foram tão oprimidas na história do mundo, e inclusive no Brasil, vítimas constantes da dor, do sofrimento, da solidão, da humilhação e da exploração física, como anota MARY DEL PRIORE (*Ao Sul do Corpo*, 2ª ed., São Paulo, UNESP, 2008, p. 14), são muitas vezes levadas ao mundo do crime, sobretudo do tráfico, justamente em razão da opressão e da exploração praticada por seus companheiros ou maridos. Na luta contra essa opressão, nosso ordenamento constitucional assegura a igualdade dos sexos (art. 5º, *caput*), recebendo as mulheres especial proteção do legislador penal, tratando-se de violência doméstica (Lei n. 11.340/2006 – Lei Maria da Penha). Quando presas, a Constituição garante às mulheres os direitos de cumprir pena em estabelecimento distinto dos homens e de ter os filhos consigo no período de amamentação (art. 5º, XLVIII e L). A LEP, por sua vez, determina que os estabelecimentos penais destinados a mulheres serão dotados de berçário, onde as condenadas possam amamentar seus filhos (art. 83, § 2º, criado pela Lei n. 9.046/95). Como se vê, o drama e o sofrimento da mulher encarcerada é muito maior do que o dos homens, quando consideramos a trágica situação da gravidez e da necessária separação de seu filho, ainda com poucos meses de vida. Preocupado em reduzir os danos que o cárcere provoca em terceiros inocentes, "problema certamente muito árduo, e talvez nunca perfeitamente solucionável na complicada e lábil realidade das culpas e misérias humanas", o grande filósofo do Direito e humanista GIORGIO DEL VECCHIO procurava uma solução justamente voltada a revisar o tratamento carcerário das mulheres grávidas e das mães com crianças em amamentação, buscando a elas, até mesmo, aplicar parcial ou temporária isenção da pena, por questões humanitárias (*La Giustizia*, Roma, Studium, 1946, p. 192). A realidade prisional brasileira, contudo, demonstra que os presídios e cadeias femininas, salvo exceções, estão entre os mais caóticos do nosso sistema penitenciário.

- **Mulher e pessoa maior de 60 anos:** A LEP estabelece, ainda, que "a mulher e o maior de 60 anos, separadamente, serão recolhidos a estabelecimento próprio e adequado à sua condição pessoal" (art. 82, § 1º, com redação dada pela Lei n. 9.460/97).

- **Agentes penitenciárias femininas:** A Lei n. 12.121, de 15.12.2009, alterou a redação do art. 83 da LEP, acrescentando-lhe um § 3º, que determina o que deveria ser o óbvio: os estabelecimentos prisionais destinados a mulheres devem possuir, *exclusivamente*, agentes do sexo feminino na segurança de suas dependências internas.

DIREITOS DO PRESO

Art. 38. O preso conserva todos os direitos não atingidos pela perda da liberdade, impondo-se a todas as autoridades o respeito à sua integridade física e moral.

Direitos do preso

- **Noção:** Embora condenado, o preso continua tendo todos os direitos (exceto os alcançados pela privação da liberdade). E é obrigatório o respeito à sua integridade física e moral (CR, art. 5º, XLIX, e LEP, arts. 3º e 40), sob pena de responsabilidade administrativa, civil e penal por abuso de autoridade (Lei n. 13.869/2019) ou até mesmo crime de tortura, dispondo o art. 1º, II, da Lei n. 9.455/97 que configura este delito, punido com reclusão de dois a oito anos, "submeter alguém, sob sua guarda, poder ou autoridade, com emprego de violência ou grave ameaça, a intenso sofrimento físico ou mental, como forma de aplicar castigo pessoal ou medida de caráter preventivo". Nessa linha, lembramos que a autoridade, inclusive judiciária, que, podendo e tendo ciência de crimes que estejam sendo cometidos contra pessoas presas, deixar de agir para evitá-los, poderá também ser criminalmente responsabilizada (CP, art. 13, § 2º, *a*).

- **Lei de Abuso de Autoridade (Lei n. 13.869/2019):** Esta lei prevê vários crimes praticados por agente público contra a pessoa que está presa, significando um *grande avanço* diante dos abusos frequentemente vivenciados no dia a dia do drama carcerário brasileiro. Pune-se, o agente público que deixar injustificadamente de comunicar prisão em flagrante à autoridade judiciária no prazo legal (art. 12); constranger o preso ou o detento, mediante violência, grave ameaça ou redução de sua capacidade de resistência, a: I – exibir-se ou ter seu corpo ou parte dele exibido à curiosidade pública; II – submeter-se a situação vexatória ou a constrangimento não autorizado em lei; III – produzir prova contra si mesmo ou contra terceiro (art. 13); constranger a depor, sob ameaça de prisão, pessoa que, em razão de função, ministério, ofício ou profissão, deva guardar segredo ou resguardar sigilo, incorrendo na mesma pena quem prossegue com o interrogatório de pessoa que tenha decidido exercer o direito ao silêncio; ou de pessoa que tenha optado por ser assistida por advogado ou defensor público, sem a presença de seu patrono (art. 15); deixar de identificar-se ou identificar-se falsamente ao preso por ocasião de sua captura ou quando deva fazê-lo durante sua detenção ou prisão (art. 16); submeter o preso a interrogatório policial durante o período de repouso noturno, salvo se capturado em flagrante delito ou se ele, devidamente assistido, consentir em prestar declarações (art. 18); impedir ou retardar, injustificadamente, o envio de pleito de preso à autoridade judiciária competente para a apreciação da legalidade de sua prisão ou das circunstâncias de sua custódia (art. 19); impedir, sem justa causa, a entrevista pessoal e reservada do preso com seu advogado (art. 20); e mantiver presos de ambos os sexos na mesma cela ou espaço de confinamento (art. 21).

- Superlotação carcerária: *Vide* comentários ao art. 34.

- Voto do preso provisório: A caótica situação penitenciária brasileira talvez possa ser explicada, em parte, pelo fato dos presos não votarem, o que torna, ainda maior, o descaso da classe política com a realidade de nossas cadeias. De qualquer modo, bem é de ver que a Constituição da República determina a suspensão dos direitos políticos somente ao condenado com trânsito em julgado, enquanto durarem os efeitos da condenação (CR, art. 15, III), e não quanto ao preso provisório, que tem o direito de votar, conforme já decidiu o Tribunal Superior Eleitoral por meio da Resolução n. 23.219.

- Crítica ao cumprimento de pena em outra comarca: O art. 86 da LEP, com alterações feitas pela Lei n. 10.792/2003, estabelece que as penas privativas de liberdade aplicadas pela justiça de um Estado podem ser executadas em outro, em estabelecimento local ou da União. Seu §1º estatui, ainda, que a União poderá construir estabelecimento penal em local distante da condenação para recolher os condenados, "quando a medida se justifique no interesse da segurança pública ou do próprio condenado". A nosso ver, o isolamento do preso, distanciando-o de sua família (uma espécie de *banimento* disfarçado, vedado pela Constituição – art. 5ª, XLVII, *d*), é um verdadeiro desastre ao processo de reinserção social do condenado, como previsto no próprio art. 1º da LEP. São medidas, aliadas ao nefasto Regime Disciplinar Diferenciado – RDD previsto no art. 52 da LEP, que caminham para um verdadeiro aniquilamento da autoestima e dos laços sociais do condenado, tornando-o um estranho que, quando um dia sair do cárcere, dificilmente terá opções para trabalhar e ser aceito novamente no seio social. Essas medidas, a médio prazo, fomentarão, ainda mais, a reincidência.

- Telefones públicos *com monitoramento*: Como discorrido na nota acima (*Crítica ao cumprimento de pena em outra comarca*), estamos convictos de que o total isolamento do preso da sociedade, colocando-o em estabelecimento prisional distante de sua família, é um desastre para fins de ressocialização e reinserção social do condenado, tornando-o um estranho para todos quando voltar à liberdade, aumentando-se a reincidência, que é a maior demonstração de fracasso do sistema penal. Da mesma forma, intensificar o total isolamento, vedando ao preso acesso a comunicação telefônica com seus familiares, tem um custo muito alto nesse sentido. Todavia, diante da nossa realidade em que verdadeiras organizações criminosas se instalaram nas cadeias, utilizando-se de celulares para a prática de novos crimes, o seu uso pelos presos tem sido, com razão, combatido pelo Poder Público. Por isso mesmo, o legislador passou a punir penalmente o diretor de penitenciária ou agente público que "deixar .. de cumprir seu dever de vedar ao preso o acesso" aos mesmos (CP, art. 319-A) e a considerar falta grave a sua posse ou utilização pelo detento (LEP, art. 50, VII). Em consonância com este art. 38, e preocupados com a ressocialização e a reinserção social do condenado, pensamos que a melhor solução seria, com as devidas alterações legislativas, a instalação de telefones públicos nos presídios e penitenciárias, permitindo-se o seu uso pelos presos em horário e por tempo determinados, *com monitoramento*, como ocorre, por exemplo, em prisões norte-americanas.

- Remissão: Sobre direitos do preso, cf. LEP, arts. 10 a 27 e 41, e sobre deveres do preso, cf. LEP, arts. 38, 39 e 44 a 52.

Jurisprudência

- **Danos morais e materiais pela superlotação:** "O Estado é responsável pela construção e administração do sistema penitenciário, especialmente pela boa manutenção e regular funcionamento dos estabelecimentos prisionais, cabendo, portanto, observar que, ao exercer o direito de punir e de restringir a liberdade dos indivíduos que transgridem as leis, passa a ter o dever de custódia sobre eles. Os argumentos do Estado de Mato Grosso do Sul, quando menciona que o apelante, ao ser condenado, deixou de cumprir seus deveres, infringindo a lei, podendo então ser considerada a restrição de sua liberdade como um canal para a desconsideração dos seus direitos mais básicos, são deploráveis, dando conta que realmente despreza o seu dever de cuidar daqueles que puniu. Ora, não se discute aqui as razões da condenação de um preso; mas, sim, uma circunstância posterior, que é a má, tardia ou falta de atuação estatal, no que concerne à custódia dos condenados ou processados pela Justiça. (...) Inequívoca a responsabilidade estatal, quer à luz da legislação infraconstitucional (art. 159 do Código Civil vigente à época da demanda), quer à luz do art. 37 da CF/88, escorreita a imputação dos danos materiais e morais cumulados, cuja juridicidade é atestada por esta egrégia Corte (Súmula 37/STJ)" (STJ, REsp 873.039, rel. Min. Luiz Fux, j. 18.3.2008). No mesmo sentido, STJ, REsp 961.234, j. 12.8.2008; REsp 870.673, j. 4.3.2008.

- **Cumprimento da pena em outra comarca:** O fato de a apelação ainda não haver sido julgada não impede a concessão da transferência do condenado para a prisão do local da sua residência (STF, *RTJ* 113/1049); entretanto, só constitui direito líquido e certo do preso provisório (TJSP, *RT* 642/304). O art. 86 da LEP, ao dispor que as penas privativas de liberdade podem ser executadas em outra unidade federativa, não criou para o condenado um direito subjetivo, irrecusável pela administração judiciária (STF, HC 71.076, *DJU* 6.5.94, p. 10489, *in RBCCr* 7/224); todavia, os óbices ao acolhimento do pleito devem ser inafastáveis, consideradas as precárias condições do sistema carcerário pátrio (STF, HC 71.179, *DJU* 3.6.94, p. 13855, *in RBCCr* 7/224).

- **Abuso de autoridade:** É direito fundamental do homem o de não ser humilhado, quando detido, ainda que definitivamente condenado, consoante o art. 38 do CP. A exposição de preso em praça pública, submetendo-o a vexame ou a constrangimento não autorizado por lei, configura o crime do art. 4º, *b*, da Lei n. 4.898/65; nota nossa: atual Lei n. 13.869/2019, art. 13 (TJMG, *RT* 784/670).

- **Prisão domiciliar para tratamento antidrogas e AIDS:** Não se deve negar a continuidade do benefício somente por se tratar de condenado a regime fechado, devendo-se atentar para as peculiaridades do caso – superveniência de doença mais grave: AIDS. É cediço que o Sistema Penitenciário não pode oferecer tratamento adequado e o Poder Judiciário não pode obstar o direito ao tratamento eficiente que já vem encontrando na Saúde Pública (STJ, RHC 10.603/ES, j. 15.2.2001, *DJU* 2.4.2001, p. 311, *in RBCCr* 35/336).

TRABALHO DO PRESO

Art. 39. O trabalho do preso será sempre remunerado, sendo-lhe garantidos os benefícios da Previdência Social.

Trabalho do preso

- **Noção:** O trabalho é *direito* e *dever* dos presos. Como bem observou o Ministro Fernando Gonçalves, do STJ, "em sede de execução penal, o trabalho do condenado é de suma relevância no processo de sua reeducação e ressocialização, elevando-se à condição de instrumento de afirmação da dignidade humana" (RHC 8.451/RJ, j. 24.6.99, *DJU* 30.8.99, p. 76, *in RBCCr* 30/332). O trabalho, que deve ser oferecido pelo Estado, será sempre *remunerado* (em valor não inferior a três quartos do salário mínimo), mas devendo a remuneração atender à reparação do dano do crime, assistência à família etc., depositando-se o eventual saldo restante do pecúlio em caderneta de poupança do condenado (LEP, art. 29 e parágrafos). Garante-lhe, ainda, este art. 39 do CP, os benefícios da *Previdência Social*. Assim, embora o trabalho do preso não fique sujeito ao regime da Consolidação das Leis do Trabalho (LEP, art. 28, § 2º), ele tem direito aos benefícios previdenciários. Regras gerais do trabalho: cf. LEP, arts. 28 a 37.

- **Condições carcerárias:** Dadas as péssimas condições carcerárias de nossos distritos policiais, cadeias públicas e centros de detenção provisória (CDPs) (muitos dos quais ainda mantêm presos definitivos, infelizmente), bem como das penitenciárias, salvo raras exceções, não será incomum o condenado *querer* trabalhar e o Estado não lhe dar *condições* para isso. Nesta hipótese, desde que comprovadas essas circunstâncias, entendemos que o condenado fará jus à remição. De fato, nada pior do que o ócio nas prisões, e mais ainda em condições desumanas, ficando os condenados, como lembra Rogério Lauria Tucci em trabalho elaborado a pedido do Instituto Max Plank, da *American Watch*, que, em trabalho publicado em 1989 e que contínua atual, "frequentemente apinhados em celas pequenas, escuras, úmidas e sujas, construídas para comportar a metade, um terço ou ainda menor número de detentos do que efetivamente estão nelas confinados. As celas estão infestadas de ratos e baratas, e em muitos locais os detentos geralmente não têm nada para fazer o dia todo exceto jogar baralho ou abusar uns dos outros. Eles dormem com toalhas ou lençóis sobre o chão de concreto úmido" ("Processo penal e direitos humanos", *RT* 755/455 a 481).

- **Previdência Social:** O CP garante aos presos os benefícios previdenciários. Dentre eles, podem ser lembrados: aposentadoria, salário-família, assistência médica, seguro de acidentes do trabalho, auxílio-reclusão aos dependentes etc. Segundo o art. 23, VI, da LEP, cabe à assistência social providenciar tais benefícios em favor do preso.

- **Perda do tempo remido:** De acordo com a nova redação dada pela Lei n. 12.433/2011 ao art. 127, "em caso de falta grave, o juiz poderá revogar até um terço do tempo remido, observado o disposto no art. 57, recomeçando a contagem a partir da data da infração disciplinar". O *caput* do referido artigo prevê que, na aplicação das sanções disciplinares, deve-se levar em conta "a natureza, os motivos, as circunstâncias e as consequências do fato, bem como a pessoa do faltoso e seu tempo de prisão". A nova redação do art. 127 representou um avanço, pois, na anterior, o condenado por falta grave perdia o direito a todo o tempo remido, salvo algumas decisões que faziam ressalva quando já houvesse anterior decisão judicial homologando a remição. Aquela situação levava a uma grande iniquidade, uma vez que o condenado que exemplarmente vinha trabalhando por anos podia perder todo o tempo a ser remido, ao passo que o preso relapso, que nunca trabalhou, e cometesse igual falta grave, não teria a mesma punição, conforme crítica que fizemos na 8ª edição desta obra.

Remição

- **Noção:** Trata-se de instituto criado pela reforma penal de 1984. De acordo com os arts. 126 a 129 da LEP, com redação dada pela Lei n. 12.433/2011, o condenado que cumpre pena em regime fechado, semiaberto ou aberto, ou ainda em livramento condicional, pode remir (resgatar, abater), pelo trabalho ou estudo, parte do tempo de pena que tem a cumprir. Embora a lei só se refira ao *condenado*, e o preso provisório não esteja obrigado a trabalhar, ele pode fazê-lo (LEP, art. 31, parágrafo único). Nesta hipótese, entendemos que também ele fará jus à remição (LEP, art. 2º, parágrafo único).

- **Cálculo da remição:** A contagem se faz na base de um dia de pena para cada 12 (doze) horas de frequência escolar, ou para cada 3 (três) dias de trabalho. O estudo poderá ser desenvolvido na forma presencial ou à distância, devendo ser certificado pelo curso frequentado. O tempo a remir em função do estudo será acrescido de 1/3 (um terço) no caso de conclusão do ensino fundamental, médio ou superior durante o cumprimento da pena (art. 126 da LEP).

- **Remição pela leitura:** Conforme a Portaria Conjunta n. 276, de 20.6.2012, do Departamento Penitenciário Nacional, instituiu-se a remição da pena por meio da leitura, entendendo que esta, para os fins do art. 126 da LEP, equipara-se ao estudo. A contagem de tempo para a remição é de 4 (quatro) dias de pena para cada 30 (trinta) dias de leitura, devendo o preso redigir uma resenha sobre a obra.

- **Efeitos da remição:** Ela é computada como pena efetivamente cumprida, para todos os efeitos (LEP, art. 128, com redação dada pela Lei n. 12.433/2011), alcançando não só o livramento condicional e o indulto mas também a progressão.

- **Remição e progressão de pena:** Quanto a esta, dever-se-ão computar os dias remidos como pena efetivamente cumprida. Assim, por exemplo, um condenado a 20 anos (240 meses) com perspectiva de progredir de regime de pena após 1/6 (40 meses), que trabalhe por 3 anos, terá direito de remir 12 meses (ou seja, para cada 3 dias de trabalho, 1 dia de pena remida). Em outras palavras, bastaria cumprir *efetivamente* no regime fechado o saldo de 28 meses aos quais se somam aqueles 12 remidos, perfazendo os 40 meses necessários para atingir 1/6 da pena. Não é dado ao Juízo da Execução, portanto, realizar o cálculo de forma diversa, isto é, descontando os dias remidos do total da pena (240 meses – 12 meses remidos) para a partir daí calcular o 1/6 do requisito objetivo, que implica *prejuízo* ao condenado. No exemplo acima, ao invés de cumprir 28 meses para progredir, ele teria que cumprir 38 meses de regime fechado, ou seja, 10 meses a mais de cárcere.

Jurisprudência

- **Natureza do trabalho:** Não há na LEP distinção entre trabalho interno e externo, nem se prestado por brasileiro ou estrangeiro (TACrSP, *Julgados* 89/207, *RT* 644/300).

- **Súmula 562 do STJ (atividade laborativa extramuros):** "É possível a remição de parte do tempo de execução da pena quando o condenado, em regime fechado ou semiaberto, desempenha atividade laborativa, ainda que extramuros".

- **Súmula 341 do STJ (equiparação do estudo a trabalho para remição):** "A frequência a curso de ensino formal é causa de remição de parte do tempo de execução de pena sob regime fechado ou semiaberto". Faz jus à remição o sentenciado que comprove frequência a curso de suplência oferecido pelo estabelecimento prisional, desde que aferido o seu aproveitamento (TJMG, *RT* 783/695). *Contra:* TAPR, *RT* 810/711.

- **Trabalho realizado durante a prisão cautelar:** O trabalho realizado pelo preso durante o período de prisão cautelar deve ser computado para fim de remição (TJSP, AgEx 346.391-3/8, j. 12.12.2002, *RT* 811/604).

- **Efeitos da remição:** Da mesma forma que a detração, o tempo remido deve ser computado como de pena privativa de liberdade efetivamente cumprido, para todos os efeitos legais, inclusive progressão, livramento condicional e indulto (TARS, *RT* 709/375). Da mesma forma que a detração, a remição para cálculo do requisito objetivo da progressão deve ser considerada efetivo cumprimento de pena – no caso, o Juízo da Execução havia feito o "abatimento" do tempo remido do total da pena, prejudicando o preso, o que foi reformado pelo Tribunal (TJSP, liminar proferida pelo Des. San Juan França em 4.12.2013, confirmada no acórdão HC 0205506-22.2013.8.26.0000, j. 27.2.2014). A remição pelos dias trabalhados deve ser considerada como pena efetivamente cumprida (STJ, REsp 303.466/RS, j. 22.10.2002, *DJU* 25.11.2002, p. 255, *in RBCCr* 41/376). Tendo a pena criminal, em nosso sistema, a função precípua de reeducar o condenado e integrá-lo no convívio social, as regras que informam a execução penal devem ser interpretadas em consonância com tais objetivos. Dentro dessa visão teleológica, a remição pelo trabalho deve ser compreendida na mesma linha conceitual da detração penal, computando-se o tempo remido como tempo de efetiva execução da pena restritiva de liberdade (STJ, REsp 188.219/RS, j. 29.5.2001, *DJU* 27.8.2001, p. 420, *in RBCCr* 38/369).

- **Perda do tempo remido:** O abatimento da pena em face de remição não se constitui em direito adquirido protegido pelo art. 5º, XXXVI, da CR, pois é condicional, podendo ser revogado na hipótese de falta grave (STF, *mv – RT* 787/521; TJSP, *RJTJSP* 164/313). Só pode ser declarada pelo juiz da execução, mediante representação da autoridade administrativa encarregada da guarda do condenado (TJDF, RHC 5.548, *mv – DJU* 18.9.91, p. 22683). Há perda do direito à remição relativa aos dias trabalhados em data anterior à prática de infração disciplinar, ainda que já declarado pelo Juízo de Execuções, não havendo que se falar em coisa julgada antes de extinta a punibilidade (STJ, REsp 337.476/SP, j. 4.2.2003, *DJU* 24.2.2003, p. 316, *in RBCCr* 45/333). No mesmo sentido, aduzindo que a decisão que concede a remição não faz coisa julgada material: STJ, HC 8.045/SP, j. 10.11.98, *DJU* 14.12.98, p. 306, *in RBCCr* 25/334). *Obs.:* conferir, nos comentários a este art. 39, nossa posição contrária a esse entendimento jurisprudencial.

- **Jornada:** Admite-se o cômputo dos dias em que não houve jornada completa (TJSP, *RJTJSP* 119/500) ou do trabalho realizado em horas excedentes, domingos e feriados (TACrSP, *mv – RT* 631/322).

- **Pecúlio:** Incabível a omissão do Juízo de Execução frente a qualquer desrespeito ou violação de direito dos apenados, sendo o trabalho prisional direito-dever dos condenados, assim como a sua respectiva remuneração (pecúlio), tornando impositiva a intervenção garantidora do juízo executório; os valores provenientes do trabalho do preso se agregam ao seu patrimônio; a inércia jurisdicional relegaria tais direitos à esfera administrativa, deixando os apenados à mercê dos trâmites burocráticos e, não raras as vezes, das mazelas da corrupção; incumbe ao juiz da execução determinar o seu pagamento (TJRS, AgEx 70.022.725.089, j. 19.3.2008, *in Bol. IBCCr* 186/1176).

LEGISLAÇÃO ESPECIAL

Art. 40. A legislação especial regulará a matéria prevista nos arts. 38 e 39 deste Código, bem como especificará os deveres e direitos do preso, os critérios para revogação e transferência dos regimes e estabelecerá as infrações disciplinares e correspondentes sanções.

Legislação especial ▪ Cf. Lei n. 7.210/84 (Lei de Execução Penal) e leis estaduais, onde as houver.

SUPERVENIÊNCIA DE DOENÇA MENTAL

Art. 41. O condenado a quem sobrevém doença mental deve ser recolhido a hospital de custódia e tratamento psiquiátrico ou, à falta, a outro estabelecimento adequado.

Superveniência de doença mental

- **Substituição:** A LEP, em seu art. 183, possibilita a substituição da pena por medida de segurança quando, no curso da execução, sobrevém doença ou perturbação mental.

- **Natureza da conversão:** Segundo Sérgio Mazina Martins ("Jurisprudência organizada e comentada", *RBCCr* 21/366-367), não se trata propriamente de conversão definitiva da pena na medida de segurança prevista na Parte Geral do Código Penal, mas simplesmente de conversão provisória do título do recolhimento, de forma que, uma vez constatada a cura e a inexistência de perigo no retorno ao estabelecimento prisional, restabelece-se inteiramente o título original, descontando-se o tempo de recolhimento no estabelecimento médico-psiquiátrico.

- **Doença mental reversível deve autorizar a substituição:** Existem julgados que não têm admitido a conversão da pena em medida de segurança em casos nos quais a doença mental, após tratamento, seja reversível. *Nesse sentido*: "Comprovado por laudo de exame pericial que o agravado não possui doença mental (depressão) de caráter duradouro ou permanente, mas sim perturbação mental passível de reversão, mediante tratamento ambulatorial, incomportável a conversão da pena corpórea em medida de segurança" (TJGO. Agr. em Exec. 0314593-83.2019.8.09.000, 1ª Câm., *DJ* 9.8.2019). "Comprovado por laudo de exame pericial que o agravado não possui doença mental (depressão) de caráter duradouro ou permanente, mas sim perturbação mental passível de reversão, mediante tratamento ambulatorial, incomportável a conversão da pena corpórea em medida de segurança (TJGO, HC 0019436-67.2019.8.09.0000, 2ª Câm., *DJ* 26.8.2019). Esse entendimento, a nosso ver, é totalmente *descabido*. Como já explicado na nota acima (*Natureza da conversão*), é ela *provisória* a fim de propiciar o devido tratamento psiquiátrico ao preso que apresenta quadro de doença mental superveniente à prática do crime. Ademais, ao contrário do que alegam os julgados transcritos, o art. 41 do CP, em nenhum momento, fala em doença mental de caráter permanente, não sendo dado ao magistrado impor requisitos outros aos exigidos pela lei, passando a atuar como se legislador fosse.

- **Contagem:** O tempo de recolhimento aos estabelecimentos indicados neste art. 41 será abatido do tempo de prisão (CP, art. 42).

- **Tempo máximo de duração:** O tempo da medida de segurança substitutiva não pode ser superior ao tempo *restante* da pena privativa de liberdade, ainda que se entenda ser o condenado ao qual sobreveio doença mental não curada "pessoa perigosa". Tampouco a norma processual (e não de direito material) prevista no art. 682, § 2º, do CPP de 1941 autoriza solução diversa. Com efeito, o citado artigo, ao dispor que "se a internação se prolongar até o término do prazo do restante da pena e não houver sido imposta medida de segurança detentiva, o indivíduo terá o destino aconselhado pela sua enfermidade, feita a devida comunicação ao juiz de incapazes", não se coaduna com a reforma penal de 1984 que aboliu o chamado "duplo binário" (a pessoa era condenada a pena privativa de liberdade e, após cumprida a mesma, submetida a medida de segurança). A abolição do "duplo binário" não impede, contudo, a aplicação do art. 1.777 do CC, que prevê a interdição com internamento "em estabelecimentos adequados" dos doentes mentais "quando não se adaptarem ao convívio doméstico", para casos *excepcionais* em que o retorno do condenado que já cumpriu sua pena ou teve atingido o prazo máximo de duração da medida de segurança substitutiva, ao convívio social, se mostre realmente *perigoso*, de acordo com perícia psiquiátrica. Aliás, se a lei civil permite a internação de *qualquer doente mental* que dela necessite, não teria sentido proibi-la porque a pessoa que se encontra doente já cumpriu pena ou atingiu o prazo máximo da medida de segurança substitutiva imposta, *desde que* a internação, a critério médico, seja imperiosa.

Jurisprudência

- **Medida de segurança substitutiva:** Seu tempo de duração não pode, em respeito à coisa julgada, ser maior do que o tempo da pena. Se, ao término desta, o condenado não puder ser restituído ao convívio social, deverá ser colocado à disposição do juízo cível (TJSP, *RT* 640/294; STJ, RHC 2.445, *DJU* 31.5.93, p. 10678, *in RBCCr* 3/257; TACrSP, HC 270.898-0, j. 7.3.95, *in RBCCr* 21/367).

- **Doença mental de caráter duradouro ou permanente:** *Vide* comentários acima.

DETRAÇÃO

Art. 42. Computam-se, na pena privativa de liberdade e na medida de segurança, o tempo de prisão provisória, no Brasil ou no estrangeiro, o de prisão administrativa e o de internação em qualquer dos estabelecimentos referidos no artigo anterior.

Detração

- **Noção:** Detração é o abatimento, na pena ou medida de segurança a ser executada, do tempo de prisão provisória ou de internação já cumprido pelo condenado.

- **Do que se desconta:** Pela lei, o abatimento é feito *na pena privativa de liberdade e na medida de segurança*. Por necessária e permitida interpretação analógica, entendemos que o desconto também deve recair sobre três espécies de *penas restritivas de direitos (prestação de serviços à comunidade, interdição temporária de direitos e limitação de fim de semana – CP, art. 43, IV, V e VI)*. Com efeito, se na pena mais grave a ser cumprida (privativa de liberdade) incide a detração, não há razão para excluí-la das penas que a substituem (restritivas de direitos). Não haverá, contudo, detração sobre a pena de multa, já que a mesma é considerada dívida de valor, não podendo mais ser convertida em pena privativa de liberdade, conforme a atual redação conferida ao art. 51 do CP (*vide* nota *Natureza penal e execução* neste último artigo).

- O que pode ser descontado: Vejamos, abaixo, diversas hipóteses:

- *a. Prisão provisória, no Brasil ou no estrangeiro:* Prisão provisória é aquela a que pode ficar submetido o acusado, antes de a sua condenação tornar-se definitiva, desde que demonstrada, no caso concreto, a sua *necessidade cautelar*. Deve a expressão ser interpretada da forma mais ampla possível, incluindo todas as modalidades de prisão provisória: prisão em flagrante, prisão temporária e prisão preventiva, ainda que decretada a preventiva mediante a devida motivação *com novos fundamentos cautelares* do art. 312 do CPP, após a condenação em primeiro ou 2º Grau de jurisdição.

- *Nota – Prisão em segunda instância e presunção de inocência:* Quanto à prisão em virtude da confirmação de sentença condenatória ou da condenação em grau recursal, mesmo pendentes recursos especial e/ou extraordinário, foi ela declarada inconstitucional pelo Pleno do STF, em 5 de fevereiro de 2009, no julgamento do HC 84.078, sendo relator o Ministro Eros Grau. Passados 7 anos, *apesar* de a Constituição da República ser *expressa e literal*, o plenário do Supremo Tribunal Federal, por diferença de um voto, ao julgar o HC 126.292, decidiu em fevereiro de 2016 que deve-se "afastar a literalidade" desse artigo da *Magna Carta* em razão da enorme morosidade dos Tribunais em julgar todos os recursos manejados pelas defesas, gerando "impunidade", seja pela extinção da punibilidade pela prescrição, seja pela perda do sentido de uma punição criminal levada a cabo 10 ou mais anos depois dos fatos. O argumento era de que, na análise em conjunto do art. 5º, LVII, devem ser somados outros valores constitucionais, quais sejam, o da "efetividade da prestação jurisdicional" e o da "segurança pública". Assim é que o *Pleno* do Supremo Tribunal Federal, em apertada votação, decidiu que a execução penal (*prisão ad poenam*) há de se iniciar já com o julgamento em segundo grau do réu em 2º Grau de jurisdição, isto é, por Tribunal de Justiça ou Tribunal Regional Federal, ainda que venham a ser interpostos recurso especial ao STJ e extraordinário ao STF. Posteriormente, em 5 de outubro de 2016, mais uma vez o Supremo Tribunal Federal, ao julgar os *pedidos de concessão de liminar* nas Ações Declaratórias de Constitucionalidade – ADCs 43, 44 e 54 nas quais se pretendia reafirmar a adequação à *Magna Carta* do art. 283 do Código de Processo Penal – acima transcrito –, que exige o trânsito em julgado para a prisão das pessoas, além das hipóteses de prisão provisória (em flagrante, temporária e preventiva), também por maioria de votos, *mais uma vez* entendeu que o referido artigo da lei processual penal *não impede a execução penal a partir do julgamento de 2º grau de jurisdição*. Todavia, em novembro de 2019, ao julgar o *mérito* das mesmas ADCs, o *Pleno* da Suprema Corte, com a mudança do voto que o Ministro Gilmar Mendes havia dado no julgamento dos pedidos de liminar, e com a substituição do Ministro Teori Zavascki pelo Ministro Alexandre De Moraes, por 6 a 5 voltou à posição de 2009, decidindo pela vedação da execução penal a partir da condenação em 2º Grau, fazendo prevalecer a presunção de inocência até o momento em que estiverem esgotados todos os recursos cabíveis. Neste julgamento, foram vencedores os Ministros Rosa Weber, Gilmar Mendes, Celso de Mello, Dias Toffoli, Marco Aurélio Mello e Ricardo Lewandowski. Ficaram vencidos os Ministros Alexandre de Moraes, Carmen Lúcia, Edson Fachin, Luís Roberto Barroso e Luiz Fux.

- *b. Prisão domiciliar e em sala de Estado Maior (prisão especial):* Os tempos de prisão provisória serão computáveis, para a detração, mesmo que o acusado os tenha cumprido na forma de prisão domiciliar, especial e prisão em sala de Estado Maior (*vide* notas abaixo).

- *Nota – Prisão domiciliar: A* prisão domiciliar *não se confunde* com o "recolhimento domiciliar noturno" do art. 319 do CP. A prisão domiciliar, mais rigorosa, substitui a prisão preventiva nas hipóteses dos arts. 317, 318, 318-A e 318-B do Código de Processo Penal, com alterações feitas pelas Leis n. 12.403/2011, n. 13 257/2016 e n. 13 769/2018: (a) ser maior de 80 anos; (b) encontrar-se extremamente debilitado por doença grave; (c) homem ou mulher imprescindível aos cuidados especiais de pessoa menor de 6 anos de idade ou com deficiência; (d) gestante; (e) mulher com filho de até 12 anos de idade incompletos; (f) homem caso seja o único responsável pelos cuidados do filho de até 12 anos de idade incompletos, desde que o crime não tenha sido cometido com violência ou grave ameaça, ou seja vítima o proprio menor ou dependente, nos termos dos incisos I e II do art. 318-A do Código.

- *Nota – Prisão especial:* Atualmente, mesmo os casos de *prisão especial* não possuem muita diferença, restringindo-se *"exclusivamente no recolhimento em local distinto da prisão comum"* (art. 295 do CP, com as alterações da Lei n. 10 258/2001); Lei n. 2 860, de 31.8.1956, art. 2º – prisão especial a dirigentes de entidades sindicais; Lei n. 5 606, de 9.9.1970 – prisão especial a oficiais da Marinha; Lei n. 7.172, de 14.12.1983 – prisão especial para professores de 1º ou 2º grau; há impasse quando a lei fala em *"sala especial de Estado-Maior"*, mesmo porque uma "sala" não se confunde com "cela"; porém, na prática, os sistemas prisionais não têm cumprido à risca a lei, tratando a "sala especial de Estado-Maior" como a prisão especial do art. 295 do Código de Processo Penal.

- *Nota – Sala de Estado-Maior:* Assim dispõem os seguintes textos: Lei Complementar n. 35, de 14 de março de 1979 – prisão especial para magistrados, art. 33, III: "ser recolhido a prisão especial, ou a sala especial de Estado-Maior, por ordem e à disposição do Tribunal ou do órgão especial competente, quando sujeito a prisão antes do julgamento final"; Lei n. 8 625, de 12 de fevereiro de 1993 – prisão especial para membros do Ministério Público, art. 40, V: *"ser custodiado ou recolhido à prisão domiciliar ou à sala especial de Estado-Maior, por ordem e à disposição do Tribunal competente, quando sujeito a prisão antes do julgamento final "*; Lei n. 8.906, de 4 de julho de 1994 – prisão especial para advogados, art. 7º, V: *"não ser recolhido preso, antes de sentença transitada em julgado, senão em sala de Estado Maior, com instalações e comodidades condignas (...) e, na sua falta, em prisão domiciliar"* E se não houver local para a prisão especial, a Lei n. 5 256, de 6 de abril de 1967, autoriza a *prisão especial domiciliar*, o que na prática igualmente não vem sendo cumprido em quase todo o Brasil. Já a *sala decente*, dispõe a Lei n 5 250, de 9 de fevereiro de 1967 – prisão especial para jornalistas: "Art. 66. O jornalista profissional não poderá ser detido nem recolhido preso antes de sentença transitada em julgado; em qualquer caso, somente em sala decente, arejada e onde encontre todas as comodidades".

- *c. Prisão administrativa:* Por expressa disposição do art. 42 do CP, com redação alterada pela reforma de 1984, pode haver a detração da prisão administrativa. Ressalte-se, porém, que a maioria da jurisprudência entende que, após a CR, a prisão administrativa – salvo nos casos de transgressão militar ou de crime propriamente militar – deixou de existir (STF, *RTJ* 128/228; TRF da 1ª R., *JSTJ e TRF* 9/242; TRF da 2ª R., HC 14.635, *DJU* 29.5.90, p. 11247; TJPR, *RT* 639/330). Há, todavia, acórdão que admite a prisão administrativa, desde que o decreto esteja fundamentado e tenha sido expedido por autoridade judiciária (STJ, RHC 3.040, *DJU* 28.2.94, p. 2901).

- *d. Prisão civil por alimentos (analogia):* Por analogia *in bonam partem*, e para não haver tratamento diferenciado entre duas prisões que têm natureza semelhante, admite-se a possibilidade de que o tempo cumprido de prisão civil (devedor de alimentos) possa ser descontado de condenação por crime cometido anteriormente à efetivação da prisão civil. Nesse sentido, a melhor doutrina: ALBERTO SILVA FRANCO e outros, *Código Penal e sua Interpretação Jurisprudencial*, 5ª ed., Revista dos Tribunais, p. 589, e RENÉ ARIEL DOTTI, *Curso de Direito Penal – Parte Geral*, Forense, 2001, p. 606, este fazendo referência à necessidade de tratar-se do mesmo fato, lembrando os crimes de abandono material e apropriação indébita.

- *e. Prisão para extradição:* A prisão cautelar do extraditando encontra-se prevista no art. 84 da Lei de Migração (Lei n. 13.445/2017). Ainda sobre a prisão para extradição, observa-se que a antiga prisão administrativa que era decretada pelo Ministro de Estado da Justiça não foi recepcionada pela Constituição da República de 1988, sendo atualmente decretada prisão cautelar pelo ministro relator do processo de extradição (cf. STF, HC 82.428/SP, j. 13.2.2003, *DJU* 1.8.2003, p. 104).

- *f. Internação em qualquer dos estabelecimentos referidos no artigo anterior:* Ou seja, em hospital de custódia e tratamento psiquiátrico ou, à falta, em outro estabelecimento adequado (CP, art. 41). Não vemos óbice a que se conte, também, o tempo em que o preso esteve internado em *hospital comum*, para tratamento da saúde em geral (e não apenas por doença mental).

- **É necessário nexo processual?:** O art. 42 não deixa claro se deve ser descontado da pena ou medida de segurança de *um* processo o tempo cumprido *noutro*. Existem, pelo menos, três posições a respeito: *1. Não* é necessário que se refira ao mesmo fato nem ao mesmo processo, sendo, contudo, imprescindível que a pena sobre a qual incidirá a detração decorra de crime cometido *anteriormente* (entendimento contrário levaria ao absurdo de se permitir que a pessoa fizesse uma "caderneta de penas", com a qual poderia praticar impunemente crimes futuros). É a interpretação mais liberal que se coaduna com o art. 111 da LEP o qual expressamente admite a detração *"no mesmo processo ou em processos distintos"*. *2*. É preciso que se refira ao mesmo processo ou, pelo menos, que exista conexão ou continência entre os fatos. *3*. Tem-se ainda admitido a detração se o condenado, preso por outro processo do qual é absolvido, passa, sem solução de continuidade, da prisão injusta ao cumprimento da pena fixada (por crime cometido anteriormente). Ficamos com a primeira interpretação (*1*), que já era a mais aceita desde antes da reforma penal de 1984, como consta das edições anteriores de nossa obra. No mesmo sentido, RENÉ ARIEL DOTTI (*Curso de Direito Penal*, Rio de Janeiro, Forense, 2001, p. 605), PAULO JOSÉ DA COSTA JR. (*Código Penal Comentado*, 9ª ed., DPJ Editora, 2007, p. 161) e CEZAR ROBERTO BITENCOURT (*Código Penal Comentado*, 5ª ed., São Paulo, Saraiva, 2009, p. 135). Quanto à segunda posição (2), defendida por DAMÁSIO E. DE JESUS (*Direito Penal*, 30ª ed., Saraiva, 2009, p. 523), ela é incompatível com a própria LEP, cujo art. 111 expressamente admite a detração *"no mesmo processo ou em processos distintos"*. No que concerne ao último entendimento (*3*), a exigência de que não haja solução de continuidade na prisão não tem amparo legal.

- **Hipóteses diversas:** *a. Sursis*. Antes da reforma penal de 1984, não se admitia que o sursis fosse abatido, pois ele era suspensão e não execução de pena. Atualmente, porém, a LEP o considera forma de execução e não um de seus incidentes. Por isso, embora a jurisprudência não o esteja admitindo, acreditamos que poderá haver detração do período de prova cumprido pelo beneficiado, especialmente quanto ao primeiro ano de prazo, onde fica submetido à prestação de serviços à comunidade ou limitação de fim de semana (art. 78, § 1º), quer em caso de revogação, quer em relação a outra condenação por crime anterior. *b. Penas restritivas de direitos*. É possível, inclusive na pena de prestação pecuniária, que não se confunde com pena de multa. Com efeito, em caso de seu descumprimento injustificado, ocorrerá a conversão em pena privativa de liberdade, devendo descontar-se, para o cálculo desta, o tempo cumprido de penas restritivas de direitos (CP, art. 44, § 4º). *c. Prisão em regime aberto*. Pode haver detração, pois quem está sob esse regime cumpre pena para todos os efeitos legais. *d. Prescrição*. Cremos que em analogia à regra do art. 113 do CP, que manda contar a prescrição, em caso de fuga, pelo restante da pena, deve-se também computar, no prazo prescricional, o tempo em que o acusado esteve preso provisoriamente. Caso contrário, estaríamos dando ao preso provisório, que foi solto pelo juiz, tratamento pior do que se dá a quem foi conservado em custódia e fugiu. *e. Pena pecuniária*. Não pode ser alcançada pela detração, já que não mais existe a conversão da pena de multa em privativa de liberdade (detenção), em face do atual art. 51 do CP. *f. Trabalho realizado pelo preso provisório*. Caso tenha sido dada oportunidade de trabalho para o preso provisório, que possui os mesmos direitos do preso definitivo (LEP, art. 2º, parágrafo único), deve ser computado para fins de remição e, portanto, para detração.

Jurisprudência

- **Medida de segurança:** Verificado o cumprimento do tempo estipulado na sentença para a medida de internação (computando-se o tempo de prisão provisória, a teor do art. 42), a autoridade administrativa responsável pelo estabelecimento em que internado o paciente deve remeter ao juiz minucioso relatório para o habilitar a resolver sobre a revogação ou permanência da medida, com laudo psiquiátrico (CP, art. 97, § 1º), a fim de verificar a cessação da periculosidade (TJGO, HC 27.802-6, *RT* 858/612).

- **Nexo processual e contemporaneidade:** Antes da reforma penal de 1984 era dominante a jurisprudência que admitia a detração sem vínculo processual, desde que por crime cometido anteriormente (STF, *RTJ* 107/622, HC 110.576/DF, j. 6.3.2012; STJ, HC 261.455/RS, j. 6.5.2014; *contra:* TJSP, HC 43.324, *mv* – *RT* 609/311; TJMG, EI 10514090484098003, j. 6.8.2013). Após a reforma, há decisões em dois sentidos: *a.* Admite-se a detração sem vínculo processual (TJSP, *RT* 619/279), sobretudo quando unificadas as penas no juízo de execução (TJRS, AgEx 70057399966, j. 14.5.2014). Porém, não é possível haver detração em relação à condenação por crime cometido depois da sua soltura (STF, HC 93.979-1, j. 22.4.2008). No mesmo sentido: não é possível haver detração de uma indevida prisão, sucedida de absolvição, em relação à condenação por delito praticado após a sua soltura, posto que isso levaria a uma situação de se sentir o acusado incentivado à prática de novos crimes, com a certeza de que não iria cumprir a pena por outro delito, "em razão do saldo credor em sua conta corrente" (TJSP, HC 383.042.3/7, *RT* 806/545). "A detração penal prevista no art. 42 do CP poderá ocorrer pelo tempo em que o apenado restou segregado cautelarmente em crime diverso em relação ao qual cumpre pena. Contudo, conforme entendimento pacificado nos Tribunais Superiores e nesta Câmara Criminal, imprescindível que a prisão provisória cumprida cumprindo seja reeducando seja posterior à data do fato pelo qual restou definitivamente condenado e está cumprindo reprimenda corporal" (TJRS, AgEx 70080463466, *DJ* 11.6.2019; *idem* TJRS, AgEx 70082754599, *DJ* 17.10.2019). *b.* É necessário haver nexo de causalidade entre a prisão provisória e a pena privativa de liberdade (posição minoritária e ultrapassada): (STJ, RHC 2.184, *DJU* 9.11.92, pp. 20386-7, *in RBCCr* 1/224-5; HC 6.235/SP, j. 4.11.1997, *DJU* 1º.12.1997, p. 62763, *in RBCCr* 21/413).

- **Mesmo processo, solução de continuidade e crime anterior:** A detração de período de prisão anteriormente sofrido só tem lugar quando a prisão provisória se deu no mesmo processo no qual sobreveio a condenação, *ou* quando, se absolvido o réu, passa a cumprir pena por condenação de outro processo, sem solução de continuidade, *ou, ainda,* se a nova condenação se deve a crime cometido anteriormente ao período de prisão anterior injusta. Entretanto, não se pode admitir a detração de período de prisão provisória na pena a ser cumprida por delito cometido posteriormente à prisão injusta (TRF da 3ª R., *RT* 768/722).

- **Pena restritiva de direitos:** É possível aplicar o instituto da detração quando a pena privativa de liberdade do réu foi convertida em restritiva de direitos. Embora o art. 42 do CP não faça alusão expressa às penas restritivas de direitos, seria um contrassenso admitir a detração com relação à pena mais grave, e negá-la nos casos mais brandos em evidente afronta à equidade e à sistemática do Código Penal (TACrSP, HC 448.586/5, j. 11.9.2003, *Bol. IBCCr* 135/776). Nesse sentido: TJMG, AgEx 1.0000.07.449598-7/001(1), j. 10.7.2007; TJSP, AgEx 00095157420148260000, j. 1.4.2014; TJRS, AgEx 70057994501, j. 26.6.2014; TRF 4ª R., AgEx 50005992120144047013, j. 8.4.2014 (prestação pecuniária). *Contra:* O art. 42 é claro em autorizar a detração para as penas privativas de liberdade e não para as restritivas de direito (TJRS, AgEx 70055451629, j. 20.3.2014).

- **Competência:** É do juízo das execuções (STJ, HC 8.740-RJ, *DJU* 30.8.99, p. 77).

- **Prisão cautelar:** A expressão provisória deve ser entendida como qualquer custódia ocorrida durante a fase processual, antes da condenação transitar em julgado (STJ, HC 10.129-SP, *DJU* 7.2.2000, p. 168; TJRS, AgEx 738292280, j. 10.2.2011), inclusive em outro processo no qual foi absolvido (TJRS, EI 758262049, j. 21.3.2014) ou extinta a punibilidade (STJ, HC 270.808/MG, j. 15.5.2014). Embora a execução da pena, que reclama trânsito em julgado da sentença condenatória, não se confunda com a prisão cautelar, que antecede ao encerramento do processo, admite-se a detração (STJ, REsp 41.742, *DJU* 7.11.94, p. 30032, *in RBCCr* 9/205; HC 2.627, *mv* – *DJU* 26.9.94, p. 25668). Devem ser objeto de detração a prisão em flagrante (TACrSP, *RT* 622/304) e a prisão preventiva (STJ, RHC 520, *DJU* 16.4.90, p. 2881). Deve-se aplicar a detração à pena privativa de liberdade e não a transformação em horas do tempo em que ficou provisoriamente preso para detração do tempo de prestação de serviços (STJ, HC 202.618/RS, j. 19.6.2012; REsp 132.652-0/SP, j. 3.4.2014).

■ **Severas restrições ao direito de locomoção:** Sendo impostas ao acusado severas restrições ao direito de locomoção, antes da decisão condenatória, há de efetuar-se a detração desse lapso temporal, como forma razoável de compensação em face dos gravames consequentes do castigo antecipado (STJ, *RT* 732/574).

■ **Prisão domiciliar:** Ainda que haja sido irregularmente concedida, ela deve ser abatida na pena final (STF, *RF* 258/314). O tempo de prisão domiciliar efetivamente cumprida em regime domiciliar deve ser computado na pena privativa de liberdade (STJ, HC 11.225-CE, *DJU* 2.5.2000, p. 153).

■ **Prisão-albergue:** É aplicável o desconto pela prisão-albergue, ainda que irregular (TJSC, *RT* 530/401).

■ **Trabalho realizado durante a prisão cautelar:** O trabalho realizado pelo preso durante o período de prisão cautelar deve ser computado para fim de remição (TJSP, AgEx 346.391-3/8, j. 12.12.2002, *RT* 811/604).

■ **Liberdade provisória:** Para a detração pressupõe-se efetiva restrição da liberdade, razão pela qual não pode ser computado o período em que o condenado permaneceu em liberdade provisória, já que inexistiu qualquer cerceamento do *status libertatis* do indivíduo (STF, HC 81.886-2/RJ, *DJU* 21.6.2002, *RT* 806/466). O simples comparecimento mensal em juízo, sem nenhuma formalidade, não acarreta qualquer restrição à liberdade, não podendo o período em que o acusado permaneceu em liberdade provisória ser computado para fins de detração (TJCE, *RT* 810/651).

■ **Recolhimento noturno domiciliar (CPP, art. 319, V):** "Medida cautelar de recolhimento noturno. Não se computa na pena privativa de liberdade (art. 42 do CP) tempo de medida cautelar de recolhimento noturno, por não implicar em efetiva restrição da liberdade do apenado e, portanto, antecipação de cumprimento de pena" (TJDF, AgEx 0710279-71.2019.8.07.0000, j. 26.7.2019, *DJe* 1º.18.2019).

■ **Pena cumprida de forma irregular:** Sendo a sanção prisional cumprida, em parte, de forma irregular, permanecendo no Fórum, nele trabalhando e dormindo, não cabe ao réu suportar o ônus da irregularidade produzida por determinação judicial, não havendo como deixar de computar tal tempo como de efetivo cumprimento prisional (STJ, HC 10.389/MG, j. 7.12.2001, *DJU* 13.8.2001, p. 268, in *RBCCr* 37/314).

■ **Indulto – período da demora na sua concessão:** "O instituto da detração não pode tangenciar o benefício do indulto porque, enquanto o período compreendido entre a publicação do Decreto Presidencial e a decisão que reconhece o indulto, decretando-se a extinção da punibilidade do agente, refere-se à uma prisão pena, a detração somente se opera em relação à medida cautelar, o que impede a sua aplicação no referido período" (STJ, REsp 1.557.408/DF, Rel. Min. Maria Thereza de Assis Moura, j. em 16.2.2016; TJSC, AgEx 0007694-18.2019.8.24.0064, j. 28.1.2020).

■ **Súmula 535 do STJ:** "A prática de falta grave não interrompe o prazo para fim de comutação de pena ou indulto".

■ **Multa:** A detração é incompatível com a pena de multa (TACrSP, *RT* 643/317), mormente com a nova redação dada ao art. 51 do CP pela Lei n. 9.268/96 (TJSP, *RT* 783/627). No mesmo sentido, TJRS, AgEx 70057994501, j. 31.7.2014.

■ **Detração e prescrição:** *Vide* nota ao CP, art. 113.

■ **Prisão cautelar serve para detração, mas não como marco inicial para progressão de regime de pena:** "O período de pena provisória é computado na pena corporal imposta (art. 42 do CP), sendo certo que, existindo apenas uma condenação, e restando o agravado acautelado ininterruptamente desde sua prisão preventiva, esta deve ser considerada marco inicial para fins de progressão de regime. (...) Inexistindo unificação de penas, o termo inicial para a obtenção de benefícios da execução penal é a data da sentença condenatória, não se computando o período de prisão provisória, o qual serve apenas para fins de detração, conforme art. 42 do CP" (TJMG, AgEx 10439180000937001, *DJ* 18.6.2019).

Seção II
DAS PENAS RESTRITIVAS DE DIREITOS

PENAS RESTRITIVAS DE DIREITOS

Art. 43. As penas restritivas de direitos são:
I – prestação pecuniária;
II – perda de bens e valores;
III – (vetado);
IV – prestação de serviço à comunidade ou a entidades públicas;
V – interdição temporária de direitos;
VI – limitação de fim de semana.

Penas restritivas de direitos

- **Alteração:** Artigo com redação determinada pela Lei n. 9.714, de 25.11.98.
- **Na CR:** Art. 5º, XLVI, *a*, segunda parte, *d* e *e*.
- **Noção:** Os autores da reforma penal de 1984 tentaram encontrar fórmulas que pudessem substituir as penas de prisão, tradicionalmente vinculadas à punição pela prática de crime. Nas palavras da Exposição de Motivos, seria uma "experiência pioneira". Dentro desse contexto, foram imaginadas as penas restritivas de direitos: sanções autônomas, que substituem as penas privativas de liberdade (reclusão, detenção ou prisão simples) por certas restrições ou obrigações, quando preenchidas as condições legais para a substituição. A Lei n. 9.714/98 ampliou as espécies de penas restritivas de direitos e a incidência de sua aplicação, o que, na prática, acabou esvaziando o instituto do *sursis* (CP, arts. 77 a 82).
- **Em defesa das penas restritivas de direito:** A prisão é uma medida extrema que deve ser aplicada somente para criminosos violentos, que representam efetivo perigo à sociedade. Para os crimes menos graves, deve ser evitada por levar à total desagregação do sujeito em relação à sua comunidade. Isto porque, com o isolamento prisional do condenado, ele é retirado não só do convívio social (como clara medida de neutralização), mas também privado do "tempo social", deixando, enquanto preso, de participar da evolução e da história daquela comunidade. Se e quando retorna, é um estranho, por vezes não mais reconhecido pelos outros; há uma espécie de "morte social". Como anota Stamatios Tzitzis, ao representar para o condenado a "ausência da dimensão social", a duração da prisão "preserva a memória da culpa e a presença da condenação" (*Les Grandes Questions de la Philosophie Pénale*, 2ª ed., Paris, Buenos Books, 2007, p. 106-109). Por isso, a adoção, pelo legislador brasileiro, das penas substitutivas previstas nos arts. 43 e seguintes do CP é honrosa, devendo ser sempre estimuladas, por não isolarem o condenado da sociedade; ao contrário, demonstram que ele pode, sim, com ela interagir de modo saudável, respeitando às regras e sendo socialmente útil, e não uma pessoa rejeitada que, na prisão, torna-se um estranho. Como sabemos, além dos altos custos para os cofres públicos, a prisão, no Brasil, possui um alto índice de reincidência, ao contrário das penas restritivas de direito em que a reincidência é muito menor.
- **Execução das penas restritivas de direitos somente após o trânsito em julgado:** O *Pleno* do STF, em histórico julgamento ocorrido em 7.11.2019, sendo relator o Min. Marco Aurélio, por maioria de votos, julgou o mérito das ADCs 43, 44 e 54, para assentar a constitucionalidade do art. 283 do Código de Processo Penal ("Art. 283. Ninguém poderá ser preso senão em flagrante delito ou por ordem escrita e fundamentada da autoridade judiciária competente, *em decorrência de sentença condenatória transitada em julgado* ou, no curso da investigação ou do processo, em virtude de prisão temporária ou prisão preventiva"). Desta forma, revendo o seu posicionamento anterior, com a mudança do voto

do Ministro GILMAR MENDES e ROSA WEBER, quando haviam *negado* os pedidos liminares dessas mesmas ADCs (2016), bem como quando denegaram o HC 126.292, em fevereiro de 2016, em 2019 afastou-se a possibilidade de execução provisória da pena em segunda instância, retornando à salutar jurisprudência que vigia desde fevereiro de 2009, ocasião em que foi julgado o HC 84.078, sendo relator o Ministro EROS GRAU. Observamos, contudo, que o mesmo STF tem admitido, *com polêmica*, que as penas restritivas de direitos (ao contrário da *privativa de liberdade*), podem ser executadas a partir do julgamento de 2º Grau, afirmando que o julgamento das referidas ADCs referiram-se exclusivamente às penas privativas de liberdade (cf. Recurso Extraordinário n. 1137912, 2ª Turma, rel. Min. EDSON FACHIN, vencidos os Mins. GILMAR MENDES e RICARDO LEWANDOWSKI, j. 26.02.2019) o que é uma *patente contradição*. Contrariamente a esse entendimento, a Suprema Corte, ao julgar o *habeas corpus* 161.140-PR, sendo relator o Min. GILMAR MENDES (vencido o Min. EDSON FACHIN), decidiu que também não pode ser objeto de "execução provisória" a pena restritiva de direitos. No mesmo sentido: REsp 1.193.670/SC e 1.181.370/SC, rel. Min. Marco Aurélio, *DJe* 3.5.2019; ARE 1.175.109-AgR/MG e 1.200.860/SC, rel. Min. Ricardo Lewandowski, *DJe* 26.4.2019 e 2.5.2019. No mesmo sentido, de forma coerente com o princípio da presunção de inocência, o STJ decidiu, em acórdão da lavra do Ministro ROGÉRIO SCHIETTI CRUZ, referindo-se a julgamento da 3ª Seção daquela Corte: "Uma vez que, no caso, houve a substituição da pena privativa de liberdade por medidas restritivas de direitos, não se afigura possível determinar a execução da reprimenda antes do trânsito em julgado da condenação, não vejo como decidir de forma diversa do que foi assentado pela Terceira Seção desta Corte Superior de Justiça nos autos dos já mencionados EREsp n. 1.619.087/SC e HC n. 435.092/SP" (STJ, HC 504.721/RJ, j. 22.4.2019). Nesse sentido, a Súmula 643 do STJ: "A execução da pena restritiva de direitos depende do trânsito em julgado da condenação". Em nosso sentir, é *evidente* que a execução da pena restritiva de direitos, substitutiva da privativa de liberdade, só poderá ser executada após o trânsito em julgado, uma vez que, pena privativa de liberdade só pode ser imposta ao condenado após o trânsito em julgado, com muito maior razão a pena restritiva de liberdade que *a substitui* deve também ter o mesmo tratamento. Afinal, a *pena substituída* não pode ter tratamento diverso da *pena substituta*, sob pena de se violar o princípio da não contradição, elementar ao ordenamento jurídico.

- **Espécies:** Há cinco: 1ª (inciso I) Prestação pecuniária (art. 45, §§ 1º e 2º); 2ª (inciso II) Perda de bens e valores (art. 45, § 3º); 3ª (inciso IV) Prestação de serviço à comunidade ou a entidades públicas (art. 46, *caput* e §§ 1º a 4º); 4ª (inciso V) Interdição temporária de direitos (art. 47); 5ª (inciso VI) Limitação de fim de semana (art. 48).

- **Rol taxativo:** As modalidades de penas restritivas de direitos são dispostas de forma *taxativa*, não sendo possível a aplicação de medidas alternativas à prisão cautelar do art. 319 do CPP, como o comparecimento mensal em juízo. Afinal, trata-se, aqui, de *pena* e não de medida cautelar.

- **Classificação:** Quanto ao âmbito de sua aplicação, as penas restritivas de direitos podem ser divididas em: a. *Genéricas*. Aplicam-se em qualquer substituição, salvo se ela exigir restrição específica. São de natureza genérica a 1ª (inciso I), a 2ª (inciso II), a 3ª (inciso IV) e a 5ª (inciso VI) espécies de penas restritivas (prestação pecuniária, perda de bens e valores, prestação de serviços à comunidade ou entidades públicas e limitação de fim de semana). b. *Específicas*. São as somente aplicáveis em substituição à pena por crimes praticados no exercício de determinadas atividades, com violação do dever. Têm esse caráter específico as interdições temporárias de direitos que constituem a 4ª (inciso V) espécie das penas restritivas.

- **Código de Trânsito Brasileiro:** Quanto aos crimes cometidos na circulação de veículos automotores, o Código de Trânsito Brasileiro possui disposições específicas no que se refere à suspensão ou proibição de se obter permissão ou habilitação para dirigir veículo automotor, que pode ser imposta como penalidade principal, isolada ou cumulativamente com outras penalidades (art. 292 da Lei n. 9.503/97).

- **Estatuto do Torcedor:** O art. 41-B, § 2º, da Lei n. 10.671/2003, com redação dada pela Lei n. 12.299/2010, prevê uma outra modalidade de pena restritiva de direitos consistente no "impedimento de comparecer às proximidades do estádio, bem como a qualquer local em que se realize evento esportivo, pelo prazo de 3 (três) meses a 3 (três) anos, de acordo com a gravidade da conduta, na hipótese de o agente ser primário, ter bons antecedentes e não ter sido punido anteriormente pela prática de condutas previstas neste artigo".

- **Prestação pecuniária e multa (distinção):** *Vide* comentários no art. 45, sob a mesma rubrica.
- **Requisitos para aplicação:** *Vide* comentário ao art. 44 do CP.
- **Sempre substitutivas:** Ao contrário das antigas penas acessórias, que eram aplicadas junto com outra pena, as restritivas de direitos *sempre substituem* pena de prisão e *nunca* podem ser impostas cumuladas com esta.
- **Casos em que podem ser aplicadas:** Na nota *Tabela geral das substituições*, ao art. 59 do CP.
- **Duração das penas restritivas de direitos:** *Vide* nota ao CP, art. 55.
- **Ocasião da aplicação:** *a. Na condenação.* Após ter fixado a pena de prisão, mas observando ser ela não superior a quatro anos, tratar-se de crime praticado sem violência ou grave ameaça, e não havendo reincidência em crime doloso, o juiz da condenação, caso o acusado preencha os requisitos subjetivos necessários, fará a aplicação da pena restritiva de direitos, em substituição à pena privativa de liberdade que fixara. *b. Em grau de recurso ou em ação de habeas corpus.* No Tribunal, a substituição também poderá ser feita. *c. Durante a execução.* Mesmo depois do trânsito em julgado da condenação, poderá haver a substituição da pena de prisão, pelo juízo da execução, caso o sentenciado não a tenha obtido no momento da condenação.
- **É ilegal impor prestação de serviços à comunidade do art. 44 do CP como condição para o regime aberto (LEP, art. 115):** *Súmula 493 do STJ*: "É inadmissível a fixação de pena substitutiva (art. 44 do CP) como condição especial ao regime aberto". *Vide* jurisprudência no art. 36 do CP.
- **Na legislação especial:** As regras previstas na Parte Geral do CP aplicam-se à legislação penal especial, sempre que com elas não houver incompatibilidade, nos moldes do art. 12 do CP. Assim, em nosso entendimento, é possível a substituição em condenações por crimes previstos nessas leis. Entretanto, a 3ª Seção do STJ, por decisão majoritária, manifestou entendimento pela não aplicação das penas substitutivas dos arts. 43 a 47 à legislação especial (cf. STJ, REsp 436.885/MG, *RT* 814/564).
- **Crimes hediondos:** Sobre a aplicabilidade das penas restritivas de direitos disciplinadas neste art. 43 aos denominados crimes hediondos e aos a eles equiparados (com relação ao tráfico ilícito de entorpecentes, *vide* nota abaixo), cremos que a substituição é perfeitamente possível, desde que, como em qualquer outro delito, estejam preenchidos os requisitos do art. 44, I a III e § 3º. Com efeito, o referido art. 44 não traz limitação quanto à sua aplicação a esses crimes, não cabendo ao intérprete distinguir onde a lei não distingue. Neste sentido, RAQUEL FREITAS DE SOUZA e HÉLIO EGYDIO DE M. NOGUEIRA ("A aplicabilidade das penas restritivas de direitos ao condenado por tráfico ilícito de entorpecentes", *Bol. IBCCr* 77/6-7) e MÁRIO DE M. PAPATERRA LIMONGI ("As penas alternativas e o traficante", *Bol. IBCCr* 75/11). Na mesma esteira, lembrando hipóteses de crimes hediondos ou assemelhados cometidos sem violência ou grave ameaça, cuja pena seja igual ou inferior a quatro anos, como o tráfico de drogas e a tentativa de falsificação de remédios, manifesta-se LUIZ FLÁVIO GOMES (*Penas e Medidas Alternativas à Prisão*, Revista dos Tribunais, 1999, pp. 111-112). No que toca ao requisito subjetivo do inciso III do art. 44, observe-se que eventual restrição deverá ser suficientemente fundamentada, não podendo se basear na própria "gravidade" do crime. De outra parte, se, por exemplo, o juiz fixou a pena-base no mínimo legal, atendendo aos critérios do art. 59 do CP, diante da similitude entre as redações deste art. 59 e do art. 44, III, não haverá razão para negar a substituição. Por esses motivos, entendemos que a previsão de regime inicial fechado (art. 2º, § 1º, da Lei n. 8.072/90, com redação dada pela Lei n. 11.464/2007), que a nosso ver é inconstitucional (*vide* nota no art. 33, § 3º), não é óbice à aplicação das penas restritivas de direitos, desde que o crime não tenha sido

cometido com violência ou grave ameaça. Com efeito, mesmo durante a época em que vigia a determinação de regime fechado integral para os crimes hediondos e equiparados (antes da Lei n. 11.464/2007), é de se lembrar que os tribunais já vinham admitindo a concessão de *sursis* aos crimes hediondos e assemelhados (TJMG, Súmula 7), não havendo motivo para negar-se a substituição dos arts. 43 e 44. Além disso, de acordo com a exegese dos arts. 59 e 68 do CP, a possibilidade de substituição da pena privativa de liberdade por restritiva de direitos antecede a fixação do regime de cumprimento de pena (*vide* nota *Cálculo final da pena*, no art. 68) e não se confunde com ela (cf, nesse sentido, TJMG, Ap. 148.247-8, j. 29.6.99, rel. Des. Zulman Galdino, para quem "uma coisa é substituição de pena, outra, diversa, é sua execução").

- **Tráfico ilícito de entorpecentes:** Dispõe este art. 44 que os crimes previstos nos arts. 33, *caput* e § 1º, e 34 a 37 são inafiançáveis e não suscetíveis de *sursis*, graça, indulto, anistia e liberdade provisória, bem como ser vedada a conversão de suas penas em restritivas de direitos. Todavia, o Pleno do STF, no julgamento do HC 97.256/RS, ocorrido em 1º.9.2010, decidiu que a proibição da conversão da pena privativa de liberdade em restritiva de direitos, estabelecida pelo art. 44, é *inconstitucional*. Removido, assim, o óbice legal, caberá ao juiz da condenação ou da execução, conforme o caso, o exame dos requisitos necessários para a conversão da pena. No mesmo sentido, já decidira a 2ª Turma do STF no HC 102.678/MG, j. 9.3.2010, relatado pelo Min. Eros Grau, no HC 99.888, j. 24.11.2009, da mesma relatoria, e no HC 93.857, *DJ* 16.10.2009, relator Min. Cezar Peluso.

- **Meio Ambiente:** Cumpre observar, ademais, que entre as leis especiais, os arts. 8º a 13 e 21 a 24 da Lei n. 9.605/98 (Meio Ambiente) dispõem de forma específica sobre as penas restritivas de direitos para os delitos nela tipificados.

- **Lavagem de dinheiro:** A Lei n. 9.613/98 (Lavagem de Dinheiro), em seu art. 1º, § 5º, prevê a possibilidade de substituição da pena privativa de liberdade por pena restritiva de direitos, se o autor, coautor ou partícipe colaborar, espontânea e eficazmente, com as autoridades.

- **Abuso de autoridade:** A Lei n. 13.869/2019, em seu art. 5º, *caput*, prevê apenas duas modalidades de penas restritivas de direitos: prestação de serviços à comunidade ou a entidades públicas; e suspensão do exercício do cargo, da função ou do mandato, pelo prazo de 1 (um) a 6 (seis) meses, com a perda dos vencimentos e das vantagens. A referida lei dispõe, ainda, que as penas restritivas de direitos podem ser aplicadas autônoma ou cumulativamente (art. 5º, parágrafo único).

Jurisprudência

- **Fundamentação:** A sentença que nega a substituição deve estar concretamente fundamentada, sob pena de nulidade (STJ, HC 10.156-RJ, *DJU* 14.2.2000, p. 50, *in Bol. IBCCr* 88/431), sendo que a motivação genérica, vaga, não preenche a exigência estabelecida no art. 93, IX, da CR (STJ, HC 11.436-RJ, *DJU* 14.8.2000, p. 183, *in RBCCr* 32/335).

- **Direito subjetivo:** Atendidas as condições do art. 44 do CP, deve-se reconhecer o direito à substituição da pena privativa de liberdade por duas restritivas de direitos (STJ, HC 19.051-RJ, j. 5.3.2002, *DJU* 22.4.2002, p. 225, *in RBCCr* 39/328). Preenchidos os requisitos legais, o réu tem direito subjetivo à substituição (TACrSP, Ap. 1116075-5, rolo 1214, *flash* 162; TACrSP, Ap. 1115113-4, rolo 1218, *flash* 220). *Contra*, em parte: embora inexistente o direito subjetivo, a recusa à concessão do benefício deve ser sobejamente fundamentada, com exame das condições objetivas e subjetivas que indiquem a impropriedade do deferimento do pedido (STJ, HC 8.772-RS, *DJU* 2.8.99, p. 225, *in Bol. IBCCr* 83/390).

- **Anotações criminais anteriores:** Não são suficientes para impedir a substituição da pena privativa de liberdade, tratando-se de matéria insuscetível de submissão ao contraditório. Conceito de personalidade incerto mesmo na psicologia e que não pode ser levado em conta na sentença condenatória para afligir o acusado (TJRJ, Ap. 2007.050.04513, rel. Des. Geraldo Prado, *DOE* 11.2.2008, *Bol. IBCCr* 184/1159).

- **Aplicação em grau de recurso:** Tendo o acusado sido absolvido em primeiro grau e o Tribunal o condenado, pode este conceder o benefício da substituição da pena corporal por uma restritiva de direitos (TACrSP, Ap. 1138083, rolo 1237, *flash* 076). A substituição pode ser feita em segundo grau (TACrSP, Ap. 1.108.035-8, *mv*, rolo 1237, *flash* 368), sendo despicienda a conversão do julgamento em diligência para sua aplicação no juízo de execução (TACrSP, Ap. 1116075-5, rolo 1214, *flash* 162; TACrSP, Ap. 1115113-4, rolo 1218, *flash* 220). Pode ser aplicada a substituição no Tribunal, em atenção ao princípio da economia processual (TACrSP, Ap. 1113125-1, rolo 1218, *flash* 206).

- **Aplicação retroativa pelo juízo da condenação:** É admissível a aplicação retroativa da Lei n. 9.714/98 pelo juízo da condenação, encontrando-se o sentenciado ainda solto, pois nada justifica que tal providência venha a ser postergada ao juízo da execução, obrigando o condenado a se apresentar à prisão para, depois, possivelmente se ver solto, amargando no interregno um período de clausura (TACrSP, HC 337.626-6, rolo 1238, *flash* 166).

- **Aplicação pelo juízo da execução (art. 66, I, da LEP):** Sendo a condenação anterior à Lei n. 9.714/98, o pedido de substituição deve ser formulado, inicialmente, junto ao juízo das execuções penais (STF, HC 78.722-0-MG, *DJU* 1.10.99, p. 30, *in Bol. IBCCr* 84/397; TACrSP, Ap. 1.131.763-2, j. 4.3.99, *Bol. IBCCr* 84/402). Pode o acusado requerer a substituição na Vara de Execuções Criminais (TACrSP, Ap. 1.127.347-1, rolo 1236, *flash* 322). Compete ao Juízo da Vara das Execuções Penais processar e decidir sobre pedido de aplicação do art. 44 do CP, com a redação que lhe foi conferida pela Lei n. 9.714/98 (STJ, HC 9.360/SP, j. 14.9.99, *DJU* 16.11.99, p. 230, *in RBCCr* 30/319).

- **Crimes hediondos e tráfico ilícito de entorpecentes:** *Cabe a substituição*. O Pleno do STF, no julgamento do HC 97.256/RS, ocorrido em 1º.9.2010, decidiu que a proibição da conversão da pena privativa de liberdade em restritiva de direitos, estabelecida pelo art. 44 da Lei de Drogas, é *inconstitucional*. No mesmo sentido, STJ, REsp 1.359.941-DF, rel. Min. Sebastião Reis Júnior, j. 4.2.2014, *Informativo STF* n. 536). O fato de o crime ser hediondo não é óbice à substituição. A lei, exaustivamente, relaciona as hipóteses impeditivas (art. 44) (STJ, HC 8.753-RJ, *DJU* 17.5.99, p. 244, *in RBCCr* 27/360).

- **Tráfico privilegiado:** Condenado à pena mínima por tráfico (5 anos), aplicando-se a redução pelo privilégio da pequena quantidade em 1/3 (30 pedras de cocaína na forma de *crack* pesando 8 gramas e 67 tijolinhos de *maconha* pesando 118 gramas), restando fixada em 3 anos e 4 meses de reclusão, substituída por duas penas restritivas de direitos (prestação de serviços à comunidade e limitação de fim de semana). Se o *Parquet* não se insurgiu contra a pena mínima aplicada, está preclusa a discussão, em sede de recurso especial, mantendo-se a substituição (STJ, AgREsp 569106 RS 2014/0218390-8, *DJ* 17.3.2015). No mesmo sentido, em caso de acusada menor de 21 anos que confessou o crime, com redução da pena pela por força do art. 33, § 4º, cabível a substituição da pena privativa de liberdade por duas penas restritivas de direitos (TJPE, Ap. 0022736-10.2013.8.17.0001, j. 12.9.2019, publ. 18.9.2019).

- **Perda de bens e valores:** *Vide* jurisprudência no art. 45, § 3º, do CP.

- **Rol taxativo – comparecimento mensal em juízo:** "A pena de limitação de finais de semana não pode ser alterada por outra de comparecimento mensal em juízo por esta não integrar o rol das penas restritivas de direito (art. 43, CP)" (TJGO, Ap. 0429103-96.2015.8.09.0175, j. 28.2.2019, *DJ* 14.3.2019).

- *Ultima ratio*: O cárcere deve ser concebido como *ultima ratio*, reservado para infratores que não podem conviver com a comunidade, devendo sempre que possível ser aplicadas penas alternativas (TACrSP, Ap. 1.111.773-4, rolo 1219, *flash* 216).

- **Estrangeiro irregular:** Sendo o condenado estrangeiro em situação irregular, não há falar em substituição da pena privativa de liberdade por restritiva de direitos, pois assim fica dificultada sua permanência e trabalho no país, bem como indicam-se facilidades para fuga. Ademais, os motivos mencionados deixam presumida a impossibilidade do cumprimento de penas como a da prestação de serviço à comunidade e da limitação de fim de semana, e, ainda, por não possuir recursos financeiros será impraticável também a prestação pecuniária. A alegação de que possui filho com uma brasileira não faz desaparecer a condição de estrangeiro irregular (TRF da 1ª R., Ap. 2000.32.00.001746-7/

AM, *RT* 804/695). *Obs.:* cf. a respeito, nossa opinião em nota sob a rubrica *Estrangeiro*, neste artigo.

- **Pena privativa de liberdade e restritiva de direitos (impossibilidade de coexistência):** Não se impõe a interdição de direitos cumulativamente com a pena privativa de liberdade; consoante o art. 44 do CP, as penas restritivas de direitos substituem as privativas de liberdade (STF, HC 70.355-1-MG, rel. Min. Néri da Silveira, j. 29.6.93, *DJU* 26.11.93, p. 25533, *in RBCCr* 6/189).

- **Fundamentação na escolha da modalidade de pena substitutiva:** A imposição de pena restritiva de direito, como expressão da individualização da resposta penal, reclama devida fundamentação, sendo defeso ao juiz aplicar a limitação de fim de semana em detrimento de espécie menos grave prevista no art. 43 do CP, sem declinar, ainda que sucintamente, os motivos ensejadores de sua indicação (STJ, HC 25.838/RS, j. 3.2.2005, *DJU* 11.4.2005, p. 384, *in Bol. IBCCr* n. 150, maio de 2005). Pena privativa de liberdade substituída por prestação de serviços à comunidade e prestação pecuniária, a qual poderia ter se dado de três outras formas: perda de bens ou valores, interdição temporária de direitos e limitação de fim de semana; flagrante falta de motivação concreta, sendo vedada a adoção do princípio da convicção íntima do juiz ao invés do livre convencimento concretamente fundamentado (CPP, art. 157) (STJ, HC 29.357, j. 18.3.2004, *DJU* 10.5.2004, p. 313, *in Bol. IBBCr* 139/805). Sendo possível a substituição da pena privativa de liberdade por simples multa (CP, art. 44, § 2º), deveria o julgador conter justificativa da opção pela substituição por pena restritiva de direitos (TACrSP, Ap. 1.289.883-1, j. 29.1.2002, *Bol. IBCCr* 114/612). A escolha das penas restritivas de direitos dentre as previstas no art. 43, sem apontar qualquer fundamento, não preenche as exigências constitucionais e infraconstitucionais de fundamentar. Não se pode confundir livre convencimento com convicção íntima (STJ, HC 14.984/RS, j. 22.5.2001, *DJU* 13.8.2001, p. 184, *in RBCCr* 37/314). Compete ao juiz sentenciante, no âmbito de seu poder discricionário, optar, dentre as modalidades de penas restritivas de direitos constantes do Código Penal, por aquela que se apresenta mais adequada ao caso concreto, visando sempre atingir os objetivos da sanção penal. Logo, não cabe ao apenado a escolha da pena que mais lhe convier (TJGO, Ap. 0429103-96.2015.8.09.0175, j. 28.2.2019, *DJ* 14.3.2019). *Vide*, também, jurisprudência no art. 59 do CP.

- **Duas penas restritivas de prestação de serviços à comunidade (não conveniência):** Não se revela adequada a utilização de duas penas restritivas de direitos da mesma espécie, devendo a segunda prestação de serviços à comunidade ser substituída por prestação pecuniária (TRF da 4ª R., Ap. 2001.71.05.000421-6-RS, j. 17.2.2003, *DJU* 26.2.2003, p. 919, *in RBCCr* 45/320; TRF da 1ª R., Ap. 0009283-70.2010.4.01.3803, j. 6.5.2014).

Art. 44. As penas restritivas de direitos são autônomas e substituem as privativas de liberdade, quando:

I – aplicada pena privativa de liberdade não superior a 4 (quatro) anos e o crime não for cometido com violência ou grave ameaça à pessoa ou, qualquer que seja a pena aplicada, se o crime for culposo;

II – o réu não for reincidente em crime doloso;

III – a culpabilidade, os antecedentes, a conduta social e a personalidade do condenado, bem como os motivos e as circunstâncias indicarem que essa substituição seja suficiente.

§ 1º (*Vetado*).

§ 2º Na condenação igual ou inferior a 1 (um) ano, a substituição pode ser feita por multa ou por uma pena restritiva de direitos; se superior a 1 (um) ano, a pena privativa de liberdade pode ser substituída por uma pena restritiva de direitos e multa ou por duas restritivas de direitos.

§ 3º Se o condenado for reincidente, o juiz poderá aplicar a substituição, desde que, em face da condenação anterior, a medida seja socialmente recomendável e a reincidência não se tenha operado em virtude da prática do mesmo crime.

§ 4º A pena restritiva de direitos converte-se em privativa de liberdade quando ocorrer o descumprimento injustificado da restrição imposta. No cálculo da pena privativa de liberdade a executar será deduzido o tempo cumprido da pena restritiva de direitos, respeitado o saldo mínimo de 30 (trinta) dias de detenção ou reclusão.

§ 5º Sobrevindo condenação a pena privativa de liberdade, por outro crime, o juiz da execução penal decidirá sobre a conversão, podendo deixar de aplicá-la se for possível ao condenado cumprir a pena substitutiva anterior.

Requisitos para a aplicação das penas restritivas de direitos

- **Alteração:** Artigo com redação determinada pela Lei n. 9.714, de 25.11.98.
- **Quando é possível a substituição:** Para que as *penas privativas de liberdade* possam ser *substituídas* por *penas restritivas de direitos*, é necessário o preenchimento das seguintes condições:
- **1ª condição:** Que a pena privativa de liberdade não seja superior a quatro anos e o crime não tenha sido cometido com violência ou grave ameaça à pessoa ou, qualquer que seja a pena aplicada, se o crime for culposo.
- **2ª condição:** Que o acusado não seja reincidente em crime doloso (*vide* exceção no § 3º deste artigo). Por si só, a existência de condenação anterior por crime doloso não impede a substituição, pois ela pode não gerar reincidência (p. ex.: não houve o trânsito em julgado da condenação *antes* do cometimento do novo ilícito) ou ter decorrido o prazo da temporariedade (cf. CP, arts. 63 e 64, I e II).
- **3ª condição:** Que a suficiência da substituição seja indicada pela culpabilidade (reprovabilidade), antecedentes, conduta social e personalidade do acusado, bem como pelos motivos e circunstâncias do crime. São, na verdade, as mesmas circunstâncias judiciais indicadas pelo art. 59 do CP, à exceção das consequências do crime e do comportamento da vítima. Estas últimas, portanto, não devem ser consideradas na avaliação da "suficiência" para a substituição.
- **Quantidade da pena privativa de liberdade:** Se a condenação à pena privativa de liberdade for igual ou inferior a um ano, a substituição poderá ser feita por multa ou por uma pena restritiva de direitos; se a pena privativa de liberdade for superior a um ano, poderá ser substituída por uma pena restritiva de direitos e multa, ou por duas penas restritivas de direitos. Quanto à substituição em caso de concurso material, *vide* notas *Noção* e *Somatória* benéfica ao § 1º do art. 69; nas hipóteses de substituição em casos de concurso formal e crime continuado, *vide* notas sob o título *Substituição por restritivas de direitos*, nos arts. 70 e 71 do CP.
- **Reincidência "genérica" e "específica" em crime doloso:** Abrindo uma exceção ao disposto no inciso II do art. 44 – que proíbe a substituição das penas privativas de liberdade por restritivas de direitos quando o acusado for reincidente em crime doloso –, preceitua o § 3º deste artigo que, mesmo sendo o acusado reincidente, o juiz poderá aplicar a substituição desde que, "em face da condenação anterior, a medida seja socialmente recomendável e a reincidência não se tenha operado em virtude da prática do mesmo crime". Observa-se, assim, que o legislador ressuscitou a chamada "reincidência específica", que com a reforma de 1984 havia sido abolida. Ou seja, para a "reincidência genérica" em crime doloso, a substituição é cabível uma vez presentes os requisitos legais, enquanto para a "reincidência específica" em crime doloso ela não é permitida. Há interessante entendimento jurisprudencial no sentido de que mesmo havendo "reincidência específica" a substituição continua possível, mas como uma faculdade do juiz e não um direito subjetivo do condenado (*vide* jurisprudência). Obviamente, a reincidência em crime culposo não impede a substituição.
- **Motivação da escolha da substituição, quando mais gravosa ao condenado:** O juiz tem o dever de *motivar* o porquê da escolha mais gravosa ao condenado, na

substituição. Desse modo, caso a pena aplicada seja igual ou inferior a 1 (um) ano, se o magistrado aplicar uma pena restritiva de direitos (mais gravosa) ao invés da multa (menos gravosa), tem de explicar os motivos. Igualmente, caso a pena aplicada seja superior a 1 (um) ano, e o juiz aplicar em substituição duas penas restritivas de direito (situação mais gravosa), ao invés de uma pena restritiva de direitos e uma pena de multa (hipótese menos gravosa), deve haver motivação para tanto, sob pena de nulidade (art. 93, IX, da Constituição da República).

- **Conversão em privativa de liberdade (§ 4º):** Ocorrendo o descumprimento *injustificado* da restrição imposta, a pena restritiva de direitos converte-se em privativa de liberdade. No cálculo desta será deduzido o tempo cumprido da pena restritiva de direitos, respeitado o saldo mínimo de trinta dias de detenção ou reclusão, o que foi um acerto do legislador.

- **Casos específicos de conversão previstos na LEP:** São as hipóteses previstas em seu art. 181, §§ 1º a 3º.

- **1ª hipótese específica:** A pena de *prestação de serviços à comunidade* (a LEP, por ser anterior à Lei n. 9.714/98, não faz referência a prestação de serviços a entidades públicas) será convertida em privativa, quando o condenado: *a.* Estiver em lugar incerto e não sabido ou desatender a intimação por edital. *b.* Não comparecer, sem justificativa, ao local em que deva prestar o serviço. *c.* Recusar-se, também injustificadamente, a prestar o serviço. *d.* Praticar falta grave. Quanto à alínea *e* do § 1º do art. 181 da LEP, que previa a conversão da pena restritiva de direitos em privativa de liberdade na hipótese de o sentenciado sofrer nova condenação a pena privativa de liberdade, sem *sursis*, foi ela tacitamente revogada pelo art. 44, § 5º, do CP.

- **2ª hipótese específica:** A pena de *limitação de fim de semana* será convertida em privativa de liberdade, quando: *a.* O condenado não comparecer ao local designado para o cumprimento. *b.* O sentenciado recusar-se a exercer a atividade imposta. *c.* Nos mesmos casos previstos nas letras *a*, *d* e *e* da 1ª hipótese específica (LEP, art. 181, § 2º). Sobre a revogação *tácita* da alínea *e* do § 1º do art. 181 da LEP, *vide* nota acima.

- **3ª hipótese específica:** A pena de *interdição temporária de direitos* será convertida em privativa de liberdade quando: *a.* O condenado, injustificadamente, exercer o direito interditado. *b.* Nos casos das letras *a* e *e* da 1ª hipótese específica (LEP, art. 181, § 3º). A alínea *e* foi *tacitamente* revogada, conforme nota na 1ª hipótese específica.

- **Superveniência de condenação a pena privativa de liberdade (§ 5º):** Caso sobrevenha condenação a pena privativa de liberdade por outro crime, o juiz da execução decidirá sobre a conversão, podendo deixar de aplicá-la se for possível ao condenado cumprir a pena substitutiva anterior. Na hipótese do sujeito ser preso em flagrante durante o cumprimento de pena restritiva de direitos, como a prestação de serviços à comunidade, é vedada a conversão em pena privativa de liberdade enquanto não houver condenação pelo fato posterior, tendo o art. 181, § 1º, da LEP, que prevê diversas hipóteses de conversão da pena restritiva de direitos, sido tacitamente revogado pelo art. 44, § 5º, do CP, o qual está em consonância com a garantia da presunção de inocência ou não consideração prévia de culpabilidade (CR, art. 5º, LVII). Todavia, conforme decidiu o STF (*vide* jurisprudência) é possível que a pena restritiva de direitos tenha a sua execução "suspensa" (*mas não convertida* em privativa de liberdade), até decisão final e definitiva, suspendendo-se, também, a prescrição (CP, art. 116).

- **É ilegal impor prestação de serviços à comunidade do art. 44 do CP como condição para o regime aberto (LEP, art. 115):** *Súmula 493 do STJ:* "É inadmissível a fixação de pena substitutiva (art. 44 do CP) como condição especial ao regime aberto". *Vide* jurisprudência no art. 36 do CP.

- **Pena restritiva de direitos imposta em transação penal:** O descumprimento da pena restritiva de direitos imposta em sede de transação penal (Lei n. 9.099/95, art. 76) *não implica conversão para privativa de liberdade*, ao contrário do que ocorre na pena restritiva de direitos imposta como substituição de pena privativa de liberdade, prevista neste art. 44.

- **Pena restritiva de direitos ou *sursis*?:** Cotejando-se os seus prós e contras, chega-se à conclusão de que a pena restritiva de direitos é mais benéfica para o acusado do que o *sursis*. Na suspensão condicional da pena, havendo condenação posterior por crime doloso durante o período de prova, a revogação é *obrigatória* (art. 81, I, do CP); já na pena restritiva de direitos, ocorrendo condenação por crime doloso ou culposo, a conversão em privativa de liberdade é *facultativa* (art. 44, § 5º). Para a revogação do *sursis*, basta uma nova condenação a pena privativa de liberdade *ou* restritiva de direitos (vide nota *Causas de revogação obrigatória. 1ª causa*, no art. 81 do CP); já para a conversão da pena restritiva de direitos em privativa de liberdade, a condenação subsequente haverá de ser, *necessariamente*, à pena privativa de liberdade (§ 5º deste artigo). Assim, a pena restritiva de direitos deverá, em regra, prevalecer, mesmo porque os requisitos ou condições do art. 44, III (culpabilidade, antecedentes etc.), são praticamente os mesmos do inciso II do art. 77 do CP. Além disso, o próprio art. 77, III, prevê a concessão de *sursis* apenas quando "não seja indicada ou cabível a substituição do art. 44 deste Código". Em consequência, caso o juiz opte pela suspensão condicional da pena, haverá de fundamentá-la (art. 93, IX, da CR). Passados mais de vinte anos da edição da Lei n. 9.714/98, que alterou os arts. 43 e 44 do CP, entre outros, constata-se que o *sursis*, na prática, vem de fato caindo em desuso, salvo hipóteses, por exemplo, em que há violência. Isto porque o art. 44, I, do CP, faz restrição à incidência de pena substitutiva quando o crime tiver sido praticado "com violência ou grave ameaça", o que não ocorre com o art. 77 do CP, inexistindo vedação expressa quanto a essa circunstância. Assim, mesmo que se trate de um crime praticado com violência ou grave ameaça, não sendo a pena superior a dois anos, o *sursis* é, em tese, cabível. Assim ocorre, por exemplo, no crime de ameaça (violência doméstica), em que apesar de não cabível a substituição do art. 44 do CP, é viável o *sursis* diante da pena imposta, a não ser que as condições subjetivas do inciso II deste art. 77 não autorizem a suspensão da pena. De qualquer modo, deverá o juiz, para denegar o *sursis*, expressa e efetivamente motivar a sua decisão, por imperativo constitucional (art. 93, IX). A jurisprudência tem entendido, também, ser em tese cabível o *sursis*, ainda que se trate de crime hediondo (vide jurisprudência no art. 77).

- **Contraditório e ampla defesa:** Deverão ser assegurados nas hipóteses de conversão (CR, art. 5º, LV).

- **Tabela geral das substituições:** Para verificação de todas as possibilidades de substituição de penas privativas de liberdade, vide Tabela no comentário ao art. 59 do CP.

- **Substituição obrigatória ou facultativa?:** A lei impõe várias condições para a substituição, uma delas de valoração subjetiva (a indicação da *suficiência* da medida). Todavia, caso o acusado preencha os requisitos legais da substituição, esta não lhe pode ser negada, arbitrariamente, pelo juiz. Se o julgador entender que falta algum requisito para a concessão, deve fundamentar a negativa da substituição (CR, art. 93, IX), pois ela é *direito público subjetivo do acusado*, desde que este preencha todas as condições exigidas pela lei. Sendo o condenado reincidente genérico em crime doloso, a lei exige, ainda, que a substituição seja *socialmente recomendável* em face da condenação anterior.

- **Multa substitutiva – não revogação do art. 60, § 2º, do CP:** A nosso ver, o novo art. 44, I, do CP, com a redação dada pela Lei n. 9.714/98, que prevê a substituição da pena privativa de liberdade não superior a quatro anos se "o crime não for cometido com violência ou grave ameaça à pessoa", *não revogou tacitamente* o art. 60, § 2º, do estatuto penal repressivo, que continua a ser aplicado para os crimes dolosos, cometidos *com violência ou grave ameaça à pessoa, desde que a pena aplicada não seja superior a seis meses*. Isto porque o § 2º do art. 60 só requer a observância dos incisos II e III do art. 44 e não a do mencionado inciso I. Assim, uma lesão corporal leve (art. 129, *caput*), cuja pena é de detenção de três meses a um ano, se fixada em até seis meses, ou uma ameaça (art. 147, *caput*), cuja pena é de detenção de um a seis meses, apesar de cometidos com violência no primeiro caso e com ameaça (que a jurisprudência exige seja grave) no segundo, poderão ter suas penas privativas de liberdade substituídas por multa. O mesmo se diga para os crimes dolosos praticados *sem* violência ou grave ameaça à pessoa, ou, ainda, para os crimes culposos nos quais as penas fixadas não sejam superiores a seis meses, por questão de equidade.

■ **Coexistência do atual § 2º do art. 44 com o § 2º do art. 60**: Enquanto o § 2º do art. 60 do CP dispõe que "a pena privativa de liberdade aplicada, não superior a 6 (seis) meses, pode ser substituída pela de *multa*", a primeira parte do § 2º do art. 44 do CP, com redação dada pela Lei n. 9.714/98, prevê que "na condenação igual ou inferior a 1 (um) ano, a substituição pode ser feita por multa *ou por uma pena restritiva de direitos*". Desta feita, poderão ocorrer duas hipóteses: *a*. não sendo a pena privativa de liberdade imposta superior a seis meses, aplica-se o § 2º do art. 60, pois a substituição por pena de multa nele prevista é mais benéfica do que a substituição por multa *ou pena restritiva de direitos* estipulada pela primeira parte do atual art. 44, § 2º. Isto porque, ao contrário do que ocorre com as penas restritivas de direitos (art. 44, § 4º), a pena de multa não mais pode ser convertida em pena privativa de liberdade (vide nota Alteração no art. 51 do CP); *b*. sendo a pena privativa de liberdade imposta superior a seis meses, mas igual ou inferior a um ano, aplica-se a primeira parte do art. 44, § 2º (no sentido da não revogação do § 2º do art. 60, embora criticando a sua convivência com o novo preceito do § 2º do art. 44, MIGUEL REALE JÚNIOR, "*Mens legis* insana, corpo estranho", *in Penas Restritivas de Direitos*, Revista dos Tribunais, 1999, p. 40).

Jurisprudência

■ **Ausência de fundamentação**: Anula-se a pena imposta em decisão transitada em julgado, se a negativa de substituição da pena corporal por restritiva de direito não foi fundamentada, não sendo suficiente a menção ao art. 44 do CP (STF, HC 90.991, *DJU* 19.12.2007, *in Bol. IBCCr* 184/1155).

■ **Circunstâncias judiciais desfavoráveis**: "A presença de circunstâncias judiciais desfavoráveis, reconhecida na condenação, não autoriza a substituição de pena privativa de liberdade por outra restritiva de direitos, em virtude do não preenchimento de requisito subjetivo previsto no art. 44, inciso III, do Código Penal. Agravo regimental desprovido" (STJ, AgRg no HC 547985 RJ 2019/0353856-9, rel. Des. Conv. Leopoldo de Arruda Raposo, 5ª T., j. 20.2.2020, *DJe* 2.3.2020).

■ **Ameaça insuficiente**: Se a ameaça do agente foi insuficiente para atemorizar a vítima, desclassificando-se o crime de roubo para furto, a substituição é possível (TACrSP, Ap. 1125271-6, rolo 1226, *flash* 489). Tratando-se de crime praticado com violência contra a pessoa, não há possibilidade de substituição (CP, art. 44, I) (STJ, HC 8.964/PE, j. 13.9.99, *DJU* 19.2.2001, p. 237, *in RBCCr* 34/307; TJMA, *RT* 838/611). Embora a pena seja inferior a 4 anos, em caso de resistência, desacato e lesão corporal não cabe a "concessão da benesse do art. 44, CP, diante da efetiva violência empregada" (TJSP, Ap.1500004-77.2019.8.26.0557, j. 3.3.2020).

■ **Condenação anterior por contravenção penal**: É possível a aplicação da Lei n. 9.714/98 ao réu que já sofreu duas condenações por contravenções penais (TACrSP, Ap. 1115367-2, rolo 1226, *flash* 092).

■ **Processos em andamento**: Reconhecida a primariedade, a existência de processos em andamento, não havendo certidão com trânsito em julgado, não obsta a substituição da pena privativa de liberdade por multa prevista no art. 44 do CP, em face da presunção de inocência (TACrSP, ED 1.146.153-6, j. 21.10.99).

■ **Imperatividade**: As penas restritivas de direitos tornam-se imperativas quando presentes as condições de admissibilidade do art. 44 do CP (TJPB, *RT* 786/704).

■ **Crimes hediondos e tráfico ilícito de entorpecentes**: *Vide* jurisprudência no art. 43 do CP.

■ **Embriaguez ao volante (art. 306 do CTB)**: Possibilidade de substituição da pena privativa de liberdade por uma das penas restritivas de direitos previstas no art. 43 (TACrSP, Ap. 1116075-5, rolo 1214, *flash* 162).

■ **Violência doméstica**: *Súmula* 588 do STJ: "A prática de crime ou contravenção penal contra a mulher com violência ou grave ameaça no ambiente doméstico impossibilita a substituição da pena privativa de liberdade por restritiva de direitos".

- **Extinção da punibilidade e absolvição anteriores:** Não inviabilizam a substituição prevista no art. 44 do CP (TACrSP, Ap. 1127099-8, rolo 1234, *flash* 152).

- **Cálculo da prescrição com base na pena de multa substituta:** Admite-se o reconhecimento da prescrição com base na pena de multa aplicada em substituição à privativa de liberdade, nos termos da Lei n. 9.714/98 (TACrSP, Ap. 1.043.651-1, rolo 1226, *flash* 112).

- **Homicídio culposo:** Possibilidade de substituição da pena privativa de liberdade por prestação pecuniária (TACrSP, Ap. 1117385/3, rolo 1213, *flash* 285).

- **Reincidência "genérica":** É possível a substituição da pena a condenado reincidente genérico, apesar da proibição do CP, art. 44, II, desde que seja socialmente recomendável nos termos do seu § 3º (TRF da 4ª R., Ap. 1999.7107001800-5, j. 2.3.2004, *mv – DJU* 10.3.2004, p. 552, *in Bol. IBCCr* 143/838). O conceito do que é socialmente recomendável depende do exame complexo do fato e das condições subjetivas do seu autor (TACrSP, Ap. 1.289.925/2, j. 30.1.2002, *Bol. IBCCr* 119/652). No mesmo sentido: STJ, HC 14.419 e 11.834, j. 26.3.2001 e 14.11.2000, *DJU* 27.8.2001, p. 413, e *DJU* 19.2.2001, p. 245, *in RBCCr* 38/382 e 34/307, respectivamente.

- **Reincidência "específica":** Ainda que voltada para o crime, não pode obstaculizar, *pleno jure*, a substituição, uma vez que nem mesmo a reincidência tem esse condão (TJSP, *RT* 779/564). Anotações criminais anteriores não são suficientes para impedir a substituição da pena privativa de liberdade; igualmente a ausência de qualquer prova a respeito da personalidade do agente, conceito incerto, na psicologia e matéria insuscetível de submissão ao contraditório (TJRJ, Ap. 20007.050.04513, rel. Des. Geraldo Prado, *DOE* 11.2.2008, *Bol. IBCCr* 184/1159).

- **Pena restritiva de direitos ou *sursis*?:** Incomportável a aplicação do *sursis* – suspensão condicional da pena –, quando preenchidos os requisitos para substituição da pena corpórea por restritivas de direitos (TJGO, Ap. 114421220158090195, j. 29.8.2019, *DJ* 11.9.2019). Caso de vias de fato (Lei Maria da Penha). Não se pode impor a prestação de serviços à comunidade como condição da suspensão condicional da pena – *sursis*, diante do art. 46 do CP (TJSP, Ap. 0000816-32.2017.8.26.0213 SP, j. 25.3.2019, publ. 25.3.2019). A execução da pena privativa de liberdade só poderá ser suspensa quando for incabível sua substituição por pena restritiva de direitos (TJSC, *RT* 774/680). O juiz, concedendo o *sursis*, deve explicitar as razões pelas quais denega a substituição da pena privativa de liberdade pela restritiva de direito (STJ, HC 13.155-SP, *DJU* 19.2.2001, p. 250, *in RBCCr* 34/309). Constitui flagrante prejuízo manter-se *sursis* por dois anos, quando o apelante faz jus a uma pena restritiva de direito, pelo prazo da pena imposta de seis meses de detenção (TJRJ, Ap. 0.020/99, *mv – in Bol. IBCCr* 90/449). *Contra*: Em se tratando de condenação em regime inicial aberto e tendo o acusado sido beneficiado com *sursis* especial, admite-se a não substituição por pena restritiva de direitos, posto que a suspensão condicional da pena, neste caso, é mais benéfica (TRF da 2ª R., Ap. 99.02.252150, j. 26.6.2002, *DJU* 2.9.2002, p. 79, *in RBCCr* 40/308).

- **Motivação da escolha da substituição, quando mais gravosa ao condenado:** Sendo a pena aplicada por crime contra a Ordem Tributária de 2 (dois) anos, a ausência de fundamentação idônea para a escolha e manutenção de duas restritivas de direitos (prestação pecuniária a entidade assistencial + prestação de serviços à comunidade pelo tempo da pena) em detrimento de uma restritiva de direito e multa, viola o art. 44, § 2º, do CP. Provimento para aplicar uma pena restritiva de direito cumulada com multa a serem definidas pelo juízo da execução (STJ, REsp 1771898 SP 2018/0267151-9, *DJ* 17.12.2019).

- **Multa substitutiva (CP, art. 60, § 2º) ou prestação pecuniária (art. 44, § 2º):** A pena privativa de liberdade não superior a seis meses é substituível, em tese, tanto pela aplicação de multa como pela prestação pecuniária (modalidade de pena restritiva de direitos). A opção pela pena restritiva de direitos há que ser fundamentada por ser mais gravosa tendo em vista que o seu descumprimento, pelo não pagamento da prestação pecuniária, poderá ensejar a conversão em pena privativa de liberdade (o que não ocorre com a multa substitutiva, aduzimos) (STF, HC 83.092-7, j. 24.6.2003, *DJU* 29.8.2003, p. 36, *in Bol. IBCCr* 131/740).

■ **Conversão (art. 44, § 4º), ampla defesa:** É carente de eficácia a decisão que determina a conversão da pena restritiva de direitos em privativa de liberdade, se não oportunizado o direito de defesa às condenadas e, ainda, efetivada pelo juízo criminal e não pela Vara das Execuções Criminais, conforme determina o art. 66, V, b, da LEP (STJ, HC 23.077-RJ, j. 29.10.2002, DJU 18.11.2002, p. 297, in RBCCr 41/355; TRF da 4ª R., HC 2008.04.00.045883-0, rel. Des. Tadaaqui Hirose, j. 20.1.2009). Antes de se converter a pena, deve-se proceder à oitiva pessoal do condenado, a fim de possibilitar a justificativa de sua falta (LEP, art. 118, § 2º); no caso, aceitou-se a justificativa do descumprimento em razão do condenado precisar acompanhar sua genitora, portadora de mal de Alzheimer, a exames e tratamento médico, e trabalhar nos finais de semana para sustentar um filho menor (TRF da 5ª R., HC 2009.05.00.000862-4, rel. Des. Fed. Geraldo Apoliano, j. 12.3.2009).

■ **Reconversão:** Tendo sido apresentada explicação razoável para o descumprimento da condição imposta (comparecimento à Vara da Execução), em razão de transtornos psicológicos comprovados, deve ser dada nova oportunidade para o cumprimento da pena restritiva de direitos (TRF da 1ª R., HC 2004.01.00.055841-1, rel. Des. Fed. Olindo Menezes, j. 28.1.2005).

■ **Conversão (art. 44, § 5º), presunção de inocência e suspensão da execução e da prescrição:** Se o condenado que cumpre pena substitutiva consistente na prestação de serviços à comunidade é preso em flagrante por outro delito, somente após a superveniência de nova condenação é que se decidirá sobre a conversão, nos termos do art. 44, § 5º, do CP, que revogou o art. 181, § 1º, da LEP (que tratava da conversão pela prática de falta grave), sendo defeso ao tribunal converter a pena de prestação de serviços de forma imediata e sem contraditório. Todavia, a prisão em flagrante impede a continuidade da execução da pena de prestação de serviços, devendo esta ficar suspensa, bem como suspensa a prescrição (CP, art. 116), até o julgamento definitivo do fato que ensejou a prisão em flagrante (STF, RE 412.514-5, RT 831/536).

■ **Prestação pecuniária e conversão em privativa de liberdade (art. 44, § 4º):** A prestação pecuniária tem natureza diversa da pena de multa substitutiva. Esta, se não cumprida, transforma-se em dívida de valor, enquanto aquela, se não atendida, dá lugar à execução da originária pena privativa de liberdade (CP, art. 44, § 4º) (STJ, HC 22.668-MG, j. 22.4.2003, DJU 2.6.2003, p. 354, in RBCCr 44/378-9).

■ **Pena restritiva de direitos imposta em transação penal:** O descumprimento da pena restritiva de direitos imposta através de transação penal não autoriza a sua conversão em privativa de liberdade, nos termos do art. 44 do CP (STF, RT 785/545; TJCE, RT 781/627). O não pagamento da pena de multa aplicada em transação penal, em face do art. 51 do CP, não autoriza a sua conversão em privativa de liberdade, embora possa ser convertida em pena restritiva de direito, por ausência de proibição legal (TACrSP, AgEx 1.054.295-4, j. 24.4.97).

■ **Nova condenação, conversão (art. 44, § 5º) e ampla defesa:** Na hipótese de sobrevir condenação por novo crime a quem está cumprindo pena substitutiva, deve o juiz avaliar a possibilidade de cumprimento simultâneo das reprimendas, decidindo de forma fundamentada. Sendo a conversão da pena restritiva de direitos em privativa de liberdade uma faculdade e não uma obrigação, deve o condenado ser assistido por advogado na audiência realizada para tal fim, sob pena de violação do contraditório e da ampla defesa (TJGO, HC 19.896-0/217, j. 12.9.2002, in Bol. IBCCr 125/695).

CONVERSÃO DAS PENAS RESTRITIVAS DE DIREITOS*

Art. 45. Na aplicação da substituição prevista no artigo anterior, proceder-se-á na forma deste e dos arts. 46, 47 e 48.

§ 1º A prestação pecuniária consiste no pagamento em dinheiro à vítima, a seus dependentes ou a entidade pública ou privada com destinação social, de importância fixada pelo juiz, não inferior a um salário mínimo nem superior a trezentos e sessenta salários mínimos. O valor pago será deduzido do montante de eventual condenação em ação de reparação civil, se coincidentes os beneficiários.

§ 2º No caso do parágrafo anterior, se houver aceitação do beneficiário, a prestação pecuniária pode consistir em prestação de outra natureza.

§ 3º A perda de bens e valores pertencentes aos condenados dar-se-á, ressalvada a legislação especial, em favor do Fundo Penitenciário Nacional, e seu valor terá como teto – o que for maior – o montante do prejuízo causado ou do provento obtido pelo agente ou por terceiro, em consequência da prática do crime.

§ 4º (Vetado.)

*Por um lapso do legislador, o nomen juris deste artigo refere-se aos §§ 4º e 5º do art. 44.

- Alteração: Artigo com redação determinada pela Lei n. 9.714, de 25.11.1998.
- Noção: Este artigo cuida das duas primeiras espécies de penas restritivas de direitos: prestação pecuniária (art. 43, I) e perda de bens e valores (art. 43, II).

Prestação pecuniária (§§ 1º e 2º)

- Prestação pecuniária: Consiste em pagamento à vítima, a seus dependentes ou a entidade pública ou privada com fim social (v.g., o Centro Assistencial Cruz de Malta, estabelecido desde 1957 em São Paulo, e que realiza excepcional trabalho social – www.cruzdemalta.org.br), de valor fixado pelo juiz. Embora o § 1º deste artigo disponha ser a prestação em dinheiro, o § 2º abre exceção, permitindo que ela possa ser de outra natureza, desde que haja aceitação do beneficiário. Há ordem de preferência: em primeiro, a vítima; na falta desta, seus dependentes; e, na ausência destes, entidade pública ou privada. Quanto à expressão dependentes, cremos deva ser ela entendida no sentido amplo que lhe empresta a lei civil. Além disso, a dependência deve ser sempre econômica. Assim, os filhos, pais ou avós da vítima podem ser entendidos como dependentes para efeito deste art. 46, desde que economicamente o sejam. Aliás, o art. 1.696 do CC prevê que o direito à prestação de alimentos é recíproco entre pais e filhos, e a Súmula 491 do STF diz ser "indenizável o acidente que cause a morte de filho menor, ainda que não exerça trabalho remunerado". A pena de prestação pecuniária possui índole indenizatória, já que se destina, nos termos do art. 45 do CP, primeiramente à vítima e, depois, a seus dependentes; além disso, em caso de condenação em ação de reparação civil, o valor pago como prestação pecuniária será deduzido, desde que coincidentes os beneficiários (§ 1º, in fine). Seu valor será fixado pelo juiz entre um e trezentos e sessenta salários mínimos, havendo, a respeito, duas posições: a. deve ser suficiente para a prevenção e reprovação do delito, levando-se em consideração a situação econômica do condenado e a extensão dos danos sofridos pela vítima (LUIZ FLÁVIO GOMES, Penas e Medidas Alternativas à Prisão, Revista dos Tribunais, 1999, p. 132); b. deve ser considerado o valor do prejuízo da vítima, em face da natureza reparatória da prestação pecuniária (DAMÁSIO E. DE JESUS, Penas Alternativas, Saraiva, 1999, p. 139). Embora a lei não preveja, nada impede que o juiz fixe a forma de pagamento em parcelas. A respeito da possibilidade de os pais da vítima serem tidos como dependentes, vide jurisprudência ao final.
- O critério do salário mínimo (à época dos fatos) como indexador para a pena de multa e o STF: Vide nota nos comentários ao art. 49 do CP.
- Prestação de outra natureza: O § 2º deste art. 45 prevê a possibilidade, "se houver aceitação do beneficiário", da prestação pecuniária "consistir em prestação de outra natureza". Ou seja, ao invés de ser em dinheiro, poderá consistir, v. g., na doação de cestas básicas ou em serviços de mão de obra (p. ex., limpeza de pichação em crime previsto no art. 65 da Lei n. 9.605/98).
- Reparação mínima dos danos imposta na sentença condenatória criminal e prestação pecuniária (distinção): Com as alterações feitas pela Lei n. 11.719/2008, o juiz, em qualquer condenação criminal, inclusive naquelas em que não caiba substituição pela pena

restritiva de direito da prestação pecuniária, "fixará valor mínimo para reparação dos danos causados pela infração, considerando os prejuízos sofridos pelo ofendido", nos termos do inciso IV do art. 387 do CPP. Diferentemente do que ocorre com a pena de prestação pecuniária, a reparação do dano fixada na sentença com fundamento no mencionado inciso do art. 387 do CPP, em caso de falecimento do condenado, transmite-se ao espólio até o montante de bens e direitos deixados aos herdeiros (CC, art. 1.997: "A herança responde pelo pagamento das dívidas do falecido; mas, feita a partilha, só respondem os herdeiros, cada qual em proporção da parte que na herança lhe coube").

- **Prestação pecuniária e multa (distinção):** Apesar da natureza penal de ambas, elas não se confundem. A prestação pecuniária destina-se à vítima, a seus dependentes ou a entidades públicas ou privadas com fim social, possuindo índole indenizatória; já a pena de multa destina-se sempre ao Estado, com ênfase punitiva. A prestação pecuniária, se descumprida injustificadamente, poderá ser convertida em pena privativa de liberdade (art. 44, § 4º, do CP); a pena de multa, se não paga, não poderá ser convertida em pena privativa de liberdade, em face da atual redação do art. 51 do CP (vide nota *Alteração* no mesmo).

- **Intransmissibilidade da pena restritiva de direitos da prestação pecuniária:** A obrigação de pagar determinada quantia em dinheiro em razão da inflição de pena de prestação pecuniária cabe só ao condenado; como se trata de pena (embora com destinação primordialmente indenizatória) a obrigação não se transmite aos seus herdeiros. A respeito, a CR dispõe expressamente em seu art. 5º, XLV, que "nenhuma pena passará da pessoa do condenado". Se assim não fosse, não se compreenderia a possibilidade da pena de prestação pecuniária ser convertida em privativa de liberdade, na hipótese de injustificado inadimplemento.

- **Violência contra a mulher em relações domésticas ou familiares:** O art. 17 da Lei n. 11.340/2006, que trata da proteção da mulher contra violência doméstica ou em relações familiares, estatui que "é vedada a aplicação, nos casos de violência doméstica e familiar contra a mulher, de penas de cesta básica ou outras de prestação pecuniária, bem como a substituição de pena que implique o pagamento isolado de multa".

- **Perda de bens e valores (§ 3º):** A perda de bens e valores pertencentes aos condenados será em favor do Fundo Penitenciário Nacional – FUNPEN, ressalvada disposição em contrário da legislação especial. Poderão ser bens imóveis ou móveis. A lei não fixa valor mínimo, mas apenas máximo, podendo ser o montante do prejuízo causado ou do proveito obtido pelo agente ou por terceiro, em razão do cometimento do crime, optando-se pelo valor maior.

- **Natureza jurídica da perda de bens:** A perda de bens e valores é modalidade de *pena*, prevista no art. 5º, XLVI, *b*, da CR. Como tal, *jamais* poderá passar da pessoa do condenado, dispondo expressamente o art. 5º, XLV, da Magna Carta: "Nenhuma pena passará da pessoa do condenado, podendo a obrigação de reparar o dano e a decretação do perdimento de bens ser, nos termos da lei, estendidas aos sucessores e contra eles executadas, até o limite do valor do patrimônio transferido". O perdimento de bens mencionado neste último artigo da Constituição refere-se, a nosso ver, ao *efeito extrapenal genérico da condenação* disciplinado pelo art. 91, II, *b*, do CP e não à pena restritiva de direitos da perda de bens e valores estatuída pelos arts. 43, II, e 45, § 3º, do CP. Sendo a perda de bens modalidade de sanção penal, é ela "pessoal, individuada, intransferível, adstrita à pessoa do delinquente"; "a morte do condenado rompe o vínculo jurídico entre o Estado-condenador e o morto-réu", e "a família, quanto aos descendentes, ascendentes e colaterais, não fica sob a incidência da pena, exaurida para sempre com a morte do réu" (José Cretella Júnior, *Comentários à Constituição 1988*, 3ª ed., Forense Universitária, v. I, p. 497). Já a perda de bens mencionada pelo art. 91, II, *b*, do CP, é *efeito extrapenal* da condenação (projeta-se no *âmbito civil*) (cf. STF, *RTJ* 101/516), podendo, portanto, ser estendida aos sucessores e contra eles executada, nos termos do art. 5º, XLV, da CR [*contra*, entendendo que a perda de bens do art. 45, § 3º, pode ser estendida aos sucessores (até o montante do espólio, evidentemente) por tratar-se de uma exceção constitucional, Luiz Flávio Gomes, ob. cit., p. 138].

Jurisprudência do § 1º

- **Satisfação mensal:** A prestação pecuniária pode ser fixada para satisfação mensal, em lugar de pagamento único, como poderia defluir da redação do § 1º do art. 45 (TACrSP, Ap. 1117385-3, rolo 1213, *flash* 285).

- **Salário mínimo à época dos fatos (cf. também comentários no art. 49 do CP):** "A vedação emanada do art. 7º, inciso IV, da Constituição Federal tem por fito apenas proibir a utilização do salário mínimo como índice ou fator de referência para a correção monetária, sob pena de desvirtuar sua natureza salarial. E, nesse feito, a condenação em prestação pecuniária, prevista no art. 45, § 1º, do Código Penal, possui valor fixo, a ser especificado dentre dos patamares mínimos e máximos realçados, não visando, pois, a atualização ou correção do valor a ser pago pelo condenado, resultando daí, como corolário, inconstitucionalidade a ser reconhecida, por versar sobre sanção penal. Ao estabelecer a pena de prestação pecuniária substitutiva à corporal, deve o Estado-Juiz, além de observar as balizas espelhadas no art. 45, § 1º, do Código Penal, guardar simetria e proporcionalidade com a privativa de liberdade, motivo pelo qual, no caso concreto, se afigura inevitável a redução" (TJMS, Ap. 0002555-33.2017.8.12.0018 MS, j. 16.8.2019, *DJ* 16.8.2019).

- **Prestação pecuniária (art. 44, § 2º), multa substitutiva (art. 60, § 2º) e a Súmula 171 do STJ:** Restando prevista em legislação especial a cumulação das penas privativa de liberdade e multa, inadmite-se a substituição da prisão por multa (art. 60, § 2º, do CP), nos termos da Súmula 171 do STJ. No entanto, nada impede que a pena detentiva seja substituída por restritiva de direitos, consistente na prestação pecuniária (CP, arts. 43, I, e 44), eis que não constituem espécies idênticas de sanções. A pena de multa possui caráter retributivo e a prestação pecuniária apresenta caráter indenizatório (TJSP, Ap. 319.791-3/0, *RT* 785/604).

- **Caráter indenizatório:** Por possuir caráter nitidamente indenizatório, seu valor poderá ser deduzido do montante de eventual condenação em caso de reparação civil, se coincidentes os beneficiários (TACrSP, Ap. 1186617-2, j. 7.6.2000).

- **Indenização à vítima determinada e estipulada pelo juiz criminal:** "Apelação criminal – Denúncia pela prática de vias de fato (art. 21 da LCP) e lesão corporal (art. 129 do CP) – Sentença de absolvição em relação à contravenção penal de vias de fato e condenação pelo crime de lesão corporal. Preliminar de conversão do julgamento em diligência requerida pelo Ministério Público, para oferecimento da transação penal – Inviabilidade – Não comparecimento da ré na audiência designada para oferecimento da transação – Oferecimento da denúncia com suspensão condicional do processo – Ré acompanhada de defensor que, em audiência, não se manifesta sobre a transação e, após o recebimento da denúncia, recusa a suspensão – preclusão lógica. (...) "Inexiste ilegalidade na falta de oferecimento do benefício de transação penal quando o indiciado não é encontrado para a audiência preliminar e, regularmente intimado, deixa de comparecer à audiência de instrução e julgamento, inviabilizando a proposta dos benefícios da Lei n. 9.099/95." (STJ – RHC 22.372/ES, rel. Min. Laurita Vaz, j. 15.12.2009). Recurso da ré visando a absolvição ou a desclassificação do delito para lesão corporal culposa – Impossibilidade – Materialidade e autoria demonstradas – Ré que arremessou uma telha para adentrar na residência com a intenção de agredir a vítima, em razão de ciúmes – *Animus laedendi* – Dolo evidenciado – Sentença mantida por seus próprios fundamentos. Pena privativa de liberdade fixada em 3 meses – Inviabilidade de substituição por serviço comunitário, pois destinado a pena superior a 6 meses de privação (art. 46 CP) – Substituição para prestação pecuniária em favor da vítima. (...) (TJSC, ap. 0000067-45.2017.8.24.0027 Ibirama, j. 10.6.2019). Substituição da pena privativa de liberdade por uma pena de prestação de serviços à comunidade e pela prestação pecuniária consistente no pagamento de uma indenização à vítima que entendeu ser de trezentos salários mínimos. Inexistência de nulidade. O art. 45 reconhece que a prestação pecuniária pode ser consistente no pagamento de uma indenização à vítima, sendo esta determinação posteriormente deduzida do eventual montante estabelecido na ação civil. Não há qualquer impropriedade na fixação da indenização na ação penal. Não existe motivo jurídico ou lógico para que se aguarde o eventual julgamento no âmbito civil quando, na ação penal, já fica perfeitamente configurada a responsabilidade do acusado (TACrSP, Ap. 1.253.025-6, j. 11.7.2001, *Bol. IBCCr* 110/580).

- **Valor e parcelamento:** O juiz, ao fixar o valor para o pagamento da pena restritiva de direitos consistente em prestação pecuniária, deve pautar-se pelo prejuízo causado à vítima em decorrência do ato ilícito cometido, em razão de seu caráter eminentemente reparatório ou indenizatório. Há possibilidade, outrossim, de se pleitear o parcelamento da quantia fixada perante o Juízo da Execução (STJ, HC 2001/0088692-6, rel. Min. José Arnaldo, j. 18.10.2001, *DJU* 4.2.2002, p. 439). Não obstante falta de comprovação da incapacidade atual do pagamento, concordando o Ministério Público o pagamento pode ser parcelado (TRF da 4ª R., AgEx 2002.71.000119763, j. 17.7.2002, *DJU* 31.7.2002, p. 844, *in Bol. IBCCr* 119/650).

- **Dependentes:** Embora a lei não se refira expressamente aos sucessores como destinatários da prestação pecuniária, fazendo referência apenas ao termo *dependentes*, os pais da vítima de homicídio culposo (no caso, um recém-nascido), em virtude do conteúdo econômico do referido termo, poderão ser considerados como tal e, portanto, destinatários da prestação pecuniária (TACrSP, Ap. 1186617-2, rel. Juiz Márcio Bártoli, j. 7.6.2000).

- **Conversão:** Não constitui constrangimento ilegal a conversão em prisão da pena substitutiva de prestação pecuniária (CP, art. 44, I), em razão de seu injustificado descumprimento, mesmo porque a pena de prestação pecuniária não decorreu, no caso, de transação penal, mas de condenação (STF, HC 82.694-6, *RT* 815/505).

Jurisprudência do § 2º

- **Prestação de outra natureza (cestas básicas):** O entendimento dirigido à impossibilidade de ser estipulada a pena restritiva segundo critério determinante da entrega de cestas básicas a quem a lei determina não é absoluto, encontrando na jurisprudência precedentes em sentido adverso (...) em especial quando tanto se debate a respeito do princípio da intervenção mínima e inclusive o da despenalização. (...) Entende-se a preocupação do recorrente em ver cumprida a lei nos estritos termos nos quais editada, o que, todavia, não pode superar a realidade dos fatos. (...) Se a lei está morta, o mesmo não ocorre com o juiz, como assinalado por Anatole France, cabendo interpretá-la da forma que melhor atenda aos anseios do bem comum e, em especial, daquele a quem ela se dirige no caso concreto (TACrSP, AgEx 1.270.877/0, rel. Juiz A. C. Mathias Coltro, j. 7.11.2001, *mv – Bol. IBCCr* 119/652).

Jurisprudência do § 3º

- **Perda de bens e valores:** Nos crimes patrimoniais, inclusive relativos a contribuições previdenciárias, salvo quando praticados com violência ou em circunstâncias que evidenciem especial periculosidade, a melhor pena é, de regra, a que atinge o bolso do delinquente; para tanto, nada mais indicado do que a substituição da pena privativa de liberdade pela perda de bens e valores no montante do prejuízo causado ou do proveito obtido (TRF da 4ª R., Ap. 96.04.58814-1-RS, *DJU* 27.1.99, p. 322, *in Bol. IBCCr* 76/335).

PRESTAÇÃO DE SERVIÇOS À COMUNIDADE OU A ENTIDADES PÚBLICAS

Art. 46. A prestação de serviços à comunidade ou a entidades públicas é aplicável às condenações superiores a 6 (seis) meses de privação da liberdade.

§ 1º A prestação de serviços à comunidade ou a entidades públicas consiste na atribuição de tarefas gratuitas ao condenado.

§ 2º A prestação de serviços à comunidade dar-se-á em entidades assistenciais, hospitais, escolas, orfanatos e outros estabelecimentos congêneres, em programas comunitários ou estatais.

§ 3º As tarefas a que se refere o § 1º serão atribuídas conforme as aptidões do condenado, devendo ser cumpridas à razão de 1 (uma) hora de tarefa por dia de condenação, fixadas de modo a não prejudicar a jornada normal de trabalho.

§ 4º Se a pena substituída for superior a 1 (um) ano, é facultado ao condenado cumprir a pena substitutiva em menor tempo (art. 55), nunca inferior à metade da pena privativa de liberdade fixada.

Prestação de serviços

- **Alteração:** Artigo com redação determinada pela Lei n. 9.714, de 25.11.98.

- **Noção:** A terceira espécie de pena restritiva de direitos (art. 43, IV) consiste na atribuição ao condenado do dever de executar *tarefas gratuitas* em benefício da comunidade ou de entidades públicas (art. 46, §1º). Aplica-se às condenações superiores a seis meses de pena privativa de liberdade (art. 46, *caput*). Para condenações inferiores a seis meses, vide nota ao art. 44, sob o título *Não revogação tácita do art. 60, § 2º, do CP*.

- **Local de cumprimento:** Em entidades assistenciais, hospitais, escolas, orfanatos e outros estabelecimentos congêneres. Devem ser *credenciados* ou *conveniados* (LEP, art. 149, I), incumbindo-lhes fazer relatório mensal do serviço e comunicar eventuais faltas (LEP, art. 150). Nos Estados de São Paulo, Paraná e Mato Grosso do Sul determinou-se que a prestação de serviços à comunidade deverá ser cumprida, sempre que possível, no local da residência do condenado, mediante a remessa da carta de guia ou dos autos do processo de execução (Comunicado Conjunto n. 383/2000, *DOE* 4.4.2000, p. 3, *in Bol. AASP* n. 2.157, suplemento).

- **Aptidão e tempo de cumprimento:** As tarefas atribuídas deverão respeitar as aptidões do condenado e serem cumpridas à razão de uma hora de tarefa por dia de condenação, fixadas de forma a não prejudicar a jornada normal de trabalho (art. 46, § 3º). Prevê a LEP que o trabalho terá a duração de oito horas semanais e será realizado aos sábados, domingos e feriados ou dias úteis, em horários fixados pelo juiz (LEP, art. 149, §1º). A prestação de serviços deverá ter a mesma duração da pena privativa de liberdade substituída, ressalvado o disposto no § 4º do art. 46 (*vide* comentários e jurisprudência no CP, art. 55).

- **Tempo menor:** Sendo a pena substituída superior a um ano, poderá o condenado cumprir a pena substitutiva em menor tempo, nunca inferior à metade da pena privativa de liberdade fixada (CP, art. 46, § 4º).

- **Início do cumprimento:** Conta-se o início da execução a partir do dia do primeiro comparecimento do condenado (LEP, art. 149, § 2º).

- **Competência:** *a. Juiz da condenação.* Cabe a este determinar a substituição da pena privativa pela de prestação de serviços (CP, art. 59, IV). *b. Juiz da execução.* Compete-lhe a designação do programa ou entidade, determinação do horário e eventuais alterações. Na hipótese da substituição não ter sido determinada pelo juiz da condenação, pode o da execução realizá-la.

- **Alteração:** De acordo com o art. 148 da LEP, também pode o juiz da execução alterar a forma de cumprimento da pena de prestação de serviços.

- **Conversão:** *Vide* comentário ao CP, art. 44, §§ 4º e 5º.

- **Cabimento:** Para saber quando a pena privativa de liberdade deve ser substituída pela prestação de serviços, *vide Tabela geral das substituições*, na nota ao CP, art. 59.

- **Dificuldade na comarca:** Dispõe o art. 3º, parágrafo único, da Lei n. 7.209/84 que, nas comarcas onde não for possível a prestação de serviços à comunidade, poderá o juiz optar pela concessão de *sursis*.

- **Doação de sangue:** Inexistindo penas corporais em nosso ordenamento jurídico, em respeito ao valor da dignidade da pessoa humana (CR, art. 1º, III), não se admite a obrigação de doar sangue como prestação de serviços à comunidade. Todavia, graças à nobre iniciativa do Juiz paulista JAYME WALMER DE FREITAS, o Poder Judiciário bandeirante tem admitido a doação *voluntária* de sangue como uma das modalidades de pena restritiva de direito, desde que se ofereça, sempre, uma outra opção de pena alternativa ao condenado. Segundo afirma o mencionado Magistrado, "sem desmerecer o valor de uma pena pecuniária ou de uma cesta básica, a nobreza do ato é a que mais se coaduna com os anseios sociais que são a reinserção e a reeducação do infrator" (disponível em: <www.conjur.com.br>, de 22 mar. 2012).

- **Meio ambiente:** Nos crimes contra o meio ambiente, a prestação de serviços à comunidade consiste na atribuição ao condenado de tarefas gratuitas junto a parques, jardins públicos e unidades de conservação e, no caso de dano de coisa particular pública ou tombada, na restauração desta se possível (art. 9º da Lei n. 9.605/98). Se o condenado for pessoa jurídica (em se admitindo a sua responsabilização criminal), a pena consistirá em custeio de programas e de projetos ambientais, e execução de obras de recuperação de áreas degradadas, manutenção de espaços públicos e contribuições a entidades ambientais ou culturais públicas (art. 23 da Lei n. 9.605/98).

Jurisprudência

- **Competência:** A prestação de serviços à comunidade, a ser cumprida pelo mesmo tempo da privativa de liberdade, será determinada pelo juízo das execuções (TACrSP, 10ª C., Ap. 1.186.617-2, rel. Juiz Márcio Bártoli, j. 7.6.2000).

- **Pena inferior a seis meses não autoriza impor o *sursis*:** "Ré que arremessou uma telha para adentrar na residência com a intenção de agredir a vítima, em razão de ciúmes – *Animus laedendi* – Dolo evidenciado – Sentença mantida por seus próprios fundamentos. Pena privativa de liberdade fixada em 3 meses – Inviabilidade de substituição por serviço comunitário, pois destinado a pena superior a 6 meses de privação (art. 46 CP) – Substituição para prestação pecuniária em favor da vítima. (...) (TJSC, ap. 0000067-45.2017.8.24.0027 Ibirama, j. 10.6.2019). Em caso de vias de fato (Lei Maria da Penha), não se pode impor a prestação de serviços à comunidade como condição da suspensão condicional da pena – *sursis*, diante do art. 46 do CP (TJSP, Ap. 0000816-32.2017.8.26.0213 SP, j. 25.3.2019, publ. 25.3.2019). Embora o crime tenha sido o de dano ao patrimônio público, uma vez que a pena não foi superior a 6 (seis) meses, não há como aplicar-se a prestação de serviços à comunidade (TJMG, Ap. 10713130039207001, j. 28.8.2019, *DJ* 4.9.2019). O art. 46 do CP veda a prestação de serviços nas condenações inferiores a seis meses, razão pela qual, em tais hipóteses, a substituição da pena privativa de liberdade deve ser feita pelo pagamento da prestação pecuniária a entidade com destinação social, a ser indicada pelo juiz da execução, no valor de um salário mínimo (TJSP, *RT* 786/646).

- **Prazo de duração:** *Vide* jurisprudência no art. 55 do CP.

- **Enfermidade:** Se o condenado apresenta sérios problemas de saúde, como enfermidade cardíaca que lhe impõe o afastamento de qualquer atividade física, nada obsta que seja convertida a prestação de serviços à comunidade na entrega de cestas básicas, lembrando-se que a maioria das instituições habilitadas prefere as cestas ao trabalho desses condenados, não apenas pela sua falta de qualificação profissional como também pela própria carência de recursos (TJSP, AgEx 369.258-3/0, *RT* 819/569).

INTERDIÇÃO TEMPORÁRIA DE DIREITOS

Art. 47. As penas de interdição temporária de direitos são:

I – proibição do exercício de cargo, função ou atividade pública, bem como de mandato eletivo;

II – proibição do exercício de profissão, atividade ou ofício que dependam de habilitação especial, de licença ou autorização do poder público;

III – suspensão de autorização ou de habilitação para dirigir veículo;

IV – proibição de frequentar determinados lugares;

V – proibição de inscrever-se em concurso, avaliação ou exame públicos.

Interdição de direitos

- **Alteração:** Inciso IV acrescentado pela Lei n. 9.714, de 25.11.98. Inciso V incluído pela Lei n. 12.550, de 15.12.2011.

- **Noção:** Na versão original do CP, as interdições de direitos eram penas acessórias, isto é, sanções só aplicáveis juntamente com uma pena principal. A reforma penal de 1984 aboliu as penas acessórias, mas aproveitou algumas delas, modificadas, como penas restritivas de direitos – na espécie *interdição temporária de direitos* – e outras como efeitos extrapenais específicos da condenação (vide nota ao CP, art. 92).

- **Cinco tipos de interdições:** São de cinco tipos as interdições previstas no CP: *1ª)* Proibição do exercício de cargo, função ou atividade pública, bem como de mandato eletivo. *2ª)* Proibição do exercício de profissão, atividade ou ofício que dependa de habilitação especial, de licença ou autorização do Poder Público. *3ª)* Suspensão de autorização ou de habilitação para dirigir veículo. *4ª)* Proibição de frequentar determinados lugares. *5ª)* Proibição de inscrever-se em concurso, avaliação ou exame públicos.

- **1ª interdição:** Abrange o exercício de *cargo, função ou atividade pública*, cujos conceitos estão indicados no art. 327 do CP. Quanto ao *mandato eletivo*, parece-nos que o dispositivo é inconstitucional, pois os parlamentares só podem ser impedidos de exercer mandato eletivo na forma da Constituição da República e das Constituições Estaduais. Quanto às demais funções públicas, note-se que o condenado tão só fica impedido de exercê-las temporariamente, durante o tempo da interdição. Expirado este, ele volta à função pública, pois a pena restritiva não implica sua perda. Exemplo: condenado a pena privativa de liberdade inferior a um ano, por crime cometido no exercício de função pública, o servidor pode ter aquela sanção substituída pela interdição do exercício de sua função, durante igual prazo. Cumprido esse prazo, ele pode retornar ao exercício daquela função.

- **2ª interdição:** Atinge o exercício de *profissão, atividade* ou *ofício* que seja dependente de habilitação especial, de licença ou autorização do Poder Público. Exemplos: professor, dentista, engenheiro, corretor, despachante etc. Expirado o prazo de proibição, pode o condenado voltar ao exercício que lhe fora interditado.

- **Advogados:** Segundo disciplina o Estatuto da Advocacia (Lei n. 8.906/94), compete exclusivamente à Ordem dos Advogados do Brasil (art. 70) punir Advogados que tenham praticado falta ética no exercício da profissão, com censura, multa, suspensão e até mesmo exclusão quando da prática de crime infamante (art. 34, XXVIII). Tendo em vista ser o Estatuto da Ordem lei federal específica, ele prevalece sobre o art. 47, II, do CP, cabendo ao juiz comunicar a condenação do Advogado ao Conselho Seccional da Ordem para que este, soberanamente, adote as providências legais.

- **3ª interdição:** Outra interdição prevista é a suspensão de autorização ou de habilitação para dirigir veículo. Pelo mesmo prazo da pena privativa de liberdade que substitui, o condenado a essa pena restritiva tem suspensa sua habilitação para dirigir veículo automotor ou elétrico (ônibus, trólebus, automóveis, caminhões, motocicletas, barcos, aviões etc.). É inaplicável a interdição quanto a veículos de propulsão humana, tração animal ou outros para os quais não é exigida autorização ou habilitação. Terminado o prazo de interdição, volta o condenado a poder dirigi-los. Ao lado dessa interdição, que é pena restritiva de direitos *substitutiva* da pena privativa de liberdade, o Código de Trânsito Brasileiro (Lei n. 9.503/97), em seu art. 292, estabelece, quanto aos delitos de trânsito, que "a suspensão ou a proibição de se obter a permissão ou a habilitação para dirigir veículo automotor pode ser imposta como *penalidade principal, isolada ou cumulativamente com outras penalidades*". Na prática, ao invés da pena substitutiva de suspensão de autorização ou de habilitação para dirigir veículo, prevista neste art. 47, III, do CP, tem sido aplicada a pena *principal*, isolada ou cumulada com outras penalidades, do art. 292 do CTB, pelo princípio da especialidade.

- **4ª interdição:** É a proibição de frequentar determinados lugares, cabendo ao juiz especificá-los. Obviamente, deverão os lugares de frequência proibida guardar relação com o delito praticado. A sua duração é a mesma da pena privativa de liberdade substituída (CP, art. 44), ou, no caso de transação penal, pelo tempo fixado na proposta, preenchidos os requisitos do art. 76 da Lei n. 9.099/95.

- **5ª interdição:** É a proibição de inscrever-se em concurso, avaliação ou exame públicos. A Lei n. 12.550/2011, além de criar o novo crime do art. 311-A no Código Penal, intitulado "Fraudes em certames de interesse público", inseriu este inciso V. Como já salientado nos comentários acima, cremos que essa interdição deva ser aplicada somente nos casos de crimes que envolvam fraudes em concurso, avaliação ou exame públicos, não sendo proporcional nem razoável sua aplicação em casos de delitos que não guardem relação alguma com exames públicos em sentido lato. Quanto à duração, vide nota acima, *4ª interdição*.

- **Cabimento:** Para saber quando é caso da pena privativa de liberdade vir a ser substituída pela pena restritiva de interdição de direitos, *vide Tabela geral das substituições*, na nota ao art. 59 do CP. As interdições previstas nos incisos I, II e III são penas restritivas de direitos *específicas*. Assim, como manda o art. 56 do CP, a 1ª e 2ª interdições deste art. 47 só são aplicáveis em substituição a pena fixada por crime cometido no *exercício* de profissão, atividade, cargo ou função, quando tiver havido violação dos deveres que lhes são *inerentes*. E a 3ª das interdições, como dispõe o art. 57, é cabível, exclusivamente, nos crimes culposos de trânsito, quando o agente for *habilitado ou autorizado* a dirigir veículo. Já a 4ª interdição do art. 47 é genérica, podendo ser aplicada a qualquer delito, desde que compatível com ele. Quanto à 5ª interdição, embora a lei não faça qualquer restrição, cremos que somente deva ser aplicada nos casos de fraudes em concurso, avaliação ou exame públicos (*vide* nota acima, sob o título "5ª interdição").

- **Conversão:** *Vide* comentários ao CP, art. 44, §§ 4º e 5º.

- **Penas acessórias:** *Vide* comentário ao art. 92 do CP.

- **Confronto:** As penas restritivas de *interdição temporária de direitos* deste art. 47 não se confundem com os *efeitos específicos extrapenais da condenação*, previstos no art. 92, I a III, do CP.

- **Meio ambiente:** Nos crimes contra o meio ambiente, as penas de interdição temporária de direito são a proibição de contratar com o Poder Público, de receber incentivos fiscais ou quaisquer outros benefícios e de participar de licitações, pelo prazo de cinco anos para os crimes dolosos e de três anos para os culposos (art. 10 da Lei n. 9.609/98).

Jurisprudência

- **Suspensão do direito de dirigir veículos do CTB (Lei n. 9.503/97):** Deve ser fixada pelo mesmo tempo de duração da pena privativa de liberdade pela embriaguez ao volante (art. 306 do CTB – seis meses a três anos) (TACrSP, *RT* 781/599). *Contra:* Se a pena privativa de liberdade, em face do homicídio culposo (art. 302 do CTB), foi fixada no mínimo legal (dois anos de detenção), o prazo de suspensão para obter permissão ou habilitação para dirigir deve ser o mínimo previsto no art. 293 do CTB (dois meses) (TACrSP, *RT* 781/604).

- **Suspensão de habilitação (motorista profissional):** Nos delitos de trânsito, cometidos por motoristas profissionais, a pena privativa de liberdade poderá ser substituída por restritiva de direitos, nos termos do art. 44 do CP, desde que não consista em suspensão da autorização para dirigir veículos, pois tal medida consistiria em violação do direito constitucional ao livre exercício profissional (TJPI, *RT* 797/662).

- **Proporcionalidade:** Se a magistrada não encontrou circunstâncias permissivas para a imposição de pena privativa de liberdade em quantitativo superior ao mínimo legal, é incoerente, por se tratar de pena autônoma, fixar a suspensão para dirigir veículo em patamar superior ao mínimo previsto em lei (TJRJ, Ap. 2007.050.04460, *DOE* 28.1.2008, in Bol. IBCCr 184, p. 1159; TJMG, *RT* 859/651). *Contra:* A penalidade de suspensão do direito de obter permissão ou da habilitação para dirigir tem caráter penal-administrativo e distinto da pena privativa de liberdade, sendo a sua fixação independente desta última, segundo as circunstâncias judiciais e de conformidade com o estabelecido no art. 293 do CTB (TJMS, *RT* 875/593).

- **Proibição de frequentar determinados lugares como condição para o regime aberto (impossibilidade – Súmula 493/STJ):** Condenação por disparo de arma de fogo. Nos termos da Súmula 493 do STJ, a fixação pelo juiz de piso, dentro outras condições, da proibição do apelante frequentar determinados lugares (inciso IV, art. 47, CP), é de ser, também, afastada de ofício. Isso porque, a proibição de frequentar determinados lugares é espécie de interdição temporária de direitos (art. 47, CP) que, por sua vez, é espécie de pena restritiva de direitos prevista no inciso V do art. 44, do CP. Por isso, à luz da Súmula 493 do STJ, é incabível a fixação de restrição de frequentar determinados como condição do regime aberto (TJPR, Ap. 13232543, j. 9.7.2015, *DJ* 4.8.2015).

LIMITAÇÃO DE FIM DE SEMANA

Art. 48. A limitação de fim de semana consiste na obrigação de permanecer, aos sábados e domingos, por 5 (cinco) horas diárias, em casa de albergado ou outro estabelecimento adequado.

Parágrafo único. Durante a permanência poderão ser ministrados ao condenado cursos e palestras ou atribuídas atividades educativas.

Limitação de fim de semana

- **Noção:** A reforma penal de 1984 criou, como uma das espécies de penas restritivas de direitos, a *limitação de fim de semana*, também chamada prisão de fim de semana. Por ela o condenado teria substituída, em certas condições, a pena privativa de liberdade fixada, pela obrigação de permanecer, aos sábados e domingos, por cinco horas, em casa de albergado ou em estabelecimento adequado. A lei não fala em dias feriados, obrigando à sua exclusão.

- **Local de cumprimento:** Cabe ao Juízo das Execuções definir o local de cumprimento, nos termos do art. 151 da LEP. Nos Estados de São Paulo, Paraná e Mato Grosso do Sul determinou-se que a limitação de fim de semana deverá ser cumprida, sempre que possível, no local da residência do condenado, mediante a remessa da carta de guia ou dos autos do processo de execução (Comunicado Conjunto n. 383/2000, *DOE* 4.4.2000, p. 3, *in Bol. AASP* n. 2.157, suplemento).

- **Realidade:** Já era mais do que previsível o fracasso dessa limitação. Primeiro, por ser conhecida a quase inexistência de casas de albergado ou estabelecimentos adequados, bem como a falta de verbas para construí-los. Segundo, porque, se existissem tais casas ou estabelecimentos, a limitação só iria servir para misturar espécies bem diversas de condenados, prejudicando a todos. Melhor seria, assim, que o condenado pudesse cumpri-la em sua própria residência (albergue domiciliar) ou, então, ser-lhe aplicada outro tipo de pena restritiva.

- **Tempo de cumprimento:** Pelo prazo da pena privativa de liberdade que substitui, é executada a limitação. Por exemplo: condenado por crime doloso a onze meses de prisão, pode essa punição ser substituída pela limitação de fim de semana. Pelo mesmo prazo de onze meses da pena original, deverá o condenado permanecer, aos sábados e domingos, durante cinco horas, no estabelecimento indicado. Os onze meses serão contados a partir do primeiro sábado ou domingo do comparecimento (LEP, art. 151, parágrafo único).

- **Cabimento:** *Vide*, no comentário ao CP, art. 59, *Tabela geral das substituições*.

- **Dificuldade na comarca:** Dispôs o art. 3º, parágrafo único, da Lei n. 7.209/84 que, nas comarcas onde não for possível a execução da limitação de fim de semana, poderia o juiz optar pela concessão de *sursis*.

- **Alteração:** O art. 148 da LEP permite ao juiz da execução alterar a forma de cumprimento da pena de limitação de fim de semana.

- **Violência conta a mulher em relações domésticas ou familiares:** A Lei n. 11.343/2006, em seu art. 45, acrescentou parágrafo único ao art. 152 da LEP, que trata do oferecimento ao condenado de cursos, palestras ou atividades educativas durante a limitação de final de semana, aduzindo que "nos casos de violência doméstica contra a mulher, o juiz poderá determinar o comparecimento obrigatório do agressor a programas de recuperação e reeducação".

- **Conversão:** *Vide* nosso comentário ao art. 45 do CP.

Jurisprudência

- **Instalações adequadas:** A limitação de fim de semana é inaplicável, se o Estado não dispõe de instalações adequadas e equipes preparadas (TJSC, *RT* 644/314), sendo de rigor que a pena seja cumprida em regime domiciliar (STJ, HC 19.674, *RT* 806/509).

Seção III
DA PENA DE MULTA

MULTA

Art. 49. A pena de multa consiste no pagamento ao fundo penitenciário da quantia fixada na sentença e calculada em dias-multa. Será, no mínimo, de 10 (dez) e, no máximo, de 360 (trezentos e sessenta) dias-multa.

§ 1º O valor do dia-multa será fixado pelo juiz, não podendo ser inferior a um trigésimo do maior salário mínimo mensal vigente ao tempo do fato, nem superior a cinco vezes esse salário.

§ 2º O valor da multa será atualizado, quando da execução, pelos índices de correção monetária.

Pena de multa

- **Noção:** A *pena de multa* (ou pecuniária) é a terceira das três espécies de sanções que o art. 32 do CP prevê. Consiste na imposição ao condenado da obrigação de pagar ao fundo penitenciário determinada quantia em dinheiro, calculada na forma de dias-multa. Ela atinge, pois, o patrimônio do condenado.

- **Intransmissibilidade:** A obrigação de pagar determinada quantia em dinheiro em razão da pena de multa cabe só ao condenado; como se trata de pena, a obrigação não se transmite aos seus herdeiros. A respeito, a CR dispõe expressamente em seu art. 5º, XLV, que "nenhuma pena passará da pessoa do condenado". O caráter personalíssimo da pena de multa é reafirmado, outrossim, pelo disposto no art. 52 do CP, no sentido da execução da pena de multa ser suspensa se sobrevém ao condenado doença mental.

- **Distinção entre pena de multa e pena de prestação pecuniária:** A prestação pecuniária, que é uma das penas restritivas de direitos que substituem a pena privativa de liberdade, objeto dos arts. 44 e 45 do CP, não se confunde com a pena de multa de que trata este art. 49. A prestação pecuniária destina-se à vítima, a seus dependentes ou a entidades públicas ou privadas com fim social, tendo caráter primordialmente indenizatório; já a pena de multa destina-se sempre ao Estado, possuindo natureza punitiva. A prestação pecuniária, se descumprida injustificadamente, poderá ser convertida em pena privativa de liberdade (art. 44, § 4º, do CP); por sua vez, a pena de multa, se não paga, jamais poderá ser convertida em pena privativa de liberdade, em face da redação do art. 51 do CP.

- **O sistema da Lei n. 7.209/84:** Na versão original do CP, as penas de multa eram cominadas entre valores determinados ("multa de tantos a tantos cruzeiros"). Pelo art. 2º da Lei n. 7.209/84, foram canceladas, da Parte Especial do CP e da legislação penal especial alcançada pelo art. 12 do CP, as referências aos valores de multas, substituindo-se a expressão "multa de" por, apenas, "multa". Assim, por exemplo, o delito do art. 154 do CP não mais prevê, como pena alternativa, "... ou multa, de dois mil cruzeiros a vinte mil cruzeiros", mas só "... ou multa". O valor dessa multa deverá ser fixado *dentro dos limites gerais*, indicados por este art. 49 em *dias-multa*.

- **O critério do salário mínimo, a Constituição e o STF:** A Magna Carta de 1988, ao tratar do salário mínimo como um dos direitos dos trabalhadores, foi expressa: "Art. 7º (...) IV – salário mínimo, fixado em lei, nacionalmente unificado, capaz de atender a suas necessidades vitais básicas e às de sua família com moradia, alimentação, educação, saúde, lazer, vestuário, higiene, transporte e previdência social, com reajustes periódicos que lhe preservem o poder aquisitivo, *sendo vedada a sua vinculação para qualquer fim*". No que concerne à vinculação do salário mínimo para fins diversos, o STF tem entendido, no âmbito administrativo, que viola a CR a vinculação da remuneração e benefícios de funcionários públicos e de funcionários de autarquias, a múltiplos do salário mínimo (entre outros, Pleno, ADIn 1.425/PE, rel. Min. Marco Aurélio, *DJU* 26.3.99; ADPF 33/PA, rel. Min. Gilmar Mendes, j. 7.12.2005; RE em EDv 190.384, rel. Min. Octavio Gallotti, j. 4.10.2000; 2ª T., RE 426.059/SC, rel. Min. Gilmar Mendes, j. 30.6.2005), decidindo não terem sido recepcionadas pela CR normas anteriores que dispunham nesse sentido, bem como serem inconstitucionais as que tenham sido editadas com o mesmo teor já na vigência da atual Magna Carta. Embora tratando-se de outro ramo do Direito, é de se questionar, dessa forma, se o art. 49, § 1º, do CP teria sido recepcionado pelo art. 7º, IV, *in fine*, da Lei Maior, que é expresso em vedar a vinculação do salário mínimo para qualquer fim. Mas não é só. É de conhecimento público e notório que uma das aspirações de nosso país é justamente a agregação de valor ao salário mínimo, com real aumento de seu poder aquisitivo, a fim de atender o citado art. 7º, IV, da Magna Carta. Em outras palavras, um aumento gradual do salário mínimo em patamar superior ao da inflação é fundamental para que o país tenha diminuídas as suas enormes desigualdades sociais (cf., a propósito, STF, ADIn 1.442/DF, rel. Min. Celso de Mello, j. 3.11.2004). Ora, sendo implementada essa política, ainda que aos poucos, o aumento do valor aquisitivo do salário mínimo implicará aumento da punição penal, o que nos parece algo absolutamente descabido, consoante lembrado, igualmente, por ROGÉRIO LAURIA TUCCI em aulas de pós-graduação na Faculdade de Direito do Largo São Francisco, em São Paulo, no segundo semestre de 2006, urgindo que o nosso legislador altere o § 1º do art. 49 do CP.

Multas especiais

- **A multa na legislação penal especial:** Como a Lei n. 7.209/84, em seu art. 2º, tão só cancelou as "referências a *valores* de multas", as demais penas pecuniárias, expressas em *salário mínimo*, permanecem inalteradas. Já as leis penais especiais que vinham com penas de multa expressas concretamente em cruzeiros submetem-se ao sistema de penas de multa determinado pela reforma penal de 1984.

- **Confronto com meio ambiente:** Os arts. 18 e 19 da Lei n. 9.605/98 (Meio Ambiente) dispõem sobre o cálculo da multa para os crimes nela previstos, levando-se em consideração o prejuízo causado e a vantagem econômica auferida. O art. 21, I, da mesma lei dispõe sobre a aplicação da pena de multa às pessoas jurídicas.

- **A multa especial no art. 244 do CP:** Na própria Parte Especial do CP existe delito com pena pecuniária expressa em *salários mínimos* (CP, art. 244). Esta cominação especial não foi cancelada e permanece, em nosso entender, tal como era antes da Lei n. 7.209/84.

- **A multa na transação penal:** Nas hipóteses do art. 76 da Lei n. 9.099/95, o Ministério Público poderá (poder-dever, em nosso entendimento) propor aplicação imediata de pena restritiva de direitos ou multa. Quanto aos critérios para a aplicação da pena de multa em questão, pensamos devam ser os mesmos previstos neste art. 49 (*vide* nota abaixo *Fixação dos dias-multa*). Tal exegese é reforçada pelo disposto no art. 92 da Lei n. 9.099/95, que dispõe: "Aplicam-se subsidiariamente as disposições do Código Penal e do Código de Processo Penal, no que não forem incompatíveis com esta Lei". Assim, faltará embasamento legal para o promotor de justiça propor multa em valor aleatório, olvidando-se das disposições da Parte Geral do CP. Nesse sentido, já decidiu o TACrSP (Ap. 1.174.917-9, *mv – Bol. AASP* n. 2.154, p. 1366; Ap. 1.075.677-2, *RT* 750/652).

Dias-multa

- **Fixação dos dias-multa:** Em face da cominação abstrata que a reforma penal de 1984 instituiu, cremos que o único modo de fixar as penas pecuniárias com equilíbrio e justiça será pela divisão, em *duas etapas* ou *fases* (sistema bifásico), da operação prevista neste art. 49. Numa *primeira*, estabelece-se o *número* de dias-multa; numa *segunda*, fixa-se o *valor* de cada dia-multa. Ou seja: *1ª etapa* – determina-se o *número* de dias-multa entre o *mínimo de dez* e o *máximo de trezentos e sessenta dias*. Para a escolha desse número de dias, deve-se atentar para a natureza mais ou menos grave do crime (pois não há mais cominação particular para cada delito), para as circunstâncias judiciais que levarão à pena-base, para as agravantes e atenuantes, para as causas de aumento e de diminuição da pena cabíveis etc., mas *não para a situação econômica do réu; 2ª etapa* – já encontrado o número de dias (entre os limites de 10 a 360 dias) pela 1ª etapa, passa-se, nesta 2ª, à fixação do *valor* de *cada* dia-multa, que não poderá ser inferior a *um trigésimo do maior salário mínimo mensal* (vigente à data do fato), nem *superior a cinco vezes* esse mesmo salário mínimo mensal (o maior em vigor no dia do crime). Para essa opção, levar-se-á em conta a *situação econômica* do réu (CP, art. 60, *caput*) e, em atendimento a esse dado, será fixado o *valor* de cada dia-multa, entre os limites estabelecidos pelo § 1º deste art. 49. Só assim será alcançada a justa individualização da multa, de modo que a pena pecuniária não se torne exorbitante (e impagável) para o pobre, nem irrisória (e desprezível) para o rico. Com as duas etapas aqui indicadas, um crime cometido, em coautoria, por uma pessoa pobre e outra rica, poderá ser apenado com o mesmo *número* de dias-multa. Todavia, o *valor* desses dias-multa será *diverso:* para o hipossuficiente poderá ficar até no mínimo de um trigésimo; para o rico, esse valor será maior, podendo até, na hipótese de um milionário, chegar-se ao limite de cinco vezes o salário mínimo ou, mesmo, aumentá-lo, ainda, até o triplo (CP, art. 60, § 1º). Essa diferenciação justifica-se por possuir a multa prevista neste art. 49 eminente caráter punitivo, e não indenizatório.

- **Salário mínimo:** Diz o § 1º que deve sempre ser o maior salário mínimo mensal em vigor *na data do crime*, considerada esta na forma do CP, art. 4º. Como a lei fala em salário *vigente*, deve-se considerar o dia de sua publicação no *DOU* e não o do decreto que o determinou, pois, às vezes, há variações de um a três dias entre o decreto e sua publicação. Nos termos do art. 2º, § 1º, do Decreto-Lei n. 2.351/87, o salário mínimo referido pelo CP passou a denominar-se *salário mínimo de referência*, que não se confunde com o piso nacional de salários. Todavia, a Lei n. 7.789, publicada em 4 de julho de 1989, extinguiu o *salário mínimo de referência*, voltando a existir apenas o salário mínimo. O salário mínimo a ser considerado é o estabelecido pela União, e não aquele fixado pelos Estados federados, como o de São Paulo, em valor superior.

- **Limites da pena de multa a ser aplicada:** *a. Mínimo normal:* dez dias-multa, no valor, cada um, de um trigésimo do salário mínimo mensal (§ 1º), o que corresponde a *um terço* do salário mínimo mensal. *b. Máximo normal:* trezentos e sessenta dias-multa, valendo, cada um, cinco salários mínimos mensais, o que equivale a *1.800* salários mínimos mensais. *c. Máximo especial:* na hipótese do art. 60, § 1º, do CP, o limite máximo normal pode ser aumentado até o triplo. E, nos crimes contra o Sistema Financeiro Nacional, o limite do art. 49, § 1º, pode ser estendido até o décuplo (art. 33 da Lei n. 7.492/86). *d. Mínimo especial:* no limite mínimo normal também podem incidir as causas de diminuição da pena (CP, art. 68) cabíveis.

- **Fundamentação:** Não basta a simples indicação, na sentença, do *número* de dias-multa e do *valor* de cada um deles. A decisão não pode ser arbitrária, devendo deixar claro como os fixou (CR, art. 93, IX), pois se trata de pena de multa, submetida ao princípio constitucional da individualização da pena (CR, art. 5º, XLVI).

- **Imposição final:** Além da fundamentação que demonstre como a decisão chegou àquele número e valor de dias-multa, deve ela consignar, *em moeda nacional (reais)*, a importância resultante da multa, para que qualquer condenado possa saber, concretamente, qual o *valor* da pena que foi, de fato, condenado a pagar.

- **Multa substitutiva:** *Vide* comentário ao art. 60, § 2º, do CP.

Correção monetária (§ 2º)

- **Atualização quando da execução:** Dispõe o § 2º deste art. 49 que o *valor* da multa será *atualizado*, quando da *execução*, pelos índices de *correção monetária*. Por sua vez, o art. 50 do CP determina que "a multa *deve ser paga dentro de dez dias depois de transitada em julgado a sentença*".

- **Data-base para a correção:** A falta de maior clareza na redação do § 2º deste art. 49 resultou no surgimento de várias correntes a respeito da data-base para a correção monetária, ou seja, a partir: *a.* da data da infração; *b.* do trânsito em julgado da decisão condenatória; *c.* do décimo primeiro dia após o trânsito em julgado; *d.* da citação para a execução; *e.* do décimo primeiro dia após a citação para a execução. A primeira posição, acolhida pela jurisprudência majoritária, parece-nos ser a mais correta, uma vez que a atualização monetária a partir da data da infração *apenas mantém* o valor pecuniário da sanção, não ofendendo o princípio da reserva legal (CR, art. 5º, XXXIX; CP, art. 1º). Com efeito, tanto a inflação quanto eventual deflação serão levadas em conta no cálculo da atualização da pena de multa. Igualmente, tratando-se de decisão condenatória transitada em julgado, não há que se falar em violação do princípio da presunção de inocência ou desconsideração prévia de culpabilidade (CR, art. 5º, LVII; PIDCP, art. 14, 2; CADH, art. 8º, 2, primeira parte). A outra conclusão não se chega pela exegese do § 2º *em conjunto* com o § 1º, pois este se refere, expressamente, ao "salário mínimo mensal *vigente ao tempo do fato*".

Jurisprudência

- **Salário mínimo vigente:** O salário mínimo mensal, que se usa para calcular o valor da pena de multa, deve ser o da data do fato (TACrSP, *RT* 611/373). Em delito permanente, calcula-se pelo valor do salário no mês de início da permanência, e não pelo que vigorava na época em que cessou a permanência (TACrSP, *Julgados* 87/386).

- **Nas leis penais especiais:** As multas que já vinham expressas, na anterior legislação criminal extravagante, em "salário mínimo", "dias-multa" ou "valor de referência", ficaram inalteradas; já as cominadas em "cruzeiros", como na LCP, sujeitam-se ao sistema da reforma de 1984 (TACrSP, *Julgados* 95/234 e 239; *contra:* TACrSP, Ap. 452.165, *mv – Bol. AASP* n. 1.528).

- **Sistema bifásico:** No que pertine à fixação da pena de multa, deve-se obedecer ao sistema bifásico: no primeiro momento, determina-se o número de dias-multa; no segundo, fixa-se o valor de cada dia-multa, oportunidade em que deve ser considerada a situação financeira do condenado (TRF da 5ª R., Ap. 2006.81.00.016659-3, *DJU* 21.1.2008, *in Bol. IBCCr*184, p. 1158).

- **Fundamentação:** É indispensável a fundamentação no dimensionamento do *quantum* referente ao valor da prestação pecuniária, devendo-se levar em consideração as diretrizes do art. 59 do CP, bem como a situação econômica do acusado (STJ, HC 45.636, *DJU* 1.12.2008, *in Bol. IBCCr* 194/1227).

- **Fixação do número de dias-multa:** Deve-se atentar para a natureza mais ou menos grave do crime, para as circunstâncias judiciais que levarão à pena-base e para as causas de aumento e diminuição da pena (TACrSP, *mv – Julgados* 94/556; TJSP, *RJTJSP* 104/469). A reincidência (CP, art. 61, I) não deve influenciar na estimativa da multa (TJSP, *RJTJSP* 169/313; TJSC, *JC* 71/382, 70/426), assim como as demais circunstâncias agravantes e atenuantes legais (CP, arts. 61, II, 65 e 66) (TJSC, *JC* 69/515). Se a pena privativa de liberdade é estabelecida no mínimo, o número de dias-multa também deve permanecer no patamar inferior; se pelos maus antecedentes for imposto acréscimo à pena carcerária, igual fração há de ser adotada no que diz respeito à pecuniária (TACrSP, *RJDTACr* 15/148). No caso de infração penal punida com pena privativa de liberdade e multa, fixada aquela no mínimo legal, o número de dias-multa também deverá ser o mínimo (TJAP, *RT* 752/632).

- **Proporcionalidade na fixação do número de dias-multa:** Na fixação da pena de multa deve ser aplicado o mesmo critério utilizado na fixação da pena privativa de liberdade, mantendo, assim, certa simetria entre ambas (TRF da 5ª R., Ap. 2006.81.00.016659-3, *DJU* 21.1.2008, *in Bol. IBCCr* 184/1158).

- **Fixação do valor do dia-multa:** Para a segunda fase da fixação da pena pecuniária, o julgador deve considerar a condição financeira pessoal do condenado (TRF da 1ª R., *JSTJ e TRF* 67/412) e não a de seus pais, tendo ele entre 18 e 21 anos (TACrSP, *RT* 705/338). As características do crime, bem como a boa condição econômica do acusado, justificam a fixação da pena pecuniária acima do mínimo; se assim não fosse, teríamos aplicação de multa em valor inócuo, que não atingiria de maneira satisfatória o patrimônio do agente, e, por via de consequência, não atenderia à tríplice finalidade da pena: retribuição, prevenção e reeducação (TRF da 3ª R., Ap. 96.03.080585-8, *DJU* 2.12.97, p. 104270, *in RBCCr* 21/305). Se não há nos autos comprovação de que o condenado é milionário, mas sim de classe média alta, reduz-se a multa aplicada de 66 dias-multa ao valor de cinco salários mínimos, aplicando-se a pena de um mil reais (TRF da 2ª R., Ap. 98.02.02378/7-RJ, j. 5.5.98, *mv* – *DJU* 15.9.98, p. 89, *in RBCCr* 7/315). Considerando a escassez de recursos por parte do apelante, cabível a redução da pena de multa para o mínimo legal (TJRS, Ap. 70050221878, j. 29.11.2012). Considerando não ter havido provas no sentido de que o acusado tenha situação socioeconômica e financeira abastada, fixo o valor do dia-multa no mínimo legal (STJ, RHC 120.464 MG 2019/0341538-5, *DJ* 06.03.2020).

- **Correção monetária:** É inaplicável a fatos anteriores à vigência do § 2º (TACrSP, *Julgados* 90/225,89/317). *UFIR*: Admite-se a conversão em UFIR, que não onera o condenado (TACrSP, *RJDTACr* 20/37). *TRD*: Deve ser usada como índice oficial para atualização monetária da pena de multa (TACrSP, *RT* 689/373). *Parcelamento*: Se a pena de multa é parcelada, deve ser atualizada ao tempo de cada pagamento (TACrSP, *RJDTACr* 19/48, 17/36), para que as parcelas vincendas não se tornem irrisórias (TACrSP, *RJDTACr* 19/47). *Contra*: TJSP, *RJTJSP* 161/296. *Revogação*: considerando que a correção monetária teria sido implicitamente revogada pelo Decreto-Lei n. 2.284/86 (TACrSP, *Julgados* 95/60, *RT* 631/325; *contra*: TACrSP, *Julgados* 95/46). Considerando que o "Plano Verão" (Lei n. 7.730/89) revogou implicitamente o § 2º do art. 49 do CP (TACrSP, *RT* 640/326).

- **Início da correção monetária:** A partir: *a*. da data da infração (STJ, REsp 67.611-SP, *DJU* 4.3.96, p. 5415, *in RBCCr* 14/425; REsp 22.497, *DJU* 13.10.92, p. 17700; TACrSP, RDJTACr 20/37, 20/136, 19/45, 17/33, 17/34, 17/52; *RT* 782/614,697/323; TARS, *mv* – *RT* 698/414; TJSP, *RJTJSP* 161/281, 158/318; *mv* – *RT* 716/412); *b*. do trânsito em julgado da decisão condenatória (TACrSP, *RT* 634/304, *RJDTACr* 16/52; TJSP, *mv* – *RJTJSP* 158/319, *mv* – *RJTJSP* 166/322); *c*. do décimo primeiro dia após o trânsito em julgado (STJ, REsp 23.695, *DJU* 16.5.94, p. 11788, *in RBCCr* 7/210-1; REsp 22.839, *DJU* 7.12.92, p. 23327, *in RBCCr* 1/224, *RT* 689/417; TACrSP, *RT* 707/318); *d*. da citação para a execução (TACrSP, *RT* 633/303,631/326).

- **Norma penal em branco:** A mudança dos índices de atualização monetária não altera a essência da lei, pois o art. 49, § 2º, do CP é norma penal em branco (TACrSP, *mv* – *RT* 636/312).

- *Multa substitutiva*: *Vide* jurisprudência do CP, art. 60, § 2º.

- *Sursis*: A condenação anterior a pena de multa não obsta o *sursis* (STF, *RTJ* 121/517; *RT* 639/386).

PAGAMENTO DA MULTA

Art. 50. A multa deve ser paga dentro de 10 (dez) dias depois de transitada em julgado a sentença. A requerimento do condenado e conforme as circunstâncias, o juiz pode permitir que o pagamento se realize em parcelas mensais.

§ 1º A cobrança de multa pode efetuar-se mediante desconto no vencimento ou salário do condenado quando:

a) aplicada isoladamente;

b) aplicada cumulativamente com pena restritiva de direitos;

c) concedida a suspensão condicional da pena.

§ 2º O desconto não deve incidir sobre os recursos indispensáveis ao sustento do condenado e de sua família.

Pagamento de multa

- **Prazo de pagamento:** A multa deve ser saldada *dentro de dez dias*, contados do trânsito em julgado da sentença que a impôs, como determina o art. 50, *caput*, primeira parte, do CP.

- **Cobrança e execução:** Transitada em julgado a sentença, a multa deve ser paga no prazo de dez dias previsto neste art. 50. Em nosso entendimento, escoado o prazo sem pagamento, caberá ao Ministério Público, nos termos do art. 51, promover a sua execução perante a Vara das Execuções Criminais, aplicando-se a Lei de Execução Fiscal (Lei n. 6.830/80), mesmo porque a multa jamais perde o seu caráter de pena. É de se frisar, porém, que o entendimento jurisprudencial majoritário é no sentido de que a multa não paga no prazo deste art. 50 deve ser inscrita na dívida ativa e executada pela Procuradoria da Fazenda Pública na Vara Cível especializada para a cobrança de dívida de valor (*vide* jurisprudência no art. 51).

- **LEP:** A Lei n. 7.210/84, em seus arts. 164 a 170, dispõe sobre a execução da pena de multa. Com a edição da Lei n. 9.268/98, que deu nova redação ao art. 51 do CP, mandando aplicar à execução da pena de multa a Lei n. 6.830/80 (Lei de Execução Fiscal), a jurisprudência majoritária tem se manifestado no sentido de aplicação exclusiva da Lei n. 6.830/80 (*vide* jurisprudência no art. 51 do CP).

Pagamento parcelado

- **Parcelamento da cobrança:** A pedido do condenado, no prazo deste art. 50, o juiz da execução poderá permitir – conforme as circunstâncias – que o pagamento da multa se faça em parcelas mensais e sucessivas (CP, art. 50, *caput*, segunda parte, e LEP, art. 169, *caput*). Podem ser realizadas diligências, antes da concessão do parcelamento, para apurar a real situação econômica do condenado (LEP, art. 169, § 1º).

- **Prazo para pedir o parcelamento:** Até o fim do prazo de dez dias para pagar, após a citação da execução (LEP, art. 169, *caput*).

- **Revogação do parcelamento:** Cancela-se o parcelamento se o condenado for impontual ou se melhorar sua situação econômica. Então, proceder-se-á à execução ou esta terá seguimento (LEP, art. 169, § 2º).

Desconto para cobrança (§ 1º)

- **Formas de desconto:** Há duas, conforme o condenado esteja *solto* ou *preso*.

- **Condenado solto:** Se a pena foi só de multa, ou cumulada com restritiva de direitos, ou ainda foi concedido *sursis*, a cobrança pode ser feita mediante desconto nos vencimentos ou salários do condenado (CP, art. 50, § 1º). O desconto será feito entre os limites de um décimo e a quarta parte da remuneração (LEP, art. 168, I). O juiz ordenará o desconto, devendo o responsável por este recolhê-lo mensalmente (LEP, art. 168, II e III).

- **Condenado preso:** Se a multa tiver sido aplicada cumulativamente com pena privativa de liberdade, enquanto esta for executada a multa poderá ser cobrada mediante desconto na remuneração do preso (LEP, art. 170, *caput*). Caso seja o condenado posto em liberdade sem ter saldado a multa, ela será cobrada mensalmente.

Restrição do § 2º

- **Proibição do desconto:** Não pode o desconto recair sobre os recursos indispensáveis ao sustento do condenado e familiares (CP, art. 50, § 2º).

Art. 51. Transitada em julgado a sentença condenatória, a multa será executada perante o juiz da execução penal, e será considerada dívida de valor, aplicáveis as normas relativas à dívida ativa da Fazenda Pública, inclusive no que concerne às causas interruptivas e suspensivas da prescrição.

- **Alteração:** A Lei n. 13.964, de 24.12.2019 alterou a redação do art. 51, consignando expressamente que a execução da pena de multa será da competência do juízo das execuções criminais. Anteriormente, a Lei n. 9.268, de 1.4.1996 (*DOU* de 2.4.1996) já havia alterado a redação do *caput* do art. 51 do CP e revogado os antigos §§ 1º e 2º, não mais existindo as anteriores *conversão da multa em detenção* e *revogação da conversão*. Na época, essa alteração foi salutar, tendo em vista que a *antiga* conversão da multa em detenção correspondia, ainda que disfarçadamente, a verdadeira prisão por dívida, vedada pelo art. 5º, LXVII, da CR e pelo art. 7º, n. 7, da CADH. A Lei n. 9.268/96 revogou ainda o art. 182 da LEP, que *igualmente* tratava da conversão da pena de multa em detenção.

- **Não aplicação do art. 51 à pena de prestação pecuniária (CP, arts. 44 e 45):** Quando houver aplicação de pena restritiva de direitos na modalidade de prestação pecuniária, consoante os arts. 44 e ss. do CP, na hipótese de injustificado inadimplemento da prestação pecuniária, ela poderá ser convertida na pena privativa de liberdade que substituiu, por força do disposto no § 4º do art. 44 do CP.

- **Natureza penal e execução:** Reafirmando a natureza penal da multa imposta em sentença criminal condenatória, com a nova redação do art. 51 do CP dada pela Lei n. 13.964/2019, não mais se discute o foro competente para a sua execução, que será o da Vara das Execuções Criminais. Antes da alteração legislativa, a jurisprudência majoritária já vinha adotando esse entendimento, apesar da pena pecuniária ter passado a ser considerada dívida de valor, que, não paga, deverá ser executada *pelas normas da legislação relativa à execução fiscal* (Lei n. 6.830/80) (cf. Fabio Machado de Almeida Delmanto, "*O habeas corpus* na pena de multa", *RBCCr* 27/118). Em face do caráter penal da multa, reafirmado pela Lei n. 13.964/2019, a nosso ver a competência para promover a sua execução na Vara das Execuções Criminais continua sendo do Ministério Público e não da Procuradoria da Fazenda Pública.

- **Habeas corpus e pena de multa:** Demonstrada a ilegalidade da coação, o *habeas corpus* é ação perfeitamente viável quando a pena de multa houver sido imposta em condenação criminal, quer originária, quer em substituição à pena privativa de liberdade, ou ainda no caso em que houver instauração ilegal (por falta de justa causa, extinção da punibilidade etc.) de inquérito policial (subsequente ao termo circunstanciado da Lei n. 9.099/95 – art. 77, § 2º) ou processo criminal por infração penal punida com multa (a respeito, cf. Fabio Machado de Almeida Delmanto, "*O habeas corpus* na pena de multa", *RBCCr* 27/117). *Vide*, também, jurisprudência abaixo.

Jurisprudência

- **Natureza da pena de multa:** Há três entendimentos. *a.* A pena de multa não perdeu a sua natureza penal. A Lei n. 9.268/96, que alterou a redação do art. 51 do CP, não modificou a natureza penal da pena de multa, tendo apenas inviabilizado sua conversão em prisão e conferido maior força executória à sua cobrança, ao adotar o rito da ação de execução fiscal (TJSP, 8ª CCrim, EI 9002725-57.2017.8.26.0050, publ. 29.05.2019). A qualificação de "dívida de valor" indica somente que deve incidir a correção monetária; por sinal, a multa, sem perda da sua ontológica e inerente característica de pena, admite mesmo correção para sua atualização (art. 49, § 2º, do CP) (TJSP, *RT* 747/668). *b.* A pena de multa perdeu seu caráter penal e transformou-se em débito monetário (TACrSP, AgEx 1.042.957-8, j. 21.1.97). *c.* Passou a ter natureza civil, embora com efeitos penais (TACrSP, *mv* – AgEx 1.093.895-3, j. 14.4.98).

- **Extinção da punibilidade:** Em virtude do caráter penal da multa, a extinção da punibilidade do condenado fica condicionada a seu pagamento integral (TJSP, 8ª CCrim, EI 9002725-57.2017.8.26.0050, publ. 29.05.2019). No mesmo sentido: TJSP, 5ª CCrim, EP 9000102-49.2019.8.26.0050, publ. 1º.04.2019.

- **Legitimidade ativa para a execução da pena de multa (decisão recente do STF):** O STF, por seu Pleno, em ação direta de inconstitucionalidade, julgou o pedido parcialmente procedente para, conferindo interpretação conforme à Constituição ao art. 51 do Código Penal, explicitar que a expressão *aplicando-se-lhes as normas da legislação relativa à dívida ativa da Fazenda Pública*, inclusive no que concerne às causas interruptivas e suspensivas da prescrição, não exclui a legitimação prioritária do Ministério

Público para a cobrança da multa na Vara de Execução Penal. Fixação das seguintes teses: (i) O Ministério Público é o órgão legitimado para promover a execução da pena de multa, perante a Vara de Execução Criminal, observado o procedimento descrito pelos artigos 164 e seguintes da Lei de Execução Penal; (ii) Caso o titular da ação penal, devidamente intimado, não proponha a execução da multa no prazo de 90 (noventa) dias, o Juiz da execução criminal dará ciência do feito ao órgão competente da Fazenda Pública (Federal ou Estadual, conforme o caso) para a respectiva cobrança na própria Vara de Execução Fiscal, com a observância do rito da Lei 6.830/1980 (STF, Pleno, ADI 0000552-37.2004.1.00.0000, *DJe* 06.08.2019, j. 13.12.2018).

- **Legitimidade ativa para a execução da pena de multa (diversos):** Aplica-se o regime processual da execução fiscal – Lei n. 6.830/80 (TACrSP, *RT* 779/584), restando inalterado o art. 164 da LEP, que confere legitimidade ao Ministério Público para promover, perante a Vara de Execuções Criminais, a cobrança do valor da multa (TACrSP, *mv* – *RJTACr* 34/55, *RT* 777/630). A competência para a execução da pena de multa é da Vara das Execuções Criminais (TRF da 2ª R., *RT* 780/721), assegurando-se ao Ministério Público a legitimidade ativa para propô-la, pois em momento algum a Lei n. 9.268/96 derrogou a LEP, sendo despicienda a sua inscrição em dívida ativa (TAPR, *RT* 748/714). A multa deverá ser executada no juízo criminal, cabendo ao Ministério Público propor a respectiva cobrança (TACrSP, AgEx 1.286.337/3, j. 26.11.2001, *Bol. IBCCr* 113/604; AgEx 1.038.253-7, j. 6.3.97; AgEx 1.084.731-5, *Bol. IBCCr* 67/266; AgEx 1.045.965-1, *Bol. IBCCr* 56/198; TJSP, *RT* 747/668). A Lei n. 9.268/96 não retirou a competência do juízo da execução criminal, mas estabeleceu uma alteração no procedimento de cobrança, pretendendo torná-lo mais rápido e eficiente. Em suma, o rito passou a ser aquele da Lei de Execução Fiscal (TJSP, *RT* 747/668-9). *Contra:* Embora a multa não tenha perdido o seu caráter penal, não mais cabe ao Ministério Público executá-la (TACrSP, RSE 1.119.633-6, *RT* 763/602). Não havendo pagamento espontâneo, caberá à Fazenda Pública a execução da multa, o que, todavia, não lhe retira o caráter punitivo (STJ, REsp 232.993-SP, *DJU* 20.8.2001, p. 514, *in RBCCr* 38/357). Tendo a multa perdido seu caráter penal e se transformado em débito monetário, o Ministério Público deixou de ser o titular para a cobrança (TACrSP, AgEx 1.042.957-8, j. 21.1.1997; TRF da 1ª R., AgEx 38010035866, j. 20.2.2002, *DJU* 8.3.2002, p. 63, *in Bol. IBCCr* 115/618). Se a cobrança é da alçada estadual, incumbe à Procuradoria da Fazenda Estadual procedê-la (STJ, CAt 105/PB, j. 18.12.2000, *DJU* 5.3.2001). Na dicção do art. 51 do CP é de competência da Fazenda Pública a inscrição do valor em dívida ativa e sua execução, em caso de inadimplência (Súmula n. 521, STJ) (TJCE, EP 0018006-83.2018.8.06.0001, publ. 11.03.2020).

- **Execução da pena de multa resultante de transação:** No caso de descumprimento, conjugam-se o art. 85 da Lei n. 9.099/95 e o art. 51 do CP, com a inscrição em dívida ativa da União, para ser executada (STJ, *RT* 781/551), devendo a execução proceder-se no juízo criminal, cabendo ao Ministério Público a cobrança (TJSP, *RT* 753/605). Homologada a transação penal, a recusa em cumprir a obrigação pecuniária não autoriza a conversão em pena restritiva de direitos ou privativa de liberdade, pois tal sentença homologatória gera eficácia de coisa julgada formal e material. O valor deve ser inscrito na dívida ativa da União, onde sua execução obedecerá a critérios próprios, conforme se depreende da leitura do art. 85 da Lei n. 9.099/95 c/c art. 51 do CP (STJ, HC 9.853-SP, *RT* 772/549). *Contra:* A decisão que aplica o art. 76 da Lei n. 9.099/95 não é nem absolutória nem condenatória, mas sim homologatória da transação penal; não cumprida a pena restritiva de direitos, há desconstituição do acordo penal, devendo os autos ser remetidos ao Ministério Público para que requeira a instauração de inquérito policial ou ofereça denúncia (STF, HC 79.572/GO, j. 29.2.2000), *DJU* 15.3.2000, *in* Inf. STF n. 180).

- **Habeas corpus e pena de multa:** Quanto à admissibilidade de *habeas corpus* em processos ou inquéritos por infração penal apenada com multa, há duas correntes: *a.* Não cabe (STF, HC 76.178-5/RJ, j. 31.3.98, *DJU* 27.5.98, *in RBCCr* n. 23; HC 76.039-5/SP, *DJU* 4.9.98, p. 4, *in RBCCr* 24/322-3; HC 79.474-2/MG, *DJU* 20.10.2000, p. 2795; TACrSP, 3ª C., HC 320.778-0, j. 12.5.98), salvo tenha o juízo *a quo* admitido a conversão da pena de multa em prisão (STF, HC 76.968-6/RS, *DJU* 3.3.2000, p. 1349, *in Bol.*

IBCCr 89/438). *b.* Cabe (STF, HC 75.710/SP, *DJU* 13.3.98, p. 3 – caso de multa substitutiva; STJ, REsp 58.457/RN, *DJU* 30.3.98, p. 143; REsp 82.683/RS, *DJU* 17.11.97, p. 59616; REsp 118.540/SP, *DJU* 29.6.98, p. 337; RHC 6.934/RJ, *DJU* 13.4.98, p. 133 – todos casos em que a pena de multa foi a única sanção imposta; TACrSP, HC 326.692-8, rel. Lagrasta Neto, j. 18.8.98, *DOE* 29.9.98, rolo 1.186, *flash* 155 – trancando processo por contravenção penal apenada somente com multa, por entender que "o *writ* constitui remédio idôneo ante os reflexos do procedimento criminal, sobretudo na eventual concessão ou não dos benefícios da Lei n. 9.099/95 em outro processo").

SUSPENSÃO DA EXECUÇÃO DA MULTA

Art. 52. É suspensa a execução da pena de multa, se sobrevém ao condenado doença mental.

Doença mental
- **Remissão:** Há igual determinação no art. 167 da LEP.

Capítulo II
DA COMINAÇÃO DAS PENAS

PENAS PRIVATIVAS DE LIBERDADE

Art. 53. As penas privativas de liberdade têm seus limites estabelecidos na sanção correspondente a cada tipo legal de crime.

Cominação das penas privativas de liberdade
- **Cominação:** *Cominar* tem a significação de ameaçar com pena, em caso de infração. Por isso, pena cominada é aquela que a lei *prevê* como sanção para determinado comportamento. Tanto faz, pois, dizer-se *pena cominada* como *pena prevista* em lei.

- **Cominação das penas privativas de liberdade:** Elas têm, como explica este art. 53, seus limites estabelecidos na sanção correspondente a *cada* tipo legal de crime. Por exemplo, no tipo do homicídio doloso simples (CP, art. 121, *caput*), logo após o preceito ("matar alguém"), vem a sanção, com seus limites ("pena – reclusão, de seis a vinte anos"). *Vide*, a respeito, comentários ao art. 1º do CP, em especial a nota sob a rubrica *Taxatividade* (*"nullum crimen, nulla poena sine lege"*).

- **Crime sem pena mínima:** Na legislação penal extravagante existem, em pelo menos duas leis, crimes a que não são cominadas penas mínimas, mas somente máximas (Lei n. 4.737/65 – Código Eleitoral e Lei n. 6.538/78 – Serviços Postais).

PENAS RESTRITIVAS DE DIREITOS

Art. 54. As penas restritivas de direitos são aplicáveis, independentemente de cominação na Parte Especial, em substituição à pena privativa de liberdade, fixada em quantidade inferior a 1 (um) ano, ou nos crimes culposos.

- **Derrogação:** Com a edição da Lei n. 9.714/98, que alterou os arts. 43, 44, 45, 46, 47, 55 e 77 do CP, este art. 54 restou derrogado na parte em que só permitia a substituição da pena privativa de liberdade inferior a um ano. Isto porque o art. 44, I, passou a estabelecer que as penas restritivas de direitos substituem as privativas de liberdade quando "aplicada pena privativa de liberdade não superior a quatro anos e o crime não for cometido com violência ou grave ameaça à pessoa ou, qualquer que seja a pena aplicada, se o crime for culposo".

Cominação das penas restritivas de direitos

- **Noção:** As penas restritivas de direitos (CP, art. 43) não dependem de cominação na Parte Especial do CP, que não as prevê. São penas *autônomas*, mas aplicáveis em *substituição* à pena privativa de liberdade, quando esta for fixada em quantidade não superior a quatro anos (tratando-se de crimes dolosos, cometidos sem violência ou grave ameaça à pessoa) ou, qualquer que seja a pena, se o crime for culposo. Note-se que as penas restritivas de direitos *substituem* as privativas de liberdade (reclusão, detenção e prisão simples) e *nunca* são aplicadas cumulativamente com estas.

- **Aplicação:** *a. Na condenação.* Para que as penas restritivas sejam aplicadas, torna-se necessário que o juiz *fixe, antes,* a quantidade de pena privativa de liberdade (CP, arts. 59, I e II, e 68), para depois verificar se é cabível a substituição (CP, arts. 59, IV, e 44). *b. Durante a execução.* Caso o juiz da condenação não tenha aplicado a substituição, caberá ao juiz da execução fazê-lo, se presentes as condições objetivas e subjetivas do art. 44 do CP, alterado pela Lei n. 9.714/98.

- **Duração das penas restritivas de direitos:** Nos termos do art. 55, as penas restritivas de direitos dos incisos III (vetado), IV (prestação de serviço à comunidade ou a entidades públicas), V (*interdição temporária de direitos*) e VI (limitação de fim de semana) do art. 43 terão a mesma duração das penas privativas de liberdade substituídas.

- **Quando cabe a substituição:** Para saber que penas privativas de liberdade podem ser substituídas por penas restritivas de direitos, vide Tabela geral das substituições no comentário ao CP, art. 59.

- **Exceção (Lei de Drogas):** A Lei de Drogas (Lei n. 11.343/2006), ao tratar, em seu Capítulo III – Dos Crimes e das Penas, do delito de aquisição, guarda, depósito, transporte ou porte, para consumo pessoal, de drogas sem autorização ou em desacordo com determinação legal ou regulamentar (art. 28), comina penas de "I – advertência sobre os efeitos das drogas; II – prestação de serviços à comunidade; III – medida educativa de comparecimento a programa ou curso educativo", tendo, as duas últimas, a duração de cinco meses, se o condenado for primário, e de dez meses, se reincidente. As mesmas penas são aplicáveis àquele que, para uso pessoal, semeia, cultiva ou colhe plantas destinadas à preparação de pequena quantidade de substância ou produto capaz de causar dependência física ou psíquica.

- **Crime sem cárcere:** A disposição da Lei de Drogas representou inovação legislativa ao tipificar crime sem cominação de pena privativa de liberdade, mas apenas com cominação de penas restritivas de direitos *autônomas*, e não mais substitutivas, como era até então. Para alguns autores, em face da não cominação de pena privativa de liberdade, houve a "descriminalização" dessas condutas, pois não poderia haver crime sem sanção privativa da liberdade. A nosso ver esse entendimento não procede em face do Direito Penal moderno, no qual vigora o princípio da intervenção mínima, evitando-se, ao máximo, as mazelas do cárcere que desde a Época Medieval são as mesmas, superando-se o clássico conflito entre o *ius libertatis* do cidadão e o *ius puniendi* do Estado em matéria penal, podendo haver punibilidade sem ameaça de prisão, mas tão somente de penas restritivas de direitos; isto é, um outro tipo de punibilidade, que também implica restrições à liberdade, mas em menor grau.

Jurisprudência posterior à Lei n. 9.714/98

- **Prestação de serviços à comunidade:** Tendo o apenado problemas de saúde e idade avançada que o impeçam de realizar esforços físicos, mas não impossibilitam a realização de toda e qualquer atividade, a pena de prestação de serviços à comunidade deve ser adaptada às suas condições pessoais, consoante disposto no art. 148 da LEP, não podendo haver, contudo, dispensa do cumprimento da pena (TRF da 4ª R., AgEx 2002.271080015403, j. 17.9.2002, *DJU* 2.10.2002, p. 917, *in Bol. IBCCr* 121/666). O horário de cumprimento da pena de prestação de serviços à comunidade deverá ser fixado de forma a não prejudicar a atividade profissional do condenado (STJ, HC 17.412/PE, j. 20.11.2002, *Bol. IBCCr* 113/601).

Art. 55. As penas restritivas de direitos referidas nos incisos III, IV, V e VI do art. 43 terão a mesma duração da pena privativa de liberdade substituída, ressalvado o disposto no § 4º do art. 46.

- **Alteração:** Artigo com redação dada pela Lei n. 9.714, de 25.11.98.
- **Observação:** O inciso III do art. 43 do CP foi *vetado*.

Duração das penas restritivas de direitos

- **Noção:** Como se viu na nota ao artigo precedente (CP, art. 54), as penas restritivas de direitos não dependem de cominação na Parte Especial do CP, pois substituem as penas privativas de liberdade ali previstas, em certas condições. Por isso, elas têm – como indica este art. 55 – *a mesma duração da pena privativa de liberdade substituída*. Por exemplo, fixando o juiz a pena do réu em seis meses de detenção, mas concedendo-lhe a substituição por uma pena restritiva de direitos, *a duração desta será idêntica* à pena de detenção que substituiu, ou seja, também durará seis meses.

- **Tempo menor:** Sendo a pena substituída superior a um ano, poderá o condenado cumprir a pena substitutiva em menor tempo, nunca inferior à metade da pena privativa de liberdade fixada (CP, art. 46, § 4º).

Jurisprudência

- **Prazo de duração:** A duração da pena substitutiva de prestação de serviços à comunidade não pode ser superior à pena de reclusão substituída (TACrSP, Ap. 1.276.983-6, j. 26.11.2001, *Bol. IBCCr* 117/636).

- **Parcelamento tem limite na duração da pena privativa substituída:** As penas substitutivas, na dicção do art. 55 do CP, devem ter, em regra, a mesma duração da pena privativa de liberdade substituída, de maneira que o parcelamento requerido os autos seria verdadeira eternização da execução penal, desvirtuando a sua finalidade (TRF4, 8ª T., EP 5009878-73.2019.4.04.7104 RS, j. 06.07.2016).

Art. 56. As penas de interdição, previstas nos incisos I e II do art. 47 deste Código, aplicam-se para todo o crime cometido no exercício de profissão, atividade, ofício, cargo ou função, sempre que houver violação dos deveres que lhes são inerentes.

Aplicação das penas de interdição do CP, art. 47, I e II

- **Noção:** Como dispõe este art. 56, as penas de interdição temporária de direitos, previstas no *art. 47, inciso I* ("proibição do exercício de cargo, função ou atividade pública, bem como de mandato eletivo") e *inciso II* ("proibição do exercício de profissão, atividade ou ofício que dependam de habilitação especial, de licença ou autorização do poder público"), são aplicáveis para todo crime cometido no exercício de profissão, atividade, cargo ou função, sempre que houver violação dos deveres que lhes são inerentes.

- **Pressupostos:** Como indica a redação deste art. 56, as interdições dos *itens I e II* do art. 47 pressupõem, antes de mais nada, que o delito em que vão ser aplicadas tenha sido praticado no *efetivo exercício* das atividades aqui referidas e com *violação dos deveres* próprios de tais atividades. Ou seja, *exercício + violação*.

- **"Sempre":** A defeituosa redação deste art. 56 pode dar a impressão, pelas expressões que emprega ("todo o crime", "sempre"), que aquelas penas de interdição são sempre aplicáveis. Não é isso, porém. Sendo penas restritivas de direitos, elas só serão aplicadas quando presentes os requisitos dos arts. 44 e 56.

- **Requisitos para a aplicação dos incisos I e II do art. 47:** *1. Quantidade da pena.* Tratando-se de crime doloso não cometido com violência ou grave ameaça à pessoa, a pena não deve ser superior a quatro anos; sendo o crime culposo, não há limite de pena (art. 44, I). *2. Não reincidência em crime doloso* (art. 44, II). No entanto, admite-se a substituição se a reincidência não for específica e a medida for socialmente recomendável (art. 44, § 3º). *3. A culpabilidade, os antecedentes, a conduta social e a personalidade do condenado, bem como os motivos e as circunstâncias indicarem que a substituição é suficiente* (art. 44, III). *4. Crime cometido no exercício daquelas atividades.* Isto é, profissão, atividade, cargo ou função. *5. Violação dos deveres.* Também é necessário que o condenado haja violado os deveres inerentes (ou seja, próprios) àquelas atividades.

- **Falta de requisitos:** Ausentes os requisitos *1, 2 ou 3*, não se pode substituir a pena privativa pela restritiva, seja a de interdição ou qualquer outra. Caso falte o requisito *4* ou o *5*, ainda poderá haver a substituição, mas por outra pena restritiva de direitos, que não a de interdição temporária do art. 47 do CP.

- **Advogados:** Segundo disciplina o Estatuto da Advocacia (Lei n. 8.906/94), compete exclusivamente à Ordem dos Advogados do Brasil (art. 70) punir Advogados que tenham praticado falta ética no exercício da profissão, com censura, multa, suspensão e até mesmo exclusão quando da prática de crime infamante (art. 34, XXVIII). Tendo em vista ser o Estatuto da Ordem lei federal específica, ele prevalece sobre o *art. 47, II*, do CP, cabendo ao juiz comunicar a condenação do Advogado ao Conselho Seccional da Ordem para que este, soberanamente, adote as providências legais.

- **Tabela geral das substituições:** *Vide* no final do comentário ao CP, art. 59.

- **Execução das interdições:** Cabe ao juiz das execuções comunicar à autoridade competente a interdição e mandar intimar o condenado. Na hipótese do art. 47, I, a autoridade competente que receber a comunicação deverá, em vinte e quatro horas, baixar ato, a partir do qual se iniciará a interdição. No caso do art. 47, II, o juiz da execução determinará à autoridade competente a apreensão dos documentos autorizadores do exercício interditado (LEP, art. 154).

- **Descumprimento da interdição:** É dever da autoridade competente, e faculdade de qualquer prejudicado, comunicar ao juiz da execução o descumprimento da interdição (LEP, art. 155), que pode resultar em conversão da pena restritiva em privativa de liberdade (CP, art. 44, § 4º), se o descumprimento era injustificado.

- **Término da interdição:** Expirado o prazo pelo qual foi aplicada a interdição, cessam os seus efeitos.

Art. 57. A pena de interdição, prevista no inciso III do art. 47 deste Código, aplica-se aos crimes culposos de trânsito.

- **Revogação:** Este artigo foi tacitamente revogado pelo art. 292 do CTB (Lei n. 9.503/97), que prevê a aplicação da suspensão ou a proibição de se obter a permissão ou habilitação para dirigir veículo automotor como penalidade imposta isolada ou cumulativamente com outras, e não como pena substitutiva. Não obstante, a substituição das penas privativas de liberdade por outras penas restritivas de direitos previstas no art. 43 do CP – que não a interdição de direitos – é possível. Caberá, também, a substituição da pena privativa de liberdade *não superior* a *seis meses* por pena de multa (*vide* nota *Não revogação tácita do art. 60, § 2º, do CP*, no art. 44).

PENA DE MULTA

Art. 58. A multa, prevista em cada tipo legal de crime, tem os limites fixados no art. 49 e seus parágrafos deste Código.

Parágrafo único. A multa prevista no parágrafo único do art. 44 e no § 2º do art. 60 deste Código aplica-se independentemente de cominação na Parte Especial.

Cominação da pena de multa

- **Observações:** O art. 44 do CP, alterado pela Lei n. 9.714/98, não tem mais parágrafo único. O atual inciso I deste artigo dispõe que as penas restritivas de direitos substituem as privativas de liberdade "qualquer que seja a pena aplicada, se o crime for culposo"; o § 2º do mesmo artigo estabelece, por sua vez, que "na condenação igual ou inferior a um ano, a substituição pode ser feita por *multa* ou por uma pena restritiva de direitos; se superior a um ano, a pena privativa de liberdade pode ser substituída por uma pena restritiva de direitos *e multa* ou por duas restritivas de direitos". O § 2º do art. 60, em nosso entendimento, não foi revogado pela Lei n. 9.714/98 (vide, no art. 44, notas *Não revogação tácita do art. 60, § 2º, do CP* e *Coexistência do novo § 2º do art. 44 com o § 2º do art. 60*).

- **Noção:** Com a reforma de 1984, passaram a existir dois tipos de penas de multa: *1. Como pena comum.* Quando a pena pecuniária é prevista como *sanção específica* para algum ilícito penal, seja: *a. Isoladamente.* Se a pena de multa é a única prevista ou aplicada como sanção (ex.: LCP, arts. 37 e 38). *b. Alternativamente.* Nos casos em que a sanção do tipo permite ao juiz escolher entre a pena privativa de liberdade e a pena pecuniária (ex.: CP, art. 140). *c. Cumulativamente.* Quando ela é prevista na sanção para ser imposta cumuladamente (junto, sobreposta) com uma pena privativa de liberdade (ex.: CP, art. 138). *2. Como pena substitutiva.* Nesta hipótese, a pena de multa vem *substituir* uma pena privativa de liberdade, de três formas: *a. Isoladamente.* Sozinha, a pena pecuniária substitui a pena privativa de liberdade não superior a seis meses, quando estiverem presentes as condições do art. 44, II e III, e § 3º (CP, art. 60, § 2º). *b. Alternativamente.* Na condenação superior a seis meses mas inferior a um ano, a pena privativa de liberdade pode ser substituída por multa *ou* por uma pena restritiva de direitos (CP, art. 44, § 2º, primeira parte, desde que preenchidos os requisitos dos seus incisos I, II e III e § 3º). *c. Cumuladamente.* Pode, então, ser aplicada junto com uma pena restritiva de direitos, servindo ambas (cumuladas) para substituir uma pena privativa de liberdade, superior a um ano e inferior a quatro (CP, art. 44, § 2º, segunda parte, presentes as condições dos seus incisos I, II e III e § 3º).

- **Cominação:** *1. Como pena comum.* A multa é prevista na sanção de certos tipos, quase sempre alternativa ou cumuladamente com uma pena privativa de liberdade. Para ser aplicada como pena comum, é imprescindível que haja cominação (previsão) expressa de sanção pecuniária para o crime pelo qual ela vai ser imposta. *2. Como pena substitutiva.* É desnecessário que a pena de multa esteja prevista na sanção do crime cuja pena privativa de liberdade ela vai substituir. Basta que a privativa seja fixada em quantidade que permita a substituição, e que estejam presentes as condições indicadoras da suficiência da substituição.

- **Limites da pena de multa:** A partir da reforma penal de 1984, as penas pecuniárias do CP (e da legislação especial, salvo se dispuser de modo contrário – art. 12) não são mais previstas em limites específicos para cada crime em que elas vêm cominadas. Quer como pena comum, quer como pena substitutiva, a multa tem por *limites* os que a lei estabelece nos arts. 49, § 1º, e 60, § 1º, do CP (*vide* nota, com igual título, no CP, art. 49).

- **Multas especiais:** *Vide* notas, sob essa rubrica, no art. 49 do CP.

- **Multa substitutiva:** *Vide* comentário ao CP, art. 60, § 2º.

Jurisprudência

- **Situação financeira do condenado:** Exclui-se a pena de multa em virtude da precária situação financeira do condenado (TRF da 2ª R., HC 26.417, *mv – DJU* 22.8.91, p. 19641). Se a situação econômica do acusado é boa e não são totalmente favoráveis as circunstâncias judiciais do art. 59, é incabível a fixação no mínimo legal (TJRS, *RT* 777/685). Se o condenado não é milionário, mas de classe média alta, reduz-se a multa imposta (TRF da 2ª R., Ap. 98.02.02.378-7/RJ, *mv – DJU* 15.9.98, p. 89, *in RBCCr* 24/315).

- **A pena de multa deve guardar proporção com a pena privativa de liberdade:** TJAL, Câmara Criminal, Ap. 0700699-53.2016.8.02.0067 AL, publicado 5.3.2020, j. 4.3.2020.

Capítulo III
DA APLICAÇÃO DA PENA

FIXAÇÃO DA PENA

Art. 59. O juiz, atendendo à culpabilidade, aos antecedentes, à conduta social, à personalidade do agente, aos motivos, às circunstâncias e consequências do crime, bem como ao comportamento da vítima, estabelecerá, conforme seja necessário e suficiente para reprovação e prevenção do crime:

I – as penas aplicáveis dentre as cominadas;

II – a quantidade de pena aplicável, dentro dos limites previstos;

III – o regime inicial de cumprimento da pena privativa de liberdade;

IV – a substituição da pena privativa da liberdade aplicada, por outra espécie de pena, se cabível.

Individualização da pena

- **Noção:** Com a rubrica *fixação da pena*, este art. 59 traça as principais regras que devem nortear o juiz no cumprimento do princípio da *individualização* da pena (CR, art. 5º, XLVI). Em obediência a esse princípio maior, a lei penal impõe, neste e noutros artigos, *regras precisas* que devem ser cuidadosa e fundamentadamente (CR, art. 93, IX) cumpridas. Manda o art. 59 do CP que o juiz estabeleça, conforme seja *necessário e suficiente* para a repressão e prevenção do crime cometido: *I. As penas aplicáveis dentre as cominadas*. Quando há diferentes espécies de penas previstas alternativamente, para a figura penal violada, deve-se, inicialmente, fazer a opção entre suas espécies (reclusão, detenção ou multa). *II. A quantidade de pena aplicável, dentro dos limites previstos*. Encontrada a espécie de pena aplicável (ou as aplicáveis cumulativamente) passa-se à fixação da *quantidade* a ser imposta, dentro dos limites previstos na lei (é a chamada *pena-base*). Tratando-se de pena privativa de liberdade, os limites são os indicados especificamente na sanção do tipo. Caso a espécie escolhida seja a pena de multa (expressamente cominada para o tipo), seus limites para a escolha da quantidade são os indicados nos arts. 49, *caput*, § 1º, e 60, § 1º, do CP. *Observação:* caso inexistam *circunstâncias* agravantes ou atenuantes (previstas nos arts. 61, 62, 65 e 66 do CP), nem causas de aumento ou de diminuição (referidas no art. 68 do CP e previstas na Parte Geral ou Especial do CP) a serem consideradas, aquela *pena-base* será a definitiva; todavia, se elas existirem, deve-se passar ao cálculo da pena (*vide* nota ao CP, art. 68), antes de prosseguir nas duas fases restantes deste art. 59. *III. O regime inicial de cumprimento da pena privativa de liberdade*. Se a pena a ser imposta pelo juiz for privativa de liberdade, cabe-lhe indicar o regime inicial para o seu cumprimento (regime fechado, semiaberto ou aberto), na forma prevista pelo art. 33 do CP (*vide* comentário a esse artigo). *IV. A substituição da pena privativa de liberdade aplicada, por outra espécie de pena, se cabível*. A pena privativa de liberdade encontrada pelo juiz pode ser substituível por outra espécie de pena, seja a de *multa* (CP, art. 60, § 2º), seja a *pena restritiva de direitos* (CP, arts. 43 e 44). Sendo cabível a substituição e havendo indicação de sua suficiência (CP, art. 44, II e III, e § 3º), o juiz procederá à substituição. Entre a substituição por pena restritiva de direitos e a concessão de *sursis*, a opção por aquela afigura-se mais benéfica (*vide* nota *Pena restritiva de direitos ou sursis?*, no art. 44 do CP).

- **Finalidades da pena (legitimidade do Direito Penal):** As finalidades da punição criminal dão legitimidade ao Direito Penal, justificam-no. Como dispõe este art. 59, a pena deve ser individualizada conforme o necessário e suficiente à reprovação do delito praticado (de forma proporcional, portanto), com vistas à prevenção geral positiva (reafirmando valores), à prevenção geral negativa (desestimulando que outros pratiquem crimes), à prevenção especial *positiva* mediante a ressocialização do condenado com vistas à sua reinserção social (LEP, art. 1º) e também à *prevenção especial negativa*, na medida em que, preso, não cometerá crimes que só poderiam ser praticados em liberdade. *Vide*, a propósito, comentários no art. 32 do CP, onde o tema é desenvolvido com profundidade.

- **Fundamentação:** A CR, além do princípio da individualização da pena (art. 5º, XLVI), estabeleceu, em seu art. 93, IX, o dever dos órgãos do Poder Judiciário no sentido de serem "fundamentadas todas as decisões, sob pena de nulidade". A fundamentação das decisões judiciárias é essencial como meio de controle (buscando evitar o arbítrio) e, ao mesmo tempo, como meio de legitimação e reafirmação das decisões pelos seus fundamentos, que devem encontrar concretude na prova dos autos e respaldo em nosso ordenamento jurídico. Trata-se de um dos fundamentos mais importantes da atuação estatal em um Estado Democrático de Direito.

- **Princípios da sanção penal:** *Vide* nota, sob este título, no art. 32 do CP.

- **Responsabilidade penal da pessoa jurídica e a falta de culpabilidade:** *Vide* notas *A conduta dos entes morais e o Direito Penal* e *Responsabilidade penal da pessoa jurídica no Direito Brasileiro* no art. 13 do CP.

Circunstâncias judiciais

- **Noção:** Como se anotou no art. 30 do CP, *circunstâncias* são dados ou fatos (subjetivos ou objetivos) que estão ao redor do crime, mas cuja ausência não exclui o tipo penal, pois não lhe são essenciais, embora interfiram na pena. São denominadas *circunstâncias judiciais* as indicadas no *caput* deste art. 59. Ao lado delas, existem as chamadas *circunstâncias legais*, que são as agravantes e atenuantes (CP, arts. 61, 62, 65 e 66), que ainda serão consideradas no cálculo da pena (CP, art. 68), após a fixação da *pena-base*, nos termos deste art. 59.

- **As circunstâncias judiciais:** São aquelas apontadas no *caput* do artigo ora em exame: culpabilidade, antecedentes, conduta social e personalidade do agente; motivos, circunstâncias e consequências do crime; comportamento da vítima. Tais circunstâncias formam um verdadeiro *conjunto*, devendo-se apreciar *todas elas*, em relação a *cada acusado*. São muito importantes as circunstâncias judiciais, pois é por meio delas que o juiz encontrará a pena-base, bem como se norteará nas demais fases da fixação da pena (incisos I a IV deste art. 59). Por isso mesmo, a decisão do juiz deve ser *fundamentada* (CR, art. 93, IX), sendo-lhe defeso aplicar a pena-base arbitrariamente (ou com remissões genéricas e abstratas). Também não pode, *sem o devido esclarecimento de suas razões de decidir*, optar por pena alternativa mais severa, fixá-la acima do limite mínimo, optar por regime inicial pior do que o permitido, ou negar a substituição da pena, quando cabível.

- **Sem dupla valoração:** Algumas das circunstâncias judiciais do *caput* deste art. 59 podem surgir, também, como circunstâncias legais (agravantes ou atenuantes), ou mesmo como causas de aumento ou diminuição da pena. Por isso, deve-se tomar muito cuidado para que elas não sejam consideradas duas vezes, pois redundaria em *inadmissível dupla valoração* da mesma circunstância ou causa. Nesse sentido, dispõe a Súmula 241 do STJ: "A reincidência penal não pode ser considerada como circunstância agravante e, simultaneamente, como circunstância judicial". Acerca do princípio *ne bis in idem*, *vide* comentários ao art. 8º do CP.

- **Culpabilidade, antecedentes, personalidade, conduta social e o chamado "direito penal do autor":** A análise das circunstâncias pessoais do agente não se confunde, evidentemente, com o inaceitável "direito penal do autor", ínsito às ditaduras, em que as pessoas são punidas em razão de sua "personalidade criminosa", pelo perigo que sua "personalidade" representaria à sociedade, e não em razão de terem, efetivamente, cometido um ilícito penal, que é característica do Direito Penal moderno, fundado no valor da dignidade humana e priorizando a tutela das liberdades individuais (*direito penal do fato*) – *vide*, a propósito, comentários ao art. 13 do CP. Feita a ressalva, observamos que, ao se analisarem as condições pessoais do condenado, os seus antecedentes, a sua personalidade e conduta social, é imprescindível que se leve em consideração seu grau de instrução, condição social, vida familiar e pregressa, bem como sua cultura e meio em que vive. Isto porque, o que se julga em um processo é, sobretudo, o homem acusado da prática de um ilícito penal e não um fato descrito isoladamente na denúncia ou queixa, de forma fria e técnica, o qual, por vezes, retrata um episódio único e infeliz em meio a toda uma vida pautada pelo respeito ao próximo.

- **A. Culpabilidade do agente:** Como anotamos nos comentários ao art. 29, a *culpabilidade* é a consciência da ilicitude da conduta praticada pelo agente, somada à possibilidade dele agir de forma diversa, daí advindo o juízo de *reprovabilidade*. Como determina o art. 59 do CP, o juiz deve aferir o maior ou menor índice de reprovabilidade do agente pelo fato criminoso praticado, não só em razão de suas condições pessoais, como também em vista da situação de fato em que ocorreu a indigitada prática delituosa, sempre levando em conta a conduta que era exigível do agente, na situação em que o fato ocorreu.

- **A.1. "Dolo intenso", "dolo preordenado", "dolo antecedente",** *"dolus malus"***, "dolo maligno":** Na antiga Escola Clássica, o dolo e a consciência da ilicitude eram pressupostos do juízo de culpabilidade, estando fora do tipo penal. Assim, naquela época, ao avaliar a culpabilidade do agente se falava em "dolo intenso", "dolo preordenado", "dolo antecedente", *"dolus malus"*, "dolo maligno", intenção criminosa" etc. Hoje, na teoria finalista adotada por nosso Código, o dolo foi para o tipo penal, como seu elemento subjetivo, sendo *separado da consciência da ilicitude* que continuou na culpabilidade. Desse modo, como o dolo atualmente integra o próprio tipo penal, já estando valorado na conformação do tipo, considerações sobre o dolo não podem levar ao agravamento da pena. Exemplo é o crime de estelionato (CP, art. 171), onde o chamado "dolo preordenado" ou "dolo antecedente" é característico tipo penal. *Vide*, de forma aprofundada, nossas notas ao art. 18 do CP.

- **A.2. Culpabilidade e a necessária ênfase à psicologia judiciária:** Em nosso entendimento, para que se possa acusar, defender e, sobretudo, julgar o próximo, é fundamental não só o estudo da sociologia jurídica, mas, com especial enfoque no art. 59 do CP, o estudo da psicologia, para ao menos buscar compreender o porquê determinada pessoa cometeu um crime. Somente a partir dessa busca é que se poderá efetivamente valorar a sua conduta ilícita. Lembramos, aqui, a lição do Professor de Psiquiatria da Universidade de Barcelona, Espanha, EMILIO MIRA Y LOPEZ: "Não é possível julgar um delito sem compreendê-lo, mas para isso é necessário não só conhecer os antecedentes da situação, mas também o valor de todos os fatores determinantes da reação pessoal (...) e esta é a obra psicológica que compete ao jurista realizar se quiser merecer este nome". E continua: "Dois delitos aparentemente iguais e determinados pelas mesmas circunstâncias podem, todavia, ter um significado inteiramente distinto e devem, por conseguinte, ser julgados e penalizados de um modo absolutamente diferente. (...) A sanção não deve ser uma vingança que a sociedade adota contra o indivíduo que a ofendeu, mas sim um recurso mediante o qual aquela busca conseguir que este recobre ulteriormente a normalidade de sua conduta (...). Para o psicólogo (...) o delito é um episódio incidental; para o jurista é, na maioria dos casos, o tema central de sua atuação. (...) O futuro de um delinquente está menos condicionado à qualificação que o seu delito encontre no Código, do que pela ação que os acontecimentos provocados pela intervenção criminológica exerçam em sua consciência moral. Considerando o delito sob o ponto de vista psicológico, chegamos à conclusão de que o seu cometimento representa uma consequência absolutamente lógica e fatal do conflito de forças e fatores que o determinam" (*Manual de Psicologia Juridica*, 2ª ed., Buenos Aires, Livraria El Atheneo, 1945, pp. 117-118).

- **B. Circunstâncias do crime:** São as circunstâncias que cercaram a prática da infração penal e que podem ser relevantes no caso concreto (lugar, maneira de agir, ocasião etc.). Note-se, também quanto a estas, que não devem pesar aqui certas circunstâncias especialmente previstas no próprio tipo ou como circunstâncias legais ou causas especiais (exs.: repouso noturno, lugar ermo etc.), para evitar dupla valoração (*bis in idem*).

- **C. Antecedentes do agente:** São os fatos anteriores de sua vida, incluindo-se tanto os antecedentes bons como os maus. Serve este componente especialmente para verificar se o delito foi um episódio esporádico na vida da pessoa ou se ela, com frequência ou mesmo habitualmente, infringe a lei:

- **C.1. Simples folha de antecedentes ou certidão do distribuidor:** Nos termos da Súmula 636 do STJ, "A folha de antecedentes criminais é documento suficiente a comprovar os maus antecedentes e a reincidência". Com a edição desta súmula, ficou superada a anterior jurisprudência que exigia certidões dos cartórios das Varas para as quais foram distribuídos os inquéritos e outros feitos.

- **C.2. Processos ou inquéritos em curso, mesmo com indiciamento:** Não devem ser considerados como maus antecedentes, diante da garantia da presunção de inocência (CR, art. 5º, LVII; PIDCP, art. 14, 2; CADH, art. 8º, 2, primeira parte).

- **C.3. Processos com absolvição ou inquéritos arquivados:** Não podem ser pesados em desfavor do agente, pois há a presunção de sua inocência.

- **C.4. Processos com prescrição:** Tratando-se da extinção da punibilidade em razão da prescrição da "pretensão punitiva", não devem ser considerados contra o agente.

- **C.5. Fatos posteriores ao crime:** A conduta posterior ao crime, sem ligação com este, é estranha ao fato que está sendo julgado e não pode, por isso, ser nele considerada.

- **C.6. Condenação por fato anterior, transitada em julgado *após* o novo fato:** Embora não gere reincidência, sendo o acusado, como se costuma dizer de forma imprópria, "tecnicamente primário", pode ser considerada como mau antecedente. Esta, a nosso ver, em face da garantia constitucional da presunção de inocência, é hoje a única hipótese que pode ser considerada como mau antecedente.

- **C.7. Condenação transitada em julgado antes do novo fato que está sendo decidido:** Como gera reincidência (CP, arts. 61, I, e 63), não deverá ser considerada, ao mesmo tempo, mau antecedente, para não constituir *bis in idem*.

- **C.7.1. Maus antecedentes perpétuos (crítica):** Apesar de a Constituição da República expressamente proibir penas de caráter perpétuo (art. 5º, XLVII, *b*), sendo a reintegração social do condenado, mediante sua ressocialização (prevenção especial positiva) um dos fundamentos da pena (cf. nossos comentários ao art. 32 do CP), o STF, por seu Tribunal Pleno, ao julgar o Recurso Extraordinário n. 593.818 na data de 18.8.2020, em decisão que significa um grande *retrocesso*, decidiu, sob a justificativa de que o princípio da isonomia imporia diferenciar o cidadão que nunca teve uma condenação criminal (este como possuidor de bons antecedentes), daquele que já teve contra si proferido édito condenatório em sua vida, *ainda* que passados o prazo depurador do art. 64, I, do CP e estando reabilitado (possuidor de maus antecedentes). Desse modo, o prazo depurador de cinco anos teria, *somente*, o condão de afastar o agravamento da pena *pela reincidência do art. 64*, jamais os maus antecedentes referidos neste art. 59, tornando-os *perpétuos*. A tese fixada foi a seguinte: "Não se aplica ao reconhecimento dos maus antecedentes o prazo quinquenal de prescrição da reincidência, previsto no art. 64, I, do Código Penal". Foram votos vencedores da tese punitivista da perpetuidade dos maus antecedentes: Ministros Luís Roberto Barroso (relator), Carmen Lúcia, Rosa Weber, Edson Fachin, Luiz Fux e Alexandre de Moraes. Ficaram vencidos os Ministros Ricardo Lewandowski, Marco Aurélio, Gilmar Mendes e Dias Toffoli. Não participou do julgamento o Ministro Celso de Mello, que possui conhecida posição no sentido da divergência. Como muito bem afirmou o Ministro Gilmar Mendes, em seu voto vencido, proclamou-se "que o cidadão permanecerá indefinidamente com a 'espada de Dâmocles sobre a cabeça', afastando-se, em última análise, a esperança, elemento indispensável à evolução, à ressocialização do homem". O recrudescimento do STF, nos últimos anos, tem chegado a extremos como o do caso em tela, decidindo-se de forma contrária a precedentes de caráter democrático e liberal que vinham sendo adotados há décadas. O entendimento que saiu vitorioso neste julgamento da Suprema Corte driblou a proibição constitucional da perpetuidade de uma condenação, o que deveria incluir os seus *efeitos*, afirmando serem *perpétuos* os maus antecedentes. Desse modo, uma pessoa condenada por um crime aos 20 anos, não importa qual, ainda que cumprida a pena e considerada reabilitada criminalmente, e passados o prazo prescricional da reincidência, se por acaso se envolver em outro crime, aos 50 anos de idade, terá contra si os maus antecedentes por uma condenação ocorrida há três décadas, fazendo-nos lembrar, guardadas as proporções, das chamadas *penas expressivas* do Direito Laico europeu nos séculos XII a XVI, dentre as quais havia ao lado da amputação de membros, *a marca com ferro quente* (vide nossos comentários sobre a história do Direito Penal no início desta obra). A mesma *perpetuidade* que o ferro em brasa com o símbolo da Flor de Lis acompanhava os condenados franceses por toda a sua vida, os *maus antecedentes* gerados por uma condenação criminal transitada em julgado acompanharão os brasileiros por toda a sua existência, independentemente de sua reabilitação. Será, sempre, um mau cidadão.

- **C.8. Durante a menoridade:** Reputamos inadmissível considerar, contra o agente, fatos ocorridos anteriormente à sua maioridade penal.

- **C.9. Acordo de não persecução, composição civil e transação penal:** A Lei n. 9.099, de 26.9.95, que criou os Juizados Especiais Criminais Estaduais, instituiu, entre nós, a composição civil e a transação penal para as infrações de menor potencial ofensivo. A composição homologada importa renúncia ao direito de queixa ou de representação e, evidentemente, não tem o condão de gerar maus antecedentes. Quanto à transação penal, aceita a proposta pelo acusado, a pena imposta não importará em reincidência, nem constará de certidão de antecedentes criminais (art. 76, §§ 4º e 6º), não constituindo, igualmente, mau antecedente. O mesmo ocorre com o acordo de não persecução do art. 28-A, inserido pela Lei n. 13.964/2019, cujo §12 é expresso em referir que o acordo não constará de certidão de antecedentes criminais.

- **C.10. Suspensão condicional do processo:** Este instituto, criado pela Lei n. 9.099/95, prevê a suspensão do processo, por dois a quatro anos, para os crimes em que a pena privativa de liberdade mínima cominada seja igual ou inferior a um ano, ou, ainda que superior, se houver previsão de pena de multa alternativa ("ou multa"), conforme entendimento jurisprudencial pacificado no STJ. Assim, uma vez preenchidos os requisitos previstos em seu art. 89, *caput* e §§ 1º e 2º, caberá a suspensão. Proposta pela acusação, ao oferecer a denúncia ou queixa, e aceita pelo acusado, o processo suspenso não deverá ser considerado como mau antecedente, ainda que não expirado o período de prova. Aliás, se em face da garantia da presunção de inocência não se aceita que processos em andamento ou condenações não passadas em julgado venham a constituir maus antecedentes, seria ilógico considerar como tais processos suspensos.

- **C.11. Processos suspensos em face do art. 366 do CPP:** Pelas mesmas razões, não pode gerar maus antecedentes o fato de o acusado possuir, em seu histórico, um processo penal suspenso, bem como o curso da prescrição, em razão de não haver sido localizado e, uma vez citado por edital, não ter comparecido e tampouco constituído defensor.

- **D. Conduta social do agente:** Abrange seu comportamento no trabalho e na vida familiar, ou seja, seu relacionamento no meio onde vive.

- **E. Personalidade do agente:** Diz respeito à sua índole, à sua maneira de agir e sentir, ao próprio caráter do agente. Deve-se averiguar se o crime praticado se afina, ou não, com a individualidade psicológica do agente, caso em que sua personalidade poderá pesar em seu desfavor ou, ao contrário, em seu favor.

- **F. Motivos do crime:** São as razões que moveram o agente a cometer o crime. Deve-se atentar para a maior ou menor reprovação desses motivos. A circunstância, embora seja mais questionada nos delitos dolosos, excepcionalmente pode sê-lo nos culposos. Observe-se que não devem refletir, nesta fase, certos motivos (torpe, fútil, para assegurar a execução de outro crime etc.) que já estão especialmente classificados como *circunstâncias legais, causas de aumento ou diminuição da pena ou mesmo qualificadoras*. Lembramos ser totalmente descabido aumentar a pena do condenado por crime contra o patrimônio, como o estelionato, alegando ter ele agido com intuito de lucro fácil, por ser elementar do crime.

- Consequências do crime: São os efeitos da conduta do agente, o maior ou menor dano (ou risco concreto de dano) para a vítima ou para a própria coletividade. Tratando-se de delito culposo, as consequências não devem influir.

- Comportamento da vítima: Também pode refletir-se na censurabilidade da conduta delituosa. À primeira vista, parece que este dispositivo apenas serve para abrandar a sanção penal. Todavia, o CP brasileiro, ao contrário do que já fazia o português mesmo antes das reformas de 1994 e 1995, não considera o comportamento da vítima como atenuante, mas o inclui entre as *circunstâncias judiciais*. Assim sendo, em nossa opinião, o comportamento do ofendido deve ser apreciado de modo *amplo* no contexto da censurabilidade da conduta do agente, não só a diminuindo, mas também aumentando-a, eventualmente. Não deve ser igual a censura que recai sobre quem furta as joias preciosas e fulgurantes que uma senhora ostenta e deixa sobre uma mesa ao mergulhar em uma piscina, e a responsabilidade de quem desvia recursos, por exemplo, para o combate à pandemia da COVID-19. A atitude da ofendida que deixa suas joias sem vigilância – embora não justifique o furto – pode diminuir o grau de reprovabilidade da conduta do agente. Além de figurar entre as circunstâncias judiciais, o comportamento da vítima aparece como circunstância atenuante no art. 65, III, *c*, última parte, do CP ("... sob a influência de violenta emoção, provocada por *ato injusto da vítima* ...") e como causa de diminuição de pena no homicídio privilegiado, previsto no art. 121, § 1º, do CP ("sob o domínio de violenta emoção, logo em seguida a *injusta provocação da vítima* ...").

- **A velha e não mais existente "revelia" (a atual inatividade do acusado durante o processo):** O fato de o acusado "não colaborar" com as autoridades encarregadas da persecução penal, inclusive silenciando ou não comparecendo às audiências, não pode, evidentemente, ser motivo de agravamento da pena, havendo precedentes jurisprudenciais no sentido de que a chamada "revelia" não pode ser considerada uma "circunstância judicial" gravosa. Cumpre registrar, aqui, que *não existe revelia no processo penal brasileiro*, considerada, esta, a total omissão do acusado em comparecer e atuar no processo (cf. ROBERTO DELMANTO JUNIOR, *Inatividade no Processo Penal Brasileiro*, São Paulo, Revista dos Tribunais, 2004, pp. 154 e ss.). Isso por dois motivos: o primeiro, de que o acusado encontra-se, sempre, representado por defensor (constituído ou nomeado), o qual postula em seu nome; o segundo, porque o acusado tem o direito público subjetivo de silenciar e de não colaborar com o processo que contra ele é movido (*nemo tenetur se detegere*), não podendo o exercício do seu direito à inatividade (seja ela a ausência a determinado ato, a sua presença inerte, ou a sua total omissão em comparecer e atuar, sequer constituindo defensor) ser censurado com a pecha de "revel" ou "contumaz" (para os espanhóis *rebeldia*), a ser "purgada" com o futuro comparecimento do acusado. Nesse sentido, decidiu a Desembargadora ANGÉLICA DE ALMEIDA, do TJSP, ao conceder liminar nos autos do HC 01059666-3/8, j. 15.2.2007, salientando que "pode o acusado optar por não exercer diretamente sua defesa, quer pelo não comparecimento ao interrogatório ou a instrução do processo. Todavia, daí não se pode concluir que o acusado deixa de atuar no processo em juízo. Por conseguinte, não há que se falar em revelia".

- **Negativa de autoria e imputação a outrem:** O fato do acusado negar a imputação ou responsabilizar outrem pelo crime de que é acusado, como um irmão ou um conhecido falecido, *jamais* poderá influir negativamente no cálculo da pena, estando ele protegido pela garantia constitucional da ampla defesa, e pelo princípio *nemo tenetur se detegere*, abrangido pelo direito ao silêncio. Não obstante, esporadicamente tem-se verificado a presença de precedentes aumentando a pena de acusado que teria tido a "desfaçatez de negar o crime" (TJSP, Ap. 0001973-84.2004.8.26.0281, j. 24.7.2014) ou que responsabilizou irmão falecido (STF, RHC 119.965 j. 22.4.2014 *DJe* 30.10.2014).

Tabela geral das substituições

- **Observação:** A reforma penal de 1984 possibilitou uma variada gama de substituições para as penas privativas de liberdade, quando estas forem fixadas até determinadas quantidades e existirem os pressupostos subjetivos indicadores da suficiência dessa substituição. A Lei n. 9.714/98, por sua vez, aumentou o número de penas restritivas de direitos e a sua incidência. Para maior facilidade de consulta, incluímos neste art. 59, que trata da fixação da pena, uma *tabela* indicadora das possibilidades de substituição.

- **Tabela:** Na tabela a seguir, são indicadas as possibilidades de substituição da pena privativa de liberdade fixada (reclusão, detenção ou prisão simples) por penas de multa ou restritivas de direitos, com seus respectivos fundamentos legais. Deve-se lembrar que, além dos *requisitos objetivos* da substituição assinalados na tabela (tipo de crime e/ou pena fixada), *são necessários mais dois requisitos*, estes de natureza *subjetiva*: 1. *Réu não reincidente em crime doloso* (CP, art. 44, II), admitindo-se a substituição em caso de reincidência genérica, desde que, em face da condenação anterior, ela seja socialmente recomendável, ou se, ainda que específica, já houver decorrido o prazo depurador de cinco anos entre a data do cumprimento ou extinção da pena e a data da nova infração (CP, art. 64, I). 2. *Suficiência da substituição*, indicada pela culpabilidade, antecedentes, conduta social e personalidade do acusado, e também pelos motivos e circunstâncias do crime (CP, art. 44, III).

SUBSTITUIÇÕES DA PENA PRIVATIVA DE LIBERDADE POR MULTA OU PENA RESTRITIVA DE DIREITOS			
N.	Tipo de crime	Requisitos legais	Pena fixada	Substituição por
1	Crime doloso cometido com ou sem violência contra pessoa ou grave ameaça (art. 60, § 2º)	A – Não reincidência em crime doloso (art. 44, II). *Exceção:* igual à do n. 2 (*vide*, a respeito, nota ao art. 60, § 2º, intitulada *2º Requisito*). B – A culpabilidade, os antecedentes, a conduta social e a personalidade do agente, bem como os motivos e as circunstâncias indicarem que a substituição é suficiente (art. 44, III).	Pena não superior a seis meses (art. 60, § 2º)	Multa
2	Crime doloso cometido sem violência contra pessoa ou grave ameaça (art. 44, I)	A – Não reincidência em crime doloso (art. 44, II). *Exceção:* reincidência não específica em crime doloso + ser a substituição, em face da condenação anterior, socialmente recomendável (art. 44, § 3º). B – A culpabilidade, os antecedentes, a conduta social e a personalidade do agente, bem como os motivos e as circunstâncias, indicarem que a substituição é suficiente (art. 44, III).	Pena privativa de liberdade superior a seis meses, mas igual ou inferior a um ano (art. 44, § 2º, primeira parte)	Multa ou uma pena restritiva de direitos
3	*Idem*	*Idem*	Pena privativa de liberdade superior a um ano e inferior ou igual a quatro (art. 44, § 2º, segunda parte)	Uma pena restritiva de direitos e multa, ou duas penas restritivas de direitos
4	Crime culposo (art. 44, I, *in fine*)	A culpabilidade, os antecedentes, a conduta social e a personalidade do agente, bem como os motivos e as circunstâncias indicarem que a substituição é suficiente (art. 44, III)	Pena igual ou inferior a seis meses (art. 60, § 2º)	Multa
5	*Idem*	*Idem*	Pena privativa de liberdade superior a seis meses, mas igual ou inferior a um ano (art. 44, § 2º, primeira parte)	Multa ou uma pena restritiva de direitos
6	*Idem*	*Idem*	Pena superior a um ano (art. 44, § 2º, segunda parte)	Uma pena restritiva de direitos e multa, ou duas penas restritivas de direitos

Observações

- A) Quanto à *não revogação* tácita do art. 60, § 2º, do CP pela Lei n. 9.714/98, *vide* nota no art. 44.

- B) Os delitos culposos de trânsito são objeto de lei especial, que prevê a suspensão ou a proibição de se obter a permissão ou habilitação para dirigir veículo automotor como penalidade aplicada isolada ou cumulativamente, e não como pena substitutiva (Lei n. 9.503/97, art. 292). Não obstante, a substituição das penas privativas de liberdade por outras penas restritivas de direitos previstas no art. 43 do CP – que não a interdição de direito para dirigir veículo – é possível.

- C) Os crimes contra o meio ambiente também estão previstos em lei especial, que estabelece penas substitutivas com critérios próprios, inclusive para as pessoas jurídicas (Lei n. 9.605/98).

- D) Nas comarcas onde não for possível a execução da prestação de serviços à comunidade ou a entidade pública e da limitação de fim de semana, permitiu a Lei n. 7.209/84, art. 3º, parágrafo único, que se optasse pelo *sursis* (CP, art. 77).

- E) Em se tratando de crime cometido no exercício de profissão, atividade, ofício, cargo ou função, sempre que houver violação dos deveres que lhes são inerentes, o art. 56 determina que a pena restritiva de direitos seja a da interdição temporária de direitos dos incisos I ou II do art. 47 do CP.

- F) No caso de condenação por crime decorrente de violência doméstica ou familiar contra mulher, estatui o art. 17 da Lei n. 11.340/2006 que "é vedada a aplicação ... de penas de cesta básica ou outras de prestação pecuniária, bem como a substituição de pena que implique o pagamento isolado de multa".

Jurisprudência

- **Fundamentação da pena:** A fundamentação é exigida, sob pena de nulidade, não só pelo CPP (art. 381, III), como também pela própria CR (art. 93, IX) (STF, HC 69.013, *DJU* 1º.7.1992, p. 10556). A ofensa ao dever constitucional de fundamentar as decisões judiciais gera a nulidade do julgamento efetuado por qualquer órgão do Poder Judiciário (STF, *RT* 686/401). É nula a sentença que fixa a pena-base em quase o dobro da mínima cominada sem demonstração objetiva da necessidade de tal intensidade (STJ, HC 9.917/CE, *DJU* 19.2.2001, pp. 239-240, *in RBCCr* 34/307). Sendo todas as circunstâncias judiciais favoráveis, deve a pena base ser aplicada no mínimo legal, mormente quando razoável e necessária à reprovação e prevenção do delito (TJMG, Ap. 100261140001269001, *DJe* 14.12.2018). Se a pena-base foi fixada de forma exagerada pela primeira instância, não se acolhe o pedido de majoração, operando-se a sua redução *ex officio* (TJMG, Ap. 1.0525.08.132243-6/001, j. 19.6.2012, *DJ* 29.6.2012). O juiz deve demonstrar como chegou à pena que impôs e explicar como a individualizou (TA-CrSP, *Julgados* 85/79,85/343), não sendo suficientes meras referências genéricas às circunstâncias abstratamente elencadas no art. 59 do CP (STF, HC 69.141, *DJU* 28.8.92, p. 13453; HC 85.033-2, *DJU* 27.5.2005; TRF da 3ª R., Ap. 26.076, *DJU* 23.11.94, p. 67692) ou o uso de critérios subjetivos, de todo distanciados dos parâmetros legais (STF, HC 69.419, *DJU* 28.8.92, p. 13455, *in RBCCr* 0/248) ou, ainda, de expressões vagas e infundadas como "personalidade voltada para o crime", "processo sentenciado" e "ação em andamento" (STJ, HC 9.526/PB, *DJU* 8.11.99, p. 83, *in RBCCr* 30/320). A decisão condenatória deve deixar claro se o agravamento deu-se pela existência de circunstância legal (reincidência) ou judicial (maus antecedentes) (STF, HC 69.731, *DJU* 16.4.93, p. 6433, *in RBCCr* 3/256). Não basta que o juiz afirme serem desfavoráveis as condições do art. 59, sendo necessário que destaque, motivadamente, os fatores que explicam o aumento da pena acima do mínimo (STF, *RT* 607/396). Não pode o juiz firmar-se tão só nos antecedentes para fixar a pena-base, exigindo a avaliação das outras circunstâncias do art. 59 do CP, sob pena de nulidade (TJPR, PJ 41/218). Todas as circunstâncias do art. 59 do CP devem ser analisadas, sob pena de nulidade (TJGO, *RGJ* 9/133, 10/113-4; TAPR, PJ 40/357; STJ, HC 8.944/RJ, *DJU* 16.11.99, p. 228, *in RBCCr* 30/319), não bastando invocar a continuidade delitiva para fixar a pena-base acima do mínimo legal (STJ, HC 11.192/DF, *DJU* 13.11.2000, p. 158, *in Bol. IBCCr* 97/501). Devem as circunstâncias judiciais ser individualizadas para cada corréu (TJGO, *RGJ* 10/113), sendo nula a fixação da pena-base, acima do mínimo, de forma conjunta para os vários corréus (STJ, HC 30.774, *RT* 852/516; TJAP, *RT* 853/590). É direito do acusado que a sentença condenatória registre a sua condição, se é primário ou não, se tem bons antecedentes ou não (STJ, RHC 2.589, *DJU* 10.5.93, p. 8642). Se o juiz não apresentou fundamentação objetiva e adequada para justificar a exasperação da pena-base, impõe-se a sua fixação no mínimo legal (TJCE, 3ª CCrim, Ap. 0791716-37.2014.8.06.0001 CE, publicação 17.12.2019, j. 17.12.2019).

▪ **Pena-base:** *a. É indispensável, sob pena de nulidade,* a fixação da pena-base, com apreciação e fundamentação das circunstâncias judiciais, sempre que a pena for aplicada *acima do mínimo* legal (STF, *RTJ* 121/101; HC 67.801, *DJU* 23.3.90, p. 2086; HC 67.873, *DJU* 4.5.90, p. 3696; *RT* 641/378; STJ, HC 9.917/CE, *DJU* 19.2.2001, pp. 239-240, *in RBCCr* 34/307; HC 8.109/DF, *DJU* 14.8.2000, p. 180, *in RBCCr* 32/334; REsp 10.534, *DJU* 2.9.91, p. 11819; TRF da 1ª R., Ap. 15.821, *DJU* 20.10.94, p. 60003, *in RBCCr* 9/206; TJDF, HC 6.650, *DJU* 23.11.94, p. 14629; TJCE, *RT* 779/619; TJPR, *RT* 779/636). Anula-se apenas a fixação da pena, mantida a condenação, para que outra seja fixada pela autoridade coatora (STF, HC 70.250, *mv – DJU* 3.9.93, p. 17744). Não obstante reconhecer-se certa discricionariedade na dosimetria da pena, tem-se como indispensável a sua fundamentação para exacerbá-la, com base em dados concretos e em eventuais circunstâncias desfavoráveis do art. 59 do CP. A simples referência ao fato do condenado estar respondendo a outro processo criminal não pode ser considerada suficiente para exasperar a pena, anulando-se parcialmente a sentença tão somente quanto à dosimetria da pena para que outra seja motivadamente fixada (STJ, HC 17.901/PE, *DJU* 4.2.2002, p. 442, *in Bol. IBCCr* 118/641). *Contra,* em parte: pode haver redução da pena em grau de recurso (STF, *RTJ* 119/1051; RHC 67.294, *DJU* 12.5.89, p. 7793; HC 67.590, *DJU* 15.9.89, p. 14512). *b. É indispensável* a indicação da pena-base, quando a condenação é por mais de um crime, ou há aplicação de aumentos devido ao concurso de crimes ou delito continuado (STF, *RT* 585/424; TAMG, *RT* 602/393; TJSP, *RJTJSP* 105/441; TACrSP, *Julgados* 82/99). *c. É dispensável,* quando a pena for aplicada no mínimo legal (STF, RHC 64.682, *DJU* 13.3.87, p. 3881; RHC 59.750, *DJU* 21.5.82, p. 4870; STJ, REsp 44.866, *DJU* 29.8.94, p. 22209; TRF da 1ª R., Ap. 712, *DJU* 29.10.92, p. 34862; TACrSP, *Julgados* 79/92; TAMG, Ap. 16.295, j. 29.11.88), a menos que ocorra causa especial de diminuição de pena (STJ, REsp 44.866, *DJU* 29.8.94, p. 22209, *in RBCCr* 8/224).

▪ **Exasperação da pena-base:** Na fixação da pena-base, o magistrado deve observar o disposto no art. 59, que prevê oito circunstâncias judiciais a serem devidamente analisadas. Ainda que nem todas as circunstâncias sejam favoráveis, a pena-base não pode ser fixada de maneira exacerbada, vez que deve atender os fins a que se destina (prevenção e repressão) e a majoração excessiva distancia a pena de suas reais finalidades (TJMG, Ap. 1.0511.06.010060-5/001, *DOE* 12.2.2008, *in Bol. IBCCr* 184, p. 1159; STJ, REsp 886.566, *DJU* 15.4.2008). A exasperação da pena base está subordinada ao princípio da suficiência. Não se deve restringi-la à existência de precedentes policiais ou judiciais, devendo-se levar em conta, na aferição dos antecedentes, a vida social e familiar do réu e sua inclinação para o trabalho (TRF da 5ª R., Ap. 2006.05.00.008016-4, *DJU* 29.10.2007, *in Bol. IBCCr* 181/1134). Em caso de infanticídio, embora reprovável a conduta da genitora, se a culpabilidade não ultrapassa a prevista no tipo penal, não deve haver incremento da pena-base, como no caso de seu envolvimento com pessoa casada ou outras reprovações de cunho moral (TJDF, Ap. 0036504-84.2010.08.07.0001, *DJe* 5.3.2018).

▪ **Uso de majorante sobejante para fundamentar o aumento da pena-base:** Admite-se a valoração de majorantes sobejantes, não utilizadas para aumentar a pena na terceira fase da dosimetria, como circunstância judicial do art. 59 do Código Penal. Na espécie, foram duas causas de aumento reconhecidas, sendo uma delas o emprego de arma – utilizada para justificar o aumento da pena-base, como circunstâncias do crime, e a outra, o concurso de agentes – para caracterizar a majorante do roubo e aumentar a sanção na terceira fase da dosimetria. Em se tratando de duas circunstâncias distintas, não há falar em *bis in idem* (STJ, 6ª T., AgRg no REsp 1.770.694 AL 2018/0259636-5, *DJe* 14.5.2019, j. 7.5.2019).

- **Conhecimento da ilicitude não é argumento para aumentar a pena-base:** "O potencial conhecimento da ilicitude é o que se presume de todo agente, até porque, via de regra, 'o desconhecimento da lei é inescusável' na forma do art. 21 do Código Penal. A reprovabilidade da conduta é intrínseca ao tipo penal. Somente quando a conduta do agente extrapola esse juízo natural de reprovabilidade é que pode a culpabilidade receber análise negativa, justificando o aumento da pena na primeira fase da dosimetria o que, entretanto, não se verifica na hipótese dos autos" (STJ, AREsp. 1.185.594/DF, rel. Min. Saldanha Palheiros, j. 30.11.2017).

- **Fundamentação na escolha da modalidade de pena:** É nula a sentença que condena o réu, cumuladamente, a pena privativa de liberdade e multa, quando a lei as comina alternativamente (STF, *RT* 601/446). Se a lei prevê penas alternativas ao crime, não pode o juiz optar pela mais grave delas, sem fundamentar sua escolha (TACrSP, *Julgados* 86/373, 74/71, *RT* 593/357). *Vide*, também, jurisprudência no art. 43 do CP.

- **Substituição por pena restritiva ou multa:** *Vide* jurisprudência dos arts. 44 e 60, § 2º, do CP.

- *Ne bis in idem*: O juiz não pode valer-se dos mesmos fatos levados em consideração no exame das circunstâncias judiciais para decidir pela condenação e, depois, com base neles agravar a pena (STF, *RT* 785/526; HC 80.066/MG, j. 13.6.2000, Inf. STF n. 193, in Bol. IBCCr 93/470; HC 78.192-5/RJ, *mv – DJU* 20.10.2000, p. 2792, *in Bol. IBCCr* 97/500; HC 76.665-3/SP, *DJU* 4.9.98. p. 4, *in RBCCr* 24/314; HC 76.285-6, *DJU* 19.11.99, p. 54, *in RBCCr* 30/319). A dupla valoração da reincidência, enquanto circunstância judicial e enquanto circunstância legal, não deve ser admitida, sob pena de inaceitável *bis in idem* (TRF da 3ª R., Ap. 99.020, *DJU* 28.9.94, p. 54981, *in RBCCr* 8/225; TJMS, *RT* 688/344; TACrSP, *RT* 777/609; RvCr 392.768/4, j. 20.3.2002, *in Bol. IBCCr* 118/644). O fato de o acusado ser reincidente não pode ser considerado para a fixação da pena-base e também como agravante (TRF da 4ª R., Ap. 1999.7107001800-5, j. 2.3.2004, *mv – DJU* 10.3.2004, p. 552, *in Bol. IBCCr* 143/838). No roubo qualificado pelo concurso de pessoas e emprego de armas, não cabe a utilização de uma dessas majorantes para aumentar a pena-base (TJAC, *RT* 781/616). Configura *bis in idem* considerar a circunstância judicial da extensão do dano para exasperar a pena-base e na terceira fase do critério trifásico aplicar a causa legal de aumento de pena do § 1º do art. 303 do CPM, por ser o valor objeto do crime de peculato superior a vinte salários mínimos (STF, HC 82.601-6, *DJU* 25.4.2003, pp. 64-65, *in Bol. IBCCr* 127/708). *Vide*, também, jurisprudência sob igual título no art. 63 do CP. Há *bis in idem* na sentença condenatória que considerou por duas vezes a reiteração criminosa para dosar as reprimendas: a primeira para fixar a pena-base e a segunda ao aplicar o instituto do crime continuado. Sendo favoráveis as circunstâncias judiciais, a aplicação da pena deve ser realizada no mínimo legal (TRF da 3ª R., Ap. 1999.61.02.014225-8, *DJU* 5.5.2008). Há também *bis in idem* quando o mesmo elemento, já valorado para fins de caracterizar o tipo culposo na modalidade imprudência, é novamente considerado para fixar a pena-base acima do mínimo legal (STJ, HC 45.636, *DJU* 1.12.08, *in Bol. IBCCr* 194/1227).

- **No Júri:** Também nos processos da competência do júri, fica seu juiz presidente obrigado a fundamentar a pena que aplica (STF, *RT* 620/379, *RTJ* 125/1228,121/1009).

- **Regime inicial e fundamentação concreta:** Argumentos no sentido de que "o juiz deve ser homem de seu tempo, e de que a sociedade ordeira reclama o regime prisional fechado para os autores de delitos de roubos (...) são efetivamente preocupantes na medida em que o legislador deve delas tomar conhecimento, para eventual reformulação legislativa, mas sem contudo, com elevada vênia, repercussão na órbita do Direito Penal e Constitucional porque nestes, em nenhum momento, há registros de tal jaez. O que há, efetivamente, são registros da necessidade da individualização da pena (e o regime prisional a integra) e o tratamento consentâneo (na medida da culpabilidade do agente) consagrado no art. 59 do CP, onde remete o juiz à tarefa (ao trabalho mesmo, de sua responsabilidade) de examinar cada caso, cada réu, na sua especificidade, na sua individualidade, ou seja, atendendo à sua culpabilidade, aos antecedentes, à conduta social, à personalidade do agente, aos motivos, às circunstâncias e às consequências do crime, ao comportamento da vítima, e assim, com tais avaliações (que deverão ser concretas – ou seja – verificando se estão nos autos comprovadas, pois não basta mencioná-las de forma abstrata, genérica ou hipotética) proceder, então, ao julgamento do caso sempre de enorme e incomensurável repercussão – pois trata, seja qual for a situação, de valores da sociedade, postos em risco, ou violados, mas trata também, e sobretudo, da liberdade humana, questão fundamental na existência, que só pode ser diminuída ou tolhida com amplo, irreparável e excelso respeito às provas e ao direito" (TACrSP, Ap. 1.430.675/0, rel. Juiz Cláudio Caldeira, j. 13.5.2004, Bol. IBCCr 140/816). Ao fixar o regime inicial de cumprimento de pena, o juiz deverá fazê-lo com observância dos critérios do art. 59 do CP; a mera natureza do delito, por si só, não é determinante do rigor, como regra, na fixação do regime prisional, uma vez que o legislador não reduziu a questão a tais parâmetros (TJDF, RT 808/664; STJ, RT 810/549). Tomando por base as circunstâncias judiciais, é concedida ao juiz certa discricionariedade para aplicar ao condenado reincidente o regime inicial que melhor se adapta com o processo de recuperação e ressocialização deste, haja vista que a reincidência, nesta hipótese, não se reveste de força absoluta (TJRO, RT 810/698). Se a pena-base foi fixada no mínimo, diante das circunstâncias favoráveis do art. 59, o regime inicial deve ser o semiaberto e não o fechado, não bastando invocar a gravidade do delito (STJ, HC 23.960, j. 5.11.2002, DJU 9.12.2002). Vide, também, jurisprudência no art. 33 do CP.

■ **Reincidência:** Dobrar as penas-base por força da reincidência não se compadece com o sistema adotado pelo Código Penal, que sequer admitiu isto no concurso formal próprio e na continuidade delitiva não específica, causas gerais de aumento da pena. Afinal de contas, a reincidência é mera agravante e, neste caso, até convive com a confissão (TJRJ, Ap. 2007.054.00173, j. 4.12.2007, Bol. IBCCr 182/1143). Antecedentes: Inviabilidade de negativação dos antecedentes criminais, tendo em vista que ações penais e inquéritos policiais em curso não têm o condão de maculá-los, quando inexiste trânsito em julgado de sentença penal condenatória. Entendimento consolidado das cortes superiores (TJCE, 1ª CCrim, APL 0009928-54.2015.8.06.0115, publ. 9.4.2019, j. 9.4.2019).

■ **Maus antecedentes:** a sentença não pode encerrar elementos implícitos, devendo apontar o fato que conduz a essa qualificação (STJ, RHC 2.638, DJU 3.5.93, p. 7811, in RBCCr 3/257).

■ **Inquéritos e processos em andamento:** Súmula do STJ 444: "É vedada a utilização de inquéritos policiais e ações penais em curso para agravar a pena-base". "Embora a folha de antecedentes criminais não tenha sido juntada aos autos, da leitura da sentença, bem como da análise da documentação juntada, ao informar que os réus possuem várias passagens por delitos de sonegação fiscal, em várias comarcas do Estado, o julgador claramente valorou como negativas, para aumentar a pena do paciente, ações penais em curso, o que ofende a Súmula 444/STJ, devendo ser excluída a vetorial dos maus antecedentes" (STJ, 6ª T., EDcl no AgRg no HC 552.148 SP 2019/0375097-6, rel. Min. Nefi Cordeiro, j. 16.6.2020, DJe 23.6.2020). Na dosagem das penas não devem ser considerados autos de flagrante (TRF da 3ª R., Ap. 66.170, mv – DJU 9.11.94, p. 63987, in RBCCr 9/206), inquéritos, mesmo com indiciamento (TRF da 3ª R., Ap. 22.732, DJU 30.11.94, p. 69431; TRF da 2ª R., RT 774/695), e processos em andamento (STJ, HC 26.252/RJ, j. 6.3.2003, DJU 2.6.2003, p. 317, in RBCCr 44/378; HC 20.245/SP, RT 812/517; HC 11.908/SP, j. 15.6.2000, DJU 7.8.2000, p. 122, in RBCCr 33/287; REsp 201.464/SP, j. 13.6.2000, DJU 14.8.2000, p. 186, in RBCCr 32/334; TACrSP, RT 697/326, RJDTACr 20/201, 19/125-126; TRF da 5ª R., Ap. 1.825/SE, DJU 10.9.99, p. 798, in RBCCr 28/307), ou ainda sentenças pendentes de recurso (STJ, HC 1.772, DJU 27.4.92, p. 5507, in RBCCr 0/241; TACrSP, RJDTACr 20/71), sendo necessário o trânsito em julgado destas (STF, RTJ 136/627), em face do princípio constitucional da não culpabilidade (STF, HC 97.665/RS, rel. Min. Celso de Mello, j. 4.5.2010; HC 79.966-3, DJU 29.8.2003, pp. 34-35, in Bol. IBCCr 132/748; TRF da 4ª R., Ap. 23.963, DJU 23.11.94, p. 67831).

■ **Processos extintos pela prescrição da pretensão punitiva:** conflita com o princípio da não culpabilidade evocar processos em curso e outros extintos pela prescrição da pretensão punitiva, a título de circunstâncias judiciais, para exacerbar a pena-base (STF,

RHC 80.071-8, *empate, DJU* 2.4.2004, *in Bol. IBCCr* 138/796). A existência de ação penal com a punibilidade extinta pela prescrição, sem título condenatório definitivo, não pode levar ao recrudescimento da sanção (STJ, REsp 168.320/SP, j. 10.12.98, *DJU* 1.2.99, p. 242, *in RBCCr* 26/305). *Posteriores ao crime:* na dosimetria da pena, os fatos posteriores ao crime em julgamento não podem ser utilizados como fundamento para valorar negativamente a culpabilidade, a personalidade e a conduta social do réu (STJ, HC 268.762/SC, DJe 29.10.2013; HC 2010.787/RJ, DJe 16.9.2013; HC 189.385/RS, j. 20.2.2014; TRF da 4ª R., Ap. 8.153, *DJU* 20.4.93, p. 13673, *in RBCCr* 2/238; TJSC, *RT* 610/384), como no caso da única condenação definitiva ostentada pelo acusado por fato posterior (TACrSP, Ap. 1.354.183/3, j. 26.2.2003, *mv – Bol. IBCCr* 128/720). Os conceitos de primariedade e bons antecedentes não devem ser confundidos, podendo o acusado ser tecnicamente primário, mas possuir maus antecedentes (STF, HC 71.862, *DJU* 19.5.95, p. 13996; STJ, RHC 4.147, *DJU* 6.2.95, p. 1361; TJRO, *RT* 699/362). *Fatos da menoridade:* Acontecidos antes do acusado completar 18 anos, não podem pesar em desfavor de seus antecedentes (TACrSP, *Julgados* 88/40, 67/310). *Réu primário:* a regra é partir da pena-base no grau mínimo (TRF da 1ª R., Ap. 22.082, *DJU* 5.3.90, p. 3233).

- **Antecedentes e condenações antigas:** "Não se aplica ao reconhecimento dos maus antecedentes o prazo quinquenal de prescrição da reincidência, previsto no art. 64, I, do Código Penal" (STF, *Pleno*, RE n. 593.818, Repercussão Geral, rel. Min. Barroso, j. 18.8.2020, *mv*). Ainda que não impliquem reincidência, por já ter decorrido sua temporariedade, podem ser consideradas como maus antecedentes (STF, HC 69.001, *DJU* 26.6.1992, p. 10.106, *in RBCCr* 0/250; TJSP, *mv – RT* 634/275). No mesmo sentido: ainda que não impliquem reincidência, por já ter decorrido sua temporariedade, podem ser consideradas como maus antecedentes (STF, HC 69.001, *DJU* 26.6.1992, p. 10.106, *in RBCCr* 0/250; TJSP, *mv – RT* 634/275). *Contra*: Diante de uma interpretação mais abrangente do inciso I do art. 64 do CP, entende-se que a reincidência e seus efeitos negativos, não devem se estender *ad vitae*, não sendo possível, de forma analógica, que anotações com mais de 5 anos configurem maus antecedentes (TJMG, APR 10433170249406001 MG, j. 5.2.2020, publ. 12.2.2020). Se a condenação anterior após o prazo depurador de 5 (cinco) anos não serve para o efeito da reincidência, com muito maior razão não deve valer para fins de antecedentes criminais (STF, 1ª T., HC 119.200/PR, j. 11.2.2014). Condenações atingidas pelo período depurador do art. 64, I, do CP não servem para propiciar a elevação da pena (STJ, HC 45.526, j. 20.10.2005; TACrSP, *RT* 718/442, 715/484), pois seria ilógico afastar expressamente a agravante e persistir genericamente para recrudescer a sanção aplicada (STJ, RHC 2.227, *mv – DJU* 29.3.93, p. 5267, *in RBCCr* 2/240; TACrSP, *RT* 644/285). Se a condenação anterior após o prazo depurador de 5 (cinco) anos não serve para o efeito da reincidência, com muito maior razão não deve valer para fins de antecedentes criminais (STF, 1ª T., HC 119.200/PR, j. 11.2.2014).

- **Reabilitação não afasta os maus antecedentes:** Entende-se por antecedentes penais todo o histórico criminal do agente que não tem mais força para gerar reincidência, razão pela qual não há falar-se na perda da eficácia temporal das condenações anteriores para fins de análise de antecedentes penais, senão para fins de reconhecimento da agravante genérica da reincidência, pouco importando o tempo decorrido da condenação anterior, nos termos do art. 64, I, do CP. Em verdade, nem mesmo a reabilitação tem o condão de tornar os antecedentes penais do réu imaculados, a qual assegura ao condenado apenas o sigilo dos registros de processo e de condenação, nos termos do art. 93 do CP (TJMG, ED 10145170235066002 MG, j. 18.2.2020, publ. 3.3.2020).

- **Inquérito arquivado, absolvição, prescrição da pretensão punitiva e folha de antecedentes:** O arquivamento de inquérito policial determina a exclusão, da folha de antecedentes, de quaisquer referências ao procedimento arquivado, visando a evitar prejuízos futuros (STJ, REsp 769.041-SP, *RT* 850/556; RMS 9879-SP, *DJU* 3.6.2002, p. 214).

- **Ato infracional e conduta social:** A existência de ato infracional (ou seja, praticado quando menor de idade) não caracteriza maus antecedentes. Inexistindo elementos para identificar qual a conduta social do agente, não há como considerá-la desfavorável (TJMS, Ap. 2007.025070-9, *DOE* 5.10.2007, *in Bol. IBCCr* 183/1150).

- **Antecedentes e prova:** *Súmula* 636 do STJ, "A folha de antecedentes criminais é documento suficiente a comprovar os maus antecedentes e a reincidência". A jurisprudência anterior, no sentido de que a "folha de antecedentes" é mero roteiro para a aferição da situação processual do acusado, não servindo, por si só, para elevação de pena ou afastamento de benefício (TACrSP, *RJDTACr* 20/97), sendo necessárias certidões cartorárias (TJMS, *RT* 690/362; TACrSP, *RJDTACr* 16/117), ficou superada. Os antecedentes criminais não podem ser registrados por meio de meros testemunhos, pois o princípio da presunção de inocência não permite tal elasticidade (STJ, HC 22.793/PE, *RT* 811/588).

- **Pena-base dedutível:** A falta de fixação da pena-base, mesmo quando há aplicação de causas especiais de aumento, não anula, se é facilmente dedutível e foi fixada no mínimo legal (STF, *RTJ* 103/601; HC 58.933, *DJU* 23.10.1981, p. 10628).

- **Análise individualizada:** Na hipótese de concurso de agentes, a análise das circunstâncias judiciais do art. 59 não pode ser coletiva, mas individualizada para cada corréu (STJ, HC 15.143/PR, j. 20.3.2001, *DJU* 2.4.2001, p. 342, *in RBCCr* 35/318).

- **Dosimetria:** Sendo favoráveis as condições do art. 59 do CP, a pena-base deve ser fixada no mínimo legal (TJSC, *JC* 69/495). Há de ser estipulada no mínimo se, além de primário, inexistirem circunstâncias judiciais desfavoráveis (TRF da 3ª R., Ap. 22.732, *DJU* 30.11.94, p. 69431). A pena-base deve tender para o grau mínimo quando o acusado for primário e de bons antecedentes (TJMG, *JM* 128/336). Simples referência ao art. 59, sem análise das circunstâncias nele contidas, é insuficiente para fixar a pena-base acima do mínimo (STJ, *RT* 747/621; TJMT, *RT* 782/638). *Contra:* Simples primariedade não obriga a fixação da pena-base no mínimo legal (STF, HC 69.141, *DJU* 28.8.92, pp. 13453-4, *in RBCCr* 0/250; HC 68.737, *DJU* 28.8.92, p. 13452), o mesmo ocorrendo se, além disso, possuir bons antecedentes (STF, HC 69.246, *DJU* 1.7.92, p. 10557; HC 71.509, *DJU* 27.10.94, pp. 29163-4, *in RBCCr* 9/205-6).Pode a pena ser fixada acima do mínimo, com a só consideração das circunstâncias judiciais (STF, *RTJ* 125/187); porém, nenhuma circunstância judicial pode ser tomada como elemento de exasperação, se não demonstrada a ocorrência efetiva de um fato que a faça extravasar o conteúdo da resposta penal cominada (TJSP, *mv – RT* 705/311). Somente a alusão à "intensidade do dolo", que é fórmula vazia quando não relacionada a circunstância concreta (STF, *mv – RT* 698/448; TRF da 4ª R., Ap. 11.195, *DJU* 17.3.93, p. 8357, *in RBCCr* 2/240), e às circunstâncias do fato, sem a necessária motivação, não atende aos requisitos do art. 59 do CP (STF, *RTJ* 143/578). Não é motivo para a agravação da pena a consideração de "dolo intenso", por ser este circunstância inerente ao crime, em função da teoria finalista (TRF da 1ª R., Ap. 17.027, *DJU* 11.6.92, p. 16917) e, muito menos, a alegação de ter agido com "dolo direto" de homicídio, mesmo porque a presença do dolo é elementar do crime (TJMG, Ap. 1.0024.98.105725-0/001, j. 28.10.2003, *in Bol. IBCCr* 140/815). Há nulidade na exacerbação da pena-base, quando fundada exclusivamente em circunstâncias essenciais à tipicidade do fato (STF, HC 72.315, *DJU* 26.5.95, p. 15159; *mv – RT* 698/448). No mesmo sentido, em caso de estelionato (TRF da 4ª R., ED 95.04.61.461-2-RS, *DJU* 22.1.97, p. 2217, *in RBCCr* 18/220). Alegação de que determinado tipo de crime deve ser reprimido com maior gravidade, por ser comum na região, não pode ser admitida como fundamentação (STF, HC 70.481, *DJU* 9.9.94, p. 23442, *in RBCCr* 8/225). É desproporcional a dosimetria da pena quando o julgador não considera as circunstâncias judiciais favoráveis, como a menoridade, fixando a pena-base próxima ao máximo cominado, evidenciando-se excessivo rigor e insuficiente fundamentação (TJRN, *RT* 804/657). Ainda que não haja irresignação acerca da fixação do *quantum* da pena privativa de liberdade aplicada, se as circunstâncias judiciais forem favoráveis, ela deve ser reduzida ao mínimo em apelação, por tratar-se de direito público subjetivo do acusado (TJAP, *RT* 752/632).

- **Circunstâncias do crime:** A análise das peculiaridades da ação delituosa e não estando configuradas todas as hipóteses que recomendam a dosagem com maior rigor, sendo certa apenas a gravidade das circunstâncias do crime, levam à fixação da pena corporal acima do mínimo, mas abaixo do termo médio fixado na lei (TRF da 4ª R., Ap. 2000.04.01.104020-8/PR, *RT* 806/708).

- **Conduta social e personalidade:** "Quanto à conduta social do agente, não há elementos para valorar em prejuízo ao réu, portanto, deve ser considerada neutra. A personalidade, igualmente deve beneficiar o réu, vez que a predisposição para o cometimento de delitos não constitui fundamentação idônea para elevar a pena. A personalidade, igualmente deve beneficiar o réu, vez que a predisposição para o cometimento de delitos não constitui fundamentação idônea para elevar a pena" (TJPE, Ap. 0540945-6 (0011224-59.2015.8.17.0001), 1ª CCr, j. 18.2.2020, publ. 17.3.2020). A simples assertiva de que a personalidade do condenado se evidencia voltada à prática de delitos graves, desprovida de elementos concretos, não autoriza o desvalor atribuído a essa circunstância judicial (STJ, REsp 1.105.890/RS, j. 20.11.2012). A conduta social do acusado não pode ser considerada desfavorável pelo simples fato de ser ele "pessoa dada às bebedeiras"; "é bom frisar que vivemos sob a égide do Estado Democrático de Direito no qual 'ninguém será obrigado a fazer ou deixar de fazer alguma coisa senão em virtude de lei' (art. 5º, II, da Constituição Federal) e a ingestão de bebidas alcoólicas não é proibida em nosso ordenamento. Aumentar a pena do acusado por este motivo seria uma nítida violação do princípio da legalidade: 'não há crime sem lei anterior que o defina, nem pena sem prévia cominação legal' (art. 5º, XXXIX). Pelo mesmo motivo sua personalidade não pode ser considerada violenta, sendo irrelevante se já teria ou não se envolvido em brigas, pois não há qualquer certidão condenatória por crime de lesões corporais nos presentes autos e 'ninguém será considerado culpado até o trânsito em julgado de sentença penal condenatória' (art. 5º, LVII)" (TJMG, Ap. 1.0024.98.105725-0/001, j. 28.10.2003, *Bol. IBCCr* 140/815).

- **Consequências do crime:** "As consequências do crime podem ser valoradas negativamente sob a justificativa de que os bens subtraídos não foram recuperados" (TJPE, Ap. 0540945-6 (0011224-59.2015.8.17.0001), 1ª CCr, j. 18.2.2020, publ. 17.3.2020). Não obstante a expressão "causando prejuízos que dificilmente poderão ser recompostos" seja uma alusão às consequências do crime para a comunidade, ela não é suficiente para atender às exigências do art. 59 do CP, quer pelo seu caráter genérico, quer por se referir ao próprio bem jurídico tutelado pelo tipo penal, ou seja, o patrimônio da Municipalidade, nada acrescentando a observação acerca da dificuldade de sua reparação, característica inerente a todo dano dessa espécie. O fato de se ter falado em "prejuízo de monta" e de que "houve o pagamento desse material fictício (cimento), e parte do dinheiro acabou caindo na conta pessoal do acusado" também não se traduz em fundamentação válida, já que não revelador de consequência específica do crime, diversa dos efeitos produzidos pela lesão patrimonial que constitui a materialidade do delito punido (STF, RHC 82.058-1, *RT* 810/511).

- **Trauma psicológico:** Sendo o abalo psicológico elemento ínsito ao crime de estupro, não é razão bastante para a valoração negativa das consequências (STJ, AgRG no HC 455.454/ES, *DJe* 31.10.2018). *Contra*: Em crimes de estupro de vulnerável, como consequências do crime valoradas negativamente, é perfeitamente idôneo "o fato de que restou evidenciado que as vítimas, em razão da prática dos delitos, passaram a ter pesadelos noturnos e dificuldades para manterem relação sexual com seus atuais namorados, de sorte que o abalo psicológico causado às menores ultrapassou a normalidade, não havendo que se falar em utilização de fundamentos que já integram os delitos sob análise" (TJAM, Ap. 0000177-30.2018.8.04.5600, rel. Des. José Hamilton Saraiva dos Santos, j. 4.9.2020, publ. 4.9.2020). O trauma psicológico sofrido pela vítima pode ser considerado para aumentar a pena-base (STJ, AgRg no AgRg no AREsp 1.407.255/PA, rel. Min. Joel Ilan Paciornik, 5ª T., j. 21.11.2019, *DJe* 2.12.2019).

- **"Revelia":** A "revelia" do acusado durante o processo não se enquadra nas circunstâncias judiciais, não servindo para a exacerbação da pena (TACrSP, *Julgados* 90/88).

- **Comportamento da vítima:** Em sede de homicídio culposo decorrente de acidente de trânsito, se o comportamento da vítima contribuiu para a ocorrência do infausto, associado à primariedade e aos bons antecedentes do acusado, nada justifica a fixação da pena-base acima do mínimo legal e a imposição de regime semiaberto, fazendo jus à redução da pena e ao regime aberto (TJPE, Ap. 97.237/2, *RT* 824/657).

- **Gravidade do crime e o art. 59 (distinção):** As chamadas circunstâncias judiciais do art. 59 traduzem fatos exteriores ao tipo penal. A gravidade do crime, como qualidade que lhe é intrínseca, já constitui objeto de reprimenda pelo legislador, quando comina as penas em abstrato, não podendo entrar, portanto, naquele rol de circunstâncias para justificar uma pena-base acima do mínimo legal (TRF da 1ª R., Ap. 1998.010.00.62411-7/MT, *DJU* 16.11.2001, p. 53, *in Bol. IBCCr* 111/586).

- **Em crime continuado:** As circunstâncias judiciais devem ser examinadas em relação a cada um dos ilícitos, e não sob o enfoque do conjunto de todas as infrações, sob pena de nulidade (TAMG, *RT* 789/702).

- **Revisão criminal:** Não se pode, em sede de ação revisional, rever o critério que fora utilizado na dosimetria da pena, diante da inexistência de erro ou até de injustiça (TACrSP, *RT* 805/590).

- **Mandado de Segurança:** "*In casu*, o vetor judicial da culpabilidade foi considerado desfavorável tendo em vista a maior reprovabilidade da conduta (número de disparos e conduta praticada em local público). Nos maus antecedentes, foi apontada condenação criminal anterior transitada em julgado. Por fim, alterar a conclusão das instâncias ordinárias quanto à conduta social do réu (pessoa perigosa) demandaria o revolvimento do material fático probatório dos autos, o que é vedado na sede mandamental" (STJ, 5ª Turma, AgRg no HC 453289 PB, *DJe* 6.5.2019, j. 9.4.2019).

- **Podem ser apreciadas em 2º grau:** As circunstâncias judiciais do art. 59 do CP, sempre poderão ser reapreciadas em grau recursal, se constatado a incorreção no *decisum a quo*, ainda que não ocorra alteração no *quantum* da pena-base (TJMG, APR 10313170147372001, publicação 19.12.2019).

CRITÉRIOS ESPECIAIS DA PENA DE MULTA

Art. 60. Na fixação da pena de multa o juiz deve atender, principalmente, à situação econômica do réu.

§ 1º A multa pode ser aumentada até o triplo, se o juiz considerar que, em virtude da situação econômica do réu, é ineficaz, embora aplicada no máximo.

MULTA SUBSTITUTIVA

§ 2º A pena privativa de liberdade aplicada, não superior a 6 (seis) meses, pode ser substituída pela de multa, observados os critérios dos incisos II e III do art. 44 deste Código.

Fixação da pena de multa

- **Noção:** Com a rubrica *critérios especiais*, o *caput* deste art. 60 manda que se atenda, na individualização da pena de multa, "principalmente, à situação econômica do réu". Como escrevemos no comentário ao art. 49 do CP – ao qual remetemos o leitor –, a única maneira de fixar a multa de modo equânime e correto é pela divisão, em duas etapas, da operação indicada no art. 49. Na primeira etapa, a situação econômica não deve influir. Na segunda, o fator econômico é preponderante, em obediência à regra deste art. 60, que manda atender *principalmente* (e não exclusivamente) à situação econômica do réu.

- **Fixação da pena de multa:** Para individualizá-la, *vide* nota ao CP, art. 49, sob o título *Fixação dos dias-multa*.

Aumento até o triplo (§ 1º)

- **Noção:** A pena pecuniária não tem limites específicos para cada figura penal em que é cominada. Os limites genéricos são os indicados no art. 49 do CP, comuns a quaisquer multas. Autoriza, porém, o § 1º deste art. 60, que a pena de multa seja *aumentada até o triplo* (além do limite máximo do art. 49), quando o juiz considerar, pela situação econômica excepcionalmente privilegiada do acusado, que ela seria *ineficaz* (insuficiente) para a repressão do crime, mesmo quando aplicada no máximo. Na legislação penal extravagante existem outros limites máximos: *a.* nos crimes contra o Sistema Financeiro Nacional, cuja lei autoriza estender o limite do art. 49 do CP até dez vezes (art. 33 da Lei n. 7.492/86); *b.* nos crimes contra o Meio Ambiente, que prevê a aplicação da pena de multa em até três vezes o maior valor encontrado com base no CP (art. 18 da Lei n. 9.605/98).

- **Forma do aumento:** Entendemos que esse aumento só pode incidir na segunda etapa do art. 49 do CP, ou seja, sobre o *valor* de cada dia-multa e não sobre o número de dias-multa.

- **Fundamentação:** O juiz deve motivar, concretamente, as razões do aumento, sob pena de nulidade (CR, art. 93, IX).

- **Natureza:** Este § 1º, embora seja um fator de acréscimo (expresso em limite) da pena de multa, não é causa de aumento (CP, art. 68), pois diz respeito à situação econômica do acusado e não ao crime ou suas circunstâncias.

Multa substitutiva (§ 2º)

- **Não revogação tácita do art. 60, § 2º, do CP:** A nosso ver, o art. 44, I, do CP, com a redação dada pela Lei n. 9.714/98, *não revogou tacitamente* o art. 60, § 2º. *Vide* nota sob igual título no art. 44 do CP. Conferir, também no art. 44, as notas *Coexistência do novo § 2º do art. 44 com o § 2º do art. 60*.

- **Noção:** A pena privativa de liberdade (reclusão, detenção ou prisão simples – esta em caso de contravenção), desde que não seja superior a seis meses, pode ser substituída pela pena de multa, quando se acharem presentes as condições dos incisos II e III do art. 44 do CP (cf. Celso Delmanto, "A multa substitutiva do Código Penal", *RJTJSP* 110/22). São três os requisitos necessários para a substituição:

- **1º Requisito:** A pena privativa de liberdade fixada pelo juiz não pode ser superior a seis meses (CP, art. 60, § 2º). É indiferente como esse limite legal é atingido: *a.* Pode ser consequente de a pena privativa de liberdade, originariamente prevista para o delito, estar nesse parâmetro. *b.* Pode resultar da incidência de uma circunstância atenuante ou de uma causa de diminuição da pena, como o arrependimento posterior. *c.* Pode, ainda, ser alcançado pela detração, com o abatimento de eventuais dias de prisão provisória.

- **2º Requisito:** O acusado não pode ser reincidente em crime doloso (CP, art. 44, II, com redação dada pela Lei n. 9.714/98). Não obstante, o § 3º do art. 44, ao tratar das penas restritivas de direitos, abrandou esta regra, dispondo que "se o condenado for reincidente, o juiz poderá aplicar a substituição, desde que, em face da condenação anterior, a medida seja socialmente recomendável e a reincidência não se tenha operado em virtude da prática do *mesmo crime*". Ora, se para a condenação igual ou inferior a um ano, a substituição pode ser feita por *multa* ou por uma pena restritiva de direitos (art. 44, § 2º, primeira parte, do CP), ainda que o condenado seja reincidente genérico em crime doloso (art. 44, § 3º), por *equidade* o mesmo critério deve ser aplicado na substituição de condenação não superior a seis meses por *multa* (art. 60, § 2º). Observe-se que a mera existência de anterior condenação pelo *mesmo* crime doloso não é óbice à substituição, pois pode inexistir reincidência. Por exemplo: quando a precedente condenação não gerou reincidência ou esta se extinguiu pela temporariedade (*vide* comentários aos arts. 63 e 64).

- **3º Requisito:** A substituição por multa deve ser suficientemente adequada à punição do agente pelo cometimento do crime. A lei expressamente indica como se apura essa "suficiência": quando a culpabilidade, antecedentes, conduta social e personalidade do acusado, bem como os motivos e circunstâncias do crime, indicarem que a substituição é suficiente (CP, art. 44, III). No caso de reincidência genérica em crime doloso, deverá ainda a substituição ser "socialmente recomendável" (art. 44, § 3º).

- **Aplicação da multa substitutiva:** Após ter fixado a pena privativa de liberdade (não superior a seis meses), o juiz, estando presentes os três requisitos, fará a substituição, determinando o valor da multa (vide nota *Fixação dos dias-multa* no art. 49 do CP). Quanto aos casos em que pode haver substituição por multa, conferir, no comentário ao CP, art. 59, *Tabela geral das substituições*.

- **Substituição obrigatória ou facultativa:** Embora a lei empregue a locução verbal "pode ser substituída", tal substituição não fica relegada ao puro arbítrio do juiz. Este, por exemplo, pode decidir, em face do processo, que falta o requisito subjetivo da suficiência ou que ela não é socialmente recomendável (CP, art. 44, III e § 3º), e negar a substituição, fundamentadamente. No entanto, não pode negar àquele que é condenado a substituição da pena, sem a devida fundamentação. Isto porque, preenchendo o acusado os três requisitos legais da substituição, esta não lhe poderá ser denegada, sobretudo quando a pena, de acordo com os critérios do art. 59, é fixada no mínimo legal, pois se trata de *direito público subjetivo do condenado*. A substituição da pena privativa de liberdade, quando cabível, é uma das fases obrigatórias que compõem a fixação da pena (CP, art. 59, IV). Está integrada, pois, na *garantia constitucional da individualização da pena*, insculpida no art. 5º, XLVI, da CR.

- **Cumulação de multas no CP:** No CP, há diversos crimes aos quais a lei impõe, como sanção, uma pena privativa de liberdade mínima não superior a seis meses, mas *cumulada* com uma pena de multa, já *originariamente* prevista. A questão que surge, então, é saber se, nesses casos, pode haver a substituição da pena privativa por multa. Há três posições: *a. pode haver, ficando cumuladas as duas multas* (a substitutiva e a originária); *b. pode haver, devendo a substitutiva absorver a originária; c. não pode haver substituição, sendo inviável a cumulação de duas multas.* Cremos que a alternativa *a* é a melhor. O art. 60, § 2º, não veda a substituição da pena privativa de liberdade quando cumulada com multa, não se podendo impor óbice à substituição, em prejuízo do *ius libertatis*, que não expressamente disposto no texto legal. Além disso, o que este dispositivo manda substituir é a "pena privativa de liberdade" e não a eventual multa. Também não é estranha à sistemática do CP a cumulação de duas penas da mesma espécie. Por exemplo, a segunda parte do § 2º do art. 44 prevê a substituição da pena privativa de liberdade por duas restritivas de direitos. E o § 2º do art. 69 dispõe que, quando aplicadas penas restritivas de direitos, o condenado cumprirá simultaneamente as que forem compatíveis entre si, e sucessivamente as demais. É de se ver, ainda, que, a exemplo do art. 60, § 2º, o art. 44, § 2º, primeira parte, prevê a substituição da pena privativa de liberdade (não superior a um ano) por uma restritiva de direitos ou multa, não fazendo qualquer ressalva quanto à hipótese em que a pena privativa de liberdade, a ser substituída, for cumulada com multa.

- **Cumulação de multas na legislação especial (STJ, Súmula 171):** Nos termos do art. 12 do CP, a multa substitutiva deveria ser aplicada tanto aos crimes do CP como aos da legislação penal especial, salvo quando esta dispuser em contrário. Lembramos, por exemplo, que no CTB (Lei n. 9.503/97) há três delitos apenados com pena de detenção mínima de seis meses cumulada com multa (arts. 306, 307 e 308). Porém, a jurisprudência do STJ, a nosso ver sem razão, pacificou-se em sentido contrário, consoante expresso na *Súmula 171*, que dispõe: "Cominadas cumulativamente, em lei especial, penas privativas de liberdade e pecuniária, é defeso a substituição da prisão por multa".

- **Substituição em tentativa:** A incidência obrigatória da causa de diminuição de pena da tentativa (CP, art. 14, II, parágrafo único) pode permitir que se aplique a substituição, em crimes tentados, cuja pena mínima, embora cominada acima do limite de seis meses, fique reduzida a seu parâmetro, pela diminuição de um a dois terços. Feita esta redução, não nos parece possível, entretanto, que essa mesma causa possa de novo incidir para reduzir a multa substitutiva, pois haveria dupla incidência da mesma causa.

- **Violência contra mulher em relações domésticas ou familiares:** O art. 17 da Lei n. 11.340/2006, que trata da proteção da mulher contra violência doméstica ou em relações familiares, estatui que "é vedada a aplicação, nos casos de violência doméstica e familiar contra a mulher, de penas de cesta básica ou outras de prestação pecuniária, bem como a substituição de pena que implique o pagamento isolado de multa".

Jurisprudência da multa substitutiva antes e após a Lei n. 9.714/98

- **Fundamentação e imperatividade:** A sentença que condena à pena privativa de liberdade não superior a seis meses deve decidir fundamentadamente sobre ser ou não o caso de sua substituição pela pena de multa, à vista da presença ou não dos pressupostos legais (CP, art. 44, III), que, quando concorrem, a tornam imperativa (STF, *RTJ* 143/199). Presentes as condições do art. 44, II e III, o juiz tem o dever de substituir a pena detentiva pela multa (STJ, REsp 50.426, *DJU* 29.8.94, p. 22211, *in RBCCr* 8/225), sendo, nesta hipótese, de rigor a substituição (TJSC, *JC* 72/549). O art. 60, § 2º, do CP confere ao juiz um poder-dever, e não mera faculdade (STF, *RTJ* 125/551; STJ, *RT* 746/565), devendo a negativa da substituição ser explícita e devidamente fundamentada (TAPR, *PJ* 43/265). Tendo o juiz proferido condenação a pena inferior a seis meses, sem manifestar-se sobre a substituição da pena por multa, concede-se *habeas corpus* para que o faça (STF, HC 83.689-5/RJ, j. 27.4.2004, Bol. *AASP* 2.380/909). Situação econômica do réu: Conforme previsão expressa do art. 60 do CP, na fixação da pena de multa, o juiz deve atender, principalmente, à situação econômica do réu. No caso concreto, tendo em conta as dificuldades financeiras da condenada, atualmente desempregada, é de se reduzir o montante arbitrado a título de multa em primeiro grau (TRF da 4ª R., 8ª T., ACR 5003786-66.2016.4.04.7207 SC, j. 31.7.2019). A multa foi estabelecida no patamar mínimo, em respeito as condições financeiras dos réus (art. 60 do CP). No entanto, em não possuindo eles condições de arcar com ela, tal situação deve ser apresentada no Juízo da Execução, que estabelecerá uma forma adequada de pagamento (TJSP, 9ª CCrim, APR 0001961-36.2018.8.26.0360 SP 0001961-36.2018.8.26.0360, j. 5.9.2019, publ. 10.9.2019). No tocante à pena de multa, a quantidade de "dias-multa" deve ser proporcional à pena privativa de liberdade aplicada, seguindo o critério trifásico, não à situação econômica do sentenciado. O valor unitário dela é que deve se adequar a esta, seguindo, assim, os ditames do art. 60 do CP; devendo-se, todavia, respeitar os limites do art. 49 do CP (TJCE, 1ª CCr, APL 0051728-63.2016.8.06.0071 CE, j. 22.3.2019, publ. 26.3.2019).

- **Fixação:** Adotada a substituição por multa, esta deve ser imposta segundo os seus próprios critérios, sem uma necessária equivalência com a quantidade da pena privativa de liberdade que a multa substituiu (TACrSP, *Julgados* 87/369, 88/383, 87/364, *RT* 606/343). Se a pena privativa de liberdade foi imposta no mínimo legal na primeira fase do sistema bifásico, não é razoável que a pena de multa, na mesma fase, venha a ser fixada tão acima do mínimo (TRF da 5ª R., Ap. 2006.81.00.016659-3, *DJU* 21.1.2008, *in Bol. IBCCr* 184/ 1158).

- **Consulta ao acusado ou defensor:** É correta, para saber se interessa a substituição (TACrSP, *Julgados* 90/343).

- *Sursis:* A multa substitutiva deve prevalecer sobre o *sursis*, porque, além de mais favorável, é um direito subjetivo do acusado (TJSC, *JC* 68/385). *Contra, em parte:* a fundamentada opção da sentença pela pena privativa de liberdade com *sursis* não obriga o magistrado a fundamentar também o indeferimento de sua substituição por pena restritiva de direito ou por pena de multa (TACrSP, *RT* 690/346-7).

- **Concurso de multas:** Dividem-se as posições, quando o delito, cuja pena privativa de liberdade se substitui por multa, já tem multa originária em sua sanção: *a.* Há *cumulação* de multas (TJSP, *RJTJSP* 103/454; TACrSP, *RT* 640/306). *b.* Há *absorção* da multa original pela substitutiva (TACrSP, *Julgados* 84/346, 88/305).

- **Em "jogo do bicho":** Admite-se a substituição por multa (TACrSP, *Julgados* 89/288, *RT* 640/306).

- **Em tentativa:** Sua causa de diminuição da pena pode reduzir a pena privativa de liberdade cominada, viabilizando a substituição por multa, mas esta não pode ter nova redução pela mesma causa (TACrSP, *mv – Julgados* 87/274).

- **Requisitos para a substituição:** Não basta que a não reincidência e a quantidade de pena permitam sua substituição por multa, pois é necessário que ela seja suficiente à reprovação e prevenção (TACrSP, *Julgados* 82/346; STF, HC 68.233, *DJU* 8.2.91, p. 743). Não é suficiente a conversão em multa para réu que, alcoolizado, provocou acidente (TACrSP, *Julgados* 84/332). A "revelia" não impede a substituição (TACrSP, *Julgados* 89/413).

- **Competência:** Não cabe ao Juízo das Execuções Criminais deferir a substituição (STF, *RTJ* 125/551).

CIRCUNSTÂNCIAS AGRAVANTES

Art. 61. São circunstâncias que sempre agravam a pena, quando não constituem ou qualificam o crime:

I – a reincidência;

II – ter o agente cometido o crime:

a) por motivo fútil ou torpe;

b) para facilitar ou assegurar a execução, a ocultação, a impunidade ou vantagem de outro crime;

c) à traição, de emboscada, ou mediante dissimulação, ou outro recurso que dificultou ou tornou impossível a defesa do ofendido;

d) com emprego de veneno, fogo, explosivo, tortura ou outro meio insidioso ou cruel, ou de que podia resultar perigo comum;

e) contra ascendente, descendente, irmão ou cônjuge;

f) com abuso de autoridade ou prevalecendo-se de relações domésticas, de coabitação ou de hospitalidade, ou com violência contra a mulher na forma da lei específica;

g) com abuso de poder ou violação de dever inerente a cargo, ofício, ministério ou profissão;

h) contra criança, maior de 60 (sessenta) anos, enfermo ou mulher grávida;

i) quando o ofendido estava sob a imediata proteção da autoridade;

j) em ocasião de incêndio, naufrágio, inundação ou qualquer calamidade pública, ou de desgraça particular do ofendido;

l) em estado de embriaguez preordenada.

- **Alterações**: Alínea *f* do inciso II com redação determinada pela Lei n. 11.340, de 7.8.2006, e alínea *h* com redação determinada pela Lei n. 10.741, de 1.10.2003 (Estatuto do Idoso).

Circunstâncias agravantes

- **Noção**: *Circunstâncias agravantes* são dados ou fatos, de natureza objetiva ou subjetiva, que se acham ao redor do crime, mas cuja existência não interfere na configuração do tipo, embora agravem a sua pena.

- **Aplicação**: As circunstâncias agravantes, também chamadas *circunstâncias legais*, atuam no cálculo da pena após a fixação, pelo juiz, da pena-base (*vide* notas aos arts. 59 e 68 do CP).

- **Quantidade do agravamento**: Ao contrário das *causas de aumento da pena* (*vide* nota ao art. 68 do CP), as circunstâncias agravantes não podem elevar a pena acima do máximo previsto em lei para o crime.

- **Remissão**: Além das agravantes arroladas neste art. 61, o CP ainda prevê, no art. 62, agravantes relacionadas, especificamente, com o concurso de pessoas (codelinquência).

- **Ne bis in idem**: Quando uma das circunstâncias agravantes, relacionadas neste art. 61 ou no art. 62, constituir *elementar ou qualificadora* do crime, não se faz a agravação, para não haver dupla incidência. Exemplo: a agravante da vítima ser cônjuge do agente (CP, art. 61, II, e) não incide no crime de bigamia em que é elementar deste delito (CP, art. 235). A agravante do motivo fútil ou torpe não se aplica no caso de condenação por homicídio qualificado por esses mesmos motivos (CP, art. 121, § 2º, I e II).

- **Exceção nos crimes culposos**: Salvo a reincidência (CP, art. 61, I), todas as demais circunstâncias agravantes só incidem nos crimes *dolosos* e não nos *culposos*. Quanto aos crimes preterdolosos ou preterintencionais, esta exceção não é pacífica na doutrina.

- **As agravantes devem constar da denúncia:** Em que pese o entendimento dos tribunais em contrário (cf., neste artigo, jurisprudência sob a rubrica *Desnecessidade de constar da denúncia*), entendemos que as *agravantes*, em virtude das garantias constitucionais da ampla defesa e do contraditório, devem, obrigatoriamente, constar da denúncia ou queixa, ou de aditamento a elas. No mesmo sentido, Gustavo H. R. Ivahy Badaró sustenta: "quaisquer circunstâncias, principalmente agravantes, devem ser comunicadas ao imputado para que possam ser consideradas na sentença" (*Correlação entre Acusação e Sentença*, São Paulo, Revista dos Tribunais, 2000, p. 187).

- **Confronto:** O art. 15 da Lei n. 9.605/98 (Meio Ambiente) prevê circunstâncias que agravam a pena para os crimes nela definidos.

Reincidência (I)

- **Remissão:** *Vide* comentários aos arts. 63 e 64 do CP.

Motivo fútil (II, a, primeira parte)

- **Noção:** *Fútil* é o motivo notavelmente desproporcionado ou inadequado em relação ao crime. Diz-se que agiu por motivo fútil quem praticou o delito sob pretexto totalmente despropositado, desproporcionado ou inadequado, que normalmente não deveria levar alguém a infringir a lei penal. *Vide*, também, nota *Motivo fútil* ao art. 121, § 2º, do CP.

- **Observações:** O *ciúme* não deve ser considerado fútil, pois não é motivo de irrelevante importância. O motivo fútil é incompatível com o estado de *embriaguez* e com a *violenta emoção*.

Motivo torpe (II, a, segunda parte)

- **Noção:** *Torpe* é o motivo indigno, imoral, que choca e causa repugnância às pessoas comuns. *Vide*, ainda, nota *Motivo torpe*, no art. 121, § 2º, do CP.

- **Observações:** Não é considerado torpe o crime praticado por motivo de *ciúme*, por não ser este um sentimento vil. Também se considera que a *vingança* por si só, desacompanhada de outros motivos, não basta para caracterizar o delito como torpe. Nos *crimes contra a dignidade sexual* não incide esta agravante, pois ela integra o próprio tipo.

Para facilitar ou assegurar a execução, a ocultação, a impunidade ou a vantagem de outro crime (II, b)

- **Noção:** Aplica-se esta agravante quando o sujeito – que já praticou um crime ou pretende cometê-lo – pratica *outro* para facilitar-lhe ou garantir-lhe a execução, ocultação, impunidade ou vantagem. Por imperativo lógico, para a incidência da agravante faz-se necessário haver a imputação do crime cuja execução, ocultação, impunidade ou vantagem o agente buscou garantir.

Traição, emboscada, dissimulação ou outro recurso que dificultou ou tornou impossível a defesa (II, c)

- **Noção:** Na alínea *c* são indicados vários modos de cometer crime que têm como característica serem todos estratagemas insidiosos: *1. Traição.* É forma insidiosa por excelência, podendo ser tanto *objetiva* como *subjetiva*. Na traição objetiva, o agente surpreende a vítima, atacando-a, por exemplo, quando ela dorme ou está postada de costas. Na traição subjetiva, a vítima é moralmente surpreendida, pois vê-se inesperadamente atingida por agente em quem, até então, confiava. *2. Emboscada.* É a espreita, a tocaia, em que o agente aguarda, oculto, sua vítima, para surpreendê-la. *3. Dissimulação.* É o modo de agir em que se encobre a intenção criminosa, o ardil empregado para surpreender a vítima, enganando-a. *4. Outro recurso que dificultou ou tornou impossível a defesa.* É indispensável que o recurso seja análogo aos anteriores (traição, emboscada ou dissimulação), ou seja, que, de modo insidioso ou ardiloso, haja dificultado a vítima de se defender ou lhe impossibilitado essa defesa. A surpresa, para ser considerada agravante, precisa estar revestida de alguma forma de insídia ou ardil que tenha atrapalhado ou obstado a defesa da vítima.

Meios insidiosos ou cruéis ou de perigo comum
(II, d)

- **Noção:** Na alínea *d*, as agravantes dizem respeito aos *meios* para a prática do crime, enquanto na anterior (letra c) elas se relacionam com os modos de seu cometimento: *1. Veneno*. O emprego do veneno é agravante pelo seu caráter insidioso, que apanha a vítima desprevenida. Por isso, não incide a agravante se o veneno foi administrado à força ou com conhecimento do ofendido. *2. Fogo ou explosivo*. É óbvia a razão da agravante, pela maior censurabilidade que merece o agente que emprega meio incendiário ou explosivo na prática do crime. *3. Tortura*. É o suplício, que acarreta desnecessário e atroz padecimento ao ofendido. Via de regra a tortura é física, mas também pode ser moral. *4. Outro meio insidioso*. Refere-se ao meio (não ao modo) insidioso, como a armadilha, ou outro similar. *5. Outro meio cruel*. Deve ser análogo à tortura, de forma a provocar, desnecessariamente, maior sofrimento. *6. Meio de que podia resultar perigo comum*. Trata-se do meio que pode causar dano a indistinto número de pessoas ou coisas. É necessário que haja probabilidade desse perigo. É inaplicável aos crimes de perigo comum, pois já os integra.

- **Observações:** A Lei n. 7.209/84 retirou a referência, que existia na alínea *d*, à *asfixia*. Esta, por isso, só será agravante quando puder configurar outro meio insidioso ou cruel aqui referido. A tortura poderá caracterizar o crime previsto no art. 1º da Lei n. 9.455/97, hipótese em que não incidirá a agravante deste inciso II, *d* (*ne bis in idem*).

Contra ascendente, descendente, irmão ou cônjuge (II, e)

- **Noção:** Também é circunstância agravante ter o agente praticado o crime doloso contra: *1. Ascendente*. Pai, mãe, avô, avó etc. do agente. *2. Descendente*. Filhos, netos etc. *3. Irmão*. *4. Cônjuge*. Marido ou mulher, durante a constância do casamento, não se aplicando a agravante se o casal já se encontrava divorciado, separado judicialmente ou separado de fato mesmo que há pouco tempo.

- **União estável:** Embora a união estável entre o homem e a mulher seja reconhecida pela Constituição da República como entidade familiar (art. 226, § 3º), tendo o STF estendido esse reconhecimento para a união homoafetiva (ADPF 132 e ADIn 4.277, julgadas em 5.5.2011), faz-se imprescindível que o legislador altere essa agravante, incluindo expressamente tais hipóteses para que ela seja aplicável a conviventes, de diferentes ou do mesmo sexo.

- **Observação:** A aplicação da agravante exige prova documental do parentesco ou do casamento, na forma da lei civil.

Com abuso de autoridade ou prevalecendo-se de relações domésticas, de coabitação ou hospitalidade, ou violência contra a mulher (II, f)

- **Noção:** Também é circunstância agravante ter o agente praticado o crime doloso contra: *1. Ascendente*. Pai, mãe, avô, avó etc. do agente. *2. Descendente*. Filhos, netos etc. *3. Irmão*. *4. Cônjuge*. Marido ou mulher, durante a constância do casamento, não se aplicando a agravante se o casal já se encontrava divorciado, separado judicialmente ou separado de fato mesmo que há pouco tempo.

- **Abuso de autoridade:** Diz respeito às relações privadas (tutela, curatela etc.) e não às funções públicas. Sobre abuso de poder por parte de agente público, *vide* inciso II, *g*.

- **Relações domésticas:** São as existentes entre as pessoas que participam da vida no mesmo núcleo familiar (familiares, empregados, amigos etc.).

- **Coabitação:** Compreende as pessoas que vivem na mesma casa.

- **Hospitalidade:** Abrange as pessoas que estão em casa de outrem, sem coabitação, como hóspedes ou visitas.

- **Violência contra a mulher na forma da lei específica:** Foi por meio da Lei n. 11.340/2006, conhecida como "Lei Maria da Penha", que o legislador acrescentou esta circunstância agravante, visando coibir a violência doméstica e familiar contra a mulher. O art. 7º da citada lei traz o conceito do que se considera "violência doméstica e familiar contra a mulher", dispondo em seus incisos: Art. 7º. (...) I – a violência física, entendida como qualquer conduta que ofenda sua integridade ou saúde corporal; II – a violência psicológica, entendida como qualquer conduta que lhe cause dano emocional e diminuição da autoestima ou que lhe prejudique e perturbe o pleno desenvolvimento ou que vise degradar ou controlar suas ações, comportamentos, crenças e decisões, mediante ameaça, constrangimento, humilhação, manipulação, isolamento, vigilância constante, perseguição contumaz, insulto, chantagem, ridicularização, exploração e limitação do direito de ir e vir ou qualquer outro meio que lhe cause prejuízo à saúde psicológica e à autodeterminação; III – a violência sexual, entendida como qualquer conduta que a constranja a presenciar, a manter ou a participar de relação sexual não desejada, mediante intimidação, ameaça, coação ou uso da força; que a induza a comercializar ou a utilizar, de qualquer modo, a sua sexualidade, que a impeça de usar qualquer método contraceptivo ou que a force ao matrimônio, à gravidez, ao aborto ou à prostituição, mediante coação, chantagem, suborno ou manipulação; ou que limite ou anule o exercício de seus direitos sexuais e reprodutivos; IV – a violência patrimonial, entendida como qualquer conduta que configure retenção, subtração, destruição parcial ou total de seus objetos, instrumentos de trabalho, documentos pessoais, bens, valores e direitos ou recursos econômicos, incluindo os destinados a satisfazer suas necessidades; V – a violência moral, entendida como qualquer conduta que configure calúnia, difamação ou injúria". Verifica-se, assim, que as hipóteses previstas em lei especial, embora amplas, restringem-se às relações "domésticas e familiares", definidas no art. 5º dessa mesma lei. Anote-se que o STJ pacificou entendimento no sentido de que "para a configuração da violência doméstica e familiar prevista no art. 5º da Lei n. 11.340/2006 (Lei Maria da Penha) não se exige coabitação entre autor e vítima". Desse modo, não incidirá a agravante, por exemplo, na hipótese de agressão de um homem contra uma mulher que não participem da mesma relação doméstica ou familiar, ou que mantenham simples relação profissional. Feminicídio. *Ne bis in idem* (art. 121, § 2º, VI, c/c art. 2ª-A, I, do CP): não se aplica a agravante do art. 61, II, "l", nos casos de feminicídio, sob pena de manifesto *bis in idem*.

▪ Constitucionalidade da agravante: Segundo a Constituição da República (art. 5º, I), homens e mulheres são iguais perante a lei, tendo a mulher conquistado o seu devido espaço nas relações sociais, justamente em função desta igualdade de direitos e deveres. Ocorre que, infelizmente, por questões culturais a mulher, sobretudo nas *relações domésticas*, ainda sofre constantes abusos por parte de maridos ou companheiros, sucumbindo a toda sorte de violência (ameaças, agressões etc.), posto ser o homem, em muitos casos, o provedor do sustento econômico familiar, ficando a mulher em absoluta situação de dependência, além de, via de regra, ser mais fraca fisicamente do que o homem. E aqui, em face desse triste dado de nossa realidade, e compreendendo que o princípio da isonomia significa tratar de forma igual os que estão em situação similar e, de forma desigual, os que se encontram em situações distintas, justamente para buscar equilibrar essa balança, com o fim de garantir *real igualdade entre o homem e a mulher*, perfilhamos entendimento de que essa agravante não ofende a Magna Carta. Aliás, situação inversa, de agressão da esposa contra o marido, poderá configurar a agravante da alínea e do inciso II do art. 61 do CP.

Com abuso de poder ou violação de dever inerente a cargo, ofício, ministério ou profissão (II, g)

▪ Noção: O *cargo* e o *ofício* devem ser públicos. *Ministério* refere-se a quem exerce atividades religiosas. *Profissão* é a atividade habitualmente exercida por alguém, como seu meio de vida (exemplo: médico, engenheiro, agrônomo etc.). Aplica-se esta agravante da alínea *g* quando o agente pratica o crime com *abuso de poder*, isto é, prevalecendo-se de seu cargo ou ofício. Ela também incide quando o sujeito atua com *violação de dever* inerente ao cargo, ofício, ministério ou profissão.

▪ Ne bis in idem: É inaplicável a agravante quando o cargo ou profissão é elementar do tipo. Assim, por exemplo, não incide contra o funcionário que pratica crime contra a administração, ou contra o médico que pratica o delito próprio de atestado médico falso (CP, art. 302), ou, ainda, contra quem for condenado por crime de abuso de autoridade previsto na Lei n. 13.689/2019.

Contra criança, maior de 60 anos, enfermo ou mulher grávida (II, h)

▪ Noção: Nas quatro hipóteses – criança, idoso, enfermo e mulher grávida – leva-se em consideração o prevalecimento, pelo agente, da inferior capacidade defensiva dessas vítimas.

▪ Criança: O Estatuto da Criança e do Adolescente considera criança a pessoa até 12 anos de idade incompletos (art. 2º, *caput*, da Lei n. 8.069/90). Em observância ao princípio *ne bis in idem*, a agravante não incide nos delitos em que é for elementar do tipo.

- **Maior de 60 anos:** Suprindo uma falha da anterior redação desta alínea *h*, onde havia referência a "velho", sem, contudo, haver menção à idade, o que levava a interpretações divergentes (senilidade, idade superior a 70 anos por analogia ao art. 115 do CP), a lei, hoje, é expressa em considerar idosa a pessoa que possua idade igual ou superior a 60 anos, conforme dispõe o Estatuto do Idoso (Lei n. 10.741/2003, art. 1º). Tendo em vista que a incidência desta agravante tem como fundamento a desigualdade entre autor e vítima, entendemos que ela não incidirá na hipótese em que ambos sejam idosos (*v.g.*, no caso em que um senhor de 65 anos agride outro, de 60, ou vice-versa).

- **Enfermo:** É a pessoa que está doente; que tem suas possibilidades de defesa ou resistência reduzidas em razão da moléstia.

- **Mulher grávida:** O ciclo gravídico inicia-se quando recebido o ovo pela parede uterina e termina normalmente com a expulsão do feto e dos anexos (dequitação) (cf. ODON RAMOS MARANHÃO, *Curso Básico de Medicina Legal*, 4ª ed., São Paulo, Revista dos Tribunais, p. 159). Obviamente, é necessário, para a configuração desta agravante, que o agente saiba que a vítima está grávida, sob pena de inadmissível responsabilidade penal objetiva. Entendemos, outrossim, que a incidência desta agravante não representa *bis in idem* em relação à constante da alínea *f*, última parte, que trata da violência doméstica e familiar contra a mulher, como na hipótese do marido agredir a mulher, sabendo estar ela grávida, havendo incidência de duas agravantes.

- **Feminicídio:** *Ne bis in idem* (art. 121, § 2º, VI, c/c § 7º, I e II, do CP): não se aplica a agravante do art. 61, II, *a*, no caso de feminicídio praticado contra mulher grávida, criança ou mulher maior de 60 (sessenta) anos.

Contra ofendido sob imediata proteção da autoridade (II, i)

- **Noção:** É o caso, por exemplo, da agressão praticada contra vítima que se encontra custodiada por alguma autoridade. Como todos os cidadãos acham-se, genericamente, sob a proteção das autoridades públicas, é indispensável, para aplicação da agravante, que a vítima se encontre sob imediata e direta proteção da autoridade.

- **Observação:** Não se aplica ao crime de arrebatamento de preso (CP, art. 353), por ser elementar do tipo.

Em ocasião de incêndio, naufrágio, inundação, calamidade ou desgraça particular do ofendido (II, j)

- **Por ocasião de calamidade pública:** O CP manda agravar a pena quando o agente se aproveita de especiais situações para a prática do crime, perpetrando-o em ocasião de incêndio, naufrágio, inundação ou outra calamidade pública semelhante. Embora não tendo provocado tais situações, o agente se vale das facilidades que delas decorrem: dificuldades de policiamento, menor cuidado da vítima etc.

- **Desgraça particular do ofendido:** Refere-se ao aproveitamento de situação de luto ou acidente da vítima ou de seus familiares, ou de enfermidade destes.

Embriaguez preordenada (II, l)

- **Noção:** A última agravante deste art. 61 incide quando o agente comete o crime depois de ter, propositadamente, se embriagado para praticá-lo (*vide* comentário ao CP, art. 28, II).

- **Observação:** É necessária a prova de que o agente se embriagou, de propósito, para cometer o delito.

Jurisprudência

- **Quantidade do aumento:** As agravantes não podem elevar a pena acima do máximo cominado ao crime (STF, *RT* 874/511; HC 69.342, *DJU* 21.8.92, pp. 12784-5; TJSP, *RT* 552/319).

- **Rol taxativo:** Não se admite o uso do rompimento de obstáculo como agravante genérica. Não é prevista no rol taxativo do art. 61 do CP. Usá-la importa em analogia *in malam partem* (TJDF, 2ª T. Criminal, Processo n. 0002220-63.2018.8.07.0003 DF, j. 28.11.2019, *DJe* 6.12.2019).

- **Dupla incidência é inadmissível:** Não pode a mesma circunstância incidir duas vezes na pena, como agravante e como circunstância judicial do art. 59 (STF, *RTJ* 106/533).

Resta correta a aplicação da circunstância agravante prevista no art. 61, II, *h*, do Código Penal, haja vista o apelante, ante as provas produzidas, ter cometido o delito em desfavor de pessoas idosas e vulneráveis. Entretanto, não pode a mesma justificativa ser utilizada também para valorar as consequências do crime no cálculo da pena base, sob pena de *bis in idem*. Contudo, deve a referida agravante ser compensada com a atenuante da confissão espontânea (TRF da 5ª R., ACR 00019297520104058202, j. 14.11.2019). Se a agravante genérica da dissimulação, prevista no art. 61, inciso II, alínea c, do Código Penal, houver sido utilizada, anteriormente, para o incremento da pena-base, no que diz respeito à circunstância judicial desfavorável da culpabilidade, quando restou pontuado que o Acusado agiu com premeditação e frieza, ao se passar por terceira pessoa, para atingir o seu fim libidinoso, deve ser reconhecida a existência de *bis in idem* e promovido o decote da aludida circunstância agravante" (TJAM, Ap. 0000177-30.2018.8.04.5600, rel. Des. José Hamilton Saraiva dos Santos, j. 4.9.2020, publ. 4.9.2020).

- **Pluralidade de qualificadoras no homicídio:** Havendo pluralidade de circunstâncias qualificadoras reconhecidas pelo Conselho de Sentença, apenas uma deverá qualificar o delito, ao passo que as remanescentes deverão incidir, preferencialmente, como agravantes, na segunda etapa da dosimetria, caso previstas no art. 61 do CP, e, residualmente, utilizadas para censurar uma das circunstâncias judiciais previstas no art. 59 do CP, não havendo *bis in idem* nesse procedimento (TJMG, APR 10686180002400001, publ. 05.07.2019; TJMG, APR 10396180018022001, publ. 12.4.2019).

- **Desnecessidade de constar da denúncia:** As agravantes, ao contrário das qualificadoras, sequer precisam constar da denúncia para serem reconhecidas pelo juiz (STF, *RT* 874/515).

- **Reincidência:** Não existindo sentença definitiva anterior ao novo crime, não existe a agravante da reincidência (TJDF, *RT* 779/621). Se a reincidência já foi levada em consideração na fixação da pena-base, não pode ser aplicada como agravante (STF, HC 76.285-6, *DJU* 19.11.99, p. 54, *in RBCCr* 30/319). No Júri, não deve subsistir o aumento pela reincidência, se não foi formulado quesito a respeito (TJSP, *RT* 785/600). *Vide*, também, jurisprudência nos arts. 59, 63 e 64 do CP. Havendo certidão cartorária nos autos atestando que o réu possui uma condenação transitada em julgado por fato anterior ao ora em julgamento, deve ser reconhecida a agravante da reincidência (art. 61, I, CP) com a consequente exasperação da reprimenda e do regime prisional inicial, bem como ser afastada a substituição da pena privativa de liberdade por restritivas de direitos, em razão da ausência do requisito legal disposto no art. 44, inciso II, do Código Penal (TJMG, APR 10433130011698001, j. 17.11.2019, publ. 25.11.2019).

- **Exceção quando são elementares ou qualificadoras:** Quando são integrantes do crime, não se faz a agravação (TFR, Ap. 4.192, *DJU* 2.4.81, p. 2778; TJSP, *RJTJSP* 118/517; TACrSP, *Julgados* 68/461). Exemplo: a agravante da vítima ser criança não incide nos crimes contra a dignidade sexual em que é elementar do delito (TJRS, *RT* 533/400; TJSP, *RT* 542/336,528/318; TJSC, *RT* 545/397). A jurisprudência dominante dos Tribunais Superiores entende ser possível, no caso de pluralidade de qualificadoras, a consideração de uma para justificar o tipo penal qualificado e das demais como circunstâncias judiciais negativas, ou como agravante, mas somente quando ela não constitua ou qualifica o crime, nos termos do *caput* do art. 61 do CP (TJMG, APR 10521150176738002, j. 10.4.2019, publ. 23.4.2019).

- **Exceção nos delitos culposos:** Salvo a reincidência, as demais agravantes só incidem nos crimes dolosos e não nos culposos (STF, *RT* 592/412; TJSP, *RT* 552/319; TAMG, *RT* 524/449,491/367). *Crimes preterdolosos:* há acórdãos estendendo essa inaplicabilidade aos delitos preterdolosos ou preterintencionais (TJSP, *RJTJSP* 76/326,107/442).

- **Exceção nas contravenções:** Salvo a reincidência (LCP, art. 7º), não incidem as outras agravantes nas contravenções (TACrSP, *RT* 590/354).

- **Prova posterior:** Embora o art. 231 do CPP permita a juntada de documento em qualquer fase do processo, a comprovação documental de circunstância agravante deve ser feita até o instante processual da dosimetria da pena, não se estendendo para além da publicação da própria sentença (STJ, REsp 36.303, *DJU* 4.10.93, p. 20564).

- **Motivo fútil:** É o sensivelmente desproporcionado ou inadequado em relação ao crime (TJSP, *RT* 483/306). É o pretexto gratuito, inadequado, despropositado ou desproporcionado com o delito (TJSC, *RF* 259/275). Não pode ser fútil quando praticado sob violenta emoção (TJSP, *RT* 486/292). O motivo fútil é incompatível com a embriaguez (TACrSP, *Julgados* 69/327, 69/245, *RT* 553/377).

- **Motivo torpe:** É aquele que causa repugnância geral, não sendo torpe o crime praticado por ciúme (TJSP, *RT* 504/325). A vingança, só por si, também não torna torpe o motivo (TJSP, *RT* 448/350, *RJTJSP* 108/481-3,123/436). O ato do pai que, ao ver o filho ferido, arma-se de imediato e vai à procura dos agressores, pode ser reprovável, mas não constitui torpeza (TJSP, *RJTJSP* 119/456). A agravante do motivo torpe não pode ser reconhecida em crime contra os costumes (atualmente, contra a dignidade sexual) por integrar o tipo (STF, *RTJ* 151/550; TJSP, *RJTJSP* 108/481).

- **Traição:** Não se reconhece a agravante, se a vítima teve tempo para iniciar a fuga (TJSP, *RT* 492/312).

- **Dissimulação e *bis in idem*:** "Se a agravante genérica da dissimulação, prevista no art. 61, inciso II, alínea *c*, do Código Penal, houver sido utilizada, anteriormente, para o incremento da pena-base, no que diz respeito à circunstância judicial desfavorável da culpabilidade, quando restou pontuado que o Acusado agiu com premeditação e frieza, ao se passar por terceira pessoa, para atingir o seu fim libidinoso, deve ser reconhecida a existência de *bis in idem* e promovido o decote da aludida circunstância agravante" (TJAM, Ap. 0000177-30.2018.8.04.5600, rel. Des. José Hamilton Saraiva dos Santos, j. 4.9.2020, publ. 4.9.2020). Esta agravante não se encontra inserida na tipificação penal do crime de latrocínio, razão pela qual, uma vez ocorrida, deve acarretar a majoração da pena, não caracterizando *bis in idem* (TJAC, *RT* 857/636).

- **Para assegurar:** No caso de delito cometido para assegurar-se o agente da impunidade de outro delito, a agravante é aplicável ainda na hipótese de delito cometido para subtrair-se aquele da prisão (TJSP, *RT* 434/358).

- **Inciso II, *c*:** A premeditação não é circunstância agravante (TJSP, *RT* 558/309). Não há a agravante da surpresa, se inexistiu insídia, traição, ardil ou outra forma de dissimulação que houvesse tornado impossível ou dificultado a defesa (TJSP, *RT* 519/362). É possível a aplicação da agravante genérica do inciso II, *c*, nos crimes preterdolosos, como o delito de lesão corporal seguida de morte (art. 129, § 3º, do CP) (STJ, REsp 1.254.749/SC, j. 6.5.2014).

- **Meio cruel:** É aquele que evidencia brutalidade fora do comum e falta do mais elementar sentimento de piedade (TACrSP, *Julgados* 81/258). O número de golpes, por si só, não implica, necessariamente, o reconhecimento da agravante (TJSP, *RT* 506/361).

- **Prova de parentesco ou casamento:** Exige-se, para a agravante, prova documental, na forma da lei civil, tanto para o *parentesco* (TACrSP, *Julgados* 77/287, *RT* 532/382; TJSC, *RF* 258/380; TJMS, *RT* 700/366) como para o *casamento* (TJSP, Ap. 31.975, j. 25.2.85; TACrSP, *Julgados* 87/364, *RT* 561/366; *contra*: TJSP, *mv* – *RT* 635/344). Não incide a agravante se já estavam desquitados (TACrSP, *Julgados* 90/314) ou separados de fato há muito tempo (TJSP, *RT* 694/310), ou ainda separados de fato há somente um mês (TACrSP, *RJDTACr* 1/64).Inciso II, *f*: A fim de evitar-se a dupla valoração das relações domésticas, não se admite a aplicação cumulativa dessa agravante e da causa de aumento de pena do art. 226, inciso II, do CP (TJMT, Ap. 77.153/2007, *DOE* 26.3.08, *in Bol. IBCCr* 186/175; TJDF, 3ª T. Criminal, Processo n. 0008428-28.2016.8.07.0005, j. 5.9.2019, *DJe* 11.9.2019, p. 127/135). Não é de se reconhecer a circunstância agravante do abuso de autoridade, se o acusado não tem o pátrio poder sobre a vítima a quem infligiu maus-tratos (TACrSP, *RT* 426/407). O abuso de autoridade não diz respeito à função pública (TAPR, *RF* 566/376). A *hospitalidade* prescinde de intimidade ou permanência demorada, bastando que se tenha consolidado, ainda que por motivo de cortesia (STF, *RTJ* 81/602). Concubinato, ainda que por período curto, caracteriza a agravante (TACrSP, *RJDTACr* 4/152).

- **Inciso II, g:** Não se aplica essa agravante se o agente já se encontrava aposentado de seu cargo à época do delito (TRF da 2ª R., Ap. 2.967, *DJU* 2.8.94, pp. 40840-1, *in RBCCr* 8/224). A agravante de violação de dever inerente ao cargo é inaplicável quando for elementar do tipo, como no crime de concussão (TJSP, *RT* 555/327), ou na figura qualificada do art. 299, parágrafo único (STF, *RTJ* 101/1010). O reconhecimento concomitante dessa agravante e da qualificadora do art. 171, § 3º, na hipótese de estelionato cometido contra entidade de direito público, configura *bis in idem* (TRF da 4ª R., Ap. 22.814, *DJU* 23.11.94, p. 67831). Não incide a agravante relativa à profissão, se esta não pode deixar de ser levada em conta pela própria natureza da infração (TACrSP, *Julgados* 68/461). Há abuso de poder na conduta de enfermeiro que pratica ato libidinoso com internada (TJMG, *RT* 636/325). Não incide a agravante em relação a vigilante de agência de empresa pública federal, por não ser inerente à sua atividade profissional o atendimento da clientela (TRF da 2ª R., Ap. 2000.02.01.007424-3, j. 31.5.2000, *DJU* 22.8.2000, p. 142, *in RBCCr* 33/619).

- **Criança:** Entende-se a que está na primeira infância, até 7 ou 8 anos de idade (TJRS, *RT* 533/400; TAMG, *RF* 266/319), ou distante da puberdade (TJSP, *RT* 503/313). A agravante não incide quando a menoridade da vítima é elementar do crime, como nos delitos sexuais (TJDF, Ap. 11.894, *DJU* 10.6.92, p. 16822; TJRS, *RT* 553/400; TJSC, *RT* 545/397; TJSP, *RJTJSP* 108/481, *RT* 620/286; *contra:* TJRS, *RT* 605/356) ou no de maus-tratos (TACrSP, *RT* 597/320). Também não incidem nos delitos culposos (TJSP, *RT* 552/319).

- **Idoso:** Não se configura a agravante se o agente está na mesma faixa etária da vítima, ambos com quase 70 anos (TACrSP, *RJDTACr* 3/82). A agravante de ter o crime sido praticado contra idoso não se aplica aos delitos culposos (STF, *RT* 592/412). Ela é inadequada ao estelionato cometido com abuso de confiança (TFR, Ap. 5.341, *DJU* 5.9.85, p. 14757).

- **Embriaguez:** Para incidência desta agravante, é necessária a prova de que o agente embriagou-se propositadamente (TACrSP, *Julgados* 69/327).

AGRAVANTES NO CASO DE CONCURSO DE PESSOAS

Art. 62. A pena será ainda agravada em relação ao agente que:

I – promove, ou organiza a cooperação no crime ou dirige a atividade dos demais agentes;

II – coage ou induz outrem à execução material do crime;

III – instiga ou determina a cometer o crime alguém sujeito à sua autoridade ou não punível em virtude de condição ou qualidade pessoal;

IV – executa o crime, ou nele participa, mediante paga ou promessa de recompensa.

Agravantes no concurso de pessoas

- **Noção:** Este art. 62 arrola circunstâncias agravantes *específicas* da codelinquência. Trata-se do mesmo princípio que faz punir as diversas pessoas que participam do delito, na medida de sua culpabilidade (CP, art. 29). Neste art. 62, o CP manda agravar a pena do agente, cuja conduta no crime é mais acentuada ou expressiva. As agravantes especiais incidem nas seguintes hipóteses:

Inciso I

- **1ª:** *Promove, ou organiza a cooperação no crime ou dirige a atividade dos demais agentes*. Nesta hipótese, manda a lei punir com mais rigor o autor intelectual da empreitada, aquele que promove ou organiza a cooperação no crime, ou dirige a atividade dos demais codelinquentes, pois é evidente a maior censurabilidade da sua atuação.

Inciso II	■ 2ª: *Coage ou induz outrem à execução material do crime*. Nestes casos, tem sua pena aumentada quem: *coage* (obriga), irresistivelmente ou não, outra pessoa a praticar crime; ou *induz* (incita) outrem a executar o delito.
Inciso III	■ 3ª: *Instiga ou determina a cometer o crime alguém sujeito à sua autoridade ou não punível em virtude de condição ou qualidade pessoal*. *Instiga* quem estimula ideia criminosa já existente em outrem; *determina* quem a ordena. São duas as hipóteses aqui previstas. Na primeira, o agente instiga ou determina a praticar o crime, valendo-se de sua *autoridade*, que pode ser pública ou privada (serviço, emprego, parentesco, religião etc.). Na segunda, o agente se aproveita da inimputabilidade de outrem (menor, louco etc.). ■ **Maior proteção para os menores**: Tendo em vista que muitas vezes, na delinquência dos maiores, há a participação de menores por aqueles cooptados, inclusive para assumir a culpa caso descobertos, propomos uma alteração legislativa no Código Penal. Trata-se de incluir, para crimes mais graves, como homicídio, latrocínio, extorsão mediante sequestro e tráfico de drogas, uma *causa especial de aumento de pena* quando a agente tiver se utilizado de menor para a prática do delito, ao invés de uma mera agravante. Com isso, além de proteger os menores, vítimas maiores da nossa flagrante injustiça social, estaríamos contribuindo para a diminuição da criminalidade.
Inciso IV	■ 4ª: *Executa o crime, ou nele participa, mediante paga ou promessa de recompensa*. Esta agravante especial inclui vantagem de qualquer natureza e incide ainda que a promessa, afinal, não seja efetivamente cumprida. É o chamado *crime mercenário*.
Jurisprudência	■ **Inciso I**: Tendo em vista que, especificamente, em relação aos fatos tratados nestes autos não ficou demonstrada a posição de gestor do réu na atividade ilícita, dever ser afastada a agravante do art. 62, I, do CP (TRF da 4ª R., 7ª T., ACR 5003491-18.2014.4.04.7007 PR , j. 10.12.2019). Não justifica o agravamento o simples convite aos comparsas, logo aceito por estes (TACrSP, *RT* 484/332, *Julgados* 71/239). Se não houve ajuste prévio entre os codelinquentes, de modo a ser possível distinguir a submissão de um em relação ao outro, não pode ser considerada a agravante do inciso I (TACrSP, *RT* 378/307). Aplica-se ao coautor que dirigiu e organizou a operação delituosa (TFR, Ap. 3.841, *DJU* 26.2.81, p. 1261). No concurso de pessoas é inafastável a agravante quando o agente promove ou organiza a atividade delituosa (TRF da 3ª R., Ap. 95.03.101552-9, j. 25.5.99, *DJU* 2.6.99, p. 302, *in RBCCr* 27/359). ■ **Inciso IV**: Não incide a agravante da promessa de recompensa prevista no art. 62, inciso IV, do Código Penal, nos crimes de contrabando/descaminho, porquanto a percepção de vantagem econômica e a existência de acordos nesse sentido são elementos inerentes ao tipo (TRF da 4ª R., 7ª T., ACR 5003005-84.2015.4.04.7011 PR , j. 9.4.2019). A participação na prática do delito mediante pagamento, promessa de lucros e incentivos, leva à incidência da agravante prevista no art. 62, IV (TRF da 3ª R., Ap. 95.03.101.552-9/SP, *DJU* 2.6.99, p. 302, *in RBCCr* 27/359).

REINCIDÊNCIA

Art. 63. Verifica-se a reincidência quando o agente comete novo crime, depois de transitar em julgado a sentença que, no País ou no estrangeiro, o tenha condenado por crime anterior.

Reincidência	■ *Noção*: Reincidência é a prática de novo crime, após haver sido o agente definitivamente condenado por crime anterior, no País ou no exterior. Por isso, só é *reincidente* quem comete outro delito, *depois* de ter sido condenado, aqui ou no estrangeiro, por sentença transitada em julgado. Não é necessário que o agente tenha cumprido, efetivamente, a condenação (reincidência *real*), bastando a simples existência dela para que haja reincidência (é a chamada reincidência *ficta*). No entanto, a reincidência não é eterna, pois, após cinco anos do cumprimento ou extinção da pena, a condenação

anterior perde seu efeito de gerar reincidência, o que é salutar, evitando prolongada estigmatização. Não obstante o *Pleno* do STF decidiu, por maioria de votos, que transcorrido o prazo depurador de cinco anos, os maus antecedentes decorrentes dessa condenação que não gera mais reincidência, ficam registrados para sempre, de forma perpétua (STF, Pleno, RE 593.818, Repercussão Geral, rel. Min. Barroso, j. 18.8.2020, mv). *Vide* nossas críticas nos comentários ao art. 59 do CP.

- **Reincidência, o atestado de ineficácia do sistema penal:** O alto índice de reincidência envolvendo os egressos do vergonhoso sistema prisional brasileiro, os quais não recebem qualquer apoio do Estado, é fenômeno alarmante, demandando que as autoridades do Poder Executivo e do Poder Judiciário efetivamente cumpram os preceitos constantes da Lei de Execução Penal, a fim de que se busque uma efetiva reintegração e reinserção social da pessoa que foi segregada de seu convívio por determinado período, com altíssimo custo, não só para o condenado mas também para a sociedade. A reincidência é, metaforicamente, o "dedo posto em uma ferida", demonstrando a ineficácia do atual modelo de repressão penal que, até mesmo em termos éticos, não se sustenta, sendo o grande dilema que deveria ser abertamente enfrentado pela sociedade e, sobretudo, pelas autoridades judiciárias. Afinal, não podemos lidar com a sanção penal como uma espécie de "neutralização" da pessoa condenada por determinado período de tempo, como vem ocorrendo em nosso país há décadas, descuidando-se, por completo, do egresso, isto é, daquele que sai da cadeia e, de modo completamente desamparado, é jogado de volta em uma sociedade com toda a sorte de preconceito, inclusive de familiares. Uma sociedade que não é mais a sua, onde não é mais reconhecido e não tem espaço...

- **Depois:** Como a lei usa o advérbio *depois*, entendemos que a prática do novo crime, para ensejar a reincidência, deve ocorrer em data posterior (e não no mesmo dia) à do trânsito em julgado da condenação pelo crime anterior.

- **Crime anterior:** No conceito de crime anterior estão incluídos, além dos crimes (dolosos ou culposos) definidos no CP, aqueles previstos na legislação penal especial. *Exceções:* as contravenções não induzem reincidência quanto ao crime subsequente (*vide* nota abaixo), assim como os *crimes militares próprios* e os *crimes políticos* (*vide* comentário ao CP, art. 64, II).

- **Contravenção anterior:** Quem pratica uma contravenção e depois um crime não será reincidente (*vide* nota Crime anterior). No entanto, se comete um crime e depois uma contravenção, haverá reincidência quanto a esta (LCP, art. 7º).

- **Acordo de não persecução, composição civil, transação penal e suspensão condicional do processo:** A Lei n. 9.099, de 26.9.95, que criou os Juizados Especiais Criminais, instituiu a transação penal, aplicável às infrações de menor potencial ofensivo (as contravenções e os crimes com *pena máxima não superior a dois anos*, cumulada ou não com multa, não fazendo restrição ao tipo de procedimento, se comum ou especial, nem ao tipo de ação (pública incondicionada, pública condicionada ou privada), nos termos de seu art. 61, alterado pela Lei n. 11.313/2006). Aceita a proposta pelo acusado, a pena imposta não importará em reincidência (art. 76, § 4º), nem constará de certidão de antecedentes criminais (art. 76, § 6º). Também não gerará reincidência a composição civil homologada (art. 74, parágrafo único) e tampouco a suspensão condicional do processo (art. 89). Igualmente sucede com o acordo de não persecução do art. 28-A do CPP, inserido pela Lei n. 13.964/2019, cujo § 12 é expresso em referir que o acordo não constará de certidão de antecedentes criminais.

- **Primariedade e reincidência:** Como se vê deste art. 63, a lei só reconhece duas espécies de delinquentes – os *primários* e os *reincidentes* –, sendo primário o agente que não tenha contra si a reincidência perfeitamente caracterizada, não obstante possa ter sofrido anteriores condenações não transitadas em julgado. Por isso, entendemos incorreto dizer que o agente não é mais primário (ou que "perdeu a primariedade", ou ainda, que é "tecnicamente primário") quando foi condenado anteriormente (uma ou mais vezes), mas seu novo delito tenha sido cometido *antes* de passar em julgado a condenação ou condenações anteriores.

■ **A reincidência e a Constituição de República:** Como já salientamos em nota no art. 59 sob a rubrica *Culpabilidade, antecedentes, personalidade e conduta social*, e o chamado *"direito penal do autor"*, a análise das circunstâncias pessoais do agente não se confunde com o inaceitável "direito penal do autor", em que as pessoas eram punidas em razão de sua "personalidade criminosa", isto é, pelo perigo que sua "personalidade" representaria à sociedade (como na negra época da Escola da Defesa Social), e não em razão de terem, efetivamente, cometido um ilícito penal ("direito penal do fato"), característico do Direito Penal moderno, fundado no valor da dignidade humana e priorizando a tutela das liberdades individuais – *vide*, a propósito, comentários que antecedem o art. 13 do CP. O fato do reincidente ser punido mais gravemente do que o primário é justificável, não havendo violação à Constituição da República e à garantia do *ne bis in idem*, isto é, de que ninguém pode ser punido duas vezes pelo mesmo fato. Com efeito, se é certo que ao cumprir integralmente a pena imposta pela prática de determinado delito, o condenado, em razão desse fato, não pode ser punido novamente, a valoração da reincidência para fins de aumento de pena em relação a um novo crime cometido, em prazo inferior a cinco anos (CP, art. 64) e não tendo sido ele reabilitado (CP, arts. 93 e 94), diz, em nosso entendimento, com a maior *reprovabilidade* de sua conduta em relação ao *novo crime* (cf., nesse sentido, STJ, HC 776.996, *RT* 850/560), já que reiteradamente vem desprezando os valores essenciais da sociedade em que vive (a vida, a liberdade etc.). O agravamento da pena em razão da reincidência, portanto, não se confunde com dupla punição em relação ao crime anterior e, tampouco, com "maior juízo de periculosidade" do sujeito. Há, sim, uma reprovabilidade mais intensa de sua conduta ao violar a lei penal de forma reiterada. Pelo contrário, até por uma questão de justiça, não seria proporcional que o criminoso primário recebesse, pelo mesmo fato, idêntica pena em relação àquele que é contumaz violador da lei penal. Não vemos, assim, a reincidência como sendo um instituto não recepcionado pela Constituição da República de 1988; afinal, quando se julga um crime, não se julga um fato frio, estático, descrito na denúncia; julga-se *um ser humano* que praticou *um fato criminoso*, lembrando memorável lição do advogado criminalista J. B. Viana de Morais. Pessoa, esta, cuja história de vida não pode ser desconsiderada, a qual, quiçá, poderá inclusive explicar os motivos que o levaram a delinquir. É verdade, contudo, que para haver essa individualização bastaria, em tese, a existência do art. 59 do CP, ao tratar dos antecedentes e da conduta social do acusado. De qualquer modo, optou o legislador, neste art. 63, e de forma impositiva, por dar ênfase à reincidência, ao passo que o art. 64 impõe-lhe o limite de cinco anos, evitando, de forma salutar, uma perpétua estigmatização da pessoa que fora uma vez condenada criminalmente. Há, porém, entendimentos divergentes, inclusive jurisprudenciais, como lembrado pelo Desembargador Luis Gonzaga da Silva Moura, do TJRS (5ª C., Ap. 700008050924, j. 17.11.2004, e Ap. 699291050), para quem, citando Lenio Luiz Streck (*Tribunal do Júri, Símbolos e Rituais*, 3ª ed., Porto Alegre, Livraria do Advogado Editora, pp. 63 a 68), a reincidência não foi recepcionada pela Magna Carta já que "faz presente o direito penal do autor e é indisfarçável *bis in idem*", gera desproporcionalidade em relação ao fato, bem como significa, de modo estigmatizante, "sanção ao homem pelo que ele é e não pelo que fez". Haveria, segundo essa posição, ademais, violação da intangibilidade da consciência moral do ser humano (punindo-o com maior rigor por não se ter adequado aos ditames sociais). Entre os doutrinadores que defendem a não recepção, pela atual Constituição da República, dos arts. 63 e 64 do CP, destacamos o respeitável magistério de Eugenio Raul Zaffaroni e José Henrique Pierangeli, ao sustentarem que a reincidência importa inaceitável *bis in idem*, além de decorrer, "na realidade... de um interesse estatal de classificar as pessoas em disciplinadas e indisciplinadas", sendo "óbvio, não ser esta função do direito penal garantidor" (*Manual de Direito Penal Brasileiro*, São Paulo, Revista dos Tribunais, 1997, p. 844).

■ **Pena anterior de multa (originária ou substitutiva):** É hoje norma expressa do CP que a condenação anterior a pena de multa por crime (doloso ou culposo) não impede a concessão de *sursis* (art. 77, III, § 1º). Antes de essa disposição expressa ser acrescentada ao CP, já era tranquilo o entendimento de que a pena pecuniária anterior não obstava o *sursis* (Súmula 499 do STF), considerando-se, neste caso, o condenado primário (TACrSP, *RT* 511/382). Quanto à pena de multa ensejar ou não *reincidência*, havia três posições na jurisprudência anterior à reforma penal de 1984: para uma, não havia reincidência; para outra, ela só existiria se ambos os crimes fossem dolosos; para a terceira, ela existiria em qualquer caso (*vide* jurisprudência). Acreditamos que a primeira posição representava o justo entendimento, pois a *inexpressividade da condenação* anterior por multa não se coaduna com os severos efeitos que a Lei n. 7.209/84 imprime à reincidência. Tal entendimento foi reforçado pela nova redação do art. 51 do CP, que passou a considerar a pena de multa "dívida de valor", não podendo mais haver conversão em pena privativa de liberdade. De outra parte, a exegese do art. 77, I, do CP – que impõe como condição para o *sursis* que "o condenado não seja reincidente em crime doloso" – *em conjunto* com o § 1º do mesmo artigo – que dispõe que "a condenação anterior a pena de multa não impede a concessão do benefício", *ainda que por crime doloso, portanto* –, leva à mesma conclusão. Com efeito, seria incoerente não considerar a anterior pena de multa como impeditiva do *sursis* e, ao mesmo tempo, considerá-la geradora de reincidência.

- **Consequências da reincidência**: São estas as *principais*: *1*. É circunstância agravante (CP, art. 61, I). *2*. É uma das circunstâncias preponderantes no concurso de agravantes (CP, art. 67, última parte). *3*. Impede a substituição da pena privativa de liberdade por restritiva de direitos (CP, art. 44, II) ou multa (CP, art. 60, § 2º), a não ser que a reincidência seja *genérica* e a substituição socialmente recomendável (CP, art. 44, § 3º). Quanto ao art. 60, § 2º, *vide* nota *2º Requisito* no mesmo artigo. *4*. Se a reincidência for por crime doloso, impede o *sursis* (CP, art. 77, I) e aumenta o prazo para o livramento condicional (CP, art. 83, II). *5*. Impede o livramento condicional (CP, art. 83, V) quando houver reincidência específica em crime hediondo, prática de tortura, tráfico ilícito de entorpecentes e drogas afins, tráfico de pessoas e terrorismo (a respeito dos crimes considerados hediondos, *vide* nota no art. 83 do CP sob o título *5º Requisito*; com relação ao terrorismo, *vide* Lei n. 13.260/2016). *6*. A reincidência faz aumentar o prazo para progressão de regime, em várias hipóteses do art. 112 da LEP, seja para crimes sem violência (20%), com violência (30%), crime hediondo ou equiparado (60%) e se houver resultado morte (70%). *7*. Aumenta o prazo de prescrição da chamada pretensão executória (CP, art. 110, *caput*, última parte) e interrompe o seu curso (CP, art. 117, VI). *8*. Impede a aplicação de algumas causas de diminuição da pena (CP, arts. 155, § 2º, 170 e 171, § 1º). *9*. Pode integrar o tipo da contravenção de posse do instrumento empregado em furto (LCP, art. 25), conforme as origens da reincidência. *10*. Influi na revogação do *sursis*, do livramento condicional e da reabilitação (CP, arts. 81, I e § 1º, 86, 87 e 95). *11*. Impede a transação (art. 76, § 2º, I, da Lei n. 9.099/95). *12*. Obsta a suspensão condicional do processo (art. 89, *caput*, da Lei n. 9.099/95).

- **Prova da reincidência**: Ela só pode ser provada mediante *certidão* da condenação anterior, com seu *trânsito em julgado*, não bastando a informação constante de folha de antecedentes. É necessário, também, que a certidão indique a data em que a condenação se tornou definitiva e o dia do eventual cumprimento ou extinção da pena (esta última exigência para fins do art. 64).

- **Reincidência específica**: Embora abolida pela Lei n. 6.416/77 (*cf.* STF, *RT* 686/401), a reincidência específica voltou a ser instituída pelo art. 5º da LCH (Lei n. 8.072, de 25.7.90), que acrescentou ao art. 83 do CP o inciso V, bem como pelo art. 44, § 3º, do CP, com redação dada pela Lei n. 9.714/98.

Jurisprudência

- **Individualização da pena e o princípio do *ne bis in idem***: A agravante da reincidência se legitima no próprio princípio constitucional de individualização da pena, previsto no art. 5º, XLVI, da CR, não se podendo "tratar igualmente apenados com condutas desiguais, embora o tipo penal seja o mesmo. Réu reincidente 'paga mais' pelo novo crime cometido e não novamente como sustenta a defesa" (TJRS, Ap. 70027029305, rel. Desa. Elba Aparecida Nicolli Bastos, j. 18.12.2008, *DJ* 6.2.2009).

- **Trânsito em julgado**: Conforme disposição expressa do art. 63 do CP a agravante da reincidência só se configura quando o réu comete o crime após o trânsito em julgado da condenação pelo crime anterior (TJMG, AP 10166170023583001 MG, publ. 12.2.2020). Se, na data do crime, estiver pendente recurso extraordinário contra a condenação pelo delito anterior, não há reincidência (TACrSP, *RT* 503/350), pois a interposição do extraordinário, mesmo não tendo efeito suspensivo, impede o trânsito em julgado da condenação (STF, *RTJ* 119/2-3). Não há reincidência se o novo crime foi cometido *antes* do trânsito em julgado da condenação pelo delito anterior (STF, HC 68.468, *DJU* 26.6.1992, p. 10105; TRF da 4ª R., HC 24.343, *DJU* 3.11.1993, p. 46717). *Vide*, também, jurisprudência no art. 61 do CP.

- **Prova do trânsito em julgado:** "A jurisprudência desta Corte tem entendido desnecessária a juntada de certidão cartorária como prova de maus antecedentes ou reincidência, admitindo, inclusive, informações extraídas do sítio eletrônico de Tribunal como evidência nesse sentido" (STJ, AgRg no Ag. em REsp n. 549.303 – ES (2014 /0182923-1), rel. Min. Sebastião Reis Júnior, j. 19.5.2015; AgRg no AREsp n. 496.939/SP, Min. Maria Thereza de Assis Moura, 6ª T., *DJe* 21.11.2014; HC n. 122.756/DF, Min. Felix Fischer, 5ª T., *DJ* 29.6.2009). "A folha de antecedentes do réu, obtida por meio informatizado no sistema nacional de informações criminais, é documento oficial, que serve para comprovar a reincidência do réu, diante da presunção de veracidade das informações nela contida, desde que traga a qualificação mínima do réu, a data do fato pelo qual foi condenado, o juízo que proferiu a sentença condenatória e a data do trânsito em julgado. Assegura-se às partes impugnar as informações constantes da folha de antecedentes e comprovar por outros meios que os dados são incorretos, uma vez que se trata de presunção relativa" (TJDF, AP. 20100110000606APR – (0000037-09.2010.8.07.0001), j. 31.5.2012, *DJe* 6.6.2012). *Contra*: É indispensável, para o reconhecimento da reincidência, prova, *por certidão*, de que a condenação anterior transitou em julgado (STF, HC 54.569, *DJU* 4.3.77, p. 1164; TRF da 1ª R., Ap. 12.226, *DJU* 4.3.93, p. 6357; TFR, Ap. 4.517, *DJU* 19.8.80, p. 6028; TJSP, *RT* 876/622,844/578, *RJTJSP* 99/456; TACrSP, *Julgados* 73/332; TJGO, *RGJ* 7/111; TAMG, *RJTAMG* 52/373, não bastando a existência de ações penais em curso (TJSC, *RT* 855/692). "Para a comprovação da agravante da reincidência é necessária a juntada aos autos de certidão cartorária que comprove o trânsito em julgado de sentença condenatória, anterior à prática do novo crime" (TJDF, AP 20130111092829 – (0028517-89.2013.8.07.0001), j. 13.2.2014, *DJe* 18.2.2014). A reincidência não pode ser reconhecida, se a certidão não indica a data em que transitou em julgado a anterior condenação (TAMG, *RT* 617/352; TACrSP, *RJDTACr* 15/39). A reincidência *não* pode ser reconhecida com base, apenas, nas informações sobre a vida pregressa do réu (STF, *RTJ* 80/739), na folha ou boletim de antecedentes (TJSP, *RT* 542/317; TACrSP, *RJDTACr* 1/226, *Julgados* 96/71, *RT* 603/360; TJAC, *RT* 747/701), em ofício do juízo das execuções (TJSP, *mv* – *RJTJSP*76/328), em carta de guia (TJRS, *RT* 582/388), em confissão judicial do acusado (TACrSP, *Julgados* 86/339), em prontuário de penitenciária (TACrSP, *Julgados* 68/334) ou em comunicação da "Polinter" (TJSP, *mv* – *RT* 524/353).

- **Quantidade do acréscimo da agravante da reincidência:** A reincidência não obriga a exasperação da pena-base no *quantum* correspondente à metade daquela (TJDF, Ap. 10.815, *DJU* 20.2.91, p. 2474). Deve seguir uma escala crescente de um sexto, um quinto, um quarto e assim por diante, considerando-se o número de condenações comprovadas por certidões cartorárias (TACrSP, *RJDTACr* 17/54).

- *Bis in idem*: Súmula 241 do STJ: "A reincidência penal não pode ser considerada como circunstância agravante e, simultaneamente, como circunstância judicial". A reincidência somente legitima a exasperação da pena na hipótese única de seu reconhecimento como circunstância agravante genérica, não podendo ser também considerada na fixação da pena-base, sob pena de inaceitável *bis in idem* (STF, HC 70.483, *DJU* 29.4.94, p. 9716, *in RBCCr* 7/210; TACrSP, *RT* 822/614). *Vide*, também, jurisprudência sob o mesmo título no art. 59 do CP.

- **Pena de multa anterior:** "A jurisprudência cristalizada no âmbito desta Corte é firme no sentido de que a condenação anterior à pena de multa não afasta a reincidência, cuja configuração não faz distinção quanto ao tipo de crime cometido nem quanto à pena aplicada" (STJ, HC 21682 – SP, 6ª T., j. 6.8.2002, *DJU* de 26.8.2002). No mesmo sentido: STF, RHC 65.332, *DJU* 4.9.1987, p. 18287; TJSP, *RT* 640/300; TACrSP, *Julgados* 90/132). Enseja, mas só se ambos os crimes forem dolosos (STF, RE 86.754, *DJU*

31.10.1977, p. 7588; TJSP, *RJTJSP* 80/366). *Contra*: "O Código Penal é um conjunto integrado de normas que devem ser interpretadas de modo harmônico e sistêmico, à luz das disposições constitucionais. A condenação anterior à pena de multa não é apta, por si só, para autorizar a reincidência, pois constitui dívida de valor que não é suscetível, sob nenhum fundamento, mercê da garantia constitucional (art. 5º, LXVII), de conversão em pena privativa de liberdade ou restritiva de direitos (ST, 6ª T., HC 22.736-SP, j. 19.12.2003). No mesmo sentido: STF, *RTJ* 35/484; TACrSP, *Julgados* 90/372, 70/413, 69/64, 67/404; *mv – RT* 539/323, 511/382).

- **Condenação anterior por contravenção:** Não gera reincidência quanto ao crime subsequente (STF, *Julgados* 93/403; HC 60.273, *DJU* 17.12.82, p. 13203; TJSP, *RT* 559/328, 558/302; TACrSP, *Julgados* 89/399, 68/420).

- **Condenação anterior por porte de drogas (entendimentos contrários):** Não gera reincidência quanto ao delito subsequente posto não ser o primeiro passível de sanção privativa da liberdade, sob pena de violação do princípio da proporcionalidade (TJSP, 1ª Câmara, HC 0009781-64.2010.8.26.0400, rel. Des. Márcio Bartoli, j. 5.3.2012). *Contra*: Tendo em vista que a conduta de portar substância entorpecente para consumo pessoal constitui crime doloso, o réu já definitivamente condenado por esse delito será considerado reincidente, nos termos do que dispõe o art. 63 do CP (TJMG, AP 10223180089474001 MG, j. 30.4.2019, publ. 10.5.2019).

- **Natureza do crime anterior:** Para a justa individualização da pena, há que se levar em consideração, na reincidência, a natureza do crime anteriormente cometido (TACrSP, *mv – RJDTACr* 19/139).

- **Prescrição:** "1. É inconcebível considerar, em nítida interpretação prejudicial ao réu, que o tempo de prisão provisória seja o mesmo que o tempo de prisão no cumprimento de pena, haja vista tratar-se de institutos absolutamente distintos em todos os seus aspectos e objetivos. 2. A decisão de extinção da punibilidade, na hipótese, aproxima-se muito mais do exaurimento do direito de exercício da pretensão punitiva como forma de reconhecimento, pelo Estado, da prática de coerção cautelar desproporcional no curso do processo – que culminou com a condenação por porte de substância entorpecente para consumo próprio – do que com o esgotamento de processo executivo pelo cumprimento de pena. 3. Se o paciente não houvesse ficado preso preventivamente – prisão que, posteriormente, se mostrou ilegal, dada a impossibilidade de se aplicar tal medida aos acusados da prática do crime de porte de substância entorpecente para consumo próprio –, ele teria feito jus à transação penal (conforme, aliás, expressamente entendeu ser possível o próprio membro do Ministério Público), benefício que, como é sabido, não é apto a configurar nem maus antecedentes nem reincidência. A prevalecer entendimento contrário, estaria o paciente a sofrer em duplicidade os efeitos decorrentes de um processo que, ao final, não traduziu a gravidade que inicialmente se imaginou. 4. Ordem concedida, para afastar a reincidência do paciente e, por conseguinte, determinar o retorno dos autos ao Juízo de primeiro grau para que analise o eventual preenchimento, pelo paciente, dos demais requisitos necessários ao reconhecimento da minorante prevista no art. 33, § 4º, da Lei de Drogas" (STJ, HC 390.038/SP, rel. Min. Rogerio Schietti Cruz, 6ª T, j. 6.2.2018, *DJe* 15.2.2018). Se foi declarada prescrita a pretensão punitiva da condenação anterior, esta não gera reincidência (TJSP, *RJTJSP* 95/458). Gera, se a prescrição foi da pretensão executória (TACrSP, *Julgados* 90/131). *Contra*: Para os efeitos do art. 110, *caput*, *in fine*, do CP, não há distinguir entre a prescrição da pretensão executória e a da pretensão punitiva (STJ, REsp 46, *DJU* 21.8.89, p. 13331).

- **Perdão judicial:** Há reincidência, mesmo em caso de perdão judicial (TACrSP, *RT* 647/318).

- **Indulto:** *Súmula* 631 do STJ: O indulto extingue os efeitos primários da condenação (pretensão executória), mas não atinge os efeitos secundários, penais ou extrapenais". O fato de o condenado ter sido indultado não interfere no reconhecimento da reincidência (STF, *RTJ* 116/171; TRF da 3ª R., Ap. 75.961, *DJU* 21.3.95, p. 14502).

- **Prova posterior:** Não pode o tribunal, em apelação, reconhecer a reincidência que só foi provada depois da sentença condenatória (STJ, REsp 36.303, *DJU* 4.10.93, p. 2564, in *RBCCr* 5/194; TACrSP, *Julgados* 83/57; TJGO, *RGJ* 10/88). *Contra:* O Ministério Público pode produzir a prova da reincidência em sede recursal (STF, *RTJ* 146/210).

- *Habeas corpus*: O exame da reincidência pode ser feito em *habeas corpus*, se depende do simples confronto das peças oferecidas com a impetração (STJ, HC 2.344, *DJU* 7.3.94, p. 3668).

- **Revisão criminal:** O reconhecimento da reincidência a partir de condenação relativa a fato anterior, mas com trânsito em julgado posterior ao fato que se apura, configura contrariedade ao texto expresso do art. 63 do Código Penal, de modo a ensejar a procedência da revisão criminal para exclusão da referida agravante (TJDF, Câmara Criminal, Processo n. 0721520-76.2018.8.07.0000 DF, j. 30.4.2019, *DJe* 22.5.2019).

Art. 64. Para efeito de reincidência:

I – não prevalece a condenação anterior, se entre a data do cumprimento ou extinção da pena e a infração posterior tiver decorrido período de tempo superior a 5 (cinco) anos, computado o período de prova da suspensão ou do livramento condicional, se não ocorrer revogação;

II – não se consideram os crimes militares próprios e políticos.

Temporariedade da reincidência (inciso I)

- **Noção:** A condenação anterior não pode ter efeito perpétuo. *Após cinco anos* da data do cumprimento ou da extinção da pena imposta pela condenação anterior, esta *não mais prevalece*, ou seja, perde a sua força de gerar reincidência quanto ao crime subsequente. O agente retorna à qualidade de *primário* (deixa de ser reincidente). Trata-se de salutar dispositivo, evitando indevida e perpétua estigmatização daquele que foi condenado, na sua completa reintegração social.

- **Efeitos (maus antecedentes):** O *Pleno* do STF decidiu, por maioria de votos, que transcorrido o prazo depurador de cinco anos, os maus antecedentes decorrentes dessa condenação que não gera mais reincidência, ficam registrados para sempre, de forma perpétua (STF, *Pleno*, RE 593.818, Repercussão Geral, rel. Min. Luís Roberto Barroso, j. 18.8.2020, *mv*). *Vide* nossas veementes críticas a esse julgamento nos comentários ao art. 59 do CP.

- **Contagem do prazo da temporariedade:** Conta-se, na forma do art. 10 do CP, ou seja, computando-se o dia do começo, a partir do *cumprimento* da pena aplicada pela condenação ou de sua *extinção*, por prescrição da denominada pretensão executória ("prescrição da condenação") ou outra causa. Note-se que o período depurador de cinco anos é contado da data efetiva do cumprimento ou da extinção da pena, e não da data da sentença que formalmente a declara extinta.

- **Cômputo do *sursis* e do livramento condicional:** Expressamente, o art. 64, I, manda incluir na contagem do prazo de cinco anos o *período de prova* do *sursis* ou do livramento condicional, se não houver revogação deles. Tal contagem inicia-se a partir da audiência de advertência do *sursis* ou do livramento condicional. Observe-se, porém, quanto ao *sursis*, que a audiência de admoestação, segundo o art. 160 da LEP, só deverá acontecer depois do trânsito em julgado da sentença condenatória. Se de um lado a data da audiência de admoestação prejudica o condenado (que não pode, desde logo, começar a computar o prazo do *sursis*), de outro o favorece, pois se vier a cometer novo crime antes do início do *sursis*, este não será revogado nem o condenado será reincidente, pois a condenação precedente ainda não terá passado em julgado.

Exceções à reincidência (inciso II)

- **Noção:** Dispõe o inciso II deste art. 64 que *não geram reincidência*, quanto ao crime subsequente, anteriores condenações por *crimes militares próprios* ou por *crimes políticos*.

- **Crimes militares próprios:** São os delitos que estão definidos *apenas* no CPM e não, também, na legislação penal comum. Assim, a condenação anterior por crime militar que tenha correspondente nas leis penais comuns (por isso chamados crimes militares *impróprios*) é capaz de gerar reincidência.

- **Crimes políticos:** Como a lei não faz restrição quanto a eles, estão incluídos tanto os delitos políticos *próprios* (que somente lesam ou põem em risco a organização política) como ainda os crimes políticos *impróprios* (que também ofendem outros interesses, além da organização política). Os crimes eleitorais, por exemplo, são crimes exclusivamente políticos.

- **Outras exceções:** Além dos crimes referidos neste inciso, também não geram reincidência: *a. Contravenções* (CP, art. 63). *b.* Qualquer condenação *após o decurso do prazo depurador de cinco anos* (CP, art. 64, I). *c.* Os casos de *perdão judicial*, pois, além de serem causa de extinção da punibilidade (CP, art. 107, IX), há dispositivo expresso nesse sentido (CP, art. 120). *d.* Quanto às condenações somente *a pena de multa* (originária ou substitutiva), *vide* nosso comentário ao CP, art. 63, sob o título *Pena anterior de multa. e. Composição civil, transação penal e suspensão condicional do processo:* Igualmente não geram reincidência (Lei n. 9.099/95, arts. 74, parágrafo único, 76, § 4º, e 89).

Jurisprudência

- **Efeito da temporariedade:** Após o decurso do prazo, "o réu já não é considerado reincidente, retorna à qualidade de primário" (STF, *RTJ* 91/629), não servindo antigas condenações como maus antecedentes (STJ, HC 45.526, j. 20.10.2005; TACrSP, Ap. 1.367.565/5, j. 3.3.2004, Bol. IBCCr 138/800; *RT* 715/484, 718/442), pois seria ilógico afastar expressamente a agravante e persistir genericamente para recrudescer a sanção aplicada (STJ, RHC 2.227, *mv – DJU* 29.3.93, p. 5267, *in RBCCr* 2/240). *Contra:* reflete nos antecedentes (STF, *RTJ* 119/1079, HC 69.001, *DJU* 26.6.92, p. 10106, *in RBCCr* 0/250; TJSP, *mv – RT* 634/275). Pode receber o *sursis* (TJSP, *RT* 620/274), mas não tem direito a fiança se condenado por outro crime doloso (STF, *RTJ* 120/188).

- **Reincidência e maus antecedentes (limite temporal de 5 anos):** "Não se aplica ao reconhecimento dos maus antecedentes o prazo quinquenal de prescrição da reincidência, previsto no art. 64, I, do Código Penal" (STF, Pleno, RE 593.818, Repercussão Geral, rel. Min. Barroso, j. 18.8.2020, *mv*). Ainda que não impliquem reincidência, por já ter decorrido sua temporariedade, podem ser consideradas como maus antecedentes (STF, HC 69.001, *DJU* 26.6.1992, p. 10106, *in RBCCr* 0/250; TJSP, *mv – RT* 634/275). No mesmo sentido: ainda que não impliquem reincidência, por já ter decorrido sua temporariedade, podem ser consideradas como maus antecedentes (STF, HC 69.001, *DJU* 26.6.92, p. 10106, *in RBCCr* 0/250; TJSP, *mv – RT* 634/275). *Contra:* Diante de uma interpretação mais abrangente do inciso I, do art. 64 do CP, entende-se que a reincidência e seus efeitos negativos, não devem se estender *ad vitae*, não sendo possível, de forma analógica, que anotações com mais de 05 anos configurem maus antecedentes (TJMG, APR 10433170249406001 MG, j. 5.2.2020, publ. 12.2.2020). Se a condenação anterior após o prazo depurador de 5 (cinco) anos não serve para o efeito da reincidência, com muito maior razão não deve valer para fins de antecedentes criminais (STF, 1ª T., HC 119.200/PR, j. 11.2.2014). Condenações atingidas pelo período depurador do art. 64, I, do CP não servem para propiciar a elevação da pena (STJ, HC 45.526, j. 20.10.2005; TACrSP, *RT* 718/442, 715/484), pois seria ilógico afastar expressamente a agravante e persistir genericamente para recrudescer a sanção aplicada (STJ, RHC 2.227, *mv – DJU* 29.3.93, p. 5267, *in RBCCr* 2/240; TACrSP, *RT* 644/285). Se a condenação anterior após o prazo depurador de 5 (cinco) anos não serve para o efeito da reincidência, com muito maior razão não deve valer para fins de antecedentes criminais (STF, 1ª T., HC 119.200/PR, j. 11.2.2014). O limite temporal de cinco anos, previsto no art. 64, I, do CP, aplica-se, por analogia, aos requisitos da transação penal e da suspensão condicional do processo; não procede dizer que, quando eliminada a reincidência, permaneceriam os maus antecedentes (STF, HC 86.646-8, *RT* 853/504).

- **Contagem a partir da extinção da pena:** O termo inicial do prazo quinquenal do art. 64 do CP, deve ser computado a partir da data do cumprimento ou extinção da pena. Considerando que o trânsito em julgado do crime anterior ocorreu antes do cometimento do delito em apreço, bem como que não transcorreu o período depurador de 5 anos, fica configurada a reincidência do acusado, nos termos dos arts. 61, I, 63 e 64, todos do Código Penal (TJMS, 2ª CCr, APR 0000589-73.2019.8.12.0015 MS, publ. 19.9.2019). Conta-se a depuração a partir da data da efetiva extinção da pena e não somente do dia em que essa extinção foi formalmente declarada por sentença (TACrSP, *Julgados* 72/116; TAPR, *PJ* 40/357). Em caso de *indulto*, conta-se da data do decreto que o concedeu, e não a partir da sentença que o efetivou (TACrSP, *Julgados* 77/209).

- **Crimes militares:** A exceção do CP não tem aplicação recíproca no CPM. Assim, se condenado antes pela justiça comum e depois pela militar, poderá haver reincidência (STF, *RT* 551/416; TJRJ, *RT* 550/340).

- **Crimes militares impróprios:** São aqueles que, previstos na legislação penal comum e também nas leis penais militares, são praticados por militar em atividade (STF, *RTJ* 115/1097). Crime praticado por civil contra as instituições militares é crime militar impróprio (STF, *RT* 614/371).

- **Crimes políticos:** A condenação pelo crime de constituir organização de tipo militar com finalidade combativa, previsto na antiga Lei de Segurança Nacional (art. 34 do Decreto-Lei n. 314/67, com a redação do Decreto-Lei n. 510/69), é crime político e não dá motivo a reincidência (STF, *RTJ* 92/623).

CIRCUNSTÂNCIAS ATENUANTES

Art. 65. São circunstâncias que sempre atenuam a pena:

I – ser o agente menor de 21 (vinte e um), na data do fato, ou maior de 70 (setenta) anos, na data da sentença;

II – o desconhecimento da lei;

III – ter o agente:

a) cometido o crime por motivo de relevante valor social ou moral;

b) procurado, por sua espontânea vontade e com eficiência, logo após o crime, evitar-lhe ou minorar-lhe as consequências, ou ter, antes do julgamento, reparado o dano;

c) cometido o crime sob coação a que podia resistir, ou em cumprimento de ordem de autoridade superior, ou sob a influência de violenta emoção, provocada por ato injusto da vítima;

d) confessado espontaneamente, perante a autoridade, a autoria do crime;

e) cometido o crime sob a influência de multidão em tumulto, se não o provocou.

Circunstâncias atenuantes

- **Noção:** *Circunstâncias atenuantes* são dados ou fatos, de caráter objetivo ou subjetivo, que estão ao redor do crime e atenuam a sua pena, embora não interfiram no tipo.

- **Remissão:** Além das atenuantes relacionadas nos incisos deste art. 65, *vide* também as *atenuantes inominadas* previstas no art. 66 do CP.

- **Aplicação inafastável:** Como indica o *caput* do artigo, as atenuantes são de aplicação obrigatória ("sempre atenuam") em favor do agente.

- **Limite da redução:** Embora a maioria da doutrina e da jurisprudência entenda que as atenuantes (arts. 65 e 66) não permitem a redução da pena abaixo do mínimo previsto na lei, havendo, inclusive, precedentes da Suprema Corte (STF, *RT* 874/511) e a Súmula 231 do STJ nesse sentido ("A incidência da circunstância atenuante não pode conduzir à redução da pena abaixo do mínimo legal"), AGAPITO MACHADO (in *RT* 647/388) e JAMES TUBENCHLAK (*O Tribunal do Júri*, 3ª ed., Forense, 1991, p. 285) sustentam a possibilidade dessa redução. Entre os argumentos invocados por esse último autor (inexistência, a partir da reforma de 1984, de norma legal que proíba expressamente a analogia *in bonam partem*, a equidade, a melhor individualização da pena etc.), lembra o *motivo de relevante valor social ou moral*, que em um crime mais grave, como o homicídio, é causa especial de diminuição da pena (homicídio privilegiado – art. 121, § 1º, primeira parte, do CP), permitindo a redução da pena abaixo do mínimo legal, enquanto o *mesmo* motivo, previsto como atenuante genérica no art. 65, III, *a*, não possibilitaria a redução abaixo do mínimo para crimes menos graves, como o furto simples (CP, art. 155, *caput*). Concordando com esse autor, lembramos que o art. 129, § 4º, do CP também prevê *idêntico* motivo como causa especial de diminuição da pena, para lesões corporais dolosas leves, graves, gravíssimas *e até* para as seguidas de morte (art. 129, §§ 1º a 3º), e que a *redação* do privilégio, tanto para o homicídio quanto para as lesões corporais ("impelido por motivo de relevante valor social ou moral..."), é *praticamente igual* àquela da atenuante em questão ("cometido... por motivo de relevante valor social ou moral..."). Permitimo-nos aduzir um outro argumento: atualmente, dois corréus acusados do mesmo crime, ambos com circunstâncias judiciais favoráveis (art. 59), não havendo nenhuma agravante (arts. 61 e 62) ou causas especiais de aumento ou diminuição da pena, com a diferença de *um* deles ser *menor* de 21 anos na data do fato e ter *confessado* (atenuantes do art. 65, I, primeira parte, e III, *d*), a sanção para os dois será *a mesma*, ou seja, o *mínimo* cominado, por inexistência de fundamento legal para exacerbar a do maior condenado que não confessou e, segundo o entendimento tradicional, para diminuir abaixo do mínimo a do menor que confessou. Por outro lado, a jurisprudência majoritária tem admitido sentenças que *sequer* fazem menção a essas ou outras atenuantes, desde que a pena imposta seja a mínima. Com isso, desvalorizam-se atenuantes de primeira grandeza como a menoridade e a confissão, *desestimulando* esta última, que dá ao julgador, quando feita em juízo, sob o contraditório, a certeza moral da condenação. Tais exemplos, a nosso ver, demonstram a *incoerência* e a *injustiça* da solução preconizada pela posição hoje predominante. *Vide*, a respeito, jurisprudência no art. 68 do CP.

- **Como são aplicadas:** À semelhança das circunstâncias agravantes, as atenuantes também são circunstâncias legais. Por isso, devem incidir sobre a pena-base já fixada (CP, art. 59), na segunda etapa do cálculo final da pena que o art. 68 do CP prevê.

- **Confronto:** O art. 14 da Lei n. 9.605/98 (Meio Ambiente) prevê circunstâncias que atenuam a pena para os crimes nela definidos, *verbis*: "Art. 14. São circunstâncias que atenuam a pena: I – baixo grau de instrução ou escolaridade do agente; II – arrependimento do infrator, manifestado pela espontânea reparação do dano, ou limitação significativa da degradação ambiental causada; III – comunicação prévia pelo agente do perigo iminente de degradação ambiental".

Menor de 21 anos (I, primeira parte)

- **Noção:** O fato do acusado possuir, no momento da prática do crime, mais de 18 e menos de 21 anos, é a principal das circunstâncias atenuantes, denominada *menoridade penal relativa*. A pessoa que se encontra nessa faixa etária, por sua própria personalidade e caráter não totalmente formados, deve merecer tratamento distinto do que recebem os maiores de 21 anos, não só pela menor censurabilidade de seu comportamento imaturo, como pela desnecessidade de sofrer sanções mais severas. Trata-se de presunção legal (*iuris et de iure*).

- **Prova da menoridade:** Deve ser feita por certidão. Todavia, mesmo sem esta, entendemos que a menoridade deve ser reconhecida quando não foi contestada pela acusação durante o processo. Em caso de dúvida, deve-se decidir em favor do agente, em face do princípio *favor libertatis*.

- **Data do fato:** Considera-se a idade do menor na data do fato, ou seja, no dia da conduta delituosa e não no momento do seu resultado ou na data da sentença (cf. CP, art. 4º).

- **Menoridade penal relativa e maioridade civil:** A menoridade que conta é a penal, e não a civil. O fato do art. 5º do CC de 2002 ter consagrado a maioridade da pessoa aos 18 anos, abolindo a então denominada "menoridade civil relativa" que vigia até os 21 anos, não revogou a atenuante do art. 65, I, do CP, dada a especificidade da lei penal, nos termos do próprio art. 2.043 do CC. Como bem adverte José Henrique Rodrigues Torres, em alentado estudo, "decididamente, não há confundir a 'cessação da menoridade civil', reconhecida pelo art. 5º do atual CC, com a 'menoridade penal relativa', estabelecida pelo sistema penal. A 'menoridade civil' não tem nada a ver com a 'menoridade penal' e muito menos com a 'menoridade penal relativa'. A 'maioridade civil', deferida aos maiores de 18 anos, está vinculada ao critério do discernimento e tem o seu significado atrelado à capacidade específica de exercício de atos da vida civil, diz respeito às relações intersubjetivas no âmbito do sistema privado e foi reconhecida pelo novo Código Civil no contexto principiológico de um sistema privatista. Já a 'menoridade penal', garantida aos menores de 18 anos, e a 'menoridade penal relativa', assegurada aos maiores de 18 anos e menores de 21 anos, estão vinculadas à imputabilidade e ao garantista princípio constitucional da culpabilidade, foram fixadas de acordo com critérios normativos, têm inspiração na opção política do Estado de Direito Democrático, dizem respeito às relações de poder no âmbito do controle repressivo estatal, constituem corolários dos princípios limitadores do poder punitivo do Estado, tais como o do direito penal mínimo, e têm seus fundamentos vinculados a princípios próprios do sistema penal, totalmente distintos daqueles que embasam o sistema privado" ("Reflexos do novo Código Civil no sistema penal", *RBCCr* 44/86 a 127). Ademais, tanto não se confundem menoridade civil e penal que, mesmo na vigência do antigo Código Civil, ainda que o agente menor de 21 anos tivesse se casado ou sido emancipado, continuava cabível a atenuante do art. 65, I, do CP.

- **Preponderância da menoridade:** A menoridade penal relativa deve prevalecer sobre *todas* as demais circunstâncias subjetivas e até mesmo em relação à reincidência (*vide* nota ao CP, art. 67).

Maior de 70 anos (I, segunda parte)

- **Noção:** Ao analisar o art. 115, segunda parte, do CP, que manda reduzir de metade os prazos de prescrição quando o criminoso era "na data da sentença, maior de 70 anos", o STF assim se pronunciou: "O art. 115 do CP, ao remeter à data da sentença, há de ser analisado com visão larga a ponto de apanhar como marco temporal – época a ser levada em consideração, presente a idade do acusado – não a data do pronunciamento do Juízo, mas aquela em que o título executivo penal condenatório se torne imutável na via de recurso" (STF, HC 89.969-2/RJ, 1ª T., rel. Min. Marco Aurélio, *mv, DJ* 5.10.2007; no mesmo sentido, Pleno, *mv,* ED na APn 516, j. 5.12.2013, rel. p/ acórdão Min. Luiz Fux). Esse é, a nosso ver, o melhor entendimento, em face do princípio *favor libertatis.* Tendo em vista que o art. 65, I, segunda parte, prevê como circunstância atenuante "ser o agente (...) maior de 70 (setenta) anos na data da sentença", e diante do fato de o legislador ter empregado a mesma expressão "data da sentença" para mandar reduzir de metade o prazo prescricional, igual entendimento jurisprudencial há de se aplicar a essa atenuante, por imperativo lógico. Afinal, tanto a redução do prazo prescricional da extinção da punibilidade quanto a circunstância atenuante da pena são matérias de direito penal material, devendo receber tratamento isonômico em sua interpretação.

- **Confronto:** O Estatuto do Idoso, que trata dos direitos assegurados às pessoas com idade igual ou superior a 60 anos (Lei n. 10.741/2003), não alterou o critério dos 70 anos para a incidência da atenuante do art. 60, I, segunda parte, do CP.

Desconhecimento da lei (II)

- **Noção:** Embora o mero desconhecimento da lei seja inescusável (CP, art. 21, primeira parte), ele constitui atenuante da pena (vide, a respeito do *erro sobre a ilicitude do fato,* comentários ao art. 21 do CP).

Motivo de relevante valor moral ou social (III, a)

- **Noção:** Também atenua a pena ter o agente cometido o delito por *relevante* (importante, digno de consideração) *valor social ou moral.*
- **Valor social:** É o referente a interesse coletivo, público.
- **Valor moral:** Diz respeito a interesse particular.
- **Não incidência:** A atenuante não é aplicável quando o motivo já tiver constituído a figura privilegiada (exemplos: CP, arts. 121, § 1º, e 129, § 4º). *Vide,* também, nota *Limite da redução,* na rubrica *Circunstâncias atenuantes* deste artigo.

Arrependimento ou reparação do dano (III, b)

- **Arrependimento:** Basta que o agente tenha *procurado*, com eficiência e espontaneidade, *logo após o crime*, evitar ou minorar as suas consequências. A *eficiência* de que a lei fala deve referir-se ao esforço feito pelo agente para minorar as consequências e não ao resultado efetivo da sua tentativa. Ao contrário do arrependimento eficaz (CP, art. 15, segunda parte), para a atenuante deste inciso III, *b*, não precisa haver eficácia em seu resultado.

- **Reparação do dano:** Não é necessário que a reparação tenha ocorrido logo após o crime. Basta que a reparação se faça antes do julgamento.

- **Confronto:** Há outras possibilidades: *a.* Se o arrependimento logo após o crime consegue impedir seu resultado, há o *arrependimento eficaz* (CP, art. 15, segunda parte). *b.* Nos crimes sem violência ou grave ameaça à pessoa, a voluntária reparação do dano ou restituição da coisa, antes do recebimento da denúncia ou queixa, é causa de diminuição da pena (CP, art. 16 – *arrependimento posterior*). *c.* No estelionato por meio de cheque sem fundos, o pagamento antes do recebimento da denúncia exclui a justa causa para a ação penal (*vide* nota ao art. 171, § 2º, VI, do CP). *d.* Nos crimes de natureza fiscal, *vide* notas ao art. 107 do CP sob os títulos *Nos crimes contra a ordem tributária*, *No crime de descaminho* e *Nos crimes contra a Previdência Social*.

Coação resistível, ordem superior ou violenta emoção (III, c)

- **Coação resistível:** A coação irresistível é causa de exclusão da culpabilidade (CP, art. 22, primeira parte), enquanto a *coação resistível* (aquela a que o agente podia resistir) configura esta atenuante.

- **Cumprimento de ordem de autoridade superior:** Se a ordem não for manifestamente ilegal, o cumprimento dela é excludente da culpabilidade (CP, art. 22, segunda parte). Mas, se o agente cometeu o crime em cumprimento a ordem que era manifestamente ilegal, embora não haja exclusão da culpabilidade, a pena deverá ser atenuada.

- **Influência de violenta emoção:** Também atenua a pena a circunstância de ter o agente cometido o crime sob influência de violenta emoção, provocada por algum ato injusto da vítima.

- **Distinção:** A atenuante da violenta emoção (inciso III, *c*, última parte) não se confunde com as figuras privilegiadas do homicídio (CP, art. 121, § 1º, última parte) e da lesão corporal (art. 129, § 4º), em que o agente age sob o *domínio* (e não influência) de violenta emoção, *logo em seguida a injusta provocação da vítima*. Vide nota sob igual título no art. 121, I, do CP.

Confissão espontânea (III, d)

- **Noção:** Antes da reforma penal de 1984, esta atenuante exigia, como requisito, que a confissão fosse referente a delito cuja autoria era ignorada ou atribuída a outrem. A partir de então, foi dispensado esse requisito. Basta para a atenuante a simples *confissão da autoria*. Ao contrário do arrependimento posterior, em que a lei exige apenas a voluntariedade (CP, art. 16), a atenuante da confissão requer que ela seja espontânea, isto é, que ela nasça espontaneamente do ânimo do agente, não havendo razão legal alguma para exigir-se que ela seja resultante de "arrependimento". Assim, não importa o motivo que levou o agente a confessar a autoria (arrependimento, propósito de se beneficiar em futura condenação etc.). *É irrelevante se invocou excludente de ilicitude ou de culpabilidade.* Pode ocorrer tanto na fase policial como em juízo, mas não valerá como atenuante, se confessou no inquérito, e depois se *retratou* em juízo, a não ser que a confissão policial influa na condenação. Luiz Carlos Betanho sustenta que "confessar a autoria não é o mesmo que confessar o crime; para a atenuante basta a confissão da autoria, e não impede sua aplicação o fato de o réu ter negado parte da imputação ou invocado excludente de ilicitude" (RT 683/281). Acreditamos que assiste razão a esse autor, sendo este, aliás, o atual entendimento da Súmula 545 do STJ ("*Quando a confissão for utilizada para a formação do convencimento do julgador, o réu fará jus à atenuante prevista no art. 65, III, d, do Código Penal*" (3ª Seção, Aprovada em 14.10.2015, DJe 19.10.2015)". Assim, a confissão espontânea, mesmo que parcial, quando utilizada para corroborar o acervo probatório e fundamentar a condenação, deve ser aplicada (*vide* jurisprudência). Nem se diga, por outro lado, que a atenuante usa a expressão "autoria do crime", pois, evidentemente, está querendo se referir a *autoria do fato tido* *como criminoso*, já que, em face da garantia da presunção de inocência (CR, art. 5º, LVII; PIDCP, art. 14, 2; CADH, art. 8º, 2, primeira parte), só se pode falar em *autoria do crime* após condenação *transitada em julgado*.

- **Observação crítica:** A nosso ver, a confissão deveria ser melhor tratada pelo legislador mesmo porque, da maneira como se encontra disciplinada (uma mera circunstância atenuante que, na opinião da jurisprudência majoritária, não permite a redução da pena abaixo do mínimo), traz, na prática, nenhum ou quase nenhum benefício ao acusado. Acreditamos que seria salutar para o próprio sistema que a confissão fosse tratada, em reformulação legislativa, como uma *causa geral de diminuição de pena*, reduzindo-a, por exemplo, de um sexto a um terço. Aliás, embora sejam institutos diferentes, o legislador já tem caminhado nessa direção ao tratar da chamada "colaboração" ou "delação premiada", a qual exige, contudo, não só a confissão, como também a efetiva colaboração com as autoridades, "revelando toda a trama delituosa", levando ao "esclarecimento de infrações penais e sua autoria", com a "identificação dos coautores" e com a "localização dos bens", "possibilitando o desmantelamento da quadrilha", "facilitando a libertação do sequestrado" (cf. Lei dos Crimes Hediondos – Lei n. 8.072/90, art. 8º, parágrafo único; Lei dos Crimes contra o Sistema Financeiro Nacional – Lei n. 7.492/86, art. 25, § 2º; Lei dos Crimes contra a Ordem Tributária, Econômica e Relações de Consumo – Lei n. 8.137/90, art. 16, parágrafo único; Lei de Drogas – Lei n. 11.343/2006, art. 41; CP, ao tratar da extorsão mediante sequestro, art. 159, § 4º) e que, em alguns casos, chega até a ensejar a isenção de pena (Lei Contra a Lavagem de Dinheiro – Lei n. 9.613/98, art. 1º, § 5º) ou perdão judicial (Lei de Proteção a Testemunhas – Lei n. 9.807/99, art. 13), ou ainda permitir que o Ministério Público sequer denúncia ofereça, desde que o agente não seja o líder da organização criminosa e tenha colaborado em primeiro lugar (Lei do Crime Organizado, n. 12.850/2013, art. 4º, § 4º, I e II). Igualmente, no Acordo de Não Persecução Penal, constante do art. 28-A do CPP, inserido pela Lei n. 13.964/2019, exige-se que o investigado confesse formal e circunstancialmente a prática da infração penal. Acreditamos, portanto, que, a exemplo da "delação" ou da "colaboração premiada", e do "acordo de não persecução penal", a confissão deveria ser mais valorizada pelo legislador, permitindo-se uma redução considerável da pena neste caso.

Influência de multidão em tumulto (III, e)

- **Noção:** Atenua-se a pena de quem cometeu crime sob influência de multidão em tumulto, desde que o agente não tenha sido o próprio provocador desse tumulto.

Jurisprudência Inciso I

- **Menoridade penal:** É esta que interessa e não a menoridade civil (STF, *RT* 556/400). Sendo o agente menor de 21 anos à época dos fatos, impõe-se o reconhecimento da atenuante prevista no art. 65, I, CP (TJMG, APR 10480150209736001 MG, j. 22.9.2019, publ. 2.10.2019).

- **Importância da menoridade:** É nula a sentença que fixa a pena acima do mínimo cominado, sem observar a atenuante obrigatória da menoridade, pois esta é indissociável da individualização da pena (STF, *RT* 620/395, 610/419), podendo a nulidade ser declarada em *habeas corpus* (STJ, HC 2.036, *DJU* 29.11.93, p. 25901, *in RBCCr* 5/196). *Contra, em parte:* diminuindo a pena em apelação (TJMT, *RT* 713/385) ou revisão (TJSP, *RJTJSP* 161/300, *RT* 706/307). Reconhecida a menoridade em grau de recurso, concorrendo com a da confissão, reduz-se a pena imposta na sentença, dando-se ênfase à valoração daquela (menoridade) por ser preponderante em relação a esta (confissão) (TJSP, *RT* 857/643).

- **Preponderância da menoridade:** Ela prevalece sobre os maus antecedentes (TACrSP, *mv – RJDTACr* 16/110) e até sobre a reincidência (STF, *RT* 440/470; TJSC, *JC* 71/404; TJPR, *PJ* 40/324; TJMS, *RT* 562/385; TJSP, *RT* 786/634, *RJTJSP* 76/347; TACrSP, *Julgados* 88/408-9, 85/36). Todavia, quando a pena é aplicada no mínimo legal, o não reconhecimento da menoridade não anula a condenação (STF, *RTJ* 102/151, 145/834), pois se a pena é fixada no mínimo, não há falar-se em redução (STF, HC 69.369, *DJU* 25.8.92, p. 16184). Deve preponderar sobre as demais circunstâncias

(STF, HC 66.605, *DJU* 21.4.89, p. 5855; *RT* 642/348; TACrSP, *Julgados* 88/408-9; TJSP, *RT* 706/307), inclusive a reincidência (STJ, HC 15.868/SP, j. 9.10.2001, *DJU* 19.11.2001, p. 293, *in Bol. IBCCr* 111/585; TACrSP, RvCr 224.948, j. 14.10.92, *mv – Bol. IBCCr* 3/3; TAPR, *RT* 707/354), embora não possa reduzir a pena abaixo do mínimo legal previsto (STF, *RTJ* 118/928, 104/736, *RT* 538/464; TACrSP, *Julgados* 94/321). A atenuante da menoridade prepondera sobre todas as circunstâncias, legais ou judiciais, desfavoráveis ao condenado, inclusive a agravante da reincidência; com maior razão a menoridade há de prevalecer sobre a chamada "circunstância judicial" dos maus antecedentes, fixando-se a pena no mínimo legal (STF, HC 71.323-8-SP, j. 7.2.95, *DJU* 19.5.95, p. 13994, *in RBCCr* 12/282). É equiparado ao menor de 21 anos, para a atenuação da pena. Assim à semelhança do menor de 21, é nula a sentença que impõe pena a maior de 70 anos, sem observar a sua obrigatória atenuação (STF, *RT* 440/470). Se o paciente à época da sentença contava com mais de 70 anos, o Tribunal *a quo* não poderia silenciar-se acerca da incidência de atenuante obrigatória prevista no art. 65, I, do CP, devendo aquela Corte proceder à nova dosagem da pena (STJ, HC 24.924-RJ, *JSTJ* e *TRF* 177/289).

- **Maior de 70 anos:** Deve-se reconhecer, em favor da ré, ainda que de ofício, a atenuante prevista no art. 65, I, do CP, eis que à época da sentença ela contava com mais de 70 anos de idade (TJMG, APR 10223180055046001 MG, j. 31.3.2019, publ. 10.4.2019).

- **Prova de idade:** Não é indispensável, para incidência da atenuante, a comprovação da idade por certidão, se a própria acusação a reconhece (TAMG, *mv – RT* 613/381).

Inciso III, a

- **Relevante valor social ou moral:** A atenuante do art. 65, III, *a*, ao contrário do que ocorre com o homicídio privilegiado (art. 121, §1º), dispensa a circunstância temporal "logo em seguida à injusta provocação da vítima" (STJ, REsp 127.075-RJ, *DJU* 21.9.98, p. 234, *in RBCCr* 24/314).

Inciso III, b

- **Reparação do dano:** Tendo o acusado ressarcido os cofres públicos, ainda que após oferecida a denúncia, a atenuante deve ser reconhecida (TJPB, *RT* 785/654).

Inciso III, c

- **Violenta emoção:** Não é incompatível com a qualificadora do recurso que impossibilite ou dificulte a defesa (STF, *RTJ* 114/194). Não há contradição entre o reconhecimento da atenuante de haver praticado o delito sob a influência de violenta emoção, provocada por ato injusto da vítima, e a negativa da agressão injusta necessária à legítima defesa (TJPR, *RT* 552/398). Na atenuante do art. 65, III, *c*, há "emoção-estado", enquanto na causa de diminuição de pena do homicídio ou lesão corporal há "emoção-choque" (TJSP, *RT* 625/268). A causa especial de diminuição da pena (CP, art. 121, § 1º) reclama que o crime seja praticado "logo em seguida a injusta provocação da vítima"; a atenuante (CP, art. 65, III) dispensa a circunstância temporal (STJ, REsp 127.075/RJ, j. 18.8.98, *DJU* 21.9.98, p. 234, *in RBCCr* 24/314).

- **Coação resistível:** Na coação resistível, embora pudesse o agente opor-se aos desígnios do coator, é compreensível se lhe atenue a pena, visto que a pressão externa influi na prática do delito (TJRJ, *RT* 400/364).

Inciso III, d

- **Súmula 545 do STJ:** "Quando a confissão for utilizada para a formação do convencimento do julgador, o réu fará jus à atenuante prevista no art. 65, III, d, do Código Penal" (3ª Seção, Aprovada em 14.10.2015, *DJe* 19.10.2015). Deve-se reconhecer em favor dos réus a atenuante da confissão espontânea, eis que eles confessaram a prática delitiva e tal confissão foi utilizada para fundamentar a condenação (TJMG, APR 10223180055046001 MG, j. 31.3.2019, publ. 10.4.2019).

- **Confissão parcial:** Conforme entendimento consolidado no STJ (Súmula 545), a confissão espontânea, mesmo que parcial, quando utilizada para corroborar o acervo probatório e fundamentar a condenação, deve ser aplicada (TRF da 4ª R., 7ª Turma, ACR 5003005-84.2015.4.04.7011 PR , j. 9.4.2019)

- **É irrelevante se invocou excludente de ilicitude ou mesmo de cupabilidade:** *"2. A invocação de excludente de ilicitude não obsta a incidência da atenuante da confissão espontânea"* (HC 142.853/SP, Rel. a Min. Maria Thereza de Assis Moura, DJe de 16.11.2010). "III. Embora tenha afirmado ter agido sob estado de necessidade tendo em vista as dificuldades financeiras enfrentadas pela empresa, o réu confessou espontaneamente a autoria dos fatos a ela imputados, o que atrai a incidência do art. 65, III, "d", do Código Penal" (REsp 1163090/SC, Rel. o Ministro Gilson Dipp, 5ª T., DJe 14.3.2011).

- **Limite da atenuação da pena (posição majoritária:** não é possível para abaixo do mínimo): As atenuantes não permitem a redução da pena abaixo do mínimo previsto na lei para o crime (STF, RE 597.270-4, *Pleno*, rel. Min. Cezar Peluso, j. 26.3.2009, *vu*; HC 71.051, *DJU* 9.9.94, p. 23442, *in RBCCr* 8/224; HC 69.342, *DJU* 21.8.92, pp. 12784-5; *RTJ* 143/586). *Súmula 231 do STJ:* "A incidência da circunstância atenuante não pode conduzir à redução da pena abaixo do mínimo legal"; *idem*: STJ, REsp 1117068/PR, rel. Min. Laurita Vaz, 3ª Seção, j. 26.10.2011, *DJe* 08.06.2012; AgRg no REsp 1761672/BA, rel. Min. Sebastião Reis Jr., j. 7.5.2019, *DJe* 20.5.2019; AgRg no AREsp 1408530/MS, Rel. Min. Joel Ilan Paciornik, j. 14.5.2019, *DJe* 20.5.2019; *RT* 852/544, 816/533, 785/555; REsp 12.107/SP, j. 5.3.2002, *DJU* 8.4.2002, *in Bol. IBCCr* 123/677; REsp 188.553-SP, j. 20.6.2000, *DJU* 14.8.2000; TJCE, Ap. APR 0007303-02.2019.8.06.0117, 3ª CCr, j. 28.7.2020, publ. 28.7.2020; TJSP, *RT* 857/668, *RJTJSP* 165/343; TRF da 1ª R., Ap. 12.515, *DJU* 3.8.92, p. 2235; TJAM, *RT* 814/689, 785/637; TJDF, *RT* 844/609, TJGO, *RT* 848/591, 843/616.

- **Limite da atenuação da pena (entendimento minoritário:** possibilidade de redução para abaixo do mínimo): Se a pena-base é fixada no mínimo e se reconhece a presença de circunstância atenuante, a pena definitiva pode ser fixada abaixo do mínimo legal (STJ, HC 9.719/SP, *mv – DJU* 25.10.1999, pp. 130-1, *in RBCCr* 31/329; TRF da 2ª R., Ap. 2.072, *DJU* 11.1.1990, p. 154). "O princípio da individualização da pena (Constituição, art. 5º, XLVI), materialmente, significa que a sanção deve corresponder às características do fato, do agente e da vítima, enfim, considerar todas as circunstâncias do delito. A cominação, estabelecendo grau mínimo e grau máximo, visa a esse fim, conferindo ao juiz, conforme o critério do art. 68 do CP, fixar a pena *in concreto*. A lei trabalha com o gênero. Da espécie cuida o magistrado. Só assim, ter-se-á direito dinâmico e sensível à realidade, impossível de, formalmente, ser descrita em todos os pormenores. Imposição ainda da Justiça do caso concreto, buscando realizar o direito justo. Na espécie *sub judice*, a 'pena-base' foi fixada no mínimo legal. Reconhecida, ainda, a atenuante da confissão espontânea (CP, art. 65, III, *d*). Todavia, desconsiderada porque não poderá ser reduzida. Essa conclusão significaria desprezar a circunstância. Em outros termos, não repercutir na sanção aplicada. Ofensa ao princípio e ao disposto no art. 59 do CP, que determina ponderar todas as circunstâncias do crime" (STJ, REsp 151.837, *empate*, j. 28.5.1998, *DJU* 22.6.1998, p. 193). Evidenciado que a pena-base ajustou-se ao mínimo e, após as podas decorrentes das atenuantes, a sanção definitiva revelou-se abaixo do mínimo, improcede a alegação de equivocada dosimetria da condenação (TJGO, *RT* 813/643).

- **Caráter preponderante compensando a reincidência:** A confissão espontânea tem caráter preponderante, compensando a reincidência, devendo o juízo processante redimensionar a pena imposta ao paciente (STF, 2ª T., HC 101.909, rel. Min. Ayres Britto, j. 28.2.2012). A confissão espontânea "demonstra um atributo incomum das pessoas que delinquem, logo, equivale à reincidência e àquelas que dizem respeito à motivação determinante do crime" (STJ, 6ª T., HC 110.880/MG, rel. Min. Jane Silva, j. 25.9.2008, *DJ* 13.10.2008; 3ª S., EREsp. 1.154.752/RS, *DJe* 4.9.2012; 5ª T., HC 217.249/RS, *DJe* 4.3.2013; 6ª T., HC 130.797/SP, *DJe* 1º.2.2013; 6ª T., REsp 1.341.370/MT, j. 10.4.2013). A confissão espontânea da autoria do crime, pronunciada voluntariamente ou não, pelo réu, atua como circunstância que sempre atenua a pena, mas não pode conduzir à redução da pena já fixada no mínimo legal (STF, *RT* 690/390; TJAP, *RT* 767/62). É de aplicação obrigatória, desde que a pena-base, fixada acima do mínimo, permita a redução (STF, HC 69.328, *DJU* 5.6.1992, p. 8430; TRF da 1ª R., Ap. 12.515, *DJU* 1º.7.92, p. 19788; TJSC, *JC* 68/402).

É atenuante de primeira grandeza, pois confere ao julgador a certeza moral de que a condenação é justa (TACrSP, *Julgados* 86/339), devendo ser avaliada como atenuante máxima e no concurso com as agravantes prevalecer sobre elas (TJDF, *RDJTJDF* 41/267). Por ser de suma importância para o deslinde do feito, servindo para dirimir quaisquer dúvidas que venham a surgir no espírito do julgador, é atenuante de primeira grandeza, devendo prevalecer sobre quaisquer circunstâncias agravantes, mesmo se for a da reincidência (TACrSP, *RJDTACr* 47/87).

- **Utilização ou não pela sentença, mesmo que retratada em juízo:** Reduz-se a pena de quem, espontaneamente, confessa a autoria (TJDF, Ap. 10.790, *DJU* 27.2.1991, p. 3161). Se a confissão serviu, destacadamente, para o deslinde do feito, alicerçando o decreto condenatório, a atenuante deve ser reconhecida (STJ, *RT* 779/544), mesmo que retratada em juízo (STJ, REsp 171.302-DF, j. 24.11.98, *DJU* 1.2.99, p. 228, *in RBCCr* 26/305; REsp 203.602-DF, j. 13.3.2002, *DJU* 15.4.2002, p. 244, *in RBCCr* 39/326; REsp 217.827-DF, j. 20.3.2001, *DJU* 7.5.2001, p. 158, *in RBCCr* 35/317) ou tendo o acusado silenciado no interrogatório judicial (TRF da 4ª R., Ap. 2000.72.00.007803-2-SC, j. 17.2.2003, *DJU* 26.2.2003, p. 919, *in RBCCr* 45/320). É de ser reconhecida a atenuante, mesmo quando a confissão em nada influenciar o desfecho condenatório (TRF da 4ª R., *RT* 747/787). A confissão espontânea na polícia, retratada em juízo, impede o reconhecimento da atenuante (STF, *RTJ* 146/210; TJDF, *RDJTJDF* 43/227). Contra: Aplica-se a atenuante, na hipótese de retratação em juízo da confissão feita na fase policial, se esta influir na condenação (TRF da 4ª R., Ap. 22.814, *DJU* 23.11.94, p. 67831; TJDF, Ap. 12.059, *DJU* 10.6.92, p. 16824).

- **Não é necessário o arrependimento:** A atenuante da confissão é de caráter objetivo, bastando a espontaneidade, não sendo necessário o arrependimento (STJ, HC 8.109-DF, *DJU* 14.8.2000, p. 180, *in RBCCr* 32/334; TRF da 4ª R., Ap. 95.04.32.063-5-RS, *mv – DJU* 24.4.96, p. 26581, *in RBCCr* 15/405). Não há que se requerer o motivo da confissão, criando-se o requisito de que a mesma se deu por ato de bravura moral e não de interesse processual do acusado, o que constituiria odiosa restringenda (TARJ, *RT* 697/357). *Contra*, exigindo que a confissão seja fruto de "arrependimento" (TJSP, *RT* 608/301; TJGO, *RGJ* 9/131), não bastando a confissão em face de "provas irrefutáveis" (TJMS, *RT* 812/632). Não se exige que a autoria seja desconhecida ou atribuída a outrem (STJ, REsp 531, *mv – DJU* 19.2.90, p.1049; HC 8.109-DF, *DJU* 14.8.2000, p. 180, *in RBCCr* 32/334; TJSP, *RT* 702/329; TJGO, *RT* 699/359; *contra*: TJRS, RT634/333). Sob a égide da disciplina anterior à reforma da Parte Geral do CP, a prisão em flagrante era de molde a excluir a configuração da atenuante da confissão espontânea, que estava jungida às hipóteses em que a autoria do crime era ignorada ou imputada a outrem. Com o abandono da irreal forma inicialmente adotada, pouco importa que o acusado tenha sido preso em flagrante, bastando a simples postura de reconhecimento da prática do delito para incidir a atenuante da confissão espontânea (STF, HC 69.479-9, j. 10.11.92, *DJU* 18.12.92, p. 24.376-7, *in RBCCr* 1/225; TAPR, *RT* 707/354; *contra*: TJGO, *RT* 640/336; TJMS, *RT* 782/641).

- **Não exige que a autoria do crime fosse desconhecida:** Não se exige que a autoria do crime seja desconhecida, tampouco que o réu demonstre arrependimento (STJ, HC 8.109, j. 20.6.2000, *DJU* 14.8.2000, p. 180, *in RBCCr* 32/334).

- **Confissão parcial (tóxicos):** *Súmula* 630 do STJ: "A incidência da atenuante da confissão espontânea no crime de tráfico ilícito de entorpecentes exige o reconhecimento da traficância pelo acusado, não bastando a mera admissão da posse ou propriedade para uso próprio". Não basta a confissão "parcial", ou seja, apenas alcançando a admissão do porte para simples consumo do tóxico, não se estendendo à quantidade encontrada (STF, HC 71.334-3, j. 25.10.94, *DJU* 19.5.95, p. 13994, *in RBCCr* 12/283).

- **Júri:** Embora o Conselho de Sentença não tenha reconhecido a atenuante da confissão, em quesito genérico, cabe ao juiz aplicá-la na fixação da pena (TJSP, *RT* 782/563).

- **Redução abaixo do mínimo e na** *reformatio in pejus***:** Se o juiz de primeiro grau fixou a pena abaixo do mínimo legal e houve somente recurso da defesa, não pode o Tribunal fazer desaparecer a redução de um sexto aplicada em virtude da confissão espontânea (TACrSP, Ap. 1.354.183/3, j. 26.2.2003, *in Bol. IBCCr* 128/720). *Vide*, também, jurisprudência no art. 68 do CP.

Art. 66. A pena poderá ser ainda atenuada em razão de circunstância relevante, anterior ou posterior ao crime, embora não prevista expressamente em lei.

Circunstâncias atenuantes inominadas

- **Noção:** Além das atenuantes explicitamente arroladas no art. 65, este art. 66 ainda prevê as chamadas *circunstâncias atenuantes inominadas* (ou sem nome). Por elas, haverá atenuação da pena em razão de circunstância *relevante*, anterior ou posterior à prática do crime, embora não prevista em lei de forma expressa. Assim, independentemente da época de sua ocorrência, a pena poderá ser atenuada por circunstância *relevante*. Exemplo: anos antes de cometer um crime grave, ainda não julgado, o acusado arriscou sua vida para salvar vítimas de um incêndio ou desastre; após o cometimento de homicídio culposo no trânsito, o agente passa a dedicar-se a difundir as regras de trânsito em escolas.

- **Observações:** *a.* Podem ser incluídas circunstâncias atenuantes, previstas na lei, mas que não se caracterizaram por falta de algum requisito legal. *b.* Não podem ser outra vez consideradas como atenuantes, se já foram assim computadas na forma do art. 65 ou estão previstas como causa de diminuição da pena.

- **Réu que colabora com a Justiça sem acordo de delação:** Embora não tenha formalizado acordo de colaboração premiada, tem sido comum observarmos casos em que o acusado, ao ser preso em flagrante por tráfico de drogas, por exemplo, afirma ser usuário e, ao mesmo tempo, pressionado pela polícia, passa a colaborar com as autoridades apontando todos os fornecedores de drogas da região. Nada obstante, vem a ser acusado e condenado também por tráfico, conjuntamente com os demais, em uma verdadeira *colaboração "não premiada"*. Em casos como esse deveria incidir a atenuante inominada do art. 66 do CP.

- **Situação de penúria do acusado:** Em um país com o grande abismo social em que vivemos, em determinados delitos, inclusive no tocante ao pequeno tráfico de drogas, quando nos deparamos com jovens que vivem em situação de extrema precariedade social, por exemplo sem acesso a água e esgoto, sem acesso à educação e saúde, entendemos que poderá o Magistrado levar em consideração essa circunstância relevante na dosimetria de sua pena, nos moldes do art. 66 do CP.

- **Demora excessiva do processo deveria reduzir a pena:** Embora a Constituição da República garanta a todos o direito de ser julgado em prazo razoável (art. 5º, LXXVIII: "a todos, no âmbito judicial e administrativo, são assegurados a razoável duração do processo e os meios que garantam a celeridade de sua tramitação"), a morosidade de nossa Justiça é causa de vergonha nacional. Por vezes, leva à prescrição, mesmo porque dista do conceito de justiça uma pena imposta muito tempo depois do cometimento do crime, perdendo o seu sentido (vide comentários ao art. 109 do CP). Pode ocorrer, porém, que embora não tenha se verificado a prescrição, a persecução penal tenha, de fato, se delongado por prazo muito superior ao que seria razoável, não tendo a autoridade agido de forma célere, isto é, *diligente, sem dilações indevidas*, o que não se confunde com precipitação (cf., sobre o que é prazo razoável, Roberto Delmanto Junior, *Liberdade e Prisão no Processo Penal – As Modalidades de Prisão Provisória e seu Prazo de Duração*, 3ª ed., São Paulo, Saraiva, 2019, p. 404). Todos sabemos, outrossim, que o processo penal, em si, representa uma verdadeira tormenta na vida da pessoa do acusado, convivendo por anos com uma "espada de Dâmocles" sobre sua cabeça, além da perda do sentido da própria punição. Nesse contexto, entendemos que a demora excessiva da persecução penal não só pode, como deve, por imperativo de justiça – mesmo porque o trâmite de um longo processo já é uma pena em si –, ser considerada como circunstância atenuante inominada. Registramos, aqui, reconhecimento ao Desembargador Luís Gonzaga da Silva Moura, do TJRS, precursor desse entendimento ao considerar que a excessiva delonga do processo por crime de estupro e atentado violento ao pudor (mais de oito anos) pode ser compensada na aplicação da pena, considerando-se o atraso como atenuante genérica do art. 66 do CP (TJRS, Ap. 70. 007.100.902, j. 17.12.2001, *apud* Fabio Wellington Ataíde Alves, in Bol. IBCCr 185/15).

- **Aplicação:** O juiz pode considerar que a circunstância não tem relevância para atenuar a pena e deixar de diminuí-la. Todavia, não se trata de mero arbítrio do julgador. Assim, se a mesma circunstância inominada incide, identicamente, para dois acusados, não se pode atenuar a pena de um e recusá-la para outro. Apesar do verbo "poderá", trata-se de direito subjetivo do réu, que não lhe pode ser recusado quando a circunstância tem relevância para atenuar a pena.

- **No júri:** Antes da Lei n. 11.689/2008, havia um quesito genérico sobre a existência de atenuantes a ser submetido aos jurados (antigo art. 484, parágrafo único, III e IV, do CPP). Com a atual redação do CPP, quem passou a julgar a existência de atenuante é o juiz presidente ao calcular a pena. A nosso ver, suprimir do Conselho de Sentença o julgamento sobre a existência de atenuantes viola a Constituição da República (art. 5º XXXVIII, *c* e *d*), que assegura a sua competência para julgar crimes dolosos contra a vida (em sua inteireza) e a soberania dos veredictos.

Jurisprudência

- **Réu que colabora com a Justiça:** Se o réu delata criminoso procurado e foragido, integrante de outras quadrilhas e não partícipe do mesmo crime pelo qual foi ele acusado e condenado, não tem o benefício legal de perdão ou redução da pena previstos em lei especial, mas deve ser contemplado com a regra genérica da atenuante inominada quando efetiva é a colaboração com a Justiça (TJRO, *mv – RT* 812/671). Se o acusado, além de confessar, coopera de forma relevante com a instrução, não há *bis in idem* em aplicar-se duas atenuantes (a da confissão, art. 65, e a inominada do art. 66) (STJ, REsp 303.073, j. 15.5.2003, *DJU* 9.6.2003, p. 285, *in RBCCr* 44/377-8).

- **Teoria da coculpabilidade e desigualdade social:** A teoria da coculpabilidade não é admitida para justificar a incidência da atenuante genérica do art. 66 do Código Penal, uma vez que, apesar das desigualdades sociais existentes em nossa sociedade, não há como aferir a real influência da condição de miserabilidade do agente para a prática do delito, não constituindo uma circunstância relevante relacionada à conduta do acusado (TJES, 2ª CCrim, APL 0000849-38.2018.8.08.0035, j. 18.9.2019, publ. 23.9.2019).

- **Maternidade:** Não havendo fato indicativo de uma menor culpabilidade da agente, não há que se falar na incidência da atenuante genérica do art. 66 do CP, já que a maternidade, por si só, não constitui circunstância excepcional que justifique a redução da pena da acusada (TJMG, APR 10441180026490001 MG, j. 1º.12.2019, publ. 6.12.2019).

CONCURSO DE CIRCUNSTÂNCIAS AGRAVANTES E ATENUANTES

Art. 67. No concurso de agravantes e atenuantes, a pena deve aproximar-se do limite indicado pelas circunstâncias preponderantes, entendendo-se como tais as que resultam dos motivos determinantes do crime, da personalidade do agente e da reincidência.

Concurso de agravantes e atenuantes

- **Noção:** Este dispositivo trata da hipótese de concurso entre agravantes e atenuantes. Antes da Lei n. 7.209/84, discutia-se o alcance deste dispositivo, questionando-se se ele abrangia apenas o concurso entre as circunstâncias legais, ou também entre estas e as circunstâncias judiciais. Entendemos que após a mudança do art. 68 do CP, que estabelece a obrigatoriedade do cálculo da pena pelo sistema das três fases, não há mais lugar para dúvidas. Como as circunstâncias judiciais e as legais são calculadas em fases diferentes, este art. 67 só pode estar disciplinando o concurso entre as circunstâncias legais e não entre estas e as judiciais. Nada impede, porém, que quanto às últimas (circunstâncias judiciais entre si) o juiz use igual critério.

- **Aplicação:** No concurso entre *agravantes* (CP, arts. 61 e 62) e *atenuantes* (CP, arts. 65 e 66).

- **Preponderância:** Quando ocorre concurso de circunstâncias agravantes e atenuantes, devem prevalecer, sobre as circunstâncias objetivas, as de cunho *subjetivo*, que o

CP classifica como preponderantes, ou seja, as que *resultam* ou se originam dos *motivos do crime, personalidade* do agente e *reincidência*.

- **Menoridade, confissão e reincidência:** Sempre foi tradição de nosso Direito que a menoridade tem maior peso do que qualquer outra circunstância, seja ela objetiva ou subjetiva. Ela deve preponderar, inclusive, sobre a reincidência, pois, neste art. 67, a personalidade (característica do menor) vem indicada antes da reincidência. O mesmo se diga quanto à confissão, que demonstra um aspecto positivo da personalidade do agente e é, a exemplo da menoridade, atenuante de primeira grandeza.

Jurisprudência

- **Subjetiva:** Entre a circunstância subjetiva favorável ao acusado e a objetiva contrária, deve prevalecer aquela (STF, HC 56.806, *DJU* 18.5.79, p. 3863; TJDF, Ap. 9.859, *DJU* 4.11.92, p. 35515, *in RBCCr* 1/225; TJMG, *RT* 618/356).

- **Reincidência e confissão:** A doutrina e jurisprudência entendem ser possível a compensação da atenuante da confissão espontânea com a agravante da reincidência, devendo o concurso entre ambas as circunstancias ser de valor idêntico, redundando em manter inalterada a pena base, por serem igualmente preponderantes entre si (TJPB, Câmara Especializada Criminal, Processo n. 00224892620158152002, rel. Des. Carlos Martins Beltrão Filho, j. 25.7.2019). Militando em favor do agente a atenuante da confissão espontânea e, em seu desfavor, a agravante da reincidência, ambas preponderantes na dicção do art. 67 do CP, devem essas se compensar ou se anular (TJMG, Ap. 1.0024.10.060862-9/001, j. 29.3.2011). A confissão espontânea tem caráter preponderante, compensando a reincidência, devendo o juízo processante redimensionar a pena imposta ao paciente (STF, 2ª T., HC 101.909, rel. Min. Ayres Britto, j. 28.2.2012). A confissão espontânea "demonstra um atributo incomum das pessoas que delinquem, logo, equivale à reincidência e àquelas que dizem respeito à motivação determinante do crime" (STJ, 6ª T., HC 110.880/MG, rel. Min. Jane Silva, j. 25.9.2008, *DJ* 13.10.08; 3ª S., EREsp 1.154.752/RS, *DJe* 4.9.2012; 5ª T., HC 217.249/RS, *DJe* 4.3.2013; 6ª T., HC 130.797/SP, *DJe* 1.2.2013; 6ª T., REsp 1.341.370/MT, j. 10.4.2013). *Contra*: O fato de a reincidência preponderar sobre a atenuante não significa que esta última deva ser ignorada. No embate entre tal circunstância atenuante e a agravante da reincidência, prevalecerá a segunda, conforme expressa disposição do art. 67 do CP, contudo, mitigada pela confissão (TJDF, *RT* 845/608). No concurso da atenuante da confissão espontânea com a agravante da reincidência, prepondera a reincidência (STJ, REsp 737.980, j. 8.11.2005, *DJU* 20.2.2006, p. 356; REsp 702.401, j. 27.10.2005, *DJU* 6.2.2006, p. 390; TJDF, *RT* 855/622). A agravante da reincidência deve preponderar sobre a atenuante da confissão espontânea, nos termos do art. 67 do CP (precedentes jurisprudenciais do STF). Com efeito, a 'confissão espontânea', ao contrário da reincidência, não figura entre as circunstâncias indicadas no dispositivo supratranscrito, de modo que não pode a estas equiparar-se (TJPE, 4ª CCr, APR 0022398-94.2017.8.17.9991, rel. Des. Carlos Frederico Gonçalves de Moraes, j. 13.12.2019, publ. 09.1.2020).

- **Menoridade:** *Vide* jurisprudência no inciso I do art. 65, sob o título *Preponderância da menoridade*.

- **Limite da atenuação:** Sobre a possibilidade ou não das atenuantes reduzirem a pena abaixo do mínimo legal, *vide* jurisprudência sob o título *Limite da atenuação da pena* e nota *Limite da redução*, ambas no mesmo art. 65.

CÁLCULO DA PENA

Art. 68. A pena-base será fixada atendendo-se ao critério do art. 59 deste Código; em seguida serão consideradas as circunstâncias atenuantes e agravantes; por último, as causas de diminuição e de aumento.

Parágrafo único. No concurso de causas de aumento ou de diminuição previstas na Parte Especial, pode o juiz limitar-se a um só aumento ou a uma só diminuição, prevalecendo, todavia, a causa que mais aumente ou diminua.

Cálculo final da pena (caput)

- **Noção:** Como se observou no comentário ao CP, art. 59, a *pena-base* fixada de acordo com seus critérios será a definitiva, caso não existam circunstâncias legais (atenuantes ou agravantes) ou causas de aumento e de diminuição da pena capazes de modificá-la. Portanto, presentes tais causas ou circunstâncias legais, a individualização da pena prosseguirá nos moldes indicados por este art. 68 do CP.

- **Agravantes ou atenuantes:** Cf. arts. 61, 62, 65 e 66; na hipótese de concurso entre elas, cf. art. 67 do CP.

- **Causas de aumento ou de diminuição:** São *fatores* de acréscimo ou redução da pena, assinalados em quantidades fixas (dobro, metade etc.) ou em limites (um a dois terços etc.), previstos na Parte Geral ou Especial do CP. Tais causas não podem ser confundidas com as circunstâncias agravantes ou atenuantes. Exemplos das *causas*: a. de aumento da Parte Geral: arts. 70 e 71; b. de aumento da Parte Especial: arts. 121, § 4º, 129, § 7º, 141 e parágrafo único, 157, § 2º, 158, § 1º, 168, § 1º; c. de diminuição da Parte Geral: arts. 14, parágrafo único, 16, 24, § 2º, 26, parágrafo único, 28, § 2º; d. de diminuição da Parte Especial: arts. 121, § 1º, 129, § 4º, 155, § 2º, 170, 171, § 1º, etc.

- **Causas de aumento e qualificadoras:** Há clara distinção entre elas. Nas causas de aumento aparecem indicados fatores em quantidades fixas ou limites (metade, um terço etc.); elas incidem na terceira fase de fixação da pena (CP, art. 68, *caput*, última parte). Já nas qualificadoras da Parte Especial do CP, há indicação do máximo e do mínimo da pena (exs.: CP, arts. 121, § 2º, 129, §§ 1º, 2º e 3º, 130, § 1º, etc.); ao contrário das causas especiais de aumento de pena, as qualificadoras incidem na primeira fase da fixação da pena, onde se encontrará a pena-base (CP, art. 59).

- **Quantidade do aumento ou da diminuição:** Quando as causas de aumento ou de diminuição são previstas em limites ou quantidades variáveis, elas devem ser calculadas pelas circunstâncias da *própria* causa de aumento ou diminuição, e não pelas circunstâncias do crime, pois estas já foram consideradas no cálculo da pena-base. Tratando-se de causa de aumento prevista em quantidade ou limites variáveis, o acréscimo acima do mínimo por ela cominado deve ser fundamentado (CR, art. 93, IX).

- **Aplicação das causas de aumento e de diminuição:** Tais causas, ao contrário das circunstâncias agravantes, *permitem* que a pena seja fixada acima do máximo legal cominado ao crime.

- **Aplicação das causas de diminuição:** Estas causas, por seu turno, *permitem* que a pena seja fixada *abaixo* do mínimo legal. Quanto à possibilidade das *circunstâncias atenuantes* reduzirem a pena abaixo do mínimo, embora a jurisprudência majoritária não a admita, vide nota Limite da redução e jurisprudência sob o título Limite da atenuação da pena no art. 65 do CP.

- **Cálculo da pena:** Como determina este art. 68 do CP, ele deve ser feito em *três fases*, no também chamado método de Nelson Hungria (em oposição ao método das *duas fases* de Roberto Lyra). *1ª Fase:* numa primeira etapa, fixa-se a *pena-base* de acordo com as circunstâncias judiciais do art. 59. Ela se tornará definitiva, caso não existam circunstâncias legais (agravantes ou atenuantes), ou causas de aumento ou de diminuição aplicáveis. Se elas incidem, passa-se às fases seguintes. *2ª Fase:* sobre a pena-base apurada na 1ª fase, recaem as circunstâncias legais (agravantes ou atenuantes) dos arts. 61, 62, 65 e 66. *3ª Fase:* sobre a pena apurada na 2ª fase (e não sobre a pena-base) incidirão as eventuais causas de aumento ou de diminuição da Parte Geral ou Especial do CP, ou de leis penais extravagantes. *Observação:* Há, ainda, uma *4ª fase*, que obriga o juiz, depois da *3ª fase*, a fixar o regime inicial de cumprimento de pena, se se tratar de privativa de liberdade (art. 59, III), e examinar a possibilidade de *substituir* a pena privativa de liberdade por restritiva de direitos ou multa (CP, arts. 44, 59, IV, e 60, § 2º). Não sendo indicada ou cabível a substituição, deverá apreciar a possibilidade de concessão do *sursis* (CP, art. 77, III).

- **Vício no cálculo da pena e nulidade da sentença:** Deparando-se com vícios no cálculo da pena, como a falta de observância do método trifásico, a falta de fundamentação na exasperação da pena, o seu acréscimo indevido etc., os tribunais firmaram corrente jurisprudencial no sentido de *anular somente o tópico da sentença que trata da fixação* *da pena*, mantendo "a condenação intacta". A nosso ver, e com todo o respeito, "fatiar-se" a sentença condenatória em partes distintas, para anular somente a que trata da individualização da pena, que é justamente o seu ápice, não encontra base em nosso ordenamento, levando-se à existência no mundo jurídico, enquanto não fixada a nova reprimenda pelo juízo em obediência à decisão do tribunal, de uma insustentável "*condenação sem pena*". Isso, com o único intuito, à evidência, de se evitar a prescrição (art. 117, IV, do CP), ou, então, a soltura daquele que está preso cautelarmente. A propósito, adverte ANTONIO MAGALHÃES GOMES FILHO: "Assim, tanto a falta de apresentação de qualquer justificação como a fundamentação incompleta, não dialética, contraditória, incongruente ou sem correspondência com o que consta dos autos, em relação à aplicação da pena, devem levar ao reconhecimento da nulidade da própria sentença condenatória, pois na verdade é a motivação desta que estará incompleta, na medida em que um dos pontos sobre o qual deveria versar não ficou devidamente fundamentado", acrescentando: "Não merece ser compartilhada, portanto, a posição consagrada em alguns julgados do STF em que se anulou tão somente a parte da sentença em que constatado o vício, determinando-se a prolação de nova decisão sobre a aplicação da pena (...)" (*A Motivação das Decisões Penais*, São Paulo, Revista dos Tribunais, 2001, pp. 216-217). Cf., nesse sentido, o artigo de MÁRIO HELTON JORGE publicado na *RT* 855/482-495, sob o título "A nulidade parcial da sentença penal como artifício para a manutenção do decreto condenatório: *error in judicando*".

- **Frações:** Quanto às frações de pena que possam resultar das operações deste art. 68, *vide* comentário ao CP, art. 11, primeira parte.

- **Substituições:** É sobre a pena definitivamente fixada e imposta que devem ser examinadas as possíveis substituições da pena privativa de liberdade por restritiva de direitos ou multa (*vide* no CP, art. 59, *Tabela geral das substituições*).

Concurso de causas especiais (parágrafo único)

- **Noção:** Na hipótese de concorrerem causas de aumento ou diminuição, previstas na Parte Especial do CP, o juiz pode fazer um só aumento ou uma única redução. O disposto neste parágrafo único é inaplicável, porém, às causas de aumento ou de diminuição contidas na Parte Geral do CP.

- **Crimes com duas ou mais causas de aumento de pena:** Existindo mais de uma causa de aumento para um mesmo delito, apenas uma incidirá como causa de aumento. A outra servirá como circunstância agravante, se prevista nos arts. 61 e 62. Exemplo: no caso de furto ou roubo, se o juiz entender que estão presentes duas ou mais causas especiais de aumento de pena, somente uma delas será aplicada; a restante servirá como circunstância agravante, se cabível, não constituindo *bis in idem*.

- **Crimes duplamente qualificados:** Concorrendo várias qualificadoras em um *mesmo* crime, entendemos que só uma delas deve incidir como tal. A outra, ou as demais, apenas devem servir como circunstância agravante – e ainda assim – quando enquadráveis nas hipóteses previstas nos arts. 61 e 62 do CP. Exemplo: No caso de homicídio, se o júri entender que estão presentes duas qualificadoras, somente uma delas qualificará o delito, devendo a restante servir como circunstância agravante, se cabível, ressalvada a proibição de *bis in idem* se o motivo que a ensejar for idêntico.

Jurisprudência

- **Nulidade pela não observância do método trifásico:** Após a Lei n. 7.209/84 tornou-se obrigatório (STF, *RTJ* 143/212), sob pena de *nulidade da sentença como um todo unitário*, não comportando cisão (TARS, *RT* 712/461; TJSP, *RT* 688/312; TJSC, *JC* 70/420; STJ, HC 3.443-0, *RT* 720/539), a não ser nas hipóteses de inexistirem circunstâncias legais (STF, HC 71.655, *DJU* 26.5.95, pp. 15155-6) e causas especiais de aumento ou de diminuição da pena (STF, HC 68.926, *DJU* 28.8.92, p. 13453), ou ainda se a pena for fixada no mínimo legal (STF, *RTJ* 143/633). A ilegalidade na individualização da pena, manifesta no caso de violação do art. 68 do CP, produz nulidade declarável em *habeas corpus* (STJ, HC 11.249/RS, *DJU* 19.2.2001, p. 244, *in RBCCr* 34/306), sem prejuízo da condenação, anulando-se a sentença *somente na parte em que fixou a pena* (STF, HC 82.945-7, *RT* 819/517; STJ, HC 11.249, j. 24.10.2000, *DJU* 19.2.2001, p. 244, *in RBCCr* 34/307; HC 10.709, j. 10.10.2000, *DJU* 18.12.2000, p. 242, *in RBCCr* 33/286).

A sentença transitada em julgado, quando anulada apenas na parte da fixação da pena para recálculo, mantém-se apta à execução (STF, *RT* 874/515). A segunda fase consiste em valorar as atenuantes e agravantes, considerado o concurso entre elas, como dispõe o art. 67 do CP (TJRS, *RT* 786/727).

■ **Reincidência:** A circunstância legal da reincidência deve ser apreciada destacadamente das circunstâncias judiciais do art. 59, levando o desrespeito a tal regra à nulidade da sentença tão-só na parte em que fixou a pena (STF, *RTJ* 143/633; HC 72.155, *DJU* 3.3.95, p. 4105, *in RBCCr* 10/218). A reincidência não pode ser usada para a fixação da pena-base (TACrSP, *mv* – *RJDTACr* 15/133; TJPR, *PJ* 40/323) ou considerada duas vezes, uma para aumentar a pena-base e outra para elevar a pena final (TAPR, *PJ* 43/286; TRF da 3ª R., RvCr 93.03.115.053-8-SP, *DJU* 12.11.96, p. 86536, *in RBCCr* 17/356). *Vide*, também, jurisprudência nos arts. 59 e 63 do CP.

■ **Reincidência e confissão:** Militando em favor do agente a atenuante da confissão espontânea e, em seu desfavor, a agravante da reincidência, ambas preponderantes na dicção do art. 67 do CP, devem essas se compensar ou se anular (TJMG, Ap. 1.0024.10.060862-9/001, j. 29.3.2011). A confissão espontânea tem caráter preponderante, compensando a reincidência, devendo o juízo processante redimensionar a pena imposta ao paciente (STF, 2ª T., HC 101.909, rel. Min. Ayres Britto, j. 28.2.2012). A confissão espontânea "demonstra um atributo incomum das pessoas que delinquem, logo, equivale à reincidência e àquelas que dizem respeito à motivação determinante do crime" (STJ, 6ª T., HC 110.880/MG, rel. Min. Jane Silva, j. 25.9.2008, *DJ* 13.10.2008; 3ª S., EREsp 1.154.752/RS, *DJe* 4.9.2012; 5ª T., HC 217.249/RS, *DJe* 4.3.2013; 6ª T., HC 130.797/SP, *DJe* 1.2.2013; 6ª T., REsp 1.341.370/MT, j. 10.4.2013). *Contra*: O fato de a reincidência preponderar sobre a atenuante não significa que esta última deva ser ignorada. No embate entre tal circunstância atenuante e a agravante da reincidência, prevalecerá a segunda, conforme expressa disposição do art. 67 do CP, contudo, mitigada pela confissão (TJDF, *RT* 845/608). No concurso da atenuante da confissão espontânea com a agravante da reincidência, prepondera a reincidência (STJ, REsp 737.980, j. 8.11.2005, *DJU* 20.2.2006, p. 356; REsp 702.401, j. 27.10.2005, *DJU* 6.2.2006, p. 390; TJDF, *RT* 855/622).

■ **Fundamentação:** Cada uma das três fases da aplicação da pena deve ter fundamentação tópica e suficiente (STF, HC 71.141, *DJU* 26.5.95, p. 15156). Quando, em razão de *causa especial de aumento*, a lei autoriza a exasperação da pena dentro de determinados limites percentuais, a opção pelo máximo da agravação permitida há de ser fundamentada, com base em dados concretos (STF, HC 69.515, *DJU* 12.3.93, p. 3561, *in Bol. IBCCr* 3/1). É irrelevante o defeito de fundamentação quanto a uma das causas de aumento – emprego de arma – quando idoneamente motivada outra – concurso de agentes – bastante para explicar a sanção aplicada (art. 157, § 2º, do CP) (STF, HC 71.562, *DJU* 2.9.94, p. 22736). Há nulidade na dosimetria da pena quando o julgador, ao levar em conta a tentativa, deixa de justificar os motivos pelos quais diminuiu a pena com base no redutor mínimo previsto para tanto (um terço ao invés de dois terços) (STJ, RHC 10.733, j. 6.3.2001, *DJU* 23.4.2001, p. 165, *in RBCCr* 35/317-8; *vide*, também, jurisprudência no art. 14, sob a rubrica *Cálculo da redução*).

■ **Limites:** "2. O critério trifásico de individualização da pena, trazido pelo art. 68 do Código Penal, não permite ao Magistrado extrapolar os marcos mínimo e máximo abstratamente cominados para a aplicação da sanção penal. 3. Cabe ao Juiz sentenciante oferecer seu *arbitrium iudices* dentro dos limites estabelecidos, observado o preceito contido no art. 93, inciso IX, da Constituição Federal, sob pena de o seu poder discricionário se tornar arbitrário, tendo em vista que o Código Penal não estabelece valores determinados para a aplicação de atenuantes e agravantes, o que permitiria a fixação da reprimenda corporal em qualquer patamar" (STJ, REsp 1117068/PR, rel. Min. Laurita Vaz, 3ª Seção, j, em 26.10.2011, *DJe* 8.6.2012). As causas de aumento permitem fazer a pena ultrapassar o máximo cominado, enquanto as circunstâncias agravantes não o permitem (STF, HC 63.050, *DJU* 13.9.85, p. 15455). O Supremo Tribunal Federal e o Superior Tribunal de Justiça já consolidaram entendimento segundo o qual a incidência de circunstâncias agravantes e atenuantes genéricas, tais como a confissão espontânea e a menoridade relativa, examinadas na segunda fase do método trifásico de aplicação da pena, não podem reduzir a reprimenda aquém do mínimo legal ou aumentá-la em patamar superior aos limites previstos na lei penal" (TJPR , 4ª CCr, RvCr 0028152-42.2020.8.16.0000, j. 17.8.2020). Ao contrário das causas de diminuição, as circunstâncias atenuantes não permitem reduzir a pena abaixo do limite mínimo legal, tornando-se desnecessária a sua valoração, uma vez fixada a pena-base no mínimo (STF, HC 71.093, *DJU* 27.10.94, p. 29162, *in RBCCr* 9/206; STJ, *Súmula* 231; REsp 55.130, *DJU* 6.2.95, p. 1367, *in RBCCr* 10/218; TJMG, *JM* 128/313; *contra*, no sentido de que permitem: STJ, HC 9.719/SP, *empate*, *DJU* 25.10.99, pp. 130-131, *in RBCCr* 31/329; TRF da 2ª R., Ap. 2.072, *DJU* 11.1.90, p.154). *Vide*, também, jurisprudência no art. 65 do CP.

- **Inviável compensação entre atenuante (2ª fase) e causa de aumento de pena ou qualificadora (3ª fase):** As causas de aumento ou diminuição não se confundem com as circunstâncias agravantes ou atenuantes, não podendo haver compensação entre estas e aquelas (TACrSP, *Julgados* 71/311). O Tribunal deveria ter reconhecido a atenuante da confissão espontânea, utilizada na condenação. Todavia, como a pena na segunda fase foi fixada no mínimo, e diante da impossibilidade de reduzir a pena abaixo do mínimo, é "inviável a compensação da atenuante da confissão espontânea com a causa de aumento prevista no § 1º, inciso III do art. 168 do Código Penal. Em observância ao critério trifásico estabelecido no art. 68 do Código Penal, as circunstâncias atenuantes não podem ser compensadas com circunstâncias judiciais desfavoráveis ou causas de aumento de pena, tendo em vista que tais institutos jurídicos são valorados em fases distintas da dosimetria. A atenuante da confissão é considerada na segunda etapa dosimétrica, enquanto que a causa de aumento é sopesada na terceira fase" (TJPR, 4ª C. Criminal, Revisão Criminal 0028152-42.2020.8.16.0000, j. 17.8.2020). "III – Em observância ao critério trifásico estabelecido no art. 68 do Código Penal, as circunstâncias atenuantes não podem ser compensadas com circunstâncias judiciais desfavoráveis ou causa de aumento de pena. IV – A existência de causa de aumento verificável na terceira fase da dosimetria não permite retorno para a fase anterior para reconhecer atenuantes, sob pena de subversão do sistema trifásico de dosimetria da pena. Súmula 231/STJ (REsp 1.561.276/BA, rel. Min. Sebastião Reis Júnior, *DJe* de 15.9.2016). *Habeas corpus* não conhecido" (STJ, HC 381.514/SC, rel. Min. Felix Fischer, j. 9.5.2017, *DJe* 31.5.2017).

- **Inviável compensação; porém, no somatório uma pode anular a outra, ficando a pena no patamar da primeira fase:** É inadmissível a compensação, que só é possível na mesma fase. Todavia, no somatório, uma pode anular a outra, permanecendo o *quantum* fixado na primeira fase (STJ, *RT* 747/635).

- **Parágrafo único:** "O art. 68, parágrafo único, do CP não estabelece uma obrigatoriedade, mas, uma faculdade concedida ao julgador que, diante do concurso de causas de aumento ou de diminuição previstas na parte especial do Código Penal, pode aplicar apenas aquela que mais aumente ou diminua a pena, de acordo com sua discricionariedade. (...) De acordo com o art. 68, parágrafo único, do CP, no concurso de causas de aumento ou de diminuição previstas na parte especial, pode o juiz limitar-se a um só aumento ou a uma só diminuição, prevalecendo, todavia, a causa que mais aumente ou diminua" (TJMG, Processo n. 10878100033199002, j. 4.8.2019, publ. 14.8.2019). A discricionariedade prevista no art. 68, parágrafo único, do Código Penal, está juridicamente vinculada às circunstâncias do caso concreto e depende de fundamentação idônea para a aplicação de duas causas de aumento de pena concomitantemente, o que não ocorre no caso (TJMG, APR 10216180066575001, j. 3.3.2020, publ. 13.3.2020). Se concorrem duas causas de aumento da Parte Especial, aplica-se uma só delas, na forma do CP, art. 68, parágrafo único (TJRS, Ap. 684.054.570, j. 7.2.85). A hipótese contida nesse parágrafo refere-se, exclusivamente, às causas contidas na Parte Especial e não na Geral do CP (TJSP, *RJTJSP* 97/464; TACrSP, *Julgados* 66/39). Pode haver concurso das causas de aumento pelo emprego de arma de fogo (parágrafo único do art. 288 do CP) e pelo objetivo de prática de crimes hediondos (art. 8º, *caput*, da Lei n. 8.072/90), impondo-se, todavia, a aplicação da regra do parágrafo único do art. 68, ou seja, um só aumento, prevalecendo a causa que mais aumente (STJ, HC 3.853, *DJU* 7.11.94, p. 30026, *in RBCCr* 9/206).

- A mera existência de mais de uma majorante não autoriza, *automaticamente*, o aumento da pena pelo número de qualificadoras ou causas de aumento de pena: Súmula 443 do STJ: "O aumento na terceira fase de aplicação da pena no crime de roubo circunstanciado exige fundamentação concreta, não sendo suficiente para sua exasperação a mera indicação do número de majorantes". "No caso, as instâncias ordinárias fixaram a fração superior à mínima prevista para o tipo penal em exame com base apenas no número de majorantes" [na terceira fase: pelo concurso de agentes e restrição da liberdade da vítima, aumentando em 3/8 e depois, pelo uso de arma, ainda elevando em 2/3] "o que não encontra guarida na jurisprudência desta Corte segundo a qual o aumento da reprimenda acima da fração mínima deve estar ancorado em circunstâncias concretas atinentes às próprias causas de aumento e que indiquem a maior reprovabilidade da conduta, como emprego de várias armas de fogo, armas de grosso calibre, elevado número de agentes, entre outros"; HC concedido para reduzir o aumento da terceira fase a 1/3 (STJ, HC 580.287 SP 2020/0109995-0, rel. Min. Antonio Saldanha Palheiro, *DJe* 24.8.2020). "Foi levado em conta tão somente o critério matemático para majorar a pena acima do patamar mínimo na terceira fase da dosimetria da pena, ou seja, em razão da configuração de duas causas de aumento (emprego de arma e concurso de agentes), em contrariedade ao entendimento consolidado na Súmula n. 443 desta Corte Superior de Justiça" (STJ, AgRg no HC 510.898/RJ, rel. Min. Laurita Vaz, j. 20.8.2019, *DJe* 3.9.2019). "Em se tratando de roubo com a presença de mais de uma causa de aumento, o acréscimo requer devida fundamentação, com referência a circunstâncias concretas que justifiquem um aumento mais expressivo, não sendo suficiente a simples menção ao número de majorantes presentes. Súmula 443 desta Corte. Ilegalidade flagrante" (STJ, AgInt no HC 455.559/SP, rel. Min. Maria Thereza de Assis Moura, j. 21.8.2018, *DJe* 29.8.2018). Ainda que seja comprovada mais de uma causa especial de aumento, há uma só incidência e não duplo ou triplo aumento; a outra, ou outras, servirão de circunstâncias agravantes, se cabíveis (TJSP, *RT* 695/314; TACrSP, *Julgados* 78/420; TJSC, *RT* 564/377; TJDF, Ap. 14.435, *DJU* 23.11.94, p. 14632). Existindo mais de uma qualificadora e sendo uma delas utilizada no primeiro momento da fixação da reprimenda, a remanescente pode ser considerada como agravante genérica (STJ, *RT* 874/522). O concurso de duas qualificadoras não é suficiente, só por si, para justificar a majoração além da previsão legal decorrente da qualificação (TACrSP, *Julgados* 89/438). *Contra* em parte: Para a determinação da pena-base, ante a presença de mais de uma qualificadora, adota-se como critério seu número: presente uma, a majoração deve ficar no mínimo; havendo duas, acima do mínimo; e se forem três, o aumento deve atingir o máximo (TACrSP, *RJDTACr* 15/128). Havendo duas causas de aumento da pena, o juiz pode, concomitantemente, levá-las em consideração para a elevação da pena, exigindo-se, todavia, efetiva fundamentação com base em dados concretos (STF, HC 82.945-7, *RT* 819/517). A consideração só quantitativa das causas de aumento de pena é expressão de responsabilidade penal objetiva, enquanto a qualitativa é própria do direito penal da culpa (STJ, HC 11.129/MS, *DJU* 19.2.2001, p. 244, *in RBCCr* 34/306).

- Denúncia: O juiz não pode reconhecer causa especial de aumento da pena, a menos que ela esteja descrita, explícita ou implicitamente, na acusação (STF, *RT* 577/461).

- Como incidem as causas de aumento: O acréscimo recai sobre a pena total que seria aplicada se não houvesse esse aumento, ou seja, consideradas as circunstâncias judiciais, agravantes e atenuantes (STF, *RTJ* 117/813, *RT* 605/420; TACrSP, *Julgados* 85/80). As causas de aumento não podem ser aplicadas na fixação da pena-base (STF, *RT* 709/416). Se não há justificação, o fator de acréscimo da causa de aumento da pena deve ficar no mínimo previsto (STF, Pleno, *RTJ* 118/55).

CONCURSO MATERIAL

Art. 69. Quando o agente, mediante mais de uma ação ou omissão, pratica dois ou mais crimes, idênticos ou não, aplicam-se cumulativamente as penas privativas de liberdade em que haja incorrido. No caso de aplicação cumulativa de penas de reclusão e de detenção, executa-se primeiro aquela.

§ 1º Na hipótese deste artigo, quando ao agente tiver sido aplicada pena privativa de liberdade, não suspensa, por um dos crimes, para os demais será incabível a substituição de que trata o art. 44 deste Código.

§ 2º Quando forem aplicadas penas restritivas de direitos, o condenado cumprirá simultaneamente as que forem compatíveis entre si e sucessivamente as demais.

Concurso de crimes ou de penas

- **Noção:** Há *concurso* de *crimes* (ou penas) quando o agente pratica dois ou mais crimes, por meio de uma ou mais ações ou omissões.

- **Formas de concurso:** Neste artigo e nos seguintes, o CP disciplina o problema que surge quando o mesmo agente pratica vários delitos. São três as formas previstas: *concurso material* (ou real), *concurso formal* (ou ideal) e *crime continuado* (ou continuidade delitiva). A primeira forma é a regra, sendo as duas outras as suas exceções.

- **Conflito aparente de normas:** O CP trata, apenas, do *concurso de crimes* (ou penas) e não do conflito aparente de normas. Quanto a este último, ocorre o *conflito* quando há um *único* fato e duas ou mais normas penais que parecem incriminá-lo. A forma para resolver o conflito é dada pela doutrina e pela jurisprudência, e não pelo CP. A matéria diz respeito à aplicação da lei penal, embora os autores costumem tratá-la junto com o concurso de crimes. Por isso, apenas lembramos que o *conflito aparente de normas* é solucionado pela aplicação de três princípios:

- *a.* **Especialidade:** A norma especial afasta a geral, como na hipótese do crime de homicídio culposo no trânsito (Lei n. 9.503/97, art. 302) inclusive com culpa gravíssima (§ 2º inserido pela Lei n. 12.971/2014), em face do crime de homicídio culposo previsto no art. 121, § 3º, do CP, sendo aquele punido mais gravemente.

- *b.* **Subsidiariedade:** A norma subsidiária é excluída pela principal, de que é exemplo o art. 307 do CP, que trata do crime de falsa identidade: "Atribuir-se ou atribuir a terceiro falsa identidade para obter vantagem, em proveito próprio ou alheio, ou para causar dano a outrem: Pena – detenção, de 3 (três) meses a 1 (um) ano, ou multa, *se o fato não constitui elemento de crime mais grave*".

- *c.* **Consunção:** A norma incriminadora de fato que é meio necessário, fase normal de preparação ou execução, ou conduta anterior ou posterior de outro crime, é excluída pela norma deste, dentro da concepção finalista adotada pelo nosso Código. O exemplo clássico é o da falsidade de documento público ou particular (CP, arts. 298 e 299) empregado como meio para a prática do crime de estelionato (CP, art. 171) ou crime contra a ordem tributária (Lei n. 8.137/90, arts. 1º e 2º).

- **Pós-fato e antefato impuníveis:** Segundo Aníbal Bruno, "um fato anterior ou posterior, que não ofende novo bem jurídico, é muitas vezes absorvido pelo fato principal, e não tem outra punição além da punição deste (*mitbestrafte*). É o chamado *antefato* ou *pós-fato* não punível (...) Neles há sempre uma pluralidade de ações em sentido naturalista (...) embora só ofendam o mesmo bem jurídico e obedeçam, geralmente, a um só motivo, que orienta a linha dos fatos que se sucedem, tendo por núcleo o fato principal" (*Direito Penal*, 3ª ed., Rio de Janeiro, Forense, 1967, t. I, p. 277). Assim, o mero exaurimento do delito antecedente, sem ofensa a novos bens jurídicos e tampouco incremento da lesão ao bem jurídico anteriormente vulnerado, como decorrência natural do mesmo intento, não tem o condão de ensejar outra punição (que se daria em concurso material) além da referente ao crime antecedente. Nesse sentido, Hans-Heinrich Jescheck afirma que "a ação típica que suceda ao delito e unicamente pretenda assegurar, aproveitar ou materializar o proveito obtido pelo primeiro fato, resta consumida quando não se lesiona nenhum outro bem jurídico e o dano não se amplia quantitativamente em relação ao já ocasionado (*fato posterior impunível* ou, melhor, *punido simultaneamente*). Aqui, o típico da relação entre delito e fato posterior reside em que o autor deve geralmente realizar esse fato posterior se deseja que o principal tenha algum sentido para ele. Por isso, a apropriação de coisa furtada por parte do ladrão não constitui nenhuma apropriação indébita que proceda contemplar com independência (...) mas, ao contrário, a venda da coisa a um terceiro de boa-fé deve ser punida como estelionato, posto que no patrimônio do adquirente se lesiona um novo bem jurídico" (*Tratado de Derecho Penal – Parte General*, 4ª ed., Granada, Comares, 1993, p. 674, tradução livre). Igualmente, Santiago Mir Puig refere-se às condutas que "constituem a forma de assegurar ou realizar um benefício obtido ou perseguido por um fato anterior e não lesionam nenhum bem jurídico distinto ao vulnerado por esse fato anterior, nem aumentam o dano produzido ao mesmo" (*Derecho Penal – Parte General*, Barcelona, PPU, 1990, p. 741, tradução livre).

Concurso material ou real (caput)

- **Noção:** Ocorre quando o agente comete dois ou mais crimes mediante *mais de uma* conduta, ou seja, mais de uma ação ou omissão. Os delitos praticados podem ser da mesma natureza (*concurso homogêneo*) ou não (*concurso heterogêneo*).

- **Suspensão condicional do processo (Súmulas 243 do STJ e 723 do STF em face do art. 119 do CP):** Sobre sua aplicação ao concurso material, o STJ, por meio da Súmula 243, firmou entendimento de que "o benefício da suspensão condicional do processo não é aplicável em relação às infrações penais cometidas em concurso material, concurso formal ou continuidade delitiva, quando a pena mínima cominada, seja pelo somatório, seja pela incidência da majorante, ultrapassar o limite de um ano". Igualmente o STF mediante a Súmula 723: "Não se admite a suspensão condicional do processo por crime continuado, se a soma da pena mínima da infração mais grave com o aumento mínimo de um sexto for superior a um ano". Observamos, contudo, que esse respeitável entendimento entra em conflito com o princípio adotado pela Parte Geral do CP, expresso no seu art. 119, o qual, ao tratar da prescrição, estabelece que "no caso de concurso de crimes, a extinção da punibilidade incidirá sobre a pena de cada um, isoladamente". Ora, se para a própria extinção da punibilidade as penas devem ser computadas isoladamente, o mesmo entendimento haveria de se aplicar à suspensão condicional do processo prevista no art. 89 da Lei n. 9.099/95, que, uma vez cumprida, também leva à extinção da punibilidade. Todavia, em sentido contrário ao nosso entendimento, manifestou-se o STF no julgamento do HC 77.242/SP, j. 18.3.99, *DJU* 25.5.2001, p. 11.

- **Concurso material e crime continuado:** Pode ocorrer o concurso material entre "blocos" separados de crimes cometidos em continuidade, como na hipótese de pequenos estelionatos praticados contra uma entidade financeira, alguns com proximidade temporal e mesmo *modus operandi*, e outros após, por exemplo, um ano, também cometidos nas mesmas circunstâncias de modo e tempo. Somam-se as penas, por exemplo, de dois crimes continuados de estelionato, um de cada "bloco".

- **Pena:** No concurso material as penas (privativas de liberdade) são aplicadas cumuladamente, ou seja, somam-se aritmeticamente.

- **Execução:** Se as penas cumuladas forem de reclusão e detenção, executa-se primeiramente aquela.

Substituição (§ 1º)

- **Noção:** Pela regra deste § 1º, caso não seja possível a aplicação do *sursis* (CP, art. 77) para um dos crimes em concurso material, será incabível para o outro (ou para os demais) a substituição por pena restritiva de direitos. Ao tempo de sua elaboração, concebia-se a concomitância do *sursis*, aplicado a uma das penas privativas de liberdade, com a substituição por restritiva de direitos da outra. Vigia, então, o antigo art. 44 do CP, que limitava a substituição da pena privativa de liberdade por restritiva de direitos somente quando aquela fosse inferior a um ano, enquanto o *sursis* era cabível para penas privativas de liberdade não superiores a dois anos. Hoje, com a atual redação do art. 44, dada pela Lei n. 9.714/98, que ampliou a substituição por pena restritiva de direitos para penas privativas de liberdade *até quatro anos*, o *sursis* vem caindo em desuso, tornando inócua a vedação contida no § 1º do art. 69. De outra parte, o art. 77, III, do CP já dispunha que a substituição por penas restritivas de direitos, quando cabível, terá preferência sobre a concessão do *sursis*, até mesmo por ser mais benéfica (*vide* nota Pena restritiva de direitos ou *"sursis"*? no art. 44 do CP) (nesse mesmo sentido, Alberto Silva Franco e outros, *Código Penal e sua Interpretação Jurisprudencial*, 7ª ed., Revista dos Tribunais, p. 902). A questão que surge é a de saber se, para efeito do art.

44, as penas privativas de liberdade devem ser somadas ou não. Pensamos que, a exemplo do que dispõe o art. 119 do CP ("No caso de concurso de crimes, a extinção da punibilidade incidirá sobre a pena de cada um, isoladamente"), bem como pela exegese deste art. 69, § 1º (que prevê a substituição isolada de somente uma das penas privativas de liberdade por restritiva de direitos, quando cabível o sursis para a outra), as penas aplicadas em concurso material deveriam ser consideradas isoladamente para efeito do art. 44 do CP. LUIZ FLÁVIO GOMES, fazendo exegese com o § 5º do art. 44, admite, em hipótese de concurso material, que "ainda que o juiz determine a execução da pena correspondente a um dos crimes, ainda assim, para os demais será cabível a substituição, desde que seja possível ao condenado cumpri-la e desde que o juiz entenda que a medida seja 'suficiente'" (*Penas e Medidas Alternativas à Prisão*, Revista dos Tribunais, 1999, p. 157). Entendendo não ser possível a substituição quando a soma das penas privativas de liberdade seja superior a quatro anos, mesmo porque, nesta hipótese, dificilmente os requisitos subjetivos do art. 44, III, restariam preenchidos, cf. novamente ALBERTO SILVA FRANCO e outros, *Código Penal e sua Interpretação Jurisprudencial*, ob. e p. cits.; JÚLIO FABBRINI MIRABETE, *Código Penal Interpretado*, Atlas, 1999, p. 290; DAMÁSIO E. DE JESUS, *Penas Alternativas*, Saraiva, 1999, p. 88.

■ **Somatória benéfica:** Ressalte-se, por outro lado, que a somatória das penas encontradas em concurso material (não superior a quatro anos), para efeito de substituição, será sempre mais benéfica do que eventual substituição isolada. Imagine-se, por exemplo, a hipótese de serem aplicadas, em concurso material, uma pena de dois anos de reclusão e outra de um ano e meio. Se consideradas isoladamente, a substituição de cada uma delas se daria por uma pena restritiva de direitos e multa ou por duas restritivas de direitos, resultando num total de quatro restritivas de direitos ou, então, três restritivas, mais uma multa. Já se observado o critério da soma das penas privativas de liberdade aplicadas em concurso material, o total de três anos e meio de reclusão poderá ser substituído por uma restritiva de direitos e multa ou por duas restritivas de direitos, tudo nos termos do art. 44, § 2º, segunda parte, do CP.

Penas restritivas aplicadas (§ 2º)

■ **Noção:** Na hipótese de aplicação de mais de uma pena restritiva de direitos, serão executadas *simultaneamente*, quando houver compatibilidade entre elas. Ou *sucessivamente*, quando incompatíveis entre si. Quanto aos critérios e duração das penas restritivas de direitos, *vide* arts. 44, § 2º, e 55 do CP.

Jurisprudência do concurso material

■ **Individualização das penas:** Antes de somá-las o juiz precisa individualizar e motivar cada pena, para que se saiba qual foi a sanção de cada crime (STF, *RTJ* 95/823; TACrSP, *Julgados* 70/250; TJMG, *JM* 128/367). É nula a sentença que não explicita as penas de cada infração e aplica pena global (TJPR, *RF* 277/304; TAMG, *mv – RJTAMG* 52/373).

■ **Especificação do concurso:** A sentença, quando aplica a pena em concurso, precisa especificar *qual* a forma de concurso que está reconhecendo (STF, *RTJ* 82/731; TJRJ, *RF* 259/280).

■ **Concurso material e crime continuado:** Se a inicial se refere apenas à continuidade delitiva, eventual reconhecimento de concurso material em sede de apelo ministerial implicaria *mutatio libelli*, sendo o art. 384, parágrafo único, do CPP inaplicável à segunda instância, nos termos da Súmula 453 do STF (TJSP, Ap. 84.501, j. 26.3.90). Roubos resultantes de impulsos criminosos independentes praticados em diferentes datas, como meio de vida, demonstrando que os agentes são criminosos habituais, caracterizam concurso material e não continuidade delitiva (TACrSP, *RJDTACr* 16/72).

■ **Concurso material e concurso formal:** A prática de crimes mediante ações diversas e sucessivas inviabiliza o reconhecimento do concurso formal. No caso concreto, ainda que as fases diversas de preparação tenham levado à execução dos delitos de uso de documento falso e de estelionato em um mesmo contexto fático, verifica-se que o acusado praticou, para tanto, mais de uma ação, o que justifica o reconhecimento do concurso material de delitos, na forma do art. 69 do CP (TRF da 4ª R., Processo 5001808-72.2016.4.04.7104 RS, j. 16.5.2019).

- **Crime falimentar e quadrilha (atual "associação criminosa"):** Há concurso material, não havendo que se falar em aplicação do princípio da unidade, pois não se trata de concurso apenas de delitos falimentares, uma vez que também foi atribuído ao paciente crime descrito no Código Penal (STJ, *RT* 857/582).

- **Crime único e não concurso material:** Há um único crime de tráfico de drogas (e não concurso material) pelo fato do acusado ter sido flagrado com seis papelotes de cocaína, admitindo a sua comercialização, tendo-se encontrado em sua residência vinte e seis "trouxinhas de maconha"; etapas progressivas da mesma conduta, não importando serem duas as espécies de entorpecentes (TJSP, *RT* 844/569).

- **Concurso material benéfico:** *Vide* comentário e jurisprudência no art. 70, parágrafo único, do CP.

- **Concurso material e causas de aumento de pena:** A prática de crimes em situação configuradora de concurso material autoriza a aplicação, sobre cada um deles, das causas especiais de aumento da pena, sem que isso caracterize dupla incidência desses fatores de majoração (STF, *RTJ* 147/615).

- **Hipóteses diversas:** Admite-se concurso material entre quadrilha ou bando (atual "associação criminosa") e furto qualificado mediante concurso de pessoas (STF, *RT* 767/506), bem como entre receptação e ulterior estelionato ao passar os carros para terceiros (TJMG, *RT* 844/633). Pode haver concurso material entre roubo e quadrilha armada (atual "associação criminosa") (STJ, *RT* 767/553), não havendo falar em *bis in idem* uma vez que são delitos decorrentes de desígnios autônomos (TJSP, *RT* 808/614). O perigo abstrato de a quadrilha (atual "associação criminosa") ser armada não impede a condenação pelo emprego efetivo da arma no crime de roubo, sendo que o crime de quadrilha se consuma pela simples associação e não pelo resultado da participação conjunta das pessoas associadas (STF, HC 77.134, j. 8.9.98, *DJU* 16.9.98 in Inf. STF 122. Igualmente entre roubo e extorsão ("sequestro relâmpago") (STF, *RT* 767/509; TJSP, *RT* 770/565), afastando-se a causa de aumento do art. 157, § 2º, V, do CP, para não haver *bis in idem* (TJDF, *RT* 851/571). No concurso entre porte ilegal de arma de fogo e roubo qualificado pelo emprego de arma, o primeiro delito é absorvido pelo último diante do princípio da consunção (TJAP, *RT* 791/642).

CONCURSO FORMAL

Art. 70. Quando o agente, mediante uma só ação ou omissão, pratica dois ou mais crimes, idênticos ou não, aplica-se-lhe a mais grave das penas cabíveis ou, se iguais, somente uma delas, mas aumentada, em qualquer caso, de um sexto até metade. As penas aplicam-se, entretanto, cumulativamente, se a ação ou omissão é dolosa e os crimes concorrentes resultam de desígnios autônomos, consoante o disposto no artigo anterior.

Parágrafo único. Não poderá a pena exceder a que seria cabível pela regra do art. 69 deste Código.

Concurso formal ou ideal próprio (primeira parte do caput)

- **Noção:** Há *concurso formal* ou *ideal próprio* quando o agente pratica dois ou mais crimes mediante uma só conduta (positiva ou negativa), embora sobrevenham dois ou mais resultados puníveis.

- **Uma só conduta:** As expressões empregadas no dispositivo – ação ou omissão – devem ser entendidas como *comportamentos*. Assim, por exemplo, se em uma *única* ocasião o agente subtrai dez relógios de uma vitrina, houve uma única conduta e não dez ações de subtração a serem punidas em concurso.

- **Dois ou mais crimes, idênticos ou não:** Para o concurso formal não importa que os crimes sejam diferentes. Até mesmo entre delito doloso e culposo pode haver concurso formal (ex.: no resultado diverso do pretendido, art. 74 do CP).

- **Substituição por restritiva de direitos (CP, art. 44):** O acréscimo decorrente do concurso formal próprio não será computado no limite de quatro anos previsto para a substituição da pena privativa de liberdade por restritiva de direitos (art. 44, I, do CP), por aplicação analógica do art. 119 do CP (nesse mesmo sentido, ALBERTO SILVA FRANCO e outros, *Código Penal e sua Interpretação Jurisprudencial*, 7ª ed., Revista dos Tribunais, p. 902; DAMÁSIO E. DE JESUS, *Penas Alternativas*, Saraiva, 1999, p. 89; LUIZ REGIS PRADO, *Curso de Direito Penal Brasileiro* – Parte Geral, 2ª ed., Revista dos Tribunais, v. 1, p. 392).

- **Suspensão condicional do processo (Súmulas 243 do STJ e 723 do STF e o art. 119 do CP):** Sobre sua aplicação ao concurso formal, o STJ, por meio da Súmula 243, adotou o seguinte entendimento: "O benefício da suspensão condicional do processo não é aplicável em relação às infrações penais cometidas em concurso material, concurso formal ou continuidade delitiva, quando a pena mínima cominada, seja pelo somatório, seja pela incidência da majorante, ultrapassar o limite de um ano". Igualmente o STF, mediante a Súmula 723: "Não se admite a suspensão condicional do processo por crime continuado, se a soma da pena mínima da infração mais grave com o aumento mínimo de um sexto for superior a um ano". Anotamos, todavia, que esse respeitável entendimento entra em conflito com o princípio adotado pela Parte Geral do CP, expresso no seu art. 119, o qual, ao tratar da prescrição, estabelece que "no caso de concurso de crimes, a extinção da punibilidade incidirá sobre a pena de cada um, isoladamente". Desse modo, se para a própria extinção da punibilidade as penas devem ser computadas isoladamente, o mesmo entendimento haveria de se aplicar à suspensão condicional do processo prevista no art. 89 da Lei n. 9.099/95, que, uma vez cumprida, também leva à extinção da punibilidade.

Concurso formal impróprio ou imperfeito (segunda parte do caput*)*

- **Noção:** Em sua segunda parte, o *caput* prevê a hipótese do chamado concurso formal *impróprio* ou *imperfeito*. Existe tal concurso quando a conduta única, dolosa, foi consequência de desígnios autônomos, isto é, o agente quis mais de um resultado. Nesta hipótese, a pena será aplicada pela regra do concurso material (CP, art. 69).

- **Pena:** *a. No concurso formal próprio (primeira parte do* caput*):* se *idênticas* as penas previstas, impõe-se *uma só*, e, se *diversas* as penas, aplica-se a mais grave delas, porém, em qualquer caso, *sempre* acrescida de um sexto até metade. Quanto à limitação, *vide* parágrafo único deste art. 70. *b. No concurso formal impróprio (segunda parte do* caput*):* segue-se a regra de cumulação das penas (CP, art. 69) do concurso material.

- **Quantidade do aumento da pena:** O melhor parâmetro para a escolha do acréscimo da pena (de um sexto *até* metade), consequente do concurso formal, é a consideração do número de *fatos* (ou seja, de vítimas, ou crimes concorrentes). Tal acréscimo deverá sempre ser fundamentado (CR, art. 93, IX). Quanto ao limite, *vide* nota ao parágrafo único.

Limite da pena (parágrafo único)

- **Concurso material benéfico:** Há casos em que a aplicação do concurso formal (e também do crime continuado) poderia resultar em penas mais altas do que a cumulação do concurso material, embora este seja a mais severa forma de concurso de penas. Isso pode acontecer quando as penas forem diversas, sendo uma delas muito maior do que a outra (ex.: homicídio e lesão corporal simples). Para evitar esse inadmissível resultado, o primeiro autor deste livro preconizava, antes da reforma penal de 1984, a aplicação do que chamou de "concurso material benéfico". Por ele, sempre que as regras do concurso formal ou da continuidade agravassem a situação do agente, as penas deveriam ser impostas pela regra do concurso material, que, então, o favoreceria (CELSO DELMANTO, "Concurso material benéfico", *RT* 538/470 e *RDP* 29/129). Segundo escrevem SILVA FRANCO e outros, a doutrina, a partir desse trabalho, "propôs o reconhecimento do concurso material ao invés do concurso formal, denominando a hipótese de concurso material benéfico. A postura doutrinária, que já tinha repercussão em nível jurisprudencial, obteve agora força legal através do parágrafo único do art. 70" (*Código Penal e sua Interpretação Jurisprudencial*, Revista dos Tribunais, 1995, p. 853).

- **Aplicação:** Embora não mude o tipo de concurso de penas, a aplicação delas não poderá exceder a que seria cabível pela cumulação material do art. 69 do CP.

Jurisprudência

- **Quantidade do aumento:** Praticados três crimes em concurso formal, com penas iguais, a pena deverá ser aumentada em 1/5 (um quinto) (TJDF, Ap. 0004949-50.2018.8.07.0007, j. 10.10.2019, DJe 18.10.2019). Para o acréscimo do concurso formal, deve-se considerar o número de vítimas (TACrSP, *Julgados* 82/317) ou de crimes concorrentes (TJRJ, *RT* 604/396). Praticados três crimes em concurso formal a pena deverá ser aumentada em 1/5 (um quinto) (TJDF, 3ª TC, j. 10.10.2019, DJe 18.10.2019, p. 132/139).

- **Aplicação do aumento:** Nas hipóteses de concurso formal, crime continuado ou *aberratio ictus*, sob pena de anulação, o respectivo aumento deve operar-se depois de fixado o *quantum* da pena reservada a cada crime concorrente, tal como se não houvesse concurso (TJSP, *RJTJSP* 161/285). Reconhecendo o concurso formal, a pena de cada um dos crimes deverá ser fixada pelo juiz, que, somente após esta fixação, aplicará o aumento do art. 70 (TRF da 1ª R., Ap. 1997.41.00.002914-2, j. 27.10.2004, *DJU* 6.12.2004, in *Bol. IBCCr* 148).

- **Crime único ou não:** Não há concurso formal, mas um único crime, na posse de duas armas sem licença da autoridade (TJSP, *RT* 767/565). Impossível a caracterização de crime único, pois o apelante atingiu duas vítimas distintas, que saíam do coletivo, tendo cada uma delas sofrido ameaça exercida com simulacro de arma de fogo, como também atingindo patrimônios distintos. Se o agente, num mesmo contexto, mediante grave ameaça exercida com emprego de arma de fogo, subtrai bens pertencentes a vítimas distintas, configurado estará o concurso formal de crimes, não podendo a conduta ser considerada como crime único (TJMA, Ap. 0006958-19.2018.8.10.0001, j. 25.7.2019, publ. 2.8.2019; no mesmo sentido TJAM, Ap. 0241445-67.2016.8.04.0001, j. 17.10.2019, publ. 17.10.2019).

- **Concurso formal e crime continuado:** Caracterizado o concurso formal e a continuidade delitiva entre infrações penais, aplica-se somente o aumento relativo à continuidade, sob pena de *bis in idem* (STJ, HC 162.987/DF, j. 1º.10.2013, DJe 8.10.2013; HC 178.499/MT, j. 28.6.2011, DJe 1º.8.2011; REsp 1.459.401/MG, decisão monocrática, Min. Moura Ribeiro, j. 1º.8.2014, DJe 13.8.2014; HC 278.622/SP, decisão monocrática Min. Sebastião Reis Jr., j. 1º.8.2014, DJe 6.8.2014; HC 271.494/SP, decisão monocrática Min. Marco Aurélio Bellizze, j. 22.8.2013, DJe 27.8.2013; REsp 1.273.773/DF, decisão monocrática Min. Og Fernandes, j. 20.6.2012, DJe 22.6.2012).

- **Crime-meio absorvido pelo crime-fim (consunção):** Não há concurso formal, mas somente o crime de estelionato (CP, art. 171), se o agente utiliza-se de documento falso para a compra de eletrodomésticos (CP, arts. 297 e 304), restando estes delitos absorvidos por aquele (TJSC, *RT* 853/658). *Vide*, também, jurisprudência no art. 171 do CP.

- **Hipóteses diversas:** Se duas pessoas foram mortas por um único e mesmo disparo, há concurso formal e não material (TJSP, *RT* 591/322). Igualmente, se as subtrações que vulneraram o patrimônio de mais de uma pessoa foram empreendidas num único contexto de ações, não obstante a diversidade de atividades físicas dos envolvidos (TJES, *RT* 714/395). Há concurso formal se rouba vítimas diferentes, sendo irrelevante pertencerem à mesma família, já que violados patrimônios distintos (STJ, REsp 804.070, *RT* 852/544). *Idem*, tratando-se de latrocínio com a morte de uma das vítimas (TJBA, *RT* 852/609). Caracteriza-se concurso formal se o agente subtrai, além do dinheiro do caixa, o revólver do vigia do banco (TRF da 4ª R., *RT* 778/718; TACrSP, *RJDTACr* 17/137). Ocorre concurso formal entre os arts. 155 do CP e 16 da Lei n. 6.368/76 (atual art. 28 da Lei n. 11.343/2006), se o acusado furta comprimidos que causam dependência (TJSP, *mv* – *RJTJSP* 160/301). Há concurso formal entre os delitos do art. 302, parágrafo único, 303 e 306 do CTB se, embriagado, atropela duas pessoas, vindo uma delas posteriormente a falecer (TJSP, *RT* 852/558). A unicidade de comportamento e a duplicidade de vítimas conduzem ao concurso formal e não ao crime continuado (STF, *RTJ* 143/212), como na hipótese de roubos contra várias vítimas, mediante uma só ação e com o mesmo desígnio (STF, *RT* 714/458). Se o acusado extrai areia em cava submersa, sem autorização, permissão, concessão ou licença do Departamento Nacional de Produção Mineral, resta configurado o crime do art. 2º da Lei n. 8.176/91, ao passo que a mesma extração, sem autorização da Secretaria Estadual do Meio Ambiente e da Cetesb, também configura, em concurso formal, o crime do art. 55 da Lei n. 9.605/98, tratando-se de bens jurídicos diversos os atingidos (STJ, RHC 16.801, *RT* 846/524). Há concurso formal entre o crime de violação de direito autoral (CP, art. 184, § 2º) e o crime de violação de direito autoral de programa de computador (Lei n. 9.609/98, art. 12, § 2º), se o agente, mediante uma só conduta, expõe à venda reprodução de filmes, músicas, shows e programas de computador (TRF da 4ª R., Ap. 2003.72.00.007883-5, *RT* 853/691).

- **Concurso formal não referido na denúncia:** É irrelevante a circunstância do concurso formal não estar referido na denúncia, aplicando-o se a peça acusatória descrever nitidamente a conduta praticada (roubo qualificado) em uma única ação da qual decorre mais de um resultado (TJSP, *RT* 876/624).

- **Concurso formal impróprio ou imperfeito:** Se os desígnios foram próprios e autônomos, há o concurso formal imperfeito, que leva à soma das penas (TJSP, *RT* 543/343). O agente que, por meio do cometimento de uma só conduta, produz resultados diversos, um dirigido pelo dolo direto e outro pelo dolo eventual, com diversidade de desígnios, deve ter, contra si, a aplicação do concurso formal imperfeito do art. 70, segunda parte, do CP (STJ, REsp 138.577, *RT* 807/577). A pluralidade de vítimas em crimes de latrocínio não enseja a conclusão de ocorrência de concurso formal impróprio (STJ, RHC 133575/PR, *DJe* 16.5.2017).

- **Concurso material benéfico:** De acordo com o art. 70, parágrafo único, do CP, uma vez verificado que a somatória das penas mostra-se mais favorável que a majoração referente ao concurso formal, a primeira deve ser aplicada, tendo em vista que o concurso formal se trata de uma ficção jurídica criada para favorecer o réu (TJES, APL 0018649-40.2018.8.08.0048, j. 19.6.2019, publ. 2.7.2019). A regra do concurso formal ou do crime continuado só deve ser aplicada quando trouxer proveito ao agente; caso o prejudique, aplica-se a pena pelo concurso material (STF, *RT* 644/379, 607/409; TJMG, *RT* 586/361). A aplicação do art. 71, parágrafo único, não pode elevar a pena além do máximo do concurso material e, por razão lógica, não deve igualmente rebaixá-la aquém do que seria cabível pelo concurso formal, na hipótese de desígnios autônomos, dada a identidade de situações (STJ, REsp 33.012-2, j. 20.10.93, *DJU* 28.2.94, p. 2907, *in RBCCr* 6/230).

CRIME CONTINUADO

Art. 71. Quando o agente, mediante mais de uma ação ou omissão, pratica dois ou mais crimes da mesma espécie e, pelas condições de tempo, lugar, maneira de execução e outras semelhantes, devem os subsequentes ser havidos como continuação do primeiro, aplica-se-lhe a pena de um só dos crimes, se idênticas, ou a mais grave, se diversas, aumentada, em qualquer caso, de um sexto a dois terços.

Parágrafo único. Nos crimes dolosos, contra vítimas diferentes, cometidos com violência ou grave ameaça à pessoa, poderá o juiz, considerando a culpabilidade, os antecedentes, a conduta social e a personalidade do agente, bem como os motivos e as circunstâncias, aumentar a pena de um só dos crimes, se idênticas, ou a mais grave, se diversas, até o triplo, observadas as regras do parágrafo único do art. 70 e do art. 75 deste Código.

Crime continuado
- **Noção:** Há *crime continuado* (também chamado continuidade delitiva) quando o agente comete dois ou mais crimes da *mesma espécie*, mediante *mais de uma* conduta, estando os delitos, porém, *unidos pela semelhança* de determinadas circunstâncias (condições de tempo, lugar, modo de execução ou outras que permitam deduzir a continuidade).

- **Natureza:** Existem duas posições na doutrina: *a.* a unidade do crime continuado é *fictícia* e resultante da lei; *b.* a unidade é *real* e verdadeira. O CP adota a teoria da ficção jurídica *(a)* e não a da unidade real.

- **Independe da unidade de desígnios:** Para a nossa lei penal, como explicitamente registra a Exposição de Motivos da Lei n. 7.209/84 (n. 59), o crime continuado não depende da unidade de desígnios do agente. O CP filia-se à teoria *objetiva pura*. Por esta, é suficiente a homogeneidade demonstrada objetivamente pelas circunstâncias exteriores, não dependendo da unidade de propósitos do agente. *Rejeitou-se* a teoria *objetivo-subjetiva*, que exige, além dos elementos objetivos, a unidade de desígnios.

- **Tipos:** Com a reforma de 1984, nosso CP passou a prever dois tipos de crimes continuados, com diferença na apenação: *1.* Crime continuado *comum* (previsto no *caput* deste art. 71). *2.* Crime continuado *específico* (indicado no parágrafo único do mesmo artigo).

- **"Mediante mais de uma ação ou omissão":** Como mais de uma ação ou omissão deve-se entender mais de uma *conduta* e não, simplesmente, atos sucessivos, pois estes configuram crime simples e não continuado.

- **Crimes da "mesma espécie":** Como a lei não define, explicitamente, o que são crimes da *mesma espécie*, a questão não é pacífica. Há, a respeito, duas correntes: *1.* Para a primeira, são delitos de igual espécie os que se *assemelham* pelos mesmos elementos objetivos e subjetivos, ainda que não estejam descritos no mesmo artigo de lei. *2.* Para a outra posição, são, apenas, os crimes previstos *no mesmo tipo legal*, mas admitindo-se a continuidade entre as suas formas simples, agravadas, qualificadas, consumadas ou tentadas. Pessoalmente, entendemos correta a primeira *(1)* posição. Ela é a mais acertada, não só porque o instituto do crime continuado, originariamente, visa ao benefício do acusado, como, principalmente, em razão das expressões que o legislador emprega nos arts. 69 e 70. Neles, fala em crimes "idênticos ou não", enquanto neste art. 71 refere-se a "crimes da mesma espécie" e prevê, expressamente, a possibilidade de serem as penas idênticas ou a "mais grave", o que mostra que os delitos não precisam estar previstos no mesmo tipo. *Vide* jurisprudência no final, pois também nos tribunais há muita controvérsia a respeito.

- **Crimes contra interesses jurídicos pessoais, sendo diversas as vítimas:** Antes da Lei n. 7.209/84, duas posições se estabeleceram: *a.* a chamada *liberal*, baseada no dispositivo do antigo art. 51, § 2º, do CP, que não exigia homogeneidade de vítimas; *b.* outra, dita *ortodoxa* e que se fundamenta em teoria alemã, entendendo que só há possibilidade de continuidade em crimes contra a mesma vítima. O primeiro autor destes comentários filiava-se à primeira posição *(a)*, mas a questão não era tranquila na doutrina nem na jurisprudência. O próprio STF, ao mesmo tempo em que admitia a continuidade no crime de roubo contra vítimas diferentes (por maioria de votos), não a aceitava no homicídio. Após a reforma penal de 1984, não há mais dúvida alguma. Mesmo que os crimes atinjam bens pessoais de vítimas diferentes, pode haver crime continuado (exs.: em homicídio, aborto, lesões corporais dolosas, roubo, sequestro etc.). Todavia, quando os crimes que alcançam bens personalíssimos de vítimas diversas são praticados com violência física ou grave ameaça à pessoa, não receberão o tratamento do crime continuado *comum*, mas sim o do crime continuado *específico* (parágrafo único deste art. 71), que pode ser punido com maior rigor.

- **Circunstâncias semelhantes:** A conexão *temporal* (período de tempo entre os crimes), *espacial* (igualdade de lugares), *modal* (identidade de métodos ou participantes) e outras devem ser vistas como circunstâncias cuja presença leva a concluir pela continuidade, embora a ausência de algumas delas não exclua a existência do crime continuado. Entendemos que se deve averiguar a existência ou não da continuidade delituosa pela apreciação daquelas circunstâncias como um todo, pois formam um *conjunto*, e não pelo exame separado de cada uma delas, porquanto, singularmente, não possuem valor decisivo. Assim, poderá haver crime continuado, por exemplo, na conduta de funcionário público que realiza, de forma idêntica (na mesma agência e mediante o mesmo expediente), saques bancários indevidos da conta do ente público, ainda que passados meses entre um saque e outro, mesmo porque poderia o agente ter realizado um único saque abrangendo a somatória de todos os valores.

- **Habitualidade e/ou reiteração criminosa:** Têm sido comuns, cada vez mais, as decisões que afastam a continuidade delitiva sob o argumento de que se trata de criminoso habitual, o que configuraria reiteração criminosa. Ocorre que o art. 71 do CP não faz ressalva nesse sentido, para o reconhecimento do crime continuado. Por isso, diante do princípio da legalidade, estando presentes os requisitos do art. 71 do CP, entendemos que a habitualidade e/ou reiteração criminosa *não são fundamento legal* para se negar a continuidade delitiva. Afinal, se o próprio conceito de crime continuado pressupõe o cometimento de vários crimes, é inafastável a conclusão de que é totalmente subjetiva e incerta a definição do que seria habitualidade ou reiteração criminosa nesse contexto, gerando casuísmo e insegurança jurídica.

- **Pena:** No crime continuado *comum* (*caput* do art. 71), se idênticos os crimes, aplica-se uma só pena e, se diferentes os delitos, a pena do mais grave, porém, em *ambos* os casos, aumentada de um sexto até dois terços. Quanto ao crime continuado *específico*, vide parágrafo único.

- **Percentual do aumento:** O melhor critério é o que se baseia no número de infrações ou de condutas ilícitas cometidas, como parâmetro para o aumento de um sexto até dois terços. Cuide-se, porém, de evitar que esse número de infrações incida duplamente, tanto na pena-base como no aumento pela continuidade, o que implicaria inadmissível *bis in idem*. Com relação ao *limite* da pena, deve-se atentar, também, quanto ao *caput* do art. 71, à remissão do seu parágrafo único, que manda observar as regras do parágrafo único do art. 70 e a do art. 75 do CP.

- **Suspensão condicional do processo (Súmulas 243 do STJ e 723 do STF, e o art. 119 do CP):** Sobre sua aplicação ao crime continuado, a Súmula 243 do STJ dispõe: "O benefício da suspensão condicional do processo não é aplicável em relação às infrações penais cometidas em concurso material, concurso formal ou continuidade delitiva, quando a pena mínima cominada, seja pelo somatório, seja pela incidência da majorante, ultrapassar o limite de um ano". Igualmente o STF, mediante a Súmula 723: "Não se admite a suspensão condicional do processo por crime continuado, se a soma da pena mínima da infração mais grave com o aumento mínimo de um sexto for superior a um ano". Observamos, porém, que esse respeitável entendimento entra em conflito com o princípio adotado pela Parte Geral do CP expresso no seu art. 119, o qual, ao tratar da prescrição, estabelece que "no caso de concurso de crimes, a extinção da punibilidade incidirá sobre a pena de cada um, isoladamente". Ora, se para a própria extinção da punibilidade as penas devem ser computadas isoladamente, o mesmo entendimento haveria de se aplicar à suspensão condicional do processo prevista no art. 89 da Lei n. 9.099/95, que, uma vez cumprida, também leva à extinção da punibilidade.

- **Substituição por restritiva de direitos:** O acréscimo decorrente do crime continuado não será computado no limite de quatro anos previsto para a substituição da pena privativa de liberdade por restritiva de direitos (art. 44, I, do CP), por aplicação analógica do art. 119 do CP (nesse mesmo sentido, ALBERTO SILVA FRANCO e outros, *Código Penal e sua Interpretação Jurisprudencial*, 7ª ed., Revista dos Tribunais, p. 902; DAMÁSIO E. DE JESUS, *Penas Alternativas*, Saraiva, 1999, p. 89; LUIZ REGIS PRADO, *Curso de Direito Penal Brasileiro* – Parte Geral, 2ª ed., Revista dos Tribunais, v. 1, p. 392).

Crime continuado específico (parágrafo único)

- **Noção:** Denominamos crime continuado *específico* ao tipo de continuidade delitiva que o CP prevê, no parágrafo único deste art. 71, com possibilidade de apenação mais severa.

- **Requisitos:** *Além* dos requisitos gerais do crime continuado comum, já assinalados no comentário ao *caput* deste art. 71, há mais *três* condições *específicas*: *1. Crimes dolosos*. As infrações não podem ser culposas. *2. Contra vítimas diferentes*. Devem ser diversas as vítimas, pois, se for uma só, a hipótese será a comum, do *caput*. *3. Com violência ou grave ameaça à pessoa*. A *violência* referida na lei é a física, contra pessoa, não sendo suficiente a violência contra coisa. Por sua vez, a grave ameaça, alternativamente indicada, é a ameaça séria contra pessoa. As *três* condições específicas apontadas pela lei devem estar presentes, pois, caso contrário, a continuidade aplicável seria a comum, do *caput*, e não esta. Exemplos: quando os crimes tenham sido cometidos com os requisitos do *caput* e com as condições específicas, salvo a primeira, pois não eram dolosos, a continuidade será a do *caput*. Da mesma maneira, se presentes todos os requisitos comuns e específicos, exceto a diversidade de vítimas, pois as infrações dolosas violentas foram cometidas contra o mesmo ofendido, a hipótese será a do *caput* e não a do parágrafo único.

- **Pena do parágrafo único:** Considerando a *culpabilidade* e outros *dados* do *agente* (antecedentes, conduta social e personalidade) e do *crime* (motivos e circunstâncias), fica o juiz autorizado a impor a pena de *um só* dos crimes (se idênticas), ou *a mais grave* (se as penas forem diversas), *aumentadas*, em quaisquer dos casos, *de até o triplo*. Parece-nos, em face do confronto entre os limites de aumentos do *caput* e do parágrafo único, que este deve ser reservado aos delinquentes profissionais da chamada criminalidade violenta.

- **Quantidade do aumento:** Entendemos que o aumento devido pelo crime continuado específico é de um sexto *até* o triplo. Como o parágrafo único só indica o aumento máximo e não o mínimo, consideramos que este deve ser o menor do *caput* (um sexto).

- **Limite da pena:** Como indicam as remissões no final do parágrafo único, embora o aumento possa chegar até mesmo ao triplo da pena, esta não pode ser maior do que seria se as penas fossem cumuladas (CP, art. 70, parágrafo único) nem superior a quarenta anos (CP, art. 75).

Jurisprudência do crime continuado

- **Teoria objetiva-subjetiva:** A caracterização do crime continuado reclama "que os atos criminosos isolados apresentem-se enlaçados, os subsequentes ligados aos antecedentes", ou "porque fazem parte do mesmo projeto criminoso", ou "porque resultam de ensejo, ainda que fortuito, proporcionado ou facilitado pela execução desse projeto (aproveitamento da mesma oportunidade)" (STJ, REsp 61.962-9, rel. Min. Assis Toledo, j. 17.5.95, *RT* 719/530). "A jurisprudência desta Corte Superior de Justiça firmou o entendimento de que necessárias a existência de ações praticadas em idênticas condições de tempo, lugar e modo de execução (requisitos objetivos), além de um liame a indicar a unidade de desígnios (requisito subjetivo)" (STJ, 5ª T., AgRg no HC 551668 RS 2019/0373005-0, rel. Des. Conv. Leopoldo de Arruda Raposo, j. 10.3.2020, *DJe* 18.3.2020). Deve-se considerar também o elemento subjetivo (STJ, HC 552910/SP, rel. Min. Jorge Mussi, j. 27.2.2020, *DJe* 28.2.2020; HC 459.573 – SP, rel. Min. Felix Fischer, j. 27.8.2018, *DJe* 30.8.2018; Agr. Reg. no HC n. 426.556/MS, 6ª T., rel. Min. Nefi Cordeiro, *DJe* de 3.4.2018; AgRg no AgRg no AREsp 1354075 / SP, 5ª T., rel. Min. Felix Fischer, j. 06.12.2018, *DJe* 12.12.2018; HC 22.746, *RT* 813/546; REsp 39.883, *DJU* 28.2.94, p. 2911, *in RBCCr* 6/230; TJSP, *RT* 856/573, *RJTJSP* 118/576; TACrSP, *RT* 767/603), aplicando-se a teoria mista ou objetivo-subjetiva (STJ, RHC 43.601/DF, *DJe* 18.6.2014; HC 292.875/AL, *DJe* 17.6.2014; HC 262.842/SP, *DJe* 16.5.2014; HC 207.908/SP, *DJe* 19.5.2014; AgRg nos ED no REsp 1.110.836/PR, *DJe* 26.2.2014; AgRg no HC 217.753/ES, *DJe* 18.12.2013; HC 195.062/RS, *DJe* 3.4.2013; HC 199.645/SP, *DJe* 12.9.2012; REsp 1.017.342, decisão monocrática Min. Rogério Schietti Cruz, *DJe* 2.5.2014), não se configurando se cada crime resultou de desígnio autônomo (TJSC, *JC* 72/582). A figura do crime continuado reclama não somente a semelhança entre as circunstâncias objetivas dos delitos, mas também a existência de um liame entre eles, de sorte que os crimes tenham sido praticados com aproveitamento das mesmas relações e oportunidades ou com a utilização de ocasiões nascidas da primeira situação, de sorte a evidenciar que os delitos subsequentes são derivados do mesmo impulso criminoso do primeiro (TJSP, AgEx 9000035-21.2019.8.26.0168, 14ª CCr, rel. Des. Laerte Marrone, j. 6.2.2020; AgEx 0013808-60.2019.8.26.0502, 11ª CCr, rel. Des. Tetsuzo Namba, j. 12.2.2020; AgEx 7003580-64.2019.8.26.0482, 6ª CCr, Rel. Farto Salles, j. 12.2.2020; AgEx 7000334-45.2019.8.26.0196, 3ª CCr, rel. Des. Xisto Albarelli Rangel Neto, j. 4.3.2020).

- **Teoria objetiva:** A lei adotou a teoria objetiva, sendo desnecessária a unidade de resolução do agente (STF, *RTJ* 116/908; TJSP, *RJTJSP* 124/555, *RT* 810/601). O reconhecimento do crime continuado não se subordina a indagações de caráter subjetivo nem ao exame dos antecedentes e da personalidade do condenado (TACrSP, *RT* 542/361). Para haver continuidade, o *modus operandi* deve ser o mesmo, sendo necessária a homogeneidade de condutas, como no caso da denúncia descrever a ocorrência de um homicídio qualificado e em seguida a tentativa de cometimento de outro homicídio, pelas mesmas autoras e em circunstâncias objetivas homogêneas (STJ, HC 21.710, *RT* 813/535).

■ **Cálculo do aumento:** Deve ser pelo número de infrações (STF, *RTJ* 143/215; HC 73.446-4, *DJU* 3.5.96, p. 13903, *in RBCCr* 15/405; STJ, HC 10.076-MG, *DJU* 17.12.99, p. 387, *in Bol. IBCCr* 87/423; HC 15.210, *DJU* 28.8.2001, p. 502, *in RBCCr* 38/380; TRF da 5ª R., Ap. 2004.80.00.009374-8, *DJU* 28.2.2008), não se devendo considerar as circunstâncias judiciais do art. 59 do CP (TJSC, *JC* 72/592), sob pena de *bis in idem* (STJ, *RT* 777/568). Praticados apenas dois delitos em continuidade, a majoração deve ser fixada em seu mínimo (STF, HC 83.161-3, j. 5.8.2003, *in Bol. IBCCr* 132/748); se cometidos três crimes em continuidade, o acréscimo deve ser de um quarto (TRF da 5ª R., Ap. 2004.80.00.009374-8, *DJU* 28.2.2008). As circunstâncias judiciais devem ser examinadas em relação a cada um dos ilícitos, e não sob o enfoque do conjunto de todas as infrações, sob pena de nulidade (TAMG, *RT* 789/702; TJAP, *RT* 771/638). Havendo vários acusados, pode ser fixado para cada qual percentual próprio, considerado o número de crimes (STF, HC 72.056, *DJU* 26.5.95, p. 15157, *in RBCCr* 12/283). Não esclarecendo a sentença o número de infrações praticadas em continuidade, é injusto e indevido o aumento de metade, impondo-se o ajuste com o acréscimo mínimo de um sexto (TJPB, *RT* 855/666).

■ **Crime continuado específico (parágrafo único):** "É cediço que o crime continuado específico, previsto no art. 71, parágrafo único, do Código Penal, tem critérios de exasperação da pena diversos do crime continuado comum. Enquanto neste o *quantum* de aumento da pena variará conforme o número de infrações praticadas, naquele o acréscimo da pena levará em conta a culpabilidade, os antecedentes, a conduta social, a personalidade do agente, os motivos e as circunstâncias do crime" (TJAL, Ap. 0700220-80.2018.8.02.0070, rel. Des. João Luiz Azevedo Lessa, j. 12.8.2020, publ. 14.4.2020). O limite mínimo deve ser um sexto (STF, *RT* 617/410; TACrSP, *RT* 667/293). Incide sobre a pena já agravada, e não sobre a pena-base (STJ, HC 57, *DJU* 10.10.89, p. 15646, e HC 44, *DJU* 18.9.89, p. 14665). Seu aumento é reservado aos delinquentes da criminalidade profissional violenta e perigosa (TACrSP, *Julgados* 89/383). Se cometeu delitos patrimoniais com grave ameaça às vítimas, ofendeu bens e interesses jurídicos eminentemente pessoais, incidindo no parágrafo único do art. 71 do CP (STF, *RTJ* 144/823). Igualmente se os crimes foram praticados com violência (TJGO, *RGJ* 9/106).

■ **Crime continuado e fixação da pena:** É indispensável que se examine e se fixe, primeiramente, a pena relativa a cada um dos delitos para, só então, aplicar-se o respectivo aumento. Isto decorre do princípio constitucional da individualização das penas (CP, art. 71), além de ser necessário para a análise da prescrição de cada um dos crimes (CP, art. 119), bem como para verificar se a pena, acrescida pela ficção ditada pelo instituto, não excede a soma das sanções dos crimes-membros (TAMG, Ap. 416.963-7, j. 12.11.2003, *Bol. IBCCr* 138/800).

■ **Não pode ser superior a eventual concurso material:** A pena advinda da aplicação do crime continuado não pode ser maior do que seria resultante de eventual concurso material (TJAM, Ap. 0000177-30.2018.8.04.5600, rel. Des. José Hamilton Saraiva dos Santos, j. 4.9.2020, publ. 4.9.2020).

■ **Quantidade do aumento no crime continuado *comum* (*caput*):** No crime continuado comum (art. 71, *caput*), o aumento se faz em razão do número de infrações praticadas e de acordo com a seguinte correlação: 1/6 para duas infrações; 1/5 para três; 1/4 para quatro; 1/3 para cinco; 1/2 para seis; 2/3 para sete ou mais ilícitos (STJ, 5ª T., HC 2019/0062891-6, j. 28.5.2019, *DJe* 7.6.2019; HC 107.443/SP, j. 3.6.14, *DJe* 20.6.2014; REsp 981.837/SP, j. 24.4.2014, *DJe* 5.5.2014; HC 265.385/SP, j. 8.4.2014, *DJe* 24.4.2014; HC 238.262/PE, j. 18.3.2014, *DJe* 28.3.2014; HC 127.463/MG, j. 5.12.2013, *DJe* 16.12.2013; HC 231.864/RS, j. 6.6.2013, *DJe* 21.6.2013; HC 184.816/SP, j. 25.6.2013, *DJe* 1.7.2013; HC 190.471/RS, j. 19.2.13, *DJe* 1.3.2013; TJCE, Ap. APR 0007303-02.2019.8.06.0117, 3ª CCr, j. 28.7.2020, publ. 28.7.2020).

■ **Quantidade do aumento no crime continuado *específico* (parágrafo único):** No crime continuado específico (art. 71, parágrafo único) o aumento fundamenta-se no número de infrações cometidas e nas circunstâncias judiciais do art. 59 (STJ, HC 277.283/SP, j.

5.6.2014, *DJe* 24.6.2014; REsp 1.248.240/RS, j. 3.4.2014, *DJe* 15.4.2014; HC 265.960/SP, j. 25.2.2014, *DJe* 12.3.2014; HC 127.463/MG, j. 5.12.2013, *DJe* 16.12.2013; AgRg no REsp 1.294.129/AL, j. 5.2.2013, *DJe* 15.2.2013; REsp 1.396.779/SP, decisão monocrática, rel. Min. Moura Ribeiro, j. 25.11.2013, *DJe* 4.2.2013). "A fração de aumento pela continuidade delitiva específica pressupõe a análise de requisitos objetivos (quantidade de crimes praticados) e subjetivos, estes consistentes na análise da culpabilidade, dos antecedentes, da conduta social, da personalidade do agente, dos motivos e das circunstâncias do crime" (HC 439.471/MG, rel. Min. Maria Thereza de Assis Moura, 6ª T., j. 2.8.2018, *DJe* 13.8.2018). "Na hipótese, considerando a quantidade de delitos praticados, ou seja, quatro, mas em razão da ausência de circunstâncias judiciais desfavoráveis, eis que o Juízo sentenciante registrou que 'as circunstâncias do artigo 59 do Código Penal são favoráveis ao réu'(...), mostra-se mais adequada e proporcional a utilização da regra do *caput* do art. 71 do Código Penal para a escolha da fração, o que implica a majoração da pena mais grave em 1/4 (um quarto)", e não em dobro (STJ, HC 511.133 SP 2019/0142583-7, rel. Min. Jorge Mussi, *DJe* 13.2.2020). "2. A escolha do *quantum* de aumento da continuidade delitiva qualificada deve sopesar os quesitos objetivos e subjetivos. O aumento no triplo com fundamento apenas na quantidade de crimes cometidos mostra-se desproporcional, uma vez que as penas-bases foram fixadas no mínimo legal pela ausência de circunstâncias judiciais desfavoráveis. 3. Dessa forma, é devida a aplicação do instituto previsto no art. 71, parágrafo único, do Código Penal, entretanto, a fração a ser aplicada deve seguir a regra do *caput* do mesmo dispositivo legal. Assim, cometidas 6 infrações (5 roubos consumados e 1 tentado), reduz-se o *quantum* a 1/2" (STJ, HC 441.184/RJ, rel. Min. Nefi Cordeiro, 6ª T., j. 5.6.2018, *DJe* 11.6.2018).

- **Quantidade de aumento e preclusão pelo fato de o MP não ter recorrido:** No caso, considerando a prática de 24 condutas, seria adequada a fixação da fração máxima de aumento (2/3). Inexistindo recurso acusatório, deve ser mantida a fração estipulada na Corte *a quo* (1/3) (STJ, AgRg no AREsp 1.439.905 SC 2019/0033881-3, j. 23.4.2019, *DJe* 3.5.2019).

- **Pena de multa e crime continuado:** Há duas correntes – *vide* jurisprudência no art. 72.

- **Concurso material benéfico:** *Vide* jurisprudência, sob igual título, no CP, art. 70.

- **Juizado Especial Criminal:** No concurso de crimes, a pena considerada para fins de fixação da competência do Juizado Especial Criminal será o resultado da soma, no caso de concurso material, ou da exasperação, na hipótese de concurso formal ou crime continuado, das penas máximas cominadas (STJ, HC 143.500/PE, j. 31.5.2011, *DJe* 27.6.2011; HC 82.258/RJ, j. 1.6.2010, *DJe* 23.8.2010; AREsp 36.204/RJ, decisão monocrática Min. Laurita Vaz, j. 8.11.2011, *DJe* 16.11.2011).

- **Súmula 497 do STF. Prescrição:** "Quando se tratar de crime continuado, a prescrição regula-se pela pena imposta na sentença, não se computando o acréscimo decorrente da continuação".

- **Entre homicídios (Súmula 605 do STF prejudicada):** Pode haver continuidade (STF, *RT* 617/410; STJ, HC 214.421, j. 8.4.2014, *DJe* 23.4.2014; HC 127.463/MG, j. 5.12.2013, *DJe* 16.12.2013; HC 248.541/SP, j. 12.11.2013, *DJe* 25.11.2013; HC 220.843/SP, j. 24.9.2013, *DJe* 3.10.2013; HC 161.552/SP, j. 13.11.2012, *DJe* 21.11.2012; AREsp 150.975/SP, decisão monocrática Min. Regina Helena Costa, j. 6.5.2014, *DJe* 9.5.2014, encontrando-se superada a Súmula 605 do STF, que não admitia continuidade delitiva nos crimes contra a vida: STF, *RTJ* 121/665; STJ, HC 169.350/PR, decisão monocrática, rel. Min. Jorge Mussi, j. 15.4.2013, *DJe* 30.4.2013; REsp 1.304.460/RS, decisão monocrática Min. Laurita Vaz, j. 28.9.2012, *DJe* 16.10.2012; HC 63.758/RS, j. 13.2.2007, *DJ* 12.3.2007; REsp 832.919/RS, j. 3.10.2006, *DJ* 30.10.2006; TJSP, *RJTJSP* 165/315; TJMG, *RT* 767/649; TJSP, *RT* 810/601, 624/290; TJRS, *RT* 604/402).

- **Súmula 711 do STF. Lei penal mais grave:** "A lei penal mais grave aplica-se ao crime continuado ou ao crime permanente, se a sua vigência é anterior à cessação da continuidade ou da permanência".

- **Reiteração criminosa:** A habitualidade é incompatível com a continuidade delitiva (STJ, HC 262.842/SP, *DJe* 16.5.2014; HC 249.912/SP, *DJe* 26.3.2014; AgRg nos ED no

REsp 1.110.836/PR, *DJe* 26.2.2014; HC 204.109/RS, *DJe* 12.12.2013; HC 224.592/SP, *DJe* 16.10.2013; HC 185.336/RJ, *DJe* 14.5.2013; HC 291.586/SP, decisão monocrática Min. Moura Ribeiro, *DJe* 5.6.2014; REsp 1.114.527/PR, rel. Min. Laurita Vaz, 5ª T., j. 18.9.2012, *DJe* 26.9.2012; HC 88.032/SP, decisão monocrática Min. Rogério Schietti Cruz, *DJe* 11.11.2013; REsp 21.111, *DJU* 22.11.93, p. 24980, *in RBCCr* 5/188; *mv – RT* 717/476; TACrSP, *RJDTACr* 16/209; TJPR, PJ 41/192; TAPR, PJ 41/250), como no caso de "justiceiro", autor de quatro homicídios (STF, HC 71.196, *DJU* 9.9.94, p. 23443, *in RBCCr* 8/224) ou daquele que comete homicídios qualificados em contextos diversos (TJSP, *RT* 778/569), ou ainda de réu com sete condenações anteriores por roubo (TJRS, Agr. em Exec. 0075029-51.2020.8.21.7000 RS, rel. Des. José Conrado Kurtz de Souza, j. 31.8.2020, publ. 4.9.2020). "Impossibilidade de reconhecimento da continuidade delitiva, quer porque não há prova de nexo de causalidade ou homogeneidade de impulsos delitivos entre as infrações, quer por tratar-se o agravante de criminoso 'habitual' ou 'profissional" (TJSP, Ag. em Exec. 0009495-74.2019.8.26.0496 SP, rel. Des. Otávio Rocha, j. 11.12.2019, publ. 29.1.2020). A reiteração de roubos em datas próximas, por si só, não configura continuidade delitiva (STF, *desempate – RTJ* 98/578; TACrSP, *Julgados* 95/39). Trata-se de cinco condenações pela prática de delitos de roubo majorado, fatos esses de mesma natureza, cometidos no mesmo município, com *modus operandi* semelhante e em lapso temporal inferior a trinta dias, no ano de 2017. Ausência de ligação subjetiva entre os fatos, tratando-se efetivamente de reiteração criminosa. A simples proximidade temporal e espacial não autoriza o reconhecimento da continuidade (TJRS, AgEx 70080553795, j. 25.4.2019, *DJ* 30.5.2019).

- **Reconhecimento da continuidade independe da vida pregressa:** A configuração do crime continuado independe de pesquisa sobre a vida pregressa do agente (STF, *mv – RTJ* 143/168; TACrSP, *Julgados* 86/171).

- **Reincidente específico:** "O fato de ser o apelado reincidente específico não obsta ao reconhecimento da continuidade delitiva quando presentes os requisitos de ordem objetiva e a unidade de desígnios" (TJMT, Ap. 0000571-54.2014.8.11.0080, rel. Des. Paulo Cunha, j. 5.5.2020, publ. 18.5.2020).

- **Consumados e tentados:** Pode haver continuidade entre crimes consumados e tentados, inclusive contra a vida (STF, HC 81.579-1, j. 19.2.2002, *Bol. IBCCr* 114/608; STJ, HC 21.710, *RT* 813/535; TJRO, *RT* 699/362; TJSP, *RT* 540/273, 524/356). Entre furtos qualificados mediante fraude e furto tentado pode haver continuidade, concedendo-se *habeas corpus* de ofício (TJMT, Ap. 0000571-54.2014.8.11.0080, rel. Des. Paulo Cunha, j. 5.5.2020, publ. 18.5.2020).

- **Formas simples e qualificadas:** Nada impede que haja continuidade entre as formas simples e qualificadas de um crime (TACrSP, *Julgados* 66/229).

- **Pluralidade de vítimas:** Com a Lei n. 7.209/84, não mais é óbice ao reconhecimento da continuidade, pois esta pode ser admitida até em homicídios (STF, *RT* 617/410; STJ, *RT* 706/377; TJSP, *RT* 625/275). Presentes os pressupostos objetivos do art. 71 do CP, não pode a repercussão do crime no meio social obstaculizar o reconhecimento da continuidade ("Chacina de Vigário Geral") (STF, *RT* 788/515). Igualmente em roubos praticados em curto espaço de tempo contra motoristas de táxi (STF, *RT* 777/534). Admite-se em roubo, desde que presente o conjunto de circunstâncias objetivas de tempo, lugar e modo de execução (TACrSP, *RT* 698/363).

- **Semelhança de lugar:** Admite-se a continuidade entre crimes praticados em cidades diversas da mesma região metropolitana (STF, *RT* 542/455; TACrSP, RCr 394.307, *mv*, j. 29.5.85), na mesma região socioeconômica (TACrSP, Ap. 386.613, j. 11.2.85), ou na mesma região sociogeográfica (TJSP, *RT* 857/613), ou, ainda, em cidades limítrofes ou próximas (STJ, HC 206.227/RS, *DJe* 14.10.2011; HC 174.612/RS, *DJe* 16.6.2011; HC 154.024/RS, *DJe* 20.9.2010; HC 74.355/RJ, *DJ* 17.12.2007; HC 231.717/DF, decisão monocrática Min. Sebastião Reis Júnior, *DJe* 4.2.2014; REsp 1.050.233/RS, decisão monocrática Min. Marilza Mainard, *DJe* 2.12.2013; (TJSP, *RJTJSP* 76/312); não, porém, entre comarcas de outros Estados ou distantes, entre si, centenas de quilômetros (TACrSP, *Julgados* 67/190).

- **Semelhança de tempo:** A continuidade delitiva, em regra, não pode ser reconhecida quando se tratar de delitos praticados em período superior a 30 (trinta) dias (STF, HC 107.636, *DJe* 21.3.2012; *RTJ* 148/447; STJ, AgRg no Ag em REsp 468.460/MG, *DJe* 28.5.2014; HC 239.397/RS, *DJe* 15.4.2014; RHC 38.675/SP, *DJe* 2.4.2014; Ag no REsp 346.230/SE, decisão monocrática, Min. Moura Ribeiro, *DJe* 16.6.2014; ED no Ag em REsp 441.816/MG, decisão monocrática Min. Regina Helena Costa, *DJe* 22.5.2014; TJPB, *RT* 815/638). "Em crimes de certa simplicidade, como é o caso do descaminho, não há razão para alargar-se o intervalo de tempo para a consideração da continuidade delitiva. Transcorridos diversos meses entre um crime e outro, não há que se falar em continuidade delitiva, sendo certo que, como regra, considera-se, para os fins do art. 71 do Código Penal, que o intervalo entre uma conduta e outra não deve exceder os 30 (trinta) dias" (TRF 4ª R., EI 5004360-65.2015.4.04.7000, j. 16.5.2019). Contra: de tempo que se admite para a conexão temporal entre os delitos: mais de um ano (TJMG, *RT* 722/503), oito meses (TJSP, Ap. 000.9685-69.2004.8.260526, j. 17.3.11), sete meses (TACrSP, *RT* 548/327); até seis meses (TACrSP, *RT* 513/420); até quatro meses (STF, *RT* 628/382); até dois meses (TACrSP, *RT* 542/364).

- **Semelhança de modo e coautores:** a. Modo de execução. É necessário o mesmo modo de agir (STJ, AgRg no HC 184.814/SP, *DJe* 21.11.2013; HC 223.711/SP, *DJe* 25.4.2013; AgRg no REsp 1.154.442/RS, *DJe* 24.10.2012; AgRg no REsp 1.120.946/RS, *DJe* 14.3.2012; HC 150.719/SP, *DJe* 5.12.2011; AgRg no HC 189.861/MT, *DJe* 14.11.2011; ED no REsp 1.429.450/MG, decisão monocrática Min. Moura Ribeiro, *DJe* 16.6.2014; TACrSP, *Julgados* 68/211; TACrSP, *Julgados* 68/211). *Contra:* Para alguns acórdãos, não precisa haver semelhança rigorosa na execução dos crimes (TACrSP, *Julgados* 68/186). b. Coautores. Quanto à necessidade ou não dos parceiros serem os mesmos, há duas correntes: *1.* Podem ser diferentes (TACrSP, *RJDTACr* 17/30, *Julgados* 69/195). *2.* Não podem ser diferentes (STJ, *RT* 856/552; TJSP, *RJTJSP* 164/307; TACrSP, *RJDTACr* 20/35, *RT* 695/340); assim, "incabível a relação de continuidade entre crimes de tráfico se verificada a diversidade do modo de execução, com variação dos entorpecentes comercializados, comparsa e desígnios, donde se conclui que o agente se valeu de métodos diferentes para as práticas delitivas" (TJMG, AgEx 10231170171798001, rel. Des. Júlio Cezar Guttierrez, j. 15.4.2020, publ. 6.5.2020).

- **Circunstâncias semelhantes:** Deve-se aferir a continuidade pelo conjunto delas, pois nenhuma circunstância, isoladamente, é decisiva (TACrSP, *Julgados* 65/64).

- **Mesmo tipo penal:** Para a caracterização da continuidade delitiva, são considerados crimes da mesma espécie aqueles previstos no mesmo tipo penal (STJ, HC 240.630/RS, j. 4.2.2014, *DJe* 17.2.2014; HC 162.672/MG, j. 28.5.2013, *DJe* 6.6.2013; HC 224.395/MG, j. 15.12.2012, *DJe* 3.2.2012; HC 144.771/MS, j. 22.11.2011, *DJe* 6.2.2012; REsp 1.244.837/DF, decisão monocrática, Min. Marilza Maynard, j. 22.5.2014, *DJe* 10.6.2014; HC 161.535/SP, decisão monocrática, Min. Moura Ribeiro, j. 29.4.2014, *DJe* 5.5.2014).

- **Satisfação da lascívia mediante a presença de criança:** Tratando-se de delitos da mesma espécie e praticados com proximidade de tempo e em circunstâncias semelhantes, podendo ser o segundo havido como continuação do primeiro, incidente o crime continuado (art. 71, *caput*, do CP) (TJRS, Ap. 70082694142 RS, rel. Des. Maria de Lourdes B. de Gonzales, j. 18.12.2019, publ. 10.2.2020).

- **Entre estupros contra vítimas diferentes:** Pode haver (TJSP, *RJTJSP* 98/424). Contra, havendo concurso de pessoas (STF, RvCr 4.831, *DJU* 21.4.89, p. 5855).

- **Estupro e atentado violento ao pudor (atualmente no mesmo tipo penal do art. 213 do CP) – mesma vítima e mesmo contexto:** Cometidos contra a mesma vítima e no mesmo contexto devem ser tratados como crime único, após a nova disciplina trazida pela Lei n. 12.015/2009 (STJ, REsp 1.297.022/SP, *DJe* 5.6.2014; REsp 1.299.914/SC, *DJe* 21.5.2014; HC 286.885/SP, *DJe* 16.5.2014; REsp 1.066.724/DF, *DJe* 5.5.2014; AgRg no REsp 1.345.598/RS, *DJe* 30.4.2013; AgRg no REsp 1.244.888/RS, *DJe* 10.3.2014; HC 274.415/RS, *DJe* 18.2.2014; REsp 1.438.206/PR, decisão monocrática Min. Moura

Ribeiro, *DJe* 23.5.2014; REsp 1.409.996/RJ, decisão monocrática, Min. Regina Helena Costa, *DJe* 22.5.2014).

- **Estupro e atentado violento ao pudor (atualmente no mesmo tipo penal do art. 213 do CP) – vítimas diversas ou fora do mesmo contexto:** É possível reconhecer a continuidade entre estupro e atentado violento ao pudor, quando praticados contra vítimas diversas ou fora do mesmo contexto, desde que presentes os requisitos do art. 71 do CP (STJ, HC 236.713/SP, *DJe* 3.2.2014; HC 211.273/MS, *DJe* 12.9.2013; HC 222.041/SP, *DJe* 12.3.2013; HC 203.695/SP, *DJe* 12.9.2012; REsp 1.359.778/MG, decisão monocrática, Min. Moura Ribeiro, *DJe* 17.6.2014).

- **Estupro e atentado violento ao pudor (crime único ou continuado) e retroatividade:** A Lei n. 12.015/2009, ao incluir no mesmo tipo penal os delitos de estupro e atentado violento ao pudor, possibilitou a caracterização de crime único ou continuado entre as condutas, devendo retroagir para alcançar os fatos praticados antes da sua vigência, por se tratar de norma penal mais benéfica (STJ, HC 236.713/SP, j. 10.12.2013, *DJe* 3.2.2014; HC 211.273/MS, j. 29.8.2013, *DJe* 12.9.2013; HC 222.041/SP, j. 26.2.2013, *DJe* 12.3.2013; HC 203.695/SP, j. 28.8.2012, *DJe* 12.9.2012; AREsp 12.700, decisão monocrática, Min. Marco Aurélio Bellizze, j. 9.6.2014, *DJe* 12.6.2014; REsp 1.359.778/MG, decisão monocrática, Min. Moura Ribeiro, j. 11.6.14, *DJe* 17.6.2014).

- **Entre roubo e sequestro:** Pode, aplicando-se o parágrafo único (TJSP, *RT* 599/300).

- **Entre roubo e extorsão:** a. Não pode haver por serem de espécies diferentes: STF, *RTJ* 124/1136; Pleno, com três votos vencidos, *RT* 600/439; STJ, HC 77.467/SP, j. 2.10.2014, *DJe* 14.10.2014; HC 281.130/SP, j. 25.3.2014, *DJe* 31.3.2014; HC 222.128/MS, j. 8.10.2013, *DJe* 21.10.2013; TACrSP, *RT* 709/344, *RJDTACr* 19/218. b. Pode haver: STF, RE 88.308, *DJU* 19.4.79, p. 3066; TACrSP, *Julgados* 85/27.

- **Entre roubo e latrocínio:** a. Não pode haver, pois apesar de serem do mesmo gênero, não são da mesma espécie: STF, *RTJ* 121/222, 122/279; STJ, HC 240.630/RS, j. 4.2.2014, *DJe* 17.2.2014; REsp 1.008.517/RS, j. 7.11.2013, *DJe* 26.11.2013; HC 223.711/SP, j. 23.4.2013, *DJe* 25.4.2013; AgRg no REsp 961.928/RS, j. 8.2.2011, *DJe* 28.2.2011; HC 98.307/SP, j. 1.4.2008, *DJe* 2.6.2008; REsp 1.084.296/SP, j. 10.9.2009, *DJe* 13.10.2009; REsp 1.051.011/RS, decisão monocrática, Min. Assusete Magalhães, j. 17.6.2013, *DJe* 19.6.2013; REsp 1.329.835/MT, decisão monocrática Min. Jorge Mussi, j. 29.4.2013, *DJe* 2.5.2013; REsp 1.371.904/MG, decisão monocrática Min. Alderita Ramos de Oliveira, j. 23.4.2013, *DJe* 26.4.2013; REsp 1.319.672/SP, decisão monocrática, Min. Marco Aurélio Bellizze, j. 19.3.2013, *DJe* 1.4.2013; HC 23.619, *RT* 817/537, 784/562; TJSP, *mv – RJTJSP* 107/477. b. Pode haver: TJSP, *mv – RT* 656/288, *RF* 259/241-2.

- **Entre roubo e furto:** a. *Não pode haver:* STF, *RT* 709/412, *RTJ* 124/302; STJ, REsp 4.733, *DJU* 22.10.90, p. 11675; TJSP, *mv – RJTJSP* 78/440; TACrSP, *mv – Julgados* 67/226. b. *Pode haver:* STF, *mv – RTJ* 96/219; TACrSP, *mv – Julgados* 70/22; TARS, *RT* 640/344; TJDF, *mv – RDJTJDF* 43/164.

- **Entre roubos diferentes:** Pode haver continuidade entre roubo com ameaça e com violência física (TACrSP, *Julgados* 81/181). Se rouba duas vítimas, com patrimônios distintos e em momentos, embora sequenciais, diversos, não pratica os crimes em continuidade, mas em concurso material (TACrSP, *RT* 819/615). De acordo com os fatos narrados na denúncia, deve-se aplicar a ficção jurídica do crime continuado e não do concurso material, tendo em vista que os delitos de roubo majorado foram cometidos mediante mais de uma ação, são da mesma espécie foram cometidos com as mesmas condições de tempo, lugar e maneira de execução, estando devidamente preenchidos os requisitos do art. 71 do CP (TJPA, Ap. 0001938-54.2014.8.14.0008, j. 24.9.2019, publ. 27.9.2019; no mesmo sentido, TJRS, EI 70082600073, j. 25.10.2019, publ. 5.11.2019).

- **Reconhecimento da continuidade entre roubos no processo de execução penal:** Tendo os roubos apurados nos processos n. 011/2.17.0065681-1 e n. 011/2.17.0070077-2 ocorrido nas mesmas condições de tempo, lugar, maneira de execução e unidade de desígnios, possível o reconhecimento da continuidade delitiva entre os crimes (TJRS, AgEx EP 70082567991, j. 17.10.2019, publ. 4.11.2019).

- Entre calúnia e difamação: Pode haver continuidade (TJSP, *RT* 545/344).

- Entre estelionatos com fraudes diversas: Pode haver (TACrSP, *Julgados* 79/409).

- Entre estelionato e apropriação indébita: É possível a continuidade (TJES, *RT* 857/652).

- Entre estelionato e furto: Não pode haver, pois são de espécies diferentes (TJAP, *RT* 771/638; TAMG, *RT* 688/352).

- Entre peculatos: Pode existir (STF, *RT* 546/450; TJPR, *RT* 535/327).

- Entre peculatos-desvio: Presentes as condições do art. 71, deve ser reconhecida a continuidade (STJ, REsp 1.244.377/PR, j. 3.4.2014, *DJe* 15.4.14; REsp 1.183.134/SP, j. 21.6.2012, *DJe* 29.6.2012; AgRg no REsp 1.045.631/SP, j. 8.11.2011, *DJe* 18.11.2011; APn 477/PB, Corte Especial, j. 4.3.2009, *DJe* 5.10.2009).

- Entre peculato e falsidade de documento: Não pode haver, pois o primeiro é crime contra o patrimônio e o outro contra a fé pública (TRF da 4ª R., Ap. 13.122, *mv – DJU* 28.8.92, pp. 25705-6).

- Entre apropriação indébita previdenciária (art. 168-A do CP) e sonegação de contribuição previdenciária (art. 337-A do CP): É possível o reconhecimento do crime continuado (STJ, REsp 859.050/RS, j. 3.12.2013, *DJe* 13.12.2013; REsp 1.212.911/RS, j. 20.3.2012, *DJe* 9.4.2012; REsp 1.339.222/RS, decisão monocrática, Min. Laurita Vaz, j. 25.9.2013, *DJe* 2.10.2013).

- Crime único: O vandalismo em um mesmo cemitério constitui crime único, e não crime continuado (TJMG, *RT* 781/639).

- Coisa julgada e crime continuado: Predomina o entendimento de que o reconhecimento do crime continuado, mesmo transitado em julgado, não impede a apuração de outros delitos, só descobertos depois (TACrSP, *mv – RT* 570/320,566/319).

- Concurso formal e crime continuado: *Vide*, sob igual título, jurisprudência do art. 70 do CP.

- Corréu: Reconhecida a continuidade quanto a um dos corréus, com a mesma base fática não cabe negá-la a outro (STF, *RTJ* 126/91).

- Absolvição pelo crime anterior e falta de justa causa: Se foi absolvida pelo delito anterior, em processo antecedente, considerando inexistente a tipicidade da conduta dita criminosa, e sendo o delito narrado na segunda denúncia, de flagrante identidade com o anterior, não há como garantir a presença de justa causa a embasar a segunda ação penal. Não pode ser plausível, assim, denúncia que narre fato idêntico e conexo ao de anterior ação penal, julgada improcedente (TRF da 2ª R., HC 1999.02010522181, j. 17.6.2003, *mv – Bol. IBCCr* 130/734).

MULTAS NO CONCURSO DE CRIMES

Art. 72. No concurso de crimes, as penas de multa são aplicadas distinta e integralmente.

Concurso de penas de multa

- Noção: Como se viu nos comentários ao concurso de crimes (ou penas), previsto nos arts. 69 a 71 do CP, permite-se, em certas hipóteses de concorrência de penas, a aplicação de uma só delas ou a mais grave, sempre aumentadas de um sexto até metade (CP, art. 70, *caput*, primeira parte), de um sexto a dois terços (CP, art. 71, *caput*), ou de um sexto até o triplo (CP, art. 71, parágrafo único). Como exceção a tais hipóteses, determina este art. 72 que as penas de multa sejam *aplicadas distinta e integralmente*, ou seja, não apenas uma delas ou a mais grave aumentada.

- Aplicação: No concurso *material* e no concurso *formal imperfeito* (CP, arts. 69 e 70, segunda parte) é dispensável o art. 72, pois neles as penas já são cumuladas (somadas aritmeticamente). Assim, resta a incidência do dispositivo ora em exame no concurso *formal perfeito* e no *crime continuado*. Quanto ao concurso formal perfeito, não há dúvidas, sendo suas multas aplicadas separada e integralmente. Há duas outras hipóteses que serão, porém, examinadas em separado:

- **Multa substitutiva:** Pode esta ser aplicada em substituição a penas privativas que seriam impostas por crime único ou concurso de crimes. No último caso, a pena de multa, como é *substitutiva de pena privativa*, não deve seguir o preceito deste art. 72, mas as regras normais do concurso. Caso contrário, a substituição, que é instituída para favorecer os condenados, poderia vir a prejudicá-los. *Vide*, ainda, nos comentários ao § 2º do art. 60 do CP, a questão da cumulação da multa substitutiva com outra multa originariamente prevista para o crime. *Vide*, também, as notas *Multa substitutiva – não revogação tácita do art. 60, § 2º, do CP* e *Coexistência do atual § 2º do art. 44 com o § 2º do art. 60*, ambas no art. 44 do CP.

- **Crime continuado:** Já antes da Lei n. 7.209/84 não era tranquila, principalmente nos tribunais, a incidência da antiga regra (semelhante à do atual art. 72) aos crimes continuados. Isto porque sua aplicação ficava – como ainda fica – na dependência de se considerar o delito continuado *concurso* de crimes ou crime *único* (fictício ou real).

- **Pena de multa e crime continuado:** Há duas correntes: *a*. No crime continuado, à pena de multa deve ser aplicado o critério da exasperação, tendo em vista a inaplicabilidade do art. 72 do CP (STJ, HC 221.782/RJ, j. 20.3.2012, *DJe* 11.4.2012; REsp 909.327/PR, j. 7.10.2010, *DJe* 3.11.2010; REsp 858.741/PR, j. 10.8.2010, *DJe* 13.9.2010; HC 124.398/SP, j. 15.4.2009, *DJe* 18.5.2009; HC 120.522/MG, j. 3.2.2009, *DJe* 9.3.2009; REsp 1.206.768/PR, decisão monocrática Min. Jorge Mussi, j. 1.8.2013, *DJe* 9.8.2013; AREsp 198.058/SP, decisão monocrática Min. Sebastião Reis Jr., j. 10.6.2013, *DJe* 13.6.2013; REsp 1.358.611/MG, decisão monocrática Min. Marco Aurélio Bellizze, j. 29.5.2013, *DJe* 5.6.2013; TJSP, *RT* 873/577). O art. 72 do Código Penal é restrito às hipóteses de cálculo da multa em concursos formal ou material, não sendo aplicável aos casos em que há reconhecimento da continuidade delitiva (TRF 4ª Reg., Ap. 5058617-11.2013.4.04.7000, j. 18.12.2019). Nas hipóteses de continuidade delitiva, não incide a regra insculpida no art. 72 do Código Penal, por se tratar de ficção jurídica que transmuta em um único crime os injustos de mesma espécie perpetrados sob as mesmas condições de tempo, lugar e modo de execução (TJMG, Ap. 10567120093339001, j. 9.2.2020). *b*. No crime continuado, as penas de multa devem ser somadas, nos termos do art. 72 do CP (STJ, HC 155.278/PB, j. 14.8.2012, *DJe* 24.8.2012; HC 267.808/SP, decisão monocrática Min. Rogério Schetti Cruz, j. 10.6.2014, *DJe* 18.6.2014; REsp 1.355.463/MG, decisão monocrática Min. Marco Aurélio Bellize, j. 16.9.2013, *DJe* 8.10.2013; HC 211.528/RJ, decisão monocrática Min. Moura Ribeiro, j. 10.9.2013, *DJe* 12.9.2013; HC 245.640/MT, decisão monocrática Min. Marilza Maynard, j. 20.5.2013, *DJe* 28.5.2013; TJAP, *RT* 771/638). Entendemos mais acertada a primeira (*a*) posição.

- **Vedação de *reformatio in pejus*:** Não tendo o juiz de 1º grau aplicado a regra do art. 72, e diante da inexistência de apelação do Ministério Público quanto a esse fato, não pode o Tribunal fazê-lo, sob pena de *reformatio in pejus* (TJMG, Ap. 10024161530696003, m.v., j. 4.2.2020).

ERRO NA EXECUÇÃO

Art. 73. Quando, por acidente ou erro no uso dos meios de execução, o agente, ao invés de atingir a pessoa que pretendia ofender, atinge pessoa diversa, responde como se tivesse praticado o crime contra aquela, atendendo-se ao disposto no § 3º do art. 20 deste Código. No caso de ser também atingida a pessoa que o agente pretendia ofender, aplica-se a regra do art. 70 deste Código.

Erro na execução ou aberratio ictus

- **Noção:** Também chamada "desvio do golpe" ou "aberração no ataque", a *aberratio ictus*, ou erro na execução, ocorre quando o agente, por inabilidade ou acidente, acerta, não a vítima visada, mas outra que se encontrava próxima daquela. É diferente do erro sobre pessoa (art. 20, § 3º, do CP), onde há engano de representação, hipótese em que o agente crê tratar-se de outra pessoa. Na *aberratio ictus*, o agente, visando atingir determinada pessoa, involuntariamente, por acidente ou erro no uso dos meios de execução, acaba atingindo outra. Tanto na *aberratio ictus* deste art. 73 como no erro quanto à pessoa do art. 20, § 3º, o agente responde como se tivesse praticado o crime contra a pessoa visada ou pretendida. Embora haja divergência na doutrina, em face do CP não há dois delitos (o consumado e o tentado), mas *crime único* (atendendo-se à regra do erro sobre a pessoa – art. 20, § 3º), caso uma só vítima seja atingida. No entanto, se a pessoa originariamente visada for também lesada, aplicar-se-á o concurso formal de crimes (CP, art. 70).

- **As várias hipóteses:** Suponha-se que o agente, tomado por propósito homicida, deseje *matar* Ana, que está ao lado de Lúcia. Por "desvio do golpe" (CP, art. 73), pode só acertar, involuntariamente, Lúcia (resultado único) ou atingir ambas (resultado duplo). *Resultado único* (incide a primeira parte do art. 73): *a.* Se Lúcia morre, há um só crime a punir, o do homicídio doloso consumado. *b.* Se Lúcia é ferida, o crime único será o de tentativa de homicídio. *c.* Se Ana era mulher do agente, aplica-se a agravante do art. 61, II, *e*, ou *f* (em caso de violência doméstica), ainda que sua amiga Lúcia tenha sido a única atingida. *d.* Se Lúcia era a mulher do agente, não cabe a mesma agravante, pois não foi ela a pessoa que o agente queria atingir. *Resultado duplo* (aplica-se a parte final do art. 73): *a.* Se Ana e Lúcia morrem, há homicídio doloso consumado, mas com a pena aumentada de um sexto até metade, pelo concurso formal. *b.* Se uma delas morre e a outra fica ferida (Ana ou Lúcia, indiferentemente) pune-se só o homicídio doloso consumado, com o aumento da pena pelo concurso formal. *c.* Se ambas são feridas (Ana + Lúcia), há tentativa de homicídio, com a pena aumentada pelo concurso formal. *Dolo direto:* Se o agente, propositadamente, quis atingir ambas, para matar (ou ferir) as duas, ou para matar uma e ferir a outra, é inaplicável este art. 73, pois não houve "desvio do golpe".

Jurisprudência

- **Crime único ou concurso formal:** Se, por erro de execução, o agente atingiu não só a pessoa visada, mas também terceira pessoa, aplica-se o concurso formal (STF, *RT* 598/420). Tendo o agente atingido não só a pessoa por ele visada, mas outras duas pessoas presentes na situação, responde contra esses nos mesmos moldes da prática da conduta contra aquela, aproveitando-se o dolo da conduta, havendo concurso formal (TJSC, Ap. 0000374-46.2015.8.24.0034, j. 3.10.2019). Há crime único, salvo quando for também atingida a pessoa visada, hipótese em que se verifica o concurso formal de delitos (TJSP, *RT* 426/351). Na hipótese de erro de execução, com resultados múltiplos, não há crime único, mas sim concurso de crimes, devendo questionar-se os jurados a respeito de cada uma das vítimas (TJRJ, *RT* 566/351).

- **Inabilidade:** Na *aberratio ictus* existe erro proveniente da inabilidade do agente (TJSP, *RT* 491/254).

- **Legítima defesa:** É reconhecível, mesmo quando, por erro na execução, terceira pessoa vem a ser atingida (TJSP, *RT* 600/321). Réu que apenas revidou uma agressão perpetrada pela outra filha para o fim de se defender e o fez de forma moderada tanto que A. sequer ficou lesionada. Todavia, por erro de execução, acabou atingindo a ofendida B. no rosto. E nesta hipótese em que o agente, agindo acobertado por uma excludente da antijuridicidade (legítima defesa) vem a atingir um terceiro inocente, não responde pelo resultado pois é como se tivesse atingido o autor da agressão, aplicando-se o disposto no art. 20, § 3º, do CP (TJRS, Ap. 70077584134, j. 29.8.2018).

- **Qualidades da vítima:** Ocorrendo erro na execução, não se consideram as qualidades da vítima, mas as da pessoa visada pelo agente (STF, *RT* 598/420; TJSP, *RT* 530/337; TACrSP, *RT* 489/379).

- **Latrocínio:** Se o acusado atirou para atingir a vítima, que foi ferida, e, por erro de execução, acabou por matar um de seus comparsas, há latrocínio consumado, em conformidade com o disposto no art. 73, e ainda tentativa de latrocínio (STF, *RTJ* 145/241).

RESULTADO DIVERSO DO PRETENDIDO

Art. 74. Fora dos casos do artigo anterior, quando, por acidente ou erro na execução do crime, sobrevém resultado diverso do pretendido, o agente responde por culpa, se o fato é previsto como crime culposo; se ocorre também o resultado pretendido, aplica-se a regra do art. 70 deste Código.

Aberração em objetos jurídicos de espécies diversas

- **Significado deste art. 74:** Trata-se de outro caso de resultado diverso do pretendido, mas, neste, o agente, igualmente por inabilidade ou acidente, atinge *bem jurídico diverso* do pretendido; é a aberração em objetos jurídicos de espécies diversas, também chamada *aberratio delicti* (desvio do crime).

- **Aplicação:** Se é atingida apenas a coisa que não fora visada, o agente responde por *culpa*, na hipótese de o delito admitir forma culposa. Caso, além disso, também ocorra o resultado originariamente pretendido, haverá concurso formal. O exemplo mais frequentemente lembrado é o do agente que pretende quebrar a vitrina e fere a balconista, ou vice-versa. Na primeira hipótese, haverá crime de dano e de lesão corporal culposa; na segunda, só o crime de lesão corporal dolosa, pois o delito de dano não é punido a título de culpa.

Jurisprudência

- ***Animus furandi***: Presente o *animus furandi*, sendo condenados os réus por latrocínio, não se aplica a tese do resultado diverso do pretendido do art. 74 do CP (TJSE, Ap. 0001046-44.2017.8.25.0038, j. 3.12.2019).

LIMITE DAS PENAS

Art. 75. O tempo de cumprimento das penas privativas de liberdade não pode ser superior a 40 (quarenta) anos.

§ 1º Quando o agente for condenado a penas privativas de liberdade cuja soma seja superior a 40 (quarenta) anos, devem elas ser unificadas para atender ao limite máximo deste artigo.

§ 2º Sobrevindo condenação por fato posterior ao início do cumprimento da pena, far-se-á nova unificação, desprezando-se, para esse fim, o período de pena já cumprido.

Limite das penas de prisão (caput)

- **Alteração:** *Caput* e § 1º com nova redação dada pela Lei n. 13.964/2019, alterando o máximo de cumprimento de pena privativa de liberdade de 30 (trinta) para 40 (quarenta) anos.

- **Noção:** O *caput* deste art. 75 estabelece que o tempo de cumprimento das penas privativas de liberdade não pode exceder o limite de quarenta anos. Por isso, ainda que a pessoa seja condenada a cumprir penas mais altas, o tempo de duração delas não será superior a quatro décadas. Cumpridos estes, fica *exaurida* a denominada pretensão executória. A regra é aplicável tanto à hipótese de condenação única (resultante de concurso material) superior ao limite, como à de condenações oriundas de vários processos, cuja soma exceda o limite deste art. 75.

- **Origem do preceito:** Quando promulgada a Reforma Penal de 1984, a limitação em 30 anos objetivava respeitar a proibição constitucional de prisão perpétua (CR, art. 5º, XLVII, *b*), na qual poderia acabar resultando, de fato, a soma ilimitada de várias condenações. Por outro lado, como registra a Exposição de Motivos da Lei n. 7.209/84 (n. 61), restringiu-se, no art. 75, a duração das penas para alimentar, no condenado, "a esperança de liberdade e a aceitação da disciplina". Ou seja, procuraram-se favorecer os chamados "condenados residuais", que ficam presos dezenas de anos.

- **Crítica aos 40 anos:** A nosso ver, um dos maiores absurdos da Lei n. 13.964/2019 foi o aumento do máximo de tempo de cumprimento das penas privativas de liberdade para 40 anos. O antigo limite de 30 anos sempre foi tido como razoável e humano, mesmo porque, na progressão de regime – do fechado para o semiaberto e deste para o aberto – esse prazo máximo não era considerado para a concessão de regime mais favorável, mas sim a somatória das penas aplicadas (Súmula 715 do STJ). Ou seja, esse limite de 30 anos era uma esperança de liberdade. Com a alteração ocorrida em 2019, um condenado de 20 anos de idade, a quem tenha sido imposta pena superior a 40 anos, poderá só sair da cadeia aos 60; se possuísse 30 anos de idade, poderá somente ser libertado aos 70; se condenado aos 40 anos de idade, apenas aos 80, aproximando-se de uma verdadeira prisão perpétua, vedada por nossa *Carta Magna*. Isto sem esquecermos a vergonhosa e medieval situação da maioria das nossas cadeias, que poderiam ter na sua entrada a mesma inscrição citada por DANTE ALIGHIERI, em sua imortal *A Divina Comédia*, referindo-se ao Pórtico do Inferno: "Vós que aqui entrais, deixai para fora toda a esperança".

- **Alcance da regra do art. 75:** Com a reforma penal de 1984, foram acrescentados dois parágrafos ao art. 75, mantidos pela Lei n. 13.964/2019 que apenas alterou o limite máximo de cumprimento de 30 para 40 anos. Pelo § 1º determina-se que, quando o agente for condenado a penas em quantidade superior àquele limite, devem elas ser unificadas. No § 2º, indica-se que, sobrevindo outra condenação por crime posterior ao início da execução, far-se-á nova unificação. Tais dispositivos estão no capítulo "Da Aplicação da Pena" do CP. Completando-os, a LEP, ao tratar do regime de cumprimento das penas, dispõe em seu art. 111: "Quando houver condenação por mais de um crime, no mesmo processo ou em processos distintos, a determinação do regime de cumprimento será feita pelo resultado da soma ou unificação das penas, observada, quando for o caso, a detração ou remição". Da indispensável conjugação do art. 111 da LEP com este art. 75, §§ 1º e 2º, resulta: *a*. Quando alguém for condenado no mesmo processo ou em processos diferentes, a penas cuja soma supere quarenta anos, elas *devem ser unificadas* nesse limite. *b*. A unificação deverá ser feita *logo no início* do cumprimento, até mesmo para determinar o *regime* em que as penas serão executadas. *c*. Confirmando que a unificação é *inicial*, veja-se que o § 2º deste art. 75 manda fazer *nova unificação*, se sobrevém condenação após o início do cumprimento das penas unificadas. *d*. Que na hipótese de haver *detração ou remição* a ser observada, ela recairá sobre as penas unificadas e não sobre o somatório delas, de forma que a detração e a remição operarão sobre o limite de quarenta anos, e não nos anos excedentes à limitação legal das penas. O exame *imparcial* dos dispositivos introduzidos pela reforma de 1984 demonstra que esta não só quis tomar essa posição (como assumiu na Exposição de Motivos), como efetivamente a tomou, beneficiando os condenados a longas penas: havendo condenação a penas superiores à época a trinta anos (atualmente quarenta), elas serão unificadas logo no início da execução e sobre esse limite máximo é que operarão a detração, a remição, a progressão do regime de pena e, também, o livramento condicional. Todavia, o STF, sob o argumento político de que esse entendimento beneficiaria delinquentes perigosos e poderia aumentar a criminalidade violenta que preocupa o país, editou a Súmula 715, que dispõe: "A pena unificada para atender ao limite de trinta anos [atualmente 40 anos] de cumprimento, determinado pelo art. 75 do Código Penal, não é considerada para a concessão de outros benefícios, como o livramento condicional ou regime mais favorável de execução". Em nossa opinião, em que pese o entendimento da Suprema Corte, a interpretação que defendemos acima é a única que contém o sentido real e exato da lei, evitando que a desesperança tome conta dos condenados a longas penas, desestimule o bom comportamento e prejudique a sua futura reinserção social. Nesse sentido, lembrando que esta interpretação desencoraja a reincidência na cadeia, MIGUEL REALE JÚNIOR e outros (*Penas e Medidas de Segurança no Novo Código*, Forense, 1985, p. 245).

- **Medida de segurança (confronto):** *Vide* comentários ao art. 97, § 1º, do CP.

Unificação no limite máximo (§ 1º)

- **Noção:** Manda o § 1º deste art. 75 que, se o sujeito for condenado a penas de prisão cuja soma exceda quarenta anos, elas *devem ser unificadas para atender àquele limite máximo*.

- **Ocasião da unificação:** *Vide* LEP, art. 111.

Condenação por fato posterior (§ 2º)

- **Noção:** Prevê o § 2º a hipótese de o sentenciado, durante o cumprimento das penas já unificadas no limite máximo de quarenta anos, vir a praticar *novo crime* sobrevindo outra condenação. A solução é clara, nos termos deste § 2º: far-se-á *nova unificação* (naquele mesmo limite máximo de quarenta anos), *desprezando-se, para esse fim, o período de pena já cumprido*. Exemplo: condenado a penas que somavam cinquenta anos, o sentenciado as tem unificadas no limite de quarenta anos. Quando já cumprira 15 (quinze) anos da pena unificada, o preso mata um companheiro de cela e é condenado a mais 20 (vinte) anos. Para atender à limitação legal de quarenta anos, soma-se o resto da pena que ainda tinha a cumprir (35 anos) com a nova pena (20 anos), mas unifica-se novamente as penas em 40 (quarenta) anos.

Jurisprudência (antes da alteração para 40 anos)

- **Duas interpretações:** O art. 75 do CP dava ensejo a interpretações diversas: *a. Tem o efeito exclusivo de limitar a duração do cumprimento da pena, não podendo servir de parâmetro para outros benefícios da execução penal* (STF, Súmula 715). *b. Tem efeitos amplos* (STF, *RT* 580/439, implicitamente e à época do antigo art. 55; TACrSP, Ag. 406.603, j. 16.10.85), admitindo-se, inclusive, a progressão do regime prisional (TACrSP, *mv – RT* 712/402). O tempo máximo deve ser considerado para todos os efeitos penais, não se podendo suprimir os institutos que visam a adaptar o condenado à vida social, como é exemplo o livramento condicional (STJ, *mv – RT* 712/467). A Súmula 715, mais severa, enquanto em vigor (refere-se a 30 anos), encerrou a divergência.

- **Distinção:** Não se confundem as unificações de pena previstas nos arts. 71 e 75, § 1º, do CP, uma não interferindo na outra (TJSP, *RT* 604/340). O art. 75 não se confunde com a continuidade delitiva e seu pedido deve ser feito ao juízo das execuções (TACrSP, Ap. 386.613, j. 11.2.85).

- **Nova condenação:** Se sobrevier condenação por fato *posterior* ao início do cumprimento da pena, há de se fazer *nova* unificação, desprezando-se, para o fim do *caput* do art. 75, o período de pena já cumprido (STF, HC 88.402, *DJU* 15.12.2006). "1. Se por ocasião da unificação das penas, não se manifestou o julgador quanto ao termo inicial de cumprimento da sanção reunida, não há falar em preclusão lógica ou mesmo consumativa. 2. A superveniência de condenação penal, por delito perpetrado no curso da execução, enseja nova unificação das reprimendas, desprezando-se o período de punição já observado pelo condenado (art. 75, § 2.º, CP). 3. Unificadas as reprimendas, conta-se o tempo máximo de acautelamento do condenado, legalmente previsto em trinta anos (art. 75, *caput*, CP), da última infração praticada (TJMG, AgEx 10079160166876001, j. 11.4.2019, publ. 22.4.2019). Descabida a aplicação da regra prevista no art. 75, § 2º, do CP, quando for a hipótese de uma única unificação para se atender ao limite de 30 anos de cumprimento de pena corporal. Tendo o agente sido condenado a uma pena de dez anos e posteriormente sobrevier nova condenação, cuja somatória das penas ultrapasse a 30 anos, deve se proceder à unificação nos termos do art. 75, § 1º, do CP, considerando-se, em seguida, o tempo de pena já descontado pelo agente (TJMG, Ag.Ex. 10231170077797001, j. 4.12.2019).

- **Fuga:** Não faz cancelar o tempo de prisão anterior à evasão, prosseguindo-se na contagem desde o início do cumprimento, só não se computando o tempo em que esteve evadido (TJSP, *RT* 610/330).

- **Data-base para a concessão de novos benefícios:** "1. A Terceira Seção deste Tribunal Superior, em recente julgado (REsp 1.557.461, rel. Min. Rogério Schietti Cruz, *DJe* 15.3.2018), alterou seu entendimento para estabelecer que a unificação das penas, por si só, não altera a data-base para concessão de novos benefícios, devendo ser considerada a data da última prisão ou a data da última infração disciplinar. 2. Ressalta-se, ainda, que "o art. 75 do CP está relacionado somente ao tempo máximo de encarceramento, sem nenhum efeito sobre eventuais benefícios" (AgRg no REsp 1.616.191/PR, rel. Min. Rogerio Schietti Cruz, 6ª T., *DJe* 11.5.2018)" (STJ, 5ª T., AgRg no HC 549.115, rel. Min. Joel Ilan Paciornik, j. 6.2.2020).

CONCURSO DE INFRAÇÕES

Art. 76. No concurso de infrações, executar-se-á primeiramente a pena mais grave.

Concurso de infrações

- **Noção:** Se houver concurso material (CP, art. 69, *caput*) entre crime punido com pena de reclusão e crime punido com pena de detenção, executa-se primeiramente aquela (cf. nota *Diferenças entre reclusão e detenção no art. 33*); caso haja concurso entre *crime e contravenção*, a pena privativa de liberdade do crime (reclusão ou detenção) será executada primeiramente e a da contravenção (prisão simples) depois.

- **Concurso de crime e contravenção:** É muito controvertida a questão, especialmente no tocante à *absorção* da contravenção pelo crime. Como melhor solução, entendemos que, na hipótese de concurso entre crime e contravenção, esta deve ficar absorvida por aquele, sempre que ambos sejam relativos ao *mesmo* objeto jurídico.

Jurisprudência

- **Crime hediondo e crime comum:** A interpretação que melhor espelha a *mens legis* do art. 76 do CP é no sentido de que havendo mais de uma condenação, com penas diversas, executa-se primeiro a pena de reclusão com precedência sobre a detenção, em ordem cronológica, sendo despiciente perquirir se hediondo ou não o crime. Não se deve confundir pena mais grave com crime mais grave, o que torna irrelevante a hipótese de concorrer penas de crime hediondo e comum, tendo em vista que os dispositivos legais em comento não trazem referência quanto a classificação do crime, mas sim, apenas a espécie de pena privativa de liberdade aplicada, devendo a reclusão preceder ao cumprimento da detenção e, por fim, da prisão simples (TJMS, AgEx 0037454-40.2019.8.12.0001, j. 28.1.2020, publ. 22.4.2020).

- **Concurso entre contravenção e crime culposo:** Existem quatro posições: *a.* A contravenção é absorvida pelo crime em que o agente foi condenado (TACrSP, *Julgados* 85/369,83/251, 81/533). *b.* É absorvida pelo crime, sendo indiferente se por este o agente foi absolvido ou condenado (TACrSP, *Julgados* 66/301). *c.* Há concurso material (TACrSP, *mv – Julgados* 86/290,86/214,68/301,67/312,67/433). *d.* Há concurso formal (TACrSP, *mv – RJDTACr* 1/72; TAMG, RJDTAMG 53/317-320, com erro na ementa).

- **Concurso entre contravenção e crime doloso:** *a.* O crime a seguir praticado absorve a contravenção (TACrSP, *RT* 519/400). *b.* Não absorve (TAMG, Ap. 12.420, j. 28.3.85; TACrSP, *RT* 537/334).

Capítulo IV
DA SUSPENSÃO CONDICIONAL DA PENA

REQUISITOS DA SUSPENSÃO DA PENA

Art. 77. A execução da pena privativa de liberdade, não superior a 2 (dois) anos, poderá ser suspensa, por 2 (dois) a 4 (quatro) anos, desde que:

I – o condenado não seja reincidente em crime doloso;

II – a culpabilidade, os antecedentes, a conduta social e personalidade do agente, bem como os motivos e as circunstâncias autorizem a concessão do benefício;

III – não seja indicada ou cabível a substituição prevista no art. 44 deste Código.

§ 1º A condenação anterior a pena de multa não impede a concessão do benefício.

§ 2º A execução da pena privativa de liberdade, não superior a 4 (quatro) anos, poderá ser suspensa, por 4 (quatro) a 6 (seis) anos, desde que o condenado seja maior de 70 (setenta) anos de idade, ou razões de saúde justifiquem a suspensão.

Sursis ou suspensão condicional da pena

- **Alteração:** § 2º com redação dada pela Lei n. 9.714, de 25.11.98.

- **Noção:** A *suspensão condicional da pena*, mais conhecida pelo nome de *sursis*, significa a suspensão parcial da execução de certas penas privativas de liberdade, durante um período de tempo e mediante certas condições. Antes da reforma penal de 1984, o *sursis* compreendia a suspensão *plena* de toda a execução. Após ela, essa suspensão passou a ser *parcial*, pois parte da pena é de fato executada no período, embora sob a forma mais branda de prestação de serviços à comunidade ou de limitação de fim de semana. A lei se refere ao *sursis* como benefício porque, apesar da execução parcial, é mais favorável ao acusado do que a pena privativa de liberdade que substitui.

- **Natureza:** O *sursis* não é favor, mas direito subjetivo do sentenciado, e o juiz não pode negar sua concessão ao acusado, quando preenchidos os requisitos legais (Celso Delmanto, "Direitos públicos subjetivos do réu no CP", *RT* 554/466). Assim, quando for incabível a substituição da pena privativa de liberdade por pena restritiva de direitos ou multa, deve o juiz examinar a possibilidade de conceder o *sursis* (LEP, art. 157), só o negando na falta de seus pressupostos legais. Atualmente, está ultrapassado o antigo entendimento que via o *sursis* como simples faculdade do julgador. Ademais, é o *sursis* uma forma de cumprimento de pena em meio livre, mesmo porque são impostas restrições ao condenado.

- **Declaração inafastável:** O juiz ou tribunal tem o dever de se pronunciar, motivadamente (CR, art. 93, IX), sobre o *sursis*, sempre que a pena privativa de liberdade for aplicada dentro dos limites em que a suspensão é cabível (LEP, art. 157) e não for caso de substituição (CP, art. 77, III).

- **Tipos de *sursis*:** A partir da Lei n. 7.209/84 passaram a existir *três* tipos de *sursis*: 1. "Sursis" simples. É o indicado neste art. 77. 2. "Sursis" especial. Está previsto no art. 78, § 2º. Difere do *sursis* comum por ter condições mais brandas, embora exija mais requisitos para ser concedido. 3. "Sursis" etário ou por motivo de saúde. Reservado aos condenados que completaram 70 anos de idade ou que estejam com motivos de saúde que justifiquem a suspensão (CP, art. 77, § 2º).

- **Pena restritiva de direitos ou *sursis*?:** Com a redação do art. 44 do CP, dada pela Lei n. 9.714/98, que ampliou a incidência da substituição da pena privativa de liberdade não superior a quatro anos, por penas restritivas de direitos, o *sursis* vem caindo em desuso. De fato, sempre que couber a substituição da pena privativa de liberdade por restritiva de direitos do art. 44 do CP, fica prejudicada a hipótese da suspensão do cumprimento da pena privativa de liberdade deste art. 77, denominada *sursis*. Bem é de ver, contudo, que o art. 44, I, do CP faz restrição à incidência de pena substitutiva quando o crime tiver sido praticado "com violência ou grave ameaça à pessoa". Já neste art. 77, não há vedação expressa quanto a essa circunstância. Assim, mesmo que se trate de um crime praticado com violência, não sendo a pena superior a dois anos, o *sursis* é, em tese, cabível, a não ser que as condições subjetivas do inciso II deste art. 77 não autorizem a suspensão da pena. Por exemplo, em caso de ameaça no âmbito de violência doméstica, é vedada a substituição do art. 44 do CP, sendo possível, contudo, a concessão do *sursis*, uma vez presentes todos os seus requisitos. De qualquer modo, deverá o juiz, para denegar o *sursis*, expressa e efetivamente motivar a sua decisão, por imperativo constitucional (art. 93, IX). *Vide* nota, sob igual título, no art. 44 do CP.

- **Confronto (meio ambiente):** O art. 16 da Lei n. 9.605/98 (Meio Ambiente) prevê, para os crimes nela elencados, que a suspensão condicional da pena pode ser aplicada nas condenações à pena privativa de liberdade não superior a três anos, ou seja, mais benéfico do que este art. 77.

Requisitos do sursis

- **Requisitos do *sursis* simples:** O *sursis* é um direito do condenado, desde que ele preencha os requisitos objetivos e subjetivos que a lei requer:

- **1º Requisito (objetivo)**: *Qualidade da pena*. Deve tratar-se de pena privativa de liberdade (reclusão, detenção ou prisão simples, esta na hipótese de contravenção), como indica o art. 77, *caput*. As penas restritivas de direitos e a pena de multa não permitem o *sursis* (CP, art. 80).

- **2º Requisito (objetivo)**: *Quantidade da pena*. A pena a ser suspensa *não* deve ser superior a *dois anos* (CP, art. 77, *caput*), salvo na hipótese de o condenado ser maior de 70 anos ou de existirem razões de saúde que justifiquem a suspensão, caso em que se permite o *sursis*,desde que a pena não seja superior a *quatro anos* (CP, art. 77, § 2º).

- **3º Requisito (objetivo)**: *Não substituição da pena*. Se for indicada ou cabível a substituição por pena restritiva de direitos (CP, art. 44), deve-se proceder à substituição e não à concessão de *sursis* (CP, art. 77, III). O *sursis*, portanto, é subsidiário.

- **4º Requisito (subjetivo)**: *Não reincidência em crime doloso*. Não é toda e qualquer reincidência que impede o *sursis*, mas tão só a reincidência em crime doloso. Assim, caso a primeira condenação do reincidente seja por crime culposo, poderá obter o *sursis*, sem dependência de a nova condenação ser por delito doloso ou culposo. Também se a primeira condenação do reincidente for por crime doloso, poderá receber o *sursis*, se for condenado por delito culposo, pois não será reincidente em crime doloso (CP, art. 77, I). *Condenação anterior a pena de multa* também não obsta ao *sursis* (CP, art. 77, III, § 1º), sendo indiferente a natureza do crime que resultou na condenação a pena pecuniária. Lembrem-se, ainda, certas características da *reincidência*, assinaladas nos comentários ao CP, arts. 63 e 64: *a.* condenação anterior por contravenção, crime militar próprio ou político não gera reincidência; *b.* decorrido o prazo depurador de cinco anos, a condenação anterior não mais enseja reincidência.

- **5º Requisito (subjetivo)**: *Circunstâncias judiciais*. A reforma penal de 1984 retirou deste requisito a primitiva condição ("presunção de que não tornará a delinquir"), substituindo-a pelos mesmos dados e fatos indicados no *caput* do art. 59 do CP (à exceção do comportamento da vítima). Com a atual redação, este requisito passa a pedir que *a culpabilidade, os antecedentes, a conduta social e personalidade do agente, bem como os motivos e as circunstâncias* (do crime), *autorizem a concessão do benefício*. Quanto a esses fatos e dados que permitem o *sursis*, *vide* comentário ao CP, art. 59, *caput*. É desnecessário que todas essas circunstâncias sejam plenamente favoráveis ao condenado, o que apenas precisa acontecer no *sursis* especial (cf. CP, art. 78, § 2º).

Questões diversas sobre o sursis

- **Prazo do *sursis***: No *sursis* simples, o prazo de suspensão da pena é de dois a quatro anos. Já no *sursis* etário ou por motivo de saúde, esse prazo vai de quatro a seis anos, pois abrange condenação até quatro anos. No *sursis* em razão de contravenção, o prazo é de um a três anos (LCP, art. 11). Tais prazos são contados a partir da audiência de advertência.

- **Escolha do prazo de *sursis***: Não pode ser fixado arbitrariamente. Se for superior ao mínimo legal, o aumento do prazo precisa ser fundamentado na decisão (CR, art. 93, IX).

- **Audiência de advertência**: A audiência deve ser realizada pelo juiz, *após o trânsito em julgado* da condenação (LEP, art. 160). Quanto à competência para presidir a audiência de *sursis*, tem-se entendido que ela é do próprio juiz da condenação, salvo se a suspensão tiver sido concedida pelo tribunal, quando então caberá ao juiz da execução.

- **Condições legais e judiciais do *sursis***: Vide CP, arts. 78 e 79.

- **Reparação do dano como condição do *sursis***: *Vide* comentário no art. 79 do CP.

- **Estrangeiro pode receber *sursis***: Não há mais impedimento à concessão da suspensão para acusados estrangeiros, pois o STF declarou inconstitucional sua antiga proibição pelo Decreto-Lei n. 4.885/42. De outra parte, o art. 5º, *caput*, da CR dispõe que "todos são iguais perante a lei", devendo a expressão "estrangeiros residentes" desse dispositivo ser interpretada de forma extensiva, abrangendo os não residentes que estejam "dentro do território brasileiro" (Pinto Ferreira, *Comentários à Constituição Brasileira*, Saraiva, 1989, v. 1, p. 59). Nesse sentido, ressalte-se que, quando determinam o respeito a inúmeros direitos, inclusive à isonomia, o PIDCP se refere "a todos os indivíduos que se encontrem em seu território" (art. 2º, I) e a CADH "a toda pessoa que esteja sujeita à sua jurisdição" (art. 1º, I).

- **Revogação do *sursis***: *Vide* CP, art. 81.

- **Penas de multa e restritiva de direitos:** A elas não se estende o *sursis* (CP, art. 80).

- **Sigilo:** O *sursis* não deve constar de certidões, salvo requisição judicial (CPP, art. 709, § 2º, e LEP, arts. 163, § 2º, e 202).

- **Coisa julgada material ou formal:** A coisa julgada é um fenômeno de natureza estritamente processual, que decorre da preclusão do direito de recorrer, seja a preclusão temporal (diante da inatividade em não recorrer tempestivamente), lógica (em virtude de anterior ou concomitante exercício de atividade lógica e juridicamente incompatível com o ato de recorrer) ou consuptiva (em face do fato de a parte já haver validamente recorrido, restando esgotados todos os recursos previstos em lei, vedando-se a sua repetição), gerando a imutabilidade do conteúdo declaratório da sentença. Doutrina e jurisprudência não são pacíficas a respeito de a sentença concessiva do *sursis* produzir *coisa julgada formal*, cujo efeito consiste na vedação de que determinada matéria seja novamente discutida no âmbito do mesmo processo (de autoridade relativa, portanto), ou *coisa julgada material*, a qual impede que o conteúdo declaratório da decisão transitada em julgado possa ser discutido em outra ação judiciária (de autoridade absoluta) (cf. Roberto Delmanto Junior, *Inatividade no Processo Penal Brasileiro*, São Paulo, Revista dos Tribunais, 2004, p. 346). A questão tem interesse prático, pois conforme for considerada a decisão sob esse aspecto, a suspensão poderá ou não ser cassada após o trânsito em julgado da sentença, caso tenha havido engano na sua concessão. Há duas orientações a respeito (*vide* jurisprudência).

Sursis *etário ou por motivo de saúde* (§ 2º)

- **Noção:** O último parágrafo deste art. 77 estabelece um outro tipo de suspensão condicional da pena, chamado de *"sursis"* etário ou *por motivo de saúde*. Diferencia-se ele do *sursis* simples *em dois requisitos objetivos: 1º. Idade ou motivo de saúde do condenado*. Para receber esse *sursis*, o condenado deve ser maior de 70 anos de idade. Independentemente da idade, pode ainda o condenado receber o *sursis* por motivo de saúde que justifique a suspensão. *2º. Quantidade da pena*. É cabível o *sursis* etário ou por motivo de saúde quando a pena privativa de liberdade imposta não ultrapassar quatro anos.

- **Data em que complete 70 anos:** Ao analisar o art. 115, segunda parte, do CP, que manda reduzir de metade os prazos de prescrição quando o criminoso era "na data da sentença, maior de 70 anos", o STF assim se pronunciou: "O art. 115 do CP, ao remeter à data da sentença, há de ser analisado com visão larga a ponto de apanhar como marco temporal – época a ser levada em consideração, presente a idade do acusado – não a data do pronunciamento do Juízo mas aquela em que o título executivo penal condenatório se torne imutável na via de recurso" (HC 89.969-2/RJ, 1ª T., rel. Min. Marco Aurélio, *mv, DJ* 5.10.2007; no mesmo sentido, Pleno, *mv*, ED na APn 516, j. 5.12.2013, rel. p/ acórdão Min. Luiz Fux). Esse é, a nosso ver, o melhor entendimento, em face do princípio *favor libertatis*. Tendo em vista que o art. 77, § 2º, primeira parte, prevê o *sursis* etário para penas de até 4 anos, "desde que o condenado seja maior de 70 (setenta) anos de idade", o mesmo critério do Pretório Excelso deve ser aqui aplicado. Afinal, tanto a redução do prazo prescricional da extinção da punibilidade quanto o *sursis* etário são matérias de direito penal material, devendo receber tratamento isonômico em sua interpretação. Assim, se o condenado não for septuagenário na data da sentença de primeiro grau, ou da condenação em grau de recurso, mas vier a sê-lo por ocasião do trânsito em julgado, o *sursis* etário deverá ser concedido.

- **Prazo do *sursis* etário ou por motivo de saúde:** O período de prova é de quatro a seis anos.

Jurisprudência geral do sursis

- **Natureza jurídica:** A suspensão é direito subjetivo do sentenciado (STF, HC 69.596, *DJU* 6.11.92, p. 20107, *in RBCCr* 1/225; *RT* 633/366,642/361; TJSP, *RJTJSP* 114/533; TAPR, *RT* 642/345). Preenchidos os requisitos legais, a concessão é obrigatória e não apenas facultativa (STF, *RT* 579/416; TACrSP, *RT* 571/360). Contra: O *sursis* não é incidente de execução, nem direito público subjetivo do condenado, mas forma de execução da pena (TJSP, *RT* 715/446).O juiz ou tribunal que aplicar pena privativa igual ou inferior a dois anos deverá pronunciar-se, motivadamente, sobre a sua concessão ou denegação (STF, Pleno, HC 71.393, *DJU* 23.9.94, p. 25330, *in RBCCr* 10/220; HC 72.492, *DJU* 2.6.95, p. 16231, *in RBCCr* 12/285; *RTJ* 151/207, 145/258; STJ, RHC 3.420, *DJU* 30.5.94, p. 13493, *in RBCCr* 7/211), podendo a decisão, entretanto, ser sanada sem necessidade de anulação da condenação (STF, *RTJ* 146/242; STJ, RHC 10.259/SP, *DJU* 6.11.2000, p. 211, *in Bol. IBCCr* 97/501; TJMG, *RT* 641/364).

- **Pena restritiva de direitos ou *sursis*?:** Em caso de ameaça (violência doméstica), e diante da vedação legal de se substituir a pena privativa de liberdade em regime aberto pelas penas alternativas do art. 44 do CP, é possível a concessão do *sursis* uma vez preenchidos os requisitos do art. 77 do CP (TJSP, Ap. 1500157-03.2019.8.26.0431 , rel. Des. Cesar Augusto Andrade de Castro, j. 7.7.2020, publ. 7.7.2020). "O benefício da suspensão condicional da pena somente é possível, se não for indicada ou cabível a substituição da reprimenda privativa de liberdade por restritiva de direitos" (TRF 3ª Reg., Ap. 0001040-08.2017.4.03.6109, j. 28.11.2019, *e-DJF3* 11.12.2019). Inviável o *sursis* quando já substituída a sanção corpórea por restritiva de direitos (TJGO, Ap. 0407475-20.2016.8.09.0174, j. 21.11.2019, *DJ* 9.12.2019; no mesmo sentido TJCE, Ap. 0102647-93.2015.8.06.0167, j. 4.6.2019, publ. 4.6.2019). A execução da pena privativa de liberdade só poderá ser suspensa quando for incabível sua substituição por pena restritiva de direitos (TJSC, *RT* 774/680). *Vide*, também, jurisprudência no art. 44 do CP, sob o mesmo título.

- ***Sursis* e crime hediondo:** As normas penais restritivas de direitos hão de ser interpretadas de forma teleológica – de modo a confirmar que as leis são feitas para os homens –, devendo ser afastados enfoques ampliativos... A interpretação sistemática dos textos relativos aos crimes hediondos e à suspensão condicional da pena conduz à conclusão sobre a compatibilidade entre ambos (STF, HC 84.414, j. 14.9.2004, *in Bol. IBCCr* n. 146, janeiro de 2005). "A Lei n. 8.072/90 não veda a concessão do *sursis*" (TJMG, Súmula 7).

- ***Sursis* e crime de roubo tentado:** Em caso de tentativa de roubo em terminal de ônibus, fingindo o agente estar armado, tendo a vítima reagido dando-lhe uma rasteira, "deve ser garantido ao réu o direito à concessão da suspensão condicional da pena, porquanto preenchidos os requisitos objetivos e subjetivos do art. 77 do Código Penal, haja vista que o apelante não é reincidente em crime doloso, e todas as circunstâncias judiciais lhe são favoráveis" (TJPR, Ap. 0024731-73.2018.8.16, 4ª Câm., rel. Des. Celso Jair Mainardi, j. 25.5.2020).

- **Pena superior a dois anos:** É óbice ao *sursis*, salvo na exceção de idade superior a 70 anos do § 2º (TACrSP, *Julgados* 82/117).

- ***Sursis* etário (§ 2º):** Para sua concessão, além do requisito da idade, é necessário que se verifiquem os demais pressupostos do *sursis*, enumerados no *caput* do art. 77 (STF, Pleno, *mv* – *RT* 713/432).

- **Reincidência em culposo:** Condenação anterior por crime culposo, ou quem cometeu crime doloso e depois outro culposo, ou vice-versa, não é obstáculo à concessão (STF, *RT* 640/381, 640/376).

- **Reincidência em doloso:** Impossível a concessão do *sursis* (TJMS, Ap. 0002312-07.2013.8.12.0026, j. 27.5.2019, publ. 28.5.2019).

- **Duplo *sursis*:** O fato de já estar sob *sursis* não impede o recebimento de outro *sursis*, pois com a reforma penal de 1984 apenas se exige a não reincidência em crime doloso e não, como antes, a primariedade (TJSP, *RT* 607/299, *RJTJSP* 101/484; contra: STF, RHC 65.074, *DJU* 3.3.89, p. 2514).

- **Prisão provisória e *sursis*:** Concedido o *sursis*, corolário necessário é que o condenado possa apelar solto, sob pena do julgado abrigar mortal incongruência (TACrSP, *RJDTACr* 19/169).

- **Pena-base:** Tendo-se aplicado a pena-base no mínimo legal previsto para o tipo, não se pode, na análise da suspensão condicional da pena, desprezar o enfoque, apontando-se circunstâncias judiciais negativas (STF, HC 92.322, *DJU* 12.6.2008).

- ***Sursis* e regime de pena:** A concessão do *sursis*, uma vez atendidos os seus pressupostos, aplica-se seja qual for o regime inicial estabelecido (STF, Pleno, *mv* – *RT* 713/432). Se já se acha no regime aberto (prisão-albergue domiciliar por falta de prisão-albergue) não faz sentido a concessão do *sursis*, que importaria em situação menos favorável (TJDF, *RDTJDF* 43/225).

- **Outros processos e inquéritos em curso:** Não impede a concessão de *sursis* a existência de processos e inquéritos em curso (TAMG, *RT* 747/754; TACrSP, *Julgados* 88/82; TJRR, *RT* 786/740).

- **Condenação anterior não transitada em julgado:** Não obsta a concessão de *sursis*, em face da presunção de inocência (TACrSP, *RT* 747/683).

- **Processos conexos:** Se sofreu dois processos, quando deveria ter sido um só, pela conexão, unificam-se ambos e restaura-se o *sursis* (TACrSP, *Julgados* 88/130).

- **Pena anterior de multa:** Não impede o *sursis*, nos termos do § 1º do art. 77 (STF, HC 69.918, *DJU* 26.3.93, p. 5005, *in RBCCr* 2/240; *RT* 639/386, *RTJ* 121/517; TJPI, *RT* 779/641).

- **Sigilo do *sursis*:** O art. 709, § 2º, do CPP assegura o direito a folha corrida sem constar condenação, salvo requisição judicial em caso de novo processo (TACrSP, *Julgados* 83/398). *Vide*, também, nosso comentário ao CP, art. 93.

- **Antecedentes:** Inquéritos arquivados ou sem informação do resultado não impedem (STF, HC 70.020, *DJU* 15.10.93, p. 21624, *in RBCCr* 5/190). Igualmente anteriores absolvições ou processos trancados (TACrSP, *RT* 527/374). A ausência de bons antecedentes não obsta ao deferimento de *sursis*, desde que preenchidos os demais requisitos previstos no art. 77 do CP (TAMG, *RJTAMG* 54-55/466). *Vide*, também, a respeito, nota *Antecedentes do agente* e jurisprudência sob o título *Antecedentes*, no art. 59 do CP.

- **Reincidência:** Passado o prazo depurador de cinco anos, não há impedimento ao *sursis* (TACrSP, *RT* 718/442, 715/484).

- **Menor de 21 anos:** Só excepcionalmente o *sursis* deve ser negado aos menores de 21 anos (TACrSP, *RT* 520/427).

- **"Réu revel":** Não se denega o *sursis* por ser o réu revel (STF, *RTJ* 143/891, 94/141; HC 68.644, *DJU* 26.6.92, p. 10105; STJ, REsp 14.761, *DJU* 15.6.92, p. 9271; TACrSP, *Julgados* 78/406; TJSP, *RJTJSP* 124/540; TJSC, *RF* 269/376). *Vide* LEP, art. 161, bem como Roberto Delmanto Junior, *Inatividade no Processo Penal Brasileiro*, São Paulo, Revista dos Tribunais, 2004, onde o autor sustenta que não existe revelia ou contumácia no Direito Processual Penal brasileiro.

- **Crime continuado:** O aumento devido à continuidade não pode ser desprezado, para ficar a pena dentro dos limites do *sursis* (STF, *RT* 553/458; HC 58.092, *DJU* 12.9.80, p. 6897; TFR, Ap. 4.073, *DJU* 18.6.80, p. 4600; TACrSP, *RT* 528/381, com dúvidas do relator).

- **Prazo da suspensão:** Aplicado acima do mínimo legal sem a devida fundamentação, defere-se *habeas corpus* para que o Tribunal coator o reduza ao mínimo ou o fundamente (STF, *RTJ* 148/496). A fixação acima do mínimo legal exige motivação (STF, HC 70.964, *DJU* 6.5.94, p. 10471; TACrSP, *Julgados* 82/337; TAMG, *RJTAMG* 26-27/405). A sua fixação além do mínimo de dois anos de prova deve ser reservada para os crimes mais graves (TACrSP, *Julgados* 69/316). Deve ser adequado ao tipo do delito, suas repercussões sociais e à situação pessoal do condenado, não se justificando estabelecê-lo no limite máximo de quatro anos porque a pena aplicada foi de dois anos, máximo admitido para o *sursis* (TJSP, *mv – RT* 719/386).

- **Coisa julgada material ou formal:** Na dependência do posicionamento tomado a respeito, resultam consequências diversas quanto à cassação. Duas são as orientações: *a.* O *sursis não pode ser cassado*; a suspensão outorgada em primeira instância não pode ser cassada, nem alterada pelo Tribunal, em recurso exclusivo do réu (STF, *RT* 643/387; TACrSP, *Julgados* 84/385; TJSP, *RT* 564/303). *b.* O *sursis pode ser cassado* (STF, *RT* 564/428; TJSP, *RJTJSP* 97/494; TACrSP, *Julgados* 83/175).

- **Coisa julgada e condição imposta:** Se o estado de saúde do indivíduo não permite o cumprimento da prestação de serviços à comunidade, deve o juiz da execução dispensá-lo temporariamente do cumprimento e prorrogar o prazo da suspensão; não pode, porém, substituí-la por pena pecuniária, pois isso feriria a coisa julgada (TJSP, *RT* 818/574).

- **Viagem ao exterior:** O fato de estar sob *sursis* não impede de viajar ao exterior (TFR, HC 6.628, *DJU* 30.10.86, p. 20775).

- **Audiência de *sursis*, início do período de prova e prescrição:** Em que pese a audiência admonitória não configure, por si só, o início do cumprimento da pena – conforme jurisprudência do STJ – o comparecimento do paciente à audiência realizada destinada a lhe cientificar das condições do *sursis*, que foram aceitas, deu-se o início do período de prova, durante o qual não há fluência do prazo prescricional (TJPR, HC 0061335-38.2019.8.16.0000, j. 5.12.2019, publ. 6.12.2019). Durante o período de prova não corre o prazo prescricional da pretensão executória: "O entendimento desta Corte é no sentido de que durante o período de prova do *sursis* não corre a prescrição, tendo em vista que, apesar de o Código Penal não considerar de forma explícita, a suspensão condicional da pena é uma causa impeditiva da prescrição, de acordo com a lógica do sistema vigente. Precedente (...)" (STF, 2ª T., ARE 1226881 AgR, rel. Min. Ricardo Lewandowski, j.18.10.2019, DJe-234 Divulg 28.10.2019, publ. 29.10.2019). "Durante o período de prova do *sursis* não há falar de prescrição. 4. Pena extinta pelo cumprimento integral das condições da suspensão condicional da pena" (STF, 2ª T., ARE 758086 AgR, rel. Min. Gilmar Mendes, j. 1.9.2015, DJe-181 Divulg 11.9.2015, publ. 14.9.2015). "Embora o Código Penal não considere, de forma explícita, a suspensão condicional (*sursis*) como causa impeditiva da prescrição, esse efeito deflui da lógica do sistema vigente. Precedentes. Prescrição da pretensão executória que não se verifica na espécie. 3. Ordem denegada" (HC 91562, 2ª T., rel. Min. Joaquim Barbosa, j. 9.10.2007, DJe-152 Divulg 29.11.2007, publ. 30.11.2007, *DJ* 30.11.2007 p.128).

- **Audiência de *sursis*:** A chamada audiência admonitória de concessão do *sursis* deve ser realizada após o trânsito em julgado da condenação (TJSP, *RT* 636/278),e presidida pelo próprio juiz da condenação, salvo se o *sursis* houver sido dado pelo tribunal, quando competirá ao juiz da execução (TJSP, *RJTJSP* 104/529). "É dever do magistrado, ao prolatar a sentença, aplicar o *sursis* quando preenchidos os requisitos legais. Contudo, tratando-se benesse facultativa pode o agente renunciá-lo na audiência admonitória, que marca o início do processo de execução (art. 160 da LEP)" (TJPE, Ap. 0030525-89.2015.8.17.0001, j. 10.3.2020, publ. 13.3.2020).

- **Estrangeiros:** Podem receber *sursis*, pois foi declarada inconstitucional sua antiga proibição (STF, *RT* 605/386; TAPR, *RT* 640/341); *contra*: TACrSP, *RJDTACr* 16/161).

- ***Sursis* e indulto:** O *sursis* não impede a concessão de indulto, ainda que o sentenciado nunca tenha ficado encarcerado (TJSP, *RT* 712/396).

Art. 78. Durante o prazo da suspensão, o condenado ficará sujeito à observação e ao cumprimento das condições estabelecidas pelo juiz.

§ 1º No primeiro ano do prazo, deverá o condenado prestar serviços à comunidade (art. 46) ou submeter-se à limitação de fim de semana (art. 48).

§ 2º Se o condenado houver reparado o dano, salvo impossibilidade de fazê-lo, e se as circunstâncias do art. 59 deste Código lhe forem inteiramente favoráveis, o juiz poderá substituir a exigência do parágrafo anterior pelas seguintes condições, aplicadas cumulativamente:

a) proibição de frequentar determinados lugares;

b) proibição de ausentar-se da comarca onde reside, sem autorização do juiz;

c) comparecimento pessoal e obrigatório a juízo, mensalmente, para informar e justificar suas atividades.

Condições e sursis especial
- **Alteração:** § 2º, *caput*, com redação dada pela Lei n. 9.268, de 1.4.96. O art. 46, a que faz referência o § 1º deste art. 78, teve nova redação dada pela Lei n. 9.714, de 25.11.98.

- **Observação:** No *caput* e § 1º, este art. 78 estabelece uma condição do chamado *sursis* simples, enquanto no § 2º e suas alíneas trata do denominado *sursis* especial.

- **Prazo das condições:** Iniciam-se elas a partir da audiência de advertência (LEP, art. 160) e perduram durante o prazo do *sursis* (período de prova), salvo a exceção do § 1º do art. 78 do CP.

Condições do *sursis* simples

- **Noção:** Durante o prazo de suspensão condicional da pena, o condenado fica obrigado a certas condições ou exigências, de natureza legal ou judicial.

- **Condição legal direta do *sursis* simples:** Durante o primeiro ano de prova, fica o condenado obrigado a uma ou outra destas restrições, segundo a escolha do juiz: *a.* prestar serviços à comunidade; ou *b.* sujeitar-se à limitação de fim de semana (CP, art. 78, § 1º).

- **Outras condições legais indiretas:** Além dessa condição legal explícita, há outras *implícitas*, cuja ocorrência pode acarretar a revogação do *sursis*: *1ª.* Ser irrecorrivelmente condenado por crime doloso (CP, art. 81, I e § 1º, segunda parte). *2ª.* Deixar de reparar o dano, injustificadamente (CP, art. 81, II, segunda parte).

- **Condições judiciais:** Além daquela condição legal direta e expressa, o juiz pode vir a impor outras, chamadas judiciais (vide CP, art. 79).

Sursis especial (§ 2º)

- **Noção:** Estabelece-se, neste § 2º, outro tipo de *sursis*, mais brando, pois não inclui, entre suas condições, prestação de serviços ou limitação de fim de semana. Tal *sursis*, chamado *especial* em relação ao simples do art. 77, tem outros requisitos e condições.

- **Requisitos do *sursis* especial:** Além dos quatro primeiros requisitos do *sursis* simples (vide nota ao CP, art. 77), são exigidas do condenado *mais* estas duas condições: *1ª.* Ter reparado o dano, salvo impossibilidade. *2ª.* Serem inteiramente favoráveis as circunstâncias judiciais do art. 59 do CP (exceto o comportamento da vítima).

- **Condições do *sursis* especial:** A condição legal direta do *sursis* simples (§ 1º) é substituída (§ 2º) *pelas seguintes condições, aplicadas cumulativamente: a.* Proibição de frequentar certos lugares. *b.* Proibição de ausentar-se da comarca onde reside, sem autorização. *c.* Comparecimento mensal a juízo, para informar e justificar suas atividades. *Observação:* Julgamos desproposital a segunda dessas exigências especiais (*b*), pois implicaria na necessidade de obter licença judicial até mesmo para ir a cidades vizinhas, da mesma região... Quanto à primeira das exigências especiais (*a*), dependendo da modalidade de delito praticado, a proibição de frequentar determinados lugares nem sempre será coerente.

- **Demais condições comuns:** Permanecem sendo necessárias as *outras condições legais indiretas* (vide nota, sob igual título, no comentário ao parágrafo anterior), salvo a reparação do dano, que no *sursis* especial é requisito e não condição.

- **Confronto:** O art. 17 da Lei n. 9.605/98 (Meio Ambiente) dispõe, para os crimes nela previstos, sobre a reparação a que se refere o § 2º do art. 78 do CP, exigindo um "laudo de reparação do dano ambiental". Verifica-se, portanto, que a reparação do dano, aqui, não é econômica, mas ecológica.

- **Modificação:** As condições legais diretas, tanto do *sursis* simples como do especial, podem ser alteradas, durante a execução, pelo juiz desta, mas sendo ouvido a respeito o condenado (LEP, art. 158, § 2º).

Jurisprudência

- **Prestação de serviços à comunidade e limitação de fim de semana (§ 1º):** É legítima a prestação de serviços à comunidade (STF, HC 72.233, *DJU* 2.6.95, p. 16231; TJSP, *RT* 780/573), consoante reiterada orientação do STJ (REsp 61.903, *DJU* 25.9.95, p. 31123; REsp 59.819, *DJU* 29.5.95, p. 15535, *in RBCCr* 12/285), bem como a limitação de fim de semana (RT 717/484). *Contra:* A prestação de serviços à comunidade é pena e, como tal, não pode ser imposta como condição do *sursis* (TRE/SP, RCr 1.441, *in Bol. IBCCr* 74/320). *Contra, inclusive quanto à limitação de fim de semana:* sua imposição constitui ilegalidade por ferir o art. 1º do CP, estabelecer *bis in idem* e não haver possibilidade de substituir a pena privativa estando a mesma com sua execução suspensa (TACrSP, *mv – RT* 714/370, *RJDTACr* 20/177). Se inexiste local apropriado para a limitação de fim de semana na comarca – cela de cadeia pública não é –, esta condição é exacerbada, devendo ser substituída por prestação de serviços à comunidade (TJMS, *RT* 686/359).

■ **Cumulação:** Não se admite que o juiz imponha, ao mesmo tempo, as condições dos §§ 1º e 2º deste artigo (TJSP, *RT* 632/292; TARJ, *RT* 718/467). É inadmissível a cumulação, devendo prevalecer a aplicação da modalidade mais simples consistente na prestação de serviços à comunidade em estabelecimento hospitalar (CP, art. 46), sendo o mais recomendável em termos de política criminal, com propósito de ressocialização (TJPA, *RT* 804/627). As condições do *sursis* especial (art. 78, § 2º, do CP) não são cumulativas em relação às do § 1º, mas sim substitutivas, impondo-se o decote da prestação de serviços à comunidade, ante o atendimento aos requisitos do § 2º (TJMG, Ap. 10480150017212001, j. 22.1.2020, publ. 29.1.2020).

■ **Competência para a concessão do *sursis*:** Reduzida a pena via *habeas corpus*, remete-se ao juízo da execução o exame do pedido de *sursis* (STF, HC 71.509, *DJU* 27.10.94, pp. 29163-4, *in RBCCr* 9/207).

■ **Competência para a fixação das condições do *sursis*:** Não tendo a sentença estabelecido as condições, cabe ao juízo da execução fazê-lo, e não ao Tribunal, sob pena de supressão de uma instância (TACrSP, *RJDTACr* 15/168). Se o juiz se omite em especificar as condições na sentença, cabe ao acusado ou ao Ministério Público opor embargos de declaração, mas se a decisão transitou em julgado, nada impede que, provocado ou de ofício, o juízo da execução as especifique (STJ, REsp 15.368, *DJU* 28.2.94, p. 2906, *in RBCCr* 6/231; REsp 24.391, *DJU* 16.11.92, p. 21154, *in RBCCr* 1/225). Contra, frente à coisa julgada: TJSP, *RT* 657/270.

■ ***Sursis* especial (§ 2º):** Deve haver a reparação do dano, salvo impossibilidade de fazê-lo, e as circunstâncias do art. 59 do CP devem ser avaliadas favoravelmente (TJMG, Ap. 10024141236059001, j. 11.6.2019, publ. 19.6.2019). É reservado a delitos de mínima ou escassa gravidade, para condenados de boa índole e nenhuma periculosidade (TACrSP, *RT* 719/460). Omitindo-se a sentença sobre as circunstâncias judiciais, estas se presumem favoráveis, havendo direito a *sursis* especial (TRF da 4ª R., Ap. 20.342, *DJU* 25.11.92, p. 39464).

■ **Violência doméstica e *sursis* especial:** Delitos que envolvem violência doméstica merecem maior grau de reprovação e aplicar apenas as penalidades do § 2º do art. 78 do CP, ainda que as condições do art. 59 do CP sejam favoráveis, suavizam demais a penalidade, não atingindo a função pedagógica e preventiva insertas nos princípios básicos da Lei n. 11.340/2006 (TJRS, Ap. 70081757981, j. 25.7.2019, publ. 2.9.2019).

■ **Proibição de frequentar determinados lugares (§ 2º, a):** Deve guardar relação com o delito praticado, não podendo ser estabelecida de forma imprecisa, impondo-se sejam mencionados quais os lugares que o apenado não poderá frequentar durante o período de prova (TACrSP, *RT* 747/677).

■ **Proibição de ausentar-se da comarca sem autorização judicial (§ 2º, b):** Não é inconstitucional (TACrSP, *RJDTACr* 19/174).

Art. 79. A sentença poderá especificar outras condições a que fica subordinada a suspensão, desde que adequadas ao fato e à situação pessoal do condenado.

Condições judiciais do sursis

■ **Noção:** Além das condições *legais* do *sursis* (*vide* nota ao CP, art. 78), pode o juiz especificar outras condições – por isso chamadas *judiciais* – quando necessárias.

■ **Adequação das condições judiciais:** Para serem impostas tais condições, devem elas ser adequadas ou relacionadas *ao fato e à situação pessoal* do condenado. Devem ser *evitadas* condições despropositadas para o crime, desarrazoadas e até inconstitucionais, como, às vezes, eram exigidas antes da reforma penal de 1984.

- **Ressarcimento do dano:** Antes da reforma penal de 1984, questionava-se se a reparação do dano poderia, ou não, ser exigida como requisito para o *sursis*. Na atual sistemática, esse requisito *não mais* pode ser exigido para o *sursis* simples, só para o especial. Explica-se: *a.* Hoje, a reparação do dano é requisito do *sursis* especial, mas não do simples (CP, art. 78, § 2º). *b.* No *sursis* simples, a não reparação do dano pelo condenado solvente, no curso do prazo, sem motivo justificado, é causa de sua revogação (CP, art. 81, II, segunda parte). Não se pode, pois, exigir como requisito do *sursis* simples aquilo que é causa de sua revogação e requisito de outro tipo de *sursis*.

- **Modificação:** As condições podem ser modificadas durante a execução, pelo juiz desta, ouvido o condenado a respeito (LEP, art. 158, § 2º).

Jurisprudência

- **Ressarcimento do dano:** *a.* Não pode ser exigido como requisito do *sursis* simples; ele só é requisito do *sursis* especial do art. 78, § 2º (TFR, Ap. 7.680, *DJU* 18.6.87, p. 12261). A obrigatoriedade da reparação do dano é efeito extrapenal da condenação e não condição do *sursis* simples (STF, *RT* 706/424, 637/351; TRF da 2ª R., Ap. 2.121, *DJU* 3.4.90, p. 5893; TAPR, *RT* 642/345). *b.* Pode ser exigido (TACrSP, *Julgados* 88/321 e 93/268, este recomendando especialmente nos crimes contra o patrimônio).

- **Coisa julgada e condições judiciais:** Se omissa a sentença condenatória quanto às condições judiciais, sem qualquer irresignação do Ministério Público, tais condições não podem ser impostas em sede de execução (TJSP, *mv – RT* 672/296; TACrSP, *RT* 646/308).

- **Condições diversas:** Não pode impor serviços à comunidade, pois é típica da pena restritiva de direitos (TJSP, *RT* 607/282; *contra:* STJ, REsp 61.903, *DJU* 25.9.95, p. 31123; TAMG, *RT* 642/343). Não pode impor asilo local (TJMG, *RT* 608/379). Devem ser canceladas as condições que não forem adequadas ao caso (TARS, *RT* 625/346). Pode exigir o pagamento de custas (STJ, REsp 16.794, *mv – DJU* 29.6.92, p. 10333). Não pode impor a proibição de ingestão de bebida alcoólica, mesmo que a infração decorra de excesso etílico (TACrSP, *RJDTACr* 20/136). É possível impor a limitação de fim de semana no primeiro ano do prazo (STJ, 5ª T., HC 440.286, rel. Ribeiro Dantas, j. 12.6.2018).

- **Substituição:** As condições do *sursis* especial podem ser substituídas por qualquer outra, desde que adequada ao fato e à situação pessoal do condenado (TACrSP, *Julgados* 95/291).

Art. 80. A suspensão não se estende às penas restritivas de direitos nem à multa.

Âmbito do sursis

- **Noção:** O *sursis* destina-se, exclusivamente, à suspensão da execução de penas privativas de liberdade (reclusão, detenção ou prisão simples). Por isso, *não* alcança as penas restritivas de direitos nem as pecuniárias que tenham sido impostas isolada ou cumulativamente com a pena privativa de liberdade suspensa pelo *sursis*.

Jurisprudência

- **Se substituiu por restritivas de direitos, não cabe *sursis*:** Não é cabível o *sursis* do art. 77 do CP porque as penas foram substituídas por restritivas de direitos, conforme dispõe o art. 80 do CP (TJGO, Ap. 0390440-31.2015.8.09.0029, j. 27.6.2019, *DJ* 10.7.2019). *Vide*, também, jurisprudência sob o título *Pena restritiva de direitos ou sursis?* no art. 77.

- **Inexistência de fiscalização:** O *sursis* não tem aplicação, em hipótese alguma, às penas restritivas de direitos e às pecuniárias, não podendo o juiz, inexistindo na comarca fiscalização à restrição de direitos, operar a substituição desta por *sursis* (TACrSP, *RT* 631/312; STF, *RT* 646/355).

REVOGAÇÃO OBRIGATÓRIA

Art. 81. A suspensão será revogada se, no curso do prazo, o beneficiário:

I – é condenado, em sentença irrecorrível, por crime doloso;

II – frustra, embora solvente, a execução de pena de multa ou não efetua, sem motivo justificado, a reparação do dano;

III – descumpre a condição do § 1º do art. 78 deste Código.

REVOGAÇÃO FACULTATIVA

§ 1º A suspensão poderá ser revogada se o condenado descumpre qualquer outra condição imposta ou é irrecorrivelmente condenado, por crime culposo ou por contravenção, a pena privativa de liberdade ou restritiva de direitos.

PRORROGAÇÃO DO PERÍODO DE PROVA

§ 2º Se o beneficiário está sendo processado por outro crime ou contravenção, considera-se prorrogado o prazo da suspensão até o julgamento definitivo.

§ 3º Quando facultativa a revogação, o juiz pode, ao invés de decretá-la, prorrogar o período de prova até o máximo, se este não foi o fixado.

Revogação e prorrogação do sursis
- **Noção:** Neste art. 81 do CP são indicados os casos de revogação obrigatória (*caput*) e facultativa (§ 1º) do *sursis*, além das hipóteses de prorrogação (§§ 2º e 3º).

Revogação
- **Noção:** Como suspensão condicional de execução da pena que é, o *sursis* pode vir a ser revogado, quando ocorrerem certas causas.
- **Causas expressas:** A revogação do *sursis* não pode ser feita arbitrariamente. Tão só quando acontecerem as causas *expressamente* enumeradas no CP (cf. LEP, art. 162).
- **Divisão das causas de revogação:** Há duas espécies: *a. Causas de revogação obrigatória*. Como consequência delas, a pena é executada. *b. Causas de revogação facultativa*. Em vez de revogar o *sursis*, o juiz pode prorrogar o período de prova até o máximo legal.

Causas de revogação obrigatória
- **Noção:** Será obrigatoriamente revogada a suspensão se, *durante o período de provado "sursis"*, seu beneficiário:
- **1ª Causa:** *É condenado definitivamente, por crime doloso* (CP, art. 81, I). A lei não diferencia se a condenação é consequente de fato praticado antes ou depois da infração que originou o *sursis*. Exige, apenas, que o trânsito em julgado aconteça no curso do prazo do *sursis*. Entendemos que só a condenação (por crime doloso) à pena privativa de liberdade ou restritiva de direitos deve ser incluída nesta causa. Seria incoerente considerar a condenação a *pena de multa*, ainda que por crime doloso, como causa obrigatória de revogação, pois ela sequer é óbice à concessão do *sursis* (CP, art. 77, § 1º), nem é arrolada entre as causas facultativas de revogação (CP, art. 81, III, § 1º). *Excluem-se* desta causa obrigatória, também, as condenações por crime culposo, por motivo de contravenção, e as proferidas no estrangeiro.
- **2ª Causa (revogada tacitamente):** *Sendo solvente, frustra a execução da pena de multa* (CP, art. 81, II, primeira parte). Com o advento da Lei n. 9.268/96, que alterou o art. 51 do CP, entendemos que, em face de interpretação lógico-sistemática, essa

causa de revogação obrigatória não mais subsiste (nesse sentido, FABIO MACHADO DE ALMEIDA DELMANTO, "O habeas corpus na pena de multa", *RBCCr* 27/121, *in fine*).

■ **3ª Causa:** *Não efetua, sem motivo justificado, a reparação do dano* (CP, art. 81, II, segunda parte). A simples não reparação não é causa de revogação. Só a injustificada. Podem desculpá-la a situação econômica do condenado, a renúncia da vítima, a novação da dívida, o paradeiro desconhecido do ofendido etc. Como a lei penal não pode ser interpretada de modo ampliativo (com efeitos extensivos) em desfavor da liberdade (cf. comentários ao art. 1º do CP), entendemos que a reparação do dano, aqui, é só a *material*, e não a do eventual *dano moral*, que demanda, para a sua valoração, a competente ação cível, não se aplicando, neste caso, a Súmula 37 do STJ: "São cumuláveis as indenizações por dano material e dano moral oriundos do mesmo fato".

■ **4ª Causa:** *Descumpre a condição do § 1º do art. 78* (CP, art. 81, III). Trata-se da condição legal direta do *sursis* simples, que obriga o condenado (alternativamente) à prestação de serviços ou à limitação de fim de semana. À semelhança do que se estabelece para a própria conversão destas restrições (LEP, art. 181), só o *injustificado* descumprimento deve levar à revogação do *sursis*. Não se inclui nesta causa o descumprimento das condições legais do *sursis* especial (CP, art. 78, § 2º, *a* a *c*), nem das condições judiciais (CP, art. 79).

■ **Causas que desapareceram:** Antigamente, eram citadas duas outras causas processuais de revogação, que hoje não mais existem: *a. Aumento da pena pelo tribunal* (CPP, art. 706). Não mais há essa possibilidade, pois, atualmente, a audiência de *sursis* só é feita após o trânsito em julgado (LEP, art. 160). *b. Não comparecimento à audiência de advertência* (CPP, art. 705). Ocorrendo a ausência injustificada, não haverá revogação, mas o *sursis* ficará sem efeito (LEP, art. 161).

Causas de revogação facultativa

■ **Noção:** Há outras causas, previstas no § 1º deste art. 81, que não *levam*, obrigatoriamente, à revogação. Em vez de revogar a suspensão, pode o juiz *prorrogar* seu período de prova até o máximo, se este não fora o fixado (CP, art. 81, III, § 3º). As causas *facultativas* são as seguintes:

■ **1ª Causa:** *Descumprimento de outras condições do "sursis"* (CP, art. 81, III, § 1º, primeira parte). Refere-se a lei às *condições judiciais* do *sursis* simples, que o juiz pode ter eventualmente imposto (CP, art. 79) e às *condições legais* do *sursis* especial, previstas em substituição à condição legal do *sursis* simples (CP, art. 78, § 2º, *a* a *c*). Também aqui, só se deve considerar o não cumprimento injustificado.

■ **2ª Causa:** *Condenação irrecorrível, por crime culposo ou contravenção, a pena privativa de liberdade ou restritiva de direitos* (CP, art. 81, III, § 1º, segunda parte). Não abrange a *pena de multa* que, aliás, sequer é óbice à própria concessão do *sursis* (CP, art. 77, III, § 1º) e tampouco causa de sua revogação [*vide* nota acima, *2ª Causa – revogada tacitamente*].

Prorrogação do sursis (§ 2º)

■ **Noção:** Considera-se prorrogado o prazo do *sursis* quando seu beneficiário está sendo processado por outro crime ou contravenção. A razão da prorrogação é dilatar o tempo de prova de quem, pelo fato de estar sendo processado, coloca em dúvida ter merecido, ou não, o *sursis* que recebeu. Como a lei usa a expressão "processado", deve-se entender que *não basta* a nova infração penal ou o inquérito policial a ela relativo. É indispensável que se tenha iniciado, efetivamente, o próprio *processo judicial* (ação penal), pois a simples prática de nova infração não prorroga o período de prova do *sursis*.

■ **Prorrogação automática:** A prorrogação prevista neste § 2º é automática, não dependendo de decisão do juiz.

■ **Pena de multa:** Diante do fato da condenação irrecorrível a pena de multa não ser causa de revogação obrigatória e tampouco facultativa do *sursis* (art. 81, I e § 1º), a existência de processo instaurado durante o período de prova por contravenção apenada com multa não causará prorrogação do período de prova. Igualmente, se houver *condenação a pena de multa* (por contravenção ou crime), durante o período de prova, pelo mesmo motivo não haverá a prorrogação do *sursis* (*vide* jurisprudência abaixo

– *Condenação a pena de multa*). Esse entendimento restou reforçado com a atual redação do art. 51 do CP, instituída pela Lei n. 9.268/96.

- **Duração e efeitos:** A prorrogação perdura até o julgamento definitivo do processo em andamento. Todavia, no curso da prorrogação, não deve ficar o condenado sujeito às condições dos arts. 78, § 2º, *a*, *b* e *c*, ou 79 do CP.

Prorrogação alternativa (§ 3º)

- **Noção:** Este § 3º permite que, na hipótese de ser facultativa a revogação (§ 1º), possa o juiz, em lugar de decretá-la, prorrogar o prazo de prova do *sursis* até o máximo, se este não fora o inicialmente fixado.

Jurisprudência

- **Revogação:** Quanto à possibilidade, ou não, de ser o *sursis* revogado, em razão de causa anterior, só descoberta após o trânsito em julgado da decisão que o concedeu, *vide* jurisprudência no art. 77, sob o título *Coisa julgada material ou formal*. Com relação à viabilidade, ou não, de ser revogado após o término do período de prova, *vide* jurisprudência no art. 82 do CP.

- **Novo processo:** Não se revoga o *sursis* pelo motivo da simples instauração de nova ação penal; a revogação só se dará pela condenação, no curso do prazo do benefício, por sentença irrecorrível (STF, *RTJ* 126/406; STJ, RHC 3.873, *DJU* 5.12.94, p. 33591).

- **Nova condenação:** Caso o beneficiado sofra nova condenação, no decurso do prazo do *sursis*, este é prorrogado, mas somente com o trânsito em julgado da nova condenação a suspensão é revogada (STF, *RT* 640/381; TJSP, *RT* 542/303; TACrSP, *RT* 540/306). Nova condenação transitada em julgado faz revogar o *sursis*, tenha o crime a que ela se refere sido praticado antes ou depois do que originou o *sursis*, ou ainda *durante* o prazo da suspensão condicional da pena (TACrSP, *Julgados* 66/155). Terminado o período de prova do *sursis*, não pode ser este revogado caso se descubra que havia condenação anterior à própria concessão do *sursis* e não proferida durante o decurso de seu tempo de prova (TACrSP, *RT* 567/336). *Vide* também jurisprudência no art. 82 do CP.

- **Condenação a pena de multa:** Deixou de ser motivo para a revogação facultativa do benefício, não ensejando também a prorrogação do período de prova até o máximo (TJSP, *RJTJSP* 124/551).

- **Não comparecimento à audiência admonitória:** Intimado o réu por edital, a sua falta à audiência admonitória não é razão apta, por si só, para revogar o benefício (TACrSP, *RT* 655/310).

- **Justificativa do descumprimento de condição:** Se o sentenciado comprovou, satisfatoriamente, ter sofrido um acidente, ficando impossibilitado de trabalhar, não é caso de revogação (TACrSP, *RT* 701/336).

- **Competência para revogação:** Há excesso de competência do tribunal que revoga *sursis* concedido pela justiça de outro Estado (STF, *RTJ* 115/702). A revogação só pode ser decretada no processo que concedeu o *sursis*, e assim mesmo após o trânsito em julgado da condenação subsequente (TJSC, *JC* 69/511).

- **Prévia oitiva do condenado:** Em atenção ao princípio constitucional do contraditório e da amplitude da defesa, não se admite, em sede de execução penal, a revogação de qualquer benefício concedido ao condenado sem sua prévia ouvida para apresentar as justificativas que dispuser, concedendo-se *habeas corpus* para manter o *sursis* (STJ, HC 21.585/MG, j. 13.5.2003, *DJU* 9.6.2003, p. 281, *in RBCCr* 44/395).

- **Prorrogação do *sursis*:** Não basta a prática de nova infração, sendo necessário início do processo (STF, *RT* 640/381; TJSP, *RT* 594/317; TACrSP, *RT* 641/354, *Julgados* 67/129-209; *contra*: TJSP, *RJTJSP* 72/304). A prorrogação *é automática* (STF, *RT* 645/375,646/384; STJ, *RT* 746/558; REsp 21, *DJU* 14.8.89, p. 13062; RHC 3.873, *DJU* 5.12.94, p. 33591). Prorroga-se ainda que se tome conhecimento do outro processo *após* vencido o prazo originário (STF, *RTJ* 126/367).

- **Aplicação analógica do § 2º do art. 81 do CP à suspensão condicional do processo (art. 89 da Lei n. 9.099/95):** Embora o fato do beneficiário da suspensão condicional do processo vir a ser processado por outro crime acarrete a *revogação* obrigatória do *sursis* processual, se ainda não julgada extinta a punibilidade (art. 89, § 3º, da Lei n. 9.099/95), nada impede que se aplique analogicamente o art. 81, § 2º, do CP, prorrogando-se o período de prova até o julgamento definitivo do outro processo (TJSP, *RT* 787/605).

- Prorrogação alternativa do § 3º: O dispositivo não obriga o juiz, pois indica opção que ele pode, ou não, escolher (STF, *RT* 611/436).

- Reparação do dano: Não é constrangimento ilegal a intimação do sentenciado para comprovar a reparação do dano, sob pena de revogação (STF, HC 64.998, *DJU* 3.3.89, p. 2514).

- Condenado que cumpre pena em regime fechado e tem nova condenação que lhe concedeu *sursis* e vice-versa: Diante do trânsito em julgado da sentença primeva que condenou o réu por ameaça e vias de fato e concedeu o *sursis* do art. 77 do CP, o fato de ele já estar cumprindo pena por homicídio em regime fechado, que é incompatível com a concessão do *sursis*, não se enquadra nas disposições do art. 81 do CP e art. 162 da LEP. "Assim, estando o presente caso fora das hipóteses legais acima mencionadas, não há que se falar em revogação do benefício concedido ao reeducando na decisão ora combatida, sob pena de violação à coisa julgada, tendo em vista que, tendo o *decisum* transitado em julgado, sem qualquer interposição de recurso de apelação por parte do Ministério Público, a suspensão condicional da pena passou a ser um direito subjetivo do agravado" (TJMG, AgEx 10000190235887000, j. 8.7.2019, publ. 19.7.2019). "A d. juíza de primeira instância, ao receber a nova guia de execução, deveria ter procedido à unificação das penas, somando a nova reprimenda àquelas já em execução, para fins de definição de regime, marco para obtenção de benefícios e afins. Ademais, importante frisar que a manutenção da suspensão condicional da pena é completamente incompatível com as penas privativas de liberdade às quais o apenado está submetido. Por fim, é de se destacar que não se trata de uma revogação do benefício da suspensão condicional da pena, hipóteses que estão elencadas no art. 81 do CP, mas, em verdade, de uma consequência natural do processo de unificação das penas, que acarreta impossibilidade de manutenção do benefício" (TJMG, AgEx 0122517-77.2017.8.13.0000, j. 16.5.2017, publ. 22.5.2017).

CUMPRIMENTO DAS CONDIÇÕES

Art. 82. Expirado o prazo sem que tenha havido revogação, considera-se extinta a pena privativa de liberdade.

Fim do sursis

- Noção: Se termina o prazo de prova sem que tenha havido revogação do *sursis*, a pena que estava por ele suspensa não mais pode ser executada.

- Distinção: A suspensão condicional do processo, também chamada "*sursis* processual" (art. 89 da Lei n. 9.099/95), não se confunde com a suspensão condicional da pena ou *sursis* (arts. 77 e ss. do CP). Cumprida a suspensão condicional do processo, há extinção da punibilidade e, consequentemente, do *processo penal condenatório* que fora suspenso; cumprida a suspensão condicional da pena, há extinção da pena e, portanto, do processo de *execução penal*.

- Duas interpretações possíveis: A leitura isolada deste art. 82 conduz a entendimento diverso daquele que resulta de sua comparação com o art. 81, que o antecede no CP. Por isso, muitos problemas resultaram de sua aplicação a casos concretos, como mostra a jurisprudência. E duas correntes acabaram estabelecendo-se, com interpretações diferentes:

- Primeira interpretação: Na redação original que era dada ao atual art. 82, exigia-se que não houvesse ocorrido "*motivo* para a revogação". Após a reforma de 1984, apenas se pede que não tenha havido a *própria* "revogação" do *sursis*. É evidente o deliberado propósito da mudança, procurando-se, com ela, evitar constantes problemas que ocorriam em juízos das execuções. Não se procurava ali saber, com presteza, se o beneficiário sofrera, no decorrer do prazo de prova, outros processos ou condenações. Muitas vezes acontecia que só bem mais tarde era descoberto que houvera outra condenação. Então, embora o período de prova e o *sursis* já houvessem terminado há muito tempo, era o beneficiário surpreendido com a revogação de um *sursis* que já cumprira. Todavia, os reformadores do CP mudaram este art. 82, mas não alteraram a sistemática da prorrogação obrigatória e automática, constante do precedente art. 81, § 2º. Obviamente, são *inconciliáveis os dois dispositivos*. De um lado, temos o art. 81, § 2º, estabelecendo que "se o beneficiário está sendo processado por outro crime ou contravenção, *considera-se prorrogado o prazo* da suspensão até o julgamento definitivo". Não se consegue compor essa prorrogação, automática e obrigatória, com o art. 82. A suspensão condicional da pena ficaria prorrogada até o trânsito em julgado do outro processo. Entretanto, ainda que desse outro processo resultasse condenação, seria impossível revogar o *sursis*, pois, no exato *momento* em que a condenação passasse em julgado, já teria terminado o *sursis* e sido extinta a pena, pois ainda não teria havido sua revogação, tal como exige o art. 82. A falha obriga a que se faça a conciliação do art. 81, § 2º, com o art. 82, separando este em *duas hipóteses*, de acordo com as três causas de revogação obrigatória do *sursis* que são enunciadas pelo *caput* do art. 81 do CP:

- 1ª Hipótese: *Se houve condenação*. Não se aplica o art. 82, mas o art. 81, I, e seu § 2º. Estando o beneficiário do *sursis* sendo processado, durante o tempo de prova, por outra infração penal, o prazo é automaticamente prorrogado e, se do processo resultar condenação, após o trânsito em julgado desta o *sursis* pode ser revogado.

- 2ª Hipótese: Se ocorreram *as outras causas* de revogação do art. 81 (não reparação do dano ou descumprimento da condição do art. 78, § 1º). Como não há, com relação a elas, a prorrogação automática do art. 81, § 2º, tem plena aplicação o art. 82. Ainda que o beneficiário do *sursis* haja incorrido nessas causas de revogação, durante o período de prova, estará extinta definitivamente a pena, salvo se, *antes* do término do *sursis*, este for *revogado* em razão daquelas causas.

- Inércia do MP e do Juiz: Uma vez ultrapassado o período de prova sem ter havido prorrogação qualquer, mesmo cientes o Ministério Público e o Juízo do descumprimento de alguma das condições impostas, entendemos que o condenado tem o direito ao reconhecimento da extinção da pena, sob pena de se criar inadmissível insegurança jurídica, um *sursis ad aeternum*.

- Segunda interpretação: O art. 82 do CP leva à extinção automática da pena quando expira o período de prova do *sursis*. Ainda que tenha havido condenação durante esse prazo, se ela era desconhecida ou, mesmo não o sendo, deixou-se de revogar o *sursis*, ele não mais poderá sê-lo após terminado o prazo.

Jurisprudência

- Extinção automática – primeira interpretação: Com exceção da hipótese de condenação ou prorrogação automática durante o prazo de prova (em que se aplica o art. 81, I e § 2º), a extinção da pena é consequência automática do art. 82 (STF, *RT* 625/397; RE 112.596, *DJU* 26.6.87, p. 13248; RHC 64.900, *DJU* 30.4.87, p. 7650; *RTJ* 121/384; STJ, REsp 54.220, *DJU* 7.11.94, p. 30029, *in RBCCr* 9/207-8; RHC 2.974, *DJU* 18.10.93, p. 21882; TJSP, *RJTJSP* 107/473, *RT* 612/311; TACrSP, *RT* 717/396, *mv* – *RT* 614/326, *Julgados* 86/211).

- Extinção automática – segunda interpretação: a extinção é *sempre* automática, ainda que tenha havido condenação, desde que o *sursis* não tenha sido efetivamente revogado, antes de seu término (TJSP, *RJTJSP* 101/463, 100/486; TACrSP, *mv* – RT 626/304, *Julgados* 90/114,88/203,86/204,84/86, *RT* 611/355, 610/356).

- Inaceitável eternização do *sursis*: "Considerando que nenhuma providência foi tomada para a revogação ou prorrogação do benefício durante o período de suspensão condicional da pena, nada obstante, fossem perfeitamente possível fazê-lo no curso do período de prova, na medida em que a autoridade judicial e o Ministério Público tinham plena ciência do descumprimento da condição imposta, ilegal a prorrogação do benefício depois do encerramento do prazo. Destarte, diante da tardia prorrogação do benefício, há que se reconhecer o direito da apenada ver extinta a pena privativa de liberdade a ela imposta, pois do contrário, configurar-se-ia em inaceitável eternização do *sursis*, causando, evidentemente, uma permanente instabilidade e insegurança jurídica" (STJ, REsp 1652376, rel. Min. Sebastião Reis Júnior, *DJ* 19.9.2017).

▪ **Anulação de sentença após o *sursis*:** Ainda que a sentença seja anulada após o término do *sursis*, a nova decisão condenatória não poderá impor novo prazo de suspensão condicional da pena (STF, *RTJ* 84/689).

▪ **Contraditório da execução:** É nula a decisão que revoga o *sursis* sem obediência ao devido processo legal, que compreende as garantias do contraditório e da ampla defesa (TJSP, *RT* 713/344; STJ, RHC 2.875, *DJU* 20.9.93, p. 19195, in *RBCCr* 5/190). O juiz não pode extinguir a pena sem atendimento a requerimento do Ministério Público de vinda aos autos de folha de antecedentes ou certidão comprobatória da inexistência de causa de revogação ou prorrogação (TJSP, *mv* – *RT* 642/286).

Capítulo V
DO LIVRAMENTO CONDICIONAL

REQUISITOS DO LIVRAMENTO CONDICIONAL

Art. 83. O juiz poderá conceder livramento condicional ao condenado a pena privativa de liberdade igual ou superior a 2 (dois) anos, desde que:

I – cumprido mais de um terço da pena se o condenado não for reincidente em crime doloso e tiver bons antecedentes;

II – cumprida mais da metade se o condenado for reincidente em crime doloso;

III – comprovado:

a) bom comportamento durante a execução da pena;

b) não cometimento de falta grave nos últimos 12 (doze) meses;

c) bom desempenho no trabalho que lhe foi atribuído; e

d) aptidão para prover à própria subsistência mediante trabalho honesto.

IV – tenha reparado, salvo efetiva impossibilidade de fazê-lo, o dano causado pela infração;

V – cumpridos mais de dois terços da pena, nos casos de condenação por crime hediondo, prática de tortura, tráfico ilícito de entorpecentes e drogas afins, tráfico de pessoas e terrorismo, se o apenado não for reincidente específico em crimes dessa natureza.

Parágrafo único. Para o condenado por crime doloso, cometido com violência ou grave ameaça à pessoa, a concessão do livramento ficará também subordinada à constatação de condições pessoais que façam presumir que o liberado não voltará a delinquir.

Livramento condicional

▪ **Alteração:** O inciso V, acrescentado pela Lei n. 8.072/90, teve nova redação dada pela Lei n. 13.344, de 6.10.2016, incluindo-se o tráfico de pessoas. Inciso III alterado pela Lei n. 13.964/2019.

▪ **Noção:** *Livramento condicional* é a antecipação provisória da liberdade, concedida, sob certas condições, ao condenado que está cumprindo pena privativa de liberdade. Como há condições impostas, "é uma forma de sofrimento da pena de reclusão ou de detenção, porém em meio livre" (MIGUEL REALE JÚNIOR e outros, *Penas e Medidas de Segurança no Novo Código,* 1985, Forense, p. 226).

- **Duração do livramento:** Seu tempo de duração corresponde ao restante da pena que estava sendo executada.

- **Natureza:** Como o *sursis*, o livramento condicional não é favor, mas direito subjetivo do sentenciado, desde que preenchidos os requisitos que a lei fixa para a concessão.

- **Requisitos do livramento condicional:** Para que ele possa ser concedido ao sentenciado, torna-se necessário que este preencha os requisitos, de natureza objetiva e subjetiva, que a lei exige para os condenados em geral. Tratando-se, porém, de sentenciado que cumpre pena por crime doloso, cometido com violência física ou grave ameaça a pessoa, torna-se necessário mais um outro requisito específico, previsto no parágrafo único deste artigo.

Requisitos gerais

- **1º Requisito:** *Qualidade e quantidade da pena* (CP, art. 83, *caput*). Deve ser pena privativa de liberdade (reclusão, detenção ou prisão simples). A condenação a essa pena precisa ser igual ou superior a dois anos, mas sendo possível a soma de penas correspondentes a outras infrações (CP, art. 84) para alcançar aquele limite mínimo.

- **2º Requisito:** *Cumprimento de parte da pena* (CP, art. 83, I e II). É necessário que esteja cumprida certa porção da pena, variável de acordo com a qualidade do condenado:

- *I. Se não for reincidente* em crime *doloso* e tiver *bons antecedentes:* O livramento condicional poderá ser concedido após cumprimento de um terço da pena. Como antecedentes, devem, segundo o inciso I, ser considerados os da vida pretérita do sentenciado, antes da prisão, e não seu comportamento na fase de execução (que é objeto do 3º requisito, inciso III). Há sério questionamento, nesse ponto, quanto à proibição de *bis in idem* caso a reincidência ou os maus antecedentes tiverem sido considerados, na sentença condenatória, para aumentar a pena-base do condenado (CP, art. 59); desse modo, além de aumentarem a pena-base, impõem maior rigor para o livramento condicional. Para o condenado que preencha tais condições, bastará que tenha cumprido *mais de um terço* da pena.

- *II. Se por acaso for reincidente* em crime *doloso:* Neste caso, deverá ter sido cumprida *mais da metade* da pena.

- **III. Remição e detração:** Em ambos os casos, por expressa disposição legal, o tempo de *remição* obtido pelo trabalho do sentenciado será computado nos prazos (LEP, art. 128), bem como o tempo de eventual *detração* em razão de sua prisão provisória (CP, art. 42).

- **IV. Incongruência:** A conjugação dos incisos I e II leva à incongruência de equiparar o condenado primário de maus antecedentes (impropriamente chamado de "tecnicamente primário") ao reincidente em crime doloso, já que o primeiro não poderia obter livramento com mais de um terço da pena, devendo, a exemplo do segundo, aguardar o cumprimento de mais da metade desta, o que constitui *flagrante injustiça*.

- **3º Requisito:** O inciso III do art. 83, alterado pela Lei n. 13.964/2020, traz quatro outros requisitos para a concessão do livramento. A análise dos requisitos do inciso III há de ser feita no *momento* em que se decide a concessão ou não do livramento, não se podendo levar em consideração o comportamento do condenado à época da prática do crime nem circunstâncias relativas à própria infração penal, pois estas já terão sido avaliadas quando da fixação da pena. Entendimento contrário levaria à dupla incidência das mesmas circunstâncias ou causas. Os requisitos são:

- **I. Bom comportamento durante a execução da pena:** Saliente-se que a redação do CP de 1940, no antigo art. 60, exigia igualmente "bom comportamento", o que havia sido substituído por "comportamento satisfatório" pela Reforma Penal da Lei n. 7.209/84. Voltou-se, com a Lei n. 13.964/2019, ao rigor da redação originária, pois exigir *bom comportamento* é mais severo do que *comportamento satisfatório*.

- **II. Não cometimento de falta grave nos últimos 12 (doze) meses:** As faltas graves no cumprimento de pena privativa de liberdade, elencadas no art. 50 da LEP, são as seguintes: *1.* incitar ou participar de movimento para subverter a ordem ou a disciplina; *2.* fugir; *3.* possuir, indevidamente, instrumento capaz de ofender a integridade física de outrem; *4.* provocar acidente de trabalho; *5.* descumprir, no regime aberto, as condições impostas; *6.* inobservar os deveres de previstos nos incisos II (obediência ao servidor e respeito a qualquer pessoa com quem deva relacionar-se) e V (execução do trabalho, das tarefas e das ordens recebidas) do artigo 39 da LEP; *7.* ter em sua posse, utilizar ou fornecer aparelho telefônico, de rádio ou similar, que permita a comunicação com outros presos ou com o ambiente externo; e 8. Recusar a submeter-se ao procedimento de identificação do perfil genético, tratando-se de novo requisito mais gravoso incluído pela Lei n. 13.964/2019.

- **III. Bom desempenho no trabalho:** Sendo o trabalho direito e também dever do preso, é necessário que ele tenha tido bom desempenho nas tarefas que lhe foram atribuídas. Evidentemente, se o estabelecimento prisional não lhe deu oportunidade de trabalhar, tal requisito será considerado preenchido.

- **IV. Aptidão para trabalho honesto, capaz de prover à sua subsistência:** A expressão honesto deveria ter sido dispensada pelo legislador, já que não se pode conceber trabalho "desonesto". Basta a *aptidão*, não sendo necessário que tenha promessa de emprego, sobretudo em um país como o nosso, com total desamparo ao egresso.

- **4º Requisito (reparação do dano):** *Tenha reparado o dano da infração, salvo efetiva impossibilidade de fazê-lo* (CP, art. 83, IV). A reparação "é uma forma de indenização civil pela via penal" (MIGUEL REALE JÚNIOR e outros, ob. cit., p. 236), podendo ser feita por procurador ou por terceiro que aja em nome do condenado. São motivos da impossibilidade de reparar o dano: a situação econômica do preso, o paradeiro desconhecido da vítima, o perdão desta, a prescrição ou novação da dívida etc. Como a lei penal não pode ser interpretada de modo ampliativo (com efeitos extensivos) em desfavor da liberdade (*vide*, comentários ao art. 1º do CP), entendemos que a reparação do dano, aqui, é só a *material*, e não a do eventual *dano moral*, que demanda, para a sua valoração, a competente ação cível, não se aplicando, neste caso, a Súmula 37 do STJ: "São cumuláveis as indenizações por dano material e dano moral oriundos do mesmo fato".

- **5º Requisito (crime hediondo e inexistência de reincidência específica):** *Cumprimento de mais de dois terços da pena (66%)*, nos casos de condenação por crime hediondo, prática da tortura, tráfico ilícito de entorpecentes e drogas afins, tráfico de pessoas e terrorismo (*vide* Lei n. 13.260/2016), *se o condenado não for reincidente específico em crimes dessa natureza* (art. 83, inciso V, com redação dada pela Lei dos Crimes Hediondos em 1990).

- **Lei de Drogas – Lei n. 11.343/2006 (reincidência específica impede o livramento):** O art. 44, parágrafo único, da Lei n. 11.343/2006, igualmente veta o livramento condicional a *reincidente específico em tráfico de drogas*. O STJ tem entendido que tratando-se de tráfico e tráfico privilegiado, não ocorre reincidência específica (*vide* jurisprudência abaixo).

- **Hediondo com resultado morte – inconstitucionalidade do inciso VIII do art. 112 da LEP:** No caso de reincidente em crime hediondo com morte, entendemos inconstitucional a vedação absoluta de livramento condicional acrescida da exigência de elevadíssimo período de 70% de cumprimento de pena para a progressão ao semiaberto (lembrando-se que o tempo máximo de prisão foi aumentado para 40 anos), por implicar, na prática, um regime fechado integral, violando o princípio da individualização da pena (CF, art. 5º, inciso XLVI).

Requisito específico (parágrafo único)

- **Noção:** Tratando-se de condenado por *crime doloso*, praticado com *violência ou grave ameaça a pessoa*, haverá mais um requisito a ser preenchido (requisito específico), além dos requisitos gerais já assinalados. Note-se que o crime deve ter sido doloso e com *violência física contra a pessoa* (não contra coisa) ou com *grave* (séria) *ameaça a pessoa*.

- **Requisito específico:** *Constatação de condições pessoais que façam presumir que o liberado não voltará a delinquir* (CP, art. 83, parágrafo único). Eufemisticamente, o que aqui se pede é a velha *presunção de não periculosidade*, que a reforma penal de 1984 tanto combateu, em nome da culpabilidade. Assim, em face dos termos da lei, deve o juiz, pela apreciação da personalidade do condenado, inferir a *probabilidade* de que ele torne ou não a delinquir. A nosso ver, tal "presunção" afigura-se incompatível com a fundamentação das decisões judiciais exigida pelo art. 93, X, da CR, a qual deve se basear em fatos concretos e não em mera possibilidade ou probabilidade.

- **Sem perícia:** No projeto da Lei n. 7.209/84 mencionava-se que o preenchimento dessa condição deveria ser verificado por meio de "perícia". Houve emenda que aboliu a perícia, de modo que esta não mais deve, obrigatoriamente, ser ordenada. Cabe ao juiz da execução fazer, ele mesmo, a constatação, servindo-se do processo da própria execução, mas podendo até, se for o caso, pesquisar o processo original de que resultou a condenação ou fazer outras consultas (*vide* jurisprudência).

Outras questões

- **Tóxicos:** O art. 44, parágrafo único, da Lei de Drogas (Lei n. 11.343/2006), a exemplo do inciso V deste art. 83, estatui que, tratando-se dos crimes dos arts. 33, *caput* e § 1º, e 34 a 37, dar-se-á o livramento condicional após o cumprimento de *dois terços da pena*, vedada sua concessão ao reincidente específico. São aqui aplicáveis as mesmas observações críticas em relação à atual redação do art. 2º da Lei n. 8.072/90 – Lei dos Crimes Hediondos (*vide* notas acima *5º Requisito (objetivo)*) e *Lei n.-11.464/2007 e a revogação tácita da última parte do inciso V do art. 83 do CP*).

- **Condições do livramento condicional:** *Vide* comentário ao CP, art. 85.

- **Parecer do Conselho Penitenciário e exame criminológico:** Com o advento da Lei n. 10.792/2003, que alterou o art. 70, I, da LEP, a existência de Parecer do Conselho Penitenciário e de exame criminológico favoráveis ao livramento não é mais obrigatória (LEP, art. 131), podendo o livramento ser concedido somente com base em atestado de bom comportamento carcerário. Todavia, para a progressão do regime de cumprimento de pena, a jurisprudência tem admitido que o juízo da execução, de forma motivada em razão de casos específicos, determine a realização de exame criminológico (que não se confunde com o Parecer do Conselho Penitenciário), em que pese não mais haver exigência legal para tanto (cf. comentários ao art. 33 do CP). Ao considerarmos que o livramento condicional é o ápice da progressão do regime de penas, a mesma orientação jurisprudencial poderá ser aplicada ao livramento condicional, podendo o juiz, de forma motivada, determinar a realização do exame criminológico. Em outros termos, a lei não exige, mas não se pode proibir que o juiz da execução, de forma justificada, por cautela e nos casos mais graves, determine a sua realização. A propósito, dispõe a *Súmula* 439 do STJ que *"o exame criminológico é admitido para atender as peculiaridades do caso e em decisão motivada"*.

- **Revogação do livramento:** *Vide* CP, arts. 86 a 88.

- **Fim do livramento condicional:** *Vide* CP, arts. 89 e 90.

- **Remissão:** LEP, arts. 131 a 146.

Jurisprudência

- **Requisitos do livramento:** Preenchidos os requisitos do livramento condicional, o livramento não pode ser indeferido a pretexto de considerações sobre a gravidade do crime, pois estas não dizem respeito ao momento do livramento (STF, *RT* 609/433). Não bastam os requisitos objetivos, devendo também preencher os subjetivos (TJSP, *RT* 778/577, 624/302; TACrSP, *Julgados* 88/135). Em crime doloso, praticado com violência ou grave ameaça, o livramento deve ficar subordinado à constatação de condições pessoais que façam presumir que não mais voltará a delinquir (TJSE, *RT* 791/692).

- **Comportamento satisfatório:** Embora não se possa inviabilizar a concessão do livramento condicional apenas porque durante a execução penal o condenado cometeu uma falta grave, o comportamento há de ser aferido em sua inteireza, por todo o período que esteve cumprindo a sua pena (STJ, REsp 1.325.182-DF, rel. Min. Rogério Schietti Cruz, j. 2.2.2014). A atual redação do art. 83 demonstra maior grau de liberdade ao exigir comportamento satisfatório e não bom comportamento carcerário (TRF da 4ª R., AgEx 20.201, *mv – DJU* 21.12.90, p. 31543).

- **Reparação do dano:** A péssima situação econômica do agravante demonstra a impossibilidade reparatória (TRF da 4ª R., AgEx 20.201, *mv – DJU* 21.12.90, p. 31543). A inexistência de ação indenizatória não é suficiente para o livramento (STF, HC 67.514, *DJU* 20.10.89, p. 16015; TJMS, *RT* 641/365). Não pode alegar incapacidade de reparar quem tem bens imóveis e veículo (TJSP, *RJTJSP* 104/411).

- **Aptidão para prover a própria subsistência:** Não se confunde com a comprovação de já ter conseguido um emprego (TRF da 4ª R., AgEx 20.201, *mv – DJU* 21.12.90, p. 31543).

- **Desnecessidade de progressão de regime:** O livramento condicional não está condicionado à progressão de regime prisional (TJSP, *RT* 768/569).

- **Exame criminológico:** *Súmula* 439 do STJ que *"o exame criminológico é admitido para atender as peculiaridades do caso e em decisão motivada"*. Não é ilegal a concessão de livramento condicional sem a sua realização, tendo em vista que a Lei n. 10.792/2003 afastou a sua necessidade, sendo exigido apenas um atestado do diretor do presídio de bom comportamento carcerário (TJSP, *RT* 857/619). O art. 83, parágrafo único, não exige exame psiquiátrico ou perícia do liberado (TRF da 4ª R., AgEx 20.201, *mv – DJU* 21.12.90, p. 31543); dispensa o exame, mas não o proíbe, podendo o juiz determiná-lo, se necessário ao seu convencimento (STF, *RT* 604/468,603/451), sendo este artigo compatível com a CR (STF, *RTJ* 151/890).

- **Livramento condicional *versus* regime aberto:** Se o sentenciado preenche os requisitos para obter progressão ao regime aberto, a concessão de livramento condicional mostra-se mais gravosa, eis que, revogado o livramento condicional, não será descontado da pena o período no qual usufruiu do benefício (TACrSP, *RT* 795/633). Observação: ao contrário do que ocorre com o cumprimento de pena em regime aberto, ainda que exista regressão.

- **Irretroatividade:** O princípio da retroatividade da *Lex Mitior*, que alberga o da irretroatividade de lei mais grave, aplica-se ao processo de execução penal e, por consequência, ao livramento condicional (STF, HC 68.416, *DJU* 30.10.92, p. 19515).Se a primeira condenação por tráfico de entorpecentes ocorreu antes da Lei n. 8.072/90, é inaplicável a circunstância impeditiva do inciso V do art. 83, pois a posterior condenação pelo mesmo delito não pode ser considerada como reincidência específica em crime equiparado a hediondo (TJSP, *RT* 787/612; STJ, HC 15.284, *DJU* 20.8.2001, p. 503, *in RBCCr* 38/381). Não se pode exigir a verificação das condições pessoais do art. 83, parágrafo único, a quem estava cumprindo pena antes de sua vigência (STF, *RT* 606/425; TJRS, *RT* 604/401; TJAC, *RT* 765/630).

- **Reincidência:** Não se pode equiparar o sentenciado "tecnicamente primário" ao reincidente, exigindo-se que tenha cumprido mais da metade da pena. Basta que haja cumprido mais de um terço e que suas condições pessoais, devidamente apuradas, lhe sejam favoráveis (TACrSP, *Julgados* 95/43). *Contra*, equiparando o portador de maus antecedentes ao condenado reincidente: TJSC, *RT* 704/380.

- **Tráfico de drogas e tráfico privilegiado (não há reincidência específica):** "Esta Corte Superior de Justiça consolidou entendimento no sentido de afastar a reincidência específica em relação ao tráfico privilegiado e o tráfico previsto no *caput* do art. 33 da Lei de Drogas (HC 530.914/SP, rel. Min. Reynaldo Soares da Fonseca, 5ª T., *DJe* 24.9.2019). À vista do exposto, com fundamento no art. 34, XX, do RISTJ, concedo, *in limine*, o *habeas corpus*, para afastar a natureza hedionda do crime de tráfico com incidência do art. 33, § 4º, da Lei n. 11.343/2006 e a condição de reincidente específico do paciente em crimes hediondos. Em consequência, determino ao Juízo das Execuções a retificação dos cálculos penais e o reexame do pedido do livramento condicional" (STJ, HC 538.164 SP 2019/0301995-2, rel. Min. Rogério Schietti, j. 8.10.2019, *DJe* 14.10.2019). "O sentenciado condenado, primeiramente, por tráfico privilegiado (art. 33, § 4º, da Lei n. 11.343/2006) e, posteriormente, pelo crime previsto no *caput* do art. 33 da Lei n. 11.343/2006, não é reincidente específico, nos termos da legislação especial; portanto, não é alcançado pela vedação legal, prevista no art. 44, parágrafo único, da referida Lei" (HC 419.974/SP, rel. Min. Maria Thereza de Assis Moura, 6ª T., *DJe* 4.6.2018). É incabível a concessão de livramento condicional a reincidente específico em crime de tráfico de drogas. A reincidência genérica demonstra uma maior versatilidade da ação delituosa, enquanto a específica aponta para uma perigosa especialização criminal (TJAP, *RT* 818/622). Quanto à nossa posição acerca do tema, *vide* nota *Lei n. 11.464/2007 e a revogação tácita da última parte do inciso V do art. 83 do CP*.

- **Maus antecedentes:** Se possui maus antecedentes, deve cumprir o prazo de um terço do inciso I do art. 83 do CP, posto ser impossível fazer-se interpretação analógica, em prejuízo do condenado, para que este cumpra metade da pena, nos termos do inciso II deste artigo, o qual somente é aplicável ao condenado reincidente em crime doloso (TJPR, *RT* 815/646). Se já reconhecidos na sentença condenatória, não obrigam o sentenciado a cumprir mais da metade da pena para obter o livramento (TJPR, *RT* 710/322). O importante a verificar é a vida carcerária do condenado, não seu passado ou suas características psicológicas decorrentes de sua natureza, preexistentes ao início da execução da pena (TARS, *RT* 705/367). Possuindo o condenado maus antecedentes, exige-se o cumprimento de metade da pena (TJSP, *RT* 787/603).

- **Falta grave e prazo:** O art. 83, II, do CP, exige, como requisito objetivo, o cumprimento de metade da pena imposta para o livramento; exigir que cumpra metade da pena restante a partir da falta grave, para obter o livramento, é criar requisito objetivo não previsto no inciso III (TJPR, *RT* 824/654).

- **Estrangeiros:** Cumpridas as exigências da lei, o estrangeiro adquire direito subjetivo à liberdade condicional, considerando-se, para efeitos do decreto de expulsão, satisfeita a condição de ter cumprido a pena (TRF da 2ª R., AgEx 92.02.27.716-5/RJ, *mv – DJU* 7.4.98, p. 190, *in Bol. IBCCr* 66/255). *Contra:* Não se pode conceder o livramento condicional a estrangeiro, contra quem haja decreto de expulsão condicionado ao efetivo cumprimento da pena (STF, *RTJ* 117/611).

- *Habeas corpus*: Cabe, se perfeitamente instruído (TJSP, *RT* 643/286). *Contra:* Não cabe, por suprimir um grau de jurisdição – Juízo das Execuções (TJSP, *RT* 645/294).

- **Tóxicos:** O livramento condicional não é reservado tão só aos delitos menos graves, merecendo o benefício o reincidente em tráfico, se preenchidos os requisitos do art. 83 do CP (TJSP, *RT* 642/290, 643/286).

SOMA DE PENAS

Art. 84. As penas que correspondem a infrações diversas devem somar-se para efeito do livramento.

Soma de penas

- **Noção:** Para fins de livramento condicional devem ser somadas, obrigatoriamente, as penas que correspondem a infrações diversas, impostas em um único ou em diversos processos. Em vista disso, ainda que uma só pena, isolada, não alcance o mínimo de dois anos exigido pelo *caput* do art. 83, existindo outra ou outras, pode-se, pela soma de todas, atingir o limite mínimo previsto em lei.

ESPECIFICAÇÕES DAS CONDIÇÕES

Art. 85. A sentença especificará as condições a que fica subordinado o livramento.

Condições do livramento condicional

- **Noção:** O livramento condicional, como o próprio nome indica, é concedido sob *condições* a que o liberado fica subordinado, sob pena de revogação, obrigatória ou facultativa, de sua liberdade. Tais condições são especificadas pelo juiz da execução que deferir o pedido de livramento condicional.

- **Concessão do livramento condicional:** Em seção própria, a LEP regulou as suas formalidades. O pedido de livramento condicional é apresentado ao juiz da execução, que, após ouvidos o Ministério Público e o Conselho Penitenciário (embora, com a edição da Lei n. 10.792/2003, que alterou o art. 70, I, da LEP, essa oitiva tenha, a nosso ver, deixado de ser necessária), deferirá o pedido, se preenchidos os requisitos do art. 83 do CP (LEP, art. 131). Ao deferi-lo, o juiz especificará as condições obrigatórias a que fica sujeito o liberado (LEP, art. 132, § 1º), podendo, facultativamente, impor outras (LEP, art. 132, § 2º). Na cerimônia solene do livramento, o liberado condicional declarará se aceita essas condições (LEP, art. 137, III).

- **Condições de imposição obrigatória:** São as previstas no art. 132, § 1º, da LEP: *a.* Obter ocupação lícita, em tempo razoável, se for apto para trabalhar. *b.* Comunicar sua ocupação, periodicamente. *c.* Não mudar da comarca, sem prévia autorização.

- **Condições de imposição facultativa:** Caso as entenda necessárias, o juiz da execução poderá impor, ainda, mais estas condições, indicadas no art. 132, § 2º, da LEP: *a.* Não mudar de residência, sem comunicação. *b.* Recolher-se à habitação em hora certa. *c.* Não frequentar determinados lugares.

- **Mudança das condições:** Pode haver alteração delas, na forma do art. 144 da LEP, devendo ser ouvido a respeito o liberado.

- **Condição legal indireta:** Podem ser ainda consideradas condições indiretas as causas de *revogação*, obrigatória ou facultativa do livramento, indicadas nos arts. 86 e 87 do CP, referentes à *nova condenação irrecorrível* que vier a ser imposta ao liberado, por crime ou contravenção praticados anteriormente ao livramento ou durante sua vigência.

REVOGAÇÃO DO LIVRAMENTO

Art. 86. Revoga-se o livramento, se o liberado vem a ser condenado a pena privativa de liberdade, em sentença irrecorrível:

I – por crime cometido durante a vigência do benefício;

II – por crime anterior, observado o disposto no art. 84 deste Código.

Revogação do livramento

- **Noção:** O livramento condicional pode vir a ser revogado, caso ocorram certas causas que a lei prevê. Tais causas levam à revogação *obrigatória* (incisos I e II deste art. 86) ou *facultativa* (CP, art. 87) do livramento, podendo o juiz, na hipótese das últimas, em vez de revogar, só advertir o liberado ou agravar as condições do livramento (LEP, art. 140, parágrafo único).

- **Prévia audiência do liberado:** Antes de ser decretada a revogação, o liberado terá de ser ouvido (LEP, art. 143), nomeando-se-lhe defensor caso não o tenha (CR, art. 5º, LV).

Causas de revogação obrigatória

- **1ª Causa:** Condenação *irrecorrível*, a pena de reclusão ou detenção (não de multa) por crime *praticado durante* o período de liberdade condicional (*caput* e item I).

- **2ª Causa:** Condenação *irrecorrível*, a pena reclusiva ou detentiva (não a pena pecuniária), em razão de crime *cometido anteriormente ao início do livramento, ressalvado* o disposto no art. 84 do CP (*caput* e item II). Portanto, na hipótese de condenação por crime *anterior*, permite-se a *soma* da nova pena com a anterior. Se, somadas essas, o liberado ainda preencher o tempo de cumprimento de pena necessário ao livramento (itens I, II ou V do art. 83 do CP), este será mantido.

- **Efeitos da revogação:** São diferentes, conforme a condenação seja consequência de infração cometida *antes* ou *durante* a vigência do livramento (*vide* comentário ao CP, art. 88).

- **Suspensão do livramento condicional:** Como se viu, a revogação em razão de condenação por crime cometido durante a vigência do benefício ou por crime anterior, só pode ser decretada depois de ela passar em julgado. Todavia, na hipótese de prática de crime ou contravenção pelo liberado *durante o livramento*, pode o juiz ordenar sua prisão e *suspender* cautelarmente (*mas* não revogar) o curso do livramento (LEP, art. 145).

Jurisprudência

- **Audiência do liberado:** O livramento condicional não pode ser revogado sem prévia oitiva do liberado, assegurando-se-lhe o direito de defesa ou justificação (TACrSP, *RT* 609/352; TJPR, *RT* 704/379), sob pena de nulidade (TJCE, *RT* 771/645).

- **Suspensão do livramento condicional:** *Vide* jurisprudência sob igual título no art. 87 do CP.

REVOGAÇÃO FACULTATIVA

Art. 87. O juiz poderá, também, revogar o livramento, se o liberado deixar de cumprir qualquer das obrigações constantes da sentença, ou for irrecorrivelmente condenado, por crime ou contravenção, a pena que não seja privativa de liberdade.

Revogação facultativa

- **Noção:** Como se viu no comentário ao art. 86 do CP, o livramento condicional está sujeito a revogação, quando ocorrerem certas causas. Além das causas obrigatórias (CP, art. 86, I e II), há as causas deste art. 87, que são *facultativas*, como diz sua rubrica.

- **Caráter facultativo:** As causas arroladas neste art. 87 são facultativas, porque o juiz pode *escolher* entre revogar o livramento *ou* tomar uma destas medidas: *advertir o liberado* ou *agravar as condições* do livramento (LEP, art. 140, parágrafo único).

Causas de revogação facultativa

- **1ª Causa:** Não cumprimento das obrigações constantes da sentença. Refere-se a lei às *condições* do livramento (CP, art. 85; LEP, art.132) que o liberado aceitou (LEP, art. 137, III).

- **2ª Causa:** Condenação irrecorrível, por crime ou contravenção, a pena não privativa de liberdade. Incluem-se, aqui, tão só as condenações a penas restritivas de direitos, ficando *excluída a* condenação a pena de multa. Tal se justifica, por razões de equidade, diante da atual redação do art. 51 do CP, dada pela Lei n. 9.268/96, que considera a pena de multa dívida de valor e não mais admite a sua conversão em pena privativa de liberdade. A lei não diz se o crime ou a contravenção de que trata este art. 87 é somente aquele cometido durante o livramento ou se abrange, também, o perpetrado antes da concessão do livramento. Interpretando-se este art. 87 em conjunto com os arts. 86, II, e 84 do CP, parece-nos que a condenação a pena não privativa de liberdade abrangida por esta causa facultativa de revogação refere-se a crime ou contravenção praticado *durante o livramento, e não antes*. Se não fosse assim, chegar-se-ia a situações iníquas: uma condenação por crime anterior a *pena privativa de liberdade* de pequena monta poderia não levar à revogação do livramento, dependendo do *quantum* de pena já cumprido (CP, art. 86, II, c/c art. 84), ao passo que uma condenação a *pena restritiva de direitos*, independentemente do montante de pena já cumprido pelo liberado, poderia levar à revogação de seu livramento, ainda que facultativa (art. 87).

- **Suspensão do livramento condicional:** *Vide* nota sob igual título no comentário ao CP, art. 86.

Jurisprudência

- **Remissão:** *Vide*, também, no art. 86 do CP.

- **Fato isolado:** A ocorrência de uma desinteligência familiar durante o livramento condicional não pode ensejar a revogação do benefício, porquanto consistente em fato isolado na vida social do liberado (TJDF, *RT* 856/607).

- **Suspensão do livramento condicional:** Não existe no CP ou na LEP a figura da suspensão do livramento por quebra de obrigação constante da sentença concessiva, sendo ela admissível somente na hipótese do art. 145 da LEP – prática de outra infração durante o seu curso (TJPR, *RT* 704/378).

EFEITOS DA REVOGAÇÃO

Art. 88. Revogado o livramento, não poderá ser novamente concedido, e, salvo quando a revogação resulta de condenação por outro crime anterior àquele benefício, não se desconta na pena o tempo em que esteve solto o condenado.

Efeitos da revogação do livramento condicional

- **Noção:** A confusa redação deste art. 88 não facilita seu entendimento. Por isso, ele deve ser interpretado em conjunto com os correspondentes arts. 141 e 142 da LEP.

- **Efeitos:** São diferentes as consequências da revogação do livramento, conforme forem suas causas:

  - **1ª Hipótese:** Revogação em razão de condenação irrecorrível por fato praticado *antes* do livramento. Seu *efeito*: cumpre o restante da pena, mas é *descontado* o período em que esteve solto. *Somada* a nova condenação (CP, art. 84) ao que resta por cumprir da anterior, poderá obter *novo* livramento condicional, após cumprir um terço, metade, ou dois terços da pena (CP, art. 83, I, II ou V).

  - **2ª Hipótese:** Revogação em razão de condenação irrecorrível por fato praticado *durante* a vigência do livramento. Seu *efeito*: cumpre o restante da pena, *não se descontando* o período em que ficou solto sob livramento condicional. Não poderá obter novo livramento com referência a *esta* pena, mas poderá consegui-lo para a *nova* condenação.

  - **3ª Hipótese:** Revogação em razão do *descumprimento das condições* impostas para o livramento. Cumpre o resto da pena, *não se descontando* o período em que esteve solto e não podendo, quanto a *essa* pena, obter outro livramento.

EXTINÇÃO

Art. 89. O juiz não poderá declarar extinta a pena, enquanto não passar em julgado a sentença em processo a que responde o liberado, por crime cometido na vigência do livramento.

Adiamento da extinção do livramento

- **Noção:** Como se viu nas anotações ao art. 86 do CP, é causa obrigatória de revogação do livramento condicional a condenação por crime cometido antes ou durante a vigência do benefício. Coerentemente, este art. 89 dispõe que o juiz da execução não poderá declarar extinta a pena (isto é, *terminado* o livramento condicional) enquanto não transitar em julgado o processo a que o liberado responde, por crime cometido na vigência do livramento condicional.

- **Alcance:** A disposição só diz respeito a processo por *crime* (e não por motivo de contravenção) praticado *durante* o livramento (e não antes).

- **Efeito:** Não é declarada extinta a pena, enquanto não transita em julgado a decisão do processo referido, mas não persistem as condições a que estava subordinado o liberado durante a vigência do benefício. Caso a aludida decisão seja condenatória, *vide* nosso comentário ao CP, art. 86, I.

Art. 90. Se até o seu término o livramento não é revogado, considera-se extinta a pena privativa de liberdade.

Término do livramento condicional

- **Noção:** Se até o seu fim o livramento não é revogado, considera-se *extinta a pena* privativa de liberdade imposta ao liberado. Nos termos do art. 146 da LEP, o juiz da execução assim a julgará. A data da extinção é a de sua efetiva ocorrência e não a da decisão judicial que a declarar terminada (o fato jurídico da extinção da pena, decorrente do transcurso do tempo, não se confunde com a declaração judicial que reconhece a sua existência).

Jurisprudência

■ **Súmula 617 do STJ:** "A ausência de suspensão ou revogação do livramento condicional antes do término do período de prova enseja a extinção da punibilidade pelo integral cumprimento da pena".

■ **Inércia do órgão fiscalizador:** "A suspensão do livramento condicional não é automática. Pelo contrário, deve ser expressa, por decisão fundamentada, para se aguardar a apuração da nova infração penal cometida durante o período de prova, e, então, se o caso, revogar o benefício. (...) Decorrido o prazo sem ter havido suspensão cautelar do benefício, tampouco sua revogação, extingue-se a pena privativa de liberdade" (STF, HC 119.938, rel. Min. Rosa Weber, j. 3.6.2014). A jurisprudência do STJ é firme no sentido de que não há prorrogação automática do livramento condicional; decorrido o período de prova sem que haja suspensão ou revogação, a pena deve ser declarada extinta (STJ, HC 454.451/SP, rel. Min. Felix Fischer, j. 11.9.2018). Se praticou novo delito durante o período de prova do livramento condicional, caberia ao Juízo das Execuções a suspensão cautelar do benefício para, posteriormente, e se for o caso, revogá-lo (CPP, art. 732; LEP, art. 145), o que não ocorreu. Não obstante ser obrigatória a revogação do livramento condicional na hipótese de condenação irrecorrível à pena privativa de liberdade por crime cometido durante a sua vigência, faz-se mister a suspensão cautelar do benefício. Ainda que no curso do benefício tenha sido demonstrado que o condenado cometera novo delito, tanto a suspensão quanto a revogação só vieram a ocorrer após o cumprimento de todo o período estipulado. Permanecendo inerte o órgão fiscalizador, não poderia ter sido restringido o direito do réu, após o cumprimento integral do benefício, restabelecendo situação já vencida pelo decurso de tempo (CP, art. 90). Devem, assim, ser declaradas extintas as penas quanto aos processos da Vara de Execuções Penais do Estado do Rio de Janeiro (STJ, RHC 34.141, j. 23.6.2004, *DJU* 2.8.2004, *in RBCCr* 51/390).

Capítulo VI
DOS EFEITOS DA CONDENAÇÃO

EFEITOS GENÉRICOS E ESPECÍFICOS

Art. 91. São efeitos da condenação:

I – tornar certa a obrigação de indenizar o dano causado pelo crime;

II – a perda em favor da União, ressalvado o direito do lesado ou de terceiro de boa-fé:

a) dos instrumentos do crime, desde que consistam em coisas cujo fabrico, alienação, uso, porte ou detenção constitua fato ilícito;

b) do produto do crime ou de qualquer bem ou valor que constitua proveito auferido pelo agente com a prática do fato criminoso.

§ 1º Poderá ser decretada a perda de bens ou valores equivalentes ao produto ou proveito do crime quando estes não forem encontrados ou quando se localizarem no exterior.

§ 2º Na hipótese do § 1º, as medidas assecuratórias previstas na legislação processual poderão abranger bens ou valores equivalentes do investigado ou acusado para posterior decretação de perda.

Efeitos penais e extrapenais da condenação

■ **Alteração:** §§ 1º e 2º acrescentados pela Lei n. 12.694, de 24.7.2012.

- **Noção:** Ao condenar alguém pela prática de uma infração, o juiz impõe-lhe a sanção penal que a lei prevê. Todavia, essa sanção (penas de reclusão, detenção, prisão simples, restritivas de direitos e multa) não é a única consequência da condenação penal. Essa condenação tem *outros* efeitos, tanto de natureza *penal* (chamados efeitos penais secundários) como de caráter *extrapenal* (efeitos civis, administrativos etc.).

- **Efeitos penais secundários:** Passada em julgado a condenação, ela: *1.* Pode revogar, facultativa ou obrigatoriamente, o *sursis* ou o livramento condicional (CP, arts. 81 e 86). *2.* Impede a substituição da pena privativa de liberdade por restritiva de direitos, se a condenação anterior tiver sido por crime doloso (CP, art. 44, II). *3.* É pressuposto para eventual reincidência futura (CP, art. 63). *4.* Revoga a reabilitação, se condenado como reincidente (CP, art. 95). *5.* Aumenta e interrompe o prazo da prescrição da chamada pretensão executória, se reincidente (CP, arts. 110, *caput*, e 117, VI). *6.* Impede o reconhecimento de certos privilégios (CP, arts. 155, § 2º, 170, 171, § 1º, e 180, § 3º c/c § 5º). *7.* Faculta a arguição da exceção da verdade na calúnia (CP, art. 138, § 3º, I e III). *8.* É elementar na contravenção de posse de instrumento de furto (LCP, art. 25). *9.* Impede a transação penal e a suspensão condicional do processo (Lei n. 9.099/95, arts. 76, § 2º, I, e 89, *caput*).

- **Efeitos extrapenais da condenação:** Dividem-se eles em *genéricos* (são os deste art. 91) e *específicos* (estão arrolados no art. 92 do CP).

Efeitos extrapenais genéricos

- **Noção:** As consequências extrapenais genéricas (ou secundárias) da condenação passada em julgado – indicadas neste art. 91 – são *automáticas*, dispensando sua expressa declaração na sentença condenatória.

- **1º Efeito:** *Tornar certa a obrigação de indenizar o dano causado pelo crime* (CP, art. 91, I).

- **Reparação do dano:** A condenação penal, a partir do momento em que se torna irrecorrível, faz coisa julgada no *cível*, para fins de reparação do dano. Tem a natureza de título executório, permitindo ao ofendido reclamar a indenização civil sem que o condenado pelo delito possa discutir a existência do crime ou a sua responsabilidade por ele. Ressalte-se, entretanto, que o art. 387, IV, do CPP, com redação dada pela Lei n. 11.719/2008, estabelece que o juiz, ao condenar, "fixará valor mínimo para reparação dos danos causados pela infração, considerando os prejuízos sofridos pelo ofendido".

- **Valor do dano:** Respeitado o valor mínimo fixado pelo juiz criminal (art. 387, IV, do CPP), o valor é apurado no juízo cível, abrangendo, evidentemente, tanto o dano material quanto o moral, nos termos da Súmula 37 do STJ – "São cumuláveis as indenizações por dano material e dano moral oriundos do mesmo fato". *Vide* CPP, arts. 63 a 68, e CC, art. 927 c/c arts. 186 e 187.

- **2º Efeito:** *Perda, em favor da União, ressalvado o direito do lesado ou de terceiro de boa-fé, de instrumentos e do produto do crime* (CP, art. 91, II):

- *a.* **Instrumentos:** Perda dos instrumentos do crime, quando coisas de fabricação, uso, alienação, porte ou guarda *ilegais*. São considerados instrumentos os objetos usados para cometimento do delito, devendo-se lembrar que há armas cuja posse pode ser legal ou ilegal. A lei não se refere a instrumentos de contravenção, não se podendo, assim, incluí-los nesta alínea.

- *b.* **Produto do crime ou qualquer bem ou valor:** Perda do produto ou do proveito auferido pelo condenado com a prática do crime. Incluem-se as coisas obtidas diretamente com o crime ou mesmo indiretamente (alteradas, adquiridas ou criadas com elas). *Vide* CPP, arts. 118 a 124.

- **Transação penal (art. 76 da Lei n. 9.099/95):** Tratando-se de sentença homologatória e não condenatória, são incabíveis, em função dela, os efeitos referidos no art. 91 do CP (nesse sentido, ADA PELLEGRINI GRINOVER, ANTONIO SCARANCE FERNANDES, ANTONIO MAGALHÃES GOMES FILHO e LUIZ FLÁVIO GOMES, *Juizados Especiais Criminais*, 3ª ed. Revista dos Tribunais, p. 154).

- **Bens ou valores não encontrados ou que se localizem no exterior:** A Lei n. 12.694/2012, ao dispor sobre o processo e julgamento das organizações criminosas, passou a admitir duas novas situações, a saber: 1ª) de natureza penal (CP, art. 91, §1º): caso o produto ou o proveito do crime não seja encontrado ou esteja no exterior, poderá o juiz decretar a perda de bens ou valores *equivalentes* (isto é, que tenham valores aproximados), de outros bens ou valores que não sejam especificamente aqueles oriundos do crime objeto da condenação; 2ª) de natureza processual penal (CP, art. 91, § 2º): no caso de bens ou valores equivalentes (*vide* hipótese acima – art. 91, § 1º), as medidas assecuratórias previstas na legislação processual poderão abranger esses mesmos bens ou valores equivalentes para posterior decretação de perda.

- **Alienação antecipada de bens ou valores:** Além de prever a possibilidade de perda de bens ou valores *equivalentes* (*vide* nota acima), a Lei n. 12.694/2012 inseriu o novo art. 144-A no CPP, que trata da alienação antecipada de bens, nos casos em que estiverem sujeitos a qualquer grau de deterioração ou depreciação, ou quando houver dificuldade para sua manutenção.

- **Distinção entre o art. 91, II, *b*, e o art. 43, II:** *Vide* nota ao art. 45, § 3º, sob o título Natureza jurídica.

- **Drogas:** A CR (art. 243 e parágrafo único) prevê a expropriação, sem indenização, de glebas usadas para culturas ilegais de plantas psicotrópicas e o confisco de bens apreendidos em decorrência de tráfico, tratados de modo específico pela Lei n. 8.257/91. O art. 32, § 4º, da Lei n. 11.343/2006 (Lei de Drogas) traz a mesma determinação, sendo que, em seus arts. 60 a 64, igualmente cuida da apreensão, arrecadação e perdimento de bens móveis e imóveis ou valores consistentes em produtos dos crimes previstos nesta lei, ou que constituam proveito auferido com sua prática, bem como dos veículos, embarcações, aeronaves e quaisquer outros meios de transporte, os maquinários, utensílios, instrumentos e objetos de qualquer natureza, utilizados para a prática delituosa.

- **Preconceito ou discriminação:** O § 4º do art. 20 da Lei n. 7.716/89, com redação dada pela Lei n. 9.459, de 13.5.97, dispõe ser efeito da condenação, após o trânsito em julgado da decisão, a destruição do material apreendido, mencionado no § 1º do mesmo artigo.

- **Lavagem de dinheiro:** O art. 7º, I, da Lei n. 9.613/98, com redação dada pela Lei n. 12.683/2012) prevê, como efeitos da condenação, além dos previstos no Código Penal, "a perda, em favor da União – e dos Estados, nos casos de competência da Justiça Estadual –, de todos os bens, direitos e valores relacionados, direta ou indiretamente, à prática dos crimes previstos nesta Lei, inclusive aqueles utilizados para prestar a fiança, ressalvado o direito do lesado ou de terceiro de boa-fé". O inciso II do mesmo art. 7º, por sua vez, também determina "a interdição do exercício de cargo ou função pública de qualquer natureza e de diretor, de membro de conselho de administração ou de gerência das pessoas jurídicas referidas no art. 9º, pelo dobro do tempo da pena privativa de liberdade aplicada".

- **Prostituição e exploração sexual de criança ou adolescente:** Estabelece o § 2º do art. 244-A da Lei n. 8.069/90 que "constitui efeito obrigatório da condenação a cassação da licença de localização e funcionamento do estabelecimento".

- **Organização criminosa:** O funcionário público que venha a ser condenado pela prática do crime de promover, constituir, financiar ou integrar, pessoalmente ou por interposta pessoa, organização criminosa, previsto no art. 2º da Lei n. 12.850/2013, terá, como efeito da condenação transitada em julgado, "a perda do cargo, função, emprego ou mandato eletivo e a interdição para o exercício de função ou cargo público pelo prazo de 8 (oito) anos subsequentes ao cumprimento da pena".

Outros efeitos

- **Suspensão do direito de votar e de ser votado:** Ao contrário do que sucede com a "perda do mandato eletivo", expressamente disciplinada pelo art. 92 do CP, a suspensão dos direitos políticos disposta no art. 15, III, da CR – "é vedada a cassação de direitos políticos, cuja perda ou suspensão só se dará nos casos de: (...) condenação criminal transitada em julgado, enquanto durarem seus efeitos" –, isto é, do direito de votar (sufrágio) e de ser votado, uma vez satisfeitas as exigências para concorrer a cargo público (elegibilidade), não encontra disciplina no CP, diferentemente do que ocorria antes da reforma de 1984 (penas acessórias dos antigos arts. 67, I, e 69, V). De qualquer modo, caso se entenda que a suspensão dos direitos políticos do art. 15, III, da CR *é um efeito genérico e autoaplicável de toda condenação criminal* – cf. ALEXANDRE DE MORAES (*Direito Constitucional*, 14ª ed., São Paulo, Atlas, 2004, p. 261), que traz precedentes do STF –, chegar-se-ia, na prática, a situações absurdas, um verdadeiro *non sense*, como na hipótese de uma condenação por infração de menor potencial ofensivo a pena restritiva de direitos (lembrando-se o crime de lesões corporais culposas decorrentes de um acidente de trânsito) acarretar a suspensão dos direitos políticos do motorista imprudente, enquanto durar a pena. De outra sorte, o exagerado rigor com o condenado por um crime culposo contrasta com o beneplácito da interpretação da cláusula "enquanto durarem seus efeitos", consagrada na Súmula 9 do TSE. Segundo o referido enunciado, não se exige a reabilitação criminal (CP, arts. 93 e 94) para que a pessoa volte a exercer os seus direitos políticos: "A suspensão dos direitos políticos decorrente de condenação criminal transitada em julgado cessa com o cumprimento ou a extinção da pena, independendo de reabilitação ou de prova de reparação dos danos". Observamos que a Lei Complementar n. 135/2010, denominada "Lei da Ficha Limpa", que alterou a LC n. 60/90, estabelece, em seu 1º, I, e, serem inelegíveis "os que forem condenados, em decisão transitada em julgado ou proferida por órgão judicial colegiado, desde a condenação até o transcurso do prazo de 8 (oito) anos após o cumprimento da pena, pelos crimes: 1. contra a economia popular, a fé pública, a administração pública e o patrimônio público; 2. contra o patrimônio privado, o sistema financeiro, o mercado de capitais e os previstos na lei que regula a falência; 3. contra o meio ambiente e a saúde pública; 4. eleitorais, para os quais a lei comine pena privativa de liberdade; 5. de abuso de autoridade, nos casos em que houver condenação à perda do cargo ou à inabilitação para o exercício de função pública; 6. de lavagem ou ocultação de bens, direitos e valores; 7. de tráfico de entorpecentes e drogas afins, racismo, tortura, terrorismo e hediondos; 8. de redução à condição análoga à de escravo; 9. contra a vida e a dignidade sexual; 10. praticados por organização criminosa, quadrilha ou bando". Quanto aos atos de improbidade administrativa, a sua condenação na esfera cível importará "a suspensão dos direitos políticos, a perda da função pública, a indisponibilidade dos bens e o ressarcimento ao erário, na forma e gradação previstas em lei, sem prejuízo da ação penal cabível" (art. 37, § 4º, da CR).

- **Código Civil (impedimento para gerir pessoa jurídica):** Ao tratar da gestão das sociedades simples, o art. 1.011, § 1º, do CC estatui: "Não podem ser administradores, além das pessoas impedidas por lei especial, os condenados a pena que vede, ainda que temporariamente, o acesso a cargos públicos; ou por crime falimentar, de prevaricação, peita ou suborno, concussão, peculato; ou contra a economia popular, contra o sistema financeiro nacional, contra as normas de defesa da concorrência, contra as relações de consumo, a fé pública ou a propriedade, enquanto perdurarem os efeitos da condenação".

- **Comércio exterior:** O art. 76, III, *f*, da Lei n. 10.833/2003 estatui que "os intervenientes nas operações de comércio exterior ficam sujeitos às seguintes sanções: (...) cancelamento ou cassação do registro, licença, autorização, credenciamento ou habilitação para utilização de regime aduaneiro ou de procedimento simplificado, exercício de atividades relacionadas com o despacho aduaneiro, ou com a movimentação e armazenagem de mercadorias sob controle aduaneiro, e serviços conexos, na hipótese de: (...) sentença condenatória, transitada em julgado, por participação, direta ou indireta, na prática de crime contra a administração pública ou contra a ordem tributária".

Jurisprudência

- **Coisa julgada no cível:** O juízo cível não poderá reabrir a questão sobre a responsabilidade civil pelo fato reconhecido como crime, por sentença com trânsito em julgado (STF, *RTJ* 91/253).

- **Natureza da perda:** A perda de bens, instrumentos ou produto do crime é efeito civil e não penal da condenação (STF, *RTJ* 101/516).

■ **Perda de bens e obrigação de reparar o dano. Distinção:** A perda de bens se constitui em pena e possui autonomia em relação à obrigação de reparar o dano, esta sim, mero efeito da sentença penal condenatória e dever do condenado. Ao contrário do que ocorre com a fixação de valor mínimo para indenização à vítima (art. 387, IV, do CPP), em que se exige pedido expresso da acusação ou da parte ofendida, ainda que não especificada a quantia, e tenha havido algum contraditório na instrução probatória, no caso da pena "acessória" inserta no art. 91, II do CP, sequer há a necessidade de postulação expressa no início da persecução criminal e tampouco submissão do pleito ao contraditório, pois tal "confisco" é medida impositiva (efeito automático) da sentença condenatória e, por corolário lógico, se as circunstâncias do decreto de perdimento, assim o determinarem. Logo, deve o Juízo, mesmo por iniciativa própria, se manifestar e afastar o decreto de perdimento quando verificada uma ilegalidade no confisco, visto se tratar de efeito automático da pena previsto no art. 91 do CP, portanto, com carga de indisponibilidade (TRF da 4ª R., 4ª Seção, EI 5011323-11.2014.4.04.7005, j. 21.2.2019, publ. 9.7.2019).

■ **Declaração da perda:** A perda da arma usada na prática do crime é efeito automático da condenação, sendo indiferente que esta não o tenha decretado de forma expressa (TACrSP, *Julgados* 65/324).

■ **Instrumentos do crime:** Há duas correntes: *a*. O confisco só tem cabimento quando se trata de instrumento de crime, e não de contravenção, pois o art. 91, II, *a*, deve ser interpretado restritivamente (TACrSP, *RJDTACr* 20/87, 19/74; TAMG, *RJTAMG* 54-55/454; TJSC, *JC* 70/388). *b*. Mesmo sendo instrumento de contravenção, pode ser confiscado (TJSP, *RT* 702/323; TACrSP, *RJDTACr* 20/114, *mv* – *RT* 713/370; TJMS, *RT* 597/353; TAMG, *RJTAMG* 54-55/510).

■ **Dinheiro apreendido no aeroporto – evasão de divisas (art. 22, parágrafo único, da Lei n. 7.492/86):** "A quantia apreendida com o agente na tentativa de evasão de divisas não é instrumento ou produto do crime, mas sim o seu objeto. Assim sendo, não pode ser declarada perdida como efeito da condenação pela autoridade judiciária, por ausentes as hipóteses do art. 91, II, *a* e *b*, do CP. Ao juiz só resta em tal hipótese liberar a importância na esfera penal, porém sem devolvê-la ao agente, mas sim colocando-a à disposição da autoridade do Banco Central, face à possibilidade da perda do valor excedente em favor do Tesouro Nacional, nos termos do art. 65, III, da Lei n. 9.069/95" (sentença proferida pelo Juiz Marcelo Costenaro Cavali, da 6ª Vara Criminal da Justiça Federal em São Paulo, Processo 0008613-19.2007.403.6119, em 28.2.2013).

■ **Descaminho:** É incabível a aplicação da pena de perdimento do veículo transportador, quando há desproporcionalidade gritante entre o valor do veículo e o das mercadorias objeto de descaminho (TRF da 1ª R., Remessa *Ex Officio* 96.01.05697-1/DF, *DJU* 6.5.96, p. 28619). Constatado pericialmente que o veículo apresenta compartimento adrede preparado para ocultação de mercadorias, poderá ser ele objeto de confisco pela União, em caso de sentença condenatória (TRF da 4ª R., Ap. 2000.04.01.023267-9/PR, *DJU* 7.6.2000, p. 55, *in Bol. IBCCr* 92/464).

■ **Terceiro de boa-fé:** O art. 91, II, do CP, trata do confisco, isto é, da perda em favor da União dos instrumentos do crime e de seu produto. A apreensão de bens – no processo criminal –, que não estejam arrolados nesse dispositivo legal, somente se justifica se se mostrarem imprescindíveis à produção de alguma prova. A restituição de bem de propriedade de terceiro (de boa-fé) não afronta o art. 118 do CPP quando não interessam ao processo. Tratando-se do crime de adulteração de combustível, para a produção de eventual prova bastaria a retirada de amostra do produto, sendo dispensável a manutenção da apreensão dos veículos utilizados no transporte (TJPR, *RT* 811/672). O veículo utilizado na prática de contrabando ou descaminho só deve permanecer apreendido na esfera criminal se houver possibilidade de, ao final da ação penal, ser decretado o confisco por ser instrumento ou produto do crime. Se ausentes essas hipóteses, deve ser feita a restituição, sem prejuízo de eventual apreensão na esfera administrativa (TRF da 4ª R., RSE 2001.71060011229, j. 2.4.2002, *DJU* 8.5.2002, p. 1156, *in Bol. IBCCr* 116/626). Comprovada nos autos a propriedade do bem pelo requerente (art. 120, *caput*, CPP), a ausência de interesse no curso do inquérito ou da instrução judicial na manutenção da apreensão (art. 118, CPP) e que o objeto pertence a terceiro de boa-fé (art. 91, II, CP) sem qualquer participação no fato criminoso, impositiva a restituição de veículo (TJMS, 3ª CCr, APR 0802566-26.2017.8.12.0019, j. 5.7.2018, publ. 9.7.2018).

- **Tráfico:** O fato de o entorpecente ter sido encontrado no veículo não é suficiente para autorizar a sua perda em favor da União, *ex vi* do art. 34 da Lei n. 6.368/76 (atual art. 33 da Lei n. 11.343/2006) (TJGO, *RT* 781/631).

- **Produto do crime:** A decisão que decreta a perda de dinheiro apreendido com traficante preso em flagrante deve ser fundamentada (TJMT, *RT* 702/369). É efeito da condenação a perda do produto do crime de descaminho (TFR, Ap. 6.794, *DJU* 18.9.86, p. 16967; contra: TFR, Ap. 8.840, *DJU* 20.2.89, p. 1106, ressalvando o perdimento em processo fiscal). A devolução é inadmissível, ainda que sobrevenha a prescrição da pretensão executória (STJ, *RT* 717/474).

- **Prescrição:** Reconhecida a prescrição da pretensão punitiva estatal, não são aplicáveis os efeitos secundários e extrapenais da condenação, inclusive aqueles previstos no art. 91 do Código Penal (TJES, 1ª CCr, AP 0023974-85.2010.8.08.0012, j. 31.7.2019, publ. 12.8.2019).

Art. 91-A. Na hipótese de condenação por infrações às quais a lei comine pena máxima superior a 6 (seis) anos de reclusão, poderá ser decretada a perda, como produto ou proveito do crime, dos bens correspondentes à diferença entre o valor do patrimônio do condenado e aquele que seja compatível com o seu rendimento lícito.

§ 1º Para efeito da perda prevista no *caput* deste artigo, entende-se por patrimônio do condenado todos os bens:

I – de sua titularidade, ou em relação aos quais ele tenha o domínio e o benefício direto ou indireto, na data da infração penal ou recebidos posteriormente; e

II – transferidos a terceiros a título gratuito ou mediante contraprestação irrisória, a partir do início da atividade criminal.

§ 2º O condenado poderá demonstrar a inexistência da incompatibilidade ou a procedência lícita do patrimônio.

§ 3º A perda prevista neste artigo deverá ser requerida expressamente pelo Ministério Público, por ocasião do oferecimento da denúncia, com indicação da diferença apurada.

§ 4º Na sentença condenatória, o juiz deve declarar o valor da diferença apurada e especificar os bens cuja perda for decretada.

§ 5º Os instrumentos utilizados para a prática de crimes por organizações criminosas e milícias deverão ser declarados perdidos em favor da União ou do Estado, dependendo da Justiça onde tramita a ação penal, ainda que não ponham em perigo a segurança das pessoas, a moral ou a ordem pública, nem ofereçam sério risco de ser utilizados para o cometimento de novos crimes.

Perda do patrimônio não declarado

- **Alteração:** Art. 91-A incluído pela Lei n. 13.964/2019.

(Caput)

- **Noção:** O art. 91-A, *caput*, criou a *presunção* relativa de que todo o patrimônio de um condenado por crime cuja pena máxima em abstrato seja superior a 6 (seis) anos de reclusão, correspondente à diferença entre o valor do patrimônio do condenado e aquele que seja compatível com seu rendimento lícito, *é produto ou proveito do crime*.

(§ 1º)

- **Conceito de patrimônio (§ 1º):** Considera-se patrimônio todos os *bens* do condenado. Para De Plácido e Silva, *bem* é "toda coisa, todo direito, toda obrigação, enfim qualquer elemento material ou imaterial, representando uma utilidade ou uma riqueza, integrada no patrimônio de alguém e passível de apreciação monetária" (*Vocabulário Jurídico*, 2ª ed., Rio de Janeiro-São Paulo, Forense, 1967, v. I, pp. 236-237).

■ **Inciso I:** De sua *titularidade ou em relação aos quais ele tenha o domínio e o benefício direto ou indireto, na data da infração penal ou recebidos posteriormente*. Quando a lei fala em *titularidade*, quer dizer "a qualidade de titular de alguma coisa, em virtude de título conferido ou outorgado"; já *título* significa "a causa, a origem ou o fundamento jurídico de um direito extensiva e objetivamente designa o próprio escrito, ou instrumento, em que se redigiu o ato jurídico, de que resulta, ou de que se deriva o próprio direito, e para que, por ele, se possam fazer valer os efeitos legais: título de propriedade, título de crédito", como ensina DE PLÁCIDO E SILVA (*Vocabulário Jurídico*, cit., v. IV, p. 1562). Mesmo se o condenado não tiver o *título* de propriedade do bem, ou seja, o instrumento escrito que lhe confira o direito, para fins deste art. 91-A, poderá ser objeto de perda aqueles bens sobre os quais o apenado exerça *domínio*, ou dele tenha *benefício direto ou indireto*. Ou seja, o conceito de patrimônio, aqui, abrange, por exemplo, a situação de que uma pessoa compra um imóvel de determinada construtora mediante instrumento particular, e não leva essa aquisição a registro público, nele residindo ou dele recebendo aluguel, ou que tenha comprado veículo, utilizando-o, sem transferi-lo oficialmente para o seu nome. Lembramos, todavia, que, para o citado autor, "domínio, no entanto, compreende somente os direitos reais, ou seja, o direito de propriedade encarado somente em relação às coisas materiais ou corpóreas" (ob. cit., v. II, p. 565).

■ **Bens recebidos posteriormente à data da infração:** O rigor da lei, aqui, é tamanho, que o patrimônio objeto da perda abrange tanto os bens já existentes *na data da infração penal* como também os *recebidos posteriormente*. É evidente que, se esses bens recebidos posteriormente à data da infração tiverem comprovação de origem lícita, não serão objeto de perda.

■ **Inciso II:** *Transferidos a terceiros a título gratuito ou mediante contraprestação irrisória, a partir do início da atividade criminal*. A perda deste art. 91-A compreende, igualmente, bens de terceiros, desde que a eles tenham sido transferidos sem nenhuma contraprestação, ou seja, doados, ou vendidos mediante preço irrisório, isto é, com flagrante desproporção em face de seu valor de mercado. Trata-se de *simulação* do negócio jurídico, prevista no art. 167 do Código Civil, que é causa de sua nulidade. A jurisdição criminal, neste ponto, avança sobre a cível ao se decretar a perda desses bens, objeto de negócios jurídicos simulados. A perda, porém, não alcança bens que tenham sido transferidos a terceiros *antes* do início da atividade criminosa pela qual o sujeito foi condenado.

(§ 2º)   ■ **Inversão do ônus da prova:** Ressalva este parágrafo que o condenado poderá demonstrar a inexistência de incompatibilidade entre o valor de seu patrimônio e seus rendimentos lícitos, ou a procedência lícita dos bens, como na hipótese de um imóvel recebido por herança, embora não registrado.

■ **Declaração ao Imposto de Renda:** O fato de o patrimônio estar ou não declarado às autoridades, ou seja, no Imposto de Renda do condenado, *é relativo*. Pode o condenado possuir patrimônio não declarado ao Fisco, cuja origem seja *lícita*, tendo havido sonegação fiscal. Uma pessoa pode ter, perfeitamente, rendimentos provenientes de atividades informais que nada têm de criminosas, sobretudo em épocas de desemprego, não declaradas em imposto de renda. Ou seja, a não declaração ao Fisco não torna, por si só, ilícito o patrimônio. Por outro lado, estando os bens declarados às autoridades fiscais, *tem-se a presunção de que sejam lícitos*, possuindo origem. Todavia, não se desconsidera a hipótese de existirem bens de origem ilícita que *eventualmente* possam constar da declaração de Imposto de Renda do condenado, em casos de anterior lavagem de dinheiro; essa hipótese, contudo, demanda a devida comprovação judicial, garantindo-se ampla defesa, com todos os meios admitidos em lei (documental, testemunhal e pericial), durante a instrução judicial, para que o acusado prove ser a sua origem lícita. Assim, quando o legislador se refere a *rendimento lícito*, isso não significa, necessariamente, rendimento *declarado* às autoridades fiscais e *vice-versa*. A análise deverá ser feita *caso a caso*.

(§ 3º)   ■ **Contraditório e preclusão:** Cabe ao Ministério Público requerer, de modo expresso, a perda de bens, fazendo-o na oportunidade em que oferecer a denúncia. Para tanto, deverá o *Parquet* indicar a diferença apurada, a fim de que o acusado possa se defender desse pedido durante a instrução do processo criminal conforme previsto no § 2º, em respeito às garantias do contraditório e da ampla defesa. Exige-se, por imperativo lógico, que o Ministério Público demonstre, de forma fundamentada, a procedência de seu requerimento nessa ocasião. A lei, aqui, é clara no sentido de criar um momento preclusivo, não podendo o pedido de perda de bens ser feito posteriormente, tampouco ter o seu valor alterado para maior durante o processo.

(§ 4º) ▪ **Sentença condenatória:** Após a instrução criminal, tendo acusação e defesa se manifestado sobre o pedido de perda de bens, cabe ao juiz, por ocasião da sentença condenatória, declarar o valor da diferença apurada e especificar os bens cuja perda for decretada. Impõe-se, assim, que o magistrado *fundamente*, com base na prova produzida sob o contraditório, a sua decisão.

(§ 5º) ▪ **Organizações criminosas e milícias:** O art. 91, II, *a*, do CP, prevê a perda em favor da União, ressalvado o direito do lesado ou terceiro de boa-fé, dos instrumentos do crime, *desde que* consistam em coisas cujo fabrico, alienação, uso, porte ou detenção constitua fato *ilícito*. Ampliando o alcance da perda dos *instrumentos do crime*, o novo art. 91-A, § 5º, dispõe que, tendo estes sido utilizados para a prática de crimes por organizações criminosas (art. 1º, § 1º, da Lei n. 12.850/2013) ou milícias (art. 288-A do CP), *todos os instrumentos* serão declarados perdidos em favor da União, caso de trate de condenação proferida pela Justiça Federal, ou do Estado, nas hipóteses de sentença da Justiça Estadual. A perda ocorrerá mesmo que os instrumentos não ponham em perigo a segurança das pessoas, a moral ou a ordem pública, nem ofereçam sério risco de ser utilizados para o cometimento de novos crimes. Aqui, pouco importa a origem *lícita* do bem; para a sua perda, basta que tenha sido utilizado como instrumento da atividade da organização criminosa ou da milícia. Haverá necessidade de o Magistrado fundamentar, devidamente, o fato do bem cuja perda em favor da União é decretada, com a atividade criminosa.

Art. 92. São também efeitos da condenação:

I – a perda de cargo, função pública ou mandato eletivo:

a) quando aplicada pena privativa de liberdade por tempo igual ou superior a 1 (um) ano, nos crimes praticados com abuso de poder ou violação de dever para com a Administração Pública;

b) quando for aplicada pena privativa de liberdade por tempo superior a 4 (quatro) anos nos demais casos;

II – a incapacidade para o exercício do poder familiar, da tutela ou da curatela nos crimes dolosos sujeitos à pena de reclusão cometidos contra outrem igualmente titular do mesmo poder familiar, contra filho, filha ou outro descendente ou contra tutelado ou curatelado;

III – a inabilitação para dirigir veículo, quando utilizado como meio para a prática de crime doloso.

Parágrafo único. Os efeitos de que trata este artigo não são automáticos, devendo ser motivadamente declarados na sentença.

Efeitos extrapenais específicos ▪ **Alteração:** Inciso I com redação dada pela Lei n. 9.268, de 1.4.96. Inciso II com nova redação dada pela Lei n. 13.715, de 25.9.2018.

▪ **Noção (necessidade de motivação):** Os efeitos extrapenais da condenação passada em julgado, indicados neste art. 92, são *específicos e não automáticos*. Só se aplicam a certas hipóteses de determinados crimes e dependem de a sentença condenatória tê-los *motivadamente* declarado, de modo a deixar claras a necessidade e a adequação ao condenado. Na feliz expressão cunhada por JOAQUIM CANUTO MENDES DE ALMEIDA, quando o legislador exige expressa declaração e motivação a fim de que determinados efeitos da condenação possam incidir sobre o condenado, são eles *efeitos alomáticos*, que não se confundem com os ditos *efeitos automáticos* de toda e qualquer condenação, previstos no art. 91 do CP, os quais não precisam ser declarados na sentença ou acórdão condenatório.

- **1º Efeito específico:** *Perda de cargo, função pública ou mandato eletivo* (CP, art. 92, I). Quanto ao conceito de *cargo e função pública*, *vide* comentários ao CP, art. 327. Quanto ao conceito de agente público para o efeito da Lei de Abuso de Autoridade (Lei n. 13.869/2019), cf. seu art. 2º, *caput*, e parágrafo único. A perda do mandato eletivo, também tratada neste art. 92, I, encontra respaldo constitucional no art. 15, III, da *Magna Carta*. Tratando-se de Senadores e Deputados Federais, embora não se exija mais prévia autorização legislativa para que sejam eles processados perante o STF (cf. EC n. 35/2001, que alterou o art. 53 da CR), a perda de seu mandato exige deliberação, mediante voto secreto, da maioria absoluta da respectiva Casa, mediante provocação da Mesa ou de partido político representado no Congresso Nacional, assegurada ampla defesa, nos termos do art. 55, VI e § 3º, da Lei Maior. No âmbito estadual e do Distrito Federal, aos Deputados aplicam-se as mesmas regras dos parlamentares federais (CR, arts. 32, § 3º, e 27). No que concerne às ações penais contra o Presidente da República, Senadores e Deputados Federais, Governadores e Deputados Estaduais, *vide* comentários ao art. 100.

- **Requisitos:** Para que a perda do cargo, função pública ou mandato eletivo possa ser declarada, são necessários: *a.* Condenação *igual ou superior a um ano*, nos crimes praticados com abuso de poder ou violação de dever para com a Administração Pública. *b.* Condenação por tempo *superior a quatro anos*, nos demais casos.

- **Irretroatividade:** A *antiga* redação do inciso I deste art. 92 previa a perda de cargo, função pública ou mandato eletivo, nos crimes praticados com *abuso de poder ou violação de dever* para com a Administração Pública, quando a pena aplicada fosse *superior a quatro anos*. A *atual* redação do inciso I, dada pela Lei n. 9.268, de 1.4.96, passou a aplicar a perda de cargo, função pública ou mandato eletivo para as condenações *iguais ou superiores a um ano*, aos *mesmos crimes*, ou seja, praticados com abuso de poder ou violação de dever (alínea *a*). De outra parte, a antiga redação do inciso I *não previa* a perda de cargo, função pública ou mandato eletivo para crimes praticados *sem* abuso de poder ou violação de dever para com a Administração Pública. Já a atual redação prevê estes efeitos da condenação também para os crimes praticados *sem* tal abuso ou violação, ou seja, para os *demais* crimes do CP, desde que a pena seja *superior a quatro anos* (alínea *b*). Sendo a *atual* redação do inciso I *mais gravosa*, em suas duas alíneas, ela não retroage.

- **Prazo:** *Vide* comentários ao art. 93, parágrafo único, do CP.

- **Confronto:** No caso de crime de abuso de autoridade, um dos efeitos da condenação é a perda do cargo, do mandato ou da função pública (Lei n. 13.869/2019, art. 4º, inciso III). Tratando-se de crime de tortura, *vide* art. 1º, § 5º, da Lei n. 9.455/97, onde é prevista a perda do cargo, função ou emprego público, bem como a interdição para o seu exercício pelo dobro do prazo da pena aplicada.

- **2º Efeito específico:** *Incapacidade para o exercício do poder familiar, da tutela ou da curatela* (CP, art. 92, II).

- **Requisitos:** Para que possa ser declarada, são exigidas duas condições concomitantes: *a.* Crimes dolosos, sujeitos a pena de *reclusão* (ainda que se obtenha *sursis*). *b.* Cometidos contra outrem igualmente titular do mesmo poder familiar (p.ex., contra um pai ou mãe), contra filho, filha ou outro descendente ou contra tutelado ou curatelado. Entendemos que, embora a lei não restrinja o tipo de crime, este efeito específico ficar restrito aos casos em que a declaração de incapacidade seja, de fato, necessária e conveniente, observando-se, sempre, o princípio da proporcionalidade. Ampliação da Lei n. 13.715/2018: Essa lei inovou e previu a incapacidade (efeito da condenação deste art. 92, II) nos casos de crimes dolosos sujeitos à pena de reclusão cometidos contra *outrem igualmente titular do mesmo poder familiar*, isto é, na hipótese do marido agredir a mulher, ou vice-versa, tendo como consequência a perda do pátrio poder, pelo agressor, dos filhos do casal. Essa previsão já constava do Estatuto da Criança e do Adolescente, em seu art. 23, § 2º: "A condenação criminal do pai ou da mãe não implicará a destituição do poder familiar, exceto na hipótese de condenação por crime doloso sujeito à pena de reclusão *contra outrem igualmente titular do mesmo poder familiar* ou contra filho, filha ou outro descendente". Como se trata de medida extremamente severa, atingindo o pátrio poder por uma agressão contra o cônjuge, esse efeito da condenação há de ser visto com muita cautela, exigindo análise detalhada do caso concreto que o justifique.

- Prazo: *Vide* comentários ao art. 93, parágrafo único, do CP.

- 3º Efeito específico: *Inabilitação para dirigir veículo, quando utilizado como meio para a prática de crime doloso* (CP, art. 92, III). Este efeito extrapenal específico de interdição não se confunde com a pena restritiva de direitos de suspensão da autorização ou habilitação para dirigir veículo (CP, art. 47, III) e tampouco com a pena prevista no art. 292 do CTB (Lei n. 9.503/97). *Vide* nota ao art. 47, sob o título *3ª Interdição*.

- Requisito: Pode ser declarada a inabilitação como efeito da condenação, quando o agente cometeu *crime doloso*, utilizando-se de *veículo* (automóvel, caminhão, motocicleta etc.) para a sua prática.

- Alcance: Não depende de ser o agente legalmente habilitado, pois o que se prevê não é a suspensão, mas a própria inabilitação. A lei, evidentemente, está se referindo a veículo automotor, seja por combustão ou elétrico (ônibus, automóveis, caminhões, motocicletas, barcos, aeronaves etc.), e não a veículos de propulsão humana, tração animal ou outros para os quais não é exigida habilitação.

- Prazo: O art. 92 não traz, aqui, qualquer prazo para a duração desta interdição, a qual, todavia, jamais poderá ser perpétua (diante da vedação constitucional – CR, art. 5º, XLVII, b), devendo vigorar enquanto não tiver havido a reabilitação criminal, consoante expressa disposição do parágrafo único do art. 92 do CP.

Parágrafo único

- Deve ser declarada: Como salientado acima (cf. nota *Noção*), os efeitos extrapenais específicos previstos neste art. 92 não são consequência automática da condenação, mesmo quando preencham seus pressupostos. Eles dependem de ser *motivadamente declarados* na sentença. Ou seja, para terem, realmente, os efeitos assinalados, é imprescindível que a sentença os declare *expressamente*, dando os motivos pelos quais a condenação terá as consequências específicas do art. 92, I a III.

- Suspensão dos efeitos dos incisos I, II e III deste art. 92: *Vide* nota ao CP, art. 93, parágrafo único, *2ª Consequência*.

- Desobediência: Em caso de desobediência, *vide* art. 359 do CP.

Outras questões

- Extinção das antigas penas acessórias: Em sua redação original, o CP previa as denominadas *penas acessórias* (antigos arts. 67 a 73), que eram sanções penais aplicáveis, junto com uma pena principal, em determinadas hipóteses que a lei previa. Eram elas de três espécies (perda de função pública, interdições de direitos e publicação da sentença). A reforma penal de 1984 *aboliu*, por completo, as penas acessórias, que desde então não mais existem em nossa legislação com a natureza que elas tinham. Algumas foram aproveitadas como *penas restritivas de direitos*, na espécie específica de *interdição temporária de direitos* (CP, arts. 43, II, 47, 56 e 57), servindo como *substitutivas* de penas privativas de liberdade. Outras, também adaptadas, podem constituir efeitos *extrapenais específicos da condenação* (CP, art. 92), quando, sendo cabíveis, haja sua declaração motivada na sentença. Vê-se, por estas breves anotações, a absoluta incompatibilidade de serem mantidas ou revividas, na atual sistemática penal, as antigas *penas acessórias*. O princípio da *retroatividade* da lei penal mais favorável as atingiu inapelavelmente. Algumas não mais existirão (interdição provisória, publicação da sentença etc.). Outras ainda serão lembradas, mas com natureza, efeitos e requisitos diversos: de pena substitutiva ou de efeito extrapenal da condenação.

- **Lei de Abuso de Autoridade:** A Lei n. 13.869/2019 prevê, em seu art. 4º, *caput*, os seguintes efeitos da condenação: I – tornar certa a obrigação de indenizar o dano causado pelo crime, devendo o juiz, a requerimento do ofendido, fixar na sentença o valor mínimo para reparação dos danos causados pela infração, considerando os prejuízos por ele sofridos; II – a inabilitação para o exercício de cargo, mandato ou função pública, pelo período de um a cinco anos; III – a perda do cargo, do mandato ou da função pública. É importante ressaltar, ainda, que a referida lei dispõe que os efeitos previstos nos incisos II e III são condicionados à ocorrência de reincidência em crime de abuso de autoridade e não são automáticos, devendo ser declarados motivadamente na sentença (parágrafo único).

- **Crimes falimentares:** A Lei n. 11.101/2005 (Lei de Recuperação Judicial e Falências) estipula, em seu art. 181, que são efeitos *específicos* da condenação por crime falimentar: (*a*) a inabilitação para o exercício de atividade empresarial; (*b*) o impedimento para o exercício de cargo ou função em conselho de administração, diretoria ou gerência das sociedades sujeitas a essa lei; e (*c*) a impossibilidade de gerir empresa por mandato ou por gestão de negócio.

- **Improbidade administrativa:** Quanto aos atos de improbidade administrativa, a sua condenação na esfera cível importará "a suspensão dos direitos políticos, a perda da função pública, a indisponibilidade dos bens e o ressarcimento ao erário, na forma e gradação previstas em lei, sem prejuízo da ação penal cabível" (art. 37, § 4º, da CR).

Jurisprudência

- **Perda de função pública:** A partir da Lei n. 9.268/96, a perda do cargo, função pública ou mandato eletivo do servidor é efeito da condenação, quando a pena privativa de liberdade for igual ou superior a um ano, nos crimes com violação de dever para com a Administração Pública (TJMT, *RT* 770/630). Consoante estabelece o parágrafo único do art. 92, "o efeito de que ele trata não é automático, devendo ser motivadamente declarado, por conseguinte, ainda que ao réu seja aplicada pena privativa de liberdade superior a um ano, a perda do cargo público é um *plus* que deve ser muito bem sopesado, já que produz consequências inomináveis ao agente, podendo acarretar sua ruína pessoal" (TJSP, Ap. 00453662.3/0-0000-000/SP, j. 6.12.2006). A pena acessória de perda de função pública, aplicada antes da reforma do CP, junto com condenação inferior a quatro anos, deve ser excluída, pois não se enquadra nos requisitos objetivos do novo art. 92, I (STF, *RT* 614/378; TJSP, *RJTJSP* 95/434). Não deve ser excluída, se condenado a mais de quatro anos, respeitados os pressupostos da reforma de 1984 (STF, *RT* 637/355). Não incide, se não foi condenado ao limite de pena necessário (TJSP, *RT* 609/302).

- **Perda do pátrio poder:** Embora reprovável moralmente, não deve ser aplicada pela conduta isolada e fortuita de quem, ao tentar esquivar-se da abordagem policial, esconde o entorpecente sob as vestes do filho que trazia ao colo (TJSP, *RJTJSP* 169/302).

- **Cassação da aposentadoria:** "A cassação da aposentadoria, com lastro no art. 92, I, alínea *a*, do Código Penal, é ilegítima, tendo em vista a falta de previsão legal e a impossibilidade de ampliar essas hipóteses em prejuízo do condenado, sob pena de ofensa ao princípio da legalidade estrita. O dispositivo prevê a perda do cargo, obviamente para aquele que ainda o ocupa em atividade" (TJSC, 3ª Câmara de Direito Público, AC 0301411-34.2016.8.24.0023 Capital, j. 18.2.2020).

Capítulo VII
DA REABILITAÇÃO

REABILITAÇÃO

Art. 93. A reabilitação alcança quaisquer penas aplicadas em sentença definitiva, assegurando ao condenado o sigilo dos registros sobre seu processo e condenação.

Parágrafo único. A reabilitação poderá, também, atingir os efeitos da condenação, previstos no art. 92 deste Código, vedada reintegração na situação anterior, nos casos dos incisos I e II do mesmo artigo.

Reabilitação

- Noção: A reabilitação é a declaração judicial de que o condenado, após cumprir a pena e preencher as condições do art. 94, volta a ter o mesmo *status dignitatis* que ostentava antes, como pessoa livre que nada deve ao Estado e à sociedade. Entretanto, como se verifica da redação do parágrafo único deste art 93, o alcance dos efeitos da reabilitação é limitado; na verdade, serve, apenas, para suspender, parcialmente, certos efeitos da condenação. Vejamos as consequências da reabilitação:

- 1ª Consequência: Sigilo sobre o processo e a condenação (*caput*). Observe-se que o sigilo abrange as consultas e certidões de antecedentes criminais *para fins civis*, mesmo porque, alinhando-se aos termos do art. 748 do Código de Processo Penal e do art. 202 da LEP "não há razão para manter os referidos dados em outros arquivos, sob pena de conferir a guarda da presunção de inocência e da intimidade da pessoa humana a agentes de polícia, bancas examinadoras de concurso público e cartórios extrajudiciais, ressalvada, todavia, a possibilidade de o juiz criminal requisitá-los dos arquivos no Poder Judiciário" (STJ, 6ª T., Emb. Decl. no RMS n. 35.622/SP (2011/0225409-9), rel. Min. Rogério Schietti Cruz, *DJe* 3/232014). Desse modo, somente mediante requisição *judicial* é que se poderá ter acesso às informações da condenação do reabilitado (cf., a propósito, TJSP, 12ª Câm., Ap. 1001201-30.2018.8.26.0050, j. 21.7.2020). O disposto neste art. 93, *para fins de sigilo*, mostra-se absolutamente inútil diante da redação do art. 202 da LEP, que garante o mesmo sigilo logo que cumprida ou extinta a pena, ou seja, pela reabilitação, devem-se esperar pelo menos dois anos após a extinção da pena (art. 94, *caput*) para dar entrada ao pedido que, se deferido, levará ao mesmo sigilo que é automático e deve existir a partir da própria data da extinção da pena (LEP, art. 202). Além disso, a reabilitação pode ser revogada (CP, art. 95), com o que voltaria a figurar nos registros a condenação que foi objeto da reabilitação. Ao contrário dela, o sigilo do art. 202 da LEP é definitivo.

- 2ª Consequência: *Suspender os efeitos extrapenais específicos da condenação, previstos no art. 92 e parágrafo único do CP*. Todavia, expressamente consigna-se que fica *vedada a reintegração na situação anterior*, nos casos dos incisos I e II daquele art. 92. Assim, reabilitação, mesmo, só ocorrerá na hipótese do art. 92, III, pois o reabilitado poderá ser, então, habilitado ou "reabilitado" apenas para dirigir veículo. Nesse sentido, o Código de Trânsito Brasileiro igualmente dispõe em seu art. 263, § 2º: "Decorridos dois anos da cassação da Carteira Nacional de Habilitação, o infrator poderá requerer sua reabilitação, submetendo-se a todos os exames necessários à habilitação, na forma estabelecida pelo CONTRAN". Com relação à perda de cargo ou função pública (inciso I), não poderá ser reconduzido ao cargo ou função que ocupava, lembrando-se, ainda, que poderá ter sido expulso do serviço público mediante o competente processo administrativo. Reabilitado, nada impede que preste novo concurso público. Também para a incapacidade de exercício do pátrio poder, tutela e curatela (inciso II) poderá o reabilitado exercê-los com relação a outros filhos, tutelados ou curatelados, mas *não* com referência àquele contra quem foi o crime cometido.

- Reincidência: A reabilitação não a apaga; é necessário o transcurso dos cinco anos da temporariedade, não bastando só os dois anos do prazo da reabilitação.

- Ordem dos Advogados do Brasil: A exclusão ou suspensão de Advogado dos quadros da OAB é de competência *exclusiva* do Órgão de Classe. A respeito, segundo o Estatuto da OAB, a pessoa condenada por crime infamante não possui idoneidade para ingressar nos quadros da Ordem, salvo reabilitação criminal (art. 8º, § 4º, da Lei n. 8.906/94). Por sua vez, caso o advogado venha a ser condenado pela prática de crime infamante, ele, por decisão do Conselho Seccional, perderá a sua inscrição, podendo requerer o seu reingresso nos quadros da Ordem após a reabilitação criminal (art. 11, § 3º).

▪ **Requisitos e revogação da reabilitação:** *Vide* CP, arts. 94 e 95, respectivamente.

Jurisprudência

▪ **Prescrição e reabilitação:** Se foi reconhecida a prescrição da própria pretensão punitiva (e não apenas a da pretensão executória), não cabe cogitar de reabilitação, pois esta só alcança o condenado, e como tal não se considera quem teve processo em que foi reconhecida a prescrição da pretensão punitiva ou da ação penal (TACrSP, *RT* 617/324, *Julgados* 91/182, *RJDTACr* 33/411).

▪ **Pátrio poder:** A declaração de incapacidade para o exercício do pátrio poder tem caráter permanente em relação ao filho que foi vítima, e também permanente para os demais, desde que a eles tenha sido estendido o gravame; no entanto, quanto a estes, a suspensão do pátrio poder pode ser atingida pela reabilitação do art. 93 do CP (TAPR, *RT* 785/712).

▪ **Folha de antecedentes:** Por analogia ao que dispõe o art. 748 do CPP, que assegura ao reabilitado o sigilo das condenações criminais anteriores na sua folha de antecedentes, devem ser excluídos dos terminais dos Institutos de Identificação Criminal os dados relativos a inquéritos arquivados e a processos em que tenha ocorrido a reabilitação do condenado, a absolvição do acusado por sentença transitada em julgado, ou tenha sido reconhecida a extinção da punibilidade pela prescrição da pretensão punitiva do Estado, de modo a preservar a intimidade do mesmo (STJ, RMS 16.202-SP, *DJU* 12.8.2003, p. 246). "Não há razão para manter os referidos dados em outros arquivos, sob pena de conferir a guarda da presunção de inocência e da intimidade da pessoa humana a agentes de polícia, bancas examinadoras de concurso público e cartórios extrajudiciais, ressalvada, todavia, a possibilidade de o juiz criminal requisitá-los dos arquivos no Poder Judiciário" (STJ, 6ª T., Emb. Decl. no RMS n. 35.622/SP (2011/0225409-9), rel. Min. Rogério Schietti Cruz, *DJe* 3/232014). Somente mediante requisição *judicial* para fins criminais é que se poderá ter acesso às informações da absolvição da imputação de crime de roubo, excluindo-se o registro desse processo e de um outro inquérito arquivado, das informações de livre consulta, inclusive da polícia militar ou da polícia civil (TJSP, 12ª Câm., Ap. 1001201-30.2018.8.26.0050, rel. Des. Amable Lopez Soto, j. 21.7.2020).

▪ **Reabilitação não afasta os maus antecedentes:** Entende-se por antecedentes penais todo o histórico criminal do agente que não tem mais força para gerar reincidência, razão pela qual não há falar-se na perda da eficácia temporal das condenações anteriores para fins de análise de antecedentes penais, senão para fins de reconhecimento da agravante genérica da reincidência, pouco importando o tempo decorrido da condenação anterior, nos termos do art. 64, I, do CP. Em verdade, nem mesmo a reabilitação tem o condão de tornar os antecedentes penais do réu imaculados, a qual assegura ao condenado apenas o sigilo dos registros de processo e de condenação, nos termos do art. 93 do CP (TJMG, ED 10145170235066002 MG, j. 18.2.2020, publ. 3.3.2020).

Art. 94. A reabilitação poderá ser requerida, decorridos 2 (dois) anos do dia em que for extinta, de qualquer modo, a pena ou terminar sua execução, computando-se o período de prova da suspensão e o do livramento condicional, se não sobrevier revogação, desde que o condenado:

I – tenha tido domicílio no País no prazo acima referido;

II – tenha dado, durante esse tempo, demonstração efetiva e constante de bom comportamento público e privado;

III – tenha ressarcido o dano causado pelo crime ou demonstre a absoluta impossibilidade de o fazer, até o dia do pedido, ou exiba documento que comprove a renúncia da vítima ou novação da dívida.

Parágrafo único. Negada a reabilitação, poderá ser requerida, a qualquer tempo, desde que o pedido seja instruído com novos elementos comprobatórios dos requisitos necessários.

Requisitos para a reabilitação	▪ **Requisitos:** *1.* Decurso de dois anos a contar da extinção da pena ou do término de sua execução, computados os prazos de prova do *sursis* e do livramento condicional, quando não revogados (*caput*), ou seja, se o condenado cumpre a pena ou parte dela em meio livre, mediante *sursis* ou livramento condicional, esse período será computado (levado em consideração) para o cálculo dos dois anos. Exemplo: se o condenado, antes de extinta a pena, gozou de livramento condicional ou de *sursis* por oito meses, só se exigirá o saldo de um ano e quatro meses para estar satisfeito o requisito temporal da reabilitação. Por analogia *in bonam partem*, o mesmo se aplica ao tempo de cumprimento de pena restritiva de direitos (art. 44, § 4º, do CP). *2.* Domicílio no País, por dois anos (item I). *3.* Demonstração efetiva e constante de bom comportamento público e privado (item II). Para a prova, *vide* CPP, art. 744, I-IV. Note-se que o requisito do bom comportamento deve abranger todo o período transcorrido até a apresentação ou apreciação do pedido de reabilitação, e não apenas os dois anos de seu prazo, caso seja requerido depois de escoado o biênio. *4.* Ressarcimento do dano *material* (não moral, que depende de ação cível) causado pelo crime, salvo impossibilidade, renúncia ou novação da dívida (item III e art. 744, V, do CPP). Além dessas ressalvas legais, acrescentamos: *a.* crimes em que não pode ser exigido ressarcimento, como a lesão corporal leve de que não resultou prejuízo material para a vítima; *b.* quando já houve a prescrição civil da obrigação de reparar o dano.
	▪ **Renovação do pedido:** Pode ser renovado a qualquer tempo o pedido negado, desde que instruído com *novas* comprovações (parágrafo único). Atualmente, a lei não mais exige, como antes, o prazo de dois anos para renovar o pedido de reabilitação.
Questões diversas	▪ **Competência:** É do "juiz da condenação" (CPP, art. 743) e não do juízo das execuções.
	▪ **Dupla condenação:** Questiona-se se o condenado duas vezes pode pedir apenas a reabilitação da primeira das condenações, caso não tenha decorrido o prazo necessário para a outra condenação. Embora não haja vedação expressa em lei, entendemos ser inviável essa reabilitação parcial, pois ela conflitaria com o requisito de bom comportamento, exigido pelo art. 94, II, do CP.
	▪ **Recurso cabível:** O CPP, em seu art. 746, determinava haver "recurso de ofício" da decisão que concede a reabilitação. Hoje, porém, a reabilitação não é mais, como antigamente, causa de extinção da punibilidade, de modo que não mais cabe recurso em sentido estrito contra a decisão que denegue a reabilitação; só a apelação (CPP, art. 593, II). Dessa mudança, surgiram três correntes: *a.* Não há mais o recurso de ofício. *b.* Há apelação de ofício, mas não recurso de ofício. *c.* Persiste o recurso de ofício. A posição *a* é a melhor, pois o art. 746 do CPP, a nosso ver, não foi recepcionado pela CR/88, que afastou o sistema inquisitorial e adotou o acusatório, como se vê de seu art. 129, I (vide, a respeito, nota *Princípio e regras da ação penal pública* no art. 100 do CP). Só a parte sucumbente tem legitimação para recorrer.
	▪ **Reincidência:** A reabilitação não a apaga. É necessário o transcurso dos cinco anos da temporariedade, não bastando só os dois anos do prazo da reabilitação.
Jurisprudência	▪ **Recurso cabível:** Não sendo mais a reabilitação causa extintiva da punibilidade, da decisão que a denega cabe apelação, e não recurso em sentido estrito (TACrSP, *RT* 647/313).
	▪ **Recurso de ofício:** Há três posições: *a. Não mais existe* (TJDF, REO 22, *DJU* 18.11.92, p. 38148; TACrSP, *mv – RJDTACr* 19/202, *RT* 612/348; TJMG, *RT* 637/296). *b. Só há apelação obrigatória* (TJSC, *RT* 610/382). *c. Persiste o recurso de ofício* (STJ, *mv – RT* 712/475; REsp 12.525, *DJU* 7.12.92, p. 23327; TJSP, *RJTJSP* 108/457; TACrSP, *RT* 640/324; TAMG, *RJTAMG* 53/356).
	▪ **Requisitos:** Todos os três do art. 94 são cumulativos (STF, *RTJ* 117/868). Preenchidos os requisitos do art. 94 do Código Penal e 743 do Código de Processo Penal, deve ser deferida a reabilitação. A reabilitação daquele que outrora figurou acusado em processo crime, bem como a exclusão dos dados da sua folha corrida, atestados ou certidões, se coadunam com a legislação penal e de execução penal, dando plena eficácia aos

princípios constitucionais da dignidade da pessoa humana e estado de inocência. (TJPR, 2ª CCr, 0029671-23.2019.8.16.0021, Cascavel, rel. Des. José Maurício Pinto de Almeida, j. 3.2.2020).

▪ Domicílio: Não demonstrado ter o condenado domicílio no País, a reabilitação deve ser indeferida (TJPR, 2ª CCr, 0008519-07.2016.8.16.0058, Campo Mourão, rel. Juiz Marcel Guimarães Rotoli de Macedo, j. 13.6.2019, publ. 9.7.2019).

▪ Outras condenações: Impossível a declaração de reabilitação do condenado, havendo pluralidade de condenações e não cumpridas todas as penas (TACrSP, *RJDTACr* 16/201).

▪ Ressarcimento: Cassa-se a decisão que indeferiu a reabilitação, determinando seja ela concedida em razão da impossibilidade de reparo de danos hipotéticos, não requeridos a um longo tempo pelas vítimas ou seus familiares, por renúncia tácita (TJMS, Ap. 2007.021570-5, *DOE* 7.12.2007, *in Bol. IBCCr* 182/1142). Se a genitora da vítima declara que não deseja receber nenhum outro valor como indenização, é desnecessária a comprovação do ressarcimento para a reabilitação (TJRS, REO 70008403727, j. 12.2.2005, *DJ* 18.3.2005). O ressarcimento é requisito secundário, não podendo ser levado às últimas consequências, sob pena de tornar difícil ou quase impossível a concessão do favor legal (TJSP, *RT* 655/269). Se goza do benefício da assistência judiciária, presume-se a impossibilidade de ressarcir (TACrSP, *RT* 641/358). A insolvência há de ser cumpridamente provada, não bastando sua presunção (STJ, REsp 58.916, *DJU* 10.4.95, p. 9283). Não se exige, se foi alcançado pela prescrição civil (TJSP, *RJTJSP* 95/394; TACrSP, *RT* 640/324). É dispensável ou irrelevante em lesão corporal leve (TACrSP, *RT* 641/359, *Julgados* 85/202).

▪ Prazo: São computados nos dois anos os períodos de prova do *sursis* ou livramento condicional, não revogados (TAMG, *RT* 612/387). No caso de pena de multa, a contagem do prazo se inicia a partir do seu pagamento (TACrSP, *mv – RT* 710/302).

▪ Competência: Sendo o peticionário reincidente, cada *reabilitação* deve ser requerida no respectivo juízo da condenação (TACrSP, *RT* 647/313). Tendo havido absolvição em primeira instância e condenação pelo tribunal, ainda assim a competência é da Vara onde o processo correu (TJSP, *RT* 613/287).

Art. 95. A reabilitação será revogada, de ofício ou a requerimento do Ministério Público, se o reabilitado for condenado, como reincidente, por decisão definitiva, a pena que não seja de multa.

Revogação da reabilitação

▪ Noção: Revogada a reabilitação, as suspensões por ela operadas perdem seus efeitos. Assim, voltam a constar os registros sobre a condenação, que estavam sob sigilo. Quanto aos efeitos extrapenais específicos da condenação (CP, art. 92), suspensos pela reabilitação, retorna a inabilitação do inciso III do art. 92 do CP.

▪ Causa da revogação: Para que a reabilitação seja revogada, é necessário que o reabilitado seja *definitivamente condenado*, como *reincidente*, a pena que *não seja a pecuniária*, isto é, reclusão, detenção, prisão simples ou pena restritiva de direitos.

▪ "Como reincidente": Note-se que não haverá reincidência caso tenha transcorrido o prazo depurador de cinco anos do CP, art. 64, I.

Título VI
DAS MEDIDAS DE SEGURANÇA

ESPÉCIES DE MEDIDAS DE SEGURANÇA

Art. 96. As medidas de segurança são:

I – internação em hospital de custódia e tratamento psiquiátrico ou, à falta, em outro estabelecimento adequado;

II – sujeição a tratamento ambulatorial.

Parágrafo único. Extinta a punibilidade, não se impõe medida de segurança nem subsiste a que tenha sido imposta.

Medidas de segurança

- **Noção:** As *medidas de segurança* são, também, sanções penais, por vezes assumindo caráter mais gravoso do que as próprias penas, dada a severíssima restrição à liberdade da pessoa internada, sendo impostas *como decorrência do poder de coação estatal (ius puniendi)*, em razão da prática, devidamente comprovada, de um fato penalmente típico e antijurídico, por uma pessoa considerada inimputável ou semi-imputável. Comprovação, esta, que demanda o devido processo penal, isto é, lastreada em provas lícitas e idôneas (*due process of law*, presunção de inocência, legalidade). As medidas de segurança diferem, porém, das penas, principalmente pela natureza e fundamento. Enquanto as penas têm caráter retributivo, de prevenção geral e especial, segundo o nosso CP, e se baseiam na culpabilidade (cf. comentários aos arts. 33 e 59 do CP), as medidas de segurança têm função exclusiva de prevenção especial negativa e encontram fundamento na periculosidade do sujeito, denotada pela prática de uma conduta típica e ilícita.

- **Causas justificantes:** Observamos que se um inimputável, por exemplo, *matar um agressor em legítima defesa*, ou agir sob *estado de necessidade*, a ele jamais poderá ser imposta medida de segurança, ainda que algum laudo médico o considere como sendo uma pessoa "perigosa".

- **Outras características das medidas de segurança:** Além da natureza (exclusivamente preventiva) e do fundamento de sua imposição (periculosidade do sujeito), têm as medidas de segurança as seguintes características: *1.* São indeterminadas no tempo, só findando ao cessar a periculosidade (vide, quanto ao prazo, críticas abaixo). *2.* Não são aplicáveis aos agentes plenamente imputáveis, mas só aos sujeitos inimputáveis ou semi-imputáveis.

- **Princípios constitucionais:** Ao inimputável e ao semi-imputável, à evidência, também são assegurados todos os direitos e garantias previstos em nossa CR. Desta feita, considerando o caráter aflitivo da medida de segurança, bem lembra EDUARDO REALE FERRARI: "Contextualizada em um Estado de Direito Democrático, inferimos que a medida de segurança criminal exigirá a incidência de todos os princípios constitucionais, não se submetendo o cidadão a medidas terapêutico-penais que contrariem preceitos de legalidade, irretroatividade, presunção de inocência e dignidade da pessoa humana" (*Medidas de Segurança e Direito Penal no Estado de Direito Democrático*, Revista dos Tribunais, 2001, p. 217). Quanto à sua necessária proporcionalidade, *vide* nota no art. 97. Acerca, ainda, do princípio da legalidade, lembramos que a reforma penal de 1984 cancelou o antigo art. 75 do CP, não mais podendo haver dúvida, também por esse motivo, quanto à submissão das medidas de segurança ao princípio da legalidade ou reserva legal.

- **Periculosidade:** A *periculosidade*, que constitui o fundamento da imposição das medidas de segurança, é a *probabilidade* (não mera possibilidade) de o sujeito tornar a praticar crimes diante de suas condições psiquiátricas. Deve ela ser concretamente aferida mediante laudos periciais devidamente fundamentados (CR, art. 93, IX).

- **Requisitos para a aplicação da medida de segurança:** É imprescindível a *coexistência de dois requisitos ou pressupostos: prática de fato típico punível + periculosidade*. Portanto, antes de mais nada: *1º. Prática de fato típico punível*. É indispensável que o sujeito tenha praticado um ilícito punível. Assim, faltará este primeiro requisito se o fato não for típico, houver excludentes da ilicitude (como o estado de necessidade e a legítima defesa), não existir prova do crime etc. *2º. Periculosidade*. É imprescindível, também, que o sujeito que praticou o ilícito punível seja dotado de periculosidade. Essa periculosidade é prevista pelo CP em *dois* casos: a. *Periculosidade* quando o sujeito for *inimputável* nos termos do CP, art. 26, *caput*. b. *Periculosidade* quando o sujeito for *semirresponsável* (CP, art. 26, parágrafo único), mas necessitar de especial tratamento médico-psiquiátrico. Evidentemente que, em ambos os casos, a perigosidade ou periculosidade haverá de ser real (devidamente fundamentada em laudo pericial), não se admitindo a mera possibilidade ou a sua presunção, em face do princípio *favor libertatis* e do reconhecimento da dignidade do ser humano, que fundamentam todo Estado de Direito Democrático.

- **Prazo máximo e o Supremo Tribunal Federal:** *Vide* nota, sob essa rubrica, nos comentários ao art. 97, § 1º, do CP.

- **Medida cautelar de internação provisória:** O art. 319, VII, do CPP, com redação dada pela Lei n. 12.403/2011, prevê a "internação provisória do acusado nas hipóteses de crimes praticados com violência ou grave ameaça, quando os peritos concluírem ser inimputável ou semi-imputável (art. 26 do Código Penal) e houver risco de reiteração". Trata-se de medida cautelar, que possui pressupostos (materialidade e indícios suficientes de autoria de crimes violentos ou praticados com grave ameaça) somados ao requisito cautelar *risco de reiteração por inimputável ou semi-imputável*, que deverá estar *devidamente fundamentado* em laudo pericial, atestando a sua *probabilidade* e não mera possibilidade.

Espécies de medidas de segurança

- **Noção:** São duas as espécies de medidas de segurança em nossa legislação atual: *internação* e *tratamento*.

- **Internação (CP, art. 96, I):** Também chamada *detentiva*, consiste na internação em hospital de custódia e tratamento psiquiátrico ou, à falta dele, em outro estabelecimento adequado (LEP, arts. 99 a 101).

- **Tratamento (CP, art. 96, II):** Também denominada *restritiva*, consiste na sujeição a tratamento ambulatorial, pelo qual são dados cuidados médicos à pessoa submetida a tratamento, mas sem internação, salvo a hipótese desta tornar-se necessária, nos termos do § 4º do art. 97 do CP, para fins curativos.

- **Doença mental superveniente à condenação:** Se no curso da execução da pena privativa de liberdade sobrevier doença mental, o juiz poderá determinar a substituição da pena por medida de segurança (art. 183 da LEP), a qual, todavia, não poderá durar mais que o restante da pena. Bem é de ver, a propósito, que o STF, em caso envolvendo condenado com patologia gravíssima (Caso "Chico picadinho"), admitiu a hipótese de, embora cumprida a pena e extinta a punibilidade, ser a pessoa submetida a *interdição com internamento*, com base no Código Civil – "Art. 1.777. Os interditos referidos nos incisos I [aqueles que, por enfermidade ou deficiência mental, não tiverem o necessário discernimento para os atos da vida civil], III [os deficientes mentais, os ébrios habituais e os viciados em tóxicos] e IV [os excepcionais sem completo desenvolvimento mental] do art. 1.767 serão recolhidos em estabelecimentos adequados, quando não se adaptarem ao convívio doméstico" –, independentemente da prática de infrações penais (...), não se podendo opor a extinção da punibilidade pelo cumprimento das penas impostas pelos crimes que cometeu (STF, RHC 82.924, rel. Min. Sepúlveda Pertence, *RT* 820/502).

Estabelecimento adequado

- **Noção:** De acordo com os arts. 99 a 101 da LEP, tanto a medida de segurança de *internação* (inciso I) como a de *tratamento* (inciso II) são efetivadas em hospital de custódia e tratamento psiquiátrico. Já prevendo a falta destes, permite-se que a *internação* se realize "em outro estabelecimento adequado" (CP, art. 96, I), e a medida de *tratamento* seja desenvolvida "em outro local com dependência médica adequada" (LEP, art. 101).

- **Médico particular:** Garante-se a liberdade de contratar médico de confiança do paciente ou de seus familiares e dependentes, para acompanhar e orientar tanto a internação como o tratamento. Determina-se, ainda, que havendo divergências entre o médico oficial e o particular, serão resolvidas pelo juiz da execução (LEP, art. 43 e parágrafo único). A medida, infelizmente, só beneficiará um número reduzidíssimo de internados ou tratados e não a grande maioria de desafortunados.

Extinção da punibilidade (parágrafo único)

- **Noção:** Como se observou, é requisito indispensável à imposição de medida de segurança a conjugação de dois fatores: prática de fato punível (penalmente típico e antijurídico) + periculosidade. Do mesmo modo que não se pode aplicar medida de segurança se o fato cometido pelo inimputável não for punível, também não se aplica se estiver extinta a punibilidade daquele mesmo fato típico. Assim, com plena coerência, dispõe este parágrafo único do art. 96 do CP que, *extinta a punibilidade, não se impõe medida de segurança nem subsiste a que tenha sido imposta*. A razão é a mesma. Se o inimputável mata uma pessoa em legítima defesa (o que é perfeitamente possível), não se lhe aplica medida de segurança, porque o fato não é antijurídico. Semelhantemente, não se lhe pode impor medida de segurança, quando se ache extinta a punibilidade do fato pela prescrição, por exemplo.

- **Alcance do parágrafo único:** Abrange *qualquer* causa de extinção da punibilidade (verificada *antes* ou *depois* de a sentença passar em julgado) e não só a prescrição. Como exemplo de hipótese menos comum, mas possível, a retroatividade benéfica da lei penal nova.

- **Natureza jurídica (sanção penal) e prazo prescricional (art. 97, § 1º, *in fine*, c/c o art. 109 do CP):** A partir do momento em que se admite que medida de segurança é sanção penal negativa (decorrente do *ius puniendi* estatal e da punibilidade do fato), assumindo por vezes caráter mais gravoso do que o da própria pena, e sendo, tanto na LEP (art. 171) quanto no CP (art. 96), resposta penal de cunho preventivo (prevenção especial) e terapêutico, como reação do Estado à prática de uma conduta típica e antijurídica por um inimputável ou semi-imputável, impõe-se questionar qual seria o prazo prescricional diante do silêncio do legislador e da igualdade de todos perante a lei. Caso se considere o prazo máximo previsto no art. 109 do CP em relação à pena prevista para os imputáveis que cometam o mesmo crime, estar-se-á tratando, com maior rigor, o doente mental do que o criminoso que tem plena consciência de seu ato e capacidade de se autodeterminar de acordo com esse entendimento. Para superar a injustificável discriminação, o TJSP, em acórdão da lavra do Desembargador Sydnei de Oliveira Júnior, após admitir que, quer se queira ou não, duas são as modalidades de sanção penal: uma, relaciona-se com a pena; outra, identifica-se com a medida de segurança, assentou: "Parece ser de fácil percepção que ambas as formas de opressão estatal em face de delito cometido têm a mesmíssima natureza jurídica, qual seja, a de sanção penal, de preceito punitivo, embora o termo possa chocar a não poucos. Se desse jaez é – e pensa-se que seja –, para se perquirir o advento da prescrição retroativa (cf. art. 110 do CP), em se tratando de pena, há que se servir da tabela exarada no art. 109 do CP, levando-se em conta a quantidade da sanção penal restritiva de liberdade fixada em concreto na sentença. De outra banda, quando se tratar de medida de segurança imposta a réu inimputável, tal qual acontece para os condenados imputáveis ou semi-imputáveis, forçoso levar-se em conta, para se aferir o advento da prescrição, o prazo mínimo da sanção penal demarcada na sentença (cf. art. 97, § 1º, do CP)", isto é, internação de um a três anos. "Essa conclusão parece ser a que melhor se coaduna com a ausência de diferença ontológica entre a pena e medida de segurança, posto que ambas – como se demarcou linhas atrás – têm a mesma gênese, isto é, de sanção penal. Não fosse assim, estar-se-ia vilipendiando o princípio isonômico (cf. art. 5º, *caput*, da

CF), admitindo-se a ocorrência da prescrição, tanto para o mais execrável dos criminosos plenamente imputável, e retirando-se igual direito daquele que, atormentado por uma doença mental, veio a cometer à guisa de exemplo, o mesmo fato típico endereçado àqueles" (Ap. 1.401.977/2, j. 3.8.2005, in Bol. IBCCr n. 157, dezembro de 2005). Diferentemente, decidiu o STJ no sentido de que a medida de segurança, como espécie de sanção penal, está sujeita à prescrição e suas regras, devendo o lapso temporal necessário à sua verificação ter como referência a pena máxima abstratamente cominada para o delito (REsp 39.920/RJ, rel. Min. JORGE MUSSI, j. 6.2.2014). Observamos que, com a nova redação do § 1º do art. 110 e a revogação do seu § 2º pela Lei n. 12.234/2010, a prescrição entre o fato e o recebimento da denúncia regula-se, atualmente, apenas pela pena máxima abstratamente cominada, o que entendemos ser inconstitucional (vide comentários ao art. 110).

Jurisprudência do caput

■ **Fato típico:** Não basta a periculosidade para impor medida de segurança, sendo necessário, também, que o agente tenha praticado um fato ilícito punível pela lei penal (TJSP, *RJTJSP* 104/455).

■ **Periculosidade real:** Pelo novo Código, considera-se a periculosidade real, não havendo mais presunção. Assim, não se aplica a medida se, passados vários anos, nova perícia averiguou a cessação da periculosidade (TJMG, *RT* 637/294).

■ **Falta de vagas:** Esta Corte Superior tem posicionamento pacífico no sentido de ser inadmissível a segregação de inimputável submetido à medida de segurança de internação em estabelecimento prisional comum, enquanto aguarda o surgimento de vaga em Hospital de Custódia e Tratamento Psiquiátrico. Ordem concedida, de ofício, para determinar a imediata transferência do paciente para Hospital Psiquiátrico ou, na ausência de vaga, que o mesmo seja incluído em tratamento ambulatorial, até o surgimento da respectiva vaga (STJ, RHC 115.714 MG 2019/0212530-3, *DJe* 3.3.2020). É ilegal a manutenção da prisão de acusado que venha a receber medida de segurança de internação ao final do processo, ainda que se alegue ausência de vagas em estabelecimentos hospitalares adequados à realização do tratamento (STJ, RHC 38.499/SP, 6ª T., rel. Min. Maria Thereza de Assis Moura, j. 11.3.2014). O inimputável submetido a medida de segurança não pode ficar preso em delegacia de polícia; se não há vaga em hospital de custódia e tratamento, deve-se substituir a internação por tratamento ambulatorial (STJ, HC 18.803, *RT* 805/542). Tratando-se de aplicação de medida de internação em hospital de custódia e tratamento psiquiátrico, tem-se por configurado o constrangimento ilegal quando a pessoa é submetida à prisão em delegacia de polícia, ainda que o motivo seja a inexistência de vaga no estabelecimento adequado (STJ, HC 22.916/SP, j. 29.10.2002, *DJU* 18.11.2002, p. 297, in *RBCCr* 41/355). É constrangimento ilegal a permanência em presídio comum em cumprimento de medida de segurança (CP, art. 96, I). A preocupação do Estado em punir o infrator não pode sobrelevar-se ao dever que tem de prover-lhe os cuidados com a integridade física e moral (TJSP, *RT* 838/575). Estando o réu inimputável encarcerado em cadeia pública há mais de um ano, em face da falta de vagas em hospital de custódia e tratamento, admite-se, após a solicitação de exame de cessação de periculosidade, a conversão para tratamento ambulatorial, ainda que se trate de pena de reclusão (TJSP, *RT* 770/557; TJMG, *RT* 786/701). É constrangimento ilegal manter inimputável submetido a medida de segurança em presídio comum, ainda que o motivo seja a alegada inexistência de vaga. A manutenção de estabelecimentos adequados ao cumprimento da medida de segurança é de responsabilidade do Estado, não podendo o paciente ser penalizado pela insuficiência de vagas (STJ, *RT* 814/529). Se a instituição oficial não pode proporcionar tratamento específico, permite-se que o insano fique em hospital que ofereça condições de custódia (STF, *RTJ* 121/105). Pode ser internado em estabelecimento particular psiquiátrico, se forem garantidas a custódia e as despesas pela internação (TJSP, *RJTJSP* 91/388). A ausência de vagas para internação em hospital psiquiátrico ou estabelecimento adequado não justifica o cumprimento de medida de segurança em cadeia pública; por isso, concede-se liberdade provisória, mas condicionada a tratamento ambulatorial (TJSP, *RT* 608/325; contra: TACrSP, *mv* – *RT* 623/299).

- **Duração da medida de segurança e superveniência de doença mental na execução:** Aplicada a medida de segurança (art. 183 da LEP), não pode ter duração superior ao tempo restante da pena (STJ, RHC 2.445, *DJU* 31.5.93, p. 10678, *in RBCCr* 3/257). Se o condenado teve a sua pena privativa de liberdade convertida em medida de segurança porque foi acometido de doença mental, no curso do cumprimento da pena, uma vez ultrapassado o período da pena imposta, a determinação para que aguarde o prazo estabelecido na medida de segurança é mesmo ilegal (TJSP, HC 386.386-3/8, j. 15.5.2002, *Bol. IBCCr* 122/675).

- **Manicômio:** O manicômio judiciário paulista deve ser reservado a casos de manifesta e exacerbada periculosidade (TACrSP, *RT* 594/351).

Jurisprudência do parágrafo único

- **Extinção da punibilidade:** Se ocorre a extinção da punibilidade, em quaisquer de suas hipóteses e não só em caso de prescrição, não se aplica a medida de segurança (TJSP, *RT* 623/292).

- **Prescrição:** A medida de segurança se sujeita à extinção da punibilidade pela prescrição, *ex vi* do art. 96, parágrafo único, do CP, bem como por não se admitir, excetuadas as hipóteses expressamente previstas na Constituição da República, sanções penais imprescritíveis no ordenamento jurídico pátrio (STJ, *RT* 862/540). A substituição da pena privativa de liberdade por medida de segurança de tratamento não impede o reconhecimento da prescrição pela pena concretizada substituída (TJSP, Ap. 51.996, j. 1.6.87; TACrSP, *RT* 613/348). A medida de segurança, em razão de ser o agente inimputável, é inaplicável se ocorreu a prescrição da pretensão punitiva (TACrSP, *Julgados* 87/63). Se à data da absolvição por inimputabilidade não tinha ocorrido a prescrição da chamada pretensão punitiva, é legítima a aplicação da medida de segurança (STF, *RTJ* 145/601).

IMPOSIÇÃO DA MEDIDA DE SEGURANÇA PARA INIMPUTÁVEL

Art. 97. Se o agente for inimputável, o juiz determinará sua internação (art. 26). Se, todavia, o fato previsto como crime for punível com detenção, poderá o juiz submetê-lo a tratamento ambulatorial.

PRAZO

§ 1º A internação, ou tratamento ambulatorial, será por tempo indeterminado, perdurando enquanto não for averiguada, mediante perícia médica, a cessação de periculosidade. O prazo mínimo deverá ser de 1 (um) a 3 (três) anos.

PERÍCIA MÉDICA

§ 2º A perícia médica realizar-se-á ao termo do prazo mínimo fixado e deverá ser repetida de ano em ano, ou a qualquer tempo, se o determinar o juiz da execução.

DESINTERNAÇÃO OU LIBERAÇÃO CONDICIONAL

§ 3º A desinternação, ou a liberação, será sempre condicional devendo ser restabelecida a situação anterior se o agente, antes do decurso de um ano, pratica fato indicativo de persistência de sua periculosidade.

§ 4º Em qualquer fase do tratamento ambulatorial, poderá o juiz determinar a internação do agente, se essa providência for necessária para fins curativos.

Aplicação da medida de segurança ao inimputável

- **Noção:** Se o juiz reconhecer, nos termos e formalidades do art. 26 do CP, que o autor do fato típico punível é *inimputável*, o *absolverá* por essa razão, mas, obrigatoriamente, deverá aplicar-lhe medida de segurança nos termos deste art. 97. Todavia, essa sentença, ainda que se atenha aos ditames do Código de 1941, assume o *caráter de condenatória*. Isto porque a medida de segurança, tanto na LEP (art. 171) quanto no CP (art. 96), consubstancia-se em *resposta penal* de cunho preventivo (prevenção especial) e terapêutico, como reação do Estado à prática de uma conduta típica e antijurídica por um inimputável ou semi-imputável.

- **Medida cabível:** *a.* Será a de *internação* (CP, art. 96, I), se o inimputável tiver sido autor de fato punível com pena de *reclusão. b.* Ou será a de *tratamento ambulatorial* (CP, art. 96, II), caso àquele fato se comine pena de *detenção*. Sobre a possibilidade de tratamento ambulatorial para o inimputável autor de crime punível com reclusão, vide nota *abaixo*. Vide, também, nota *Princípios constitucionais* no art. 96.

- **Proporcionalidade e questionável constitucionalidade:** Em um Estado de Direito Democrático, cujo fundamento haverá sempre de ser, acima de qualquer outra prioridade, a própria tutela da liberdade dos cidadãos (princípio *favor libertatis*), impondo-se limitações à atuação estatal, a *proporcionalidade*, ínsita ao conceito de *substantive due process of law*, há que reger toda intervenção do Poder Público na esfera de liberdade dos cidadãos. Assim sendo, tanto no que concerne à sua modalidade (internação ou tratamento ambulatorial) quanto à duração da medida de segurança, os parâmetros estabelecidos no art. 97, caput e § 1º, do CP, hão de ser repensados. Com efeito, o critério reclusão/detenção não mais satisfaz, sobretudo diante do fato do legislador não o ter sequer levado em consideração ao dispor sobre as penas substitutivas (CP, art. 44) e tampouco ao definir o que é infração de menor potencial ofensivo, conforme se depreende do art. 61 da Lei n. 9.099/95. Nestes termos, quanto à possibilidade de imposição de tratamento ambulatorial mesmo para casos de prática de crime apenado com reclusão, vide nota *Efeitos*, *in fine*, nos nossos comentários ao art. 26. Vide, também, nota *Princípios constitucionais* no art. 96.

- **Modificação:** Se necessário para fins curativos, em qualquer fase do tratamento ambulatorial, poderá ser determinada a internação (§ 4º deste art. 97).

Prazo da medida de segurança (§ 1º)

- **Noção:** Segundo este § 1º, tanto a internação como o tratamento ambulatorial são por tempo *indeterminado*, perdurando enquanto não averiguada a cessação da periculosidade, mediante perícia médica. Esta norma, contudo, tem sido questionada pelo Supremo Tribunal Federal, tendo como um dos fundamentos prestigiosa doutrina de Eugenio Raul Zaffaroni e José Henrique Pierangeli (*vide* nota abaixo).

- **Dignidade humana e o prazo máximo da pena abstratamente cominada ao delito, jamais superior a 40 anos:** Em julgamento histórico, o STF decidiu, em acórdão da lavra do Ministro Marco Aurélio (HC 84.219-4, j. 16.8.2005, empate), que a interpretação sistemática e teleológica dos arts. 75 e 97 do CP e do art. 183 da LEP "deve fazer-se considerada a garantia constitucional abolidora das prisões perpétuas", ficando a medida de segurança jungida ao período máximo de atualmente quarenta anos em razão da Lei n. 13.964/2019 que alterou o art. 75 do CP. Nesse sentido, afirmou: "Observe-se a garantia constitucional que afasta a possibilidade de ter-se prisão perpétua. A tanto equivale a indeterminação da custódia, ainda que implementada sob o ângulo da medida de segurança. O que cumpre assinalar, na espécie, é que a paciente está sob a custódia do Estado, pouco importando o objetivo, há mais de trinta anos, valendo notar que o pano de fundo é a execução de título judiciário penal condenatório. O art. 75 do CP há de merecer o empréstimo da maior eficácia possível, ao preceituar que o tempo de cumprimento das penas privativas de liberdade não pode ser superior a trinta [hoje quarenta] anos. Frise-se, por oportuno, que o art. 183 da LEP delimita o período da medida de segurança, fazendo-o no que prevê que esta ocorre em substituição da pena, não podendo, considerada a ordem natural das coisas, mostrar-se, relativamente à liberdade de ir e vir, mais gravosa do que a própria apenação. É certo que o § 1º do art. 97 do CP dispõe sobre prazo da imposição da medida de segurança para inimputável, revelando-o indeterminado. Todavia, há de se conferir ao preceito interpretação teleológica, sistemática, atentando-se para o limite máximo de trinta [atualmente quarenta] anos fixado pelo legislador ordinário, tendo em conta a regra primária vedadora da prisão perpétua. A não ser assim, há de concluir-se pela inconstitucionalidade do preceito". Ao acompanhar o voto do relator, o Ministro Sepúlveda Pertence complementou: "Certo, diversamente de outras Constituições, tal como a de Portugal e da República de Cabo Verde, a Constituição brasileira não foi expressa ao disciplinar a limitação temporal das medidas de segurança. Nem por isso, se valeu do que a doutrina alemã denomina 'silêncio eloquente': ao vedar as penas de caráter perpétuo, quis a Constituição de 1988 (art. 5º, XLVII, b) se referir às sanções penais e, dentre elas, situam-se as medidas de segurança. Donde a afirmação de ZAFFARONI e PIERANGELI – que se alinham aos votos dos eminentes ministros que me antecederam –, segundo a qual não 'é constitucionalmente aceitável que, a título de tratamento, se estabeleça a possibilidade de uma privação de liberdade perpétua, como coerção penal' e, se 'a lei não estabelece o limite máximo, é o intérprete quem tem a obrigação de fazê-lo' [*Manual de Direito Penal Brasileiro – Parte Geral*, 5ª ed., São Paulo, Revista dos Tribunais, 2004, p. 812]". A nosso ver, caso após quarenta anos a patologia do internado continue gravíssima e a sua segregação seja imperiosa, sob pena de sério e palpável risco à sociedade, a solução deverá ser procurada no Código Civil, cujo art. 1.777 prevê a interdição com internamento "em estabelecimentos adequados" dos doentes ou deficientes mentais "quando não se adaptarem ao convívio doméstico". Cf., nesse sentido, o RHC 82.924, do STF, relatado pelo Ministro Sepúlveda Pertence (RT 820/502), citado nos comentários ao art. 96, na nota *Doença mental superveniente à condenação*. Posteriormente, o STJ consolidou jurisprudência, editando a *Súmula* 527, com o seguinte texto: "O tempo de duração da medida de segurança não deve ultrapassar o limite máximo da pena abstratamente cominada ao delito praticado". Vários precedentes embasam-na: "O prazo de duração da medida de segurança não deve ultrapassar o limite máximo da pena abstratamente cominada ao delito cometido" (HC 251.296/SP, rel. Min. Maria Thereza de Assis Moura, 6ª T., j. 25.3.2014, *DJe* 11.4.2014): "Nos termos do atual posicionamento desta Corte, o art. 97, § 1º, do Código Penal, deve ser interpretado em consonância com os princípios da isonomia e da proporcionalidade. Assim, o tempo de cumprimento da medida de segurança, na modalidade internação ou tratamento ambulatorial, deve ser limitado ao máximo da pena abstratamente cominada ao delito perpetrado, bem como ao máximo de 30 (trinta) anos" (HC 147343/MG, rel. Min. Laurita Vaz, 5ª T., j. 5.4.2011, *DJe* 25.4.2011).

- **Preocupação com o devido tratamento:** Diante do direito ao respeito à dignidade do ser humano, seja qual for a sua condição mental (CR, art. 1º, III), bem como em face do fato da sanção penal aflitiva da medida de segurança, nos termos do § 1º do art. 97 do CP, poder, em tese, acabar sendo *perpétua* (cf., acima, o precedente do STF em sentido contrário, impondo à época o limite de trinta anos, que hoje é de quarenta anos), há que se ter redobrado cuidado e atenção quanto ao tratamento dispensado a essas pessoas, sobretudo internadas. É que, se o tratamento não for o adequado, as perícias médicas periódicas do art. 176 da LEP resultarão, reiteradamente, negativas. Nesses termos, se a sanção terapêutico-penal se mostrar ineficaz, há que se questionar se é a doença do paciente efetivamente incurável ou, então, se é o Estado que está sendo ineficiente. Isto se faz necessário para se combater eventual acomodação estatal em não efetuar todos os esforços para que a medida de segurança seja *realmente terapêutica*, sobretudo diante dos tratamentos de ponta da psiquiatria, com abordagens e drogas modernas, que poderiam, acreditamos, ser eficazes para uma significativa parcela de pacientes.

- **Início da medida de segurança:** Só depois de passada em julgado a decisão que impôs a internação ou tratamento. Então, o juiz da execução deve expedir a guia necessária (LEP, arts. 171 a 173).

- **Prazo mínimo:** Embora as medidas tenham tempo *indeterminado* para cessar, deve o juiz da sentença que as aplica marcar seu prazo mínimo, de um a três anos.

Perícia médica (§ 2º)

- **Quando se realiza:** A perícia médica será efetivada ao término do prazo mínimo fixado, e repetida, de ano em ano, até a cessação da periculosidade. A *qualquer tempo*, porém, poderá o juiz da execução determinar o exame, mesmo antes do prazo mínimo marcado na sentença (LEP, art. 176).

Desinternação ou liberação condicional (§ 3º)

- **Condicional:** Resultando da perícia médica a *cessação da periculosidade*, o juiz da execução determinará a revogação da medida de segurança, com a desinternação (do internado) ou a liberação (do tratado ambulatorialmente), em caráter condicional, aplicando-lhe as condições próprias do livramento condicional (LEP, art. 178).

- **Extinção:** Se o desinternado ou liberado não praticar, durante um ano, fato indicativo de persistência da sua periculosidade, ficará definitivamente extinta a medida de segurança. Note-se que a lei fala em fato (e não apenas em crime) indicador de periculosidade.

Internação necessária (§ 4º)

- **Noção:** Exclusivamente quando necessária para *fins curativos*, pode ser determinada, durante o tratamento ambulatorial, a *internação* do paciente.

Jurisprudência

- **Internação:** Merece ser aplicada a internação quando o delito imputado ao réu é punido com pena de reclusão e, ainda, o laudo pericial de sanidade mental indicar que aquela é a melhor medida de segurança a ser empregada (TJSC, 1ª CCr, APR 0005338-21.2017.8.24.0064 São José, j. 27.6.2019). Ao inimputável autor de fato punível com pena de reclusão, a medida de segurança cabível é o internamento e não o tratamento ambulatorial (TJSP, *RT* 612/317), ficando este restrito a hipótese de crime apenado com detenção, a critério do juiz (STF, *RTJ* 143/589). *Contra:* Em caso de oligofrenia que não revela periculosidade, admite-se o tratamento ambulatorial ainda que a condenação seja por pena de reclusão (TJMG, *RT* 791/664).

- **Exceção. Tratamento ambulatorial em caso de crime apenado com reclusão:** A suficiência do tratamento ambulatorial para a cura da periculosidade justifica o afastamento da internação, ainda que o crime seja punido com reclusão, desde que precedida de cuidadosa análise das peculiaridades do caso concreto à luz do princípio da proporcionalidade, sem que o procedimento implique violação ao art. 97 do CP (STJ, 5ª T., AgRg no REsp 1809536 MG 2019/0118383-5, j. 6.2.2020, DJe 12.2.2020). Não obstante a vedação do art. 97, *caput*, pode o juiz, diante de parecer médico favorável, aplicar ao agente autor de crime punido com reclusão o tratamento ambulatorial (TACrSP, Ap. 1231497-3, rel. Márcio Bártoli, j. 31.1.2001, *vu*). Ainda que apenado com reclusão, se a indicação médica especializada indica como suficiente o tratamento ambulatorial, é porque entendeu que ele não apresenta desajuste de ordem psíquica que represente perigo à sociedade, devendo, portanto, ser evitada a internação (TJMG, Ap. 2.0000.00.486825-3, j. 23.8.2005, rel. Des. Alexandre Victor de Carvalho, *mv – Bol. IBCCr* n. 159, fevereiro de 2006). É de se admitir, excepcionalmente, o tratamento ambulatorial ao inimputável que tenha praticado crime apenado com reclusão desprovido de maior gravidade, ante parecer médico oficial favorável à medida de segurança meramente restritiva, em detrimento da internação (TACrSP, *RT* 814/609). Sendo a pena de detenção e não havendo prova de temibilidade do agente, o tratamento ambulatorial é o procedimento indicado (STJ, REsp 31.281, *DJU* 2.8.93, p. 14268; no mesmo sentido: TJMS, APL 0012974-76.2011.8.12.0001, 2ª CCrim, Rel. Des. Luiz Gonzaga Mendes Marques, D*JM*S 8.3.2017, p. 82).

- **Lei Antimanicomial:** Inexistência de revogação tácita do art. 97 do CP pela Lei n. 10.216/2001 (Lei Antimanicomial). Avaliação psiquiátrica que concluiu pela não cessação da periculosidade. Necessidade de manutenção da internação (TJPR, 1ª CCr, PET 0001528-60.2019.8.16.0009 PR, j. 25.7.2019, publ. 28.7.2019).

- **Falta de vagas e vedação de prisão em cadeia pública:** *Vide* jurisprudência, sob a rubrica *Falta de vagas e estabelecimento adequado*, no art. 96.

- **Início:** Só se inicia após o trânsito em julgado, mediante a guia de execução (TJSP, *RT* 620/298). Conta-se o prazo a partir da data da prisão em flagrante e não da remoção para a casa de custódia (TACrSP, *Julgados* 91/129).

- **Prazo:** O juiz deve fixar o prazo mínimo (TJSP, *RT* 618/308). A medida de segurança perdura enquanto não for averiguada, mediante perícia, a cessação da periculosidade (TJSP, *RT* 623/294). Não configura constrangimento ilegal a manutenção da medida de segurança por mais de trinta anos (observa-se que o limite atual do art. 75 do CP é de quarenta anos) a paciente que praticou homicídios, tendo sido atestada por meio de laudo a necessidade de renovação da medida (TJSP, *RT* 818/571). *Vide*, em sentido contrário, importante decisão do STF e a nossa posição na nota *Dignidade humana, o prazo máximo de trinta (hoje quarenta) anos e o Supremo Tribunal Federal*.

- **Incidente de insanidade mental:** Para que seja determinada, durante o transcorrer da ação penal, a instauração do incidente de insanidade mental, deve o acusado demonstrar que possui alguma anomalia, não sendo suficiente a sua mera alegação, não havendo cerceamento de defesa (TJSP, *RT* 821/561).

- **Direito de responder ao processo internado em clínica particular especializada:** A mera acusação penal por suposta prática do delito de tráfico de entorpecentes não impede que o Poder Judiciário, atento às peculiaridades do caso e às conclusões técnicas dos peritos oficiais do Juízo, assegure, excepcionalmente, ao réu – cuja condição de semi-imputável e de usuário-dependente de múltiplas drogas está pericialmente comprovada no processo penal de conhecimento –, a internação em clínica médica particular especializada, desde que tal internação, sem qualquer ônus financeiro para o Estado, seja reconhecida como estritamente necessária ao tratamento do paciente (que se acha cautelarmente privado de sua liberdade) e o Poder Público não disponha de condições adequadas e satisfatórias para dispensar, no âmbito do sistema prisional, essa mesma assistência médica de caráter especializado (STF, HC 83.657-7, rel. Min. Celso de Mello, j. 30.3.2004, *DJU* 23.4.2004, p. 40).

- **Perícia médica:** A qualquer tempo poderá o juiz da execução determinar o exame, *mesmo antes* do prazo mínimo estabelecido na decisão (TACrSP, *RJDTACr* 20/124). Imposta medida de segurança por um ano, a ausência de realização do exame de cessação de periculosidade, antes de decorrido este prazo, não acarreta constrangimento ilegal (TJSP, *RT* 773/579).

- **Cessação da periculosidade:** Todas as questões a ela relativas competem ao juízo das execuções, como dispõe o art.176 da LEP (TJRS, ECP 684.055.932, j. 7.2.85). A lei atual favorece ao estabelecer prazo mínimo e época dos exames de cessação da periculosidade; todavia, a matéria compete ao juiz da execução, pois o art. 176 da LEP revogou o art. 777 do CPP (TJSP, *RJTJSP* 95/518).

- **Desinternação condicional:** Se no curso do benefício passou a ameaçar a família, restabelece-se a medida de segurança (TJSP, *RJTJSP* 118/553).

SUBSTITUIÇÃO DA PENA POR MEDIDA DE SEGURANÇA PARA O SEMI-IMPUTÁVEL

Art. 98. Na hipótese do parágrafo único do art. 26 deste Código e necessitando o condenado de especial tratamento curativo, a pena privativa de liberdade pode ser substituída pela internação, ou tratamento ambulatorial, pelo prazo mínimo de 1 (um) a 3 (três) anos, nos termos do artigo anterior e respectivos §§ 1º a 4º.

Aplicação da medida de segurança ao semirresponsável

- **Noção:** Como se viu do comentário ao parágrafo único do art. 26 do CP, tratando-se de agente com *responsabilidade diminuída (ou semirresponsável)* há duas alternativas: a. *diminuição obrigatória da pena*, de um a dois terços (CP, art. 26, parágrafo único) ou b. *substituição da pena privativa de liberdade por medida de segurança* (internação ou tratamento ambulatorial).

- **Substituição alternativa:** Fica o juiz com a delicada missão de optar entre a pena diminuída e a medida de segurança. Entendemos que deve decidir com muita cautela, só procedendo à substituição pela medida de segurança quando esta for, realmente, a melhor solução. O cuidado é necessário, pois, realizada a substituição, o agente, de acordo com a lei, passa a ser submetido ao *mesmo* tratamento dispensado aos *inimputáveis:* internação ou tratamento ambulatorial, de acordo com a qualidade da pena prevista; prazo mínimo de um a três anos e duração indeterminada; extinção condicional etc. (CP, art. 97 e §§ 1º a 4º). Quanto à possibilidade de tratamento ambulatorial para o semi-imputável condenado a pena de reclusão, *vide* nota *Efeitos, in fine*, no parágrafo único do art. 26 do CP.

Jurisprudência

- **Alternatividade:** A aplicação de tratamento curativo pode ser mais gravosa do que a imposição de pena (em regime aberto) ao condenado a não mais de quatro anos; o juiz não pode mandar internar sem fundamentar a necessidade do tratamento (TJSP, *RJTJSP* 101/435).

- **Pena de reclusão:** Admite-se a sua substituição por tratamento ambulatorial, se o réu não revelou temibilidade, praticando crime sem maiores consequências (TJSP, *RT* 634/272). Igualmente em caso de furto qualificado, quando houver recomendação pericial (TACrSP, *Julgados* 82/430-1).

- **Prazo:** A medida de segurança aplicada ao semirresponsável, em substituição à pena privativa de liberdade, é por tempo indeterminado, só se fixando o prazo mínimo de um a três anos (TJSP, *RT* 612/303). O prazo mínimo da medida de segurança não pode exceder o fixado para a pena privativa de liberdade substituída (STF, *RTJ* 144/566).

- **Juiz deve fixar primeiro a pena:** Necessidade de fixação da pena antes da substituição por medida de segurança (TJMG, APR 10024132468646001 MG, j. 20.10.2019, publ. 25.10.2019).

- **Desinternação ou liberação do tratamento ambulatorial antes do prazo:** O Código Penal adota o sistema unitário quanto à aplicação da medida de segurança, sendo que, optando o Magistrado pelo tratamento ambulatorial do agente ou pela internação, não poderá, posteriormente, exigir o cumprimento da pena, ainda que o agente seja desinternado ou liberado do tratamento ambulatorial antes do prazo de pena estabelecido na sentença por ocasião da condenação (TJDF, 2ª TC, Processo n. 0019520-09.2016.8.07.0003 DF, j. 13.6.2019, *DJe* 17.6.2019, p. 170).

- **Súmula 525 do STF:** É possível a substituição da pena pela medida de segurança, em sede de apelação, ainda quando esta seja apenas da defesa, não se aplicando a *Súmula 525*, elaborada quando vigente o sistema do duplo binário (STJ, REsp 1.732, *DJU* 9.4.90, p. 2752). Afirmada a semirresponsabilidade, associada à sua periculosidade efetiva, com recomendação pelos peritos de acompanhamento neurológico, torna imprescindível a substituição da pena pela internação em hospital de custódia e tratamento psiquiátrico, o que pode ser feito em segunda instância, em recurso da própria defesa (TJMG, *RT* 814/657). Embora a *Súmula 525* subsista, é possível, em casos especiais, a substituição em recurso exclusivo do réu, no seu próprio interesse (STF, *RTJ* 144/566).

DIREITOS DO INTERNADO

Art. 99. O internado será recolhido a estabelecimento dotado de características hospitalares e será submetido a tratamento.

Direitos do internado

- **Noção:** Ao mesmo tempo em que este art. 99 impõe que o sujeito a quem se aplicou medida de segurança de internação fique *recolhido*, garante-lhe que o seja em estabelecimento hospitalar e com o devido tratamento médico. Não se admite, pois, que o inimputável fique recolhido à cadeia ou presídio comum. Deve receber o tratamento psiquiátrico necessário, em hospital ou, na falta de vagas, em local com dependência médica adequada. Na realidade, a Lei n. 7.209/84 trocou o nome "manicômio" por outro, mas não se previu a construção de melhores estabelecimentos, persistindo a antiga e precária situação deles.

- **Direitos do internado:** *Vide* LEP, arts. 3º e 41 c/c os arts. 42, 99, 100 e 101. Ainda quanto aos direitos do internado, sua proteção e forma do tratamento em geral, cf. Lei n. 10.216/2001.

- **Preocupação com o devido tratamento:** *Vide* nota sob igual título no § 1º do art. 97 do CP.

Jurisprudência

- **Falta de vagas:** *Vide* jurisprudência no art. 96.

Título VII
DA AÇÃO PENAL

AÇÃO PÚBLICA E DE INICIATIVA PRIVADA

Art. 100. A ação penal é pública, salvo quando a lei expressamente a declara privativa do ofendido.

§ 1º A ação pública é promovida pelo Ministério Público, dependendo, quando a lei o exige, de representação do ofendido ou de requisição do Ministro da Justiça.

§ 2º A ação de iniciativa privada é promovida mediante queixa do ofendido ou de quem tenha qualidade para representá-lo.

§ 3º A ação de iniciativa privada pode intentar-se nos crimes de ação pública, se o Ministério Público não oferece denúncia no prazo legal.

§ 4º No caso de morte do ofendido ou de ter sido declarado ausente por decisão judicial, o direito de oferecer queixa ou de prosseguir na ação passa ao cônjuge, ascendente, descendente ou irmão.

Ação penal

- Jurisdição, ação e processo: Com a proibição da *autotutela* (*v.g.*, da "justiça de mão própria", da "vingança privada"), na qual se impunha a vontade do mais forte, solidificou-se, com o fortalecimento do Estado de Direito e da tripartição dos Poderes (Executivo, Legislativo e Judiciário), sobretudo no século XVIII, o monopólio estatal da distribuição da justiça. Assim, salvo hipóteses excepcionais como a da legítima defesa prevista no CP, o cidadão tem que recorrer ao Estado para que este dê a solução para os conflitos sociais. O Estado-juiz, assim, como órgão imparcial, passou a *substituir a vontade das partes em conflito* (entre as pessoas, bem como entre as pessoas e o próprio Estado-administração), atuando a vontade concreta da lei. Têm os cidadãos, assim, de forma genérica (o direito à jurisdição é sempre o mesmo), abstrata (concretizando-se na ação) e autônoma (independentemente da existência do direito material alegado pelo autor), o direito público subjetivo de exigir que o Estado-juiz se pronuncie sobre o conflito suscitado, para a aplicação da lei ao caso concreto (CR, art. 5º, XXXIV, *a*, e XXXV), consoante ensina Rogério Lauria Tucci (*Teoria do Direito Processual Penal*, São Paulo, Revista dos Tribunais, 2003, p. 61). Segundo o mesmo autor, a ação penal decorre, portanto, do *exercício do direito à jurisdição* (contestando a difundida expressão "direito de ação"), sendo movida pela parte em sentido processual contra o Estado, o qual tem o dever de prestar jurisdição. No âmbito penal, essa atuação do Poder Judiciário se dá por meio dos *processos de conhecimento e de execução*. No *processo de conhecimento*, no qual se objetiva a formação de um "juízo" (cf., novamente, Tucci, *Teoria...*, cit., pp. 101 a 104), classificam-se as ações de conhecimento em: *(a) ação penal declaratória*, que visa o reconhecimento do direito à liberdade ou a declaração da nulidade de uma condenação transitada em julgado, como ocorre nas ações de *habeas corpus* preventivo e liberatório; *(b) ação penal constitutiva*, que tem como finalidade a criação, modificação ou extinção de uma relação jurídica penal (*i.e.*, de uma condenação transitada em julgado), de que é exemplo a ação de revisão criminal, o pedido de homologação de sentença estrangeira e de extradição passiva; *(c) ação penal condenatória*, que tem como escopo a descoberta da verdade e, provada a autoria e a materialidade do delito, a aplicação da pena ao violador da norma penal. Na ação penal condenatória, interessa ao Estado tanto a punição do culpado quanto a absolvição do inocente, mesmo porque o seu fundamento, ainda na lição de Tucci, é, sem dúvida, a *tutela da liberdade jurídica dos cidadãos*, que é a essência de todo Estado de Direito Democrático. Somente com o trânsito em julgado da condenação, proferida com respeito à garantia constitucional do *due process of law*, forma-se o título executivo penal, com o qual, *ex officio*, inicia-se, então, o *processo de execução penal*, mediante a *ação de execução penal*, seja da pena privativa de liberdade (LEP, arts. 105 e ss.), da pena restritiva de direitos (LEP, arts. 147 e ss.), da pena de multa (LEP, arts. 164 e ss., com as modificações da Lei n. 9.268/96) ou da medida de segurança (arts. 171 e ss.). *Obs.: Quanto às medidas cautelares*, entendemos, também com apoio no citado autor, que não existe, no âmbito penal, um terceiro gênero de processo, isto é, um *processo cautelar*, não havendo ação penal cautelar (ao contrário do que ocorre nas outras esferas do Direito). As medidas cautelares penais, tanto as pessoais (como a condução coercitiva, a prisão em flagrante, a prisão temporária e a prisão preventiva) quanto as reais – como o sequestro prévio e o arresto (CPP, arts. 125 a 144), bem como as referentes às provas – por exemplo, a preservação do local e a apreensão dos objetos que tiverem relação com o fato (CPP, art. 6º, I e II), a reconstituição (CPP, art. 7º), o exame de corpo de delito (CPP, arts. 158 e ss.), a busca e apreensão (CPP, arts. 240 e ss.) –, incidem no âmbito do próprio processo de conhecimento (seja na fase pré-processual do inquérito policial, seja na fase do processo propriamente dito), ou de execução (p. ex., a medida disciplinar do denominado "RDD", incorporado à LEP mediante a Lei n. 10.792/2003, a nosso ver inconstitucional, cf. comentários ao art. 33), não havendo um "ajuizamento" de ação penal cautelar, com pedido de liminar e posterior julgamento do seu mérito.

▪ **Ação penal condenatória (divisão):** Em meio à diversidade de ações penais referidas na nota acima, o art. 100 do CP trata somente da *ação penal de conhecimento de caráter condenatório*, ou, mais simplesmente, da *ação penal condenatória*. Há duas espécies de ação penal condenatória: *pública* e de *iniciativa privada*. A ação penal pública pode ser *incondicionada* ou *condicionada*; a ação penal privada pode ser *exclusivamente privada* ou *subsidiária* da ação pública. Por via de regra, a ação penal é *pública incondicionada*, salvo quando a lei declara, expressamente, que só se procede: *a.* mediante *representação* do ofendido ou *requisição* do Ministro da Justiça (então, é *pública condicionada*); *b.* mediante *queixa* (então, a ação penal é de iniciativa privada). A ação penal pública é movida pelo Ministério Público contra o Estado (que tem o dever de prestar jurisdição), em face do acusado; uma vez formada a *opinio delicti*, tem ele o *poder-dever* funcional de oferecer denúncia na ação penal pública incondicionada ou, na condicionada, desde que tenha havido representação do ofendido ou requisição do Ministro da Justiça. A ação penal privada, por sua vez, é movida pelo querelante, o qual requer ao Estado a condenação e a imposição de pena ao querelado; na ação penal privada, pode a vítima ou ofendido dispor da ação penal privada (CP, arts. 103 e 104).

▪ **No CPP:** A ação penal é detalhadamente tratada no CPP; em relação a este art. 100 do CP, *vide*, especialmente, os arts. 24 a 39 do CPP. Quanto à competência, cf. também, no CPP, o art. 84, alterado pela Lei n. 10.628/2002, que garante o foro privilegiado ainda que a ação penal, relativa a atos praticados durante o exercício da função pública, seja iniciada após a cessação da função.

▪ **Ação penal e a chamada "denúncia coletiva":** *Vide* comentários no art. 29 do CP.

▪ **Termo de Ajustamento de Conduta (TAC) e falta de justa causa para a ação penal:** Dispõe o art. 395, II e III, que a denúncia ou queixa será rejeitada quando "faltar pressuposto processual ou condição para o exercício da ação penal" ou mesmo quando "faltar justa causa para o exercício da ação penal" (redação dada pela Lei n. 11.719/2008). A questão que surge aqui é saber se a celebração do Termo de Ajustamento de Conduta (TAC) entre o Ministério Público e o acusado tem ou não o condão de evitar a instauração da ação penal, por qualquer um dos motivos acima referidos (falta de pressuposto ou condição ou falta de justa causa). Sabe-se que o TAC possui previsão na Lei de Ação Civil Pública, pela qual "os órgãos públicos legitimados (*nota nossa:* dentre os quais o Ministério Público) poderão tomar dos interessados compromisso de ajustamento de sua conduta às exigências legais, mediante cominações, que terá eficácia de título executivo extrajudicial". Ora, como cediço, o chamado princípio da obrigatoriedade da ação penal pública (CPP, art. 24) sofre mitigação nos casos de infrações de menor potencial ofensivo, cuja pena máxima não seja superior a dois anos, em que a composição civil ou mesmo a transação penal impedem o ajuizamento da denúncia (Lei n. 9.099/95, arts. 74 e 76). Já para crimes com pena mínima igual ou inferior a um ano, ou mesmo superior a um ano desde que seja cominada pena de multa alternativa (ou *multa*), satisfeitos os requisitos legais (dentre os quais, a reparação do dano, salvo impossibilidade de fazê-lo), pode ser proposta a suspensão condicional do processo, cujo cumprimento sem revogação acarreta a extinção da punibilidade (art. 89, § 5º). Nos delitos ambientais, a transação penal fica condicionada à prévia composição do dano ambiental; já a extinção da punibilidade pelo cumprimento da suspensão condicional do processo fica condicionada ao laudo de constatação de reparação do dano ambiental (Lei n. 9.605/98, arts. 27 e 28). Pois bem, se a composição dos danos ou mesmo a transação penal tem servido, nos delitos de menor potencial ofensivo, como forma de resolver o conflito (administrativo, civil e penal), o mesmo efeito deve ter o TAC celebrado entre o Ministério Público e o acusado, como tem já ocorrido nos delitos ambientais em sede de inquérito civil público. A respeito, Rômulo de Andrade Moreira escreve, com acerto, que, "lavrado o Termo de Ajustamento de Conduta, o ajuizamento de uma ação penal em razão do ilícito ambiental praticado, e objeto do acordo, perde completamente o sentido e, especialmente, a utilidade" ("O termo de ajustamento de conduta ambiental e os efeitos no exercício da ação penal pública", *Jus Navigandi*, Teresina, ano 13, n. 2246, 25 ago. 2009, http://jus2.uol.com.br/doutrina/texto.asp?id=13386. No mesmo sentido, Helena Regina Lobo da Costa (Bol. IBCCr, ano 16, n. 190, p. 15, setembro de 2008), trazendo em seu artigo três precedentes do Tribunal de Justiça de Minas Gerais que, em virtude da celebração do TAC entre Ministério Público e acusado, em delitos ambientais, decidiram pelo trancamento da ação penal por falta de justa causa (TJMG, Processo 1.0000.03.400377-2, rel. Jane Silva, j. 25.6.2004; TJMG, HC 1.0000.04.410063-4/000(1), j. 24.8.2004, rel. Antônio Carlos Cruvinel, *vu*, TJMG HC 1.0000.06.445201-4/00, rel. Reynaldo Ximenes Carneiro, j. 16.11.2006, *vu*). Em nossa opinião, a celebração do Termo de Ajustamento de Conduta entre Ministério Público e acusado, a respeito de infração administrativa que configure também infração penal, impede o ajuizamento da ação penal, por falta de justa causa, sendo caso de rejeição da denúncia (CPP, art. 395, III) ou mesmo de trancamento da ação penal por meio de *habeas corpus* (vide, também, nota sob o mesmo título no art. 23 do CP).

- **Presidente da República:** Por ato praticado antes do mandato, ou durante este, mas estranho às funções presidenciais, não pode ser processado enquanto no cargo (art. 86, § 4º, da CR). Tratando-se, contudo, de crime praticado durante o mandato e referente às suas funções (CR, arts. 85 e 86), poderá ele ser processado caso venha a acusação ser admitida por dois terços da Câmara dos Deputados, sendo então submetido a julgamento perante o Supremo Tribunal Federal, nas infrações penais comuns, ou perante o Senado Federal, nos crimes de responsabilidade (*impeachment*). Estabelece o § 3º do art. 86, ainda, que, nas infrações comuns, o Presidente da República não poderá ser preso enquanto não sobrevier sentença condenatória (transitada em julgado), ou seja, a ele não pode ser imposta nenhuma prisão provisória.

- **Senadores e Deputados Federais:** Dispunha o antigo art. 53, § 1º, da CR que os membros do Congresso Nacional não poderiam ser processados criminalmente "sem prévia licença de sua casa". Com a EC n. 35/2001, que alterou esse artigo, os Deputados Federais e Senadores continuam invioláveis, penalmente, "por quaisquer de suas opiniões, palavras e votos". Quanto aos crimes sem relação com o exercício do mandato, não mais é necessária prévia licença da respectiva Casa Legislativa. O julgamento continua da competência do STF (art. 53, § 1º). Recebida a denúncia, por crime ocorrido após a diplomação, o STF dará ciência à respectiva Casa, que, pelo voto da maioria de seus membros, poderá sustar o andamento da ação (art. 53, § 3º); o pedido de sustação será apreciado pela Casa respectiva, no prazo improrrogável de quarenta e cinco dias do seu recebimento pela Mesa Diretora (§ 4º); e a sustação do processo suspenderá a prescrição enquanto durar o mandato (§ 5º). Assim, a antiga exigência de licença para a instauração de ação penal contra parlamentares federais por crimes sem relação ao exercício do mandato não mais existe, havendo, contudo, agora, a possibilidade de, após a instauração da ação penal, ser ela sustada, ficando nesse caso suspensa a prescrição.

- **Governador:** Ao contrário do que ocorre com o Presidente da República, Vice-Presidente e Ministros de Estado, que somente podem ser processados por crime comum se houver autorização por dois terços da Câmara dos Deputados (CR, art. 51, I), no entendimento do STF, a partir de 2017, tal exigência não existe mais para os Governadores. Antes de 2017, a jurisprudência era majoritária em aceitar que Constituições estaduais previssem a necessidade da autorização pelo Legislativo para que um Governador pudesse ser processado criminalmente por crime comum praticado durante o mandato. Todavia, sob o argumento de que compete exclusivamente à União legislar sobre matéria penal e processual penal (art. 22, I, da CR), tal entendimento mudou com o julgamento das ADIns 4.362/DF, 4.777/BA e 5.540/MG, de forma que, desde então, prevalece no STF a seguinte tese: "É vedado às unidades federativas instituírem normas que condicionem a instauração de ação penal contra Governador, por crime comum, à prévia autorização da Casa Legislativa, cabendo ao Superior Tribunal de Justiça dispor, fundamentadamente, sobre a aplicação de medidas cautelares penais, inclusive afastamento do cargo" (*vide* jurisprudência abaixo). Cumpre observar, também, que o STF julgou *inconstitucionais* dispositivos constantes de diplomas estaduais que buscavam garantir aos Governadores as mesmas imunidades do Presidente da República quanto à impossibilidade de ser responsabilizado criminalmente por atos estranhos ao exercício da função durante o mandato, bem como a proibição de prisão provisória (art. 86, §§ 3º e 4º), uma vez que compete privativamente à União legislar sobre matéria penal e processual penal (art. 22, I). Cf. STF, ADIn 1.021-2-SP e ADIn 978-PB, j. 19.10.95.

- **Governadores e desequilíbrio do sistema de justiça criminal:** Com a decisão do STF proferida nas ADIns 4.362/DF, 4.777/BA e 5.540/MG, tem-se, com relação aos Governadores, um desbalanceamento do sistema de justiça criminal, comparando-se com a situação diferenciada dos Deputados Estaduais, para quem, por disposição expressa da Constituição da República (art. 27, § 1º), são estendidas as inviolabilidades e imunidades processuais dos Deputados Federais. Diante disso, os Governadores encontram-se em situação de maior vulnerabilidade, inclusive com a decretação de medidas cautelares como a do *afastamento do cargo*, que têm sido impostas por decisões monocráticas de Ministros do Superior Tribunal de Justiça, mesmo antes de recebida a denúncia contra o Governador. Entendemos, por se tratar de medida extrema a uma pessoa eleita, que decisões como essa deveriam ser da competência da Corte Especial e não de um Ministro relator, garantindo-se o direito prévio de defesa. Todavia, não é isso que tem ocorrido no STJ, como sucedeu com o Governador do Estado do Rio de Janeiro, afastado do cargo mediante decisão monocrática, posterirormente referendada pela Corte Especial em 2020 (Cautelar Inominada Criminal n. 35-DF (2020/0204204-1, j. 18.8.2020). Mesmo antes das decisões do STF nas ADIns 4.362/DF, 4.777/BA e 5.540/MG, situação inclusive mais grave ocorreu em fevereiro de 2010 quando o STJ decretou, em caso inédito, a prisão preventiva do então Governador do Distrito Federal, e o seu afastamento do cargo, nos autos do *Inquérito* n. *650-DF*, sem ter a Assembleia Legislativa deliberado sobre a autorização para ser ele processado criminalmente.

- **Deputado Estadual:** Por disposição expressa do art. 27, § 1º, da Constituição da República, aos Deputados Estaduais são aplicáveis as inviolabilidades e imunidades nela previstas (cf. nota acima *Senadores e Deputados Federais*), devendo ser observadas, igualmente, as respectivas Constituições Estaduais quanto à manifestação da Assembleia Legislativa acerca da promoção da ação penal. No Estado de São Paulo, por exemplo, recebida a denúncia contra Deputado, por crime ocorrido após a diplomação, o Tribunal de Justiça dará ciência à Assembleia Legislativa que, pelo voto da maioria de seus membros, poderá, até decisão final, sustar o andamento da ação, hipótese em que haverá a suspensão da prescrição enquanto durar o mandato (Constituição do Estado de São Paulo, art. 14, §§ 3º e 5º).

- **Prefeito e vereadores:** Não é necessária licença prévia da Câmara Municipal.

Ação penal pública (§ 1º)

- **Princípio e regras da ação penal pública:** O processo penal rege-se por um único princípio, qual seja, o *publicístico*, diante do inafastável interesse estatal em manter a paz pública e do dever de prestar jurisdição. Como em um Estado de Direito Democrático a atuação estatal deve ser exercida em consonância com as garantias e os regramentos ínsitos ao devido processo legal, que pode ser entendido como um feixe de direitos e garantias que impõem limites à ação judiciária e se encontram previstos na CR, no PIDCP e na CADH, devendo o CP, o CPP e as demais leis ordinárias com eles estar em consonância, surgem os seguintes regramentos processuais que orientam a atividade jurisdicional no âmbito penal, na linha adotada por Rogério Lauria Tucci e outros (*Princípios e Regras Orientadoras do Novo Processo Penal Brasileiro*, Rio de Janeiro, Forense, 1986):

- **1) Regra da oficialidade (CR, art. 129, I):** A ação penal pública só pode ser proposta pelo Ministério Público, salvo hipótese de inatividade, em que é aberta a possibilidade da propositura da ação penal privada subsidiária. Da regra da *oficialidade*, surgem as seguintes sub-regras: *Compulsoriedade, indisponibilidade e irretratabilidade*. Por dever funcional, uma vez formulada a *opinio delicti*, e não tendo ocorrido a extinção da punibilidade como a prescrição, o Ministério Público é compelido a propor a ação penal em face de todos os supostos autores e partícipes da conduta incriminada (*vide* nota *Indivisibilidade da ação penal pública* no art. 104), sob pena de nulidade da denúncia (cf. Fernando da Costa Tourinho Filho, "O princípio da indivisibilidade na ação penal pública", *RBCCr* 2/111, citando dois precedentes do TJPR, *RT* 293/593 e 370/286; cf., também, STF, *RTJ* 79/399; TRF da 2ª R., Ap. 5.999, *mv*, *DJU* 1.12.92, p. 40343). Uma vez ofertada a ação penal, dela o *Parquet* não pode desistir, embora a ele seja sempre possível pedir a absolvição do acusado ou o reconhecimento da extinção de sua punibilidade, bem como não apelar da sua absolvição. As regras da *compulsoriedade, indisponibilidade e irretratabilidade* da ação penal vêm sendo, nas últimas décadas, relativizadas diante de três institutos: a) do instituto da transação penal, aplicável às infrações de menor potencial ofensivo, nos termos da Lei n. 9.099/95; b) em face do instituto da *colaboração premiada*, prevista, entre outras, na Lei n. 12.850/2013, uma vez que o Ministério Público pode "deixar de oferecer a denúncia se o colaborador: I – não for o líder da organização criminosa; II – for o primeiro a prestar efetiva colaboração nos termos deste artigo" (art. 4º, § 4º); c) do *acordo de não persecução penal*, disposto no art. 28-A do CPP, inserido pela Lei n. 13.964/2019, podendo o Ministério Público, embora não seja o caso de arquivamento, propor acordo de não persecução penal, na hipótese de o investigado confessar formal e circunstancialmente a prática de infração penal, tratando-se de crime sem violência ou grave ameaça e com pena mínima inferior a 4 (quatro) anos, , desde que necessário e suficiente para reprovação e prevenção do crime. A jurisprudência tem aceito a possibilidade de acordo de não persecução, mesmo durante a instrução processual, quando já recebida a denúncia.

- **2) Regra da judiciariedade:** Cabe única e exclusivamente ao Poder Judiciário, por meio da ação judiciária e dentro dos limites impostos pela garantia constitucional do devido processo legal (*nula poena sine iudicio*), a constatação da materialidade e autoria delitiva, bem como a aferição da culpabilidade do agente, viabilizando a liberação da coação estatal.

- **3) Regra da busca da verdade:** O Estado, mediante a ação judiciária, haverá sempre que buscar a verdade, dentro dos referidos limites constitucionais. Contrariamente ao antigo e draconiano sistema inquisitório, no qual confundiam-se as figuras do acusador e do juiz, há de vigorar, em nosso processo penal, nos termos do art. 129, I, da Constituição da República que outorgam ao Ministério Público a atribuição para promover privativamente, a ação penal pública, o sistema acusatório. Isso tem reflexos, inclusive, na fase pré-processual, pressupondo a possibilidade de haver contraditório durante o inquérito policial (cf. CPP, art. 14), garantindo-se ao acusado acesso a todas as provas *já encartadas* aos autos (Súmula Vinculante 14 do STF), bem como o contraditório *real, efetivo e indisponível* na sua segunda fase, qual seja, a do processo penal propriamente dito. A busca da verdade deve, sempre, nortear a atividade dos agentes públicos na atividade judiciária. Antonio Manuel de Almeida Costa, citando Jorge de Figueiredo Dias, observa que "a procura da verdade material afasta o 'princípio do dispositivo' e confere ao processo penal o carácter público que lhe compete, atenta à natureza dos interesses em jogo", devendo haver equilíbrio entre "'dois vectores essenciais' do processo penal:

a procura da verdade material e, de outra parte, o respeito intransigente dos direitos, liberdades e garantias dos diversos intervenientes na ação" ("Alguns princípios para um direito e processo penais europeus", *Revista Portuguesa de Ciência Criminal*, Lisboa, Aequitas, ano 4, fascículo 2, abril/junho de 1994, pp. 210-211). A nosso ver, pode-se afirmar, portanto, que a ação penal pública, embora proposta exclusivamente pelo Ministério Público, "não tem dono", ou, como prefere a doutrina tradicionalmente assentada, *dominus litis*. Aliás, a própria possibilidade do ofendido propor ação penal privada subsidiária, em caso de inércia do *Parquet* (CR, art. 5º, LIX, e art. 100, § 3º, do CP), confirma a pertinência dessa afirmação. A ação judiciária penal é, antes de mais nada, *causa pública*; interessa a todos. Além disso, o conceito de *lide* (pretensão de uma parte para satisfação de um direito, resistida pela outra, que teria o dever correlato) é irrelevante para o processo penal. Quando o órgão do Ministério Público oferece uma denúncia, ele *requer* ao Estado a imposição de pena ao acusado, não havendo "pretensão" qualquer, uma vez que a instituição *Parquet* não possui direito material algum a buscar; ele atua como órgão público incumbido de promover a ação penal.

- **Pedido de absolvição e impossibilidade de o juiz condenar:** Embora toda ação penal seja *causa pública*, entendemos que, no caso de o Ministério Público pedir a absolvição do acusado, não se pode mais conceber a hipótese de o juiz condenar o acusado. A compreensão tradicional de que isso seria possível, atualmente, não tem como ser mantida, sendo o art. 385 do CPP incompatível com o art. 129, I, da Constituição da República, como também com a regra do contraditório (art. 5º, LV), que pressupõe correlação entre acusação e defesa. Ademais, essa hipótese implica transformar o *juiz em acusador* (!), não havendo diferença ontológica entre o não oferecimento da denúncia, como titular da ação penal, e o pedido de absolvição, lembrando-se a máxima ne procedat iudex ex officio. O juiz ou Tribunal só podem condenar alguém, se o Ministério Público o denunciar e, ao final da instrução, pedir a sua condenação. A regra do art. 385 da lei processual penal pode ser considerada uma verdadeira "vergonha" de nosso ordenamento, sendo inacreditável que ainda existam precedentes em nossos Tribunais defendendo a vigência do art. 385 do CPP. Nesse sentido, cf. AURY LOPES JÚNIOR ("Por que o juiz não pode condenar quando o Ministério Público pedir a absolvição?", *Conjur*, 2014) e GERALDO PRADO *(Sistema acusatório: a conformidade constitucional das leis processuais penais*, 4ª ed., Rio de Janeiro, Lumen Juris, 2006, p. 116/117).

- **Distinção:** É fácil identificar as duas modalidades de ação penal pública, na prática: *a.* Se a lei nada diz a respeito da ação penal, ela será pública *incondicionada*. *b.* Se a lei faz expressa referência à necessidade de proceder-se mediante "representação" do ofendido (ou seu representante) ou de "requisição" do Ministro da Justiça, a ação será pública *condicionada*. *c.* Ao contrário, quando a lei diz que em determinado crime só se procede mediante "queixa", a ação penal *não* é pública, mas de iniciativa *privada* (vide § 2º deste art. 100).

- **Incondicionada:** É exercida pelo Ministério Público, independentemente da iniciativa de qualquer pessoa.

- **Condicionada:** É exercida pelo mesmo órgão, porém depende, nos casos em que a lei pede, de *representação* do ofendido ou de *requisição* do Ministro da Justiça (CP, art. 100, § 1º). Quanto à representação, *vide* nota ao art. 102 do CP. *Natureza jurídica*: é muito questionada a natureza da *representação*, existindo, a respeito, três correntes (condição de punibilidade, condição de procedibilidade e possibilidade jurídica). Também quanto ao caráter da *requisição ministerial*, há as mesmas três posições.

- **Fundamento da ação penal pública condicionada:** A exemplo do que ocorre com a ação penal privada, o fundamento da existência da ação penal pública condicionada é a proteção da vítima. Consoante o terceiro autor desta obra já teve a oportunidade de salientar (ROBERTO DELMANTO JUNIOR, *Inatividade no Processo Penal Brasileiro*, São Paulo, Revista dos Tribunais, 2004, pp. 146 e 319), o legislador preferiu sobrepor o interesse da vítima em resguardar a intimidade e seus interesses, ao interesse público e consequente dever estatal de aplicar a lei penal, reconhecendo que o trâmite de longo, e por vezes doloroso, processo poderia agravar ainda mais as consequências que o delito gerou na pessoa da vítima. Além do processo reabrir as chagas sofridas, não é despropositado o receio da vítima de que, tratando-se de delitos que envolvam a sua honra ou que despertem a curiosidade, às vezes mórbida, no meio social, a persecução penal possa provavelmente trazer enorme dano à sua imagem. Impõe-se, assim, obstáculo à ação penal judiciária, abrindo-se possibilidade à vítima, ou àquele que tenha legitimidade para representá-la, de impedir que o seu ofensor seja processado, a fim de evitar o *strepitus fori*, mesmo que a impunidade do criminoso seja danosa ao interesse social, podendo ele vir a praticar novos delitos. Todavia, ao contrário do que ocorre na ação penal privada (na qual, mesmo após o recebimento da queixa, a vítima pode perdoar o ofensor, deixar ocorrer a perempção etc.), na ação penal pública condicionada o interesse da vítima *não se sobrepõe ao interesse do Estado com a mesma intensidade* (uma vez oferecida a denúncia a representação é irretratável – CP, art. 102). Porém, por questões pragmáticas (e não de tutela da vítima), o legislador tem criado outras hipóteses de ação penal pública condicionada, como acontece com as lesões corporais leves e as lesões corporais culposas (art. 88 da Lei n. 9.099, de 26.9.1995), como também com o crime de estelionato previsto no art. 171 do CP, cujo § 5º foi acrescentado pela Lei n. 13.964/2019.

Ação penal de iniciativa privada (§§ 2º, 3º e 4º)

■ **Distinção:** A ação penal de iniciativa privada pode ser *exclusivamente privada* (§ 2º) ou *subsidiária da ação pública* (§ 3º deste art. 100).

■ **Regras da ação penal de iniciativa privada:** *1. É privativa*. Seu início compete a um particular (a vítima ou seu representante). *2. Dela se pode dispor*. O ofendido não está obrigado a iniciar a ação penal, só a promovendo se assim o desejar. *3. Dela se pode desistir*. O ofendido pode desistir da ação penal que iniciou, a qualquer tempo, antes de haver sentença transitada em julgado. *4. É indivisível*. A ação deve ser promovida contra todos os autores, coautores e partícipes conhecidos da infração penal, sob pena de renúncia tácita (CP, art. 104).

■ **Exclusivamente privada (§ 2º):** Quando *somente* pode ser exercida pelo ofendido ou seu representante legal. Procede-se mediante o oferecimento, em juízo, de *queixa-crime*.

■ **Fundamento da ação penal privada:** A exemplo do que dissemos ao tratar da ação penal pública condicionada, a *disponibilidade*, que é o fundamento da existência das ações penais privadas, tem como principal nascedouro o interesse estatal em *priorizar o resguardo da vítima*, em determinados crimes, das mazelas que o próprio processo pode ensejar, como a possibilidade de sua exposição pública, mesmo que ele corra em segredo de justiça, geradora do chamado *estrépito judiciário*, apesar da impunidade do criminoso ser danosa ao interesse social, podendo ele vir a praticar novos delitos. Isso ocorre, porque o processo penal pode acabar acarretando ainda mais prejuízos para a vítima. Podemos lembrar os delitos contra a honra, nos termos do art. 145 do CP; os crimes contra a propriedade intelectual, nas condições do art. 186, I, do mesmo diploma; as infrações penais contra a propriedade industrial e de concorrência desleal, consoante o art. 199, primeira parte, da Lei n. 9.279, de 14.5.96, etc. Cf., a propósito, e mais detalhadamente, ROBERTO DELMANTO JUNIOR, *Inatividade no Processo Penal Brasileiro*, cit., pp. 319 a 324.

■ **Subsidiária (§ 3º):** Em casos de ação penal pública, quando o Ministério Público restar *inerte*, não oferecendo denúncia no prazo legal (CPP, art. 46), nem requerendo arquivamento (CPP, art. 28) ou diligência imprescindível (CPP, art. 16), o ofendido ou o seu representante legal pode, então, iniciá-la em substituição ao Ministério Público. A CR, em seu art. 5º, LIX, prevê expressamente essa modalidade de ação.

■ **Sucessão (§ 4º):** A sucessão ao ofendido é inaplicável às hipóteses do art. 236, parágrafo único (induzimento a erro essencial ou ocultação de impedimento), do CP, que cuida de direito intransferível, personalíssimo.

■ **Outorga uxória:** O art. 35, *caput*, do CPP, que dispunha que "a mulher casada não poderá exercer o direito de queixa sem consentimento do marido, salvo quando estiver dele separada ou quando a queixa for contra ele", bem como o seu parágrafo único, que previa o suprimento judicial, foram revogados pela Lei n. 9.520, de 27.11.97, não se exigindo mais a outorga uxória para que a mulher casada possa oferecer queixa-crime em quaisquer circunstâncias. Aliás, com o advento, em 1988, da atual CR, que garante a igualdade entre os homens e mulheres (arts. 3º, IV, 5º, I, e 226, § 5º), o referido artigo já se tornara *inaplicável* mesmo antes dessa revogação.

Lei dos Juizados Especiais Criminais Estaduais (Lei n. 9.099/95)

- **Lei dos Juizados Especiais Criminais (Estaduais):** A Lei n. 9.099, de 26.9.95, que dispôs sobre os Juizados Especiais Criminais Estaduais, criou, entre nós, os institutos da composição civil e da transação penal. O art. 61 da referida Lei, modificado pela Lei n. 11.313, de 28.6.2006, considera infrações penais de menor potencial ofensivo as contravenções e os crimes com *pena máxima não superior a dois anos*, cumulada ou não com multa, não fazendo restrição ao tipo de procedimento, se comum ou especial, nem ao tipo de ação penal (pública incondicionada, pública condicionada ou privada). Assim, tratando-se de ação penal privada ou pública condicionada, o acordo homologado (*composição civil*) "acarreta a renúncia ao direito de queixa ou representação" (art. 74, parágrafo único), com consequente extinção da punibilidade. A *transação*, se aceita, acarreta a "aplicação imediata de pena restritiva de direitos ou multa" (art. 76, *caput*), abrindo mão o Ministério Público, nas ações penais públicas condicionadas (em que houver representação) e nas incondicionadas, do processo e da consequente imposição de pena privativa de liberdade; além disso, a transação não importará em reincidência nem constará de certidão de antecedentes criminais, salvo para impedir novamente o mesmo benefício no prazo de cinco anos (art. 76, §§ 4º e 6º). Por último, a *suspensão condicional do processo*, para os crimes em que a pena mínima cominada não for superior a um ano, uma vez aceita pelo acusado e decorrido o período de prova, acarretará a extinção da punibilidade (art. 89, § 5º). Nestas condições, tratando-se de institutos que beneficiam os acusados, é inegável que a lei que os criou, por ser *mais favorável*, deve retroagir. Por isso, parece-nos que o art. 90, ao estabelecer que "as disposições desta Lei não se aplicam aos processos penais cuja instrução já estiver em andamento", é *inconstitucional*, por violar o princípio da retroatividade da lei penal mais benéfica (CR, art. 5º, XL; CP, art. 2º, parágrafo único; PIDCP, art. 15, 1; CADH, art. 9º). É ainda inconstitucional, por ferir o princípio da igualdade de todos perante a lei (CR, art. 5º, *caput*; PIDCP, art. 2º, 1; CADH, art. 1º, 1), ao dar tratamento *desigual* a acusados de fatos semelhantes, praticados na mesma época, na dependência da instrução criminal já se ter iniciado ou não. No que se refere à transação e à suspensão do processo na ação penal privada, a jurisprudência é hoje pacífica no sentido da sua admissibilidade, havendo divergências apenas quanto a quem deve propô-las (*vide* jurisprudência neste artigo). *Vide*, ainda, jurisprudência no art. 2º do CP, sob o título *Lei dos Juizados Especiais Criminais Estaduais (retroatividade das normas benéficas)*. Quanto ao valor da pena de multa na transação penal, *vide*, no art. 49 do CP, nota *A multa na transação penal*.

Lei dos Juizados Especiais Criminais Federais (Lei n. 10.259/2001)

- **Lei dos Juizados Especiais Criminais (Federais):** A Lei n. 10.259, de 12.7.2001, em vigor a partir de 12 de janeiro de 2002, instituiu os Juizados Especiais Criminais no âmbito federal, dispondo no parágrafo único de seu art. 2º: "Consideram-se infrações de menor potencial ofensivo, para os efeitos desta Lei, os crimes a que a lei comine pena máxima não superior a dois anos ou multa". Cotejando-se este dispositivo com o antigo art. 61 da Lei n. 9.099/95 (Juizados Especiais Criminais Estaduais), verificava-se: *a.* o art. 2º, parágrafo único, da Lei n. 10.259/2001, tendo em vista que as contravenções estão fora da competência da Justiça Federal (art. 109, IV, da CR), refere-se apenas a *crimes*, enquanto o art. 61 da Lei n. 9.099/95 aludia a *crimes e contravenções penais*; *b.* o art. 2º, parágrafo único, da Lei n. 10.259/2001 considera infrações penais de menor potencial ofensivo aquelas com *pena máxima não superior a dois anos ou multa*, ao passo que o art. 61 da Lei n. 9.099/95 fixava esse limite *em um ano, não se referindo à multa*; o art. 2º, parágrafo único, da Lei n. 10.259/2001 não exclui de sua competência os casos em que a lei preveja procedimento especial, ao contrário do art. 61 da Lei n. 9.099/95, que os excluía expressamente. Em face dos princípios da isonomia (art. 5º, *caput*, da CR), da proporcionalidade (ínsito à cláusula do devido processo legal, art. 5º, LIV, da Magna Carta) e da analogia *in bonam partem*, a jurisprudência e a doutrina já haviam se pacificado em ampliar o conceito de infração de menor potencial ofensivo do antigo art. 61 da Lei n. 9.099/95. Como reflexo desse entendimento o art. 61 foi, então, modificado pela Lei n. 11.313, de 28.6.2006, passando a Lei dos Juizados Criminais Especiais Estaduais a também considerar infrações penais de menor potencial ofensivo as contravenções e os crimes com *pena máxima não superior a dois anos*, cumulada ou não com multa, não fazendo restrição ao tipo de procedimento, se comum ou especial, nem ao tipo de ação penal (pública incondicionada, pública condicionada ou privada).

- **Código de Trânsito Brasileiro e Lei dos Juizados Especiais Criminais Estaduais:** Dispõe o art. 291, §1º, da Lei n. 9.503/2008 – Código de Trânsito Brasileiro, com nova redação dada pela Lei n. 11.705/2008: "Aplica-se aos crimes de trânsito de lesão corporal culposa o disposto nos arts. 74, 76 e 88 da Lei n. 9.099, de 26 de setembro de 1995, exceto se o agente estiver: I – sob a influência de álcool ou qualquer outra substância psicoativa que determine dependência; II – participando, em via pública, de corrida, disputa ou competição automobilística, de exibição ou demonstração de perícia em manobra de veículo automotor, não autorizada pela autoridade competente; III – transitando em velocidade superior à máxima permitida para a via em 50 km/h (cinquenta quilômetros por hora). Antes do advento da Lei 11.705/2008, o antigo parágrafo único do art. 291 do CTB permitia a aplicação dos arts. 74 (composição civil), 76 (transação penal) e 88 (necessidade de representação) aos crimes de lesão corporal culposa (art. 303), de embriaguez ao volante (art. 306) e de participação em competição não autorizada (art. 308). Como visto, agora, tais institutos somente se aplicam ao delito de lesões corporais culposas, salvo se o agente estiver em uma das condições reprováveis previstas no § 1º do art. 291 do CTB. Por se tratar de norma penal mais severa, a nova disposição não retroagirá (CR/88, art. 5º, XL; CP, art. 2º).

- **Justiça Militar e Lei dos Juizados Especiais Criminais:** A Lei n. 9.839, de 27.9.99, acrescentou o art. 90-A à Lei dos Juizados Especiais Criminais (Lei n. 9.099/95), determinando que "as disposições desta Lei não se aplicam no âmbito da Justiça Militar". Contudo, se o crime for anterior à Lei n. 9.839/99, aplica-se a Lei n. 9.099/95 por ser mais benéfica.

- **Representação:** *Vide* nota *Representação na Lei dos Juizados Especiais Criminais* no art. 103 do CP.

Jurisprudência em geral

- **Ação penal pública:** Em se tratando de crime de ação pública (no caso, crime de estelionato), a transação entre as partes, ainda que anterior ao recebimento da denúncia, não impede a instauração da ação penal (STJ, HC 8.556/RJ,*DJU* 25.10.99, p. 99, *in RBCCr* 31/328).

- **Indivisibilidade da ação pública:** *Vide* jurisprudência sob igual título no art. 104 do CP.

- **Ação penal privada subsidiária:** Se o Ministério Público requereu arquivamento, não cabe a ação penal privada subsidiária (STF, Pleno, *RTJ* 112/473; TJSP, Pleno, *RT* 612/285; TJPA, *RT* 849/618; TACrSP, *Julgados* 93/332), sendo impossível confundir ato comissivo – pedido de arquivamento – com omissivo – ausência de apresentação da denúncia no prazo legal (STF, HC 70.029, *DJU* 13.8.93, p. 15676, *in RBCCr* 5/198-9). *Contra:* Omitindo-se o Ministério Público com seu *poder-dever* de oferecer a denúncia, abre-se à vítima a possibilidade de aforar ação penal privada subsidiária de ação penal pública condicionada, rejeitando-se o pedido de arquivamento da representação (STJ, CEsp, Repr 30, *mv – DJU* 14.12.92, p. 23875, *in RBCCr* 1/226. Observação: esta decisão foi reformada pelo STF no HC 70.029, acima citado). O particular só a pode intentar se o Ministério Público, no prazo legal, não oferecer denúncia, requerer arquivamento ou diligências (STF, *RT* 643/347, *RTJ* 99/454; TJSP, *RJTJSP* 95/493). Só pode ser exercida pelo ofendido após a omissão do Ministério Público (STJ, CEsp, AgRg na Repr 6, *DJU* 12.3.90, p. 1696), até que ocorra a prescrição, já que não se trata de ação exclusivamente privada, não havendo previsão legal de prazo decadencial (STF, *RT* 655/371). *Contra:* o ofendido decai do direito de queixa em seis meses após esgotado o prazo para oferecimento da denúncia (TRF da 1ª R., RCr 3.278, *DJU* 25.6.92, p. 18827). Se o Ministério Público denuncia apenas alguns dos envolvidos, não pode o ofendido oferecer queixa subsidiária contra os demais, pelo fato já objeto da ação pública (TACrSP,*RT* 514/383). Se o promotor não denuncia nem requer diligência no prazo, pode o juiz nomear advogado para intentar ação penal privada subsidiária, frente a pobreza da família da vítima (STJ, RHC 1.909, *DJU* 14.9.92, p. 14980).

- **Sonegação fiscal:** *Súmula* 609 do STF: "É pública incondicionada a ação penal por crime de sonegação fiscal".

- **Lesão corporal decorrente de violência doméstica:** *Súmula* 542 do STJ: "A ação penal relativa ao crime de lesão corporal resultante de violência doméstica contra mulher é pública incondicionada".

- **Crime contra a honra de funcionário público no exercício da função – Súmula 714 do STF:** "É concorrente a legitimidade do ofendido, mediante queixa, e do Ministério Público, condicionada à representação do ofendido, para a ação penal por crime contra a honra de servidor público em razão do exercício de suas funções".

- **Querelante incapaz:** É parte legítima para oferecer queixa-crime, quando acompanhada de sua representante legal (STJ, RHC 4.005, *DJU* 21.11.94, p. 31779, *in RBCCr* 12/281).

- *Habeas corpus* **e trancamento da ação penal (alguns exemplos):** Cabe ao impetrante, de plano, revelar a inocência do acusado, a atipicidade da conduta ou extinção da punibilidade para que seja determinado o trancamento da ação penal por falta de justa causa (STJ, RHC 13.600, *RT* 820/523). Tranca-se a ação penal por crime contra a propriedade imaterial que deixa vestígios, quando não há comprovação da materialidade e autoria do ilícito pela apreensão dos bens e realização de perícia (STJ, RHC 11.848, *DJU* 11.3.2002, *in Bol. IBCCr* 117/633), ou se o laudo homologado não atestou a existência de qualquer delito (STJ, RHC 11.448, j. 16.4.2002, *DJU* 27.5.2002, p. 181, *in Bol. IBCCr* 117/633). A ação penal privada por crime contra a honra deve ser trancada se a queixa-crime não expõe devidamente a descrição dos fatos, com todas as expressões proferidas, dificultando o exercício da ampla defesa (TJSP, *RT* 848/550). Igualmente tranca-se a ação penal por crime contra as telecomunicações (art. 183 da Lei n. 9.472/97) quando, embora tenha sido o equipamento operado sem licença, não tenha o risco potencial de lesão ao sistema de telecomunicações sido devidamente qualificado (TRF da 4ª R., HC 2004.04.01.047869-8, *JSTJ* e TRF 187/285). Deve ser trancada a ação penal se a denúncia imputa responsabilidade ao Diretor Presidente da Petrobras por vazamento de óleo, não havendo descrição de relação de causa e efeito entre a conduta do acusado e o evento danoso, configurador de crime ambiental, tendo em vista as inúmeras instâncias gerenciais e de operação em campo. Não se pode atribuir ao indivíduo e à pessoa jurídica os mesmos riscos (STF, *RT* 844/491). Se a denúncia versa sobre os mesmos fatos que já estão sendo objeto de apreciação pelo Poder Judiciário em processo anterior, a nova ação penal deve ser trancada, havendo ofensa ao *ne bis in idem* (TJMA, *RT* 845/617). Em crime contra a ordem tributária, tranca-se a ação penal se, quando do oferecimento da denúncia, o procedimento administrativo no qual o débito é questionado ainda estava em andamento (TJSP, *RT* 848/546), sendo que o parcelamento antes do recebimento da denúncia elide a justa causa para a ação penal (TJSP, *RT* 847/546). Tranca-se a ação penal por falso testemunho, se o depoimento falso atribuído ao réu não apresentou potencialidade lesiva, uma vez que não influenciou na decisão final do juiz (TJAC, *RT* 852/593).

- **Denúncia de autoria coletiva:** É inadmissível denúncia fundada na mera invocação da condição de diretor de instituição financeira do acusado (STF, *RT* 872/525).

- **Presidente da República:** Na vigência do mandato, não pode ser responsabilizado por atos estranhos ao exercício das suas funções (art. 86, § 4º, da CR/88). Não é imunidade penal, mas imunidade temporária à persecução penal (STF, Pleno, Inq 672-6, j. 16.9.92, *DJU* 16.4.93).

- **Ministro de Estado:** A autorização da Câmara dos Deputados só é necessária nos crimes comuns e de responsabilidade, *conexos* com os da mesma natureza imputados ao Presidente da República (STF, Pleno, *mv – RTJ* 148/26).

- **Suplente de Senador ou Deputado Federal:** O retorno do Deputado Federal ou Senador titular às funções normais implica a perda, pelo suplente, do direito de ser investigado, processado e julgado no STF (STF, Pleno, *RT* 873/473).

- **Deputado Federal:** A condição de Deputado Federal de um dos acusados enseja o deslocamento para o Procurador-Geral da República oferecer a denúncia, sendo o julgamento afeto ao STF. Trata-se de matéria que não preclui, quando em jogo os princípios do promotor natural e do juiz natural (STF, HC 87.388, *RT* 853/507). A suspensão da prescrição prevista na EC n. 35/2001 não tem eficácia retroativa (STF, *RT* 851/447).

■ **Governador (jurisprudência após 2017) – não depende de autorização da Assembleia Legislativa:** "(...) 1. A Constituição Estadual não pode condicionar a instauração de processo judicial por crime comum contra Governador à licença prévia da Assembleia Legislativa. A república, que inclui a ideia de responsabilidade dos governantes, é prevista como um princípio constitucional sensível (CRFB/1988, art. 34, VII, *a*), e, portanto, de observância obrigatória, sendo norma de reprodução proibida pelos Estados-membros a exceção prevista no art. 51, I, da Constituição da República. 2. Tendo em vista que as Constituições Estaduais não podem estabelecer a chamada "licença prévia", também não podem elas autorizar o afastamento automático do Governador de suas funções quando recebida a denúncia ou a queixa-crime pelo Superior Tribunal de Justiça. É que, como não pode haver controle político prévio, não deve haver afastamento automático em razão de ato jurisdicional sem cunho decisório e do qual sequer se exige fundamentação (HC 101.971, 1ª T., rel. Min. Cármen Lúcia, j. em 21.6.2011, *DJe* 2.09.2011; HC 93.056 rel. Min. Celso de Mello, 2ª T., j. em 16.12.2008, *DJe* 14.5.2009; e RHC 118.379 (rel. Min. Dias Toffoli, 1ª T., j. em 11.3.2014, *DJe* 31.03.2014), sob pena de violação ao princípio democrático. 3. Também aos Governadores são aplicáveis as medidas cautelares diversas da prisão previstas no art. 319 do Código de Processo Penal, entre elas "a suspensão do exercício de função pública", e outras que se mostrarem necessárias e cujo fundamento decorre do poder geral de cautela conferido pelo ordenamento jurídico brasileiro aos juízes. 4. Pedido julgado integralmente procedente, com declaração de inconstitucionalidade por arrastamento da suspensão funcional automática do Governador do Distrito Federal pelo mero recebimento da denúncia ou queixa-crime. Reafirmação da seguinte tese: "É vedado às unidades federativas instituírem normas que condicionem a instauração de ação penal contra o Governador, por crime comum, à prévia autorização da casa legislativa, cabendo ao Superior Tribunal de Justiça dispor, fundamentadamente, sobre a aplicação de medidas cautelares penais, inclusive afastamento do cargo" (STF, Pleno, ADI 4.362/DF, rel. p/ acórdão Min. Roberto Barroso, j. 9.8.2017). No mesmo sentido: STF, Pleno, ADI 4.777/BA e ADI 4.764, ambos de relatoria do Min. Roberto Barroso, j. 9.8.2017)". "1. Não há fundamento normativo-constitucional expresso que faculte aos Estados possuírem em suas Constituições estaduais a exigência de autorização prévia da Assembleia Legislativa para o processamento e julgamento de Governador por crime comum perante o Superior Tribunal de Justiça. 2. A regra do art. 51, I, CRFB, prevista de forma expressa apenas para o Presidente da República, não comporta interpretação extensiva aos Governadores de Estado, visto que excepciona a regra geral que estabelece a ausência de condição de procedibilidade política para o processamento de ação penal pública. 3. A exigência de autorização prévia de Assembleia Estadual para o processamento e julgamento de Governador do Estado por crime comum perante o Superior Tribunal de Justiça ofende o princípio republicano (art. 1º, *caput*, CRFB), a separação de Poderes (art. 2º, *caput*, CRFB) e a cláusula geral de igualdade (art. 5º, *caput*, CRFB). 4. Ação direta de inconstitucionalidade julgada parcialmente procedente, com fixação da seguinte tese: Não há necessidade de prévia autorização da Assembleia Legislativa para o recebimento de denúncia ou queixa e instauração de ação penal contra Governador de Estado, por crime comum, cabendo ao STJ, no ato de recebimento ou no curso do processo, dispor, fundamentadamente, sobre a aplicação de medidas cautelares penais, inclusive afastamento do cargo" (STF, Pleno, ADI 5.540/MG, rel. Min. Edson Fachin, j. 3.5.2017).

■ **Governador (jurisprudência antes de 2017) – precisava de autorização:** O processo depende de autorização da respectiva Assembleia Legislativa (STJ, CEsp, AgRg na APn 24, *mv – DJU* 29.11.93, p. 25839, *in RBCCr* 5/187; CEsp, APn 27, *mv – DJU* 20.2.95, p. 3092, *in RBCCr* 10/218), mas concluído o mandato e havendo crime em tese a apurar, instaura-se a ação penal sem necessidade de licença (STJ, CEsp, APn 80, *DJU* 29.5.95, p. 15450). A denegação de autorização prévia traduz simples obstáculo temporário ao curso da ação penal (STF, *RT* 715/563; STJ, CEsp, Inq 123, *mv – DJU* 7.11.94, p. 2993). Se a Assembleia Legislativa não se manifesta, há a suspensão do prazo prescricional em relação ao acusado Governador, devendo o feito ser desmembrado em relação aos codenunciados (STJ, *RT* 851/477).

- **Deputado Estadual:** O recebimento de denúncia contra ele depende de licença da Assembleia Legislativa (STJ, HC 1.877, *DJU* 30.8.93, p. 17303), erigindo-se à condição de constrangimento ilegal a notificação para responder denúncia oferecida pelo *Parquet*, sem observância daquela formalidade (STJ, HC 5.396-BA, *DJU* 13.10.97, p. 51643, *in RBCCr* 22/301).

- **Prefeito Municipal:** Não é necessária licença prévia da Câmara Municipal (STJ, HC 1.655, *DJU* 23.8.93, p. 16590).

Jurisprudência dos Juizados Especiais Criminais

- **Infração de menor potencial ofensivo:** Tanto a doutrina quanto a jurisprudência têm entendido que o disposto no art. 2º, parágrafo único, da Lei n. 10.259/2001 (Lei dos Juizados Especiais *Federais*) deve ser interpretado no sentido de que basta que o delito tenha pena de multa alternativa a ser cumprida para que seja considerado infração de menor potencial ofensivo, a ser processada e julgada nos Juizados Especiais Criminais (TJSC, *RT* 822/682).

- **Transação na ação penal privada:** Quanto ao oferecimento da transação nas ações penais privadas, há pelo menos três posições: *a.* deve ser oferecida pelo querelante (TACrSP, *RT* 788/622), sendo prescindível a concordância do Ministério Público (TACrSP, RSE 1040789, *mv*, j. 6.3.97, *apud* CAETANO LAGRASTA NETO e outros, *A Lei dos Juizados Especiais Criminais na Jurisprudência*, 1999, Oliveira Mendes, pp. 110-111); *b.* pode ser oferecida pelo Ministério Público, desde que não haja oposição do querelante (STJ, 6ª T., RHC 8.123/AP, *DJU* 21.6.99, p. 202; TACrSP, RSE 1040789, *mv*, j. 6.3.97, *apud* ob. e loc. cits.); *c.* Cabe ao Ministério Público sanar eventual omissão do querelante, oferecendo a transação como fiscal da lei (TJSP, Ap. 0003616-28.2009.8.26.0564, j. 24.5.2012).*Vide*, ainda, nota *Lei dos Juizados Especiais Criminais (Federais)*, neste artigo.

- **Transação penal (não oferecimento pelo Ministério Público):** A respeito, a jurisprudência tem decidido que o juiz não pode oferecê-la de ofício, devendo recorrer ao Procurador-Geral de Justiça, nos termos do art. 28 do CPP (STJ, 5ª T., REsp 261.570/SP, *DJU* 18.6.2001, p. 166; REsp 187.824/SP, *DJU* 17.5.99, p. 228; TACrSP, *RT* 738/628).

- **Transação penal (generalidades):** Em caso de não cumprimento de transação homologada, os tribunais têm decidido: *a.* não cabe oferecimento de denúncia (TACrSP, REsp 1.088.255/0, j. 3.3.98; Ap. 1.110.161-1, j. 17.9.98), devendo a multa ser cobrada nos moldes do art. 51 do CP (STJ, REsp 222.061/SP, *DJU* 20.8.2001, p. 512; HC 11.110/SP, *RT* 781/551; HC 11.111, *DJU* 18.12.2000, p. 219); *b.* cabe o oferecimento de denúncia, retornando o procedimento ao *status quo ante* (STF, *RT* 854/534; TJGO, *RT* 845/612; TACrSP, Ap. 1.086.643-7, j. 12.3.98; HC 317.624-1, j. 19.2.98; Ap. 1.069.079-7, j. 8.1.98); *c.* o descumprimento da pena restritiva de direitos não admite a conversão em privativa de liberdade, em atenção aos princípios do devido processo legal, do contraditório e da ampla defesa (STF, HC 80.164-1/MS, *DJU* 7.12.2000, p. 7; RE 268.320/PR, *DJU* 10.11.2000, p. 105; RE 268.319/PR, *DJU* 27.10.2000, p. 87; HC 80.802/MS; TJCE, *RT* 781/627; *contra*: STJ, HC 14.666/SP, *DJU* 2.4.2001, p. 341). O ofendido, ainda que habilitado como Assistente da Acusação, não pode intervir ou se opor à transação (TACrSP, *RT* 738/639, rel. Lopes de Oliveira). Há necessidade de dupla aceitação da proposta, pelo acusado e seu patrono (TACrSP, Ap. 1.102.607-8/SP, j. 18.8.98).

- **Suspensão condicional do processo na ação penal privada:** Pela redação do art. 89 da Lei n. 9.099/95, somente o Ministério Público, ao oferecer a denúncia, poderia oferecer a suspensão; assim, seria ela cabível tão somente na ação penal pública. Entretanto, a jurisprudência atual tem entendido que ela pode ser proposta na ação penal privada (STJ, HC 13.337/RJ, *DJU* 13.8.2001, p. 181; RHC 8.480/SP, *DJU* 22.11.99, p. 164), havendo apenas divergência sobre a quem cabe propô-la: *a.* ao juiz, por se tratar de direito público subjetivo (TJCE, *RT* 850/607); *b.* ao querelante (STF, *RT* 765/527; TJRJ, RSE 128/98, j. 8.9.98, *Bol. IBCCr* 80/369). O entendimento de que a suspensão não pode ser proposta na ação penal privada (TACrSP, *RT* 788/622) está, portanto, superado.

- **Suspensão condicional do processo (não oferecimento pelo Ministério Público):** Questão discutível é saber se, diante do não oferecimento da suspensão pelo Ministério Público, pode o juiz oferecê-la e, em caso afirmativo, se de ofício ou a pedido do acusado. Há diferentes entendimentos, tendo-se pacificado o último (c), embora, a nosso ver, o primeiro (a) seja o correto. São eles: a. A suspensão condicional do processo é direito público subjetivo, podendo o juiz oferecê-la de ofício, por se tratar de direito público subjetivo (TACrSP, *RT* 785/614). Assim, se o *Parquet*, equivocadamente, levou em conta a existência de um homônimo que se encontrava denunciado por outro crime para não oferecer a suspensão condicional do processo, anula-se o feito a partir do oferecimento da denúncia para que seja obtido o benefício, que constitui direito público subjetivo (TJSP, *RT* 847/577). b. Pode o juiz oferecer a suspensão, desde que o acusado a requeira, sob pena de preclusão com o exaurimento da prestação jurisdicional (TJRJ, *RT* 784/689). c. Não pode o juiz oferecê-la, cabendo-lhe apenas recorrer à Procuradoria Geral, nos termos do art. 28 do CPP (STF, Súmula 696; Pleno, HC 73.343, j. 12.11.97, *RT* 852/473, 765/530; STJ, REsp 261.570/SP, *DJU* 18.6.2001, p. 166; REsp 229.810/PR, *DJU* 20.8.2001, p. 544; REsp 211.659/SP, *DJU* 2.4.2001, p. 317; RHC 10.265/SP, *DJU* 11.6.2001, p. 237), entendendo-se que o oferecimento da suspensão é um poder--dever do Ministério Público, mas não um direito subjetivo do acusado, sendo desnecessário o contraditório nessa fase (STF, *RT* 844/510).

- **Suspensão condicional do processo (generalidades):** Cabe, ainda que a pena mínima seja superior a um ano, na hipótese de ser cominada ao delito pena de multa alternativa (ou multa), como no art. 7º, IX, da Lei n. 8.137/90 (STJ, HC 34.422/BA, j. 22.5.2007, empate, rel. p/acórdão Min. Maria Thereza R. Assis Moura). A condição de não se envolver o beneficiário da suspensão condicional do processo em novo crime é objetiva, não sendo alcançada pelos princípios da não culpabilidade e da inocência, no que obstaculizam algo diverso, ou seja, a consideração de culpa antes do trânsito em julgado do decreto condenatório (STF, *RT* 850/511); a constitucionalidade dessa condição, todavia, já havia sido suscitada para julgamento em Plenário (STF, *RT* 846/490). Desse modo, se o beneficiário vem a ser processado pela prática de novo delito, perpetrado durante o período de prova, há revogação automática do benefício (TJSP, *RT* 844/568). Se a vítima ingressa com ação indenizatória julgada procedente, mas pendente de recurso interposto por ela mesma, visando aumentar o valor da indenização, não se pode revogar a suspensão condicional do processo posto que a obrigação de indenizar não se mostra líquida e certa (TJSP, *RT* 852/579). A revogação da suspensão condicional do processo pode ocorrer ainda que ultrapassado o prazo final para o cumprimento das condições fixadas, havendo, contudo, a necessidade que os motivos ensejadores da revogação estejam compreendidos no intervalo temporal da suspensão (STF, *RT* 854/534). *Contra*: Em que pese haja previsão legal de revogação do *sursis* processual diante de cometimento de novo delito pelo beneficiário durante o período de prova, cabe ao Ministério Público diligenciar informações sobre o comportamento do acusado, durante todo o prazo. Extinção da punibilidade a ser mantida, pois, tardia a diligência, a Lei n. 9.099/95 não prevê prorrogação do prazo nem revogação do *sursis* (TRF da 5ª R., RSE 2005.84.00.002674-8, rel. Des. Fed. Marcelo Navarro, j. 22.3.2012, *Bol. IBCCr* n. 234, maio 2012, p. 1559).

- **Transação e suspensão condicional do processo não cabem na Lei Maria da Penha:** *Súmula* 536 do STJ: "A suspensão condicional do processo e a transação penal não se aplicam na hipótese de delitos sujeitos ao rito da Lei Maria da Penha".

A AÇÃO PENAL NO CRIME COMPLEXO

Art. 101. Quando a lei considera como elemento ou circunstâncias do tipo legal fatos que, por si mesmos, constituem crimes, cabe ação pública em relação àquele, desde que, em relação a qualquer destes, se deva proceder por iniciativa do Ministério Público.

Crime complexo

- **Noção:** O delito complexo é, na verdade, a *soma* ou *fusão* de dois delitos. Exemplos: no crime de *roubo* (CP, art. 157) há a soma do crime de furto (CP, art. 155) com o de lesão corporal ou ameaça (CP, art. 129 ou 147). No delito de *injúria real com violência* (CP, art. 140, § 2º) há a fusão da injúria (CP, art. 140, *caput*) com a lesão corporal (CP, art. 129).

Ação penal nos crimes complexos

- **Ação penal pública:** Este art. 101 cuida da hipótese em que o crime complexo contém um delito de ação *pública* e outro de ação *privada*, determinando que, quando tal ocorrer, caberá a ação *pública*.

- **Crime complexo e concurso de crimes:** Não se deve confundir o *crime complexo* (deste art. 101) com o concurso material ou formal de crimes (CP, arts. 69 e 70), nem com os crimes processualmente conexos (CPP, art. 76). No concurso de crimes há a prática, pelo agente, de *vários* delitos, que podem ser de ação pública ou privada. Aí *não* há crime complexo e o Ministério Público só pode iniciar a ação quanto aos crimes de ação pública, ficando para o ofendido a iniciativa quanto aos de ação privada. Haverá, então, *litisconsórcio facultativo ativo* entre o Ministério Público e o ofendido, o primeiro oferecendo denúncia e o segundo, queixa no mesmo processo.

- **Ação penal nos crimes sexuais (após a Lei n. 12.015/2009):** Nos crimes sexuais, a ação penal é, em regra, pública condicionada à representação do ofendido, nos termos do art. 225 do CP, com redação dada pela Lei n. 12.015/2009. Estatui seu parágrafo único, contudo, que a ação penal será *pública incondicionada* quando "a vítima for menor de 18 (dezoito) anos ou pessoa vulnerável". Por outro lado, na hipótese de estupro de pessoa maior de idade e que não seja vulnerável, mas com violência de que resulte lesão corporal grave ou morte, incidirá este art. 101 do CP, sendo a ação penal pública incondicionada. Trata-se de crime complexo, uma vez que a ação penal por homicídio e por lesão corporal grave é de iniciativa do Ministério Público e não depende de representação.

IRRETRATABILIDADE DA REPRESENTAÇÃO

Art. 102. A representação será irretratável depois de oferecida a denúncia.

Representação

- **Noção:** *Representação* é a manifestação de vontade da vítima ou de seu representante legal, no sentido de que tem *interesse* na punição do autor da infração penal. Nos casos *expressamente* indicados por lei, a representação constitui *condição* (de punibilidade, procedibilidade ou, ainda, possibilidade jurídica – *vide* art. 100, § 1º) para que o Ministério Público possa intentar a ação penal. Sobre as hipóteses em que essa provocação do ofendido ou de seu representante legal se faz necessária, *vide* nota *Ação penal* em cada crime específico.

Quando se torna irretratável

- **Ocasião:** Dispõe este art. 102 do CP, em consonância com o art. 25 do CPP, que a representação é irretratável *depois de oferecida a denúncia*. Deve-se observar, porém, que o *oferecimento* de denúncia não se equipara à sua mera feitura ou subscrição. O oferecimento da denúncia tem de ser entendido como a sua *apresentação* ao juiz, ato que se prova com o despacho deste, a recebendo ou rejeitando, ou mesmo determinando que os autos lhe sejam conclusos para decidir a respeito.

- **Requisição:** Como o art. 102 só se refere à representação e não à requisição ministerial (repetindo-se igual lacuna no correspondente art. 25 do CPP), discute-se se a possibilidade de retratação alcança ou não a requisição. Há duas posições a respeito: uma entendendo que o art. 102 é aplicável à requisição ministerial, e outra negando essa aplicabilidade do art. 102 a tal hipótese. *Nosso entendimento:* para nós, a retratação se aplica à requisição ministerial. A representação e a requisição têm iguais propósitos, distinguindo-se, apenas, por uma ter base na conveniência pessoal e a outra na conveniência política. Assim, para que à requisição seja aplicável a retratabilidade da representação até o oferecimento de denúncia, tanto é pertinente a analogia benéfica da lei penal como a aplicação analógica do art. 3º do CPP.

Questões diversas acerca da representação

- **Forma de representação:** A representação não exige ritual nem formalismo, podendo ser escrita ou verbal, neste caso reduzida a termo. Todavia, é imprescindível, sob pena de nulidade, que dela resulte *inequívoca a vontade* do ofendido (ou de seu representante) de que se inicie o inquérito ou processo contra o ofensor. Pode ser feita à autoridade policial, ao Ministério Público ou ao juiz.

- **Alcance:** Não é tranquila a possibilidade de poderem ser incluídos na denúncia outros envolvidos, além dos apontados na representação do ofendido. Parece-nos que a solução deve ser buscada em cada caso concreto, apurando-se se a denúncia extravasa ou não a vontade manifestada pela vítima, não se admitindo que o acusador vá além do desejo do ofendido (vide jurisprudência abaixo sob o título *Inclusão de outros agentes* e no art. 104 do CP, sob o título *Indivisibilidade da ação pública*).

- **Decadência:** Apenas a representação está sujeita ao prazo decadencial. Manifestada a vontade do ofendido em tempo oportuno, não mais haverá decadência, sendo irrelevante, nesse aspecto, a eventual demora em agir de quem recebeu a representação.

- **Outorga uxória:** Em face dos arts. 3º, IV, 5º, I, e 226, § 5º, da CR, que garantem a igualdade entre homens e mulheres, não se exige outorga uxória para que a mulher casada possa oferecer representação.

- **Em crime contra a dignidade sexual:** *Vide* nota ao CP, art. 225.

- **Em crime de estelionato:** *Vide* comentários e jurisprudência ao § 5º do art. 171 do CP.

Jurisprudência

- **Ocasião:** Não se admite a retratação, depois de já ter sido oferecida a denúncia (TACrSP, *RT* 602/352; TJSP, *RT* 780/597; STJ, RHC 10.176/SP, *DJU* 5.2.2001, p. 115, *in Bol. IBCCr* 100/523).

- **Manifestação inequívoca:** A representação não exige formalismo (TJRS, Ap. n. 70083282426, publ. 18.2.2020; STF, *RT* 643/394, *RTJ* 124/1007; TJCE, *RT* 772/624) e pode ser verbal (STJ, RHC 3.178, *DJU* 21.2.94, p. 2178, *in RBCCr* 6/229), mas deve conter uma manifestação inequívoca de vontade no sentido de processar criminalmente o agente (STF, HC 93.253, *DJU* 24.10.2008, *in Bol. IBCCr* 193/1219). Nos antigos crimes contra os costumes (atuais crimes contra a dignidade sexual), a divergência acerca do nome da mãe da ofendida não torna irregular a representação, bastando a inequívoca manifestação de vontade (STJ, *RT* 775/561). É válida se a vítima analfabeta comparece ao Distrito Policial e presta declarações, relatando o crime e identificando seu autor (STJ, *RT* 685/368). Basta a vontade inequívoca da vítima no sentido de que o ofensor seja punido (STF, HC 69.162, *DJU* 12.6.92, p. 9029; RHC 66.523, *DJU* 26.5.89, p. 8944; STJ, RHC 4.360-1-GO, *DJU* 4.3.96, p. 5420, *in RBCCr* 14/424; RHC 3.537, *DJU* 20.2.95, p. 3213, *in RBCCr* 10/216; RHC 2.908, *DJU* 11.10.93, p. 21328, *in RBCCr* 5/194). Simples declarações do representante legal da vítima, só narrando os fatos, não equivalem a representação implícita (STF, *RT* 564/401; TJSP, *RT* 539/295). Vale como representação a queixa-crime não recebida, por se tratar de uma hipótese de ação penal pública condicionada (STJ, RHC 3.932, *DJU* 17.10.94, p. 27904, *in RBCCr* 9/204).

- **Inclusão de outros agentes:** A propósito da possibilidade de o Ministério Público oferecer denúncia contra outros envolvidos, além dos indicados na representação da vítima, há duas posições: *1.* Pode denunciar outros implicados, afora os nomeados pelo ofendido (STF, *RTJ* 89/330, 88/86, *RT* 501/364; TACrSP, *RT* 630/325). *2.* O Ministério Público *não pode* ir além dos termos da representação, principalmente quando imputa fato distinto (STF, *RT* 577/442; TJSP, *RT* 493/291, 460/295; TAMG, *RJTAMG* 14/308).

- **Tipificação diversa:** Se a vítima representou pelo crime de estupro, o Ministério Público pode denunciar pelo de atentado violento ao pudor (STF, *RT* 609/446).

- **Decadência da representação:** Se o ofendido representou, dentro do prazo decadencial, o eventual atraso na chegada do inquérito, ou do Ministério Público em oferecer a denúncia, ou, ainda, do juiz em recebê-la, não dá lugar à decadência da representação (STF, *RT* 612/418, 609/445; TJMG, *RT* 612/370).

- **Retratação:** Podendo o direito de representação ser exercido, independentemente, pelo ofendido ou por seu representante legal (Súmula 594), a retratação feita apenas por este, somente quanto a ele produz efeitos, pois é ato personalíssimo e há autonomia para a representação (STF, Pleno, *RT* 548/398). A retratação retira a legitimidade do Ministério Público para propor a ação penal, se feita antes do oferecimento da denúncia (TARS, *RT* 602/409; TJRJ, 1ª C., IP 136.030-3, j. 5.8.2004) ou até no mesmo dia em que esta foi oferecida (TJSP, *RT* 704/327). O perdão do ofendido é inadmissível, se já houve oferecimento de denúncia em ação pública condicionada (STF, *RTJ* 121/1069). A retratação não produz efeito, se evidenciada ameaça à mãe da vítima para formulá-la (STJ, RHC 4.320, *DJU* 4.9.95, p. 27865, in *RBCCr* 13/357; no mesmo sentido: TJSP, *RT* 773/581).

- **Reiteração:** Há julgados admitindo a retratação da retratação ou nova representação após a retratação da anterior, desde que respeitado o prazo de decadência (STF, *RTJ* 72/51; TJSP, *RT* 371/136).

DECADÊNCIA DO DIREITO DE QUEIXA OU DE REPRESENTAÇÃO

Art. 103. Salvo disposição expressa em contrário, o ofendido decai do direito de queixa ou de representação se não o exerce dentro do prazo de 6 (seis) meses, contado do dia em que veio a saber quem é o autor do crime, ou, no caso do § 3º do art. 100 deste Código, do dia em que se esgota o prazo para oferecimento da denúncia.

Decadência

- **Noção:** *Decadência* é a extinção do *direito de ação* do ofendido (na verdade, do *exercício do direito à jurisdição*), em razão do decurso do prazo que a lei fixa para o seu exercício.

- **Alcance:** A decadência pode atingir tanto o direito de oferecer queixa (na ação penal de iniciativa privada) como o de representar (na ação penal pública condicionada), ou, ainda, o de *suprir* a omissão do Ministério Público (dando lugar à ação penal privada subsidiária).

- **Demora do Ministério Público:** A decadência não alcança eventual demora do Ministério Público em oferecer denúncia, se o ofendido representou em tempo oportuno. Explica-se essa distinção: a decadência extingue o *direito* do ofendido, pois este tem a faculdade de representar ou não contra seu ofensor (disponibilidade da ação penal); já o Ministério Público não tem essa disponibilidade, mas o *dever* de propor a ação penal quando encontrar os pressupostos necessários, salvo nos casos de *transação*, aplicável às infrações penais de menor potencial ofensivo (vide nota Lei dos Juizados Especiais Criminais, no art. 100 do CP).

- **Improrrogabilidade:** O prazo de decadência é fatal e improrrogável, não ficando sujeito a interrupções ou suspensões, em face da garantia da reserva legal e da regra de que a lei penal, quando desfavorável à liberdade, deve ser interpretada restritivamente, não admitindo ampliações de seu texto (vide comentários ao art. 1º).

- **Remissão:** CPP, art. 38 e parágrafo único.

- **Efeito:** A decadência extingue a punibilidade (CP, art. 107, IV, segunda figura).

- **Distinção:** Quanto à diferença entre decadência, perempção e prescrição, vide nota ao art. 109 do CP.

Prazo de decadência

- **Regra geral:** Salvo exceção expressa, a decadência ocorre pelo decurso do prazo de *seis meses*, contado *do dia em que o ofendido veio a saber quem é o autor do crime* (CP, art. 103). Na hipótese de ação penal pública subsidiária (CP, art. 100, § 3º), o prazo de seis meses conta-se do dia em que se esgota o prazo para o Ministério Público oferecer denúncia (CPP, arts. 38 e 46).

- **Vítima menor de 18 anos:** O inciso V do art. 111 do CP acrescido pela Lei n. 12.650, de 17 de maio de 2012, dispôs que a prescrição, antes de transitar em julgado a sentença final, começará a correr "nos crimes contra a dignidade sexual de crianças e adolescentes, previstos neste Código ou em legislação especial, da data em que a vítima completar 18 (dezoito) anos, salvo se a esse tempo já houver sido proposta a ação penal". Tendo em vista este novo inciso, por imposição lógica e analogia *in bonam partem*, o prazo decadencial para esse menor, a nosso ver, também somente se iniciará a partir dos seus 18 anos.

- **Ciência inequívoca:** O conhecimento de quem é o autor do delito não pode ser presumido, deve ser *inequívoco*. Assim, *meras suspeitas*, ainda que veementes, não dão ensejo ao início do cômputo do prazo decadencial, tampouco o pedido de instauração de inquérito policial para apurar a autoria.

- **Representação na Lei dos Juizados Especiais Criminais:** A Lei n. 9.099, de 26.9.95, que instituiu os *Juizados Especiais Criminais*, tornou condicionada a ação penal para os crimes de lesões corporais leves e lesões culposas (art. 88).

- **Renúncia ao direito de representação na Lei dos Juizados Especiais Criminais (Lei n. 9.099/95):** Nas infrações penais de menor potencialidade ofensiva (pena máxima não superior a dois anos – art. 61, com redação dada pela Lei n. 11.313/2006), estabelece o art. 74 a possibilidade de *composição dos danos civis*, dispondo seu parágrafo único que "o acordo *homologado* acarreta *renúncia* ao direito de queixa ou *representação*" (vide, também, notas sob os títulos Lei dos Juizados Especiais Criminais, no art. 100 do CP, e *Renúncia ao direito de queixa na Lei dos Juizados Especiais Criminais*, no art. 104 do CP).

- **Exceção tratando-se de crime contra a propriedade industrial:** Embora nos delitos contra a propriedade industrial o prazo de decadência também seja de seis meses, discute-se se a regra deste art. 103 do CP é afastada pela do art. 529 do CPP, que fixa o prazo de trinta dias, após a homologação do laudo pericial, para o oferecimento da queixa. Há *quatro posições* a respeito: *1.* O prazo é de seis meses, computado da data em que se conheceu a autoria do delito (STF, *RTJ* 29/78; TACrSP, *Julgados* 90/157, 86/273, 84/180, 79/132, *RT* 601/326, 595/354), devendo, no caso da infração deixar vestígios, ser a busca e apreensão realizada, o respectivo laudo homologado e a queixa intentada dentro do prazo do art. 103 (TACrSP, *RJDTACr* 12/145-7, 30/108-9), mesmo porque o art. 38 do CPP igualmente se refere ao prazo de seis meses do art. 103 do CP, não sendo "razoável a existência de dispositivos legais desnecessários e muito menos conflitantes, especialmente no mesmo diploma legal", devendo ser aquele "interpretado de forma a tornar o previsto no art. 529 do *mesmo estatuto* com ele compatível" (TACrSP, HC 394.624/1-SP, j. 23.10.2001, *DOE* 4.12.2001). *2.* O prazo é de trinta dias, mas contado da homologação do laudo (STF, *RTJ* 108/1032, mv – 102/966, *RT* 578/423, *RF* 273/239; TACrSP, *Julgados* 79/156). *3.* O prazo é de trinta dias, calculado a partir da ciência ou intimação do despacho que homologou o laudo (STF, *RT* 574/447, *RTJ* 84/454, 89/65; STJ, RHC 4.251, *DJU* 6.3.95, p. 4374, in *RBCCr* 10/218-9; TACrSP, *RT* 693/368, 586/320, *Julgados* 73/161, 72/48; TARJ, mv – *RT* 733/686). *4.* Como conciliação às anteriores orientações, o Ministro do STF Oscar Corrêa propôs outra, pela qual a busca e apreensão deveria ser requerida dentro do prazo de seis meses, podendo a ação penal ser proposta nos trinta dias da homologação do laudo, ainda que este último prazo ultrapassasse aqueles seis meses (voto em STF, *RT* 569/411; TACrSP, *RJDTACr* 32/464, *Julgados* 35/97, mv – *RT* 770/585). Entendemos que a primeira interpretação *(1)* é a mais lógica, porquanto a perda do prazo de trinta dias, assinalado pelo art. 529 do CPP, não implica decadência. Ele visa, tão só, a impedir que o ofendido procrastine a proposição da queixa. No entanto, ainda que a vítima perca tal prazo, poderá ela requerer nova busca e apreensão e, com base no laudo desta, oferecer outra queixa, caso não esteja ultrapassado o prazo decadencial de seis meses, marcado pelo art. 103 do CP. Isto, é óbvio, se ainda persistir a infração ou perdurarem os seus vestígios, de forma a permitir a renovação da busca e do laudo. Nesse sentido: TACrSP, *RJDTACr* 12/145-7, 23/405.

- **Interrupção da decadência:** Ela é interrompida: *a.* Para o direito de oferecer queixa, pelo seu exercício em juízo. *b.* Para o direito de representação, pelo oferecimento desta à polícia, ao Ministério Público ou ao juiz.

- **Contagem do prazo de decadência:** É contado de acordo com a regra do art. 10 do CP, incluindo-se no seu cômputo o dia do começo (*vide* nota a esse artigo e TACrSP, *RJDTACr* 21/370). *Observações: 1.* O prazo de decadência não é interrompido pelo pedido de instauração de inquérito policial ou apresentação de "queixa" à polícia, nem pela remessa do inquérito policial a juízo (STF, *RT* 621/411; TJSP, *RT* 598/298, 513/383; TACrSP, *Julgados* 78/148, 66/236, *RT* 524/402; TJMS, *RT* 564/384). *2.* O prazo decadencial, em face de sua própria natureza jurídica, não se submete à incidência de quaisquer causas de interrupção ou de suspensão, inclusive pedido de explicações (STF, Pleno, QO no Inq. 774, DJU 17.12.93, p. 28049, *in RBCCr* 5/198; *RTJ* 83/662; TJDF, Ap. 9.892, DJU 17.10.90, p. 24403; TACrSP, *Julgados* 71/289). *3.* Quanto ao *momento* em que a queixa-crime interrompe a decadência, varia a jurisprudência: o ajuizamento da inicial (STF, *RTJ* 103/582; TJSP, *RT* 513/365), ainda que perante juízo incompetente *ratione loci* (STF, *RT* 608/417), seu recebimento em cartório (STF, *RTJ* 107/961), sua distribuição (TACrSP, *Julgados* 89/62, 83/310 e 76/158). *Não é o recebimento* da queixa pelo juiz que interrompe a decadência, mas o seu *oferecimento* (STJ, RHC 3.438, *DJU* 2.10.95, p. 32421). *4.* A queixa inepta ou nula não interrompe a decadência, pois é como se ela não tivesse sido apresentada (TACrSP, *RT* 577/384).

- **Direito de queixa e de representação por menor. Efeitos do Código Civil de 2002:** Quando o ofendido é menor de 18 anos (absolutamente incapaz), o direito de queixa ou representação só pode ser exercido por seu representante legal, nos termos dos arts. 1.634, V (pai e mãe), e 1.728 (tutor) do CC, ou por ele próprio, ao completar 18 anos, por analogia *in bonam partem* ao art. 111 do CP. Tecnicamente, o menor de 16 anos é representado pelos pais ou tutores, sendo o maior de 16 e menor de 18 anos, assistido (representação em sentido lato) por eles, consoante bem observa José Henrique Rodrigues Torres ("Reflexos do novo Código Civil no Sistema Penal", *RBCCr* 44/87 a 127). Sendo o ofendido maior de 18 anos, ou emancipado, nos termos do art. 5º e parágrafo único do CC, a pessoa encontra-se plenamente habilitada à prática de todos os atos da vida civil. Restou, assim, revogado tacitamente o art. 34 do CPP, que dispõe: "Se o ofendido for menor de 21 (vinte e um) e maior de 18 (dezoito) anos, o direito de queixa poderá ser exercido por ele ou por seu representante legal". Desse modo, a partir da entrada em vigor do CC de 2002, não há mais a possibilidade de haver dupla titularidade (e, consequentemente, dupla contagem de prazo) para o oferecimento de queixa-crime (na ação penal privada) ou de representação (na ação penal pública condicionada) na hipótese do ofendido ser maior de 18 e menor de 21 anos. Em outras palavras: sendo o ofendido maior de 18 anos ou emancipado, somente ele próprio pode exercer aquele direito. O emancipado é equiparado ao maior de 18 anos, por força do parágrafo único, I, do art. 5º do CC. Restou prejudicada, também, a *Súmula 594 do STF* ("Os direitos de queixa e de representação podem ser exercidos, independentemente, pelo ofendido ou por seu representante legal"), em que pese o disposto no art. 2.043 do CC: "Até que por outra forma se disciplinem, continuam em vigor as disposições de natureza processual, administrativa ou penal, constantes de leis cujos preceitos de natureza civil hajam sido incorporados a este Código" –, o qual, na prática, restou ineficaz, sendo impossível, a nosso ver, existir duas disciplinas sobre o tema aqui tratado, sob pena de *insustentável contradição lógica* entre diplomas (o CC e o CP). Com precisão, José Henrique Rodrigues Torres arremata: "Decididamente, o maior de 18 anos, plenamente capaz, deverá requerer sozinho a instauração de inquérito policial (CPP, art. 5º, I), não poderá ser representado por ninguém ao requerer diligências à autoridade policial (CPP, art. 14) e não será representado no oferecimento de queixa (CPP, arts. 19, 30 e 34; e CP, art. 100) nem na elaboração de representação criminal (CPP, art. 24) nem quando se habilitar como assistente da acusação (CPP, art. 268)" (ob. cit., p. 109). Resta, assim, uma última hipótese: a do ofendido maior de 18 anos que restou interditado judicialmente (CC, arts. 1.767 e ss.). Neste caso, a jurisprudência é dividida em relação ao início da contagem do prazo decadencial (*vide* jurisprudência).

Jurisprudência

- **Prazo fatal:** O prazo de decadência é fatal e improrrogável, não se suspendendo nem interrompendo por motivo algum (TACrSP, *RT* 776/628; 562/341; *Julgados* 65/160). A tese da possibilidade de prorrogação do prazo decadencial não tem mais aceitação na doutrina e na jurisprudência, por ser esta interpretação desfavorável ao acusado (STJ, CEsp, AgRg na Ap. 103-CE, *DJU* 18.11.96, p. 44830, *in RBCCr* 17/357).

- **Contagem:** A contagem do prazo decadencial, por seu caráter penal, deve obedecer aos ditames do art. 10 do CP (STJ, *RT* 773/536). Oferecida a queixa dentro do prazo legal, não há que se falar em decadência, pois é com o oferecimento e não com o seu recebimento que deve se interromper o lapso decadencial (TJMT, *RT* 764/637). O prazo decadencial é interrompido pelo ingresso da queixa em juízo, e não quando do seu recebimento pelo juiz (STJ, HC 15.877, *DJU* 20.8.2001, p. 507, *in RBCCr* 38/358).

- **Conhecimento do fato:** O prazo decadencial para oferecimento da queixa ou representação tem como termo inicial a data do conhecimento do fato e não a data da consumação do crime, conforme o disposto no art. 103 do CP (TJMG, APR 10223150161519001 MG, j. 21.1.2020, publ. 27.1.2020).

- **Descoberta da autoria:** Se há fundada dúvida acerca da autoria delitiva, não começa a contagem do prazo decadencial (TJDF, Processo n. 0004062-66.2018.8.07.0007 DF, *DJe* 21.10.2019, p. 134/140). É a partir do conhecimento da autoria, e não do crime, que se conta a decadência (TACrSP, *Julgados* 90/140).

- **Procuração defeituosa:** As falhas do mandato que instrui a queixa-crime dão lugar a *duas posições: a. Deve-se distinguir* entre falhas formais e falhas decorrentes da ilegitimidade da própria parte; as primeiras são corrigíveis a todo tempo, até a sentença, enquanto as outras só podem ser sanadas antes de ocorrer a decadência ou prescrição (STF, *RTJ* 111/1045, *RT* 631/372). *b.* Elas não podem ser sanadas após o prazo de decadência (TJSP, *RJTJSP* 76/307, *RT* 514/334; TJMS, *RT* 564/384; TACrSP, *RT* 672/324-5, *Julgados* 76/144, 87/90, 79/295; TAMG, *RT* 544/417; TAPR, *RT* 542/414).

- **Procuração para queixa-crime ou representação:** A outorga de poderes para oferecimento da queixa, *o mais*, abrange a representação, *o menos* (STJ, RHC 599, *DJU* 21.5.90, p. 4436). A procuração deve conter poderes especiais, não valendo aquela apenas com a cláusula *ad judicia* (STJ, RHC 4.808, *DJU* 25.9.95, p. 31119), sob pena de rejeição liminar (TARS, JTARS 65/71). Exige, também, a menção do fato tido como criminoso (STF, *RTJ* 120/192; STJ, RHC 1.123, *DJU* 19.8.91, p. 10999; TACrSP, *RJDTACr* 8/70) ou, ao menos, o *nomen juris* da infração (TJSP, *RT* 638/275; TACrSP, *RT* 699/331). Queixa oferecida por terceiro sem poderes especiais torna inexistente a relação processual válida, por ilegitimidade de parte, sendo inaplicável o art. 568 do CPP (TACrSP, *RT* 672/324). Se o querelante assina a petição de queixa com seu advogado, não há como exigir a presença dos requisitos necessários na procuração (STJ, RHC 4.808, *DJU* 25.9.95, p. 31119; TJSP, *RT* 638/275).

- **Dúvida quanto à data:** A prova da decadência deve ser inequívoca no sentido de que o ofendido, apesar de ciente, não atuou no prazo legal (STF, *RTJ* 120/191; STJ, RHC 4.808, *DJU* 25.9.95, p. 31119; TACrSP, *RJDTACr* 14/214, *RT* 613/399). Não basta a presunção de conhecimento (TACrSP, *Julgados* 90/141). Não se declara a decadência havendo dúvida com relação à data do conhecimento (TACrSP, *RT* 534/353; TJSP, *RF* 279/324). Se não se sabe o termo inicial da decadência, deve-se estabelecê-lo mediante prova, pois não cabe extrair da dúvida, em plano liminar, interdição para juízo de mérito (TACrSP, *RT* 768/599).

- **Crime continuado:** Toma-se como ponto inicial a data de cada uma das infrações (TACrSP, *Julgados* 95/294, *RT* 610/362, 523/418). Conta-se a partir da data em que o ofendido teve conhecimento da autoria da primeira infração praticada em continuidade (TACrSP, *Julgados* 71/148,73/106).

- **Crime permanente:** Não é tranquila a extensão da decadência nos delitos permanentes: 1. Só alcança os fatos praticados até o momento em que a decadência se consumou, pois esta não tem efeitos perenes (TACrSP, *RT* 693/368, *Julgados* 67/182). 2. Mesmo nos crimes permanentes, conta-se a decadência da data em que o ofendido veio a saber quem era o seu autor, ainda que a infração tenha persistido (TACrSP, *mv* – *Julgados* 71/147, 66/425).

- **Nova queixa:** Se, depois de extinta a punibilidade, o agente reitera a prática delituosa, a anterior decadência não impede a propositura de nova queixa contra ele, pelos novos atos (STF, *RT* 602/429; TACrSP, *mv – Julgados* 75/76).

- **Decretação da decadência:** A decadência é reconhecível *de ofício* (TFR, Ap. 3.156, *DJU* 2.3.79, p. 1334). A extinção da punibilidade pela decadência deve ser declarada em qualquer fase do processo, inclusive na sentença final (TARJ, *RT* 733/686).

- **Desarquivamento:** Se a curadora da vítima manifestou desinteresse na representação criminal e sobreveio extinção da punibilidade, que transitou em julgado, não pode ser acolhido o pleito de desarquivamento de termo circunstanciado, formulado após o decurso do prazo decadencial (TJDF, Recl 2007.00.2.012300-0, *DOE* 10.9.2008, in Bol. IBCCr 191/1206).

- **Curador especial:** Seu prazo não é aumentado, pois ele, pelo fato de ter sido nomeado, não tem mais direitos do que aqueles do titular que representa (TJSP, *RT* 578/308). Contra: o prazo só é contado da data da nomeação (TJSP, *RT* 526/347).

- **Juizados Especiais Criminais:** Se a vítima, nos termos da Lei n. 9.099/95, expressamente renuncia ao exercício ao direito de representação, a extinção da punibilidade só pode ser declarada após o decurso do prazo decadencial, pois a causa extintiva não vem da renúncia em representar, mas da decadência do exercício deste direito (TACrSP, *RT* 775/627). A renúncia expressa da representação só extingue a punibilidade após o prazo decadencial de seis meses, constituindo, antes disso, mero fator impeditivo ao oferecimento da denúncia (TACrSP, RSE 1.172.751/2, Bol. IBCCr 89/442).

- **Lei Maria da Penha. Crime de ameaça e medidas protetivas de urgência:** "A despeito da renúncia à representação pelo crime de ameaça, a ofendida manifestou expressamente a necessidade do resguardo de sua integridade física e psicológica por meio de medidas protetivas. O pedido de providências, instaurado a pedido da ofendida, tramita independentemente do inquérito policial, e dele não depende, o que autoriza o deferimento da tutela vindicada, quando evidenciado o risco de lesão. As medidas protetivas, quando concedidas independentemente da existência de procedimento criminal em trâmite, tem sua eficácia sujeita ao prazo decadencial de representação da vítima (art. 103 do CP)" (TJMT, Turma de Câmaras Criminais Reunidas, MS 1003855-26.2019.8.11.0000 MT, j. 6.6.2019, publ. 11.6.2019).

- **Propriedade industrial:** Tratando-se de delito contra a propriedade industrial (violação de privilégio), a decadência só começa a correr após a concessão da patente, pouco importando que a vítima tenha tido conhecimento antes (STF, *RTJ* 86/407). *Vide*, também, jurisprudência na nota *Outras exceções ao prazo normal da decadência*, item *Crimes contra a propriedade industrial*, neste artigo.

- **Parlamentar Federal:** O reconhecimento da decadência independe de prévia concessão de licença da Câmara ou do Senado (STF, Pleno, Inq 774, *DJU* 17.12.93, p. 28049, in RBCCr 5/187 – acórdão anterior à EC n. 32/2001). *Vide* nota ao art. 100 sob o título *Senadores e Deputados Federais*.

RENÚNCIA EXPRESSA OU TÁCITA DO DIREITO DE QUEIXA

Art. 104. O direito de queixa não pode ser exercido quando renunciado expressa ou tacitamente.

Parágrafo único. Importa renúncia tácita ao direito de queixa a prática de ato incompatível com a vontade de exercê-lo; não a implica, todavia, o fato de receber o ofendido a indenização do dano causado pelo crime.

Renúncia

- **Noção:** *Renúncia* é a desistência de exercer o direito de queixa. Ela só pode ocorrer em hipóteses de ação penal privada e antes de ser esta iniciada. Depois de começada a ação, não mais pode haver renúncia, só o perdão (*vide* nota ao art. 105 do CP). A renúncia é causa de extinção da punibilidade (CP, art. 107, V).

- **Divisão:** A renúncia divide-se em expressa ou tácita. A *expressa* constará de declaração assinada pelo ofendido, seu representante legal ou procurador com poderes especiais (CPP, art. 50). A *tácita* é revelada pela prática de ato incompatível com a vontade de exercer o direito de queixa, mas não se considerando como tal o recebimento de indenização (CP, art. 104, parágrafo único, segunda parte). Como exemplo de renúncia tácita, lembramos a hipótese em que o ofendido, mesmo após ter tido conhecimento das agressões verbais que lhe foram dirigidas, outorga procuração ao ofensor para que o represente em uma assembleia de condôminos. Consoante um dos autores pôde salientar em outra oportunidade (cf. ROBERTO DELMANTO JUNIOR, *Inatividade no Processo Penal Brasileiro*, São Paulo, Revista dos Tribunais, 2004, p. 329), nessa hipótese "não mais terá o ofendido, evidentemente, o direito de oferecer queixa-crime, uma vez que renunciado tacitamente, por imperativo lógico".

- **Ofendido maior de 18 e menor de 21 anos e o Código Civil de 2002:** A renúncia pode ser exercida pelo maior de 18 anos, que hoje é plenamente capaz, não havendo mais a figura do representante legal para o menor de 21 e maior de 18 anos. Cf. nota *A antiga "dupla titularidade" do prazo (ofendido maior de 18 e menor de 21 anos) e o CC de 2002*, nos comentários ao art. 103.

- **Renúncia ao direito de queixa na Lei dos Juizados Especiais Criminais (Lei n. 9.099/95):** Nas infrações penais de menor potencialidade ofensiva (pena máxima não superior a dois anos – art. 61, com redação dada pela Lei n. 11.313/2006), estabelece o art. 74 a possibilidade de *composição dos danos civis* nas ações privadas ou públicas condicionadas, dispondo seu parágrafo único que "o acordo *homologado* acarreta renúncia ao direito de *queixa* ou representação" (vide, também, notas sob os títulos *Lei dos Juizados Especiais Criminais*, no art. 100 do CP, e *Renúncia ao direito de representação na Lei dos Juizados Especiais Criminais*, no art. 103 do CP).

- **Extensão da renúncia:** A renúncia em relação a um dos autores do crime se estende a todos os outros (CPP, art. 49). No entanto, havendo dois ofendidos, a renúncia de um deles não implica a do outro.

- **Indivisibilidade da ação de iniciativa privada:** A ação penal privada é *indivisível*, isto é, a queixa contra qualquer dos ofensores "obrigará ao processo de todos" (CPP, art. 48). Obviamente, se um dos ofensores só vier a ser conhecido ou identificado pelo ofendido após o oferecimento ou mesmo recebimento da queixa movida em face do agressor conhecido, o querelante poderá aditar a queixa para incluir o outro ofensor no polo passivo. Assim, na hipótese de o ofendido *omitir* da queixa um dos ofensores conhecidos, em caso de concurso de pessoas, pode haver *renúncia tácita*, que se estende a todos os ofensores (CPP, arts. 48 e 49; CP, art. 104).

- **Indivisibilidade da ação pública:** Embora esta também não deva ser cindida, a jurisprudência considera que nada obsta o ajuizamento, em separado, de outra ação pelo Ministério Público, ou mesmo o aditamento da denúncia (CPP, art. 569) em face do coautor ou partícipe que não foi denunciado inicialmente. Por essa razão, têm os tribunais entendido que a omissão em acusar um dos autores ou partícipes não gera o mesmo efeito daquele que se verifica na ação penal privada. Todavia, entendendo que a regra da indivisibilidade está abrangida pela *regra da obrigatoriedade* da ação penal pública, gerando, o seu desrespeito, a nulidade do processo, se posicionam AFRÂNIO SILVA JARDIM, *Direito Processual Penal*, 4ª ed., Forense, pp. 416-419, e FERNANDO DA COSTA TOURINHO FILHO, "O princípio da indivisibilidade da ação penal pública", *RBCCr* 2/107. A nosso ver, sendo os coautores ou partícipes do fato já conhecidos, *deve* o Ministério Público promover a ação penal em face de *todos*, em respeito ao princípio constitucional da *isonomia*, não sendo admissível o exercício de uma ação penal em desacordo com esse fundamento de nossa República. Ademais, na hipótese de não existirem elementos suficientes quanto a um dos investigados, a solução é o *arquivamento* do inquérito quanto a ele, ou a continuidade das investigações até a devida formação da *opinio delicti*, aguardando-se para oferecer a denúncia contra todos, com tratamento igualitário (CPP, art. 16). O que não se pode admitir é que, sem motivo relevante que justifique a *separação dos processos*, como no caso de um dos acusados estar preso e os outros investigados soltos, o *Parquet* divida a ação penal, intentando-a, primeiramente, contra um dos acusados e, depois de até mesmo ser este condenado, ofereça outra ação penal em face do coautor ou partícipe conhecido desde o início, com flagrante violação dos arts. 79 e 80 do CPP. Denúncia, essa, oferecida ainda por prevenção perante o mesmo juízo (por vezes ao mesmo juiz, que deveria estar impedido), prejudicando enormemente a sua defesa. Isto porque não teve ela a possibilidade de participar da produção da prova no primeiro processo. Ainda que a prova do fato seja toda refeita (não sendo ela emprestada do primeiro processo), já terá havido decisão judicial quanto à sua materialidade, limitando-se a defesa somente à prova da coautoria ou participação. Como se vê, a questão da *indivisibilidade da ação penal pública* não se restringe ao fato do art. 48 do CPP só fazer menção à queixa-crime, e o art. 569 permitir o aditamento da denúncia ou da queixa-crime até a sentença de primeiro grau. Para muito além dessa discussão, esse modo de atuar diz não só com o princípio da isonomia, como também da *lealdade processual*, violando a Constituição da República quando determina tratamento *paritário*, assegurando-se o contraditório, a ampla defesa, o devido processo legal e o direito a um julgamento isento (art. 5º, *caput*, LIV e LV; PIDCP, art. 14; e CADH, art. 8º). Consequentemente, nula estará, a nosso ver, toda a persecução penal. Quanto ao impedimento do juiz que já tenha se manifestado anteriormente sobre os fatos, Julio B. J. Maier, certamente um dos maiores processualistas penais da era moderna, ensina que a imparcialidade é elemento da própria definição de juiz: "A palavra 'juiz' não se compreende, ao menos no sentido moderno da expressão, sem o qualificativo *imparcial*. De outro modo, o adjetivo *imparcial* integra hoje, sob um ponto de vista *material*, o conceito de *juiz*, quando se refere à descrição da atividade concreta que é encomendada a quem julga e não tão somente às condições formais que, para cumprir essa função pública, o cargo – permanente ou acidental – requer". E arremata: "O substantivo *imparcial* refere, diretamente, por sua origem etimológica (*IN – PARTIAL*), a aquele que não é parte em um assunto que deve decidir, isto é, que o aborda sem interesse pessoal algum. Por outro lado, o conceito refere, semanticamente, à ausência de prejulgamentos a favor ou contra as pessoas ou da matéria sobre as quais deve decidir" (*Derecho Procesal Penal*, 2ª ed., Buenos Aires, Editores del Puerto, 2002, 2ª reimpressão, t. I – Fundamentos, pp. 739-740).

Jurisprudência

- **Perdão e renúncia:** O pedido de desistência, cumulado com "perdão" ao ofendido (o qual, por não ter sido aceito, não surte efeito), revela natureza de renúncia ao direito de oferecer nova queixa-crime pelos mesmos fatos, nos termos do art. 104 do CP (STF, Pet 0015237-92.2017.1.00.0000 DF, rel. Min. Luiz Fux, *DJe* 29.4.2020).

- **Reparação no âmbito civil. Injúria racial:** A homologação de acordo no âmbito do processo civil de reparação não implica renúncia ou retratação do ofendido, nos termos do art. 104 do CP (TJBA, 1ª T., HC 0001796-21.2017.8.05.0000, publ. 22.3.2017).

- **Ocasião da renúncia:** Ela só pode ocorrer antes de iniciada a ação penal privada, pois, após ter esta começado, somente pelo perdão ou pela perempção pode o querelante dar causa à extinção da punibilidade (STF, *RT* 618/401).

- **Desistência da queixa-crime antes de recebida:** Equivale à renúncia ao direito de queixa, ato unilateral (TJSP, *RT* 821/564).

- **Indivisibilidade da ação de iniciativa privada:** É tranquila a jurisprudência de que o não oferecimento de queixa contra um dos ofensores equivale à renúncia, que se estende aos demais (STF, *RTJ* 91/480,89/438; *RT* 833/465; STJ, HC 1.357, *DJU* 13.10.92, p. 17704; TJBA, *RT* 782/629; TACrSP, *RT* 619/302, *Julgados* 87/90; TAMG, *RJTAMG* 29/272).

- **Coautores ou partícipes desconhecidos:** Não há quebra do princípio da indivisibilidade da ação penal privada, se o coautor não foi identificado (STF, HC 64.872, *DJU* 30.4.87, p. 7650). Para que a não inclusão de coautores, sócios ou diretores, implique renúncia, é necessário que o querelante tenha tido conhecimento da existência e participação deles (STF, *RT* 605/406, 602/451, *Julgados* 84/472; TACrSP, *Julgados* 82/91). Se não foi incluído possível coautor, não se conclui tenha havido renúncia tácita (TJDF, RDJTJDF 43/210).

- **Aditamento da queixa-crime pelo Ministério Público:** Embora tenha o Ministério Público a função de zelar pela indivisibilidade da ação penal privada, inadmissível que proceda ao aditamento de queixa, visando a inserir nome de partícipe (TAMG, *RJTAMG* 54-55/546).

■ **Indivisibilidade da ação pública:** *a.* O princípio da indivisibilidade não se aplica à ação penal pública, sendo que a sua inobservância não gera a nulidade da ação penal pública incondicionada, consoante a leitura do art. 48 do CPP (STF, *Pleno,* Inq 2.245/MG, *DJU* 9.11.2007). Por se tratar de ação pública incondicionada, o fato de, eventualmente, existirem outros agentes não denunciados, que teriam participado dos crimes em questão, não induz à anulação do processo já instaurado, porquanto os princípios da indivisibilidade e da obrigatoriedade da ação penal não obstam o ajuizamento, em separado, de outra ação pelo Ministério Público, ou mesmo o aditamento da denúncia (CPP, art. 569), em momento oportuno, depois de coligidos elementos suficientes para embasar a acusação (STJ, HC 59.302, j. 18.12.2007, *DJU* 7.2.2008). No mesmo sentido: STF, HC 71.429, *DJU* 25.8.95, p. 26023, *RT* 618/403, *RTJ* 112/749,95/1389; STJ, *Corte Especial*, APn 300/ES, j. 18.4.2007, *DJU* 6/8/2007; HC 79.673, j. 21.2.2008; TRF da 3ª R., Ap. 3.929-SP, *DJU* 3.3.98, p. 187, *in* RBCCr 22/302). Também não se estende à queixa privada subsidiária da ação pública (STF, *RTJ* 86/789), embora possa incidir na ação penal pública condicionada à representação, quando o ofendido não incluir algum dos seus ofensores (TJSC, *RT* 536/362; *contra: vide* nota *Alcance* e jurisprudência *Inclusão de outros agentes* no art. 102 do CP). *b.* O princípio da indivisibilidade aplica-se a ação penal pública: STF, *RTJ* 79/399; TRF da 2ª R., Ap. 5.999, *mv* – *DJU* 1.12.92, p. 40343. Assim decidiu, há muito, o TJPR: "Denúncia que não encampou todos os responsáveis pelo delito – Infringência ao princípio da indivisibilidade da ação penal – Inteligência do art. 48 do CPP. Não tendo a denúncia abrangido todos os implicados no crime, anula-se o processo *ab initio*, para os efeitos legais" (*RT* 370/286).

PERDÃO DO OFENDIDO

Art. 105. O perdão do ofendido, nos crimes em que somente se procede mediante queixa, obsta ao prosseguimento da ação.

Perdão do ofendido

■ **Noção:** *Perdão* é a desistência do querelante de prosseguir na ação penal privada que iniciou. Trata-se de causa de extinção da punibilidade (CP, art. 107, V) e não se confunde com o chamado perdão judicial (*vide* nota ao art. 107, IX, do CP).

■ **Aplicação:** O perdão só é cabível na ação penal de iniciativa privada. Não se aplica à ação penal privada subsidiária da pública, nem à ação penal pública condicionada ou incondicionada.

■ **Limites temporais do perdão:** O perdão somente pode ser concedido depois de iniciada a ação penal privada (que se dá com o recebimento da queixa) e antes que a sentença condenatória transite em julgado (CP, art. 106, III, § 2º). Portanto, mesmo na pendência de recurso especial ou extraordinário, ou de agravo de instrumento ou regimental *contra a não admissibilidade daqueles*, ainda há ocasião para o perdão. Antes do início da ação penal não poderá existir perdão, mas renúncia (CP, art. 104), pois o perdão só é cabível após a instauração da ação.

■ **Ofendido maior de 18 e menor de 21 anos e o Código Civil de 2002:** O perdão pode ser concedido pela vítima maior de 18 anos – plenamente capaz pelo CC de 2002 –, não havendo mais a figura do representante legal para o menor de 21 e maior de 18 anos; assim, restaram tacitamente revogados os arts. 52 e 54 do CPP. Nesse sentido, JOSÉ HENRIQUE RODRIGUES TORRES, "Reflexos do novo Código Civil no Sistema Penal", *RBCCr* 44/87 a 127. Cf., ainda, a nota *A antiga "dupla titularidade" do prazo (ofendido maior de 18 e menor de 21 anos) e o CC de 2002*, nos comentários ao art. 103.

■ **Remissão:** *Vide*, no art. 106 do CP, a rubrica *Divisão, extensão e aceitação do perdão*.

Jurisprudência

■ **Aplicação do perdão:** Tratando-se de ação penal condicionada à representação, não pode ela ser objeto de perdão do ofendido (STF, *RT* 620/383).

- **Limite temporal:** Somente pode haver perdão depois de instaurada a ação penal de iniciativa privada (TACrSP, *Julgados* 69/211). Não havendo queixa devidamente recebida, não há que se falar em perdão; o fato poderá constituir-se, porém, em renúncia (TJSP, Pleno, *RJTJSP* 164/338). É possível a concessão de perdão quando há recurso extraordinário em tramitação (STF, *RTJ* 42/444).

Art. 106. O perdão, no processo ou fora dele, expresso ou tácito:

I – se concedido a qualquer dos querelados, a todos aproveita;

II – se concedido por um dos ofendidos, não prejudica o direito dos outros;

III – se o querelado o recusa, não produz efeito.

§ 1º Perdão tácito é o que resulta da prática de ato incompatível com a vontade de prosseguir na ação.

§ 2º Não é admissível o perdão depois que passa em julgado a sentença condenatória.

Divisão, extensão e aceitação do perdão

- **Divisão do perdão:** O perdão será *processual* ou *extraprocessual*, conforme ocorra dentro ou fora dos autos. E pode ser *expresso*, quando concedido mediante declaração ou termo assinado pelo ofendido, seu representante legal ou procurador especialmente habilitado (CPP, arts. 50 e 56); ou *tácito*, quando resulta da prática de ato incompatível com a vontade de prosseguir na ação (CP, art. 106, III, § 1º), admitindo-se todos os meios *legais* de prova para a sua demonstração (CPP, art. 57).

- **Extensão do perdão:** Se o perdão for concedido a um dos querelados, estende-se aos demais (CP, art. 106, I). Todavia, quando há mais de um querelante, o perdão dado por um deles não prejudica o direito dos outros ofendidos de prosseguir na ação (CP, art. 106, II).

- **Aceitação do perdão:** Caso o querelado recuse o perdão, este não produzirá efeito (art. 106, III, do CP). Havendo dois ou mais querelados, pode um deles não aceitar o perdão, hipótese em que a ação prosseguirá somente contra ele.

- **Limites temporais do perdão:** *Vide* comentário ao CP, art. 105.

Jurisprudência

- **Perdão tácito:** Pode haver perdão tácito processual (TACrSP, *RT* 510/368).

- **Extensão:** O perdão concedido por um dos querelantes não impede os outros de prosseguir na ação penal (TACrSP, *RF* 264/316).

- **Reiteração após o perdão:** Na jurisprudência, há registro de ação penal privada onde ocorreu perdão, mas, depois, os querelados repetiram a prática delituosa; entendeu-se, então, ser válida a ação nova, posterior ao perdão (TACrSP, *RT* 427/402).

Título VIII
DA EXTINÇÃO DA PUNIBILIDADE

EXTINÇÃO DA PUNIBILIDADE

Art. 107. Extingue-se a punibilidade:

I – pela morte do agente;

II – pela anistia, graça ou indulto;

III – pela retroatividade de lei que não mais considera o fato como criminoso;

IV – pela prescrição, decadência ou perempção;

V – pela renúncia do direito de queixa ou pelo perdão aceito, nos crimes de ação privada;

VI – pela retratação do agente, nos casos em que a lei a admite;

VII – (*revogado*);

VIII – (*revogado*);

IX – pelo perdão judicial, nos casos previstos em lei.

A punibilidade e sua extinção

■ **Alteração:** Os incisos VII e VIII do art. 107 do CP foram expressamente revogados pela Lei n. 11.106, de 28.3.2005.

■ **Punibilidade e processo penal:** Enquanto a lei penal não é violada, o poder-dever que o Estado tem de punir os eventuais infratores da lei encontra-se no plano abstrato. Entretanto, quando ocorre efetiva violação da lei penal – pela prática de crime ou de contravenção – aquele poder-dever concretiza-se, havendo a liberação da coação estatal. A aplicação da sanção ao infrator da lei penal, todavia, só poderá concretizar-se após o trânsito em julgado da condenação, proferida após o desenrolar do devido processo penal, como ensina Rogério Lauria Tucci (*Teoria do Direito Processual Penal*, São Paulo, Revista dos Tribunais, 2003, pp. 207 a 218), isto é, assegurando-se: (1) o juiz e o promotor naturais, (2) a legalidade do processo mediante a tipicidade dos atos processuais, (3) que deve ser finalizado em prazo razoável, (4) com a devida publicidade e (5) motivação, respeitando-se (6) a correlação entre acusação e sentença, (7) o contraditório efetivo, real e indisponível, assegurando-se (8) a ampla defesa, (9) o tratamento paritário entre as partes, bem como (10) o duplo grau de jurisdição, tudo com respeito à (11) garantia constitucional da desconsideração prévia de culpabilidade. Em outras palavras, o Direito Penal é um direito de coação indireta, necessitando o Estado, para aplicá-lo, da atuação do Poder Judiciário, mediante o instrumento do processo penal (*nulla poena sine iudicio*). Essa possibilidade jurídica de impor pena ao violador da lei penal é chamada *punibilidade*, conferindo, respeitados os termos do art. 41 do CPP, que não admite acusação baseada em meras conjecturas ou suposições, mas, sim, em elementos concretos e individualizados, *justa causa* para a existência de uma ação penal em face de determinada pessoa. Não é, portanto, a punibilidade requisito do crime, mas sua consequência. Podem, porém, surgir fatos ou atos jurídicos que impeçam a concretização do poder de punir do Estado, isto é, extingam a punibilidade. Por isso, diz-se que *causas de extinção da punibilidade* são aqueles fatos ou atos jurídicos que impedem o Estado de exercer seu direito de punir os infratores da lei penal.

■ **As causas de extinção da punibilidade e suas espécies:** Nos sete incisos vigentes deste art. 107 estão indicadas causas de extinção da punibilidade, que são comentadas, adiante, destacadamente. Além dessas causas expressas no CP, outras existem, que são apontadas em tópico separado, sob o título *Outras causas de extinção da punibilidade*. O exame de todas elas mostra que há espécies diferentes dessas causas. Assim, temos causas *gerais* e *especiais*, aplicando-se as primeiras a quaisquer infrações penais, e as outras somente a determinados crimes. Há, também, causas *comunicáveis* e *incomunicáveis*, conforme elas se comuniquem, ou não, aos coautores e partícipes do delito. Existem, ainda, causas *perenes* e *temporárias*, caracterizando-se estas últimas por apenas serem aplicáveis durante determinado período de tempo.

- **Efeitos da extinção da punibilidade:** Via de regra, os efeitos da extinção da punibilidade correspondem ao momento em que elas ocorrem. Se *antes* da sentença passada em julgado, extingue-se a chamada *pretensão punitiva* (antiga "prescrição da ação penal"); se *depois*, extingue-se somente a denominada *pretensão executória* (antiga "prescrição da pena"). Há, porém, *exceções:* a anistia e a abolição do crime, mesmo quando posteriores à condenação passada em julgado, retroagem e atingem a *pretensão punitiva*.

Causas de extinção da punibilidade

- **Quais são elas?:** Este art. 107 do CP arrola, em seus sete incisos, as *principais* causas de extinção da punibilidade: *1.* morte do agente; *2.* anistia; *3.* graça ou indulto; *4.* abolição do crime (ou retroatividade da lei); *5.* prescrição; *6.* decadência; *7.* perempção; *8.* renúncia à queixa; *9.* perdão aceito; *10.* retratação; *11.* perdão judicial.

- **Outras causas não indicadas neste art. 107:** Podem ser apontadas, entre outras: *1.* ressarcimento no peculato culposo (CP, art. 312, § 3º, primeira parte); *2.* morte da vítima, no delito de induzimento a erro essencial e ocultação de impedimento (CP, art. 236); *3.* sentença absolutória estrangeira, na hipótese do art. 7º, II, § 2º, *d*, primeira parte, do CP; *4.* o pagamento de cheque emitido sem provisão de fundos *antes* do recebimento da denúncia (STF, Súmula 554); *5.* o pagamento do tributo ou contribuição social, inclusive acessórios, *mesmo após* o recebimento da denúncia, nos termos do art. 9º, § 2º, da Lei n. 10.684/2003, que se aplica aos crimes contra a ordem tributária (Lei n. 8.137/90), contra a Previdência Social (CP, arts. 168-A e 337-A) e, em nosso entendimento, também de descaminho (CP, art. 334). *Vide*, ainda, notas sob a rubrica *Outras causas de extinção da punibilidade*, no final deste art. 107, notas ao art. 168-A, § 2º, do CP e comentário ao art. 337-A, § 1º, do CP; *6.* a composição civil nas infrações de menor potencial ofensivo cuja ação penal seja privada ou pública condicionada (art. 77, parágrafo único, da Lei n. 9.099/95, c/c o art. 107, V, do CP). *Vide*, a respeito, notas *Lei dos Juizados Especiais Criminais Estaduais* e *Lei dos Juizados Especiais Criminais Federais*, no art. 100 do CP; *7.* a suspensão condicional do processo, para as infrações penais com pena mínima igual ou inferior a um ano (art. 89, § 5º, da Lei n. 9.099/95), tratando-se de ação penal pública incondicionada, condicionada ou mesmo privada; *8.* acordo de leniência com o CADE; *9.* a adesão e o cumprimento das condições previstas no art. 5º da Lei de Repatriação de Valores (Lei n. 13.254, de 13.1.2016). *Vide* notas abaixo.

- **Lei de Repatriação de Valores:** A Lei n. 13.254, de 13.1.2016, criou o Regime Especial de Regularização Cambial e Tributária (RERCT), para admitir a regularização e repatriação de recursos, bens ou direitos de origem lícita, remetidos ou mantidos no exterior, não declarados ou declarados com omissão ou incorreção. O Regime se aplica às pessoas físicas ou jurídicas que, até 31.10.2016, aderirem ao programa e cumprirem as condições previstas no art. 5º (entrega de declaração específica, pagamento integral do imposto e multa), tomando-se por base de cálculo a situação patrimonial no exterior em 31.12.2014. Previu, ainda, a extinção da punibilidade dos crimes previstos nos (I) arts. 1º e 2º, incisos. I, II e V, da Lei n. 8.137/90, (II) na Lei n. 4.729/65, (III) no art. 337-A do Código Penal, (IV) no art. 22, *caput* e parágrafo único, da Lei n. 7.492/86, (V) no art. 1º da Lei n. 9.613/98, bem como (VI) nos arts. 297, 298, 299 e 304 do Código Penal, "quando exaurida sua potencialidade lesiva com a prática dos crimes previstos nos incisos I a III" (nota nossa: *vide* incisos acima). Estabelece, ainda, que a extinção da punibilidade "somente ocorrerá se o cumprimento das condições se der antes do trânsito em julgado da decisão criminal condenatória" (art. 5º, § 2º, II).

- **Acordo de leniência – Lei n. 12.529/2011 – CADE (extinção da punibilidade administrativa):** Esta lei disciplina, em seu art. 86, o chamado acordo de leniência. Trata ele da possibilidade de ajuste celebrado entre a União, por meio da Secretaria de Direito

Econômico, e pessoas físicas e jurídicas que forem autoras de infração à ordem econômica, desde que colaborem efetivamente com as investigações e o processo administrativo e que dessa colaboração resulte: I – a identificação dos demais envolvidos na infração; e II – a obtenção de informações e documentos que comprovem a infração noticiada ou sob investigação. Cumpridos os requisitos, o acordo ocasionará a extinção da ação punitiva da administração pública ou a redução de um a dois terços da penalidade aplicável.

▪ **Acordo de leniência – Lei n. 12.529/2011 – CADE (extinção da punibilidade criminal):** Além da extinção punitiva da Administração Pública, ou a redução da penalidade administrativa aplicável (art. 86), dispõe o art. 87 da Lei n. 12.529/2011 que nos crimes contra a ordem econômica, tipificados na Lei n. 8.137/90, e nos demais crimes diretamente relacionados à prática de cartel, tais como os tipificados na Lei n. 8.666/93, e no crime de quadrilha ou bando (atual associação criminosa) tipificado no art. 288 do CP, a celebração de acordo de leniência determina a suspensão do curso do prazo prescricional e impede o oferecimento da denúncia em relação ao agente beneficiário da leniência. O parágrafo único deste artigo, por sua vez, estabelece que "cumprido o acordo de leniência pelo agente, extingue-se automaticamente a punibilidade dos crimes a que se refere o *caput* desse artigo". Observamos que o acordo de leniência efetuado no CADE não exige a participação do Ministério Público, quer estadual ou federal, o que tem gerado polêmica diante do fato da ação penal pública ser privativa do Ministério Público (art. 129, I, da CR).

▪ **Causas de que discordamos:** Não *aceitamos* como extintivas da punibilidade outras quatro causas, geralmente indicadas pela doutrina: *a.* cumprimento de pena no estrangeiro, por crime lá praticado (CP, art. 7º, II, § 2º, *d*, última parte); *b.* término do período de prova do *sursis* (CP, art. 82); *c.* cumprimento do livramento condicional (CP, art. 89); *d.* cumprimento da pena imposta mediante transação penal (Lei n. 9.099/95, art. 76). Para nós, o que elas extinguem é a *pena* e não a punibilidade.

Morte do agente (item I)

▪ **Noção:** A primeira causa de extinção prevista neste art. 107 é a morte do autor da infração penal.

▪ **Limites temporais:** Podem ocorrer em qualquer ocasião, desde antes da ação penal e até no decorrer da execução da condenação.

▪ **Comunicação:** A causa deste item I é incomunicável.

▪ **Prova:** Em nossa opinião, prova-se a morte só por meio da certidão de óbito, de acordo com o art. 62 do CPP (TJSP, *RT* 615/272), bastando cópia reprográfica autenticada da mesma (TRF 3, 5ª T., ApCrim 0000699-16.2003.4.03.6127 SP, j. 9.9.2019, e-DJF3 Judicial 1 de 17.9.2019). Falsa morte do agente (no direito brasileiro): Mostra a experiência que não é tão incomum que o agente consiga obter a declaração de extinção da punibilidade mediante o emprego de certidão de óbito falsa. Caso haja transitado em julgado a sentença que declarou extinta a punibilidade, em razão da falsa certidão, e seja descoberta a falsidade, como se deve proceder? A polêmica não é estranha aos nossos tribunais, não obstante jamais se tenha buscado questionar, entre nós, a salutar proibição de revisão *pro societate*, a qual sempre significou um postulado processual penal coerente com o princípio *favor libertatis*, com o princípio da segurança jurídica e com a tutela da dignidade do ser humano. A respeito, existem dois posicionamentos: *1.* O pressuposto da declaração da extinção da punibilidade é a morte e, como esta inexiste, a decisão não adquire a força de coisa julgada. Assim, o processo pode prosseguir, salvo a ocorrência de outra causa de extinção, como a superveniente prescrição (FLORÊNCIO DE ABREU, *Comentários ao Código de Processo Penal*, 1945, v. V, p. 422; baseado no antigo Código de Processo Penal italiano, correspondente ao art. 69 do atual CPP italiano; STF, *RTJ* 104/1063,93/986; *RT* 573/445; HC 60.095, *DJU* 17.12.82, p. 13203; TJSP, *RJTJSP* 98/485; TAMG, *RJTAMG* 54-55/526). *2.* O pressuposto é a certidão falsa e não a morte fictícia. A sentença faz coisa julgada formal e material, como qualquer outra fundada em prova falsa. Inexistindo, no Brasil, revisão contra o réu, é impossível a reabertura do processo, só restando a punição dos autores da falsidade e do uso da certidão falsa (TACrSP, *RT* 580/350). Em nosso entendimento, se de um lado é verdade que a sentença que extinguiu a punibilidade em face de certidão de óbito de acusado que está vivo decretou algo que não existia no mundo, não passando de forma sem conteúdo, tendo o juízo, inclusive, sido induzido em erro essencial, pela torpeza do próprio acusado e/ou daquele que apresentou o documento falso, verifica-se que o primeiro entendimento jurisprudencial acima retratado (1) afasta-se do conceito de coisa julgada como fenômeno processual decorrente da preclusão dos prazos recursais, possuindo as decisões absolutórias e extintivas da punibilidade autoridade absoluta (fazendo coisa julgada formal e material). Resta, assim, impedida toda e qualquer ulterior análise sobre se o juiz foi coagido, induzido em erro essencial pela torpeza do próprio acusado ao juntar documento falso. Não há, aqui, sequer espaço processual para se travar discussão jurídica com a finalidade de se avaliar se uma decisão definitiva – reputada como válida, eficaz e imutável, e que, nessa condição, diante do fenômeno processual da preclusão (temporal, lógica ou consumptiva) da interposição de recursos, transitou em julgado – continha vício de tamanha monta que a tornaria inexistente. Certa ou errada, viciada ou não, a sentença que extinguiu a punibilidade, tida como válida e eficaz, restou atingida pelo fenômeno processual da preclusão máxima. Assim, ao invés de se relativizar o fenômeno da coisa julgada penal e abrir perigoso precedente, admitindo, ainda que indiretamente, uma revisão criminal *pro societate*, cumpre ao Poder Judiciário criar mecanismos eficientes para evitar o uso de certidões falsas, bastando, para que essa prática criminosa não surta efeitos, que o juiz, antes de decretar extinta a punibilidade, determine que o óbito seja confirmado pelo órgão da administração que teria expedido a certidão. Cf., com mais profundidade sobre o tema, ROBERTO DELMANTO JUNIOR (*Inatividade no Processo Penal Brasileiro*, São Paulo, Revista dos Tribunais, 2004, pp. 340 a 370), abordou a questão ao tratar dos *vícios essenciais e da coisa julgada*, lembrando o pensamento do jurista italiano EDUARDO MASSARI que refuta a ideia de considerar a própria sentença como sendo um ato *inexistente* em razão de seu fundamento (a morte do acusado) não existir. Isto porque, se assim fosse, admitir-se-ia a possibilidade de um novo exercício da ação penal, uma verdadeira e odiosa revisão criminal *pro societate*, *verbis*: "Deve-se (...) excluir que uma tal decisão possa constituir título jurídico para a execução; mas deve-se, todavia, à mesma sentença reconhecer o efeito jurídico de impedir uma nova instauração do processo irrevogavelmente definido" (*Il Processo Penale nella Nuova Legislazione Italiana*, Napoli, Casa Editrice Jovene, 1934, Livro Primeiro, p. 479).

Anistia, graça ou indulto (item II)

- **Anistia:** Significa o esquecimento de certas infrações penais. Exclui o crime e faz desaparecer suas consequências penais. Tem caráter retroativo e é irrevogável, sendo da atribuição do Congresso Nacional, com a sanção do Presidente da República (art. 48, VIII, da CR). Embora a anistia tenha sentido político, cabe exclusivamente ao Judiciário examinar seu alcance e fazer sua aplicação, como o faria com qualquer lei penal. Na LEP, cf. art. 187.

- **Limites temporais da anistia:** Antes da sentença e até depois da condenação transitada em julgado.

- **Graça ou indulto:** São outros casos de indulgência do Estado que levam à extinção da punibilidade. Apenas extinguem, contudo, a pena, e não o crime. Daí persistirem os efeitos deste, de modo que o condenado que os recebe não retorna à condição de primário. Geralmente, apenas se fala em *indulto*, como se vê dos arts. 84, XII, da CR e 188 da LEP (este refere-se a *indulto individual*), embora a Magna Carta mencione a *graça* em seu art. 5º, XLIII. Há, porém, certa diferença técnica: em regra, a *graça* é individual e solicitada, enquanto o *indulto* é coletivo e espontâneo. Observe-se, ainda, que não se deve confundir graça e indulto com *comutação (redução) de penas*, também da competência privativa do Presidente da República (art. 84, XII, da CR), mas que não é causa extintiva da punibilidade.

- **Limites temporais da graça ou indulto:** Só após condenação transitada em julgado, mas, na prática, têm sido concedidos indultos, *mesmo antes* da condenação tornar-se irrecorrível. Em tais casos, entendemos que o indulto não poderá obstar o julgamento da apelação e dos recursos especial e extraordinário do acusado, só prevalecendo o indulto se o recorrente tiver sua condenação mantida.

■ **Aplicação do indulto:** *Vide* LEP, arts. 188 a 193.

■ **Lei dos Crimes Hediondos:** O art. 5º, XLIII, da CR dispõe serem "insuscetíveis de *graça* ou *anistia* a prática da tortura, o tráfico ilícito de entorpecentes e drogas afins, o terrorismo e os definidos como crimes hediondos". O art. 2º, I, da Lei n. 8.072/90, todavia, considera esses mesmos delitos insuscetíveis não só de anistia e graça, mas também de *indulto*. A respeito da vedação ao *indulto*, há duas posições na doutrina (cf. ALBERTO SILVA FRANCO, *Crimes Hediondos*, 3ª ed., Revista dos Tribunais, pp. 71-74): *1.* Não é inconstitucional, pois seria ilógico que a Constituição, em seu art. 5º, XLIII, vedasse a graça (clemência em regra individual e solicitada) e permitisse o indulto (clemência em regra geral e espontânea). Para essa corrente, o termo *graça*, utilizado no art. 5º, XLIII, tem sentido amplo, compreendendo a graça, em sentido estrito, e o indulto. *2.* É inconstitucional, não podendo a lei ordinária extrapolar a Magna Carta e restringir atribuição privativa do Presidente da República (art. 83, XII, da CR). Entendemos mais acertada a segunda posição, pois os *Direitos e Garantias Fundamentais* devem ser interpretados "de maneira a ampliar, em benefício da liberdade, os preceitos de entendimento duvidoso" (THEMÍSTOCLES CAVALCANTI, *Do Controle da Constitucionalidade*, Forense, 1986, p. 164) e não podem ser restringidos "a não ser que a restrição esteja expressamente admitida" pela própria Constituição (J. J. GOMES CANOTILHO e VITAL MOREIRA, *Constituição da República Portuguesa Anotada*, 3ª ed., Coimbra, pp. 148-149). Quanto à *tortura*, a matéria ficou superada em virtude da Lei n. 9.455, de 7.4.97, que a tipificou como crime e cujo art. 1º, § 6º, ao dispor que "o crime de tortura é inafiançável e insuscetível de graça ou anistia", não incluiu o indulto, que poderá, assim, ser concedido. *Irretroatividade:* O art. 2º, I, da Lei n. 8.072/90, por ser mais gravoso, não alcança os fatos anteriores à sua vigência.

Retroatividade da lei (item III)

■ **Remissão:** A lei penal posterior, que deixa de considerar a conduta como criminosa, retroage em favor do agente e extingue a punibilidade do fato, alcançando a própria pretensão punitiva. *Vide* comentário no art. 2º e parágrafo único do CP.

Prescrição e decadência (item IV)

■ **Prescrição:** *Vide* anotações aos arts. 109 a 118 do CP.

■ **Decadência:** *Vide* nota ao art. 103 do CP.

■ **Estelionato e Lei Anticrime:** Quando à exigência de representação no crime estelionato, inserida pela Lei n. 13.964/2019, *vide* nota ao art. 171, § 5º, do CP.

Perempção (item IV)

■ **Noção:** Perempção é a perda, causada pela inatividade processual do querelante, do seu direito de continuar a movimentar a ação penal exclusivamente privada. Não é sanção processual, mas sim *efeito natural de sua conduta processual penal omissiva*, mesmo porque o querelante tem toda liberdade para deixar de movimentar a ação penal por ele proposta (cf. ROBERTO DELMANTO JUNIOR, *Inatividade no Processo Penal Brasileiro*, São Paulo, Revista dos Tribunais, 2004, p. 329). Como diz o STF, a perempção é declarada quando implica desídia, descuido, abandono da causa pelo querelante (STF, *RT* 540/395, 593/415).Note-se que, havendo dois ou mais querelantes, a perempção quanto a um deles não se estende aos demais (TACrSP, *mv – RT* 554/374).

■ **Alcance:** A perempção não se aplica à ação penal privada subsidiária da pública. Somente pode ser reconhecida na ação penal exclusivamente privada, e após o seu início, ou seja, depois de oferecida (*nota nossa:* recebida) a queixa-crime (TACrSP, *RT* 542/356).

■ **Causas de perempção:** As *causas de perempção* estão previstas no art. 60 do CPP:

■ **(1) Quando o querelante deixar de promover o andamento do processo durante trinta dias seguidos:** Para a ocorrência da perempção, deve ter havido prévia notificação ao querelante para agir, nos casos em que a lei processual a exige (TJSP, *RJTJSP* 88/355; TACrSP, *RF* 256/354).A paralisação da ação penal privada por trinta dias só acarreta a perempção se for imputável ao querelante (STF, *RT* 580/458, 487/305).A não manifestação do querelante sobre documentos juntados aos autos pelo querelado não dá lugar à perempção, pois, mesmo em sua falta, o juiz deve dar andamento ao processo, já que não se trata de ato sem o qual a queixa não possa prosseguir (TACrSP, *Julgados* 73/116).Também o fato de o querelante deixar transcorrer o prazo do art. 499 do CPP (*nota nossa:* hoje revogado), sem nada falar, não acarreta perempção (TACrSP, *Julgados* 88/336).Já a demora superior a trinta dias para apresentação das alegações finais do querelante pode acarretar a perempção (TACrSP, *Julgados* 79/334). A não apresentação das alegações finais pelo querelante acarreta a perempção (TJMS, *RT* 774/643). Se o querelante permanece com os autos, por trinta dias, dá causa à perempção (TACrSP, *Julgados* 76/136, 66/151). Pode ocorrer a perempção, pelo não preparo do recurso, em trinta dias após intimado (TJRJ, *RT* 568/322; TACrSP, *RT* 521/435).

■ **(2) Falecimento ou incapacidade do querelante, e não comparecimento em juízo de quem couber fazê-lo:** Se o querelante for interditado em razão de enfermidade mental, a pessoa que tiver sido nomeada seu representante legal deverá se apresentar em juízo no prazo de sessenta dias. Igualmente, se vier a falecer, a pessoa que tenha legitimidade para substituí-lo. A lei processual penal (art. 36 do CPP) faz exceção, tratando-se de ação penal por crime de induzimento a erro essencial e ocultação de impedimento para casamento (CP, art. 236), tratando-se de direito personalíssimo do ofendido.

■ **(3a) Deixar de comparecer o querelante, sem motivo justificado, a qualquer ato do processo que deva comparecer:** Assinale-se que, para haver perempção, é necessário que o querelante tenha sido intimado do ato que ia ser realizado (TJSP, *RJTJSP* 100/424; TACrSP, *Julgados* 87/251). *Quanto à ausência do querelante*, existiam duas correntes jurisprudenciais, mas a segunda delas *(b)* está superada: *a. Basta* a presença do advogado do querelante à audiência, sendo dispensável a deste, pessoalmente, a menos que se trate de ato que só possa ser realizado com sua presença (STF, *RTJ* 122/36, *RT* 573/477, 540/395; TJSP, *RT* 588/311; TACrSP, *RT* 700/339, *Julgados* 87/97, 67/219, 66/151; TARS, *RT* 585/300); *b. Não é suficiente* o comparecimento do advogado, sendo necessária também a presença do próprio querelante, pessoalmente (TAPR, *RT* 542/414; TACrSP, *RT* 422/259).Pequeno atraso no comparecimento à audiência, justificado perante o juiz, não dá ensejo à perempção (STJ, RHC 148, *DJU* 21.5.90, p. 4437).Relativamente a processos em que o ato se realiza em comarca deprecada (mediante *carta precatória*),há duas posições na jurisprudência: *a.* Exigem a presença à audiência deprecada (STF, antigos, *RTJ* 50/163, 48/746; TACrSP, *Julgados* 73/171, *RT* 494/366); *b.* Dispensam o comparecimento à precatória (STF, *RTJ* 95/164, 71/235; TACrSP, *Julgados* 90/346, *RT* 532/379). No tocante ao *interrogatório* do querelado, era amplamente dominante a desnecessidade do comparecimento do querelante ou de seu advogado, pois, antes da Lei n. 10.792/2003, tratava-se de ato do juiz em que as partes não podiam intervir (TACrSP, *Julgados* 87/97, 69/210, 65/180; TAMG, *RT* 558/376). Tratando-se de audiência de *conciliação* (CPP, art. 520), entendemos que a ausência do querelante não pode causar a perempção, pelo simples fato de que, nessa ocasião, a ação ainda não se instaurou (TACrSP, *Julgados* 90/137, *RT* 597/322, *RF* 278/299; *contra:* TARS, *mv* – *RT* 646/326).

■ **(3b) Deixar de formular o pedido de condenação nas alegações finais:** Quanto ao pedido de condenação nas alegações finais, há acórdão no sentido de que não induz falta de pedido de condenação "pedir justiça" no final, se o teor das alegações revela que o querelante desejava a condenação (STF, *RT* 575/451,543/461). Também equivale a pedir condenação o pedido de procedência da ação (TACrSP, *RT* 579/345,484/327). O pedido de condenação só é necessário nas razões finais, e não também na petição inicial (TACrSP, *RT* 541/379). A não apresentação de razões finais equivale à falta de pedido de condenação (TACrSP, *Julgados* 82/172,68/362). Observe-se, porém, que é necessária a intimação do querelante para a apresentação das alegações finais.

■ **(4) Quando, sendo querelante pessoa jurídica, esta se extinguir sem deixar sucessor:** No crime de difamação (CP, art. 139), pode a pessoa jurídica ser ofendida e figurar como querelante. Assim, se vier ela a ser extinta, não sendo sucedida por outra empresa, haverá a perempção.

■ **Contagem dos prazos de perempção:** Domina a opinião de que ela se faz na forma do CPP, art. 798, § 1º, e não pela indicada no CP, art. 10. Em nosso entendimento, a perempção é de direito *material*, sendo-lhe inaplicáveis as normas de contagem processual. Por isso, o seu prazo deve ser computado pela regra penal (isto é, incluindo-se o dia do começo), pois, embora a perempção tenha conotações processuais, ela é causa de extinção da *punibilidade*, não podendo, assim, fugir à sua natureza *material* (vide nota ao CP, art. 10).

- **Diferença entre perempção e prescrição:** Na *perempção* (CP, art. 107, IV, última figura), é atingido, primeira e diretamente, o direito do querelante de continuar a ação exclusivamente privada; e, indiretamente, o direito de punir do Estado. Isto é, perdendo o querelante o direito de continuar o processo, não se pode chegar à punibilidade final. Pode ocorrer perempção sem prescrição e vice-versa.

- **Diferença entre perempção e decadência:** A perempção em nada se identifica com a decadência, a qual abrange não só a ação penal privada mas também a pública condicionada. Limita-se a decadência, outrossim, exclusivamente à inatividade da vítima ou de seu representante em não propor queixa-crime ou não oferecer representação, no prazo legal, ou seja, sempre antes do início do processo (cf. ROBERTO DELMANTO JUNIOR, *Inatividade no Processo Penal Brasileiro*, São Paulo, Revista dos Tribunais, 2004, p. 331). Nesse sentido, ALOYSIO DE CARVALHO FILHO observa: "Graças à decadência, a ação não chega a começar. Por efeito da perempção, não chega a termo. A decadência precede, pois, a ação penal" (*Comentários ao Código Penal*, 4ª ed., Rio de Janeiro, Forense, 1958, v. IV, p. 262).

Renúncia ou perdão aceito (item V)

- **Renúncia do direito de queixa:** *Vide* comentário ao CP, art. 104.

- **Diferença entre renúncia e perempção:** A perempção, nos termos da legislação brasileira, distingue-se da renúncia tácita, não obstante esta última também possa resultar de inatividade da vítima na hipótese de não oferecimento de queixa-crime contra todos os autores conhecidos do fato incriminado, violando-se a indivisibilidade da ação penal privada. É que a perempção aplica-se exclusivamente às hipóteses de inatividade tipificadas de modo expresso no art. 60 do CPP, sempre em momento posterior ao do recebimento da queixa, ao contrário do que ocorre com a renúncia (cf., também, ROBERTO DELMANTO JUNIOR, *Inatividade no Processo Penal Brasileiro*, São Paulo, Revista dos Tribunais, 2004, p. 331).

- **Perdão aceito:** *Vide* comentários ao CP, arts. 105 e 106. O perdão aceito não se confunde com o *perdão judicial*, previsto no inciso IX deste art. 107.

Retratação do agente, nos casos permitidos (item VI)

- **Noção:** Retratação é o ato de desdizer-se, de retirar o que se disse. Em hipóteses especiais, que a lei expressamente prevê, a confissão do erro pelo agente ou seu ato de desdizer-se exclui a punibilidade. Quanto à natureza jurídica, oportunidade e comunicabilidade da retratação, *vide* anotações ao CP, arts. 143 e 342, § 3º. São os seguintes os casos de retratação permitidos:

- *a.* Na calúnia ou difamação: *Vide* nota ao CP, art. 143.

- *b.* No falso testemunho e falsa perícia: *Vide* nota ao CP, art. 342, § 3º.

Perdão judicial (item IX)

- **Noção:** Como última causa arrolada neste art. 107 vem o perdão judicial, nos casos *previstos em lei*.

- **Norma e natureza:** Até sua expressa inclusão, pela reforma penal de 1984, entre as causas de extinção da punibilidade deste art. 107, o CP não dava nome a essa possibilidade de *deixar de aplicar a pena*, prevista para certas hipóteses. Apesar disso, doutrina e jurisprudência sempre reconheceram nela o denominado perdão judicial. A controvérsia a respeito dela cingia-se ao seu caráter de *direito ou favor* e à *natureza da sentença* concessiva de perdão judicial.

- **Direito ou favor:** Embora as opiniões dominantes vejam no perdão judicial mero benefício que se faculta ao juiz conceder ou não, cremos que não se pode aceitar essa solução simplista. Primeiramente, porque não se coaduna com a condição de causa extintiva da punibilidade, que a lei textualmente lhe confere (CP, art. 107, IX). Não se concebe que uma causa de extinção da punibilidade fique relegada ao puro arbítrio do julgador. Em segundo lugar, porque as antigas noções de "favor do juiz" acham-se, hoje, completamente divorciadas de um Direito Penal moderno e justo. Quando a lei concede ao agente a possibilidade de alcançar certo benefício (exs.: *sursis*, livramento condicional, diminuição ou não imposição de pena, extinção da punibilidade etc.), tal possibilidade legal insere-se nos chamados *direitos públicos subjetivos* do acusado. Sendo cabível a aplicação daquela possibilidade legal em favor do réu, não pode o julgador deixar de deferi-la por capricho ou arbítrio. Pode e deve mesmo denegá-la o juiz, quando o acusado não preenche as condições exigidas para satisfazer os requisitos do perdão judicial previstos em lei. Entretanto, quando estiverem presentes os requisitos necessários, aquela possibilidade legal se transforma em *direito público subjetivo* do agente. Exemplos: *a.* No delito de injúria, a lei prevê o perdão judicial quando o ofendido, de modo reprovável, a provocara diretamente, ou no caso de retorsão imediata. Caso o juiz entenda, pelas provas, que não houve provocação nem retorsão imediata, evidentemente não concederá o perdão judicial. Todavia, se reconhecer um daqueles requisitos, terá de dar o perdão, pois não o pode denegar arbitrariamente. *b.* No homicídio e lesão culposos, prevê a lei o perdão judicial, se as consequências da infração atingirem o próprio agente de forma tão grave que a sanção se torne desnecessária. Caso o julgador, apreciando a espécie concreta, decida que o agente não foi atingido de forma grave, ou com gravidade suficiente para tornar a pena desnecessária, negará o perdão judicial. Mas se reconhecer preenchido o requisito do perdão, não poderá deixar de deferi-lo por capricho ou qualquer motivo sem relação com o perdão judicial. *c.* O princípio é comum a outras hipóteses de perdão judicial: por exemplo, na subtração de incapazes – art. 249, § 2º ("restituição") e no parto suposto – art. 242, parágrafo único ("motivo de reconhecida nobreza").

- **Hipóteses de perdão judicial previstas em lei:** Antes da reforma de 1984, o CP já permitia ao juiz, em hipóteses especiais, *deixar de aplicar a pena* em face de determinadas circunstâncias, lembrando-se algumas delas: *1.* na *injúria*, quando o ofendido, de modo reprovável, a provocara diretamente, ou em caso de retorsão imediata, consistente em outra injúria (CP, art. 140, § 1º, I e II); *2.* na *fraude de refeição, alojamento ou uso de meio de transporte sem dispor de recursos*, "conforme as circunstâncias" (CP, art. 176, parágrafo único); *3.* na *receptação culposa*, se o agente fosse primário, "tendo em consideração as circunstâncias" (CP, art. 180, § 3º c/c § 5º, primeira parte); *4.* na *subtração de incapazes*, havendo restituição sem que o incapaz tivesse sofrido maus-tratos ou privações (CP, art. 249, § 2º). A Lei n. 6.416/77 introduziu mais duas hipóteses: *5.* no *homicídio culposo*, "o juiz poderá deixar de aplicar a pena se as consequências da infração atingirem o próprio agente de forma tão grave que a sanção se torne desnecessária" (CP, art. 121, § 5º); *6.* nas *lesões corporais culposas* ocorrendo a mesma hipótese (CP, art. 129, § 8º). E a Lei n. 6.898/81 ainda acrescentou outra: *7.* no *parto suposto, supressão ou alteração de direito inerente ao estado civil de recém-nascido*, "se o crime é praticado por motivo de reconhecida nobreza", pode o juiz deixar de aplicar a pena (CP, art. 242, parágrafo único). Dois outros casos eram admitidos pela LCP: *erro de direito*, quando escusável (art. 8º) e *associação secreta*, esta "tendo em vista as circunstâncias", se lícito o objeto da reunião (art. 39, § 2º). O primeiro deles (art. 8º), porém, com a reforma penal de 1984, passou a ser causa de isenção de pena, e não mais hipótese de perdão judicial; quanto à associação secreta, a sua proibição, com exceção daquela de caráter paramilitar, em face do art. 5º, XVII, da CR, não se sustenta. *8.* Nos crimes ambientais, o perdão judicial encontra-se previsto no art. 29, § 2º, da Lei n. 9.605/98; *9.* O perdão judicial é também previsto para a injúria, como crime eleitoral (Lei n. 4.737/65, art. 326, § 1º, I e II). *Vide*, ainda, hipóteses de perdão judicial nos arts. 168-A, § 3º, e 337-A, § 2º, ambos do CP.

- **Colaboração premiada e seus benefícios:** Segundo o art. 4º da Lei n. 12.850/2013 – Lei de Organização Criminosa –, alterado pela Lei Anticrime (Lei n. 13964/2019), "O juiz poderá, a requerimento das partes, conceder o perdão judicial, reduzir em até 2/3 (dois terços) a pena privativa de liberdade ou substituí-la por restritiva de direitos daquele que tenha colaborado efetiva e voluntariamente com a investigação e com o processo criminal, desde que dessa colaboração advenha um ou mais dos seguintes resultados:

I – a identificação dos demais coautores e partícipes da organização criminosa e das infrações penais por eles praticadas; II – a revelação da estrutura hierárquica e da divisão de tarefas da organização criminosa; III – a prevenção de infrações penais decorrentes das atividades da organização criminosa; IV – a recuperação total ou parcial do produto ou do proveito das infrações penais praticadas pela organização criminosa; V – a localização de eventual vítima com a sua integridade física preservada. Em caso ainda de celebração de acordo de delação premiada, o Ministério Público poderá deixar de oferecer denúncia se a proposta de acordo de colaboração referir-se a infração de cuja existência não tenha prévio conhecimento e o colaborador: I – não for o líder da organização criminosa; II – for o primeiro a prestar efetiva colaboração nos termos deste artigo. Registre-se que o não oferecimento de denúncia decorrente de acordo entre o órgão acusatório e o acusado já constava das Ordenações Filipinas (1603/1830), tendo sido aplicado no julgamento de Tiradentes em favor do denunciante Joaquim Silvério dos Reis (1789). Com o desaparecimento de Dom Sebastião, Rei de Portugal, em batalha no norte da África, durante 30 anos esse país e o Brasil foram governados por seu tio Felipe II, rei da Espanha.

■ **Lei de Proteção a Vítimas e Testemunhas:** A Lei n. 9.807/99 igualmente prevê, em seu art. 13, o perdão judicial para o acusado que, sendo primário, tenha colaborado efetiva e voluntariamente com a investigação e o processo criminal, desde que dessa colaboração tenha resultado: *a.* identificação dos demais coautores ou partícipes da ação criminosa; *b.* localização da vítima com sua integridade física preservada; *c.* recuperação total ou parcial do produto do crime.

■ **Lei de Lavagem ou Ocultação de Bens:** A Lei n. 9.613/98, com redação dada pela Lei n. 12.683/2012, dispõe, no § 5º do seu art. 1º, que o juiz poderá deixar de aplicar a pena "se o autor, coautor ou partícipe colaborar espontaneamente com as autoridades, prestando esclarecimentos que conduzam à apuração das infrações penais, à identificação dos autores, coautores e partícipes, ou à localização dos bens, direitos ou valores objeto do crime".

■ **Natureza da sentença concessiva do perdão judicial:** Até antes da reforma penal de 1984, tinham-se agrupado nada mais nada menos do que seis *interpretações* a respeito da natureza da sentença concessiva do perdão judicial: *1.* Extintiva da punibilidade. *2.* Condenatória, com todas as consequências secundárias. *3.* Condenatória, mas livrando dos seus efeitos secundários. *4.* Absolutória. *5.* Exclusiva da punibilidade. *6.* Extintiva da punibilidade (cf. edições anteriores de nosso *Código Penal Anotado*). Visando a pôr fim a tamanha divergência de opiniões, a Lei n. 7.209/84 inscreveu o perdão judicial entre as *causas expressas de extinção da punibilidade* (CP, art. 107, IX), e ainda consignou em sua Exposição de Motivos (n. 98): "Incluiu-se o perdão judicial entre as causas em exame (art. 107, IX) e explicitou-se que a sentença que o concede não será considerada para configuração de futura reincidência (art. 120). Afastam-se, com isso, as dúvidas que ora têm suscitado decisões contraditórias em nossos tribunais. A opção se justifica a fim de que o perdão, cabível quando expressamente previsto na Parte Especial ou em lei, não continue, como por vezes se tem entendido, a produzir os efeitos de sentença condenatória". Acertou a Lei n. 7.209/84 na inclusão expressa do perdão judicial entre as causas indicadas pelo art. 107, mas foi infeliz quando quis reforçar sua opção textual e aproveitou o art. 120 (que estava vago) para aduzir que a sentença concessiva de perdão judicial "não será considerada para efeitos de reincidência". A inutilidade desse último dispositivo propiciou a sobrevivência da antiga corrente que via a decisão concessiva do perdão judicial como condenatória, a qual, embora liberando o réu da pena, subsistia quanto a seus efeitos secundários. *Na prática,* a discussão perdeu quase toda a sua importância, pois, qualquer que seja a posição que se adote, *desapareceu* a possibilidade de a sentença concessiva de perdão judicial vir a gerar futura *reincidência*. Hoje, com a Lei n. 7.209/84, passaram a existir apenas *duas* posições sobre a natureza dessa sentença: *1. É extintiva da punibilidade*. Essa é a posição que sempre mantivemos (CELSO DELMANTO, "Perdão judicial e seus efeitos", *RT* 524/311 e *RDP* 25/118), agora expressamente adotada pelo art. 107, IX, do CP, reforçada no art. 120 e proclamada pela própria Exposição de Motivos da Lei n. 7.209/84. Como consequência do perdão judicial, o acusado não é considerado condenado, a sentença não induzirá posterior reincidência, seu nome não será arrolado entre os dos culpados, não responderá pelas custas do processo e os danos poderão ser-lhe cobrados no cível, mas tão só pela via ordinária que os arts. 66 e 67 do CPP preveem. 2. É condenatória, livra o réu da pena e de futura reincidência, mas subsiste para os demais efeitos secundários das sentenças condenatórias. Apegam-se os partidários dessa posição à letra do art. 120 do CP, argumentando com a desnecessária alusão que nele se fez à não reincidência. O que para nós é mero reforço do art. 107, IX, serve como fundamento aos adeptos dessa corrente, que alegam que o art. 120 seria desnecessário caso a sentença não tivesse carga condenatória. Assim, para a segunda posição, o perdão judicial apenas extinguiria a punibilidade quanto à pena e à geração de futura reincidência, mas persistiriam os outros efeitos secundários da sentença condenatória (rol dos culpados, custas e reparação do dano pela via direta do art. 63 do CPP).

- **Oportunidade:** É na sentença (ou acórdão) que se concede o perdão judicial. Obviamente, qualquer que seja o entendimento adotado quanto à sua natureza jurídica, o magistrado precisa, antes, decidir se o acusado é culpado. A seguir – pela posição que adotamos – reconhece o cabimento do perdão judicial e o concede, deixando de fixar e aplicar pena.

- **Consequência quanto à prescrição:** Como a sentença que concede perdão judicial – segundo nós a entendemos – não tem caráter de sentença "condenatória", ela não pode ser considerada causa interruptiva do curso prescricional (vide comentário e jurisprudência ao CP, art. 117, IV).

Crimes Tributários

- **Extinção da punibilidade pelo parcelamento quitado antes do recebimento da denúncia (Lei n. 12.382/2011) ou pelo pagamento integral do tributo mesmo após o recebimento da denúncia (Lei n. 10.684/2003):** Como se verifica abaixo, sempre que o Governo brasileiro está em crise financeira, aprova-se uma nova modalidade de parcelamento das dívidas tributárias, prevendo-se, a depender da situação econômica, a extinção da punibilidade de crimes tributários praticados anteriormente. Quando o rigor era maior, exigia-se no passado o pagamento *antes do início da ação* fiscal, como a denúncia espontânea do art. 138 do Código Tributário Nacional. Atualmente, esse rigor aplica-se aos crimes previdenciários dispostos no Código Penal. Quanto aos outros delitos de natureza tributária, há casos em que a lei se contentou com a *promoção do pagamento*, isto é, com o *mero início do parcelamento*, a qualquer tempo, independentemente do pagamento integral, para se extinguir a punibilidade. Como muitos parcelavam e não pagavam depois, o legislador editou leis mais rigorosas, exigindo o parcelamento antes do recebimento da denúncia criminal, com a suspensão da persecução penal e da prescrição enquanto pagas as parcelas, sendo extinta a punibilidade somente após todas serem quitadas; se o parcelamento fosse rompido, a persecução penal voltaria. Em resumo: parcelamento e pagamento têm que ser feitos antes do recebimento da denúncia, sendo essa a disciplina da Lei n. 12.382/2011 que alterou os §§ do art. 83 da Lei n. 9.430/96. Paralelamente a essas diversas leis prevendo esse parcelamento antes do recebimento da denúncia, existe o art. 9º, § 2º, da Lei n. 10.684/2003 que de forma benéfica estabelece que o pagamento integral dos tributos e acessórios, a qualquer momento, mesmo após o recebimento da denúncia, extingue a punibilidade. Diante do aparente conflito entre a benéfica Lei n. 10.684/2003 e a mais restritiva Lei n. 12.382/2011 que alterou os §§ do art. 83 da Lei n. 9.430/96, os Tribunais encontravam-se divididos, entendendo, em um primeiro momento, que a Lei n. 12.382/2011, exigindo parcelamento e pagamento *antes do recebimento* da denúncia, não pode retroagir, pois a Lei n. 10.684/2003, mais benéfica permitindo o pagamento a qualquer tempo, até então vigorava. Ou seja, para crimes anteriores à entrada em vigor da Lei n. 12.382/2011, o pagamento a qualquer tempo extingue a punibilidade; para delitos posteriores, somente o parcelamento e o pagamento antes do recebimento da denúncia teria o efeito de extinguir a punibilidade (vide jurisprudência). Todavia, o STF e o STJ têm entendido que a disciplina da Lei n. 12.382/2011 só se aplica ao tema *parcelamento* antes do recebimento da denúncia, *não colidindo* com a anterior Lei n. 10.684/2003, cujo art. 9º, § 2º, determina a extinção da punibilidade pelo pagamento *integral* dos tributos e acessórios, *a qualquer tempo*, entendendo o Ministro Dias Toffoli que isso pode ocorrer, inclusive, até mesmo após o trânsito em julgado do processo penal (STF, HC 116.828, de relatoria do Min. Dias Toffoli, 1ª T., julgado em 13.8.2013).

- **Histórico:** Esse tema tem sido objeto de *intensa* alteração legislativa no passar dos anos, com uma intricada sucessão de leis. Vejamos:

- **Art. 2º, caput, da Lei n. 4.729/65 (pagamento antes da ação fiscal – revogado):** Esse artigo, tratando dos crimes de sonegação fiscal, previa: "Extingue-se a punibilidade dos crimes previstos nesta Lei quando o agente promover o recolhimento do tributo devido, *antes de ter início, na esfera administrativa, a ação fiscal própria*". Referido dispositivo foi *revogado* pela Lei n. 8.383/91.

- **Art. 1º da Lei n. 5.498/68 (pagamento via parcelamento específico no prazo referido nesta lei):** Por sua vez, esse dispositivo previa: "Extingue-se a punibilidade dos crimes previstos na Lei n. 4.729, de 14 de julho de 1965, para os contribuintes do imposto de renda que, dentro de 30 (trinta) dias da publicação desta lei, satisfizerem o pagamento de seus débitos na totalidade, ou efetuarem o pagamento de 1ª (primeira) quota do parcelamento que lhes tenha sido concedido".

- **Art. 14 da Lei n. 8.137/90 (pagamento antes do recebimento da denúncia – revogado):** Esse artigo previa como causa extintiva da punibilidade dos crimes descritos nos arts. 1º e 2º, o ato de o agente promover o pagamento do tributo ou contribuição social, inclusive acessórios, *antes do recebimento da denúncia*. Cerca de um ano depois, esse dispositivo foi revogado de forma expressa pelo art. 98 da Lei n. 8.383/91.

- **Art. 34 da Lei n. 9.249/95 (pagamento *antes do recebimento da denúncia*, incluindo-se por analogia crimes contra a Previdência Social – *não foi expressamente revogado*):** Após quase quatro anos da revogação do art. 14 da Lei n. 8.137/90, acima transcrito, o art. 34 da Lei n. 9.249/95 voltou a prever *a mesma causa extintiva*: "Extingue-se a punibilidade dos crimes definidos na Lei n. 8.137, de 27 de dezembro de 1990, e na Lei n. 4.729, de 14 de julho de 1965, quando o agente *promover* o pagamento do tributo ou contribuição social, inclusive acessórios, *antes do recebimento da denúncia*". Não obstante este dispositivo não fizesse menção ao crime do art. 95, *d*, da Lei n. 8.212/91, que tratava do não recolhimento de contribuições previdenciárias descontadas dos empregados, mas tão somente das contribuições sociais, a jurisprudência, por uma questão de isonomia e analogia *in bonam partem*, pacificou-se no sentido da aplicação do referido art. 34 aos crimes contra a Previdência Social.

- **Art. 9º, § 2º, da Lei n. 10.684/2003 (pagamento *a qualquer tempo*, mesmo *após* o recebimento da denúncia, extingue a punibilidade – essa lei continua em vigor, *aplicando-se retroativamente por ser benéfica*):** De forma muito *benéfica*, esta lei previu a extinção da punibilidade pelo pagamento, *sem o marco temporal* do recebimento da denúncia: "Art. 9º É suspensa a pretensão punitiva do Estado, referente aos crimes previstos nos arts. 1º e 2º da Lei n. 8.137, de 27 de dezembro de 1990, e nos arts. 168-A e 337-A do Decreto-Lei n. 2.848, de 7 de dezembro de 1940 – Código Penal, durante o período em que a pessoa jurídica relacionada com o agente dos aludidos crimes estiver incluída no regime de parcelamento. § 1º A prescrição criminal não corre durante o período de suspensão da pretensão punitiva. § 2º Extingue-se a punibilidade dos crimes referidos neste artigo quando a pessoa jurídica relacionada com o agente efetuar o pagamento integral dos débitos oriundos de tributos e contribuições sociais, inclusive acessórios".

- **Art. 69 da Lei n. 11.941/2009 (parcelamento com pagamento *sem limitação temporal*, mesmo após o recebimento da denúncia, mas antes do trânsito em julgado, extingue a punibilidade):** Assim dispõe essa lei: "Art. 69. Extingue-se a punibilidade dos crimes referidos no art. 68 quando a pessoa jurídica relacionada com o agente efetuar o pagamento integral dos débitos oriundos de tributos e contribuições sociais, inclusive acessórios, que tiverem sido objeto de concessão de parcelamento. Parágrafo único. Na hipótese de pagamento efetuado pela pessoa física prevista no § 15 do art. 1º desta Lei, a extinção da punibilidade ocorrerá com o pagamento integral dos valores correspondentes à ação penal".

- **Art. 83 da Lei n. 9.430/96, com redação dada pela Lei n. 12.350/2010 (parcelamento *antes de recebida a denúncia* e representação fiscal somente após esgotada a esfera administrativa):** Assim estava disciplinada a questão: "Art. 83. A representação fiscal para fins penais relativa aos crimes contra a ordem tributária previstos nos arts. 1º e 2º da Lei n. 8.137, de 27 de dezembro de 1990, e aos crimes contra a Previdência Social, previstos nos arts. 168-A e 337-A do Decreto-Lei n. 2.848, de 7 de dezembro de 1940 (Código Penal), será encaminhada ao Ministério Público depois de proferida a decisão final, na esfera administrativa, sobre a exigência fiscal do crédito tributário correspondente. Parágrafo único. As disposições contidas no *caput* do art. 34 da Lei n. 9.249, de 26 de dezembro de 1995, aplicam-se aos processos administrativos e aos inquéritos e processos em curso, *desde que não recebida a denúncia pelo juiz*".

■ **Atual disciplina da Lei n. 9.983/2000 para crimes contra a Previdência Social no Código Penal:** Com a revogação do art. 95 da Lei n. 8.212/91 pela Lei n. 9.983/2000, e a inclusão no CP dos crimes de apropriação indébita de contribuições previdenciárias (art. 168-A) e de sonegação de contribuições previdenciárias (art. 337-A), foram criadas outras causas (e mais restritivas) de extinção da punibilidade (ver arts. 168-A, § 2º, e 337-A, §1º, do CP), o que restabeleceu o tratamento desproporcional conferido aos crimes previdenciários, objeto de severas críticas por parte da doutrina, inclusive a nossa, por entendermos deva ser dado aos delitos previdenciários o *mesmo* tratamento conferido aos delitos tributários. Pois bem, como se verá adiante, a partir das edições das chamadas Leis do Refis (a contar da Lei n. 9.964/2000), o legislador voltou a conferir tratamento isonômico aos crimes tributários e previdenciários, ao menos no tocante às causas suspensivas e extintivas da punibilidade (parcelamento e pagamento do tributo, respectivamente).

■ **Lei n. 12.382/2011 que alterou os §§ do art. 83 da Lei n. 9.430/96 (*parcelamento e pagamento antes do recebimento* da denúncia):** Essa lei, que atualmente é a vigente sobre o tema, disciplina o *parcelamento* e o *pagamento* do débito fiscal e a extinção da punibilidade, nos seguintes termos: "Art. 83. A representação fiscal para fins penais relativa aos crimes contra a ordem tributária previstos nos arts. 1º e 2º da Lei n. 8.137, de 27 de dezembro de 1990, e aos crimes contra a Previdência Social, previstos nos arts. 168-A e 337-A do Decreto-Lei n. 2.848, de 7 de dezembro de 1940 (Código Penal), será encaminhada ao Ministério Público depois de proferida a decisão final, na esfera administrativa, sobre a exigência fiscal do crédito tributário correspondente. § 1º Na hipótese de concessão de parcelamento do crédito tributário, a representação fiscal para fins penais somente será encaminhada ao Ministério Público após a exclusão da pessoa física ou jurídica do parcelamento. § 2º É suspensa a pretensão punitiva do Estado referente aos crimes previstos no *caput*, durante o período em que a pessoa física ou a pessoa jurídica relacionada com o agente dos aludidos crimes estiver incluída no parcelamento, desde que o pedido de parcelamento tenha sido formalizado antes do recebimento da denúncia criminal. § 3º A prescrição criminal não corre durante o período de suspensão da pretensão punitiva. § 4º Extingue-se a punibilidade dos crimes referidos no *caput* quando a pessoa física ou a pessoa jurídica relacionada com o agente efetuar o pagamento integral dos débitos oriundos de tributos, inclusive acessórios, que tiverem sido objeto de concessão de parcelamento. § 5º O disposto nos §§ 1º a 4º não se aplica nas hipóteses de vedação legal de parcelamento. § 6º As disposições contidas no *caput* do art. 34 da Lei n. 9.249, de 26 de dezembro de 1995, aplicam-se aos processos administrativos e aos inquéritos e processos em curso, *desde que não recebida a denúncia pelo juiz*".

Jurisprudência

Conflito entre a Lei n. 12.382/2011 (parcelamento e pagamento antes do recebimento da denúncia) e a Lei n. 10.684/2003 (pagamento a qualquer tempo)

■ A Lei n. 12.382/2011 (exigindo parcelamento ou pagamento *antes* do recebimento da denúncia), *mais severa* do que a Lei n. 10.684/2003 (permitindo o pagamento a qualquer tempo), aplica-se a todos os crimes tributários, mas não retroage: "Apelação Criminal. Crime Contra a Ordem Tributária. Pleito de suspensão da ação penal, haja vista adesão ao programa de parcelamento do débito tributário. Cabimento. Delitos cometidos entre 2006 e 2007, sob a égide da Lei n. 10.684/2003, mais benéfica ao acusado, pois assegurava a possibilidade de parcelamento mesmo após o recebimento da denúncia. Lei posterior (12.382/2011), que não pode retroagir em prejuízo do réu. Matéria de caráter eminentemente material. Inovação legislativa aplicável somente aos crimes praticados após 1.3.2011, data de início da vigência da citada norma. Comprovado o parcelamento, de rigor a suspensão da pretensão punitiva e do lapso prescricional. Inteligência do art. 9º, da Lei n. 10.684/2003. Acolhimento do requerimento defensivo para determinar a suspensão da ação penal até o pagamento integral do débito tributário, sob pena de retomada da persecução penal" (TJSP, 4ª Câmara de Direito Criminal, rel. Des. Camilo Léllis, 10.3.2015). "1. Extingue-se a punibilidade do réu em relação ao crime de sonegação fiscal quando comprovado o pagamento integral do débito tributário, ainda que posteriormente ao recebimento da denúncia, mas anterior ao trânsito em julgado da sentença condenatória, nos termos do artigo 9º, § 2º, da Lei n. 10.684/2003, visto que o referido diploma legal não impõe qualquer limitação temporal. 2. A Lei n. 12.382/2011, no artigo 6º, renumerou o § 6º do artigo 83 da Lei n. 9.430/1996 e estabeleceu que o pagamento do débito tributário só extingue a punibilidade do agente quando efetuado antes do recebimento da denúncia. Contudo, por se tratar de lei penal mais gravosa, não pode retroagir para prejudicar o réu, devendo ser aplicada, na hipótese, a regra segundo a qual *tempus regit actum*. 3. Recurso conhecido e provido para acolher a preliminar de extinção da punibilidade do crime previsto no artigo 1º, incisos II e V, da Lei n. 8.137/1990 (por vinte e quatro vezes), na forma do artigo 71 do Código Penal, em razão da quitação integral do débito tributário pelo apelante, com fundamento no artigo 9º, § 2º, da Lei n. 10.684/2003" (TJDF, ApCr 20130510005814 DF 0000577-40.2013.8.07.0005, rel. Des. Roberval Casemiro Belinati, 2ª TCr, *DJE* 1.10.2014, p. 192). "1. À época dos fatos e do oferecimento da denúncia estava em vigor a Lei 10.684/2003 que previa a suspensão da pretensão punitiva estatal e do prazo prescricional durante o período de inclusão do crédito tributário no regime de parcelamento. 2. Os §§ 2º e 3º do art. 83 da Lei 9.430/1996, com redação dada pela Lei 12.382/2011, por serem mais gravosos aos acusados, não podem retroagir para alcançar fatos anteriores à sua vigência, em razão do princípio da irretroatividade da lei. 3. Recurso em sentido estrito não provido" (TRF-1, RSE: 197845820114013800 MG 0019784- 58.2011.4.01.3800, rel. Des. Monica Sifuentes, 3ª T., 12.3.2014, *e-DJF1* p. 932 de 28.3.2014). "1. Uma vez comprovada a inserção do débito objeto da denúncia em regime de parcelamento e a regularidade do pagamento das prestações, deve a pretensão punitiva estatal e o curso do prazo prescricional serem suspensos, nos termos do artigo 9º, § 1º, da Lei n. 10.684/03, até que haja a quitação do débito. 2. Por repercutir em matérias de direito material – além da pretensão punitiva do Estado, implica efeitos à contagem do prazo prescricional –, não pode a Lei n. 12.382/2011 ser aplicada a fatos praticados anteriormente à sua vigência, em atenção ao princípio da irretroatividade da lei penal mais severa. 3. Com o acolhimento da preliminar deduzida, resta prejudicado o exame das demais teses recursais, uma vez que, estando suspensa a pretensão punitiva estatal, não há como se efetuar pronunciamento de mérito acerca da prática delitiva" (TJSC, Ap. n. 20140111423 SC (Acórdão), Relator: Sartorato, 1ª CCr, 14.7.2014).

▪ O art. 9º, § 2º, da Lei n. 10.684/2003 (permitindo o *pagamento integral a qualquer tempo*) continua em vigor e não foi afetado pela Lei n. 12.382/2011 (que trata de *parcelamento e pagamento antes* do recebimento da denúncia): O Supremo Tribunal Federal, nos autos do *Habeas Corpus* n. 116.828, de relatoria do Min. DIAS TOFFOLI, 1ª T., julgado em 13.8.2013, entendeu de que a disciplina do art. 9º, § 2º da Lei n. 10.684/2003, que prevê que o pagamento *a qualquer tempo* extingue a punibilidade, *não foi* alterada pela posterior Lei n. 12.382/2011, que modificou os §§ do art. 83 da Lei n. 9.430/96 sobre o parcelamento e a extinção da punibilidade pelo pagamento dos tributos *antes* do *recebimento* da denúncia. Assim consta do acórdão: "Nesse contexto, reitero o posicionamento que externei por ocasião do julgamento, em 9.5.13, da AP n. 516/DF-ED pelo Tribunal Pleno, no sentido de que a Lei n. 12.382/11, que regrou a extinção da punibilidade dos crimes tributários nas situações de parcelamento do débito tributário, não afetou o disposto no § 2º do art. 9º da Lei n. 10.684/03, o qual prevê a extinção da punibilidade em razão do pagamento do débito, a qualquer tempo. A meu ver, o que o legislador ordinário não limitou não cabe a esta Corte, em substituição a ele, fazê-lo. Assim, o pagamento integral de débito – devidamente comprovado nos autos – empreendido pelo paciente, em momento anterior ao trânsito em julgado da condenação que lhe foi imposta (ressalto que, no meu entender, isso possa ocorrer até mesmo em fase posterior, no curso de sua execução), é causa de extinção de sua punibilidade, conforme opção político-criminal do legislador pátrio. A esse respeito, cito precedente específico: "Ação Penal. Crime tributário. Tributo. Pagamento após o recebimento da denúncia. Extinção da punibilidade. Decretação. HC concedido de ofício para tal efeito. Aplicação retroativa do art. 9º da Lei federal n. 10.684/03, c/c art. 5º, XL, da CF, e art. 61 do CPP. O pagamento do tributo, a qualquer tempo, ainda que após o recebimento da denúncia, extingue a punibilidade do crime tributário" (HC n. 81.929/RJ, Primeira Turma, Relator para o acórdão o Ministro Cezar Peluso, DJ de 27/2/04)". No Superior Tribunal de Justiça, assim foi decidido em acórdão da lavra do Ministro RIBEIRO DANTAS, nos autos do AgRg no AREsp n. 1772918/SP, 5ª T., j. 3.8.2021: "1. Conforme entendimento pacífico nesta Corte, o pagamento integral do tributo, a qualquer tempo, extingue a punibilidade quanto aos crimes contra a ordem tributária. 2. Na hipótese dos autos, o TRF3 asseverou que os débitos tributários que ensejaram o processo criminal foram integralmente quitados. Por isso, de rigor o reconhecimento da extinção da pretensão punitiva. 3. Agravo regimental desprovido".

- **Garantia do débito:** O depósito em juízo feito pelo contribuinte, a apresentação de carta de fiança bancária em ação anulatória de débito fiscal, ou mesmo a penhora em ação de execução fiscal, desde que realizados antes do recebimento da denúncia, podem levar à aplicação do art. 34 da Lei n. 9.249/95, ou mesmo à falta de justa causa para a persecução penal, por falta de lesividade ao erário. Situações outras podem também ser extraídas do art. 156 do CTN (que trata das causas de extinção do crédito tributário) como a transação (inciso III) e a consignação em pagamento (inciso VIII). A respeito, cf. jurisprudência abaixo e artigo intitulado "Efeitos Penais do Refis III – MP n. 303/06", de autoria de FABIO MACHADO DE ALMEIDA DELMANTO, GAUTHAMA FORNACIARI DE PAULA e JOÃO DANIEL RASSI, *in Bol.* IBCCr n. 166, setembro de 2006, p. 11.

Outras causas

- **Nos crimes contra a ordem econômica (Lei n. 8.137/90):** Nos termos do art. 35-C e parágrafo único da Lei n. 8.884/94, acrescentados pela Lei n. 10.149/2000, cumprido o acordo de leniência pelo agente, extingue-se automaticamente a punibilidade dos referidos crimes.

- **No crime de descaminho (CP, art. 334):** Dada a natureza eminentemente fiscal deste crime, temos a convicção de que as normas a respeito dos efeitos penais do parcelamento e do pagamento integral (art. 34 da Lei n. 9.249/95, art. 9º da Lei n. 10.684/2003, e art. 83 da Lei n. 9.430, com redação dada pela Lei n. 12.382/2011), devem ser aplicadas também ao crime de descaminho (art. 334), mas não ao de contrabando (art. 334-A). Ressaltamos que esse posicionamento é hoje minoritário, entendendo a jurisprudência que no crime de descaminho, o pagamento do tributo, mesmo que realizado antes do recebimento da denúncia, não extingue a punibilidade, dispensando até mesmo a necessidade de autuação fiscal. Isto, por entender que o bem jurídico tutelado pelo crime de descaminho é maior do que o mero valor do imposto, afetando a própria balança comercial e a livre concorrência com os produtos nacionais. *Vide*, a respeito, nota Noção, no tópico *Extinção da punibilidade pelo pagamento do tributo*, nos comentários ao art. 334 do CP.

- **Ressarcimento do dano, no peculato culposo:** A extinção é limitada à hipótese de peculato *culposo* (CP, art. 312, §§ 2º e 3º). Se o ressarcimento é realizado *antes* de a sentença passar em julgado, extingue-se a punibilidade do fato. Se a reparação é *posterior*, apenas reduz a pena. *Comunicabilidade:* a extinção estende-se aos coautores e partícipes. *Vide*, também, comentário e jurisprudência no CP, art. 312, § 3º.

- **Crime ambiental:** Termo de ajustamento de conduta firmado com o Ministério Público e que vem sendo cumprido pelo agente, embora não seja uma causa de extinção da punibilidade, configura falta de justa causa para a ação penal. Nesse sentido, TJMG, Processo 1.000.04.410063-4/000-1, rel. Des. Antonio Carlos Cruvinel, j. 24.8.2004, *DJ* 8.10.2004.

- **Lei de Repatriação de Valores (Lei n. 13.254, de 13.1.2016):** *Vide* nota sob este mesmo título no início dos comentários deste art. 107.

Jurisprudência geral	■ **Momento da decretação da extinção da punibilidade:** Verificando o juiz, seja qual for a fase em que se encontre o processo, que ocorreu a extinção da punibilidade, em qualquer das suas modalidades, é seu poder-dever decretá-la, liminarmente, com prejuízo até de uma possível absolvição (TJPB, *RT* 817/638). ■ **Matéria de ordem pública:** "Conquanto a tese da prescrição da pretensão punitiva retroativa não tenha sido apreciada pela instância de origem, o seu reconhecimento por este Tribunal Superior não implica indevida suspensão de instância, uma vez que se trata de matéria de ordem pública, que pode ser apreciada de ofício e em qualquer grau de jurisdição" (STJ, HC 211001/DF, 6ª T., *DJe* 21.3.2012).
Jurisprudência do item I	■ **Falsa morte do agente:** *Vide*, no próprio comentário ao item I, acórdãos afirmando a possibilidade de a ação penal continuar. ■ **Prova da morte:** *Vide* jurisprudência no comentário ao item I.
Jurisprudência do item II	■ **Anistia:** Faz desaparecer todas as consequências penais do fato (STF, *RT* 537/414; TJSP, *RJTJSP* 72/316). ■ **Aplicação da anistia:** Cabe à Justiça declarar aplicável ao caso concreto a anistia, concedendo ou negando a extinção, em decisão de que cabe recurso (STF, *RTJ* 107/553). ■ **Atribuição específica do Presidente da República quanto ao indulto:** É vedado ao Poder Judiciário usurpar a atribuição exclusiva do Presidente da República, criando critérios e contemplando situações distintas das preconizadas pelo indulto presidencial (TRF da 4ª R., *RT* 824/714). ■ **Efeito do indulto:** Não restitui a primariedade (STF, *RTJ* 126/538). Só extingue a punibilidade, subsistindo o crime e seus efeitos (TFR, Ap. 5.111, *DJU* 21.11.85, p. 21176). Se concedido antes do trânsito em julgado da condenação, o indulto afasta o impedimento à concessão de fiança do CPP, art. 323, III (TFR, RCr 1.137, *DJU* 14.11.85, p. 20613). ■ **Aplicação do indulto:** O juiz não pode acrescentar hipótese de exclusão diversa das que estão enumeradas no decreto de indulto (STF, *RTJ* 121/158). ■ **Indulto humanitário:** O princípio da humanidade se sobressai diante de casos extremos e dolorosos, independentemente da gravidade do crime praticado (TJM/SP, *RT* 858/713). ■ **Comutação de pena e crimes hediondos:** Sendo uma espécie de indulto, tem-se como incabível nos crimes hediondos (STJ, REsp 285.437-SC, *DJU* 27.8.2001, p. 426, in RBCCr 38/391; TJSP, *RT* 814/581). ■ **Tráfico de entorpecentes:** É incabível a concessão de indulto, tratando-se de norma constitucional prevista no art. 5º, XLIII, da CR (TJRO, *RT* 816/672). ■ **Não prejudica a apelação:** Ainda que concedido antes da condenação passar em julgado, o indulto não prejudica o julgamento do recurso do réu (STF, *RT* 538/464, 518/438, *RTJ* 66/58; TFR, Ap. 6.599, *DJU* 3.4.89, p. 4502). ■ ***Sursis*:** Sendo medida restritiva de liberdade, não impede a concessão do indulto, ainda que o sentenciado nunca tenha ficado encarcerado (TJSP, *RJTJSP* 161/292). ■ **Fuga do preso:** Torna impossível a concessão do indulto (TACrSP, *RJDTACr* 17/33).
Jurisprudência do item III	■ **Retroatividade da lei penal ou abolição do crime:** *Vide*, nos comentários ao CP, art. 2º e parágrafo único.
Jurisprudência do item IV	■ **Prescrição:** *Vide* nos arts. 109 a 118 do CP. ■ **Decadência:** *Vide* no art. 103 do CP. ■ **Perempção:** *Vide* nos próprios comentários ao item IV deste art. 107.

Jurisprudência do item V

- Renúncia: *Vide* no art. 104 do CP.
- Perdão aceito: *Vide* nos arts. 105 e 106 do CP.

Jurisprudência do item VI

- Retratação do agente: *Vide* jurisprudência nos comentários aos arts. 143 e 342, § 3º, do CP.

Jurisprudência do item IX

- Efeitos da sentença que concede perdão judicial: a. Extingue a punibilidade e não deixa efeitos secundários (STJ, Súmula 18: "A sentença concessiva do perdão judicial é declaratória da extinção da punibilidade, não subsistindo qualquer efeito condenatório"; *RT* 661/344; REsp 2.657, *mv* – DJU 4.6.90, p. 5068; REsp 1.501, *DJU* 16.4.90, p. 2882; TACrSP, *RT* 716/467, 715/480, 711/344, 704/345,685/333; TARS, *RT* 624/369; TJMG, *mv* – *RT* 712/442). b. Só extingue a pena e afasta a reincidência (STF, *RTJ* 125/1327, 124/1140, *RT* 632/396; TACrSP, *RT* 647/318, 636/317, *mv* – 640/324).
- Perdão judicial em homicídio e lesão corporal culposos: *Vide* jurisprudência sob o título *Delitos de trânsito – perdão judicial* no CP, art. 121, § 5º.
- Perdão judicial em contravenção penal: Inadmissível sua concessão por inexistir previsão legal (TACrSP, *mv* – *RJDTACr* 15/137, *mv* – *RT* 702/357).

Jurisprudência das "outras causas"

- Delitos de natureza fiscal e o pagamento mesmo após o recebimento da denúncia (Lei n. 10.684/2003 – PAES): Tendo em vista que a Lei n. 10.684/2003 não exigiu expressamente que o parcelamento ou o pagamento ocorresse antes do "recebimento da denúncia", ao contrário do que ocorria na Lei n. 9.964/2000, art. 15, admite-se o entendimento de que o parcelamento ou pagamento integral podem ser feitos *mesmo após o recebimento da denúncia*, inclusive para efeitos penais: TRF da 4ª R., RSE 2003.04.01.017718-9/PR, *DJU* 5.11.2003, Seção 2, p. 1063, j. 7.10.2003, rel. Des. Fed. José Luiz B. Germano da Silva; ApCr 2003.04.01.020221-4/SC, *DJU* 5.11.2003, Seção 2, p. 1067, j. 7.10.2003, *mv*, rel. para o acórdão Des. Fed. Maria de Fátima Freitas Labarrère. *No mesmo sentido*, decidiu o STF, admitindo como causa de extinção da punibilidade o pagamento, mesmo após o recebimento da denúncia: 1ª T., HC 81.929-RJ, rel. p/ acórdão Min. Cezar Peluso, j. 16.12.2003, *DJU* 27.2.2004, p. 27, em. n. 2.141-04, p. 780.É pacífico o entendimento dessa Corte no sentido de considerar constitucional o art. 9º da Lei n. 10.684/2003, sendo autorizada a suspensão da pretensão punitiva estatal e do respectivo prazo prescricional, quando o agente aderir ao PAES, ou mesmo, ainda, a extinção da punibilidade quando o sujeito ativo efetuar o pagamento integral dos débitos decorrentes da ação penal (TRF da 4ª R., ApCr 5.746, rel. Des. Fed. Tadaaqui Hirose, 7ª T., j. 30.3.2004, *DJU* 7.4.2004, p. 292, *vu*). *Nota:* a Lei n. 11.941/2009 trouxe disposições idênticas às da Lei n. 10.684/2003 quanto aos efeitos penais do parcelamento e do pagamento, os quais podem ser feitos mesmo após o recebimento da denúncia, mas desde que antes do trânsito em julgado de eventual decisão condenatória (arts. 68 e 69).
- Carta de fiança bancária apresentada em ação anulatória de débito fiscal: Tendo o contribuinte ingressado com ação anulatória de débito fiscal, sucedida de ação cautelar inominada em que oferecido bem imóvel para a garantia do débito fiscal, posteriormente substituído por carta de fiança bancária, a dívida encontra-se garantida, de forma que deve se conceder *habeas corpus* para o trancamento de inquérito policial instaurado para apurar o crime contra a ordem tributária (TJSP, HC 993.08.017052-5/SP, rel. Des. Celso Limongi, j. 25.6.2008, *vu*).

Art. 108. A extinção da punibilidade de crime que é pressuposto, elemento constitutivo ou circunstância agravante de outro não se estende a este. Nos crimes conexos, a extinção da punibilidade de um deles não impede, quanto aos outros, a agravação da pena resultante da conexão.

Alcance das causas de extinção da punibilidade

- **Não extensão:** A extinção da punibilidade de crime que é *pressuposto, elemento constitutivo ou circunstância agravante* de outro, não se estende a este. Exemplo: a extinção da punibilidade do crime contra o patrimônio não alcança a receptação que o tinha como pressuposto.

- **Crimes conexos:** A extinção da punibilidade de um dos crimes não impede, quanto aos outros, a agravação resultante da conexão. Exemplos: no homicídio qualificado por ter sido cometido para ocultar outro crime, a prescrição deste não impede a qualificação daquele; a agravante do art. 61, II, *b*, não deixa de ser aplicada se há extinção da punibilidade do delito cuja impunidade ou vantagem era visada.

- **Concurso de crimes:** *Vide* nota ao CP, art. 119.

PRESCRIÇÃO ANTES DE TRANSITAR EM JULGADO A SENTENÇA

Art. 109. A prescrição, antes de transitar em julgado a sentença final, salvo o disposto no § 1º do art. 110 deste Código, regula-se pelo máximo da pena privativa de liberdade cominada ao crime, verificando-se:

I – em 20 (vinte) anos, se o máximo da pena é superior a 12 (doze);

II – em 16 (dezesseis) anos, se o máximo da pena é superior a 8 (oito) anos e não excede a 12 (doze);

III – em 12 (doze) anos, se o máximo da pena é superior a 4 (quatro) anos e não excede a 8 (oito);

IV – em 8 (oito) anos, se o máximo da pena é superior a 2 (dois) anos e não excede a 4 (quatro);

V – em 4 (quatro) anos, se o máximo da pena é igual a 1 (um) ano ou, sendo superior, não excede a 2 (dois);

VI – em 3 (três) anos, se o máximo da pena é inferior a 1 (um) ano.

PRESCRIÇÃO DAS PENAS RESTRITIVAS DE DIREITO

Parágrafo único. Aplicam-se às penas restritivas de direito os mesmos prazos previstos para as privativas de liberdade.

- **Alterações:** A Lei n. 12.234, de 5.5.2010, alterou o *caput* deste art. 109, retirando a referência ao revogado § 2º do art. 110, e aumentou de 2 (dois) para 3 (três) anos o prazo prescricional referido no inciso VI, se o máximo da pena for inferior a 1 (um) ano. Os novos *caput* e inciso VI, por serem mais gravosos, não retroagem, aplicando-se somente a fatos ocorridos após 5 de maio de 2010.

Prescrição penal

- **Poder punitivo:** O Estado possui, de modo abstrato, o poder-dever de punir aqueles que violam a lei penal. Todavia, para que esse poder-dever possa se concretizar, exige-se o trânsito em julgado de condenação criminal, quando, para o mundo jurídico, passa a existir a *certeza* de que o crime ocorreu e de quem é o seu autor. Somente com o trânsito em julgado da condenação, respeitado o devido processo legal, é que a presunção de inocência ou desconsideração prévia de culpabilidade inerente a todo cidadão é desconstituída, passando ele a ser tratado como culpado, liberando-se, então, a coação estatal que se encontrava em potência. Esse poder-dever punitivo é chamado *punibilidade*. A punibilidade subdivide-se em duas fases: uma antes do trânsito em julgado da condenação penal (a chamada "pretensão punitiva") e, outra, após esse evento (a denominada "pretensão executória").

- **Prescrição penal:** A punibilidade de determinada conduta, típica e ilícita (*vide* noção de crime nos comentários ao art. 13 do CP), não é, nem deve ser, eterna, restando sobre a cabeça daquele que tenha cometido uma infração penal, como uma espada de Dâmocles, por toda a sua vida. Desse modo, excetuadas as hipóteses de imprescritibilidade (com o que não concordamos, porque justiça após muito tempo pode ser tudo, menos justiça), previstas nos incisos XLII e XLIV do art. 5º da CR (crimes de racismo, de tortura "quando praticado no quadro de um ataque, generalizado ou sistemático, contra qualquer população civil, havendo conhecimento desse ataque" (Estatuto de Roma do TPI, promulgado no Brasil aos 25.9.2002), de ação de grupos armados, civis ou militares, contra a ordem constitucional e o Estado Democrático), prevê o legislador o instituto da *prescrição*, o qual impõe delimitação temporal para o exercício do poder punitivo estatal, fazendo-o desaparecer, em relação a determinados fatos, com o decurso do tempo. Em outras palavras, faz *desaparecer a punibilidade do fato*. O instituto da prescrição, outrossim, é fundamental em um Estado de Direito Democrático, por várias razões, dentre as quais: *a.* confere *segurança jurídica* ao cidadão, vedando seja ele perseguido criminalmente por tempo indeterminado; *b.* impõe ao Estado que *efetivamente* se movimente em sua atividade jurisdicional, em prol da própria sociedade; *c.* com o decurso do tempo, a pena perde a sua finalidade retributiva, preventiva e ressocializadora.

■ **Autolimitação do poder-dever estatal de punir:** Não obstante sempre existam aqueles que criticam o instituto da prescrição, como Quintiliano Saldaña, para quem ele "recompensava o que fugira, e castigava, duramente, a *honradez penitenciária* do que não soubera ou não quisera fugir" (*El Futuro Código Penal*, Madrid, sem referência à editora, 1923, p. 41, *apud* Aloysio de Carvalho Filho, *Comentários ao Código Penal*, 4ª ed., Rio de Janeiro, Forense, 1958, v. IV, p. 224), a verdade é que tal linha argumentativa não vingou, mesmo porque, como afirma Degois, também lembrado por Carvalho Filho (ob. cit., p. 221), "a prescrição é um meio necessário de compatibilizar a justiça penal com a realidade dos fatos, nunca um instrumento de impunidade ou um estímulo à criminalidade. Desonera o criminoso não porque tenha ele conquistado, à custa da incúria alheia, esse privilégio de isenção penal, mas porque justiça que tarda é justiça intempestiva, o que vale dizer falha nos seus objetivos práticos e, pois, sem bases jurídicas e morais. A sociedade, ela mesma, tem interesse em se poupar ao espetáculo, algo desconcertante, dessa justiça fora de tempo". Ademais, como já tivemos a oportunidade de afirmar (cf. Roberto Delmanto Junior, *Inatividade no Processo Penal Brasileiro*, São Paulo, Revista dos Tribunais, 2004, pp. 332-339), o instituto da prescrição, além do importantíssimo papel de evitar punições completamente extemporâneas e já sem significado como medida de prevenção especial e geral, retributiva e ressocializadora, possui a correlata função de impor celeridade à autuação do Poder Judiciário. Para tanto, basta lembrar a corriqueira preocupação dos juízes ao conduzirem a instrução e proferirem suas sentenças, em não deixar escoar o prazo prescricional, sem restringir, evidentemente, os direitos da defesa. Celeridade que significa *diligência* e não precipitação, e que é um direito do acusado, estatuído na Convenção Americana sobre Direitos Humanos (art. 7º, n. 5), e no Pacto Internacional sobre Direitos Civis e Políticos de Nova Iorque (art. 9º, n. 3), ambos ratificados pelo Brasil (art. 5º, §§ 2º e 3º, da Magna Carta). Cumpre referir, por fim, a pertinente observação de Hans-Heinrich Jescheck (*Tratado de Derecho Penal – Parte General*, 4ª ed., traduzida para o espanhol por José Luiz Manzanares Samaniego, Granada, Editorial Comares, 1993, p. 822), no sentido de que também há o aspecto processual a favor do instituto da prescrição, mesmo porque, com o passar do tempo, as provas que não tenham porventura desaparecido tornam-se evidentemente mais frágeis, aumentando-se o risco da ocorrência de *erros judiciários*.

■ **Natureza da prescrição:** Quanto à natureza, existem três teorias: *a.* material; *b.* processual; *c.* mista. Entendemos que ela é de natureza *material*. O próprio CP declara que a prescrição é causa de extinção da *punibilidade* e esta pertence ao direito material e não ao processual. Embora a doutrina não seja unânime a respeito, ela atribui franca preponderância ao caráter material da prescrição penal.

■ **Divisão:** Duas são as *espécies básicas* de prescrição penal, tendo elas diferenças marcantes entre si: *1ª Prescrição da pretensão punitiva* (antes da reforma de 1984 chamada de "prescrição da ação penal"). Verifica-se "*antes* de transitar em julgado a sentença final, salvo o disposto no § 1º do art. 110" (CP, art. 109), e acarreta a perda da pretensão punitiva (ou do impropriamente chamado "direito de ação", já que a ação é o exercício do direito à jurisdição, e não o próprio direito). Com ela, fica extinta a *própria* pretensão do Estado de obter uma decisão a respeito do fato apontado como criminoso. Não implica responsabilidade ou culpabilidade do agente, não lhe marca os antecedentes, nem gera futura reincidência. *2ª Prescrição da pretensão executória* (anteriormente conhecida como "prescrição da condenação"). Ocorre "depois de transitar em julgado a sentença condenatória" (CP, art. 110, *caput*), e produz a perda da pretensão *executória* (ou direito de execução). Seus efeitos são diversos dos da outra prescrição, pois a pretensão punitiva foi declarada procedente e apenas não haverá o cumprimento da pena principal, persistindo as consequências secundárias da condenação, incluindo a de eventual futura reincidência.

■ **CR e crimes imprescritíveis:** Em seu art. 5º, a *Magna Carta* considera crimes imprescritíveis a prática do racismo (XLII) e a ação de grupos armados, civis ou militares, contra a ordem constitucional e o Estado Democrático (XLIV). O Estatuto de Roma do Tribunal Penal Internacional, por sua vez, considera crime contra a humanidade e imprescritível o delito de tortura praticado em certas condições (cf. nota *Prescrição penal*, neste art. 109).

■ **As formas de prescrição:** Embora sejam duas as espécies, a prescrição pode ocorrer de quatro *formas: 1ª Prescrição da pretensão punitiva* (ou "da ação penal"), art. 109. *2ª Prescrição subsequente (ou superveniente) à sentença condenatória*, § 1º do art. 110, combinado com o art. 109. *3ª Prescrição retroativa*, § 1º do art. 110, combinado com o art. 109. *4ª Prescrição da pretensão executória* (ou "da condenação"), art. 110, *caput*. As três primeiras formas pertencem à espécie básica de prescrição da pretensão *punitiva* (ou "da ação penal") e só a última forma concerne à espécie de prescrição da pretensão *executória* (ou da "condenação").

■ **Diferença entre prescrição e decadência:** Com a prescrição, o direito de punir é diretamente atingido. Já com a *decadência* (CP, art. 107, IV, segunda figura), é primeiramente atingido o exercício do direito à jurisdição, através da ação, do ofendido ou de seu representante, e, *indiretamente* ou por via de consequência, o poder-dever de punir do Estado. Ou seja, não podendo ser iniciado o processo, não se chega à punibilidade final. Os prazos de prescrição e decadência correm independentemente, de modo que pode haver prescrição sem que haja decadência ou vice-versa.

■ **Diferença entre prescrição e perempção:** Na *perempção* (CP, art. 107, IV, última figura), é atingido, primeira e diretamente, o direito do querelante de continuar a ação exclusivamente privada; e, indiretamente, o direito de punir do Estado. Isto é, perdendo o querelante o direito de continuar o processo, não se pode chegar à punibilidade final. Pode ocorrer perempção sem prescrição e vice-versa.

■ **Execução penal:** Na ausência de regra específica sobre a prescrição para apuração de faltas disciplinares, o prazo prescricional a ser adotado é o prazo mínimo estabelecido no art. 109, do Código Penal. Precedentes do STJ. Não se verificando o decurso do prazo prescricional entre a data da prática de falta grave e data de publicação da decisão que reconheceu e homologou a falta disciplinar imputada ao sentenciado, não há que se falar em prescrição (TJMG, AGEPN 10024170195952001 MG, publ. 19.2.2020).

Prescrição da pretensão punitiva (ou "da ação")

■ **Noção:** É da *prescrição da pretensão punitiva* (ou "da ação penal") que cuida este art. 109 do CP, estabelecendo que a prescrição, *antes* de transitar em julgado a sentença final, é regulada pelo *máximo* da pena prevista para o crime e verifica-se nos prazos apontados pelos incisos I a VI do mesmo artigo. Faz-se *ressalva*, ainda ("salvo o disposto no § 1º do art. 110"), a outra forma de prescrição, com idêntica natureza de prescrição da pretensão punitiva.

■ **"Máximo da pena privativa de liberdade cominada":** O art. 109 determina que a prescrição se regule pelo *máximo* da pena privativa de liberdade (reclusão ou detenção) cominada (prevista) para o crime. É da própria natureza da prescrição que deve ela ser proporcional ao crime, de maneira que os mais leves prescrevam em menor lapso e os mais graves em maior espaço de tempo. Na verdade, para que essa proporção fosse a mais justa possível, deveria ela corresponder à pena efetivamente aplicada ao infrator, ou seja, à sanção por ele merecida. Todavia, como antes da instauração da ação penal (e do seu término) é desconhecida, ainda, a quantidade em que será fixada a pena em caso de condenação, a lei teve de se valer da pena privativa de liberdade máxima prevista em abstrato para o crime, como parâmetro da prescrição, muito embora, na prática, ela rarissimamente seja aplicada.

- **Prazo de prescrição das penas de multa:** *Vide* nota ao CP, art. 114.

- **Prazo de prescrição das penas restritivas de direitos:** *Vide* parágrafo único deste art. 109.

- **Como conhecer o "máximo" da pena cominada:** Para saber qual é o máximo da pena privativa de liberdade (reclusão ou detenção), observa-se o limite maior da pena *abstratamente* prevista na lei para a infração penal. A pena de multa, cominada alternativa ou cumulativamente, não interfere no cálculo da prescrição da pretensão punitiva. Entretanto, se para a infração a lei só estabelecer pena pecuniária, o prazo prescricional será o de dois anos do art. 114 do CP.

- **Contagem do prazo prescricional:** Faz-se de acordo com a regra do art. 10 do CP (ou seja, computando-se o dia do começo), não se interrompendo nem suspendendo a contagem por férias, feriados ou domingos. A hora do crime é indiferente, de modo que, ainda que o fato tenha sido praticado minutos antes da meia-noite de determinado dia, esse dia será o do início do curso prescricional.

- **Início da contagem do prazo prescricional nos crimes tributários:** Nos crimes tributários e previdenciários, desde o julgamento, pelo Pleno do STF, em 10.12.2003, do HC 81.611, rel. Min. Sepúlveda Pertence, nossas Cortes Superiores (STF e STJ) têm entendido que o momento consumativo desses crimes, *a partir do qual se dá o início da contagem do prazo prescricional* (CP, art. 111, I), não mais ocorre com a prática da conduta (fraude tributária ou apropriação indébita), mas *apenas* quando, transitada em julgado a decisão administrativa, viesse o débito a ser inscrito na dívida ativa. Enquanto pendente o recurso administrativo, como disse o Ministro Celso de Mello, não se tem ainda reconhecida a exigibilidade do crédito tributário (*an debeatur*) e determinado o respectivo valor (*quantum debeatur*), estando-se diante de conduta absolutamente desvestida de tipicidade penal (STF, HC90.957, j. 11.9.2007). Posteriormente, e consagrando esse entendimento, foi então editada a Súmula Vinculante 24, aprovada em 2.12.2009: "Não se tipifica crime material contra a ordem tributária, previsto no art. 1º, inciso I, da Lei n. 8.137/90, antes do lançamento definitivo do tributo". O entendimento sumulado pela Suprema Corte, *data maxima venia*, choca-se com o art. 14, I, do CP. Com efeito, o citado artigo preceitua ser o crime consumado "quando nele se reúnem todos os elementos de sua definição legal". Ora, no crime material do art. 1º, I, da Lei n. 8.137/90, a consumação ocorre com a efetiva supressão ou redução do tributo, contribuição social ou acessório, o que se dá no momento da expiração do prazo para o seu recolhimento, sem que o mesmo tenha se efetivado, conforme já sustentávamos (cf. ROBERTO DELMANTO, ROBERTO DELMANTO JUNIOR e FABIO MACHADO DE ALMEIDA DELMANTO, *Leis Penais Especiais Comentadas* (Rio de Janeiro, Renovar, 2006, p. 245). Soa realmente estranho vincular a consumação de um crime ao fato do contribuinte recorrer administrativamente, ou não, da autuação efetuada pelo Fisco; se não recorre, o crime se consumou; se recorre, exercendo o direito constitucional à ampla defesa, a sua consumação é "postergada" até a decisão final do recurso administrativo, com inscrição a dívida. A nosso ver, pensamos que a pendência de recurso administrativo, em que discutida a exigibilidade ou o montante do crédito tributário cujo pagamento teria sido suprimido, embora afaste a justa causa para o início da persecução penal, não tem o condão de alterar o momento em que o crime se consumou, ou seja, confirmada administrativamente a autuação fiscal em razão da supressão ou redução do pagamento de tributos ocorrida no passado, o início da contagem do prazo prescricional deve se dar quando os tributos deixaram de ser recolhidos na data devida, mediante fraude, e não no momento em que a discussão, na esfera administrativa sobre a sua exigibilidade, se encerrou. Se a preocupação dos tribunais é com o fato de que a demora para o trânsito em julgado da decisão administrativa acarreta, muitas vezes, a prescrição da pretensão punitiva, o certo, a nosso juízo, seria uma alteração legislativa que, buscando o equilíbrio entre o *ius puniendi* e o direito constitucional ao contraditório e à ampla defesa no processo administrativo-fiscal, suspendesse o curso do prazo prescricional enquanto durasse o procedimento administrativo. Sucede que a nossa legislação penal não prevê a suspensão ou interrupção do prazo prescricional nesses casos (*vide* arts. 116 e 117 do CP). A respeito do tema, conferir Fabio Machado de Almeida Delmanto, "A suspensão e o início da contagem do prazo prescricional nos crimes tributários", *RT* 856/423; *vide*, ainda, do mesmo autor: "O término do processo administrativo-fiscal como condição da ação penal nos crimes contra a ordem tributária", *RBCCr* n. 22, p. 63.

- **Início, redução especial dos prazos e causas interruptivas:** Sobre o assunto, *vide* comentários, respectivamente, aos arts. 111, 115 e 117 do CP.

- **Causas impeditivas (também chamadas *suspensivas*) da prescrição:** Estão previstas no art. 116 do CP (*vide* comentários naquele artigo). Além das causas lá apontadas, existem outras, abaixo indicadas:

- **Suspensão condicional do processo e do prazo prescricional (art. 89, § 6º, da Lei n. 9.099/95):** De acordo com o art. 89, *caput*, da Lei n. 9.099/95, nos crimes em que a pena mínima cominada for igual ou inferior a um ano, o Ministério Público, ao oferecer a denúncia, poderá propor a suspensão do processo, por dois a quatro anos. Nos termos do § 6º desse artigo, não correrá a prescrição durante este prazo (vide, também, notas sob os títulos *Lei dos Juizados Especiais Criminais Estaduais* e *Lei dos Juizados Especiais Criminais Federais* no art. 100 do CP).

- **Suspensão do prazo prescricional (art. 366 do CPP):** De acordo com o art. 366, *caput*, do CPP, com redação dada pela Lei n. 9.271/96, "se o acusado, citado por edital, não comparecer, nem constituir advogado, ficarão *suspensos* o processo e *o curso do prazo prescricional*". Dispõe também o art. 368, alterado pela mesma lei: "Estando o acusado no estrangeiro, em lugar sabido, será citado mediante carta rogatória, *suspendendo-se o curso do prazo de prescrição até o seu cumprimento*". Embora a Lei n. 9.271/96 tenha aspectos positivos, assegurando *efetivamente* o contraditório e a ampla defesa, em consonância com o art. 8º, 2, *b*, *c* e *d*, da CADH (Ada Pellegrini Grinover, in *Bol. IBCCr*, ano 4, edição especial, n. 42, p. 1) e com o art. 14, 3, *b* e *d*, do PIDCP, o que em geral não ocorria antes, parece-nos que a falta de um *prazo máximo* de suspensão do processo viola a CR, ao criar casos de delitos imprescritíveis fora das hipóteses previstas nos incisos XLII e XLIV do seu art. 5º (nesse sentido: Alberto Silva Franco, *in Bol. IBCCr supra*, p. 2). A solução proposta por Damásio de Jesus, considerando "que o limite da suspensão do curso prescricional corresponde aos prazos do art. 109 do CP" (*Bol. IBCCr* cit., p. 3) vem sendo aceita pela jurisprudência (STJ, 5ª T., RHC 7.052/RJ, rel. Min. Felix Fischer, j. 7.4.98, *vu — DJU* 18.5.98). *Irretroatividade:* por não ser a suspensão da prescrição mais benéfica ao acusado, o atual art. 366 do CPP não retroage aos fatos anteriores à entrada em vigor da Lei n. 9.271/96 (*vide* jurisprudência sob o título *Irretroatividade da suspensão do prazo – Lei n. 9.271/96*), neste artigo.

- **Suspensão do prazo na Lei do REFIS:** A suspensão do processo e da prescrição é também prevista no art. 15, *caput* e § 1º, da Lei n. 9.964/2000, durante o período em que a pessoa jurídica relacionada com o agente dos delitos ficais estiver incluída no REFIS, desde que a inclusão no referido Programa tenha ocorrido antes do recebimento da denúncia criminal. *Irretroatividade:* tendo em vista que a suspensão da prescrição é mais gravosa para o acusado, ela só alcançará os delitos praticados após a vigência da Lei n. 9.964/2000, não podendo a nova lei ser cindida, aplicando-se retroativamente apenas a suspensão do processo, mais benéfica ao agente, e não a suspensão da prescrição. *Vide*, a respeito, nota no art. 107 do CP sob o título *REFIS*.

- **Suspensão do prazo na Lei do PAES e na Lei do "Refis da Crise":** A suspensão do processo e da prescrição é ainda prevista no art. 9º, *caput* e § 1º, da Lei n. 10.684/2003 (Lei do Paes), e no art. 68 da Lei n. 11.941/2009 (Lei do "Refis da Crise"), em razão do parcelamento da dívida, mesmo que realizado após o recebimento da denúncia, e até o trânsito em julgado da condenação (conforme jurisprudência). A previsão alcança expressamente os crimes do art. 1º da Lei n. 8.137/90 e dos arts. 168-A e 337-A do CP. A nosso ver, apesar de não haver previsão expressa, a disposição abrange também o crime de descaminho (art. 334, segunda parte, do CP), dada a sua natureza tributária (analogia *in bonam partem*).

- **Suspensão do prazo nos crimes contra a ordem econômica (Lei n. 8.137/90):** Nos termos do art. 35-C e parágrafo único da Lei n. 8.884/94, acrescentados pela Lei n. 10.149/2000, a celebração do acordo de leniência acarreta a suspensão do curso do prazo prescricional e impede o oferecimento de denúncia. Uma vez cumprido o acordo, extingue-se automaticamente a punibilidade dos referidos crimes.

- **Suspensão do prazo (Senadores e Deputados Federais):** Dispunha o antigo art. 53, § 1º, da CR que "o indeferimento do pedido de licença, ou a ausência de deliberação, suspende a prescrição enquanto durar o mandato". Com a EC n. 35/2001, que alterou o art. 53, os Deputados Federais e Senadores continuam invioláveis, penalmente, "por quaisquer de suas opiniões, palavras e votos". Todavia, não mais é necessária prévia licença da respectiva Casa Legislativa para o processo dos crimes sem relação com o exercício do mandato (art. 53, § 3º). Recebida a denúncia, por crime ocorrido após a diplomação, o STF dará ciência à respectiva Casa, que, pelo voto da maioria de seus membros, poderá, até a decisão final, sustar o andamento da ação (art. 53, § 3º). Neste caso, a sustação do processo suspenderá a prescrição enquanto durar o mandato (art. 53, § 5º). *Vide*, também, nota *Senadores e Deputados Federais*, no art. 100 do CP.

- **Suspensão do prazo (Presidente da República e Governadores):** Quanto ao Presidente da República e Governadores, o Pleno do STF aplicou, por analogia, a regra de suspensão da prescrição prevista no antigo art. 53, § 2º, da CR, alterado pela EC n. 35/2001, que previa que "o indeferimento do pedido de licença ou a ausência de deliberação suspende a prescrição enquanto durar o mandato". *Vide* jurisprudência sob o título *Suspensão do prazo*, neste artigo.

- **Classificação da denúncia:** Caso a ação penal já esteja iniciada, deve-se tomar por referência a *classificação* dada ao *crime*, pela denúncia ou queixa, para verificar qual o máximo da pena que a lei lhe prevê em *abstrato*. Embora se deva seguir sempre a classificação legal dada, se esta for erroneamente exasperante e desconforme com o fato descrito, deve-se aferir a prescrição pelo prazo mais favorável do crime *narrado* e não pelo do erradamente classificado. A hipótese de reclassificação mais grave do fato descrito é possível, em tese, desde que realizado antes de ocorrer a prescrição pelo prazo da infração penal originariamente capitulada.

- **Desclassificação final:** Se a sentença ou acórdão reconhece a existência de infração penal diversa da denunciada – e com prazo prescricional inferior – esta capitulação final é que regulará a prescrição da pretensão punitiva, salvo se houver recurso acusatório contra a desclassificação.

- **Causas de aumento ou de diminuição:** Com exceção do concurso de crimes (material e formal) e do crime continuado, entende-se que devem ser computadas no prazo as causas de diminuição ou aumento, previstas na Parte Geral ou Especial do CP (ex.: tentativa, repouso noturno etc.). *Modo de calcular:* tratando-se de causas de aumento ou de diminuição em quantidade *fixa*, essa porção deve ser somada ou diminuída da pena abstrata máxima, para encontrar-se, então, o prazo prescricional. Se as causas forem expressas em *limites* ou *quantidades variáveis*, procede-se assim: sendo causa de aumento, aquele cálculo terá em vista o limite maior do aumento; ao contrário, se a causa for de diminuição, reduzir-se-á da pena máxima cominada ao crime o limite menor de diminuição. *Diferença:* as causas de aumento ou de diminuição *não* devem ser confundidas com as *circunstâncias* agravantes ou atenuantes. Aquelas causas (*vide* nota ao art. 68) são fatores de aumento ou redução assinalados em quantidades fixas (dobro, metade etc.) ou em limites (um a dois terços etc.). Ao reverso das causas de aumento ou de diminuição, as circunstâncias agravantes ou atenuantes não interferem no prazo de prescrição da pretensão punitiva ("da ação penal") deste art. 109. O fator etário influi, mas em razão de disposição especial (art. 115), e não por se tratar de atenuante.

- **Concurso material ou formal e crime continuado:** Ainda que constem da denúncia, queixa, pronúncia ou sentença recorrível, não se computam a soma das penas do concurso material nem os aumentos correspondentes ao concurso formal ou à continuidade, por disposição expressa do art. 119 do CP.

- **Prescrição do crime-fim:** Prescrita em abstrato a chamada pretensão punitiva do crime-fim (ex.: descaminho, art. 334, *caput*, segunda parte, do CP – reclusão, de um a quatro anos), restaria prejudicada, em nossa opinião, a imputação do crime-meio(ex.: uso de documento público falsificado materialmente, art. 304 c/c art. 297, *caput*, do CP – reclusão, de dois a seis anos), que seria absorvido por aquele, ainda que apenado mais gravemente (no sentido da absorção do crime de falso pelo descaminho, *vide* jurisprudência sob o título *Concurso com outros crimes* no art. 334 do CP). Caso contrário, o instituto da prescrição, que serve para proteger o indivíduo contra as delongas do Estado, acabaria por agravar a sua situação. Assim, no exemplo acima, se não estivesse prescrito o descaminho (delito-fim), o acusado estaria sujeito a pena de reclusão de um a quatro anos, restando absorvido o crime-meio; se, ao contrário, estivesse prescrito o crime-fim, ele estaria sujeito a pena de dois a seis anos, mais severa portanto, cominada ao uso de documento público materialmente falso (crime-meio). *Vide*, também, jurisprudência sob o mesmo título neste artigo.

- **Reincidência:** Não se aplica à prescrição da pretensão punitiva ("da ação penal") o aumento previsto no final do art. 110, *caput*, para o condenado reincidente. Tal acréscimo só incide na hipótese de prescrição da pretensão executória ("da condenação").

- **Oportunidade da declaração:** A prescrição da pretensão punitiva ("da ação") é matéria de ordem pública. Em qualquer fase do processo – de ofício ou a requerimento das partes – deve ser decretada, quando reconhecida (CPP, art. 61). A prescrição da pretensão punitiva sobrepõe-se a qualquer outra questão e precede ao mérito da própria ação penal.

- **Prescrição pela pena da condenação anulada:** Se a condenação, transitada em julgado para a acusação, vem a ser anulada, a pedido do acusado, por vício formal, há esta consequência: quando for renovado o processo, a nova sentença não poderá impor ao réu pena maior do que aquela que fora antes aplicada pela decisão anulada. É, aliás, a regra que veda a reforma indireta para pior (*reformatio in pejus*), prevista no parágrafo único do art. 626 do CPP. Por isso, entende-se que, em tais casos, a *pena máxima em abstrato*, referida pelo art. 109 do CP, ficou definitivamente *delimitada* em seu ponto máximo. Assim, se já houver decorrido o prazo legal em que aquela pena prescreveria, pode-se reconhecer, desde logo e sem necessidade de renovação do processo anulado, a prescrição da pretensão punitiva ("da ação penal").

- **Prescrição nas contravenções penais:** Embora o art. 109 só se refira a crime e não a contravenção, a lei destas (LCP) não disciplina a prescrição, que segue, por isso, os princípios gerais (CP, art. 12; LCP, art. 1º).

- **Prescrição nos crimes falimentares:** Dispõe o art. 182, *caput*, da Lei de Falências e de Recuperação de Empresas (Lei n. 11.101/2005) que a prescrição dos crimes nela previstos reger-se-á pelas disposições do Código Penal, "*começando a correr* do dia da decretação da falência, da concessão da recuperação judicial ou da homologação do plano de recuperação extrajudicial". O parágrafo único desse artigo estabelece, por sua vez, que "a decretação da falência *interrompe* a prescrição, cuja contagem tenha iniciado com a concessão da recuperação judicial ou com a homologação do plano de recuperação extrajudicial".

- **Prescrição em outras infrações penais:** *a. Crimes contra a segurança nacional*. Como dispõem os arts. 6º, IV, e 7º da Lei n. 7.170/83, a prescrição deles se rege pelo CPM. *b. Crimes de abuso de autoridade* (Lei n. 13.869/2019). Seguem o CP comum. *c. Crimes eleitorais*. A prescrição deles obedece às regras do CP.

Prescrição das penas restritivas de direitos (parágrafo único)

- **Noção:** Dispõe o parágrafo único deste art. 109 que os mesmos prazos previstos para as penas privativas de liberdade são aplicáveis às penas restritivas de direitos. Como estas são substitutivas daquelas, o dispositivo interessa às formas de prescrição do § 1º do art. 110 (prescrição *subsequente e retroativa*) a que este art. 109 faz expressa remissão, e à do art. 110, *caput* (prescrição da *pretensão executória*).

Jurisprudência

■ **Direito ao esquecimento:** "1. O exercício do jus puniendi encontra limitação não só nas garantias constitucionais que conferem legitimidade a eventual decreto condenatório; é restringido também pelo tempo, cuja inércia ao longo de determinado prazo, fixado pelo preceito secundário do tipo penal, impõe ao Estado o dever de não mais agir. Esse dever estatal constitui a faceta do direito do cidadão agressor ao conceito mais atual de *"right to be forgotten"* ou *"right to be let alone"*, é dizer, direito ao esquecimento. 2. No direito penal brasileiro o conceito já é regulamentado há anos, de um modo amplamente considerado, pelos institutos da extinção da punibilidade (art. 107 do Código Penal) e da reabilitação (art. 93 do CP), considerando que, seja por um ato comissivo (como o perdão judicial ou do ofendido, por exemplo) ou omissivo (no qual o tempo, pelo seu decurso, age positivamente em favor do sujeito, tal como a prescrição ou a decadência), surge, indubitavelmente, o direito do agente regenerar-se perante a sociedade. 3. 'A perenização do estigma de criminoso para fins de aplicação da reprimenda não se coaduna com o princípio *tempus omnia solvet* e a teoria do direito ao esquecimento, cuja essência pode ser invocada, com temperamentos, em benefício daqueles sobre quem recai o peso de uma condenação penal há muito transitada em julgado' (AgRg no REsp 1.720.446/PR, rel. Min. Rogerio Schietti Cruz, 6ª T., *DJe* 30.4.2019)" (STJ, 5ª T., RHC 50935 RJ 2014/0215400-6, Min. Ribeiro Dantas, j. 11.6.2019, *DJe* 18.6.2019).

■ **Natureza da prescrição:** Trata-se de regra de direito material (TAPR, *RT* 685/348).

■ **Matéria de ordem pública:** A prescrição é matéria de ordem pública, reconhecível em qualquer fase do processo e até mesmo de ofício, restando prejudicado o exame do mérito, estendendo-se seus efeitos ao outro apenado, inobstante não tenha recorrido da condenação (TJMG, *RT* 833/621). A extinção da punibilidade elide, por falta de interesse, a pretensão de se obter decisão de mérito em revisão criminal (STJ, *RT* 820/538).

■ **Embargos de declaração:** Sendo a prescrição matéria de ordem pública declarável até mesmo de ofício, em qualquer fase do processo, é cabível a apreciação em sede de embargos de declaração, mesmo que não tenha havido alegação anterior (TRF da 2ª R., ED 2002.02.01.034559-1, *DJU* 29.6.2004, p. 122, *in Bol. IBCCr* 141/822).

■ **Efeitos da prescrição da pretensão punitiva (em concreto):** Elimina todos os efeitos da condenação (TJSC, *JC* 70/392; TJMT, *RT* 655/318), como se o crime não houvesse sido praticado (TRF da 4ª R., Ap. 4.466, *DJU* 3.3.93, p. 6123, *in RBCCr* 2/240; TACrSP, *RJDTACr* 20/139).

■ **Prescrição na fase do inquérito policial:** Mesmo nela, caso não haja dúvida sobre o tipo de crime que se apura, pode ter ocorrido a prescrição da pretensão punitiva, o que impedirá que o inquérito prossiga (STF, *RTJ* 124/976), violando o direito de locomoção o ato de recebimento de denúncia nesta hipótese (TRF da 5ª R., HC 188, *DJU* 12.6.92, pp. 17192-3).

■ **Classificação da denúncia:** Para a apreciação da possibilidade de reconhecimento da prescrição da pretensão punitiva, devem-se tomar como parâmetro os fatos descritos na denúncia e não a capitulação erroneamente dada ao crime pelo Promotor de Justiça (TJBA, *RT* 764/616). A reclassificação para crime mais grave só pode ser feita antes de ocorrer a prescrição do crime originariamente denunciado (STF, *RT* 545/461, 547/412; TRF da 1ª R., HC 7.173, *DJU* 19.8.91, p. 19174; TARS, *RF* 277/301).

■ **Data do fato apontada na denúncia:** Se da denúncia consta data incerta ou aproximada da prática do crime (na forma continuada), tal incerteza "não poderá conflitar com o direito à prescrição, impedindo-o por suposição" (TACrSP, Ap. 1.203.533-6, *Bol. IBCCr* 98/512).

■ **Desclassificação no final:** Se o Ministério Público, em razões finais, pede a desclassificação para delito menos grave, não se altera o prazo prescricional em abstrato, pois o juiz pode acolhê-la ou não (TJSP, *RT* 646/285). Reconhecendo o juiz que o crime era outro que não o denunciado, será ele que regulará a prescrição (TJSP, *RJTJSP* 97/463, 101/419; *contra*, se não há trânsito em julgado: TJGO, *RGJ* 7/115).

■ **Causas de aumento ou de diminuição:** São computadas no prazo prescricional (STF, *RT* 591/405, *RTJ* 79/443; STJ, RHC 2.155, *DJU* 29.3.93, p. 5266; TJDF, Ap. 14.111, *DJU*

23.11.94, p. 14630; TJBA, *BF* 38/325; TACrSP, *RT* 624/315). As causas de aumento ou diminuição, e as qualificadoras, interferem na pena *em abstrato*; as agravantes e atenuantes só na *em concreto* (STJ, RHC 2.816, j. 19.10.93, *DJU* 22.11.93; RHC 2.155, *DJU* 29.3.93, p. 5266; *vide*, também, jurisprudência no art. 110 do CP).

- **Concurso formal e crime continuado:** Não são computados os seus aumentos (STF, Súmula 497, *RTJ* 148/242, 96/956 e 1018, HC 73.863-SP, j. 3.8.96, *Inf. STF* n. 40, *DJU* 21.8.96, *in RBCCr* 16/376; STJ, *RT* 778/540; REsp 76.979-SC, *DJU* 5.5.97, p. 17132, *in RBCCr* 19/348; TRF da 3ª R., Ap. 26.217, *DJU* 22.11.94, p. 2961; TRF da 1ª R., Ap. 136.368, *DJU* 25.6.90, p. 13768), não sendo possível, contudo, decretar a prescrição apenas do acréscimo, como se fosse uma pena distinta (STF, HC 69.147, *DJU* 5.6.92, p. 8429; STJ, REsp 15.704, *DJU* 7.12.92, p. 23327, *in RBCCr* 1/225-6). *Vide*, também, jurisprudência no art. 119 do CP.

- **Prescrição de parte dos fatos no crime continuado:** Se parte dos fatos foi alcançada pela prescrição, cumpre decretar-se a extinção da punibilidade dos que prescreveram, prosseguindo-se a apuração quanto aos demais (TRF da 4ª R., RCr 49.351, *DJU* 20.9.95, p. 63250, *in RBCCr* 13/518; TRF da 5ª R., *RT* 789/736). *Contra:* tratando-se de crime material continuado (estelionato), a prescrição só começa a correr quando se dá o exaurimento da ação delituosa (TRF da 5ª R., HC 89, *DJU* 22.2.91, p. 2765).

- **Contagem do prazo:** É feita pela regra do CP e não pela do CPP (STF, *RT* 490/389; TJSP, *RT* 612/299).

- **Contagem do prazo nos crimes tributários:** "Os crimes definidos no art. 1º da Lei n. 8.137/90 são materiais, somente se consumando com o lançamento definitivo"; em consequência, o lapso prescricional "somente se iniciará com a consumação do delito, nos termos do art. 111, I, do CP" (STF, HC 83.414, j. 23.4.2004; HC 94.096, j. 3.2.2009).

- **Suspensão do prazo (mandatos executivo e legislativo – jurisprudência após a EC n. 35/2001):** A suspensão da prescrição prevista na EC n. 35/2001 não tem eficácia retroativa (STF, *RT* 851/447).

- **Suspensão condicional do processo e do prazo prescricional (art. 89, § 6º, da Lei n. 9.099/95):** Revogada a suspensão do processo, pela instauração de novo processo por outro crime, o prazo prescricional recomeça a fluir desde a data do recebimento da denúncia do feito superveniente, e não do dia da prolação da decisão que revogou a suspensão (TJSP, *RT* 783/632).

- **Suspensão do prazo prevista no art. 366 do CPP:** A suspensão da prescrição deve obedecer os prazos do art. 109 do CP (TJRS, 4ª CCr, RSE 70080130941 RS, *DJ* 10.6.2019), sob pena de se criar causa irregular de imprescritibilidade (TJSP, *RT* 846/560). Assim, no caso do art. 147 do CP, cuja pena máxima é de seis meses, o prazo prescricional só poderá ficar suspenso por dois anos, em face do art. 109, VI, do CP. Nessa data, recomeça a ser contado o prazo prescricional de dois anos (TACrSP, HC 478.218/5, j. 19.10.2004). O limite temporal da suspensão do prazo prescricional deve ser o do art. 109 do CP, sob pena de ofensa ao princípio da proporcionalidade (TRF da 4ª R., Processo 2004.04.01.029106-9/SC, j. 29.9.2004, *DJU* 13.10.2004). A atual redação dada ao art. 366 do CPP pela Lei n. 9.271/96, permitindo a suspensão do processo e da prescrição da pretensão punitiva, não pode ser aplicada aos processos pendentes, porque não se configura lei mais benéfica ao acusado (TRF da 4ª R., CPar 34.004, *mv* – *DJU* 5.2.97, p. 5413; CPar 36.264, *DJU* 5.2.97, p. 5413; CPar 34.455, *mv* – *DJU* 22.1.97, p. 2216). O prazo de suspensão da prescrição, nos termos do art. 366 do CPP, será regulado pelo máximo da pena cominada (Súmula 415 do STJ), com observância do art. 109 do CP, voltando a fluir o prazo da prescrição da pretensão punitiva após escoado referido período. Hipótese em que o réu foi capturado 12 anos após a suspensão do processo, ou seja, não transcorreu o prazo prescricional, qual seja, 08 anos de suspensão do prazo prescricional, com mais 08 anos, que volta a fluir, de prazo prescricional (TJPE, 1ª Câmara Regional de Caruaru, 2ª T., HC 0004331-16.2019.8.17.0000 PE, publ. 14.11.2019).

- **Prescrição de crime ambiental:** Os limites prescricionais para aferição da prescrição, também em relação à pessoa jurídica, são estipulados de acordo com a sanção imposta em lei e devem observar o disposto no art. 109 do CP. Interpretação adotada pelo STF. Reconhecimento da prescrição apenas em relação ao crime do art. 60 da Lei n. 9.605/98 (TJRS, 4ª CCrim, RSE 70080130941 RS, *DJ* 10.6.2019).

- **Prescrição no ECA:** Na espécie, a decisão que impôs ao representado medida socioeducativa de internação pelo prazo de doze meses, transitou em julgado para o Ministério Público. Por ser de quatro anos o prazo prescricional previsto (art. 109, V, CP, já que o fato foi praticado após a edição da Lei n. 12.234/2010), aplicando-se o redutor do art. 115 do CP, a prescrição se dá em dois anos, lapso aqui já transcorrido entre as datas do trânsito em julgado e do início do cumprimento da medida de internação (TJRS, 8ª Câmara Cível, HC 70068784867 RS, *DJ* 15.4.2016, j. 14.4.2016).

- **Reincidência:** Não interfere na prescrição da pretensão punitiva, só na da pretensão executória (STJ, REsp 31.285, *mv – DJU* 7.6.93, p. 11270, *in RBCCr* 3/256; TJSP, HC 369.693-3/8, j. 7.2.2001, *Bol. IBCCr* 118/643; HC 391.289-3/6-00, j. 14.10.2002, *Bol. IBCCr* 131/743; HC 176.612, j. 28.11.94, *in Bol. AASP* n. 1.937; TAMG, *RJTAMG* 51/320; TACrSP, *Julgados* 91/89; *contra:* TACrSP, *mv – RJDTACr* 17/189).

- **Penas restritivas:** As penas restritivas de direitos prescrevem no mesmo prazo em que prescreveria a pena privativa de liberdade que elas substituíram (TAMG, Ap. 16.278, *mv*, j. 15.9.88).

- **Pena errada:** Na hipótese de a sentença ter aplicado a pena erradamente, abaixo do que a lei permite, mas sem recurso da acusação contra o engano, será aquela pena (e não a sanção correta) que regulará a prescrição (TACrSP, *Julgados* 80/495).

- **A prescrição é matéria preliminar:** Se, no final do processo, o juiz verificar provadas a inocência e a prescrição, deve reconhecer esta, por ser matéria de ordem pública, que suplanta até a absolvição (TACrSP, *RT* 614/316, 646/299; TFR, Súmula 241; TRF da 4ª R., Ap. 15.456, *DJU* 28.2.90, p. 2924).

- **Prescrição pela pena da condenação anulada:** Quando a condenação tenha transitado em julgado para a acusação, mas venha depois a ser anulada em apelação, revisão ou *habeas corpus*, a quantidade da pena imposta na decisão anulada terá a consequência de *delimitar* a pena máxima que regulará a prescrição da pretensão punitiva ou "da ação" (STF, *RT* 607/416,636/364, *RTJ* 136/160; STJ, HC 930, *DJU* 17.4.92, p. 5505, *in RBCCr* 0/261; REsp 18.569, *DJU* 30.11.92, p. 22636; TJSP, *RJTJSP* 108/454, 102/460, *RT* 609/295; TJRJ, *RT* 563/362; TJPB, *RT* 719/497; TACrSP, *Julgados* 85/124 e 154; *contra:* STF, *RT* 588/398; STJ, HC 67, *DJU* 5.2.90, p. 458), sem a necessidade de o réu ser submetido a novo julgamento (STF, HC 67.755, *mv – DJU* 11.9.92, p. 14714, *in RBCCr* 0/251; TACrSP, *RJDTACr* 20/174; *contra*, pois o magistrado de primeiro grau não está impedido de absolver o acusado: STJ, REsp 54.295, *DJU* 6.3.95, p. 4378, *in RBCCr* 10/219).

- **Prescrição decretada na própria sentença:** *Vide* jurisprudência no art. 110 sob o título *Desnecessidade de recurso do réu*.

- **Pretensão punitiva:** Se ainda não passou em julgado a condenação, a prescrição é da pretensão punitiva e não da executória (STF, *Pleno – RT* 601/433; RE 104.492, *DJU* 22.8.86, p. 14522; TRF da 1ª R., Ap. 20.698, *DJU* 14.5.90, p. 9576).

- **Pretensão executória:** Embora o seu decreto dependa, em regra, de pedido específico no juízo das execuções criminais, admite-se, excepcionalmente, por se achar em jogo o direito à liberdade individual, seja declarada em sede de *habeas corpus* (TACrSP, HC 423.424/8, j. 17.2.2003, *in Bol. IBCCr* 136/784).

- **Prescrição em tentativa:** Em abstrato, regula-se pelo máximo da pena cominada, menos um terço (STJ, HC 125, *DJU* 18.9.89, p. 14665).

- **Prescrição do crime-fim:** Se o delito-fim (sonegação fiscal) prescreveu em concreto, o delito-meio (falsificação de papéis públicos) também prescreve, em respeito ao princípio da especialidade, não importando tenha a sentença admitido o concurso material, dando por prescrito o primeiro crime e condenando no segundo (TJSP, *mv – RJTJSP* 169/293).

- **Prescrição em contravenção:** Opera-se nos prazos fixados no CP, sendo de dois anos quando a pena de multa é a única cominada (STJ, REsp 34.680, *DJU* 20.3.95, p. 6146).

- **Prescrição em economia popular:** Aplica-se a disciplina do CP (TACrSP, *RT* 647/315).

- **Prescrição da medida de segurança:** A medida de segurança é espécie do gênero sanção penal e se sujeita, por isso mesmo, à regra contida no art. 109 do CP (STJ, HC 48.993/RS, *DJU* 5.11.2007, *in Bol. IBCCr* 183/1147).

- **Prescrição virtual:** A denominada prescrição em perspectiva, antecipada ou virtual não encontra respaldo na legislação penal. Além disso, viola flagrantemente as normas processuais, em especial, a da instrumentalização da tutela de bens jurídicos pelo direito penal sancionador. Tal matéria foi cerne da Súmula 438 por parte do Superior Tribunal de Justiça. Apelação ministerial provida para cassar a decisão de primeira instância que extinguiu o feito sem resolução de mérito (TJPE, APR 0009188-94.2009.8.17.0990 PE, publ. 12.3.2020). Em que pese tal posição jurisprudencial, anote-se que a prescrição antecipada tem sido cada vez mais aplicada em primeira instância, o que, a nosso ver, está correto em face dos princípios da economia processual e falta de interesse de agir.

PRESCRIÇÃO DEPOIS DE TRANSITAR EM JULGADO SENTENÇA FINAL CONDENATÓRIA

Art. 110. A prescrição depois de transitar em julgado a sentença condenatória regula-se pela pena aplicada e verifica-se nos prazos fixados no artigo anterior, os quais se aumentam de um terço, se o condenado é reincidente.

§ 1º A prescrição, depois da sentença condenatória com trânsito em julgado para a acusação, ou depois de improvido seu recurso, regula-se pela pena aplicada, não podendo, em nenhuma hipótese, ter por termo inicial data anterior à denúncia ou queixa.

- **Alteração:** A Lei n. 12.234, de 5.5.2010, deu nova redação ao § 1º e revogou o § 2º. A expressão "data anterior à da denúncia ou queixa", constante do novo § 1º, deve ser entendida como data anterior *ao recebimento* da denúncia ou queixa, pois é com este que se inicia a ação penal.

- **Irretroatividade:** O novel § 1º (que deveria ser "parágrafo único"), por ser mais gravoso, não retroagirá. Nesse sentido: TJMG, Ap. 10393060143699001 MG, publ. 20.3.2020; STJ, 5ª T., RHC 50935 RJ 2014/0215400-6, Min. Ribeiro Dantas, j. 11.6.2019, *DJe* 18.6.2019; STJ, HC 211.001/DF, 6ª T., *DJe* 21.3.2012.

- **Inconstitucionalidade do novo § 1º:** Como já tivemos a oportunidade de nos manifestar (Roberto Delmanto Junior, "A Caminho de um Estado Policialesco", jornal *O Estado de S. Paulo*, edição de 2.6.2010, p. A2), a Lei n. 12.234/2010 violou a Constituição da República ao alterar o art. 110 do CP, notadamente o art. 5º, LXXVIII, que assegura a todos "a razoável duração do processo e os meios que garantam a celeridade de sua tramitação", e LIV, que estipula a garantia do devido processo legal, impondo, em seu aspecto substantivo, que as leis sejam razoáveis e proporcionais. Assim escrevemos: "O Brasil parece andar para trás. Enquanto, no mundo inteiro, a tecnologia vem trazendo avanços inimagináveis às investigações policiais, tornando-as mais eficientes, os nossos legisladores, com a sanção do Presidente Lula, deram um prêmio à morosidade policial brasileira, fomentando a instituição de um Estado policialesco, em desfavor da cidadania, com a edição da Lei n. 12.234, do dia 5 de maio, que alterou a prescrição durante as investigações policiais. A prescrição impõe ao Estado um prazo máximo para perseguir pessoas acusadas de um crime, havendo, em nossa Constituição, somente duas exceções: o crime de racismo e a ação de grupos armados contra o Estado democrático. O Estatuto de Roma também tornou imprescritível o crime de tortura praticado durante ataque generalizado ou sistemático contra qualquer população civil. Embora existam críticos afirmando que a prescrição seria um prêmio para o criminoso pela ineficiência estatal, uma recompensa para o que fugiu, castigando duramente o que não soube ou não quis fugir, ela é fundamental em toda democracia. Isso porque os prazos prescricionais impõem que o Estado efetivamente se movimente para investigar crimes, sob pena de perder o poder de fazê--lo, diminuindo assim as chances de erro judiciário, já que, com o tempo, as provas vão se tornando mais frágeis. A prescrição evita, também, que cidadãos sejam eternamente perseguidos, mesmo porque, como dizia Rui Barbosa, 'justiça atrasada não é justiça, senão injustiça qualificada e manifesta', perdendo o sentido. Tudo em respeito à vítima e a seus familiares, à sociedade e até mesmo ao próprio cidadão investigado, presumido inocente, que têm, todos, o direito a um julgamento em prazo razoável. Sem o devido debate, essa lei acabou com o curso do prazo prescricional para as investigações policiais com base na pena que, concretamente, venha a ser aplicada em futura condenação. É a chamada prescrição retroativa (art. 110 do CP). A partir de agora, cidadãos podem ser investigados pela polícia, sem prescrição, por mais de uma década depois da data do suposto crime, violando-se a garantia constitucional de julgamento em prazo razoável. Assim, se a pena máxima do crime for superior a quatro anos (como no caso de estelionato, cuja pena é de um a cinco anos), o inquérito policial poderá arrastar-se por até doze anos; se a pena máxima for de oito anos (de que é exemplo um simples crime de furto com emprego de chave falsa, rompimento de obstáculo, abuso de confiança ou mediante concurso de duas pessoas, cuja pena é de dois a oito anos), poderão ser dezesseis anos de inquérito! Tratando-se dos crimes mais graves, com pena máxima acima de doze anos, as investigações policiais poderão durar vinte anos, o que é um despropósito, já que, nesses casos, estamos diante de delitos que, justamente pela sua gravidade, merecem empenho ainda maior da polícia, o que não é compatível com duas décadas de investigação. Tudo sem prescrição, ainda que a pessoa acabe sendo condenada por uma pena inferior à máxima, com prazo prescricional muito menor. A verdade nua e crua é que com a Lei n. 12.234 se deu à Polícia Federal e às polícias estaduais poder para perseguir cidadãos por muito mais tempo do que podem durar as próprias ações penais. Isso porque, para os juízes, continua a existir a prescrição retroativa com base na pena aplicada (isto é, a contar da denúncia ou queixa, observando-se, daí em diante, os marcos interruptivos da prescrição previstos no art. 117 do CP), demandando deles um mínimo de agilidade nos processos, em prol da cidadania. Essa alteração legislativa atinge também as investigações que o Ministério Público Federal e os Ministérios Públicos Estaduais têm feito mediante os chamados Procedimentos Criminais Diversos ou Procedimentos Investigatórios Criminais, que tiveram sua repercussão geral reconhecida no RE 593.727 RG/MG (STF, Pleno, j. 28.8.2009, publ. 25.9.2009, rel. Min. César Peluso), porém ainda pendem de julgamento. Com o novo § 1º deste art. 110, portanto, a polícia e o Ministério Público poderão demorar décadas para apurar a autoria e a materialidade de uma infração penal, seja mediante o tradicional inquérito policial, seja por meio dos aludidos procedimentos investigatórios. Ora, se os inquéritos policiais já se arrastavam pelos escaninhos das delegacias de polícia e dos Fóruns por anos, com a ameaça da prescrição – que impunha, bem ou mal, ao menos uma preocupação dos promotores de justiça e dos procuradores da República em cobrar da polícia o término das investigações –, agora, com a nova regra, é que os inquéritos não vão andar mesmo. Igualmente, os procedimentos criminais diversos do próprio Ministério Público poderão arrastar-se por décadas". Nesse mesmo sentido, RENÉ ARIEL DOTTI (A inconstitucionalidade da Lei n. 12.234, site Migalhas, publicação de 6.7.2010), CEZAR ROBERTO BITENCOURT (Tratado de Direito Penal – Parte Geral, v. 1, 17ª ed., São Paulo, Saraiva, 2012, pp. 872-888), entre outros. Não obstante a veemência dos argumentos, o Pleno do STF, por maioria de votos (vencido somente o Min. Marco Aurélio), decidiu que a Lei n. 12.234 não fere o direito de todos serem julgados em prazo razoável, sob o argumento de que em outros países a prescrição se dá pelo máximo da pena, de que as nossas autoridades policiais pouco têm esclarecido os crimes diante de sua precária estrutura, necessitando de mais tempo para investigar, de que pode o Estado, como medida de política criminal, aumentar o prazo de duração das investigações policiais, como o fez ao aumentar para três anos a prescrição para os crimes com pena máxima inferior a um ano, conforme voto da lavra do Ministro Dias Toffoli proferido no julgamento do HC 122.694, de São Paulo, julgado em 10.12.2014. Assim afirmou, ao concluir seu voto: "Ainda que a fase da investigação preliminar deva, tanto quanto possível, reger-se pelo princípio da duração razoável, não há como submetê-la ao jugo de um limite temporal predeterminado, dada a sua própria vocação, que é apurar a existência de uma infração penal e sua autoria". Como anotado acima, discordamos veementemente. Com a devida vênia ao eminente Ministro Dias Toffoli e aos doutos Ministros que o acompanharam, a Lei n. 12.234 nada tem de garantia para a melhor aplicação da lei penal diante da precariedade de recursos de nossas polícias; muito pelo contrário, é um prêmio à letargia policial e à possibilidade de haver erro judiciário, uma vez que as provas, com o decorrer do tempo, vão se tornando mais e mais frágeis. Se já não se investigava com a velocidade desejada, mesmo sendo as autoridades impulsionadas pela ameaça da prescrição, agora é que a morosidade burocrática de nossas Delegacias de Polícia irá se ampliar ainda mais. Perde o cidadão que tem o direito de exigir que a Polícia Judiciária se movimente com diligência. Esperamos que o Supremo, talvez com nova composição, no futuro reveja essa decisão.

As três formas de prescrição do art. 110

■ **O conteúdo do art. 110 do CP:** Este dispositivo contém, na verdade, três formas distintas de prescrição: *1ª* No *caput*, disciplina a prescrição da chamada *pretensão executória* (ou "da condenação"). *2ª* No § 1º, a que o precedente art.109 faz remissão e ressalva expressas, está a denominada *prescrição subsequente à sentença condenatória* (ou superveniente à condenação). *3ª* Ainda no § 1º, também combinado com aquela exceção do art. 109, encontra-se a *prescrição retroativa*. As três formas têm em comum contarem a prescrição pela pena fixada *em concreto*, e não pelo máximo previsto em abstrato pela lei ao crime. Todavia, embora inscritas todas num só artigo, não pertencem à mesma espécie prescricional. Enquanto a primeira (*1ª*) concerne à prescrição da pretensão executória, as duas últimas (*2ª* e *3ª*) dizem respeito à prescrição da pretensão punitiva (cf. CELSO DELMANTO, A prescrição transformada pelo novo Código Penal, *MP – Órgão Oficial do MP do Estado do Paraná*, 15/151).

Prescrição da pretensão executória ou "da condenação" (caput)

■ **Noção:** Nesta prescrição, a condenação já se tornou definitiva tanto para a acusação como para a defesa. Como já é conhecida a pena *concretamente* aplicada ao acusado, será ela que servirá para regular o prazo prescricional, e não mais o máximo da pena abstratamente prevista em lei para o crime.

■ **Efeitos:** Na *prescrição da pretensão executória* ("da condenação") desaparece a pretensão executória ou o direito de execução. O condenado não terá de cumprir a pena, mas persistirão os demais efeitos da sentença condenatória. Sobre a *diferença* entre as duas espécies de prescrição, *vide* nota no art. 109 do CP, sob o título *As formas de prescrição*.

■ **Indicação do prazo:** *a.* Se a pena imposta pela sentença foi *privativa de liberdade* (reclusão, detenção ou prisão simples), será essa pena concreta que regulará a prescrição, de acordo com os prazos indicados nos incisos I a VI do art. 109. *b.* Se a pena foi substituída por *restritiva de direitos*, serão observados os mesmos prazos marcados naqueles itens para as penas privativas de liberdade (parágrafo único do art. 109). *c.* Se a pena imposta foi só a de multa, original ou substitutiva, independentemente do seu valor o prazo prescricional será de dois anos (CP, art. 114). *Observações: 1ª* Tais prazos estão sujeitos à redução de metade, em razão da idade do condenado (CP, art. 115). *2ª* Quanto à reincidência, *vide* nota em separado.

■ **Aumento dos prazos pela reincidência:** *1.* Tratando-se de prescrição da *pretensão executória* ("da condenação"), os prazos prescricionais (incisos I a VI do art. 109) são aumentados em um terço, quando se tratar de condenado reincidente. O acréscimo se faz sobre o prazo prescricional e não sobre a pena. Por exemplo, se a condenação é de cinco anos de reclusão, o período prescricional de doze anos passa a ser de dezesseis para o sentenciado reincidente. A reincidência que provoca o aumento é a *anterior* à condenação cujo prazo se questiona. Assim, se o agente sofre duas condenações, tornando-se reincidente em razão da segunda, é o prazo prescricional desta (e não da primeira) que sofrerá o aumento de um terço. Para que haja tal acréscimo, é necessário que a sentença tenha *reconhecido* a reincidência. A reincidência posterior não aumenta o prazo com relação à condenação passada. Se a sentença condenatória que reconheceu a primariedade transitou em julgado, não se poderá fazer incidir na contagem prescricional o aumento devido à reincidência, ainda que esta venha, depois, a ficar comprovada. *2.* No tocante à *pena de multa,* se esta foi a única aplicada, não se pode cogitar do acréscimo relativo à reincidência, pois a previsão exacerbadora do final do *caput* deste art. 110 diz respeito, tão só, aos prazos do art. 109 e não ao do art. 114 do CP, ou seja, ao prazo prescricional das penas privativas e restritivas, e não ao das penas pecuniárias. O princípio se aplica tanto à pena de multa comum como à pena de multa substitutiva. *3.* Nos casos de *prescrição subsequente à sentença condenatória* (ou superveniente à condenação) e de *prescrição retroativa* (§ 1º do art. 110), a reincidência em nada interfere, pois tais formas prescricionais pertencem à espécie da pretensão punitiva (ou "da ação").

■ Causas suspensivas e causas interruptivas: *Vide* parágrafo único do art. 116 e art. 117, V e VI, do CP.

■ Início da contagem do prazo da prescrição da pretensão executória: *Vide* nota ao CP, art. 112, I.

■ Concursos material, formal e crime continuado: Ainda que as penas tenham sido aplicadas na sentença cumuladamente, em *concurso material,* elas não se somam para fins prescricionais, extinguindo-se isoladamente, por força de disposição expressa constante do art. 119 do CP. Pela mesma razão legal, não se conta o aumento devido ao *concurso formal* nem o acréscimo pelo reconhecimento do *crime continuado.*

■ Extradição: Em se tratando de pedido de extradição, o cálculo da prescrição toma por base a pena aplicada no estrangeiro, razão pela qual deve ser indeferido o pedido com base na ocorrência da prescrição executória (STF, *RT* 836/438).

Prescrição subsequente (ou superveniente) à condenação (§ 1º)

■ Noção: Neste § 1º está inscrita outra forma de prescrição, denominada *subsequente (ou superveniente) à sentença condenatória.* Por expressa ressalva e remissão do precedente art. 109 do CP, trata-se, aqui, da espécie *prescrição da pretensão punitiva* (ou "da ação"). Isto porque a referida forma prescricional ocorre ainda "antes de transitar em julgado a sentença final". Embora a sentença tenha sido condenatória, ela *não* chegou a se tornar definitiva, pois lhe cabe recurso, isto é, ela ainda não passou em julgado para acusação e defesa. Portanto, não se trata de prescrição depois de transitar em julgado sentença final condenatória para *ambas* as partes (que acarretaria a só perda da pretensão executória), *mas* de prescrição verificada *antes* desse trânsito em julgado (com efeito de extinguir-se a própria pretensão punitiva). Todavia, a prescrição subsequente não se baseia mais no máximo da pena abstratamente prevista em lei, mas na *pena em concreto,* ou seja, na quantidade da pena que a sentença condenatória julgou ser merecida por aquele determinado acusado, em razão de sua conduta apurada no processo.

■ Aplicação: São *três* as *hipóteses* previstas para a ocorrência da prescrição subsequente à sentença condenatória: *1. Trânsito em julgado só para a acusação.* Houve sentença condenatória e a acusação, conformada ou satisfeita com a pena imposta ao réu, não recorreu da sentença. Embora tenha esta decisão transitado em julgado para a acusação, ela ainda não se tornou definitiva, pois lhe falta passar em julgado também para o acusado. Por isso, começará a correr um novo lapso prescricional, que tem por marco inicial a *sentença condenatória* e, por ponto final, o *definitivo trânsito em julgado dessa sentença.* É nesse espaço de tempo (entre a sentença condenatória e o trânsito definitivo dela) que pode acontecer a prescrição subsequente, cujo prazo é regulado pela pena em concreto que a sentença aplicou ao réu e não pelo máximo previsto em abstrato. Exemplo: proferida sentença condenando o acusado a nove meses de detenção, a acusação não recorre. A partir da sentença começou a correr o prazo prescricional de três anos (pela pena concreta de nove meses). Antes do fim desse prazo de três anos, deve aquela sentença tornar-se definitiva, pois, caso contrário, terá surgido a prescrição subsequente. Tal pode ocorrer de várias maneiras: *a.* Escoam-se os três anos, sem que o réu seja intimado da condenação. *b.* Intimado, o acusado apela, mas o tribunal leva mais de três anos para julgar o recurso. *c.* O tribunal julga o recurso pouco antes dos três anos, mas contra o acórdão que confirma a condenação são opostos embargos de declaração ou infringentes (no caso de votação não unânime), os quais, entretanto, só vão a julgamento após os três anos. *d.* O tribunal nega provimento à apelação do réu antes dos três anos, mas são interpostos recursos especial e/ou extraordinário, ou agravo do despacho denegatório destes no tribunal *a quo*, ou ainda agravo regimental do despacho do relator do tribunal *ad quem* que indefere o agravo e, antes do julgamento de qualquer deles, são ultrapassados os três anos. Ressalte-se, aqui, que o acórdão confirmatório de condenação, segundo pacífica jurisprudência, não interrompe a prescrição (cf. CP, art. 117) e, a nosso ver, continua não interrompendo mesmo após a nova redação dada ao inciso IV do art. 117 pela Lei n. 11.596/2007 (cf. nota ao art. 117 e artigo de Fabio M. de Almeida Delmanto, João Daniel Rassi e Fabio Suardi D'Elia, "Lei n. 11.596/2007: alterações ao art. 117 do CP", *Bol. IBCCr* n. 182, janeiro de 2008). *2. Depois de improvido o recurso da acusação.* Nesta segunda hipótese a acusação recorre visando ao aumento da pena, mas a sua apelação é improvida pelo tribunal, que confirma o acerto da sanção imposta. Tendo decorrido o prazo prescricional pela pena aplicada em concreto, haverá a prescrição subsequente. Entendemos que igual prescrição deve ser reconhecida se o tribunal, embora dando provimento ao recurso da acusação, não eleva a pena imposta de molde a alterar seu prazo prescricional. Exemplo: condenado o réu a seis meses de detenção, ele e a acusação apelam. Quando os recursos vão a julgamento, já se passaram três anos contados da sentença. Se o tribunal não dá provimento ao recurso da acusação, ou lhe dá, mas aumenta a pena em quantidade incapaz de alterar seu prazo (para até menos de um ano – art. 109, VI, do CP), terá ocorrido a prescrição subsequente à sentença condenatória, com seu efeito amplo, impedindo até a apreciação do recurso concomitante do réu, pois a própria pretensão punitiva estará prescrita. *3. Absolvição em primeira instância e condenação em segunda.* Por derradeiro, pode ocorrer absolvição em primeiro grau e condenação em segundo, sem que entre o recebimento da denúncia ou queixa e o acórdão condenatório tenha decorrido o lapso prescricional. Todavia, a defesa interpõe recursos especial e/ou extraordinário, ou, ainda, agravo e agravo regimental a eles relativos, e entre o acórdão condenatório do tribunal e o trânsito em julgado decorreu o prazo prescricional. *Vide*, também, nota *Data do acórdão condenatório* no art. 117, IV, do CP.

- Coisa julgada (conceito) e prescrição: Em todos os manuais de processo penal é ensinado aos bacharelandos que o *instituto da preclusão* é fundamental ao processo penal, a fim de que ele tenha um *prazo* para findar, em respeito ao direito que todos têm de serem julgados em tempo razoável. Ao final, quando exauridos todos os recursos ao serem julgados pelas instâncias competentes (preclusão consumativa), ou decorrido o prazo para serem interpostos os recursos cabíveis (preclusão temporal), ou ainda quando praticado ato incompatível com a interposição do recurso previsto em lei (preclusão lógica), formar-se-á a *coisa julgada*, que nada mais é do que a *preclusão máxima*. Coisa julgada que, quando condenatória a sentença penal, será sempre de autoridade relativa uma vez que poderá ser desconstituída mediante revisão criminal ou *habeas corpus* (nulidade absoluta e prescrição da pretensão punitiva). Com o trânsito em julgado da condenação, o acusado se torna pessoa condenada, daí expedindo-se *guia de execução da pena*, com a inclusão de seu nome no rol dos culpados. A partir desta data, poderá se configurar, também, a reincidência para crimes praticados posteriormente. Assim, sempre que houver um recurso interposto, pendente de julgamento, *inclusive quanto à sua admissibilidade*, é evidente que não se poderá falar em coisa julgada. Em termos de *prescrição*, o trânsito em julgado funciona como marco divisório entre a prescrição da pretensão *punitiva*, em que se extingue a própria ação penal (CP, arts. 109 e 111), e a prescrição da pretensão *executória*, isto é, da *pena imposta*, cujo prazo começa a contar a partir do momento em que já há um *condenado*, com o trânsito em julgado para a acusação (CP, arts. 110 e 112). A prescrição é um instituto fundamental, pois através dele se impõem limites ao Estado, demandando-lhe atuação em determinados prazos, em decorrência da garantia de todos serem julgados em prazo razoável, nos termos do art. 5º, LXXVIII, da CR.

■ **Trânsito em julgado "retroativo":** Com esteio em um precedente do STF de 2005 (HC n. 86.125/SP, 2ª T., de relatoria da Min. Ellen Gracie, *DJ* 2.9.2005), alguns acórdãos do STJ e do STF vêm entendendo que, não tendo sido admitidos recursos especial ou extraordinário na instância recorrida, negando-se provimento, na Corte *ad quem*, aos agravos manejados contra a sua não subida, bem como aos agravos regimentais eventualmente opostos contra a negativa de se prover o primeiro agravo, os recursos especial e extraordinário são considerados "protelatórios" porque "manifestamente incabíveis"; desse modo, segundo essas decisões, o trânsito em julgado deverá ser considerado na data da não admissão do extraordinário ou do especial na instância originária, o que se dá nos Tribunais de Justiça ou Tribunais Regionais Federais, salvo raras hipóteses de recurso extraordinário manejado contra acórdão do STJ (conferir jurisprudência abaixo sob o mesmo título). Em outras palavras, alguns acórdãos dos Tribunais Superiores têm entendido que o recurso extraordinário ou especial não admitido não obsta a formação da coisa julgada, a qual, segundo os precedentes, ocorre por ocasião da inadmissibilidade no Tribunal inferior. Ou seja, o trânsito em julgado, segundo esse entendimento com o qual não comungamos, ocorrerá de forma *retroativa*, já por ocasião do julgamento monocrático do Desembargador do Tribunal de Justiça ou Regional Federal que não admitir subida aos recursos especial e/ou extraordinário, ainda que interpostos agravos e posteriores agravos regimentais nas cortes superiores, na hipótese desses agravos não serem providos, tempos depois. Trata-se de raciocínio *pragmático*, a fim de evitar a ocorrência de *prescrição da pretensão punitiva* em decorrência da demora do processamento dos recursos em nossos Tribunais. Ora, ao declarar ter havido o perfazimento da *preclusão máxima*, ou seja, da *coisa julgada*, no passado, entendendo que os recursos interpostos nenhum efeito produziram, viola-se não só a lógica processual, como também desconsidera-se a realidade, como se pudesse "voltar no tempo" e desconsiderar a história do processo. Com efeito, tanto não houve trânsito em julgado à época da não admissão dos recursos especial e extraordinário pelo Juízo *a quo*, que o acusado continua a ostentar essa condição durante o processamento do agravo e do agravo regimental. Nesse contexto, negar a existência, no mundo jurídico, de agravos que foram interpostos e processados, afronta a realidade e a lógica. Há, desse modo, *choque frontal* com a garantia da desconsideração prévia de culpabilidade, ou presunção de inocência (CR, art. 5º, LVII), que pressupõe a existência de trânsito em julgado de uma condenação, o que só ocorre quando *efetivamente* não couberem mais recursos, inclusive agravos. Ademais, havendo previsão legal, o agravo e o agravo regimental interpostos pela parte constituem verdadeira garantia do acusado de acesso à justiça (CR, art. 5º, XXXV), impedindo a formação da coisa julgada, mesmo porque *ainda serão julgados* (procedentes ou improcedentes). A segurança jurídica resta igualmente comprometida ao se *condicionar o trânsito em julgado a um evento futuro*: se os agravos contra a não admissão do especial e extraordinário forem providos, não terá havido trânsito em julgado no passado; porém, se forem desprovidos, a data do trânsito em julgado *retroagirá*. Um trânsito em julgado *condicionado* a um evento futuro, o qual, *data maxima venia*, se consubstancia em verdadeira afronta ao direito posto. Com essa interpretação, a demora do STJ ou do STF em julgar agravos de instrumentos e agravos regimentais contra a negativa de subida de recursos especial e/ou extraordinário passaria a contar no prazo da prescrição da pretensão *executória* (da pena), mesmo sem o seu cumprimento ter sido iniciado (CP, arts. 110 e 112).

■ **A presunção de que todo recurso inadmitido é protelatório; uma ofensa à dignidade da Advocacia:** Cumpre registrar que os precedentes que tratam da questão (*vide* jurisprudência abaixo) afirmam que os recursos inadmitidos são todos protelatórios, o que pressupõe a má-fé da parte recorrente. Ora, tal presunção, além de injusta com os Advogados que exercem a defesa em sua amplitude, *generaliza* todas as situações em que o recurso foi inadmitido, esquecendo-se de que existem muitos requisitos legais, regimentais e da própria jurisprudência, que afunilam e restringem fortemente o processamento de recursos de natureza especial e extraordinária, *legitimamente interpostos*. Aliás, pode-se afirmar, com certeza, que a *grande maioria* dos recursos especial e extraordinário interpostos pelos Advogados *não são protelatórios*, representando, sim, o exercício do *munus* defensivo, exigindo-se de todo defensor atuação digna e diligente, com a exaustão dos recursos previstos em lei (art. 5º, LV, da CR). Trata-se do exercício da ampla defesa, que não se coaduna com essa pecha *generalizante* imposta pelos Tribunais Superiores, de que todo recurso inadmitido seria protelatório, o que é, inclusive, ofensivo à Advocacia. Se a lei prevê recursos, nada mais natural que os Advogados deles façam uso; e se os juízes que hoje criticam fossem réus, iriam, sem dúvida, cobrar de seus advogados a exaustão do exercício de seu direito de recorrer, o que nada de protelatório tem.

■ **Efeitos da prescrição subsequente:** O acusado não é responsabilizado pelo crime; seu nome não é inscrito no rol dos culpados nem há geração de futura reincidência; não responde pelas custas processuais e o dano resultante do crime só lhe poderá ser cobrado pela via ordinária do CPP, arts. 66 e 67, e não pela via direta do CPP, art. 63.

■ **Indicação do prazo:** *a.* Se a pena fixada pela sentença foi privativa de liberdade, será essa pena em concreto que regulará a prescrição, de acordo com os prazos assinalados nos itens I a VI do art. 109. *b.* Se a pena foi restritiva de direitos, são observados os mesmos prazos indicados naqueles itens (parágrafo único do art. 109). *c.* Se a pena foi só a de multa (original ou substitutiva), o prazo será de dois anos (art. 114). *Observação:* tais prazos estão sujeitos à redução etária (CP, art. 115), mas não sofrem o aumento decorrente de eventual reincidência. Cuidando-se de concurso de crimes (material ou formal) ou crime continuado, a prescrição regular-se-á pela pena de cada um deles, isoladamente, e não sobre a soma do concurso material. Igualmente não serão computados os acréscimos decorrentes do concurso formal e do crime continuado (CP, art. 119).

■ **Limites temporais:** Conta-se o tempo decorrido entre a sentença condenatória e o seu trânsito em julgado definitivo. Inicia-se, pois, a contagem do prazo na data em que a sentença é publicada. O marco final desse prazo verificar-se-á quando a decisão se tornar definitiva para ambas as partes (acusação e defesa), por não mais caber recurso de espécie alguma (nem especial e/ou extraordinário, nem agravo ou agravo regimental a eles relativos). Se entre esses dois marcos transcorrer prazo suficiente à prescrição subsequente, esta terá acontecido. Observe-se, porém, que se o acórdão for confirmatório de sentença condenatória não interromperá o prazo, mesmo, a nosso ver, com a nova redação do art. 117, IV, do CP, dada pela Lei n. 11.596/2007 (*vide*, a respeito, notas *Acórdão confirmatório de condenação* e *Data do acórdão condenatório*, no art. 117, IV, do CP; *vide*, ainda, Fabio M. de Almeida Delmanto, João Daniel Rassi e Fabio Suardi D'Elia, "Lei n. 11.596/2007: alterações ao art. 117 do CP", *Bol. IBCCr* n. 182, janeiro de 2008). Na hipótese de acórdão condenatório que reforma sentença absolutória, passado em julgado para a acusação, interpondo a defesa recursos especial e/ou extraordinário, o marco inicial será a data do julgamento de segunda instância (*vide* nota *Data do acórdão condenatório* no art. 117, IV, do CP) e o marco final a do trânsito em julgado.

Prescrição retroativa (§ 1º)

■ **Noção:** A chamada prescrição retroativa tem seu fundamento legal na remissão do art. 109, *caput*, combinada com o § 1º deste art. 110. É semelhante, em alguns pontos, à prescrição subsequente, pois também concerne à pretensão punitiva ("da ação penal") e se baseia na mesma pena fixada em concreto pela sentença condenatória. No entanto, a prescrição retroativa tem uma diferença fundamental: seu prazo não é contado para a frente (como na prescrição subsequente), mas é *contado para trás, para o passado* (regressivamente), razão pela qual se chama "retroativa". Com a ocorrência da prescrição retroativa, fica rescindida (desconstituída) a condenação, que servirá, tão só, para marcar a *quantidade* da pena justa, pela qual será aferida a prescrição. Assim, a prescrição retroativa também se vale da pena concreta aplicada pela sentença, mas conta seu prazo para o passado, sujeitando-se às causas de interrupção previstas no art. 117, I a IV. Exemplo: se a sentença condenatória aplicou a pena de seis meses, deve-se observar se o prazo prescricional de três anos (correspondente à pena de seis meses) teria sido ultrapassado entre a data da publicação da sentença e a data do recebimento da denúncia ou queixa. Tendo aquele prazo de três anos sido excedido entre tais marcos, terá ocorrido a denominada prescrição retroativa (*vide* outras possibilidades na nota *Limites temporais*).

■ **Não contagem do prazo entre a data do fato e o recebimento da denúncia ou queixa:** Observe-se que, pela nova redação dada pela Lei n. 12.234/2010 ao § 1º do art. 110, a prescrição retroativa não poderá ter por termo inicial data anterior ao recebimento da denúncia ou queixa, ou seja, não se contará o prazo decorrido entre a data do fato e a data daquele recebimento.

- Lei Falimentar. Prazo prescricional entre o fato e o recebimento da denúncia (§ 1º do art. 110 do CP, com redação dada pela Lei n. 12.234/2010): O atual § 1º do art. 110 do CP, tratando da chamada prescrição retroativa pela pena em concreto, passou a dispor: "A prescrição, depois da sentença condenatória com o trânsito em julgado para a acusação, ou depois de improvido o seu recurso, regula-se pela pena aplicada, *não podendo, em nenhuma hipótese, ter por termo inicial data anterior à denúncia ou queixa*", ou seja, entre a data do fato e a do recebimento da inicial, a prescrição da pretensão punitiva só ocorrerá se atingido o lapso prescricional calculado com base no máximo da pena cominada, nos moldes do art. 109 do CP. Embora o novo § 1º do art. 110 do CP seja posterior à Lei de Falências, esta, como lei especial, deve prevalecer, podendo a prescrição retroativa, pela pena em concreto, nos crimes falimentares, ter por termo inicial data *anterior* ao recebimento da denúncia, ou seja, o "dia da decretação da falência, da concessão da recuperação judicial ou da homologação do plano da recuperação extrajudicial", consoante o *caput* do art.182. Quanto à *inconstitucionalidade* do novo § 1º do art. 110 do CP, vide ROBERTO DELMANTO JUNIOR, *Temas Relevantes de Direito Penal e Processual Penal*, coord. por LUIZ RASCOVSKI, Saraiva, 2012, pp. 252 a 262.

- Efeitos da prescrição retroativa: Como a prescrição se verifica *antes* de transitar em julgado a sentença final condenatória e o art. 109 lhe faz ressalva e remissão expressas, trata-se de prescrição da *pretensão punitiva* (ou "da ação penal"). Por isso, fica extinta a própria pretensão de se obter uma decisão a respeito do crime. Não implica responsabilidade do acusado, não marca seus antecedentes, nem gera futura reincidência; o réu não responde pelas custas do processo e os danos poder-lhe-ão ser cobrados no cível, mas só por via ordinária.

- Indicação do prazo: *a.* Se a pena imposta for privativa de liberdade, será ela que balizará a prescrição, de acordo com os prazos indicados nos incisos I a VI do art. 109 do CP. *b.* Se for restritiva de direitos, serão observados os mesmos prazos (parágrafo único do art. 109). *c.* Se for pena de multa original ou substitutiva, o prazo será de dois anos. Tais prazos podem sofrer a diminuição etária (CP, art. 115), mas neles não incide o aumento devido a eventual reincidência. Tratando-se de concurso de crimes (material ou formal) ou de crime continuado, a prescrição incidirá sobre a pena de cada um deles, isoladamente, e não sobre a soma das penas em concurso material nem sobre os acréscimos devidos ao concurso formal e crime continuado.

- Limites temporais: *1. Em caso de processo comum, com sentença condenatória de primeira instância*, conta-se da publicação da sentença ao recebimento da denúncia ou queixa. *2. Em caso de absolvição em primeira instância e condenação pelo tribunal:* da data dessa condenação à data do recebimento da denúncia ou queixa. *3. Em processo da competência do júri, sendo a sentença deste condenatória: a.* da publicação da sentença à data da decisão confirmatória da pronúncia; *b.* se esta não existiu, da publicação da sentença à pronúncia; *c.* da pronúncia ao recebimento da denúncia ou queixa. Quanto ao acórdão confirmatório de condenação, ele, a nosso ver, em que pese a nova redação dada ao art. 117, IV, do CP, pela Lei n. 11.596/2007, continua não interrompendo a prescrição (vide, a respeito, FABIO M. DE ALMEIDA DELMANTO, JOÃO DANIEL RASSI e FABIO SUARDI D'ELIA, "Lei n. 11.596/2007: alterações ao art. 117 do CP", *Bol. IBCCr* n. 182, janeiro de 2008).

- Trânsito em julgado para a acusação ou improvimento de seu recurso: São duas as condições alternativas para a prescrição retroativa, idênticas às exigidas para a prescrição subsequente: *1.* A acusação (oficial ou particular) conformou-se com a pena e não recorreu visando ao seu agravamento. *2.* Ou a acusação recorreu, mas sua apelação não foi provida ou, se o foi, o aumento dado à pena não alterou seu prazo prescricional, de modo a impedir a prescrição.

- Decisão condenatória de primeira ou segunda instância: É necessária a existência de uma sentença condenatória que tenha fixado a pena, sobre a qual se calculará o prazo prescricional. Todavia, se houve absolvição em primeira instância e condenação no tribunal, será a pena imposta por este que balizará a prescrição retroativa. Então, aquela sentença não interferirá nos limites temporais da prescrição, pois foi absolutória. A contagem será entre a condenação pelo tribunal e o recebimento da denúncia ou queixa.

- **Prescrição pela pena reduzida no tribunal:** Caso o acusado tenha sido condenado, em primeira instância, a determinada pena, mas em apelação, ou em recursos especial e/ou extraordinário, haja sua redução, será esta pena diminuída que regulará a prescrição. Na contagem, porém, não poderá ser desconsiderada a sentença condenatória de primeira instância, como causa de interrupção. Por isso os limites temporais serão contados entre o trânsito em julgado e a data da publicação da sentença condenatória de primeira instância (o acórdão que reduziu a pena não deixou de ser confirmatório da condenação e, por isso, não interrompe a prescrição – cf. CP, art. 117); entre a data de publicação da sentença condenatória de primeira instância e o recebimento da denúncia ou queixa.

- **Desnecessidade de recurso do réu:** Há decisões reclamando não só a existência desse recurso, como também que nele o acusado se tenha insurgido contra o próprio mérito da condenação. Todavia, os textos legais não indicam, explícita ou implicitamente, necessidade de o acusado apelar. Entendemos que, *havendo trânsito em julgado para a acusação* e não podendo, portanto, a pena ser aumentada, o próprio juiz de primeira instância deve decretar a prescrição, já que se trata de matéria de ordem pública, declarável de ofício em qualquer fase do processo (CPP, art. 61). Não se diga que o juiz de primeiro grau não seria mais o juiz do feito, posto que pode ele, por exemplo, deixar de receber recursos intempestivos; nem que estaria inovando o processo, pois, ao decretar a prescrição, não está modificando a sentença condenatória. Assim, a nosso ver, não há motivos, até por economia processual, de se exigir a intervenção da segunda instância ou o início da execução penal (cf., a respeito, Laís Helena Domingues de Castro Pachi, "Possibilidade de reconhecimento da prescrição da pretensão punitiva de maneira retroativa em 1º grau de jurisdição", *Revista do Advogado*, AASP, n. 36, março de 1992, p. 69).

- **Momento da prescrição:** O que importa à prescrição é a data real em que ela se verificou e não o instante em que foi declarada. Assim, mesmo que a sentença se tenha tornado definitiva, sem que se percebesse a ocorrência da prescrição, esta ainda pode ser decretada, até em *habeas corpus* ou revisão. O que importa é que ela tenha acontecido dentro dos seus limites temporais. Se ela assim efetivamente ocorreu, não há diferença em declará-la no próprio instante processual ou depois, pois a prescrição é de direito material (e não processual), inexistindo preclusão a seu respeito.

- **A chamada prescrição penal antecipada:** *Vide* nota e jurisprudência, sob iguais títulos, no art. 109 do CP.

Particularidades da prescrição retroativa

- **Prescrição pela pena da condenação anulada:** Se a condenação transitou em julgado para a acusação, mas foi anulada por vício formal, *vide*, no art. 109 do CP, jurisprudência sob igual título.

- **O vocábulo "acusação":** Quando a lei fala em recurso da acusação ou em improvimento de seu recurso, refere-se tanto à acusação oficial (Ministério Público) como à do seu assistente e à acusação particular (querelante).

- **A prescrição é matéria preliminar:** *a.* Subindo a *apelação do réu* ao tribunal, e verificando este a ocorrência da prescrição, deve o tribunal decretá-la, sem exame do mérito do processo. *b.* Tratando-se de *apelação da acusação*, o tribunal examina sua procedibilidade. Se for improvido o recurso, ou provido de forma a não alterar o prazo prescricional, declarará a ocorrência da prescrição.

- **Perdão judicial:** Como o perdão judicial é – em nosso entendimento e de acordo com a lei – causa de extinção da punibilidade, esta já fica extinta e não há como de novo a extinguir, a pretexto da prescrição (cf. nota ao CP, art. 107, IX).

- **Prescrição apenas do acréscimo:** Discute-se se pode haver prescrição só do acréscimo consequente do concurso formal ou crime continuado. É possível, desde que haja ocorrido a prescrição isolada do crime que acarretou o referido acréscimo.

- **Ação penal originária:** Nas devidas proporções, aplica-se a prescrição retroativa aos processos de competência originária dos próprios tribunais.

- **Crimes falimentares:** A prescrição retroativa é cabível em crimes falimentares, uma vez que o art. 182, *caput*, primeira parte, da Lei n. 11.101/2005 não lhe faz restrição, dispondo que "a prescrição dos crimes previstos nesta Lei reger-se-á pelas disposições do Decreto-Lei n. 2.848, de 7 de dezembro de 1940 – Código Penal". As alterações havidas na atual Lei de Falências e de Recuperação de Empresas, de forma especial, dizem respeito, apenas, ao início do prazo prescricional (art. 182, *caput*, segunda parte) e às causas interruptivas da prescrição (parágrafo único).

Jurisprudência

- **Constitucionalidade do novo § 1º do art. 110 do CP:** Referido dispositivo, alterado pela Lei n. 12.234/2010, vedou completamente o reconhecimento do prescrição retroativa entre a data do fato e recebimento da denúncia para os crimes cometidos após sua vigência. Também, o STF já firmou a constitucionalidade desse dispositivo (TJMS, 2ª CCrim, APR 0012305-81.2015.8.12.0001 MS, j. 30.1.2020, publ. 3.2.2020).

- **Prescrição em abstrato e o § 1º do art. 110 do CP:** O termo inicial da prescrição em abstrato deve observar o art. 111 do Código Penal, restando inaplicável o disposto no art. 110, § 1º, do Código Penal, pois tal previsão se refere aos casos de prescrição na modalidade retroativa. Considerando que a rejeição da denúncia não é causa interruptiva da prescrição (art. 117 do CP), é forçoso o reconhecimento da prescrição em abstrato, pois entre a data dos fatos e até a presente data decorreu transcurso de tempo superior a 04 anos (TJMS – 2ª CCrim, Processo n. 0001295-53.2014.8.12.0105 MS, publ. 1º.11.2019). O termo inicial da prescrição em abstrato deve observar o art. 111 do Código Penal, restando inaplicável o disposto no art. 110, § 1º, do Código Penal, pois tal previsão se refere aos casos de prescrição na modalidade retroativa (TJMS, 2ª CCrim, 0001295-53.2014.8.12.0105 MS publ. 1º.11.2019).

- **Irretroatividade do § 1º:** A atual redação do art. 110, § 1º, do CP veda a aplicação da prescrição retroativa entre a data do fato e do recebimento da denúncia, contudo, como norma de natureza de direito penal, incide o princípio *tempus regit actum*, o que significa que, no caso, não terá efeito porquanto o fato praticado foi anterior à Lei n. 12.234/2010, que promoveu a sua alteração (STJ, 5ª T., RHC 50935 RJ 2014/0215400-6, Min. Ribeiro Dantas, j. 11.6.2019, *DJe* 18.6.2019).

- **Contagem entre recebimento da denúncia e publicação da sentença condenatória:** STF, *RTJ* 147/239; STJ, *RT* 809/539; TRF da 1ª R., Ap. 6.735, *DJU* 23.4.90, p.7541; TRF da 4ª R., Ap. 1999.71.030008580, *DJU* 4.6.2003, p. 767, *in Bol. IBCCr* 129/726; TJSP, *RT* 602/325; TAPR, *RT* 646/322; TJDF, Ap. 9.337, *DJU* 29.3.90, p. 5559; TJRN, *RT* 811/687.

- **Entre publicação da sentença condenatória e julgamento no tribunal:** STF, *RT* 672/386, *Pleno – RT* 601/433, *RTJ* 125/1198, 117/321, 116/1211; STJ, REsp 13.400, *DJU* 8.6.92, p. 8627; TRF da 1ª R., Ap. 16.893, *DJU* 25.6.92, p. 18817; TJDF, Ap. 10.180, *DJU* 30.10.92, p. 34782; TACrSP, Ap. 361.619, j. 25.3.85.

- **Entre recebimento da denúncia ou queixa e condenação no tribunal, se a sentença foi absolutória:** TFR, Ap. 5.282, *DJU* 28.5.87, p.10225; TJSP, *RJTJSP* 93/361; TJDF, Ap. 9.228, *DJU* 28.10.92, p. 34782.

- **Embargos infringentes:** Se a sentença foi absolutória, conta-se o prazo entre o recebimento da denúncia e o julgamento dos embargos infringentes (TJSP, *mv – RJTJSP* 104/484).

- **Embargos de declaração:** Não suspendem ou interrompem o lapso prescricional (STJ, HC 2.802, *DJU* 14.11.94, p. 30963).

- **Entre publicação da sentença condenatória e o trânsito em julgado:** STF, HC 766.118-5-SP, j. 5.5.98, *in Bol. AASP* n. 2.109; STJ, *RT* 809/539.

- **Trânsito em julgado "retroativo":** Precedentes do STJ: "Descabe reconhecer a prescrição da pretensão punitiva, utilizando-se da data do trânsito em julgado da condenação para a Defesa. Encerrada a prestação jurisdicional, com a confirmação da sentença condenatória em segunda instância, a interposição de recurso inadmitido não obsta a formação da coisa julgada" (STJ, 5ª T., AgRg no AREsp 63.540/SP, *DJe* 3.5.2012)." Os recursos de natureza extraordinária não admitidos, porque inadmissíveis, não têm o condão de impedir o trânsito em julgado da condenação" (STJ, 5ª T., HC 230.027/ES, *DJe* 12.6.2013; no mesmo sentido: HC 153.112/DF, *DJe* 13.6.2011). Precedentes do STF: "Recursos protelatórios, porque manifestamente incabíveis, não possuem o condão de alterar ou postergar o trânsito em julgado das decisões judiciais. A certificação do trânsito em julgado não se confunde com o seu conteúdo, que lhe é obrigatoriamente anterior" (STF, 2ª T., AgRg no HC 127.119/RO, j. 23.6.2015; no mesmo sentido: STF, 2ª T., ED no RE 722.047/SP, j. 28.4.2015; STF, 1ª T., AgRg no Ag 856.869/RS).

- Entre a sentença condenatória e o julgamento do recurso especial: STF, HC 84.946/PE, *DJU* 18.2.2005, p. 46, *in Bol. IBCCr* n. 150, maio de 2005; STJ, REsp 67.061-SP, *DJU* 8.11.99, p. 101, *in RBCCr* 30/320.

- Entre o acórdão condenatório e o julgamento do recurso especial: STJ, REsp 397, *DJU* 19.2.90, p. 1048 (considerando-se a data do julgamento em que os réus foram condenados em segundo grau como o marco inicial do prazo).

- Entre sentença e exame do recurso extraordinário: STF, *RTJ* 125/365, 116/1100, *RT* 600/456, *Julgados* 84/461; RE 104.983, *DJU* 28.6.85, p. 10684 (quando o acórdão de segunda instância for confirmatório de condenação).

- Entre publicação da sentença condenatória e agravo regimental, interposto contra a denegação de agravo em recurso extraordinário: STF, AgRg 135.925-1, j. 30.4.91, *DJU* 31.5.91.

- É prescrição da pretensão punitiva a do § 1º: Com a reforma penal de 1984, a Súmula 604 do STF, que enunciava "a prescrição pela pena em concreto é somente da pretensão executória da pena privativa de liberdade", foi tacitamente revogada (TACrSP, RvCr 156.782, *Bol. AASP* n. 1.499, p. 213).

- Contagem pela pena reduzida em recurso: STF, *RT* 605/418, 598/426, 589/436, *RTJ* 120/1071; TFR, Ap. 6.682, *DJU* 9.10.86, p. 18798.

- Não desconto da prisão provisória no cálculo da prescrição em concreto: Calcula-se esta tomando por base a medida cronológica da condenação, sem daí deduzir o tempo passado em prisão provisória, que só se desconta da execução efetiva (STF, *RT* 834/495; HC 71.799, *DJU* 19.5.95, p. 13995, *in RBCCr* 12/284).

- Trânsito em julgado para a acusação: A prescrição, após sentença transitada em julgado para a acusação ou improvido recurso ministerial, regula-se pela pena aplicada (art. 110, § 1º e 112, CP) (TJSP, 12ª CCrim, EP 7001052-92.2019.8.26.0050 SP, rel. Des. Angélica de Almeida, publ. 04.03.2020).

- Recurso improvido da acusação não impede: STF, RE 102.120, *DJU* 2.8.85, p. 12051; *RTJ* 116/843, *RT* 605/418; TJSP, *RJTJSP* 98/492.

- Recurso provido da acusação, mas sem aumentar prazo prescricional, também não impede: STF, *RTJ* 121/214; TJSP, *RJTJSP* 102/389; TACrSP, *RT* 607/322, *Julgados* 85/350 e 461.

- Não incide na retroativa o aumento da reincidência: TJSP, *RT* 631/292; TRF da 1ª R., HC 113 e 1.039, *DJU* 20.11.89, pp. 14535-6; TACrSP, *Julgados* 93/236, 88/110. *Vide*, também, jurisprudência no art. 109 do CP, sob o título *Reincidência*.

- Não se despreza o acréscimo decorrente de causa especial de aumento: STF, *RT* 596/448; STJ, RHC 252, *DJU* 12.3.90, p. 1709.

- Não é contado o acréscimo da continuidade: STF, *RT* 627/349, *RTJ* 113/1076; STJ, *RT* 778/540; TJSP, *RJTJSP* 96/417; TACrSP, *Julgados* 82/25.

- Não é contado o acréscimo do concurso formal: Na contagem de prescrição retroativa, não devem ser computados os aumentos decorrentes do concurso formal e do crime continuado, não se podendo, contudo, fazer o mesmo com as circunstâncias agravantes e atenuantes (STJ, *RT* 778/540).

- **Prescrição somente do acréscimo:** Se o crime que levou ao acréscimo pelo concurso formal estaria, ele próprio, prescrito, pode-se decretar a prescrição só desse acréscimo (TACrSP, *Julgados* 83/388, 80/469). Não é possível decretar, isoladamente, a prescrição do acréscimo pelo crime continuado (STF, *RTJ* 125/1086; TJSP, *RT* 648/288).

- **Prescrição pela pena da condenação anulada:** *Vide* jurisprudência no CP, art. 109.

- **Penas privativas de liberdade e de inabilitação para o exercício de cargo ou função pública (Decreto-Lei n. 201/67):** Ambas são autônomas e prescrevem cada uma a seu tempo (STJ, *RT* 873/563).

- **Prescrição da medida de segurança:** *Vide* jurisprudência no art. 96 do CP.

- **Efeitos da prescrição retroativa ou subsequente:** Alcança toda a ação penal, retornando o réu à primariedade e excluindo-se seu nome do rol dos culpados (STF, *RT* 644/377). Não implica responsabilidade do acusado, não marca seus antecedentes nem gera reincidência (STF, *RT* 630/366). Elimina e extingue toda a carga jurídica da sentença, adquirindo o condenado status de inocente, para todos os efeitos legais (TACrSP, *RT* 701/325, *RJDTACr* 17/151). Não corporifica título executivo judicial (TACrSP, *RT* 648/306).

- **Desnecessidade de recurso do réu:** Não pode o juiz de primeiro grau, na mesma sentença, condenar e reconhecê-la (TACrSP, *Julgados* 91/325; TJMG, *RT* 628/357; TAMG, Ap. 101.139, j. 9.10.90; TRF da 5ª R., *RT* 764/709, 767/718), mesmo condicionando-a ao eventual trânsito em julgado para a acusação (TJSC, *JC* 70/391). Havendo trânsito em julgado para a acusação, o próprio juiz de primeira instância pode decretar a prescrição retroativa, julgando prejudicado eventual recurso do acusado por falta de interesse de agir (TACrSP, *RJDTACr* 22/317). Inexistindo apelação também da defesa, pode a prescrição retroativa ser declarada pelo juízo da execução, como prévio incidente desta (TACrSP, *RT* 639/317).

- **Ocasião de declaração da prescrição retroativa:** Se ocorreu, deve o Tribunal declará-la preliminarmente, ficando prejudicada a apelação do réu (TJPR, *RT* 642/328). Com o improvimento do recurso do Ministério Público, ocorrendo o lapso prescricional, decreta-se a extinção da pretensão punitiva *ex officio*, ainda que nenhuma das partes o tenha requerido (TJDF, Ap. 10.698, *DJU* 17.6.92, p. 17962). A 1ª Turma do STF não declarou de imediato a prescrição, quando a condenação se deu originariamente no julgamento do recurso extraordinário (*RTJ* 126/427). Cabe ao juízo da execução dispor sobre pedido de extinção da punibilidade decorrente da prescrição retroativa, não podendo haver supressão de instância se nos autos encontram-se pendentes de demonstração alguns pontos importantes para a prestação jurisdicional (RT 811/555). Pode ser reconhecida em *habeas corpus*, mesmo para desconstituir condenação transitada em julgado (*RTJ* 124/1000).

- **Corréu que não apelou:** O corréu condenado na mesma sentença, mas que não apelou, é alcançado pela decretação da extinção da punibilidade do outro acusado que apelou, pleiteando a prescrição (TJGO, *RGJ* 7/115-6).

- **Em processos do júri:** Conta-se a prescrição entre a decisão de pronúncia irrecorrida e a condenação pelo júri (TJSP, *RJTJSP* 97/487). Calcula-se a prescrição retroativa entre o recebimento da denúncia e a decisão de pronúncia (TJSP, *RT* 599/316).

- **Efeitos da prescrição da pretensão executória:** Elimina somente o direito de execução, mantendo íntegros os demais efeitos secundários da condenação (TJSC, *JC* 69/481).

- **Competência para decretação da prescrição da pretensão executória:** É competente o juízo das execuções, não sendo necessária a prisão do réu para a expedição da carta de guia (TJSP, *RT* 648/269, 645/265, 642/278).

- **Aumento do prazo pela reincidência (prescrição executória):** Para que o aumento de um terço, previsto no final do *caput* do art. 110, incida na prescrição da pretensão executória, é necessário que a sentença tenha reconhecido a reincidência (STF, *RT* 558/398, *RTJ* 80/727), não bastando o reconhecimento desta na fase da execução (STJ, *RT* 747/626). O fato de possuir péssimos antecedentes não faz o condenado reincidente, não se aplicando o acréscimo do art. 110; ademais, o acréscimo só é cabível na hipótese de prescrição após o trânsito em julgado da condenação (executória) (TRF da 3ª R., Ap. 97.03.060434-0/SP, *DJU* 2.12.97, p. 104306, *in RBCCr* 21/305). *Vide*, também, jurisprudência sob o título *Reincidência*, no art. 109 do CP.

TERMO INICIAL DA PRESCRIÇÃO ANTES DE TRANSITAR EM JULGADO A SENTENÇA FINAL

Art. 111. A prescrição, antes de transitar em julgado a sentença final, começa a correr:

I – do dia em que o crime se consumou;

II – no caso de tentativa, do dia em que cessou a atividade criminosa;

III – nos crimes permanentes, do dia em que cessou a permanência;

IV – nos de bigamia e nos de falsificação ou alteração de assentamento do registro civil, da data em que o fato se tornou conhecido;

V – nos crimes contra a dignidade sexual de crianças e adolescentes, previstos neste Código ou em legislação especial, da data em que a vítima completar 18 (dezoito) anos, salvo se a esse tempo já houver sido proposta a ação penal.

Início da prescrição da pretensão punitiva ("da ação")

■ **Alteração:** A Lei n. 12.650, de 17.5.2012, acrescentou o inciso V ao art. 111 do CP, o qual, por ser mais gravoso, não retroagirá.

■ **Noção:** Em cinco preceitos, este art. 111 fixa os *termos iniciais* da prescrição da pretensão punitiva ("da ação"), ou seja, o momento a partir do qual começa a correr a prescrição do CP, art. 109. Note-se, porém, que essa prescrição ainda poderá estar sujeita a eventuais causas interruptivas ou suspensivas (CP, arts. 117 e 116).

■ **I. Consumação do crime:** O primeiro item traz a regra geral de que a prescrição da pretensão punitiva ("da ação") começa na data em que o crime se consumou. Vejamos as diversas hipóteses. *Crimes materiais:* a prescrição inicia-se no dia em que o resultado se produziu e não na data da ação. Assim, se a vítima de homicídio é ferida em certo dia e morre uma semana depois, é a partir desta última data que se conta o prazo prescricional. *Crimes formais ou de mera conduta:* inicia-se na data da própria atividade. *Crimes omissivos próprios:* na data do comportamento negativo. *Crimes omissivos impróprios:* começa no dia do resultado. *Crimes preterdolosos ou qualificados pelo resultado:* na data em que este se produz. *Crimes culposos:* inicia-se no dia do resultado naturalístico. *Crimes habituais: vide* anotação específica em *Outras questões*.

■ **II. Tentativa:** A prescrição se inicia na data em que cessou a atividade criminosa. Por isso, se os atos executórios da tentativa se deram em dias diversos, a prescrição começará no último deles.

■ **III. Crimes permanentes:** Nas infrações penais permanentes, o prazo principia na data em que cessou a permanência. Ainda que já consumadas, a prescrição delas só começa no dia em que o agente cessa a sua conduta. Observe-se, porém, que os crimes permanentes não devem ser confundidos com os delitos instantâneos de efeitos permanentes; nestes últimos, só os seus efeitos perduram após a consumação.

■ **IV. Bigamia e falsificação ou alteração de assentamento do registro civil:** Para estes crimes, dispõe o item IV que a prescrição começa a correr na data em que o fato se tornou conhecido. Interpreta-se que o aludido conhecimento é referente à autoridade pública. Entretanto, a dúvida surge quanto a saber se tal conhecimento é *presumido* pelo uso notório do documento falsificado ou depende de *notícia formal* dada à autoridade. Seguimos a primeira orientação (conhecimento presumido e não formal), pois o legislador apenas empregou a expressão "se tornou conhecido", sem exigir expressa notícia às autoridades. Além disso, a posição contrária pode levar, eventualmente, a situações profundamente injustas, como no caso de certo pescador que foi processado cinquenta e dois anos depois do fato (TFR, Ap. 4.047, *DJU* 20.4.81, p. 3419). As duas posições: *a.* Presume-se o conhecimento pelo uso ostensivo do documento (STF, *RTJ* 85/240; TRF da 1ª R., RCr 11.555, *mv – DJU* 28.9.92, pp. 30202-3). b. É necessário o conhecimento formal da autoridade (STF, *mv – RTJ* 71/697; RE 113.763, *DJU* 18.8.89, p. 13230). *Alcance:* este inciso IV contém exceção que não pode ser estendida a outras hipóteses, como os crimes de falsificação de documento público, "por maiores que sejam seus reflexos no registro civil" (STJ, *mv –* RJTJMG 126-127/443), de escritura pública (TRF da 1ª R., RCr 11.555, *mv – DJU* 28.9.92, pp. 30202-3), de transcrição imobiliária, de registro de estrangeiro etc., pois só diz respeito ao assentamento do registro civil (TJSP, *RT* 706/307-9; TFR, RCr 607, *DJU* 16.4.80, p. 2458; RCr 465, *DJU* 28.11.79, p. 8901).

- **V. Vítima de crimes sexuais menor de 18 anos:** A Lei n. 12.650, de 17.5.2012, acrescentou o inciso V a este art. 111, prevendo que, "nos crimes contra a dignidade sexual de crianças e adolescentes, previstos neste Código ou em legislação especial" (*vide* nota abaixo Quais crimes?), a prescrição, antes de transitar em julgado a sentença final, somente começa a correr "da data em que a vítima completar 18 (dezoito) anos, salvo se a esse tempo já houver sido proposta a ação penal". Vale lembrar que, desde a redação dada pela Lei n. 12.015/2009 ao art. 225 do CP, a ação penal é pública incondicionada se a vítima é menor de 18 anos ou pessoa vulnerável; com o advento da Lei n. 13.718, de 24.9.2018, para todos os crimes previstos nos Capítulos I e II do Título VI do CP, independentemente da menoridade ou vulnerabilidade da vítima, a ação penal tornou-se pública incondicionada (*vide* comentários ao art. 225 do CP). Não obstante, em nossa opinião, a regra deste art. 111, inciso V, continua vigente, válida e eficaz, mesmo após o advento das referidas leis, constituindo esta regra uma forma maior de proteção da vítima menor de 18 anos ou pessoa vulnerável, já que em todo caso a prescrição somente começará a correr da data em que a vítima completar 18 anos, salvo se já tiver sido proposta a ação penal.

- **Quais crimes?:** Os crimes contra a dignidade sexual de crianças e adolescentes, previstos neste Código ou em legislação especial, abrangem não só os crimes contra a dignidade sexual previstos no Título VI da Parte Especial do Código Penal (arts. 213 a 218-B, 227, § 1º, 230, § 1º, 231, § 2º, I, e 231-A, § 2º), mas também na legislação penal especial, como o Estatuto da Criança e do Adolescente – ECA (arts. 240, 241 e 244-A da Lei n. 8.069/90).

- **Outras questões:** *1. Crimes continuados.* Conta-se a prescrição deles a partir da data da consumação de cada uma das ações que compõem a continuidade. *2. Crimes habituais.* A quase totalidade da doutrina nacional entende que a prescrição da pretensão punitiva dos delitos habituais tem por termo inicial a data do último ato delituoso, à semelhança dos crimes chamados permanentes. Embora majoritária, essa interpretação nos parece duvidosa e fruto de analogia vedada em Direito Penal. Doutrinariamente, os delitos continuados e permanentes não se confundem com os habituais. Por outro lado, a lei não abre exceção para as infrações habituais, à semelhança do que faz nos itens II a V deste artigo. Assim, sob risco de se estar empregando a analogia contra o acusado, parece-nos mais técnico considerar como ponto inicial da prescrição dos crimes habituais (não permanentes) a data de sua consumação (item I do art. 111), ou seja, o dia em que a reiteração de atos os tornou consumados. *3. Prescrição subsequente à condenação e prescrição retroativa.* Sobre o termo inicial dessas formas de prescrição, *vide* comentários ao § 1º do art. 110.

Jurisprudência

- **Prescrição em abstrato e termo inicial:** O termo inicial da prescrição em abstrato deve observar o art. 111 do Código Penal, restando inaplicável o disposto no art. 110, § 1º, do Código Penal, pois tal previsão se refere aos casos de prescrição na modalidade retroativa. Considerando que a rejeição da denúncia não é causa interruptiva da prescrição (art. 117 do CP), é forçoso o reconhecimento da prescrição em abstrato, pois entre a data dos fatos e até a presente data decorreu transcurso de tempo superior a 04 anos (TJMS – 2ª CCr, Processo n. 0001295-53.2014.8.12.0105 MS, publ. 1º.11.2019).

- **Incerteza quanto à data do crime:** Ignorado o dia e o mês da consumação do crime, mas conhecido só o seu ano, pode-se considerar como se tendo consumado no dia 1º de janeiro, para não prejudicar quanto à prescrição (TACrSP, *RT* 608/353).

- **Nos crimes permanentes:** Tratando-se de crimes permanentes, aplica-se a lei vigente quando da cessação da permanência. Por isso, como as infrações penais ainda estão sendo praticadas, o édito recorrido não poderia ter reconhecido a prescrição antes do recebimento da denúncia em face da proibição expressa contida na nova redação do § 1º do art. 110 do CP, dada pela Lei n. 12.234/2010. Súmula 711 do Colendo STF (TJPA, 2ª T. de Direito Penal, j. 3.9.2019, publ. 9.9.2019). De acordo com o art. 111, III, do CP, nos crimes permanentes, o termo inicial da prescrição antes de transitar em julgado a sentença final é o dia em que cessou sua permanência. No caso em concreto, tendo em vista que a extinção do vínculo empregatício entre o paciente e a empresa contratante, o lapso prescricional se inicia na data do referido desligamento (TJMG, HC 10000180604928000 MG, publ. 23.10.2019). Nos crimes permanentes, o termo inicial da prescrição conta-se a partir da cessação da permanência (STJ, REsp 40.809, *DJU* 14.3.94, p. 4531; TJSP, *RT* 802/567). Se a permanência atinge período sob a égide de lei penal mais gravosa (Lei n. 12.234/2010), aplica-se esta, nos termos também da Súmula 711 do STF (TJES, 2ª Câmara Criminal, Ap. 0016575-61.2013.8.08.0024, rel. Des. Sérgio Luiz Teixeira Gama, j. 7.2.2018, publ. 15.02.2018). Se não cessada a conduta, o termo inicial será aquele da instauração do inquérito ou do processo (TACrSP, *RT* 634/298). A instauração do inquérito policial não implica necessariamente a cessação do crime permanente e o início do prazo prescricional; afirmada na denúncia que a associação criminosa perdurava até a sua data, a cessação de permanência e o ponto inicial da contagem da prescrição hão de situar-se no seu recebimento (STF, *RT* 718/512). Tratando-se de estelionato de rendas mensais de benefício previdenciário, que dura no tempo, há permanência na consumação (delito eventualmente permanente), devendo o termo inicial contar-se da cessação da permanência (STJ, *RT* 706/399, 773/551; TRF da 5ª R., *RT* 820/722, 777/736; HC 89, *DJU* 22.2.91, p. 2765; TRF da 3ª R., *mv – RT* 779/700; RSE 2000.61.81.008305-0, j. 6.9.2005; TRF da 4ª R., *RT* 772/719). *Contra, em parte:* Se foi condenado pelo art. 171 do CP, devido a fraude consistente na adulteração de certidão de nascimento de segurada do INSS, resta caracterizado crime instantâneo, incidindo a regra do art. 111, I, do CP (STF, *RT* 791/537).

- **Crimes instantâneos de efeitos permanentes:** Não podem ser confundidos com os crimes permanentes, não seguindo a regra de início destes (STF, *RT* 598/414). A falsidade ideológica é crime formal e instantâneo, cujos efeitos podem vir a se protrair no tempo. A despeito dos efeitos que possam, ou não, vir a gerar, ela se consuma no momento em que é praticada a conduta. Diante desse contexto, o termo inicial da contagem do prazo da prescrição da pretensão punitiva é o momento da consumação do delito, e não da eventual reiteração de seus efeitos (STJ, 3ª Seção, RvCr 5233 DF 2019/0327681-6, rel. Min. Reynaldo Soares da Fonseca, j. 13.5.2020, *DJe* 25.5.2020). Em se tratando de falsidade documental, a regra é a do inciso I do art. 111 do CP, e não a do inciso IV, restrita às falsificações ou alterações de assentamento de registro civil, e tampouco a do inciso III, já que não se trata de delito permanente, mas de infração instantânea com efeito permanente (TRF da 4ª R., *RT* 764/705). O crime consubstanciado na confecção de certidão falsa é instantâneo, não o transmudando em permanente o fato de terceiro haver sido beneficiado com a fraude de forma projetada no tempo. Deixa, assim, de atrair a regra da contagem do prazo prescricional a partir da cessação dos efeitos (CP, art. 111, III) (STF, *RT* 822/529; HC 79.744-0, *DJU* 12.4.2002, p. 53, *in Bol. IBCCr* 114/608; HC 84.998, *DJU* 16.9.2005, p. 26, citando o HC 75.053-2 e o RHC 83.446-9).

- **Crimes continuados:** Com a reforma penal de 1984, eles ficaram jungidos ao concurso de crimes e a prescrição é contada em relação a cada delito componente e não mais do dia em que cessa a continuação (STF, *RT* 720/563; TACrSP, *Julgados* 84/192).

TERMO INICIAL DA PRESCRIÇÃO APÓS A SENTENÇA CONDENATÓRIA IRRECORRÍVEL

Art. 112. No caso do art. 110 deste Código, a prescrição começa a correr:

I – do dia em que transita em julgado a sentença condenatória, para a acusação, ou a que revoga a suspensão condicional da pena ou o livramento condicional;

II – do dia em que se interrompe a execução, salvo quando o tempo da interrupção deva computar-se na pena.

Início da prescrição da pretensão executória ("da condenação")

- **Noção:** Determina-se, nos dois incisos deste art. 112, o ponto inicial da prescrição da pretensão executória (ou "da condenação"). Na verdade, a contagem da prescrição é sempre idêntica, pois se faz pelo mesmo calendário (art. 109). Todavia, conforme seja a *forma* dessa prescrição, ela poderá ter pontos iniciais e finais *diversos*, e ficar ou não sujeita a determinadas causas de interrupção ou suspensão da prescrição. Vejamos os termos iniciais aqui assinalados:

- **Trânsito em julgado para a acusação:** A partir da data em que a sentença condenatória passa em julgado para a *acusação*, já se inicia a contagem da prescrição da pretensão executória. Exemplo: condenado o réu e transitada a sentença para a acusação em uma data, o acusado só vem a ser dela intimado três meses depois e não apela. Embora a sentença condenatória só se tenha tornado definitiva nesta última data (com o trânsito para ambas as partes), a contagem do prazo prescricional se faz a partir daquele momento *anterior* em que a condenação transitara em julgado para a acusação.

- **Revogação do *sursis* ou do livramento condicional:** A prescrição também começa a correr da data em que passa em julgado a sentença que revoga o *sursis* (CP, art. 81; LEP, art. 162) ou o livramento condicional (CP, arts. 86 e 87; LEP, art. 140). E enquanto não for executada a sentença que os revogou, estará em andamento a prescrição da pretensão executória (ou "da condenação").

- **Interrupção da execução:** *a.* Se a interrupção é devida à *fuga* do condenado, a prescrição será contada a partir da data da evasão. *b.* No caso de internação do condenado em hospital (CP, arts. 41 e 42), o tempo de internamento é computado na pena.

Jurisprudência

- **Trânsito em julgado para a acusação:** Nos termos do art. 112, I, CP, o termo inicial da contagem do prazo prescricional da prescrição executória é o do trânsito em julgado da sentença condenatória para a acusação (STJ, 5ª T., RHC 50935 RJ 2014/0215400-6, Min. Ribeiro Dantas, j. 11.6.2019, *DJe* 18.6.2019). A prescrição, após sentença transitada em julgado para a acusação ou improvido recurso ministerial, regula-se pela pena aplicada (arts. 110, § 1º, e 112, CP) (TJSP, 12ª CCrim, EP 7001052-92.2019.8.26.0050 SP, rel. Des. Angélica de Almeida, publ. 4.3.2020).

- *Sursis*: Nos termos do art. 160 da LEP, a audiência de admoestação do *sursis* deve ser feita após o trânsito em julgado da condenação; mas, ainda que realizada antes, ela não suspende a prescrição da pretensão punitiva (TFR, Ap. 6.283, *DJU* 28.5.87, p. 10316), mas só a da pretensão executória. Durante o período de prova, não corre o lapso prescricional (STJ, REsp 1.858, *DJU* 26.8.91, p. 11405). Revogado o *sursis*, passa o prazo a fluir da data da revogação, ou seja, não se conta qualquer período de tempo decorrido anteriormente (TJSP, *RT* 648/284). Despacho que torna sem efeito o *sursis* ainda não iniciado não interrompe a prescrição da pretensão executória (TACrSP, *RT* 747/697, 778/610).

PRESCRIÇÃO NO CASO DE EVASÃO DO CONDENADO OU DE REVOGAÇÃO DO LIVRAMENTO CONDICIONAL

Art. 113. No caso de evadir-se o condenado ou de revogar-se o livramento condicional, a prescrição é regulada pelo tempo que resta da pena.

Evasão do condenado ou revogação do livramento condicional

- **Alcance:** O art. 113 tão só diz respeito à prescrição da pretensão executória ("da condenação"), pois fala em condenado e em livramento condicional.

- **Regula-se pelo tempo restante da pena:** Em caso de fuga do condenado ou de revogação do livramento condicional, a prescrição é calculada pelo resto do tempo da pena (saldo).

- **Desconto da prisão provisória:** Quanto ao desconto do tempo de prisão provisória (em flagrante, temporária ou preventiva), que é objeto da *detração* prevista no art. 42 do CP, a solução não é tranquila, existindo opiniões que admitem o desconto e outras que o negam. Em nosso entendimento, deve-se descontar da prescrição da pretensão executória ("da condenação") o tempo em que o condenado esteve antes preso provisoriamente. Se, mesmo no caso de fuga, ele não perde o tempo em que ficou preso, não se pode deixar de dar igual tratamento a quem não se evadiu, mas foi legalmente *solto* pelo juiz.

Jurisprudência

- **Alcance:** O art. 113 do CP cuida da prescrição da pretensão executória (STJ, HC 2.753, *DJU* 5.12.94, p. 33569).

- **Em caso de fuga:** Conta-se a prescrição pelo resto do tempo da pena (STJ, RHC 4.223, *DJU* 6.3.95, p. 4374, *in RBCCr* 10/219; HC 2.439, *DJU* 25.4.94, p. 9262, *in RBCCr* 7/212).

- **Detração para efeitos prescricionais:** Há duas correntes: *a.* não se desconta (STF, RHC 84.853-2, *RT* 834/495; HC 69.865, *DJU* 26.11.93, p. 25532; *RTJ* 76/711; TACrSP, *RJDTACr* 21/350); *b.* desconta-se (TACrSP, *RT* 484/324, 456/398; TAMG, RSE 1.418, j. 17.3.88).

PRESCRIÇÃO DA MULTA

Art. 114. A prescrição da pena de multa ocorrerá:

I – em 2 (dois) anos, quando a multa for a única cominada ou aplicada;

II – no mesmo prazo estabelecido para prescrição da pena privativa de liberdade, quando a multa for alternativa ou cumulativamente cominada ou cumulativamente aplicada.

Prescrição da pena de multa

- **Alteração:** Artigo com redação dada pela Lei n. 9.268, de 1.4.96.

- **Noção:** Este art. 114 trata, no inciso I, da pena de multa quando ela é a *única cominada* (prevista) *ou aplicada* como sanção penal, e, no inciso II, quando ela é *alternativa* ou *cumulativamente cominada*, ou *cumulativamente aplicada*.

- **Prazo:** No caso do inciso I, a prescrição ocorrerá em dois anos. Na hipótese do inciso II, no mesmo prazo estabelecido para a prescrição da pena privativa de liberdade. Os prazos dos incisos I e II aplicam-se tanto para a prescrição da pretensão punitiva ("da ação") quanto para a prescrição da pretensão executória ("da condenação"). Tais períodos não sofrem o aumento da reincidência (CP, art. 110, última parte), mas lhes é aplicável a redução pelo fator etário (CP, art. 115).

- **Multa substitutiva:** Mesmo que a pena de multa não seja daquelas originariamente previstas na sanção do crime, mas tenha sido aplicada em substituição a uma pena privativa de liberdade, ela terá, para fins prescricionais, o seu tratamento como pena de *multa*, e não o que mereceria a anterior pena substituída por ela. Sobre a não revogação tácita do art. 60, § 2º, *vide* nota ao art. 44 do CP.

- **Causas interruptivas e suspensivas (impeditivas) da prescrição da pena de multa:** O art. 51 do CP, também com redação dada pela Lei n. 9.268/96, determina, quanto às causas interruptivas e suspensivas da prescrição da pena de multa (prescrição da pretensão executória), que se aplica a Lei n. 6.830/80 (Lei de Execução Fiscal).

Jurisprudência

- **Cálculo da prescrição com base na pena de multa substituta:** Admite-se o reconhecimento da prescrição com base na pena de multa aplicada em substituição à privativa de liberdade, nos termos da Lei n. 9.714/98 (TACrSP, Ap. 1.043.651-1, rolo 1.226, *flash* 112).

- **Cálculo da prescrição da pena de multa aplicada cumulativa ou alternativamente:** Aplica-se à pena de multa, no que tange ao lapso prescricional, o prazo correspondente à pena privativa de liberdade, na hipótese de ter sido essa aplicada cumulativa ou alternativamente (TJES, 1ª Câmara Criminal, EP 0029245-24.2019.8.08.0024, publ. 17.2.2020; TJCE, 2ª CCrim, APL 0004827-74.2013.8.06.0125 CE 0004827-74.2013.8.06.0125, publ. 18.12.2019; TACrSP, *RT* 808/637).

- **Prescrição da pena de multa e Lei de Execução Fiscal:** A Lei n. 9.268/96, que deu nova redação ao art. 51 do CP, não retirou a competência do juízo da execução criminal, mas estabeleceu uma alteração no procedimento de cobrança, pretendendo torná-lo mais rápido e eficiente. Em suma, o rito passou a ser o da Lei de Execução Fiscal. Os prazos prescricionais são aqueles do art. 114 do CP com a redação que lhe deu a mesma lei; contudo, as causas interruptivas e suspensivas da prescrição são agora as previstas na legislação de execução fiscal (TJSP, *RT* 747/668-669).

REDUÇÃO DOS PRAZOS DE PRESCRIÇÃO

Art. 115. São reduzidos de metade os prazos de prescrição quando o criminoso era, ao tempo do crime, menor de 21 (vinte e um) anos, ou, na data da sentença, maior de 70 (setenta) anos.

Redução de metade por ser menor de 21 ou maior de 70 anos

- **Noção:** Essa redução dos prazos é aplicável a todas as formas de prescrição: da chamada pretensão punitiva ou "da ação" (em abstrato ou em concreto, seja esta última retroativa ou subsequente) e da denominada pretensão executória ou "da condenação". Os termos "criminoso" e "tempo do crime", empregados neste artigo, são *inadequados* aos casos de prescrição da pretensão punitiva, mesmo retroativa ou subsequente, pois esse tipo de prescrição elimina todos os efeitos da condenação [*vide* jurisprudência sob o título *Efeitos da prescrição da pretensão punitiva (em concreto)* no art. 109 do CP], sendo adequados apenas à hipótese de prescrição da pretensão executória.

- **Menor de 21 anos:** Para a redução dos prazos, basta que o jovem possua menos de 21 anos ao *tempo do crime* (CP, art. 4º), sendo indiferente que, à época da prescrição ou da sentença, já tenha ele ultrapassado aquele limite. Há corrente jurisprudencial que exige prova documental dessa menoridade.

- **O Código Civil de 2002 (menoridade penal relativa e maioridade civil):** A menoridade que conta é a penal, e não a civil. O fato de o art. 5º do CC de 2002 ter consagrado a maioridade da pessoa aos 18 anos, abolindo a então denominada "menoridade civil relativa" que vigia até os 21 anos, não revogou a primeira parte deste art. 115, e tampouco a atenuante do art. 65, I, do CP, dada a especificidade da Lei Penal, nos termos do próprio art. 2.043 do CC. Como bem adverte José Henrique Rodrigues Torres, em alentado estudo, "decididamente, não há confundir a 'cessação da menoridade civil', reconhecida pelo art. 5º do atual CC, com a 'menoridade penal relativa', estabelecida pelo sistema penal. A 'menoridade civil' não tem nada a ver com a 'menoridade penal' e muito menos com a 'menoridade penal relativa'. A 'maioridade civil', deferida aos maiores de 18 anos, está vinculada ao critério do discernimento e tem o seu significado vinculado à capacidade específica de exercício de atos da vida civil, diz respeito às relações intersubjetivas no âmbito do sistema privado e foi reconhecida pelo novo Código Civil no contexto principiológico de um sistema privatista. Já a 'menoridade penal', garantida aos menores de 18 anos, e a 'menoridade penal relativa', assegurada aos maiores de 18 anos e menores de 21 anos, estão vinculadas à imputabilidade e ao garantista princípio constitucional da culpabilidade, foram fixadas de acordo com critérios normativos, têm inspiração na opção política do Estado de Direito Democrático, dizem respeito às relações de poder no âmbito do controle repressivo estatal, constituem corolários dos princípios limitadores do poder punitivo do Estado, tais como o do direito penal mínimo, e têm seus fundamentos vinculados a princípios próprios do sistema penal, totalmente distintos daqueles que embasam o sistema privado" ("Reflexos do novo Código Civil no sistema penal", *RBCCr* 44/86 a 127). Permitimo-nos acrescentar: tanto não se confundem menoridade civil e penal que nem na vigência do antigo Código Civil, ainda que o agente menor de 21 anos tivesse se casado ou sido "emancipado", continuava cabível a atenuante do art. 65, I, do CP. Por outro lado, se o critério da capacidade civil fosse a causa para a redução deste art. 115, o maior de 70 anos, mas lúcido e capaz para os atos da vida civil, também não deveria fazer jus à redução, o que seria um absurdo. Trata-se de opção de política criminal do legislador penal, como bem assinalado por RODRIGUES TORRES.

- **Maior de 70 anos:** Quanto à redução para os mais velhos, requer-se que os 70 anos se tenham completado até a *data da sentença*, pouco importando que o agente ainda não tivesse essa idade ao tempo do crime. A respeito da interpretação da expressão "na data da sentença", há três posições (*vide* jurisprudência abaixo): 1º. A expressão deve ser interpretada literalmente, de forma que a mesma deve ser considerada como a data da sentença (ou da primeira decisão condenatória, seja de 1º grau ou de 2º grau (acórdão); assim, se a sentença de 1º grau for absolutória, deve ser considerada como "data da sentença" a data do acórdão condenatório; já se a sentença de 1º grau for condenatória, para fazer jus à redução do prazo prescricional deste art. 115, o condenado deve ter completado 70 anos antes desta data; 2ª. Tendo em vista a intenção do legislador, a expressão deve ser interpretada de forma ampla, podendo-se considerar como data da sentença também a do acórdão, de forma que se aplica a redução do prazo prescricional deste art. 115 do CP se o acusado completar 70 anos de idade até o julgamento definitivo de sua apelação, incluindo-se eventuais embargos de declaração ou infringentes. 3ª. A expressão "na data da sentença" deve ser interpretada da forma mais favorável ao acusado (princípio *favor libertatis*), devendo-se considerar a data do trânsito em julgado da condenação. Pensamos ser mais acertada a 3ª posição, tendo em vista o secular princípio *favor libertatis*. Desse modo, se o acusado completar 70 anos antes do trânsito em julgado da condenação, deve ser aplicada a redução do prazo prescricional deste art. 115. A respeito, *vide* jurisprudência abaixo.

- **O Estatuto do Idoso:** Cumpre observar que o art. 115 do CP, no que concerne ao maior de 70 anos, não foi afetado pelo art. 1º da Lei n. 10.741/2003, que considera idosa a pessoa com idade igual ou superior a 60 anos.

Questões diversas

- **Crime continuado:** Dando-lhe a lei tratamento de *crime único*, ele não pode ser dividido. Se o agente iniciou o *crime* continuado antes dos 21 anos e o completou depois, mesmo assim incidirá a redução pela idade.

- **Contravenções:** Nelas incidirá a redução prescricional etária, por força do art. 12 do CP e art. 1º da LCP. A palavra crime, usada neste art. 115, deve ser compreendida como infração penal, em razão de permitida e necessária interpretação extensiva benéfica. Caso contrário, teríamos o absurdo de uma contravenção penal – cometida por menor de 21 anos ou maior de 70 – ficar com prazo prescricional superior ao de vários crimes com penas leves, em que cabe a redução prescricional etária.

Jurisprudência

- **Menor de 21 anos:** Para fins de redução do prazo prescricional, o STF, durante certo tempo, considerou imprescindível a *prova documental* da menoridade. Algumas vezes o STF abrandou o entendimento, aceitando que a idade fosse demonstrada por *prova idônea* (STF, RE 90.585, *DJU* 30.5.80, p. 3951). Todavia, ainda podem ser apontadas três correntes: *a. Exige-se certidão de nascimento ou documento hábil* (STF, HC 71.881, *DJU* 19.5.95, p. 13996, *in RBCCr* 12/283; *RT* 614/377, *RTJ* 92/1305, *mv* – 85/1047; STJ, Súmula 74; REsp 2.081, *DJU* 4.6.90, p. 5068; REsp 1.856, *DJU* 28.5.90, p. 4738; TJDF, Ap. 9.973, *mv* – *DJU* 15.3.90, p. 4287; TAPR, *RT* 646/323; TJSP, *RT* 518/318; TJMG, *JM* 128/336; TACrSP, *Julgados* 76/113). *b.* Não se exige, desde que a comprovação seja idônea (STF, RE 90.585, *DJU* 30.5.80, p. 3951; TACrSP, *RT* 611/381, *Julgados* 85/413, 68/272; TJSC, *RT* 561/406; TJRN, *RT* 764/655), podendo a prova da menoridade ser feita pela folha de antecedentes do acusado, acompanhada por informações consignadas pelo próprio órgão ministerial (TJRN, *RT* 811/687). *c. Não se exige, se a menoridade não foi contestada no curso do processo* (TAMG, Ap.12.213, j. 29.4.85; TJRN, *RT* 764/655; TJRJ, *RT* 591/374; TACrSP, *Julgados* 87/407, 85/384, 79/302, 73/259).

- **Menor de 21 anos em crime continuado:** Sendo o crime continuado um delito único, ao qual se impôs uma só sanção, o benefício legal que reduz o prazo prescricional tem aplicação mesmo na hipótese em que o acusado atinge a maioridade no curso da continuidade delitiva (STJ, RHC 10.182, *DJU* 1.10.2001, p. 246, *in Bol. IBCCr* 110/577).

- **Menor de 22 anos:** Não se aplica o art. 115 a quem já completara 21 anos à época do fato, embora não tendo ainda chegado aos 22 anos (TACrSP, *mv* – *RT* 616/308).

- **Maior de 70 anos:** A jurisprudência encontra-se dividida entre acórdãos entendendo que o art. 115 deve ser aplicado literalmente (1ª posição) e outros decidindo que, em homenagem ao princípio *favor libertatis*, considera-se como "data da sentença" a do julgamento do acórdão ou mesmo do trânsito em julgado da condenação (2ª e 3ª posições), conforme abaixo.

- **1ª posição (interpretação literal do dispositivo):** Não se aplica a redução se completou 70 anos somente após a sentença condenatória (STJ, 5ª T., EDcl nos EDcl no AgRg no AREsp 1.078.688, *DJe* 1º.2.2019). No mesmo sentido: STF, 2ª Turma, AOr 2093/RN, j. 3.9.2919, publ. 10.10.2019). O limite temporal se dá na data da sentença condenatória, e não quando o título condenatório se torna imutável (STF, 2ª T., AgRg no HC 144269/SP, j. 29.6.2018, public. 1º.8.2018). No mesmo sentido, acrescentando, ainda, que "O acórdão confirmatório da condenação não substitui a sentença para fins de redução do prazo prescricional" (STF, ARE 1033206, j. 27.10.2017, public. 15.12.2017). "O termo *sentença* deve ser compreendido como a primeira decisão condenatória, ou seja, a redução deve operar quando o agente completar 70 anos antes da primeira decisão condenatória, somente" (STJ, 6ª T., HC 316.110-SP, j. 25.6.2019, DJe 1º.7.2019).

- **2ª posição (interpretação mais ampla do dispositivo):** "O art. 115 do CP, ao remeter à data da sentença, há de ser analisado com visão larga a ponto de apanhar como marco temporal – época a ser levada em consideração, presente a idade do acusado – não a data do pronunciamento do Juízo, mas aquela em que o título executivo penal condenatório se torne imutável na via de recurso" (STF, HC 89.969-2/RJ, 1ª T., rel. Min. Marco Aurélio, *mv*, DJ 5.10.2007). No mesmo sentido, STF, Pleno, *mv*, ED na APn 516, j. 5.12.2013, rel. p/ acórdão Min. Luiz Fux). Faz jus à redução o réu condenado antes de ter 70 anos, mas que já os completara ao ser julgada sua apelação (STJ, REsp 886.566, *DJU* 15.4.2008; TJSP, *RT* 614/282; TACrSP, *RT* 700/335). Aplica-se a redução se o acusado completou 70 anos antes da publicação do julgamento dos embargos de declaração opostos contra o acórdão da apelação (STF, 1ª T., *mv*, HC 89.969-2/RJ, *DJU* 5.10.2007).

- **3ª posição (até o trânsito em julgado da condenação):** Deve ser aplicada a redução do prazo prescricional prevista no art. 115 do CP se o condenado completou 70 anos até o trânsito em julgado da decisão condenatória (STF, Pleno, Extr. 591/IT, *DJU* 22.9.95, p. 30588).

- **Aniversário dos 70 anos durante a persecução penal:** Se na fase do inquérito já completara 70 anos, aplica-se a redução do prazo e decreta-se a prescrição pela pena em abstrato (TFR, RHC 6.736, *DJU* 19.2.87, p. 2045). Igualmente, se completou 70 anos durante o processo, é possível a extinção da punibilidade antes mesmo da prolação da sentença (STJ, *RT* 836/499).

- Não se deve confundir a redução do prazo prescricional com os marcos interruptivos da prescrição: "(...) uma coisa é a redução do prazo prescricional e outra são os marcos interruptivos da prescrição. Não se relaciona a redução dos prazos, conforme art. 115 do CP, com as causas interruptivas da prescrição, previstas no art. 117 do mesmo Diploma Legal, porquanto se trata de fenômenos distintos e que repercutem de maneira diversa (STJ, 6ª T., HC 316.110-SP, j. 25.6.2019, *DJe* 1º.7.2019).

- **Estatuto do idoso:** A regra contida no art. 115 do CP não foi alterada com a vigência da Lei n. 10.741/2003 (Estatuto do Idoso) (STF, HC 88.083-5/SP, 2ª T., rel. Min. Ellen Gracie, j. 3.6.2008).

- **Matéria de ordem pública:** Como tal, necessário se fazer o reconhecimento da prescrição em qualquer fase do processo, nos termos do art. 61 do CPP (TJES, *RT* 855/630).

- **Incomunicabilidade:** A redução do art. 115 é pessoal e incomunicável aos coautores (STF, *RTJ* 110/641; STJ, HC 1.624, *DJU* 20.4.92, p. 5264).

- **Aplicação às contravenções:** O art. 115 é aplicável a elas (TACrSP, *RT* 546/367).

- **Aplicação à Lei de Falências:** Aplica-se aos crimes falimentares (TJSP, *RT* 644/262).

- **Prescrição retroativa:** A redução incide na prescrição retroativa e é obrigatória (STF, *RTJ* 121/560).

CAUSAS IMPEDITIVAS DA PRESCRIÇÃO

Art. 116. Antes de passar em julgado a sentença final, a prescrição não corre:

I – enquanto não resolvida, em outro processo, questão de que dependa o reconhecimento da existência do crime;

II – enquanto o agente cumpre pena no exterior.

III – na pendência de embargos de declaração ou de recursos aos Tribunais Superiores, quando inadmissíveis; e

IV – enquanto não cumprido ou não rescindido o acordo de não persecução penal.

Parágrafo único. Depois de passada em julgado a sentença condenatória, a prescrição não corre durante o tempo em que o condenado está preso por outro motivo.

Causas impeditivas da prescrição
- **Alteração:** A Lei n. 13.964/19 alterou a redação do inciso II e acrescentou os incisos III e IV.

- **Efeito:** Ao contrário do que ocorre nas causas interruptivas (*vide* art. 117, em que não se conta o tempo transcorrido), nas causas *impeditivas* (também chamadas *suspensivas*), o tempo transcorrido *antes* delas é contado para o prazo prescricional. Assim, cessadas as causas que impediam a prescrição, o prazo desta é reiniciado, computando-se o tempo anteriormente decorrido.

Caput
- **Noção:** As hipóteses previstas no *caput* e seus incisos I a IV cuidam das causas impeditivas anteriores ao trânsito em julgado da sentença final, nas quais não corre a prescrição da pretensão punitiva ("da ação").

- **Hipóteses de impedimento da prescrição:** São 4 (quatro).

- **Inciso I:** Enquanto não resolvida, em outro processo, *questão* de que dependa o reconhecimento da existência do crime. São as chamadas *questões prejudiciais* dos arts. 92 a 94 do CPP. A data *inicial* do impedimento é a do despacho do juiz, determinando a suspensão do processo. A data *final* é a do despacho que ordena o prosseguimento ou, em questão de estado civil, a do trânsito em julgado da decisão que a solucionar. As hipóteses são taxativas, não se aplicando, por exemplo, ao incidente de insanidade mental (CPP, arts. 149 e ss.) não impede a prescrição.

■ **Inciso II:** Enquanto o agente cumpre pena no exterior. A antiga redação falava no cumprimento da *pena no "estrangeiro"*, tendo sido alterada pela Lei Anticrime (Lei n. 13.964/2019).

■ **Inciso III:** Na pendência de embargos de declaração ou de recursos aos Tribunais Superiores, quando inadmissíveis. As hipóteses de impedimento (ou suspensão) da prescrição previstas neste inciso III limitam-se aos embargos ou recursos interpostos nos Tribunais Superiores (STF e STJ).

■ **Na pendência de embargos de declaração (inciso III, primeira hipótese):** Se houver interposição de *embargos de declaração* (arts. 619 e 620 do CPP) nos Tribunais Superiores, a fim de esclarecer ambiguidade, obscuridade, contradição ou suprir omissão da decisão proferida, durante o trâmite do recurso não correrá o prazo prescricional, *quando inadmissíveis*. Assim, se os embargos forem julgados procedentes (havendo casos, inclusive, de efeitos infringentes), não haverá a suspensão do curso do prazo prescricional, mesmo porque os embargos terão modificado o próprio conteúdo da decisão ou acórdão. Já se forem julgados improcedentes, haverá a suspensão do prazo. A respeito do emprego da expressão "quando inadmissíveis", entendemos não ter sido de melhor técnica legislativa, devendo ter sido utilizadas as expressões "não conhecidos ou não providos", o que poderá trazer incerteza jurídica. Ou seja, no caso dos embargos de declaração terem sido conhecidos, mas improvidos, eles devem ser considerados inadmissíveis?

■ **Na pendência de recursos aos Tribunais Superiores, quando forem julgados inadmissíveis (inciso III, segunda hipótese):** Trata-se dos recursos especial (STJ) e extraordinário (STF). De acordo com o art. 1.030, inciso V, do CPC, interposto qualquer desses recursos, caberá ao Presidente ou Vice-Presidente do Tribunal recorrido "realizar o juízo de admissibilidade e, se positivo, remeter o feito ao Supremo Tribunal Federal ou ao Superior Tribunal de Justiça". Nestes mesmos termos dispõe o art. 255, § 4º, I do RISTJ e o art. 21, § 1º, do RISTF. Assim, temos as seguintes situações: 1. O Tribunal de 2º Grau entende ser inadmissível o recurso, e o STJ ou STF, ao julgar o agravo interposto, confirma a sua inadmissibilidade. Neste caso não terá corrido a prescrição desde a decisão de 2º Grau. 2. O recurso foi inadmitido em 2ª Instância, e o STJ ou STF, ao julgar o agravo, reforma a decisão para admitir o seu processamento. Nesta hipótese, a prescrição terá transcorrido normalmente, sem suspensão. 3. O recurso foi admitido pelo Tribunal *a quo*, mas o STJ ou STF entendeu ser o caso de inadmissibilidade, sobrepondo-se à decisão de 2º Grau. Nessa situação, a prescrição será suspensa, a nosso ver, em face do princípio *favor libertatis*, somente a partir do momento em que o Ministro do STJ ou STF o tiver inadmitido, nos termos do art. 932, inciso III, do CPC.

■ **Inciso IV:** A exemplo do que sucede com a suspensão condicional do processo (Lei n. 9.099/95, art. 89, § 6º), o prazo prescricional não corre (isto é, é suspenso) enquanto não cumprido ou não rescindido o Acordo de Não Persecução Penal (ANPP). Inovando a legislação, a Lei n. 13.964/2019 acrescentou ao CPP o art. 28-A, dispondo que o Ministério Público poderá propor o ANPP, nas hipóteses de não ser caso de arquivamento, ter o investigado confessado formal e circunstancialmente o crime, não ter sido o delito praticado com violência ou grave ameaça, ser a pena mínima inferior a 4 (quatro) anos e ser o acordo suficiente para a prevenção e repressão do crime. O acordo deverá conter as condições previstas nos incisos I a V do art. 28-A, de forma cumulativa ou alternativa, quais sejam: reparar o dano ou restituir a coisa à vítima; renunciar a bens e direitos que tenham sido instrumentos, produto ou proveito do crime; prestar serviços à comunidade ou entidades públicas; pagar prestação pecuniária, ou ainda outra condição indicada pelo *Parquet*. O § 1º dispõe que, para aferição da pena mínima, serão consideradas as causas de aumento e diminuição de pena. Já o § 2º prevê que o acordo não se aplica nas seguintes hipóteses: for cabível transação penal; ser o investigado reincidente ou ter conduta criminal habitual, reiterada ou profissional, exceto se insignificantes as infrações penais pretéritas; não ter sido beneficiado nos 5 (cinco) anos anteriores à infração em acordo de não persecução penal, transação penal ou suspensão condicional do processo; não ter sido o crime praticado no âmbito de violência doméstica ou familiar, ou contra a mulher em razão de sua condição feminina. Por sua vez, os §§ 3º a 8º cuidam da formalização do acordo e da sua homologação judicial. O § 9º prevê a intimação da vítima sobre o acordo e seu eventual descumprimento. O § 10 trata da sua rescisão e posterior oferecimento de denúncia. O § 11, do não oferecimento de suspensão condicional do processo na hipótese de descumprimento do acordo. O § 12 estipula que o acordo não constará de certidão de antecedentes criminais. O § 13 cuida da extinção da punibilidade pelo seu cumprimento integral. Finalmente, o § 14 dispõe que se o Promotor de Justiça ou o Procurador da República não propuser o acordo, o investigado poderá requerer a remessa dos autos ao superior hierárquico do mesmo, nos termos do art. 28 do CPP.

Parágrafo único

- **Causa impeditiva posterior ao trânsito em julgado da sentença condenatória:** Não corre a prescrição da pretensão executória ("da condenação") durante o tempo em que o *condenado* está *preso por outro motivo* que não o de sua condenação (ex.: prisão preventiva ou definitiva em outro processo penal).

Outras hipóteses

- **Prescrição das pretensões punitiva e executória da pena de multa:** O prazo da prescrição da pretensão punitiva da pena de multa é prevista no art. 114 do CP, com a redação dada pela Lei n. 9.268/96. Já com relação à prescrição da pretensão executória da pena de multa, o art. 51 do CP, também alterado pela mesma lei, determina que, quanto às causas interruptivas e suspensivas, aplica-se a Lei n. 6.830/80 (Lei de Execução Fiscal).

- **Suspensão condicional do processo:** Acarreta também a suspensão do prazo prescricional (art. 89, § 6º, da Lei n. 9.099/95). *Vide* nota e jurisprudência, sob igual título, no art. 109 do CP.

- **Suspensão do processo e da prescrição (art. 366 do CPP):** *Vide* jurisprudência e nota, sob igual título, no art. 109 do CP.

- **Suspensão do prazo prescricional na Lei do REFIS, do PAES e do "Refis da Crise":** *Vide* nota, sob igual título, no art. 109 do CP.

- **Suspensão do prazo prescricional nos crimes contra a ordem econômica (Lei n. 8.137/90):** *Vide* nota, sob igual título, no art. 109 do CP.

- **Suspensão do prazo (mandatos executivo e legislativo):** Quanto à suspensão do prazo em relação ao Presidente da República, Governadores, Parlamentares Federais e Estaduais, *vide* notas e jurisprudência sob iguais títulos, no art. 109 do CP.

- **Crimes tributários e pendência de processo administrativo-fiscal:** Desde o julgamento pelo STF do HC 81.611 (Pleno, rel. Min. Sepúlveda Pertence, j. 10.12.2003, *DJ* 13.5.2005, p. 6), formou-se entendimento jurisprudencial no sentido de que, enquanto o lançamento do tributo estiver pendente de decisão definitiva do processo administrativo, o crime tributário não terá se aperfeiçoado, não havendo assim início da contagem do prazo prescricional. *Vide*, no art. 109 do CP, sob a rubrica *Início da contagem do prazo prescricional nos crimes tributários*, as nossas críticas sobre a questão de se vincular a consumação do crime ao julgamento da esfera administrativa, sob a ótica da Súmula Vinculante 24 do STF. Ademais, a suspensão do curso do prazo prescricional, enquanto estiver sendo processado o recurso administrativo, não encontra previsão legal, não sendo a matéria, aliás, objeto deste art. 116. Cf., a respeito, Fabio Machado de Almeida Delmanto, "A suspensão e o início da contagem do prazo prescricional nos crimes tributários", *RT* 856/423.

- **Crimes tributários e parcelamento:** Na hipótese de concessão de parcelamento do crédito tributário, a representação fiscal para fins penais somente será encaminhada ao Ministério Público após a exclusão da pessoa física ou jurídica do parcelamento (Lei n. 9.430/83, art. 83, § 1º). Durante o parcelamento, ficará suspensa a pretensão punitiva do estado (§ 2º), bem como o prazo prescricional (§ 3º).

Jurisprudência

- **Prisão:** A prisão por outro crime só é causa impeditiva da prescrição depois de passada em julgado a sentença condenatória (STF, HC 63.156, *DJU* 6.9.85, p. 14872). Não impede a prescrição da pretensão punitiva ("da ação") estar o agente cumprindo pena imposta em outro processo (STF, RHC 55.694 e 55.692, *DJU* 29.12.77, p. 9438; TACrSP, *RT* 464/379).

■ **Incidente de insanidade mental:** Não suspende o curso prescricional, pois não é questão prejudicial (TJSP, *RJTJSP* 105/439; TACrSP, *RT* 569/327).

■ **Greve:** A suspensão de prazos judiciais, devido à paralisação pela greve da Magistratura, não constitui causa suspensiva ou interruptiva da prescrição (TJPR, *PJ* 46/231).

■ **Prescrição da pena de multa e Lei de Execução Fiscal:** Os prazos prescricionais são aqueles do art. 114 do CP com a redação que lhe deu a mesma lei; as causas interruptivas e suspensivas da prescrição são agora as previstas na legislação de execução fiscal (TJSP, *RT* 747/668-9).

CAUSAS INTERRUPTIVAS DA PRESCRIÇÃO

Art. 117. O curso da prescrição interrompe-se:

I – pelo recebimento da denúncia ou da queixa;

II – pela pronúncia;

III – pela decisão confirmatória da pronúncia;

IV – pela publicação da sentença ou acórdão condenatórios recorríveis;

V – pelo início ou continuação do cumprimento da pena;

VI – pela reincidência.

§ 1º Excetuados os casos dos incisos V e VI deste artigo, a interrupção da prescrição produz efeitos relativamente a todos os autores do crime. Nos crimes conexos, que sejam objeto do mesmo processo, estende-se aos demais a interrupção relativa a qualquer deles.

§ 2º Interrompida a prescrição, salvo a hipótese do inciso V deste artigo, todo o prazo começa a correr, novamente, do dia da interrupção.

Causas interruptivas da prescrição

■ **Alteração:** Incisos V e VI com redação dada pela Lei n. 9.268, de 1.4.96. Inciso IV com redação dada pela Lei n. 11.596, de 29.11.2007.

■ **Efeito:** As causas *interruptivas* da prescrição, salvo a do inciso V, fazem com que, a cada uma delas, *recomece por inteiro* a contagem do prazo prescricional (CP, art. 117, § 2º), inutilizando a prescrição anteriormente iniciada.

■ **Enumeração taxativa:** O rol de interrupções do art. 117 não pode ser ampliado analogicamente (STF, *RTJ* 107/157-8; TACrSP, *Julgados* 94/524).

■ **Comunicação:** *Vide* nota em separado.

■ **Prescrição e execução da pena de multa:** O prazo prescricional é o do art. 114 do CP, com a redação dada pela Lei n. 9.268/96. O art. 51 do CP, também alterado pela Lei n. 9.268/96, determina que, quanto às causas interruptivas e suspensivas da prescrição da pena de multa, aplica-se a Lei n. 6.830/80 (Lei de Execução Fiscal). Nesse sentido: TJSP, *RT* 747/668-9.

Pelo recebimento da denúncia ou da queixa (inciso I)

■ **Inciso I:** Interrompe-se a prescrição pelo *recebimento* (e não pelo simples oferecimento) da denúncia ou da queixa-crime.

■ **Recebimento válido:** Só o recebimento válido, e não o anulado, interrompe (STF, HC 69.047, *DJU* 24.4.92, p. 53771, *in RBCCr* 0/251; Inq 159, *DJU* 5.12.86, p. 24079; *RT* 608/412, *RTJ* 95/1058, 90/459; TJSP, *RJTJSP* 102/383).

■ **Quando ocorre:** Com a reforma operada pela Lei n. 11.719/2008, discutiu-se na doutrina e na jurisprudência se o "recebimento da denúncia" para o efeito de interrupção da prescrição se dá após recebimento da acusação e despacho determinando a citação do réu, nos termos do art. 396 do CPP, ou, ao contrário, se ocorre somente por ocasião da decisão sobre a resposta apresentada (art. 399). Após debate nos Tribunais, a orientação que prevaleceu foi a primeira (*vide* nota abaixo).

▪ **A celeuma do duplo recebimento da denúncia (os arts. 366 e 396 do CPP):** Um verdadeiro *imbróglio* legislativo foi causado pelo Congresso Nacional ao alterar, de última hora, o projeto que originou a Lei n. 11.719/2008, que cuida da resposta à acusação e do *recebimento da denúncia*. Com efeito, o intuito do legislador, com a reforma projetada, era o de propiciar uma defesa preliminar ao denunciado, *antes* de o juiz receber a acusação, por vezes alertando-o sobre uma questão que pudesse levar à própria rejeição da denúncia, evitando todo o constrangimento de um processo criminal. Assim dispunha a redação original do projeto desta lei: "Art. 395. Nos procedimentos ordinário e sumário, oferecida a denúncia ou queixa, o juiz, se não a rejeitar liminarmente, ordenará a citação do acusado para responder à acusação, por escrito, no prazo de dez dias, contados da data da juntada do mandado aos autos ou, no caso de citação por edital, do comparecimento pessoal do acusado ou do defensor constituído". Como se vê, não se falava em recebimento da denúncia, mas somente em sua rejeição liminar, quando manifestamente inepta. Porém, essa proposta legislativa, com a *emenda* feita na Câmara dos Deputados, resultou no atual art. 396 do CPP: "Nos procedimentos ordinário e sumário, oferecida a denúncia ou queixa, o juiz, se não a rejeitar liminarmente, *recebê-la-á* e ordenará a citação do acusado para responder à acusação, por escrito, no prazo de 10 (dez) dias". A expressão "recebê-la" foi que gerou toda a celeuma aqui tratada. Já o art. 396-A dispõe, em seu *caput*, que, na resposta, "o acusado poderá arguir preliminares e alegar tudo o que interesse à sua defesa, oferecer documentos e justificações, especificar as provas pretendidas e arrolar testemunhas, qualificando-as e requerendo sua intimação, quando necessário. Em seguida, o art. 397 estatui que, após a resposta, "o juiz deverá absolver sumariamente o acusado quando verificar: I – a existência manifesta de causa excludente da ilicitude do fato; II – a existência manifesta de causa excludente da culpabilidade do agente, salvo inimputabilidade; III – que o fato narrado evidentemente não constitui crime; ou IV – extinta a punibilidade do agente". Contudo, como a intenção do projeto era deixar o recebimento da denúncia para momento *posterior* ao da resposta, continuou intacta a redação do artigo subsequente: "Art. 399. *Recebida a denúncia ou queixa*, o juiz designará dia e hora para a audiência, ordenando a intimação do acusado, de seu defensor, do Ministério Público e, se for o caso, do querelante e do assistente". Diante do *conflito aparente de normas*, já que tanto o art. 396 quanto o art. 399 falam em recebimento da denúncia, restou a comunidade jurídica perplexa; afinal, quando passaria o acusado a ser réu ? E mais, quando se daria o marco interruptivo da prescrição deste art. 117, I, do CP? Três foram as soluções propostas: (*a*) ANTONIO SCARANCE FERNANDES e MARIÂNGELA LOPES advogam a possibilidade de existir dois recebimentos da denúncia, o que deixa em aberto a questão do marco interruptivo da prescrição: um provisório, do art. 396; outro definitivo, do art. 399, arrematando, quanto ao último: "antes de se encaminhar o processo a julgamento, o juiz fará o juízo final de admissibilidade da acusação, quando poderá, aí sim, num juízo mais aprofundado, absolver sumariamente o acusado, repelir a acusação ou receber a denúncia ou queixa" ("O recebimento da denúncia no novo procedimento", *Bol. IBCCr* n. 190, setembro de 2008, p. 2-3). (*b*) Diferentemente defende GUILHERME DE SOUZA NUCCI, para quem a expressão "recebida a denúncia ou queixa" do art. 399 deve ser ignorada, apontando que só pode haver absolvição sumária após recebida a denúncia (*Código de Processo Penal Comentado*, 9ª ed., São Paulo, Revista dos Tribunais, 2009, pp. 729-730). DAMÁSIO DE JESUS também entende que o momento do recebimento é o dos arts. 395 e 396 do CPP (*Código de Processo Penal Anotado*, 24ª ed., São Paulo, Saraiva, 2010, p. 363-364). AURY LOPES JÚNIOR, lamentando a alteração do projeto, anota que, infelizmente, e pela literalidade da lei, o recebimento da denúncia ficou sendo *imediato*, nos termos do art. 396 do CPP, com o qual haverá a interrupção do prazo prescricional (*Direito Processual Penal e sua Conformidade Constitucional*, 2ª ed., Rio de Janeiro, Lumen Juris, 2009, v. II, p. 207). (*c*) Por fim, o terceiro entendimento defende que a expressão *recebê-la-á* do art. 396 deve ser *desconsiderada*, imperando a do art. 399 do CPP, como afirma GERALDO PRADO ("Sobre procedimentos e antinomias", *Bol. IBCCr*

n. 190, setembro de 2008, p. 4-5). Assim também sustenta FERNANDO DA COSTA TOURINHO FILHO, reafirmando ser a tendência do *processo penal* moderno haver, antes do recebimento da denúncia, uma defesa do denunciado (Processo Penal, 31ª ed., São Paulo, Saraiva, v. 4, 2009, p. 55), possibilitando ao juiz primeiro ouvir o acusado, antes de colocá-lo no banco dos réus, como lembra PAULO RANGEL, ao advogar que a expressão "recebê-la-á" do art. 396 significa somente "o ato de 'entrar na posse' da petição inicial penal... receber em suas mãos", e não a decisão de recebimento da denúncia, tratada pelo art. 399 (*Direito Processual Penal*, 16ª ed., Rio de Janeiro, Lumen Juris, 2009, p. 495). Da mesma forma, ROGÉRIO GRECO (*Código Penal Comentado*, 2ª ed., Rio de Janeiro, Impetus, 2009, pp. 716-717) e, por fim, CEZAR ROBERTO BITENCOURT e JOSÉ FERNANDO GONZALES entendem que o recebimento é o do art. 399, inclusive para a interrupção da prescrição deste art. 117, I, do CP (www.conjur.com.br/2008-set-29).

- **Nossa posição:** O espírito garantista da reforma processual penal era o de que o recebimento da denúncia só ocorresse na fase do art. 399, isto é, *após* a resposta à acusação, até mesmo diante do princípio constitucional da *isonomia* (art. 5º, *caput*, da CR). Isto porque em pelo menos três importantes leis é assim que ocorre: na Lei de Drogas (art. 55 da Lei n. 11.343/2006), na Lei dos Juizados Especiais Criminais (art. 81 da Lei n. 9.099/95) e na Lei dos Processos de Competência Originária dos Tribunais (arts. 4º e 6º da Lei n. 8.038/90). Mostra-se, assim, de todo irrazoável e ilógica a emenda feita pela Câmara dos Deputados, que inseriu a expressão "recebê-la-á" no art. 396 do CPP. Lamentavelmente, a orientação que tem prevalecido nos Tribunais, inclusive no STJ, é a de que o recebimento da denúncia ocorre já na fase do art. 396 e não na do art. 399 do CPP, inclusive para efeito do art. 117, I, do CP (*vide* jurisprudência abaixo).

Jurisprudência do inciso I

- **Mesmo após a reforma instituída pela Lei n. 11.719/2008, o recebimento da denúncia continua a ocorrer na fase do art. 396 do CPP:** "Após a reforma legislativa operada pela Lei n. 11.719/2008, o momento do recebimento da denúncia se dá, nos termos do art. 396 do Código de Processo Penal, após o oferecimento da acusação e antes da apresentação de resposta à acusação, seguindo-se o juízo de absolvição sumária do acusado, tal como disposto no art. 397 do aludido diploma legal" (STJ, 5ª T., HC 144.104/SP, j. 25.5.2010; STJ, 5ª T., RHC 54.363/PE, j. 3.3.2015; STJ, 6ª T., RHC 57.674/MT, j. 7.5.2015; STJ, 5ª T., HC 232.878/SP, j. 17.9.2013; STJ, 6ª T., RHC 32.209/SP, j. 21.5.2013; STJ, 5ª T., RHC 27.571/SP, j. 13.11.2012). No mesmo sentido: "A denúncia fora recebida, nos moldes do art. 396 do CPP, ocasião em que se ordenara a citação dos acusados para resposta" (STF, Pleno, Ap. 630 Agr/MG, j. 15.12.2011, Inf. 652).

- **Recebimento por ordem do tribunal:** Há duas hipóteses: *a.* O acórdão do tribunal que, ao reformar a decisão de rejeição da denúncia ou queixa, a recebe é causa interruptiva. *b.* No entanto, a decisão do tribunal que determina ao juiz o recebimento da denúncia ou queixa, não interrompe o curso prescricional, o qual resta interrompido apenas pela decisão do juiz. Assim, se o juiz cumpre a decisão do tribunal após o prazo, haverá a prescrição. Jurisprudência das duas hipóteses: *a.* STF, *RT* 559/431; HC 84.606, *DJU* 28.10.2004, p. 51, *in Bol. IBCCr* 148/05 – ocorrendo a interrupção na sessão de julgamento que recebe a denúncia, independentemente da publicação do respectivo acórdão; TACrSP, *Julgados* 94/525; *b.* TFR, HC 4.799, *DJU* 13.11.80, p. 9438.

- **Aditamento:** O recebimento de aditamento à inicial não interrompe (STF, HC 84.606, *DJU* 28.10.2004, p. 51, *in Bol. IBCCr* 148/05), quando supre omissão referente ao mesmo fato (em igual sentido: TACrSP, *Julgados* 87/353 e 400; TJSP, *RT* 546/347), retifica lapso consistente, apenas, na descrição de circunstâncias fáticas já conhecidas em momento anterior ao início da ação penal (STJ, HC 23.493/RS, j. 5.8.03, *DJU* 15.9.03), ou altera a capitulação legal deste, ainda que possibilitando aplicação de pena mais grave (TACrSP, *RT* 693/351). Caso o aditamento refira-se a fato novo, a interrupção restringe-se a ele, e não ao fato já denunciado (TACrSP, *Julgados* 79/294). O aditamento para inclusão de outro corréu não interrompe o lapso prescricional para este, se a sua situação é absolutamente igual à do primeiro e não lhe é atribuível a maior demora pela sua inclusão (STF, HC 67.888, *DJU* 18.5.90, p. 4344; TACrSP, *RT* 693/351).

- **Ratificação:** Eventual ratificação ou rerratificação do recebimento também não interrompe (STF, *RTJ* 147/227, 59/404).

- **Rejeição:** A denúncia rejeitada não interrompe (STF, *RTJ* 55/203).

- **Parlamentar:** Eleito deputado no curso da ação, ganhou novo foro por prerrogativa de função; há necessidade de nova denúncia, não sendo a prescrição interrompida pelo anterior recebimento da inicial (STF, Pleno – *RT* 615/353; TJSP, *RJTJSP* 116/558).

Pela pronúncia (inciso II)

- **Inciso II:** Nos processos da competência do júri, se o juiz pronuncia o acusado, há interrupção do curso prescricional. A interrupção só ocorre na data da publicação (TJGO, *RGJ* 10/109). Note-se que não haverá interrupção se o magistrado, nesta fase, impronuncia ou absolve sumariamente o réu, ou, ainda, desclassifica o crime para infração de outra competência.

- **Anulação:** Em caso de anulação da decisão de pronúncia, *vide* nota ao inciso IV, sob o título *Sentença anulada*.

- **Nova pronúncia:** Prolatada outra decisão de pronúncia (por homicídio), modificadora da anterior (por tentativa de homicídio), esta deve ser havida como inexistente, sendo o prazo interrompido apenas por aquela (TJSP, *mv* – *RT* 708/296).

- **Desclassificação posterior:** *1. Pelo júri*. Na hipótese de o júri, depois, desclassificar o crime para outro que não seja de sua competência, é controvertida a força interruptiva da anterior pronúncia. Em nossa opinião, se os jurados desclassificam a infração, sem recurso da acusação, desaparece a consequência interruptora da pronúncia. Com a desclassificação irrecorrida, corrigiu-se a classificação do delito para outro, em cujo rito processual *inexiste* pronúncia. Por isso, a anterior pronúncia não pode operar como causa de interrupção do fluxo prescricional *2. Pelo tribunal*. Caso a desclassificação para infração penal que não é da competência do júri se dê em instância superior, a solução é semelhante. Também nesta hipótese não se pode atribuir força interruptiva à pronúncia, pois a capitulação original se mostrou incorreta.

- **Jurisprudência:** *1*. Quanto à desclassificação pelo júri, há duas orientações, uma negando e outra aceitando a pronúncia como causa de interrupção: *a*. Não interrompe (TJSP, *RT* 609/316, 602/334, *RJTJSP* 95/414; TACrSP, *Julgados* 74/370, 68/448). *b*. Interrompe (STF, *mv* – *RT* 602/436; STJ, Súmula 191: "A pronúncia é causa interruptiva da prescrição, ainda que o Tribunal do Júri venha a desclassificar o crime"; TJSP, *RT* 768/555; *RJTJSP* 165/326; TJMG, *JM* 128/336). *2*. Quanto à desclassificação pelo tribunal, a pronúncia não tem força interruptiva (TJSP, *RT* 720/435, *RJTJSP* 117/489).

Pela decisão confirmatória da pronúncia (inciso III)

- **Inciso III:** Interrompe-se a prescrição pela decisão do tribunal que confirma a pronúncia. Assim, se o réu é pronunciado, não se conforma, recorre e o tribunal *confirma* a pronúncia, haverá nova interrupção da marcha prescricional. Pode ocorrer que o acusado, em vez de ser pronunciado, tenha sido absolvido sumariamente ou impronunciado. Então, se a acusação recorre e o tribunal o pronuncia, haverá, também, interrupção da prescrição. Não, porém, com base neste inciso III, mas com fundamento no n. II, pois tal decisão será de pronúncia e não confirmatória de anterior pronúncia. Quanto à data em que a decisão confirmatória da pronúncia opera a interrupção, *vide* nota ao inciso IV deste art. 117, sob o título *Data do acórdão*.

- **Jurisprudência:** A decisão confirmatória da pronúncia interrompe a prescrição, ainda que o júri venha a desclassificar a infração para outra de competência de juiz singular (TJSP, *RJTJSP* 165/326).

Pela publicação da sentença ou acórdão condenatórios recorríveis (inciso IV)

- **Inciso IV:** O antigo inciso IV deste art. 117 previa que o curso da prescrição interrompia-se "pela sentença condenatória recorrível". A nova redação diz: "pela publicação da sentença ou acórdão condenatórios recorríveis".

- **O entendimento anterior à nova redação:** Comentando a antiga redação desse inciso IV, segundo a qual a prescrição interrompia-se "pela sentença condenatória recorrível", sempre sustentamos, nas anteriores edições desta obra, que o acórdão confirmatório de condenação não interrompia a prescrição, ao contrário do acórdão condenatório, isto é, que havia reformado uma absolvição em primeiro grau, ou sido proferido em processo penal de competência originária do Tribunal. Com o trânsito em julgado do acórdão confirmatório de condenação termina a fase da chamada pretensão punitiva e se inicia a da pretensão executória. Por isso mesmo, a decisão confirmatória de condenação (ao contrário da que confirma a pronúncia) não havia sido incluída no rol taxativo deste art. 117 (CELSO DELMANTO, "Prescrição penal e trânsito em julgado", *Ciência Penal*, 1976, v. I, p. 1270).

- **Irretroatividade da nova redação:** Os fatos em questão foram praticados anteriormente à entrada em vigor da Lei n. 11.596/2007, que modificou o inciso IV do art. 117 do CP para introduzir o *acórdão condenatório* como causa interruptiva. Tratando-se de lei de conteúdo penal, a mesma não deve retroagir em prejuízo do réu, em observância ao art. 5º, XV da CF. O acórdão proferido nos autos originários não possui o condão de interromper a prescrição, porquanto apenas confirmou a sentença condenatória proferida pelo Juízo de primeiro grau e acolheu parcialmente o apelo da acusação para afastar a utilização do índice BTN e aumentar o valor da pena pecuniária substitutiva. Ou seja, a pena corporal aplicada na sentença restou inalterada. O acórdão meramente confirmatório, diferentemente do julgado que reforma uma sentença absolutória, não constitui causa interruptiva da prescrição (TRF da 3ª R., 11ª T., RSE 0006397-35.2003.4.03.6181 SP, e-DJF3 Judicial 10.12.2019).

- **Sobre os efeitos do acórdão confirmatório de sentença condenatória:** O entendimento de que acórdão condenatório não se confunde com *acórdão confirmatório da condenação de primeiro grau*, para fins de interrupção da contagem do lapso prescricional, era pacífico na jurisprudência (STF, HC 68.321, *DJU* 8.2.91, p. 743; HC 71.007, *DJU* 6.5.94, p. 10471, *in RBCCr* 7/211-2; HC 70.504, *DJU* 9.9.94, p. 23442, *in RBCCr* 8/225; STJ, REsp 211.835-SP, *DJU* 16.4.2002; RHC 2.415, *DJU* 15.3.93, p. 3841; REsp 10.187, *DJU* 23.9.91, p. 13090; TJSP, *RT* 705/308; TJDF, EI 7.327, *DJU* 4.8.93, p. 30071), abrindo-se uma exceção no caso do acórdão confirmatório da condenação aumentar a pena ou reformar a sentença para transmudar-se o crime, *v.g.*, de uso de drogas em tráfico (STF, *RT* 819/519). Todavia, atualmente, a jurisprudência encontra-se dividida:

  - a. **o acórdão confirmatório não interrompe a prescrição:** (STF, 1ª T., RE 1.057.207, j. 30.4.2018; ARE 1.108.226, j. 27.2.2018, ambos de relatoria do Min. Luiz Fux; RE 1.054.959, j. 21.2.2018, rel. Min. Marco Aurélio; ARE 1023793, j. 24.2.2017, rel. Min. Luiz Roberto Barroso; ARE 962.708, j. 19.5.2016; HC 96.009, j. 28.4.2009, ambos de relatoria da Min. Cármen Lúcia; 2ª T., ARE 859.368, j. 11.5.2016, rel. Min. Celso de Mello; ARE 1.079.903, j. 6.10.2017, rel. Min. Ricardo Lewandowski; 1ª T., HC 109.966, j. 13.12.2011; RE 751.394, j. 28.5.2013, ambos da relatoria do Min. Dias Toffoli; TRF da 3ª R., 11ª T., RSE 0006397-35.2003.4.03.6181 SP, e-*DJF3* Judicial 10.12.2019).

  - b. **o acórdão confirmatório interrompe a prescrição:** (STJ, 5ª T., AgRg no AREsp 1668298/SP, Rel. Ministro Felix Fischer, j. 12.05.2020, *DJe* 18.5.2020; STF, 1ª T., HC 138086; HC 138088, j. 19.9.2017, rel. Min. Alexandre de Moraes; ED no RE 1.125.123, j. 28.6.2018, rel. Min. Marco Aurélio, entendendo que o acórdão confirmatório de condenação substitui, "em termos de título condenatório, a sentença", implicando na "interrupção do prazo prescricional"; AgRg no ED no RE 1125123/SP, rel. Min. Marco Aurélio, j. 11.9.2018).

  - **Nossa posição – acórdão confirmatório de condenação continua a *não interromper* o lapso prescricional:** Em face da nova redação dada a este inciso IV pela Lei n. 11.596/2007, dispondo que o curso da prescrição interrompe-se "pela publicação da sentença ou acórdãos recorríveis", mantemos o nosso entendimento no sentido de que o acórdão *confirmatório* de condenação não interrompe a prescrição. A respeito do tema, o quarto autor desta obra, Fabio Machado de Almeida Delmanto, juntamente com João Daniel Rassi e Fabio Suardi D'Elia escreveram: "Apesar da intenção do legislador ter sido a de tornar o *acórdão confirmatório de condenação* causa interruptiva da prescrição – conforme Projeto de Lei respectivo acima mencionado (Projeto de Lei do Senado n. 401, de 2003) –, a lei aprovada fez menção apenas a 'acórdão condenatório recorrível', pelo que não restou alterado, nesse particular, o entendimento que a jurisprudência já conferia à antiga redação do inciso IV do art. 117 do CP. O acórdão confirmatório de condenação continua, portanto, não sendo causa interruptiva da prescrição. Pouco importa, para fins de interpretação do novel dispositivo, que a pretensão do legislador tenha sido outra. O que importa é o que ficou aprovado no texto da lei, conforme o devido processo legal legislativo. O princípio da legalidade surge, nesse ponto, como freio insuperável para que confira ao novo inciso IV interpretação diversa. Sobre a questão, lapidar é o ensinamento de Claus Roxin: 'A vinculação da interpretação ao limite do teor literal não é em absoluto arbitrária, mas sim deriva dos fundamentos jurídico-políticos e jurídico-penais do princípio da legalidade (...). Com efeito: o legislador somente pode expressar com palavras suas prescrições; e o que não se depreenda de suas palavras, não está prescrito, não 'rege'. Por isso, uma aplicação do Direito Penal que exceda do teor literal vulnera a autolimitação do Estado na aplicação do poder punitivo e carece de legitimação democrática' (*Derecho Penal – Parte General*, 2ª ed., Madrid, Civitas, 1997, pp. 149-150). Em reforço, tem-se que, nos casos em que a interpretação normativa, literal, do texto da lei não gere dúvidas, defeso está o intérprete de querer buscar a vontade do legislador. Deve, apenas e tão somente, atentar para o que está escrito na lei. Daí com inteira razão Carlos Maximiliano ao afirmar: *'quando nas palavras não existe ambiguidade, não se deve admitir pesquisa acerca da vontade ou intenção'* (Hermenêutica e Aplicação do Direito. Rio de Janeiro: Livraria Editora Freitas Barros, 1940, p. 51)" ("Lei n. 11.596/07: alterações ao art. 117 do Código Penal", *in Bol. IBCCr* n. 182, janeiro de 2008).

- **Data da interrupção da prescrição:** Mesmo na antiga redação do inciso IV deste art. 117, pela qual o lapso prescricional era interrompido "pela sentença condenatória recorrível", a jurisprudência não aceitava a data da sentença como o momento da interrupção da prescrição. Exigia a *data da publicação* em cartório da sentença ou, na sua ausência, ato oficial do cartório que comprovasse, inequivocamente, que a sentença se tornou pública (STF, *RT* 529/391, 522/481; TJSP, *RJTJSP* 108/512, *RT* 625/276; TACrSP, *Julgados* 67/386), e não a data de sua *publicação* na imprensa oficial (STJ, HC 9.311/SP, *DJU* 28.2.00, p. 95, *in Bol. IBCCr* 89/439), a não ser que a sentença fosse proferida em audiência ou em sessão do Tribunal do Júri (STF, *RT* 558/412). Com a nova redação do inciso IV, tendo o legislador sido expresso ao determinar que a interrupção do lapso prescricional se dá com a publicação da sentença ou do acórdão condenatório recorrível, pensamos que, até mesmo por segurança jurídica, a publicação tanto do acórdão quanto da sentença deverá ser a do *Diário Oficial*, e não a da antiga "publicação em cartório" no caso de sentença de primeiro grau.

Jurisprudência do inciso IV (anterior à Lei n: 11.596/2007)

- **Sentença absolutória:** Não interrompe a prescrição (STF, *RT* 504/445 e 447; TJSP, *RJTJSP* 93/361; TACrSP, *RT* 616/322). Na hipótese de réu processado por dois crimes, se a sentença o condena por um e absolve pelo outro, tal sentença só será causa interruptiva quanto àquele e não com relação à infração em que foi absolvido (TACrSP, *Julgados* 68/473).

- **Absolvição e medida de segurança:** A absolvição, ainda que por força da inimputabilidade, não interrompe. Por isso, não subsistirá a medida de segurança se, entre o recebimento da denúncia e o julgamento do recurso interposto contra a sentença que a impôs, tenha decorrido o prazo prescricional adequado (TJSP, *RT* 601/307).

- **Sentença concessiva de perdão judicial:** Entendemos que essa decisão não interrompe a prescrição, pela simples razão de que ela não é "sentença condenatória", mas declaratória de extinção da punibilidade, sendo impossível a ampliação analógica do art. 117 para sua inclusão (nesse sentido: TACrSP, *Julgados* 85/469).

- **Infração penal absorvida:** Questão interessante pode surgir se o acusado, processado por duas infrações, é condenado por uma, considerando-se absorvida a outra. Quanto a esta, haveria ou não sentença condenatória interruptora da prescrição? A rigor, parece-nos que não se pode considerar que tenha havido interrupção com relação à infração absorvida, sendo inadmissível a analogia desfavorável ao agente (pela não interrupção: TACrSP, *Julgados* 72/366; *mv* – 70/276).

- **Sentença anulada:** Não interrompe (STF, *RTJ* 106/132, *RT* 467/446; STJ, HC 67, *DJU* 5.2.90, p. 458; TJSP, *RT* 491/294; TAMG, *RT* 537/364; *contra*: TJSP, *RT* 460/322).

- **Sentença com pena reduzida:** Não deixa de ser causa interruptiva se a instância superior reduziu a pena (STF, *RT* 667/381; TRF da 1ª R., Ap. 12.515, *DJU* 1.7.92, p. 19788).

- **Sentença anulada só quanto ao cálculo da pena:** Em casos de não observância do método trifásico de fixação da pena ou de não fundamentação de pena-base estabelecida acima do mínimo legal, o STF tem anulado *apenas* o capítulo da individualização da pena, mantendo, entretanto, a condenação, para que outra reprimenda seja fixada de acordo com os critérios legais (STF, *RTJ* 144/831; HC 72.115, *DJU* 3.3.95, p. 4105; HC 70.250, *mv* – *DJU* 3.9.93, p. 17744). Embora admitindo que, em alguns processos, a anulação da condenação possa resultar na soltura de delinquentes perigosos, acusados de crimes gravíssimos e no desaparecimento dessa causa interruptiva da prescrição, parece-nos difícil entender que uma decisão condenatória possa ser anulada só em parte, passando então a existir no mundo jurídico sem sanção, até que outra seja proferida. Em nossa opinião, havendo necessidade cautelar para a manutenção da prisão, outra solução deveria ser procurada em nível jurisprudencial.

- **Embargos infringentes ou de nulidade:** Não interrompem a marcha prescricional os acórdãos embargados por embargos infringentes ou de nulidade. Duas hipóteses podem ocorrer: *a.* O réu é absolvido em primeiro grau e a acusação recorre. O tribunal, por maioria de votos, dá provimento à apelação, condenando o acusado. Este opõe os embargos, mas o tribunal os rejeita, confirmando a condenação. Poder-se-á considerar aquele acórdão embargado como interruptor da prescrição? Entendemos que não. A lei que criou os embargos infringentes e de nulidade é doze anos posterior ao CP original e, ao instituí-los, não lhes deu força interruptiva, sendo inadmissível a interpretação analógica em prejuízo do réu (CELSO DELMANTO, "Prescrição penal e trânsito em julgado", *Ciência Penal*, 1976, v. I, p. 128). A seu turno, a reforma penal de 1984 igualmente não incluiu o acórdão embargado no rol taxativo deste art. 117. Nesse sentido: STF, *RTJ* 33/64; *contra*: STJ, RHC 2.206, *DJU* 26.10.92, p. 19063, *in RBCCr* 1/226; REsp 28.083, *DJU* 30.11.92, p. 22630. *b.* Em outra hipótese, o réu é condenado em primeira instância e apela ao tribunal. Este confirma a condenação, mas por maioria de votos, propiciando a oposição de embargos. Ao julgá-los, o tribunal apreciará a possível prescrição, tendo em vista a sentença condenatória de primeiro grau como última interrupção e não o acórdão embargado, porquanto este não pode ser considerado causa interruptiva da prescrição (STF, *RTJ* 57/538; TJSP, *RT* 639/275, *RJTJSP* 96/482; TACrSP, *mv* – *RJDTACr* 16/165 e 24/393, *mv* – *RT* 690/344). Ainda que o acórdão embargado tenha diminuído a pena imposta em primeira instância, não interromperá a prescrição, pois tem apenas efeito declaratório (TACrSP, *mv* – *RT* 686/344, *RJDTACr* 15/190). Se o acórdão embargável agrava a pena, tem efeito interruptivo (STF, *RT* 689/423; STJ, RHC 2.206, *DJU* 26.10.92, p. 19063, *in RBCCr* 1/226; TACrSP, *mv* – *RT* 636/301).

- **Embargos de declaração:** Não substituem a sentença e não interrompem a prescrição (TACrSP, *RT* 712/424).

- **Acórdão confirmatório de condenação:** *Vide* jurisprudência na nota acima *Sobre os efeitos do acórdão confirmatório de sentença condenatória*.

Pelo início ou continuação do cumprimento da pena (inciso V)

▪ **Inciso V:** A prescrição da pretensão executória ("da condenação") é interrompida pelo início ou continuação do cumprimento da pena, ainda que preso legalmente por um único dia (STJ, HC 4.275, *DJU* 5.2.96, p. 1408). O fato da sentença ter negado ao réu o direito de apelar em liberdade, tendo ele sido preso por esse motivo, não representa o início de cumprimento de pena para os fins do art. 117, V, do CP, sendo necessário o trânsito em julgado para o início da execução da pena (TRF da 3ª R., RSE 2000.03.99.029549/5/SP, j. 9.10.2007, *DJU* 31.10.2007).

▪ **Alcance:** Este inciso V diz respeito, exclusivamente, à pena aplicada na respectiva ação penal, e não a qualquer pena imposta em outros processos. Note-se que só atinge a prescrição da pretensão executória ("da condenação"). Não impede a prescrição da pretensão punitiva ("da ação") a circunstância de estar o agente cumprindo pena em outro processo (STF, *RT* 530/431, 540/418, 512/471; TACrSP, *Julgados* 94/333). Caso seja anulado o trânsito em julgado da condenação, a prisão sofrida em razão dela não interrompe a prescrição (TACrSP, *Julgados* 70/56 e 59). A prisão também não interfere na prescrição retroativa (TACrSP, *RT* 568/299).

▪ **Pena restritiva de direitos e multa:** Após o trânsito em julgado, o estado adquire o direito de executar a pena, que fica limitado no tempo – não iniciada a execução durante certo período, perde o direito. Pena pecuniária foi resgatada e, uma vez iniciado cumprimento da pena restritiva de direitos, o prazo prescricional foi interrompido (art. 117, V, CP) (TJSP, 12ª CCrim, EP 7001052-92.2019.8.26.0050 SP, rel. Des. Angélica de Almeida, publ. 4.3.2020).

▪ *Sursis*: É com a realização da audiência admonitória que ocorre a interrupção da prescrição (TACrSP, *mv – RT* 721/463).

▪ **Incomunicabilidade:** *Vide* nota ao § 1º deste art. 117.

Pela reincidência (inciso VI)

▪ **Inciso VI:** Interrompe-se a prescrição pela reincidência.

▪ **Distinção:** Não se deve confundir a interrupção da prescrição pela reincidência, com a reincidência que provoca o aumento do prazo prescricional (CP, art. 110). A reincidência *anterior* é que provoca a exacerbação do prazo, enquanto a reincidência posterior à condenação é que opera como causa interruptiva.

▪ **Efeitos:** A reincidência interrompe a prescrição da pretensão executória ("da condenação") e *não* a da pretensão punitiva ("da ação") (STF, *RTJ* 50/553; TACrSP, *RT* 512/417, 464/379). À luz do entendimento consagrado na jurisprudência, e consolidado na Súmula 220 do Superior Tribunal de Justiça, a reincidência não influi no prazo da prescrição da pretensão punitiva, sendo que a interrupção prevista no art. 117, VI, do CP, incide apenas para fins de verificação da prescrição da pretensão executória (TJMS, 2ª CCr, EP 0000002-93.2019.8.12.0001 MS, publ. 27.3.2019).

▪ **Momento da interrupção:** Sendo a reincidência causa interruptiva da prescrição da pretensão executória ("da condenação"), discute-se quando se opera a interrupção. Há duas correntes: *a.* Pela sentença irrecorrível que condena pelo novo crime, e não pela simples prática desse crime. *b.* Pela mera prática de novo crime e não pela sentença irrecorrível que o reconhece. A primeira corrente (*a*) é a que entendemos ser mais acertada, pois a lei fala em "reincidência" e não em prática de novo delito. Assim, deve-se considerar a reincidência de *direito*, representada por nova condenação transitada em julgado; sem que esta reconheça que o condenado praticou novo crime, não se pode considerá-lo reincidente. Caso contrário, ter-se-ia de admitir uma estranha interrupção "condicional", que desapareceria se o réu fosse afinal absolvido, além de violar a garantia constitucional do direito à presunção de inocência (CR, art. 5º, LVII e § 2º; PIDCP, art. 14, 2; e CADH, art. 8º, 2, primeira parte).

▪ **Incomunicabilidade:** Esta causa de interrupção não se comunica aos demais autores do crime (*vide* nota ao § 1º deste art. 117).

Jurisprudência do inciso VI

▪ **Reincidência:** A condenação por delitos praticados anteriormente não interrompe o prazo prescricional, pois inexiste reincidência (TJSP, *RT* 579/291, 514/348; TACrSP, *RT* 474/319).

- **Momento da interrupção:** Há duas correntes. Interrompe-se a prescrição: *a.* Pela *sentença* que condena pelo novo crime, e não pela prática deste (TJSP, *RT* 437/347, 397/54; TACrSP, *Julgados* 87/140, *RT* 391/299). *b.* Pela *prática* de novo crime após a sentença anterior, e não pela sentença referente ao novo crime (STF, *RTJ* 107/990; TACrSP, *RT* 510/366, 474/319).

Comunicação e crimes conexos (§ 1º)

- **Comunicação:** Exceto nas interrupções pelo início ou continuação do cumprimento da pena (item V) e pela reincidência (item VI), as *demais* causas interruptivas da prescrição produzem efeito para todos os autores do crime.

- **Crimes conexos:** Nos delitos conexos, que sejam objeto do *mesmo processo*, a interrupção relativa a qualquer deles estende-se aos demais. É indispensável, para essa consequência, que se trate de conexão *real* ou *substancial*, que é obrigatória. Não quando se cuide de conexão só *formal ou circunstancial*, que é facultativa, determinada pela facilidade na reunião das provas. Como o CP fala em crimes conexos, não se pode alargar o dispositivo, nele incluindo "procedimentos conexos" ou "processos simultâneos". Interpretação contrária levaria à incidência da interrupção em casos que a lei não previu.

- **Concurso de crimes (ou penas):** *Vide* nota ao CP, art. 119.

Jurisprudência do § 1º

- **Crimes conexos:** Nos termos do art. 117, § 1º, do CP, no caso de crimes conexos que sejam objeto do mesmo processo, estende-se aos demais a interrupção relativa a qualquer deles (TJMG, ED 10024160672622002 MG, publ. 5.8.2019). No mesmo sentido: STJ, REsp 1.639.300/PR e RHC 068897/SC, rel. Min. Maria Thereza de Assis Moura; AREsp 149.407/BA e EDcl no REsp 1.263.951/SP, ambos sob a relatoria do Min. Rogerio Schietti Cruz; AgRg no REsp 1.492.525/MS, rel. Min. Felix Fischer.

- **Conexão real e não formal:** A interrupção só se estende aos casos de conexão real ou substancial, e não aos de conexão formal (TACrSP, *RT* 616/322, 609/342, *Julgados* 92/239; TJSP, HC 295.231-3/3, j. 29.11.99).

Efeito da interrupção (§ 2º)

- **Noção:** É característica das causas interruptivas da prescrição que, a cada uma delas, recomece por inteiro a contagem do prazo prescricional, perdendo-se o tempo decorrido antes delas.

- **Exceção:** Há ressalva expressa para o início ou continuação do cumprimento da pena (item V), quando a prescrição não pode voltar a correr, pela lógica razão de que estará havendo efetiva execução da pena.

Art. 118. As penas mais leves prescrevem com as mais graves.

Absorção das penas mais leves

- **Noção:** O art. 118 do CP refere-se a penas mais leves e não a crimes mais leves. Em nossa sistemática, penas mais leves são a multa e a pena restritiva de direitos. Assim, o dispositivo não se aplica ao concurso de crimes, mas às penas de um mesmo crime (ex.: reclusão e multa, ou detenção e multa), previstas simultaneamente. É o caso, por exemplo, do crime de homicídio culposo no trânsito (CTB, art. 302), cuja pena é de detenção, de dois a quatro anos, e suspensão ou proibição de se obter a permissão ou a habilitação para dirigir veículo automotor. Estando prescrita a pena detentiva, por força deste art. 118, também estará prescrita a pena de suspensão ou proibição referida. Quanto ao concurso de crimes, *vide* a regra do CP, art. 119.

Jurisprudência

- **Penas e não crimes:** O art. 118 do CP refere-se a penas mais leves, e não a crimes mais leves (TACrSP, *Julgados* 75/251).

- **A absorção das penas mais leves:** Se foi contaminada a pena mais grave pela prescrição, também será a pena mais leve por ela alcançada, nos termos do que preceitua o art. 118 do Código Penal (TJMT, 2ª CCr, ApCr 0009898-50.2008.8.11.0042 MT, publ. 9.7.2018). A pena de multa, imposta cumulativamente com a privativa de liberdade, prescreve no prazo desta (STF, *RTJ* 144/258).

- **Não aplicação da regra:** O art. 118, *caput*, é inaplicável ao concurso de crimes e ao concurso entre crime e contravenção (TACrSP, *Julgados* 67/444). Os delitos conexos, embora abrangidos em um só processo, mantêm sua autonomia prescricional e separadamente prescrevem (TACrSP, *Julgados* 75/251, *RT* 506/401; TJSP, *RT* 490/309).

Art. 119. No caso de concurso de crimes, a extinção da punibilidade incidirá sobre a pena de cada um, isoladamente.

Extinção da punibilidade e concurso de crimes

- **Noção:** Dispõe este art. 119 que, no caso de concurso de crimes, a extinção da punibilidade recairá sobre a pena de cada um deles, de forma isolada. Assim, se o agente responde por dois crimes de roubo, em concurso material, a prescrição incidirá sobre a pena de cada um deles e não sobre a soma das duas penas. Por idêntica razão, tratando-se de concurso formal e de crime continuado, não se poderá computar o aumento de pena deles decorrente.

Jurisprudência

- **Prescrição e concurso de crimes:** Pelo art. 119 do CP, o aumento proveniente do concurso não impede a prescrição (STF, *RTJ* 113/1076; TACrSP, *Julgados* 84/247, 83/388; TAPR, PJ 41/215).

- **Verificação isolada:** Tratando-se de concurso de crimes, a extinção da punibilidade deve ser verificada, isoladamente, em relação a cada um deles (TJMG, *RT* 710/316; TACrSP, *Julgados* 85/539; TAPR, PJ 41/215; TRF da 4ª R., HC 46.202, *mv* – DJU 22.2.95, p. 8840; TJMS, *RT* 846/626), o mesmo ocorrendo na hipótese de crime continuado (TRF da 1ª R., *RT* 833/669). "Quando se tratar de crime continuado, a prescrição regula-se pela imposta na sentença, não se computando o acréscimo decorrente da continuação" (Súmula 497 do STF). Para efeitos de prescrição, não se somam as penas do concurso material, sendo consideradas separadamente (TJMG, Ap. 10393060143699001 MG, publ. 20.3.2020; STF, *RTJ* 120/82; TRF da 4ª R., Ap. 15.432, DJU 1º.11.89, p. 13478; TJGO, *RT* 778/638). Tratando-se de crime continuado, despreza-se o acréscimo (TRF da 3ª R., Ap. 97.03.023.236-1/SP, *DJU* 28.12.99, p. 47, *in Bol. IBCCr* 89/440; STJ, RHC 10.182, *DJU* 1.10.2001, p. 246, *in Bol. IBCCr* 110/577). Vide, também, nota *Concurso material ou formal e crime continuado*, bem como jurisprudência sob o título *Concurso formal e crime continuado*, no art. 109 do CP.

PERDÃO JUDICIAL

Art. 120. A sentença que conceder perdão judicial não será considerada para efeitos de reincidência.

Perdão judicial e reincidência

- **Noção:** A reforma penal de 1984 serviu-se do último artigo da Parte Geral para nele inserir a determinação de que a sentença concessiva de perdão judicial (*vide* CP, art. 107, IX) não será considerada para fins de reincidência. Com isso, de um lado, afastou as antigas dúvidas que existiam a respeito dos efeitos dessa concessão, pois parte da jurisprudência entendia que, mesmo concedido o perdão judicial, este seria fator gerador de eventual futura reincidência. Por outro lado, o dispositivo era inócuo, pois, tendo o perdão sido catalogado entre as causas de extinção da punibilidade, é supérflua sua afirmativa. Como resultado, apesar da expressa manifestação da Exposição de Motivos (n. 98) e da clareza do art. 107, IX, do CP, o reforço que se quis dar à tomada de posição acabou servindo aos antigos adversários da opção tomada pela reforma penal de 1984. Veem eles o teor do art. 120 como indicador de uma natureza "condenatória" da sentença concessiva do perdão judicial e não como simples reforço do art. 107, IX, do CP.

- **Efeito:** Aplicado o perdão judicial, independentemente da posição que se adotar a respeito da natureza da sentença que o concede, esta não gerará futura reincidência.

■ **Diversas hipóteses legais de** *perdão judicial*: *Vide*, nos comentários ao art. 107, IX, do CP, as diversas hipóteses legais de perdão judicial, destacando-se, inclusive, a "colaboração" ou "delação premiada" previstas no art. 4º da Lei n. 12.850/2013 (Lei de Organização Criminosa), no art. 13 da Lei n. 9.807/99 (Lei de Proteção a Vítimas e Testemunhas) e no art. 1º, § 5º, da Lei n. 9.613/98, com redação dada pela Lei n. 12.683/2012 (Lei de Lavagem ou Ocultação de Bens).

Jurisprudência ■ **Remissão**: *Vide* junto às notas do CP, art. 107, IX.

PARTE ESPECIAL

Título I
DOS CRIMES CONTRA A PESSOA

- **Nota explicativa:** A razão de ser de todo Estado de Direito Democrático é propiciar o *bem-estar e o pleno desenvolvimento do ser humano* em seus mais variados aspectos, de forma igualitária, digna e respeitosa aos seus direitos fundamentais. A razão, enfim, de ser do próprio Estado é a vida (digna, íntegra, livre, igualitária, segura e saudável) do ser humano. Para atingir tal desiderato, o legislador elege bens e interesses de especial relevância, destacando, de forma excepcional, aqueles de maior importância, que são objeto da lei penal. Assim, a Parte Especial do Código Penal vigente encontra-se dividida em onze Títulos, tomando-se por base o critério do bem jurídico tutelado. Ao contrário do que ocorria nos Códigos Imperial (1830) e da República (1890), em que os *crimes contra a pessoa* vinham previstos geralmente ao final, após os crimes contra a existência política do Império ou mesmo da República, o atual Código, acertadamente, optou por tratá-los logo no primeiro Título, o que indica a relevância que o legislador deu aos crimes que ofendem ou colocam em perigo de forma direta e imediata a pessoa. Como ensina Nélson Hungria, "a pessoa humana, sob o duplo ponto de vista material e moral, é um dos mais relevantes objetos da tutela penal". O interesse do Estado em proteger a pessoa – continua o renomado autor – não é "apenas por obséquio ao indivíduo, mas, principalmente, por exigência de indeclinável interesse público ou atinente a elementares condições da vida em sociedade" (*Comentários ao Código Penal*, 4ª ed., Forense, v. V, p. 15). E isso não poderia ser diferente, escrevendo Aníbal Bruno: "Por mais que se afirme a existência e a estrutura dos agregados sociais, como unidades que subsistem por si mesmas (...), a realidade última, origem e fim daqueles particulares organismos coletivos, é sempre o homem" (*Direito Penal*, v. I, Parte Especial, Rio de Janeiro, Forense, 1966, p. 54). É justamente com a finalidade de proteger a pessoa, nas áreas que de forma mais direta a atingem, que o presente Título encontra-se dividido em seis Capítulos, tutelando-se a vida (Capítulo I), a integridade física (Capítulo II), a periclitação da vida e da saúde, bem como a incolumidade pessoal (Capítulos III e IV), a honra (Capítulo V) e também a liberdade individual (Capítulo VI), abrangendo a inviolabilidade dos segredos. Isso não quer dizer que não existam outros crimes no Código Penal ou mesmo em leis extravagantes (ou especiais) que protejam a pessoa, como é o caso dos crimes contra o patrimônio e contra a liberdade sexual, ou mesmo dos crimes previstos no Estatuto do Desarmamento (Lei n. 10.826/2003).

Capítulo I
DOS CRIMES CONTRA A VIDA

HOMICÍDIO SIMPLES

Art. 121. Matar alguém:
Pena – reclusão, de 6 (seis) a 20 (vinte) anos.

CASO DE DIMINUIÇÃO DE PENA

§ 1º Se o agente comete o crime impelido por motivo de relevante valor social ou moral, ou sob o domínio de violenta emoção, logo em seguida a injusta provocação da vítima, o juiz pode reduzir a pena de um sexto a um terço.

HOMICÍDIO QUALIFICADO

§ 2º Se o homicídio é cometido:

I – mediante paga ou promessa de recompensa, ou por outro motivo torpe;

II – por motivo fútil;

III – com emprego de veneno, fogo, explosivo, asfixia, tortura ou outro meio insidioso ou cruel, ou de que possa resultar perigo comum;

IV – à traição, de emboscada, ou mediante dissimulação ou outro recurso que dificulte ou torne impossível a defesa do ofendido;

V – para assegurar a execução, a ocultação, a impunidade ou vantagem de outro crime;

FEMINICÍDIO

VI – contra a mulher por razões da condição de sexo feminino;

VII – contra autoridade ou agente descrito nos arts. 142 e 144 da Constituição Federal, integrantes do sistema prisional e da Força Nacional de Segurança Pública, no exercício da função ou em decorrência dela, ou contra seu cônjuge, companheiro ou parente consanguíneo até terceiro grau, em razão dessa condição;

VIII – com emprego de arma de fogo de uso restrito ou proibido:

Pena – reclusão, de 12 (doze) a 30 (trinta) anos.

§ 2º-A. Considera-se que há razões de condição de sexo feminino quando o crime envolve:

I – violência doméstica e familiar;

II – menosprezo ou discriminação à condição de mulher.

HOMICÍDIO CULPOSO

§ 3º Se o homicídio é culposo:
Pena – detenção, de 1 (um) a 3 (três) anos.

AUMENTO DE PENA

§ 4º No homicídio culposo, a pena é aumentada de um terço, se o crime resulta de inobservância de regra técnica de profissão, arte ou ofício, ou se o agente deixa de prestar imediato socorro à vítima, não procura diminuir as consequências do seu ato, ou foge para evitar prisão em flagrante. Sendo doloso o homicídio, a pena é aumentada de um terço, se o crime é praticado contra pessoa menor de 14 (catorze) anos ou maior de 60 (sessenta) anos.

§ 5º Na hipótese de homicídio culposo, o juiz poderá deixar de aplicar a pena, se as consequências da infração atingirem o próprio agente de forma tão grave que a sanção penal se torne desnecessária.

§ 6º A pena é aumentada de um terço até a metade se o crime for praticado por milícia privada, sob o pretexto de prestação de serviço de segurança, ou por grupo de extermínio,

§ 7º A pena do feminicídio é aumentada de um terço até a metade se o crime for praticado:

I – durante a gestação ou nos 3 (três) meses posteriores ao parto;

II – contra pessoa menor de 14 (catorze) anos, maior de 60 (sessenta) anos, com deficiência ou portadora de doenças degenerativas que acarretem condição limitante ou de vulnerabilidade física ou mental;

III – na presença física ou virtual de descendente ou de ascendente da vítima;

IV – em descumprimento das medidas protetivas de urgência previstas nos incisos I, II e III do *caput* do art. 22 da Lei n. 11.340, de 7 de agosto de 2006.

- **Alterações:** § 4º com redação dada pela Lei n. 10.741, de 1.10.2003 (Estatuto do Idoso); § 6º acrescentado pela Lei n. 12.720, de 27.9.2012; § 2º, VI, § 2º-A e § 7º acrescentados pela Lei n. 13.104/2015. § 2º, VII, acrescentado pela Lei n. 13.142/2015. §7º, incisos II e III, com nova redação dada pela Lei n. 13.771, de 19.12.2018; §7º, inciso IV, acrescentado pela Lei n. 13.771, de 19.12.2018. § 2º, inciso VIII, acrescido pela Lei n. 13.964, de 24.12.2019, a partir da derrubada do veto presidencial pelo Congresso Nacional em 19.4.2021.

- **Suspensão condicional do processo:** Cabe no homicídio culposo (§ 3º), desde que não haja combinação com a primeira parte do § 4º (art. 89 da Lei n. 9.099/95).

Homicídio

- **Noção:** Homicídio é a eliminação da vida de uma pessoa praticada por outra.

- **Divisão:** O art. 121 do CP apresenta as seguintes figuras de homicídio: doloso simples (art. 121, *caput*), doloso privilegiado (§ 1º), doloso qualificado (§ 2º), culposo simples (§ 3º) culposo com aumento da pena (§ 4º, primeira parte); doloso com a pena aumentada (§ 4º, segunda parte, e § 6º); feminicídio (§ 2º, incisos VI e VII; § 2º-A, e § 7º – aumento de pena).

- **Objeto jurídico:** A preservação da vida humana.

- **Sujeito ativo:** Qualquer pessoa (*crime comum*).

- **Sujeito passivo:** Qualquer ser humano com vida, observando-se que a doutrina considera que a vida, para os termos do art. 121, principia no início do parto, com o rompimento do saco amniótico. Como lembram Rocha Guastini e Wilson Ninno, basta que o sujeito passivo esteja vivo, sem dependência de sua menor ou maior vitalidade (*Código Penal – Interpretação Jurisprudencial*, 1980, v. II, p. 106). Antes do início do parto, o crime será de aborto.

- **Tipo objetivo:** Pode o homicídio ser praticado por qualquer meio de execução (*crime de forma livre*), direto ou indireto, tanto por ação como por uma conduta negativa (omissão), lembrando-se, quanto a esta, ser necessário que o agente tenha o dever jurídico de impedir a morte da vítima (CP, art. 13, § 2º).

- **Nexo de causalidade:** Para que o agente possa ser responsabilizado por homicídio, deve ficar demonstrado o *nexo causal* entre o seu comportamento e o resultado morte (*vide* CP, art. 13).

- **Classificação:** É crime comum quanto ao sujeito, doloso ou culposo, de forma livre, instantânea, material, de conduta e resultado, devendo-se lembrar a necessidade do exame de corpo de delito (CPP, art. 158).

- **Tipo subjetivo e outros dados:** *Vide*, separadamente, as anotações referentes ao homicídio doloso e ao culposo.

- **Homicídio culposo no trânsito:** Encontra-se previsto, atualmente, no art. 302 da Lei n. 9.503/97 – Código de Trânsito Brasileiro.

Homicídio doloso

- **Tipo subjetivo:** O dolo (vontade livre e consciente de matar alguém), tanto direto como eventual. Na corrente tradicional é o "dolo genérico".

- **Erro:** É possível a ocorrência de erro de tipo ou de proibição, a ser avaliado à luz do art. 20 ou 21 do CP.

- **Crime impossível:** Pode existir, tanto pela impropriedade absoluta do objeto como do meio (CP, art. 17).

- **Excludentes da ilicitude:** Pode ocorrer o estado de necessidade, o estrito cumprimento de dever legal, o exercício regular de direito e, notadamente, a legítima defesa (vide nota ao art. 23 do CP).

- **Ortotanásia:** Tema de grande polêmica é o da ortotanásia. ROXANA BRASILEIRO BORGES, em artigo intitulado "Eutanásia, ortotanásia e distanásia: breves considerações a partir do biodireito brasileiro" (in Jus Navigandi, http://jus2.uol.com.br/doutrina/texto.asp?id=7577), distingue a *eutanásia* ("morte provocada em paciente vítima de forte sofrimento e doença incurável, motivada por compaixão") e a *distanásia* (conduta de se "prolongar artificialmente o processo de morte") da *ortotanásia* ("o doente já se encontra em processo natural de morte, processo este que recebe uma contribuição do médico no sentido de deixar que esse estado se desenvolva no seu curso natural"). Enquanto a eutanásia pode configurar, em nosso ordenamento, o crime de homicídio privilegiado (CP, art. 121, § 1º), a ortotanásia tem sido objeto de calorosos debates, sobretudo após a publicação da Resolução n. 1.805, de 9.11.2006, do Conselho Federal de Medicina, que a reconhece como sendo conduta médica ética, desde que haja anuência do paciente ou, se ele estiver inconsciente, de seus familiares. Embora uma "resolução" não tenha, evidentemente, hierarquia de lei – e deixando a questão do julgamento moral e religioso à parte –, compartilhamos do entendimento de que a ortotanásia não configura crime de homicídio, posto que, a nosso ver, na ortotanásia não há o *animus necandi*, o *dolo de matar,* mas sim de abreviar o sofrimento de uma pessoa que é mantida *artificialmente* viva; a sua morte é que deixa de ser prolongada. Tampouco há, igualmente por ausência de dolo, o crime de omissão de socorro qualificado pela morte, não se deixando, com a ortotanásia, de prestar "socorro", no sentido de acudir uma pessoa necessitada, já que se trata de doença incurável e pessoa em *estado terminal*, cuja vida vem sendo artificialmente prolongada com o uso de aparelhos. Como pondera a referida autora, "alguns procedimentos médicos, ao invés de curar ou de propiciar benefícios ao doente, apenas prolongam o processo de morte. Portanto, cabe indagar se se trata, realmente, de prolongar a *vida* ou de prolongar a *morte* do paciente terminal" (art. cit.). Posteriormente, o Conselho Federal de Medicina baixou a Resolução n. 1.995, de 9-8-2012, que disciplina a conduta ética do médico se o paciente, com plena consciência e liberdade, antecipadamente, decidir que não deseja ser submetido a prolongamento artificial de sua vida em fase terminal de doença incurável, limitando-se-lhe a garantir maior conforto em seus últimos dias (Cf. RUI NUNES e HELENA PEREIRA DE MELO, "Testamento Vital", Coimbra, Almedina, 2011). A matéria, como salientado, é extremamente polêmica, sendo recomendável que haja alteração legislativa para disciplinar o tema. *Vide*, também, nota *Doentes terminais* ("*Suicídio assistido*"), no art. 122.

- **Consumação:** Com o evento morte (*crime instantâneo de efeitos permanentes*). A morte ocorre com a cessação do funcionamento cerebral, circulatório e respiratório. Registre-se que o art. 3º da Lei n. 9.434/97 (Transplantes) prevê que a retirada *post mortem* de tecidos, órgãos ou partes do corpo humano destinados a transplante ou tratamento deverá ser precedida de diagnóstico de *morte encefálica*.

- **Tentativa:** Pode haver, desde que seja *inequívoca a intenção de matar.* O propósito homicida deve ser aferido, em cada caso concreto, pelos pressupostos e circunstâncias do fato. A tentativa pode ser *imperfeita* ou *perfeita*, também chamada crime falho (*vide* distinção na nota ao CP, art. 14, II). Deve-se atentar para a possibilidade de ocorrência da *desistência voluntária* (CP, art. 15, 1ª parte), quando o agente, por exemplo, embora podendo continuar atirando, cessa os disparos que fazia contra a vítima; então, caso já a tenha ferido, responderá pelo delito de lesão corporal e não por tentativa de homicídio (*vide*, também, notas *Noção* e *Parte vital do corpo* no art. 15 do CP).

- **Confronto:** Antes do início do nascimento o crime será de *aborto* (CP, arts. 124-128) e não de homicídio. A morte do próprio filho praticada pela mãe, durante o parto ou logo após o nascimento, pode caracterizar o delito de *infanticídio* (CP, art. 123) e não o de homicídio.

- **Ação penal:** É pública incondicionada, competindo ao *júri* o julgamento.

- **Justiça Militar:** Com a edição da Lei n. 9.299/96, o art. 9º, parágrafo único, do CPM passou a dispor que "os crimes de que trata este artigo, quando dolosos contra a vida e cometidos contra civil, serão de competência da Justiça comum"; e o art. 82, § 2º, do CPPM que, "nos crimes contra a vida, praticados contra civil, a Justiça Militar encaminhará os autos do inquérito policial à Justiça comum".

Jurisprudência geral do homicídio doloso

- **Desistência voluntária:** Se o agente podia persistir na agressão, mas dela desistiu voluntariamente, não agiu com o ânimo de matar, que é essencial para a configuração da tentativa de homicídio (TJSP, *RJTJSP* 95/389, *RT* 566/304). Se o agente, com a arma ainda carregada, voluntariamente desiste após os primeiros disparos, beneficia-se com a desistência voluntária (TJSP, *RT* 527/335), mesmo que haja desistido na suposição de que a vítima estava mortalmente ferida (TJSC, *RT* 649/304). Se interrompeu agressão potencialmente fatal, prestando socorros à vítima, caracteriza-se a desistência voluntária, respondendo por lesão corporal grave e não por tentativa de homicídio (TJSP, *RJTJSP* 139/258). Se desistiu voluntariamente da prática de homicídio, impedindo que seu comparsa consumasse o delito, desclassifica-se para lesões corporais (TJDF, *RT* 761/653). Se, em razão da intervenção verbal de terceiro, atendeu a solicitação pondo fim ao seu ato agressivo, só responde pelas lesões corporais praticadas (TJRJ, RSE 2005.051.00651, j. 9.5.2006, *Bol. IBCCr* 165/1012). Se admitido o *animus necandi*, patente a desistência voluntária, devendo ser desclassificada a conduta para lesões corporais de natureza leve, com possibilidade de representação pela ofendida, se quiser. Segundo relatou a ofendida, o recorrente não foi impedido de prosseguir golpeando-a, ele simplesmente parou (TJSP, RSE 379.912-3/3, j. 31.5.2005). Se, em relação ao homicídio, tinha o réu condições de prosseguir na execução do delito, entretanto, após o primeiro disparo que atinge a vítima, desiste, guardando sua arma e preparando-se para sair do local do fato, é de ser reconhecida a desistência voluntária, respondendo o agente, todavia, pelos atos até então praticados. Afastada a imputação da tentativa de homicídio, sobram apenas as lesões corporais decorrentes do disparo que alvejou o ofendido (TJDF, Ap. 202687320098070007, j. 24.6.2010, publ. 7.7.2010). Afirmado por peritos que a vítima não sofreu perigo de vida, improcedente a alegação de que o socorro imediato e o pronto atendimento médico a ela prestados impediram sua morte. Desiste voluntariamente de cometer homicídio quem, depois de atingir a vítima pelas costas, abstém-se de contra ela efetuar novos disparos de arma de fogo sem que alguma circunstância alheia à sua vontade o impedisse (TJDF, RSE 1519091200018070003, j. 12.5.2005, publ. 3.8.2005). Se após desferir facadas na vítima, cessou o ato criminoso sem qualquer interferência exterior, configura-se a desistência voluntária, desclassificando-se o homicídio qualificado para lesão corporal grave (TJPR, RSE 832.054-1, j. 29.3.2012). Todavia, se teve tolhida sua vontade por interveniência de terceiros, não há falar em desistência voluntária, devendo ser pronunciado por tentativa (TJPR, RSE 821.506-3, j. 15.12.2011). *Vide*, também, jurisprudência no art. 15 do CP, sob o título *Desistência voluntária*.

- **Arrependimento eficaz:** Rejeita-se denúncia por tentativa de homicídio duplamente qualificado, se ausente a descrição de circunstância posterior ao fato – o arrependimento do agente – que implica a sua desclassificação para um dos tipos de lesão corporal (STF, HC 84.653/SP, j. 9.8.2005, *DJU* 14.10.2005). Arrependimento eficaz configurado. Desclassificação do delito para lesões corporais de natureza grave. Recurso provido. Se o agente, depois de esgotado todos os meios de execução (tentativa perfeita), desenvolve nova atividade, socorrendo a vítima, que, levada ao hospital, recebeu atendimento médico e, assim, impede a consumação do crime de homicídio, configura-se o arrependimento eficaz, causa de exclusão da tipicidade em relação ao crime de tentativa de homicídio (TJPR, RSE 1.641.070, j. 9.12.2004).

- **Ausência de *animus necandi*:** Só se pode cogitar de tentativa, quando ficar positivada, claramente, a intenção direta e inequívoca de matar (TJSP, *RT* 613/294, 644/261). Se não houve ânimo de matar, tendo sido desferido um só golpe de faca pequena, desclassifica-se para lesão corporal seguida de morte (TJPR, *PJ* 41/190). Se desfere um único soco no queixo da vítima, que em razão do golpe sofre queda, ocasionando a explosão do lobo temporal esquerdo, desclassifica-se para o art. 129, § 3º (TJSP, *RJTJSP* 157/291). Se efetua disparos no interior de um lar sem visar particularmente nenhuma pessoa, embora lhes fossem direcionados, desclassifica-se para o art. 132 do CP (TJMS, *RT* 667/323). Só há tentativa quando o resultado morte não sobreveio por circunstâncias alheias à vontade do agente, que atuou com intenção de matar (TJMS, *RT* 568/344). Comprovada, acima de qualquer dúvida, que o réu tinha a vontade de lesionar e não ceifar a vida do ofendido, impõe-se a manutenção da sentença que desclassificou a tentativa de homicídio qualificado para a lesão corporal (TJMT, RSE 54772/2018, *DJe* 25.9.2018). Se nenhum dos disparos atingiu a vítima sobrevivente, cabível a redução no percentual máximo (STJ, HC 391.990/SP, *DJe* 7.11.2018).

- **Armadilhas de defesa (*offendicula*):** Age com culpa, e não com dolo, quem coloca fio elétrico de baixa tensão em volta de sua casa, para impedir, só por choque, a invasão, mas ocorre morte em razão de o piso estar molhado pelas chuvas (TJRJ, *RT* 549/363). A colocação desses aparelhos é exercício regular de direito, desde que não se constituam perigo comum, capazes de lesar até incautos que deles se aproximem (TACrSP, *RT* 603/367). Caracteriza-se legítima defesa quando o ofendículo, instalado no interior da propriedade, causa a morte de terceiro que positivava agir dolosamente contra o patrimônio alheio (TAMG, Ap. 16.190, j. 28.6.88). *Contra*: A eletrificação de muro residencial com corrente de 220 watts, que ensejou a morte de uma criança ao tentar penetrar para apanhar uma bola, não constitui legítima defesa nem exercício regular de direito, configurando homicídio culposo, diante da manifesta imprudência (TJGO, *RGJ* 7/112).

- **Erro quanto à pessoa:** É irrelevante que a pretensa vítima não se encontre no local do fato, se o agente, atuando com *animus necandi*, acaba atingindo a pessoa outra que não o seu desafeto (TJPE, *RT* 806/623).

- **AIDS:** Se alguém pratica ato capaz de transmitir não apenas moléstia grave, mas moléstia eminentemente mortal e o faz dolosamente, incide em tentativa de homicídio (TJSP, *RT* 784/587). Em havendo dolo de matar, a relação sexual forçada e dirigida à transmissão do vírus da AIDS é idônea para a caracterização da tentativa de homicídio (STJ, HC 9.378, j. 18.10.99, *vu*, *DJU* 23.10.2000). *Contra*: Tentativa de homicídio. Condenação pelo júri. Diante da situação *sui generis* entre o apelante e ofendida, parceiros amorosos, as provas não permitem classificar a conduta imputada como crime doloso contra a vida. Elemento subjetivo do injusto – dolo eventual – não restou suficientemente demonstrado. Versão escusatória ecoada na palavra da vítima, que até pouco antes do Plenário ainda se relacionava com o réu. Afora isso, a conduta reiteradamente praticada pelo réu, sob o ponto de vista objetivo, não ocasionaria a morte da vítima. Com o evoluir das ciências médicas, o diagnóstico de AIDS deixou de ser uma 'sentença de morte'. Os medicamentos atualmente existentes conseguem estagnar a doença e propiciar aos portadores do vírus uma sobrevida cada vez maior e de melhor qualidade. Assim, embora a transmissão da doença seja controlável pelo agente, a ocorrência do resultado morte escapa ao seu domínio e vontade. Em decorrência, o enquadramento da conduta aqui versada como homicídio tentado não se mostra isento de questionamentos. Recomendável, pois, a submissão do réu a novo Júri. Apelo provido para determinar a realização de novo julgamento (TJSP, Ap. 487146300000000, rel. Des. Mário Devienne Ferraz, j. 1.12.2008, publ. 10.3.2009).

- **Genocídio:** Pratica quem, intencionalmente, pretende destruir, no todo ou em parte, grupo nacional, étnico, racial ou religioso, cometendo, para tanto, atos como assassinato de membros do grupo (art. 2º da Convenção contra o Genocídio, ratificada pelo

Decreto n. 30.822/52 c/c o art. 1º, *a*, da Lei n. 2.889/56); não é, todavia, de competência do Tribunal do Júri (STJ, *RT* 786/604-5).

- **Doze homicídios:** Delito praticado mediante execução de doze homicídios. Caso de concurso formal. Ações criminosas resultantes de desígnios autônomos. Penas cumulativas (art. 70, *caput*, segunda parte, do CP). Competência do Tribunal do Júri da Justiça Federal (STF, Pleno, RE 351.487-3/RR, rel. Min. Cezar Peluso, j. 3.8.2006).

- **Legítima defesa:** Não há amparo legal, doutrinário ou jurisprudencial, no direito hodierno, que sustente a legítima defesa da honra conjugal (TJRR, *RT* 765/693). Há incompatibilidade entre a embriaguez completa e a legítima defesa (TJBA, *RT* 771/641). A absolvição do autor de homicídio, por acolhimento da legítima defesa, retira a tipicidade e a antijuridicidade da conduta do coautor que lhe entregou a arma (TJCE, *RT* 777/647). *Vide* nota e jurisprudência no CP, art. 25.

- **Contraditório e ampla defesa:** Evidente dissonância entre a decisão dos jurados e a sentença de pronúncia, de um lado, e a prova colacionada em juízo sob o crivo do contraditório e da ampla defesa, de outro. Tese da acusação que somente tem amparo em elementos informativos não confirmados em juízo. Sentença de pronúncia cassada, impronunciando-se o acusado (TJSC, Ap. 2012.050664-0, publ. 9.5.2013).

- **Concurso com porte ilegal de arma:** Em face do princípio da consunção é descabida a condenação do acusado por porte ilegal de arma de fogo, se o delito estava contido na mesma linha de ação do homicídio, tratando-se de crime progressivo que resta absorvido pelo crime-fim (TJSP, *RT* 780/595; TJMG, *RT* 777/663). *Contra, em parte:* Não há absorção se, após o homicídio, continua a portar a arma, mesmo quando decorrido período de tempo suficiente para abandoná-la (TJPR, *RT* 873/644).

- **Competência:** Se o funcionário público federal foi morto em razão de seu serviço ou em virtude dele, a competência é da Justiça Federal (TRF da 3ª R., *RT* 761/731). Inocorrendo o envolvimento de direitos indígenas (art. 109, XI, da CR), o crime praticado contra índio é de competência da Justiça Comum Estadual (STJ, Súmula 140; CComp 21.794-AC, *DJU* 18.12.2000, p. 154, in Bol. IBCCr 99/517).

- **Crime hediondo:** O crime de homicídio simples só é hediondo quando praticado em atividade típica de grupo de extermínio, ainda que cometido por um só agente (Lei n. 8.072/90, art. 1º, I) (STJ, HC 43.775-RS, j. 4.10.2005, *DJU* 14.11.2005).

- **Confronto com latrocínio:** Se a intenção inicial do agente era apenas a morte da vítima, mas após a morte desta, resolve subtrair seus bens, responderá por homicídio em concurso com furto (TJSC, RCr 2003.030146-1, j. 4.5.2004).

Homicídio doloso simples (art. 121, caput)

- **Noção:** Homicídio doloso simples (*caput*) é aquele em que não ocorrem as hipóteses privilegiadas do § 1º ou as qualificadas do § 2º.

- **Pena:** Reclusão, de seis a vinte anos.

- **Crime hediondo:** É hediondo o homicídio *simples* (art. 121, *caput*) quando praticado em atividade típica de grupo de extermínio, ainda que cometido por um só agente (art. 1º, I, primeira parte, da Lei n. 8.072/90, com a nova redação dada pela Lei n. 8.930/94).

Homicídio privilegiado (art. 121, § 1º)

- **Noção:** Três são as hipóteses previstas: *a.* o agente comete o homicídio impelido por motivo de *relevante* (importante, considerável, digno de apreço) valor *social* (atinente a interesse *coletivo*); *b.* impelido por motivo de relevante valor *moral* (relativo a interesse *particular*); *c.* sob o domínio de *violenta emoção*, logo em seguida a injusta provocação da vítima (injusta provocação + emoção violenta + reação em seguida).

- **Distinção:** Esta figura privilegiada não se confunde com a atenuante genérica do art. 65, III, *c*, última parte, do CP. Nesta última, o crime é praticado *sob influência* (e não domínio) de violenta emoção e sem o requisito causal *logo em seguida*, do homicídio privilegiado. Assim, embora a atenuante não incida quando for reconhecido o homicídio privilegiado, se este for negado ela ainda pode ser cabível.

- **Homicídio qualificado-privilegiado:** Não é crime hediondo (*vide* jurisprudência no homicídio qualificado).

- **Erro:** Não fica afastado o privilégio, quando o agente, induzido por circunstâncias de fato, erroneamente supõe o motivo (valor moral ou social, ou, ainda, a injusta provocação). Cf. CP, art. 20.

- **Concurso:** O privilégio pode concorrer com as qualificadoras objetivas do homicídio, não com as subjetivas.

- **Redução obrigatória ou facultativa:** Nas anteriores edições desta obra, já defendíamos que a redução era *obrigatória* e não uma mera faculdade do juiz, mesmo porque a ausência do quesito da defesa quanto ao homicídio privilegiado levava à nulidade absoluta do julgamento (STF, Súmula 162, *RTJ* 104/752, Pleno; *RTJ* 95/70). Atualmente, com o advento da Lei n. 11.689/2008, que reformou o procedimento do Júri, verifica-se que o art. 483, § 3º, I, do CPP expressamente prevê que, "decidindo os jurados pela condenação, o julgamento prossegue, devendo ser formulados quesitos sobre: I – causa de diminuição de pena alegada pela defesa". Desse modo, a antiga discussão acerca da obrigatoriedade ou não da redução restou superada. Com efeito, se o próprio Código determina a formulação do quesito pertinente, seria sumamente *incoerente* impor formulá-lo, mas deixar ao puro arbítrio do juiz a aplicação ou não da redução de pena decidida pelos jurados. Por isso, e em respeito à constitucional soberania do júri (CR, art. 5º, XXXVIII, *c*), entendemos que, quando for reconhecido pelos jurados o homicídio privilegiado, o juiz presidente não pode deixar de reduzir a pena, dentro dos limites de um sexto a um terço. A quantidade da redução prevista no § 1º do art. 121 ficará, esta sim, reservada ao fundamentado critério do magistrado.

- **Pena:** É reduzida de um sexto a um terço, mesmo abaixo do mínimo previsto para o homicídio.

Jurisprudência do homicídio privilegiado

- **Cabe ao júri:** Compete ao júri, e não ao juiz na pronúncia, declarar privilegiado o homicídio (TJSP, *RT* 518/348; TJRJ, *RT* 516/391).

- **Valor social ou moral:** É de ser apreciado não segundo o ponto de vista do agente, mas com critérios objetivos segundo a consciência ético-social geral (TJSP, *RT* 417/101). O valor social deve ser realmente relevante, isto é, notável, importante, especialmente digno de apreço (TJPR, *RT* 689/376).

- **Violenta emoção:** Configura a emoção que se apresenta intensa, absorvente, como verdadeiro choque emocional (TJRS, *mv* – *RJTJRS* 166/131), não a perturbação com reação fria (TJSP, *RT* 524/340). Caracteriza homicídio privilegiado a conduta do agente que, logo após saber que seu filho foi vítima de agressão, sai ao encalço do agressor, disparando por várias vezes a sua arma (TJSP, *RT* 785/588). Não configura a ira espontânea (TJSP, *RT* 525/350). Ela não pode ser produto de cólera recalcada, transformada em ódio (TJSP, *RT* 554/338). Homicídio de companheira infiel não configura legítima defesa da honra, mas pode caracterizar homicídio privilegiado (TJPR, *RT* 709/361). Não há privilégio, se eventual violenta emoção não foi provocada no instante em que gerou os acontecimentos (TJMS, *RT* 705/359). *Contra:* O domínio de violenta emoção pode se caracterizar não apenas através de uma discussão no momento do fato. Vítima que por vinte anos agredia a irmã do acusado e um dia o sentimento emocional explode. Todos possuem um limite para suportar ofensas (TJPR, Ap. 350.441-2, *DOE* 16.11.2007, in Bol. IBCCr 181/1136).

- **Injusta provocação:** É aquela antijurídica, sem motivo razoável (TJSC, *JC* 69/538). É diferente de injusta *agressão*; assim, pode ser reconhecido o privilégio por injusta *provocação* da vítima, embora haja o júri negado a injusta agressão, necessária ao reconhecimento da legítima defesa (STF, *RT* 541/466).

- **Distinção:** A segunda parte do § 1º do art. 121 (sob o domínio de violenta emoção) não se confunde com a atenuante do art. 65, III, *c*, última parte (STF, *RTJ* 94/438). Ao contrário, a primeira parte do § 1º do art. 121 (relevante valor social ou moral) configura-se se reconhecida a atenuante do art. 65, III, *a* (STF, *RTJ* 121/1011; TJPB, *RT* 768/661; *contra*: STF, *RT* 638/360).

- **Reação em seguida:** A reação sob estado emotivo deve operar-se sem intervalo e exercer-se incontinenti (TJSP, *RT* 569/280; TJRS, *mv – RJTJRS* 166/131). É necessário que a reação seja logo em seguida à injusta provocação da vítima (STF, HC 66273-1, *RT* 638/359). *Contra:* Deve incidir o privilégio do art. 121, § 1º, do CP, se o agente pratica o homicídio em razão de ofensas dirigidas contra a sua mãe, mesmo que a reação à injusta provocação tenha ocorrido após certo lapso temporal, mormente se comprovado que o acusado assim reagiu ainda sob o domínio da violenta emoção (TJSP, *RT* 761/581). Não há impulso emocional do homicídio privilegiado, quando o agente atua por ódio recalcado e guardado, praticando crime premeditado (TJSP, *RJTJSP* 77/404).

- **Pena-base e diminuição do privilégio:** "1. A pena-base fixada no mínimo legal à consideração de circunstâncias judiciais favoráveis. 2. Diminuição de um sexto em virtude do reconhecimento da causa de diminuição do homicídio privilegiado (art. 121, § 1º, do CP). 3. Improcedência da alegação de constrangimento ilegal decorrente da diminuição da pena em apenas um sexto em face do reconhecimento do homicídio privilegiado. 4. A diminuição da pena em virtude do reconhecimento do homicídio privilegiado nada tem a ver com a redução operada tendo em vista circunstâncias judiciais favoráveis. 5. O juiz, ao aplicar a causa de diminuição do § 1º do art. 121 do CP, valorou a relevância do motivo de valor social, a intensidade da emoção e o grau de provocação da vítima, concluindo, fundamentadamente, pela diminuição da pena em apenas um sexto" (STJ, 1ª T., HC 102.459/MG, rel. Min. Dias Toffoli, j. 3.8.2010, *DJe* 28.10.2010).

- **Quantidade da diminuição:** Não há nulidade se a sentença traz fundamentação idônea para a redução prevista no art. 121, § 1º (STJ, 6ª T., HC 2011/0302058-9, rel. Min. Sebastião Reis Jr., j. 26.11.2013, *DJe* 1º.7.2014). A escolha do *quantum* de redução da pena deve se basear na relevância do valor moral ou social, na intensidade do domínio do réu pela violenta emoção ou no grau da injusta provocação da vítima (STJ, 5ª T., HC 129.726/MG, rel. Min. Jorge Mussi, j. 26.4.2011). Se o juiz não justificou a pena-base estabelecida em dez anos de reclusão, para réu primário, e de bons antecedentes, anula-se a sentença, determinando-se seja outra prolatada (STF, RHC 63531/ES, *RTJ* 121/1009). Reconhecendo o júri o relevante valor moral ou social, impõe-se a diminuição de pena prevista no ar. 121, § 1º, e não a atenuante do art. 65, inciso II, *a*. Não há contradição se os jurados reconhecem a necessidade dos meios empregados, mas nega o uso moderado deles (TJPB, Ap. 99000153-8, j. 8.4.1999).

- **Homicídio duplamente privilegiado:** A não submissão aos jurados do quesito relativo à prática do crime sob o domínio de violenta emoção, logo em seguida a injusta provocação da vítima, tido como prejudicado, em face da resposta afirmativa ao quesito do motivo de relevante valor moral, constitui *nulidade* do julgamento (STJ, REsp 1.438, *mv – DJU* 23.9.91, p. 13090).

- **Concurso com qualificadoras:** A jurisprudência do STF admite a possibilidade de homicídio privilegiado-qualificado, desde que não haja incompatibilidade entre as circunstâncias do caso. Tratando-se de qualificadora de caráter objetivo (meios e modos de execução do crime), é possível o reconhecimento do privilégio sempre de natureza subjetiva (STF, 1ª T., HC 97.034/MG, rel. Min. Ayres Britto, *mv*, j. 6.4.2010, *DJe* 7.5.2010). O recurso utilizado para atingir a vítima "é realidade objetiva, pertinente à mecânica do agir do infrator" (HC 77.347, HC 69.524, HC 61.074). Daí a inexistência de contradição no reconhecimento da qualificadora, cujo caráter é objetivo (modo de execução do crime), e do privilégio, afinal reconhecido (sempre de natureza subjetiva) (STF, HC 89921, j. 12.12.2006, *DJU* 27.4.2007). É firme o entendimento do STJ no sentido de que, sendo a qualificadora de caráter objetivo, não haveria, em princípio, nenhum impeditivo para a coexistência com a forma privilegiada do homicídio, vez que ambas as hipóteses previstas no § 1º do art. 121 são de natureza subjetiva (STJ, 5ª T., HC 129.726/MG, rel. Min. Jorge Mussi, j. 26.4.2011, *DJe* 9.5.2011). O homicídio privilegiado é *incompatível* com as qualificadoras subjetivas (motivo fútil, torpe etc.), mas é *compatível* com as qualificadoras objetivas (fogo, veneno, meio cruel etc.) (STF, *RT* 541/466; STJ, REsp 663.251/MG, *DJU* 16.11.2004, p. 321; TJPR, *RT* 764/646; TJRN, *RT* 780/681; TJAP, *RT* 763/617; TJCE, *RT* 812/618). *Contra*: É incompatível com as circunstâncias qualificadoras, inclusive com as de cunho objetivo, inexistindo homicídio "privilegiado-qualificado" (TJSP, *RT* 672/305). O privilégio é incompatível com o motivo fútil (STF, *RTJ* 120/1102, 115/371; STJ, REsp 30.633, *DJU* 20.3.95, p. 6146, *in RBCCr* 10/222; TJMG, *RT* 620/341; TJSP, *RJTJSP* 101/440; TJSC, *RT* 554/338; TJAL, *RF* 275/331) ou com o motivo torpe (TJSP, *RT* 575/361).É *compatível* com a emboscada, pois esta é objetiva (TJSP, *mv – RJTJSP* 106/459).É *compatível* com a surpresa ou recurso que impossibilitou a defesa (STF, *RTJ* 89/440; STJ, HC 3.180, *DJU* 6.3.95, p. 4372, *in RBCCr* 10/222; REsp 4.408, *DJU* 25.5.92, p. 7405; TJSP, *RT* 525/350; TJDF, Ap. 10.045, *DJU* 7.5.90, p. 8934; TJRS, *RT* 608/372; *contra*: TJSP, *RT* 723/560, 646/271, *RJTJSP* 94/433). A violenta emoção é *compatível* com a qualificadora da traição (STF, *RT* 585/420; *contra*: TJSP, *mv – RT* 619/272) e com a qualificadora do meio cruel (TJSC, *RT* 634/321). Admitido o privilégio, ficam prejudicados os quesitos do motivo torpe e da surpresa (TJSP, *RT* 575/361, 723/560).

- **Quesitos:** Muitos acórdãos entendem que, reconhecido o homicídio privilegiado, o quesito da qualificadora subjetiva deve ser considerado prejudicado (TJSP, *RT* 558/291; TJMG, *RT* 618/357), mas no próprio STF discute-se se o juiz deve dá-lo como prejudicado ou depois resolver o concurso (STF, *RTJ* 90/61).

Homicídio doloso qualificado (art. 121, § 2º)

- **Noção:** Homicídio qualificado é aquele em cuja prática ocorre alguma das hipóteses enumeradas neste § 2º.

- **Divisão:** As circunstâncias que qualificam o homicídio podem ser divididas em: *a. motivos* (paga, promessa de recompensa ou outro motivo torpe e motivo fútil – incisos I e II); *b .meios* (veneno, fogo, explosivo, asfixia, tortura ou outro meio de que possa resultar perigo comum – inciso III); *c. modos* (traição, emboscada, mediante dissimulação ou outro recurso que dificulte ou torne impossível a defesa do ofendido – inciso IV); *d. finalidade* (para assegurar a execução, ocultação, impunidade ou vantagem de outro crime – inciso V).

- **Crime hediondo:** É hediondo o homicídio *qualificado* (art. 121, § 2º, I a V) (art. 1º, I, segunda parte, da Lei n. 8.072/90, com a nova redação dada pela Lei n. 8.930/94 e pela Lei n. 13.104/2015). Todavia, *não é hediondo o homicídio qualificado-privilegiado*. Quanto às consequências dos crimes hediondos, *vide* nota *Crime hediondo* neste art. 121, *caput*, do CP.

- **Mediante paga ou promessa de recompensa:** *Mediante paga* é o chamado homicídio mercenário, que o agente pratica por motivo de pagamento. Além dele, o CP também qualifica o cometido por motivo de promessa de recompensa, isto é, a expectativa de paga. Quanto ao caráter da paga ou recompensa, predomina o entendimento de que deve ter valor econômico (Heleno Fragoso, *Lições de Direito Penal – Parte Especial*, 1995, v. I, p. 40; Hungria, *Comentários ao Código Penal*,1958, v. V, p. 164; Magalhães Noronha, *Direito Penal*, 1995, v. II, p. 22; *contra*: Damásio de Jesus, *Direito Penal*, 29ª ed., 2009, v. II, p. 67, para quem a promessa pode ser de casamento, emprego etc.).

- **Denúncia alternativa:** Em face do art. 41 do CPP, a denúncia ou queixa deverá explicitar se o homicídio foi praticado mediante paga ou se o foi mediante promessa de recompensa, não podendo imputar uma *ou* outra ao *mesmo* tempo, não se admitindo a chamada denúncia alternativa, posto impossibilitar a ampla defesa; ademais, o Ministério Público, ao denunciar, deve ter certeza do fato que imputa (cf. nesse sentido, Rômulo de Andrade Moreira, *Curso Temático de Direito Processual Penal*, Salvador, JusPodivm, 2009, p. 237; *vide*, também, jurisprudência sob a rubrica *Denúncia alternativa*).

- **Motivo torpe:** *Torpe* é o motivo baixo, repugnante, vil, ignóbil, que repugna à coletividade. A *vingança* pode ou não constituir motivo torpe, na dependência do que a originou. O *ciúme*,por si só, não pode ser equiparado a motivo torpe, em nosso entendimento.

- **Motivo fútil:** É *fútil* o homicídio praticado por motivo insignificante, sem importância, totalmente desproporcionado em relação ao crime, em vista de sua banalidade. Antonio José Feu Rosa cita como "exemplo perfeitíssimo de motivo fútil, caso ocorrido em Vitória/ES, em que um operário, na hora do almoço coletivo, matou seu companheiro de serviço porque este lhe furtara uma banana", lembrando, a propósito, a expressão popular "matou estupidamente" (*Direito Penal – Parte Especial,* Revista dos Tribunais, 1995, p. 77). Entendemos que a *ausência de motivos* não pode equivaler à futilidade do motivo. Quanto ao *motivo injusto*, ele pode ou não ser fútil, pois a injustiça, só por si, não indica a futilidade. Lembre-se que o motivo fútil, para qualificar, precisa ter conexão imediata com o homicídio. Assim, se, por motivo fútil, agente e vítima entram em luta corporal e desta sobrevém o homicídio, a futilidade que originou a briga já não será o motivo da morte do ofendido, pois ela foi anterior à briga.

- **Emprego de veneno:** É o chamado venefício, que só qualifica, porém, se praticado com dissimulação, insídia. Não há a qualificadora se o veneno é administrado à força ou com conhecimento da vítima.

- **Emprego de fogo ou explosivo:** *Fogo.* Como exemplo, cite-se o deitar combustível e atear fogo ao corpo da vítima. *Explosivo.* O meio usado é a dinamite ou substâncias de efeitos análogos.

- **Emprego de asfixia:** Pode ser mecânica (ex.: enforcamento, afogamento etc.) ou tóxica (ex.: gás asfixiante). Embora a Lei n. 7.209/84 tenha retirado a "asfixia" das circunstâncias agravantes, ela permanece como qualificadora do homicídio.

- **Emprego de tortura:** É o suplício, que causa atroz e desnecessário padecimento. A tortura, geralmente, é física, mas também pode ser moral, desde que exacerba o sofrimento da vítima. Observe-se que o homicídio qualificado pelo emprego de tortura não se confunde com o crime de tortura do qual resulte morte (art. 1º, § 3º, da Lei n. 9.455/97).

- **Meio insidioso:** É o meio dissimulado. Como exemplo, a armadilha mortífera, o meio fraudulento. Distingue-se do modo dissimulado do inciso IV, pois aqui a insídia é o *meio* usado.

- **Meio cruel:** É o meio que faz sofrer além do necessário. Para que se configure esta qualificadora, o meio cruel deve ter sido escolhido ou desejado pelo agente, visando ao padecimento de sua vítima. A repetição de golpes ou tiros, por si só, não constitui meio cruel. Será cruel, se o agente os repetiu por sadismo; não, porém, se a repetição deveu-se à inexperiência ou ao nervosismo do agente. Inexistirá a qualificadora, se o meio cruel foi empregado quando o ofendido já estava morto.

- **Meio de que possa resultar perigo comum:** É aquele que pode alcançar indefinido número de pessoas. Diferencia-se dos crimes de perigo comum porque a finalidade do agente do homicídio é a morte e não o perigo comum. Entende-se que pode haver concurso formal do homicídio com o crime de perigo comum.

- **À traição:** É o ataque sorrateiro, praticado inesperadamente. Não se configura se o ofendido pressentiu a intenção do agente.

- **Emboscada:** É a tocaia, com o agente escondido à espera da vítima.

- **Mediante dissimulação:** Por este modo, o agente esconde ou disfarça o seu propósito, para atingir o ofendido desprevenido. Tanto qualifica a ocultação do propósito como o disfarce usado pelo próprio agente para se aproximar da vítima.

- **Mediante outro recurso que dificulte ou torne impossível a defesa:** O modo deve ser análogo aos outros do inciso IV (traição, emboscada ou dissimulação). A *surpresa*, para qualificar, é a insidiosa e inesperada para a vítima, dificultando ou impossibilitando sua defesa. A *superioridade em armas ou forças*, por si só, não qualifica, pois não é, sempre, recurso que dificulte ou impossibilite a defesa. Trata-se de criação jurisprudencial, fundada na legislação anterior ao atual CP. Embora adotada em alguns acórdãos, ela não é aceita pela doutrina (Dante Delmanto, *Defesas que*

Fiz no Júri, 7ª ed., 2008, p. 65; Damásio de Jesus, *Direito Penal*, 29ª ed., 2009, v. II, p. 71; Frederico Marques, *Tratado*, 1961, v. IV, p. 107; Heleno Fragoso, *Lições de Direito Penal – Parte Especial*, 1995, v. I, p. 44; Hungria, *Comentários ao Código Penal*, 1958, v. V, p. 170, nota).

- **Para assegurar a execução, ocultação, impunidade ou vantagem de outro crime:** O outro crime pode ter sido praticado por terceira pessoa. As qualificadoras do inciso V trazem o elemento subjetivo do tipo, constituído pelo especial fim de agir. Como exemplos, o homicídio praticado para lograr o cometimento de outro crime ou evitar a sua descoberta.

- **Participação:** Estar ao lado do autor de disparos não é crime. A afirmação de que estaria fornecendo apoio moral, sem qualquer elemento de prova a comprová-lo, não pode ser aceita. Denúncia anulada (TJSP, HC 464.121.3/8-SP, j. 14.9.2004, *Bol. AASP* 2455/1143).

- **Comunicabilidade das qualificadoras:** As qualificadoras referentes aos motivos do crime são incomunicáveis aos coautores, quando estes desconhecem a motivação.

- **Compatibilidade com o homicídio privilegiado:** *Vide* nota e jurisprudência no CP, art. 121, § 1º.

- **Pena:** Reclusão, de doze a trinta anos.

- **Feminicídio:** Na mesma direção da Lei Maria da Penha (Lei n. 11.340/2006), o legislador editou a Lei n. 13.104/2015 que criou a figura jurídica do *feminicídio*, ou seja, o homicídio praticado contra a mulher em casos de (*a*) violência doméstica e familiar (§ 2º-A, I) ou em razão de (*b*) menosprezo ou discriminação à condição do sexo feminino (§ 2º-A, II). Como se vê, não é todo homicídio contra mulher que configurará a qualificadora deste inciso VI, mas somente aquele praticado nos moldes delimitados pelo legislador. A nosso ver, o sujeito ativo do feminicídio poderá ser tanto o homem quanto a mulher. Aliás, é o que já ocorre na Lei Maria da Penha que, ao definir o conceito de violência doméstica e familiar contra a mulher, é expressa ao prever que: "As relações pessoais enunciadas neste artigo independem de orientação sexual" (art. 5º, parágrafo único). No mesmo sentido, Rogério Greco, para o qual a mulher também pode ser sujeito ativo de *feminicídio* em casos, por exemplo, de relações homoafetivas ("Feminicídio – Comentários sobre a Lei n. 13.104, de 9 de março de 2015", *in JusBrasil*, publicado em 16.3.2015). O mesmo ocorre nos casos de *transexualismo*, pouco importando se no registro civil do autor conste homem ou mulher, podendo, em ambos os casos, ser o sujeito ativo do feminicídio.

- **Sujeito passivo:** Como existem casos de *transexualismo*, de pessoa que, geneticamente homem, possui a psiquê de mulher, inclusive com cirurgia de órgãos genitais, e também, em situações mais raras, de pessoa hermafrodita, o que deverá valer, em nosso entendimento, será o registro civil da vítima como mulher na época dos fatos, para se configurar feminicídio.

- ***a*. Violência doméstica e familiar (§ 2º-A, I):** O conceito deve ser buscado no art. 5º, I, da Lei Maria da Penha – Lei n. 11.340/2006, segundo o qual configura violência doméstica e familiar contra a mulher "qualquer ação ou omissão baseada no gênero que lhe cause morte, lesão, sofrimento físico, sexual ou psicológico e dano moral ou patrimonial: I – no âmbito da unidade doméstica, compreendida como o espaço de convívio permanente de pessoas, com ou sem vínculo familiar, inclusive as esporadicamente agregadas; II – no âmbito da família, compreendida como a comunidade formada por indivíduos que são ou se consideram aparentados, unidos por laços naturais, por afinidade ou por vontade expressa; III – em qualquer relação íntima de afeto, na qual o agressor conviva ou tenha convivido com a ofendida, independentemente de coabitação". Já as formas de violência doméstica e familiar contra a mulher compreendem, dentre outras, a violência física, a violência psicológica, a violência sexual, a violência patrimonial e a violência moral (art. 7º da Lei n. 11.340/2006). Como visto na nota acima, o autor pode ser tanto homem quanto mulher.

■ *b*. **Por menosprezo ou discriminação à condição do sexo feminino (§ 2º-A, II):** *Menosprezo* tem o sentido de depreciar, desprezar, desdenhar (*Novo Dicionário Aurélio*, 4ª ed., Positivo), ao passo que *discriminar* alguém *por ser mulher* remete à ideia de preconceito, considerando-a inferior, não possuindo o mesmo valor, a mesma dignidade. Na prática não será fácil demonstrar a ocorrência dessa qualificadora, por ser bastante subjetiva.

■ **Crime hediondo:** A Lei n. 13.104, de 3.3.2015, além de criar a figura do feminicídio neste art. 121 do CP, fez incluir tal figura no rol dos crimes considerados hediondos (cf. art. 1º, I, da Lei n. 8.072/90, alterado pela Lei n. 13.104/2015).

■ ***Bis in idem* com motivo fútil:** Dependendo do exame do caso concreto, há que se estar atento para não haver dupla qualificação em razão da mesma circunstância. Explica-se: o feminicídio em virtude do menosprezo (§ 2º-A, II) pode configurar o próprio motivo fútil (§ 2º, II), ou seja, banal, totalmente desproporcionado ao crime, o que evidentemente não se pode admitir, sob pena de *bis in idem*. Neste caso, por se tratar o feminicídio de norma específica frente à qualificadora do motivo fútil, deve-se dar preferência pela aplicação daquela.

■ ***Bis in idem* (com violência contra a mulher):** Da mesma forma que visto acima, em caso de feminicídio cometido "com abuso de autoridade ou prevalecendo-se de relações domésticas, de coabitação ou de hospitalidade, ou com violência contra a mulher na forma da lei específica" (agravante prevista no art. 61, II, *f*, do CP), o reconhecimento da qualificadora relativa ao feminicídio (CP, § 2º, VI, c/c § 2º-A, I) impede que seja aplicada também a referida agravante, sob pena de caracterização de *bis in idem*.

■ **Constitucionalidade:** A constitucionalidade da Lei Maria da Penha foi reconhecida, por unanimidade, pelo Pleno do STF no julgamento do HC 106.212/MS, ocorrido em 24.3.2011, e relatado pelo Ministro Marco Aurélio. Na ocasião, afirmou o Ministro Ayres Britto que "para proclamar a igualdade dos homens nunca houve necessidade nem de lei nem de Constituição" aduzindo, com sua veia poética, que "Deus quando criou a mulher não se permitiu terceirizar". O Ministro Dias Toffoli lembrou que "nas Ordenações Filipinas, que vigoraram em âmbito penal até 1830 no Brasil, nós encontraremos o seguinte dispositivo: `Achando o homem casado a sua mulher em adultério, licitamente poderá matar assim a ela como o adúltero, salvo se o marido for peão e o adúltero fidalgo ou o nosso Desembargador, ou pessoa de maior qualidade'. Se o adúltero tivesse um *status* social superior ao do marido, o marido não poderia matá-lo; se fosse de um *status* social inferior, poderia. Mas a mulher, sempre, ele poderia matar, ele seria inimputável, excludente de punibilidade". Acrescentou, ainda, que "o Código Civil de 1916 discriminava a mulher casada, porque a mulher casada pelo Código de 1916 era considerada relativamente capaz. Foi só com o Estatuto da Mulher Casada, da década de 60, que se extinguiu essa *capitis deminutio*: a mulher, quando era solteira e maior, era capaz, e, quando se casava tornava-se relativamente capaz". O Ministro Cezar Peluso ressaltou que mesmo "pela Lei n. 4.121, que é de 1962, a mulher durante o casamento continuava em situação de inferioridade em relação ao marido que enfeixava aquilo que hoje conhecemos como autoridade parental, aquilo que o Código chamava de pátrio poder. E a mulher só podia exercê-lo com exclusividade no impedimento do marido etc. Mais do que isso, a mulher só podia praticar atos de comércio com a autorização do marido". Em aparte ao Ministro Peluso, o Ministro Ayres Britto relembrou que "em 1934 pela primeira vez uma Constituição falou do direito de voto de uma mulher". Ainda nesse histórico voto, a Ministra Cármen Lúcia, após mencionar Norberto Bobbio, ao dizer que, no século XXI, nosso problema "não era mais a da conquista de direitos, mas a de tornar efetivos os direitos que foram conquistados", citou o verso do poeta Paulo Mendes Campos: "que se multiplicou a minha dor ao saber de tantas dores de tantas mulheres". Pelas mesmas razões, entendemos que a Lei n. 13.104/2015 não é inconstitucional. Ela não significa que a vida de uma mulher ou de uma criança do sexo feminino tenha mais valor do que a de um homem ou de um menino. O que ocorre, na dura realidade brasileira, é que as mulheres e as meninas vêm sofrendo muito mais violência no âmbito doméstico e familiar e também em razão de pertencer ao sexo feminino, do que os homens, merecendo, por isso, maior proteção do legislador penal. Isso nada tem a ver com igualdade ou desigualdade de sexos. A nosso ver, trata-se de acertada política criminal que não só acrescentou o feminicídio como uma das modalidades de homicídio qualificado, como também considerou-o crime hediondo, alterando o art. 1º, I, da Lei n. 8.072/90. Como escreveu o filósofo VLADIMIR SAFLATE, em sua coluna no jornal *Folha de S. Paulo* (ed. de 10.3.2015), "não se justifica usar o argumento da necessidade de respeitar a natureza universalista da lei em situações sociais nas quais tal universalidade mascara desigualdades reais. O direito deve usar, de forma estratégica e provisória, a particularização a fim de evidenciar o vínculo entre violência e certas formas de identidade, impulsionando com isto a criação de um universalismo real".

■ **Contra autoridades, agentes e integrantes (§ 2º, VII):** A Lei n. 13.142, de 6.7.2015, acrescentou este inciso VII ao § 2º do CP, tornando qualificado o homicídio quando praticado contra: *a.* autoridade ou agente descrito nos arts. 142 e 144 da Constituição Federal (*vide* nota abaixo); *b.* integrantes do sistema prisional, *no exercício da função ou em decorrência dela*; *c.* integrantes da Força Nacional de Segurança, *no exercício da função ou em decorrência dela*; *d.* contra o cônjuge, companheiro ou parente consanguíneo até terceiro grau, dos integrantes do sistema prisional e da Força Nacional, desde que o homicídio seja praticado em razão dessa condição (*vide* nota abaixo sob o título Conceito). Para ser qualificado o crime de homicídio, não basta, portanto, que a vítima seja autoridade, agente ou integrante das instituições acima referidas, ou ainda cônjuge, companheiro ou parente consanguíneo até terceiro grau, sendo o homicídio qualificado apenas se praticado "em razão dessa condição", e ainda assim devendo o agente *ter conhecimento* dessa condição da vítima.

■ **Conceito:** O art. 142 da CF trata das Forças Armadas, cujos membros são denominados *militares* (*vide* § 3º); já o art. 144 cuida da Segurança Pública, exercida pelos membros da Polícia Federal, Polícia Rodoviária Federal, Polícia Ferroviária Federal, Polícias Civis, Polícias Militares e Corpos de Bombeiros Militares (incisos I a V). A Força Nacional de Segurança Pública, criada pela Lei n. 11.473/2007 e regulamentada pelo Decreto n. 5.289/04, constitui um agrupamento de polícia da União, formada pelos membros mais destacados das polícias de cada Estado e da Polícia Federal, para atuar, mediante aprovação do respectivo Governador, em situações excepcionais visando à preservação da ordem pública. Os integrantes do sistema prisional são aqueles que exercem funções nos estabelecimentos penais descritos na LEP, arts. 87 a 104, quais sejam: penitenciárias, colônia agrícola, industrial ou similar, casa do albergado, centro de observação, hospital de custódia e tratamento psiquiátrico e cadeia pública.

■ **Irretroatividade:** Os novos incisos VI e VII, por aumentarem as hipóteses de crimes equiparados a hediondos, não retroagem (CR, art. 5º, XL).

■ **Com emprego de arma de fogo de uso restrito ou de uso proibido (§ 2º, VIII):** A qualificadora pelo motivo da arma utilizada ser *proibida*, é perfeitamente compreensível, pois são armamentos proscritos por acordos internacionais, ou então armamentos dissimulados, como veremos abaixo. Por sua vez, a qualificação do homicídio com o emprego de arma de uso *restrito* decorre, exclusivamente, em função de seu *maior potencial de letalidade*, independentemente de seu uso ser autorizado ou não. Ou seja, a qualificadora se configura ainda que o agente esteja legalmente autorizado para ser possuidor da arma, bem como para portar arma de fogo de uso restrito. O Regulamento instituído pelo Decreto n. 10.030, de 30.9.2019, estabelece, em seu Anexo I, art. 3º, as seguintes definições: "II – arma de fogo de uso restrito – as armas de fogo automáticas, de qualquer tipo ou calibre, semiautomáticas ou de repetição que sejam: a) não portáteis; b) de porte, cujo calibre nominal, com a utilização de munição comum, atinja, na saída do cano de prova, energia cinética superior a mil e duzentas libras-pé ou mil seiscentos e vinte joules; ou c) portáteis de alma raiada, cujo calibre nominal, com a utilização de munição comum, atinja, na saída do cano de prova, energia cinética superior a mil e duzentas libras-pé ou mil seiscentos e vinte joules. III - arma de fogo de uso proibido: a) as armas de fogo classificadas como de uso proibido em acordos ou tratados internacionais dos quais a República Federativa do Brasil seja signatária; e b) as armas de fogo dissimuladas, com aparência de objetos inofensivos".

- **Polêmica quanto ao uso** *autorizado* **de armas de uso restrito por agentes de segurança pública:** Quanto à questão da qualificadora do homicídio pelo emprego de arma *proibida*, não há nenhum questionamento sobre o acerto da criação desta qualificadora. Acerca da qualificadora do homicídio mediante arma de uso restrito, caso fosse a sua incidência limitada às hipóteses em que a posse ou o porte desse armamento fosse *ilegal*, como de um foragido da Justiça que se utilize de um fuzil automático, não haveria a polêmica que foi gerada com a criação deste inciso VIII do §2º do art. 121 do CP. Todavia, o questionamento feito por categorias profissionais foi justamente porque essa qualificadora se aplica, também, aos casos em que o agente estiver com a documentação perfeitamente em ordem, tanto de posse quanto de porte da arma de uso restrito, tendo por razão, exclusivamente, a sua letalidade. Isso porque, nos termos do art. 34 do Decreto n. 9.847/2019, as armas de uso restrito podem ser autorizadas para uso da Polícia Federal, da Polícia Rodoviária Federal, do Gabinete de Segurança Institucional da Presidência da República, da Agência Brasileira de Inteligência, dos órgãos do Sistema Penitenciário Federal, Estadual e Distrital, da Força Nacional de Segurança Pública, dos órgãos policiais da Câmara dos Deputados e do Senado Federal, das polícias civis, das polícias militares e dos corpos de bombeiros militares dos Estados e do Distrito Federal, das guardas municipais, dos Tribunais e do Ministério Público, e da Secretaria da Receita Federal do Brasil. Por essas razões foi que o Presidente da República, atendendo aos reclamos das forças de segurança, chegou a vetar essa alteração ao Código Penal feita pela Lei n. 13.964/2019, tendo sido o veto derrubado pelo Congresso Nacional em 19.04.2021. Contudo, como demonstrado, a lógica do legislador baseou-se no critério da *letalidade* dessas armas, e não pelo fato de sua posse ou de seu porte ser autorizado ou não pela lei.

Jurisprudência do homicídio doloso qualificado

- **Homicídio qualificado-privilegiado:** Não é crime hediondo (STJ, HC 10.446/RS, *DJU* 19.2.2001, p. 242, *in RBCCr* 34/323; TJSP, *RT* 781/565; TJPB, *RT* 768/661; TJRN, *RT* 805/670; TJRJ, *RT* 804/648).

- **Homicídio qualificado pelo modo de execução e dolo eventual:** Incompatibilidade. Ordem concedida. O dolo eventual não se compatibiliza com a qualificadora do art. 121, § 2º, IV, do CP (traição, emboscada ou mediante dissimulação ou outro recurso que dificulte ou torne impossível a defesa do ofendido). Precedentes. Ordem concedida (STF, 2ª T., HC 95.136, rel. Min. Joaquim Barbosa, j. 1.3.2011, public. 29.3.2011).

- **Fútil:** Motivo fútil é aquele tão destituído de razão que deixa o crime, por assim dizer, vazio de motivação (TJSC, *JC* 68/371); é o motivo sem importância, leviano, insignificante, desarrazoado, em avantajada desproporção entre a motivação e o crime (TJAC, *RT* 813/627). Motivo injusto não equivale a motivo fútil (TJSP, *RJTJSP* 73/310). Deve ter como padrão de sua medida o comportamento do homem médio (TJSP, *RT* 643/279). A conceituação de motivo fútil exclui qualquer circunstância capaz de ter provocado a exaltação ou a revolta, ou que explique o impulso com que o agente é levado ao crime (TJSP, *RJTJSP* 113/499). O motivo fútil não pode coexistir com o homicídio privilegiado (STF, *RTJ* 115/371), embora não seja incompatível com a atenuante genérica da violenta emoção (STF, *RTJ* 94/438). Vingança não é motivo fútil, embora possa ser torpe (TJDF, RSE 1.016, *mv – DJU* 31.10.90, p. 25932; TJMG, *RT* 537/355). A embriaguez exclui o motivo fútil (TJSP, *RJTJSP* 93/352, 84/422, *RT* 541/366; *contra:* TJSP, *RT* 634/282; TJSC, *JC* 71/338, se preordenada e insignificante). A qualificadora do motivo fútil só é excluída se a embriaguez, voluntária ou culposa, for completa, comprometendo totalmente o estado psíquico do agente (TJDF, *RT* 775/642; TJAC, *RT* 782/620; TJSP, *RT* 779/576). É motivo fútil se decorrente de simples incidente de trânsito (TJSP, *RT* 533/324) ou de discussão de somenos importância (TJMG, *RF* 268/336). A discussão antes do evento criminoso faz desaparecer o motivo fútil (TJMT, *RT* 524/416, 557/387). Não é fútil se o delito foi precedido de séria desavença entre vítima, réus e suas respectivas companheiras, com ofensas e provocações mútuas (TJSP, RSE 0001481-56.2009.8.260204, j. 18.1.2011). Não ocorre motivo fútil se antes da cena delituosa foi o acusado esbofeteado pela vítima, durante altercação com esta (TJES, RSE 26960000953, j. 5.11.97, in JUIS n. 16; TJPR, RSE, Ac. 6.231, publicado em 26.11.93, in JUIS n. 16). Não caracteriza, por si só, motivo fútil, a reação do acusado a agressões verbais e físicas da vítima (STJ, RT 787/564). Fica descaracterizado o motivo fútil se a vítima, após discussão, desferiu um soco no acusado (TJES, RSE 64969000013, j. 18.9.96, in JUIS n. 16; TJPR, Acórdão 9.685, publicado em 16.6.97, in JUIS n. 16). Provada a má querência, inclusive recente agressão da vítima contra o acusado, que dela recebera um soco no rosto, e a provocação que antecedeu o evento, não se pode falar em motivo fútil (TJPR, RSE, Acórdão 9.815, publicado em 11.8.97, in JUIS n. 16). Não é fútil, se havia séria divergência anterior entre eles (TJSP, RT 632/284; TJDF, RSE 893, DJU 15.5.90, p. 9859; TJAM, RT 765/641; TJSC, RT 636/324; TJGO, RGJ 10/109; TJMS, RT 786/697), ainda que não tenha havido discussão entre ambos, pouco antes do delito (TJMG, JM 126-7/366). Não há motivo fútil, se houve agressão física anterior da vítima para com o acusado (TJSP, RSE 128.479-3, j. 27.12.93, in JUIS n. 16). É motivo fútil o pretexto gratuito, despropositado, desproporcionado com as circunstâncias (TJSC, RT 578/376; STJ, HC 16.348/SP, DJU 24.9.2001, p. 350), aquele que é insignificante, mesquinho (TJSC, JC 71/338), que não consegue explicar a ação criminosa (TJDF, Ap. 117.899-1, Acórdão 59.449, j. 20.8.92, in JUIS n. 16). É o notavelmente desproporcionado ou inadequado em relação ao crime (TJSP, RT 483/306). Não é o desafio para lutar, aceito pela vítima (TJMG, RT 513/456). Ausência de motivos não é motivo fútil (TJSP, RJTJSP 113/519, RT 511/344; contra: TJSP, RJTJSP 74/323; TJMG, RT 622/332). Não é fútil, se o agente foi objeto de caçoadas, por diversas vezes, inclusive no dia do fato, em razão de sua aparência, tendo, ainda, sido insultado (TJSP, RT 702/326). O motivo fútil e o torpe não podem coexistir em um mesmo ato (TJSP, RJTJSP 116/462, RT 657/282). A anterior discussão entre a vítima e o autor do homicídio, por si só, não afasta a qualificadora do motivo fútil (STJ, 6ª T., AgRg no REsp 1.113.364/PE, rel. Min. Sebastião Reis Jr., DJe 21.8.2013).

- **Ciúmes e motivo fútil:** O ciúme não é motivo fútil, pois embora possa ser injusto para justificar a morte de alguém, não pode ser considerado desprezível ou insignificante (TJMG, 3ª CCr, RvCr 1.0000.00.351957-6/000, rel. Des. Paulo Cezar Dias, j. 11.9.2006, DOMG 24.11.2006). O ciúme não constitui qualificadora de motivo fútil, tratando-se de sentimento violento que impulsiona as pessoas, quer seja fundado ou não (TJMG, 3ª CCri, RSE 1.0024.03.93933-3/001, rel. Des. Jane Silva, j. 9.8.2005, DOMG 1.9.2005; TJSP, RT 715/448, RT 756/569, RJTJSP 93/353; TJPR, RT 563/351; TJRJ, RT 519/426; TJRS, RT 771/690; contra: TJSP, RT 691/310). Se todos os elementos de prova carreados aos autos apontam o ciúmes como motivo determinante para a prática do delito, impõe-se a exclusão da qualificadora do motivo fútil da pronúncia (TJMG, 1ª CCr, RSE 1.0105.03.073743-8/001, rel. Des. Gudesteu Bíber, j. 3.10.2006). A discussão por ciúmes após a ingestão de bebida alcoólica entre acusado e vítima exclui da pronúncia a qualificadora do motivo fútil (TJMG, 3ª CCr, RSE 1.0338.05.035972-2/001, rel. Des. Sérgio Resende, j. 23.5.2006, DOMG 13.6.2006). Não é fútil, se o agente sabia que a vítima ia fugir com sua amásia (TJSP, mv – RT 542/339).

- **Motivo fútil e dolo eventual:** Não é compatível com o dolo eventual, só com o dolo direto (TJSP, RT 517/302). Contra: O fato do recorrente ter assumido o risco de produzir o resultado não exclui a possibilidade de ter sido praticado por motivo fútil, uma vez que o dolo do agente, direto ou indireto, não se confunde com o motivo que ensejou a conduta (STJ, 5ª T., REsp 912.904/SP, rel. Min. Laurita Vaz, j. 6.3.2012; REsp 365, DJU 10.10.89, p. 15649).

- **Motivo torpe:** Torpe é o motivo repugnante, abjeto, ignóbil, que imprime ao crime um caráter de extrema vileza e imoralidade (TJSC, RCr 2005.012447-7, j. 5.7.2005). O conceito de torpeza não enfeixa a denominada vingança amorosa (TJRJ, RSE 370/00-RJ, j. 20.3.2001). Vingança não é motivo torpe, pois não exprime a ignomínia e abjeção que a lei especialmente incrimina (TJSP, RT 777/607). Vingança nem sempre é motivo torpe, dependendo do que a provocou (TJSP, RT 648/275, 606/306, RJTJSP 163/137;

TJGO, *RGJ* 10/110-111 TJSC, RCr 2005.012447-7, j. 5.7.2005). Salvo exceções, a vingança constitui motivo torpe (TJSP, *RJTJSP* 78/393; TJSC, *RT* 781/677). Vingança de agressão sofrida pelo filho é ato reprovável, mas não torpe (TJSP, *RJTJSP* 119/455). Não é motivo torpe, se pretendia a volta da vítima ao lar (TJSC, *RT* 534/390; TJSP, *RT* 780/595). Não configura motivo torpe o homicídio do suposto roubador do estabelecimento comercial de um dos agentes, mesmo que a motivação seja a vingança pelo assalto perpetrado (TJSP, *RT* 771/582). Torpe é o motivo baixo, abjeto, que repugna à consciência média (TJSP, *RJTJSP* 71/326). Configura motivo torpe se o impulso que dominava o agente era o de sentir prazer ao matar uma pessoa sedutora (TJSP, *RT* 789/602). Para ser torpe deve ser contrastante com a moralidade, abjeto, mais que baixo, mais que vil (TJGO, *RGJ* 10/109-110). É torpe o homicídio praticado por pagamento (TJSP, *RT* 538/348). A qualificadora de homicídio mediante paga não pode subsistir na pronúncia do autor material, se o corréu, apontado como mandante do crime, teve em seu favor o reconhecimento da improcedência da acusação (TJMA, *RT* 813/646). Despeito e prepotência também não (TJSP, RSE 279.063-3/9, j. 13.12.2001). É motivo torpe, se mata por vingança a amante que o desprezou (TJSP, *RT* 527/337; TJGO, *RT* 783/673). Caracteriza-se o motivo torpe, se o acusado, para satisfazer reprovável ódio vingativo, age com o intuito de desforra, pelo fato de dias antes ter levado uma surra da vítima (TJAC, *RT* 771/632). Não é motivo torpe, se foi por desinteligência sobre prestação de serviço (TJSP, *RT* 523/365). Não há contradição entre o motivo torpe e a atenuante da violenta emoção (STF, HC 67.155, *mv* – *DJU* 2.3.90, p. 1346). Afasta-se a qualificadora do motivo torpe, se o réu agiu impulsionado por reiterada provocação em razão de sua deficiência física (TJSP, RSE 0000004-16.2014.8.26.0594, *DJe* 4.12.2018).

- **Ciúmes e motivo torpe:** O ciúme, por si só, sem outras circunstâncias, não caracteriza o motivo torpe (STJ, 5ª T., HC 123.918/MG, rel. Min. Felix Fischer, j. 13.8.2009). Ciúme não representa torpeza (STJ, REsp 171.627-GO, *DJU* 18.10.99, p. 252, *in RBCCr* 31/332; TJSP, *RT* 764/537; TJMG, *RT* 809/624; TJRS, *RJTJRS* 167/72).

- **Perigo comum:** Se os agentes, para consumar o homicídio, dispararam diversas vezes na rua, atingindo transeuntes, fica caracterizada a qualificadora do art. 121, § 2º, III, do CP (TJSP, *RT* 771/583).

- **Denúncia alternativa:** O oferecimento da denúncia alternativa – mediante paga *ou* promessa de recompensa – contraria, de regra, o preceito de que deve ela se referir com precisão a fato certo e determinado (STJ, RHC 11.140/PB, *RT* 798/555).

- **Traição:** Não há a qualificadora se houve tempo para a vítima iniciar a fuga (TJSP, *RT* 537/301), ainda que, nesta, seja atingida por disparos "nas costas", e não "pelas costas" (TJMG, *JM* 125/269; TJSP, *RT* 482/338, 492/312). Não é traição, se a vítima viu o agente com arma escondida (TJMG, *RT* 521/463).

- **Meio cruel:** É o que determina maior sofrimento do que o indispensável à produção da morte (TJSC, *JC* 69/518). É o meio bárbaro, martirizante, que revela ausência de piedade; o número de golpes ou tiros não implica, necessariamente, o seu reconhecimento (TJRS, RCr 684.039.555, j. 11.10.84; STJ, REsp 743.110/MG, *DJU* 27.3.2006, p. 322; TJSP, *RT* 550/301; TJSC, *RT* 636/324). Dezenove facadas na vítima, finalizando com a faca cravada em seu peito, é cruel (TJGO, *RT* 783/673). Não caracteriza meio cruel o fato de ter o acusado disparado contra a ofendida vários tiros, em face da inexistência de prova no sentido de ter, com isto, aumentado o seu penar (TJMG, *RT* 777/663; TJSP, *RT* 771/583, 768/559), podendo refletir, quando muito, a intensidade do elemento volitivo (TJSP, *RT* 757/535). Não incide a qualificadora quando a repetição de golpes se dá por inexperiência ou estado psíquico do agente, e não por sadismo (TJMG, *RT* 606/394; TJRS, *RT* 782/666, *RJTJRS* 162/145). É cruel a morte causada por prolongado e sofrido espancamento, através de socos, pontapés e golpes de palmatória (TJDF, Ap. 10.207, *mv* – *DJU* 20.2.91, p. 2474) ou por pontapés e pisoteio (TJSP, *RT* 532/341). Não cabe aos peritos, mas sim ao juiz (*peritus peritorum*), constatar a crueldade e a intenção do agente de fazer a vítima sofrer além do necessário (TJSP, Ap. 345.968-3/4, *RT* 810/599).

- **Superioridade de armas:** A superioridade em armas ou forças, por si só, não qualifica (TJSP, *RJTJSP* 84/424). Propositalmente procurada pelo acusado, para colocar a vítima em desvantagem, qualifica (TJSP, *RJTJSP* 166/296). Acidental ou procurada não configura a qualificadora do recurso que dificulta ou impossibilita a defesa (TJSP, *RT* 534/333; *RJTJSP* 143/267). O fato de usar revólver ou outra arma não qualifica, por si só; constituísse qualificadora e raramente o homicídio não seria qualificado (TJSP, *RJTJSP* 147/298).

- **Superioridade numérica:** A superioridade numérica dos réus não caracteriza a qualificadora (TJPR, RSE 395.483-2, *DOE* 25.1.2008, *in Bol. IBCCr* n.184, março 2008).

- **Recurso que dificulta ou impossibilita a defesa:** Só pode abranger hipótese que seja análoga à traição, emboscada ou dissimulação (TJSP, *RJTJSP* 108/451), não sendo análogos o sequestro e o cárcere privado, máxime quando os réus foram impronunciados por esse crime (TJPR, RSE 395.483-2, *DOE* 25.1.2008, *in Bol. IBCCr* n. 184, março 2008). O fato de existir prévia animosidade entre o paciente e a vítima não exclui, por si só, a qualificadora do emprego de recurso que dificultou a defesa do ofendido (STJ, 5ª T., HC 104.097/RS, rel. Min. Jorge Mussi, j. 13.8.2009). É necessário que, além da surpresa, não haja razão para o ofendido esperar ou pelo menos suspeitar da possibilidade de agressão (TJDF, RSE 1.218, *mv – DJU* 5.8.93, p. 30264; Ap. 1.178.991, Acórdão 59.449, *DJU* 23.9.92, p. 29736, *in JUIS* n. 16; TJRS, *RT* 561/386; TJSP, *RT* 596/324). Se a conduta do acusado, em face da briga havida pouco antes, era ou devia ser esperada, não se configura a qualificadora do uso de dissimulação ou outro recurso que dificulte ou torne impossível a defesa do ofendido (TJMS, *RT* 579/397). Configura-se o recurso que dificultou ou impossibilitou a defesa, se o acusado, pelo fato de dias antes ter levado uma surra da vítima, obriga-a, antes de efetuar os disparos fatais, a ficar ajoelhada à espera da morte (TJAC, *RT* 771/632). Afasta-se a surpresa ou o recurso que tornou impossível a defesa do acusado, se o crime se deu após acalorada discussão, motivada por choque de veículos (TJDF, RCr 57.938, *DJU* 10.6.92, seção II, p. 16824, *in RBCCr* 0/253). Há, se a vítima é de tenra idade (TJSP, *RT* 641/320). Há, se a vítima, já baleada e caída, sem poder reagir, ainda recebe golpes de facão (TJMG, *RT* 537/353). Esta qualificadora comunica-se ao corréu (STF, *RT* 538/442).

- **Surpresa:** Surpresa e traição traduzem a mesma qualificadora (motivo que dificulta ou torna impossível a defesa do ofendido) (TJMG, *JM* 126-7/380). Além do procedimento inesperado, é necessário que a vítima não tenha razão para esperar nem suspeitar da agressão (TJSP, Ap. 33.625, j. 25.2.85; *RT* 643/279; TJSC, *RT* 612/362). Há surpresa se a vítima concordou em acompanhar o agente, sem a menor suspeita de que este tinha a intenção de matá-la (TJSP, *RJTJSP* 68/368). *Contra:* o convite, espontaneamente aceito pela vítima, para acompanhar seus algozes a uma festa, não caracteriza surpresa, se não comprovada dissimulação, com falsa mostras de amizade, ou que a ofendida não tivesse motivos para desconfiar do ataque, sendo surpreendida desatenta e indefesa (TJSP, *RT* 757/535). Configura, se o acusado age com falsas mostras de amizade, iludindo a vítima (TJSC, *RT* 781/677). Não basta que a vítima não espere a agressão, sendo necessário que o agente atue com insídia, ou seja, procure, com sua ação repentina, dificultar ou impossibilitar a defesa do ofendido (TJSP, *RT* 545/326; TJRS, *RT* 587/380). Distinguem-se o tiro "nas costas" e o "pelas costas", pois, enquanto este é indício da qualificadora, o outro pode ser ocasionado em momento de luta (TJPR, *RF* 271/266; TJRJ, *RF* 263/338). Atirar pelas costas configura (TJSP, *RJTJSP* 101/405; TRF da 4ª R., RCr 853, *DJU* 16.11.89, p. 14383). Se o agente aguardou o momento oportuno para agredir a vítima por trás, sem lhe dar oportunidade de defesa, caracteriza-se a qualificadora (TJAP, *RT* 779/617). Configura a qualificadora se, de maneira sorrateira e inesperada, atinge a vítima com um tiro na nuca (TJAL, *RT* 791/640). Policiais que disparam revólveres na direção de veículo cujo motorista desobedece ordem de parada assumem o risco de matar, principalmente se os tiros são dados na altura da cabeça dos seus ocupantes, devendo ser pronunciados, em coautoria, pelo art. 121, § 2º, IV (TJSP, *RT* 773/558). Configura-se a qualificadora se a vítima estava dormindo (TJPR, *RF* 266/328). Não há surpresa se o crime foi precedido de acalorada discussão (TJDF, RSE 57.938, *DJU* 10.6.92, p. 16824, *in RBCCr* 0/253) e cometido no auge de luta corporal (TJGO, *RGJ* 7/137), ou se houve anteriores ameaças (TJSP, *RJTJSP*

117/438). Também não há surpresa se havia desentendimento anterior (TJPR, *PJ* 42/220), ou ainda se agente e vítima viviam às turras, com frequentes agressões por parte dele (TJSC, *RT* 534/390). Não há surpresa se a vítima vê o agente chegando com a arma na mão (TJSP, *RT* 516/298). Não há surpresa, se as vítimas são policiais militares, e o evento ocorreu durante uma diligência específica para localizar marginais em uma favela, havendo troca de tiros (TJRJ, *RT* 761/685).

- **Premeditação:** Não é qualificadora (STF, HC 69.524, *DJU* 4.12.92, p. 23059; TJMG, *RT* 534/396).

- **Para assegurar outro crime:** Se o outro crime, cuja execução o agente pretendia assegurar com a prática do homicídio, foi julgado inexistente por decisão transitada em julgado, não se pode aplicar a qualificadora do inciso V (TJSP, *RT* 591/321).

- **Mais de uma qualificadora:** Reconhecida mais de uma, a primeira qualifica e as demais atuam como agravantes dela (TJSP, *RT* 641/324; TJSC, *JC* 69/471; TJAP, *RT* 775/635), só devendo ser utilizadas como circunstâncias judiciais desfavoráveis de forma residual, quando não estão expressamente previstas como agravantes (STJ, REsp 1.601.143/SP, *DJe* 28.4.2017). *Contra:* no caso de incidência de duas qualificadoras, não pode uma delas ser tomada como circunstância agravante, ainda que coincidente com uma das hipóteses do art. 61 do CP, mas sim como circunstância judicial do art. 59 do CP, integrando a pena-base (STJ, *RT* 754/577; TJMS, *RT* 810/661). Inadmissível o reconhecimento de dúplice qualificadora fundada, simultaneamente, em motivo fútil e torpe, ambas de caráter subjetivo, sendo possível, em segunda instância, o cancelamento daquelas, bastando o reajuste da reprimenda, sem necessidade de novo julgamento (TJSP, *RT* 657/282). Sendo o homicídio duplamente qualificado, é possível a decotação do aumento proveniente de uma das qualificadoras contra a prova dos autos, sem a necessidade de cassação do julgamento, pois não se estaria alterando a qualificação legal do crime, nem a soberania do júri (TJMG, 3ª C., RvCr 1.0000.00.351957-6/000, rel. Des. Paulo Cézar Dias, j. 11.9.2006, *DOMG* 24.11.2006).

- **Qualificadoras objetivas (comunicação aos coautores):** Podem se comunicar, sem ingressarem na esfera de conhecimento dos que participarem do delito (TJDF, RSE 2005.0710052558, j. 3.8.2006).

- **Pronúncia e qualificadoras:** Só podem ser excluídas da pronúncia as qualificadoras manifestamente improcedentes (STJ, 5ª T., HC 95.731/RJ, rel. Min. Felix Fischer, j. 19.6.2008; 6a T., HC 112.271/PE, rel. Min. Og Fernandes, j. 7.10.2008).

Sexo feminino (§ 2º-A)

- **Razões de condição de sexo feminino:** O § 2º-A complementa a qualificadora do § 2º, VI (*feminicídio*), explicitando o que significam as referidas "razões de sexo feminino" ou "razões de gênero" no homicídio praticado contra a mulher. Os dois incisos desse parágrafo (*violência doméstica e familiar* e *menosprezo ou discriminação à condição de mulher*) estão comentados no inciso VI do § 2º.

Homicídio culposo (art. 121, § 3º)

- **Homicídio culposo no trânsito (art. 302 da Lei n. 9.503/97):** Quanto aos crimes praticados na condução de veículo automotor, *vide* nosso *Leis Penais Especiais Comentadas* (3ª ed., São Paulo, Saraiva, 2018).

- **Culpa:** A respeito do fundamento da *culpa* nas doutrinas moderna e tradicional, bem como a propósito da imprudência, negligência e imperícia, *vide* nota ao art. 14, II e parágrafo único, do CP.

- **Elementos do homicídio culposo:** Modernamente, são apontados: *a.* comportamento humano voluntário, positivo ou negativo; *b.* descumprimento do cuidado objetivo necessário, manifestado pela imprudência, negligência ou imperícia; *c.* previsibilidade objetiva do resultado; *d.* inexistência de previsão do resultado; *e.* morte involuntária.

- **Concurso de pessoas:** Pode haver excepcionalmente a coautoria em delitos culposos, desde que demonstrada a existência do vínculo subjetivo voltado à realização da conduta comum imprudente, negligente ou praticada com imperícia (*vide* nota ao CP, art. 29). Não reputamos possível a participação.

- **Confronto:** Quanto à morte na execução de serviço de alto grau de periculosidade, contrariando determinação de autoridade competente, parágrafo único do art. 65 da Lei n. 8.078/90 (Código de Defesa do Consumidor).
- **Pena:** Detenção, de um a três anos.
- **Ação penal:** Pública incondicionada.

Jurisprudência do homicídio culposo

- **Arma de fogo:** É imprudência crassa remuniciar arma de fogo, havendo pessoas nas proximidades, sem tomar a cautela elementar de dirigir o cano para local onde ninguém possa vir a ser atingido (TACrSP, *RJDTACr* 10/89). Não caracteriza imprudência o simples fato de pegar arma de fogo para guardar, sem saber que estava municiada, se o disparo foi causado por deslizamento e queda do agente em solo molhado, tratando-se de caso fortuito ou força maior (TJGO, *RT* 759/670). Pratica homicídio culposo o agente que entrega arma de fogo a adolescente, o qual, manuseando-a, dispara acidentalmente, restando absorvido o art. 242 da Lei n. 8.069/90 (TACrSP, *RT* 777/616).
- **Médico:** Não há culpa, se se tratava de doença de difícil diagnóstico (meningococemia), inexistindo manchas na pele ou lesões cutâneas no paciente (TJSP, *RT* 709/307). *Contra, em parte*: Há culpa, se o erro de diagnóstico e terapia foi provocado pela omissão de procedimentos recomendados ante os sintomas exibidos (TARS, *RT* 710/334). Não há culpa do médico se a infecção foi causada pela contaminação da bolsa utilizada na transfusão, ainda que aquele tenha deixado de suspender esta diante de mal-estar do paciente (TACrSP, Ap. 587.367-8, j. 2.7.90). Incorre nas penas do art. 121, §§ 3º e 4º, do CP se, após realizar operação, não prescreve nenhum medicamento à paciente a fim de evitar infecções e, quando procurado por familiares desta, diante da sua piora, nega imediato atendimento, informando que tal reação é normal (TACrSP, *mv – RJDTACr* 24/250). Responde por homicídio culposo a equipe médica que, mesmo com a paciente revelando, desde o início da sedação, radical intolerância às drogas ministradas, não suspende a aplicação de anestésicos e prossegue na intervenção cirúrgica, mormente se tinha ciência prévia de tratar-se de pessoa alérgica (TJPB, *RT* 767/652). Age com culpa o anestesista que, após ministrar a droga, afasta-se, mesmo que momentaneamente, da sala cirúrgica, quando, então, a vítima vai a óbito por parada cardiorrespiratória (TJRS, *RT* 779/656). Age com negligência o médico que, ao realizar cesariana, sobrevindo sangramento anormal, não toma em tempo hábil as medidas adequadas (TJRJ, *RT* 763/650). Responde por homicídio culposo o pediatra que, em dia de plantão, permanece distante do hospital e a ele não comparece, apesar de chamado por diversas vezes, deixando de atender recém-nascido que vem a falecer por falta de atendimento (TACrSP, *RT* 758/561). Se ministra tratamento correto e adequado à paciente, não se lhe pode imputar negligência e imprudência por deixar de interná-la, eis que as medidas adotadas não podem ser objeto da avaliação de leigos, máxime se o agente se conduziu com diligência, dentro das normas recomendadas (TACrSP, *RJDTACr* 22/251). Não se caracteriza homicídio culposo, se o médico tomou todas as providências possíveis para solucionar a situação da vítima e se foi utilizado o procedimento cirúrgico correto, sendo o acidente inerente ao risco do método (TJSC, *RT* 837/675).
- **Homicídio culposo e aborto:** Iniciado o trabalho de parto, não há falar mais em aborto, mas em homicídio culposo por inobservância de regra técnica (STJ, 5ª T., HC 228.998/MG, rel. Min. Marco Aurélio Bellizze, j. 23.10.2012).
- **Enfermeiro:** Dada a previsibilidade do evento, respondem por homicídio culposo os enfermeiros que, negligentemente, se ausentam do berçário onde se encontrava prematuro que vem a falecer pela ocorrência de incêndio causado por curto-circuito devido a superaquecimento na incubadora (TJBA, *RT* 759/660).
- **Casa de repouso:** Apelação. Homicídio culposo. Culpa genericamente atribuída a todas as acusadas, porque "não estavam presentes" quando do acidente. Inexistência de prova de qual delas devia estar no local, e evidente despropósito de exigir (tratando-se de casa de repouso onde diversas pessoas demandavam cuidado) de que ali estivesse até mesmo a dentista, também condenada. Motivo bastante (independentemente dos demais, explicitados no acórdão) para absolvição. Recurso das defesas provido.

Prejudicado o do Ministério Público, rejeitadas as preliminares (Ementa não oficial) (TJSP, 10ª CCr, Ap. 0005174-58-2007.8.26.0482, rel. Des. Francisco Bruno, j. 13.12.2012, public. 19.12.2012, in Bol. IBCCr n. 245, abril 2013).

- **Construção civil:** Responde por homicídio culposo o engenheiro responsável pela obra, que manda fazer vala em local aterrado sem a observância das normas técnicas exigidas, causando desmoronamento e morte de operário, sendo irrelevante eventual culpa concorrente do encarregado da turma de obreiros (TACrSP, *RJDTACr* 23/247; STJ, *RT* 782/530). Há culpa do engenheiro responsável, sem prejuízo de eventual culpa concorrente do mestre de obras, se houve retirada precipitada das formas de madeira dos pilares concretados, sendo irrelevante o fato de a vítima estar sem o cinto de segurança, por não haver compensação de culpas em Direito Penal (TACrSP, *RJDTACr* 13/84). Havendo ausência de ligação direta entre o comportamento omissivo do engenheiro e o resultado morte ocorrido na obra, não se caracteriza homicídio culposo (TACrSP, *RT* 786/658). Se o técnico responsável pela execução da empreitada vistoriou a obra e recomendou aos operários as cautelas para evitar o deslizamento, tendo a vítima praticado ato inseguro, impõe-se a sua absolvição (TAMG, *RT* 762/715). Há culpa do responsável pela segurança de trabalho em edifício em construção, que se omitiu na colocação de fechamento provisório na abertura de ducto de incêndio situado em cada andar, dando causa a queda de operário (TACrSP, *RJDTACr* 20/106). Não há culpa do responsável pela segurança do trabalho se o funcionário caiu no porão do navio por ter agido com imprudência na realização de seus afazeres (TACrSP, *RT* 813/592).

- **Obrigação de impedir o resultado:** Para responsabilizar os agentes pelo evento danoso, imprescindível seria provar-se que eles não teriam simplesmente a obrigação de agir, mas sim a de impedir o resultado (TAPR, Ap. 0127217-1, j. 5.2.2004, *DJ* 5.3.2004).

- **Omissão no fornecimento de equipamentos de segurança:** Configura homicídio culposo por omissão a falta de fornecimento de equipamentos de proteção individual e de fiscalização de seu uso obrigatório, a trabalhos com risco previsível (TARS, *RT* 631/344). Há negligência, em caso de explosão de reator térmico, se o proprietário da empresa deixa de colocar à disposição de seus empregados equipamentos indispensáveis à segurança do trabalho (TAMG, *RT* 763/673).

- **Falta de manutenção de equipamento e treinamento adequado a empregados:** Se os diretores da empresa encarregada de executar a remoção do poste não zelaram pelo equipamento do caminhão nem deram treinamento adequado aos empregados, é admissível a sua responsabilização pela morte da vítima (TACrSP, *RT* 774/599). Igualmente, se os responsáveis da empresa de engenharia, de forma negligente, não treinaram adequadamente os funcionários, se utilizaram de materiais precários e não forneceram instrumentos adequados para o isolamento da área (STJ, *RT* 782/530).

- **Elevador:** Age com negligência engenheiro responsável pela manutenção de elevador que, violando posturas municipais, deixa de realizar pessoalmente os serviços contratados, e com imperícia o empregado da firma de manutenção que executa serviços sem possuir capacitação técnica (TACrSP, *RJDTACr* 10/90). Acidente que vitimou dois técnicos de manutenção em elevadores. Denúncia imputando a culpa aos responsáveis pelas empresas executoras do serviço. Absolvição em primeiro grau. Recurso da acusação visando a condenação dos apelados. Inexistência de prova segura a respeito da responsabilidade dos réus pelo lamentável acidente. Culpa não caracterizada. Apelo ministerial improvido (TJSP, Ap. 9000155-69.2009.8.26.0506, j. 10.11.2011, publ. 28.11.2011).

- **Embarcação:** Age com culpa o agente que confunde a capacidade de carga do barco com o número de pessoas que podem ser transportadas com prudência, causando o naufrágio (TACrSP, *RJDTACr* 24/249).

- **Boi bravo:** A morte de um rurícola, provocada pelo ataque de rês brava que se desgarrou de boiada conduzida por vaqueiros em estrada rural, consubstancia lamentável acidente da natureza, sem qualquer repercussão na Justiça Criminal (STJ, *RT* 774/529).

Aumento de pena no homicídio culposo (art. 121, § 4º, primeira parte)

- **Hipóteses:** Quatro hipóteses são previstas: *a.* não observar regra técnica de profissão, arte ou ofício; *b.* omitir socorro imediato; *c.* não procurar diminuir as consequências do ato; *d.* fugir para evitar prisão em flagrante. Nesta derradeira hipótese, existe o elemento subjetivo relativo à finalidade de evitar prisão em flagrante. Anote-se, contudo, que, tratando-se de acidente de trânsito, segundo o art. 301 do CTB (Lei n. 9.503/97), "não se imporá a prisão em flagrante, nem se exigirá fiança", se o agente "prestar socorro pronto e integral" à vítima.

- **Inconstitucionalidade do aumento em razão da fuga para evitar prisão em flagrante:** O ato de fugir da prisão em flagrante, embora reprovável sob o aspecto moral no sentido de que a pessoa deixa de assumir suas responsabilidades, a nosso ver não pode servir de fundamento para aumentar a pena pelo crime anteriormente cometido. Com efeito, segundo a CR/88, todos têm o direito de não se autoincriminar (art. 5º, LXIII). A propósito, semelhante conduta de fugir para evitar a prisão em flagrante chegou a ser tipificada como crime no art. 305 do CTB, o qual foi julgado *inconstitucional* pelo *Órgão Especial* do TJSP, em 14 de julho de 2010, na Arguição de Inconstitucionalidade n. 0159020-81.2010, onde o relator designado, Des. Boris Kauffmann destacou: "(...) face à extensão dada ao princípio da vedação de autoincriminação, princípio, aliás, que não poderia ter interpretação restritiva reduzindo o seu alcance, que o delito de fuga do local do acidente, pelo condutor do veículo, previsto no art. 305 do CTB, é flagrantemente inconstitucional. Obrigar o causador do acidente a permanecer no local para ser identificado e responsabilizado penal ou civilmente, é obrigá-lo a se autoincriminar, comportamento inexigível para qualquer outro crime, ainda que mais grave, não importando que, com isto, haja maior dificuldade na identificação de quem provocou o acidente". O mesmo raciocínio se aplica à causa de aumento de pena deste § 4º, última parte.

- **Inobservância de regra técnica:** Não se confunde com imperícia e, para alguns autores, só se aplica aos *profissionais* (ANÍBAL BRUNO, *Direito Penal*, 1966, v. IV, p. 129; HELENO FRAGOSO, *Lições de Direito Penal – Parte Especial*, 1995, v. I, p. 47; contra: STF, *RTJ* 56/695).

- **Omissão de socorro:** Exige ausência de risco pessoal para o agente e não pode ser aplicada em concurso com o delito do art. 135 do CP. Por ser regra especial, a omissão de socorro deste § 4º do art. 121 prevalece sobre a norma do art. 13, § 2º, *c*, do CP.

- **Pena:** A do § 3º, aumentada de um terço.

Jurisprudência do aumento de pena no homicídio culposo

- **Especificação:** Como o § 4º prevê diversas hipóteses, o juiz precisa especificar qual delas está aplicando, não bastando a mera referência ao parágrafo (TACrSP, *Julgados* 69/335; TJSC, *RF* 260/348).

- **Sem dupla incidência:** O homicídio culposo se caracteriza com a imprudência, negligência ou imperícia do agente, modalidades de culpa que não se confundem com a inobservância de regra técnica de profissão, que é causa de aumento que denota maior reprovabilidade da conduta. Se a inobservância da regra técnica foi o próprio núcleo da culpa que se reconheceu para condenar, ela não pode servir, também, para aumentar a pena, pois redundaria em dupla punição (TACrSP, *Julgados* 81/460; STJ, REsp 606.170/SC, *DJU* 14.11.2005, p. 376).

- **Médico:** É possível a aplicação da causa de aumento prevista no art. 121, § 4º, do CP, no caso de homicídio culposo cometido por médico e decorrente do descumprimento de regra técnica no exercício da profissão (STJ, 5ª T., HC 181.847/MS, rel. Des. Convocado Campos Marques, j. 4.4.2013).

- **Resultante de inobservância:** Não cabe a aplicação do art. 121, § 4º, se o fato resultou de imprudência e não de falta do emprego de conhecimento técnico por indiferença ou leviandade (TJSP, *RT* 531/362).

- **Omissão de socorro:** Ao agente não cabe proceder à avaliação quanto a eventual ausência de utilidade de socorro (STF, HC 84.380-8/MG, j. 5.4.2005, *DJU* 3.6.2005). Correto o aumento se o agente fugiu do local sem prestar imediato socorro à vítima (STJ, HC 391.990/SP, *DJe* 7.11.2018).

- Fuga para evitar prisão em flagrante (inconstitucionalidade do art. 305 do CTB que se aplica a essa causa de aumento): *Vide* jurisprudência nos comentários acima.

- Fuga para evitar prisão em flagrante: Contém elemento subjetivo do tipo, que é a finalidade de evitar (TACrSP, *Julgados* 84/215).

Aumento de pena no homicídio doloso (art. 121, § 4º, segunda parte)

- Noção: Dispõe que, "sendo *doloso* o homicídio, a pena é aumentada de um terço, se o crime é praticado contra pessoa *menor* de 14 anos".

- Irretroatividade: Tratando-se de aumento de pena, não alcança os fatos ocorridos antes da vigência da Lei n. 8.069/90 (STJ, HC 108.960.2008/0133284-9, 5ª T., rel. Min. Laurita Vaz, *DJe* 17.5.2011, p. 1079).

Perdão judicial (art. 121, § 5º)

- Noção: O juiz pode conceder o perdão judicial, se as *consequências* da infração atingirem o próprio agente de forma tão grave que a sanção penal se torne desnecessária. Trata-se, como se vê, da punição do agente pelo próprio destino, uma verdadeira tragédia em sua vida. No comentário de LADISLAU RÖHNELT ("O perdão judicial no homicídio culposo e na lesão culposa", *in Aplicação da Lei* n. 6.416, de 1977), este § 5º constitui a aplicação legal do princípio de que o homem é punido pelo próprio fato que ele praticou. As *consequências* a que o parágrafo se refere tanto podem ser *físicas* (ex.: ferimentos no agente) como *morais* [morte ou lesão em parentes, em pessoas ligadas ao agente por afinidade ou por laços de afeto, como amásio(a), noivo(a), namorado(a), amigo(a)]. Deve, assim, haver entre vítima e agente vínculo afetivo com razoável expressão. O legislador, ao assim prever, humaniza o Direito Penal, demonstrando que, embora prevista pena, ela perdeu o sentido diante do sofrimento experimentado pelo próprio agente; a punição mostra-se desarrazoada, deixando de ser aplicada por um imperativo de justiça, em sua mais ampla concepção, e até mesmo de piedade.

- CR: Tendo esta, em seu art. 226, § 3º, reconhecido a união estável como entidade familiar, alguns acórdãos vêm concedendo perdão judicial quando a vítima é a amásia, ou o amásio.

- Aplicação: Este § 5º é aplicável aos §§ 3º e 4º do art. 121 e também aos §§ 6º e 7º do art. 129 do CP.

- Natureza e efeitos do perdão judicial: De acordo com a lei, entendemos ser *causa extintiva da punibilidade* (*vide* nota ao art. 107, IX, do CP).

Jurisprudência do § 5º

- Perdão judicial: *Vide* jurisprudência no art. 107, IX, do CP.

Aumento de pena – milícia, serviços de segurança e grupo de extermínio (art. 121, § 6º)

- Noção: O aumento da criminalidade violenta entre nós, decorrente sobretudo da grave injustiça social que nos assola, mas também da ineficácia do aparelhamento policial, levou à criação dos chamados "justiceiros". Constituídos em geral por maus ex-policiais ou matadores de aluguel, passaram a fazer "justiça pelas próprias mãos", mediante paga, que por si só, já é prevista como qualificadora do homicídio (§ 2º, I). Mais recentemente, a título de garantir segurança a comunidades contra traficantes, grupos organizaram-se, como verdadeiras milícias privadas, passando a exigir dinheiro das pessoas em troca de "proteção" e "justiçamentos", dominando regiões inteiras, inclusive o comércio de gás, ligações de TV a cabo ilegais etc. Em boa hora, portanto, optou o legislador por criar, neste § 6º, mais esta causa de aumento de pena.

- Milícia privada ou grupo de extermínio: Duas são as causas de aumento de pena aqui previstas para o homicídio doloso, simples (art. 121, *caput*) ou qualificado (art. 121, § 2º), consumado ou tentado, excluindo-se, por óbvio, o homicídio privilegiado (art. 121, § 1º): *a*. crime praticado por *milícia* (qualquer corporação sujeita a organização e disciplina militares; congregação ou agrupamento militante – *Novo Dicionário Aurélio da Língua Portuguesa*) *privada* (criada de forma paralela ao poder estatal), acrescido do elemento normativo: *sob o pretexto* (razão aparente que se alega para dissimular o motivo real de uma ação, desculpa – *Aurélio*, cit.) de prestação de serviço de segurança, *b*. crime praticado *por grupo* (pequena associação de pessoas ligadas para um fim comum) *de extermínio* (chacina, aniquilamento). Incluem-se, aqui, situações de agentes de segurança pública que passam a agir como os antigos "esquadrões da morte", que ocuparam as páginas policiais brasileiras por décadas. Em agosto de 2011, por exemplo, tivemos o caso da Juíza Patrícia Acioli, brutalmente assassinada no Rio de Janeiro, por policiais que haviam criado uma milícia privada e que eram réus em um processo por ela instruído. Em face do significado do termo grupo, pensamos que ele deverá ser constituído por pelo menos três pessoas, sem o que haverá apenas concurso de pessoas (coautoria ou participação). Tratando-se de aumento de pena, por óbvio, só alcança os fatos ocorridos após a vigência da Lei n. 12.720, de 27.9.2012, que acrescentou o § 6º ao art. 121.

- **Aumento**: O aumento da pena será de um terço até a metade. Tratando-se de um homicídio qualificado praticado nessas circunstâncias, ter-se-á uma pena de dezoito a quarenta e cinco anos de prisão, sendo que nossa Constituição veda que alguém fique preso por mais de 30 anos.

- **Constituição de milícia privada**: O art. 288-A do CP, incluído pela Lei n. 12.720/2012, pune, com reclusão de quatro a oito anos, a conduta de "constituir, organizar, integrar, manter ou custear organização paramilitar, milícia particular, grupo ou esquadrão com a finalidade de praticar qualquer dos crimes previstos neste Código.

Aumento de pena no feminicídio (art. 121,§ 7º)

- **Causas de aumento de pena do feminicídio**: São quatro as circunstâncias que aumentarão a pena do feminicídio (art. 121, § 2º, VI), de um terço até metade, lembrando-se, todavia, que ninguém pode ficar preso por mais de trinta anos (CP, art. 75). Ter sido o feminicídio praticado:

- **I – durante a gestação ou nos três meses posteriores ao parto**: Acerca do *início da gravidez*, as opiniões não são unânimes, dividindo-se por motivos não apenas científicos, mas também morais, religiosos e filosóficos: *a*. para uns, é a partir da *implantação* do ovo na cavidade uterina (HELENO FRAGOSO, *Lições de Direito Penal – Parte Especial*, 1995, v. I, pp. 80-81; ODON RAMOS MARANHÃO, *Curso Básico de Medicina Legal*, 1990, p. 159); *b*. para outros, é desde a *constituição* do ovo (DAMÁSIO DE JESUS, *Direito Penal*, 29ª ed., São Paulo, Saraiva, 2009, p. 122). Preferimos a primeira (*a*) posição, pois a gravidez se inicia quando o ovo é implantado no útero materno. Para que a causa de aumento possa ter incidência, é necessário que o agente tenha conhecimento dessa condição da vítima, mesmo porque nos primeiros meses de gestação a gravidez não é perceptível. Quanto ao aumento de pena se o crime for cometido nos três meses posteriores ao parto, o legislador optou por dar maior proteção à mulher nesse período em que se encontra mais fragilizada e o recém-nascido dela mais necessita, inclusive diante do necessário aleitamento materno que propicia à criança defesas imunológicas. Embora a amamentação seja recomendada, pelo menos, para os primeiros seis meses, o legislador optou por fixar o prazo de três meses para a incidência do aumento de pena. Igualmente aqui deve o agente ter ciência de que a mulher deu à luz há menos de três meses. No caso de crime cometido durante a gestação, não poderá incidir a agravante do art. 61, II, *h*, do CP.

- **Absorção do crime de aborto**: Na hipótese referida na primeira parte do inciso I, de *feminicídio*, tentado ou consumado, durante a gestação, que pressupõe tenha o agente ciência da condição de gestante da vítima, o aborto que vier a ocorrer em razão do homicídio da gestante, a nosso ver, restará absorvido pelo homicídio qualificado do inciso I do § 7º do art. 121 do CP, em razão da própria elementar dessa qualificadora, cuja pena poderá variar de dezesseis (aumento de um terço do mínimo) a quarenta e cinco anos (aumento de metade do máximo).

- **II – O legislador optou, ainda, por aumentar a pena nas hipóteses deste inciso II, porque, de fato, são situações de maior vulnerabilidade que exigem maior reprovabilidade da conduta. As hipóteses são taxativas, sendo as seguintes:** (*a*) a mulher (criança ou adolescente) menor de 14 anos; (*b*) a mulher idosa, ou seja, maior de 60 anos (*vide* art. 1º do Estatuto do Idoso – Lei n. 10.741/2003); (c) a mulher com deficiência. Considera-se pessoa com deficiência "*aquela que tem impedimento de longo prazo de natureza física, mental, intelectual ou sensorial, o qual, em interação com uma ou mais barreiras, pode obstruir sua participação plena e efetiva na sociedade em igualdade de condições com as demais pessoas*" (Lei n. 13.146/2015, art. 2º); (d) a mulher portadora de doenças degenerativas que acarretem condição limitante ou de vulnerabilidade física ou mental. As doenças degenerativas são aquelas que vão gradualmente comprometendo funções vitais, como a Doença de Alzheimer, a de Parkinson, dentre tantas outras. Não basta que a mulher-vítima tenha uma doença degenerativa, sendo necessário algo mais (elemento normativo do tipo), ou seja, que a doença degenerativa esteja acarretando "condição limitante ou de vulnerabilidade física ou mental" (art. 121, § 7º, inciso II).

- Erro sobre elementos do tipo: Caso o agente cometa *erro* na avaliação dessas causas (a, b, c e d), poderá, conforme o caso, haver *erro sobre elementos do tipo*, excluindo-se o dolo, mas permitindo-se a punição a título de culpa (CP, art. 20).

- *Ne bis in idem*: Sendo a vítima criança, isto é, menor de 12 anos, ou maior de 60, não poderá incidir a agravante genérica do art. 61, II, *h*, do CP, sob pena de *bis in idem*.

- **III – Na presença física ou virtual de descendente ou de ascendente da vítima**: Buscando reprimir com maior rigor o feminicídio praticado na presença de filhos, netos ou bisnetos da vítima, ou de seus genitores, avós ou bisavós, gerando mais sofrimento não só para a ofendida, mas também trauma indelével para esses parentes, a lei prevê, igualmente, essa causa de aumento de pena. Optou o legislador por excluir outros parentes, como irmãos. A expressão "física ou virtual" foi acrescentada pela Lei n. 13.771/2018, o que se justifica em razão da internet e da avançada tecnologia que permite a transmissão de vídeos *on-line*, ao vivo.

- **IV – em descumprimento das medidas protetivas de urgência previstas nos incisos I, II e III, do art. 22 da Lei n. 11.340/2006, quais sejam**: (a) a suspensão da posse ou restrição do porte de armas, com comunicação ao órgão competente, nos termos da Lei n. 10.826/2003; (b) afastamento do lar, domicílio ou local de convivência com a ofendida; (c) proibição de determinadas condutas, entre as quais: (1) aproximação da ofendida, de seus familiares e das testemunhas, fixando o limite mínimo de distância entre estes e o agressor; (2) contato com a ofendida, seus familiares e testemunhas por qualquer meio de comunicação; (3) frequentação de determinados lugares, a fim de preservar a integridade física e psicológica da ofendida. Ou seja, caso o feminicídio seja praticado "em descumprimento" de uma dessas medidas protetivas de urgência, a pena será aumentada de 1/3 até a metade. É evidente que deve haver uma relação entre o crime de feminicídio e o descumprimento da medida protetiva. A nosso ver, para que esta causa de aumento de pena seja aplicada, o crime deve estar relacionado com as mesmas pessoas objeto da medida protetiva, por força do princípio da proporcionalidade.

INDUZIMENTO, INSTIGAÇÃO OU AUXÍLIO A SUICÍDIO OU A AUTOMUTILAÇÃO

Art. 122. Induzir ou instigar alguém a suicidar-se ou a praticar automutilação ou prestar-lhe auxílio material para que o faça:

Pena – reclusão, de 6 (seis) meses a 2 (dois) anos.

§ 1º Se da automutilação ou da tentativa de suicídio resulta lesão corporal de natureza grave ou gravíssima, nos termos dos §§ 1º e 2º do art. 129 deste Código:

Pena – reclusão, de 1 (um) a 3 (três) anos.

§ 2º Se o suicídio se consuma ou se da automutilação resulta morte:

Pena – reclusão, de 2 (dois) a 6 (seis) anos.

§ 3º A pena é duplicada:

I – se o crime é praticado por motivo egoístico, torpe ou fútil;

II – se a vítima é menor ou tem diminuída, por qualquer causa, a capacidade de resistência.

§ 4º A pena é aumentada até o dobro se a conduta é realizada por meio da rede de computadores, de rede social ou transmitida em tempo real.

§ 5º Aumenta-se a pena em metade se o agente é líder ou coordenador de grupo ou de rede virtual.

§ 6º Se o crime de que trata o § 1º deste artigo resulta em lesão corporal de natureza gravíssima e é cometido contra menor de 14 (quatorze) anos ou contra quem, por enfermidade ou deficiência mental, não tem o necessário discernimento para a prática do ato, ou que, por qualquer outra causa, não pode oferecer resistência, responde o agente pelo crime descrito no § 2º do art. 129 deste Código.

§ 7º Se o crime de que trata o § 2º deste artigo é cometido contra menor de 14 (quatorze) anos ou contra quem não tem o necessário discernimento para a prática do ato, ou que, por qualquer outra causa, não pode oferecer resistência, responde o agente pelo crime de homicídio, nos termos do art. 121 deste Código.

- **Alteração:** A Lei n. 13.968, de 26.12.2019: (i) alterou o nome do tipo penal, acrescentando a expressão "ou a automutilação"; (ii) deu nova redação ao *caput*, punindo o induzimento, a instigação ou o auxílio à automutilação; e (iii) acrescentou os §§ 1º a 7º.

- **Irretroatividade:** Por serem mais gravosas, todas as alterações feitas pela Lei n. 13.968, de 26.12.2019 não retroagem a fatos praticados anteriormente à sua vigência.

- **Suspensão condicional do processo:** Cabe no *caput* e no §1º caso resulte em lesão corporal grave – art. 129, § 1º (art. 89 da Lei n. 9.099/95), uma vez presentes, também, os seus requisitos subjetivos.

Participação em suicídio ou em automutilação (caput)

- **Noção:** Embora o suicídio e a automutilação não sejam ilícitos penais, pois cada um tem a liberdade constitucional de dispor sobre a própria vida e seu corpo, a lei pune o comportamento de quem induz, instiga ou auxilia materialmente outrem a suicidar-se ou a automutilar-se. Ou seja, como não existe a punição da tentativa de suicídio (que no passado, como na França, já foi punida com a própria morte!) e tampouco a automutilação, o legislador incriminou, de forma autônoma, a conduta de quem seria seu *instigador ou cumplice*.

- **A não punição da tentativa de suicídio ou da automutilação (limite do Direito Penal):** Embora a vida, para o ordenamento jurídico, seja um bem inalienável, o Direito não pune a conduta daquele que tenta o suicídio ou pratica a automutilação. Surreal imaginar-se o contrário, mesmo porque qualquer pena perde o sentido diante de uma pessoa que chega ao desespero extremo. Na Inglaterra, até recentemente (*Act of August* 3, 1961), a tentativa de suicídio era considerada um crime. Na França, já houve época em que se chegava ao paradoxo de punir com a pena de morte a tentativa de suicídio, ou seja, em nome do valor sagrado da vida, ameaça-se com a morte aquele que quis a própria morte, como conclui o filósofo Stamatios Tzitzis: "mesmo do ponto de vista preventivo, é absurdo querer prevenir um delito com uma pena que corresponde àquilo que o seu autor quis alcançar" (*Les Grandes Questions de La Philosophie Pénale*, 2ª ed., Paris, Buenos Books, 2007, p. 116-117).

- **Doentes terminais ("suicídio assistido"):** A criminalização do auxílio ao suicídio, presente não só no Brasil, como também na França, no Canadá e em outros países, tem gerado polêmica quando a pessoa é portadora de doença terminal, estando lúcida ao desejar pôr fim ao sofrimento que o destino lhe impôs, mediante a sua própria morte, mas de forma indolor, com o auxílio de médicos. Na França, embora a eutanásia não esteja legalizada, em 1993 o Senado votou uma lei reconhecendo a título excepcional a "morte doce". No Canadá, um portador de esclerose lateral amiotrófica entrou com uma ação visando que a Suprema Corte julgasse inconstitucional o crime de auxílio ao suicídio, alegando ter ele a liberdade e a autonomia para dispor da própria vida, não podendo o Estado impor-lhe, em estado terminal, uma morte dolorosa e atroz, um atentado à sua dignidade. Por maioria de votos o seu pleito foi negado, entendendo a Suprema Corte que a proteção da vida é um valor fundamental da sociedade, sobretudo tratando-se de pessoas vulneráveis (*Recueil dês Arrêts de la Cour Suprême Du Canada*, 4ª Cahier, 1993, vol. 3 Renvoi (193) 3. R.C.S 515-674), como anota STAMATIOS TZITZIS (*Les Grandes Questions de La Philosophie Pénale*, 2ª ed., Paris, Buenos Books, 2007, p. 142). Todavia, em outros países, com fundamento na dignidade da pessoa que se encontra em estado terminal, tanto o "suicídio assistido" quanto a eutanásia têm sido aceitos. Lembramos a Holanda (Lei de 14 de abril de 1994, desde que com autorização judicial) e sobretudo a Suíça (onde a prática tem sido frequente). Também o Estado norte-americano do Oregon (Lei da morte com dignidade de 8 de novembro de 1994, que foi mantida pela Suprema Corte americana em 2006), bem como em Washington, após um abaixo-assinado com mais de 320.000 subscritores (Lei de 4 de novembro de 2008). A polêmica, como visto, aproxima-se daquela envolvendo a eutanásia e a ortotanásia, que comentamos no art. 121 (*vide* nota Ortotanásia naquele artigo), estando longe de se pacificar.

Caput

- **Objeto jurídico:** A preservação da vida e da integridade física humanas.
- **Sujeito ativo:** Qualquer pessoa.
- **Sujeito passivo:** Qualquer pessoa. Note-se que se a vítima é *menor de idade* ou tem diminuída, por qualquer razão, a capacidade de resistência, a pena é duplicada (§ 3º, II). Já se o *sujeito passivo* é *menor de 14 (quatorze) anos* ou contra quem, por enfermidade ou deficiência mental, *não tem o necessário discernimento* para a prática do ato, ou que, por qualquer outra causa, *não pode oferecer resistência*, e da instigação, induzimento ou cumplicidade (a) resulta lesão corporal gravíssima, o crime será o do art. 129, § 2º, do CP, por expressa disposição do art. 122, § 6º; (b) se resulta morte, o crime será o de homicídio do art. 121 do CP, diante do comando do art. 122, § 7º.
- **Tipo objetivo:** As condutas incriminadas (equivalentes ao que seriam as modalidades de participação moral e material ou cumplicidade do art. 29 do CP, caso o suicídio e a automutilação fossem crimes), são três: induzir (incitar), instigar (estimular ideia já existente) e auxiliar (ajudar materialmente). Ainda que o agente pratique mais de uma ação, isto é, além de instigar ou induzir a vítima, a auxilia materialmente, o crime será único (tipo alternativo). A conduta é comissiva, não podendo haver auxílio por omissão.
- **Tipo subjetivo:** Dolo (vontade livre e consciente de praticar a conduta prevista) e o elemento subjetivo do tipo (conduta do agente no sentido de que a vítima efetivamente venha a se matar ou a automutilar-se). Na doutrina tradicional é o "dolo específico". Geralmente, é o dolo direto, mas, para alguns, também em sua forma eventual (HUNGRIA, *Comentários ao Código Penal*, 1958, v. V, p. 234). Inexiste modalidade culposa.
- **Consumação:** Trata-se de crime formal, consumando-se com a prática das condutas incriminadas, independentemente da ocorrência de resultado suicídio ou automutilação.
- **Agravamento da pena pelo resultado:** Embora seja crime formal (*caput*), se ocorrer lesão corporal grave *ou gravíssima, o crime será qualificado pelo resultado (§ 1º); já se resultar morte, o crime também será qualificado, porém com pena mais severa (§ 2º)*.
- **Tentativa:** Inadmissível, porquanto além de ser crime formal, as três condutas *induzir, instigar* e *auxiliar materialmente* não admitem o *iter criminis*.
- **Confronto:** Se uma pessoa *se omite, quando podia agir sem risco pessoal* para evitar um *iminente* suicídio ou uma autolesão relevante, poderá haver eventualmente a configuração do crime de omissão de socorro (CP, art. 135). Se a vítima do induzimento, instigação ou auxílio material é *menor de 14 (quatorze) anos*, pessoa com enfermidade ou deficiência mental que não tem discernimento, ou que, por qualquer outra causa, *não*

pode oferecer resistência, e da conduta incriminada (a) resulta lesão corporal gravíssima, o crime será o do art. 129, §2º, do CP; (b) se resulta morte, o crime será o de homicídio do art. 121 do CP.

- **Classificação:** Crime comum quanto ao sujeito ativo, doloso, alternativo quanto à conduta, comissivo, formal (*caput*). No caso das figuras qualificadas pelo resultado lesão corporal grave ou gravíssima, e morte, requer exame de corpo de delito (CPP, art. 158).
- **Pena:** Reclusão, de 6 (seis) meses a 2 (dois) anos.
- **Ação penal:** Pública incondicionada.
- **Competência:** Será do Tribunal do Júri no caso de instigação, induzimento e auxílio material ao *suicídio*, por ser delito doloso contra a vida. Já no caso de automutilação, a competência será do juízo comum.

(§ 1º) Qualificadora da lesão corporal grave ou gravíssima

- **Noção:** Embora o tipo penal em questão independa de resultado (crime formal), se ocorrer lesão corporal grave ou gravíssima na hipótese de automutilação ou tentativa de suicídio, a pena será de reclusão, de 1 (um) a 3 (três) anos.
- **Lesão corporal grave:** Serão graves as lesões corporais se resultar: I – incapacidade para as ocupações habituais, por mais de trinta dias; II – perigo de vida; III – debilidade permanente de membro, sentido ou função; IV – aceleração de parto (CP, art. 129, § 1º).
- **Lesão corporal gravíssima:** Serão gravíssimas as lesões corporais se resultar: I – Incapacidade permanente para o trabalho; II – enfermidade incurável; III perda ou inutilização do membro, sentido ou função; IV – deformidade permanente; V – aborto (CP, art. 129, § 2º).
- **Perícia:** A existência das lesões e sua gravidade (materialidade delitiva) deverão estar comprovados por laudo pericial (CPP, art. 158).
- **Se a vítima é menor de 14 (quatorze) anos ou tem enfermidade ou deficiência mental, sem discernimento ou capacidade de resistência:** *Vide* § 6º.

(§ 2º) Qualificadora da morte

- **Noção:** Se da instigação, indução ou auxílio material ao suicídio ou automutilação resultar a morte da vítima, a pena será de reclusão, de 2 (dois) a 6 (seis) anos.
- **Se a vítima é menor de 14 (quatorze) anos ou tem enfermidade ou deficiência mental, sem discernimento ou capacidade de resistência:** *Vide* § 7º.

(§ 3º) Duplicação da pena

- **Alcance:** A duplicação das penas prevista no § 3º aplica-se ao *caput* e às figuras qualificadas dos §§1º (lesão corporal grave ou gravíssima) e 2º (morte). Assim, a pena do *caput* passa a ser de 1 (um) a 4 (quatro) anos de reclusão; a punição se houver lesão corporal grave ou gravíssima passa a ser de 2 (dois) a 6 (seis) anos de reclusão; se houver morte, a sanção será de 4 (quatro) a 12 (doze) anos, desde que ocorra uma das seguintes circunstâncias:
- **Motivo egoístico:** Já dizia Francesco Carnelutti que todo crime é uma "explosão de egoísmo em sua raiz" (*Las miserias del proceso penal* (Monografias Jurídicas – n. 55), 1. reimpr., trad. para o espanhol de Santiago Sentís Melendo, Santa Fé de Bogotá, Temis, 1993, p. 14), na medida em que, quando uma pessoa, por exemplo, comete o crime de furto da bolsa de uma mulher trabalhadora, com todo o seu salário, ela pensa, primeiramente, no seu bem-estar proporcionado pela fruição dos valores furtados, pouco se importando para as agruras que passará a vítima. Nada obstante o motivo egoístico ser comum em quase todos os crimes patrimoniais, por exemplo, optou o legislador ser causa de *duplicação* das penas o fato de o agente instigar, induzir ou auxiliar materialmente alguém ao suicídio ou automutilação, por *motivo egoístico*, ou seja, colocando os seus interesses acima de tudo e todos.
- **Motivo torpe:** Torpe é o motivo baixo, vil, ignóbil, que repugna à coletividade. É torpe o prazer doentio em matar ou mutilar uma pessoa, ou fazê-lo mediante paga ou promessa de recompensa. Em regra, a vingança constitui motivo torpe, salvo exceções a depender do que o motivou.

- **Motivo fútil:** É o motivo insignificante, banal, totalmente desproporcionado em relação ao crime, destituído de razão, de importância, leviano. Entendemos que a ausência de motivos não pode equivaler à futilidade do motivo. O ciúmes não é motivo fútil, em nosso entendimento, tratando-se de sentimento que não é insignificante, embora *jamais* possa justificar uma conduta criminosa.

- **Crítica:** Em razão dos conceitos acima expostos, e pelas características do tipo penal, será rara a hipótese do crime deste art. 122 do CP, em que não haja a incidência da causa de duplicação de pena deste § 3º.

- **Vítima menor:** O uso do termo *menor* nos parece impróprio, pois o ECA emprega os termos criança (menor de 14 anos) e adolescente (menor de 18 anos e maior de 14 anos). Considerando que o legislador não foi expresso em dizer menor de 14 anos (como ocorre nos §§ 6º e 7º deste art. 122), por interpretação sistemática entendemos que se trata de menor de 18 anos.

- **Vítima com capacidade de resistência diminuída, por qualquer causa:** A diminuição da capacidade de resistência de uma pessoa à investida criminosa do agente decorre de uma especial circunstância pessoal da vítima, que pode ser *inata*, como é o caso de uma pessoa com alguma deficiência intelectiva, de que são exemplos a oligofrenia, o autismo etc., ou *provocada,* lembrando-se a hipótese da vítima ter sido drogada pelo agente, ou estar sob tratamento medicamentoso que lhe afeta a cognição. Em ambos os casos, para haver a incidência da causa de duplicação de pena por esse motivo, o agente há que *ter ciência* dessa especial condição da vítima.

- **Mais de uma circunstância:** Se ocorrerem duas ou mais circunstâncias previstas neste § 3º, uma poderá servir como causa de duplicação da pena, e as outras influírem no cálculo da sanção, seja nos moldes do art. 59, seja por configurarem alguma agravante do art. 61 do CP.

(§ 4º) Pena poderá ser aumentada até o dobro

- **Causa especial de aumento de pena:** O legislador previu, ainda, que as penas previstas no *caput*, §§ 1º e 2º, e também § 3º, poderão (a critério do juiz, de forma sempre *fundamentada*), ser aumentadas *até o dobro*, nas seguintes hipóteses:

- **Conduta realizada por meio da rede de computadores ou por meio rede social:** Lamentavelmente assistimos, nos últimos anos, casos em todo o mundo em que pessoas *perversas*, aproveitando-se da maior dificuldade em serem identificadas, notadamente em redes sociais com provedores estabelecidos em países conhecidos atualmente por não abrirem informações sobre provedores como a Rússia, desenvolvem "jogos", notadamente voltados a um público de menores de idade, *induzindo* ou *instigando* crianças a se automutilarem ou até a se matarem. Pela fácil acessibilidade desse *modus operandi*, podendo atingir um grande número de vítimas, esse aumento de pena é plenamente justificável.

- **Transmitida em tempo real:** Como fenômeno das redes sociais, por meio das quais é possível transmitir ao vivo fatos que estejam ocorrendo, infelizmente temos assistido não só atentados terroristas, mas também casos de estupro coletivo e outras aberrações. Diante dessa lamentável realidade, previu o legislador o aumento da pena, *até o dobro*, quando o suicídio ou a automutilação da vítima induzida ou instigada a fazê-lo, é transmitido em tempo real, seja pela plataforma do *Twitter, WhatsApp, Instagram, Facebook, YouTube* ou outras. Essa propagação mórbida, além de expor a vítima exibida, tem a capacidade de propagar, de forma exponencial, a prática delitiva, com imensurável perturbação social. A causa de aumento de pena é *plenamente* justificável.

- **Alcance:** Por interpretação sistemática, a causa de aumento de pena disposta no §4º é aplicável a todas as situações previstas no tipo, ou seja, ao *caput*, aos §§ 1º e 2º, e *também* ao § 3º. Nesta última hipótese, poderá a sanção ser aumentada *até o dobro,* ainda que já anteriormente *duplicada*. Como exemplo, se a vítima for menor de idade, e o autor tiver ciência desse fato, e a induzir ou instigar ao suicídio ou automutilação pelas redes sociais, a pena, em caso de lesão corporal grave ou gravíssima, poderá ser de 4 (quatro) a 12 (doze) anos de reclusão; na hipótese de morte da vítima poderá ser de 8 (oito) a 24 (vinte e quatro) anos de reclusão.

(§ 5º) Pena aumentada em metade

- **Líder ou coordenador de grupo ou de rede virtual:** Caso o crime tenha sido praticado mediante redes sociais, como a utilização de "grupos de WhatsApp", "páginas de Facebook" etc., aquele que for o líder ou coordenador de grupo ou de rede virtual, ou seja, que o tenha criado e possua o poder de gerenciá-lo, terá a punição, mais uma vez, aumentada de metade. Pela sua liderança, receberá ele maior sanção, uma vez que a reprovabilidade de sua conduta afigura-se ainda mais grave.

- **Alcance:** Assim, se a vítima for menor de idade, e o autor tiver ciência desse fato, e a induzir ou instigar ao suicídio ou automutilação pelas redes sociais, sendo ele o líder ou coordenador do grupo ou de rede virtual, a sua pena, em caso de lesão corporal grave ou gravíssima, poderá ser de 6 (seis) a 18 (dezoito) anos de reclusão; em caso de morte poderá atingir 12 (doze) a 36 (trinta e seis) anos de reclusão, lembrando-se que, atualmente, é de 40 (quarenta) anos o tempo máximo que alguém pode ficar preso, nos termos do art. 75 do CP, alterado pela Lei n. 13.964/2019.

(§ 6º) Equiparação à lesão corporal gravíssima do crime do art. 122, § 1º

- **Noção:** Se da instigação, induzimento ou auxílio material para o suicídio ou automutilação resultar lesão corporal de natureza gravíssima e o crime for cometido contra menor de 14 (quatorze) anos ou contra quem, por enfermidade ou deficiência mental, não tem o necessário discernimento para a prática do ato, ou que, por qualquer outra causa, não pode oferecer resistência, o agente responderá pelo crime do art. 129, § 2º, do CP (lesão corporal gravíssima), cuja pena é de reclusão de 2 (dois) a 8 (oito) anos.

- **Incidência ou não das causas de aumento de pena do art. 122, §§ 3º, 4º e 5º:** Com o disposto neste § 6º, o legislador, com *má técnica*, trouxe dúvida acerca da incidência, ou não, das causas de aumento de pena do § 3º (*motivo egoístico*, *torpe* e *fútil*, *menor* ou com capacidade de resistência diminuída, por qualquer causa), do § 4º (conduta realizada por meio da rede de computadores ou por meio de rede social ou transmitida em tempo real) e do § 5º (líder ou coordenador de grupo ou de rede virtual). Isso porque *essas hipóteses de aumento de pena não existem* no crime de lesão corporal dolosa gravíssima do art. 129, § 2º, do CP. Caberá à jurisprudência se posicionar sobre essa aparente incongruência legislativa.

(§7º) Equiparação ao homicídio do crime do art. 122, § 2º

- **Noção:** Se da automutilação ou da tentativa de suicídio resultar morte e o crime for cometido contra menor de 14 (quatorze) anos ou contra quem, por enfermidade ou deficiência mental, não tem o necessário discernimento para a prática do ato, ou que, por qualquer outra causa, não pode oferecer resistência, o agente responderá pelo crime do art. 121 do CP (homicídio), cuja pena é de reclusão de seis a vinte anos.

- **Incidência ou não das causas de aumento de pena do art. 122, §§ 3º, 4º e 5º:** Com o disposto neste § 7º, o legislador, mais uma vez com *má técnica*, trouxe dúvida acerca da incidência, ou não, das causas de aumento de pena do § 3º (*motivo egoístico*, *torpe* e *fútil*, *menor* ou com capacidade de resistência diminuída, por qualquer causa), do § 4º (conduta realizada por meio de rede de computadores ou por meio de rede social ou transmitida em tempo real) e do § 5º (Líder ou coordenador de grupo de rede virtual). Com efeito, *algumas dessas hipóteses de aumento de pena*: ou já constam da figura típica do *homicídio qualificado* (art. 121, § 2º, do CP), ou *não existem* no crime do art. 121, do CP (conduta realizada por meio da rede de computadores ou por meio de rede social ou transmitida em tempo real, ou sendo o agente líder ou coordenador de grupo ou de rede virtual). A jurisprudência terá que resolver essa nova incongruência.

Jurisprudência anterior à Lei n. 13.968, de 26.12.2019 (que não incluía a automutilação)

- **Morte natural:** Sem que a vítima se mate ou tente se matar, não pode haver tipificação do art. 122 (TJSP, RT 531/326).

- **Induzir e instigar:** Induzimento é a persuasão para incutir o desígnio de suicidar-se; instigação é o acoroçoamento ao ato de suicidar-se (TJSP, RT 410/88).

- **Crime comissivo:** O crime do art. 122 não pode ser omissivo, só comissivo (TJSP, RT 491/285).

- **Dolo eventual:** Age com dolo eventual o neto que entrega bolsa contendo arma municiada ao avô, que se encontrava internado e suspeitava ser portador de moléstia incurável; confirmada a pronúncia, cabe ao júri a última palavra (TJSP, mv – RT 720/407).

INFANTICÍDIO

Art. 123. Matar, sob a influência do estado puerperal, o próprio filho, durante o parto ou logo após:

Pena – detenção, de 2 (dois) a 6 (seis) anos.

Infanticídio

- **Noção:** Trata-se de crime semelhante ao homicídio, que recebe, porém, especial diminuição de pena por motivos fisiopsicológicos.
- **Objeto jurídico:** A preservação da vida humana.
- **Sujeito ativo:** Só a mãe (*crime próprio*).
- **Sujeito passivo:** O recém-nascido ou o feto que está nascendo, não o feto sem vida própria nem o abortado ou inviável.
- **Tipo objetivo:** O delito pode ser praticado por qualquer meio, até mesmo por omissão (CP, art. 13, § 2º, *a*); mas deve ser cometido *durante ou "logo após"* (critério *relativo*, que pode variar) *o parto* (elemento normativo temporal).
- **Tipo subjetivo:** Dolo, na forma direta ou eventual (quer ou assume o risco da morte do filho). Na escola tradicional é o "dolo genérico". A mãe deve estar sob influência do estado puerperal (elemento fisiopsicológico). Não há forma culposa.
- **Estado puerperal:** Dois são os diagnósticos possíveis: *1. Psicose puerperal* e *2. Reação neurótica aguda*. As consequências jurídicas serão diversas, havendo inimputabilidade prevista no art. 26, *caput*, do CP (no caso de *psicose puerperal*) ou a caracterização do crime de infanticídio deste art. 123 do CP (*reação neurótica aguda*). Conforme GUIDO ARTURO PALOMBA, "o distúrbio mental mais grave que ocorre no puerpério, e não é tão raro assim, é a *psicose puerperal*, quadro, via de regra, grave, que se inicia normalmente até a quarta semana do parto, com a presença de alucinações auditivas ou visuais, inquietação, agitação, períodos de confusão mental e estupor, intercalados com episódios de lucidez. (...) Quando o quadro psicopatológico não é psicótico, pode ocorrer uma *reação neurótica aguda*, que se apresenta por episódios de depressão marcante, ansiedade, irritabilidade e inquietação". E continua: no que concerne à verificação de responsabilidade penal, declarada a psicose puerperal, deve o perito opinar pela inimputabilidade, porquanto esse estado psicopatológico solapa a capacidade de entendimento e de autodeterminação" (*Tratado de Psiquiatria Forense*, São Paulo, Atheneu Ed., 2003, pp. 207-208). Em um caso de inimputabilidade, DANTE DELMANTO relata episódio em que a mãe foi acometida de *toxi-infecção gravídica ante e post partum*, com repercussão na esfera mental, determinando uma psicose tóxica de forma depressiva, que levou à absolvição da acusada (*Defesas que Fiz no Júri*, 7ª ed. comemorativa do centenário do autor, Rio de Janeiro, Renovar, p. 29).
- **Consumação:** Com a morte do nascente ou recém-nascido.
- **Tentativa:** É admissível.
- **Erro:** Pode haver crime impossível (CP, art. 17) quando a mãe pratica o fato já estando a criança morta. Observe-se, a propósito, que o exame pericial, feito por meio da *prova galênica*, não tem segurança absoluta, devendo ser corroborado por outros métodos.
- **Concurso de pessoas:** A doutrina divide-se, entendendo uns que pode haver (CUSTÓDIO DA SILVEIRA, *Direito Penal*, 1973, p. 98; HUNGRIA, *Comentários ao Código Penal*, 5ª ed., 1979, v. V, p. 266, n. 58, alterando sua posição anterior; DAMÁSIO DE JESUS, *Direito Penal*, 29ª ed. São Paulo, Saraiva, 2009, v. II, pp. 114-117; PAULO JOSÉ DA COSTA JR., *Código Penal Comentado*, 9ª ed., DPJ Editora, 2007, p. 375; FREDERICO MARQUES, *Tratado*, 1961, v. IV, p. 141, com reservas; MAGALHÃES NORONHA, *Direito Penal*, 1995, v. II, pp. 47-48; A. SILVA FRANCO e outros, *Código Penal*, 1995, p. 1650), enquanto há os que consideram que o partícipe do infanticídio deve responder por homicídio (ANÍBAL BRUNO, *Direito Penal*, 1966, v. IV, p. 150; HELENO FRAGOSO, *Lições de Direito Penal – Parte Especial*, 1995, v. I, p. 57; A. MAYRINK DA

COSTA, *Direito Penal – Parte Especial*, 1994, v. II, t. I, p. 154). Em nossa opinião, o concurso deve ser admitido de acordo com a regra do CP, art. 30, última parte. Embora não seja a solução mais justa, pois o coautor ou o partícipe não se encontra em estado puerperal, não merecendo receber a pena mais branda do infanticídio, foi a adotada pelo legislador.

- **Classificação:** Crime próprio quanto ao sujeito, doloso, de dano, material, comissivo ou omissivo, instantâneo. É necessário o exame de corpo de delito (CPP, art. 158).

- **Confronto:** Se a conduta ocorre antes do nascimento, o crime será de aborto (CP, arts.124-128). Se ausente o elemento fisiopsicológico ou temporal, poderá haver homicídio (CP, art. 121).

- **Pena:** Detenção, de dois a seis anos.

- **Ação penal:** Pública incondicionada, competindo ao *júri* o julgamento.

Jurisprudência

- **Estado puerperal:** O reconhecimento do estado puerperal deve ser interpretado de maneira suficientemente ampla, de modo a abranger o *variável* período de choque puerperal (TACrSP, *RT* 598/338; TJSP, *RT* 531/318). A influência do estado puerperal é efeito normal e corriqueiro de qualquer parto e, dada a sua grande frequência, a influência deve ser admitida sem maior dificuldade (TJSP, *RT* 417/111).

- **Hipótese de homicídio:** Se o fato ocorreu após o estado puerperal, trata-se de crime de homicídio, no caso em sua forma tentada (TJSP, *RT* 757/530).

- **Perícia médica:** *a. Para prova de vida extrauterina.* Não tem valor o laudo, se não esclarece qual o método de docimasia pulmonar empregado para comprová-la; modernamente, considera-se que a docimasia galênica deve ser confirmada por outras docimasias: a pulmonar e a gastrintestinal (TACrSP, *Julgados* 68/368). *b. Prova do estado puerperal.* Não mais se considera indispensável a perícia médica para comprovar o estado puerperal (TACrSP, *RT* 598/338; TJSP, *RT* 655/272).

- **Pronúncia:** Inexistindo dúvida de que o feto foi enterrado pela acusada em terreno próximo de sua casa, sendo certo, ainda, que ela ocultou a sua gravidez dos seus familiares, fica evidente a existência de indícios de autoria e materialidade, razão por que se legitima a sentença de pronúncia (TJPR, *RT* 819/651).

- **Concurso:** Pode haver concurso material com o crime de ocultação de cadáver (TJSP, *RT* 531/318).

- **Pena-base:** Embora reprovável a conduta da genitora, se a culpabilidade não ultrapassa a prevista no tipo penal, não deve haver incremento da pena-base, como no caso de seu envolvimento com pessoa casada ou outras reprovações de cunho moral (TJDF, Ap. 0036504-84.2010.08.07.0001, *DJe* 5.3.2018).

ABORTO PROVOCADO PELA GESTANTE OU COM SEU CONSENTIMENTO

Art. 124. Provocar aborto em si mesma ou consentir que outrem lho provoque:

Pena – detenção, de 1 (um) a 3 (três) anos.

- **Suspensão condicional do processo:** Cabe, atendidas as condições do art. 89 da Lei n. 9.099/95.

- **Remissão:** *Vide* notas no art. 128 do CP.

ABORTO PROVOCADO POR TERCEIRO

Art. 125. Provocar aborto, sem o consentimento da gestante:

Pena – reclusão, de 3 (três) a 10 (dez) anos.

■ Remissão: *Vide* notas no art. 128 do CP.

Art. 126. Provocar aborto com o consentimento da gestante:

Pena – reclusão, de 1 (um) a 4 (quatro) anos.

Parágrafo único. Aplica-se a pena do artigo anterior, se a gestante não é maior de quatorze anos, ou é alienada ou débil mental, ou se o consentimento é obtido mediante fraude, grave ameaça ou violência.

■ Suspensão condicional do processo: Cabe no *caput*, desde que não seja na forma qualificada – art. 127 do CP, atendidas as condições do art. 89 da Lei n. 9.099/95.

■ Remissão: *Vide* notas no art. 128 do CP.

FORMA QUALIFICADA

Art. 127. As penas cominadas nos dois artigos anteriores são aumentadas de um terço, se, em consequência do aborto ou dos meios empregados para provocá-lo, a gestante sofre lesão corporal de natureza grave; e são duplicadas, se, por qualquer dessas causas, lhe sobrevém a morte.

■ Remissão: *Vide* notas no art. 128 do CP.

Art. 128. Não se pune o aborto praticado por médico:

ABORTO NECESSÁRIO

I – se não há outro meio de salvar a vida da gestante;

ABORTO NO CASO DE GRAVIDEZ RESULTANTE DE ESTUPRO

II – se a gravidez resulta de estupro e o aborto é precedido de consentimento da gestante ou, quando incapaz, de seu representante legal.

Aborto ■ Noção: Aborto, para efeitos penais, é a interrupção intencional do processo de gravidez, com a morte do feto. A sua criminalização envolve questões extremamente delicadas e de difícil conciliação, existindo a respeito, a exemplo do que ocorre com a pena de morte, uma infindável discussão desde os tempos antigos. Há, de um lado, a garantia constitucional da proteção à vida humana, sua concepção, reforçada pelo influxo de valores religiosos (por se estar tratando do maior dos milagres, o surgimento da vida de um novo ser humano), e de outro, questões sociais e de saúde pública, sobretudo em países pobres e em desenvolvimento (uma vez que os autoabortos e os abortos clandestinos geram inúmeras mortes decorrentes de infecções generalizadas nas classes mais humildes, desprovidas de informações acerca de métodos contraceptivos e de planejamento familiar), bem como de proteção da saúde física e psíquica da mulher, do reconhecimento de sua dignidade, livre-arbítrio e autonomia em face de seu próprio corpo. No direito comparado, há muitos países, inclusive de maioria católica, que admitem o aborto até a 10ª ou a 12ª semana sem maiores restrições (Portugal, Itália, Espanha, Inglaterra, Grécia, África do Sul, Dinamarca, Suíça, França, o Estado da Flórida nos Estados Unidos etc.). Na Alemanha, embora o Tribunal Constitucional tenha julgado inconstitucional uma lei de 1974 que permitia o aborto, em 1976 sobreveio outra lei determinando que a mulher, antes do aborto, participe de programa para se informar sobre as ajudas públicas e privadas para evitar a interrupção da gravidez, não sendo punida se, apesar de informada, decide realizar o aborto por razões eugênicas, éticas ou de necessidade, com um médico, em até 22 semanas após a concepção. Ainda que o aborto seja realizado sem que a mulher tenha procurado as informações existentes e por quem não seja médico, pode o tribunal deixar de punir a mulher em casos de grande aflição (HANS-HEINRICH JESCHECK, *Tratado de Derecho Penal,* 4ª ed., Granada, Comares, 1993, p. 93). Já em países como a Nicarágua, a partir de 2006 não se admite o aborto em nenhuma circunstância, mesmo que a mulher corra risco de vida. No Brasil, embora a lei penal sobre o aborto não tenha se modificado desde a edição do Código Penal em 1940, a jurisprudência, que o saudoso desembargador paulista ANTÃO DE MORAES dizia ser "o Direito em ação", tem inovado na sua interpretação, admitindo a interrupção da gravidez de feto anencéfalo ou aquela efetivada no primeiro trimestre. Como o tema provoca infindáveis debates, pensamos que a melhor solução seria convocar um plebiscito a respeito.

▪ Divisão: Podem ser apontadas seis figuras: *a.* aborto provocado pela própria gestante ou *autoaborto* (art. 124, primeira parte); *b. consentimento* da gestante a que outrem lhe provoque o abortamento (art. 124, segunda parte); *c.* aborto provocado por terceiro *sem o consentimento* da gestante (art. 125); *d.* aborto provocado por terceiro *com consentimento da gestante* ou com o consentimento consensual (art. 126); *e.* aborto *qualificado* (art. 127); *f.* aborto *legal* (art. 128), que é impunível.

▪ Objeto jurídico: A preservação da vida humana; no abortamento provocado por terceiro, também a vida e a incolumidade física da gestante.

▪ Sujeito ativo: No autoaborto (art. 124, primeira parte), ou no aborto consentido (art. 124, segunda parte), só a gestante pode ser agente (*crime próprio*), embora possa haver participação de terceiros (*vide* nota *Concurso de pessoas*).

▪ Sujeito passivo: No autoaborto é o feto (posição não pacífica na doutrina); no provocado por terceiro são o feto e a gestante.

▪ Tipo objetivo: A ação de *provocar* (dar causa, originar) tem forma livre e pode ser praticada por qualquer meio, tanto comissivo como omissivo. O crime de aborto pressupõe a *gravidez* (é *elementar do tipo*), que deve estar *devidamente* provada (*vide* jurisprudência abaixo) e é necessário que o feto esteja vivo (não configura o crime a gravidez extrauterina ou a molar).

▪ Início da gravidez: Quanto ao *início da gravidez,* as opiniões não são unânimes, dividindo-se por motivos não apenas científicos, mas também morais, religiosos e filosóficos: *a.* para uns, é a partir da *implantação* do ovo na cavidade uterina (HELENO FRAGOSO, *Lições de Direito Penal – Parte Especial,* 1995, v. I, pp. 80-81; ODON RAMOS MARANHÃO, *Curso Básico de Medicina Legal,* 1990, p. 159); *b.* para outros, é desde a *constituição* do ovo (DAMÁSIO DE JESUS, *Direito Penal,* 29ª ed., São Paulo, Saraiva, 2009, p. 122). Preferimos a primeira (*a*) posição, pois a gravidez se inicia quando o ovo é implantado no útero materno.

▪ Início da vida e início da gravidez: Discussão correlata à do início da gravidez é a do início da vida humana, ou seja, se coincide ela, ou não, com a data do início da gestação, havendo igualmente polêmica por razões científicas, religiosas e jurídicas. A Constituição garante, em seu art. 5º, *caput,* a "inviolabilidade do direito à vida", ao passo que o CC, em seu art. 2º, após estatuir que a personalidade civil inicia-se no momento em que há o nascimento com vida, protege os direitos do *nascituro* (aquele que vai nascer), desde a *concepção* (do latim *conceptio,* que significa a ação de receber – *Dicionário de Latim-Português,* 2ª ed., Porto Editora, 2001, p. 160). Têm-se, assim, diferentes entendimentos: *a.* A vida inicia-se com a fecundação do óvulo, tornado ovo, e que começa a se desenvolver (de zigoto a blastócito, passando para os estágios embrionário e fetal), ainda que a fecundação ocorra em laboratório. Para essa corrente, há vida humana antes mesmo da gravidez, o que traz repercussões na questão da chamada "pílula do dia seguinte", que impede que o óvulo fecundado se aninhe no útero da mulher. Quanto ao uso científico e descarte de embriões humanos inviáveis, o *Pleno* do STF, após audiência pública, decidiu, por maioria de votos, que o art. 5º da Lei de Biossegurança (Lei n. 11.105/2005), que autoriza a pesquisa de células-tronco com embriões inviáveis ou congelados há mais de três anos, é constitucional (ADIn 3.510). Note-se, contudo, que com o veloz desenvolvimento científico, já estariam sendo obtidas células-tronco da pele de pessoas adultas pelo cientista JAMES ALEXANDER THOMSON, na Universidade de Wisconsin, EUA (cf. notícia publicada no jornal *The New York Times*, de 22.11.2007 – www.nytimes.com/2007/11/22/science/22stem.html), o que, se vier a ser confirmado, felizmente poderá encerrar, de uma vez por todas, a utilização de embriões humanos em pesquisas. *b.* A vida inicia-se com a implantação do ovo na cavidade uterina, aproximadamente entre cinco e sete dias após a fecundação, salvo na hipótese de fecundação *in vitro* e implantação artificial. A expressão "desde a concepção" utilizada pelo CC equivaleria ao momento em que a mãe concebe (recebe) o óvulo fecundado em seu útero; não haveria, assim, vida humana sem gravidez. *c.* A vida inicia-se a partir do momento em que o embrião tem batimentos cardíacos (entre 3 e 4 semanas). *d.* A vida começa a partir do momento em que o feto tem impulsos cerebrais (aproximadamente após oito a nove semanas), estando o cérebro totalmente formado por volta da 10ª semana. Esse entendimento teria como respaldo normativo o fato de a Lei n. 9.434/97, ao tratar do transplante de órgãos, tecidos e partes do corpo humano, estatuir, em seu art. 3º, que o óbito se dá com "o diagnóstico de morte encefálica". *e.* A vida se inicia com o nascimento do feto vivo, com vida extrauterina autônoma (coincidindo o momento do início da vida com o do início da personalidade civil). Esta última posição encontra-se ultrapassada, mesmo porque o art. 2º do CC tutela os direitos do nascituro.

- **Tipo subjetivo:** Dolo (vontade livre e consciente de interromper a gravidez e causar a morte do produto da concepção), direto ou eventual. Na doutrina tradicional é o "dolo genérico". Não há forma culposa.

- **Crime impossível:** Em caso de errônea suposição da gravidez, há crime impossível (CP, art. 17).

- **Erro:** Pode haver erro de tipo e de proibição (CP, arts. 20 e 21).

- **Consumação:** Com a morte do feto ou destruição do óvulo.

- **Tentativa:** Admite-se.

- **Classificação:** Crime próprio ou comum quanto ao sujeito, doloso (preterdoloso na figura qualificada), comissivo ou omissivo, material, de dano, efetivo e instantâneo. Requer exame de corpo de delito (CPP, art.158).

- **Confronto:** Se a morte é provocada *após* o início do nascimento, o crime será de homicídio ou infanticídio (CP, arts. 121 ou 123); se a lesão corporal resulta em aborto, art. 129, § 2º, V, do CP.

- **Concurso de pessoas:** A matéria não é pacífica na doutrina, mas entendemos que o partícipe que meramente auxilia ou encoraja a gestante a consentir estará incurso no art. 124 e não nos arts.126 ou 127, ainda que ela morra ou sofra lesão grave (*vide* jurisprudência no final).

- **Ação penal:** Pública incondicionada, cabendo ao *júri* o julgamento.

- **Pena:** É diversa para cada figura (*vide* notas respectivas abaixo).

Autoaborto ou consentimento (art. 124)

- **Noção:** O art. 124 do CP contém duas figuras: *a.* aborto provocado pela própria gestante, também chamado autoaborto (primeira parte); *b.* com consentimento da gestante a que outrem lhe provoque o aborto (segunda parte). Na segunda figura (consentimento) o crime é duplo. A gestante que consente em que outrem lhe pratique o aborto, incide no art. 124. Todavia, quem pratica os atos materiais do aborto incorre nas penas do art. 126 (aborto com consentimento da gestante ou consensual).

■ *Autoaborto e punição da gestante (uma crítica)*: É fato que nenhuma mulher, em sã consciência, deseja passar pela situação traumática de realizar um autoaborto. É um ato de desespero, por vezes praticado com a introdução de objetos que podem até perfurar o seu útero com risco de vida para ela própria, ou com a ingestão de potentes drogas que lhe causam efeitos colaterais graves. Embora sejamos *contrários ao aborto*, parece-nos que o legislador foi rigoroso em excesso ao punir a mulher que assim age em circunstâncias extremas, em geral pertencente à camada mais humilde da população, em que a gestante carente não encontra apoio, quer familiar, quer estatal, para criar o seu filho. Ela conviverá com esse trauma o resto de sua vida, e não será a punição criminal que a fará deixar de praticar esse terrível e triste ato de desespero. A nosso ver, a solução é o apoio psicológico e material à gestante, orientando-a para preservar a vida que bate dentro dela. Poderia o legislador, nesses casos específicos de *autoaborto* em que a própria gestante se lesiona (art. 124, *primeira parte*), ter previsto uma hipótese de perdão judicial.

■ **Concurso de pessoas**: Quem apenas auxilia a gestante, induzindo, indicando, instigando, acompanhando, pagando etc., será copartícipe do crime do art. 124 e não do art. 126 do CP. A coautoria do art. 126 deve ser reservada, apenas, a quem eventualmente auxilie o autor da execução material do aborto (exs.: enfermeira, anestesista etc.).

■ **Pena**: Detenção, de um a três anos.

Aborto provocado sem consentimento (art. 125)

■ **Formas**: Comporta duas formas: *a.* não concordância *real* (violência, grave ameaça ou fraude); *b.* não concordância *presumida* (menor de 14 anos, alienada ou débil mental).

■ **Pena**: Reclusão, de três a dez anos.

Aborto com consentimento ou consensual (art. 126)

■ **Noção**: O *caput* do artigo pressupõe a capacidade da gestante em consentir (caso contrário, a figura é a do parágrafo único).

■ **Erro**: O *erro* quanto ao consentimento é erro de tipo (CP, art. 20).

■ **Pena**: Reclusão, de um a quatro anos, para o *caput*; na hipótese do parágrafo único (gestante que não é maior de 14 anos, ou é alienada ou débil mental, ou ainda, se o consentimento é obtido mediante fraude, grave ameaça ou violência), aplica-se a pena do artigo anterior (art. 125), ou seja, reclusão, de três a dez anos.

Aborto qualificado (art. 127)

■ **Aplicação**: A qualificação pelo resultado é aplicável somente aos arts. 125 e 126 do CP e não ao art. 124. Não a configura a lesão corporal apenas leve. Para que incida o art. 127, é necessário que o resultado morte ou lesão grave tenha sido causado, ao menos, por culpa (CP, art. 19).

■ **Pena**: Aumentada de um terço, se a lesão for grave, ou duplicada, se resultar a morte.

Aborto legal (art. 128)

■ **Impunível**: Em duas hipóteses diferentes, o legislador declara lícito o aborto, excluindo a sua antijuridicidade: *1. Aborto necessário* (inciso I). *2. Aborto sentimental* (inciso II). Em ambos os casos, o art. 128 do CP exige que o aborto seja *praticado por médico*. Entretanto, na hipótese do inciso I, quando urgente a necessidade de salvar a vida da gestante, na falta de médico, outra pessoa não habilitada poderá fazer a intervenção, acobertada pela excludente do estado de necessidade (CP, arts. 23, I, e 24).

■ **Aborto necessário (inciso I)**: Também conhecido por *terapêutico*, é o aborto praticado quando *não há outro meio de salvar a vida da gestante*. São, pois, seus requisitos: 1. Que corra perigo à vida da gestante. 2. Inexistência de outro meio para salvar sua vida. No caso do inciso I, é dispensável a concordância da gestante ou de seu representante legal, se o perigo de vida for iminente (CP, art. 146, § 3º, I).

■ **Má-formação congênita e doença gravíssima incurável**: O inciso I não legitima o aborto quando seja certo que a criança nascerá com deformidade gravíssima (má-formação congênita), como *anencefalia* (ausência de cérebro) ou doença incurável que efetivamente torne impossível que o nascituro viva logo após o nascimento, à luz da ciência atual, colocando em risco, inclusive, a *saúde psíquica* da mãe. Tendo em vista que o CP brasileiro não disciplina expressamente essa prática, entendemos que, nesses casos excepcionais e gravíssimos, poderá restar configurada *causa supralegal de exclusão de culpabilidade por inexigibilidade de conduta diversa* (vide comentários ao art. 22 do CP). Para o juiz paulista JOSÉ HENRIQUE RODRIGUES TORRES, cuidando-se de feto sem cérebro, há inexigibilidade de conduta diversa, "obviamente, também no que concerne à intervenção do médico e de todos os profissionais que participarem do abortamento" (sentença no Processo 279/2002, da Vara do Júri de Campinas/SP, p. 12, *in fine*).

- **Aborto de anencéfalos (inconstitucionalidade da incriminação):** O Plenário do STF, em julgamento iniciado em 11.4.2012, por maioria de votos, julgou procedente o pedido na Arguição de Descumprimento de Preceito Fundamental (ADPF) 54, ajuizada pela Confederação Nacional dos Trabalhadores na Saúde (CNTS), para declarar a inconstitucionalidade de interpretação segundo a qual a interrupção de gravidez de feto anencéfalo é conduta tipificada nos arts. 124, 126 e 128, I e II, do CP (cf. a respeito, EDISON TETSUZO NAMBA, "A retirada de feto anencéfalo", *Carta Forense*, março 2013, p. B16).

- **Aborto sentimental (inciso II):** Trata-se do aborto também denominado *ético* ou *humanitário*, levando-se em consideração a *saúde psíquica* da mãe decorrente do trauma causado pelo crime sexual de que foi vítima. Exige-se, para que seja lícito: *1.* Gravidez consequente de estupro. Inclui tanto o estupro praticado com violência real como presumida. *2.* Prévio consentimento da gestante ou de seu representante legal. Observe-se, porém, que a lei não exige autorização judicial para a prática do aborto sentimental, ficando a intervenção ao inteiro arbítrio do médico (CUSTÓDIO DA SILVEIRA, *Direito Penal*, 1973, p. 129; LEITE FERNANDES, *Aborto e Infanticídio*, 1972, pp. 87-90; JULIO MIRABETE, *Manual*, 1986, v. II, p. 81; ÁLVARO MAYRINK DA COSTA, *Direito Penal*, 1994, v. II, t. I, p. 194; *contra*, exigindo autorização judicial e limitando-a aos três primeiros meses de gravidez: TJMG, *JM* 123/210). Não é necessário que exista processo contra o autor do crime sexual, nem, muito menos, que haja sentença condenatória, mesmo porque, a essa altura, a criança já teria nascido. O próprio médico deve procurar certificar-se da veracidade do alegado pela gestante ou seu representante. Recomenda-se, para segurança do médico, que este obtenha o consentimento da mulher ou de seu representante legal, por escrito ou na presença de testemunhas idôneas. Como explica HUNGRIA, se era justificada a "credulidade do médico, nenhuma culpa terá este, no caso de verificar-se, posteriormente, a inverdade da alegação. Somente a gestante, em tal caso, responderá criminalmente" (*Comentários ao Código Penal*, 1958, v. V, p. 313). Essa previsão do legislador reconhece a relevância jurídica da tutela da saúde psíquica da mãe, de sua dignidade e livre-arbítrio, permitindo que ela, caso não suporte essa situação, decida não levar adiante uma gestação fruto de violência sexual, ainda que em desfavor da vida de um feto, e portanto de uma futura criança, *saudável e que não tem culpa da forma como foi concebida*.

- **Incesto:** O inciso II do art. 128 do CP não abrange o aborto tratando-se de gravidez decorrente de *incesto*, como na repugnante relação sexual entre pai e filha (o que, infelizmente, por vezes ainda ocorre no Brasil), desde que não haja violência real ou presumida, pois, nesta hipótese, haveria estupro). Em face do insuportável sofrimento psíquico que essa situação dramática pode gerar em uma moça que manteve relação sexual com seu genitor e engravidou, cabem as mesmas ponderações sobre a configuração da *causa supralegal de exclusão da culpabilidade por inexigibilidade de conduta diversa* (cf. nota no art. 22 do CP) tecidas acima sob a rubrica *Má formação congênita e doença gravíssima incurável*. Cf., também, a respeito, a crônica "O diário", de ROBERTO DELMANTO, *in Carta Forense*, agosto de 2009.

- **Erro:** Caso haja erro, quanto às circunstâncias de fato, do aborto necessário ou sentimental, *vide* nota ao CP, art. 20, sob o título *Outros efeitos do erro de tipo*.

Jurisprudência do aborto

▪ **Gravidez:** Pode ocorrer aborto desde que tenha havido a fecundação (STF, *RTJ* 120/104). *Prova*: é necessária a prova da gravidez da mulher (STJ, *JSTJ* e *TRF* 141/340, in Bol. AASP n. 2.236, p. 461; TJSP, *RJTJSP* 97/438,75/285, *RT* 505/332; TACrSP, *Julgados* 69/207), não a suprindo a confissão da gestante (TJSP, *RT* 623/287; TACrSP, *RT* 569/330), nem meros indícios (TJSP, *RT* 518/349).

▪ **Exame de corpo de delito:** Desde que inequívoco, admite-se o exame de corpo de delito indireto, na impossibilidade do direto (STF, *RTJ* 116/926,80/264; TACrSP, *RT* 582/340; TJSP, *RT* 643/281; *contra*: TJSP, *RT* 514/345). Não se aplica o art. 525 do CPP, podendo o laudo ser juntado até a fase do art. 406 do CPP (nota nossa: atual art. 411)(TJSP, *RJTJSP* 122/451, anterior à Lei 11.689/2008, que alterou o júri). Ficha clínica mencionando restos ovulares não substitui o exame; na falta de certeza da gravidez, por inexistir exame histológico para se aferir se o feto tinha vida, absolve-se (TJSP, *RT* 697/286). Apenas quando não mais for possível o exame de corpo de delito por terem desaparecido os vestígios, pode a prova testemunhal suprir-lhe a falta (TJGO, *RT* 873/621). Não tendo sido realizado exame pericial a fim de comprovar o evento abortivo, somado à ilegibilidade dos documentos médico-hospitalares, impossibilita se faz a condenação (TJCE, Ap. 0007645220038060029, public. 12.12.2017).

▪ **Prova de vida:** É necessária a prova de que o feto tinha *vida* (TJSP, *RT* 503/326).

▪ **Inconstitucionalidade do crime de aborto no primeiro trimestre:** "(...) é preciso conferir interpretação conforme a Constituição aos próprios arts. 124 a 126 do Código Penal – que tipificam o crime de aborto – para excluir do seu âmbito de incidência a interrupção voluntária da gestação efetivada no primeiro trimestre. A criminalização, nessa hipótese, viola diversos direitos fundamentais da mulher, bem como o princípio da proporcionalidade. 4. A criminalização é incompatível com os seguintes direitos fundamentais: os direitos sexuais e reprodutivos da mulher, que não pode ser obrigada pelo Estado a manter uma gestação indesejada; a autonomia da mulher, que deve conservar o direito de fazer suas escolhas existenciais; a integridade física e psíquica da gestante, que é quem sofre, no seu corpo e no seu psiquismo, os efeitos da gravidez; e a igualdade da mulher, já que homens não engravidam e, portanto, a equiparação plena de gênero depende de se respeitar a vontade da mulher nessa matéria. 5. A tudo isto se acrescenta o impacto da criminalização sobre as mulheres pobres. É que o tratamento como crime, dado pela lei penal brasileira, impede que estas mulheres, que não têm acesso a médicos e clínicas privadas, recorram ao sistema público de saúde para se submeterem aos procedimentos cabíveis. Como consequência, multiplicam-se os casos de automutilação, lesões graves e óbitos. 6. A tipificação penal viola, também, o princípio da proporcionalidade por motivos que se cumulam: (i) ela constitui medida de duvidosa adequação para proteger o bem jurídico que pretende tutelar (vida do nascituro), por não produzir impacto relevante sobre o número de abortos praticados no país, apenas impedindo que sejam feitos de modo seguro; (ii) é possível que o Estado evite a ocorrência de abortos por meios mais eficazes e menos lesivos do que a criminalização, tais como educação sexual, distribuição de contraceptivos e amparo à mulher que deseja ter o filho, mas se encontra em condições adversas; (iii) a medida é desproporcional em sentido estrito, por gerar custos sociais (problemas de saúde pública e mortes) superiores aos seus benefícios. 7. Anote-se, por derradeiro, que praticamente nenhum país democrático e desenvolvido do mundo trata a interrupção da gestação durante o primeiro trimestre como crime, aí incluídos Estados Unidos, Alemanha, Reino Unido, Canadá, França, Itália, Espanha, Portugal, Holanda e Austrália" (STF, 1ª T., HC 124.306, rel. p/ acórdão Min. Luiz Roberto Barroso, j. 9.8.2016, public. 17.3.2017). *Contra*: O direito à vida do nascituro prevalece no cotejo entre os princípios constitucionais. Constitucionalidade da criminalização do aborto durante o 1º trimestre (TJSP, 3ª CCr, HC 21888943320178.26.0000, *DJ* 25.10.2017).

▪ **Prova de ter sido provocado:** Não se configura o crime de aborto sem prova segura de que tenha sido provocado (TJSP, *RT* 524/361; TJSC, *mv – RT* 810/706), confirmando-se a despronúncia (TJMS, *RT* 695/352).

▪ **Substâncias abortivas:** *Cibalena* e chá de canela em pó não configuram (TJSP, *mv – RJTJSP* 176/292). Se o laudo pericial é inconclusivo quanto ao poder abortivo do medicamento ingerido, devem ser impronunciados os acusados do crime do art. 124

(TJSP, *RT* 785/579). O remédio *Cytotec* é abortivo, constando de sua bula ser contraindicado em mulheres grávidas (TJSP, *RJTJSP* 176/305).

■ **Aborto necessário:** Diante do pedido de autorização para aborto, instruído com laudos médicos e psicológicos favoráveis, evidenciado o risco à saúde da gestante, mormente a psicológica, pois comprovado que o feto é portador de anencefalia (ausência de cérebro), autoriza-se a interrupção da gravidez (TJSC, *RT* 756/652; *RT* 781/581; MS 329.564-3/3, j. 20.11.2000, *Bol. AASP* n. 2.211, p. 1818, TJSP, MS 418.592-3/4-00. j. 12.6.2003, *in Bol. IBCCr* 133/759; TJRS, *RT* 838/657; TAMG, Ap. 219.008-9, j. 18.6.96). Igualmente, diante de moléstia no feto, que provocará oligofrenia acentuada (TJRS, Ap. 700.060.88090, j. 2.4.2003, *mv – Bol. AASP* 2459/1158). *Contra*: o aborto eugenésico fundamentado na anencefalia do feto não é contemplado pelo direito infraconstitucional, configurando afronta à Lei Maior (TJSP, *mv – RT* 806/540).

■ **Síndrome de banda amniótica ou complexo OEIS:** Alterações anatômicas de alta letalidade intraútero ou pós-natal, incompatíveis com a vida. Paciente grávida de 22 semanas. A sua submissão à força do Estado-Juiz é imposição dolorosa e cruel, subtraindo-lhe o direito à plena saúde física e psicológica, que só tendem a aumentar com o passar do tempo. Tutela antecipada ratificada (TJRS, 2ª CCrim, Ap. 70075960096, rel. Des. José Antônio Cidade, mv, j. 22.3.2018).

■ **Gravidez perigosa:** Inviabilidade de vida extrauterina do feto. Interrupção autorizada (TJPE, 2ª CCrim, HC 4.781.602, rel. Des. Antonio Carlos Alves da Silva, public. 31.7.2017).

■ **Concurso de pessoas:** O corréu que não participou de ato físico, material ou cirúrgico, responde pelo art. 124 e não pelos arts. 126 ou 127 (STF, Pleno, *RTJ* 79/11,67/419; TJSP, *RJTJSP* 95/387,89/365,88/339, *RT* 599/316, 598/300; *contra*: TJSP, *RT* 579/311,511/354; TJRJ, *RT* 520/459). É coautor do crime do art. 124 o comerciante que vendeu droga abortiva ciente de seus efeitos (TJSP, *RT* 873/575). Se forneceu local e intermediou transação, é do art. 127 (TJSP, *RT* 643/282). O empréstimo de sonda utilizada em aborto não induz, necessariamente, à participação no crime (TJSP, *RT* 512/372). *Absolvição de coautor. a. Negativa do fato:* absolvida a gestante por este fundamento, em decisão que transitou em julgado, falta justa causa para o prosseguimento da ação penal contra a parteira (TJSP, *RT* 603/330). *b. Estado de necessidade:* reconhecida em favor da gestante esta excludente de ilicitude, ela não se comunica aos corréus, cuja culpabilidade foi de maior importância, havendo justa causa em relação aos mesmos (TJSP, *mv – RT* 724/611). *c. Consentimento e provocação:* não se confundem as figuras do aborto consentido e a do aborto provocado com consentimento da gestante; assim, a absolvição desta deixa de constituir motivo, por si, para absolver os agentes provocadores (STJ, RHC 3.320, *DJU* 25.4.94, p. 9263, *in RBCCr* 7/212).

■ **Homicídio de mulher grávida (julgados anteriores à criação do feminicídio):** Não há que se falar em aborto se o autor do homicídio não atuou com dolo de interromper a gravidez da vítima, uma vez que ele não sabia do estado desta, e o próprio laudo necroscópico demonstrou que ela se encontrava no segundo mês, fase em que é plausível, até mesmo provável, que não fosse possível detectar a gestação (TJSP, *RT* 816/551). Por quem sabia da gravidez, pode configurar aborto na forma de dolo eventual (TJSP, *RT* 536/305, *mv – RF* 257/288), havendo concurso formal entre o homicídio simples e o aborto (TJMG, *RT* 643/315). *Contra*: O crime maior (homicídio qualificado) absorve o menor (aborto) (TJSP, *RJTJSP* 112/254).

■ **Agressão a mulher grávida:** Quem desfere violento pontapé no ventre de mulher, visível e sabidamente grávida, comete o crime de aborto, e não o de lesão corporal gravíssima pelo resultado aborto, pois age com dolo eventual (TJSP, *RT* 578/305).

■ **Falta de potencial conhecimento da ilicitude do fato:** Reconhece-se no aborto praticado em clínica clandestina em face das condições psicológicas da acusada, com emprego informal e filha de 4 anos não se podendo desconhecer o problema social existente (STJ, 6ª T., REsp 1.732.764/RS, rel. Min. Joel Ilan Paciornik, *DJe* 24.4.2018).

■ **Competência:** Ao contrário do sustentado na doutrina, se o ato abortivo é praticado em uma comarca e o feto expulso noutra, a competência para o processo é daquela primeira comarca (TJSP, *RT* 524/358, *RJTJSP* 122/565). *Contra*, por se tratar de delito material, que se consuma com a produção do resultado: TJMG, *JM* 118/241. Havendo conexão entre os crimes de aborto provocado por terceiro e estupro, tendo o júri absolvido o acusado quanto ao aborto, continua este competente para o julgamento do estupro (CPP, art. 81) (TJSP, *RT* 753/591).

Capítulo II
DAS LESÕES CORPORAIS

LESÃO CORPORAL

Art. 129. Ofender a integridade corporal ou a saúde de outrem:

Pena – detenção, de 3 (três) meses a 1 (um) ano.

LESÃO CORPORAL DE NATUREZA GRAVE

§ 1º Se resulta:

I – incapacidade para as ocupações habituais, por mais de 30 (trinta) dias;

II – perigo de vida;

III – debilidade permanente de membro, sentido ou função;

IV – aceleração de parto:

Pena – reclusão, de 1 (um) a 5 (cinco) anos.

§ 2º Se resulta:

I – incapacidade permanente para o trabalho;

II – enfermidade incurável;

III – perda ou inutilização de membro, sentido ou função;

IV – deformidade permanente;

V – aborto:

Pena – reclusão, de 2 (dois) a 8 (oito) anos.

LESÃO CORPORAL SEGUIDA DE MORTE

§ 3º Se resulta morte e as circunstâncias evidenciam que o agente não quis o resultado, nem assumiu o risco de produzi-lo:

Pena – reclusão, de 4 (quatro) a 12 (doze) anos.

DIMINUIÇÃO DE PENA

§ 4º Se o agente comete o crime impelido por motivo de relevante valor social ou moral ou sob o domínio de violenta emoção, logo em seguida a injusta provocação da vítima, o juiz pode reduzir a pena de um sexto a um terço.

SUBSTITUIÇÃO DA PENA

§ 5º O juiz, não sendo graves as lesões, pode ainda substituir a pena de detenção pela de multa:

I – se ocorre qualquer das hipóteses do parágrafo anterior;

II – se as lesões são recíprocas.

LESÃO CORPORAL CULPOSA

§ 6º Se a lesão é culposa:

Pena – detenção, de 2 (dois) meses a 1 (um) ano.

AUMENTO DE PENA

§ 7º Aumenta-se a pena de um terço, se ocorrer qualquer das hipóteses do art. 121, § 4º.

§ 8º Aplica-se à lesão culposa o disposto no § 5º do art. 121.

VIOLÊNCIA DOMÉSTICA

§ 9º Se a lesão for praticada contra ascendente, descendente, irmão, cônjuge ou companheiro, ou com quem conviva ou tenha convivido, ou, ainda, prevalecendo-se o agente das relações domésticas, de coabitação ou de hospitalidade:

Pena – detenção, de 3 (três) meses a 3 (três) anos.

§ 10. Nos casos previstos nos §§ 1º a 3º deste artigo, se as circunstâncias são as indicadas no § 9º deste artigo, aumenta-se a pena em um terço.

§ 11. Na hipótese do § 9º deste artigo, a pena será aumentada de um terço se o crime for cometido contra pessoa portadora de deficiência.

§ 12. Se a lesão for praticada contra autoridade ou agente descrito nos arts. 142 e 144 da Constituição Federal, integrantes do sistema prisional e da Força Nacional de Segurança Pública, no exercício de função ou em decorrência dela, ou contra seu cônjuge, companheiro ou parente consanguíneo até terceiro grau, em razão dessa condição, a pena é aumentada de um a dois terços.

§ 13. Se a lesão for praticada contra a mulher, por razões da condição do sexo feminino nos termos do § 2º-A do art. 121 deste Código.

Pena – reclusão, de 1 (um) a 4 (quatro) anos.

■ Alterações: A Lei n. 8.069, de 13.7.90 (Estatuto da Criança e do Adolescente), deu nova redação aos §§ 7º e 8º, tendo o § 7º sido novamente alterado pela Lei n. 12.720, de 27.9.2012. O § 12 foi acrescentado pela Lei n. 13.142/2015. A Lei n. 10.886, de 17.6.2004, acrescentou os §§ 9º e 10, sendo que, posteriormente, a Lei n. 11.340, de 7.8.2006, alterou o § 9º e acrescentou o § 11. O § 13 foi acrescentado pela Lei n. 14.188, de 28.7.2021.

■ Acordo de não persecução penal, conciliação, transação, suspensão condicional do processo e ação penal: *Vide* nos comentários a cada figura deste artigo.

Lesão corporal

- **Divisão:** Podem ser observadas várias figuras no art. 129: *a.* lesão (dolosa) *leve* ou *simples* (caput do artigo); *b.* lesão (dolosa) *qualificada* pelo resultado (§§ 1º, 2º e 3º); *c.* lesão (dolosa) *privilegiada* (§§ 4º e 5º); *d.* lesão *culposa* (§ 6º); *e.* lesão culposa ou dolosa com aumento de pena (§ 7º); *f.* lesão (dolosa) leve ou simples qualificada pela violência doméstica (§ 9º). Este parágrafo prevê, sob o *nomen iuris* de violência doméstica, que, se a lesão (dolosa) leve for praticada nesse contexto, ela será *qualificada*, com detenção de três meses a três anos; *g.* lesão (dolosa) grave, gravíssima ou seguida de morte com aumento de pena pela violência doméstica (§10). Este parágrafo estabelece uma causa especial de aumento de pena (um terço), quando as figuras dos §§ 1º a 3º (lesões graves, gravíssimas ou seguidas de morte) forem praticadas no contexto de violência doméstica mencionado pelo § 9º; *h.* o § 8º refere-se à especial hipótese de *perdão judicial*, somente aplicável às lesões corporais culposas; *i.* o § 11 prevê que, na hipótese do § 9º, haverá aumento de um terço se o crime for cometido contra pessoa portadora de deficiência.

- **Objeto jurídico:** A integridade física ou fisiopsíquica da pessoa.

- **Sujeito ativo:** Qualquer pessoa.

- **Sujeito passivo:** Também qualquer pessoa, salvo nas figuras dolosas qualificadas do § 1º, IV, e do § 2º, V, em que deve ser mulher grávida, e nas figuras dos §§ 9º e 10, em que deve ser ascendente, descendente, irmão, cônjuge ou companheiro, ou quem conviva ou tenha convivido com o agente, ou, ainda, pessoa em relação à qual o agente haja se prevalecido de relações domésticas, de coabitação ou de hospitalidade.

- **Tipo objetivo:** A autolesão é impunível, exceto quando configurar outro delito (ex.: CP, art. 171, § 2º, V). O núcleo *ofender* (isto é, *lesar, ferir*) pode ser praticado por qualquer meio (crime de *forma livre*), sendo delito comissivo ou omissivo. O dano à *integridade física ou à saúde* do ofendido deve ser, juridicamente, apreciável. Como dano à *integridade corporal* entende-se a alteração, anatômica ou funcional, interna ou externa, que lese o corpo (ex.: ferimentos, cortes, luxações, fraturas etc.). Por sua vez, o dano à *saúde* compreende a alteração fisiológica ou psíquica. A dor física ou a crise nervosa, sem comprometimento físico ou mental, não configura lesão corporal, embora possa caracterizar o crime de tortura. *Vide* nota *Confronto* no título *Lesão dolosa* e jurisprudência sob a denominação *Conceito de lesão corporal*.

- **Consumação:** Com a efetiva ofensa. Ainda que a vítima sofra mais de uma lesão, o crime será *único*.

- **Classificação:** É crime comum quanto ao sujeito, doloso, culposo ou preterdoloso (nas suas diversas figuras), comissivo ou omissivo, material, instantâneo e de resultado, sendo necessário o exame de corpo de delito (CPP, art. 158).

- **Tipo subjetivo e demais dados:** *Vide* notas, separadas, à lesão dolosa e culposa.

Lesão dolosa

- **Divisão:** Pode ser *simples*, também chamada *leve* (caput do art. 129), *qualificada* pelo resultado, comportando esta última três espécies (*grave*, § 1º; *gravíssima*, § 2º; *seguida de morte*, § 3º), *qualificada ou com aumento de pena* pela violência doméstica (§§ 9º e 10), ou, ainda, com *aumento de pena* pela deficiência da vítima (§ 11).

- **Tipo subjetivo:** Na figura simples é o *dolo* (vontade livre e consciente de ofender a integridade corporal ou a saúde). Na doutrina tradicional é o *dolo genérico*. Em certos tipos de figura qualificada há o *preterdolo*, ou seja, a ofensa é punida a título de dolo e o resultado que a qualifica sob a forma de culpa.

- **Tentativa:** É tecnicamente admissível, salvo em algumas figuras qualificadas (ex.: § 1º, IV; § 2º, V; § 3º).

- **Concurso de pessoas:** Pode haver.

- **Confronto:** Se o dolo não é de dano, mas de perigo, a conduta pode tipificar o delito de perigo para a vida ou saúde de outrem (CP, art. 132). Se não ocorre efetiva lesão corporal (dano), pode ficar configurada a contravenção de vias de fato (LCP, art. 21). Confira-se, também, a hipótese de injúria real (CP, art. 140, § 2º). Se não há lesão corporal, mas sofrimento físico ou mental, art. 1º da Lei n. 9.455/97, que define o crime de *tortura*.

Lesão corporal simples (ou leve) – art. 129, caput

- **Conciliação:** Cabe (arts. 72 a 74 da Lei n. 9.099/95).
- **Transação:** Cabe, preenchidos os requisitos do art. 76 da Lei n. 9.099/95.
- **Suspensão condicional do processo:** Cabe, atendidas as condições do art. 89 da Lei n. 9.099/95.
- **Vítima mulher e Lei Maria da Penha:** O art. 41 da Lei n. 11.340, de 7.8.2006 – Lei Maria da Penha, determina que, nos crimes praticados com violência doméstica e familiar *contra a mulher*, não se aplica a Lei n. 9.099/95, ou seja, os institutos da conciliação e da transação, bem como o da suspensão condicional do processo, que fazem parte dessa lei. Quanto à necessidade de *representação*, *vide* nota sob esse título no § 9º.
- **Noção:** Assim será considerada quando da lesão *não* resultar uma das formas qualificadas dos §§ 1º, 2º e 3º, isto é, não for grave, gravíssima ou seguida de morte.
- **Pena:** Detenção, de três meses a um ano.
- **Ação penal:** Pública condicionada (art. 88 da Lei n. 9.099/95).

Jurisprudência

- **Conceito de lesão corporal:** *Dor:* a dor física só, sem dano anatômico ou funcional, não constitui lesão corporal (TACrSP, *Julgados* 82/419, 76/343, 67/261 e 394, *RT* 716/460). *Eritema*: não é lesão corporal, pois se trata de mero rubor que pode ser causado até por simples emoção (TJSP, *RJTJSP* 80/410; TJSC, *JC* 70/377, TACrSP, *RJDTACr* 19/187), não comprometendo anatômica, fisiológica ou mentalmente o corpo humano (TACrSP, *RT* 649/293). *Equimose:* a simples equimose já configura lesão corporal leve (TACrSP, *Julgados* 88/74,86/418); *contra:* equimose de absoluta insignificância não justifica a ação penal (STF, RHC 66.869, *DJU* 28.4.89, p. 6295). *Epiderme:* ferida a epiderme, ainda que sem dano à derme, há lesão corporal (TACrSP, *Julgados* 69/332). *Hiperemia:* é simples alteração da circulação do sangue, não constituindo lesão corporal (TACrSP, *RT* 576/379). *Traumatismo:* se o laudo não o descreve nem sugere a sua causa, não constitui prova cabal da materialidade (TACrSP, *RT* 693/359). *Edema traumático:* configura lesão corporal (TACrSP, *Julgados* 85/539). *Hematoma:* é lesão corporal (TACrSP, *Julgados* 88/74). *Crise nervosa ou semi-inconsciência:* sem comprometimento físico ou mental, não constitui lesão corporal (TACrSP, *RT* 483/346). *Concussão cerebral:* simples, sem outra consequência ou sequela, não configura lesão (TACrSP, *Julgados* 79/249). *Torcicolo:* o torcicolo traumático, consequente da brusca contração dos músculos do pescoço, constitui lesão corporal (TACrSP, *RJDTACr* 1/119). *Relevância jurídica:* além de perturbar a normalidade funcional do corpo, a lesão precisa ser juridicamente relevante (TACrSP, *Julgados* 71/376). Lesão de pequeníssima monta pode afastar a tipicidade, pelo princípio da insignificância (TACrSP, *Julgados* 75/307, *RT* 713/363). *Contra*, em crime de lesão corporal dolosa: TACrSP, *RJDTACr* 15/117.

- **Desclassificação:** Se o acusado disparou o revólver para baixo, em direção ao piso, reconhece-se a modalidade culposa (STJ, CEsp, APn 8-DF, *mv* – *DJU* 15.6.92, p. 9211). Não sofrendo a vítima efetiva lesão, pode estar configurada a contravenção de vias de fato (TAMG, *RJTAMG* 29/310). Desclassifica-se para o art. 136 do CP no caso de mãe que se excede na aplicação de corretivo, mas sem a intenção de ofender a integridade física ou a saúde (TACrSP, *RT* 693/355).

- **Disparo em local habitado e lesão leve:** O disparo de arma de fogo (art. 15 da Lei n. 10.826/2003) só é punido autonomamente quando a conduta do agente não for realizada com o propósito de prática de outro crime, seja de maior ou menor gravidade (TJRS, Ap. 70019775915, j. 22.11.2007).

- **Absorção:** Sendo as lesões leves crime-meio para a extorsão mediante sequestro, aquelas são absorvidas por este (TJRJ, *RDTJRJ* 24/313).

- **Dúvida na iniciativa da agressão:** *Vide* jurisprudência no § 5º deste art. 129.

- **Participação:** Se o agente participa apenas da deflagração dos fatos, mas não da lesão corporal cometida momentos após, num segundo entrevero, tranca-se a ação penal (TJRO, *RT* 714/407).

- **Legítima defesa:** *Vide* art. 25 do CP.

- Lesão esportiva: *Vide* nota e jurisprudência no CP, art. 23.

- Agressão no lar (antiga jurisprudência): Briga a socos, entre pai e filho, é assunto familiar que deve ficar fora da esfera penal (TACrSP, *Julgados* 83/259). A ofensa entre cônjuges, de pouca ou nenhuma gravidade, deve levar à absolvição do agente, máxime se tem vida pregressa ilibada (TACrSP, *RT* 778/611). A não aplicação de pena, por medida de política criminal, visando a reatar o casal, depende de cada caso concreto (TACrSP, *Julgados* 79/353, 78/418). Em incidente doméstico, no qual o agente agrediu a companheira causando-lhe levíssimos ferimentos, mas voltando o casal a viver em harmonia, aconselha o interesse social a sua absolvição, em vez de uma condenação que poderia acarretar a separação do casal (TACrSP, *RT* 538/360,524/405). *Esse antigo posicionamento já encontrava acórdãos contrários:* Se houve outras agressões anteriores ou se o fato teve intensidade e repercussão (TJRS, Ap. 684.056.070, j. 23.5.85; TJSC, *RT* 567/362); constitui flagrante aberração jurídica, uma vez que reforça o comportamento reincidente e estimula à delinquência os infratores potenciais (TAMG, *RJTA-MG* 54-55/477).

- *Jus corrigendi*: Pai que agride a própria filha menor não pode valer-se da alegação de que o fez para educá-la, nem socorrer-se do princípio da insignificância, pois o que se protege é a incolumidade física do ser humano, bem superior protegido por lei (TACrSP, *RT* 805/609).

- Tentativa de lesão corporal: Pelo menos em tese, é possível (STF, *Julgados* 84/465; TACrSP, *Julgados* 76/312).

- Juizados Especiais Criminais (representação): A representação do art. 88 da Lei n. 9.099/95, exigida para o crime de lesão corporal leve ou culposa, não tem caráter meramente processual, mas, também, de direito material, pois sua falta implica a decadência, ensejando a extinção da punibilidade (STF, *RT* 751/527). Tratando-se de crime de lesão corporal de pequeno potencial ofensivo, praticado por policial militar no exercício da função, a competência é do Juizado Especial Criminal (TJPI, *RT* 774/656). A exigência de representação para o crime de lesão corporal leve ou culposa (art. 88) aplica-se aos procedimentos penais originários do STF (STF, Inq 1.055/AM, *DJU* 24.5.96, p. 17412). Se o crime foi cometido antes da Lei n. 9.099/95, o prazo para representação é de trinta dias; se cometido após, o prazo é de seis meses, nos termos do art. 38 do CPP. A oportunidade dada ao ofendido, em audiência preliminar, de exercer o direito de representação verbal não tem o condão de reabrir o prazo de seis meses (TACrSP, *RT* 764/579). O art. 91 da Lei dos Juizados, que determina a intimação da vítima para oferecer a representação em trinta dias, só tem aplicação para crimes cometidos antes da referida lei, não se podendo, pois, para crimes cometidos após a sua vigência, subordinar o termo inicial da decadência à intimação da vítima (STF, *RT* 773/517).

Lesão corporal grave (ou grave em sentido estrito – art. 129, § 1º)

- Suspensão condicional do processo: Cabe no art. 129, § 1º (art. 89 da Lei n. 9.099/95), desde que não haja o aumento previsto no art. 129, § 7º, nem incida o aumento do art. 129, § 10.

- Vítima mulher e Lei Maria da Penha – não cabe suspensão: O art. 41 da Lei n. 11.340, de 7.8.2006 – Lei Maria da Penha, determina que, nos crimes praticados com violência doméstica e familiar *contra a mulher*, não se aplica a Lei n. 9.099/95, ou seja, os institutos da conciliação e da transação, bem como o da suspensão condicional do processo, que fazem parte dessa lei.

- Divisão: Estão previstas, neste parágrafo, quatro qualificadoras, consoante da lesão resulte:

  - *a*. Incapacidade para as ocupações habituais, por mais de trinta dias (inciso I): Na incapacidade, o conceito de "ocupação" é considerado sob o prisma funcional e não econômico. A contagem do prazo da incapacidade segue a regra do art. 10 do CP e a jurisprudência tem exigido que se efetue exame complementar (CPP, art. 168).

  - *b*. Perigo de vida (inciso II): Perigo de vida é a probabilidade, concreta e efetiva, de morte, como consequência da lesão ou do processo patológico que esta originou. Não basta o perigo presumido, sendo indispensável que ele se apresente concretamente.

Não é suficiente o simples prognóstico ou possibilidade, sendo exigidos diagnóstico e efetivo perigo de vida.

- **c. Debilidade permanente de membro, sentido ou função (inciso III):** *Debilidade* é a redução da capacidade funcional. *Permanente* é a debilidade cuja cessação não se prevê, aquela que não muda com o tempo. Embora este seja o significado da expressão "permanente", parte da doutrina não exige que ela seja perpétua, contentando-se em que seja duradoura (*vide* jurisprudência). *Membros* são os braços e mãos, os pés e pernas. *Sentidos* são a visão, a audição, o olfato, o paladar e o tato. *Função* é a atividade particular dos órgãos (circulação, respiração etc.). As expressões têm sentido certo e não podem ser alargadas.

- **d. Aceleração do parto (inciso IV):** É a antecipação do nascimento, a saída do feto vivo, antes do prazo normal. O melhor entendimento é o de que o agente não deve ignorar a gravidez e que deve ter tido, ao menos, culpa pela aceleração do parto, pois esta não pode ser punida por mero nexo causal (CP, art. 19). Ausentes estes pressupostos, desclassifica-se para lesão simples. Se há aborto, cf. § 2º, V.

- **Confronto:** Se a lesão corporal grave é resultante de tortura, *vide* art. 1º, § 3º, primeira parte, da Lei n. 9.455/97. Se resultar de violência doméstica, poderá haver incidência da causa especial de aumento de pena prevista no § 10 deste art. 129.

- **Pena:** Reclusão, de um a cinco anos.

- **Ação penal:** Pública incondicionada.

Jurisprudência de lesão corporal grave

- **Incapacidade por mais de trinta dias (inciso I):** O exame complementar não é suprível pela prova testemunhal, ficando a incidência do § 3º do art. 168 do CPP afastada pelo § 2º do mesmo artigo, que determina seja o exame complementar realizado logo que decorrido o prazo de trinta dias; a regra excepcional do art. 167 do CPP somente é observável nas hipóteses em que a infração deixa vestígios mas desaparecem, sem que, para tanto, haja concorrido a vítima (STF, *RTJ* 147/227). Não pode ser reconhecida só com base nas declarações da vítima, sem exame complementar (STF, *RTJ* 116/116) ou se o exame foi feito fora do prazo (TJMG, *RT* 672/338). Não basta que, inexistindo exame complementar, uma só testemunha ateste a incapacidade (TJDF, Ap. 11.915, *DJU* 10.6.92, p. 16822). *Contra*: Pode ser suprido por prova testemunhal idônea (TJSC, *RT* 638/324; TJPR, *RT* 720/508). A lacônica resposta do laudo, limitada a simples "sim", não autoriza, sem outras provas, o reconhecimento da incapacidade por mais de trinta dias (STF, *RTJ* 102/645). É obrigatório o exame complementar, não sendo suprido pelo prognóstico do exame de corpo de delito efetuado logo após o crime (STF, *RT* 607/387, 512/477; TJSP, *RJTJSP* 270/522; TJBA, *BF* 40/139). *Contra em parte*: Se a gravidade das lesões foi comprovada desde a realização do primeiro laudo (TJAC, *RT* 785/634). A incapacidade só desaparece se a vítima, nos trinta dias, readquire a possibilidade de atender a todas as suas ocupações (TJSP, *RJTJSP* 70/366). Para comprovação da incapacidade por mais de trinta dias, não serve o exame feito antes do trigésimo dia (TJSP, *RT* 585/292,587/292; TJSC, *RT* 569/365). Se no exame feito ao trigésimo sexto, e não ao trigésimo dia, a mobilidade era normal, desclassifica-se (TJSP, *RJTJSP* 68/404). É imprestável o laudo complementar realizado mais de seis meses depois do fato (TJSP, *RT* 725/542). O laudo deve descrever circunstanciadamente as lesões e suas repercussões na vida normal da vítima (TACrSP, *RT* 489/379). É imprestável o laudo não fundamentado, que não justifica suas conclusões (TJSP, *RT* 606/299; TJPR, *PJ* 48/297), ou o laudo confuso, que não permita segurança a respeito da gravidade dos ferimentos (TJPR, *PJ* 45/183). Não basta que o laudo pericial admita a possibilidade de ser grave a lesão sofrida, devendo haver incapacitação para as atividades habituais por mais de trinta dias (TJSP, *RT* 749/644). Desclassifica-se para simples a lesão se o exame médico não se afina com as declarações do ofendido de que dirigiu seu veículo, inclusive na estrada, no próprio dia da agressão (TACrSP, *mv – RT* 512/417). Igualmente, se as informações do local de trabalho da vítima demonstram que esta não se afastou por mais de trinta dias (TJPR, *PJ* 41/170). O conceito para a incapacidade da vítima por mais de trinta dias é funcional e não econômico (TJSP, *RT* 620/273; TJDF, RSE 965, *DJU* 2.5.90, p. 8485). Ocupações habituais são aquelas que decorrem das atividades exercidas comumente pela vítima (TJPR, *PJ* 41/170).

- **Resultado diverso do pretendido:** Se o acusado não tinha o dolo de causar qualquer fratura na vítima, não sendo previsível que ela escorregaria e cairia, desclassifica-se para lesões leves. No Direito Penal contemporâneo não se pune a mera relação de causalidade entre a conduta e o resultado, sendo imprescindível a existência concomitante de um vínculo subjetivo (TJMG, Ap. 1.0000.347203-2/000, j. 28.10.2003, in Bol. IBCCr 138/799).

- **Perigo de vida (inciso II):** Não basta o risco potencial, aferido pela natureza e sede das lesões, para caracterizar o perigo de vida, pois este só deve ser reconhecido por critérios objetivos comprobatórios do perigo real a que ficou sujeita a vítima, mesmo que por breve tempo (STF, RT 579/432, RTJ 102/645; TJSP, RJTJSP 99/455, RT 585/293). Se o laudo pericial não indica com precisão exata o processo que se formou com o ferimento produzido, deve ser desclassificado para lesão simples (TJSC, RT 768/689). O diagnóstico necessita fundamentar a probabilidade letal, não bastando a natureza e local das lesões (TACrSP, Julgados 66/353, RT 549/346), ou o risco de infecção (TJRS, RJTJRS 165/150). Não basta que o laudo afirme o perigo de vida, sendo necessária a descrição dos sintomas objetivos (TAMG, RT 534/415). O perigo de vida não pode ser reconhecido apenas pela sede das lesões ou por mero prognóstico (TACrSP, RT 523/420; TJSP, RF 258/351), sendo indispensável o diagnóstico, mesmo em caso de hemorragia no abdômen (TJSP, RT 672/307). Ocorre perigo de vida quando a vítima deve ser submetida imediatamente a cirurgia no abdômen (TJMG, RT 672/338). Traumatismo craniano e comoção cerebral caracterizam perigo de vida (TJSP, RT 716/426). O laudo que afirma o perigo de vida precisa ser justificado (TJSP, RT 606/299; TJSC, RT 638/324). O perigo de vida não se presume, devendo ser demonstrado de maneira cabal; mera afirmação de ter havido ferimento penetrante no tórax não é suficiente (TJPB, RT 720/508). Se o primeiro exame se mostrou suficiente para caracterizar o perigo de vida, despicienda a realização de exame complementar (TJPE, RT 873/651).

- **Debilidade permanente (inciso III):** A perda de um olho, de um ouvido, de um rim etc., mantido o outro íntegro e não abolida a função, constitui lesão grave e não a gravíssima do § 2º, III (TJSP, RT 593/235; TACrSP, RT 504/382). A perda de um dente (TJSP, RT 584/348) ou de dentes (TJSP, RT 695/313) não é, salvo se comprovado que ocasionou debilidade do órgão mastigatório (TACrSP, Julgados 65/326). É lesão leve, e não grave, se arrancou dentes já irremediavelmente estragados (TJSP, RT 612/298). Permanência da debilidade: *a.* Só configura a debilidade permanente e estável, que não muda pelo tempo afora (STF, RTJ 72/25). *b.* Não é necessário que a debilidade seja perpétua, bastando que seja duradoura (TJSP, RT 562/304). *Diferença*: a simples debilidade não se confunde com a perda ou inutilização do § 2º, III (TJSP, RT 593/325).

- **Aceleração de parto (inciso IV):** É necessário que o agente tenha conhecimento da gravidez da vítima (TJSP, RT 606/329,603/336; TACrSP, Julgados 73/140).

- **Dúvida na iniciativa da agressão:** Tratando-se de lesão grave, ocorrida de forma recíproca, não se sabendo de quem partiu a iniciativa, absolvem-se ambos (TAPR, RT 833/667).

Lesão corporal gravíssima – art. 129, § 2º

- **Gravíssima:** Embora não conste da rubrica, a denominação "gravíssima" é tradicional na doutrina e na jurisprudência. Ela é prevista quando da lesão resulta:

- *a.* **Incapacidade permanente para o trabalho (inciso I):** O conceito é econômico e a expressão "trabalho" costuma ser entendida em sentido genérico.

- *b.* **Enfermidade incurável (inciso II):** É a doença (física ou mental) cuja curabilidade não é alcançada pela Medicina, em seus recursos e conhecimentos atuais. Considera-se que o ofendido não está obrigado a sujeitar-se a intervenções cirúrgicas de risco ou a tratamentos de resultados duvidosos.

- *c.* **Perda ou inutilização de membro, sentido ou função (inciso III):** Não deve ser confundida com debilidade (cf. § 1º, III).

- *d.* **Deformidade permanente (inciso IV):** O critério é estético e tem-se em vista a impressão vexatória que a lesão acarreta para o ofendido. A deformidade precisa ser apreciada tanto objetiva como subjetivamente. A lei requer que ela seja permanente, isto é, indelével e irrecuperável pela atuação do tempo ou da Medicina.

- **e. Aborto (inciso V):** O evento aborto deve ser resultado, ao menos, de culpa do agente (vide CP, art. 19). A ignorância do agente quanto à gravidez é erro de tipo que afasta a qualificadora.

- **Exclusão da qualificadora:** Também nas lesões gravíssimas, o caso fortuito ou a imprevisibilidade exclui a qualificadora.

- **Confronto:** Se a lesão corporal gravíssima é resultante de tortura, art. 1º, § 3º, primeira parte, da Lei n. 9.455/97. Se resultar de violência doméstica, § 10 deste art. 129.

- **Crime hediondo:** São considerados hediondos os crimes de lesão corporal dolosa de natureza gravíssima (art. 129, § 2º) e lesão corporal seguida de morte (art. 129, § 3º), quando praticadas nas condições do § 12, isto é, contra autoridade ou agente descrito nos arts. 142 e 144 da Constituição Federal, integrantes do sistema prisional e da Força Nacional de Segurança Pública, no exercício da função ou em decorrência dela, ou contra seu cônjuge, companheiro ou parente consanguíneo até terceiro grau, em razão dessa condição (art. 1º, I-A da Lei n. 8.072/90, alterado pela Lei n. 13.142/2015). Sobre o conceito de autoridades, agentes e integrantes acima referidos, vide nota Conceito nos comentários ao art. 121, § 2º, deste *CP Comentado*.

- **Pena:** Reclusão, de dois a oito anos.

- **Ação penal:** Pública incondicionada.

Jurisprudência da lesão corporal gravíssima

- **Incapacidade permanente:** Se não houve incapacidade permanente para o trabalho, mas sim "diminuição acentuada da mobilidade e da força muscular da mão esquerda", desclassifica-se do § 2º, I, para o § 1º, III (TJSP, *RJTJSP* 71/331).

- **Perda ou inutilização de membro, sentido ou função:** A simples debilidade de membro, sentido ou função não constitui a lesão gravíssima deste § 2º, III (TJSP, *RT* 572/297). A perda de um olho, de um ouvido, de um rim, quando mantido o outro íntegro, não configura a lesão gravíssima do § 2º, III, mas apenas a grave do § 1º, pois a função ficou debilitada e não abolida (TJSP, *RT* 593/325; TACrSP, *RT* 504/382). A perda de um ou de dois dedos é só debilidade permanente e não perda ou inutilização de membro (TJSP, *RJTJSP* 97/502; TJPB, *RF* 270/326). Não pode o juiz agravar a pena, impondo-a no máximo, com base em circunstância que faz parte do tipo (perda da mão direita) (TJRJ, *RDTJRJ* 24/306).

- **Deformidade:** Para ser deformidade, deve dar impressão de desagrado, vexando seu portador (TJSP, *RT* 593/330, 606/329). Não se comprovando prejuízo estético visível e vexatório no rosto da vítima, desclassifica-se para lesão leve (TJMG, Ap. 1.0223.05.161289-1/001, j. 9.9.2008). A deformidade não se restringe ao rosto, podendo ser em outra parte do corpo (TJSP, *RJTJSP* 74/325, *RT* 554/329). Para ser considerada deformidade, deve ser, ao menos, capaz de causar desagrado e ser irreparável pelos meios comuns da Medicina (TJRS, *RF* 271/263). Só resulta deformidade quando a lesão causa impressão de desagrado, de repulsa ou piedade (TACrSP, *RT* 529/369; TAMG, *RJTAMG* 14/283), não necessitando, entretanto, ser um aleijão ou ferimento horripilante (TJSC, *RT* 626/338) e sendo irrelevante a possibilidade de correção da lesão (TJSP, *RT* 791/590). Caracteriza-se a lesão gravíssima ainda que o defeito seja corrigível por cirurgia plástica (TJSP, *RJTJSP* 112/501). Não se desclassifica pela possibilidade de a vítima poder encobrir a deformidade com artifícios ou indumentárias (TJSP, *RT* 563/306). Desclassifica-se, a deformidade é reparável por si própria (TJSP, *RT* 554/335). Não é qualquer deturpação ou vício de forma que configura a deformidade permanente (TJSP, *RJTJSP* 158/306). Os laudos devem estar fundamentados e documentados com fotografia da vítima (TJSP, *RT* 593/330, *RJTJSP* 158/306; TACrSP, *RT* 538/381).

- **Deformidade ou debilidade:** A sentença não pode dizer que a lesão causou, ao mesmo tempo, debilidade e deformidade permanente, precisando optar por uma das duas (STF, *RTJ* 97/197). Não comprovado que a fratura de dois dentes da vítima repercutiu na função mastigatória, desclassifica-se para lesão leve (TJMG, Ap. 1.0223.05.161289-1/001, j. 9.9.2008).

- **Aborto:** Não há a qualificadora se o agente desconhecia a gravidez da vítima ou se sua ignorância era escusável (TJSP, *RJTJSP* 97/463; TJRS, *RF* 261/349; TJBA, *BF* 40/141). Desclassifica-se, se não há comprovação do nexo causal entre a agressão e o aborto (TACrSP, *RT* 550/331). *Vide*, também, jurisprudência do crime de aborto, sob os títulos *Homicídio de mulher grávida* e *Agressão a mulher grávida*.

Lesão dolosa seguida de morte – art. 129, § 3º

- **Noção:** É o também chamado *homicídio preterdoloso* ou *preterintencional*. A lesão inicial é punida a título de dolo; o resultado letal que qualifica o comportamento é carreado ao agente por culpa (CP, art. 19). Não há a qualificação quando o resultado for *imprevisível* ou houver *caso fortuito*. Se houver dolo eventual quanto ao resultado, o crime será de homicídio.
- **Confronto:** Se a lesão corporal seguida de morte é resultante de tortura, art. 1º, § 3º, segunda parte, da Lei n. 9.455/97. Se resultar de violência doméstica, § 10 deste art. 129.
- **Crime hediondo:** São considerados hediondos os crimes de lesão corporal dolosa de natureza gravíssima (art. 129, § 2º) e lesão corporal seguida de morte (art. 129, § 3º), quando praticadas nas condições do § 11 (cf. § 1º-A do art. 1º da Lei n. 8.072/90, alterado pela Lei n. 12.142/2015).
- **Pena:** Reclusão, de quatro a doze anos.
- **Ação penal:** Pública incondicionada, mas da competência do juízo singular, apesar do evento morte.

Jurisprudência da lesão seguida de morte

- **Noção:** No homicídio preterdoloso ou preterintencional, a lesão inicial é punida a título de dolo e o resultado letal não querido, a título de culpa (TJPR, *PJ* 44/272).
- **Superveniência previsível:** Para a configuração do art. 129, § 3º, a superveniência da morte não deve ser incalculável nem fortuita (TJSP, *RT* 503/319). Embora a embriaguez completa não afete a imputabilidade do acusado, influencia, sobremaneira, na previsibilidade subjetivo-normativa do resultado mais gravoso, razão pela qual se deve desclassificar para lesão corporal de natureza grave (TJPR, *RT* 792/715).
- **Legítima defesa:** Presentes provas nos autos de que o réu agiu de forma moderada para repelir agressão atual contra sua pessoa e sua namorada, necessário é o reconhecimento da legítima defesa e a absolvição do agente (TJMG, Ap. 1.0428.11.000029-9/001, j. 11.10.2012, *Bol. AASP* n. 2.836, p. 12).
- **Intenção:** Se agiu sem o ânimo de lesar a vítima, mas com imprudência, desclassifica-se para homicídio culposo (TJSP, *RT* 601/301; STJ, REsp 29.694, *DJU* 7.3.94, pp. 3670-1). Se agiu sem intenção de agredir, e o evento morte era imprevisível, absolve-se (TJSP, *RT* 614/269).
- **Causalidade:** É indispensável o nexo de causalidade material entre a ação do agente e o evento morte (TJSC, *RT* 541/426).
- **Evento mortal não desejado:** Se o resultado não estava no querer do agente, sendo apenas previsível, o crime é o do art. 129, § 3º, e não homicídio (TJSP, *RT* 562/298, 536/309). O evento morte não deve ser querido nem eventualmente, senão o crime será o de homicídio (TJSP, *RT* 486/276).

Lesão corporal privilegiada – art. 129, §§ 4º e 5º

- **Noção:** Ocorrendo as mesmas circunstâncias já assinaladas no homicídio privilegiado (*vide* nota ao art. 121, § 1º), o § 4º do art. 129 permite que a *pena da lesão (dolosa) qualificada* (§§ 1º, 2º e 3º) seja reduzida de um sexto a um terço. Por sua vez, o § 5º do art. 129 autoriza, em caso de *lesão simples ou leve* (art. 129, *caput*), que a pena privativa de liberdade desta seja *convertida em multa*, se ocorrerem as circunstâncias do § 4º (inciso I do § 5º) ou se as lesões leves forem recíprocas (inciso II do § 5º). Embora a lei empregue as locuções verbais "pode reduzir" e "pode substituir", entendemos que não se trata de faculdade deixada ao arbítrio do magistrado. Quando reconhecer preenchidas as condições legais indicadas, o juiz não poderá negar a diminuição ou a conversão, pois se trata de direito público subjetivo do acusado (cf. Celso Delmanto, "Direitos públicos subjetivos do réu no CP", *RT* 554/466). Note-se, porém, que a reciprocidade não exclui a legítima defesa nem a absolvição de ambos, em vista da dúvida a respeito de quem iniciou a agressão (*vide* jurisprudência neste artigo e no art. 25, sobre *Dúvida quanto à iniciativa da agressão*). Ressalte-se, todavia, que o art. 17 da Lei n. 11.340, de 7.8.2006, vedou a "aplicação, nos casos de violência doméstica e familiar *contra a mulher, de penas de cesta básica ou outras de prestação pecuniária, bem como a substituição de pena que implique o pagamento isolado de multa*".

Jurisprudência da lesão corporal privilegiada

- **Reincidência:** A reincidência não impede a aplicação do § 5º do art. 129 (TJSC, *RT* 494/363).

- **No excesso culposo:** O § 5º deste art. 129 não incide na lesão culposa (TACrSP, *Julgados* 82/413). O § 5º do art. 129 só é aplicável à lesão dolosa e não à culposa, mas é cabível no excesso culposo da legítima defesa, pois este é crime doloso, embora receba tratamento de culposo (TACrSP, *Julgados* 66/402).

- **Direito subjetivo:** Não se trata de faculdade do juiz, mas de direito subjetivo do réu quando preenche os requisitos legais dos §§ 4º e 5º do art. 129 (TAMG, *RT* 596/403).

- **Violenta emoção:** A aplicação do § 4º pressupõe a provocação da emoção pelo ofendido e a injustiça dessa provocação (TACrSP, *Julgados* 81/377). Paixão política não equivale a *emoção*, pois esta é rápida e violenta (TACrSP, *mv – RT* 542/373).

- **Concurso com a atenuante:** Reconhecido o § 4º do art. 129, não pode incidir, também, a circunstância atenuante equivalente (TAMG, *RT* 534/416).

- **Aplicação:** O § 5º, II, do art. 129 pode ser aplicado ainda que o outro agressor não tenha sido incluído na denúncia ou haja sido absolvido pela excludente da legítima defesa (TJSC, *RT* 556/370; TACrSP, *Julgados* 72/224, *RT* 561/367).

- **Dúvida quanto à iniciativa da agressão:** Ignorando-se de quem partiu a iniciativa da agressão, absolve-se por deficiência de prova (TACrSP, *RJDTACr* 1/118, *Julgados* 65/390; TAPR, *PJ* 42/231, *RT* 593/407; TAMG, *RF* 272/312; Colégio Recursal/SP, Ap. 278/04, 1ª T., j. 6.12.2004, in *Bol. IBCCr* n. 151, junho de 2005). *Contra*: Ensejaria a condenação de ambos, mas, se um foi absolvido sem recurso da acusação, o outro também terá de sê-lo em grau de apelação (TJSC, *JC* 69/462).

Lesão culposa – art. 129, § 6º

- **Acordo de não persecução penal:** Cabe, preenchidos os pressupostos do art. 28-A do CPP.

- **Conciliação:** Cabe, no art. 129, § 6º (arts. 72 a 74 da Lei n. 9.099/95).

- **Transação:** Cabe, no art. 129, § 6º, preenchidos os requisitos do art. 76 da Lei n. 9.099/95.

- **Suspensão condicional do processo:** Cabe, no art. 129, § 6º (art. 89 da Lei n. 9.099/95).

- **Sobre a culpa:** *Vide* notas ao art. 18, II, e ao art. 121, § 3º, do CP.

- **Inexiste qualificação:** Não há forma grave nem gravíssima na lesão corporal culposa.

- **Delitos de trânsito:** Tratando-se da prática de lesão corporal culposa na direção de veículo automotor, *vide* art. 303 da Lei n. 9.503/97 em nosso *Leis Especiais Comentadas*, 2ª ed., São Paulo, Saraiva, 2013, pp. 445 a 492.

- **Confronto:** Quanto à lesão corporal culposa na execução de serviço de alto grau de periculosidade, contrariando determinação de autoridade competente, parágrafo único do art. 65 da Lei n. 8.078/90 (Código de Defesa do Consumidor).

- **Pena:** Detenção, de dois meses a um ano.

- **Ação penal:** Pública condicionada (art. 88 da Lei n. 9.099/95).

Jurisprudência da lesão culposa

- **Forma única:** Tratando-se de lesão corporal culposa, não há forma grave nem gravíssima (TAMG, *RJTAMG* 53/317).

- **Médico:** Age com negligência, se avalia erroneamente a radiografia da vítima, não percebendo suas fraturas, vindo a ocasionar na mesma deformidades (TACrSP, *RJDTACr* 19/122). Não comete o crime de lesão corporal culposa o médico que, em razão do estado de saúde do paciente, adota técnica cirúrgica pouco usual, mas aceita, em alguns casos, pela ciência médica (TACrSP, *RT* 761/614). A inesperada complicação de ato cirúrgico (lipoaspiração), consistente em anemia aguda, não pode ser tida como previsível pelo médico, haja vista que o estado anêmico é de difícil previsão em pessoas saudáveis (TAMG, *RT* 783/744). Não se vislumbra dolo se realizou na paciente, atingida por dois disparos e facada, procedimentos cirúrgicos próprios, fixando drenos que foram retirados por ela horas depois, sendo submetida a nova intervenção (TJRS, Ap. 70020008108, j. 18.10.2007).

- **Cabeleireiro:** Age com imprudência, se mantém em seu salão produto com alcalinidade superior à autorizada, que, utilizado por funcionário por tempo excessivo, vem a provocar queimaduras no couro cabeludo de cliente (TACrSP, *RJDTACr* 20/118).

- **Negligência na guarda de animal bravo:** Se de tal fato ocorrer lesão corporal em outrem, caracteriza-se o crime do art. 129, § 6º, do CP, restando descaracterizada a contravenção do art. 31 (TACrSP, *RT* 717/410). Age com negligência quem mantém cachorro de grande porte em apartamento, uma vez que o confinamento do animal provoca sua ferocidade (TACrSP, *RT* 751/630). A negligência deve ser manifesta, traduzida na falta de cautela necessária à guarda e segurança do animal (TJCE, *RT* 764/618).

- **Correlação entre denúncia e sentença:** Denunciado por lesões dolosas, não pode ser condenado por lesões culposas, em desrespeito ao art. 384 do CPP (TJRS, Ap. 70020008108, j. 18.10.2007).

- **Juizados Especiais Criminais (representação):** *Vide* jurisprudência, sob igual título, no art. 129, *caput*.

Aumento de pena na lesão culposa – art. 129, § 7º

- **Acordo de não persecução penal, conciliação, transação e suspensão condicional do processo:** Pelo montante da pena cabe, ainda que haja o aumento previsto neste § 7º, uma vez preenchidos os demais requisitos dos arts. 28-A do CPP, 72 a 74, 76 e 89 da Lei n. 9.099/95, respectivamente.

- **Aumento de pena:** É a mesma hipótese do aumento de pena no homicídio culposo, ou seja, "se o crime resulta de inobservância de regra técnica de profissão, arte ou ofício, ou se o agente deixa de prestar imediato socorro à vítima, não procura diminuir as consequências do seu ato, ou foge para evitar prisão em flagrante", a pena da lesão corporal culposa é aumentada de um terço (*vide* notas ao art. 121, § 4º, primeira parte, do CP).

- **Inconstitucionalidade do aumento em razão da fuga para evitar prisão em flagrante:** O ato de fugir da prisão em flagrante, embora reprovável sob o aspecto moral no sentido de que a pessoa deixa de assumir suas responsabilidades, a nosso ver não pode servir de fundamento para aumentar a pena pelo crime anteriormente cometido. Com efeito, segundo a CR/88, todos têm o direito de não se autoincriminar (art. 5º, LXIII). A propósito, semelhante conduta de fugir para evitar a prisão em flagrante chegou a ser tipificada como crime no art. 305 do CTB, o qual foi julgado *inconstitucional* pelo *Órgão Especial* do TJSP, em 14 de julho de 2010, na Arguição de Inconstitucionalidade n. 0159020-81.2010, na qual o relator designado, Des. Boris Kauffmann, destacou: "(...) face à extensão dada ao princípio da vedação de autoincriminação, princípio, aliás, que não poderia ter interpretação restritiva reduzindo o seu alcance, que o delito de fuga do local do acidente, pelo condutor do veículo, previsto no art. 305 do CTB, é flagrantemente inconstitucional. Obrigar o causador do acidente a permanecer no local para ser identificado e responsabilizado penal ou civilmente, é obrigá-lo a se autoincriminar, comportamento inexigível para qualquer outro crime, ainda que mais grave, não importando que, com isto, haja maior dificuldade na identificação de quem provocou o acidente". O mesmo raciocínio se aplica à causa de aumento de pena deste § 6º, última parte.

- **Ação penal:** Pública condicionada (art. 88 da Lei n. 9.099/95).

Jurisprudência do aumento de pena na lesão culposa

- **Referência na denúncia:** As causas de aumento do § 7º devem constar, explícita ou implicitamente, da denúncia (TACrSP, *Julgados* 81/461 e 419).

- **Remissão:** *Vide*, também, jurisprudência do CP, art. 121, § 4º, pois as hipóteses são iguais.

	▪ **Delitos de trânsito:** Tratando-se da prática de lesão corporal culposa na direção de veículo automotor, *vide* nosso *Leis Especiais Comentadas*, 3ª ed., São Paulo, Saraiva, 2018.
Aumento de pena na lesão dolosa – art. 129, § 7º	▪ **Conciliação, transação e suspensão condicional do processo:** Se forem leves as lesões, e diante da pena prevista, cabem no art. 129, § 7º, desde que preenchidos os demais requisitos dos arts. 72 a 74, 76 e 89 da Lei n. 9.099/95, respectivamente.
	▪ **Leis n. 9.099/95 e 10.259/2001:** A exemplo do que já fizera a Lei dos Juizados Especiais Criminais *Federais* (Lei n. 10.259/2001), o art. 61 da Lei dos Juizados Especiais Criminais *Estaduais* (Lei n. 9.099/95), modificado pela Lei n. 11.313, de 28.6.2006, considera infrações penais de menor potencial ofensivo as contravenções e os crimes com pena máxima não superior a dois anos, cumulada ou não com multa, não fazendo restrição ao tipo de procedimento, se comum ou especial, nem ao tipo de ação penal (pública incondicionada, pública condicionada ou privada).
	▪ **Aumento de pena:** É a mesma hipótese do aumento de pena no homicídio doloso, ou seja, quando a vítima for *menor de 14 anos ou maior de 60 anos*, a pena da lesão corporal dolosa é aumentada de um terço (*vide* notas ao art. 121, § 4º, segunda parte, do CP).
	▪ **Ação penal:** Pública condicionada, no caso de lesões *leves* (art. 88 da Lei n. 9.099/95). É pública incondicionada, nas hipóteses de lesões graves ou gravíssimas.
Perdão judicial – art. 129, § 8º	▪ **Casos:** Iguais aos do art. 121, § 5º, do CP.
	▪ **Aplicação:** É aplicável à lesão culposa (ainda que haja o aumento de pena do § 7º), se ocorrer as circunstâncias descritas no art. 121, § 5º, ou seja, "se as consequências da infração atingirem o próprio agente de forma tão grave que a sanção penal se torne desnecessária". *Vide*, naquele artigo, comentários a respeito.
	▪ **Natureza e efeitos:** De acordo com a lei, entendemos ser causa de extinção da punibilidade. *Vide* nota detalhada ao art. 107, IX, do CP.
Jurisprudência do art. 129, § 8º	▪ **Remissão:** *Vide* jurisprudência nos arts. 107, IX, e 121, § 5º, do CP.
Violência doméstica – lesão corporal dolosa leve qualificada (§ 9º)	▪ **Suspensão condicional do processo:** Como a pena mínima é de 1 (um) ano, em tese cabe se preenchidos os demais requisitos do art. 89 da Lei n. 9.099/95, a não ser que a ofendida seja mulher, nos termos da Lei Maria da Penha (*vide* art. 41 da Lei n. 11.340/2006).
	▪ **Noção:** O § 9º do art. 129 criou uma *especial* forma de lesão corporal qualificada, não pelo seu resultado como ocorre nos §§ 1º a 3º, mas sim pelo contexto em que foi praticada: *a.* contra *ascendente, descendente, irmão, cônjuge* ou *companheiro*; *b.* ou contra aquele com quem *conviva* ou *tenha convivido*; *c.* ou, ainda, *prevalecendo-se* (valendo-se, aproveitando-se) o sujeito ativo das *relações domésticas, de coabitação* ou de *hospitalidade* em relação à vítima. Foram diversas as razões que levaram à inserção no CP deste § 9º, pela Lei n. 10.886, de 17.6.2004, dentre elas a necessidade de se reprimir, com maior rigor, os casos de violência doméstica.
	▪ **Objeto jurídico:** É a integridade física ou fisiopsíquica das pessoas mencionadas.
	▪ **Sujeito ativo:** Somente a pessoa que tem ou haja tido com a vítima um dos vínculos ou relações descritos no tipo.
	▪ **Sujeito passivo:** Da mesma forma, apenas a pessoa que tem ou haja tido com o autor um dos vínculos ou relações referidos no tipo.
	▪ **Confronto – vítima mulher e agressões motivadas por essa circunstância (§ 13):** Em sendo a vítima mulher e as razões da agressão se derem por essa condição, *vide* § 13 deste art. 129.
	▪ **Tipo objetivo:** O mesmo do *caput* ("ofender a integridade corporal ou a saúde de outrem"), com a diferença de que, neste § 9º, o sujeito passivo somente pode ser a pessoa

que tem ou haja tido com o autor algum dos vínculos ou relações mencionados no tipo. Abrange apenas as lesões corporais *leves* praticadas contra ascendente, descendente, irmão, cônjuge ou companheiro, ou com quem conviva ou tenha convivido, ou, ainda, prevalecendo-se o agente das relações domésticas, de coabitação ou de hospitalidade. Caso ocorra lesão grave, gravíssima ou seguida de morte, o crime não será o deste § 9º, mas sim os dos §§ 1º a 3º c/c o § 10.

- **Tipo subjetivo:** É o dolo, ou seja, a vontade livre e consciente de praticar as condutas incriminadas. Para a doutrina tradicional, é o dolo genérico. Não há, neste § 9º, punição a título de culpa. Em caso de lesão corporal culposa, o crime será o do § 6º do art. 129.

- **Consumação e tentativa:** A consumação se dá com a efetiva ofensa à integridade física. A tentativa não é possível, podendo, todavia, configurar outro delito (p. ex., ameaça, vias de fato).

- **Delito único ou concurso de crimes?:** A multiplicidade de lesões praticadas, desde que num mesmo contexto fático, não implica o reconhecimento de concurso de crimes, havendo delito único. Sendo diferente o contexto fático, poderá haver concurso de crimes, configurando-se ou não a continuidade delitiva (cf. art. 71 do CP).

- *Ne bis in idem*: Em se caracterizando a figura qualificada deste § 9º, por ser a vítima ascendente, descendente, irmão ou cônjuge do agente, não há que se aplicar a agravante do art. 61, II, *e*, do CP, porque ela já integra o próprio tipo penal, sob pena de dupla incidência de uma mesma causa.

- **Amplitude do conceito de violência doméstica:** A leitura do § 9º deste art. 129 demonstra que o legislador optou por punir mais gravemente toda lesão praticada em função de relações domésticas, de coabitação ou de hospitalidade.

- **Substituição da pena (§ 5º):** Sendo leves as lesões decorrentes da violência doméstica (não contra mulher em razão de sua condição feminina – hipótese do §13), nada impede que o juiz substitua a pena de detenção deste § 9º pela de multa, quando presentes as circunstâncias descritas no § 5º, todos deste art. 129. O art. 17 da Lei n. 11.340, de 7.8.2006, entretanto, passou a vedar "a aplicação, nos casos de violência doméstica e familiar *contra a mulher*, de penas de cesta básica ou outras de prestação pecuniária, bem como a substituição de pena que implique o pagamento isolado de multa".

- **Ação penal (violência doméstica e familiar em geral):** Com o advento da Lei n. 9.099/95, a lesão corporal culposa e a lesão corporal dolosa leve passaram a depender de representação (art. 88). A questão que surge é saber como fica a ação penal quando a lesão leve decorrer de violência doméstica (nos termos deste § 9º), em face da Lei Maria da Penha, tratando-se de vítima mulher (Lei n. 11.340/2006). A nosso ver, o art. 88 da Lei n. 9.099/95 não faz qualquer distinção acerca do sexo da vítima, exigindo, de forma indistinta, a representação para as lesões corporais leves e para as lesões culposas, valendo ressaltar que este § 9º encontra-se inserido dentro do art. 129, que trata do crime de lesões corporais. Assim, necessária a representação quando a lesão corporal ocorrer no âmbito de violência doméstica do art. 129, § 9º (que pode ocorrer entre dois irmãos, pai e filho, mãe e filha, filha e mãe etc.), havendo uma única exceção para a qual a ação penal será pública *incondicionada: quando o agressor for homem e a vítima mulher*. Ou seja, se a vítima for mulher, e a agressão se der no âmbito domiciliar ou familiar, a ação penal não depende de representação.

Jurisprudência

- **Agressões recíprocas e falta de intenção:** "Não estando bem esclarecido quem deu causa ao início da discussão do casal, havendo agressões recíprocas e havendo indicativos de que não havia a intenção de lesionar a vítima, inviável a condenação do acusado por lesões corporais" (TJRS, Ap. 70045144094, 1ª CCr, rel. Des. Marco Antônio Ribeiro de Oliveira, j. 14.12.2011, in *Bol. AASP* n. 2.820, pp. 11-12). Se a única certeza é que houve uma briga, sem testemunha presencial, sofrendo acusado e vítima lesões recíprocas, a melhor solução é a absolvição (TJMS, Ap. 2009.021360-4/0000-00, j. 16.3.2010).

Causa especial de aumento de pena (§ 10)

- **Alteração:** Dispositivo incluído pela Lei n. 10.886, de 17.6.2004.

- **Noção:** Dispõe referida causa de aumento de pena que, nos casos previstos nos §§ 1º a 3º deste artigo, se as circunstâncias são as indicadas no § 9º, aumenta-se a pena em um terço. Em face dessa disposição legal, se a lesão corporal dolosa, de natureza grave, gravíssima ou de que tenha resultado a morte da vítima, tiver sido praticada num contexto de violência doméstica (nos termos do conceito trazido pelo § 9º), haverá o aumento da pena previsto neste § 10 sobre a pena das figuras qualificadas (§§ 1º a 3º). Sobre o método trifásico de fixação da pena, *vide* nota *Noção* ao art. 59 deste CP.

- **Concurso de causas de aumento de pena:** Ainda que estejam presentes as duas causas de aumento de pena previstas nos §§ 7º e 10 deste art. 129, deve haver uma só incidência (de um terço), podendo a outra, se cabível, e desde que não se trate de circunstância inerente ao próprio tipo (sob pena de *bis in idem*), servir como circunstância agravante (arts. 61 e 62). *Vide*, a respeito, parágrafo único do art. 68 do CP, bem como nota ao art. 157, § 2º, sob o título *Dupla qualificação*.

Causa especial de aumento de pena pela deficiência da vítima (§ 11)

- **Noção:** O § 11, acrescentado pela Lei n. 11.340, de 7.8.2006, prevê que, na hipótese do § 4º, se o crime for praticado contra pessoa portadora de deficiência, a pena será aumentada de um terço. Não distingue a lei o deficiente físico do mental, aplicando-se, portanto, o aumento em ambas as situações.

Causa especial de aumento de pena da vítima autoridade (§ 12)

- **Noção:** O § 12, acrescentado pela Lei n. 13.142, de 6.7.2015, prevê que a pena é aumentada de um a dois terços, se a lesão for praticada contra: *a.* autoridade ou agente descrito nos arts. 142 e 144 da Constituição Federal; *b.* integrantes do sistema prisional, no exercício da função ou em decorrência dela; *c.* integrantes da Força Nacional de Segurança Pública, no exercício da função ou em decorrência dela; ou, ainda: *d.* contra o cônjuge, companheiro ou parente consanguíneo até terceiro grau, dos integrantes do sistema prisional e da Força Nacional, desde que a lesão corporal seja praticada em razão dessa condição.

- **Crime hediondo nas lesões gravíssimas ou seguidas de morte:** Em virtude da alteração promovida pela Lei n. 13.142, de 6.7.2015, são considerados hediondos os crimes de lesão corporal dolosa de natureza gravíssima (art. 129, § 2º) e lesão corporal seguida de morte (art. 129, § 3º) quando praticados contra autoridade ou agente descrito nos arts. 142 e 144 da Constituição Federal integrantes do sistema prisional e da Força Nacional de Segurança Pública, no exercício da função ou em decorrência dela, ou contra seu cônjuge, companheiro ou parente consanguíneo até terceiro grau, em razão dessa condição (cf. § 1º-A do art. 1º da Lei n. 8.072/90, alterado pela Lei n. 13.142/2015).

Lesão leve contra mulher por razões da condição do sexo feminino (§13)

- **Suspensão condicional do processo:** Presentes os pressupostos do art. 89 da Lei n. 9.099/95, como a pena é de 1 (um) a 4 (quatro) anos de reclusão, em tese cabe a suspensão, desde que o delito não tenha ocorrido no âmbito da Lei Maria da Penha, isto é, espaço doméstico ou familiar. Se o tiver, nos termos do art. 41 da Lei n. 11.340/2006, a jurisprudência pacificou-se no sentido de não haver a possibilidade da suspensão (Súmula 536 do STJ).

- **Noção:** Ao instituir essa *figura qualificada* de lesão corporal leve contra mulher por razões da condição do sexo feminino (a exemplo do que fez ao tipificar o *feminicídio* – cf. CP, art. 121, § 2º-A), o legislador deu cumprimento à Convenção Interamericana para Prevenir, Punir e Erradicar a Violência contra a Mulher – a chamada Convenção de Belém do Pará, promulgada pelo Brasil em agosto de 1996 (Decreto n. 1.973, de 1º.8.96).

- **Lesão leve:** A figura qualificada deste § 13, cuja pena é de reclusão de 1 (um) a 4 (quatro) anos, por razão lógica há de aplicar-se somente aos casos de *lesão corporal leve contra mulher*, uma vez que, em sendo a lesão corporal grave, a hipótese será a do § 1º do art. 129, com sanção de 1 (um) a 5 (cinco) anos; ocorrendo lesão corporal gravíssima, a figura será a do § 2º, sancionado com 2 (dois) a 8 (oito) anos de reclusão.

- **Contra mulher por razões da condição do sexo feminino:** O art. 121, § 2º-A, ao qual se reporta o § 13, estatui: "Considera-se que há razões de condição do sexo feminino quando o crime envolve: I – violência doméstica e familiar; II – menosprezo ou discriminação à condição de mulher". Vejamos os dois conceitos:

- *a*. **Violência doméstica e familiar:** O conceito deve ser buscado no art. 5º, I, da Lei Maria da Penha – Lei n. 11.340/2006, segundo o qual configura violência doméstica e familiar contra a mulher "qualquer ação ou omissão baseada no gênero que lhe cause morte, lesão, sofrimento físico, sexual ou psicológico e dano moral ou patrimonial: I – no âmbito da unidade doméstica, compreendida como o espaço de convívio permanente de pessoas, com ou sem vínculo familiar, inclusive as esporadicamente agregadas; II – no âmbito da família, compreendida como a comunidade formada por indivíduos que são ou se consideram aparentados, unidos por laços naturais, por afinidade ou por vontade expressa; III – em qualquer relação íntima de afeto, na qual o agressor conviva ou tenha convivido com a ofendida, independentemente de coabitação". Já as formas de violência doméstica e familiar contra a mulher compreendem, dentre outras, a violência física, a violência psicológica, a violência sexual, a violência patrimonial e a violência moral (art. 7º da Lei n. 11.340/2006).

- *b*. **Por menosprezo ou discriminação à condição do sexo feminino:** *Menosprezo* tem o sentido de depreciar, desprezar, desdenhar (*Novo Dicionário Aurélio*, 4ª ed., Positivo), ao passo que *discriminar* alguém *por ser mulher* remete à ideia de preconceito, considerando-a inferior, não possuindo o mesmo valor, a mesma dignidade.

- **Pena:** Reclusão, de 1 (um) a 4 (quatro) anos.

- **Ação penal pública incondicionada (Lei Maria da Penha – lesão leve *dentro* do contexto de violência doméstica e familiar *contra a mulher*):** O art. 41 da Lei n. 11.340/2006 – Lei Maria da Penha, estatui: "Aos crimes praticados com *violência doméstica e familiar contra a mulher*, independentemente da pena prevista, não se aplica a Lei n. 9.099, de 26 de setembro de 1995". Assim, no caso de lesão corporal dolosa praticada *contra a mulher* no ambiente doméstico ou familiar, não se aplicará nenhum dos institutos da referida lei (composição civil, transação e suspensão condicional do processo), nem seu procedimento especial, inclusive a necessidade de representação, sendo a ação penal pública incondicionada (ainda que se trate de lesões corporais leves). Portanto, o art. 16 da Lei n. 11.340/2006, que prevê a retratação da representação em juízo, aplica-se a outros crimes envolvendo violência doméstica contra a mulher, como o de ameaça, e não o de lesões corporais. Também no sentido de que a ação penal na lesão corporal leve contra mulher, no contexto de violência doméstica (art. 41 da Lei n. 11.340/2006), é pública incondicionada, não sendo cabível a suspensão condicional do processo (art. 89 da Lei n. 9.099/95), em que pese a pena mínima do art. 129, § 13, ser de um ano, referindo-se, inclusive, ao fato de a mulher, em regra, ser a parte mais frágil fisicamente, cf. Guilherme de Souza Nucci, *Código Penal Comentado*, 9ª ed., Revista dos Tribunais, 2009, p. 634, e *Leis Penais e Processuais Penais Comentadas*, 3ª ed., Revista dos Tribunais, 2008, p. 1147. Igualmente, Luiz Flávio Gomes e Alice Bianchini, "Lei da violência contra a mulher: renúncia e representação da vítima", disponível em: <www.jusnavigandi.com.br>, Teresina, ano 10, n. 1178, 22.9.2006; Marcelo Lessa Bastos, "Violência doméstica contra a mulher", disponível em: <www.jusnavigandi.com.br>, Teresina, ano 10, n. 1189, 3.10.2006; e Pedro Rui da Fontoura Porto, *Violência Doméstica e Familiar contra a Mulher*, 2007, Livraria do Advogado, pp. 38-39. E isso tem uma razão própria: a mulher, que muitas vezes depende financeiramente do homem e não tem outro lugar para morar, além de ser, em geral, fisicamente mais fraca, pode não ter condição de representar contra o seu agressor que com ela mora, sendo ameaçada e novamente agredida caso "ouse" denunciar a violência. Lembra Luiza Nagib Eluf que "os homens não precisam de proteção contra a violência das mulheres, pois eles não são diuturnamente espancados dentro de suas próprias casas e sua superioridade física dispensa a proteção do Estado", sendo constitucional essa "discriminação positiva" ou "ação afirmativa", trazendo equilíbrio ao desigual ("Violência contra a mulher", *in A Mulher e o Direito*, São Paulo, IASP, 2008, p. 42). O *Pleno* do STF, com um único voto discordante, em acórdão relatado pelo eminente Ministro Marco Aurélio, entendeu correto esse entendimento, assentando "a natureza *incondicionada* da ação penal em caso de crime de lesão, *pouco importando* a extensão desta, praticado contra a mulher no ambiente doméstico" (ADIn 4.424, j. 9.2.2012).

- **Ação penal pública condicionada (lesão leve *fora* do contexto doméstico ou familiar contra mulher):** Se a lesão leve ocorrer por menosprezo ou discriminação contra a mulher (conforme art. 121, § 2º-A, inc. II, do CP), e não se tratar de ambiente doméstico ou familiar, não incidindo a Lei Maria da Penha, a ação penal será condicionada à representação (art. 88 da Lei n. 9.099/95).

Jurisprudência (ação penal)
- **Ação penal em razão de violência doméstica contra a mulher:** Havia duas posições: (*a*) A ação penal contra homem que agride a mulher é pública incondicionada (STJ, 5ª T., HC 91.540, rel. Min. Napoleão Maia, j 19.2.2009, *vu*, DJe 13.4.2009; 6ª T., REsp 1.000.222-DF, rel. Min. Jane Silva, j. 23.9.2008, *mv*; 6ª T., HC 108.098, rel. Min. Paulo Gallotti, j. 23.9.2008, *mv*, DJe 3.8.2009; 6ª T., HC 96.992, rel. Min. Jane Silva, j. 12.8.2008, *mv*, DJe 23.3.2009, TJMS, Ap. 2009. 021360-4/0000-00, j. 16.3.2010). (*b*) A ação penal é pública condicionada à representação (STJ, 5ª T., HC 110.965, rel. Min. Laurita Vaz, j. 10.9.2009, *mv*, DJe 3.11.2009; 5ª T., HC 137.620, rel. Min. Felix Fischer, j. 8.9.2009, *mv*, DJe 16.11.2009; 6ª T., HC 113.608, rel. Min. Celso Limongi, j. 5.3.2009, *mv*, DJe 3.8.2009; TJMS, HC 2007.024216-6, *in Bol. IBCCr* 185, abril/2008; TJDF, RSE 2006.09.1.017253-6, *in Bol. IBCCr* 178, setembro de 2007; HC 2007.00.2.003672-DF, j. 17.5.2007, *Bol. AASP* n. 2.542). A matéria, no entanto, acabou sendo pacificada pelo Pleno do STF que, com um único voto discordante, em acórdão relatado pelo eminente Ministro Marco Aurélio, entendeu correta a posição *a*, assentando "a natureza *incondicionada* da ação penal em caso de crime de lesão, *pouco importando* a extensão desta, praticado contra a mulher no ambiente doméstico" (ADIn 4.424, j. 9.2.2012).

Capítulo III
DA PERICLITAÇÃO DA VIDA E DA SAÚDE

PERIGO DE CONTÁGIO VENÉREO

Art. 130. Expor alguém, por meio de relações sexuais ou qualquer ato libidinoso, a contágio de moléstia venérea, de que sabe ou deve saber que está contaminado:

Pena – detenção, de 3 (três) meses a 1 (um) ano, ou multa.

§ 1º Se é intenção do agente transmitir a moléstia:

Pena – reclusão, de 1 (um) a 4 (quatro) anos, e multa.

§ 2º Somente se procede mediante representação.

- **Conciliação:** Cabe para o *caput* (arts. 72 a 74 da Lei n. 9.099/95).
- **Transação:** Cabe para o *caput*, preenchidos os requisitos do art. 76 da Lei n. 9.099/95.
- **Suspensão condicional do processo:** Cabe para o *caput* e para o § 1º, atendidas as condições do art. 89 da Lei n. 9.099/95.

Perigo de contágio venéreo
- **Divisão:** O art. 130 contém três figuras: *a.* o agente *sabe* estar contaminado (*caput*, primeira parte); *b.* não sabe, mas *devia* saber achar-se contaminado (*caput*, segunda parte); *c.* sabe e tem a *intenção* de transmitir a moléstia (§ 1º do art. 130).
- **Objeto jurídico:** A incolumidade física da pessoa.
- **Sujeitos ativo e passivo:** Qualquer pessoa, homem ou mulher.

- **Tipo objetivo:** A ação de *expor* (arriscar, colocar em perigo) deve ser praticada mediante relações sexuais (coito vagínico ou anal) ou qualquer ato libidinoso (sexo oral, por exemplo), tratando-se de delito de *forma vinculada*. Não há modalidade omissiva. A conceituação do que seja *moléstia venérea* é questão médica.

- **AIDS:** *Vide* nota no art. 131 do CP.

- **Crime impossível:** Haverá crime impossível (CP, art. 17), por falta de perigo, se o ofendido já estiver igualmente contaminado pela mesma moléstia.

- **Tipo subjetivo:** É diverso para as três figuras: *a*. Na primeira parte do *caput* ("de que sabe") é o *dolo de perigo* (direto). *b*. Na figura da segunda parte ("deve saber"), a locução verbal empregada parece indicar tratar-se de culpa. É essa a opinião da doutrina majoritária. Todavia, como os casos de culpa devem ser expressos (CP, art. 18, II, parágrafo único) e o princípio da reserva legal (CR, art. 5º, XXXIX; CADH, art. 9º; PIDCP, art. 15, § 1º; CP, art. 1º) não pode ser desrespeitado, parece-nos mais seguro apontar o *dolo eventual* e não a culpa. Também o núcleo empregado no tipo ("expor") e a previsão do § 1º reforçam essa nossa orientação. *c*. Na figura do § 1º ("se é intenção") há *dolo de dano* (direto). Entendimento contrário levaria a se punir, com as mesmas penas, condutas dolosa e culposa.

- **Consumação:** Com a prática da relação sexual ou de ato libidinoso, independentemente do efetivo contágio que, se ocorrer, será simples exaurimento do delito.

- **Tentativa:** Entende-se possível.

- **Concurso de crimes:** Haverá concurso formal se a exposição ocorrer junto com crime contra a dignidade sexual.

- **Confronto:** Se não há relação sexual ou ato libidinoso, o delito poderá ser o dos arts. 131 ou 132 do CP.

- **Classificação:** É crime comum quanto ao sujeito, doloso (com dolo direto – de perigo ou de dano – ou eventual, conforme as figuras), de forma vinculada, de perigo (art. 130, *caput*) ou formal com dolo de dano (§ 1º), comissivo e instantâneo.

- **Pena:** É *alternativa* na figura do art. 130, *caput*: detenção, de três meses a um ano, ou multa. Na figura do § 1º é cumulativa: reclusão, de um a quatro anos, e multa.

- **Ação penal:** É pública, mas condicionada à *representação do ofendido*, em qualquer das três figuras.

Jurisprudência

- **Prova dupla:** Para a comprovação do delito, não basta que o ofendido seja submetido a exame, sendo necessário que igual comprovação se faça quanto ao acusado (TJSP, *RT* 618/306, 514/329).

- **Sabe ou deve saber:** É necessário que o agente saiba ou deva saber que está contaminado (TJSP, *RT* 525/352).

- **Moléstia venérea:** Quanto ao conceito do que seja moléstia venérea, FRANCESCHINI, *Jurisprudência*, 1976, v. III, n. 4.707.

PERIGO DE CONTÁGIO DE MOLÉSTIA GRAVE

Art. 131. Praticar, com o fim de transmitir a outrem moléstia grave de que está contaminado, ato capaz de produzir o contágio:

Pena – reclusão, de 1 (um) a 4 (quatro) anos, e multa.

- **Suspensão condicional do processo:** Cabe, atendidas as condições do art. 89 da Lei n. 9.099/95.

Perigo de contágio de moléstia grave

- **Objeto jurídico:** A incolumidade física da pessoa.
- **Sujeito ativo:** Qualquer pessoa contaminada por moléstia grave transmissível.

- **Sujeito passivo:** Qualquer pessoa, desde que não esteja infectada por igual moléstia.
- **Tipo objetivo:** A ação punida é praticar ato capaz de produzir o contágio. Trata-se de forma livre, que abrange qualquer ato, desde que idôneo a transmitir a doença; a conduta pode ser direta ou indireta. *Moléstia grave*: o conceito é médico e ela deve ser transmissível por contágio; a gravidade e a possibilidade de contágio devem ser constatadas pericialmente.
- **Crime impossível:** Haverá crime impossível (CP, art. 17) se o ofendido sofrer de idêntica doença.
- **Tipo subjetivo:** Dolo de dano (direto e não eventual) e o elemento subjetivo do tipo que é o especial fim de agir: "com o fim de transmitir". É o "dolo específico", na corrente tradicional. Não há forma culposa.
- **Consumação:** Com o ato capaz de contagiar, sendo indiferente que a transmissão se efetive.
- **Tentativa:** Teoricamente, é possível.
- **Classificação:** Delito formal com dolo direto de dano, comum quanto ao sujeito, de forma livre, comissivo (para alguns também omissivo) e instantâneo.
- **Confronto:** Se a moléstia for venérea e a exposição tiver sido por relação sexual ou ato libidinoso, a figura será a do art. 130. Em caso de perigo comum, podem tipificar-se as infrações dos arts. 267 ou 268 do CP.
- **AIDS:** A AIDS não pode ser considerada, rigorosamente, moléstia venérea. A sua transmissão pode se dar por inúmeras formas: além da via sexual, pela própria gravidez, pelo uso de material cirúrgico e odontológico contaminados, pelo emprego de seringas usadas, por transfusão sanguínea, pelo ato de efetuar tatuagem ou acupuntura com agulhas infectadas, por agressões com objetos cortantes ou perfurantes contaminados etc. (nesse sentido, DIEGO-MANUEL LUZÓN PEÑA, "Problemas de la transmisión y prevención del Sida en el Derecho Penal Español", *in Problemas Jurídico-Penales del Sida*, org. por Santiago Mir Puig, Barcelona, Bosch, 1993, pp. 11-12). Tratando-se de agente contaminado (único que pode ser sujeito ativo do delito do art. 131) e que, sabendo de sua contaminação, agiu com o especial fim de transmitir a doença (dolo de dano, direto e não eventual), haverá a incidência deste art. 131, e não do art. 130 (perigo de contágio venéreo). Havendo, todavia, *efetiva transmissão da doença*, o agente contaminado não incidirá no crime do art. 131, mas em outros tipos penais: lesão corporal gravíssima (art. 129, § 2º, II), lesão corporal seguida de morte (art. 129, § 3º), homicídio doloso, tentado ou consumado (art. 121, *caput*). Tais tipificações dependerão da existência ou não de *animus necandi*, a ser apurado *em cada caso concreto*. Como lembra CARLOS MARIA ROMEO CASABONA ("Responsabilidade médico-sanitária – Aids", *RBCCr* 3/22), "a comprovação, *sempre difícil*, do dolo do sujeito, nos indicará se é o delito de lesões corporais ou o de homicídio o aplicável". Quanto ao eventual e tardio evento morte, há autores, como BERND SCHUNEMANN ("Problemas jurídico-penales relacionados con el Sida", trad. por Santiago Mir Puig, *in* ob. cit., pp. 28-29), que entendem que esse resultado "é *imprevisível*" e "escapa por completo ao controle do autor", o que o tornaria impunível. Já entre nós, ao contrário, HUNGRIA, muito antes do aparecimento da Aids, sustentava que "é de presumir-se o *animus necandi*, toda vez que o resultado morte é consequência normal da moléstia transmitida" (*Comentários ao Código Penal*, 1958, v. V, p. 413). Ressalte-se que, em qualquer caso, o eventual consentimento do ofendido em assumir o risco é *indiferente*, por serem a vida e a saúde bens indisponíveis. Tratando-se de agente contaminado que, agindo com culpa, transmitiu a Aids, igualmente não se configurará este art. 131 (que exige dolo direto), mas, sim, lesão corporal culposa (art. 129, § 6º) ou homicídio culposo (art. 121, § 3º). Na hipótese de agente não contaminado (que não pode ser sujeito ativo do crime deste art. 131) e havendo efetiva transmissão da AIDS, como no caso de uso pelo agente de agulha infectada *por terceiro*, há que se distinguir se ele agiu com culpa ou dolo, bem como, no último caso, se houve *animus necandi*, para então verificar se a tipificação será a de lesão corporal culposa, homicídio culposo, lesão corporal gravíssima, lesão corporal seguida de morte ou homicídio doloso, consumado ou tentado.

- Pena: Reclusão, de um a quatro anos, e multa.
- Ação penal: Pública incondicionada.

Jurisprudência
- **AIDS:** O delito do art. 131 resta descaracterizado se não há prova de que o agente teve a intenção de transmitir a moléstia à nova companheira e ao filho havido com esta, embora falecida sua esposa dessa doença (TJSP, *mv – RT* 656/286). Se alguém pratica ato capaz de transmitir não apenas moléstia grave, mas moléstia eminentemente mortal e o faz dolosamente, incide em tentativa de homicídio (TJSP, *RT* 784/587). Em havendo dolo de matar, a relação sexual forçada e dirigida à transmissão do vírus da AIDS é idônea para a caracterização da tentativa de homicídio (STJ, HC 9.378, j. 18.10.99, *vu, DJU* 23.10.2000).

PERIGO PARA A VIDA OU SAÚDE DE OUTREM

Art. 132. Expor a vida ou saúde de outrem a perigo direto e iminente:

Pena – detenção, de 3 (três) meses a 1 (um) ano, se o fato não constitui crime mais grave.

Parágrafo único. A pena é aumentada de um sexto a um terço se a exposição da vida ou da saúde de outrem a perigo decorre do transporte de pessoas para a prestação de serviços em estabelecimentos de qualquer natureza, em desacordo com as normas legais.

- **Alteração:** Parágrafo único acrescentado pela Lei n. 9.777, de 29.12.98.
- **Transação:** Cabe no *caput* e no parágrafo único, preenchidos os requisitos do art. 76 da Lei n. 9.099/95.
- **Suspensão condicional do processo:** Cabe no *caput* e no parágrafo único, atendidas as condições do art. 89 da Lei n. 9.099/95.

Perigo para a vida ou saúde de outrem (caput)
- **Noção:** Como explica a Exposição de Motivos do CP, esta infração visa à proteção da indenidade de qualquer pessoa. Ela foi instituída em virtude, principalmente, dos *acidentes do trabalho* sofridos por operários em razão do descaso na tomada de medidas de prevenção por parte dos patrões. Como salientamos na 5ª edição (1984) desta obra, esse importante aspecto não vinha sendo lembrado na aplicação deste artigo, embora pudesse ser de grande valia na repressão ao transporte de "boias-frias" em caminhões desprovidos de segurança, matando e ferindo centenas deles todos os anos. Com o acréscimo do parágrafo único pela Lei n. 9.777/98, que prevê uma causa especial de aumento de pena justamente para essa hipótese, esse aspecto ganhou a merecida relevância. *Vide* nota *Causa especial de aumento de pena* neste artigo.
- **Objeto jurídico:** A vida e a saúde da pessoa humana.
- **Sujeitos ativo e passivo:** Qualquer pessoa, mas deve haver uma vítima determinada.
- **Tipo objetivo:** A conduta é *expor* (colocar, arriscar) a perigo e o comportamento pode ser comissivo ou omissivo (ação ou inação). O *perigo* deve ser *direto* (relativo a pessoa determinada, individualizada) e *iminente* (que ameaça acontecer de imediato). O perigo deve ser *concreto* e não *abstrato*, demonstrado e não presumido. É insuficiente a possibilidade incerta ou remota de perigo.
- **Subsidiariedade:** Expressamente, ressalva a lei: "se o fato não constitui crime mais grave". Assim, se a vítima vem a morrer em razão da exposição descrita neste artigo, o crime será de homicídio culposo (art. 121, § 3º); igualmente, se o ofendido sofre lesão em acidente de trânsito, o delito será de lesão corporal culposa na direção de veículo automotor (Lei n. 9.503/97, art. 303). Todavia, em caso de lesão culposa que não seja no trânsito, a figura será a do próprio art. 132, já que a do art. 129, § 6º, é mais levemente apenada.

- **Tipo subjetivo:** Dolo de perigo (direto ou eventual). Na doutrina tradicional é o "dolo genérico". Não há forma culposa. O consentimento do ofendido é indiferente, pois se trata de objeto jurídico indisponível.
- **Consumação:** Quando surge o perigo.
- **Tentativa:** Admite-se sua eventual possibilidade.
- **Classificação:** Crime de perigo concreto, comum quanto ao sujeito, doloso, de forma livre, comissivo ou omissivo, subsidiário e instantâneo.
- **Disparo de arma de fogo:** O art. 15 da Lei n. 10.826/2003 pune mais gravemente o disparo de arma de fogo, nos seguintes termos: "Disparar arma de fogo ou acionar munição em lugar habitado ou em suas adjacências, em via pública ou em direção a ela, desde que essa conduta não tenha como finalidade a prática de outro crime: Pena – reclusão, de 2 (dois) a 4 (quatro) anos, e multa. Parágrafo único. O crime previsto neste artigo é inafiançável".
- **Idoso:** Se o idoso é exposto a perigo a sua integridade e saúde, física ou psíquica, sendo submetido a condições desumanas ou degradantes, ou privado de alimentos e cuidados indispensáveis, quando o agente é obrigado a fazê-lo, ou ainda sujeito a trabalho excessivo ou inadequado, art. 99 da Lei n. 10.741/2003.
- **Confronto (em geral):** Quanto à execução de serviço de alto grau de periculosidade, contrariando determinação de autoridade competente, art. 65 da Lei n. 8.078/90 (Código de Defesa do Consumidor). Se o agente "vender, fornecer ainda que gratuitamente ou entregar, de qualquer forma", a *criança ou adolescente*, arma, munição ou explosivo, fogos de estampido ou de artifício, arts. 242 e 244 da Lei n. 8.069/90 (Estatuto da Criança e do Adolescente). Se o agente deixa de observar as cautelas necessárias para impedir que menor de 18 anos ou pessoa portadora de deficiência mental se apodere de arma de fogo que esteja sob sua posse ou que seja de sua propriedade, Lei n. 10.826/2003, art. 13, *caput*. Se o agente "vender, fornecer ainda que gratuitamente, ministrar ou entregar, de qualquer forma", a *criança ou adolescente*, produtos cujos componentes possam causar dependência física ou psíquica, art. 243 da Lei n. 8.069/90. Se há inobservância das normas da Lei n. 7.649/88, que dispõe sobre a obrigatoriedade do cadastramento dos doadores de sangue e a realização de exames laboratoriais, art. 268 do CP (cf. art. 9º da citada lei).
- **Concurso de crimes:** Não pode haver, por força de sua natureza subsidiária (*vide* nota *Subsidiariedade*).
- **Pena:** Detenção, de três meses a um ano.
- **Ação penal:** Pública incondicionada.

Transporte para prestação de serviços (parágrafo único)

- **Causa especial de aumento de pena:** Dispõe o parágrafo único, acrescentado pela Lei n. 9.777/98, que a pena é aumentada de um sexto a um terço se a exposição da vida ou da saúde de outrem a perigo decorre do transporte de pessoas para prestação de serviços em estabelecimentos de qualquer espécie, "em desacordo com as normas legais". Trata-se este parágrafo único de *lei penal em branco* que encontra complementação nos arts. 103 a 113 do CTB, em que se estabelecem padrões de segurança. Ressalte-se, porém, que em seu art. 108 é prevista a possibilidade de passageiros serem transportados em veículos de carga ou misto, o que, a nosso ver, é um desserviço ao país: "Art. 108. Onde não houver linha regular de ônibus, a autoridade com circunscrição sobre a via poderá autorizar, a título precário, o transporte de passageiros em veículo de carga ou misto, desde que obedecidas as condições de segurança estabelecidas neste Código e pelo CONTRAN".

Jurisprudência

- **Dolo:** O crime do art. 132 do CP não pode ser punido a título de culpa (TACrSP, *Julgados* 96/224), pois requer dolo de perigo (TACrSP, *Julgados* 76/215; TJMG, *JM* 125/259). O dolo pode ser direto ou eventual (TAMG, *RT* 524/440). Tipifica-se, no art. 132, por dolo eventual, a conduta de quem agride motorista de ônibus em movimento, pondo em perigo os passageiros (TACrSP, *RT* 540/311). Praticam, com dolo eventual, avó e mãe de menor que, por motivos religiosos (testemunhas de Jeová), não autorizam urgente transfusão de sangue prescrito em caso de anemia (TACrSP, *RT* 647/302).

- **Perigo direto e iminente:** Exige-se perigo direto e iminente a vítima especificada (TACrSP, *Julgados* 85/270). Para a configuração, é necessário que o perigo seja direto e iminente, não sendo suficiente a mera possibilidade (TJSP, *RJTJSP* 124/569; TACrSP, *Julgados* 96/222). É mister que o perigo ameace acontecer de imediato, além de ser concreto, demonstrado e não presumido (TJMG, *JM* 125/259; TAMG, *RT* 757/651). Havendo perigo simplesmente abstrato, causado por culpa e passível de afetar pessoa indeterminada, configura-se apenas contravenção penal (TACrSP, *RT* 768/610).

- **Pessoa determinada:** É necessário que pessoa determinada seja exposta a perigo real (TJSC, *JC* 70/394; TACrSP, *Julgados* 88/410; TAMG, *RJTAMG* 52/350).

- **Número de vítimas e crime único:** Tiros desfechados contra carro com vários ocupantes configuram crime único e não concurso formal em razão do número de pessoas no veículo (TACrSP, *RT* 536/341).

- **Transfusão de sangue:** Configura, a título de dolo eventual, autorização dada por médico para transfusão de sangue não submetido a prévio exame sorológico (TACrSP, *mv – RJDTACr* 13/108). *Vide*, também, nota *Sangue* no art. 268 do CP.

- **Cerca elétrica:** Não incorre no crime deste art. 132 o sujeito que coloca cerca elétrica em residência, para afugentar ladrões, pois tal atitude não traz perigo a pessoa determinada, mas *erga omnes* (TJSC, *JC* 70/394).

- **Incêndio:** Se o agente ateia fogo em residência isolada, sem possibilidade de expansão para as casas vizinhas, comete o crime do art. 132, e não o do art. 250 do CP, que é de perigo comum (TJSP, *RT* 813/566).

- **Transporte de passageiros em carroceria de caminhão:** Não há que cogitar-se no delito do art. 132, quando o agente transporta na carroceria de seu caminhão diversas pessoas, que ali embarcaram espontaneamente, sem autorização do motorista, após a realização de um comício, eis que o tipo penal não prevê a modalidade culposa (TAPR, *PJ* 44/299).

- **Uso de gás:** Como combustível de caminhão, não configura o delito deste art. 132, pois não há perigo iminente e concreto (TJPR, *PJ* 43/236).

- **Exposição a perigo da vida de outrem e lesão culposa (CP, art. 132):** Se da exposição a perigo, consistente em desfechar tiros de garrucha, resulta lesão corporal culposa, o agente responde pelo art. 132, e não pelo art. 129, § 6º, pois este último é mais levemente apenado (TACrSP, *Julgados* 75/378).

ABANDONO DE INCAPAZ

Art. 133. Abandonar pessoa que está sob seu cuidado, guarda, vigilância ou autoridade, e, por qualquer motivo, incapaz de defender-se dos riscos resultantes do abandono:

Pena – detenção, de 6 (seis) meses a 3 (três) anos.

§ 1º Se do abandono resulta lesão corporal de natureza grave:

Pena – reclusão, de 1 (um) a 5 (cinco) anos.

§ 2º Se resulta a morte:

Pena – reclusão, de 4 (quatro) a 12 (doze) anos.

AUMENTO DE PENA

§ 3º As penas cominadas neste artigo aumentam-se de um terço:

I – se o abandono ocorre em lugar ermo;

II – se o agente é ascendente ou descendente, cônjuge, irmão, tutor ou curador da vítima;

III – se a vítima é maior de 60 (sessenta) anos.

- **Alteração:** Inciso III do § 3º acrescentado pela Lei n. 10.741, de 1.10.2003 (Estatuto do Idoso).

- **Suspensão condicional do processo:** Cabe no *caput*, mesmo com o aumento de pena previsto no § 3º; cabe também no § 1º, desde que não haja o aumento de pena do § 3º, atendidas as condições do art. 89 da Lei n. 9.099/95.

Abandono de incapaz

- **Objeto jurídico:** A segurança da pessoa.

- **Sujeito ativo:** Trata-se de *crime próprio*, exigindo-se que o agente tenha especial relação de assistência com o sujeito passivo (cuidado, guarda, vigilância ou autoridade).

- **Sujeito passivo:** Não é só o menor, mas também o adulto incapaz de defender-se por si próprio, que esteja sob aquela relação (citada acima) com o agente.

- **Tipo objetivo:** A ação incriminada é *abandonar* (largar, deixar sem assistência). Exige-se a especial *relação de assistência* entre os sujeitos ativo e passivo, já assinalada. Pune-se o abandono da própria pessoa e não do dever de assisti-la: é o afastamento *físico* do incapaz que devia ser assistido pelo agente. Não há crime se o agente fica próximo do ofendido ou em situação de poder vigiá-lo, mesmo a distância. Também não há o delito, se o ofendido tem capacidade defensiva, pois o tipo exige perigo *concreto* e não presumido. A conduta pode ser comissiva ou omissiva, mas deve criar perigo efetivo e concreto.

- **Tipo subjetivo:** Dolo de perigo (direto ou eventual); para a corrente tradicional, seria o "dolo específico", a vontade de expor a perigo. Não há punição a título de culpa. O erro quanto ao dever de assistir deve ser examinado nos termos dos arts. 20 e 21 do CP.

- **Consumação:** Com o abandono, desde que ponha em perigo o ofendido, ainda que momentaneamente.

- **Tentativa:** É possível.

- **Figuras qualificadas:** *a.* se resulta *lesão grave* (§ 1º), forma preterdolosa; *b.* se resulta *morte* (§ 2º), também tipo preterdoloso.

- **Causas especiais de aumento de pena:** *a.* se o abandono é em *lugar ermo* (§ 3º, I), considerando-se como tal o local habitualmente solitário; *b.* se o agente é *ascendente ou descendente*, cônjuge, irmão, tutor ou curador da vítima (§ 3º, II); *c.* se o ofendido é maior de 60 anos (§ 3º, III).

- **Resultado agravador:** Se o resultado lesão grave ou morte (§§ 1º e 2º) não for devido, ao menos, à culpa do agente, não deverão incidir estas qualificadoras dos §§ 1º e 2º (CP, art. 19).

- **Classificação:** Crime de perigo concreto, próprio quanto ao sujeito, instantâneo, comissivo ou omissivo, doloso (preterdoloso nas figuras qualificadas dos §§ 1º e 2º).

- **Confronto:** Não havendo o dever especial de assistência, o comportamento pode constituir o delito de omissão de socorro (CP, art.135). Tratando-se de recém-nascido, cf. a figura do art. 134 do CP. Se o abandono é realizado em local absolutamente deserto, pode haver o dolo eventual de homicídio. Em caso de abandono moral e não físico, pode configurar algum dos crimes contra a assistência familiar (CP, arts. 244-247).

- **Deficiente:** Se o sujeito abandona pessoa com deficiência em hospitais, casas de saúde, entidades de abrigo ou congêneres, o crime será o do art. 90 da Lei n– 13.146/2015, punido com reclusão de seis meses a três anos, e multa.

- **Idoso:** Se o agente abandona idoso em hospitais, casas de saúde, entidades de longa permanência, ou congêneres, ou não provê as suas necessidades básicas, quando obrigado por lei, art. 98 da Lei n. 10.741/2003, cuja pena é de detenção, de seis meses a três anos, e multa.

- **Pena:** Na *figura simples* (art. 133, *caput*), detenção, de seis meses a três anos. Nas *figuras qualificadas*: se resulta lesão grave, reclusão, de um a cinco anos (§ 1º); se resulta morte, reclusão, de quatro a doze anos (§ 2º); nas hipóteses do § 3º, as penas são aumentadas de um terço.

- **Ação penal:** Pública incondicionada.

Jurisprudência

- **Dolo genérico:** Não é necessário que os responsáveis pela guarda e cuidado tenham agido com dolo específico, já que se trata de crime de perigo (TJMS, Ap. 2012.013017 – 3/0000-00, j. 21.5.2012, *Bol. AASP* n. 2.836, p. 12).

- **Necessidade:** Não se configura o delito se a mãe deixava os filhos trancados por absoluta necessidade de ir trabalhar fora (TJRJ, *RT* 533/387).

- **Tentativa:** Pode haver, como no caso em que a vítima era largada na casa abandonada, quando a vizinha notou sua falta ao se aprontar para sair o caminhão de mudança (TACrSP, *RT* 581/318).

- **Sujeito passivo:** Configura-se o delito se a vítima, em completo estado de embriaguez, foi deixada à noite nas margens de rodovia de grande movimento. O que torna o ofendido incapaz para o art. 133 do CP é simplesmente a ausência de condições de cuidar de si próprio, de se defender dos riscos resultantes do abandono (TJSP, *RT* 715/431).

- **Médico:** Não pratica o delito o diretor clínico de hospital que, diante da insistência do paciente, não portador de doença mental, já medicado e com seu estado de saúde estável, lhe dá alta a pedido (TJMG, *RT* 751/655).

- **Empregada doméstica:** Pratica o crime, se abandona as crianças sob sua guarda, expondo-as a perigo real e concreto, após furtar a residência (TACrSP, *RT* 541/396).

- **Desclassificação:** Desclassifica-se para abandono de recém-nascido (art. 134 do CP) quando a vítima tem tal condição e se evidencia o propósito de ocultar desonra própria (TJSP, *RT* 427/360).

- **Dolo:** O art. 133 exige "dolo específico" (TACrSP, *RT* 393/344).

- **Estado puerperal:** O estado puerperal não tem o condão de excluir a responsabilidade penal da acusada, podendo apenas, se devidamente comprovado, diminuir a pena a ser aplicada (TJRS, *RT* 838/654).

EXPOSIÇÃO OU ABANDONO DE RECÉM-NASCIDO

Art. 134. Expor ou abandonar recém-nascido, para ocultar desonra própria:
Pena – detenção, de 6 (seis) meses a 2 (dois) anos.
§ 1º Se do fato resulta lesão corporal de natureza grave:
Pena – detenção, de 1 (um) a 3 (três) anos.
§ 2º Se resulta a morte:
Pena – detenção, de 2 (dois) a 6 (seis) anos.

- **Transação:** Cabe no *caput*, preenchidos os requisitos do art. 76 da Lei n. 9.099/95.

- **Suspensão condicional do processo:** Cabe, no *caput* e no § 1º, atendidas as condições do art. 89 da Lei n. 9.099/95.

Exposição ou abandono de recém-nascido

- **Noção:** Constitui figura penal que se pode considerar *privilegiada* em relação à do artigo anterior.

- **Objeto jurídico:** A segurança do recém-nascido.

- **Sujeito ativo:** Entendemos tratar-se de *crime próprio*, que apenas a mãe pode cometer, pois a lei se refere à desonra "própria". Para a maioria dos doutrinadores, somente o pode praticar a mãe que concebeu ilicitamente; na opinião de DAMÁSIO DE JESUS, também o pai incestuoso ou adúltero poderia cometer o delito (*Direito Penal*, 29ª ed., São Paulo, Saraiva, 2009, p. 178); para ANDRÉS A. BALESTRA, ainda outros parentes próximos poderiam ser incluídos ("Abandono e exposição de incapaz", *in Enciclopédia Saraiva do Direito*, v. 1, p. 236).

- **Sujeito passivo:** O recém-nascido. Entendemos que a expressão deve ser compreendida em seu sentido comum ou vulgar (amplo), e não científico (restrito à perda do cordão umbilical).

- **Tipo objetivo:** Na prática, *exposição e abandono* têm significados iguais (largar, deixar sem assistência). Quanto ao *perigo*, deve ser ele reconhecido em *concreto* e não presumido. Assim, por exemplo, se a mãe abandona ou expõe, mas fica vigiando a distância, não haverá este crime. O comportamento (ação ou omissão) deve ser praticado para ocultar desonra própria e não de terceiros. O sentimento de desonra é *subjetivo* e, portanto, deve ser avaliado de acordo com as reações de cada agente no momento da prática.

- **Tipo subjetivo:** Dolo de perigo (só direto, não eventual) e o elemento subjetivo do tipo *para ocultar desonra própria*. Na doutrina tradicional, é o "dolo específico". Inexiste forma culposa.

- **Consumação:** Com a criação do perigo concreto.

- **Tentativa:** É possível, na forma comissiva.

- **Confronto:** Caso não se trate de sujeito ativo próprio (mãe), o fato poderá configurar o delito de abandono de incapaz (CP, art. 133) ou de omissão de socorro (CP, art. 135). Existindo a intenção de matar, infanticídio ou homicídio (CP, arts. 123 ou 121). Se o abandono for moral e não físico, poderá constituir crime contra a assistência familiar (CP, arts. 244 a 247).

- **Concurso de pessoas:** É possível, aplicando-se a regra do art. 30 do CP.

- **Figuras qualificadas:** Se resulta lesão grave (§ 1º) ou morte (§ 2º), que são casos preterdolosos. Para que a forma qualificada seja aplicável, é necessário que o resultado agravado tenha sido causado culposamente, ao menos, pela mãe (CP, art. 19).

- **Classificação:** Delito de perigo concreto, próprio quanto ao sujeito, doloso (com elemento subjetivo do tipo), preterdoloso (nas figuras qualificadas), instantâneo, comissivo ou omissivo.

- **Pena:** Para a figura simples (*caput* do artigo), detenção, de seis meses a dois anos. Se resulta lesão grave (§ 1º), detenção, de um a três anos. Se resulta morte (§ 2º), detenção, de dois a seis anos.

- **Ação penal:** Pública incondicionada.

Jurisprudência

- **Tipo subjetivo:** O intuito de ocultar a desonra não desfigura, mas sim caracteriza o delito do art. 134 (TACrSP, *RT* 542/369).

- **Conhecimento da desonra:** A circunstância do nascimento ser conhecido por algumas pessoas não afasta o propósito de ocultar a desonra; basta que ao agente o nascimento se aparente desonroso (TJSP, *RT* 427/360).

- **Concurso de pessoas:** Pode haver, comunicando-se ao partícipe a condição pessoal do agente principal (TACrSP, *Julgados* 78/281).

- **Erro de fato:** Há erro de fato na conduta de mãe que, julgando-se grávida de sete meses, livra-se de criança nascida em toalete de aeronave durante o voo, sob o entendimento de que tivera um aborto (TRF da 1ª R., Ap. 6.502, *DJU* 16.4.90, p. 6990).

OMISSÃO DE SOCORRO

Art. 135. Deixar de prestar assistência, quando possível fazê-lo sem risco pessoal, a criança abandonada ou extraviada, ou a pessoa inválida ou ferida, ao desamparo ou em grave e iminente perigo; ou não pedir, nesses casos, o socorro da autoridade pública:

Pena – detenção, de um a seis meses, ou multa.

Parágrafo único. A pena é aumentada de metade, se da omissão resulta lesão corporal de natureza grave, e triplicada, se resulta a morte.

- **Transação:** Cabe no *caput* e no parágrafo único, preenchidos os requisitos do art. 76 da Lei n. 9.099/95.

- **Suspensão condicional do processo:** Cabe no *caput* e no parágrafo único, atendidas as condições do art. 89 da Lei n. 9.099/95.

Omissão de socorro

- **Divisão:** Estão previstas no art. 135, *caput*, do CP, duas figuras: *deixar de prestar assistência* e *não pedir o socorro da autoridade pública*.

- **Objeto jurídico:** A preservação da vida e da saúde da pessoa.

- **Sujeito ativo:** Qualquer pessoa, pois o dever legal de não se omitir resulta do próprio art. 135, independentemente da regra do art. 13, § 2º, do CP.

- **Sujeito passivo:** Somente a criança abandonada ou extraviada, ou a pessoa inválida, ferida, ao desamparo, ou em grave e iminente perigo.

- **Tipo objetivo:** A omissão só é punível quando for possível prestar a assistência ou pedir o socorro *sem risco pessoal*; o risco moral ou patrimonial não afasta a incriminação. O risco para *terceira* pessoa pode, entretanto, configurar a excludente do estado de necessidade (CP, art. 24). Como *criança*, deve-se adotar o critério de entender apenas a que não tem, ainda, autodefesa; *abandonada* é a que foi largada; *extraviada*, a que está perdida. Pessoa *inválida* é a que não tem defesa por velhice ou doença; *ferida* é a que sofreu lesão corporal; *ao desamparo*, é a que está abandonada; em *grave ou iminente perigo*, pode ser qualquer uma, em face de especiais circunstâncias. Note-se que o estado de perigo não pode ter sido provocado (por dolo ou culpa) pelo agente. Quanto ao *perigo*, entende a maioria dos autores que é *concreto*, na hipótese de pessoa em grave e iminente perigo, e *presumido* nas demais (contra, a nosso ver, com acerto: Bernardino Gonzaga, *O Crime de Omissão de Socorro*, 1957, pp. 116-119, para quem o perigo *sempre* deve ser concreto). Para a doutrina, a forma alternativa com que se redigiu o art. 135 não permite livre escolha de comportamento: se o agente pode prestar assistência pessoal, sem risco, não basta que peça o socorro, quando este for insuficiente para afastar o perigo. Assim, o pedido de socorro só excluiria o delito quando pudesse "tempestivamente conjurar o perigo" (Hungria, *Comentários ao Código Penal*, 1958, v. V, p. 443). Na hipótese de a vítima recusar o socorro oferecido, o delito não se configurará, ainda que o agente deixe de comunicar o fato à autoridade, e, no caso da *presença de várias pessoas*, a assistência dada por uma, se suficiente, exclui o dever das demais. Note-se que, na omissão de socorro praticada no trânsito, o socorro prestado por uma pessoa não afasta o crime do condutor envolvido no acidente que deixa o local (art. 304, parágrafo único, da Lei n. 9.503/97). O delito é omissivo puro.

- **Tipo subjetivo:** Dolo de perigo (direto ou eventual); implicitamente, está o *elemento subjetivo do tipo*, consistente "na intenção de omitir-se com a consciência do perigo com isso mantido" (Frederico Marques, *Tratado*, 1961, v. IV, p. 334). Não há forma culposa. O agente deve estar *consciente* da situação de *perigo*, pois o erro exclui o dolo (CP, art. 20).

- **Consumação:** No momento em que ocorre uma das omissões previstas de forma alternada; dependendo do caso, a infração pode ter caráter permanente.

- **Tentativa:** A maioria dos autores não a admite.

- **Concurso de pessoas:** A nosso ver, mesmo tratando-se de crime omissivo próprio, poderá haver participação (de quem, por exemplo, determina ou instiga o autor à omissão). Todavia, se duas ou mais pessoas tiverem o dever jurídico de evitar o resultado, não haverá coautoria, pois todas serão, igualmente, autoras (autoria colateral), já que praticaram, cada qual, o mesmo ato omissivo. Para MAGALHÃES NORONHA, porém, "o caráter omissivo não impede a coautoria. Se num grupo de alpinistas, um deles resvala pelo abismo e pode ser socorrido, o que, no entanto, não acontece, respondem todos pelo crime; se apenas um o salva, os outros aproveitam-se de sua conduta; se for necessária ação conjunta de todos e alguns se recusam, responderão estes pelo delito" (*Direito Penal*, 27ª ed., atualizada por Adalberto José Q. T. de Camargo Aranha, São Paulo, Saraiva, 1995, v. II, p. 97). A nosso ver, a diferença entre autoria colateral e coautoria é sutil e, na prática, não ostenta maior relevância jurídica, salvo casos excepcionais, como no crime de furto qualificado, cometido mediante o concurso de duas ou mais pessoas (art. 155, § 4º, IV, do CP). Além de Magalhães Noronha, também admitem a coautoria: PAULO JOSÉ DA COSTA JR. (*Comentários ao Código Penal*, 6ª ed., São Paulo, Saraiva, 2000, p. 411), JULIO FABBRINI MIRABETE (*Código Penal Interpretado*, São Paulo, Atlas, 1999, p. 753), DAMÁSIO E. DE JESUS (*Direito Penal*, 29ª ed., São Paulo, Saraiva, 2009, p. 184). De modo contrário, GUILHERME DE SOUZA NUCCI entende que o crime de omissão de socorro não comporta coautoria, por ser "unissubjetivo (que pode ser praticado por um só agente)" (*Código Penal Comentado*, São Paulo, Revista dos Tribunais, 2000, p. 361).

- **Formas qualificadas:** Em vista do resultado lesão corporal grave ou morte (preterdoloso), desde que o agente tenha culpa por tal resultado (CP, art. 19).

- **Classificação:** Crime comum quanto ao sujeito, doloso (com elemento subjetivo do tipo), preterdoloso (na figura qualificada), de perigo concreto ou presumido (conforme o caso), omissivo puro, instantâneo ou, às vezes, permanente.

- **Concurso de crimes:** Não há quando a situação foi dolosamente provocada pelo agente; se culposamente provocada, a figura será a dos arts. 121, §§ 3º e 4º, ou 129, §§ 6º e 7º, do CP, sem concurso com as penas deste art. 135.

- **Trânsito:** Tratando-se de omissão de socorro praticada por condutor de veículo em acidente de trânsito, a punição é mais severa (detenção, de seis meses a um ano ou multa), punindo-se o motorista que omite socorro *ainda que a sua omissão seja suprida por terceiros,* conforme o art. 304 da Lei n. 9.503/97.

- **Idoso:** Se a vítima é idoso, e o sujeito ativo tem ciência dessa circunstância, poderá haver a configuração do art. 97 da Lei n. 10.741/2003, que possui pena mais grave (detenção de seis meses a um ano, e multa).

- **Hospitais e pronto-socorros:** Caso haja a exigência de cheque, caução, nota promissória ou qualquer garantia, bem como o preenchimento prévio de formulários administrativos, como condição para o atendimento, o crime será o do art. 135-A do CP, mais gravemente apenado. Em hipóteses especiais, o comportamento pode encontrar tipificação nos arts. 133 ou 134 do CP.

- **Pena:** A da figura *simples* (art. 135, *caput*) é *alternativa*: detenção, de um a seis meses, ou multa. Nas *qualificadas* (parágrafo único), resultando lesão grave é aumentada de metade e, sobrevindo a morte, triplicada.

- **Ação penal:** Pública incondicionada.

Jurisprudência

- **Sujeito ativo:** O sujeito ativo do delito do art. 135 pode ser qualquer pessoa, mesmo que não tenha o dever jurídico de prestar assistência (STF, *RTJ* 88/459).

- **Dolo:** O delito do art. 135 não pode ser punido a título de culpa, pois pressupõe a existência do dolo de não socorrer (TACrSP, *RT* 580/357, *Julgados* 73/313). "O crime de omissão de socorro pressupõe a existência de dolo de não socorrer, de vontade consciente para que a pessoa em perigo iminente não seja salva" (TACrSP, *RT* 486/293)

- **Conhecimento:** É essencial que o agente tenha consciência do perigo em que está a vítima; não se pune quem, por culpa ou imperícia, não avalia a gravidade desse perigo (TACrSP, *Julgados* 77/325). É preciso que o agente saiba que a vítima está necessitando de socorro (TJSP, *RT* 568/262).É necessário que o agente tenha conhecimento de que a pessoa está em grave e iminente perigo (TACrSP, *RT* 525/378). Basta que a vítima esteja *ferida*, não sendo necessária a gravidade dos ferimentos (TACrSP, *RT* 520/397). O estado febril de criança não caracteriza o iminente perigo, de modo que a conduta de médico que deixa de atendê-la, por estar em greve, constitui indiferente penal, embora reprovável (TACrSP, *RJDTACr* 17/125).

- **Auxílio prestado por outrem:** Não se configura o crime se a vítima é socorrida, em seguida, por outras pessoas que *estavam no local* (TACrSP, *RJDTACr* 1/144, *RT* 588/336). A assistência eficiente prestada por *um dos presentes* exime os demais, *salvo* quando é necessária a ajuda de mais pessoas (TACrSP, *RT* 519/402). É irrelevante se a vítima foi socorrida *posteriormente* por terceiro (TACrSP, *RJDTACr* 20/132, *RT* 710/299).

- **Recusa de transporte:** Pratica o crime quem recusa transportar em seu veículo, para ser socorrida, pessoa gravemente ferida (TACrSP, *RT* 522/398). A alegação de estar com pressa não exime quem recusa (TACrSP, *RT* 529/369). Não configura, se a vítima já estava socorrida por policial que pôde, logo depois, transportá-la ao hospital (TACrSP, *RT* 447/415).

- **Delito omissivo:** Só o comportamento negativo, e não o positivo, pode configurar o art. 135 (TACrSP, *RT* 526/382).

- **Demora em socorrer:** Pode configurar (TJSC, *RT* 541/426).

- **Consumação:** Se o agente abandona a vítima ferida, sem ninguém no local para socorrê-la, o delito estará consumado, ainda que depois retorne ao lugar, quando a vítima já fora socorrida por pessoas que chegaram posteriormente (TACrSP, *Julgados* 72/245).

- **Omissão do próprio causador:** Não pode ser agente quem, dolosa ou culposamente, causou os ferimentos na vítima (TACrSP, *RT* 521/433; TJRJ, *RT* 637/290).

- **Atropelamento sem culpa:** Pode configurar-se a omissão de socorro em caso de atropelamento *sem* culpa (H. Fragoso, *Jurisprudência Criminal*,1979, v. II, n. 372; TACrSP, *Julgados* 88/213, 69/397).

- **Concurso de crimes:** O delito do art. 135 do CP não pode subsistir junto com as figuras dos arts. 129, § 7º, ou 121, § 3º, do CP (TARS, *RT* 609/386;TACrSP, *RT* 501/ 313).

- **Risco pessoal:** Não há crime se o agente deixa de dar assistência em razão de correr risco pessoal (TACrSP, *RT* 605/370; TJSP, *RT* 655/286). O simples temor de represália, mas sem justificativa alguma, não exime (TACrSP, *Julgados* 69/397). Há necessidade de comprovação de que o temor de risco pessoal tenha fundamento (TACrSP, *RJDTACr* 21/248).

- **Em casos de falta de assistência médica:** Configura o crime deste art. 135 a conduta de médico que recusa assistência a doente grave, a pretexto de falta de pagamento de honorários ou da inexistência de convênio (TACrSP, *Julgados* 83/321), bem como da falta de vaga, mesmo que verdadeira (TAMG, *RJTAMG* 54-55/550). Comete omissão de socorro o médico que alega estar de folga, quando não há outro médico na cidade (TACrSP, *RT* 516/347), ou que exige depósito prévio para tratar de ferido sem recursos (TJSC, *RT* 511/427), ou, ainda, que recusa atendimento em razão do número de consultas já feitas (TACrSP, Ap. 915.441, j. 25.5.95, *Bol. AASP* n. 1.934). Configura a conduta da enfermeira que não atende criança, por não manter a empregadora do genitor convênio com o hospital (TACrSP, *RT* 512/389). Caracteriza-se o delito, no caso de enfermeiro que deixa de prestar socorro a enfermo, vindo este a falecer, sendo irrelevante o fato do agente estar fora de seu turno de trabalho (TACrSP, *RJDTACr* 17/123). Não há crime, se a recusa foi por não possuir o hospital aparelhamento necessário ao socorro, mas o médico indicou outro hospital (TACrSP, *RT* 512/381). Também não há, se a vítima necessitava de tratamento especializado, impossível de ser ministrado naquele hospital (TACrSP, *RT* 514/386). Se a atendente não viu o ferido, não houve crime, pois é necessária segura consciência do perigo a que esteja dolosamente contribuindo (TACrSP, *RT* 517/361). Simples recepcionista de hospital não é funcionária com capacidade de perceber se o doente precisa de socorro imediato e se encontra em iminente perigo de vida (TACrSP, *RT* 542/373). Comete homicídio culposo e não omissão de socorro o médico plantonista que, negligenciando no atendimento ao paciente, com o qual sequer manteve contato, limitando-se a receitar-lhe medicamento por intermédio da enfermeira, contribui eficazmente para a sua morte (TACrSP, *RT* 521/432).

- **Figura qualificada:** Não se aplica o parágrafo único, se a morte era inevitável e não foi resultante da omissão (TACrSP, *Julgados* 72/245,68/389). Para que se configure a qualificadora, basta tão somente a existência da possibilidade de que a atuação do agente poderia evitar o evento letal (TAMG, *mv – RJTAMG* 51/296; TACrSP, *mv – RT* 636/301). Incide a qualificadora, se o médico deixou de fornecer ambulância para a transferência do doente que, transportado por terceiros, veio a morrer (TACrSP, *mv – RT* 702/348). Para a forma qualificada, não importa o número de mortes decorrentes da omissão (caso do *Bateau Mouche*) (STF, HC 67.950, *DJU* 27.4.90, p. 3425).

CONDICIONAMENTO DE ATENDIMENTO MÉDICO-HOSPITALAR EMERGENCIAL

Art. 135-A. Exigir cheque-caução, nota promissória ou qualquer garantia, bem como o preenchimento prévio de formulários administrativos, como condição para o atendimento médico-hospitalar emergencial:

Pena – detenção, de 3 (três) meses a 1 (um) ano, e multa.

Parágrafo único. A pena é aumentada até o dobro se da negativa de atendimento resulta lesão corporal de natureza grave, e até o triplo se resulta a morte.

- **Alteração:** Artigo acrescentado pela Lei n. 12.653, de 28.5.2012.
- **Transação:** Cabe no *caput* e na primeira parte do parágrafo único (lesão grave), preenchidos os requisitos do art. 76 da Lei n. 9.099/95.
- **Suspensão condicional do processo:** Cabe no *caput* e em qualquer das hipóteses do parágrafo único (lesão grave ou morte) (art. 88 da Lei n. 9.099/95).

Condicionamento de atendimento médico-hospitalar emergencial

- **Noção:** Em boa hora optou o legislador por punir esta conduta, com penas mais altas do que as previstas para o crime de omissão de socorro do art. 135. O rigor se faz necessário diante dos constantes abusos praticados por estabelecimentos médicos (hospitais e pronto-socorros) que vinham condicionando o atendimento emergencial à apresentação de garantias financeiras. Visando esclarecer os pacientes e seus acompanhantes sobre a existência deste novo tipo penal, a Lei n. 12.653/2012, que acrescentou ao Código Penal este art. 135-A, obriga, em seu art. 2º, os estabelecimentos de saúde que realizem atendimento médico-hospitalar emergencial a afixar, em local visível, cartaz ou equivalente informando sobre novo crime. Diante da crescente mercantilização da medicina, é mesmo *lamentável* que se tenha chegado à necessidade de haver uma tipificação penal nesse sentido, sendo o primeiro dever dos médicos salvar vidas humanas.

Art. 135-A, caput

- **Objeto jurídico:** A preservação da vida e da saúde da pessoa.
- **Sujeito ativo:** Os responsáveis pela recepção do hospital ou pronto-socorro, o médico plantonista e os superiores hierárquicos, como o diretor clínico, que tenha dado essa orientação. Sujeito passivo: Qualquer pessoa.
- **Tipo objetivo:** O núcleo previsto é *exigir*, quem tem o sentido de impor, ordenar. O objeto material é o *cheque-caução* (pré-datado), *nota promissória* ou *qualquer garantia* (documento em que se assume o compromisso de ressarcir ou pagar por serviço a ser prestado), como – exemplifica a lei – o *preenchimento de formulários administrativos*. A exigência é feita *como condição* para o atendimento médico-hospitalar *emergencial*

(elemento normativo do tipo). Caso não haja emergência no atendimento, não haverá o crime. O erro quanto à emergência do atendimento poderá excluir o delito (CP, art. 20).

- **Tipo subjetivo:** É o dolo, ou seja, a vontade livre e consciente de fazer a exigência como condição de atendimento, sabendo ser ele emergencial. Para a doutrina tradicional é o dolo genérico, inexistindo punição a título de culpa.

- **Consumação:** Com a simples exigência, independentemente da sua aceitação pelo sujeito passivo. Trata-se de crime formal, que se consuma ainda que, após a exigência de caução e a negativa de sua prestação, o paciente venha a final ser atendido

- **Tentativa:** Não é possível, por ser a conduta unissubsistente.

- **Concurso de pessoas:** Pode haver coautoria ou participação.

- **Causas de aumento de pena:** Se da negativa em atender resulta lesão grave (art. 129, § 1º, do CP), aumentam-se as penas até o dobro; embora a lei não se refira à lesão gravíssima, assim conceituada pela doutrina (art. 129, § 2º, do CP), por imperativo lógico ela se inclui na mesma causa de aumento. Se acarreta morte, aumentam-se até o triplo.

- **Confronto com o crime de omissão de socorro:** Caso, em face da não aceitação da exigência por parte do sujeito passivo, o socorro seja negado, entendemos que o crime do art. 135 do CP estará absorvido pelo do art. 135-A, mais gravemente apenado, inclusive com aumento de pena se houver lesão corporal grave ou morte.

- **Penas:** Detenção, de três meses a um ano e multa no *caput*, podendo ser dobrada ou triplicada no parágrafo único.

- **Ação penal:** Pública incondicionada.

MAUS-TRATOS

Art. 136. Expor a perigo a vida ou a saúde de pessoa sob sua autoridade, guarda ou vigilância, para fim de educação, ensino, tratamento ou custódia, quer privando-a de alimentação ou cuidados indispensáveis, quer sujeitando-a a trabalho excessivo ou inadequado, quer abusando de meios de correção ou disciplina:

Pena – detenção, de 2 (dois) meses a 1 (um) ano, ou multa.

§ 1º Se do fato resulta lesão corporal de natureza grave:

Pena – reclusão, de 1 (um) a 4 (quatro) anos.

§ 2º Se resulta a morte:

Pena – reclusão, de 4 (quatro) a 12 (doze) anos.

§ 3º Aumenta-se a pena de um terço, se o crime é praticado contra pessoa menor de 14 (catorze) anos.

- **Alteração:** § 3º acrescentado pela Lei n. 8.069, de 13.7.90 (Estatuto da Criança e do Adolescente).

- **Transação:** Cabe no *caput* e no *caput* c/c o § 3º, preenchidos os requisitos do art. 76 da Lei n. 9.099/95.

- **Suspensão condicional do processo:** Cabe no *caput*, no *caput* c/c o § 3º, e no § 1º (art. 86 da Lei n. 9.099/95).

Maus-tratos

- **Objeto jurídico:** A incolumidade da pessoa humana. Visa-se, notadamente, à repressão dos abusos correcionais.

- **Sujeito ativo:** É *próprio*. Só pode ser agente quem tem o sujeito passivo sob sua autoridade, guarda ou vigilância, para fim de educação, ensino, tratamento ou custódia.

- **Sujeito passivo:** Somente a pessoa que se encontra sob aquela subordinação.

- **Tipo objetivo:** A conduta de expor a perigo a vida ou a saúde da pessoa vítima de maus-tratos pode ser praticada de várias formas: *privação* (absoluta ou relativa) *de alimentação* ou *de cuidados indispensáveis; sujeição a trabalho excessivo ou inadequado; abuso de meios* (físicos ou morais) *correcionais ou disciplinares.* A prática de mais de uma delas contra o mesmo ofendido constitui crime único. A mulher não pode ser sujeito passivo em relação ao marido, nem vice-versa, porquanto não há entre eles vínculo subordinativo. Quanto ao *perigo* à vida ou à saúde, deve ser *concreto* e não presumido. Resultando lesão corporal leve, esta é absorvida pelo art. 136, *caput*.

- **Lei da Palmada:** A Lei n. 8.069/90 (Estatuto da Criança e do Adolescente), alterada pela Lei n. 13.010/2014 (Lei da Palmada), proíbe, em seu art. 18-A, que sejam aplicados castigos sobre a criança ou adolescente que resultem em sofrimento físico, lesão, tratamento cruel ou degradante, humilhação, ameaça grave ou ridicularização.

- **Tipo subjetivo:** Dolo de perigo, direto ou eventual. Para a escola tradicional, "dolo específico" (Hungria, *Comentários ao Código Penal*, 1958, v. V, p. 453) ou "genérico" (Custódio da Silveira, *Direito Penal*, 1973, p. 202). Inexiste forma culposa.

- **Consumação:** Com a exposição a perigo, de que decorra probabilidade de dano (*perigo concreto*). Nas duas primeiras formas (de privação) pode ser permanente; nas demais, é instantâneo.

- **Tentativa:** Admite-se nas modalidades comissivas.

- **Figuras qualificadas:** Quando da exposição resulta (preterdolo) lesão grave (§ 1º) ou morte (§ 2º), causada, ao menos, por culpa do agente.

- **Agravantes:** Não devem incidir as do art. 61, II, *e*, *f* e *h*, quando já integrarem o próprio tipo.

- **Aumento de pena:** Se a vítima for menor de 14 anos, aumenta-se a pena de um terço (§ 3º).

- **Classificação:** Delito próprio quanto ao sujeito, doloso, preterdoloso nas figuras qualificadas, de ação múltipla, de perigo concreto, comissivo ou omissivo, instantâneo ou permanente.

- **Confronto com o crime de tortura:** Caso o agente submeta pessoa sob sua guarda, poder ou autoridade, com o emprego de violência ou grave ameaça, a *intenso* sofrimento físico ou mental, como forma de aplicar castigo pessoal ou medida de caráter preventivo, *vide* art. 1º, II, da Lei n. 9.455/97, que prevê o crime de tortura, punido com pena de reclusão de dois a oito anos.

- **Confronto com o Estatuto do Idoso:** Se a vítima é idoso, sendo submetido a condições desumanas ou degradantes, ou privado de alimentos e cuidados indispensáveis, quando o agente é obrigado a fazê-lo, ou sujeito a trabalho excessivo ou inadequado, art. 99 da Lei n. 10.741/2003.

- **Pena:** É *alternativa*, na forma simples (*caput*): detenção, de dois meses a um ano, ou multa. Se resulta lesão grave: reclusão, de um a quatro anos (§ 1º). Se resulta *morte*: reclusão, de quatro a doze anos (§ 2º).

- **Ação penal:** Pública incondicionada.

Jurisprudência

- **Vínculo subordinativo:** Mulher casada ou filho maior de idade não podem ser sujeito passivo de maus-tratos aplicados pelo marido ou pai, pois entre eles inexiste relação jurídica de subordinação (TARS, *RT* 577/425). Situação semelhante ocorre com relação à filha de amásio ou companheiro, pois não há poder correcional (TACrSP, *Julgados* 87/290). *Contra, em parte*: Amásio da mãe da vítima pode ser sujeito ativo, *se restar comprovado* que, na ocasião dos fatos, encontrava-se a ofendida sob sua autoridade, guarda e vigilância (TACrSP, *RJDTACr* 17/119).

- **Consumação:** Tratando-se de crime de perigo, não é necessário à configuração deste art. 136 a ocorrência de dano, mas simplesmente que ocorra o perigo de dano à saúde física ou mental (TACrSP, *RJDTACr* 20/229).

- **Motivação do agente:** Para a configuração do crime deste art. 136, é necessário que a ação do agente tenha sido motivada pela vontade de corrigir ou disciplinar, não se caracterizando o crime se as agressões foram motivadas por ciúmes doentio do réu (TJMG, *RT* 781/641).

- **Distinção entre maus-tratos e homicídio:** Configura o crime de maus-tratos com resultado morte, e não o de homicídio, a conduta dos pais que privam o filho de alimentação e cuidados indispensáveis, se não demonstrada nos autos a intenção de matar (TJRO, *RT* 757/641). O pai que se excede nos castigos corporais, ocasionando a morte do filho, responde por maus-tratos na forma qualificada, e não por homicídio (TJMG, *RT* 779/632).

- **Distinção entre maus-tratos e lesão corporal:** Distingue-se do crime de lesão corporal por ser este de dano, enquanto o do art. 136 do CP é de perigo (TACrSP, *RT* 412/284).

- **Distinção entre maus-tratos e tortura:** A questão dos maus-tratos e da tortura deve ser resolvida perquirindo-se o elemento volitivo. Se o que motivou o agente foi o desejo de corrigir, embora o meio empregado tenha sido desumano e cruel, o crime é de maus-tratos. Se a conduta não tem outro móvel senão o de fazer sofrer, por prazer, ódio ou qualquer outro sentimento vil, então pode ela ser considerada tortura (TJSP, *RJTJSP* 148/280). Para que se configure o delito de maus-tratos é necessária a demonstração de que os castigos infligidos tenham por fim a educação, o ensino, o tratamento ou a custódia do sujeito passivo; caso o propósito seja o de causar sofrimento, a conduta encontra melhor adequação típica no crime de tortura (art. 1º, II, da Lei n. 9.455/97) (STJ, CComp 102.833, j. 26.8.2009, *DJe* 10.9.2009).

- **Punição exagerada:** Se a conduta foi praticada dentro dos limites do direito de correção, mantém-se a absolvição (TJSE, Ap. 0484/2012, Câmara Criminal, rel. Des. Edson Ulisses de Melo, j. 29.5.2012, *in Bol. AASP* n. 2.825, p. 12). Para a tipificação do crime, não basta o uso de meios de correção, pois é necessário que tenha havido abuso deles, capaz de expor a perigo a vida ou a saúde da vítima (TACrSP, *RT* 587/331). Configura o delito a punição exagerada, o corretivo imoderado ou abusivo (TACrSP, *Julgados* 66/326; *RT* 788/615). Na correção, só é punível o abuso de que resulte perigo para a saúde ou para a vida (TACrSP, *Julgados* 66/382). Comete a mãe que, a título de castigo, obriga filho menor a trabalhar além de suas forças (TAPR, *RT* 540/371), ou o pai que bate na filha com vara de marmelo, causando-lhe lesões corporais leves (TACrSP, *RT* 637/275). Igualmente quem bate no filho com pedaço de mangueira, causando-lhe lesões corporais (TAMG, *RT* 721/515), ou ainda quem, habitualmente e por infrações veniais, bate em criança com "corda com argola na ponta" (TACrSP, *RJDTACr* 20/122).

- **Menor desnutrido:** Quando não for possível a determinação de até onde foi a mãe responsável pelo estado de desnutrição do filho, é inadmissível a sua condenação (TACrSP, *RJDTACr* 20/122-123).

- **Curador:** Pratica o crime de maus-tratos o agente que expõe sua curatelada, pessoa com problemas mentais, a perigo de vida e saúde, privando-a de sua alimentação e medicação (TACrSP, *RT* 815/607).

- **Agravante de ser a vítima menor:** Há divergência quanto à incidência, ou não, do art. 61, II, *h*: *a*. Não se aplica, pois é elementar do delito (TJSP, *RT* 580/344). *b*. A agravante pode incidir, já que não é elementar (TJSP, *RT* 586/286).

- **Agravante de ser a vítima descendente do agente:** Não se aplica a agravante do art. 61, II, *e*, pois o parentesco se constitui em elemento do tipo (TACrSP, *RJDTACr* 21/245).

- **Nível social:** O fato de o pai ser humilde e rude não justifica o delito, mas permite que se opte pela sanção mais branda (TACrSP, *Julgados* 68/306). Na correção aplicada pelos pais deve-se ter em conta o nível social da família, pois os limites do direito de corrigir são elásticos (TACrSP, *Julgados* 77/187).

■ **Castigo corporal em escola ou orfanato:** Tapa no rosto da aluna configura, pois os castigos corporais são inadmissíveis na disciplina escolar (TACrSP, *RT* 376/248). Não pratica o crime do art. 136, § 3º, o professor que, para manter a disciplina, dá um tapa e um empurrão em aluno menor de 14 anos que brigava com colega, aplicando-se, também, o princípio da insignificância (TACrSP, *RT* 725/613). Palmadas esporádicas, dadas por responsável e governanta de entidade beneficente que recolhia crianças abandonadas, não podem ser consideradas meio de correção abusivo (TACrSP, *RJDTACr* 21/247). Pratica a diretora de escola que, para castigar aluno de 9 anos que colocara uma formiga no braço de um colega, faz com que este, na presença de outros alunos, coloque no próprio corpo, para ser picado, quarenta e oito insetos (TACrSP, *RJDTACr* 20/229).

■ **Absorção:** *a. Com relação às lesões corporais:* salvo haja ânimo autônomo de ferir, o art. 136, *caput,* do CP absorve o crime do art. 129, *caput* (TACrSP, *Julgados* 82/361,81/344,80/468). Não há absorção, se a lesão grave resultou de ação e desígnio autônomos (TJSP, *RJTJSP* 94/437). *b. Com relação ao delito de cárcere privado:* o delito do art. 136 absorve o de cárcere privado, cometido com finalidade corretiva (TJSC, *RT* 607/343).

Capítulo IV
DA RIXA

RIXA

Art. 137. Participar de rixa, salvo para separar os contendores:

Pena – detenção, de 15 (quinze) dias a 2 (dois) meses, ou multa.

Parágrafo único. Se ocorre morte ou lesão corporal de natureza grave, aplica-se, pelo fato da participação na rixa, a pena de detenção, de 6 (seis) meses a 2 (dois) anos.

■ **Transação:** Cabe, no *caput* e no parágrafo único, preenchidos os requisitos do art. 76 da Lei n. 9.099/95.

■ **Suspensão condicional do processo:** Também cabe, no *caput* e no parágrafo único, atendidas as condições do art. 89 da Lei n. 9.099/95.

Rixa

■ **Noção:** Rixa é a luta entre três ou mais pessoas, com violências físicas recíprocas.

■ **Objeto jurídico:** A incolumidade pessoal.

■ **Sujeitos ativo e passivo:** É crime coletivo bilateral ou recíproco (*de concurso necessário*). As pessoas que se agridem mutuamente são sujeitos ativos e passivos, ao mesmo tempo.

■ **Tipo objetivo:** A ação é *participar* (tomar parte). A briga deve ser com violência material (não bastam as ofensas verbais), mas é desnecessário o contato físico entre os participantes, como na hipótese de arremesso de objetos. A rixa pode ser imprevista ou adrede combinada, como entendem alguns autores (*contra:* TACrSP, *RT* 426/397). O número de participantes deve ser no mínimo *três*, ainda que algum deles não possa ser identificado; esse número pode ser eventualmente integrado por inimputável (Heleno Fragoso, *Lições de Direito Penal – Parte Especial*, 1995, v. I, p. 123; Custódio da Silveira, *Direito Penal*, 1973, p. 209; Damásio de Jesus, *Direito Penal*, 29ª ed., São Paulo, Saraiva, 2009, v. 2, p. 196; Júlio Mirabete, *Manual*, 1986, v. II, p. 127). As agressões devem ser recíprocas; assim, não incide no tipo quem intervém para separar. A jurisprudência entende que não há rixa quando a posição dos contendores é bem definida. O perigo, a nosso ver, deve ser considerado concretamente (perigo concreto).

- **Tipo subjetivo:** Dolo de perigo. Para a escola tradicional, "dolo específico" (*animus rixandi*). Não há forma culposa.

- **Legítima defesa:** Exclui a ilicitude, podendo verificar-se no início ou no decorrer da rixa.

- **Consumação:** Quando surge o perigo decorrente da violência; ainda que um dos agentes se afaste durante a rixa, o delito estará consumado para ele.

- **Tentativa:** É praticamente impossível sua configuração.

- **Concurso de crimes:** A nosso ver, há concurso *formal* com lesões corporais (se identificado o autor destas). Apenas absorve a contravenção de vias de fato (LCP, art. 21). Há, no entanto, jurisprudência entendendo ser o concurso *material*.

- **Figura qualificada (parágrafo único):** Se ocorre lesão grave ou morte (preterdolo), a menos que o resultado seja decorrente de caso fortuito (CP, art. 19). Na figura qualificada incidem todos os rixosos, até mesmo o que sofreu lesão. Se identificado o causador da lesão grave ou morte, responderá ele pelo art. 129, §§ 1º, 2º ou 3º, em concurso com o art. 137 (há dúvida, na doutrina, se na figura simples ou qualificada).

- **Classificação:** Delito de concurso necessário (*coletivo bilateral*) quanto aos sujeitos, doloso, preterdoloso (na figura qualificada), instantâneo, de perigo concreto, comissivo.

- **Pena:** Na *figura simples*, é *alternativa*: detenção, de quinze dias a dois meses, ou multa. Na *figura qualificada*: detenção, de seis meses a dois anos.

- **Ação penal:** Pública incondicionada.

Jurisprudência

- **Posições definidas:** Quando é possível distinguir a atividade de cada um dos agressores, ou dos grupos em que eles se associam, não há falar-se em rixa (TJSP, *RT* 603/306; TACrSP, *RJDTACr* 6/144; TAMG, *RT* 619/352; TAPR, *RT* 548/378). A rixa caracteriza-se por certa confusão e pela reciprocidade da agressão, razão pela qual o mero ataque de várias pessoas a outro grupo não a configura (TJSP, *RT* 593/325). Se é definida a posição de cada partícipe da briga, enquadra-se no art. 129 do CP e não neste (TACrSP, *Julgados* 83/269). O fato de haver, inicialmente, dois grupos, não impede a configuração, se a briga foi indiscriminada (TACrSP, *Julgados* 65/201).

- **Imprevista e súbita:** A rixa deve ser imprevista, sem acordo prévio (TACrSP, *Julgados* 78/176,65/269). A rixa pode ter sido preordenada, mas não se tipifica sem que tenha havido luta tumultuosa, indiscriminada, sem divisão entre grupos distintos (TACrSP, *mv – Julgados* 65/390). Não se caracteriza a rixa se os acusados já se provocavam e desafiavam há dias (TACrSP, *RT* 426/397).

- **Número de participantes:** O fato de um dos contendores ter morrido, e de outro ser menor, não afasta o número que a lei exige (TAPR, *RT* 584/420).

- **Rixa qualificada:** Não se exime da pena da rixa qualificada o participante que sofreu a lesão grave (TJRJ, *RT* 550/354; TACrSP, *RT* 423/390). Desclassifica-se para simples, se não há prova segura da gravidade da lesão (TJSP, *RT* 601/322).

- **Concurso de crimes:** Há concurso material quanto ao participante que comete lesões graves (TJRS, *RF* 260/342). Na hipótese de lesão corporal seguida de morte, durante a rixa, o autor dela responde pelo art. 129, § 3º, em concurso com rixa, mas esta na forma simples (TJSP, *RT* 532/337). *Contra*: O concurso é com rixa qualificada (TJRJ, *RT* 550/354).

- **Agressão verbal:** Inexiste rixa se a agressão não passa do terreno verbal (TACrSP, *RT* 427/374).

- **Legítima defesa:** A legítima defesa pode ocorrer na rixa, quando o agente que a invoca cumpre os requisitos da excludente (TJSC, *JC* 69/490-1). "A agressão somente resultará em rixa quando a reação se operar fora das condições objetivas da legítima defesa, *excedendo-se os defensores* por espírito de vingança ou prepotência (Hungria)" (TJDF, Ap. 11.293, *DJU* 11.9.91, p. 21890). Não pode alegar quem agride terceiro, que, comprovadamente, nela ingressara para retirar seu irmão da rixa (TJSC, *RT* 626/338).

Capítulo V
DOS CRIMES CONTRA A HONRA

■ **Liberdade de imprensa e preceitos constitucionais:** A liberdade de imprensa é fundamental à existência de todo Estado Democrático de Direito, onde é dada ao cidadão plena liberdade para se manifestar. Com efeito, a Carta Magna, em seu art. 5º, IV, estipula, entre os direitos e garantias individuais, ser "livre a manifestação do pensamento", vedando, todavia, "o anonimato". No inciso IX deste artigo estatui ser "livre a expressão de atividade intelectual, artística, científica e de comunicação, independentemente de censura e licença". No inciso XIV do mesmo dispositivo estabelece ser "assegurado a todos o acesso à informação e resguardado o sigilo da fonte, quando necessário ao exercício profissional". Por outro lado, o legislador constituinte se preocupou em expressamente tutelar outros direitos, não menos fundamentais à Democracia, atinentes à inviolabilidade da intimidade, vida privada, honra e imagem das pessoas, consoante reza o inciso X, prevendo neste mesmo inciso "o direito à indenização pelo dano material ou moral decorrente de sua violação". Aliás, os direitos garantidos no inciso X decorrem do próprio valor da dignidade do ser humano, assegurado no art. 1º, 111, da Magna Carta. A justa preocupação com o resguardo desses valores é tamanha, que a mencionada ressalva, constante do inciso X do art. 5º, já havia sido referida no inciso V deste mesmo artigo, que assegura a todos o "direito de resposta, proporcional ao agravo, além da indenização por dano material, moral ou à imagem". Buscando, na prática, realizar a árdua tarefa de balancear esses valores, a Lei de Imprensa, recepcionada em sua maior parte pela nova ordem constitucional, estabelece critérios para punir abusos decorrentes da liberdade de imprensa, já que, em qualquer Estado Democrático de Direito, liberdade e responsabilidade são valores indissociáveis.

■ **Liberdade de Imprensa e Democracia:** Como escreveu José Paulo Cavalcanti Filho, "uma imprensa verdadeiramente democrática deve ter não apenas a mais ampla liberdade de informar, como também a mais ampla responsabilidade no exercício dessa liberdade" (Os meios (de comunicação) justificam os fins?", in *Folha de S.Paulo*, edição de 26.9.1997). A propósito, escreve Blackstone, lembrado por Renato Nalini ao relatar acórdão proferido pelo TACrSP: "'A liberdade de imprensa é na verdade essencial à natureza de um Estado livre; mas ela consiste em não impor restrições prévias às publicações, não na isenção de censura por fatos criminosos depois de feita a publicação. Todo homem livre tem um indiscutível direito a expor o que sente ante o público; proibi--lo equivaleria a suprimir a liberdade de imprensa, mas se alguém publica o que é inapropriado, maligno ou ilegal, deve sofrer as consequências de sua própria temeridade' (Blackstone, Livro IV, cap. 11, in Arthur E. Sutherland, *De la Carta Magna a la Constitución Norte-americana – Ideas Fundamentales sobre Constitucionalismo*, Buenos Aires, TEA – Tipográfica Editora Argentina, 1972, p. 158)" (in *RT* 746/601-606). Discorrendo sobre a importância da liberdade de imprensa, Rui Barbosa escreveu: "A imprensa é a vista da nação. Por ela é que a nação acompanha o que lhe passa ao perto e ao longe, enxerga o que lhe mal fazem, devassa o que lhe ocultam e tramam, colhe o que sonegam ou roubam, percebe onde alvejam ou nodoam, mede o que lhe cerceiam ou destroem, vela pelo que lhe interessa, e se acautela do que a ameaça" (A Imprensa e o Dever da Verdade, apud Juiz Walter Guilherme, ao relatar acórdão do TACrSP, publicado na *RT* 729/581). E, quanto ao papel do jornalista, aduziu o grande Rui: "Cada jornalista é, para o comum do povo, ao mesmo tempo, um mestre de primeiras letras e um catedrático de democracia em ação, um advogado e um censor, um familiar e um magistrado. Bebidas com o primeiro pão do dia, as suas lições penetram até o fundo das consciências inespertas, onde vão elaborar a moral usual, os sentimentos e os impulsos, de que depende a sorte dos governos e das nações" (apud Gul00 FIDÉLIS, Crimes de Imprensa, São Paulo, Sugestões Literárias, 1977, p. 9). Mas, a respeito do prestígio da imprensa, Joaquim Nabuco advertiu: "Uma das maiores burlas de nossos tempos terá sido o prestígio da imprensa. Atrás do jornal, não vemos escritores compondo a sós seu artigo. Vemos as massas que vão ler e que, por compartilhar dessa ilusão, o repetirão como se fosse o seu próprio oráculo" (*Pensées Détarchées at Souvenirs*, v. II, tradução de Carolina Nabuco, *apud* Juiz Walter Guilherme, *idem*).

- **Exercício regular de direito, liberdade de imprensa, obras literárias e artísticas:** A divulgação pela imprensa de fatos *verdadeiros*, de *interesse público* e de forma *objetiva* e *serena* é essencial à Democracia, inclusive o chamado *jornalismo investigativo*. Fiandaca e Enzo Musco anotam, com precisão, que "a atividade informativa desenvolvida pelos órgãos de imprensa se traduz, frequentemente, na exposição de fatos lesivos à honra e à reputação de terceiras pessoas, de maneira que aparentariam existir os pressupostos do delito de difamação" (*Derecho Penal, Parte General*, cit., p. 277). Todavia, estando a matéria jornalística inserida nesses limites de *veracidade, interesse público, objetividade* e *serenidade*, o jornalista estará exercendo legítima e *regularmente* o seu direito de informar, estando resguardado tanto na esfera criminal quanto cível. Afinal, é a garantia da livre manifestação do pensamento, de expressão de atividade intelectual, artística, científica e de comunicação, vedando-se a censura (*Magna Carta*, art. 5º, incisos IV e IX; art. 220, §2º), que está a amparar o direito à liberdade de imprensa, modalidade de sua exteriorização. Exercem atividade jornalística não só aqueles que trabalham para grandes veículos de mídia, mas também aquelas pessoas que são proprietárias ou laboram com canais de comunicação digitais na *internet*, que visam apurar e trazer informações de interesse público, veiculando notícias, fazendo reportagens, escrevendo artigos ou realizando entrevistas sobre os fatos que ocorrem na sociedade. Como a eximente demanda o exercício *regular* de direito, não se aplica se houver abuso como o fato da informação ofensiva ser (a) mentirosa (e não ter sido desmentida rapidamente), (b) não possuir interesse público (por exemplo, traduzindo-se em comentário maldoso ou desairoso sobre a vida de alguém), (c) ainda que verdadeira e de interesse público, ser veiculada acompanhada de manifestos excessos, com emprego de adjetivos ofensivos desnecessários, que extrapolam o conteúdo da informação. A depender do caso, poderá se configurar calúnia (que pressupõe ser o fato imputado mentiroso e configurador de crime), difamação (salvo a hipótese de funcionário público, ainda que o fato seja verdadeiro pode haver crime de difamação se não houver interesse público qualquer) ou injúria (que é a imputação ofensiva de opinião acerca de uma pessoa, não de fatos), previstos nos arts. 138, 139 e 140 do CP. Guardadas as proporções, o mesmo raciocínio de exercício regular do direito à livre manifestação do pensamento se aplica às obras literárias escritas por qualquer pessoa, independentemente dela ser jornalista, historiador, cientista político, filósofo, crítico literário etc., caso narrem fatos *verdadeiros*, de *interesse público* e de forma *objetiva* e *serena*, que eventualmente venham a divulgar fatos ofensivos à reputação de alguém. Há, evidentemente, uma colisão de bens jurídicos: o direito à livre manifestação do pensamento e de comunicação *versus* a honra de uma pessoa que venha a ser atingida. Cada caso deverá ser analisado individualmente, para verificar se houve, ou não, excesso do direito à liberdade de expressão diante dos mencionados artigos do Código Penal.

- **Revogação da Lei de Imprensa e o Código Penal:** O fato de o Supremo Tribunal Federal, por seu Pleno, em 30 de abril de 2009, ter declarado inconstitucional a Lei de Imprensa (Lei n. 5.250/67), no julgamento da ADPF 130/DF, fez com que a calúnia, a difamação e a injúria praticadas por meio da imprensa passassem a ser tipificados nos arts. 138, 139 e 140 do CP, o que tornou inclusive mais severa a punição criminal dos jornalistas. Basta lembrarmos que: (*a*) no Código Penal, o prazo decadencial para a representação, nos casos de ação penal pública condicionada, ou para o oferecimento de queixa-crime, é de seis meses, enquanto na revogada Lei de Imprensa era de três meses; (*b*) no Código Penal não se admite exceção da verdade para o crime de difamação, salvo se o ofendido for funcionário público e a ofensa for relativa ao exercício de suas funções, ao contrário do que ocorria na Lei de Imprensa, em que a exceção da verdade era ampla na difamação, desde que o ofendido permitisse a prova; (*c*) no Código Penal, as penas mínimas dos crimes de calúnia, difamação e injúria, com o aumento de pena do art. 141, III, são mais altas do que as que eram previstas na Lei de Imprensa; (*d*) na Lei de Imprensa, havia disposição expressa no sentido de que "o jornalista profissional não poderá ser detido nem recolhido preso antes da sentença transitada em julgado; em qualquer caso, somente em sala decente, arejada e onde encontre todas as comodidades" (art. 66), que não mais existe; (e) na Lei de Imprensa havia disciplina para o direito de retificação ou de resposta, que, inicialmente, devia ser feito através da via extrajudicial; hoje, essa questão encontra-se disciplinada pela Lei n. 13.188/2015.

- Direito de resposta ou retificação: O direito de resposta ou retificação do ofendido em matéria divulgada, publicada ou transmitida por veículo de comunicação social, passou a ser previsto na Lei n. 13.188, de 11.11.15.

CALÚNIA

Art. 138. Caluniar alguém, imputando-lhe falsamente fato definido como crime:

Pena – detenção, de 6 (seis) meses a 2 (dois) anos, e multa.

§ 1º Na mesma pena incorre quem, sabendo falsa a imputação, a propala ou divulga.

§ 2º É punível a calúnia contra os mortos.

EXCEÇÃO DA VERDADE

§ 3º Admite-se a prova da verdade, salvo:

I – se, constituindo o fato imputado crime de ação privada, o ofendido não foi condenado por sentença irrecorrível;

II – se o fato é imputado a qualquer das pessoas indicadas n. I do art. 141;

III – se do crime imputado, embora de ação pública, o ofendido foi absolvido por sentença irrecorrível.

- Audiência de tentativa de conciliação do CPP: Independentemente da pena, na hipótese de a ação penal ser privada, a audiência de conciliação do art. 520 do CPP será sempre necessária.

- Conciliação com composição civil dos danos do JECr: Cabe, tratando-se de ação penal privada ou pública condicionada (art. 145, parágrafo único, c/c o art. 141, I e II, do CP), desde que não incidam nenhum dos aumentos de pena do art. 141 (incisos I a III, bem como §§ 1º e 2º) (arts. 72 a 74 da Lei n. 9.099/95).

- Transação: Cabe, cuidando-se de ação penal pública condicionada ou privada (art. 145, parágrafo único, c/c o art. 141, I e II, do CP), desde que não incidam nenhum dos aumentos de pena do art. 141 (incisos I a III, bem como §§ 1º e 2º) e estejam presentes os demais requisitos dos arts. 72 a 74 da Lei n. 9.099/95.

- Suspensão condicional do processo: Cabe, nas hipóteses de ação penal privada ou pública condicionada (art. 145, parágrafo único, c/c o art. 141, I e II, do CP), ainda que aumentada a pena de um terço (art. 141, I a III) ou aplicada em dobro (art. 141, § 1º), desde que preenchidos os demais requisitos do art. 89 da Lei n. 9.099/95. Se aplicado o aumento do triplo da pena (art. 141, § 2º), não caberá, pois a pena mínima será superior a 1 (um) ano, atendidas as condições do art. 89 da Lei n. 9.099/95.

- Direito de resposta ou retificação: A Lei n. 13.188, de 11.11.2015, prevê o "direito de resposta ou retificação do ofendido em matéria divulgada, publicada ou transmitida por veículo de comunicação social" (art. 1º), "cujo conteúdo atente, ainda que por equívoco de informação, contra a honra, a intimidade, a reputação, o conceito, o nome, a marca ou a imagem de pessoa física ou jurídica identificada ou passível de identificação" (art. 2º, § 1º). Referida lei, em seu art. 1º, § 1º, dispõe ainda que "O ajuizamento de ação cível ou penal contra o veículo de comunicação ou seu responsável (...) não prejudica o exercício administrativo ou judicial do direito de resposta ou retificação".

Calúnia

- **Noção:** Calúnia é a falsa imputação a alguém de fato tipificado como crime.
- **Objeto jurídico:** A honra *objetiva* (a reputação, o conceito em que cada pessoa é tida).
- **Sujeito ativo:** Qualquer pessoa.
- **Sujeito passivo:** Qualquer pessoa. Também serão ofendidos os de má fama e os irresponsáveis (loucos ou menores); estes últimos apenas não poderão ser vítimas no crime de injúria, caso lhes falte o necessário entendimento. Os *mortos* podem ser caluniados (art. 138, § 2º) e seus parentes serão sujeitos passivos; quanto à difamação e à injúria, há dissensão entre os autores. Com relação à pessoa *jurídica*, há grande controvérsia na doutrina; parte dos autores admite que ela possa ser vítima apenas do delito de difamação. Quanto à calúnia, a partir do momento em que o STF admite a responsabilidade penal da pessoa jurídica em *crimes ambientais*, como entendeu, em acórdão da lavra da Ministra Rosa Weber, que não se faz necessário imputar, concomitantemente, crime à pessoa física de seus diretores para que a pessoa jurídica seja acusada (STF, 1ª T., RE 548.181, j. 6.8.2013, *DJe* 30.10.2014), abre-se a discussão acerca da pessoa jurídica poder, ou não, ser sujeito passivo do crime de calúnia quando houver a falsa imputação de *crime ambiental*, uma vez que a calúnia, a exemplo da difamação, diz também com a honra objetiva. A questão deverá surgir em nossos tribunais, suscitando grandes debates, uma vez que a própria responsabilidade penal da pessoa jurídica é muito tormentosa (cf. nota no art. 29 do CP, sob a rubrica *Responsabilidade penal da pessoa jurídica*).
- **Tipo objetivo:** Duas são as figuras ou formas previstas: *a. imputar* falsamente (art. 138, *caput*); *b. propalar* ou *divulgar*, sabendo falsa (§ 1º). *Imputar* é atribuir; *propalar* é propagar, espalhar; *divulgar* é tornar público, bastando para tanto que se dê conhecimento a *uma* só pessoa, pois não se pode confundir o ato (*divulgar*)com o seu resultado (*divulgação*). O fato deve aparentar ser específico ou determinado. O elemento normativo *falsamente* impõe que o fato seja falso em si ou quanto à autoria atribuída. Note-se que é *presumida* a falsidade da imputação, a menos que se faça prova de sua veracidade. Além de falso, o fato também deve ser definido como *crime* (não basta contravenção). O delito é comissivo e pode ser praticado por qualquer meio, mas a imputação precisa chegar ao conhecimento de pessoa outra que não o ofendido.
- **Tipo subjetivo:** Dolo de dano e o elemento subjetivo do tipo (propósito de ofender). Na figura fundamental, dolo direto ou eventual; no § 1º, só direto. Para os tradicionais, é o fim específico de ofender ("dolo específico"). Há corrente que entende desnecessária a intenção (bastaria o "dolo genérico"). Obviamente, inexiste modalidade culposa.
- **Consumação:** No momento em que chega ao conhecimento de uma terceira pessoa (não basta o próprio ofendido); é crime formal.
- **Tentativa:** Depende do meio usado.
- **Exceção da verdade:** Em determinados casos de crimes contra a honra, o CP admite a exceção da verdade, ou seja, que o agente prove a veracidade do fato que imputou. Ela se processa na forma prevista pelo art. 523 do CPP. Na *calúnia* (CP, art. 138), ela é permitida, salvo três hipóteses expressas, em que é vedada (§ 3º, I a III). Na *difamação* (CP, art.139), ela é de regra incabível, sendo admissível, apenas, quando o ofendido é funcionário público e a ofensa for relativa ao exercício de suas funções (parágrafo único). Em qualquer das hipóteses em que a exceção é facultada, cabe ao magistrado averiguar sua admissibilidade em face da própria lei, não estando obrigado a se restringir à classificação dada aos fatos pelo ofendido. De outra forma, este poderia burlar a previsão legal, mediante o enquadramento da ofensa em figura que não permite a exceção da verdade.
- **Causas de aumento de pena:** *Vide* nota ao art. 141.
- **Extinção da punibilidade da calúnia pela retratação:** *Vide* comentários ao art. 143 do CP.
- **Dubiedade e pedido de explicações:** *Vide* nota ao art. 144.
- **Classificação:** Delito comum quanto ao sujeito, doloso, formal, comissivo e instantâneo.

- **Confronto:** Ao contrário da calúnia, na *difamação* (CP, art. 139) o fato imputado não é definido como crime; na *injúria* (CP, art. 140) não há imputação de fato determinado, mas de qualidade (atinge a honra subjetiva e não a objetiva). Se o agente der causa a instauração de investigação policial ou processo, pode constituir denunciação caluniosa (CP, art.339). Se representar por ato de improbidade contra agente público ou terceiro beneficiário, sabendo-o inocente, pode caracterizar o crime do art. 19 da Lei n. 8.429/92.

- **Concurso de crimes:** A respeito do concurso com delito de imprensa ou informação, *vide* nota ao art. 145 do CP.

- **Pena:** Detenção, de seis meses a dois anos, e multa; pode ser aumentada de um terço ou aplicada em dobro (*vide* nota ao art. 141 do CP).

- **Ação penal:** *Vide* nota ao art. 145 do CP.

- **Parlamentares Federais e Estaduais:** Dispunha o antigo art. 53, § 1º, da CR, que "o indeferimento do pedido de licença, ou a ausência de deliberação, suspende a prescrição enquanto durar o mandato". Com a EC n. 35/2001, que alterou o artigo acima referido, os Deputados Federais e Senadores continuam invioláveis, penalmente, "por quaisquer de suas opiniões, palavras e votos". Todavia, não mais é necessária prévia licença da respectiva Casa Legislativa para o processo dos crimes sem relação com o exercício do mandato. Recebida a denúncia, por crime ocorrido após a diplomação, o STF dará ciência à respectiva Casa, que, pelo voto da maioria de seus membros, poderá, até a decisão final, sustar o andamento da ação (art. 53, § 3º). Neste caso, a sustação do processo suspenderá a prescrição enquanto durar o mandato (art. 53, § 5º) (*vide*, também, nota *Senadores e Deputados Federais*, no art. 100 do CP). Em relação aos Deputados Estaduais, tratamento equivalente deverá ser dispensado, por força do art. 27, § 1º, da CR.

- **Vereadores:** Os Vereadores são invioláveis por suas opiniões, palavras e votos, no exercício do mandato e na circunscrição do Município, nos termos do art. 29, VIII, da CR.

Jurisprudência

- **Sujeito passivo – pessoa jurídica:** A pessoa jurídica não pode ser vítima do delito de calúnia (STF, RHC 64.860, *DJU* 30.4.87, p. 7650; STJ, 5ª T, HC 29.861/SP, rel. Min. Gilson Dipp, *DJ* 25.2.2004; TARS, *RT* 686/373; TACrSP, *RJDTACr* 19/203), mas pode sê-lo do delito de difamação (STF, *RTJ* 113/88; TACrSP, *RJDTACr* 21/122,17/72). Todavia, a imputação da prática de crime a pessoa jurídica gera legitimidade *do sócio gerente* para a queixa-crime por calúnia (STF, 1ª T., RHC 83.091, rel. Min. Marco Aurélio, *DJ* 26.9.2003, p. 13). A pessoa jurídica pode ser vítima de injúria (TACrSP, *RT* 776/609) e de difamação (TRF da 1ª R., Ap. 1.011, *DJU* 30.4.90, p. 8226). Não pode ser vítima de injúria nem de calúnia, mas sim de difamação (TACrSP, *RT* 631/317), uma vez possuir honra objetiva, ou seja, gozar de reputação perante o corpo social, da qual depende evidentemente a atividade econômica por ela desenvolvida (TJSP, RSE 0004020-80.2013.8.26.0001, j. 27.3.2014). *Contra*: Não pode, nem no crime de difamação (STJ, REsp 603.807/RN, j. 7.10.2004, *Bol. AASP* n.-2.459 p. 1159; *RT* 785/552, 776/533; TACrSP, *RT* 775/615).

- **Audiência de reconciliação:** Em crimes contra a honra, constitui condição de procedibilidade da ação penal (TACrSP, *RJDTACr* 21/372). Embora haja previsão legal para realização de audiência preliminar de conciliação quando apresentada queixa, essa hipótese se aplica ao caso de haver a possibilidade de seu recebimento e não de sua rejeição (TRF da 5ª R., *RT* 838/706).

- **Tipo subjetivo:** Para a configuração do crime de calúnia, exige-se a presença simultânea da imputação de fato qualificado como crime, da falsidade da imputação e do elemento sujeito, que é o *animus caluniandi* (STJ, 6ª T., HC 157.522/MG, rel. Min. Sebastião Reis Júnior, j. 7.11.2012). O delito de calúnia exige "dolo específico" ou ânimo de caluniar (TACrSP, *Julgados* 80/281; STF, *RTJ* 145/381; TJSP, *RJTJSP* 176/336). Não há dolo específico, se tinha muitas razões para acreditar na realidade e veracidade da imputação (TACrSP, *Julgados* 82/158). É necessária a presença da falsidade, em que o ofensor tem a consciência de atribuir ao ofendido a prática de um ato delituoso, sabendo não corresponder à verdade (STJ, *RT* 752/532). A propagação ou divulgação do § 1º requer dolo direto (TACrSP, *Julgados* 68/190).

■ *Animus caluniandi:* Se a intenção era outra, como defender alguma coisa, narrar, criticar etc., não se configura a calúnia, ainda que as palavras, frases ou expressões, analisadas objetivamente, sejam aptas a ofender (TRF da 4ª R., *RT* 818/720).

■ **Em defesa:** A intenção de defender (*animus defendendi*) neutraliza a intenção de caluniar (*animus caluniandi*) (TACrSP, *Julgados* 70/165; TAMG, *RT* 634/331; TRF da 2ª R., *RT* 872/726). A manifestação do advogado em juízo para defender seu cliente não configura crime de calúnia se emitida sem a intenção de ofender a honra, porque, nessa situação, não se verifica o elemento subjetivo do tipo penal (STJ, Reclamação 15.574/RJ, rel. Min. Rogério Schietti Cruz, j. 9.4.2014, *inf./STJ* 0539). Tranca-se a ação penal contra paciente que, na qualidade de advogado, buscou a nulidade de audiência de instrução, narrando os fatos ocorridos segundo sua ótica, mas não atuou com intenção de imputar ao magistrado a prática de qualquer delito, apesar de ter se valido na petição de linguagem, de outro modo, inapropriada (STJ, HC 203.943/SC, 5ª T., rel. Min. Laurita Vaz, j. 19.4.2012, *in Bol. AASP* n. 2.796, p. 11). Não há calúnia se, no documento que deu origem à instauração do inquérito policial, restringiu-se apenas à requisição genérica de apuração dos fatos (STJ, APn 130/DF, *DJU* 7.5.2001, pp. 125-126). Também não há calúnia se representou ao juiz corregedor, narrando arbitrariedades e requerendo sua apuração (STF, *Julgados* 95/458). Consagrando o art. 133 da CR a inviolabilidade do advogado, é inadmissível qualquer cerceamento para a postulação em juízo, o que não se confunde com a conduta ilegal, restrição esta que alcança também o promotor e o juiz (STJ, AgRg no Agl 38.191, *DJU* 14.3.94, p. 4537, *in RBCCr* 6/232; HC 3.381-7, j. 24.4.95, *Bol. AASP* n. 1.953). Não pratica o advogado que, em pedido de restituição de documentos apreendidos, faz manifestação contra delegado de polícia (TACrSP, *RT* 722/459). Não caracteriza a constatação, pelo advogado, de irregularidades procedimentais, erros graves, omissões, falhas e vícios processuais, declarados como de responsabilidade do juízo ou da escrivania (STJ, RHC 1.190, *DJU* 29.6.92, pp. 10331-2), ou se pronunciou exacerbadas palavras contra o representante do Ministério Público, no estrito exercício profissional do *animus defendendi* (STJ, RHC 3.042, *DJU* 25.10.93, p. 22504), nem, ainda, se discutia eventual suspeição de magistrado, apesar de suas afirmações poderem ter sido impróprias (STJ, *RT* 806/479). Pedir prestação de contas a advogado não é calúnia, e sim exercício regular de direito (STJ, REsp 20.058, *DJU* 13.10.92, p. 17700). Não há calúnia se o ânimo foi, apenas, o de narrar fatos indispensáveis à fundamentação da ação cível proposta (TACrSP, *Julgados* 84/188, *RT* 630/321) ou se a veiculação de fatos em peças judiciais teve o intuito de lograr provimento favorável (*animus narrandi*) (STF, Pleno – *RTJ* 145/381), ou, ainda, tratando-se de expressões contidas em requerimento para a instauração de inquérito policial, caso não extravasem da narrativa; havendo imputação falsa, o crime será o de denunciação caluniosa e não o de calúnia (STJ, *RT* 692/326). Não comete a vítima de furto que se limita a comunicar o fato à polícia, fornecendo uma lista de possíveis suspeitos (STJ, HC 3.940, *mv – DJU* 12.2.96, p. 2435, TACrSP, Ap. 1.340.141/5, j. 25.2.2003, *Bol. IBCCr* 129/728). Também não pratica calúnia quem denuncia fiscal a superior hierárquico, ensejando inquérito administrativo para a apuração de tentativa de extorsão, pois, com *animus narrandi*, apenas exerceu seu direito de cidadania (CR, art. 5º, XXXIV) (STJ, *RT* 686/393). Não configura abaixo-assinado de estudantes que, com intuito de narrar um fato, pede providências para corrigir desvios de ordem pedagógica no plano docente (STF, *RT* 749/565). As informações levadas ao Corregedor Regional do Trabalho por ex-ocupante do mesmo cargo, ainda que deselegantes e com possíveis consequências graves, praticadas no exercício regular de um direito e sem a intenção de caluniar e injuriar, não podem ser consideradas típicas (STJ, Corte Especial, APn 348/PA, rel. Min. Antônio de Pádua Ribeiro, j. 18.5.2005).

■ **No exercício de função:** Não há calúnia no fato de o servidor público comunicar ao seu superior conduta ilícita de subordinado e pedir medidas contra ele (STF, *RTJ* 110/360). Não há crime na conduta de promotor de justiça que encaminha expediente à Procuradoria da República, a fim de que se instaure ação penal por tráfico internacional de menores (TJMG, *JM* 125/253), ou que, em ação civil pública, faz referência a atos de improbidade administrativa praticados por prefeito (TJPR, *PJ* 48/336).

- **Direito de crítica:** Não há que se falar em crimes contra a honra, se o acusado exerceu tão somente o seu direito de crítica (TJMG, *JM* 128/392). Não configura representação contra magistrado, ainda que irritante, mas nos limites da situação fática (STJ, *RT* 768/523). A liberdade de crítica ao homem público há de ser menor quando ultrapasse a linha dos juízos desprimorosos para a imputação de fatos que invadem ou tangenciam a esfera da criminalidade (STF, *RT* 767/516).

- **Direito de petição:** Exerce o legítimo e constitucional direito de petição quem, à frente de ONG, manifesta inconformismo junto ao Ministério Público Estadual quanto ao curso das investigações e providências judiciais tomadas na comarca em relação a ações de corrupção ocorridas na região (STJ, HC 41.486/SP, j. 17.5.2005, *DJU* 1.8.2005, p. 493).

- **Fato determinado:** Para que a calúnia se tipifique, é necessário que tenha sido imputado fato determinado e não apenas atribuída má qualidade, pois o que esta pode configurar é injúria (TACrSP, *RT* 570/336). A simples menção ao correspondente *nomen iuris* não configura calúnia, por inexistir imputação de fato determinado (STF, *DJU* 12.6.98, p. 51).

- **Fato definido como crime:** No fato imputado precisam estar presentes todos os requisitos do delito, ou não se poderá falar em fato definido como crime e, consequentemente, em calúnia (STF, RHC 64.175, *DJU* 5.9.86, p. 15833; *RTJ* 79/856). Não basta a afirmação genérica, sendo necessária a imputação de fato que constitua crime com todas as circunstâncias da infração (TJDF, *RDJTJDF* 43/257). O fato deve ser especificado de um modo que possa ensejar a ação do Ministério Público (STF, *RT* 514/448). Embora não seja necessário que o agente indique qual o crime descrito no CP que teria sido praticado pela vítima, é necessário que o fato encontre correspondência neste diploma legal, sob pena de configuração do crime de difamação (TJMG, *RT* 791/696). O fato precisa ser determinado e descrito em suas circunstâncias essenciais (TACrSP, *RT* 531/335). A imputação vaga e imprecisa de que determinada pessoa é extorsionária se amolda à hipótese de injúria, e não de calúnia (TACrSP, *RT* 777/632). A atribuição do delito de prevaricação, sem que se especifique o interesse ou o sentimento pessoal do ofendido, não o autoriza propor queixa-crime por calúnia, não se admitindo seja a omissão suprida durante o processo, por dificultar ao acusado o contraditório e a ampla defesa (TAMG, *RJTAMG* 53/345).

- **Requisitos:** A calúnia pede "dolo específico" e exige três requisitos: imputação de um fato + qualificado como crime + falsidade da imputação (TJRJ, *RT* 483/371).

- **Fato falso:** A falsidade da imputação é presumida, salvo prova de sua veracidade pela exceção da verdade (TJSP, *RJTJSP* 105/512).

- **Fato verdadeiro:** Não há calúnia se o fato for verdadeiro (TACrSP, *Julgados* 68/474; TJPR, *RF* 259/271). Não há crime, se é feita com fundadas suspeitas de ser verdadeiro o fato atribuído (TACrSP, *Julgados* 96/116). *Contra*: Não se exige certeza da falsidade do fato imputado, bastando o dolo eventual, ou seja, a dúvida sobre a veracidade da imputação (TACrSP, *Julgados* 73/218). No mesmo sentido, em hipótese em que a imputação de fato criminoso é feita em obra literária, sem que o autor fosse saber da certeza da fidelidade histórica (TACrSP, *RT* 748/641)

- **Em forma de dúvida:** A afirmação em forma dubitativa não afasta o delito, se o *conjunto* da manifestação autoriza supor que o autor propende para a alternativa incriminadora (STF, *RT* 546/423). O dizer disfarçado da ofensa, utilizando certas delicadezas e subterfúgios, atinge da mesma forma a honra (TACrSP, *RT* 757/585).

- **Durante discussão:** Não há calúnia, por ausência do elemento subjetivo do delito, se é fruto de incontinência verbal e provocada por explosão emocional no decorrer de acirrada discussão (TACrSP, *RT* 544/381).

- **Disputa política:** No teatro de disputas políticas e de espaço de poder institucional, as condutas dos envolvidos nos fatos desencadeadores da denúncia criminal tornam desculpáveis possíveis ofensas, acusações e adjetivações indispensáveis (STJ, Corte Especial, APn 516/DF, rel. Min. Eliana Calmon, j. 20.8.2008).

- **Testemunha:** Ao depor a testemunha não pratica o crime do art. 138 do CP, a não ser que seja visível a sua intenção de caluniar (STF, *RT* 514/448). Simplesmente narrando o que sabe, por ciência própria ou por ouvir dizer, a testemunha não pode ser sujeito ativo de crime contra a honra (STF, *RTJ* 88/430). Age no estrito cumprimento do dever legal testemunha que, sob compromisso, narra fatos pertinentes à causa, ainda que isso signifique atribuir fato criminoso a outrem. Se o depoimento é falso, o crime será o de falso testemunho, não outro. Em princípio, vítimas e testemunhas não podem ficar à mercê dos agentes do crime, sob ameaça de processos, pois isso inviabilizaria a administração da Justiça Criminal (STJ, *JSTJ e TRF* 23/121). A testemunha, ao responder às perguntas que lhe são propostas, tem uma posição passiva, e seu *animus narrandi* não caracteriza delito contra a honra (TACrSP, *Julgados* 8/280). A condição de testemunha, por si só, não exclui o delito, pois não há a imunidade judiciária do art. 142, I (STF, *RT* 545/423). *Vide*, também, nota ao art. 142, I, do CP.

- **Cliente e advogado:** O cliente *não* pode ser responsabilizado pelo excesso de seu advogado (STJ, *RT* 717/472; TACrSP, *RT* 635/386). O advogado não pode ser responsabilizado quando atua como intérprete de seu cliente, que assume a autoria das expressões utilizadas na petição inicial (TACrSP, *RT* 632/319). Igualmente não pratica calúnia o advogado que transcreve, em defesa, fatos a ele passados por seus clientes (TACrSP, Ap. 931.083, j. 7.6.95, *Bol. AASP* n. 1.934).

- **Psicólogo:** Se apresenta um trabalho profissional técnico, tendo sido, inclusive, aceito no Juízo da Família, há ausência de dolo – direto ou eventual – e do propósito de ofender, além de configurar exercício regular de direito (TACrSP, HC 385.120-5, j. 5.6.2001, *Bol. AASP* n. 2.345).

- **Exceção da verdade:** Só cabe na calúnia (com as exceções do § 3º) e na difamação (quando funcionário público e por fato relativo às suas funções); não cabe na injúria (TJSP, Pleno – *RTJSP* 104/543; STF, *mv – RTJ* 145/546, implicitamente; TRF da 1ª R., *JSTJ e TRF* 67/428). Deve ser feita por exceção própria e no curso da ação, assegurado o contraditório (STF, APn 965, *DJU* 7.4.78, p. 2050). Caso o delito de calúnia esteja prescrito, a exceção oposta fica prejudicada (TJRS, Órgão Especial, *RJTJRS* 166/69). Ainda que não tenha sido oposta a exceção da verdade em primeira instância, ela pode ser documentadamente demonstrada na segunda instância, instruindo recurso do querelado (TACrSP, *mv – RT* 607/307). Se for oposta e admitida exceção da verdade com relação à vítima que tem assegurado foro especial, este será competente, tão só, para o julgamento da exceção (STF, Pleno – *RTJ* 88/476; TJSP, Pleno – *RT* 615/258), cabendo o seu processamento na vara de origem (TJRS, *RJTJRS* 166/97). Tratando-se de difamação, deixa de existir a regra do julgamento da exceção pelo Tribunal competente em virtude do foro especial (TJRS, Pleno, *mv – RJTJRS* 163/43). É inaplicável a exceção da verdade se o fato imputado constitui crime de ação privada e não houve ação penal (TACrSP, *Julgados* 70/66) ou o ofendido não foi condenado irrecorrivelmente (TACrSP, *Julgados* 65/283). A exceção da verdade não pode impedir o recebimento da denúncia ou queixa, devendo ser apreciada na instrução (STF, *RT* 637/311). O julgamento da exceção da verdade deve ocorrer simultaneamente com o julgamento do mérito da causa (TARJ, *RT* 747/761). O ônus da prova cabe ao próprio excipiente; se este não consegue demonstrar a veracidade das alegações, impõe-se a rejeição da exceção, prevalecendo a presunção *juris tantum* da falsidade inerente à calúnia (STF, *mv – RTJ* 145/546). O arquivamento do inquérito policial relativo ao fato objeto da calúnia (prevaricação) não afasta a exceção da verdade, pois não se enquadra no § 3º do art. 138 do CP (STJ, CEsp, ExV 9, *DJU* 29.6.92, p. 10246, *in Bol. AASP* n. 1.754). Imunidade judiciária e decadência do direito de representação estão fora do alcance da exceção da verdade (TRF da 1ª R., Pleno – *JSTJ e TRF* 67/428).

- **Concurso de crimes:** Admite-se o concurso formal entre os crimes de calúnia e injúria, pois, embora pertençam a igual categoria, têm bens jurídicos diversos (TACrSP, *Julgados* 73/220).

- **Parlamentar (imunidade material):** A maior extensão da imunidade material na CR não dispensa, em cada caso, a verificação de um nexo de implicação recíproca entre a manifestação de pensamento do congressista, mesmo que fora do exercício do mandato, e a condição de parlamentar (STF, Inq. 390, *DJU* 27.10.89, p. 16390). Ainda quando se admita, em casos excepcionais, que o congressista, embora licenciado, continue protegido pela imunidade material, a garantia não exclui ofensas a terceiro em atos de propaganda eleitoral, fora do exercício da função e sem conexão com ela (STF, Pleno – *RTJ* 148/73). *Vereador*: A imunidade parlamentar atinge também o vereador, desde que as opiniões, palavras e votos tenham sido proferidos no exercício do mandato, entendendo-se como tal tudo o que disser respeito ao seu desempenho (STF, *RT* 648/336; TAMG, *RT* 781/686; TACrSP, *RT* 782/601). Para que haja imunidade, a matéria versada deve se relacionar com a sua atividade funcional e a ação ter sido praticada na circunscrição do Município (TAMG, *mv* – *RJTAMG* 53/353; TJSP, HC 371.068-3/2, j. 12.3.2002, *Bol. IBCCr* 119/651; TACrSP, *RT* 747/685, 715/460,672/325). É *relativa* a inviolabilidade do vereador, não abrangendo calúnias gratuitas, por desforra; os excessos só são protegidos quando na defesa dos interesses da Municipalidade (TJMS, *RT* 672/340; TACrSP, *RJDTACr* 17/73). Não cabe a imunidade de vereador por ofensas irrogadas sem qualquer liame com o exercício do mandato (STJ, HC 6.346-ES, *DJU* 15.6.98, p. 135). O *animus injuriandi* escapa à inviolabilidade *restrita* gozada pelo vereador (STJ, RHC 1.135, *DJU* 26.8.91, p. 11403), bem como o *animus diffamandi* (TAMG, *RJTAMG* 53/328). Não comete o vereador que, na Câmara Municipal, pede informações em face da notícia de irregularidades atribuídas ao prefeito (STF, Pleno, *RT* 603/414). Calúnia proferida por vereador constitui crime de responsabilidade (TACrSP, *RJDTACr* 15/38). Se as ofensas irrogadas por vereador guardam estrita relação com o exercício do mandato, há imunidade material, sendo eventuais excessos de competência interna do parlamento (TRF da 4ª R., *RT* 873/718).

- Ação penal pública condicionada *versus* ação penal privada (funcionário público): A admissão da ação penal pública, quando se tratar de ofensa *propter officium,* é uma alternativa oferecida ao ofendido, não a privação de seu direito de queixa (STJ, Corte Especial, APn 348/PA, rel. Min. Antônio de Pádua Ribeiro, j. 18.5.2005). *Vide* comentários e outros acórdãos no art. 145 do CP.

- Representação *versus* denúncia: Quando o ofendido demonstra claro interesse que o autor responda apenas pelos crimes de calúnia e injúria, o *Parquet* não pode oferecer denúncia imputando a prática do crime de difamação (STJ, 5ª T., HC 198.402/BA, rel. Min. Laurita Vaz, j. 22.11.2011). *Vide* comentários e outros acórdãos no art. 145 do CP.

DIFAMAÇÃO

Art. 139. Difamar alguém, imputando-lhe fato ofensivo à sua reputação:
Pena – detenção, de 3 (três) meses a 1 (um) ano, e multa.

EXCEÇÃO DA VERDADE

Parágrafo único. A exceção da verdade somente se admite se o ofendido é funcionário público e a ofensa é relativa ao exercício de suas funções.

- Audiência de tentativa de conciliação do CPP: Independentemente da pena, na hipótese da ação penal ser privada, a audiência de conciliação do art. 520 do CPP será sempre necessária.

- Conciliação com composição civil dos danos do JECr: Cabe (arts. 72 a 74 da Lei n. 9.099/95), tratando-se de ação penal privada ou pública condicionada (art. 145, parágrafo único, c/c o art. 141, I e II, do CP), mesmo que a pena seja aumentada de um terço (art. 141, I a III) ou aplicada em dobro (art. 141, § 1º). Se por acaso houver a incidência do aumento do triplo da pena (§ 2º do art. 141), não haverá essa possibilidade, pois a pena máxima será superior a 2 (dois) anos, e assim deixará de ser infração de menor potencial ofensivo.

- **Transação do JECr:** Cabe, tratando-se de ação penal pública condicionada ou privada (art. 145, parágrafo único, c/c o art. 141, I e II, do CP) ainda que haja o aumento de um terço (art. 141, I a III) ou a pena seja aplicada em dobro (art. 141, § 1º), desde que preenchidos os demais requisitos dos arts. 72 a 74 da Lei n. 9.099/95. Se por acaso houver a incidência do aumento do triplo da pena (§ 2º do art. 141), não haverá essa possibilidade, pois a pena máxima será superior a 2 (dois) anos, e assim deixará de ser infração de menor potencial ofensivo.

- **Suspensão condicional do processo:** Cabe, nas hipóteses de ação penal pública condicionada ou privada (art. 145, parágrafo único, c/c o art. 141, I e II, do CP), ainda que aumentada a pena de um terço (art. 141, I a III) ou aplicada em dobro ou no seu triplo (art. 141, §§ 1º e 2º), desde que preenchidos os demais requisitos do art. 89 da Lei n. 9.099/95, pois a pena mínima continuará a ser igual ou inferior a 1 (um) ano. Porém, se forem aplicáveis os dois aumentos, não caberá, pois a pena mínima ficará em patamar superior.

- **Direito de resposta ou retificação:** *Vide* nota sob esse título no art. 138.

Difamação

- **Noção:** Difamação é a imputação a alguém de fato ofensivo à sua reputação.
- **Objeto jurídico:** A honra *objetiva* (o conceito, a reputação em que cada pessoa é tida).
- **Sujeitos ativo e passivo:** *Vide* notas ao art. 138 do CP, sob iguais títulos.
- **Tipo objetivo:** A conduta é *imputar* (atribuir). O *fato* deve ser determinado, mas não precisa ser especificado em todas as suas circunstâncias. A imputação não necessita ser falsa; *ainda* que verdadeira, haverá o delito (exceção: o fato verdadeiro, atribuído a funcionário público em razão de suas funções). A atribuição deve chegar ao conhecimento de terceira pessoa, não se caracterizando o delito se é o próprio ofendido quem a leva ao conhecimento de outrem. O delito é comissivo e pode ser praticado por qualquer meio.
- **Tipo subjetivo:** É o dolo, acompanhado do elemento subjetivo do tipo (propósito de ofender). Para a doutrina tradicional, é o "dolo específico"; existem autores que entendem ser indiferente a intenção do agente. Não há forma culposa.
- **Consumação:** Quando a imputação chega ao conhecimento de outrem, que não a vítima.
- **Tentativa:** Admite-se.
- **Exceção da verdade (parágrafo único):** Não é admitida, salvo se o ofendido é funcionário público e a ofensa for relativa ao exercício de suas funções. *Vide* nota do art. 138 do CP, sob o título *Exceção da verdade*.
- **Figuras qualificadas:** *Vide* nota ao art. 141 do CP.
- **Exclusão do crime:** *Vide* nota ao art. 142.
- **Retratação:** *Vide* nota ao art. 143.
- **Dubiedade e pedido de explicações:** *Vide* nota ao art. 144.
- **Classificação:** Delito comum quanto ao sujeito, doloso, formal, comissivo e instantâneo.
- **Confronto:** Ao contrário da difamação, na *calúnia* (CP, art. 138) o fato imputado é definido como crime; na *injúria* (CP, art. 140) não há a atribuição de fato, mas de qualidade.
- **Pena:** Detenção, de três meses a um ano, e multa.
- **Extinção da punibilidade da difamação pela retratação:** *Vide* comentários ao art. 143 do CP.
- **Ação penal:** *Vide* nota ao art. 145 do CP.
- **Parlamentares Federais e Estaduais (inviolabilidade):** *Vide* nota e jurisprudência no art. 138.

Jurisprudência

- **Lei n. 9.099/95:** A ação penal por crimes contra a honra também está sob a incidência da Lei dos Juizados Especiais Criminais, devendo o juiz aplicá-la antes de receber a queixa (TACrSP, *RT* 786/669). *Vide*, também, jurisprudência no art. 100 do CP.

- **Distinção:** Na difamação há afirmativa de fato determinado; na injúria, há palavras vagas e imprecisas (TACrSP, *RT* 498/316).

- **Sujeito passivo:** Deve ser determinado ou designado de forma que possa ser identificado (TACrSP, *Julgados* 83/395). O CP não incrimina a difamação contra os mortos (TJDF, *RDJTJDF* 43/257). Quanto à pessoa jurídica, *vide* jurisprudência no art. 138 do CP.

- **Fato determinado:** É necessário que o fato seja determinado e que esta determinação seja objetiva, pois a imputação vaga, imprecisa, mais se enquadra no crime de injúria (STF, *RT* 89/366, *mv* – 723/525; TACrSP, *RT* 699/331). Não se configura a difamação se as increpações são genéricas, sem que se impute fato determinado (STJ, CEsp – *RT* 714/418), embora não se exija que o agente o descreva com minúcias (TACrSP, *RJDTACr* 20/224). Por sua vez, também a queixa deve apontar o fato determinado que considera como difamador (TACrSP, *Julgados* 77/352).

- **Conhecimento de terceiro:** A difamação só se consuma com sua divulgação a outrem, que não a pessoa ofendida, não bastando que a própria vítima tenha divulgado a terceiros as cartas difamatórias que recebeu do agente (STF, *RT* 591/413). Não se caracteriza a difamação se o fato consta de correspondência lacrada, encaminhada à própria vítima e não a terceiros (STJ, *RT* 702/404). Basta que chegue ao conhecimento de qualquer pessoa, além do ofendido, não sendo necessária a ciência de pluralidade de pessoas (STF, *RT* 532/445).

- **Tipo subjetivo:** A difamação requer intenção dolosa (STF, Pleno – *RT* 612/395). O ânimo de difamar é elemento subjetivo que está implícito no tipo (TACrSP, *RT* 621/314; TJBA, *RT* 553/404).

- **Desclassificação:** O delito de difamação pode ser desclassificado para o de injúria, em grau de apelação (STF, *mv* – *RTJ* 97/163).

- **Crítica:** Não configura a crítica feita em linguagem elevada e serena (TACrSP, *RT* 519/400). Não cometem o crime de difamação pais de aluno acidentado em escola que, através de *outdoors*, folhetos, camisetas e entrevistas a órgãos de imprensa, criticam a direção da escola em razão da demora no pagamento de indenização pelo acidente, se não resvalaram para a ofensa ao bom nome ou reputação da instituição (TJPR, *RT* 773/695). Mera crítica à atuação política de vereador, sem qualquer alusão à sua vida privada, não configura o crime de difamação (TACrSP, Ap. 1239535-3, j. 5.3.2001, *Bol. AASP* n. 2.227, p. 435).

- **Em discussão:** Não há difamação, por falta do elemento subjetivo, se é fruto de incontinência verbal e provocada por explosão emocional no decurso de acirrada discussão (TACrSP, *RT* 544/381; Colégio Recursal/SP, Ac. 12, j. 21.3.2005, *Bol. IBCCr* n. 150, maio de 2005).

- **Intenção de narrar:** Não configuram críticas de natureza técnica, feitas a laudo de colega (TACrSP, *RT* 591/352). A difamação pede o propósito de ofender, não o de só narrar (TACrSP, *Julgados* 68/474). Não se caracteriza a difamação se o quadro é o de mero relato, num desabafo feito em entrevista, sem o propósito de denegrir a imagem do instituto de ensino (TACrSP, Ap. 1.343.935-2, j. 18.2.2003, *Bol. IBCCr* 135/776). Se a notícia jornalística se limitou a informar que estavam sendo apurados pela Justiça Eleitoral fatos que configuravam tentativa de realizar *boca de urna* e possível compra de votos, esclarecendo que não havia pronunciamento oficial, não estava presente o propósito de ofender a honra alheia (TJDF, Ap. 2006.01.1.108145-4, *DJU* 21.11.2007, *in Bol. IBCCr* 182/1142). Não há difamação se o ânimo foi tão só o de narrar fatos indispensáveis à fundamentação da ação cível proposta (TACrSP, *RT* 541/385), ou, então, em declarações prestadas perante a Promotoria de Justiça (TACrSP, *mv* – *RT* 759/575). Não configura difamação ou injúria o fato do agente ter oferecido representação perante o Conselho Regional de Odontologia, questionando a conduta procedimental de seu dentista (TACrSP, *RT* 774/613). A instauração de procedimento perante o Conselho Regional de Arquitetura e Engenharia, por arquiteto contra engenheiro, para discutir a habilitação legal deste, considerando-o incompetente (por falta de atribuição) e incapaz (por ausência de capacitação legal), não caracteriza o delito (STF, *RT* 790/553).

- **Em defesa:** Não comete o crime de difamação o agente que, sendo alvo da imprensa, age com intenção de se defender, não divulgando fatos, mas restringindo-se apenas a comentá-los, com o ânimo de denunciar e criticar (TJMA, *RT* 804/619). Não configura se o fato aconteceu em sessão de júri, onde no fluir e calor dos debates o ofensor desenvolvia seu mister no escopo de bem defender o réu, seu defensado (TAPR, *RT* 821/674).

- **Sujeito passivo:** A pessoa jurídica não pode ser vítima de injúria ou calúnia, mas pode sê-lo de difamação, por gozar de reputação perante o corpo social, da qual depende, evidentemente, a atividade por ela desempenhada (TJSP, 7ª C., RSE 0004020-80.2013.8.26.0001, rel. Des. Aymoré Roque Pottes de Mello, j. 27.3.2014; STF, *RTJ* 113/88; TACrSP, *RJDTACr* 21/122,17/72, *RT* 631/317; TRF da 1ª R., Ap. 1.011, *DJU* 30.4.90, p. 8226). *Contra*: Não pode ser sujeito passivo nem no crime de difamação (STJ, REsp 603.807/RN, j. 7.10.2004, *Bol. AASP* n. 2.459, p. 1159; *RT* 785/552, 776/533; TACrSP, *RT* 775/615).

- **Contra juiz:** A afirmação, lançada em representação ao órgão corregedor, de que o juiz estaria agindo sem a necessária imparcialidade, não configura difamação diante do evidente *animus narrandi* (TRF da 3ª R., HC 2004.03.00.0601370-SP, *DJU* 18.2.2005). Embora reprováveis os excessos do advogado, a atipicidade subjetiva do fato se mostra evidente na inicial de "ação de indenização por danos materiais e reparação por danos morais", proposta contra o juiz de direito (STJ, HC 30.042-SP, *DJU* 11.4.2005, p. 388).

- **Contra delegado:** Não constitui difamação a utilização, por advogado, de palavras deselegantes e rudes contra delegado, sem o desejo de atribuir-lhe defeitos, mas só para ressaltar questões de interesse do cliente (STJ, HC 76.356/RJ, *RT* 872/565).

- **Testemunha:** A declaração feita em depoimento, se de algum modo pertinente ao processo, não constitui delito de difamação, ficando acobertada pelos deveres públicos do testemunho (STF, *RT* 561/418). Não comete a testemunha ao depor, salvo se visível a intenção de difamar (STF, *RT* 514/448). Todavia, não fica resguardada pela imunidade judiciária (*vide* nota ao art. 142, I), pois não é parte. *Vide*, também, jurisprudência sob igual título no art. 138 do CP.

- **Concurso com crime de injúria:** Tratando-se do mesmo fato, sendo a difamação crime mais grave, ela absorve a injúria (TACrSP, *RJDTACr* 15/52).

- **Exceção da verdade (parágrafo único):** Só é possível se o ofendido for agente público e a difamação disser respeito ao exercício de suas atividades funcionais (STF, *mv – RTJ* 145/546; TJDF, *RDJTJDF* 43/210). Não é possível querelar por injúria em vez de fazê-lo por difamação, para tolher o exercício da ampla defesa, através da exceção da verdade ou da fundada suspeita (STF, *RT* 626/381).

INJÚRIA

Art. 140. Injuriar alguém, ofendendo-lhe a dignidade ou o decoro:

Pena – detenção, de 1 (um) a 6 (seis) meses, ou multa.

§ 1º O juiz pode deixar de aplicar a pena:

I – quando o ofendido, de forma reprovável, provocou diretamente a injúria;

II – no caso de retorsão imediata, que consista em outra injúria.

§ 2º Se a injúria consiste em violência ou vias de fato, que, por sua natureza ou pelo meio empregado, se considerem aviltantes:

Pena – detenção, de 3 (três) meses a 1 (um) ano, e multa, além da pena correspondente à violência.

§ 3º Se a injúria consiste na utilização de elementos referentes a raça, cor, etnia, religião, origem ou a condição de pessoa idosa ou portadora de deficiência:

Pena – reclusão, de 1 (um) a 3 (três) anos, e multa.

- **Alterações:** § 3º com nova redação dada pela Lei n. 10.741, de 1.10.2003 (Estatuto do Idoso). Pena com redação dada pela Lei n. 9.459, de 13.5.97.

- **Audiência de tentativa de conciliação do CPP:** Independentemente da pena, na hipótese de a ação penal ser privada, a audiência de conciliação do art. 520 do CPP será sempre necessária.

- **Conciliação com composição civil dos danos do JECr:** Cabe no *caput* e no § 2º (arts. 72 a 74 da Lei n. 9.099/95), tratando-se de ação penal privada ou pública condicionada (art. 145, parágrafo único, c/c o art. 141, I e II, do CP), desde que a pena máxima, considerando-se a eventual incidência de uma ou das duas causas de aumento do art. 141, §§ 1º e 2º, não fique em patamar superior a 2 (dois) anos.

- **Transação:** Cabe no *caput* e no § 2º, desde que, preenchidos os demais requisitos dos arts. 72 a 74 da Lei n. 9099/95, a pena máxima, considerando-se a eventual incidência de uma ou das duas causas de aumento do art. 141, §§ 1º e 2º, não fique em patamar superior a 2 (dois) anos.

- **Suspensão condicional do processo:** Cabe em todas as figuras, desde que, preenchidos os demais requisitos do art. 89 da Lei n. 9.099/95, a pena mínima fique em 1 (um) ano. Se houver eventual incidência de uma ou das duas causas de aumento do art. 141, §§ 1º e 2º, e a pena suplantar esse montante, não caberá.

- **Direito de resposta ou retificação:** *Vide* nota sob esse título no art. 138.

Injúria

- **Noção:** Injúria é a ofensa ao decoro ou dignidade de alguém.

- **Objeto jurídico:** A honra *subjetiva* (sentimento que cada pessoa tem a respeito de seu decoro ou dignidade).

- **Sujeitos ativo e passivo:** *Vide* notas ao art. 138 do CP, sob iguais títulos.

- **Tipo objetivo:** Na injúria não há a imputação de um fato, mas a *opinião* que o agente dá a respeito do ofendido. Ela precisa chegar ao conhecimento da vítima, ainda que por meio de terceiros (o ofendido não precisa ouvi-la pessoal ou diretamente). Pode ser praticada por qualquer forma; é comissiva, embora, teoricamente, possa também ser omissiva.

- **Tipo subjetivo:** Dolo de dano (direto ou eventual) e o elemento subjetivo do tipo que é a intenção de ofender. Para os tradicionais, é o chamado "dolo específico". Não há forma culposa.

- **Consumação:** Quando a ofensa chega ao conhecimento do ofendido.

- **Tentativa:** Depende do meio pelo qual é praticada.

- **Exceção da verdade:** Não se admite. *Vide* anotação ao art. 138 do CP, sob o título *Exceção da verdade*. *Vide*, ainda, art. 6º, parágrafo único, da Lei n. 13.188, de 11.11.15, o qual também veda exceção da verdade para o crime de injúria.

- **Retratação:** Não se admite.

Perdão Judicial (§ 1º)

- **Perdão judicial (art. 140, § 1º, I e II):** Quando a vítima, de modo reprovável, a provocou diretamente, ou quando houve retorsão imediata, consistente em outra injúria. O *perdão judicial* é causa de extinção da punibilidade (*vide* nota ao art. 107, IX, do CP).

Injúria real (§ 2º)

- **Injúria real (art. 140, § 2º):** É a praticada por violência ou vias de fato, *aviltantes*. Absorve a contravenção de vias de fato, mas há concurso com as eventuais lesões corporais (leves ou graves).

Injúria com preconceito (§ 3º)

- **Injúria com preconceito (art. 140, § 3º):** Se a injúria consiste no emprego de elementos preconceituosos ou discriminatórios relativos à *raça, cor, etnia, religião, origem, condição de idoso* ou *de deficiente*. Embora a introdução desse novo parágrafo pela Lei n. 9.459/97 seja louvável, a sanção cominada de reclusão de 1 (*um*) a 3 (*três*) anos nos parece excessiva, ainda mais se a injúria for cometida na presença de várias pessoas ou por meio que facilite a sua divulgação (art. 141, III), o que gera o seu aumento de um terço, passando a ser de 1 (um) ano e 4 (quatro) meses a 4 (quatro) anos de reclusão. Ainda, se for praticada mediante paga ou promessa de recompensa, a pena será aplicada em dobro (art. 141, § 1º), isto é, 2 (dois) anos e (8) meses a 8 (oito) anos de reclusão. A nosso ver, essas sanções, demasiadamente altas, ferem o *princípio da proporcionalidade das penas* (vide nota *Princípios da sanção penal* no art. 32 do CP) e poderão, por isso mesmo, dificultar a sua própria aplicação. Nesse sentido, DAMÁSIO DE JESUS, "Injúria por preconceito", *Bol. IBCCr* 55/16.

- **Pena mais severa do que a do homicídio culposo:** Como havíamos comentado na 9ª ed. desta obra, a pena da injúria com preconceito passou a ser mais gravosa do que a do crime de homicídio culposo (art. 121, § 3º), que é de *detenção* de 1 (um) a 3 (três) anos.

- **Crime imprescritível e inafiançável:** O Supremo Tribunal Federal, por seu Pleno, ao julgar o HC 154.248, em 29.10.2021, decidiu, por 8 votos a 1, que a injúria com preconceito prevista no art. 140, § 3º, do CP, é também racismo e, portanto, *imprescritível* e *inafiançável* nos termos do art. 5º, XLII, da Constituição da República: "XLII – a prática do racismo constitui crime inafiançável e imprescritível, sujeito à pena de reclusão, nos termos da lei". Observamos que os crimes de racismo estão definidos em diploma específico, isto é, na Lei n. 7.716/89.

- **Figuras qualificadas:** *Vide* nota ao art. 141.

- **Dubiedade e pedido de explicações:** *Vide* nota ao art. 144.

- **Exclusão de crime:** *Vide* nota ao art. 142 do CP.

- **Classificação:** Delito comum quanto ao sujeito, doloso, formal, de forma livre, quase sempre comissivo, instantâneo.

- **Confronto:** Ao contrário da injúria, na *calúnia* e na *difamação* (CP, arts. 138 e 139) há a imputação de fato determinado. A injúria pode configurar, em certas hipóteses, *desacato* (CP, art. 331) ou *ultraje a culto* (CP, art. 208). A injúria com preconceito poderá, a depender do caso, ser absorvida por crime mais grave de preconceito (Lei n. 7.716/89, arts. 3º a 20).

- **Confronto (injúria com preconceito e crime de preconceito):** Se o agente ofende número indeterminado de pessoas, o crime será o do art. 20 da Lei n. 7.716/89, que pune a prática, indução ou incitação a discriminação ou preconceito de raça, cor, etnia, religião ou procedência nacional, punida com reclusão, de um a três anos, e multa. Se o preconceito for em razão da condição de deficiente, o crime será o do art. 88 da Lei n 13.146/2015 (Lei Brasileira de Inclusão), que pune com a mesma pena quem "praticar, induzir ou incitar discriminação de pessoa em razão de sua deficiência". Em ambos os casos, se a vítima for apenas uma pessoa determinada, o crime será o do art. 140, § 3º, do CP.

- **"Je suis Charlie" (reflexão):** Sobre a tragédia ocorrida em Paris, no dia 7.1.2015, onde quinze jornalistas foram assassinados por radicais islâmicos, Roberto Delmanto, em artigo intitulado "Barbárie e liberdade", traz algumas reflexões, a seguir transcritas: "Na segunda metade do século passado e no atual a humanidade alcançou um extraordinário progresso científico. O mesmo, entretanto, não ocorreu com o progresso espiritual, que compreende o respeito à dignidade do homem, à vida, à saúde e ao meio ambiente. O bárbaro atentado terrorista ao jornal francês Charlie Hebdo comprova esse fato, devendo ser repudiado, como tem sido, por todos os países civilizados, por todas as religiões e por todos os homens de bem. A alegada motivação dos assassinos, de vingar a figura do profeta Maomé, objeto de caricaturas consideradas ofensivas, jamais poderia justificar ato tão hediondo, covarde e cruel. A religião muçulmana prega a paz e a convivência pacífica; não a morte e o terrorismo. Durante oito séculos de dominação na Península Ibérica, os muçulmanos respeitaram o judaísmo e os judeus. O popular e tradicional jornal sempre teve como característica principal a de caricaturar, com humor, indistintamente e sem qualquer autocensura, chefes de Estado, políticos, pessoas públicas, figuras e líderes religiosos. A liberdade, como sabemos, é um bem maior e dela não podemos nunca abdicar. Tanto a liberdade individual quanto as liberdades públicas constituem, por isso mesmo, os alicerces do Estado de Direito Democrático, sem os quais ele não se mantém. Esse tema tão caro a nós, homens livres, me leva a refletir ante a pergunta: a liberdade tem limites? Penso que sim. Desde cedo, em nossas casas e famílias, e depois na idade adulta, aprendemos que a liberdade de cada um termina onde começa a liberdade do outro. E a liberdade do outro inclui, necessariamente, a liberdade de crença e de culto. Nesse contexto, entendo que ofender a religião de alguém, mesmo que através do humor, indiretamente pode atentar contra essa liberdade. Lembro o lamentável episódio ocorrido há alguns anos, quando, em um programa de televisão, um (mau) pastor evangélico chutou várias vezes a imagem de Nossa Senhora Aparecida, causando justa indignação na comunidade católica. A reparação pelas ofensas deve ser procurada, nas esferas cível e penal, junto ao Poder Judiciário, nunca pelas próprias mãos, através da violência e do assassinato. Caso as leis de um país não deem resguardo suficiente aos que se sentem ofendidos, deverá buscar-se o aprimoramento legislativo para tais situações. A liberdade de expressão e a ausência de censura prévia, assim como a liberdade de crença e de culto, estão previstas em nossa Constituição (CF, art. 5º, IX e VI) O Código Penal brasileiro pune severamente, em seu art. 121, § 2º, com pena de 12 a 30 anos, o homicídio qualificado pelo recurso que impossibilitou ou dificultou a defesa da vítima, como aconteceu em Paris. Mas pune também, em seu art. 140, § 3º, a injúria consistente 'na utilização de elementos referentes a raça, cor, etnia, religião ou origem', com aumento de um terço se o crime é cometido 'por meio que facilite a divulgação da injúria' (art. 141, inciso III). Como já decidiu o antigo Tribunal de Alçada Criminal de São Paulo, acerca da injúria na extinta Lei de Imprensa, tal tipo de crime pode ser praticado por meio de gestos, símbolos e caricaturas (Revista dos Tribunais, v. 788, p. 612). Nosso Código Penal, no art. 208, *caput*, prevê igualmente a pena de detenção de 1 mês a 1 ano, para aquele que 'escarnecer de alguém publicamente, por motivo de crença ou função religiosa', ou ainda 'vilipendiar publicamente ato ou objeto de culto religioso'. A legislação pátria, portanto, se, de um lado, sábia e democraticamente, garante a nível constitucional a liberdade de expressão e a ausência de censura prévia, de outro, a nível ordinário, sanciona penalmente os abusos cometidos em nome dessa mesma liberdade, inclusive através da imprensa. Felizmente, vivemos em um país laico, onde todas as religiões, suas sedes, cultos símbolos, ministros e crentes são respeitados. Católicos, protestantes, espíritas, budistas e ateus convivem harmoniosamente. Árabes e judeus têm comércios frequentemente vizinhos, sem nenhum problema, e amiúde se tornam amigos. País abençoado, aqui também não existem – e, Deus permita, jamais existirão – terroristas que, sob um falso e de todo inaceitável pretexto religioso, tiram a vida de seus semelhantes, bem maior que nos foi dado pelo Criador" ("Barbárie e liberdade", disponível em:<www.migalhas.com.br>, acesso em: 14.1.2015).

- **Pena:** Na forma simples é alternativa: detenção, de um a seis meses, ou multa. Na injúria real (§ 2º): detenção, de três meses a um ano, e multa, além da pena pela violência. Na injúria com preconceito (§ 3º): reclusão, de um a três anos, e multa. Nas figuras qualificadas (art. 141): a pena é aumentada de um terço ou aplicada em dobro.

- **Ação penal:** *Vide* nota ao art. 145 do CP.

- **Parlamentares Federais e Estaduais (inviolabilidade):** *Vide* nota e jurisprudência no art. 138.

Jurisprudência (geral)

- **Lei n. 9.099/95:** A ação penal por crimes contra a honra também está sob a incidência da Lei dos Juizados Especiais Criminais, devendo o juiz aplicá-la antes de receber a queixa (TACrSP, *RT* 786/669). *Vide*, a respeito, jurisprudência no art. 100 do CP.

- **Intenções diferentes:** Não há injúria se a manifestação do agente representa, de algum modo, o exercício regular de direito ou o cumprimento de dever jurídico, como a intenção de defender-se, corrigir, disciplinar ou consultar (TACrSP, *RT* 540/320).

- **Intenção do agente:** Se as palavras são, por si sós, injuriosas, compete ao agente demonstrar a eventual falta do elemento subjetivo do injusto, e não à vítima provar que ele agiu com intenção de ofender (TACrSP, *RT* 624/334). O crime de injúria exige a intenção de humilhar, de ofender, e não apenas de expressar determinada opinião (TJMG, *RT* 791/696). Deve-se considerar o contexto em que as expressões estão integradas, e não estas isoladamente (STJ, HC 177, *DJU* 9.4.90, p. 2749). Havendo dúvida quanto à intenção criminosa, não se configura a injúria (TACrSP, *RT* 525/391). Ainda que o vocábulo *vagabunda*, além de *vadia*, possa significar uma espécie formicídea ou uma pessoa errante, não será de sua só equivocidade, no nível objetivo, que se negará a ofensa, havendo necessidade de uma aferição pragmática à luz da prova (TACrSP, *RT* 822/623).

- **Injúria em forma condicional:** Pode configurar (TACrSP, *RT* 546/378).

- **Sujeito passivo:** O CP não incrimina a injúria contra os mortos (TJDF, *RDJTJDF* 43/257). A pessoa jurídica não pode ser vítima de injúria por não possuir honra subjetiva; por se tratar de uma ficção, não pode ser ofendida em seu brio ou pudor (TACrSP, *RT* 776/609). A pessoa jurídica não pode ser vítima de injúria ou calúnia, mas pode sê-lo de difamação, por gozar de reputação perante o corpo social, da qual depende, evidentemente, a atividade por ela desempenhada (TJSP, 7ª C., RSE 0004020-80.2013.8.26.0001, rel. Des. Aymoré Roque Pottes de Mello, j. 27.3.2014).

- **Crítica a juiz:** Não configura a crítica, mesmo veemente, de ter praticado ilegalidade, erros e falhas (TACrSP, *Julgados* 91/402). Não caracteriza injúria a crítica acerba à decisão sua, feita em solenidade, desde que não lhe atribua uma qualidade negativa (TFR, HC 4.561, *DJU* 3.10.79, p. 8184). Advogado que em *habeas corpus* rotula a juíza *a quo* de "ignorante", por faltar-lhe raciocínio lógico, não pratica o delito de injúria; a expressão "ignorância" equivale a desconhecimento técnico-jurídico (TACrSP, HC 250.010, j. 11.11.93, *in Bol. AASP* n. 1.922). Também não pratica advogado que, ao desistir de causa que patrocinava, dirige peça ao juiz utilizando-se da expressão "para que a autora possa buscar justiça em outra comarca" (TACrSP, *RJDTACr* 9/212). Comentários críticos, limitados ao *animus narrandi*, feitos pelo réu no bojo da representação apresentada contra magistrado, não podem ser considerados ofensivos (TRF da 2ª R., *RT* 785/722).

- **Crítica a promotor:** Não há injúria na conduta de advogado que, no calor da inquirição de uma testemunha no júri, quando o promotor requeria a quesitação do crime de falso testemunho, se manifestou de forma evidentemente deselegante, aplaudindo-o de maneira a emitir seu juízo de reprovação (STJ, HC 111.713/SP, 6ª T., rel. Min. Og Fernandes, j. 6.11.2012).

- **Distinção:** Na injúria há palavras vagas e imprecisas, enquanto na difamação há afirmativa de fato determinado (TACrSP, *RT* 498/316). Quando o ataque contra a honra refere-se a fatos vagos e imprecisos, caracteriza-se o crime de injúria, e não os de calúnia ou difamação, pois são delitos que demandam imputação precisa, com todas as circunstâncias constitutivas da infração (TACrSP, *RT* 755/644). Para distinguir entre injúria real e ofensa à integridade pessoal, é indispensável indagar do aspecto subjetivo da conduta do agente (Franceschini, *Jurisprudência*, 1975, v. II, n. 3.137). A irrogação de atributo depreciativo não constitui difamação ou calúnia, mas injúria (TACrSP, *RT* 718/441).

- **Qualquer meio:** O ato de despejar lixo na porta do vizinho, manifestando o desejo de ofender, configura injúria (TACrSP, *RT* 516/346, 788/624). Também pode configurar a afixação das palavras injuriosas na porta de loja (TAPR, *RT* 535/359).

- **Necessidade de narrar:** Não há injúria se a intenção foi apenas a de narrar fatos indispensáveis à fundamentação da ação cível proposta (TACrSP, *RT* 541/385). A veiculação de fatos em peças judiciais com o intuito de lograr provimento favorável em ação de separação litigiosa encerra o *animus narrandi* (STJ, HC 23.016-MG, *DJU* 25.11.2002, p. 253).

- **Em discussão:** Não há injúria, por ausência do elemento subjetivo, se é fruto de incontinência verbal, provocada por explosão emocional durante acirrada discussão (TACrSP, *RT* 544/353; TJDF, *RT* 780/642; STF, HC 81.885-4/SP, *DJU* 29.8.2003, p. 36; Colégio Recursal/SP, Ap. 12, j. 21.3.2005, *Bol. IBCCr* n. 150, maio de 2005).

- **Presença da vítima:** A injúria não precisa ser proferida na presença do ofendido, bastando que chegue ao seu conhecimento (STF, *RT* 606/414).

- **Testemunha:** Não pratica a testemunha que depõe, a não ser que seja visível a sua intenção de injuriar (STF, *RT* 514/448). *Vide*, também, jurisprudência nos arts. 138, 139 e 142, I, do CP.

- **Procuração:** Rejeita-se a queixa se a procuração outorgada pelo ofendido ao seu advogado não contém imputação ao querelado de fato concreto equivalente ao tipo penal do art. 140 (TJBA, *RT*873/606).

- **Confronto com difamação:** Se o denunciado atribuiu qualidades negativas ao ofendido, relacionadas a fatos vagos e imprecisos, fica afastado o enquadramento da conduta como difamação (STF, *RT* 820/490).

- **Confronto com crime de preconceito (injúria qualificada e discriminação religiosa):** Se a intenção for ofender número indeterminado de pessoas ou, ainda, traçar perfil depreciativo ou segregador de todos os frequentadores de determinada igreja, o crime será o do art. 20 da Lei n. 7.716/89; se for apenas a honra de alguém, valendo-se para tanto de sua crença religiosa, o crime será o do art. 140, § 3º, do CP (STJ, Corte Especial, APn 612/DF, rel. Min. Castro Meira, j. 17.10.2012).

- **Absorção pela difamação:** É doutrinariamente defensável (STF, RTJ 124/1060). *Vide*, também, jurisprudência sob o título Concurso com crime de injúria, no art. 139 do CP.

- **Injúria eleitoral:** O crime do art. 326 do Código Eleitoral somente se perfectibiliza se ocorrer na propaganda eleitoral ou com fins de propaganda, sob pena de incorrer-se no crime de injúria comum (STJ, CComp 134.005/PR, j. 11.6.2014).

Jurisprudência do perdão judicial (§ 1º)

- **Provocação (§ 1º, I):** Provocar diretamente é provocar na presença do agente (TACrSP, *Julgados* 68/414). Inexistindo *animus injuriandi* e em sendo imediata a resposta, proferida no mesmo programa radiofônico em que provocado o pretenso injuriante, resta desconfigurado o crime contra a honra (TJBA, *RT* 817/606). A provocação não tem o condão de impedir o recebimento da queixa-crime, mas, tão somente, de caracterizar o perdão judicial, que não pode ser concedido aprioristicamente (TJSP, *RT* 781/567).

- **Retorsão (§ 1º, II):** Se a injúria é dita em retorsão imediata, deve o juiz perdoar o ofendido que retorquiu, extinguindo-se a punibilidade (TJRJ, *RT* 806/630). À semelhança da legítima defesa, a retorsão na injúria pressupõe repulsa imediata, não podendo haver repulsa a atos passados (TACrSP, *mv* – *RT* 589/355). Há retorsão imediata e exercício de legítima defesa se as palavras ofensivas foram ditas no calor dos debates, em repulsa ao que ouvira (STF, *RT* 593/414). Na injúria, se as ofensas foram recíprocas, aplica-se o perdão judicial, pois a retorsão é causa suscetível de extinção da punibilidade, nos moldes do art. 107, IX, do CP (TRF da 1ª R., *RT* 760/729).

Jurisprudência da figura qualificada – vias de fato (§ 2º)

- **Injúria real:** Comete policial militar em serviço de patrulhamento contra a realização de "pegas" que, a pretexto de coagir o passageiro de um dos veículos a confessar sua participação, lhe desfere tapas no rosto (TJRJ, Ap. 3.000/00, j. 14.11.2000, *Bol. IBCCr* 115/619).

Jurisprudência da figura qualificada – preconceito (§ 3º) – antes da Lei n. 12.033/2009

- **Injúria com preconceito:** Comete o crime do art. 140, § 3º, do CP, e não o delito do art. 20 da Lei n. 7.716/89, o agente que utiliza palavras depreciativas referentes a raça, cor, religião ou origem, com o intuito de ofender a honra subjetiva da vítima (TJSP, *RT* 752/594).

- **Confronto com racismo:** Se a um só tempo o fato consubstancia, de início, a injúria qualificada (art. 140, § 3º, do CP) e o crime de racismo (art. 20 da Lei n. 7.716/89), há a ocorrência de progressão do que assacado contra a vítima, ganhando relevo o crime de maior gravidade, observado o instituto da absorção (STF, Inq. 1.458, j. 15.10.2003, *DJU* 19.12.2003). O crime de preconceito racial não se confunde com o de injúria; este protege a honra subjetiva da pessoa, enquanto aquele é a manifestação de um sentimento em relação a uma raça (TJMG, *RT* 766/686).

- **Competência:** A injúria qualificada pelo conteúdo racista praticada por policial militar contra colega, ambos em serviço, não encontra previsão no Código Penal Militar, sendo assim competente a Justiça Comum (TACrPR, Ap. 0258623-4, j. 19.8.2004).

DISPOSIÇÕES COMUNS

Art. 141. As penas cominadas neste Capítulo aumentam-se de um terço, se qualquer dos crimes é cometido:

I – contra o Presidente da República, ou contra chefe de governo estrangeiro;

II – contra funcionário público, em razão de suas funções, ou contra os Presidentes do Senado Federal, da Câmara dos Deputados ou do Supremo Tribunal Federal;

III – na presença de várias pessoas, ou por meio que facilite a divulgação da calúnia, da difamação ou da injúria;

IV – contra pessoa maior de 60 (sessenta) anos ou portadora de deficiência, exceto no caso de injúria.

§ 1º Se o crime é cometido mediante paga ou promessa de recompensa, aplica-se a pena em dobro.

§ 2º Se o crime é cometido ou divulgado em quaisquer modalidades das redes sociais da rede mundial de computadores, aplica-se em triplo a pena.

Figuras qualificadas dos crimes contra a honra

- **Alteração:** Inciso IV acrescentado pela Lei n. 10.741, de 1.10.2003 (Estatuto do Idoso). O antigo parágrafo único foi alterado para §1º pela Lei n. 13.964, de 24.12.2019. O § 2º foi incluído pela mesma lei, mas somente após a derrubada do veto presidencial pelo Congresso Nacional, em 1º de abril de 2021. O inciso II foi alterado pela Lei n. 14.197, de 1.9.2021, no que diz respeito à inclusão dos Presidentes do Senado, da Câmara e do STF.

- **Alcance:** O dispositivo deste art. 141 é aplicável tanto à calúnia quanto à difamação e à injúria, neste último caso com exceção do inciso IV.

- **Inciso I:** *Chefe de Estado*: "Compreende não só o soberano ou chefe de Estado, como o 'primeiro-ministro' ou 'presidente do conselho'" (HUNGRIA, *Comentários ao Código Penal*, 1958, v. VI, p. 111).

- **Inciso II (primeira parte):** *Contra Funcionário Público, em razão de suas funções*: é indispensável que a ofensa seja cometida por motivo da função pública do ofendido. Se praticada na presença do funcionário, pode configurar *desacato* (CP, art. 331).

- **Inciso II (segunda parte):** Também haverá o aumento de pena, se a ofensa for contra a honra dos Presidentes do Senado da República, da Câmara Federal e do Supremo Tribunal Federal. Como eles também são funcionários públicos, sob pena de tautologia, a única interpretação que se pode fazer, diante da primeira parte do inciso II, que já manda incidir o aumento neste caso, é que, com relação aos Presidentes das Casas Legislativas federais e do STF, haverá o aumento mesmo se a ofensa não for diretamente relacionada ao exercício do cargo.

- **Inciso III:** *Por meio que facilite*: pode-se lembrar a palavra escrita em *sites*, muros, a pintura, a escultura etc. Com a revogação da Lei de Imprensa, as ofensas praticadas por meio de informação (como jornais, revistas, rádio, e televisão) encontram, hoje, tipificação nos arts. 138 a 140 do CP, na forma qualificada deste inciso III (*vide* nota, no início deste Capítulo, sob a rubrica *Revogação da Lei de Imprensa e o Código Penal*). Quanto à *presença de várias pessoas*: entende-se pelo menos *três* pessoas, fora o ofendido e o ofensor (*contra*: CUSTÓDIO DA SILVEIRA, *Direito Penal*, 1973, p. 263, para quem bastam *duas* pessoas).

- **Confronto do inciso III com a causa de aumento do § 2º:** Se a divulgação das ofensas for feita em redes sociais da internet, haverá exclusivamente o aumento (que já é enorme) do triplo da pena do § 2º, e não a causa de aumento de 1/3 desse inciso III, sob pena de *bis in idem*.

- **Inciso IV:** *Contra pessoa maior de 60 anos ou portadora de deficiência, exceto no caso de injúria*. A figura qualificada deste inciso, acrescentada pela Lei n. 10.741/2003, por ser mais gravosa, não retroage para fatos anteriores à sua entrada em vigor. Excluiu-se da qualificadora o crime de injúria, visto que a "condição de pessoa idosa ou portadora de deficiência" do injuriado já é tratada como qualificadora pelo § 3º do art. 140 do CP. Para que a qualificadora incida na calúnia ou na difamação é imperioso que o autor das ofensas *saiba* ser o ofendido idoso ou portador de deficiência (física ou mental).

▪ **§ 1º (pena em dobro):** A pena será aplicada em dobro, se o crime contra a honra é cometido mediante paga ou promessa de recompensa. O legislador, corretamente, entendeu que há maior reprovabilidade na conduta ofensiva à honra daquele que assim age visando benefício de natureza econômica. Essa situação pode ocorrer, por exemplo, com a produção de conteúdos digitais por pessoas especializadas, contratadas para editar vídeos ofensivos.

▪ **§ 2º (pena triplicada):** Se os crimes de calúnia, difamação ou injúria forem cometidos ou divulgados em redes sociais da rede mundial de computadores, a pena será *triplicada*. Difícil o equilíbrio por parte do legislador, mesmo porque, atualmente, praticamente todas as pessoas se comunicam por meio de redes sociais como *Facebook*, *Instagram*, *Twiter* e outras; é a maneira de interagir com o mundo. Insista-se, a esmagadora maioria dos crimes contra a honra são praticados pela rede mundial de computadores. Assim, por um lado esse novo § 2º justificar-se-ia pelo enorme dano moral resultante do cometimento ou divulgação de ofensas à honra através da *internet*, que se espalham como um rastilho de pólvora, alcançando incontável número de usuários das redes sociais. Como disse SHAKESPEARE, *quem rouba a minha bolsa, tira de mim algo que precisa e eu posso repor; mas aquele que rouba minha honra, tira de mim algo que não precisa e eu não posso repor*. Por outro lado, ao se aplicar o triplo da pena àqueles que divulgarem as ofensas na *internet*, o excessivo rigor penal poderá trazer consequências à liberdade de expressão nas redes sociais, causando grande receio às pessoas no momento de se expressarem, notadamente quando se discute sobre a atuação de políticos e de pessoas que exercem funções públicas, como Ministros. Ora, como salientado, praticamente todos se utilizam das redes sociais para se manifestar atualmente. E as penas podem chegar a patamares *totalmente desproporcionais*, o que imporá enorme receio nas pessoas ao se comunicarem pelas redes sociais, ainda mais diante da polarização política que nosso País tem assistido, de todos os lados. A repressão penal com a causa de aumento de pena desse § 2º nas redes sociais pode acarretar uma intervenção do Estado, por meio do Direito Penal, com vigor raramente visto, e em plena Democracia. E as penas serão ainda mais elevadas, se a vítima for funcionário público e a ofensa pelas redes sociais se der em razão de sua função, em havendo concomitância das causas de aumento de pena previstas neste art. 141 (*vide* nota abaixo).

▪ **Desproporcionalidade das penas em havendo concomitância de causas de aumento:** É inquestionável que a honra é um bem jurídico a ser tutelado, mas, a nosso ver, o legislador exagerou, havendo *desproporcionalidade* entre o fato e a resposta penal, lembrando-se, sempre, que o Direito Penal é fragmentário, excepcional, *ultima ratio* (*vide*, no início desta obra, nota *Razão, Humanismo e Princípio da Intervenção Mínima*). Com efeito, na hipótese de um *funcionário público* ser ofendido em razão de sua função (aumento de 1/3 do inciso III) e pela *internet* (novo aumento do triplo da pena pelo § 2º), a pena de um crime de calúnia (art. 138), cuja previsão original é de detenção de 6 (seis) meses a 2 (dois) anos, passa a ser de 2 (dois) a 8 (oito) anos. Um delito de difamação (art. 139), cuja pena original é de detenção de 3 (três) meses a 1 (um) ano, contra esse funcionário público e pelas redes sociais, passa a ser de 1 (um) a 4 (quatro) anos. Mais impactante ainda é a hipótese da injúria qualificada (art. 140, § 3º), cuja pena original é de reclusão de 1 (um) a 3 (três) anos: se um funcionário público é injuriado, em razão se sua função, pelas redes sociais, e essa injúria se dá com elemento relativo ao fato dele ser *idoso* (maior de 60 anos), por ser praticante de determinada religião, ou por elementos de raça, cor, etnia, origem, ou por ser portador de deficiência, a pena é de 4 (quatro) anos a 12 (doze) anos (!). Todas essas situações terão penas *ainda mais altas*, se o autor das ofensas as tiver feito mediante paga ou promessa, com o aumento em *dobro* do § 2º a incidir *antes* do aumento do triplo deste § 3º, elevando as penas a patamares ainda mais desproporcionais

▪ **Pena:** Nas hipóteses dos *quatro incisos*, as penas são aumentadas de um terço. No caso do *parágrafo único*, a pena é aplicada em dobro.

Jurisprudência

- **Inciso I:** *História.* Em nosso sistema jurídico, no passado coexistiram o art. 141, I e II, do CP, e o art. 33 da antiga Lei de Segurança Nacional; se a ofensa tinha motivação política atentatória à segurança nacional, a lei desta era cabível; entretanto, se a ofensa não se revestia do ânimo específico, de natureza política, de atentar contra a segurança nacional, incidia a tipificação do CP (STF, *RTJ* 105/915).

- **Inciso II:** Para que incida, não basta que o ofendido seja funcionário público, sendo necessário que a ofensa tenha como alvo e motivação essa qualidade da vítima (STF, *RT* 570/412, *RTJ* 96/630; TACrSP, *RT* 792/632).

- **Crime contra a segurança nacional:** Só será se objetivar atingir as instituições e o regime (TFR, CComp 4.862, *DJU* 2.4.82, p. 2903). *Vide,* também, jurisprudência do inciso I.

EXCLUSÃO DO CRIME

Art. 142. Não constituem injúria ou difamação punível:

I – a ofensa irrogada em juízo, na discussão da causa, pela parte ou por seu procurador;

II – a opinião desfavorável da crítica literária, artística ou científica, salvo quando inequívoca a intenção de injuriar ou difamar;

III – o conceito desfavorável emitido por funcionário público, em apreciação ou informação que preste no cumprimento de dever do ofício.

Parágrafo único. Nos casos dos n.s I e III, responde pela injúria ou pela difamação quem lhe dá publicidade.

Exclusão

- **Restrição:** Não se aplica à calúnia, só à difamação e à injúria.

- **Natureza:** Há divergência na doutrina quanto à natureza da exclusão prevista neste art. 142. É entendida como causa de exclusão da pena (Hungria, *Comentários ao Código Penal*, 1958, v. VI, p. 116); ou que faz desaparecer o elemento subjetivo do tipo (Heleno Fragoso, *Lições de Direito Penal – Parte Especial*, 1995, v. I, p. 142); ou que exclui a ilicitude do fato, em nossa opinião, pela *particularização* das causas gerais de exclusão da antijuridicidade do art. 23 do CP.

- **Inciso I:** É a chamada *imunidade judiciária.* Para que haja a exclusão, a ofensa deve ter relação, mesmo que distante, com a causa em discussão. Como *parte,* costuma-se incluir: autor, acusado, litisconsorte, interveniente; como *procurador,* não só o constituído como o dativo ou *ad hoc*; quanto ao representante do Ministério Público, para Hungria ele só pode invocar a exclusão quando *autor* ou *réu* (*Comentários ao Código Penal*,1958, v. VI, p. 119). Domina o entendimento de que a exclusão não abrange a ofensa irrogada contra o *juiz*; porém, o próprio STF lembra que o magistrado deve ser *tolerante* com os excessos de crítica dos advogados (STF, *RTJ* 87/854). Embora o entendimento que não exclui a ofensa a juiz seja pacífico na jurisprudência e quase tranquilo na doutrina (*contra*: Custódio da Silveira, *Direito Penal*, 1973, p. 256; Gabriel Netuzzi Peres, *Crime de Difamação*, 1976, p. 236), nunca nos convencemos de seu acerto. A nosso ver, ele limita uma exclusão ampla, sem apoio no texto da lei. Independentemente da interpretação adotada, lembre-se de que, na hipótese de ser oposta exceção de suspeição (CPP, art. 95, I), o magistrado tem posição equivalente à da parte, e o advogado age sob a excludente de ilicitude do CP, art. 23, III, além desta do art. 142.

- **Advogado:** Segundo o art. 133 da CR, o advogado é "inviolável por seus atos e manifestações no exercício da profissão, nos limites da lei". Após a promulgação da Carta Magna, sobreveio o Estatuto da OAB (Lei n. 8.906/94, modificada pela Lei n. 11.767/2008), dispondo em seu art. 2º, § 3º, que, "no exercício da profissão, o advogado é inviolável por seus atos e manifestações, nos limites *desta* Lei". Sendo o novo Estatuto da OAB lei federal ordinária posterior à CR, parece-nos que a expressão "nos limites da lei" do art. 133 desta deva ser interpretada como nos limites da Lei n. 8.906/94. Quanto aos eventuais excessos do advogado, ressalte-se que o art. 7º, § 2º, do referido estatuto, que prevê não constituir "injúria, difamação ou desacato puníveis qualquer manifestação de sua parte, no exercício de sua atividade, em juízo ou fora dele", teve a expressão "ou desacato" declarada inconstitucional pelo Pleno do Supremo (STF, ADIn 1.127-8, j. 17.5.2006, *mv*).

■ Inciso II: A opinião desfavorável da crítica literária, artística ou científica, salvo quando inequívoca a intenção de injuriar ou difamar, é causa excludente.

■ Inciso III: Desde que não seja visível a intenção de ofender (CUSTÓDIO DA SILVEIRA, *Direito Penal*, 1973, p. 258). *Contra*, considerando irrestrita (HELENO FRAGOSO, *Lições de Direito Penal – Parte Especial*, 1995, v. I, p. 145, e HUNGRIA, *Comentários ao Código Penal*, 1958, v. VI, pp. 124-125).

■ Parágrafo único: Nas hipóteses dos incisos I e III, porém, quem dá publicidade à ofensa, fora do âmbito em que foi proferida, responde por ela.

Jurisprudência da imunidade judiciária

■ Em juízo: A imunidade judiciária pressupõe conexão das ofensas com o interesse que está em litígio (STF, *RT* 610/426; TJMG, *RT* 791/696). Cabe a imunidade se há nexo, ainda que remoto, entre o litígio e a ofensa (STF, *RT* 585/412). Há imunidade desde que as ofensas guardem ineludível vinculação com o objetivo em causa (TACrSP, *RT* 806/560). A exclusão alcança qualquer espécie de causa ou forma de processo (TAMG, *RF* 263/335). Desde que a manifestação ofensiva se irrogue *intra judicium*, *in ratione litis* e pela parte ou seu procurador, acha-se configurada a imunidade judiciária do art. 142, I, do CP (TACrSP, RSE 1.211.055/3-SP, j. 14.8.2000, *Bol. AASP* n. 2.240, p. 2052). Não há, porém, imunidade, se a ofensa não tem a menor relação, mesmo longínqua, com a discussão da causa (STF, *RTJ* 110/231; STJ, *RT* 751/553). A imunidade acoberta apenas as coisas que sucedem na economia doméstica do processo; fora daí e daí por diante, cobertura alguma haverá. Porém, a indevida divulgação da contestação apresentada no juízo cível – processo em que se discutem obrigações contratuais –, o excesso de palavras nela constante não alcançou o campo penal; coisas próprias do cível – obrigações recíprocas de sócios, etc., sendo a conduta penalmente atípica (STJ, HC 39.277, j. 5.9.06, *DJU* 4.6.07). Exclui o crime, quando praticada no bojo dos autos, em exercício da advocacia (TACrSP, *RT* 530/340; 781/595; STJ, HC 10.620/SP, j. 16.12.99, *Bol. AASP* n. 2.168), sendo passível a apreciação da imunidade em *habeas corpus* (TAMG, *mv* – *RJTAMG* 52/396), possibilitando, de plano, o trancamento da ação penal por falta de justa causa (TJBA, *RT* 770/516). A imunidade judiciária leva à atipicidade dos fatos, devendo a queixa ser rejeitada (TACrSP, *RT* 748/694). Críticas proferidas por advogado sobre o laudo confeccionado por perito judicial, realizadas em juízo, guardando relação com a discussão da causa, estão sob o manto da imunidade judiciária (TJRJ, *RT* 768/668). Responde pelas ofensas, nos termos do art. 142, parágrafo único, quem manda cópias de peças dos autos a pessoas estranhas, sendo irrelevante se o processo estava ou não em segredo de justiça (TACrSP, *RT* 619/315).

■ Cabimento pela classificação certa do crime: O cabimento ou não da imunidade judiciária do art. 142, I, deve ser verificado pelo juiz, de acordo com o enquadramento real do fato, e não com base na tipificação pedida pelo querelante ao propor a queixa (STF, *RT* 585/412). Se os delitos de calúnia, difamação e injúria estão muito interligados, não se pode em *habeas corpus*, antes de produzidas as provas, reconhecer a imunidade, mesmo com relação apenas aos dois últimos delitos (STF, *RT* 601/413).

■ Em processos não contenciosos: Estão alcançados pela imunidade do art. 142, I (TACrSP, *RT* 591/339, *Julgados* 85/207).

■ Em processo administrativo: A imunidade prevista no art. 142, I, do CP também alcança a ofensa contra fiscais, irrogada em defesa de processo administrativo (TACrSP, *Julgados* 85/53; TFR, HC 5.349, *DJU* 25.11.82, p. 12047).

■ Não se aplica à calúnia: Em *todos* os incisos do art. 142 (I a III), a exclusão alcança só a difamação e a injúria, não a calúnia (STF, *RTJ* 92/1118; STJ, RHC 1.711, *DJU* 1.6.92, p. 8055; TJDF, *RDJTJDF* 43/257; RSE 1.086, *DJU* 28.8.91, p. 20360; TACrSP, *RT* 759/622), mas o juiz deve ver qual a classificação real do delito, e não a dada pela queixa (STF, *RT* 585/412). Entretanto, se a calúnia foi proferida com o ânimo de defender um direito, e não com a intenção de ofender, o fato poderá ser atípico (TA-CrSP, *Julgados* 74/337; STJ, *RT* 787/548).

- **Advogado:** O art. 133 da CR, que proclamou a inviolabilidade do advogado por atos e manifestações no exercício profissional, recepcionou e incorporou o art. 142, I, do CP à nova ordem constitucional (STJ, *RT* 773/528), não alcançando a calúnia (STJ, *RT* 814/543). O advogado é inviolável, por suas manifestações, quando expressa opinião na discussão da causa e nos limites da lei (STJ, RHC 4.090, *DJU* 13.3.95, p. 5316; RHC 1.711, *DJU* 1.6.92, p. 8055). Apesar do art. 133 da CR, a imunidade do advogado somente atua se a ofensa tiver sido irrogada na discussão da causa (STJ, *JSTJ e TRF* 5/208), não tendo o novo Estatuto da OAB revogado expressamente o art. 142, I, do CP (TACrSP, *RJDTACr* 24/408), que foi recepcionado pela CR (STF, *mv* – *RTJ* 151/150). A imunidade do advogado não foi estendida à calúnia nem com a superveniência da Lei n. 8.906/94 – Estatuto da Advocacia (STJ, HC 105.114, j. 19.3.2009, *DJe* 3.8.2009; HC 90.733, j. 25.11.2008, *DJe* 2.2.2009).O advogado não pode ser cerceado no exercício da profissão; entretanto, a sua imunidade profissional tem limites, caracterizando excesso ilegal a ofensa *pessoal* a juiz, membro do Ministério Público ou advogado da parte contrária (STJ, AgRg no AgI 53.133, *DJU* 20.3.95, p. 6148; AgRg no AgI 38.191, *DJU* 14.3.94, p. 4537, *in RBCCr* 6/232; HC 3.381, j. 24.4.95, *Bol. AASP* n. 1.953). Se o advogado requer a juntada de documento que lhe foi entregue por cliente, não pode responder pelo seu conteúdo (TARJ, *RT* 696/402). Não há crime contra a honra se o advogado, no desempenho de seu mandato, limita-se a narrar, em petição, os fatos que lhe foram passados por seu cliente (TJRJ, HC 2001.059.00081, j. 6.2.2001, *Bol. IBCCr* 123/679). *Vide*, também, jurisprudência sob os títulos *Em defesa* (art. 138), *Intenção de narrar* (art. 139), *Crítica a juiz* (art. 140) e *Em juízo* (neste art. 142).

- **Juiz:** A interpretação do art. 41 da LOMAN (LC n. 35/79) e do art. 142, III, do CP, como causas de imunidade funcional, decorre da necessidade de proteger os magistrados no exercício regular de sua atividade profissional (STF, *RT* 751/516).

- **Promotor de justiça:** *a. Ofensa contra promotor:* há imunidade em ofensa a ele, ligada à discussão da causa (TACrSP, *RT* 571/332; TARS, *RT* 590/405; TJMS, *RT* 547/382), como no caso de arguição de suspeição (STJ, *RT* 783/597). Não há, porém, quando o promotor atua em processo civil, como fiscal da lei (STF, *RTJ* 122/1013). *b. Ofensa proferida por promotor contra advogado:* a imunidade não acoberta a que ele proferiu nas dependências do fórum, mas alcança a que escreveu nos autos (STF, *RT* 589/433).

- **Delegado de polícia:** A imunidade também alcança a difamação ou injúria irrogada contra delegado, relacionada com a causa em discussão (STF, *RT* 565/400; TACrSP, *RT* 606/358; *contra:* STF, *RT* 564/409).

- **Autoridade coatora em *habeas corpus*:** Se as afirmações injuriosas são feitas em informações prestadas em *habeas corpus* (no caso, por funcionário da Faculdade de Direito da Universidade Federal do Rio de Janeiro que impediu a entrada do paciente nas dependências da Faculdade), estão elas acobertadas pela imunidade judiciária do art. 140, I, do CP (STJ, REsp 885.475, j. 19.4.2007, *DJU* 11.6.2007).

- **Entre as partes ou não:** O melhor entendimento é o de que há imunidade, ainda que o ofendido seja pessoa estranha à causa, desde que haja relação com o exercício da defesa (STF, *RT* 624/378; TACrSP, *RT* 489/348). *Contra:* Não prevalece contra escrivão, testemunha, perito etc. (TACrSP, *RT* 511/362).

- **Testemunha:** A declaração feita em depoimento, se relacionada com o processo de alguma forma, não é crime contra a honra, pois está acobertada pelos deveres públicos do testemunho (STF, *RT* 561/418). Desde que narre apenas o que sabe, sem visível intenção de ofender, não pratica crime, pois está obrigada a dizer a verdade (STF, *RT* 514/448). Todavia, se agir com a intenção de ofender, considera-se que não fica resguardada pelo art. 142, I (STF, *RT* 545/423; TACrSP, *RT* 608/351). *Vide*, também, jurisprudência sob igual título, nos arts. 138, 139 e 140 do CP.

- **Contra juiz:** A imunidade não alcança as ofensas irrogadas ao juiz (STF, *mv* – *RTJ* 151/150,126/628, 121/157, *RT* 640/350, 631/373; TACrSP, *RT* 709/333, *mv* – 685/328). Se as expressões, embora excessivas e desnecessárias, continham-se nos limites da lei e da discussão da causa, incide a inviolabilidade constitucional do advogado (STJ, RHC 2.090, *DJU* 30.11.92, p. 22626, *in Bol. AASP* n. 1.785). A contundência e a crítica contra as decisões do juiz nem sempre revelam *animus diffamandi* ou *injuriandi*, devendo ser examinadas com cuidado (TJSC, *mv – JC* 70/359). Embora a jurisprudência majoritária não admita a imunidade em ofensa contra juiz, não estamos convencidos de seu acerto. Em nosso entender, a limitação não tem base legal.

- **Contra juiz, em exceção de suspeição:** Há a imunidade, pois a oposição da exceção é exercício de direito que afasta a intenção de ofender (TACrSP, *RT* 612/347, *mv* – 618/321; STJ, HC 10.718/SP, j. 22.2.2000, *DJU* 20.3.2000, *in Bol. IBCCr* 90/446).

- **Momento de seu reconhecimento:** A imunidade judiciária pode ser reconhecida antes do recebimento da denúncia ou queixa, uma vez que, embora versando sobre elemento subjetivo, a imunidade é dado objetivo, apreciável de pronto por meio de documentação idônea, não se tratando de decidir sobre a realidade de um certo ânimo ofensivo, mas de recusar, à saída, sua possibilidade jurídica de ser (TACrSP, RSE 121.105-5/3, j. 14.8.2000, *Bol. AASP* n. 2.232, p. 450).

- **Funcionário público:** Os conceitos e informações que emite por dever do ofício são acobertados pelo art. 142, III (TACrSP, *RT* 599/349). Não é recebida queixa-crime oferecida por ex-Presidente do TRT contra o atual Presidente, por ter este relatado irregularidades administrativas cometidas por aquele no exercício da Presidência (STJ, CEsp, APn 201-RO, *JSTJ* e *TRF* 176/223). Diretor de secretaria da Justiça Federal, em cobrança de autos retidos além do prazo legal pelo Ministério Público Federal, está agasalhado pela excludente (TRF da 1ª R., RCr 2.485, *DJU* 25.6.92, p. 18818). O art. 142, III, não acoberta eventuais excessos cometidos pelo ofensor (TJSP, *RT* 781/567).

- **Prefeito municipal:** As ofensas contidas em informações por ele prestadas estão ao abrigo do art. 142, III (TACrSP, *Julgados* 83/214).

- **Vereador:** *Vide* jurisprudência sob o título *Parlamentar*, no art. 138.

RETRATAÇÃO

Art. 143. O querelado que, antes da sentença, se retrata cabalmente da calúnia ou da difamação, fica isento de pena.

Parágrafo único. Nos casos em que o querelado tenha praticado a calúnia ou a difamação utilizando-se dos meios de comunicação, a retratação dar-se-á, se assim desejar o ofendido, pelos mesmos meios em que se praticou a ofensa.

- **Alteração:** Parágrafo único acrescentado pelo art. 13 da Lei n. 13.188, de 11.11.2015, que disciplina o direito de resposta ou retificação do ofendido.

Retratação

- **Noção:** *Retratação* é o ato de desdizer-se, de retirar o que se disse. Por meio dela, o agente confessa o seu erro e, expressamente, volta atrás no que declarou. Não deve ser confundida com a negativa do fato, pois quem o nega, obviamente, dele não se retrata. Por isso mesmo, é *pressuposto* da retratação "o reconhecimento de uma afirmação que se confessa errada" (Emeric Levai, "Retratação penal", *RP*, 1981, 21/143). A retratação não depende da aceitação do ofendido.

- **Natureza jurídica e efeito:** É causa expressa de extinção da punibilidade (CP, art. 107, VI). Embora guarde alguma semelhança com o arrependimento eficaz, trata-se, na verdade, de medida especial de política criminal, instituída para melhor preservar a honra do ofendido. À condenação do ofensor, prefere o CP que ele desminta o fato calunioso ou difamatório que atribuiu à vítima. Note-se, porém, que a extinção da punibilidade causada pela retratação tem efeitos só penais, não obstando a propositura de ação civil de reparação (CPP, art. 67, II).

- **Alcance:** A retratação é admitida, entre os crimes contra a honra, só nos de *calúnia* e *difamação* (CP, arts. 138 e 139), sendo inadmissível no de injúria (CP, art. 140). Como o art. 143 emprega o vocábulo "querelado", considera-se incabível a retratação na hipótese de ação penal pública condicionada à requisição ou representação (CP, art. 145, parágrafo único), pois nela há denúncia e não queixa. Por isso, é inoperante a retratação nos casos do art. 141, I e II, c/c o art. 145, parágrafo único, do CP.

- **Forma:** A retratação deve ser feita pelo próprio ofensor (ou procurador com poderes especiais). Não exige fórmula sacramental, mas deve ser completa, irrestrita, incondicional e ficar constando, por escrito, nos autos.

- **Oportunidade:** Consigna este art. 143 que a retratação deve ser feita *antes da sentença*. Na doutrina, domina o entendimento de que só é operante até antes da decisão de primeira instância na ação penal.

- **Comunicabilidade:** Trata-se de isenção de caráter pessoal, como se vê da redação do art. 143. Não se comunica, pois, aos coautores.

Parágrafo único

- **Como deve ocorrer:** O parágrafo único acrescentado pela Lei n. 13.188/2015, buscando dar a máxima eficiência à *retratação*, permite ao ofendido exigir que, tendo a calúnia ou difamação sido praticadas por meios de comunicação, a retratação feita pelo autor se dê "pelos meios em que se praticou a ofensa". Observa-se que a *retratação* do autor das ofensas não se confunde com o *direito de resposta ou retificação* do ofendido, previsto na lei acima referida.

Jurisprudência

- **Negativa:** Negar o fato não é retratar-se, pois a retratação tem como pressuposto o reconhecimento de uma afirmação, que se confessa errada, inverídica (TACrSP, *RT* 528/384,429/457). Há, porém, julgado em que se admitiu, junto com a negativa de autoria da ofensa, "retratação se a tivesse feito" (STF, *RTJ* 105/569).

- **Incondicional:** A retratação deve ser completa e incondicional, para valer como tal (TACrSP, *Julgados* 77/155). Deve ser feita pelo próprio ofensor ou procurador com poderes especiais e constar dos autos (TACrSP, *Julgados* 94/520).

- **Em injúria:** Não cabe retratação (STF, Pleno, AOr 7, *DJU* 16.2.90, p. 926; TACrSP, *RT* 717/430; TJRO, *RT* 768/679).

- **Meios de comunicação e não depende do ofendido:** "(...) 2. Em se tratando de ofensa irrogada por meios de comunicação – como no caso, que foi por postagem em rede social na internet –, 'a retratação dar-se-á, se assim desejar o ofendido, pelos mesmos meios em que se praticou a ofensa' (art. 143, parágrafo único, do CP; ...). 3. A norma penal, ao abrir ao ofendido a possibilidade de exigir que a retratação seja feita pelo mesmo meio em que se praticou a ofensa, não transmudou a natureza do ato, que é essencialmente unilateral. Apenas permitiu que o ofendido exerça uma faculdade. 4. Se o ofensor, desde logo, mesmo sem consultar o ofendido, já se utiliza do mesmo veículo de comunicação para apresentar a retratação, não há razão para desmerecê-la, porque o ato já atingiu a sua finalidade legal. 5. Declarada a extinção da punibilidade da Querelada" (STJ, APn 912/RJ, rel. Min. Laurita Vaz, Corte Especial, j. 3.3.2021, *DJe* 23.3.2021).

- **Não depende do ofendido:** A retratação prescinde da aceitação da vítima (TACrSP, *Julgados* 67/205).

- **Contra funcionário:** Não cabe retratação em ação penal pública *condicionada*, instaurada por ofensa assacada contra funcionário público, em razão da função (STF, *RTJ* 108/586,87/454; STJ, *RT* 751/553; TACrSP, *Julgados* 94/170-1,70/377; TAPR, *RT* 559/394).

Art. 144. Se, de referências, alusões ou frases, se infere calúnia, difamação ou injúria, quem se julga ofendido pode pedir explicações em juízo. Aquele que se recusa a dá-las ou, a critério do juiz, não as dá satisfatórias, responde pela ofensa.

- Direito de resposta ou retificação: *Vide* nota sob esse título no art. 138.

Pedido de explicações

- Noção: O CP faculta a quem se julgue ofendido a interpelação de seu possível ofensor, para que este esclareça a ofensa dúbia, a imputação equívoca, a pessoa a quem se referiu etc. O interpelado pode recusar-se a prestar as explicações. O pedido de explicações não serve, todavia, para a apuração da autoria ou coautoria do fato, ou, ainda, de participação nele, o que deverá ser feito mediante inquérito policial, a ser requerido pelo ofendido. Quanto ao julgamento das explicações, *vide* nota *Critério do juiz*.

- Não interfere na decadência: Esta medida preparatória e facultativa *não* interrompe *nem* suspende o prazo de decadência (*vide* nota ao art. 103 do CP).

- Cabimento: É cabível nos três delitos contra a honra (CP, arts. 138 a 140). Entendemos que o pedido de explicações *pressupõe a viabilidade* de uma futura ação penal. Por isso, não se pode admitir a interpelação se, por exemplo, a eventual ofensa está acobertada pela exclusão do crime (CP, art. 142) ou a punibilidade já se acha extinta (CP, art. 107).

- Quem pede: Ainda que a eventual ofensa que se deseja ver explicada seja daquelas em que a ação seria pública condicionada (como em caso de funcionário público), a interpelação não deve ser pedida pelo Ministério Público, mas pelo ofendido, pois só este pode considerá-las satisfatórias ou não.

- "Critério do juiz": Quanto à expressão "a critério do juiz", o juiz a que a lei se refere é o da futura queixa-crime e não o que processa o pedido de explicações; cabe ao magistrado da eventual ação penal, ao ser esta intentada, julgar as explicações e rejeitar a queixa, caso as considere satisfatórias (em igual sentido: Rogério Lauria Tucci, "Pedido de explicações", *Ciência Penal*,1979, 2/71; Aníbal Bruno, *Direito Penal*,1966, v. IV, p. 338; Custódio da Silveira, *Direito Penal*,1973, p. 261; Damásio de Jesus, *Direito Penal*, 29ª ed., São Paulo, Saraiva, 2009, v. II, p. 240; Heleno Fragoso, *Lições de Direito Penal – Parte Especial*, 1995, v. I, p. 146, e *Jurisprudência Criminal*,1979, v. I, n. 125; Hungria, *Comentários ao Código Penal*,1958, v. VI, p. 129). É, sem dúvida, a melhor orientação (STF, *RT* 545/428; STJ, Pet 4, mv – *DJU* 5.2.90, p. 445; TACrSP, *RT* 602/351, *Julgados* 85/95).

Jurisprudência

- Alusões equívocas ou dúbias: É necessária a prévia interpelação, se as palavras são equívocas ou ambíguas (TJSP, Pleno, *RT* 594/299). A ofensa feita a "algumas" pessoas de um grupo requer prévia interpelação (TACrSP, *Julgados* 84/320; TARS, *RF* 262/322). A interpelação judicial não se justifica quando o interpelante não tem dúvida alguma sobre o caráter moralmente ofensivo das imputações (STF, Pleno – *RT* 709/401, *PJ* 42/263). *Contra*: Se o próprio ofendido entende que a frase é equívoca, não se pode indeferir liminarmente o pedido de explicações, dando por inequívoca a frase que poderia ser explicada (TJSP, Pleno, *mv* – *RT* 546/305). Só tem cabimento o pedido, quando ocorrem alusões ou frases das quais se possa inferir a existência de crime contra a honra (TACrSP, *RT* 519/402). O pedido de explicações constitui providência de ordem cautelar, destinada a aparelhar a ação penal principal, traduzindo mera faculdade processual, sujeita à discrição do ofendido (STF, *PJ* 42/263, *RT* 627/365).

- Cabimento: O pedido de explicações é cabível nos três delitos contra a honra, tanto na ação penal pública quanto na privada (TAMG, *RJTAMG* 53/345). Não se presta à apuração do autor das ofensas, pois se este não está identificado, deve ser instaurado inquérito policial com a finalidade de apurar isso (TACrSP, *RJDTACr* 24/104 e 102).

- Decadência: O pedido de explicações não interrompe nem suspende o prazo decadencial (TACrSP, *Julgados* 85/95, 84/191, 71/289), por não ser condição de procedibilidade (TACrSP, *RT* 752/611).

- Pedido de explicações após a decadência: A questão é saber se deve ter curso o pedido de explicações, caso já haja ocorrido a decadência, tornando inviável uma eventual futura ação penal. A nosso ver, o pedido de explicações tem caráter de ato de persecução penal e não pode ser processado, caso verse fatos sobre os quais já há decadência (nesse sentido: STF, *RT* 490/397; TARJ, *RF* 272/307; TACrSP, *RT* 717/411, 613/341; *contra*: TACrSP, *mv – Julgados* 66/115, 67/166).

- **Não cabe *habeas corpus*:** Tratando-se de medida meramente preparatória de eventual e futura ação penal, sem potencialidade para acarretar, de si mesma, qualquer condenação ou restrição a liberdade de locomoção do notificado, inviável é o *habeas corpus* para atacá-la (STJ, RHC 2.506, j. 30.6.93, *DJU* 16.8.93).

- **Exclusão do crime:** Se a ofensa está acobertada pela imunidade do art. 142 do CP, não se pode pedir explicações a seu respeito (TACrSP, *RT* 546/364).

- **Recusa:** Se o interpelado se recusa a dar as explicações pedidas, não se pode obrigá-lo a dá-las (STF, *RTJ* 121/157, *RT* 579/412).

- **Efeitos da recusa:** Nenhuma sanção ou presunção decorrerá da recusa em dar as explicações; o interpelado responde pela ofensa que cometeu e não por se negar a explicá-la (TACrSP, *RT* 591/339).

- **Interpelante funcionário público:** Mesmo em caso que dependeria de representação para eventual ação penal, só o ofendido pode pedir as explicações, pois apenas ele poderá decidir se elas o satisfazem (TACrSP, *RT* 621/319).

- **Competência:** A interpelação só é processável no juízo criminal, não no cível (TACrSP, *Julgados* 77/175). O pedido de explicações fixa a competência da eventual futura ação penal (STF, *RT* 619/382;TJSP, *RT* 625/264).

- **Pedido de explicações e reiteração:** A apresentação de explicações insatisfatórias não pode ser confundida com reiteração do crime original (TACrSP, *RT* 537/334).

- **Ausência de pedidos de explicação:** A ausência de pedido de explicação em juízo não configura cerceamento de defesa, pois não se traduz em direito do ofensor, mas, sim, mero pedido preparatório e facultativo do ofendido, visando dissipar eventuais dúvidas quanto à intenção de injuriar, caluniar ou difamar (TJRO, *RT* 768/679).

Art. 145. Nos crimes previstos neste Capítulo somente se procede mediante queixa, salvo quando, no caso do art. 140, § 2º, da violência resulta lesão corporal.

Parágrafo único. Procede-se mediante requisição do Ministro da Justiça, no caso do inciso I do *caput* do art. 141 deste Código, e mediante representação do ofendido, no caso do inciso II do mesmo artigo, bem como no caso do § 3º do art. 140 deste Código.

Ação penal nos crimes contra a honra

- **Alteração:** Parágrafo único deste art. 145 modificado pela Lei n. 12.033, de 29.9.2009, publicada no dia seguinte.

- **Regra geral:** A ação penal é *privada* (queixa-crime) nos delitos de calúnia, difamação e injúria, seguindo o rito dos arts. 519 a 523 do CPP (audiência de conciliação; exceção da verdade). Aplicam-se, também, os arts. 395 a 397 do CPP, por força do § 4º do art. 394, todos com redação dada pela Lei n. 11.719/2008 (rejeição liminar da denúncia ou queixa, resposta à acusação e absolvição sumária). Quando os crimes contra a honra imputados ou sua somatória resultarem em infrações de menor potencial ofensivo, embora o rito deva ser o dos arts. 519 a 523 do CPP, aplicam-se, igualmente, os institutos da composição dos danos (que, por envolver matéria civil, não se confunde com a tentativa de reconciliação do art. 520 do CPP) e da transação. Também se aplica o instituto da suspensão condicional do processo, se a pena mínima do crime imputado, ou a soma delas no caso de imputação de mais de um delito, não ultrapassar um ano.

- **Exceções:** *a.* É *pública incondicionada* no caso de injúria real do art. 140, § 2º,do CP, se *da violência resulta lesão corporal grave ou gravíssima*. *b.* É *pública condicionada à representação* do ofendido, no caso de injúria real (art. 140, § 2º), se da violência resulta *lesão corporal leve*. Isto porque o art. 88 da Lei n. 9.099/95 passou a exigir representação para a ação penal relativa ao crime do art. 129, *caput*, do CP. c. É *pública condicionada à requisição* do Ministro da Justiça na hipótese do inciso I do *caput* do art. 141. d. É *pública condicionada à representação* do ofendido, no caso do inciso II do art. 141, do CP, isto é, quando a ofensa é praticada contra funcionário público em razão de suas funções. e. É *pública condicionada à representação* do ofendido, no caso de injúria com preconceito (art. 140, § 3º).

- **Irretroatividade do parágrafo único, última parte:** A última parte do parágrafo único deste art. 145, acrescentado pela Lei n. 12.033, de 29.9.2009, publicada no dia seguinte, que dispôs ser *pública condicionada à representação* do ofendido a ação penal por injúria com preconceito (art. 140, § 3º), tem conteúdo *misto*, ou seja, material e processual, sendo mais gravosa para o acusado. Com efeito, a ação penal privada, anteriormente prevista para a injúria com preconceito, lhe era mais benéfica por possibilitar a extinção da punibilidade pela ocorrência de institutos como a perempção e a renúncia tácita. Assim, a última parte do parágrafo único do art. 145 não deve, a nosso ver, retroagir para fatos acontecidos antes de 30.9.2009, data da publicação da Lei n. 12.033, continuando, nessas hipóteses, a ser a ação penal privada. Em sentido contrário, embora reconhecendo ser a ação penal pública condicionada maléfica em relação à privada, Luiz Flávio Gomes, para quem a nova lei "não afeta a liberdade diretamente, e sim, indiretamente... o mais adequado é fazer incidir totalmente o art. 2º do CPP, ou seja, aplicação imediata da lei processual penal nova" (*Carta Forense*, novembro 2009, informe jornal *LFG*, p. 2, Atualidades). Com a devida vênia do conceituado autor, pensamos que, havendo restrição à liberdade – bem maior – não importa ser esta direta ou indireta, não cabendo tal distinção.

- **Legitimação concorrente do funcionário público ofendido:** Não obstante o disposto neste art. 145 no sentido de que a ação penal é pública condicionada quando o ofendido for funcionário público e a ofensa se der em razão do exercício de sua função, é hoje pacífico o entendimento de que nesta hipótese há *legitimidade concorrente* do funcionário ofendido e do Ministério Público para exercer o direito à jurisdição, mediante a propositura da ação penal. Em outras palavras, pode o funcionário público ofendido propor queixa-crime ou, se preferir, representar para que o Ministério Público ofereça denúncia, em face da CR (art. 5º, X). *Vide* jurisprudência sob o título *Legitimação concorrente* neste artigo.

- **Confronto com crime contra a segurança nacional:** *Vide* anotação ao art. 141do CP.

Jurisprudência

- **Em razão de função:** Para que a ação seja pública condicionada à representação, não basta que a vítima seja funcionário público, sendo também necessário que a ofensa tenha sido feita em razão de sua função (STF, RHC 62.336, *DJU* 31.10.84, p. 18293; TAMG, *RJTAMG* 26-27/533). Se as ofensas *não* estão vinculadas à condição de funcionário público *nem* ao exercício do cargo, a ação é privada (STF, *RTJ* 111/279, *RT* 635/416; STJ, RHC 3.766, *DJU* 19.9.94, pp. 24704-5, *in RBCCr* 9/204). Todavia, se o delito é praticado em razão do ofício do servidor público, a ação penal não pode ser privada (STF, Inq 215, *DJU* 12.6.87, p.11856; *RT* 650/334; TARS, *RT* 623/360), salvo na hipótese de inércia do Ministério Público, quando cabe queixa subsidiária (CP, art.100, § 3º) (STJ, CEsp, Repr 30, *mv* – *DJU* 14.12.92, p. 23875, *in RBCCr* 1/226; TJBA, *BF* 38/305). Havendo representação do ofendido, cabe ao Ministério Público decidir sobre a apresentação ou não da denúncia (STF, Pleno, *mv* – *RTJ* 148/453-5). Havendo dúvida se as imputações feitas ao ofendido dizem respeito à sua vida privada ou funcional, deve ser aplicada a regra do art. 145, parágrafo único, parte final, do CP (TJCE, *RT* 772/624).

- **Legitimação concorrente:** A admissão da ação penal pública quando se cuida de ofensa *propter officium*, para conformar-se à CR (art. 5º, X), há de ser entendida como *alternativa* à disposição do ofendido, jamais como privação do seu direito de queixa (STF, Pleno, *mv* – *RT* 711/403; HC 71.845, *DJU* 8.5.96; *RT* 764/474; STJ, Corte Especial, APn 348/PA, rel. Min. Antônio de Pádua Ribeiro, j. 18.5.2005; TACrSP, *RT* 751/621,

747/684-5, 788/607). *Contra:* A legitimidade é exclusiva do Ministério Público (TAPR, RSE 0.180.998-1, j. 15.8.2002, *DJU* 6.9.2002).

- **Representação *versus* denúncia:** Quando o ofendido demonstra claro interesse que o autor responda apenas pelos crimes de calúnia e injúria, o *Parquet* não pode oferecer denúncia imputando a prática do crime de difamação (STJ, 5ª T., HC 198.402/BA, rel. Min. Laurita Vaz, j. 22.11.2011).

- **Após deixar o cargo:** Se o funcionário foi ofendido em razão de suas funções, a iniciativa da ação é do Ministério Público, mediante representação do ofendido; entretanto, a ação é privada se o funcionário já deixou o cargo (STF, *RT* 542/450; STJ, *RT* 714/418). Todavia, para a exceção da verdade, prevalece a competência especial que acaso existia, ainda que cessado o exercício funcional do ofendido.

- **Calúnia e difamação atribuídas em processo:** A circunstância de estar ainda o processo em andamento não impede a denúncia por calúnia e difamação expressas no mesmo, visto que sua verificação não depende do resultado daquela ação ou de seu encerramento (TACrSP, *RJDTACr* 16/178).

- **Reconciliação:** Se a ação é pública condicionada à representação do ofendido, descabe a audiência de reconciliação prevista nos arts. 520 a 522 do CPP (STF, *RTJ* 113/560). Igualmente descabe a notificação do acusado para responder por escrito, prevista no art. 514 do CPP, que se refere somente aos delitos funcionais (STJ, *JSTJe TRF* 2/310).

- **Representação:** Não depende de requisitos formais específicos (STF, *RT* 627/365), podendo ser exercida pessoalmente pelo ofendido, sem intervenção de advogado (TACrSP, *RJDTACr* 24/400). É admissível a representação apenas contra quem concordou *a posteriori* com as ofensas irrogadas por outrem, por tratar-se de crime diverso, conquanto conexo, e por não se aplicar o princípio da indivisibilidade à ação penal pública condicionada (TACrSP, *mv – RT* 712/412). Se a vítima de difamação é sociedade de economia mista, procede-se mediante queixa, e não através de denúncia, mediante representação (TACrSP, *RJDTACr* 17/73). Sendo o vereador funcionário público em sentido amplo, não pode oferecer queixa-crime, devendo oferecer representação (TACrSP, *RT* 672/325). Se a vítima for perito judicial, ofendido em ação em curso, há necessidade de representação (STF, *RTJ* 126/495). Se prefeito (STF, *RTJ* 113/560), deputado estadual (TAPR, RSE 0.180.998-1, j. 15.8.2002, *DJU* 6.9.2002) ou juiz, também (STF, *RTJ* 121/119).

- **Rito:** Os crimes de calúnia e injúria têm o rito especial definido nos arts. 519 e seguintes do CPP, defesa, portanto, a adoção do processamento nos moldes da Lei n. 9.099/95, exceto quanto a eventuais transação e suspensão condicional do processo (TACrSP, *RT* 808/636).

Capítulo VI
DOS CRIMES CONTRA A LIBERDADE INDIVIDUAL

Seção I
DOS CRIMES CONTRA A LIBERDADE PESSOAL

CONSTRANGIMENTO ILEGAL

Art. 146. Constranger alguém, mediante violência ou grave ameaça, ou depois de lhe haver reduzido, por qualquer outro meio, a capacidade de resistência, a não fazer o que a lei permite, ou a fazer o que ela não manda:

Pena – detenção, de 3 (três) meses a 1 (um) ano, ou multa.

AUMENTO DE PENA

§ 1º As penas aplicam-se cumulativamente e em dobro, quando, para a execução do crime, se reúnem mais de três pessoas, ou há emprego de armas.

§ 2º Além das penas cominadas, aplicam-se as correspondentes à violência.

§ 3º Não se compreendem na disposição deste artigo:

I – a intervenção médica ou cirúrgica, sem o consentimento do paciente ou de seu representante legal, se justificada por iminente perigo de vida;

II – a coação exercida para impedir suicídio.

- Transação: Cabe no *caput* e no § 1º, preenchidos os requisitos do art. 76 da Lei n. 9.099/95.

- Suspensão condicional do processo: Cabe no *caput* e no § 1º, atendidas as condições do art. 89 da Lei n. 9.099/95.

Constrangimento ilegal

- Objeto jurídico: A liberdade psíquica e física da pessoa, especialmente a sua liberdade de autodeterminação, constitucionalmente assegurada (CR, art. 5º, II).

- Sujeito ativo: Qualquer pessoa. Caso o agente seja funcionário público e pratique o crime no exercício de suas funções, a tipificação poderá ser outra (vide nota Confronto).

- Sujeito passivo: Qualquer pessoa, desde que possua alguma capacidade de autodeterminação.

- Tipo objetivo: O *constrangimento* (coação) deve ser praticado por meio de: *a. Violência*. É a violência *física* sobre pessoa (*vis absoluta*). *b. Grave ameaça*. É a violência *moral*, ou seja, a promessa de causar mal futuro, sério e verossímil (*vis compulsiva*). *c. Qualquer outro (meio), capaz de reduzir a resistência da vítima*. Como exemplo desses outros meios, lembre-se a administração não violenta de álcool, narcótico, ou outra substância capaz de reduzir a resistência da pessoa. O crime será *único*, ainda que haja o emprego de mais de um meio. A *pretensão* desejada pelo agente (obrigar o ofendido a fazer ou deixar de fazer alguma coisa) deve ser *ilegítima*, pois, se for legítima, o crime será o de exercício arbitrário das próprias razões (CP, art. 345).

- Subsidiariedade: O delito deste art. 146 é subsidiário em relação a todos os crimes em que o constrangimento é meio ou elemento (exemplo: arts.157, 158, 213, 214 etc.). Sempre haverá a *absorção*, ainda que o outro delito seja mais levemente apenado.

- Tipo subjetivo: É o dolo, ou seja, a vontade livre e consciente de constranger. Deve existir a consciência da ilegitimidade da pretensão, pois o erro exclui o dolo. Para alguns, está presente o elemento subjetivo do tipo, referido pelo especial fim de agir (para fazer ou não fazer). Entre os autores da corrente tradicional, discute-se se o dolo é "genérico" ou "específico". Não há forma culposa.

- Consumação: Quando o ofendido faz ou deixa de fazer a coisa a que foi constrangido.

- Tentativa: Admite-se.

- Classificação: Crime comum quanto ao sujeito, doloso, material, de conduta e resultado, subsidiário.

- Confronto com a Lei de Abuso de Autoridade: A Lei n. 13.869/2019, aplicável somente aos agentes públicos (*vide* seu conceito no art. 2º), prevê algumas modalidades de crimes de constrangimento ilegal:

  - 1ª modalidade: Se o constrangimento for de preso ou detento, mediante violência, grave ameaça ou redução de sua capacidade de resistência, a fim de: I – exibir-se ou ter seu corpo ou parte dele exibido à curiosidade pública; II – submeter-se a situação vexatória ou a constrangimento não autorizado em lei; III – produzir prova contra si mesmo ou contra terceiro, *vide* art. 13;

- 2ª modalidade: Se o constrangimento, sob ameaça de prisão, for para forçar o depoimento de pessoa que, em razão de função, ministério, ofício ou profissão, deva guardar segredo ou resguardar sigilo, *vide* art. 14, *caput*; 3ª modalidade: se o agente público prosseguir com o interrogatório de pessoa que tenha decidido exercer o direito ao silêncio, ou que tenha optado por ser assistido por advogado ou defensor público, sem a presença de seu patrono, cf. art. 15, parágrafo único, incisos I e II;

- 3ª modalidade: Se o agente público submeter o preso a interrogatório policial durante o período de repouso noturno, salvo se capturado em flagrante delito ou se ele, devidamente assistido, consentir em prestar declarações, *vide* art. 18;

- 4ª modalidade: Se o constrangimento, sob violência ou grave ameaça, for praticado por agente público contra funcionário ou empregado de instituição hospitalar pública ou privada, com o fim de admitir para tratamento pessoa cujo óbito já tenha ocorrido, e ainda com o objetivo de alterar local ou momento de crime, prejudicando sua apuração, *vide* art. 24 da Lei n. 13.689/2019).

- Quanto ao conceito de agente público, para efeito da Lei n. 13.869/2019, cf. seu art. 2º, *caput*, e parágrafo único.

- **Confronto com outras leis:** Tratando-se de crime de tortura, Lei n. 9.455/97. Se há intuito de obter vantagem econômica, pode haver *extorsão* (CP, art. 158). Se o agente é funcionário público e pratica o constrangimento no exercício de suas funções, a tipificação será na Lei n. 13.869/2019 (abuso de autoridade) ou no art. 322 do CP (violência arbitrária). No caso de a pretensão ser *legítima*, configurará o delito de exercício arbitrário das próprias razões (CP, art. 345). Na ameaça (CP, art. 147), a intimidação é o próprio objetivo, enquanto no constrangimento ilegal pela ameaça, esta é o meio empregado no cometimento do crime. Se o agente submeter *criança ou adolescente* sob sua autoridade, guarda ou vigilância a vexame ou a *constrangimento*, art. 232 da Lei n. 8.069/90 (Estatuto da Criança e do Adolescente). Se pessoa *idosa* é *coagida*, de qualquer modo, a doar, contratar, testar ou outorgar procuração, art. 107 da Lei n. 10.741/2003. Se o constrangimento consiste na exigência de teste, exame, perícia, laudo, atestado, declaração ou qualquer outro procedimento relativo à gravidez, art. 2º, I, da Lei n. 9.029/95; se consiste na exigência de atestado de esterilização, art. 18 da Lei n. 9.263/96.

- **Pena:** É alternativa: detenção, de três meses a um ano, ou multa (além das penas correspondentes à violência contra pessoa, § 2º).

- **Ação penal:** Pública incondicionada.

Figuras qualificadas (§ 1º)

- **Primeira:** Quando se reúnem *mais de três* pessoas para *executar* o crime.

- **Segunda:** Quando há emprego de *armas*, não se compreendendo, aqui, a *de brinquedo*. A Súmula 174 do STJ, que autorizava o aumento da pena no crime de roubo, nessa hipótese, foi cancelada (REsp 213.054-SP).

- **Pena:** As penas do *caput* (detenção e multa) são aplicadas cumulativamente e em dobro.

Cumulação de penas (§ 2º)

- **Noção:** Além das penas cominadas ao constrangimento ilegal, aplicam-se, também, as correspondentes à violência empregada.

Exclusão da tipicidade (§ 3º)

- I. A intervenção médica ou cirúrgica, sem consentimento do paciente ou de seu representante legal, se justificada por iminente perigo de vida. O legislador optou, aqui, por expressamente excluir a própria tipicidade da conduta. Mesmo que assim não fosse, estar-se-ia, em razão do próprio *estado de necessidade* consistente em salvar a vida alheia, diante de uma causa de exclusão da ilicitude.

- II. A coação exercida para impedir *suicídio*.

Jurisprudência

- **Fazer ou não fazer:** Se a conduta do agente não tiver o objetivo determinado de constranger a fazer ou não fazer, não pode ser capitulada neste art. 146 (TACrSP, *RT* 411/246).

- **Constranger:** O núcleo do tipo, dado pelo verbo *constranger*, significa forçar, coagir, obrigar a determinada ação ou inação. O fato é atípico, se a funcionária da loja pediu à cliente que passasse várias vezes pelo sistema de alarmes, na presença de outras pessoas (TJBA, Ap. 3.883/98, 1ª Turma Recursal – trânsito e criminal, j. 31.1.2002).

- **Subsidiariedade:** É crime tipicamente subsidiário, não se configurando quando o constrangimento for elemento integrante de outro crime, como o roubo, a extorsão, o estupro etc. (TACrSP, *Julgados* 78/376, *RT* 533/356, 492/354).

- **Constrangimento ilegal e ameaça:** No crime de ameaça, o incutimento do medo é um fim em si mesmo. Mas, se através do mal anunciado, o objetivo é subjugar-lhe a vontade para alcançar outro fim, o crime é de constrangimento ilegal (TACrSP, *RJDTACr* 11/56; TAMG, *RT* 616/361).

- **Constrangimento ilegal e roubo:** Se o agente ameaça com arma de fogo para roubar e, diante da negativa da vítima, desiste e evade-se, há o crime do art. 146, § 1º (TJSP, *RT* 873/584).

- **Constrangimento ilegal e extorsão:** Pratica constrangimento ilegal, e não extorsão, o agente que exige, mediante graves ameaças, que a vítima faça algo a que legalmente não está obrigada, porém sem o fim precípuo de obter vantagem econômica indevida (TACrSP, *RJDTACr* 20/73).

- **Constrangimento ilegal e lesões corporais:** Se o constrangimento ilegal resultou na violência sofrida pela vítima, admite-se o concurso material entre o delito de constrangimento ilegal e o de lesões corporais de natureza grave, nos termos do art. 146, § 2º, do CP (TJSP, *RT* 749/651).

- **Constrangimento ilegal e sequestro:** Há constrangimento ilegal qualificado pelo emprego de arma, e não sequestro, se obriga motorista a conduzi-lo a determinado lugar. O sequestro exige a vontade consciente e dirigida à ilegítima privação ou restrição da liberdade alheia; diferente é obrigar a dar fuga em seu carro (TJSP, *RJTJSP* 124/509).

- **Constrangimento ilegal e exercício arbitrário das próprias razões:** A conduta do agente de constranger a vítima a praticar algo que poderia ser obtido através de medida judicial própria, configura o delito de exercício arbitrário das próprias razões, já que o tipo do art. 146 exige que a pretensão seja ilegítima (TJRJ, *RT* 788/677).

- **Consumação:** Incorre no delito de constrangimento ilegal marido que constrange a mulher, sob grave ameaça com arma de fogo, a acompanhá-lo até a residência dos pais dela, sendo irrelevante que o intento final de tal coação (reconciliação do casal) não tenha sido atingido (TACrSP, *RJDTACr* 21/103).

- **Tentativa:** Se o *iter criminis* percorrido pelo acusado, visando compelir a vítima a abandonar sua residência, foi interrompido graças à ação de seus irmãos e pais, desclassifica-se para tentativa de constrangimento ilegal (TJES, Ap. 30070017853, *DJ* 16.3.2009).

- **Necessidade de prova judicial:** Se nenhuma prova judicial dá sustento à tese acusatória, impõe-se a absolvição (TJMG, Ap. 10414110001933001, *DJ* 19.3.2013).

- **Prova judicial duvidosa:** Se o acervo probatório não é firme e consistente, restando duvidosa a prova colhida no curso da instrução processual, confirma-se a absolvição (TJRJ, Ap. 00249996220128190205, *DJ* 25.3.2014).

- **Cinto de castidade:** Comete constrangimento ilegal o agente que, ao se ausentar do lar, obriga a mulher ao uso de objeto equiparado a cinto de castidade, para assegurar a fidelidade conjugal (TAMG, *RJTAMG* 51/289).

- **Uso de arma:** Para a majorante do § 1º deve ser verificado se a arma é hábil ou não para ofender a integridade física da vítima (TJMG, Ap. 10414110001933001, *DJ* 19.3.2013), impondo-se a redução da pena se não ocorreu apreensão e perícia, bem como inexistem meios de provas indiretas que atestem a sua potencialidade lesiva (TJMG, Ap. 107041000870600001, *DJ* 23.9.2013).

- **Uso de arma e *bis in idem*:** Se o agente já está sendo punido pelo porte ilegal de arma de fogo em local público (TJMG, Ap. 10461090633433001, *DJ* 15.2.2013).

AMEAÇA

Art. 147. Ameaçar alguém, por palavra, escrito ou gesto, ou qualquer outro meio simbólico, de causar-lhe mal injusto e grave:

Pena – detenção, de 1 (um) a 6 (seis) meses, ou multa.

Parágrafo único. Somente se procede mediante representação.

- Conciliação: Cabe (arts. 72 a 74 da Lei n. 9.099/95).
- Transação: Cabe, preenchidos os requisitos do art. 76 da Lei n. 9.099/95.
- Suspensão condicional do processo: Cabe, atendidas as condições do art. 89 da Lei n. 9.099/95.

Ameaça (caput)

- Objeto jurídico: O entendimento dos doutrinadores é variável: liberdade individual, paz de espírito, segurança da ordem jurídica, tranquilidade pessoal etc.
- Sujeito ativo: Qualquer pessoa.
- Sujeito passivo: Qualquer pessoa, incluindo a criança, desde que seja capaz de sentir a intimidação.
- Tipo objetivo: *Ameaçar* significa procurar intimidar, prometer malefício. Os meios que a lei enumera alcançam, praticamente, todas as formas (oral, escrita, mímica e simbólica). O *mal* que se prenuncia deve ser *injusto* e *grave* (se for justo, ou não for grave, inexistirá o crime). Predomina – a nosso ver acertadamente – o entendimento de que a ameaça precisa ser idônea e séria; daí as decisões no sentido de que o delito não se configura quando a ameaça é feita: *a.* em momento de *cólera*, *revolta* ou *ira*; *b.* em estado de *embriaguez*; *c.* quando a vítima não lhe dá maior crédito. Como escreve AGNES CRETELLA, a ameaça deve ser "realizável, verossímil e não fantástica ou impossível" ("Ameaça", *RT* 470/301). Há, também, forte corrente no sentido de que o mal prometido precisa ser futuro e não atual.
- Tipo subjetivo: O dolo, isto é, a vontade livre e consciente de intimidar; finalidade esta que alguns autores veem como elemento subjetivo do tipo. Na doutrina tradicional é o "dolo específico". O erro exclui o dolo, como quando o agente pensa que é lícito praticar o mal prometido.
- Consumação: Quando o ofendido toma conhecimento dela, pela percepção da ameaça (*delito formal*).
- Tentativa: Pelo menos na forma escrita, pode existir tentativa.
- Subsidiariedade: A ameaça é absorvida quando for elemento ou meio de outro delito.
- Classificação: Delito comum quanto ao sujeito, doloso, subsidiário, formal e instantâneo.
- Pena: É *alternativa*: detenção, de um a seis meses, ou multa.
- Ação penal: Pública condicionada (exige representação do ofendido).

Jurisprudência

- Tipo subjetivo: O delito de ameaça exige o dolo específico de incutir medo, de intimidar (TACrSP, *Julgados* 74/254, *RT* 698/355).
- Crime formal e instantâneo: O crime deste art. 147 é formal e instantâneo, que se consuma independentemente do resultado lesivo objetivado pelo agente, bastando que a ameaça seja idônea e séria a incutir temor no homem comum (TAPR, *RT* 725/662; TACrSP, *RT* 721/448). Consuma-se no momento em que a vítima tem conhecimento da ameaça e independentemente de sua efetiva intimidação (TACrSP, *mv* – *RT* 719/439).
- Ameaça séria: Só a ameaça séria e idônea configura o crime do art. 147(TACrSP, *RT* 698/355, *RJDTACr* 15/36; TAMG, *RJTAMG* 13/423; TAPR, *RT* 725/662; TARS, *RT*

631/343), ainda que o agente não tenha intenção de praticar o mal prometido (TAMG, *RJTAMG* 54-55/519). O agente que, munido de uma faca, faz ameaças à esposa e ao filho, não chegando, porém, a praticar qualquer ato que pudesse ferir a integridade física de ambos, em evidente arrependimento eficaz, não comete o delito previsto no art. 147, por não demonstrar que realmente faria uso da arma (TACrSP, *RT* 765/624).

- **Ânimo calmo e refletido:** A ameaça deve provir de ânimo calmo e refletido (STF, *RTJ* 54/604; TACrSP, *RJDTACr* 15/36, *Julgados* 87/272, *RT* 534/375; *contra*: TACrSP, *RT* 639/310,582/336). O crime de ameaça exige o dolo específico de infundir medo; não configura a proferida em momento de ira (TAMG, RCr 1.228, j. 28.3.85; TACrSP, *RT* 698/355, 603/365, *Julgados* 81/363, 70/335) ou de nervosismo (TACrSP, *RJDTACr* 15/36). *Contra*: Ira, cólera e exaltação de ânimo não despojam de força intimidativa, especialmente para a hipótese de ameaça de morte (TACrSP, *RJDTACr* 20/183; TAPR, *RT* 725/662).

- **Discussão acalorada e retratação:** Falta justa causa à ação penal se a ameaça de que acabaria com a vítima e a filha decorreu de discussão acalorada entre vizinhos, surgindo a retratação (STF, HC 82.895/RJ, *DJU* 8.8.2003, p. 88).

- **Embriaguez:** Não constitui a proferida em estado de embriaguez (TACrSP, *RJDTACr* 15/36, 1/58, *Julgados* 87/180). *Contra*: No caso de embriaguez voluntária (TACrSP, *RJDTACr* 16/64; TJMG, Ap. 10056081771828001, *DJ* 13.8.2013; 10694100067974001, *DJ* 21.1.2015).

- **Ameaça retributiva:** Não configura a condicional ou retributiva, consistente em ameaçar fazer mal à vítima, caso esta lhe venha a fazer mal (TACrSP, *RT* 580/354). *Contra*: A ameaça condicional não exclui o crime, pois este existe pelo simples fato da intimidação (TACrSP, *RT* 723/593).

- **Mal futuro ou iminente:** A ameaça pode ser de mal futuro próximo ou até iminente, mas não de mal presente ou subsequente (TACrSP, *Julgados* 70/335, *RT* 544/380). O dano anunciado deve ser futuro, embora de próxima realização, mas não deve produzir-se no próprio instante da ameaça, com o que o fato tomaria outro caráter (TACrSP, *RT* 720/483; TAPR, *PJ* 43/268). O mal que se ameaça deve ser futuro, pois o atual *não* configura o delito (TACrSP, *RT* 400/287). O mal deve ser futuro, mas não precisa ser remoto, servindo o iminente (TACrSP, *Julgados* 69/233).

- **Presença da vítima:** É dispensável, bastando que a ameaça chegue ao conhecimento dela (TACrSP, *RJDTACr* 16/64, *mv* – *RT* 752/605, 560/328).

- **Vítima indeterminada:** Para a tipificação da ameaça é imprescindível a precisa determinação da vítima, inexistindo delito contra sujeito indeterminado (TJRS, RCr71004953550, *DJ* 12.9.2014).

- **Por telefone:** Nada impede que se realize por via telefônica, pois é delito formal (TACrSP, *Julgados* 95/87).

- **Crime-meio:** Não se caracterizará o delito autônomo de ameaça, se esta conduta foi um meio para a consumação do crime de constrangimento ilegal (TJMG, Ap. 10611100034648001, *DJ* 5.7.2013).

- **Violência doméstica:** Se a ameaça foi cometida no âmbito doméstico, impossível a substituição da pena privativa de liberdade, por pena restritiva de direitos, nos termos da 3ª Seção do STJ (STJ, AgRg no REsp 1.464.755/MS, *DJ* 1.12.2014). Contra, em parte: admite-se, todavia, a substituição, se a ameaça ou violência forem de menor gravidade (STJ, AgRg no REsp 1.464.237/MS, *DJe* 14.11.2014).

Parágrafo único

- **Representação:** Depende de representação (STF, *RT* 601/426), que prescinde de formalismo, bastando sua exteriorização nas declarações do flagrante (TACrSP, *mv* – *RT* 667/298). É indispensável a representação, ainda que a ameaça seja conexa a delito de ação pública incondicionada (TACrSP, *Julgados* 77/344). Tratando-se de ameaça feita a casal, a representação de um cônjuge não supre a do outro (TACrSP, *RT*

538/368). No caso de ameaças contínuas, a representação feita na constância de qualquer delas não é extemporânea (STF, *RTJ* 124/1006).

PERSEGUIÇÃO

Art. 147-A. Perseguir alguém, reiteradamente e por qualquer meio, ameaçando-lhe a integridade física ou psicológica, restringindo-lhe a capacidade de locomoção ou, de qualquer forma, invadindo ou perturbando sua esfera de liberdade ou privacidade.

Pena – reclusão, de 6 (seis) meses a 2 (dois) anos, e multa.

§ 1º A pena é aumentada de metade se o crime é cometido:

I – contra criança, adolescente ou idoso;

II – contra mulher por razões da condição de sexo feminino, nos termos do § 2º-A do art. 121 deste Código;

III – mediante concurso de 2 (duas) ou mais pessoas ou com o emprego de arma.

§ 2º As penas deste artigo são aplicáveis sem prejuízo das correspondentes à violência.

§ 3º Somente se procede mediante representação.

- Alteração: A Lei n. 14.132, de 31 de março de 2021, acrescentou ao Código Penal este art. 147-A. Revogou, por outro lado, a contravenção de perturbação da tranquilidade, prevista no art. 65 do Decreto-Lei n. 3.688/41 (Lei das Contravenções Penais).

- Conciliação: Cabe no *caput* (arts. 72 a 74 da Lei n. 9.099/95).

- Transação: Cabe igualmente no *caput*, preenchidos os demais requisitos do art. 76 da Lei n. 9.099/95.

- Suspenção condicional do processo: Cabe em todas as figuras, presentes os requisitos legais do art. 89 da Lei n. 9.099/95.

Perseguição (caput)
- Noção: A nosso ver, em boa hora este novo artigo, sob o *nomen juris* de perseguição, também conhecido por *stalking*, veio a ser acrescido à lei penal, pois tal conduta, que por vezes não chegava a configurar o crime de ameaça do art. 140 do CP, era tipificada, quando muito, como mera contravenção de "perturbação da tranquilidade" do art. 65 da LCP, cuja punição não possuía praticamente nenhuma eficácia para fazer cessar o verdadeiro "inferno" que a perseguição pode gerar na vida daqueles que são vitimados.

- Objeto jurídico: A liberdade individual, a paz de espírito, a tranquilidade pessoal e a privacidade das pessoas.

- Sujeito ativo: Qualquer pessoa.

- Sujeito passivo: Qualquer pessoa.

- Tipo objetivo: *Perseguir por qualquer meio* significa seguir de perto, ir ao encalço, acossar, seja de forma presencial, pessoalmente ou por interpostas pessoas, seja de modo virtual, isto é, em redes sociais como o Facebook, e-mails, mensagens de Whatsapp, Twiter, aplicativos de encontros etc., por vezes driblando as medidas defensivas como "bloqueios" adotadas pela vítima, com a criação de novos perfis mediante falsa identidade. Embora o termo *reiterar* signifique fazer mais de uma vez, para haver o crime o legislador se utilizou do gerúndio: é necessário que a perseguição seja feita *reiteradamente*, o que significa *por várias vezes repetida* ou *renovada insistentemente* em *um espaço de tempo relativamente próximo*. Trata-se de crime de ação múltipla. Não será típico, assim, o fato de ter havido uma perseguição eventual, e, a nosso ver, tampouco aquela que, embora reprovável, tenha ocorrido por poucas vezes e depois cessado. A relevância penal há de ser avaliada caso a caso, mesmo porque, diante da excepcionalidade do Direito Penal, faz-se necessário haver cautela para não ocorrer a banalização do crime de perseguição, notadamente quando envolve ex-companheiras ou ex-companheiros que buscam simples diálogo. Desse modo, não é qualquer *insistência em manter contato* que configurará o crime, mas somente em casos abusivos, de verdadeira *obsessão* por parte do agente, seja fisicamente ou em meios virtuais, mesmo porque, se houver ameaça sem perseguição, há o crime do art. 147 do CP. A perseguição, para haver a configuração do crime, deve acarretar os seguintes resultados (elementos normativos do tipo): (a) *ameaça* (intimidação, promessa de malefício) *à integridade física* da vítima (o que pode ocorrer por gestos ou palavras); (b) *ameaça à sua integridade psicológica* (transformando a vida de quem é perseguido em um verdadeiro tormento, gerando crises nervosas, com pânico e fobias etc.); (c) *restringe* (diminui, reduz, limita) *a liberdade de locomoção*, na medida em que a vítima deixa, por exemplo, de sair de sua casa com medo da pessoa que a está perseguindo; ou (d) *de qualquer forma* (por todos os meios aptos ou idôneos a alcançar o objetivo proibido por lei) *invade* ou *perturba* a sua esfera de liberdade ou privacidade. Com a perseguição reiterada, o autor acaba tomando conhecimento de todos os passos da vítima, para onde se desloca, com quem se encontra, com quem dialoga, não só invadindo a sua privacidade, mas também perturbando a sua liberdade de ir e vir, e de interagir com outras pessoas.

- **Tipo subjetivo:** É o dolo, ou seja, a vontade livre e consciente de perseguir reiteradamente, acrescido do elemento subjetivo do tipo: para ameaçar a integridade física ou psíquica da vítima, restringir-lhe a liberdade de locomoção, invadir a sua intimidade ou perturbar a sua liberdade. Para os tradicionais, é o dolo específico.

- **Consumação:** Quando a perseguição é feita *reiteradamente*. Em cada caso, caberá ao Judiciário avaliar o preenchimento do requisito da "reiteração", para verificar se o crime se aperfeiçoou, sendo, em nosso entendimento, diante do gerúndio empregado pelo legislador, necessário haver pelo menos 3 (três) perseguições, em espaço de tempo relativamente próximo, para se configurar o crime. Trata-se de crime de mera conduta, sem resultado no mundo naturalístico.

- **Tentativa:** Não pode haver, uma vez que o crime se perfaz justamente com a *reiteração*, sendo impensável a hipótese de "tentar reiterar". A perseguição isolada ou eventual é atípica.

- **Crime único:** A conduta *reiterar* pressupõe pluralidade de perseguições, tratando-se de crime de ação múltipla. Haverá, portanto, crime único.

- **Confronto:** Se não houver o caráter de *perseguição reiterada*, poderá configurar-se o crime de ameaça do art. 147 do CP.

- **Concurso de crimes:** Entendemos que o crime de ameaça do art. 147 do CP restará absorvido. Não se afasta o concurso com outros crimes eventualmente praticados, e que ofendam bens jurídicos diversos, como o delito de dano (art. 163), de calúnia, difamação ou injúria (arts. 138, 139 e 140).

- **Pena:** Reclusão, de 6 (seis) meses a 2 (dois) anos.

Aumento de pena (§1º)
- **Hipóteses:** A pena é aumentada de metade em três casos:

- **Inciso I:** Se a vítima for *criança* (menor de 12 anos), *adolescente* (maior de 12 e menor de 18) ou *idoso* (a partir de 60 anos). Para haver o acréscimo, é fundamental que o autor tenha conhecimento dessa circunstância.

- **Inciso II:** Se o crime for praticado *contra mulher por razões da condição de sexo feminino*, nos termos do § 2º-A do art. 121 do CP. Ou seja, quando a perseguição reiterada ocorre em contexto de *violência doméstica ou familiar contra mulher*, ou é *motivada por menosprezo ou discriminação à sua condição feminina*. Embora existam casos em que mulheres perseguem ex-companheiros ou ex-companheiras, e também ocorram situações de homens perseguindo ex-companheiros, são muito mais comuns episódios em que ex-maridos, companheiros ou namorados, inconformados com o rompimento de uma relação, passam a perseguir compulsivamente suas ex-esposas, companheiras ou namoradas.

▪ Inciso III: Com o concurso de *duas ou mais pessoas*, ou *com emprego de arma*, não se limitando à arma de fogo, mas também às chamadas "armas brancas", como facas, punhais etc.

Ressalva quanto à violência (§ 2º)

▪ **Concurso de crimes:** Havendo violência (física) as penas deste artigo aplicam-se sem prejuízo daquelas, ou seja, cumulativamente.

Ação pública condicionada (§ 3º)

▪ **Necessidade de representação:** Deve haver representação do ofendido dentro do prazo decadencial de 6 (seis) meses, a partir do conhecimento da autoria, nos termos do art. 103 do CP.

VIOLÊNCIA PSICOLÓGICA CONTRA A MULHER

Art.147-B. Causar dano emocional à mulher que a prejudique e perturbe seu pleno desenvolvimento ou que vise a degradar ou a controlar suas ações, comportamentos, crenças e decisões, mediante ameaça, constrangimento, humilhação, manipulação, isolamento, chantagem, ridicularização, limitação do direito de ir e vir ou qualquer outro meio que cause prejuízo à sua saúde psicológica e autodeterminação.

Pena – reclusão, de 6 (seis) meses a 2 (dois) anos, e multa, se a conduta não constitui crime mais grave.

▪ **Alteração:** Artigo introduzido pela Lei n. 14.188, de 28.7.2021.

▪ **Acordo de não persecução penal:** Se não houver violência ou grave ameaça, em tese é possível o ANPP, desde que satisfeitas as condições do art. 28-A do CPP.

▪ **Transação:** Uma vez preenchidos os seus requisitos, objetivos e subjetivos previstos no art. 76 da Lei n. 9.099/95, é possível a transação, desde que o crime não tenha sido cometido no âmbito de violência doméstica ou familiar abrangido pela Lei Maria da Penha, e tampouco tenha ocorrido com violência ou grave ameaça. Caso contrário, não caberá, nos termos do art. 41 da Lei n. 11.340/2006 (Súmula 536 do STJ).

▪ **Suspensão condicional do processo:** Presentes os pressupostos do art. 89 da Lei n. 9.099/95, em tese cabe a suspensão, desde que o delito não tenha ocorrido no âmbito da Lei Maria da Penha, isto é, espaço doméstico ou familiar. Se o tiver, nos termos do art. 41 da Lei n. 11.340/2006, a jurisprudência pacificou-se no sentido de não haver a possibilidade da suspensão (Súmula 536 do STJ).

▪ **Noção:** As mulheres, historicamente e ainda hoje, têm sido vítimas de toda sorte de violências praticadas por homens, não só no ambiente doméstico e familiar, que levou à edição da Lei Maria da Penha, mas também fora dele, nas relações de trabalho e outras interações sociais. Aproveitando-se do fato de elas serem, em geral, mais fracas fisicamente e menos independentes do ponto de vista econômico (diante do machismo estrutural de nossa sociedade), continuando em condição de maior vulnerabilidade, muitos homens as agridem corporal e psicologicamente. Embora o princípio constitucional da isonomia garanta tratamento igualitário entre homens e mulheres, sendo todos iguais "perante a lei", a realidade mostra-se bem diferente. Desse modo, é justificável que o legislador preveja tipos penais em que a vítima seja exclusivamente mulher, independentemente de sua orientação sexual, procurando dar a esta uma maior proteção. Bem é verdade que, atualmente, a questão de gênero binário (sexo masculino de um lado e feminino de outro) tem sido relativizada, existindo uma miríade de opções de gênero (LGBTQIA+) que trarão grandes desafios a tipos penais como o presente, notadamente com relação aos transgêneros que se identifiquem como mulher poderem figurar, ou não, como vítimas, diante da taxatividade da lei penal. De qualquer modo, tipos penais como o presente, a nosso ver, não ferem o princípio do tratamento paritário entre homem e mulher, pois a incriminação do art. 147-B busca, na verdade, garantir à mulher essa igualdade no dia a dia, uma vez que frequentemente é vítima de violência física e psíquica masculina. Visando a igualdade real, concreta, há que se tratar os desiguais desigualmente, para se chegar ao equilíbrio social.

- **Lei Maria da Penha (Lei n. 11.340/2006) e o art. 147-B:** O crime previsto neste art. 147-B está intimamente ligado à Lei n. 11.340/2006, porquanto foi criado pela Lei n. 14.188/2021 que definiu o programa de cooperação *Sinal Vermelho* como uma das medidas de enfrentamento da violência doméstica e familiar contra a mulher previstas na Lei Maria da Penha. Ademais, o próprio art. 7º, II, da Lei n. 11.340/2006, com redação dada pela Lei n. 13.772/2018, define como *violência psicológica* contra a mulher "qualquer conduta que lhe cause dano emocional e diminuição da autoestima ou que lhe prejudique e perturbe o pleno desenvolvimento ou que vise degradar ou controlar suas ações, comportamentos, crenças e decisões, mediante ameaça, constrangimento, humilhação, manipulação, isolamento, vigilância constante, perseguição contumaz, insulto, chantagem, violação de sua intimidade, ridicularização, exploração e limitação do direito de ir e vir ou qualquer outro meio que lhe cause prejuízo à saúde psicológica e à autodeterminação". Pelas suas características, a prática do crime deste art. 147-B ocorrerá, na grande maioria dos casos (mas não necessariamente em todos), no âmbito da violência doméstica e familiar contra a mulher, nos termos da Lei Maria da Penha.

- **Objeto jurídico:** É multifacetado: a dignidade da mulher, sua saúde psicológica, liberdade, autodeterminação e pleno desenvolvimento para que possa realizar todas as suas potencialidades como ser humano, com liberdade e respeito para estudar, trabalhar e ser independente.

- **Sujeito ativo:** Embora seja mais usual a prática deste crime pelo homem, nada impede que a mulher seja também autora. Aliás, no âmbito da Lei Maria da Penha, a jurisprudência é pacífica no sentido da possibilidade de a mulher ser autora da violência doméstica e familiar contra a mulher, "sempre que fique caracterizado o vínculo de relação doméstica, familiar ou de afetividade, além da convivência íntima, com ou sem coabitação, e desde que a violência seja baseada no gênero, com a ocorrência de opressão, dominação e submissão da mulher em relação ao agressor" (*Súmula* 114 do TJSP). Desse modo, na prática pode-se imaginar esse crime sendo praticado por uma mulher contra outra, inclusive diante da cultura machista de nossa sociedade, que por vezes impregna até mesmo pessoas do sexo feminino que venham a praticar a *violência psicológica* incriminada neste art. 147-B.

- **Sujeito passivo:** Somente a mulher, independentemente de orientação sexual. Haverá desafios a serem interpretados pela jurisprudência quando a vítima for transgênero, notadamente daquela nascida homem que se identifique como mulher, ainda mais se tiver obtido em seu registro civil a mudança de sexo para o feminino.

- **Tipo objetivo:** A conduta incriminada no tipo penal de *violência psicológica* é *causar dano emocional* à mulher. *Dano* é o ato de ou efeito de danar-se, de causar ou sofrer mal, prejuízo (*Dicionário Houaiss*, 2001, p. 908), estrago, deterioração (*Novo Dicionário Aurélio*, 4ª ed., 2008, p. 600). O adjetivo *emocional* significa "transtorno afetivo, forte abalo sentimental", "que provoca comoção, que desperta sentimentos intensos" (*Houaiss*, cit., p. 1123), inclusive com alterações respiratórias e circulatórias. ROGÉRIO TADEU ROMANO escreveu, em excelente artigo publicado no jornal *O Estado de S. Paulo* (edição de 2.8.2021), que "podem caracterizar violência psicológica atos de humilhação, desvalorização moral ou deboche público, assim como atitudes que abalam a autoestima da vítima e podem desencadear diversos tipos de doenças, tais como depressão, distúrbios de cunho nervoso, transtornos psicológicos, entre outras". Nesse sentido, observamos que, para o crime do art. 147-B, *não é qualquer dano emocional que tipifica o crime*, muito menos *aborrecimentos, desgostos, dissabores* provocados. A lei impõe a verificação de uma série de elementos normativos do tipo, qualificando o *dano emocional* contra mulher cuja causação é punida, *delimitando* o seu alcance. Incrimina-se, assim, o *dano emocional* contra a mulher:

a) Que a prejudique (ocasione prejuízo, cause dano) *e* (+) *perturbe* (gere desequilíbrio, abalo) seu *pleno desenvolvimento* (atingimento de todas as suas potencialidades como pessoa, sua realização pessoal no âmbito social, cultural, de trabalho etc.). Aqui, há um *resultado* na conduta incriminada.

b) Que vise (objetivo, tenha como motivação) a *degradar* (rebaixar) ou a *controlar* (limitar, vigiar, fiscalizar) suas *ações, comportamentos, crenças* (religiosas, filosóficas ou ideológicas) e *decisões, mediante* uma das seguintes ações (que são o elemento normativo do tipo):

b1) ameaça (intimidação, promessa de malefício),

b2) constrangimento (coação física ou moral),

b3) humilhação (rebaixamento moral, diminuição do valor de outra pessoa),

b4) manipulação (falsificação da realidade que busca induzir alguém a pensar de determinada forma),

b5) isolamento (proibindo, por exemplo, de manter contato com parentes e amigos),

b6) chantagem (pressão que se realiza sobre uma pessoa sob a ameaça da revelação de fatos que lhe dizem respeito para dela conseguir algum benefício),

b7) ridicularização (zombando de uma pessoa, expondo-a ao escárnio, ao desdém),

b8) limitação do direito de ir e vir (cerceando o direito de frequentar determinados lugares como o trabalho, faculdade, escola, ou até mesmo a deixar o lar),

b9) ou *qualquer outro meio* (análogo aos mencionados) que *cause* (acarrete) *prejuízo* (dano) à sua *saúde psicológica* (qualidade cognitiva e emocional de um indivíduo) e *autodeterminação* (direito de comportar-se, de fazer escolhas e de tomar decisões de acordo com sua vontade).

- **Crime de resultado:** O delito do art. 147-B pressupõe que a violência psicológica gere efetiva ocorrência do dano emocional *descrito* na figura típica, ou seja, atendidas as exigências dos elementos normativos do tipo acima referidos. Há relação de causa e efeito, ou seja, entre a ação do agente (violência psicológica) e o dano emocional causado, atingindo os bens jurídicos tutelados, com prejuízo à autodeterminação ou à saúde emocional e psicológica da vítima. Entendemos, assim, ser necessário haver *perícia psicológica ou psiquiátrica* para comprovar esse resultado por perito oficial (CPP, art. 159); na falta deste é possível que o exame seja realizado por duas pessoas idôneas portadoras de diploma de curso superior preferencialmente na área específica, dentre as que tiverem habilitação técnica relacionada com a natureza do exame, devendo prestar compromisso. Às partes será facultada a formulação de quesitos e a indicação de assistente técnico (CPP, art. 159, § 3º). Tratando-se de perícia complexa que abranja mais de uma área de conhecimento especializado, poder-se-á designar a atuação de mais de um perito oficial, e a parte indicar mais de um assistente técnico (CPP, art. 159, § 7º). Todavia, nada impede que a ofendida apresente atestados ou pareceres psicológicos ou psiquiátricos particulares ou que o ofensor o faça, contradizendo-o. Seja qual for a opção para a comprovação da materialidade delitiva, o juiz não ficará subordinado ao laudo, podendo aceitá-lo ou rejeitá-lo, no todo ou em parte (CPP, art. 182), sendo conhecido o brocardo que diz que o juiz "é juiz da causa e juiz do laudo".

- **Crime de ação múltipla:** Tratando-se de crime de ação múltipla, caso o agente, no mesmo contexto fático, pratique mais de uma conduta, responderá por um único delito.

- **Tipo penal extremamente aberto que demanda prudência do Judiciário, levando a questionamentos quanto à sua constitucionalidade:** Como visto, o tipo penal previsto deste art. 147-A é demasiadamente aberto, ensejando a possibilidade de haver exageros em sua aplicação. Com efeito, há que se ter muita cautela com acusações lançadas no âmbito de separações litigiosas, uma vez que, diante da pluralidade de condutas incriminadas, discussões entre casais poderão reverberar em acusações criminais pela prática desse delito. Quanto à questão desse tipo penal ser demasiadamente aberto, quase tudo nele cabendo, é sabido que o direito penal é a *ultima ratio*, exigindo-se do legislador, em todo Estado Democrático de Direito cujo fundamento é a liberdade jurídica do cidadão, sendo a sua restrição sempre excepcional, que as condutas incriminadas, além de não poderem abarcar questões morais e religiosas, sejam claramente definidas, em respeito ao princípio da *taxatividade* da lei penal, como pudemos discorrer, amplamente, nos comentários ao art. 1º do CP, ao qual remetemos o leitor.

- **Tipo subjetivo:** É o dolo, ou seja, a vontade livre e consciente de causar dano emocional à mulher que a prejudique e perturbe seu pleno desenvolvimento ou que vise a degradar ou a controlar suas ações, comportamentos, crenças e decisões, mediante qualquer das condutas incriminadas (ameaça, constrangimento, humilhação, manipulação, isolamento, chantagem, ridicularização, limitação do direito de ir e vir, ou de autodeterminar-se, ou outra conduta análoga). O dolo é acrescido do especial fim de agir: visando prejudicar e perturbar o desenvolvimento da ofendida como pessoa, ou degradar ou controlar suas ações, comportamentos, crenças e decisões. Para a doutrina tradicional é o dolo específico. Não há punição a título de culpa.

- **Consumação:** Com a ocorrência de dano emocional, com prejuízo à saúde psicológica ou à autodeterminação. De se ressaltar que o dano emocional pode causar maior ou menor prejuízo à saúde psicológica, dependendo do nível de resiliência de quem sofreu as condutas incriminadas.

- **Tentativa:** Não nos parece possível, por serem as condutas unissubsistentes, ou seja, não podem ser fracionadas.

- **Concurso de crimes com outros delitos não elementares do art. 147-B:** Caso o agente pratique outros delitos contra a vítima mulher que não sejam elementares do art. 147-B, como os crimes de *dano* (CP, art. 155) e de *apropriação indébita* (CP, art. 168), dentre outros, poderá haver concurso de crimes.

- **Crime único:** Por se tratar de crime de conteúdo variado ou de conteúdo múltiplo, ainda que o agente pratique mais de uma conduta prevista no tipo, haverá um único crime.

- **Absorção pelo art. 147-B de delitos menos graves, quando elementares:** Na hipótese de as condutas também tipificarem crimes *menos graves*, como os delitos de calúnia (cuja pena é de *detenção*, embora o montante seja o mesmo), difamação e injúria (CP, arts. 138, 139 e 140), ínsitos ao comportamento de *humilhar*, de *ridicularizar*, restarão absorvidas pelo crime deste art. 147-B. O mesmo ocorre com o delito de ameaça (CP, art. 147), por exemplo, quando elementar do crime de *violência psicológica*, não podendo haver *bis in idem*.

- **Subsidiariedade – *"se a conduta não constitui crime mais grave"*:** Caso a conduta do agente também configure outro crime, mais gravemente punido, este art. 147-B ficará absorvido pelo delito com punição mais severa, quando praticados *no mesmo contexto*. Assim ocorre, por exemplo, com o crime de lesão corporal leve contra mulher por razões de condição do sexo feminino, previsto no art. 129, § 13, do CP, apenado com reclusão de 1 (um) a 4 (quatro) anos, ou de lesão corporal grave ou gravíssima do art. 129, §§ 1º e 2º, sancionados, respectivamente, com pena de reclusão de 1 (um) a 5 (cinco) anos e de 2 (dois) a 8 (oito) anos. O mesmo ocorre com o delito de sequestro ou cárcere privado do art. 148 do CP, tanto em sua forma simples, punido com reclusão de 1 (um) a 3 (três) anos, quanto qualificada, sancionado com reclusão de 2 (dois) a 8 (oito) anos. Nesses casos, a nosso ver não haverá concurso de crimes, mas somente o crime mais grave, quando a conduta que o configurou (o crime mais severamente punido), *praticada no mesmo contexto, integrar o próprio tipo do art. 147-B*, não podendo haver dupla punição pela mesma conduta. Aliás, o próprio dano emocional decorre naturalmente de uma situação de sequestro ou cárcere privado da mulher, por exemplo.

- **Desclassificação:** Caso não ocorra o *dano emocional* exigido pelo tipo, as condutas poderão tipificar outros delitos menos graves, como ofensas à honra (CP, arts. 138, 139 e 140), constrangimento ilegal (CP, art. 146) e ameaça (CP, art. 147). Da mesma forma, crimes mais severamente sancionados, como perseguição (CP, art. 147-A) e até sequestro ou cárcere privado (CP, art. 148).

- **Ação penal:** Pública incondicionada.

- **Pena:** Reclusão, de 6 (seis) meses a 2 (dois) anos, e multa, se a conduta não constituir crime mais grave. Observamos que, usualmente, o legislador em penas com esse montante, estipula a modalidade *detenção*, não se justificando, a nosso ver, a previsão de reclusão. *Vide*, nos comentários ao art. 33, as diferenças entre ambas.

SEQUESTRO E CÁRCERE PRIVADO

Art. 148. Privar alguém de sua liberdade, mediante sequestro ou cárcere privado:

Pena – reclusão, de 1 (um) a 3 (três) anos.

§ 1º A pena é de reclusão, de 2 (dois) a 5 (cinco) anos:

I – se a vítima é ascendente, descendente, cônjuge ou companheiro do agente ou maior de 60 (sessenta) anos;

II – se o crime é praticado mediante internação da vítima em casa de saúde ou hospital;

III – se a privação da liberdade dura mais de 15 (quinze) dias;

IV – se o crime é praticado contra menor de 18 (dezoito) anos;

V – se o crime é praticado com fins libidinosos.

§ 2º Se resulta à vítima, em razão de maus-tratos ou da natureza da detenção, grave sofrimento físico ou moral:

Pena – reclusão, de 2 (dois) a 8 (oito) anos.

- **Alterações:** A Lei n. 10.741, de 1º.10.2003 (Estatuto do Idoso), deu nova redação ao inciso I do § 1º, para nele incluir a vítima maior de 60 anos. Posteriormente, referido inciso sofreu nova alteração, agora ditada pela Lei n. 11.106, de 28.3.2005, em que se acrescentou a situação da vítima companheira(o) do agente. Esta última lei acrescentou, ainda, os incisos IV e V ao § 1º deste art. 148.

- **Suspensão condicional do processo:** Cabe no *caput*, atendidas as condições do art. 89 da Lei n. 9.099/95.

- **Penas alternativas:** Cabem no *caput* (arts. 43 e 44 do CP).

Sequestro e cárcere privado

- **Nota:** É triste verificar que esse crime continua presente, chocando a opinião pública mundial em dois episódios ocorridos na Áustria, em pleno século XXI, amplamente divulgados na mídia. No primeiro caso, descoberto em 2006, uma menina de 10 anos de idade foi sequestrada quando ia para a escola, em Viena, sendo mantida em cárcere privado por oito anos, quando conseguiu fugir, tendo o sequestrador, Wolfgang Priklopil, se matado. O segundo caso, que veio à tona em 2008, ocorreu na cidade de Sankt Pölten, tendo Josef Fritzl sido condenado à prisão perpétua, em 19 de março de 2009, por ter mantido sua própria filha em cárcere privado por vinte e quatro anos, violentando-a e com ela tendo sete filhos. Mais recentemente, em 2013, na cidade de Cleveland, Estados Unidos, Ariel Castro, com 52 anos, foi preso e condenado à prisão perpétua, pelo cárcere privado, tortura e estupro, por mais de dez anos, de três mulheres, tendo com uma delas uma filha, nascida no cativeiro. Ele foi encontrado morto na prisão.

- **Objeto jurídico:** A liberdade individual, notadamente a liberdade de locomoção.

- **Sujeito ativo:** Qualquer pessoa (se funcionário público, o crime pode ser outro).

- **Sujeito passivo:** Qualquer pessoa, ainda que em estado de inconsciência.

- **Tipo objetivo:** O *sequestro* e o *cárcere privado* são formas muito semelhantes de privação do direito de ir e vir, destacando-se a última por um sentido de maior restrição da liberdade. A conduta pode ser praticada mediante ação (detenção) ou inação (retenção); é, pois, comissiva ou omissiva. Costuma-se considerar que é suficiente à tipificação a restrição relativa e por breve espaço de tempo; todavia, alguns acórdãos têm exigido *tempo maior*. É crime material e não formal.

- **Consentimento válido:** O *consentimento* válido da vítima excluiria o crime, segundo a opinião da maioria dos autores (Damásio de Jesus, *Direito Penal*, 29ª ed., São Paulo, Saraiva, 2009, v. II, p. 264; Heleno Fragoso, *Lições de Direito Penal – Parte Especial*, 1995, v. I, p. 158; Álvaro Mayrink da Costa, *Direito Penal – Parte Especial*, 1994, v. II, t. I, p. 492). *Contra*, em parte, sustentando que "o consentimento torna-se juridicamente inválido e ineficaz nos casos em que a duração (perpétua ou por tempo excessivamente longo) ou o modo de supressão da liberdade pessoal (p. ex., preso em cepos, trancado em lugar malsão, etc.) ou o escopo (prestações servis ou de qualquer forma ilícitas), firam os princípios de direito público e de moral social, que queiram inviolados a personalidade humana e a liberdade individual" (Eugenio Florian, *Trattato di Diritto Penale – Delitti contro la Libertà Individuale*, Casa Editrice Dott. Francesco Vallardi, 1936, p. 313; neste sentido, Magalhães Noronha, *Direito Penal*, 1995, v. 2, p. 162; Custódio da Silveira, *Direito Penal*, 1959, p. 293).

- **Tipo subjetivo:** O dolo (vontade livre e consciente de privar o ofendido da liberdade de locomoção). Na doutrina tradicional aponta-se o "dolo genérico". Inexiste forma culposa.

- **Consumação:** É delito material, que se consuma no momento em que ocorre a privação; é permanente, sendo possível a prisão em flagrante do agente, enquanto durar a detenção ou retenção da vítima.

- **Tentativa:** Admite-se.

- **Subsidiariedade:** Se a privação da liberdade é realizada com finalidade *especial*, o crime poderá ser outro.

Figuras qualificadas (§§ 1º, I a V, e 2º)

- **Vítima ascendente, descendente, cônjuge ou companheiro do agente ou maior de 60 anos (§ 1º, I):** A pena é exasperada em razão da especial relação entre vítima e agente. Trata-se de dispositivo que sofreu alterações, não podendo retroagir para abranger situações anteriormente não previstas, como a da vítima maior de 60 anos, companheira do agente (*vide* nota acima).

- **Internação (§ 1º, II):** É mais grave em virtude da fraude usada contra a vítima. O erro quanto à necessidade de internamento pode excluir o dolo (CP, art. 20).

- **Duração maior (§ 1º, III):** Justifica-se a gravidade pela persistência da conduta e pela maior lesão à liberdade do ofendido. O prazo é contado na forma do art. 10 do CP, ou seja, conta-se o primeiro dia.

- **Menor de 18 anos (§ 1º, IV):** Trata-se de dispositivo acrescentado pela Lei n. 11.106, de 28.3.2005. O objetivo é punir mais severamente o crime praticado contra menor de 18 anos. Evidentemente, somente há de ser aplicado para fatos posteriores à entrada em vigor da referida lei.

- **Fins libidinosos (§ 1º, V):** Acrescentado pela Lei n. 11.106, de 28.3.2005, este inciso busca punir mais gravemente situações em que o sequestro ou o cárcere privado são praticados com fins libidinosos. Não é preciso que o agente pratique com a vítima atos libidinosos, bastando ter sido esta a sua intenção, a qual, entretanto, deverá restar inequivocamente demonstrada. Caso venha a ocorrer violência sexual, poderá haver concurso material de crimes, salvo no caso de o sequestro ou cárcere privado ter se dado com o fim exclusivo de se praticar o estupro vitimando homem ou mulher (CP, arts. 213 e 217-A), hipótese em que o sequestro ou cárcere privado fica absorvido pelo delito sexual.

- **Grave sofrimento físico ou moral (§ 2º):** Deve ser *resultado* dos maus-tratos ou da natureza da detenção (ex.: falta de alimentos, agasalhos etc.). Se resulta lesão corporal ou morte, haverá concurso destes crimes com o *caput* do art. 148, mas não com o § 2º, pois haveria dupla valoração.

- **Classificação:** Crime comum quanto ao sujeito, doloso, comissivo ou omissivo, material e permanente.

- **Confronto com roubo havendo restrição da liberdade da vítima:** Com o inciso V, acrescentado ao § 2º do art. 157 do CP, pela Lei n. 9.426/96, prevendo a causa especial de aumento de pena "se o agente mantém a vítima em seu poder, restringindo a sua liberdade", o sequestro não configurará, evidentemente, o crime deste art. 148, havendo *crime único*, ou seja, roubo qualificado, sob pena de *bis in idem*.

- **Confronto com extorsão havendo sequestro:** A Lei n. 11.923, de 17.4.2009, acrescentou § 3º ao art. 158 do CP, criando a figura do crime de extorsão qualificada pelo sequestro. Por ser elementar da qualificadora, não haverá incidência do crime deste art. 148, diante da proibição de *bis in idem*.

- **Confronto com extorsão mediante sequestro:** Por ser elementar do crime de extorsão mediante sequestro (CP, art. 159), o crime deste art. 148 se subsume naquele, que prevalece por ser mais grave.

- **Pena:** Na *figura simples*: reclusão, de um a três anos. Nas *figuras qualificadas do § 1º*: reclusão, de dois a cinco anos; na do *§ 2º*: reclusão, de dois a oito anos.

- **Ação penal:** Pública incondicionada.

Jurisprudência

- **Crime material:** O sequestro é crime material e não formal, admitindo a tentativa (STF, *RT* 509/453). É crime material (TJSP, *RT* 534/323).

- **Sujeito passivo:** Também a criança pode ser vítima, ainda que seja incapaz de entender a privação de sua liberdade de locomoção (TJSP, *RT* 560/307).

- **Consentimento da vítima:** Não há sequestro, se existiu consentimento válido da vítima (TJRJ, *RT* 534/406). Não se tipifica o crime de sequestro se a vítima tem várias oportunidades para livrar-se, mas não o faz (TJSP, *RT* 526/360).

- **Duração:** Há duas correntes quanto à duração necessária para a tipificação: *a*. Deve ter certa duração, não bastando a privação rápida ou momentânea (TJSP, *RJTJSP* 72/365, *RT* 504/312). *b*. É suficiente a privação curta (TJSP, *RT* 534/323).

- **Confronto com constrangimento ilegal:** Privada a vítima de sua liberdade de locomoção não momentaneamente, mas por longo espaço de tempo, caracteriza-se o sequestro, e não o constrangimento ilegal (TJSP, *RT* 650/266). Há constrangimento ilegal, e não sequestro, se o agente obriga motorista a lhe dar fuga, conduzindo-o a determinado lugar (TJSP, *RJTJSP* 124/509), ou, ainda, se a privação foi por pouco tempo e apenas para o fim de obrigar a vítima a conduzi-lo, de carro, até a fronteira (TJPR, *PJ* 41/176).

- **Confronto com exercício arbitrário das próprias razões:** Se a retenção da vítima foi para obrigá-la a casar com a filha engravidada, desclassifica-se para o art. 345 do CP (TJMG, *RT* 615/336).

- **Consumação:** Consuma-se o sequestro no momento em que o coagido é privado de sua liberdade (TJSP, *RJTJSP* 77/413; TJSC, *RT* 537/348). A posterior restituição da vítima ao local do sequestro não desnatura a consumação (TJSP, *RT* 560/307).

- **Tipo subjetivo:** Basta o "dolo genérico", não se exigindo fim especial (TJMG, *RT* 615/336; TJSP, *RT* 606/302). Todavia, se o agente atuou com intenção outra que não a de sequestrar ou manter a vítima em cárcere privado, pode haver desclassificação para crime diverso (TJSP, *RT* 564/308, *mv* – *RT* 646/275). Não se caracteriza o sequestro, quando o agente retém a vítima unicamente com o objetivo de dificultar ou retardar a comunicação do roubo à autoridade policial (TJPR, *PJ* 47/296).

- **Tipo objetivo:** O sequestro também pode ser praticado mediante fraude (TJSP, *RT* 534/323).

- **Corretivo:** Se a finalidade do encarceramento do filho menor foi corretiva, desclassifica-se para maus-tratos (TJRJ, *RT* 547/378).

- **Pai como agente:** Pai que leva os filhos embora, desobedecendo ordem judicial, pode cometer desobediência, mas não sequestro (TJSP, *RJTJSP* 75/342). Genitor que leva o filho para o exterior, deixando de devolvê-lo à mãe, que tinha sua guarda, responde por sonegação de incapazes (art. 248 do CP) e não por sequestro (TJMG, *JM* 125/291). Não há sequestro, se não comprovada a ciência, pelo pai, de revogação de liminar que lhe concedia a guarda dos filhos sem restrição a qualquer locomoção (STJ, REsp 14.802, *DJU* 22.6.92, p. 9769).

- **Marido como agente:** Se o agente amarra a esposa, que o impedia de sair a passeio com os filhos, e sai com estes, não se caracteriza o delito do art. 148, pois há ausência de dolo (TJPR, *PJ* 42/178). Configura-se se manteve a companheira prisioneira em sua própria casa, não sendo necessário que o obstáculo oposto à vítima seja insuperável (TJRS, Ap. 70032756967, *DJ* 30.6.2011).

- **Noivo como agente:** Configura sequestro, com grave sofrimento físico e moral, ter o agente prendido a noiva com ajuda de cintos de segurança de seu carro em uma árvore, desprovida de roupas (TJDF, Ap. 11.437, *DJU* 25.9.91, p. 23479).

- **Ex-namorado como agente:** Realiza o crime de sequestro aquele que, fazendo prevalecer sua maior presença e vigor físico, constrange sua ex-namorada a ingressar à força em seu automóvel, e a leva para um motel, só a libertando depois de ali mantê-la durante tempo relevante (TJRJ, *RT* 786/722).

- **Filho como agente:** Configura cárcere privado a conduta de filha que interna a mãe contra a vontade desta, em casa de saúde, passando a usufruir dos bens da genitora a seu bel-prazer (TJSP, *RT* 726/620).

- **Recém-nascido em berçário:** Provada que a intenção da acusada não era a de privar a criança de sua liberdade de locomoção, mas, ao contrário, de tê-la para si, e criá-la como se sua fora, desclassifica-se para subtração de incapazes (TJSP, *mv – RT* 698/327).

- **Motim em navio:** Não configura cárcere privado o confinamento de pouca duração das vítimas em compartimento, visando inutilizar qualquer possibilidade de reação delas (TRF da 2ª R., RCr 25.410, *mv – DJU* 30.6.92, p. 19602).

- **Concurso com lesão corporal:** Se a vítima também sofre lesão corporal, há concurso material do art. 129 com o sequestro simples e não qualificado, pois a lesão não pode ser considerada autônoma e, ao mesmo tempo, qualificar o sequestro (TJRJ, *RT* 553/425).

- **Concurso com roubo (após a Lei n. 9.426/96, que acrescentou o inciso V ao § 2º do art. 157 do CP):** Para o delito de sequestro exige-se que a vítima seja privada de sua liberdade, não se tratando de *restrição*, que traduz ideia de limitação; essa restrição à liberdade, com a vigência da Lei n. 9.426/96, passou a constituir uma das qualificadoras do roubo (TJSP, *RT* 752/574). A retenção do condutor do veículo roubado, com deslocamento a lugar ermo e posterior libertação, longe fica de configurar o crime de sequestro e cárcere privado, exsurge fim único, ou seja, evitar a comunicação pela vítima do crime de roubo à polícia e a perseguição imediata (STF, HC 74.594-6/SP, *DJU* 8.9.2000, p. 68, *in Bol. IBCCr* 95/484). *Contra*, em parte: Se o agente, depois do roubo, e não havendo necessidade da manutenção da vítima cativa para garantir o produto, ainda assim atenta contra a liberdade desta, resta caracterizado o sequestro, de forma autônoma (TJSP, *RT* 764/540, 780/587; STF, *RT* 757/476; TJRJ, *RT* 782/658).

- **Concurso com evasão mediante violência:** Pode haver concurso material com o crime do art. 352 do CP (TJDF, Ap. 10.164, *mv – DJU* 29.3.90, p. 5559).

- **Absorção da ameaça e vias de fato:** O sequestro absorve as vias de fato e a ameaça (TJRJ, Ap. 00185125420138190007, *DJ* 22.9.2014).

- **Figura qualificada do § 2º:** Se a vítima fica confinada, durante horas, no porta-malas do automóvel, lugar sem ventilação, agravando-se o sofrimento desta, resta configurada a qualificadora do § 2º (TJSP, *RT* 752/567). Lesão corporal recebida no ato do sequestro não caracteriza maus-tratos ou sofrimento (TJSP, *RT* 517/279).

REDUÇÃO A CONDIÇÃO ANÁLOGA À DE ESCRAVO

Art. 149. Reduzir alguém a condição análoga à de escravo, quer submetendo-o a trabalhos forçados ou a jornada exaustiva, quer sujeitando-o a condições degradantes de trabalho, quer restringindo, por qualquer meio, sua locomoção em razão de dívida contraída com o empregador ou preposto:

Pena – reclusão, de 2 (dois) a 8 (oito) anos, e multa, além da pena correspondente à violência.

§ 1º Nas mesmas penas incorre quem:

I – cerceia o uso de qualquer meio de transporte por parte do trabalhador, com o fim de retê-lo no local de trabalho;

II – mantém vigilância ostensiva no local de trabalho ou se apodera de documentos ou objetos pessoais do trabalhador, com o fim de retê-lo no local de trabalho.

§ 2º A pena é aumentada de metade, se o crime é cometido:

I – contra criança ou adolescente;

II – por motivo de preconceito de raça, cor, etnia, religião ou origem.

■ **Alterações:** A Lei n. 10.803, de 11.12.2003, deu nova redação ao *caput* deste artigo e acrescentou os §§ 1º e 2º A pena, que era apenas de reclusão, passou a ser cumulativa (reclusão e multa). O art. 149 era um tipo penal aberto, do qual constava apenas: "reduzir alguém a condição análoga à de escravo". Já o novo artigo é um numerus clausus, explicitando, de forma taxativa, as maneiras pelas quais a conduta pode ser praticada. Como anota Fernando de Almeida Pedroso, trata-se de crime "de forma vinculada" ("Redução a condição análoga à de escravo, com a nova redação dada pela Lei 10.803, de 11.12.2003", RT 824/439). *Vide*, a respeito, nota Tipo objetivo.

Caput

■ **Objeto jurídico:** A liberdade individual e a dignidade do trabalhador.

■ **Sujeito ativo:** Qualquer pessoa; não só o empregador, mas também seu preposto ou quem aja em nome dele, empregador.

■ **Sujeito passivo:** Qualquer pessoa, desde que tenha relação de trabalho com o sujeito ativo. Tratando-se de criança ou adolescente, ou de crime praticado por motivo de preconceito de raça, cor, etnia, religião ou origem, cf. § 2º, I e II (figuras qualificadas).

■ **Tipo objetivo:** A conduta prevista no *caput* consiste em *reduzir* (transformar, converter) *alguém a condição análoga* (semelhante, comparável) *à de escravo*, por meio dos seguintes modos: *a. submetendo-o* (fazendo-o obedecer às ordens e vontade de outrem mediante coação física ou moral) *a trabalhos forçados* (contra a vontade); *b. submetendo-o à jornada exaustiva* (que leva a pessoa à exaustão, ao esgotamento ou ao exaurimento físico). Como bem observa José Henrique Pierangeli, o conceito de trabalho exaustivo "deve ser considerado de indivíduo para indivíduo, levando em consideração a sua estrutura física, sua idade, sexo e natureza da tarefa impingida" (*Manual de Direito Penal Brasileiro*, São Paulo, Revista dos Tribunais, 2005, p. 261); *c. sujeitando-o* (constrangendo-o, obrigando-o) *a condições degradantes* (aviltantes, infamantes) *de trabalho*. Para Alice Bianchini, "sujeitar-se tem o sentido de permitir que consigo seja feita alguma coisa... não há, entretanto, vontade do sujeito de se colocar naquela situação. Ele se rende, conforma-se" ("Lei 10.803. Redução a condição análoga à de escravo", in *Reforma Criminal*, São Paulo, Revista dos Tribunais, 2004, p. 344); *d. restringindo* (limitando, reduzindo, diminuindo), *por qualquer meio* (desde que apto a atingir o fim visado), *sua locomoção* (ato de andar ou transportar-se de um local para outro), acrescido do elemento normativo: *em razão de dívida contraída com o empregador ou preposto* (que dirige um serviço ou negócio por delegação, representante, delegado). Quanto ao consentimento da vítima, é irrelevante, por se tratar de uma "completa alienação da própria liberdade, do aniquilamento da personalidade humana, da plena renúncia de si: coisa que se contrapõe aos escopos da civilização e do direito, e ao qual o ordenamento jurídico não pode prestar o apoio da própria aprovação" (Eugenio Florian, *Trattato di Diritto Penale – Delitti contro la Libertà Individuale*, Casa Editrice Dott. Francesco Vallardi, 1936, pp. 284-285). Todavia, exige-se do julgador "cuidadosa análise dos fatos em situações duvidosas", como na "hipótese em que o sujeito passivo livremente se coloca e se mantém numa situação de sujeição total, sem que haja qualquer iniciativa por parte da pessoa favorecida" (HELENO FRAGOSO, *Lições de Direito Penal – Parte Especial*, 1995, v. I, p. 161). Por outro lado, como observa CEZAR ROBERTO BITENCOURT, "é irrelevante que a vítima tenha ou disponha de relativa liberdade, pois esta não lhe será suficiente para libertar-se do jugo do sujeito ativo" (*Código Penal Comentado*, 5ª ed., São Paulo, Saraiva, 2009, p. 493). Infelizmente, o crime de redução a condição análoga à de escravo continua a ser praticado em nosso país.

- **Terceirização de serviços:** Não tem sido incomum empresas varejistas do ramo de vestuário terceirizarem a confecção das peças de suas marcas para pequenas empresas. As contratantes usualmente fazem constar dos contratos cláusulas pelas quais as confecções contratadas se obrigam a respeitar as leis trabalhistas, isentando-as de responsabilidade pelo seu cumprimento. Ocorre que, por vezes, as contratadas usam a mão de obra de imigrantes que estão no Brasil em situação irregular, os quais se submetem a jornadas de trabalho excessivas, em locais sem ventilação e em condições precárias, com famílias inteiras, inclusive crianças, compartilhando o mesmo local de trabalho. É fato que o Direito Penal não admite responsabilidade penal objetiva. Todavia, a empresa contratante, que visa, sempre, *reduzir os preços das mercadorias cuja produção terceiriza*, tem o dever de *fiscalizar* a sua contratada periodicamente, não podendo se omitir sob o manto da cláusula contratual. Se não o fizer, como principal beneficiária da produção, seus diretores, a depender da análise *de cada caso concreto*, poderão também ser responsabilizados pelo crime previsto deste art. 149 do CP. Isto em razão de terem criado o risco ao procurar reduzir custos mediante a terceirização, omitindo-se em fiscalizar as condições trabalhistas da terceirizada (art. 13, § 2º, *c*, do CP).

- **Tipo subjetivo:** Nas figuras do *caput* é o dolo (direto), ou seja, a vontade livre e consciente de praticar as condutas incriminadas (dolo genérico para a doutrina tradicional). Nas figuras equiparadas do § 1º é o dolo, acrescido do especial fim de agir (elemento subjetivo do tipo), ou seja, com o objetivo de reter o trabalhador no local de trabalho (antigo dolo específico). Tanto no *caput* quanto no § 1º inexiste a forma culposa.

- **Consumação:** Com a efetiva redução da vítima a condição análoga à de escravo, com a prática de uma das condutas incriminadas. Não basta, por exemplo, uma eventual jornada exaustiva ou uma esporádica condição degradante de trabalho, que poderão constituir violações da lei trabalhista. Como anota CEZAR ROBERTO BITENCOURT, com quem concordamos, a consumação se dá com a redução do ofendido a condição análoga à de escravo "por tempo juridicamente relevante, isto é, quando a vítima se torna totalmente submissa ao poder de outrem" (*Código Penal Comentado*, 5ª ed., São Paulo, Saraiva, 2009, p. 494). Trata-se de crime comum, material, comissivo e permanente.

- **Tentativa:** Em tese, é possível, embora de difícil verificação na prática.

- **Absorção:** Os crimes de constrangimento ilegal (CP, art. 146), ameaça (CP, art. 147), sequestro e cárcere privado (CP, art. 148), perigo para a vida ou saúde de outrem (CP, art. 132) e frustração de direito trabalhista (CP, art. 203) são absorvidos por serem elementares do tipo, o mesmo não ocorrendo com o delito de lesões corporais em virtude da ressalva do tipo "além da pena correspondente à violência". Em sentido contrário, entendendo que a lesão corporal leve também é absorvida, FERNANDO DE ALMEIDA PEDROSO ("Redução a condição análoga à de escravo, com a nova redação dada pela Lei 10.803, de 11.12.2003", *RT* 824/442).

- **Competência da Justiça Federal:** Embora o art. 149 esteja incluído na Seção I ("Dos crimes contra a liberdade pessoal"), do Capítulo VI ("Dos crimes contra a liberdade individual") do CP, o que ensejaria a competência da Justiça Estadual (como sempre sustentamos – cf. as anteriores edições desta obra), o Pleno do STF, no julgamento do RE 398.041/PA, em 30 de novembro de 2006, assentou que a competência para o julgamento do crime previsto no art. 149 do CP é da Justiça Federal. A propósito, lembra ALICE BIANCHINI que caso esse delito afete coletivamente as instituições trabalhistas, sendo o sujeito passivo do delito deste art. 149 somente o trabalhador, com a nova redação dada pela Lei n. 10.803/2003, a competência será da Justiça Federal ("Lei 10.803. Redução a condição análoga à de escravo", *in Reforma Criminal*, São Paulo, Revista dos Tribunais, 2004, p. 609). A matéria, contudo, ainda pode sofrer alteração no *Plenário* do STF, conforme voto proferido em 4.2.2010, do Min. CEZAR PELUSO, entendendo ser a competência da Justiça Estadual, no julgamento do RE 459510/MT (*Informativo STF* n. 573).

- **Pena:** É cumulativa: reclusão, de dois a oito anos, e multa, no *caput* e no § 1º; com aumento de metade no § 2º.
- **Ação penal:** Pública incondicionada.

Figuras equiparadas (§ 1º)
- **Tipo objetivo:** Dispõe o § 1º do art. 149 que incorre nas mesmas penas do *caput* quem: I. *cerceia* (impede) *o uso de qualquer meio de transporte por parte do trabalhador*, acrescido do especial fim de agir: com o fim de retê-lo (impedi-lo de sair, detê-lo) no local de trabalho; II. *mantém* (faz permanecer, conserva) *vigilância ostensiva* (à mostra, de forma intencional, p. ex., com armas) *no local de trabalho, ou se apodera* (se apossa) *de documentos ou objetos pessoais do trabalhador*, acrescido do mesmo especial fim de agir: com o fim de retê-lo no local de trabalho. Obviamente, não será o apoderamento de qualquer objeto pessoal que configurará o delito, mas apenas aqueles aptos, por sua relevância econômica para o trabalhador, a dificultar ou impedir a sua saída.

Figuras qualificadas (§ 2º)
- **Noção:** Neste § 2º, aumenta-se a pena *da metade*, quando o crime for praticado: I. *contra criança ou adolescente*. O Estatuto da Criança e do Adolescente, em seu art. 2º, preceitua que criança é quem tem menos de 12 anos, e adolescente, aquele que tem entre 12 e 18 anos incompletos. No entender de JOSÉ HENRIQUE PIERANGELI, "como o Código Civil admite a possibilidade de emancipação aos 16 anos (art. 5º, parágrafo único, I) objetivando a harmonização dos dois diplomas legislativos, é de rigor estabelecer que, para a expressão legal, adolescente é aquele que se encontra entre 12 e 16 anos" (ob. cit., p. 264). Todavia, como bem anota JOSÉ HENRIQUE RODRIGUES TORRES, discorrendo sobre a inimputabilidade penal dos menores de 18 anos, "o critério do discernimento foi adotado exclusivamente para a fixação da capacidade civil de exercício de direito no âmbito das relações da vida civil", enquanto "o Direito Penal não adotou esse mesmo critério de discernimento, mas, sim, o critério normativo, inspirado por princípios constitucionais, políticos portanto" ("Reflexos do novo Código Civil no sistema penal", *RBCCr*, ano 11, n. 44, julho-setembro de 2003, pp. 94, *in fine*, e 95). A nosso ver, para fins penais, aquele que já completou 16 anos, mas ainda não atingiu 18, continua a ser considerado adolescente, independentemente de poder vir a ser emancipado ou mesmo de já tê-lo sido; II – *por motivo de preconceito de raça, cor, etnia, religião ou origem*. A inclusão deste inciso nos pareceu desnecessária, porque as razões que levam o sujeito ativo a praticar o delito em comento são de natureza econômica, e não outras. Todavia, caso se comprove que o crime foi praticado por um dos motivos elencados, ou também por eles, a qualificadora restará configurada.

Jurisprudência
- **Reserva legal e Lei n. 10.803/2003:** Não há afronta ao princípio da reserva legal porque o ilícito tipificado no art. 149 do CP é preexistente à Lei n. 10.803/2003, ou seja, esta lei não criou nova conduta incriminadora, mas apenas conferiu nova redação ao dispositivo que já repudiava criminalmente a prática da redução de trabalhadores a condição análoga à de escravos, sendo a figura típica contemporânea à data dos fatos (TRF da 1ª R., HC 2004.01000373673/MT, *DJU* 25.2.2005, p. 20).
- **Justa causa:** Não se pode afastar, de plano, os indícios de que houve o aliciamento de trabalhadores com falsas promessas, o qual era realizado de forma estável, organizada e estruturada por um grupo de pessoas, e a frustração dos direitos trabalhistas, pois, nitidamente, estes restaram submissos à empresa até a liquidação de seus débitos (STJ, RHC 17233/RJ, *DJU* 20.6.2005, p. 297).
- **Independência de instâncias:** A persecução penal relativa à suposta prática dos crimes previstos nos arts. 149, 203, § 1º, I e § 2º, e 207, § 1º, independe do prévio desfecho do processo trabalhista em curso (STF, Inq. 2.131/DF, *DJe* 6.8.2012).
- **Autoria:** Afigura-se imprescindível a comprovação de que o acusado seria o responsável pela carvoaria, ainda que por interposta pessoa, mediante simulação, o que não ocorreu (TRF da 1ª R., Ap. 83448720104013901, *DJ* 31.10.2014).
- **Dolo:** Para a configuração do delito deve estar presente a consciência e a intenção de se reduzir alguém a um estado de submissão por uma das formas previstas no art. 149 do CP (TRF da 1ª R., Ap. 83448720104013901, *DJ* 31.10.2014).

- **Pessoa como coisa:** Reduzir uma pessoa à condição de escravo é reduzi-la a uma coisa, tratá-la como sua propriedade, colocando-a em um estado de sujeição total, em condições degradantes, semelhante à situação de um escravo, em que o fim será a prestação de trabalho, não sendo necessária a restrição de seu *status libertatis* (TRF da 1ª R., RSE 80399020114013603, *DJ* 14.11.2014).

- **Configuração:** Havendo não apenas desrespeito a normas de proteção do trabalho, mas desprezo a condições mínimas de saúde, segurança, higiene, respeito e alimentação, sofrendo descontos pelo transporte e equipamentos de proteção individual, além de retenção indevida de carteira de trabalho, de modo a perpetuar a presença dos trabalhadores na fazenda, configura-se o delito (TRF da 2ª R., Ap. 201050010137441, *DJ* 19.8.2014). Resta caracterizado o crime se pessoas, inclusive adolescentes, eram submetidas a condições de trabalho degradantes, num cenário humilhante, indigno de um humano livre, havendo não apenas desrespeito a normas de proteção do trabalho, mas desprezo a condições mínimas de saúde, segurança, higiene, respeito e alimentação, além de laborarem sem equipamentos de proteção individual (TRF da 1ª R., Ap. 1.484/PA, *DJ* 1º.10.2012), além de exercerem trabalho em servidão, por conta de dívidas ali contraídas, mediante a venda de insumos básicos como arroz e feijão (TRF da 1ª R., Ap. 616/PA, *DJ* 11.1.2013). Configura-se o delito se, além das condições degradantes de trabalho, a liberdade das vítimas era restrita pela falta de pagamento de remuneração, que estava vinculada à conclusão do serviço, bem assim em decorrência do isolamento geográfico uma vez que o trabalho era realizado dentro da mata e, para se chegar ao local, era necessário a utilização de barco, não proporcionado pelo réu (TRF, 1ª R., Ap. 14431120074013901, *DJ* 1º.7.2014).

- **Exige-se total submissão:** Para que o delito reste caracterizado, exige-se que a vítima seja colocada numa situação de absoluta submissão aos desejos do agente, sem possibilidade de se autodeterminar. É a submissão total de alguém ao domínio do sujeito ativo, reduzindo-o à condição de coisa, não configurando o descumprimento de normas de proteção ao trabalho (TRF da 5ª R., Ap. 200585000043165, *DJ* 22.5.2014; TRF da 1ª R., Ap. 3569/TO, *DJ* 16.1.2013). Não basta a submissão do trabalhador a condições precárias de acomodações, situação censurável, mas que não configura o delito (TRF da 1ª R., Ap. 83875920074013600, *DJ* 7.8.2014). É imprescindível a supressão da vontade da vítima (TRF da 1ª R., Ap. 2.456/TO, *DJ* 8.3.2013; Ap. 1.517/O, *DJ* 8.3.2013). Não se configura se o ofendido ia ao trabalho em veículo próprio, utilizava as mesmas instalações do acusado já que a fazenda encontrava-se em fase de abertura e formação, tendo os seus direitos trabalhistas sido honrados durante o período de fiscalização (TRF da 1ª R., RSE 8442012401/MT, *DJ* 14.11.2013). "Tenha-se em mente, por exemplo, os fatos muito comuns em que as autoridades relatam como sendo caso de trabalho escravo a existência de trabalhadores em local sem instalações adequadas, como banheiro, refeitório etc., sem levar em conta que o próprio empregador utiliza-se das mesmas instalações e que estas são, na maioria das vezes, o retrato da própria realidade interiorana do Brasil. Há que se estar atento, portanto, para a possibilidade de abusos na tipificação de fatos tidos como de trabalho escravo" (STF, RE. 398.041/PA, rel. Min. Gilmar Mendes; TRF da 1ª R., Ap. 0001748-25.2008.4.01.4300/TO, *DJFederal* 1ª Ref., 5.11.2010, p. 41).

- **Crime permanente:** Afigura-se legal a prisão em flagrante do ora paciente pela prática do crime previsto no art. 149 do CP, uma vez que, tendo em vista a sua natureza permanente, a teor do que dispõe o art. 303 do CPP, se deu quando ainda persistia a submissão das vítimas a condição análoga à de escravo (STJ, *RT* 834/507).

- **Competência:** O trabalho prestado em condições subumanas, análogas às de escravo, sem observância das leis trabalhistas e previdenciárias, configura crime federal, pois vai além da liberdade individual (STF, Pleno, mv – RE 39.804-1/PA, j. 30.11.2006, embora não considerado um leading case, ou seja, que firma um entendimento da Corte; STJ, CComp 63.320/SP, *DJe* 3.3.2009; CComp 65.715, j. 26.8.2009, *DJe* 17.9.2009; HC 103.568, j. 18.9.2008, *DJe* 13.10.2008); TRF da 1ª R., Ap. 16.353/GO, *DJ* 10.4.2013), pois fere a dignidade da pessoa humana, bem como coloca em risco a manutenção da Previdência Social e as instituições trabalhistas, evidenciando a ocorrência de prejuízo a bens, serviços ou interesses da União, conforme as hipóteses previstas no art. 109 da CF (STJ, CComp 63.320, j. 11.2.2009, *DJe* 3.3.2009). Contra, em parte: Se não afetar coletivamente as instituições trabalhistas, haverá crime contra a liberdade individual, de competência da Justiça Estadual (TRF da 1ª R., RCr 2004.43.3000014726/TO, *DJU* 3.5.2005, p. 30; RCr 2002.43.000000230/TO, *DJU* 3.5.2005, p. 29).

TRÁFICO DE PESSOAS

Art. 149-A. Agenciar, aliciar, recrutar, transportar, transferir, comprar, alojar ou acolher pessoa, mediante grave ameaça, violência, coação, fraude ou abuso, com a finalidade de:

I – remover-lhe órgãos, tecidos ou partes do corpo;

II – submetê-la a trabalho em condições análogas à de escravo;

III – submetê-la a qualquer tipo de servidão;

IV – adoção ilegal; ou

V – exploração sexual.

Pena – reclusão, de 4 (quatro) a 8 (oito) anos, e multa.

§ 1º A pena é aumentada de um terço até a metade se:

I – o crime for cometido por funcionário público no exercício de suas funções ou a pretexto de exercê-las;

II – o crime for cometido contra criança, adolescente ou pessoa idosa ou com deficiência;

III – o agente se prevalecer de relações de parentesco, domésticas, de coabitação, de hospitalidade, de dependência econômica, de autoridade ou de superioridade hierárquica inerente ao exercício de emprego, cargo ou função; ou

IV – a vítima do tráfico de pessoas for retirada do território nacional.

§ 2º A pena é reduzida de um a dois terços se o agente for primário e não integrar organização criminosa.

- **Alteração:** Art. 149-A acrescentado pela Lei n. 13.344, de 6.10.2016. Referida lei revogou os arts. 231 e 231-A.

- **Protocolo de Palermo:** Por meio do Decreto n. 5.017, de 12 de março de 2004, foi promulgado o Protocolo Adicional à Convenção das Nações Unidas contra o Crime Organizado Transnacional Relativo à Prevenção, Repressão e Punição do Tráfico de Pessoas, em Especial Mulheres e Crianças. Antes disso, o Congresso Nacional já havia aprovado o Decreto Legislativo no 231, de 29 de maio de 2003, O novo Protocolo complementa a Convenção das Nações Unidas contra o Crime Organizado Transnacional e deve ser interpretado em conjunto com a Convenção (art. 1, n. 1, do Protocolo). Os objetivos do Protocolo são os seguintes: a) prevenir e combater o tráfico de pessoas, prestando uma atenção especial às mulheres e às crianças; b) proteger e ajudar as vítimas desse tráfico, respeitando plenamente os seus direitos humanos; e c) promover a cooperação entre os Estados Partes de forma a atingir esses objetivos. O novo tipo penal do art. 149-A constitui o cumprimento de uma obrigação de criminalização assinada pelo Brasil (art. 5º, n. 1, do Protocolo), tendo sido claramente inspirado no referido Protocolo, em especial em seu art. 3, alínea *a*, segundo o qual: "a) A expressão "Tráfico de pessoas" significa o recrutamento, o transporte, a transferência, o alojamento ou o acolhimento de pessoas, recorrendo à ameaça ou uso da força ou a outras formas de coação, ao rapto, à fraude, ao engano, ao abuso de autoridade ou à situação de vulnerabilidade ou à entrega ou aceitação de pagamentos ou benefícios para obter o consentimento de uma pessoa que tenha autoridade sobre outra para fins de exploração. A exploração incluirá, no mínimo, a exploração da prostituição de outrem ou outras formas de exploração sexual, o trabalho ou serviços forçados, escravatura ou práticas similares à escravatura, a servidão ou a remoção de órgãos. É fácil notar, portanto, que as alterações feitas pela Lei n. 13.344/2016 – isto é, a revogação dos arts. 231 e 231-A e a criação do novo art. 149-A, ambos do CP – basearam-se inteiramente no Protocolo de Palermo, o qual constitui importante fonte de interpretação do presente tipo penal.

- **Alteração legislativa. Aumento significativo das hipóteses de tipificação penal:** A Lei n. 13.344, de 6.10.2016, introduziu o novo crime deste art. 149-A, intitulado Tráfico de Pessoas, revogando os arts. 231 (Tráfico Internacional de Pessoa para Fins de Exploração Sexual) e 231-A (Tráfico Interno de Pessoa para Fins de Exploração Sexual). A bem da verdade, a incriminação constante destes artigos revogados foi incorporada, com algumas alterações, ao atual crime do art. 149-A (Tráfico de Pessoas), que, todavia, é bem mais amplo, abrangendo outras situações. Por exemplo, a finalidade de "prostituição", que antes era a principal preocupação do legislador em tema de *Tráfico de Pessoas* (vide os revogados arts. 231 e 231-A), em virtude da mudança legislativa, passou a ser uma das 5 (cinco) hipóteses de cometimento do crime de Tráfico de Pessoas (art. 149-A, inciso V), que agora abrange outras hipóteses, quais sejam: remoção de órgãos, tecidos ou partes do corpo (inciso I); submissão a trabalho em condições análogas à de escravo (inciso II) ou a qualquer tipo de servidão (inciso III); e, por fim, a adoção ilegal (inciso IV). Ou seja, houve um aumento significativo das hipóteses de tipificação penal do *Tráfico de Pessoas*, tendo a antiga pena (reclusão de 3 (três) a 8 (oito) anos, e multa) subido, na figura do *caput* do atual art. 149-A, para 4 (quatro) a 8 (oito) anos de reclusão, e multa, além das hipóteses de aumento de pena em 1/3 do § 1º. Um importante avanço do legislador foi a exigência, neste art. 149-A, dos elementos normativos do tipo *grave ameaça, violência, coação, fraude ou abuso*, sendo que, anteriormente, apenas a violência, a grave ameaça e a fraude figuravam como causas de aumento de pena dos revogados arts. 231, § 2º, inciso IV, e 231-A, § 2º, inciso IV, do CP. Agora tais elementos normativos são exigidos na cabeça do tipo penal (*caput*).

- *Abolitio criminis* **(arts. 231 e 231-A do CP):** Pelas razões mencionadas na nota acima, é correto dizer que, com relação às antigas figuras do art. 231, *caput*, §§ 1º e 2º, incisos I, II e III, e do art. 231-A, *caput* e §§ 1º e 2º, incisos I, II e III, do CP, ocorreu *abolitio criminis*, porquanto agora se exige, para a tipificação penal, a ocorrência de grave ameaça, violência, coação, fraude ou abuso, conforme se verifica da redação do novo art. 149-A do CP. Antes havia a configuração dos crimes em suas formas básicas, sem a necessidade das cinco situações nominadas. Todavia, no caso dos revogados arts. 231, § 2º, inciso IV, e 231-A, § 2º, inciso IV, isto é, das figuras *qualificadas* dos antigos arts. 231 e 231-A, não houve *abolitio criminis*, mas uma continuidade normativo-típica; ou seja, os fatos criminosos anteriores à Lei n. 13.344/2016, *desde que praticados com grave ameaça, violência ou fraude*, continuam sendo crimes na nova figura deste art. 149-A, lembrando-se que o abuso e a coação somente foram inseridos com o advento da referida lei.

Tráfico de pessoas

- **Objeto jurídico:** A dignidade da pessoa humana.

- **Sujeitos ativo e passivo:** Qualquer pessoa (homem ou mulher). Se o crime for cometido por funcionário público, *vide* § 1º, inciso I. Se o agente se prevalecer de relações de parentesco e outras similares que impliquem alguma forma de superioridade sobre a vítima, *vide* § 1º, inciso III.

Caput

- **Tipo objetivo:** São oito os núcleos alternativos do tipo: 1) *agenciar*; 2) *aliciar*; 3) *recrutar*; 4) *transportar*; 5) *transferir*; 6) *comprar*; 7) *alojar*; ou 8) *acolher*. Basta a prática de qualquer um desses núcleos para que haja o crime. Tais ações devem ser praticadas contra *pessoa* (independentemente do sexo), havendo aumento de pena no caso de ser criança, adolescente ou pessoa idosa ou com deficiência (*vide* § 1º, inciso II). De acordo com a recomendação feita pelo Protocolo de Palermo (*vide* nota acima), para que haja o crime deste art. 149-A a conduta deve ser praticada mediante grave ameaça (séria, verossímil), violência (contra a pessoa), coação (que é resultado da violência ou da grave ameaça), fraude (engodo, ardil) ou abuso (prevalecendo-se de posição hierárquica, de poder, de ascendência sobre a vítima) (elementos normativos do tipo), os quais devem estar comprovados para que haja a caracterização do crime. Se a violência ou fraude empregada deixar vestígios, há de se ter laudo que a comprove (CPP, art. 158). Exige-se, ainda, à configuração do crime que as condutas sejam praticadas com uma das seguintes finalidades: I – remoção de órgãos, tecidos ou partes do corpo: infelizmente essa abjeta conduta é uma realidade em alguns países. II – submissão da pessoa a trabalho em condições análogas à de escravo: são casos em que a vítima, em situação de *vulnerabilidade*, enfrenta situações extremamente precárias de trabalho, com total dependência do empregador, sem respeito à sua dignidade como ser humano. III – submissão da pessoa a qualquer tipo de *servidão*: o termo servidão significa "a condição do que é servo ou escravo. Escravidão. Dependência" (CÂNDIDO DE FIGUEIREDO, *Grande Dicionário da Língua Portuguesa*, 24ª ed., Lisboa, Bertrand Ed., 1991, v. 2, p. 1023). Em virtude do princípio da legalidade e da segurança jurídica, devem ser evitados os tipos demasiadamente abertos, o que ocorre com a expressão "*qualquer tipo de servidão*"; desse modo, haverá ela de ser interpretada com cautela, demandando-se, efetivamente, a *limitação do direito de ir e vir da vítima mediante violência ou grave ameaça, retenção de documentos, castigos* etc., tornando-a uma serva daquele que sobre ela exerce o domínio. IV – adoção ilegal (*vide* nota abaixo). V – exploração sexual: a intenção do agente, aqui, é lucrar mediante a prostituição da vítima, havendo, em muitos casos, a situação de verdadeira escravidão ou servidão do inciso III, ou, quando isso não ocorre, submetendo as vítimas a situação absolutamente precária, análoga à de escravidão, do inciso II. Na hipótese de *aliciamento ou agenciamento mediante fraude para a prostituição*, são recorrentes os casos em que jovens são convidadas a trabalhar no exterior ou em outra cidade no Brasil, distante de sua terra natal, sendo depois, em situação de vulnerabilidade, submetidas a situações de exploração sexual. Não é preciso que nenhuma dessas situações tenham ocorrido na prática, bastando que fique comprovado que essa era a intenção do agente (elemento subjetivo do tipo).

- **Tráfico de pessoa com a finalidade de adoção ilegal, mediante grave ameaça, violência, coação, fraude ou abuso:** A incriminação desse art. 149-A do CP, voltada à "adoção ilegal" (sobre a adoção *vide* Lei n. 12.010/2009), não se confunde com delito do art. 242 do CP. Neste último, pune-se a chamada "adoção à brasileira", consistente no fato de "dar parto alheio como próprio; registrar como seu o filho de outrem; ocultar recém-nascido ou substituí-lo, suprimindo ou alterando direito inerente ao estado civil", com pena de reclusão, de 2 (dois) a 6 (seis) anos, havendo significativa redução da pena se o agente tiver agido *por motivo de reconhecida nobreza*", estabelecendo, nesse caso, o patamar da sanção em detenção, de 1 (um) a 2 (dois) anos, podendo o juiz deixar de aplicar a pena. Todavia, o crime deste art. 149-A, que é muito mais grave, exige, para a sua configuração, que exista *grave ameaça, violência, coação, fraude ou abuso* na conduta do agente que faz o tráfico (nacional ou internacional) de uma criança com a intenção de que seja adotada de forma ilegal. Em virtude muitas vezes da complexidade da legislação referente à adoção, podem ocorrer também situações de erro de tipo ou mesmo de erro de proibição, notadamente por casais estrangeiros, demandando-se cautela pois não se pode descartar a hipótese de agirem com boa-fé ao serem enganados por terceiros que se apresentem como pessoas especializadas em viabilizar adoções (*vide* arts. 20 e 21 do CP).

- **Invalidade do consentimento da vítima:** O tipo penal deste art. 149-A exige o uso de grave ameaça, violência, coação, fraude ou abuso, o que torna nulo eventual consentimento da vítima. Nos casos de grave ameaça, violência ou coação, a sua liberdade de decidir terá sido suprimida. Na hipótese de fraude, embora a liberdade de decidir esteja preservada, há o engodo, o ardil fazendo a vítima incidir em erro, que torna igualmente nulo o consentimento. Por fim, no caso de abuso, o agente se prevalece de posição de ascendência hierárquica sobre a vítima, havendo também a configuração do crime. Tal orientação, aliás, consta do Protocolo de Palermo (Decreto n. 5.017/2004): "O consentimento dado pela vítima de tráfico de pessoas tendo em vista qualquer tipo de exploração descrito na alínea *a* do presente Artigo será considerado irrelevante se tiver sido utilizado qualquer um dos meios referidos na alínea *a*" (art. 3, *b*). A redação constante da referida alínea *a* é a seguinte: "a) A expressão 'tráfico de pessoas' significa o recrutamento, o transporte, a transferência, o alojamento ou o acolhimento de pessoas, recorrendo à ameaça ou uso da força ou a outras formas de coação, ao rapto, à fraude, ao engano, ao abuso de autoridade ou à situação de vulnerabilidade ou à entrega ou aceitação de pagamentos ou benefícios para obter o consentimento de uma pessoa que tenha autoridade sobre outra para fins de exploração. A exploração incluirá, no mínimo, a exploração da prostituição de outrem ou outras formas de exploração sexual, o trabalho ou serviços forçados, escravatura ou práticas similares à escravatura, a servidão ou a remoção de órgãos".

▪ **Tipo subjetivo:** O dolo, ou seja, a vontade livre e consciente de praticar as condutas incriminadas, acrescida de uma das 5 (cinco) especiais finalidades de agir (elemento subjetivo do tipo), nos termos do art. 149-A, incisos I a V. Trata-se, assim, de dolo específico.

▪ **Consumação:** Com a prática das condutas incriminadas, independentemente de se atingir algumas das finalidades previstas nos incisos I a V do *caput*.

▪ **Tentativa:** Admite-se, salvo nos casos em que a conduta não comportar o *iter criminis*. A nosso ver, apenas o caso concreto poderá dizer se a tentativa é possível ou não.

▪ **Confronto:** Havendo exclusivamente o intuito de lucro, sem fraude, violência, grave ameaça ou abuso, restará configurado o crime de promoção de migração ilegal do art. 232-A do CP, acrescentado pela Lei n. 13.455/2017, conhecida como Lei de Migração. Se há recrutamento, mediante fraude, de trabalhadores com o fim de levá-los para território estrangeiro, sem objetivo de exercer a prostituição ou outra forma de exploração sexual, cf. art. 206 do CP. Se não há o tráfico de pessoas, mas existe redução à condição análoga à de escravo, com submissão a trabalhos forçados ou a jornada exaustiva, a condições degradantes de trabalho ou a restrição à liberdade de locomoção em razão de dívida contraída com o empregador ou preposto, *vide* art. 149. Em caso de favorecimento da prostituição ou outra forma de exploração sexual, sem ter havido tráfico de pessoas, art. 228; se o agente tira proveito da prostituição alheia, art. 230, *caput*; sendo a vítima menor de 18 anos e maior de 14, ou o agente ascendente, padrasto, madrasta, irmão, enteado, cônjuge, companheiro, tutor ou curador, preceptor ou empregador da vítima, ou se assumiu obrigação de cuidado, proteção e vigilância, art. 230, § 1º.

▪ **Pena:** Reclusão, de quatro a oito anos, e multa.

▪ **Ação penal:** Pública incondicionada.

Figura equiparada (§ 1º)

▪ **Quatro hipóteses de aumento de pena:** Na 3ª fase de fixação da pena (*vide* CP, arts. 49 e 59), haverá o aumento de um terço até a metade se ocorrer uma das seguintes hipóteses:

▪ **a) Cometido por funcionário público no exercício de suas funções ou a pretexto de exercê-las:** O aumento de pena em virtude de o agente praticar a conduta no exercício de suas funções ou a pretexto de exercê-la, ou seja, valendo-se do cargo público, justifica-se em virtude da maior reprovabilidade da conduta. A respeito do conceito de funcionário público, *vide* art. 327 do CP.

▪ **b) Contra criança, adolescente ou pessoa idosa ou com deficiência:** Nos termos do Estatuto da Criança e do Adolescente – Lei n. 8.069/90, considera-se criança a pessoa até doze anos de idade incompletos, e adolescente aquela entre doze e dezoito anos de idade. Idoso é toda pessoa com idade igual ou superior a 60 (sessenta) anos (Lei n. 10.471/2003, art. 1º). Pessoa com deficiência é "aquela que tem impedimento de longo prazo de natureza física, mental, intelectual ou sensorial, a qual, em interação com uma ou mais barreiras, pode obstruir sua participação plena e efetiva na sociedade em igualdade de condições com as demais pessoas" (Lei n. 13.146/2015, art. 2º).

▪ **c) Abuso de poder:** O agente se prevalecer de relações de parentesco, domésticas, de coabitação, de hospitalidade, de dependência econômica, de autoridade ou de superioridade hierárquica inerente ao exercício de emprego, cargo ou função;

▪ **d) Internacionalidade:** Há o aumento, se vítima do tráfico de pessoas for retirada do território nacional. Note-se que, antes do advento da Lei n. 13.344/2016, a última hipótese configurava o crime do art. 231 (Tráfico Internacional de Pessoa para Fins de Exploração Sexual), que restou revogado.

- **Conflito com o crime do art. 232-A do CP ("Promoção de migração ilegal"):** Caso o agente promova, por qualquer meio, com o fim de obter vantagem econômica, a entrada ilegal de estrangeiro em território nacional ou de brasileiro em país estrangeiro, mas sem violência, grave ameaça, fraude ou abuso, e sem os fins específicos deste art. 149-A, *vide* o crime do art. 232-A do CP, acrescentado pela Lei n. 13.455/2017, conhecida como Lei de Migração.

Causa especial de diminuição de pena (§ 2º)

- **Redução de um a dois terços:** Na 3ª fase de fixação da pena (CP, arts. 49 e 59), deverá haver a redução da pena "se o agente for primário e não integrar organização criminosa". Ou seja, são dois requisitos cumulativos para a aplicação desta causa especial de diminuição de pena (*vide* abaixo).

- **Primariedade:** Só não é primário quem pratica *novo* crime, *depois* de haver sido irrecorrivelmente condenado por crime anterior no país ou no exterior. E, no caso de reincidência, o condenado retorna à qualidade de *primário*, após cinco anos do cumprimento ou da extinção da pena imposta pela condenação anterior (cf. comentários aos arts. 63 e 64 do CP).

- **Organizações criminosas:** Com relação às organizações criminosas – que não se confundem com a "associação criminosa" prevista no art. 288 do CP –, é preciso colher o seu conceito da Lei n. 12.850/2013, segundo a qual: "*Considera-se organização criminosa a associação de 4 (quatro) ou mais pessoas estruturalmente ordenada e caracterizada pela divisão de tarefas, ainda que informalmente, com objetivo de obter, direta ou indiretamente, vantagem de qualquer natureza, mediante a prática de infrações penais cujas penas máximas sejam superiores a 4 (quatro) anos, ou que sejam de caráter transnacional*" (art. 1º, § 1º).

Jurisprudência posterior à Lei n. 13.344/2016

- **Ocorrência de *abolitio criminis*:** "Penal e processual penal. Apelação criminal. Tráfico internacional de pessoas. Art. 231, *caput*, do CP. Conduta praticada na vigência da Lei n. 11.106/2005. Superveniência da Lei n. 13.344/2016. Violência, grave ameaça e fraude que figuravam na forma qualificada do revogado art. 231-A do CP, passam a constituir circunstâncias elementares do art. 149-A do CP. *Abolitio criminis* configurada com relação à figura simples do revogado art. 231-A do CP, na redação da Lei n. 11.106/2005. 1. Apelação interposta pela Defesa contra sentença que condenou a ré como incursa no art. 231, *caput*, do Código Penal à pena de 03 anos e 04 meses de reclusão, em regime inicial semiaberto, e pagamento de 13 dias-multa. 2. Os fatos ocorreram em 30.3.2007, e a sentença foi proferida em 24.11.2015. O crime imputado à ré foi o de tráfico internacional de pessoas, previsto no art. 231, *caput*, do Código Penal, que à época dos fatos descritos na denúncia vigorava com a redação dada pela Lei n. 11.106/2005 (antes de sua alteração pela Lei n. 12.015/2009). 3. Posteriormente à sentença, sobreveio a Lei n. 13.344/2016 que expressamente revogou os arts. 231 e 231-A do Código Penal e introduziu no mesmo diploma normativo o art. 149-A, que estabeleceu nova tipologia para o tráfico de pessoas. 4. Houve revogação formal do tipo penal, com a inserção imediata de tipo inovador (alteração topográfica normativa), sem efetiva supressão do fato criminoso, ocorrendo, portanto, continuidade normativo-típica, porém somente em parte. 5. Na vigência da Lei n. 11.106/2005 o emprego de violência, grave ameaça ou fraude consistia qualificadora das condutas descritas no *caput* do art. 231 do Código Penal. Logo, na vigência dessa lei, o entendimento jurisprudencial, inclusive adotado na r. sentença apelada e por este Relator, era amplamente majoritário no sentido de que o consentimento da vítima era irrelevante para a configuração do delito previsto no *caput*. 6. Contudo, na nova redação do art. 149-A do CP dada pela Lei n. 13.344/2016, a violência, a grave ameaça e a fraude – e agora também as figuras da coação e o abuso – estão incluídas como circunstâncias elementares do novo tipo penal, de modo que, se elas não ocorrem, não se configura a tipicidade da conduta. Equivale a dizer, especialmente com relação ao crime de tráfico de pessoas para fins de exploração sexual, de que se cuida nos autos, que uma vez verificada a existência de consentimento válido, sem qualquer vício, resta afastada a tipicidade da conduta. 7. Assim, quanto ao crime de tráfico de pessoas previsto no art. 231, *caput*, do CP na redação da Lei n. 11.106/2005, para o qual o consentimento da vítima era irrelevante penal, ocorreu *abolitio criminis*. A continuidade normativo-típica ocorreu apenas parcialmente, com relação ao art. 231 na sua figura qualificada do § 2º, com emprego de violência, grave ameaça ou fraude, ou seja, atuações do agente que acarretem vício ao consentimento da vítima. 8. A alteração legislativa interna veio promover no âmbito do direito penal uma adequação aos preceitos estabelecidos pelo Protocolo Adicional à Convenção das Nações Unidas contra o Crime Organizado Transnacional Relativo à Prevenção, Repressão e Punição do Tráfico de Pessoas, promulgado pelo Decreto n. 5.017/2004. 9. A nova legislação amplia o bem jurídico tutelado, que antes era reservado à prostituição, alcançando agora a figura mais abrangente da exploração sexual, além de outras hipóteses anteriormente não previstas (remoção de órgãos etc.), bem como incrementando as descrições das condutas criminalizadas no tipo alternativo misto, de modo a recrudescer o combate a referidos atos. 10. Além dessa ampliação, e também em atendimento ao espírito do Protocolo mencionado, a nova legislação limita a proteção ao bem jurídico tutelado aos casos em que há, de alguma forma, vício de consentimento. 11. A *contrario sensu*, se o consentimento é válido, ou seja, se ele foi deduzido sem grave ameaça, violência, coação, fraude ou abuso, – ao menos na hipótese de exploração sexual, de que se cuida nos autos – não se configura o crime. 12. No caso dos autos, basta o exame da denúncia para se verificar que não há nenhuma referência a algum tipo de grave ameaça, violência ou fraude, bastando para se concluir pela *abolitio criminis*. Não bastasse isso, durante a instrução processual, confirmou-se que realmente todas as mulheres que estavam prestes a embarcar para o exterior tinham dado o seu total consentimento, bem como possuíam plena consciência em relação ao propósito da viagem, sendo que uma delas, inclusive, iria pela segunda vez exercer a prostituição na Espanha, agenciada novamente pela corré. 13. Absolvição em razão da ocorrência de *abolitio criminis* pela superveniência da Lei n. 13.344/2016, prejudicada a apelação" (TRF3, 1ª T., ACR – Apelação Criminal – 66.930 – 0003784-95.2010.4.03.6181, rel. Juiz Con-vocado Márcio Mesquita, j. 19.9.2017, e-DJF3 Judicial 1: 25.9.2017). No mesmo sentido: "3. A atual redação do crime de tráfico de pessoas, no artigo 149-A, exige grave ameaça, violência, coação, fraude ou abuso. 4. Com o consentimento válido da vítima, inexiste crime. Trata-se de hipótese de *abolitio criminis*, incidindo o art. 2º do Código Penal" (TRF4, 8ª T., ACr 5000982-06.2013.4.04.7216 SC 5000982-06.2013.4.04.7216, rel. Des. Fed. Nivaldo Brunoni, j. 6.6.2018).

■ Não ocorrência de *abolitio criminis* (antigo art. 231, §§ 2º e 3º, do CP): "Penal. Processual penal. Tráfico de pessoas. Finalidade. Exploração sexual. Código Penal. Art. 231, §§ 2º e 3º. Continuidade normativo-típica. Art. 149-A do CP. Materialidade e autoria. Comprovação. Condenação mantida. Penal. Alterações. Recurso parcialmente provido. 1. Recurso de apelação interposto por réu contra sentença em que foi ele condenado pela prática do delito tipificado no art. 231, §§ 2º e 3º, do Código Penal, com a redação anterior à conferida pela Lei n. 11.106/2005. 2. Inexistência de *abolitio criminis*. Conduta em tese amoldada ao novel art. 149-A do Código Penal. Imputação de prática do delito de aliciar pessoas, mediante fraude, para posterior saída do território nacional com intuito de exploração sexual das vítimas. 3. Materialidade e autoria. Comprovação. Réu que atuava na coordenação do esquema, bem como no fornecimento dos meios materiais para promoção da saída das aliciadas do território nacional. Condição de partícipe (relevante) atestada, na forma do art. 29 do Código Penal. Vítimas que eram aliciadas diretamente pelo irmão do réu (cuja ação penal foi desmembrada), com falsas promessas de emprego regular na Europa como garçonetes. Chegando em solo português, eram submetidas a exploração sexual contínua, mediante coação. Comprovada, ainda, a ciência do réu quanto ao método fraudulento de promoção da saída das vítimas do território nacional. Prática da conduta típica na forma qualificada (Código Penal, art. 231, § 2º, na redação anterior à vigência da Lei n. 11.106/2005). Condenação mantida (...)" (TRF 3ª R., 11ª T., ACr – Apelação Criminal – 69.609 – 0002955-90.2005.4.03.6181, rel. Des. Fed. José Lunardelli, j. 14.2.2017, e-*DJ*F3 Judicial 1: 10.3.2017).

Jurisprudência anterior à Lei n. 13.344, de 6.10.2016

▪ **Observação:** Embora os arts. 231 e 231-A tenham sido expressamente revogados, houve continuidade normativo-típico nos casos de emprego de violência, grave ameaça ou fraude (*vide* nota *Abolitio criminis* acima), razão pela qual decidimos manter a jurisprudência anterior. Caberá ao intérprete analisar se o seu emprego ajudará ou não na interpretação do novo tipo penal.

▪ **Consumação e competência:** Se a saída das vítimas deu-se pelo aeroporto de Goiânia/GO, o crime consumou-se dentro do território nacional, sendo competente a Seção Judiciária Federal de Goiás, e não a do Distrito Federal, o que só ocorreria se o crime tivesse ocorrido no exterior (STJ, 5ª T., HC 206.607/GO, rel. Min. Laurita Vaz, *DJ* 28.8.2014).

▪ **Consumação:** No crime de tráfico de mulheres, o fato das vítimas não terem exercido o meretrício no país estrangeiro para o qual foram não é suficiente para descaracterizar o delito, eis que a figura delituosa se consuma com a promoção ou facilitação da saída de mulher para o exterior, sabendo que a finalidade é o exercício de prostituição (TRF da 2ª R., *RT* 777/719).

▪ **Reiteração delitiva:** O delito de tráfico de mulheres, previsto no art. 231 do CP, não é um crime habitual, tampouco crime continuado. Trata-se, sim, de reiteração delitiva (TRF da 1ª R., *RT* 812/696).

▪ **Apenas uma pessoa:** Conquanto inserido sob a rubrica *tráfico de mulheres* (hoje *tráfico internacional de pessoa*), o art. 231 do CP prevê como crime promover ou facilitar a saída do território nacional de mulher que vá exercer prostituição no estrangeiro, bastando, por conseguinte, para a configuração do crime (simples ou qualificado, atualmente causa especial de aumento de pena), a promoção da saída de apenas uma mulher (TRF da 2ª R., *RT* 815/714).

▪ **Fraude:** O elemento normativo fraude, circunstância qualificadora (agora causa especial de aumento de pena) prevista no § 2º (atual inciso IV) do art. 231 do CP, deve ser compreendido como o ardil empregado pelo agente para ludibriar a vítima de tal forma que, se não tivesse sido utilizado, não haveria a concordância em deixar o território nacional (TRF da 2ª R., *RT* 815/714).

▪ **Ciência do agente:** O tráfico de mulheres (hoje *tráfico internacional de pessoa*) não exige que o sujeito ativo do delito deseje a prática da prostituição, bastando para sua configuração a ciência de que a mulher, sujeito passivo do crime, exercerá o meretrício (TRF da 2ª R., *RT* 815/714).

Seção II

DOS CRIMES CONTRA A INVIOLABILIDADE DO DOMICÍLIO

VIOLAÇÃO DE DOMICÍLIO

Art. 150. Entrar ou permanecer, clandestina ou astuciosamente, ou contra a vontade expressa ou tácita de quem de direito, em casa alheia ou em suas dependências:

Pena – detenção, de 1 (um) a 3 (três) meses, ou multa.

§ 1º Se o crime é cometido durante a noite, ou em lugar ermo, ou com o emprego de violência ou de arma, ou por duas ou mais pessoas:

Pena – detenção, de 6 (seis) meses a 2 (dois) anos, além da pena correspondente à violência.

§ 2º (Revogado).

§ 3º Não constitui crime a entrada ou permanência em casa alheia ou em suas dependências:

I – durante o dia, com observância das formalidades legais, para efetuar prisão ou outra diligência;

II – a qualquer hora do dia ou da noite, quando algum crime está sendo ali praticado ou na iminência de o ser.

§ 4º A expressão "casa" compreende:

I – qualquer compartimento habitado;

II – aposento ocupado de habitação coletiva;

III – compartimento não aberto ao público, onde alguém exerce profissão ou atividade.

§ 5º Não se compreendem na expressão "casa":

I – hospedaria, estalagem ou qualquer outra habitação coletiva, enquanto aberta, salvo a restrição do n. II do parágrafo anterior;

II – taverna, casa de jogo e outras do mesmo gênero.

- Alteração: § 2º revogado pela Lei n. 13.869/2019 (Lei dos Crimes de Abuso de Autoridade).

- Transação: Cabe no caput, no caput c/c o § 2º e no § 1º, preenchidos os requisitos do art. 76 da Lei n. 9.099/95.

- Suspensão condicional do processo: Cabe em todas as hipóteses deste artigo, atendidas as condições do art. 89 da Lei n. 9.099/95.

Violação de domicílio

- Objeto jurídico: Não há uniformidade de opiniões, apontando-se, entre outras objetividades, a liberdade individual, a tranquilidade doméstica, a inviolabilidade da casa etc. De acordo com a CR, art. 5º, XI, "a casa é asilo inviolável do indivíduo, ninguém nela podendo penetrar sem consentimento do morador, salvo em caso de flagrante delito ou desastre, ou para prestar socorro, ou, durante o dia, por determinação judicial".

- Sujeito ativo: Qualquer pessoa.

- Sujeito passivo: O art. 150 do CP refere-se a *quem de direito*, mas tal pessoa também poderá variar de acordo com a objetividade jurídica escolhida. Por via de regra, entende-se ser aquela que mora na casa, ou a representa, ou, ainda, o titular do direito de admissão.

- Tipo objetivo: O conceito penal de casa (diverso do conceito civil de domicílio) é dado pelos §§ 4º e 5º deste art. 150. Dependências são os "jardins, pátios, quintais, garagens etc., desde que se trate de recintos fechados (muros, grades ou cercas)" (HELENO FRAGOSO, *Lições de Direito Penal – Parte Especial*, 1995, v. I, p. 163), não compreendendo "terrenos extensos, como um vasto parque, cujos confins fiquem distantes da casa e sem relação com ela" (ANÍBAL BRUNO, *Direito Penal – Parte Especial*, Forense, t. 4, I, p. 388). O núcleo é *entrar ou permanecer* em casa *alheia*. A entrada deve ser completa. A permanência pressupõe anterior entrada consentida (ainda que se verifiquem os dois comportamentos, o delito será único) e sua duração deve ter, ao menos, alguma relevância jurídica. A conduta pode ser às claras ou às ocultas, ou ainda por fraude. Diz-se que a ação é *ostensiva*, quando feita às claras; *clandestina*, quando realizada às ocultas, de forma escondida; *astuciosa*, quando feita por fraude, isto é, simulando condição ou situação para franquear a entrada ou permanência. Exige-se que seja *contra a vontade expressa ou tácita de quem de direito*. A questão da validade do consentimento de morador que não é titular pode ser resolvida pela pesquisa do *dolo* do agente. O melhor entendimento é o que considera atípica a violação de casa desabitada.

- Tipo subjetivo: Dolo (vontade livre e consciente de entrar ou permanecer sem consentimento). Portanto, o agente deve *saber* que há vontade contrária ao seu comportamento; este dado serve para resolver várias questões acerca da validade do consentimento de morador outro que não o titular ou chefe da casa. Para a maioria dos autores da escola tradicional é o "dolo específico". Não há forma culposa.

- **Subsidiariedade:** Só subsiste como delito autônomo quando a entrada ou permanência for o próprio fim da conduta e não meio para o cometimento de crime diverso; hipótese em que será absorvido por este.

- **Consumação:** Com a entrada ou permanência; é delito instantâneo na primeira modalidade e permanente na outra.

- **Tentativa:** Admite-se.

- **Figura qualificada do § 1º:** *a. Noite.* É o período de obscuridade, que não equivale a repouso noturno. *b. Lugar ermo.* É o habitualmente despovoado. *c. Emprego de violência ou de arma.* Usa a lei essa cláusula, de forma que a figura qualificada alcança só a violência física e não a grave ameaça (salvo a realizada com emprego de arma). Como o dispositivo se refere ao "emprego de violência ou de arma", que são, ambos, meios para vencer a oposição da vítima, entendemos que só qualifica o comportamento a *violência física* contra pessoa e não contra coisa. Parece-nos que a interpretação contrária estaria atribuindo ao legislador um contrassenso: a entrada em domicílio forçando a fechadura (violência contra coisa) qualificaria o comportamento, mas a mesma entrada, mediante a ameaça de jogar o proprietário pela janela do sexto andar para baixo (grave ameaça), não tornaria qualificada a conduta. Entretanto, a doutrina dominante inclui tanto a violência física contra pessoa como contra coisa. Quanto ao emprego de *arma*, vide anotações ao art. 157, § 1º, I, do CP. *d.* Sob a rubrica *Por duas ou mais pessoas.* Requer a cooperação de duas, ao menos.

- **Exclusão da ilicitude do § 3º:** O § 3º cita casos especiais em que a violação não constitui delito (*durante o dia, com observância das formalidades legais, para efetuar prisão ou outra diligência e a qualquer hora do dia ou da noite, quando algum crime está sendo ali praticado ou na iminência de o ser*). Essas causas de exclusão da ilicitude encontram ressonância no art. 5º, XI, da CR, segundo o qual, "a casa é asilo inviolável do indivíduo, ninguém nela podendo penetrar sem consentimento do morador, salvo em caso de flagrante delito ou desastre, ou para prestar socorro, ou, durante o dia, por determinação judicial. Também não haverá o crime se a violação de domicílio ocorrer durante a *legítima defesa*, o *exercício regular de direito ou em estado de necessidade* (CP, art. 23).

- **Como interpretar a hipótese de "flagrante delito" prevista na exceção constitucional?:** O art. 303 do CPP estipula que há flagrante delito enquanto não cessar a permanência do crime. Para que o delito seja considerado permanente, outrossim, "não basta que prossigam os efeitos do delito .. é preciso, também, que a cessação da atividade delituosa dependa da vontade do sujeito ativo. Esta é a única forma de dizer-se, seguramente, que o agente continua no procedimento antijurídico depois de consumar-se o delito" (VINCENZO MANZINI, *Trattato di Diritto Penale Italiano*, Torino, 1933, v. I, p. 569, *apud* TALES CASTELO BRANCO, *Da Prisão em Flagrante*, Saraiva, 1980, p. 80). Contudo, não têm sido poucos os casos de manifesto abuso das autoridades policiais ao violar domicílios (sobretudo os mais humildes), a altas horas da madrugada, impondo constrangimentos absolutamente desnecessários aos seus moradores sob a alegação da prática de crime permanente. Como acima visto, a exceção à inviolabilidade domiciliar, inclusive à noite e sem determinação judicial prevista no § 3º, II, do art. 150 do CP, encontra respaldo no art. 5º, XI, primeira parte, da CR. Nessa exceção constitucional a hipótese de *prisão em flagrante* é disposta ao lado das situações de desastre e prestação de socorro. Em nosso entendimento, interpretando-se sistematicamente esse dispositivo, resta patente a intenção do legislador constituinte em exigir, *efetivamente*, a configuração de uma *verdadeira emergência* para que se admita a violação domiciliar a qualquer hora do dia ou da noite e sem determinação judicial. Seriam hipóteses, por exemplo, de flagrante de crimes permanentes como a extorsão mediante sequestro, em que há *necessidade de prestar-se socorro imediato à vítima*, que corre perigo de vida etc., o que não se verifica em casos de crimes permanentes como a posse de entorpecente ou de armas ilegais. Não havendo esse caráter emergencial, de perigo iminente a um bem jurídico como a vida ou a integridade física de alguém (equivalente à prestação de socorro ou desastre), mesmo tratando-se de flagrante, a nosso ver, a autoridade deverá obter determinação judicial para invadir o domicílio do suspeito (art. 5º, XI, segunda parte, da CR), por meio de *expedição de mandado judicial de busca e apreensão* (arts. 240 a 250 do CPP), sob pena de ilegalidade da prisão e da prova colhida. Por outro lado, justamente para evitar constrangimentos ilegais é que o art. 243 de nosso estatuto processual penal exige o preenchimento de uma série de pressupostos para a expedição de mandado de busca e apreensão. Não obstante se possa alegar que esse entendimento poderia obstaculizar a ação policial, este é o preço que se paga por viver em um Estado Democrático de Direito, que deve tomar todas as medidas para restringir, ao máximo, a possibilidade de arbítrios e desmandos das autoridades policiais, por mais bem-intencionadas que possam elas estar (cf., nesse sentido, ROBERTO DELMANTO JUNIOR, *As Modalidades de Prisão Provisória e seu Prazo de Duração*, 2ª ed., Renovar, 2001, pp. 106-107). A respeito, contudo, alguns acórdãos não têm exigido efetiva situação emergencial, conforme acima exposto, entendendo bastar a existência de flagrante, mesmo tratando-se de crime permanente, sem maiores requisitos. Nesse sentido: STJ, *RT* 771/565; TJSP, *RT* 752/588. Não obstante, tal entendimento sofreu avanços, para exigir a existência de "fundadas razões" de ocorrência de flagrante delito (*vide* nota abaixo).

▪ **Denúncia anônima de crime permanente não é bastante para permitir-se a invasão domiciliar sem mandado judicial:** Atualmente, a jurisprudência avançou no sentido de que, mesmo nos crimes permanentes, não basta a denúncia anônima para que ocorra a invasão domiciliar, sendo necessário, ainda, a presença de *fundadas razões*, não servindo como tais "elementos que não têm força probatória em juízo" (STJ, 6ª T., HC n. 496.420/SP, *DJe* 11.6.2019). O STF assim também já se posicionou, inclusive sendo reconhecida a Repercussão Geral: "A entrada forçada em domicílio sem mandado judicial só é lícita, mesmo em período noturno, quando amparada em fundadas razões, devidamente justificadas a posteriori, que indiquem que dentro da casa ocorre situação de flagrante delito, sob pena de responsabilidade disciplinar, civil e penal do agente ou da autoridade, e de nulidade dos atos praticados" (STF, Plenário, RE 603616, *DJ* 9.5.2016). Ainda: se ausente indício da ocorrência de flagrante delito, a prova obtida por meio da invasão domiciliar é ilícita (STF, 2ª T., EDcl no HC 138.565, j. 24.8.2018).

▪ **Classificação:** Delito comum quanto ao sujeito, doloso, de forma alternativa, subsidiário, de mera conduta, instantâneo ou permanente.

▪ **Confronto:** Tratando-se de agente público, se este invadir ou adentrar, clandestina ou astuciosamente, ou à revelia da vontade do ocupante, imóvel alheio ou suas dependências, ou nele permanecer nas mesmas condições, sem determinação judicial ou fora das condições estabelecidas em lei, o crime será o do art. 22 da Lei de Abuso de Autoridade (Lei n. 13.869/2019). Se a coação se der mediante violência ou grave ameaça, a fim de que a vítima franqueie acesso a imóvel ou suas dependências, *vide* art. 22, § 1º, inciso I. Se houver cumprimento de mandado de busca e apreensão domiciliar após as 21h (vinte e uma horas) ou antes das 5h (cinco horas), *vide* art. 22, § 1º, inciso II. Quanto ao conceito de agente público, para efeito da Lei n. 13.869/2019, cf. seu art. 2º, *caput*, e parágrafo único.

▪ **Pena:** Na figura *simples*, é *alternativa*: detenção, de um a três meses, ou multa. Na figura *qualificada* do § 1º, não há alternatividade de punição: é detenção, de seis meses a dois anos, além da pena correspondente à violência; na figura do § 2º, aumentada de um terço.

▪ **Ação penal:** Pública incondicionada.

Jurisprudência

▪ **Objeto jurídico:** O art. 150 do CP não tem por finalidade a proteção possessória, mas a tranquilidade doméstica (TJMG, *JM* 125/247).

▪ **Tipo subjetivo:** Requer dolo direto, não bastando o dolo eventual, pois o agente deve saber que há vontade em contrário à sua entrada (TACrSP, *Julgados* 85/460, *RT* 571/330). Exige-se o elemento subjetivo do injusto, que é a vontade de violar (TACrSP, *RT* 608/330; TJMG, *RT* 642/336). *Contra*: basta o "dolo genérico" (TACrSP, *Julgados* 66/284).

▪ **Consentimento de morador:** A violação exige "dolo específico" e, assim, se o agente entrou na casa do ofendido, com o consentimento da esposa deste, para com ela manter relações, não se configura o delito (TACrSP, *RT* 432/346). O consentimento de um dos moradores, permitindo a entrada para manter relações sexuais, faz desaparecer o "dolo específico" (TJSP, *RT* 425/290). O consentimento da esposa do chefe da casa exclui o "dolo específico" (STF, *RT* 411/409). O consentimento da empregada exclui o "dolo específico" (TACrSP, *RT* 457/380; *contra*: TACrSP, *Julgados* 67/378; TJSC, *RT* 568/335). O consentimento de filha incapaz, menor de 14 anos, não exclui (TJSC, *RT* 544/398).

■ Ação policial: O consentimento do morador supõe a determinação judicial para o ingresso na residência (STJ, *RT* 809/542).

■ Atos preparatórios: Se o roubo fica apenas nos atos preparatórios, com a invasão da casa da vítima pelo acusado, que foge ante a possível chegada de parente daquela, caracteriza-se a violação de domicílio (TJSP, *RT* 810/ 602).

■ Embriaguez: Se completa, é incompatível com o dolo de violar (TACrSP, Ap. 373.619, j. 13.5.85; *RT* 535/302, 811/638).

■ Finalidade da entrada na casa: Não configura o crime se entrou na casa apenas para escapar à perseguição policial (TACrSP, *RT* 637/283; TJRS, *RT* 768/674). Não se caracteriza a violação de domicílio, se o acusado ingressa na casa da vítima para tirar satisfações, batendo por duas vezes à porta e, ante a ausência desta, retira-se do local, retornando apenas quando esta encontrava-se presente, o que demonstra que o dolo comporia outra espécie delitiva (ameaça ou crime contra a integridade física) (TACrSP, *RT* 778/616). *Contra*: É irrelevante a finalidade da entrada, salvo na hipótese em que desejava cometer crime mais grave, pois só então haverá a subsidiariedade (TACrSP, *Julgados* 87/333).

■ Subsidiariedade: O crime-fim, quando tentado ou consumado, se mais grave absorve a violação de domicílio, que é punida separadamente quando o delito-fim for mais brandamente punido (TACrSP, *RT* 695/339). *Contra*: Pode absorver, ainda que o crime-meio seja mais grave, ante a situação fática posta e analisada (Colégio Recursal/SP, Ap. 361/2004, 1ª T., j. 28.2.2005, *Bol. IBCCr* n. 151, junho de 2005). Configura delito autônomo se desiste do crime-fim (TACrSP, *RT* 626/305). O delito de violação de domicílio só subsiste quando a entrada for o próprio fim, e não apenas o meio para o cometimento de outro crime (TJSP, *RJTJSP* 123/426; TAMG, *RT* 672/342). A violação de domicílio é absorvida pelo delito-fim, como o constrangimento ilegal (TAMG, *RT* 535/350) ou o crime sexual (TJSP, *RT* 584/350). *Contra*: Haveria concurso material (TACrSP, *Julgados* 67/361). Se o agente já superou duas portas, a última delas de acesso à residência, e cessa a sua atividade pela chegada da polícia, pratica tentativa de furto (TJRS, *RT* 783/728).

■ Noite do § 1º: Para a configuração da qualificadora do § 1º, deve ficar provada a hora em que ocorreu a violação do domicílio (TACrSP, *RT* 778/603). Para a circunstância *noite* do art. 150, § 1º, basta a prática do delito *durante* a noite, pois ela não equivale ao "repouso noturno" do art. 155, § 1º (TACrSP, *RT* 555/357; TJSP, *RT* 513/446).

■ Violência do § 1º: Abrange a violência contra coisa (TACrSP, *Julgados* 73/235). Empurrão na vítima para ingressar na casa integra o próprio crime de violação de domicílio, não configurando, separadamente, a contravenção de vias de fato (TACrSP, *RJDTACr* 24/384).

■ Figura do § 2º: É inaplicável se o agente, embora servidor público, agiu despido dessa qualidade (TACrSP, *Julgados* 69/327).

■ Conceito de domicílio: Compreende o quintal, que é dependência da casa (TACrSP, *RT* 544/385). Configura-se o delito, se cometido em terraço da casa (TACrSP, *RT* 467/385). Repartição pública não se inclui no conceito de domicílio (TACrSP, *RT* 608/330). Não é o almoxarifado desabitado situado no quintal da casa (TARJ, *RT* 469/411). Quarto de hospital inclui-se no conceito de casa (TACrSP, *Julgados* 93/273). A propriedade rural não está compreendida no conceito de domicílio (TACrSP, *RT* 516/347). O fato de a casa ser prostíbulo não impede a tipificação (TACrSP, *RT* 559/341). Tratando-se de hotel ou pensão, só os seus aposentos efetivamente ocupados são protegidos (TACrSP, *Julgados* 70/187), o mesmo ocorrendo com motel (TACrSP, *RT* 689/366). Sala de aula não pode ser considerada casa (TACrSP, *RT* 718/432).

Seção III
DOS CRIMES CONTRA A INVIOLABILIDADE DE CORRESPONDÊNCIA

VIOLAÇÃO DE CORRESPONDÊNCIA

Art. 151. Devassar indevidamente o conteúdo de correspondência fechada, dirigida a outrem:

Pena – detenção, de 1 (um) a 6 (seis) meses, ou multa.

SONEGAÇÃO OU DESTRUIÇÃO DE CORRESPONDÊNCIA

§ 1º Na mesma pena incorre:

I – quem se apossa indevidamente de correspondência alheia, embora não fechada e, no todo ou em parte, a sonega ou destrói;

VIOLAÇÃO DE COMUNICAÇÃO TELEGRÁFICA, RADIOELÉTRICA OU TELEFÔNICA

II – quem indevidamente divulga, transmite a outrem ou utiliza abusivamente comunicação telegráfica ou radioelétrica dirigida a terceiro, ou conversação telefônica entre outras pessoas;

III – quem impede a comunicação ou a conversação referidas no número anterior;

IV – quem instala ou utiliza estação ou aparelho radioelétrico, sem observância de disposição legal.

§ 2º As penas aumentam-se de metade, se há dano para outrem.

§ 3º Se o agente comete o crime, com abuso de função em serviço postal, telegráfico, radioelétrico ou telefônico:

Pena – detenção, de 1 (um) a 3 (três) anos.

§ 4º Somente se procede mediante representação, salvo nos casos do § 1º, IV, e do § 3º.

- Conciliação, transação e suspensão condicional do processo: *Vide* nos comentários a cada figura deste artigo.

Violação de correspondência (art. 40, caput, da Lei n. 6.538/78)

- **Revogação tácita:** O *caput* do art. 151 do CP foi tacitamente revogado e substituído pelo art. 40, *caput*, da Lei n. 6.538, de 22.6.78, que dispõe sobre os serviços postais.

- **A nova figura:** Tem redação idêntica à do dispositivo revogado. Dispõe o art. 40, *caput*, da Lei n. 6.538/78: *Devassar indevidamente o conteúdo de correspondência fechada, dirigida a outrem*. Pena – detenção até 6(seis) meses, ou pagamento não excedente a 20(vinte) dias-multa.

- **Transação:** Cabe no *caput*, preenchidos os requisitos do art. 76 da Lei n. 9.099/95.

- **Suspensão condicional do processo (art. 89 da Lei n. 9.099/95) e penas alternativas (arts. 43 e 44 do CP):** Também cabem.

- **Objeto jurídico:** A liberdade individual, especialmente a garantia de sigilo de correspondência, cuja inviolabilidade é prevista no art. 5º, XII, da CR, com exceções quando decretado *estado de defesa* (art. 136, § 1º, I, *b* e *c*, primeira parte) ou *de sítio* (art. 139, III).

- **Sujeito ativo:** Qualquer pessoa.
- **Sujeito passivo:** O remetente e o destinatário (é *duplo*).
- **Tipo objetivo:** O objeto material é *correspondência* (carta, bilhete, telegrama, fonopostal, cecograma etc.). Deve tratar-se de correspondência *fechada e dirigida a outrem* (pessoa certa e determinada), embora possa até ser anônimo o remetente. A ação é *devassar* (olhar dentro, tomar conhecimento), admitindo a doutrina que seja praticada sem abertura da correspondência (olhando contra a luz forte, por exemplo). O elemento normativo *indevidamente* requer que a devassa seja ilegítima, indevida, e, obviamente, sem consentimento. Quanto ao marido ler a correspondência da mulher, há duas posições: *a.* A conduta é lícita (CUSTÓDIO DA SILVEIRA, *Direito Penal,* 1973, p. 301; DAMÁSIO DE JESUS, *Direito Penal,* 29ª ed., São Paulo, Saraiva, 2009, v. II, p. 285; HUNGRIA, *Comentários ao Código Penal,*1958, v. VI, p. 238). *b.* É ilícita (HELENO FRAGOSO, *Lições de Direito Penal – Parte Especial,* 1995, v. I, p. 168). Esta última posição *(b)* nos parece a mais correta, aplicando-se também à hipótese em que a mulher lê a correspondência do marido.
- **Tipo subjetivo:** Dolo; ou seja, a vontade livre e consciente de devassar, indevidamente, correspondência alheia. Na escola tradicional é o "dolo genérico". Inexiste modalidade culposa.
- **Exclusão da ilicitude:** O exercício regular de direito e o estado de necessidade são excludentes. Além disso, o art. 10 da Lei n. 6.538, de 22.6.78, estabelece que não constitui violação a abertura de correspondência: *1.* endereçada a homônimo, com igual endereço; *2.* suspeita de conter objeto tributável, valor não declarado ou objeto proibido, desde que a abertura seja realizada na presença do remetente ou destinatário; *3.* a ser inutilizada, por ser impossível a entrega ou restituição.
- **Erro:** O erro do agente deve ser apreciado de acordo com o arts. 20 ou 21 do CP.
- **Consumação:** Com o ato de tomar conhecimento.
- **Tentativa:** Admite-se.
- **Classificação:** Comum quanto ao sujeito, doloso, comissivo, instantâneo e de mera conduta.
- **Subsidiariedade:** Caso seja meio para outro crime, este absorverá o de violação.
- **Confronto:** Se houver sabotagem de meio de comunicação com fim de terrorismo, *vide* Lei n. 13.260/2016 (art. 2º, *caput*, § 1º, inciso IV).
- **Pena:** Determinou a Lei n. 6.538/78 que fosse *alternativa*: "detenção, até seis meses, ou pagamento não excedente a dez dias-multa". Como salientamos em comentários anteriores (*Código Penal Anotado,* 1984, p. 202), a falta do limite mínimo tornava quase impraticável sua imposição. Todavia, com a reforma feita pela Lei n. 7.209/84, aquelas penas já podem ser aplicadas. À falta de mínimo para a pena privativa de liberdade, deve-se considerar como sendo *um dia*. E a pena pecuniária deve ser entendida tendo como mínimo *um dia-multa* e seu valor calculado na forma do CP, art. 49, § 1º.
- **Ação penal:** O § 4º do art. 151 do CP estabelecia que a ação penal era pública condicionada à representação nos casos do *caput*, § 1º, I a III; e incondicionada nas hipóteses do § 1º, IV, e § 3º O art. 45 da Lei n. 6.538, de 22.6.78, declara que, nos crimes relacionados com o serviço postal ou de telegrama, a autoridade administrativa deve representar contra o autor ou autores ao Ministério Público Federal; entendemos que tal representação tem o caráter de simples comunicação de crime. Assim, em nossa opinião, a ação penal será sempre pública incondicionada.

Sonegação ou destruição de correspondência (art. 40, § 1º, da Lei n. 6.538/78)

- **Revogação:** O § 1º, I, do art. 151 do CP foi tacitamente revogado e sucedido pelo § 1º do art. 40 da Lei n. 6.538/78. A nova redação é *semelhante* à do antigo § 1º, I, do art.151 do CP. Dispõe a *nova figura*: "Art. 40. (...) § 1º Incorre nas mesmas penas quem se apossa indevidamente de correspondência alheia, embora não fechada, para sonegá-la ou destruí-la, no todo ou em parte".

- **Transação:** Cabe no art. 40, §§ 1º e 2º, da Lei n. 6.538/78, preenchidos os requisitos do art. 76 da Lei n. 9.099/95.

- **Suspensão condicional do processo e penas alternativas:** Cabem no art. 40, §§ 1º e 2º, da Lei n. 6.538/78 (art. 89 da Lei n. 9.099/95 e arts. 43 e 44 do CP).

- **Objeto jurídico, sujeitos ativo e passivo:** *Vide* nota acima ao art. 40, *caput*, da Lei n. 6.538/78.

- **Tipo objetivo:** O objeto material é também correspondência, incluindo, porém, a aberta. Pune-se a conduta de quem se apossa, isto é, apodera-se dela para *sonegá-la* (deixar de entregar ao destinatário) ou *destruí-la* (arruiná-la), *no todo ou em parte*. O elemento normativo *indevidamente* é idêntico ao visto no *caput* (*vide*, acima, nota ao art. 40, *caput*).

- **Tipo subjetivo:** Além do dolo, a figura contém o elemento subjetivo "para sonegá-la ou destruí-la", que é o especial fim de agir. Para os tradicionais, é o dolo específico.

- **Consumação:** Com o efetivo apossamento, ainda que não logre a sonegação ou destruição desejada.

- **Tentativa:** Admite-se.

- **Pena e ação penal:** *Vide* notas ao *caput*.

Aumento de pena (art. 40, § 2º, da Lei n. 6.538/78)

- **Aumento:** Dispõe o art. 40, § 2º, que as penas do *caput* e do § 1º aumentam-se da metade se houver ocorrência de dano (moral ou econômico).

Jurisprudência

- **Competência:** O processo e julgamento do delito do art. 40, § 1º, da Lei n. 6.538/78 (que derrogou o art. 151, § 1º, I, do CP) competem, via de regra, à Justiça Federal; entretanto, se a correspondência já havia sido entregue pelo correio no edifício, sua posterior destruição pelo zelador compete à Justiça Estadual (TA-CrSP, RT 564/339).

Violação de comunicação telegráfica, radioelétrica ou telefônica (CP, art. 151, § 1º, II)

- **Conciliação:** Cabe no art. 151, § 1º, II, do CP – cuja pena é de 1 (um) a 6 (seis) meses ou multa – na parte em que não foi revogado tacitamente, ou seja, na comunicação telegráfica ou radioelétrica (arts. 72 a 74 da Lei n. 9.099/95).

- **Transação:** *Idem*, preenchidos os requisitos do art. 76 da Lei n. 9.099/95.

- **Suspensão condicional do processo:** Cabe, atendidas as condições do art. 89 da Lei n. 9.099/95.

- **Sujeitos ativo e passivo:** Aplicam-se, em termos, as *notas* à primeira figura (*vide* nota ao art. 40, *caput*, da Lei n. 6.538/78).

- **Objeto jurídico:** A liberdade individual, especialmente o sigilo das comunicações telegráficas, radioelétricas e telefônicas. A CR, em seu art. 5º, XII, estabelece que "é inviolável o sigilo da correspondência e das comunicações telegráficas, de dados e das comunicações telefônicas, *salvo, no último caso, por ordem judicial, nas hipóteses e na forma que a lei estabelecer para fins de investigação criminal ou instrução processual penal*". A redação deste dispositivo é *falha*, não deixando claro se a expressão "no último caso" se refere apenas às comunicações telefônicas, ou, também, às comunicações de dados. Como "a garantia dos direitos individuais deve ser interpretada de maneira a ampliar, em benefício da liberdade, os preceitos de entendimento duvidoso" (Themístocles Cavalcanti, *Do Controle da Constitucionalidade*, 1986, p. 164, apud Alberto Silva Franco, *Crimes Hediondos*, 1994, p. 90), interpretando-se restritivamente, outrossim, disposições constitucionais duvidosas, que venham a restringir as liberdades asseguradas (nesse sentido: STF, RHC 63.684, *DJU* 2.5.86, p. 6910), pensamos que a exceção feita pela CR se refere *apenas* às comunicações telefônicas (conversação entre pessoas). Assim, de acordo com a Magna Carta, as comunicações telefônicas somente podem ser violadas: *a.* por ordem judicial; *b.* nas hipóteses e na forma que a lei estabelecer para fins de inquérito policial ou processo penal. A nossa Lei Maior abre exceções, ainda, nos casos de *estado de defesa* (art. 136, § 1º, I, c) ou *de sítio* (art. 139, III). A CR considera, por outro lado, "invioláveis a intimidade, a vida privada, a honra e a imagem das pessoas, assegurando o direito a indenização pelo dano material ou moral decorrente de sua violação" (art. 5º, X).

- Tipo objetivo: A conduta do art. 151, § 1º, II, do CP, é *divulgar* (vide nota *Tipo objetivo* ao art. 138 do CP) ou *transmitir* (noticiar a outrem) *indevidamente*, ou *utilizar* (usar para qualquer fim) *abusivamente* comunicação telegráfica ou radioelétrica dirigida a terceiros. Quanto à última parte deste inciso ("conversação telefônica entre outras pessoas"), entendemos ter sido tacitamente revogada pela Lei n. 9.296, de 22.7.96 (*vide* nota abaixo, sob o título *Interceptação de comunicações telefônicas*...).

- Tipo subjetivo: O dolo e o elemento subjetivo do tipo *abusivamente* na modalidade de utilizar; nas outras, há o elemento normativo *indevidamente*. Para a doutrina tradicional, é o dolo genérico.

- Consumação: Com a realização das condutas.

- Tentativa: Admite-se.

- Pena: É *alternativa*: detenção, de um a seis meses, ou multa; aumentam-se da metade se há dano (moral ou econômico) para outrem (art. 151, § 2º, do CP).

- Ação penal: É pública condicionada à representação do ofendido.

- Código Brasileiro de Telecomunicações: A Lei n. 4.117, de 27.8.62 (Código Brasileiro de Telecomunicações), contém, em seu art. 56 e § 1º, dispositivo semelhante ao do art. 151, § 1º, II, do CP, que sanciona como *crime de violação de telecomunicação*. Todavia, seu art. 58 (na redação dada pelo Decreto-Lei n. 236, de 28.2.67) estabelece, para as pessoas físicas, uma anormal pena alternativa ("um a dois anos de detenção ou perda de cargo ou emprego"), iniciando-se o processo com o "afastamento imediato do acusado". Vê-se, pois, que o crime especial é *próprio*, só alcançando agentes que desempenham funções de caráter público (*contra*: J. MEDEIROS DA SILVA, *Direito Penal Especial*, 1981, p. 84, para quem o art. 151, § 1º, II, do CP foi substituído pelo art. 56 da Lei n. 4.117/62). Quanto à violação de comunicação telefônica, abrangida por este art. 56 e seu § 1º, que se refere à *violação de telecomunicações* em geral, acreditamos ter sido também tacitamente revogada pela Lei n. 9.296, de 22.7.96, permanecendo, todavia, para a violação de *outras modalidades* de telecomunicação (*vide* nota abaixo, sob o título *Interceptação de comunicações telefônicas*...).

- Interceptação de comunicações telefônicas, de informática ou telemática, ou quebra de segredo da Justiça (Lei n. 9.296/96): Dispõe o art. 10 dessa Lei que "constitui crime realizar interceptação de comunicações telefônicas, de informática ou telemática, ou quebrar segredo da Justiça, sem autorização judicial ou com objetivos não autorizados em lei", punindo tal conduta com reclusão, de dois a quatro anos, e multa. A quebra do segredo da justiça, aqui, diz com a indevida divulgação *da interceptação* telefônica, de *informática* ou *telemática* que se encontra acostada ao inquérito policial ou ação penal. A violação de sigilo judicial cujo objeto não diz com o tratado pela Lei n. 9.296/96 encontra tipificação no art. 154 do CP, para o particular e, em relação ao funcionário público, no art. 325 do CP. A redação desse dispositivo dá a entender que, além da interceptação das comunicações telefônicas (conversação entre pessoas), seria possível a interceptação de comunicações "de informática ou telemática" por ordem judicial, o que, a nosso ver, face à exegese acima feita do art. 5º, XII, da CR, seria *inconstitucional* (*vide* nota *Objeto jurídico*, neste inciso). A interceptação de comunicações telefônicas, para a prova em investigação criminal e instrução processual penal, por ordem judicial, está disciplinada nos arts. 1º a 9º da Lei n. 9.296/96. Quanto à interceptação *durante a instrução processual penal*, estabelece essa lei (art. 8º e parágrafo único) que ela "ocorrerá em autos apartados", "preservando-se o sigilo das diligências, gravações e transcrições respectivas", que só serão apensados aos autos do processo criminal "na conclusão do processo ao juiz para o despacho decorrente do disposto nos arts. 407 (antigo), 502 (revogado pela Lei n. 11.719/2008) ou 538 (antigo) do CPP"; ou seja, quando da decisão de pronúncia (crimes da competência do júri), da sentença no processo ordinário perante juiz singular (crimes apenados com reclusão) e da audiência de instrução e julgamento no processo sumário (crimes apenados com detenção). No que tange à menção ao antigo art. 538 do CPP houve evidente *lapso* do legislador, pois o próprio art. 2º, III, da Lei n. 9.296/96 veda a interceptação quando o fato investigado constituir infração penal punida com pena de detenção, que era justamente o caso do antigo art. 538. Portanto, só nas oportunidades dos arts. 407 (antigo) e 502 do CPP a defesa teria conhecimento da interceptação feita de ofício pelo juiz ou a requerimento do Ministério Público (art. 3º, *caput* e inciso II). Apesar de a lei especial estar em *aparente* consonância com o art. 5º, XII, da CR, que permite a violação das comunicações telefônicas "para fins de investigação criminal ou *instrução processual penal*", parece-nos que a interceptação telefônica *durante a instrução judicial* colide com as garantias constitucionais da igualdade (art. 5º, *caput*), do contraditório e da ampla defesa (art. 5º, LV), do direito à lealdade processual (*fair play*), abrangido pela garantia do devido processo legal (art. 5º, LIV), e da própria inviolabilidade do exercício da advocacia (art. 133), esta última no caso de interceptação de comunicação telefônica entre o acusado e seu defensor. O tratamento desigual às partes fica mais evidente pelo fato de a lei ordinária não ter previsto a possibilidade da defesa também requerer a interceptação de comunicação telefônica de terceiros que tenham relação com o processo, como a vítima e testemunhas de acusação, caso existam indícios de que tenham faltado com a verdade ou omitido fatos relevantes para a apuração da verdade material, objetivo maior do processo penal. Quanto ao contraditório, ADA PELLEGRINI GRINOVER, ANTONIO SCARANCE FERNANDES e ANTONIO MAGALHÃES GOMES FILHO lembram que "inválida é, ainda, a prova produzida sem a presença das partes" e que "esse fundamental princípio é reconhecido como uma das garantias do processo em geral, extraindo-se de sua inobservância a proibição de utilização das provas produzidas" (*As Nulidades no Processo Penal*, 1993, p. 107). No que concerne à ampla defesa, é ela incompatível com a *surpresa* de se apresentar uma prova após o próprio oferecimento das alegações finais no processo da competência do júri (CPP, antigo art. 406) ou no processo ordinário perante juiz singular (CPP, art. 500, revogado pela Lei n. 11.719/2008). Quanto ao princípio da lealdade na busca das provas (cf. PIERRE BOUZAT, "La loyauté dans la recherche des preuves", *in Problèmes Contemporains de Procédure Pénale*, Sirey, 1964, pp. 155 e ss.), não se pode considerar *leal* uma prova feita a pedido ou com o conhecimento de uma parte (Ministério Público), e com a participação desta, sem a ciência e participação da outra (defesa). Dir-se-á, entretanto, que a prévia comunicação da interceptação telefônica ao defensor inviabilizaria a produção dessa prova, o que é verdadeiro. A nosso ver, contudo, a interceptação telefônica durante a instrução processual não deveria ser admitida. Enquanto não revogada a permissão constitucional, pensamos que, para evitar a violação de garantias individuais, melhor seria que a lei ordinária tivesse limitado essa interceptação à fase do inquérito policial, onde, no entender da maioria da doutrina, não haveria o contraditório (*contra*, no sentido da indispensabilidade do contraditório no inquérito policial, a nosso ver com razão, ROGÉRIO LAURIA TUCCI, *Direitos e Garantias Individuais no Processo Penal*, 1993, pp. 387-390). A permissão constitucional do art. 5º, XII, abriu perigoso precedente, que se concretizou com a edição da Lei n. 9.296/96, ameaçando seriamente garantias fundamentais de nossa Magna Carta, arduamente conquistadas em séculos de civilização, inclusive a própria inviolabilidade do exercício da advocacia.

- **Diferença entre interceptação de telefones de terceiros e gravação do próprio telefone:** Caso o agente não intercepte telefones de terceiros, mas grave, no *próprio* telefone de sua residência, empresa ou escritório, conversas entre ele e terceiros, ou entre terceiros, sem o prévio conhecimento e concordância destes, em nossa opinião não haverá crime, embora a prova deva ser considerada *ilícita*, por violação do direito à intimidade, constitucionalmente garantido (CR, art. 5º, X). O mesmo ocorre no caso de gravações clandestinas de conversas diretas pessoais, e não por telefone, entre o agente e terceiro, ou entre terceiros, sem o prévio conhecimento e concordância destes, em que também não haverá crime, mas a prova será *ilícita*. Todavia, como lembra ADA PELLEGRINI GRINOVER, "a doutrina não tem considerado ilícita a gravação sub-reptícia de conversa própria, quando se trate, por exemplo, de comprovar a prática de extorsão, equiparando-se, nesse caso, à situação de quem age em estado de legítima defesa, o que exclui a antijuridicidade", acrescentando "que também nesse caso a prova só será admissível para comprovar a inocência do extorquido, não deixando de configurar prova ilícita quanto ao sujeito ativo da tentativa de extorsão" (*Novas Tendências do Direito Processual*, Forense Universitária, 1990, p. 66).

Impedimento de comunicação ou conversação (CP, art. 151, § 1º, III)

- **Noção:** A conduta é semelhante à do inciso anterior. Entretanto, o que se pune, aqui, é o *impedimento da comunicação* (telegráfica ou radioelétrica, dirigida a terceiro) ou *da conversação* (telefônica entre outras pessoas). Quanto à conversação telefônica, como o inciso III do § 1º do art. 151 do CP fala em *impedimento* de conversação telefônica ("quem impede..."), e não em interceptação, entendemos que esse dispositivo não foi revogado pelo art. 10 da Lei n. 9.296/96. Isto porque, como salienta ADA PELLEGRINI GRINOVER, "embora etimologicamente interceptar (de *inter* e *capio*) tenha o sentido de deter na passagem e, consequentemente, de impedir que alguma coisa chegue a seu destino, entende a doutrina, por *interceptação telefônica*, a escuta direta e secreta das mensagens, captando-se a conversa no momento mesmo em que se desenvolve, sem o conhecimento de pelo menos um dos interlocutores" (*Novas Tendências do Direito Processual*, 1990, p. 63).

- **Conciliação:** Cabe no art. 151, § 1º, III, do CP (arts. 72 a 74 da Lei n. 9.099/95).

- **Transação:** É cabível, preenchidos os requisitos do art. 76 da Lei n. 9.099/95.

- **Suspensão condicional do processo:** Cabe, atendidas as condições do art. 89 da Lei n. 9.099/95.

- **Ação penal:** É pública condicionada à representação do ofendido.

- **Confronto:** Se há perigo à incolumidade pública, art. 266 do CP.

Instalação ou utilização ilegal (Lei n. 4.117/62, art. 70)

- **Revogação tácita:** O art. 151, § 1º, IV, do CP foi tacitamente revogado e substituído pelo art. 70 da Lei n. 4.117, de 27.8.62, com a redação dada pelo Decreto-Lei n. 236, de 28.2.67.

- **A nova figura:** "Constitui crime punível com a pena de detenção de um a dois anos, aumentada da metade se houver dano a terceiro, a instalação ou utilização de telecomunicações, sem observância do disposto nesta Lei e nos regulamentos".

- **Noção:** Embora se trate de infração formal, é imprescindível a probabilidade de dano (TFR, Ap. 3.934, *DJU* 1.7.80, p. 4979). Inexiste tal probabilidade quando o aparelho é de baixa potência e não provoca interferência nos meios de comunicação (TFR, Ap. 3.811, *DJU* 28.11.79, p. 8904). Para a ação penal, a busca e apreensão do aparelho é condição de procedibilidade (parágrafo único do art. 70).

- **Transação:** Cabe no art. 70 da Lei n. 4.117/62, se não houver dano a terceiro, preenchidos os requisitos do art. 76 da Lei n. 9.099/95.

- **Suspensão condicional do processo:** Cabe no art. 70 da Lei n. 4.117/62, se não houver dano a terceiro, atendidas as condições do art. 89 da Lei n. 9.099/95.

Figuras agravadas (§§ 2º e 3º do art. 151)

- **O § 2º:** Este parágrafo foi derrogado (parcialmente revogado), aplicando-se somente à violação do serviço *radioelétrico* quando o agente não for funcionário público, hipótese em que se aplicaria o art. 58 da Lei n. 4.117/62. No tocante ao serviço *postal* ou *telegráfico*, o § 2º do art. 151 do CP foi revogado tacitamente. O § 2º corresponde ao art. 40, § 2º, da Lei n. 6.538, de 22.6.78 ("as penas aumentam-se da metade se há dano para outrem"). O dano pode ser econômico ou moral e atingir qualquer pessoa. No que se refere ao serviço *telefônico*, aplica-se o art. 10 da Lei n. 9.296/96, que não prevê aumento de pena na hipótese de dano para outrem.

- **O § 3º:** Este parágrafo foi revogado tacitamente. Tratando-se de serviço *postal* ou *telegráfico*, ele foi substituído por nova incriminação, denominada quebra do segredo profissional (Lei n. 6.538/78, art. 41). Em relação ao serviço *radioelétrico*, terá incidência o crime de *violação de telecomunicação* (art. 58 da Lei n. 4.117/62, na redação do

Decreto-Lei n. 236, de 28.2.67), que é crime próprio de funcionário público com funções específicas. Quanto ao serviço *telefônico*, aplica-se o art. 10 da Lei n. 9.296/96, que não prevê aumento de pena na hipótese de abuso de função.

- **Busca e apreensão:** Para a ação penal, a busca e apreensão do aparelho é condição de procedibilidade (parágrafo único do art. 70).

Jurisprudência

- **Probabilidade de dano:** Embora se trate de infração formal, é imprescindível a probabilidade de dano (TFR, Ap. 3.934, *DJU* 1.7.80, p. 4979). Inexiste tal probabilidade quando o aparelho é de baixa potência e não provoca interferência nos meios de comunicação (TFR, Ap. 3.811, *DJU* 28.11.79, p. 8904).

- **Violação para apropriação:** Se o devassamento tem a finalidade de apropriação do conteúdo da correspondência, haverá crime comum e não de violação de correspondência da Lei n. 6.538/78 (TFR, Ap. 4.620, *DJU* 26.2.82, p. 1312).

- **Destruição por carteiro:** Basta a intenção dolosa de destruir, sendo irrelevante ter agido por excesso de serviço (TFR, Ap. 4.759, *DJU* 31.5.82, p. 5210).

CORRESPONDÊNCIA COMERCIAL

Art. 152. Abusar da condição de sócio ou empregado de estabelecimento comercial ou industrial para, no todo ou em parte, desviar, sonegar, subtrair ou suprimir correspondência, ou revelar a estranho seu conteúdo:

Pena – detenção, de 3 (três) meses a 2 (dois) anos.

Parágrafo único. Somente se procede mediante representação.

- **Conciliação:** Cabe (art. 72 da Lei n. 9.099/95).
- **Transação:** Cabe, preenchidos os requisitos do art. 76 da Lei n. 9.099/95.
- **Suspensão condicional do processo:** Cabe, atendidas as condições do art. 89 da Lei n. 9.099/95.

Correspondência comercial

- **Objeto jurídico:** O sigilo de correspondência.
- **Sujeito ativo:** O sócio ou empregado de estabelecimento comercial ou industrial.
- **Sujeito passivo:** O estabelecimento comercial ou industrial.
- **Tipo objetivo:** A conduta é alternativa: *desviar* (desencaminhar), *sonegar* (esconder, deixar de entregar), *subtrair* (tirar), *suprimir* (fazer desaparecer) ou *revelar* a estranho o conteúdo, *no todo ou em parte*. O objeto material é a *correspondência*. Considera-se que o crime pede, ao menos, a probabilidade de dano material ou moral.
- **Tipo subjetivo:** O dolo (vontade livre e consciente de praticar as ações) e o elemento subjetivo do tipo referido pela expressão *abusar* (fazer uso indevido) da condição de sócio ou empregado.
- **Consumação:** Com o efetivo desvio, sonegação, subtração, supressão ou revelação (total ou parcial).
- **Tentativa:** Admite-se.
- **Confronto:** Ver, também, art. 153 do CP e crime de concorrência desleal (violação de segredo de fábrica ou de negócio, art. 195, XI, c/c o § 1º da Lei n. 9.279/96).
- **Pena:** Detenção, de três meses a dois anos.
- **Ação penal:** Pública condicionada à representação do ofendido.

Seção IV
DOS CRIMES CONTRA A INVIOLABILIDADE DOS SEGREDOS

DIVULGAÇÃO DE SEGREDO

Art. 153. Divulgar alguém, sem justa causa, conteúdo de documento particular ou de correspondência confidencial, de que é destinatário ou detentor, e cuja divulgação possa produzir dano a outrem:

Pena – detenção, de 1 (um) a 6 (seis) meses, ou multa.

§ 1º-A. Divulgar, sem justa causa, informações sigilosas ou reservadas, assim definidas em lei, contidas ou não nos sistemas de informações ou banco de dados da Administração Pública:

Pena – detenção, de 1 (um) a 4 (quatro) anos, e multa.

§ 1º Somente se procede mediante representação.

§ 2º Quando resultar prejuízo para a Administração Pública, a ação penal será incondicionada.

- Alterações: A Lei n. 9.983, de 14.7.2000, em seu art. 2º, acrescentou os §§ 1º-A e 2º, e transformou o antigo parágrafo único em § 1º. Contrariando a boa técnica legislativa, inclusive o disposto no art. 12, III, *a*, da LC n. 95, de 26.2.98, que dispõe sobre a elaboração das leis, o legislador, ao criar um novo tipo penal, ao invés de numerá-lo como art. 153-A, optou por acrescentar o § 1º-A. Outras críticas referem-se à localização do § 1º-A antes do § 1º, e à inserção do § 2º no final do art. 153, fato este que torna a própria ação penal do *caput incondicionada* quando houver prejuízo para a Administração Pública. Por fim, melhor seria que o § 1º-A constasse dos Crimes Contra a Administração Pública (Título XI da Parte Especial) e não dos Crimes Contra a Pessoa (Título I).

- Conciliação: Cabe no *caput*, desde que não combinado com o § 2º (arts. 72 a 74 da Lei n. 9.099/95).

- Transação: Cabe no *caput*, preenchidos os requisitos do art. 76 da Lei n. 9.099/95.

- Suspensão condicional do processo: Cabe no *caput* e § 1º-A, atendidas as condições do art. 89 da Lei n. 9.099/95.

Divulgação de segredo (caput)

- Objeto jurídico: A liberdade individual, especialmente a proteção de segredos cuja divulgação possa causar dano a outrem.

- Sujeito ativo: O destinatário ou detentor do segredo.

- Sujeito passivo: A pessoa que pode sofrer dano pela divulgação, ainda que não seja remetente ou autor.

- Tipo objetivo: Não se protege o segredo recebido oralmente, mas apenas o contido em *documento particular* ou *correspondência confidencial*. O núcleo é *divulgar*, que significa propagar, difundir. Para alguns doutrinadores, exige-se que se conte o segredo a mais de uma pessoa. Em nossa opinião, todavia, basta que se narre a uma só, porquanto o que se tem em vista é o comportamento *divulgar* e não o resultado *divulgação* (vide nota Tipo objetivo no art. 138, § 1º, do CP). O elemento normativo *sem justa causa* torna atípico o comportamento quando a causa é justa (ex.: defesa de interesse legítimo). *Segredo* é o fato que deve ficar restrito ao conhecimento de uma ou de poucas pessoas; a necessidade do sigilo pode ser expressa ou implícita. A expressão *possa produzir dano a outrem* significa que deve existir a probabilidade de dano (moral ou econômico) para terceiro.

- Tipo subjetivo: O dolo (vontade livre e consciente de divulgar). Na doutrina tradicional é o "dolo genérico". Inexiste punição a título de culpa.

- **Consumação:** No momento da conduta, independentemente da superveniência de dano efetivo. Trata-se, pois, de delito *formal*.
- **Tentativa:** É possível.
- **Classificação:** Delito próprio quanto ao sujeito, doloso, comissivo, instantâneo e formal.
- **Pena:** É *alternativa*: detenção, de um a seis meses, ou multa.
- **Ação penal:** Pública condicionada, desde que não haja combinação do *caput* com o § 2º, hipótese em que será incondicionada.

Jurisprudência do caput
- **Justa causa:** Não pratica o delito do art. 153 do CP o advogado que junta documento médico confidencial para instruir ação judicial, pois, havendo justa causa, o fato é atípico (TACrSP, RT 515/354).

Divulgação de informações sigilosas ou reservadas da Administração Pública (§1º-A)
- **Objeto jurídico:** Primeiramente, os interesses da Administração Pública representados por suas informações sigilosas ou reservadas; em segundo lugar, a liberdade individual do particular que, em virtude da divulgação *sem justa causa*, vier a ser prejudicado.
- **Sujeito ativo:** Qualquer pessoa, independentemente de ser funcionário público.
- **Sujeito passivo:** A Administração Pública e, subsidiariamente, o particular prejudicado.
- **Tipo objetivo:** A conduta deste §1º-A é *divulgar* (sobre o seu significado, *vide* nota ao art. 153, *caput*). O objeto material consiste nas informações sigilosas ou reservadas definidas em lei, contidas ou não nos sistemas de informações ou bancos de dados da Administração Pública. A definição do que seja sigiloso ou reservado deve decorrer de lei (em sentido estrito), não bastando constar de outro tipo de norma, como decreto, portaria, regulamento etc. (nesse sentido, Antonio Lopes Monteiro, *Crimes Contra a Previdência Social*, Saraiva, 2000, pp. 62-63). A divulgação deve ser feita *sem justa causa*, que é o elemento normativo do tipo.
- **Tipo subjetivo:** O dolo, consistente na vontade livre e consciente de divulgar informações, sabendo-as sigilosas ou reservadas. Para os tradicionais, é o dolo genérico. Não há modalidade culposa.
- **Consumação:** Ocorre no momento em que as informações sigilosas ou reservadas chegam ao conhecimento de pelo menos uma pessoa (*vide* nota *Tipo objetivo* no *caput*), independentemente de vir a causar efetivo dano. Trata-se de crime formal.
- **Tentativa:** Teoricamente, é possível.
- **Pena:** Detenção, de um a quatro anos, e multa.

§§ 1º e 2º
- **Ação penal:** O atual § 1º que, antes da Lei n. 9.983, de 14.7.2000, era o parágrafo único do art. 153, dispõe que a ação penal é pública condicionada. O novo § 2º prevê, todavia, que, no caso da conduta resultar em prejuízo para a Administração Pública, a ação penal será incondicionada. Quanto à localização dos §§ 1º e 2º, e o alcance deste último, *vide* nota *Alterações* neste artigo.

VIOLAÇÃO DO SEGREDO PROFISSIONAL

Art. 154. Revelar alguém, sem justa causa, segredo, de que tem ciência em razão de função, ministério, ofício ou profissão, e cuja revelação possa produzir dano a outrem:

Pena – detenção, de 3 (três) meses a 1 (um) ano, ou multa.

Parágrafo único. Somente se procede mediante representação.

- **Conciliação:** Cabe (arts. 72 a 74 da Lei n. 9.099/95).

- **Transação:** Cabe, preenchidos os requisitos do art. 76 da Lei n. 9.099/95.
- **Suspensão condicional do processo:** Cabe, atendidas as condições do art. 89 da Lei n. 9.099/95.

Violação do segredo profissional

- **Objeto jurídico:** A liberdade individual no aspecto do sigilo profissional.
- **Sujeito ativo:** Somente as pessoas que têm conhecimento do segredo em razão de certas condições (*vide* nota *Tipo objetivo*).
- **Tipo objetivo:** A proteção inclui também o *segredo oral* (e até o segredo deduzido) e não apenas o contido em documento. Requer-se que haja *nexo causal* entre o conhecimento do segredo e a especial qualidade do agente: em razão de *função* (legal), *ministério* (religião), *ofício ou profissão*. A doutrina inclui, em geral, os auxiliares de tais pessoas. Para CUSTÓDIO DA SILVEIRA, abrangeria, também, o empregado doméstico (*Direito Penal*, 1973, p. 307). O segredo pode ter sido conhecido sem que o interessado o desejasse revelar ao agente, sendo suficiente o nexo causal. *Revelar* é dar a conhecer a alguém. A terceira pessoa que souber do segredo por lhe ter sido este revelado não incidirá na figura, se o der a conhecer, a menos que também exista a relação causal que obriga ao sigilo. O elemento normativo *sem justa causa* faz com que seja atípica a conduta quando for justa a causa. Entendemos ser necessário que a justa causa esteja prevista em *lei*. Exemplo: estado de necessidade, legítima defesa, exercício regular de direito ou estrito cumprimento de dever legal (CP, art. 23). No exercício da Medicina, prevê a legislação penal, como justa causa, a comunicação de doenças de notificação compulsória (CP, art. 269) e de crimes de ação pública incondicionada, mas, quanto a estes, *desde* que a comunicação não exponha o paciente a procedimento criminal (LCP, art. 66, II). Quanto ao *consentimento* do interessado, assinale-se que ele não é admitido como justificativa de revelação para alguns profissionais, como advogados (EOAB, art. 7º, XIX) e médicos (Código de Ética Médica, art. 36). Quando admitido, o consentimento precisa ser de todos os interessados no segredo, para que exclua crime. A expressão *possa produzir dano* mostra que deve haver a probabilidade de dano (moral ou econômico) a terceiro. Quanto ao depoimento em juízo, ver CPP, art. 207.
- **Tipo subjetivo:** Dolo (vontade livre e consciente de revelar), devendo o agente estar ciente do perigo de dano. Na escola tradicional indica-se o "dolo genérico". Não há forma culposa.
- **Consumação:** Com o ato de revelar, independentemente do prejuízo (é crime *formal*).
- **Tentativa:** Admite-se.
- **Classificação:** Crime próprio quanto ao sujeito, doloso, comissivo, instantâneo e formal.
- **Confronto:** Se o agente for *funcionário público*, a conduta pode tipificar-se no art. 325 (violação de sigilo funcional) ou 326 (violação de sigilo em concorrência pública) do CP. Tratando-se de sigilo financeiro, cf. a Lei Complementar n. 105/200, art. 10: "A quebra de sigilo, fora das hipóteses autorizadas nesta Lei Complementar, constitui crime e sujeita os responsáveis à pena de reclusão, de um a quatro anos, e multa, aplicando-se, no que couber, o Código Penal, sem prejuízo de outras sanções cabíveis". Igualmente, cf. a Lei n. 7.492/86, art. 18: "Violar sigilo de operação ou de serviço prestado por instituição financeira ou integrante do sistema de distribuição de títulos mobiliários de que tenha conhecimento, em razão de ofício: Pena – Reclusão, de 1 (um) a 4 (quatro) anos, e multa".
- **Confronto com o segredo da interceptação telefônica, de informática ou telemática:** Dispõe o art. 10 da Lei n. 9.296/96 que "constitui crime realizar interceptação de comunicações telefônicas, de informática ou telemática, ou quebrar segredo da Justiça, sem autorização judicial ou com objetivos não autorizados em lei", punindo tal conduta com reclusão, de dois a quatro anos, e multa. A quebra do segredo da justiça, aqui, diz com a indevida divulgação *da interceptação* telefônica, de *informática* ou *telemática* que se encontra acostada ao inquérito policial ou ação penal. A violação de sigilo judicial cujo objeto não diz com o tratado pela Lei n. 9.296/96 encontra tipificação no art. 154 do CP, para o particular e, em relação ao funcionário público, no art. 325 do CP.

- **Entrevista das partes à mídia:** Não é pelo fato de um processo estar sob segredo de justiça, que as partes encontrar-se-ão absolutamente impedidas de dar entrevista à mídia. Por vezes, pode ocorrer do profissional conceder uma entrevista com afirmações genéricas acerca da inocência ou culpa do acusado, sem praticar o crime previsto no art. 154 do CP, desde que não entre em detalhes da prova do processo e tampouco forneça cópias dos mesmos a jornalistas.

- **Pena:** É *alternativa*: detenção, de três meses a um ano, ou multa.

- **Ação penal:** Pública condicionada à representação do ofendido.

Jurisprudência

- **Sigilo de advogado:** Pode e deve o advogado recusar-se a comparecer e a depor como testemunha, em investigação relacionada com alegada falsidade de documentos, provenientes de seu constituinte que juntou aos autos judiciais (STF, *RTJ* 118/526, *RT* 531/401; sobre depoimento de advogado, cf., também, STF, *RTJ* 68/118). É direito do advogado recusar-se a depor em processo no qual funcionou ou deva funcionar, ainda que autorizado ou solicitado por seu constituinte, pois é seu direito negar-se a informar o que constitua sigilo profissional (TJSP, *RT* 547/289). Advogado que se escusa de depor sobre matéria pertinente ao seu relacionamento com ex-cliente, cumpre seu dever (TJSP, *RT* 625/292; TJSC, *RT* 523/439). Desde que não envolva fato relacionado com seu cliente, pode o advogado prestar esclarecimentos sobre diligência policial que arguiu de irregular (STF, *RTJ* 118/526).

- **Sigilo médico:** O sigilo médico, embora não tenha caráter absoluto, deve ser tratado com a maior delicadeza, só podendo ser quebrado em hipóteses muito especiais; tratando-se de investigação de crime, sua revelação deve ser feita em termos, ressalvando-se os interesses do cliente, pois o médico não se pode transformar em delator de seu paciente (STF, *mv – RT* 562/407; TJSP, *RJTJSP* 81/437). O sigilo médico só pode ser dispensado para instrução de processos-crimes que visem à apuração de infrações relacionadas com a prestação de socorro médico ou moléstia de comunicação compulsória (TACrSP, *RT* 643/304), sendo legítima a recusa do fornecimento de prontuário médico de paciente para fins de investigação criminal, por suposta prática de aborto (TJSP, *RT* 791/599). É constrangimento ilegal exigir-se de clínicas ou hospitais a revelação de suas anotações sigilosas (STF, *RTJ* 24/466). *Ficha médica*: colocada ela à disposição do perito, que não está preso a sigilo profissional, mas só ao segredo pericial, não se pode exigir a sua entrega em juízo (STF, *mv – RTJ* 101/676). O hospital não está obrigado a entregá-la (TACrSP, *mv – RT* 479/326; *contra*: TJSP, *mv – RT* 522/342, mas a decisão foi reformada pelo STF). *Elemento subjetivo*: "O que a lei proíbe é a revelação ilegal, a que tenha por móvel a simples leviandade, a jactância, a maldade"; o médico não é obrigado a guardar segredo se sua própria cliente abriu mão do sigilo (TJSP, *RT* 515/317).

- **Sigilo de curador de menor:** Está impedido de depor advogado que serviu de curador ao indiciado, em inquérito policial; a transgressão desse dever de segredo pode configurar, em tese, o crime do art. 154 do CP (TACrSP, *Julgados* 87/346).

INVASÃO DE DISPOSITIVO INFORMÁTICO

Art. 154-A. Invadir dispositivo informático de uso alheio, conectado ou não à rede de computadores, com o fim de obter, adulterar ou destruir dados ou informações sem autorização expressa ou tácita do usuário do dispositivo ou de instalar vulnerabilidades para obter vantagem ilícita:

Pena – reclusão, de 1 (um) a 4 (quatro) anos, e multa.

§ 1º Na mesma pena incorre quem produz, oferece, distribui, vende ou difunde dispositivo ou programa de computador com o intuito de permitir a prática da conduta definida no *caput*.

§ 2º Aumenta-se a pena de 1/3 (um terço) a 2/3 (dois terços) se da invasão resulta prejuízo econômico.

§ 3º Se da invasão resultar a obtenção de conteúdo de comunicações eletrônicas privadas, segredos comerciais ou industriais, informações sigilosas, assim definidas em lei, ou o controle remoto não autorizado do dispositivo invadido:
Pena – reclusão, de 2 (dois) a 5 (cinco) anos, e multa.

§ 4º Na hipótese do § 3º, aumenta-se a pena de um a dois terços se houver divulgação, comercialização ou transmissão a terceiro, a qualquer título, dos dados ou informações obtidos.

§ 5º Aumenta-se a pena de um terço à metade se o crime for praticado contra:

I – Presidente da República, governadores e prefeitos;

II – Presidente do Supremo Tribunal Federal;

III – Presidente da Câmara dos Deputados, do Senado Federal, de Assembleia Legislativa de Estado, da Câmara Legislativa do Distrito Federal ou de Câmara Municipal; ou

IV – dirigente máximo da administração direta e indireta federal, estadual, municipal ou do Distrito Federal.

- **Alterações:** Art. 154-A acrescentado pela Lei n. 12.737, de 30.11.2012. *Caput* e § 2º alterados pela Lei n. 14.155, de 27.5.2021, que entrou em vigor na data de sua publicação, ocorrida no dia seguinte.

- **Suspensão condicional do processo:** Cabe no *caput* e no § 1º, desde que não combinados com o §§ 2º ou 5º atendidas as condições do art. 89 da Lei n. 9.099/95.

- **Acordo de Não Persecução Penal:** Cabe em todas as hipóteses deste art. 154-A. desde que observadas as condições do art. 28-A do CPP.

- **Irretroatividade:** A Lei n. 14.155/2021, publicada em 27.5.2021, que modificou o *caput* e aumentou a sua pena (que originalmente era de 3 (três) meses a 1 (um) ano), que aumentou o montante do incremento da causa de aumento do § 2º (que antes era de 1/6 (um sexto) a 1/3 (um terço), e que incrementou a pena da figura qualificada do § 3º (que até então era de 6 (seis) meses a 2 (dois) anos e multa), não retroage para fatos cometidos antes da entrada em vigor da referida lei. Da mesma forma, a nova redação do *caput* é mais gravosa porque não mais exige que a invasão se dê mediante violação indevida de mecanismo de segurança, também aqui não retroagindo.

Invasão de dispositivo informático

- **Noção:** O avanço tecnológico, que tantas maravilhas e facilidades proporciona, traz também um grande risco das pessoas terem a sua privacidade violada. São inúmeras as formas com as quais os chamados *hackers* conseguem acessar a memória de computadores alheios, geralmente por meio da internet. Mas não só; um funcionário de uma empresa autorizada a consertar um computador, se obtiver a senha, poderá indevidamente compartilhar a sua memória. Uma terceira pessoa, igualmente, que tenha acesso ao computador e reinstale o seu programa operacional poderá ter acesso a toda a sua memória. A única garantia de maior sigilo, e ainda não totalmente segura a depender de sua sofisticação, é a *criptografia*. Por vezes, vírus escondidos em e-mails (chamados *Trojan*) ou em programas de computadores ou aplicativos de tablets ou smartphones de origem duvidosa, trazem, escondidos, programas de obtenção de dados bancários, de e-mails etc. Até mesmo já se tem notícia de aplicativo para o sistema *Androide* de *smartphone* que obtém acesso a todas as conversas ambientais e à câmera de vídeo, mesmo com o aparelho em *stand by*; é o denominado "celular espião".

Caput

- **Objeto jurídico:** A liberdade individual, a privacidade e a segurança dos dispositivos informáticos.

- **Sujeito ativo:** Qualquer pessoa.

- **Sujeito passivo:** Igualmente qualquer pessoa.

- **Tipo objetivo:** Duas são as condutas incriminadas: *a. Invadir* (entrar sem permissão) *dispositivo informático* (como computador, *lap top*, *tablet* e também *smartphone*) de uso alheio, *conectado ou não* à *rede de computadores*, acompanhado do elemento normativo do tipo *sem autorização expressa ou tácita* do usuário do dispositivo. *b. Instalar* (colocar) *vulnerabilidades* (como vírus ou programas espiões de monitoramento e de controle remoto) em dispositivo informático de outrem. Muitas vezes, para invadir um sistema informático, será necessário primeiro instalar ou reinstalar programas. Se, no mesmo contexto fático, o agente invade e instala, ou instala e invade, responderá por um só delito. Ressalte-se que, antes do advento da Lei n. 14.155/2021, o *caput* deste art. 154-A exigia para a configuração do tipo que a invasão se desse mediante violação indevida de *mecanismo de segurança*, o que agora não mais ocorre.

- **Tipo subjetivo:** Não primeira modalidade (invadir) a conduta é praticada com a finalidade de *obter* (conseguir), *adulterar* (mudar, alterar) ou *destruir* (extinguir) dados ou informações; na segunda modalidade (instalar) o fim é o de obter vantagem ilícita (contrária ao direito). Em ambas, trata-se, para a doutrina tradicional, do dolo específico.

- **Consumação:** Na conduta de *invadir*, com a simples invasão. O crime é formal, consumando-se independentemente da obtenção de dados, informações, de controlar remotamente o computador alheio etc. *Vide* figura qualificada (§ 3º). Na conduta de *instalar*, o crime consuma-se com o ato da inserção do programa no dispositivo informático, sendo também formal.

- **Tentativa:** É possível em ambas as modalidades.

- **Coautoria ou participação:** Pode haver.

- **Pena:** Reclusão, de 1 (um) a 4 (quatro) anos, e multa.

- **Ação penal:** Pública incondicionada.

- **Tipo subjetivo:** É o dolo, acrescido do especial fim de agir, ou seja, com a intenção de permitir a prática de qualquer das condutas previstas no *caput*. Para os tradicionais, é o dolo específico.

- **Consumação:** Com a produção, oferecimento, distribuição, venda ou difusão do dispositivo (*hardware*) ou programa (*software*).

- **Tentativa:** Nas condutas de produzir ou vender, ela é possível. Já nas condutas de oferecer, distribuir ou difundir não nos parece possível, por serem elas unissubsistentes, não podendo ser fracionadas.

- **Coautoria ou participação:** Pode haver.

Causa de aumento de pena (§ 2º)

- **Prejuízo econômico:** A pena do *caput* é aumentada de 1/3 (um terço) a 2/3 (dois terços) se da *invasão* resultar prejuízo econômico. Tendo este § 2º se referido apenas à conduta de invadir (primeira modalidade do *caput*), o aumento não incidirá sobre a segunda modalidade (de instalar), sem que tenha havido invasão.

- **Confronto:** No caso de furto qualificado mediante invasão de dispositivo informático do art. 155, § 4º-B, do CP, o delito deste art. 154-A restará absorvido, por ter sido meio necessário para aquele.

Invasão qualificada (§ 3º)

- **Noção:** A pena será de reclusão, de 2 (dois) a 5 (cinco) anos, e multa, se da *invasão* (primeira modalidade do *caput*) resultar (tiver como consequência) a obtenção de: *a.* comunicações eletrônicas privadas (particulares); *b.* segredos comerciais ou industriais mesmo que não patenteados; *c.* informações sigilosas, desde que definidas em lei como tais, não bastando que o sejam em outro tipo de norma (portaria, provimento, regulamento, decreto etc.); ou *d.* controle remoto não autorizado do dispositivo invadido.

- **Confronto com interceptação de transmissão de dados:** Se houver interceptação (*on-line*) de comunicação de informática ou telemática, que não se confunde com a obtenção de e-mails armazenados, dispõe o art. 10 da Lei n. 9.296/96 que "constitui crime realizar interceptação de comunicações telefônicas, de informática ou telemática, ou quebrar segredo da Justiça, sem autorização judicial ou com objetivos não autorizados em lei", punindo tal conduta com reclusão, de dois a quatro anos, e multa.

Causa de aumento de pena para a figura do § 3º (§ 4º)

- **Aumento de pena:** Sobre a figura qualificada do § 3º, que, como visto, só abrange a primeira modalidade do *caput*, ou seja, a *invasão*, incidirá o aumento de 1 (um) a 2/3 (dois terços) caso haja: *a.* divulgação (propagação, difusão); *b.* comercialização (venda); *c.* transmissão a terceiro (ainda que a uma só pessoa física ou jurídica), a qualquer título (oneroso ou não), dos dados ou informações obtidas com a invasão.

Aumento de pena para todas as figuras do tipo (§ 5º)

- **Qualidade das vítimas:** As penas serão aumentadas de um terço à metade se a invasão do dispositivo informático ou a instalação de vulnerabilidades for praticada contra uma das seguintes autoridades ou pessoas: I. Presidente da República, Governadores ou Prefeitos; II. Presidente do Supremo Tribunal Federal; III. Presidentes da Câmara dos Deputados Federais, Senado Federal, Assembleias Legislativas Estaduais, Câmara Legislativa do Distrito Federal ou Câmara Municipal; IV. Dirigente máximo da administração direta e indireta federal, estadual, municipal ou do Distrito Federal.

AÇÃO PENAL

Art. 154-B. Nos crimes definidos no art. 154-A, somente se procede mediante representação, salvo se o crime é cometido contra a administração pública direta ou indireta de qualquer dos Poderes da União, Estados, Distrito Federal ou Municípios ou contra empresas concessionárias de serviços públicos.

Ação penal

- **Ação penal pública condicionada:** Via de regra, a ação penal por qualquer dos crimes previstos no art. 154-A será condicionada à representação do ofendido, no prazo de seis meses a contar da ciência inequívoca do fato e da autoria, sob pena de decadência.

- **Ação penal pública incondicionada:** A ação penal será, todavia, incondicionada, quando o delito for praticado contra a administração pública direta ou indireta de qualquer dos poderes da União, Estados, Distrito Federal ou Municípios ou, ainda, contra empresas concessionárias de serviços públicos.

Título II
DOS CRIMES CONTRA O PATRIMÔNIO

- **Nota introdutória:** O presente Título II, sob a rubrica "Dos Crimes Contra o Patrimônio", cuida de punir condutas que ofendem ou que colocam em perigo o patrimônio, que é tutelado pela Magna Carta, cujo art. 5º, *caput*, garante a *inviolabilidade do direito à propriedade*, o qual está intimamente ligado a um dos fundamentos de nossa República, qual seja, os valores sociais do trabalho e da livre iniciativa. Encontra-se este Título dividido em oito capítulos, a saber: Capítulo I – Do furto (arts. 155 e 156); Capítulo II – Do roubo e da extorsão (arts. 157 a 160); Capítulo III – Da usurpação (arts. 161 e 162); Capítulo IV – Do dano (arts. 163 a 167); Capítulo V – Da apropriação indébita (arts. 168 a 170); Capítulo VI – Do estelionato e outras fraudes (arts. 171 a 179); Capítulo VII – Da receptação (art. 180); e Capítulo VIII – Disposições gerais (arts. 181 a 183).

- **Crítica ao legislador:** É preciso ressaltar o tratamento desproporcional conferido pelo legislador a alguns delitos patrimoniais previstos neste Título II em comparação com aquele dado a outros crimes de objetividade jurídica inclusive mais relevante, como a vida e a integridade física. Basta verificar, por exemplo, que a pena mínima do crime de furto (art. 155, *caput*) é igual àquela do crime de lesão corporal de natureza grave (art. 129, §1º), o mesmo ocorrendo entre as penas mínimas do roubo simples (art. 157, *caput*) e do homicídio privilegiado (art. 121, §1º), o que é um contrassenso. A propósito do tema, vale a pena conferir artigo de Alberto Silva Franco, intitulado "Breves anotações sobre os crimes patrimoniais", *in Estudos Criminais em Homenagem a Evandro Lins e Silva*, Sérgio Salomão Shecaira (org.), São Paulo, Método, 2001, em que o autor faz diversas críticas aos crimes do presente Título II, dentre as quais merecem destaque as seguintes: 1) o posicionamento ideológico do legislador de 1940, marcado pela inviolabilidade da propriedade privada, com fundamento básico no regime capitalista, fica evidenciado diante da "hipervalorização do patrimônio", como objeto de tutela penal, "em detrimento de bens jurídicos de maior dignidade penal", como a vida e a integridade física; 2) o legislador infraconstitucional, "por oportunismo político, por instrumentação ideológica ou por absoluta insensibilidade", agravou ainda mais o tratamento punitivo conferido pelo Código Penal de 1940 aos delitos contra o patrimônio, indo contra a orientação da CR no sentido de se conferir menor importância aos direitos patrimoniais em relação aos direitos fundamentais; 3) em face dos princípios da subsidiariedade e fragmentariedade, "deve ser revisto o tratamento dado aos fatos microvioladores" do patrimônio alheio, bem como retirado da esfera penal situações que muito bem poderiam ser resolvidas no cível, como as alterações de limites, de usurpação de águas, de esbulho possessório, de supressão ou alteração de marca em animais ou de introdução ou de abandono de animais em propriedade alheia; 4) de outra parte, novos tipos penais deveriam ser inseridos neste Título II, como os crimes praticados por meio da Internet; 5) em face desse tratamento desproporcional conferido aos chamados crimes patrimoniais, o juiz deve interpretar o Código Penal com uma visão mais aberta, levando em conta a profunda desigualdade social que existe no Brasil, o que "não se compatibiliza com o perfil de um juiz penal apegado ao texto da lei, insensível ao social, de visão compartimentada do saber, autossuficiente e corporativo". De nossa parte, aderindo ao pensamento do renomado autor, ressaltamos que não se quer com isso defender que o juiz deixe de aplicar a lei; muito pelo contrário; o que se defende é a adequação da lei formal aos ditames constitucionais e à realidade vigente no Brasil, sem o que se estará muito distante de um verdadeiro Estado de Direito Democrático. Lembramos, aqui, uma expressiva frase do grande pintor e escultor renascentista Michelangelo: "Não entendo os que dão mais valor aos sapatos do que aos pés"...

Capítulo I
DO FURTO

FURTO

Art. 155. Subtrair, para si ou para outrem, coisa alheia móvel:
Pena – reclusão, de 1 (um) a 4 (quatro) anos, e multa.

§ 1º A pena aumenta-se de um terço, se o crime é praticado durante o repouso noturno.

§ 2º Se o criminoso é primário, e é de pequeno valor a coisa furtada, o juiz pode substituir a pena de reclusão pela de detenção, diminuí-la de um a dois terços, ou aplicar somente a pena de multa.

§ 3º Equipara-se à coisa móvel a energia elétrica ou qualquer outra que tenha valor econômico.

FURTO QUALIFICADO

§ 4º A pena é de reclusão, de 2 (dois) a 8 (oito) anos, e multa, se o crime é cometido:

I – com destruição ou rompimento de obstáculo à subtração da coisa;

II – com abuso de confiança, ou mediante fraude, escalada ou destreza;

III – com emprego de chave falsa;

IV – mediante concurso de duas ou mais pessoas.

§ 4º-A A pena é de reclusão de 4 (quatro) a 10 (dez) anos e multa, se houver emprego de explosivo ou de artefato análogo que cause perigo comum.

§ 4º-B A pena é de reclusão, de 4 (quatro) a 8 (oito) anos, e multa, se o furto mediante fraude é cometido por meio de dispositivo eletrônico ou informático, conectado ou não à rede de computadores, com ou sem a violação de mecanismo de segurança ou a utilização de programa malicioso, ou por qualquer outro meio fraudulento análogo.

§ 4º-C A pena prevista no § 4º-B deste artigo, considerada a relevância do resultado gravoso:

I – aumenta-se de 1/3 (um terço) a 2/3 (dois terços), se o crime é praticado mediante a utilização de servidor mantido fora do território nacional;

II – aumenta-se de 1/3 (um terço) ao dobro, se o crime é praticado contra idoso ou vulnerável.

§ 5º A pena é de reclusão de 3 (três) a 8 (oito) anos, se a subtração for de veículo automotor que venha a ser transportado para outro Estado ou para o exterior.

§ 6º A pena é de reclusão de 2 (dois) a 5 (cinco) anos se a subtração for de semovente domesticável de produção, ainda que abatido ou dividido em partes no local da subtração.

§ 7º A pena é de reclusão de 4 (quatro) a 10 (dez) anos e multa, se a subtração for de substâncias explosivas ou de acessórios que, conjunta ou isoladamente, possibilitem sua fabricação, montagem ou emprego.

- **Alterações:** § 5º acrescentado pela Lei n. 9.426, de 24.12.1996. § 6º acrescentado pela Lei n. 13.330, de 2.8.2016. §§ 4º-A e 7º acrescentados pela Lei n. 13.654, de 23.04.2018. §§ 4º-B e 4ºC acrescentados pela Lei n. 14.155, de 27.5.2021, que entrou em vigor na data de sua publicação, ocorrida no dia seguinte.

- **Suspensão condicional do processo:** Cabe no art. 155, *caput*, no § 2º, e no § 2º c/c o § 1º, atendidas as condições do art. 89 da Lei n. 9.099/95.

- **Acordo de Não Persecução Penal:** Cabe no *caput*, ainda que combinado com os §§ 1º e 2º, e nos §§ 4º, 5º e 6º, desde que atendidas as condições do art. 28-A do CPP.

Furto

- **Noção:** Furto é a subtração de coisa alheia móvel com o fim de apoderar-se dela, de modo definitivo.

- **Divisão:** a. *furto simples* (art. 155, *caput*); b. *furto noturno* (§ 1º); c. *furto privilegiado* (§ 2º); d. *furto qualificado* (§ 4º); e. *furto de veículo transportado para outro Estado ou para o exterior* (§ 5º); f. *furto de semovente domesticável* (§ 6º); e g. *furto de substâncias explosivas ou acessórios* (§ 7º).

- **Objeto jurídico:** É variável a indicação na doutrina: a. *só a propriedade* (Hungria, *Comentários ao Código Penal*,1967, v. VII, p. 18); b. *posse e propriedade* (Magalhães Noronha, *Direito Penal*, 1995, v. II, p. 208); c. *propriedade, posse e detenção* (Heleno Fragoso, *Lições de Direito Penal – Parte Especial*, 1995, v. I, p. 186; Damásio de Jesus, *Direito Penal*, 29ª ed., São Paulo, Saraiva, 2009, v. II, p. 309). Esta última posição (*c*) é também a nossa.

- **Sujeito ativo:** Qualquer pessoa, salvo o proprietário.

- **Sujeito passivo:** O proprietário ou o possuidor (ou só um deles, consoante a objetividade jurídica adotada) ou, ainda, o detentor.

- **Objeto material:** Deve ser coisa *móvel*, não abrangendo, em face da sua significação penal realista, as presunções da lei civil. A energia elétrica ou outras de valor econômico são equiparadas a coisa móvel (CP, art. 155, § 3º). Os direitos não podem ser objeto do crime de furto, embora possam sê-lo os títulos que os representam. A coisa móvel precisa ter algum valor econômico, pois o crime é material e requer efetiva lesão do patrimônio.

- **Elemento normativo:** A coisa deve ser alheia. A coisa que nunca teve dono (*res nullius*), a abandonada (*res derelicta*) e a perdida (*res deperdita*) não são objeto de furto (a última delas pode ser objeto de apropriação indébita: CP, art. 169, parágrafo único, II).

- **Tipo objetivo:** A conduta de subtrair (tirar, retirar de alguém) pode ser direta ou mesmo indireta.

- **Tipo subjetivo:** Dolo (vontade livre e consciente de subtrair) e o elemento subjetivo do tipo referente à especial finalidade de agir (*para si ou para outrem*), representada pela intenção de apossar-se da coisa subtraída, para si próprio ou para terceira pessoa, definitivamente. Na escola tradicional é o "dolo específico". Não há forma culposa.

- **Furto de uso:** Não configura crime no CP (com igual posição: Damásio de Jesus, *Direito Penal*, 29ª ed., São Paulo, Saraiva, 2009, v. II, p. 317; Heleno Fragoso, *Lições de Direito Penal – Parte Especial*, 1995, v. I, p. 202; Hungria, *Comentários ao Código Penal*, 1967, v. VII, pp. 23-25).

- **Consumação:** A jurisprudência do STF e do STJ, baseando-se em antigo acórdão do Pleno da Excelsa Corte (RE 102490, j. 17.9.87), fixou, em 2015, orientação no sentido de que a consumação do crime de furto ocorre com a mera inversão da posse, não se exigindo que ela seja mansa e pacífica (*vide* jurisprudência). Não obstante, continuamos a entender que a consumação do furto só se dá quando a coisa é retirada da esfera de disponibilidade do ofendido e fica em poder tranquilo do agente, mesmo que passageiro. Trata-se de crime material que requer efetivo desfalque do patrimônio da vítima. Para que haja a consumação, é preciso que o agente tenha "a possibilidade real de dispor fisicamente da coisa" (Álvaro Mayrink da Costa, *Direito Penal*, 1984, v. II, t. II, p. 28), que "vença ou suprima todas as circunstâncias de fato, que, no seu conjunto, constituem a esfera de atividade do lesado" (Magalhães Noronha, *Direito Penal*, 1995, v. II, p. 221), havendo apenas tentativa se "não alcançou eximir-se à continuidade da perseguição e subsequente prisão" (HUNGRIA, *Comentários ao Código Penal*, 1967, v. VII, p. 27).

- **Sistema de vigilância não impede a configuração:** Conforme a Súmula 567 do STJ: "Sistema de vigilância realizado por monitoramento eletrônico ou por existência de segurança no interior de estabelecimento comercial, por si só, não torna impossível a configuração do crime de furto".

- **Reparação do dano:** *Vide* nota ao CP, art. 16.

- **Tentativa:** Admite-se. Pode haver crime impossível (*vide* nota ao CP, art. 17) quando inexistia a coisa que se pretendia furtar, como no exemplo da vítima que, abordada na rua, havia deixado em casa todo o seu dinheiro (com igual opinião: DAMÁSIO DE JESUS, *Direito Penal*, 29ª ed., São Paulo, Saraiva, 2009, v. II, p. 314; contra: HELENO FRAGOSO, *Lições de Direito Penal – Parte Especial*, 1995, v. I, p. 193; HUNGRIA, *Comentários ao Código Penal*,1967, v. VII, p. 28).

- **Concurso de crimes:** Pode haver concurso material, formal e continuidade delitiva. A venda ou a danificação posterior da coisa furtada não são puníveis. A violação de domicílio praticada para o cometimento do furto é por este absorvida.

- **Classificação:** Crime comum quanto ao sujeito, doloso, de forma livre, comissivo, de dano, material e instantâneo.

- **Confronto:** Se o autor é condômino da coisa: CP, art. 156. Se o agente é o próprio proprietário, pode haver: CP, art. 346. Se o furto é praticado para ressarcir-se, o crime será o de exercício arbitrário das próprias razões: CP, art. 345. Na hipótese de coisa perdida: CP, art. 169, parágrafo único, II. Quanto aos atos preparatórios: LCP, art. 25. Quanto à participação de menor no furto: Lei n. 2.252/54.

- **Arrebatamento:** Inopinado da coisa é furto simples, se praticado sem violência à pessoa ou coisa. Com violência à pessoa, pode ser roubo. Com rompimento de obstáculo, pode ser o furto qualificado do § 4º, I. O arrebatamento não revela destreza do autor.

- **Concurso de pessoas:** Admite-se. Note-se, porém, que se a participação é posterior (e não prometida anteriormente ao furto) não há codelinquência, mas, eventualmente, receptação ou favorecimento real.

- **Isenção de pena:** Se o agente for cônjuge, ascendente ou descendente do ofendido (CP, art. 181).

- **Ação penal:** Pública incondicionada, salvo nas hipóteses do art. 182 do CP, quando é condicionada à representação (*vide* notas aos arts. 181 a 183 do CP). A nosso ver, melhor seria, por razões de política criminal, que a ação penal no crime de furto fosse pública condicionada à representação do ofendido, uma vez que se trata de questão patrimonial, sem violência ou ameaça à pessoa.

Jurisprudência geral do furto

- **Objeto material:** *Coisa móvel*: as árvores plantadas, uma vez mobilizadas, podem ser objeto do crime de furto (STF, *RT* 518/441; TACrSP, *Julgados* 81/536). Também a extração de mineral em propriedade alheia, sem autorização, configura furto, pois os minerais, desde que arrancados do solo, passam à categoria de móveis (TAMG, *RT* 589/396). *Valor ou utilidade*: a coisa furtada deve ter valor reduzível a dinheiro ou, pelo menos, utilidade (TACrSP, *RT* 574/362). O responsável pela limpeza de trens que, após varrer o piso, ensaca e leva para si restos de trigo transportado, não pratica furto se inexistir comprovação de que a ferrovia os reaproveita (TACrSP, *RJDTACr* 21/159). *Cheque*: atualmente, há duas posições a respeito de o talão ou talonário de cheques poder ser, ou não, objeto material do crime de furto: a. Não pode ser: não há furto na simples subtração de cheque que não possui valor patrimonial expressivo; no caso, o furto fora crime-meio para a prática de estelionato (STF, HC 60.896, *DJU* 24.6.83, p. 9473). Talonário de cheques ou cheque em branco não pode ser objeto, em razão da ausência de valor econômico (TAMG, *RT* 693/390; TACrSP, *RT* 583/363, *mv* – 616/316), salvo se assinados em branco (TACrSP, *Julgados* 72/343, *mv* – 96/169). b. Pode ser: embora tenha valor insignificante como papel, possui valor de uso e potencialidade para lesar (STF, *RT* 587/428; TACrSP, *mv – Julgados* 86/394, *RT* 602/342). *Vide*, também, jurisprudência sob o título *Confronto com estelionato*.

- **Coisa alheia:** Não pode haver furto, se não se sabe quem era o dono ou possuidor da coisa (TACrSP, *RT* 529/341; *contra*: STF, *RTJ* 124/1041). A legatária dos bens não pode ser autora do furto deles (TJSP, *RT* 522/359). *Coisas sem dono ou abandonadas*: não podem ser objeto de crime de furto, pois, neste delito, a coisa deve ser propriedade de alguém; se pensou que se tratasse de coisa abandonada, há erro de tipo essencial (STF, *RTJ* 105/27). Não há furto de coisa já abandonada pelo dono (TACrSP, *Julgados* 82/253) ou pelo ladrão (TACrSP, *Julgados* 91/327). Não há furto se a coisa, por já servida, foi abandonada pelo dono (TACrSP, *RT* 486/304) ou se o agente pensou que fosse abandonada (TACrSP, *Julgados* 67/474). *Contra, em parte:* Mesmo que desativado o estabelecimento comercial da vítima, não há abandono dos bens subtraídos se provado que no local havia pessoas contratadas para vigiá-lo (TJDF, *RT* 857/649). Havendo a intenção da renúncia do dono, não poderá constituir objeto de furto, não importando ser o bem de patrimônio público (TAMG, *mv* – *RT* 655/328). Retirada de areia de leito de rio, que é bem público de uso comum, não tipifica furto, a menos que a areia esteja mobilizada e sob a custódia de alguém (TFR, HC 5.412, *DJU* 23.6.83, p. 9586). Comércio de madeira de reserva indígena entre comerciante e silvícola é ilegal, mas não configura furto (TRF da 1ª R., Ap. 183.131, *DJU* 9.9.91, p. 21445). *Vide*, também, jurisprudência do art. 169 do CP.

- **Coisa própria:** O dono não pode ser sujeito ativo do crime de furto de coisa que lhe pertence, ainda que não tenha a posse dela (TACrSP, Ap. 1.356.251-4, j. 6.1.2004, *Bol. IBCCr* 137/792).

- **Necessidade de apreensão:** É de todo inviável substituir a prova de apreensão da *res furtiva* pela prova indiciária (TJMT, *RT* 717/436).

- **Tipo subjetivo:** A intenção de apenas fazer brincadeira exclui o dolo do art. 155 (TACrSP, *mv* – *Julgados* 86/268, 76/195). Não há dolo se se apropria ou tenta se apropriar de coisa que a seu ver lhe pertence (TRF da 1ª R., Ap. 25.259, *DJU* 13.10.94, p. 58089). É inexigível, à caracterização do furto, a intenção de tirar proveito econômico, configurando-se o delito se o agente agiu com o intuito de represália (TACrSP, *RT* 716/445).

- **Furto de uso:** Ocorre furto de uso quando alguém retira coisa alheia infungível, para dela servir-se momentânea ou passageiramente, repondo-a, a seguir, na esfera de atividade patrimonial do dono; tal fato é apenas *ilícito civil* e não penal (STF, *RTJ* 37/97, 34/657; TJSC, *RT* 545/403; TAPR, *RT* 523/471; TACrSP, *Julgados* 93/149). O agente deve restituir a coisa no mesmo local e no estado em que se encontrava, por livre e espontânea vontade, sem ter sido forçado pela aparição de terceiros (TACrSP, *RT* 700/341; TAMG, *RJTAMG* 51/271) ou pela perseguição (TARS, *RT* 749/753). A devolução deve ser feita imediatamente após sua utilização (TACrSP, *RJDTACr* 15/94). Para alguns acórdãos, o uso prolongado ou a não reposição excluiria o furto de uso (TACrSP, *Julgados* 95/198, 96/171), enquanto, para outros, não, se inexistia ânimo de apossamento definitivo (TAMG, *RT* 607/368; TACrSP, *RT* 561/355; TARS, *RT* 559/396; TJSC, *RT* 553/387). Seguimos a orientação dos últimos, em razão do elemento subjetivo do tipo do crime de furto. Em outro aresto, decidiu-se, ainda a propósito do elemento subjetivo, que há furto de uso, se as provas mostram que o réu tinha o propósito de apossamento definitivo (TAMG, *RT* 599/385). *"Roubo" de uso*: não pode invocar furto de uso quem rouba veículo com violência ou grave ameaça (TACrSP, *mv* – *Julgados* 88/33; TARS, *RT* 640/344).

- **"Receptação" de uso:** Ocorrendo a desclassificação de furto para receptação não há que se falar em furto de uso, ainda mais quando a coisa é abandonada e não há prova de que a intenção do agente era de uso momentâneo, para fins lícitos (TJRO, *RT* 838/663).

- **Arrependimento posterior:** Configura-se ainda quando, atendidos os demais requisitos legais, a devolução da *res furtiva* é efetuada pela esposa do acusado depois de reclamação a ele dirigida pela vítima e após intimação policial (TJDF, *RT* 836/580).

- **Vigilância e crime impossível:** Se o agente, ao despertar a desconfiança dos seguranças do estabelecimento, permaneceu vigiado ininterruptamente, há crime impossível (TJMG, Ap. 1.0145.99.016720-0 (1), *DOE* 8.9.2008, *in Bol. IBCCr* 191/1206). Se a todo tempo a mercadoria e o denunciado estavam vigiados por funcionários do estabelecimento, não tendo o réu, assim, como consumar o furto, caracterizado está o crime impossível (TJRS, Ap. 70044778041, j. 6.10.2011, *Bol. AASP* n. 2.780, p.12; Ap. 70049714694, j. 1º.8.2012, *Bol. AASP* n. 2.833, p.12). Em sentido contrário, *vide* Súmula 567 do STJ: "Sistema de vigilância realizado por monitoramento eletrônico ou por existência de segurança no interior de estabelecimento comercial, por si só, não torna impossível a configuração do crime de furto".

■ Tentativa e consumação (antes da nova orientação do STF e STJ): Não basta o propósito de furtar, pois, para haver tentativa, são necessários atos efetivos de realização da infração (TACrSP, *Julgados* 82/409). Ainda que não tenha havido apreensão da coisa, há tentativa se o agente, efetivamente, pratica atos executivos objetivando o furto e desiste por motivos alheios à sua vontade (STF, RE 92.332, *DJU* 12.8.80, p. 5789). Há só tentativa na conduta do agente que, em conluio com o caixa de supermercado que registrara preço muito inferior, é surpreendido pelo fiscal (TARJ, *RT* 714/414). Se ainda não passou pelo caixa, apenas trazendo consigo mercadorias retiradas dos locais em que estavam expostas, não há nem mesmo tentativa; a passagem pelo caixa é o momento da transição dos atos preparatórios para os de execução (TACrSP, *RJDTACr* 20/99). Se foi preso após ingressar no prédio, mas sem nada ter ainda furtado, é ato preparatório impunível (TACrSP, *mv – Julgados* 65/289; *contra*: TACrSP, *RT* 705/344), o mesmo ocorrendo se foi surpreendido em quintal de residência sem que se encontrasse algo em seu poder (TACrSP, *Julgados* 80/545). Se o cheque subtraído de supermercado tinha sido cruzado de antemão pelo emitente, que depois o sustou, não se configura o furto, que é crime material (TACrSP, *RJDTACr* 20/100). O rompimento de porta é ato de execução e não mero ato preparatório, configurando-se a tentativa (TJDF, Ap. 11.410, *mv – DJU* 18.9.91, p. 22684). Se foi preso dentro da casa, com o dinheiro já no bolso, é tentativa (TACrSP, *Julgados* 66/322). Sem posse tranquila, há só tentativa (TJRS, *RF* 268/341). Diferentemente do roubo, que se consuma com a simples transferência da posse do bem subtraído, o furto exige que ela seja pacífica, ainda que efêmera (TJMT, Ap. 47314/07, *DOE* 9.1.2008, *in Bol. IBCCr* 189/1151). A perseguição do acusado desnatura a livre disponibilidade da *res*, caracterizando tentativa (TARS, *RT* 749/753). Para a consumação, o agente deve ter a tranquila detenção da coisa, ainda que por curto espaço de tempo, longe da área de vigilância do espoliado (STJ, *mv – RT* 714/444; TAPR, *RT* 640/341; TJMG, *RT* 702/375; TJDF, Ap. 10.353, *DJU* 25.11.92, p 39512; TACrSP, *mv – RT* 725/588). Considera-se consumado o furto se os bens somente foram apreendidos três dias depois de subtraídos, em local distante de onde se encontravam depositados (TJDF, *RT* 857/649). Há tentativa se o acusado não tem a plena disponibilidade da coisa furtada quando surpreendido, vez que ela não chegou a sair da esfera de vigilância da vítima (TACrSP, *RT* 716/451; STJ, REsp 75.740-SP, *DJU* 18.8.97, p. 37919, *in RBCCr* 20/398). Ocorrendo a imediata prisão do agente e recuperada a *res* ainda em seu poder, desclassifica-se, de ofício, o furto qualificado para tentado (TJMT, Ap. 47314/07, *DOE* 9.1.2008, *inBol. IBCCr* 189/1151). Se perseguido logo após o início da execução do furto, a redução pela tentativa há que ser a máxima (STJ, HC 41.037, j. 31.5.2005, *DJU* 6.2.2006, p. 345, *in Bol. IBCCr* n. 160). Não há perda de disponibilidade sobre a coisa, se a vítima ainda tem possibilidade de exercer a legítima defesa, seja por ação dela ou de terceiros (TACrSP, Ap. 1.201.251-8, j. 9.5.2000, *Bol. IBCCr* 98/512). Se o ofendido percebeu que seu automóvel estava sendo furtado, acionando a polícia que, minutos após e em local próximo, logrou prender os acusados e recuperar o veículo, configura-se tentativa e não furto consumado (TACrSP, *RJDTACr* 10/155). Não há crime impossível, mas tentativa, se a impropriedade do objeto é relativa, como no caso de simples defeito mecânico do automóvel (STJ, REsp 58.870, j. 22.3.95, *Bol. AASP* n. 1.933). Também há tentativa, se o agente é filmado em supermercado escondendo a *res* em sua calça, sendo preso em flagrante pela fiscalização do estabelecimento (TACrSP, *RT* 783/645).

■ Consumação (nova orientação do STF e do STJ): "Para a consumação do furto, é suficiente que se efetive a inversão da posse, ainda que a coisa subtraída venha a ser retomada em momento imediatamente posterior. Jurisprudência consolidada do Supremo Tribunal Federal" (STF, 1ª T., HC 114329/RS, j. 1º.10.2013, *mv*). "A jurisprudência do Supremo Tribunal Federal dispensa, para a consumação do furto ou do roubo, o critério da saída da coisa da chamada "esfera de vigilância da vítima" e se contenta com a verificação de que, cessada a clandestinidade ou a violência, o agente tenha tido a posse da *res furtiva*, ainda que retomada, em seguida, pela perseguição imediata" (STF, 1ª T., HC 108678/RS, j. 14.4.2012, *mv*). No mesmo sentido: "O Plenário do Supremo Tribunal Federal, superando a controvérsia em torno do tema, consolidou a adoção da teoria da *apprehensio* (ou *amotio*), segundo a qual se considera consumado o delito de furto quando, cessada a clandestinidade, o agente detenha a posse de fato sobre o bem, ainda que seja possível à vítima retomá-lo, por ato seu ou de terceiro, em virtude de perseguição imediata. Desde então, o tema encontra-se pacificado na jurisprudência dos Tribunais Superiores" (STJ, 3ª Seção, REsp 1524450, Recurso Repetitivo, Tema 934, *DJe* 9.11.2015). Obs.: o precedente do Pleno do STF citado é o seguinte: RE 102.490, j. 17.9.87, *DJ* 16.8.91.

■ **Confronto com estelionato:** Há furto mediante fraude, e não estelionato, na conduta de secretária que, utilizando a senha do cartão magnético do patrão, faz retiradas sempre maiores do que as devidas, locupletando-se das diferenças e adulterando os extratos para que não fossem levantadas suspeitas (TJRJ, *RT* 781/654). Há estelionato, e não furto mediante fraude, se a acusada adentra um estabelecimento, apodera-se de um par de calçados e dirige-se ao caixa afirmando que pretendia trocá-los, pois os tinha adquirido anteriormente (TJSP, *RT* 839/576). *Cheque*: no furto de talão de cheques para a prática de estelionato, a subtração fica absorvida (STF, HC 60.896, *DJU* 24.6.83, p. 9473; TACrSP, Ap. 1.234.803-0, j. 30.1.2001, *Bol. AASP* n. 2.218, p. 407; *mv – Julgados* 67/335 e 387). *Contra*: o furto absorve o estelionato (TACrSP, *Julgados* 72/378); há concurso material (TAMG, *mv – RT* 688/349; TACrSP, *RT* 746/608). Se a vítima entrega o cheque ao agente, livre e espontaneamente, ainda que por meio de fraude, há somente estelionato (TJMS, *RT* 761/662). Se os cheques já estavam assinados em branco, a utilização posterior não é estelionato, punindo-se só o furto anterior (TACrSP, *RT* 624/329; TJRO, *RT* 762/705). *Venda posterior*: do produto do furto não dá lugar a concurso com estelionato, salvo se o agente pratica fraude para enganar o comprador (TACrSP, *RT* 575/379). A venda da coisa furtada é impunível, ficando absorvida pelo próprio furto (TARS, *RT* 626/354). *Contra*: Agente que furta veículo e depois o vende para terceiro, responde por furto e estelionato (TJSP, *RT* 701/300). Há crime de estelionato e não de furto, se o agente, intitulando-se comprador do veículo, recebe-o voluntariamente para testes, sem restituí-lo posteriormente (TACrSP, *RT* 758/571). Se a fraude utilizada resultou na entrega do bem sem maior resistência da vítima, há estelionato e não furto (TACrSP, *RT* 788/618). *Vide*, também, jurisprudência neste artigo, na figura qualificada da fraude.

■ **Confronto com apropriação indébita:** Pratica furto, e não apropriação indébita, quem preenche e desconta cheques que lhe tinham sido confiados para pagamento a terceiros, apropriando-se das quantias correspondentes (TAMG, *RJTAMG* 54-55/522). O funcionário de estabelecimento comercial que, na posse de talonário de cheques roubados, subtrai dinheiro do caixa da empresa e os substitui por cheque falsificado, pratica furto simples e não apropriação indébita (TACrSP, *RT* 757/568).

■ **Confronto com porte de arma:** Se as armas que o acusado mantinha sob sua guarda eram as mesmas objeto do furto por ele praticado, só responde por este crime, sob pena de *bis in idem* (TACrSP, Ap. 1.407.567-2).

■ **Confronto com corrupção de menores:** Para haver corrupção de menores, não basta a mera coautoria com adolescente no furto, havendo necessidade da demonstração de que o acusado influenciou de forma decisiva sobre o infante, induzindo ou favorecendo o resultado lesivo à formação do menor (TJSP, *RT* 872/625).

■ **Furto e roubo (não há continuidade):** Não pode haver continuidade delitiva entre roubo e furto pois, embora do mesmo gênero, não são da mesma espécie (STJ, HC 162.672/MG, *DJe* 6.6.2013).

■ **Furto famélico:** Quem tenta furtar um quilo de carne, não visa a aumentar seu patrimônio, mas age por fome, afastando a ilicitude pelo estado de necessidade (TACrSP, *Julgados* 86/425). *Idem*, no caso de uma *pizza* grande arrebatada do entregador (denúncia rejeitada) (TACrSP, *RT* 615/312), ou em supermercado, por agente com mulher gestante e família na penúria (TACrSP, *Julgados* 82/206), ou, ainda, no caso de um galo e duas galinhas (também pelo princípio da insignificância) (TAPR, *PJ* 43/274), bem como, na hipótese do agente, na permanência da miséria e sem teto, que furta duas galinhas e uma leitoa (TACrSP, *RT* 810/632). Há furto famélico, se os agentes, vivendo em condições de maior indigência, subtraíram gêneros alimentícios para satisfazer privação inadiável (TJPB, *RT* 773/646). A subtração de aparelhos domésticos não caracteriza furto famélico (TACrSP, *RJDTACr* 19/115; TJPR, *RT* 764/676). A circunstância alegada pelo necessitado deve ser grave, atual, inevitável e não atribuível à sua culpa (TACrSP, *RJDTACr* 24/162), não se exigindo conduta diversa do agente (TJDF, Ap. 12.806, *DJU* 4.8.93, p. 30072). *Vide*, também, jurisprudência no CP, art. 24.

▪ **Furto em sepultura:** Há duas posições a respeito: *a*. Não se configura o art. 155, mas sim o art. 210 ou 211, pois coisa de cadáver não é objeto de "alguém", está fora do comércio (TJSP, *RT* 619/291; TJSC, *JC* 72/569). *b*. Há furto, que absorve o delito do art. 210 (TJSP, *RT* 598/313).

▪ **Furto de animais:** Não incide no art. 155, mas sim no art. 169 do CP, a conduta de quem se apropria de animais do vizinho que passaram para a sua propriedade e se misturaram com os seus (TACrSP, *RT* 542/372). *Contra*: Configura furto a subtração de animal que fugiu do dono (TJSC, *RF* 267/327). O furto de gado não se confunde com apropriação de coisa achada, que pressupõe dolo subsequente à coisa vir às suas mãos por mera casualidade (TJDF, Ap. 10.642, *DJU* 28.10.92, pp. 34782-3).

▪ **Furto de fios telefônicos:** O furto deles, ainda que interferindo na normalidade das comunicações, não configura crime contra a segurança nacional, sem que haja o desígnio especial político; caso o objetivo fosse atentar contra a normalidade do serviço, incidiria no art. 265 do CP (TFR, *RTFR* 69/216).

▪ **Furto de água:** A captação clandestina de água configura o crime de furto (TACrSP, *RT* 750/638). A ligação irregular no encanamento, sem passar pelo hidrômetro, é situação ínsita ao próprio furto do líquido, razão pela qual não há a qualificadora da fraude; igualmente não pode ser considerado crime continuado, por tratar-se de delito permanente, em que a consumação se protrai no tempo (TACrSP, *RT* 779/589).

▪ **Furto de areia:** O mineral quando extraído do solo equipara-se à categoria dos bens móveis; assim, a extração de areia sem autorização do Poder Público caracteriza o delito de furto, nos termos do art. 176 da CF (TRF da 3ª R., *mv – RT* 748/735).

▪ **Concurso de pessoas:** A participação ou auxílio posterior ao crime, não prometido ou prestado antes ou durante o furto, não configura o art. 155, embora possa enquadrar-se nos delitos de favorecimento ou de receptação (TACrSP, *Julgados* 81/280). Aquele que vende objeto subtraído, com a finalidade de exaurir o delito iniciado pelos comparsas, é coautor do crime do art. 155, § 4º, IV (TAMG, *RT* 717/445). A omissão em delatar o plano do crime de outro não caracteriza participação (TJMS, *RT* 686/360), desde que inexista para o silente o dever jurídico de impedir o crime (TACrSP, *Julgados* 87/317). Quem vigia nas imediações para garantir o êxito do furto é coautor, não sendo sua participação de menor importância (TACrSP, *RJDTACr* 20/102).

▪ **Movimento dos Trabalhadores Rurais Sem Terra:** Inadmite-se a responsabilização dos organizadores ou promotores de invasão de terras pela subtração e abate de cabeças de gado, se não comprovado cabalmente que os mesmos concorreram para a infração, seja como coautores, seja como partícipes; o ordenamento pátrio não abriga a responsabilidade penal objetiva (TJSP, *RT* 787/595).

▪ **Arrebatamento:** Em caso de subtração de joia portada pela vítima, resultando lesão leve no pescoço ou no braço desta, classifica-se no art. 155 se a vítima foi atingida apenas por repercussão, pois a violência foi só contra a coisa, ou se enquadra no art. 157, se o agente também quis atingir a vítima (TACrSP, *RT* 608/352). Sem violência à pessoa, é furto e não roubo (TACrSP, *Julgados* 70/192). Se houve arrancamento da corrente, e não simples arrebatamento, é roubo (TACrSP, *mv – RT* 624/332). Se provoca equimose no ofendido, é roubo (TACrSP, *Julgados* 68/65).

- **"Trombada":** É assim chamada a batida, ou choque, que o ladrão dá no transeunte das grandes cidades, para furtar. A melhor classificação é considerá-la furto qualificado pelo arrebatamento, ou destreza, se a trombada só serviu para desviar a atenção da vítima; ou como roubo, se houve agressão ou vias de fato contra o ofendido (TACrSP, *Julgados* 83/414). *Vide,* também, jurisprudência, sob igual título, no CP, art. 157.

- **Exercício arbitrário:** Se o agente furta para ressarcir-se, é exercício arbitrário das próprias razões e não furto (TACrSP, Julgados 66/282; TAPR, RT 522/439).

Furto simples (caput)

- **Noção:** Há a figura simples ou fundamental quando não ocorrem as circunstâncias dos §§ 1º, 2º, 4º e 5º
- **Pena:** Reclusão, de um a quatro anos, e multa.

Furto noturno (§ 1º)

- **Noção:** O furto noturno, também chamado agravado ou qualificado pelo repouso, configura-se quando a subtração é praticada *durante o repouso noturno*. Aplica-se, tão só, à figura do furto simples (art. 155, *caput*). Predomina hoje (na maioria dos tribunais) a orientação que exige para a qualificação que o furto seja praticado em *casa habitada*, cujos moradores *estejam repousando*. Quanto à razão de ser do dispositivo, prende-se à remota tradição de que seria mais perigoso o furto praticado enquanto a vítima dormia, e à diminuição de sua vigilância durante o repouso. Nos dias de hoje, entretanto, quando crescem os crimes violentos, como o de roubo, esta figura e outras, como a do furto mediante destreza, perderam sua significação original.

- **Pena:** Aumentada de um terço.

Jurisprudência do furto noturno

- **Repouso noturno:** O repouso noturno inclui as madrugadas, mas a lei não autoriza a escolha pela casuística do período do dia em que, pelo fato de a vítima repousar, incidiria a majorante (TACrSP, *RJDTACr* 24/213). É o tempo que, segundo os costumes sociais, se destina ao repouso noturno; independe de o lugar ser habitado, ou de a vítima estar ou não em repouso (STF, *RT* 600/459). Não incide a majorante, se as vítimas não estavam repousando, mas em festiva vigília com churrascada em temporada de veraneio (TJSC, *JC* 69/532). Também não incide, se não há certeza quanto à hora exata, referindo-se a confissão do réu como sendo próxima ao final da madrugada (TJDF, Ap. 11.466, *DJU* 21.8.91, p. 19558). Não importa que tenha sido praticado em dependência não integrante do corpo principal da casa (STF, RE 117.966, *DJU* 29.9.89, p. 1593). Em furto no quintal não incide a majorante do § 1º (TACrSP, *RT* 714/392). É inaplicável o §1º se o veículo subtraído encontrava-se na via pública, defronte à residência da vítima, que, ademais, encontrava-se despertada (TACrSP, *RT* 752/607).

- **Lugar habitado:** Há quatro correntes: *a.O lugar precisa ser habitado com pessoa repousando* (TACrSP, *RJDTACr* 1/102, *Julgados* 67/313 e 479; TAMG, *RJTAMG* 14/303), não se aplicando o § 1º quando o local não é habitado ou o furto é praticado na rua (TJDF, Ap. 11.512, *mv – DJU* 25.11.92, p. 39513, *in RBCCr* 1/226; TACrSP, *RT* 752/607), ou, ainda, se se trata de estabelecimento comercial (TACrSP, *RT* 751/615, *RJDTACr* 19/108, 24/219). Não incide a causa especial de aumento de pena se o furto é praticado em clínica médica, onde há internações emergenciais (TJRJ, Ap. 4.765/99, j. 11.4.2000, *Bol. IBCCr* 97/503). Não incide a qualificadora se no lugar do delito os habitantes se encontravam despertos e em festividade (TACrSP, *RT* 759/640). Também não incide a causa de aumento de pena no furto praticado no interior de ônibus, pois este se destina ao transporte de passageiros, e não ao repouso deles (TAMG, *RT* 805/694). *b. Não se exige a presença de moradores* (STF, *RT* 637/366; STJ, *RT* 748/579). *c. Os moradores não devem estar acordados* (TACrSP, *RT* 498/323). *d. O lugar não precisa ser habitado* (TJGO, *RGJ* 7/111-2; TACrSP, *mv – RT* 590/361).

- **Não incidência:** A majorante do furto noturno (§ 1º) somente incide no furto simples, não se aplicando às figuras de furto qualificado do § 4º (STJ, HC 10.240-RS, j. 21.10.99, *DJU* 14.2.2000, p. 79, *in Bol. IBCCr* 88/431; TJSP, *RT* 876/622, *RT* 639/279; TJDF, Ap. 9.915, *DJU* 18.11.92, p. 38148; TJSC, *JC* 71/360; TACrSP, *RJDTACr* 16/65; TJMS, *RT* 809/621; TJPR, *RF* 270/314; TJPI, *RT* 775/667), cabendo ao juiz eleger uma entre as duas figuras (§1º ou § 4º) (TACrSP, Ap. 1.355.293/4, j. 1º.11.2003, *Bol. IBCCr* 136/784).

Furto privilegiado
(§ 2º)

- **Noção:** Considera-se privilegiado o furto quando seu autor é primário e de pequeno valor a coisa furtada.
- **Natureza jurídica:** Embora a lei empregue o verbo *poder*, a substituição, redução ou alternatividade da punição, prevista neste § 2º, não fica ao arbítrio do juiz. Se este não reconhece a primariedade ou o pequeno valor, negará o privilégio. Entretanto, se considera comprovados os dois requisitos, não pode o magistrado deixar de concedê-lo, pois, preenchidas as condições que o § 2º prevê, este constitui *direito público subjetivo do agente* (cf. CELSO DELMANTO, "Direitos públicos subjetivos do réu no CP", *RT* 554/466).
- **Requisitos legais:** *1.agente primário*; *2. pequeno valor* da coisa furtada. Embora a lei peça, tão só, essas condições, há acórdãos que exigem outros requisitos, não previstos em lei, como a personalidade e bons antecedentes. *Nossa posição*: somos favoráveis à interpretação *pura* do § 2º do art. 155. Não nos parece que se deva restringir seu alcance e extensão, tratando-se de agente primário. A nosso ver, o maior rigor da lei deve atingir aqueles que subtraem com violência (como nos assaltos do art. 157) e não furtos sem maior significação ou reprovabilidade.
- **Primariedade:** Só não é primário quem pratica *novo crime*, depois de haver sido irrecorrivelmente condenado por crime anterior no país ou no exterior. E, no caso de reincidência, o condenado retorna à qualidade de *primário*, após cinco anos do cumprimento ou da extinção da pena imposta pela condenação anterior (cf. comentários aos arts. 63 e 64 do CP).
- **Pequeno valor:** Atualmente, são dois os principais critérios usados na aferição do "pequeno valor": *a*. Refere-se ao *prejuízo* efetivamente sofrido pelo ofendido. *b*. É relativo ao *valor* da coisa e não ao prejuízo. Quanto à quantidade que se considera como "pequeno valor", tem-se em vista, geralmente, valor igual ou inferior ao *salário mínimo*, que pode, porém, ser ultrapassado em casos especiais. *Vide*, no final deste livro, os salários mínimos vigentes nos últimos anos, consignados na *Tabela para Cálculo de Penas de Multa*.
- **Princípio da insignificância (furto de bagatela):** Enquanto no furto privilegiado o valor da coisa subtraída é pequeno, no furto de bagatela ele é *inexpressivo*, *juridicamente irrelevante*, tratando-se de causa supralegal de exclusão da tipicidade (*vide* nota *Princípio da insignificância* nos comentários que antecedem ao art. 13 do CP, no início do Título II – Do Crime). Embora existam alguns acórdãos em sentido contrário, o fato de o acusado possuir antecedentes criminais *nada diz* com a configuração da insignificância (vide Jurisprudência).
- **Alcance do privilégio:** Havia controvérsia, discutindo-se se o privilégio do § 2º era aplicável, ou não, a todas as figuras do furto: *a*. alcança todas (*caput*, §§ 1º e 4º); *b*. não se aplica às figuras qualificadas do § 4º A respeito das duas posições, cf. DINIO DE SANTIS GARCIA, "Furto qualificado", *RT* 531/432 e 514/465. A jurisprudência consolidou-se numa posição intermediária ou mista, conforme a Súmula 511 do STJ ("É possível o reconhecimento do privilégio previsto no § 2º do art. 155 do CP nos casos de crime de furto qualificado, se estiverem presentes a primariedade do agente, o pequeno valor da coisa e a qualificadora for de ordem objetiva").
- **Pena:** O juiz pode substituir a pena de reclusão pela de detenção, diminuí-la de um a dois terços, ou aplicar somente a multa.

Jurisprudência do furto privilegiado

- **Direito subjetivo:** Estando presentes os requisitos que a lei pede, a aplicação do § 2º do art. 155 é direito subjetivo do réu (TACrSP, *RT* 722/478, *Julgados* 80/246; *contra*: TACrSP, *RT* 688/317).
- **Primariedade:** *Há duas correntes*: *a. Basta a primariedade*: para os fins do § 2º do art. 155, é primário o agente que pratica o furto após o prazo de temporariedade da reincidência (STF, *RTJ* 91/631). É suficiente que seja primário, independentemente dos antecedentes (TACrSP, *Julgados* 91/394; *RT* 785/623). Basta a primariedade e que a *res* seja de pequeno valor, não se exigindo bons antecedentes ou qualquer outro requisito (STJ, *RT* 748/579; TACrSP, *RT* 772/604). A exigência de bons antecedentes ofende o princípio da reserva legal, por ser estranha ao texto normativo (TACrSP, Ap. 1.253.587-4, j. 31.5.2001, *Bol. AASP* n. 2.233, p. 455). *b. Precisa ter bons antecedentes*, não

bastando a primariedade técnica (TACrSP, *Julgados* 91/263; TAPR, *RT* 620/356), mas não configura maus antecedentes a existência de processos em que não há condenação definitiva (TACrSP, Ap. 1.242.381-6, j. 30.5.2001, *Bol. AASP* n. 2.233, p. 455). Entendemos correta a primeira posição, uma vez que o § 2º do art. 155 não inclui como requisito a existência de bons antecedentes, mas apenas de primariedade.

- **Pequeno valor:** Como avaliar-se o "pequeno valor". Há quatro critérios: *1. Critério do valor da coisa, no momento do crime.* O alto valor da coisa subtraída obsta o reconhecimento do furto privilegiado, ainda que sua posterior apreensão ou restituição faça desaparecer ou diminua o prejuízo da vítima (STF, *RT* 641/405, *RTJ* 123/604; STJ, REsp 1.028, *DJU* 19.3.90, p. 1952; TJDF, Ap. 11.958, *DJU* 24.6.92, p. 18739; TACrSP, *RT* 754/636, 759/640; TARS, *RT* 725/667; TJMG, *RT* 754/686). *2. Critério do efetivo prejuízo.* O alto valor da coisa não impede o § 2º, se a vítima a recuperou, não teve prejuízo ou o teve reduzido (STF, RE 114.102, *DJU* 18.8.89, p. 13230; *RTJ* 55/672; TACrSP, *Julgados* 66/372 e 361; TAMG, *RT* 548/369). *3. Critério do salário mínimo.* Não deve ser considerado como teto fatal e intransponível (STF, *RT* 579/433; TACrSP, *Julgados* 93/153, 83/460; *contra:* STF, RE 118.426, *DJU* 21.4.89, p. 5858; TAPR, *RT* 700/380; TACrSP, *RT* 696/357; TJAL, *RT* 758/591), devendo ter interpretação flexível (TACrSP, *mv – RT* 728/569). O salário mínimo pode ser adotado como referência, não devendo, porém, ser reconhecido como critério de rigor aritmético, devendo o juiz sopesar outras circunstâncias (STJ, *RT* 787/578). *4. Critério da condição econômica da vítima*: o valor da coisa deve ser aferido tomando-se por base as condições econômicas da vítima (TAMG, *RT* 717/445), afastando-se a modalidade privilegiada no caso de simples trabalhador local, que tem subtraídas as sandálias que usava e a pequena quantidade de dinheiro que tinha na carteira (TJPB, *RT* 856/646).

- **Pena de multa:** Levando-se em consideração que a legislação penal vem sendo abrandada em relação a delitos apenados em até quatro anos, não mais se justifica o não reconhecimento do privilégio se presentes os requisitos legais, devendo, para que haja real benefício ao acusado, ser aplicada unicamente a pena de multa (TACrSP, Ap. 1.242.381-6, j. 30.5.2001, *Bol. AASP* n. 2.233, p. 455). O juiz tem a prerrogativa de substituir a pena de reclusão pela de detenção, reduzir a pena de um a dois terços ou aplicar a pena de multa (TJPE, *RT* 856/654).

- **Princípio da insignificância:** *Obs.:* Além dos julgados abaixo, *vide*, também, jurisprudência nos comentários que antecedem ao art. 13 do CP, no início do Título II – Do Crime, sob essa rubrica). O Direito Penal não deve ocupar-se de condutas que produzam resultado cujo desvalor – por não importar em lesão significativa a bens jurídicos relevantes – não represente, por isso mesmo, prejuízo importante, seja ao titular do bem jurídico tutelado, seja à integridade da própria ordem social (STF, *RT* 834/477), devendo a ação penal ser trancada por falta de justa causa (TJMS, HC 2008.002473-6, *DOE* 10.3.2008, *in Bol. IBCCr* 185/1167). *Distinção entre ínfimo e pequeno valor:* Este implica, eventualmente, furto privilegiado; aquele, na atipia conglobante, dada a mínima gravidade (STJ, REsp 470.978/MG, *DJU* 30.6.2003, *in Bol. IBCCr* 131/741). *Valor inexpressivo*: Na aplicação do princípio da insignificância leva-se em conta, tão só, o valor da coisa subtraída e nunca a utilidade que propicia ao proprietário ou possuidor, à vista do bem jurídico que se tutela, o patrimônio (STJ, HC 23.904/SP, *DJU* 30.8.2004, p. 334). Não é furto a subtração de bagatela, sem a menor repercussão no patrimônio (TACrSP, *Julgados* 75/229). Se o valor é juridicamente irrelevante, absolve-se pelo princípio da insignificância, que elimina a antijuridicidade (TARS, *RT* 582/386). Caracterizada a pequenez do valor do furto, há a exclusão da tipicidade, concedendo-se *habeas corpus* de ofício (STJ, *RT* 721/537). É atípico o furto de cinco peças de roupas usadas, depois restituídas integralmente à vítima (STF, *RT* 874/489). *Contra*: O valor irrisório não torna atípico o fato, mas permite a aplicação do § 2º do art. 155 (TACrSP, *Julgados* 74/226). O reconhecimento do "crime de bagatela" exige, em cada caso, análise aprofundada do desvalor da culpabilidade, da conduta e do dano, para apurar-se, em concreto, a irrelevância penal (TACrSP, *RT* 714/381). A reincidência não impede o reconhecimento do princípio da insignificância (TJMG, Ap. 1.0699.05.046644-9/001, j. 30.5.2006). Tentativa de furtar bolsa com documentos pessoais e porta-fitas cassete não é crime de bagatela; apesar de que, se consumado o furto, o prejuízo seria pequeno, a expedição de segunda via de documentos é trabalhosa e onerosa (STJ, RHC 2.119, *mv – DJU* 10.5.93, p. 8647). Furto de botijão de gás não é crime de bagatela, mormente quando a vítima é simples lavrador, como o acusado (TACrSP, *RT* 715/474). O furto de barras de chocolate é de bagatela, pois ao Direito Penal só importam as infrações de relevância econômica (TACrSP, *RT* 821/590). Também é a feitura de algumas ligações telefônicas de pequeníssimo valor monetário (TACrSP, HC 396.114-0, j. 1.11.2001). Igualmente são de bagatela mercadorias no valor de R$ 45,00, havendo conduta formalmente típica, mas não merecedora de atenção devido ao seu desvalor (TJSP, Ap. 990.719.3/8, j. 28.11.2007, *Bol. IBCCr* 182/1143). Da mesma forma, mercadorias no valor de R$ 15,00 (TJSP, Ap. 1.120.771.3/6, j. 28.11.2007, *Bol. IBCCr* 182/1143). Em caso de tentativa de furto de uma loção pós-barba, concedeu-se efeito suspensivo ao recurso especial para evitar que o acusado fosse desnecessariamente submetido ao *streptus iudicii* (STJ, MC 5.673, *DJU* 28.4.2003, p. 208). No caso do furto de um frasco de condicionador e tubo contendo ativador de cachos, reconheceu-se a atipicidade da conduta, considerando--se superado o teor da Súmula 691 do STF e concedendo-se *habeas corpus* contra decisão de relator de tribunal superior que indeferira liminar (STF, HC 92.364, *DJU* 19.10.2007, *in Bol. IBCCr* 181/1132). Deve-se cotejar o valor da *res* com as condições econômicas do sujeito passivo (TAMG, *RT* 768/693) ou o abalo financeiro que a perda do bem causou à vítima, tomando-se por base o homem médio (TACrSP, *RT* 754/636).

- **Princípio da insignificância e antecedentes criminais:** Para a incidência do princípio da insignificância só devem ser considerados aspectos objetivos da infração praticada, sendo que as circunstâncias de ordem subjetiva, como a existência de registro de antecedentes criminais, não podem obstar ao julgador a aplicação do instituto (STF, RE 514.531, rel. Min. Joaquim Barbosa, j. 21.10.2008; igualmente, STF, RE 536.486, rel. Min. Ellen Gracie, j. 26.8.2008). Nos termos da jurisprudência da Corte Suprema, o princípio da insignificância é reconhecido, podendo tornar atípico o fato denunciado, não sendo adequado considerar circunstâncias alheias às do delito para afastá-lo; o fato de já ter antecedente não serve para desqualificar o princípio de insignificância (STF, HC 94.502, rel. Min. Menezes Direito, j. 10.2.2009). A reincidência e os maus antecedentes não impedem a aplicação do princípio da insignificância diante do pequeno valor do bem subtraído, o qual é insuficiente para caracterizar o fato típico previsto no art. 155 do CP, concedendo-se *habeas corpus* (STJ, 6ªT., HC 132.492, rel. Min. Celso Limongi, j. 18.8.2009, DJe 8.9.2009). *Contra, em parte:* aplica-se o princípio da insignificância, *ressalvada a hipótese de comprovada reiteração delituosa* (STF, RHC 96.545-8, rel. Min. Lewandowski, j. 16.6.2009). *Contra:* Tratando-se de furto, em que pese o valor irrisório da *res*, a aplicação do princípio da insignificância condiciona-se não somente aos fatores objetivos, como também aos parâmetros previstos no art. 59 do CP, cabendo ao juiz avaliar a sua necessidade e conveniência, sendo inaplicável a réus que fazem do crime seu modo de vida (TJDF, 1ª T., Ap. 2005.07.1.004092-9, j. 9.3.2006, *vu, Bol. IBCCr* 165/1015).

- **Laudo de avaliação:** É imprestável para afastar o pequeno valor, se os avaliadores se basearam apenas na palavra da vítima (TACrSP, *Julgados* 76/197).

- **Alcance do privilégio:** *a.* Aplica-se a todas as figuras, até mesmo às qualificadas (STJ, *mv – RT* 759/575; REsp 80.893-SP, *mv – DJU* 25.2.98, p. 127, *in RBCCr* 22/306; REsp 87.972-SP, *mv – DJU* 2.9.96, p. 31104, *in RBCCr* 16/378; REsp 58.915-0-SP, *mv – DJU* 17.2.97, p. 2174, *in RBCCr* 18/223; REsp 208.344-SP, *DJU* 20.8.2001, p. 544, *in RBCCr* 38/383; TRF da 3ª R., Ap. 3.929-SP, *DJU* 3.3.98, p. 187, *in RBCCr* 22/306; TACrSP, Ap. 1.446.153-5, j. 17.6.2004, *in Bol. IBCCr* 143/840, *RJDTACr* 21/174, 20/106, *Julgados* 90/209,93/155, *RT* 754/636, 754/635, 603/344; TJES, *RT* 755/677), mesmo porque seria ilógico impedir a sua aplicação ao furto qualificado, se a lei penal, quanto à apropriação indébita qualificada, manda aplicar o benefício do § 2º do art. 155 do CP (TJRJ, *RT* 762/694). *b.* Não alcança as figuras qualificadas (STF, *RTJ* 124/628,123/604 e 268, *RT* 640/390; STJ, *RT* 770/540, 765/561; TJMG, *RT* 702/375; TJPR, *RT* 761/713, 758/623; TACrSP, *RJDTACr* 24/71 e 239, 21/167 e 175, 20/103; TJSC, *JC* 71/360; TJDF, Ap. 10.664, *DJU* 28.8.91, p. 20360), senão quando, por conveniência e motivos altamente relevantes, a política criminal o recomendar (TJSC, *JC* 68/401, 38/491; TACrSP, *RJDTA-Cr* 20/105, *mv –* 24/215). A jurisprudência consolidou-se numa posição intermediária ou mista, conforme a Súmula 511 do STJ ("É possível o reconhecimento do privilégio previsto no § 2º do art. 155 do CP nos casos de crime de furto qualificado, se estiverem presentes a primariedade do agente, o pequeno valor da coisa e a qualificadora for de ordem objetiva").

- **Em tentativa:** Também no furto tentado pode ser aplicado o privilégio do § 2º (TACrSP, *RT* 543/383,524/404).

- **Em furto continuado:** Mesmo o furto continuado pode ser considerado de pequeno valor (TACrSP, Ap. 351.039, j. 12.2.85; *Julgados* 66/373). Afere-se o valor da coisa em cada ação e não pelo total delas todas (TACrSP, *RT* 723/607, *Julgados* 73/323).

Furto de energia (§ 3º)

- **Noção:** Expressamente, ficam equiparadas à coisa móvel a *eletricidade* e outras *energias* (radioatividade, genética de reprodutores, térmica, mecânica, ar comprimido, vapor etc.).

- **Jurisprudência:** A instalação clandestina de energia elétrica em residência após corte de fornecimento por falta de pagamento configura crime (TJSP, *RT* 873/580). A ligação clandestina, feita durante dois anos, a fim de receber eletricidade sem que esta passasse pelo medidor, é crime permanente (TACrSP, *Julgados* 86/373). O furto de eletricidade, por meio de extensão clandestina, é crime permanente e não continuado (TACrSP, *Julgados* 66/374). A modificação do medidor de energia elétrica, para acusar resultado menor do que o consumido, constitui fraude, e o crime é o de estelionato (TACrSP, *RT* 726/689). Configura furto, em tese, a ligação de *telefone clandestino* à caixa terminal, consumindo energia elétrica da concessionária e prejudicando o usuário legítimo do telefone, pelo aumento dos impulsos (TACrSP, *RT* 622/292), ou ligações internacionais em telefone de propriedade alheia (TACrSP, *RJDTACr* 24/206). A utilização de sinal televisivo pago através de ligação clandestina e/ou irregular, apesar de ser considerado pelo perito como procedimento fraudulento, não configura o crime de furto, mas mero ilícito civil, pois não se enquadra no art. 155, § 3º (TACrSP, *RT* 820/594). Embora provável que o proprietário do imóvel soubesse da ligação clandestina de água, a condenação não pode ser apoiada em mera presunção (STF, *RT* 820/484).

- **Furto de água. Pagamento do débito antes do recebimento da denúncia:** Não seria justo, nem razoável, ser possível ao juiz declarar extinta a punibilidade, em se tratando de ressarcimento de valor relativo a tributo ou contribuição social, e não poder aplicar igual solução na hipótese de ressarcimento de dívida originada de subtração de água, pois, nesse caso, seria desrespeitado o princípio da isonomia, previsto no art. 5º da Constituição Federal, que significa aplicar tratamento diferenciado às situações desiguais e homogêneo às iguais (TJRJ, HC 0061593-45.2011.8.19.0000, 8ª CCr, rel. Des. Marcus Quaresma Ferraz, *m.v*, j. 1º.2.2012).

- **Estado de necessidade:** Atua em estado de necessidade o agente que, tendo suspenso o fornecimento de energia elétrica por não ter condições para pagar a conta, faz ligação clandestina; deve-se aplicar a lógica do razoável que, usada com propriedade e ponderação, é um maravilhoso instrumento da justiça (TACrSP, Ap. 1.201.111-3, j. 17.8.2000, *Bol. IBCCr* 100/524).

Furto qualificado – Hipóteses genéricas (§ 4º)

- **Prova da autoria:** A condenação criminal só é possível quando durante a instrução processual venham a se evidenciar elementos que façam certa a imputação. Caso em que, não havendo qualquer testemunha da subtração ou outro elemento indicativo da autoria por parte do réu, se torna inadmissível a condenação, sob pena de lastrear-se em mera presunção. Ao acusado no processo penal não cabe o ônus de provar sua inocência, que é sempre presumida. Absolvição que se impõe, em homenagem ao princípio *in dubio pro reo*. Apelação provida (TJRS, 7ª CCr, Ap. 70049031677, rel. Des. José Conrado Kurtz de Souza, j. 19.7.2012, *in Bol. AASP* n. 2.814, p.12).

- **Exame de corpo de delito:** Quando o furto qualificado deixar vestígios, é necessário que se realize exame de corpo de delito (TJSP, *RT* 746/570).

- **a. Destruição ou rompimento de obstáculo à subtração (I):** A violência deve ser contra *obstáculo* que dificulta a subtração e não contra a própria coisa. Não qualifica o crime a violência contra o obstáculo que é inerente à própria coisa. Há necessidade de exame de corpo de delito (CPP, art. 158).

Jurisprudência: A prática de violência caracterizada pelo rompimento de obstáculo contra o *próprio* objeto do furto, sendo o empecilho *peculiar* à coisa, não gera a incidência da qualificadora do § 4º, I (STJ, *mv – RT* 836/482). O rompimento de obstáculo que não é exterior à coisa, como o "quebra-vento" ou o sistema de segurança da porta em relação ao automóvel, não qualifica (TACrSP, *RJDTACr* 24/246, 15/93, *Julgados* 91/252, *mv* – 96/181; TJRO, *RT* 774/673; *contra:* STF, *RT* 783/560; TACrSP, *RT* 546/377; TJDF, Ap. 12.351, *DJU* 25.11.92, p. 39515 – arrombamento de fechadura de veículo). Não se aplica a qualificadora do rompimento de obstáculo quando o agente visa subtrair bem que se encontra no interior de automóvel, sob pena de agressão ao princípio da racionalidade: maior apenação do que a subtração do veículo, ou seja, acessório mais valorado que o principal (TJRS, *RT* 837/671). O arrombamento de carro para subtrair toca-fitas ou objetos em seu interior qualifica (TACrSP, *RJDTACr* 24/241, *mv* – 24/215; TAMG, *RJTAMG* 53/320; TJDF, *RT* 772/629; *contra:* TACrSP, *RJDTACr* 19/83-4, 7/108; TJSC, *JC* 71/376). O arrombamento da porta de entrada de apartamento qualifica (TJDF, Ap. 11.410, *mv – DJU* 18.9.91, p. 22684), assim como a remoção de telhas da casa (TRF da 3ª R., *RT* 757/680). Para caracterizar a majoração legal não é preciso que o obstáculo seja inutilizado ou totalmente destruído (TACrSP, *RT* 713/368). O corte de bolsa ou bolso não qualifica, pois são coisas destinadas a carregar e não a proteger valores (TACrSP, *RT* 582/333). A confissão ou a prova testemunhal não suprem o exame de corpo de delito necessário ao reconhecimento da qualificadora (TJSP, *RT* 639/279; TACrSP, *RT* 613/347, *Julgados* 84/319,82/373; TJGO, *RGJ* 10/88, *RT* 755/679; TAMG, *RJTAMG* 12/280, *RT* 549/387; TJBA, *BF* 37/212), ainda mais quando não restou demonstrado nos autos a impossibilidade de sua realização (TJRN, *RT* 837/667 e *RT* 838/652). A falta de exame de corpo de delito leva à desclassificação para furto simples (TJPI, *RT* 775/667; TJSE, *RT* 751/675). Afasta-se a qualificadora se os peritos valeram-se apenas das informações da própria vítima, diante do presumível desaparecimento dos vestígios, aplicando-se o art. 167 do CPP somente quando impossível a verificação dos vestígios (TJSP, *RT* 840/591). *Contra:* Se o réu confessou tanto na fase policial quanto na judicial, fica suprido o laudo pericial imprestável (TJSC, *JC* 68/382); se desaparecidos os vestígios, a formação do corpo de delito pode ser feita indiretamente (TAPR, *PJ* 41/237); a prova testemunhal convincente supre a pericial (TJGO, *RGJ* 7/112). Se houve desistência voluntária após o rompimento do obstáculo, configura-se a *tentativa abandonada*, que implica a atipicidade penal da conduta, impondo-se a solução absolutória (TACrSP, Ap. 1.294.619/9, j. 20.2.2002, *Bol. AASP* 2.347/2908).

- **b. Abuso de confiança (II):** Predomina o entendimento de que não basta a simples relação de emprego, sendo necessária a relação subjetiva de confiança. Essa relação não se comunica aos demais partícipes, pois é particular.

Jurisprudência: A relação subjetiva de confiança é imprescindível à qualificação, sendo necessário que a vítima tenha motivos para confiar (TJBA, *BF* 37/212). Inexistindo relação de amizade, não incide a qualificadora, uma vez que não evidenciado o sentimento fiel de estima (TJAC, *RT* 791/638). A simples relação empregatícia não basta, sendo preciso que haja confiança especial da vítima (TFR, Ap. 4.223, *DJU* 23.6.83, p. 9332; TACrSP, *Julgados* 85/531,84/275 e 262; TARS, *RT* 620/358; TAMG, *RJTAMG* 13/394; TJSC, *JC* 72/549). O abuso de confiança supõe ter o agente poder de decisão em substituição ao dono, não bastando a simples relação de hospitalidade (TAMG, Ap. 107.178, j. 20.11.90). O furto praticado por agente que desempenha a função de "caixa" é qualificado (TACrSP, *RT* 706/319; TJPR, *RT* 761/713), mas não na hipótese em que é submetido à vigilância de fiscais especiais, que observam seu serviço (TACrSP, *Julgados* 69/353; TJSC, *JC* 72/549). É qualificado o furto cometido pelo vigia noturno encarregado de proteger, pois dele se espera especial fidelidade (TACrSP, *Julgados* 84/371; *contra:* TACrSP, *RT* 654/307). Pressupõe relação especial de fidelidade, não a configurando o fato de acusado e vítima residirem na mesma pensão (TJSP, *RJTJSP* 74/350) ou se conhecerem há pouco tempo (TACrSP, *RT* 550/331; TJSC, *RT* 536/365). Não basta a hospitalidade de parentes e as relações domésticas, sem que haja dever de lealdade pela confiança depositada no agente (TACrSP, *Julgados* 70/214). Quanto às empregadas domésticas, prevalece o entendimento de que há furto simples (TACrSP, *RT* 630/326, *RJDTACr* 16/102), ou com a agravante do art. 61, II, *f*, do CP, salvo na hipótese de ter ela se empregado já com o propósito de furtar (TACrSP, *Julgados* 84/361). O furto praticado pela doméstica em seu segundo dia de trabalho não é qualificado (TACrSP, *RJDTACr* 24/237). Desclassifica-se o delito de furto com abuso de confiança para o de apropriação indébita, quando preexistente a detenção da coisa, como no caso de funcionário de estabelecimento comercial que se apropria de cheques de terceiro, dados em pagamento de mercadorias (TJPR, Ap. 403.526-9, *DOE* 9.11.2007, *in Bol. IBCCr* 184/1136).

■ **c. Fraude (II):** É o emprego de ardil ou artifício para a subtração da coisa. *Distinção:* o furto praticado mediante fraude não se confunde com o crime de estelionato. No primeiro tipo (CP, art. 155, § 4º, II, segunda figura), a *fraude* é empregada para iludir a atenção ou vigilância do ofendido, que nem percebe que a coisa lhe está sendo subtraída. No estelionato, ao contrário, a fraude antecede o apossamento da coisa e é a causa de sua entrega ao agente pela vítima; esta entrega a coisa iludida, pois a fraude motivou seu consentimento.

Jurisprudência: Se o meio fraudulento usado não foi eficiente, tanto que a vítima desconfiou da explicação e seguiu o furtador, afastada está a qualificadora (TACrSP, *RT* 768/590). Se a fraude foi empregada para iludir a vigilância do ofendido, há furto qualificado pela fraude; se, porém, a fraude serviu para iludir a vítima a entregar a coisa, antecedendo o apossamento, o crime é de estelionato (TACrSP, *Julgados* 91/35,95/222, *mv* – 94/221,93/151). Se o agente se apresenta como motorista e leva o veículo, é art. 171 e não 155, § 4º, II (TACrSP, *RT* 565/339). Também é estelionato, e não furto mediante fraude, se o agente se apresenta a vigilante como sendo o funcionário que vai assumir o seu posto, recebendo daquele o revólver que utiliza (TACrSP, *RJDTACr* 24/174), ou se se faz passar por pessoa autorizada pela vítima para retirar aparelho deixado por esta em oficina (TACrSP, *RJDTACr* 24/179). Se iludiu a vítima para que esta descesse do veículo e fugiu com ele, é furto mediante fraude e não estelionato (TACrSP, *Julgados* 68/257; STJ, RHC 8.179-GO, *DJU* 17.5.99, pp. 239-240, *in RBCCr* 27/363; *contra:* TACrSP, *RT* 540/324. Há furto com fraude, e não estelionato, se subtraiu veículo à venda que lhe foi cedido para ser experimentado (TACrSP, *RJDTACr* 21/161, *RT* 716/473; STJ, RHC 8.179-GO, *DJU* 17.5.99, pp. 239-240, *in RBCCr* 27/363). Não há a qualificadora se a fraude foi praticada para encobrir a subtração já consumada e não para iludir a vigilância do sujeito passivo (TACrSP, *RT* 706/319). A fraude não se confunde com a ação do agente que se aproveita dos descuidos normais da vítima (TACrSP, *RT* 529/368). A instalação de aparelho em telefone público, visando utilizá-lo sem fichas, configura fraude (TACrSP, *RT* 697/314). A subtração prévia de chaves, visando a mais cômoda ultimação do furto de outros bens, é meio de execução do crime e não a qualificadora da fraude (TACrSP, *RJDTACr* 24/51). *Vide,* também, jurisprudência neste artigo sob o título *Concurso com estelionato*.

■ **d. Escalada (II):** Considera-se *escalada* a entrada no local por via anormal, predominando a opinião de que tal entrada requer emprego de meio instrumental (ex.: escada) ou esforço incomum.

Jurisprudência: O furto qualificado pela escalada exige meio instrumental ou esforço fora do comum, não o caracterizando a entrada por janela ou muro relativamente baixo (TAMG, Ap. 11.960, j. 26.12.84; TACrSP, *Julgados* 68/409, *RT* 547/355,542/372; TARJ, *RF* 263/324). A escalada de muro com dois metros de altura qualifica (TACrSP, *RT* 600/361). Também qualifica muro de 1,90 m (TACrSP, *RT* 809/586). A colocação da escada é ato preparatório, pois a execução tem início com a escalada (TACrSP, *RT* 601/332). O reconhecimento da qualificadora da escalada requer comprovação pericial (TACrSP, *Julgados* 90/235). *Contra:* É desnecessário o exame pericial, podendo a qualificadora ser evidenciada por outros meios probatórios (TJDF, *RT* 836/580), como na hipótese dos ferimentos do agente causados por sua queda do telhado (TJSP, *RT* 840/589). Embora não se exija laudo pericial, os autos devem esclarecer qual foi a altura da escalada, para aferir-se a existência ou não da qualificadora (TACrSP, *Julgados* 69/274; TJSC, *RT* 569/364). Se a distância da abertura do ar-condicionado até o solo era superior a cinco metros, a perícia é desnecessária (TACrSP, *RT* 705/344-347).

- **e. Destreza (II):** Pressupõe ação dissimulada e especial habilidade do agente. Não a configura o arrebatamento violento ou inopinado (*vide* nota *Arrebatamento*).

Jurisprudência: Só há a qualificadora quando a ação recai sobre a vítima, ou seja, é subtraída coisa que está em sua posse direta (TACrSP, *RT* 514/377). Quando a vítima surpreende o agente, predomina a orientação de que há furto simples e não furto qualificado (TACrSP, *Julgados* 91/353; TARJ, *RT* 473/398); o inverso se dá quando o agente é surpreendido por terceiro que não o ofendido (TACrSP, *mv – RT* 538/380). Há qualificadora se o agente, que estava atrás da vítima no interior de um caixa eletrônico, apoderou-se de seu cartão magnético e, devido ao protesto da mesma, devolveu-lhe outro, fazendo troca de cartões (TACrSP, *RT* 752/608). Inexiste a qualificadora da destreza, se a vítima estava dormindo ou embriagada, ou ainda se se tratava de paralítico destituído de capacidade sensorial ou de louco (TACrSP, *mv – RT* 704/331).

- **f. Emprego de chave falsa (III):** Apesar de alguns julgados em contrário, é pacífico, na doutrina, que a chave verdadeira não pode ser considerada "chave falsa".

Jurisprudência: Sem exame de corpo de delito direto ou indireto, do instrumento usado como chave falsa, para conhecer sua eficiência, desclassifica-se para furto simples (STF, *RTJ* 86/529; TACrSP, *Julgados* 66/393). Só se considera falsa a chave usada no exterior do carro, para abri-lo; se empregada para a ignição, não qualifica, pois equivale à "ligação direta" (TACrSP, Ap. 365.163, j. 26.3.85; STJ, *mv – RT* 746/556). Não qualifica o emprego de "micha" para acionar moto (TACrSP, *Julgados* 96/177). *Contra:* É desnecessário que o instrumento usado tenha formato de chave, bastando que faça as vezes desta (TACrSP, *RJDTACr* 24/244; *RT* 786/672). A chave dos veículos com motor a diesel é igual e comum aos veículos desse tipo, não se podendo considerá-la falsa, pois não é "própria" de determinado veículo (TACrSP, *Julgados* 86/446). A "ligação direta", usada para movimentar veículo, não configura a qualificadora (TAMG, *RT* 692/310; TJSC, *RT* 558/359; TACrSP, *RJDTACr* 24/220; *contra:* TACrSP, *mv – RT* 542/347). É chave falsa a verdadeira obtida mediante fraude (TACrSP, Ap. 365.163, j. 26.3.85; *RT* 539/325). *Contra:* Não é, embora possa ser furto qualificado pela fraude (TACrSP, *Julgados* 65/271). A chave verdadeira, retirada de onde estava guardada ou escondida, não pode ser considerada chave falsa (STF, *RT* 548/427; TACrSP, *Julgados* 87/378).

- **g. Mediante concurso de duas ou mais pessoas (IV):** Para Hungria, é necessária a presença de duas pessoas no local (*Comentários ao Código Penal*, 1967, v. VII, p. 46); *contra:* Damásio de Jesus, *Direito Penal*, 29ª ed., São Paulo, Saraiva, 2009, v. II, p. 334, e Heleno Fragoso, *Lições de Direito Penal – Parte Especial*, 1995, v. I, p. 199). Entendemos que a primeira posição é a mais acertada, não se devendo reconhecer a figura qualificada quando a execução do furto é realizada por uma só pessoa.

Jurisprudência: Quanto à *presença* das pessoas no local, há duas correntes: *a. Exige-se* (STF, *RTJ* 95/1242; TJDF, Ap. 12.045, *DJU* 24.6.92, p. 18739; TACrSP, *Julgados* 84/262, *RT* 644/289; TJDF, *RT* 857/649). *b. Não é necessária* (TACrSP, *RT* 447/361). *Acordo de vontades:* para o reconhecimento da qualificadora é preciso que a denúncia saliente, pelo menos, que agiram mediante acordo de vontades, pois, caso contrário, poderia ser simples autoria colateral (STF, *RTJ* 80/822). *Absolvição do coautor:* desclassifica-se o furto do outro para simples (TACrSP, *Julgados* 85/469,70/210; TAPR, *RT* 507/470). *Copartícipe inimputável:* não exclui a qualificadora (STF, *RTJ* 123/268; TACrSP, *Julgados* 82/328, 74/313; TAMG, *RT* 747/754; TJSC, *RT* 545/402;TJMS, *RT* 728/614). *Não identificação do coautor:* não obsta a qualificadora (TACrSP, *RT* 593/351, 554/366). Não há equiparação entre o roubo com causa de aumento de pena do concurso de agentes (CP, art. 157, § 2º, II) e o furto qualificado pelo concurso de pessoas (CP, art. 155, § 4º, IV), razão pela qual é vedado ao juiz, mediante analogia, substituir uma qualificadora por uma causa especial de aumento de pena, por duas razões: só é possível haver analogia *in bonam partem* e não há, no caso, lacuna (STJ, *RT* 840/562; STF, *RT* 874/511).

- **Dosimetria da pena:** O furto em parceria recebe, em isonomia, o mesmo percentual do roubo em concurso (TJRS, Ap. 70006032494, j. 13.8.2003, *mv – Bol. IBCCr* 135/775).

- **Concurso de qualificadoras ou crimes:** Se o agente incide em duas qualificadoras, apenas uma qualifica, podendo servir a outra como agravante comum, se e quando tipificar (TACrSP, *RJDTACr* 19/126; TARJ, *RT* 501/347; TJSP, *RT* 579/307). *Contra*: A outra qualificadora só pode servir, quando muito, como circunstância judicial do art. 59, porque as qualificadoras do furto não são enquadráveis às hipóteses dos arts. 61 e 62 do CP (TJSC, *JC* 72/546). Em caso de furto qualificado, não se pode aumentar a pena pela agravante que consubstancia a qualificadora, sob pena de *bis in idem* (TACrSP, *RJDTACr* 15/98). Não pode haver concurso do crime de quadrilha (CP, art. 288) com o furto qualificado do § 4º, IV; só com o furto simples (STF, *RT* 553/448).

- **Concurso de pessoas:** Entende a doutrina que as qualificadoras do § 4º são comunicáveis. Para nós, porém, a referente ao abuso de confiança é incomunicável.

- **Furto privilegiado:** Quanto à aplicação do § 2º ao § 4º, *vide* nota no § 2º sob o título *Alcance do privilégio*.

- **Pena:** Reclusão, de dois a oito anos, e multa.

Furto qualificado – Uso de explosivos ou análogos (§4º-A)

- **Alteração:** A Lei n. 13.654/2018 inseriu neste art. 155 do CP os §§ 4º e 7º.

- **"Lei do Caixa Eletrônico":** Visando punir mais severamente os furtos a caixas eletrônicos mediante explosão com dinamite ou outros explosivos, que têm sido uma prática usual em nosso País, os quais até então eram punidos mediante a aplicação da qualificadora do art. 155, § 4º, inciso I (com destruição ou rompimento de obstáculo à subtração da coisa), o legislador aprovou a Lei n. 13.654/2018, que inseriu neste art. 155 as qualificadoras do § 4º-A e do § 7º.

- **Emprego de explosivo ou de artefato análogo:** Explosivo é "qualquer substância inflamável que pode produzir explosão" (Cândido de Figueiredo, *Grande Dicionário da Língua Portuguesa*, 24ª ed., Lisboa, Bertrand Editora, 1949, v. I, p. 1152). Com maior tecnicidade, o Decreto n. 10.030, de 30.9.2019, traz as seguintes definições: (a) *explosivo*: "tipo de matéria que, quando iniciada, sofre decomposição muito rápida, com grande liberação de calor e desenvolvimento súbito de pressão"; (b) *explosivos de ruptura ou altos explosivos*: aqueles "destinados à produção de um trabalho de destruição pela ação da força viva dos gases e da onda de choque produzidos em sua transformação"; (c) *explosivos primários ou iniciadores*, isto é, "os que se destinam a provocar a transformação (iniciação) de outros explosivos menos sensíveis. Decompõem-se, unicamente, pela detonação e o impulso inicial exigido é a chama (calor) ou choque"; (d) *propelentes ou baixos explosivos*: aqueles "que têm por finalidade a produção de um efeito balístico". O tipo penal trata, de forma evidente, dos *explosivos de ruptura ou altos explosivos*, capazes de destruir cofres, paredes etc.

- **Concurso com o crime de explosão:** Nos casos de furtos de caixas eletrônicos mediante explosão, antes do advento da referida lei, a jurisprudência costumava aplicar o concurso material entre os crimes do art. 155, §4º, inciso I, c.c. art. 251 (crime de explosão), porque atingidos bens jurídicos distintos, afastando-se a tese da consunção. Com o advento da Lei n. 13.654/2018, que pune expressamente o emprego de explosivo ou de artefato análogo, inclusive de forma mais gravosa (§ 4º-A), entendemos que não deve haver mais o concurso material com o crime do art. 251 do CP, restando este absorvido pela nova figura penal deste § 4º-A (nesse sentido, cf.: Diniz Junqueira; Strano. Lei n. 13.654/2018: considerações dogmáticas e críticas. *Bol. IBCCr* 307, junho/2018).

- **Perigo comum:** Trata-se de elemento normativo do tipo, sem o qual não há tipicidade. Deve restar comprovado, portanto, que a conduta ocasionou perigo comum, o qual, a nosso ver, não é presumido, mas sim decorrente da efetiva violência e magnitude da explosão.

- **Perícia:** Entendemos que a aplicação desta qualificadora do § 4º-A depende de laudo pericial que ateste o emprego de explosivo ou de artefato análogo que cause perigo comum (CPP, art. 158).

- **Pena:** Reclusão, de quatro a dez anos, e multa.

Furto qualificado
(§ 4º-B)

■ **Por meio de dispositivo eletrônico ou informático:** Se o furto mediante fraude (emprego de ardil ou artifício) para a subtração da coisa for cometido por meio de dispositivo *eletrônico* (como o chamado "chupa cabra", que é um dispositivo inserido em caixas eletrônicos que transmite os dados dos usuários, viabilizando a clonagem de cartões, ou dispositivos que conseguem obter a frequência de alarmes de carros, acionados pela chave) ou *informático* (que armazenam e/ou processam dados ou informações digitais, como *pen-drives* ou outros dispositivos que transmitem esses dados para outro local; computadores portáteis, *tablets* etc.), conectado ou não à rede de computadores (*internet*), com ou sem a violação de mecanismo de segurança (p. ex., violação de senhas, dos chamados *firewalls* etc.) ou a utilização de programa malicioso (que são os *malwares*, isto é, *softwares* criados para sorrateiramente violar computadores, servidores, redes etc., danificando-os, monitorando-os ou copiando dados), ou por qualquer outro meio fraudulento análogo, a pena é de reclusão, de 4 (quatro) a 8 (oito) anos, e multa. A nosso ver, a nova qualificadora do § 4º-B justifica-se diante do grande aumento da prática de furtos mediante dispositivos eletrônicos ou informáticos, com a obtenção de senhas bancárias, de cartões de crédito etc.

■ **Confronto:** Nesses casos, o crime do art. 154-A do CP restará absorvido pela qualificadora, no caso de invasão de dispositivo informático.

Aumento de pena
(§ 4º-C)

■ **Relevância do resultado:** O aumento previsto neste §4º-C aplica-se aos crimes do § 4º-B, em face da relevância do resultado gravoso. Assim, se o crime é praticado mediante a utilização de servidor (sistema de computação responsável por fornecer serviços a uma rede de computadores) mantido fora do território nacional, aumenta-se a pena de 1/3 (um terço) a 2/3 (dois terços) (inciso I); já se o crime é cometido contra idoso (maior de 60 anos) ou vulnerável, aumenta-se a pena de 1/3 (um terço) ao dobro. Será essencial, para o aumento com relação ao fato de a vítima ser idosa ou vulnerável, que o autor tenha conhecimento dessa circunstância.

■ **Conceito de vulnerabilidade:** O conceito de vulnerável pode ser extraído do Capítulo II (Dos Crimes Sexuais contra Vulnerável) do Título VI (Dos Crimes contra a Dignidade Sexual), arts. 217-A a 218-B, do CP. Assim, o art. 217-A considera vulnerável o menor de 14 (quatorze) ou aquele que, por enfermidade ou deficiência mental, não tem o necessário discernimento ou por qualquer outra causa não pode oferecer resistência; já o art. 218-B considera vulnerável o menor de 18 anos ou, igualmente aquele que, por enfermidade ou deficiência mental, não tem o necessário discernimento. A nosso ver, a vulnerabilidade do menor de 14 (quatorze) anos é indiscutível (ou absoluta), enquanto que a do menor de 18 (dezoito) anos é relativa, dependendo da análise do caso concreto, isto é, saber se a vítima tinha o necessário discernimento ou poderia oferecer resistência ao ataque cibernético.

Furto qualificado –
Veículo automotor
(§ 5º)

■ **Veículo automotor transportado para outro Estado ou para o exterior:** Essa qualificadora possui dois requisitos:

■ **(a) Que o objeto furtado seja veículo automotor (automóveis, caminhões, ônibus, motocicletas, lanchas, aeronaves etc.), ficando excluídos os movidos a tração humana ou animal:** Como o tipo fala em "veículo automotor transportado", caso o objeto transportado sejam peças avulsas de veículo, não se configurará a qualificadora. Todavia, caso se trate do transporte de todo um veículo desmontado, poderá restar configurada a qualificadora.

■ **(b) Que o veículo seja transportado para outro Estado ou País:** A nosso ver, caso o agente, com a posse pacífica do veículo, tenha sido descoberto *antes* de atravessar a divisa do Estado em que ele foi furtado, ou antes atravessar a fronteira do Brasil (p. ex., o Estado do Paraná e o Paraguai), não poderá haver incidência da qualificadora, mas furto consumado sem a qualificadora deste § 5º. Isto porque o crime de furto se consuma no momento em que o agente passa a ter posse pacífica do veículo (no mesmo sentido, Cezar Roberto Bitencourt, *Código Penal Comentado*, 5ª ed., São Paulo, Saraiva, 2009. p. 552; Guilherme de Souza Nucci, *Código Penal Comentado*, 9ª ed., São Paulo, Revista dos Tribunais, 2009. pp. 732-733; *contra*, entendendo que há furto qualificado pelo § 5º mesmo antes de o agente atravessar a fronteira, DAMÁSIO DE JESUS, *Direito Penal*, 29ª ed., São Paulo, Saraiva, 2009, p. 336). Como se vê, só se pode falar na qualificadora caso ele efetivamente ultrapasse a divisa do Estado ou fronteira do País. Observe-se, outrossim, que por um lapso o legislador se omitiu quanto ao transporte de um Estado para o Distrito Federal, e vice-versa.

▪ **Pena:** Reclusão, de três a oito anos. O legislador, também por evidente lapso, não cominou, cumulativamente, pena de multa, como o fizera no *caput* e no § 4º.

▪ **Irretroatividade e retroatividade:** O mínimo da pena privativa de liberdade, que, na hipótese desta qualificadora, passou a ser mais severo (três anos de reclusão), *não retroage*. Já quanto à não aplicação da pena de multa, há *retroatividade*, uma vez que deixou de ser cominada para o furto de veículos automotores transportados para outro Estado ou para o exterior.

Furto qualificado Semovente domesticável (§6º)

▪ **Alteração:** A Lei n. 13.330, de 2 de agosto de 2016, além de incluir a figura qualificada deste § 6º, inseriu no Código Penal o crime do art. 180-A, intitulado "Receptação de animal".

▪ **Furto de semovente domesticável de produção (*abigeato*):** Segundo GERALDO DUARTE, em seu *Dicionário de Administração* (Fortaleza, Imprensa Universitária – UFC, 2002, p. 324), *semovente* é o "bem móvel que possui mobilidade própria, move-se por si, representando animais irracionais. *Livestock*, *self-moving* (Ingl)." A definição dos anglo-saxões é perfeita: *Livestock* são os "animais domésticos guardados para uso em fazenda ou criados para venda ou lucro" ("domestic animals kept for use on a farm or raised for sale and proft"), segundo o *Webster's New Twentieth Century Dicionary*, 2ª ed., Nova Iorque, 1979, p 1059). Por exemplo, são os cavalos (utilizados na agricultura mais rudimentar), os bois (*abigeato*), porcos e frangos (criados para abate), galinhas criadas para a produção de ovos etc.

▪ **Relevância e valor dos animais furtados:** Para que se justifique a incidência desta figura qualificada de furto, com o aumento de pena, há que se analisar o caso concreto para avaliar se o animal furtado realmente impacta com relevância a produção agropecuária da vítima, sob pena de violação da proporcionalidade entre crime e punição, que é essencial ao Estado Democrático de Direito.

▪ **Pequeno valor e princípio da insignificância:** Deve-se estar atento à questão da *insignificância*, por exemplo, do furto de poucas galinhas ou de um leitão, sob pena de inconstitucionalidade de tão severo aumento de pena. Veja-se que a pena mínima para o furto deste § 6º é a mesma para as hipóteses do furto qualificado do § 4º. A solução, a nosso ver, é aplicar a pena do *caput* para furtos de pouca monta, podendo até mesmo incidir a causa especial de *diminuição* de pena do § 2º deste art. 155, ou ainda o princípio da insignificância, tornando o fato materialmente atípico.

▪ **Pena:** Reclusão, de 2 (dois) a 5 (cinco) anos.

Furto qualificado – Substâncias explosivas ou de acessórios (§ 7º)

▪ **Explosivos e acessórios:** Objetivando prevenir e dificultar o acesso a explosivos, como dinamite, por criminosos que deles têm se utilizado para furtar caixas eletrônicos foi editada a Lei n. 13.654/2018, que inseriu neste art. 155 a qualificadora do § 7º.

▪ **Tipo objetivo:** Este § 7º trata de punir de forma mais severa o furto de substâncias explosivas ou de acessórios que, conjunta ou isoladamente, possibilitem sua fabricação, montagem ou emprego. A qualificadora é aplicável, portanto, em razão do objeto material sobre o qual recai a conduta. A perícia será sempre necessária (CP, art. 158).

▪ **Substâncias explosivas e acessórios:** Explosivo é "qualquer substância inflamável que pode produzir explosão" (CÂNDIDO DE FIGUEIREDO, *Grande Dicionário da Língua Portuguesa*, 24ª ed., Lisboa, Bertrand Editora, 1949, v. I, p. 1152). Com maior tecnicidade, o Decreto n. 10.030, de 30.9.2019, traz as seguintes definições: (a) *explosivo*: "tipo de matéria que, quando iniciada, sofre decomposição muito rápida, com grande liberação de calor e desenvolvimento súbito de pressão"; (b) *explosivos de ruptura ou altos explosivos*: aqueles "destinados à produção de um trabalho de destruição pela ação da força viva dos gases e da onda de choque produzidos em sua transformação"; (c) *explosivos primários ou iniciadores*, isto é, "os que se destinam a provocar a transformação (iniciação) de outros explosivos menos sensíveis. Decompõem-se, unicamente, pela detonação e o impulso inicial exigido é a chama (calor) ou choque"; (d) *propelentes ou baixos explosivos*: aqueles "que têm por finalidade a produção de um efeito balístico". Quanto aos acessórios, o mesmo Decreto traz: (e) *acessório explosivo*: "engenho não muito sensível, de elevada energia de ativação, que tem por finalidade fornecer energia suficiente à continuidade de um trem explosivo e que necessita de um acessório iniciador para ser ativado" (*obs.*: trem explosivo significa quando vários explosivos são conectados); e (f) *"blaster"*: "elemento encarregado de organizar e conectar a distribuição e disposição dos explosivos e acessórios empregados no desmonte de rochas".

- Perícia: A aplicação desta qualificadora do § 7º depende de laudo pericial (CPP, art. 158).

- Pena: Reclusão, de 4 (quatro) a 10 (dez) anos, e multa.

FURTO DE COISA COMUM

Art. 156. Subtrair o condômino, coerdeiro ou sócio, para si ou para outrem, a quem legitimamente a detém, a coisa comum:

Pena – detenção, de 6 (seis) meses a 2 (dois) anos, ou multa.

§ 1º Somente se procede mediante representação.

§ 2º Não é punível a subtração de coisa comum fungível, cujo valor não excede a quota a que tem direito o agente.

- Conciliação: Cabe (arts. 72 a 74 da Lei n. 9.099/95).

- Transação: Cabe, preenchidos os requisitos do art. 76 da Lei n. 9.099/95.

- Suspensão condicional do processo: Cabe, atendidas as condições do art. 89 da Lei n. 9.099/95.

Furto de coisa comum

- Objeto jurídico: A propriedade ou posse legítima.

- Sujeito ativo: O condômino (coproprietário), coerdeiro ou sócio.

- Sujeito passivo: O condômino, coerdeiro, sócio ou terceira pessoa possuidora legítima.

- Tipo objetivo: A *coisa comum* é o objeto material. Discute-se se o furto praticado pelo sócio contra sociedade com personalidade jurídica é furto de coisa comum (art. 156) ou o furto do art. 155; pela tipificação do art. 156 do CP pronuncia-se HUNGRIA (*Comentários ao Código Penal*,1967, v. VII, p. 48); pela configuração do art. 155 opinam HELENO FRAGOSO (*Lições de Direito Penal – Parte Especial*, 1995, v. I, p. 204) e MAGALHÃES NORONHA (*Lições de Direito Penal – Parte Especial*, 1995, v. II, p. 241). No mais, *vide* nota ao art. 155 do CP.

- Tipo subjetivo, consumação, reparação do dano e tentativa: *Vide* notas ao art. 155 do CP.

- Concurso de pessoas: Pode haver segundo a regra do art. 30 do CP.

- Exclusão da antijuridicidade (§ 2º): A subtração não é punível quando concorrem duas circunstâncias: *a.* a coisa é fungível (CC, art. 85); *b.* e seu valor não excede a quota a que tem direito o agente.

- Pena: É *alternativa*: detenção, de seis meses a dois anos, ou multa.

- Ação penal: Pública condicionada à representação do ofendido.

Jurisprudência

- **Tipo objetivo:** Em tese, o sócio que furta coisa da sociedade pratica o delito do art. 156 e não o do art. 155; mas se estava já na posse da coisa, não se pode falar em furto, e sim em apropriação (TJRS, *RF* 192/409).

- **Concurso de pessoas:** A condição de sócio comunica-se aos coautores (TACrSP, *Julgados* 81/117).

- **Ação penal:** Exige-se representação (TACrSP, *Julgados* 81/117).

Capítulo II
DO ROUBO E DA EXTORSÃO

ROUBO

Art. 157. Subtrair coisa móvel alheia, para si ou para outrem, mediante grave ameaça ou violência a pessoa, ou depois de havê-la, por qualquer meio, reduzido à impossibilidade de resistência:

Pena – reclusão, de 4 (quatro) a 10 (dez) anos, e multa.

§ 1º Na mesma pena incorre quem, logo depois de subtraída a coisa, emprega violência contra pessoa ou grave ameaça, a fim de assegurar a impunidade do crime ou a detenção da coisa para si ou para terceiro.

§ 2º A pena aumenta-se de um terço até metade:

I – (*Revogado*)

II – se há o concurso de duas ou mais pessoas;

III – se a vítima está em serviço de transporte de valores e o agente conhece tal circunstância;

IV – se a subtração for de veículo automotor que venha a ser transportado para outro Estado ou para o exterior;

V – se o agente mantém a vítima em seu poder, restringindo sua liberdade;

VI – se a subtração for de substâncias explosivas ou de acessórios que, conjunta ou isoladamente, possibilitem sua fabricação, montagem ou emprego;

VII – se a violência ou grave ameaça é exercida com emprego de arma branca.

§ 2º-A. A pena aumenta-se de 2/3 (dois terços):

I – se a violência ou ameaça é exercida com emprego de arma de fogo;

II – se há destruição ou rompimento de obstáculo mediante o emprego de explosivo ou de artefato análogo que cause perigo comum.

§ 2º-B. Se a violência ou grave ameaça é exercida com emprego de arma de fogo de uso restrito ou proibido, aplica-se em dobro a pena prevista no *caput* deste artigo.

§ 3º. Se da violência resulta:

I – lesão corporal grave, a pena é de reclusão de 7 (sete) a 18 (dezoito) anos, e multa;

II – morte, a pena é de reclusão de 20 (vinte) a 30 (trinta) anos, e multa.

- **Alterações:** A Lei n. 9.426, de 24.12.1996, acrescentou os incisos IV e V ao § 2º e deu nova redação ao § 3º. A Lei n. 13.654, de 23.04.2018, revogou o § 2º, inciso I, inseriu o inciso VI ao § 2º e criou os novos §§ 2º-A e 3º. A Lei n. 13.964, de 24.12.2019, acrescentou o inciso VII ao § 2º, e o § 2º-B.

Roubo

- **Divisão:** Pode-se dividir o art. 157 em: *a. roubo próprio* (caput); *b. roubo impróprio* (§ 1º); *c. roubo com aumento de pena em virtude das circunstâncias* (§ 2º, § 2º-A e § 2º-B); *d. roubo qualificado pelo resultado lesão corporal grave* (§ 3º, primeira parte); *e. latrocínio ou roubo qualificado pelo resultado morte* (§ 3º, segunda parte).

- **Objeto jurídico:** É complexo, incluindo o patrimônio, posse, liberdade individual e integridade física.

- **Sujeito ativo:** Qualquer pessoa.

- **Sujeito passivo:** O proprietário, possuidor ou mesmo a terceira pessoa que sofra a violência, embora não tenha prejuízo patrimonial.

- **Tipo objetivo:** O *roubo* distingue-se do furto qualificado, porquanto nele a violência é praticada *contra pessoa*, enquanto no furto qualificado ela é empregada contra a coisa. No roubo próprio (art. 157, *caput*), a *violência* (força física) e a *grave ameaça* (promessa de mal sério) são cometidas contra a pessoa, ou esta, por qualquer meio, é reduzida à impossibilidade de defesa, para subtração da coisa. No *roubo impróprio* (§ 1º), a grave ameaça ou a violência são empregadas contra a pessoa, *logo depois* da subtração, para assegurar a impunidade do crime ou a detenção da coisa subtraída.

- **Objeto material:** É duplo o objeto material do roubo (pessoa e coisa alheia móvel).

- **Tipo subjetivo:** Dolo (vontade livre e consciente de subtrair) e o elemento subjetivo do tipo concernente ao especial fim de agir ("para si ou para outrem"). Na escola tradicional é o "dolo específico". Não há forma culposa.

- **Consumação do roubo próprio:** É semelhante à do furto, ou seja, o roubo (próprio) consuma-se quando a coisa é retirada da esfera de disponibilidade do ofendido e fica em poder, ainda que passageiro, do agente. A jurisprudência do STF e do STJ pacificou-se em 2016, não se exigindo mais a posse mansa, pacífica ou sem vigilância da coisa em poder do agente, sendo que a imediata perseguição e recuperação da coisa não impedem a consumação do crime (*vide* jurisprudência sob o título *Consumação: nova orientação do STF e do STJ*).

- **Consumação do roubo impróprio:** Com o emprego de violência ou grave ameaça contra pessoa, após a subtração.

- **Tentativa do roubo próprio:** É tranquila a sua admissibilidade. Há a tentativa de roubo próprio (*caput*) quando o agente, depois de empregar a violência ou grave ameaça contra a pessoa, não consegue, por motivos alheios à sua vontade, retirar a coisa da esfera de vigilância da vítima nem ter a sua posse tranquila, ainda que por pouco tempo.

- **Tentativa do roubo impróprio:** Há dois entendimentos diferentes: *1. É inadmissível a tentativa.* Ou o agente usa violência ou grave ameaça após a subtração (e o crime estará consumado), ou não a usa e, então, o crime não será roubo impróprio, mas furto consumado ou tentado. *2. É admissível a tentativa.* Pode haver tentativa de roubo impróprio quando, depois de conseguir subtrair a coisa, o agente é preso ao tentar usar violência ou grave ameaça para assegurar a posse do objeto ou sua impunidade. Note-se que, para *ambas* as correntes, se a subtração é apenas tentada e há violência ou ameaça na fuga, o crime será de tentativa de furto em concurso material com crime contra a pessoa (lesão corporal ou homicídio) e não tentativa de roubo impróprio. Nesse sentido, HUNGRIA, *Comentários ao Código Penal*, 1967, v. VII, pp. 61-62, ÁLVARO MAYRINK DA COSTA, *Direito Penal – Parte Especial*, 1994, v. II, t. II, p. 138, PAULO JOSÉ DA COSTA JR., *Comentários ao Código Penal*, 1988, v. 2, p. 212.

- **Concurso de crimes:** *Vide* nota em separado.

- **Classificação:** Crime comum quanto ao sujeito, doloso, de forma livre, de dano, material e instantâneo.

- **Confronto:** Quanto à diferença entre roubo e furto qualificado, *vide* nota sobre o tipo objetivo. No tocante à distinção entre roubo e extorsão, *vide*, no art. 158 do CP, nota *Confronto*. Na hipótese de roubo por inconformismo político, *vide* art. 20 da Lei n. 7.170, de 14.12.83.

- **Pena:** Do *caput* e do § 1º, reclusão, de quatro a dez anos, e multa.
- **Ação penal:** Pública incondicionada.

Jurisprudência geral do roubo próprio

- **Tipo subjetivo:** O crime de roubo requer "dolo específico" (TACrSP, *RT* 523/397).
- **Grave ameaça:** O temor da vítima deve ser produzido pelo agente, de modo que, se o ofendido ficar aterrorizado por motivos estranhos ao agente, há furto e não roubo (TACrSP, *RT* 523/401). Se há anúncio de assalto em circunstâncias capazes de configurar grave ameaça, independentemente da exibição de arma, é roubo e não furto (STF, *RT* 638/378). Ameaças verbais e simulação de porte de arma configuram roubo (TACrSP, *RJDTACr* 24/89; TRF da 3ª R., Ap. 98.03.099585-5, j. 21.9.99, *DJU* 9.11.99, p. 511, *in Bol. IBCCr* 87/424). Comete roubo simples, se finge portar revólver (TACrSP, *RT* 818/615; *RT* 811/633*)* ou se utiliza arma imprópria ao disparo ou de brinquedo (STF, HC 71.051, *DJU* 9.9.94, p. 23442).
- **Violência à pessoa:** Inexistindo provas da existência da agressão, não há como condenar o agente por roubo, uma vez que, neste tipo penal, a violência é um elemento essencial (TJMS, Ap. 2007.031112-4, *DOE* 4.12.07, *in Bol. IBCCr* 182/1143). Não é imprescindível a existência de lesão corporal para configurar-se o roubo, pois basta a prova de que a violência física tenha tolhido a defesa do ofendido (STF, *RT* 593/453). Lesão corporal leve ou vias de fato, com o intuito de reduzir a capacidade de reação da vítima, é suficiente para caracterizar o crime de roubo (TJSC, *RT* 759/713).
- **Violência contra terceiro:** No roubo, próprio ou impróprio, a subtração pode ser feita contra certa pessoa e a violência exercida contra terceiro (TACrSP, *RT* 685/338).
- **Nexo causal:** É indispensável que a ação esteja revestida de violência ou grave ameaça *diretamente vinculada* ao resultado (subtração de coisa alheia móvel); à míngua dessa comprovação, impõe-se a absolvição (TJDF, Ap. 11.965, *DJU* 28.10.92, p. 34783).
- **Consumação (nova orientação do STF e do STJ de 2016):** "Consuma-se o crime de roubo com a inversão da posse do bem mediante emprego de violência ou grave ameaça, ainda que por breve tempo e em seguida à perseguição imediata ao agente e recuperação da coisa roubada, sendo prescindível a posse mansa e pacífica ou desvigiada" (Súmula 593/STJ). "Para a consumação do crime de roubo, basta a inversão da posse da coisa subtraída, sendo desnecessária que ela se dê de forma mansa e pacífica, como argumenta a impetrante" (STF, HC 100.189/SP, rel. Min. Ellen Gracie, 2ª T., *DJe* 16.4.2010). No mesmo sentido: STF, HC 91.154/SP, rel. Min. Joaquim Barbosa, 2ª T., *DJe* 19.12.2008; STF, HC 94.406/SP, rel. Min. Menezes Direito, 1ª T., *DJe* 5.9.2008; STJ, 6ª T., EDcl no REsp 1.425.160/RJ, rel. Min. Nefi Cordeiro, 6ª T., *DJe* 25.9.2014. A 3ª Seção do STJ, embora tratando do crime de furto, fixou o mesmo entendimento (STJ, 3ª Seção, REsp 1.524.450, Recurso Repetitivo, Tema 934, *DJe* 9.11.2015).
- **Palavra da vítima:** Isolada e vazia, em confronto com as provas colhidas nos autos, não é suficiente para a condenação (TJPA, *RT* 872/685).
- **Dúvida sobre a autoria:** Embora os acusados tenham sido reconhecidos perante a autoridade policial, não foi renovada a identificação em juízo, mesmo presentes em audiência. Os depoimentos das vítimas mostraram-se vagos, pois não se recordavam com exatidão. Aplicação do art. 155 do Código de Processo Penal. Não restou suficientemente esclarecido quais dos denunciados entraram no estabelecimento comercial e não foi anotada a placa do suposto veículo utilizado. Dúvidas sobre a autoria que não autorizam o juízo condenatório (TJRS, 5ª CCr, Ap. 70040143059, rel. Des. Diógenes V. Hassan Ribeiro, j. 21.3.2012, *in Bol. AASP* n. 2.787).
- **Desclassificação:** Se o agente, a mão armada, tomou do ex-patrão o dinheiro que este lhe devia, desclassifica-se para o art. 345 do CP (TACrSP, *Julgados* 72/297). Revelando a prova que o objetivo da subtração era apenas a retenção da coisa até que fosse saldada a dívida, desclassifica-se o crime para exercício arbitrário das próprias razões (CP, art. 345), em concurso com lesões corporais (TJPR, *RF* 257/305).

- **Desistência voluntária e desclassificação:** Se o agente desiste voluntariamente de prosseguir a execução, após já ter exercido grave ameaça com emprego de arma, impedindo assim que a subtração se produza, só responde pelos atos já praticados, ou seja, pelo crime do art. 146 do CP (TACrSP, *RT* 768/591).

- **Subtração não imputada:** Se na denúncia e nos aditamentos não foi narrada nem imputada a subtração de qualquer bem, tendo a condenação por roubo tentado se baseado tão somente em elementar noticiada por ocasião do depoimento da vítima, não tendo sido observado o art. 384 do CP, anula-se o julgado (TJDF, Ap. 20100310138336, *DJ* 12.11.2013).

- **Restituição parcial:** O fato de que apenas parte da *res furtiva* foi restituída à vítima não pode justificar o aumento da pena-base a título de consequências do crime, por se tratar de aspecto subsumido no próprio tipo (TJTO, Ap. 0000497-02.2014.827.0000, j. 12.6.2014).

- **"Trombada":** Convencionou-se designar por essa palavra o choque ou batida que o ladrão dá no pedestre, para conseguir subtrair-lhe dinheiro, joia ou objeto. A melhor interpretação, à luz do CP, é considerar a *trombada*, quando esta só serviu para desviar a atenção da vítima, como furto (qualificado pela destreza ou arrebatamento). Neste sentido: TACrSP, *RT* 781/607. No entanto, se a trombada consiste em agressão ou vias de fato no ofendido, ela pode ser enquadrada no crime de roubo deste art. 157 (TACrSP, *Julgados* 83/414). Exemplos de tipificação no *roubo*: se o agente segura e imobiliza a vítima por trás, ainda que rapidamente e sem causar-lhe lesão, há roubo pelas vias de fato, pois a manobra não serviu, apenas, para desviar a atenção (STF, *RT* 608/442, 647/382). O empurrão, com o propósito de desequilibrar a vítima ou tolher seus movimentos, configura a violência caracterizadora do roubo (TACrSP, *RT* 709/330, 760/629; STF, HC 75.110-5-RS, j. 10. 6.97, *mv – DJU* 29.9.2000, p. 1793, in Bol. IBCCr 96/492; TAMG, *RT* 821/667). Exemplos de enquadramento no *furto*: vias de fato, imobilização, "trombada" e "gravata"; em princípio caracterizam roubo; mas, toda vez que a excepcionalidade do caso implicar perceptível descompasso entre a ação e a resposta penal, podem ser enfocadas por um prisma mais brando, configurando furto, como no caso em que o agente, após abordar a vítima, segura seu braço, retirando-lhe o relógio (TACrSP, *mv – RJDTACr* 20/169). Caracteriza-se furto quando o agente, ao retirar o dinheiro do bolso da vítima, chega a desequilibrá-la, mesmo que a sua roupa seja levemente danificada, pois a violência foi exercida contra a coisa (TACrSP, *RT* 746/625). Simples esbarrão ou toque no corpo não configura roubo (TACrSP, *mv – RT* 562/357). Arrebatamento com empurrão pode ser desclassificado para furto (TACrSP, *Julgados* 71/349). Se a violência usada foi só contra a coisa, e a vítima foi atingida sem intenção, apenas por repercussão, há só furto (TACrSP, *RT* 608/352, *Julgados* 84/251). Se só atrapalha a vítima, sem violência, é furto (TACrSP, *RT* 574/376, *Julgados* 68/476). Vide, também, no art. 155 do CP, notas *Trombada* e *Arrebatamento*.

- **Vítima sem nada (tentativa):** O fato da vítima não possuir nada não impede a caracterização do roubo na sua modalidade tentada (TAPR, *RT* 689/394; TACrSP, Ap. 1.214.213-0, j. 21.9.2000, *Bol. IBCCr* 99/520).

- **Fornecimento de senha errada do cartão (tentativa):** Há tentativa de roubo se a vítima fornece a senha errada de seu cartão magnético, diante da irrelevância econômica deste quando desprovido da senha correta (TACrSP, Ap. 1.169.663-1, j. 14.1.2000, *Bol. IBCCr* 89/442).

- **Desistência voluntária:** Se o réu foi convencido pelas palavras da testemunha a desistir da prática criminosa, resta caracterizada a desistência voluntária, o que torna incabível a sentença condenatória (TACrSP, *RT* 809/596).

- **Locupletação do agente:** É desnecessária à consumação (STF, *RTJ* 116/280, 103/436, 101/440; TACrSP, *RT* 710/286). *Fuga de coautor*: se um deles foi preso no ato, mas o outro fugiu com alguns dos valores, o roubo está consumado para ambos (STF, RE 101.982, *DJU* 14.11.85, p. 20568; *RT* 582/428; TJSP, *RJTJSP* 78/408; TACrSP, *Julgados* 91/37; TAPR, *RF* 279/359).

- **Contra irmã:** O patrimônio e a integridade da irmã de denunciado merecem proteção como as de qualquer do povo, sob pena de violação do princípio constitucional da igualdade, não havendo, todavia, razão alguma para o acréscimo de pena, já que não houve descumprimento de dever assistencial nem dano psicológico à vítima (TJRS, RT 808/692).

- **Despojamento dos bens facilitado pela vítima:** Não tem o condão de alterar a tipificação do roubo, já que o ofendido estava aflito em decorrência da violência (TACrSP, RJDTACr 17/159).

- **Princípio da insignificância ("crime de bagatela"):** Não pode ser aceito no roubo (STJ, REsp 74.302-SP, DJU 20.10.97, p. 53140, in RBCCr 21/310; TJMG, Ap. 10693130052253001, DJ 10.10.2014; TJSC, Ap. 551364, DJ 29.4.2011; TACrSP, RJDTACr 19/158; RT 812/586).

- **Crime continuado:** A diversidade no modus operandi, assim como a diversidade de comparsas, impede seu reconhecimento (TJRO, RT 873/673).

- **Concurso formal:** Caracteriza concurso formal a atuação do agente que, com uso de arma de fogo, rouba várias vítimas, pois, embora seja uma única ação, ocorre pluralidade de eventos e resultados (STJ, RT 792/598; TJSP, RT 755/613; TJRJ, RT 812/650). Há concurso formal com corrupção de menores quando a prática dos delitos ocorre no mesmo contexto fático (TJMG, RT 873/632).

- **Confronto entre roubo e extorsão:** Crime continuado. O roubo e a extorsão são delitos da mesma espécie, embora não sejam crimes idênticos; assim, é possível a caracterização da continuidade delitiva entre eles, nos termos do art. 71 do CP, desde que praticados no mesmo contexto de tempo, espaço e modo de execução (STJ, RT 765/567). Vide, também, jurisprudência no comentário do CP, art. 158.

- **Roubo e furto (não há continuidade):** Não pode haver continuidade delitiva entre roubo e furto pois, embora do mesmo gênero, não são da mesma espécie (STJ, HC 162.672/MG, DJe 6.6.2013).

- **Confronto entre roubo e estelionato:** Há roubo qualificado, e não estelionato, se as vítimas são atraídas ao local do crime por meio fraudulento e lhes é subtraído, mediante emprego de arma, o dinheiro que haviam trazido para realizar suposto negócio (TJSC, RT 631/337).

- **Confronto entre roubo e extorsão mediante sequestro:** Cometem o crime do art. 157, § 2º, I (revogado), II e V, e não o crime do art. 159, ambos do CP, os agentes que ameaçam a vítima com arma de fogo para subtraírem-lhe o veículo e a carteira, restringindo-lhe, em seguida, sua liberdade no interior do veículo para tentar efetuar saques em bancos 24 horas (TACrSP, RT 781/608).

- **Regime inicial de cumprimento de pena:** Se o agente teve sua pena fixada no mínimo legal previsto para o roubo, após a análise das circunstâncias judiciais do art. 59 do CP, não pode o juiz determinar o cumprimento em regime fechado, em face do disposto no art. 33, § 3º (STF, RT 753/514), sendo vedado, em regra, considerar apenas a gravidade do crime em si e a genérica, e não fundamentada, periculosidade do agente (STJ, HC 29.375/SP, DJU 17.11.2003, p. 348). Mesmo no caso de roubo majorado, preenchidos os requisitos legais, o regime inicial pode ser o semiaberto (STJ, RT 777/566). Vide, também, jurisprudência no art. 33 do CP, sob o título Regime fechado.

- **Multa:** Considerando a escassez de recursos por parte do apelante, cabível a redução da pena de multa para o mínimo legal (TJRS, Ap. 70050221878, j. 29.11.2012, in Bol. AASP n. 2.835, p. 11).

Jurisprudência geral do roubo impróprio

- **Roubo impróprio:** A denúncia deve especificar se a violência ou ameaça foi empregada a fim de assegurar a impunidade do crime ou a detenção da coisa, pois, sem esse dado, o fato está incompleto (TACrSP, Julgados 73/308).

- **Violência imediata:** A violência, para garantir a posse da coisa ou assegurar a impunidade do crime, precisa ser imediata (TACrSP, Julgados 65/231).

- **Violência contra terceiros:** Configura roubo se o agente subtrai dinheiro de vítima que dormia e, consumada a subtração, ameaça de morte dois adolescentes que se achavam presentes (TACrSP, *RT* 685/338).

- **Desclassificação:** Se o agente surpreendido antes de consumada a subtração praticar violência ou ameaça, não para assegurar a posse da coisa, mas para fugir livremente, não deve responder por tentativa de roubo, porém de furto (TACrSP, *RT* 536/343, *mv* – 520/424). Se a ameaça, consistente em gesto simulador de porte de arma, deu-se muito tempo após consumada a subtração, já no contexto da busca flagrancial, não há roubo impróprio, mas furto (TACrSP, *RT* 759/638). Há furto tentado em concurso material com lesão corporal, e não roubo qualificado, se a subtração se deu enquanto a vítima aparentava dormir em um vagão de trem, e a violência somente empregada quando os agentes, abordados pela vítima, estavam deixando a composição, posto que a violência não integrou o plano da subtração (TACrSP, *RT* 783/655). Subtração sem violência contra a pessoa, mas com violência para fugir, não é roubo impróprio, mas sim furto consumado em concurso material com lesão corporal leve (TJPB, *RT* 726/720; TACrSP, *RT* 537/322). Se o agente ainda não tinha a posse tranquila da coisa subtraída quando, só então, ameaçou o ofendido para assegurar a detenção da coisa, há furto e não roubo impróprio (TACrSP, *RT* 513/434).

- **Tentativa:** Há duas correntes: *1ª*–O roubo impróprio (CP, art. 157, § 1º) *não comporta tentativa* (STF, *RTJ* 63/345; STJ, *RT* 716/524). Não pode haver tentativa, pois ou o agente emprega a violência e o roubo impróprio se consuma, ou não a emprega e o crime é de furto (TACrSP, *mv – RT* 527/384). *2ª Pode haver tentativa* se, apesar de realizada a grave ameaça, é imediatamente perseguido e detido, não chegando a ter a posse tranquila (TACrSP, *RJDTACr* 5/184, 20/172, 17/163, 2/155, *RT* 702/364, *mv – Julgados* 95/282).

- **Consumação:** No roubo impróprio, em que a violência é subsequente à subtração, o momento consumativo é o do emprego da violência (STF, *RTJ* 63/345; TACrSP, *RJDTACr* 15/161).

Causas especiais de aumento de pena (§ 2º)

- **Âmbito:** Predomina o entendimento de que as causas de aumento de pena deste § 2º só são aplicáveis ao *caput* e ao § 1º, e não ao § 3º.

- **Causa especial de aumento de pena:** No § 2º do art. 157 não se tem qualificativa, mas causa especial de aumento de pena, que incide sobre a pena-base; não estabelecida esta, é nula, na sentença, a individualização da pena (STF, HC 67.781, *DJU* 18.5.90, p. 4343). A causa especial de aumento de pena do § 2º não pode superar o limite máximo nele previsto (hipótese em que a decisão recorrida impusera aumento de dois terços sobre a pena-base) (STF, *RT* 726/555).

- **Jurisprudência do alcance do § 2º:** O § 2º não se aplica ao § 3º do art. 157 do CP, pois este tem características especiais e próprias (STF, *RT* 571/411, *RTJ* 98/476; TJSP, *RT* 574/327, *mv – RJTJSP* 72/360; TJPR, *PJ* 48/344; TACrSP, *Julgados* 93/254,70/267; *contra*: TJSP, *mv – RT* 570/318; TACrSP, *Julgados* 77/65, *mv* – 71/214).

- **Fundamentação:** O acréscimo decorrente de causa especial de aumento de pena deste § 2º, quando superior ao mínimo, deve ser devidamente justificado (TJSC, *JC* 69/541). Quanto à *dupla incidência de causas, vide* jurisprudência adiante sob este título.

- **Não utilização da arma:** Quando o agente vale-se de agressão física contra a vítima para subtrair a coisa, mas não utiliza a arma de fogo que portava, é impossível reconhecer a causa de aumento do § 2º, I (TJMG, Ap. 1.0024.06.126406-5/001, *DOE* 14.11.2007, in Bol. *IBCCr* 181/1135). Ou seja, de acordo com tal entendimento, o fato de o agente portar a arma de fogo não basta para aplicar o aumento de pena. A Lei n. 13.654/2018 revogou o § 2º, inciso I, que previa o aumento de pena no caso de roubo mediante o uso de "arma", porém recrudesceu o tratamento dado ao agente que pratica roubo mediante o uso de arma de fogo, que passou a ter um aumento de 2/3 da pena (cf. novel § 2º-A, inciso I). A Lei n. 13.964/2019 inseriu o inciso VII ao § 2º, prevendo o aumento de pena de 1/3 até a metade, no caso de roubo mediante o uso de *arma branca*, e inseriu o § 2º-B, prevendo o aumento da pena em dobro, no caso de uso de arma de uso restrito ou proibido (*vide* comentários abaixo).

Aumento de 1/3 até a metade (§ 2º)

- As hipóteses de aumento contempladas:
- Inciso I. (*Revogado*).
- Inciso II. Se há concurso de duas ou mais pessoas: Quanto à necessidade ou não da presença delas no local, *vide* nota ao art. 155, § 4º, IV, do CP.
- Jurisprudência do § 2º, II: Incide a qualificadora ainda que o segundo coautor seja menor inimputável (TACrSP, *RT* 694/345). Aplica-se o § 2º, II, ainda que o coautor não tenha sido identificado, desde que certa a sua existência (TJDF, Ap. 13.093, *DJU* 22.9.93, p. 39110, *in RBCCr* 4/177).
- Concurso com quadrilha (atual associação criminosa):Em sede de roubo, não se aplica a qualificadora se há punição pelo art. 288 do CP (quadrilha ou bando) (TRF da 1ª R., Ap. 22.273, *DJU* 18.5.95, p. 30054, *in RBCCr* 12/288; STJ, *RT* 767/553).
- Inciso III. Se a vítima está em serviço de transporte de valores e o agente conhece tal circunstância: Como se fala em *serviço*, o ofendido deve estar transportando valores de outrem e não próprios; o verbo *conhecer* implica dolo direto, sendo necessário que o agente efetivamente conheça a circunstância.
- Inciso IV. Se a subtração for de veículo automotor que venha a ser transportado para outro Estado ou para o exterior: Referindo-se este inciso a *veículo automotor* (automóveis, caminhões, ônibus, motocicletas, lanchas, aeronaves etc.), ficam excluídos, evidentemente, os movidos a tração humana ou animal. Como a qualificadora fala em "veículo automotor transportado", caso o objeto roubo sejam peças avulsas de veículo, não se configurará a qualificadora. Todavia, caso se trate do transporte de todo um veículo desmontado, poderá restar configurada a qualificadora. A nosso ver, caso o agente tenha sido preso com o veículo *antes* de atravessar a fronteira do Estado em que foi roubado, ou atravessar a fronteira do País (p. ex., o Estado do Paraná e o Paraguai), não poderá haver incidência da qualificadora deste § 2º, IV, mas roubo consumado sem a sua incidência. Isto porque, em nosso entendimento, o crime de roubo se consuma no momento em que o agente subtrai a *res* da vítima, mediante violência ou grave ameaça, ficando com sua posse tranquila, ainda que passageira (no mesmo sentido, CEZAR ROBERTO BITENCOURT, *Código Penal Comentado*, 5ª ed., São Paulo, Saraiva, 2009, p. 575; *contra*, entendendo que há roubo qualificado pelo § 2º, IV, mesmo antes de o agente atravessar a fronteira, DAMÁSIO DE JESUS, *Direito Penal*, 29ª ed., São Paulo, Saraiva, 2009, p. 351). Como se vê, só se pode falar na qualificadora caso ele efetivamente ultrapasse a fronteira do Estado ou do País. Observe-se, outrossim, que por um lapso o legislador se omitiu quanto ao transporte de um Estado para o Distrito Federal, e vice-versa.
- Inciso V. Se o agente mantém a vítima em seu poder, restringindo sua liberdade: Esta outra causa especial de aumento de pena, acrescentada pela Lei n. 9.426/96, exige que a vítima seja mantida (conservada à força ou sob grave ameaça) em poder do agente, tendo restringida sua liberdade.
- Jurisprudência: Para a configuração da qualificadora, é necessário que a restrição à liberdade seja por tempo razoável e em circunstâncias que extrapolem a grave ameaça do próprio delito de roubo, o que não ocorre quando o ofendido é levado para os fundos de seu estabelecimento comercial e ali mantido durante a tentativa de assalto (TACrSP, *RT* 754/654). A restrição à liberdade deve ser por tempo juridicamente relevante, sob pena de que a aplicação da qualificadora seja uma constante em todos os roubos (STJ, REsp 228.794-RJ, *DJU* 20.8.2001, p. 513, *in RBCCr* 38/384). Se os agentes, após roubarem as vítimas em meio a uma estrada, as mantém em seu poder por quatro horas, incide a qualificadora do § 2º, V, do art. 157 do CP (TJSP, *RT* 755/620). Há roubo qualificado e não sequestro se os agentes mantiveram a vítima em seu poder, apenas com o objetivo de facilitar a subtração (TJSP, *RT* 770/565, 758/541) ou para garantir o resultado exitoso do roubo (TJSP, Ap. 341.858-3/3, j. 11.12.2001, *Bol. IBCCr* 125/695). Há concurso material entre roubo e sequestro naqueles casos em que, já consumado o crime contra o patrimônio e desnecessária a presença das vítimas para assegurar o seu êxito, são estas, mesmo assim, mantidas sob domínio dos assaltantes, a revelar a vontade livre e consciente de cometer uma nova infração (TJSP, *RT* 780/587 e 764/540). Também há concurso material, se os agentes, após se apoderarem do veículo, obrigaram a vítima a

permanecer no automóvel, levando-a para outro Município (TJSP, *RT* 777/582). *Vide*, ainda, comentário e jurisprudência no art. 148 do CP, sob o título *Concurso com roubo*.

- **Inciso VI. Se a subtração for de substâncias explosivas ou de acessórios que, conjunta ou isoladamente, possibilitem sua fabricação, montagem ou emprego:** Trata-se de causa especial de aumento de pena inserida pela Lei n. 13.654/2018, a qual também consta como hipótese de furto qualificado (art. 155, § 7º). Referida lei é fruto do PLS 9160/2017, que buscou reprimir com maior rigor os furtos e roubos a caixas eletrônicos.

- **Inciso VII. Se a violência ou ameaça é exercida com emprego de *arma branca*:** Cuida-se de dispositivo acrescentado pela Lei n. 13.964/2019; já na hipótese de arma de fogo, *vide* § 2º-A, inciso I, incluído pela Lei n. 13.654/2018; por fim, se a arma de fogo for de uso restrito ou proibido, *vide* § 2º-B, acrescido pela Lei n. 13.964/2019.

- **"Armas de fogo", "armas brancas *próprias*" e "armas brancas *impróprias*":** A Lei n. 10.086/2003 cuida do registro, cadastro e aquisição de armas de fogo, sendo regulamentada pelo Decreto n. 9.846/2019, conjuntamente com os Decretos n. 10.030/2019 e n. 10.629/2021. Segundo Domingos Tochetto, "arma é todo objeto que pode aumentar a capacidade de ataque ou defesas do homem. Certos objetos são concebidos e feitos pelo homem com o fim específico de serem usados como armas. Estes passam a ser denominados *armas próprias*. Outros, como um martelo, um machado de lenhador, uma foice, por exemplo, eventualmente podem se usados por indivíduos para matar ou ferir seus semelhantes. Não foram concebidos e nem feitos pelo homem visando aumentar seu potencial de ataque ou defesa, sendo denominados, por esse motivo, de armas impróprias. As armas *impróprias* compreendem duas categorias fundamentais: armas manuais e armas de arremesso. São armas manuais aquelas que funcionam como prolongamento do braço, sendo usadas no combate corpo a corpo. Como exemplo de armas manuais podemos citar a espada, o punhal e a maioria das *armas brancas*. As armas de arremesso são as que produzem seus efeitos à distância de quem as utiliza, quer expelindo projetis, quer funcionando elas próprias como projetis. Integram este último grupo, o dardo e a granada de mão, que são lançadas diretamente pela mão do atirador, motivo pelo qual são consideradas armas de arremesso simples. As armas de arremesso complexas, quando feitas para expelir projetis, são compostas de um aparelho arremessador, ou arma propriamente dita, e dos projetis, que compõem sua munição". Já as "armas de fogo são exclusivamente aquelas armas de arremesso complexas que utilizam, para expelir seus projetis, a força expansiva dos gases resultante da combustão da pólvora" (*Balística Forense*, Editora Sagra Luzzatto, 1999, p. 11). A origem do termo "arma branca" decorria do fato de as lâminas das espadas serem de aço reluzente. Assim esclarece o professor doutor em linguística Cláudio Moreno: "A partir do séc. XVIII, com o desenvolvimento da pistola, do arcabuz e do canhão, o conceito arma ganhou duas subespécies: as armas de fogo, que usam a energia da pólvora, e as armas brancas, geralmente dotadas de lâmina, que dependem da força e do braço humano. Bem nessa época, o dicionário de Bluteau (é de 1720) distingue as armas de fogo das armas brancas, chamadas assim, diz ele, 'porque eram de aço branqueado ou prateado' (é útil lembrar que branco vem do Germano *blanck*, 'reluzente, polido, branco', o que combina perfeitamente com a aparência do aço)" (site: https://sualingua.com.br/2015/05/23/arma-branca/, acesso 29.4.2021).

- **Armas brancas *próprias* e *impróprias*:** Ao tratar do art. 19 da LCP, Bento de Faria (*Lei das Contravenções Penais*, Rio de Janeiro, Livraria Jacintho, 1942, pp. 82 a 87) entende que a contravenção do art. 19 *só se aplica* ao porte de arma *própria*, "considerando-a como – o instrumento destinado *principal* e *ordinariamente* a ofensa ou a defesa pessoal", não se referindo a lei às armas *impróprias* – "isto é, as que podendo ocasionalmente servir para ofender, têm, entretanto, destino específico diverso, como – os instrumentos de trabalho e os de uso doméstico, agrícola, científico, esportivo, industrial e outros semelhantes. Esses objetos, sob outro aspecto penal, são considerados – armas – no caso em que forem empregados para espancar, ferir ou matar". É o caso, acrescentamos, do crime de roubo. Desse modo, na qualificadora deste inciso VII, § 2º, do art. 157 do CP, estão incluídas tanto as armas brancas *próprias* quanto as *impróprias*.

- **Armas brancas e a contravenção do art. 19 da LCP:** A contravenção penal do art. 19 do Decreto-Lei n. 3.688/1941 *não foi revogada totalmente* pela tipificação do crime de porte ilegal de arma de fogo do art. 14 da Lei n. 10.826/03, mas somente derrogada, restando válida para outras armas que não as de fogo, ou seja, as *armas brancas*. Saliente-se que *porte* (pronta para o uso) não se confunde com *transporte* (quando, por exemplo, encontra-se dentro de um estojo ou desmontada). Arthur Migliari Júnior (*Leis das Contravenções Penais e Leis Especiais Correlatas*, São Paulo, Lex Editora, 2000, p. 53) traz julgados de algumas décadas atrás, sendo à época comuns as condenações por essa contravenção pelo porte, *fora de casa* e *sem licença da autoridade*, de (a) *faca com mais de 10 cm de comprimento*; (b) *estilete*; (c) *soco inglês*; (d) *navalha*; (e) *punhal*; (f) *peixeira*; (g) *faca*; e (h) *canivete*. Na literatura, recomendamos os clássicos: José Duarte (*Comentários à Lei das Contravenções Penais*, Forense, 1944, pp. 293 a 307), para quem "o porte de arma é, sempre, potencialmente perigoso", trazendo a história das legislações sobre o tema, desde as Ordenações, em que algumas pessoas tinham o privilégio de poder portar armas como espada, punhal, adaga. Interessante notar que, atualmente, há polêmica sobre a vigência do art. 19, uma vez que não existe, em nossa legislação, possibilidade de alguém obter, das autoridades, a referida "licença" prevista no tipo. Nesse sentido, o STF reconheceu repercussão geral no Ag. em RE 901.623, ainda não julgado, bem como decidiu nesse sentido no RHC 134830, j. 26.10.2016, rel. Min. Gilmar Mendes. O STJ, ao contrário, reiterando decisões anteriores, julgou, no caso de uma faca de 22 cm. na via pública, perto de conhecido local de venda de droga, estar configurada a contravenção penal afirmando não haver violação do princípio da intervenção mínima ou da legalidade (RHC 56.128/MG (2015/0018523-6), rel. Min. Ribeiro Dantas, j. 10.3.2020). No mesmo sentido, citado nesse acórdão: *faca de 18 cm. sendo portada na rua* (STJ, Ag. no HC 470.461/SC, rel. Min. Saldanha Palheiro, j. 14.5.2019); *faca de 18 cm. à noite dentro da mochila na região central de Belo Horizonte* (STJ, RHC 66.979/MG. rel. Min. Felix Fischer, j. 12.4.2016). No Estado do Rio de Janeiro, a Lei Estadual n. 7.031, de 26.6.2015, proíbe o porte das seguintes "armas brancas", além daquelas previstas em outras legislações: "I – armas brancas, artefato cortante ou perfurante destinadas usualmente à ação ofensiva, como faca, punhal, ou similares, cuja lâmina tenha 10 (dez) centímetros de comprimento ou mais, salvo quando as circunstâncias justifiquem o fabrico, comércio, ou uso desses objetos como instrumento de trabalho ou utensílios". De nossa parte, o conceito de *arma branca própria*, como um *punhal*, um *soco inglês* e uma *espada*, que são produzidos especialmente para o ataque e a defesa, não apresenta qualquer dificuldade. Já a definição de *arma branca imprópria* – ressaltando a posição clássica de Bento de Faria (*cit.*) de que elas não estão incluídas no tipo do art. 19 da LCP – a sua conceituação vai depender, sobretudo, da análise do *contexto* em que ela estiver sendo portada. Assim, uma pessoa que leva a um estádio de futebol uma *faca de cozinha*, ou um *pé de cabra*, poderá responder pela contravenção penal do art. 19 da LCP, por serem esses objetos (o primeiro pérfuro-cortantes e o segundo contundente), no contexto em que são portados, considerados armas brancas *impróprias*. Porém, se um chefe de cozinha estiver transportando a suas facas, que são o seu *instrumento de trabalho*, vindo do restaurante para a sua casa, elas não serão consideradas armas brancas *impróprias* para fins do art. 19 da LCP, o mesmo ocorrendo se quem estiver transportando o *pé de cabra* for um pedreiro, levando-o para a obra.

- **Irretroatividade:** Tendo em vista a revogação do § 2º, inciso I ("I – se a violência ou ameaça é exercida com o emprego de arma"), pela Lei n. 13.654, de 23.4.2018, e o acréscimo do § 2º, inciso VII ("VII – se a violência ou ameaça é exercida com o emprego de arma branca), pela Lei n. 13.964, de 24.12.2019 (que entrou em vigor 30 dias após), existe um lapso temporal de treze meses em que o emprego de arma branca não permite a aplicação de qualquer causa especial de aumento de pena, pois não previsto expressamente em lei. Assim, o roubo mediante uso de arma branca praticado antes da entrada em vigor da Lei n. 13.964/2019, deve ser capitulado no *caput* ("roubo simples"), não permitindo a aplicação da causa de aumento deste §2º, inciso VII, por força do princípio da irretroatividade da lei penal maléfica (CP, art. 2º, parágrafo único). Já para fatos posteriores à referida lei, a hipótese enquadra-se no novel § 2º, inciso VII (aumento de 1/3 até a metade).

■ **Quantidade do aumento no caso de haver duas ou mais causas de aumento de pena:** A questão sempre foi muito discutida, parecendo ter-se pacificado com a Súmula 443 do STJ: "O aumento na terceira fase de aplicação da pena no crime de roubo circunstanciado exige fundamentação concreta, não sendo suficiente para sua exasperação a mera indicação do número de majorantes". Não obstante, é importante ter em conta antigos entendimentos da jurisprudência a respeito, os quais eventualmente ainda podem ser aplicados, ressalvado o entendimento da súmula. Assim é que, o fato do roubo ter restado duplamente majorado, por si só, não autoriza o aumento da pena em quantitativo maior do que o mínimo previsto no tipo respectivo. O aumento com observância exclusiva do mínimo de majorantes representa resquício da nefasta responsabilidade objetiva. O Direito Penal atual é o da culpa (TJRJ, Ap. 2007.050.04417, *DOE* 5.11.07, *in Bol. IBCCr* 181/1136). Ainda que esteja comprovada mais de uma causa especial de aumento de pena, há *uma* só incidência e não duplo ou triplo aumento; a outra, ou outras, servirão de circunstâncias agravantes, se cabíveis (CP, arts. 61 e 62), ou deverão ser apreciadas como circunstâncias judiciais no art. 59 do CP. *Jurisprudência*: mesmo ocorrendo duas ou três causas de aumento, aplica-se apenas uma delas, somente cabendo a aplicação do grau máximo (metade) quando todas as circunstâncias judiciais do art. 59 forem desfavoráveis (TRF da 4ª R., Ap. 20.354, *DJU* 24.4.96, p. 26629, *in RBCCr* 15/410). A existência de duas qualificadoras não autoriza, por si só, o aumento acima do mínimo legal de um terço (TJSP, *RT* 757/541), sob pena de exagero punitivo (TJSP, Ap. 1.364.603-5, j. 26.6.2003, *Bol. IBCCr* 130/736). Havendo pluralidade de qualificadoras, é inadmissível a utilização de parte delas como agravantes, pois essas se apresentam com natureza jurídica diversa (TACrSP, *RJDTACr* 16/151), não estando previstas em lei como tais (TACrSP, *RJDTACr* 24/314). Quando houver uma única qualificadora, o aumento sobre a pena-base será de um terço; quando forem três, de metade; e, quando forem duas, de dois quintos, ou seja, entre o mínimo e o máximo estipulado (TACrSP, *RJDTACr* 17/128 e 137, 24/314). Com o advento da Lei n. 9.426/96, que introduziu os incisos IV e V ao § 2º do art. 157 do CP, as frações de aumento de pena devem ser remodeladas, devendo o aumento de um terço até a metade ser dividido por cinco; assim, presente uma qualificadora, aumenta-se em um terço; em se tratando de duas, a elevação será de 3/8; no caso de três qualificadoras, majora-se em 5/12; com quatro qualificadoras, o aumento será de 11/24; e, concorrendo as cinco qualificadoras, o acréscimo será no patamar máximo de metade (TACrSP, *RT* 771/614). Havendo duas qualificadoras, admite-se o aumento de dois quintos, em face da maior temibilidade do agente, tornando mais difícil a defesa da vítima (STJ, *RT* 783/604) *Contra*: A dosimetria entre o mínimo e o máximo tem por parâmetro não o número de qualificadoras, mas sim os meios empregados que tornam o crime mais grave, podendo o biqualificado ter o aumento de apenas um terço (TACrSP, *RJDTACr* 17/161, *mv* – 19/136, 21/193), bem como aquele com uma só qualificadora ter o aumento acima do mínimo legal (STJ, *RT* 789/562). Não se pode majorar de metade apenas pelo fato do roubo ser biqualificado, só se admitindo tal aumento em casos graves, como grande número de agentes que atuam com violência excessiva e se utilizam de armas poderosas (TACrSP, *RJDTACr* 24/312, *RT* 772/599, 774/603; TJSP, *RT* 749/657; TJSC, *RT* 763/667). A opção pelo máximo da agravação permitida deve ser fundamentada com base em dados concretos (STF, *RT* 696/434). A exasperação em face da presença de causas especiais de aumento deve ser sempre mínima, porque não é a sua quantidade que determina a fixação acima da fração mínima, mas a ocorrência de algum fato específico demonstrativo de culpabilidade exacerbada (TACrSP, *RT* 746/610). *Vide*, também, nota e jurisprudência no art. 68 e parágrafo único do CP.

■ **Agravantes:** As agravantes do art. 61, II, *c* e *h*, não se configuram, embora a vítima tenha 74 anos, se não há elementos objetivos a indicar a existência de fragilidade em razão do tempo vivido (alínea *h*), e porque a impossibilidade de defesa está ínsita no tipo (TJRS, Ap. 70005419502, j. 18.12.2002, *Bol. IBCCr* 123/679).

■ **Qualificadoras e agravantes genéricas:** As agravantes genéricas da promessa de pagamento e da surpresa não se aplicam ao crime de roubo qualificado pelo uso de arma e concurso de pessoas; a primeira agravante está absorvida pela vantagem econômica que faz parte do roubo; a surpresa, tanto pelo uso de arma como pelo concurso de agentes (TJRO, *RT* 791/689).

▪ *Reformatio in pejus:* Réu denunciado por roubo simples não pode ser condenado pela forma qualificada, anulando-se a sentença para que outra seja proferida (TACrSP, Ap. 1.240.567-0, j. 14.3.2001, *Bol. AASP* 2357/2986).

▪ **Concurso entre roubo e quadrilha (atual associação criminosa) qualificados:** *Vide* nota *Concurso de crimes*, em nosso comentário ao CP, art. 288.

▪ **Regime semiaberto:** Fixada a pena para o roubo duplamente qualificado em patamar que permite o regime semiaberto, não pode o juiz determinar o inicial fechado, com base apenas na opinião pessoal sobre a gravidade do crime e as consequências patrimoniais suportadas pela vítima, por serem ínsitas ao tipo penal em apreço (STF, RHC 84.822/SP, *DJU* 18.2.2005, p. 29). Sendo favoráveis as circunstâncias judiciais do art. 59 do CP, o que se consubstancia na fixação da pena-base no mínimo legal, é imperiosa a fixação do regime inicial semiaberto (STJ, HC 29.373/SP, *DJU* 17.11.2003).

▪ **Pena:** É aumentada de um terço até metade.

As hipóteses de aumento de 2/3 da pena (§ 2º-A)

▪ **Alteração:** O § 2º-A, inserido pela Lei n. 13.654/2018 (a chamada "Lei do Caixa Eletrônico"), prevê que haverá o aumento da pena em 2/3 (dois terços) no caso de ocorrer uma das situações referidas na nota abaixo:

▪ **Concurso de causas de aumento:** No caso de roubo praticado mediante o concurso de duas ou mais pessoas (§ 2º, inciso II) e também mediante o emprego de arma de fogo (§ 2º-A, inciso I) ou mesmo com a destruição ou rompimento de obstáculo mediante explosivo ou artefato análogo que cause perigo comum (§ 2º-A, inciso II), entendemos que deve haver um só aumento (o deste § 2º-A) e não dois aumentos (o do § 2º e o do § 2º-A), nos termos do disposto no art. 68, parágrafo único, do Código Penal: "No concurso de causas de aumento ou de diminuição previstas na parte especial, pode o juiz limitar-se a um só aumento ou a uma só diminuição, prevalecendo, todavia, a causa que mais aumente ou diminua".

§ 2º-A, inciso I

▪ **Somente arma de fogo apta ao disparo:** Haverá o aumento de pena de 2/3 (dois terços) se a violência ou ameaça é exercida com emprego de *arma de fogo*. A Lei n. 10.086/2003 cuida do registro, cadastro e aquisição de armas de fogo, sendo regulamentada pelo Decreto n. 9.846/2019, conjuntamente com os Decretos n. 10.030/2019 e n. 10.629/2021. Exige-se, pelo agente, a utilização (emprego), no roubo, de *arma de fogo*, o que significa dizer *arma carregada*, *apta para o disparo de projetil*. Assim afirma o renomado perito DOMINGOS TOCHETTO: "*Quando existir somente a arma, sem a carga de projeção e o projetil, estaremos diante de um engenho mecânico, de um objeto, talvez contundente, mas não de uma arma de fogo*". Explica: "armas de fogo são exclusivamente aquelas armas de arremesso complexas que utilizam, para expelir seus projetis, a força expansiva dos gases resultantes da combustão da pólvora (...) São considerados elementos essenciais de uma arma de fogo, o aparelho arremessador, ou arma propriamente dita, a carga de projeção (pólvora) e o projetil, sendo que estes dois últimos, integram, na maioria dos casos, o cartucho. A inflamação da carga de projeção dará origem aos gases que, expandindo-se, produzirão pressão contra a base do projetil, expelindo-o através do cano e projetando-se no espaço, indo produzir seus efeitos à distância. Para que uma arma de fogo possa ser considerada como tal, deve conter estes três elementos" (*Balística Forense*, Editora Sagra Luzzatto, 1999, p. 12). Desse modo, o *emprego de arma de fogo* pressupõe a utilização de arma apta ao disparo de projetil por combustão. Até o advento da Lei n. 13.654/2018, que revogou expressamente o § 2º, inciso I (que previa o aumento de pena no caso de emprego de "arma"), havia discussão sobre se o emprego de arma de brinquedo ou desmuniciada caracterizava a antiga qualificadora. Após a referida lei, é indiscutível que somente o emprego de "arma de fogo", *stricto sensu*, permite a incidência desta nova causa especial de aumento de pena (§ 2º-A, inciso I), excluindo-se as *armas brancas* e as *réplicas* e também, aduzimos, as armas *desmuniciadas ou impróprias ao disparo*.

- **Carabinas de pressão não são armas de fogo:** Segundo ainda DOMINGOS TOCHETTO, "Apesar de não serem consideradas armas de fogo propriamente ditas, as carabinas de pressão expelem projetis, os quais podem causar lesões e até a morte" (*Idem*).

- **Arma de fogo desmuniciada ou imprópria ao disparo:** No caso de arma de fogo desmuniciada, já havia divergência. Nosso posicionamento continua o mesmo: não deve haver a incidência do aumento (agora do novo § 2º-A, inciso I), podendo apenas servir para a caracterização da grave ameaça do roubo simples, próprio ou impróprio (*caput* e § 1º). Isso porque, a nosso ver, a qualificadora é objetiva e tem sua razão de ser no perigo real que representa a arma de fogo municiada e apta a disparar. A arma desmuniciada pode causar grande temor à vítima, apto a caracterizar a grave ameaça, mas não representa uma ameaça ou perigo concreto porque não há poder letal. Além do mais, não se pode equiparar o dolo e a culpabilidade do agente que emprega arma de fogo descarregada ou imprópria ao disparo, com o de quem utiliza arma de fogo municiada e apta ao disparo. Em abono à nossa posição, a Súmula 174 do STJ, que considerava o uso de arma de brinquedo apto a qualificar o roubo, foi *cancelada* (REsp 213.054-SP, j. 24.10.2001; REsp 442.075-RS, j. 19.5.2003), entendimento que fica ainda mais reforçado diante da revogação expressa do § 2º, inciso I (emprego de "arma") e inserção do novo § 2º-A, inciso I (emprego de "arma de fogo").

- **Irretroatividade:** Por prever um aumento maior (2/3) do que o antigo § 2º, inciso I (expressamente revogado pela Lei n. 13.654/2018), que aumentava a pena em 1/3, evidentemente, tal aumento não pode retroagir, sendo aplicável somente para fatos (isto é, roubos mediante o emprego de arma de fogo) praticados após a entrada em vigor da lei.

- *Abolitio criminis*: No caso de condenações ou fatos anteriores à referida lei, em que tenha sido empregada arma branca ou qualquer outra que não "arma de fogo", haverá *abolitio criminis* referente ao aumento de pena previsto no § 2º, inciso I, permanecendo a condenação apenas pelo roubo simples (*caput*). Todavia, as condenações anteriores pelo § 2º, inciso I, em virtude do emprego de arma de fogo, continuam válidas, porém a quantidade do aumento (2/3) prevista no novo § 2º-A, inciso I, não retroage, mantendo-se o aumento de 1/3.

§ 2º-A, inciso II

- **Destruição ou rompimento de obstáculo mediante o emprego de explosivo ou de artefato análogo que cause perigo comum:** Antes da referida lei, os roubos praticados nessas condições eram punidos de forma cumulada com o crime do art. 251 do CP (crime de explosão), ou seja, havia um concurso material entre o roubo simples (art. 157, *caput*) e o crime de explosão (art. 251). Agora, os roubos assim praticados passam a ter a pena aumentada em 2/3. Assinale-se que, ao contrário do furto (*vide* art. 155, § 4º, inciso I), o crime de roubo nunca fora qualificado pela destruição ou rompimento de obstáculo, passando agora a sê-lo no caso da destruição ou rompimento ser praticada mediante explosivo ou artefato análogo que cause perigo comum.

- **Substâncias explosivas e acessórios:** Explosivo é "qualquer substância inflamável que pode produzir explosão" (CÂNDIDO DE FIGUEIREDO, *Grande Dicionário da Língua Portuguesa*, 24ª ed., Lisboa, Bertrand Editora, 1949, v. I, p. 1152). Com maior tecnicidade, o Decreto n. 10.030, de 30/09/2019, traz as seguintes definições: (a) *explosivo*: "tipo de matéria que, quando iniciada, sofre decomposição muito rápida, com grande liberação de calor e desenvolvimento súbito de pressão"; (b) *explosivos de ruptura ou altos explosivos*: aqueles "destinados à produção de um trabalho de destruição pela ação da força viva dos gases e da onda de choque produzidos em sua transformação"; (c) *explosivos primários ou iniciadores*, isto é, "os que se destinam a provocar a transformação (iniciação) de outros explosivos menos sensíveis. Decompõem-se, unicamente, pela detonação e o impulso inicial exigido é a chama (calor) ou choque"; (d) *propelentes ou baixos explosivos*: aqueles "que têm por finalidade a produção de um efeito balístico".

- **Elementos normativos do tipo:** Para que haja o aumento de 2/3 da pena, é preciso que fiquem comprovados os seguintes elementos normativos do tipo: *1.* deve ter ocorrido destruição ou rompimento de obstáculo; *2.* tais consequências devem ter sido causadas pelo emprego de explosivo ou de artefato análogo; *3*. deve ter ficado comprovado o perigo comum, isto é, a um número indeterminado de pessoas. É elementar a existência de laudo pericial (art. 158 do CPP) atestando a ocorrência de tais elementos normativos que permitem a incidência desta causa de aumento de pena.

§ 2º-B (arma de fogo de uso restrito ou proibido)

- **Aumento de pena em dobro:** A pena do *caput* será aplicada em dobro se a violência ou grave ameaça for exercida com emprego de arma de fogo de uso restrito ou proibido. De acordo com o método trifásico, o aumento de aumento de pena será aplicado na terceira fase de fixação da pena (*vide* art. 68 do CP).

- **Arma de fogo de uso restrito ou proibido:** O Regulamento instituído pelo Decreto n. 10.030, de 30.9.2019, estabelece, em seu Anexo I, art. 3º, as seguintes definições: "II – arma de fogo de uso restrito – as armas de fogo automáticas, de qualquer tipo ou calibre, semiautomáticas ou de repetição que sejam: *a*) não portáteis; *b*) de porte, cujo calibre nominal, com a utilização de munição comum, atinja, na saída do cano de prova, energia cinética superior a mil e duzentas libras-pé ou mil seiscentos e vinte joules; ou *c*) portáteis de alma raiada, cujo calibre nominal, com a utilização de munição comum, atinja, na saída do cano de prova, energia cinética superior a mil e duzentas libras-pé ou mil seiscentos e vinte joules. III – arma de fogo de uso proibido: *a*) as armas de fogo classificadas como de uso proibido em acordos ou tratados internacionais dos quais a República Federativa do Brasil seja signatária; e *b*) as armas de fogo dissimuladas, com aparência de objetos inofensivos".

Roubo qualificado pelo resultado lesão grave (§ 3º, inciso I)

- **Alteração:** Com a nova redação dada a este § 3º pela Lei n. 13.654/2018, houve aumento de pena na hipótese de roubo de que resulte lesão corporal de natureza grave: antes era prevista pena de 7 a 15 anos, além da mula, passando agora a ser de 7 a 18 anos de reclusão, e multa. A alteração não pode retroagir, por se tratar de lei penal maléfica. Todavia, no caso de latrocínio (§ 3º, II), não houve aumento da pena anteriormente prevista, que continua a ser de 20 a 30 anos de reclusão, e multa.

- **Noção:** O roubo é qualificado pelo resultado (lesão corporal grave), quer este decorra de dolo ou de culpa do agente (preterdolo). Sem que haja, ao menos, culpa do agente pelo resultado, não se pode aplicar esta qualificadora (CP, art. 19). A pessoa que sofre a lesão pode ser outra que não a proprietária da coisa subtraída (mas não o coautor ou partícipe do crime) e, também, o roubo pode ser próprio ou impróprio. A *lesão grave* resultante da violência, que torna o roubo qualificado, é aquela conceituada nos §§ 1º e 2º do art. 129 do CP, incluindo tanto a lesão grave como a denominada gravíssima. A comprovação da gravidade da lesão requer exame de corpo de delito (*vide* notas e jurisprudência no art. 129, §§ 1º e 2º). A lesão corporal leve fica absorvida.

- **Crime único:** Tratando-se de crime complexo, o roubo qualificado por lesões corporais graves, em que há multiplicidade de vítimas, não perde a sua unidade se ocorre apenas uma única lesão patrimonial, não se configurando o concurso formal (TJMG, *RT* 773/691).

- **Qualificadora:** Sobre a não aplicação dos §§ 2º e 2º-A a este § 3º, *vide* nota e jurisprudência anteriores, bem como *Jurisprudência da pena* nos comentários ao § 3º deste art. 157.

- **Pena:** Reclusão, de sete a dezoito anos, além da multa.

- **Aumento especial de pena:** *Vide* nota abaixo, sob igual título.

Jurisprudência do § 3º, inciso I

- **Lesão leve:** Não qualifica, pois integra o roubo simples e fica por este absorvida, quando praticada simultaneamente (TACrSP, *Julgados* 84/236; TJSP, *RT* 550/302).

- **Lesão grave:** Há acórdãos entendendo que, se o próprio coautor sofreu a lesão grave, haveria essa tipificação na primeira parte do § 3º (TACrSP, *Julgados* 81/257). Não nos parece, porém, que esta seja a melhor interpretação, pois não deve haver qualificação se apenas o coautor ou o partícipe sofreu a lesão grave.

- **Exame:** A gravidade da lesão deve ser pericialmente comprovada (TJSP, *RT* 564/306; TACrSP, *Julgados* 70/303; TJRJ, *RT* 818/669).

- **Desclassificação:** Não comprovada a gravidade da lesão, desclassifica-se (TACrSP, *Julgados* 81/519, 73/217, *RT* 581/343).

- **Tentativa:** Se o agente fere gravemente a vítima, mas não consegue subtrair a coisa, há só a tentativa do art. 157, § 3º, primeira parte (atual inciso I) (TACrSP, *Julgados* 71/214; TAMG, *RJTAMG* 52/369).

- **Aumento especial de pena:** *Vide* nota abaixo, que se aplica aos dois incisos deste § 3º.

Latrocínio ou roubo qualificado pelo resultado morte (§ 3º, inciso II)

- **Crime hediondo:** O art. 1º da Lei n. 8.072/90, em conformidade com o art. 5º, XLIII, da CR, considera *hediondo* o "II – latrocínio (art. 157, § 3º, *in fine*)". Em nossa opinião, mesmo com a alteração trazida pela Lei n. 13.654/2018, que apenas reposicionou o latrocínio para o § 3º, inciso II. Não houve, assim, qualquer alteração na estruturação típica, continuando a ser hediondo o latrocínio. Quanto às consequências dos crimes hediondos, *vide* nota Crime hediondo no art. 121, *caput*, do CP.

- **Aumento especial de pena:** O art. 9º da Lei n. 8.072/90 estabelece que, no caso do art. 157, § 3º (lesão grave ou morte), "estando a vítima em qualquer das hipóteses referidas no art. 224 também do CP", as penas "são acrescidas de metade, respeitado o limite superior de trinta anos de reclusão". O referido art. 224, todavia, foi revogado pela Lei n. 12.015/2009, de forma que o aumento de pena previsto no art. 9º da Lei n. 8.072/90 não é mais aplicável, por força do princípio da reserva legal. Cabe ao legislador, se assim desejar, alterar a redação do referido art. 9º para incluir, expressamente, as hipóteses do revogado art. 224.

- **Noção:** Aplicam-se aqui, no que cabíveis, as notas anteriores (inciso I do § 3º). No latrocínio, porém, o resultado é a morte.

- **Consumação e tentativa:** Há diversas possibilidades fáticas, sendo também diferentes as posições na jurisprudência.

Jurisprudência do latrocínio

- **Homicídio e subtração consumados:** É tranquila a orientação que entende haver latrocínio consumado e não homicídio qualificado consumado em concurso com crime contra o patrimônio consumado (STF, *RTJ* 61/318; TJDF, Ap. 10.277, *mv* – *DJU* 15.5.90, p. 9859), não importando se a morte decorreu de dolo ou culpa do agente que se dispôs a roubar veículo com arma de fogo (TAPR, *RT* 765/706), pois só o caso fortuito e desvinculado do *iter criminis* poderia levar à desclassificação (TAPR, *RT* 765/706).

- **Homicídio consumado e subtração tentada:** Há julgados com diversas soluções, podendo ser apontadas quatro correntes, embora a primeira delas (*a*), amplamente dominante, seja reconhecida pelo próprio STF como a "menos imperfeita": *a*. Latrocínio consumado (Súmula 610 do STF: "Há crime de latrocínio, quando o homicídio se consuma, ainda que não realize o agente a subtração de bens da vítima"; STF, *RT* 571/411, 552/433, 543/470, 541/448, este reconhecendo ser a "menos falha", *RTJ* 96/94; TJSP, *RT* 753/595, 624/295, *RJTJSP* 171/302, 119/475; TJMS, *RT* 806/607; TJDF, *RT* 776/630; TJRS, *RJTJRS* 165/143; TAMG, *RT* 767/686). Há latrocínio consumado se, além do homicídio consumado, houve a subtração das armas dos vigilantes da Caixa Econômica, embora frustrada a intenção original de subtrair o numerário (TRF da 5ª R., *JSTJ e TRF* 176/557). *b*. Tentativa de latrocínio (TJRJ, *RT* 515/424). *c*. Homicídio qualificado consumado em concurso com tentativa de roubo (TJRJ, *RF* 258/363). *d*. Só homicídio qualificado (TJRJ, *RT* 503/415; TJSP, *RT* 441/382).

- **Homicídio tentado e subtração consumada:** São encontradas diversas soluções: *a*. Tentativa de latrocínio: se tenta matar, mas consegue subtrair (STF, *mv* – *RTJ* 122/590, *RT* 585/409; STJ, *RT* 756/529; TACrSP, *RT* 727/536). *b*. Tentativa de homicídio (qualificado pela finalidade): há julgado nesse sentido (TJSP, *RT* 441/380). *c*. Roubo com resultado lesão corporal grave, devendo a pena ser dosada com observância da primeira parte (atual inciso I) do § 3º do art. 157 do CP, não havendo que se falar em latrocínio (STF, *RT* 782/511). Entendemos ser este último entendimento o mais acertado.

- **Homicídio tentado e subtração tentada:** Há tentativa de latrocínio (STF, *RTJ* 61/321; TAMG, Ap. 11.076, j. 6.8.84; TACrSP, *Julgados* 86/53, 80/40, 70/267), independentemente da gravidade ou não das lesões corporais sofridas pela vítima (STF, *RT* 757/479). Se, logo após o roubo a mão armada, resiste à ordem de prisão e efetua disparo contra policiais, sem contudo os atingir, não há tentativa de latrocínio, senão tentativa de roubo agravado pelo emprego de arma, em concurso material com o crime de resistência (TACrSP, *RT* 785/618).

- **Intenção do agente:** Se a real intenção do réu era a morte da vítima, e não a subtração de pertence seu, anula-se a sentença que o condenou por latrocínio, remetendo-se os autos ao juízo competente para os crimes dolosos contra a vida, a partir da fase do antigo art. 408 do CPP (TJAC, *RT* 819/623). Na dúvida se o único tiro disparado, a pouca distância da vítima e com mira absolutamente insuficiente para atingi-la, se centrava no propósito de fuga ou na intenção de eliminá-la, resta descaracterizada a tentativa de latrocínio, devendo ser interpretado como exaurimento do roubo (TAMG, *RT* 806/649).

- **Crime único:** Se há diversidade de vítimas fatais, há um único latrocínio (TJSP, *RJTJSP* 174/328). Há crime único, mesmo que o delito-meio se apresente sob a forma de múltiplas infrações (morte de uma pessoa e lesão corporal em outras), já que o delito-fim é um só (TJSP, *RT* 767/574). Há crime único e não crime continuado (STF, *RT* 716/532), concurso material (TAMG, *RT* 748/710) ou concurso formal, devendo o número de vítimas ser considerado nos termos do art. 59 do CP (TJSP, *RJTJSP* 112/474). *Idem*, se uma vítima morre e a outra sofre lesões, ficando absorvido o crime de lesão corporal (TJSP, *RT* 685/312). *Contra*: Há concurso formal perfeito (CP, art. 70, primeira parte) entre diversos crimes de roubo próprios e destes com o de latrocínio (TRF da 1ª R., *JSTJ e TRF* 176/373).

- **Morte do coautor:** Entendemos que, nessa hipótese, a melhor interpretação é a de que a morte do coautor ou de partícipe não serve para qualificar o fato, pois o resultado atingiu o próprio sujeito ativo e não o passivo (TJSP, *RT* 702/324, 641/314, *RJTJSP* 117/447, 111/531). Entretanto, há acórdãos no sentido de que existe o crime de latrocínio, ainda que a morte seja a de copartícipe, não se exigindo que a morte seja a da própria vítima (STF, *RTJ* 145/241; TJSP, *RT* 788/585; *TJDF, RT* 776/630).

- *Aberratio ictus*: Não descaracteriza o latrocínio (TJDF, Ap. 11.124, *DJU* 25.9.91, p. 23478; TJSP, *RT* 767/574).

- **Morte causada por reação de vigilantes:** Se o resultado morte decorreu da reação dos vigilantes de estabelecimento comercial roubado, que agiram em situação de legítima defesa, não praticando crime algum, não se pode pretender que este resultado não criminoso seja erigido a elemento constitutivo do latrocínio, restando este descaracterizado (TJSP, *RT* 783/621). *Contra*, em caso de refém: Há latrocínio no caso da morte de refém por um dos vigilantes do banco (TJSP, *RT* 759/596).

- **Ataque cardíaco:** A violência a que se refere o § 3º do art. 157 há de ser física e não moral, desclassificando-se para roubo duplamente qualificado por concurso de agentes e uso de arma para ameaçar (TJSP, *RJTJSP* 111/495).

- **Morte sem relação com o roubo:** Se o agente matou a vítima por outro motivo, sem a finalidade de roubar, mas, depois de estar ela morta, aproveita para subtrair coisas dela, há homicídio em concurso com furto, mas não latrocínio (TAPR, *RT* 599/386; *contra*: TJSC, *JC* 71/385; TAMG, Ap. 107.677, j. 20.11.90; *RT* 751/677). Há latrocínio se o agente, após furtar objeto, vem a matar terceira pessoa que o perseguia durante a fuga (TJRO, *RT* 785/699).

- **Contraditório:** Se a prova colhida no inquérito, além de confusa e contraditória, pois discrepantes os informes fornecidos pelos acusados, revelando vício na sua obtenção pela intervenção da atividade policial nas respostas dos mesmos, não foi submetida ao crivo do contraditório, impõe-se a sua absolvição (TJRS, Ap. 70008743494, j. 31.3.2005, *Bol. AASP* 2456/1146).

- **Concurso de pessoas:** Em vista da disciplina que a Lei n. 7.209/84 instituiu, distinguindo a coautoria da participação e prevendo a participação de menor importância, assim como a diversidade de dolo do partícipe, devem ser observadas as regras do art. 29, *caput* e §§ 1º e 2º, do CP (*vide* notas e exemplos nos comentários desses dispositivos).

- **Jurisprudência da coautoria:** O coautor que participa de roubo armado responde pelo latrocínio, ainda que o disparo tenha sido efetuado só pelo comparsa (STF, *RTJ* 98/636; TJSP, *RT* 753/595; TJPI, *RT* 817/647; TJAP, *RT* 789/648; TAMG, *RT* 756/665; TACrSP, *Julgados* 96/73; TJMT, *RT* 654/318; TJAC, *RT* 857/636). É desnecessário saber qual dos coautores do latrocínio desferiu o tiro, pois todos respondem pelo fato (TJSP, *RT* 707/291; no mesmo sentido, STF, *RT* 633/380). *Contra:* Se o intuito do coautor não armado era participar só do roubo, é inviável sua responsabilização pelo latrocínio, impondo-se para ele a desclassificação para roubo com o agravamento do art. 29, § 2º, última parte, do CP (TJSP, *RT* 672/309).

- **Pena:** Reclusão, de vinte a trinta anos, sem prejuízo da multa (conforme alteração feita pelo art. 6º da Lei n. 8.072/90).

- **Jurisprudência da pena:** Não se aplicam ao latrocínio as qualificadoras do § 2º (STF, *RTJ* 106/533, *RT* 552/433; TJSP, *RT* 780/583, 707/292,685/312-4; TAMG, *RT* 756/665; TJAC, *RT* 764/699; TJMT, *RT* 760/674; TACrSP, *Julgados* 86/53; TARS, *RT* 587/384; *contra:* TJSP, *RT* 587/321; TJPR, *RT* 765/706).

- **Ação penal:** Seja latrocínio tentado ou consumado, a ação é pública incondicionada, da competência do juiz singular.

- **Jurisprudência da ação penal:** A competência para julgamento do latrocínio é do juiz singular (Súmula 603 do STF: "A competência para o processo e julgamento de latrocínio é do juiz singular e não do Tribunal do Júri"; STF, *RT* 561/425; TJSP, *RT* 587/301; TJDF, Ap. 11.124, *DJU* 25.9.91, p. 23478; TJRJ, *RT* 515/437), mas o julgamento pelo júri não é nulidade absoluta (STF, *RT* 532/447,531/418).

Concurso de crimes, crime único, continuado e o art. 157 do CP (jurisprudência)

- **No caso de o agente roubar várias pessoas de uma só vez (uma só ação de ameaça atingindo o patrimônio de diversas pessoas):** São várias as soluções indicadas na doutrina e na jurisprudência: *1. Concurso formal:* STF, *RT* 685/390, 624/424, *RTJ* 144/265, 120/198, 110/905 e 859, 105/781 e 1304, Pleno – 105/33; TJSP, *RJTJSP* 77/391, *RT* 563/321; TJDF, Ap. 13.093, *DJU* 22.9.93, p. 39110, in *RBCCr* 4/176; TACrSP, *RJDTACr* 17/137, *mv – Julgados* 86/235. *2. Crime único:* TACrSP, *Julgados* 71/357, *mv – 69/253, mv – 69/252, 67/270, 66/241, RT 556/332. 3. Crime continuado:* TJRJ, *mv – RT* 538/403; TACrSP, *mv – Julgados* 66/44, *mv – RT* 536/343, 515/395. *4. Concurso material:* TACrSP, *RT* 491/275. Atualmente, a corrente adepta do concurso formal (*1*) é amplamente dominante. Note-se, porém, que o crime de roubo é *único* se há lesão a dois patrimônios, mas ameaça a uma só pessoa, não se aplicando o concurso formal (STF, *mv – RTJ* 97/1358; TACrSP, *Julgados* 85/449, *mv – RT* 580/368; *contra:* há concurso formal: TACrSP, *RT* 698/348). Se a ameaça se deu a marido e mulher, e a subtração foi do patrimônio comum, há crime único, não se justificando o concurso formal (TACrSP, *RJDTACr* 20/162).

- **Crime continuado entre roubos praticados contra vítimas diferentes:** Desde a última mudança de orientação do STF (Pleno, *RTJ* 91/938), a Suprema Corte vem, reiteradamente, mantendo a posição que admite a continuidade no crime de roubo (STF, HC 59.592, *DJU* 17.6.83, p. 8958; *RTJ* 93/930, 91/715), à semelhança do que, anteriormente, já entendiam vários tribunais estaduais. Com a reforma penal de 1984, que expressamente admitiu a continuidade delitiva em roubo contra vítimas diferentes, essa orientação permaneceu no Supremo (STF, *RTJ* 126/91) e em outros tribunais (TJBA, *BF* 37/252; TJSP, *RT* 783/615). *Vide,* também, comentário ao CP, art. 71, parágrafo único. Há julgados, entretanto, que não admitem a continuidade delitiva em casos de criminosos habituais que, com reiteração, praticam roubos autônomos contra vítimas diferentes, embora na mesma comarca e em curto espaço de tempo (STJ, REsp 507, *DJU* 18.12.89, p. 18479). Outrossim, não há continuidade se ausente a unidade de desígnios, perpetrados os roubos em lugares diversos contra vítimas diversas, sem aproveitamento das mesmas relações e chances advindas do fato criminoso anterior (STJ, REsp 4.387, *DJU* 19.11.90, p. 13266).

- **Concurso com outros crimes:** Aqui a matéria também não é tranquila, ora opinando-se pela absorção, ora pelo concurso do roubo com outros crimes (*vide* jurisprudência na nota ao art. 71 do CP). Especificamente em relação ao concurso com *sequestro* e com *extorsão, vide* anotações aos arts. 148 e 158 do CP.

- **Número de majorantes no roubo qualificado:** Não deve servir como critério único para encontrar a quantidade de aumento, exigindo-se fundamentação concreta. A respeito, *vide* Súmula 443 do STJ: "O aumento na terceira fase de aplicação da pena no crime de roubo circunstanciado exige fundamentação concreta, não sendo suficiente para a sua exasperação a mera indicação do número de majorantes".

EXTORSÃO

Art. 158. Constranger alguém, mediante violência ou grave ameaça, e com o intuito de obter para si ou para outrem indevida vantagem econômica, a fazer, tolerar que se faça ou deixar de fazer alguma coisa:

Pena – reclusão, de 4 (quatro) a 10 (dez) anos, e multa.

§ 1º Se o crime é cometido por duas ou mais pessoas, ou com emprego de arma, aumenta-se a pena de um terço até metade.

§ 2º Aplica-se à extorsão praticada mediante violência o disposto no § 3º do artigo anterior.

§ 3º Se o crime é cometido mediante a restrição da liberdade da vítima, e essa condição é necessária para a obtenção da vantagem econômica, a pena é de reclusão de 6 (seis) a 12 (doze) anos, além da multa; se resulta lesão corporal grave ou morte, aplicam-se as penas previstas no art. 159, §§ 2º e 3º, respectivamente.

- **Alteração:** O § 3º deste art. 158 foi acrescentado pela Lei n. 11.923, de 17.4.2009, que entrou em vigor na data de sua publicação (17.4.2009). Em caso de morte da vítima, a pena mínima do § 3º, segunda parte, do art. 157 do CP, a que faz remissão o § 2º deste art. 158, passou a ser vinte anos (cf. art. 6º da Lei n. 8.072/90).

Extorsão comum (caput)

- **Objeto jurídico:** O patrimônio, a liberdade e a incolumidade pessoais.
- **Sujeito ativo:** Qualquer pessoa.
- **Sujeito passivo:** Qualquer pessoa, incluindo a que sofre o constrangimento sem lesão patrimonial.
- **Tipo objetivo:** A conduta é *constranger* (coagir, obrigar) e deve ser praticada mediante *violência* (física contra pessoa) ou *grave ameaça* (promessa de causar mal sério e verossímil). O constrangimento deve ser para coagir a *fazer* (certa coisa), *tolerar que se faça* (obrigar a permitir) ou *deixar de fazer* (não fazer). O comportamento deve ter o intuito de obter *indevida vantagem econômica* (vide Tipo subjetivo). A vantagem que o agente pretende conseguir deve ser *indevida* (elemento normativo) e *econômica*; ausente algum destes dois requisitos, o crime poderá ser outro, mas não o do art. 158. Como *economicamente* apreciável, considera-se o ato, de caráter patrimonial ou não, capaz de produzir efeitos de natureza econômica em proveito do agente e/ou de terceira pessoa; por isso, o ato juridicamente nulo (CC, art. 166) não tipificará a extorsão.
- **Tipo subjetivo:** Dolo (vontade livre e consciente de constranger) e o elemento subjetivo do tipo referente ao especial fim de agir ("com o intuito de obter para si ou para outrem indevida vantagem econômica"). Na escola tradicional é o "dolo específico". Evidentemente, não há forma culposa.
- **Consumação:** Discute-se se o crime de extorsão é *formal* ou *material*. Se considerado *formal*, consuma-se com o efeito da ação de constranger, isto é, com o comportamento da vítima fazendo, tolerando que se faça ou deixando de fazer alguma coisa, sem dependência da obtenção do proveito. Ao contrário, se entendido como crime

material, a consumação se dará com a obtenção da indevida vantagem econômica. Na doutrina, prevalece o entendimento (que é também o nosso) de que a extorsão é crime *formal* (DAMÁSIO DE JESUS, *Direito Penal*, 29ª ed., São Paulo, Saraiva, 2009 v. II, p. 375; HELENO FRAGOSO, *Lições de Direito Penal – Parte Especial*, 1995, v. I, p. 217; HUNGRIA, *Comentários ao Código Penal*, 1967, v. VII, p. 74; ÁLVARO MAYRINK DA COSTA, *Direito Penal – Parte Especial*, 1994, v. II, t. II, p. 194; PAULO JOSÉ DA COSTA JR., *Código Penal Comentado*, 9ª ed., São Paulo, DJP Editora, 2007, p. 488; *contra:* MAGALHÃES NORONHA, *Direito Penal*, 1995, v. II, p. 265). Na jurisprudência, porém, há vários acórdãos que consideram a extorsão crime material (*vide Jurisprudência*).

- **Tentativa:** Admite-se, seja como crime formal ou material (*vide* nota *Consumação*). Na hipótese de se considerar a extorsão crime formal, a tentativa ocorreria quando, ameaçada a vítima, ela, por circunstâncias alheias à vontade do agente, não cede à exigência deste.

- **Classificação:** Crime comum quanto ao sujeito, complexo em sua objetividade jurídica, doloso, de forma livre, comissivo e formal, embora, para alguns, seja material.

- **Pena:** Na *figura simples*, é de reclusão de quatro a dez anos, e multa. Nas figuras dos §§ 1º, 2º e 3º, *vide* notas *abaixo*.

- **Ação penal:** Pública incondicionada.

Causas de aumento de pena (§ 1º)

- **Duas ou mais pessoas ou emprego de arma:** De acordo com o §1º deste art. 158, se o crime é cometido por duas ou mais pessoas (aqui a lei fala em *cometido* e não em concurso, sendo indispensável a presença delas junto ao ofendido) ou com o emprego de arma, a pena é aumentada de um terço até metade (§ 1º); a propósito dessas duas causas, *vide* notas ao art. 157, § 2º, II e I, bem como ao art. 155, § 4º, IV.

Qualificadora (§ 2º)

- **Lesão grave ou morte:** De acordo com o § 2º deste art. 158, à extorsão praticada mediante violência de que resulte lesão grave ou morte aplica-se a causa de aumento de pena previsto no § 3º do art. 157.

- **Crime hediondo:** O art. 1º, III, da Lei n. 8.072/90, em conformidade com o art. 5º, XLIII, da CR, considera *hediondo* o crime de extorsão qualificado pela *morte* (art. 158, § 2º, do CP). Quanto às consequências dos crimes hediondos, *vide* nota *Crime hediondo* no art. 121, *caput*, do CP.

- **Aumento especial de pena:** O art. 9º da Lei n. 8.072/90 estabelece que, no caso do art. 157, § 3º (lesão grave ou morte), "estando a vítima em qualquer das hipóteses referidas no art. 224 também do CP", as penas "são acrescidas de metade, respeitado o limite superior de trinta anos de reclusão". O referido art. 224, todavia, foi revogado pela Lei n. 12.015/2009, de forma que o aumento de pena previsto no art. 9º da Lei n. 8.072/90 não é mais aplicável, por força do princípio da reserva legal. Cabe ao legislador, se assim desejar, alterar a redação do referido art. 9º para incluir, expressamente, as hipóteses do revogado art. 224.

- **Confronto:** Se a vítima entrega a coisa iludida e não coagida, o crime é de estelionato (CP, art. 171). Se a vantagem for devida, real ou supostamente, *vide* art. 345. Se a vantagem for só moral, conferir art. 146. Quando motivada por inconformismo político, a extorsão pode tipificar a figura do art. 20 da Lei n. 7.170, de 14.12.83. Se o intuito for libidinoso, crime contra a dignidade sexual. Embora a distinção entre roubo e extorsão seja, por vezes, sutil, parece-nos que a melhor interpretação é aquela que considera, na extorsão, *indispensável* o comportamento da vítima, enquanto que, no roubo, ele é *dispensável* (cf. jurisprudência sob a rubrica *Diferença entre extorsão e roubo*).

- **Falso sequestro:** Nos últimos anos a sociedade brasileira tem sofrido com a ação de criminosos que, por telefone, mentem ao dizer que sequestraram um parente próximo, ameaçando matá-lo caso não lhes seja paga determinada quantia. Fatos como esse, a nosso ver, tipificam o crime de extorsão previsto neste art. 158, e não o crime de estelionato do art. 171 do CP. É que, para além de iludida, a vítima, aqui, é *constrangida* mediante *grave ameaça* que, para ela, é factível e verossímil, gerando terror e pânico.

Qualificadora (§ 3º)
- **Restrição da liberdade da vítima (extorsão *com* sequestro):** Foi com a intenção de punir severamente os casos de "sequestro relâmpago", em que a vítima é constrangida a entregar dinheiro ou valores, mediante restrição da sua liberdade (geralmente praticada no próprio automóvel da vítima), que o legislador inseriu o § 3º deste art. 158, por meio da Lei n. 11.923, de 17.4.2009. Trata-se de qualificadora em que se pune com penas mais elevadas (são três as hipóteses; *vide* notas abaixo) se o crime de extorsão é praticado mediante a restrição da liberdade da vítima, sendo, ainda, imprescindível à caracterização da figura qualificada que aquela condição (restrição da liberdade) seja necessária para a obtenção da vantagem econômica. Para a caracterização deste § 3º, é mister a ocorrência: *1.* de constrangimento ilegal; *2.* a intenção de se obter vantagem econômica indevida; *3.* que esse constrangimento seja praticado mediante a restrição da liberdade da vítima; *4.* que tal restrição seja indispensável para se obter a vantagem econômica indevida. Quanto à exigência ou não da obtenção de efetiva vantagem *econômica*, para a consumação do crime, *vide* nota abaixo.

- **Distinção do crime de extorsão *mediante* sequestro (CP, art. 159):** No crime deste art. 158, § 3º, que denominamos extorsão *com* sequestro, é a própria pessoa sequestrada que é extorquida. Já no crime de extorsão *mediante* sequestro do art. 159, a pessoa sequestrada é uma, e a extorquida, outra (em geral familiares daquela).

- **Configuração da qualificadora do § 3º:** Como visto no *caput* deste art. 158 (*vide* nota *Consumação*), há discussão sobre se o crime de extorsão é formal ou material, prevalecendo o entendimento de que ele é formal. No tocante ao § 3º deste art. 158, a questão fica mais duvidosa em razão de sua má redação. Isto porque, neste caso, o legislador expressamente exigiu para a caracterização da qualificadora que o crime seja cometido mediante a restrição da liberdade da vítima, e essa condição seja "necessária para a obtenção da vantagem econômica". Assim, ainda que prevaleça o entendimento de que o crime de extorsão é *formal*, a qualificadora deste § 3º só poderá incidir se o agente efetivamente tiver obtido vantagem econômica da vítima. Por fim, cabe ressaltar que a emenda apresentada pela Câmara ao Projeto de Lei que deu origem à alteração legislativa em questão (PL do Senado n. 4.025/2004), na qual se propunha nova redação ao dispositivo em comento para que omitida fosse a expressão "e essa condição é necessária para a obtenção da vantagem econômica", não foi aprovada.

- **Pena:** De seis a doze anos e multa, no caso do crime que não acarrete lesão corporal grave ou morte. De dezesseis a vinte e quatro anos, no caso do crime que acarrete lesão corporal de natureza grave (art. 159, §2º, do CP). Sobre a hipótese de lesão corporal grave, *vide* art. 129, §§ 1º e 2º, do CP. Evidentemente, é necessário o exame de corpo de delito que ateste a lesão grave ou gravíssima. De vinte e quatro a trinta anos, no caso do crime que acarrete a morte da vítima (art. 159, § 3º, do CP).

- **Confronto com roubo e extorsão simples ou com o aumento do § 1º:** Até o advento da Lei n. 11.923, de 17.4.2009, a conduta conhecida como "sequestro relâmpago" era punida, ora com base no art. 157, § 2º, V, ora com base no art. 158, § 1º, ambos do CP. Com a alteração legislativa referida, a conduta agora há de ser punida com fundamento no novo § 3º deste art. 158.

- **Proporcionalidade:** Como se sabe, embora a Constituição Federal não preveja, expressamente, o princípio da proporcionalidade, ele pode ser extraído (a teor do que permite o art. 5º, § 2º, da própria Carta Magna) do princípio do devido processo legal (CF, art. 5º, LIV), bem como da própria dignidade da pessoa humana (CF, art. 1º, III). É matéria pacífica que, dentre as características do princípio da proporcionalidade, está a proibição do excesso. Pois bem, a nosso ver, o novel § 3º deste art. 158 viola frontalmente o referido princípio. A violação ao princípio é evidente, na medida em que as penas mínimas cominadas para as três situações apresentadas no § 3º deste art. 158 (extorsão com restrição da liberdade; extorsão com restrição da liberdade em que ocorra lesão grave; extorsão com restrição da liberdade em que ocorra morte) são superiores às penas do homicídio simples (seis anos) e qualificado (doze anos), crimes evidentemente mais graves porque neles o agente age com o dolo de matar (animus necandi). Ademais, o crime de extorsão encontra-se incluído no Título II (Dos Crimes contra o Patrimônio), enquanto o homicídio está no Título I (Dos Crimes contra a Vida), não se podendo apenar mais gravemente os crimes contra o patrimônio em relação aos crimes contra a vida. A violação do princípio da proporcionalidade ocorre, também, quando comparadas as penas deste § 3º com as do roubo qualificado com restrição da liberdade da vítima (CP, art. 157, § 2º, V). A questão sobre a violação (ou não) da proporcionalidade haverá de ser resolvida pelos juízes na aplicação da lei ao caso concreto, conforme seu indispensável controle difuso de constitucionalidade.

Jurisprudência (anterior à Lei n. 11.923/2009)

- **Crime formal ou material:** *a.* É formal (STF, Pleno, *mv – RT* 699/407, 639/398,606/399; STJ, Súmula 96: "O crime de extorsão consuma-se independentemente da obtenção da vantagem indevida"; *RT* 814/554, 818/555; REsp 16.123, *DJU* 17.10.94, p. 27917; TJSC, *RT* 557/367; TJGO, *RT* 723/638; TAMG, *RT* 722/525, *RJTAMG* 51/265; TAPR, *RT* 618/372; TACrSP, *RJDTACr* 24/190, *RT* 790/627, 752/602, 23/601, 722/472, *mv –* 667/298; TARJ, *RT* 712/460). *b.* É material (STJ, REsp 1.386, *mv – DJU* 5.3.90, pp. 1417-8; TACrSP, *RT* 526/379; TJRJ, *RT* 525/432).

- **Consumação:** Não se exige, para a inteira realização do tipo, a obtenção da vantagem econômica indevida, que, na verdade, configura o exaurimento da ação delituosa, bastando a intenção (STJ, REsp 11.126, *DJU* 23.9.91, p. 13090; REsp 32.057, *DJU* 24.5.93, pp. 10015-6; STF, Pleno, *mv – RT* 699/407). O constrangimento mediante grave ameaça caracteriza a consumação do delito (TJSP, *RT* 876/620).

- **Tentativa:** *a.* Como crime *formal.* Admite-se, pois o processo de execução pode ser desdobrado, exigindo-se, apenas, a idoneidade dos meios empregados (TACrSP, *RT* 572/356; TJRJ, Ap. 3.144/98, j. 1.6.99, *Bol. IBCCr* 90/449). Muito embora seja um delito formal, configura-se a tentativa se a vítima não cede às exigências do autor (TJMG, Ap. 10625.05.044924-2/001, j. 24.5.2006). Há tentativa se as vítimas, submetidas a ameaça de mal injusto e grave contra sua filha menor e sobrinhos, entregaram um pacote que os réus acreditaram ser dinheiro, quando foram presos (STJ, REsp 16.123, *mv – DJU* 17.10.94, p. 27917). Se o agente constrange a vítima e esta, atemorizada, como última instância, solicita a ajuda de terceiro, inclusive da polícia, há crime consumado; se a vítima repele o constrangimento e o agente, por circunstâncias alheias a sua vontade, não ultrapassa essa resistência, há tentativa (STJ, REsp 29.587, *DJU* 2.8.93, p. 14287). A extorsão é delito plurissubsistente, sendo perfeitamente possível a tentativa na hipótese de seu *iter criminis* vir a ser interrompido por circunstâncias alheias à vontade do agente, impedindo o resultado. O enquadramento da extorsão como crime formal não impede tal raciocínio (TAMG, *RT* 782/677). *b.* Como infração *material.* Não se intimidando a vítima, é só tentativa (TJRJ, *RT* 525/432). Se o agente não chega a ter a posse do dinheiro, só tentativa (TACrSP, *RT* 614/311; TJRJ, *mv – RT* 538/402; TAMG, *RT* 672/343). Há tentativa se a vítima, apesar de atemorizada, resguarda o bem ameaçado (TJRJ, *RT* 515/414). Se não consegue que a vítima faça, há tentativa (TJRJ, *RT* 498/357). É tentativa, se o autor não tirou proveito econômico, dada a pronta intervenção da polícia (STJ, REsp 1.386, *DJU* 5.3.90, pp. 1417-8). Não é tentativa, mas crime consumado, se obtém o cheque, mas não consegue recebê-lo (STF, *Julgados* 85/570; TACrSP, *mv – Julgados* 68/406; *contra:* TACrSP, *Julgados* 85/237).

- **Vantagem devida:** Não se tipifica a extorsão, se a vantagem pretendida pelo agente é devida ou ele tem razões para acreditar que seja devida (TJRJ, *RT* 503/421). A ameaça de recorrer à Justiça para compor o dano é atípica (TJSC, *RT* 536/358). Não comete extorsão quem exerce um direito regular seu (TACrSP, *Julgados* 78/139). Para a caracterização da extorsão é necessário que a ação constrangedora tenha por escopo obter vantagem econômica injusta (TJPR, *RT* 690/357). *Vide,* também, jurisprudência sob o título *Confronto* (*com exercício arbitrário das próprias razões*).

- **Grave ameaça:** É indiferente que a ameaça seja, ou não, de mal injusto (TACrSP, *Julgados* 79/376). A gravidade da ameaça deve ser apurada em cada caso, atendendo às condições do fato e às personalidades do agente e da vítima (TACrSP, *Julgados* 68/273, *RT* 752/601). Não se tipifica a extorsão, se a vítima não ficou atemorizada em momento algum (TACrSP, *RT* 616/318). Não configura a grave ameaça do art. 158 a exigência de certa importância da empresa vítima, sob pena de exibição de documentos que o agente tinha em seu poder às autoridades competentes e que comprometeriam a sua reputação, que sequer foram especificados (TACrSP, *mv – RT* 697/317). Há extorsão se os agentes, atribuindo-se a qualidade de fiscais da Receita Federal, exigem de empresa dinheiro para ocultar irregularidades, mediante grave ameaça de fiscalização e represálias (TACrSP, *mv – RJDTACr* 21/93). Há extorsão na conduta de policial que interpela a vítima e exige certa importância em dólares para não tomar as providências legais que o caso exigia (TJMS, *RT* 790/661). Há extorsão se o constrangimento ilegal, ocorrido de forma moral, consistir em ameaça de prisão do marido da vítima, com o objetivo de auferir vantagem da vítima (TJAL, *RT* 790/635).

- **Contra gerente de banco:** Agentes que, armados, adentram sua residência, rendem seus familiares e o obrigam a ir até a agência e abrir o cofre, praticam extorsão, não havendo que se falar em extorsão mediante sequestro ou em extorsão em concurso material com constrangimento ilegal (TAMG, *RT* 821/670).

- **Sujeito ativo:** Funcionário público pode ser autor do crime de extorsão (TACrSP, *RT* 714/375).

- **Exame de corpo de delito:** Desnecessário se faz nas cédulas apreendidas, porquanto a extorsão é crime que não deixa vestígios, sendo até mesmo irrelevante a efetiva lesão ao patrimônio da vítima (TRF da 3ª R., HC 90.173, *DJU* 7.3.95, p. 11292).

- **Resposta preliminar:** O fato do sujeito ativo ser funcionário público não leva à aplicação do art. 514 do CPP (notificação prévia), que somente tem obrigatoriedade quando a infração constituir crime de responsabilidade, ou seja, funcional típico (TJSP, *RT* 782/585).

- **Crime continuado:** O roubo e a extorsão são delitos da mesma espécie, embora não sejam crimes idênticos; assim, é possível a caracterização da continuidade delitiva entre eles, nos termos do art. 71 do CP, desde que praticados no mesmo contexto de tempo, espaço e modo de execução (STJ, *RT* 765/567). Pode haver, se exigiu e recebeu várias vezes (TACrSP, *Julgados* 68/273). Não há crime continuado, se a vantagem econômica indevida é obtida de forma parcelada, tratando-se de uma única ação desmembrada em atos sucessivos (TACrSP, *mv – RJDTACr* 21/93).

- **Concurso com roubo:** Ocorre, às vezes, que, após roubar a vítima, o agente ainda a força a emitir cheque ou a entregar-lhe outro objeto. Discute-se se há concurso entre roubo e extorsão, ou crime único. Existem duas posições: *a*. É *concurso material* (STF, RvCr 5.013, *mv – DJU* 30.8.96, p. 30606; *RTJ* 147/615,114/1027,107/1238; TJSP, *RJTJSP* 68/390; TACrSP, *Julgados* 81/170, *mv –* 69/271). *b*. É *só roubo* (TJSP, *RT* 781/576, *RJTJSP* 102/445; TJSC, *RT* 649/307; TACrSP, *mv – Julgados* 84/285, 74/353, *mv –* 68/64; TAMG, *RJTAMG* 26-27/411). *Observação*: é importante, nesses casos, que se examine se o ato que se considera roubo foi roubo mesmo, e não extorsão. Muitas vezes, como a pena de ambos os crimes é igual, não se atenta para a diferença entre eles (*vide* nota *Confronto*), correndo-se o risco de optar pelo concurso, em hipóteses onde só houve extorsão, e não roubo e extorsão.

- **Diferença entre extorsão e roubo:** Pode-se apontar duas correntes, no modo de distinguir quando há tipificação no art. 158 ou no art. 157: *a. Se é a vítima quem entrega a coisa, é extorsão; se esta lhe é tirada, é roubo*; se exigiu a entrega de dinheiro e carro, sob a ameaça de faca, é extorsão, e não roubo, pois a vítima foi constrangida a fazer alguma coisa (STF, *RTJ* 116/157). Se foi a própria vítima que, ameaçada pelo agente, despojou-se das joias e as entregou, há extorsão, e não roubo (TJPR, *RT* 593/411). *b. Pela necessidade ou não de ato da vítima*: na extorsão é indispensável o comportamento da vítima, enquanto no roubo ele é dispensável (TACrSP, *RT* 604/384, *Julgados* 85/385, 88/315).

- **Confronto:** *1. Com constrangimento ilegal.* Há constrangimento ilegal e não extorsão, se só intimida a vítima para poder sair do táxi sem pagar a corrida, não a obrigando a entregar ou renunciar a algo (TACrSP, *RT* 551/348). Igualmente, se exige, mediante graves ameaças, sem o fim precípuo de obter vantagem econômica, que seu irmão lhe dê quatro mil dólares a que julgava ter direito por herança (TACrSP, *RJDTACr* 20/73). *2. Com roubo.* Se a vítima é coagida, sob ameaça de arma, a entregar, é extorsão qualificada e não roubo qualificado (STF, *RT* 576/456; TACrSP, *RT* 501/311). *Contra*: não há se falar em extorsão, pois exige-se aqui, além da violência ou da ameaça, alguma possibilidade de opção para a vítima, ou seja, alguma liberdade de agir ou de querer (TACrSP, *RT* 792/643). Cometem extorsão e não roubo na forma tentada os agentes que, mediante violência ou grave ameaça, visando a obtenção de indevida vantagem econômica, constrangem a vítima a acompanhá-los a diversos caixas eletrônicos para sacar dinheiro com seu cartão magnético (TJPR, *RT* 755/727). *3. Com estelionato.* Na extorsão há a entrega da coisa em virtude da coação, conquanto a vítima não a queira entregar; no estelionato, por estar iludida, a vítima faz a entrega voluntariamente (TACrSP, *RT* 505/357; TJRJ, Ap. 3.144/98, j. 1.6.99, *Bol. IBCCr* 90/449). No estelionato, o ofendido é enganado com fraude; na extorsão, é coagido com violência física ou moral (TACrSP, *Julgados* 82/425, *RT* 486/311). *4. Com exercício arbitrário das próprias razões.* Se há exigência de quantia que o agente supõe lhe ser devida, resta configurado o crime do art. 345 do CP (TACrSP, HC 268.596, j. 8.2.95, *Bol. AASP* n. 1.945). *5. Com concussão.* Inadmite-se a desclassificação para o crime de concussão pelo simples fato de o crime ter sido cometido por funcionário público, mormente se a vantagem foi obtida por meio de constrangimento, exercido mediante grave ameaça (TJSP, *RT* 764/566). *6. Com ameaça.* Configura o crime de extorsão a exigência de pagamento de certo valor para a devolução de máquinas subtraídas por terceiros, sob pena de destruição das mesmas. A exigência de vantagem indevida desloca o crime do art. 147 para o do art. 158, ambos do CP (STF, *RT* 760/547). No crime de ameaça, o agente somente pretende incutir medo ou temor na vítima, ao passo que, na extorsão, mira obrigá-la a procedimento positivo, consistente na obtenção de vantagem indevida. A extorsão, por seus elementos integrantes, absorve a ameaça e o constrangimento ilegal (TACrSP, *RT* 752/602).

- **Extorsão qualificada**: O crime de extorsão com morte da vítima (art. 158, § 2º) é da competência do juiz singular e não do júri (STF, RE 97.556, *DJU* 22.10.82, p. 10743).

EXTORSÃO MEDIANTE SEQUESTRO

Art. 159. Sequestrar pessoa com o fim de obter, para si ou para outrem, qualquer vantagem, como condição ou preço do resgate:

Pena – reclusão, de 8 (oito) a 15 (quinze) anos.

§ 1º Se o sequestro dura mais de 24 (vinte e quatro) horas, se o sequestrado é menor de 18 (dezoito) anos ou maior de 60 (sessenta) anos, ou se o crime é cometido por bando ou quadrilha:

Pena – reclusão, de 12 (doze) a 20 (vinte) anos.

§ 2º Se do fato resulta lesão corporal de natureza grave:

Pena – reclusão, de 16 (dezesseis) a 24 (vinte e quatro) anos.

§ 3º Se resulta a morte:

Pena – reclusão, de 24 (vinte e quatro) a 30 (trinta) anos.

§ 4º Se o crime é cometido em concurso, o concorrente que o denunciar à autoridade, facilitando a libertação do sequestrado, terá sua pena reduzida de um a dois terços.

Extorsão mediante sequestro

- **Alterações**: O art. 6º da Lei n. 8.072, de 25.7.90, aumentou o mínimo das penas de reclusão do *caput* e dos §§ 1º a 3º, e excluiu as penas de multa. O art. 1º da Lei n. 9.269, de 2.4.96, alterou o § 4º, que havia sido introduzido pelo art. 7º da Lei n. 8.072/90 (*vide* nota abaixo, sob o título *Causa especial de diminuição de pena*). O art. 110 da Lei n. 10.741, de 1.10.2003 (Estatuto do Idoso), conferiu nova redação ao *caput* do §1º deste art. 159.

- **Aumento especial de pena**: O art. 9º da Lei n. 8.072/90 estabeleceu que, no caso do *caput* e seus §§ 1º a 3º, "estando a vítima em qualquer das hipóteses referidas no art. 224 também do CP", as penas "são acrescidas de metade, respeitado o limite superior de trinta anos de reclusão". O referido art. 224, todavia, foi revogado pela Lei n. 12.015/2009, de forma que o aumento de pena previsto no art. 9º da Lei n. 8.072/90 não é mais aplicável, por força do princípio da reserva legal. Cabe ao legislador, se assim desejar, alterar a redação do referido art. 9º para incluir, expressamente, as hipóteses do revogado art. 224.

- **Crime hediondo:** O art. 1º da Lei n. 8.072/90, em conformidade com o art. 5º, XLIII, da CR, considera *hediondo* o crime de extorsão mediante sequestro, tanto em sua forma simples (*caput*)quanto nas qualificadas (§§ 1º a 3º). Sobre as consequências dos crimes hediondos, *vide* nota *Crime hediondo* no art. 121, *caput*, do CP.

- **Objeto jurídico, sujeito ativo e sujeito passivo:** São semelhantes aos da extorsão comum (*vide* nota ao art. 158 do CP).

- **Tipo objetivo:** O núcleo é *sequestrar*, isto é, reter alguém privando-o da liberdade. O sequestro é feito a fim de obter *qualquer vantagem*, como *condição ou preço do resgate* (*vide Tipo subjetivo*). Quanto à expressão *qualquer vantagem*, há divergência em sua interpretação: seria "econômica ou patrimonial" (HELENO FRAGOSO, *Lições de Direito Penal – Parte Especial*, 1995, v. I, p. 219); "econômica ou não econômica" (DAMÁSIO DE JESUS, *Direito Penal*, 29 ed., São Paulo, Saraiva, 2009, v. II, p. 378); "econômica" (MAGALHÃES NORONHA, *Direito Penal*, 1995, v. II, p. 272). Quanto a ser devida ou indevida essa vantagem, entendemos, como a maioria dos autores, que ela deve ser indevida (*contra:* DAMÁSIO DE JESUS, ob. e p. cits.). A efetiva obtenção do proveito almejado deve ser considerada mero exaurimento, pois o crime é formal e não material.

- **Tipo subjetivo:** Dolo (vontade livre e consciente de sequestrar) e o elemento subjetivo do tipo relativo à especial finalidade de agir "com o fim de obter, para si ou para outrem, qualquer vantagem, como condição ou preço do resgate". Na corrente tradicional, é o "dolo específico". Evidentemente, não existe forma culposa.

- **Consumação:** Com o sequestro, ou seja, com a privação da liberdade do ofendido por espaço de tempo que tenha alguma relevância jurídica; a consumação independe da efetiva obtenção da vantagem desejada pelo agente. Trata-se de crime *permanente* e não instantâneo.

- **Tentativa:** Admite-se, mas em alguns casos concretos têm surgido dúvidas.

- **Classificação:** Crime comum quanto ao sujeito, complexo relativamente ao objeto jurídico, doloso, comissivo, formal e permanente.

- **Confronto:** Não havendo intenção de obter vantagem, art. 148 do CP. Se a vantagem for devida, a maioria dos autores inclina-se para a tipificação do art. 345 do CP.

- **Distinção do crime de extorsão *com* sequestro (CP, art. 158, § 3º):** No crime do art. 158, § 3º, que denominamos extorsão *com* sequestro, é a própria pessoa sequestrada que é extorquida. Já no crime de extorsão *mediante* sequestro deste art. 159, a pessoa sequestrada é uma, e a extorquida, outra (em geral familiares daquela).

- **Pena:** Da *figura simples*, é reclusão, de oito a quinze anos.

- **Ação penal:** Pública incondicionada.

Figuras qualificadas do § 1º

- *a.* Se o sequestro durar mais de vinte e quatro horas. Conta-se o prazo a partir do início da privação.

- *b.* Se o sequestrado é menor de 18 anos.

- *c.* Se praticado por bando ou quadrilha. Quanto à última hipótese, veja-se o conceito de bando ou quadrilha na nota ao art. 288 do CP.

- **Pena:** Da figura qualificada do § 1º, é reclusão, de doze a vinte anos.

Figuras qualificadas dos §§ 2º e 3º

- **Noção:** A lei fala *"se do fato resulta lesão corporal de natureza grave"* (§ 2º) ou *"se resulta a morte"* (§ 3º), entendendo-se que o resultado deve ser sofrido pelo próprio sequestrado e não pela pessoa de quem se exige a vantagem. É indispensável que o resultado (lesão grave ou morte) exasperador da pena tenha sido causado, pelo menos, por culpa do agente.

- **Pena:** No caso de lesão corporal grave, é reclusão, de dezesseis a vinte e quatro anos. Na hipótese de morte, é reclusão, de vinte e quatro a trinta anos.

Causa especial de diminuição de pena (§ 4º)

- **Noção:** Este § 4º instituiu, no Direito Penal brasileiro, a figura da *delação*. A *antiga* redação, dada pelo art. 7º da Lei n. 8.072/90, dispunha: "Se o crime é cometido por quadrilha ou bando, o coautor que denunciá-lo à autoridade, facilitando a libertação do sequestrado, terá sua pena reduzida de um a dois terços". Na 5ª edição deste livro e em artigo intitulado "Delação na extorsão mediante sequestro" (*RT* 667/387) apontamos a *incoerência* dessa redação, pois se houvesse a prática do crime do art. 159 em *concurso material* com o do art. 288 (associação criminosa, que exige "mais de três pessoas"), o delator seria beneficiado; se, ao contrário, ocorresse *apenas* a prática do delito do art. 159, *com até três agentes*, aquele que delatasse os comparsas não faria jus à diminuição de pena. Essa incoerência veio a ser corrigida pela *nova* redação do § 4º, dada pelo art. 1º da Lei n. 9.269/96, beneficiando o delator ainda que os agentes sejam *somente dois ou três*. Ressalte-se, todavia, que a delação premiada mediante redução da pena não tem incentivado muitos acusados a colaborar pelo receio de represálias na prisão. Melhor seria, a nosso ver, que em casos como o do art. 159, no qual está em jogo a própria vida do sequestrado, fosse dada isenção total da pena ao delator por razões de política criminal.

- **Requisitos:** Para que a pena seja reduzida de *um a dois terços*, devem estar presentes dois requisitos:

- *a*. Haver denúncia à autoridade por parte de um dos coautores.

- *b*. Que esta denúncia facilite a libertação do sequestrado.

- **Fundamentação:** Se o juiz, ao aplicar o § 4º, não optar pela diminuição máxima de dois terços, deverá fundamentar sua decisão.

Jurisprudência

- **Classificação:** A extorsão mediante sequestro é crime formal, que se consuma independentemente da obtenção do resgate (STF, *RTJ* 122/34; TJGO, *RT* 750/680; TJRJ, *RT* 759/693; TJSP, *RT* 816/554). É crime permanente, que se consuma no local em que houve o sequestro, e não no da entrega do resgate, pois independe para sua consumação a obtenção da vantagem indevida (TACrSP, *RT* 754/642).

- **Vantagem devida:** Se o sequestro não visa a obter vantagem *econômica indevida*, o crime é o de constrangimento ilegal do art. 146 do CP (TJRJ, *RT* 503/417). Se a vantagem é legítima, ou suposta como tal, o crime não é de extorsão mediante sequestro, mas de exercício arbitrário das próprias razões (TJSP, *RT* 582/292).

- **Natureza da vantagem:** Deve ser de caráter econômico (TACrSP, *Julgados* 80/448, 68/427). Deve ser exigida como "correspectivo" da liberação do sequestrado (TACrSP, *Julgados* 90/340).

- **Cumplicidade da "vítima":** Se o filho simula o seu próprio sequestro pelos companheiros para extorquir a mãe, responde pela extorsão, junto com os demais partícipes, mas na figura do art. 158 e não na do art. 159 (TACrSP, *RT* 514/369).

- **Lesão corporal leve:** Por ter sido crime-meio, é absorvida pela extorsão mediante sequestro (TJRJ, *RDTJRJ* 24/313).

- **Descaracterização:** Para a configuração do crime do art. 159 necessário se faz o emprego de violência física ou moral, esta consistente em grave ameaça, ou seja, no exigir, no fazer, tolerar ou omitir alguma coisa e, por derradeiro, a intenção de obter indevida vantagem econômica, para si ou para outrem; trata-se a hipótese de sequestro *simulado* (TACrSP, *RT* 727/513). A não obtenção de vantagem econômica não leva à descaracterização do crime, por se tratar de delito formal (TJRJ, *RT* 759/693).

- **"Queima de arquivo":** Se a vítima foi sequestrada para ser morta, não se impondo condição nenhuma para soltá-la, falta o elemento subjetivo do tipo "como condição ou preço de resgate", configurando-se não o art. 159, mas os delitos de homicídio (art. 121) e de sequestro e cárcere privado (art. 148) (STJ, REsp 9.922, *DJU* 17.5.93, p. 9363).

- **Desclassificação:** Se a intenção foi só a de ressarcir-se de danos sofridos, desclassifica-se para o art. 345 do CP (TACrSP, *Julgados* 68/177). Se a vítima foi libertada espontaneamente, sob promessa de pagamento da quantia reclamada, desclassifica-se para os crimes de extorsão qualificada (art. 158, § 1º) e sequestro (art. 148) (TJSP, *mv – RJTJSP* 162/308). Se a vítima foi libertada sem o pagamento do resgate exigido, mediante pequena quantia de dinheiro que se encontrava em seu poder, admite-se a desclassificação para o crime de extorsão (TACrSP, *RT* 792/648).

- **"Sequestro relâmpago":** Cometem o crime do art. 157, § 2º, I, II e V, e não o crime deste art. 159, os agentes que ameaçam a vítima com arma de fogo para subtraírem-lhe o veículo e a carteira, restringindo-lhe, em seguida, sua liberdade no interior do veículo para, depois disso, tentar efetuar saques em bancos 24 horas (TACrSP, *RT* 781/608).

- **Consumação e competência:** A consumação se dá no lugar em que houve a ação de sequestro, e não onde deveria ser pago o resgate (STF, *RT* 606/399; STJ, *RT* 748/566; TACrSP, *RT* 754/642), sendo competente o juízo do primeiro (STJ, HC 4.033, *DJU* 4.3.96, p. 5413, *in RBCCr* 14/228). Consuma-se com a privação da liberdade, ainda que o agente não tenha conseguido a vantagem desejada (TACrSP, *RT* 644/302, 645/305, *Julgados* 85/245; TAMG, *RT* 637/300; *contra:* TJPR, *RF* 279/358).

- **Impossibilidade de se libertar:** É desnecessário, para a consumação, que a vítima tenha ficado absolutamente impedida de se libertar, tendo-se em conta outras contingências de risco para ela ou seus familiares (TACrSP, *RT* 645/305).

- **Atos preparatórios ou tentativa:** Não caracteriza a tentativa a confecção de bilhete ameaçador exigindo resgate e a procura sem êxito da vítima, não podendo ser arredada a hipótese de que o réu desistisse, caso encontrada esta (TACrSP, *RT* 650/297). Há tentativa na hipótese em que o agente, de arma em punho, aproxima-se do veículo onde se achava a vítima, com inegável objetivo de privá-la de sua liberdade, a fim de exigir vantagem econômica para seu resgate (STF, *RT* 813/501).

- **Figuras qualificadas:** A qualificadora do §1º descreve uma conduta alternativa, não sendo necessário para sua configuração que ocorram todas as figuras ali descritas, bastando somente uma delas. Assim, o fato de o sequestro ter tido duração prolongada já basta para a configuração da qualificadora (TJMT, *RT* 789/667; TJGO, *RT* 750/680). A manutenção de criança, por dias, em matagal, configura o § 1º do art. 159(TACrSP, *RT* 515/393). O fato de uma criança recém-nascida estar em poder da mãe sequestrada, por si só, não prova a intenção do acusado em manter a menor também à sua mercê (TACrSP, *RT* 807/636). A simples participação ocasional de mais de três pessoas, que não se associaram para a prática de crimes indeterminados, não autoriza a qualificação prevista no § 1º (TACrSP, *RJDTACr* 19/105).Não configura a qualificadora do §1º se o sequestro de dois gerentes do banco teve o único propósito de roubar o estabelecimento, nada deles sendo exigido, afora as chaves do cofre (TJRJ, *RT* 771/679).Incide a do § 3º, ainda que a morte do sequestrado ocorra no momento de sua apreensão, com posterior ocultação do cadáver (STJ, RHC 1.846, *DJU* 20.4.92, p. 5261, *in RBCCr* 0/249; TJRJ, *mv – RT* 552/397).

- **Delação:** A regra do § 4º do art. 159 pressupõe a delação à autoridade e o efeito de haver-se facilitado a libertação do sequestrado (STF, HC 69.328, *DJU* 5.6.92, p. 8430; *observação nossa:* a nova redação do § 4º deste artigo não alterou a necessidade desses dois requisitos). A *delação premiada* é de incidência obrigatória quando as informações prestadas pelo agente foram eficazes, possibilitando ou facilitando a libertação da vítima (STJ, *RT* 819/553). Se o relato do corréu não facilitou a libertação da vítima, não se aplica a delação premiada (TJSP, *RT* 876/614).

EXTORSÃO INDIRETA

Art. 160. Exigir ou receber, como garantia de dívida, abusando da situação de alguém, documento que pode dar causa a procedimento criminal contra a vítima ou contra terceiro:

Pena – reclusão, de 1 (um) a 3 (três) anos, e multa.

Extorsão indireta
- **Suspensão condicional do processo:** Cabe, atendidas as condições do art. 89 da Lei n. 9.099/95.
- **Objeto jurídico:** O patrimônio e a liberdade individual.
- **Sujeito ativo:** Qualquer pessoa e não apenas o agiota.
- **Sujeito passivo:** Qualquer pessoa.
- **Tipo objetivo:** São duas as condutas previstas: exigir ou receber. *Exigir* tem a significação de impor, obrigar. *Receber* tem o sentido de tomar, aceitar. O objeto material é *documento que pode dar causa a procedimento criminal*, isto é, que seja capaz de dar causa a *processo penal* (contra a vítima ou terceira pessoa). Daí o entendimento no sentido de que o documento precisa, realmente, ser *apto* a provocar ação penal contra o ofendido ou outra pessoa. *Como garantia* de *dívida*, na opinião da doutrina, inclui qualquer contrato, de empréstimo ou não; a garantia pode ser de dívida anterior, presente ou futura. Para a tipificação do crime é necessário, ainda, que o agente atue *abusando da situação de alguém*. Deve, pois, ter consciência da situação de necessidade, aflição ou precisão da vítima ou de outra pessoa, ao exigir ou receber o documento (vide *Tipo subjetivo*). Entendemos que nenhum crime deve ser imputado à vítima em razão do documento, ainda que terceiros possam vir a ser prejudicados, como no caso da circulação de cheque sem fundos que tenha sido exigido dela pelo autor da extorsão indireta. Se o agente exige e depois recebe o mesmo documento, responderá por um só delito.
- **Tipo subjetivo:** Dolo (vontade livre de exigir ou receber, com consciência de abusar da situação da vítima) e o elemento subjetivo do tipo, que é o intuito de garantir dívida. Evidentemente, não haverá abuso (mas sim exercício regular de direito) na hipótese em que houve um furto ou apropriação, e seu autor dá documento reconhecendo o crime e a dívida. Na doutrina tradicional é o "dolo de aproveitamento". Não existe punição a título de culpa.
- **Consumação:** Na modalidade de *exigir* é crime formal, que se consuma com a exigência; na de *receber* é crime material, que se consuma com o efetivo recebimento do documento.
- **Reparação do dano:** cf. CP, art. 16.
- **Tentativa:** Admissível.
- **Classificação:** Delito comum quanto ao sujeito, doloso, formal na primeira modalidade e material na outra, instantâneo.
- **Pena:** Reclusão, de um a três anos, e multa.
- **Ação penal:** Pública incondicionada.

Jurisprudência
- **Exigir ou receber:** O núcleo do art. 160 é alternativo, configurando-se por exigir "ou" receber (STF, *RTJ* 53/580).
- **Ameaça de processar:** Não constitui extorsão indireta a ameaça, feita por advogado, de processar alguém, caso este não cumpra obrigação assumida com cliente seu (TACrSP, *RT* 613/347).
- **Cheque sem fundos:** Não se configura o crime do art. 160 se o cheque é pré-datado, não dando ensejo a procedimento penal legítimo (STJ, REsp 1.094, *DJU* 5.2.90, p. 463; TJSP, *RT* 486/253). Também não caracteriza o delito se é dado em garantia de dívida (TJSP, *RT* 547/283, 526/310; TACrSP, *RT* 546/377. *Contra*: STF, *RTJ* 53/580; TACrSP, *RT* 433/426).

- **Abuso:** Para a tipificação é indispensável que haja "abuso" da situação do devedor (TJSP, *RT* 538/322; TACrSP, *Julgados* 77/364; TJRJ, *RF* 259/262).
- **Absorção:** O crime de usura absorve a extorsão indireta (TFR, Ap. 3.168, *DJU* 16.8.79, p. 6037; TACrSP, *RT* 447/400).

Capítulo III
DA USURPAÇÃO

ALTERAÇÃO DE LIMITES

Art. 161. Suprimir ou deslocar tapume, marco, ou qualquer outro sinal indicativo de linha divisória, para apropriar-se, no todo ou em parte, de coisa imóvel alheia:

Pena – detenção, de 1 (um) a 6 (seis) meses, e multa.

§ 1º Na mesma pena incorre quem:

USURPAÇÃO DE ÁGUAS

I – desvia ou represa, em proveito próprio ou de outrem, águas alheias;

ESBULHO POSSESSÓRIO

II – invade, com violência a pessoa ou grave ameaça, ou mediante concurso de mais de duas pessoas, terreno ou edifício alheio, para o fim de esbulho possessório.

§ 2º Se o agente usa de violência, incorre também na pena a esta cominada.

§ 3º Se a propriedade é particular, e não há emprego de violência, somente se procede mediante queixa.

- **Conciliação:** Cabe no *caput* e no § 1º, I e II, se a propriedade é particular e não há emprego de violência (§ 3º) (arts. 72 a 74 da Lei n. 9.099/95).
- **Transação:** Cabe no *caput* e no § 1º, I e II, preenchidos os requisitos do art. 76 da Lei n. 9.099/95. Quanto a quem pode oferecer a transação nas ações penais privadas, *vide* jurisprudência no art. 100 do CP sob o título *Transação na ação penal privada*.
- **Suspensão condicional do processo:** Idem da transação (art. 88 da Lei n. 9.099/95). Quanto a quem pode oferecer a suspensão condicional do processo na ação penal privada, *vide* jurisprudência sob esse título no art. 100 do CP.

Alteração de limites (caput)

- **Objeto jurídico:** A posse e o patrimônio imobiliário.
- **Sujeito ativo:** Há duas posições: (*a.*) somente o proprietário do imóvel vizinho (contíguo, limítrofe): Damásio de Jesus, *Direito Penal*, 29ª ed., São Paulo, Saraiva, 2009, v. II, p. 387; Heleno Fragoso, *Lições de Direito Penal – Parte Especial*, 1995, v. I, p. 226; Hungria, *Comentários ao Código Penal*, 1967, v. VII, p. 88; (*b.*) não é necessário que seja o vizinho proprietário, podendo ser sujeito ativo o futuro comprador, o possuidor, ou até mesmo o condômino que tenha a sua posse delimitada, que remove sinais divisórios para se apropriar da parte sobre a qual o vizinho exerce a sua posse: nesse sentido, Magalhães Noronha, *Direito Penal*, 1995, v. II, pp. 283-284; e Paulo José da Costa Jr.,

Código Penal Comentado, 6ª ed., São Paulo, DPJ Editora, 2007, p. 497. Quanto ao vizinho possuidor, CEZAR ROBERTO BITENCOURT salienta que, atualmente, o usucapião é uma realidade, reforçando essa segunda posição (*Código Penal Comentado*, 5ª ed., São Paulo, Saraiva, 2009, p. 612). Alterando a posição que havíamos adotado na 7ª edição (2007) desta obra, e levando em consideração que o usucapião urbano exige, hoje, apenas cinco anos de posse mansa e pacífica, pensamos que possuidor do imóvel vizinho também pode ser sujeito ativo.

- **Sujeito passivo:** O proprietário ou possuidor do imóvel.

- **Tipo objetivo:** O comportamento incriminado é *suprimir* (eliminar, fazer desaparecer) ou *deslocar* (tirar ou mudar de lugar). O objeto material (aquilo que se suprime ou desloca) vem assim indicado: *tapume* (cerca ou muro que serve de limite entre imóveis), *marco* (sinais materiais, como tocos, árvores, postes, piquetes, estacas ou pedras que indicam a linha divisória) ou *qualquer outro sinal indicativo de linha divisória* (valas, cursos d'água etc.). Na conduta de suprimir é apagada, completamente, a linha de separação. Na de deslocar, os sinais são removidos para outro ponto, fazendo supor que é diversa a linha divisória; não basta à tipificação a colocação de novos marcos sem supressão dos anteriores.

- **Tipo subjetivo:** Dolo (vontade livre e consciente de suprimir ou deslocar) e o elemento subjetivo do tipo "para apropriar-se, no todo ou em parte, de coisa imóvel alheia". Para os tradicionais é o "dolo específico". Não há forma culposa.

- **Consumação:** Com a efetiva supressão ou deslocamento. Para alguns, é delito formal (DAMÁSIO DE JESUS, *Direito Penal*, 29ª ed., São Paulo, Saraiva, 2009, v. II, p. 388; HUNGRIA, *Comentários ao Código Penal*,1967, v. VII, p. 89), enquanto para outros é material (HELENO FRAGOSO, *Lições de Direito Penal – Parte Especial*, 1995, v. I, p. 227). Entendemos que se trata de infração formal.

- **Reparação do dano:** cf. CP, art. 16.

- **Tentativa:** Admite-se.

- **Concurso de pessoas:** Embora seja delito próprio, não é de *mão própria*, e pode ter partícipes.

- **Classificação:** Crime próprio quanto ao sujeito, doloso, formal (para alguns material) e instantâneo de efeitos permanentes.

- **Confronto:** Se a conduta é para restaurar linha legítima ou que se supõe como tal, art. 345 do CP. Se é para subtrair os marcos, art. 155. Se é só para causar prejuízo, art. 163. Se o fim é o de cometer fraude processual, art. 347. Se após a alteração de limites há esbulho possessório (art. 161, § 1º, II), este delito absorve o de alteração, pela regra da consunção.

- **Reforma agrária:** Quanto a movimentos populares cujos integrantes suprimem ou deslocam tapumes, marcos ou sinais indicativos de linha divisória de fazendas, visando pressionar o governo a desapropriá-las, a fim de acelerar a implementação da reforma agrária prevista na CR (arts. 184 a 191), é nossa opinião que essa conduta não configura o crime do art. 161, *caput*, constante do Capítulo III do Título II do CP, que trata dos *crimes contra o patrimônio*. Com efeito, inexiste o elemento subjetivo exigido pelo tipo, ou seja, a intenção de tomar a propriedade alheia, apropriando-se da terra. Nestes termos, não há confundir-se a turbação e o esbulho da posse previstos no CC (arts. 1.210 e ss.), com o crime de alteração de limites deste art. 161, que exige o referido elemento subjetivo. Acerca, ainda, da reforma agrária, *vide* ROBERTO DELMANTO JUNIOR, "O movimento dos trabalhadores rurais sem terra em face do direito penal", *RBCCr* 28/175.

- **Pena e ação penal:** *Vide* nota no final.

Jurisprudência do art.161 (caput)

- **Sujeito passivo:** O possuidor indireto também pode ser sujeito passivo (TACrSP, *RT* 515/381).

- **Tipo subjetivo:** O delito de alteração de limites requer a intenção de apropriar-se de coisa imóvel que sabe ser alheia (TACrSP, *Julgados* 70/286).

- **Confusão:** Não configura o crime do art. 161, *caput,* a construção de cerca para delimitar o terreno do confrontante, sem a intenção de invadir a propriedade vizinha e sem destruir tapume divisório antes existente (TACrSP, *RT* 787/634). A alteração praticada deve ser apta a confundir os limites (TACrSP, *RT* 563/336,423/428). Se restaram no local os vestígios da antiga cerca, inexistiu o delito, pois não houve risco de confusão dos limites (TACrSP, *RT* 559/348).

- **Perícia:** Sendo delito material e instantâneo, de efeitos permanentes, é imprescindível a realização de perícia local (TACrSP, Julgados 96/260).

Usurpação de águas (§ 1º, I)

- **Objeto jurídico:** O patrimônio imobiliário, especialmente o direito sobre o uso das águas.

- **Sujeito ativo:** Qualquer pessoa.

- **Sujeito passivo:** Quem tem a posse ou o direito de utilização das águas.

- **Tipo objetivo:** *Desviar* é mudar a direção das águas; *represar* é conter e acumular as águas. O objeto material do delito são as *águas alheias*, que podem ser públicas ou particulares, "correntes ou estagnadas, perenes ou temporárias, nascentes ou pluviais" ou até "subterrâneas" (Hungria, *Comentários ao Código Penal*,1967, v. VII, p. 90). A simples extração de água não configura este delito (*vide* nota *Confronto*).

- **Tipo subjetivo:** Dolo (vontade livre e consciente de desviar ou represar águas alheias) e o elemento subjetivo do tipo referente ao especial fim de agir "em proveito próprio ou de outrem". Para a doutrina tradicional é o "dolo específico". Não é punível a título de culpa.

- **Consumação:** Com o desvio ou represamento, sendo dispensável que o agente alcance efetivo proveito. É delito instantâneo de efeitos permanentes ou, às vezes, permanente.

- **Reparação do dano:** cf. CP, art. 16.

- **Tentativa:** Admite-se.

- **Classificação:** Crime comum quanto ao sujeito, doloso, comissivo, formal, instantâneo ou permanente.

- **Confronto:** Em caso de mera extração, pode haver crime de furto, em tese.

- **Pena e ação penal:** *Vide* nota no final.

Esbulho possessório (§ 1º, II)

- **Noção:** Para que haja esbulho possessório, no campo penal, é necessário que a invasão tenha por fim o esbulho e seja praticada, em terreno ou imóvel alheio, com violência à pessoa ou grave ameaça, ou, ainda, em concurso de pessoas.

- **Objeto jurídico:** A posse da propriedade imobiliária.

- **Sujeito ativo:** Qualquer pessoa, exceto o proprietário ou coproprietário.

- **Sujeito passivo:** O possuidor do imóvel (proprietário, locatário, arrendatário etc.).

- **Tipo objetivo:** O verbo *invadir* tem a significação de penetrar, ingressar. Para a tipificação do delito a lei exige que a invasão se faça, alternativamente: *a. com violência à pessoa ou grave ameaça*; *b. ou mediante concurso de mais de duas pessoas.* Na primeira hipótese (*a*), a violência deve ser física contra pessoa (não contra coisa) e a ameaça deve ser *grave*, isto é, séria, idônea. Na segunda hipótese (*b*) mediante *concurso de mais* de duas pessoas. Em vista da expressão "concurso", interpretamos que a lei requer o número de quatro pessoas; isto é, o autor mais três. A esse respeito, no entanto, há dissenso na doutrina: mínimo de *quatro*, ou seja, o autor e mais três coautores ou partícipes, ainda que o partícipe que atue como mandante não esteja no local (Damásio de Jesus, *Direito Penal*, 29ª ed., São Paulo, Saraiva, 2009, v. II, p. 394; Heleno Fragoso, *Lições de Direito Penal – Parte Especial*, 1995, v. I, p. 231; Magalhães Noronha, *Direito Penal*,1995, v. II, p. 296), ou mínimo de *três* (Hungria, *Comentários ao Código Penal*, 1967, v. VII, p. 93). O objeto material é *terreno* ou *edifício alheio*.

- **Tipo subjetivo:** Dolo (vontade livre e consciente de invadir) e o elemento subjetivo do tipo *para o fim de esbulho possessório*, que é o especial fim de agir. Basta que a finalidade da ocupação seja esta, sendo desnecessário que o agente efetivamente a consiga. No entanto, o intuito deve ser de *esbulho* (desapossamento)e não de mera turbação (perturbação). Para a corrente tradicional é o "dolo específico". Não há modalidade culposa.
- **Consumação:** Com o ato de invadir.
- **Reparação do dano:** Na hipótese de esbulho praticado mediante concurso de pessoas, cf. CP, art. 16.
- **Tentativa:** Admite-se.
- **Classificação:** Delito comum quanto ao sujeito, doloso, comissivo, formal, instantâneo e, às vezes, permanente.
- **Confronto:** Tratando-se de imóvel vinculado ao "Sistema Financeiro da Habitação", ver Lei n. 5.741/71, art. 9º Em caso de invasão de terras da União, Estados ou Municípios, ver Lei n. 4.947/66, art. 20.
- **Reforma agrária:** Quanto a movimentos populares cujos integrantes invadem fazendas, visando exclusiva e unicamente pressionar o governo a desapropriá-las, a fim de acelerar a implementação da reforma agrária prevista na CR (arts. 184 a 191), é nossa opinião que essa conduta não configura o crime do art. 161, § 1º, II, constante do Capítulo III do Título II do CP, que trata dos *crimes contra o patrimônio*. Com efeito, *inexiste o elemento subjetivo exigido pelo tipo, ou seja, a intenção de tomar a propriedade alheia, apropriando-se da terra*. Nestes termos, não há confundir-se a turbação e o esbulho da posse, previstos no CC (arts. 1.210 e ss.), com o crime de esbulho possessório aqui tratado, que exige o referido elemento subjetivo. Acerca, ainda, da reforma agrária, cf. ROBERTO DELMANTO JUNIOR, "O movimento dos trabalhadores rurais sem terra em face do direito penal", *RBCCr* 28/175.
- **Pena:** Nas três figuras do art. 161 (alteração, usurpação de águas e esbulho), a pena é igual: detenção, de um a seis meses, e multa. Se o agente usa de violência (física) contra pessoa, aplica-se, também, a pena do crime de violência em concurso material (mas a contravenção de vias de fato é absorvida).

Violência (§ 2º)

- **Violência:** Se o agente emprega violência contra pessoa, responderá também por esse delito em concurso.

Ação penal (§ 3º)

- **Noção:** Se a propriedade é particular e não há emprego de violência contra pessoa (é indiferente a ameaça), a ação penal, para todas as figuras deste art. 161, é de iniciativa privada (queixa-crime). A ação, porém, será pública incondicionada, ocorrendo qualquer das hipóteses contrárias.

Jurisprudência do esbulho possessório

- **Pendência judicial:** O possuidor indireto pode ser sujeito passivo; admite-se a tentativa de esbulho; a existência de ação cível não impede (TACrSP, *RT* 515/381). *Contra:* havendo controvérsia quanto à posse e propriedade da área em litígio, a queixa deve ser rejeitada, pois a lei fala em imóvel alheio (TACrSP, *RT* 563/338). Não se configura quando existe pendência judicial entre o agente e a vítima sobre o objeto do esbulho (TACrSP, *RT* 512/379; TJMS, *RT* 545/405).
- **Tipo objetivo:** Para configurar-se o delito exige-se que a invasão seja praticada em terreno alheio, com violência a pessoa ou grave ameaça, ou, ainda, em concurso de pessoas (TACrSP, *RJDTACr* 21/326, *RT* 563/338,570/328, *Julgados* 67/117).
- **Tipo subjetivo:** O delito exige dolo específico, só se configurando se a invasão tem finalidade de esbulho, o objetivo de retirar a vítima da posse do imóvel (TACrSP, *Julgados* 70/213, *RJDTACr* 21/326).
- **Reforma agrária:** Se o Movimento Popular (no caso, "Movimento dos Sem Terra") visa pressionar o governo para acelerar a implementação da reforma agrária, programa constante da CR, não se está diante de movimento para tomar a propriedade alheia,

não havendo que se falar, portanto, no crime contra o patrimônio deste art. 161, § 1º, II (STJ, *mv – RT* 747/608; TJSP, *RT* 787/594).

- **Turbação da posse:** A simples turbação possessória não tipifica, se não estiver acompanhada da finalidade de esbulho possessório (TACrSP, *RT* 570/328, *Julgados* 65/175).

- **Contra a propriedade:** Para que se configure, é necessário que haja invasão de terreno alheio. Não basta ataque à posse. O art. 161, II, exige que a afronta seja contra a propriedade (STF, RHC 55.857, *DJU* 2.12.77, p. 8747).

- **Proprietário ou condômino:** O proprietário e o condômino, em relação ao possuidor, não podem ser sujeito ativo de esbulho possessório (TACrSP, *RF* 256/360). Irmã do falecido proprietário, que passa a ocupar o imóvel como herdeira, não pode, sequer em tese, ser agente do delito (TJSP, *RT* 541/365). Se o suposto invasor é coproprietário do imóvel, em razão de direitos hereditários decorrentes de sucessão aberta, não há falar em esbulho possessório (TAMG, *RT* 788/688).

- **Possuidor:** A posse, ainda que precária por parte do agente, afasta o dolo específico que o tipo requer (TACrSP, *Julgados* 70/213).

- **Possuidor de má-fé:** Não se pode considerar possuidor de boa-fé o agente que invade imóvel que sabe pertencer a outrem, pois quem tem consciência de que há algum obstáculo ou vício que impeça a aquisição da coisa, torna-se possuidor de má-fé (TACrSP, *RJDTACr* 20/89).

- **Sistema Financeiro da Habitação:** A figura prevista no art. 9º da Lei n. 5.741/71 é mais ampla do que a do art. 161, § 1º, II, do CP, pois não exige a ocorrência de violência ou grave ameaça, bastando à sua caracterização a invasão ou ocupação intencional de imóvel objeto de financiamento do SFH (TACrSP, *RJDTACr* 20/91). Incorre nas sanções do art. 9º da Lei n. 5.741/71 o agente que ocupa imóvel com o objetivo de praticar esbulho possessório, retendo-o ilicitamente, sendo inaceitável o argumento de que assim procedeu para ressarcir-se de benfeitorias nele realizadas (TACrSP, *RJDTACr* 20/89).

- **Ação penal:** No esbulho sem violência contra pessoa e em propriedade particular, a ação penal é privada (TJMS, *RT* 564/384; TACrSP, *RT* 609/353, 514/354).

- **Número de agentes:** É necessário que os agentes sejam, no mínimo, em número de quatro (TACrSP, *Julgados* 73/185, *RT* 570/328,563/338,496/313).

- **Conceito penal:** Não pratica o crime quem invade imóvel alheio com fim de estabelecer servidão de passagem, sem, contudo, ter intenção de desalojar o possuidor (TACrSP, *RT* 501/306).

SUPRESSÃO OU ALTERAÇÃO DE MARCA EM ANIMAIS

Art. 162. Suprimir ou alterar, indevidamente, em gado ou rebanho alheio, marca ou sinal indicativo de propriedade:

Pena – detenção, de 6 (seis) meses a 3 (três) anos, e multa.

Supressão ou alteração de marca em animais

- **Suspensão condicional do processo:** Cabe, atendidas as condições do art. 89 da Lei n. 9.099/95.

- **Objeto jurídico:** A propriedade de semoventes (gado, cavalos, carneiros etc.).

- **Sujeito ativo:** Qualquer pessoa.

- **Sujeito passivo:** O proprietário dos animais.

- **Tipo objetivo:** Duas são as ações previstas: *suprimir* (fazer desaparecer) ou *alterar* (modificar, transformar), sendo necessário, nesta última hipótese, que a alteração cause irreconhecimento da marca ou sinal que estava nos animais. O objeto material é *marca* (assinalamento a fogo ou químico, indicativo da propriedade do animal) ou *sinal* (outra sinalização). Os animais devem estar em *gado ou rebanho alheio*. Não é crime marcar animais sem marca, pois a figura só cuida de animais já assinalados. É indiferente que a marca ou sinal seja registrado.

- **Tipo subjetivo:** Dolo (vontade livre e consciente de suprimir ou alterar) e o elemento subjetivo do tipo, que é a intenção de estabelecer dúvida acerca da propriedade. A figura ainda contém o elemento normativo *indevidamente*, que requer que o agente esteja consciente da ilicitude do comportamento. Na doutrina tradicional é o "dolo específico". Inexiste punição a título de culpa.

- **Consumação:** Com a supressão ou alteração, independentemente de futuros prejuízos. A doutrina inclina-se no sentido de ser suficiente a alteração ou supressão em um só animal, com o que não concordamos, pois a lei emprega os coletivos *gado* e *rebanho*, além de a rubrica referir-se a animais. O CP costuma indicar o objeto material de seus tipos no *singular*: "alguém" (arts. 121, 122, 130, 138), "coisa" (arts. 155, 156, 157, 163), "correspondência" (arts. 151, 152, 153), "local" (art. 166), "segredo" (art. 154) etc. Portanto, deve-se obedecer ao princípio hermenêutico de que não há palavras desnecessárias na lei. Se o CP, neste art. 162, emprega o *plural*, repetidamente, ao contrário de outros em que sempre usa o singular, não se pode, sem infração à regra da *reserva legal* (CR, art. 5º, XXXIX; PIDCP, art. 15, § 1º; CADH, art. 9º), ampliá-lo de forma a incriminar a conduta quando ela é praticada em um só animal (e não em dois ou mais animais). É possível discordar da lei, mas não se pode alargá-la, a pretexto de que seria mais lógico, ou melhor, ter ela maior amplitude.

- **Reparação do dano:** cf. CP, art. 16.

- **Tentativa:** Admite-se.

- **Classificação:** Delito comum quanto ao sujeito, doloso, comissivo, formal e instantâneo.

- **Confronto:** Se for meio para a prática de outro crime (furto, estelionato, apropriação etc.), será absorvido por este.

- **Pena:** Detenção, de seis meses a três anos, e multa.

- **Ação penal:** Pública incondicionada. Cf. CP, arts. 181 a 183. A nosso ver, melhor seria, por razões de política criminal, que a ação penal nesse crime fosse pública condicionada à representação do ofendido, uma vez que se trata de questão patrimonial, sem violência ou ameaça à pessoa.

Jurisprudência
- **Tipo subjetivo:** Não comete o delito do art. 162 do CP aquele que ignorava ser alheio o gado cuja marca alterou (TACrSP, *RT* 377/235).

Capítulo IV
DO DANO

DANO

Art. 163. Destruir, inutilizar ou deteriorar coisa alheia:

Pena – detenção, de 1 (um) a 6 (seis) meses, ou multa.

DANO QUALIFICADO

Parágrafo único. Se o crime é cometido:

I – com violência à pessoa ou grave ameaça;

II – com emprego de substância inflamável ou explosiva, se o fato não constitui crime mais grave;

III – contra o patrimônio da União, de Estado, do Distrito Federal, de Município ou de autarquia, fundação pública, empresa pública, sociedade de economia mista ou empresa concessionária de serviços públicos;

IV – por motivo egoístico ou com prejuízo considerável para a vítima:

Pena – detenção, de 6 (seis) meses a 3 (três) anos, e multa, além da pena correspondente à violência.

- Alteração: Inciso III com redação dada pela Lei n. 13.531, de 7.12.2017.
- Conciliação: Cabe no *caput* e no inciso IV do parágrafo único (arts. 72 a 74 da Lei n. 9.099/95 e art. 167 do CP).
- Transação: Também cabe no *caput* e no inciso IV do parágrafo único (art. 76 da Lei n. 9.099/95 e art. 167 do CP).
- Suspensão condicional do processo: Cabe no *caput* e em todos os incisos do parágrafo único, atendidas as condições do art. 89 da Lei n. 9.099/95.

Crime de dano

- Objeto jurídico: O patrimônio.
- Sujeito ativo: Qualquer pessoa, exceto o proprietário.
- Sujeito passivo: Só o proprietário. Para HELENO FRAGOSO, eventualmente também o possuidor (*Lições de Direito Penal – Parte Especial*, 1995, v. I, p. 240).
- Tipo objetivo: A figura contém três núcleos alternativos: *destruir* (eliminar, extinguir), *inutilizar* (tornar inútil, imprestável) ou *deteriorar* (arruinar, estragar). A deterioração não se confunde com a conspurcação, pois nesta não fica afetada "a individualidade ou substância da coisa" (HUNGRIA, *Comentários ao Código Penal*, 1967, v. VII, p. 106). Quanto ao desaparecimento, a opinião mais acertada é a de que não configura o crime de dano (*nessa posição*: DAMÁSIO DE JESUS, *Direito Penal*, 29ª ed., São Paulo, Saraiva, 2009, v. 2, p. 400; HELENO FRAGOSO, *Lições de Direito Penal – Parte Especial*, 1995, v. I, p. 240; MAGALHÃES NORONHA, *Direito Penal*, 1995, v. II, p. 306; *contra*: HUNGRIA, *Comentários ao Código Penal*,1967, v. VII, p. 105). A conduta pode ser comissiva ou omissiva. O objeto material é *coisa* (imóvel ou móvel), que deve ser *alheia*. Em face dos próprios verbos que o art. 163 emprega, não se perfaz o delito de dano sem que a coisa fique prejudicada no seu valor ou utilidade.
- Tipo subjetivo: O dolo, ou seja, a vontade livre e consciente de destruir, inutilizar ou danificar. Embora haja opiniões em contrário, entendemos que vem implícito o elemento subjetivo do tipo referente "ao especial fim de agir" (para prejudicar). Na escola tradicional, pede-se, geralmente, o "dolo específico", que é a vontade de prejudicar. Na jurisprudência, a matéria também não é tranquila, mas predomina, atualmente, a corrente que exige o "propósito de prejudicar"; assim, tem-se entendido que não caracteriza o crime de dano a conduta do preso que danifica as grades para fugir (*vide* nota ao art. 352 do CP). Inexiste forma culposa.
- Consumação: Com o efeito danoso.
- Reparação do dano: Salvo a hipótese do parágrafo único, inciso I, cf. CP, art. 16.
- Tentativa: Admite-se.
- Confronto: Tratando-se de dano em bem especialmente protegido por lei, em razão de seu valor paisagístico, ecológico, turístico, artístico, histórico, cultural, religioso, arqueológico, etnográfico ou monumental, art. 63 da Lei n. 9.605/98 – Lei do Meio Ambiente. Acerca de dano em florestas ou em vegetação fixadora de dunas, protetora de mangues, cf. art. 50 da citada lei. Quanto ao ato de pichar, grafitar ou outro meio de conspurcar edificação ou monumento urbano, cf. art. 65 da Lei n. 9.605/98 e, tratando-se de monumento ou coisa tombada, o seu parágrafo único. Com o intuito de impedir ou embaraçar o curso do trabalho (sabotagem), art. 202 do CP. Na hipótese de coisa própria, em circunstâncias especiais, art. 346 do CP.

- **Concurso de crimes:** Se o dano é meio ou resultado de outro crime, ficará absorvido por este.

- **Classificação:** Delito comum quanto ao sujeito, doloso, comissivo ou omissivo, material, subsidiário e instantâneo; requer exame de corpo de delito (CPP, art. 158).

- **Pena e ação penal:** *Vide* notas ao parágrafo único.

Figuras qualificadas (parágrafo único)

- **I. Com violência a pessoa ou grave ameaça:** A violência que qualifica o dano é a praticada contra *pessoa* e não contra coisa. Tanto a violência como a ameaça grave podem ser exercidas contra pessoa outra que não a vítima, na opinião dos doutrinadores. A violência física ou moral contra pessoa deve visar à prática do dano, como meio para a sua execução.

- **II. Com o emprego de substância inflamável ou explosiva:** Deve ser *meio* para o cometimento do delito de dano; esta qualificadora é expressamente subsidiária ("se o fato não constitui crime mais grave").

- **III. Contra o patrimônio da União, de Estado, do Distrito Federal, de Município ou de autarquia, fundação pública, empresa pública, sociedade de economia mista ou empresa concessionária de serviços públicos:** Em razão do emprego da expressão "patrimônio", estão incluídas as coisas de uso público comum ou especial. Tratando-se de coisa alugada ou usada pelos órgãos públicos, mas não de sua propriedade, não incide este inciso III.

- **IV. Por motivo egoístico ou com prejuízo considerável para a vítima:** Motivo egoístico é o que visa a futuro proveito, econômico ou moral. O *prejuízo considerável* deve ser aferido em relação às posses do ofendido.

- **Pena:** No *dano simples* (art. 163, *caput*) é *alternativa*: detenção, de um a seis meses, ou multa. No *dano qualificado* (parágrafo único): detenção, de seis meses a três anos, e multa, além da pena correspondente à violência contra pessoa.

- **Ação penal:** É de iniciativa privada nas hipóteses do dano simples (*caput*) e do qualificado pelo motivo egoístico ou prejuízo considerável (parágrafo único, IV); é pública incondicionada nas demais (CP, art. 167). Cf. CP, arts. 181 a 183. Se houver concurso de uma forma de dano de ação pública com outra de ação privativa do ofendido, deverá formar-se o litisconsórcio ativo entre o Ministério Público e a vítima, esta oferecendo queixa-crime e aquele formulando denúncia.

Jurisprudência

- **Subsidiariedade do crime de dano:** Só existe crime de dano quando o fato constitui fim em si mesmo; desde que é meio para outro crime, perde sua autonomia e passa a ser elemento de crime complexo ou progressivo (STF, *RT* 547/403, mv – *RTJ* 93/999,84/717; TFR, RCr 1.061, *DJU* 20.9.84; TACrSP, *RT* 563/336).

- **Ao ser preso:** Caracteriza o crime de dano a conduta do agente que, após ameaçar outrem, chuta a porta de viatura de policiais que obstaram a sua fuga (TACrSP, *RJDTACr* 24/126-7).

- **Em fuga de preso:** Os danos causados por preso que procura fugir, sendo meios necessários à evasão, não podem tipificar o delito de dano, por falta de "dolo específico" (TACrSP, *Julgados* 76/22,75/198,68/428; TJMG, *JM* 131/465). Se serra a grade em tentativa frustrada de fuga, não há lesão significativa ao bem alheio, devendo ser excluída a tipicidade penal pela aplicação do princípio da insignificância (TACrSP, *RJDTACr* 9/75-6). Não comete crime de dano o preso que danifica a parede da cela movido por exclusivo instinto de fuga (TJPR, Ap. 423.642-4, j. 13.12.2007, *DOE* 11.1.2008, in Bol. IBCCr 183/1151). *Contra*: Se perfurou parede de cela para fugir (TACrSP, *RJDTACr* 17/66), por entender ser dispensável o "dolo específico" (TACrSP, *RJDTACr* 19/86,21/114; TAMG, mv – *RJTAMG* 51/281) ou se danificou grade para confeccionar arma (TACrSP, *Julgados* 96/141). A despeito de ser a fuga fato atípico, não pode ser causa ou ocasião para a prática de dano ao patrimônio público (TACrSP, *RJDTACr* 15/89, 808/640, 815/605).

- **Sujeito ativo:** *a. Condômino*: Pode ser agente o condômino que danifica dolosamente coisa comum, salvo se a coisa é fungível e o prejuízo não excede o valor da parte a que tem direito o agente (STF, *RT* 543/433). *Contra*: Não pratica o crime do art. 163, parágrafo único, IV, o condômino da área *pro diviso* que desfaz cerca que separa sua residência da de outro condômino, por considerar que tal fato o priva da liberdade de poder usufruir livremente da mesma (TACrSP, *RJDTACr* 23/127). *b. Cônjuge*: Não pratica crime de dano marido que efetua disparos contra veículo da esposa na constância da sociedade conjugal, face à imunidade penal absoluta prevista no art. 181, I, do CP (TACrSP, *RJDTACr* 23/124). *Contra*: Incorre nas penas do art. 163, parágrafo único, I, o marido que, separado de fato da mulher, adentra na residência desta e danifica objetos comuns com tiros e facadas, configurando-se a grave ameaça (TACrSP, *RJDTACr* 24/126).

- **Exame pericial:** Para comprovação do dano é indispensável o exame pericial, (TJPB, *RT* 817/638), não o suprindo a prova testemunhal ou a confissão (TACrSP, *Julgados* 79/293, *RT* 579/348; TAMG, *RT* 644/320), nem as declarações da vítima (TJSC, *JC* 72/546).

- **Tipo subjetivo:** Das duas posições que existem a respeito, entendemos que a primeira delas é a mais acertada, pois o delito de dano requer a *finalidade de prejudicar*. Vejamos os dois posicionamentos: *a.* O crime de dano pede o propósito de prejudicar (TJPR, Ap. 423.642-4, j. 13.12.2007, *DOE* 11.1.2008, *in Bol. IBCCr* 183/1151; TACrSP, *RT* 613/337). O delito de dano exige "dolo específico", a vontade de causar prejuízo (TJSP, Ap. 1.065.452-3/0, j. 4.4.2008, *in Bol. IBCCr* 186/1175; TACrSP, *RT* 538/373, 525/390, 501/306, *RF* 273/256; TAMG, *RT* 591/398). Não se configura se os agentes agiram com propósito humanitário e altruístico (TJPI, *RT* 811/678). *b.* O crime de dano não exige ânimo de prejudicar ou "dolo específico" (TACrSP, *RJDTACr* 21/114, 19/86, 10/62, *Julgados* 91/351; TAMG, *mv – RJTAMG* 51/281). Basta o "dolo genérico" (TACrSP, *RJDTACr* 1/80, *Julgados* 65/364, *RT* 667/301; TJRS, *RT* 763/660). Outras questões quanto ao tipo subjetivo: o dano não é punível a título de culpa (TACrSP, *Julgados* 91/351, *RT* 538/370, *RJDTACr* 17/66). Não há "dolo específico" se o agente, por ira, transfere para coisas inanimadas a agressão que não pôde realizar contra a pessoa (TACrSP, *Julgados* 68/229).

- **Embriaguez:** A embriaguez do agente afasta o dolo de dano (TAMG, *RJTAMG* 14/302).

- **Violência contra pessoa:** A violência precisa ser dirigida contra o detentor da coisa, como meta para a prática do dano, não se configurando a qualificadora quando é consequência ou resultado do dano (STF, *mv – RTJ* 93/999). Só há qualificadora quando a violência contra pessoa tem a finalidade de concretizar o dano (TACrSP, *Julgados* 78/414,75/383, *RT* 541/379). É necessário que a agressão seja exercida para realizar ou obter o dano, ou enquanto este é executado (TACrSP, *Julgados* 96/143,71/221). Se a violência foi independente do dano, este é simples (TAPR, *RT* 537/375). Bastam as vias de fato para caracterizar a violência (TAMG, *mv – RT* 537/365).

- **Substância inflamável:** Se o incêndio causado em motocicleta deu-se pela própria substância inflamável contida em seu tanque, não há falar em dano qualificado (TACrSP, *RT* 759/640).

- **Contra o patrimônio público:** A demolição de escola pelo perigo de desabamento, que colocava em risco a vida dos alunos, não configura crime de dano qualificado nem mesmo simples, mormente quando a Administração Pública foi omissa e no local foi construída outra nova pela sociedade (TJRO, *RT* 788/683). Para o inciso III, é preciso que o prédio seja público e não só locado a órgão público (TACrSP, *RT* 573/378,530/340). A expressão *patrimônio* (art. 163, III) compreende as coisas que são do uso comum do povo, não tendo o alcance restrito do antigo art. 66, III, do CC (TACrSP, *RT* 483/328).

- **"Pichação" ou "grafite":** Configura crime de dano, sendo qualificado se o prédio pertence ao patrimônico público (TAPR, *RT* 698/404; TACrSP, *RJDTACr* 11/220). *Contra*: Se o agente, ao pichar banheiro de metrô, visa somente expressar uma opinião, sem o objetivo de causar prejuízo patrimonial (TACrSP, *RJDTACr* 28/79).

- **Trânsito:** Pratica o crime do art. 163, parágrafo único, III, o motorista de táxi que, após acidente de trânsito, atinge ônibus de empresa pública, com uma "chave de rodas" (TACrSP, *RJDTACr* 17/67).

- **Confronto:** Se arranca o telefone do "orelhão" há dano qualificado (art. 163, parágrafo único, III) (TACrSP, *Julgados* 96/140); se, todavia, arrancou para ficar com ele, e não para danificá-lo, o crime é de furto (TACrSP, *mv – Julgados* 83/64).

- **Motivo egoístico e prejuízo considerável:** O motivo egoístico deve ter por objetivo futuro proveito econômico ou moral; o prejuízo deve ser considerado em relação à situação econômica da vítima, não bastando que seja, por si só, vultoso (TACrSP, *Julgados* 72/273, *RT* 667/301).

- **Princípio da insignificância:** Se não há lesão significativa ao bem alheio, deve ser excluída a tipicidade penal pela aplicação do princípio da insignificância (TACrSP, *RJDTACr* 9/75-6; TJPI, *RT* 811/678).

- **Ressarcimento:** Em decisão inovadora, admitiu-se a extinção da punibilidade do crime de dano praticado contra Prefeitura, pelo ressarcimento do dano de pequeno valor, antes da denúncia (STF, *RT* 555/445; *contra:* TACrSP, *Julgados* 91/351; TAPR, *RT* 698/404).

- **Ação penal:** Se o dano é praticado com grave ameaça à pessoa, a ação penal só pode ser pública (TACrSP, *Julgados* 82/115, *RT* 545/380). Se, por ocasião da sentença, o juiz entende que o dano era simples e não qualificado, deve absolver (TACrSP, *Julgados* 96/144) ou anular a ação pública para que a privada seja intentada, salvo decadência; não pode condenar por dano simples em ação penal pública (TACrSP, *RJDTACr* 24/133, *Julgados* 91/344). Se a empresa proprietária do ônibus danificado não é concessionária, mas apenas *permissionária* de serviço de utilidade pública sem nenhuma exclusividade, não se configura a hipótese do art. 163, parágrafo único, III, sendo a ação penal privada nos termos do art. 167 (TACrSP, *RJDTACr* 24/128).

INTRODUÇÃO OU ABANDONO DE ANIMAIS EM PROPRIEDADE ALHEIA

Art. 164. Introduzir ou deixar animais em propriedade alheia, sem consentimento de quem de direito, desde que do fato resulte prejuízo:
Pena – detenção, de 15 (quinze) dias a 6 (seis) meses, ou multa.

- **Conciliação:** Cabe (arts. 72 a 74 da Lei n. 9.099/95), pois a ação penal é privada (CP, art. 167).

- **Transação e suspensão condicional do processo:** Cabem. Quanto a quem pode oferecer transação e da suspensão condicional do processo (arts. 76 e 89 da Lei n. 9.099/95) na ação penal privada, *vide* jurisprudência no art. 100 do CP.

Introdução ou abandono de animais

- **Objeto jurídico:** Apontam-se, geralmente, a propriedade e a posse; para Hungria, sóa primeira delas (*Comentários ao Código Penal*, 1967, v. VII, p. 113).

- **Sujeito ativo:** Qualquer pessoa, exceto o proprietário.

- **Sujeito passivo:** O proprietário ou legítimo possuidor.

- **Tipo objetivo:** *Introduzir* tem a significação de levar para dentro, fazer entrar; *deixar* é abandonar, largar. Na primeira modalidade, o agente introduz (comportamento comissivo); na segunda, ele não retira (omissivo). Na opinião geral dos autores, a palavra *animais* estaria empregada como gênero, sendo suficiente fazer entrar, ou não retirar, apenas um animal (Damásio de Jesus, *Direito Penal*, 29ª ed., São Paulo, Saraiva, 2009, v. 2, p. 407; Hungria, *Comentários ao Código Penal*,1967, v. VII, p. 112). Tal interpretação nos parece questionável, até mesmo pela inexpressividade do dano que pode causar um único animal, por exemplo, em pasto alheio, o mesmo não ocorrendo, todavia, tratando-se de uma lavoura (que pode acabar sendo destruída). A propósito do emprego do singular ou plural na indicação do objeto material do tipo no CP, *vide* nota *Consumação*, no comentário ao art. 162 do CP. Não se tipifica o delito, a menos que resulte *efetivo dano* à propriedade: *desde que do fato resulte prejuízo*. O comportamento deve ocorrer em propriedade *alheia e sem consentimento de quem de direito* (elemento normativo), isto é, do proprietário ou possuidor.

- **Tipo subjetivo:** Dolo (vontade livre e consciente de introduzir ou abandonar). Na doutrina tradicional é o "dolo genérico". Inexiste modalidade culposa.

- **Consumação:** Só com o efetivo prejuízo (é delito *material*).

- **Tentativa:** Consideramos ser inadmissível (contra: MAGALHÃES NORONHA, *Direito Penal – Parte Especial*, 1995, v. II, p. 318).

- **Classificação:** Crime comum quanto ao sujeito, doloso, comissivo ou omissivo, material, de dano.

- **Confronto:** Se o fim é de danificar a propriedade, art. 163 do CP.

- **Pena:** É *alternativa*: detenção de quinze dias a seis meses, ou multa.

- **Ação penal:** É de iniciativa privada (art. 167 do CP).

Jurisprudência

- **Crime doloso:** Se a penetração dos animais resulta de falta de cautela, o seu dono responde apenas pelos danos ocasionados no foro civil (TACrSP, *RT* 521/429; TJSC, *RT* 419/337). Para a configuração do crime, é imperiosa a demonstração do dolo de dano (TAMG, *RT* 567/380).

- **Imóvel alheio:** Rejeita-se a queixa, se é controvertida e está sendo discutida a propriedade do imóvel onde os animais foram introduzidos (TJMS, *RT* 545/405).

- **Ação penal:** É de iniciativa privada, somente se procedendo mediante queixa (TACrSP, *RT* 464/389).

DANO EM COISA DE VALOR ARTÍSTICO, ARQUEOLÓGICO OU HISTÓRICO

Art. 165. Destruir, inutilizar ou deteriorar coisa tombada pela autoridade competente em virtude de valor artístico, arqueológico ou histórico:

Pena – detenção, de 6 (seis) meses a 2 (dois) anos, e multa.

- **Revogação tácita:** A Lei n. 9.605/98, ao tratar dos crimes contra o ordenamento urbano e o patrimônio cultural, dispõe, em seu art. 62, o seguinte: "Destruir, inutilizar ou deteriorar: I – bem especialmente protegido por lei, ato administrativo ou decisão judicial; II – arquivo, registro, museu, biblioteca, pinacoteca, instalação científica ou similar protegido por lei, ato administrativo ou decisão judicial: Pena – reclusão, de um a três anos, e multa. Parágrafo único. Se o crime for culposo, a pena é de seis meses a um ano de detenção, sem prejuízo da multa". Diante da amplitude do preceito retrotranscrito, cremos que o art. 165 do CP restou tacitamente revogado por essa nova lei, a qual, por ser mais gravosa, não retroage. Com efeito, o inciso I do art. 62 da Lei n. 9.605/98, ao abranger todo "bem especialmente protegido por lei, ato administrativo ou decisão judicial", engloba, à evidência, "coisa tombada pela autoridade competente em virtude de valor artístico, arqueológico ou histórico". Igualmente não retroage seu parágrafo único, ao prever modalidade culposa que inexiste neste art. 165.

- **Transação:** Cabe, preenchidos os requisitos do art. 76 da Lei n. 9.099/95.

- **Suspensão condicional do processo:** Cabe, atendidas as condições do art. 89 da Lei n. 9.099/95.

Dano em coisa tombada

- **Objeto jurídico:** O patrimônio histórico, arqueológico ou artístico.
- **Sujeito ativo:** Qualquer pessoa.
- **Sujeito passivo:** A União, o Estado ou o Município; secundariamente, também o particular, quando este for proprietário da coisa tombada.
- **Tipo objetivo:** As condutas são iguais às do crime de dano (vide nota ao art. 163), não podendo abranger outros comportamentos. O objeto material, porém, é *coisa (móvel ou imóvel) tombada pela autoridade competente*. O art. 165 ainda acrescenta: "em virtude de valor artístico, arqueológico ou histórico". Assim, a tipificação deste artigo requer que a coisa esteja tombada legalmente, tombamento esse que pode ser tanto definitivo como provisório. Relativamente aos monumentos arqueológicos ou pré-históricos, vide nota *Confronto*.
- **Tipo subjetivo:** Dolo (vontade livre e consciente de danificar coisa que sabe ser tombada); na hipótese do agente não ter consciência de que se trata de coisa tombada, a conduta pode caracterizar o delito de dano comum. Na escola tradicional é o "dolo genérico". Inexiste modalidade culposa.
- **Erro:** Sua ocorrência deve ser avaliada na forma dos arts. 20 e 21 do CP.
- **Consumação e tentativa:** *Vide* notas ao art. 163 do CP.
- **Classificação:** Delito comum quanto ao sujeito, doloso, comissivo ou omissivo, de forma livre, de dano material e instantâneo; requer exame de corpo de delito (CPP, art. 158).
- **Confronto:** Na ignorância do tombamento, art. 163 do CP. Tratando-se de monumentos arqueológicos ou pré-históricos, Lei n. 3.924/61, que os considera como patrimônio nacional, sem alusão à necessidade de registro, dando lugar à configuração do art. 163, parágrafo único, III, do CP.
- **Pena:** Detenção, de seis meses a dois anos, e multa.
- **Ação penal:** Pública incondicionada.

Jurisprudência

- **Furto de coisa tombada:** A subtração (e não danificação) de bem móvel tombado, como imagem religiosa antiga, não tipifica o delito do art. 165 do CP, mas, sim, o de furto, da competência da Justiça Federal (TFR, *RTFR* 63/218).
- **Tombamento provisório:** Também está protegido penalmente, embora tenha prazo de sessenta dias (TACrSP, *RT* 620/321-323).
- **Em estado precário:** O agente que, livre e conscientemente, destrói bem imóvel tombado por seu valor histórico e pertencente ao patrimônio cultural da humanidade, alterando o aspecto visual do local especialmente protegido, sem autorização dos órgãos competentes, pratica os crimes dos arts. 165 e 166 do CP, sendo irrelevante a alegação de que se encontrava em estado precário (TRF da 3ª R., *RT* 785/727).

ALTERAÇÃO DE LOCAL ESPECIALMENTE PROTEGIDO

Art. 166. Alterar, sem licença da autoridade competente, o aspecto de local especialmente protegido por lei:

Pena – detenção, de 1 (um) mês a 1 (um) ano, ou multa.

- **Revogação tácita:** A Lei n. 9.605/98, ao tratar dos crimes contra o ordenamento urbano e o patrimônio cultural, dispõe, em seu art. 63: "Alterar o aspecto ou estrutura de edificação ou local especialmente protegido por lei, ato administrativo ou decisão judicial, em razão de seu valor paisagístico, ecológico, turístico, artístico, histórico, cultural, religioso, arqueológico, etnográfico ou monumental, sem autorização da autoridade competente ou em desacordo com a concedida: Pena – reclusão, de um a três anos, e multa". Em face dessa redação, a nosso ver o art. 166 do CP restou tacitamente revogado por essa lei, a qual, por ser mais gravosa, não retroage.

- **Transação:** Cabe, preenchidos os requisitos do art. 76 da Lei n. 9.099/95.

- **Suspensão condicional do processo:** Cabe, atendidas as condições do art. 89 da Lei n. 9.099/95.

Alteração de local especialmente protegido por lei

- **Objeto jurídico:** O patrimônio ideal nacional.

- **Sujeito ativo:** Qualquer pessoa, inclusive o proprietário do local.

- **Sujeito passivo:** O Estado e também o particular, quando este for dono do local protegido.

- **Tipo objetivo:** O objeto material é o *aspecto de local especialmente protegido por lei*. *Aspecto* é a aparência, a fisionomia exterior. *Local* é o lugar, o sítio. Deve haver *lei* protegendo especialmente o local. O verbo *alterar* tem a significação de mudar, degenerar, desfigurar, e a ação pode ser feita por qualquer meio idôneo (até mesmo colocação de cartazes, construção de prédios etc., que prejudiquem o aspecto). A alteração punida é a que se faz no *aspecto* referido. A figura penal ainda contém o elemento normativo *sem licença da autoridade competente*, o que torna atípica a conduta quando existir autorização.

- **Tipo subjetivo:** É o dolo, ou seja, a vontade livre e consciente de alterar. Requer-se que o agente tenha consciência de que o local é especialmente protegido. Na escola tradicional indica-se o "dolo genérico". Não há modalidade culposa.

- **Consumação:** Com a efetiva alteração do aspecto do local.

- **Tentativa:** Admite-se.

- **Confronto:** Na ignorância do tombamento, art. 163 do CP.

- **Pena:** É *alternativa*: detenção, de um mês a um ano, ou multa.

- **Ação penal:** Pública incondicionada.

Jurisprudência

- **Protegido por lei:** A denúncia precisa indicar qual a lei que especialmente protege o local, em razão de tombamento, valor histórico ou predicado artístico (TJSP, *RT* 542/305).

- **Conhecimento da proteção legal:** Configura o delito do art. 166 a alteração, sem licença, do aspecto de local que o agente sabe ser especialmente protegido por lei (TFR, Ap. 7.518, *DJU* 30.4.87, p. 7692).

- **Em estado precário:** O agente que, livre e conscientemente, destrói bem imóvel tombado por seu valor histórico e pertencente ao patrimônio cultural da humanidade, alterando o aspecto visual do local especialmente protegido, sem autorização dos órgãos competentes, pratica os crimes dos arts. 165 e 166 do CP, sendo irrelevante a alegação de que se encontrava em estado precário (TRF da 3ª R., *RT* 785/727).

AÇÃO PENAL

Art. 167. Nos casos do art. 163, do n. IV do seu parágrafo e do art. 164, somente se procede mediante queixa.

Ação penal

- **Nota:** As modalidades de ação penal já foram por nós assinaladas nas notas de cada artigo deste capítulo.

Capítulo V
DA APROPRIAÇÃO INDÉBITA

APROPRIAÇÃO INDÉBITA

Art. 168. Apropriar-se de coisa alheia móvel, de que tem a posse ou a detenção:

Pena – reclusão, de 1 (um) a 4 (quatro) anos, e multa.

AUMENTO DE PENA

§ 1º A pena é aumentada de um terço, quando o agente recebeu a coisa:

I – em depósito necessário;

II – na qualidade de tutor, curador, síndico, liquidatário, inventariante, testamenteiro ou depositário judicial;

III – em razão de ofício, emprego ou profissão.

- **Suspensão condicional do processo:** Cabe no *caput*, atendidas as condições do art. 89 da Lei n. 9.099/95.

Apropriação indébita (caput)

- **Noção:** Ao contrário do furto ou do estelionato, na apropriação indébita inexiste subtração ou fraude. O agente tem a anterior posse da coisa alheia, que lhe foi confiada pelo ofendido, mas inverte a posse, isto é, passa a agir como se fosse ele o dono da coisa.
- **Objeto jurídico:** O patrimônio.
- **Sujeito ativo:** Quem tem a posse ou a detenção lícita da coisa.
- **Sujeito passivo:** O dono ou o possuidor em razão de direito real.
- **Tipo objetivo:** *Apropriar-se* é fazer sua, tomar para si. É necessário que preexista a posse ou detenção justas (lícitas); ou seja, a coisa deve ter sido *antes* entregue ao agente pelo ofendido, sem fraude nem violência (consentimento não viciado). Como *posse*, considera-se a direta, que pode ter sido confiada com ou sem interesse. *Detenção* é termo técnico civil, que indica relação possessória; só na hipótese de detenção sem vigilância, serve ela à tipificação deste art. 168 do CP. O objeto material é a coisa *móvel*, semelhante ao objeto do furto (vide nota ao art. 155 do CP); todavia, tratando-se de coisa fungível, confiada em empréstimo ou depósito e para restituição na mesma espécie, quantidade e qualidade, não pode, normalmente, ser objeto de apropriação. Requer a lei, ainda, que a coisa móvel seja *alheia* (elemento normativo); mas o coproprietário, sócio ou coerdeiro também pode cometer o crime (HUNGRIA, *Comentários ao Código Penal*,1967, v. VII, p. 140). Quanto ao *penhor abusivo*, pode não configurar o crime quando o agente tem possibilidade de resgatá-lo, devendo, cada caso, ser apreciado em suas circunstâncias de fato. A mora ou simples descaso em devolver não configura, só por si, o crime. Não existe apropriação indébita de uso, que é impunível. Quanto à prévia *prestação de contas*, há dissenso em relação a ser ela necessária para a propositura da ação penal, nas hipóteses de mandato, administração, gestão de negócios, acerto de contas etc. Com relação à reparação do dano causado pela apropriação, *vide* nota *Reparação do dano*.
- **Tipo subjetivo:** Dolo (vontade livre e consciente de apropriar-se), que deve ser posterior ao recebimento da coisa. Para a corrente tradicional, é o "dolo específico" (MAGALHÃES NORONHA, *Direito Penal – Parte Especial*, 1995, v. 2, p. 334) ou o "dolo genérico"

(HELENO FRAGOSO, *Lições de Direito Penal – Parte Especial*, 1995, v. I, p. 257), mas integrado pela intenção de não restituir, de desviar a coisa da finalidade para que foi entregue ou pela ciência de não poder restituir (HUNGRIA, *Comentários ao Código Penal*, 1967, v. VII, p. 138). Evidentemente, não há forma culposa.

- Consumação: Reconhece-se que, na prática, inexiste critério rígido para aferição do momento consumativo da apropriação. Geralmente, aponta-se a inversão da posse, demonstrada pelo ato de dispor da coisa ou pela negativa em devolvê-la.

- Reparação do dano: Já antes da reforma penal de 1984, havia corrente jurisprudencial orientando-se no sentido de que, evitado o dano antes da denúncia, mediante restituição ou acordo, ficava excluído o crime. Mesmo após o advento da Lei n. 7.209/84, que criou a causa de diminuição da pena do art. 16 do CP (arrependimento posterior), a jurisprudência ainda continua *dividida*. *Vide*, a respeito, jurisprudência sob o título *Reparação do dano*, antes e depois da Lei n. 7.209/84, neste art. 168.

- Tentativa: É possível, mas de difícil ocorrência.

- Classificação: Crime comum quanto ao sujeito, doloso, material e instantâneo.

- Confronto: Quanto à apropriação indébita previdenciária, art. 168-A do CP. Tratando-se de funcionário público, art. 312 do CP. Em caso de agente responsável por instituição do Sistema Financeiro Nacional, Lei n. 7.492/86, art. 5º. Na hipótese de apropriação de coisa destinada à incorporação imobiliária, Lei n. 4.591/64, art. 65, § 1º, II. No caso de falta de recolhimento da contribuição sindical e de contribuições devidas ao sindicato descontadas dos empregados, art. 545, parágrafo único, da CLT. Conferir, também, possíveis tipificações nos arts. 155 ou 171 do CP (furto ou estelionato).

- Confronto (deficiente e idoso): Se o agente "apropriar-se de ou desviar bens, proventos, pensão, benefícios, remuneração ou qualquer outro rendimento" de pessoa portadora de deficiência, ou, ainda, se vem a "reter ou utilizar cartão magnético, qualquer outro meio eletrônico ou documento de pessoa com deficiência destinados ao recebimento de benefícios proventos de pensões ou remuneração ou à realização de operações financeiras, com o fim de obter vantagem indevida para si ou para outrem", os crimes serão, respectivamente, os dos arts. 89 e 91 da Lei n– 13.146/2015 (Lei Brasileira de Inclusão). Se o sujeito passivo for pessoa idosa (maior de 60 anos), os crimes serão os previstos nos arts. 102 e 104 da Lei n. 10.741/2003 (Estatuto do Idoso).

- Pena: Reclusão, de um a quatro anos, e multa.

- Ação penal: Pública incondicionada. Cf. CP, arts. 181 a 183. A nosso ver, melhor seria, por razões de política criminal, que a ação penal no crime de apropriação indébita simples (art. 168, *caput*) fosse pública condicionada à representação do ofendido.

Causas especiais de aumento de pena (§ 1º)

- Noção: Embora seja numerado como § 1º, trata-se, na verdade, de parágrafo único, pois o art. 168 do CP nunca teve outros. Em seus três incisos, são indicadas as hipóteses em que a pena da apropriação indébita é agravada. Configuram-se quando o agente recebeu a coisa:

- I. Em depósito necessário: Para os autores, abrange só *o depósito miserável*, ou seja, "o que se efetua por ocasião de alguma calamidade, como o incêndio, a inundação, o naufrágio, ou o saque" (art. 647, II, do CC), e não o depósito legal, ou seja, "o que se faz em desempenho de obrigação legal" (art. 647, I, do CC), hipótese em que o crime seria de peculato (CP, art. 312) (HELENO FRAGOSO, *Lições de Direito Penal – Parte Especial*, 1995, v. I, p. 264; HUNGRIA, *Comentários ao Código Penal*,1967, v. VII, pp. 147-148).

- II. Na qualidade de tutor, curador, síndico, liquidatário, inventariante, testamenteiro ou depositário judicial: O rol é taxativo e não pode ser ampliado.

- III. Em razão de ofício, emprego ou profissão: O recebimento deve ter sido *em razão*, isto é, *por causa* ou *por motivo* de ofício, emprego ou profissão, e não apenas por ocasião deles. Entendemos ser necessário que haja relação de confiança, especialmente quanto ao emprego.

- Pena: A do *caput*, aumentada de um terço.

- **Ação penal:** Igual à do *caput*.

Figura privilegiada
- **Remissão:** À semelhança do crime de furto, também há a figura privilegiada de apropriação indébita (cf. CP, art. 170).

Jurisprudência
- **Apropriação:** É necessária a inversão arbitrária da posse da coisa (TACrSP, *RT* 436/376).

- **Posse anterior lícita:** Não se caracteriza o crime do art. 168, se a anterior posse da coisa foi obtida por meios ilegais ou criminosos (TACrSP, *RT* 522/394).

- **Objeto material:** Título de crédito pode ser (TACrSP, *Julgados* 77/240). Mão de obra não pode ser objeto material do crime do art. 168, pois não é coisa móvel (TACrSP, *Julgados* 85/315). O crédito de empregados, resultante de dissídio coletivo, não pode ser objeto de apropriação indébita pelo empregador; se este não salda a dívida, os credores continuam com seu haver, podendo executá-lo a qualquer momento pelos meios legais existentes (TACrSP, *RT* 726/652).

- **Tipo subjetivo:** Deve ficar provado, de modo certo e inequívoco, que o agente reteve o bem com intenção de não restituí-lo (TRF da 5ª R., Ap. 292, *DJU* 17.8.90, p. 18113). É necessário o dolo específico, não sendo punível a título culposo (STJ, HC 4.431/RS, empate – *DJU* 4.11.96, p. 42488, in *RBCCr* 17/357). Só se configura quando devidamente comprovado que a intenção do agente era apoderar-se da *res*, tornando-se seu dono (TJSC, *JC* 70/398-9, 69/549). Deve-se averiguar se o agente, ao aproveitar-se da coisa, tinha intenção de se apropriar dela (TACrSP, *RT* 504/379). A ausência da intenção de obter lucro ilícito exclui o crime, por falta do "dolo específico" (TACrSP, *RT* 438/430). O dolo deve ser posterior à posse da coisa (TAMG, *RT* 562/387).

- **Consumação:** Dá-se no momento em que ocorre a inversão da posse e o agente passa a dispor da coisa como sua (TJSC, *RT* 642/334). Ocorre quando o agente transforma a posse ou a detenção da coisa em domínio (STJ, *RJDTACr* 16/227). Não se dá com a simples negativa de restituição, mas sim quando esta esteja acompanhada do *animus rem sibi habendi* (STJ, REsp 14.513, *DJU* 29.6.92, p. 10332).

- **Distinção:** *a. Entre apropriação e furto*: quando o próprio detentor (que não se confunde com o possuidor) não tem livre poder de dispor da coisa, não se configura o art. 168, mas sim o furto (TACrSP, *RT* 585/339; TJDF, Ap. 12.851, *DJU* 5.8.93, p. 30265). *b. Entre apropriação e estelionato*: diferencia-se a apropriação indébita do estelionato, porque naquela o dolo é subsequente à posse e neste é antecedente (STF, *RTJ* 83/287; TACrSP, *RT* 547/354). *Vide*, também, jurisprudência *Confronto com furto* e *Confronto com estelionato*, neste artigo.

- **Demora em restituir:** Simples demora em restituir não chega a configurar o crime de apropriação (TACrSP, *Julgados* 90/256, *RT* 721/461, 612/333; TJSP, *RT* 510/349; TAMG, *RJTAMG* 53/307; TJMT, *RT* 787/662).

- **Recebimento de sinal:** Só há o crime se recebeu o sinal em depósito ou com o compromisso de devolver, e não como pagamento (TACrSP, *RT* 606/356; TJRJ, *RT* 481/401).

- **Inexecução de serviço:** Ainda que tenha sido pago antecipadamente, a inexecução do serviço contratado, por si só, não basta à tipificação (TJSP, *RT* 606/327; TJSC, *JC* 70/398-399; TACrSP, *Julgados* 82/416). Advogado que recebe dinheiro para realizar serviço profissional, mas não o executa, pratica inadimplência contratual civil e não apropriação, pois não recebeu o dinheiro para restituí-lo (TACrSP, *RT* 577/361,561/365). Não devolução de dinheiro recebido como "vale", ou adiantamento, é só inadimplemento civil (TACrSP, *Julgados* 74/157).

- **Ilícito civil:** Ausência de repasse de valores decorrentes de contrato existente entre empresas. Crime que exige dolo direto, com intenção manifesta de se apropriar de coisa móvel de que tem a posse ou detenção. Mero inadimplemento contratual que é objeto de discussão no juízo cível. Absolvição mantida (TJSP, Ap. 0012437-55.2002.8.26.0050, j. 19.9.2012, *Bol. AASP* n. 2.833, p. 12). Comprovado que os produtos agrícolas eram vendidos ao acusado e não apenas entregues em depósito, configura-se tão só ilícito civil o não pagamento do preço (TAPR, PJ 40/349). A posse de mercadorias com opção de compra não configura o crime do art. 168, acarretando o inadimplemento apenas consequências de natureza civil (TAMG, RT 724/715). O dinheiro dado em empréstimo, através de instrumento particular com penalidades cominadas à não restituição, configura simples inadimplência de natureza civil (TJAM, RT 750/673). Se entre o acusado, que retém fitas, e a locadora existe um contrato com multa estipulada para o caso de não devolução, por atraso ou perda, a questão situa-se no campo cível (TACrSP, RJDTACr 22/66-7, RT 784/627).

- **Empréstimo:** A alienação de veículo cuja posse decorre de empréstimo configura o delito do art. 168 (TACrSP, RJDTACr 16/206).

- **Prova da materialidade:** Tratando-se de crime que necessariamente deixa vestígios, a prova da materialidade delitiva só poderia vir com a juntada dos respectivos documentos comprobatórios, segundo as regras do art. 158 do CP (TJMS, Ap. 2012.003071-8/0000-00, j. 25.6.2012, Bol. AASP n. 2.839, p. 12).

- **Locação:** A retenção do veículo locado por prazo muito superior ao aprazado, contrariando os pedidos de devolução da locadora, que só o recuperou após sua apreensão em barreira policial, quando o locatário o colidiu ao tentar fugir, configura o delito (TJDF, RT 855/622).

- **Leasing:** Não configura o crime do art. 168 do CP a conduta de devedor que, após a interrupção de pagamento das prestações referentes a contrato de *leasing* bancário, continua aproveitando-se da posse do bem, mormente enquanto não citado na ação cível para a devolução (TACrSP, RT 792/634). A circunstância do acusado ser pai do arrendatário, figurando no contrato de arrendamento mercantil como devedor solidário, por si só não indica sua participação no crime (TACrSP, RSE 1.087.541-4, j. 24.3.98, Bol. AASP n. 2.064, p. 647).

- **Apropriação de coisa comum:** Pode haver (TACrSP, RT 632/309,577/368). *Contra*: Não se configura, se o objeto material da conduta é coisa comum (TACrSP, RT 812/571). *Idem*, se o acusado era sócio e a configuração do delito depende de prévia liquidação da sociedade ou de prestação de contas (TACrSP, Ap. 1.317.813-1, j. 31.10.2002, Bol. IBCCr 126/704). Não há crime se a concubina retira bens móveis da casa a título de proprietária ou coproprietária (TACrSP, RT 643/323). Há falta de justa causa para a instauração de ação penal, se a apropriação indébita de bens pertencentes ao cônjuge ocorreu durante a vigência do casamento (art. 181, I, do CP) (TJRJ, RT 785/688).

- **Apropriação de uso:** Não há crime de apropriação indébita de uso, desde que esse uso não seja incompatível com a possibilidade de posterior devolução; por isso, o depositário de automóvel ou cavalo, que se serve dele para passear, comete abuso de posse, mas não o crime do art.168 (STF, RT 593/443; TACrSP, RT 613/345; TJES, RT 630/334).

- **Gado:** Demonstrado nos autos que os agentes, sem anuência do proprietário, vendiam gado como se seu fosse, resta caracterizada a apropriação indébita qualificada (TJMS, RT 813/645).

- **Cooperativa:** Na falta de condições de imediato repasse aos cooperados já deliberada até em Assembleia, não se caracteriza a apropriação indébita (TJRS, Ap. 70010094159, j. 3.3.2005, Bol. AASP n. 2.455/1142).

- **Beneficiamento:** Há apropriação indébita se a coisa foi entregue para beneficiamento e não como mútuo (STF, RTJ 122/103).

- **Corretor de imóveis:** Pratica apropriação indébita agravada (art. 168, §1º, III) o corretor que, mediador em negócio, recebe o dinheiro da venda e não o entrega ao vendedor, empregando-o em proveito próprio (TACrSP, RT 783/643).

- **Contador:** Se recebe valores para recolhimento de contribuições à Previdência Social e ao FGTS, e os desvia em seu favor, falsificando as guias, comete apropriação indébita, e não estelionato (TRF da 3ª R., Ap. 96.03.095221-4, DJU 4.4.2008, *in* Bol. IBCCr 186/1173).

- **Erro de proibição (CP, art. 21):** Fica isento de pena o agente que vende televisão que recebera para consertar, mas que não fora resgatada no prazo estabelecido (TACrSP, *RJDTACr* 24/157).

- **Prestação de contas:** Quanto à necessidade de prévia prestação de contas, em casos de mandato, gestão, administração etc., há duas correntes: *a. É dispensável*, por ser matéria de fato, que pode ser provada no curso da própria ação penal (STF, *RT* 582/403, *Julgados* 93/393; HC 68.132, *DJU* 9.11.90, p. 12728; RE 113.509, *DJU* 7.8.87, p. 15441; STJ, RHC 1.662, *DJU* 24.8.92, p. 13000; RHC 2.224, *DJU* 3.11.92, p. 19771; RHC 7.012-SP, *DJU* 16.2.98, p. 115, *in RBCCr* 22/304; TJSP, *RJTJSP* 70/336; TACrSP, *Julgados* 88/170), salvo exceções, como créditos decorrentes de direitos trabalhistas (TACrSP, *RT* 631/316). *b. É indispensável* (STF, *RT* 509/462; TACrSP, *RT* 631/316, *Julgados* 66/336,65/92), mas somente quando se trata de empregado de categoria da vítima, com a incumbência de gerir os negócios desta (TACrSP, *Julgados* 96/63), ou de sócio que tinha poderes de administração, pagando e recebendo em nome da empresa (TACrSP, Ap. 1.317.813-1, j. 31.10.2002, *Bol. IBCCr* 126/704).

- **Procuração:** Não há apropriação indébita se o advogado levanta o dinheiro usando os poderes expressos da procuração outorgada pelo cliente e o deposita em sua própria conta bancária; o atraso no acerto com o cliente pode configurar desídia, mas não má-fé, em face da publicidade daqueles atos (TACrSP, *RT* 624/315,542/370). Pratica apropriação indébita qualificada, advogado dativo que se apropria de parte de indenização do cliente, a pretexto de estar retendo seus honorários advocatícios, os quais, além de indevidos, são exorbitantes, pois somados aos da sucumbência, superam as vantagens do próprio cliente (TJRJ, *RT* 804/651).

- **Decisão cível:** Não configura apropriação indébita a ausência de repasse de aluguéis, do administrador ao locador, se já há, no juízo cível, sentença condenatória favorável ao credor, a este competindo apenas promover a execução do título judicial (TACrSP, Ap. 1.385.105/6, j. 27.1.2004, *Bol. IBCCr* 141/824).

- **Compensação:** Exclui-se o crime se a não restituição foi devida ao exercício do direito de retenção ou de compensação (TAMG, Ap.11.810, j. 19.11.84). Quando o acusado, em carta, confessa e autoriza o desconto do que tem a haver da empregadora, há intenção de compensar-se, que exclui o propósito de proveito ilícito (TACrSP, *RT* 493/340). Se existe crédito compensável, a retenção de dinheiro do cliente para se pagar não configura (TACrSP, *RT* 516/343). Havendo aceitável crença de executar direito de compensação, não se caracteriza a apropriação (TJSC, *RT* 523/441).

- **Tentativa:** Admite-se, apesar da controvérsia doutrinária (STF, *RT* 488/420). Ocorre tentativa quanto a porteiro de estádio de futebol que, com intuito de revender ingressos, não os coloca na urna (TACrSP, *Julgados* 96/65).

- **Acordo:** Se as partes celebraram acordo extrajudicial, na presença de promotor de justiça, anteriormente ao oferecimento de denúncia, no qual se reconheceu a boa-fé da acusada no apoderamento do bem, pondo fim à controvérsia, inviabilizou-se a persecução penal (TJBA, *RT* 807/660).

- **Reparação do dano (antes da reforma penal de 1984):** Até a Lei n. 7.209/84, pode-se dizer que existiam posições diferentes: *1. Na hipótese de ressarcimento, devolução ou composição anterior à ação penal*, havia duas correntes: *a. Exclui o crime* por não se completar o elemento subjetivo (TACrSP, *Julgados* 86/60, 85/330, 73/371, *RT* 601/348; TAPR, *RT* 588/382; TARS, *RF* 272/318); em caso especial, onde houvera acordo anterior à apresentação de queixa à polícia, o STF entendeu que não se consumara a apropriação indébita ou esta se descaracterizara antes de consumada (STF, *RT* 571/416). *b. Só atenua a pena* (STF, *RT* 598/442,557/426, 524/493; TJSP, *RF* 268/351; TACrSP, *Julgados* 72/307). *2. Em caso de descumprimento desse acordo*: quando há inadimplemento do acordo realizado para ressarcimento, discutia-se se persiste ou não a tipificação do crime: *a. Descaracteriza-se* (TACrSP, *Julgados* 66/45; TAPR, *RT* 548/375). *b. Permanece o crime* (TACrSP, *Julgados* 66/129; TJSC, *RT* 555/399).

- **Reparação do dano (após a reforma de 1984):** Depois da reforma penal de 1984, continuam a existir *duas* correntes quanto ao pagamento ou restituição da coisa antes do recebimento da denúncia: *1ª* "O ressarcimento do dano poderá repercutir na dosimetria da pena, mas não tem efeito de elidir a ação penal" (STF, *RTJ* 122/1024; STJ, RHC 2.480, *DJU* 17.5.93, p. 9342; RHC 283, *DJU* 7.5.90, p. 3833; RHC 2.224, *DJU* 3.11.92, p. 19771; TRF da 1ª R., Ap. 8.961, *DJU* 13.10.94, p. 58086; TAPR, *RT* 709/367; TACrSP, *RT* 754/634, 808/631). A reparação do dano não precisa ser integral, já que a diminuição prevista no art. 16 do CP pode ocorrer entre um terço e dois terços (TACrSP, *RT* 720/451; TJES, Ap. 11030714858, *DJ* 8.11.2007). *2ª* O pagamento ou a restituição da coisa apropriada antes do recebimento da denúncia descaracteriza o crime de apropriação indébita (TJSP, *RJTJSP* 166/309, *RT* 709/312), por inexistir o *animus rem sibi habendi* (TRF da 1ª R., Pleno, Inq 9.779, *DJU* 23.9.93, p. 39156, in *RBCCr* 4/175). Não se caracteriza a apropriação indébita, se o agente, apesar de ter vendido o bem fungível que recebera em depósito, restituiu a mercadoria em valores, antes do recebimento da denúncia (TRF da 4ª R., Ap. 01.04.01.024482-0/RS, *DJU* 29.5.2002, p. 632).

- **Figura qualificada pelo depósito:** Se a entrega da coisa fungível à guarda de depósito se reveste das características de mútuo, o inadimplemento enseja apenas ação civil e não penal (TJMS, *RT* 561/404). Não incide se o agente não recebeu a coisa diretamente, sendo o termo assinado por terceiro (TFR, Ap. 6.569, *DJU* 10.4.86, p. 5237).

- **Figura qualificada pelo ofício, emprego ou profissão:** Não basta a relação de emprego, sendo indispensável que o recebimento tenha por causa necessária esse emprego (TACrSP, *Julgados* 80/286). Precisa haver confiança da vítima para configuração da causa de aumento referente a emprego (TJSC, *RT* 642/335; TACrSP, *RT* 515/390). *Contra*: basta a confiança genérica do ofício, emprego ou profissão (TACrSP, *Julgados* 69/446). Não incide o aumento do § 1º, III, se, embora advogado da lesada, não foi em razão do mandato que dela obteve a posse do dinheiro desviado em proveito próprio (STF, HC 68.132, *DJU* 9.11.90, p. 12728). Para a causa de aumento de pena em razão de emprego, é necessário que haja nexo de causalidade, e não nexo de ocasionalidade; assim, não se configura o aumento na conduta de empregada doméstica que efetua depósitos bancários para a sua empregadora (TJRS, *RT* 762/702). A causa de aumento também não se configura, se o agente não tinha a função de receber o tributo, mas apenas repassava os valores para a União (TRF da 5ª R., *RT* 754/749). Somente incide o aumento se o agente recebe a coisa em razão de emprego, ofício ou profissão, pois a *ratio legis* reside no especial dever de fidelidade por parte de quem recebe o bem como exercente do cargo (TRF da 5ª R., *RT* 756/709, 767/718, *JSTJ e TRF* 139/604).

- **Figura privilegiada:** *Vide* jurisprudência do art. 170 do CP.

- **Crime-meio:** Se a falsidade ideológica foi delito-meio para a apropriação, é fato impunível, pois inexistente o desígnio autônomo da infração, devendo ser aplicado o princípio da consunção (TRF da 5ª R., *JSTJ e TRF* 139/604).

- **Atos subsequentes:** Praticados com a finalidade de encobrir a apropriação ou ressarci-la, são irrelevantes e impuníveis (*cheque sem fundos* dado em ressarcimento) (TACrSP, *RT* 631/317).

- **Confronto com furto:** Se fica com o troco do dinheiro dado para pagar, é furto e não apropriação, pois não há posse ou detenção no sentido jurídico, mas mero contato físico momentâneo (TACrSP, *RT* 521/430). Se recebeu em confiança, por causa de relações de hospitalidade, dinheiro e cheques das vítimas para depositá-los nas contas bancárias das mesmas, mas acabou por desviá-los, comete apropriação indébita e não furto (TACrSP, *RT* 705/336). Motorista de caminhão que, diante de sobras de mercadorias, não as restitui ao empregador e as vende a terceiro, pratica apropriação indébita e não furto (TACrSP, *RT* 711/334). O funcionário de empresa que recebe mercadoria desta para fazer entrega, mas desvia parte dela para vender a terceiro, comete apropriação indébita e não furto qualificado (TACrSP, *RT* 716/458). *Vide*, também, jurisprudência sob o título *Distinção*, neste art. 168.

- **Confronto com estelionato:** Se a fraude contábil foi posterior à posse do dinheiro e visou a encobrir sua apropriação, mantendo o patrão enganado, é crime de apropriação e não de estelionato (STF, *RTJ* 73/86). Configura estelionato, e não apropriação indébita, a conduta de funcionário da empresa vítima que se apodera de cheque nominal a terceiro, colocando o seu nome após o do destinatário (TACrSP, *RT* 702/343). Pratica apropriação indébita e não estelionato o frentista que se assenhora de quantia que já estava em seu poder e, para encobrir seu ato, emite e firma notas fiscais falsas para pagamentos posteriores, em nome de clientes (TACrSP, *RT* 754/639). *Vide*, também, jurisprudência sob o título *Distinção*, neste art. 168.

- **Confronto com disposição de coisa alheia como própria:** Se o agente se apropria do bem e o aliena em seguida, a segunda conduta consubstancia fato posterior irrelevante, segundo o princípio da subsidiariedade (STJ, *RT* 755/587).

- **Confronto com emprego irregular de verbas:** Se a acusada não utilizou o numerário para a finalidade específica da aquisição do fármaco, optando por satisfazer o seu próprio interesse particular, configura-se o art. 168, e não o art. 315 do CP (TRF4, Ap. 5001306-60.2012.404.7109 RS, j. 27.5.2015).

- **Ação penal:** A apropriação praticada contra irmão depende de representação (TJRJ, *RF* 256/369).

- **Competência:** É do lugar onde o agente converte em proveito próprio a coisa que devia restituir (TFR, CComp 7.130, *DJU* 5.2.87, p. 881; TACrSP, *RT* 530/367). É do lugar da infração e não do eleito pelas partes em contrato (TACrSP, *RT* 501/301). Tratando-se de representante comercial, é do lugar onde se deveria dar a prestação de contas (STJ, CComp 1.284, *DJU* 10.12.90, p. 14791; CComp 1.070, *DJU* 13.8.90, pp.7653-4).

APROPRIAÇÃO INDÉBITA PREVIDENCIÁRIA

Art. 168-A. Deixar de repassar à previdência social as contribuições recolhidas dos contribuintes, no prazo e forma legal ou convencional:

Pena – reclusão, de 2 (dois) a 5 (cinco) anos, e multa.

§ 1º Nas mesmas penas incorre quem deixar de:

I – recolher, no prazo legal, contribuição ou outra importância destinada à previdência social que tenha sido descontada de pagamento efetuado a segurados, a terceiros ou arrecadada do público;

II – recolher contribuições devidas à previdência social que tenham integrado despesas contábeis ou custos relativos à venda de produtos ou à prestação de serviços;

III – pagar benefício devido a segurado, quando as respectivas cotas ou valores já tiverem sido reembolsados à empresa pela previdência social.

§ 2º É extinta a punibilidade se o agente, espontaneamente, declara, confessa e efetua o pagamento das contribuições, importâncias ou valores e presta as informações devidas à previdência social, na forma definida em lei ou regulamento, antes do início da ação fiscal.

§ 3º É facultado ao juiz deixar de aplicar a pena ou aplicar somente a de multa se o agente for primário e de bons antecedentes, desde que:

I – tenha promovido, após o início da ação fiscal e antes de oferecida a denúncia, o pagamento da contribuição social previdenciária, inclusive acessórios; ou

II – o valor das contribuições devidas, inclusive acessórios, seja igual ou inferior àquele estabelecido pela previdência social, administrativamente, como sendo o mínimo para o ajuizamento de suas execuções fiscais.

§ 4º A faculdade prevista no § 3º deste artigo não se aplica aos casos de parcelamento de contribuições cujo valor, inclusive dos acessórios, seja superior àquele estabelecido, administrativamente, como sendo o mínimo para o ajuizamento de suas execuções fiscais.

Apropriação indébita previdenciária

- **Alteração:** Art. 168-A acrescentado pela Lei n. 9.983, de 14.7.2000. O § 4º foi incluído pela Lei n. 13.606, de 2018.

- **Revogação:** A Lei n. 9.983/2000, além de acrescentar o art. 168-A do CP, revogou expressamente o art. 95 da Lei n. 8.212/91, que previa diversos crimes *semelhantes* aos previstos no atual art. 168-A do CP. Também revogou, tacitamente, o art. 2º, II, da Lei n. 8.137/90, no que concerne às contribuições sociais previdenciárias (*vide* nota Confronto com o art. 2º, II, da Lei n. 8.137/90). Também restaram revogados, tacitamente, o §2º e o § 3º, I, deste art. 168-A, já que o art. 9º, § 2º, da Lei n. 10.684/2003 tratou ambas as matérias de forma integral e mais benéfica. Posteriormente, outras duas leis vieram a tratar sobre a questão da extinção da punibilidade pelo pagamento (Lei n. 11.941/2009 e Lei n. 12.382/2011) (*vide* nota neste artigo sob o título "Extinção da punibilidade pelo pagamento (antes e depois da Lei n. 12.382/2011)".

- **Noção:** A Previdência Social integra a Seguridade Social, que se encontra prevista no art. 194 do Capítulo II (Da Seguridade Social) do Título VIII (Da Ordem Social) da CR, *verbis*: "A seguridade social compreende um conjunto integrado de ações de iniciativa dos Poderes Públicos e da sociedade, destinadas a assegurar os direitos relativos à saúde, à previdência e à assistência social". Diz, ainda, o art. 195 da Magna Carta: "A seguridade social será financiada por toda a sociedade, de forma direta e indireta, nos termos da lei, mediante recursos provenientes dos orçamentos da União, dos Estados, do Distrito Federal e dos Municípios, e das seguintes contribuições sociais. Por outro lado, diversas leis buscam organizar e garantir o custeio da Seguridade Social, podendo-se citar: Lei n. 8.212/91; Lei n. 8.213/91; Lei n. 8.080/90; Lei n. 8.742/93; EC n. 20, de 15.12.98.

- **Objeto jurídico:** O patrimônio da Previdência Social.

- **Sujeito ativo:** O responsável tributário.

- **Sujeito passivo:** Primeiramente, a Previdência Social; secundariamente, o contribuinte que tem sua contribuição recolhida (descontada) pelo sujeito ativo e não repassada à Previdência Social.

- **Tipo objetivo:** *Deixar de repassar* à Previdência Social é deixar de transferir a esta autarquia valores recolhidos. É necessário que tenha havido antes *efetivo recolhimento (desconto)* das contribuições previdenciárias junto aos contribuintes. Trata-se, pois, de conduta mista, onde o recolhimento (desconto) integra o tipo. Incrimina-se a conduta de deixar de repassar *no prazo e forma legal ou convencional*, vale dizer, no prazo e forma previstos em lei ou convencionados entre as partes, isto é, entre quem desconta ou recolhe as contribuições e a Previdência Social.

- **Tipo subjetivo:** Sempre defendemos, com apoio na jurisprudência, que o crime de apropriação indébita previdenciária exige dolo específico, ou seja, a vontade livre e consciente de apropriar-se, acrescido do especial fim de agir (para apoderar-se da contribuição recolhida e dela se utilizar como se fosse sua – *animus rem sibi habendi*). Todavia, a jurisprudência hoje majoritária, inclusive do STJ, entende que basta o dolo genérico.

- **Dificuldades financeiras:** Quanto à omissão de repasse à Previdência, vale lembrar o que dispõe o art. 13, § 2º, do CP: "A omissão é penalmente relevante quando o omitente devia e *podia* agir para evitar o resultado". Assim, não haverá o dolo para a configuração do tipo nas hipóteses em que, por dificuldades financeiras comprovadas, o agente não podia agir de outra forma (inexigibilidade de conduta diversa).

- **Consumação:** Ocorre com a constituição definitiva do crédito tributário. A partir do julgamento do HC 81.611, ocorrido em 10.12.2003, a jurisprudência pacificou-se no sentido de que a consumação dos crimes tributários materiais (e aqui se incluem: os crimes do art. 1º da Lei n. 8.137/90, do art. 168-A e do 337-A, ambos do CP) somente ocorre no momento em que o crédito tributário se torna definitivo, não mais cabendo recurso administrativo (*vide* jurisprudência abaixo). Neste sentido, a Súmula Vinculante 24: "Não se tipifica crime material contra a ordem tributária, previsto no art. 1º, incisos I a IV, da Lei n. 8.137/90, antes do lançamento definitivo do tributo." Vale ressaltar que, até o julgamento do referido HC, o entendimento era outro: o de que a consumação do crime deste art. 168-A, por se tratar de crime material, ocorria no momento em que o agente, que deixou de repassar à Previdência Social valor descontado no prazo e forma legal ou convencional, passasse a usufruir desse valor como se fosse seu. Todavia, como dito, tal entendimento está superado, bastando que ocorra a apropriação indébita, indevida ou injusta. *Vide* comentários ao art. 18 do CP, inclusive acerca da Súmula Vinculante 24.

- **Tentativa:** Não é possível.
- **Pena:** Reclusão, de dois a cinco anos, e multa. *Vide*, também, nota abaixo sob o título *Confronto com o art. 2º, II, da Lei n. 8.137/90*.
- **Ação penal:** Pública incondicionada.

Figuras equiparadas (§ 1º)

- **Noção:** Este § 1º dispõe incorrer nas mesmas penas do *caput* "quem deixar de" praticar as condutas descritas nos incisos I, II e III, ou seja:
- **§ 1º, I:** Deixar de "recolher, no prazo legal, contribuição ou outra importância destinada à Previdência Social que tenha sido descontada de pagamento efetuado a segurados, a terceiros ou arrecadada do público". Este inciso I repete, em sua essência, o que dispunha a antiga (expressamente revogada) alínea *d* do art. 95 da Lei n. 8.212/91 ("deixar de recolher, na época própria, contribuição ou outra importância devida à Seguridade Social e arrecadada dos segurados ou do público"), acrescentando a incriminação do não recolhimento de importância descontada de terceiros. Observe-se que o § 1º, I, do art. 168-A refere-se apenas ao não recolhimento "no prazo legal", não se referindo ao "prazo e forma legal ou convencional" previstos no *caput*, devendo o tipo penal ser interpretado restritivamente.
- **§ 1º, II:** Deixar de "recolher contribuições devidas à previdência social que tenham integrado despesas contábeis ou custos relativos à venda de produtos ou à prestação de serviços". Este inciso II reproduz, em outros termos, o que já dispunha a alínea *e* do revogado art. 95 da Lei n. 8.212/91 ("deixar de recolher contribuições devidas à Seguridade Social que tenham integrado custos ou despesas contábeis relativos a produtos ou serviços vendidos"), tendo o inciso II apenas se referido à Previdência Social, ao invés da Seguridade Social, que abrange aquela.
- **§ 1º, III:** Deixar de "pagar benefício devido a segurado, quando as respectivas cotas ou valores já tiverem sido reembolsados à empresa pela previdência social". Neste inciso III o legislador preferiu empregar a expressão genérica benefício devido a segurado, enquanto que, na antiga alínea *f* do art. 95 da Lei n. 8.212/91, usava as expressões "salário-família, salário-maternidade, auxílio-natalidade ou outro benefício devido a segurado".
- **Confronto com o art. 2º, II, da Lei n. 8.137/90 (revogação tácita):** Dispõe o art. 2º, II, da Lei n. 8.137/90 constituir crime contra a ordem tributária "deixar de recolher, no prazo legal, valor de tributo ou de contribuição social, descontado ou cobrado, na qualidade de sujeito passivo de obrigação e que deveria recolher aos cofres públicos". Diante da redação do art. 168-A, *caput* e § 1º, I, entendemos ter havido revogação tácita do art. 2º, II, da Lei n. 8.137/90, na parte que se refere ao não recolhimento de "contribuição social", por se tratar aquela de lei posterior, permanecendo vigente quanto aos tributos em geral. Neste ponto, reformulamos nosso entendimento anterior, tendo sido a vontade do legislador conferir tratamento mais rigoroso à apropriação indébita de contribuições sociais do que a apropriação indébita de outros tributos, o que continua a ser objeto da norma incriminadora do art. 2º, inciso II, da Lei n. 8.137/90.

Extinção da punibilidade (§ 2º)

- **Antes do início da ação fiscal:** A redação deste § 2º, dada pela Lei n. 9.983/2000, dispõe que ocorre a extinção da punibilidade se o agente, espontaneamente, declara, confessa e efetua o pagamento das contribuições, importâncias ou valores e presta as informações devidas à previdência social, na forma definida em lei ou regulamento, *antes do início da ação fiscal*. Sucede que, posteriormente, ocorreram alterações legislativas que ampliaram o marco temporal (*vide* notas abaixo), tendo, a nosso ver, este dispositivo sido tacitamente revogado. Isso porque, com o surgimento das Leis n.s 10.684/2003 (art. 9º) e 11.941/2009 (arts. 68 e 69), a extinção da punibilidade pelo pagamento passou a ser cabível em qualquer momento, mesmo após *o recebimento da denúncia*, e, para alguns, inclusive após o trânsito em julgado. Todavia, em 2011, com a Lei n. 12.382, houve um recrudescimento do sistema penal, exigindo-se que o parcelamento e o pagamento integral ocorram *antes do recebimento da denúncia*. Evidentemente, por ser mais gravosa, referida norma penal não pode ser aplicada retroativamente. Ademais, tal entendimento fica ainda mais reforçado diante do advento da Súmula Vinculante 24 do STF, segundo a qual, "Não se tipifica crime material contra a ordem tributária, previsto no art. 1º, incisos I a IV, da Lei n. 8.137/90, antes do lançamento definitivo do tributo", posicionamento este que também vem sendo aplicado ao crime deste art. 168-A, por se tratar de crime omissivo material, bem como ao crime do art. 337-A do CP (sonegação de contribuições previdenciárias). Portanto, antes do término do procedimento fiscal sequer há o crime deste art. 168-A, bem como do art. 337-A, perdendo este § 2º sua razão de ser.

- **Extinção da punibilidade pelo pagamento (antes e depois da Lei n. 12.382/2011):** Para crimes *tributários* (aqui se incluem os crimes previdenciários dos arts. 168-A e 337-A do CP) cometidos em data *posterior* a 1º de março de 2011, quando da entrada em vigor da Lei n. 12.382/2011, *somente o pagamento integral antes do recebimento da denúncia* ocasiona a extinção da punibilidade (art. 34 da Lei n. 9.249/95 e art. 83, § 6º, da Lei n. 9.430/96, com redação dada pela Lei n. 12.382/2011). Igualmente haverá extinção da punibilidade se houver concessão de parcelamento com quitação total das parcelas, *desde que* o pedido de parcelamento tenha sido formalizado *antes do recebimento da denúncia* (*vide* art. 83, §§ 2º, 3º e 4º, da Lei n. 9.430/96, com redação dada pela Lei n. 12.382/2011). Para delitos *anteriores* a 1º de março de 2011, o pagamento pode ser realizado a qualquer tempo, desde que antes do trânsito em julgado, extinguindo-se a punibilidade, pela aplicação ultrativamente da lei vigente à época da consumação do crime (Lei n. 10.684/2003 ou Lei n. 11.941/2009). Nenhuma dessas leis impunha qualquer marco temporal para o pagamento ou parcelamento do tributo, chegando os Tribunais à conclusão de que ele podia ser feito em qualquer momento anterior ao trânsito em julgado da condenação criminal ou, para alguns acórdãos, até depois dele. Todavia, tal orientação mudou com o advento da Lei n. 12.382/2011, que voltou a exigir que o pagamento integral ou mesmo o parcelamento ocorram antes do recebimento da denúncia.

- **Lei n. 10.684/2003 ("Lei do Paes"; revogado tacitamente pela Lei n. 12.382/2011):** Os efeitos penais do parcelamento e do pagamento integral foram disciplinados no art. 9º da Lei n. 10.684/2003, a chamada "Lei do Paes", nos seguintes termos: *"Art. 9º* É suspensa a pretensão punitiva do Estado, referente aos crimes previstos *nos arts. 1º e 2º da Lei n. 8.137, de 27 de dezembro de 1990, e nos arts. 168A e 337A do Decreto-Lei n. 2.848, de 7 de dezembro de 1940 – Código Penal, durante o período em que a pessoa jurídica relacionada com o agente dos aludidos crimes estiver incluída no regime de parcelamento. § 1º A prescrição criminal não corre durante o período de suspensão da pretensão punitiva. § 2º Extingue-se a punibilidade dos crimes referidos neste artigo quando a pessoa jurídica relacionada com o agente efetuar o pagamento integral dos débitos oriundos de tributos e contribuições sociais, inclusive acessórios"*. Ocorre que, atualmente, os efeitos penais do parcelamento e do pagamento integral encontram-se disciplinados na Lei n. 12.382/2011, tendo o art. 9º da Lei n. 10.684/2003 sido tacitamente revogado por lei posterior (Lei n. 12.382/2011). Todavia, por ser a nova disciplina mais rigorosa, ela não retroage, aplicando-se ultrativamente o art. 9º da Lei n. 10.684/2003 para fatos cometidos na sua vigência.

- **Lei n. 11.941/2009 ("Lei do Refis"; revogado tacitamente pela Lei n. 12.382/2011):** A referida lei, basicamente, repetiu as regras previstas na Lei n. 10.684/2003 a respeito dos efeitos penais do parcelamento e do pagamento, *verbis*: "Art. 68. É suspensa a pretensão punitiva do Estado, referente aos crimes previstos nos arts. 1o e 2o da Lei n.

8.137, de 27 de dezembro de 1990, e nos arts. 168-A e 337-A do Decreto-Lei n. 2.848, de 7 de dezembro de 1940 – Código Penal, limitada a suspensão aos débitos que tiverem sido objeto de concessão de parcelamento, enquanto não forem rescindidos os parcelamentos de que tratam os arts. 1º. a 3º desta Lei, observado o disposto no art. 69 desta Lei. Parágrafo único. A prescrição criminal não corre durante o período de suspensão da pretensão punitiva. Art. 69. Extingue-se a punibilidade dos crimes referidos no art. 68 quando a pessoa jurídica relacionada com o agente efetuar o pagamento integral dos débitos oriundos de tributos e contribuições sociais, inclusive acessórios, que tiverem sido objeto de concessão de parcelamento. Parágrafo único. Na hipótese de pagamento efetuado pela pessoa física prevista no § 15 do art. 1o desta Lei, a extinção da punibilidade ocorrerá com o pagamento integral dos valores correspondentes à ação penal". Como já dito na nota anterior, atualmente, os efeitos penais do parcelamento e do pagamento integral encontram-se disciplinados na Lei n. 12.382/2011, tendo os arts. 68 e 69 da Lei n. 11.941/2009 sido tacitamente revogados por lei posterior (Lei n. 12.382/2011). Todavia, por ser a nova disciplina mais rigorosa, ela não retroage, aplicando-se ainda os arts. 68 e 69 da Lei n. 11.941/2009 ultrativamente, para fatos cometidos na sua vigência.

Parcelamento e pagamento integral. Como está a questão disciplinada hoje

- **Parcelamento (Lei n. 12.382/2011):** Se o pedido de parcelamento foi formalizado antes do recebimento da denúncia criminal, fica suspensa a pretensão punitiva do Estado referente aos crimes previstos no *caput* do art. 83 da Lei n. 9.430/96 (arts. 1º e 2º da Lei n. 8.137/90, 168-A e 337-A, ambos do CP), durante o período em que a pessoa física ou a pessoa jurídica relacionada com o agente dos aludidos crimes estiver incluída no parcelamento (art. 83, § 2º, da Lei n. 9.430/96, com redação dada pela Lei n. 12.382/2011). A prescrição criminal não corre durante o período de suspensão da pretensão punitiva (art. 83, § 3º, da Lei n. 9.430/96, com redação dada pela Lei n. 12.382/2011).

- **Pagamento integral (Lei n. 12.382/2011):** Até o advento da Lei n. 12.382, de 25 de maio de 2011, a extinção da punibilidade ocorria ainda que o pagamento integral se desse após o recebimento da denúncia, e, para alguns, até mesmo após o trânsito em julgado. Todavia, em 2011, com a Lei n. 12.382, passou-se a exigir que o parcelamento e o pagamento integral ocorram *antes do recebimento da denúncia*. Evidentemente, referida norma penal não pode ser aplicada retroativamente, por ser mais gravosa.

- **Parcelamento. Efeitos penais (Lei n. 12.382/2011):** A referida lei não institui um novo REFIS, mas cuida dos efeitos penais do parcelamento e do pagamento do crédito tributário, inclusive do envio da representação fiscal para fins penais. Novamente impulsionado pelo governo, o legislador aprovou a Lei n. 12.382, que inseriu os §§ 1º a 6º no art. 83 da Lei n. 9.430/96. Referida lei pode ser estudada sob três aspectos: 1º) Envio da representação fiscal para fins penais (*vide* nota abaixo); 2º) Pedido de parcelamento antes do recebimento da denúncia (*vide* nota abaixo); 3º) Pagamento integral dos débitos parcelados (*vide* nota abaixo).

- **Parcelamento antes do recebimento da denúncia (Lei n. 12.382/2011):** A Lei njº 12.382/2011 inseriu no art. 83 da Lei n. 9.430/96 o novel § 2º, o qual passou a prever que somente o parcelamento com pedido feito (formalizado) *antes do recebimento da denúncia* suspende a pretensão punitiva, *verbis*: "§ 2º É suspensa a pretensão punitiva do Estado referente aos crimes previstos no *caput*, durante o período em que a pessoa física ou a pessoa jurídica relacionada com o agente dos aludidos crimes estiver incluída no parcelamento, desde que o pedido de parcelamento tenha sido formalizado antes do recebimento da denúncia criminal". O § 3º, incluído também pela Lei n. 12.382/2011, previu ainda que "a prescrição criminal não corre durante o período de suspensão da pretensão punitiva". A previsão constante do referido § 2º, por ser maléfica em relação à disciplina legal anterior (que não exigia que o pedido de parcelamento fosse realizado "antes do recebimento da denúncia" – *vide* Leis 10.684/2003 e 11.941/2009), não deve retroagir, abrangendo somente fatos praticados após a entrada em vigor da Lei n. 12.382/2011. Embora o § 2º preveja que a suspensão da pretensão punitiva só ocorra com a inclusão do contribuinte no parcelamento (ou seja, com o seu *deferimento*), estando em análise o pedido de parcelamento formalizado antes do recebimento da denúncia, a nosso ver faltará justa causa para a ação penal. Se, entretanto, a denúncia for recebida nessa hipótese, será caso de *habeas corpus* objetivando o seu trancamento por falta de justa causa. A ação penal só poderá ser instaurada se o parcelamento for indeferido ou se o contribuinte deixar de pagar as parcelas e for dele excluído.

- **Pagamento integral dos débitos parcelados (Lei n. 12.382/2011):** A Lei n. 12.382/2011 inseriu no art. 83 da Lei n. 9.430 o novel § 4º, que passou a prever: "Extingue-se a punibilidade dos crimes referidos no *caput* (nota nossa: que inclui este art. 168-A) quando a pessoa física ou a pessoa jurídica relacionada com o agente efetuar o pagamento integral dos débitos oriundos de tributos, inclusive acessórios, que tiverem sido objeto de concessão de parcelamento". Ou seja, estará extinta a punibilidade com o pagamento total do débito parcelado, com pedido *formalizado* antes do recebimento da denúncia.

- **Vedação legal de parcelamento (Lei n. 12.382/2011):** O § 5º do art. 83 da Lei n. 9.430/96, acrescentado pela Lei n. 12.382/2011, prevê: "§ 5º O disposto nos §§ 1º a 4º não se aplica nas hipóteses de vedação legal de parcelamento". Em que pese a redação deste § 5º, cremos que, em se tratando de matéria penal, ainda que exista vedação legal, na hipótese de o governo ter concedido o parcelamento ao contribuinte, não há como impedir a incidência dos efeitos penais respectivos (tanto no caso de parcelamento quanto no de pagamento), sob pena de ofensa ao princípio da isonomia e do devido processo legal. Se o Estado concede o parcelamento, beneficiando-se com isso, não há como impedir a suspensão da pretensão punitiva, sob a alegação de que o parcelamento (concedido pelo próprio Estado) era vedado por lei.

- **O art. 34 da Lei n. 9.249/95 ainda vigora, mesmo com o advento da Lei n. 12.382/2011:** O § 6º do art. 83 da Lei n. 9.430/96, acrescentado pela Lei n. 12.382/2011, prevê que "*as disposições contidas no caput do art. 34 da Lei n. 9.249, de 26 de dezembro de 1995, aplicam-se aos processos administrativos e aos inquéritos e processos em curso, desde que não recebida a denúncia pelo juiz*". A expressão "processos em curso" parece ter sido infeliz, porque se existe processo existe denúncia recebida. A intenção do § 6º do art. 83 da Lei n. 9.430/96 foi a de ressaltar a vigência do referido art. 34, exigindo que a "promoção do pagamento" ocorra antes do recebimento da denúncia, afastando o entendimento de que ela teria sido revogada por lei posterior. Ou seja, em nossa opinião, operou-se o fenômeno da "repristinação expressa" com a entrada em vigor deste § 6º do art. 83 da Lei n. 9.430/96, acrescentado pela Lei n. 12.382/2011 Em suma, para que surtam os efeitos legais correspondentes, tanto o parcelamento (que leva à suspensão do processo e da prescrição) quanto o pagamento integral (que acarreta a extinção da punibilidade), devem ser realizados antes do recebimento da denúncia.

Representação fiscal para fins penais

- **Representação fiscal para fins penais:** Nos crimes contra a ordem tributária previstos nos arts. 1º e 2º da Lei no 8.137/90, e contra a Previdência Social, previstos nos arts. 168-A e 337-A do CP, a representação fiscal para fins penais somente será enviada ao Ministério Público depois de proferida decisão final administrativa, sobre a exigência fiscal do crédito tributário correspondente (art. 83, *caput*, da Lei n. 9.430/96, com redação dada pela Lei n. 12.350, de 2010). Como se vê, trata-se de norma penal que se coaduna com a Súmula Vinculante 24 do STF, que prevê que a consumação do crime material tributário (e previdenciário) somente ocorre com o lançamento definitivo do tributo. Havendo parcelamento deferido, a representação fiscal para fins penais somente será encaminhada ao Ministério Público se houver a exclusão da pessoa física ou jurídica do parcelamento (art. 83, § 1º, da Lei 9.430/96, com redação dada pela Lei n. 12.382/2011). Se o parcelamento for cumprido, ocorrerá a extinção da punibilidade. Quanto ao parcelamento solicitado, porém ainda não deferido, antes do recebimento da denúncia, *vide* nota acima sob o título *Parcelamento antes do recebimento da denúncia (Lei n. 12.382/2011).*

Causas suspensivas e extintivas do crédito tributário (CTN, arts. 151 e 156)

- **Causas suspensivas e extintivas do crédito tributário (CTN):** Questão delicada e pouco enfrentada pela doutrina e pela jurisprudência diz respeito aos eventuais efeitos penais decorrentes das causas suspensivas (CTN, art. 151) e extintivas CTN, art. 156) do crédito tributário. Explica-se. Embora a matéria não se encontre disciplinada no art. 34 da Lei n. 9.249/95, bem como nas leis que posteriormente vieram a tratar dos efeitos penais do parcelamento e do pagamento integral (Leis n. 9.964/2000, 10.684/2003, 11.941/2009 e 12.382/2011), é necessário lembrar que, após o advento da Súmula Vinculante 24 do STF, não se tipifica crime tributário material sem o lançamento definitivo do tributo. Assim, se o crédito tributário constitui elemento normativo do tipo penal tributário, a nosso ver, as hipóteses suspensivas (CTN, art. 151) e extintivas do crédito tributário (CTN, art. 156) acarretam, conforme o caso, profundas consequências penais, como a exclusão da tipicidade penal, a suspensão ou mesmo a extinção da punibilidade. A respeito, *vide* comentários abaixo.

- **Causas extintivas do crédito tributário (CTN, art. 156):** O pagamento constitui apenas uma das causas extintivas do crédito tributário (CTN, art. 156, I), e acarreta a extinção da punibilidade se realizado antes do recebimento da denúncia. Ora, considerando que não há crime tributário material sem a constituição definitiva do crédito (Súmula Vinculante 24 do STF), pensamos que se deve conferir efeito jurídico semelhante às demais causas extintivas previstas no referido art. 156, como é o caso da compensação, da transação, da prescrição e da decadência, desde que ocorridas antes do recebimento da denúncia.

- **A decadência e seus efeitos penais:** A respeito da decadência do crédito tributário, Fabio Machado de Almeida Delmanto e Marcelo Knopfelmacher sustentam que, tendo ocorrido a decadência do crédito, inexiste justa causa para a ação penal nos crimes materiais previstos no art. 1º da Lei n. 8.137/90, devendo tal entendimento ser estendido para as demais causas extintivas do crédito tributário previstas no art. 156 do CTN. O mesmo deve ocorrer com relação ao parcelamento e às demais modalidades de suspensão do crédito tributário (art. 151 do CTN), uma vez que tais situações impedem, igualmente, o início ou a continuidade da ação penal ou mesmo do inquérito policial, durante o período em que a exigibilidade estiver suspensa ("A decadência do crédito tributário e seus efeitos penais". *Boletim IBCCr,* São Paulo, ano 15, n. 180, p. 4, nov. 2007). Aldo de Paula Junior e Heloísa Estellita defendem, também, que "se o tipo penal tributário toma como elemento normativo o termo *tributo*, que só se configura como objeto de uma relação jurídico-tributária convertida em linguagem jurídica competente (lançamento), e tendo sido a conversão fulminada pela decadência, é inviável a configuração do tipo penal tributário por ausência de um de seus elementos" ("Efeitos da decadência do crédito nos crimes contra a ordem tributária". *Direito penal tributário.* Org. por Marcelo Magalhães Peixoto, André Elali e Carlos Soares Sant'Anna. São Paulo: MP Editora, 2005, p. 11-27).

- **Causas suspensivas do crédito tributário (CTN, art. 151):** Na seara penal, como visto, o parcelamento constitui causa que suspende a pretensão punitiva e a prescrição, enquanto o parcelamento estiver sendo cumprido (art. 83, §§ 2º e 3º da Lei n. 9.430/1996, com redação dada pela Lei n. 12.382/2011), acarretando a extinção do crédito se integralmente cumprido (*vide* art. 83, § 4º, da Lei n. 9.430/96). Já na seara fiscal, o parcelamento constitui apenas uma das causas suspensivas do crédito tributário (CTN, art. 151, VI). Ora, considerando-se que o crime somente existe se houver crédito tributário constituído definitivamente (*vide* Súmula Vinculante 24 do STF), pergunta-se: por qual motivo não se deve conferir efeito jurídico semelhante às demais causas suspensivas previstas no referido art. 151 do CTN, quais sejam: moratória; o depósito do seu montante integral; as reclamações e os recursos, nos termos das leis reguladoras do processo tributário administrativo; a concessão de medida liminar em mandado de segurança; a concessão de medida liminar ou de tutela antecipada, em outras espécies de ação judicial? Entendemos que não há óbice à tal posicionamento. Nesse exato sentido, *vide* Fabio Machado de Almeida Delmanto e Marcelo KnopFelmacher ("A decadência do crédito tributário e seus efeitos penais". *Boletim IBCCr,* São Paulo, ano 15, n. 180, p. 4, nov. 2007).

Garantia do débito e carta de fiança

- **Garantia do débito e carta de fiança:** Embora a garantia do débito e a carta de fiança não estejam disciplinadas por leis penais, tais situações podem acarretar efeitos penais, sobretudo em face do entendimento consolidado na Súmula Vinculante 24 do STF ("Não se tipifica crime material contra a ordem tributária, previsto no art. 1º, incisos I a IV, da Lei n. 8.137/90, antes do lançamento definitivo do tributo"), posicionamento que também vem sendo aplicado pela jurisprudência ao crime deste art. 168-A, por se tratar de crime omissivo material, bem como ao crime do art. 337-A do CP (sonegação de contribuições previdenciárias). Assim, pensamos que o depósito em juízo feito pelo contribuinte ou a apresentação de carta de fiança bancária, ambos em ação anulatória de débito fiscal, *desde que realizados antes do recebimento da denúncia,* pode acarretar os seguintes efeitos: a) extinção da punibilidade com base no art. 34 da Lei n. 9.249/95 ou mesmo no art. 83, § 4º, da Lei n. 9.430/96, com redação dada pela Lei n. 12.382/2011, não havendo razão para não se conferir o mesmo tratamento daquele dado ao pagamento integral do débito; b) atipicidade da conduta e consequente falta de justa causa para a ação penal, em virtude da boa-fé e ausência de dolo do contribuinte, bem como falta de lesividade ao erário (*vide* jurisprudência abaixo). Sobre a ação anulatória do débito fiscal e seus possíveis efeitos penais, *vide* nota abaixo sob o título *Ação anulatória do débito fiscal e suspensão da ação penal (art. 93 do CPP e art. 116, I, do CP)*.

- **Ação anulatória do débito fiscal e suspensão da ação penal (art. 93 do CPP, e art. 116, I, do CP):** Mesmo tendo havido, após o esgotamento da via administrativa, o lançamento definitivo do crédito tributário, a permitir a tipificação do crime material do art. 1º da Lei n. 8.137/90 (*vide* Súmula Vinculante 24 do STF), tem sido comum, no foro, que o contribuinte, já réu na ação penal, proponha ação declaratória de anulação ou desconstituição do crédito tributário. Há casos, inclusive, de decisão de primeiro grau no juízo cível anulando o auto de infração, o que é incompatível com o prosseguimento de uma ação penal que versa sobre o mesmo lançamento tributário. Tal entendimento fica reforçado com a edição Súmula Vinculante 24 do STF, pela qual não há crime material tributário sem o lançamento definitivo do tributo. Ora, se o crédito tributário é anulado por decisão judicial, o crime deixa de existir. Todavia, enquanto a ação declaratória é processada, sem ainda existir decisão judicial a respeito, é hipótese de suspensão da ação penal a fim de que não exista um conflito entre decisões na esfera cível e criminal, mormente levando-se em consideração que, no cível, discute-se a existência do crédito tributário que é elementar do crime. A propósito, dispõe o art. 93, *caput*, do CPP: "Se o reconhecimento da existência da infração penal depender de decisão diversa da prevista no artigo anterior (art. 92), da competência do Juízo cível, e se neste houver sido proposta ação para resolvê-la, o Juiz criminal poderá, desde que esta questão seja de difícil solução e não verse sobre direito cuja prova a lei civil limite, suspender o curso do processo, após a inquirição das testemunhas, e realização das outras provas de natureza urgente". O § 1º do referido art. 93 prevê que "o Juiz marcará o prazo da suspensão, que poderá ser razoavelmente prorrogado, se a demora não for imputável à parte".

Perdão judicial ou aplicação exclusiva de multa (§§ 3º e 4º)

- **Direito público subjetivo:** Embora o § 3º fale em faculdade do juiz, entendemos que, uma vez preenchidos os requisitos legais (*vide* nota *Direito ou favor* no art. 107, IX, do CP), deverá o juiz justificar a eventual não concessão de perdão judicial ou a não aplicação exclusiva de pena de multa, bem como a opção por esta última, ao invés da primeira, mais benéfica ao condenado, sob pena de nulidade (CR, art. 93, IX).

- **Duas hipóteses de perdão judicial:** Dispõe este § 3º ser "facultado ao juiz deixar de aplicar a pena ou aplicar somente a de multa se o agente for *primário e de bons antecedentes*", em duas hipóteses alternativas: *a.* tenha promovido, após o início da ação fiscal e antes de oferecida a denúncia, o pagamento da contribuição social previdenciária, inclusive acessórios (inciso I); ou *b.* o valor das contribuições devidas, inclusive acessórios, seja igual ou inferior àquele estabelecido pela Previdência Social, administrativamente, como sendo o mínimo para o ajuizamento de suas execuções fiscais (inciso II).

- **Primário e de bons antecedentes:** *Vide* nota ao art. 59, sob o título *Antecedentes do agente* e respectiva jurisprudência.

- **Lei n. 12.382/2011, parcelamento do débito e revogação tácita do § 3º, inciso I:** O inciso I foi *tacitamente revogado* por leis posteriores, sendo que, nos dias de hoje, o pagamento integral antes do recebimento da denúncia é causa extintiva da punibilidade, e não apenas causa de perdão judicial (*vide* nota acima sob o *título Pagamento integral dos débitos parcelados – Lei* n. *12.382/2011*). A extinção da punibilidade ocorrerá *independentemente* do montante do valor da autuação, não se aplicando à Lei n. 12.282/2011 o limite de R$ 20.000,00 (Portaria do Ministério da Fazenda n. 75/2012), imposto pelo § 4º deste art. 168-A.

- **§ 3º, inciso II:** O inciso II dispõe ser faculdade do juiz deixar de aplicar a pena ou aplicar somente a de multa, desde que o valor das contribuições devidas, inclusive acessórios, seja igual ou inferior ao estabelecido pela Previdência Social, administrativamente, como sendo o mínimo para o ajuizamento das execuções fiscais, que atualmente é de R$ 20.000,00 (a respeito, *vide* nota abaixo sob o Título Portaria n. 75/2012).

- **§ 4º (*inócuo*):** Ao afastar a aplicabilidade dos benefícios do § 3º, incisos I e II, às hipóteses em que houver "parcelamento de contribuições cujo valor, inclusive dos acessórios, seja superior àquele estabelecido, administrativamente, como sendo o mínimo para o ajuizamento de suas execuções fiscais", esse § 4º, acrescentado pela Lei n. 13.606, de 2018, é de todo inócuo. Afinal, a hipótese de parcelamento e pagamento (independentemente do valor) é tratada como causa de extinção da punibilidade pela Lei n. 12.282/2011, estando revogado tacitamente o inciso I do § 3º do art. 168-A. Com relação à hipótese do inciso II, ele mesmo já previa a aplicação do benefício somente para casos em que o valor do tributo, inclusive acessórios, fosse inferior ao exigido administrativamente pela União para se propor execuções fiscais, o que é repetido pelo novo, e inócuo, § 4º.

- **Portaria n. 75/2012 (valor mínimo consolidado):** Para que a União proceda às ações de execução fiscal, atualmente o valor consolidado é de R$ 20.000,00 (cf. Portaria n. 75, de 22.3.2012, do Ministério da Fazenda, art. 1º, II, aumentando o anterior valor de R$ 10.000,00 – art. 20 da Lei n. 10.522/2002. A referida portaria determina, outrossim, que o valor consolidado igual ou inferior a R$ 1.000,00 não será inscrito na dívida ativa (art. 1º, inciso I), ou seja, sequer há possibilidade de crime, cf. Súmula Vinculante n. 24. Sobre o valor mínimo consolidado de R$ 20.000,00, a referida portaria entende por valor consolidado o resultante da atualização do respectivo débito originário, somado aos encargos e acréscimos legais ou contratuais, vencidos até a data da apuração (art. 1º, § 2º, da Portaria n. 75). Esta portaria contém, ainda, duas outras normas importantes: (i) O disposto no inciso I do *caput* do art. 1º não se aplica na hipótese de débitos, de mesma natureza e relativos ao mesmo devedor, que forem encaminhados em lote, cujo valor total seja superior ao limite estabelecido (art. 1º, § 3º); (ii) Para alcançar o valor mínimo determinado no inciso I do *caput*, o órgão responsável pela constituição do crédito poderá proceder à reunião dos débitos do devedor na forma do parágrafo anterior (art. 1º, § 4º).

- **Natureza tributária das contribuições previdenciárias:** No que tange às chamadas contribuições previdenciárias, que são contribuições sociais destinadas exclusivamente ao custeio da Seguridade Social (CR, art. 195, I, II e III), cremos não haver dúvida sobre a sua natureza tributária, bastando lembrar que se encontram previstas no art. 149 da CR, dentro do Capítulo I (Do Sistema Tributário Nacional) do Título VI (Da Tributação e do Orçamento). A respeito, CELSO RIBEIRO BASTOS e IVES GANDRA MARTINS sustentam que as contribuições sociais "têm natureza tributária" (*Comentários à Constituição do Brasil*, Saraiva, 1990, v. 6, t. I, p. 133, *apud* FABIO MACHADO DE ALMEIDA DELMANTO, "Da extinção da punibilidade pelo pagamento no crime de não recolhimento de contribuições previdenciárias", *Bol. IBCCr* 45/6). Esse entendimento também é perfilhado por LUCIANO AMARO, *verbis:* "É a circunstância de as contribuições terem destinação específica que as diferencia dos impostos, enquadrando-as, pois, como tributos afetados à execução de uma atividade estatal ou paraestatal específica, que pode aproveitar ou não o contribuinte (...)" (*Direito Tributário Brasileiro*, 4ª ed. Saraiva, 1999, p. 84). Lembra esse autor, ainda, que a doutrina especializada diverge muito quanto à classificação dos tributos, mas nenhuma delas nega a natureza tributária das contribuições sociais (ob. cit., pp. 64-65).

Jurisprudência

■ **Decadência do crédito tributário e seus efeitos penais:** "[...] os crimes do art. 1º são materiais ou de resultado, somente se consumando com o lançamento definitivo do crédito fiscal"; nesse contexto, "decaindo a administração fiscal do direito de lançar o crédito tributário, em razão da decadência do direito de exigir o pagamento do tributo, tem-se que, na hipótese, inexiste justa causa para o oferecimento da ação penal, em razão da impossibilidade de se demonstrar a consumação do crime de sonegação tributária" (STJ, 5ª T., HC 56.799, rel. Min. Laurita Vaz, j. 13.3.2007). Tratando-se de tributo sujeito a lançamento por homologação, cujo pagamento não foi antecipado pelo contribuinte, o prazo decadencial de cinco anos (art. 173 do CTN) deve ser contado a partir do primeiro dia do exercício financeiro seguinte àquele em que o lançamento poderia ter sido efetuado, até a notificação do auto de infração ou do lançamento ao sujeito passivo. Se não se operou a extinção do crédito, é impróprio falar-se em carência de justa causa (STJ, 6ª T., HC 106.064, rel. Min. Maria Thereza Rocha de Assis Moura, j. 11.10.2011, *DJe* 3.11.2011).

■ **Carta de fiança bancária apresentada em ação anulatória de débito fiscal. Inexistência de crime:** "O Tribunal de Impostos e Taxas concluiu, em procedimento administrativo, por caracterizada a infração fiscal. O débito foi lançado na dívida ativa. Em ação cautelar inominada, foi oferecido bem imóvel para garantia do débito fiscal. A garantia foi aceita, em liminar, pelo juízo. A empresa postulou, posteriormente, a substituição da garantia por carta de fiança. Verifica-se que, a despeito de estar a dívida garantida por caução, o paciente continua a discutir, em ação anulatória, o débito fiscal. É certo que, à época, o processo administrativo no Tribunal de Impostos e Taxas não se havia encerrado. O débito fiscal não estava constituído. A situação do paciente, porém, não sofreu mudanças. Ele discute judicialmente o débito fiscal, é verdade, mas, de qualquer forma, a dívida está garantida por carta de fiança. O inciso XXXVI do art. 5º da Constituição Federal garante ao cidadão o direito de valer-se do Judiciário, para apreciação de lesão ou ameaça a direito. Ora, se para o paciente não houve sonegação fiscal e, em consequência, o imposto não é devido, tem ele todo o direito de exigir análise do Judiciário. [...] Anote-se, finalmente que, se a ação anulatória de débito fiscal for julgada improcedente, a dívida será quitada, porquanto está ela garantida pela carta de fiança. Isto significa que, qualquer que seja o resultado da ação anulatória, não haverá lesividade ao Estado. E, sem lesividade, não há crime" (TJSP, HC 993.08.017052-5, rel. Des. Celso Limongi, acompanhado pelos Desembargadores Angélica de Almeida, Vico Mañas e Paulo Rossi, j. 25.6.2008, *v.u.*).

■ **Trancamento de ação penal por ausência de justa causa:** Propositura de ação de anulação de débito fiscal com fiança bancária. Execução do crédito garantida. Ausência de lesividade. Possibilidade. Ordem concedida" (TJSP, 1ª CCr, HC 0070516-65.2011.8.26.0000, rel. Des. Marco Nahum, j. 25.7.2011).

■ **Carta de fiança bancária apresentada em ação anulatória de débito fiscal. Inexistência de crime (decisão monocrática de 1ª Instância):** A decisão a seguir parcialmente descrita houve por bem absolver sumariamente os acusados, em virtude do oferecimento de carta de fiança bancária em ação anulatória de débito fiscal, antes do recebimento da denúncia criminal. Eis a parte da decisão que interessa: "Por outro lado, constata-se que a ação anulatória foi ajuizada antes do oferecimento da denúncia, no exercício do direito constitucional ao acesso ao Poder Judiciário. Após a citação, os acusados apresentaram carta de fiança bancária, garantindo o pagamento, na vultosa quantia de R$ 30.500.000,00 (trinta milhões e quinhentos mil reais). A conduta dos réus demonstra inequívoca boa-fé e ausência de dolo. Se o intuito fosse o de fraudar o Fisco, certamente não haveria o oferecimento da garantia. Pode-se concluir que não há lesividade na conduta dos acusados, ainda que a pretensão seja afastada pelo Poder Judiciário, eis que o pagamento do débito tributário está garantido pela fiança bancária, citando-se o HC 993.08.017052/5, invocado pelos acusados em suas respostas. Feitas estas considerações, fica evidente a ausência de dolo dos acusados, devendo a questão ser dirimida no Juízo cível. Não se vislumbra intenção deliberada dos agentes em fraudar o Fisco, de modo que a conduta não pode ser punida na esfera penal. Por se tratar de mesmas circunstâncias fáticas, estendo a absolvição ao acusado F., por lhe ser mais benéfica. Desnecessário que se aguarde sua citação. 3 – Ante ao exposto, julgo improcedente a presente ação penal e absolvo sumariamente os réus J.H.R.S., F.S.H., C.L.G. e A.P.R., qualificados nos autos, com fundamento no art. 397, inciso I, do Código de Processo Penal" (sentença proferida pelo Juiz de Direito Hélio Villaça Furukawa, em 14.6.2010, no Processo 253/08 da 2ª Vara Criminal de Itu).

- **Exigibilidade suspensa do crédito e garantia do débito:** O depósito em juízo feito pelo contribuinte, a apresentação de carta de fiança bancária em ação anulatória de débito fiscal, ou mesmo a penhora em ação de execução fiscal, desde que realizados antes do recebimento da denúncia, podem levar à aplicação do art. 34 da Lei n. 9.249/95, ou mesmo à falta de justa causa para a persecução penal, por falta de lesividade ao erário. Situações outras podem também ser extraídas do art. 156 do CTN (que trata das causas de extinção do crédito tributário) como a transação (inciso III) e a consignação em pagamento (inciso VIII). A respeito, *vide* jurisprudência abaixo e artigo intitulado "Efeitos penais do Refis III – MP n. 303/06", de autoria de FABIO MACHADO DE ALMEIDA DELMANTO, GAUTHAMA FORNACIARI DE PAULA e JOÃO DANIEL RASSI, *Bol. IBCCr* n. 166, setembro de 2006, p. 11.

Jurisprudência

- **Ação cível anulatória do auto de infração:** Se houve sentença de procedência em ação que buscou a nulidade do auto de infração que embasava a denúncia, havendo recurso ao Tribunal, deve-se suspender a ação penal e o curso do prazo prescricional, por um ano, podendo ser prorrogado por período a ser definido pelo juiz, até julgamento definitivo do processo cível. Caso confirmada pelo Tribunal a sentença que anulou o auto de infração, a ilegalidade descrita na denúncia restará afastada, carecendo, assim, justa causa para a ação penal (TRF da 4ª R., 8ª T., HC 0003995-86.2011.404.0000, rel., Des. Fed. Luiz Fernando Wowk Penteado, j. 6.7.2011).

- **Sentença na esfera cível desconstituindo o crédito tributário. Ainda que a sentença esteja pendente de reexame necessário, concede-se a suspensão do curso da ação penal:** "1. Havendo sentença na esfera cível desconstituindo o crédito tributário sobre o qual versa a ação penal, ainda que pendente de reexame necessário, consubstancia-se a plausibilidade do pedido de suspensão do curso do processo formulado. 2. Versando a discussão na esfera cível sobre questão que interfere no próprio reconhecimento da justa causa para a ação penal, razoável se faz o sobrestamento do feito até a decisão final. 3. Ordem concedida para sobrestar o curso do processo" (STJ, HC 67.269, rel. Min. Maria Thereza Rocha de Assis Moura, j. 5.6.2007, *DJ* 10.9.2007).

- **Ação anulatória de débito fiscal. Questão prejudicial externa reconhecida. Suspensão da ação penal por 3 meses reconhecida com fulcro no art. 93 do CPP:** "Os crimes contra a ordem tributária são crimes materiais, pois dependem, para sua consumação, da ocorrência do resultado: supressão ou redução do tributo, incluída a contribuição social. Se existem dúvidas acerca da ocorrência do resultado, não há como levar adiante a ação penal, sob pena de haver castigo sem crime, em prejuízo da garantia constitucional da ampla defesa e do contraditório. *In casu*, existe notícia nos autos de que tramita uma ação anulatória de débito fiscal, em face da União Federal, junto à Justiça Federal de 1ª Instância do Rio de Janeiro, na qual se requer seja anulado o lançamento fiscal e cancelado o débito arbitrado com base em meros depósitos bancários, o mesmo débito que ensejou a instauração da ação penal, ora em curso. [...] A suspensão pode, excepcionalmente, como na hipótese dos autos, pelas circunstâncias peculiares ao caso, independer da fase probatória, por meio de uma mitigação da letra fria do art. 93 do CPP. O constrangimento ilegal pode residir justamente na instrução, posto ter a paciente de comparecer a todos os atos de oitiva de testemunhas. A produção da prova oral na ação penal não teve início. A ação de anulação de débito fiscal está em fase de conclusão para sentença. Há suspensão do prazo prescricional, a teor do CP, art. 116, inciso I. A suspensão do processo possui, ademais, um condão de plausibilidade, pois, em casos semelhantes ao deduzido pela paciente na ação civil, houve sucesso. [...] Pela presença dos pressupostos autorizadores do CPP, art. 93, a turma, por maioria, concedeu parcialmente a ordem de *habeas corpus*, suspendendo, pelo prazo de 3 meses, a partir da data de publicação deste julgamento, o processo penal autuado sob o n. 96.255.210, que tramita na 25ª Vara Federal, em relação à ré K. C. R., acaso não seja proferida a sentença no juízo cível antes do termo desse lapso temporal, possibilitando, assim, a solução da questão prejudicial externa, decorrente da anulação de débito fiscal promovida pela ora impetrante, a fim de se evitarem possíveis decisões contraditórias nas esferas cível e criminal, bem como condenação sem crime, se houver anulação do auto de infração" (TRF da 2ª R., HC 97.02.18976-4, rel. Des. Vera Lúcia Lima, j. 24-3-1998, *DJ* 11.8.1998).

- **No mesmo sentido:** "Conquanto o crédito tributário tenha sido devidamente constituído na esfera administrativa, se houve sentença proferida em ação declaratória de nulidade de débito tributário, objeto de apelação cível interposta pela Fazenda Pública, a prudência recomenda que se suspenda o curso da investigação policial deflagrada até que sobrevenha o julgamento da apelação, aplicando-se o art. 93 do CPP" (STJ, 5ª T, HC 130.507, rel. Min. Jorge Mussi, j. 12.4.2011, *DJe* 4.5.2011). Também é prudente que se suspenda o curso da ação penal diante do fato do contribuinte ter obtido concessão de pedido de antecipação de tutela em ação declaratória c/c anulatória de débito tributário, suspendendo-se a sua exigibilidade (STJ, 6ª T., RHC 24.540, rel. Min. Og Fernandes, j. 19.10.2010, *DJe* 17.12.2010). A pendência de julgamento de mérito da ação anulatória de débito fiscal representa um óbice ao curso da ação penal, posto que sua eventual procedência implicaria inexigibilidade do pagamento do tributo, requisito essencial à ação penal por crime contra a ordem tributária que só se consuma com o lançamento definitivo do tributo (TJSP, 12ª CCr, HC 0574773-13.2010.8.26.0000, rel. Des. João Morenghi, j. 13.4.2011).

Perdão judicial ou aplicação exclusiva de multa (§ 3º)

- **Hipóteses:** Dispõe este § 3º ser "facultado ao juiz deixar de aplicar a pena ou aplicar somente a de multa se o agente for primário e de bons antecedentes" em duas hipóteses alternativas: *a.* tenha promovido, após o início da ação fiscal e antes de oferecida a denúncia, o pagamento da contribuição social previdenciária, inclusive acessórios (inciso I); ou *b.* o valor das contribuições devidas, inclusive acessórios, seja igual ou inferior àquele estabelecido pela Previdência Social, administrativamente, como sendo o mínimo para o ajuizamento de suas execuções fiscais (inciso II).

- **§ 3º, inciso I:** O inciso I foi *tacitamente revogado* pelo art. 9º, § 2º, da Lei n. 10.684/2003 (PAES), segundo o qual o pagamento integral dos débitos oriundos de tributos e contribuições sociais, inclusive acessórios, acarreta a extinção da punibilidade. Tal previsão foi repetida pela Lei n. 11.941/2009 (art. 69, *caput*, e parágrafo único). Atualmente, a extinção da punibilidade somente ocorre se houver o pagamento integral do débito, e acessórios, antes do recebimento da denúncia (art. 83, § 4º, da Lei n. 9.430, com redação dada pela Lei n. 12.382/2011). Note-se que o referido art. 83, § 4º, não exige que o acusado seja primário ou de bons antecedentes, tendo tal previsão sido tacitamente revogada. Ou seja, na prática, o juiz *deve* declarar a extinção da punibilidade, tratando-se de direito público subjetivo do acusado, e não mera faculdade do juiz de aplicar o perdão judicial.

- **§ 3º, inciso II:** Dispõe tal norma que é facultado ao juiz deixar de aplicar a pena ou aplicar somente a de multa se o agente for primário e de bons antecedentes, desde que "o valor das contribuições devidas, inclusive acessórios, seja igual ou inferior àquele estabelecido pela previdência social, administrativamente, como sendo o mínimo para o ajuizamento de suas execuções fiscais". Atualmente, a hipótese deste inciso II é de atipicidade por não afetação do bem jurídico, o que retira a justa causa da ação penal, independentemente de o agente ser primário e de bons antecedentes. *Quanto ao valor mínimo para o ajuizamento das execuções fiscais, o art. 20 da Lei n. 10.522/2002 fala em R$ 10.000,00 (dez mil reais), verbis: "Serão arquivados, sem baixa na distribuição, mediante requerimento do Procurador da Fazenda Nacional os autos das execuções fiscais de débitos inscritos na Dívida Ativa pela Procuradoria-Geral da Fazenda Nacional ou por ela cobrados, de valor consolidado igual ou inferior a R$ 10.000,00 (dez mil reais)".* Todavia, a Portaria n. 75, de 22.3.2012, do Ministério da Fazenda, estabeleceu que deverá ser superior a R$ 20.000,00 (vinte mil reais) (art. 1º, II), com exceção dos "débitos decorrentes de aplicação de multa criminal" (art. 1º, II, § 1º). O valor previsto é o "consolidado", ou seja, "o resultante da atualização do respectivo débito originário, somados aos encargos e acréscimos legais ou contratuais, vencidos até a data da apuração" (art. 1º, II, § 2º).

Embora haja entendimento do STJ que ainda mantém como parâmetro os R$ 10.000,00, em nosso entendimento, se a própria Administração Pública entende não haver interesse em executar dívidas inferiores a R$ 20.000,00 (vinte mil reais), falta justa causa para o ajuizamento de ações criminais nesses casos, à semelhança do que vinha ocorrendo com o valor de R$ 10.000,00 (dez mil reais) instituído pela Lei n. 10.522/2002, consoante já havia sido pacificado no STF. Não é coerente que um mesmo fato seja irrelevante para a União, em termos de execução fiscal, e, ao mesmo tempo, penalmente relevante, impondo ao agente, que sequer pode ser executado civilmente, sanções penais.

■ **Proibição de aplicação do perdão:** Não se aplica o perdão judicial se o parcelamento de contribuições, inclusive acessórios, for superior ao mínimo exigido pela Previdência para o ajuizamento das execuções fiscais (*vide* nota acima).

Jurisprudência geral do art. 168-A

■ **Consumação:** "(...) 2. Consoante pacífico entendimento desta Corte, o termo inicial da contagem do prazo prescricional do crime de apropriação indébita previdenciária, tipificado no art. 168-A do Código Penal, é a data de sua consumação, que se dá com a constituição definitiva do crédito tributário, com o exaurimento da via administrativa. (...)" (STJ, 5ª T., HC 394.228/MG, rel. Min. Ribeiro Dantas, j. 5.10.2017, *DJe* 11.10.2017).

■ **Consumação e termo inicial do prazo prescricional:** "(...) 1. Na linha da jurisprudência deste Tribunal Superior, o crime de apropriação indébita previdenciária, previsto no art. 168-A, ostenta natureza de delito material. Portanto, o momento consumativo do delito em tela corresponde à data da constituição definitiva do crédito tributário, com o exaurimento da via administrativa (ut, RHC 36.704/SC, rel. Min. Felix Fischer, 5ª T., *DJe* 26.2.2016). Nos termos do art. 111, I, do CP, este é o termo inicial da contagem do prazo prescricional. (...)" (STJ, 5ª T., AgRg no REsp 1644719/SP, rel. Min. Reynaldo Soares da Fonseca, j. 23.5.2017, *DJe* 31.5.2017).

■ **Dolo específico e inépcia da denúncia:** "O tipo do art. 168-A do Código Penal, embora tratando de crime omissivo próprio, não se esgota somente no 'deixar de recolher', isto significando que, além da existência do débito, haverá a peça acusatória de demonstrar a intenção específica ou vontade deliberada de pretender algum benefício com a supressão ou redução, já que o agente 'podia e devia' realizar o recolhimento. Agravo provido para também prover o recurso especial, de modo a reconduzir a sentença de rejeição da denúncia; (...) a descrição típica, no meu entender, não retira a discussão sobre o dolo específico do agente; (...) a omissão deve vir pautada pelo desvalor do resultado, porquanto inexiste o dolo na conduta não intencional, como a que irrealizada por circunstâncias fora das condições do agente (podia e devia); (...) a vontade de apropriar-se dos valores descontados dos salários dos empregados, sem justo motivo, deve ser discutida já com a imputação da denúncia, sob pena de aceitar o cometimento do crime mesmo diante da absoluta impossibilidade de fazê-lo" (STJ, 6ª T., AgRg no REsp 695.487/CE, rel. Min. Maria Thereza de Assis Moura, j. 10.11.2009, *vu, DJe* 30.11.2002).

■ **Dolo específico:** É necessária a prova inequívoca da ocorrência do dolo específico, do consistente no especial fim de agir com intenção de não restituir aos cofres públicos (TRF da 5ª R., Ap. 2004.05.00.008463-0, *mv*, j. 4.8.2005). É mister um comportamento fraudulento do sujeito, um fim especial de agir daquele que, tendo a consciência de que o tributo é devido, por sua livre e espontânea vontade, deixa de fazer seu recolhimento, burlando a fiscalização tributária (TRF da 2ª R., *RT* 815/711), sendo atípica a conduta descrita na denúncia se esta não aponta a existência do elemento subjetivo (TRF da 2ª R., Ap. 2002.02.01.001258-1, *mv – DJU* 3.5.2004, p. 159; HC 2002.02.01.048817-4, *DJU* 15.8.2003, p. 359).

■ **Dolo genérico (1):** "É assente nesta Corte Superior o entendimento de que o delito de apropriação indébita previdenciária se perfaz com a mera omissão de recolhimento da contribuição previdenciária dentro do prazo e das formas legais, prescindindo, portanto, do dolo específico". "[...] a jurisprudência desta Corte Superior de Justiça é firme no sentido de que as condenações relativas a fatos ocorridos em período anterior ao crime em julgamento poderão ser utilizadas para majorar a pena-base, bastando que na data da prolação da sentença já tenha ocorrido o trânsito em julgado da condenação" (STJ,

6ª T., AgRg no AREsp 724.611/SP, rel. Min. Sebastião Reis Júnior, j. 24.11.2015, *DJe* 17.12.2015).

■ **Dolo genérico (2):** "(...) 2. É assente nesta Corte Superior o entendimento de que o delito de apropriação indébita previdenciária se consuma com a mera omissão de recolhimento da contribuição previdenciária dentro do prazo e das formas legais, prescindindo, portanto, do dolo específico (EREsp 1.296.531/RN, rel. Min. LAURITA VAZ, *DJe* 17.9.2013 e EREsp 1.207.466/ES, rel. Min. GURGEL DE FARIA, *DJe* 6.11.2014)" (STJ, 5ª T., AgRg no REsp 1.426.882/AL, rel. Min. Renaldo Soares da Fonseca, j. 22.9.2015, *DJe* 30.9.2015).

■ **Dolo genérico (3):** "1. A Terceira Seção do Superior Tribunal de Justiça, no julgamento dos Embargos de Divergência no Recurso Especial n. 1.207.466/ES, de relatoria do Ministro Gurgel de Faria, pacificou o entendimento no sentido de que "a intenção específica ou vontade de se beneficiar com a ausência do recolhimento nada tem a ver com a consumação do fato que ocorre no momento que ele deixa de recolher as contribuições no prazo legal" (STJ, 3ª Seção, AgRg nos EAg 1.388.275/SP, rel. Min. Leopoldo de Arruda Raposo, j. 13.5.2015, *DJe* 18.5.2015).

■ **Inquérito policial na pendência de processo administrativo:** O crime do art. 168-A é omissivo material, e não simplesmente formal. Estando em curso processo administrativo em que se questiona a exigibilidade do tributo, ficam afastadas a persecução criminal e a manutenção do inquérito (STF, Inq 2.537, *DJU* 12.6.2006, *in Bol. IBCCr* 190/1195).

■ **Processo cível questionando a existência do valor ou a exigibilidade da contribuição previdenciária:** Enquanto houver processo cível questionando a existência, o valor ou a exigibilidade da contribuição previdenciária, atípica é a conduta prevista no art. 168-A do Código Penal que tem, como elemento normativo do tipo, a existência da contribuição devida a ser repassada. Versando a discussão na esfera cível sobre questão que interfere no próprio reconhecimento da justa causa para a eventual ação penal, razoável se faz o sobrestamento do inquérito até a decisão cível definitiva. Ordem concedida para suspender o inquérito policial, ficando suspenso o prazo prescricional até o julgamento definitivo da ação cível ordinária (STJ, HC146.013, rel. Min. Maria Thereza de Assis Moura, j. 20.10.2009, *DJe* 9.11.2009).

■ **Parcelamento após o recebimento da denúncia ocorrido sob a égide da Lei n. 10.684/2003. Não retroatividade da Lei n. 12.382/2011, posto que mais gravosa:** "Apelação criminal. Crime contra a ordem tributária. Pleito de suspensão da ação penal, haja vista adesão ao programa de parcelamento do débito tributário. Cabimento. Delitos cometidos entre 2006 e 2007, sob a égide da Lei no 10.684/2003, mais benéfica ao acusado, pois assegurava a possibilidade de parcelamento mesmo após o recebimento da denúncia. Lei posterior (12.382/2011), que não pode retroagir em prejuízo do réu. Matéria de caráter eminentemente material. Inovação legislativa aplicável somente aos crimes praticados após 1º.3.2011, data de início da vigência da citada norma. Comprovado o parcelamento, de rigor a suspensão da pretensão punitiva e do lapso prescricional Inteligência do art. 9º da Lei n. 10.684/2003. Acolhimento do requerimento defensivo para determinar a suspensão da ação penal até o pagamento integral do débito tributário, sob pena de retomada da persecução penal" (TJ-SP, rel. Camilo Léllis, j. 10.3.2015, 4ª Câmara de Direito Criminal). "Apelação criminal. Crime contra a ordem tributária. Sonegação fiscal. Sentença condenatória. Recurso da defesa. Preliminar de extinção da punibilidade. Quitação do débito tributário após o recebimento da denúncia. Fatos praticados sob a égide da Lei n. 10.684/2003. Advento da Lei n. 12.382/2011. Irretroatividade da lei penal mais gravosa. Acolhimento da preliminar. Recurso conhecido e provido. 1. Extingue-se a punibilidade do réu em relação ao crime de sonegação fiscal quando comprovado o pagamento integral do débito tributário, ainda que posteriormente ao recebimento da denúncia, mas anterior ao trânsito em julgado da sentença condenatória, nos termos do art. 9º, § 2º, da Lei n. 10.684/2003, visto que o referido diploma legal não impõe qualquer limitação temporal. 2. A Lei n. 12.382/2011, no art. 6º, renumerou o § 6º do art. 83 da Lei n. 9.430/96 e estabeleceu que o pagamento do débito tributário só extingue a punibilidade do agente quando efetuado antes do recebimento da denúncia. Contudo, por se tratar de lei penal mais gravosa, não pode retroagir para prejudicar o réu, devendo ser aplicada, na hipótese, a regra segundo a qual *tempus regit actum*. 3. Recurso conhecido e provido para acolher a preliminar de extinção da punibilidade do crime previsto no art. 1º, incisos II e V, da Lei n. 8.137/90 (por vinte e quatro vezes), na forma do art. 71 do Código Penal, em razão da quitação integral do débito tributário pelo apelante, com fundamento no art. 9º, § 2º, da Lei n. 10.684/2003" (TJ-DF – APR: 20130510005814 DF 0000577- 40.2013.8.07.0005, rel. Roberval Casemiro Belinati, j. 25.9.2014, 2ª T. Criminal, *DJe* 1º.10.2014, p. 192). "Penal. Processo penal. Apropriação indébita previdenciária. Art. 168-A do Código Penal. Parcelamento do débito. Suspensão da pretensão punitiva do Estado e do prazo prescricional. Lei n. 10.684/2003. Fatos anteriores à Lei n. 12.382/2011. Princípio da irretroatividade da lei. 1. À época dos fatos e do oferecimento da denúncia estava em vigor a Lei n. 10.684/2003 que previa a suspensão da pretensão punitiva estatal e do prazo prescricional durante o período de inclusão do crédito tributário no regime de parcelamento. 2. Os §§ 2º e 3º do art. 83 da Lei n. 9.430/96, com redação dada pela Lei n. 12.382/2011, por serem mais gravosos aos acusados, não podem retroagir para alcançar fatos anteriores à sua vigência, em razão do princípio da irretroatividade da lei. 3. Recurso em sentido estrito não provido" (TRF-1 – RSE: 197845820114013800 MG 0019784- 58.2011.4.01.3800, rel. Des. Monica Sifuentes, j. 12.3.2014, 3a Turma, *e-DJF1* p.932 de 28.3.2014). "Apelação criminal. Crime contra a ordem tributária (art. 2º, inciso II, da Lei n. 8.137/90 c/c art. 71, *caput*, do Código Penal). Recurso defensivo. Requerida, em preliminar, a suspensão do feito em virtude do parcelamento do débito tributário. Acolhimento. Parcelamento comprovado. Circunstância que enseja a suspensão da pretensão punitiva estatal e do curso do prazo prescricional, nos termos do art. 9º, § 1º, da Lei n. 10.684/2003. Alteração promovida pela Lei n. 12.382/11, que restringiu referidos efeitos aos parcelamentos realizados até o recebimento da denúncia, que não se aplica à hipótese dos autos. Lei mais gravosa. Fatos e recebimento da exordial acusatória ocorridos na vigência da lei anterior. Suspensão deferida. Prejudicialidade das demais teses recursais. Recurso em parte conhecido e parcialmente provido. 1. Uma vez comprovada a inserção do débito objeto da denúncia em regime de parcelamento e a regularidade do pagamento das prestações, deve a pretensão punitiva estatal e o curso do prazo prescricional serem suspensos, nos termos do art. 9º, § 1º, da Lei n. 10.684/2003, até que haja a quitação do débito. 2. Por repercutir em matérias de direito material – além da pretensão punitiva do Estado, implica efeitos à contagem do prazo prescricional – não pode a Lei n. 12.382/2011 ser aplicada a fatos praticados anteriormente à sua vigência, em atenção ao princípio da irretroatividade da lei penal mais severa.3. Com o acolhimento da preliminar deduzida, resta prejudicado o exame das demais teses recursais, uma vez que, estando suspensa a pretensão punitiva estatal, não há como se efetuar pronunciamento de mérito acerca da prática delitiva" (TJSC, 1ª CCr, Processo n. 2014011142-3, rel. Des. Paulo Roberto Sartorato, l. 15.7.2014, *vu*).

- **Extinção da punibilidade com pagamento do principal e correção, diante da discussão judicial de juros moratórios abusivos no Estado de São Paulo:** O Fisco paulista, com a UFESP, tem cobrado juros de mora totalmente abusivos, com caráter confiscatório e portanto inconstitucionais, com taxas superiores a 47% ao ano, conforme reconheceu o próprio Tribunal de Justiça do Estado de São Paulo, por seu Órgão Especial, em 27.3.2013. Nessa data, apreciou a questão dos juros moratórios em incidente de inconstitucionalidade dos artigos 85 e 96 da Lei Estadual no 6.374/89, com redação dada pela Lei Estadual no 13.918/09, suscitado por sua 13ª Câmara de Direito Público no julgamento da Apelação Cível no 0002567-59.2011.8.26.0053, e relatoria da Desembargadora Luciana Bresciani. Assim, conferindo interpretação conforme a Constituição Federal dos arts. 85 e 96 da Lei estadual n. 6.374/89, com a redação dada pela Lei Estadual n. 13.918/2009, decidiu-se que a taxa de juros aplicável ao montante do imposto ou da multa não pode exceder aquela incidente na cobrança dos tributos federais. Desse modo, diante da interposição, no âmbito da execução fiscal, de *exceção de pré-executividade*, discutindo-se justamente essa cobrança abusiva e inconstitucional desses juros moratórios superiores a 47% ao ano, e desejando o contribuinte *pagar* o principal com multa e correção monetária, *mas sem esses inconstitucionais juros moratórios do Fisco paulista*, e assim ver *extinta a sua punibilidade*, há que se permitir que o faça.

Afinal, se o Estado lhe cobra juros moratórios inconstitucionais, como reconheceu o órgão máximo de seu Tribunal de Justiça, e também o *Pleno* do Supremo Tribunal Federal (Ação Direta de Inconstitucionalidade n. 442, julgada em 14.4.2010, rel. Min. Eros Grau), não se pode, com uma arbitrariedade do Fisco, negar-lhe o direito de ver extinta a sua punibilidade. Assim decidiu-se, por sinal, em um processo criminal de 1º Grau, na Comarca de São Paulo, e. 5.2.2018, em que houve a extinção da punibilidade (24ª Vara Criminal, processo n. 0095934-83.2010.8.26.0050, em 5.2.2018).

- **Ultratividade do art. 34 da Lei n. 9.249/95:** Se os débitos que originaram o ilícito são anteriores às Leis n.s 9.964/2000 (REFIS) e 9.983/2000 (que alterou o CP), aplica-se, em decorrência do parcelamento, o art. 34 da Lei n. 9.249/65, extinguindo-se a punibilidade. Ultratividade da *lex mitior* (STJ, HC 86.330, *DJU* 12.11.2007, *in Bol. IBCCr* 181/1132).

- **Sócio:** O simples fato de ser sócio da empresa não autoriza a instauração de processo criminal contra ele, devendo haver mínima relação de causa e efeito entre as imputações e a sua condição de dirigente (STJ, HC 35.823/SP, j. 16.11.2004, *Bol. AASP* 2455/1143).

- **Falta de individualização:** O entendimento pacífico é que a denúncia deve descrever a conduta do sócio que não fez o repasse das contribuições; caso contrário, a responsabilidade seria puramente objetiva, o que não é admissível no nosso ordenamento jurídico (TRF da 1ª R., liminar no HC 2008.01.00.040488-1/MT, *DJU* 28.8.2008). Denunciado o responsável pela empresa, sem um suporte mínimo para a individualização da sua responsabilidade penal, configura-se o constrangimento ilegal, pois a denúncia inepta leva à instauração de processo criminal indevido (TRF da 2ª R., HC 200202010353852, *mv – DJU* 7.1.2003, p. 14, *in Bol. IBCCr* 126/702).

- **Dolo:** O delito de apropriação indébita previdenciária exige, como elemento subjetivo do tipo, o dolo, ou seja, a vontade livre e consciente de se apropriar das contribuições dos empregados (TRF da 2ª R., *RT* 835/704). O crime do art. 168-A não se exaure com o mero deixar de pagar, exigindo dolo específico de se apropriar dos valores, iludindo o Fisco, o que não ocorre se registra todos os débitos em sua contabilidade e não dispõe de ativos suficientes para a quitação dos tributos questionados (TRF da 5ª R., Ap. 2000.82.00.001.840-3/PB, j. 17.3.2005; RSE 2004.81.00.011.128-5, j. 2.6.2005). Para que se considere o dolo, mesmo genérico, é preciso que o agente tenha a intenção de se apropriar, o que não ocorre se pagou a dívida principal dois anos antes da denúncia e a execução fiscal do débito remanescente teve o oferecimento de bens para garantia do juízo (TRF da 5ª R., Inq 2005.82.00.002008-0, *DJU* 5.11.2007, *in Bol. IBCCr* 181/1134). *Contra:* O art. 168-A não exige o dolo específico de apropriar-se (TRF da 3ª R., Ap. 2000.61.81.007762-1, *DJU* 31.3.2008, *in Bol. IBCCr* 186/1173). Basta o dolo genérico, tratando-se de crime omissivo próprio (ou omissivo puro), que não exige resultado naturalístico (TRF da 1ª R., Ap. 2002.400000.34399, j. 17.1.2006, *DJU* 3.2.2006, p. 12).

- **Estado de necessidade ou inexigibilidade de conduta diversa:** Para configurar-se o estado de necessidade ou a inexigibilidade de conduta diversa, é mister a efetiva comprovação, pela defesa, da absoluta impossibilidade de efetuarem-se os recolhimentos nas épocas próprias (TRF da 3ª R., Ap. 2002.03.99.0096926/SP, j. 9.11.2004, *DJU* 25.2.2005, *in Bol. IBCCr* n. 150, maio de 2005). Configura-se se a empresa passava por sérias dificuldades financeiras, tanto que acabou por vendê-la a um concorrente (TRF da 2ª R., Ap. 98.02.38172-1, *mv – DJU* 3.10.2003, p. 428, *in Bol. IBCCr* 136/782). Se as dificuldades financeiras da empresa foram comprovadas pela apresentação de documentação idônea, absolve-se por inexigibilidade de conduta diversa (TRF da 2ª R., Ap. 2006.50.01.010103-0, *DJU* 4.11.2008, *in Bol. IBCCr* 194/1228; TRF da 5ª R., *RT* 855/707. As dificuldades encontradas somente podem ser utilizadas como excludente da ilicitude, em casos excepcionais, comprovando-se incontornável a situação da empresa (TRF da 1ª R., *RT* 872/714).

- **Possibilidade de agir:** Se toda a prova indica que realmente passava por dificuldades financeiras, impedindo o adimplemento da obrigação, não se configura o crime (TRF da 2ª R., *RT* 839/697).

- **Processo administrativo pendente:** Estando pendente o processo administrativo fiscal, tem-se a suspensão da exigibilidade do tributo, não cabendo o ajuizamento de ação penal (STF, *RT* 837/519).

- **Continuidade:** A jurisprudência e a doutrina têm admitido a continuação da prática de crimes inclusive em Municípios diversos, integrados na mesma região (TRF da 4ª R., AgEx 2002.71.07.013514-0 /RS, *mv*, j. 6.8.2003).

- **Perdão judicial:** Se o valor do débito é inferior ao *quantum* mínimo estabelecido administrativamente pela Previdência Social para ajuizamento de suas execuções fiscais, concede-se o perdão judicial, nos termos do art. 168-A c/c art. 107, IX, ambos do CP (TRF da 1ª R., Ap. 2001.01.00.039813-5, *DJU* 26.3.2004, p. 130, *in Bol. IBCCr* 140/814). Sendo o réu primário e de bons antecedentes, e o valor do débito abaixo do estabelecido pela Portaria n. 296, de 8.8.2007, do Ministério da Previdência Social, concede-se o perdão judicial (TRF da 3ª R., Ap. 2000.61.81.007762-1, *DJU* 31.3.2008, *inBol. IBCCr* 186/1173).

- **Atipicidade se o valor mínimo do crédito não ultrapassar R$ 20.000,00 (excluídos juros e multa):** Embora existam precedentes do STJ no sentido de que o valor mínimo é de R$ 10.000,00, conforme a Lei n. 10.522/2002 (STJ, 6ª T., REsp 1.454.598 – SP (2014/0113482-7), rel. Min. ROGÉRIO SCHIETTI CRUZ, *DJe* 9.12.2014; STJ, 6ª T., REsp 1.419.836/RS, j. 13.06.2017, v.u., *DJe* 23.6.2017), recentemente a 3ª Seção do STJ pacificou-se no sentido de que o valor mínimo para o ajuizamento das execuções fiscais (e consequente tipicidade penal) é de R$ 20.000,00, excluídas as multas e juros, *verbis*: "1. Esta Corte Superior de Justiça, em recente julgamento proferido no âmbito da Terceira Seção, no bojo dos Recursos Especiais n. 1.709.029/MG e 1.688.878/SP, sob a sistemática dos recursos repetitivos, firmou o entendimento de que incide o princípio da insignificância aos crimes tributários federais e de descaminho quando o débito tributário verificado não ultrapassar o limite de R$ 20.000,00, a teor do disposto no art. 20 da Lei n. 10.522/2002, com as atualizações efetivadas pelas Portarias n. 75 e 130, ambas do Ministério da Fazenda. 2. Dessa forma, deve ser considerado como montante mínimo na verificação da tipicidade da conduta prevista no art. 334 do Código Penal, o valor de R$ 20.000,00, posicionamento que já vem sendo adotado pelo Supremo Tribunal Federal. 3. Na hipótese dos autos, considerando-se que o tributo sonegado pela conduta atribuída ao embargado corresponde ao principal de R$ 18.671,55, excluídos juros e multa e sendo tal valor inferior ao limite previsto nas Portarias Ministeriais mencionadas, mostra-se correto o reconhecimento da tipicidade material da conduta do acusado, encontrando-se o acórdão regional alinhado ao entendimento recente deste Sodalício. 4. Embargos declaratórios acolhidos sem efeitos modificativos" (STJ, 5ª Turma, EDcl no AgRg no AREsp 320758/PR, rel. Min. Jorge Mussi, j. 28.6.2018, *vu*, *DJe* 28.6.2018).

- **Valor mínimo de R$ 20.000,00 somente se aplica a tributos federais (5ª Turma do STJ):** Apesar do entendimento acima da 3ª Seção do STJ, há posicionamento recente da 5ª Turma do STJ de que o valor mínimo de R$ 20.000,00 somente se aplica a tributos de competência da União: "I – Esta Corte Superior de Justiça, em recente julgamento proferido no âmbito da Terceira Seção, no Recursos Especiais n. 1.709.029/MG e 1.688.878/SP, sob a sistemática dos recursos repetitivos, firmou o entendimento de que incide o princípio da insignificância aos crimes tributários federais e de descaminho quando o débito tributário verificado não ultrapassar o limite de R$ 20.000,00, a teor do disposto no art. 20 da Lei n. 10.522/02, com as atualizações efetivadas pelas Portarias n. 75 e 130, ambas do Ministério da Fazenda. II – Referido entendimento, contudo, tem aplicação somente aos tributos da competência da União. Para ser estendido ao âmbito estadual, necessária seria a existência de lei local no mesmo sentido, o que não restou demonstrado *in casu*. III – Incabível a aplicação do princípio da insignificância ao caso em exame, uma vez que o paciente deixou de recolher ICMS, tributo de competência estadual, conforme o art. 155, II, da Constituição Federal. Recurso ordinário em *habeas corpus* desprovido." (STJ, 5ª Turma, RHC 101910/MG, rel. Min. Felix Fischer, j. 2.10.2018, *vu*, *DJe* 8.10.2018).

- **Não aplicação da insignificância em caso de reiteração delitiva:** "1. No caso de comportamento delitivo reiterado do agente, pacificou-se nesta Corte tese no sentido de que não há como excluir a tipicidade material à vista apenas do valor da evasão fiscal, sendo inaplicável o reconhecimento do caráter bagatelar da conduta em razão do elevado grau de reprovabilidade do comportamento e do maior potencial de lesividade ao bem jurídico tutelado, exceto quando as instâncias ordinárias verificarem que a medida é socialmente recomendável" (STJ, 6ª T., AgRg no REsp 1.675.665 / PR, rel. Min. Maria Thereza de Assis Moura, j. 3.5.2018, *vu*, *DJe* 15.5.2018).

- **Parcelamento, REFIS I e REFIS II (PAES):** Deferido o parcelamento em momento anterior ao recebimento da denúncia, verifica-se a extinção da punibilidade prevista no art. 34 da Lei n. 9.249/95, sendo desnecessário, para tanto, o pagamento integral do débito (STJ, HC 46.313/DF, *DJU* 12.6.2006, p. 545; RHC 17.192/PR, *DJU* 1.8.2005, p. 475; HC 46.695/SP, *DJU* 1.2.2006, p. 581), devendo eventual saldo remanescente ser objeto de ação executiva própria (STJ, HC 42.674/RJ, *DJU* 27.3.2006, p. 336). *Contra*: O parcelamento de débito tributário é causa de suspensão da pretensão punitiva estatal durante o período em que o devedor estiver incluído no programa de parcelamento, à luz do art. 9º, *caput,* da Lei n. 10.684/2003, que não se confunde com causa de extinção de punibilidade (STJ, HC 40.950/SP, *DJU* 10.4.2006, p. 237; RHC 17.804/RR, *DJU* 3.4.2006, p. 369; HC 29.745/SP, *DJU* 6.2.2006, p. 328), devendo os documentos juntados aos autos atestar, de forma inconteste, que a inserção no programa de parcelamento é relativa aos débitos tributários descritos na peça inicial acusatória (STJ, HC 42.870/ES, *DJU* 20.6.2005, p. 327). *Observação*: A Lei n. 11.941/2009, em seu art. 68, *caput* e parágrafo único, trouxe previsão idêntica à do art. 9º, *caput* e § 1º, da Lei n. 10.684/2003.

- **Exigibilidade suspensa do crédito e efeitos penais:** "(...) IV – Se o crédito tributário permaneceu com a exigibilidade suspensa em razão de antecipação dos efeitos da tutela, a prescrição da pretensão punitiva também deve permanecer suspensa, tendo em vista que a decisão cível acerca da exigibilidade do crédito tributário repercute diretamente no reconhecimento da própria existência do tipo penal, visto ser o crime de apropriação indébita previdenciária um delito de natureza material, que "pressupõe, para sua consumação, a realização do lançamento tributário definitivo, momento a partir do qual começa a contagem do prazo prescricional" (HC n. 209.712/SP, 5ª T., rel. Min. LAURITA VAZ, *DJe* de 23.5.2013)" (STJ, 5ª T, RHC 51.596/SP, rel. Min. Felix Fischer, j. 3.2.2015, *DJe* 24.2.2015).

- **Extinção da punibilidade pelo pagamento:** *Vide*, também, jurisprudência no art. 107 do CP.

APROPRIAÇÃO DE COISA HAVIDA POR ERRO, CASO FORTUITO OU FORÇA DA NATUREZA

Art. 169. Apropriar-se alguém de coisa alheia vinda ao seu poder por erro, caso fortuito ou força da natureza:

Pena – detenção, de 1 (um) mês a 1 (um) ano, ou multa.

Parágrafo único. Na mesma pena incorre:

APROPRIAÇÃO DE TESOURO

I – quem acha tesouro em prédio alheio e se apropria, no todo ou em parte, da quota a que tem direito o proprietário do prédio;

APROPRIAÇÃO DE COISA ACHADA

II – quem acha coisa alheia perdida e dela se apropria, total ou parcialmente, deixando de restituí-la ao dono ou ao legítimo possuidor ou de entregá-la à autoridade competente, dentro do prazo de 15 (quinze) dias.

- **Transação:** Cabe nas três figuras (*caput* e parágrafo único, I e II), preenchidos os requisitos do art. 76 da Lei n. 9.099/95.

- **Suspensão condicional do processo:** Cabe, atendidas as condições do art. 89 da Lei n. 9.099/95.

Apropriação de coisa havida por erro, caso fortuito ou força maior (caput)

- **Objeto jurídico:** O patrimônio.

- **Sujeito ativo:** Qualquer pessoa.

- **Sujeito passivo:** O proprietário.

- **Tipo objetivo:** O núcleo é igual ao do art. 168 do CP (*apropriar-se*). Todavia, é diverso o objeto material. Aqui, a coisa *alheia* vem ao agente por *erro* (dar uma coisa por outra, entregar à pessoa errada, supor inexistente obrigação de entregar etc.), *caso fortuito ou força da natureza* (causas estranhas à vontade do proprietário). Não é o recebimento ou o encontro que configura o crime: é a *posterior* apropriação do detentor, ao não devolver ou ao recusar-se a restituir a coisa que lhe foi entregue ou lhe veio às mãos.

- **Tipo subjetivo:** É o dolo, ou seja, a vontade livre e consciente de apropriar-se de coisa que chegou ao agente por erro, caso fortuito ou força da natureza. Se só soube dessas razões *após* ter pego a coisa, não se poderá considerar que agiu com dolo, devendo a questão ser resolvida no cível. Na escola tradicional é o "dolo genérico".

- **Consumação, tentativa e classificação:** *Vide* notas ao art. 168 do CP.

- **Erro:** cf. CP, arts. 20 e 21.

- **Reparação do dano:** cf. CP, art. 16.

- **Figura privilegiada:** *Vide* nota ao art. 170 do CP.

- **Pena:** Tanto no *caput* quanto no parágrafo único é a mesma: detenção, de um mês a um ano, ou multa.

- **Ação penal:** Pública incondicionada. Cf. CP, arts. 181 a 183.

Jurisprudência do caput

- **Depósito bancário a mais:** Com o aumento do número de contas bancárias e maior emprego da informática, têm crescido os depósitos que são feitos em conta errada, por engano. Os tribunais têm dado decisões desse teor para o problema: se o próprio agente, dolosamente, provocou o engano, o crime será o de estelionato; se não o provocou, o delito será o deste art. 169, cujo dolo apenas surge quando o agente, após saber do erro, recebe ou dispõe da coisa; se dispõe *antes* de saber do erro, a questão é cível e não penal (TACrSP, *Julgados* 76/355). Se recebeu por erro, sem saber do engano, mas depois de ciente deste passou a usar, haverá o dolo (TACrSP, *mv – Julgados* 88/357, *mv –* 78/276). Quando feito por erro, na conta do agente, a sua negativa em devolver não caracteriza, se pretendia discutir a questão no juízo civil (TAPR, *mv – RT* 549/382). Tipifica sacar sucessivamente quantias que sabe creditadas por engano na sua conta (TACrSP, *RT* 584/376).

- **Confronto com furto:** Configura o crime do art. 169, *caput*, e não furto, a apropriação e venda de animais do vizinho que vieram a seu pasto (TACrSP, *Julgados* 86/401, *RJDTACr* 24/62).

Apropriação de tesouro (parágrafo único, I)

- **Objeto jurídico e Sujeito ativo:** *Vide* notas ao *caput* do artigo.

- **Sujeito passivo:** O proprietário do imóvel onde é encontrado o tesouro.

- **Tipo objetivo:** *Tesouro* é o depósito *antigo* de coisas preciosas, oculto e de cujo dono não haja memória (CC, art. 1.264). O que se incrimina não é a apreensão, em si, do tesouro, mas a posterior apropriação da *metade* pertencente ao proprietário do prédio, conforme dispõe o mencionado artigo do Código Civil.

- **Tipo subjetivo, Consumação, Tentativa, Classificação, Figura privilegiada, Pena e Ação penal:** *Vide* notas ao *caput* do artigo.

Apropriação de coisa achada (parágrafo único, II)

- **Objeto jurídico e Sujeito ativo:** *Vide* notas ao *caput* do artigo.
- **Sujeito passivo:** O proprietário da coisa perdida.
- **Tipo objetivo:** O objeto material é a *coisa perdida*, não a abandonada. O crime se perfaz não com o simples encontro, mas com a *não devolução* da coisa (que sabe ter sido perdida) ao dono ou a *não entrega* à autoridade competente (policial ou judiciária), dentro do prazo de quinze dias.
- **Tipo subjetivo, Consumação, Tentativa, Classificação, Figura privilegiada, Pena e Ação penal:** *Vide* notas ao *caput* do artigo.
- **Erro:** Há possibilidade de ocorrer *erro de proibição* (CP, art. 21), pois, mesmo em meios cultos, há notório desconhecimento do alcance destes dispositivos, que a lei já devia ter derrogado, deixando-os só na órbita civil.
- **Reparação do dano:** cf. CP, art. 16.

Jurisprudência do parágrafo único

- **Tipo subjetivo:** Para a caracterização do delito de apropriação de coisa achada, é necessário que reste provado o dolo do agente em não restituir a coisa ao seu legítimo dono ou entregá-la à autoridade competente no quinquênio legal; caso contrário, impõe-se a sua absolvição, posto que o art. 169, parágrafo único, II, do CP é norma penal em branco que não define qual a autoridade competente a quem deve ser entregue o bem, circunstância esta cujo conhecimento pelo homem médio não se pode presumir (TACrSP, *RT* 791/616). Na apropriação de coisa achada, é mister que fique positivado o propósito de não restituir ou a consciência de não mais poder restituir o que lhe não pertence (TACrSP, *RT* 493/345).
- **Negligência:** Tratando-se de agente analfabeto, não se deve condená-lo só pelo fato de não haver restituído no prazo, se devolveu logo que chamado à polícia (TACrSP, *RT* 578/360). Não há o crime, se provado que o agente deixou de entregar à autoridade, dentro dos quinze dias, por negligência e não por dolo (TAPR, *RT* 454/449).
- **Prazo de quinze dias:** Quem acha coisa perdida está obrigado a restituí-la ao dono ou entregá-la à polícia, no prazo de quinze dias, sob pena de cometer o crime do art. 169, parágrafo único, II, do CP (TJSP, *RT* 861/576). Não se consuma o crime, se a polícia apreendeu a coisa antes de esgotado o prazo de quinze dias (TACrSP, *RT* 589/353). A denúncia deve consignar que foi superado o prazo para restituição ou entrega (TACrSP, *Julgados* 66/80). Não se caracteriza o delito antes da transposição do décimo quinto dia (TACrSP, *RJDTACr* 10/42). Salvo a hipótese em que o achador dispõe da coisa, enquanto não decorrida a quinzena o fato é atípico (TACrSP, Ap. 1.175.963-0, j. 27.1.2000, *Bol. IBCCr* 90/450). Se tentou receber o cheque achado na rua, antes dos quinze dias, consumou-se o delito, independentemente do "não escoamento" do prazo (TACrSP, *Julgados* 85/308).
- **Coisa abandonada:** Se o agente encontra a coisa em um terreno baldio onde a Prefeitura joga lixo, é plenamente crível tratar-se de coisa abandonada, e não perdida, não se integrando a figura do art. 169, parágrafo único, II, do CP (TACrSP, *RT* 778/617).
- **Possibilidade de localizar o proprietário:** Quem se apropria de coisa achada e, tendo a possibilidade de localizar o proprietário, permanece inerte, pratica o delito do art. 169, parágrafo único, II (TACrSP, *RJDTACr* 22/57).
- **Erro sobre a ilicitude do fato:** Se o agente tem condições de saber se a coisa é abandonada ou furtada, o erro sobre a ilicitude é evitável, caso em que sua pena será apenas reduzida (CP, art. 21) (TACrSP, *RJDTACr* 24/60-1).
- **Cheque:** Se encontra cheque na rua e determina que seu empregado vá ao banco para descontá-lo, comete o crime do art. 169, parágrafo único, II, sendo irrelevante que a tentativa de desconto tenha sido frustrada, pois tal ato constitui simples exaurimento da conduta criminosa (TACrSP, *RJDTACr* 20/58).

- **Confronto com furto:** Se a coisa foi achada, não há a violação da posse que caracteriza o furto, mas sim a apropriação de coisa achada, que surge após o encontro, quando o agente passa a agir como dono, em vez de restituir ou entregar (TACrSP, *RT* 623/309). Se a coisa foi furtada, mas depois abandonada pelo ladrão, tornou-se coisa perdida; não estando mais na posse do proprietário, do larápio ou de terceiro, caracterizou-se o perdimento, razão por que não se pode cogitar de furto, mas só de apropriação de coisa achada (TACrSP, *mv – RT* 571/346; *contra*:TACrSP, *Julgados* 81/486). Se a vítima apenas escondeu ou esqueceu a coisa, e não a perdeu, tanto que retornou em seguida para apanhá-la, o crime é de furto e não o deste art. 169 (TACrSP, *Julgados* 82/445; TJSP, *RT* 545/317). O agente que, trafegando em estrada atrás de veículo que puxa uma carreta, vê esta se desprender do automóvel, sem que a vítima perceba, e se apropria do bem perdido, logo em seguida, comete o delito do art. 169, e não o do art. 155 (TACrSP, *RJDTACr* 24/59). Pratica apropriação de coisa achada e não furto quem, achando cartão magnético e senha da vítima, deles se utiliza com o objetivo de sacar numerário (TACrSP, *RJDTACr* 23/75).

- **Confronto com estelionato:** Se acha cheque na rua e o desconta com terceiro, alegando tê-lo recebido, o crime é o deste art.169, parágrafo único, II, e não o de estelionato (TACrSP, *RT* 445/403).

Art. 170. Nos crimes previstos neste Capítulo, aplica-se o disposto no art. 155, § 2º.

Figura privilegiada

- **Aplicação:** Nos crimes de apropriação indébita ou nos assemelhados (arts. 168 a 169) é aplicável o privilégio do art. 155, § 2º, do CP (*vide* nota ao art. 155), quando o criminoso é *primário* e é de *pequeno valor* a coisa apropriada. Quanto ao art. 168-A, *vide* notas Perdão Judicial e Princípio da Insignificância.

- **Reparação do dano:** cf. CP, art. 16.

Jurisprudência

- **Direito subjetivo:** Estando presentes todos os requisitos que a lei exige, a redução ou substituição da pena é direito subjetivo do réu (TACrSP, *Julgados* 80/246).

- **Pequeno valor:** O pequeno valor do prejuízo sofrido pela vítima permite a aplicação do art. 170 (TACrSP, *RT* 528/383). A reparação do prejuízo, após o recebimento da denúncia, equipara-se a pequeno valor, sendo aplicável o art. 170 do CP (TACrSP, *Julgados* 73/362,67/348, *RT* 505/370). O pequeno valor equipara-se ao pequeno ou nenhum prejuízo (TACrSP, *RT* 493/332). Se há ressarcimento antes da sentença e o réu é primário, aplica-se só a multa (TACrSP, *RT* 514/383). *Contra:* Para a figura privilegiada, deve-se ter em conta o valor da própria coisa, e não o prejuízo causado ou seu desaparecimento pela reparação (TACrSP, *Julgados* 72/308). *Vide*, também, jurisprudência sob o mesmo título, bem como sob o título *Princípio da insignificância*, no art. 155, § 2º, do CP.

- **Reparação do dano:** *Vide*, ainda, *Reparação do dano* no art. 168.

Capítulo VI
DO ESTELIONATO E OUTRAS FRAUDES

ESTELIONATO

Art. 171. Obter, para si ou para outrem, vantagem ilícita, em prejuízo alheio, induzindo ou mantendo alguém em erro, mediante artifício, ardil, ou qualquer outro meio fraudulento:

Pena – reclusão, de 1 (um) a 5 (cinco) anos, e multa.

§ 1º Se o criminoso é primário, e é de pequeno valor o prejuízo, o juiz pode aplicar a pena conforme o disposto no art. 155, § 2º.

§ 2º Nas mesmas penas incorre quem:

DISPOSIÇÃO DE COISA ALHEIA COMO PRÓPRIA

I – vende, permuta, dá em pagamento, em locação ou em garantia coisa alheia como própria;

ALIENAÇÃO OU ONERAÇÃO FRAUDULENTA DE COISA PRÓPRIA

II – vende, permuta, dá em pagamento ou em garantia coisa própria inalienável, gravada de ônus ou litigiosa, ou imóvel que prometeu vender a terceiro, mediante pagamento em prestações, silenciando sobre qualquer dessas circunstâncias;

DEFRAUDAÇÃO DE PENHOR

III – defrauda, mediante alienação não consentida pelo credor ou por outro modo, a garantia pignoratícia, quando tem a posse do objeto empenhado;

FRAUDE NA ENTREGA DE COISA

IV – defrauda substância, qualidade ou quantidade de coisa que deve entregar a alguém;

FRAUDE PARA RECEBIMENTO DE INDENIZAÇÃO OU VALOR DE SEGURO

V – destrói, total ou parcialmente, ou oculta coisa própria, ou lesa o próprio corpo ou a saúde, ou agrava as consequências da lesão ou doença, com o intuito de haver indenização ou valor de seguro;

FRAUDE NO PAGAMENTO POR MEIO DE CHEQUE

VI – emite cheque, sem suficiente provisão de fundos em poder do sacado, ou lhe frustra o pagamento.

FRAUDE ELETRÔNICA

§ 2º-A A pena é de reclusão, de 4 (quatro) a 8 (oito) anos, e multa, se a fraude é cometida com a utilização de informações fornecidas pela vítima ou por terceiro induzido a erro por meio de redes sociais, contatos telefônicos ou envio de correio eletrônico fraudulento, ou por qualquer outro meio fraudulento análogo.

§ 2º-B A pena prevista no § 2º-A deste artigo, considerada a relevância do resultado gravoso, aumenta-se de 1/3 (um terço) a 2/3 (dois terços), se o crime é praticado mediante a utilização de servidor mantido fora do território nacional.

§ 3º A pena aumenta-se de um terço, se o crime é cometido em detrimento de entidade de direito público ou de instituto de economia popular, assistência social ou beneficência.

ESTELIONATO CONTRA IDOSO OU VULNERÁVEL

§ 4º A pena aumenta-se de 1/3 (um terço) ao dobro, se o crime é cometido contra idoso ou vulnerável, considerada a relevância do resultado gravoso.

§ 5º Somente se procede mediante representação, salvo se a vítima for:

I – a Administração Pública, direta ou indireta;

II – criança ou adolescente;

III – pessoa com deficiência mental; ou

IV – maior de 70 (setenta) anos de idade ou incapaz.

- **Alterações:** § 4º acrescentado pela Lei n. 13.228, de 28.12.2015. § 5º inserido pela Lei n. 13.964, de 24.12.2019. §§ 2º-A e 2º-B acrescentados pela Lei n. 14.155, de 27.5.2021, que entrou em vigor na data de sua publicação, ocorrida no dia seguinte. § 4º alterado pela mesma Lei n. 14.155.

- **Suspensão condicional do processo:** Cabe no *caput* e no § 2º, I a VI, desde que não combinado com o § 3º, atendidas as condições do art. 89 da Lei n. 9.099/95.

Estelionato (caput)

- **Objeto jurídico:** O patrimônio.

- **Sujeito ativo:** Qualquer pessoa.

- **Sujeito passivo:** Qualquer pessoa, mas deve ser determinada, porquanto não há estelionato contra pessoa *incerta,* assinalando-se que podem existir dois sujeitos passivos, no caso de a pessoa enganada ser diversa da prejudicada.

- **Tipo objetivo:** Para que o estelionato se configure, é necessário: *1º*) o emprego, pelo agente, de artifício, ardil ou qualquer outro meio fraudulento; *2º*) induzimento ou manutenção da vítima em erro; *3º*) obtenção de vantagem patrimonial ilícita pelo agente; *4º*) prejuízo alheio (do enganado ou de terceira pessoa). Portanto, mister se faz que haja o *duplo resultado* (vantagem ilícita e prejuízo alheio) relacionado com a fraude (ardil, artifício etc.) e o erro que esta provocou. Sobre a distinção entre *fraude civil* e *fraude penal,* pode-se, resumidamente, dizer que a fraude civil busca o lucro do negócio, enquanto a fraude penal visa ao lucro ilícito. Note-se que se inexiste dano civil não se pode falar em prejuízo ou dano penal (FREDERICO MARQUES, "Estelionato: ilicitude civil e ilicitude penal", RT 560/286). Inexiste *estelionato processual,* embora possa a ação encontrar tipificação no art. 347 do CP. Quanto à fraude nos negócios ilícitos ou imorais (*torpeza bilateral*), divide-se a doutrina: *a. não configura o crime* (HUNGRIA, *Comentários ao Código Penal,* 1967, v. VII, pp. 191 a 202); *b. configura* (HELENO FRAGOSO, *Lições de Direito Penal – Parte Especial,* 1995, v. I, p. 278; MAGALHÃES NORONHA, *Direito Penal,* 1995, v. II, p. 378).

- **Inexistência de prejuízo econômico e atipicidade:** Se inexiste prejuízo à alegada vítima, ou inclusive se ela tiver obtido até mesmo vantagem econômico-financeira com a conduta imputada ao agente, não haverá tipificação do crime de estelionato, por se tratar de crime contra o patrimônio. Nesse sentido, concordamos com CLEBER MASSON quando afirma: "a vantagem ilícita precisa possuir natureza econômica, uma vez que o estelionato é crime contra o patrimônio. É ilícita porque não correspondente a nenhum direito (...). Finalmente, prejuízo alheio é o dano patrimonial. Não basta, portanto, a obtenção de vantagem ilícita ao agente. Exige-se também o prejuízo ao ofendido" (*Direito Penal – Parte Especial,* 7ª ed., Método, v. 2, p. 577). Igualmente, com CEZAR ROBERTO BITENCOURT quando afirma: "À vantagem ilícita deve corresponder, simultaneamente, um prejuízo alheio; a ausência de qualquer dos dois descaracteriza o crime de estelionato. Na ausência dessa correspondência, isto é, se o sujeito ativo obtiver a vantagem ilícita, mas não causar prejuízo a terceiro, faltará a elementar típica 'em prejuízo alheio'. Nessa hipótese, não se pode afirmar que houve estelionato" (*Código Penal Comentado,* 5ª ed., Saraiva, 2009, p. 672).

- **Tipo subjetivo:** O dolo, com o especial fim de agir (para obter de vantagem ilícita) que deve ser considerado elemento subjetivo do tipo. Na corrente tradicional é o "dolo específico". Não há forma culposa.

- **Consumação:** O estelionato é crime material, consumando-se no momento e local em que o agente obtém vantagem ilícita, em prejuízo alheio.

- **Reparação do dano:** cf. CP, art. 16.

- **Tentativa:** Admite-se.

- **Classificação:** Crime comum quanto ao sujeito, doloso, material e instantâneo.

- **Confronto:** Se o sujeito passivo é incapaz de discernimento, art. 173 do CP. No caso de falência, cf. crimes falimentares (Lei n. 11.101/2005). Em caso de fraude processual, art. 347 do CP. Tratando-se de cédula de produto rural, Lei n. 8.929/94, art. 17. Em caso de desvio de aplicação de créditos e financiamentos governamentais ou incentivos fiscais, Lei n. 7.134/83, art. 3º Se o crime é cometido em prejuízo da Seguridade Social, art. 337-A do CP. Em caso de declarações falsas ou inexatas acerca de bens oferecidos em garantia de cédula de crédito industrial, Decreto-Lei n. 413/69, art. 43.

- **Concurso de crimes:** *a. Estelionato e outros crimes contra o patrimônio.* Na hipótese de anterior crime contra o patrimônio, prevalece o entendimento de que a posterior venda não configura o estelionato, sendo fato posterior não punível (TJRS, *RT* 606/380; TACrSP, *Julgados* 78/203, 68/346). *b. Estelionato e falsidade.* Caso o estelionato seja cometido mediante o uso de documento falso, há quatro posições na jurisprudência: *1. O estelionato absorve a falsidade,* quando esta foi o meio fraudulento empregado para a prática do crime-fim que era o estelionato (STJ, Súmula 17: "Quando o falso se exaure no estelionato, sem mais potencialidade lesiva, é por este absorvido"; *JSTJ* e *TRF* 8/211; REsp 15.738, *DJU* 24.8.92, p. 13002; REsp 2.622, *DJU* 27.8.90, p. 8327; REsp 542, *DJU* 16.4.90, p. 2881; TRF da 5ª R., *RT* 753/734; Ap. 371, *DJU* 5.7.91, p. 15849; TRF da 2ª R., Ap. 136, *DJU* 13.2.96, p. 6716; TJMG, *RT* 805/651; TRF da 1ª R., *RT* 772/704; TJSP, *RJTJSP* 166/309, *mv* – 157/305, *mv* – 120/548; TJRJ, *RDTJRJ* 24/291; TJSC, *JC* 70/439, 69/515; TJPR, *PJ* 46/198). *2. Há concurso formal* (STF, *RTJ* 117/70, *RT* 636/381, 609/440,606/405,582/400; RHC 58.602, *DJU* 2.10.81, p. 9773; TRF da 4ª R., Ap. 634, *DJU* 5.9.90, pp. 20104-5; Ap. 15.361, *DJU* 21.8.90, p. 18404; TJSP, *RJTJSP* 120/505, *RT* 630/297; TJPR, *RT* 602/373). *3. O crime de falso prevalece sobre o estelionato* (TJSP, *mv* – *RJTJSP* 110/460, *mv* – 120/507, *mv* – 78/384, 76/352; *RT* 561/324, *mv* – 544/345), se os documentos públicos falsos apreendidos podem ter múltipla utilização, não se configurando tentativa de estelionato (TRF da 2ª R., Ap. 3.612, *DJU* 20.7.93, p. 28577). *4. Há concurso material* (TJSP, *mv* – *RJTJSP* 85/366), quando os crimes são praticados em momentos distintos, sem haver qualquer relação de subordinação entre as condutas delituosas (TJPR, Ap. 1820631, *DJ* 9.3.2006). Para as posições *1, 2* e *4* é indiferente que a falsidade seja de documento público ou particular, material ou ideológica, ou apenas uso de documento falso. Para a posição *3*, o crime de falso *só prevalece* sobre o estelionato se for falsidade de documento público, cujas penas são superiores às do art. 171, e não quando a falsidade for de documento particular, pois suas penas são iguais às do estelionato. Para a posição *1*, muitas vezes, o fato de o falso ser grosseiro é levado em consideração.

- **Crime-meio e crime-fim:** Inexistindo justa causa para a condenação pelo estelionato (crime-fim), nenhum empecilho pode ocorrer à absolvição pelo uso de documento falso (crime-meio) (STJ, REsp 1.391, *DJU* 2.4.90, p. 2463; TRF da 5ª R., Ap. 10.369, *DJU* 26.8.94, p. 46510, *in RBCCr* 8/227). *Contra:* Diante da inocorrência de prejuízo, descaracteriza-se o estelionato passando a conduta delituosa a se enquadrar no crime do art. 301 do CP (TRF da 5ª R., Ap. 810, *DJU* 2.9.94, p. 48315).

- **Pena:** Reclusão, de um a cinco anos, e multa; *vide*, ainda, as penas para as figuras *privilegiada* (CP, art. 171, § 1º) e *qualificada* (CP, art. 171, § 3º).

- **Ação penal:** Pública condicionada à representação, salvo nos casos do § 5º deste art. 171 e do art. 182 do CP, observando-se as ressalvas do art. 183.

Jurisprudência do caput

- **Distinção:** A diferença entre o estelionato e a extorsão está no ânimo da vítima; na extorsão, há a entrega da coisa, conquanto o ofendido não a queira entregar, e no estelionato, por estar iludida, a vítima faz conscientemente a entrega (TACrSP, *RT* 505/357). No estelionato, o dolo existe desde o começo, enquanto na apropriação indébita ele é subsequente (TJSP, *RJTJSP* 97/447; TACrSP, *RT* 535/323, 517/344).

- **Fraude anterior:** No estelionato, a fraude precisa ser anterior à obtenção da vantagem ilícita (TFR, Ap. 4.877, *DJU* 25.6.87, p. 13014; TACrSP, *Julgados* 91/247; TJMT, *RT* 543/427).

- **Tipo subjetivo:** No delito de estelionato é necessária a prova do dolo com o especial fim de agir (para apoderar-se de vantagem ilícita), não bastando o que a corrente tradicional chama de "dolo genérico" (TRF da 1ª R., Ap. 11.534, *DJU* 19.4.93, p. 13419, *in RBCCr* 2/241). O dolo deve estar presente na formação do contrato; isto é, se o agente nutria, antes mesmo de levar a efeito o negócio jurídico, o sentimento de não honrá-lo, sendo o descumprimento mero efeito de um antecedente propósito fraudulento, o qual foi exteriorizado através de ardil, apto a iludir a boa-fé de outrem. Por outro lado, se o dolo de não cumprir o acordado é superveniente à feitura do contrato, ou seja, se a vontade livre e consciente de inadimplir a obrigação aparece somente no momento em que deveria ser cumprido, ainda que se possa abstrair da conduta o dolo, esta situação pode configurar qualquer coisa, menos o crime de estelionato (TRF da 4ª R., Ap. 1999.04.01.016102-4/SC, *DJU* 7.6.2000, p. 76, *in Bol. IBCCr* 92/464).

- **Requisitos:** A fraude é requisito essencial para a configuração do estelionato, não bastando, para tanto, a vantagem que uma das partes eventualmente obtiver em detrimento da outra (TACrSP, *RT* 824/606). É imprescindível à caracterização do estelionato que a vantagem obtida pelo agente, além de ilícita, tenha relação com a fraude e com o erro induzido por ela (TRF da 5ª R., Ap. 947, *DJU* 13.5.94, p. 22641). Não basta que induza ou mantenha a vítima em erro pelo emprego de meio fraudulento, sendo necessário, também, que da ação resultem vantagem ilícita e dano patrimonial (TFR, Ap. 4.907, *DJU* 2.4.87, p. 5640; TRF da 2ª R., RvCr 16.440, *DJU* 2.7.92, p. 20077). Para a configuração do estelionato, torna-se indispensável a concorrência de dois requisitos: fraude e lesão patrimonial (TACrSP, *RT* 719/463). Não há estelionato sem que o agente pretenda obter vantagem em prejuízo alheio (TACrSP, *RT* 495/352). Sendo crime contra o patrimônio, exige, ao menos, a possibilidade de prejuízo alheio (TACrSP, *RT* 482/351).

- **Consumação:** É crime material instantâneo, consumando-se no momento em que a vantagem indevida é obtida (TRF da 2ª R., *JSTJ* e *TRF* 5/346; TRF da 1ª R., Ap. 12.515, *DJU* 1º.7.92, p. 19788; TRF da 5ª R., HC 93, *DJU* 1º.3.91, p. 3399), sendo irrelevante que o agente não disponha de prazo para a fruição dessa vantagem (TAMG, *RJTAMG* 54-55/448). Consuma-se no momento em que a vítima é desfalcada em seu patrimônio e o agente obtém a vantagem indevida (TRF da 2ª R., Ap. 2006.51.01.490072-5, *DJU* 11.9.2007, *in Bol. IBCCr* 183/1148). Se o agente obtém proveito em prestações ou parcelas, a consumação já ocorreu com o recebimento da primeira delas (TRF da 2ª R., Ap. 9.172, *DJU* 13.9.94, p. 50413, *in RBCCr* 8/227), sendo as demais só exaurimento do crime (TACrSP, *Julgados* 88/411). *Contra*: Tratando-se de estelionato de rendas mensais, que duram no tempo, há permanência na consumação (delito eventualmente permanente), devendo o termo inicial da prescrição contar-se da cessação da permanência (STJ, REsp 40.809, *DJU* 14.3.94, p. 4531, *in RBCCr* 6/233). *Vide*, também, *Competência*.

- **Sujeito passivo:** É indeclinável que a denúncia indique o nome da ou das vítimas, pois não há estelionato contra pessoa incerta (TACrSP, *RT* 546/351; TARS, *RT* 588/389), passando o delito a ser o de exploração fraudulenta da credulidade pública (art. 2º, IX, da Lei n. 1.521/51) (TJSP, *RJTJSP* 113/513; TACrSP, *mv* – *RT* 640/313). A pessoa jurídica pode ser sujeito passivo (TFR, *RTFR* 69/109). O sujeito passivo que sofre a lesão patrimonial pode ser diverso da pessoa enganada (TRF da 1ª R., Ap. 9.261, *DJU* 26.4.96, p. 27131, *in RBCCr* 15/409; TJSP, *mv* – *RT* 574/346).

- **Inépcia da denúncia:** É inepta se se limita a descrever o tipo penal, sem mencionar o uso de cheque de terceiro e de origem espúria; o mais tenebroso delinquente tem o direito inalienável de saber do que está sendo acusado para poder defender-se (TACrSP, Ap. 1325221-5, j. 8.5.2003, *Bol. IBCCr* 129/728).

- **Palavra da vítima:** Ao contrário do que ocorre nos delitos de roubo e violência sexual, no estelionato a palavra da vítima tem valor reduzido (TJRS, *RT* 782/664).

- **Cartão de crédito:** Não há possibilidade de consumar-se o estelionato praticado com cartão de crédito cancelado, já assinalado na "lista negra" (STF, *RTJ* 84/396). Pratica estelionato quem assina cartão de crédito, que sabe não lhe pertencer, logrando efetuar compras em loja (TACrSP, *RJDTACr* 15/83).

- **Fraude bilateral:** É irrelevante a má-fé da vítima, a torpeza bilateral (STF, *RT* 622/387; TFR, Ap. 5.436, *DJU* 30.6.83, p. 9843; TACrSP, *Julgados* 87/32, *RT* 585/316; TJMG, *RT* 542/399). *Contra*: em caso de pagamento por prostituição (TACrSP, *Julgados* 87/254).

- **Negócio comercial:** Simples inadimplemento de compromisso comercial não é suficiente, por si só, para caracterizar o crime (STF, *mv* – *RTJ* 93/978; STJ, *RT* 873/520, RHC 3.350, *DJU* 9.5.94, p. 10883, *in RBCCr* 7/212; TJMS, *mv* – *RT* 698/391; TAMG, *RJTAMG* 29/269; TACrSP, *RT* 644/291; STJ, *RT* 809/544). O não pagamento, sob a alegação de que o objeto comprado não tinha qualidade, resultando sem aproveitamento, é mero ilícito civil (TJSC, *JC* 69/487). Só há crime quando o dolo haja atuado na formação do contrato (TACrSP, *Julgados* 65/336). Se o sujeito vende linhas telefônicas e recebe do comprador de boa-fé o preço total da transação, mas não as transfere sob a alegação de não haver disponíveis, pratica estelionato, sendo manifesto o seu dolo, pois dá à venda o que não tem (TACrSP, *RT* 785/626).

- **FGTS:** Embora só possa ser levantado para a aquisição de casa própria, se o réu possuía apenas uma casa de veraneio em outro Município financiada pela CEF, a declaração de que não possuía imóvel residencial não foi praticada com dolo e não se afigura danosa à coletividade, mesmo porque as verbas foram destinadas efetivamente à compra da casa própria (TRF da 4ª R., Ap. 2002.04.01.022.937-9/RS, j. 28.4.2004).

- **"Estelionato judiciário":** A *causa debendi* de um título de crédito pode decorrer de delito, mas não o configura o uso regular de procedimento judicial (STJ, RHC 2.889, *DJU* 7.3.94, p. 3678, *in RBCCr* 6/233).

- **Advogado:** Não comete estelionato o advogado que retira guia de levantamento de depósito em juízo, na qualidade de procurador de cliente, se o mandato, ainda que solicitado o seu substabelecimento, não estava revogado, eis que, no caso, inexistiu fraude ou ardil que pudesse induzir os funcionários do cartório em erro (TACrSP, *RT* 757/559).

- **Contador:** É réu de estelionato contador que recebe de cliente importância em dinheiro para pagamento de encargos previdenciários e entrega-lhe, à maneira de recibo, guias com autenticação mecânica falsa (TACrSP, *RT* 807/634; STJ, *RT* 809/544).

- **Moeda falsa grosseiramente falsificada:** A utilização de papel-moeda grosseiramente falsificado configura, em tese, o crime de estelionato, da competência da Justiça Estadual (STJ, Súmula 73; STJ, CComp 6.895, *DJU* 14.3.94, p. 4468, *in RBCCr* 6/233).

- **Abuso de confiança:** Não basta o simples abuso de confiança, se a vítima não incorreu em erro atribuível ao agente (TFR, Ap. 3.160, *DJU* 19.6.81, p. 5997).

- **Mentira:** A simples mentira, mesmo verbal, mas que leve a vítima a erro, pode configurar (STF, *RTJ* 100/598; TACrSP, *Julgados* 70/311; TJSC, *RT* 541/429).

- **Vítima simplória:** Os simplórios não podem ser deixados à mercê dos trapaceiros, como no caso de agente que ludibria vendedora de confecções, convencendo-a a entregar-lhe peças de roupas com a promessa de compensação financeira na devolução (TJCE, *RT* 876/639).

- **Aposentadoria:** Exigindo o estelionato, em sua forma básica, o ardil, a fraude, o engodo, não comete o crime deste art. 171, *caput*, o agente octogenário que, em pedido de aposentadoria especial de trabalhador rural, instruído com documentação legal, omite a circunstância de já perceber aposentadoria como funcionário de outro Município (TRF da 4ª R., Ap. 98.04.01.081752-1/RS, *DJU* 2.6.99, p. 575, *in RBCCr* 27/362).

- **Seguro-desemprego:** Caracteriza estelionato a percepção indevida de seguro-desemprego, não afastando a tipicidade o fato de trabalhar sem carteira assinada, pois o benefício destina-se àquele que não detém nenhuma fonte de remuneração (TRF da 4ª R., *RT* 785/737).

- **"Tratamentos" espirituais e cartomancia:** Quanto aos "tratamentos" ou "trabalhos" espirituais pagos, divide-se a jurisprudência: *1.Há estelionato* (TACrSP, *Julgados* 95/181), ficando os delitos dos arts. 283 e 284 do CP absorvidos (TACrSP, *mv* – *RT* 698/357). *2. Não é crime* (TJRJ, *RT* 534/406). *3. É a contravenção do art. 27 da LCP* (TACrSP, *mv*

– *RT* 536/340). 4.Pode ser uma infração ou outra, na dependência do preço cobrado (TACrSP, *Julgados* 89/323).

■ "Jogo de tampinhas": A destreza do agente não é suficiente para caracterizar o estelionato, a não ser que haja fraude, como no caso da retirada da bola usada, escondendo-a entre os dedos (TACrSP, *RJDTACr* 20/92).

■ Compra a crédito e venda à vista: Na compra a prazo e venda à vista, em seguida, pela metade do preço, há estelionato se houve dolo preordenado, antecedendo a compra (TACrSP, *Julgados* 93/206,89/239 e 226, *RT* 655/299). É ilícito civil o não pagamento de financiamento e subsequente permuta dos objetos (TACrSP, *Julgados* 66/325). Na hipótese de venda da coisa adquirida, antes do pagamento da primeira prestação, não há estelionato, porquanto "nas vendas a crédito, não garantidas pela reserva de domínio ou alienação fiduciária, o vendedor corre o risco natural da transação" (TACrSP, *mv* – *RT* 516/336).

■ Cheque de terceiro: Pratica estelionato o agente que, fazendo uso de folha de cheque cedida por um amigo, adquire veículo da vítima, sendo o pagamento sustado pelo correntista, que não havia autorizado o preenchimento da cártula naquele valor (TACrSP, *RT* 776/604). Configura crime a utilização de cheque obtido de forma ilícita, pertencente a terceiro e com a assinatura falsa do titular da conta, para efetuar compra (TJSP, *RT* 859/577).

■ Inventariante: Não comete estelionato a inventariante que falsifica a assinatura de seu falecido marido em certificado de propriedade do veículo, transferindo-o para o seu nome e mantendo a posse, por não existir prejuízo para os herdeiros (TACrSP, *RT* 719/463).

■ Fraude civil e *dolus bonus*: Não se configura o dolo penal, se ele não foi a causa eficiente da transação, pois a malícia entre as partes é apenas dolo civil (TACrSP, *Julgados* 65/357). O reconhecimento da fraude civil somente é possível quando o dolo do agente refere-se, apenas, a mera vantagem decorrente do negócio mercantil (TJSC, *RT* 761/705). O descumprimento de obrigação contratual não tipifica estelionato, sendo necessário haver o agente induzido a vítima em erro, mediante ardil ou qualquer outro meio fraudulento (TJGO, *RT* 760/671).

■ Encerramento das atividades comerciais: O encerramento das atividades de uma loja é fenômeno corriqueiro na vida comercial, por razões diversas; assim, se não há indicação na inicial de algum fato revelador de ter sido o encerramento das atividades comerciais decorrente de dolo premeditado, visando lesar a compradora que pagou as duas primeiras parcelas dos móveis adquiridos e não entregues por esse motivo, há que se manter a rejeição da denúncia. Além disso, as proprietárias do negócio, ainda antes do oferecimento da denúncia, ressarciram integralmente a compradora, bem como outra cliente; é de convir-se que esse não é o procedimento usual de estelionatário (TACrSP, RSE 1.252.119/0-SP, j. 29.5.2001, *Bol. AASP* n. 2.237, p. 467).

■ Fraude em vestibular: Pratica estelionato o candidato que procura aprovação por meios ilícitos, causando prejuízo material aos demais concorrentes pelas despesas com estudos preparatórios (TAMG, Ap. 17.324, j. 6.12.88). *Contra*: A utilização de aparelho transmissor e receptor com o objetivo de estabelecer contato com terceiro, não constitui crime, mesmo em tese (STJ, *mv* – *RT* 723/542).

■ Fraude em concurso público (antes da Lei n. 12.550/2011, que acrescentou o art. 311-A ao CP): O tipo penal do art. 171 tem como característica principal a fraude utilizada pelo agente para a indução da vítima em erro, com vistas à obtenção de vantagem patrimonial indevida. Desta forma, a utilização de aparelhos eletrônicos para obtenção de respostas de provas realizadas em concurso público não configura o crime de estelionato (TJMG, HC 1.0000.08.476183-2/000(1), *DOE* 2.8.2008, *in Bol. IBCCr* 190/1198-9).

■ Curso de nível superior sem autorização: Manter curso de teologia, sem autorização do Conselho Federal de Educação, oferecendo-o ao público como se fosse de nível superior, realizando vestibular, recebendo matrículas e expedindo diplomas completamente inválidos, tipifica estelionato, pois o agente obtém vantagem ilícita em prejuízo dos alunos, que são mantidos em erro (TRF da 1ª R., *RT* 768/700).

■ **Atos preparatórios:** Se o agente emprega artifício ou ardil, mas não consegue enganar a vítima, não há falar-se em tentativa, mas, sim, em atos preparatórios; o início da execução do estelionato se dá com o engano da vítima (TARS, *RT* 697/355). Não há prática de tentativa de estelionato se o agente, em requerimento de benefício previdenciário com base em certidões falsas, não consegue enganar a vítima, ainda que idôneos os meios para tanto, não havendo, portanto, início de execução (TRF da 5ª R., *RT* 769/732). Empregadas de estabelecimento comercial monitorado por câmeras de vídeo, que simulam exibirem suas peças íntimas para, com o conteúdo das fitas, após subtraídas, obterem indenização por danos morais, praticam meros atos preparatórios se a ação sequer é ajuizada (STJ, HC 16.153/RJ, *DJU* 27.5.2002, p. 200).

■ **Tentativa:** Para a configuração da tentativa do *caput* do art. 171 é imperioso que o agente logre enganar a vítima, porém sem a obtenção da vantagem ilícita, ou se obtida esta, não lhe imponha prejuízo ou a terceiros (TJDF, Ap. 13.811, *DJU* 23.11.94, pp. 14628-9; TACrSP, *Julgados* 91/277; TAMG, *RT* 615/340). Enquanto o título fraudulentamente obtido não é descontado ou convertido, há só tentativa (STF, *RTJ* 98/137; TAMG, *RJTAMG* 26-27/422). Há tentativa se foram idôneos os meios empregados e, iniciada a execução do estelionato, o crime não se consumou por motivo intercorrente, alheio à vontade do agente (STF, *RTJ* 98/137; TRF da 1ª R., *RT* 768/704). Caracteriza-se a tentativa quando a vítima é induzida em erro se o agente, por circunstâncias alheias à sua vontade, não obtém a vantagem econômica visada (TACrSP, *RT* 809/600). Também há tentativa se mantém as vítimas em erro por algum tempo, só não logrando auferir o proveito almejado porque uma delas, depois de diligências para aclarar inicial suspeita, aciona a polícia (TAMG, *RT* 820/675).

■ **Idoneidade da fraude:** Não se caracteriza o estelionato, se o meio empregado pelo agente é ineficaz para induzir ou manter a vítima em erro, em face da grosseira adulteração do documento (TAMG, *RT* 724/717). Não há o crime, se a vítima concorda com o pedido, condoída pela situação do agente, e não iludida pela carta falsa que exibia (TFR, Ap. 6.890, *DJU* 15.5.87, p. 8951). Não há tentativa de estelionato punível sem o reconhecimento da idoneidade do meio iludente empregado (TFR, Ap. 4.644, *DJU* 30.4.81, p. 3768; TRF da 5ª R., RHC 99, *DJU* 1.3.91, p. 3395; TACrSP, *RT* 608/337). Se o meio empregado para o estelionato é absolutamente ineficaz, há crime impossível (TACrSP, *Julgados* 79/403, *RT* 526/392), desautorizando-se a punição do crime-meio (TFR da 5ª R., Ap. 10.369, *DJU* 26.8.94, p. 46510). Inocorre estelionato contra a Previdência Social se, para a obtenção de certidão negativa tida como indevida, as guias apresentadas, que se referiam a outra obra, estavam sujeitas à conferência pelo agente previdenciário (TRF da 1ª R., *RT* 763/682). Se a idoneidade do meio fraudulento é apenas relativa, inexiste crime impossível (TJDF, Ap. 13.811, *DJU* 23.11.94, pp. 14628-9; TJRJ, *RDTJRJ* 24/291); assim, se o estelionato somente não se consuma em razão de circunstância alheia tanto à vontade do agente quanto ao meio por ele empregado, responde ele pela tentativa (TRF da 2ª R., *RT* 768/708). Se a vítima desconfia de imediato de que está sendo enganada, não se pode falar em tentativa (TACrSP, *RJDTACr* 24/185), tratando-se de crime impossível (TACrSP, *RJDTACr* 16/95, *RT* 783/636, 641/340). Alguns acórdãos costumam distinguir, exigindo idoneidade para enganar o homem comum (TACrSP, *RT* 483/345) ou considerando a aptidão de acordo com o caso concreto (TJSP, *RT* 503/327; TACrSP, *Julgados* 71/366). Há o emprego de meio fraudulento configurador do estelionato na conduta do agente que, aproveitando-se do parco discernimento de um ancião analfabeto, o convence a habilitá-lo como procurador junto à repartição previdenciária, de onde saca e se apropria de proventos de sua aposentadoria, valendo-se da sua ignorância (TAMG, *RT* 779/675).

■ **Crime continuado:** Em havendo espaço de tempo inferior a trinta dias entre os estelionatos ocorridos na mesma cidade, pouco importando se em bairros diferentes, admite-se a continuidade delitiva (TACrSP, AgEx 760.149-9, j. 23.11.92).

■ **Confronto com furto:** Descabe condenação por furto em concurso material com estelionato, se subtraiu folhas de cheque para, depois, falsificar-lhes o conteúdo e descontá-los em agência bancária. O crime-fim de estelionato absorve o crime-meio de furto (TAMG, Ap. 0.342.181-6, j. 9.10.2001, *Bol. IBCCr* 120/660).

- **Confronto com furto mediante fraude:** Há furto mediante fraude e não estelionato na conduta do agente que subtrai veículo posto à venda, mediante solicitação ardil de teste experimental ou mediante artifício que leve a vítima a descer do carro (STJ, *RT* 768/527). *Vide*, também, nota e jurisprudência no art. 155, § 4º, II, do CP.

- **Confronto com crime falimentar (antes da Lei n. 11.101/2005):** Se cometido o estelionato em razão do exercício de comércio, sobrevindo a quebra passa a constituir crime falimentar (TJSP, *RT* 531/327). O delito falimentar não absorve o estelionato praticado muitos meses antes da decretação da falência (STF, *RT* 628/393). Havendo extinção da punibilidade do crime falimentar pela prescrição, é ela extensível ao crime comum concorrente (estelionato e falsidade ideológica), por força do princípio da especificidade (STJ, 5ª T., RHC 89.00.12179-0/SP, j. 13.12.89, *DJU* 12.2.90).

- **Confronto com peculato:** Se o empregado dos Correios se apropria de vales-refeição, remetidos por empresa conveniada à empresa responsável pela comercialização dos mesmos, ainda que eles já tivessem sido usados, e os passa no comércio, comete peculato e não estelionato (TRF da 1ª R., *RT* 750/724).

- **Confronto com exercício arbitrário:** Se age visando a satisfação de direito de que é titular, não há estelionato e sim exercício arbitrário das próprias razões (TARJ, *RF* 263/323).

- **Confronto com certidão ou atestado ideologicamente falso:** Diante da inocorrência de prejuízo, desclassifica-se o estelionato para o crime do art. 301 do CP (TRF da 5ª R., Ap. 810, *DJU* 2.9.94, p. 48315, *in RBCCr* 8/227).

- **Confronto com tráfico de influência:** O tráfico de influência absorve o estelionato uma vez praticados ambos em um mesmo contexto. Agentes que solicitavam vantagem para influir na facilitação da aquisição de imóvel às vítimas, bem como para facilitar o financiamento e a negociação perante terceira pessoa, funcionário da caixa (TJGO, ApCr 0363379-74.2015.8.09.0134, j. 1º.8.2019).

- **Loteria esportiva:** *Vide* jurisprudência do art. 171, § 3º.

- **Orelhão:** Configura estelionato seu uso, para ligação interurbana, sem ficha, mediante fraude (TACrSP, *RT* 649/282).

- **Concurso com falsidade:** *Vide* jurisprudência na nota *Concurso de crimes*, neste art. 171, e nos arts. 297 e 298 do CP.

- **Concurso com furto:** *Vide* nas notas ao CP, art. 155.

- **Concurso com sonegação fiscal:** Não há estelionato, mas crime de sonegação fiscal, se o agente presta falsa declaração para adquirir veículo com isenção de imposto (TFR, Ap. 7.109, *DJU* 28.5.87, p. 10279).

- **Exame pericial:** Considera a jurisprudência desnecessário o exame pericial do documento falso usado para a prática do estelionato (TJSC, *RT* 613/323; TJMG, *RT* 538/413). Não se exige a realização de exame pericial, desde que presentes nos autos outros elementos probatórios aptos a respaldar a condenação. Todavia, a prova testemunhal, isoladamente, não pode ser admitida como prova da acusação, porquanto relativo o seu valor probante (TRF da 4ª R., Ap. 9.946/SP, *DJ* 3.5.2006). Todavia, o STF já julgou-o indispensável (*RT* 672/388), assim também decidindo o TJSC quando o estelionato deixa vestígios materiais que não desapareceram, não se admitindo a confissão do acusado nem a prova testemunhal (*mv – JC* 69/543). Se o documento utilizado pelo réu para a execução do crime não foi juntado aos autos, no original ou por fotocópias, nem foi submetido a exame pericial, encontrando lastro a acusação apenas na prova testemunhal, a absolvição é medida que se impõe (TRF da 4ª R., Ap. 9.946/SP, *DJ* 3.5.2006).

- **Reparação do dano:** Somente na hipótese do subtipo do § 2º, VI (fraude no pagamento por meio de cheque), é pacífica a jurisprudência no sentido de que a reparação do dano, antes do início da ação penal, descaracteriza o estelionato (STF, Súmula 554 e jurisprudência no § 2º, VI, sob o título *Pagamento ou consignação antes do recebimento da denúncia*). Todavia, para o *caput* do art. 171 e demais subtipos (§ 2º, I a V), predomina o entendimento de que a reparação do dano não tem a mesma consequência (STF, *RT* 605/422; STJ, RHC 2.531, *DJU* 19.4.93, p. 6685; TJES, *RT* 626/334; TJSC, *JC* 70/389, *RT* 761/705), mas autoriza a aplicação do art. 16 (arrependimento posterior) (STJ, *RT* 779/522; TJPR, *PJ* 46/198). Há julgados isolados admitindo igual efeito à reparação em outros casos de estelionato: *a. No § 2º, II* (TACrSP, *RT* 526/393,518/387). *b. No caput do art. 171* (TACrSP, *RT* 536/328). *Vide*, também, jurisprudência no § 1º deste art. 171.

- **Competência:** É do lugar em que se consuma, do lugar onde ocorre o dano (STF, *RTJ* 88/885; TJSP, *RJTJSP* 70/379), ou onde a coisa passa da esfera de disponibilidade da vítima para a do agente (STF, *RT* 525/472). É competente o juízo do local em que o agente efetivamente obteve a vantagem ilícita (STJ, *RT* 783/602). Compete ao juízo onde ocorreu o estelionato e não àquele onde apenas houve o prejuízo do banco, que fez o desconto (STJ, CComp 4.331, *DJU* 2.8.93, p. 14183). No caso de estelionato continuado, a competência é do lugar da primeira infração (STJ, CAt 27, *DJU* 29.6.92, p. 10261). "Compete ao juízo do local da obtenção da vantagem ilícita processar e julgar crime de estelionato cometido mediante falsificação de cheque" (Súmula 48 do STJ). "Compete à Justiça comum estadual processar e julgar crime de estelionato praticado mediante falsificação das guias de recolhimento das contribuições previdenciárias, quando não ocorrente lesão à autarquia federal" (Súmula 107 do STJ; CComp 4.514, *DJU* 14.3.94, p. 4460).

Estelionato privilegiado (§ 1º)

- **Alcance:** É aplicável tanto à figura fundamental do estelionato (art. 171, *caput*) como aos subtipos (art. 171, § 2º, I a VI).

- **Noção:** A disposição é semelhante à do furto privilegiado (CP, art. 155, § 2º), mas é importante notar que "aqui se alude a *prejuízo*, e não a valor (como no furto), de modo que será necessário atender ao *efetivo montante do dano sofrido* pela vítima" (Heleno Fragoso, *Lições de Direito Penal – Parte Especial*, 1995, v. I, p. 279). Em razão disso, ainda que o *prejuízo* tenha sido minimizado logo após o crime, havendo reparação do dano, entendemos que não incidirá a causa geral de diminuição de pena do arrependimento eficaz do art. 16 do CP e tampouco a atenuante genérica do art. 65, III, do CP, mas sim a figura do estelionato privilegiado, que é mais benéfica, permitindo não só a redução da pena de um a dois terços (como faz o art. 16), mas também substituir a pena por detenção, ou ainda aplicar somente a pena de multa. *Contra*, no sentido de que a reparação do dano é dado aleatório e que não pode retroagir, importando somente na causa de diminuição do art. 16, ou na atenuante do art. 65, III, *b*, Damásio de Jesus, *Direito Penal*, 29ª ed., São Paulo, Saraiva, 2009, p. 443.

- **Natureza jurídica:** É causa de diminuição da pena. Se o juiz reconhece que estão presentes os dois requisitos legais (primariedade e pequeno valor do prejuízo), não deve deixar de aplicar o § 1º. Trata-se, a nosso ver, de direito subjetivo do réu e não de simples faculdade deixada ao arbítrio do magistrado (cf. Celso Delmanto, "Direitos públicos subjetivos do réu no CP", *RT* 554/466).

Jurisprudência do § 1º

- **Natureza jurídica:** Trata-se de dever e não faculdade do juiz, quando estão presentes os dois requisitos legais do § 1º (TACrSP, *Julgados* 80/246, *RT* 672/320, 571/354), sendo direito público subjetivo do acusado (TJSC, *JC* 68/384). *Contra*: STF, *RTJ* 102/1066; STJ, REsp 4.503, *DJU* 22.10.90, p. 11675; TAPR, *PJ* 42/227.

- **Criminoso primário:** Basta a primariedade, independentemente dos antecedentes (TACrSP, *mv – RT* 571/354; TFR, Ap. 4.570, *DJU* 20.4.81, p. 3414). É inaplicável ao reincidente (STF, HC 64.537, *DJU* 27.3.87, p. 5162; TJSP, *RT* 533/322). *Vide*, também, jurisprudência no art. 155, § 2º, do CP.

- **Ausência de prejuízo:** A ausência de prejuízo efetivo não caracteriza o privilégio do § 1º, mas, sim, o estelionato em sua forma tentada (TJPA, *RT* 752/687).

- **Prejuízo:** Pequeno valor é aproximadamente o de um salário mínimo vigente à época do fato (STF, HC 69.290, *DJU* 23.10.92, p. 18781). O valor de um salário mínimo, como critério para o § 1º, não é intransponível e fatal (TACrSP, *Julgados* 90/288), não devendo ser utilizado com rigorismo aritmético, aplicando-se o benefício se o valor não ultrapassa em muito o parâmetro estipulado (TJSC, *RT* 820/672). Constata-se a existência de duas correntes a respeito da *época* em que o prejuízo deve ser aferido: *a*. *No momento da consumação do crime*, de modo que a reparação ou diminuição posterior só serve para atenuar a pena ou reduzi-la (STF, *RTJ* 102/1162,81/718; TJSC, *RT* 633/322; TACrSP, *RJDTACr* 21/140; TAMG, *RT* 779/675). A reparação feita até o recebimento da denúncia é atenuante genérica do art. 16 do CP; se feita após a denúncia, mas antes do julgamento, é circunstância atenuante genérica do art. 65, III, *b*, do CP (STF, *mv* – *RTJ* 146/230). *b*. *Considera-se o prejuízo efetivo*, sendo operante a reparação posterior para o privilégio do § 1º (STF, *mv* – *RTJ* 86/267; TAMG, *RJTAMG* 21/334; TACrSP, *mv* – *RT* 571/354, *Julgados* 67/387). Se os valores dos cheques com os quais o acusado adquiriu as mercadorias eram insignificantes e essas foram recuperadas, aplica-se tão só a multa pecuniária (TACrSP, *RT* 778/614).

- **Princípio da insignificância:** Já se encontra consagrada, no Direito Penal pátrio, a aplicação do princípio da insignificância para excluir a antijuridicidade em delitos envolvendo danos de pequena monta (TRF da 1ª R., Ap. 1999.01.000.721.234, *DJU* 16.5.2002, p. 109, *in Bol. IBCCr* 117/634). Frente à lesão de pequena ou nenhuma monta, absolve-se o agente que falsifica "carteirinha" de cobrador de ônibus e a utiliza para não pagar uma viagem (TACrSP, *RT* 713/361). A venda, por vigia autônomo de carros ("flanelinha"), de cartão de estacionamento da Prefeitura falsificado, por R$ 3,00, é delito de "bagatela", trancando-se a ação penal (STJ, HC 18.314/RJ, *DJU* 1.7.2002, p. 361). Também é de "bagatela" a compra, com cheque furtado e falsificado, no valor de R$ 15,00, de seis latas de cerveja (TJSP, *RT* 838/591).

- **Crime continuado:** Cabe a aplicação do § 1º, se é pequeno o valor de cada um dos fatos que compõem a continuação delituosa (TACrSP, *Julgados* 80/370).

- **Crime tentado:** Pode ser reconhecido o privilégio do § 1º (TAMG, *RT* 615/340). *Contra:* A ausência de efetivo prejuízo não caracteriza o § 1º do art. 171, mas, sim, o delito em sua forma tentada (TAPR, *RT* 752/687). Deve-se aferir o prejuízo em função do lucro que a tentativa visava obter (TACrSP, *Julgados* 87/216).

- **Estelionato com falso:** No estelionato, praticado mediante falsificação da Taxa Rodoviária Única, o pagamento do tributo e multa devidos permite a aplicação do art. 171, § 1º (TFR, Ap. 3.306, *DJU* 21.6.79, p. 4855).

Disposição de coisa alheia como própria (§ 2º, I)

- **Noção:** Como no tipo fundamental do estelionato, deve haver a fraude, a vantagem ilícita e o prejuízo alheio.

- **Objeto jurídico:** O patrimônio.

- **Sujeito ativo:** Qualquer pessoa.

- **Sujeito passivo:** É o comprador de boa-fé, enganado pelo vendedor. Para HELENO FRAGOSO, também pode sê-lo o proprietário da coisa (*Lições de Direito Penal – Parte Especial*, 1995, v. I, p. 280).

- **Tipo objetivo:** O objeto material é a coisa (móvel ou imóvel) alheia. A conduta incriminada é *vender, permutar, dar em pagamento, locar ou dar em garantia* coisa alheia como se fosse própria. A enumeração é taxativa, *não* incluindo a promessa de venda e compra nem a cessão de direitos.

- **Tipo subjetivo:** Igual ao do *caput*, sendo imprescindível que o agente tenha consciência de que a coisa de que dispõe é *alheia*.

- **Consumação:** Como subtipo do estelionato que é, a disposição consuma-se com a obtenção da vantagem ilícita, em prejuízo alheio. Na hipótese de venda, com o recebimento do preço; na permuta, com o recebimento da coisa permutada; na locação, quando o agente recebe o aluguel; na dação em pagamento, ao receber a quitação; na dação em garantia, com o recebimento do empréstimo.

- **Tentativa:** Admite-se.

- **Confronto:** Se o agente tem a posse ou detenção da coisa, CP, art. 168. Na hipótese de alienação fiduciária em garantia, ver, também, art. 66-B, § 2º, da Lei n. 4.728/65, com redação dada pela Lei n. 10.931/2004.

- **Pena e ação penal:** *Vide* nota ao *caput* do artigo.

Jurisprudência do § 2º, I

- **Compromisso:** O verbo *vender* expressa, exclusivamente, a compra e venda, não incluindo o mero compromisso de compra e venda (STF, *RTJ* 36/663; TJSP, *RT* 614/286; TAMG, *RT* 634/329; TAPR, *PJ* 41/215), nem a cessão de direitos (STF, *RTJ* 110/166; TACrSP, *Julgados* 87/251, *RT* 649/331). A dação em garantia de imóvel objeto de compromisso de compra e venda quitado, mas não inscrito no Registro de Imóveis, não configura o crime do § 2º, I, do art. 171 (TFR, HC 6.833, *DJU* 28.5.87, p. 10227). Todavia, para algumas decisões, poderia configurar-se, eventualmente, a figura do *caput* do art. 171 (TACrSP, *Julgados* 72/312, *mv – RT* 641/338).

- **Ciência do adquirente:** Descaracteriza o crime (TACrSP, *RT* 589/337, *Julgados* 95/185).

- **Consumação:** O crime do § 2º, I, tem sua consumação no local onde ocorreu o dano, e não onde o agente obteve o proveito ilícito (TARS, *RT* 591/394).

- **Tentativa:** Pode haver (TACrSP, *Julgados* 88/328).

- **Penhora judicial:** A penhora judicial é ato processual e não pode ser classificada entre as garantias ou ônus que constituem gravame do imóvel (TACrSP, *RT* 497/329). Pratica o crime quem oferece à penhora bem que já não lhe pertencia (TACrSP, *RT* 492/356). Exige-se a efetiva participação do devedor na escolha do bem a ser dado em garantia ou à penhora, não se configurando se a escolha foi feita pelo exequente, sendo irrelevante o silêncio posterior do executado (TACrSP, *RJDTACr* 21/325).

- **Absorção da falsidade ideológica:** O art. 171, § 2º, I, absorve a falsa declaração de que o imóvel é do agente, pois se trata de meio necessário (TJSP, RT 609/319).

Alienação ou oneração fraudulenta de coisa própria (§ 2º, II)

- **Objeto jurídico:** O patrimônio.

- **Sujeito ativo:** Só o dono da coisa.

- **Sujeito passivo:** Em nossa opinião, é quem sofre a lesão patrimonial, ou seja, aquele que recebe a coisa inalienável, gravada ou litigiosa; ou ainda, na última hipótese do inciso, dependendo de produzir ou não efeitos reais o compromisso, poderá ser a pessoa que recebe a propriedade anteriormente prometida a terceiro, ou este próprio.

- **Tipo objetivo:** Em qualquer das condutas, é indispensável que o agente iluda a vítima sobre a condição da coisa ("silenciando sobre qualquer dessas circunstâncias"). Como no inciso I, a enumeração deste também é taxativa; assim, por exemplo, a *doação* de coisa alheia não é crime. A *inalienabilidade* pode ser legal, convencional ou testamentária. O *ônus* pode ser legal ou contratual. Para que a coisa seja *litigiosa* é necessário que ela seja objeto de demanda judicial. O objeto material é a coisa (móvel ou imóvel) própria inalienável, gravada de ônus ou litigiosa, ou o imóvel que se tenha prometido vender a terceiro a prestações.

- **Tipo subjetivo:** Igual ao do *caput* do art. 171, sendo imprescindível que o agente engane o lesado quanto à condição da coisa.

- **Consumação:** Com a obtenção da vantagem ilícita, em prejuízo alheio.

- **Tentativa:** Admite-se.

- **Confronto:** Na hipótese do depositário que aliena coisa própria penhorada, há três posições: *a.* não há crime, só sanção civil; *b.* há o crime de fraude à execução, do art. 179; *c.* há o crime deste inciso II.

- **Pena e ação penal:** *Vide* nota ao *caput* do artigo.

Jurisprudência do § 2º, II

- **Silêncio:** O silêncio a respeito da condição da coisa é *essencial* para a configuração do crime (TACrSP, *RT* 519/400; TJSC, *RT* 483/369). É inepta a denúncia que não articula a fraude consistente no silêncio sobre a existência de ônus (TJSP, *RT* 407/66). O silêncio do vendedor, do permutante ou do devedor, a respeito dos ônus ou encargos que pesam sobre o imóvel, transfere o negócio jurídico do campo estritamente civil para a esfera penal (TJMS, *RT* 789/670).

- **Tipo subjetivo:** Não há crime, se vendeu o lote duas vezes por erro e não por dolo (TACrSP, *Julgados* 89/441).

- **Não abrange compromisso:** O verbo *vender* não abrange o compromisso de venda e compra (STF, *RTJ* 36/663; TJSP, *RT* 625/281, *RJTJSP* 110/500; TACrSP, *RT* 726/648), nem o contrato de arras (TACrSP, *RT* 536/322). O compromisso de venda de imóvel hipotecado não configura a ação de vender (TACrSP, *RT* 508/364), nem a cessão de direitos (TACrSP, *RT* 507/380).

- **Falta de registro:** O art. 171, § 2º, II, não contempla a hipótese de promitente comprador que não registra sua promessa (STF, *RTJ* 125/534). *Contra*: TACrSP, *RJDTACr* 24/46.

- **Sujeito passivo:** Só é quem compra ou recebe imóvel anteriormente prometido a terceiro, sem que conste a circunstância que o torna inalienável ou gravado, e desde que esse compromisso não seja registrado antes do registro da promessa; não pode figurar como vítima o promitente comprador que não registrou sua promessa e não pode opor a quem recebeu depois, mas registrou (STF, *RT* 584/425). É quem recebe ou adquire o imóvel, e não o credor hipotecário (TJSP, *RJTJSP* 71/310; TAMG, *RJTAMG* 13/421).

- **Reparação do dano:** Se há composição amigável entre as partes, antes da denúncia, não há justa causa para o processo penal (TACrSP, *RT* 526/393,518/387).

- **Penhora:** Não há crime se a penhora ainda não foi reduzida a termo ou feita pelo oficial (TJSC, *RT* 492/380; TACrSP, *RF* 257/290).

- **Penhora processual:** A penhora processual não pode ser classificada entre as garantias ou ônus que constituem o gravame de que trata o § 2º, II, do art. 171 (TJSC, *RT* 608/369; TACrSP, *Julgados* 90/276), mas o silêncio do alienante caracteriza o art. 171, *caput* (TACrSP, *RT* 640/311).

- **Preferência do inquilino:** Inexiste estelionato se o exercício do direito de preferência pelo inquilino tolhe o cumprimento da promessa de venda e compra antes celebrada entre o agente e a pseudovítima, frente à condição resolutiva prevista em cláusula da promessa (TACrSP, *RT* 726/648).

- **Sinal e compromisso:** Receber sinal de um comprador, depois de ter compromissado a venda a outro, não configura o crime do art. 171, § 2º, II, mas questão cível (TACrSP, *RT* 534/352).

- **Venda de bem gravado com cláusula de inalienabilidade:** Em tese configura estelionato (TACrSP, *RJDTACr* 16/186).

- **Ônus real:** A instituição de ônus real sobre imóvel prometido à venda não configura o delito deste inciso (TACrSP, *RT* 431/327).

- **Adquirente:** Quem adquire não incide no inciso II, a não ser que fique comprovado seu conluio com o agente (TJSC, *RT* 517/358).

Defraudação de penhor (§ 2º, III)

- **Objeto jurídico:** O patrimônio.

- **Sujeito ativo:** O devedor que tem a posse do objeto empenhado.

- **Sujeito passivo:** O credor pignoratício.

- **Tipo objetivo:** O objeto empenhado deve estar na posse do devedor. O comportamento incriminado é *defraudar*, que pode ser praticado mediante alienação (venda, troca, doação etc.) "ou por outro modo" (desvio, consumo, destruição, abandono, inutilização, deterioração etc.). A defraudação pode ser total ou parcial, mas é imprescindível à tipificação que se faça *sem o consentimento* do credor.

- **Tipo subjetivo:** Igual ao do *caput*, sendo necessária a consciência de que a coisa é objeto de garantia pignoratícia.

- **Consumação:** Consuma-se com a alienação não consentida ou com qualquer outro ato defraudador. Para a maioria dos autores é crime *material* (DAMÁSIO DE JESUS, *Direito Penal*, 29ª ed., São Paulo, Saraiva, 2009, v. II, p. 446), que exige *correspondente vantagem ilícita* (HUNGRIA, *Comentários ao Código Penal*,1967, v. VII, p. 239); para HELENO FRAGOSO, entretanto, seria crime *formal* (*Lições de Direito Penal – Parte Especial*, 1995, v. I, p. 283).

- **Tentativa e concurso de pessoas:** Admite-se.

- **Pena e ação penal:** *Vide* nota ao *caput* do artigo.

Jurisprudência do § 2º, III

- **Sujeito ativo:** O crime só pode ser praticado pelo devedor da obrigação, e não pelo mero depositário (STF, Pleno, *desempate – RTJ* 104/16; TACrSP, *RT* 626/322). Sendo o sujeito ativo pessoa jurídica, responde quem agiu por conta dela (STF, *RTJ* 126/636).

- **Tipo objetivo:** Só se configura quando o objeto empenhado permanece em poder do devedor, nas situações previstas expressamente por lei; a penhora destinada a servir de garantia da execução não se equipara à hipótese do inciso III, § 2º, do art. 171 (TACrSP, *RT* 461/358).

- **Consumação:** Esta se dá no momento em que ocorre a alienação sem autorização do credor, sendo desnecessária a obtenção de efetiva vantagem pelo agente (TFR, RHC 5.726, *DJU* 3.11.83).

- **Acordo posterior entre devedor e credor:** Embora tenha ocorrido o desaparecimento dos bens dados em garantia a empréstimo bancário, não se configura o delito se o agente, logo após o início da execução na esfera cível, procurou o credor e com ele celebrou acordo devidamente homologado, pagando a dívida principal e acessórios (TJSP, *RT* 787/607).

- **Consignação do valor da venda:** Não há estelionato se o produto auferido com a venda do bem dado em garantia é, de imediato, depositado em juízo, através de ação de consignação em pagamento promovida contra o credor (TACrSP, *RT* 728/555).

- **Espécie de depósito:** A alienação de lavoura de arroz constituída em garantia, por meio de cédula rural pignoratícia, sem que tenha havido consentimento do credor, e tratando-se de contrato de Empréstimo do Governo Federal sem Opção de Venda, configura o crime do art. 171, § 2º, III, do CP, independentemente da espécie de depósito, se regular ou irregular (art. 1.280 do antigo CC, atual art. 645), não havendo confundir-se as esferas cível e penal, que são autônomas e independentes entre si; interessa ao Direito Penal reprimir a conduta fraudulenta (TRF da 4ª R., *RT* 785/739).

- **Não inclui imóveis:** O n. III, § 2º, do art. 171 cuida da defraudação da garantia pignoratícia, isto é, da coisa móvel ou mobilizável, e não de imóveis (TACrSP, *RT* 481/348).

- **Tipo subjetivo:** Configura-se o dolo com a consciência de que se tratava de coisa objeto de garantia indisponível, aliada à vontade de aliená-la (TFR, Ap. 6.711, *DJU* 23.10.86, p. 20168).

- **Consentimento implícito:** Se o penhor é de coisa fungível e perecível, recaindo sobre bens objeto da produção final, a alienação, mesmo não sendo expressamente permitida, é implicitamente consentida (TFR, Ap. 5.761, *DJU* 28.8.86, p. 15034).

- **Exame pericial:** É prescindível, já que é da natureza do crime de defraudação de penhor o desaparecimento da garantia real por ele representada, nos termos do art. 647 do antigo CC, atual art. 1.359 (TACrSP, *RJDTACr* 24/133).

Fraude na entrega de coisa (§ 2º, IV)

- **Objeto jurídico:** O patrimônio.

- **Sujeito ativo:** Quem tem a obrigação jurídica de entregar a coisa.

- **Sujeito passivo:** Quem tem o direito de receber a coisa.

- **Tipo objetivo:** É necessário que exista relação jurídica de caráter obrigacional entre o agente e a vítima, pois o subtipo refere-se a coisa que deve ser entregue. O comportamento incriminado é *defraudar* (trocar, alterar etc.) a própria *substância* da coisa, sua *qualidade* ou *quantidade*.

- **Tipo subjetivo:** Semelhante ao do *caput* do artigo, notando-se a necessidade de que o agente tenha, realmente, procurado *iludir* o destinatário. Como assinala HELENO FRAGOSO, para a tipificação não basta o aberto propósito de não cumprimento do contrato (*Lições de Direito Penal – Parte Especial*, 1995, v. I, p. 284).

- **Consumação:** Com a efetiva entrega da coisa defraudada.

- **Tentativa e concurso de pessoas:** Admite-se.

- **Pena e ação penal:** *Vide* nota ao *caput* do artigo.

Jurisprudência do § 2º, IV

- **Fraude:** Não basta à tipificação a simples falta de quantidade ou de qualidade, pois é imprescindível a ocorrência de fraude (TACrSP, *RT* 436/406).

Fraude para recebimento de indenização ou valor de seguro (§ 2º, V)

- **Objeto jurídico:** O patrimônio do segurador.

- **Sujeito ativo:** O segurado ou outrem a seu mando.

- **Sujeito passivo:** O segurador (pessoa jurídica ou física).

- **Tipo objetivo:** Três são as ações alternativamente previstas: *a.* destruir (total ou parcialmente) ou ocultar coisa própria; *b.* lesar o próprio corpo ou a saúde; *c.* agravar as consequências da lesão ou doença. É imprescindível que o dano seja *idôneo* para o recebimento de indenização ou valor de seguro; caso contrário, haverá crime impossível (art. 17 do CP). É indiferente que o beneficiário da indenização ou do seguro seja o próprio agente ou terceira pessoa.

- **Tipo subjetivo:** Dolo e o elemento subjetivo do tipo referente ao especial fim de agir: "com o intuito de haver indenização ou valor de seguro". Na corrente tradicional é o "dolo específico". Não há forma culposa.

- **Consumação:** Trata-se de crime formal, de perigo, que não requer a ocorrência de efetivo dano em prejuízo da vítima. Consuma-se com as condutas de destruir, ocultar, lesar ou agravar.

- **Tentativa:** Admite-se.

- **Concurso de pessoas:** Embora seja crime próprio, é possível a coautoria ou participação. Na hipótese de autolesão, o codelinquente incidirá neste inciso e no delito de lesão corporal.

- **Confronto com o crime de incêndio:** *Vide* nota *Confronto e concurso de crimes*, no art. 250 do CP.

- **Pena e ação penal:** *Vide* nota ao *caput* do artigo.

Jurisprudência do § 2º, V

- **Tentativa:** Embora seja crime formal, que independe de efetivo dano em prejuízo da vítima (TACrSP, *Julgados* 89/228), pode haver tentativa na forma de ocultar, quando esta não se consuma por motivos alheios à vontade do agente (TAPR, *RT* 572/384). Se não houve recebimento do seguro, há só tentativa (STJ, CAt 4, *DJU* 16.10.89, p. 15854).

- **Consumação:** Quando a conduta é a de ocultar o bem objeto de contrato, o momento consumativo coincide com a própria conduta física de ocultar (TJSC, *RT* 767/683).

- **Consunção:** Aquele que comunica o roubo de seu veículo para que possa obter indenização, comete somente o crime do art. 171, e não este e o de comunicação falsa de crime (TJSP, HC 993.08.026771-5, j. 8.5.2008, *in Bol. IBCCr* 190/1199).

Fraude no pagamento por meio de cheque (§ 2º, VI)

- **Objeto jurídico:** O patrimônio.

- **Sujeito ativo:** Qualquer pessoa. Relativamente ao *endossante*, sustentamos que ele não pode ser agente do crime, pois a lei usa o verbo *emitir*, que não deve ser ampliado para compreender ações diversas, como a de transferir o título ou avalizá-lo. Além disso, o endossante jamais poderia praticar a segunda conduta ("*frustrar*"), que o parágrafo também incrimina. Esta posição deve ser reputada a melhor (apoiam-na Cunha Peixoto, *O Cheque*, 1959, v. I, p. 130; Damásio de Jesus, *Direito Penal*, 29ª ed., São Paulo, Saraiva, 2009, v. 2, p. 450; Dirceu de Mello, *Aspectos Penais do Cheque*, 1976, p. 121; Heleno Fragoso, *Lições de Direito Penal – Parte Especial*, 1995, v. I, p. 286), não obstante haja opiniões em contrário (Hungria, *Comentários ao Código Penal*, 1967, v. VII, p. 248; Magalhães Noronha, *Direito Penal*, 1995, v. II, p. 407).

- **Sujeito passivo:** O tomador (beneficiário) do cheque, podendo ser pessoa física ou jurídica.

- **Tipo objetivo:** Dois são os comportamentos alternativamente previstos: *a. emitir*, isto é, *colocar em circulação* o cheque, não bastando o simples ato de preenchê-lo ou assiná-lo; *b. frustrar*, ou seja, obstar seu pagamento mediante bloqueio da conta, retirada do saldo ou contraordem de pagamento. Obviamente, a contraordem deve ser sem motivo justo, para configurar a frustração. A ação de *endossar* não configura o crime (*vide* nota Sujeito ativo). Não há crime se o cheque não tiver sido dado como ordem de pagamento à vista. Semelhantemente, não se caracterizará a infração penal sem que a emissão ou a frustração represente prejuízo *novo* para a vítima; por exemplo, quando o cheque é dado em troca de outro título (promissória, duplicata) que o credor já possuía garantindo a mesma dívida. Quanto ao *cheque especial* (ou cheque garantido), a sua emissão sem fundos não caracteriza o crime, que pode, porém, decorrer da fraude em seu uso dolosamente superior ao limite contratado pelo cliente do banco.

- **Tipo subjetivo:** O dolo, que se entende dever estar acompanhado do elemento subjetivo de fraudar, inscrito no título do inciso: "fraude no pagamento". Assim, se o beneficiário tinha conhecimento da inexistência de fundos, o crime não se caracteriza. Para a doutrina tradicionalista é o "dolo específico" (intenção de fraudar e de obter vantagem ilícita). Não há forma culposa.

- **Consumação:** Pacificamente, considera-se, hoje, o crime como sendo *material*. Consuma-se no momento e local em que o banco recusa seu pagamento (Súmula 521 do STF).

- **Tentativa:** Admite-se. Caso o agente deposite o numerário no banco, após a emissão do cheque mas antes da recusa do banco em pagá-lo, terá havido arrependimento eficaz e não tentativa.

- **Concurso de pessoas:** É admissível em face do art. 29 do CP. Todavia, quem entrega cheque sem fundos, emitido por outrem, ciente da insuficiência mas a ocultando do recebedor, deve responder pela figura do *caput* do art. 171 do CP, pois não o emitiu.

- **Pagamento do cheque antes da denúncia:** É tranquila, no STF e demais tribunais, a jurisprudência no sentido de que o pagamento do cheque (ou a consignação do seu valor), *antes* do recebimento da denúncia, *exclui a justa causa* para a ação penal (Súmula 554 do STF). A respeito desse preceito sumular e do atual art. 16 do CP, *vide* nosso comentário a esse artigo.

- **Pena e ação penal:** *Vide* nota ao *caput* do artigo.

Jurisprudência do § 2º, VI

- **Súmula 246 do STF:** "Comprovado não ter havido fraude, não se configura o crime de emissão de cheque sem fundos".

- **Súmula 521 do STF:** "O foro competente para o processo e julgamento dos crimes de estelionato, sob a modalidade da emissão dolosa de cheque sem provisão de fundos, é o do local onde se deu a recusa do pagamento pelo sacado".

- **Súmula 554 do STF:** "O pagamento de cheque emitido sem provisão de fundos, após o recebimento da denúncia, não obsta ao prosseguimento da ação penal" (*vide* nota ao CP, art. 16, onde se vê que o princípio sumular continua em vigor e jurisprudência sob o título *Pagamento ou consignação antes do recebimento da denúncia* neste art. 171, § 2º, VI). Essa súmula não abrange o *caput* do art. 171 (TACrSP, *RJDTACr* 21/328).

■ **Competência:** Súmula 244 do STJ: "Compete ao foro do local da recusa processar e julgar crime de estelionato mediante cheque sem provisão de fundos". Emitido o cheque em uma cidade contra o banco de outra, compete ao juízo desta (STF, *RTJ* 97/569; STJ, CComp 7.430, *DJU* 5.12.94, p. 33519). A compensação do cheque em outra cidade não altera a competência do lugar do banco sacado (STJ, *JSTJ eTRF* 3/150). Todavia, desvirtuado o cheque de sua natureza de ordem à vista, o juízo competente é o do local da emissão (STJ, CComp 147, *DJU* 26.6.89, p. 11101).

■ **Falta do original do cheque:** O extravio do cheque não impede a ação penal (STF, RHC 56.660, *DJU* 1.12.78, p. 9733). Pede-se, ao menos, xerox ou instrumento de protesto em seu inteiro teor, para que a regularidade do cheque possa ser judicialmente examinada (TACrSP, *Julgados* 75/374). Descaracteriza-se diante da ausência da cártula ou fotocópia autenticada (TACrSP, *RT* 693/380).

■ **Emissão:** Não basta a simples assinatura no cheque, sendo indispensável a sua colocação em circulação (TACrSP, *Julgados* 79/398,73/359).

■ **Avalista:** A existência de avalista do cheque faz presumir que o título foi dado como garantia ou promessa, e não como ordem de pagamento (TACrSP, *RT* 611/422).

■ **Endossante:** O endossador não é sujeito ativo (STF, *RTJ* 101/123). Em casos bem especiais, porém, já se entendeu que o endossante poderia ser partícipe do crime do *caput* do art. 171 (TACrSP, *Julgados* 79/411).

■ **Cheque vinculado a contrato:** A rescisão judicial do contrato afasta a configuração delituosa da emissão do cheque a ele vinculado (STF, *RTJ* 49/529). O estelionato praticado por meio de emissão de cheques é crime material, sendo necessária, para a sua configuração, a existência de prejuízo para a vítima; tendo os cheques sido dados como forma de pagamento de contrato, é de se reconhecer que a empresa pública tem seu crédito garantido pelo próprio contrato, e, ainda, pela posse dos cheques, sendo a conduta atípica (TRF da 3ª R., REO 96.03.084836-0/SP, *DJU* 19.2.97, p. 7529, *in RBCCr* 18/222).

■ **Rescisão de contrato de trabalho:** Tipifica o delito do art. 171, § 2º, VI, o cheque sem fundos emitido em pagamento de crédito resultante da rescisão de contrato de trabalho (STF, *RTJ* 156/911). *Contra*, pois a vítima estava já a sofrer prejuízo por ocasião da emissão do cheque, passando a desfrutar da posse de um título (TACrSP, *RJDTACr* 20/197).

■ **Cheque furtado:** Configura-se estelionato, se o agente utiliza cheque furtado, sabendo tratar-se de origem ilícita, adquirindo assim vantagem patrimonial em prejuízo de outrem. Se, todavia, ressarce a vítima antes do recebimento da denúncia, caracteriza-se o arrependimento posterior, devendo a pena ser reduzida (TAMG, *RT* 819/682). Se paga despesa efetuada com cheque furtado e exibe identidade de terceiro, pratica estelionato, ficando absorvido o uso de documento falso (TACrSP, Ap. 1.367.111-0, j. 28.7.2003, *Bol. IBCCr* 132/752).

■ **Cheque assinado em branco:** Não configura, por não se saber se foi ordem ou promessa de pagamento (TJDF, Ap. 10.280, *DJU* 5.4.90, p. 6288). Também não configura quando terceiro preenche cheque assinado que lhe foi entregue pelo titular da conta, não existindo estelionato culposo (STF, HC 69.409, *DJU* 28.8.92, p. 12785). A conduta do agente que utiliza cheques em branco da vítima, mas efetua depósitos na conta bancária desta e emite nota promissória para garantir o pagamento dos valores gastos, demonstra-se incompatível com o *animus fraudandi*, que caracteriza o estelionato (TJRS, *RT* 818/677).

■ **Cheque pós-datado ou pré-datado:** Como é emitido em garantia, não configura o crime do § 2º, VI, nem o do *caput* do art. 171 do CP (STF, Pleno, *RTJ* 110/79; STJ, RHC 2.285, *mv – DJU* 16.11.92, p. 21151, *in RBCCr* 1/227; TJDF, *RT* 788/640; TACrSP, Ap. 1.357.881-9, j. 29.1.2004). A emissão antecipada, para apresentação futura, transforma o cheque em mera garantia de dívida (STF, *RTJ* 101/124; STJ, RHC 613, *DJU* 6.8.90,

p. 7350). Se o cheque pré-datado foi emitido contra conta já encerrada, haverá a subsunção da conduta na figura do *caput* do art. 171 do CP (TACrSP, *RT* 764/586), o mesmo ocorrendo se havia insuficiência de fundos (STJ, *RT* 856/544). A sustação indevida do pagamento de cheque não caracteriza o estelionato se ele era pré-datado (TACrSP, *RT* 759/635). *Vide*, também, nota *Garantia de dívida*.

- **Garantia de dívida:** O cheque dado como garantia de dívida está desvirtuado de sua função própria e não configura o delito (STF, *RT* 546/451, *RTJ* 92/611, Pleno – *RTJ* 91/15; TJDF, Ap. 9.792, *DJU* 21.8.91, p. 19557; STJ, *RT* 782/544; TJPA, *RT* 817/635; TJPR, *RT* 812/634), não tendo qualquer relevância o fato de encontrar-se encerrada a conta corrente no momento da apresentação da cártula (TJDF, Ap. 12.396, *DJU* 18.11.92, p. 38148), a não ser se o prévio fechamento fosse pedido pelo emissor como meio de frustrar seu pagamento (TJPB, *RT* 811/670). Cabe à defesa, porém, o ônus da prova de que o cheque foi dado em garantia (TJSC, *RT* 540/348).

- **Renegociação de dívida:** Restando evidenciado que o cheque se destinava à renegociação da dívida e era pré-datado, está descaracterizada a fraude e, em consequência, o próprio crime (TRF da 4ª R., Ap. 01.04.01.032.231-4, *DJU* 14.2.2002, in Bol. IBCCr 115/618).

- **Fato posterior não punível:** Não é punível a emissão de cheque sem fundos pelo autor de apropriação indébita, para ressarcir a vítima desse delito, visto não obter o agente qualquer proveito (TACrSP, *RT* 631/315, *Julgados* 95/186).

- **Apresentação anterior à data:** Falta justa causa quando o cheque é apresentado antes da data consignada como de emissão (STF, *RT* 521/487).

- **Desconfiança da vítima:** Não se configura o crime, se a vítima desconfiou do cheque e não entregou a mercadoria, pois não chegou a haver pagamento (TACrSP, *Julgados* 87/227).

- **Cheque de terceiro:** Não pratica estelionato o agente que paga com cheque de terceiro, tendo o proprietário do estabelecimento conhecimento dos dados do cliente, que, inclusive, sempre comprava no local (TJRS, Ap. 70010365492, j. 3.3.2005, *Bol. AASP* 2455/1142).

- **Cheque falsificado por terceiro:** Se o cheque é falsificado por terceira pessoa, a absolvição do proprietário do mesmo deve se fundar no art. 386, I, do CPP (TACrSP, *RJDTACr* 24/377).

- **Atraso na apresentação:** Se a apresentação do cheque ocorre após trinta dias, presume-se sua emissão como promessa (TJSC, *RF* 257/308). A injustificada demora na apresentação deixa dúvida de que tenha sido emitido como ordem de pagamento (TAPR, *RT* 548/381; TARJ, *RF* 262/299), conduzindo à presunção de que o título representa tão só confissão de dívida e promessa futura de pagamento (TACrSP, *RJDTACr* 20/197).

- **Dívida de prostituição e de jogo ilegal:** A lei não tutela o cheque emitido em pagamento de prostituição (TACrSP, *RT* 608/351, *Julgados* 82/240; TJSP, *RJTJSP* 86/355). A emissão de cheque sem fundos para pagamento de dívida de jogo ilegal é fato atípico (TJSC, *RT* 532/404; TACrSP, *RF* 263/313).

- **Frustração:** Há crime quando o agente frustra o pagamento, sacando o saldo do banco (STF, *RTJ* 78/121). Enquadra-se no tipo do inciso VI do § 2º do art. 171 do CP a conduta do agente que, emitindo cheque com provisão de fundos, frustra-lhe indevidamente o pagamento, dando falsa comunicação de crime (TARS, *RT* 756/679). A fraude pode caracterizar-se pelo fato de o agente dar contra-ordem ao banco, para que este não pague o cheque (TAMG, *RT* 624/358). A garantia desnatura o cheque, mesmo no caso de frustração do pagamento (STF, *RTJ* 54/82). É lícito o bloqueamento do cheque, à espera do recibo de quitação (TACrSP, *Julgados* 81/91). A sustação indevida do pagamento de cheque não caracteriza o estelionato se ele era pré-datado (TACrSP, *RT* 759/635).

- **Cheque especial:** Configura a emissão de cheque especial sem fundos, se o emitente não havia renovado o contrato com o banco (TACrSP, *RT* 536/340). *Idem*, se excede, de muito, o crédito que o banco concedera para a conta especial do agente (TACrSP, *RT* 545/349). Todavia, não configura se, embora excedendo o valor permitido para o cheque especial, não houve anterior oposição do banco a esse comportamento, pois permitiu que assim agisse várias vezes (TAMG, *RT* 604/411).

- **Em troca de outro título:** *a. Jurisprudência predominante.* A grande maioria dos acórdãos entende, acertadamente, que não há crime se o cheque é dado em pagamento de dívida representada por outro título de crédito, como promissória ou duplicata (STF, HC 54.091, *DJU* 26.4.76, p 2732; RHC 52.967, *DJU* 13.12.74, p. 9351; TJSC, *RF* 258/386; TACrSP, *RT* 575/372, 529/367, 519/400, 514/385). *b. Jurisprudência com ressalva.* Especialmente quando há possibilidade ou risco de prejuízo, existem julgados em contrário. Assim, há o crime se o cheque é dado em pagamento ou para resgate de promissória, e não em substituição, levando ao adiamento do protesto que pode prejudicar o credor irreparavelmente (STF, *RT* 603/459). Dado o cheque sem fundos em pagamento, e não como substituição de nota promissória, configura-se o crime (STF, *RTJ* 104/1000). Se o cheque não foi dado em substituição de nota promissória, mas em pagamento da respectiva dívida, não se descaracteriza o estelionato (STF, *RTJ* 104/1000).

- **Prejuízo:** Para a caracterização do tipo do art. 171, § 2º, VI, é necessário que se precise o prejuízo emergente da vítima, em relação ao procedimento ardiloso do emitente, não bastando a aferição do logro (TACrSP, *mv* – *RT* 718/413). O estelionato praticado por meio de emissão de cheques é crime material, sendo necessária, para sua configuração, a existência de prejuízo para a vítima (TRF da 3ª R., REO 96.03.084836-0/SP, *DJU* 19.2.97, p. 7529, *in RBCCr* 18/222).

- **Em benefício próprio:** Não se configura o estelionato, por ausência de fraude, se os cheques foram emitidos pelo agente em benefício próprio, ou seja, praticando negociações a descoberto, operação válida na atividade financeira escritural, sem fraudar o pagamento de terceiros e cujo prejuízo só foi suportado pelo banco em virtude de seus funcionários estarem em greve (TRF da 4ª R., *RT* 764/698).

- **Falta de prejuízo novo:** Não configura crime o pagamento de dívida não titulada com cheque sem fundos, pois a entrega deste só serviu para dar à vítima a via da execução judicial que antes ela não tinha (TACrSP, *Julgados* 87/340,84/284). Não tipifica o pagamento de aluguel com cheque sem fundos, pois a vítima já estava garantida pelo contrato de locação (TACrSP, *Julgados* 89/178,85/203). *Idem*, na remuneração de serviços prestados por empregado (TACrSP, *RJDTACr* 20/197) ou no caso de pagamento a médico de operação por este já realizada, pois só documentou a vítima que já era credora, sem proporcionar vantagem ao agente (TACrSP, *mv* – *RT* 530/370).

- **Concurso com falsidade documental:** O crime-fim (estelionato) absorve o *falsum* (crime-meio), no caso certidão de casamento e folha de informação rural falsificadas (TRF da 5ª R., *RT* 820/722).

- **Concurso de pessoas:** Há duas posições: *a.* Pode haver, ainda que o cheque tenha sido emitido por outrem (TACrSP, *RT* 430/376). *b.* Não há coautoria, pois só quem tem a conta bancária pode emitir (TACrSP, *RT* 413/277). Todavia, quem aconselha outrem a receber cheque sem fundos, mesmo sabendo da insuficiência, não é coautor, mas incorre no *caput* do art. 171 (TACrSP, *RT* 428/341; *contra*: TACrSP, *RT* 622/307).

- **Art. 171, *caput*:** Quando o cheque, objeto de falsificação, é empregado como meio de induzir alguém em erro, configura-se o *caput* do art. 171 (TACrSP, *RT* 667/292). A emissão de cheque sem fundos com nome falso, ou em conta de que não é titular, tipifica o *caput* do art.171 (TJDF, Ap. 9.941, *DJU* 14.5.90, p. 9723; TACrSP, *Julgados* 79/305) e seu pagamento antes do recebimento da denúncia não elide a ação penal (TJES, *RT* 626/334). O pagamento de dívida com cheque sem fundos emitido por *outrem*, mas sabendo o agente da insuficiência e a escondendo do credor, caracteriza o crime do art. 171, *caput* (STF, *RT* 491/380). Tipifica o art. 171, *caput*, do CP, a emissão de cheque sobre conta que sabe estar cancelada (TJRS, *RF* 259/281) ou encerrada (STJ, *RT* 702/402; TJSC, *JC* 68/378; TACrSP, *RT* 718/409, *RJDTACr* 20/199). *Contra, em parte*:

Se a conta estava aberta por ocasião da emissão do título e foi depois encerrada, mas o cheque era pré-datado, não configura o § 2º, VI, nem o *caput* (TAPR, *JTAPR* 2/301). Caracteriza-se o *caput* se a conta foi aberta com dados falsos (TJDF, Ap. 11.407, *DJU* 4.9.91, pp. 21114-5; TJSC, *RT* 544/422) ou, ainda, se entregou cheque falsificado em pagamento para resgate futuro (TACrSP, *RJDTACr* 17/92). Também tipifica o *caput*, se antes comunicou falsamente o furto do talonário (TACrSP, *Julgados* 96/308). Configura o *caput* do art. 171 a conduta do agente que compra folhas de cheques, sabendo serem produto de ilícito penal, e as usa como forma de pagamento em supermercado, auferindo ainda dinheiro a título de troco (TJGO, *RT* 701/344).

- **Pagamento ou consignação antes do recebimento da denúncia:** Mesmo após a reforma de 1984 do CP continua predominando o entendimento, decorrente da Súmula 554 do STF, de que o pagamento do cheque sem fundos, *antes* do recebimento da denúncia, *exclui a justa* causa para a ação penal (STF, *RT* 616/377; STJ, *RT* 771/560; HC 258, *DJU* 9.4.90, p. 2750; TRF da 2ª R., RCr 220, *DJU* 15.2.96, p. 7733, *in RBCCr* 14/428; TJGO, *RGJ* 9/106; TACrSP, *RJDTACr* 19/100; TAMG, *RJTAMG* 52/379; TARS, *RT* 756/679); porém, é necessária a correção monetária correspondente ao período de tempo transcorrido (TACrSP, *RT* 686/347; STJ, RHC 2.285, *mv – DJU* 16.11.92, p. 21151, *in RBCCr* 1/227). Efeito igual é dado ao depósito ou consignação judicial do valor do cheque, quando feito antes do recebimento da denúncia (STF, *RT* 504/442,483/389; TACrSP, *Julgados* 68/140) e há composição entre as partes (TJSP, *RJTJSP* 103/495; TACrSP, *Julgados* 78/79). Todavia, não equivale ao pagamento a penhora na execução do cheque (STF, *RT* 545/459). Os efeitos do pagamento anterior ao recebimento da denúncia estendem-se ao corréu (STF, *RTJ* 96/1038). *Contra*, em parte: Havendo *fraude* na emissão do cheque sem fundos, o pagamento antes do recebimento da denúncia caracteriza o arrependimento posterior (art.16 do CP); não havendo fraude, não há crime a punir (STJ, *JSTJ e TRF* 5/224; TJAL, *RT* 749/704). "O pagamento de cheque emitido sem provisão de fundos, *após o* recebimento da denúncia, não obsta ao prosseguimento da ação penal" (Súmula 554 do STF; STF, RHC 67.409, *DJU* 28.4.89, p. 6297), mas torna pequeno o valor do prejuízo e permite a aplicação do art. 171, § 1º, do CP (STF, *RT* 502/365).

- **Recusa da vítima à reparação:** Equipara-se ao que saldou o cheque quem procura ressarcir a vítima, mas não consegue por exigências indevidas desta (TACrSP, *Julgados* 68/140, *RT* 526/393; *contra*: TACrSP, *RT* 519/401).

- **Cheque dado em leilão judicial:** Dado o cheque sem fundos como princípio de pagamento de lance aceito, desclassifica-se para a fraude em arrematação judicial do art. 358 do CP (TACrSP, *RT* 524/382).

Fraude eletrônica – figura qualificada (§ 2º-A)

- **Fraude eletrônica:** Se a fraude (engodo, artifício, ardil) é praticada mediante o uso de informações fornecidas pela vítima ou por terceiro, sendo qualquer deles induzido (levado) a erro por meio de redes sociais, contatos telefônicos ou envio de correio eletrônico fraudulento, ou por qualquer outro meio fraudulento análogo, a pena é de reclusão, de 4 (quatro) a 8 (oito) anos, e multa. Bem-vinda foi a alteração legislativa, diante do grande número de estelionatos praticados dessa forma, trazendo graves transtornos sociais.

- **Irretroatividade:** Tendo este § 2º-A sido acrescentado pela Lei n. 14.155/2021, ele não retroage para fatos anteriores à sua vigência.

Causa especial de aumento de pena na fraude eletrônica (§ 2º-B)

- **Utilização de servidor mantido fora do território nacional e relevância do dano:** Em virtude da maior reprovabilidade da conduta daquele que comete o crime com a utilização de servidor mantido no exterior, que é circunstância que dificulta enormemente a atuação da polícia judiciária, acrescida da relevância do resultado gravoso decorrente do estelionato mediante fraude eletrônica, a pena do crime do § 2º-A é aumentada de 1/3 (um terço) a 2/3 (dois terços).

- **Irretroatividade:** Tendo este § 2º-B sido acrescentado pela Lei n. 14.155/2021, ele não retroage para fatos anteriores à sua vigência.

Causa especial de aumento de pena para todas as figuras (§ 3º)

- **Noção:** As penas da figura fundamental do estelionato (art. 171, *caput*) e dos subtipos (art. 171, § 2º, I a VI) são aumentadas em um terço, se a infração é cometida em prejuízo de entidade de direito público ou de instituto de economia popular, assistência social ou beneficência.

- **Em crimes especiais equiparados:** Na legislação penal extravagante há crimes que não possuem sanção própria, pois esta é remetida à do art. 171 do CP, ou são eles próprios equiparados ao crime de estelionato. Como tal, pode ser apontada a aplicação indevida de créditos governamentais ou incentivos fiscais (Lei n. 7.134/83, art. 3º). Dessa equiparação ou punição remetida que ele tem, surge a dúvida de saber se lhe é aplicável esta causa de aumento de pena do § 3º do art. 171 do CP. Entendemos que ela não incide, por dois motivos: a. Como a sua sanção só faz referência ao "art. 171", a aplicação do § 3º do art. 171 violaria o princípio da reserva legal e a proibição da analogia prejudicial ao acusado. b. O § 3º do art. 171 do CP é aplicável ao estelionato comum, do *caput* e seus subtipos, sempre que tiver sido praticado em detrimento das entidades que o dispositivo indica (de direito público, instituto de economia popular, assistência social ou beneficência). Acontece, porém, que, no crime especial equiparado em questão, esse "detrimento" aludido pelo § 3º é elementar, integra o próprio tipo por ele definido. Assim, na aplicação indevida de créditos ou incentivos oficiais, sempre teremos como vítima alguma entidade governamental. Portanto, a qualidade especial do sujeito passivo, que aumenta a pena do estelionato comum, já é elementar do crime especial acima mencionado, pois é indissociável de sua definição. Constituiria, pois, inadmissível dupla incidência fazer com que a elementar do crime servisse, também, para exacerbar sua pena. A respeito da questão, cf. CELSO DELMANTO, "Seis crimes especiais equiparados e a aplicação de suas penas", *RTFR* 145/33, e "Crimes especiais equiparados e a aplicação de suas penas", *RJTJSP* 112/23 e *RT* 627/273.

Jurisprudência do § 3º

- **Denúncia:** A circunstância especial de aumento há de ser descrita na denúncia, devendo a decisão ser proferida no limite do pedido, sob pena de julgamento *ultra petita* (TRF da 5ª R., Ap. 539, *DJU* 23.10.92, p. 34153; Ap. 875, *DJU* 27.5.94, p. 26155).

- **Em tentativa:** Há jurisprudência no sentido de que, em mera tentativa, não cabe o aumento de pena do § 3º (TFR, Ap. 3.428, *DJU* 27.7.79, p. 5574).

- **Contra a Caixa Econômica Federal:** Existem duas posições: a.Não se aplica o § 3º.Em caso de empréstimos fraudulentos, não incide o § 3º, pois a Caixa Econômica Federal, ao conceder empréstimos, atua como qualquer outra instituição financeira comum (TRF da 1ª R., Ap. 21.469, *mv* – *DJU* 7.5.90, p. 8892). O crime praticado contra a Caixa Econômica Federal apenas atrai a competência para a Justiça Federal, não se aplicando o § 3º, já que atua na condição de banco comercial (TRF da 4ª R., *RT* 789/727). b. É aplicável o § 3º. Incide o § 3º se o estelionato é cometido em detrimento dela (STF, *RT* 642/384; STJ, *RT* 710/358; TRF da 2ª R., *RT* 763/687; TRF da 5ª R., *RT* 786/777).

- **Contra o Banco do Brasil:** Não sendo o Banco do Brasil entidade de direito público, ou instituto de economia popular, assistência social ou beneficência, não há como se aplicar a causa de aumento do § 3º (TRF da 5ª R., *RT* 776/723).

- **Contra autarquia federal:** Incide o § 3º (STJ, REsp 1.038, *DJU* 30.10.89, p. 16513; TRF da 1ª R., Ap. 23.784, *DJU* 31.10.94, pp. 62154-5).

- **INSS:** Súmula 24 do STJ: "Aplica-se ao crime de estelionato, em que figure como vítima entidade autárquica da Previdência Social, a qualificadora do § 3º do art. 171 do Código Penal" (nesse sentido: TRF da 3ª R., Ap. 3.735/SP, *DJU* 3.3.98, p. 187, *in RBCCr* 22/305). Embora comprovada a materialidade do estelionato contra o INSS, por meio de falsificação de autenticações bancárias, é incabível a condenação do responsável pelo recolhimento das contribuições previdenciárias de sua empresa, se não há prova de seu envolvimento no esquema fraudulento (TRF da 2ª R., *RT* 789/719). Tendo a comunicação falsa de acidente de trabalho gerado a concessão irregular do benefício, deve ser capitulado no art. 171, § 3º; se o agente recebeu o proveito em prestações, o crime se consuma com o recebimento da primeira delas (TRF da 2ª R., Ap. 9.172, *mv* – *DJU* 13.9.94, p. 50413). Se o agente é pessoa idosa e analfabeta, inexistindo evidência conclusiva de que havia consciência da ilicitude e intenção manifesta de lesionar a Previdência, absolve-se (TRF da 5ª R., Ap. 1.137, *DJU* 30.12.94, p. 75122, *in RBCCr* 10/221; *RT* 772/726). Se a omissão de informação se deu por ignorância, e não para induzir o INSS em erro, a rejeição da denúncia há de ser mantida, posto que inexiste modalidade culposa para o delito de estelionato (TRF da 4ª R., Ap. 1999.04.01.012410-6/RS, j. 25.4.2000, *DJU* 17.5.2000, p. 53, *in Bol. IBCCr* 93/472). Não incide na figura do art. 171, § 3º, do CP, o proprietário de empresa que registra sua mãe como empregada, com salários superiores àqueles pagos aos demais trabalhadores, quando ausente qualquer prejuízo para a Previdência Social, que, por sinal, teve vertidas para seus cofres todas as contribuições decorrentes da relação de emprego impugnada (STJ, *mv – RT* 765/541). Inocorre estelionato contra a Previdência Social se, para a obtenção de certidão negativa tida como indevida, as guias apresentadas, que se referiam a outra obra, estavam sujeitas à conferência pelo agente previdenciário (TRF da 1ª R., *RT* 763/682). Em estelionato contra a Previdência, se a conduta do coautor se restringe à produção de documento ideologicamente falso, é a partir desse momento que se inicia a contagem do lapso prescricional quanto ao mesmo (TRF da 5ª R., *RT* 764/712, 767/716, *JSTJ* e *TRF* 176/563). O estelionato praticado contra a Previdência Social, consistente na percepção mensal de benefício obtido fraudulentamente, é crime instantâneo, que se consuma no ato do recebimento da primeira parcela, constituindo as subsequentes mero exaurimento do crime (TRF da 3ª R., *RT* 771/719) e sendo o *dies a quo* do lapso prescricional o do recebimento do primeiro benefício (TRF da 5ª R., *JSTJ* e *TRF* 176/568). É crime instantâneo de efeitos permanentes e, como tal, consuma-se ao recebimento da primeira prestação do benefício indevido, contando-se daí o prazo de prescrição da pretensão punitiva (STF, *RT* 873/481; HC 85.601, *DJU* 30.11.2007, *in Bol. IBCCr* 183/1147; TRF da 4ª R., Ap. 2006.71.00.007181-5, *DJU* 3.9.2008, *in Bol. IBCCr* 191/1205). *Contra*: A percepção mensal de benefício obtido fraudulentamente é crime permanente, de sorte que o lapso prescricional só começa a correr a partir da cessação da permanência, nos termos do art. 111, III, do CP (TRF da 1ª R., *RT* 804/685; STF, *RT* 824/514; STJ, REsp 547.858/PB, *JSTJ* e *TRF* 177/355; TRF da 3ª R., Ap. 2001.03.990323963, *DJU* 15.4.2002, p. 299, *in Bol. IBCCr* 117/634).

■ **Confronto com bigamia (art. 235 do CP):** A fraude consistente na constituição simulada do estado civil com desvio de finalidade, ou seja, dar aparência formal a uma situação que, de fato, não existe, não é elementar do crime do art. 171, § 3º, do CP. Por tal razão, não se aplica a questão prejudicial do art. 92 do CPP, não se suspendendo a ação penal (TRF4, RCr 5001997-69.2015.404.7206/SC, j. 28.3.2017).

■ **Trabalhador rural:** Contrato de trabalho urbano não é obstáculo à concessão de benefício a trabalhador rural, pois o exercício de tal atividade, de forma intercalada, não descaracteriza a condição de segurado especial. Estelionato não configurado (TRF da 5ª R., Ap. 2003.81.00.012.689-2/CE, j. 7.5.2005).

■ **FGTS:** A simulação de compra e venda de casa própria para liberar o FGTS não configura estelionato, mas sim falsidade ideológica, pois o primeiro exige dano patrimonial (TRF da 4ª R., *RT* 790/721). O auxílio na demissão simulada de funcionário, a fim de possibilitar o recebimento do FGTS, configura, em tese, o crime de estelionato (TRF da 4ª R., *RT* 762/751). A Lei n. 8.036/90, que rege o FGTS, autoriza o levantamento dos depósitos pelo trabalhador para aquisição da casa própria, não vedando sua posterior alienação. Os valores depositados pertencem aos seus titulares, não à CEF, sendo atípica a conduta de quem a vende, por ser o estelionato crime essencialmente patrimonial (TRF da 4ª R., Ap. 00.04.01.108693-2, *DJU* 13.2.2002, p. 803, *in Bol. IBCCr* 114/610).

■ **PIS:** O levantamento indevido de valores referentes ao PIS configura o crime do art. 171, § 3º, restando a falsificação das certidões absorvida pelo crime-fim (TRF da 4ª R., Ap. 97.04.06426-8/PR, *Bol. IBCCr* 89/440).

■ **Contra o MEC:** O registro de diplomas falsos no MEC, causador de prejuízo financeiro para quem os obteve e não para a entidade pública, não configura o § 3º do art. 171 (TRF da 3ª R., Ap. 4.436/SP, *DJU* 26.5.98, p. 508).

- **Desvio de correspondência com cartão de crédito:** Funcionário da Empresa Brasileira de Correios e Telégrafos condenado por ter desviado do tráfico postal cartão de crédito, utilizando-o para compras. Desclassificação para a figura do *caput* do art. 171, em razão do crime ter sido praticado visando causar prejuízo ao destinatário do cartão ou à Administradora. Prejuízo à Empresa Pública apenas em virtude de contrato desta com a Administradora, obrigando-a a ressarcir eventuais prejuízos decorrentes da prestação de serviço. Competência da Justiça Federal se justifica por ter sido o delito praticado em detrimento de serviços da União, afastando-se, porém, a causa de aumento do § 3º do art. 171 (TRF da 3ª R., Ap. 96.03.082375-9, *DJU* 2.12.97, p. 104270, *in RBCCr* 21/308).

- **Seguro-desemprego:** Cometem estelionato os agentes que forjam uma despedida, mesmo sem terminar o vínculo laboral, para perceber seguro-desemprego, com a agravante do § 3º do art. 171, por ter sido cometido contra entidade de direito público (TRF 4ª R., *RT* 808/730, 875/676).

- **Loteria esportiva:** A defraudação de seus cartões de aposta pode configurar o art. 171, § 3º, do CP (TFR, Ap. 3.957, *DJU* 6.6.80, p. 4150; Ap. 3.651, *DJU* 29.10.79, p. 8111).

- **Subsídio oficial:** Incorre nas penas do art. 171, § 3º, sócio-gerente que, induzindo em erro distribuidora de gás de cozinha, a faz emitir notas de venda para endereço diverso, para receber valor maior a título de frete subsidiado pelo Governo Federal (TRF da 2ª R., *RT* 811/717).

- **Princípio da insignificância:** Verificando-se que o valor recebido a título de seguro-desemprego é de pouca monta – cinco parcelas de R$ 224,54 cada uma –, faz-se mister a aplicação do princípio da insignificância, pois se o princípio é aplicável a crimes tributários e outros mais graves, não há razão para que não seja adotado para a hipótese dos autos (TRF da 4ª R., Ap. 2003.04.01.0306317, j. 2.3.2004, *mv – DJU* 10.3.2004, p. 552, *in Bol. IBCCr* 141/822).

- **Competência:** Súmula 107 do STJ: "Compete à Justiça Comum Estadual processar e julgar crime de estelionato praticado mediante falsificação de guias de recolhimento das contribuições previdenciárias, quando não ocorrente lesão à autarquia federal". Na tentativa de estelionato, se o numerário que o agente pretendia sacar, mediante apresentação de documento falso, estava depositado na Caixa Econômica Federal, a competência, a teor do art. 109, IV, da CR, é da Justiça Federal, pois trata-se de dinheiro sob a guarda e responsabilidade de empresa pública da União (STJ, *RT* 788/534).

Contra idoso ou vulnerável - causa especial de aumento de pena para todas as figuras (§ 4º)

- **Estelionato contra idoso ou vulnerável:** Se o ofendido é pessoa idosa (maior de 60 anos, nos termos do art. 1º da Lei n. 10.741/2003) ou vulnerável, a pena é aumentada de 1/3 (um terço) ao dobro, em face da relevância do resultado gravoso. O critério dos 60 (sessenta) anos é objetivo, pouco importando o fato de o ofendido estar em plena atividade intelectual e laboral.

- **Conceito de vulnerabilidade (qualquer pessoa com enfermidade ou doença mental e menores de 18 anos):** O conceito de vulnerável pode ser extraído do Capítulo II (Dos Crimes Sexuais contra Vulnerável) do Título VI (Dos Crimes contra a Dignidade Sexual), arts. 217-A a 218-B, do CP. Assim, o art. 217-A considera vulnerável o menor de 14 (quatorze) ou aquele que, por enfermidade ou deficiência mental, não tem o necessário discernimento ou por qualquer outra causa não pode oferecer resistência; já o art. 218-B considera vulnerável o menor de 18 anos ou, igualmente, aquele que, por enfermidade ou deficiência mental, não tem o necessário discernimento. A nosso ver, a vulnerabilidade do menor de 14 (quatorze) anos é indiscutível (ou absoluta), enquanto que a do menor de 18 (dezoito) anos é relativa, dependendo da análise do caso concreto, isto é, saber se a vítima tinha o necessário discernimento ou poderia oferecer resistência à empreitada fraudulenta.

- **Retroatividade e irretroatividade:** O antigo § 4º previa a aplicação da pena em dobro no caso de estelionato contra idosos. O novel § 4º, introduzido pela Lei n. 14.155/2021, é mais benéfico porque admite o aumento de pena de 1/3 (um terço) ao dobro, devendo retroagir. Já no que tange à vítima vulnerável, não há retroatividade por se tratar de disposição nova trazida pela referida lei.

- **Ciência da condição de idoso:** Para que a qualificadora incida, é imprescindível que o sujeito ativo saiba ser a vítima idosa ou vulnerável.

Exigência de representação (§ 5º)

- **Exigência de representação e retroatividade mesmo para processos em andamento (nossa posição):** Apesar do entendimento da 3ª Seção do STJ (*vide* abaixo), entendemos que a exigência de representação no crime de estelionato é uma novidade trazida pela Lei n. 13.964/2019, pois antes de sua entrada em vigor a ação penal era pública incondicionada, salvo nos casos do art. 182, com as ressalvas do art. 183, ambos do CP. A nosso ver, por se tratar de uma norma híbrida ou mista (isto é, de conteúdo penal e processual penal) mais benéfica, deve retroagir, a fim de ser aplicada não apenas para crimes praticados após a entrada da lei, mas também para os crimes anteriores, ou seja, inquéritos ou mesmo processos em curso (desde que não tenha ocorrido o trânsito em julgado da condenação), devendo a vítima oferecer representação no prazo de 6 (seis) meses, sob pena de decadência (CP, art. 103; CPP, art. 38), por força do princípio da retroatividade da lei penal benéfica (art. 2º, parágrafo único, do CP; art. 5º, inciso XL). No mesmo sentido: SCHIMIDT, VITOR SANTOS. *"Lei n. 13.964/2019: a ação penal incondicionada no crime de estelionato"*. Disponível em: <https://canalcienciascriminais.com.br/acao-penal-incondicionada-no-crime-de-estelionato/>. Acesso em: 3 jul. 2020. Ainda no mesmo sentido da retroatividade, porém divergindo apenas com relação ao prazo (30 dias, por força de aplicação analógica do art. 91 da Lei n. 9.099/95), conferir: MATHEUS TAUAN VOLPI e MURILO ALAN VOLPI, "Retroatividade da lei que alterou a natureza da ação penal nos crimes de estelionato". *Boletim IBCCr*, ano 28, n. 331, jun. 2020.

- **STJ – 3ª Seção – Não se aplica a ações penais em andamento:** Apesar de grande parte da doutrina, e de Tribunais, entenderem que a exigência de representação deve retroagir, mesmo nas ações penais em andamento, não foi este o posicionamento da 3ª Seção do STJ, pacificando o entendimento da 5ª e da 6ª Turmas daquela Corte, ao julgar o HC 610.201/SP (2020/0225854-5), *mv*, rel. Min. Ribeiro Dantas, j. 24.3.2021, decidindo que a necessidade de representação retroage para fatos anteriores à entrada em vigor da lei, mas, diante do respeito ao *ato jurídico perfeito*, *somente é exigível para casos em que a denúncia não tiver sido ainda oferecida, na época da entrada em vigor dessa alteração legislativa*. Entendeu-se que se trata de condição de *procedibilidade* (para o oferecimento da denúncia) e não de condição de *prosseguibilidade* (para o prosseguimento de ações penais já em andamento), afirmando serem as denúncias já oferecidas *atos jurídicos perfeitos* (*vide* jurisprudência abaixo).

- **Prazo para oferecimento da representação:** Em nosso entendimento, em face do silêncio da Lei n. 13.964/2019, o prazo para que a vítima ou seu representante legal ofereça representação será de 6 (seis) meses, por aplicação dos arts. 103 do CP e 38 do CPP. Descabe, a nosso ver, a aplicação analógica do art. 91 da Lei n. 9.099/95 (*"Art. 91. Nos casos em que esta Lei passa a exigir representação para a propositura da ação penal pública, o ofendido ou seu representante legal será intimado para oferecê-la no prazo de trinta dias, sob pena de decadência"*), por se tratar de disposição prevista em lei penal especial, não podendo ser aplicada analogicamente a uma lei penal geral, no caso, o CP.

- **Necessidade ou não de intimação:** Questão duvidosa é saber se a vítima de estelionato deve ou não ser intimada para oferecer representação. Em que pese o novo §5º não prever tal providência, pensamos que nos inquéritos já instaurados para investigar estelionato, por segurança jurídica e respeito à suposta vítima, deve esta ser intimada no endereço que informou à autoridade para, se o desejar, oferecer a representação. Ressalte-se, por outro lado, que nos demais crimes de ação penal pública condicionada, na lavratura do "boletim de ocorrência" ou do "termo circunstanciado", sempre foi informada à vítima a necessidade de representar no prazo de 6 (seis) meses.

- **Inexigência de formalismo:** É da tradição de nossos tribunais a não exigência de formalismo para a representação nas ações penais públicas condicionadas. Com base nesse entendimento, alguns tribunais têm entendido que, se, no inquérito policial, a vítima deixou claro o seu interesse em processar criminalmente o autor, a nova exigência de representação estará satisfeita, sendo descabida a conversão do julgamento em diligência para indagar a vítima sobre o interesse ou não em representar. Todavia, existem entendimentos mais liberais e garantistas exigindo sempre a "baixa" dos autos para que a vítima seja indagada sobre o interesse ou não de representar.

- **Exceções:** No crime previsto no art. 171 do CP (estelionato) a ação penal, em regra, é de iniciativa pública condicionada à representação (vide, CP, art. 103). Todavia, há 4 (quatro) hipóteses em que a ação penal será pública incondicionada, sendo todas ligadas à condição da vítima, seja por se tratar de um órgão da Administração Pública (direta ou indireta), seja por alguma condição de vulnerabilidade que lhe retire a capacidade de decidir (vide abaixo).

- **1ª exceção (inciso I):** Se a vítima for a Administração Pública, direta ou indireta (§ 5º, inciso I). O art. 37 da CF dispõe que a administração pública direta e indireta de qualquer dos Poderes da União, dos Estados, do Distrito Federal e dos Municípios obedecerá aos princípios de legalidade, impessoalidade, moralidade, publicidade e eficiência, dentre outros elencados pelo dispositivo constitucional. São muitas as razões que levaram o legislador a trazer esta exceção, podendo ser lembrada a impessoalidade da Administração Pública. A administração direta é aquela feita pelos próprios entes federativos: União, Estados, Municípios e Distrito Federal. Tendo em vista que, na prática, mostra-se inviável administrar somente por meio dessas pessoas jurídicas, o legislador permite a chamada descentralização administrativa por serviços (também chamada funcional ou técnica), "que se verifica quando o Poder Público (União, Estados e Municípios) cria uma pessoa jurídica de direito público ou privado e a ela atribui a titularidade e a execução de determinado serviço público" (Di Pietro, Maria Sylvia Zanella. *Direito Administrativo*, 28ª ed. São Paulo, Atlas, p. 518). Tal fenômeno, no Brasil, somente pode se dar por meio de lei, abrangendo as autarquias, fundações governamentais, sociedades de economia mista e empresas públicas, que, desta maneira, exercem serviços públicos. Recentemente, a legislação passou a permitir a criação, pelos entes federativos, dos chamados consórcios públicos, para a gestão associada de serviços públicos, conforme o disposto no art. 241 da CF. Por fim, vale registrar que o ente descentralizado, que recebeu titularidade e execução, possui personalidade jurídica própria, autoadministração – com certa independência –, patrimônio próprio e capacidade específica, estando sujeito a controle pelo ente instituidor, nos termos da lei que o criou (Di Pietro, ob. cit., p. 519).

- **2ª exceção (inciso II):** Se a vítima for criança ou adolescente. De acordo com o ECA (Lei n. 8.069/90), considera-se criança, para os efeitos dessa Lei, a pessoa até doze anos de idade incompletos, e adolescente aquela entre doze e dezoito anos de idade.

- **3ª exceção (inciso III):** Se a vítima for pessoa com deficiência mental. Conforme o disposto no art. 2º do Estatuto da Pessoa com Deficiência (Lei n. 13.146/2015), considera-se pessoa com deficiência aquela que tem impedimento de longo prazo de natureza física, mental, intelectual ou sensorial, o qual, em interação com uma ou mais barreiras, pode obstruir sua participação plena e efetiva na sociedade em igualdade de condições com as demais pessoas.

- **4ª exceção (inciso IV):** Se a vítima for maior de 70 (setenta) anos de idade ou incapaz. Evidentemente, essas circunstâncias hão de estar presentes no momento do fato. Assim, a vítima deve ser maior de 70 anos ou incapaz no momento da prática do estelionato. O Código Civil, em seus arts. 3º e 4º, prevê que são absolutamente incapazes os menores de 16 (dezesseis) anos de idade, e relativamente incapazes: I – os maiores de dezesseis e menores de dezoito anos; II – os ébrios habituais e os viciados em tóxico; III – aqueles que, por causa transitória ou permanente, não puderem exprimir sua vontade; e os IV – os pródigos.

Jurisprudência do § 5º

■ **Representação – irretroatividade se já tiver sido oferecida a denúncia:** "Processual Penal. *Habeas Corpus* Substitutivo. Estelionato. Lei n.13.964/2019 (Pacote Anticrime). Retroatividade. Inviabilidade. Ato Jurídico Perfeito. Condição de Procedibilidade. *Writ* Indeferido.1. A retroatividade da norma que previu a ação penal pública condicionada, como regra, no crime de estelionato, é desaconselhada por, ao menos, duas ordens de motivos. 2. A primeira é de caráter processual e constitucional, pois o papel dos Tribunais Superiores, na estrutura do Judiciário brasileiro é o de estabelecer diretrizes aos demais Órgãos jurisdicionais. Nesse sentido, verifica-se que o STF, por ambas as turmas, já se manifestou no sentido da irretroatividade da lei que instituiu a condição de procedibilidade no delito previsto no art. 171 do CP. 3. Em relação ao aspecto material, tem-se que a irretroatividade do art. 171, § 5º, do CP, decorre da própria *mens legis*, pois, mesmo podendo, o legislador previu apenas a condição de procedibilidade, nada dispondo sobre a condição de prosseguibilidade. Ademais, necessário ainda registrar a importância de se resguardar a segurança jurídica e o ato jurídico perfeito (art. 25 do CPP), quando já oferecida a denúncia. 4. Não bastassem esses fundamentos, necessário registrar, ainda, prevalecer, tanto neste STJ quanto no STF, o entendimento de que 'a representação, nos crimes de ação penal pública condicionada, não exige maiores formalidades, sendo suficiente a demonstração inequívoca de que a vítima tem interesse na persecução penal. Dessa forma, não há necessidade da existência nos autos de peça processual com esse título, sendo suficiente que a vítima ou seu representante legal leve o fato ao conhecimento das autoridades' (AgRg no HC 435.751/DF, rel. Ministro Nefi Cordeiro, Sexta Turma, j. em 23.8.2018, *DJe* 4.9.2018). 6. *Habeas corpus* indeferido" (HC 610.201/SP, rel. Min. Ribeiro Dantas, 3ª Seção, julgado em 24.3.2021, maioria de votos, *DJe* 8.4.2021). *No mesmo sentido:* "(...) o novo comando normativo apresenta caráter híbrido, pois, além de incluir a representação do ofendido como condição de procedibilidade para a persecução penal, apresenta potencial extintivo da punibilidade, sendo tal alteração passível de aplicação retroativa por ser mais benéfica ao réu. Contudo, além do silêncio do legislador sobre a aplicação do novo entendimento aos processos em curso, tem-se que seus efeitos não podem atingir o ato jurídico perfeito e acabado (oferecimento da denúncia), de modo que a retroatividade da representação no crime de estelionato deve se restringir à fase policial, não alcançando o processo. Do contrário, estar-se-ia conferindo efeito distinto ao estabelecido na nova regra, transformando-se a representação em condição de prosseguibilidade e não procedibilidade. (...)" (STJ, 5ª T., HC 573.093/SC, rel. Min. Reynaldo Soares da Fonseca, j. 1º.6.2020; AgRg na PET no AREsp 1.649.986/SP, Min. Reynaldo Soares da Fonseca, j. 23.6.2020, *DJe* 30.6.2020).

■ **Representação – retroatividade mesmo se já oferecida a denúncia:** Nova exigência de representação (art. 171, § 5º). Retroatividade, inclusive para ações penais em andamento, convertendo-se o julgamento em diligência. Prazo que é de 6 (seis) meses (CP, art. 103), a partir da intimação da vítima (TJSP, 12ª CCr, ApCr 0054350-50.2014.8.26.0050. rel. Des. Heitor Donizete de Oliveira, j. 5.7.20). "(...) 4. A retroação do § 5º do art. 171 do Código Penal alcança todos os processos em curso, ainda sem trânsito em julgado, sendo que essa não gera a extinção da punibilidade automática dos processos em curso, nos quais a vítima não tenha se manifestado favoravelmente à persecução penal. Aplicação do art. 91 da Lei n. 9.099/1995 por analogia. 5. O ato jurídico perfeito e a retroatividade da lei penal mais benéfica são direitos fundamentais de primeira geração, previstos nos incisos XXXVI e XL do art. 5º da Constituição Federal. Por se tratar de direitos de origem liberal, concebidos no contexto das revoluções liberais, voltam-se ao Estado como limitadores de poder, impondo deveres de omissão, com o fim de garantir esferas de autonomia e de liberdade individual. Considerar o recebimento da denúncia como ato jurídico perfeito inverteria a natureza dos direitos fundamentais, visto que equivaleria a permitir que o Estado invocasse uma garantia fundamental frente a um cidadão. 6. Ordem parcialmente concedida, confirmando-se a liminar, para determinar a aplicação retroativa do § 5º do art. 171 do Código Penal, inserido pela Lei n. 13.964/2019, devendo ser a vítima intimada para manifestar interesse na continuação da persecução penal em 30 dias, sob pena de decadência, em aplicação analógica do art. 91 da Lei n. 9.099/95" (STJ, 6ª T., HC 583837/SC, rel. Min. Sebastião Reis Júnior, *DJe* 12.8.2020).

- Estelionato. Representação, que não exige formalismos. Vítima que, na fase inquisitorial, deixou clara sua intenção de processar o autor: "Com a entrada em vigor da Lei n. 13.964/2019, conhecida como "Pacote Anticrime", que introduziu o § 5º ao art. 171 do Código Penal, a ação penal por crime de estelionato passou a ser condicionada à representação da vítima. Sucede que, no caso, a ação penal já está em curso, em fase de instrução. Como a representação não exige rigorismo formal, bastando a manifestação inequívoca da vítima no sentido de que tem interesse seja o autor do crime processado e punido, isso já constando do processo, desnecessário seja a vítima intimada para formalizar a representação ou ratificar seu desejo" (STJ, decisão monocrática do Min. Néfi Cordeiro, HC 578.130, publ. 28.5.2020). "Inicialmente, cabe ressaltar que a recente reforma introduzida pela Lei n. 13.964/2019 passou a exigir representação pela vítima, tornando a ação penal pública condicionada. Vale destacar que o ato de representação não exige qualquer formalidade legal, sendo possível que a vontade de representar esteja implícita nas condutas praticadas pela vítima" (TJSP, 16ª CCr, ApCr 0002336-78.2015.8.26.0348, rel. Guilherme de Souza Nucci, j. 5.6.2020). No mesmo sentido: TJSP, 5ª CCr, ApCr 0001581-36.2017.8.26.0299, j. 3.7.2020; TJSP, 5ª CCr, ApCr 1500292-48.2019.8.26.0032, rel. Des. Damião Cogan, j. 22.6.2020; TJSP, 14ª CCr, ApCr 0007455-46.2016.8.26.0037, j. 2.7.2020; TJSP, 15ª CCr, ED 0007353-81.2015.8.26.0482, rel. Des. Ricardo Sale Júnior, j. 3.7.2020; TJSP, 13ª CCr, ApCr 0001344-21.2016.8.26.0595, rel. Des. Xisto Rangel, j. 3.7.2020).

DUPLICATA SIMULADA

Art. 172. Emitir fatura, duplicata ou nota de venda que não corresponda à mercadoria vendida, em quantidade ou qualidade, ou ao serviço prestado:

Pena – detenção, de 2 (dois) a 4 (quatro) anos, e multa.

Parágrafo único. Nas mesmas penas incorrerá aquele que falsificar ou adulterar a escrituração do Livro de Registro de Duplicatas.

- *Alteração: Caput* com redação dada pela Lei n. 8.137, de 27.12.90 (Lei dos Crimes contra a Ordem Tributária, Econômica e contra as Relações de Consumo) e parágrafo acrescentado pela Lei n. 5.474, de 18.7.68.

Duplicata simulada
- **Objeto jurídico**: O patrimônio.

- **Sujeito ativo**: Quem emite fatura, duplicata ou nota de venda. Quanto ao endossatário ou avalista da duplicata, julgamos mais correto o entendimento de que ele não pode ser agente do crime (*nessa posição*: Damásio de Jesus, *Direito Penal*, 29ª ed., São Paulo, Saraiva, 2009, v. 2, p. 454; Heleno Fragoso, *Lições de Direito Penal – Parte Especial*, 1995, v. I, p. 291; *contra*: Magalhães Noronha, *Direito Penal*,1995, v. II, pp. 427-428).

- **Sujeito passivo**: O recebedor, ou seja, quem desconta a duplicata, e o terceiro de boa-fé contra o qual é sacada a duplicata, emitida a fatura, ou nota de venda.

- **Tipo objetivo**: O núcleo é *emitir* (expedir, pôr em circulação). O objeto material é a fatura, duplicata ou nota de venda que "não corresponda à mercadoria vendida, em quantidade ou qualidade, ou ao serviço prestado". Para Fábio Ulhôa Coelho ("Breves notas sobre o crime de duplicata simulada", *RBCCr* 14/167), a nova redação do *caput* do art. 172 tornou atípica a emissão de duplicata não fundada em *efetiva* compra e venda mercantil, somente se configurando o delito quando, tendo havido um negócio *real*, a duplicata mencione qualidade ou quantidade *diversa* da verdadeira. Na 6ª edição deste livro manifestamos nosso entendimento no sentido de que, "embora o novo texto não seja um primor de redação, ele abrange tanto a duplicata que não corresponde a uma venda efetivamente feita quanto aquela que distorce a quantidade ou qualidade da realmente realizada", salientando que "o atual *caput* ampliou a incidência do art. 172 que, ao tempo da redação dada pela Lei n. 5.474/68, se referia apenas à expedição de duplicata que não correspondesse a uma venda efetiva de bens". Para tanto, argumentamos que "seria *ilógico* que o novo dispositivo tipificasse como crime uma conduta evidentemente *menos* grave (emissão de fatura, duplicata ou nota de venda com quantidade ou qualidade do produto alterada) e deixasse de punir, igualmente, uma conduta indubitavelmente *mais* grave (emissão de fatura, duplicata ou nota de venda sem qualquer venda efetuada)". Acrescentamos, ainda, que "o atual *caput*, em sua parte final, tipifica como crime a emissão dos mesmos documentos quando não correspondam 'ao serviço prestado'", para concluir: "Ora, seria um *contrassenso* que a lei punisse como crime a emissão de fatura, *duplicata* ou nota de venda referente a um *serviço* que jamais foi prestado e não o fizesse quanto a uma venda que nunca existiu, dando tratamento *desigual* a duas situações de *idêntica* potencialidade lesiva. A outra conclusão não leva, em nosso entendimento, a interpretação do novo *caput* do art. 172 *em conjunto* com o seu parágrafo único que, como vimos, teve a antiga redação mantida. Prevê o referido parágrafo único: 'Nas mesmas penas incorrerá aquele que falsificar ou adulterar a escrituração do Livro de Registro de Duplicatas'. Ao estabelecer que 'nas *mesmas* penas incorrerá aquele que *falsificar ou adulterar* a escrituração do Livro de Registro de Duplicatas', não resta dúvida que este dispositivo está tipificando como crime *tanto* a conduta do agente que falsifica ou adultera o mencionado Livro para mudar a *quantidade ou qualidade* de duplicata referente a uma mercadoria *efetivamente* vendida *quanto* a do agente que falsifica ou adultera o mesmo Livro para nele fazer constar duplicata relativa a uma venda que *não se realizou*". Inspirando-nos em Francesco Carnelutti, que mudou de posição ao reconhecer a *inexistência de lide (pretensão resistida) no processo penal* (cf. Rogério Lauria Tucci, *Teoria do Direito Processual Penal*, São Paulo, Revista dos Tribunais, 2003, p. 36), modificamos nosso entendimento. Isto porque, ao desenvolvermos o tema da garantia da reserva legal (CR, art. 5º, XXXIV) e da proibição da interpretação extensiva e da analogia *in malam partem* em matéria penal, nos novos comentários ao art. 1º do CP (ao qual remetemos o leitor para o aprofundamento do tema), apesar da flagrante *ilogicidade* do *caput* do art. 172 e da sua incoerência em relação ao seu parágrafo único, consideramos que não tipifica o crime deste art. 172 a emissão de duplicata não fundada em *efetiva* compra e venda, enquanto não corrigido pelo legislador esse lapso, não obstante possa a conduta, no caso de desconto bancário, ser tipificada no art. 171 do CP. Por melhores que sejam as intenções de buscar suprir os já frequentes lapsos do legislador, há que se respeitar, antes de tudo, sob pena de se abrir perigoso precedente, garantias constitucionais da maior importância para a preservação do Estado Democrático de Direito, como a da reserva legal. Há, todavia, jurisprudência em sentido contrário (ver abaixo).

- **Tipo subjetivo**: O dolo, ou seja, a vontade livre de emitir a fatura, duplicata ou nota de venda, com consciência de que não corresponde à quantidade ou qualidade da mercadoria vendida. A boa-fé exclui o dolo e não há forma culposa do delito. Para a doutrina tradicional é o "dolo genérico".

- **Consumação**: Independe do prejuízo, consumando-se com a colocação em circulação da fatura, duplicata ou nota de venda.

- **Reparação do dano**: cf. CP, art. 16.

- **Tentativa**: Não se admite.

- **Concurso de crimes**: O art. 172 absorve a falsidade.

- **Classificação**: Delito comum quanto ao sujeito ativo, doloso, formal e unissubsistente.

- **Pena**: Detenção, de dois a quatro anos, e multa.

- **Ação penal**: Pública incondicionada. Cf. CP, arts. 181 a 183.

Falsidade na escrituração do Livro de Registro de Duplicatas (parágrafo único)

Jurisprudência (posterior à nova redação do caput – Lei n. 8.137/90)

- **Noção:** As penas e a ação penal são idênticas. Observe-se que, se após a falsidade na escrituração, a duplicata é expedida, a falsidade é absorvida pela expedição; caso a falsidade seja cometida após a expedição, será impunível. A figura restringe-se, assim, à hipótese em que a falsidade é praticada na escrituração, mas a duplicata não chega a ser colocada em circulação.

- **Dolo:** Ausente prova nítida e indiscutível da intenção de emitir duplicata simulada, com a única finalidade de obter crédito junto ao banco, não se configura o delito (TACrSP, *RT* 770/583). É mister que haja dolo, ou seja, a vontade livre de emitir fatura, duplicata ou outro título de crédito, com a consciência da inexistência de venda ou prestação de serviços (TACrSP, *RT* 767/593). Havendo dúvida a respeito da existência de relação comercial entre a empresa emitente e a aceitante, ela só poderá beneficiar o acusado em virtude do princípio da presunção de não culpabilidade (TACrSP, *RT* 764/596).

- **Conhecimento da vítima:** Não se pode falar em fraude mediante duplicata simulada se o título é emitido para ser entregue a quem sabe de sua impropriedade jurídica que não serve para o fim proposto, ou seja, caução de dívidas. A doutrina brasileira tem se inclinado para a adoção da tese de que a participação em uma autocolocação em risco, *in casu*, ao próprio patrimônio da ofendida não induz à caracterização de crime (TJMG, *RT* 873/635).

- **Delito formal:** O crime do art. 172 continua sendo de natureza formal na sua atual redação (STJ, *RT* 784/575-6; CComp 27.049, j. 28.6.2000, *DJU* 14.8.2000), não exigindo a ocorrência de resultado naturalístico, ou seja, de prejuízo (TJMG, *RT* 760/681). Não admite tentativa (TACrSP, *RT* 767/593).

- **Consumação:** Consuma-se no momento em que o título é colocado em circulação (STJ, *RT* 772/543).

- **Venda não efetuada:** A nova redação do art. 172 não expungiu do cenário jurídico, como fato glosado no campo penal, a emissão de fatura, duplicata ou nota de venda que não corresponda a uma venda ou prestação de serviços efetivamente realizada (STF, *RT* 726/570; TACrSP, *RT* 822/610, *RT* 753/622). Comprovada a inexistência das supostas firmas devedoras, não demonstradas as negociações que teriam originado o crédito e não atribuída responsabilidade a outro sócio, deve ser condenado o acusado que as emitiu e descontou com a Caixa Econômica Federal (TRF da 4ª R., Ap. 95.04.24677-0/RS, *DJU* 16.9.98, p. 322, in *RBCCr* 24/318).

- **Venda suspensa, realizada por telefone ou negócio desfeito:** Se a transação foi efetivamente realizada, embora depois suspensa pela compradora, não se tipifica (TACrSP, *RT* 691/327). Também não se caracteriza se a venda e compra foi ajustada por telefone, sendo irrelevante o cancelamento posterior do pedido (TACrSP, *mv – RJDTACr* 23/147). Se a duplicata foi emitida com base em negócio mercantil posteriormente desfeito, não se caracteriza o delito (TACrSP, *RT* 750/641).

- **Duplicata com causa diversa:** Duplicata sem causa é uma coisa, com causa em discussão, outra, completamente diferente. As causas do atraso podem ser discutidas, a diferença de especificações e quantidade também. No mundo dos negócios – muito mais ágil no Direito Comercial do que no Civil – um pedido menor pode ser feito perfeitamente "*de boca*", como assinalado na impetração; via de regra por simples telefonema, seguido ou não de *fax* a documentá-lo. *Habeas corpus* concedido para trancar a ação penal (TACrSP, HC 457.466/7, j. 19.2.2004, *Bol. IBCCr* 137/792).

- **Dívida preexistente:** A entrega de duplicata simulada em caução a estabelecimento bancário, para amortizar dívida preexistente do emissor, independente de qualquer vantagem econômica, não descaracteriza o delito do art. 172 (TACrSP, *RT* 701/333).

- **Falta de assinatura:** Inexiste o crime do art. 172 quando não há assinatura do emitente no título (STF, *RT* 778/526).

- **Falta do título:** A emissão de duplicata simulada é daqueles delitos que deixam vestígio e, assim, a apresentação do título emitido é imprescindível para provar sua existência e que ela não corresponde à venda de nenhuma mercadoria. Não havendo, portanto, prova da existência do crime, inexiste justa causa para a ação penal (TACrSP, HC 441.296/5-SP, j. 10.6.2003, *Bol. AASP* 2350/2933).

ABUSO DE INCAPAZES

Art. 173. Abusar, em proveito próprio ou alheio, de necessidade, paixão ou inexperiência de menor, ou da alienação ou debilidade mental de outrem, induzindo qualquer deles à prática de ato suscetível de produzir efeito jurídico, em prejuízo próprio ou de terceiro:

Pena – reclusão, de 2 (dois) a 6 (seis) anos, e multa.

Abuso de incapazes

- Objeto jurídico: O patrimônio.

- Sujeito ativo: Qualquer pessoa.

- Sujeito passivo: O menor, o alienado ou o débil mental (enumeração taxativa). Como *menor*, mesmo antes do novo CC, que fixou a maioridade civil em 18 anos, entendíamos aquele que ainda não completou tal idade (*a favor*: HELENO FRAGOSO, *Lições de Direito Penal – Parte Especial*, 1995, v. I, p. 294; *contra*, considerando que seria o menor de 21 anos: MAGALHÃES NORONHA, *DireitoPenal*,1995, v. II, p. 433). *Alienado mental* é o louco. *Débil mental* é a pessoa psiquicamente deficiente (*contra*, dando sentido mais amplo: MAGALHÃES NORONHA, *Direito Penal*,1995, v. II, p. 433).

- Tipo objetivo: *Abusar* tem o sentido de prevalecer-se, usar mal. O agente abusa: *a.* da necessidade, paixão ou inexperiência do menor; *b.* ou do estado mental do alienado ou débil. *Induzindo*, diz a lei, o que significa que não basta à tipicidade a simples aquiescência, pois deve haver persuasão. *À prática de ato suscetível de produzir efeito jurídico*, isto é, ato idôneo a provocar tais efeitos, pois, caso contrário, a conduta será atípica. O ato deve ser em detrimento do incapaz ou de terceiro. O erro quanto à incapacidade da vítima constitui erro de tipo (CP, art. 20).

- Tipo subjetivo: O dolo, que é a vontade livre e consciente de *induzir*, abusando. E o elemento subjetivo do tipo, que é o fim de conseguir proveito (patrimonial) próprio ou alheio. Na corrente tradicional é o "dolo específico". Não há forma culposa.

- Consumação: O crime independe da obtenção do proveito visado, consumando-se com a prática, pelo incapaz, de ato suscetível de produzir efeitos jurídicos em prejuízo dele ou de outrem.

- Tentativa: Admite-se.

- Classificação: Crime comum quanto ao sujeito, doloso e formal.

- Pena: Reclusão, de dois a seis anos, e multa.

- Ação penal: Pública incondicionada. Cf. CP, arts. 181 a 183.

Jurisprudência

- Desnecessidade de interdição: Não se exige a prévia interdição, nos casos em que a incapacidade da vítima pode dar lugar a tal medida (TACrSP, *Julgados* 67/131).

- Conhecimento da incapacidade: É necessário ficar provado o estado mental da vítima por ocasião da prática do ato e o conhecimento do agente a tal respeito (TACrSP, *Julgados* 75/278, *RT* 484/312).

- Dúvida quanto à falta de higidez: O tipo do art. 173 requer prova da falta de higidez mental da vítima, que a incapacite para deliberar segundo as leis da razão. Do contrário, justifica-se a absolvição do acusado, à luz do princípio *in dubio pro reo* (TACrSP, *RT* 818/599).

- Menor: O simples fato de a vítima ser menor não basta à tipificação do art. 173 do CP (TACrSP, *RT* 417/300).

- Menor apaixonada: Incorre neste delito o agente que, a partir de um relacionamento amoroso com uma menor, faz com que esta venda joias da família para que ele, em proveito próprio, adquira outro bem, sendo irrelevante a vontade da impúbere (TACrSP, *RJDTACr* 22/45).

- **Pessoa de idade:** Pessoa que, embora com idade avançada, está em pleno exercício de suas faculdades mentais, com inalterada capacidade de discernimento à época dos fatos, não pode ser vítima do crime de abuso de incapazes (TAMG, *RT* 815/685).

- **Consumação:** O delito do art. 173 do CP é crime formal, cuja consumação independe de o agente obter êxito (STF, *mv – RT* 613/405).

INDUZIMENTO À ESPECULAÇÃO

Art. 174. Abusar, em proveito próprio ou alheio, da inexperiência ou da simplicidade ou inferioridade mental de outrem, induzindo-o à prática de jogo ou aposta, ou à especulação com títulos ou mercadorias, sabendo ou devendo saber que a operação é ruinosa:

Pena – reclusão, de 1 (um) a 3 (três) anos, e multa.

- **Suspensão condicional do processo:** Cabe, atendidas as condições do art. 89 da Lei n. 9.099/95.

Induzimento à especulação

- **Objeto jurídico:** O patrimônio.
- **Sujeito ativo:** Qualquer pessoa.
- **Sujeito passivo:** A pessoa simples, inexperiente ou com mentalidade inferior.
- **Tipo objetivo:** À semelhança do art. 173 do CP, a conduta incriminada é *abusar, induzindo*. O agente induz a vítima ao jogo, à aposta ou à especulação com títulos ou mercadorias. Na hipótese de especulação, é mister que o agente saiba ou deva saber que ela é ruinosa (*vide Tipo subjetivo*).
- **Tipo subjetivo:** É o dolo, acompanhado do elemento subjetivo do tipo, que é a finalidade de obter proveito próprio ou alheio. Na modalidade de especulação, o dolo pode ser direto ("sabendo") ou eventual ("devendo saber"). O erro quanto ao estado da vítima exclui o dolo. Não há punição a título de culpa. Na doutrina tradicional é o "dolo específico".
- **Consumação:** Com a efetiva prática do jogo, aposta ou especulação, independentemente da obtenção de real proveito pelo agente ou terceira pessoa. Para a maioria dos comentadores, o crime estará consumado, ainda que a vítima obtenha lucro com o ato. Tal interpretação, embora tecnicamente certa, será por demais rigorosa, na prática; além disso, o lucro apurado pela vítima tornará, muitas vezes, questionável a existência do elemento subjetivo do tipo que se requer.
- **Reparação do dano:** cf. CP, art. 16.
- **Tentativa:** Admite-se.
- **Classificação:** Crime comum quanto ao agente, doloso e formal.
- **Pena:** Reclusão, de um a três anos, e multa.
- **Ação penal:** Pública incondicionada. Cf. CP, arts. 181 a 183.

FRAUDE NO COMÉRCIO

Art. 175. Enganar, no exercício de atividade comercial, o adquirente ou consumidor:

I – vendendo, como verdadeira ou perfeita, mercadoria falsificada ou deteriorada;

II – entregando uma mercadoria por outra:

Pena – detenção, de 6 (seis) meses a 2 (dois) anos, ou multa.

§ 1º Alterar em obra que lhe é encomendada a qualidade ou o peso de metal ou substituir, no mesmo caso, pedra verdadeira por falsa ou por outra de menor valor; vender pedra falsa por verdadeira; vender, como precioso, metal de outra qualidade:

Pena – reclusão, de 1 (um) a 5 (cinco) anos, e multa.

§ 2º É aplicável o disposto no art. 155, § 2º.

- **Transação:** Cabe no *caput*, preenchidos os requisitos do art. 76 da Lei n. 9.099/95.

- **Suspensão condicional do processo:** Cabe em todas as figuras, atendidas as condições do art. 89 da Lei n. 9.099/95.

Fraude no comércio

- **Objeto jurídico:** O patrimônio.

- **Sujeito ativo:** Entendemos que é crime próprio e só pode ser praticado por comerciante ou comerciário (*a favor:* DAMÁSIO DE JESUS, *Direito Penal*, 29ª ed., São Paulo, Saraiva, 2009, v. 2, p. 465; HELENO FRAGOSO, *Lições de Direito Penal – Parte Especial*, 1995, v. I, p. 300; HUNGRIA, *Comentários ao Código Penal*,1967, v. VII, p. 273; *contra*: MAGALHÃES NORONHA – para quem o sujeito ativo é comum –, *Direito Penal – Parte Especial*, 1995, v. II, p. 445).

- **Sujeito passivo:** Qualquer pessoa, mas deve ser determinada, pois não pode haver crime de fraude no comércio contra vítima incerta.

- **Tipo objetivo:** A *figura fundamental* (*caput*) é *enganar* (iludir), prevista em duas modalidades: *a. Vendendo*, como verdadeira ou perfeita, mercadoria falsificada ou deteriorada (*inciso I*).A permuta e a doação não são alcançadas pelo tipo. *b. Entregando* uma mercadoria por outra; o engano pode referir-se à substância, qualidade, quantidade ou procedência de origem da mercadoria (*inciso II*). Nos dois incisos, o vocábulo *mercadoria* tem sentido amplo, compreendendo qualquer coisa móvel e apropriável que se negocie. Já o § 1º prevê a fraude no *comércio de metais ou pedras preciosas*, com quatro figuras alternativas: *a.* alterar a qualidade ou peso de metal, em obra encomendada; *b.* substituir pedra verdadeira por falsa ou de menor valor, também em obra encomendada; *c.* vender pedra falsa por verdadeira; *d.* vender, como precioso, metal de outra qualidade.

- **Tipo subjetivo:** Dolo, não sendo punível a título de culpa. Na doutrina tradicional, o "dolo genérico".

- **Consumação:** Com a entrega pelo agente e a aceitação pela vítima.

- **Concurso de pessoas:** Pode haver.

- **Reparação do dano:** cf. CP, art. 16.

- **Tentativa:** Admite-se.

- **Classificação:** Crime próprio quanto ao sujeito, doloso, material, de resultado.

- **Confronto:** Tratando-se de *substância alimentícia ou medicinal*, arts. 272, § 1º-A, 273, § 1º, ou 280 do CP. Não sendo comerciante ou comerciário, art. 171 do CP. cf., também, Lei n. 1.521/51, art. 2º, III e V (crimes contra a economia popular). *Uísque*: quanto à venda de uísque nacional como estrangeiro, há posições conflitantes, enquadrando a conduta nos arts. 171, *caput* ou § 2º, IV, 175, 275, 276 ou 277 do CP. cf., ainda, arts. 66 a 70 da Lei n. 8.078/90 (Código de Defesa do Consumidor) e art. 7º, III e IX, da Lei n. 8.137/90 (Relações de consumo).

- **Figura privilegiada (§ 2º):** *Vide* nota ao art. 155, § 2º, do CP.

- **Pena:** Da *figura fundamental (caput), é alternativa*: detenção, de seis meses a dois anos, ou multa. Das *figuras relativas ao comércio de metais ou pedras preciosas (§ 1º)*:

reclusão, de um a cinco anos, e multa. Da *figura privilegiada (§ 2º)*: substituição, diminuição ou só multa (cf. art. 155, § 2º, do CP).

- **Ação penal**: Pública incondicionada. Cf. CP, arts. 181 a 183.

Jurisprudência

- **Sujeito ativo**: Só o comerciante ou comerciário pode ser sujeito ativo (TACrSP, *Julgados* 94/509, 90/268; *contra*: FRANCESCHINI, *Jurisprudência*, 1975, v. II, n. 2.447).

- **Sujeito passivo**: Não há crime de fraude no comércio contra vítima indeterminada (TACrSP, *RT* 546/352).

- **Tipo objetivo**: Em tese, configura a colocação de peças inadequadas em objeto recebido para conserto, com o intuito de enganar a vítima (TACrSP, *RT* 547/353). *Idem*, se, além disso, troca o aparelho por outro mais velho (TACrSP, *RT* 714/385). Configura fraude no comércio e não estelionato a venda, por comerciante, de piano inutilizado (STF, *RTJ* 60/79). Tipifica se entrega móvel fabricado em madeira diversa do tipo avençado e que se encontra deteriorado por cupins (TACrSP, *RJDTACr* 22/209).

- **Engano da vítima**: Ainda que a mercadoria seja falsificada, é atípica a conduta se a vítima não foi enganada, pois sabia que a mercadoria não era verdadeira (TACrSP, *RT* 546/352).

- **Uísque**: *Vide* jurisprudência no art. 273 do CP.

OUTRAS FRAUDES

Art. 176. Tomar refeição em restaurante, alojar-se em hotel ou utilizar-se de meio de transporte sem dispor de recursos para efetuar o pagamento:

Pena – detenção, de 15 (quinze) dias a 2 (dois) meses, ou multa.

Parágrafo único. Somente se procede mediante representação, e o juiz pode, conforme as circunstâncias, deixar de aplicar a pena.

- **Conciliação**: Cabe (arts. 72 a 74 da Lei n. 9.099/95).

- **Transação**: Cabe, preenchidos os requisitos do art. 76 da Lei n. 9.099/95.

- **Suspensão condicional do processo**: Cabe, atendidas as condições do art. 89 da Lei n. 9.099/95.

Fraude em refeição, alojamento ou transporte

- **Objeto jurídico**: O patrimônio.

- **Sujeito ativo**: Qualquer pessoa.

- **Sujeito passivo**: Quem presta o serviço.

- **Tipo objetivo**: São três as fraudes previstas: *a. Tomar refeição em restaurante, sem dispor de recursos para efetuar o pagamento.* O vocábulo "refeição" inclui bebidas. Por "restaurante", entende-se qualquer estabelecimento que sirva refeições: bares, lanchonetes, pensões etc. Em face da expressão empregada ("*tomar refeição em restaurante*"), aquela encomendada para ser levada e tomada fora ("para viagem") não se enquadra na figura legal. *b. Alojar-se em hotel, sem dispor de recursos para efetuar o pagamento.* A expressão "hotel" tem significação ampla, abrangendo hospedarias, motéis, pensões etc. *c. Utilizar-se de meio de transporte, sem dispor de recursos para efetuar o pagamento.* Relaciona-se com o transporte pessoal, em que não se exige pagamento antecipado: táxis, ônibus etc. Em todas as modalidades do artigo, há necessidade de que o agente *não disponha de recursos para efetuar o pagamento*. Delito de fraude que é, visa à incriminação do agente que usa tais serviços *sem ter recursos* para pagá-los, mas apresentando-se como se os tivesse. Assim, não haverá tipificação se o usuário houver esquecido o dinheiro em casa ou se não quiserem aceitar seu cheque ou cartão de crédito. Semelhantemente, se, dispondo de recursos no momento, não concordar com a conta apresentada ao final, por julgá-la incorreta ou absurda, a solução deverá ser encontrada no *cível*.

- **Tipo subjetivo:** Dolo. Na corrente tradicional, o "dolo genérico". Não há forma culposa.
- **Exclusão da ilicitude:** Estado de necessidade (CP, arts. 23, I, e 24).
- **Consumação:** Com a efetiva tomada, alojamento ou utilização.
- **Classificação:** Delito comum quanto ao sujeito, doloso, material, de dano.
- **Confronto:** Entendem vários autores que, havendo falsificação do bilhete de passagem, o crime seria de estelionato ou falsidade; e no caso de transporte clandestino, seria estelionato.
- **Perdão judicial (parágrafo único):** O juiz pode concedê-lo, "conforme as circunstâncias". Quanto aos efeitos do *perdão judicial*, que entendemos ser causa de *extinção da punibilidade*, *vide* nota ao art. 107, IX, do CP.
- **Pena:** É alternativa: detenção, de quinze dias a dois meses, ou multa.
- **Ação penal:** É pública, mas condicionada à *representação* do ofendido. Cf. CP, arts. 181 a 183.

Jurisprudência

- **Tomar refeição sem pagar:** Para configurar-se o crime, é necessário que o agente faça a refeição sem ter dinheiro para pagá-la; se tem recursos, mas não paga, como acontece nos "pinduras" estudantis, o ilícito é só civil e não penal (TACrSP, *Julgados* 90/83).
- **Hospedagem sem possuir recursos:** Configura a conduta de quem se apresenta na recepção de hotel, sem possuir recursos, preenche o registro de hospedagem, aloja-se, toma refeições, consome bebidas e sai sem pagar a conta (TACrSP, *RJDTACr* 24/299).
- **Representação:** O delito do art. 176 depende de representação (TACrSP, *RT* 434/401).
- **Pagamento com cheque furtado ou sem fundos:** O pagamento de conta de restaurante com cheque furtado não autoriza a desclassificação do crime do art. 171, *caput*, para o deste art. 176 (TACrSP, *Julgados* 72/356). Não desclassifica o crime do art. 171, § 2º, VI, para o delito do art. 176 do CP, o pagamento de conta de restaurante com cheque sem fundos (TJRJ, *RT* 452/437).

FRAUDES E ABUSOS NA FUNDAÇÃO OU ADMINISTRAÇÃO DE SOCIEDADE POR AÇÕES

Art. 177. Promover a fundação de sociedade por ações, fazendo, em prospecto ou em comunicação ao público ou à assembleia, afirmação falsa sobre a constituição da sociedade, ou ocultando fraudulentamente fato a ela relativo:

Pena – reclusão, de 1 (um) a 4 (quatro) anos, e multa, se o fato não constitui crime contra a economia popular.

§ 1º Incorrem na mesma pena, se o fato não constitui crime contra a economia popular:

I – o diretor, o gerente ou o fiscal de sociedade por ações que, em prospecto, relatório, parecer, balanço ou comunicação ao público ou à assembleia, faz afirmação falsa sobre as condições econômicas da sociedade, ou oculta fraudulentamente, no todo ou em parte, fato a elas relativo;

II – o diretor, o gerente ou o fiscal que promove, por qualquer artifício, falsa cotação das ações ou de outros títulos da sociedade;

III – o diretor ou o gerente que toma empréstimo à sociedade ou usa, em proveito próprio ou de terceiro, dos bens ou haveres sociais, sem prévia autorização da assembleia geral;

IV – o diretor ou o gerente que compra ou vende, por conta da sociedade, ações por ela emitidas, salvo quando a lei o permite;

V – o diretor ou o gerente que, como garantia de crédito social, aceita em penhor ou em caução ações da própria sociedade;

VI – o diretor ou o gerente que, na falta de balanço, em desacordo com este, ou mediante balanço falso, distribui lucros ou dividendos fictícios;

VII – o diretor, o gerente ou o fiscal que, por interposta pessoa, ou conluiado com acionista, consegue a aprovação de conta ou parecer;

VIII – o liquidante, nos casos dos nos I, II, III, IV, V e VII;

IX – o representante da sociedade anônima estrangeira, autorizada a funcionar no País, que pratica os atos mencionados nos n^{os} I e II, ou dá falsa informação ao Governo.

§ 2º Incorre na pena de detenção, de 6 (seis) meses a 2 (dois) anos, e multa, o acionista que, a fim de obter vantagem para si ou para outrem, negocia o voto nas deliberações de assembleia geral.

- Transação: Cabe no § 2º, preenchidos os requisitos do art. 76 da Lei n. 9.099/95.
- Suspensão condicional do processo: Cabe em todas as figuras, atendidas as condições do art. 89 da Lei n. 9.099/95.

Fraudes e abusos em sociedades por ações (caput)

- Noção: O art. 177 do CP arrola figuras criminosas na fundação ou administração de sociedades por ações.
- Subsidiariedade: Todas elas são expressamente *subsidiárias*: "Se o fato não constitui *crime contra a economia popular*" (Lei n. 1.521/51). Esta última lei será aplicável (e não o art. 177 do CP) sempre que o fato tenha lesado ou posto em risco as economias de indefinido número de pessoas, e não de algumas poucas (GÉRSON P. SANTOS, *Direito Penal Econômico*, 1981, p. 151).
- Confronto: Se a sociedade por ações for instituição financeira, oficial ou privada, Lei n. 7.492/86.

Fraude na fundação de sociedade por ações

- Objeto jurídico: O patrimônio.
- Sujeito ativo: Quem promove a fundação.
- Sujeito passivo: Qualquer pessoa.
- Tipo objetivo: O crime é de informação falsa, praticável, alternativamente, mediante afirmação falsa ou ocultação fraudulenta de fato (comissivo ou omissivo). É mister que a informação seja referente a fato *relevante*, pois deve possuir potencialidade danosa. A informação deve ser dada em prospecto, ou em comunicação ao público ou à assembleia.
- Tipo subjetivo: É o dolo, representado pela vontade de afirmar ou ocultar, com consciência da falsidade. Na corrente tradicional aponta-se o "dolo genérico". Não há forma culposa.
- Consumação: Com a afirmação falsa ou a ocultação fraudulenta, independentemente de efetivo prejuízo.
- Tentativa: Teoricamente é admissível.
- Classificação: Crime próprio quanto ao sujeito, doloso, comissivo ou omissivo, subsidiário, formal, de perigo.
- Pena: Reclusão, de um a quatro anos, e multa.
- Ação penal: Pública incondicionada.

Fraude sobre as condições econômicas de sociedade por ações (§ 1º, I)

- **Objeto jurídico:** O patrimônio.
- **Sujeito ativo:** O diretor, gerente ou fiscal (crime próprio), não se incluindo o membro do conselho de administração.
- **Sujeito passivo:** Qualquer pessoa.
- **Tipo objetivo:** Semelhante ao do *caput*. No entanto, a afirmação falsa ou a ocultação fraudulenta (total ou parcial) é relativa às condições econômicas da sociedade (já constituída), e feita em prospecto, relatório, parecer, balanço, comunicação ao público ou à assembleia. O fato também deve ser relevante.
- **Tipo subjetivo:** Igual ao do *caput*.
- **Consumação:** Com a afirmação falsa ou a ocultação fraudulenta, independentemente de efetivo prejuízo.
- **Tentativa:** Teoricamente é admissível.
- **Concurso de pessoas:** Embora crime próprio, pode haver participação, na forma do CP, arts. 29 e 30.
- **Confronto:** Tratando-se de instituição financeira, Lei n. 7.492/86, art. 6º.
- **Classificação:** Crime próprio quanto ao sujeito, doloso, comissivo ou omissivo, formal, de perigo, subsidiário.
- **Pena e ação penal:** Iguais às do *caput*.

Falsa cotação de ações ou título de sociedade (§ 1º, II)

- **Sujeito ativo:** O diretor, gerente ou fiscal (crime próprio), não se incluindo o membro do conselho de administração.
- **Tipo objetivo:** A conduta é promover falsa cotação, mediante qualquer artifício (*fraude*). O objeto material são as ações ou títulos da sociedade. Deve tratar-se de empresa cujos títulos tenham cotação regular no mercado. A falsa cotação tanto pode ser para aumentar como para diminuir o valor das ações.
- **Tipo subjetivo:** Dolo. Para a doutrina tradicional é o "dolo genérico". Não há forma culposa.
- **Consumação:** Com a obtenção da falsa cotação, independentemente de efetivo dano.
- **Tentativa:** Admite-se.
- **Concurso de pessoas:** Embora crime próprio, pode haver participação.
- **Classificação:** Crime próprio quanto ao agente, doloso, formal, de perigo, subsidiário.
- **Pena e ação penal:** Iguais às do *caput*.

Empréstimo ou uso indevido de bens ou haveres (§ 1º, III)

- **Sujeito ativo:** O diretor ou gerente da sociedade (crime próprio).
- **Sujeito passivo:** A própria sociedade ou seus acionistas.
- **Tipo objetivo:** Duas são as condutas alternativamente incriminadas: *tomar empréstimo à sociedade* ou *usar bens* (móveis ou imóveis) ou *haveres sociais* (dinheiro, título etc.), que são o objeto material. É necessário que o comportamento ocorra "sem prévia autorização da assembleia geral". Tal autorização é vedada às instituições financeiras e outras semelhantes.
- **Tipo subjetivo:** Dolo e o elemento subjetivo do tipo ("em proveito próprio ou de terceiro"), que expressa a especial finalidade de agir. Não há modalidade culposa. Na doutrina tradicional é o "dolo específico".
- **Consumação:** Com o uso ou empréstimo, independentemente da verificação de prejuízo.
- **Tentativa:** Admite-se.
- **Concurso de pessoas:** Pode haver (arts. 29 e 30 do CP).
- **Classificação:** Crime próprio quanto ao sujeito, doloso, formal, de perigo, subsidiário.
- **Confronto:** Tratando-se de instituições financeiras, Lei n. 4.595/64, art. 34, I e § 1º.
- **Pena e ação penal:** Iguais às do *caput*.

Compra e venda de ações da sociedade (§ 1º, IV)

- **Sujeito ativo:** O diretor ou gerente (crime próprio).
- **Tipo objetivo:** O que se pune é a compra ou venda, *por conta da sociedade*. Objeto material são as ações emitidas pela sociedade. A conduta é lícita nos casos em que a lei a autoriza ("salvo quando a lei o permite"), como se vê do art. 30 da Lei n. 6.404/76 (Lei das Sociedades Anônimas).
- **Tipo subjetivo:** Dolo. Não há punição a título de culpa. Na escola tradicional é o "dolo genérico".
- **Consumação:** Com o ato da compra ou venda, independentemente de efetivo prejuízo para a empresa.
- **Tentativa:** Admite-se.
- **Concurso de pessoas:** Apesar de ser delito próprio, pode haver participação de acordo com os arts. 29 e 30 do CP.
- **Classificação:** Crime próprio quanto ao agente, doloso, formal e subsidiário.
- **Pena e ação penal:** Iguais às do *caput*.

Caução de ações da sociedade (§ 1º, V)

- **Sujeito ativo:** O diretor ou gerente da sociedade (crime próprio).
- **Tipo objetivo:** A aceitação deve ser "como garantia de crédito social", não se confundindo com a caução prestada por diretores como garantia de gestão. Como explica MAGALHÃES NORONHA, "para haver o crime, é necessário tenha a sociedade crédito contra acionista ou contra terceiro, e que, como garantia desse crédito, o diretor ou o gerente aceite ações da própria sociedade" (*Direito Penal*,1995, v. II, p. 466).
- **Tipo subjetivo:** Dolo. Não há forma culposa. Na doutrina tradicional é o "dolo genérico".
- **Consumação:** Com a aceitação, sendo desnecessária a ocorrência de efetivo dano.
- **Concurso de pessoas:** Pode haver participação (CP, arts. 29 e 30).
- **Classificação:** Crime próprio quanto ao sujeito, doloso, formal e subsidiário.
- **Pena e ação penal:** Idênticas às do *caput*.

Distribuição de lucros ou dividendos fictícios (§ 1º, VI)

- **Sujeito ativo:** O diretor ou gerente (crime próprio).
- **Tipo objetivo:** Pune-se o ato de *distribuir* (colocar à disposição) lucros ou dividendos *fictícios* (irreais), mediante balanço falso ou em desacordo com balanço verdadeiro, ou, ainda, na falta de balanço.
- **Tipo subjetivo:** Dolo. Não há modalidade culposa. Para a corrente tradicional é o "dolo genérico".
- **Consumação:** Com a distribuição dos lucros, independentemente da obtenção de proveito pelo agente.
- **Tentativa:** Admite-se.
- **Concurso de pessoas:** Pode haver participação, na forma dos arts. 29 e 30 do CP.
- **Classificação:** Crime próprio quanto ao sujeito, doloso, formal e subsidiário.
- **Pena e ação penal:** Iguais às do *caput*.

Aprovação fraudulenta de conta ou parecer (§ 1º, VII)

- **Sujeito ativo:** O diretor, gerente ou fiscal (crime próprio).
- **Tipo objetivo:** O inciso contém duas modalidades: *a.* conseguir a aprovação por *interposta pessoa* ("testa de ferro", "homem de palha") que comparece para votar; ou *b.* conseguir a aprovação *conluiado com acionista* (este verdadeiro) de má-fé, aliciado ou subornado. O objeto material é a *conta* ou o *parecer*. Entendemos ser necessário que as contas ou pareceres estejam em desacordo com a realidade, pois o crime é de fraude (*a favor*: HUNGRIA, *Comentários ao Código Penal*,1967, v. VII, p. 292; *contra*: PEDRAZI e PAULO JOSÉ DA COSTA JR., *Direito Penal das Sociedades Anônimas*, 1973, pp. 216-217). A interposta pessoa e o acionista de má-fé que se conluia serão partícipes, este último apesar da figura do § 2º do art. 177 (HUNGRIA, *Comentários ao Código Penal*, 1967, v. VII, p. 293).

- **Tipo subjetivo:** Dolo. Não há forma culposa. Para os tradicionais é o "dolo genérico".
- **Consumação:** Com a efetiva aprovação.
- **Tentativa:** Admite-se.
- **Concurso de pessoas:** Pode existir participação (CP, arts. 29 e 30).
- **Pena e ação penal:** Iguais às do *caput*.

Crimes do liquidante (§ 1º, VIII)

- **Liquidantes:** Expressamente, é estendida aos liquidantes da sociedade a responsabilidade pelas fraudes do § 1º, I a V e VII (mas não pela do item VI).

Crimes do representante de sociedade estrangeira (§ 1º, IX)

- **Noção:** Ao *representante* de sociedade anônima *estrangeira*, autorizada a funcionar no País, é estendida a incriminação dos incisos I e II deste § 1º. Além disso, incorrerá ele nas mesmas penas do *caput* do artigo, se *der* (prestar) *falsas informações ao Governo*.
- **Informações falsas:** O sujeito ativo deve ser representante de sociedade estrangeira, mas pode haver participação de terceiros (CP, arts. 29 e 30). Falsas informações são as inverídicas, inexatas ou mentirosas. Requer-se que elas tenham potencialidade danosa e sejam prestadas a órgãos oficiais. O comportamento só é punido a título de dolo, ou seja, a vontade de dar falsas informações, com consciência de sua inverdade. O delito é formal, consumando-se, instantaneamente, com a prestação das informações. A tentativa pode ser hipoteticamente admitida, mas é de difícil ocorrência na prática. A falsidade ideológica ficará absorvida, mas pode, em tese, haver concurso com o falso material, na hipótese de adulteração de documentos que acompanhem as informações.

Negociação de voto (§ 2º)

- **Sujeito ativo:** O acionista (crime próprio).
- **Tipo objetivo:** Pune-se a *negociação* (compra ou venda) de voto nas deliberações de assembleia geral. É lícito, porém, *o acordo de acionistas*, previsto na Lei n. 6.404/76, o que leva Magalhães Noronha a considerar *derrogado* este § 2º do art. 177 do CP (*Direito Penal*,1995, v. II, p. 471).
- **Tipo subjetivo:** Dolo e o elemento subjetivo do tipo "a fim de obter vantagem para si ou para outrem". Na doutrina tradicional é o "dolo específico". Evidentemente, não há modalidade culposa.
- **Consumação:** Com a negociação do voto, independentemente do seu próprio pronunciamento na assembleia.
- **Concurso de pessoas:** Pode haver participação (CP, arts. 29 e 30).
- **Classificação:** Delito próprio quanto ao sujeito, doloso, subsidiário e formal.
- **Confronto:** Na hipótese de o acionista praticar a figura do § 1º, VII, é ela que prevalece e não a deste § 2º (*vide* nota neste art. 177, § 1º, VII).
- **Pena:** Detenção, de seis meses a dois anos, e multa.
- **Ação penal:** Pública incondicionada.

Jurisprudência

- **Delito formal:** O crime do art. 177, § 1º, III, do CP, é de mera conduta, dispensando a existência de perigo concreto (STF, *RT* 514/442).
- **Interventor:** Interventor de cooperativa agrícola que se utiliza, em proveito próprio e de terceiros, de dinheiro pertencente à sociedade, sem prévia autorização da assembleia geral, pratica, em tese, o delito do art. 177, § 1º, III, do CP (STF, *mv – RT* 533/424).
- **Falsa afirmação em balanço (reavaliação do estoque de mercadorias pelo valor do mercado e não pelo custo):** Em época de espiral inflacionária, a reavaliação do ativo, ainda que por critério pouco usual (art. 183, § 4º, da Lei n. 6.404/76), não configura o art. 177, § 1º, I; inexiste fraude se o critério foi adotado às claras, com conhecimento dos acionistas que o aprovaram, não se tendo demonstrado prejuízo a terceiros (STJ, RHC 505, *DJU* 7.5.90, p. 3834).

EMISSÃO IRREGULAR DE CONHECIMENTO DE DEPÓSITO OU *WARRANT*

Art. 178. Emitir conhecimento de depósito ou *warrant*, em desacordo com disposição legal:

Pena – reclusão, de 1 (um) a 4 (quatro) anos, e multa.

- **Suspensão condicional do processo:** Cabe, atendidas as condições do art. 89 da Lei n. 9.099/95.

Emissão irregular de conhecimento de depósito ou warrant
- **Noção:** O *warrant* é usado no comércio como *título de garantia*, emitido sobre mercadorias depositadas em armazéns gerais, de acordo com o *conhecimento de depósito*. Tanto um como outro são títulos que circulam por endosso e a posse de ambos dá ao possuidor a propriedade das mercadorias neles mencionadas.
- **Objeto jurídico:** O patrimônio.
- **Sujeito ativo:** Qualquer pessoa.
- **Sujeito passivo:** O portador ou endossatário dos títulos.
- **Tipo objetivo:** O Decreto n. 1.102, de 21.11.1903, estabelece a forma de emissão dos títulos e os casos em que ela é irregular. *Emitir* é pôr em circulação, não bastando a simples formação do conhecimento ou do *warrant*. O elemento normativo "em desacordo com disposição legal" é indispensável à tipificação do crime, tratando-se de lei penal em branco.
- **Tipo subjetivo:** Dolo, ou seja, a vontade livre e consciente de emitir os títulos, ciente da sua irregularidade. Inexiste forma culposa. Na corrente tradicional é o "dolo genérico".
- **Consumação:** Com a circulação dos títulos, sem dependência de efetivo prejuízo.
- **Tentativa:** Inadmissível.
- **Classificação:** Crime comum quanto ao agente, doloso, formal, de perigo.
- **Pena:** Reclusão, de um a quatro anos, e multa.
- **Ação penal:** Pública incondicionada.

Jurisprudência
- **Tipo objetivo:** A emissão irregular de conhecimento de depósito e *warrant*, inexistindo a respectiva mercadoria no armazém, configura o art. 178 do CP (TJSP, *RT* 501/265).
- **Concurso com estelionato:** A emissão de *warrants* e conhecimentos falsos, para a obtenção de empréstimos bancários, é crime-meio para alcançar o estelionato, sendo por este absorvida (TFR, Ap. 4.480, *DJU* 26.5.83, p. 7399).

FRAUDE À EXECUÇÃO

Art. 179. Fraudar execução, alienando, desviando, destruindo ou danificando bens, ou simulando dívidas:

Pena – detenção, de 6 (seis) meses a 2 (dois) anos, ou multa.

Parágrafo único. Somente se procede mediante queixa.

- **Transação e suspensão condicional do processo:** Cabem (arts. 72, 74 e 89 da Lei n. 9.099/95).

Fraude à execução
- **Objeto jurídico:** O patrimônio.
- **Sujeito ativo:** O devedor executado judicialmente; se for comerciante, o crime poderá ser falimentar.

- **Sujeito passivo:** O credor que está executando.

- **Tipo objetivo:** É imprescindível à tipificação que haja uma ação executiva, um *processo de execução* contra o agente, não bastando a existência de um *processo de conhecimento*. Como bem observa CESAR ROBERTO BITENCOURT, "não nos parece correta a abrangência que se tem dado à locução *fraude à execução* para alcançar o processo de conhecimento", pois "o direito penal não admite interpretação extensiva" (*Código Penal Comentado*, 5ª ed., São Paulo, Saraiva, 2009, p. 717). A esse argumento, acrescentamos outro: não seria admissível que a simples existência de uma ação de conhecimento ou mesmo de um título executivo pré-constituído viesse impedir o devedor de alienar seus bens, mesmo porque a ação de execução poderá não vir a ser proposta pelo credor. Nesse sentido, entendendo ser necessária uma "execução iniciada", sob pena de "transpor os lindes da oração do artigo e esquecer o *nomen juris* do crime", MAGALHÃES NORONHA (*Direito Penal*, 2ª ed., Saraiva, v. 2, p. 606). Em sentido contrário, sustentando ser suficiente a existência de uma sentença condenatória a ser executada, HELENO CLÁUDIO FRAGOSO (*Lições de Direito Penal – Parte Especial*, 11ª ed., Forense, v. 1, p. 308); PAULO JOSÉ DA COSTA JR. (*Código Penal Comentado*, 9ª ed., São Paulo, DPJ, 2007, p. 614), DAMÁSIO DE JESUS (*Direito Penal*, 29ª ed., São Paulo, Saraiva, 2009, v. 2, p. 493), FERNANDO CAPEZ (*Curso de Direito Penal – Parte Especial*, 6ª ed., São Paulo, Saraiva, v. 2, p. 561) e LUIZ REGIS PRADO (*Curso de Direito Penal Brasileiro – Parte Especial*, 5ª ed., São Paulo, Revista dos Tribunais, v. 2, p. 631). *Fraudar execução* é tornar inócua ação de execução proposta com base em sentença judicial ou título executivo pré-constituído, pela inexistência (real ou simulada) de bens. Taxativamente, são arroladas as formas de *frustrar*: alienando, desviando, destruindo ou danificando bens, ou, ainda, simulando dívidas. É indispensável que o devedor tenha "ciência *inequívoca*..., ainda que extrajudicialmente, de que seus bens estão na iminência de penhora" (HUNGRIA, *Comentários ao Código Penal*, 3ª ed., Rio de Janeiro, Forense, v. VII, p. 296), e que a diminuição do seu patrimônio torne impossível a execução da dívida. Evidentemente, se a lei processual civil não considerar o ato fraude à execução não se poderá cogitar da figura penal.

- **Tipo subjetivo:** O dolo, isto é, a vontade livre e consciente de alienar, desviar, destruir ou danificar bens, ou simular dívidas, e o elemento subjetivo do tipo, que é o fim de fraudar a execução. Não há forma culposa. Para a doutrina tradicional é o "dolo específico".

- **Consumação:** No momento em que a execução torna-se irrealizável pela alienação, desvio etc.

- **Tentativa:** Admite-se.

- **Concurso de pessoas:** Pode haver (CP, arts. 29 e 30).

- **Classificação:** Delito próprio quanto ao sujeito, doloso, material, de conduta e resultado.

- **Confronto:** Tratando-se de devedor comerciante, *ver* crimes falimentares na Lei n. 11.101/2005.

- **Pena:** É *alternativa*: detenção, de seis meses a dois anos, ou multa.

- **Ação penal:** É privada (queixa-crime).

Jurisprudência

- **Tipo objetivo:** A alienação por justo preço, que não cause diminuição relevante do ativo patrimonial, carece de ilicitude penal, até porque a mera propositura de uma ação executória não torna indisponível todo o patrimônio do devedor executado (TACrSP, *RJDTACr* 13/164-5). A infração é material e não haverá o delito se o comportamento não afetar o patrimônio do devedor; a enumeração das condutas é taxativa e não pode ser analogicamente ampliada, não configurando o crime a renúncia de usufruto penhorado por parte do devedor (TACrSP, *RT* 502/303). Configura o delito a venda de automóvel de sua propriedade no curso de ação de execução, sem a reserva de bens suficientes para a quitação do débito cobrado (TJPR, 5ª CCr, Ap. 025.9029-0, j. 13.7.2006). Também configura a transferência de todos os bens para outra empresa, após o ajuizamento de ação de execução (Turma Recursal Criminal do JECr/RS, Ap. 71001745595, j. 25.8.2008).

- **Ação judicial:** Só se configura o delito na pendência de lide civil, após a citação do devedor para o processo, quer de conhecimento ou de execução (TAPR, *RT* 520/478; TACSP, *RT* 567/102).

- **Ciência:** Para a tipificação deste art. 179, é necessário que o agente tenha conhecimento da existência de ação ajuizada (TACrSP, *Julgados* 87/237). Exige-se a citação do devedor (TACivSP, *RT* 476/152).

- **Bens penhorados:** Em tese, poderia configurar o ato do executado que, após a penhora dos bens em ação de execução, os vende a terceiro, com prejuízo para o arrematante (TACrSP, *RT* 536/313), ou os substitui por outros de menor valor (TACrSP, *RJDTACr* 22/206).

- **Penhora:** Recaindo sobre as ações penhora realizada em ação executiva, a transferência delas, sem substituição por outros bens, pode configurar, em tese, o delito do art. 179 (TACrSP, *RT* 431/323).

- **Títulos executivos pré-constituídos:** Não é indispensável que haja uma sentença, bastando, no caso de títulos executivos pré-constituídos, o ajuizamento da ação de execução, e que deste tenha conhecimento o devedor, não precisando haver penhora para sua configuração (TACrSP, *Julgados* 87/237).

- **Propriedade do bem penhorado:** Básica para a configuração da fraude é a efetiva propriedade do bem a ser penhorado, o que não ocorre no caso de escritura pública de venda e compra não registrada no cartório imobiliário competente (TACrSP, *RJDTACr* 22/207).

- **Ação penal:** Só se procede mediante queixa-crime (TACrSP, *RT* 526/362).

- **Especialidade:** O art. 179 exclui a incidência de qualquer outro tipo penal (TJSP, *RT* 637/261).

Capítulo VII
DA RECEPTAÇÃO

RECEPTAÇÃO

Art. 180. Adquirir, receber, transportar, conduzir ou ocultar, em proveito próprio ou alheio, coisa que sabe ser produto de crime, ou influir para que terceiro, de boa-fé, a adquira, receba ou oculte:

Pena – reclusão, de 1 (um) a 4 (quatro) anos, e multa.

RECEPTAÇÃO QUALIFICADA

§ 1º Adquirir, receber, transportar, conduzir, ocultar, ter em depósito, desmontar, montar, remontar, vender, expor à venda, ou de qualquer forma utilizar, em proveito próprio ou alheio, no exercício de atividade comercial ou industrial, coisa que deve saber ser produto de crime:

Pena – reclusão, de 3 (três) a 8 (oito) anos, e multa.

§ 2º Equipara-se à atividade comercial, para efeito do parágrafo anterior, qualquer forma de comércio irregular ou clandestino, inclusive o exercido em residência.

RECEPTAÇÃO CULPOSA

§ 3º Adquirir ou receber coisa que, por sua natureza ou pela desproporção entre o valor e o preço, ou pela condição de quem a oferece, deve presumir-se obtida por meio criminoso:

Pena – detenção, de 1 (um) mês a 1 (um) ano, ou multa, ou ambas as penas.

§ 4º A receptação é punível, ainda que desconhecido ou isento de pena o autor do crime de que proveio a coisa.

§ 5º Na hipótese do § 3º, se o criminoso é primário, pode o juiz, tendo em consideração as circunstâncias, deixar de aplicar a pena. Na receptação dolosa, aplica-se o disposto no § 2º do art. 155.

§ 6º Tratando-se de bens do patrimônio da União, de Estado, do Distrito Federal, de Município ou de autarquia, fundação pública, empresa pública, sociedade de economia mista ou empresa concessionária de serviços públicos, aplica-se em dobro a pena prevista no *caput* deste artigo.

- **Alterações:** A Lei n. 9.426, de 24.12.96, publicada no *DOU* de 26.12.96 e retificada no *DOU* de 15.1.97, alterou o *caput* e os §§ 1º a 4º do artigo, acrescentando-lhe os §§ 5º e 6º. A Lei n. 13.531, de 7.12.2017, deu nova redação ao § 6º.

- *Nomen juris* (receptação culposa): Embora a Lei n. 9.426/96, por evidente lapso, não tenha aposto o *nomen juris* "receptação culposa" no atual § 3º, como antes constava do antigo § 1º, optamos por mantê-lo no novo texto, por questão didática.

- **Transação:** Cabe no § 3º, preenchidos os requisitos do art. 76 da Lei n. 9.099/95.

- **Suspensão condicional do processo:** Cabe no *caput*, desde que não combinado com o § 6º, e no § 3º, atendidas as condições do art. 89 da Lei n. 9.099/95.

Receptação dolosa (caput)

- **Objeto jurídico:** O patrimônio.

- **Sujeito ativo:** Qualquer pessoa, *exceto* o autor, coautor ou partícipe do crime original.

- **Sujeito passivo:** É o próprio sujeito passivo do crime de que adveio a coisa receptada.

- **Pressuposto:** É indispensável que o objeto material do delito de receptação seja coisa *produto de crime*, pois, sem tal pressuposto, não há receptação. Não basta que seja produto de contravenção. É necessário que se trate de produto de *crime* mesmo, não compreendendo os instrumentos do delito. Quanto à natureza ou objetividade do crime original, pode ele ser contra o patrimônio ou não, admitindo-se, até, que haja receptação de receptação. O crime de receptação é autônomo (*vide* nota ao § 4º deste art. 180).

- **Objeto material:** Deve ser coisa móvel (ou imóvel mobilizada), sendo imprescindível que se trate de produto de crime (*vide* nota Pressuposto). Embora a lei empregue a palavra "coisa", entendemos que não se deve interpretá-la como incluindo os imóveis. A receptação, tanto etimologicamente como na acepção usual, tem a significação de dar receptáculo, esconder, recolher. Não se compatibiliza, pois, com os bens imóveis (*contra*, incluindo os imóveis: HELENO FRAGOSO, *Lições de Direito Penal – Parte Especial*, 1995, v. I, p. 336).

- **Tipo objetivo:** Na *receptação própria* (primeira parte do *caput*), a conduta é *adquirir* (aquisição onerosa ou gratuita), *receber* (a qualquer título), *transportar* (levar, carregar), *conduzir* (guiar, dirigir) ou *ocultar* (esconder ou tornar irreconhecível) coisa que sabe ser produto de crime. Na *receptação imprópria* (segunda parte do *caput*) o comportamento é *influir* (sugerir, inspirar) para que terceiro, de boa-fé, a adquira, receba ou oculte. A nova redação dada ao *caput* pela Lei n. 9.426/96 deixou de incluir, na receptação imprópria, a conduta de influir para que terceiro a transporte ou conduza. É mister que o terceiro esteja de boa-fé (ele não comete crime), pois, caso contrário, o terceiro seria autor de receptação *própria* (primeira parte do *caput*).

- **Tipo subjetivo:** Tanto na receptação própria como na imprópria (primeira e segunda partes do *caput*), é o *dolo*, ou seja, a vontade livre e consciente de adquirir, receber, transportar, conduzir, ocultar ou influir para que terceiro adquira, receba ou oculte, *sabendo* tratar-se de produto de crime. Não basta o dolo eventual, sendo indispensável o *dolo direto*: que o agente *saiba* (tenha ciência, certeza) de que se trata de produto de crime. E o elemento subjetivo do tipo, referido pelo especial fim de agir ("em proveito próprio ou alheio"), que deve existir tanto na receptação própria como na imprópria. O dolo deve ser *antecedente* ou *contemporâneo* à ação, na opinião, que reputamos mais acertada, da maioria dos autores (HELENO FRAGOSO, *Lições de Direito Penal – Parte Especial*, 1995, v. I, p. 338; MAGALHÃES NORONHA, *Direito Penal*, 1995, v. II, p. 493; DAMÁSIO DE JESUS, *Direito Penal*, 29ª ed., São Paulo, Saraiva, 2009, v. 2, p. 511; *contra*, admitindo o dolo subsequente: HUNGRIA, *Comentários ao Código Penal*, 1967, v. VII, pp. 306-307). Na doutrina tradicional pede-se o "dolo específico". A culpa dá lugar à receptação culposa (*vide* nota ao § 3º deste art. 180).

- **Consumação:** Na receptação *própria* (primeira parte do *caput*), o crime é *material*, consumando-se com a efetiva aquisição, recebimento, transporte, condução ou ocultação (nesta última modalidade, é crime permanente). Na receptação *imprópria* (segunda parte do *caput*), o crime é *formal*, consumando-se com a conduta idônea a influir, na opinião da maioria dos doutrinadores; todavia, para parte da jurisprudência, é necessário que o terceiro de boa-fé pratique, efetivamente, o ato para o qual foi induzido (*vide* jurisprudência).

- **Reparação do dano:** Cf. CP, art. 16.

- **Concurso de pessoas:** Pode haver.

- **Tentativa:** Na receptação *própria* (primeira parte do *caput*) é admitida. Na receptação *imprópria* (segunda parte do *caput*) não se admite a tentativa.

- **Classificação:** Crime comum quanto ao sujeito, doloso, material (na primeira parte) ou formal (na segunda parte), comissivo.

- **Noção:** O crime será *único*, ainda que o agente adquira coisas originárias de delitos diversos, desde que o faça de uma só vez; caso contrário, haverá crime *continuado*.

- **Confronto:** Com outro fim de agir, a conduta pode ser enquadrada no delito de favorecimento real (CP, art. 349). Se o objeto material for moeda falsa, art. 289, § 1º, do CP. Se for mercadoria produto de contrabando ou descaminho, *vide* nota ao CP, art. 334, § 1º, *d*. Tratando-se de fita de vídeo, art. 184, § 2º, do CP. Tratando-se de adulteração ou remarcação de número de chassi ou qualquer sinal identificador de veículo automotor, de seu componente ou equipamento, art. 311 do CP.

- **Pena:** Reclusão, de um a quatro anos, e multa.

- **Ação penal:** É pública incondicionada. Cf. CP, arts.181 a 183. Embora a receptação seja crime autônomo, a competência, por força de conexão processual, é do juízo onde se consumou o crime de que a coisa receptada adveio.

Jurisprudência da receptação dolosa

- **Dolo:** Tanto na forma própria como na imprópria da receptação dolosa, é imprescindível o dolo direto, não bastando o eventual (TJSP, Ap. 00006235720128260224, *DJ* 26.10.2014; TACrSP, *RT* 704/350, *RJDTACr* 20/156; TAMG, *RJTAMG* 54-55/466, Ap. 0362260-8, j. 10.9.2002, *Bol. IBCCr* 131/744). A conduta do agente de evitar a guarnição policial e de conduzir veículo com placa visivelmente adulterada evidenciam seu conhecimento da origem ilícita da coisa (TJRS, Ap. 70060793064, rel. Des. Cristina Pereira Gonzales, j. 20.8.2014).

- **Certeza da origem:** Para a condenação há necessidade de prova extreme de dúvida do conhecimento do agente sobre a origem criminosa dos bens apreendidos em seu poder (TJRS, Ap. 70049067846, j. 14.7.2013). Para a receptação dolosa, é imprescindível que o agente tenha certeza da origem criminosa da coisa (STF, *mv – RT* 599/434;

TJDF, Ap. 11.303, *DJU* 3.2.93, p. 2105, *in RBCCr* 2/241; TJSP, *RT* 759/592; TACrSP, *RJDTACr* 20/156; TJMS, *RT* 606/396; TARS, *RF* 263/340; TJRJ, *RF* 260/326; TJBA, *BF* 36/157), devendo a prova a respeito ser certa e irrefutável (TRF da 5ª R., Ap. 219, *mv* – *DJU* 20.6.91, p. 14464; TJRJ, *RT* 812/657). A prévia ciência da origem criminosa não se presume e meras suspeitas não autorizam a decisão condenatória pelo art. 180, *caput* (TJPR, Ap. 0463282-0, *DJU* 5.12.2008, *in Bol. IBCCr* 194/1231). É necessária a identificação do delito antecedente, definindo-se com clareza em que consistiria a origem ilícita da coisa (TJRS, *RT* 780/688). Se o acusado, ao adquirir o veículo, procurou a própria polícia para certificar-se da licitude da origem, não se configura a receptação (TACrSP, Ap. 1.225.053-3, j. 29.1.2001, *Bol. AASP* n. 2.218, p. 417).

▪ **Inadmissibilidade de presunção:** Comprar bens em local onde se sabe que grande parte deles ali vendidos e/ou trocados é proveniente de atividade criminosa, não caracteriza, por si só, receptação dolosa, caracterizando mais das vezes apenas a conduta culposa (TJSE, *RT* 875/649). O fato de ter adquirido motocicleta com a promessa de obter a documentação obrigatória, não conduz ao entendimento de que teria ciência da sua origem ilícita, desclassificando-se para a modalidade culposa (TJRS, *RT* 857/699).

▪ **Absolvição – dúvida:** Sendo os destinatários do mandado de busca outras pessoas, a única coisa certa é a apreensão das coisas na casa da ré. Ausência da demonstração de sua vinculação com as coisas apreendidas. Referências na prova testemunhal, a outras pessoas que poderiam ter deixado lá as coisas apreendidas (TJRS, Ap. 70058732546, rel. Des. Ivan Leomar Bruxel, *DJ* 8.9.2014). A inexistência de provas seguras e inequívocas de que o réu tenha praticado o crime de receptação, implica absolvição com base no art. 386, VII, do CPP e no princípio humanitário do *in dubio pro reo* (TJRS, Ap. 70059694182, rel. Des. Lizete Andreis Sebben, *DJ* 29.8.2014).

▪ **Ônus da prova:** O ônus da prova da acusação competia ao Ministério Público, que não deu cumprimento ao disposto no art. 156, primeira parte, do CPP; ao órgão acusador é obrigatório comprovar aquilo que alega (TJDF, Ap. 20070810012745-DF, j. 6.12.2012). *Contra*: Cabe ao acusado oferecer justificativa idônea acerca da origem dos bens (54 videocassetes, 50 fornos de micro-ondas, 75 televisores, 1.593 máquinas de escrever, 1.691 volumes de material fotográfico etc.) apreendidos em sua chácara (TACrSP, *RT* 746/630, *RJDTACr* 6/133; *RT* 813/605). Incumbe ao agente o ônus de comprovar que desconhecia a origem ilícita do bem, não se desclassificando para a modalidade culposa (TJSC, Ap. 2014.005260-0, j. 10.6.2014; TJMG, Ap. 10693050423500001, j. 14.6.2013).

▪ **Certeza antecedente ou contemporânea:** O conhecimento da origem criminosa da coisa deve ser anterior ou concomitante à ação de adquirir, receber ou ocultar; se esse conhecimento é posterior, não há o crime (TACrSP, *RT* 580/373).

▪ **Bem apreendido com outrem:** A mera ciência de que o celular apreendido com um dos comparsas era produto de roubo, não se amolda a nenhuma das hipóteses previstas no art. 180 do CP, ainda que estivesse fazendo cotação para vendê-lo (TJSP, *RT* 875/554).

▪ **Empréstimo:** Se o réu encontra-se na posse da motocicleta apenas por empréstimo, diante da necessidade de se movimentar para resolver questão relacionada à apreensão de seu próprio veículo, absolve-se (TJDF, *RT* 807/667).

▪ **Proveito próprio ou alheio:** É necessário que o agente atue com a intenção de obter proveito para si ou para terceiro (TACrSP, *Julgados* 82/334), o que não ocorre no caso de mecânico que recebe automóvel para executar a remoção do motor, mediante pagamento, ainda que sabendo da origem ilícita do veículo (TACrSP, *RJDTACr* 23/331-332).

▪ **Princípio da insignificância:** Absolve-se, se adquiriu botijão de gás avaliado em R$ 30,00, ciente da procedência ilícita, o qual foi apreendido e restituído à vítima (TJMT, *RT* 855/638).

▪ **Favorecimento:** Se o agente oculta a coisa furtada em proveito exclusivo do próprio autor do furto, não comete receptação dolosa, mas, sim, o delito de favorecimento real previsto no art. 349 do CP (TACrSP, *RT* 752/620). Há favorecimento e não receptação, quando o objetivo é auxiliar o autor do crime e não a obtenção de proveito próprio ou de terceiro (TACrSP, *RF* 279/330, *RJDTACr* 21/279), como no caso de quem, mediante pagamento, monta motocicleta danificada com peças de outra seminova, que é objeto de furto (TACrSP, *RJDTACr* 22/351).

■ Ocultação: Na modalidade de ocultar, a receptação é crime de natureza permanente (TFR, Ap. 6.560, *DJU* 17.10.85, p. 18323).

■ Pedido de resgate: Pratica receptação dolosa quem, após encontrar bem furtado, ao invés de informar a polícia ou o proprietário sobre o seu paradeiro, passa a exigir importância a título de resgate, obtendo proveito ilícito (TACrSP, *RJDTACr* 24/304-5).

■ Receptação de receptação: Pode haver receptação de receptação, mas é necessário que a coisa conserve sempre seu caráter delituoso; assim, se a coisa é adquirida por terceiro de boa-fé que a transmite a outro, não há receptação deste, mesmo que saiba que a coisa provém de crime (TAMG, *RJTAMG* 28/369; TACrSP, *RT* 508/382).

■ Crime único: Haverá um só crime se a receptação compreender vários objetos, provenientes de vários delitos, sendo a ação uma só (STF, *RTJ* 65/57).

■ Crime-meio: A receptação dolosa fica absorvida pelo estelionato, se após adquirir um talonário de cheques sabendo de sua origem criminosa, o agente se utiliza dele fraudulentamente para pagar mercadoria (TACrSP, *RJDTACr* 24/353).

■ Receptação imprópria: Para a receptação imprópria, não basta a mediação, sendo necessário que o terceiro de boa-fé efetivamente adquira, receba ou oculte (FRANCESCHINI, *Jurisprudência*,1976, v. IV, n. 5.591; *contra*: *idem*, n. 5.597). A denúncia, sob pena de inépcia, deve apontar como e contra quem foi exercida a influência para a aquisição e se era ela eficaz para alcançar o resultado (TACrSP, *mv* – *RT* 724/659).

■ Consumação: A receptação, nas modalidades de aquisição e recebimento, é crime instantâneo; já nas de transporte, condução e ocultação, é crime permanente (TRF da 2ª R., RSE 200002010348215, *DJU* 8.9.2003, p. 77, in Bol. IBCCr 135/774). A receptação é crime instantâneo, de modo que a conservação da posse do objeto não é reiteração permanente (TACrSP, *Julgados* 91/141; *contra*: TJMS, *RT* 620/345; STJ, *RT* 809/547). O crime de receptação, na modalidade de adquirir e ocultar, é material e instantâneo (TJSP, *RT* 791/586). A consumação ocorre com a efetiva aquisição, recebimento ou ocultação da coisa, produto de crime anterior, havendo que existir, necessariamente, a disponibilidade dela (STJ, *RT* 782/545).

■ Pressuposto: A receptação pressupõe crime antecedente e o receptador não pode ser responsabilizado sem que definitivamente se declare a existência desse pressuposto (TACrSP, *Julgados* 85/70, *RT* 404/288). Em sentido contrário, *vide* comentários e jurisprudência ao § 4º deste art. 180.

■ Autor do crime antecedente isento de pena: O fato de o autor do crime antecedente ser isento de pena por força do art. 181, II, do CP não afasta a punibilidade do terceiro que pratica a receptação (STJ, REsp 1.419.146/SC, rel. Min. Sebastião Reis Jr., *DJe* 10.10.2014).

■ Autonomia: *Vide* jurisprudência no § 4º deste artigo.

■ Objeto material: A receptação pressupõe que seu objeto material seja produto de crime, compreendendo-se na expressão qualquer crime (STF, *RT* 565/407; TRF da 3ª R., *JSTJ e TRF* 12/333). *Imóvel*: não pode ser imóvel, pois só as coisas móveis ou imóveis mobilizadas podem ser objeto de receptação, até mesmo na hipótese do § 4º (atual § 6º) (STF, *RT* 554/425; TJSP, *RT* 567/280). *Cheque*: Talonário de cheques não pode ser objeto de receptação, por não possuir, em si, valor econômico (STJ, RHC 12.738/SP, j. 17.6.2002, *Bol. IBCCr* 120/657). *Cartão de crédito*: Assim como o talonário de cheques, não pode ser objeto de receptação por não ter valor econômico (STJ, HC 86.267, *DJU* 5.11.2007, in *Bol. IBCCr* 181/1132; REsp 256.160/DF, *DJU* 15.4.2002, in *Bol. IBCCr* 183/1147). É impossível a receptação de título cambiário; quem recebe ou adquire cheque, sabendo ou devendo perceber tratar-se de produto de crime, mas não o cobra nem transfere, não pratica delito algum; se deposita em sua conta ou põe em circulação, pratica estelionato (TACrSP, *RT* 717/414). *Fita de vídeo:* a mera ausência de selo de controle do Concine não caracteriza receptação dolosa por parte do adquirente; a Lei n. 8.635/93, por não ser mais benigna, não pode retroagir (TACrSP, *RJDTACr* 23/330). *Documentos:* É necessária a demonstração de que tenham valor econômico (TJRS, *RT* 780/688).

▪ O crime antecedente deve ter valor monetário ou utilidade mensurável: "O crime previsto no art. 180 do CP, como cediço, conserva acessoriedade material com um crime antecedente, não necessariamente classificado como "crime patrimonial". Indispensável, no entanto, que este crime antecedente produza resultado naturalístico, que ostente valor monetário ou utilidade mensurável economicamente, correspondendo a um prejuízo sofrido pelo seu legítimo proprietário ou possuidor. Hipótese em que o crime antecedente, descrito na denúncia, qual seja, o de ingressar, promover, intermediar, auxiliar ou facilitar a entrada de aparelho telefônico em estabelecimento prisional, consiste em crime formal que não produz resultado naturalístico passível de corresponder a objeto material do crime de receptação. 3. O resultado naturalístico, porventura existente, do crime previsto no art. 349-A do CP, formal e de perigo abstrato, não causa interferência na órbita patrimonial do sujeito passivo, que vem a ser o Estado e, em um segundo plano, a sociedade. 4. Embora não se possa ignorar que o paciente sabia, em tese, da origem ilícita do celular com o qual foi apreendido, pois a *res* entrou no estabelecimento prisional, pela prática do delito previsto no art. 319-A ou no art. 349-A do CP, não há como imputar-lhe a prática do crime de receptação, a menos que haja suspeita fundada de que o aparelho telefônico seja oriundo de um prejuízo ilícito sofrido pelo seu legítimo proprietário ou possuidor (TJRS, 6ª CCr, HC 70058892902, rel. Bernadete Coutinho Friedrich, j. 10.4.2014, public. 16.4.2014).

▪ "Desmanche": Pratica receptação dolosa o negociante de "desmanche" que recebe veículo sem placas e sem documentação, o qual se constata ser proveniente de roubo (TACrSP, *RJDTACr* 19/147). Igualmente aquele que se propõe a alterar a numeração de chassi de automóvel (TJSC, *RT* 774/678).

▪ Confronto com o art. 311 do CP: O crime de receptação não absorve o de adulteração de sinal identificador de veículo automotor, por tratar-se este de crime autônomo (TACrSP, *RT* 792/609).

▪ Confronto com porte ilegal de arma: Se os réus compraram arma de numeração raspada com o fim de possuí-las, a receptação (crime-meio) resta absorvida pelo porte ilegal de arma (crime-fim) (TACrSP, Ap. 1.310.379-9, j. 14.5.2002, *in Bol. IBCCr* 119/652).

▪ Denúncia alternativa: A acusação não pode ser alternativa, pedindo a denúncia a condenação pela receptação dolosa ou, se não provada esta, pela forma culposa (TACrSP, *RT* 606/358).

▪ Denúncia por receptação dolosa e condenação por culposa: Há nulidade se o juiz não observou o antigo art. 384 do CPP (TJBA, *BF* 33/163), que, todavia, não pode ser aplicado em segunda instância – Súmula 453 do STF (TACrSP, *RJDTACr* 10/135).

▪ Tentativa: Não há, se houve acordo para a compra, mas não a entrega da coisa nem o pagamento (TACrSP, *RT* 621/323).

▪ Competência: Não comprovada a autoria do furto, é competente o juízo do local da receptação (STJ, CComp 3.496, *DJU* 3.11.92, pp. 19696-7; *RT* 782/545). Face a existência de anterior delito de contrabando, é competente a Justiça Federal para processar e julgar a receptação da arma contrabandeada (STJ, CComp 15.716, *DJU* 4.3.96, p. 5354, *in RBCCr* 14/429). Desconhecida a autoria do crime de roubo ou furto, não há que se falar em conexão com o delito de receptação. O conflito deve ser solucionado com a prevenção, levando-se em conta onde primeiro se conheceu dos fatos relacionados à receptação (STJ, CComp 118068/AL, rel. Min. Nefi Cordeiro, *DJe* 16.10.2014).

Receptação qualificada (§§ 1º e 2º)

- **Objeto jurídico, sujeitos ativo e passivo e pressuposto:** *Vide* nota ao *caput* do artigo.
- **Sujeito ativo:** Só o comerciante ou o industrial (crime *próprio*).
- **Tipo objetivo:** As condutas alternativamente previstas são *adquirir, receber, transportar, conduzir* ou *ocultar*, já previstas e analisadas no *caput*, bem como *ter em depósito* (em estoque), *desmontar* (desmanchar), *montar* (aprontar para funcionar), *remontar* (tornar a montar, remodelar), *vender* (alienar por certo preço), *expor à venda* (pôr à vista para vender), *ou de qualquer forma utilizar* (fazer uso), *em proveito próprio ou alheio, no exercício de atividade comercial ou industrial*.
- **Tipo subjetivo:** É o dolo eventual, a vontade livre e consciente de adquirir, receber, transportar, conduzir, ocultar, ter em depósito, desmontar, montar, remontar, vender, expor à venda, ou de qualquer forma utilizar, *devendo saber* tratar-se de produto de crime. E o elemento subjetivo do tipo, referido pelo especial fim de agir ("em proveito próprio ou alheio"). Como os casos de culpa devem ser expressos (CP, art. 18, II, parágrafo único) e o princípio da reserva legal (CR, art. 5º, XXXIX; CADH, art. 9º; PIDCP, art. 15, 1; CP, art. 1º) não pode ser desrespeitado, entendemos que a expressão *"deve saber* ser produto de crime" indica *dolo eventual* e não culpa. Aliás, o próprio fato da receptação culposa ser prevista no § 3º não deixa dúvida a respeito. Em igual sentido, PAULO JOSÉ DA COSTA JR., sustentando que bastará, para a configuração do delito do §1º, o *dolo eventual* (*Comentários ao Código Penal*, 6ª ed., Saraiva, 2000, p. 614). Assim como na receptação simples (*caput*), o dolo deve ser *antecedente* ou *contemporâneo* à ação.
- **Inconstitucionalidade do § 1º:** Na opinião de DAMÁSIO E. DE JESUS ("O 'sabe' e o 'deve saber' no crime de receptação", *Bol. IBCCr* n. 52, março de 1997, pp. 5 a 7), é mister que o legislador, "para compor a harmonia típica, altere a redação do § 1º, inserindo a cláusula 'que sabe ou deve saber'". Para esse autor, "o preceito secundário do § 1º deve ser *desconsiderado*". Isto porque, "nos termos das novas redações, literalmente interpretadas, se o comerciante devia saber da proveniência ilícita do objeto material, a pena é de reclusão, de três a oito anos (§ 1º); se sabia, só pode subsistir o *caput*, reclusão de um a quatro anos. A imposição de pena maior ao fato de menor gravidade é inconstitucional, desrespeitando os princípios da harmonia e da proporcionalidade". Assim, "se o comerciante sabia da origem criminosa do objeto material, aplica-se o *caput* do art. 180 (preceitos primário e secundário); (...) se devia saber, o fato se enquadra no § 1º (preceito primário), com a pena do *caput* (preceito secundário)". Em nossa opinião, punir-se o comerciante ou industrial de forma mais gravosa do que o não comerciante ou não industrial encontra justificativa diante da natureza da sua atividade e dos desdobramentos de sua conduta; porém, e aqui assiste razão ao autor citado, entendemos que o legislador deveria, de fato, ter expressamente previsto a conduta *do comerciante ou industrial que age com dolo direto* ("sabe") no § 1º, sob pena de afronta à CR. E ao fazê-lo, poderia, inclusive, prever penas distintas para o comerciante ou industrial que age com dolo direto (situação mais grave) e para aquele que atua com dolo eventual (hipótese menos grave). Enquanto não sanada esta situação, a solução apontada por DAMÁSIO nos parece ser a mais adequada. No mesmo sentido, posicionam-se ALBERTO SILVA FRANCO e outros, consignando, igualmente, que "o preceito sancionatório do § 1º do art. 180 do CP não pode ser aplicado, por lesar o princípio constitucional da proporcionalidade", aduzindo, ainda, que o § 1º do art. 180 do CP é, na verdade, um tipo penal independente e que os conceitos de "saber" e de "deve saber" não se sobrepõem, expressando graus diversos do juízo de conhecimento (*Código Penal e sua Interpretação Jurisprudencial*, 7ª ed., Revista dos Tribunais, v. II, pp. 2966 a 2970). A nosso ver, é de se salientar, em adendo ao acima exposto, que diante do princípio *favor libertatis*, que deve inspirar todo Estado Democrático de Direito, é *inadmissível* o emprego de interpretação com efeitos extensivos em matéria penal, quando tais efeitos venham alargar o âmbito da conduta típica (*vide* nossa nota ao art. 1º do CP, sob o título *Efeitos do princípio*). Tal vedação se impõe, outrossim, independentemente de qual dos métodos interpretativos tenha sido utilizado – gramatical, lógico, histórico-evolutivo, teleológico e sociológico –, mesmo porque, na realidade, eles se complementam, fazendo parte de um todo. Em sentido contrário à posição por nós defendida: LUIZ REGIS PRADO, sustentando que o legislador, ao se utilizar da expressão "deve saber", disse "menos do que queria expressar", devendo-se alargar o § 1º para nele incluir o dolo

direto (*Curso de Direito Penal Brasileiro – Parte Especial*, 2000, v. 2, p. 605); GUILHERME DE SOUZA NUCCI que, após apontar "que houve um lapso na redação da figura qualificada, que merecia, expressamente, as expressões 'que sabe ou deve saber ser produto de crime'", defende que se o § 1º "traz *a forma mais branda de dolo* no tipo penal, de modo expresso e solitário, (...) é de se supor que o dolo direto está implicitamente previsto. O mais chama o menos, e não o contrário" (*Código Penal Comentado*, 9ª ed., São Paulo, Revista dos Tribunais, 2009, p. 822); o sempre respeitável DAVID TEIXEIRA DE AZEVEDO, para quem "os membros da Comissão, numa verdadeira interpretação autêntica, após demorada discussão sobre o dispositivo, quiseram dar-lhe o sentido, com a utilização da locução 'que deve saber', a de *dolo direto*, diretíssimo diríamos, entendido como ciência presente, atual, certa e pontual da proveniência ilícita da coisa" ("O crime de receptação e formas de execução dolosa: direta e eventual", *RT* 762/479). De qualquer modo, a fim de evitar insegurança jurídica, da qual essa discussão é prova de sua existência, reiteramos que seria oportuno que o legislador efetuasse a alteração sugerida, incluindo, expressamente, o *dolo direto* na figura do § 1º do art. 180 do CP.

- **Consumação:** É crime *material*, consumando-se com a efetiva prática das condutas descritas neste § 1º.

- **Tentativa:** Admite-se.

- **Classificação:** Crime próprio quanto ao sujeito ativo, doloso, material, comissivo. Nas figuras de ter em depósito e expor à venda é delito permanente; nas demais, instantâneo.

- **Pena:** Reclusão, de três a oito anos, e multa. Quanto à sua desproporcionalidade em relação à receptação de contrabando ou descaminho, *vide* nota *Receptação de produto de contrabando ou descaminho (§ 1º, d)*, no art. 334 do CP.

- **Atividade comercial (§ 2º):** Para efeito da figura qualificada prevista no parágrafo anterior (§ 1º), equipara-se à atividade comercial qualquer forma de comércio irregular ou clandestino, inclusive o exercido em residência.

Jurisprudência da receptação qualificada (§§ 1º e 2º)

- **Tipo subjetivo e inconstitucionalidade do § 1º:** Não é lícita sanção jurídica maior (mais grave) contra quem atue com dolo eventual (§ 1º), enquanto menor (menos grave) a sanção jurídica destinada a quem atue com dolo direto (art. 180, *caput*), devendo-se aplicar a pena do *caput* (STJ, HC 101.531, rel. Min. Nilson Naves, j. 22.4.2008, *DJe* 16.6.2008; HC 109.780, rel. Min. Nilson Naves, j. 16.12.2008, *DJe* 23.3.2009). Não é razoável punir mais severamente o agente que atua com dolo eventual se comparado àquele que age com dolo direto (STJ, HC 48.433, rel. Min. Og Fernandes, j. 23.4.2009, *DJe* 3.8.2009). A conduta do § 1º do art. 180 do CP, classificada erroneamente como receptação qualificada pela Lei n. 9.426/96, configura, em verdade, crime autônomo de receptação, ou seja, um tipo penal independente. Os conceitos de "saber" e "deve saber" não se sobrepõem, expressando graus diversos do juízo de conhecimento; a expressão "deve saber" indica claramente dolo eventual. Tendo em vista que o novo art. 180 viola o princípio da proporcionalidade ao punir mais gravemente o agente que "devia saber" (§ 1º) do que o agente "sabia" (*caput*), devem ser aplicadas ao agente que viola o § 1º as penas do *caput* (TACrSP, Ap. 1.240.863-3, *vu*, declaração de voto vencedor do Juiz Márcio Bártoli, j. 18.4.2001). Se o comerciante sabia da origem ilícita do bem, sua conduta deve ficar no *caput*; e mesmo que o movesse apenas o dolo eventual, a solução doutrinária levaria a pena ao mínimo do *caput* (TACrSP, *RT* 770/579). *Contra:* Não há proibição de, com base nos critérios e métodos interpretativos, ser alcançada a conclusão acerca da presença do elemento subjetivo representado pelo dolo direto no tipo do § 1º do art. 180 do CP, não havendo violação ao princípio da reserva absoluta de lei (STF, 2ª T., RE 443.388, rel. Min. Ellen Gracie, j. 18.8.2009). Não tem fundamento a alegação de inconstitucionalidade do § 1º do art. 180 do CP, porquanto ele descreve conduta apurável em tipo penalmente relevante (STJ, HC 49.444, rel. Min. Maria Thereza de Assis Moura, j. 5.6.2007, *DJU* 13.8.2007; REsp 891.609, rel. Min. Laurita Vaz, j. 12.2.2008, *DJe* 3.3.2008). A redação conferida ao § 1º não foi das mais felizes; todavia, atentando-se à intenção do legislador que foi punir com intensidade maior o profissional da receptação, há de se acolher a incidência do preceito, até que venha a norma a se tornar eventualmente insubsistente (TACrSP, *RT* 784/633).

- **Crime próprio:** A receptação, na forma qualificada, é crime próprio, uma vez que só pode ser praticado por comerciante ou industrial (TACrSP, *RT* 813/621).

- **Atividade comercial:** Para que a qualificadora se configure, deve haver um nexo entre a atividade comercial e o crime (TJRJ, *RT* 839/665). Se os agentes dedicavam-se à guarda e depósito de mercadorias em geral, essa atividade é considerada prestação de serviços, tipificadora do exercício mercantil, configurando-se o § 1º (TACrSP, ED 1.162.983-6, j. 30.5.2000, *Bol. IBCCr* 95/488). Se os agentes, ao desmontarem o veículo, não o fizeram em função de uma atividade comercial, não incide a qualificadora do § 1º (TACrSP, *RT* 810/628).

- **Concurso formal:** Embora a receptação em série possa ensejar incidência de concurso material, nada impede seja aplicada a regra do concurso formal, considerada a gravidade da pena a partir da reforma introduzida pela Lei n. 9.426/96 (TACrSP, *RT* 758/583).

- **Coisa julgada e proibição de revisão** *pro societate* **(concurso formal e crime único):** Se o agente já foi condenado por receptação qualificada de medicamentos (art. 180, §1º, do CP), não pode o Ministério Público, que não aditou a denúncia e não tendo o juiz igualmente aplicado o art. 383 do CPP (*emendatio libelli*), em típico caso de concurso formal, oferecer outra denúncia alegando que a mesma conduta configurou, também, o crime de tráfico de drogas, devendo a segunda condenação por tráfico ser anulada por afronta à proibição de revisão criminal pro societate (STJ, HC 102.244, j. 13.10.2009, *DJe* 3.11.2009).

Receptação culposa (§ 3º)

- **Nomen juris:** Vide Nomen Juris (*receptação culposa*) no começo do artigo.

- **Objeto jurídico, sujeitos ativo e passivo e pressuposto:** *Vide* nota ao *caput* do artigo.

- **Tipo objetivo:** As condutas alternativamente previstas são *adquirir* ou *receber* (excluídas as de transportar, conduzir, ocultar e influir, que são próprias da figura dolosa simples do *caput*, bem como as de ter em depósito, desmontar, montar, remontar, vender, expor à venda ou de qualquer forma utilizar, previstas na figura qualificada do § 1º). Indicam-se três *indícios objetivos*, que vinculam a presunção de culpa ("deve presumir-se obtida por meio criminoso"): *a.* natureza da coisa; *b.* desproporção entre o valor e o preço; *c.* condição de quem oferece a coisa. Assinale-se, porém, que tais circunstâncias "não implicam necessariamente na existência de culpa" (HELENO FRAGOSO, *Lições de Direito Penal – Parte Especial*, 1995, v. I, p. 340). Como escreve HUNGRIA, "por mais forte que seja um indício, não está jamais a coberto de ser infirmado por outro em sentido contrário" (*Comentários ao Código Penal*,1967, v. VII, p. 319).

- **Tipo subjetivo:** O delito é punido a título de *culpa*, respondendo o agente pela falta do dever objetivo de cuidado.

- **Consumação:** No momento e local em que a coisa é adquirida ou recebida.

- **Tentativa:** Inadmissível.

- **Pena:** Detenção, de um mês a um ano, ou multa, ou ambas as penas; é cabível o *perdão judicial* (*vide* nota ao § 5º, primeira parte).

- **Ação penal:** Igual à do *caput*.

Jurisprudência da receptação culposa

- **Origem ignorada:** O simples fato de alguém não poder ou não saber explicar a procedência das coisas que tinha em seu poder, de modo nenhum tipifica o ilícito de receptação (STF,*RTJ* 60/401).

- **Dúvida:** Se a única prova produzida consistiu no interrogatório do réu, no sentido de que a motocicleta teria vindo da roça, toda desmontada e velha, não sabendo o acusado de sua procedência ilícita, desclassifica-se para a modalidade culposa (TJMG, Ap 10696120019885001, *DJ* 28.3.2014).

- **Recebimento:** O recebimento da coisa como garantia de dívida pode configurar (FRANCESCHINI, *Jurisprudência*,1976, v. IV, n. 5.577-A).

- **Mediação:** A mediação culposa para que terceira pessoa adquira ou receba a coisa é penalmente atípica (TACrSP, *Julgados* 70/87).
- **Condição do vendedor:** Se a condição ou profissão do vendedor era compatível com a posse da coisa oferecida, o preço inferior, por si só, não caracteriza sempre a receptação culposa (TJSP, *RJTJSP* 96/471; TACrSP, *RJDTACr* 22/349, *Julgados* 86/127).
- **Desproporção entre valor e preço:** A só alegação da desproporção entre o preço pago e o valor encontrado em avaliação não pode servir para a condenação (TACrSP, *RJDTACr* 13/40). Se o objeto é usado, a desproporção de preço pode ser relativa (TACrSP, *Julgados* 77/363,66/283), não autorizando, por si só, a presunção de ter sido obtido por meio criminoso (TAMG, *RJTAMG* 54-55/524). Se adquire de desconhecido coisa por preço vil, havia fundada razão para desconfiar-lhe da procedência ilícita (TACrSP, *RT* 817/587). Igualmente, se comprou de desconhecido por preço muito aquém ao de mercado (TACrSP, *RT* 813/605). Preço baixo, mas não vil e irrisório, só por si não demonstra a culpa (TJSP, *RJTJSP* 96/471; TACrSP, *Julgados* 90/365 e 243). Configura a ação de quem compra de menores objetos novos a preço irrisório (TACrSP, *Julgados* 87/226). A brutal desproporção entre preço e valor deve levar à presunção de que a coisa foi obtida por meio criminoso (TJSC, *RT* 516/392). A compra de veículo de desconhecido, por preço inferior ao valor real, não é suficiente para embasar condenação, mormente quando o agente teve a cautela de consultar um despachante sobre a regularidade da documentação (TACrSP, *RJDTACr* 20/153).
- **"Camelôs":** A aquisição de pequena quantidade de relógios em ambulantes, mesmo que violando o tipo penal, não está a merecer sanção aplicada, por ser desproporcional à gravidade do crime. A insignificância do dano e o caráter subsidiário do Direito Penal determinam a absolvição (TRF da 2ª R., Ap. 1.166-RJ, *DJU* 12.11.96, p. 86460, *in RBCCr* 17/358).
- **Compra de ouro:** Quem trabalha com compra de ouro deve ter redobrada cautela, observando a procedência das mercadorias que adquire, caracterizando-se a culpa se o preço era baixo, e o vendedor desconhecido e de condições suspeitas (TACrSP, *RJDTACr* 12/117).
- **Denúncia imprecisa:** É inepta a denúncia que não indica em qual das três circunstâncias (natureza, desproporção ou condição) escora a presunção de culpa (STF, *RTJ* 109/135).
- **Avaliação:** Para condenação em razão da desproporção de preço, o laudo de avaliação deve ter alguma fundamentação (TACrSP, *RT* 611/381). A avaliação deve ser feita por pessoa com habilitação, e não se basear apenas na palavra da vítima, pois o valor da coisa integra o tipo do § 1º (atual § 3º) do art. 180 do CP (TACrSP, *Julgados* 88/411-412).
- **Competência:** Sendo a pena máxima cominada ao crime de receptação culposa inferior a dois anos, tramitando a ação no JECri, a competência para conhecer do *Habeas Corpus* é da turma recursal criminal (TJRS, HC 70060253820, rel. Des. Ivan Leomar Bruxel, *DJ* 16.7.2014).

Autonomia da receptação (§ 4º)

- **Noção:** Ao contrário do que sucede com os crimes dos arts. 348 e 349 do CP, que se referem, respectivamente, a "autor de crime" e "criminoso", a receptação, tanto dolosa como culposa, é punível ainda que desconhecido ou isento de pena o autor do crime de que proveio a coisa receptada. Embora não seja imprescindível a existência de processo penal a respeito (ex.: caso de menor), é indispensável que haja prova conclusiva da origem da coisa. A absolvição do autor do crime que é pressuposto não impede a condenação do receptador; impede-a, porém, a absolvição por estar provada a inexistência do fato criminoso anterior ou por não haver prova da sua existência, ou, ainda, se o fato anterior não constituir infração penal (CPP, art. 386, I a III).

Jurisprudência do § 4º	▪ **Autonomia:** O crime de receptação é autônomo (STF, *RT* 628/362; TRF da 4ª R., Ap. 93.04.35808-6-RS, *DJU* 28.8.96, p. 62456, *in RBCCr* 16/378; Ap. 35.808, *DJU* 28.8.96, p. 62456; TRF da 3ª R., Ap. 68.129, *DJU* 7.2.95, p. 4486, *in Bol. AASP* n. 1.897). É irrelevante ser o autor da subtração do objeto vendido menor infrator (TACrSP, *RT* 751/632). O delito antecedente não se presume; se não emerge prova do cometimento do fato criminoso anterior, jamais se pode cogitar de receptação (TACrSP, *RT* 718/425). Não há necessidade de comprovação da autoria do crime anterior (TJRO, *RT* 838/663). ▪ **Competência:** *Vide* jurisprudência na receptação dolosa (*caput*).
Perdão judicial (§ 5º, primeira parte)	▪ **Cabimento:** Na receptação culposa (§ 3º), pode ser concedido o perdão se o agente for primário, "tendo em consideração as circunstâncias". ▪ **Natureza e efeitos:** Entendemos ser causa extintiva da punibilidade (*vide* nota ao art. 107, IX, do CP).
Jurisprudência do § 5º, primeira parte	▪ **Perdão judicial:** Para a sua concessão, além da primariedade do agente, a culpa deve ter sido bem leve e a coisa receptada ter valor reduzido (TAMG, *RT* 622/341). Concede-se o perdão, se o acusado teve prejuízo com o crime e a aquisição em feira livre leva a considerar a sua culpa como muito leve, não se exigindo que a coisa seja de pequeno valor (TACrSP, *RJDTACr* 16/139).
Receptação privilegiada (§ 5º, segunda parte)	▪ **Alcance:** À receptação dolosa (*caput* e § 1º) aplica-se o art. 155, § 2º, do CP (*vide* nota ao § 2º do art. 155 do CP), que autoriza substituir a pena de reclusão pela de detenção, diminuí-la de um a dois terços, ou aplicar só a multa.
Causa especial de aumento de pena (§ 6º)	▪ **Noção:** Quando se tratar de bens do patrimônio da União, Estado, Distrito Federal, Município ou de autarquia, fundação pública, empresa pública, sociedade de economia mista ou empresa concessionária de serviços públicos, a pena prevista no *caput* aplica-se em dobro. A aplicação se dará na terceira fase de fixação da pena (*vide* nota *Noção* no tópico Individualização da pena no art. 59 deste CP Comentado) ▪ **Alcance:** Somente se aplica à receptação dolosa simples (*caput*).

RECEPTAÇÃO DE ANIMAL

Art. 180-A. Adquirir, receber, transportar, conduzir, ocultar, ter em depósito ou vender, com a finalidade de produção ou de comercialização, semovente domesticável de produção, ainda que abatido ou dividido em partes, que deve saber ser produto de crime:

Pena – reclusão, de 2 (dois) a 5 (cinco) anos, e multa.

▪ **Alteração:** A Lei n. 13.330, de 2 de agosto de 2016, além de incluir a figura qualificada do § 6º do art. 155 ("Furto de semoventes domesticáveis"), inseriu no Código Penal o crime deste art. 180-A, intitulado "Receptação de animal".

▪ **Inconstitucionalidade:** Entendemos que a novel figura deste art. 180-A, ao punir a receptação de "semovente domesticável de produção" com a severa pena de reclusão, de 2 a 5 anos, e multa, ou seja, muito superior à pena do crime de receptação (art. 180, *caput*) – que é de 1 a 4 anos de reclusão – é inconstitucional por ofensa ao princípio da proporcionalidade, bem como da dignidade da pessoa humana, este último expressamente previsto na Constituição Federal (art. 1º, inciso III). Nada justifica, em nosso entendimento, a punição mais severa imposta pelo legislador. Veja-se que a pena mínima para o crime deste art.180-A (2 anos de reclusão) é a mesma para o crime de receptação de bens do patrimônio da União (art. 180, § 6º). A inconstitucionalidade, portanto, está no montante da pena prevista. Desta forma, a nosso ver, a solução é aplicar a pena do crime de receptação prevista no *caput* do art. 180 do CP.

- **Objeto jurídico:** O patrimônio, mais especificadamente o semovente domesticável de produção, ainda que abatido ou dividido em partes.

- **Sujeito passivo:** É o proprietário do semovente domesticável de produção que foi furtado, roubado etc., isto é, objeto do crime anterior.

- **Tipo objetivo:** A receptação, tanto etimologicamente como na acepção usual, tem a significação de dar receptáculo, esconder, recolher, aquilo que sabe ou deveria saber ser produto de crime. Trata-se, todavia, de crime autônomo, isto é, não se exige a punição do crime antecedente (*vide* nota ao § 4º do art. 180). São 7 (sete) as condutas punidas: adquirir, receber, transportar, conduzir, ocultar, ter em depósito ou vender, bastando a prática de qualquer uma delas para que haja o crime. Trata-se, pois, de crime de ação múltipla ou de conteúdo variado. A conduta deve recair sobre "semovente domesticável de produção" (objeto material), isto é, o animal "que se move por si mesmo" (*Dicionário On-Line de Português*). Semovente domesticável de produção, portanto, é o animal domesticável, isto é, não silvestre, destinado ao consumo ou à produção. É irrelevante que o animal esteja abatido ou dividido em partes no local da subtração.

- **Objeto material:** É o semovente domesticável de produção, ainda que abatido ou dividido em partes. É fundamental que se trate de produto de crime, não bastando que seja fruto de contravenção penal.

- **Tipo subjetivo:** É o dolo, consistente na vontade livre e consciente de praticar as condutas incriminadas, com o fim especial de agir (elemento subjetivo do tipo), consistente na *finalidade de produção ou de comercialização*. Deve o agente saber que se trata de produto de crime? Não. Basta que se possa exigir, pelas circunstâncias do caso concreto, que o agente *devesse saber* ser produto de crime. Como os casos de culpa devem ser expressos (CP, art. 18, II, parágrafo único) e o princípio da reserva legal (CR, art. 5º, XXXIX; CADH, art. 9º; PIDCP, art. 15, 1; CP, art. 1º) não pode ser desrespeitado, entendemos que a expressão *"deve saber* ser produto de crime" indica *dolo eventual* e não culpa. Aliás, se o legislador quisesse ter criado a figura culposa, teria expressamente o feito, tal como o fez no § 3º do art. 180 do CP. O dolo deve ser *antecedente* ou *contemporâneo* à ação.

- **Consumação:** No momento em que o agente adquire, recebe, transporta, conduz, oculta, tem em depósito ou vende, tratando-se, em alguns casos, de crime instantâneo de efeitos permanentes. A prática de duas ou mais condutas não implica, necessariamente, na prática de dois ou mais crimes, pois se trata de crime de conteúdo misto ou variado (*vide* nota Tipo objeto acima), bastando a prática de uma só conduta. As demais condutas eventualmente praticadas constituem mero exaurimento do crime.

- **Reparação do dano:** *Vide* CP, art. 16.

- **Concurso de pessoas:** Pode haver.

- **Tentativa:** É possível nas figuras que admitem *iter criminis*.

- **Classificação:** Crime comum quanto ao sujeito, doloso, formal e comissivo.

- **Confronto:** Com outro fim de agir, a conduta pode ser enquadrada no delito de favorecimento real (CP, art. 349). Se o objeto material for moeda falsa, art. 289, § 1º, do CP. Se for mercadoria produto de contrabando ou descaminho, *vide* nota ao CP, art. 334, § 1º, *d*. Cuidando-se de fita de vídeo, art. 184, § 2º, do CP. Tratando-se de adulteração ou remarcação de número de chassi ou qualquer sinal identificador de veículo automotor, de seu componente ou equipamento, art. 311 do CP.

- **Pena:** Reclusão, de dois a cinco anos, e multa.

- **Ação penal:** Em regra, a ação penal é de iniciativa pública incondicionada, sendo condicionada à representação nos casos do art. 182 do CP. Todavia, será incondicionada nos casos do art. 183 do CP.

- **Isenção de pena:** *Vide* hipóteses do art.181 do CP. Não haverá a isenção de pena nos casos previstos no art. 183 do CP.

- **Competência:** Em regra será da Justiça Estadual, salvo se atingir bens, serviços ou interesses da União ou de suas entidades autárquicas ou empresas públicas (CF, art. 109, IV).

Capítulo VIII
DISPOSIÇÕES GERAIS

Art. 181. É isento de pena quem comete qualquer dos crimes previstos neste Título, em prejuízo:

I – do cônjuge, na constância da sociedade conjugal;

II – de ascendente ou descendente, seja o parentesco legítimo ou ilegítimo, seja civil ou natural.

Imunidade penal absoluta

- **Isenção:** É isento de pena quem comete crime contra o patrimônio (CP, arts. 155 a 180) em prejuízo de: *I.* Cônjuge, na constância da sociedade conjugal. Persiste a isenção, ainda que haja separação de fato. Entendemos que a imunidade adsoluta há de se estender ao companheiro na constância de união estável, que se equipara à sociedade conjugal. *II.* Ascendente ou descendente, seja o parentesco legítimo ou ilegítimo, civil ou natural. Quanto à expressão parentesco ilegítimo, saliente-se que o art. 227, § 6º, da CR dispõe que "os filhos, havidos ou não da relação do casamento, ou por adoção, terão os mesmos direitos e qualificações, proibidas quaisquer designações discriminatórias relativas à filiação".

- **Exceções:** Dispõe o art. 183 do CP que não se aplica a imunidade: *I.* se o crime é de roubo ou extorsão, ou, em geral, quando haja emprego de grave ameaça ou violência à pessoa; *II.* ao estranho que participa do crime.

- **Natureza da isenção:** Por várias razões de política criminal, notadamente pela menor repercussão do fato e pelo intuito de preservar as relações familiares, é prevista esta imunidade. Cuida-se de escusa absolutória de caráter pessoal, que exclui a possibilidade de punir, mas não afasta, porém, a ilicitude objetiva do fato. O prejudicado pode propor as medidas civis cabíveis contra o autor protegido pela imunidade penal, e esta não é extensível aos estranhos que participaram do delito. Com a escusa absolutória pessoal do art. 181, não há exclusão do crime, mas fica obstada a imposição de sanção penal às pessoas alcançadas pelo dispositivo.

Jurisprudência

- **Incomunicabilidade:** A imunidade do art. 181 não aproveita a quem compra joia que fora furtada da vítima pelo próprio filho, pois a escusa absolutória concedida ao filho não torna o fato legítimo (TACrSP, *Julgados* 83/146).

- **Pai e filho:** Há imunidade penal absoluta na hipótese de filho que furta pai ou mãe e vice-versa (TJMG, Ap. 10183110033366001, *DJ* 3.10.2014; (TAMG, *RT* 620/352; TACrSP, *RT* 697/310, *Julgados* 72/248).

- **Sobrinho e tia:** Parentesco entre o réu e a vítima sua tia não está acobertado pelo art. 181, II (TJRS, Ap. 70056836786, *DJ* 17.12.2013).

- **Cônjuge:** Contra o cônjuge, há imunidade absoluta e obrigatória, impedindo a instauração de inquérito policial ou de ação penal, por falta de interesse de agir (TACrSP, *RT* 764/574). Para a isenção de pena, é necessário que o cônjuge seja o sujeito passivo do delito (TRF da 4ª R., *RT* 790/721). Não há imunidade se não ocorreu durante a constância da sociedade conjugal (TJSP, Ap. 00011151320098260464, *DJ* 9.8.2013), não incidindo a escusa após o término do relacionamento (TJRJ, Ap. 00096373520108190061, *DJ* 30.10.2014).

- **União estável:** Sendo o acusado amásio da vítima na constância de união estável, que se equipara à sociedade conjugal, há imunidade absoluta (TJMG, Ap. 10446080091155001, *DJ* 18.4.2013).

- **Parentesco por afinidade:** A isenção não se estende aos parentes por afinidade (TJMG, Ap. 10467130006704001, *DJ* 2.9.2014), como no caso de enteado em relação à madrasta ou ao padrasto (TJMG, Ap. 10287110098475001, *DJ* 18.3.2013; TJDF, Ap. 514524620018070001, j. 23.4.2008).

- **Separação de corpos:** Se havia determinação judicial de separação cautelar de corpos, não cabe a aplicação do art. 181, I, regendo-se a hipótese pelo art. 182, I (TACrSP, *mv – RT* 528/357).

- **Relacionamento sexual eventual:** Se o agente mantinha eventual relacionamento sexual com a vítima de crime de furto, não se aplica o art. 181, I, do CP (TAMG, *RT* 768/691).

- **Natureza:** A isenção de pena significa renúncia ao poder de punir e não exclusão do crime (STF, *RT* 555/437). Exclui a punibilidade do fato (TAMG, *RJTAMG* 26-27/517).

- **Não aplicação (terceiro lesado):** Em estelionato praticado por filho com a imitação da assinatura do pai, se a vítima do crime foi o banco e não o genitor (TJSP, *mv – RJTJSP* 86/354; TRF 1ª R., Ap. 6778/PA, *DJ* 23.4.99).

- **Aplicação da imunidade absoluta a irmã:** Em que pese a ré não esteja inserida no rol preconizado no art. 181 do Código Penal quanto à imunidade penal entre parentes, não se pode passar ao largo do fato de que o ordenamento jurídico, em situações como a presente, visa salvaguardar as relações familiares. Acaso fosse distinta a perspectiva, o Código Penal não traria previsão no seu art. 182 da imunidade processual relativa aos irmãos; caso envolvendo R$ 40,00 (TJRS, 70039745369, *DJ* 28.2.2011).

- **Não aplicação da imunidade a irmão:** Não se aplica a isenção do art. 181, II, no caso de delito perpetrado contra irmão (TJMG, Ap. 10707110126836001, j. 26.7.2013).

- **Ônus da prova:** É ônus do interessado comprovar nos autos a configuração de uma das situações previstas no rol taxativo do art. 181 (TJMG, Ap. 10693050423500001, *DJ* 14.6.2013).

Art. 182. Somente se procede mediante representação, se o crime previsto neste Título é cometido em prejuízo:

I – do cônjuge desquitado ou judicialmente separado;

II – de irmão, legítimo ou ilegítimo;

III – de tio ou sobrinho, com quem o agente coabita.

Imunidade penal relativa

- **Representação:** A ação penal é pública, mas condicionada à representação do ofendido, se o crime é praticado em prejuízo: *I.* de cônjuge desquitado ou judicialmente separado; *II.* de irmão (legítimo ou não). Quanto à expressão irmão ilegítimo, vide nota *Isenção* no art. 181 do CP; *III.* de tio ou sobrinho, com quem o agente more em comum. Em alguns crimes deste Título, como no de *furto* e no de *apropriação indébita simples*, defendemos, por razões de política criminal, alteração legislativa no sentido de tornar a ação penal também condicionada à representação, qualquer que seja a vítima, por se tratar estritamente de questão patrimonial, sem violência ou ameaça à pessoa.

- **Exceção:** No caso do crime de estelionato, a ação é pública condicionada à representação, salvo nos casos do § 5º do art. 171, acrescentado pela Lei n. 13.964, de 24.12.2019.

Jurisprudência

- **Representação em delegacia:** É válida (TJMG, Ap. 10151110024172001, *DJ* 29.4.2014).

- **Tio e sobrinho:** A coabitação não se confunde com mera hospedagem de caráter temporário (STJ, REsp 1065086/RS, rel. Min. Maria Thereza de Assis Moura, *DJ* 5.3.2012). É necessária relação estável de coabitação (STF, HC 112.668/RS, *DJ* 6.6.2012), cabendo ao réu provar a coabitação (TJMG, Ap. 10210100057335001, *DJ*

26.7.2013). Se o sobrinho não coabitava com o tio, ou vice-versa, é desnecessária a representação (TJSP, Ap. 00007755620108260069, *DJ* 6.3.2014; TACrSP, *Julgados* 83/393). Se o tio e sobrinho coabitavam, é indispensável a representação (TJSP, *RT* 517/296; TJRS, Ap. 70051290203, *DJ* 21.1.2014).

- **Irmão tutor:** Não se aplica o art. 182, II, ao irmão tutor que se apropria indebitamente de bens da irmã tutelada, se o desvio se deu em razão da tutela (TJSC, *RT* 523/437).

- **Irmão:** Apropriação indébita contra irmão depende de representação (TJRS, Ap. 70041904632, *DJ* 14.5.2012; TACrSP, *Julgados* 75/273; TJRJ, *RF* 256/369), não bastando que o inquérito seja requisitado pelo Ministério Público (TJRS, Ap. 70043155761, *DJ* 25.1.2012).

- **Propriedade de irmão na posse de depositário legal:** Não é necessária a representação na hipótese de furto de motocicleta que, embora pertencesse a irmão do apelante, estava na posse legítima de depositário legal (TJMG, Ap. 10720120001709001, *DJ* 25.2.2015).

- **Cunhado:** Aplica-se o art. 182, a quem furta o cunhado porque, sendo este casado em comunhão de bens, também está furtando sua irmã (TACrSP, *RT* 494/343). *Contra:* Não há imunidade relativa prevista no art. 182, II, se o crime foi cometido contra cunhado (TJMG, Ap. 10297100004367001, *DJ* 10.3.2014). Se além do irmão também foi vítima o cunhado, a ação é pública incondicionada (TJPR, Ap. 5037425, *DJ* 3.9.2009).

- **Cônjuge separado:** Se existia determinação judicial de separação cautelar de corpos, não se aplica o art. 181, I, mas sim o art. 182, I (TACrSP, *mv – RT 528/357*).

Art. 183. Não se aplica o disposto nos dois artigos anteriores:

I – se o crime é de roubo ou de extorsão, ou, em geral, quando haja emprego de grave ameaça ou violência à pessoa;

II – ao estranho que participa do crime;

III – se o crime é praticado contra pessoa com idade igual ou superior a 60 (sessenta) anos.

Exceções à imunidade

- **Observação:** Os arts. 181 e 182 sofrem as exceções assinaladas neste artigo (*vide* comentários ao art. 181 do CP).

- **Alteração:** Inciso III acrescentado pela Lei n. 10.741, de 1.10.2003 (Estatuto do Idoso).

- **Exceção:** No caso do crime de estelionato, a ação é pública condicionada à representação, salvo nos casos do § 5º do art. 171, acrescentado pela Lei n. 13.964, de 24.12.2019.

Jurisprudência

- **Maior de 60 anos (constitucionalidade):** Como já decidiu o STF, o inciso III do art. 183 é constitucional, devendo prevalecer os princípios do Estatuto em defesa dos idosos dentro do princípio da dignidade humana (TJRJ, Incidente de Arguição de Constitucionalidade 00457414420128190000, *DJ* 28.8.2013).

- **Maior de 60 anos:** Sendo a vítima maior de 60 (sessenta) anos, fica vedada a aplicação do art. 181, I (TJSC, Ap. 303601, *DJ* 22.7.2011; TJMG, Ap. 10625110011925001, *DJ* 13.12.2013), sendo a idade comprovada pelo boletim de ocorrência, no qual consta, inclusive, o número da carteira de identidade da vítima (TJRS, Ap. 70054506423, rel. Des. José Antônio Daltoé Cezar, *DJ* 16.9.2013; TJMG, Ap. 10718070012874001, *DJ* 11.9.2013).

- **Alcance restrito:** É necessária a adequação do réu a uma das hipóteses do art. 182 para que a ação seja procedida mediante representação, vedada, contudo, a extensão desses efeitos ao estranho que participa do crime (TJMG, Ap. 10024112752605001, *DJ* 12.7.2013; TJSP, Ap. 990091532967, *DJ* 8.3.2010).

Título III
DOS CRIMES CONTRA A PROPRIEDADE IMATERIAL

Capítulo I
DOS CRIMES CONTRA A PROPRIEDADE INTELECTUAL

VIOLAÇÃO DE DIREITO AUTORAL

Art. 184. Violar direitos de autor e os que lhe são conexos:

Pena – detenção, de 3 (três) meses a 1 (um) ano, ou multa.

§ 1º Se a violação consistir em reprodução total ou parcial, com intuito de lucro direto ou indireto, por qualquer meio ou processo, de obra intelectual, interpretação, execução ou fonograma, sem autorização expressa do autor, do artista intérprete ou executante, do produtor, conforme o caso, ou de quem os represente:

Pena – reclusão, de 2 (dois) a 4 (quatro) anos, e multa.

§ 2º Na mesma pena do § 1º incorre quem, com o intuito de lucro direto ou indireto, distribui, vende, expõe à venda, aluga, introduz no País, adquire, oculta, tem em depósito, original ou cópia de obra intelectual ou fonograma reproduzido com violação do direito de autor, do direito de artista intérprete ou executante ou do direito do produtor de fonogramas, ou, ainda, aluga original ou cópia de obra intelectual ou fonograma, sem a expressa autorização dos titulares dos direitos ou de quem os represente.

§ 3º Se a violação consistir no oferecimento ao público, mediante cabo, fibra ótica, satélite, ondas ou qualquer outro sistema que permita ao usuário realizar a seleção da obra ou produção para recebê-la em um tempo e lugar previamente determinados por quem formula a demanda, com intuito de lucro, direto ou indireto, sem autorização expressa, conforme o caso, do autor, do artista intérprete ou executante, do produtor de fonograma, ou de quem os represente:

Pena – reclusão, de 2 (dois) a 4 (quatro) anos, e multa.

§ 4º O disposto nos §§ 1º, 2º e 3º não se aplica quando se tratar de exceção ou limitação ao direito de autor ou os que lhe são conexos, em conformidade com o previsto na Lei n. 9.610, de 19 de fevereiro de 1998, nem a cópia de obra intelectual ou fonograma, em um só exemplar, para uso privado do copista, sem intuito de lucro direto ou indireto.

- **Alterações:** A Lei n. 10.695, de 1.7.2003, alterou o *caput* e os §§ 1º, 2º e 3º, e acrescentou o § 4º.

- **Conciliação:** Cabe no *caput*, se se tratar de ação penal privada (cf. art. 186, I, do CP e art. 72 da Lei n. 9.099/95).

- **Transação:** Cabe no *caput*, preenchidos os requisitos do art. 76 da Lei n. 9.099/95.

- **Suspensão condicional do processo:** Cabe no *caput* (art. 89 da Lei n. 9.099/95).

Violação de direito autoral

- **Objeto jurídico:** A propriedade intelectual objeto de direito autoral, bem como os direitos que lhe são conexos.
- **Sujeito ativo:** Qualquer pessoa.
- **Sujeito passivo:** O autor ou outro titular de direito autoral, ou dos que lhe são conexos.
- **Tipo objetivo (*caput*):** Em sua atual redação, o art. 184 do CP considera crime a conduta de quem *violar* (infringir, ofender, transgredir) *direito autoral* (decorrente de uma criação intelectual) ou que lhe é *conexo*. Segundo o escólio de CARLOS ALBERTO BITTAR (*Direito do Autor*, 3ª ed. atualizada por Eduardo C. B. Bittar, Forense Universitária, p. 152), "direitos conexos são os direitos reconhecidos, no plano dos de autor, a determinadas categorias que auxiliam na criação ou na produção ou, ainda, na difusão da obra intelectual. São os denominados direitos 'análogos' aos de autor, 'afins', 'vizinhos', ou ainda 'parautorais', também consagrados universalmente". Prosseguindo, ensina o saudoso mestre que, na doutrina, "pacífica ... é a compreensão dos artistas, intérpretes (cantores), executantes (músicos), organismos de radiodifusão (inclusive televisão) e produtores de fonogramas no âmbito desses direitos".
- **Figura qualificada (§ 1º):** O § 1º traz figura qualificada punindo quem, com o *intuito de lucro* (ganho, vantagem, benefício) *direto* (em que não há intermediário, imediato) ou *indireto* (disfarçado, dissimulado, que se faz receber por intermédio de terceiro), por *qualquer meio* (expediente, modo, método) ou *processo* (técnica) *reproduz* (copia), *total ou parcialmente*, *obra intelectual* (criação exteriorizada do espírito, como a composição de uma música, o texto de um livro ou de uma peça teatral, o trabalho científico, o desenho, a pintura, as compilações), *interpretação* (aspecto pessoal na execução musical, arte e técnica do ator, arte de representar, forma dada por um ator ao desempenho de seu papel – *Dicionário Houaiss da Língua Portuguesa*, Rio de Janeiro, Objetiva, 2001, p. 1636), *execução* (ato de executar obra intelectual, como uma composição etc., capacidade particular de tocar um instrumento – ob. cit., p. 1283) ou *fonograma* (fixação de sons em determinado suporte, como fita cassete, *compact disc – CD e outras mídias*), acrescido do elemento normativo do tipo: sem autorização expressa do autor, do artista intérprete ou executante, do produtor, conforme o caso, ou de quem os represente. A autorização, como diz a lei, deve ser *expressa*, não bastando a tácita. Esqueceu-se o legislador, aqui, de um dos mais importantes objetos de tutela para que não haja violação de direito autoral: o *videofonograma – DVD*, o que tem causado polêmica (*vide* nota abaixo).
- **Figura qualificada (§ 2º):** No § 2º, o legislador pune, também de forma agravada (com as penas do § 1º), quem, com intuito de lucro (ganho, vantagem, benefício), *direto* (em que não há intermediário, imediato) ou *indireto* (disfarçado, dissimulado, que se faz receber por intermédio de terceiro), pratica qualquer das seguintes condutas: *distribui* (dá, entrega, espalha), *vende* (aliena ou cede por certo preço), *expõe à venda* (põe à vista, apresenta em exposição, mostra para vender), *aluga* (loca), *introduz no País* (importa), *adquire* (compra mediante pagamento), *oculta* (esconde), *tem em depósito* (possui guardado), *original* (feito em primeiro lugar) ou *cópia* (reprodução) de *obra intelectual ou fonograma*, acrescido do elemento normativo do tipo: reproduzido com violação do direito de autor, do direito de artista, intérprete ou executante ou do direito do produtor do fonograma. Pune, ainda, o § 2º, aquele que *aluga* (cede o uso e gozo mediante pagamento de um preço) *original ou cópia de obra intelectual ou fonograma*, sem a expressa autorização (não sendo suficiente a tácita) dos titulares dos direitos ou de quem os represente. Em todas essas condutas olvidou-se o legislador, novamente, do *videofonograma*, podendo as condutas acima descritas, a nosso ver, caracterizar somente o crime do *caput* (*vide* nota abaixo).
- **Figura qualificada (§ 3º):** No § 3º há a figura qualificada na hipótese da violação de direito autoral ou conexo se dar mediante oferecimento ao público, *com intuito de lucro* e *sem autorização expressa* (não valendo a tácita), conforme o caso, *do autor, do artista intérprete ou executante, do produtor de fonograma ou de quem o represente*, se der por meio de cabo, fibra ótica, satélite, ondas ou qualquer outro sistema que permita ao usuário realizar a seleção de obra ou produção para recebê-la em um tempo e lugar

previamente determinados por quem formula a demanda. Também neste § 3º esqueceu-se o legislador, lamentavelmente, do *videofonograma* (*vide* nota abaixo).

■ **Exceções ao direito do autor (§ 4º):** Finalmente, o § 4º do art. 184 estipula que o disposto nos §§ 1º, 2º e 3º não se aplica quando se tratar de exceções ou limitações ao direito do autor ou dos que lhe são conexos, previstos nos arts. 46 a 48 da Lei n. 9.610/98; igualmente, não se aplica à cópia de obra intelectual ou fonograma, em um único exemplar, para uso privado do copista, sem intuito de lucro direto ou indireto. A propósito, o art. 46 da Lei n. 9.610/98 dispõe "não constituir ofensa aos direitos autorais: I – a reprodução: *a*) na imprensa diária ou periódica, de notícia ou de artigo informativo, publicado em diários ou periódicos, com a menção do nome do autor, se assinados, e da publicação de onde foram transcritos; *b*) em diários ou periódicos, de discursos pronunciados em reuniões públicas de qualquer natureza; *c*) de retratos, ou de outra forma de representação da imagem, feitos sob encomenda, quando realizada pelo proprietário do objeto encomendado, não havendo a oposição da pessoa neles representada ou de seus herdeiros; *d*) de obras literárias, artísticas ou científicas, para uso exclusivo de deficientes visuais, sempre que a reprodução, sem fins comerciais, seja feita mediante o sistema *Braille* ou outro procedimento em qualquer suporte para esses destinatários; II – a reprodução, em um só exemplar, de pequenos trechos, para uso privado do copista, desde que feita por este, sem intuito de lucro; III – a citação em livros, jornais, revistas ou qualquer outro meio de comunicação, de passagens de qualquer obra, para fins de estudo, crítica ou polêmica, na medida justificada para o fim a atingir, indicando-se o nome do autor e a origem da obra; IV – o apanhado de lições em estabelecimentos de ensino por aqueles a quem elas se dirigem, vedada sua publicação, integral ou parcial, sem autorização prévia e expressa de quem as ministrou; V – a utilização de obras literárias, artísticas ou científicas, fonogramas e transmissão de rádio e televisão em estabelecimentos comerciais, exclusivamente para demonstração à clientela, desde que esses estabelecimentos comercializem os suportes ou equipamentos que permitam a sua utilização; VI – a representação teatral e a execução musical, quando realizadas no recesso familiar ou, para fins exclusivamente didáticos, nos estabelecimentos de ensino, não havendo em qualquer caso intuito de lucro; VII – a utilização de obras literárias, artísticas ou científicas para produzir prova judiciária ou administrativa; VIII – a reprodução, em quaisquer obras, de pequenos trechos de obras preexistentes, de qualquer natureza, ou de obra integral, quando de artes plásticas, sempre que a reprodução em si não seja o objetivo principal da obra nova e que não prejudique a exploração normal da obra reproduzida nem cause um prejuízo injustificado aos legítimos interesses dos autores". Os arts. 47 e 48 da mesma lei, por sua vez, estabelecem: "Art. 47. São livres as paráfrases [isto é, a explicação ou o desenvolvimento de um texto, bem como a tradução livre] e paródias [ou seja, imitações burlescas] que não forem verdadeiras reproduções da obra originária nem lhe implicarem descrédito. Art. 48. As obras situadas permanentemente em logradouros públicos podem ser representadas livremente, por meio de pinturas, desenhos, fotografias e procedimentos audiovisuais".

■ **Videofonograma:** Como referido nas notas acima, onde comentamos o *caput* e os §§ 1º e 2º do art. 184 do CP, olvidou-se o legislador do objeto material *videofonograma* (imagem e som, música ou não, fixados em suporte material conhecido como videotape, DVD e demais tecnologias de mídia), ao contrário do objeto material que constava dos antigos §§ 1º e 2º deste artigo, que faziam menção expressa ao *videofonograma*. Não obstante o *videofonograma* (*video* + *fonograma*) abranja tanto a imagem quanto o áudio, o que poderia até dar ensejo à interpretação de que a reprodução não autorizada de *videofonograma* se subsumiria às hipóteses dos §§ 1º e 2º em razão do *fonograma* estar também presente, entendemos que, em face da proibição da interpretação extensiva e da analogia *in malam partem* em matéria penal (*vide* nossos comentários ao art. 1º do CP), enquanto não for corrigido esse lapso, a reprodução não autorizada de *videofonograma* (imagens + áudio) poderá configurar apenas o delito do *caput*, o que tem reflexos, inclusive, na modalidade de ação penal (privada ao invés da pública – cf. art. 186, I), não cabendo ao intérprete suprimir a falha do legislador para ampliar a possibilidade de punição criminal. Poder-se-ia dizer, outrossim, que tendo em vista o conceito extremamente amplo de "obra intelectual" constante da Lei n. 9.610/98, cujo art. 7º, VI, faz menção às "obras audiovisuais, sonorizadas ou não, inclusive as cinematográficas", o *videofonograma* restaria abrangido pelos §§ 1º e 2º do art. 184. Todavia, considerando-se que a lei penal não contempla palavras desnecessárias, essa argumentação não se sustenta em face da menção feita pelo legislador ao *fonograma*. Com efeito, caso quisesse o legislador *penal* dar a mesma abrangência à locução "obra intelectual" constante da Lei n. 9.610/98, não haveria necessidade de se referir ao *fonograma*, o qual, assim como o videofonograma, estaria compreendido neste amplo conceito cível de "obra intelectual". De forma contrária ao entendimento por nós defendido, GUILHERME DE SOUZA NUCCI (*Código Penal Comentado*, 4ª ed., São Paulo, Revista dos Tribunais, p. 630) sustenta que "não se pode deixar de dar a eles (fonogramas) a indispensável interpretação extensiva, para dar lógica e sentido à nova norma editada, que busca maior – e não menor – proteção aos direitos do autor". Igualmente, LUÍS REGIS PRADO, para quem o art. 184 do CP é norma penal em branco, necessariamente complementada pela Lei n. 9.610/98 no que concerne aos conceitos de obra intelectual, interpretação, execução e fonograma (*Curso de Direito Penal Brasileiro*, 4ª ed., São Paulo, Revista dos Tribunais, 2006, p. 61).

- Tipo subjetivo: *a.* Na primeira figura (*caput*) é o dolo, que consiste na vontade livre e consciente de violar direito autoral ou a ele conexo. Para a doutrina tradicional, é o *dolo genérico*. *b.* Na segunda modalidade (§ 1º) é o dolo, acrescido do especial fim de agir: *com o intuito de lucro direto ou indireto*. Para os tradicionais, é dolo específico. *c.* Na terceira figura (§ 2º), da mesma forma que no § 1º, é o dolo, acrescido do especial fim de agir: com o intuito de lucro direto ou indireto (*dolo específico*). O *dolo específico* também está presente na conduta de *alugar*, prevista na parte final do § 2º, pois o intuito de lucro é inerente à conduta. *d.* Na quarta modalidade (§ 3º) é novamente o *dolo específico*, em face do elemento subjetivo do tipo, que é *o intuito de lucro*. Não há forma culposa em qualquer das figuras do art. 184 (*caput* e §§ 1º, 2º e 3º). Como lembra JOSÉ HENRIQUE PIERANGELI (*Dos Crimes contra a Propriedade Intelectual*, São Paulo, Revista dos Tribunais, 2005, p. 645), "o erro do agente, por supor, por exemplo, que a obra já caiu em domínio público afasta o dolo, caracterizando erro de tipo".

- Consumação: Com a efetiva prática das ações incriminadas (*caput* e figuras qualificadas dos §§ 1º, 2º e 3º), independentemente da ocorrência de resultado naturalístico, ou seja, da real aferição de lucro, direto ou indireto, tratando-se, pois, de delito formal. Nas condutas de expor à venda, ocultar e ter em depósito (§ 2º), é ainda delito permanente, já que a consumação se protrai no tempo.

- Comprovação da materialidade: A respeito, *vide* a Súmula 574 do STJ: "Para a configuração do delito de violação de direito autoral e a comprovação de sua materialidade, é suficiente a perícia realizada por amostragem do produto apreendido, nos aspectos externos do material, e é desnecessária a identificação dos titulares dos direitos autorais violados ou daqueles que os representem".

- Tentativa: Admite-se a tentativa em todas as modalidades, com exceção das condutas de expor à venda e ter em depósito (§ 2º), que são unissubsistentes (não podem ser fracionadas), sendo o crime formal.

- Irretroatividade: A violação dos direitos conexos aos de autor passou a ser punível apenas com o advento da Lei n. 10.695/2003, não podendo a lei penal neste caso retroagir. Quanto aos direitos de autor propriamente ditos, os §§ 1º e 2º, por preverem pena mínima mais grave (dois anos de reclusão) do que os antigos §§ 1º e 2º (um ano de reclusão), não retroagem, o mesmo ocorrendo com o atual § 3º, totalmente alterado pela mesma lei.

- Confronto: Tratando-se de violação de direitos de autor de programas de computador (*software*), cf. Leis n. 9.609/98 e 9.610/98.

- Pena: Na figura simples (*caput*) é alternativa: detenção de três meses a um ano ou multa. Nas figuras qualificadas dos §§ 1º, 2º e 3, é cumulativa: reclusão, de dois a quatro anos, e multa.

- *Software* e inconstitucionalidade da pena: Para o Juiz MARCOS AUGUSTO RAMOS PEIXOTO ("Possibilidade do controle judicial sobre a proporcionalidade da pena *in abstrato*", *Bol.*

IBCCr n. 153, agosto de 2002), a pena mínima de dois anos de reclusão cominada às figuras qualificadas dos §§ 1º e 2º do art. 184 do CP viola os princípios da igualdade e da proporcionalidade. Isto porque, em redação semelhante, os §§ 1º e 2º do art. 12 da Lei n. 9.609/98, que tutela a mesma objetividade jurídica, ou seja, o direito autoral, no caso de programas de computador, preveem pena mínima de apenas um ano de reclusão. Assim, entende, a nosso ver com razão, que a pena mínima vigorante para os §§ 1º e 2º deverá ser de um ano, ou seja, aquela prevista pela Lei n. 9.609/98.

- Ação penal: *Vide* notas ao art. 186 do CP.

- Rito processual: *Vide* jurisprudência no atual art. 186 do CP.

Jurisprudência

- CDs e DVDs "piratas": Súmula 502: "Presentes a materialidade e a autoria, afigura-se típica, em relação ao crime previsto no artigo 184, § 2º, do Código Penal, a conduta de expor à venda CDs e DVDs piratas".

- Violação de direito autoral e descaminho: O simples fato de haver o indiciado confessado que adquiriu os CD's apreendidos pela autoridade policial no Paraguai não caracteriza, por si só, o delito de contrabando ou descaminho previsto no art. 334 do CP (STJ, *RT* 818/547).

- Videolocadora: Não aproveita ao agente a alegação de desconhecimento da falsificação, se atuava na condição de proprietário de uma videolocadora, sendo, portanto, responsável pela aquisição dos produtos comercializados pelo estabelecimento (TJMG, Ap. 1.02223.99.033848-3/001(1), j. 10.3.2005, *DOEMG* 30.3.2005). A exploração de fitas de vídeo com capas de baixa qualidade, contrastando com o padrão das originais, sem o selo oficial de controle, substituído por simples xerox, tudo identificado como cópias "piratas" por peritos no assunto, fitas que são comercializadas em prejuízo dos detentores dos direitos autorais, configura crime (TJMG, Ap. 1.0000.00345103-6/000(1), j. 30.9.2003, *DOEMG* 3.10.2003). Quem mantém em depósito grande número de CDs não autênticos, consoante exame pericial, não os levando para a residência e deixando-os a comerciantes em consignação de venda, viola direito autoral e tem o lucro como objetivo claro (TJRS, Ap. 70010356152, 8ª CCr, j. 29.6.2005).

- Material didático utilizado por ex-empregado: Ao fundar empresa onde ministrava cursos pagos, utilizando material didático extraído de manuais sem a devida autorização de empresa, não há que se falar em ausência de dolo na conduta do apelante que tinha acesso a todos os materiais, devido à função que exercia na empresa, onde existe um código de conduta assinado por todos os funcionários e que contém regras de confidencialidade (TJSP, Ap. 1892890620108260000, *DJ* 10.3.2011).

- Ausência de dolo: No delito de violação de direito autoral do art. 184, § 2º, é imprescindível a consciência de que a "obra intelectual, fonograma ou videofonograma" tenha sido produzida com violação de direito autoral, vale dizer, o agente precisa agir dolosamente (TJMG, *RT* 819/640). O Estado que reprime o delito é o mesmo que garante a liberdade. O Estado de Direito é incompatível com a fórmula totalitária. Nele prevalece o império do direito, que assegura a aplicação da máxima *in dubio pro reo* (TJMG, Ap. 1.0000.00345103-6/000(1), j. 30.9.2003, *vv – DOEMG* 3.10.2003).

- Consciência da ilicitude: Não se pode falar em falta de consciência da ilicitude quando o réu expressamente admitiu em juízo que sabia que vender CDs piratas é crime (TJRS, *RT* 875/621).

- Intuito de lucro: Para a configuração do delito do art. 184, § 2º, mostra-se imprescindível que a conduta tenha sido praticada com o intuito de lucro direto ou indireto (TRF da 4ª R., *RT* 876/731).

- Princípio da insignificância: A quantidade de mercadorias apreendidas (191 DVDs) demonstra a existência de efetiva lesão ao bem jurídico tutelado, afastando a possibilidade de aplicação do princípio da insignificância (STJ, HC 206.817/MG, *DJe* 13.12.2012). *Contra* em parte: Inacolhível o princípio da bagatela quando se cuida de proteção ao direito autoral, de natureza imaterial e intelectual, cuja expressão econômica não se restringe aos CDs que deixaram de ser vendidos. Além disso, ainda que não alcançasse valor expressivo no caso concreto, tomada em conjunto a prática da informalidade certamente chega a números vultosos (TJRS, RT 875/621). Também não se aplica o princípio se apreendidos 359 CDs e DVDs (STJ, HC 415.061/RS, DJe 23.10.2017).

- **Princípio da adequação social:** Disposição à venda de 142 DVDs e 31 CDs piratas; não se aplica o princípio da adequação social (STJ, AgRg no Ag em REsp 301609/AC, rel. Des. Conv. Alderita Ramos de Oliveira, j. 15.8.2013, DJe 27.8.2013). Não se aplica o princípio de adequação social a quem expõe à venda CDs e DVDs piratas, caracterizando-se o crime do art. 184, § 2º, do CP (STJ, 3ª Seção, REsp 1.193.196/MG, DJ 4.12.2012; 5ª T., AgRg no REsp 1.772.368 / SC, DJe 7.12.2018).

- **Busca e apreensão:** Tratando-se de crime permanente, prescinde de mandado (STF, AgR-segundo ARE 1.194.076/SP, DJe 4.6.2019). Nos crimes contra a propriedade intelectual, de ação penal pública, a autoridade policial pode instaurar o inquérito e proceder à busca e apreensão de acordo coma regra geral descrita no art. 240, § 1º, do CPP, afastando-se a aplicação do art. 527 do CPP (STJ, REsp 543.037-RJ, DJU 16.11.2004, p. 313). Não há nulidade se há mera irregularidade do auto de apreensão pela não observância das regras do art. 530-C do CPP, uma vez que realizado exame pericial (TJMG, Ap. 10694090552845001, DJ 18.6.2014).

- **Comprovação da materialidade/Perícia:** Súmula 574 do STJ: "Para a configuração do delito de violação de direito autoral e a comprovação de sua materialidade, é suficiente a perícia realizada por amostragem do produto apreendido, nos aspectos externos do material, e é desnecessária a identificação dos titulares dos direitos autorais violados ou daqueles que os representem". Se o exame pericial não analisou o conteúdo das mídias aprendidas, tendo concluído pela falsidade do material apenas com base nas suas características externas, não é suficiente para comprovar a materialidade do crime (TJSP, Ap. 0018106-53.2011.8.26.0348, j. 24.7.2019). A ausência da assinatura de duas testemunhas no auto de apreensão constitui mero vício formal, não impedindo o reconhecimento da materialidade do delito do art. 184, § 2 , do CP (STJ, AgRg no REsp 1.668.337/MG, j. 19.04.2018, DJe 27.04.2018). Para a configuração de delito de violação de direito autoral, basta que a perícia constate a inautenticidade do material objeto da apreensão (TJMG, Ap. 1.0024.01. 578699-9/001(1), j. 2.6.2005, DOEMG 15.6.2005). Se o laudo pericial não descreveu de forma individualizada e pormenorizada ao menos um DVD analisado, não se presta à comprovação da materialidade, sendo de rigor a manutenção da absolvição, ainda mais se os *experts* se restringiram a examinar unicamente os elementos externos das mídias supostamente falsificadas (TJMG, Ap. 10183081433389001, DJ 3.2.2014; Ap. 101.83081449807001, DJ 9.1.2014). "Para a comprovação da prática do crime de violação de direito autoral de que trata o § 2º do art. 184 do CP, é dispensável a identificação dos produtores das mídias originais no laudo oriundo de perícia efetivada nos objetos falsificados apreendidos, sendo, de igual modo, desnecessária a inquirição das supostas vítimas para que elas confirmem eventual ofensa a seus direitos autorais. De acordo com o § 2º do art. 184 do CP, é formalmente típica a conduta de quem, com intuito de lucro direto ou indireto, adquire e oculta cópia de obra intelectual ou fonograma reproduzido com violação do direito de autor, do direito de artista intérprete ou do direito do produtor de fonograma. Conforme o art. 530-D do CPP, deve ser realizada perícia sobre todos os bens apreendidos e elaborado laudo, que deverá integrar o inquérito policial ou o processo. O exame técnico em questão tem o objetivo de atestar a ocorrência ou não de reprodução procedida com violação de direitos autorais. Comprovada a materialidade delitiva por meio da perícia, é totalmente desnecessária a identificação e inquirição das supostas vítimas, até mesmo porque o ilícito em exame é apurado mediante ação penal pública incondicionada, nos termos do inciso II do artigo 186 do CP (STJ, 5ª T., HC 191.568-SP, rel. Min. Jorge Mussi, j. 7.2.2013, DJe 19.2.2013).

- **Identificação das vítimas:** É suficiente a apreensão e perícia de uma única mídia, desde que constatada a sua falsidade, sendo desnecessária a identificação e inquirição da vítima (STJ, AgRg no Ag em REsp 522355/PE, DJe 4.11.2014). Nos crimes contra a propriedade imaterial aplicam-se os arts. 530-B a 530-H do CPP, merecendo destaque o contido nos arts. 530-B a 530-D, pelos quais a autoridade policial apreenderá os bens objeto do delito, que serão submetidos a perícia, que integrará os autos do processo (STJ, HC 273.164/ES, *DJe* 5.2.2014; HC 191.568/SP, *DJe* 19.2.2013).

- **Direito autoral de estrangeiro – Competência da Justiça Federal:** As convenções internacionais que tratam do direito de propriedade intelectual – das quais o Brasil é signatário – acabaram por incorporar as normas penais dos países contratantes relativas à matéria, não se distinguindo estas dos demais dispositivos originalmente previstos e sendo a competência da Justiça Federal (CR, art. 109, V) (TRF da 4ª R., RSE 2002.71.07.005915-0, j. 2.3.2004, *DJU* 10.3.2004, p. 552, *in Bol. IBCCr* 140/814).

- **Violação de direitos de autor de programa de computador (Lei n. 9.609/98):** Deve ser aplicado o preceito secundário a que se refere o § 2º do art. 184 do CP, e não o previsto no § 1º do art. 12 da Lei n. 9.609/1998, para a fixação das penas decorrentes da conduta de adquirir e ocultar, com intuito de lucro, CDs e DVDs falsificados. O preceito secundário descrito no § 1º do art. 12 da Lei n. 9.609/1998 é destinado a estipular, em abstrato, punição para o crime de violação de direitos de autor de programa de computador, delito cujo objeto material é distinto do tutelado pelo tipo do § 2º do art. 184 do CP. Desta feita, não havendo dequação típica da conduta em análise ao previsto no § 1º do art. 12 da Lei n. 9.609/1998, cumpre aplicar o disposto no § 2º do art. 184 do CP, uma vez que este tipo é bem mais abrangente, sobretudo após a redação que lhe foi dada pela Lei n. 10.695/2003. Ademais, não há desproporcionalidade da pena de reclusão de dois a quatro anos e multa quando comparada com reprimendas previstas para outros tipos penais, pois o próprio legislador, atento aos reclamos da sociedade que representa, entendeu merecer tal conduta pena considerável, especialmente pelos graves e extensos danos que acarreta, estando geralmente relacionada a outras práticas criminosas, como a sonegação fiscal e a formação de quadrilha (STJ, 5ª T., HC 191.568-SP, rel. Min. Jorge Mussi, j. 7.2.2013).

- **Procedência estrangeira não comprovada. Competência:** (...) 2. Não comprovada a procedência estrangeira dos DVD's pelo Laudo de Exame Material, a mera confissão do acusado de que teria adquirido os produtos no Paraguai não atrai, por si só, a competência da União em perseguir o delito, até porque a afronta não ultrapassa os interesses pessoais do titular do direito autoral. 3. Conflito de competência conhecido, a fim de declarar competente a Justiça Estadual (STJ, 3ª Seção, CComp 127584/PR, rel. Min. Og Fernandes, j. 12.6.2013, *DJe* 25.6.2013; 3ª Seção, CComp 130596/PR, rel. Min. Assusete Magalhães, j. 11.12.2013, *DJe* 3.2.2014). Não tendo sido obtida prova concreta de que o acusado seja o responsável pelo ingresso da mercadoria ilegal em território nacional, sendo insuficiente para tal aferição a mera confissão do investigado em sede policial, a competência é da Justiça Estadual (STJ, AgRg no CComp 125285/PR, *DJe* 2.5.2014).

- **Procedência estrangeira. Competência:** Quando configurados indícios de transnacionalidade do crime, a competência é da Justiça Federal (STJ, AgRg no REsp 1376680/PR, *DJe* 2.5.2014). *Contra*: O fato dos CDs e DVDs terem sido adquiridos no exterior não implica, por si só, na competência da Justiça Federal (STJ, CComp 125281/PR, *DJe* 6.2.2012).

USURPAÇÃO DE NOME OU PSEUDÔNIMO ALHEIO

Art. 185. (*Revogado.*)

- **Revogação:** Dispositivo revogado pela Lei n. 10.695, de 1.7.2003.

Art. 186. Procede-se mediante:

I – queixa, nos crimes previstos no *caput* do art. 184;

II – ação penal pública incondicionada, nos crimes previstos nos §§ 1º e 2º do art. 184;

III – ação penal pública incondicionada, nos crimes cometidos em desfavor de entidades de direito público, autarquia, empresa pública, sociedade de economia mista ou fundação instituída pelo Poder Público;

IV – ação penal pública condicionada à representação, nos crimes previstos no § 3º do art. 184.

Modalidades de ação penal

- **Alteração:** Artigo com redação dada pela Lei n. 10.695, de 1.7.2003.

- **Noção:** Disciplina este art. 186 as modalidades de ação penal para os crimes de violação de direito autoral previstos no art. 184, *caput* e §§ 1º, 2º e 3º do CP, prevendo: *a.* ação penal privada (queixa), para os delitos do *caput* (art. 186, I); *b.* ação penal pública incondicionada, nos crimes dos §§ 1º e 2º (art. 186, II); *c.* igualmente, ação penal pública incondicionada, para os crimes cometidos contra entidades de direito público, autarquia, empresa pública, sociedade de economia mista ou fundação instituída pelo Poder Público (art. 186, III), abrangendo, aqui, tanto o crime do *caput* quanto os delitos dos §§ 1º e 2º; *d.* ação penal pública condicionada à representação, nos delitos do § 3º (art. 186, IV). Saliente-se que, nos termos do art. 100, § 3º, do CP, a queixa poderá ser proposta nos crimes de ação pública (condicionada ou incondicionada), se o Ministério Público não oferecer denúncia no prazo legal.

- **Código de Processo Penal:** A Lei n. 10.695/2003, além de alterar os arts. 184 e 186 do CP, também acrescentou ao CPP os arts. 530-A a 530-I, estabelecendo, em resumo, que, deixando a infração vestígios: *a.* em se tratando de crimes em que se procede mediante queixa (art. 184, *caput*, do CP), aplica-se o disposto nos arts. 524 a 530 do CPP, ou seja, medida cautelar de busca e apreensão judicial por peritos nomeados pelo juiz, acompanhados de oficial de justiça, sucedida de elaboração de laudo pericial que deverá ser homologado pelo juízo (cf., quanto ao prazo decadencial, comentários ao art. 103 do CP). *b.* Nos casos de infrações penais previstas nos §§ 1º, 2º e 3º do art. 184 do CP, aplicam-se os novos arts. 530-B a 530-H do CPP, ou seja, busca e apreensão realizada pela autoridade policial, seguida de perícia efetuada por *expert* oficial ou pessoa técnica habilitada. Obviamente, a busca e apreensão deverá ser precedida de autorização judicial (CR, art. 5º, XI). Quanto ao conceito de "casa", cf. art. 150, § 4º, do CP, bem como nota *Tipo objetivo* e jurisprudência sobre a rubrica *Conceito de domicílio*, naquele artigo.

Capítulos II a IV

Arts. 187 a 196. (*Revogados.*)

- **Revogação:** Os arts. 187 a 196, que abrangiam os Capítulos II a IV do Título III do CP, foram revogados e substituídos pelos arts. 183 a 206 da Lei n. 9.279, de 14.5.96 (Propriedade Industrial e Concorrência Desleal), que entrou em vigor, no tocante a esses dispositivos, em 15.5.97.

Título IV
DOS CRIMES CONTRA A ORGANIZAÇÃO DO TRABALHO

- **Nota explicativa:** A tutela penal da Organização do Trabalho encontra fundamento na Magna Carta, que expressamente inclui, dentre os fundamentos do Estado de Direito Democrático em que se constitui a República Federativa do Brasil, o reconhecimento do valor da dignidade da pessoa humana (art. 1º, III) e os valores sociais do trabalho e da livre-iniciativa (inciso IV). De outra parte, o direito ao trabalho e os que lhe são correlatos encontram-se igualmente incluídos nos direitos sociais previstos no Título II da CR (Dos Direitos e Garantias Fundamentais), no Capítulo II (Dos Direitos Sociais, arts. 6º a 11).

- **Crimes decorrentes de greve:** Quanto ao direito de greve, dispõe o art. 9º, *caput*, da Magna Carta: "É assegurado o direito de greve, competindo aos trabalhadores decidir sobre a oportunidade de exercê-lo e sobre os interesses que devam por meio dele defender"; o seu § 1º, que "a lei definirá os serviços ou atividades essenciais e disporá sobre o atendimento das necessidades inadiáveis da comunidade"; e o § 2º, que "os abusos cometidos sujeitam os responsáveis às penas da lei". No plano infraconstitucional, dentre as leis que tratam da greve, destaca-se a Lei n. 7.783/89, cujo art. 15 dispõe: "A responsabilidade pelos atos praticados, ilícitos ou crimes cometidos, no curso da greve, será apurada, conforme o caso, segundo a legislação trabalhista, civil ou penal", devendo o "Ministério Público, de ofício, requisitar a abertura do competente inquérito e oferecer denúncia quando houver indício da prática de delito". A última parte deste dispositivo leva ao entendimento de que todo crime praticado no contexto da greve é de ação penal pública incondicionada, até porque a previsão se encontra em lei especial.

- **Competência:** De acordo com o art. 109, VI, da CR, os crimes contra a organização do trabalho são da competência da Justiça Federal. A leitura exclusiva deste dispositivo leva o intérprete a entender que todos os crimes previstos neste Título IV são da competência da Justiça Federal. Ocorre que o referido dispositivo, a nosso ver, deve ser interpretado juntamente com a regra prevista no inciso IV do mesmo art. 109, segundo a qual compete aos juízes federais processar e julgar "os crimes políticos e as infrações penais praticados em detrimento de bens, serviços ou interesses da União ou de suas entidades autárquicas ou de suas empresas públicas (...)". Dessa forma, nem todo crime descrito neste Título IV será de competência da Justiça Federal, mas somente aquele que ofender "o sistema de órgãos e institutos destinados a preservar, coletivamente, os direitos e deveres dos trabalhadores" (neste sentido, conferir: STF, RE 156.527/PA, rel. Min. Ilmar Galvão, j. 3.12.1993, *DJU* 27.5.94, p. 13193; STJ, CComp 123.714/MS, rel. Des. Conv. Marilza Maynardi, *DJe* 5.11.2012; AgRg no CComp 41.173/SP, rel. Min. Paulo Gallotti, j. 14.3.2007, *DJU* 16.4.2007, p. 166; *RT* 757/508, 727/448; CComp 6.740, *DJU* 14.3.94, p. 4466, *in RBCCr* 6/232; CComp 5.740, j. 1º.6.95, *Bol. AASP* n. 1.944; CComp 3.988, *DJU* 10.5.93, p. 8600, *in RBCCr* 3/260; *TRF* da 1ª R., HC 2006.01.00.026010-6/MA, *DJU* 21.9.2006; RCr 9.794, *DJU* 13.10.94, p. 58090, *in RBCCr* 9/208; TACrSP, *RT* 729/555). Quanto ao art. 203, Súmula 62 do STJ: "Compete à Justiça Estadual processar e julgar o crime de falsa anotação na Carteira de Trabalho e Previdência Social, atribuído à empresa privada". Aliás, nesse sentido já dispunha a Súmula 115 do extinto TFR: "Compete à Justiça Federal processar e julgar os crimes contra a organização do trabalho, quando tenham por objeto a organização geral do trabalho ou direitos dos trabalhadores considerados coletivamente". Em caso de lesão ou ameaça de lesão a interesses individuais dos trabalhadores, portanto, a competência é da Justiça Estadual. Quanto à polêmica questão acerca da competência para o julgamento do crime de *redução a condição análoga à de escravo*, e o atual posicionamento do STF, *vide* comentários ao art. 149 do CP.

ATENTADO CONTRA A LIBERDADE DE TRABALHO

Art. 197. Constranger alguém, mediante violência ou grave ameaça:

I – a exercer ou não exercer arte, ofício, profissão ou indústria, ou a trabalhar ou não trabalhar durante certo período ou em determinados dias:

Pena – detenção, de 1 (um) mês a 1 (um) ano, e multa, além da pena correspondente à violência;

II – a abrir ou fechar o seu estabelecimento de trabalho, ou a participar de parede ou paralisação de atividade econômica:

Pena – detenção, de 3 (três) meses a 1 (um) ano, e multa, além da pena correspondente à violência.

- **Transação:** Cabe nos incisos I e II, preenchidos os requisitos do art. 76 da Lei n. 9.099/95.

- **Suspensão condicional do processo:** Cabe, igualmente, nos dois incisos, atendidas as condições do art. 89 da Lei n. 9.099/95.

Atentado contra a liberdade de trabalho

- **Revogação:** A segunda parte do inciso II deste artigo havia sido revogada tacitamente e substituída pelo art. 29, VII, da Lei n. 4.330/64. Esta lei, por sua vez, foi revogada pela Lei de Greve (Lei n. 7.783/89), a qual não prevê crimes especiais, dispondo que "a responsabilidade pelos atos praticados, ilícitos ou crimes cometidos, no curso da greve, será apurada, conforme o caso, segundo a legislação trabalhista, civil ou penal" (art. 15).

- **Objeto jurídico:** A liberdade de trabalho.

- **Sujeito ativo:** Qualquer pessoa.

- **Sujeito passivo:** Qualquer pessoa, no inciso I; o proprietário do estabelecimento, no inciso II, primeira parte; qualquer pessoa, no inciso II, segunda parte.

- **Tipo objetivo:** Constranger alguém, mediante violência (física contra pessoa) ou grave ameaça (promessa de causar mal futuro, sério e verossímil). São quatro os objetivos, alternativos, do constrangimento: *a.* exercer ou não exercer arte, ofício, profissão ou indústria; *b.* trabalhar ou não trabalhar durante certo período ou em determinados dias; *c.* abrir (iniciar ou reiniciar) ou fechar o seu estabelecimento de trabalho; *d.* participar de parede ou paralisação de atividade econômica. O constrangimento pode ser praticado contra pessoa diversa (ex.: parente) daquela cujo trabalho o agente quer cercear. O crime será único, ainda que várias sejam as vítimas; todavia, a pena relativa à violência, a ser aplicada conjuntamente com a do art. 197 do CP, corresponderá a tantos delitos contra a pessoa quantos forem os cometidos.

- **Tipo subjetivo:** Dolo, ou seja, a livre e consciente vontade de constranger. Na escola tradicional é o "dolo genérico". Não há forma culposa.

- **Consumação:** No inciso I, primeira parte, com o efetivo exercício ou suspensão; no inciso I, segunda parte, com o trabalho ou suspensão dele; no inciso II, primeira parte, com a abertura ou fechamento; no inciso II, segunda parte, com a participação da pessoa constrangida na parede ou paralisação. O crime pode ser permanente.

- **Tentativa:** Admite-se nas quatro hipóteses.

- **Classificação:** Delito comum quanto ao agente, doloso, material, de conduta e resultado.

- **Pena:** Nas figuras do inciso I: detenção, de um mês a um ano, e multa, além da pena correspondente à violência (física contra pessoa). Nas figuras do inciso II, a pena máxima é igual, mas seu mínimo é elevado para três meses de detenção.

- **Ação penal:** Pública incondicionada. Em se tratando de *crimes decorrentes de greve*, *vide* nota sob essa rubrica no início do Título IV.

Jurisprudência

- **Tipo objetivo:** É indispensável o emprego de violência física ou moral (TACrSP, antigo, *RT* 359/256).

- **Rescisão contratual:** Não configura o delito a simples promessa de rescisão contratual, vez que é direito do empregador a dispensa do empregado (TACrSP, *RJDTACr* 25/60).

- **Greve:** Só é legítima se exercida pacificamente; o uso da violência ou grave ameaça a desnatura e transforma em atividade delituosa (TACrSP, *RT* 726/672).

- **Competência da Justiça Estadual:** Se jogavam pedras em caminhões de entrega e ameaçavam empregados que se dirigiam ao trabalho, incitando-os a aderirem ao movimento grevista, o ato delitivo não pode ser tachado de crime contra a organização do trabalho, tratando-se de lesão individual, sendo competente a Justiça Estadual (STJ, CComp 9130/SP, *DJe* 28.11.94; no mesmo sentido: STJ, 3ª Seção, CComp 21.920 / SP, j. 11.11.1998).Se houve retenção momentânea, mediante violência, de um único empregado, impedido de adentrar à empresa onde laborava, verifica-se ofensa à liberdade individual, e não à organização do trabalho como um todo, sendo competente a Justiça Estadual (STF, AgRg no Ag em RE 706368/SP, *DJe* 21.11.2012). Os crimes dos arts. 197 a 207 são da competência da Justiça Federal quando ofenderem os sistemas de órgãos ou instituições que preservam, de modo coletivo, os direitos e deveres dos trabalhadores. Crimes cometidos contra determinado grupo de trabalhadores não são da competência da Justiça Federal e, sim, da Estadual (TRF da 1ª R., RCr 1503/PA, *DJ* 22.9.2006; RCr 935/PR, *DJ* 17.11.2006). Movimento paredista, articulado por sindicalistas, não configura fato próprio de competência da Justiça Federal (STJ, 3ª Seção, CComp 20.905/SC, j. 12.8.1998).

ATENTADO CONTRA A LIBERDADE DE CONTRATO DE TRABALHO E BOICOTAGEM VIOLENTA

Art. 198. Constranger alguém, mediante violência ou grave ameaça, a celebrar contrato de trabalho, ou a não fornecer a outrem ou não adquirir de outrem matéria-prima ou produto industrial ou agrícola:

Pena – detenção, de 1 (um) mês a 1 (um) ano, e multa, além da pena correspondente à violência.

- **Transação:** Cabe, preenchidos os requisitos do art. 76 da Lei n. 9.099/95.

- **Suspensão condicional do processo:** Cabe, atendidas as condições do art. 89 da Lei n. 9.099/95.

Atentado contra a liberdade de contrato de trabalho e boicotagem violenta

- **Objeto jurídico:** A liberdade de trabalho.
- **Sujeito ativo:** Qualquer pessoa.
- **Sujeito passivo:** Qualquer pessoa.

- **Tipo objetivo:** O art. 198 contém duas figuras distintas: atentado contra a liberdade de contrato de trabalho (primeira parte) e boicotagem violenta (segunda parte): *a*. Quanto à primeira figura, o contrato de trabalho pode ser individual ou coletivo, escrito ou verbal. A hipótese de constrangimento para a não celebração de contrato não está abrangida. *b*. Quanto à segunda figura, pune-se, apenas, a boicotagem violenta, tanto na forma de não fornecimento como na de não aquisição. O rol é taxativo e não deve ser alargado: o não fornecimento ou a não aquisição só pode ser de matéria-prima (substância bruta) ou produto industrial ou agrícola. Quanto ao constrangimento, violência (física contra pessoa) ou grave ameaça (séria, idônea), *vide* notas ao art. 146 do CP. Entendemos que, se o agente praticar as duas ações previstas pelo art. 198, haverá um só delito (a favor: Magalhães Noronha, *Direito Penal,* 1995, v. III, p. 56; contra: Heleno Fragoso, *Lições de Direito Penal – Parte Especial,* 1995, v. I, p. 394).

- **Tipo subjetivo:** Dolo, ou seja, a vontade livre e consciente de constranger. Para os tradicionais é o "dolo genérico". Inexiste modalidade culposa.

- **Consumação:** Na primeira figura, com a celebração do contrato (escrito) ou início do trabalho (se verbal o contrato). Na segunda figura, com a efetiva abstenção; trata-se de infração permanente.

- **Tentativa:** Admite-se.

- **Classificação:** Delito comum quanto ao sujeito, doloso, material, de conduta e resultado.

- **Pena:** Detenção, de um mês a um ano, e multa, mais a pena correspondente à violência (física contra pessoa).

- **Ação penal:** Pública incondicionada. Em se tratando de *crimes decorrentes de greve*, *vide* nota sob essa rubrica no início do Título IV.

ATENTADO CONTRA A LIBERDADE DE ASSOCIAÇÃO

Art. 199. Constranger alguém, mediante violência ou grave ameaça, a participar ou deixar de participar de determinado sindicato ou associação profissional:

Pena – detenção, de 1 (um) mês a 1 (um) ano, e multa, além da pena correspondente à violência.

- **Transação:** Cabe, preenchidos os requisitos do art. 76 da Lei n. 9.099/95.

- **Suspensão condicional do processo:** Cabe, atendidas as condições do art. 89 da Lei n. 9.099/95.

Atentado contra a liberdade de associação

- **Objeto jurídico:** A liberdade de associação profissional ou sindical (CR, art. 5º, XVII).

- **Sujeito ativo:** Qualquer pessoa.

- **Sujeito passivo:** Qualquer pessoa.

- **Tipo objetivo:** Quanto ao constrangimento, mediante violência (física contra pessoa) ou grave ameaça (séria, idônea), *vide* nota ao art. 146 do CP. O que se pune, aqui, é a coação exercida para participar ou deixar de participar de determinado (certo) sindicato ou associação profissional.

- **Tipo subjetivo:** Dolo, isto é, a vontade livre e consciente de constranger a participar ou deixar de participar. Para a corrente tradicional é o "dolo genérico". Não há forma culposa.

- **Consumação:** Com a participação ou não participação, em razão do constrangimento.

- **Tentativa:** Admite-se.

- **Classificação:** Delito comum quanto ao agente, doloso, material, de conduta e resultado.

- **Pena:** Detenção, de um mês a um ano, e multa, além da pena relativa à violência (física contra pessoa).

- **Ação penal:** Pública incondicionada. Em se tratando de *crimes decorrentes de greve*, *vide* nota sob essa rubrica no início do Título IV.

Jurisprudência

- **Tipo objetivo:** Exige a ocorrência do emprego de grave ameaça ou coação (TFR, HC 3.566, *DJU* 31.10.79, p. 8183). Pressupõe a existência legal de um sindicato ou associação (TACrSP, *RT* 333/268). Só haverá resultado próprio deste crime ocorrendo perigo para a existência ou funcionamento de sindicato ou associação; caso contrário, o fato será restrito à relação individual de trabalho (STJ, RHC 4.749, *DJU* 6.5.96, p. 14475).

PARALISAÇÃO DE TRABALHO, SEGUIDA DE VIOLÊNCIA OU PERTURBAÇÃO DA ORDEM

Art. 200. Participar de suspensão ou abandono coletivo de trabalho, praticando violência contra pessoa ou contra coisa:

Pena – detenção, de um 1 (mês) a 1 (um) ano, e multa, além da pena correspondente à violência.

Parágrafo único. Para que se considere coletivo o abandono de trabalho é indispensável o concurso de, pelo menos, três empregados.

- Transação: Cabe, preenchidos os requisitos do art. 76 da Lei n. 9.099/95.
- Suspensão condicional do processo: Cabe, atendidas as condições do art. 89 da Lei n. 9.099/95.

Greve ou lockout violento

- Objeto jurídico: A liberdade de trabalho.
- Sujeito ativo: Qualquer pessoa (empregado ou patrão).
- Sujeito passivo: Qualquer pessoa.
- Tipo objetivo: Prevalece o entendimento de que a figura inclui tanto a greve dos empregados (abandono coletivo) quanto o *lockout* (suspensão) realizado pelos empregadores (a favor: HELENO FRAGOSO, *Lições de Direito Penal – Parte Especial,* 1995, v. I, p. 395; HUNGRIA, *Comentários ao Código Penal,* 1959, v. VIII, p. 44; MAGALHÃES NORONHA, *Direito Penal,* 1995, v. III, p. 58; contra: BENTO DE FARIA, *Código Penal Brasileiro,* 1959, v. V, p. 327). O núcleo *participar* exige pluralidade de pessoas, sendo necessário o concurso de três pessoas, pelo menos, segundo o parágrafo único. Aqui a violência é contra pessoa ou coisa, mas deve ser praticada no decurso ("Participar... praticando") da greve ou *lockout*. A incriminação só alcança os que praticaram a violência.
- Tipo subjetivo: Dolo, ou seja, a vontade livre e consciente de participar de suspensão ou abandono e de praticar violência contra pessoa ou coisa. Na doutrina tradicional é o "dolo genérico". Não há punição a título de culpa.
- Consumação: Com a prática da violência.
- Tentativa: Admite-se.
- Classificação: Delito comum quanto ao sujeito, doloso, material.
- Pena: Detenção, de um mês a um ano, e multa, além da pena correspondente à violência.
- Ação penal: Pública incondicionada. Em se tratando de *crimes decorrentes de greve,* vide nota sob essa rubrica no início do Título IV.

Jurisprudência

- Porte de armas: O simples porte de armas brancas pelos piquetes grevistas não configura a violência prevista no art. 200 do CP (TACrSP, *RT* 363/206).
- Prova pericial: A injustificada falta de prova pericial da violência contra a coisa, praticada pelos grevistas, torna insubsistente a condenação destes pelo delito do art. 200 do CP (TACrSP, *RJDTACr* 24/300).

PARALISAÇÃO DE TRABALHO DE INTERESSE COLETIVO

Art. 201. Participar de suspensão ou abandono coletivo de trabalho, provocando a interrupção de obra pública ou serviço de interesse coletivo:

Pena – detenção, de 6 (seis) meses a 2 (dois) anos, e multa.

Paralisação de trabalho de interesse coletivo

- **Transação:** Cabe, preenchidos os requisitos do art. 76 da Lei n. 9.099/95.

- **Suspensão condicional do processo:** Cabe, atendidas as condições do art. 89 da Lei n. 9.099/95.

- **Revogação tácita:** Em face da CR, entendemos que o art. 201 do CP tornou-se inaplicável. O art. 9º, *caput*, da CR garante o direito de greve de forma ampla, dispondo: "É assegurado o direito de greve, competindo aos trabalhadores decidir sobre a oportunidade de exercê-lo e sobre os interesses que devam por meio dele defender". O § 1º deste artigo estabelece que "a lei definirá os serviços ou atividades essenciais e disporá sobre o atendimento das necessidades inadiáveis da comunidade", e o seu § 2º prevê que "os abusos cometidos sujeitam os responsáveis às penas da lei". A Lei de Greve (Lei n. 7.783/89), além de não conter qualquer disposição penal, em seu art. 13 expressamente admite a "greve em serviços ou atividades essenciais" (enumerados no art. 10), prevendo que, nessa hipótese, "ficam as entidades sindicais ou os trabalhadores, conforme o caso, obrigados a comunicar a decisão aos empregadores e aos usuários com antecedência mínima de setenta e duas horas da paralisação". O art. 11, por sua vez, obriga os sindicatos, os empregadores e os trabalhadores a, "de comum acordo, garantir, durante a greve, a prestação dos serviços indispensáveis ao atendimento das necessidades inadiáveis da comunidade". Ora, como "o direito não admite contradição lógica" (Luiz Vicente Cernicchiaro, "Lei 9.296/96 – interceptação telefônica", *Bol. IBCCr* 47/3), não teria sentido que a Lei de Greve admitisse a paralisação em serviços ou atividades essenciais, somente exigindo comunicação prévia aos empregadores e usuários, bem como a prestação de serviços indispensáveis, e o art. 201 do CP continuasse a punir tal conduta. Assim, a greve pacífica, mesmo em serviços ou atividades essenciais, é hoje, a nosso ver, penalmente atípica, ainda que os grevistas sejam funcionários públicos, pois o art. 37, VII, da CR não foi até agora objeto de lei complementar (cf. o art. 16 da Lei n. 7.783/89). Com a mesma opinião, Heleno Fragoso (*Lições de Direito Penal – Parte Especial*, 1995, atualizada por Fernando Fragoso, v. I, p. 396). *Contra*: Alberto Silva Franco e outros (*Código Penal e sua Interpretação Jurisprudencial*, 1995, p. 2363), para os quais, "porém, não basta que se trate de obra pública, mas que essa caracterize serviço ou atividade essencial, em face da dicção da nova Lei de Greve (art. 11)". A questão, contudo, merece urgente alteração legislativa em nível ordinário e constitucional visando adequar o direito constitucional de greve em face da importância vital que certas atividades têm para a paz e ordem públicas, sobretudo em razão de movimentos grevistas (já não raros) envolvendo funcionários públicos que ingressam em carreiras sabedores que suas atividades jamais podem parar, como tem ocorrido com greves ("operações padrão" em que tudo é feito lentamente), por exemplo, de policiais. cf., também, Roberto Delmanto e Roberto Delmanto Junior, "A greve pacífica nos serviços essenciais e o Código Penal", *Bol. IBCCr* n. 54, maio de 1997, p. 13.

- **Objeto jurídico:** O interesse da coletividade.

- **Sujeito ativo:** Qualquer pessoa (empregado ou empregador).

- **Sujeito passivo:** A coletividade.

- **Tipo objetivo:** A figura abrange tanto a greve (abandono coletivo) dos empregados como o *lockout* (suspensão) dos empregadores (*vide* comentário ao art. 200 do CP). Visa à punição da greve pacífica, quando provocar a interrupção de obra pública ou de serviço de interesse coletivo. O núcleo é participar (tomar parte).

- **Tipo subjetivo:** Dolo e o elemento subjetivo do tipo consistente na finalidade de provocar a paralisação. Na corrente tradicional é o "dolo específico" (Hungria, *Comentários ao Código Penal*, 1959, v. VIII, p. 46). Não há modalidade culposa.

- **Consumação:** Com a efetiva paralisação.

- **Pena:** Detenção, de seis meses a dois anos, e multa.

- **Ação penal:** Pública incondicionada. Em se tratando de crimes decorrentes de greve, *vide* nota sob essa rubrica no início do Título IV.

Jurisprudência

■ **Revogação tácita:** O art. 201 do CP não foi recepcionado pela CR, que assegura o direito de greve de forma ampla, inclusive nos serviços públicos – art. 37, VII (TRF4, Inq. 2004.04.01.016755/PR, j. 18.8.2005). Em face da CR, que consagrou o direito de greve de forma ampla, o dispositivo do art. 201 do CP não está a merecer aplicação. Apenas os abusos no exercício do direito sujeitam-se a sanções (art. 9º, § 2º, da nova Carta) (STJ, *JSTJ* e *TRF* 5/352).

INVASÃO DE ESTABELECIMENTO INDUSTRIAL, COMERCIAL OU AGRÍCOLA. SABOTAGEM

Art. 202. Invadir ou ocupar estabelecimento industrial, comercial ou agrícola, com o intuito de impedir ou embaraçar o curso normal do trabalho, ou com o mesmo fim danificar o estabelecimento ou as coisas nele existentes ou delas dispor:

Pena – reclusão, de 1 (um) a 3 (três) anos, e multa.

■ **Suspensão condicional do processo:** Cabe nas duas figuras, atendidas as condições do art. 89 da Lei n. 9.099/95.

Invasão ou ocupação de estabelecimento (primeira figura do art. 202)

■ **Objeto jurídico:** A organização do trabalho.

■ **Sujeito ativo:** Qualquer pessoa, empregada ou não.

■ **Sujeito passivo:** A coletividade e o proprietário do estabelecimento.

■ **Tipo objetivo:** As condutas alternativas previstas são invadir (entrar à força ou sem direito) ou ocupar (tomar posse arbitrariamente). O objeto material é o estabelecimento industrial, comercial ou agrícola.

■ **Tipo subjetivo:** Dolo e o elemento subjetivo do tipo que é o especial fim de agir: com o intuito de impedir ou embaraçar o curso normal do trabalho. Para a doutrina tradicional é o "dolo específico". Inexiste forma culposa.

■ **Consumação:** Com a invasão ou ocupação, sem dependência da verificação de real impedimento ou embaraço ao trabalho. A infração é permanente.

■ **Tentativa:** Admite-se.

■ **Classificação:** Crime comum quanto ao sujeito, doloso, formal, permanente.

■ **Confronto:** Se as condutas são praticadas sem o especial fim de agir, arts. 150 ou 161, § 1º, II, do CP.

■ **Pena:** Reclusão, de um a três anos, e multa.

■ **Ação penal:** Pública incondicionada. Em se tratando de crimes decorrentes de greve, *vide* nota sob essa rubrica no início do Título IV.

Sabotagem (segunda figura do art. 202)

■ **Objeto jurídico, sujeitos ativo e passivo:** Iguais aos da primeira figura.

■ **Tipo objetivo:** São três as modalidades de sabotagem previstas alternativamente: *a.* danificar estabelecimento; *b.* danificar as coisas existentes no estabelecimento; *c.* dispor (usar, guardar, alienar onerosa ou gratuitamente) das coisas existentes no estabelecimento.

■ **Tipo subjetivo:** Igual ao da primeira figura (*vide* nota acima).

■ **Consumação:** Com a danificação ou disposição, sendo indiferente a ocorrência de efetivo impedimento ou embaraço; a ocorrência destes será mero exaurimento do crime já consumado.

■ **Classificação:** Crime comum quanto ao agente, doloso, formal.

- Confronto: Se ausente o especial fim de agir, arts. 163 ou 155 do CP. Com finalidade política, cf. art. 15 da Lei n. 7.170, de 14.12.83.

- Pena e ação penal: Iguais às da primeira figura.

Jurisprudência

- Fim de agir: Não atua com dolo quem, com fins preservacionistas, posta-se em frente a casa que está para ser demolida, perturbando as obras de demolição (TJSP, *RJTJSP* 89/442). Sem o motivo determinante de embaraçar ou impedir o normal curso do trabalho, não incide o art. 202 do CP, em qualquer de suas modalidades (TFR, HC 4.894, *DJU* 19.3.81, p. 1979).

- Troca de fechadura: A troca de fechadura da porta de acesso de estabelecimento comercial alheio, impedindo o curso normal do trabalho, configura, em tese, o delito previsto no art. 202 do CP (STJ, *RT* 757/508).

- Invasão e esbulho possessório: Se a ocupação teve o objetivo de pressionar o governo federal à realização da reforma agrária e não de esbulhar o proprietário, não cabe a desclassificação para o crime de esbulho possessório do art. 161, II, do CP. Sendo o estabelecimento agrícola produtivo e mesmo assim haver invasão aquele fim, configura-se o elemento subjetivo do art. 202 (TJPR, Ap. 8225187, *DJ* 21.6.2012).

- Competência: *Vide* jurisprudência no início do Título IV.

FRUSTRAÇÃO DE DIREITO ASSEGURADO POR LEI TRABALHISTA

Art. 203. Frustrar, mediante fraude ou violência, direito assegurado pela legislação do trabalho:

Pena – detenção, de 1 (um) a 2 (dois) anos, e multa, além da pena correspondente à violência.

§ 1º Na mesma pena incorre quem:

I – obriga ou coage alguém a usar mercadorias de determinado estabelecimento, para impossibilitar o desligamento do serviço em virtude de dívida;

II – impede alguém de se desligar de serviços de qualquer natureza, mediante coação ou por meio da retenção de seus documentos pessoais ou contratuais.

§ 2º A pena é aumentada de um sexto a um terço se a vítima é menor de 18 (dezoito) anos, idosa, gestante, indígena ou portadora de deficiência física ou mental.

- Alterações: A Lei n. 9.777, de 29.12.98, aumentou a pena do *caput* e acrescentou os §§ 1º e 2º

- Transação: Cabe no *caput* e no § 1º, desde que não haja incidência do § 2º, preenchidos os requisitos do art. 76 da Lei n. 9.099/95.

- Suspensão condicional do processo: Cabe no *caput* e no § 1º, desde que não haja incidência do § 2º, atendidas as condições do art. 89 da Lei n. 9.099/95.

Frustração de direito assegurado por lei trabalhista

- Objeto jurídico: A proteção da legislação trabalhista.

- Sujeito ativo: Pode ser o empregador ou empregado, ou qualquer outra pessoa, sem necessidade da existência de relação de emprego.

- Sujeito passivo: O Estado e a pessoa cujo direito trabalhista é frustrado.

- Tipo objetivo: Frustrar tem a significação de iludir, lograr, privar. Os meios executivos de tal ação são indicados: "mediante fraude ou violência". Fraude é o ardil, engodo, artifício que leva o enganado à aparência falsa da realidade. A violência a que a lei se refere é apenas a física, exercida contra pessoa; a ameaça, ainda que grave, não se inclui no tipo. Assim, é essencial à tipificação do delito o emprego de fraude ou de violência contra pessoa. O que o agente frustra, mediante fraude ou violência, é direito assegurado pela legislação do trabalho. Trata-se, pois, de norma penal em branco, porquanto os direitos que ela protege devem ser encontrados nas leis do trabalho (CLT e leis trabalhistas complementares). A propósito, assevera HUNGRIA: "A fraude tanto pode ser empregada pelo patrão contra o operário e vice-versa, quanto por ambos, conluiados, para iludir o texto legal, devendo notar-se que o titular do direito assegurado por lei trabalhista não pode renunciá-lo quando correspondente a um dever imperativamente determinado pela mesma lei que é de ordem pública" (*Comentários ao Código Penal*, 1959, v. VIII, p. 49).

- **Tipo subjetivo:** Dolo, ou seja, a vontade livre e consciente de frustrar direito trabalhista. Para a escola tradicional é o "dolo genérico". Não há forma culposa.
- **Consumação:** Na ocasião em que o direito é efetivamente frustrado.
- **Tentativa:** Admite-se.
- **Classificação:** Delito comum quanto ao sujeito, doloso, material.
- **Confronto:** Caso haja o cerceamento do uso de qualquer meio de transporte por parte do trabalhador com o fim de retê-lo no local de trabalho, ou vigilância ostensiva nesse local ou, ainda, o apoderamento de documentos ou objetos pessoais seus com o mesmo fim, submetendo-o à *condição análoga à de escravo*, vide art. 149, § 1º, I e II.
- **Pena:** Detenção, de um a dois anos, e multa, além da pena correspondente à violência (física contra pessoa).
- **Ação penal:** Pública incondicionada. Em se tratando de crimes decorrentes de greve, *vide* nota sob essa rubrica no início do Título IV.

Figuras equiparadas (§ 1º)

- **Equiparação:** Este § 1º equipara às condutas do *caput* a do agente que: *I.* obriga (força, constrange) ou coage (utiliza de força física ou grave ameaça) alguém a usar mercadorias de determinado estabelecimento, para impossibilitar o desligamento do serviço em virtude de dívida. Com este inciso I quis o legislador proteger os trabalhadores rurais de locais distantes do País, que ainda hoje, infelizmente, são por vezes impedidos de deixar o trabalho em virtude de dívidas adquiridas em armazéns ou "vendas" do próprio empregador; *II.* impede (impossibilita) alguém de se desligar de serviços de qualquer natureza, mediante coação ou por meio da retenção (detenção) de seus documentos pessoais ou contratuais.
- **Confronto:** Caso haja efetiva redução do trabalhador a condição análoga à de escravo, com restrição de sua locomoção em virtude de dívida contraída com o empregador ou preposto, ou por meio do apoderamento de seus documentos ou objetos pessoais com o fim de retê-lo no local de trabalho, *vide* CP, art. 149, *caput*, última parte, e § 1º, II, segunda parte.

Causa especial de aumento de pena (§ 2º)

- **Hipóteses:** Sendo a vítima menor de 18 anos, idosa, gestante, indígena ou portadora de deficiência física ou mental, aumenta-se a pena de um sexto a um terço.

Jurisprudência

- **Direito genérico obrigatório:** A disposição do art. 203 do CP não distinguiu entre direito renunciável e direito irrenunciável, uma vez que empregou o vocábulo direito sem qualificá-lo ou especificá-lo. Direito está, portanto, aí, em sentido genérico, em acepção ampla, compreensiva de tudo o que, de modo cogente, dispõe a legislação trabalhista em favor do empregado. É o direito relacionado com a proteção ao trabalho, do que resulta a sua irrenunciabilidade, a teor do preceito do art. 444 da CLT. De outro modo, não teria sentido a figura delitiva do citado art. 203. Esta deve visar exatamente aos direitos protetivos, aqueles que são objeto de normas obrigatórias da lei específica (STF, *RTJ* 56/600).

- **Autoria:** Afigura-se imprescindível a comprovação de que o acusado seria o responsável pela carvoaria, ainda que por interposta pessoa, mediante simulação, o que não ocorreu (TRF da 1ª R., Ap. 83448720104013901, *DJ* 31.10.2014).

- **Simples omissão de registro não é fraude. Inépcia da denúncia:** É inepta a denúncia que não narrou o artifício fraudulento utilizado para induzir as trabalhadoras em erro, o qual não se confunde com a simples omissão de registro em Carteira de Trabalho (TJSC, HC 20130338019, *DJ* 1.7.2013). Não demonstrado o dolo específico dos denunciados de frustrar os direitos trabalhistas, ao registrarem tardiamente as carteiras dos trabalhadores recentemente contratados pela empresa, impõe-se a manutenção da absolvição (TRF da 4ª R., Ap. 50025371320134047105, *DJ* 28.10.2014). *Contra*: Simples fato de não se registrar empregado, quando de sua contratação ou início da prestação de serviços, é suficiente à caracterização do delito do art. 203 do CP (TACrSP, *RJDTACr* 17/177).

- **Requisitos:** Para a integração do delito do art. 203 do CP, a lei impõe a ocorrência de fraude ou violência física (TAMG, *RJTAMG* 29/289; TACrSP, *RT* 587/327). A fraude reclama a presença de engodo, ardil ou artifício (TJSP, Ap. 0031168-49.2012.8.26.0309, j. 9.11.2015).

- **Salário "por fora":** Restando inelutável que houve o registro na carteira de trabalho de salário inferior ao real e a prática de pagamento de salário por fora, configura-se o crime do art. 203 do CP (TRF da 1ª R., Ap. 4.296/PA, *DJ* 19.4.2013).

- **Cartão de ponto:** A manipulação dos registros de horários do trabalhador configura, em tese, o tipo penal do art. 203, por frustrar o pagamento de horas extras (TRF da 4ª R., Ap. 00016315120125040121, *DJ* 3.7.2014).

- **Inocorrência de violência ou fraude:** Se os trabalhadores ouvidos pelo Ministério do Trabalho não relataram nenhum tipo de violência sofrida na fazenda, não havendo também indícios de que tenha ocorrido qualquer tipo de fraude para frustrar seus direitos, não se caracteriza o art. 203 do CP (TRF da 1ª R., Ap. 3.568/TO, *DJ* 16.1.2013).

- **Cheque sem fundos:** Não configura o crime do art. 203 a emissão de cheque sem fundos para pagamento de acordo homologado na Justiça do Trabalho (TFR, *RTFR* 73/287). Pagamento de empregados com cheque sem fundos é estelionato e não art. 203 do CP (TFR, CComp 3.464, *DJU* 7.11.79, p. 8331).

- **Salário menor:** Tipifica o pagamento de salário inferior ao mínimo legal, fazendo com que os empregados assinem recibo de valor igual ao salário mínimo (STF, *RTJ* 56/600).

- **Acusação contra empregado:** A acusação falsa, feita pelo patrão contra empregado, para demiti-lo por justa causa, não configura o delito do art. 203 (TACrSP, *RT* 587/327). Não se caracteriza o crime se não reteve documentos para levantamento do FGTS ou seguro desemprego, mas apenas deixou de elaborá-los, omissão suprida pela Justiça do Trabalho (TJSP, Ap. 0080453-85.2007.8.26.0050, j. 16.3.2011).

- **Concurso formal:** Pode haver concurso formal dos arts. 203 e 299 do CP (STF, *RTJ* 90/460).

- **Independência de instâncias:** A persecução penal relativa à suposta prática dos crimes previstos nos arts. 149, 203, § 1º, I e § 2º, e 207, § 1º, independe do prévio desfecho do processo trabalhista em curso (STF, Inq. 2.131/DF, *DJe* 6.8.2012).

- **Competência:** Súmula 62 do STJ: "Compete à Justiça Estadual processar e julgar o crime de falsa anotação na Carteira de Trabalho e Previdência Social, atribuído à empresa privada". Se o delito do art. 203 foi, em tese, perpetrado em detrimento de apenas um trabalhador, a competência é da Justiça Estadual (STJ, CComp 108867/SP, *DJ* 19.4.2010). Sem que configurada lesão ao sistema de órgãos e instituições destinadas a preservar a coletividade trabalhista, a competência é da Justiça Estadual (STJ, AgRg no CC 64067/MG, j. 27.8.2008). *Contra*: Há interesse da União no cumprimento dos direitos assegurados pela legislação do trabalho, conduta prevista no art. 203, não apenas quando para preservar o interesse coletivo, mas sim, e principalmente, o próprio trabalhador, se praticada no contexto de relações laborais, sendo competente a Justiça Federal (TRF da 5ª R., RSE 18161020134058302, *DJ* 11.4.2014).

FRUSTRAÇÃO DE LEI SOBRE A NACIONALIZAÇÃO DO TRABALHO

Art. 204. Frustrar, mediante fraude ou violência, obrigação legal relativa à nacionalização do trabalho:

Pena – detenção, de 1 (um) mês a 1 (um) ano, e multa, além da pena correspondente à violência.

- Transação: Cabe, preenchidos os requisitos do art. 76 da Lei n. 9.099/95.
- Suspensão condicional do processo: Cabe, atendidas as condições do art. 89 da Lei n. 9.099/95.

Frustração de lei sobre a nacionalização do trabalho

- Objeto jurídico: O interesse na nacionalização do trabalho.
- Sujeito ativo: O empregador, empregado ou qualquer pessoa.
- Sujeito passivo: O Estado.
- Tipo objetivo: A primeira parte da figura ("frustrar, mediante fraude ou violência") é idêntica à do artigo anterior, aplicando-se, aqui, o que foi lá anotado (*vide* nota ao art. 203 do CP). Todavia, o que se frustra neste delito é obrigação legal relativa à nacionalização do trabalho, ou seja, as normas legais que obrigam ao emprego de mão de obra brasileira. É, portanto, também norma penal em branco.
- Tipo subjetivo: Dolo (vontade livre e consciente de frustrar as obrigações legais referidas). Na doutrina tradicional é o "dolo genérico". Inexiste punição a título de culpa.
- Consumação: Com o efetivo descumprimento da obrigação legal.
- Tentativa: Admite-se.
- Classificação: Delito comum quanto ao sujeito, doloso, material.
- Pena: Detenção, de um mês a um ano, e multa, além da pena correspondente à violência (física contra pessoa).
- Ação penal: Pública incondicionada. Em se tratando de *crimes decorrentes de greve*, *vide* nota sob essa rubrica no início do Título IV.

EXERCÍCIO DE ATIVIDADE COM INFRAÇÃO DE DECISÃO ADMINISTRATIVA

Art. 205. Exercer atividade, de que está impedido por decisão administrativa:

Pena – detenção, de 3 (três) meses a 2 (dois) anos, ou multa.

- Transação: Cabe, preenchidos os requisitos do art. 76 da Lei n. 9.099/95.
- Suspensão condicional do processo: Cabe, atendidas as condições do art. 89 da Lei n. 9.099/95.

Exercício de atividade com infração de decisão administrativa

- Objeto jurídico: O interesse na execução das decisões administrativas relativas ao exercício de atividades.
- Sujeito ativo: A pessoa que se encontra impedida de exercer a atividade.
- Sujeito passivo: O Estado.
- Tipo objetivo: O núcleo exercer tem a significação de praticar, exercitar, desempenhar. Requer que o agente aja com habitualidade, porquanto o exercício de atividade implica reiteração, repetição, constância. O exercício é de atividade (trabalho desempenhado por uma pessoa), que traz, também, a mesma ideia de habitualidade, a qual é, assim, imprescindível à tipificação do delito. Pressuposto da infração penal é o impedimento do exercício por decisão administrativa e não judicial.

- **Tipo subjetivo:** Dolo, ou seja, a vontade livre e consciente de exercer, ciente da existência da proibição. Na doutrina tradicional é o "dolo genérico". Não há forma culposa.
- **Consumação:** Com o efetivo exercício (crime habitual).
- **Tentativa:** Inadmissível.
- **Concurso de pessoas:** Pode haver.
- **Classificação:** Delito próprio quanto ao sujeito, doloso, de conduta e habitual.
- **Confronto:** Tratando-se de decisão judicial, arts. 330 ou 359 do CP.
- **Pena:** É alternativa: detenção, de três meses a dois anos, ou multa.
- **Ação penal:** Pública incondicionada. Em se tratando de *crimes decorrentes de greve*, vide nota sob essa rubrica no início do Título IV.

Jurisprudência

- **Reiteração:** Para a configuração do delito, é necessária a reiteração de atos próprios da conduta a qual o agente está impedido de exercer por força de decisão administrativa (TRF da 2ª R., *RT* 784/723).
- **Médico:** A conduta de médico que, após ter cancelada a sua inscrição pelo Conselho Federal de Medicina, continua a exercer a profissão, incide no art. 205 do CP, e não no art. 282 (exercício ilegal da Medicina) (STF, *RT* 748/544).
- **Advogado:** O advogado que, após sofrer suspensão disciplinar pela OAB, pratica o exercício da profissão, não comete o crime previsto no art. 205 do CP e sim a contravenção penal do art. 47 do Decreto-Lei n. 3.688/41; a expressão "decisão administrativa" contida no art. 205 somente pode ser entendida como emanada de órgão da administração pública (TACrSP, *RT* 748/644). Advogado que, embora suspenso, exerce a profissão, pratica a contravenção penal do art. 47, e não o crime do art. 205 do CP (STJ, CComp 161.028/RJ, j. 9.10.2018). *Contra*: O dolo é inequívoco, pois o advogado afirmou em juízo ter ciência do trânsito em julgado da decisão administrativa que suspendeu a sua inscrição na OAB/SP, até que seja novamente aprovado em exame de admissão, cometendo o crime do art. 205, o qual é de mera conduta (TRF da 3ª R., Ap. 5223/SP, *DJ* 25.3.2014). *Advogado – competência*: Tratando-se de exercício de atividade que estava impedida, por decisão administrativa da OAB/RS, a competência é da Justiça Federal, segundo o entendimento do STF, pois a OAB é autarquia federal de regime especial (TJRS, Ap. 71003892486, *DJ* 2.10.2012; Ap. 71003803384, *DJ* 27.6.2012).
- **Habitualidade:** O crime do art. 205 exige, além do exercício, a habitualidade da conduta (TJRS, TR, RCr 71003386356, j. 30.1.2012).
- **Confronto:** A violação de suspensão administrativa de funcionamento configura o art. 330 (desobediência) e não o art. 205 do CP (STF, RE 86.986, *DJU* 18.11.77, p. 8235; TACrSP, *RT* 557/340).
- **Competência:** Em tese, a proibição de exercer atividade não tipifica delito que lese interesse ou bem da União e justifique a competência da Justiça Federal (TFR, CComp 4.522, *DJU* 22.10.81, p. 10566).

ALICIAMENTO PARA O FIM DE EMIGRAÇÃO

Art. 206. Recrutar trabalhadores, mediante fraude, com o fim de levá-los para território estrangeiro:

Pena – detenção, de 1 (um) a 3 (três) anos, e multa.

- **Alteração:** Artigo com redação dada pela Lei n. 8.683, de 15.7.93.
- **Suspensão condicional do processo:** Cabe, atendidas as condições do art. 89 da Lei n. 9.099/95.

Recrutamento fraudulento para território estrangeiro

- **Objeto jurídico:** O interesse na permanência dos trabalhadores no País e a proteção deles.
- **Sujeito ativo:** Qualquer pessoa.
- **Sujeito passivo:** O Estado e, secundariamente, os trabalhadores fraudulentamente recrutados.
- **Tipo objetivo:** O verbo *recrutar* tem o sentido de aliciar, angariar. A lei refere-se a *trabalhadores*, o que indica a necessidade de as pessoas recrutadas terem tal qualificação, ou seja, exercerem algum ofício, atividade ou mister. Para Damásio de Jesus (*Código Penal Anotado*, 1995, p. 609), os trabalhadores recrutados devem ser pelo menos dois; na opinião de Magalhães Noronha (*Direito Penal*, 1995, atualizado por Adalberto José Q. T. Camargo, v. III, p. 70), o número mínimo é de três, pois "quando a lei se contenta com aquela quantidade", ou seja, dois, "o diz expressamente (arts. 150, § 1º, 155, § 4º, IV, 157, § 2º, II, 158, § 1º, etc.)". A nosso ver, em face da expressão usada (*trabalhadores*, no plural), basta o número de *dois*. Os exemplos dados por Magalhães Noronha se referem todos ao número de sujeitos ativos, e não ao de vítimas, como no caso deste novo art. 206, em que, além do Estado, os trabalhadores recrutados *mediante fraude* são, secundariamente, sujeitos passivos. A lei visa à punição do recrutamento fraudulento (enganador, ardiloso), não do legítimo.
- **Tipo subjetivo:** Dolo (vontade livre e consciente de recrutar fraudulentamente) e o elemento subjetivo do tipo referente ao especial fim de agir: com o fim de levá-los para território estrangeiro. Na corrente tradicional é o "dolo específico". Inexiste modalidade culposa.
- **Consumação:** Com o recrutamento fraudulento dos trabalhadores, independentemente da efetiva saída do País.
- **Tentativa:** É possível, teoricamente.
- **Classificação:** Delito comum quanto ao sujeito, doloso, formal.
- **Confronto:** Se o fim é levar os trabalhadores para outro lugar do território nacional, art. 207 do CP. Se o fim é outro, pode restar tipificado o art. 171 do CP.
- **Pena:** Detenção, de um a três anos, e multa.
- **Ação penal:** Pública incondicionada. Em se tratando de crimes decorrentes de greve, *vide* nota sob essa rubrica no início do Título IV.

Jurisprudência

- **Não comprovação da autoria:** Se as supostas vítimas não foram encontradas e, por tal motivo, não foram ouvidas em juízo, seus depoimentos, colhidos na fase inquisitorial, não podem ser considerados como prova das condutas dos réus, uma vez que não foram corroborados por outros elementos de prova produzidos dentro do processo judicial, sob a garantia do contraditório e da ampla defesa (TRF da 3ª R., Ap. 14316/SP, rel. Des. Fed. Cotrim Guimarães, *DJ* 30.3.2010).
- **Elemento subjetivo:** O delito de aliciamento para fins de imigração exige a presença do elemento subjetivo do injusto, consistente em querer, efetivamente, levar as vítimas para o exterior. Ausente o referido elemento, impossível se torna a condenação (TJPR, Ap. 4728312, *DJ* 24.7.2008).
- **Exigência de fraude:** Não basta o simples recrutamento, sendo imperativo que o agente empregue fraude, enganando os trabalhadores no sentido que migrem, que saiam do Brasil para outro país (TRF da 5ª R., Ap. 200984000053678, *DJ* 8.8.2013). Os depoimentos das vítimas demonstram a existência de fraude para o aliciamento de trabalhadores, uma vez que o acusado prometeu trabalho legalizado na Inglaterra para pessoas que, ao chegarem ao território britânico, receberam documentos falsos de identidade portuguesa, além de não receberem o visto de trabalho, vindo a ser deportados posteriormente (TRF da 3ª RvCr 7851/SP, *DJ* 15.5.2014; Ap. 30645, *DJ* 26.5.2009).
- **Exigência de fraude e não absorção pelo crime de plágio:** A figura delituosa do art. 206, *ex vi* da Lei n. 8.683/93, exige para sua configuração a elementar da fraude no recrutamento; o crime de plágio – redução à condição análoga à de escravo – não absorve o do art. 206 do CP (TRF da 1ª R., *JSTJ e TRF* 79/425).

- Confronto com estelionato: Restando amplamente demonstrado que os agentes obtiveram vantagem ilícita em prejuízo alheio, advinda do pagamento a título de prestação de serviços por recrutar trabalhadores para laborar nos EUA, sob falsa promessa de obtenção de visto de trabalho, emprego e moradia, veiculando anúncio em jornal de grande circulação, caracerizado está o crime previsto no art. 171 (TJPR, Ap. 4728312, DJ 24.7.2008).

ALICIAMENTO DE TRABALHADORES DE UM LOCAL PARA OUTRO DO TERRITÓRIO NACIONAL

Art. 207. Aliciar trabalhadores, com o fim de levá-los de uma para outra localidade do território nacional:

Pena – detenção, de 1 (um) a 3 (três) anos, e multa.

§ 1º Incorre na mesma pena quem recrutar trabalhadores fora da localidade de execução do trabalho, dentro do território nacional, mediante fraude ou cobrança de qualquer quantia do trabalhador, ou, ainda, não assegurar condições do seu retorno ao local de origem.

§ 2º A pena é aumentada de um sexto a um terço se a vítima é menor de 18 (dezoito) anos, idosa, gestante, indígena ou portadora de deficiência física ou mental.

- Alterações: A Lei n. 9.777, de 29.12.98, aumentou a pena do *caput* e acrescentou os §§ 1º e 2º.
- Suspensão condicional do processo: Cabe no *caput* e no § 1º, desde que não haja incidência do § 2º, atendidas as condições do art. 89 da Lei n. 9.099/95.

Aliciamento de um lugar para outro do território nacional (caput)

- Objeto jurídico: O interesse no não êxodo de trabalhadores.
- Sujeito ativo: Qualquer pessoa.
- Sujeito passivo: O Estado e os trabalhadores aliciados ou recrutados.
- Tipo objetivo: O verbo *aliciar* tem o sentido de atrair, angariar, recrutar, seduzir. Quanto à condição de *trabalhadores* dos aliciados e seu número mínimo de *dois*, vide nota ao art. 206. A finalidade da conduta é a de *levá-los de uma para outra localidade do território nacional*. Como localidade, deve-se entender qualquer lugarejo, vila ou município. Para que o comportamento tenha expressividade penal, as localidades devem ser afastadas entre si, bem como haver ofensa à organização do trabalho ou prejuízo para a região onde há o aliciamento.
- Autorização do Ministério do Trabalho e inexistência de crime: O Ministério do Trabalho, por meio da Secretaria de Inspeção do Trabalho, baixou a Resolução n. 90, de 28.4.2011, assim dispondo: "Art. 1º Para o transporte de trabalhadores contratados em qualquer atividade econômica urbana, recrutados para trabalhar em localidade diversa da sua origem, é necessária a comunicação do fato ao órgão local do Ministério do Trabalho e Emprego – MTE por intermédio da Certidão Declaratória de Transporte de Trabalhadores – CDTT, na forma do Anexo I. § 1º Considera-se para a localidade diversa de sua origem o recrutamento que implique a mudança transitória, temporária ou definitiva de residência do trabalhador. § 2º O aliciamento e o transporte irregular de trabalhadores para localidade diversa de sua origem constituem, em tese, o crime previsto no art. 207, do Decreto-Lei n. 2.848, de 7 de dezembro de 1940 – Código Penal, quando se tratar de trabalhador nacional, e o crime previsto no art. 125, inciso XII, da Lei n. 6.815, de 19 de agosto de 1980, quando se tratar de trabalhador estrangeiro" (*nota nossa*: A Lei n. 6.815/80 foi revogada pela Lei de Migração – Lei n. 13.445/2017). Evidentemente, havendo a mencionada autorização por parte do Ministério do Trabalho, não há que se falar no

crime deste art. 207, *caput*, uma vez que a conduta autorizada terá sido *lícita*, não havendo antijuridicidade, o que afasta a configuração do delito.

- **Tipo subjetivo:** Dolo (vontade livre e consciente de aliciar) e o elemento subjetivo do tipo concernente à especial finalidade da conduta ("com o fim de levá-los de uma para outra localidade do território nacional"). Para a escola tradicional é o "dolo específico". Não há punição a título de culpa.

- **Consumação:** Com o aliciamento, sendo desnecessário o efetivo êxodo dos aliciados.

- **Tentativa:** É possível, teoricamente.

- **Classificação:** Delito comum quanto ao agente, doloso, formal.

- **Confronto:** Se há recrutamento fraudulento para a saída do País, art. 206 do CP.

- **Pena:** Detenção, de um a três anos, e multa.

- **Ação penal:** Pública incondicionada. Em se tratando de crimes decorrentes de greve, *vide* nota sob essa rubrica no início do Título IV.

Figuras equiparadas (§ 1º)

- **Equiparação:** Este §1º equipara à conduta do *caput* a do agente que: *I.* recruta trabalhadores fora da localidade de execução do trabalho, dentro do território nacional, mediante fraude ou cobrança de qualquer quantia daqueles; *II.* não assegura condições do seu retorno ao local de origem.

Causa especial de aumento de pena (§ 2º)

- **Hipóteses:** Sendo a vítima menor de 18 anos, idosa, gestante, indígena ou portadora de deficiência física ou mental, aumenta-se a pena de um sexto a um terço.

Jurisprudência

- **Independência de instâncias:** A persecução penal relativa à suposta prática dos crimes previstos nos arts. 149, 203, § 1º, I e § 2º, e 207, § 1º, independe do prévio desfecho do processo trabalhista em curso (STF, Inq. 2.131/DF, *DJe* 6.8.2012).

- **Não comprovação da autoria:** Conquanto o denunciado tenha estado na fazenda, ao menos uma vez, durante o período de realização da empreitada (aproximadamente 45 dias), ele poderia, de fato, desconhecer a origem e as demais condições de trabalho dos homens que ali executavam o serviço contratado, sob a responsabilidade direta de terceiro. Inexistindo a figura culposa do delito, a absolvição é medida que se impõe (TRF da 1ª R., Ap. 1378/TO, *DJ* 10.2.2012).

- **Denúncia:** O recrutamento de trabalhadores fora da localidade de execução do trabalho, não garantindo condições de seu retorno ao local de origem, constitui substrato probatório para o recebimento da inicial (STJ, Inq. 2.131, Inf. 655). Também se recebe a inicial se os obreiros eram trazidos de suas cidades de origem em várias turmas, a mando do denunciado, sem qualquer vínculo empregatício, sendo as carteiras de trabalho assinadas só na chegada, e não estando eles segurados (STF, Inq. 3.564/MG, j. 19.8.2014).

- **Mais de uma vítima:** Para a configuração do crime do art. 207, exige-se o aliciamento de mais de uma vítima, entendimento que se extrai de simples leitura do tipo (TRF da 4ª R., Ap. 50111296420124047107/RS, *DJ* 26.11.2013).

- **Domínio do fato:** Acusação que se limitou a vincular o acusado ao crime por ser presidente da empresa, não se verificando de que forma participou do aliciamento. Se ao tomar conhecimento dos fatos, determinou a imediata cessação, tal providência leva a crer que não aderiu à conduta em momento anterior (STJ, 5ª T., Recl. 36026/SC, *DJe* 21.6.2018).

- **Ofensa e prejuízo:** Não se configura o delito do art. 207, quando não se consegue demonstrar a ofensa à Organização do Trabalho ou o prejuízo para a região onde se processa o aliciamento (TFR, Ap. 5.402, *DJU* 4.8.82).

- **Competência:** Não havendo ofensa a direitos coletivos dos trabalhadores, não há falar em fixação da competência da Justiça Federal (STJ, CC 116.957/PR, j. 7.4.2012). *Vide, ainda, jurisprudência* nos comentários que antecedem o art. 197 do CP.

Título V
DOS CRIMES CONTRA O SENTIMENTO RELIGIOSO E CONTRA O RESPEITO AOS MORTOS

- **Nota explicativa:** Tamanha é a importância da espiritualidade em nossas vidas que, no preâmbulo da Constituição da República, ao lado do reconhecimento de que o Estado brasileiro baseia-se nos "valores supremos de uma sociedade fraterna, pluralista e sem preconceitos, fundada na harmonia social", está consignado que o legislador constituinte promulgou a Magna Carta *sob a proteção de Deus*. De forma coerente com o reconhecimento de que nosso Estado é laico, sendo vedado "estabelecer cultos religiosos ou igrejas, subvencioná-los, embaraçar-lhes o funcionamento ou manter com eles ou seus representantes relações de dependência ou aliança, ressalvada, na forma da lei, a colaboração de interesse público" (art. 19, I), a Carta Política garante, por meio de cláusula pétrea insculpida no seu art. 5º, VII, o pluralismo religioso, ao dispor que "é inviolável a liberdade de consciência e de crença, sendo assegurado o livre exercício dos cultos religiosos e garantida, na forma da lei, a proteção aos locais de culto e a suas liturgias". Segundo o Papa João Paulo II, na lembrança de Giorgio Feliciani, a liberdade religiosa identifica-se com "um dos pilares que sustentam o edifício dos direitos humanos", ou, mais precisamente, com a sua "pedra angular", sendo que a liberdade de crença deve se impor não somente pelos Estados, mas por todas as pessoas das diversas religiões, as quais devem respeito e colaboração recíprocos, reconhecendo, ao fervorosamente defenderem as suas crenças, "o direito inalienável e o solene dever" de cada indivíduo "de seguir a própria reta consciência na busca da verdade e na adesão a essa" (*Giovanni Paolo II – Le Vie della Giustizia*, Roma, Bardi Editore e Libreria Editrice Vaticana, 2004, p. 494). É nesse contexto que o CP elege, como bem jurídico tutelado pelo crime do art. 208, o *sentimento religioso*. De forma correlata ao respeito pelo sentimento religioso, o *sentimento de respeito pelos mortos* encontra tutela mediante a previsão dos crimes tipificados nos arts. 209 a 212 deste Título V, que tratam das cerimônias fúnebres, da inviolabilidade das sepulturas ou urnas funerárias, da inviolabilidade dos cadáveres e das suas cinzas, bem como do respeito à sua memória, proibindo o seu aviltamento. A proteção penal desses valores é, da mesma forma que sucede com a tutela da liberdade religiosa, essencial para a vida em democracia, que requer pluralismo, solidariedade, compreensão e, sobretudo, respeito à memória dos que se foram, tão importantes à formação de cada um de nós, perpetuando em nossas almas as suas lembranças. Afinal, é o sentimento de honra aos antepassados um dos vetores de nossa caminhada.

Capítulo I
DOS CRIMES CONTRA O SENTIMENTO RELIGIOSO

ULTRAJE A CULTO E IMPEDIMENTO OU PERTURBAÇÃO DE ATO A ELE RELATIVO

Art. 208. Escarnecer de alguém publicamente, por motivo de crença ou função religiosa; impedir ou perturbar cerimônia ou prática de culto religioso; vilipendiar publicamente ato ou objeto de culto religioso:

Pena – detenção, de 1 (um) mês a 1 (um) ano, ou multa.

Parágrafo único. Se há emprego de violência, a pena é aumentada de um terço, sem prejuízo da correspondente à violência.

- **Transação:** Cabe no *caput* e no parágrafo único, preenchidos os requisitos do art. 76 da Lei n. 9.099/95.

- **Suspensão condicional do processo:** Cabe no *caput* e no parágrafo único, atendidas as condições do art. 89 da Lei n. 9.099/95.
- **CR:** O art. 5º, VI, da Magna Carta dispõe ser "inviolável a liberdade de consciência e de crença, sendo assegurado o livre exercício dos cultos religiosos e garantida, na forma da lei, a proteção aos locais de culto e a suas liturgias".
- **Divisão:** O art. 208 do CP contém três figuras penais distintas, a seguir separadamente comentadas.

Escárnio por motivo de religião (primeira parte do art. 208)

- **Objeto jurídico:** O sentimento religioso.
- **Sujeito ativo:** Qualquer pessoa.
- **Sujeito passivo:** A pessoa que sofre o escarnecimento.
- **Tipo objetivo:** O núcleo *escarnecer* tem a significação de zombar, troçar. O escárnio deve ser de *alguém*, isto é, de pessoa determinada. A ação deve ser praticada publicamente (perante várias pessoas ou de maneira a que chegue ao conhecimento delas), de modo que a conduta praticada particularmente não encontra adequação ao tipo. E deve ser cometida por motivo de crença (fé religiosa) ou função religiosa (padre, freira, pastor, rabino etc.) do ofendido.
- **Tipo subjetivo:** Dolo (vontade livre e consciente de escarnecer) e o elemento subjetivo do tipo indicativo do especial motivo de agir: "por motivo de crença ou função religiosa". Na corrente tradicional pede-se o "dolo específico". Inexiste modalidade culposa.
- **Consumação:** Com o escarnecimento, independentemente do resultado.
- **Tentativa:** Admite-se, conforme o meio de execução.
- **Aumento de pena (parágrafo único):** Se há emprego de violência (física) contra pessoa, a pena é aumentada de um terço, sem prejuízo da pena correspondente à violência.
- **"Je suis Charlie" (reflexão):** Sobre a tragédia ocorrida em Paris, no dia 7.1.2015, onde quinze pessoas foram assassinadas por radicais islâmicos, ROBERTO DELMANTO, em artigo intitulado "Barbárie e liberdade", traz algumas reflexões, transcritas em nota ao art. 140, § 3º, do CP, que trata do crime de *injúria com preconceito*.
- **Confronto:** Se há injúria, consistente na utilização de elementos referentes à religião, *vide* art. 140, § 3º, do CP, mais gravemente punida. A injúria com preconceito poderá, por sua vez, a depender do caso, ser absorvida pelo crime mais grave de preconceito (Lei n. 7.716/89, arts. 3º a 20).
- **Pena:** Da figura simples (*caput*) é alternativa: detenção, de um mês a um ano, ou multa.
- **Ação penal:** Pública incondicionada.

Jurisprudência da primeira parte do art. 208

- **Pessoa determinada:** Para a configuração do art. 208 é necessário que o escárnio seja dirigido a determinada pessoa, sendo que a assertiva de que determinadas religiões traduzem "possessões demoníacas" ou "espíritos imundos" espelham tão somente posição ideológica, dogmática, de crença religiosa (TACrSP, *RJDTACr* 23/374).

Impedimento ou perturbação de cerimônia ou prática de culto (segunda parte do art. 208)

- **Objeto jurídico:** O sentimento religioso e o livre exercício dos cultos.
- **Sujeito ativo:** Qualquer pessoa.
- **Sujeito passivo:** Os celebrantes e assistentes.
- **Tipo objetivo:** *Impedir* é paralisar, impossibilitar; *perturbar* é embaraçar, estorvar, atrapalhar. *Cerimônia* é o culto religioso, praticado solenemente; *culto religioso* é o ato religioso não solene.
- **Tipo subjetivo:** Dolo, ou seja, a vontade livre e consciente de impedir ou perturbar. Na escola tradicional é o "dolo genérico". Não há forma culposa.

- **Consumação:** Com o efetivo impedimento ou perturbação (é delito material).
- **Tentativa:** Admite-se.
- **Figura qualificada, pena e ação penal:** Iguais às da primeira parte.

Jurisprudência da segunda parte do art. 208

- **Tipo subjetivo:** Basta o dolo eventual, sendo irrelevante o fim visado pelo agente (TACrSP, *RT* 491/318). É suficiente o dolo eventual (TACrSP, *RT* 419/293).
- **Perturbação:** Configura-se o delito, ainda que a cerimônia não fique interrompida, mas tenha de ser abreviada pelo tumulto causado (TACrSP, *RT* 533/349). Pratica o crime quem, voluntária e injustamente, põe em sobressalto a tranquilidade dos fiéis ou do oficiante (TACrSP, *RT* 405/291).

Vilipêndio público de ato ou objeto de culto (última parte do art. 208)

- **Objeto jurídico e Sujeito ativo:** Iguais aos da segunda parte.
- **Sujeito passivo:** A coletividade.
- **Tipo objetivo:** A ação de *vilipendiar* (aviltar, menoscabar, ultrajar) pode ser praticada por palavras, escritos ou gestos. É imprescindível que o vilipêndio seja cometido publicamente (na presença de várias pessoas ou de maneira que chegue ao conhecimento delas). *Ato* é a cerimônia ou prática religiosa; *objeto de culto religioso* é o consagrado e utilizado em culto religioso.
- **Tipo subjetivo:** Dolo e o propósito de ofender, que também é elemento subjetivo do tipo. Para os tradicionais é o "dolo específico". Inexiste modalidade culposa.
- **Consumação:** Com o vilipêndio (o delito pode ser material ou de simples conduta).
- **Tentativa:** Admite-se, na dependência do meio empregado.
- **Figura qualificada, Pena e Ação penal:** Iguais às da primeira parte.

Jurisprudência da última parte do art. 208

- **Cruzeiro:** A propositada derrubada de cruzeiro (cruz de madeira) implantado defronte a igreja, com intuito de vilipendiar aquele objeto de culto, enquadra-se nesta figura do art. 208 (TACrSP, *Julgados* 70/280).

Capítulo II
DOS CRIMES CONTRA O RESPEITO AOS MORTOS

IMPEDIMENTO OU PERTURBAÇÃO DE CERIMÔNIA FUNERÁRIA

Art. 209. Impedir ou perturbar enterro ou cerimônia funerária:

Pena – detenção, de 1 (um) mês a 1 (um) ano, ou multa.

Parágrafo único. Se há emprego de violência, a pena é aumentada de um terço, sem prejuízo da correspondente à violência.

- **Transação:** Cabe no *caput* e no parágrafo único, preenchidos os requisitos do art. 76 da Lei n. 9.099/95.
- **Suspensão condicional do processo:** Cabe no *caput* e no parágrafo único, atendidas as condições do art. 89 da Lei n. 9.099/95.

Impedimento ou perturbação de cerimônia funerária

- **Objeto jurídico:** O sentimento de respeito pelos mortos.
- **Sujeito ativo:** Qualquer pessoa.
- **Sujeito passivo:** A coletividade.

- **Tipo objetivo:** A ação alternativamente prevista é *impedir* (paralisar, impossibilitar) ou *perturbar* (embaraçar, atrapalhar, estorvar). *Enterro* é o transporte do corpo do falecido em cortejo fúnebre ou mesmo desacompanhado, até o local do sepultamento ou cremação, e a realização destes. Em nossa opinião, a expressão *enterro* deve ser entendida em sentido amplo, abrangendo o *velório*, que o integra e pode ou não ser realizado no mesmo lugar do sepultamento ou cremação; seria, aliás, um contrassenso que a lei tutelasse apenas o transporte, o sepultamento e a cremação, e não o velório. *Cerimônia funerária* é o ato religioso ou civil, realizado em homenagem ao morto.

- **Tipo subjetivo:** Dolo, ou seja, a vontade livre e consciente de impedir ou perturbar. Na corrente tradicional o dolo seria "específico", constituído pelo fim de violar o sentimento de respeito devido ao morto (HUNGRIA, *Comentários ao Código Penal*, 1959, v. VIII, p. 80; MAGALHÃES NORONHA, *Direito Penal*, 1995, v. III, p. 81). Não há modalidade culposa.

- **Consumação:** Com o efetivo impedimento ou perturbação (delito material).

- **Tentativa:** Admite-se.

- **Aumento de pena (parágrafo único):** Se há emprego de violência (física contra pessoa).

- **Confronto:** Se há retardamento na entrega aos familiares ou interessados de cadáver objeto de remoção de órgãos para transplante, art. 19, segunda parte, da Lei n. 9.434/97.

- **Pena:** Da figura simples (*caput*) é alternativa: detenção, de um mês a um ano, ou multa. Da figura qualificada (parágrafo único) é aumentada de um terço, sem prejuízo da pena relativa à violência.

- **Ação penal:** Pública incondicionada.

Jurisprudência

- **Tipo subjetivo:** Basta o dolo eventual, a consciência de que perturba, com sua conduta, a cerimônia funerária (TACrSP, *RT* 410/313).

VIOLAÇÃO DE SEPULTURA

Art. 210. Violar ou profanar sepultura ou urna funerária:
Pena – reclusão, de 1 (um) a 3 (três) anos, e multa.

- **Suspensão condicional do processo:** Cabe, atendidas as condições do art. 89 da Lei n. 9.099/95.

Violação de sepultura

- **Objeto jurídico:** O sentimento de respeito pelos mortos.
- **Sujeito ativo:** Qualquer pessoa.
- **Sujeito passivo:** A coletividade.

- **Tipo objetivo:** Duas são as condutas alternativamente indicadas: *violar* (abrir, devassar) ou *profanar* (ultrajar, macular). Como objeto material são previstas a *sepultura* (lugar onde o cadáver está enterrado) e a *urna funerária* (que guarda cinzas ou ossos).

- **Tipo subjetivo:** Dolo, existindo na modalidade de profanar o elemento subjetivo do especial propósito (intenção de ultrajar, macular). Na escola tradicional é o "dolo específico" na conduta de profanar e o dolo genérico, na de violar. Inexiste forma culposa.

- **Excludentes de ilicitude:** O estrito cumprimento de dever legal e o exercício regular de direito (CP, art. 23, III).

- **Consumação:** Com a violação ou profanação efetivas (delito material).

- **Tentativa:** Admite-se.

- **Confronto:** O furto de objetos da sepultura (como placas, bronzes, cruzes, vasos), sem violação ou profanação, configura só o crime do art. 155 do CP. Se o cadáver também é destruído ou vilipendiado, arts. 211 ou 212 do CP. No caso de exumação de cadáver, com infração das disposições legais, LCP, art. 67.

- **Pena:** Reclusão, de um a três anos, e multa.

- **Ação penal:** Pública incondicionada.

Jurisprudência

- **Dolo:** Falta tipicidade, por ausência de dolo, na conduta de sócio-gerente de cemitério que, diante da inadimplência de parcelas referentes à manutenção e conservação de sepultura, exuma restos mortais, conforme permitia o contrato (TJMA, *RT* 790/656).

- **Profanação:** Configura qualquer ato de vandalismo sobre a sepultura, ou de alteração chocante, de aviltamento ou de grosseira irreverência (TJSP, *RT* 476/340). Se as declarações dos adolescentes que participaram dos fatos em consonância com o levantamento fotográfico do local, mostram imagens de santos quebradas, tendo o acusado urinado em cima do túmulo, resta configurada a profanação (TJSC, Ap. 20130180913, *DJ* 15.7.2013).

- **Simples escavação:** Se a escavação não danificou qualquer túmulo, não há que se falar em violação de sepultura, mantendo-se a absolvição (TJRS, Ap. 70039989942, *DJ* 11.2.2011).

- **Delito único:** Se os acusados, no mesmo local, ou seja no cemitério municipal, na mesma ocasião, em atos sucessivos de vandalismo, danificaram diversas sepulturas, não praticaram crimes em continuidade delitiva, mas um delito único, instantâneo, em uma só ação, embora em atos diversos, atingindo um bem jurídico penalmente tutelado. Se entretanto, após violar as sepulturas, numa mesma ação, ainda que em outro ato, danificaram a capela municipal do cemitério, há concurso formal de delitos (TJMG, Ap. 1.0000.00.166852-4/000(1), *DJ* 24.3.2000).

- **Furto em sepultura:** Há dois posicionamentos: *a*. A retirada de dentes do cadáver configura o crime do art. 211, ou mesmo do art. 210 do CP, e não o de furto, pois cadáver é coisa fora do comércio, a ninguém pertence (TJSP, *RJTJSP* 107/467, *RT* 608/305), salvo se for de instituto científico ou peça arqueológica (TJSP, *RT* 619/291). *b*. Se a finalidade era furtar, a violação da sepultura é absorvida pelo crime de furto (TJSP, *RT* 598/313).

DESTRUIÇÃO, SUBTRAÇÃO OU OCULTAÇÃO DE CADÁVER

Art. 211. Destruir, subtrair ou ocultar cadáver ou parte dele:
Pena – reclusão, de 1 (um) a 3 (três) anos, e multa.

- **Suspensão condicional do processo:** Cabe, atendidas as condições do art. 89 da Lei n. 9.099/95.

Destruição, subtração ou ocultação de cadáver

- **Objeto jurídico:** O sentimento de respeito pelos mortos.

- **Sujeito ativo:** Qualquer pessoa.

- **Sujeito passivo:** A coletividade.

- **Tipo objetivo:** São três os núcleos alternativamente previstos: *destruir* (fazer com que não subsista), *subtrair* (tirar do local) ou *ocultar* (esconder). O objeto material é o *cadáver*, ou seja, o corpo humano morto (não o esqueleto nem as cinzas), incluindo o natimorto; ou *parte dele*, isto é, as partes sepultadas separadamente, desde que não se trate de partes amputadas do corpo de pessoa viva.

- **Tipo subjetivo:** Dolo, consistente na vontade livre e consciente de destruir, subtrair ou ocultar cadáver. Para os tradicionais é o "dolo genérico". Não há punição a título de culpa.

- **Consumação:** Com a destruição (total ou parcial), subtração ou ocultação (ainda que temporária).
- **Tentativa:** Admite-se.
- **Concurso de crimes:** Pode haver concurso material com homicídio ou infanticídio.
- **Confronto:** Tratando-se de sepultamento com infração das disposições legais, art. 67 da LCP. Quanto à remoção e transplante de partes de cadáver, e a sua recomposição, Lei n. 9.434/97.
- **Pena:** Reclusão, de um a três anos, e multa.
- **Ação penal:** Pública incondicionada.

Jurisprudência

- **Feto:** O feto que não atingiu maturidade para ser expulso a termo não pode ser considerado cadáver (TJMS, *RT* 624/355; contra, tendo o feto dois meses: TJSP, *RJTJSP* 118/516, ou nove meses: TJSP, *mv – RJTJSP* 164/290). Configura-se o crime, se o feto teve vida extrauterina (TJSP, *RT* 478/308, 463/339). O natimorto, expulso a termo, é cadáver (TJSP, *RJTJSP* 72/352).
- **Esqueleto:** Para os fins deste art. 211, os restos humanos em estado de quase completa esqueletização não são considerados cadáver (TJSP, *RT* 479/304).
- **Desclassificação:** Em caso de natimorto enterrado escondido em capela, entendeu-se que configuraria a contravenção do art. 67 (TJSP, *RT* 468/313).
- **Abandono de cadáver:** Configura o crime do art. 211 o abandono, em terreno baldio, de vítima que morreu enquanto o motorista a socorria (TJSP, *RJTJSP* 91/439). Não configura se, por falta de recursos, deixa o cadáver em frente à residência, para que outrem o encontre e promova o sepultamento (TJRJ, *mv – RT* 533/387). Caracteriza-se o delito do art. 211 se o agente, após a prática de latrocínio, coloca o corpo da vítima no porta-malas de veículo e o despeja em local ermo para que não seja encontrado (TAPR, *RT* 809/ 672).
- **Destruição:** Configura-se, mesmo que seja só de parte do cadáver (TJSP, *RT* 526/350).
- **Absorção do crime de vilipêndio a cadáver:** Por força do princípio da consunção, deve ser absorvida a figura delitiva prevista no art. 212 do CP por aquela descrita no art. 211 do mesmo estatuto, se o vilipêndio ao cadáver, mediante mutilação do corpo da vítima, teve o propósito inequívoco de tornar mais fácil a remoção e ocultação dos restos da ofendida (TJSP, *RT* 835/556).
- **Absorção do crime de fraude processual:** Não pratica o crime de fraude processual o sujeito que mata pessoa em clínica médica, oculta o seu cadáver e faz limpeza do local para ocultar vestígios de sangue. O crime de fraude processual fica absorvido pelo crime mais grave de ocultação de cadáver (CP, art. 211), sob pena de *bis in idem* (STF, HC 88.733, j. 17.10.2006).
- **Agravantes:** Condenada a ré por aborto e ocultação de cadáver, não deve ser reconhecida a agravante do art. 61, II, *b*, por ser elemento constitutivo do art. 211 (TJSP, *RJTJSP* 118/517). O fato de o cadáver ser de pessoa idosa não faz incidir a agravante do art. 61, II, "h". O art. 211 cuida de crime vago, que não possui sujeito passivo determinado (pessoa), sendo seus objetos material e jurídico, respectivamente, o cadáver e o respeito aos mortos (STJ, HC 389.187/RJ, *DJe* 5.5.2017).
- **Tentativa:** Se apesar de o agente tentar queimar o cadáver, este subsistiu como tal, desclassifica-se para a forma tentada (TJPR, *RT* 606/361).
- **Subtração:** Comete o crime do art. 211 o agente funerário que subtrai os corpos das vítimas e pede remuneração das famílias para devolvê-los; é infração que se consuma com a simples subtração, sem dependência do fim pretendido pelo autor (TJSP, *RT* 522/324).
- **Ocultação:** Retirar o cadáver do local onde deveria permanecer e conduzi-lo para outro em que não será normalmente reconhecido, configura, em tese, crime de ocultação; trata-se de crime permanente que subsiste até o cadáver ser descoberto, pois

ocultar é esconder e não simplesmente remover (STF, *mv – RT* 784/530). *Contra*: Remover ou afastar o cadáver do lugar em que ele estava não equivale à ocultação do art. 211 (TJSP, *RJTJSP* 102/424). Não se tipifica se o agente, imediatamente após haver escondido o cadáver, comunica o fato à autoridade, pois não procurou manter a ocultação, o que revela ausência de dolo (TJMT, *RT* 552/361). Na modalidade de ocultação, o art. 211 seria crime permanente, até o momento em que é descoberto (TJSP, *RJTJSP* 98/531; TJMS, HC 0170908-54.2016.8.11.0000, j. 25.11.2017).

- Crime continuado: Configuradas a homogeneidade temporal, espacial e modal, e até mesmo a unidade de desígnio, se os agentes matam três vítimas e ocultam seus cadáveres, é possível o reconhecimento da continuidade delitiva tanto no que se refere ao crime de homicídio quanto ao de ocultação (TJSP, *RT* 765/576).

- Competência: Afastada a incidência do crime de aborto de competência do Tribunal do Júri, deixa de existir conexão, devendo ao delito de ocultação de cadáver ser aplicado, em primeira instância, o disposto no antigo art. 410 do CPP (TJSC, *mv – RT* 810/702).

VILIPÊNDIO A CADÁVER

Art. 212. Vilipendiar cadáver ou suas cinzas:
Pena – detenção, de 1 (um) a 3 (três) anos, e multa.

- Suspensão condicional do processo: Cabe, atendidas as condições do art. 89 da Lei n. 9.099/95.
- Penas alternativas: Cabem (arts. 43 e 44 do CP).

Vilipêndio a cadáver
- Objeto jurídico: O sentimento de respeito pelos mortos.
- Sujeito ativo: Qualquer pessoa.
- Sujeito passivo: A coletividade.
- Tipo objetivo: A ação *vilipendiar* significa aviltar, ultrajar e pode ser praticada mediante palavras, escritos ou gestos. *Cadáver* é o corpo humano morto, abrangendo o natimorto. *Cinzas* são os restos de um cadáver. A conduta deve ser praticada perante, sobre ou junto do cadáver ou suas cinzas (Heleno Fragoso, *Lições de Direito Penal – Parte Especial*, 1995, v. I, p. 412; Magalhães Noronha, *Direito Penal*, 1995, v. III, p. 89).
- Tipo subjetivo: Dolo e o elemento subjetivo do tipo consistente no propósito de aviltar, ultrajar. Para a doutrina tradicional é o "dolo específico". Não há modalidade culposa.
- Consumação: Com o efetivo vilipêndio.
- Tentativa: Admite-se, na dependência do meio de execução.
- Confronto: Quanto à retirada e transplante de partes de cadáver, e a sua recomposição condigna, Lei n. 9.434/97.
- Pena: Detenção, de um a três anos, e multa.
- Ação penal: Pública incondicionada.

Jurisprudência
- Fins de ensino: A enucleação dos olhos de cadáver, para fins didáticos, não configura o delito do art. 212 do CP nem qualquer outro, sendo penalmente atípica (STF, *RTJ* 79/102).
- Tipo subjetivo: O próprio verbo *vilipendiar* demonstra que é indispensável à tipificação o propósito consciente de aviltar ou desprezar o cadáver (TACrSP, *RT* 532/368).
- Cabeça seccionada: Não há como afastar a prática do delito de vilipêndio a cadáver se, após a morte, a vítima teve a cabeça seccionada e exposta em torre de transmissão de energia elétrica (TJSP, RSE 002520-88.2017.8.26.0566, j, 10.5.2018).

Título VI
DOS CRIMES CONTRA A DIGNIDADE SEXUAL

■ **Nota explicativa:** A Lei n. 12.015, de 7.8.2009, alterou a denominação do Título VI ("Dos Crimes Contra os Costumes") para "Dos Crimes Contra a Dignidade Sexual". Em que pese a intenção do legislador tenha sido das melhores, e representado algum avanço com relação à terminologia anterior, na verdade a colocação da "dignidade sexual" como bem jurídico tutelado não ajuda muito, pois a dignidade ou não de certo ato sexual é algo subjetivo e incerto, de forma que o que não é digno para um pode ser digno para outro, e vice-versa. Nesse sentido, ALBERTO SILVA FRANCO e outros escrevem, com razão, que, "em matéria de sexualidade, enquanto componente inafastável do ser humano, não se cuida do sexo digno ou indigno, mas tão somente de sexo realizado com liberdade ou sexo posto em prática mediante violência ou coação, ou seja, com um nível mais ou menos de ofensa à autodeterminação sexual do parceiro. Destarte, toda lesão à liberdade sexual da pessoa humana encontra seu núcleo na falta de consensualidade. Fora daí, não há conduta sexual que deva ser objeto de consideração na área penal" (*Código Penal e sua Interpretação Jurisprudencial,* São Paulo, Revista dos Tribunais, 2002, p. 3059). Melhor seria, portanto, que o Título VI fosse "Dos Crimes Contra a Liberdade Sexual". Talvez assim não tenha feito o legislador, diante da opção de manter, neste Título VI, os crimes de ato obsceno e de escrito ou objeto obsceno (CP, arts. 233 e 234). A Lei n. 12.015/2009 alterou, ainda, o Capítulo II ("Da Sedução e Corrupção de Menor") para "Dos Crimes Sexuais Contra Vulnerável", o Capítulo V ("Do Lenocínio e do Tráfico de Pessoas") para "Do Lenocínio e do Tráfico de Pessoa para o Fim de Prostituição ou Outra Forma de Exploração Sexual". Modificou diversos artigos, acrescentou outros e revogou os arts. 214, 216, 223, 224 e 232 do CP. Dentre as diversas alterações feitas neste Título VI, podemos ressaltar as seguintes: 1) maior proteção penal aos menores de 18 anos e, notadamente, aos menores de 14, abolindo-se a presunção de violência, objeto de tantas discussões; 2) a ação penal nos crimes deste Título VI, que até o advento da Lei n. 13.718, de 24.9.2018, era pública condicionada, sendo pública incondicionada quando a vítima for menor de 18 anos ou, de outra forma, vulnerável (CP, art. 225); ou, ainda, se houver lesão corporal grave ou morte (CP, art. 101); 3) foi excluída a também criticada expressão "mulher virgem", antes prevista no parágrafo único do art. 215 do CP. Outras alterações significativas ocorreram ao longo deste Título VI, as quais serão abordadas nos respectivos artigos. A Lei n. 12.015/2009 alterou, ainda, a Lei dos Crimes Hediondos (Lei n. 8.072/90) e o Estatuto da Criança e do Adolescente (Lei n. 8.069/90), e revogou a Lei n. 2.252/54 (corrupção de menores).

■ **Breve histórico das leis que tratam dos crimes contra a dignidade sexual:** Desde a Lei n. 10.224/2001, que inseriu no CP o crime de "assédio sexual" (art. 216-A), diversas leis vieram a tratar dos crimes contra a dignidade sexual, previstos no Título VI – Dos crimes contra a dignidade sexual, do CP, a saber: Lei n. 11.106/2005, que inseriu no CP os crimes de "Posse sexual mediante fraude" (CP, art. 215), "Atentado ao Pudor mediante fraude" (CP, art. 216), e ainda criou o novo Capítulo V – Do Lenocínio e do Tráfico de Pessoas, sendo os crimes de "tráfico internacional de pessoas" (art. 231) e "tráfico interno de pessoas" (CP, art. 231-A), ambos revogados pela Lei n. 13.344/2016; Lei n. 12.015/2009, que fez diversas alterações no CP, em especial no seu Título VI – Dos Crimes contra a Dignidade Sexual, alterou a redação do crime de estupro (CP, art. 213) e criou o crime de violação sexual mediante fraude (CP, art. 214), além de outras providências; Lei n. 13.344/2016, a qual criou o crime de tráfico de pessoas, inclusive com fins de exploração sexual (CP, art. 149-A, V), dentre outras providências; Lei n. 13.718/2018, que criou os crimes de importunação sexual (CP, art. 215-A), divulgação de cena de estupro, ou sem o consentimento da vítima, de cena de sexo, nudez ou pornografia (CP, art. 218-C), tornou pública incondicionada a ação penal nos crimes previstos nos Capítulos I e II do Título VI – Dos Crimes contra a Dignidade Sexual, do

CP, dentre outras providências; Lei n. 13.772/2018,que incluiu o crime deste art. 216-B (registro não autorizado da intimidade sexual), além de ampliar o conceito de violência psicológica prevista na Lei Maria da Penha (ar.7º, inciso II).

Capítulo I
DOS CRIMES CONTRA A LIBERDADE SEXUAL

ESTUPRO

Art. 213. Constranger alguém, mediante violência ou grave ameaça, a ter conjunção carnal ou a praticar ou permitir que com ele se pratique outro ato libidinoso:

Pena – reclusão, de 6 (seis) a 10 (dez) anos.

§ 1º Se da conduta resulta lesão corporal de natureza grave ou se a vítima é menor de 18 (dezoito) ou maior de 14 (catorze) anos:

Pena – reclusão, de 8 (oito) a 12 (doze) anos.

§ 2º Se da conduta resulta morte:

Pena – reclusão, de 12 (doze) a 30 (trinta) anos.

■ **Alterações:** A Lei n. 12.015, de 7.8.2009, alterou o *caput* do art. 213 e acrescentou os §§ 1º e 2º. Optou o legislador por revogar expressamente o art. 214, que punia o *atentado violento ao pudor*, colocando neste novo art. 213, sob a rubrica *estupro*, as duas figuras: a conjunção carnal e o ato libidinoso diverso dela. Anota SILVIA PIMENTEL, membro do CEDAW (Comitê da ONU de Combate à Discriminação da Mulher): "... essa unificação responde de imediato a uma crítica quanto à linguagem. No ideário popular, a violência sexual máxima é o estupro. E ele designa mais do que a conjunção carnal com a penetração vaginal. Entendemos também por estupro a penetração anal, por exemplo. Ofende tanto quanto. Nos Estados Unidos ambos são *rape*. Na Inglaterra, também" (*O Estado de S. Paulo*, de 30.8.2009, caderno "Aliás", p. J4, entrevista "Quando gritar não é suficiente").

Estupro (caput)
■ **Crime hediondo:** O estupro, em suas formas simples e qualificadas (art. 213, *caput* e §§ 1º e 2º), continua a ser crime hediondo, a teor do art. 1º, V, da Lei n. 8.072/90, modificado pela Lei n. 12.015/2009. Todavia, não mais se aplica o aumento especial de pena previsto no art. 9º da Lei n. 8.072/90 no caso da combinação do art. 213 com o antigo art. 223, *caput* e parágrafo único, uma vez que este último artigo foi expressamente revogado e substituído pelos atuais § 1º (primeira parte) e § 2º do novo art. 213. Do contrário, haveria inadmissível *bis in idem*.

■ **Objeto jurídico:** A liberdade sexual do ser humano (homem ou mulher).

■ **Sujeito ativo:** Tanto o homem quanto a mulher. Saliente-se, no que tange à conjunção carnal, que a mulher pode ser coautora ou partícipe de um homem.

■ **Sujeito passivo:** Igualmente o homem ou a mulher, pois a lei fala em constranger *alguém*.

■ **Tipo objetivo:** O núcleo é *constranger* (forçar, compelir, obrigar). A pessoa a quem se constrange pode ser homem ou mulher, não importando seja honesto(a) ou que comercie o próprio corpo. O constrangimento deve ser feito mediante violência (física) ou grave ameaça (de mal sério e idôneo) e deve haver dissenso da vítima. Na primeira figura, o constrangimento visa à *conjunção carnal* (coito vagínico), sendo indiferente que a penetração seja completa ou que haja ejaculação. Na segunda figura, o constrangimento visa praticar, ou obrigar a vítima a permitir que com ela se pratique, "outro ato libidinoso" (diverso da conjunção carnal), compreendendo-se, aqui, o sexo anal, o sexo oral, a masturbação etc. (cf. notas abaixo).

- "Ato libidinoso", "conjunção carnal ou outro ato libidinoso": A *conjunção carnal* entre o homem e a mulher, com a penetração do pênis na vagina, é o ato libidinoso por excelência. Em uma interpretação sistemática, verifica-se que o CP sempre se utiliza da expressão *conjunção carnal* de forma separada da locução *outro ato libidinoso*. Assim o faz em cinco crimes: no *estupro*, onde há violência ou grave ameaça (art. 213); no crime de violação sexual *mediante fraude* (art. 215); no delito de *estupro de vulnerável*, em que há conjunção carnal ou prática de "outro ato libidinoso com menor de 14 anos" (art. 217-A); no crime de satisfação de lascívia na presença de menor de 14 anos conjunção carnal "ou outro ato libidinoso" (art. 218-A); e no crime de favorecimento à prostituição de menor ou adolescente, com a prática de "conjunção carnal ou outro ato libidinoso" na presença de jovem maior de 14 e menor de 18 anos (art. 218-B). De forma isolada, em um sexto crime, denominado *importunação sexual*, faz menção exclusivamente ao termo "ato libidinoso" ao incriminar a conduta de quem o pratica sem anuência da vítima, para satisfazer a própria lascívia ou de terceiro.

- Conceito único de "ato libidinoso" ou "ato de luxúria": Afora a conjunção carnal, quais outras condutas serão penalmente relevantes para configurar o *ato libidinoso*, elementar dos crimes dos arts. 213, 215, 215-A, 217-A, 218-A e 218-B? A nosso ver, o conceito de "ato libidinoso" não pode variar de acordo com o tipo penal, ou seja, "para fins do art. 213 ato libidinoso é ...; para fins do art. 215 é ....; e para fins do art. 215-A é ....", etc. A lei emprega termos que demandam interpretação lógica e harmônica. *Ato* é conduta comissiva, que pressupõe agir, *facere*, sendo impossível falar em conduta omissiva. *Libidinoso* é o ato praticado para satisfazer a lascívia, a *luxúria*, a excitação para copular presente em todos os seres vivos, provocando descargas hormonais que trazem gozo, prazer. Desse modo, tendo em vista a amplitude do conceito de "ato libidinoso", uma vez que o conceito de erótico e a correlata excitação são *altamente subjetivos* (por exemplo, há pessoas que se excitam com uma carícia nos cabelos, no pescoço ou nos pés), coube à medicina legal e à jurisprudência delimitar o que é, em termos de *relevância penal*, "ato libidinoso".

- Atos libidinosos diversos da conjunção carnal ou "atos de luxúria" na Medicina Legal: Afora a obviedade da conjunção carnal, e como os tipos penais, em regra, se utilizam das duas expressões, "*conjunção carnal ou outro ato libidinoso*", autores no campo da medicina legal tratam do que seriam "outros atos libidinosos" que não a conjunção carnal propriamente dita. Assim escreve LORENZO BORRI (*Trattato di Medicina Legale*, Milano, Casa Editrice Dott. Francesco Vallardi, 1924, pp. 189 e 190): "Parece-me que por atos libidinosos cometidos com outra pessoa devemos entender qualquer contato violento ou não violento com uma pessoa de um ou outro sexo, com a intenção de provocar excitação venérea em outras pessoas ou em quem o pratica, sem chegar ao coito (...) Esses contatos necessariamente *devem envolver a esfera genital ou partes que tenham relações anatômicas ou funcionais próximas com ela*, o que inclui a região anal ou nas mulheres os seios e *em particular os mamilos*, que podem ser considerados para elas entre os *órgãos voluptuosos*. Portanto, atos de luxúria são o toque dos seios, a excitação ou sucção dos mamilos, a introdução de dedos ou corpos estranhos no reto, o toque manual da região ano-genital, a introdução de corpos estranhos na vagina, a masturbação de pessoa de sexo diferente ou do mesmo sexo, *fellismo* [felação, sexo oral no homem], cunilíngua [sexo oral na mulher], esfregamento da vulva, esfregar o membro viril contra qualquer região do corpo de outra pessoa e obscenidades semelhantes" (livre tradução dos autores). Por sua vez, E. VON HOFMANN e CARLO FERRARI (*Trattato di Medicina Legale*, 3ª ed., Milano, Società Editrice Libraria, 1914, v. 1, pp. 108 e 109) ensinam na rubrica "*atti di libidine*" ou "atos de luxúria": "Podem ser das mais variadas naturezas: em muitos casos, os atos não acontecem nos órgãos genitais da vítima, mas consistem em práticas que podem não deixar vestígios nesses órgãos genitais. Assim, quando o réu faz a vítima apalpar os seus órgãos genitais ou masturbá-lo, ou quando coloca o pênis na sua boca, como em vários casos de nossa prática. Assim, quando eles se limitam a apalpar, seja em mulheres púberes ou em crianças, as mamas, as nádegas ou a esfregar o pênis contra essas partes. Atos todos que não são incomuns, principalmente, como é fácil de entender, contra crianças pequenas de um ou do outro sexo. E os autores podem ser tanto homens quanto mulheres" (livre tradução dos autores). Entre os brasileiros, ALMEIDA JÚNIOR (*Lições de Medicina Legal*, Companhia Editora Nacional, São Paulo, 1948, pp. 281 e 282) esclarece quanto aos atos libidinosos diversos da conjunção carnal: "qualquer prática através da qual o indivíduo, de um ou de outro sexo procure *satisfazer a sua 'fome sexual'*, ou libido, e um ato libidinoso". São classificados em três categorias: "*Toques impudicos* – Os autores desta modalidade de ações libidinosas se recrutam entre homens e mulheres; as vítimas pertencem a um e a outro sexo; o ato consiste em *tocamentos, massagens, beliscões, compressões, práticas masturbatórias*. O agente utiliza-se de seus dedos, suas mãos, seus órgãos sexuais, ou mesmo corpos estranhos, e toma como alvo *a superfície cutânea da vítima*, os seios dela, as suas partes pudendas. Nem sempre ficam vestígios aproveitáveis pela perícia. Quando ficam, são equimoses (nos beliscões, na introdução do dedo ou de corpos estranhos na vulva, na vagina, no reto), escoriações, lacerações nos órgãos genitais, manchas de esperma. *O beijo, a sucção* – O beijo se tornará, conforme a região em que se aplique (nos lábios, nos seios, nas partes pudendas) um ato libidinoso. (...). *Cópulas ectópicas* – São as seguintes: a) cópula anal, também designada sodomia, pederastia; b) cópula bucal – felação ou 'irrumatio in ore'; c) cópula vestibular; d) cópula uretral; e) cópula 'inter femora'; f) cópula perineal g) cópula cubo-vulvar ou cunilíngua". FLAMÍNIO FÁVERO (*Medicina Legal*, 8ª ed., Martins Fontes, 2º v., pp. 201 a 204) faz as seguintes menções: "*Toques, Manobras, etc. – Conceito* – Nessa modalidade de atentado, a vítima é atingida já na sua integridade física, com violência, tratando-se de maiores; com ou sem violência, tratando-se de menores. Mas o dano é pequeno, consistente em *toques, manobras nos seus órgãos genitais ou em zonas eróticas*. É o que acontece com *beliscões, mordeduras, sucções, beijos qualitativa e quantitativamente impróprios*. (...) *Práticas sexuais anormais* – A espécie cresce em gravidade e se mostra multiforme. *Conceito* – Podem ser individualizadas principalmente: a cópula anal, a cópula em outras sedes e outras manobras equivalentes. A cópula anal realiza-se entre dois indivíduos do sexo masculino ou de sexos diferentes e nas várias idades (...). A *cópula* em outras sedes pode ser entre os seios, na axila, nas coxas, entre os dedos dos pés (...). Outras *manobras sexuais* podem ser com os órgãos genitais masculinos ou femininos em indivíduos do mesmo sexo ou de sexo diferente, nos órgãos genitais ou fora dos órgãos genitais, em *zonas ligadas à sexualidade*". No mesmo sentido ODON RAMOS MARANHÃO: "*Toques, manobras etc*. A vítima é alcançada em sua integridade física, mas o dano é mínimo; sucções, beliscões, mordeduras etc. podem ocorrer em várias partes do corpo, especialmente as eróticas. Às vezes o vestígio persiste e em outras se desvanece. (...) *Práticas sexuais anormais*. Interessam as chamadas 'cópulas ectópicas' (fora de sede). (...) Em casos de *atentados* podem ocorrer práticas sexuais fora de sede, tais como entre as mamas, na axila, ente coxas etc. Sempre acompanhadas de violência. Tem particular importância no caso, a cópula anal. Pode se tratar de caso agudo ou crônico".

■ **Ato libidinoso diverso da conjunção carnal na jurisprudência:** "Considerando a equivalência legal das condutas descritas nos antigos artigos 213 e 214 Código Penal, hoje reunidas no art. 213, com o nome de estupro, é preciso fazer uma distinção entre os crimes *invasivos* e situações fáticas de outra natureza, para que seja respeitada a razoabilidade e proporcionalidade", como no caso de "passar as mãos nas nádegas e nos seios ... e encostava seu corpo por trás", desclassificando para a contravenção de perturbação da tranquilidade do art. 65 da LCP [*revogada*] (TJRS, EI 70057501157 (0474742-67.2013.8.21.7000), j. 16.5.2014). Em outro acórdão, assim decidiu-se: "Por haver dúvidas invencíveis acerca dos supostos atos libidinosos praticados – até mesmo, a 'passada' de mãos por cima da roupa –, bem como sobre a efetiva intenção libidinosa, inexistem elementos objetivos e subjetivos exigidos para a configuração do crime de estupro, do ato libidinoso e do propósito de satisfação da própria lascívia" (TJSP, Ap. 0005370-07.2010.8.26.0358, rel. Des. Eduardo Abdalla, j. 28.11.2014). Em outro julgado: "a elementar ato libidinoso deve ser interpretada de acordo com o princípio da ofensividade, sendo entendida como a conduta que fere, de forma intensa e profunda, a dignidade sexual da vítima. Não basta se sinta incomodada ou desrespeitada; é preciso se sinta agredida em sua intimidade de verdade. No presente caso, tratou-se de um *apalpamento de brevíssima duração, valendo-se unicamente da desatenção da vítima*. Desclassificação para importunação ofensiva ao pudor (revogado art. 61 da LCP)" (TJSP, Ap. 0005453-79.2009.8.26.0286, rel. Des. Souza Nucci, publ. 2.5.2012). No mesmo sentido: TJSP, Ap. 0002867-30.2006.8.26.0042, rel. Des. Osni Pereira, j. 4.11.2014). Tratando-se de região *genital*: A passada de mão sobre a roupa, *na região genital*, caracteriza crime de estupro de vulnerável (art. 217-A), e não o crime de importunação sexual (art. 215-A). Vítima que, em razão de sua tenra idade, não tem capacidade para anuir (TJRS. RvCr 70079129599, j. 18.4.2019).

▪ Atos libidinosos (conclusão): Lastreados nos ensinamentos médico-legais acima transcritos, e diante dos princípios da razoabilidade, da intervenção mínima e de que o direito há que ser harmônico, entendemos que o conceito de "ato libidinoso" empregado em 7 (sete) tipos penais (arts. 213, 215, 215-A, 216-B, 217-A, 218-A e 218-B, § 2º, I) há que ser interpretado de forma restritiva. O conceito há que ser o mesmo, variando, nos tipos penais, as formas e circunstâncias em que o mesmo ocorre. Assim, a expressão "ato libidinoso" do art. 213 não pode ter outro significado do que a do art. 215-A, sob pena de grande insegurança jurídica. Daí a imperiosidade de se *interpretar restritivamente* o seu conceito. Como escrevem os mestres da Medicina Legal, é fato que, por se tratar de libido, *pressupõe-se* ato de *luxúria*, vinculado à satisfação da *"fome sexual"*, avaliando-se cada caso de forma específica. Afora a cópula pênis-vagina (conjunção carnal), os "outros atos libidinosos" englobam as *cópulas fora do local,* chamadas ectópicas, onde há contato com a região anal-genital *do autor ou da vítima*, exigindo-se *contato com a superfície cutânea* (como referiu ALMEIDA JÚNIOR), como no sexo anal, oral, com a colocação do pênis entre as coxas ou seios da vítima. Há casos, também, de *manobras manifestamente eróticas*, com *mordeduras, beliscões, masturbação, beijos lascivos ou ainda apalpação* (que significa conhecer por meio das mãos mediante vários toques e com alguma pressão, não se confundindo com superficial toque de resvalo), em zonas íntimas reconhecidamente erógenas, isto é, nos seios e principalmente nos mamilos ou nas nádegas. Há que se ter cuidado para não se alargar em demasia o conceito de *ato libidinoso*, buscando-se critérios científicos na medicina legal, uma vez que a libido é algo muito subjetivo, sendo que, a depender da cultura de cada povo, até os cabelos ou pés podem gerar, em alguns, estímulo sexual. A banalização do que seja "ato libidinoso" não se coaduna com o caráter excepcional, subsidiário e fragmentário do Direito Penal, demandando a análise de cada caso específico. Há que estar provada a existência de uma conduta que efetivamente denote *luxúria, satisfação da "fome sexual"*, no contexto em que ocorre, isto é, com efetiva violação da dignidade *sexual* da vítima, o que não se confunde com atitudes que, embora inconvenientes e moralmente reprováveis, não têm caráter de efetiva excitação sexual, isto é, relevância penal por violação da dignidade *sexual* de terceiro, sob pena de *atipicidade* da conduta.

▪ Tipo subjetivo: O dolo e o elemento subjetivo do tipo, que é o especial fim de agir (para ter conjunção carnal ou praticar outro ato libidinoso). Na doutrina tradicional é o "dolo específico". Não há forma culposa.

▪ Consumação: Na primeira figura (conjunção carnal), com a penetração vagínica, completa ou não. Em outras palavras, consuma-se com a introdução, parcial, ou não, do pênis na vagina. Na segunda ("outro ato libidinoso"), a consumação se dá com a sua prática. É indiferente que o homem tenha ejaculação.

▪ Tentativa: Teoricamente é possível (ex.: a vítima é ameaçada com revólver, mas a ação do agente é interrompida por uma terceira pessoa que o desarma). Contudo, na prática é difícil sua ocorrência. Quanto à amplitude do conceito de ato libidinoso, *vide* nota abaixo.

▪ Crime único ou concurso de crimes (?): A incorporação, pela Lei n. 12.015/2009, do antigo crime de atentado violento ao pudor (CP, art. 214) ao novel crime de estupro (CP, art. 213), está, desde logo, gerando polêmica envolvendo a situação em que o agressor pratica contra a vítima tanto a conjunção carnal quanto outros atos libidinosos. Já estão se formando dois entendimentos: *a. Crime único*: os antes denominados atentado violento ao pudor e estupro, praticados no mesmo contexto fático, constituem, agora, um único tipo penal, o estupro (nesse sentido, DAMÁSIO DE JESUS, "Estupro e atentado violento ao pudor: crime único ou concurso material?", in Carta Forense, São Paulo, dezembro de 2009, p. B8), devendo retroagir por se tratar de *lex mitior* ou *novatio legis in mellius* (TJDF, EI 20.060.110.021.120, Acórdão 382.000). b. *Admite-se o concurso*: O fato do antigo crime de atentado violento ao pudor (art. 214) ter sido revogado e incorporado ao atual crime de estupro (art. 213, com redação dada pela Lei n. 12.015/2009) não obriga, necessariamente, ao reconhecimento de crime único, podendo, ao contrário, haver concurso de crimes entre as duas modalidades de estupro (conjunção carnal e outro ato libidinoso), seja concurso material ou crime continuado, na dependência da análise do caso concreto. Nesse sentido, ALESSANDRA ORCESI PEDRO GRECO e JOÃO DANIEL RASSI anotam: "Não é porque os tipos agora estão fundidos formalmente em único artigo que a situação mudou. O que o estupro mediante conjunção carnal absorve é o ato libidinoso em progressão àquela e não o ato libidinoso autônomo e independente dela..." (*Dos Crimes Contra a Dignidade Sexual*, Atlas, no prelo, comentário ao art. 213). A propósito, sustenta VICENTE GRECO FILHO que "não houve *abolitio criminis*, ou a instituição de crime único quando as condutas são diversas", de forma que "nada mudou para beneficiar o condenado cuja situação de fato levou à condenação pelo art. 213 e art. 214 cumulativamente; agora, seria condenado também cumulativamente à primeira parte do art. 213 e à segunda parte do mesmo artigo". Por fim, arremata o renomado autor: "Assim, o tipo do art. 213 é daqueles em que a alternatividade ou cumulatividade são igualmente possíveis e que precisam ser analisadas à luz dos princípios da especialidade, subsidiariedade e da consunção, incluindo-se neste o da progressão. Vemos, nas diversas violações do tipo, um delito único se uma conduta absorve a outra ou se é fase de execução da seguinte, igualmente violada. Se não for possível ver nas ações ou atos sucessivos ou simultâneos nexo causal, teremos, então, delitos autônomos" ("Uma interpretação de duvidosa dignidade", www.apamagis. com.br). De nossa parte, pensamos que, dependendo das circunstâncias, poderá haver crime único (p. ex., quando os atos libidinosos forem praticados como prelúdio da cópula), ou concurso de crimes (quando, *v.g.*, houver coito anal e vagínico, ou ato libidinoso fora da própria progressão da conjunção carnal).

- **Crime continuado:** Observamos que a fusão dos antigos crimes de estupro e atentado violento ao pudor em um único tipo permite, quando praticados no mesmo contexto fático, e dependendo do caso concreto, o reconhecimento da continuidade delitiva (que deverá retroagir, por ser mais benéfica). Anteriormente à alteração legislativa, havia expressivo entendimento jurisprudencial no sentido de que se tratava de crimes de espécies diferentes (cf. CP, art. 71), a não permitir a continuidade, o que não mais ocorre por estarem no mesmo tipo. Nesse aspecto (possibilidade de crime continuado), a reforma havida beneficia os autores de estupro que além da conjunção carnal tenham praticado ato libidinoso diverso, como o coito anal.

- **Concurso com outros crimes:** Pode haver concurso com os crimes de ato obsceno (CP, art. 233) e perigo de contágio venéreo (CP, art. 130). Caso haja de fato transmissão de doença sexual do agente para a vítima, ver art. 234-A, IV, do CP (causa de aumento de pena). As lesões corporais leves são absorvidas, mas as graves configuram a figura qualificada do § 1º, primeira parte, deste art. 213.

- **Concurso de pessoas:** Pode haver coautoria ou participação (moral ou material). Na hipótese de conjunção carnal, o homem poderá ter como coautor ou partícipe uma mulher.

- **Pena:** Reclusão, de seis a dez anos.

- **Castração química:** O repúdio ao crime de estupro e, notadamente, aos reincidentes nesse hediondo delito e aos pedófilos, trouxe à baila o tema da *castração química*, ou seja, mediante a regulação da testosterona, responsável pela função sexual, inibindo a prática de novo crime. Nesse sentido, o Projeto n. 552/2007 do Senado Federal, subscrito pelo Senador Gerson Camata, já arquivado, pretendia aplicar pena de castração química a pedófilos. Além da flagrante inconstitucionalidade, por violar a dignidade humana, admitir intervenção física como pena significaria romper perigosíssimo limite. Chegar-se-ia ao absurdo de abrir precedente para que, no futuro, surgissem propostas de alteração legislativa para substituição ou redução da pena de prisão por sanções corporais (castração cirúrgica, amputação, chibata etc.), o que é inimaginável em um Estado Democrático de Direito, ainda que houvesse "concordância" do condenado com tamanha violência.

- **Ação penal:** *Vide* nota ao art. 225 do CP.

Figura qualificada (§ 1º)

- **Noção:** Se da conduta do agente resulta lesão corporal de natureza grave, ou se a vítima é menor de 18 anos e maior de 14 anos, independentemente, neste caso, da violência sexual ter ocasionado lesão corporal grave (CP, art. 129, §§ 1º e 2º). Se ocorrerem as duas circunstâncias, uma qualificará o crime, e a outra será valorada no cálculo da pena.

- **Confronto:** A elementar conjunção carnal ou outro ato libidinoso está prevista em 7 (sete) crimes: arts. 213, 215, 215-A, 216-B, 217-A, 218-A e 218-B. Assim, se inexiste violência nem grave ameaça, mas *fraude*, o crime será o do art. 215 do CP. Se não existe violência ou grave ameaça e tampouco fraude, mas o ato libidinoso ocorre sem o consentimento da vítima (o que implica ser o ato libidinoso *unilateral*), o crime será de importunação sexual do art. 215-A. Se há registro não autorizado de cena de nudez ou ato sexual ou libidinoso, sem autorização, art. 216-B. Já a prática de conjunção carnal ou de outro ato libidinoso com menor de 14 anos, sendo juridicamente irrelevante o seu eventual consentimento, é crime autônomo, punido mais gravemente, do art. 217-A. Se há prática, na presença de menor de 14 anos, de conjunção carnal ou outro ato libidinoso, art. 218-A. Por fim, se alguém pratica conjunção carnal ou outro ato libidinoso com menor de 18 anos e maior de 14, com o fim de atraí-lo à prostituição, ou que por enfermidade ou deficiência mental não tem o necessário discernimento, há o crime do art. 218-B, § 2º, I, do CP.

- **Pena:** Reclusão, de oito a doze anos.

- **Ação penal:** *Vide* nota ao art. 225 do CP.

- **Irretroatividade:** A qualificadora consistente no fato da vítima ser menor de 18 (dezoito) anos e maior de 14 (catorze) (art. 213, §1º, segunda parte), que não era prevista na legislação anterior, não pode retroagir por ser maléfica (CF, art. 5º, XXXIX, e CP, art. 1º).

Figura qualificada (§ 2º)

- **Noção:** Se do estupro resulta morte da vítima.

- **Irretroatividade da pena máxima:** A pena prevista para o resultado morte na forma qualificada do *revogado* art. 223, parágrafo único, do CP, era de reclusão de doze a vinte e cinco anos. Já a *nova* figura qualificada do art. 213, § 2º, prevê pena de reclusão de doze a trinta anos. Portanto, para o estupro e/ou o antigo atentado violento ao pudor cometidos *antes* da Lei n. 12.015/2009, que entrou em vigor no dia 10.8.2009, o máximo da pena *não poderá* ser superior a vinte e cinco anos.

- **Pena:** Reclusão, de doze a trinta anos.

- **Ação penal:** *Vide* nota ao art. 225 do CP.

Jurisprudência

- **Crime continuado e retroatividade benéfica:** A edição da Lei n. 12.015/2009 torna possível o reconhecimento da continuidade delitiva dos antigos delitos de estupro e atentado violento ao pudor, quando praticados nas mesmas circunstâncias de tempo, modo e local, e contra a mesma vítima (STF, 2ª T., HC 86.110, rel. Min. Cezar Peluso, publ. 3.4.2010). Se o intervalo entre os acontecimentos é de aproximadamente um mês, e as condições de lugar (residência do acusado) e maneira de execução (vítima dormindo) são absolutamente semelhantes, reconhece-se a continuidade entre o atentado violento ao pudor e a tentativa de estupro (STJ, HC 114.054/MT, rel. Min. Og Fernandes, *DJe* 19.4.2010). Com a vigência da Lei n. 12.015/2009, que na nova redação do art. 213 (revogado o art. 214), ao unificar as figuras típicas do estupro e do atentado violento ao pudor numa só conduta, a lei nova afastou a hipótese de ocorrência de concurso material. Reconhece-se a continuidade entre as condutas todas por distintas e reduz-se a pena aplicando a lei nova mais favorável (STJ, 5ª T., REsp 970.127/SP, rel. Min. Gilson Dipp; TJDF, EI 2004.10.1.000870-2, *DJ* 15.11.2009; TJMG, Ap. 1.0487.04.005827-2/001 (1), *DJ* 7.4.2009; TJRN, Ap. 2010.010386-4, publ. 29.3.2011).

- **Concurso material:** O novo art. 213 é um tipo misto cumulativo, no qual as condutas anteriormente descritas nos arts. 213 e 214 passam a formar um único tipo penal, apenas no que tange ao seu aspecto formal, mantendo-se, no entanto, a multiplicidade de condutas, bem como sua autonomia, devendo cada uma delas ser punida isoladamente (TJRS, EI 70058476920, *DJ* 13.5.2014; AgEx 70057247553, *DJ* 10.3.2014).

- **Continuidade delitiva ou concurso material:** Se, durante o tempo em que a vítima esteve sob o poder do agente, ocorreu mais de uma conjunção carnal, caracteriza-se o crime continuado entre as condutas, porquanto estar-se-á diante de uma repetição quantitativa do mesmo injusto. Todavia, além da conjunção carnal, houve outro ato libidinoso, como o coito anal, cada um desses caracteriza crime diferente, e a pena será *cumulativamente* aplicada à reprimenda relativa à conjunção carnal. Ou seja, a nova redação do art. 213 do Código Penal absorve o ato libidinoso em progressão ao estupro – classificável como *praeludia coiti* – e não ato libidinoso autônomo, como o coito anal e o sexo oral (STJ, HC 78.667/SP, rel. Min. Laurita Vaz, *DJe* 2.8.2010; TJCE, Ap. 2006.0007.5162-6, *DOE* 23.10.2009). Quanto à prática do delito de atentado violento ao pudor, após a entrada em vigor da nova Lei n. 12.015/2009, há que se operar a retroatividade no sentido de considerar a prática do delito sob a epígrafe do estupro (art. 213 do CP), já que, atualmente, as condutas que antes eram definidas como atentado violento ao pudor passaram a também constituir o delito de estupro na forma do art. 213 do CP. A retroatividade, neste caso, deve ocorrer porque possibilita a continuidade delitiva, já que a antiga discussão jurisprudencial e doutrinária acerca da possibilidade ou não de aplicar a exasperação do art. 71 do CP àqueles delitos perdeu notável espaço com a edição da Lei n. 12.015/2009, pois esta lei tornou os crimes acima aludidos em crimes da mesma espécie, possibilitando, por conseguinte, a exasperação. Contudo, o fato de ter havido junção das duas figuras típicas não significa que o tipo penal deve ser classificado atualmente como crime de ação múltipla, o que faria com que aquele que pratica sexo oral e depois mantém coito vaginal praticasse apenas um delito, o de estupro. Na verdade, a alteração legislativa ainda permite que, neste caso, se considere a prática de dois delitos, só que desta feita sob a mesma capitulação legal (art. 213 do CP) (TJCE, 2ª C., APn 2006.0007.5162-6, rel. Des. Maria Sirene de Souza Sobreira, *DOE* 23.10.2009).

- **Crime único e retroatividade benéfica:** A figura penal prevista na nova redação do art. 213 é do tipo penal misto alternativo; logo, se o agente pratica no mesmo contexto fático conjunção carnal e outro ato libidinoso contra a mesma vítima, comete um só crime (STF, HC 118.284-RS, j. 4.8.2015). *Contra*: É tipo penal misto cumulativo, possibilitando o concurso material de crimes (TJSP, AgEx 7000531-74.2018.8.26.0506, j. 26.3.2019). "O condenado por estupro e atentado violento ao pudor, praticados no mesmo contexto fático e contra a mesma vítima, tem direito à aplicação retroativa da Lei n. 12.015/2009, de modo a ser reconhecida a ocorrência de crime único (STJ, HC 239.058/SP, *DJ* 3.5.2014; STF, HC 118.284/RS, j. 4.8.2015; TJSP, AgEx 7000531-74.218.8.26.0506, j. 26.3.2019), devendo a prática de ato libidinoso diverso da conjunção carnal ser valorada na aplicação da pena-base referente ao crime de estupro (TJMG, Ag. em Execução Penal 10231091520420001, *DJ* 19.5.2014). De início, cabe registrar que, diante do princípio da continuidade normativa, não há falar em *abolitio criminis* quanto ao crime de atentado violento ao pudor cometido antes da alteração legislativa conferida pela Lei n. 12.015/2009. A referida norma não descriminalizou a conduta prevista na antiga redação do art. 214 do CP (que tipificava a conduta de atentado violento ao pudor), mas apenas a deslocou para o art. 213 do CP, formando um tipo penal misto, com condutas alternativas (estupro e atentado violento ao pudor). Todavia, nos termos da jurisprudência do STJ, o reconhecimento de *crime único* não implica desconsideração absoluta da conduta referente à prática de ato libidinoso diverso da conjunção carnal, devendo tal conduta ser valorada na dosimetria da pena aplicada ao crime de estupro, aumentando a pena-base. Precedentes citados: HC 243.678-SP, Sexta Turma, *DJe* 13.12.2013; e REsp 1.198.786-DF, Quinta Turma, *DJe* 10.4.2014 (STJ, 6ª T., HC 212.305-DF, Rel. Des. Conv. Marilza Maynard, j. 24.4.2014; *DJe* 5.5.2014). A reforma promovida pela Lei n. 12.015/2009 promoveu a junção dos crimes de estupro e atentado violento ao pudor, tornando o delito de ação múltipla. Por se tratar de benefício ao réu, deve retroagir, pois, agora, mesmo que o agente pratique mais de uma conduta criminosa será punido somente por uma, sendo que a pena básica do tipo fundamental do crime de estupro permanece a mesma (TJDF, 1ª T., EI 2004.10.1.000870-2, rel. Des. Renato Scussel, j. 24.8.2009, *DJU* 15.11.2009).

- **Estupro tentado:** Se não houve penetração, mas apenas beijos e passadas de mãos pelos seios da vítima, desclassifica-se para tentativa de estupro. Inobstante a nova sistemática punir aquele que pratica atos libidinosos diversos da conjunção carnal na mesma proporção de quando esta ocorra, evidencia-se grande desproporção entre as condutas e mesma sanção, violando os princípios da proporcionalidade e da individualização da pena (TJPI, Ap. 2012000100112831, *DJ* 11.9.2012). Igualmente, se, após anunciar que "queria tudo", agarrou-lhe, apalpou-lhe e tentou tirar-lhe a roupa, não se consumando o estupro por circunstâncias alheias à sua vontade (TJRS, ED 70078492147, j. 11.12.2018).

- **Gravidez:** Se do estupro resultou gravidez, ainda que com aborto natural no seu início, aplica-se o aumento do art. 234-A (STJ, REsp 1660743/GO, *DJe* 19.12.2017).

- **Ação penal pública incondicionada:** Na linha da jurisprudência do STJ, bem como do entendimento do STF (Súmula 608), no crime de estupro em que há violência real, a ação penal é pública incondicionada (STJ, 5ª T., RHC 26455/BA, rel. Min. Felix Fischer, *DJe* 26.4.2010). Admite-se a legitimidade do MP para propor ação penal por se reputar dispensável a ocorrência de lesões corporais para a caracterização de violência real nos crimes de estupro (STF, HC 102.683/RS, *DJe* 3.2.2011).

- **Desclassificação para constrangimento ilegal:** As provas indicam que o réu constrangeu a vítima, mediante violência e ameaças contra sua família, obrigando-a a levantar a saia para a seguir assistir a sua masturbação. O atentado violento ocorre quando há invasão da individualidade física da ofendida, restrita às hipóteses de contato lascivo direto do agente com o corpo da vítima. Não houve no caso ofensa à liberdade sexual, mas apenas constrangimento ilegal da vítima, nos termos do art. 146 do CP, já que ela não foi tocada pelo réu, senão de relance (TJDF, Ap. 2007.09.1.007573-6, *DJ* 10.11.2009).

- **Confronto com violação sexual mediante fraude:** Se o denunciado, namorado da vítima, no intuito de manter relações sexuais com adolescente de 15 anos, extrapolou o singelo emprego de meio fraudulento – a utilização de ardil para captar a sua atenção e levá-la a outro local –, mas ao contrário, ao perceber que a vítima fugiria, fez com que tropeçasse e inalasse substância desconhecida, configura-se o art. 213 (TJRS, Ap. 70057934150, *DJ* 9.6.2014).

- **Desclassificação para contravenção:** Considerando a equivalência legal das condutas hoje reunidas no art. 213, é preciso fazer uma distinção entre os crimes invasivos e situações fáticas de outra natureza, para que seja respeitada a razoabilidade e a proporcionalidade (agente que passou as mãos nas nádegas e nos seios da ofendida de 13 anos e encostava seu corpo por trás, no corpo dela) (TJRS, EI 70057501157, *DJ* 26.5.2014).

- **Exame de DNA:** Se os depoimentos em juízo são consentâneos com os angariados na fase inquisitorial, e atrelados ao resultado do laudo de exame de DNA, que demonstrou a compatibilidade do perfil genético do acusado com amostra recolhida em cavidade natural da vítima, ressai a certeza de que efetivamente praticou o crime (TJDF, Ap. 20110810190263, *DJ* 22.10.2014).

- **Desistência voluntária:** Não se configura se a desistência do réu foi desprovida de voluntariedade, sendo produto de circunstância alheia à sua vontade, consistente na firme resistência da vítima, em que pese a sua parca idade e as palavras intimidadoras do agente (TJRJ, Ap. 01674102720138190001, *DJ* 25.3.2014).

- **Trauma psicológico:** Não é razão bastante para a valoração negativa das consequências do crime de estupro, uma vez que algum abalo psicológico é elemento ínsito a esse tipo penal (STJ, AgRG no HC 455.454/ES, *DJe* 31.10.2018).

- **Confronto com art. 215-A:** O crime de importunação sexual (art. 215-A), na forma de ato libidinoso sem violência ou grave ameaça, é punido de forma branda do que o estupro (art. 213, § 1º), permitindo a desclassificação para aquele novo tipo penal (STJ, AgRg no REsp 1.730.341/PR, *DJe* 13.11.2018; REsp 1.745.333/RS, *DJe* 14.3.2019).

Art. 214. (*Revogado*.)

- **Revogação:** O art. 214 do CP (atentado violento ao pudor) foi expressamente revogado pela Lei n. 12.015/2009.

- **Inexistência de** *abolitio criminis*: A revogação do art. 214 do CP não significa, evidentemente, que ocorreu a *abolitio criminis* com relação aos crimes de atentado violento ao pudor anteriormente cometidos. Isto porque seu conteúdo hoje passou a integrar o novo crime do art. 213, de forma que a conduta – praticada antes ou depois da Lei n. 12.015/2009 – continua a ser crime, em consonância com o princípio da continuidade normativo-típica, tratando-se de sucessão de leis penais.

VIOLAÇÃO SEXUAL MEDIANTE FRAUDE

Art. 215. Ter conjunção carnal ou praticar outro ato libidinoso com alguém, mediante fraude ou outro meio que impeça ou dificulte a livre manifestação de vontade da vítima:

Pena – reclusão, de 2 (dois) a 6 (seis) anos.

Parágrafo único. Se o crime é cometido com o fim de obter vantagem econômica, aplica-se também multa.

- **Alteração:** Artigo alterado pela Lei n. 12.015, de 7.8.2009. O novo tipo penal passou a incorporar, com modificações, os antigos arts. 215 (posse sexual mediante fraude) e 216 (atentado ao pudor mediante fraude). Antes da alteração legislativa, o art. 215 punia aquele que tivesse conjunção carnal com mulher, mediante fraude; no atual art. 215, tanto a mulher quanto o homem podem ser sujeitos passivos. Além disso, na nova redação, além da fraude, pune-se o agente que utilizar qualquer "outro meio que impeça ou dificulte a livre manifestação da vítima". O antigo art. 216, apesar de já admitir como sujeitos passivos o homem e a mulher, previa apenas a fraude como meio para a prática do crime, o que foi igualmente ampliado para "qualquer outro meio que impeça ou dificulte a livre manifestação da vítima". Evidente que essas ampliações da tipicidade penal somente se aplicam para fatos cometidos após a vigência da Lei n. 12.015, em 10.8.2009.

Violência sexual mediante fraude (caput)

- **Objeto jurídico:** A liberdade sexual.
- **Sujeito ativo:** Tanto o homem quanto a mulher.
- **Sujeito passivo:** Igualmente, o homem e a mulher, em face da expressão "com *alguém*".
- **Tipo objetivo:** Duas são as figuras incriminadas: *a. Ter conjunção carnal*, que, a nosso ver, significa a penetração do pênis na vagina. *b. Praticar outro ato libidinoso* (diverso da conjunção carnal). Incluem-se, aqui, o sexo anal, o sexo oral, a masturbação etc. (*vide* rubrica abaixo, bem como notas sobre medicina legal no art. 213). É irrelevante ao novel tipo saber se a vítima é pessoa "honesta" ou não. As condutas incriminadas são praticadas: a. *mediante fraude*, isto é, engodo, artifício, ardil, que leva o enganado à falsa aparência de realidade; ou b. *mediante outro meio que impeça* (impossibilite) *ou dificulte* (torne difícil) *a livre manifestação de vontade da vítima*. Neste caso, apesar do tipo ser demasiadamente aberto, em face do princípio da proporcionalidade, cremos que o *outro meio que impeça ou dificulte* há de ser provocado pelo agente e apto a efetivamente impedir ou dificultar a livre manifestação de vontade da vítima. É o caso, por exemplo, em que o sujeito coloca, de forma dissimulada, medicamento ou substância entorpecente na bebida da vítima, capaz de gerar confusão mental.

- **"Conjunção carnal ou outro ato libidinoso":** Lastreados nos ensinamentos médico-legais transcritos nos comentários ao art. 213, e diante dos princípios da razoabilidade, da intervenção mínima e de que o direito há que ser harmônico, entendemos que o conceito de "ato libidinoso" empregado em 7 (sete) tipos penais (arts. 213, 215, 215-A, 216-B, 217-A, 218-A e 218-B, § 2º, I) há que ser interpretado de forma restritiva. O conceito há que ser o mesmo, variando, nos tipos penais, as formas e circunstâncias em que o mesmo ocorre. Assim, a expressão "ato libidinoso" do art. 213 não pode ter outro significado do que a do art. 215-A, sob pena de grande insegurança jurídica. Daí a imperiosidade de se *interpretar restritivamente* o seu conceito. Como escrevem os mestres da Medicina Legal, é fato que, por se tratar de libido, *pressupõe-se* ato de *luxúria*, vinculado à satisfação da *"fome sexual"*, avaliando-se cada caso de forma específica. Afora a cópula pênis-vagina (conjunção carnal), os "outros atos libidinosos" englobam as *cópulas fora do local*, chamadas ectópicas, onde há contato com a região anal-genital *do autor ou da vítima*, exigindo-se *contato com a superfície cutânea* (como referiu Almeida Júnior), como no sexo anal, oral, com a colocação do pênis entre as coxas ou seios da vítima. Há casos, também, de *manobras manifestamente eróticas,* com *mordeduras, beliscões, masturbação, beijos lascivos ou ainda apalpação* (que significa conhecer por meio das mãos mediante vários toques e com alguma pressão, não se confundindo com superficial toque de resvalo), em zonas íntimas reconhecidamente erógenas, isto é, nos seios e principalmente nos mamilos ou nas nádegas. Há que se ter cuidado para não se alargar em demasia o conceito de *ato libidinoso*, buscando-se critérios científicos na medicina legal, uma vez que a libido é algo muito subjetivo, sendo que, a depender da cultura de cada povo, até os cabelos ou pés podem gerar, em alguns, estímulo sexual. A banalização do que seja "ato libidinoso" não se coaduna com o caráter excepcional, subsidiário e fragmentário do Direito Penal, demandando a análise de cada caso específico. Há que estar provada a existência de uma conduta que efetivamente denote *luxúria*, *satisfação da "fome sexual"*, no contexto em que ocorre, isto é, com efetiva violação da dignidade *sexual* da vítima, o que não se confunde com atitudes que, embora inconvenientes e moralmente reprováveis, não têm caráter de efetiva excitação sexual, isto é, relevância penal por violação da dignidade *sexual* de terceiro, sob pena de *atipicidade* da conduta.

- **Tipo subjetivo:** É o dolo, apontando-se, ainda, o elemento subjetivo do tipo consistente no especial fim de agir (para ter conjunção carnal ou praticar outro ato libidinoso). Na corrente tradicional é o "dolo específico". Inexiste forma culposa.

- **Confronto:** A elementar conjunção carnal ou outro ato libidinoso está prevista em 7 (sete) crimes: arts. 213, 215, 215-A, 216-B, 217-A, 218-A e 218-B. Assim, se houver violência ou grave ameaça, o crime será o do art. 213 do CP. Se não existe violência ou grave ameaça e tampouco fraude, mas o ato libidinoso ocorre sem o consentimento da vítima (o que implica ser o ato libidinoso *unilateral*), o crime será de importunação sexual do art. 215-A. Se há registro não autorizado de cena de nudez ou ato sexual ou libidinoso, sem autorização, art. 216-B. Já a prática de conjunção carnal ou de outro ato libidinoso com menor de 14 anos, sendo juridicamente irrelevante o seu eventual consentimento, é crime autônomo, punido mais gravemente, do art. 217-A. Se há prática, na presença de menor de 14 anos, de conjunção carnal ou outro ato libidinoso, art. 218-A. Por fim, se alguém pratica conjunção carnal ou outro ato libidinoso com menor de 18 anos e maior de 14, com o fim de atraí-lo à prostituição, ou que por enfermidade ou deficiência mental não tem o necessário discernimento, há o crime do art. 218-B, § 2º, I, do CP.

- **Consumação:** Com a conjunção carnal ou a prática de outro ato libidinoso.

- **Tentativa:** Admite-se, embora de difícil comprovação na prática.

- **Concurso de pessoas:** Pode haver coautoria ou participação.

- **Pena:** Reclusão, de dois a seis anos.

- **Ação penal:** *Vide* nota ao art. 225 do CP.

Parágrafo único

- **Vantagem econômica:** Se o crime é praticado com o fim de obter vantagem econômica, aplica-se também a pena de multa. Como bem observam Alessandra Orcesi Pedro Greco e João Daniel Rassi, "a hipótese pode ocorrer ... no caso de participação, em que alguém colabora com a fraude por dinheiro" (*Crimes Contra a Dignidade Sexual*, São Paulo, Atlas, 2010, comentário ao art. 215).

Jurisprudência

▪ **Confronto com estupro:** Se o denunciado, namorado da vítima, no intuito de manter relações sexuais com adolescente de 15 anos, extrapolou o singelo emprego de meio fraudulento – a utilização de ardil para captar a sua atenção e levá-la a outro local –, mas ao contrário, ao perceber que a vítima fugiria, fez com que tropeçasse e inalasse substância desconhecida, configura-se o art. 213 (TJRS, Ap. 70057934150, *DJ* 9.6.2014).

▪ **Médico:** Se o médico, valendo-se da confiança que a vítima lhe depositava, simulou um procedimento médico (injeção mensal anticonceptiva) para praticar toque íntimo e satisfazer sua lascívia, configura-se o delito do art. 215, não se desclassificando para simples contravenção penal (TJDF, Ap. 2130310135492, *DJ* 8.9.2014).

▪ **Profissional do sexo vítima:** Se o apelante, utilizando preservativo, a fim de satisfazer sua lascívia, simulou ter contratado serviço de prostituta por R$ 200,00, praticando com a mesma conjunção carnal, sendo que desde o início não tinha intenção de pagar pelo serviço contratado, configura-se o delito (TJRJ, Ap. 00533183220108190004, *DJ* 25.5.2012).

▪ **Meio fraudulento:** A caracterização do tipo previsto no art. 215 depende da utilização de meio fraudulento que vicie a vontade da vítima (STJ, HC 48901/SC, *DJ* 30.10.2006).

IMPORTUNAÇÃO SEXUAL

Art. 215-A. Praticar contra alguém e sem a sua anuência ato libidinoso com o objetivo de satisfazer a própria lascívia ou a de terceiro:

Pena – reclusão, de 1 (um) a 5 (cinco) anos, se o ato não constitui crime mais grave.

▪ **Alteração:** Art. 215-A acrescentado pela Lei n. 13.718, de 24.12.2018.

▪ **Noção:** O crime de importunação sexual, previsto neste art. 215-A, foi inserido pela Lei n. 13.718/2018, a qual, ainda, tipificou o crime de divulgação de cena de estupro, tornou pública incondicionada a natureza da ação penal dos crimes contra a liberdade sexual e dos crimes sexuais contra vulnerável, estabeleceu causas de aumento de pena para esses crimes e, por fim, definiu como causas de aumento de pena o estupro coletivo e o estupro corretivo. De nossa parte, entendemos ter sido importante a criação deste tipo penal, uma vez que não havia um meio-termo nos casos menos graves de atos libidinosos, respondendo o réu, ou pelo gravíssimo crime de estupro (reclusão de 6 a 10 anos, na figura simples do *caput*) ou, então, pela contravenção penal da importunação ofensiva ao pudor (art. 61 da LCP), punida apenas com multa (nota: o art. 61 da LCP foi revogado pela Lei n. 13.718/2018).

Importunação sexual (caput)

▪ **Objeto jurídico:** A liberdade sexual.

▪ **Sujeito ativo:** Qualquer pessoa, tanto o homem quanto a mulher, independentemente de orientação sexual ou escolha de gênero, ou seja, os LGBTQIA+ – lésbicas, gays, bissexuais, transexuais e travestis, não binários ou *gender queer* e assexuados.

▪ **Sujeito passivo:** O mesmo do sujeito ativo, pois a lei fala em praticar contra *alguém*. Contudo, há de ser maior de 14 anos, uma vez que, se menor, haverá o crime do art. 217-A.

▪ **Tipo objetivo:** O núcleo é praticar (realizar, levar a efeito, fazer, agir, cometer) *ato libidinoso* (vide conceito abaixo) *contra alguém e sem a sua anuência* (elemento normativo do tipo), uma vez que o consentimento válido da vítima é a "pedra de toque" dos crimes contra a dignidade sexual. Como se vê, no caso deste art. 215-A não existe violência nem grave ameaça (como no crime de estupro do art. 213), nem fraude (hipótese do art. 215). Tampouco a vítima é menor de 14 (catorze) anos, situação configuradora do crime do art. 217-A. Ao interpretar o tipo, concluímos que a única hipótese de haver prática de *ato libidinoso* sem a anuência da vítima maior de 14 anos, e sem violência ou grave ameaça e também sem fraude, é quando ele é realizado de modo *unilateral* por parte do agente, estando a vítima, por exemplo, *dormindo* ou *desatenta no transporte público*. Aliás, a criação deste tipo penal foi motivada por casos ocorridos no transporte público em que homens, com o pênis para fora das calças, o roçavam nas nádegas da vítima, masturbando-se até ejacular sobre ela, só então a vítima o percebendo.

■ **"Ato libidinoso" ou "ato de luxúria":** Lastreados nos ensinamentos médico-legais transcritos nos comentários ao art. 213, e diante dos princípios da razoabilidade, da intervenção mínima e de que o direito há que ser harmônico, entendemos que o conceito de "ato libidinoso" empregado em 7 (sete) tipos penais (arts. 213, 215, 215-A, 216-B, 217-A, 218-A e 218-B, § 2º, I) há que ser interpretado de forma restritiva. O conceito há que ser o mesmo, variando, nos tipos penais, as formas e circunstâncias em que o mesmo ocorre. Assim, a expressão "ato libidinoso" do art. 213 não pode ter outro significado do que a do art. 215-A, sob pena de grande insegurança jurídica. Daí a imperiosidade de se *interpretar restritivamente* o seu conceito. Como escrevem os mestres da Medicina Legal, é fato que, por ser falar em libido, *pressupõe-se* ato de *luxúria*, vinculado à satisfação da *"fome sexual"*, avaliando-se cada caso de forma específica. Afora a cópula pênis-vagina (conjunção carnal), os "outros atos libidinosos" englobam as *cópulas fora do local,* chamadas ectópicas, onde há contato com a região anal-genital *do autor ou da vítima,* exigindo-se *contato com a superfície cutânea* (assim sustentado por Almeida Júnior), como no sexo anal, oral, com a colocação do pênis entre as coxas ou seios da vítima. Há casos, também, de *manobras manifestamente eróticas, com mordeduras, beliscões, masturbação, beijos lascivos ou ainda apalpação* (que significa conhecer por meio das mãos mediante vários toques e com alguma pressão, não se confundindo com superficial toque de resvalo), em zonas íntimas reconhecidamente erógenas, isto é, nos seios e principalmente nos mamilos ou nas nádegas. Há que se ter cuidado para não se alargar em demasia o conceito de *ato libidinoso,* buscando-se critérios científicos na medicina legal, uma vez que a libido é algo muito subjetivo, sendo que, a depender da cultura de cada povo, até os cabelos ou pés podem gerar, em alguns, estímulo sexual. A banalização do que seja "ato libidinoso" não se coaduna com o caráter excepcional, subsidiário e fragmentário do Direito Penal, demandando a análise de cada caso específico. Há que estar provada a existência de uma conduta que efetivamente denote *luxúria, satisfação da "fome sexual",* no contexto em que ocorre, isto é, com efetiva violação da dignidade *sexual* da vítima, o que não se confunde, a nosso ver, com atitudes que, embora inconvenientes e moralmente reprováveis, não possuem a relevância penal para caracterizar *ato libidinoso*. Desse modo, entendemos que não há *ato libidinoso* na hipótese de um rápido abraço não consentido, mesmo que por detrás, de um homem em uma mulher, ou de uma mulher em um homem, ou ainda entre pessoas do mesmo sexo, com imediato recuo de seu autor diante do repúdio da pessoa abraçada, tratando-se de conduta moralmente reprovável e de todo inadequada, mas *atípica* diante dos termos do art. 215-A do CP. *Ato libidinoso,* como exaustivamente demonstrado, é muito mais do que um rápido abraço; pressupõe manobras de cunho nitidamente sexual, com luxúria, lascívia. Lamentamos, assim, a revogação, pela mesma lei que criou o tipo deste art. 215-A do CP, da antiga contravenção de "importunar alguém, em lugar público ou acessível ao público, de modo ofensivo ao pudor", do art. 61 da Lei das Contravenções Penais, que poderia eventualmente se aplicar a hipóteses como essa.

■ **Sem a anuência:** No crime de importunação sexual (CP, art. 215-A), embora não haja violência, grave ameaça ou fraude (hipóteses de outros crimes – *vide* nota abaixo), a prática do ato libidinoso se dá *sem a anuência* da vítima, como no caso de ela ser surpreendida em um ônibus, metrô ou ainda durante o sono, situação que deverá ser avaliada individualmente. Caso a pessoa tenha interagido de alguma forma com o autor, com ele praticando o ato libidinoso de forma *bilateral*, ou ainda logo após a sua prática, tenha dele se despedido de forma amigável, tudo indica ter havido consentimento, ainda que tácito, o que afasta a configuração do tipo. De qualquer modo, em caso de dúvida se houve ou não anuência, a hipótese será de absolvição (*in dubio pro reo*). Por outro lado, caso a vítima perceba que o agente está praticando contra si o ato libidinoso, e não esboce qualquer reação, ficando absolutamente inerte, é necessário verificar se assim se comportou por medo, constrangimento ou perplexidade, não significando necessariamente ter havido *anuência tácita*. Cada caso há de ser analisado de forma individualizada. Não se descarta a possibilidade de o agente agir com erro sobre uma aparente anuência da vítima, realmente acreditando que ela tivesse de acordo com a sua iniciativa, hipótese em que poderá ser aplicada, conforme o caso e desde que comprovado o erro, o erro sobre a ilicitude do fato (CP, art. 20).

- **Confronto:** A elementar conjunção carnal ou outro ato libidinoso está prevista em 7 (sete) crimes: arts. 213, 215, 215-A, 216-B, 217-A, 218-A e 218-B. Assim, se há violência ou grave ameaça, o crime será o do art. 213. Se inexiste violência nem grave ameaça, mas *fraude*, o delito será o do art. 215 do CP. Se há registro não autorizado de cena de nudez ou ato sexual ou libidinoso, sem autorização, art. 216-B. Já a prática de conjunção carnal ou de outro ato libidinoso com menor de 14 anos, sendo juridicamente irrelevante o seu eventual consentimento, é crime autônomo, punido mais gravemente, do art. 217-A. Se há prática, na presença de menor de 14 anos, de conjunção carnal ou outro ato libidinoso, art. 218-A. Por fim, se alguém pratica conjunção carnal ou outro ato libidinoso com menor de 18 anos e maior de 14, com o fim de atraí-lo à prostituição, ou com quem por enfermidade ou deficiência mental não tem o necessário discernimento, há o crime do art. 218-B, § 2º, I, do CP.

- **Tipo subjetivo:** O dolo e o elemento subjetivo do tipo, que é o especial fim de agir (com o objetivo de satisfazer a própria lascívia ou a de terceiro). Na doutrina tradicional é o "dolo específico". Não há forma culposa.

- **Consumação:** Com a efetiva prática do ato libidinoso, independentemente de ocorrer um dano concreto à vítima.

- **Tentativa:** Teoricamente é possível, pois a conduta, em tese, pode ser fracionada. Contudo, na prática é difícil sua ocorrência. Quanto à amplitude do conceito de ato libidinoso, *vide* nota abaixo.

- **Desclassificação:** Em casos de meros "atos preparatórios", de insignificância ou de falta de ofensa ao bem jurídico, restará ao juiz: *a.* desclassificar para a contravenção do art. 65 da LCP (perturbação da tranquilidade: "Art. 65. Molestar alguém ou perturbar-lhe a tranquilidade, por acinte ou por motivo reprovável: Pena – prisão simples, de quinze dias a dois meses, ou multa); *b.* considerar o fato penalmente atípico, por falta de lesividade ou de ofensa ao bem jurídico tutelado; *c.* considerar o fato penalmente atípico, uma vez que não chegou a ser praticado ato libidinoso, mas tão somente atos preparatórios impuníveis (p.ex., o agente dá uma "cantada" ou "piscada" para a vítima ou ainda assovia quando ela passa). Note-se que não se está aqui a diminuir a gravidade e a importância de proteção da dignidade (ou da liberdade) sexual, mas é preciso que o direito penal somente intervenha em casos de efetiva ofensa ao bem jurídico, deixando de ser aplicado em casos insignificantes. Somente o caso concreto poderá dizer qual a situação.

- **Pena:** Reclusão de 1 (um) a 5 (cinco) anos, se o fato não constitui crime mais grave.

Jurisprudência

- **Confronto com art. 213, § 1º:** O crime de importunação sexual (art. 215-A), na forma de ato libidinoso sem violência ou grave ameaça, é punido de forma branda do que o estupro (art. 213, §1º), permitindo a desclassificação para aquele novo tipo penal (STJ, AgRg no REsp 1.730.341/PR, *DJe* 13.11.2018; REsp 1.745.333/RS, *DJe* 14.3.2019).

- **Confronto com o art. 217-A:** Havendo conjunção carnal ou outro ato libidinoso contra vulnerável, independentemente de violência ou grave ameaça, ou de eventual consentimento, aplica-se o art. 217-A, e não o art. 215-A (STJ, AgRg no AREsp 1.446.586/SP, j. 3.6.2019).

Art. 216. (*Revogado.*)

- **Revogação:** O art. 216 do CP, que versava sobre atentado ao pudor mediante fraude, foi revogado pela Lei n. 12.015, de 7.8.2009. A conduta incriminada foi incorporada ao atual art. 215, não tendo havido, por isso, *abolitio criminis*, mas sucessão de leis penais.

ASSÉDIO SEXUAL

Art. 216-A. Constranger alguém com o intuito de obter vantagem ou favorecimento sexual, prevalecendo-se o agente da sua condição de superior hierárquico ou ascendência inerentes ao exercício de emprego, cargo ou função:

Pena – detenção, de 1 (um) a 2 (dois) anos.

§ 2º A pena é aumentada em até um terço se a vítima é menor de 18 (dezoito) anos.

- **Alterações:** O *caput* deste art. 216-A foi acrescentado pela Lei n. 10.224, de 15.5.2001. O § 2º, por sua vez, foi inserido pela Lei n. 12.015/2009. Observe-se que não existe § 1º, o que revela um lapso do legislador que optou por inserir o § 2º.

- **Conciliação:** Cabe apenas no *caput*, quando se tratar de ação penal pública condicionada à representação, por não ser a vítima menor de 18 anos nem pessoa vulnerável (arts. 72 a 74 da Lei n. 9.099/95 c/c o art. 225, *caput*, do CP).

- **Transação:** Cabe somente no *caput* (art. 76 da Lei n. 9.099/95), independentemente de ser a ação penal pública incondicionada ou condicionada (art. 225, *caput* e parágrafo único).

- **Suspensão condicional do processo:** Cabe apenas no *caput* (art. 89 da Lei n. 9.099/95), sem dependência da ação penal ser pública incondicionada ou condicionada (art. 225, *caput* e parágrafo único).

- *Assédio sexual (caput)*

- **Objeto jurídico:** A liberdade sexual, notadamente nas relações de trabalho e educacionais.

- **Sujeito ativo:** Qualquer pessoa, mulher ou homem, desde que seja superior hierárquico da vítima ou tenha ascendência sobre ela, em razão do exercício de emprego, cargo ou função.

- **Sujeito passivo:** Qualquer pessoa, mulher ou homem.

- **Tipo objetivo:** O núcleo é *constranger*, que tem o sentido de forçar, compelir, obrigar. Constrange-se *alguém*, que pode ser tanto mulher como homem. O constrangimento é feito com o intuito de obter vantagem (favor, benefício) ou favorecimento (favor, obséquio). A vantagem ou favorecimento deve ser relativo a sexo. Tendo em vista que os demais crimes previstos no Capítulo I, a que pertence este art. 216-A (Dos Crimes Contra a Liberdade Sexual) do Título VI (Dos Crimes Contra a Dignidade Sexual), têm por objeto a "conjunção carnal" ou "outro ato libidinoso" (arts. 213 e 215), por interpretação lógico-sistemática, entendemos que a vantagem ou favorecimento sexual a que se refere este art. 216-A deve ser o de manter conjunção carnal ou de praticar outro ato libidinoso. Por tal motivo, bem como em face do princípio da proporcionalidade, não se configura o crime se o intuito do agente é apenas o de fazer galanteio, "paquerar", "flertar", ou de obter simples beijo ou abraço. Há que se distinguir atos que atentam contra o pudor daqueles simplesmente reprováveis e inoportunos, que somente molestam o ofendido e podem caracterizar as contravenções dos arts. 61 e 65 da LCP (cf. a respeito acórdão do TJSP, desclassificando tentativa de estupro para este último artigo da LCP – *RT* 447/357-358). Para a caracterização do crime deste art. 216-A, o agente deve *prevalecer-se* (valer-se, aproveitar-se, tirar partido) de sua condição de superior hierárquico ou de sua ascendência sobre a vítima, em razão de emprego, cargo ou função, seja na esfera pública ou privada. De igual modo, o intuito do agente deverá ser sempre o de obter vantagem ou favorecimento sexual, e não outro tipo de vantagem (*vide* nota *Confronto*).

- **Tipo subjetivo:** O dolo, ou seja, a vontade livre e consciente de constranger alguém, acrescido do especial fim de agir, ou seja, para obter vantagem ou favorecimento sexual. Na doutrina tradicional, é o "dolo específico". Não há modalidade culposa.

- **Confronto:** Havendo apenas importunação ofensiva ao pudor (em lugar público ou acessível ao público) ou perturbação da tranquilidade, arts. 61 e 65 da LCP. Se o constrangimento é feito mediante violência ou grave ameaça e não tiver por objeto a satisfação de desejo sexual, poderá caracterizar-se o crime do art. 146 do CP ou até mesmo o do art. 158 do CP, se o intuito for o de obter indevida vantagem econômica.

- **Concurso de pessoas:** Pode haver, desde que o coautor ou partícipe saiba da superioridade hierárquica ou ascendência do agente sobre a vítima (CP, art. 30) e da real intenção daquele (CP, art. 29).

- **Consumação:** Com a efetiva prática do ato constrangedor, independentemente da obtenção da vantagem ou favorecimento sexual. Trata-se, pois, de crime formal.

- **Tentativa:** Em tese é possível, sendo a conduta plurissubsistente (p. ex., no envio de um bilhete ou *e-mail* interceptado), mas de difícil ocorrência na prática.

- **Pena:** detenção, de um a dois anos.

- **Causa de aumento do art. 226, II** (*bis in idem*): Na hipótese do assédio sexual, em que é elementar do crime a condição superior hierárquico ou de ascendência inerente ao exercício de emprego, cargo ou função, não se aplicará a causa de aumento de pena deste art. 226, II, consistente em ser o agente empregador da vítima ou ter por qualquer outro título autoridade sobre ela, sob pena de inadmissível *bis in idem*. Caso, entretanto, o agente do assédio sexual, além de ser superior hierárquico, ou ter ascendência inerente ao exercício de emprego, cargo ou função, seja também ascendente, padrasto ou madrasta, tio, irmão, cônjuge, irmão, cônjuge, companheiro, tutor, curador ou preceptor da vítima, incidirá o aumento do art. 226, III, do CP.

- **Ação penal:** Cf. art. 225 do CP.

Causa especial de aumento de pena (§ 2º)

- **Vítima menor de 18 anos:** Sabendo o agente da menoridade da vítima, a pena é aumentada de um terço. Visou-se, com este § 2º, dar maior proteção a menor de 18 anos, e a reprimir mais severamente o agente que age nessas circunstâncias.

- **Pena:** As do *caput*, aumentadas de um terço.

- **Ação penal:** Cf. art. 225 do CP.

Jurisprudência

- **Superioridade hierárquica:** A inexistência de hierarquia ou ascendência funcional entre os envolvidos impede a caracterização (TJRS, Turma Recursal Criminal, Ap. 71004714606, *DJ* 20.3.2014. Para a configuração do delito de assédio sexual é necessário que o réu tenha se prevalecido de sua superioridade hierárquica para constranger a vítima no intuito de obter vantagem ou favorecimento sexual (TJRS, RCr 71002102325, Turma Recursal Criminal, rel. Juíza Laís Ethel Corrêa Pias, j. 8.6.2009). Na ascendência, elemento normativo do tipo [art. 216-A], não se exige uma carreira funcional, mas apenas uma relação de domínio, de influência, de respeito e até mesmo de temor reverencial (*v.g.* relação professor-aluno em sala de aula) (Luís Regis Prado), como no caso de Pró-Reitor/ Professor e aluno (TJPR, ApCr 2008.041038-4, rel. Des. Moacyr de Moraes Lima Filho, j. 22.9.2008). Não há superioridade hierárquica ou ascendência se a alegada vítima reconhece que, além de empregada, era também namorada da querelada, igualmente mulher (TJSP, ApCr 993.07.114973-0, rel. Des. Ubirajara Maintinguer, j. 12.3.2009).

- **Ameaça:** Para a configuração do delito de assédio sexual é necessário que o réu tenha se prevalecido de sua superioridade hierárquica para constranger a vítima no intuito de obter vantagem ou favorecimento sexual, o que não ocorre se a querelante afirma que o querelado nunca a ameaçou de demissão e não referiu outro tipo de ameaça apta a constrangê-la a ceder aos seus propósitos (TJRS, RCr 71002054799, Turma

Recursal Criminal, rel. Juíza Cristina Pereira Gonzales, j. 11.5.2009). Para a configuração do crime, não basta somente o assédio; exige-se promessa de vantagem, ameaça de algum mal ou redução, por qualquer outro meio, da capacidade de resistência da vítima, como forma de obter favores sexuais, prevalecendo-se o autor (homem ou mulher) de determinadas circunstâncias que o coloca em posição destacada ou de superioridade em relação à vítima, seja em razão de seu emprego, cargo ou função (TJBA, Processo 94749-0/2007-1, 5ª Turma Recursal dos Juizados Especiais Cíveis e Criminais, rel. Juiz Carlos Roberto Santos Araujo, j. 12.2.2009).

- Palavra da vítima: Ainda que tais delitos sejam praticados na clandestinidade, deve ser vista com cuidado a palavra da vítima já que tais imputações se deram em meio a descoberta, por parte da empresa, de desfalque patrimonial no caixa (TJRS, ApCr 70021160569, rel. Des. Mario Rocha Lopes Filho, j. 25.6.2008). A palavra da vítima, na apuração de crimes sexuais, deve sempre vir acompanhada de outros elementos indiciários que autorizem a condenação. Havendo dúvida invencível, resultante do entrechoque de declarações das partes envolvidas, não há solução mais técnica que a absolvição, em respeito ao princípio *in dubio pro reo* (TJSC, Ap. 0000556-20.2016.8.24.0059, j. 10.5.2019).

- Exibição do pênis: Se a conduta cinge-se em tirar o pênis fora da calça e mostrar para a vítima, sem que se prevaleça da sua condição de superior hierárquico, não configura o crime de assédio sexual, mas tão somente a contravenção prevista no art. 65 da LCP (atualmente revogada) (TJMS, ApCr 2008.029247-0, rel. Des. Romero Osme Dias Lopes, j. 25.5.2009, *DOE* 16.6.2009).

Capítulo I-A
DA EXPOSIÇÃO DA INTIMIDADE SEXUAL

REGISTRO NÃO AUTORIZADO DA INTIMIDADE SEXUAL

Art. 216-B. Produzir, fotografar, filmar ou registrar, por qualquer meio, conteúdo com cena de nudez ou ato sexual ou libidinoso de caráter íntimo e privado sem autorização dos participantes:

Pena – detenção, de 6 (seis) meses a 1 (um) ano, e multa.

Parágrafo único. Na mesma pena incorre quem realiza montagem em fotografia, vídeo, áudio ou qualquer outro registro com o fim de incluir pessoa em cena de nudez ou ato sexual ou libidinoso de caráter íntimo.

- Alteração: Capítulo I-A e art. 216-B incluídos pela Lei n. 13.772, de 19.12.2018, que ainda ampliou o conceito de violência psicológica contra a mulher, acrescendo a hipótese de "violação de sua intimidade" (ver art. 7º, inciso II, da Lei Maria da Penha – Lei n. 13.772, de 24.9.2018).

Caput
- Transação penal e suspensão condicional do processo: Pode haver (arts. 76 e 89).

- Objeto jurídico: É a dignidade sexual, mais especificadamente a liberdade sexual.

- Sujeito ativo: Qualquer pessoa, homem ou mulher, participante ou não da cena de nudez, ato sexual ou libidinoso.

- Sujeito passivo: É a pessoa que teve registrada sua nudez, ato sexual ou libidinoso de caráter íntimo e privado.

- Tipo objetivo: A *intimidade* é atributo do reconhecimento de nossa própria personalidade, sendo a sua preservação essencial em uma sociedade democrática e pluralista. Há um âmbito na vida do ser humano que só diz respeito a ele mesmo ou àqueles com quem ele decida, espontaneamente, compartilhar a sua intimidade. É justamente no ambiente *privado* que se protege a *intimidade* das pessoas, naqueles momentos em que as "armaduras" que nos colocamos para atuar em sociedade são retiradas, onde impera a descontração, onde nos desnudamos em todos os sentidos, físico e espiritual. Com a mudança de costumes e hábitos, existem pessoas que optam por abrir mão de sua privacidade, compartilhando publicamente aspectos de sua intimidade; a maioria, porém, opta por preservá-la. O tipo penal traz 4 (quatro) condutas punidas: *produzir* (quando se edita fotografias ou filmes, por exemplo), *fotografar*, *filmar* ou *registrar*, podendo elas ser praticadas "por qualquer meio", ou seja, câmeras de filmagem ou de fotografia, invasão de câmeras de computadores ou celulares por meio de "malwares" ou "vírus", ou de aplicativos com sequestro de imagens etc. A conduta deve recair sobre "*conteúdo com cena de nudez ou ato sexual ou libidinoso*" de uma ou mais pessoas, que são as vítimas. O conteúdo deve ainda ser "*de caráter íntimo e privado*", e "sem autorização dos participantes". De fato, com o avanço da tecnologia não tem sido incomum o registro indevido (isto é, sem o consentimento expresso nem tácito) de cenas íntimas, de sexo ou de nudez de terceiras pessoas, tendo o potencial de gerar enorme constrangimento. Imagens que podem ser indevidamente divulgadas em redes sociais, exploradas comercialmente, veiculadas em *blogs* ou até mesmo objeto de chantagens etc. São, por vezes, câmeras escondidas em quartos de hotéis ou banheiros públicos; há casos em que vizinhos conseguem, com destreza, invadir a privacidade de terceiros, mediante a escalada de muro ou outras manobras visando romper obstáculos.

- **Exibicionistas:** Cumpre lembrar que, se não existir conteúdo de cena de nudez ou ato libidinoso de caráter *privado*, nas imagens produzidas, filmadas, fotografadas ou registradas, não haverá a configuração do tipo penal. Desse modo, se o registro não autorizado ocorre fora da esfera da privacidade da pessoa, inclusive por câmeras de vigilância ou de terceiros, em locais públicos, como no caso de pessoa que se desnuda ou pratica sexo ao ar livre em praias ou parques, ou ainda de acesso ao público, como em uma casa de shows, não haverá o caráter de *privacidade* exigido pelo tipo embora exibidas partes íntimas das pessoas que assim se comportam. A nosso ver, não haverá também o caráter privado nas hipóteses em que pessoas venham a intencionalmente exibir a sua nudez, ou ainda a praticar atos sexuais em local privado, mas com ampla e proposital visão acessível a terceiros, como na sacada de um edifício residencial, abrindo mão igualmente de sua privacidade e causando, inclusive, enormes constrangimentos aos vizinhos. Aliás, a depender da conduta, poderão inclusive ter cometido o crime do art. 233 do CP (ato obsceno). A produção, filmagem, fotografia e o registro dessas cenas, *de cuja privacidade se abriu mão*, em nosso entender não configuram o crime deste art. 216-B, embora possam eventualmente caracterizar outros ilícitos, seja de *natureza cível* sujeitos à reparação de danos, quando houver indevida exploração de imagens capturadas em locais públicos, mas sem o consentimento das pessoas flagradas em cenas de nudez ou libidinosas, ou até mesmo criminal em hipóteses extremas, se houver, por exemplo, extorsão do agente para não divulgá-las, nos termos do art. 158 do CP.

- **Tipo subjetivo:** É o dolo, consistente na vontade livre e consciente de praticar as condutas incriminadas. Para a doutrina tradicional, é o dolo genérico. Não há punição a título de culpa.

- **Erro de tipo:** É o caso, por exemplo, do agente que, por erro justificado pelas circunstâncias, achou realmente que havia o consentimento da vítima, hipótese em que poderá haver a exclusão do dolo (CP, art. 20).

- **Exame de corpo de delito:** Como deixa vestígios, será indispensável (CP, art. 158).

- **Consumação:** Ocorre com a simples prática de uma das quatro condutas incriminadas, independentemente de o seu conteúdo ser divulgado nas redes sociais ou de alguma forma transmitido a terceiro. Trata-se, portanto, de crime formal e de ação múltipla ou de conteúdo variado. Se houver divulgação, haverá o crime do art. 218-C.

- **Concurso de crimes:** Se o produziu, fotografou ou filmou oferece, troca, disponibiliza, transmite, vende ou expõe à venda, distribui, publica ou divulga, por qualquer meio

– inclusive por meio de comunicação de massa ou sistema de informática ou telemática –, sem o consentimento da vítima, cena de sexo, nudez ou pornografia, a nosso ver haverá somente o crime do art. 218-C do CP, sendo o crime do art. 216-B absorvido, mesmo porque os delitos envolvem o mesmo bem jurídico tutelado. Se com o registro indevido, há prática de extorsão, poderá haver concurso entre delito do art. 218-C com o do art. 158 do CP, por serem ofendidos bens jurídicos distintos.

- Pena: Detenção, de 6 (seis) meses a 1 (um) ano, e multa.

Parágrafo único
Figura equiparada

- Montagem para incluir terceira pessoa não participante ("*fake news*" de cunho sexual): Este parágrafo único pune, com as mesmas penas do *caput*, aquele que realiza uma "montagem", isto é, uma falsidade ou edição não verdadeira, em fotografia, vídeo, áudio ou qualquer outro registro verdadeiro. O objetivo do autor da montagem falsa é o de incluir pessoa não presente ou não participante, em cena de nudez, ato sexual ou libidinoso de caráter íntimo, obviamente sem o consentimento dela.

- Conteúdo pode ser público: Ao contrário do que sucede no *caput*, neste parágrafo único o conteúdo deve ser íntimo, mas não precisa ser privado. Por exemplo: em uma cena de sexo constante de determinado filme pornográfico, o agente faz incluir o rosto de terceira pessoa não participante, no caso, a vítima, hipótese em que incorrerá no crime. Uma espécie de "*fake news*" sexual, muitas vezes com objetivo de denegrir a imagem de pessoas públicas, mormente em períodos eleitorais.

- Duvidosa constitucionalidade: Cremos ter havido exagero do legislador, podendo mesmo tal criminalização ser inconstitucional, seja pela falta de ofensividade da conduta, seja pela falta de proporcionalidade entre a conduta e a pena prevista no *caput*. Embora grave e passível de responsabilização cível, com indenização, cremos que a equiparação da figura descrita neste parágrafo único àquela do *caput* padece de inconstitucionalidade, pelas razões já expostas.

- Consumação: Basta a montagem, independentemente de haver ou não a divulgação.

- Exame de corpo de delito: Como deixa vestígios, será indispensável (CP, art. 158).

- Concurso de crimes: Se o mesmo agente edita para depois divulgar, o crime do art. 216-B, parágrafo único, estará absorvido pelo delito do art. 218-C do CP.

- Ação Penal: Pública incondicionada.

Capítulo II
DOS CRIMES SEXUAIS CONTRA VULNERÁVEL

- Conceito de vulnerável: Seu conceito deve ser extraído da análise conjunta dos artigos deste Capítulo II. Assim, são vulneráveis não só os menores de 14 anos (arts. 217-A, *caput*, 218 e 218-A), mas também os menores de 18 anos (art. 218-B, *caput*, primeira parte, e § 2º, inciso I), bem como aqueles que, por enfermidade ou deficiência mental, não têm o necessário discernimento, ou que, por *qualquer outra causa*, não podem oferecer resistência (arts. 217-A, § 1º, e 218-B, *caput*, segunda parte).

SEDUÇÃO

Art. 217. (*Revogado.*)

- Revogação: O crime de sedução previsto no antigo art. 217 do CP ("Seduzir mulher virgem, menor de 18 anos e maior de 14, e ter com ela conjunção carnal, aproveitando-se de sua inexperiência ou justificável confiança"), apenado com pena de reclusão, de dois a quatro anos, foi revogado pela Lei n. 11.106, de 28.3.2005. Antes mesmo de sua revogação, já havia doutrina no sentido da não aplicabilidade do art. 217 em face dos arts. 3º, IV (inexistência de discriminação em razão do sexo e outras formas de discriminação), e 5º, I (garantia da igualdade entre homens e mulheres), da CR (cf. LUIZA NAGIB ELUF, "O crime de sedução é inconstitucional", *Bol. IBCCr* n. 5, junho de 1993).

ESTUPRO DE VULNERÁVEL

Art. 217-A. Ter conjunção carnal ou praticar outro ato libidinoso com menor de 14 (catorze) anos:

Pena – reclusão, de 8 (oito) a 15 (quinze) anos.

§ 1º Incorre na mesma pena quem pratica as ações descritas no *caput* com alguém que, por enfermidade ou deficiência mental, não tem o necessário discernimento para a prática do ato, ou que, por qualquer outra causa, não pode oferecer resistência.

§ 2º-*(vetado)*

§ 3º Se da conduta resulta lesão corporal de natureza grave:

Pena – reclusão, de 10 (dez) a 20 (vinte) anos.

§ 4º Se da conduta resulta morte:

Pena – reclusão, de 12 (doze) a 30 (trinta) anos.

§ 5º As penas previstas no *caput* e nos §§ 1º, 3º e 4º deste artigo aplicam-se independentemente do consentimento da vítima ou do fato de ela ter mantido relações sexuais anteriormente ao crime.

Estupro de vulnerável
- **Alteração:** Art. 217-A acrescentado pela Lei n. 12.015/2009. § 5º acrescentado pela Lei n. 13.718, de 24 de setembro de 2018.
- **Crime hediondo:** O estupro de vulnerável, tanto em suas formas simples (*caput* e § 1º) quanto qualificadas (§§ 3º e 4º), é crime hediondo (art. 1º, VI, da Lei n. 8.072/90, alterado pela Lei n. 12.015/2009).

Caput
- **Objeto jurídico:** A proteção sexual do vulnerável, a sua dignidade sexual.
- **Sujeito ativo:** Qualquer pessoa.
- **Sujeito passivo:** Apenas o menor de 14 anos, do sexo feminino ou masculino. É irrelevante que o menor de 14 anos tenha ou não experiência sexual.
- **Tipo objetivo:** São duas as condutas incriminadas: *a.* ter *conjunção carnal*; *b.* praticar *outro ato libidinoso*, ou seja, diverso da conjunção carnal (*vide* nota abaixo). Trata-se este art. 217-A de um tipo especial de estupro, voltado à proteção do menor de 14 anos. Com a revogação do antigo art. 224 do CP, que previa para essa hipótese a chamada presunção de violência, objeto de inúmeras discussões (principalmente se ela era relativa ou absoluta), basta, agora, para a configuração do crime que a vítima tenha menos de 14 anos e o agente *saiba dessa circunstância*. Observe-se que, ao contrário do art. 213, neste art. 217-A não é necessário que haja constrangimento da vítima mediante violência ou grave ameaça, mesmo porque o seu eventual consentimento, para fins penais, não é válido. Nesse sentido, confira-se a Súmula 593/STJ: O crime de estupro de vulnerável se configura com a conjunção carnal ou prática de ato libidinoso com menor de 14 anos, sendo irrelevante eventual consentimento da vítima para a prática do ato, sua experiência sexual anterior ou existência de relacionamento amoroso com o agente". A idade de 14 anos foi uma opção do legislador, a nosso ver acertada, não sendo admitida relativização com fundamento no ECA, que dispõe ser criança quem tiver até 12 anos e, adolescente, de 12 até 18 anos (art. 2º da Lei n. 8.069/90). Com

efeito, o tipo penal não emprega a expressão *criança*, mas menor de 14 anos. Em sentido contrário: ALESSANDRA ORCESI PEDRO GRECO e JOÃO DANIEL RASSI, *Dos Crimes contra a Dignidade Sexual*, ed. Atlas, 2010, comentário ao art. 216-A.

- **"Conjunção carnal ou outro ato libidinoso":** Lastreados nos ensinamentos médico-legais transcritos nos comentários ao art. 213, e diante dos princípios da razoabilidade, da intervenção mínima e de que o direito há que ser harmônico, entendemos que o conceito de "ato libidinoso" empregado em 7 (sete) tipos penais (arts. 213, 215, 215-A, 216-B, 217-A, 218-A e 218-B) há que ser interpretado de forma restritiva. O conceito há que ser o mesmo, variando, nos tipos penais, as formas e circunstâncias em que o mesmo ocorre. Assim, a expressão "ato libidinoso" do art. 213 não pode ter outro significado do que a do art. 217-A, sob pena de grande insegurança jurídica. Daí a imperiosidade de se *interpretar restritivamente* o seu conceito. Como escrevem os mestres da Medicina Legal, é fato que, por se tratar de libido, *pressupõe-se* ato de *luxúria*, vinculado à satisfação da *"fome sexual"*, avaliando-se cada caso de forma específica. Afora a cópula pênis-vagina (conjunção carnal), os "outros atos libidinosos" englobam as *cópulas fora do local,* chamadas ectópicas, onde há contato com a região anal-genital *do autor ou da vítima,* exigindo-se *contato com a superfície cutânea* (como referiu Almeida Júnior), como no sexo anal, oral, com a colocação do pênis entre as coxas ou seios da vítima. Há casos, também, de *manobras manifestamente eróticas,* com *mordeduras, beliscões, masturbação, beijos lascivos ou ainda apalpação* (que significa conhecer por meio das mãos mediante vários toques e com alguma pressão, não se confundindo com superficial toque de resvalo), em zonas íntimas reconhecidamente erógenas, isto é, nos seios e principalmente nos mamilos ou nas nádegas. Há que se ter cuidado para não se alargar em demasia o conceito de *ato libidinoso,* buscando-se critérios científicos na medicina legal, uma vez que a libido é algo muito subjetivo, sendo que, a depender da cultura de cada povo, até os cabelos ou pés podem gerar, em alguns, estímulo sexual. A banalização do que seja "ato libidinoso" não se coaduna com o caráter excepcional, subsidiário e fragmentário do Direito Penal, demandando a análise de cada caso específico. Há que estar provada a existência de uma conduta que efetivamente denote *luxúria, satisfação da "fome sexual",* no contexto em que ocorre, isto é, com efetiva violação da dignidade *sexual* da vítima, o que não se confunde com atitudes que, embora inconvenientes e moralmente reprováveis, não têm caráter de efetiva excitação sexual, isto é, relevância penal por violação da dignidade *sexual* de terceiro, sob pena de *atipicidade* da conduta.

- **Não é possível haver relativização diante da conduta da vítima:** A lei penal é clara: é proibido manter relação sexual com menor de 14 anos. Mesmo que não haja violência, tendo o menor concordado com o ato sexual, o maior de 18 anos que, sabedor da idade inferior a 14 anos do ofendido, mantenha relação sexual com ele, cometerá o crime deste art. 217-A, *caput*. Nesse sentido, *vide* a Súmula 593/STJ. Se houver violência física, com lesões graves ou morte, o crime será mais grave (§§ 3º e 4º). Como bem observou o ilustre Desembargador paulista Luís Soares de Mello Neto, "a legislação vigente desconsidera quaisquer questionamentos acerca do comportamento da vítima, encerrando controvérsias suscitadas antes da reforma do capítulo do Código Penal dedicado aos crimes sexuais (...) a experiência sexual pretérita da vítima, bem como o histórico de abusos sexuais contra ela praticados pelo seu próprio pai – devidamente registrados nos autos –, não constituem óbice a que lhe seja reconhecida a condição de vítima em crimes contra a dignidade sexual. Ao contrário. Tal circunstância caracteriza, na verdade, uma dupla vulnerabilidade da vítima, decorrente, em primeiro lugar, da simples condição de menor de 14 anos à época dos fatos e, ainda, do abuso incestuoso que sofreu e das sequelas psicológicas daí remanescentes – reconhecendo que ninguém passaria incólume por tal situação. De forma que não é possível, nem justo, negar o reconhecimento à dignidade sexual da vítima, estigmatizando-a ao decretar que não há dignidade sexual a ser protegida, com fundamento em situações pretéritas em que foi também vítima" (TJSP, 4ª Câmara, Ap. 0009073-16.2010.8.26.0270, j. 31.7.2012). Essa é a nossa posição, em prol da proteção de nossos jovens, ainda que se situem na faixa etária de 12 a 14 anos, ou seja, já considerados pelo ECA como adolescentes. Em sentido contrário, admitindo a relativização da denominada "presunção de vulnerabilidade" quando um maior de 18 anos pratica sexo com uma jovem entre 12 a 14 anos, o eminente Desembargador Guilherme de Souza Nucci em acórdão por ele relatado (TJSP, Ap. 990.10.042955-8, j. 8.5.2012). A nosso ver, não é porque o ECA permite que maiores de 12 anos que cometam um ato infracional possam sofrer medidas socioeducativas, inclusive internação, que se irá relativizar a proteção de sua dignidade sexual; se já são sexualmente experientes com 12 ou 13 anos, mais uma razão para protegê-los e não permitir que adultos usufruam de sua precoce experiência sexual, fruto de anteriores abusos ou não. Em situação como essa, inclusive, encontram-se muitas jovens de 12 e 13 anos que foram levadas à prostituição em cidades turísticas do litoral do norte do país; são experientes, sem dúvida; mas isso não autoriza que adultos com elas mantenham relações sexuais, seja em seus lares, seja nas ruas mediante pagamento. Aliás, se o art. 218-B, § 2º, I, pune aquele que mantém relação sexual em situação de prostituição com menores entre 14 e 18, na interpretação dada pelo acórdão relatado pelo Desembargador Nucci, indagamos: como ficaria a situação daquele que mantém sexo com uma jovem com experiência sexual de 13 ou 12 anos levada a se prostituir? Restaria ela então desprotegida, sendo atípica a conduta? Daí a total incongruência dos que defendem a relativização da vulnerabilidade pretendida entre jovens de 12 a 14 anos. Isso é estupro. Como bem escreve Fabio Suardi D'Elia, em preciosa monografia sobre o tema, "há clara tendência ao reconhecimento do caráter absoluto da vulnerabilidade nos julgados de presunção de violência da lei antiga. Até o presente momento, para sustentar a relativização da vulnerabilidade, os argumentos apontam uma faceta preconceituosa, de arbitrária exclusão social, a ignorar a dignidade da pessoa humana, que, como visto, legitima a proteção penal conferida aos vulneráveis" (*Tutela Penal da Dignidade Sexual e Vulnerabilidade*, São Paulo, Letras Jurídicas, 2014, p. 166). A discussão parece estar encerrada com o advento da Súmula 593/STJ.

- **Ato infracional:** Como sabemos, quando um adolescente (maior de 12 e menor de 18 anos) pratica uma conduta tipificada como crime, ele terá cometido um *ato infracional*. E aqui, não desconhecemos o fato da enorme dificuldade que o tema sexual enseja, tratando-se de menor de 14 anos que pratica ato sexual com namorada precoce de 13 anos. São casos-limite, em que o Juizado da Infância e da Juventude haverá de avaliar com muita cautela e tolerância.

- **Tipo subjetivo:** O dolo, consistente na vontade livre e consciente de praticar as condutas incriminadas, sabendo o agente que a vítima é menor de 14 anos. Para a doutrina tradicional é o "dolo genérico". Não há forma culposa.

- **Consumação:** Com a efetiva prática da conjunção carnal ou de outro ato libidinoso.

- **Tentativa:** Admite-se, em casos em que o ato libidinoso não tenha sido ainda praticado, como, por exemplo, no caso em que a vítima tenha tão somente sido despida, sendo surpreendido por terceiros. A amplitude do conceito de *ato libidinoso* dificulta, de fato, a caracterização do crime tentado, por vezes tido como consumado. Vide nota abaixo.

- **Crítica à não diferenciação entre diversas modalidades de ato libidinoso:** Quanto ao conceito de *ato libidinoso*, o legislador deveria ter feito uma graduação e consequente apenação diferenciada dos diversos tipos de atos, não sendo justo punir-se com as mesmas severas penas, por exemplo, um gravíssimo sexo anal e um esbarrão no corpo da vítima em transporte público. Restaria, assim, nesse último caso, ao juiz: *a.* desclassificar o delito para a contravenção do art. 61 da LCP (importunação ofensiva ao pudor), se praticada em local público ou acessível ao público; *b.* desclassificar para a contravenção do art. 65 da LCP (perturbação da tranquilidade), se não cometida em local público ou a este acessível; *c.* considerar o fato penalmente atípico; ou, ainda, *d.* Interpretar o fato como *tentativa*.

- **Pena:** Reclusão, de oito a quinze anos.

- **Ação penal:** Cf. art. 225 do CP.

Figura equiparada (§ 1º)

- **Noção:** Equiparam-se às condutas do *caput* as de quem pratica conjunção carnal ou outro ato libidinoso com pessoa, de *qualquer* idade, que: *(a) Não tenha o necessário discernimento para a prática do ato*, em virtude de *enfermidade* ou *deficiência mental*. É necessário que o agente tenha conhecimento da enfermidade ou deficiência mental da vítima, e que, em virtude dela, lhe falte discernimento para o ato sexual. É imprescindível, outrossim, a existência de laudo pericial médico que comprove a enfermidade ou deficiência mental da vítima a ponto de comprometer-lhe o discernimento. *(b) Por qualquer outra causa, não possa oferecer resistência.* Embora a lei se refira a "qualquer outra causa", é necessário haver prova segura da completa impossibilidade da vítima oferecer resistência, como no caso dela estar sedada ou anestesiada em clínica ou hospital. É indiferente ter sido o próprio agente o responsável pela causa que levou à impossibilidade de resistência do ofendido.
- **Pena:** Igual à do *caput*.
- **Ação penal:** Cf. art. 225 do CP.

Figura qualificada por lesão grave (§ 3º)

- **Noção:** Havendo lesão corporal grave (art. 129, §§ 1º e 2º), o estupro de vulnerável é qualificado.
- **Pena:** Reclusão, de dez a vinte anos.
- **Ação penal:** Cf. art. 225 do CP.

Figura qualificada pela morte (§ 4º)

- **Noção:** Ocorrendo o resultado morte, o estupro de vulnerável é qualificado.
- **Pena:** reclusão, de doze a trinta anos.
- **Ação penal:** Cf. art. 225 do CP.

Consentimento e experiência sexual da vítima. Irrelevância (§ 5º)

- **Irrelevância do eventual consentimento ou da experiência sexual da vítima:** Antes do advento da Lei n. 12.015/2009, havia a presunção de violência no caso de a vítima ser menor de 14 anos, o que abria a possibilidade de discussão a respeito da validade ou não do consentimento ou mesmo da experiência sexual da vítima menor. Todavia, com o novo crime deste art. 217-A (estupro de vulnerável), acrescentado com a reforma promovida pela Lei n. 12.015/2009, não há que se falar mais em presunção de violência, uma vez que a condição da vítima ser *menor de 14 anos* passou a ser elemento normativo do tipo deste art. 217-A. Assim, o eventual consentimento da vítima ou mesmo sua experiência sexual, inclusive prostituição, são absolutamente irrelevantes e não afastam a tipicidade e antijuridicidade da conduta. Ou, ainda, não tem relevância jurídico-penal na tipificação da conduta criminosa (*vide* jurisprudência). Da mesma forma, não interferem, em absoluto, na culpabilidade (reprovabilidade da conduta). Nesse sentido, confira-se a Súmula 593/STJ: "O crime de estupro de vulnerável se configura com a conjunção carnal ou prática de ato libidinoso com menor de 14 anos, sendo irrelevante eventual consentimento da vítima para a prática do ato, sua experiência sexual anterior ou existência de relacionamento amoroso com o agente".

- **Falta de técnica do legislador:** Conforme nota acima, o acréscimo deste § 5º pela Lei n. 13.718/2018 era absolutamente desnecessário e não traz alteração alguma no quadro existente até agora, uma vez que, desde o advento da Lei n. 12.015/2009 que incluiu o crime de estupro de vulnerável (CP, art. 217-A), o "consentimento da vítima ou o fato de ela ter mantido relações sexuais anteriormente ao crime" de forma alguma interferem na tipicidade, na ilicitude (ou antijuridicidade) do fato ou mesmo na culpabilidade do sujeito (reprovabilidade da conduta). Igualmente, tais situações não têm qualquer interferência na fixação da pena. É evidente, todavia, que a intenção do legislador com este §5º foi a de afastar eventual aplicação do erro de tipo (art. 20, *caput*) ou mesmo de sua discriminante putativa (§1º), conforme nota abaixo.

- **Erro de tipo. Discriminantes putativas (CP, art. 20, *caput* e § 1º):** Conforme o disposto no art. 20, § 1º, do CP: "*§ 1º É isento de pena quem, por erro plenamente justificado pelas circunstâncias, supõe situação de fato que, se existisse, tornaria a* *ação legítima. Não há isenção de pena quando o erro deriva de culpa e o fato é punível como crime culposo"*. Pois bem, pela redação do § 5º deste art. 217-A, nota-se que a intenção do legislador foi de recrudescer a punição do crime de estupro de vulnerável, procurando afastar eventuais alegações da defesa no sentido de que a vítima (menor de 14 anos) teria *consentido ou que já teria mantido relações sexuais anteriores*, condições que, como visto, são absolutamente irrelevantes para a caracterização do crime (ação ou omissão, tipicidade e ilicitude), não interferindo ainda na culpabilidade ou mesmo na imposição da pena. Todavia, a nosso ver, mesmo com o advento da Súmula 593/STJ, a redação deste § 5º não impede a eventual aplicação do Erro sobre elementos do tipo (art. 20, *caput*) ou mesmo da discriminante putativa (art. 20, §1º), como no caso do erro ser plenamente justificado pelas circunstâncias, a ponto de levar o agente a supor situação de fato que, se existisse, tornaria a ação legítima. É o caso, por exemplo, do agente que pratica conjunção carnal ou outro ato libidinoso com *menor de 14 anos*, supondo tratar-se, pelas circunstâncias plenamente justificadas, de pessoa com idade igual ou superior a 14 anos. Note-se que somente o caso concreto irá permitir avaliar, com a segurança necessária, se o caso comporta ou não a aplicação do erro sobre a menoridade da vítima, tratando-se de situação excepcional que exige prova inequívoca, lembrando-se que nesse caso o ônus da prova é da defesa.

- **Erro sobre a ilicitude do fato (CP, art. 21):** Não vemos como possa ter aplicação no crime deste art. 217-A (estupro de vulnerável). É inafastável, a nosso ver, o conhecimento da ilicitude de fato tão grave (conjunção carnal ou outro ato libidinoso com menor de 14 anos), de forma que não entendemos possível sua aplicação.

Jurisprudência

- **Súmula 593/STJ:** "O crime de estupro de vulnerável se configura com a conjunção carnal ou prática de ato libidinoso com menor de 14 anos, sendo irrelevante eventual consentimento da vítima para a prática do ato, sua experiência sexual anterior ou existência de relacionamento amoroso com o agente" (STJ, 3ª Seção, *DJe* 6.11.2017).

- **Confronto com o art. 215-A:** Havendo conjunção carnal ou outro ato libidinoso contra vulnerável, independentemente de violência ou grave ameaça, ou de eventual consentimento, aplica-se o art. 217-A, e não o art. 215-A (STJ, AgRg no AREsp 1.446.586/SP, j. 3.6.2019). Sendo a vítima vulnerável, sem capacidade de anuir pela tenra idade, configura-se o art. 217-A, e não o novo art. 215-A

- **Conhecimento da menoridade:** Para caracterizar o crime de estupro de vulnerável, é suficiente que o agente tenha conhecimento de que a vítima é menor de 14 anos de idade, e decida com ela manter conjunção carnal ou ato libidinoso, sendo dispensável a existência de violência ou grave ameaça ou a suposta experiência sexual pregressa da vítima (STJ, AREsp 1418859/GO, *DJ* 10.4.2014).

- **Consentimento de menor de 14 anos:** É entendimento consolidado do STJ que a aquiescência da adolescente não tem relevância jurídico-penal na tipificação da conduta criminosa (STJ, 3ª Seção, REsp 762.044/SP, rel. Min. Felix Fischer, *DJe* 14.4.2010, *mv*), sendo anacrônico o discurso que procura associar a modernidade, a evolução moral dos costumes sociais e o acesso à informação, como fatores que se contrapõem à natural tendência civilizatória de proteger certas minorias, física, biológica, social ou psiquicamente fragilizadas (STJ, 6ª T., REsp 1.276.434/SP, rel. Min. Rogério Schietti Cruz, *DJe* 6.8.2014). No mesmo sentido: TJES, Ap. 0016371-27.2011.8.08.0011, j. 17.6.2015).

- **Consumação e tentativa:** "A prática de atos libidinosos diversos da conjunção carnal contra vulnerável constitui a consumação do delito de estupro de vulnerável. Entende o STJ ser inadmissível que o julgador, de forma manifestamente contrária à lei e utilizando-se dos princípios da razoabilidade e da proporcionalidade, reconheça a forma tentada do delito, em razão da alegada menor gravidade da conduta" (STJ, 6ª T., REsp 1.353.575-PR, rel. Min. Rogerio Schietti Cruz, j. 5.12.2013).

- **Consentimento da ofendida maior de 12 anos e menor de 14 anos:** Embora a Lei n. 12.015/2009 tenha retirado do texto penal incriminador a figura da violência presumida, não se verifica, na espécie, hipótese de *abolitio criminis*, já que o novo texto legal, que substituiu o art. 224, alínea *a*, do Código Penal, impõe uma obrigação geral de abstenção de conjunção carnal e de ato libidinoso com menores de 14 anos – art. 217-A do mesmo diploma repressivo (STJ, HC 83.788/MG, 5ª T., rel. Min. Laurita Vaz, *DJe* 26.10.2009). *Contra*: "1 – O art. 217-A do Código Penal deve ser interpretado sistematicamente com a Lei 8.069/90, sendo desarrazoado que o adolescente menor de 14 anos, não obstante detenha maturidade reconhecida em lei para ser apenado com medida socioeducativa, caso venha a praticar ato infracional, seja presumido destituído de capacidade de autodeterminação sexual. 2 – Confirma-se o juízo absolutório [...] quando os elementos informativos e probatórios colhidos revelam que a vítima nutria sentimentos afetivos por aquele agente, sendo a diferença de idade entre ambos diminuta e a adolescente menor de 14 anos praticou a relação sexual de maneira espontânea, consciente e consentida, porquanto o Direito Penal, como *ultima ratio* da intervenção estatal na dignidade humana, objetiva tutelar a liberdade, e não a moralidade sexual (pudor)" (TJGO, 1ª CCr, Ap. 365244-53.2011.8.09.0141, rel. Des. Jairo Ferreira Jr., j. 2.7.2013, public. 7.8.2013). A maturidade sexual da vítima, tendo em vista, especialmente, a continuidade da relação amorosa, bem assim a concepção e o nascimento da filha do casal, impõe-se que se tempere a presunção de violência. Diante das singularidades que cercam o caso concreto, a incapacidade que a vítima ostentaria, *ex vi legis*, não lhe embotou a compreensão, motivo pelo qual assume relevância a sua anuência no concernente às relações sexuais mantidas durante o período em que conviveu com o acusado, impondo-se absolvição com fulcro no art 386, III, do CPP (TJSC, Ap. 2011.003016-2, rel. Des. Sérgio Paladino, publ. 22.6.2011). Embora comprovado o desenvolvimento físico avantajado da jovem, não há dúvida de que ela estava prestes a completar 14 anos de idade na data do fato denunciado. Não obstante, tal circunstância não pode resultar em qualquer forma de presunção de violência inscrita no então vigente art. 224, *a*, em face da sua revogação, já ao tempo da publicação da sentença, por *lex mitior* superveniente (Lei n. 12.015/2009). Conjunto probatório que indica o consentimento da vítima com os atos sexuais realizados. Particularidades do caso concreto e da prova coligida, determinantes do afastamento da presunção de violência, daí resultando a absolvição do réu com força no art. 386, VII, do CPP (TJRS, Ap. 70038184826, rel. Des. Aymoré Roque Pottes de Mello, publ. 3.11.2010).

- **Perícia:** Tratando-se de abusos que não deixam vestígios, a perícia não constitui prova indispensável (TJRS, Ap. 70079410288, *DJe* 3.12.2018).

- **Ato libidinoso:** Na expressão "ato libidinoso" estão contidos todos os atos de natureza sexual, que não a conjunção carnal, que tenham a finalidade de satisfazer a libido do agente. Se a intenção deste é a satisfação de seu desejo sexual, estando presentes os elementos constantes do tipo descrito no art. 217-A, trata-se de hipótese de configuração do delito de estupro de vulnerável, objetivando a reprimenda ali contida a proteção da liberdade, da dignidade e do desenvolvimento sexual (no caso, o agente, entre outros atos, obrigou a vítima a colocar a boca em seu pênis) (STJ, 5ª T., REsp 1.481.546/GO, rel. Min. Gurgel de Faria, *DJe* 5.12.2014).

- **Absolvição – toque sobre as roupas e "encostão":** Por haver dúvidas invencíveis acerca dos supostos atos libidinosos praticados – até mesmo, a 'passada' de mãos por cima da roupa –, bem como sobre a efetiva intenção libidinosa, inexistem elementos objetivos e subjetivos exigidos para a configuração do crime de estupro, do ato libidinoso e do propósito de satisfação da própria lascívia (TJSP, Ap. 0005370-07.2010.8.26.0358, rel. Des. Eduardo Abdalla, j. 28.11.2014).

- **Continuidade delitiva:** Reconhece-se para o agente que, com emprego do mesmo expediente delituoso, praticou atos libidinosos diversos da conjunção carnal com as enteadas de 11 e 13 anos, por mais de 2 anos (TJSE, Ap. 0022102-55.2014.8.25.0001, j. 14.5.2019).

- **Desclassificação para o *revogado* art. 61 da LCP:** A elementar *ato libidinoso* deve ser interpretada de acordo com o princípio da ofensividade, sendo entendida como a conduta que fere, de forma intensa e profunda, a dignidade sexual da vítima. Não basta se sinta incomodada ou desrespeitada; é preciso se sinta agredida em sua intimidade de verdade. No presente caso, tratou-se de um apalpamento de brevíssima duração, valendo-se unicamente da desatenção da vítima. Desclassificação para importunação ofensiva ao pudor (*revogado* art. 61 da LCP). A legislação penal brasileira carece de um tipo penal intermediário, entre o estupro e a importunação ofensiva ao pudor, possivelmente o quadro ocorrido neste processo. À falta disso, mais adequado optar-se pela situação favorável ao réu, em homenagem ao princípio do *in dubio pro reo* (TJSP, Ap. 0005453-79.2009.8.26.0286, rel. Des. Souza Nucci, publ. 2.5.2012). No mesmo sentido: TJSP, Ap. 0002867-30.2006.8.26.0042, rel. Des. Osni Pereira, j. 4.11.2014. Contra: A passada de mão sobre a roupa, na região genital, caracteriza crime de estupro de vulnerável (art. 217-A), e não o crime de importunação sexual (art. 215-A). Vítima que, em razão de sua tenra idade, não tem capacidade para anuir (TJRS. Rv Cr 70079129599, j. 18.4.2019).

Art. 218. Induzir alguém menor de 14 (catorze) anos a satisfazer a lascívia de outrem:
Pena – reclusão, de 2 (dois) a 5 (cinco) anos.

- **Alteração:** Artigo modificado pela Lei n. 12.015/2009. O antigo art. 218 tinha a rubrica de *corrupção de menores*.
- **Objeto jurídico:** A proteção sexual do vulnerável menor de 14 anos.
- **Sujeito ativo:** Qualquer pessoa.
- **Sujeito passivo:** Somente o menor de 14 (catorze) anos, não importando se do sexo masculino ou feminino, ou que já tenha experiência sexual, seja corrompido ou prostituído.
- **Tipo objetivo:** O núcleo do tipo é *induzir*, que possui a significação de persuadir, levar, mover. Quanto à pessoa que é induzida, registra-se apenas *alguém*, independentemente do sexo, desde que tenha menos de 14 anos. No concernente à moralidade da vítima, também não há restrições, devendo-se ter em mente que a intenção do legislador foi a de proteger, de modo especial, os menores de 14 anos, não importando já sejam eles sexualmente experientes, corrompidos ou mesmo prostituídos. Da mesma forma, o eventual consentimento da vítima menor de 14 anos também é irrelevante, podendo-se aplicar o entendimento fixado na Súmula 593 do STJ para o crime de estupro. Foi uma opção legislativa, decorrente da proteção especial que a Constituição da República lhes dá (art. 227, § 4º: "A lei punirá *severamente o abuso, a violência e a exploração sexual da criança e do adolescente*") e do aumento dos casos de pedofilia e prostituição infantil e juvenil, de todo inadmissíveis. A indução do menor de 14 anos é para que ele satisfaça a *lascívia*, ou seja, a luxúria, a concupiscência, a libidinagem, por meio de qualquer ato ou prática libidinosa. A lascívia a ser satisfeita é a de *outrem*, isto é, de terceira pessoa, embora o agente também possa participar diretamente da satisfação da luxúria alheia. Não se exige especial motivo para satisfazer a lascívia de outrem.
- **"Satisfação da lascívia":** Lastreados nos ensinamentos médico-legais transcritos nos comentários ao art. 213, e diante dos princípios da razoabilidade, da intervenção mínima e de que o direito há que ser harmônico, entendemos que o conceito de "ato libidinoso" empregado em 7 (sete) tipos penais (arts. 213, 215, 215-A, 216-B, 217-A, 218-A e 218-B, § 2º, I) há que ser interpretado de forma restritiva; e todos dizem com a satisfação da lascívia. Como escrevem os mestres da Medicina Legal, é fato que, por se tratar de libido, *pressupõe-se* ato de *luxúria*, vinculado à satisfação da "*fome sexual*", avaliando-se cada caso de forma específica. Afora a cópula pênis-vagina (conjunção carnal), os "outros atos libidinosos" englobam as *cópulas fora do local*, chamadas ectópicas, onde há contato com a região anal-genital *do autor ou da vítima*, exigindo-se *contato com a superfície cutânea* (como referiu ALMEIDA JÚNIOR), como no sexo anal, oral, com a colocação do pênis entre as coxas ou seios da vítima. Há casos, também, de *manobras manifestamente eróticas*, com *mordeduras, beliscões, masturbação, beijos lascivos ou ainda apalpação* (que significa conhecer por meio das mãos mediante vários toques e com alguma pressão, não se confundindo com superficial toque de

resvalo), em zonas íntimas reconhecidamente erógenas, isto é, nos seios e principalmente nos mamilos ou nas nádegas. Há que se ter cuidado para não se alargar em demasia o conceito de *ato libidinoso*, buscando-se critérios científicos na medicina legal, uma vez que a libido é algo muito subjetivo, sendo que, a depender da cultura de cada povo, até os cabelos ou pés podem gerar, em alguns, estímulo sexual. A banalização do que seja "ato libidinoso" não se coaduna com o caráter excepcional, subsidiário e fragmentário do Direito Penal, demandando a análise de cada caso específico. Há que estar provada a existência de uma conduta que efetivamente denote *luxúria*, *satisfação da "fome sexual"*, no contexto em que ocorre, isto é, com efetiva violação da dignidade *sexual* da vítima, o que não se confunde com atitudes que, embora inconvenientes e moralmente reprováveis, não têm caráter de efetiva excitação sexual, isto é, relevância penal por violação da dignidade *sexual* de terceiro, sob pena de *atipicidade* da conduta.

- **Erro de tipo:** É possível (*vide* nota ao art. 217-A do CP).
- **Tipo subjetivo:** O dolo e o elemento subjetivo do tipo constituído pelo especial fim de satisfazer a luxúria alheia, sabendo o agente que a vítima é menor de 14 anos. Para os tradicionais, é o "dolo específico". Inexiste modalidade culposa.
- **Consumação:** Com a efetiva satisfação da luxúria de outrem, independentemente, porém, deste alcançar o "gozo genésico" (cf., a respeito do antigo art. 227 do CP – mediação para servir a lascívia de outrem –, MAGALHÃES NORONHA, *Direito Penal*, 1995, v. III, p. 249).
- **Tentativa:** Admite-se, em tese, mas de difícil ocorrência na prática. De toda forma, há que se exigir cautela para o seu reconhecimento nos casos concretos.
- **Confronto:** Se a finalidade é induzir a vítima à prostituição (feminina ou masculina, ou outra forma de exploração sexual), art. 218-B do CP. Se o agente utiliza-se de criança ou adolescente em cena pornográfica, de sexo explícito ou vexatória, para produzir ou dirigir representação teatral ou qualquer outro meio visual, art. 240 da Lei n. 8.069/90.
- **Pena:** Reclusão, de dois a cinco anos. Caso o agente seja ascendente, padrasto ou madrasta, tio(a), irmão(ã), cônjuge, companheiro(a), tutor(a), curador(a), preceptor(a) ou empregador(a) da vítima ou, ainda, por qualquer outro título tenha autoridade sobre ela, cf. art. 226, II.

Jurisprudência

- **Tipificação em dois delitos (concurso material):** Acusada que forneceu vinho para criança e adolescentes e, na mesma oportunidade, induziu a criança e um adolescente menor de 14 anos a satisfazer a lascívia de outros adolescentes, expondo ainda filme pornográfico e praticando atos libidinosos na presença de menor de 14 anos. Configuração dos arts. 218 e 218-A do CP (TJSP, Ap. 0001897-63.2010.8.26.0115, rel. Des. Ricardo Tucunduva, j. 31.7.2014).

SATISFAÇÃO DE LASCÍVIA MEDIANTE PRESENÇA DE CRIANÇA OU ADOLESCENTE

Art. 218-A. Praticar, na presença de alguém menor de 14 (catorze) anos, ou induzi-lo a presenciar, conjunção carnal ou outro ato libidinoso, a fim de satisfazer lascívia própria ou de outrem:

Pena – reclusão, de 2 (dois) a 4 (quatro) anos.

Satisfação de lascívia mediante presença de criança ou adolescente

- **Alteração:** Artigo incluído pela Lei n. 12.015/2009.
- **Objeto jurídico:** A proteção sexual da criança e do adolescente.
- **Sujeito ativo:** Qualquer pessoa.
- **Sujeito passivo:** Apenas o menor de 14 anos, não importando se do sexo masculino ou feminino, e já ser ele, ou não, sexualmente experiente, corrompido ou mesmo prostituído, tratando-se de uma opção do legislador (*vide* nota *Tipo objetivo* no art. 218).

- **Tipo objetivo:** Duas são as condutas incriminadas: *a. praticar* (fazer, realizar) na presença de menor de 14 anos; *b. induzir* (persuadir, levar, mover) menor de 14 anos a presenciar. Basta que a vítima tenha menos de 14 anos, pouco importando se era sexualmente experiente, corrompida ou mesmo prostituída. Da mesma forma, o eventual consentimento da vítima menor de 14 anos também é irrelevante, podendo-se aplicar o entendimento fixado na Súmula 593 do STJ para o crime de estupro (*vide* nota ao art. 213). O objeto material é a conjunção carnal (coito vagínico) ou outro ato libidinoso diverso da conjunção carnal, como sexo oral, masturbação etc.

- **"Satisfação da lascívia":** Lastreados nos ensinamentos médico-legais transcritos nos comentários ao art. 213, e diante dos princípios da razoabilidade, da intervenção mínima e de que o direito há que ser harmônico, entendemos que o conceito de "ato libidinoso" empregado em 7 (sete) tipos penais (arts. 213, 215, 215-A, 216-B, 217-A, 218-A e 218-B, § 2º, I) há que ser interpretado de forma restritiva; e todos dizem com a satisfação da lascívia. Como escrevem os mestres da Medicina Legal, é fato que, por se tratar de libido, *pressupõe-se* ato de *luxúria*, vinculado à satisfação da *"fome sexual"*, avaliando-se cada caso de forma específica. Afora a cópula pênis-vagina (conjunção carnal), os "outros atos libidinosos" englobam as *cópulas fora do local,* chamadas ectópicas, onde há contato com a região anal-genital *do autor ou da vítima*, exigindo-se *contato com a superfície cutânea* (como referiu ALMEIDA JÚNIOR), como no sexo anal, oral, com a colocação do pênis entre as coxas ou seios da vítima. Há casos, também, de *manobras manifestamente eróticas,* com *mordeduras, beliscões, masturbação, beijos lascivos ou ainda apalpação* (que significa conhecer por meio das mãos mediante vários toques e com alguma pressão, não se confundindo com superficial toque de resvalo), em zonas íntimas reconhecidamente erógenas, isto é, nos seios e principalmente nos mamilos ou nas nádegas. Há que se ter cuidado para não se alargar em demasia o conceito de *ato libidinoso,* buscando-se critérios científicos na medicina legal, uma vez que a libido é algo muito subjetivo, sendo que, a depender da cultura de cada povo, até os cabelos ou pés podem gerar, em alguns, estímulo sexual. A banalização do que seja "ato libidinoso" não se coaduna com o caráter excepcional, subsidiário e fragmentário do Direito Penal, demandando a análise de cada caso específico. Há que estar provada a existência de uma conduta que efetivamente denote *luxúria, satisfação da "fome sexual",* no contexto em que ocorre, isto é, com efetiva violação da dignidade *sexual* da vítima, o que não se confunde com atitudes que, embora inconvenientes e moralmente reprováveis, não têm caráter de efetiva excitação sexual, isto é, relevância penal por violação da dignidade *sexual* de terceiro, sob pena de *atipicidade* da conduta.

- **Erro de tipo:** É possível (*vide* nota ao art. 217-A do CP).

- **Tipo subjetivo:** O dolo, acrescido do especial fim de agir: para satisfazer lascívia (luxúria, concupiscência, libidinagem) própria ou de outrem, sabendo que o menor que presencia o ato tem menos de 14 anos. Para a doutrina tradicional, é o "dolo específico". Não há modalidade culposa.

- **Consumação:** Com a efetiva satisfação da lascívia própria ou de outrem, independentemente, contudo, destes alcançarem o "gozo genésico" (cf., a respeito do antigo art. 227 do CP – mediação para satisfazer a lascívia de outrem – MAGALHÃES NORONHA, *Direito Penal,* 1995, v. III, p. 249).

- **Tentativa:** Admite-se, mas devendo haver cautela para o seu reconhecimento nos casos concretos.

- **Confronto:** Se há indução do menor de 14 anos a satisfazer a lascívia de outrem, sem, entretanto, praticar na sua presença ou induzi-lo a presenciar conjunção carnal ou outro ato libidinoso, o crime será o do art. 218. Se o agente utiliza-se de criança ou adolescente em cena pornográfica, de sexo explícito ou vexatória, para produzir ou dirigir representação teatral ou qualquer outro meio visual, art. 240 da Lei n. 8.069/90.

- **Pena:** Reclusão, de dois a quatro anos.

- **Ação penal:** Cf. art. 225 do CP.

Jurisprudência

▪ **Tipificação em dois delitos (concurso material):** Acusada que forneceu vinho para criança e adolescentes e, na mesma oportunidade, induziu a criança e um adolescente menor de 14 anos a satisfazer a lascívia de outros adolescentes, expondo ainda filme pornográfico e praticando atos libidinosos na presença de menor de 14 anos. Configuração dos arts. 218 e 218-A do CP (TJSP, Ap. 0001897-63.2010.8.26.0115, rel. Des. Ricardo Tucunduva, j. 31.7.2014).

▪ **Prova:** Havendo retratação de uma das vítimas e contradições dos depoimentos, a absolvição se impõe (TJRS, Ap. 70080958838, j. 8.5.2019). Se coerente e em harmonia com as demais declarações constantes dos autos, a palavra do menor é de fundamental importância na elucidação da autoria (TJMG, Ap. 10317120137961001, j. 2.7.2019).

▪ **Masturbação:** Agente que atrai criança e se masturba na presença dela pratica o crime do art. 218-A (TJMG, Ap. 0008426-06.2013.8.13.0261, j. 9.7.2015).

FAVORECIMENTO DA PROSTITUIÇÃO OU OUTRA FORMA DE EXPLORAÇÃO SEXUAL DE CRIANÇA OU ADOLESCENTE OU DE VULNERÁVEL

Art. 218-B. Submeter, induzir ou atrair à prostituição ou outra forma de exploração sexual alguém menor de 18 (dezoito) anos ou que, por enfermidade ou deficiência mental, não tem o necessário discernimento para a prática do ato, facilitá-la, impedir ou dificultar que a abandone:

Pena – reclusão, de 4 (quatro) a 10 (dez) anos.

§ 1º Se o crime é praticado com o fim de obter vantagem econômica, aplica-se também multa.

§ 2º Incorre nas mesmas penas:

I – quem pratica conjunção carnal ou outro ato libidinoso com alguém menor de 18 (dezoito) e maior de 14 (catorze) anos na situação descrita no *caput* deste artigo;

II – o proprietário, o gerente ou o responsável pelo local em que se verifiquem as práticas referidas no *caput* deste artigo.

§ 3º Na hipótese do inciso II do § 2º, constitui efeito obrigatório da condenação a cassação da licença de localização e de funcionamento do estabelecimento.

▪ **Alteração:** Artigo incluído pela Lei n. 12.015/2009. *Nomen iuris* alterado pela Lei n. 12.978/2014.

Favorecimento da prostituição ou exploração sexual de vulnerável (caput)

▪ **Objeto jurídico:** A proteção sexual da pessoa vulnerável, isto é, do menor de 18 anos ou daquele que, por enfermidade ou deficiência mental, não tem o necessário discernimento para a prática do ato.

▪ **Sujeito ativo:** Qualquer pessoa.

▪ **Sujeito passivo:** O menor de 18 anos ou quem, ainda que maior dessa idade, por enfermidade ou deficiência mental não tem o necessário discernimento para optar pela prostituição. Estas duas últimas circunstâncias deverão ser comprovadas por perícia médica, e a primeira por documento oficial que comprove a idade da vítima.

▪ **Tipo objetivo:** São seis as condutas incriminadas: (*a*) *submeter* (sujeitar, subjugar), (*b*) *induzir* (mover, levar a, persuadir), (*c*) *atrair* (seduzir, fazer aderir, trazer para) à prostituição (feminina ou masculina) ou outra forma de exploração sexual; (*d*) *facilitar* (tornar fácil ou mais fácil) a prostituição e a exploração sexual; (*e*) *impedir* (impossibilitar, não permitir) ou (*f*) *dificultar* (tornar difícil) que a vítima as abandona. Como se vê, enquanto as três primeiras condutas (submeter, induzir ou atrair) estão voltadas a *evitar* que o vulnerável seja iniciado na prostituição (masculina ou feminina) ou outra forma de exploração sexual, nas demais (facilitá-la, impedir ou dificultar) busca-se punir aquele que *contribui, impede ou dificulta* que o vulnerável deixe a prostituição ou a exploração sexual a que se encontra submetido. O fato de o adolescente (maior de 14 e menor de 18) já estar corrompido não afasta a tipificação do crime, pois a lei visa, justamente, não só evitar a sua prostituição, como também afastar da mercancia do próprio corpo aqueles jovens que já tenham se prostituído. Igualmente, o eventual consentimento da vítima menor de 18 anos é irrelevante, podendo-se aplicar, aqui, o que ficou estabelecido na Súmula 593/STJ para o delito de estupro de vulnerável (*vide* nota ao art. 217-A).

- **Erro de tipo:** É possível (*vide* nota ao art. 217-A do CP).

- **Tipo subjetivo:** É o dolo, ou seja, a vontade livre e consciente de praticar as condutas incriminadas, *sabendo* o agente que a vítima é menor de 18 anos ou não tem o necessário discernimento, por enfermidade ou doença mental. Para os tradicionais, é o "dolo genérico". Não há modalidade culposa.

- **Consumação:** Com a submissão, indução ou atração do sujeito passivo à prostituição ou exploração sexual, com a facilitação dessas atividades, ou, ainda, com o impedimento ou dificultação para que as abandone.

- **Tentativa:** A tentativa é possível nas modalidades de induzir ou atrair, embora de difícil comprovação na prática.

- **Confronto:** Se a vítima não é vulnerável (menor de 18 anos, enfermo ou deficiente mental), art. 228 do CP. Se o agente mantém, por conta própria ou de terceiro, estabelecimento em que ocorra exploração sexual, com ou sem intuito de lucro ou mediação direta do proprietário ou gerente, art. 229.

- **ECA:** O art. 244-A do ECA dispõe: "Submeter criança ou adolescente, como tais definidos no *caput* do art. 2º desta Lei, à prostituição ou à exploração sexual: Pena – reclusão, de quatro a dez anos, e multa. § 1º Incorrem nas mesmas penas o proprietário, o gerente ou o responsável pelo local em que se verifique a submissão de criança ou adolescente às práticas referidas no *caput* deste artigo. § 2º Constitui efeito obrigatório da condenação a cassação da licença de localização e de funcionamento do estabelecimento". Entendemos que este artigo do Estatuto da Criança e Adolescente, incluído pela Lei n. 9.975/2000, foi tacitamente revogado pelo art. 218-B do CP. Com efeito, o novo artigo do Código Penal é mais amplo, punindo, inclusive, o cliente que pratica a conjunção carnal ou outro ato libidinoso com o adolescente menor de 18 e maior de 14, em contexto de prostituição.

- **Pena:** Reclusão, de quatro a dez anos.

- **Ação penal:** Cf. art. 225 do CP.

Vantagem econômica
(§ 1º)

- **Noção:** Se a finalidade do agente é ter vantagem econômica, aplica-se também a pena de multa.

Figuras equiparadas
(§ 2º)

- **Conjunção carnal ou outro ato libidinoso com menor de 18 e maior de 14 anos:** Incorre nas *mesmas* penas quem pratica conjunção carnal (coito vagínico) ou outro ato libidinoso (diverso da conjunção carnal) com menor de 18 e maior de 14 anos, na situação descrita no *caput*. Não importa que o jovem já tenha se prostituído, uma vez que a lei, nesse caso, visa afastá-lo da mercancia do próprio corpo. Ou seja, proíbe-se o sexo com jovem entre 14 e 18 anos, nessas circunstâncias de prostituição, como, infelizmente, tem sido ainda frequente em cidades turísticas litorâneas de algumas regiões do Brasil.

- **"Conjunção carnal ou outro ato libidinoso":** Lastreados nos ensinamentos médico-legais transcritos nos comentários ao art. 213, e diante dos princípios da razoabilidade, da intervenção mínima e de que o direito há que ser harmônico, entendemos que o conceito de "ato libidinoso" empregado em 7 (sete) tipos penais (arts. 213, 215, 215-A, 216-B, 217-A, 218-A e 218-B, § 2º, I) há que ser interpretado de forma restritiva; e todos dizem com a satisfação da lascívia. Como escrevem os mestres da Medicina Legal, é fato que, por se tratar de libido, *pressupõe-se* ato de *luxúria*, vinculado à satisfação da *"fome sexual"*, avaliando-se cada caso de forma específica. Afora a cópula pênis-vagina (conjunção carnal), os "outros atos libidinosos" englobam as *cópulas fora do local,* chamadas ectópicas, onde há contato com a região anal-genital *do autor ou da vítima,* exigindo-se *contato com a superfície cutânea* (como referiu ALMEIDA JÚNIOR), como no sexo anal, oral, com a colocação do pênis entre as coxas ou seios da vítima. Há casos, também, de *manobras manifestamente eróticas,* com *mordeduras, beliscões, masturbação, beijos lascivos ou ainda apalpação* (que significa conhecer por meio das mãos mediante vários toques e com alguma pressão, não se confundindo com superficial toque de resvalo), em zonas íntimas reconhecidamente erógenas, isto é, nos seios e principalmente nos mamilos ou nas nádegas. Há que se ter cuidado para não se alargar em demasia o conceito de *ato libidinoso,* buscando-se critérios científicos na medicina legal, uma vez que a libido é algo muito subjetivo, sendo que, a depender da cultura de cada povo, até os cabelos ou pés podem gerar, em alguns, estímulo sexual. A banalização do que seja "ato libidinoso" não se coaduna com o caráter excepcional, subsidiário e fragmentário do Direito Penal, demandando a análise de cada caso específico. Há que estar provada a existência de uma conduta que efetivamente denote *luxúria, satisfação da "fome sexual",* no contexto em que ocorre, isto é, com efetiva violação da dignidade *sexual* da vítima, o que não se confunde com atitudes que, embora inconvenientes e moralmente reprováveis, não têm caráter de efetiva excitação sexual, isto é, relevância penal por violação da dignidade *sexual* de terceiro, sob pena de *atipicidade* da conduta.

- **Erro de tipo:** É possível que, em situações-limite, de jovem com quase 18 anos que se prostitui, que o cliente seja induzido em erro, acreditando, realmente, ser ela maior de idade. Poderá ocorrer, em casos excepcionais, portanto, o erro de tipo do art. 20, §1º, do CP, com isenção de pena.

- **Proprietário, gerente ou responsável:** Também incorrem nas *mesmas* penas o proprietário, gerente ou responsável pelo local em que as práticas referidas no *caput* ocorram, desde que delas tenha conhecimento.

- **Pena:** Reclusão, de quatro a dez anos, e multa, se houver a finalidade de proveito econômico (*caput* e §1º).

- **Ação penal:** Cf. art. 225 do CP.

Cassação da licença (§ 3º)

- **Noção:** Dispõe este § 3º constituir efeito *obrigatório* da condenação pelo crime do § 2º, II, a cassação da licença de localização e funcionamento do estabelecimento.

Jurisprudência

- **Prostituição de adolescente:** Configura o art. 218-B, § 2º, inciso I, a conduta do acusado que, aproveitando-se da miserabilidade dos ofendidos, os atraiu a se prostituírem, com eles mantendo relações sexuais mediante pagamento (STJ, HC 371.633/SP, j. 19.3.2019). Da análise da previsão típica do art. 218-B do CP, especialmente do inciso I do § 2º, extrai-se que o fato de já ser a vítima corrompida, atuante na prostituição, é irrelevante para o tipo penal. Não se pune a provocação de deterioração moral, mas o incentivo à atividade de prostituição, inclusive por aproveitamento eventual dessa atividade como cliente. Pune-se não somente quem atua para a prostituição do adolescente – induzindo, facilitando ou submetendo à prática ou, ainda, dificultando ou impedindo seu abandono –, mas também quem se serve desta atividade. Trata-se de ação político-social de defesa do adolescente, mesmo contra a vontade deste, pretendendo afastá-lo do trabalho de prostituição pela falta de quem se sirva de seu atendimento. A condição de vulnerável é no tipo penal admitida por critério biológico ou etário, neste último caso pela constatação objetiva da faixa etária, de 14 a 18 anos, independentemente de demonstração concreta dessa condição de incapacidade plena de autogestão. O tipo penal, tampouco, faz qualquer exigência de habitualidade da mantença de relações sexuais com adolescente submetido à prostituição. Habitualidade há na atividade de prostituição do adolescente, não nos contatos com aquele que de sua atividade serve-se. Basta único contato consciente com adolescente submetido à prostituição para que se configure o crime. A propósito, não têm relação com a hipótese em análise os precedentes pertinentes ao art. 244-A do ECA, pois nesse caso é exigida a submissão (condição de poder sobre alguém) à prostituição (esta atividade sim, com habitualidade). No art. 218-B, § 2º, I, pune-se outra ação, a mera prática de relação sexual com adolescente submetido à prostituição – e nessa conduta não se exige reiteração, poder de mando, ou introdução da vítima na habitualidade da prostituição (STJ, 6ª T., HC 288.374-AM, rel. Min. Nefi Cordeiro, j. 5.6.2014, DJe 16.6.2014).

■ **Dolo e habitualidade:** A prostituição ou outra forma de exploração sexual pressupõe habitualidade, além do dolo de instaurar na vida da vítima semelhante forma de agir (TJRS, Ap. 70079752788, j. 27.2.2019). Não se configura o delito do art. 218-B, se à conduta do réu faltou o elemento subjetivo do tipo, ou seja, a vontade de praticar a conduta de atrair a vítima à prostituição, senão a relação sexual consentida. Não há nenhum elemento de prova indicativo de que o réu tivesse inspirado a vítima à prostituição, como exige a lei penal. Ainda que exista um convite, seguido por aceitação, para encontro sexual, os elementos probatórios existentes nos autos não permitem concluir que o acusado seja responsável por induzir pessoa vulnerável à prostituição ou à exploração sexual, compreendida como a satisfação da lascívia de número indeterminado de pessoas, com um mínimo de habitualidade e, ainda, que da mercantilização do sexo decorra alguma vantagem para terceiro, por exemplo, um agenciador ou cafetão, qual seja, um autêntico explorador de prostitutas (TJSP, Ap. 0003247-04.2010.8.26.0498, rel. Des. Osni Pereira, j. 30.9.2014). Não configura o delito a conduta de pagar R$ 130,00 à ofendida para que mostrasse os seios a terceiro, sendo inviável considerar os fatos narrados como forma de favorecimento à prostituição de vulnerável. Não se vislumbra o requisito da habitualidade em um único evento, não havendo prova de que disponibilizou estrutura, clientes ou facilitou de qualquer forma o exercício dessa atividade (TJSP, Ap. 0012665-78.2011.8.26.0320, rel. Des. Otávio de Almeida Toledo, j. 30.4.2013).

■ *Abolitio criminis*: 1. A Lei n. 12.015, de 7 de agosto de 2009, alterou, em profundidade, os crimes de corrupção de menores, previstos no Código Penal e no Estatuto da Criança e do Adolescente. Ela ainda revogou, expressamente, a Lei n. 2.252/1954, que também tratava desse instituto. 2. O art. 218 do Código Penal visa evitar a mácula sexual daqueles em processo de desenvolvimento, definindo corrupção de menores como a conduta de induzir alguém menor de 14 (catorze) anos a satisfazer a lascívia de outrem. 3. O art. 244-B do Estatuto da Criança e do Adolescente, por sua vez, tem o escopo de proteger a formação moral, punindo quem corromper ou facilitar a corrupção de menor de 18 (dezoito) anos, com ele praticando infração penal ou induzindo-o a praticá-la, para evitar sua incursão no mundo da criminalidade. 4. Nesse contexto, verifica-se uma lacuna legislativa, em consonância com a nova sistemática para a delicada questão da tutela da dignidade sexual dos menores, no caso da prática consentida de conjunção carnal ou ato de libidinagem com adolescente maior de 14 (quatorze) e menor de 18 (dezoito) anos, que não esteja inserido em um contexto de favorecimento de prostituição ou outra forma de exploração sexual, como é o caso dos autos. 5. Recurso provido para absolver o Réu, com fundamento nos arts. 2º e 107, inciso III, do Código Penal" (STJ, 5ª T., REsp 1218392/PR, rel. Min. Laurita Vaz, DJe 28.5.2012; TJSP, Ap. 0006185-78.2001.8.26.0306, rel. Des. Silmar Fernandes, j. 12.9.2013; TJSP, Ap. 0011062-77.2005.8.26.0126, rel. Des. Eduardo Abdalla, j. 28.6.2013).

DIVULGAÇÃO DE CENA DE ESTUPRO OU DE CENA DE ESTUPRO DE VULNERÁVEL, DE CENA DE SEXO OU DE PORNOGRAFIA

Art. 218-C. Oferecer, trocar, disponibilizar, transmitir, vender ou expor à venda, distribuir, publicar ou divulgar, por qualquer meio – inclusive por meio de comunicação de massa ou sistema de informática ou telemática –, fotografia, vídeo ou outro registro audiovisual que contenha cena de estupro ou de estupro de vulnerável ou que faça apologia ou induza a sua prática, ou, sem o consentimento da vítima, cena de sexo, nudez ou pornografia:

Pena – reclusão, de 1 (um) a 5 (cinco) anos, se o fato não constitui crime mais grave.

AUMENTO DE PENA

§ 1º A pena é aumentada de 1/3 (um terço) a 2/3 (dois terços) se o crime é praticado por agente que mantém ou tenha mantido relação íntima de afeto com a vítima ou com o fim de vingança ou humilhação.

EXCLUSÃO DE ILICITUDE

§ 2º Não há crime quando o agente pratica as condutas descritas no *caput* deste artigo em publicação de natureza jornalística, científica, cultural ou acadêmica com a adoção de recurso que impossibilite a identificação da vítima, ressalvada sua prévia autorização, caso seja maior de 18 (dezoito) anos.

- **Alteração:** Art. 218-C inserido pela Lei n. 13.718, de 24 de setembro de 2018. Referida lei tipifica os crimes de importunação sexual (art. 215-A) e de divulgação de cena de estupro (art. 218-C), torna pública incondicionada a natureza da ação penal dos crimes contra a liberdade sexual (Capítulo I) e dos crimes sexuais contra vulnerável (Capítulo II) (art. 225), estabelece causas de aumento de pena para esses crimes (art. 226) e define como causas de aumento de pena o estupro coletivo e o estupro corretivo (art. 234-A). Revoga, ainda, o parágrafo único do art. 225 e o art. 61 da LCP (importunação ofensiva ao pudor).

Divulgação de cena de estupro ou de cena de estupro de vulnerável, de cena de sexo ou de pornografia (caput)

- **Noção:** Com o avanço da tecnologia, inclusive da *internet* e das redes sociais, tornou-se necessária a criação de novos tipos penais voltados a proteger a dignidade sexual da vítima, dentre outros bens jurídicos correlatos. É o caso do novel art. 218-C, que surge diante de uma demanda inquestionável de se proteger, por meio do direito penal, determinados bens jurídicos. Conforme se verá, este art. 218-C, embora esteja incluído dentro do Capítulo II – Dos Crimes Sexuais Contra Vulnerável, Título VI – Dos Crimes Contra a Dignidade Sexual, ele visa, também, a proteção de outros bens jurídicos. É o caso da punição *da transmissão de cena de estupro ou de estupro de vulnerável*, ou ainda, de cena que faça *apologia ou induza sua prática*, ambas previstas neste art. 218-C, em que se protege, além da dignidade sexual, a paz pública, que é o bem jurídico tutelado no crime de apologia previsto no art. 218 do CP, no Título IX – Dos Crimes contra a Paz Pública.

- **Objeto jurídico:** A dignidade sexual e a paz pública (no caso da apologia). Note-se que o legislador incluiu, num só tipo penal (deste art. 218-C), a proteção de bens jurídicos distintos, mas que se complementam. Assim é que, na divulgação de *cena de estupro ou de estupro de vulnerável*, ou ainda de *cena que faça apologia ou induza a sua prática*, verifica-se a proteção da paz pública e da dignidade sexual (da pessoa capaz ou do vulnerável); já na divulgação, *sem o consentimento da vítima, de cena de sexo, nudez ou pornografia*, o bem jurídico tutelado é apenas a dignidade sexual.

- **Sujeito ativo:** Tanto o homem quanto a mulher, incluindo-se, por óbvio, os LGBTQIA+ – lésbicas, gays, bissexuais, transexuais e travestis, *intersexos* e assexuados.

- **Sujeito passivo:** O mesmo do sujeito ativo.

- **Tipo objetivo:** São nove as condutas punidas, bastando a prática de uma delas para que o fato seja típico (crime de ação múltipla ou de conteúdo variado). São elas: *a.* oferecer; *b.* trocar; *c.* disponibilizar; *d.* transmitir; *e.* vender; *f.* expor à venda; *g.* distribuir; *h.* publicar; ou *i.* divulgar, por qualquer meio, inclusive por meio de comunicação de massa ou sistema de informática ou telemática. Tais condutas devem recair (objeto material) sobre (1) *fotografia*, (2) *vídeo* ou (3) outro *registro audiovisual*, ficando excluídas, portanto, as gravações apenas de áudios, o que eventualmente poderá caracterizar outro ilícito, penal ou civil. Para que haja o crime, é preciso que tais registros contenham uma das seguintes situações: (a) *cena de estupro ou de estupro de vulnerável*; (b) *cena que faça apologia ou induza a sua prática* (do crime de estupro), ou (c) *cena de sexo, nudez ou pornografia, desde que sem o consentimento da vítima*. Note-se que a expressão "sem o consentimento da vítima", por questões óbvias, somente aparece na alínea (c) abrangendo situações que, infelizmente, têm sido comuns: são hipóteses em que ex-namorado(a)s ou ex-companheiro(a)s, como *vingança* pelo rompimento da relação, acabam veiculando fotografias (chamados *"nudes"*) ou filmagens de conotação sexual, enviadas ou realizadas de forma consensual durante a relação amorosa e de forma privada, passando a divulgá-las em redes sociais, como ocorre em grupos de *Whatsapp* ou plataformas de vídeos pornográficos, gerando enorme constrangimento (hipótese qualificada do § 1º). Há casos, inclusive, de suicídio da vítima em razão dessa exposição.

- **Identificação ou não da vítima:** A leitura deste tipo penal traz a questão de saber se, para que haja a tipicidade, é preciso, ou não, que a vítima seja identificada na (1) fotografia, (2) vídeo ou (3) outro registro audiovisual. Nas duas primeiras figuras do tipo objetivo – *(a) cena de estupro ou de estupro de vulnerável e (b) cena que faça apologia ao estupro ou induza sua prática* –, entendemos que haverá o crime *mesmo que não haja a identificação da vítima*, bastando que seja evidente a cena proibida (de estupro, de estupro de vulnerável ou de apologia ao estupro). Já na última figura – *(c) cena de sexo, nudez ou pornografia, sem o consentimento da vítima* –, entendemos ser indispensável a identificação da vítima para que haja o crime, até porque, pelo próprio texto legal, o seu eventual consentimento na divulgação exclui a tipicidade penal.

- **Não abrange as gravações apenas de áudio:** *Diante da garantia da legalidade ou da tipicidade penal*, pelo fato de a lei fazer expressa menção a *fotografia, vídeo ou outro registro audiovisual*, bem como a *cena de estupro* ou a *cena de sexo, nudez ou pornografia*, o legislador, infelizmente, deixou de fora da incriminação a hipótese em que tiver havido exclusivamente registro de áudio, o que eventualmente poderá caracterizar outro ilícito penal (como o de apologia criminosa previsto no art. 287 do CP) ou cível (diante da violação da intimidade). Ou seja, para que haja o crime, é preciso que haja, pelo menos, o registro de *imagem (estática – fotografia ou dinâmica – vídeo), ou de ambos, isto é, registro audiovisual*.

- **Tipo subjetivo:** O dolo, consistente na vontade livre e consciente de praticar as condutas incriminadas. Na doutrina tradicional é o "dolo genérico". Não há forma culposa.

- **Consumação:** Com a efetiva prática de uma das nove condutas incriminadas, independentemente da ocorrência de algum resultado naturalístico. Trata-se, pois, de crime formal.

- **Tentativa:** Teoricamente é possível, pois algumas condutas, em tese, podem ser fracionadas. Contudo, na prática é difícil sua ocorrência.

- **Concurso de crimes:** Se o agente, além de *produzir, fotografar, filmar* ou *registrar*, por qualquer meio, conteúdo com cena de nudez ou ato sexual ou libidinoso de caráter íntimo e privado, sem autorização dos participantes (hipótese do art. 216-B do CP, punido com detenção de 6 meses a 1 anos, e multa), também divulgar a fotografia ou o vídeo, poderá haver, conforme o caso: *a. absorção* do crime do art. 216-B pelo crime deste art. 218-C (hipótese mais acertada, em nossa opinião); *b. concurso formal;* ou; *c. concurso material*.

- **Pena:** Reclusão, de 1 (um) ano a 5 (cinco) anos, se o ato não constitui crime mais grave.

Aumento de pena (§ 1º)

- **Aumento de 1/3 a 2/3:** Incide o aumento se o crime é praticado por agente que mantém ou tenha mantido relação íntima de afeto com a vítima ou com o fim de vingança ou humilhação. Para se entender o que venha a ser "relação íntima de afeto", entendemos conveniente remeter o leitor à Lei Maria da Penha (Lei n. 11.340/2006). O art. 5º da referida lei, por exemplo, dispõe que "configura violência doméstica e familiar contra a mulher qualquer ação ou omissão baseada no gênero que lhe cause morte, lesão, sofrimento físico, sexual ou psicológico e dano moral ou patrimonial: "(...) *III – em qualquer relação íntima de afeto, na qual o agressor conviva ou tenha convivido com a ofendida, independentemente de coabitação"*.

■ **Lei Maria da Penha:** De se registrar que a prática do crime previsto neste art. 218-C poderá caracterizar "violência doméstica e familiar contra a mulher", nos termos da Lei Maria da Penha (Lei n. 11.340/2006). São diversas as consequências da caracterização da violência doméstica e familiar contra a mulher, dentre as quais, a aplicação das chamadas medidas protetivas de urgência que obrigam o agressor (art. 22 e ss. da lei).

Exclusão de ilicitude (§ 2º)

■ **Matéria de natureza jornalística, científica, cultural ou acadêmica:** Em virtude da proteção constitucional das liberdades públicas, em especial da proteção da imagem (art. 5º, X), de expressão intelectual, artística, científica e de comunicação (CF, art. 5º, inciso IX), de informação (CF, art. 5º, inciso XIV) e de imprensa (CF, art. 220), este § 2º expressamente dispõe que não haverá crime, por ausência de ilicitude, na divulgação da imagem em publicação de natureza (1) jornalística, (2) científica, (3) cultural ou (4) acadêmica, *desde que haja a adoção de recurso que impossibilite a identificação da vítima*. Caso a vítima seja maior de 18 anos, e haja expressa e prévia autorização, a veiculação de sua imagem igualmente não caracterizará o crime deste artigo. Trata-se de uma ressalva importante, desde que observados os limites impostos pela lei (proteção da identidade da vítima), uma vez que, com a divulgação de tais cenas por órgãos de imprensa, por exemplo, são denunciadas situações de abusos, conscientizando a população sobre a necessidade de combatê-los. Igualmente tratando-se de pesquisas científicas em nível acadêmico sobre o comportamento social, ou ainda de cunho cultural, como em um documentário cinematográfico, ou exposição teatral ou artística, embora possa ser moralmente criticável.

Jurisprudência

■ **Confronto com o art. 241-A do ECA:** O novo art. 218-C do CP não revogou o art. 241-A do ECA, pois este é especial em relação àquele que visa a proteger em caráter geral qualquer pessoa maior de idade, ainda que em estado de vulnerabilidade (TRF4, 4ª Seção, RvCr 5040547-18.2018.4.04.0000, j. 16.5.2019).

Capítulo III
DO RAPTO

Arts. 219 a 222. *(Revogados.)*

■ **Revogação:** Os arts. 219 (rapto violento ou mediante fraude), 220 (rapto consensual), 221 (que tratava da diminuição de pena) e 222 (concurso de rapto e outro crime) foram revogados pela Lei n. 11.106, de 28.3.2005.

Capítulo IV
DISPOSIÇÕES GERAIS

Arts. 223 e 224. *(Revogados.)*

■ **Revogação:** O art. 223 (que previa formas qualificadas) e o art. 224 (que dispunha sobre a presunção de violência) foram revogados pela Lei n. 12.015, de 7.8.2009.

AÇÃO PENAL

Art. 225. Nos crimes definidos nos Capítulos I e II deste Título, procede-se mediante ação penal pública incondicionada.

Parágrafo único. *(Revogado.)*

- **Breve histórico e alterações:** O antigo art. 225, *caput*, do CP previa, como regra, a ação penal *privada*, sendo a ação de iniciativa pública em duas situações: *1ª.* nos casos em que a vítima ou seus pais não pudessem prover as despesas do processo, sem privar-se de recursos indispensáveis à manutenção própria ou da família; *2ª* se o crime fosse cometido com abuso do pátrio poder, ou da qualidade de padrasto, tutor ou curador; note-se que ambas as situações estão revogadas. Na primeira (1ª), a ação penal pública dependia de representação (antigo art. 225, §2º); já na segunda (2ª), a ação penal era pública incondicionada. A ação penal era também pública incondicionada nas hipóteses de violência real com resultado lesão corporal grave ou morte (art. 101 do CP; e Súmula 608 do STF). Ocorre que, com a redação dada pela Lei n. 12.015/2009, aboliu-se a ação penal privada, passando a ação penal, nos crimes definidos nos Capítulos I e II, a ser pública condicionada à representação (art. 225, *caput*); todavia, tornou-se pública incondicionada, nos casos em que a vítima fosse menor de 18 anos ou pessoa vulnerável, bem como se houvesse lesão corporal grave ou morte (art. 225, parágrafo único, c/c art. 101). Contudo, com o advento da Lei n. 13.718/2018, a ação penal tornou-se pública incondicionada em todos os crimes definidos no Título VI, Capítulos I e II (arts. 213 a 218-C), seja qual for a condição da vítima, maior, menor ou vulnerável.

Ação penal (caput)

- **Pública incondicionada:** De acordo com a redação conferida pela Lei n. 13.718/2018, a ação penal será sempre pública incondicionada.

- **Irretroatividade da nova regra:** Tendo em vista que até o advento da Lei n. 13.718/2018, a ação penal, em regra, era pública condicionada à representação, sendo incondicionada apenas em algumas situações específicas (cf. nota acima Breve Histórico), a nova regra, por ser mais gravosa, não deve retroagir, somente podendo ser aplicada para fatos praticados após a entrada em vigor da nova lei, ou seja, a partir de 25.9.2018.

Parágrafo único – (revogado)

- **Revogação:** A regra prevista no parágrafo único (hoje revogado) deste art. 225 dispunha que a ação penal seria *pública incondicionada, se a* vítima fosse menor de 18 anos, ou pessoa vulnerável. Como visto, tal norma foi revogada pela Lei n. 13.718/2018, que tornou a ação penal pública incondicionada para todos os crimes previstos nos Capítulos I e II deste Título, seja qual for a condição da vítima.

- **A antiga aplicação da regra do art. 101 do CP (crime complexo):** Antes do advento da Lei n. 13.718/18, havia o entendimento de que, em caso de estupro (art. 213), tendo havido o resultado lesão grave ou morte, dever-se-ia aplicar a regra do art. 101 do CP sobre o crime complexo, sendo a ação penal pública *incondicionada* (nesse sentido, GUILHERME DE SOUZA NUCCI, "A ação penal nos crimes contra a liberdade sexual", *in Carta Forense*, novembro de 2009, p. B6). Todavia, tal entendimento permanece válido somente para fatos anteriores à Lei n. 13.718/18, porquanto para fatos posteriores a ação penal será sempre pública incondicionada.

- **Irretroatividade:** A nova regra trazida pela Lei n. 13.718/2018, que tornou a ação penal pública incondicionada nos crimes previstos nos Capítulos I e II, do Título VI, do CP, por ser mais rigorosa e ter conteúdo não só processual, mas também material, não retroage (CR/88, art. 5º, inciso XXXIX, e CP, art. 1º). A respeito, *vide* nota acima Breve Histórico.

- **Prescrição:** A Lei n. 12.650, de 17 de maio de 2012, acrescentou, ao art. 111 do CP, o inciso V, pelo qual "nos crimes contra a dignidade sexual de crianças e adolescentes, previstos neste Código ou em legislação especial", a prescrição, antes de transitar em julgado a sentença final, começa a correr *"da data em que a vítima completar 18 (dezoito anos), salvo* se a esse tempo já houver sido proposta a ação penal". Em virtude do advento da Lei n. 13.718/2018, que tornou a ação penal pública incondicionada em todos os delitos contra a dignidade sexual, independentemente da idade ou vulnerabilidade da vítima (CP, art. 225), a regra do inciso V do art. 111 do CP deve ser aplicada tão somente para fatos anteriores à Lei n. 13.718/2018.

■ **Para fatos anteriores ao advento da Lei n. 13.718/2018:** Em face do advento da Lei n. 12.650/2012, se a vítima (criança ou adolescente) de fato ocorrido antes da entrada em vigor da Lei n. 13.718/2018, não exercer seu direito de representação dentro do prazo decadencial de 6 meses, a contar da data em que completar 18 anos, ocorrerá a extinção da punibilidade pela decadência (art. 103 do CP c.c. art. 107, inciso IV). Já para fatos posteriores à Lei n. 13.718/2018, a ação penal será sempre pública incondicionada, nos termos do novo art. 225 do CP.

Jurisprudência
■ **Aplicação imediata:** A nova regra do art. 225 aplica-se a todos os processos em andamento (TJRS, RESE 70076380187, j. 25.4.2019).

AUMENTO DE PENA

Art. 226. A pena é aumentada:

I – de quarta parte, se o crime é cometido com o concurso de duas ou mais pessoas;

II – de metade, se o agente é ascendente, padrasto ou madrasta, tio, irmão, cônjuge, companheiro, tutor, curador, preceptor ou empregador da vítima ou por qualquer outro título *tiver* autoridade sobre ela;

III – (*revogado*).

IV – de 1/3 (um terço) a 2/3 (dois terços), se o crime é praticado:

ESTUPRO COLETIVO

a) mediante concurso de 2 (dois) ou mais agentes;

ESTUPRO CORRETIVO

b) para controlar o comportamento social ou sexual da vítima.

■ **Alterações:** A Lei n. 11.106, de 28.3.2005, promoveu três alterações na redação deste art. 226: a. o aumento de pena para as situações descritas no inciso II passou a ser de metade (antes, era de quarta parte); b. a redação do inciso II foi alterada, tendo sido incluídas algumas categorias (madrasta, tio, cônjuge e companheiro); c. foi revogada a causa de aumento de pena prevista no inciso III, que se referia à circunstância de o agente ser casado. Por fim, a Lei n. 13.718, de 24.9.2018, deu nova redação ao inciso II, e acrescentou o inciso IV, a este art. 226 do CP.

Aumento de pena
■ **Noção:** Este dispositivo prevê causas de aumento de pena passíveis de incidir nos crimes contra a liberdade sexual (CP, arts. 213 a 218-C). Os aumentos de pena previstos são: da quarta parte (inciso I), de metade (inciso II) e de um 1/3 a 2/3 (inciso IV), devendo incidir na terceira fase da fixação da pena (a respeito, *vide* nota *Noção* ao art. 59). São quatro as hipóteses de aumento previstas (*vide* abaixo).

■ **1ª hipótese (aumento da quarta parte):** Se o crime é cometido com o concurso de duas ou mais pessoas (inciso I). Há divergência a respeito, na doutrina, entendendo-se que o concurso previsto é apenas a coautoria "para a execução do crime" (HUNGRIA, *Comentários ao Código Penal*, 1959, v. VIII, p. 249), enquanto, para outros, abrange qualquer forma de participação (HELENO FRAGOSO, *Lições de Direito Penal – Parte Especial*, 1962, v. II, p. 546; MAGALHÃES NORONHA, *Direito Penal*, 1995, v. III, pp. 231-232).

■ **2ª hipótese (aumento de metade):** Se o agente é ascendente, padrasto ou madrasta, tio, irmão, cônjuge, companheiro, tutor, curador, preceptor ou empregador da vítima ou por qualquer outro título tem autoridade sobre ela (inciso II). Caso o agente preencha uma dessas situações, haverá a incidência da causa de aumento de pena. Note-se, todavia, que o elemento normativo do tipo "por qualquer outro título tem autoridade sobre ela" é demasiadamente amplo, e, como tal, não pode incidir como causa de aumento de pena, sob o risco de ofensa à garantia da legalidade (CR, art. 5º, XXXIX; CP, art. 1º). A exemplo do que ocorre com os tipos incriminadores, deve o legislador penal prever, de forma clara e taxativa, as causas de aumento que pretende ver aplicadas no caso concreto, sob pena de ofensa à referida garantia.

- **Assédio sexual e *bis in idem*:** Na hipótese do assédio sexual, em que é elementar do crime a condição de superior hierárquico ou de ascendência inerente ao exercício de emprego, cargo ou função (*vide* CP, art. 216-A), não se aplicará a causa de aumento de pena deste art. 226, II, consistente em ser o agente empregador da vítima ou ter por qualquer outro título autoridade sobre ela, sob pena de inadmissível *bis in idem*.

- **3ª hipótese (aumento de 1/3 a 2/3):** Se o crime for praticado em "Estupro coletivo", isto é, mediante o concurso de 2 (dois) ou mais agentes (inciso IV, *a*). Tendo em vista que o legislador faz referência expressa a "estupro coletivo", entendemos que, em virtude do princípio da legalidade e da taxatividade das leis penais, e considerando que as leis não devem conter expressões ou palavras inúteis, esta hipótese de aumento de pena somente se aplica ao crime de estupro (art. 213 do CP), e não aos demais crimes previstos neste Título VI – Dos Crimes contra a Dignidade Sexual.

- **4ª hipótese (aumento de 1/3 a 2/3):** Se o crime for praticado em "estupro corretivo". Apesar do termo soar bizarro, é fato que existem situações em que o autor do estupro o faz, alegadamente, com caráter homofóbico. Por exemplo, uma mulher homossexual ser estuprada por um homem para que "aprenda a ser mulher de verdade", buscando, com a violência, alterar o seu comportamento social ou sexual. Note-se que, ao contrário do que sucede na causa acima (inciso IV, *a*), este motivo de aumento está ligado ao elemento subjetivo do tipo, o que traz dificuldades enormes na sua aplicação. Ou seja, o aumento de pena dependerá da intenção do agente por ocasião da prática do crime de estupro. Pelas razões já constantes da nota acima (3ª hipótese – aumento de 1/3 a 2/3), entendemos que esta hipótese de aumento de pena somente se aplica ao crime de estupro (art. 213 do CP), e não aos demais crimes previstos neste Título VI – Dos Crimes contra a Dignidade Sexual.

Jurisprudência

- **Relação de autoridade:** A causa especial de aumento do inciso II do art. 226 deve incidir sempre que estiver comprovada a relação de autoridade, por qualquer motivo, como no caso de pai da vítima (STJ, HC 260267/SP, *DJ* 29.5.2014) ou de padrasto dos menores (STJ, HC 253963/RS, *DJ* 26.3.2014).

- **Relação íntima e *bis in idem*:** Na hipótese do art. 218-C, § 1º, em que há aumento de 1/3 a 2/3 se o agente mantém ou manteve relação íntima de afeto com a vítima, não haverá o aumento do inciso II deste art. 226, se o mesmo agente está ou esteve naquela situação, evitando-se a ocorrência de *bis in idem*.

- **Concurso de pessoas:** Se dois réus se revezam na prática do crime de estupro, um cometendo o ato sexual enquanto o outro vigia a ofendida, e depois trocam as posições respectivas, haverá a prática, para cada réu, de dois crimes sexuais (um como autor, outro como partícipe), incidindo a causa de aumento deste art. 226, I, mas admitindo-se a continuidade delitiva (TJSP, *RJTJSP* 76/232). Aplica-se o aumento se agiu em concurso com adolescente (TJDF, Ap. 0007833-54.2015.8.07.0008, j, 6.7.2017).

- **Autoridade por qualquer outro título:** Deve-se entender só a causa duradoura, e não o fato apenas ocasional (TJSP, *RJTJSP* 89/399).

- **Empregador:** Não basta a condição de empregador da vítima, precisando ter autoridade sobre ela (TJSP, *RT* 561/305).

- **Outras situações:** Caracteriza-se o temor reverencial se o agente é amásio da mãe da vítima (TJSP, *RT* 713/331, *mv* – 539/273, *RJTJSP* 104/438). Incide a causa de aumento do art. 226, II, do CP, se o ofensor, embora não fosse legalmente avô da vítima, era por esta assim considerado (TJSP, *RT* 780/597-598). Também incide o aumento, apesar da falta de certidão de nascimento da vítima, se o réu confessou, com respaldo na prova e sem contestação de seu defensor, a paternidade (TJSP, *RT* 642/610).

- *Bis in idem*: A fim de evitar-se a dupla valoração das relações domésticas, não se admite a aplicação cumulativa da agravante do art. 61, II, *f*, com a causa de aumento de pena do art. 226, inciso II, do CP (TJMT, Ap. 77.153/2007, *DOE* 26.3.2008, *in Bol. IBCCr* 186/175). Aplica-se o aumento do art. 226, II, no caso de o agente ser tio por afinidade, afastando-se a agravante do art. 61, II, "f", do CP (TJDF, Ap. 0005836-24.2015.8.07.0012, *DJe* 10.7.2019, p. 7982).

Capítulo V
DO LENOCÍNIO E DO TRÁFICO DE PESSOA PARA FIM DE PROSTITUIÇÃO OU OUTRA FORMA DE EXPLORAÇÃO SEXUAL

- **Alteração:** A Lei n. 12.015, de 7.8.2009, alterou o título deste Capítulo V, antes chamado "Do lenocínio e do tráfico de pessoas".

MEDIAÇÃO PARA SERVIR A LASCÍVIA DE OUTREM

Art. 227. Induzir alguém a satisfazer a lascívia de outrem:

Pena – reclusão, de 1 (um) a 3 (três) anos.

§ 1º Se a vítima é maior de 14 (catorze) e menor de 18 (dezoito) anos, ou se o agente é seu ascendente, descendente, cônjuge ou companheiro, irmão, tutor ou curador ou pessoa a que esteja confiada para fins de educação, de tratamento ou de guarda:

Pena – reclusão, de 2 (dois) a 5 (cinco) anos.

§ 2º Se o crime é cometido com emprego de violência, grave ameaça ou fraude:

Pena – reclusão, de 2 (dois) a 8 (oito) anos, além da pena correspondente à violência.

§ 3º Se o crime é cometido com o fim de lucro, aplica-se também multa.

- **Alteração:** § 1º com redação dada pela Lei n. 11.106, de 28.3.2005.

Mediação para satisfazer a lascívia de outrem (caput)

- **Suspensão condicional do processo:** Cabe no *caput*, atendidas as condições do art. 89 da Lei n. 9.099/95.
- **Objeto jurídico:** A dignidade e a liberdade sexual.
- **Sujeito ativo:** Qualquer pessoa, sem diferença de sexo, maior de 14 anos.
- **Sujeito passivo:** Qualquer pessoa, também sem distinção de sexo.
- **Tipo objetivo:** O núcleo é *induzir*, que possui a significação de persuadir, levar, mover. Quanto à pessoa que é induzida, registra-se apenas *alguém*, independentemente de sexo ou idade (quando maior de 14 e menor de 18 anos, *vide* figura qualificada do § 1º, primeira parte). No concernente à vítima ("alguém"), o fato dela já ser corrompida ou prostituída pode, conforme o caso concreto, afastar a configuração do crime, existindo autores que entendem ser questionável a possibilidade de induzir pessoa já corrompida ou prostituída (cf. Heleno Fragoso, *Lições de Direito Penal – Parte Especial*,1965, v. III, p. 640, e Magalhães Noronha, *Direito Penal*, 1995, v. III, p. 246, salientando o último que "devemos exigir seja completa a corrupção do ofendido para não haver crime"). O induzimento visa a *satisfazer a lascívia*, ou seja, a sensualidade, a concupiscência, a

libidinagem, por meio de qualquer ato ou prática libidinosa. A lascívia a ser satisfeita é a de *outrem*, isto é, de terceira pessoa, embora o agente também possa participar diretamente da satisfação da luxúria alheia. Não se exige especial motivo do agente para satisfazer a lascívia de outrem, mas, se houver fim de lucro, configurar-se-á a figura qualificada (§ 3º).

■ "Satisfação da lascívia": Lastreados nos ensinamentos médico-legais transcritos nos comentários ao art. 213, e diante dos princípios da razoabilidade, da intervenção mínima e de que o direito há que ser harmônico, entendemos que o conceito de "ato libidinoso" empregado em 7 (sete) tipos penais (arts. 213, 215, 215-A, 216-B, 217-A, 218-A e 218-B, § 2º, I) há que ser interpretado de forma restritiva; e todos dizem com a satisfação da lascívia. Como escrevem os mestres da Medicina Legal, é fato que, por se tratar de libido, *pressupõe-se* ato de *luxúria*, vinculado à satisfação da *"fome sexual"*, avaliando-se cada caso de forma específica. Afora a cópula pênis-vagina (conjunção carnal), os "outros atos libidinosos" englobam as *cópulas fora do local,* chamadas ectópicas, onde há contato com a região anal-genital *do autor ou da vítima*, exigindo-se *contato com a superfície cutânea* (como referiu ALMEIDA JÚNIOR), como no sexo anal, oral, com a colocação do pênis entre as coxas ou seios da vítima. Há casos, também, de *manobras manifestamente eróticas,* com *mordeduras, beliscões, masturbação, beijos lascivos ou ainda apalpação* (que significa conhecer por meio das mãos mediante vários toques e com alguma pressão, não se confundindo com superficial toque de resvalo), em zonas íntimas reconhecidamente erógenas, isto é, nos seios e principalmente nos mamilos ou nas nádegas. Há que se ter cuidado para não se alargar em demasia o conceito de *ato libidinoso*, buscando-se critérios científicos na medicina legal, uma vez que a libido é algo muito subjetivo, sendo que, a depender da cultura de cada povo, até os cabelos ou pés podem gerar, em alguns, estímulo sexual. A banalização do que seja "ato libidinoso" não se coaduna com o caráter excepcional, subsidiário e fragmentário do Direito Penal, demandando a análise de cada caso específico. Há que estar provada a existência de uma conduta que efetivamente denote *luxúria*, satisfação da *"fome sexual"*, da lascívia, no contexto em que ocorre, isto é, com efetiva violação da dignidade *sexual* da vítima, o que não se confunde com atitudes que, embora inconvenientes e moralmente reprováveis, não têm caráter de efetiva excitação sexual, isto é, relevância penal por violação da dignidade *sexual* de terceiro, sob pena de *atipicidade* da conduta.

■ Concurso de pessoas em outros crimes sexuais: Na hipótese de participação apenas *secundária ou acessória* em outro delito contra a dignidade sexual (ex.: CP, art. 213), e não de auxílio ao próprio ato de consumação desse outro crime, poderá incidir a figura (simples ou qualificada) deste art. 227, afastando a aplicação da regra geral do art. 29 do CP (no mesmo sentido: HELENO FRAGOSO, *Lições de Direito Penal – Parte Especial*, 1965, v. III, p. 641; HUNGRIA, *Comentários ao Código Penal*,1959, v. VIII, p. 283).

■ Tipo subjetivo: O dolo e o elemento subjetivo do tipo constituído pelo especial fim de satisfazer a luxúria alheia. Na corrente tradicionalista é o "dolo específico". Inexiste modalidade culposa.

■ Consumação: Com a efetiva satisfação da luxúria de outrem, independentemente, porém, deste alcançar o "gozo genésico" (MAGALHÃES NORONHA, *Direito Penal*, 1995, v. III, p. 249).

■ Tentativa: Admite-se, mas sendo exigida cautela para o seu reconhecimento nos casos concretos.

■ Confronto: Se a vítima induzida a satisfazer a lascívia de outrem é menor de 14 anos, o crime será o do art. 218 do CP. Se a vítima é menor de 14 anos e o agente a induz a presenciar conjunção carnal ou outro ato libidinoso a fim de satisfazer a lascívia própria ou de outrem, art. 218-A. Se a vítima menor de 18 anos é induzida à prostituição ou outra forma de exploração sexual, o crime será o do art. 218-B. Se for maior de 18 anos, o do art. 228 do CP.

■ Pena: Reclusão, de um a três anos.

■ Ação penal: Pública incondicionada.

Figura qualificada pela idade da vítima (§ 1º, primeira parte)

- **Noção:** Se a vítima é maior de 14 e menor de 18 anos, a pena é de reclusão, de dois a cinco anos. É necessário, contudo, que o agente tenha conhecimento dessa circunstância, podendo haver, conforme o caso concreto, erro de tipo (CP, art. 20).

Figura qualificada pelo parentesco ou autoridade do agente (§ 1º, segunda parte)

- **Noção:** Se o agente é seu ascendente, descendente, cônjuge ou companheiro, irmão, tutor ou curador, ou pessoa a quem a vítima esteja confiada para fins de educação, de tratamento ou de guarda, a pena é igualmente de reclusão, de dois a cinco anos.

Figura qualificada pela violência, grave ameaça ou fraude (§ 2º)

- **Noção:** Se há emprego de *violência* (física contra pessoa), *grave ameaça* (promessa idônea de mal sério) ou *fraude* (ardil, artifício), a pena é de reclusão, de dois a oito anos, além da pena correspondente à violência.

Figura qualificada pelo fim de lucro (§ 3º)

- **Noção:** Se o agente é movido por fim de lucro, além da pena privativa de liberdade é aplicada também a de multa. Trata-se do chamado lenocínio questuário, em que o sujeito ativo age com finalidade lucrativa.

Jurisprudência

- **Induzir:** Como a lei fala "induzir alguém", a conduta deve visar a uma pessoa determinada (TJSP, *RT* 588/306). Para que haja induzimento, é necessário que tenham sido feitas promessas, dádivas ou súplicas (TJSP, *RT* 519/331). O verbo *induzir*, do art. 227, tem o sentido de incutir, convencer, persuadir (TJSP, *RT* 497/305).

- **Pai:** Incide no art. 227, §§ 1º e 2º, o pai que conduz a filha a colégio abandonado na companhia do corréu, onde ela foi obrigada a manter com este conjunção carnal (TJRS, Ap. 70073404501, j. 10.10.2018).

- **Participação em crime sexual diverso:** Não se tratando de auxílio prestado ao próprio ato consumativo de outro crime contra os costumes (atualmente contra a dignidade sexual), deve a participação ser considerada como a mediação para satisfazer a lascívia alheia do art. 227 e não ser tratada pela regra geral do concurso de pessoas do art. 29 do CP (TJSP, *RT* 449/394; TJGO, *RT* 654/333).

- **Concurso de crimes:** O crime deste art. 227 não pode concorrer com o de rufianismo, quando a ação é dirigida contra a mesma pessoa (Heleno Fragoso, *Jurisprudência Criminal*, 1979, v. II, n. 484).

FAVORECIMENTO DA PROSTITUIÇÃO OU OUTRA FORMA DE EXPLORAÇÃO SEXUAL

Art. 228. Induzir ou atrair alguém à prostituição ou outra forma de exploração sexual, facilitá-la, impedir ou dificultar que alguém a abandone:

Pena – reclusão, de 2 (dois) a 5 (cinco) anos, e multa.

§ 1º Se o agente é ascendente, padrasto, madrasta, irmão, enteado, cônjuge, companheiro, tutor ou curador, preceptor ou empregador da vítima, ou se assumiu, por lei ou outra forma, obrigação de cuidado, proteção ou vigilância:

Pena – reclusão, de 3 (três) a 8 (oito) anos.

§ 2º Se o crime é cometido com emprego de violência, grave ameaça ou fraude:

Pena – reclusão, de 4 (quatro) a 10 (dez) anos, além da pena correspondente à violência.

§ 3º Se o crime é cometido com o fim de lucro, aplica-se também multa.

Favorecimento da prostituição ou outra forma de exploração sexual

- **Alterações:** A rubrica deste art. 228, que antes era apenas "Favorecimento da prostituição", foi alterada para "Favorecimento da prostituição ou outra forma de exploração sexual", pela Lei n. 12.015/2009. Também foram alterados o *caput* e o § 1º.
- **Objeto jurídico:** A dignidade e a liberdade sexual.
- **Sujeito ativo:** Qualquer pessoa, homem ou mulher.
- **Sujeito passivo:** Qualquer pessoa maior de 18 anos, sem distinção de sexo. Nas figuras de induzir ou atrair, o sujeito passivo não poderá ser pessoa já prostituída ou explorada sexualmente. Nas condutas de facilitar, impedir ou dificultar, o sujeito passivo haverá de ser pessoa já prostituída ou sexualmente explorada.
- **Tipo objetivo:** *Prostituição* é o comércio *habitual* do próprio corpo, para a satisfação sexual de indiscriminado número de pessoas. É indiferente o sexo das pessoas nela envolvidas. Embora, antigamente, fosse mais comum a prostituição feminina, hoje também é disseminada a masculina, que se inclui no mesmo conceito. *Outra forma de exploração sexual*, que não a prostituição propriamente dita, tem o sentido de tirar partido ou proveito do corpo de alguém para satisfazer sexualmente outras pessoas (p. ex., por meio da Internet), podendo haver incidência do ar. 218-C, introduzido pela Lei n. 13.718/2018. São três as condutas previstas pelo art. 228: *a. Induzir* (persuadir, levar, mover) *ou atrair* (induzir de forma menos direta) *alguém à prostituição* ou à exploração sexual. *b. Facilitar* (prestar auxílio) *a prostituição* ou a exploração sexual. *c. Impedir que alguém abandone a prostituição* ou a exploração sexual, isto é, impossibilitar, opor-se a que alguém, decidido a deixá-las, as abandone. *d. Dificultar*, que tem o sentido de tornar difícil, pôr impedimento a quem queira abandonar a prostituição ou exploração sexual. A lei não requer especial finalidade do agente para os comportamentos; todavia, caso ele seja movido pelo fim de lucro, o enquadramento será na figura qualificada do § 3º.
- **Tipo subjetivo:** O dolo, ou seja, a vontade livre e consciente de induzir, atrair, facilitar, impedir ou dificultar. Na doutrina tradicional é o "dolo genérico", mas, para alguns, é o "dolo específico". Não há forma culposa.
- **Consumação:** Com o início da vítima na prostituição ou na exploração sexual (nas condutas *a* e *b*). Com o prosseguimento na prostituição ou na exploração sexual (nas condutas *c* e *d*), em que a infração é de caráter permanente.
- **Tentativa:** Admite-se, sendo que nas condutas *c* e *d* verifica-se pelo abandono dessas atividades, apesar do impedimento oposto pelo agente.
- **Confronto:** Se a vítima menor de 18 anos é induzida à prostituição ou outra forma de exploração sexual, o crime será o do art. 218-B. Se for maior de 18 anos, o do art. 228. Se a vítima é menor de 14 anos e o agente a induz a presenciar conjunção carnal ou outro ato libidinoso, a fim de satisfazer a lascívia própria ou de outrem, art. 218-A. Se a vítima induzida a satisfazer a lascívia de outrem é menor de 14 anos, o crime será o do art. 218. Se o comportamento visa à satisfação da luxúria de uma pessoa determinada, e a vítima é maior de 18 anos, art. 227, *caput*; se é maior de 14 e menor de 18, ou se o agente é ascendente, descendente, cônjuge ou companheiro, irmão, tutor ou curador, ou pessoa a que esteja confiada para fins de educação, tratamento ou de guarda, art. 227, §1º. Se a pessoa é vítima de divulgação de cena de estupro, sexo, nudez ou pornografia, *vide* art. 218-C.
- **Pena:** Reclusão, de dois a cinco anos.
- **Ação penal:** Pública incondicionada.

Parentesco ou autoridade do agente (§ 1º)

- **Remissão:** A primeira hipótese diz respeito ao parentesco ou à autoridade do agente sobre a vítima, como ascendente, padrasto, madrasta, irmão(ã), enteado(a), cônjuge, companheiro(a), tutor(a) ou curador(a), preceptor(a) ou empregador(a) da vítima. A segunda hipótese, se o agente assumiu, por lei ou por outra forma, obrigação de cuidado, proteção ou vigilância.
- **Pena:** Reclusão, de três a oito anos.

Figura qualificada pela violência, grave ameaça ou fraude (§ 2º)

- **Noção:** Se há emprego de *violência* (física contra pessoa), *grave ameaça* (promessa idônea de mal sério) ou *fraude* (ardil, artifício), a pena é de reclusão, de dois a oito anos, além da pena correspondente à violência.
- **Pena:** Reclusão, de quatro a dez anos, além da pena correspondente à violência.

Fim de lucro (§ 3º)

- **Noção:** Se o crime é cometido com o fim de lucro, além da pena reclusiva, aplica-se a de multa.

Jurisprudência

- **Tipo objetivo:** A ação deve referir-se a pessoa ou pessoas determinadas, e não a uma situação impessoal, como a de prefeito acusado do crime do art. 228, por ter autorizado a instalação de motel na cidade (TJSP, *RT* 588/306). Configura o encaminhamento de mulheres a prostíbulo, ainda que elas já tenham experiência sexual (TJSP, *RT* 546/345). Induzir é persuadir, aliciar ou levar, enquanto facilitar é tornar mais fácil o comércio da prostituta (TJSP, *RT* 532/328).
- **Consumação:** O crime de favorecimento da prostituição só se consuma quando a vítima é levada à prostituição ou impedida de abandoná-la (TJSP, *RT* 501/283). Consuma-se quando a ação do sujeito ativo produziu na vítima o efeito por ele querido, isto é, quando ela assume uma vida de prostituição (TJSP, Ap. 317.402-3/2-00, j. 3.6.2004, Bol. IBCCr 141/823).
- **Caracterização:** Aquele que promove o agenciamento de mulheres e homens para o comércio do próprio corpo, com a finalidade de arrecadar dinheiro, comete o crime do art. 228 (TJES, *RT* 753/662). Se o acusado mantém restaurante, no interior do qual costuma negociar a prática de prostituição, intervindo, inclusive, em favor de seus clientes, há, em tese, o delito do art. 228 do CP (TJCE, *RT* 770/621). Incide no art. 228, § 1º, o dono de bar que coloca dois quartos, nos fundos da casa, à disposição de suas empregadas menores de 18 anos, para que estas recebessem seus habituais parceiros para a prática sexual (TJPR, *PJ* 40/238). Pratica o crime do art. 228 o agente que, no interior de seu estabelecimento comercial, permite que mulheres e "travestis" se entreguem ao comércio sexual, ficando incurso no §1º se o local também é frequentado por menores para a mesma finalidade (TJMG, *RT* 776/647). Igualmente, o agente que instala menor de 16 anos em estabelecimento notoriamente voltado à prostituição, deixando-a praticar atividade sexual remunerada (TJSP, *RT* 772/567).
- **Não caracterização:** Apenas existirá o favorecimento quando a pessoa é levada à prostituição ou impedida de abandoná-la; assim, se quando a vítima passou a frequentar a casa da acusada já fazia da prostituição o seu meio de vida, não há que se cogitar do delito do art. 228 (STJ, *mv* – *RT* 748/588). É duvidosa a caracterização do delito do art. 228, se não resta comprovado que o acusado agiu com *animus lucro faciendi* em relação a moças, já francamente prostituídas, que atendiam na agência de acompanhantes, quando não havia necessidade de induzimento, violência ou fraude para que se prestassem à lascívia de outrem (TJSC, *mv* – *JC* 71/395).
- **Fim de lucro:** Pratica o crime do art. 228, § 3º, na modalidade de facilitação, quem, com o intuito de lucro, fornece local para a permanência de moças e rapazes de programa, com linha telefônica e publicação de anúncios (TJRJ, Ap. 2.206, j. 16.11.98). A intenção de lucrar não constitui elementar do crime de favorecimento da prostituição, sendo, tão só, circunstância qualificadora (TJCE, *RT* 770/621; TJSP, *RT* 760/623).
- **Tentativa:** É admissível, como no caso de acusada que induz e atrai mulher menor para casa de prostituição, só não se consumando o delito pela intervenção de terceiros (TJPR, *PJ* 44/252).
- **Continuidade:** Não a admite o crime deste art. 228 (TJSC, *RT* 557/365; *contra*:TJMS, *RT* 623/345).
- **Concurso com rufianismo:** O crime de favorecimento à prostituição qualificado pelo fim de lucro absorve o do art. 230 (TJSP, *RT* 873/586).
- **Concurso com casa de prostituição:** O do art. 228 é absorvido pelo do art. 229, que é específico (TJSC, *RT* 557/365, *JC* 48/457; TJPR, *PJ* 40/328, 42/188). *Contra*: Se o

agente leva adolescente a local de sua propriedade destinado a encontros para fins libidinosos, há concurso formal entre os arts. 228, § 1º, e 229 (TJMT, *RT* 876/653).

- **Omissão:** O crime do art. 228 pode ser omissivo, como no caso dos pais, que têm o dever de dar assistência à filha (TJSP, *RT* 523/344).

- **Sujeito passivo:** Deve ser pessoa ou pessoas determinadas (TJSP, *RJTJSP* 88/433). O fato de a vítima ser prostituta não exclui a figura criminal de facilitação à prostituição (TJSP, *RJTJSP* 99/439). É indiferente que se trate de vítima já desencaminhada (TJPR, *RT* 560/353).

- **Menoridade da vítima:** A figura qualificada do § 1º depende de prova por documento idôneo (TJMG, *RT* 615/333).

- **Agravante:** A do art. 61, II, e, do CP não pode ser aplicada, caso seu reconhecimento já tenha influído na dosagem da pena (TJPR, RT 600/373).

- **Habitualidade:** A prostituição reclama habitualidade, cabendo ao órgão acusador o ônus de demonstrá-la (TJDF, Ap. 20120110456355, *DJe* 12.4.2016, p. 81).

- **Classificado virtual de acompanhantes:** Não configura o elemento subjetivo do crime do art. 228 (TJMS, Ap. 0040374-07.2007.8.12.0001, *DJe* 29.9.2016).

- **Confronto:** O crime de rufianismo (art. 230) absorve o delito do art. 228 (TJSP, Ap. 0007438-45.2014.8.26.0048, *DOe* 23.4.2018), se este foi apenas uma etapa para tirar proveito de prostituição alheia, participando diretamente de seus lucros (TJRO, Ap. APL 0003662-17.2013.822.0005 RO 0003662-17.2013.822.0005, *DOe* 15.9.2015). O crime do art. 228 é absorvido pelo art. 229, pois ao manter a casa de prostituição facilitou a exploração sexual das vítimas (TJSP, Ap. 0007438-45.2014.8.26.0048, *DJe* 23.4.2018).

- *Bis in idem* **e mulher que já se prostituía:** Impossibilidade de concurso de infrações entre favorecimento à prostituição e manutenção de casa de prostituição. Garota que já exerce o comércio sexual, sendo atípico o favorecimento à prostituição (TJSP, Ap. 0000.639-72.2008.8.26.0443, rel. Des. Souza Nucci, j. 17.2.2014).

Art. 229. Manter, por conta própria ou de terceiro, estabelecimento em que ocorra exploração sexual, haja, ou não, intuito de lucro ou mediação direta do proprietário ou gerente:

Pena – reclusão, de 2 (dois) a 5 (cinco) anos, e multa.

- **Alterações:** A Lei n. 12.015, de 7.8.2009, alterou a redação do *caput* deste art. 229 e suprimiu o antigo *nomen juris* ("casa de prostituição").

- **Objeto jurídico:** A moralidade pública sexual.

- **Sujeito ativo:** Qualquer pessoa, lembrando-se, porém, que não pratica o crime a prostituta que mantém lugar para explorar, ela própria e sozinha, seu comércio carnal.

- **Sujeito passivo:** A coletividade.

- **Tipo objetivo:** O verbo *manter* (sustentar, prover, conservar) tem sentido de continuidade, permanência, reiteração. Por isso, exige-se *habitualidade* na conduta, não bastando para a tipificação o comportamento ocasional. A ação pode ser exercida por conta própria ou de terceiro. O dispositivo refere-se a *estabelecimento* (casa comercial) *em que ocorra exploração sexual* (ato de tirar proveito do corpo de alguém para satisfazer sexualmente outras pessoas). Como bem decidiu o TJSP, em acórdão da lavra do Des. OTÁVIO DE ALMEIDA TOLEDO, a locução *exploração sexual* "deve ser interpretada à luz da tutela da dignidade sexual, com significado, portanto, relacionado às condutas marcadas pelo ardil, violência, grave ameaça, enfim, pelo prejuízo à vontade e dignidade da vítima prostituída" (TJSP, Ap. 0003312-42.2003.8.26.0369, j. 30.4.2013). Para o tipo penal, é indiferente que haja, ou não, intuito de lucro ou mediação direta do proprietário ou gerente. Observamos que o presente tipo penal representa uma das maiores hipocrisias de nossa sociedade, com falso moralismo, sendo conhecidos os locais em que pessoas, de forma profissional, fazem massagens e negociam os prazeres do corpo, por livre e espontânea vontade, o que não se confunde com o grave e nefasto crime de rufianismo, previsto no art. 230 do Código Penal, onde há exploração da prostituição alheia, que é uma grande mazela social.

- **Tipo subjetivo:** O dolo e o elemento subjetivo do tipo consistente em manter estabelecimento em que ocorra exploração sexual. Na doutrina tradicional aponta-se o "dolo específico". Inexiste punição a título de culpa.

- **Erro do agente:** Com referência ao antigo art. 229 do CP, havia orientação jurisprudencial no sentido de que a autorização ou fiscalização policial-administrativa configura "erro de fato" (CP, art. 20) A respeito, *vide* TJSP, *RT* 512/373, 504/336, 492/267, 489/341; TJSC, *RT* 753/687; *contra*, não influindo na antijuridicidade (STF, *RTJ* 115/320) ou na tipicidade (STJ, *RT* 774/554), nem caracteriza erro de fato (STF, *RTJ* 85490; TJSP, *RT* 542/337; TJMG, *RT* 772/644; ou mesmo erro de proibição (TJMG, *RT* 772/644).

- **Consumação:** Com a manutenção, que exige habitualidade; o crime é *permanente*.

- **Tentativa:** Não se admite.

- **Pena:** Reclusão, de dois a cinco anos, e multa.

- **Ação penal:** Pública incondicionada.

Jurisprudência

- **Aceitação social:** "A manutenção de casa de prostituição com conhecimento das autoridades, sem imposição de restrições, desfigura o delito previsto no art. 229 do CPP. Conduta que, embora prevista como ilícita, é aceita pela sociedade atualmente. No caso dos autos, não há prova de que a ré induziu ou atraiu a vítima para a prostituição, visto que a mesma já fazia programas antes de a acusada adquirir o estabelecimento. Absolvição mantida (TJRS, Ap. 70.059.523.357, rel. Ivan Leomar Bruxel, j. 2.7.2014, v.u., publ. 10.7.2014). *Contra*: eventual tolerância de alguns setores sociais não tem o condão de tornar nula norma penal incriminadora (TJPB, Ap. 0000780-79.2010.815.0491, j. 17.9.2015).

- **Exploração sexual:** "(...) 2. Exploração sexual ocorre quando a pessoa que está se prostituindo, que passa a ser vítima, não o faz por vontade própria, mas por estar sendo ludibriada em sua vontade e boa-fé. Não comprovados nos autos ardil, violência ou grave ameaça, inexiste delito" (TRF4, 8ª T., ACR 5000982-06.2013.4.04.7216 SC 5000982-06.2013.4.04.7216, rel. Des. Fed. Nivaldo Brunoni, j. 6.6.2018). No mesmo sentido: "(...) com a novel legislação, passou-se a exigir a "exploração sexual" como elemento normativo do tipo, de modo que a conduta consistente em manter casa para fins libidinosos, por si só, não mais caracteriza crime, sendo necessário, para a configuração do delito, que haja exploração sexual, assim entendida como a violação à liberdade das pessoas que ali exercem a mercancia carnal" (STJ, 6ª T., REsp 1683375/SP, rel. Min. Maria Thereza de Assis Moura, j. 14.8.2018, *DJe* 29.8.2018). Configura-se atípica a manutenção de estabelecimento destinado a encontros libidinosos, mesmo programas sexuais, a menos que presente a elementar típica da exploração sexual, acrescida ao dispositivo em comento após a reforma legislativa. Exploração sexual que deve ser interpretada à luz da tutela da dignidade sexual, com significado, portanto, relacionado às condutas marcadas pelo ardil, violência, grave ameaça, enfim, pelo prejuízo à vontade e dignidade da vítima prostituída (TJSP, Ap. 0003312-42.2003.8.26.0369, rel. Des. Otávio de Almeida Toledo, j. 30.4.2013). Para configurar o tipo penal é indispensável que o estabelecimento se destine especificamente à exploração sexual. Nos estabelecimentos indicados na denúncia eram realizados shows, havia aparelhamento de som, bares e mesas para jogos de carta e sinuca, que não constituem a elementar necessária à configuração do tipo penal (TJSP, Ap. 0092613-79.2006.8.26.0050, rel. Des. João Morenghi, j. 27.11.2013).

- **Contra:** Para a configuração do crime do art. 229 não se faz necessário que o local se destine exclusivamente à prostituição; basta que haja comprovação de que o estabelecimento propicie encontros para fins libidinosos e que o responsável esteja desvirtuando a real destinação do estabelecimento (TJSP, Ap. 0001371-54.2007.8.26.0357, rel. Des. Camilo Lellis, j. 11.12.2014).

- Art. 229 do CP não é inconstitucional. Para que haja o crime exige-se prova da exploração sexual: "1. Não há que se falar em inconstitucionalidade do art. 229 do Código Penal, visto que, eventual tolerância de alguns setores sociais não tem o condão de tornar nula norma penal incriminadora. 2. Não há que se falar no crime do art. 229 do CP quando inexiste qualquer indício de que havia 'exploração sexual' nos ambientes mantidos pela apelante" (TJPB, 1ª Câmara Especializada Criminal, Processo n. 00007807920108150491, Relator Des. Joás de Brito Pereira Filho, j. 17.9.2015).

- Crime permanente: O delito do art. 229 é crime permanente (TJES, Ap. 0016575-61.2013.8.08.0024, public. 15.2.2018).

- Dúvida: Não havendo comprovação de que destinassem quartos à "realização de programas", nem que houvesse habitualidade (TJSP, Ap. 0012.960-96.2010.8.26.0079, rel. Des. Encinas Manfré, j. 6.11.2014).

RUFIANISMO

Art. 230. Tirar proveito da prostituição alheia, participando diretamente de seus lucros ou fazendo-se sustentar, no todo ou em parte, por quem a exerça:

Pena – reclusão, de 1 (um) a 4 (quatro) anos, e multa.

§ 1º Se a vítima é menor de 18 (dezoito) e maior de 14 (catorze) anos ou se o crime é cometido por ascendente, padrasto, madrasta, irmão, enteado, cônjuge, companheiro, tutor ou curador, preceptor ou empregador da vítima, ou por quem assumiu, por lei ou outra forma, obrigação de cuidado, proteção ou vigilância:

Pena – reclusão, de 3 (três) a 6 (seis) anos, além da multa.

§ 2º Se o crime é cometido mediante violência, grave ameaça, fraude ou outro meio que impeça ou dificulte a livre manifestação da vontade da vítima:

Pena – reclusão, de 2 (dois) a 8 (oito) anos, sem prejuízo da pena correspondente à violência.

- Alterações: §§ 1º e 2º modificados pela Lei n. 12.015/2009.

Rufianismo (caput)
- Suspensão condicional do processo: Cabe no *caput*, atendidas as condições do art. 89 da Lei n. 9.099/95.

- Penas alternativas: Também cabem no *caput* (arts. 43 e 44 do CP).

- Objeto jurídico: No *caput*, a moralidade pública sexual. Na hipótese dos §§ 1º e 2º, também a dignidade e a liberdade sexual das pessoas nele indicadas.

- Sujeito ativo: Qualquer pessoa, sem distinção de sexo.

- Sujeito passivo: Só a meretriz ou o homem que exerça a prostituição, isto é, pessoas que comerciem o próprio corpo com número indeterminado de clientes.

- Tipo objetivo: A conduta prevista é *tirar proveito da prostituição alheia* (aproveitar-se economicamente de pessoa que exerça a prostituição), sendo previstas duas modalidades: *a. Participando diretamente de seus lucros.* É o comportamento de quem participa dos lucros daquele que exerce a prostituição, numa espécie de sociedade. Obviamente, a incriminação também alcança o agente que aufere todos os lucros dessa pessoa. Não é necessário que o agente viva, exclusivamente, desses ganhos, podendo ter outras fontes lícitas de rendimentos. *b. Ou fazendo-se sustentar, no todo ou em parte, por quem a exerça.* É a manutenção, completa ou parcial, do agente por quem exerce a prostituição, mediante roupa, casa, comida etc. *Habitualidade*: em ambas as modalidades ("participando" ou "fazendo-se sustentar") é necessário que a conduta seja *habitual* (constante, continuada), não caracterizando a infração benefícios ocasionalmente recebidos. *Prostituição alheia*: a vítima deve ser realmente prostituta ou homem que exerça a prostituição, e não pessoa que viva às custas de amantes determinados. O *consentimento da vítima* não tem relevância para a tipificação.

- **Tipo subjetivo:** O dolo, ou seja, a vontade livre e consciente de explorar habitualmente. Na escola tradicional é o "dolo genérico". Inexiste forma culposa.
- **Consumação:** Com a repetição que torna a conduta habitual (é crime *permanente*).
- **Tentativa:** Inadmissível.
- **Pena:** Reclusão, de um a quatro anos, e multa.
- **Ação penal:** Pública incondicionada.

Idade da vítima, parentesco, autoridade do agente ou condição de garantidor (§ 1º)

- **Figura qualificada:** São duas as hipóteses desta figura qualificada (§ 1º): *a.* ser a vítima menor de 18 e maior de 14 anos, sendo necessário que o agente saiba dessa circunstância; *b.* ser o agente ascendente, padrasto, madrasta, irmão(ã), enteado(a), cônjuge, companheiro(a), tutor(a) ou curador(a), preceptor(a) ou empregador(a) do ofendido, ou pessoa que assumiu, por lei ou outra forma, obrigação de cuidado, proteção ou vigilância em relação ao ofendido.
- **Pena:** Reclusão, de três a seis anos, e multa.
- **Ação Penal:** Pública incondicionada.

Mediante violência, grave ameaça, fraude ou outro meio (§ 2º)

- **Figura qualificada:** Na figura qualificada deste § 2º pune-se mais gravemente o rufianismo se ele é praticado mediante *violência* (física), *grave ameaça* (séria, idônea), *fraude* (ardil, artifício) ou outro meio (semelhante à fraude) que impeça (impossibilite, não permita) ou dificulte (torne difícil) a livre manifestação da vontade da vítima.
- **Pena:** Reclusão, de dois a oito anos, sem prejuízo da pena correspondente à violência. Note-se que, *incoerentemente*, a pena mínima deste § 2º (dois anos) é *inferior* à do § 1º (três anos), enquanto a pena máxima do § 2º (oito anos) é *superior* à do § 1º (seis anos).
- **Ação penal:** Pública incondicionada.

Jurisprudência

- **Tolerância policial:** Eventual tolerância policial ao lenocínio não aproveita ao rufião (STF, *RT* 522/458).
- **Figura qualificada:** Configura o crime qualificado do art. 230, § 2º, fazer-se alguém sustentar, no todo ou em parte, pela vítima, participando, *habitualmente*, mediante violência e grave ameaça, do lucro auferido por ela da prostituição (TJSP, *RT* 515/349). Se o agente infligia medo à vítima, caracteriza-se a forma qualificada do § 2º (TJBA, Ap. 0001291-44.2014.8.05.0191, *DOe* 10.05.2016).
- **Participação nos lucros:** Deve ser direta, não a configurando o recebimento de aluguéis ou o lucro na venda de bebida (TJPR, *RT* 560/353).
- **Duas formas e habitualidade:** O crime pode se apresentar com o rufião participando dos lucros ou fazendo-se sustentar, mas em ambas formas se exige habitualidade (TJES, Ap. 0003075-87.2012.8.08.0047, *DOe* 28.4.2016).
- **Fazer-se sustentar:** Pratica quem, sendo jovem e válido para o trabalho, recebe acomodação, vestuário, alimentação e dinheiro de meretriz (TJSP, *RT* 487/305).
- **Menores de 21 anos e prisão preventiva:** Embora, em tese, possa ser considerado como grave o crime de rufianismo onde as vítimas são menores de 21 anos, tal fato não pode, por si só, afirmar que a prisão preventiva do agente se justifica (TJSP, *RT* 760/612).
- **Concurso de crimes:** A sentença não pode reclassificar a acusação do art. 230 para a do art. 229, sem dar vista à defesa (TJSP, *RJTJSP* 102/446). O crime deste art. 230 não pode concorrer com o de mediação para satisfazer a lascívia de outrem, se a ação é dirigida contra a mesma pessoa (Heleno Fragoso, *Jurisprudência Criminal*,1979, v. II, n. 484).
- **Absorção:** O crime de rufianismo absorve o de favorecimento à prostituição (TJMG, Ap. 1.0024.00.010484-4/001 (1), *DOE* 14.10.2008).

- **Lucro direto:** Configura o crime do art. 230 a conduta de tirar proveito da prostituição alheia, por meio de lucro direto, vale dizer, com o recebimento de parte dos valores arrecadados pela prostituta com seus clientes (TJSP, Ap. 0004877-18.2010.8.26.0071, rel. Des. Camilo Lellis, j. 24.7.2014). Mantém-se a condenação se a prova testemunhal e documental comprovam com clareza a participação direta do agente nos lucros provenientes da prostituição alheia (TJRO, Ap. n. 0001419-18.2014.822.0021, *DOe* 5.5.2016.

- **Qualificadora afastada:** Afasta-se a qualificadora se em nenhuma de suas declarações as vítimas mencionaram que nos meses em que ocorreu a exploração da prostituição os acusados agiram com o emprego de violência ou grave ameaça. O que se evidenciou, inclusive pela confissão dos réus, foi agressão ocorrida no dia – e somente nesta ocasião – em que as vítimas anunciaram que não mais pretendiam com eles morar (TJSP, Ap. 0001706-48.2008.8.26.0451, rel. Des. Otávio de Almeida Toledo, j. 22.3.2011).

TRÁFICO INTERNACIONAL DE PESSOA PARA FIM DE EXPLORAÇÃO SEXUAL

Art. 231. (*Revogado*)

- **Revogação:** Art. 231 revogado pela Lei n. 13.344, de 6.10.2016, que criou o crime do art. 149-A (Tráfico de Pessoas).

Art. 231-A. (*Revogado*)

- **Revogação:** Art. 231-A revogado pela Lei n. 13.344, de 6.10.2016, que criou o crime do art. 149-A (Tráfico de Pessoas).

Art. 232. (*Revogado*)

- **Revogação:** O art. 232 do CP foi revogado pela Lei n. 12.015/2009.

PROMOÇÃO DE MIGRAÇÃO ILEGAL

Art. 232-A. Promover, por qualquer meio, com o fim de obter vantagem econômica, a entrada ilegal de estrangeiro em território nacional ou de brasileiro em país estrangeiro:

Pena – reclusão, de 2 (dois) a 5 (cinco) anos, e multa.

§ 1º Na mesma pena incorre quem promover, por qualquer meio, com o fim de obter vantagem econômica, a saída de estrangeiro do território nacional para ingressar ilegalmente em país estrangeiro.

§ 2º A pena é aumentada de 1/6 (um sexto) a 1/3 (um terço) se:

I – o crime é cometido com violência; ou

II – a vítima é submetida a condição desumana ou degradante.

§ 3º A pena prevista para o crime será aplicada sem prejuízo das correspondentes às infrações conexas.

- **Alteração:** Art. 232-A acrescentado pela Lei n. 13.445, de 24.5.2017.

- **Noção:** A Lei n. 13.445/2017, conhecida como "Lei de Migração", é fruto do PL n. 2516/2015, do Senado Federal, sendo regulamentada pelo Decreto n. 9.199/2017. A Lei n. 13.455/2017 dispõe sobre os direitos e os deveres do migrante e do visitante, regula sua entrada e estada no País e estabelece princípios e diretrizes para as políticas públicas para o migrante, conceito no qual estão incluídos o imigrante, o emigrante e o apátrida (*vide* nota abaixo). Essa lei, além de trazer conceitos importantes, estabelece os princípios e garantias da política migratória brasileira (*vide* art. 3º).

- **Migrante, imigrante e emigrante (conceito):** Considera-se migrante, a "pessoa que se desloque de país ou região geográfica ao território de outro país ou região geográfica, em que estão incluídos o imigrante, o emigrante e o apátrida (Decreto n. 9.199/2017, art. 1º, inciso I); imigrante, a "pessoa nacional de outro país ou apátrida que trabalhe ou resida e se estabeleça temporária ou definitivamente na República Federativa do Brasil" (art. 1º, inciso II); emigrante, o "brasileiro que se estabeleça temporária ou definitivamente no exterior (art. 1º, inciso III). Sobre outros conceitos empregados pela Lei n. 13.455/2017, *vide* art. 1º do Decreto n. 9.199/2017.

- **Revogação do Estatuto do Estrangeiro e "*abolitio criminis*":** A Lei n. 13.445/2017, além de acrescentar este art. 232-A ao CP, revogou a Lei n. 6.815/1980, conhecida como "Estatuto do Estrangeiro", que trazia diversas infrações administrativas e alguns tipos penais em seu art. 125. Ocorre que, no lugar dos crimes previstos no revogado "Estatuto do Estrangeiro" (art. 125, incisos XI, XII e XIII), a Lei n. 13.445/2017 inseriu no CP, apenas, o crime deste art. 232-A do CP, deixando de incluir antigas condutas antes previstas como crime no revogado Estatuto. Embora existam semelhanças entre as antigas infrações penais previstas no art. 125, incisos XI, XII e XIII, do revogado Estatuto e o atual art. 232-A do CP (*vide* nota abaixo), não há que se falar em continuidade normativo-típica daquelas infrações penais, mas sim em *abolitio criminis* (CP, art. 2º, *caput*), principalmente porque o atual art. 232-A passou a exigir o elemento subjetivo do tipo "com o fim de obter vantagem econômica", o que não era requisito do antigo art. 125, incisos XI, XII e XIII, do antigo Estatuto do Estrangeiro. Nesse sentido, conferir a jurisprudência abaixo colacionada.

- **Quadro comparativo entre o revogado art. 125 do Estatuto do Estrangeiro e o atual art. 232-A do CP:**

■ A revogada Lei n. 6.815/1980 (Estatuto do Estrangeiro)	■ O atual art. 232-A do CP
"Art. 125. Constitui infração, sujeitando o infrator às penas aqui cominadas: (...) XI – infringir o disposto no artigo 106 ou 107: Pena: detenção de 1 (um) a 3 (três) anos e expulsão; XII – introduzir estrangeiro clandestinamente ou ocultar clandestino ou irregular: Pena: detenção de 1 (um) a 3 (três) anos e, se o infrator for estrangeiro, expulsão; XIII – fazer declaração falsa em processo de transformação de visto, de registro, de alteração de assentamentos, de naturalização, ou para a obtenção de passaporte para estrangeiro, *laissez-passer*, ou, quando exigido, visto de saída: Pena: reclusão de 1 (um) a 5 (cinco) anos e, se o infrator for estrangeiro, expulsão." (*Revogado*).	Art. 232-A. Promover, por qualquer meio, com o fim de obter vantagem econômica, a entrada ilegal de estrangeiro em território nacional ou de brasileiro em país estrangeiro: Pena – reclusão, de 2 (dois) a 5 (cinco) anos, e multa. § 1º Na mesma pena incorre quem promover, por qualquer meio, com o fim de obter vantagem econômica, a saída de estrangeiro do território nacional para ingressar ilegalmente em país estrangeiro. § 2º (...) § 3º (...)

Migração ilegal

- **Objeto jurídico:** A dignidade da pessoa humana e o controle de fronteiras.

Caput

- **Sujeito ativo:** A conduta pode ser praticada por qualquer pessoa (crime comum).

- **Sujeito passivo:** O migrante, seja brasileiro ou estrangeiro, bem como o Estado já que o controle de fronteiras é atingido. Na grande maioria das vezes, são pessoas em situação de vulnerabilidade que, por desespero, optam por imigrar ou emigrar de forma clandestina.

- **Tipo objetivo:** No *caput* o núcleo do tipo é promover, que tem o sentido de dar impulso, gerar, provocar. Incrimina-se aquele que promover, de forma *ilegal*, ou seja, em desacordo com os controles de fronteira, burlando-os, seja mediante ultrapassagem de fronteiras às escondidas, seja por meio de falsificação de documentos, (*a*) a entrada de estrangeiro em território nacional ou (*b*) a entrada de brasileiro (nato ou naturalizado) em país estrangeiro. O delito pode ser praticado por qualquer meio (crime de forma livre), inclusive mediante a falsificação de documentos.

- **Norma penal em branco:** Por se tratar de norma penal em branco, deverá o intérprete buscar na legislação correspondente quais são as exigências legais para a entrada de estrangeiro no Brasil e para a entrada de brasileiro em outro país, devendo consultar, além da própria Lei n. 13.445/2017, conhecida como Lei de Migração, o seu decreto regulamentador (Decreto n. 9.199/2017).

- **Tipo subjetivo:** Para todas as figuras deste art. 232-A do CP (*caput* e §§ 1º, 2º e 3º), exige-se o dolo específico, ou seja, a vontade livre e consciente de praticar a conduta incriminada, acrescida do fim especial "com o fim de obter vantagem econômica".

- **Consumação:** Na figura do *caput*, entendemos que o crime se consuma com a efetiva entrada ilegal de estrangeiro em território nacional ou do brasileiro de forma ilegal em país estrangeiro.

- **Tentativa:** Admite-se a tentativa quando a entrada ilegal do estrangeiro no Brasil não ocorre por circunstâncias alheias à vontade do agente, ou então quando a entrada do brasileiro no país estrangeiro é impedida da mesma forma.

- **Confronto com o Tráfico de Pessoas (art. 149-A do CP):** É importante ressaltar que o crime deste art. 232-A ("Promoção de migração ilegal") não se confunde com o crime do art. 149-A do CP ("Tráfico de Pessoas"), sendo esta considerada uma conduta mais grave, posto que apenada mais severamente. Enquanto no crime deste art. 232-A, o agente, *sempre movido por fins econômicos*, promove a entrada ilegal de estrangeiro no Brasil, ou de brasileiro no estrangeiro, no crime do art. 149-A a conduta é bem mais grave, pois o agente atua *mediante grave ameaça, violência, coação, fraude ou abuso*, tendo como finalidade uma das seguintes opções: I – remoção de órgãos, tecidos ou partes do corpo; II – submissão da vítima a trabalho em condições análogas à de escravo; III – ou ainda a qualquer tipo de servidão; IV – adoção ilegal; ou V – exploração sexual. Assim, enquanto no crime do art. 149-A, o autor age impelido por uma dessas criminosas finalidades (p.ex., exploração sexual), no crime deste art. 232-A, ele busca, tão somente, a entrada ilegal de estrangeiro no país, ou a entrada ilegal de brasileiro em país estrangeiro, assemelhando-se esta última conduta à figura do denominado *"coiote"* (isto é, o "agente" que cobra valores para atravessar emigrantes, principalmente nos EUA).

- **Pena:** Reclusão, de 2 (dois) a 5 (cinco) anos, e multa.

- **Ação penal:** Pública incondicionada.

Figura equiparada (§ 1º)

- **Rota de migração ilegal – Saída de estrangeiro do Brasil para ingresso ilegal em outro país, com o fim de obter vantagem econômica:** Responderá o agente pela mesma pena do *caput*, quando promover, por qualquer meio e com o fim de obter vantagem econômica, a saída de estrangeiro do Brasil para ingressar ilegalmente em país estrangeiro. Visa-se, desse modo, evitar que nosso país se transforme em "rota" de migração ilegal. Para sua consumação não é necessário que o estrangeiro ingresse efetivamente em outro país, sendo suficiente que sua saída de nosso país tenha ocorrido com tal finalidade.

Causa especial de aumento (§ 2º)

- **Duas hipóteses de aumento de pena:** Na 3ª fase de fixação da pena (*vide* CP, arts. 49 e 59), haverá o aumento de um 1/6 (um sexto) a 1/3 (um terço) se ocorrer uma das seguintes hipóteses:

- **Inciso I:** O crime for cometido com violência; note-se que a grave ameaça não constitui hipótese que autorize o aumento. A nosso ver, a violência que autoriza o aumento é a violência física, não a violência moral (que é a grave ameaça).

■ **Inciso II:** Se a vítima for submetida a condição desumana ou degradante. Em deslocamentos ou abrigos clandestinos, é comum que famílias inteiras acabem sendo submetidas a agruras inimagináveis, de forma degradante e até com risco de vida. Na Europa, inclusive, é até frequente descobrirem-se caminhões de transporte de carga, lacrados, com dezenas de imigrantes ilegais mortos por sufocamento; no México, pessoas que se submetem a longas travessias no deserto, com risco de vida, para tentar chegar aos Estados Unidos, pulando muros; há aqueles que se esconder em navios de carga, em situações totalmente degradantes, ou ainda que se aventuram em embarcações sem a mínima segurança.

Infrações Conexas (§ 3º)

■ **Noção:** De forma expressa, o § 3º diz que a punição pelo crime deste art. 232-A não impede a punição por "infrações conexas"; tal expressão é mais afeita ao direito processual penal, onde a conexão e a continência constituem hipóteses de fixação da competência (CPP, arts. 76 e seguintes). A regra enunciada por este § 3º, a nosso ver, não tem o condão de se sobrepor às regras da consunção ou absorção do "delito meio" pelo "delito fim", ou de se considerar eventuais condutas típicas praticadas posteriormente como mero "exaurimento" do crime, caso não ocorra ofensa a outros bens jurídicos ou incremento da lesão ao bem jurídico violado. Crimes que não forem atingidos pela consunção ou absorção, ou que não estiverem dentro do próprio exaurimento do delito, naturalmente serão puníveis.

■ **Consunção:** A norma incriminadora de fato que é meio necessário, fase normal de preparação ou execução, ou conduta anterior ou posterior de outro crime, é excluída pela norma deste, dentro da concepção finalista adotada pelo nosso Código. O exemplo clássico é o da falsidade de documento público ou particular (CP, arts. 298 e 299) empregado como meio para a prática do crime de estelionato (CP, art. 171) ou crime contra a ordem tributária (Lei n. 8.137/90, arts. 1º e 2º).

■ **Pós-fato e antefato impuníveis:** Segundo ANÍBAL BRUNO, "um fato anterior ou posterior, que não ofende novo bem jurídico, é muitas vezes absorvido pelo fato principal, e não tem outra punição além da punição deste (*mitbestrafte*). É o chamado antefato ou pós-fato não punível (...) Neles há sempre uma pluralidade de ações em sentido naturalista (...) embora só ofendam o mesmo bem jurídico e obedeçam, geralmente, a um só motivo, que orienta a linha dos fatos que se sucedem, tendo por núcleo o fato principal" (*Direito Penal*, 3ª ed., Rio de Janeiro, Forense, 1967, t. I, p. 277). Assim, o mero exaurimento do delito antecedente, sem ofensa a novos bens jurídicos e tampouco incremento da lesão ao bem jurídico anteriormente vulnerado, como decorrência natural do mesmo intento, não tem o condão de ensejar outra punição (que se daria em concurso material) além da referente ao crime antecedente. Nesse sentido, HANS-HEINRICH JESCHECK afirma que "a ação típica que suceda ao delito e unicamente pretenda assegurar, aproveitar ou materializar o proveito obtido pelo primeiro fato, resta consumida quando não se lesiona nenhum outro bem jurídico e o dano não se amplia quantitativamente em relação ao já ocasionado (*fato posterior impunível* ou, melhor, *punido simultaneamente*). Aqui, o típico da relação entre delito e fato posterior reside em que o autor deve geralmente realizar esse fato posterior se deseja que o principal tenha algum sentido para ele. Por isso, a apropriação de coisa furtada por parte do ladrão não constitui nenhuma apropriação indébita que proceda contemplar com independência (...) mas, ao contrário, a venda da coisa a um terceiro de boa-fé deve ser punida como estelionato, posto que no patrimônio do adquirente se lesiona um novo bem jurídico" (*Tratado de Derecho Penal – Parte General*, 4ª ed., Granada, Comares, 1993, p. 674, tradução livre). Igualmente, SANTIAGO MIR PUIG refere-se às condutas que "constituem a forma de assegurar ou realizar um benefício obtido ou perseguido por um fato anterior e não lesionam nenhum bem jurídico distinto ao vulnerado por esse fato anterior, nem aumentam o dano produzido ao mesmo" (*Derecho Penal – Parte General*, Barcelona, PPU, 1990, p. 741, tradução livre).

Jurisprudência

■ **Estatuto do Estrangeiro. Revogação.** *Abolitio criminis* **reconhecida:** "(...) todos os dispositivos penalizantes constantes no Estatuto do Estrangeiro restaram despenalizados, porquanto revogados pela Lei de Migração e não repetidos por ela. (...) a Lei n.

13.445/2017, além de revogar expressamente o Estatuto do Estrangeiro e consequentemente seu art. 125, XIII, descriminalizando tal conduta, previu expressamente no seu art. 123 que `ninguém será privado de sua liberdade por razões migratórias`, exceto nos casos previstos nesta Lei. A Lei de Migração trouxe como crime específico apenas a promoção de migração ilegal, ao introduzir o art. 232-A ao Código Penal, penalizando criminalmente tão somente a conduta daquele que auxilia a entrada ilegal do estrangeiro em território nacional como fim de obter vantagem econômica ou ainda sua saída para ingressar ilegalmente em país estrangeiro. Assim, a conduta praticada pelo acusado de fazer declaração falsa para instruir processo de anistia tornou-se atípica, verdadeiro *ante factum impunível*, porquanto ninguém pode ser punido por fato que lei posterior deixa de considerar crime, nos termos do art. 2º do Código Penal, sendo certo que a conduta dos acusados restou alcançada pelo instituto da *abolitio criminis* (...) mesmo a utilização de documento falso, quando a finalidade do ato era a obtenção de direito migratório, resta absorvida pelo ato posterior, tendo em vista a teoria da consunção" (TRF3, 5ª T., Processo 0013866-49.2014.403.6181, rel. Des. Fed. Paulo Fontes, data de autuação 27.5.2015).

- Estatuto do Estrangeiro. Revogação. *Abolitio criminis* não reconhecida: "Aplicação do princípio da continuidade normativa, pelo qual as condutas narradas na denúncia permanecem incriminadas mesmo após a revogação do Estatuto do Estrangeiro pela Lei n. 13.445/2017 – Lei de Migração), subsumam-se ao crime de promoção de migração ilegal (art. 232-A, *caput*, do Código Penal), razão pela qual deve ser dada tal capitulação jurídica aos fatos tratados nestes autos, preservada, contudo, a sanção descrita no art. 125, inciso XII, da Lei n. 6.815/80 (*nota nossa*: revogada pela Lei de Migração – Lei n. 13.445/2017), considerando seu caráter mais benéfico aos réus" (TRF3, ApCr 0010860-97.2015.4.03.6181/SP, *DJ*F3 Judicial 1 12.6.2019, Des. Fed. Fausto de Sanctis). Incorre no art. 125, inciso XII, da Lei n. 6.815/80 (*nota nossa*: revogada pela Lei de Migração – Lei n. 13.445/2017), aquele que auxilia estrangeiro a adentrar clandestinamente ou a se ocultar em território nacional, sendo prescindível a ocultação dos passageiros. Hipótese em que configurada tentativa porque obstada a consumação da conduta pela atividade policial em Ponte Internacional (TRF4, Ap. 5001119-36.2013.4.04.7103 RS, j. 26.9.2018).

Capítulo VI
DO ULTRAJE PÚBLICO AO PUDOR

ATO OBSCENO

Art. 233. Praticar ato obsceno em lugar público, ou aberto ou exposto ao público:

Pena – detenção, de 3 (três) meses a 1 (um) ano, ou multa.

- **Transação:** Cabe, preenchidos os requisitos do art. 76 da Lei n. 9.099/95.
- **Suspensão condicional do processo:** Cabe, atendidas as condições do art. 89 da Lei n. 9.099/95.

Ato obsceno
- **Objeto jurídico:** A liberdade sexual. A propósito do objeto jurídico deste crime, a observação feita pelo saudoso José Henrique Pierangeli, em coautoria com Carmo Antônio de Souza, é digna de transcrição. Após esclarecerem que a doutrina brasileira, de forma geral, considera ser o pudor público o objeto jurídico deste crime, anotam: "No Direito Penal atual, não se pode considerar como bem juridicamente tutelado tão somente os bons costumes, a moralidade pública ou o pudor. O ser humano sempre deverá estar

no polo ativo e no passivo. Dessa feita, pode-se concluir que o que se busca com esses tipos de normas é evitar a intromissão na esfera da liberdade sexual do indivíduo, do seu direito de não se confrontar com a pornografia. Trata-se, portanto, de um direito individual que, uma vez violado, provoca mal-estar mesmo em pessoas tolerantes para com a pornografia" (*Crimes Sexuais*, Belo Horizonte, Del Rey, 2010, p. 172). Razão assiste aos autores. De fato, os conceitos de "moralidade pública", "pudor público" e "bons costumes" têm, em seu âmago, inexoravelmente, o ser humano, o cidadão que tem o direito de presenciar atos pornográficos somente se assim o desejar. Garantir espaço para que as pessoas se preservem da pornografia é traço de nossa civilização, uma vez que, na cultura majoritária de nossa sociedade, mostrar pornografia de forma aberta, ao público em geral, mesmo para aqueles que não desejam se deparar com esse conteúdo, por vezes em família, gera um grande mal-estar, constrangimento, embaraço. A lei penal, aqui, preserva esse espaço púbico, que diz com a liberdade sexual de cada um, de escolher aonde, quando e com quem ter estímulo sexual, demandando um mínimo de discrição; jamais de forma pública, o que não deixa de ser uma agressão à sua dignidade sexual.

- **Sujeito ativo:** Qualquer pessoa, independentemente do sexo.
- **Sujeito passivo:** A coletividade.
- **Tipo objetivo:** A conduta punida é *praticar ato obsceno*. Segundo José Afonso da Silva, citando Ariel Arango, "obscenidade e pornografia são palavras que, frequentemente, andam juntas. São vocábulos afins. Pornografia vem do grego *pronographos*, que significa literalmente 'escrever sobre as rameiras'. Ou seja, a descrição da vida das prostitutas. E a obscenidade, a sexualidade impudica, é justamente o *métier* dessas mulheres. A obscenidade é, portanto, o gênero e a pornografia, uma de suas espécies". E complementa: "Agora sabemos que os 'palavrões' são palavrões porque são obscenos. E são obscenos porque nomeiam sem hipocrisia, eufemismo ou pudor o que nunca deve ser mencionado em público: a sexualidade luxuriosa e autêntica" (*Os Palavrões*, São Paulo, Brasiliense, 1991, pp. 13-14, apud José Afonso da Silva, "Liberdade de expressão cultural", in *Estudos em Homenagem a Ada Pellegrini Grinover*, São Paulo, Ed. DPJ, 2005, pp. 241 a 258). Ato obsceno, portanto, é aquele que ofende o pudor público, vinculado à sexualidade, de acordo com o meio ou as circunstâncias em que é praticado. O ato com conotação sexual pode ser real ou simulado, não se enquadrando no dispositivo a manifestação verbal obscena e tampouco, aduzimos, a nudez pura e simples, bem como a nudez artística ou a motivada por questões políticas (*vide* nota abaixo). A conduta deve ser praticada: *a. em lugar público* (acessível a número indefinido de pessoas); *b. ou aberto ao público* (onde qualquer pessoa pode entrar, ainda que mediante condições); *c. ou exposto ao público* (que permite que número indeterminado de pessoas vejam; é o lugar devassado).
- **Tipo subjetivo:** O dolo, ou seja, a livre vontade de praticar ato de conotação sexual, consciente da publicidade do local e de estar ofendendo o pudor. Na escola tradicional é o "dolo genérico". Não há punição a título de culpa.
- **Nudez, manifestações artísticas e políticas:** Em face dos nossos costumes atuais, entendemos que o *topless* praticado em qualquer praia, ou o *nudismo* em praias *predeterminadas ou afastadas*, sem qualquer conotação sexual, não configura ato obsceno, inclusive por inexistência de dolo, com consciência de ofender o pudor. Aliás, a mudança dos costumes nas grandes capitais brasileiras tem sido tão grande que, além das pessoas nos desfiles de carnaval ficarem praticamente nuas, a nudez tem sido parte integrante de outras *manifestações artísticas*, lembrando-se o que o fotógrafo norte-americano Spencer Tunick vem fazendo em várias capitais do mundo, inclusive atraindo, no mês de abril de 2002, mais de 1.100 pessoas ao Parque do Ibirapuera, na Capital do Estado de São Paulo, as quais tiraram a roupa e posaram para as suas lentes. A nudez, sem conotação sexual, igualmente faz-se presente, por vezes, em *manifestações políticas*, como a de uma jovem modelo que, em protesto contra a visita do Presidente norte-americano George Bush a São Paulo, em março de 2007, segurando a bandeira brasileira exibiu os seios pintados em uma das principais avenidas da capital, sem que essa conduta, em nosso entendimento, configurasse o crime do art. 233 do CP

(Processo 002.07.002031-2j, da 3ª Vara Criminal Especializada em Violência contra a Mulher do Foro Regional de Santo Amaro). De fato, nos tempos atuais, a nosso ver, não há qualquer fundamento constitucional que autorize a punição da nudez pela simples nudez, isto é, pelo fato da pessoa mostrar-se como ela é, como veio ao mundo, ainda mais em manifestações artísticas, que lidam com a *liberdade de expressão*. Aliás, quanto a esta, JOSÉ AFONSO DA SILVA ("Liberdade de expressão cultural", *in Estudos em Homenagem a Ada Pellegrini Grinover*, São Paulo, Ed. DPJ, 2005, pp. 241 a 258) bem observa que a liberdade de expressão cultural ganhou concreta autonomia no sistema constitucional vigente, mediante o disposto no art. 5º, IV, que assegura a liberdade da manifestação do pensamento, bem como no art. 220, ao garantir que "a manifestação do pensamento, a criação, a expressão e a informação, sob qualquer forma, processo ou veículo não sofrerão qualquer restrição, observado o disposto nesta Constituição", acrescentando, em seu § 2º, ser "vedada toda e qualquer censura de natureza política, ideológica e artística". Igualmente, no seu § 3º, que cabe a lei federal "regular as diversões e espetáculos públicos; cabendo ao Poder Público informar sobre a natureza deles, as faixas etárias a que não se recomendem, locais e horários em que sua apresentação se mostre inadequada", e que devem ser garantidos "à pessoa e à família a possibilidade de se defenderem de programas ou programações de rádio e televisão que contrariem o disposto no art. 221", o qual traça diretrizes a esses meios de comunicação, o que, evidentemente, não se confunde com censura. Como assevera mais uma vez o eminente constitucionalista, "a Constituição não agasalha, como limite à liberdade de expressão, a exigência de respeito aos bons costumes nem à ordem pública. Portanto, esses conceitos não podem ser erguidos como limitações à liberdade de expressão" (ob. e p. cits.), fazendo uma única ressalva, autorizada constitucionalmente, que é a concernente à preservação da criança e do adolescente em tais situações, tratada pelo Estatuto da Criança e do Adolescente – Lei n. 8.069/90 (ver arts. 78, 240 e 241).

- **Consumação:** Com a efetiva prática do ato, independente de que alguém se sinta ofendido (delito *formal*).
- **Tentativa:** Não é possível.
- **Confronto:** Se há importunação ofensiva ao pudor, art. 61 da LCP.
- **Pena:** É *alternativa*: detenção, de três meses a um ano, ou multa.
- **Ação penal:** Pública incondicionada.

Jurisprudência

- **Tipo objetivo:** O ato deve ter conotação sexual, não bastando meras palavras (TACrSP, *Julgados* 85/281).

- **Tipo subjetivo:** Não se deve considerar o tipo do art. 233 como simples crime formal, pois exige consciência da ilicitude do ato e a vontade de atingir o pudor público, este entendido segundo o costume da comunidade (TACrSP, *RT* 602/344; *contra*: TACrSP, *RT* 527/380).

- **Crime formal:** É delito formal, sendo irrelevante que não tenha sido presenciado ou não tenha ofendido o pudor de quem o viu (TACrSP, *RT* 527/380; *contra*: TACrSP, *RT* 602/344).

- **Lugar público:** *1. Em geral*. Havendo razoável dúvida de poder se considerar o local como aberto ou exposto ao público, o que constitui em elementar do tipo, absolve-se (TJRS, RC 71007588833/RS, DJe 1º.6.2018). *2. Interior de veículo*. Não configura, se foi necessário usar lanterna para ver o casal (TACrSP, *Julgados* 87/214). Não é lugar exposto ao público o interior de veículo estacionado em lugar ermo (TACrSP, *Julgados* 72/393). Não configura, a cópula realizada dentro de carro parado e trancado em lugar deserto, que terceiros não podiam ver (TJSP, *RT* 520/387). Não configura, o ato praticado no interior de automóvel, à noite e em lugar ermo (TACrSP, *RT* 553/357). A cabina de caminhão é sempre alta e subtrai quase totalmente a visão do seu interior por eventual passante, sendo discutível a publicidade do ato obsceno nela realizado (TACrSP, *RT* 438/432). *Contra, em parte*: Se o agente se masturba no interior do automóvel, em local público, fazendo questão que tal prática seja visualizada por passantes, caracterizado fica o crime do art. 233 (TACrSP, *RT* 592/350). *No mesmo sentido*: TJSP, Ap. 0022290-58.2009.8.26.0297, j. 24.4.2014). Caracteriza-se se, apesar de estar dentro de veículo, o agente permitiu que todos vissem seu ato obsceno (TACrSP, *Julgados* 77/313).Configura o delito se, apesar de o ato ocorrer no interior de carro parado e de madrugada, pôde ou podia ser visto (TACrSP, *Julgados* 71/253).Interior de automóvel, parado em local iluminado e que permita ver bem o que ali ocorre, é considerado lugar exposto ao público (TACrSP, *RT* 560/335). *3. Interior de residência.* Como não é local acessível a indeterminado número de pessoas, desclassifica-se para o art. 65 da LCP (TACrSP, *RT* 602/349). Absolve-se, se o agente toma banho nu no quintal de sua casa, sendo inadmissível em teoria penal a compreensão extensiva de "lugar público" (TJGO, *RT* 728/609). Configura o art. 233 a conduta de agente que exibe seu pênis na varanda de sua casa para menores que por ali passavam, sendo o alpendre situado de frente para a rua, com inteira visão de quem nesta se encontra (TACrSP, *RJDTACr* 22/77). Também se caracteriza o art. 233, se o agente se despe em frente à janela de apartamento vizinho, exibindo seus órgãos genitais em plena luz do dia, bastando que sua janela aberta permita que pessoas de outro apartamento o vejam (TACrSP, *RJDTACr* 22/75). *4. Local privado.* O agente que pratica ato obsceno em local privado, sem acesso nem possibilidade de visão por parte de um número indeterminado de pessoas, não comete o crime do art. 233 (TACrSP, *RT* 786/649).

- Teatro e liberdade de expressão: Simulação de masturbação e exibição das nádegas, após o término de peça teatral, em reação a vaias do público. Discussão sobre a caracterização da ofensa ao pudor público. Necessidade de se verificar o contexto em que se verificou o ato incriminado. O exame objetivo do caso concreto demonstra que a discussão está integralmente inserida no contexto da liberdade de expressão, ainda que inadequada e deseducada. Ordem concedida para trancar a ação penal (STF, 2ª T., HC 83.996/RJ, empate, j. 17.8.2004, *DJ* 26.8.2005, p. 65).

- Vereador. Inviolabilidade: Não há que se falar de ato obsceno em gesto deseducado do vereador, na Câmara, pois tal conduta hoje em dia dificilmente poderia ofender o sentimento médio de pudor. Ademais, a exteriorização do pensar, em meio a atrito, no exercício da atividade, faz incidir a inviolabilidade prevista na Carta Magna (STJ, 5ª T., HC 7332/SP, *DJ* 12.4.1999, p. 165).

- Travesti: Pratica o homossexual que, fazendo *trottoir*, deixa entrever seu corpo seminu, vestido com peças íntimas femininas (TACrSP, *Julgados* 87/416, *RT* 637/280).

- Streaking: Ou "chispada" (correr nu) enquadra-se no art. 233 do CP (TACrSP, *RT* 515/363,504/351, 495/332, 484/316).

- Namoro: O fato de ser surpreendido abraçado à acompanhante, no assento do veículo, é demonstração de afeto e não prática de ato obsceno (TACrSP, *RT* 415/261).

- Micção: Urinar é ato natural, mas quando a micção é praticada em via pública, com exibição do pênis, ofende o pudor público e configura o delito de ato obsceno (TACrSP, *Julgados* 80/539, 68/293). Urinar em lugar público, aberto ou exposto ao público, configura o crime do art. 233 (TACrSP, *RT* 763/598). Basta a mera possibilidade do ato de urinar ser presenciado por terceiros, sendo irrelevante a efetiva visão da genitália do agente (TACrSP, *RJDTACr* 25/61). *Contra, em parte:* Urinar de costas para a rua, sem exibir o pênis, é grosseria, mas não tipifica o art. 233 (TACrSP, *Julgados* 67/464). Urinar de madrugada, de maneira discreta, sem a presença de pessoas e de frente para a parede, não configura o delito deste art. 233 (TACrSP, *RJDTACr* 21/84-85).

- Masturbação: Configura, ao lado de parada de ônibus em local de grande circulação (TJRS, RCr 71007251895, *DJe* 9.3.2018). Pratica o crime o agente que aborda a vítima em plena via pública, profere palavras indecorosas, exibe os órgãos genitais e os manipula (STF, AgRg 861014, j. 24.3.2015).

- Seios à mostra: Em estação rodoviária, com grande número de pessoas, o fazendo com nítida conotação sexual, provocando vergonha aos transeuntes e ferindo o pudor público, caracteriza o art. 233 (TJDF, RCr 0111671-34.2015.8.07.0001, *DJe* 19.12.2016).

- **Genitália:** Sua exposição, em local público, para criança de 11 anos, configura (TJRS, RC 71008402927/RS, *DJe* 24.5.2019).
- **Embriaguez:** Não exime, salvo se fortuita ou proveniente de força maior (TACrSP, *RT* 587/347, *RJDTACr* 25/61).

ESCRITO OU OBJETO OBSCENO

Art. 234. Fazer, importar, exportar, adquirir ou ter sob sua guarda, para fim de comércio, de distribuição ou de exposição pública, escrito, desenho, pintura, estampa ou qualquer objeto obsceno:

Pena – detenção, de 6 (seis) meses a 2 (dois) anos, ou multa.

Parágrafo único. Incorre na mesma pena quem:

I – vende, distribui ou expõe à venda ou ao público qualquer dos objetos referidos neste artigo;

II – realiza, em lugar público ou acessível ao público, representação teatral, ou exibição cinematográfica de caráter obsceno, ou qualquer outro espetáculo, que tenha o mesmo caráter;

III – realiza, em lugar público ou acessível ao público, ou pelo rádio, audição ou recitação de caráter obsceno.

- **Transação:** Cabe em todas as figuras deste art. 234, preenchidos os requisitos do art. 76 da Lei n. 9.099/95.
- **Suspensão condicional do processo:** Cabe igualmente em todas as figuras, atendidas as condições do art. 89 da Lei n. 9.099/95.

Escrito ou objeto obsceno (caput)

- **Objeto jurídico:** A liberdade sexual. Como salientamos no artigo anterior, adotando as bem-lançadas palavras de HENRIQUE JOSÉ PIERANGELI, em obra escrita em coautoria com CARMO ANTÔNIO DE SOUZA, bens jurídicos vagos como o "pudor público" ou a "moral pública", em face de sua indefinição e subjetivismo, devem ser evitados. O ser humano sempre deverá estar no polo ativo e no passivo. Dessa feita, pode-se concluir que o que se busca com esses tipos de normas é evitar a intromissão na esfera da liberdade sexual do indivíduo, do seu direito de não se confrontar com a pornografia. Trata-se, portanto, de um direito individual que, uma vez violado, provoca mal-estar mesmo em pessoas tolerantes para com a pornografia" (*Crimes Sexuais*, Belo Horizonte, Del Rey, 2010, pp. 172 e 181). Razão assiste aos autores. De fato, os conceitos de "moralidade pública", "pudor público" e "bons costumes" têm, em seu âmago, inexoravelmente, o ser humano, o cidadão que tem o direito de só ter acesso à pornografia se assim o desejar. Garantir espaço para que as pessoas se preservem da pornografia é traço de nossa civilização, uma vez que, na cultura majoritária de nossa sociedade, mostrar pornografia de forma aberta, ao público em geral, mesmo para aqueles que não desejam se deparar com esse conteúdo, por vezes em família, gera um grande mal-estar, constrangimento, embaraço. A lei penal, aqui, preserva esse espaço púbico, que diz com a liberdade sexual de cada um, de escolher aonde, quando e com quem ter estímulo sexual, demandando um mínimo de discrição; jamais de forma pública, o que não deixa de ser uma agressão à sua dignidade sexual.
- **Sujeito ativo:** Qualquer pessoa.
- **Sujeito passivo:** A coletividade.
- **Tipo objetivo:** São várias as ações incriminadas, tratando-se de tipo penal misto alternativo (o crime será único, ainda que o agente pratique mais de uma das ações indicadas): *fazer* (criar, produzir), *importar* (fazer entrar no País), *exportar* (fazer sair para outro país), *adquirir* (obter, a título oneroso ou não) ou *ter sob sua guarda*

(guardar). As ações, todavia, devem ser praticadas com finalidade especial: *para fim de comércio, distribuição ou exposição pública*; não é punível a conduta para uso próprio (*vide Tipo subjetivo*). O objeto material é indicado: *escrito, desenho, pintura, estampa ou qualquer objeto obsceno*; abrange, assim, filmes, fotografias, *DVDs*, Internet etc. É sempre discutível o caráter de obscenidade em obras artísticas e literárias, sendo necessária a apreciação do seu conjunto e que a obra, para a configuração do tipo penal em exame, "*materialmente* expresse um fato atentatório ao pudor público, revelando por parte do autor o propósito de excitar a sensualidade e a luxúria" (HELENO FRAGOSO, *Lições de Direito Penal – Parte Especial*, 1965, v. III, pp. 679-685).

- **CR:** Já antes da CR/88 vinha decrescendo muito a repressão deste delito, em virtude da mudança dos costumes e da maior liberdade concedida pelos antigos órgãos de censura. Com a *abolição da censura* pela nova Carta (art. 5º, IX), a sua repressão penal vem diminuindo ainda mais. Como exemplo, lembramos as salas especiais de cinema autorizadas a exibir filmes pornográficos; as seções em locadoras de vídeo onde são oferecidos esses mesmos filmes; as películas do mesmo gênero exibidas nas televisões a cabo ou até mesmo em canais normais, só que de madrugada; as *sex-shops* (lojas de objetos eróticos), que apenas não exibem seus artigos em vitrines; as revistas pornográficas vendidas em bancas de jornais, com invólucro plástico opaco etc. Todas autorizadas pelo Poder Público, que recolhe impostos sobre a sua comercialização, e hoje toleradas pela sociedade. Desde que exista discrição, um filtro para que o cidadão que não queira se deparar com o conteúdo pornográfico possa se preservar, o tipo penal deste art. 234 não mais encontra repercussão penal, inclusive pelo denominado princípio da *adequação social*, que é uma das causas supralegais de exclusão da tipicidade, hoje aceito pela doutrina moderna (SANTIAGO MIR PUIG, *Derecho Penal*, PPU, Barcelona, 1990, pp. 567-570) e pela própria jurisprudência. Todavia, em casos nos quais o escrito, desenho, pintura, estampa ou objeto for exposto de forma escancarada ao público, sem nenhum filtro ou advertência às famílias, o tipo penal deste art. 234 continua, a nosso ver, em vigor.

- **Tipo subjetivo:** O dolo e o elemento subjetivo do tipo indicado pelo especial fim de agir (para comércio, distribuição ou exposição pública). Na doutrina tradicional é o "dolo específico". Não há forma culposa do delito.

- **Erro:** Deve ser apreciado de acordo com os arts. 20 e 21 do CP.

- **Consumação:** Com a prática das ações, sendo dispensável a efetiva ofensa ao pudor público (delito de *perigo*).

- **Tentativa:** Admite-se.

- **Concurso de crimes:** Nas hipóteses de importar e exportar, o crime é este do art. 234 e não o de contrabando ou descaminho do art. 334 do CP.

- **Confronto:** Se o agente "produzir ou dirigir representação teatral, televisiva ou película cinematográfica, utilizando-se de criança ou adolescente em cena de sexo explícito ou pornográfica", ou contracenar "com criança ou adolescente" nestas condições, cf. art. 240 e parágrafo único da Lei n. 8.069/90 (Estatuto da Criança e do Adolescente). Se o agente "fotografar ou publicar cena de sexo explícito ou pornográfica envolvendo criança ou adolescente", cf. art. 241 da mesma lei. Se a vítima menor de 14 anos é induzida a satisfazer a lascívia de outrem, o crime será o do art. 218 do CP. Se a vítima é menor de 14 anos e o agente a induz a presenciar conjunção carnal ou outro ato libidinoso a fim de satisfazer a lascívia própria ou de outrem, art. 218-A. Se a vítima menor de 18 anos é induzida à prostituição ou outra forma de exploração sexual, o crime será o do art. 218-B. Se for maior de 18 anos, o do art. 228 do CP.

- **Pena:** É *alternativa*: detenção, de seis meses a dois anos, ou multa.

- **Ação penal:** Pública incondicionada.

Figuras equiparadas (parágrafo único)

- **Noção:** Com a mesma pena são punidas outras condutas análogas:

a. *venda, distribuição ou exposição à venda ou ao público* (inciso I);

b. representação teatral, exibição cinematográfica ou qualquer outro espetáculo, em lugar público ou acessível ao público (inciso II);

c. audição ou recitação, em lugar público ou acessível a este, ou pelo rádio (inciso III). Entende-se que este inciso inclui a televisão; a nosso ver, contudo, tal entendimento viola o princípio da interpretação restritiva e da proibição da analogia *in malam partem* em matéria penal, devendo a lei ser alterada para incluir esse veículo de comunicação, inexistente à época da promulgação do Código Penal.

- **Confronto:** *Vide* nota *Confronto,* no *caput.*
- **Pena e ação penal:** Iguais às do *caput.*

Jurisprudência

- **Tipo objetivo:** O sentimento médio de pudor vem se modificando com o tempo; como o pudor que se protege é o do público, não se configura o delito do art. 234 do CP se os objetos obscenos estavam dentro de loja sem vitrinas externas, com entrada vedada a menores, de modo que não se achavam indiscriminadamente expostos aos passantes ou ao público em geral (TACrSP, *RT* 609/331). *Contra, em parte*: Configura a venda em loja de objetos obscenos destinados a práticas sexuais anormais (TACrSP, *Julgados* 82/431).

- **Importação:** A importação de revistas ou filmes pornográficos configura o delito do art. 234 e não o crime de contrabando ou descaminho previsto pelo art. 334 do CP (TFR, CComp 5.609, *DJU* 24.10.85, p. 18991; Ap. 5.691, *DJU* 14.6.84; *RTFR* 70/231; Ap. 4.447, *DJU* 18.6.80, p. 4617; *RF* 258/338).

- **Filme pornográfico:** A simples posse de película cinematográfica obscena não caracteriza o delito, sendo necessária a sua exibição em público (FRANCESCHINI, *Jurisprudência*,1975, v. I, n. 669). Cartazes de filmes pornográficos em saguão ou porta de cinema não configuram, em face da mudança do conceito de pudor público (TACrSP, *Julgados* 91/140 e 143).

- **Revista pornográfica:** Depósito de revistas pornográficas continua sendo crime, apesar do costume e de estarem envelopadas em plástico (TACrSP, *RT* 685/311).

- **Nudez em campanha publicitária:** Se a peça publicitária de roupa íntima não incursiona pelo chulo, pelo grosseiro, tampouco pelo imoral, até porque exibe a nudez humana em forma de obra de arte, não há, inequivocamente, atentado ao Código Penal, art. 234. A moral vigente não se dissocia do costume vigente; assim, quando os costumes mudam, avançando contra os preconceitos, os conceitos morais também mudam. A liberdade de criação artística é tutelada pela Constituição Federal, que não admite qualquer censura. *Habeas corpus* concedido para trancar o inquérito policial (STJ, *RT* 765/501).

- **Adequação social:** O princípio da adequação social não pode ser usado como neutralizador, *in genere*, da norma inserta no art. 234 do CP. Se a recorrente vendeu a duas crianças revista com conteúdo pornográfico, não há se falar em atipicidade da conduta, afastando-se, por conseguinte, o pretendido trancamento da ação penal (STJ, 5ª T., RHC 15.093/SP, j. 16.3.2006, *DJ* 12.6.2006, p. 499; TJSP, Ap. 0004213-36.2016.8.26.0019, j. 13.3.2019).

- **Fim de comércio:** Não é necessário o efetivo comércio, bastando que esse seja o intuito do agente (TFR, Ap. 4.284, *DJU* 6.6.80, p. 4161).

- **Internet:** Se restou comprovado nos autos, por meio de provas robustas, que os acusados mantinham sob sua guarda, para o fim de comerciar, distribuir ou expor, material obsceno com fotos de sexo explícito ou pornográfico de criança, publicando-as e revendendo-as pela Internet, não há que se falar em absolvição da imputação dos crimes prescritos nos arts. 234 do CP e 241 do ECA (TJPR, *RT* 807/704).

- **Convite de festa:** A venda, por formandos, de convites para uma festa com dizeres considerados obscenos, com intuito de arrecadar fundos para baile de formatura, não caracteriza este delito; tal fato reprovável é absolvido pela população e por esta considerado meramente jocoso, fruto natural da euforia de acadêmicos (TACrSP, RJDTACr 20/195).

- **Crime de perigo:** O art. 234 é delito de perigo, sendo dispensável que ocorra ofensa ao pudor público, bastando a sua possibilidade (TFR, Ap. 4.284, DJU 6.6.80, p. 4161; TACrSP, RT 533/352).

Capítulo VII
DISPOSIÇÕES GERAIS

- **Alteração:** A Lei n. 12.015/2009 acrescentou este Capítulo VII ("Disposições Gerais") ao Título VI ("Dos Crimes contra a Dignidade Sexual"), composto pelos arts. 234-A e 234-B.

AUMENTO DE PENA

Art. 234-A. Nos crimes previstos neste Título a pena é aumentada:

I – (vetado);

II – (vetado);

III – de metade a 2/3 (dois terços), se do crime resultar gravidez;

IV – de 1/3 (um terço) a 2/3 (dois terços), se o agente transmite à vítima doença sexualmente transmissível de que sabe ou deveria saber ser portador, ou se a vítima é idosa ou pessoa com deficiência.

- **Alteração:** A Lei n. 13.718, de 24.9.2018, deu nova redação aos incisos III e IV.

Gravidez (inciso III)

- **Aplicação:** Os aumentos de pena previstos neste art. 234-A aplicam-se aos crimes previstos no Título VI – Dos Crimes Contra a Dignidade Sexual.

- **Se resultar gravidez:** Dispõe o inciso III deste art. 234-A que, se de um dos crimes contra a dignidade sexual previstos no Título VI, resultar gravidez, a pena é aumentada de metade a 2/3 (dois terços).

- **Irretroatividade:** Até o advento da Lei n. 13.718, de 24.9.2018, o aumento da pena era somente até a metade. A previsão de aumento de metade a 2/3 (dois terços), por conter tratamento mais rigoroso, somente poderá ser aplicada para fatos praticados após 24.9.2018 (CR/88, art. 5º, XXXXIX, e CP, art. 1º).

Doença sexualmente transmissível (inciso IV)

- **"DST":** Preceitua o inciso IV que se o agente de crime contra a dignidade sexual (isto é, previsto no Título VI) transmite à vítima doença sexualmente transmissível de que sabe (dolo direto) ou deveria saber (dolo eventual) ser portador, ou se a vítima é idosa ou pessoa com deficiência, a pena é aumentada de 1/3 (um terço) a 2/3 (dois terços). A nosso ver, a expressão "deveria saber" exige dolo eventual e não apenas culpa. Entendimento contrário levaria a punir com a mesma causa especial de aumento de pena uma conduta dolosa e uma conduta culposa, o que é inadmissível.

- **Irretroatividade:** Até o advento da Lei n. 13.718, de 24.9.2018, o aumento da pena era somente de 1/6 (um sexto) até a metade, e não de 1/3 (um terço) a 2/3 (dois terços). Da mesma forma, não havia a previsão de aumento nos casos em que a vítima fosse idosa ou pessoa com deficiência. Essas alterações, por trazerem tratamento penal mais rigoroso, não retroagem, somente podendo ser aplicadas para fatos praticados após 24.9.2018 (CR/88, art. 5º, XXXXIX, e CP, art. 1º).

Jurisprudência

- **Palavra da vítima:** nos delitos contra a liberdade sexual, que frequentemente não deixam testemunhas ou vestígios, ela em valor probante diferenciado, desde que esteja em consonância com as demais provas (TJPB, Ap. 045147-20.2010.8.15.2002, j. 18.7.2019).

Art. 234-B. Os processos em que se apuram crimes definidos neste Título correrão em segredo de justiça.

Segredo de justiça

▪ **Processos em segredo de justiça:** Louvável, sob todos os aspectos, o acréscimo deste art. 234-B ao CP, determinando correrem em segredo os processos que apuram crimes definidos no Título VI. Com isso, protege-se não só a vítima, mas também os acusados (que gozam da presunção de inocência), da curiosidade mórbida que tais tipos de delito despertam em mentes malformadas e da chamada *imprensa marrom*. Antes dessa inovação, o CPP só previa, em seu art. 20, o sigilo "no inquérito" quando fosse ele "necessário à elucidação do fato ou exigido pelo interesse da sociedade". Assim, durante a ação penal tinham as partes interessadas de invocar a analogia *in bonam partem* ou a interpretação extensiva (CPP, art. 3º), bem como dispositivos da lei processual civil. Como é cediço, o segredo de justiça não alcança o direito dos advogados e estagiários de advocacia, com procuração para a causa, de ter *acesso irrestrito* aos autos, no exercício de suas prerrogativas profissionais e como garantia de efetiva ampla defesa.

▪ **Entrevista das partes à mídia:** Não é pelo fato de um processo estar sob segredo de justiça que as partes encontrar-se-ão absolutamente impedidas de dar entrevista à mídia. Por vezes, pode ocorrer de o profissional conceder uma entrevista com afirmações genéricas acerca de sua convicção da culpa ou inocência do acusado, sem praticar o crime previsto no art. 154 do CP, desde que não entre em detalhes da prova do processo e tampouco forneça cópias deste a jornalistas. Se houver vazamento de conteúdo de interceptação telefônica, de informática ou telemática, com quebra de segredo da justiça, o crime será mais grave, ou seja, o do art. 10 da Lei n. 9.296/96.

Jurisprudência

▪ **A quem se destina:** O segredo de Justiça, determinado pelo art. 234-B, destina-se ao processo como um todo, não fazendo distinção entre réu e vítima (STJ, 5ª T., AgRg no HC 455454/ES, *DJe* 31.10.2018).

▪ **Júri a portas fechadas:** Sua realização está devidamente fundamentada na proteção da intimidade de vulneráveis, tanto da vítima, quanto da menor informante (TJRS, CPar 70081395303 RS, *DJe* 24.06.2019).

Título VII
DOS CRIMES CONTRA A FAMÍLIA

■ **Nota explicativa:** A família é um microcosmos da sociedade, seu núcleo fundamental e natural. É no seio familiar que os filhos recebem afeto, aprendem com os pais como agir e como ter limites, como lidar com frustrações, como é importante trabalhar e ter disciplina. Deles recebem ensinamentos e exemplos; presenciam como é importante ter solidariedade, cuidar dos mais velhos e das crianças. É no seio familiar, portanto, que os valores essenciais são transmitidos; é dentro da convivência familiar que a personalidade dos homens e mulheres de amanhã é forjada. Daí a extrema importância em se proteger a instituição da família; uma família saudável, equilibrada, onde uns respeitem os outros. Em monografia *A Família e a Justiça Penal* (São Paulo, Revista dos Tribunais, 1988), JAQUES DE CAMARGO PENTEADO traz as palavras de JACQUES LECLERCQ: "... o impulso natural do instinto sexual, do amor maternal, a tendência do homem para que os outros o continuem, dão origem à família de um modo tão imediato quanto possível. A autoridade paterna estabelece-se sem qualquer recurso aos princípios, unicamente pela circunstância de os filhos nascerem de seus pais e de não poderem viver nem desenvolverem-se sem eles. Por isso, não é de admirar que se encontre em todos os povos civilizados uma organização familiar sensivelmente idêntica, nem que ela exista inclusive entre os povos mais próximos da natureza" (*A Família*, São Paulo, Quadrante, USP, p. 9). Nesse contexto, tendo em vista que ao Direito Penal compete a missão de proteger bens jurídicos considerados de alta relevância, isto é, valores fundamentais da ordem social (JESCHECK, *Tratado de Derecho Penal*, 4ª ed., Granada, Comares Editorial, 1993, p. 6), justifica-se a previsão de tipos penais voltados a reprimir e prevenir condutas que atentem contra a família. Com efeito, a CR/88 traz um capítulo próprio destinado à proteção da família, da criança, do adolescente e dos idosos (Capítulo VII do Título VIII), dispondo em seu art. 226 que "a família, base da sociedade, tem especial proteção do Estado". Foi, portanto, com o fim de proteger o bem jurídico "família" que o legislador penal dividiu o presente Título VII em quatro capítulos, possuindo cada qual tipos penais próprios, a seguir comentados. Sobre assuntos correlatos à família, é importante que o intérprete dos tipos penais correspondentes faça sempre uma leitura conjunta com a Constituição Federal, o Código Civil e o Estatuto da Criança e do Adolescente.

Capítulo I
DOS CRIMES CONTRA O CASAMENTO

BIGAMIA

Art. 235. Contrair alguém, sendo casado, novo casamento:
Pena – reclusão, de 2 (dois) a 6 (seis) anos.

§ 1º Aquele que, não sendo casado, contrai casamento com pessoa casada, conhecendo essa circunstância, é punido com reclusão ou detenção, de 1 (um) a 3 (três) anos.

§ 2º Anulado por qualquer motivo o primeiro casamento, ou o outro por motivo que não a bigamia, considera-se inexistente o crime.

■ **Suspensão condicional do processo:** Cabe no § 1º, atendidas as condições do art. 89 da Lei n. 9.099/95.

- **Histórico:** Como anota JOSÉ FERNANDO SIMÃO (Poligamia, casamento homoafetivo, escritura pública e dano social: uma reflexão necessária – Parte 4, *Carta Forense*, março 2013, p. B12), "por mais de 500 anos, para o Direito brasileiro a pena imputada ao bígamo era a morte; no processo de trocas culturais entre o europeu colonizador e o indígena colonizado, a poligamia de certas comunidades indígenas não foi adotada pela sociedade brasileira que se formava nos Séculos XV e XVI. O processo de assimilação cultural rechaçou o modelo poligâmico de família. Houve uma opção histórica e social pela monogamia; o Brasil teve a oportunidade de adotar a poligamia em razão das trocas culturais com os escravos vindos da África, mas não o fez". Mais recentemente, a CR/88 passou a reconhecer "a união estável entre o homem e a mulher como entidade familiar, devendo a lei facilitar sua conversão em casamento" (art. 226, § 3º), tendo o STF, em 2011, estendido esse reconhecimento para as relações homoafetivas (ADI 4.277 e ADPF 132). O Jornal *Folha de S.Paulo*, do dia 24.01.2016, p. B7, noticiou a aceitação por alguns cartórios do registro civil de uniões "poliafetivas", não tendo havido até o momento posicionamento do Judiciário.

Caput

- **Objeto jurídico:** A instituição do casamento, base tradicional da organização da família, dada a relevância que a CR acertadamente confere a esta instituição, vital estrutura de nossa sociedade.

- **Sujeito ativo:** A pessoa casada que contrai novo matrimônio (*caput*). A pessoa solteira, viúva ou divorciada, que se casa com pessoa que sabe ser casada, incide na figura mais branda do § 1º.

- **Sujeito passivo:** O Estado, o cônjuge do primeiro matrimônio e o do segundo, se de boa-fé.

- **Tipo objetivo:** O núcleo do tipo é um só: contrair, isto é, levar a efeito, realizar, efetuar. É *pressuposto* (ou *elementar*) deste crime a existência formal e a vigência de anterior casamento. Do contrário, a conduta será atípica. O concubinato, assim como a união estável, não serve de pressuposto (CR, art. 226, § 3º). O casamento religioso, salvo o que tiver sido registrado no registro civil (cf. CR, art. 226, § 2º; CC, arts. 1.515 e 1.516), também não serve de pressuposto para o crime. Se for *anulado* o primeiro matrimônio, por qualquer razão, ou o posterior, por motivo diverso da bigamia, considera-se *inexistente* o crime (§ 2º do art. 235 do CP). Sobre os motivos de invalidade do casamento, cf. arts. 1.548 e ss. do CC. A pessoa separada judicialmente não pode contrair novo matrimônio enquanto não se divorciar, sob pena de incidir no crime deste art. 235. Isto porque, de acordo com o art. 1.571, § 1º, do CC, o casamento válido só se dissolve pela morte de um dos cônjuges ou pelo divórcio. Após a instituição do divórcio entre nós na década de 1970, através da Lei n. 6.515/77, a prática do crime de bigamia vem cada vez mais diminuindo.

- **Tipo subjetivo:** O dolo, ou seja, a vontade livre e consciente de contrair novo matrimônio, sabendo que não poderia fazê-lo. Na falta desta ciência, como no caso do agente leigo e de pouca instrução que contrai novo casamento, embora separado judicialmente, mas não ainda divorciado, poderá haver isenção ou diminuição da pena, nos termos do art. 21 do CP (erro de proibição). Na corrente tradicional é o "dolo genérico". Não há forma culposa.

- **Consumação:** No momento e lugar em que se efetiva o segundo casamento. Trata-se de crime *instantâneo* de efeitos *permanentes*.

- **Tentativa:** É admissível, porque a celebração do casamento é composta de etapas (cf. arts. 1.533 e ss. do CC), podendo o casamento, embora iniciado, não se realizar por circunstâncias alheias à vontade do agente (CP, art. 14, II). De notar que o processo de habilitação não pode ser considerado início de execução (CC, arts. 1.525 e ss.), sendo mero ato preparatório não punível.

- **Concurso de pessoas:** No *caput*, pode haver apenas participação, por entendermos ser crime de mão própria. No § 1º, pode haver tanto coautoria quanto participação, por ser crime comum. Entretanto, em vista das duas figuras que o art. 235 contém (*caput* e § 1º), pensamos que o partícipe do *caput* deva ficar sujeito à pena mais branda do § 1º, pois, em face dos princípios da razoabilidade e da proporcionalidade, não se pode puni-lo com sanção superior à cominada para o próprio agente, que, não sendo casado, contrai casamento com pessoa já casada, ciente da circunstância (§ 1º).

- **Prescrição:** Antes de transitar em julgado a sentença final, a prescrição, nos crimes de bigamia e nos de falsificação ou alteração de assento do registro civil, começa a correr na data em que o fato se tornou conhecido (cf. art. 111, IV, do CP).

- **Concurso de crimes:** A celebração de mais de um casamento configura crimes autônomos (hipótese de concurso material). Para ANDRÉS A. BALESTRA, haveria crime continuado ("Bigamia", in Enciclopédia Saraiva do Direito, v. 11, p. 318).

- **Absorção:** Predomina o entendimento de que a bigamia absorve o crime de falsidade.

- **Confronto:** Caso o agente contraia casamento, induzindo em erro essencial o outro contraente, ou ocultando-lhe impedimento que não seja o casamento anterior (hipótese deste art. 235), o crime será o do art. 236 do CP. Em caso de o agente contrair casamento, conhecendo a existência de impedimento que lhe causa a nulidade absoluta, art. 237 do CP. Em caso de simulação de casamento, art. 239 do mesmo Código.

- **Pena:** Reclusão, de dois a seis anos.

- **Ação penal:** Pública incondicionada.

Casamento de pessoa não casada com outra casada (§ 1º)

- **Noção:** Entendeu por bem o legislador punir mais levemente aquele que, não sendo casado (solteiro, viúvo ou divorciado), contrai casamento com pessoa casada, conhecendo essa circunstância. Neste caso, a pessoa casada responde pelo caput e a pessoa não casada por este § 1º.

- **Tipo subjetivo:** Em face da expressão usada ("conhecendo"), requer-se o dolo direto, não bastando o eventual. Se a pessoa não conhece tal circunstância, a conduta é atípica.

- **Pena:** É alternativa a pena privativa de liberdade: reclusão ou detenção, de um a três anos.

Jurisprudência

- **Anulação do casamento:** Considera-se inexistente o crime de bigamia somente quando anulado o primeiro casamento por qualquer motivo, ou o segundo quando a anulação não se der pela própria bigamia (TJPI, Ap. 201500010027288/PI, j. 16.03.2016). Não afasta o crime o desquite do primeiro cônjuge nem a nulidade do segundo casamento por motivo de bigamia (TJSP, RT 514/322). A anulação do segundo casamento, por motivo de bigamia, não torna inexistente o crime (TJSP, RJTJSP 100/496, RT 505/309). Haverá o crime, desde que vigente o casamento anterior (TJSP, RT 557/301).

- **Agente separado judicialmente:** Se o apelado se encontrava separado judicialmente havia mais de dois anos, e o cônjuge do segundo casamento tinha pleno conhecimento dessa condição, a sanção civil de nulidade da última união já é capaz de dar uma resposta adequada e proporcional ao fato, devendo ser absolvido com fundamento no art. 386, VI, do CPP. Embora tenha praticado conduta típica e antijurídica, restou excluída a culpabilidade pelo erro de proibição – art. 21 do CP (TJMG, Ap. 0127543-77.2010.8.13.0525/MG, DJe 7.8.2017). Contra: Se o acusado, ao contrair o segundo matrimônio, declarou-se solteiro, fica evidenciado o dolo, não convencendo a alegação de que pensava ser suficiente a separação judicial quanto ao primeiro casamento (TJSP, Ap. 0006418-77.2007.8.26.0302, j. 3.3.2011). Pratica bigamia, se contrair novo casamento antes de divorciar-se (TJPR, RT 549/351). Se a acusada estava apenas separada judicialmente, e veio a contrair novo casamento, valendo-se, aliás, de certidão de nascimento antiga e anterior ao primeiro casamento, configura-se o delito de bigamia (TJSP, ApCr 993.06.061016-3, j. 26.5.2008). Para novo casamento, mister se faz que se tenha efetivamente dissolvido o anterior, observando-se os procedimentos legais, o que ninguém ignora (TJSP, ApCr 993.02.011388-6, j. 9.9.2008).

- **Divórcio posterior:** O divórcio obtido posteriormente, em relação ao segundo casamento, não isenta o agente do delito de bigamia (TJSP, RJTJSP 110/503).

- **Prova de vigência:** Se o acusado contraiu novas núpcias, ainda na vigência do primeiro casamento, não demonstradas a ocorrência de erro de fato, a ausência de dolo na sua conduta ou a ignorância do caráter criminoso do fato, impõe-se a condenação (TJMG, *RT* 773/644). Não basta a prova de que o acusado casou-se duas vezes, sendo necessária a demonstração, que a acusação deve fazer, de que o primeiro matrimônio estava vigente ao tempo da realização do segundo (TJSP, *mv – RJTJSP* 80/373, 74/312). *Contra, em parte:* A morte da primeira esposa precisa ser comprovada pelo acusado, não bastando que seja presumida (TJSP, *mv – RT* 541/364).

- Erro de tipo (CP, art. 21): Deve ser absolvida a mulher que contraiu segundo matrimônio por entender que o primeiro tivesse sido invalidado em decorrência do longo tempo de separação, pois não entendia o caráter ilícito de seu ato em razão de sua pouca cultura (TJRO, ApCr 200.00.20.000025879, j. 19.10.2000). Se não houve oposição ao casamento da apelante, que fez constar em certidão a palavra divórcio ao invés de separação, sendo a mesma pessoa humilde e de pouca cultura, impõe-se a absolvição, circunstância mais justa e benéfica que a declaração de extinção da punibilidade pela prescrição (TJMG, ApCr 1.0000.00.301935-3/000(1), j. 13.8.2003, *DJ* 6.5.2003). *Contra, em parte:* A alegação de que incidiu em erro sob a ilicitude do fato não merece prosperar, pois em seu depoimento o acusado expressamente declarou que quando do segundo matrimônio encontrava-se separado judicialmente da sua primeira esposa e que esta teria ficado responsável pela averbação da separação; agente que não incidiu em erro, já que demonstrou ter ciência da situação jurídica em que se encontrava, tratando-se ainda de pessoa de boa instrução escolar (TJRN, ApCr 2003.004293-8, j. 21.5.2004). *Contra:* Somente é possível se acolher a afirmativa de ter havido erro quanto à ilicitude do fato, caso o agente demonstre efetivo desconhecimento da potencialidade lesiva de sua conduta; se utilizar inúmeras tergiversações para encobrir o ato, estaria demonstrando que tinha plena ciência da proibição do segundo casamento (TJMS, ApCr 2004.003841-0, j. 24.8.2004). O comportamento do acusado, que escondeu da segunda esposa seu anterior casamento, é sintomático daquele que sabia haver o impedimento para a celebração das novas núpcias (TJSP, RvCr 993.06.021221-4, j. 15.12.2008).

- Absorção da falsidade ideológica: A bigamia absorve o crime precedente de falsidade ideológica (TJSP, *RJTJSP* 100/453, 78/376, *RT* 533/319; TJMG, *RT* 694/358). Declarada anteriormente a atipicidade da conduta do crime de bigamia pela Corte de origem, não há como subsistir a figura delitiva da falsidade ideológica, em razão do princípio da consunção (STJ, HC 39.583/MS, *vu – DJU* 11.4.2005, p. 346, *in Bol. IBCCr* n. 151, junho de 2005).

- Concurso de pessoas: É coautor quem, tendo conhecimento de que a pessoa que vai casar-se já é casada, participa como testemunha ou padrinho do casamento, e também instiga o agente a consorciar-se (TJSP, *RT* 566/290). Em tese, pode ser a testemunha do casamento que tem ciência da vigência do matrimônio anterior (TJSP, *RJTJSP* 68/331).

- Consumação: O crime do art. 235 é instantâneo de efeitos permanentes, consumando-se no instante em que os nubentes consentem na contração do vínculo conjugal e corolária declaração do Juiz da condição de casados, sem a legal ruptura do liame anterior (TJSP, Ap. 0001177-98.2007.8.26.0116, j. 8.8.2013).

- Tentativa: A tentativa começa com o início do ato de celebração, sendo os proclamas e atos anteriores meramente preparatórios (TJSP, *RT* 526/336).

- Prescrição: A prescrição, antes de transitar em julgado a sentença final, começa a correr da data em que o crime se tornou conhecido da autoridade pública (TJSP, RSE 189.329-3, j. 13.11.95, *Bol. AASP* n. 1.962). *Vide*, também, nota sob o título *Bigamia e falsificação ou alteração de assentamento de registro civil*, no art. 111 do CP.

- Extraterritorialidade: Configura o crime de bigamia o fato de brasileiro, já casado no Brasil, contrair novo matrimônio no Paraguai, pois ambos os países punem a bigamia, o que preenche o requisito da extraterritorialidade do CP (TJSP, *RT* 516/287, 523/374).

- Figura do parágrafo único: Exige o dolo direto, isto é, que o agente efetivamente saiba que já é casada a pessoa com quem está se casando (TJSP, *RJTJSP* 100/496).

- **Confronto com estelionato previdenciário:** A fraude consistente na constituição simulada do estado civil com desvio de finalidade, ou seja, dar aparência formal a uma situação que, de fato, não existe, não é elementar do crime do art. 171, § 3º, do CP. Por tal razão, não se aplica a questão prejudicial do art. 92 do CPP, não se suspendendo a ação penal (TRF4, RCr5001997-69.2015.404.7206/SC, j. 28.3.2017).

INDUZIMENTO A ERRO ESSENCIAL E OCULTAÇÃO DE IMPEDIMENTO

Art. 236. Contrair casamento, induzindo em erro essencial o outro contraente, ou ocultando-lhe impedimento que não seja casamento anterior:

Pena – detenção, de 6 (seis) meses a 2 (dois) anos.

Parágrafo único. A ação penal depende de queixa do contraente enganado e não pode ser intentada senão depois de transitar em julgado a sentença que, por motivo de erro ou impedimento, anule o casamento.

- **Composição civil, transação penal e suspensão condicional do processo:** Cabem (arts. 72, 76 e 89 da Lei n. 9.099/95).

Induzimento a erro essencial e ocultação de impedimento (caput)

- **Objeto jurídico:** A regular formação da família.
- **Sujeito ativo:** O cônjuge que induziu em erro ou ocultou impedimento.
- **Sujeito passivo:** O Estado e o cônjuge enganado.
- **Tipo objetivo:** A conduta prevista é *contrair* (levar a efeito, realizar, efetuar) casamento, o que ocorre "no momento em que o homem e a mulher manifestam, perante o juiz, a sua vontade de estabelecer vínculo conjugal, e o juiz os declara casados" (CC, art. 1.514). Pune-se tanto a realização de casamento civil quanto do casamento religioso com efeitos civis, ou seja, mediante registro civil (cf. CR, art. 226, § 2º; CC, arts. 1.515 e 1.516). São apenas duas as modalidades de fraude punidas: *a.* Induzindo em erro essencial o outro cônjuge. *Induzir* tem a significação de persuadir, incutir. Sobre o erro essencial, *vide* nota abaixo. *b.* Ou ocultando-lhe impedimento que não seja casamento anterior. Caso o agente oculte a existência de casamento anterior, responderá por bigamia (CP, art. 235). O impedimento cuja ocultação se pune deve ser um dos previstos no art. 1.521 do CC (*vide* nota abaixo). Para que haja o crime é preciso que outro contraente seja enganado; caso este tenha conhecimento do impedimento (que não seja casamento anterior), responderá, juntamente com o contraente impedido, pelo crime do art. 237 do CP.
- **Erro essencial no CC:** O erro essencial constitui hipótese legal de anulação do casamento por vício da vontade, e diz respeito à pessoa do outro (CC, arts. 1.550, III, e 1.556). De acordo com o art. 1.557 do CC, "considera-se erro essencial sobre a pessoa do outro cônjuge: I – o que diz respeito à sua identidade, sua honra e boa fama, sendo esse erro tal que o seu conhecimento ulterior torne insuportável a vida em comum ao cônjuge enganado; II – a ignorância de crime, anterior ao casamento, que, por sua natureza, torne insuportável a vida conjugal; III – a ignorância, anterior ao casamento, de defeito físico irremediável, ou de moléstia grave e transmissível, pelo contágio ou herança, capaz de pôr em risco a saúde do outro cônjuge ou de sua descendência; IV – a ignorância, anterior ao casamento, de doença mental grave que, por sua natureza, torne insuportável a vida em comum ao cônjuge enganado".
- **Impedimentos no CC:** Os impedimentos constituem hipóteses legais em que se veda a celebração do casamento, atualmente previstas no art. 1.521 do CC, *verbis*: "Não podem casar: I – os ascendentes com os descendentes, seja o parentesco natural ou civil; II – os afins em linha reta; III – o adotante com quem foi cônjuge do adotado e o adotado com quem o foi do adotante; IV – os irmãos, unilaterais ou bilaterais, e demais colaterais, até o terceiro grau inclusive; V – o adotado com o filho do adotante; VI – as

pessoas casadas; VII – o cônjuge sobrevivente com o condenado por homicídio ou tentativa de homicídio contra o seu consorte". Para efeito de caracterização do crime deste art. 236, não se incluem as causas suspensivas do casamento previstas no art. 1.523 do CC.

- **Tipo subjetivo:** O dolo, ou seja, a vontade livre e consciente de contrair matrimônio, induzindo em erro essencial o outro contraente ou ocultando-lhe impedimento que não seja casamento anterior. É preciso, portanto, que o agente saiba da existência do impedimento. Na escola tradicional é o "dolo genérico". Não há forma culposa.

- **Erro de proibição:** Diante da complexidade da legislação ou mesmo ignorância do contraente, não será raro surgirem hipóteses em que o agente se engana quanto ao alcance legal do impedimento, podendo isentá-lo de pena ou reduzi-la de um sexto a um terço, conforme se trate de erro inescusável ou escusável, respectivamente (CP, art. 21). O erro quanto ao impedimento exclui o dolo (CP, art. 20).

- **Consumação:** No momento em que o casamento é contraído, isto é, no instante que o homem e a mulher manifestam, perante o juiz, a sua vontade de estabelecer vínculo conjugal, e o juiz os declara casados (CC, art. 1.514). Tratando-se de casamento religioso, no momento em que é registrado no registro civil (CC, arts. 1.515 e 1.516).

- **Tentativa:** A princípio, pela redação do *caput*, seria possível a tentativa, sobretudo se se considerar o casamento como ato que comporta etapas (cf. arts. 1.533 e ss. do CC). Todavia, em face da condição de procedibilidade inserta no parágrafo único (qual seja, a necessidade de haver trânsito em julgado da sentença que, por motivo de erro ou impedimento, tenha anulado o casamento viciado), não há como se admitir tentativa. Isto porque, sendo idênticos o erro essencial e o impedimento para ambas as esferas (penal e civil), a nulidade judicialmente decretada pressupõe, necessariamente, a realização do casamento, não se podendo ter este como fato não consumado. Evidentemente, tal não significa que o crime ocorreu, o que somente poderá ser declarado após o transcurso do devido processo legal.

- **Classificação:** Crime comum, de dano, material, comissivo, instantâneo de efeitos permanentes, plurissubsistente e de concurso eventual (monossubjetivo).

- **Pena:** Detenção, de seis meses a dois anos.

Parágrafo único

- **Noção:** Nos termos deste parágrafo único é de iniciativa privada e o direito de queixa só pode ser exercido pelo cônjuge enganado e após o trânsito em julgado da sentença que anule o casamento por erro ou impedimento. Trata-se de condição especial exigida para o exercício da ação penal, mas sua natureza jurídica é polêmica: para uns, seria condição objetiva de punibilidade e, para outros, condição de procedibilidade. Em nossa opinião, trata-se de condição de procedibilidade.

- **Sucessão:** É inaplicável a sucessão de queixosos prevista pelo § 4º do art. 100 do CP, já que a ação penal depende de queixa do contraente enganado (art. 236, parágrafo único), tratando-se de direito personalíssimo.

CONHECIMENTO PRÉVIO DE IMPEDIMENTO

Art. 237. Contrair casamento, conhecendo a existência de impedimento que lhe cause a nulidade absoluta:

Pena – detenção, de 3 (três) meses a 1 (um) ano.

- **Transação:** Cabe (art. 61 c/c art. 76, ambos da Lei n. 9.099/95).

- **Suspensão condicional do processo:** Cabe, atendidas as condições do art. 89 da Lei n. 9.099/95.

Conhecimento prévio de impedimento

- **Objeto jurídico:** A regular formação da família.
- **Sujeito ativo:** O cônjuge que contrai matrimônio sabendo da existência de impedimento que cause nulidade absoluta. Se ambos os contraentes souberem do impedimento, serão coautores (CP, art. 29).
- **Sujeito passivo:** O Estado e o cônjuge desconhecedor do impedimento.
- **Tipo objetivo:** O núcleo do tipo é um só: *contrair*, que significa levar a efeito, realizar, efetuar. Para a incriminação, é suficiente que o agente se case sabendo da existência de impedimento que lhe cause a nulidade absoluta. Tanto serve o casamento civil quanto o casamento religioso com efeitos civis. Sobre os impedimentos de que trata este art. 237, deve-se aplicar o art. 1.521 do CC, segundo o qual "não se podem casar: I – os ascendentes com os descendentes, seja o parentesco natural ou civil; II – os afins em linha reta; III – o adotante com quem foi cônjuge do adotado e o adotado com quem o foi do adotante; IV – os irmãos, unilaterais ou bilaterais, e demais colaterais, até o terceiro grau inclusive; V – o adotado com o filho do adotante; VI – as pessoas casadas; e VII – o cônjuge sobrevivente com o condenado por homicídio ou tentativa de homicídio contra o seu consorte". A presença de qualquer desses impedimentos torna nulo o casamento (CC, art. 1.548, II). O impedimento pode se referir a apenas um dos contraentes ou a ambos.
- **Tipo subjetivo:** O dolo, que para vários autores, pode ser o eventual (Heleno Fragoso, *Lições de Direito Penal – Parte Especial*,1965, v. III, p. 704; Magalhães Noronha, *Direito Penal*,1995, v. III, p. 304). A nosso ver, todavia, a expressão "conhecendo" exige dolo direto. Na doutrina tradicional é o "dolo genérico". Inexiste punição a título de culpa.
- **Erro:** O erro quanto ao impedimento exclui o dolo (CP, art. 20). O engano quanto ao alcance legal do impedimento reflete na culpabilidade, isentando ou diminuindo a pena (CP, art. 21).
- **Consumação:** Com a celebração do casamento, isto é, no instante em que o homem e a mulher manifestam, perante o juiz, a sua vontade de estabelecer vínculo conjugal, e o juiz os declara casados (CC, art. 1.514). Tratando-se de casamento religioso, no momento em que é registrado no registro civil (CC, arts. 1.515 e 1516).
- **Tentativa:** Admite-se, porque a celebração do casamento é composta de etapas (cf. arts. 1.533 e ss. do CC). Note-se, porém, que o processo de habilitação para o casamento não constitui início de execução do crime, tratando-se de ato preparatório não punível.
- **Classificação:** Crime comum, de dano, material, comissivo, instantâneo de efeitos permanentes, plurissubsistente e de concurso eventual (monossubjetivo).
- **Confronto:** Se o agente for casado, o crime será o do art. 235, *caput*. Se o agente não for casado, mas contrair casamento sabendo que o outro é casado, o crime será o do art. 235, § 1º, do CP.
- **Pena:** Detenção, de três meses a um ano.
- **Ação penal:** Pública incondicionada.

SIMULAÇÃO DE AUTORIDADE PARA CELEBRAÇÃO DE CASAMENTO

Art. 238. Atribuir-se falsamente autoridade para celebração de casamento:

Pena – detenção, de 1 (um) a 3 (três) anos, se o fato não constitui crime mais grave.

- **Suspensão condicional do processo:** Cabe, atendidas as condições do art. 89 da Lei n. 9.099/95.

Simulação de autoridade para celebração de casamento

- **Objeto jurídico:** A ordem jurídica do casamento.
- **Sujeito ativo:** Qualquer pessoa.
- **Sujeito passivo:** O Estado e os cônjuges que estiverem de boa-fé.
- **Tipo objetivo:** Trata-se de delito formal, bastando que o agente atribua-se autoridade para celebração do casamento. A simulação de autoridade que se pune é a civil (juiz de casamentos). Para a consumação do crime, não se exige que a celebração efetivamente ocorra. Deve o agente, todavia, manifestar-se de forma inequívoca no sentido de que tem competência para realizar o casamento civil. Como bem registra MAGALHÃES NORONHA, "a atribuição falsa requer conduta *inequívoca* do agente, a demonstrar que ele se diz com essa competência" (*Direito Penal*, 1995, v. III, p. 306). É irrelevante à caracterização do crime ter o agente cobrado ou não pelo casamento, podendo, neste caso, haver crime mais grave (*vide* nota *Confronto* neste artigo).
- **Tipo subjetivo:** O dolo. Poderá haver, conforme o caso, erro sobre elemento constitutivo do tipo, o que excluirá o dolo (CP, art. 20, *caput*), como na hipótese do agente que imagina, equivocadamente, ter competência para realizar o ato. Na escola tradicional é o "dolo genérico". Não há punição a título de culpa.
- **Tentativa:** Tendo em vista que a conduta punível não comporta fracionamento (crime unissubsistente), a tentativa não é admissível.
- **Classificação:** Crime comum, de dano, material, comissivo, instantâneo, unissubsistente e de concurso eventual (monossubjetivo).
- **Subsidiariedade:** O delito do art. 238 é expressamente subsidiário, de modo que ficará excluído se o comportamento configurar crime mais grave ou constituir elemento deste último.
- **Confronto:** Se o agente simula casamento mediante o engano de outra pessoa, art. 239. Se o agente usurpa a função pública de juiz, o crime será o do art. 328 do CP. Já se o agente emprega fraude para ludibriar os contraentes, e obter, para si ou para outrem, vantagem ilícita em prejuízo alheio, o crime será o do art. 171, *caput*, do CP.
- **Pena:** Detenção, de um a três anos, se o fato não constitui crime mais grave.
- **Ação penal:** Pública incondicionada.

Jurisprudência

- **Concurso de pessoas:** Pode ser partícipe a pessoa que consegue o falso juiz de paz (TACrSP, *RT* 488/382).

SIMULAÇÃO DE CASAMENTO

Art. 239. Simular casamento mediante engano de outra pessoa:

Pena – detenção, de 1 (um) a 3 (três) anos, se o fato não constitui elemento de crime mais grave.

- **Suspensão condicional do processo:** Cabe, atendidas as condições do art. 89 da Lei n. 9.099/95.

Simulação de casamento

- **Objeto jurídico:** A ordem jurídica do casamento.
- **Sujeito ativo:** Qualquer pessoa. Todavia, pela redação do tipo, será mais comum que o sujeito ativo seja um dos contraentes ou mesmo ambos, mediante o engano de terceira pessoa (o outro contraente, algum familiar etc.). Possível será, ainda, a participação de terceira pessoa, contraente ou não.
- **Sujeito passivo:** O Estado e qualquer pessoa, contraente ou não.

- **Tipo objetivo:** Pune-se a simulação do casamento civil em que tenha havido o engano de terceira pessoa. Ao contrário do que ocorre nos crimes previstos nos arts. 235, 236 e 237, em que o casamento efetivamente ocorre, embora nulo ou anulável, neste art. 239 ele não chega sequer a se realizar, porque se trata de uma farsa ou simulação. O núcleo é *simular* (fingir, representar), devendo o agente empreender alguma fraude para tanto. Necessário à caracterização do crime que se trate efetivamente de uma farsa e que outra pessoa (contraente ou não) seja enganada.

- **Tipo subjetivo:** O dolo, ou seja, a vontade livre e consciente de simular casamento, com engano de outra pessoa. Na doutrina tradicional pede-se o "dolo genérico". Inexiste modalidade culposa.

- **Consumação:** Com a efetiva simulação da celebração do casamento civil.

- **Tentativa:** Tendo em vista que a celebração do casamento contém etapas (CC, arts. 1.533 e ss.), a tentativa é admissível. O processo de habilitação (CC, arts. 1.525 e ss.), todavia, não constitui início de execução deste crime, mas apenas ato preparatório, como tal impunível.

- **Subsidiariedade:** O delito do art. 239 é expressamente subsidiário e será absorvido se for o meio empregado para a prática de delito mais grave.

- **Confronto:** A pessoa que, passando-se por juiz de casamentos, participa da simulação, incidirá no art. 238.

- **Classificação:** Crime comum, de dano, formal, comissivo, instantâneo, plurissubsistente e de concurso eventual (monossubjetivo).

- **Pena:** Detenção, de um a três anos, se o fato não constitui elemento de crime mais grave.

- **Ação penal:** Pública incondicionada.

Art. 240. (*Revogado.*)

- **Revogação:** O crime de adultério previsto neste art. 240 foi extinto pela Lei n. 11.106, de 28.3.2005. Conforme já assinalávamos na 6ª edição anterior deste *Código*, em comentários ao revogado art. 240, "o adultério não mais deveria ser tipificado como crime, continuando apenas na órbita civil, como causa de separação judicial" (CC, art. 1.573, I).

Capítulo II
DOS CRIMES CONTRA O ESTADO DE FILIAÇÃO

REGISTRO DE NASCIMENTO INEXISTENTE

Art. 241. Promover no registro civil a inscrição de nascimento inexistente:
Pena – reclusão, de 2 (dois) a 6 (seis) anos.

Registro de nascimento inexistente

- **Objeto jurídico:** O estado de filiação.
- **Sujeito ativo:** Qualquer pessoa, homem ou mulher.
- **Sujeito passivo:** O Estado e as pessoas prejudicadas pelo registro, como é o caso dos herdeiros, por exemplo.
- **Tipo objetivo:** *Promover* tem o sentido de dar causa, requerer, provocar. A conduta deve visar à *inscrição* (registro) *de nascimento inexistente*, isto é, nascimento que não

existiu ou nascimento de natimorto. A relevância jurídico-penal da conduta incriminada está no fato de que a certidão do termo de nascimento registrado no Registro Civil faz prova da filiação, conforme dispõe o art. 1.603 do CC, gerando direitos e correlatos deveres e obrigações. Sobre filiação, cf. arts. 1.596 e ss. do CC.

- **Tipo subjetivo:** O dolo, que consiste na vontade livre e consciente de promover a inscrição, sabendo o agente que o nascimento inexistiu ou foi de natimorto. Na escola tradicional é o "dolo genérico". Não há forma culposa.

- **Consumação:** Com a inscrição no registro civil.

- **Classificação:** Crime comum, de dano, material, comissivo, instantâneo de efeitos permanentes, plurissubsistente e de concurso eventual (monossubjetivo).

- **Tentativa:** Partindo-se do pressuposto que o ato de registro comporta etapas (conduta plurissubsistente), a tentativa é admissível.

- **Prescrição:** Há duas orientações na doutrina acerca do início da contagem do prazo prescricional: *a.* o termo inicial segue a regra do art. 111, IV, do CP, pela qual a prescrição começa a correr da data em que o fato se tornou conhecido (Heleno Fragoso, *Lições de Direito Penal – Parte Especial*, 1965, v. III, p. 722; Magalhães Noronha, *Direito Penal*, 1995, v. III, p. 316); *b.* obedece à regra geral, segundo a qual a prescrição começa a correr do dia em que o crime se consumou, nos termos do art. 111, I, do CP (Romão Côrtes de Lacerda, *Comentários ao Código Penal,*1959, v. VIII, pp. 389, nota, e 393).

- **Concurso de crimes:** Se o agente, a fim de proceder ao registro civil de nascimento inexistente, falsifica documentos ou faz uso de documentos falsos, estes crimes são absorvidos pela figura deste art. 241, por ser o falso ou mesmo o seu uso elemento do crime de registro de nascimento inexistente.

- **Confronto:** Se o registro é de filho alheio (portanto, filho existente), o crime é o do art. 242, segunda figura, do CP.

- **Pena:** Reclusão, de dois a seis anos.

- **Ação penal:** Pública incondicionada.

Jurisprudência

- **Confronto:** Se ocorreu, efetivamente, o nascimento de pessoa viva, mas seu estado civil foi alterado, a infração penal poderá ser outra, mas não a deste art. 241 (TJSP, *RT* 403/124).

- **Concurso de crimes:** Os crimes de falsidade e uso de documento falso ficam absorvidos pelo delito do art. 241 do CP (TRF da 2ª R., RSE 150, *DJU* 14.2.95, p. 5999, in RBCCr 10/223).

- **Erro:** Fica isento de pena o réu que promoveu o registro enganado pela corré, que simulou a gravidez e o nascimento durante a sua ausência (TJSP, *RT* 381/152).

- **Prescrição:** Nos crimes de registro de nascimento inexistente o prazo prescricional se inicia com o conhecimento do crime, nos termos do que dispõe o art. 111, IV, do CP (TRF4, Ap. 5003747-79.2015.4.047118/RSj. 15.5.2019).

- **Competência:** Compete à Justiça Federal julgar o crime do art. 241, quando perpetrado para uso perante o Governo Federal, a fim de obter permanência no País (TRF da 2ª R., Ap. 812, *DJU* 22.9.94, p. 53139).

PARTO SUPOSTO, SUPRESSÃO OU ALTERAÇÃO DE DIREITO INERENTE AO ESTADO CIVIL DE RECÉM-NASCIDO

Art. 242. Dar parto alheio como próprio; registrar como seu o filho de outrem; ocultar recém-nascido ou substituí-lo, suprimindo ou alterando direito inerente ao estado civil:

Pena – reclusão, de 2 (dois) a 6 (seis) anos.

Parágrafo único. Se o crime é praticado por motivo de reconhecida nobreza:
Pena – detenção, de 1 (um) a 2 (dois) anos, podendo o juiz deixar de aplicar a pena.

- **Transação:** Cabe no parágrafo único (art. 61 c/c o art. 76 da Lei n. 9.099/95).

- **Suspensão condicional do processo:** Cabe no parágrafo único, atendidas as condições do art. 89 da Lei n. 9.099/95.

- **Divisão:** Por se tratar de crime de ação múltipla ou de conteúdo variado, o crime pode ser cometido de quatro formas (*vide* nota tipo objetivo abaixo), havendo, ainda, a figura privilegiada no parágrafo único.

Parto suposto (primeira figura do caput)

- **Objeto jurídico:** O estado de filiação.
- **Sujeito ativo:** Só a mulher.
- **Sujeito passivo:** Os eventuais herdeiros prejudicados e o próprio recém-nascido, bem como os pais biológicos da criança que não tenham tido participação na conduta incriminada. O Estado também será sujeito passivo do crime, já que a regularidade do estado de filiação dos recém-nascidos é de interesse público.
- **Tipo objetivo:** A primeira figura incriminada é *dar parto alheio como próprio*, nela não se enquadrando o fato oposto de dar parto próprio como alheio (princípio da reserva legal). Para a tipificação do art. 242 não basta que a mulher, simplesmente, diga que um recém-nascido é seu filho. Mister se faz a criação de *situação* em que a gravidez e o parto são simulados e é apresentado recém-nascido alheio como se fosse próprio; ou há parto real, mas o natimorto é substituído por filho de outrem. Nesta modalidade, não se faz necessário à configuração do crime o registro civil falso, que, se vier a ocorrer, poderá configurar o crime em sua segunda modalidade. Sobre filiação, cf. arts. 1.596 e ss. do CC.
- **Tipo subjetivo:** O dolo, ou seja, a vontade livre e consciente de dar parto alheio como próprio. *Elemento subjetivo do tipo*: discute-se se a finalidade inscrita no final do artigo ("suprimindo ou alterando direito inerente ao estado civil") refere-se, tão só, às duas últimas figuras (ocultação e substituição) ou alcança, também, as duas primeiras (parto suposto e registro de filho alheio). A respeito, há duas opiniões: *1.* A finalidade é exigida para todas as figuras do art. 242 (BENI CARVALHO, *Crimes contra a Religião, os Costumes e a Família*,1943, p. 355; GUILHERME DE SOUZA NUCCI, *Código Penal Comentado*, 7ª ed., São Paulo, Revista dos Tribunais, 2007, p. 879). *2.* A finalidade só se refere às figuras de ocultar e substituir (MAGALHÃES NORONHA, *Direito Penal*,1995, v. III, p. 316; ROMÃO CÔRTES DE LACERDA, *Comentários ao Código Penal*,1959, v. VIII, p. 391; CEZAR ROBERTO BITENCOURT, *Código Penal Comentado*, 5ª ed., São Paulo, Saraiva, 2009, p. 857). Desde a 8ª edição deste *CP Comentado*, entendemos ser mais acertada a segunda posição, exigindo-se a finalidade apenas para as duas últimas modalidades (ocultação e substituição), pois na primeira (dar parto alheio como próprio) não há necessidade de registro e, na segunda (registrar como seu filho de outrem), o registro lhe é inerente. Para os tradicionais, trata-se, portanto, de "dolo genérico". Não há punição a título de culpa.
- **Consumação e tentativa:** A consumação se dá com a situação que altera, de fato, a filiação. A tentativa é possível nos casos em que a conduta (*iter criminis*) desdobra-se em etapas ou vários atos (crime plurissubsistente) e o agente tiver iniciado a execução. Antes disso, sem início da execução, há mero ato preparatório impunível.
- **Concurso de pessoas:** Admite-se a participação (inclusive de menor importância), mas não coautoria.
- **Concurso de crimes:** Se o agente dá parto alheio como próprio (primeira figura deste art. 242) e procede ao registro de filho de outrem como seu (segunda figura), haverá apenas um crime (o desta segunda figura), ficando aquele absorvido. Se o agente se limita a alterar ou falsificar o assentamento de registro civil (já existente, portanto), haverá apenas o crime do art. 299, parágrafo único, segunda parte, do CP.

- **Prescrição:** Na hipótese de existir falsidade em registro civil (absorvida pelo art. 242), existem duas orientações a respeito do início da contagem do prazo prescricional (vide, no art. 241 do CP, nota *Prescrição*).

- **Pena:** Reclusão, de dois a seis anos (*caput*). Na figura privilegiada, detenção de um a dois anos, ou perdão judicial, parágrafo único.

- **Ação penal:** Pública incondicionada.

Jurisprudência da primeira figura

- **Motivo:** O fato de ser nobre o motivo do parto suposto ameniza a pena e permite a aplicação do perdão judicial, mas não descaracteriza o crime (TFR, RCr 1.113, *DJU* 2.4.87, p. 5639).

- **Concurso de pessoas:** Pode haver coautoria no crime de parto suposto (TFR, RCr 1.113, *DJU* 2.4.87, p. 5639).

Registro de filho alheio (segunda figura do caput*)*

- **Objeto jurídico:** O estado de filiação.

- **Sujeito ativo:** Qualquer pessoa, homem ou mulher.

- **Sujeito passivo:** Em primeiro lugar, o Estado, já que a regularidade dos assentamentos do Registro Civil, com o estado de filiação dos recém-nascidos, é de interesse público, envolvendo questões de cidadania. Em segundo lugar, serão também sujeitos passivos do crime as pessoas prejudicadas pelo registro falso (eventuais herdeiros lesados, o próprio recém-nascido e os pais biológicos da criança que não tenham tido qualquer participação na conduta incriminada).

- **Tipo objetivo:** O núcleo é *registrar*, que tem a significação de declarar o nascimento, promover sua inscrição no registro civil. Pune-se a ação de registrar *como seu o filho de outrem*. Ou seja, o agente declara-se pai ou mãe de determinada criança que, na verdade, não é seu filho, mas de terceira pessoa. Ao contrário do que ocorre na primeira figura, aqui o nascimento é real, a criança registrada existe, porém sua filiação é diversa da declarada. Tal situação ocorre, por exemplo, na chamada *adoção à brasileira* mediante a qual muitos casais, em vez de adotar regularmente uma criança (nos termos da legislação vigente e com a devida intervenção do Poder Judiciário), preferem registrá-la como própria, o que caracteriza, em tese, o crime deste art. 242. Na prática, tem-se tido notícia de casais estrangeiros que vêm ao Brasil para adotar crianças, e acabam optando por esse meio ilegal, ao invés de se submeter aos trâmites normais para adoção, que são demorados, exigem pareceres e que o casal more no país por determinado período, durante o processo de adoção. Sobre filiação, cf. arts. 1.596 e ss. do CC. Sobre adoção, *vide* ECA (Lei n. 8.069/90) e Lei n. 12.010/2009, além do CC.

- **Tipo subjetivo:** É o dolo, consistente na vontade consciente e livre de registrar filho alheio como próprio. Se a intenção for a de salvar a criança ou outro motivo nobre, poderá haver o perdão judicial (*vide* parágrafo único) ou até mesmo a exclusão da antijuridicidade; a respeito, *vide* nossos comentários ao art. 23, sob a rubrica *Causas supralegais de exclusão da antijuridicidade*, em que lembramos o exemplo de Luis Jiménez de Asúa (*Tratado de Derecho Penal*, Buenos Aires, Losada, 1952, t. IV, pp. 642-643), para quem não seria antijurídica a conduta de uma mulher que registra como seu recém-nascido que lhe foi entregue por uma parteira, cuja verdadeira mãe iria abandoná-lo. Para os tradicionais é o "dolo genérico". Não há forma culposa.

- **Consumação:** Com o efetivo registro falso.

- **Tentativa:** Admite-se.

- **Concurso de pessoas:** Pode haver coautoria ou participação.

- **Concurso de crimes:** Se o agente, para proceder ao registro de filho alheio como próprio, pratica falsidade ideológica ou material, ou ainda faz uso de documento falso, haverá apenas o crime deste art. 242, ficando os demais crimes absorvidos, por ser o falso elemento do crime. Se o agente se limita a falsificar ou alterar o conteúdo de assentamento de registro civil *já existente* (de filho que não é recém-nascido, portanto), haverá tão somente o crime do art. 299, parágrafo único, do CP.

- **Prescrição, ação penal e pena:** Iguais às do *caput*.

Jurisprudência da segunda figura

- **Aplicação:** Com a alteração do art. 242 do CP, este passou a ser o crime de quem, independentemente do expediente adotado, registra filho alheio como próprio (TJSP, *RJTJSP* 93/440). Com a Lei n. 6.898/81, o registro de filho alheio não mais se enquadra no art. 299, e sim neste art. 242 (TJSP, *RT* 595/336).

- **Sujeito ativo:** Pode ser homem ou mulher (TJSP, *RJTJSP* 93/440).

- **Intenção de salvar:** Absolve-se quem registra filho alheio como seu com a intenção de salvar a criança, e agindo sem o intuito de alterar a verdade ou de prejudicar direito ou criar obrigação (TACrSP, *RT* 600/355; TJSP, *RT* 698/337, *RJTJSP* 162/303).

- **Concurso de crimes:** O registro de filho alheio absorve o falso, pois este é elementar do delito (TJSP, RJTJSP 93/440).

Ocultação de recém-nascido (terceira figura do caput)

- **Objeto jurídico:** O estado de filiação.

- **Sujeito ativo:** Qualquer pessoa.

- **Sujeito passivo:** O recém-nascido, bem como o próprio Estado que tem interesse na regularidade do registro do estado de filiação de recém-nascidos.

- **Tipo objetivo:** *Ocultar* é esconder, sonegar. Como *recém-nascido*, entende-se a expressão em seu sentido comum e não restrita ao conceito científico. Não basta para a tipificação a mera ocultação, sendo necessário que esta seja acompanhada da privação dos direitos do recém-nascido, isto é, que seja suprimido ou alterado direito inerente ao estado civil (p. ex., a filiação). A *ocultação* deve acarretar a supressão ou alteração de direito inerente ao estado civil. A ocultação deve ocorrer por tempo razoável a permitir conclusão de que ocorreu a supressão de direito inerente ao estado civil. O mero atraso na comunicação e registro de recém-nascido, conforme o caso, não caracteriza o crime, por ausência de dolo. Todavia, não sendo hipótese de mero atraso ou dificuldade justificada na apresentação do recém-nascido, o registro correto posterior não elide o crime já consumado.

- **Tipo subjetivo:** O dolo e o elemento subjetivo que o tipo contém, referente ao especial fim de agir (para supressão ou alteração). Na doutrina tradicional pede-se o "dolo específico". Inexiste modalidade culposa.

- **Consumação:** Com a supressão ou alteração de direito inerente a estado civil.

- **Tentativa:** Admite-se, em tese, pois os núcleos do tipo são fracionáveis, permitindo o *iter criminis*.

- **Pena e ação penal:** *Vide* notas à primeira figura.

Substituição de recém-nascido (quarta figura do caput)

- **Objeto jurídico:** O estado de filiação.

- **Sujeito ativo:** Qualquer pessoa.

- **Sujeito passivo:** O recém-nascido substituído, e também o Estado, que tem interesse na regularidade dos assentamentos civis, além das demais pessoas prejudicadas com a troca, como, por exemplo, os pais de uma das crianças que não tiveram conhecimento da troca praticada por terceiros.

- **Tipo objetivo:** Pune-se a *substituição* (troca) de recém-nascidos, atribuindo-se a um os direitos de estado civil do outro. Pouco importa se as crianças substituídas já estavam registradas ou não. Não se exige, outrossim, o registro de nascimento das crianças substituídas, pois a própria troca, em si, de recém-nascidos (registrados ou não) já lhes suprime ou altera direito inerente ao estado civil. A troca do recém-nascido pode ser por criança viva ou natimorta.

- **Tipo subjetivo:** O dolo e o elemento subjetivo do tipo referente ao especial fim de agir (para alterar ou suprimir). Na escola tradicional é o "dolo específico". Não há modalidade de culposa.

- **Consumação:** Com a efetiva supressão ou alteração dos direitos.

- **Tentativa:** Admite-se.

- **Concurso de crimes:** Se o agente, além de substituir recém-nascido, procede ao registro (falso) de filho de outrem como sendo seu, haverá um só crime, ficando esta quarta figura absorvida pela segunda figura do art. 242. Neste caso, não haverá concurso com o crime do art. 299, parágrafo único, pois o falso é elemento integrante do art. 242, sob pena de inadmissível *bis in idem*.

- **Pena e ação penal:** *Vide* notas à primeira figura.

Figura privilegiada (parágrafo único)

- **Noção:** Nas quatro figuras do *caput*, se o crime for praticado *por motivo de reconhecida nobreza* (generosidade, desprendimento, humanidade, solidariedade etc.), o juiz poderá aplicar a pena de detenção, de um a dois anos, ou deixar de fixá-la, concedendo o perdão judicial. Quanto à natureza extintiva da punibilidade desse instituto, *vide* nota ao art. 107, IX, do CP.

- **Antes e depois da alteração:** Antes da alteração introduzida neste art. 242 pela Lei n. 6.898/81, o registro de filho alheio como próprio (também conhecido como *adoção à brasileira*) só era enquadrável no art. 299 e parágrafo único do CP (falsidade ideológica em assentamento do registro civil). Por meio de tal prática, muitos casais, em vez de adotar regularmente uma criança, que envolve a intervenção do Poder Judiciário, preferiam registrá-la como sendo seu filho. A doutrina e a jurisprudência mais modernas invariavelmente entendiam que não havia o crime de falsidade ideológica quando a falsidade do registro era praticada por motivo nobre, ou seja, quando o falso beneficiava o menor em vez de prejudicar seus direitos. Corretamente, sustentava-se a atipicidade do fato, em vista da ausência do elemento subjetivo do tipo que o art. 299 requer (STF, *RT* 551/404; TFR, APn 29, *DJU* 2.4.80, p. 2003; TJSP, *RT* 542/339, 528/322; TJRJ, *RT* 525/428). A inovação introduzida pela referida lei, em que pese tenha tido a intenção de beneficiar os autores daqueles registros, na prática, porém, poderá até prejudicá-los: é que, agora, o registro de filho alheio como próprio, "por motivo de reconhecida nobreza", permite ao juiz tão somente aplicar uma pena menor ou até mesmo deixar de aplicar a pena (perdão judicial), ficando a princípio afastada a hipótese de absolvição por não ser antijurídica a conduta, incidindo, na espécie, uma *causa supralegal de antijuridicidade* (cf. comentários ao art. 23 do CP e nota *Tipo subjetivo* na segunda figura deste art. 242). *Vide*, também, neste artigo, comentários à segunda figura (*Registro de filho alheio*), em que fazemos referência à causa supralegal de exclusão da antijuridicidade suscitada por LUIS JIMÉNEZ DE ASÚA (*Tratado de Derecho Penal*, Buenos Aires, Losada, 1952, t. IV, pp. 642-643).

Jurisprudência

- **Perdão judicial:** Ficando reconhecido que agiu com fim nobre, deixa-se de aplicar a pena, de acordo com o atual parágrafo único do art. 242 (TFR, Ap. 4.038, *DJU* 29.10.81, p. 10810). Se não houve o intuito de prejudicar a menor, mas o objetivo de regularizar a situação dela, que se achava grávida e sem documentos válidos, encontrando-se os pais biológicos da mesma família em área de garimpo sem possibilidade de contato, deixa-se de aplicar a pena nos termos do parágrafo único do art. 242 do CP (TJAP, Ap. 0001200-98.2016.8.03.0009/AP, j. 25.9.2018). Se os apelados pretendiam proporcionar uma vida melhor ao recém-nascido, em vista da precária situação econômica da família natural e do contexto social no qual se achava inserida, concede-se o perdão judicial (TJGO, Ap. 0362630-89.2015.8.09.0091, j. 6.3.2018).

- **Desilusão amorosa:** Não pode ser considerado um motivo de reconhecida nobreza a prática do crime de parto suposto após uma desilusão amorosa, visando a reatar relacionamento (TJMG, Ap. 0001005-54.2014.8.13.0511, j. 16.5.2017).

SONEGAÇÃO DE ESTADO DE FILIAÇÃO

Art. 243. Deixar em asilo de expostos ou outra instituição de assistência filho próprio ou alheio, ocultando-lhe a filiação ou atribuindo-lhe outra, com o fim de prejudicar direito inerente ao estado civil:

Pena – reclusão, de 1 (um) a 5 (cinco) anos, e multa.

Sonegação de estado de filiação

- **Suspensão condicional do processo:** Cabe, atendidas as condições do art. 89 da Lei n. 9.099/95.

- **Objeto jurídico:** O estado de filiação.

- **Sujeito ativo:** O pai ou a mãe da criança (no caso de ser filho próprio) ou qualquer pessoa (no caso de filho alheio).

- **Sujeito passivo:** A criança lesada em seu estado de filiação e as demais pessoas prejudicadas, como o genitor ou a genitora que não tenha tido qualquer participação nessa conduta. O Estado também será sujeito passivo do crime, já que a conduta coloca em risco a regularidade do estado de filiação da criança.

- **Tipo objetivo:** A conduta punida é *deixar em asilo de expostos ou outra instituição de assistência*. Abrange tanto a instituição pública quanto a particular, ficando excluídos outros locais (casa de conhecido do agente, por exemplo). Quando o tipo faz referência a *filho próprio*, pouco importa tratar-se de criança havida ou não da relação de casamento ou mesmo por adoção (CR, art. 227, § 6º; ECA, art. 41). Para que haja a conduta típica, deverá o agente não apenas deixar o filho (próprio ou alheio) nos locais indicados, mas também *ocultar-lhe a filiação ou atribuir-lhe outra* (do contrário, *vide* nota *Confronto*). Daí, por que o tipo exige que o agente pratique a conduta *com o fim de prejudicar direito inerente ao estado civil*. Não é preciso que se trate de criança já registrada.

- **Tipo subjetivo:** O dolo e o elemento subjetivo do tipo consistente no especial fim de agir (*com o fim de prejudicar direito inerente ao estado civil*). Na corrente tradicional indica-se o "dolo específico". Não há forma culposa.

- **Consumação:** Ocorre no momento em que o agente abandona a criança nos locais indicados, ocultando-lhe a filiação ou atribuindo-lhe outra.

- **Tentativa:** Admite-se.

- **Confronto:** Se o agente, além de praticar a conduta incriminada neste art. 243, procede à falsificação ou alteração de conteúdo de assentamento de registro civil, poderá haver concurso de crimes entre os arts. 243 e 299, parágrafo único, ambos do CP. Se o agente *não tem a intenção de sonegar o estado de filiação*, mas se limita a abandonar incapaz que está sob seus cuidados, o crime será o do art. 133 do CP. Em caso de abandono de recém-nascido para ocultar desonra própria, sem que ocorra a ocultação de filiação ou a atribuição de outra, art. 134 do CP.

- **Pena:** Reclusão, de um a cinco anos, e multa.

- **Ação penal:** Pública incondicionada.

Jurisprudência

- **Elemento subjetivo:** O crime do art. 243 do CP só pode ser reconhecido se houver intenção de prejudicar direitos relativos ao estado civil (TJSP, *RT* 542/341).

Capítulo III
DOS CRIMES CONTRA A ASSISTÊNCIA FAMILIAR

ABANDONO MATERIAL

Art. 244. Deixar, sem justa causa, de prover a subsistência do cônjuge, ou de filho menor de 18 (dezoito) anos ou inapto para o trabalho, ou de ascendente inválido ou maior de 60 (sessenta) anos, não lhes proporcionando os recursos necessários ou faltando ao pagamento de pensão alimentícia judicialmente acordada, fixada ou majorada; deixar, sem justa causa, de socorrer descendente ou ascendente, gravemente enfermo:

Pena – detenção, de 1 (um) a 4 (quatro) anos, e multa, de uma a dez vezes o maior salário mínimo vigente no País.

Parágrafo único. Nas mesmas penas incide quem, sendo solvente, frustra ou ilide,* de qualquer modo, inclusive por abandono injustificado de emprego ou função, o pagamento de pensão alimentícia judicialmente acordada, fixada ou majorada.

* Conforme a publicação oficial, embora devesse ser "elide".

- **Alteração:** *Caput* com redação dada pela Lei n. 10.741, de 1.10.2003 (Estatuto do Idoso).

- **Suspensão condicional do processo:** Cabe, atendidas as condições do art. 89 da Lei n. 9.099/95.

Abandono material

- **Noção:** Embora o dever dos parentes, cônjuges e ex-cônjuges se auxiliarem mutuamente seja uma decorrência natural da condição humana (isto é, um dever moral), a CR/88 traz um capítulo próprio destinado à proteção da família, da criança, do adolescente e dos idosos (Capítulo VII do Título VIII). Dispõe, com efeito, seu art. 226: "A família, base da sociedade, tem especial proteção do Estado". Sobre o dever de assistência mútua entre pais e filhos, prevê o art. 229 da Magna Carta: "Os pais têm o dever de assistir, educar e criar os filhos menores, e os filhos maiores têm o dever de ajudar e amparar os pais na velhice, carência ou enfermidade". Sobre o dever de assistência aos idosos, conferir ainda art. 230 da mesma Constituição. Foi com o objetivo de compelir parentes, cônjuges e ex-cônjuges a colaborar para a subsistência do outro, em caso de comprovada necessidade deste, que o legislador criou a figura do art. 244.

- **Normas proibitivas ou preceptivas:** Como ensina JESCHECK, as normas jurídicas são normas proibitivas ou preceptivas. Enquanto pelas normas proibitivas "se veda uma ação determinada, ou seja, se ordena uma omissão", de forma que "a infração jurídica consiste na realização da ação proibida", ao contrário, pelas normas preceptivas "se ordena uma ação determinada, e se solicita, assim, um fazer positivo", de modo que "a infração consiste na omissão desse fazer" (JESCHECK, *Tratado de Derecho Penal*, 4ª ed., Granada, Editorial Comares, 1993, p. 547, livre tradução). Vê-se, portanto, que este art. 244 cuida de norma preceptiva, na medida em que impõe a seus destinatários um dever jurídico de agir, podendo a inobservância deste dever configurar o crime deste art. 244. *Vide*, também, nossos comentários ao § 2º do art. 13 do CP, que trata dos crimes omissivos.

- **Legislação civil e penal:** Afora o Direito Penal, que deverá operar sempre como *ultima ratio*, o Código Civil brasileiro traz uma série de dispositivos voltados a compelir parentes, cônjuges ou companheiros a se auxiliarem mutuamente, quando as circunstâncias de fato o determinarem. Dentre os deveres impostos aos cônjuges, destaca-se, por exemplo, o dever de mútua assistência estatuído no art. 1.566, III. Já a obrigação pecuniária de prestar alimentos encontra previsão nos arts. 1.694 e ss. Sobre alimentos, cf., ainda, a Lei n. 5.478/68. Embora tanto a lei penal quanto a lei civil tenham objetivos semelhantes (*v.g.*, garantir a subsistência de parentes, cônjuges ou companheiros), importante notar que a lei civil é mais ampla, ao passo que a lei penal mostra-se mais restritiva, porque trata de punir condutas mais graves. Pode-se dizer, portanto, que nem todo ilícito civil envolvendo as pessoas referidas neste art. 244 configurará necessariamente ilícito penal; para haver crime exige-se mais. Por outro lado, se determinada conduta, formalmente típica no âmbito penal, for considerada lícita pela lei civil, não haverá crime (a antijuridicidade há de ser analisada diante de todo o ordenamento jurídico, de forma conglobante). A lei penal, portanto, vai além do que prevê a lei civil, na medida em que pune tão somente aquele que, tendo conhecimento e podendo fazê-lo sem afetar a própria subsistência, deixa de prover à subsistência do parente ou cônjuge necessitado. Como assevera MAGALHÃES NORONHA: "É mister atentar a que, falando a lei em subsistência, não está se referindo a alimentos, cujo âmbito é mais amplo que o daquela, pois não comporta apenas os meios necessários à vida, mas também outros, como o necessário à educação, instrução, etc. A lei penal tem em vista o mínimo" (*Direito Penal*, São Paulo, Saraiva, 1961, v. 3, p. 436). De fato, em face dos princípios da proporcionalidade e da ofensividade, não está o legislador ordinário constitucionalmente legitimado a punir criminalmente qualquer falta de contribuição por parte de parentes ou cônjuges, mas tão somente aquela contribuição que for indispensável à sobrevivência de seu destinatário. Somente neste caso, portanto, o bem juridicamente tutelado pela norma penal será atingido.

- **Suspensão e perda do poder familiar:** Dentre as causas que autorizam o juiz a determinar a perda do poder familiar do pai ou da mãe, está a de deixar o filho em abandono (CC, art. 1.638, II). A suspensão do poder familiar poderá também ocorrer nos casos em que o pai ou a mãe abusar de sua autoridade, faltando aos deveres a eles inerentes ou arruinando os bens dos filhos (CC, art. 1.637). A respeito, cf. ainda Lei n. 8.069/90 – Estatuto da Criança e do Adolescente. Sobre o efeito da condenação consistente na incapacidade para o exercício do pátrio poder (poder familiar), tutela ou curatela, *vide*, abaixo, nota sob a rubrica *Pena*.

- **Objeto jurídico:** A proteção da família.

- **Sujeito ativo:** Somente os cônjuges, pais, ascendentes ou descendentes.

- **Sujeito passivo:** As mesmas pessoas.

- **Tipo objetivo:** Este art. 244, *caput*, contém três figuras, em que a *falta de justa causa* é elemento normativo: *a. Deixar, sem justa causa, de prover à subsistência.* Tal conduta deve recair sobre o cônjuge, o filho menor de 18 anos ou inapto para o trabalho, o ascendente inválido ou o maior de 60 anos (quanto a este, *vide* nota *Confronto* abaixo). O elemento normativo do tipo "não lhes proporcionando os recursos necessários" refere-se aos recursos estritamente necessários à sobrevivência da pessoa, e não àqueles no sentido de alimentos do Direito Civil (Hungria, *Comentários ao Código Penal*, Rio, Forense, v. VII, p. 427; cf. ainda doutrina de Magalhães Noronha, em nota *Legislação civil e penal* acima). Não se configura o delito se a pessoa a ser assistida possuir recursos próprios para subsistir. A obrigação de prover à subsistência do necessitado pode caber a mais de um parente, mas a assistência suficiente prestada por um supre a obrigação dos demais. *b. Faltando ao pagamento de pensão alimentícia judicialmente acordada, fixada ou majorada.* É imprescindível que a pensão tenha sido determinada judicialmente, de forma provisória ou definitiva, em razão de acordo, fixação ou majoração. Aplica-se aqui, também, a ressalva *sem justa causa*, que é elemento normativo do tipo. *c. Deixar, sem justa causa, de socorrer descendente ou ascendente, gravemente enfermo.* Cuida-se, ainda, de abandono material (remédios, médicos etc.) de "ascendente" (pai, avô, bisavô etc.) ou "descendente" (filho, neto, bisneto etc.), "gravemente enfermo", ou seja, com enfermidade física ou mental grave. Em se tratando de idoso que não seja ascendente, *vide* nota *Confronto* abaixo. Sobre o dever de prestar alimentos, cf. Lei n. 5.478/68 (Lei de Alimentos) e CC, arts. 1.694 e ss.

- **Sem justa causa:** O elemento normativo do tipo *sem justa causa* exclui a tipicidade nos casos em que a omissão do agente encontrar guarida na legislação (penal ou civil) ou mesmo decorrer de *outra causa justa*, ainda que não prevista em lei; somente o caso concreto permitirá ao juiz avaliar a ocorrência, ou não, da justa causa que afasta a tipicidade. É a hipótese, por exemplo, da previsão constante do art. 1.708 do CC, segundo a qual, com o casamento, a união estável ou o concubinato do credor cessa o dever de prestar alimentos (*caput*). Cessa ainda com relação ao credor o direito de alimentos se o mesmo tiver procedimento indigno em relação ao devedor. Outras situações poderão afastar o crime, como no caso do agente que não tem condições de prover à subsistência do outro, sem tornar insubsistente a própria.

- **Tipo subjetivo:** O *dolo*, que se expressa pela vontade livre e consciente de deixar de prover à subsistência, faltar ao pagamento de pensão ou deixar de socorrer. Na corrente tradicional é o "dolo genérico". Não há forma culposa do delito. É preciso que o agente tenha conhecimento da necessidade por que está passando o parente ou cônjuge, pois do contrário não se lhe poderá exigir conduta alguma. Poderá, ainda, haver a caracterização de erro sobre elementos constitutivos do tipo, a excluir o dolo (*caput*) ou mesmo a pena (§1º), como no caso do filho que supunha que seu pai, entregue aos cuidados do asilo, tivesse lá sua subsistência garantida.

- **Consumação:** Com a prática da conduta omissiva, sem necessidade que do não fazer decorra resultado naturalístico (crime omissivo puro). Deve, todavia, a conduta ter efetivamente colocado em risco o bem juridicamente tutelado, qual seja, a assistência familiar, sem o que não haverá crime. Evidentemente, eventuais prazos processuais civis para a prestação de alimentos hão de ser respeitados, como o que se fixa para o pagamento de pensão. A consumação do crime se protrai no tempo, tratando-se, pois, de crime *permanente*.

- **Tentativa:** A nosso ver, a tentativa não é possível por se tratar de crime omissivo puro, não havendo *iter criminis*. MAGALHÃES NORONHA, por exemplo, igualmente não a aceita, pois a própria omissão constitui o delito (*Direito Penal*, Saraiva, 1961, v. 3, p. 438).

- **Confronto (idoso):** Se a conduta consistir em recusar, retardar ou dificultar, sem justa causa, a assistência à saúde de uma pessoa idosa (maior de 60 anos), mas não ascendente do agente, o crime poderá ser o do art. 97, segunda parte, da Lei n. 10.741, de 1.10.2003 – Estatuto do Idoso. Já a conduta de abandonar o idoso em hospitais, casas de saúde, entidades de longa permanência, ou congêneres, ou não prover suas necessidades básicas, *quando obrigado por lei ou mandado*, poderá configurar o art. 98 da mesma lei.

- **Confronto (deficiente):** Se o agente "abandonar pessoa com deficiência em hospitais, casas de saúde, entidades de abrigamento ou congêneres", ou ainda se "não prover as necessidades básicas de pessoa com deficiência quando obrigado por lei ou mandado", o crime será o do art. 90 da Lei n. 13.146/2015, punido com reclusão de seis meses a três anos, e multa.

- **Pena:** Detenção, de um ano a quatro anos, e multa, de uma a dez vezes o maior salário mínimo vigente no País, à época do delito. *Observações:* 1. A pena pecuniária deste art. 244 não foi alterada pela Lei n. 7.209/84 (*vide* nota *Multas especiais*, no comentário ao CP, art. 49). 2. É inaplicável a declaração de incapacidade para o exercício do pátrio poder, como efeito extrapenal da condenação, pois a pena é detentiva e não reclusiva (CP, art. 92, II).

- **Ação penal:** Pública incondicionada.

Frustração de pagamento de pensão (parágrafo único)

- **Noção:** A disposição inserta no parágrafo único pune, com as mesmas penas do *caput*, quem, sendo solvente, frustra (engana, burla) ou elide (suprime, elimina), de qualquer modo, inclusive por abandono de emprego ou função, o pagamento de pensão. Deve o agente ser solvente, pois não se pode, realmente, exigir que alguém preste alimentos a outrem sem ter o mínimo necessário para a sua própria subsistência. Aliás, nesse sentido dispõe o art. 1.695 do CC: "São devidos os alimentos quando quem os pretende não tem bens suficientes, nem pode prover, pelo seu trabalho, à própria mantença, e aquele, de quem se reclamam, pode fornecê-los, sem desfalque do necessário ao seu sustento".

Jurisprudência

- **Constituição da República:** Estando a prisão civil condicionada ao "inadimplemento voluntário e inescusável de obrigação alimentícia" (art. 5º, LXVII), com mais razão há de se ressaltar essa perspectiva no Direito Penal; a condenação de acusado de parcos recursos milita contra o desiderato do legislador penal, pois é notório que o cidadão com antecedentes criminais tem grande dificuldade de encontrar ocupação lícita, tornando impossível, na prática, prover a subsistência dos dependentes (TACrSP, *RJDTACr* 12/133-134).

- **Tipo subjetivo:** O delito de abandono material exige o dolo, isto é, a vontade livre e consciente de não prover à subsistência (TACrSP, *Julgados* 77/356,95/78), não podendo ser confundido com o mero inadimplemento de prestação alimentícia acordada em separação judicial (TACrSP, *RT* 728/566). Para que se configure o crime de abandono material é necessária a prova de que o agente tenha deixado, sem justa causa, de prover a subsistência dos filhos menores, com o dolo específico de abandono, de modo que, não comprovado nos autos o elemento normativo do tipo, mas configurada mera inadimplência, a absolvição do réu é medida que se impõe com fundamento no *in dubio pro reo* (TJDF, Ap. 20141010057740, rel. Des. João Batista Teixeira, j. 9.4.2015, *DJe*

13.4.2015, p. 183). O Superior Tribunal de Justiça já decidiu que, para a imputação do crime de abandono material, mostra-se indispensável a demonstração, com base em elementos concretos, de que a conduta foi praticada sem justificativa para tanto, ou seja, deve ser demonstrado o dolo do agente de deixar de prover a subsistência da vítima (STJ, 6ª T., RHC 27.002/MG, *DJe* 18.9.2013). Se o pai trabalha, possui veículo automotor, anda bem vestido e no período dos fatos chegou a cursar faculdade de direito particular, tudo demonstrando que tinha condições de arcar com o sustento dos filhos, e não o fez intencionalmente, o abandono material resta configurado (STJ, 5ª T., AgRg no AREsp 1140951 SP 2017/0183814-2, *DJe* 20.4.2018).

▪ **Pensão alimentícia:** Se deixou de honrar com sua obrigação pecuniária paternal judicialmente acordada, por ato de liberalidade, ausente justo motivo para conduta, imperiosa é a condenação (TJMG, Ap. 10183110167156001/MG, *DJe* 20.2.2019).

▪ **Absolve-se, por ausência de dolo, se deixou de pagar pensão alimentícia por falta de condições financeiras:** (TJSP, ApCr 990.09.201350-5, j. 10.11.2009). Não comete o crime o agente que, obrigado por decisão judicial a prestar alimentos, não o faz por absoluta hipossuficiência econômico-financeira (TJGO, *RT* 764/632; TACrSP, *RT* 786/663) ou se não era solvente à época da obrigação (TACrSP, *RT* 756/611), sendo que, ao que consta, as vítimas não ficaram totalmente desamparadas (TJSP, ApCr 990.09.096659-9, j. 23.11.2009). Incide no art. 244, em tese, quem não paga pensão alimentícia fixada ou homologada judicialmente em favor dos filhos (STF, *RT* 506/449; TACrSP, *RT* 783/650), sem justa causa (TJMG, *RT* 761/711). Se o agente não prova que deixou de prover a subsistência da família por motivo justificado e que inexistiu dolo na recusa, impõe-se a condenação (TJRS, *RT* 760/701; TJSP, ApCr 990.09.156659-4, j. 15.10.2009). É irrelevante a alegação de que não lhe era permitido visitar os filhos e, se houve alteração em sua situação econômica ou dos filhos, deve providenciar a exoneração ou redução da obrigação (TACrSP, *RJDTACr* 16/56). Só é punível a frustração intencional, e não a que resulta de falta de recursos para pagar a pensão alimentícia a que foi civilmente condenado (TACrSP, *RT* 543/380).

▪ **Necessidade ou não de prévia fixação de pensão:** É inaceitável a tese da prévia fixação dos alimentos no cível e o seu não pagamento pelo réu, para configurar a primeira modalidade do art. 244 do CP (TACrSP, *RT* 400/302). *Contra:* Não há como responsabilizar o acusado, se no juízo cível vem sendo discutida a situação do casal, sendo de toda lógica esperar que a pensão alimentícia, caso devida, seja ali adequadamente fixada (TACrSP, *RT* 726/683). Desde que avençada a pensão alimentícia, ainda que provisoriamente, ela se torna desde logo exigível (TACrSP, *RT* 423/386).

▪ **Denúncia:** Não basta, para o delito do art. 244 do CP, dizer que o não pagamento de pensão o foi sem justa causa, se não demonstrado isso com elementos concretos dos autos, pois, do contrário, toda e qualquer inadimplência alimentícia será crime e não é essa a intenção da Lei Penal. Ordem concedida para trancar a ação penal (STJ, 6ª T., HC 141069, *DJe* 21.3.2012).Como toda inicial acusatória, a relativa ao crime do art. 244 deve descrever a conduta imputada em todas as suas circunstâncias, não bastando à sua validade a descrição da obrigação descumprida, qualificada pela expressão "sem justa causa", que há, por certo, enquanto substancia o fato, de ser definida; a inversão do ônus da prova, quando se a admita, reclama previsão legal (STJ, REsp 928.406/RS, j. 16.10.2007, *DJe* 4.8.2008). A denúncia deve descrever com precisão os elementos dos quais se depreende o dolo do alimentante. A simples inadimplência da pensão alimentícia, *per se*, não configura o delito em tela (TJSC, RSE 0000180-72.2016.8.24.0014, j. 19.4.2018).

▪ **Consumação:** Na hipótese de falta de pagamento de pensão, consuma-se o delito no momento em que deixa de pagá-la na data marcada (TACrSP, *Julgados* 79/225).

▪ **Crime omissivo permanente:** O crime de abandono material, consistente no não pagamento de prestações alimentícias, é um só, cuja consumação se protrai no tempo; não há falar-se, por isso, em crime continuado (TACrSP, Ap. 1.325.269-1, *Bol. IBCCr* 124/688), iniciando-se a contagem da prescrição a partir de quando cessa a permanência (TJSC, RESE 0000522-67.2019.8.24.0050, j. 1º.8.2019).

- **"Deixar de prover" (primeira figura):** O que a lei pune é deixar de prover à subsistência da família; e não a prover insuficientemente (TACrSP, *RT* 608/333, 577/383).

- **Abandono do lar:** O abandono do lar não significa, necessariamente, o abandono material (TACrSP, *RJDTACr* 12/133-4). *Contra, em parte:* Não há justa causa para o abandono material, se o agente deixa o lar para constituir nova família (TACrSP, *RJDTACr* 10/36).

- **Justa causa:** É de se manter a condenação pelo delito de abandono material daquele que deixa, sem justa causa, de prover a subsistência de seu cônjuge, restando devidamente comprovados o dolo e as condições precárias de subsistência da vítima (TJMG, ApCr 1.0145.05.279331-5/001, *DJe* 24.4.2014). Para tipificação do crime de abandono material, mostra-se imprescindível o preenchimento do elemento normativo do tipo, qual seja, ausência de justa causa para o descumprimento da obrigação (STJ, 5ª T., HC 194225, *DJe* 24.4.2013). Não basta, para o delito do art. 244 do CP, dizer que o não pagamento de pensão o foi sem justa causa, se não demonstrado isso com elementos concretos dos autos, pois, do contrário, toda e qualquer inadimplência alimentícia será crime e não é essa a intenção da Lei Penal (STJ, 6ª T., HC 141.069/RS, *DJe* 21.3.2012). Em igual sentido: A denúncia, relativa ao crime tipificado no art. 244 do CP, como toda inicial acusatória, deve descrever a conduta imputada em todas as suas circunstâncias, não bastando, à sua validade, a descrição da obrigação descumprida, qualificada pela expressão "sem justa causa", que há, por certo, enquanto substância fato, de ser definida. A inversão do ônus da prova, quando se a admita, reclama previsão legal (STJ, 6ª T., REsp 928.406/RS, *DJe* de 4.8.2008). *Contra:* A falta de justa causa é prova a ser produzida pela acusação, porque em favor do réu milita a presunção de inocência (TJRS, Ap. 70075803866/RS, *DJe* 22.11.2018). A falta de justa causa exclui a tipicidade do fato (TJMG, Ap. 1.0110.03.003852-2/001(1), *DOE* 8.3.2008, *in Bol. IBCCr* 185/1166). É indispensável a demonstração de falta de justa causa para a omissão dos pais a fim de caracterizar o crime deste art. 244 (TACrSP, *RJDTACr* 21/62). Sendo a falta de justa causa elemento normativo do delito, a prova de sua ausência incumbe à acusação (TACrSP, *Julgados* 85/303, *RT* 638/306; *RJDTACr* 12/44). *Contra:* Tipifica-se o delito quando não comprovado pelo acusado, satisfatoriamente, o estado de necessidade alegado (TACrSP, Ap. 904.899-6, j. 8.5.95, *Bol. AASP* n. 1.956; *RJDTACr* 23/61). Para que se tipifique o delito, é necessário que o agente esteja capacitado, física e mentalmente, a cumprir sua obrigação (TACrSP, *Julgados* 70/290). Não há dolo, se o agente deixou de sustentar por motivo independente da sua vontade (TACrSP, *RT* 519/398). Carência de recursos do acusado é justa causa (TACrSP, *Julgados* 81/446,68/290, *RT* 543/380). A hipossuficiência econômica afasta a tipicidade (TACrSP, *Julgados* 93/56; TAPR, *JTAPR* 2/299; TJRS, Ap. 70000420646, *Bol. IBCCr* 117/635).

- **Pai drogado:** O consumo abusivo de drogas não pode justificar o abandono material de duas filhas, de 4 e 6 anos, que perambulavam sozinhas pelas ruas, sujas e mal alimentadas, tendo o pai tido oportunidade de exercer uma atividade lícita, na qual, todavia, permaneceu apenas 1 mês (TJMG, Ap. 10720140044184001, *DJe* 21.2.2019).

- **Separação de fato:** O marido, mesmo separado de fato, pode praticar o delito de abandono material (TACrSP, *RT* 490/343).

- **Auxílio de terceiros:** Não se livra o réu pelo fato de terceiros evitarem que os seus filhos passem fome (TACrSP, *Julgados* 87/386,78/368). Igualmente, o pai que não pensiona os filhos, ainda que se tenha constatado o encargo supletivo da mãe (TACrSP, Ap. 904.899-6, j. 8.5.95, *Bol. AASP* n. 1.956). Se a *obrigação* de *prover* cabe a mais de uma pessoa, a suficiente assistência prestada por alguma delas supre a obrigação das demais (TACrSP, *Julgados* 85/302,93/58).

- **Pagamento posterior ou prescrição da dívida civil:** Oferecida denúncia por deliberado inadimplemento da obrigação alimentar, dando-se o agente como incurso nas sanções do art. 244 do CP, eventual adimplemento dos alimentos devidos ou prescrição da dívida civil não constituem óbice à responsabilização penal (TJSC, RSE 0000522-67.2019.8.24.0050, j. 1º.8.2019). Pagamento posterior não descaracteriza o crime já consumado (TACrSP, *Julgados* 86/337, *RJDTACr* 22/40).

■ **Perseveração:** Perseverando o agente, após condenação transitada em julgado, impõe-se a instauração de nova ação penal contra ele (TACrSP, *RT* 404/301).

■ **Reconciliação:** Reconciliado o casal, durante o processo, e passando a família a conviver novamente no lar comum, perde a ação penal a situação antecedente e o delito não é considerado caracterizado (TACrSP, *RT* 381/284).

■ **Concurso:** A ação de deixar de prover a vários filhos e a mulher não configura concurso formal, pois a ação punida é deixar de prover à família (TACrSP, *Julgados* 65/251, *RT* 518/385).

■ **Classificação:** É delito omissivo e permanente (TACrSP, *RT* 518/385; Ap. 1.325.269-1, *Bol. IBCCr* 124/688). *Contra*, entendendo não ser permanente: TACrSP, *mv – RJDTACr* 27/25.

■ **Continuidade:** Caracteriza crime continuado a conduta do agente que deixa, por mais de um mês, de efetuar o pagamento de pensão na data estipulada, não se tratando de crime permanente (TACrSP, *mv – RJDTACr* 27/25); *contra:* TACrSP, Ap. 1.325.269-1, *Bol. IBCCr* 124/688.

■ **Frustração de pagamento (parágrafo único):** Em tese, pode configurar o ato de quem abandona emprego para, injustificadamente, frustrar o pagamento de pensão alimentícia judicialmente fixada (STF, *RTJ* 88/402).

■ **Multa:** A sanção pecuniária do art. 244 do CP não foi alterada pela Lei n. 7.209/84, devendo ser expressa em *salário mínimo* (TACrSP, *Julgados* 96/217). A pena de multa decorre da lei, não podendo o magistrado deixar de aplicá-la (TJSP, ApCr 990.09.128148-4, j. 8.10.2009).

ENTREGA DE FILHO MENOR A PESSOA INIDÔNEA

Art. 245. Entregar filho menor de 18 (dezoito) anos a pessoa em cuja companhia saiba ou deva saber que o menor fica moral ou materialmente em perigo:

Pena – detenção, de 1 (um) a 2 (dois) anos.

§ 1º A pena é de 1 (um) a 4 (quatro) anos de reclusão, se o agente pratica delito para obter lucro, ou se o menor é enviado para o exterior.

§ 2º Incorre, também, na pena do parágrafo anterior quem, embora excluído do perigo moral ou material, auxilia a efetivação de ato destinado ao envio de menor para o exterior, com o fito de obter lucro.

■ **Transação:** Cabe no *caput*, já que a pena máxima cominada não é superior a dois anos, preenchidos os requisitos do art. 76 da Lei n. 9.099/95.

■ **Suspensão condicional do processo:** Cabe no *caput* e nos §§ 1º e 2º, atendidas as condições do art. 89 da Lei n. 9.099/95.

Caput

■ **Legislação:** A respeito dos deveres da família, do Estado e da sociedade em relação a crianças e adolescentes, cf. arts. 227 a 229 da Magna Carta.

■ **Suspensão e perda do poder familiar:** *Vide* nota sob o mesmo título no art. 244 do CP.

■ **Objeto jurídico:** É a proteção da família, em especial dos filhos menores.

■ **Sujeito ativo:** Somente os pais (legítimos, naturais ou adotivos).

■ **Sujeito passivo:** O filho menor de 18 anos, independentemente da natureza da filiação.

■ **Tipo objetivo:** A conduta punível é uma só: *entregar*, isto é, deixar sob a guarda ou cuidado. A conduta pode ser tanto comissiva (entrega propriamente dita) quanto omissiva (o agente ausenta-se do local, deixando o filho menor sob a guarda de pessoa inidônea). Embora não se requeira que a entrega seja por maior tempo, esse lapso deve ser juridicamente relevante, pois um curto espaço de tempo poderá não configurar o perigo punido pelo legislador (é o caso do agente que se ausenta por algumas horas para ir a um restaurante, por exemplo). Incrimina-se a entrega do filho menor de 18 anos a *pessoa em cuja companhia saiba ou deva saber que o menor fica moral ou materialmente em perigo*. É necessário, pois, que essa pessoa, a cuja companhia o filho é entregue, possa colocá-lo em perigo moral ou material. Ausente esta possibilidade concreta, não há crime. Apesar da rubrica se referir a pessoa inidônea, a nova redação do dispositivo alcança não só o perigo moral como o material. Como exemplos de pessoas capazes de colocar o menor em risco *material*, lembramos os que o podem conduzir a atividades arriscadas, insalubres, temerárias ou ilícitas, como o trabalho infantil. Quanto ao risco *moral*, as pessoas viciadas em álcool ou em drogas ou que se dedicam a práticas de condutas moralmente condenáveis, como a prostituição.

- **Tipo subjetivo:** No *caput*, é o *dolo direto* ("saiba") ou *eventual* ("deva saber"). Não se pode interpretar a locução verbal "deva saber" como indicadora de culpa, pois o tipo não contém referência *expressa* a culpa (cf. CP, art. 18, II e parágrafo único), levando tal interpretação à violação do princípio da reserva legal (CR, art. 5º, XXXIX; CADH, art. 9º; PIDCP, art. 15, 1; CP, art. 1º). Além disso, violaria o princípio da proporcionalidade cominar-se idêntica sanção tanto a quem age com dolo como com culpa. É necessário que o perigo seja anterior ou concomitante à entrega, não se podendo punir o agente (por falta do elemento subjetivo do tipo) quando o perigo só se revelou depois da entrega. Não há punição a título de culpa. O erro quanto ao perigo deve ser avaliado de acordo com o art. 20 do CP, podendo afastar o crime.

- **Consumação:** Com a entrega do filho, não se exigindo a efetiva ocorrência do dano moral ou material (crime formal). Basta que, em virtude da entrega, haja perigo concreto ao menor.

- **Tentativa:** Admite-se.

- **Concurso de pessoas:** Pode haver participação, exigindo-se que o partícipe também tenha conhecimento de que a pessoa a quem foi entregue o menor era inidônea. Quem recebe não pratica este crime.

- **Confronto (*caput*):** Se não há entrega a pessoa inidônea, mas permissão para que o menor de 18 anos frequente casa de jogo ou mal-afamada, ou conviva com pessoa viciosa ou de má vida, resida ou trabalhe em casa de prostituição, frequente espetáculo capaz de pervertê-lo ou ofender-lhe o pudor, ou mendigue ou sirva de mendigo para excitar a comiseração pública, art. 247. Se a vítima, maior de 14 e menor de 18 anos, é induzida a satisfazer a lascívia de outrem, *vide* art. 227, § 1º. Se o agente, na presença de menor de 14 anos, pratica ou o induz a presenciar, conjunção carnal ou outro ato libidinoso, a fim de satisfazer lascívia própria ou de outrem, art. 218-A. Se o menor de 18 anos é submetido, induzido ou atraído à prostituição ou outra forma de exploração sexual, art. 218-B.

- **Formas qualificadas:** Quando os pais visam a lucro, ou quando da entrega do filho resulta seu envio ao exterior, *vide* § 1º deste artigo.

- **Pena:** Detenção, de um a dois anos.

- **Ação penal:** Pública incondicionada.

Jurisprudência do caput

- **Pessoa inidônea:** A inidoneidade da pessoa a quem o filho foi entregue necessita de efetiva comprovação; caso contrário, a absolvição se impõe (TJMG, Ap. 1.0110.03.003852-2/001(1), *DOE* 8.3.2008, *in Bol. IBCCr* 185/1166).

- **Entrega à adolescente:** Se entrega filha de 11 meses a uma adolescente de 17 anos em rodoviária, não retornando para buscá-la, configura-se o crime (TJDF, 2ª TR, APJ 20130111040440, *DJe* 9.2.2015, p. 342).

- **Entrega à usuária de drogas:** Caracteriza o delito, ainda mais sendo esta adepta da mendicância e de pequenos furtos (TJSP, Ap. 0005785-69.2011.8.26.0191/SP, *DJe* 24.2.2015).

Figuras qualificadas do § 1º

- **Convenção internacional:** O Presidente da República, através do Decreto n. 2.740, de 20.8.98, determinou o cumprimento em nosso país da *Convenção Interamericana sobre Tráfico Internacional de Menores*, assinada na Cidade do México em 18 de março de 1994, após a sua devida ratificação pelo Poder Legislativo, nos moldes do art. 5º, §§ 2º e 3º, da CR (*vide* comentários ao art. 1º do CP).

- **Noção:** O § 1º compreende duas formas qualificadas: *1. Fim de lucro. 2. Se o menor é enviado para o exterior.*

- **Primeira Forma – Fim de lucro:** Incide o § 1º quando a entrega do filho menor a pessoa inidônea é praticada *para obter lucro*. Basta a finalidade (que é elemento subjetivo do tipo), sendo dispensável o efetivo proveito econômico dos pais. Nesta figura qualificada, exige-se, portanto, especial fim de agir (para os tradicionais, o "dolo específico").

- **Segunda Forma – Enviado para o exterior:** Pune-se mais gravemente a entrega de filho menor a pessoa inidônea, quando aquele é enviado para o exterior. Tal resultado deve ser imputável ao agente por dolo ou, ao menos, culposamente (preterdolo – cf. art. 19 do CP). Não incide a figura qualificada se o menor não chega a sair do País.

- **Confronto do § 1º com o ECA:** Diante da existência, no ordenamento jurídico brasileiro, de tipos penais que punem condutas semelhantes à deste art. 245, poderá haver conflito aparente de normas, a ser resolvido por regras e princípios pertinentes. Assim, se o agente "prometer ou efetivar a entrega de filho ou pupilo a terceiro, mediante paga ou recompensa", o crime será o do art. 238 da Lei n. 8.069/90 (Estatuto da Criança e do Adolescente). Todavia, se esse terceiro for pessoa inidônea, e a entrega se der com a finalidade de lucro, o crime será o deste art. 245, § 1º, primeira parte. Se o agente "promover ou auxiliar a efetivação de ato destinado ao envio de criança ou adolescente para o exterior com inobservância das formalidades legais ou com o fito de obter lucro", o crime será o do art. 239 do ECA. Já se o agente entrega filho menor a pessoa inidônea, e este é enviado para o exterior, o crime será o do art. 245, § 1º, segunda parte, do CP.

- **Confronto do § 1º com tráfico internacional e interno de menor para prostituição:** Se a entrega do menor a pessoa inidônea se deu com a finalidade daquele exercer a prostituição no exterior ou mesmo em território nacional, arts. 231, § 1º (tráfico internacional de pessoas), e 231-A, parágrafo único (tráfico interno de pessoas), respectivamente.

- **Pena:** Reclusão, de um a quatro anos, sem prejuízo da declaração de incapacidade para o exercício do pátrio poder, tutela e curatela, como efeito extrapenal da condenação (CP, art. 92, II). Na seara civil, poderá haver ainda tanto a suspensão quanto a perda do poder familiar do pai ou da mãe (*vide* nota ao art. 244 sob o título *Suspensão e perda do poder familiar*).

- **Ação penal:** Pública incondicionada.

Jurisprudência do § 1º

- **Tráfico internacional de menores** (após a entrada em vigor, no Brasil, da *Convenção Interamericana sobre Tráfico Internacional de Menores*): Tendo o Congresso Nacional, através do Decreto Legislativo n. 28/90, e o Governo Federal, por força do Decreto n. 99.710/90, incorporado ao direito pátrio os preceitos contidos na Convenção Internacional sobre os Direitos da Criança, não há mais que se discutir sobre a competência da Justiça Federal em casos de tráfico internacional (STJ, *RT* 748/570).

- **Questão prejudicial:** Não tendo o juízo cível apreciado o tema da falsidade das adoções, não faz coisa julgada na esfera penal a decisão cível que deferiu a adoção de menor a casal estrangeiro (STJ, RT 748/570).

Participação autônoma (§ 2º)

- **Sujeito ativo:** Qualquer pessoa.

- **Sujeito passivo:** Igual ao do *caput*.

- **Tipo objetivo:** Pune-se quem *auxilia a efetivação de ato destinado ao envio de menor para o exterior*. Exemplos: preparação de papéis ou passaporte, compra da passagem, embarque etc.

- **Tipo subjetivo:** É o dolo (vontade de auxiliar a prática do ato, com consciência de que o destino do menor é o exterior) e o elemento subjetivo do tipo ("com o fito de obter lucro"). Para a doutrina tradicional, é o "dolo específico".

- **Consumação:** Com o ato de auxílio, independentemente da efetiva saída do menor ou da obtenção do lucro (crime *formal*).

- **Tentativa:** Pode haver.

- **Confronto:** Se o envio de menor para o exterior tiver por finalidade a prostituição, art. 149-A, V e § 1º, IV, do CP.

- **Pena:** Reclusão, de um a quatro anos, sem prejuízo da declaração de incapacidade para o exercício do pátrio poder, tutela e curatela, como efeito extrapenal da condenação (CP, art. 92, II). Na seara civil, poderá haver ainda tanto a suspensão quanto a perda do poder familiar do pai ou da mãe (vide nota ao art. 244 sob o título *Suspensão e perda do poder familiar*).

- **Ação penal:** Pública incondicionada.

ABANDONO INTELECTUAL

Art. 246. Deixar, sem justa causa, de prover à instrução primária de filho em idade escolar:

Pena – detenção, de 15 (quinze) dias a 1 (um) mês, ou multa.

Abandono intelectual

- **Transação:** Cabe (art. 76 c/c art. 61 da Lei n. 9.099/95).

- **Suspensão condicional do processo:** Cabe, atendidas as condições do art. 89 da Lei n. 9.099/95.

- **Legislação:** Dispõe o art. 205 da CR: "A educação, direito de todos e dever do Estado e da família, será promovida e incentivada com a colaboração da sociedade, visando ao pleno desenvolvimento da pessoa, seu preparo para o exercício da cidadania e sua qualificação para o trabalho". Prevê, ainda, o art. 229 da mesma Carta: "Os pais têm o dever de assistir, criar e educar os filhos menores, e os filhos maiores têm o dever de ajudar e amparar os pais na velhice, carência ou enfermidade". O CC dispõe também competir aos pais, quanto à pessoa dos filhos menores, "dirigir-lhes a criação e a educação". O art. 55 da Lei n. 8.069/90 (Estatuto da Criança e do Adolescente) estipula, por sua vez, que "os pais ou responsável têm a obrigação de matricular seus filhos ou pupilos na rede regular de ensino", devendo propiciar o sustento, guarda e educação dos filhos menores (art. 22). Por outro lado, estabelecem os §§ 1º e 2º do seu art. 54 que "o acesso ao ensino obrigatório e gratuito é direito público subjetivo", sendo que "o não oferecimento do ensino obrigatório pelo poder público ou sua oferta irregular importa responsabilidade da autoridade competente".

- **Suspensão e perda do poder familiar:** *Vide* nota sob o mesmo título no art. 244 do CP.

- **Objeto jurídico:** Dada a relevância da educação de filhos menores, objeto de preocupação inclusive do legislador constituinte, afora outros diplomas legais (*vide* nota acima), houve por bem o legislador punir criminalmente os pais que, sem justa causa, deixarem de cumprir com tal obrigação legal. O objeto jurídico deste art. 246, portanto, é a instrução primária de filho em idade escolar.

- **Sujeito ativo:** Somente os pais, biológicos ou adotivos, tratando-se de crime próprio.

- **Sujeito passivo:** Somente o filho em idade escolar, sendo dever dos pais matriculá-lo na escola aos 6 anos de idade (art. 6º da Lei n. 9.394/96, com redação dada pela Lei n. 11.114/2005).

- **Pais separados judicialmente, divorciados ou com união estável dissolvida:** Tormentosa é a questão de se saber da possibilidade de se imputar o crime deste art. 246 ao pai ou à mãe que não detém a guarda (nem mesmo compartilhada) do filho. Sabe-se que a separação judicial, o divórcio ou a dissolução da união estável não altera as relações entre pais e filhos, "senão quanto ao direito, que aos primeiros cabe, de terem em sua companhia os segundos" (CC, art. 1.632) e que "aos pais incumbe o dever de sustento, guarda e educação dos filhos menores, cabendo-lhes ainda, no interesse destes, a obrigação de cumprir e fazer cumprir as determinações judiciais" (Lei n. 8.069/90, art. 22). Ocorre que, no caso de guarda não compartilhada, o exercício do poder de família, no qual se incluiu o dever de prover à instrução primária de filho menor, passa a ser do genitor-guardião; não obstante o outro cônjuge (sem a guarda do filho) continue sendo o titular do poder de família (CC, art. 1.632), podendo inclusive fiscalizar-lhe a criação e a educação, a ele não compete o seu exercício (nesse sentido, conferir Maria Helena Diniz, *Código Civil Anotado*, 10ª ed., Saraiva, 2004, comentários aos arts. 1.583 e 1.632), não tendo poder de decisão sobre a educação do filho, mas tão somente de fiscalização. Ora, se o poder-dever de decidir sobre a educação do filho competir exclusivamente a um dos cônjuges (guarda exclusivamente unilateral), não poderá o outro ser responsabilizado (ao menos criminalmente) pelo fato do cônjuge-guardião ter deixado de prover à instrução primária de filho em idade escolar. Já se a guarda for compartilhada, ou houver acordo expresso quanto à corresponsabilidade pela educação dos filhos, ambos poderão ser autores.

- **Tipo objetivo:** *Deixar de prover* tem a significação de não tomar as providências necessárias. Trata-se de crime omissivo próprio, que pune a inobservância de dever legal imposto aos pais. Assim, o agente omite-se nas medidas que podem propiciar instrução *primária* (ensino fundamental de 1º grau) *de filho em idade escolar*. Segundo o art. 6º da Lei n. 9.394/96, "é dever dos pais ou responsáveis efetuar a matrícula dos menores, a *partir dos 6 anos de idade*, no ensino fundamental". Para que a conduta seja típica impõe-se que seja praticada *sem justa causa* (elemento normativo do tipo). Como causas justas podem ser lembradas a falta de escolas ou vagas, grandes distâncias a percorrer sem transporte público, penúria da família e, segundo Heleno Fragoso, também a instrução rudimentar dos pais (*Lições de Direito Penal – Parte Especial*, 1965, v. III, p. 745). O delito configura-se independentemente de se tratar de filhos havidos ou não da relação de casamento, ou por adoção (CR, art. 227, § 6º; CC, art. 1.596), e de viverem eles, ou não, em companhia dos pais.

- **Tipo subjetivo:** O dolo, caracterizado pela vontade livre e consciente de não cumprir o dever de dar educação. Na doutrina tradicional é o "dolo genérico". Inexiste forma culposa.

- **Consumação:** No momento em que se verificar que o agente, de forma inequívoca e por tempo juridicamente relevante, deixou de tomar as providências necessárias voltadas à instrução primária de filho menor, com o início da idade escolar. É o caso, por exemplo, do pai ou da mãe que deixa, sem justa causa, de efetuar a matrícula de filho para a instrução primária ou mesmo que não toma as medidas necessárias para tornar efetiva e concreta a educação do filho menor. Trata-se, pois, de crime omissivo permanente. Para Magalhães Noronha, a consumação, ao contrário, só se dá com a ultrapassagem da idade escolar (*Direito Penal*, 1995, v. III, p. 334).

- **Crime impossível:** Possuindo os pais parcos recursos financeiros, e se o Estado, mediante a rede pública, não oferece vagas escolares em localidade próxima, e tampouco transporte quando distante, não há que se falar na prática do delito deste art. 246.

- **Tentativa:** Não se admite.

- **Pena:** É *alternativa*: detenção, de quinze dias a um mês, ou multa.

- **Ação penal:** Pública incondicionada.

Jurisprudência

- **Tipo subjetivo:** É mister o dolo, o que não ocorre nos casos em que a pobreza é a causa determinante da situação (TACrSP, *Julgados* 95/78). Evidenciado que a genitora foi incapaz de lidar com a recusa da filha em acordar cedo e obrigá-la a ir à aula, não restou demonstrado um desiderato seu, com conduta omissiva, para que a filha não frequentasse a escola. Não prevendo o crime modalidade culposa, confirma-se a absolvição (TJDF, Ap. 0017598-64.2015.8.07.0003, j. 1º.8.2017). Se o filho tinha faltas injustificadas que o impediram de ser promovido e a mãe foi acionada diversas vezes pela escola e pelo Conselho Tutelar, confirma-se a condenação desta (TJDF, Ap. 0001271-70.2017.8.07.0004, j. 30.4.2019). Também configura o delito se advertidos das falas excessivas do infante, os pais não atenderam as recomendações (STJ, RHC 106.742/SP, j. 9.6.2017).

- **Capacidade de prover:** Para a tipificação do delito do art. 246 do CP é necessário que o agente esteja capacitado, física e mentalmente, a praticar os deveres inerentes ao pátrio poder (TACrSP, *Julgados* 70/290).

- **Ausência de dolo:** A conduta típica do crime de abandono material consiste em deixar de prover à subsistência de filho menor de dezoito anos, ou inapto para o trabalho, ou ascendente inválido ou valetudinário, não lhes proporcionando os recursos necessários. De igual modo consuma-se o delito de abandono intelectual no momento em que o sujeito, após o filho iniciar a idade escolar, deixa de tomar medidas para que ele receba instrução, por tempo juridicamente relevante. A toda evidência, não se pode cogitar da prática de tais infrações se os pais, dentro de suas possibilidades financeiras, prestaram toda assistência necessária à educação e tratamento neurológico e psicológico de filho menor portador de transtornos psíquicos. Recurso não provido" (TJMG, ApCr 1.0183.11.004385-2/001, rel. Des. Eduardo Brum, *DJe* 1º.4.2014).

Art. 247. Permitir alguém que menor de 18 (dezoito) anos, sujeito a seu poder ou confiado à sua guarda ou vigilância:

I – frequente casa de jogo ou mal-afamada, ou conviva com pessoa viciosa ou de má vida;

II – frequente espetáculo capaz de pervertê-lo ou de ofender-lhe o pudor, ou participe de representação de igual natureza;

III – resida ou trabalhe em casa de prostituição;

IV – mendigue ou sirva a mendigo para excitar a comiseração pública:

Pena – detenção, de 1 (um) a 3 (três) meses, ou multa.

Abandono moral
- **Transação:** Cabe (art. 76 c/c o art. 61 da Lei n. 9.099/95).

- **Suspensão condicional do processo:** Cabe, atendidas as condições do art. 89 da Lei n. 9.099/95.

- **Objeto jurídico:** A preservação moral da criança (até 12 anos incompletos) e do adolescente (dos 12 aos 18 anos incompletos), o que, aliás, é objeto de especial preocupação do legislador constituinte. Dispõe, com efeito, a CR: "Art. 227. É dever da família, da sociedade e do Estado assegurar à criança e ao adolescente, com absoluta prioridade, o direito à vida, à saúde, à alimentação, à educação, ao lazer, à profissionalização, à cultura, à dignidade, ao respeito, à liberdade e à convivência familiar e comunitária, além de colocá-los a salvo de toda forma de negligência, discriminação, exploração, violência, crueldade e opressão", devendo a lei "punir severamente o abuso, a violência e a exploração sexual da criança e do adolescente" (art. 227, § 4º). No mesmo sentido, prevê o art. 5º da Lei n. 8.069/90 – Estatuto da Criança e do Adolescente: "Nenhuma criança ou adolescente será objeto de qualquer forma de negligência, discriminação, exploração, violência, crueldade e opressão, punido na forma da lei qualquer atentado, por ação ou omissão, aos seus direitos fundamentais".

- **Sujeito ativo:** Os pais, biológicos ou adotivos, ou qualquer pessoa a quem o menor tenha sido confiado. Note-se que o sujeito ativo poderá ser não apenas aquele que tem a guarda da criança ou do adolescente, mas também aquele a quem tiver sido confiada sua vigilância.

- **Sujeito passivo:** O menor de 18 anos, salvo se já tiver cessado, por alguma das hipóteses legais, a sua incapacidade relativa, como pelo casamento e pela emancipação (CC, art. 5º, parágrafo único). Isto porque o sujeito passivo do crime não é apenas o menor de 18 anos, mas, sim, *o menor de 18 anos que estiver sujeito ao seu poder ou confiado à sua guarda ou vigilância*. Ora, se o poder familiar estiver extinto, fato que ocorre, por exemplo, com a emancipação (CC, art. 1.635, II), ele não poderá mais ser sujeito passivo deste crime.

- **Tipo objetivo:** O núcleo do tipo é *permitir*, que tem o significado de dar liberdade, licença, consentir, admitir. Pune-se a conduta daquele que permitir que menor de 18 anos, sujeito a seu poder ou confiado à sua guarda, tenha qualquer dos comportamentos indicados nos incisos, quais sejam: *a)* frequente casa de jogo ou mal-afamada, ou conviva com pessoa viciosa ou de má vida (p. ex., alcoólatras, dependentes químicos); *b)* frequente espetáculo capaz de pervertê-lo ou de ofender-lhe o pudor (como espetáculos envolvendo violência excessiva ou questões sexuais inapropriadas ao desenvolvimento da personalidade do menor, devido à sua idade) ou participe de representação de igual natureza (*vide*, neste artigo, nota *Confronto*, onde há referência ao art. 240 do ECA); *c)* resida ou trabalhe em casa de prostituição; *d)* mendigue ou sirva a mendigo para excitar a comiseração pública (o que, infelizmente, tem sido uma prática corriqueira nas grandes capitais brasileiras). A conduta pode ser tanto comissiva quanto omissiva, expressa ou tácita. Quanto aos verbos *frequente*, *conviva*, *resida* e *mendigue*, não basta a conduta ocasional, sendo necessária a *habitualidade*.

- **Tipo subjetivo:** O dolo, ou seja, a vontade livre e consciente de permitir que o menor de 18 anos, sujeito a seu poder ou confiado à sua guarda ou vigilância, pratique alguma das condutas descritas nos incisos. Não pode ser punido o agente se o menor assim se comporta, apesar de sua oposição. É, ainda, necessário, na hipótese do inciso IV, o elemento subjetivo do tipo referente ao especial fim de agir ("para excitar a comiseração pública"). Na doutrina tradicional é o "dolo genérico", salvo o inciso IV, que requer "dolo específico". Não há punição a título de culpa.

- **Confronto:** No caso de o agente submeter criança ou adolescente sob sua autoridade, guarda ou vigilância a vexame ou a constrangimento, o crime será o do art. 232 da Lei n. 8.069/90, ficando o crime deste art. 247 absorvido. Caso o agente permita não apenas que o menor de 18 anos resida ou trabalhe em casa de prostituição, mas o submeta, induza ou atraia à prostituição ou outra forma de exploração sexual, art. 218-B, *caput*, do CP. No caso de produção ou direção de representação teatral, televisiva ou película cinematográfica, com utilização de criança ou adolescente em cena de sexo explícito ou pornográfica, o crime não será o deste art. 247, mas sim o crime específico do art. 240 da Lei n. 8.069/90, que é punido com pena de reclusão, de um a quatro anos, e multa.

- **Erro:** O eventual engano do agente, quanto ao local ou atividade, deve ser avaliado à luz do art. 20 do CP, que poderá afastar o dolo e, consequentemente, o crime deste art. 247, já que punido somente a título doloso.

- **Consumação:** No momento em que a permissão for dada, podendo esta ocorrer antes ou depois da atividade do menor proibida.

- **Tentativa:** Admissível na permissão anterior, mas inadmissível na posterior.

- **Pena:** É *alternativa*: detenção, de um a três meses, ou multa.

- **Ação penal:** Pública incondicionada.

Jurisprudência

- **Mendicância:** Incorre no art. 247, IV, primeira parte, o agente que dá permissão aos filhos menores de 18 anos para mendigar, mediante a entrega de bilhetes em que só solicita auxílio financeiro, auferindo, assim, proveito próprio (TACrSP, *RJDTACr* 22/41).

- **Vícios e vida desregrada:** Se permitiu que os netos, confiados à sua guarda judicial, mantivessem contato com a genitora e seu companheiro, pessoas nocivas aos menores, em virtude de vícios e vida desregrada, desatendendo as condições do termo de guarda, denega-se o *writ* (STJ, HC 407.489-MS, j. 1º.8.2018).

Capítulo IV
DOS CRIMES CONTRA O PÁTRIO PODER, TUTELA OU CURATELA

INDUZIMENTO A FUGA, ENTREGA ARBITRÁRIA OU SONEGAÇÃO DE INCAPAZES

Art. 248. Induzir menor de 18 (dezoito) anos, ou interdito, a fugir do lugar em que se acha por determinação de quem sobre ele exerce autoridade, em virtude de lei ou de ordem judicial; confiar a outrem, sem ordem do pai, do tutor ou do curador, algum menor de 18 (dezoito) anos, ou interdito, ou deixar, sem justa causa, de entregá-lo a quem legitimamente o reclame:

Pena – detenção, de 1 (um) mês a 1 (um) ano, ou multa.

- **Transação:** Cabe (art. 76 c/c art. 61 da Lei n. 9.099/95).
- **Suspensão condicional do processo:** Cabe, atendidas as condições do art. 89 da Lei n. 9.099/95.

Induzimento, entrega ou sonegação de incapazes

- **Objeto jurídico:** Busca-se, por meio deste art. 248, a proteção do direitos atinentes ao poder familiar, à tutela e à curatela. Sobre o poder familiar, cf. arts. 1.630 a 1.638 do CC; acerca da tutela, cf. arts. 1.728 a 1.766; quanto à curatela, arts. 1.767 a 1.783.
- **Sujeito ativo:** Qualquer pessoa.
- **Sujeito passivo:** O pai, a mãe, o tutor, o curador, e também o menor de 18 anos ou interdito.
- **Tipo objetivo:** Este art. 248 do CP compreende três figuras penais distintas: *a. Induzir menor de 18 anos, ou interdito, a fugir do lugar em que se acha por determinação de quem sobre ele exerce autoridade, em virtude de lei ou de ordem judicial*. Induzir é convencer, persuadir, incitar. A fuga deve ser clandestina, sem consentimento tácito ou expresso dos responsáveis, e ter duração expressiva. Não basta o induzimento, sendo necessária a *efetiva fuga* (afastamento) do menor ou interdito. *b. Confiar a outrem, sem ordem do pai, do tutor ou do curador, algum menor de 18 anos, ou interdito*. É a entrega arbitrária, sem autorização expressa ou tácita dos responsáveis. *Confiar* tem a significação de entregar, fiar, transmitir. O consentimento do menor é penalmente irrelevante. *c. Ou deixar, sem justa causa, de entregá-lo* (o menor ou interdito) *a quem legitimamente o reclame*. Deixar de entregar é reter, sonegar. A expressão *legitimamente* significa em conformidade com as leis. A presença de *justa causa* (ex.: risco para a saúde do menor) afasta a tipicidade.
- **Emancipação:** Nos casos em que o menor de 18 e maior de 16 anos tiver sido emancipado (CC, art. 5º), não haverá o crime, pois tanto o poder familiar quanto a tutela estarão extintos (CC, arts. 1.635 e 1.763), não havendo mais razão de se punir condutas voltadas a proteger algo que estava extinto.
- **Tipo subjetivo:** O dolo, ou seja, a vontade livre e consciente de induzir, confiar ou deixar de entregar, nesta última hipótese, sem justa causa. Para a escola tradicional é o "dolo genérico". Inexiste punição a título de culpa.
- **Consumação:** Na figura *a*, com a efetiva fuga; na *b*, com o ato de entregar em confiança; na *c*, com a demonstração inequívoca da vontade de não entregar, sem justa causa.
- **Tentativa:** Na figura *a* é admissível; na *b* e na *c*, não.
- **Confronto:** Se o agente, em vez de induzir, subtrai, art. 249 do CP. Se o pai ou responsável deixa de entregar o menor ou interdito a terceiro, desobedecendo mandado

judicial, segundo HELENO FRAGOSO o crime seria o do art. 359 do CP (*Lições de Direito Penal – Parte Especial*,1965, v. III, p. 756), mas nós entendemos que tal artigo refere-se à decisão penal e não civil (*vide* anotação ao CP, art. 359). Em caso de cônjuge separado judicialmente, *vide* nota ao CP, art. 249. Caso o agente, além de induzir a fuga, submeta, induza ou atraia à prostituição ou outra forma de exploração sexual *vide* art. 218-B, *caput* do CP.

- **Pena:** É *alternativa*: detenção, de um mês a um ano, ou multa.
- **Ação penal:** Pública incondicionada.

Jurisprudência

- **Pai separado judicialmente:** Não estando o acusado, sem embargo de desquitado, privado do pátrio poder, não há falar em infração do art. 248 do CP por reter, além do prazo convencionado, os filhos que lhe foram confiados para visita (TACrSP, *RT* 500/346).

- **Sujeito passivo:** Além dos pais, tutor ou curador, é também o menor ou o interdito (TACrSP, *RT* 527/357).

- **Distinção:** No art. 248 o menor é levado a sair, enquanto no art. 249 ele é tirado (TJSP, *RF* 262/287). No art. 248 há recusa na entrega, sem justa causa, a quem o reclame legitimamente, ao invés do art. 249 em que o menor é subtraído (TAMG, *RT* 638/329).

- **Simples passeio:** O acompanhamento não autorizado de adolescente para passeio a um distrito da cidade, por ato voluntário desta, que já convivia maritalmente com outra pessoa, não configura o crime (TJRO, Ap. 0000197-88.2018.822.0016, j. 15.5.2019).

- **Justo motivo:** Se, em virtude da aparente relação conflituosa entre a menor e a sua mãe, o pai deixou de devolver a filha na segunda-feira, por achar que ela corria risco em sua integridade psicológica, é atípica sua conduta (TJRJ, 2ª TR, HC 0001131-78.2017.8.19.9000, j. 8.8.2017).

SUBTRAÇÃO DE INCAPAZES

Art. 249. Subtrair menor de 18 (dezoito) anos ou interdito ao poder de quem o tem sob sua guarda em virtude de lei ou de ordem judicial:

Pena – detenção, de 2 (dois) meses a 2 (dois) anos, se o fato não constitui elemento de outro crime.

§ 1º O fato de ser o agente pai ou tutor do menor ou curador do interdito não o exime de pena, se destituído ou temporariamente privado do pátrio poder, tutela, curatela ou guarda.

§ 2º No caso de restituição do menor ou do interdito, se este não sofreu maus-tratos ou privações, o juiz pode deixar de aplicar pena.

Subtração de incapazes (caput e § 1º)

- **Transação:** Cabe, preenchidos os requisitos do art. 76 da Lei n. 9.099/95.
- **Suspensão condicional do processo:** Cabe, atendidas as condições do art. 89 da Lei n. 9.099/95.
- **Objeto jurídico:** A guarda de menores ou interditos.
- **Sujeito ativo:** Qualquer pessoa, inclusive pais, tutores ou curadores, se destituídos ou temporariamente privados do pátrio poder, tutela, curatela ou guarda (§ 1º).
- **Sujeito passivo:** Pais, tutores, curadores e, eventualmente, os próprios menores.
- **Tipo objetivo:** O núcleo *subtrair* significa tirar, retirar. Não se confunde com a conduta menos gravosa do induzimento à fuga prevista no art. 248 do CP, em que o menor ou interdito é induzido, convencido a fugir. A pessoa que se subtrai é *menor de 18*

anos ou interdito (submetido judicialmente à curatela). Se o menor de 18 anos for emancipado (CC, art. 5º), não poderá mais ser sujeito passivo do crime, pois nesse caso o poder de família, do qual decorre o poder de guarda, já estará extinto (CC, art. 1.635, II). A subtração é feita *de quem o tem sob sua guarda em virtude de lei* (é o caso, por exemplo, do poder de guarda que os pais têm sobre os filhos menores não emancipados – CC, art. 1.634, II) ou ordem judicial (é o caso da guarda do menor decidida por juiz em separação judicial ou divórcio litigiosos – CC, art. 1.584). Portanto, se o menor é tirado de quem apenas o cria, sem ter sua guarda em razão de lei ou determinação judicial, a conduta não se enquadrará no crime deste art. 249 do CP.

- **Tipo subjetivo:** O dolo, ou seja, a vontade livre e consciente de subtrair o menor ou interdito. Na doutrina tradicional é o "dolo genérico". Não há forma culposa. Note-se que se a intenção do agente não for a de retirar o menor ou interdito da guarda de quem o tem, mas tiver outro fim (p. ex., levar o menor ou interdito apenas para um passeio), não haverá o crime deste art. 249.

- **Consumação:** Com a efetiva subtração (retirada) do menor de 18 anos à guarda do responsável.

- **Tentativa:** Admite-se.

- **Confronto:** Caso haja induzimento para fuga e não subtração, o delito será o do art. 248 do CP; note-se que, no induzimento, o menor é levado, persuadido a fugir; na subtração, conduta mais grave, ele é literalmente subtraído, sendo levado contra a sua vontade. Se a subtração for com fim libidinoso, o crime será contra a dignidade sexual de vulnerável. Se o fim for a privação da liberdade, art. 148 do CP. Se a finalidade for a obtenção de resgate, art. 159 do CP. Se a subtração tiver o fim de colocação em lar substituto, art. 237 da Lei n. 8.069/90 (Estatuto da Criança e do Adolescente). Caso o agente, além de subtrair o menor de 18 anos, o submeta, induza ou atraia à prostituição ou outra forma de exploração sexual, art. 218-B, *caput*, do CP.

- **Pena:** Detenção, de dois meses a dois anos, se o fato não constitui elemento de outro crime. Trata-se, pois, de crime subsidiário (*vide* nota *Confronto*).

- **Ação penal:** Pública incondicionada.

Perdão judicial (§ 2º)

- **Noção:** É cabível no caso de restituição (voluntária ou espontânea) do menor ou interdito, se este não sofreu maus-tratos ou privações. Sobre a natureza e consequências do perdão judicial, que entendemos ser causa de extinção da punibilidade, *vide* nota ao art. 107, IX, do CP.

Jurisprudência

- **Tipo objetivo:** O que se pune é a subtração, e não a sonegação ou recusa em entregar o menor (TAMG, *RJTAMG* 29/306). Inocorre o crime do art. 249, se o menor empreende fuga sozinho (TACrSP, *RJDTACr* 24/379).

- **Tipo subjetivo:** É necessária a vontade de tirar o menor da guarda do responsável, não havendo dolo quando se tratar de menor abandonado (TJSP, *RT* 525/353). O dolo é "genérico" (TACrSP, *RT* 520/416).

- **Sujeito ativo:** Mãe que subtrai filhos que se encontravam sob a guarda de terceiros pode ser sujeito ativo (TACrSP, *Julgados* 95/289). Igualmente o pai que estava temporariamente privado da guarda do filho (TACrSP, *RJDTACr* 22/400).

- **Concordância:** Não se tipifica, se o menor aquiesceu e houve concordância de seu genitor (TACrSP, *RT* 524/407).

- **Menor criado:** A subtração de menor a quem o cria, não tendo sua guarda em virtude de lei ou ordem judicial, não constitui o crime do art. 249 (TJSP, *RT* 488/332).

- **Cônjuge separado judicialmente:** Comete o delito do art. 249 do CP o pai desquitado que subtrai filho, cuja guarda cabia à mãe em razão do desquite por mútuo consentimento (TACrSP, *RT* 520/416).

- **Distinção:** *Vide* jurisprudência, sob igual título, no art. 248 do CP.

- **Perdão judicial (§ 2º):** Se a restituição não foi espontânea, mas sim forçada em razão da apreensão do menor, é inaplicável o § 2º do art. 249 (TACrSP, *Julgados* 87/337). É possível a aplicação do § 2º ao pai que devolve a criança à mãe, que tem a sua guarda, sem maus-tratos ou privações (TACrSP, *RJDTACr* 22/400).

- **Intenção de prejudicar:** É irrelevante para a configuração do crime, sendo que, para aplicação do § 2º, é necessário que a restituição seja, ao menos, voluntária (TJMG, Ap. 0014296-61/2013.8.13.0348, j. 5.4.2016).

- **Retirada de abrigo:** Se retirou os dois filhos sem autorização legal, e ainda ameaçou e desacatou os policiais que foram à sua casa, restou caracterizado o delito (TJPR, Ap. 15716986, j. 2.3.2017).

Título VIII
DOS CRIMES CONTRA A INCOLUMIDADE PÚBLICA

■ **Nota explicativa:** Tendo o Direito Penal a missão de proteger bens jurídicos essenciais, a fim de garantir a convivência humana na comunidade (HANS JESCHECK, *TRATADO DE DERECHO PENAL*, Granada, Comares Editorial, 1993, pp. 1 e 6), houve por bem o legislador eleger tipos penais que atentam contra o bem jurídico da incolumidade pública, objeto do presente Título VIII. Como ensina VINCENZO MANZINI, o bem da incolumidade pública "consiste no complexo de condições, garantidas pela ordem jurídica, necessárias para a segurança da vida, da integridade pessoal e da saúde (...), independentemente da sua relação a determinadas pessoas"; a segurança das coisas, complementa o mestre italiano, deve ser considerada "somente quando implica também a segurança das pessoas". Trata-se, arremata o autor, de "ações ou omissões individuais, que ofendem ou expõem a perigo pessoas, transcendendo as singulares ofensas ou ameaças, enquanto se propagam ou podem propagar-se a um número relevante e indeterminável de indivíduos, prejudicando ou ameaçando a segurança da convivência social" (*Trattato di Diritto Penale Italiano*, Torino, UTET, 1946, p. 207). Entre nós, assevera igualmente NELSON HUNGRIA que a "incolumidade (do latim *incolumitas*) é o estado de preservação ou segurança em face de possíveis eventos lesivos", podendo referir-se tanto a pessoas quanto a coisas. Incriminam-se, continua o grande autor, certos fatos "pela simples criação de perigo de dano à vida, à integridade física ou ao patrimônio de pessoas indefinidamente consideradas". E acrescenta: Buscam-se punir "fatos que acarretam situação de perigo a *indeterminado ou não individuado* número de pessoas ou coisas" (*Comentários ao Código Penal*, Rio de Janeiro, Forense, 1958, v. IX, pp. 7-8), de modo que o ataque, previamente engendrado, a uma determinada pessoa ou coisa (ou mesmo a um grupo de pessoas ou coisas determinadas), sem que um número *indeterminado* de pessoas ou coisas seja exposto a perigo, não configurará nenhum dos crimes dispostos no presente Título, mas, sim, em outros, como nos crimes contra a pessoa (Título I) ou contra o patrimônio (Título II). O presente Título encontra-se dividido em três capítulos, que cuidam, respectivamente, dos crimes de perigo comum, dos crimes contra a segurança dos meios de comunicação e transporte e outros serviços públicos, e dos crimes contra a saúde pública. Cumpre observar, ainda, que a tutela de interesses supraindividuais, por meio do Direito Penal, também encontra-se presente em leis especiais, da qual é expressivo exemplo a Lei do Meio Ambiente (Lei n. 9.605/98).

Capítulo I
DOS CRIMES DE PERIGO COMUM

INCÊNDIO

Art. 250. Causar incêndio, expondo a perigo a vida, a integridade física ou o patrimônio de outrem:
Pena – reclusão, de 3 (três) a 6 (seis) anos, e multa.

AUMENTO DE PENA

§ 1º As penas aumentam-se de um terço:
I – se o crime é cometido com intuito de obter vantagem pecuniária em proveito próprio ou alheio;

II – se o incêndio é:

a) em casa habitada ou destinada a habitação;

b) em edifício público ou destinado a uso público ou a obra de assistência social ou de cultura;

c) em embarcação, aeronave, comboio ou veículo de transporte coletivo;

d) em estação ferroviária ou aeródromo;

e) em estaleiro, fábrica ou oficina;

f) em depósito de explosivo, combustível ou inflamável;

g) em poço petrolífero ou galeria de mineração;

h) em lavoura, pastagem, mata ou floresta.

INCÊNDIO CULPOSO

§ 2º Se culposo o incêndio, a pena é de detenção, de 6 (seis) meses a 2 (dois) anos.

- **Transação:** Cabe no § 2º do art. 250 (art. 76 da Lei n. 9.099/95), desde que não resulte lesão corporal ou morte (CP, art. 258).

- **Suspensão condicional do processo:** Cabe no § 2º, se não resultar morte – CP, art. 258, atendidas as condições do art. 89 da Lei n. 9.099/95.

Incêndio doloso (caput)

- **Objeto jurídico:** A incolumidade pública.

- **Sujeito ativo:** Qualquer pessoa.

- **Sujeito passivo:** A coletividade (principal), bem como as pessoas cujas vidas, integridade física e patrimônio tiverem sido expostas a perigo de dano.

- **Tipo objetivo:** *Causar incêndio* é provocar, motivar, produzir combustão, conduta que pode dar-se tanto na forma comissiva (mais comum) quanto na omissiva, esta última somente quando o agente tiver o dever jurídico de evitá-lo (CP, art. 13, § 2º). Não basta, todavia, que o agente dê causa ao incêndio, devendo haver a exposição a perigo à vida, à integridade física ou ao patrimônio de outrem. Por isso, é condição indeclinável que haja perigo no fogo, pois *incêndio*, em sua significação penal, é tão somente o fogo que, por sua expressividade ou condições, ocasiona risco efetivo a pessoas ou coisas. Um incêndio de pequena monta causado em lugar ermo, longe do alcance de pessoas ou do patrimônio alheio, portanto, não configura o crime. Como assevera FRAGOSO, "é indispensável a *efetiva situação de perigo* para a vida, a incolumidade física ou o patrimônio de outrem" (*Lições de Direito Penal – Parte Especial*,1965, v. III, p. 772). Exige-se, assim, para a caracterização do crime, a ocorrência de *perigo concreto* para número indeterminado de pessoas ou bens, não um perigo meramente abstrato ou presumido.

- **Tipo subjetivo:** O dolo, ou seja, a vontade livre e consciente de provocar o incêndio, com conhecimento do perigo comum (dolo de perigo), isto é, do "perigo dirigido contra um círculo, previamente incalculável na sua extensão, de pessoas ou coisas não individualmente determinadas" (HUNGRIA, *Comentários...*, v. IX, p. 10). Se a vontade for determinada a atingir certa pessoa ou coisa, o crime será outro (homicídio, dano). Na doutrina tradicional é o "dolo genérico". A modalidade *culposa* é prevista na figura do § 2º.

- **Consumação:** Com a efetiva situação de perigo comum, independentemente da ocorrência de dano. Como ensina HUNGRIA, o perigo, tal como no tocante à explosão e ao uso de gás tóxico ou asfixiante, "tem de ser averiguado e comprovado *in concreto*, isto é, cumpre demonstrar que a vida, integridade física ou o patrimônio de outrem correu efetivo risco" (*Comentários ao Código Penal*, Rio de Janeiro, Forense, 1958, v. IX, p. 40).

- **Tentativa:** Admite-se, posto que a conduta de causar incêndio é plurissubsistente, isto é, composta de etapas. Atos meramente preparatórios, todavia, não constituem o crime.

- **Confronto:** Se o incêndio é provocado por inconformismo político, art. 20 da Lei n. 7.170, de 14.12.83. Se o agente não causar incêndio, mas possuir, deter, fabricar ou empregar artefato explosivo e/ou incendiário sem autorização ou em desacordo com determinação legal ou regulamentar, art. 16, parágrafo único, III, da Lei n. 10.826/2003. Se o incêndio é provocado em mata ou floresta, art. 41 da Lei n. 9.605/98.

- **Pena:** Reclusão, de três a seis anos, e multa.

- **Ação penal:** Pública incondicionada. O exame de corpo de delito deve seguir formalidade especial (CPP, art. 173).

Causas especiais de aumento de pena (§ 1º)

- **Alcance:** As causas de aumento de pena deste § 1º são aplicáveis ao incêndio doloso (*caput*), mas não ao culposo (§ 2º). De forma cumulada a elas poderá haver ainda o aumento da pena em virtude de resultado não desejado pelo agente (CP, art. 258), ressalvadas as eventuais hipóteses de *bis in idem*.

- **Aumento de pena do inciso I:** *Se o crime é cometido com intuito de obter vantagem pecuniária em proveito próprio ou alheio.* A vantagem referida é tão só a *pecuniária*, não abrangendo outro tipo de vantagem. Não se exige que o agente efetivamente a obtenha, mas que ela seja a finalidade da ação. A obtenção de vantagem constitui mero exaurimento do crime. Note-se, todavia, que se o agente causa incêndio em casa própria, com o fim de ludibriar ou induzir terceiro a erro e a pagar, em benefício próprio ou alheio, indenização ou valor de seguro, poderá haver o crime de estelionato previsto no art. 171, § 2º, V, do CP (*vide* nota Confronto e concurso de crimes abaixo). O *elemento subjetivo do tipo* ("com o fim de obter vantagem pecuniária") deve estar presente para a caracterização desta causa especial de aumento de pena; na corrente tradicional, é o "dolo específico".

- **Confronto e concurso de crimes:** Na ausência de perigo comum (risco de dano a indeterminado número de pessoas), mas com o intuito de haver indenização ou valor de seguro, a hipótese será a do art. 171, § 2º, V, do CP; ainda com ausência de perigo comum, mas em se tratando de coisa alheia (e não própria como quer o art. 171, § 2º, V), haverá apenas o crime de dano (art. 163). Se a coisa for própria e inexistir perigo comum ou intuito de obter indenização ou valor de seguro, a conduta é atípica. Se houver perigo comum, surge divergência em se saber se haverá ou não concurso de crimes. Na 6ª edição deste *Código Penal Comentado*, em comentários ao art. 250, entendíamos, com esteio na jurisprudência, ser inadmissível o concurso material ou formal entre os crimes dos arts. 250, § 1º, I, e 171, § 2º, V, pois este deveria ser absorvido por aquele. Alteramos nosso entendimento na 7ª edição: se o incêndio expuser a perigo a vida, a integridade física ou o patrimônio de outrem, a destruição, total ou parcial, de coisa própria, por meio de incêndio, com o intuito de haver indenização ou valor de seguro, haverá inegavelmente concurso formal entre os crimes dos arts. 171, § 2º, V, e 250, *caput* (e não § 1º, I), posto ser vedado em Direito Penal a dupla incidência de uma mesma circunstância ou elementar (intuito de obter vantagem pecuniária indevida). Se o agente empregar explosão, o concurso formal será com o crime do art. 251, *caput*, do CP. Note-se, todavia, que ausente o dolo (direto ou mesmo eventual) de expor a perigo comum, resta tão somente o crime de estelionato agravado, pois neste caso o crime de incêndio ou mesmo de explosão não se caracteriza.

- **Aumento de pena do inciso II:** *Se o incêndio é: a. em casa habitada ou destinada a habitação* (não é necessário que haja pessoa na casa, mas é preciso que o agente saiba ser local destinado a habitação); *b. em edifício público* (da União, Estado, Distrito Federal ou Município) *ou destinado a uso público* (ex.: igreja, cinema) *ou a obra de assistência social* (ex.: orfanato, creche, hospital) *ou de cultura* (ex.: biblioteca, museu), devendo o agente ter conhecimento (dolo) dessas circunstâncias; *c. em embarcação, aeronave, comboio ou veículo de transporte coletivo*, entendendo-se irrelevante a atualidade do uso; *d. em estação ferroviária ou aeródromo* (não inclui estação rodoviária nem porto); *e. em estaleiro, fábrica ou oficina*, entendendo-se ser indiferente a presença de pessoas; *f. em depósito de explosivo, combustível ou inflamável*, dada a maior reprovabilidade da conduta nesses casos; *g. em poço petrolífero ou galeria de mineração* (qualquer mina, na opinião dos autores); *h. em lavoura, pastagem, mata ou floresta*.

- **Confronto:** Se o agente fizer fogo em florestas e demais formas de vegetação, sem tomar as precauções adequadas, mas não chegar a causar incêndio, haverá a contravenção penal do art. 26, *e*, da Lei n. 4.771/65, alterada pela Lei n. 7.803/89. Se o agente causar incêndio em mata ou floresta, mas inexistir perigo comum (isto é, risco a indeterminado número de pessoas ou coisas), não haverá o crime de incêndio, mas apenas o crime do 41 da Lei n. 9.605/98. Se houver perigo comum, haverá tão somente o crime deste art. 250, II, *f*, restando absorvido o crime da lei ambiental.

- **Pena:** As do *caput*, aumentadas de um terço.

Figura culposa (§ 2º)

- **Noção:** Se o incêndio resulta da não observância, pelo agente, do dever de cuidado que era necessário (CP, art. 18, II), haverá a figura culposa deste § 2º. Exige-se, todavia, o mesmo *perigo comum*, e concreto, da figura dolosa. Se inexistir perigo comum, o crime será o do art. 41, parágrafo único, da Lei n. 9.605/98.

- **Pena:** Detenção, de seis meses a dois anos.

Morte ou lesão corporal

- **Remissão:** Se do incêndio (doloso) resultar lesão corporal ou morte (não desejadas pelo agente), haverá a causa especial de aumento de pena prevista no art. 258 do CP (preterdolo – CP, art. 19). Igualmente no incêndio culposo, se houver lesão corporal ou morte, a pena também é aumentada, por disposição *expressa* do citado art. 258 (*vide* comentários nesse artigo).

- **Confronto:** Se algum desses resultados tiver sido desejado pelo agente, haverá concurso formal de crimes (entre incêndio doloso e lesão corporal grave, por exemplo). Note-se, todavia, que se inexistir perigo comum, e o agente tiver agido com a intenção exclusiva de matar alguém, por exemplo, haverá tão somente o crime de homicídio qualificado pelo emprego de fogo (art. 121, § 2º, III), tentado ou consumado.

Jurisprudência do incêndio doloso

- **Tipo subjetivo:** É o dolo, a vontade de provocar incêndio, com conhecimento do perigo comum (TJSP, *RJTJSP* 75/323). Não houve dolo, se após discussão com a companheira, que saiu de casa com a filha de 4 anos, embriagado apenas quis queimar as roupas daquela, só atingindo a cama (TJRO, Ap. 00101400716050010.14.007160-5, *DJe* 19.2.2018, p. 25).

- **Perigo concreto:** É consabido que o crime de incêndio, previsto no artigo 250 do Código Penal, é um delito de perigo concreto, bastando, para sua configuração, que o fogo tenha a potencialidade de colocar em risco os bens jurídicos tutelados: a incolumidade pública, a vida, a integridade física ou o patrimônio de terceiros – o que ocorreu no caso, uma vez que o fogo não se alastrou para os prédios vizinhos devido a pronta intervenção do corpo de bombeiros impediu essa ocorrência. Cumpre assinalar, ainda, que o delito em questão é um crime de perigo comum, sendo prescindível que a conduta seja dirigida a determinadas vítimas (STJ, 5ª T., AgRg no HC 192.574/ES, rel. Min. Marilza Maynard, j. 25.6.2013, *DJe* 1.8.2013). Não basta a potencialidade do perigo, sendo necessário que este seja concreto e efetivo (TJSP, *RJTJSP* 82/378, *RT* 538/334; TJRS, *RJTJRS* 166/112; TJRJ, *RT* 753/674; TJMG, *RT* 763/639; TJSP, *RT* 757/528), para número indeterminado de pessoas ou bens (TJRJ, *RT* 725/642; TJDF, Ap. 0020863-74.2015.8.07.0003, j. 26.10.2017). Não se configura, se o agente ateia fogo à sua própria casa, sem que o fogo defina perigo real às residências próximas (TJMG, *JM* 128/359). O ato de arremessar uma garrafa de combustível em chamas contra moradia, atingindo portão e causando pequeno chamuscamento no gramado, não dispõe de eficiência a tipificar o crime de incêndio, consumado ou tentado (TJSP, *RT* 760/592).

- **Perigo comum:** O CP condiciona o crime de incêndio a perigo concreto ou efetivo para número indeterminado de pessoas ou bens (TJSP, *RJTJSP* 69/376). Deve haver potencialidade de expansão do dano a outras coisas e a pessoas indeterminadas (TJSP, *RT* 497/316). Sem o pressuposto de perigo comum, não há cogitar do crime de incêndio (TJSP, *RT* 611/335); é o caso, por exemplo, do agente que coloca fogo em pastagem de propriedade alheia, não tendo ocorrido perigo para a vida, integridade física ou patrimônio de um indeterminado número de pessoas (TJMG, Ap. 213.583-8/0, *Bol. IBCCr* 118/643). Não se configura o crime se o agente coloca em perigo apenas a própria vida (TJSP, *RJTJSP* 1/189). Não ocorre perigo comum, no causado a uma, duas ou até três pessoas, ou a um número determinado e certo de indivíduos residentes no mesmo local (TJSP, *RJTJSP* 161/283). *Contra:* Há crime de incêndio e não de dano, se expôs a perigo concreto sua ex-companheira e filhos, causando lesão efetiva ao patrimônio (casa) desta (TJDF, Ap. 14.240, *DJU* 23.11.94, p. 14629). Para configuração do crime de incêndio basta a exposição do patrimônio alheio a perigo, sendo irrelevante a reconstrução do bem pelo acusado (TJSP, *RT* 748/608).

- **Ausência da vítima no local:** É irrelevante à caracterização do crime de incêndio, subsistindo o delito mesmo quando somente o patrimônio alheio é exposto a perigo concreto e efetivo, que é requisito para a sua tipificação (TJSP, *RT* 815/565; TJRS, Ap. 70069537173, j. 1º.9.2016; TJMG, Ap. 10388130020141001, j. 27.3.2019).

- **Prova pericial:** É imprescindível o laudo pericial para a configuração do crime de incêndio, eis que a delineação de sua causa é decisiva para se concluir se houve ação proposital. Esclareça-se que não houve qualquer justificativa para a não realização da perícia (STJ, 6ª T., HC 283.368/RS, *DJe* 10.11.2014; STJ, 5ª T., REsp 1.753.667-RS, j. 18.10.2018). Necessária a prova pericial (TJPR, *PJ* 46/187), que não é suprível por outros meios (TFR, Ap. 6.920, *DJU* 23.4.87, p. 7026; TJSP, *RT* 542/306). Inexistindo laudo direto que afirme que o incêndio causado na residência do paciente teria sido proposital, tampouco havendo justificativas acerca de eventual impossibilidade de sua elaboração, constata-se a ineficácia dos demais elementos de prova para a caracterização da materialidade do delito previsto no artigo 250 do Código Penal, motivo pelo qual se revela imperioso o trancamento da ação penal. 5. *Habeas corpus* não conhecido. Ordem concedida de ofício para determinar o trancamento da ação penal deflagrada em desfavor do paciente (STJ, 5ª T., HC 244.737/RS, rel. Min. Jorge Mussi, j. 20.8.2013, *DJe* 5.9.2013). Restando comprovado, por laudo pericial, que o incêndio, ainda que praticado em residência não habitada, trouxe perigo para a vida, a integridade física ou o patrimônio alheio, o crime está caracterizado (TJSP, *RT* 838/557). *Vide*, também, jurisprudência sob o mesmo título, no *Incêndio culposo*.

- **Tentativa:** Se o incêndio não se comunica à coisa visada ou, comunicando-se, é prontamente extinto, sem chegar a concretizar o perigo comum, há simples tentativa de incêndio (TJSP, *RT* 600/326; TJMG, *RT* 726/718). Só há tentativa se, apesar da vontade de incendiar do agente, não se segue um incêndio juridicamente expressivo (TJSP, *mv – RT* 560/320).

- **Consciência do perigo comum:** O agente deve ter conhecimento do perigo comum (TJSP, *RT* 489/343,430/348) e do efetivo risco (TJMG, *JM* 128/359).

- **Embriaguez voluntária:** Não afasta a imputabilidade do agente que ateia fogo na residência do ascendente e continua a alimentar as chamas com madeira (TJRS, *RT* 875/630).

- **Omissão em debelar:** Não comete crime de incêndio quem omite as providências para debelar fogo que não produziu intencional ou involuntariamente (TAPR, *RT* 563/385).

- **Desclassificação:** Se não houve dolo, mas culpa, desclassifica-se para o § 2º do art. 250 (TJSP, *mv – RT* 562/319, *RJTJSP* 75/323). Inexistindo perigo a indeterminado número de pessoas ou coisas, o crime de incêndio pode ser desclassificado para: *a. dano*, se a intenção era de danificar (TJSP, *RJTJSP* 107/435,108/480; TJPR, *PJ* 48/344); *b. exercício arbitrário das próprias razões*, se praticado com o objetivo de satisfazer pretensão legítima ou que crê ser legítima (TJSE, *RF* 270/322); *c. estelionato*, se teve como objetivo reclamar indenização da seguradora (TJSP, *RJTJSP* 120/515). É inadmissível a desclassificação para dano se o fogo gerou perigo comum e concreto (TJSP, *RT* 774/566). Desclassifica-se para dano qualificado, se o agente ateia fogo em depósito, distante da residência da vítima (TJMG, *RT* 759/680).

- **Sujeito passivo:** Nos crimes contra a incolumidade pública, como o de incêndio, além do sujeito passivo principal, que é o corpo social, também são sujeitos passivos secundários todos os que padeceram danos pessoais ou patrimoniais, ou se viram expostos a perigo (TACrSP, *RT* 474/324).

Jurisprudência das figuras com aumento de pena

- **Casa habitada ou destinada à habitação:** Tendo dado causa ao incêndio em casa com tais características, a alegação de que não pretendia atear-lhe fogo, mas tão somente nas roupas da vítima, não exime o agente de responsabilidade (TJPR, *RT* 858/647).

- **Intuito de vantagem:** Se o incêndio, com perigo comum, é provocado para receber seguro, tipifica-se o § 1º, I, do art. 250, sem o concurso com o art. 171, § 2º, V (TJSP, *RJTJSP* 69/363; TJSC, *RT* 842/635).

- **Edifício comercial:** Incide o aumento do § 1º, II, *a*, se ateado em sala de edifício comercial, no horário de expediente (STF, *RTJ* 119/115).

- **Edifício residencial:** Incide o aumento do § 1º, II, *a*, se ateado em unidade residencial, localizado em prédio de vários apartamentos (TJMG, *RT* 763/639).

- **Edifício público:** Incide o aumento do § 1º, II, *b*, se o edifício incendiado é ocupado por empresa estatal (TJSP, *RT* 519/362).

- **Tentativa:** Se o fogo, ateado em residência habitada, é imediatamente debelado, há apenas crime tentado (TJ/RS, *RT* 821/657).

- **Concurso formal com explosão:** Sendo a ação praticada com o fim de sinistrar o prédio e auferir o prêmio de seguro, haverá concurso formal entre os crimes de incêndio e explosão, ficando absorvida figura do estelionato (TJSC, *RT* 842/635).

Jurisprudência do incêndio culposo

- **Perigo comum:** A forma culposa contém os mesmos requisitos do *caput*: "... expondo a perigo a vida, a integridade física ou o patrimônio de outrem" (TACrSP, *RT* 506/394). Para a configuração do incêndio culposo é condição necessária o perigo comum (TAMG, *RT* 429/479).

- **Culpa:** Não se configura, se havia aceiros e não era razoável esperar-se que o fogo fosse levado pelo vento para a outra margem (TJPR, *RT* 537/339). Há incêndio culposo quando o agente ateia fogo sem tomar as cautelas costumeiras, como abrir aceiros e avisar os confrontantes (TJSC, *RT* 526/426; TACrSP, *RT* 514/360).

- **Ordem de queimada:** Rejeita-se a denúncia que não esclarece o momento em que teria sido dada a ordem, se era para ser cumprida no instante em que foi e ainda que em condições de tempo desfavoráveis, ademais se os denunciados não se encontravam no local quando se ateou fogo (TJSP, *RT* 723/574).

- **Prova pericial:** É indispensável o exame de corpo de delito (TACrSP, *Julgados* 81/302, *RT* 525/391). *Vide*, também, jurisprudência sob o mesmo título, no *Incêndio doloso*.

EXPLOSÃO

Art. 251. Expor a perigo a vida, a integridade física ou o patrimônio de outrem, mediante explosão, arremesso ou simples colocação de engenho de dinamite ou de substância de efeitos análogos:

Pena – reclusão, de 3 (três) a 6 (seis) anos, e multa.

§ 1º Se a substância utilizada não é dinamite ou explosivo de efeitos análogos:

Pena – reclusão, de 1 (um) a 4 (quatro) anos, e multa.

AUMENTO DE PENA

§ 2º As penas aumentam-se de um terço, se ocorre qualquer das hipóteses previstas no § 1º, I, do artigo anterior, ou é visada ou atingida qualquer das coisas enumeradas no n. II do mesmo parágrafo.

MODALIDADE CULPOSA

> § 3º No caso de culpa, se a explosão é de dinamite ou substância de efeitos análogos, a pena é de detenção, de 6 (seis) meses a 2 (dois) anos; nos demais casos, é de detenção, de 3 (três) meses a 1 (um) ano.

- **Transação:** Cabe a transação na primeira parte do § 3º do art. 251, se não resultar lesão corporal ou morte – CP, art. 258. Cabe transação, também, na segunda parte do § 3º, se não resultar morte – CP, art. 258, preenchidos os requisitos do art. 76 da Lei n. 9.099/95.

- **Suspensão condicional do processo:** Cabe no § 1º, se não resultar lesão corporal grave ou morte – CP, art. 258; cabe no § 3º, se não resultar morte – CP, art. 258, atendidas as condições do art. 89 da Lei n. 9.099/95.

Explosão (caput)

- **Objeto jurídico:** A incolumidade pública.
- **Sujeito ativo:** Qualquer pessoa.
- **Sujeito passivo:** A coletividade (principal), bem como a pessoa cuja vida, integridade física ou patrimônio tiver sido atingido ou ameaçado.
- **Tipo objetivo:** A exemplo do que sucede com o crime de incêndio (CP, art. 250), o crime deste art. 251 pune situações de perigo causadas pelo agente, em especial aquelas decorrentes de explosão ou situações equivalentes colocadas pelo legislador. Assim é que, na figura do *caput*, punem-se condutas perigosas praticadas mediante o uso de *engenho de dinamite* ou de *substância de efeitos análogos*. Como *engenho de dinamite* entende-se a bomba, artefato ou aparato de *dinamite* (nitroglicerina misturada com substância inerte). Entre as *substâncias de efeitos análogos* à dinamite, são lembrados trotil, TNT, gelatinas explosivas etc. Caso se trate de explosivo diverso daqueles, haverá a figura privilegiada do § 1º. A conduta incriminada é *expor* a *perigo* (isto é, colocar em situação de risco) a vida, a integridade física ou o patrimônio de outrem (número indeterminado de pessoas ou coisas), *mediante*: a. *explosão* (detonação estrondosa e violenta, capaz de causar dano extenso); b. *arremesso* (ato de atirar com força para longe); c. *ou simples colocação* (pôr em algum lugar). No arremesso e na colocação é punido o perigo de detonação de efeitos extensos. À semelhança do crime de incêndio, neste de explosão o perigo também deve ser comum (a indefinido número de pessoas ou bens) e concreto.

- **Tipo subjetivo:** O dolo, que se caracteriza pela vontade livre e consciente de expor a perigo a vida, a integridade física ou o patrimônio de outrem, com conhecimento do perigo comum (dolo de *perigo*). Na corrente tradicional é o "dolo genérico". A forma culposa é prevista no § 3º.

- **Consumação:** Com a criação de situação de perigo próximo e imediato, a uma ou mais pessoas (ou coisas) indeterminadas, sendo desnecessária a efetiva ocorrência de dano. Como ensina HUNGRIA, o perigo, tal como no tocante ao incêndio e ao uso de gás tóxico ou asfixiante, "tem de ser averiguado e comprovado *in concreto*, isto é, cumpre demonstrar que a vida, integridade física ou o patrimônio de outrem correu efetivo risco" (*Comentários ao Código Penal*, Rio de Janeiro, Forense, 1958, v. IX, p. 40).

- **Tentativa:** Admite-se.
- **Confronto:** Se usar ou ameaçar usar, transportar, guardar, portar ou trazer consigo, dinamite ou substância de efeitos análogos capaz de causar danos ou promover destruição em massa, com a finalidade de provocar terror social ou generalizado, *vide* art. 2º, § 1º, inciso I, da Lei n. 13.260/2016 – *Terrorismo*). Se houve furto com uso de explosivo ou artefato análogo, cf. art. 155, § 4º-A, do CP. Havendo furto de substâncias explosivas ou acessórios, *vide* art. 155, §7º, do CP. Se se tratar de roubo de substâncias explosivas ou acessórios, ou de seu uso para destruir ou romper obstáculo, ver art. 157, § 2º, inciso VI, e §2º-A, inciso II, do CP. Não havendo perigo comum, mas tendo o

agente a intenção de atingir determinada pessoa ou coisa, o crime será outro (p. ex., homicídio, lesões corporais, dano). Se o agente age por inconformismo político, art. 20 da Lei n. 7.170/83. Se praticada em pesca, Lei n. 7.679/88. Se o agente possui, detém, fabrica ou emprega artefato explosivo e/ou incendiário sem autorização ou em desacordo com determinação legal ou regulamentar, art. 16, parágrafo único, III, da Lei n. 10.826/2003, que pune essa conduta com pena de 3 (três) a 6 (seis) anos de reclusão, e multa, tendo derrogado o art. 253 do CP. Se o agente utiliza mina terrestre antipessoal, art. 2º da Lei n. 10.300/2001.

- **Pena:** Reclusão, de três a seis anos, e multa.
- **Ação penal:** Pública incondicionada.

Figura privilegiada (§ 1º)

- **Noção:** Pune-se com pena menor se a substância utilizada (isto é, objeto de explosão, arremesso ou colocação) *não* for dinamite ou *não* tiver efeitos análogos a esta. Se o for, o crime será o do *caput*. O objeto material da figura privilegiada, portanto, é o explosivo de *força menor*, como a pólvora, que acarreta danos menos extensos.
- **Pena:** Reclusão, de um a quatro anos, e multa.
- **Ação penal:** Igual à do *caput*.

Aumento de pena (§ 2º)

- **Noção:** As penas da explosão dolosa (*caput* e § 1º) são aumentadas de um terço se o crime é cometido com intuito de obter vantagem pecuniária em proveito próprio ou alheio (hipótese do art. 250, § 1º, I), ou se é visada ou atingida qualquer das coisas enumeradas no inciso II do mesmo dispositivo legal.
- **Confronto:** Se ausente o perigo comum, e o agente tiver agido com o intuito de haver indenização ou valor de seguro, o crime será somente o do art. 171, § 2º, V, do CP. Se estiver presente o perigo comum, poderá haver concurso formal entre o mencionado crime de estelionato e o art. 251, *caput* (mas não o § 1º, I, para não haver *bis in idem*), do CP (*vide* nota Confronto e concurso de crimes no art. 250).

Figuras culposas (§ 3º)

- **Noção:** Em face do princípio da legalidade, em especial de seu corolário da taxatividade, a modalidade culposa é punida apenas no caso de explosão, e não nos casos de arremesso e colocação. A pena varia de acordo com a substância causadora da explosão (*vide* nota abaixo). Para a caracterização da figura culposa, é necessária, também, a presença do *perigo comum*. As figuras culposas deste parágrafo ocorrem quando a explosão resulta de não ter o agente observado o dever de cuidado exigível pelas circunstâncias (CP, art. 18, II).
- **Pena:** Se a substância é *dinamite ou outra de efeitos análogos* (*vide caput*), a pena é de detenção, de seis meses a dois anos. Se a substância é *diversa* (*vide* § 1º), detenção, de três meses a um ano.

Morte ou lesão corporal

- **Remissão:** *Vide* nota ao art. 258 do CP.

Jurisprudência

- **Perigo comum:** O crime de explosão só se configura se surge perigo para a vida, integridade física ou patrimônio de outrem; se não ocorrem tais fatos, a ação poderá configurar alguma infração regulamentar ou contravenção, mas não crime (TJSP, *RT* 427/364). É de perigo concreto, cabendo ao autor da ação penal o ônus da prova do efetivo perigo, por meio de prova pericial, sem a qual a materialidade delitiva resta prejudicada (TJRO, Ap. 0001593-27.2014.822.0021, j. 24.4.2019).
- **Crime comissivo por omissão:** O dono de pedreira não responde como coautor de eventuais atos cometidos por técnicos altamente abalizados que ali trabalham tão só pela omissão de não ter verificado previamente as condições operativas (STF, *RTJ* 127/877).

■ **Explosão em pescaria:** Mesmo nos mares, em faixa litorânea, expõe a perigo a incolumidade pública, a coletividade no seu patrimônio público de natureza ecológica (TRF da 1ª R., Ap. 22.110, *DJU* 23.4.90, p. 7558).

■ **Depósito de fogos de artifício:** A não observância das cautelas necessárias à estocagem de material de alta potencialidade explosiva configura a imprudência do agente (TACrSP, *RJDTACr* 12/221).

■ **Uso de fogos de artifício e tipicidade:** Exige-se a comprovação de que a conduta explosiva causou efetiva afronta à vida e à integridade física das pessoas ou concreto dano ao patrimônio de outrem, sob pena de faltar à acusação a devida demonstração da tipicidade. Por isso, ação de arremessar fogos de artifício em local ocasionalmente despovoado, cuja consequência danosa ao ambiente foi nenhuma, não pode ser tido pela vertente do crime de explosão, podendo, no máximo se referir à contravenção do art. 28 do Decreto-Lei 3.688/41, a qual se encontra abrangida pela prescrição (STJ, 6ª T., HC 104.952/SP, *DJe* 2.3.2009).

■ **Denúncia inepta:** 4. A exordial acusatória não descreveu a regra técnica não observada ou a conduta esperada dos pacientes que restou desatendida, mas restringiu-se a dizer, simplesmente, que os acusados foram imperitos. A menção genérica de conduta imperita não atende aos reclames do moderno Direito Penal e Processual Penal, pois dificulta, sobremaneiramente, o exercício do direito à ampla defesa. (...) 8. Ordem concedida, a fim de trancar a ação penal, sem prejuízo do oferecimento de outra, que atenda aos requisitos legais (STJ, 6ª T., HC 209.333/RJ, *DJe* 26.9.2011).

■ **Diminuição de pena:** Para o reconhecimento da causa especial de diminuição de pena do § 1º, não basta levar em conta o material utilizado na fabricação da bomba, mas também o seu potencial destruidor, pois somente aí se pode constatar a não analogia com a dinamite (TJMG, *RT* 761/668). Configura o crime do art. 251, § 1º, a conduta daquele que coloca bomba ao lado da janela da sala de aula com o objetivo de atingir desafeto (TAPR, *RT* 815/695).

■ **Confronto com furto:** Não se aplica o princípio da consunção se a explosão extrapola seu emprego como mero instrumento para realização do furto, expondo de forma concreta o patrimônio de terceiros, além de atingir bens jurídicos distintos, patrimônio e incolumidade pública (TJDF, Ap. 0018902-46.2016.8.07.0009, j. 28.2.2019; STJ, REsp 1.647.539/SP, j. 21.11.2017).

USO DE GÁS TÓXICO OU ASFIXIANTE

Art. 252. Expor a perigo a vida, a integridade física ou o patrimônio de outrem, usando de gás tóxico ou asfixiante:
Pena – reclusão, de 1 (um) a 4 (quatro) anos, e multa.

MODALIDADE CULPOSA

Parágrafo único. Se o crime é culposo:
Pena – detenção, de 3 (três) meses a 1 (um) ano.

■ **Transação:** Cabe a transação no parágrafo único do art. 252, se não resultar morte (arts. 258 do CP e 76 da Lei n. 9.099/95).

■ **Suspensão condicional do processo:** Cabe no *caput*, se não resultar lesão corporal grave ou morte – CP, art. 258; cabe no parágrafo único, desde que não resulte morte – CP, art. 258, atendidas as condições do art. 89 da Lei n. 9.099/95.

■ **Revogação tácita:** Em nossa opinião, este art. 252 foi tacitamente revogado pelo art. 56 da Lei n. 9.605/98, porquanto este tipo penal regula inteiramente a matéria de que trata o artigo ora em comento (LICC, art. 2º, § 1º), com as mesmas penas na modalidade dolosa. Dispõe, com efeito, o referido art. 56: "Produzir, processar, embalar, importar, exportar, comercializar, fornecer, transportar, armazenar, guardar, ter em depósito ou usar produto ou substância tóxica, perigosa ou nociva à *saúde humana* ou ao meio ambiente, em desacordo com as exigências estabelecidas em leis ou nos seus regulamentos: Pena – reclusão, de um a quatro anos, e multa. § 1º Nas mesmas penas incorre quem abandona os produtos ou substâncias referidos no *caput*, ou os utiliza em desacordo com as normas de segurança. § 2º Se o produto ou a substância for nuclear ou radioativa, a pena é aumentada de um sexto a um terço. § 3º Se o crime é culposo: Pena – detenção, de seis meses a um ano, e multa". Bem de ver, portanto, que o art. 252 do CP (que exige perigo para a vida, integridade física ou patrimônio de outrem) foi tacitamente revogado, ocupando o seu lugar o tipo penal mais amplo descrito no mencionado art. 56 da lei ambiental (que exige, de modo abrangente, perigo à saúde humana). A única hipótese, remota, de não revogação deste art. 252 seria a concernente à exposição a perigo, usando gás tóxico ou asfixiante, do "patrimônio de outrem", quando essa conduta não ameaçar o meio ambiente. Caso contrário, eventuais animais, plantas etc., de propriedade privada expostos a perigo, serão, igualmente, tutelados pelo art. 56 da Lei n. 9.605/98, que protege de forma ampla o meio ambiente. Não há falar-se, todavia, em *abolitio criminis*, havendo uma sucessão de leis penais. Note-se, por fim, que a exigência de "perigo comum" está presente também no art. 56 da Lei n. 9.605/98. Não obstante, não tendo havido revogação expressa, em face de possíveis divergências a respeito da revogação tácita seguem abaixo os comentários a este art. 252.

Uso de gás tóxico ou asfixiante (caput)

- **Objeto jurídico:** A incolumidade pública.
- **Sujeito ativo:** Qualquer pessoa.
- **Sujeito passivo:** A coletividade.
- **Tipo objetivo:** A exemplo do que sucede nos dois tipos penais anteriores (arts. 250 e 251), o presente tipo pune aquele que, usando de gás tóxico ou asfixiante, expõe a perigo a vida, a integridade física ou o patrimônio de outrem. Neste caso, para HUNGRIA é possível imaginar apenas os animais de propriedade alheia (*Comentários...*, v. IX, p. 41). O que se pune, portanto, é a conduta (dolosa ou culposa, comissiva ou até mesmo omissiva – neste caso imputável somente àquele que tiver o dever jurídico de agir para evitar o resultado, nos termos do art. 13, § 2º, do CP) de quem colocar em perigo a vida, a saúde de pessoas indeterminadas ou a propriedade alheia. O ataque a determinada pessoa (ou grupo de pessoas determinadas) com gás tóxico ou asfixiante poderá configurar outro crime (homicídio tentado ou consumado, lesões corporais etc.), ou mesmo de terrorismo, se a finalidade for a de provocar terror social ou generalizado (art. 2º, §1º, inciso I, da Lei n. 13.260/2016 – Terrorismo). Entendemos que, para ser penalmente relevante, deve a conduta causar perigo efetivo ou concreto (e não abstrato), capaz de atingir qualquer pessoa, indiscriminadamente. *Gás* pode ser definido como sendo o "estado da matéria que tem a característica de se expandir espontaneamente, ocupando a totalidade do recipiente que a contém" (*Dicionário Houaiss*, Rio de Janeiro, 2001, verbete "Gás"); deve tratar-se, portanto, de substância em forma fluida, não sólida nem líquida. *Gás tóxico* é aquele que produz efeitos nocivos ao organismo ou que contém veneno; já o *gás asfixiante* é o que causa sufocação ou que impede a pessoa de respirar livremente.
- **Tipo subjetivo:** O dolo, consistente na vontade livre e consciente de usar o gás, com conhecimento do perigo comum (dolo de *perigo*). Na escola tradicional pede-se o "dolo genérico". A figura *culposa* é prevista no parágrafo único.
- **Consumação:** Com o surgimento da situação de perigo próximo e imediato (perigo concreto) para a vida, a integridade física ou o patrimônio de indiscriminado número de pessoas, não sendo necessária, todavia, a ocorrência de dano. Como ensina HUNGRIA, "o perigo, tal como no tocante ao incêndio e à explosão, tem de ser averiguado e comprovado *in concreto*, isto é, cumpre demonstrar que a vida, integridade física ou o

patrimônio de outrem correu efetivo risco" (*Comentários ao Código Penal*, Rio de Janeiro, Forense, 1958, v. IX, p. 40).

- **Confronto:** Se o agente visar atingir determinada pessoa (ou mesmo um número determinado de pessoas), não haverá o crime deste art. 252, podendo haver crime contra a pessoa (p. ex., homicídio, lesões corporais etc.). Cf., ainda, art. 56 da Lei n. 9.605/98. Em caso de resíduos e embalagens vazias de agrotóxicos, Lei n. 7.802/89, art. 15. Ver, também, no caso de terrorismo, a Lei n. 13.260/2016.

- **Erro de tipo e de proibição:** Poderão ocorrer, conforme circunstâncias do caso concreto (cf. CP, arts. 20 e 21).

- **Tentativa:** Admite-se.

- **Pena:** Reclusão, de um a quatro anos, e multa.

- **Ação penal:** Pública incondicionada.

Figura culposa (parágrafo único)

- **Noção:** Trata-se da mesma exposição a perigo comum concreto, mas causada por não ter o agente observado o dever de cuidado necessário pelas circunstâncias (CP, art. 18, II). Conforme o caso, poderá configurar-se o crime do art. 56, § 3º, da Lei n. 9.605/98 (*vide* nota acima sob o título *Confronto*).

- **Pena:** Detenção, de três meses a um ano.

Morte ou lesão corporal

- **Remissão:** *Vide* nota ao art. 258 do CP, quando resulta lesão corporal ou morte.

Jurisprudência

- **Gás lacrimogêneo:** Lançamento de ampola de gás lacrimogêneo em discoteca, mas em dose insuficiente para expor a perigo os presentes, não configura o art. 252 do CP, mas sim o art. 65 da LCP (TJSP, *RT* 624/310).

- **Veículo adaptado para gás de cozinha:** Não configura (TJSP, *RJTJSP* 120/491).

- **Mero transporte:** Não configura, em aeronave, de hidróxido de amônia, quer na modalidade dolosa, quer na culposa (TRF da 1ª R., RCr 6.412, *mv – DJU* 3.8.92, p. 22364).

FABRICO, FORNECIMENTO, AQUISIÇÃO, POSSE OU TRANSPORTE DE EXPLOSIVOS OU GÁS TÓXICO, OU ASFIXIANTE

Art. 253. Fabricar, fornecer, adquirir, possuir ou transportar, sem licença da autoridade, substância ou engenho explosivo, gás tóxico ou asfixiante, ou material destinado à sua fabricação:

Pena – detenção, de 6 (seis) meses a 2 (dois) anos, e multa.

- **Transação:** Cabe a transação penal se não houver lesão corporal grave ou morte (arts. 258 do CP e 76 da Lei n. 9.099/95).

- **Suspensão condicional do processo:** Cabe, ainda que resulte lesão corporal grave ou morte – CP, art. 258, atendidas as condições do art. 89 da Lei n. 9.099/95.

Noção

- **Objeto jurídico:** A incolumidade pública.

- **Sujeito ativo:** Qualquer pessoa.

- **Sujeito passivo:** A coletividade.

- **Tipo objetivo:** Várias são as condutas alternativamente previstas, todas concernentes a *substância ou engenho explosivo* (*vide* nota abaixo *Explosivos – Derrogação*) ou *gás tóxico ou asfixiante* (*vide* nota ao art. 252 do CP), ou *material destinado à sua fabricação*. São elas: *fabricar* (elaborar, produzir), *fornecer* (entregar gratuita ou onerosamente), *adquirir* (obter gratuita ou onerosamente), *possuir* (ter sob guarda ou à disposição) *ou transportar* (conduzir ou remover, por conta própria ou alheia, de um lugar para outro). Para que haja crime as condutas devem ser praticadas *sem licença da autoridade* (elemento normativo do tipo), de modo que a autorização desta excluirá o crime.

- **Explosivos – Derrogação:** Quanto a explosivos, como a dinamite, que frequentemente tem sido objeto de furto e roubo durante o seu transporte, em geral, por pedreiras, sendo utilizada para a explosão de caixas eletrônicos, a Lei n. 10.826, de 2003 (Lei de Armas), em seu art. 16, parágrafo único, inciso III, pune com pena de reclusão de 3 (três) a 6 (seis) anos, e multa, aquele que "possuir, deter, fabricar ou empregar artefato explosivo... sem autorização, ou em desacordo com autorização legal ou regulamentar". *Vide* nosso livro *Leis Penais Especiais Comentadas* (2ª ed., Saraiva, 2014, p. 807), onde comentamos esse dispositivo

- **Tipo subjetivo:** O dolo, ou seja, a vontade livre e consciente de praticar as ações, sem licença da autoridade e com conhecimento do perigo comum. Na escola tradicional é o "dolo genérico". Não há forma culposa.

- **Consumação:** Ocorre com a prática de qualquer das condutas incriminadas, sem necessidade da ocorrência de dano. Trata-se, pois, de crime de perigo. Divergência há, todavia, em saber se o referido perigo há de ser *concreto*, *abstrato-concreto* (*genérico*) ou *abstrato* (*presumido*). Autores como HELENO FRAGOSO (*Lições de Direito Penal – Parte Especial*,1965, v. III, p. 787) e HUNGRIA (*Comentários ao Código Penal*,1959, v. IX, p. 44) entendem que para a configuração do tipo é dispensável a verificação de perigo concreto ou efetivo. Refletindo sobre o tema, entendemos que a única maneira de se coadunar os tipos penais de perigo abstrato com a exigência da antijuridicidade material para punir criminalmente uma pessoa, é *elevar os crimes de perigo abstrato à categoria dos crimes de perigo abstrato-concreto*, permitindo-se a *prova da não periculosidade* da conduta. Assim defende SCHRÖDER (ZStW 81 (1969), 17, citado por Claus ROXIN, ob. cit., p. 408), ao afirmar: se determinado tipo penal serve para proteger bens jurídicos palpáveis (por exemplo, a vida e a integridade física das pessoas), essa prova seria possível nas situações em que, no caso concreto, se pode demonstrar com segurança se efetivamente esses bens jurídicos foram postos em perigo ou não. De forma correlata, CRAMER (1962, 74, igualmente citado por CLAUS ROXIN, ob. cit., p. 408, nota de rodapé 211) sustenta a necessidade de se considerar o *perigo abstrato* como "um estado..., em que é provável a colocação em perigo (concreto) do bem jurídico protegido"; "colocação em perigo abstrato significa probabilidade de uma colocação em perigo de um bem jurídico", ou seja, a "*probabilidade de um perigo concreto*", ou seja, entendendo-o também como um perigo concreto de intensidade menor. Como escreve MIGUEL REALE JÚNIOR (*Instituições ...*, cit., pp. 276-277), "o desafio do Direito Penal hodierno está em limitar as figuras de perigo abstrato, que *beiram a inconstitucionalidade* por ausência de lesividade", concluindo que, de todo modo, há que se efetivamente viabilizar que o acusado *faça prova em contrário* de que a sua conduta não gerou perigo qualquer, nem remoto, ao bem jurídico (vide extensas notas sobre o tema nos comentários no início do Título II – Do Crime, antes doa art. 13 do CP, notadamente a rubrica Reflexão crítica – os crimes de perigo abstrato--concreto e de perigo abstrato ou presumido). Verifica-se, portanto, que a mera subsunção do fato ao tipo penal – *antijuridicidade formal* – não basta à caracterização do injusto penal, devendo-se sempre indagar acerca da *antijuridicidade material*, a qual exige *efetiva* probabilidade de lesão ao bem juridicamente protegido. Assim, se a perícia técnica constatar que a substância ou o engenho explosivo não tinha, dada a sua parca potência, capacidade de efetivamente ameaçar a incolumidade pública, não haverá o crime.

- **Tentativa:** Para as condutas que admitem fracionamento (como é o caso de transportar), a tentativa é possível.

- **Confronto:** Se houver no furto emprego de explosivo, *vide* § 4º-A, do art. 155 do CP; se o furto for de substâncias explosivas ou acessórios, § 7º, do mesmo artigo. Havendo roubo dessas substâncias ou seus acessórios, art. 157, § 2º, inciso VI; se há emprego de explosivo ou artefato análogo para destruição ou rompimento de obstáculo, art. 157, § 2º-A, inciso II. Tratando-se de material nuclear, art. 22 da Lei n. 6.453/77. Quanto à exportação de bens sensíveis (de aplicação bélica, de uso duplo, de uso na área nuclear, química e biológica) e de serviços diretamente vinculados, Lei n. 9.112/95. Cuidando-se de minas terrestres, Lei n. 10.300/2001. Já no caso de produto ou substância tóxica (que não seja gás tóxico ou asfixiante), perigosa ou nociva à saúde humana ou ao meio ambiente, art. 56 da Lei n. 9.605/98.

- Pena: Detenção, de seis meses a dois anos, e multa.
- Ação penal: Pública incondicionada.

Morte ou lesão corporal

- Remissão: Se da conduta dolosa resultar lesão corporal grave ou morte, a pena sofrerá aumento (art. 258 do CP).

Jurisprudência

- Fornecimento: Pratica o crime do art. 253 quem destina parte do seu estoque regular de explosivos, usados na mineração, para venda a estranhos, sem autorização (STF, *RTJ* 104/1041; TFR, Ap. 5.278, *DJU* 4.11.82, p. 11186).

- Fogos de artifício: Se enquadram no tipo penal do art. 253 (TJRS, CJur 70070020110, j. 21.7.2016). A sua estocagem em local inadequado e sem licença da autoridade competente configura o crime do art. 253, de perigo abstrato (TACrSP, *RJDTACr* 27/96, *RT* 771/611).

- Consciência do perigo: O agente transportador deve ter consciência do perigo a que expõe os passageiros da aeronave, não havendo modalidade culposa (TRF da 1ª R., RCr 6.412, *mv – DJU* 3.8.92, p. 22364).

- Competência: Embora a fiscalização de explosivos seja atribuída a órgão federal, o crime de posse de explosivos, sem conotação política, é da competência da Justiça Comum e não da Federal (STF, *RT* 551/396, *RTJ* 95/297; STJ, *RT* 770/533).

INUNDAÇÃO

Art. 254. Causar inundação, expondo a perigo a vida, a integridade física ou o patrimônio de outrem:

Pena – reclusão, de 3 (três) a 6 (seis) anos, e multa, no caso de dolo, ou detenção, de 6 (seis) meses a 2 (dois) anos, no caso de culpa.

- Transação: Cabe no caso de culpa, se não houver lesão corporal grave ou morte (CP, art. 258). Fundamento legal: art. 76 da Lei n. 9.099/95.

- Suspensão condicional do processo: Cabe na modalidade culposa, desde que não resulte morte – CP, art. 258, atendidas as condições do art. 89 da Lei n. 9.099/95.

Inundação

- Objeto jurídico: A incolumidade pública.
- Sujeito ativo: Qualquer pessoa.
- Sujeito passivo: A coletividade.
- Tipo objetivo: A exemplo do que ocorre nos crimes de incêndio, explosão e uso de gás tóxico e asfixiante, previstos neste mesmo Título VIII, o que se pune neste art. 254 é a conduta daquele que, ao causar inundação, expõe a perigo a vida, a integridade física ou o patrimônio de outrem. A conduta (*causar inundação*) pode se dar tanto na forma comissiva quanto na omissiva (crime comissivo por omissão), exigindo-se neste caso, todavia, que o agente tenha o dever jurídico de evitar o resultado – cf. CP, art. 13, § 2º). Inundação é "o alagamento de um local de notável extensão, não destinado a receber águas" (Hungria, *Comentários ao Código Penal*, 1959, v. IX, p. 48), ou "o alagamento provocado pela saída das águas de seus limites naturais ou artificiais, em volumes e extensão tais que ocasionem perigo comum" (Heleno Fragoso, *Lições de Direito Penal – Parte Especial*, 1965, v. III, p. 791). A conduta do agente deve ser efetivamente perigosa, pois a lei acrescenta *expondo a perigo a vida, a integridade física ou o patrimônio de outrem*. Requer-se, portanto, que da inundação decorra perigo *concreto ou*

efetivo (e não abstrato ou presumido, e tampouco abstrato-concreto) a número indeterminado de pessoas ou bens. Ausente tal perigo, não se configura o crime.

- **Tipo subjetivo:** O crime de inundação é punido a título de dolo ou culpa (com penas diversas). O dolo, consistente na vontade livre e consciente de causar inundação, com conhecimento do perigo concreto comum. É o "dolo genérico", na corrente tradicional. A culpa, quando a inundação de que decorre perigo concreto comum resulta de não ter o agente observado o dever de cuidado necessário para evitar a inundação (CP, art. 18, II).

- **Consumação:** Com a superveniência do perigo concreto comum.

- **Tentativa:** Admite-se.

- **Confronto:** Havendo só perigo de inundação, art. 255 do CP.

- **Concurso:** Se a inundação ocorrer em floresta considerada de preservação permanente, poderá haver concurso (formal) com o art. 38 da Lei n. 9.605/98.

- **Pena:** No caso de dolo, reclusão, de três a seis anos, e multa. No caso de culpa, detenção, de seis meses a dois anos.

- **Ação penal:** Pública incondicionada.

Morte ou lesão corporal

- **Remissão:** Se da conduta (dolosa ou culposa) resultar lesão corporal ou morte, a pena sofrerá aumento (*vide* comentários ao art. 258 do CP).

Jurisprudência

- **Omissão e situação de garante:** 1. O trancamento da Ação Penal por falta de justa causa é medida excepcional, somente admitida nas hipóteses em que se mostrar evidente, de plano, a ausência de justa causa, a inexistência de elementos indiciários demonstrativos da autoria e da materialidade do delito ou, ainda, a presença de alguma causa excludente de punibilidade. 2. Neste caso, não se pode negar que se apuram condutas lesivas por omissão, sendo certo que todos os envolvidos tinham plena ciência da provisoriedade da barragem que se rompeu e causou o gigantesco desastre ambiental, bem como da necessidade da adoção de soluções mais eficazes de eliminação do lixo tóxico. 3. As decisões tomadas em determinada data podem ser decisivas quando se trata de crime ambiental, pois suas consequências só aparecem tempos depois, o que torna imprescindível a avaliação de todo o encadeamento histórico que originou o estrago ambiental. 4. Na hipótese, não se pode olvidar que bem antes de os pacientes perderem a propriedade da fazenda em que situada a barragem que se rompeu, foram alertados sobre a necessidade de seu esvaziamento, eis que construída em caráter absolutamente provisório. Havendo omissão em atender a essa advertência, sua relevância e o nexo de causalidade com o evento criminoso, ocorrido anos depois, somente poderá ser verificado por meio do regular andamento da Ação Penal, sob o crivo do amplo contraditório. 5. Todavia, no julgamento do HC 94.543/RJ (Rel. p/ o acórdão Min. Arnaldo Esteves Lima, *DJe* 13.10.2009), consignou-se que, para que um agente seja sujeito ativo de delito omissivo, além dos elementos objetivos do próprio tipo penal, necessário se faz o preenchimento dos elementos contidos no art. 13 do Código Penal, isto é, uma situação típica ou de perigo para o bem jurídico, o poder de agir e a posição de garantidor. 6. Assim, ausente um dos elementos indispensáveis para caracterizar um agente sujeito ativo de delito omissivo no caso em exame, o poder de agir, previstos no art. 13 do Código Penal, falta justa causa para o prosseguimento da ação penal, em face da atipicidade da conduta. (...) 8. Ordem concedida (...) (STJ, 5ª T., HC 95.941/RJ, rel. Min. Napoleão Nunes Maia Filho, j. 29.10.2009, *DJe* 30.11.2009).

PERIGO DE INUNDAÇÃO

Art. 255. Remover, destruir ou inutilizar, em prédio próprio ou alheio, expondo a perigo a vida, a integridade física ou o patrimônio de outrem, obstáculo natural ou obra destinada a impedir inundação:

Pena – reclusão, de 1 (um) a 3 (três) anos, e multa.

Perigo de inundação

- **Suspensão condicional do processo:** Cabe, se não resultar lesão corporal grave ou morte – CP, art. 258, atendidas as condições do art. 89 da Lei n. 9.099/95.

- **Objeto jurídico:** A incolumidade pública.

- **Sujeito ativo:** Qualquer pessoa.

- **Sujeito passivo:** A coletividade.

- **Tipo objetivo:** Pune-se neste art. 255 a conduta daquele que expor a perigo a vida, a integridade física ou o patrimônio de outrem, mediante a prática de alguma das três condutas descritas: *remover* (deslocar, mover de lugar), *destruir* (fazer desaparecer, eliminar) ou *inutilizar* (tornar inútil, imprestável). A ação de quem coloca obstáculo capaz de causar inundação não foi abrangida pelo dispositivo, podendo configurar outro crime (cf., p. ex. o art. 132 do CP). O objeto material sobre o qual a ação recai é obstáculo natural ou obra destinada a impedir inundação, situado em prédio próprio ou alheio. Prédio é o imóvel construído com qualquer finalidade. Obstáculo natural pode ser entendido como qualquer empecilho à inundação criado pela própria natureza (p. ex., um morro que naturalmente represe a água). Já a obra destinada a impedir inundação refere-se a qualquer tipo de construção feita pelo homem com tal finalidade (é o caso da represa). Para que haja o crime, deve o agente, mediante a prática de tais condutas, expor a perigo a vida, a integridade física ou o patrimônio de outrem (número indeterminado de pessoas ou bens). O que se pune, portanto, não é a remoção, a destruição ou a inutilização em si mesmas, mas, sim, a exposição a perigo que tais comportamentos eventualmente ocasionem. Entendemos que a única maneira de se coadunar os tipos penais de perigo abstrato, com a exigência da antijuridicidade material para punir criminalmente uma pessoa, é *elevar os crimes de perigo abstrato à categoria dos crimes de perigo abstrato-concreto* (também denominados de *perigo genérico*), permitindo-se a *prova da não periculosidade* da conduta por parte do acusado. Assim defende SCHRÖDER (ZStW 81 (1969), 17, citado por Claus ROXIN, ob. cit., p. 408), ao afirmar: se determinado tipo penal serve para proteger bens jurídicos palpáveis (por exemplo, a vida e a integridade física das pessoas), essa prova seria possível nas situações em que, no caso concreto, se pode demonstrar com segurança se efetivamente esses bens jurídicos foram postos em perigo ou não. De forma correlata, CRAMER (1962, 74, igualmente citado por CLAUS ROXIN, ob. cit., p. 408, nota de rodapé 211) sustenta a necessidade de se considerar o *perigo abstrato* como "um estado..., em que é provável a colocação em perigo (concreto) do bem jurídico protegido"; "colocação em perigo abstrato significa probabilidade de uma colocação em perigo de um bem jurídico", ou seja, a "*probabilidade de um perigo concreto*", ou seja, entendendo-o também como um perigo concreto de intensidade menor. Como escreve MIGUEL REALE JÚNIOR (*Instituições* ..., cit., pp. 276-277), "o desafio do Direito Penal hodierno está em limitar as figuras de perigo abstrato, que *beiram a inconstitucionalidade* por ausência de lesividade", concluindo que, de todo modo, há que se efetivamente viabilizar que o acusado *faça prova em contrário* de que a sua conduta não gerou perigo qualquer, nem remoto, ao bem jurídico (*vide* extensas notas sobre o tema nos comentários no início do Título II – Do Crime, antes do art. 13 do CP, notadamente a rubrica Reflexão crítica – os crimes de perigo abstrato-concreto e de perigo abstrato ou presumido). Verifica-se, portanto, que a mera subsunção do fato ao tipo penal – *antijuridicidade formal* – não basta à caracterização do injusto penal, devendo-se sempre indagar acerca da *antijuridicidade material*, a qual exige *efetiva* probabilidade de lesão ao bem juridicamente protegido. Será *sempre* necessário haver perícia (CPP, art. 158) para a determinação dessa probabilidade de dano.

- **Tipo subjetivo:** O dolo, consistente na vontade livre e consciente de praticar as ações descritas, com a consciência de que está expondo a perigo a vida, a integridade física ou o patrimônio de outrem. Inexiste punição a título de culpa.

- **Consumação:** Com a criação do perigo concreto comum.

- **Tentativa:** Admite-se.

- **Pena:** Reclusão, de um a três anos, e multa.

- **Ação penal:** Pública incondicionada.

DESABAMENTO OU DESMORONAMENTO

Art. 256. Causar desabamento ou desmoronamento, expondo a perigo a vida, a integridade física ou o patrimônio de outrem:

Pena – reclusão, de 1 (um) a 4 (quatro) anos, e multa.

MODALIDADE CULPOSA

Parágrafo único. Se o crime é culposo:

Pena – detenção, de 6 (seis) meses a 1 (um) ano.

- **Transação:** Cabe no parágrafo único, desde que não resulte morte (CP, art. 258). Fundamento legal: art. 76 da Lei n. 9.099/95.

- **Suspensão condicional do processo:** Cabe no *caput*, se não resultar lesão corporal ou morte – art. 258 do CP; cabe no parágrafo único, a não ser que resulte morte – CP, art. 258, atendidas as condições do art. 89 da Lei n. 9.099/95.

Desabamento ou desmoronamento (caput)

- **Sujeito ativo:** Qualquer pessoa, até mesmo o proprietário do prédio que desaba.
- **Sujeito passivo:** A coletividade (principal), bem como aqueles diretamente ameaçados pela conduta perigosa.
- **Tipo objetivo:** A conduta prevista é *causar* (provocar, motivar, produzir) *desabamento* (de construções em geral, como edifícios, pontes, paredões etc.) *ou desmoronamento* (de barrancos, pedreiras, morros etc.). Requer-se que o agente assim aja *expondo a perigo a vida, a integridade física ou o patrimônio de outrem* (número indeterminado de pessoas ou bens). Deve haver, pois, perigo *concreto ou efetivo*, e não abstrato ou presumido.
- **Tipo subjetivo:** O dolo, ou seja, a vontade livre e consciente de causar desabamento ou desmoronamento, com conhecimento do perigo concreto comum. Na escola tradicional é o "dolo genérico". A modalidade *culposa* é prevista no parágrafo único do artigo.
- **Consumação:** Com a criação da situação de perigo concreto comum.
- **Tentativa:** Admite-se.
- **Confronto:** Ausente o perigo comum, art. 29 da LCP; na mesma ausência, pode haver crime contra a pessoa (lesões corporais, por exemplo) ou contra o patrimônio (dano).
- **Concurso de crimes:** Caso a conduta acarrete não apenas a exposição a perigo deste art. 256, mas também a destruição ou danificação de floresta considerada de preservação permanente, poderá haver concurso (formal) com o crime previsto no art. 38 da Lei n. 9.605/98. Ausente o perigo comum, haverá apenas o crime ambiental.
- **Pena:** Reclusão, de um a quatro anos, e multa.
- **Ação penal:** Pública incondicionada.

Figura culposa (parágrafo único)

- **Noção:** Se, embora não desejado pelo agente, o desabamento ou desmoronamento resultou da sua não observância do dever de cuidado (CP, art. 18, II).
- **Pena:** Detenção, de seis meses a um ano.

Morte ou lesão corporal

- **Remissão:** A pena do *caput* será aumentada nos casos em que do desabamento ou desmoronamento resultar lesão corporal grave ou morte (*vide* nota ao art. 258 do CP); também será aumentada no parágrafo único, se causar lesão corporal ou morte (art. 258 do CP).

Jurisprudência

- **Tipo objetivo:** Os verbos *desabar* e *desmoronar* significam e envolvem a ideia de enorme e pesada estrutura ou massa que venha abaixo, total ou parcialmente, de modo que a simples queda de materiais isolados não basta para tipificar o art. 256 (TACrSP, *Julgados* 76/142).

- **Perigo comum:** Se apenas os moradores de uma única casa vizinha foram expostos ao perigo, não existiu o perigo comum que a lei exige (TACrSP, *Julgados* 78/299).

- **Perigo concreto:** O delito do art. 256 exige perigo concreto a pessoas ou coisas (TJSP, *RT* 598/318).

- **Intervenções na estrutura do prédio:** Pacientes que as solicitaram como condição para celebração de relação locatícia e, posteriormente, tomaram conhecimento das alterações. Presença de justa causa (STJ, 5ª T., RHC 87.023/SP, j. 4.12.2018).

- **Diferença:** O desabamento acontece em construções, paredões, andaimes, pontes etc.; o desmoronamento, em barrancos, rochedos, pedreiras, formações telúricas (TACrSP, *Julgados* 81/218).

- **Desmoronamento com morte:** Configura, em tese, o art. 256, parágrafo único, c/c o art. 258, última parte, e não o art. 121, § 3º, do CP (TAPR, *RF* 261/345).

- **Desclassificação para homicídio ou lesões culposas:** Se não houve perigo comum, restringindo-se o desabamento com vítimas à área interna do terreno, desclassifica-se para os arts. 121, § 3º, e 129, § 6º, do CP (TACrSP, *RT* 607/322,537/317).

- **Desclassificação para contravenção:** Em desabamento culposo sem vítimas, por erro de execução, desclassifica-se para o art. 29 da LCP (STF, *RT* 612/419). Se não houve perigo a pessoas indeterminadas, mas só a vizinhos determinados, desclassifica-se para a LCP, art. 29 (TACrSP, *Julgados* 74/113).

SUBTRAÇÃO, OCULTAÇÃO OU INUTILIZAÇÃO DE MATERIAL DE SALVAMENTO

Art. 257. Subtrair, ocultar ou inutilizar, por ocasião de incêndio, inundação, naufrágio, ou outro desastre ou calamidade, aparelho, material ou qualquer meio destinado a serviço de combate ao perigo, de socorro ou salvamento; ou impedir ou dificultar serviço de tal natureza:

Pena – reclusão, de 2 (dois) a 5 (cinco) anos, e multa.

Subtração, ocultação ou inutilização de material de salvamento

- **Objeto jurídico:** A incolumidade pública.

- **Sujeito ativo:** Qualquer pessoa, incluindo-se o dono do aparelho ou material de combate ao perigo, socorro ou salvamento.

- **Sujeito passivo:** A coletividade.

- **Tipo objetivo:** Em que pese o legislador não tenha exigido neste art. 257, a exemplo do que fez nos artigos anteriores deste mesmo Título IX (com exceção do art. 253), que as condutas exponham a perigo a vida, a saúde ou o patrimônio de outrem, entendemos que esse perigo concreto deva estar presente para que haja o crime (*vide*, a respeito, nota ao art. 13 do CP sob o título *Antijuridicidade ou ilicitude material e os "crimes de perigo"*). São cinco as condutas incriminadas, todas elas voltadas a punir certos comportamentos que, de uma forma geral, dificultem ou mesmo impeçam a boa realização de serviço de combate ao perigo, de serviço de socorro ou de serviço de salvamento. Para que haja o delito deve a conduta incriminada ser praticada *por ocasião de incêndio*, *inundação*, *naufrágio*, *ou outro desastre ou calamidade*, sendo indiferente que tais situações sejam resultado de crime ou advenham de caso fortuito ou força maior. Não havendo qualquer dessas situações, inexiste o crime deste art. 257, podendo haver outro (p. ex., furto, peculato). Por força da expressão *destinado*, entendemos que só podem ser incluídos como objeto material do crime as coisas ou meios *inequivocamente* destinados às finalidades referidas (ex.: sistemas de aviso ou alarme, salva-vidas, extintores de incêndio etc.). A interpretação, porém, não é tranquila: para HUNGRIA, são os meios instrumentais *especificamente* destinados (*Comentários ao Código Penal*,1959, v. IX, p. 54), enquanto para HELENO FRAGOSO e DAMÁSIO DE JESUS, incluem-se, respectivamente, os *circunstancialmente* úteis (*Lições de Direito Penal – Parte Especial*,1965, v. III, p. 798) ou *úteis para tal finalidade* (*Direito Penal – Parte Especial*, 1995, v. 3, p. 274). *Subtrair* é tirar, retirar de alguém; *ocultar* é esconder; e *inutilizar* tem o sentido de tornar inútil para o fim a que se destina. Quanto às condutas de *impedir* ou *dificultar* serviço de combate ao perigo, de socorro ou salvamento, entendemos que tais comportamentos também devem ser praticados por ocasião de algum desastre ou calamidade; ausente tal situação, não haverá o crime deste art. 257. *Impedir* é frustrar, no todo ou em parte; *dificultar* é tornar mais difícil. É preciso que o comportamento seja praticado mediante conduta positiva (e não por omissão), salvo na hipótese de agente que tem o dever de agir e se omite (CP, art. 13, § 2º). Para que haja o crime, deve a conduta igualmente expor a perigo comum concreto.

- **Tipo subjetivo:** O dolo, que consiste na vontade livre e consciente de praticar as ações, ciente do perigo comum que elas acarretam. Na escola tradicional indica-se o "dolo genérico". Não há modalidade culposa.

- **Consumação:** Nas ações de subtrair, ocultar ou inutilizar, com a sua prática; nas ações de impedir ou dificultar serviço de combate ao perigo, de socorro ou salvamento, com o efetivo impedimento ou dificuldade.

- **Tentativa:** Admite-se nas hipóteses de subtrair, ocultar ou inutilizar, que são plurissubsistentes.

- **Concurso de crimes:** Se o agente dá causa ao desastre e ainda pratica o delito deste art. 257, haverá concurso (formal ou material, conforme o caso) de crimes. Todavia, entendemos que não poderá haver concurso deste art. 257 com os crimes de furto e dano, quando se tratar de subtração e inutilização que já compõem o tipo deste art. 257; nesse caso, estando presentes os pressupostos do crime do art. 257 (dentre os quais o perigo comum concreto), configura-se tão somente este delito, restando o crime-meio absorvido.

- **Pena:** Reclusão, de dois a cinco anos, e multa.

- **Ação penal:** Pública incondicionada.

Morte ou lesão corporal
- **Remissão:** Se da conduta (dolosa ou culposa) resultar lesão corporal ou morte, a pena sofrerá aumento (*vide* comentários ao art. 258 do CP).

FORMAS QUALIFICADAS DE CRIME DE PERIGO COMUM

Art. 258. Se do crime doloso de perigo comum resulta lesão corporal de natureza grave, a pena privativa de liberdade é aumentada de metade; se resulta morte, é aplicada em dobro. No caso de culpa, se do fato resulta lesão corporal, a pena aumenta-se de metade; se resulta morte, aplica-se a pena cominada ao homicídio culposo, aumentada de um terço.

Aumento de pena nos crimes de perigo comum
- **Presença da vítima:** Embora a exigência de presença da vítima não conste do art. 258 do atual CP, a doutrina é pacífica ao exigi-la no momento em que praticada a conduta incriminada, pois do contrário "há interrupção da causalidade inicial, pela superveniência de causa autônoma e decisiva" (HUNGRIA, *Comentários ao Código Penal*, Rio de Janeiro, Forense, 1958, v. IX, pp. 30-31; NORONHA, *Direito Penal*, São Paulo, Saraiva, 1961, v. 3, p. 503). É o caso do bombeiro ou do particular que, ao entrar no incêndio, vem a se ferir ou mesmo a morrer em virtude de sua imprudência; nessa circunstância, não se permite a incidência da causa de aumento de pena deste art. 258, pois houve a quebra da relação de causalidade inicial, o que inviabiliza a responsabilização criminal do autor pelo resultado não desejado. O mesmo sucede se uma pessoa consegue sair ilesa do incêndio e, ao voltar para o local por qualquer motivo (buscar um animal de estimação), sofre lesão corporal ou morte. Não se pode imputar esse resultado ao autor do incêndio.

- **Noção:** O presente art. 258 trata de causas especiais de aumento de pena, aplicáveis exclusivamente aos crimes de perigo comum previstos nos arts. 250 a 257 do CP. São previstas hipóteses em que, do crime de perigo comum, resulta lesão corporal ou morte.

- **Aumento de pena:** O atual CP faz a diferenciação entre os crimes de perigo comum dolosos e crimes de perigo comum culposos, trazendo duas hipóteses: 1ª hipótese: se do crime doloso de perigo comum resulta lesão corporal de natureza grave, a pena privativa de liberdade é aumentada de metade; se resulta morte, é aplicada em dobro; note-se que a lesão corporal leve, nesta 1ª hipótese, não permite o aumento de pena; 2ª hipótese: no caso de culpa, se do fato resulta morte, aplica-se a pena cominada ao homicídio culposo (detenção, de um a três anos), aumentada de um terço; se resulta lesão corporal mesmo que leve, a pena aumenta-se de metade.

- **Tipo subjetivo:** Na primeira hipótese (*vide* nota acima), há *preterdolo*, pois o agente age com dolo no crime antecedente e com culpa no consequente; note-se que, se agir com dolo quanto ao resultado, poderá haver outro crime (homicídio doloso simples ou qualificado, por exemplo). Na segunda hipótese, o agente age com culpa tanto no crime antecedente quanto no consequente, tratando-se de culpa *stricto sensu*. Não há falar-se, nesse caso, em crime preterdoloso ou preterintencional. Observe-se que, em ambas as hipóteses (1ª e 2ª), o resultado não é desejado pelo agente. Como se vê, para que haja a punição do resultado, exige-se que este tenha sido causado ao menos culposamente pelo agente, nos termos, aliás, do que prevê o art. 19 do CP. Se o resultado não decorreu de culpa, mas de mera relação de causalidade, incidirão apenas as figuras simples dos crimes de perigo comum e não esta forma qualificada.

- **Previsibilidade:** Como visto, não basta a ocorrência do resultado morte ou lesão corporal para que haja o agravamento da pena deste art. 258. É preciso que o agente tenha agido ao menos de forma culposa quanto ao resultado. Dessa forma, e para que não haja a responsabilização penal objetiva, vedada em Direito Penal, exige-se ao menos a previsibilidade do resultado por parte do agente (cf. nesse sentido NORONHA, *Direito Penal*, São Paulo, Saraiva, 1961, p. 503).

- **Concurso de crimes:** Se do crime doloso de incêndio resultar lesão corporal grave ou morte em várias pessoas, o aumento é *único*, e não aplicado em concurso formal.

Jurisprudência

- **Aumento único:** Independentemente do número de vítimas, o aumento é único e também não haverá pluralidade de qualificações; se houve uma morte e duas lesões, aplica-se apenas o aumento da qualificação por morte, que é a mais grave (TACrSP, *Julgados* 84/211). Em caso de culpa, aplica-se a pena do homicídio culposo, aumentada de um terço, pois, ainda que duas sejam as vítimas mortas, o aumento do art. 258 é único (TJRS, *RT* 599/370).

- **Desmoronamento com morte:** Se culposo, incide nos arts. 256, parágrafo único, e 258, última parte, do CP (TAPR, *RF* 261/345).

DIFUSÃO DE DOENÇA OU PRAGA

Art. 259. Difundir doença ou praga que possa causar dano a floresta, plantação ou animais de utilidade econômica:

Pena – reclusão, de 2 (dois) a 5 (cinco) anos, e multa.

MODALIDADE CULPOSA

Parágrafo único. No caso de culpa, a pena é de detenção, de 1 (um) a 6 (seis) meses, ou multa.

- **Revogação tácita:** O art. 61 da Lei n. 9.605/98 – Meio Ambiente – passou a punir com pena de reclusão, de um a quatro anos, e multa, a seguinte conduta: "Disseminar doença ou praga ou espécies que possam causar dano à agricultura, à pecuária, à fauna, à flora ou aos ecossistemas". Como se vê, esse novo tipo penal abrange integralmente o delito deste art. 259 (LICC, art. 2º, §1º), pelo que entendemos que o presente artigo restou revogado tacitamente, havendo sucessão de leis penais. A punição dessa conduta a título de culpa, não prevista pela nova legislação ambiental, a nosso ver deixou de ser crime por ausência agora de previsão legal. Não obstante, e diante da divergência que poderá surgir a respeito, mantemos nossos comentários abaixo. *Vide* nosso livro *Leis Penais Especiais Comentadas* (3ª ed., Saraiva, 2016, p. 747), onde analisamos esse dispositivo da Lei Ambiental e o rumoroso caso da "Vassoura de Bruxa" nas fazendas de cacau em Ilhéus, Bahia, na década de 90.

- **Transação:** Cabe no parágrafo único (art. 76 c/c o art. 61 da Lei n. 9.099/95).

- **Suspensão condicional do processo:** Cabe, também, apenas no parágrafo único, atendidas as condições do art. 89 da Lei n. 9.099/95.

Difusão de doença ou praga

- **Objeto jurídico:** A incolumidade pública.
- **Sujeito ativo:** Qualquer pessoa, incluindo o proprietário.
- **Sujeito passivo:** A coletividade.
- **Tipo objetivo:** O núcleo é *difundir* (espalhar, disseminar). A *doença ou praga* deve ser apta a causar dano, pois o dispositivo fala *que possa causar dano à floresta, plantação ou animais de utilidade econômica* (domésticos ou que sirvam à criação, caça ou pesca).
- **Tipo subjetivo:** O dolo, que consiste na vontade de difundir, consciente do perigo comum, sendo desnecessária finalidade especial. Na doutrina tradicional é o "dolo genérico". A figura *culposa* é prevista no parágrafo único.
- **Consumação:** Com a efetiva difusão de doença ou praga idônea a causar perigo comum. Não se exige a ocorrência de dano efetivo.
- **Tentativa:** Admite-se.
- **Pena:** Reclusão, de dois a cinco anos, e multa.
- **Ação penal:** Pública incondicionada.

Figura culposa (parágrafo único)

- **Noção:** Há a forma culposa se a difusão resulta da não observância do dever de cuidado objetivo (CP, art. 18, II).
- **Pena:** É *alternativa*: detenção, de um a seis meses, ou multa.

Capítulo II
DOS CRIMES CONTRA A SEGURANÇA DOS MEIOS DE COMUNICAÇÃO E TRANSPORTE E OUTROS SERVIÇOS PÚBLICOS

PERIGO DE DESASTRE FERROVIÁRIO

Art. 260. Impedir ou perturbar serviço de estrada de ferro:

I – destruindo, danificando ou desarranjando, total ou parcialmente, linha férrea, material rodante ou de tração, obra de arte ou instalação;

II – colocando obstáculo na linha;

III – transmitindo falso aviso acerca do movimento dos veículos ou interrompendo ou embaraçando o funcionamento de telégrafo, telefone ou radiotelegrafia;

IV – praticando outro ato de que possa resultar desastre:
Pena – reclusão, de 2 (dois) a 5 (cinco) anos, e multa.

DESASTRE FERROVIÁRIO

§ 1º Se do fato resulta desastre:
Pena – reclusão, de 4 (quatro) a 12 (doze) anos, e multa.

§ 2º No caso de culpa, ocorrendo desastre:
Pena – detenção, de 6 (seis) meses a 2 (dois) anos.

§ 3º Para os efeitos deste artigo, entende-se por estrada de ferro qualquer via de comunicação em que circulem veículos de tração mecânica, em trilhos ou por meio de cabo aéreo.

- **Transação:** Cabe apenas no § 2º, desde que não resulte lesão corporal ou morte no caso de desastre ou sinistro – CP, art. 263 c/c o art. 258, e Lei n. 9.099/95, art. 76.

- **Suspensão condicional do processo:** Cabe também somente no § 2º, desde que não resulte morte – CP, art. 263 c/c o art. 258 e art. 89 da Lei n. 9.099/95.

Perigo de desastre ferroviário (caput)

- **Objeto jurídico:** A incolumidade pública, especialmente a segurança dos meios de transporte ferroviário ou equiparados (§ 3º).

- **Sujeito ativo:** Qualquer pessoa.

- **Sujeito passivo:** A coletividade.

- **Tipo objetivo:** As condutas alternativamente incriminadas são *impedir* (não permitir, interromper, obstruir) ou *perturbar* (atrapalhar, desarranjar, causar embaraço) *serviço de estrada de ferro*, entendendo-se como tal aquela cujo tráfego se faz em trilhos ou por cabo aéreo (§ 3º). O conceito de estrada de ferro, para efeitos penais, abrange, portanto, não só os trens, como também o metrô, os bondes (ainda existentes em algumas cidades) e os teleféricos. Os meios executórios são os indicados nos incisos I a IV, sendo que o último deles abrange qualquer *outro* ato de que possa *resultar desastre*. Em face desta expressão, é entendimento dos doutrinadores que todas as outras ações indicadas (incisos I, II e III) também exigem a criação de *probabilidade de desastre ferroviário* (perigo concreto). Como desastre ferroviário, considera-se o que expõe "a perigo a incolumidade de pessoas ou coisas, apresentando certo vulto o fato e revelando-se por modo *grave e extenso*" (MAGALHÃES NORONHA, *Direito Penal*, 1995, v. III, p. 389).

- **Tipo subjetivo:** O dolo, que consiste na vontade de impedir ou perturbar, consciente de que pode dar causa a desastre ferroviário.

- **Consumação:** Com a efetiva situação de perigo de desastre (perigo *concreto*).

- **Tentativa:** Admite-se.

- **Confronto:** Se resulta desastre, §§ 1º e 2º. Se a sabotagem tem finalidade política, poderá haver crime contra a Segurança Nacional. Outrossim, se a finalidade da sabotagem é provocar terror social ou generalizado em estações ferroviárias, art. 2º, §1º, inciso IV, da Lei n. 13.260/2016, que trata do crime de terrorismo.

- **Pena:** Reclusão, de dois a cinco anos, e multa.

- **Ação penal:** Pública incondicionada.

Jurisprudência

- **Falso aviso acerca do movimento de trens:** Consuma-se com a situação de perigo concreto, criada pela conduta do agente, da iminência de sinistro, ainda que efêmera (TJRJ, *RT* 643/327).

- "*Surf* ferroviário": Não comete o crime do art. 260 o agente que pratica o chamado "*surf* ferroviário", viajando sobre o teto da composição férrea, pois tal fato significa perigo direto e iminente apenas para ele próprio e não para os demais passageiros (TJRJ, *RT* 760/690).

Desastre ferroviário (§ 1º)
- Noção: O crime será qualificado (reclusão, de quatro a doze anos, e multa) se do fato doloso (hipóteses do *caput*) resultar desastre ferroviário. A exemplo do que sucede no art. 258, primeira parte, trata-se aqui de crime preterdoloso, em que há dolo no crime antecedente e culpa no consequente (*vide* nota naquele dispositivo). Note-se que o resultado somente será imputado àquele que, causador da situação de perigo descrita no *caput*, houver causado o acidente ao menos culposamente (CP, art. 19). Se o agente age com a intenção de causar o desastre, o crime poderá ser outro (p. ex., homicídio, tentado ou consumado).

Desastre ferroviário culposo (§ 2º)
- Noção: Se o agente impede ou perturba o serviço de estrada de ferro por culpa, e dá causa ao desastre igualmente por inobservância do cuidado objetivo necessário (cf. CP, art. 18, II), a pena será de detenção, de seis meses a dois anos. Não se trata aqui de preterdolo, mas de culpa *stricto sensu* (*vide* comentários ao art. 258, segunda parte, deste CP).

Morte ou lesão corporal
- Remissão: Se em decorrência do desastre ou sinistro houver morte ou lesão corporal, determina o legislador (CP, art. 263) a aplicação das causas de aumento de pena previstas no art. 258 do CP. Note-se que o aumento de pena respectivo ocorrerá sobre a pena já qualificada (art. 260, §§ 1º e 2º).

Jurisprudência
- Desastre ferroviário: Há, se ocorre relevante dano à composição e à carga transportada, a par de lesões corporais; todavia, se há mero descarrilamento, sem consequências de vulto, a figura pode ser a dos arts. 121, § 3º, ou 129, § 6º (TACrSP, *RT* 461/371).

ATENTADO CONTRA A SEGURANÇA DE TRANSPORTE MARÍTIMO, FLUVIAL OU AÉREO

Art. 261. Expor a perigo embarcação ou aeronave, própria ou alheia, ou praticar qualquer ato tendente a impedir ou dificultar navegação marítima, fluvial ou aérea:

Pena – reclusão, de 2 (dois) a 5 (cinco) anos.

SINISTRO EM TRANSPORTE MARÍTIMO, FLUVIAL OU AÉREO

§ 1º Se do fato resulta naufrágio, submersão ou encalhe de embarcação ou a queda ou destruição de aeronave:

Pena – reclusão, de 4 (quatro) a 12 (doze) anos.

PRÁTICA DO CRIME COM O FIM DE LUCRO

§ 2º Aplica-se, também, a pena de multa, se o agente pratica o crime com intuito de obter vantagem econômica, para si ou para outrem.

MODALIDADE CULPOSA

§ 3º No caso de culpa, se ocorre o sinistro:

Pena – detenção, de 6 (seis) meses a 2 (dois) anos.

- **Transação:** Cabe no § 3º, se não houver lesão corporal ou morte – CP, art. 263 c/c o art. 258 (conferir art. 76 da Lei n. 9.099/95).

- **Suspensão condicional do processo:** Cabe no § 3º, se não resultar morte – CP, art. 263 c/c o art. 258, atendidas as condições do art. 89 da Lei n. 9.099/95.

Caput

- **Objeto jurídico:** A incolumidade pública, especialmente a segurança dos meios de transporte marítimo, fluvial e aéreo.

- **Sujeito ativo:** Qualquer pessoa, incluindo o dono da embarcação ou aeronave.

- **Sujeito passivo:** A coletividade.

- **Tipo objetivo:** São duas as modalidades previstas: *a. Expor a perigo* (isto é, colocar em perigo) *embarcação* (qualquer veículo de transporte marítimo ou fluvial) ou *aeronave* (veículo de transporte que se move no ar), *própria ou de terceiro*. Elas podem destinar-se tanto ao transporte de pessoas como de coisas, mas não são abrangidas as embarcações lacustres, isto é, que navegam em lagos. Da conduta deve resultar probabilidade (perigo próximo) de acidente, sendo necessária a ocorrência de *perigo concreto* (e não presumido). *b. Ou praticar qualquer ato tendente a impedir* (não permitir, interromper, fazer cessar) *ou dificultar* (tornar difícil ou mais difícil) *navegação marítima, fluvial ou aérea*. Tendo em vista que o crime em tela encontra-se dentro do Título VIII, que trata dos crimes contra a incolumidade pública, e diante ainda dos princípios da proporcionalidade e da ofensividade, há que se exigir também para a caracterização desta segunda conduta incriminada a ocorrência de perigo concreto de dano. Não basta, pois, a mera prática da conduta para que haja crime.

- **Tipo subjetivo:** O dolo, que consiste na vontade livre e consciente de expor a perigo ou praticar ato tendente a impedir ou dificultar, com conhecimento de que sua conduta poderá acarretar perigo comum. Na escola tradicional é o "dolo genérico". Há forma *culposa*, prevista no § 3º.

- **Consumação:** Com o perigo concreto de acidente.

- **Tentativa:** Admite-se.

- **Confronto:** Se há sabotagem do transporte por motivação política, poderá haver crime contra a Segurança Nacional. Se a sabotagem do transporte de portos tem a finalidade de provocar terror social ou generalizado, art. 2º, §1º, IV, da Lei n. 13.260/2016, que definiu o crime de terrorismo.

- **Pena:** Reclusão, de dois a cinco anos.

- **Ação penal:** Pública incondicionada.

Figura qualificada pela ocorrência de sinistros (§ 1º)

- **Noção:** Se do fato (condutas dolosas previstas no *caput* do artigo) *resulta naufrágio* (perda de embarcação), *submersão* (afundamento de embarcação) ou *encalhe de embarcação* (impedimento à flutuação) *ou a queda* (precipitação ao solo) ou *destruição de aeronave* (despedaçamento), a pena será de reclusão, de quatro a doze anos (figura qualificada). Trata-se, aqui, de crime preterdoloso, pois o agente age com dolo quanto à exposição a perigo (*caput*), e culpa no que tange ao resultado (vide comentários à primeira parte do art. 258 do CP).

- **Confronto:** Se o agente desejar o resultado morte ou lesão corporal, o crime poderá ser outro (p. ex., homicídio ou lesão corporal); se houver também o perigo comum, poderá haver concurso formal de crimes (p. ex., entre os crimes dos arts. 121 e 261 do CP).

Figura qualificada pelo fim de lucro (§ 2º)

- **Noção:** Se o agente pratica o crime (do *caput* ou do § 1º) *com o intuito de obter vantagem econômica*, para si ou para outrem, aplica-se, além da pena privativa de liberdade, a pena de multa. Sendo *econômica*, a vantagem não consiste só em dinheiro, podendo ser de outra natureza. Esse é o especial fim de agir (elemento subjetivo do tipo), que não precisa ser efetivamente alcançado pelo agente, bastando ter sido essa sua intenção. Na doutrina tradicional é o "dolo específico".

Figura culposa (§ 3º)	▪ **Noção:** Se o agente age com culpa (falta do cuidado objetivo necessário pelas circunstâncias – cf. art. 18, II, do CP) e dá causa a *sinistro* (isto é, às situações descritas no § 1º), a pena será de detenção, de seis meses a dois anos. A modalidade culposa deste § 3º é incompatível com os §§ 1º e 2º.
Morte ou lesão corporal	▪ **Remissão (CP, arts. 263 e 258):** Se do desastre ou sinistro doloso resultar morte ou lesão corporal grave, a pena será aplicada em dobro ou aumentada de metade, respectivamente, a incidir tanto sobre o *caput* (desde que tenha havido *desastre ou sinistro*) quanto sobre a figura qualificada do § 1º. Na modalidade culposa (art. 261, § 3º), se houver lesão corporal (independentemente de sua gravidade), a pena será aumentada da metade, e, havendo morte, será a do homicídio culposo aumentada de um terço. Sobre o método trifásico de fixação da pena, *vide* comentários ao art. 68 do CP.
Jurisprudência	▪ **Tipo subjetivo e modalidade culposa:** Não se configura o crime do art. 261 do CP se o agente transportador do gás tóxico ou asfixiante ou substância explosiva não agia com o intuito de colocar em perigo aeronave. A modalidade culposa desse delito é afastada pela ausência do sinistro (TRF da 1ª R., RCr 6.412, *mv* – *DJU* 3.8.92, p. 22364).
	▪ **Ecologia:** Pode haver concurso do art. 261 do CP com o crime de exposição da ecologia a perigo (art. 15, § 1º, II, da Lei n. 6.938/81, com redação dada pela Lei n. 7.804/89) (STJ, RHC 723, *DJU* 1.10.90, p. 10454).
	▪ **Laser:** Apontá-lo para aeronaves, dificultando a visão dos pilotos, configura o crime deste art. 261 (TJRS, Ap. 70074388117, j. 12.4.2018).
	▪ **Fumar em banheiro de aeronave:** Há justa causa para a ação penal (STJ, 6ª T., RHC 54161-AM, j. 18.4.2016).
	▪ **Inobservância de normas de navegação:** Sendo de perigo concreto o crime deste art. 262, resta configurado o delito pelo excesso de passageiros, ausência de equipamentos de segurança, falta de habilitação do piloto e transporte irregular de combustível (TJAP, Ap.0001543-65.2014.8.03.0009, j. 28.10.2018).

ATENTADO CONTRA A SEGURANÇA DE OUTRO MEIO DE TRANSPORTE

Art. 262. Expor a perigo outro meio de transporte público, impedir-lhe ou dificultar-lhe o funcionamento:

Pena – detenção, de 1 (um) a 2 (dois) anos.

§ 1º Se do fato resulta desastre, a pena é de reclusão, de 2 (dois) a 5 (cinco) anos.

§ 2º No caso de culpa, se ocorre desastre:

Pena – detenção, de 3 (três) meses a 1 (um) ano.

	▪ **Transação:** Cabe no *caput*, desde que não haja lesão corporal de natureza grave ou morte; também cabe a transação no § 2º, se não houver morte – CP, art. 263 c/c o art. 258 (conferir art. 76 da Lei n. 9.099/95).
	▪ **Suspensão condicional do processo:** Cabe no *caput*, se não resultar lesão corporal grave ou morte; cabe no § 2º, salvo se do fato resultar morte – CP, art. 263 c/c o art. 258, atendidas as condições do art. 89 da Lei n. 9.099/95.
Atentado contra a segurança de outro meio de transporte (caput)	▪ **Objeto jurídico:** A incolumidade pública, especialmente a segurança dos meios de transporte.
	▪ **Sujeito ativo:** Qualquer pessoa.
	▪ **Sujeito passivo:** A coletividade.

- **Tipo objetivo:** O art. 262 visa à segurança de outros meios de transporte público, isto é, aqueles não incluídos nos arts. 260 e 261 (estradas de ferro, aeronaves e embarcações, marítimas e fluviais). Abrange, portanto, ônibus, embarcações lacustres, lotações, táxis etc., desde que se destinem a *transporte público* (compreendendo o efetuado por concessionários, autorizados ou particulares). Esses são, portanto, os objetos materiais do crime. Duas são as modalidades incriminadas: *a. Expor a perigo.* A conduta *expor a perigo* tem a significação de colocar em risco de dano, dela devendo resultar probabilidade (perigo próximo) de desastre. Com efeito, entendemos que a única maneira de se coadunar os tipos penais de perigo abstrato com a exigência da antijuridicidade material para punir criminalmente uma pessoa, é *elevar os crimes de perigo abstrato à categoria dos crimes de perigo abstrato-concreto*, permitindo-se a *prova da não periculosidade* da conduta. Assim defende Schröder (ZStW 81 (1969), 17, citado por Claus Roxin, ob. cit., p. 408), ao afirmar: se determinado tipo penal serve para proteger bens jurídicos palpáveis (por exemplo, a vida e a integridade física das pessoas), essa prova seria possível nas situações em que, no caso concreto, se pode demonstrar com segurança se efetivamente esses bens jurídicos foram postos em perigo ou não. De forma correlata, Cramer (1962, 74, igualmente citado por Claus Roxin, ob. cit., p. 408, nota de rodapé 211) sustenta a necessidade de se considerar o *perigo abstrato* como "um estado..., em que é provável a colocação em perigo (concreto) do bem jurídico protegido"; "colocação em perigo abstrato significa probabilidade de uma colocação em perigo de um bem jurídico", ou seja, a *"probabilidade de um perigo concreto"*, ou seja, entendendo-o também como um perigo concreto de intensidade menor. Como escreve Miguel Reale Júnior (*Instituições ...*, cit., pp. 276-277), "o desafio do Direito Penal hodierno está em limitar as figuras de perigo abstrato, que *beiram a inconstitucionalidade* por ausência de lesividade", concluindo que, de todo modo, há que se efetivamente viabilizar que o acusado *faça prova em contrário* de que a sua conduta não gerou perigo qualquer, nem remoto, ao bem jurídico (*vide* extensas notas sobre o tema nos comentários no início do Título II – Do Crime, antes do art. 13 do CP, notadamente a rubrica *Reflexão crítica – os crimes de perigo abstrato-concreto e de perigo abstrato ou presumido*). Verifica-se, portanto, que a mera subsunção do fato ao tipo penal – *antijuridicidade formal* – não basta à caracterização do injusto penal, devendo-se sempre indagar acerca da *antijuridicidade material*, a qual exige *efetiva* probabilidade de lesão ao bem juridicamente protegido. *b. Impedir-lhe ou dificultar-lhe o funcionamento (de outro meio de transporte público). Impedir* é não permitir, interromper, fazer cessar. *Dificultar* significa tornar mais difícil, impor obstáculos que tornem a prestação do serviço mais trabalhosa, morosa.

- **Tipo subjetivo:** O dolo, ou seja, a vontade livre e consciente de praticar aquelas ações, com conhecimento de que a conduta pode dar causa a desastre. Na doutrina tradicional pede-se o "dolo genérico". A modalidade culposa é prevista no § 2º.

- **Consumação:** Com o surgimento da situação de perigo concreto de desastre.

- **Tentativa:** Admite-se.

- **Confronto:** Se a ação tem finalidade política, poderá haver crime contra a Segurança Nacional. Outrossim, se a finalidade é provocar terror social ou generalizado, cf. Lei n. 13.260/2016, que trata do crime de terrorismo.

- **Pena:** Detenção, de um a dois anos. Se houver lesão corporal ou morte, haverá aumento de pena (*vide* notas aos §§ 1º e 2º abaixo).

- **Ação penal:** Pública incondicionada.

Desastre (§ 1º)

- **Noção:** *Se do fato* (condutas dolosas descritas no *caput*) *resulta desastre, a pena será de reclusão, de dois a cinco anos.* Trata-se de preterdolo, em que o resultado, embora não desejado pelo agente, é causado por culpa (negligência, imprudência ou imperícia) do mesmo. Para que possa ser imputado ao agente, deve o resultado ter-lhe sido previsível à época. Se do desastre resultar lesão corporal grave ou morte, haverá ainda aumento de pena (CP, arts. 263 e 258, primeira parte).

Desastre culposo
(§ 2º)

- **Noção:** Se o agente age de forma culposa (por não haver observado o cuidado objetivo necessário – cf. CP, art. 18, II) e ocorre efetivo desastre, a pena será de detenção, de três meses a um ano. Se houver lesão corporal (não importando a gravidade) ou morte, haverá aumento de pena (cf. arts. 263 e 258, segunda parte, do CP).

Jurisprudência

- **Tipo subjetivo:** O delito do art. 262 do CP atenta contra o bem jurídico segurança dos meios de transporte, razão pela qual o elemento subjetivo deve ficar incontrastavelmente provado, relativamente a tal finalidade (TACrSP, *RT* 430/401).

- **Consciência de criar perigo comum:** Na forma de impedir ou dificultar, não basta a voluntariedade da ação, sendo necessário que o agente tenha, ao menos, a consciência de criar perigo comum, ainda que não tenha vontade dirigida ao mesmo; assim, não configura o crime deste art. 262 a conduta de acusados em greve que obstruíram a entrada e saída de ônibus e pessoas de empresa de transporte coletivo (TJSP, *RT* 720/417).

- **Tipo objetivo:** É necessária a existência de perigo *in concreto* (TRF da 1ª R., RCr 22.313, *DJU* 18.12.89, p.16723).

- **Táxi:** Entendeu-se que pode tipificar este delito do art. 262 o comportamento do motorista de carro de aluguel que, sem autorização, adapta bujão de gás de cozinha, com pequenos vazamentos, para servir de combustível ao veículo (TACrSP, *Julgados* 87/402). *Vide*, também, jurisprudência sobre *Veículo adaptado para gás de cozinha*, no art. 252 do CP.

- **Ônibus:** Pratica o crime motorista que, após impedir passageiro de saltar no ponto, trava com este discussão acalorada que culminou em agressões, levando à queda do coletivo (STJ, AREsp 1388873, j. 6.8.2019).

- **Ambulância:** Sindicalistas que bloqueiam o trânsito, obstruindo o fluxo de veículos, inclusive o de ambulância com doente grave. Delito configurado (TJRN, ED no 2018.0073462000100, j. 11.12.2018).

FORMA QUALIFICADA

Art. 263. Se de qualquer dos crimes previstos nos arts. 260 a 262, no caso de desastre ou sinistro, resulta lesão corporal ou morte, aplica-se o disposto no art. 258.

Morte ou lesão corporal

- **Noção:** Este art. 263 determina a aplicação aos crimes dos arts. 260 a 262, quando ocorrer *desastre ou sinistro*, das disposições do art. 258 do CP (*vide* comentários a esse artigo). Trata-se de artigo que permite o agravamento da pena nos casos em que o resultado (lesão corporal ou morte), não desejado pelo agente, tiver sido ocasionado por culpa do agente (isto é, por inobservância do dever de cuidado objetivo exigível nas circunstâncias do caso concreto – CP, art. 18, II). Se o resultado tiver sido desejado pelo agente, poderá haver crime único (homicídio, lesão corporal) ou concurso formal de crimes, desde que presente o perigo comum. É o caso, por exemplo, do agente que, desejando a morte da vítima, ocasiona desastre ferroviário; se este desastre tiver causado perigo comum (isto é, perigo a um número indeterminado de pessoas ou coisas), bem como a morte da vítima escolhida, haverá concurso formal entre os crimes dos arts. 260, § 1º, e 121, *caput*, ambos do CP.

ARREMESSO DE PROJÉTIL

Art. 264. Arremessar projétil contra veículo, em movimento, destinado ao transporte público por terra, por água ou pelo ar:

Pena – detenção, de 1 (um) a 6 (seis) meses.

Parágrafo único. Se do fato resulta lesão corporal, a pena é de detenção, de 6 (seis) meses a 2 (dois) anos; se resulta morte, a pena é a do art. 121, § 3º, aumentada de um terço.

- **Transação:** Cabe no *caput*, bem como na primeira parte do parágrafo único, preenchidos os requisitos do art. 76 da Lei n. 9.099/95.

- **Suspensão condicional do processo:** Cabe no *caput* e na primeira parte do parágrafo único, atendidas as condições do art. 89 da Lei n. 9.099/95.

Arremesso de projétil

- **Objeto jurídico:** A incolumidade pública, especialmente a segurança dos transportes.
- **Sujeito ativo:** Qualquer pessoa.
- **Sujeito passivo:** A coletividade.
- **Tipo objetivo:** A conduta prevista é *arremessar* (atirar, lançar) *projétil* (coisa ou objeto sólido e pesado que se arremessa no espaço). O arremesso deve ser *contra veículo, em movimento*, não se tipificando a figura caso o veículo esteja parado (princípio da legalidade). O projétil precisa ser apto a causar dano a pessoas ou bens indeterminados, sob pena de não ofensa ao bem jurídico tutelado. O veículo deve ser *destinado ao transporte público* (e não veículo para transporte particular) *por terra, por água ou pelo ar.* Melhor refletindo sobre o tema, entendemos que a única maneira de se coadunar os tipos penais de perigo abstrato com a exigência da antijuridicidade material para punir criminalmente uma pessoa, é *elevar os crimes de perigo abstrato à categoria dos crimes de perigo abstrato-concreto*, permitindo-se a *prova da não periculosidade* da conduta. Assim defende S*CHRÖDER* (ZStW 81 (1969), 17, citado por Claus R*OXIN*, ob. cit., p. 408), ao afirmar: se determinado tipo penal serve para proteger bens jurídicos palpáveis (por exemplo, a vida e a integridade física das pessoas), essa prova seria possível nas situações em que, no caso concreto, se pode demonstrar com segurança se efetivamente esses bens jurídicos foram postos em perigo ou não. De forma correlata, C*RAMER* (1962, 74, igualmente citado por C*LAUS* R*OXIN*, ob. cit., p. 408, nota de rodapé 211) sustenta a necessidade de se considerar o *perigo abstrato* como "um estado..., em que é provável a colocação em perigo (concreto) do bem jurídico protegido"; "colocação em perigo abstrato significa probabilidade de uma colocação em perigo de um bem jurídico", ou seja, a *"probabilidade de um perigo concreto"*, ou seja, entendendo-o também como um perigo concreto de intensidade menor. Como escreve M*IGUEL* R*EALE* J*ÚNIOR* (*Instituições* ..., cit., pp. 276-277), "o desafio do Direito Penal hodierno está em limitar as figuras de perigo abstrato, que *beiram a inconstitucionalidade* por ausência de lesividade", concluindo que, de todo modo, há que se efetivamente viabilizar que o acusado *faça prova em contrário* de que a sua conduta não gerou perigo qualquer, nem remoto, ao bem jurídico (*vide* extensas notas sobre o tema nos comentários no início do Título II – Do Crime, antes do art. 13 do CP, notadamente a rubrica *Reflexão crítica – os crimes de perigo abstrato-concreto e de perigo abstrato ou presumido*). Verifica-se, portanto, que a mera subsunção do fato ao tipo penal – *antijuridicidade formal* – não basta à caracterização do injusto penal, devendo-se sempre indagar acerca da *antijuridicidade material*, a qual exige *aferição* da probabilidade de lesão ao bem juridicamente protegido.

- **Tipo subjetivo:** O dolo, consistente na vontade livre e consciente de arremessar, sabendo que pode causar perigo comum. Na escola tradicional é o "dolo genérico". Inexiste forma culposa.

- **Consumação:** Com o arremesso de projétil idôneo a causar efetivo perigo de dano. Não se exige seja o veículo atingido, nem mesmo a ocorrência de qualquer outro dano, bastando a existência de probabilidade concreta de sua ocorrência.

- **Tentativa:** Não se admite, pois o arremesso não é ação divisível. Ou o agente fez o arremesso, e o delito se consumou (mesmo que o alvo não seja atingido), ou não arremessou, e só existirão atos preparatórios, que são impuníveis.

- **Pena:** Detenção, de um a seis meses.
- **Ação penal:** Pública incondicionada.

Morte ou lesão corporal (parágrafo único)

- **Noção:** *Se do fato* (o arremesso descrito no *caput*) *resulta* (preterdolo) *lesão corporal*, a pena é de detenção, de seis meses a dois anos. Se *resulta morte*, a pena é a do art. 121, § 3º (homicídio culposo), aumentada de um terço. Nesse parágrafo único, o resultado não é desejado pelo agente, tendo sido causado por culpa (CP, art. 19). Se o agente quis o resultado, poderá haver crime único (homicídio, lesão corporal, por exemplo) ou concurso de crimes, este último caso na hipótese de a conduta causar também perigo comum.

Jurisprudência

- **Objeto jurídico e tipo objetivo:** O que se protege no art. 264 é o passageiro transportado, e não o veículo em si; o delito pressupõe que o veículo esteja em movimento (TACrSP, *Julgados* 84/220).
- **Consumação:** O art. 264 é crime de perigo, que se esgota com o arremesso (TARJ, *RT* 500/389).
- **Perigo abstrato ou presumido:** Resulta da própria ação, bastando, para sua configuração, seja comprovado o comportamento comissivo previsto pelo tipo (STF, 2ª T., HC 104.410, j. 6.3.2012; TJDF, Ap. 0006469-79.2017.8.07.0007, j. 14.2.2019).

ATENTADO CONTRA A SEGURANÇA DE SERVIÇO DE UTILIDADE PÚBLICA

Art. 265. Atentar contra a segurança ou o funcionamento de serviço de água, luz, força ou calor, ou qualquer outro de utilidade pública:

Pena – reclusão, de 1 (um) a 5 (cinco) anos, e multa.

Parágrafo único. Aumentar-se-á a pena de um terço até a metade, se o dano ocorrer em virtude de subtração de material essencial ao funcionamento dos serviços.

- **Suspensão condicional do processo:** Cabe no *caput*, atendidas as condições do art. 89 da Lei n. 9.099/95.

Atentado contra a segurança ou funcionamento de serviço de utilidade pública

- **Objeto jurídico:** A incolumidade pública, especialmente a segurança dos serviços de utilidade pública.
- **Sujeito ativo:** Qualquer pessoa.
- **Sujeito passivo:** A coletividade.
- **Tipo objetivo:** *Atentar contra a segurança* é tornar inseguro. *Atentar contra o funcionamento* é pôr em risco a continuidade do funcionamento. São expressamente indicados *serviços de água, luz, força ou calor* (produção e distribuição). A expressão final *ou qualquer outro de utilidade pública* dá amplitude demasiada ao dispositivo, podendo abranger, praticamente, todos os serviços análogos (gás, limpeza pública etc.). Não obstante, é evidente que nem todo atentado a serviço de utilidade pública caracterizará o crime deste art. 265, devendo o intérprete, neste ponto, fazer uso dos princípios da proporcionalidade e da ofensividade dos tipos penais. Refletindo sobre o tema, entendemos que a única maneira de se coadunar os tipos penais de perigo abstrato com a exigência da antijuridicidade material para punir criminalmente uma pessoa, é *elevar os crimes de perigo abstrato à categoria dos crimes de perigo abstrato-concreto*, permitindo-se a *prova da não periculosidade* da conduta. Assim defende SCHRÖDER (ZStW 81 (1969), 17, citado por Claus ROXIN, ob. cit., p. 408), ao afirmar: se determinado tipo penal serve para proteger bens jurídicos palpáveis (por exemplo, a vida e a integridade física das pessoas), essa prova seria possível nas situações em que, no caso concreto, se

pode demonstrar com segurança se efetivamente esses bens jurídicos foram postos em perigo ou não. De forma correlata, CRAMER (1962, 74, igualmente citado por CLAUS ROXIN, ob. cit., p. 408, nota de rodapé 211) sustenta a necessidade de se considerar o *perigo abstrato* como "um estado..., em que é provável a colocação em perigo (concreto) do bem jurídico protegido"; "colocação em perigo abstrato significa probabilidade de uma colocação em perigo de um bem jurídico", ou seja, a *"probabilidade de um perigo concreto"*, ou seja, entendendo-o também como um perigo concreto de intensidade menor. Como escreve MIGUEL REALE JÚNIOR (*Instituições ...*, cit., pp. 276-277), "o desafio do Direito Penal hodierno está em limitar as figuras de perigo abstrato, que *beiram a inconstitucionalidade* por ausência de lesividade", concluindo que, de todo modo, há que se efetivamente viabilizar que o acusado *faça prova em contrário* de que a sua conduta não gerou perigo qualquer, nem remoto, ao bem jurídico (*vide* extensas notas sobre o tema nos comentários no início do Título II – Do Crime, antes do art. 13 do CP, notadamente a rubrica *Reflexão crítica – os crimes de perigo abstrato-concreto e de perigo abstrato ou presumido*). Verifica-se, portanto, que a mera subsunção do fato ao tipo penal – *antijuridicidade formal* – não basta à caracterização do injusto penal, devendo-se sempre indagar acerca da *antijuridicidade material*, a qual exige *probabilidade* de lesão ao bem juridicamente protegido.

- **Tipo subjetivo:** O dolo, que consiste na vontade de atentar, com a consciência de poder criar perigo comum. Na doutrina tradicional é o "dolo genérico". Não há forma culposa.

- **Consumação:** Com a prática do ato capaz de perturbar a segurança ou o funcionamento de serviço de utilidade pública. Não se mostra necessária, portanto, a sua efetiva paralisação.

- **Tentativa:** Admite-se, embora seja difícil a sua ocorrência na prática.

- **Confronto:** Se o atentado tem finalidade política, poderá haver crime contra a Segurança Nacional. Outrossim, se a finalidade do atentado é provocar terror social ou generalizado, art. 2º, §1º, IV, da Lei n. 13.260/2016 – Terrorismo.

- **Pena:** Reclusão, de um a cinco anos, e multa.

- **Ação penal:** Pública incondicionada.

Figura qualificada (parágrafo único)

- **Noção:** A pena é aumentada de um terço até a metade, se o dano ocorrer em virtude de *subtração* (furto) *de material essencial ao funcionamento dos serviços*. Note-se que o legislador fala, nesta figura, em dano ("se o dano ocorrer em virtude"), devendo haver para a caracterização deste parágrafo único a efetiva ocorrência de dano.

- **Confronto:** Para que haja o crime deste art. 265, deve a conduta colocar em risco a incolumidade pública, isto é, um número indeterminado de pessoas ou coisas (perigo comum). Desta forma, ausente tal pressuposto, não haverá este crime, podendo haver outro. É o caso, por exemplo, do agente que furta fios telefônicos sem causar perigo comum, hipótese em que haverá apenas o crime de furto (*vide* jurisprudência abaixo). Note-se que, ainda que presente o perigo comum, não poderá neste caso haver concurso formal de crimes (entre os arts. 155 e 265, parágrafo único, do CP), posto que a subtração já é incriminada pelo parágrafo único deste art. 265, não podendo haver dupla valoração de uma mesma circunstância. Assim, ou o agente responde por furto ou por atentado com causa especial de aumento de pena. Se houver sabotagem de meio de comunicação por razões de xenofobia, discriminação ou preconceito, para provocar terror social ou generalizado, *vide* Lei n. 13.260/2016, art. 2º, § 1º, inciso IV. Havendo o escopo de lesar ou expor a perigo a integralidade territorial, art. 15 da Lei n. 7.170/83.

Jurisprudência

- **Tipo subjetivo:** Incapacidade do funcionário de executar a tarefa é ilícito administrativo e não o ilícito penal deste art. 265 (TFR, Ap. 3.829, *DJU* 7.11.79, p. 8331).

- **Furto de fios telefônicos:** Ainda que interfira na normalidade das comunicações, não configura o crime do art. 265 do CP, mas o do art. 155, se o agente não teve o objetivo de atentar contra o funcionamento do serviço (TFR, *RTFR* 69/216).

- **Furto de cabos de cobre:** Se a interrupção do serviço de fornecimento de água foi uma simples consequência do furto, o delito do art. 265 é por ele absorvido (TJAM, Ap. 0228424-87.2017.8.04.0001, *DJe* 10.12.2018).

- **Transporte clandestino de passageiros:** Não configura o crime do art. 265, mas a contravenção penal do art. 47, por ausência do elemento normativo a tentar (TJGO, CComp 0144065-16.2019.8.09.0000, *DJe* 26.8.2019).

- **Viatura militar:** Se o agente perseguiu durante todo o dia viatura militar para informar aos colegas sobe a fiscalização de transportes clandestinos, configura-se o crime do art. 265 (TJAL, Ap. 0000093-03.2015.8.02.0067, *DJe* 8.11.2018).

- **Greve:** A obstrução de entrada e saída de funcionários e veículos de empresa de ônibus por grevistas não constitui o crime deste art. 265, posto que tal conduta não criou qualquer perigo ao transporte coletivo (TJSP, *RJTJSP* 174/302).

- **Interrupção do sinal de emissora de televisão:** O comportamento dos acusados, que apenas desligaram os aparelhos retransmissores em determinado momento, importa em interrupção do serviço, figura não ajustada ao art. 265 do CP, que requer ato *atentatório* que resulte ao menos em perigo presumido (TJSC, *RT* 697/332).

INTERRUPÇÃO OU PERTURBAÇÃO DE SERVIÇO TELEGRÁFICO OU TELEFÔNICO

Art. 266. Interromper ou perturbar serviço telegráfico, radiotelegráfico ou telefônico, impedir ou dificultar-lhe o restabelecimento:

Pena – detenção, de 1 (um) a 3 (três) anos, e multa.

§ 1º Incorre na mesma pena quem interrompe serviço telemático ou de informação de utilidade pública, ou impede ou dificulta-lhe o restabelecimento.

§ 2º Aplicam-se as penas em dobro, se o crime é cometido por ocasião de calamidade pública.

- **Alteração:** A Lei n. 12.737, de 3.12.2012, apelidada de "Lei Carolina Dieckmann", ampliou a incidência deste tipo penal para incluir a interrupção ou perturbação de serviço informático, telemático ou de informação de utilidade pública. A referida lei, assim, alterou o *nomen juris* deste tipo penal, e acrescentou os §§ 1º e 2º. A previsão constante do § 2º já existia na redação do antigo parágrafo único, tendo apenas sido renumerada, portanto. A referida lei entrou em vigor 120 dias após a sua publicação.

- **Suspensão condicional do processo:** Cabe apenas no *caput* e no § 1º, atendidas as condições do art. 89 da Lei n. 9.099/95.

Interrupção ou perturbação de serviço telegráfico, radiotelegráfico ou telefônico (caput)

- **Objeto jurídico:** O funcionamento dos serviços telegráficos, radiotelegráficos ou telefônicos, no que tange à incolumidade pública.
- **Sujeito ativo:** Qualquer pessoa.
- **Sujeito passivo:** A coletividade.
- **Tipo objetivo:** Duas são as modalidades contidas no *caput* do art. 266, ambas referentes a serviço *telegráfico, radiotelegráfico ou telefônico. a. Primeira modalidade. Interromper* é paralisar, fazer cessar; *perturbar* tem, aqui, a significação de desarranjar, desorganizar, atrapalhar. *b. Segunda modalidade.* O serviço acha-se interrompido e a conduta do agente é *impedir* (não permitir) ou *dificultar* (tornar mais difícil, embaraçar) o seu restabelecimento. A norma do art. 266 visa à proteção do bom funcionamento do *serviço público*, isto é, de um número indeterminado de pessoas, de maneira que, se o comportamento é interromper ou perturbar aparelho telegráfico, radiotelegráfico ou telefônico determinado, ou ainda impedir ou dificultar seu restabelecimento, ou a comunicação entre duas pessoas, não haverá enquadramento nesta figura. Tal entendimento

fica reforçado pela incidência dos princípios da proporcionalidade e da ofensividade, de forma que o crime deste art. 266 somente se configurará se, em razão da conduta do agente, houver efetivo perigo para um número indeterminado de pessoas ou coisas (*vide* extensas notas sobre o tema nos comentários no início do Título II – Do Crime, antes do art. 13 do CP, notadamente a rubrica *Reflexão crítica – os crimes de perigo abstrato-concreto e de perigo abstrato ou presumido*).

- **Tipo subjetivo:** O dolo, que consiste na vontade de praticar as ações incriminadas, com consciência de que pode criar perigo a um número indeterminado de pessoas. Na escola tradicional indica-se o "dolo genérico". Inexiste forma culposa.

- **Consumação:** Com a efetiva interrupção ou perturbação, ou, ainda, com o impedimento ou dificultação, desde que comprovada a probabilidade de ocorrência de dano ao serviço.

- **Tentativa:** Admite-se, a não ser na conduta de impedir, pois, ao dificultar, o agente já terá tentado impedir.

- **Confronto:** Se a ação é impedir a comunicação entre duas pessoas, art. 151, § 1º, III, do CP. Se há interceptação telefônica (escuta direta e secreta de conversa alheia), sem ordem judicial, art. 10 da Lei n. 9.296/96. Se a ação é praticada contra a segurança ou o funcionamento de serviço público que não seja o de "informação de utilidade pública" (hipótese do § 1º do art. 266 do CP), o crime será o do art. 265 do CP. Em caso de invasão de dispositivo informático alheio, conectado ou não à rede de computadores, *vide* art. 298, parágrafo único, do CP. Se a conduta impede ou perturba serviço ferroviário, art. 260, III, do CP. Se há sabotagem por motivação política, cf. eventual tipificação na Lei de Segurança Nacional em vigor. Se a sabotagem tem motivação terrorista, Lei n. 13.260/2016, art. 2º, *caput*, e § 1º, inciso IV. Se há sonegação ou destruição de correspondência postal, art. 40, § 1º, da Lei n. 6.538/78. Em caso de desenvolvimento clandestino de atividades de telecomunicação, art. 183 da Lei n. 9.472/97. Cf. também, Código Brasileiro de Telecomunicações – Lei n. 4.117/62 e nota a respeito no art. 151, § 1º, II, do CP.

- **Pena:** Detenção, de 1 (um) a 3 (três) anos, e multa.

- **Ação penal:** Pública incondicionada.

Serviço telemático ou de informação de utilidade pública (§ 1º)

- **Serviço telemático ou de informação de utilidade pública:** A Lei n. 12.737, de 2012, ampliou a incidência do crime deste art. 266, para punir, neste § 1º, com a mesma pena do *caput*, aquele que praticar as condutas ali incriminadas (interromper, perturbar, impedir ou dificultar), porém endereçadas ao serviço telemático ou de informação de utilidade pública. O que se buscou com a referida alteração legislativa foi a proteção do serviço telemático da rede mundial de computadores, sobretudo em virtude das constantes invasões de *hackers* ocorridas no país. Para que haja o crime, todavia, há que se atentar contra o serviço telemático como um todo (isto é, coletivo) ou, ainda, contra algum serviço de informação de utilidade pública, como um provedor de *internet*, não bastando a invasão de um computador ou mesmo de alguns computadores de uma empresa, por exemplo. Isso porque, o que se busca proteger é a coletividade, mais especificamente o seu acesso à informação ou mesmo a troca de informações entre os usuários do serviço.

- **Confronto:** Quanto à invasão de dados de dispositivos de informática, *vide* art. 154-A do CP, instituído pela Lei n. 12.737, de 2012.

- **Irretroatividade:** A nova incidência penal trazida por este § 1º, por constituir norma penal maléfica, não retroage (CR, art. 5º, XL; CP, art. 2º, parágrafo único).

Figura qualificada (§ 2º)

- **Noção:** Se o crime é cometido por ocasião de *calamidade pública* (catástrofe, desgraça pública). O objetivo do legislador é punir de forma mais severa aquele que pratica o crime em uma situação (de calamidade pública) em que o serviço telegráfico, radiotelegráfico, telefônico, telemático ou de informação de utilidade pública tem importância ainda maior para a população. Note-se que, para haver incidência da qualificadora, deve o agente ter conhecimento, prévio e inequívoco, da mencionada calamidade pública, respondendo, do contrário, apenas pelo *caput* ou pelo § 1º.

- **Pena:** As penas do *caput* são aplicadas em dobro.

Jurisprudência
- **Tipo subjetivo:** Incapacidade do funcionário de executar a tarefa que lhe coube é ilícito administrativo e não o delito do art. 266 do CP (TFR, Ap. 3.829, *DJU* 7.11.79, p. 8331).
- **Furto de fios telefônicos:** Se ao subtrair os fios de cobre, interrompeu serviço telefônico, há concurso formal entre os crimes dos arts. 266 e 155 (TJSP, Ap. 0016442-16.201555.8.26.0196, *DJe* 1.2.2019). *Vide* jurisprudência na nota ao art. 265 do CP.

Capítulo III
DOS CRIMES CONTRA A SAÚDE PÚBLICA

- **Nota explicativa:** Os tipos penais do presente capítulo, inserido dentro do Título VIII – "Dos Crimes contra a Incolumidade Pública", incriminam, a exemplo dos dois capítulos anteriores, condutas que lesionam ou ao menos colocam em perigo um número indeterminado de pessoas, estando, aqui, especialmente voltado à proteção da saúde pública. Importante assinalar que há outros tipos penais, sobretudo na legislação extravagante, que igualmente protegem a saúde pública, como é o caso dos crimes previstos na Lei Antidrogas (Lei n. 11.343/2006) e até mesmo na Lei do Meio Ambiente (Lei n. 9.605/98). A própria LCP, em seu art. 38, tutela a saúde pública. Cumpre ressaltar que parte considerável dos crimes previstos neste capítulo tem sido objeto de especial atenção do legislador, que, em linhas gerais, recrudesceu, algumas vezes de forma exacerbada, a resposta penal a infrações deste tipo. Citem-se, como exemplos, a Lei dos Crimes Hediondos (Lei n. 8.072/90) e a chamada "Lei dos Remédios" (Lei n. 9.677/98).

EPIDEMIA

Art. 267. Causar epidemia, mediante a propagação de germes patogênicos:

Pena – reclusão, de 10 (dez) a 15 (quinze) anos.

§ 1º Se do fato resulta morte, a pena é aplicada em dobro.

§ 2º No caso de culpa, a pena é de detenção, de 1 (um) a 2 (dois) anos, ou, se resulta morte, de 2 (dois) a 4 (quatro) anos.

- **Transação:** Cabe na primeira parte do § 2º, preenchidos os requisitos do art. 76 da Lei n. 9.099/95.
- **Suspensão condicional do processo:** Cabe no § 2º, primeira parte, atendidas as condições do art. 89 da Lei n. 9.099/95.

Epidemia
- **Objeto jurídico:** A incolumidade pública, especialmente a saúde pública.
- **Sujeito ativo:** Qualquer pessoa, até mesmo a própria pessoa infectada.
- **Sujeito passivo:** A coletividade.
- **Tipo objetivo:** O núcleo *causar* tem a significação de provocar, motivar, produzir. *Epidemia* é "o contágio de uma doença infecciosa que atinge grande número de pessoas habitantes da mesma localidade ou região. Exemplos: epidemia de varíola, febre amarela, febre tifoide etc." (FLAMÍNIO FÁVERO, *Código Penal Brasileiro*,1950, v. IX, p. 15) e, mais recentemente, o vírus *Ebola* (Zaire) que se tornou epidemia na África Ocidental no ano de 2014, tendo causado a morte, até dezembro daquele ano, de cerca de 20.000 pessoas. Para que haja o crime deste art. 267, o meio de execução deve ser o indicado pela lei: *mediante a propagação de germes patogênicos. Propagação* é o ato de difundir, multiplicar, transmitir. *Germes patogênicos* são os microrganismos (vírus, *rickettsias*, bactérias, cogumelos microscópicos e protozoários) capazes de produzir moléstias

infecciosas. O maior exemplo que temos, hoje, é a pandemia da COVID-19. A propagação geradora de epidemia pode se dar tanto por ato comissivo quanto por ato omissivo (neste caso, somente nas hipóteses em que o agente devia e podia agir para evitar o resultado – CP, art. 13, § 2º). Na 6ª edição deste *Código Penal Comentado*, dizíamos que "o perigo é considerado presumido". Mudamos nosso entendimento. Melhor refletindo sobre o tema, entendemos que a única maneira de se coadunar os tipos penais de perigo abstrato com a exigência da antijuridicidade material para punir criminalmente uma pessoa, é *elevar os crimes de perigo abstrato à categoria dos crimes de perigo abstrato-concreto*, permitindo-se a *prova da não periculosidade* da conduta. Assim defende SCHRÖDER (ZStW 81 (1969), 17, citado por Claus ROXIN, ob. cit., p. 408), ao afirmar: se determinado tipo penal serve para proteger bens jurídicos palpáveis (por exemplo, a vida e a integridade física das pessoas), essa prova seria possível nas situações em que, no caso concreto, se pode demonstrar com segurança se efetivamente esses bens jurídicos foram postos em perigo ou não. De forma correlata, CRAMER (1962, 74, igualmente citado por CLAUS ROXIN, ob. cit., p. 408, nota de rodapé 211) sustenta a necessidade de se considerar o *perigo abstrato* como "um estado..., em que é provável a colocação em perigo (concreto) do bem jurídico protegido"; "colocação em perigo abstrato significa probabilidade de uma colocação em perigo de um bem jurídico", ou seja, a "*probabilidade de um perigo concreto*", ou seja, entendendo-o também como um perigo concreto de intensidade menor. Como escreve MIGUEL REALE JÚNIOR (*Instituições ...*, cit., pp. 276-277), "o desafio do Direito Penal hodierno está em limitar as figuras de perigo abstrato, que *beiram a inconstitucionalidade* por ausência de lesividade", concluindo que, de todo modo, há que se efetivamente viabilizar que o acusado *faça prova em contrário* de que a sua conduta não gerou perigo qualquer, nem remoto, ao bem jurídico (*vide* extensas notas sobre o tema nos comentários no início do Título II – Do Crime, antes do art. 13 do CP, notadamente a rubrica *Reflexão crítica – os crimes de perigo abstrato-concreto e de perigo abstrato ou presumido*). Verifica-se, portanto, que a mera subsunção do fato ao tipo penal – *antijuridicidade formal* – não basta à caracterização do injusto penal, devendo-se sempre indagar acerca da *antijuridicidade material*, a qual exige probabilidade de lesão ao bem juridicamente protegido. Demanda-se, pois, que a probabilidade de perigo a número indeterminado de pessoas (perigo comum) esteja demonstrada. As pessoas poderão vir a sofrer lesões corporais em razão da epidemia, mas o legislador somente determina o aumento de pena (§§ 1º e 2º) se houver morte; cremos, assim, que eventuais lesões corporais em pessoas atingidas pela epidemia já se encontram inseridas no próprio tipo incriminador deste art. 267, severamente apenado, não havendo, por isso, que se falar em concurso com o crime de lesões corporais.

- **Tipo subjetivo:** O dolo (vontade livre e consciente de propagar) e o elemento subjetivo que o tipo contém, representado pelo especial fim de causar epidemia. A doutrina tradicional divide-se, indicando o "dolo específico" (HELENO FRAGOSO, *Lições de Direito Penal – Parte Especial*,1965, v. III, p. 831) ou o "genérico" (MAGALHÃES NORONHA, *Direito Penal*,1995, v. IV, p. 6). A figura culposa é prevista no § 2º.

- **Consumação:** Com o surgimento da epidemia, gerando perigo concreto para um número indeterminado de pessoas.

- **Confronto:** Se a conduta não chegar a causar epidemia, a ponto de colocar em risco a saúde pública, poderá haver apenas o crime do art. 61 da Lei n. 9.605/98. Em caso de poluição de qualquer natureza de que resulte ou possa resultar danos à saúde humana, ou que provoque a mortandade de animais ou a destruição significativa da flora, cf. art. 54 da mesma lei. Se a motivação for terrorista, *vide* Lei n. 13.260/2016, art. 2º, § 1º, inciso I.

- **Tentativa:** Admite-se, conforme se trate ou não de conduta plurissubsistente.

- **Pena:** Reclusão, de dez a quinze anos.

- **Ação penal:** Pública incondicionada.

Morte (§ 1º)

- **Crime hediondo:** O art. 1º da Lei n. 8.072/90, em conformidade com o art. 5º, XLIII, da CR, considera *hediondo* o crime de epidemia com resultado morte (art. 267, § 1º).

Sobre as consequências dos crimes hediondos, *vide* nota *Crime hediondo* no art. 121, *caput*, do CP.

- **Noção:** A pena do *caput* será aplicada em dobro se do fato doloso (a conduta descrita no *caput*) resulta morte (preterdolo). Para que incida esta forma qualificada do § 1º é necessário que o agente tenha, ao menos, culpa pelo resultado letal (cf. CP, art. 19).

- **Pena:** A do *caput* é aplicada em dobro.

Figuras culposa simples e qualificada (§ 2º)

- **Noção:** Se a epidemia é causada pela falta do cuidado objetivo necessário (cf. art. 18, II, do CP), a pena é de detenção, de um a dois anos. Se da conduta culposa resulta morte, a pena é de detenção, de dois a quatro anos.

INFRAÇÃO DE MEDIDA SANITÁRIA PREVENTIVA

Art. 268. Infringir determinação do poder público, destinada a impedir introdução ou propagação de doença contagiosa:

Pena – detenção, de 1 (um) mês a 1 (um) ano, e multa.

Parágrafo único. A pena é aumentada de um terço, se o agente é funcionário da saúde pública ou exerce a profissão de médico, farmacêutico, dentista ou enfermeiro.

- **Transação:** Cabe no *caput*, ainda que haja lesão corporal grave ou morte – CP, art. 285 c/c o art. 258 (art. 76 da Lei n. 9.099/95); também cabe a transação no parágrafo único, desde que não haja morte – CP, art. 285 c/c o art. 258.

- **Suspensão condicional do processo:** Cabe no *caput* e no parágrafo único, ainda que resulte lesão corporal grave ou morte – CP, art. 285 c/c o art. 258, atendidas as condições do art. 89 da Lei n. 9.099/95.

Infração de medida sanitária preventiva

- **Objeto jurídico:** A incolumidade pública, no particular aspecto da saúde pública.
- **Sujeito ativo:** Qualquer pessoa.
- **Sujeito passivo:** A coletividade.
- **Tipo objetivo:** O núcleo é *infringir*, que possui a significação de violar, transgredir, desrespeitar, desobedecer. O que se pune é a conduta (comissiva ou omissiva, sendo neste caso praticável apenas por aqueles que deviam e podiam agir – CP, art. 13, § 2º) de infringir *determinação do Poder Público*, *destinada a impedir introdução ou propagação de doença contagiosa*. Trata-se de norma penal "em branco", que se completa com a existência de outra lei, decreto, portaria ou regulamento que tenha caráter de *ordem ou proibição*. Tal complemento deve visar a impedir a *introdução* (entrada) *ou propagação* (difusão) *de doença contagiosa* (estado mórbido contagioso ao homem). Sobre a legislação sanitária, *vide* nota ao art. 273 do CP. Na hipótese de *revogação* da norma complementar, divide-se a doutrina em três posições: *a*. retroage em favor do agente, excluindo a ilicitude (Heleno Fragoso, *Lições de Direito Penal – Parte Especial*,1965, v. III, p. 833); *b*. não retroage (Hungria, *Comentários ao Código Penal*,1959, v. IX, p. 104); *c*. em princípio não retroage, mas não se pode deixar de fazer concessões (Magalhães Noronha, *Direito Penal*,1995, v. IV, p. 11). A respeito, *vide* nota ao art. 3º do CP, onde expomos o nosso entendimento totalmente favorável à primeira (*a*) posição.

- **Tipo subjetivo:** O dolo, representado pela vontade livre e consciente de infringir a determinação, com a consciência de que estará colocando em perigo a incolumidade pública. Na doutrina tradicional é o "dolo genérico". Não há forma culposa.

- **Erro:** O eventual erro do agente deve ser apreciado à luz dos arts. 21 (erro de proibição) ou 20 (erro de tipo) do CP.

- **Consumação:** Com a violação, sem necessidade de que ocorra a introdução ou a propagação de doença contagiosa. Como assinalado, deve a conduta, todavia, colocar efetivamente em risco o bem jurídico tutelado, o que não poderá dar-se por presunção, ainda que legal. Imagine-se, por exemplo, a violação de uma determinação do Poder Público que não seja capaz de colocar em risco a saúde pública.

- **Tentativa:** Admite-se nos casos de condutas fracionáveis (isto é, plurissubsistentes).

- **Confronto:** Caso a conduta do agente vise a obstar ou a dificultar a ação fiscalizadora do Poder Público no trato de questões ambientais, art. 69 da Lei n. 9.605/98.

- **Sangue:** A inobservância das normas da Lei n. 7.649/88, que dispõe sobre a obrigatoriedade do cadastramento dos doadores e a realização de exames laboratoriais, configura o delito do art. 268 do CP (cf. art. 9º daquela lei).

- **Pena:** Detenção, de um mês a um ano, e multa.

- **Ação penal:** Pública incondicionada.

Figura qualificada (parágrafo único)

- **Noção:** Se o agente é *funcionário da saúde pública* ou exerce a profissão de *médico*, *farmacêutico*, *dentista ou enfermeiro*, a pena do *caput* é aumentada de um terço. Como observa HUNGRIA, "deve apresentar-se o descumprimento de *especial dever* que incumba ao agente, no caso concreto, em razão do cargo ou profissão" (*Comentários ao Código Penal*,1959, v. IX, p. 104). A punição mais severa nesses casos justifica-se em face da maior reprovabilidade da conduta daquele que, tendo as funções descritas no parágrafo único, pratica mesmo assim a conduta incriminada.

Morte ou lesão corporal

- **Remissão:** Cf. art. 285 c/c o art. 258 do CP se, da infração de medida sanitária, resulta lesão corporal grave ou morte.

Jurisprudência

- **Norma em branco:** Como o art. 268 do CP é norma penal "em branco", precisa-se demonstrar qual foi a determinação do Poder Público descumprida (TACrSP, *RT* 507/414). Versando o crime do art. 268 sobre doença contagiosa, não pode o Ministério Público invocar portaria sobre poluição ambiental (TJSP, *mv – RT* 644/ 272).

- **Não basta regra genérica:** O dispositivo administrativo que contém mera regra genérica de higiene não preenche a norma penal "em branco" do crime do art. 268 (FRANCESCHINI, *Jurisprudência*,1975, v. I, n. 1.283). Ocorre o crime do art. 268 quando o agente viola norma sanitária específica destinada a impedir a introdução ou propagação de doença contagiosa determinada e não qualquer dispositivo de regulamento sanitário (porcos alimentados no *lixão* da Prefeitura) (TACrSP, *RT* 705/337).

- ***Lockdown* e pandemia – COVID-19:** "A prisão em flagrante comunicada é *manifestamente ilegal* e deve ser relaxada, nos termos do art. 5º, inciso LXV, da Constituição da República, e do art. 310, inciso I, do Código de Processo Penal. De acordo com a capitulação jurídica atribuída pela autoridade policial, a conduta do preso, consistente em manter seu estabelecimento comercial aberto, em desobediência à 'determinação do Governo Estadual', que ordenou o fechamento do comércio na chamada 'Fase Emergencial' da pandemia de *Covid-19*, e ter incitado outros comerciantes a fazerem o mesmo, teria caracterizado os crimes definidos nos artigos 268, 286 e 330 do Código Penal. A Constituição da República, em seu art. 5º, reconhece, entre outros, os direitos fundamentais, inerentes à dignidade humana, à *propriedade* (*caput*), ao *livre exercício do trabalho, ofício ou profissão* (inciso XIII), à *intimidade*, à *vida privada e à honra das pessoas* (inciso X) e à *livre locomoção no território nacional em tempo de paz* (inciso XV). Conforme ressabido, de acordo com os artigos 136 e 137 da *Magna Carta* brasileira, as únicas hipóteses em que se podem restringir alguns dos direitos e garantias fundamentais são os chamados Estado de Defesa e o Estado de Sítio, cuja decretação compete ao Presidente da República, com aprovação do Congresso Nacional, nos termos dos mesmos dispositivos constitucionais citados. Atualmente, não vigora nenhum desses regimes de exceção no Brasil, de modo que o direito ao trabalho, ao uso da propriedade privada (no caso, o estabelecimento comercial) e à livre circulação jamais poderiam ser restringidos, sem que isso configurasse patente violação às normas constitucionais mencionadas. Veja-se que nem a *lei* poderia fazê-lo, porque, não havendo decreto presidencial, aprovado pelo Congresso Nacional, reconhecendo Estado de Defesa ou Estado de Sítio e estabelecendo os limites das restrições aplicáveis, tal lei seria inconstitucional. No presente caso, o que ocorre é mais grave: tal proibição foi estabelecida por *decreto* do Poder Executivo. O decreto governamental é instrumento destinado exclusivamente a conferir fiel cumprimento à lei; presta-se unicamente a regulamentá-la. Não lhe é permitido criar obrigações não previstas em lei (o chamado 'decreto autônomo'). É o que decorre do art. 5º, inciso II, da Constituição da República, segundo o qual *ninguém será obrigado a fazer ou deixar de fazer alguma coisa senão em virtude de lei*. Portanto, o decreto em que se fundou a prisão do indiciado, pelas razões até aqui expostas, é manifestamente inconstitucional, e, portanto, nulo de pleno direito, de modo que os elementos imprescindíveis à caracterização dos tipos penais imputados pela autoridade policial ao indiciado – 'determinação do poder público' (art. 268 do CP), 'prática de crime' (art. 286 do CP) e 'ordem legal' (art. 330 do CP) evidentemente não se concretizaram no caso em análise. De fato, como admitir: (1) que um decreto do Poder Executivo, cujo teor viola francamente o texto constitucional, possa ser considerado validamente uma 'determinação do poder público'; (2) que seu descumprimento possa ser considerado 'prática de crime'; e (3) que a ordem emanada de funcionário público para seu cumprimento seja uma 'ordem legal'? Admiti-lo equivaleria à total subversão do ordenamento jurídico. O fato praticado pelo indiciado, portanto, é notoriamente atípico. (...) Ante o exposto, dada a manifesta ilegalidade da prisão em flagrante do indiciado, determino seu imediato relaxamento, com fulcro no art. 5º, inciso LXV, da Constituição da República, e no art. 310, inciso I, do Código de Processo Penal. Expeça-se alvará de soltura. Reconhecida a ilegalidade da prisão em flagrante, por consequência, deve ser reconhecida também a ilegalidade da apreensão dos bens pertencentes ao indiciado, descritos no auto de exibição e apreensão de fls. 14/15. Determino, pois, a imediata restituição dos referidos bens apreendidos indevidamente. Expeça-se o necessário. Cumpra-se. Intimem-se" (TJSP, decisão da Vara de Plantão da Comarca de Ribeirão Preto (41ª CJ), proferida nos autos de prisão em flagrante n. 1500681-23.2021.8.26.0530, em 17.03.2021, pelo Juiz de Direito Giovani Augusto Serra Azul Guimarães).

- **Abate de animais:** No crime do art. 268 do CP o perigo comum é presumido (TACrSP, *RT* 402/269), consumando-se com a mera transgressão da norma ou determinação oficial (abate clandestino de gado) (TACrSP, *Julgados* 96/126). O abate irregular de reses e o transporte da carne em condições precárias, convertendo-a em imprópria para o consumo, configura o delito do art. 268 do CP e não o do art. 7º, IX, da Lei n. 8.137/90 (TACrSP, *RT* 725/619). Também configura se matava os animais em um galpão, sem licenciamento, tratamento ou resfriamento, e vendia pedaços aos clientes (TJSP, Ap. 0001157-77.2011.8.26.0695, *DJe* 1.2.2019). Não se caracteriza o delito do art. 268 do CP se o agente abate um leitão para reparti-lo com o vizinho, vendendo a carne a este, não estando esta exposta à venda; o abate de pequenos animais para consumo entre uma ou duas famílias constitui prática muito comum no interior do Rio Grande do Sul, não estando regulamentado pelo Decreto Complementar n. 24.430/74 (TARS, *RT* 726/746).

OMISSÃO DE NOTIFICAÇÃO DE DOENÇA

Art. 269. Deixar o médico de denunciar à autoridade pública doença cuja notificação é compulsória:

Pena – detenção, de 6 (seis) meses a 2 (dois) anos, e multa.

Omissão de notificação de doença

- **Transação:** Cabe no art. 269, desde que não resulte lesão corporal grave ou morte – CP, art. 285 c/c o art. 258, preenchidos os requisitos do art. 76 da Lei n. 9.099/95.

- **Suspensão condicional do processo:** Cabe, ainda que resulte lesão corporal grave ou morte – CP, art. 285 c/c o art. 258, atendidas as condições do art. 89 da Lei n. 9.099/95.

- **Objeto jurídico:** A incolumidade pública, no especial aspecto da saúde pública.

- **Sujeito ativo:** Somente o médico (delito *próprio*).

- **Sujeito passivo:** A coletividade.

- **Tipo objetivo:** A conduta punida é a de deixar o médico de denunciar (isto é, omitir-se em comunicar) à autoridade pública. Cuida-se de crime omissivo próprio ou puro, que exige para sua caracterização três elementos: *a.* situação típica; *b.* ausência de uma ação determinada; *c.* capacidade de realizar esta ação (Santiago Mir Puig, *Derecho Penal – Parte General,* 3ª ed., Barcelona, PPU, 1990, p. 330). Trata-se de norma penal "em branco", pois a falta de comunicação deve referir-se a *doença cuja notificação é compulsória,* o que exigirá a análise da legislação (leis, decretos e, especialmente, regulamentos) vigente. Como registra Heleno Fragoso, embora a lei não exija que o médico tenha assistido ou examinado o doente, ele somente poderia fazer com seriedade a denúncia se houvesse, pessoalmente, examinado o enfermo (*Lições de Direito Penal – Parte Especial,*1965, v. III, p. 837).

- **Tipo subjetivo:** O dolo, consistente na vontade livre e consciente de praticar a omissão. Se o agente não tinha conhecimento da obrigação de comunicar a doença, poderá haver isenção ou diminuição da pena (cf. CP, art. 21). Na escola tradicional é o "dolo genérico". Não há forma culposa.

- **Consumação:** Com o esgotamento de eventuais prazos regulamentares ou, na ausência destes, com a prática de ato inconciliável com a obrigação de denunciar.

- **Normas penais em branco, natureza e vigência:** Quanto à natureza e a relação do complemento das normas penais em branco em face do tempo, *vide* comentários ao art. 3º do CP.

- **Portaria n. 2.325, de 8.12.2003, do Ministério da Saúde (complementada pela Portaria n. 5, de 21.2.2006):** De acordo com o art. 1º da referida portaria, é compulsória a comunicação das seguintes doenças: *1.* Em todo o território nacional (botulismo, carbúnculo ou antraz, cólera, coqueluche, dengue, difteria, doença de creutzfeldt-Jacob, doença meningocócica e outras meningites, doença de Chagas – casos agudos, febre amarela, febre do Nilo, febre Maculosa, febre tifoide, hanseníase, hantaviroses, infecção pelo vírus da imunodeficiência humana – HIV em gestantes e crianças expostas ao risco de transmissão vertical, influenza humana por novo subtipo – pandêmico, leishmaniose tegumentar e visceral, leptospirose, meningite por *Haemophilus influenzae*, paralisia flácida aguda, peste, poliomielite, raiva humana, rubéola e síndrome de rubéola congênita, sarampo, sífilis congênita e sífilis em gestante, síndrome da imunodeficiência adquirida – AIDS, síndrome febril íctero-hemorrágica aguda, síndrome respiratória aguda grave, tétano, tuberculose, tularemia, varíola, hepatites virais). *2.* Em áreas específicas (esquistossomose – exceto nos Estados do Maranhão, Piauí, Ceará, Rio Grande do Norte, Paraíba, Alagoas, Pernambuco e Sergipe; filariose – exceto em Belém; malária – exceto na região da Amazônia Legal). Dispõe, ainda, o art. 2º da mesma portaria que "outras doenças poderão ser consideradas de notificação compulsória, no âmbito da unidade federada que assim as considerem, mediante prévia justificativa, submetidas ao Ministério da Saúde". Caberá, portanto, ao intérprete deste art. 269 informar-se para saber se a doença é de notificação compulsória ou não.

- **Confronto:** No caso daquele que, tendo o dever legal ou contratual de cumprir obrigação de relevante interesse ambiental, deixar de fazê-lo, art. 68 da Lei n. 9.605/98. Em face da necessária harmonia do ordenamento jurídico, o dever de denunciar imposto ao médico é justa causa que exclui a caracterização do crime de violação de segredo profissional (CP, art. 154).

- **Tentativa:** Não se admite, pois é delito omissivo puro.

- **Pena:** Detenção, de seis meses a dois anos, e multa.

- **Ação penal:** Pública incondicionada.

Morte ou lesão corporal

- **Remissão:** Cf. arts. 285 e 258 do CP, se resulta lesão corporal grave ou morte.

Jurisprudência

- **Só o médico pode ser agente:** A obrigação de denunciar só é exigida do médico, e não também do farmacêutico (TACrSP, *RT* 492/355).

ENVENENAMENTO DE ÁGUA POTÁVEL OU DE SUBSTÂNCIA ALIMENTÍCIA OU MEDICINAL

Art. 270. Envenenar água potável, de uso comum ou particular, ou substância alimentícia ou medicinal destinada a consumo:

Pena – reclusão, de 10 (dez) a 15 (quinze) anos.

§ 1º Está sujeito à mesma pena quem entrega a consumo ou tem em depósito, para o fim de ser distribuída, a água ou a substância envenenada.

MODALIDADE CULPOSA

§ 2º Se o crime é culposo:

Pena – detenção, de 6 (seis) meses a 2 (dois) anos.

- Transação: Cabe no § 2º, desde que não resulte lesão corporal ou morte – CP, art. 285 c/c o art. 258, preenchidos os requisitos do art. 76 da Lei n. 9.099/95.
- Suspensão condicional do processo: Cabe no § 2º, desde que não resulte morte – CP, art. 285 c/c o art. 258, atendidas as condições do art. 89 da Lei n. 9.099/95.

Envenenamento de água potável ou de substância alimentícia ou medicinal

- Crime não hediondo: O art. 1º da Lei n. 8.072/90, em conformidade com o art. 5º, XLIII, da CR, considerava *hediondo* o crime de envenenamento de água potável ou substância alimentícia ou medicinal qualificado pela morte (art. 270 c/c o art. 285). Tal previsão, todavia, foi excluída por ocasião da nova relação dos crimes hediondos trazida pela Lei n. 8.930/94, que deu nova redação ao art. 1º da Lei n. 8.072/90. Essa exclusão, por ser mais benéfica, deve retroagir.
- Objeto jurídico: A incolumidade pública, especialmente a saúde pública.
- Sujeito ativo: Qualquer pessoa.
- Sujeito passivo: A coletividade.
- Tipo objetivo: O núcleo *envenenar* tem a significação de pôr ou lançar *veneno*, entendendo-se este como a substância mineral ou orgânica que, absorvida, causa a morte ou dano sério ao organismo. O objeto material é indicado: *a. Água potável, de uso comum ou particular*. Água potável é a chamada água de alimentação, excluindo-se outras águas que têm serventia diversa, como as não potáveis. Embora se trate de infração contra a incolumidade pública, prevê o legislador que a água pode destinar-se a uso comum ou particular. *b. Substância alimentícia (destinada a consumo)*. É a substância destinada à alimentação (líquida ou sólida) de indeterminado número de pessoas. *c. Ou (substância) medicinal destinada a consumo*, isto é, a substância destinada à cura, melhora ou prevenção de doenças de número indeterminado de pessoas. Refletindo sobre o tema, entendemos que a única maneira de se coadunar os tipos penais de perigo abstrato com a exigência da antijuridicidade material para punir criminalmente uma pessoa, é *elevar os crimes de perigo abstrato à categoria dos crimes de perigo abstrato-concreto*, permitindo-se a *prova da não periculosidade* da conduta. Assim defende Schröder (ZStW 81 (1969), 17, citado por Claus Roxin, ob. cit., p. 408), ao afirmar: se determinado tipo penal serve para proteger bens jurídicos palpáveis (por exemplo, a vida e a integridade física das pessoas), essa prova seria possível nas situações em que, no caso concreto, se pode demonstrar com segurança se efetivamente esses bens jurídicos foram postos em perigo ou não. De forma correlata, Cramer (1962, 74, igualmente citado por Claus Roxin, ob. cit., p. 408, nota de rodapé 211) sustenta a necessidade de se considerar o *perigo abstrato* como "um estado..., em que é provável a colocação em perigo (concreto) do bem jurídico protegido"; "colocação em perigo abstrato significa probabilidade de uma colocação em perigo de um bem jurídico", ou seja, a *"probabilidade de um perigo concreto"*, ou seja, entendendo-o também como um perigo concreto de intensidade menor. Como escreve

MIGUEL REALE JÚNIOR (*Instituições ...*, cit., pp. 276-277), "o desafio do Direito Penal hodierno está em limitar as figuras de perigo abstrato, que *beiram a inconstitucionalidade* por ausência de lesividade", concluindo que, de todo modo, há que se efetivamente viabilizar que o acusado *faça prova em contrário* de que a sua conduta não gerou perigo qualquer, nem remoto, ao bem jurídico (*vide* extensas notas sobre o tema nos comentários no início do Título II – Do Crime, antes do art. 13 do CP, notadamente a rubrica *Reflexão crítica – os crimes de perigo abstrato-concreto e de perigo abstrato ou presumido*). Verifica-se, portanto, que a mera subsunção do fato ao tipo penal – *antijuridicidade formal* – não basta à caracterização do injusto penal, devendo-se sempre indagar acerca da probabilidade de lesão ao bem juridicamente protegido. Ou seja, para que se configure o ilícito, é necessária a comprovação, mediante perícia, de que a água envenenada efetivamente tinha o potencial de gerar risco à saúde pública.

- **Tipo subjetivo:** É o dolo, que consiste na vontade livre e consciente de envenenar, com conhecimento do destino de consumo comum e do perigo coletivo. Na escola tradicional aponta-se o "dolo genérico". A modalidade culposa é prevista no § 2º.

- **Consumação:** Com a superveniência da situação de perigo comum.

- **Confronto:** Se a substância lançada pelo agente não for capaz de envenenar ninguém (o que dependerá da análise do caso concreto), mas tornar a água, de uso comum ou particular, imprópria para consumo ou nociva à saúde, o crime será o do art. 271 do CP. Em caso de produto ou substância alimentícia, cf. art. 272; em caso de produto destinado a fins terapêuticos ou medicinais, cf. art. 273, todos do CP.

- **Poluição hídrica e de lençóis freáticos:** Em caso de poluição ambiental, cf. art. 54 da Lei n. 9.605/98.

- **Tentativa:** Admite-se.

- **Pena:** Reclusão, de dez a quinze anos.

- **Ação penal:** Pública incondicionada.

Entrega a consumo (§ 1º)

- **Tipo objetivo:** *a. Entregar a consumo* é fornecer, a título oneroso ou gratuito, a indeterminado número de pessoas. *b. Ter em depósito, para o fim de ser distribuída*. Exige-se o fim de distribuir, não bastando a simples guarda residencial sem tal finalidade. É indispensável, em ambos os casos, que o agente tenha consciência de que se trata de água ou substância envenenada. Se o agente envenenar a água (*caput*) e depois distribuí-la, a segunda conduta constituirá fato posterior impunível.

- **Tipo subjetivo:** Na modalidade *a* é igual ao do *caput*. Na *b*, há, ainda, o elemento subjetivo do tipo, que consiste no especial fim de agir ("dolo específico" para os tradicionais): a finalidade de distribuir.

- **Consumação:** Com a entrega ou depósito, independentemente de efetivo consumo ou distribuição. Deve, todavia, haver comprovação de perigo concreto de dano.

- **Pena e ação penal:** Iguais às do *caput*.

Figura culposa (§ 2º)

- **Noção:** Se as condutas previstas no *caput* (envenenamento) e no § 1º (entrega ou depósito) são resultado da desatenção do agente ao dever de cuidado objetivo (*vide* comentário ao CP, art. 18, II), a pena será de detenção, de seis meses a dois anos.

Morte ou lesão corporal

- **Remissão:** Cf. art. 285 c/c o art. 258 do CP, se resulta lesão corporal ou morte de alguém.

Jurisprudência

- **Desclassificação:** Se a substância que o agente lançou na água tornou-a tão leitosa e malcheirosa que ninguém iria bebê-la e envenenar-se, desclassifica-se para a corrupção de água, prevista no art. 271 (TJRS, *RT* 726/728; TJSP, *RJTJSP* 72/307; TJMG, Ap. 0065265-52.2003.8.13.0471, *DJe* 7.10.2016).

- **Água potável:** O conceito de potabilidade da água é relativo, e dado em função do uso que as populações fazem daquela água (TFR, Ap. 6.710, *DJU* 28.8.86, p. 15007).

- **Consumação:** Embora o crime do art. 270 seja infração que se consuma independentemente de resultado, ele só se aperfeiçoa quando o perigo atinge a vida ou a saúde de um número indefinido de pessoas, não apenas um número limitado delas (TJSP, *RT* 453/355).

CORRUPÇÃO OU POLUIÇÃO DE ÁGUA POTÁVEL

Art. 271. Corromper ou poluir água potável, de uso comum ou particular, tornando-a imprópria para consumo ou nociva à saúde:

Pena – reclusão, de 2 (dois) a 5 (cinco) anos.

MODALIDADE CULPOSA

Parágrafo único. Se o crime é culposo:
Pena – detenção, de 2 (dois) meses a 1 (um) ano.

- **Transação:** Cabe no parágrafo único do art. 271, a não ser que resulte morte – CP, art. 285 c/c o art. 258, preenchidos os requisitos do art. 76 da Lei n. 9.099/95.
- **Suspensão condicional do processo:** Cabe no parágrafo único, desde que não resulte morte – CP, art. 285 c/c o art. 258, atendidas as condições do art. 89 da Lei n. 9.099/95.

Corrupção ou poluição de água potável

- **Objeto jurídico:** A incolumidade pública, especialmente a saúde pública.
- **Sujeito ativo:** Qualquer pessoa.
- **Sujeito passivo:** A coletividade.
- **Tipo objetivo:** O verbo *corromper* tem, aqui, a significação de estragar, desnaturar, infectar. Por sua vez, *poluir* é sujar, macular, conspurcar. O objeto material é *água potável, de uso comum ou particular*. Águas potáveis são "as águas próprias para a alimentação, servindo para qualquer espécie de consumo (bebida, preparo de alimentos e bebidas etc.), podendo ser classificadas em águas de fontes e de abastecimento. Tais águas *não podem* apresentar um teor de chumbo, de fluoretos, de arsênico, de selênio, de cobre e de zinco superior ao fixado na lei, pois, se assim acontecer, serão consideradas impróprias para alimentação e abastecimento públicos e privados" (FLAMÍNIO FÁVERO, *Código Penal Brasileiro*, 1950, v. IX, p. 67). É indispensável, portanto, que se demonstre a anterior condição de ser a água *potável*, pois não se tipifica a conduta de quem corrompe ou polui águas já poluídas ou corrompidas. A respeito, veja-se minuciosa defesa em caso de poluição de águas fluviais: DANTE DELMANTO, "A poluição das águas do rio Piracicaba", *in Defesas que Fiz no Júri*, 7ª ed., comemorativa do centenário de seu nascimento, Rio de Janeiro, Renovar, 2008. As águas podem ser de *uso comum ou particular*, desde que destinadas à alimentação de indeterminado número de pessoas. Na 6ª edição deste *Código Penal Comentado*, considerávamos o crime deste art. 271 de perigo *abstrato*, embora já ressaltássemos a necessidade de se verificar se a água se tornou imprópria para consumo ou nociva à saúde. Mudamos nosso entendimento. Melhor refletindo sobre o tema, entendemos que a única maneira de se coadunar os tipos penais de perigo abstrato com a exigência da antijuridicidade material para punir criminalmente uma pessoa, é *elevar os crimes de perigo abstrato à categoria dos crimes de perigo abstrato-concreto*, permitindo-se a *prova da não periculosidade* da conduta. Assim defende SCHRÖDER (ZStW 81 (1969), 17, citado por Claus ROXIN, ob. cit., p. 408), ao afirmar: se determinado tipo penal serve para proteger bens jurídicos palpáveis (por exemplo, a vida e a integridade física das pessoas), essa prova seria possível nas situações em que, no caso concreto, se pode demonstrar com segurança se efetivamente esses bens jurídicos foram postos em perigo ou não. De forma correlata, CRAMER (1962, 74, igualmente citado por CLAUS ROXIN, ob. cit., p. 408, nota de rodapé 211) sustenta a necessidade de se considerar o *perigo abstrato* como "um

estado..., em que é provável a colocação em perigo (concreto) do bem jurídico protegido"; "colocação em perigo abstrato significa probabilidade de uma colocação em perigo de um bem jurídico", ou seja, a *"probabilidade de um perigo concreto"*, entendendo-o também como um perigo concreto de intensidade menor. Como escreve MIGUEL REALE JÚNIOR (*Instituições ...*, cit., pp. 276-277), "o desafio do Direito Penal hodierno está em limitar as figuras de perigo abstrato, que *beiram a inconstitucionalidade* por ausência de lesividade", concluindo que, de todo modo, há que se efetivamente viabilizar que o acusado *faça prova em contrário* de que a sua conduta não gerou perigo qualquer, nem remoto, ao bem jurídico (*vide* extensas notas sobre o tema nos comentários no início do Título II – Do Crime, antes do art. 13 do CP, notadamente a rubrica *Reflexão crítica – os crimes de perigo abstrato- -concreto e de perigo abstrato ou presumido*). Verifica-se, portanto, que a mera subsunção do fato ao tipo penal – *antijuridicidade formal* – não basta à caracterização do injusto penal, devendo-se sempre indagar acerca da *antijuridicidade material*, a qual exige probabilidade de lesão ao bem juridicamente protegido. A nosso ver, é requisito do tipo que a corrupção ou poluição *efetivamente* torne a água *nociva (prejudicial, danosa)* à *saúde humana*, mesmo porque não há como conceber água imprópria para o consumo que não seja nociva à saúde (a água que não é nociva à saúde é, evidentemente, própria para o consumo). A perícia, assim, faz-se indispensável, demonstrando haver a probabilidade de efetivo perigo à saúde. A eventual poluição de água que não mais seja usada para o consumo humano não caracteriza, portanto, o crime deste art. 271, embora possa caracterizar crime contra o meio ambiente (Lei n. 9.605/98).

- **Tipo subjetivo:** O dolo, consistente na vontade livre e consciente de corromper ou poluir, com conhecimento do perigo para indeterminado número de pessoas. Na doutrina tradicional é o "dolo genérico". A figura culposa é prevista no parágrafo único.

- **Consumação:** Com a efetiva impropriedade ou nocividade provocada pela corrupção ou poluição, independentemente de real dano às pessoas. Deve, contudo, haver comprovação de perigo comum concreto.

- **Tentativa:** Tendo em vista tratar-se de conduta que pode ser fracionada (plurissubsistente), admitimos a possibilidade de sua ocorrência.

- **Confronto:** Se há envenenamento das águas, art. 270 do CP.

- **Poluição hídrica e de lençóis freáticos:** Quanto à poluição hídrica que torne necessária a interrupção do abastecimento público, art. 54, § 2º, III, da Lei n. 9.605/98.

- **Pena:** Reclusão, de dois a cinco anos.

- **Ação penal:** Pública incondicionada.

Figura culposa (parágrafo único)

- **Noção:** Se a corrupção ou poluição é causada pela não observância do dever objetivo de cuidado (cf. CP, art. 18, II), a pena é de detenção, de dois meses a um ano.

Morte ou lesão corporal

- **Remissão:** Cf. arts. 285 e 258 do CP, se da corrupção ou poluição resulta lesão corporal ou morte.

Jurisprudência

- **Qualidade anterior:** A lei pune quem corrompe ou polui água potável, tornando-a imprópria para o consumo ou nociva à saúde, e se as águas do rio Piracicaba, pelos motivos constantes dos autos, já não eram potáveis, certa é a conclusão de que não houve crime algum (TJSP, Ap. 49.283, *apud* DANTE DELMANTO, "A poluição das águas do rio Piracicaba", *in Defesas que Fiz no Júri*, 7ª ed., comemorativa do centenário de seu nascimento, Rio de Janeiro, Renovar, 2008). Não é necessário que a água seja irrepreensivelmente pura, bastando que se trate de água que se possa razoavelmente utilizar para beber e cozinhar, habitualmente usada por indeterminado número de pessoas (TJSP, *mv – RT* 572/302). A expressão *potável* deve abranger não só a potabilidade bioquímica, mas também a potabilidade menos rigorosa, consistente em servir para beber e cozinhar (TJSP, *mv – RTJSP* 121/348).

- **Tipificação:** Para a tipificação é imprescindível que se prove a potabilidade da água e que seja ela ingerida habitualmente por indeterminado número de pessoas (TJSP, *RT*

301/84). Para a configuração do crime do art. 271 do CP, necessária se faz a prova da potabilidade da água e sua utilização, antes de poluída ou corrompida (TRF da 3ª R., 2ª T., Ap. 94.03.073128-1, *DJU* 13.12.95, p. 86, *in RJTJSP* 2/306).

- **Desclassificação:** Se a substância lançada na água tornou-a tão leitosa e mal cheirosa, que ninguém iria bebê-la ou envenenar-se, desclassifica-se do art. 270 para o art. 271, *caput (*TJMG, Ap. 0065265-52.2003.8.13.0471, *DJe* 7.10.2016).

FALSIFICAÇÃO, CORRUPÇÃO, ADULTERAÇÃO OU ALTERAÇÃO DE SUBSTÂNCIA OU PRODUTO ALIMENTÍCIO

Art. 272. Corromper, adulterar, falsificar ou alterar substância ou produto alimentício destinado a consumo, tornando-o nocivo à saúde ou reduzindo-lhe o valor nutritivo:

Pena – reclusão, de 4 (quatro) a 8 (oito) anos, e multa.

§ 1º-A. Incorre nas penas deste artigo quem fabrica, vende, expõe à venda, importa, tem em depósito para vender ou, de qualquer forma, distribui ou entrega a consumo a substância alimentícia ou o produto falsificado, corrompido ou adulterado.*

§ 1º Está sujeito às mesmas penas quem pratica as ações previstas neste artigo em relação a bebidas, com ou sem teor alcoólico.

MODALIDADE CULPOSA

§ 2º Se o crime é culposo:

Pena – detenção, de 1 (um) a 2 (dois) anos, e multa.

* A ordem dos parágrafos (1º-A antes do 1º) está de acordo com a publicação oficial.

- **Alterações:** Artigo e parágrafos com redação dada pela Lei n. 9.677, de 2.7.98, que também acrescentou o § 1º-A.
- **Transação:** Cabe no § 2º, desde que não resulte lesão corporal ou morte – CP, art. 285, preenchidos os requisitos do art. 76 da Lei n. 9.099/95.
- **Suspensão condicional do processo:** Cabe no § 2º, a não ser que resulte lesão corporal ou morte – CP, art. 285 c/c o art. 258, segunda parte, atendidas as condições do art. 89 da Lei n. 9.099/95.

Falsificação, corrupção, adulteração ou alteração de substância ou produto alimentício (caput)

- **Objeto jurídico:** A incolumidade pública, especialmente no aspecto da saúde pública.
- **Sujeito ativo:** Qualquer pessoa.
- **Sujeito passivo:** A coletividade, ou seja, número indeterminado de pessoas.
- **Tipo objetivo:** Alternativamente, são previstos quatro núcleos: *a. corromper*, que tem a significação de estragar, infectar, desnaturar (alterando a própria essência); *b. adulterar*, isto é, mudar ou modificar para pior; *c. falsificar*, que se entende por contrafazer, dar aparência de genuíno ao que não é; *d. alterar*, que significa mudar, modificar, transformar. Embora os núcleos, em regra, devam ser praticados por comissão, é possível (com exceção do núcleo *c* acima referido) que sejam praticados por omissão, desde que reste comprovado que o agente devia e podia agir para evitar o resultado (CP, art. 13, § 2º). O objeto material (aquele sobre o qual deve recair um dos núcleos acima vistos) é a substância ou o produto alimentício destinado a consumo humano. Abrange também as bebidas, com ou sem teor alcoólico (cf. § 2º). É *imprescindível* que a corrupção, adulteração, falsificação ou alteração torne a substância ou o produto alimentício *nocivo* à saúde ("tornando-o nocivo à saúde"), *v.g.*, prejudicial, com efetiva possibilidade de causar danos à saúde humana, ou com valor nutritivo reduzido. Quanto à redução do seu valor nutritivo, *vide* nota abaixo.

■ **Inconstitucionalidade:** Antes da alteração legislativa sofrida por este art. 272, *caput*, a incriminação limitava-se às condutas que tornassem a substância alimentícia nociva à saúde. O atual art. 272 passou também a punir a redução do valor nutritivo da substância ou produto alimentício. É possível notar, *de lege ferenda*, que a atual redação deste art. 272 viola o princípio da proporcionalidade, uma vez que se pune com a *mesma* severa pena duas condutas de gravidade muito diferentes (*vide* nota *Princípios da sanção penal* no art. 32). De outro lado, em face do princípio da ofensividade, para que haja crime contra a saúde pública, deve haver lesão ou ao menos perigo de lesão à saúde humana. Mostra-se, portanto, inconstitucional a incriminação da simples redução do valor nutritivo de substância ou produto destinado a consumo, sem efetiva possibilidade de causar danos à saúde humana, com penas tão elevadas de reclusão de quatro a oito anos, e multa, sem prejuízo, contudo, da configuração de crime contra as relações de consumo (*vide* notas abaixo).

■ **Tipo subjetivo:** O dolo, consistente na vontade livre e consciente de corromper, adulterar, falsificar ou alterar, com conhecimento da destinação a consumo da substância ou do produto e de que este se tornou nocivo à saúde ou teve seu valor nutritivo reduzido. Na escola tradicional é o "dolo genérico". A figura *culposa* está prevista no § 2º.

■ **Consumação:** Quando a substância ou produto se torna nocivo à saúde. Quanto à redução do valor nutritivo, *vide* nota acima sob o título *Inconstitucionalidade*.

■ **Tentativa:** Admite-se nos casos de condutas que contenham etapas de execução (plurissubsistentes).

■ **Confronto com o CP:** Em caso de envenenamento de água potável ou substância alimentícia ou medicinal, art. 270. Em caso de água potável, de uso comum ou particular, art. 271. Se a conduta recair sobre produto destinado a fins terapêuticos ou medicinais, art. 273. Em caso de substância destinada à falsificação de produtos alimentícios, art. 277.

■ **Confronto com as Leis n. 8.137/90 e 8.078/90:** Tratando-se das relações de consumo, e não havendo perigo para a saúde pública, art. 7º da Lei n. 8.137/90, que trata da venda de mercadoria imprópria para o consumo (inc, IX), bem como da fraude de preços mediante a mistura de gêneros (inciso III) (cf., a propósito, Roberto Delmanto, Roberto Delmanto Junior e Fabio Machado de Almeida Delmanto, *Leis Penais Especiais Comentadas*, 3ª ed., São Paulo, Saraiva, 2018, pp. 318 e ss.). Em caso de afirmação falsa ou enganosa, ou ainda omissão de informação relevante, cf. também, art. 66 da Lei n. 8.078/90. Se não houver perigo para a saúde pública, cf., ainda, art. 2º, III e V, da Lei n. 1.521/51, cuja vigência é questionável em face dos citados diplomas.

■ **Pena:** Reclusão, de quatro a oito anos, e multa.

■ **Ação penal:** Pública incondicionada.

Condutas equiparadas (§ 1º-A)

■ **Objeto jurídico, sujeitos ativo e passivo:** *Vide* nota no *caput*.

■ **Tipo objetivo:** A fim de melhor proteger o bem jurídico tutelado por este art. 272, entendeu o legislador de incriminar também aquele que praticar uma das seguintes condutas equiparadas: *a. fabricar* (produzir na fábrica, manufaturar, preparar); *b. vender* (alienar a título oneroso); *c. expor à venda* (manter em exposição para indeterminado número de pessoas, com oferecimento, ainda que tácito, de venda); *d. importar* (fazer vir de outro país); *e. ter em depósito para vender* (ter à disposição ou sob guarda, com o fim especial de vender); *f. ou, de qualquer forma, distribuir* (dar, entregar, repartir) *ou entregar a consumo* (dação, cessão, troca, gratuita ou onerosa), entendendo-se não ser necessário que o agente seja comerciante. Para que haja fato típico, deve a conduta recair sobre a substância alimentícia ou o produto falsificado, corrompido ou adulterado. A exemplo do que prevê o *caput*, deve a substância ou o produto objeto deste § 1º-A ser também destinado a consumo e ter se tornado nocivo à saúde humana ou de valor nutritivo reduzido. Quanto à redução do seu valor nutritivo, *vide* nota ao *caput* sob o título *Inconstitucionalidade*.

■ **Tipo subjetivo:** O dolo, ou seja, a vontade livre e consciente de fabricar, vender, expor, importar, ter em depósito, distribuir ou entregar a consumo, ciente da corrupção, adulteração, falsificação ou alteração da substância ou produto, e de que, com isso, ele se tornou nocivo à saúde ou com valor nutritivo reduzido. Nas hipóteses de *exposição* e *depósito*, há, ainda, o elemento subjetivo do tipo, consistente no especial fim de agir ("à venda" e "para vender"). Na doutrina tradicional é o "dolo genérico", salvo nas condutas de *expor* e ter em *depósito* ("dolo específico"). Quanto à forma culposa, *vide* nosso comentário ao § 2º.

- **Confronto:** Em caso de omissão de dizeres ou sinais ostensivos sobre a periculosidade ou nocividade do produto, art. 63 da Lei n. 8.078/90. Se a mercadoria não é nociva à saúde, mas apenas imprópria ao consumo, não haverá o crime deste art. 272, § 1º-A, mas, sim, o do art. 7º, IX, da Lei n. 8.137/90.

- **Pena e ação penal:** Iguais às do *caput*.

Bebidas alcoólicas ou não (§ 1º)

- **Objeto jurídico, sujeitos ativo e passivo:** *Vide* nota no *caput*.

- **Tipo objetivo:** Sujeita-se às mesmas penas do *caput* o agente que pratica as ações previstas no *caput* ou no § 1º-A em relação a bebidas, tenham elas teor alcoólico ou não. Em face dos princípios da proporcionalidade e da ofensividade, para que haja fato típico, a bebida (alcoólica ou não, mas destinada a consumo) deve, em virtude da corrupção, adulteração, falsificação ou alteração, ter se tornado nociva à saúde. Quanto à redução do seu valor nutritivo, *vide* nota no *caput* sob o título *Inconstitucionalidade*.

Figura culposa (§ 2º)

- **Noção:** Das condutas previstas no *caput*, a forma culposa abrange, apenas, a *corrupção*, a *adulteração* e a *alteração*. Fica dela excluída a falsificação, pois esta, obviamente, não pode ser culposa (em igual sentido: HELENO FRAGOSO, *Lições de Direito Penal – Parte Especial*,1965, v. III, p. 852; HUNGRIA, *Comentários ao Código Penal*, 1959, v. IX, p. 116; MAGALHÃES NORONHA, *Direito Penal*,1995, v. IV, p. 29). Quanto às condutas equiparadas do § 1º-A, incluem-se na previsão culposa do § 2º as de quem *vende, expõe à venda, importa, tem em depósito para vender, ou, de qualquer forma, distribui ou entrega a consumo* a substância alimentícia ou o produto falsificado, corrompido ou adulterado, por não observância do cuidado objetivo necessário (*vide* comentário no art. 18, II, do CP). A figura culposa abrange, também, as bebidas com ou sem teor alcoólico (§ 1º), desde que tenha se tornado nociva à saúde humana ou de valor nutritivo reduzido. Quanto à esta última consequência, *vide* nota *Inconstitucionalidade* no *caput*.

- **Pena:** Detenção, de um a dois anos, e multa.

- **Ação penal:** Pública incondicionada.

Morte ou lesão corporal

- **Incongruência:** Dispõe o art. 285 do CP que "aplica-se o disposto no art. 258 aos crimes previstos neste Capítulo, salvo quanto ao definido no art. 267". O art. 258, por sua vez, estabelece em sua segunda parte que "no caso de culpa, se do fato resulta lesão corporal, a pena aumenta-se de metade; se resulta morte, aplica-se a pena cominada ao homicídio culposo, aumentada de um terço". A pena para a figura culposa prevista no antigo § 2º do art. 272, que era de seis meses a um ano de detenção, foi aumentada para um a dois anos de detenção em virtude da Lei n. 9.677/98. Todavia, se do fato resultar lesão corporal, a pena mínima será de um ano e seis meses (art. 258 c/c o art. 285 do CP). Já se o resultado for morte, aplicando-se a pena cominada ao homicídio culposo acrescentada de um terço (art. 121, § 3º, e art. 258 c/c o art. 285 do CP), ter-se-á a pena mínima de um ano e quatro meses. Note-se, assim, que, quanto à figura culposa, pune-se mais severamente o crime deste art. 272 quando resultar lesão corporal (inclusive leve) do que quando resultar morte, o que viola o princípio da proporcionalidade (*vide* nota *Princípios da sanção penal* no art. 32).

Jurisprudência

- **Dolo:** Se a carne exposta à venda em estado de putrefação não foi adulterada, corrompida ou falsificada voluntariamente pelos agentes, não há se falar na caracterização do crime do art. 272 (TJRN, *RT* 772/666).

■ **Açúcar no vinho:** Ausente prova da nocividade à saúde, que é elementar do *caput* e de seus parágrafos, o fato é atípico (TJRS, *RT* 872/703).

■ **Exame pericial:** Tratando-se o art. 272 de infração que deixa vestígios, é indispensável o exame que ateste a materialidade, não bastando mero laudo de constatação (STJ, 6ª T., rel. Nefi Cordeiro, RHC 45.171, j. 3.5.2016). Se o laudo pericial é inconclusivo quanto à nocividade, absolve-se (TJRS, Ap. 70079670782, *DJe* 8.4.2019).

■ **Bebidas Alcóolicas:** Se envasa bebidas de baixo valor, em garrafas de produtos mais caros, diluindo corantes, essências, e outras substâncias impróprias ao consumo humano, incorre no art. 272, §1º (TJRS, Ap. 70079670782, *DJe* 8.4.2019).

FALSIFICAÇÃO, CORRUPÇÃO, ADULTERAÇÃO OU ALTERAÇÃO DE PRODUTO DESTINADO A FINS TERAPÊUTICOS OU MEDICINAIS

Art. 273. Falsificar, corromper, adulterar ou alterar produto destinado a fins terapêuticos ou medicinais:

Pena – reclusão, de 10 (dez) a 15 (quinze) anos, e multa.

§ 1º Nas mesmas penas incorre quem importa, vende, expõe à venda, tem em depósito para vender ou, de qualquer forma, distribui ou entrega a consumo o produto falsificado, corrompido, adulterado ou alterado.

§ 1º-A. Incluem-se entre os produtos a que se refere este artigo os medicamentos, as matérias-primas, os insumos farmacêuticos, os cosméticos, os saneantes e os de uso em diagnóstico.

§ 1º-B. Está sujeito às penas deste artigo quem pratica as ações previstas no § 1º em relação a produtos em qualquer das seguintes condições:

I – sem registro, quando exigível, no órgão de vigilância sanitária competente;

II – em desacordo com a fórmula constante do registro previsto no inciso anterior;

III – sem as características de identidade e qualidade admitidas para a sua comercialização;

IV – com redução de seu valor terapêutico ou de sua atividade;

V – de procedência ignorada;

VI – adquiridos de estabelecimento sem licença da autoridade sanitária competente.

MODALIDADE CULPOSA

§ 2º Se o crime é culposo:

Pena – detenção, de 1 (um) a 3 (três) anos, e multa.

■ **Alterações:** *Caput* e §§ 1º e 2º com redação dada pela Lei n. 9.677, de 2.7.98, que também acrescentou os §§ 1º-A e 1º-B.

■ **Suspensão condicional do processo:** Cabe no § 2º, a não ser que resulte lesão corporal ou morte – CP, art. 285 c/c o art. 258, segunda parte, atendidas as condições do art. 89 da Lei n. 9.099/95.

■ **Crime hediondo:** Cerca de dois meses após a publicação da chamada Lei dos Remédios (Lei n. 9.677, de 2.7.98) publicou-se a Lei n. 9.695, de 20.8.98, que incluiu este art. 273, *caput*, § 1º, § 1º-A e § 1º-B, no rol dos crimes equiparados a hediondos (art. 1º,

VII-B, da Lei n. 8.072/90). Quanto às consequências do delito ser considerado hediondo, *vide* comentários no art. 33.

Falsificação, corrupção, adulteração ou alteração de produto terapêutico ou medicinal (caput)

- **Objeto jurídico:** A incolumidade pública, especialmente a saúde pública.
- **Sujeito ativo:** Qualquer pessoa, ainda que não seja comerciante ou industrial.
- **Sujeito passivo:** A coletividade.
- **Tipo objetivo:** Os núcleos previstos são os mesmos do artigo anterior: *a. falsificar, b. corromper, c. adulterar* ou *d. alterar* (*vide* seus significados no art. 272). Os núcleos *b, c* e *d* podem ser praticados de forma comissiva ou omissiva, enquanto o *a* deve ser comissivo. A forma omissiva somente será penalmente relevante se o omitente devia e podia agir para evitar o resultado, nos termos do que dispõe o art. 13, § 2º, do CP. O objeto material é o produto destinado a fins terapêuticos ou medicinais. Ao contrário do art. 272, o legislador, no *caput* deste art. 273, além de não ter feito menção à exigência de *destinação a consumo*, o que só veio a fazer no § 1º, não consignou a exigência de *perigo concreto* para a configuração deste crime, somente fazendo-o em seu § 1º-B, IV, que requer a "redução de seu valor terapêutico ou de sua atividade". Quanto aos crimes de perigo, entendemos que a única maneira de se coadunar os tipos penais de perigo abstrato com a exigência da antijuridicidade material para punir criminalmente uma pessoa, é *elevar os crimes de perigo abstrato à categoria dos crimes de perigo abstrato-concreto*, permitindo-se a *prova da não periculosidade* da conduta. Assim defende SCHRÖDER (ZStW 81 (1969), 17, citado por Claus ROXIN, ob. cit., p. 408), ao afirmar: se determinado tipo penal serve para proteger bens jurídicos palpáveis (por exemplo, a vida e a integridade física das pessoas), essa prova seria possível nas situações em que, no caso concreto, se pode demonstrar com segurança se efetivamente esses bens jurídicos foram postos em perigo ou não. De forma correlata, CRAMER (1962, 74, igualmente citado por CLAUS ROXIN, ob. cit., p. 408, nota de rodapé 211) sustenta a necessidade de se considerar o *perigo abstrato* como "um estado..., em que é provável a colocação em perigo (concreto) do bem jurídico protegido"; "colocação em perigo abstrato significa probabilidade de uma colocação em perigo de um bem jurídico", ou seja, a "*probabilidade de um perigo concreto*", entendendo-o também como um perigo concreto de intensidade menor. Como escreve MIGUEL REALE JÚNIOR (*Instituições ...*, cit., pp. 276-277), "o desafio do Direito Penal hodierno está em limitar as figuras de perigo abstrato, que *beiram a inconstitucionalidade* por ausência de lesividade", concluindo que, de todo modo, há que se efetivamente viabilizar que o acusado *faça prova em contrário* de que a sua conduta não gerou perigo qualquer, nem remoto, ao bem jurídico (vide extensas notas sobre o tema nos comentários no início do Título II – Do Crime, antes do art. 13 do CP, notadamente a rubrica *Reflexão crítica – os crimes de perigo abstrato-concreto e de perigo abstrato ou presumido*). Verifica-se, portanto, que a mera subsunção do fato ao tipo penal – *antijuridicidade formal* – não basta à caracterização do injusto penal, devendo-se sempre indagar acerca da *antijuridicidade material*, a qual exige a probabilidade de lesão ao bem juridicamente protegido. Assim, sob pena de inconstitucionalidade por falta de ofensividade ao bem jurídico tutelado (saúde pública), este delito só se configurará quando houver efetiva comprovação da nocividade à saúde de indeterminado número de pessoas ou da real redução do valor terapêutico ou medicinal do produto (nesse sentido, cf. MIGUEL REALE JÚNIOR, A inconstitucionalidade da Lei dos Remédios, *RT* 763/423). Dessa forma, não haverá o crime se há importação ou comercialização, por pessoa que não seja o "importador ou distribuidor autorizado", de *produto original* que *já tenha sido objeto de autorização da Anvisa*, não oferecendo, portanto, qualquer perigo às pessoas. Em nossa opinião, *mesmo se não houver registro* (por exemplo em casos de produtos aprovados em outros países como EUA, França, Alemanha etc.), haverá a necessidade de perícia demonstrando a periculosidade à saúde pública do produto, o que se aplica a todas as modalidades do tipo, mesmo se não houver registro.

- **Tipo subjetivo:** O dolo, que consiste na vontade livre e consciente de falsificar, corromper, adulterar ou alterar, ciente do perigo comum e da destinação do produto para fins terapêuticos ou medicinais. Na doutrina tradicional aponta-se o "dolo genérico". A figura culposa está prevista no § 2º.

- **Consumação:** Com a falsificação, corrupção, adulteração ou alteração do produto. Para que haja o crime, deve haver probabilidade de perigo a número indeterminado de pessoas (perigo *abstrato-concreto*), sendo necessário, como anotamos, haver perícia.
- **Tentativa:** Admite-se.
- **Pena:** Reclusão, de dez a quinze anos, e multa.
- **Pena e sua inconstitucionalidade (decisão da Corte Especial do STJ):** É de todos conhecida a inflação legislativa que o Direito Penal tem experimentado desde o início da década de 1990, não só com um significativo recrudescimento das sanções penais, mas também com a mitigação de garantias processuais. Foi nesse contexto que se aprovou a chamada Lei dos Remédios (Lei n. 9.677, de 2.7.98), que, além de ampliar os tipos penais, aumentou sobremaneira as penas dos crimes previstos no Capítulo III do Título VIII do CP. Em alguns casos, o aumento da pena foi tão absurdo a ponto mesmo de tornar-se inconstitucional, por violação da garantia do devido processo legal (CR, art. 5º, LIV) em seu aspecto substantivo (*substantive due process of law*), que pressupõe o correto processo de elaboração legislativa e de que as leis sejam proporcionais e razoáveis (são os denominados princípios da razoabilidade e da proporcionalidade). Com efeito, lembra Francisco Clementino de San Tiago Dantas que um dos requisitos do devido processo legal é o de que "a diferenciação feita na lei seja natural e razoável, e não arbitrária ou caprichosa", abrindo-se "ao Poder Judiciário a porta por onde lhe vai ser dado examinar o próprio mérito da disposição legislativa" (*Problemas de Direito Positivo – Estudos e Pareceres*, Rio de Janeiro, Forense, 1953, pp. 46-47). É o caso deste art. 273, cuja antiga pena de dois a seis anos de reclusão passou para a exagerada pena de dez a quinze anos de reclusão. Muitas vezes, além da desproporcionalidade entre o desvalor da conduta e do seu resultado (é o caso, p. ex., dos cosméticos e saneantes mencionados no § 1º-A deste art. 273), a desproporcionalidade da pena fica evidente quando comparada com a pena de outros delitos, incontestavelmente mais graves. Veja-se, por exemplo, que a pena mínima deste art. 273 chega a ser duas vezes maior do que a pena mínima para o delito de tráfico (cinco anos de reclusão – Lei n. 11.343/2006, art. 33) e quase o dobro da pena do homicídio doloso simples (seis anos de reclusão – CP, art. 121). A desproporção trazida pela nova Lei dos Remédios é tamanha que Alberto Silva Franco e outros (*Código Penal e sua Interpretação Jurisprudencial – Parte Especial*, 7ª ed., v. 2, p. 3464) lembram que "nossos doutrinadores tecem severas críticas ao legislador, pois as modificações introduzidas em razão da desproporção das penas ante condutas de lesividade flagrantemente diversa, desatenderam ao princípio constitucional da proporcionalidade". A respeito da conduta prevista no art. 273, § 1º-B, I, Miguel Reale Junior ("A inconstitucionalidade da Lei dos Remédios", *RT* 763/415) é enfático ao afirmar que "a aberrante desproporção entre a gravidade do fato de vender remédio, cosmético ou saneante sem registro e a gravidade da sanção cominada impõe que se reconheça como inafastável a inconstitucionalidade da norma penal do art. 273, § 1º-B, I, do CP, introduzido pela Lei n. 9.677/98 e do art. 1º da Lei n. 9.695/98, em virtude de lesão a valores e princípios fundamentais da Constituição". O mesmo ocorre, continua o autor, "com relação aos demais incisos, excetuado o já aludido inciso IV". No sentido de que o art. 273 do CP, com a alteração trazida pela Lei dos Remédios, "não satisfaz aos reclamos do princípio da proporcionalidade em nenhum dos seus subprincípios", cf. Angelo Roberto Ilha da Silva, *Dos Crimes de Perigo Abstrato em Face da Constituição*, São Paulo, Revista dos Tribunais, 2003, pp. 109-111). Aliás, foi justamente com base no denominado princípio da proporcionalidade que a 2ª Câmara Criminal do Tribunal de Justiça de Santa Catarina, relativamente a uma condenação por infração ao art. 273, § 1º-B, do CP (a acusada, no caso, mantinha em sua residência 28 comprimidos do medicamento Cytotec, sem registro da autoridade competente, e adquiridos irregularmente no Paraguai) houve por bem adequar a pena (inicialmente fixada em dez anos de reclusão) ao montante de três anos de reclusão, utilizando como parâmetro a antiga pena mínima cominada para o crime de tráfico de entorpecentes, em vigor à época dos fatos (Ap. 2006.004732-9, rel. Des. Torres Marques, j. 9.5.2006). Em magnífica decisão, o Superior Tribunal de Justiça, por sua Corte Especial, ao julgar o HC 239.363/PR (2012/0076490-1) na data de 26.2.2015, em acórdão da lavra do Min. Sebastião Reis Júnior, declarou a inconstitucionalidade da pena prevista ao art. 273, §1º-B, determinando a aplicação da pena do crime de contrabando previsto no art. 334

do CP ou do crime de tráfico de drogas do art. 33 da Lei n. 11.343/2006. Antes desse julgamento, outros julgados caminhavam no mesmo sentido: Somente se justifica a aplicação da pena abstratamente cominada ao tipo penal quando a conduta imputada possa gerar grandes danos ao bem jurídico tutelado. Ausente tamanha gravidade, resta inviabilizada a aplicação da reprimenda fixada pelo legislador, eis que visivelmente desproporcional à conduta praticada, razão pela qual se tem admitido a limitação da pena a ser concretamente fixada, tomando como parâmetro o apenamento previsto para o tráfico de entorpecentes na época em que cometido o fato. Esse fato não implica o reconhecimento da inconstitucionalidade integral da Lei n. 9.677/98, na medida em que a tipificação das condutas atende à escolha calcada em motivos de política criminal do contexto histórico vigente, não havendo impedimento que conduta punida administrativamente torne-se penalmente relevante, caso se verifique a ineficácia da primeira forma de repressão (TRF da 4ª R., Ap. 2006.70.02.005860-7, j. 17.3.2009, DOe 25.3.2009).

- **Possibilidade de aplicação da causa de diminuição de pena do art. 33, § 4º, da Lei de Drogas:** Assentada a inconstitucionalidade da pena do art. 273, § 1º-B, do CP, Corte Especial, igualmente, ao julgar a RvCr 5.627/DF, de relatoria do Min. Joel Ilan Paciornik, em 13.10.2021, Dje 22.10.2021, decidiu ser possível a aplicação da minorante prevista no art. 33, § 4º, da Lei de Drogas, de redução da pena de 1/6 a 2/3, desde que o agente seja primário, de bons antecedentes, não se dedique às atividades criminosas nem integre organização criminosa, ao crime deste art. 273, § 1º-B.

- **Ação penal:** Pública incondicionada.

Condutas equiparadas (§ 1º)

- **Objeto jurídico, sujeito ativo e sujeito passivo:** Vide nota ao caput do artigo.

- **Tipo objetivo:** São 5 (cinco) os núcleos previstos: a. importar; b. vender; c. expor à venda; d. ter em depósito para vender; e. distribuir ou entregar, de qualquer forma, a consumo (vide significados no § 1º-A do art. 272). A conduta de comprar no território nacional, ou mesmo de transportar em território nacional, sem distribuição ou entrega a consumo, não é conduta típica (vide jurisprudência abaixo). Para que haja o crime, não é necessário que o agente seja comerciante. O objeto jurídico é o indicado no caput. O objeto material (sobre o qual deve recair a conduta) é o produto destinado a fins terapêuticos ou medicinais. Para que haja crime, deve haver probabilidade de perigo de dano a número indeterminado de pessoas, demandando-se perícia (vide nota, sob o mesmo título, nos comentários ao caput do art. 271).

- **Tipo subjetivo:** O dolo, que consiste na vontade livre e consciente de importar, vender, expor, ter em depósito, distribuir ou entregar a consumo, ciente da falsificação, corrupção, adulteração ou alteração do produto, bem como da sua destinação para fins terapêuticos ou medicinais. Nas formas de expor e ter em depósito, há o elemento subjetivo do tipo ("à venda" e "para vender"), que é o especial fim de agir. Na escola tradicional é o "dolo genérico", salvo nas hipóteses de expor e de ter em depósito, em que se exige o "dolo específico". A figura culposa é prevista no § 2º.

- **Confronto com contrabando:** Se a importação não é de produto terapêutico ou medicinal falsificado, corrompido, adulterado ou alterado, mas apenas de pequena quantidade de produto sem registro na ANVISA, o crime é de contrabando (CP, art. 334-A). Também será o crime de contrabando (art. 334-A do CP), tratando-se de importação de produto que já tenha sido autorizado pela ANVISA, mas por "importador ou distribuidor não autorizado", se não houver risco concreto à saúde pública, sendo o produto original do fabricante.

- **Confronto com crime contra as relações de consumo:** Em caso de produtos que não sejam destinados a fins terapêuticos ou medicinais ou que estejam tão somente impróprios para o consumo (e não propriamente falsificados, corrompidos, adulterados ou alterados), o crime será o do art. 7º, IX, da Lei n. 8.137/90, que admite também a forma culposa (cf. parágrafo único do mesmo dispositivo legal). É o caso, por exemplo, do farmacêutico que, por falta de atenção, expõe à venda medicamentos vencidos.

- **Pena e ação penal:** Iguais às do caput.

Outros produtos (§ 1º-A)

- **Equiparação:** Fruto também da alteração promovida pela Lei n. 9.677/98, este § 1º-A amplia o objeto material dos crimes previstos no *caput* e no § 1º. Assim, incluem-se entre os produtos referidos neste art. 273 os medicamentos (substâncias ou preparados que se utilizam como remédios), as matérias-primas, os insumos farmacêuticos, os cosméticos, os saneantes e os de uso em diagnóstico. É evidente que a inserção, como objeto material deste crime (punido, aliás, com severíssimas penas), de cosméticos (destinados ao embelezamento) e de saneantes (destinados à higienização e à desinfecção ambiental), fere os princípios da proporcionalidade e da razoabilidade (*vide* nota *Princípios da sanção penal* no art. 32, bem como nota *Inconstitucionalidade* no *caput* deste art. 273). No mesmo sentido, ALBERTO SILVA FRANCO, "Há produto novo na praça", *Bol. IBCCr* 70/5 – edição especial. Bem de ver, outrossim, que a prática das condutas incriminadas relativas a saneantes e cosméticos não permite a ofensa do bem juridicamente tutelado (saúde pública), pelo que sua incriminação, sobretudo com penas tão elevadas, mostra-se inconstitucional.

Produtos em outras condições (§ 1º-B)

- **Noção:** Sujeita-se às penas do *caput* o agente que pratica as ações mencionadas no § 1º, em relação a produtos em quaisquer das seguintes condições: I. sem registro na vigilância sanitária, quando for exigível; II. em desacordo com a fórmula constante do registro; III. sem a caracterização da identidade e qualidade admitidas para sua comercialização; IV. com redução do valor terapêutico ou de sua atividade; V. de procedência ignorada; VI. adquiridos de estabelecimento sem licença da autoridade sanitária. Com exceção dos incisos IV e V, trata-se de lei penal em branco, a exigir do intérprete a busca de seu complemento em lei ou outra norma jurídica (a respeito, *vide* nota abaixo sob o título *Legislação sanitária*).

- **Inconstitucionalidade da pena deste art. 273, § 1º-B:** Como anotado no início dos comentários ao presente artigo, o Superior Tribunal de Justiça, por sua Corte Especial, ao julgar o HC 239.363/PR (2012/0076490-1) em 26.2.2015, em acórdão da lavra do Min. Sebastião Reis Júnior, declarou a inconstitucionalidade da pena prevista ao art. 273, § 1º-B. A Corte Especial, igualmente, ao julgar a RvCr 5.627/DF, de relatoria do Min. Joel Ilan Paciornik, em 13.10.2021, *Dje* 22.10.2021, decidiu ser possível a aplicação da minorante prevista no art. 33, § 4º, da Lei de Drogas, de redução da pena de 1/6 a 2/3, desde que o agente seja primário, de bons antecedentes, não se dedique às atividades criminosas nem integre organização criminosa, ao crime deste art. 273, § 1º-B.

- **Normas penais em branco, natureza e vigência:** Quanto à natureza e a relação do complemento das normas penais em branco em face do tempo, *vide* comentários ao art. 3º do CP.

- **Legislação sanitária:** No âmbito federal, sobre o controle sanitário do comércio de drogas, medicamentos, insumos farmacêuticos e correlatos, cf. Lei n. 5.991/73; cf., ainda, Lei n. 6.360/76 e seu Decreto regulamentador n. 79.094/77. No Estado de São Paulo, cf., dentre outras, Lei n. 10.083/98, que dispõe sobre o Código Sanitário do Estado de São Paulo (sobre legislação sanitária no Estado de São Paulo, consulte a partir do site www.saude.sp.gov.br).

- **Registro de medicamentos:** Sobre o registro e isenção de registro de medicamentos, cf. arts. 6º e ss. da Lei federal n. 6.360/76.

- **Licença de estabelecimentos industriais ou comerciais:** Cf. arts. 50 e ss. da Lei federal n. 6.360/76.

Figura culposa

- **Noção:** Das condutas previstas no *caput*, a forma culposa abrange, apenas, a *corrupção*, a *adulteração* e a *alteração*. Fica dela excluída a falsificação, pois esta, obviamente, não pode ser culposa (em igual sentido: HELENO FRAGOSO, *Lições de Direito Penal – Parte Especial*, 1965, v. III, p. 852; HUNGRIA, *Comentários ao Código Penal*, 1959, v. IX, p. 116; MAGALHÃES NORONHA, *Direito Penal*, 1995, v. IV, p. 29). Quanto às condutas equiparadas do § 1º, incluem-se na previsão culposa do § 2º as de quem *importa, vende, expõe à venda, tem em depósito para vender, ou, de qualquer forma, distribui ou entrega a consumo* o produto falsificado, corrompido, adulterado ou alterado, por não observância do cuidado objetivo necessário (vide comentário ao art. 18, II, do CP).

- **Pena:** Detenção, de um a três anos, e multa.
- **Ação penal:** Pública incondicionada.

Morte ou lesão corporal

- **Incongruência:** Dispõe o art. 285 do CP que "aplica-se o disposto no art. 258 aos crimes previstos neste Capítulo, salvo quanto ao definido no art. 267". O art. 258, por sua vez, estabelece em sua segunda parte que "no caso de culpa, se do fato resulta lesão corporal, a pena aumenta-se de metade; se resulta morte, aplica-se a pena cominada ao homicídio culposo, aumentada de um terço". A pena para a figura culposa prevista no antigo § 2º do art. 273, que era de dois a seis meses de detenção, foi aumentada para um a três anos em face da alteração promovida pela Lei n. 9.677/98. Assim, se do fato resultar lesão corporal, a pena mínima será de um ano e seis meses. Já se o resultado for morte, aplicando-se a pena cominada ao homicídio culposo (que é de um a três anos), acrescida de um terço, a pena mínima será de um ano e quatro meses. Em virtude desta *falha* do legislador, quanto à figura culposa, pune-se mais severamente o crime deste art. 273 quando resultar lesão corporal (inclusive leve) do que quando resultar morte, atentando-se contra o princípio da proporcionalidade (vide nota *Princípios da sanção penal* no art. 32).

Jurisprudência

- **Vacina vencida:** A aplicação de vacina com prazo de validade vencido, embora denote negligência dos responsáveis pela clínica, não caracteriza o crime do art. 273, § 1º, do CP, por atipicidade da conduta, não se tratando, ademais, de produto alterado (TJSP, *RT* 835/551).

- **Importação de medicamento sem registro na ANVISA:** Na importação de pequenas quantidades de medicamentos, sem especial potencial lesivo à saúde pública, incide a norma geral de punição à importação de produto proibido, o contrabando, do art. 334 do CP. Porém, tratando-se de grande quantidade de medicamentos, deve incidir a regra do art. 273 do CP, cuja alta pena cominada – de dez a quinze anos de reclusão e multa – decorre, justamente, da especial proteção à saúde pública como ente coletivo, atingida pelo risco *jure et de jure* da falsificação ou venda de remédios sem controle em grande quantidade – com alto gravame social (TRF da 4ª R., RSE 2008.70.02.006959-6, j. 24.11.2009, *DOE* 17.12.2009). Comprovado que o réu, de maneira livre e consciente, internou em solo nacional produtos de origem estrangeira destinados a fins terapêuticos ou medicinais, sem registro, sem as características de identidade e qualidade admitidas para a sua comercialização e, ainda, adquiridos de estabelecimento sem licença da autoridade sanitária competente, resta caracterizada a conduta descrita no tipo do art. 273, § 1º-B, I, III e VI, do CP (TRF da 4ª R., Ap. 2006.70.02.005860-7, j. 17.3.2009, *DOE* 25.3.2009).

- **Importação e atipicidade da conduta:** O verbo "importar" significa trazer do exterior, ou seja, fazer ingressar no Brasil produtos destinados a fins terapêuticos ou medicinais falsificados, corrompidos, adulterados, alterados ou sem registro; no caso dos autos, os remédios foram comprados de um desconhecido em Foz do Iguaçu, no Paraná, ou seja, foram adquiridos dentro do território nacional, pelo que se mostra totalmente impertinente a acusação formulada pelo *Parquet*; por outro lado, é certo que as ações de adquirir e transportar os fármacos falsificados e sem registro não estão abrangidas pela figura típica em comento. Recurso provido para trancar a ação penal instaurada contra o recorrente (STJ, 5ª T., RHC 25572/SP, rel. Min. Jorge Mussi, j. 16.6.2011, *DJe* 29.6.2011).

- **Importação de medicamento sem registro na ANVISA para uso próprio:** Tratando-se de produtos introduzidos no País sem permissão dos órgãos competentes, há efetiva ofensa à saúde e segurança pública, na medida em que expõe a coletividade a sérios riscos, circunstância que afasta a incidência do princípio da bagatela jurídica. 3. Configura crime de contrabando e não o inscrito no art.273, § 1º-B, I do CP, a conduta de importar para uso próprio medicamento sem registro na ANVISA (TRF da 4ª R., Ap. 2005.70.05.004575-1, j. 3.6.2009, *DOE* 10.6.2009).

- **Competência da Justiça Estadual:** A conduta de ter em depósito para venda produto sem registro ("Cytotec"), quando exigível, no órgão de vigilância sanitária competente (art. 273, § 1º-B, I), ainda que de procedência de outro país, não sendo a importação objeto de investigação e, consequentemente, da ação penal, não se configura ofensa a bens, direitos ou serviços da União, sendo competente o Tribunal de Justiça de São Paulo (STJ, CComp 97.430-SP, rel. Min. Maria Thereza de Assis Moura, j. 22.4.2009, *DJU* 7.5.2009; TJSC, RCr 2009.011392-6, j. 18.9.2009). No mesmo sentido, se toda comercialização do medicamento ("Cytotec") vindo do Paraguai se deu no Brasil (STJ, CComp 084.333, rel. Min. Nilson Naves, j. 5.6.2007).

- **Crime permanente:** O delito previsto no art. 273, § 1º-B, I, V e VI, do CP é crime permanente, pois o simples fato de "ter em depósito" para vender ou, de qualquer forma, distribuir ou entregar a consumo o produto ilícito configura a prática criminosa (TJSC, Ap. 2005.013770-4 , j. 23.9.2005).

- **Crime formal:** Consuma-se com a prática de qualquer das condutas típicas, pouco importando se sobrevém ou não prejuízo para as pessoas que utilizaram os produtos (STJ, AgRg no HC 460.375-PB, j. 26.2.2019).

- **Punição administrativa e penal:** Não há óbice legal à punição de uma conduta na esfera administrativa e na esfera penal, se houver sua previsão como infração à legislação sanitária federal, assim como sua tipificação no Código Penal ou na legislação penal especial (STJ, *RT* 819/523).

- **Pena e inconstitucionalidade:** *Vide* decisões acerca da inconstitucionalidade da pena do art. 273, § 1º-B, nos comentários acima.

EMPREGO DE PROCESSO PROIBIDO OU DE SUBSTÂNCIA NÃO PERMITIDA

Art. 274. Empregar, no fabrico de produto destinado a consumo, revestimento, gaseificação artificial, matéria corante, substância aromática, antisséptica, conservadora ou qualquer outra não expressamente permitida pela legislação sanitária:

Pena – reclusão, de 1 (um) a 5 (cinco) anos, e multa.

- **Alteração:** Pena alterada pela Lei n. 9.677, de 2.7.98.

- **Suspensão condicional do processo:** Cabe, a não ser que resulte lesão corporal grave ou morte – CP, art. 285 c/c o art. 258, primeira parte, atendidas as condições do art. 89 da Lei n. 9.099/95.

Emprego de processo proibido ou de substância não permitida

- **Objeto jurídico:** A incolumidade pública, especialmente no tocante à saúde pública.

- **Sujeito ativo:** Qualquer pessoa.

- **Sujeito passivo:** A coletividade.

- **Tipo objetivo:** O núcleo é *empregar* no fabrico, que possui a significação de fazer uso, usar, lançar mão (de algo para fabricação). O objeto material é *produto destinado ao consumo*, ou seja, qualquer produto destinado ao consumo público (de indefinido número de pessoas), não fazendo o legislador distinção entre produto alimentício, terapêutico ou medicinal. O que se veda é o emprego, na fabricação, de *processo proibido* ou de *substância não expressamente permitida pela legislação sanitária*. De forma exemplificativa, o legislador faz menção a alguns processos e substâncias (revestimento, gaseificação artificial, matéria corante, substância aromática, antisséptica, conservadora), mas em seguida acrescenta "ou qualquer outra não permitida de forma expressa". O presente artigo é, pois, norma penal "em branco", posto que se completa com disposições estabelecidas pela *legislação sanitária*. A respeito de infrações à legislação sanitária, cf. art. 10 da Lei n. 6.437/77.

- **Normas penais em branco, natureza e vigência:** Quanto à natureza e a relação do complemento das normas penais em branco em face do tempo, *vide* comentários ao art. 3º do CP.

- **Tipo subjetivo:** O dolo, que consiste na vontade livre e consciente de empregar, no fabrico de produto destinado a consumo, processo proibido ou substância não permitida. Deve o agente ter consciência de que (1) o produto se destinava a consumo e (2) o processo ou produto empregado era proibido ou não permitido. Para os tradicionais é o "dolo genérico". Não há punição a título de culpa.

- **Consumação:** Na 6ª edição deste *Código Penal Comentado,* dizíamos que o crime se consumava "com o efetivo emprego do processo ou substância, independentemente de outro resultado (delito de *perigo abstrato*)". Mudamos nossa posição. Entendemos que a única maneira de se coadunar os tipos penais de perigo abstrato com a exigência da antijuridicidade material para punir criminalmente uma pessoa, é *elevar os crimes de perigo abstrato à categoria dos crimes de perigo abstrato-concreto*, permitindo-se a *prova da não periculosidade* da conduta. Assim defende Schröder (ZStW 81 (1969), 17, citado por Claus Roxin, ob. cit., p. 408), ao afirmar: se determinado tipo penal serve para proteger bens jurídicos palpáveis (por exemplo, a vida e a integridade física das pessoas), essa prova seria possível nas situações em que, no caso concreto, se pode demonstrar com segurança se efetivamente esses bens jurídicos foram postos em perigo ou não. De forma correlata, Cramer (1962, 74, igualmente citado por Claus Roxin, ob. cit., p. 408, nota de rodapé 211) sustenta a necessidade de se considerar o *perigo abstrato* como "um estado..., em que é provável a colocação em perigo (concreto) do bem jurídico protegido"; "colocação em perigo abstrato significa probabilidade de uma colocação em perigo de um bem jurídico", ou seja, a *"probabilidade de um perigo concreto"*, entendendo-o também como um perigo concreto de intensidade menor. Como escreve Miguel Reale Júnior (*Instituições ...*, cit., pp. 276-277), "o desafio do Direito Penal hodierno está em limitar as figuras de perigo abstrato, que *beiram a inconstitucionalidade* por ausência de lesividade", concluindo que, de todo modo, há que se efetivamente viabilizar que o acusado *faça prova em contrário* de que a sua conduta não gerou perigo qualquer, nem remoto, ao bem jurídico (*vide* extensas notas sobre o tema nos comentários no início do Título II – Do Crime, antes do art. 13 do CP, notadamente a rubrica *Reflexão crítica – os crimes de perigo abstrato-concreto e de perigo abstrato ou presumido*). Verifica-se, portanto, que a mera subsunção do fato ao tipo penal – *antijuridicidade formal* – não basta à caracterização do injusto penal, devendo-se sempre indagar acerca da *antijuridicidade material*, a qual exige probabilidade de lesão ao bem juridicamente protegido. O mero emprego de produto ou substância proibida, sem potencialidade de dano à saúde de um número indeterminado de pessoas (bem jurídico tutelado), a nosso ver não configura o crime.

- **Absorção:** Se o agente age com o fim de falsificar, corromper, adulterar ou alterar substância ou produto alimentício, tornando-o nocivo à saúde ou reduzindo-lhe o valor nutritivo, a hipótese será a do art. 272 do CP, restando o crime deste art. 274 absorvido. O mesmo ocorrerá em caso de produto destinado a fins terapêuticos ou medicinais (cf. art. 273 do CP).

- **Tentativa:** Admite-se.

- **Pena:** Reclusão, de um a cinco anos, e multa.

- **Ação penal:** Pública incondicionada.

Morte ou lesão corporal
- **Remissão:** Cf. art. 285, primeira parte, c/c o art. 258, primeira parte, do CP, se do emprego resulta morte ou lesão corporal de natureza grave.

Entrega a consumo
- **Remissão:** Cf. art. 276 do CP, quando há entrega a consumo de produto nas condições deste art. 274.

Jurisprudência
- **Bromato:** A adição de bromato no fabrico de pão tipifica, em tese, o delito do art. 274, e é incontestável a nocividade de seu uso, especialmente quando excede determinada

proporção (TJSP, RT 586/283; TACrSP, Julgados 80/509). O emprego de bromato de potássio na fabricação de pão configura o crime do art. 274e não do art. 272 do CP (TJSP, RT 600/308, RJTJSP 87/367; TACrSP, Julgados 80/419). O bromato de potássio é substância de adição não permitida, em qualquer quantidade, às farinhas e produtos de panificação (TACrSP, RT 605/332). Para a condenação, é necessária a prova de ter sido o bromato adicionado ao pão pelo agente, excluindo-se a possibilidade de já ter vindo ele na matéria-prima empregada (TJSP, RT 600/308). Corante não permitido: Configura o delito a adição de corante orgânico amarelo ao fabrico de pão, para dar a falsa aparência de haver sido preparado com ovos (TACrSP, RT 398/318).

■ Comprovação: Não restando demonstrada a utilização de substância proibida pela ANVISA no fabrico do medicamento Sinarest, absolve-se (TRF1, Ap. 0001935-41.2009.4.01.3801, j. 6.2.2018).

■ Atos preparatórios: Ainda que manifesta a intenção do acusado de empregar, no fabrico de produto destinado ao consumo, substância não permitida, deixa o fato de ser punido se não passou dos atos preparatórios (TACrSP, RT 390/332).

■ Confronto: Se o agente que alienou o produto foi o mesmo que o fabricou, responderá apenas pelo art. 276 (TJES, Ap. 0009921-98.2004.8.08.0048, DJe 13.5.2010).

INVÓLUCRO OU RECIPIENTE COM FALSA INDICAÇÃO

Art. 275. Inculcar, em invólucro ou recipiente de produtos alimentícios, terapêuticos ou medicinais, a existência de substância que não se encontra em seu conteúdo ou que nele existe em quantidade menor que a mencionada:

Pena – reclusão, de 1 (um) a 5 (cinco) anos, e multa.

■ Alteração: Artigo com redação dada pela Lei n. 9.677, de 2.7.98.

■ Suspensão condicional do processo: Cabe, a não ser que resulte lesão corporal grave ou morte – CP, art. 285 c/c o art. 258, primeira parte, atendidas as condições do art. 89 da Lei n. 9.099/95.

Invólucro ou recipiente com falsa indicação

■ Objeto jurídico: A incolumidade pública, especialmente a saúde pública.

■ Sujeito ativo: Qualquer pessoa, embora, geralmente, seja o fabricante ou o comerciante.

■ Sujeito passivo: A coletividade.

■ Tipo objetivo: O objeto material é *produto* (resultado de produção) *alimentício, terapêutico ou medicinal* (destinado à alimentação, líquida ou sólida, ou à prevenção, melhora ou cura de doenças de indefinido número de pessoas). O núcleo *inculcar* tem a significação de indicar, dar a entender, apregoar, citar. A inculca é feita em *invólucro* (tudo o que serve para envolver o produto: envoltório, capa, revestimento, cobertura etc.) ou *recipiente* (vidro, lata, plástico, isopor, ou semelhante, em que se pode colocar o produto). Por falta de previsão legal, não se enquadram as indicações feitas em prospectos, folhetos ou anúncios. O que se veda é a apregoação de: a. *existência de substância que não se encontra em seu conteúdo*; b. *ou que nele existe em quantidade menor do que a mencionada*.

■ Tipo subjetivo: O dolo, isto é, a vontade livre e consciente de fazer falsa indicação. Na doutrina tradicional pede-se o "dolo genérico". Não há forma culposa.

■ Consumação: Entendemos que a única maneira de se coadunar os tipos penais de perigo abstrato com a exigência da antijuridicidade material para punir criminalmente uma pessoa, é *elevar os crimes de perigo abstrato à categoria dos crimes de perigo abstrato-concreto*, permitindo-se a *prova da não periculosidade* da conduta. Assim defende SCHRÖDER (ZStW 81 (1969), 17, citado por Claus ROXIN, ob. cit., p. 408), ao afirmar: se determinado tipo penal serve para proteger bens jurídicos palpáveis (por exemplo, a vida e a integridade física das pessoas), essa prova seria possível nas situações em que, no caso concreto, se pode demonstrar com segurança se efetivamente esses bens jurídicos foram postos em perigo ou não. De forma correlata,

CRAMER (1962, 74, igualmente citado por CLAUS ROXIN, ob. cit., p. 408, nota de rodapé 211) sustenta a necessidade de se considerar o *perigo abstrato* como "um estado..., em que é provável a colocação em perigo (concreto) do bem jurídico protegido"; "colocação em perigo abstrato significa probabilidade de uma colocação em perigo de um bem jurídico", ou seja, a *"probabilidade de um perigo concreto"*, entendendo-o também como um perigo concreto de intensidade menor. Como escreve MIGUEL REALE JÚNIOR (*Instituições* ..., cit., pp. 276-277), "o desafio do Direito Penal hodierno está em limitar as figuras de perigo abstrato, que *beiram a inconstitucionalidade* por ausência de lesividade", concluindo que, de todo modo, há que se efetivamente viabilizar que o acusado *faça prova em contrário* de que a sua conduta não gerou perigo qualquer, nem remoto, ao bem jurídico (*vide* extensas notas sobre o tema nos comentários no início do Título II – Do Crime, antes do art. 13 do CP, notadamente a rubrica *Reflexão crítica – os crimes de perigo abstrato-concreto e de perigo abstrato ou presumido*). Verifica-se, portanto, que a mera subsunção do fato ao tipo penal – *antijuridicidade formal* – não basta à caracterização do injusto penal, devendo-se sempre indagar acerca da *antijuridicidade material*, a qual exige probabilidade de lesão ao bem juridicamente protegido. Desse modo, entendemos que a caracterização do crime deste art. 275 depende da demonstração de que haja ao menos a probabilidade de dano à saúde humana (perigo *abstrato-concreto*), mediante perícia nesse sentido, não bastando o chamado "perigo abstrato ou presumido".

- **Tentativa:** Admite-se.
- **Confronto:** Art. 2º, III, da Lei n. 1.521/51 (Economia Popular), arts. 63 e 66 da Lei n. 8.078/90 (Código de Defesa do Consumidor) e art. 7º, II, da Lei n. 8.137/90 (Lei dos Crimes contra a Ordem Tributária, Econômica e contra as Relações de Consumo), se não houver risco para a saúde pública. A respeito de infrações à legislação sanitária, art. 10 da Lei n. 6.437/77.
- **Pena:** Reclusão, de um a cinco anos, e multa.
- **Ação penal:** Pública incondicionada.

Morte ou lesão corporal
- **Remissão:** Cf. art. 285 c/c o art. 258 do CP, quando da falsa indicação resulta lesão corporal de natureza grave ou morte.

Entrega a consumo
- **Remissão:** Cf. art. 276 do CP, se há entrega a consumo do produto com falsa indicação.

Jurisprudência anterior à Lei n. 9.677/98
- **Perigo à saúde:** Para a tipificação do art. 275 é necessário que da falsa indicação resulte perigo à saúde (TACrSP, *RT* 584/361).
- **Uísque:** A colocação de uísque nacional em recipientes de uísque estrangeiro configura o delito do art. 275 do CP (TJSP, *RT* 453/352; TACrSP, *Julgados* 78/250). *Contra: vide*, na nota ao art. 273 do CP, *Jurisprudência anterior à Lei n. 9.677/98*, enquadrando a conduta em outros delitos.

PRODUTO OU SUBSTÂNCIA NAS CONDIÇÕES DOS DOIS ARTIGOS ANTERIORES

Art. 276. Vender, expor à venda, ter em depósito para vender ou, de qualquer forma, entregar a consumo produto nas condições dos arts. 274 e 275:

Pena – reclusão, de 1 (um) a 5 (cinco) anos, e multa.

- **Alteração:** Pena alterada pela Lei n. 9.677, de 2.7.98.
- **Suspensão condicional do processo:** Cabe, a não ser que resulte lesão corporal grave ou morte – CP, art. 285 c/c o art. 258, primeira parte, atendidas as condições do art. 89 da Lei n. 9.099/95.

Entrega a consumo de produto nas condições dos arts. 274 e 275

- **Observação:** Este art. 276, ao punir condutas relativas aos produtos que estiverem nas condições dos arts. 274 e 275, como venda e exposição à venda, acaba por servir de complemento à tutela penal da incolumidade pública, no especial aspecto da saúde pública. Poderia o legislador, na verdade, ter previsto tais figuras nos próprios arts. 274 e 275, não sendo necessária a criação de tipo penal próprio. O mesmo se diga em relação ao art. 277, que também pune condutas atreladas aos arts. 272 e 273.

- **Objeto jurídico:** A incolumidade pública, especialmente a saúde pública.

- **Sujeito ativo:** Qualquer pessoa, ainda que não comerciante.

- **Sujeito passivo:** A coletividade.

- **Tipo objetivo:** O objeto material é: *a. produto destinado a consumo, fabricado com emprego de processo proibido ou substância não permitida* (cf. art. 274 do CP); *b. produto alimentício, terapêutico ou medicinal, com falsa indicação em invólucro ou recipiente* (cf. art. 275 do CP). As condutas alternativamente previstas são: *a. vender* (alienar a título oneroso); *b. expor à venda* (manter em exposição para indeterminado número de pessoas, com oferecimento, ainda que tácito, de venda); *c. ter em depósito para vender* (ter à disposição ou sob guarda, com o fim especial de vender); *d. ou, de qualquer forma, entregar a consumo* (dação, permuta, cessão gratuita ou onerosa etc.).

- **Tipo subjetivo:** O dolo, que consiste na vontade livre e consciente de praticar as ações indicadas, ciente de que o produto se encontra nas condições previstas pelos arts. 274 e 275 do CP. Nas hipóteses de *expor* e de *ter em depósito*, há o elemento subjetivo do tipo indicado pelo especial fim de agir ("à venda" e "para vender"). Na escola tradicional, pede-se o "dolo genérico", salvo para as figuras de *expor* e de *ter em depósito*, nas quais se exige o "dolo específico". Não há forma culposa.

- **Consumação:** Com a efetiva prática das ações, independentemente de qualquer resultado naturalístico. Trata-se, pois, de crime formal. Exige-se, todavia, probabilidade de dano à saúde pública, pois, do contrário, não haverá ofensa ao bem jurídico tutelado. Entendemos que a única maneira de se coadunar os tipos penais de perigo abstrato com a exigência da antijuridicidade material para punir criminalmente uma pessoa, é *elevar os crimes de perigo abstrato à categoria dos crimes de perigo abstrato-concreto*, permitindo-se a *prova da não periculosidade* da conduta. Assim defende Schröder (ZStW 81 (1969), 17, citado por Claus Roxin, ob. cit., p. 408), ao afirmar: se determinado tipo penal serve para proteger bens jurídicos palpáveis (por exemplo, a vida e a integridade física das pessoas), essa prova seria possível nas situações em que, no caso concreto, se pode demonstrar com segurança se efetivamente esses bens jurídicos foram postos em perigo ou não. De forma correlata, Cramer (1962, 74, igualmente citado por Claus Roxin, ob. cit., p. 408, nota de rodapé 211) sustenta a necessidade de se considerar o *perigo abstrato* como "um estado..., em que é provável a colocação em perigo (concreto) do bem jurídico protegido"; "colocação em perigo abstrato significa probabilidade de uma colocação em perigo de um bem jurídico", ou seja, a *"probabilidade de um perigo concreto"*, entendendo-o também como um perigo concreto de intensidade menor. Como escreve Miguel Reale Júnior (*Instituições ...*, cit., pp. 276-277), "o desafio do Direito Penal hodierno está em limitar as figuras de perigo abstrato, que *beiram a inconstitucionalidade* por ausência de lesividade", concluindo que, de todo modo, há que se efetivamente viabilizar que o acusado *faça prova em contrário* de que a sua conduta não gerou perigo qualquer, nem remoto, ao bem jurídico (vide extensas notas sobre o tema nos comentários no início do Título II – Do Crime, antes do art. 13 do CP, notadamente a rubrica *Reflexão crítica – os crimes de perigo abstrato-concreto e de perigo abstrato ou presumido*). Verifica-se, portanto, que a mera subsunção do fato ao tipo penal – *antijuridicidade formal* – não basta à caracterização do injusto penal, devendo-se sempre indagar acerca da *antijuridicidade material*, a qual exige probabilidade de lesão ao bem juridicamente protegido. Deve haver, portanto, perícia oficial que comprove que os produtos se encontravam nas condições previstas nos arts. 274 e 275 do CP, gerando probabilidade de dano à saúde das pessoas. É delito permanente nas figuras de *exposição e depósito*.

- **Confronto:** Na hipótese de produto alimentício, terapêutico ou medicinal, com falsa indicação em invólucro ou recipiente, *se não houver risco à saúde pública*, cf. arts. 63 e 66 da Lei n. 8.078/90.
- **Tentativa:** Admite-se nas hipóteses de condutas fracionáveis (plurissubsistentes), como é o caso de vender.
- **Pena:** Reclusão, de um a cinco anos, e multa.
- **Ação penal:** Pública incondicionada.

Morte ou lesão corporal
- **Remissão:** Cf. art. 285 c/c o art. 258 do CP, se resulta lesão corporal de natureza grave ou morte.

Jurisprudência
- **Uísque:** A venda de uísque nacional em recipientes de uísque estrangeiro não configura o crime do art. 171, § 2º, IV, do CP, mas sim o deste art. 276 (TJSP, *RT* 453/352). *Contra:* Há jurisprudência divergente, classificando o fato em outros delitos (*vide*, na nota ao art. 272 do CP, *Jurisprudência anterior à Lei n. 9.677/98*).
- **Confronto:** Se o agente que alienou o produto foi o mesmo que o fabricou, responderá apenas pelo art. 276, e não pelo art. 274 (TJES, Ap. 0009921-98.2004.8.08.0048, *DJe* 13.5.2010).

SUBSTÂNCIA DESTINADA À FALSIFICAÇÃO

Art. 277. Vender, expor à venda, ter em depósito ou ceder substância destinada à falsificação de produtos alimentícios, terapêuticos ou medicinais:

Pena – reclusão, de 1 (um) a 5 (cinco) anos, e multa.

- **Alteração:** Artigo com redação dada pela Lei n. 9.677, de 2.7.98.
- **Suspensão condicional do processo:** Cabe, a não ser que resulte lesão corporal grave ou morte – CP, art. 285 c/c o art. 258, primeira parte, atendidas as condições do art. 89 da Lei n. 9.099/95.

Substância destinada à falsificação de produto alimentício, terapêutico ou medicinal
- **Observação:** A preocupação do legislador com a falsificação de produtos alimentícios, medicinais e terapêuticos é tamanha que, além da punição daquele que corromper, falsificar, adulterar ou alterar referidos produtos (cf. arts. 272 e 273), optou por incriminar também aquele que vender, expor à venda, tiver em depósito ou que ceder substância destinada à falsificação daqueles produtos. Note-se que o legislador antecipou-se na incriminação de condutas que, por sua gravidade, coloquem em perigo o bem juridicamente tutelado. Situação semelhante ocorreu com o art. 276, estando este, todavia, relacionado com os arts. 274 e 275.
- **Objeto jurídico:** A incolumidade pública, especialmente a saúde pública.
- **Sujeito ativo:** Qualquer pessoa.
- **Sujeito passivo:** A coletividade.
- **Tipo objetivo:** O objeto material do delito é *substância destinada à falsificação* de *produto alimentício, terapêutico ou medicinal*. Trata-se, portanto, de substância (matéria caracterizada por propriedades específicas), não abrangendo maquinaria, petrechos, utensílios etc. Deve, ainda, ser substância *destinada à falsificação*, isto é, destinada a dar aparência de genuíno a produto que não o é. Em face do princípio da legalidade, não se incluem eventuais substâncias destinadas à corrupção, adulteração ou alteração. Da mesma forma, como a lei registra a expressão *destinada* (e não "que sirva"), somos de opinião que se deve interpretá-la como se referindo a substâncias com destinação *inequívoca e específica*. Parece-nos que seria alargar demasiadamente o tipo, nele incluírem-se substâncias *comuns* no comércio, mas que podem, só

eventualmente, servir à finalidade vedada. Na doutrina, porém, há divergência quanto ao sentido da expressão *destinada*: a. alcança só as substâncias destinadas, exclusivamente, à falsificação (BENTO DE FARIA, *Código Penal Brasileiro Comentado*, 1959, v. VI, p. 277; FLAMÍNIO FÁVERO, *Código Penal Brasileiro*, 1950, v. IX, p. 127); b. abrange, também, aquelas eventualmente destinadas à falsificação (DAMÁSIO DE JESUS, *Direito Penal*, 1996, v. III, p. 352; HELENO FRAGOSO, *Lições de Direito Penal – Parte Especial*, 1965, v. III, p. 865; JÚLIO F. MIRABETE, *Manual de Direito Penal*,1985, v. III, p. 152; MAGALHÃES NORONHA, *Direito Penal*, 1995, v. IV, p. 41). *Produto alimentício* é o que serve à alimentação, líquida ou sólida, de indefinido número de pessoas. *Produto terapêutico ou medicinal* é o reservado à prevenção, melhora ou cura de doenças de indeterminado número de pessoas. São os seguintes os núcleos alternativamente indicados: a. vender (alienar a título oneroso); b. expor à venda (manter em exposição para indeterminado número de pessoas, com oferecimento, ainda que tácito, de venda); c. ter em depósito (ter à disposição ou sob guarda); d. ou ceder (emprestar, dar etc.). A única maneira de se coadunar os tipos penais de perigo abstrato com a exigência da antijuridicidade material para punir criminalmente uma pessoa, é *elevar os crimes de perigo abstrato à categoria dos crimes de perigo abstrato-concreto*, permitindo-se a *prova da não periculosidade* da conduta. Assim defende SCHRÖDER (ZStW 81 (1969), 17, citado por Claus ROXIN, ob. cit., p. 408), ao afirmar: se determinado tipo penal serve para proteger bens jurídicos palpáveis (por exemplo, a vida e a integridade física das pessoas), essa prova seria possível nas situações em que, no caso concreto, se pode demonstrar com segurança se efetivamente esses bens jurídicos foram postos em perigo ou não. De forma correlata, CRAMER (1962, 74, igualmente citado por CLAUS ROXIN, ob. cit., p. 408, nota de rodapé 211) sustenta a necessidade de se considerar o *perigo abstrato* como "um estado..., em que é provável a colocação em perigo (concreto) do bem jurídico protegido"; "colocação em perigo abstrato significa probabilidade de uma colocação em perigo de um bem jurídico", ou seja, a *"probabilidade de um perigo concreto"*, entendendo-o também como um perigo concreto de intensidade menor. Como escreve MIGUEL REALE JÚNIOR (*Instituições* ..., cit., pp. 276-277), "o desafio do Direito Penal hodierno está em limitar as figuras de perigo abstrato, que *beiram a inconstitucionalidade* por ausência de lesividade", concluindo que, de todo modo, há que se efetivamente viabilizar que o acusado *faça prova em contrário* de que a sua conduta não gerou perigo qualquer, nem remoto, ao bem jurídico (*vide* extensas notas sobre o tema nos comentários no início do Título II – Do Crime, antes do art. 13 do CP, notadamente a rubrica *Reflexão crítica – os crimes de perigo abstrato-concreto e de perigo abstrato ou presumido*). Verifica-se, portanto, que a mera subsunção do fato ao tipo penal – *antijuridicidade formal* – não basta à caracterização do injusto penal, devendo-se sempre indagar acerca da *antijuridicidade material*, a qual exige probabilidade de lesão ao bem juridicamente protegido.

- Tipo subjetivo: O dolo, ou seja, a vontade livre e consciente de praticar as ações previstas, sabendo o agente que a substância destina-se à falsificação de produtos alimentícios, terapêuticos ou medicinais. Na hipótese de *expor*, há o elemento subjetivo do tipo indicado pelo especial fim de agir ("à venda"). Na doutrina tradicional é o "dolo genérico", embora haja quem também indique o "dolo específico" (MAGALHÃES NORONHA, *Direito Penal*, 1995, v. IV, pp. 41-42), o que, para nós, ocorre apenas na figura de *expor*. Não há modalidade culposa.

- Confronto: Em caso de falsificação, corrupção, adulteração ou alteração de substância ou produto alimentício, art. 272 do CP. Em se tratando de produto terapêutico ou medicinal, art. 273. Se o agente, além de falsificar o produto alimentício, terapêutico ou medicinal, vende, expõe à venda, mantém em depósito ou cede, substância destinada à falsificação, há concurso material de crimes. Todavia, se o agente que falsifica é o mesmo que mantém em depósito substância destinada à falsificação, e esta substância em depósito não se destina à venda (é apenas para uso do próprio falsificador), haverá tão somente o crime correspondente à falsificação (arts. 272 ou 273, conforme se trate de produto alimentício, medicinal ou terapêutico).

- Consumação: Com a efetiva prática das ações, independentemente de qualquer resultado naturalístico. Não é preciso, portanto, que tenha havido efetiva falsificação de produtos, bastando que a substância tenha destinação inequívoca para tanto.

Trata-se, pois, de crime formal. É delito permanente nas formas de *expor* e de *manter em depósito.*

- **Tentativa:** É possível nas condutas fracionáveis, isto é, nas hipóteses em que o crime se mostra plurissubsistente. Na prática, todavia, será de difícil ocorrência.
- **Pena:** Reclusão, de um a cinco anos, e multa.
- **Ação penal:** Pública incondicionada.

Morte ou lesão corporal
- **Remissão:** Cf. art. 285 c/c o art. 258, primeira parte, do CP, se resulta lesão corporal grave ou morte.

Jurisprudência anterior à Lei n. 9.677/98
- **Tipo objetivo:** Configura o crime ter em depósito no açougue "sulfito de sódio", pois disfarça a aparência da carne vendida; é de perigo abstrato, presumido pela lei (TACrSP, *Julgados* 91/287; TJSP, *RT* 632/283).

OUTRAS SUBSTÂNCIAS NOCIVAS À SAÚDE PÚBLICA

Art. 278. Fabricar, vender, expor à venda, ter em depósito para vender ou, de qualquer forma, entregar a consumo coisa ou substância nociva à saúde, ainda que não destinada à alimentação ou a fim medicinal:

Pena – detenção, de 1 (um) a 3 (três) anos, e multa.

MODALIDADE CULPOSA

Parágrafo único. Se o crime é culposo:

Pena – detenção, de 2 (dois) meses a 1 (um) ano.

- **Transação:** Cabe apenas no parágrafo único, desde que não resulte morte – CP, art. 285 c/c o art. 258, preenchidos os requisitos do art. 76 da Lei n. 9.099/95.
- **Suspensão condicional do processo:** Cabe no *caput*, desde que não resulte lesão corporal grave ou morte; cabe no parágrafo único, a não ser que resulte morte – CP, art. 285 c/c o art. 258, atendidas as condições do art. 89 da Lei n. 9.099/95.

Outras substâncias nocivas à saúde pública
- **Objeto jurídico:** A incolumidade pública, especialmente a saúde pública.
- **Sujeito ativo:** Qualquer pessoa, ainda que não seja industrial ou comerciante.
- **Sujeito passivo:** A coletividade.
- **Tipo objetivo:** Sob o título "Outras substâncias nocivas à saúde pública", o presente art. 278 pune condutas relacionadas a coisa ou substância nociva à saúde, "ainda que não destinada à alimentação ou a fim medicinal". De notar-se que o tipo penal é bastante aberto, o que poderá dar ensejo a interpretações que, se não bem sopesadas, violam os princípios da proporcionalidade e da ofensividade. Registre-se que a coisa ou substância não precisa ser falsificada, bastando que traga dano potencial à saúde, o que exige comprovação por perícia oficial. São cinco os núcleos alternativamente indicados: *a.fabricar* (produzir, manufaturar, preparar); *b. vender* (alienar a título oneroso); *c. expor à venda* (manter em exposição, com oferecimento, ainda que tácito, de venda); *d. ter em depósito para vender* (ter sob guarda ou à disposição, com a finalidade de vender); *e. ou, de qualquer forma, entregar a consumo* (dação, troca, empréstimo etc.). O objeto material, como visto, é *coisa* (de qualquer natureza) ou *substância* (matéria caracterizada por propriedades específicas) *nociva à saúde* (prejudicial, danosa à saúde pública), *ainda que não destinada à alimentação ou a fim medicinal.* Citem-se, como exemplos, sabonetes, perfumes, tintas etc. Não basta, portanto, que a coisa ou substância seja imprópria para o

consumo público (hipótese do crime previsto no art. 7º, IX, da Lei n. 8.137/90 – *vide* nota *Confronto*, abaixo), sendo necessária a comprovada nocividade. Para que haja o crime, deve, ainda, a nocividade referir-se ao fim para o qual a coisa ou substância foi destinada (não sendo o caso, p. ex., daquele que, buscando entorpecer-se, faz inalação ou mesmo ingestão de determinado produto de limpeza ou "cola de sapateiro").

- **Tipo subjetivo:** O dolo, consistente na vontade livre e consciente de praticar as ações, com conhecimento da nocividade à saúde pública. Nas figuras de *expor* e de *ter em depósito* está presente o elemento subjetivo do tipo, que é o especial fim de agir ("à venda" e "para vender"). Na escola tradicional pede-se o "dolo genérico", salvo para as modalidades de *expor* e de *ter em depósito*, nas quais se requer o "dolo específico". A figura culposa é prevista no parágrafo único.

- **Consumação:** Com a efetiva prática de qualquer das ações, independentemente de qualquer resultado naturalístico (p. ex., não é preciso que ninguém fique doente em razão do uso da coisa ou substância nociva à saúde). Trata-se, pois, de crime formal e de perigo (concreto). É infração permanente nas modalidades de expor e de ter em depósito.

- **Tentativa:** Admite-se nos casos em que a conduta imputada permitir seu fracionamento (isto é, nos casos em que o crime se mostrar plurissubsistente).

- **Confronto:** Se qualquer das condutas descritas neste art. 278 referir-se à substância ou produto alimentício (falsificado, corrompido, adulterado ou alterado), o crime será o do art. 272, § 1º-A, do CP. Já se a conduta recair sobre produto (falsificado, corrompido, adulterado ou alterado) destinado a fins terapêuticos ou medicinais, art. 273, § 1º, do mesmo Código. Em caso de venda, depósito para venda ou exposição para a venda, ou de entrega, de matéria-prima ou mercadoria *em condições impróprias ao consumo*, art. 7º, IX, da Lei n. 8.137/90 (Ordem Tributária, Econômica e Relações de Consumo). Se a coisa ou substância nociva à saúde for droga, Lei n. 11.343, de 23.8.2006. Se há omissão de dizeres ou sinais ostensivos sobre a nocividade ou periculosidade de produtos, nas embalagens, nos invólucros, recipientes ou publicidade, art. 63 da Lei n. 8.078/90 (Código de Defesa do Consumidor). Se deixar de comunicar à autoridade competente e aos consumidores a nocividade ou periculosidade de produtos cujo conhecimento seja posterior à sua colocação no mercado, art. 64 da mesma lei.

- **Pena:** Detenção, de um a três anos, e multa.

- **Ação penal:** Pública incondicionada.

Figura culposa (parágrafo único)

- **Noção:** Se a ação é resultante da inobservância do cuidado necessário (*vide* nota ao CP, art. 18, II).

- **Pena:** Detenção, de dois meses a um ano.

- **Ação penal:** Pública incondicionada.

Morte ou lesão corporal

- **Remissão:** Cf. art. 285 c/c o art. 258 do CP, se resulta lesão corporal ou morte de alguém.

Jurisprudência

- **Agrotóxico:** Configura, o envio pelo correio de agrotóxico altamente nocivo, sem indicação de conteúdo, a donas de casa, para jardinagem. O crime do art. 278 do CP é de perigo presumido ou abstrato, que se aperfeiçoa tão só com a possibilidade de dano à saúde (TACrSP, *Julgados* 95/147).

- **Veneno de rato:** Caracteriza a venda de veneno contra rato de fabricação clandestina e para o qual não existe antídoto eficaz, tratando-se de crime de perigo abstrato, que independe da ocorrência de dano ou do efetivo uso da substância (TACrSP, Ap. 988.101-3, j. 18.6.96, *Bol. AASP* n. 1.977).

- **Produto de limpeza:** Configura a fabricação e venda, não liberadas, de produto para limpeza doméstica, perigoso e impróprio para sua finalidade (TACrSP, *Julgados* 69/420).

SUBSTÂNCIA AVARIADA

Art. 279. (*Revogado*.)

- **Revogação:** O art. 279 do CP foi *revogado* pelo art. 23 da Lei n. 8.137/90 (Lei dos Crimes contra a Ordem Tributária, Econômica e contra as Relações de Consumo). *Vide*, a propósito, o art. 7º, IX, da mesma lei, que o substituiu.

MEDICAMENTO EM DESACORDO COM RECEITA MÉDICA

Art. 280. Fornecer substância medicinal em desacordo com receita médica:
Pena – detenção, de 1 (um) a 3 (três) anos, ou multa.

MODALIDADE CULPOSA

Parágrafo único. Se o crime é culposo:
Pena – detenção, de 2 (dois) meses a 1 (um) ano.

- **Transação:** Cabe no parágrafo único do art. 280, salvo se resultar morte – CP, art. 285 c/c o art. 258, preenchidos os requisitos do art. 76 da Lei n. 9.099/95.

- **Suspensão condicional do processo:** Cabe no *caput*, desde que não resulte lesão corporal grave ou morte; cabe no parágrafo único, a não ser que resulte morte – CP, art. 285 c/c o art. 258, atendidas as condições do art. 89 da Lei n. 9.099/95.

Medicamento em desacordo com receita médica

- **Objeto jurídico:** A incolumidade pública, especialmente a saúde pública.

- **Sujeito ativo:** Qualquer pessoa; mas há autores que consideram que só pode ser agente o farmacêutico, prático autorizado ou herbanário (HUNGRIA, *Comentários ao Código Penal*,1959, v. IX, p. 124; MAGALHÃES NORONHA, *Direito Penal*, 1995, v. IV, p. 50).

- **Sujeito passivo:** A coletividade; secundariamente, a pessoa que recebe ou a quem é destinado o medicamento.

- **Tipo objetivo:** O verbo *fornecer* tem o sentido de entregar, dar, proporcionar, ministrar, suprir; é indiferente que o fornecimento seja feito gratuita ou onerosamente. *Substância medicinal* é a destinada à cura, melhora ou prevenção de doenças de indeterminado número de pessoas. *Em desacordo com receita médica* – preceitua a lei – de modo que se pune o fornecimento em divergência quanto à qualidade, espécie ou quantidade. Para alguns autores, a substituição para melhor não caracteriza o delito (MAGALHÃES NORONHA, *Direito Penal*, 1995, v. IV, p. 51), enquanto, para outros, é irrelevante, pois o que se pune é a arbitrariedade do fornecimento (HELENO FRAGOSO, *Lições de Direito Penal – Parte Especial*, 1965, v. III, p. 871), embora a correção de receita errada não caracterize o crime. Estamos com os primeiros, inclusive para medicamentos de efeitos *análogos*, pois não se pode visualizar dano potencial à saúde humana na conduta daquele que substitui para melhor. A única maneira de se coadunar os tipos penais de perigo abstrato com a exigência da antijuridicidade material para punir criminalmente uma pessoa, é *elevar os crimes de perigo abstrato à categoria dos crimes de perigo abstrato-concreto*, permitindo-se a *prova da não periculosidade* da conduta. Assim defende SCHRÖDER (ZStW 81 (1969), 17, citado por Claus ROXIN, ob. cit., p. 408), ao afirmar: se determinado tipo penal serve para proteger bens jurídicos palpáveis (por exemplo, a vida e a integridade física das pessoas), essa prova seria possível nas situações em que, no caso concreto, se pode demonstrar com segurança se efetivamente esses bens jurídicos foram postos em perigo ou não. De forma correlata, CRAMER (1962, 74, igualmente citado por CLAUS ROXIN, ob. cit., p. 408, nota de rodapé 211) sustenta a necessidade de se considerar o *perigo abstrato* como "um estado..., em que é provável a colocação em perigo (concreto) do bem jurídico protegido"; "colocação em perigo abstrato significa probabilidade de uma colocação em perigo de um bem jurídico", ou seja, a "*probabilidade de um perigo concreto*", entendendo-o também como um perigo concreto de intensidade menor. Como escreve MIGUEL REALE JÚNIOR (*Instituições* ..., cit., pp. 276-277), "o desafio do Direito Penal hodierno está em limitar as figuras de perigo abstrato, que *beiram a inconstitucionalidade* por ausência de lesividade", concluindo que, de todo modo, há que se viabilizar que o acusado *faça prova em contrário* de que a sua conduta não gerou perigo qualquer, nem remoto, ao bem jurídico (*vide* extensas notas sobre o tema nos comentários no início do Título II – Do Crime, antes do art. 13 do CP, notadamente a rubrica *Reflexão crítica – os crimes de perigo abstrato-concreto e de perigo abstrato ou presumido*). Verifica-se, portanto, que a mera subsunção do fato ao tipo penal – *antijuridicidade formal* – não basta à caracterização do injusto penal, devendo-se sempre indagar acerca da *antijuridicidade material*, a qual exige *efetiva* possibilidade de lesão ao bem juridicamente protegido. Desse modo, embora a consumação ocorra com o simples fornecimento, sem necessidade de sobrevir resultado naturalístico (p. ex., alguém ficar doente por fazer uso da substância medicinal indevidamente fornecida), por ser o crime formal, entendemos que, em face dos princípios da proporcionalidade e da ofensividade, o crime somente se caracterizará se houver *probabilidade* de dano à saúde da vítima, não sendo bastante o chamado "perigo abstrato". Assim, o fornecimento de substância medicinal em desacordo com receita médica, por si só, não configura o crime, devendo haver prova pericial sobre a probabilidade de dano à sua saúde ou à efetividade da terapia médica do paciente. Para a configuração do tipo, assim, deverá haver comprovação de que a substituição teve potencial de colocar em risco a saúde ou a terapia médica do destinatário da receita, sob pena de estarmos diante de um *irrelevante penal*, em face da absoluta ausência de ofensividade ou lesividade. Como salientamos, a venda, por exemplo, de um medicamento análogo (mas com as mesmas qualidades terapêuticas) no lugar do medicamento indicado na receita médica, não configura o crime. *Receita médica* é a prescrição que o médico faz, por escrito, geralmente em papel timbrado. Em face do princípio da legalidade, o tipo deste art. 280 não alcança receitas de dentistas.

- **Tipo subjetivo**: O dolo, que consiste na vontade livre e consciente de fornecer medicamento em desacordo com a receita. Na doutrina tradicional é o "dolo genérico". A figura culposa é prevista no parágrafo único.

- **Legislação sanitária**: *Vide*, sob este título, nota ao art. 273, § 1º-B, do CP.

- **Consumação**: Com a entrega da substância em desacordo, desde que exista potencialidade de dano à saúde da pessoa ou eficácia de seu tratamento médico (*vide* considerações no *tipo objetivo*).

- **Confronto com a Lei de Drogas**: Se a substância medicinal fornecida enquadrar-se na definição de droga (cf. art. 1º, § 1º, da Lei n. 11.343/2006), poderá haver o crime do art. 33 da Lei n. 11.343/2006.

- **Tentativa**: Admite-se.

- **Pena**: É *alternativa*: detenção, de um a três anos, ou multa.

- **Ação penal**: Pública incondicionada.

Figura culposa (parágrafo único)

- **Noção**: Se o fornecimento decorre da não observância do cuidado devido (*vide* comentário ao CP, art. 18, II). Aquele que prescrever ou ministrar, culposamente, drogas, sem que delas necessite o paciente, ou fazê-lo em doses excessivas ou em desacordo com determinação legal ou regulamentar, incidirá na figura do art. 38 da Lei n. 11.343/2006.

- **Pena**: Detenção, de dois meses a um ano; na acertada opinião de HUNGRIA, houve lapso no CP, tendo-se omitido a pena alternativa de multa, que é prevista no *caput* (*Comentários ao Código Penal*, 1959, v. IX, p. 126).

- **Ação penal**: Pública incondicionada.

Morte ou lesão corporal	▪ **Remissão:** Cf.art. 285 c/c o art. 258 do CP, se do fornecimento resulta lesão corporal ou morte.
Jurisprudência	▪ **Fornecimento de remédio diverso:** A configuração do delito independe de que os remédios trocados tenham iguais efeitos; o que se pune é o fato de o farmacêutico ou prático fornecer arbitrariamente outro remédio, pois não tem qualificação técnica, nem conhece o doente e suas particularidades (TACrSP, *RT* 592/342). ▪ **Ausência de receita médica:** Inadequação típica do fato ao delito do art. 280, havendo apenas infração sanitária prevista na Lei n. 6.437/77 (TJRO, Ap. 0001075-66.2016.8.22.0021, 17.7.2019).

Art. 281. (*Revogado.*)

▪ **Revogação:** O art. 281 do CP foi revogado pela Lei n. 6.368/76, a qual, por sua vez, foi também revogada pela nova Lei de Drogas (Lei n. 11.343, de 23.8.2006). Hoje, sobre o "comércio clandestino ou facilitação de uso de entorpecentes" (rubrica que acompanhava o artigo), cf. arts. 33 e ss. da Lei n. 11.343/2006.

EXERCÍCIO ILEGAL DA MEDICINA, ARTE DENTÁRIA OU FARMACÊUTICA

Art. 282. Exercer, ainda que a título gratuito, a profissão de médico, dentista ou farmacêutico, sem autorização legal ou excedendo-lhe os limites:

Pena – detenção, de 6 (seis) meses a 2 (dois) anos.

Parágrafo único. Se o crime é praticado com o fim de lucro, aplica-se também multa.

	▪ **Transação:** Cabe tanto no *caput* quanto no parágrafo único, salvo se resultar lesão corporal grave ou morte (CP, art. 285 c/c o art. 258; art. 76 da Lei n. 9.099/95). ▪ **Suspensão condicional do processo:** Cabe, mesmo que resulte lesão corporal grave ou morte (CP, art. 285 c/c o art. 258; Lei n. 9.099/95, art. 89).
Exercício ilegal da medicina, arte dentária ou farmacêutica	▪ **Objeto jurídico:** A incolumidade pública, especialmente a saúde pública. ▪ **Sujeito ativo:** Qualquer pessoa, na primeira parte do delito (crime comum); só o médico, dentista ou farmacêutico, na segunda parte (crime próprio). ▪ **Sujeito passivo:** A coletividade e, secundariamente, a pessoa que é tratada ou atendida. ▪ **Tipo objetivo:** O presente art. 282 é norma penal em branco, de forma que há de ser complementado por lei ou ato normativo em geral (quanto às normas penais em branco, *vide* comentários no art. 3º do CP). São duas as condutas punidas. Na primeira, a profissão é exercida *sem autorização legal*. Na segunda, o agente está autorizado a exercer a profissão, mas *excede seus limites legais*. Exercer tem a significação de praticar, exercitar, desempenhar. Em vista do verbo empregado, é necessário que o agente aja com *habitualidade*. *Profissão* é forma de atividade habitual, exercida por alguém, geralmente como modo e meio de vida. Assim, a conduta de "exercer profissão" somente se tipifica quando há reiteração, repetição, de forma que a prática de ato ou atos isolados não configura o exercício de profissão. É indiferente que o exercício seja a *título gracioso*, embora a prática, com fim de lucro, caracterize a figura qualificada do parágrafo único (*vide* nota abaixo). As profissões expressamente visadas são as de médico, dentista ou farmacêutico. Pode ocorrer que a legislação correspondente a cada uma dessas profissões autorize estudantes, estagiários e práticos a desempenharem determinados atos profissionais, hipótese evidentemente em que não haverá o crime (sobre a possibilidade de o estagiário de advocacia, regularmente inscrito, praticar, em conjunto com o advogado e sob responsabilidade deste, atos privativos da

advocacia, cf. art. 3º, § 2º, da Lei n. 8.906, de 4.7.94). Quanto à profissão de farmacêutico, observe-se que a simples exploração de farmácia, com venda de remédios industrializados aos consumidores, não é privativa dos farmacêuticos. *Modalidades do art. 282*: *a.* Na primeira, o exercício é *sem autorização legal* (elemento normativo). Como assinala HUNGRIA, não basta a "habilitação profissional", sendo "necessário o *registro* do título, diploma ou licença", ou seja, "a habilitação ou competência *legal*" (*Comentários ao Código Penal*, 1959, v. IX, pp. 145-146). *b.* Na outra modalidade, o exercício da profissão é feito *excedendo-lhe os limites*. Há, aqui, transposição de limites: o agente sai fora da órbita da sua profissão. Tais limites encontram-se fixados na legislação especial própria de cada profissão.

- Atividade hemoterápica: Seu exercício foi equiparado às profissões previstas neste art. 282 (Decreto-Lei n. 211/67).

- Tipo subjetivo: O dolo, ou seja, a vontade de exercer a profissão, com consciência da falta de autorização legal (primeira parte) ou de que excede os limites profissionais (segunda parte). Na doutrina tradicional é o "dolo genérico". Não há forma culposa.

- Consumação: Com o efetivo exercício da profissão, o que exige habitualidade.

- Tentativa: Não se admite.

- Confronto: Se o exercício é de profissão diversa da de médico, dentista ou farmacêutico, poderá haver contravenção penal (art. 47 da LCP). Tratando-se de agente ignorante e rude, que utiliza métodos grosseiros, art. 284 do CP.

- Pena: Detenção, de seis meses a dois anos.

- Ação penal: É pública incondicionada.

Figura qualificada (parágrafo único)

- Noção: Se o crime, em qualquer das duas modalidades descritas no *caput*, é praticado *com o fim de lucro*, além da pena privativa de liberdade (*caput*), aplica-se também a pena pecuniária.

- Confronto com estelionato: Se a vítima é induzida ou mantida em erro, mediante o emprego de artifício, ardil ou qualquer outro meio fraudulento (no caso, o agente ilude a vítima quanto à sua legitimidade para exercer a profissão ou mesmo quanto aos seus limites, obtendo vantagem indevida), surgem as seguintes posições: *1.* ocorre apenas o crime deste art. 282, parágrafo único, pois se trata de norma especial em relação à norma do art. 171 (princípio da especialidade); *2.* se o agente não age de forma habitual, e a fraude é empregada tão somente com o fim de iludir a vítima a pagar o tratamento, há apenas o crime de estelionato; *3.* há concurso formal entre os arts. 171 e 282; *4.* há concurso material, pois o agente terá atingido dois bens jurídicos distintos (o patrimônio da vítima e a saúde pública). A melhor solução haverá de ser encontrada no caso concreto, pois somente as particularidades de cada um poderão resolver o conflito aparente de normas.

Morte ou lesão corporal

- Remissão: Cf. art. 285 c/c o art. 258 do CP, se resulta lesão corporal grave ou morte de alguém.

Jurisprudência

- Habitualidade: Exige-se a prática reiterada de atos (TACrSP, *Julgados* 78/287, *RT* 524/404). É necessária a habitualidade, não bastando à tipificação a prática de atos isolados (TACrSP, *RT* 509/400, 430/384). Para a habitualidade não importa a pequena quantidade das consultas, tratando-se de acusado que portava receituário falso (TACrSP, *Julgados* 96/164).

- Registro do diploma: Não basta a existência de diploma para que o seu possuidor possa exercer a profissão de dentista, sendo necessário o registro desse diploma (TACrSP, *RT* 430/387).

- Conselhos Regionais: Médico, dentista ou farmacêutico, com diploma registrado no Departamento Nacional de Saúde Pública, não pratica o delito do art. 282 se exerce a profissão sem estar inscrito no respectivo Conselho (TACrSP, *RT* 536/340), constituindo somente ilícito administrativo (TAMG, *RJTAMG* 51/275). *Contra*: Se o acusado ou sua clínica dentária não possuem inscrição no CRO, configura-se o delito (TJAP, TR, Ap. 0011712-38.2014.8.03.0001, j. 10.11.2016).Também não pratica o agente, formado em Portugal, que exerce a Medicina no Brasil sem o registro do Conselho Regional de Medicina, em virtude de exigências feitas pela Universidade de São Paulo quando da inscrição do diploma, por serem estas incompatíveis com o acordo cultural entre os dois países (Decreto n. 62.646/68) (TACrSP, *mv – RJDTACr* 27/88).

- **Coautoria:** Pratica o crime do art. 282, parágrafo único, como coautor, o médico que, na qualidade de diretor de clínica, conscientemente permite que acadêmico, sem a devida supervisão e acompanhamento, pratique o exercício ilegal da Medicina com o objetivo de lucro (TJRJ, *RT* 784/689).

- **Dentista prático:** A capacidade profissional do agente, pelo exercício da arte durante trinta anos, não afasta a incidência do art. 282, mormente se no Município em que trabalhava funciona uma faculdade de odontologia que atende gratuitamente, não podendo por isso ser considerado local distante e desprovido de profissionais habilitados (TJRJ, Ap. 3.997/99, j. 25.4.2000, *Bol. IBCCr* 100/524; TJGO, *RT* 774/638).

- **Protético:** Pratica o crime do art. 282 o técnico em prótese dentária que exerce, sem autorização legal e com habitualidade, a profissão de dentista (TACrSP, *RT* 706/323).

- **Farmácia:** Quem explora farmácia, vendendo medicamentos fabricados pela indústria farmacêutica, mas sem aviar receitas ou ministrar medicamentos, não pratica atos privativos de farmacêutico, não incidindo no art. 282 do CP (TACrSP, *Julgados* 78/369, 533/363, *RJDTACr* 10/56; TAPR, *RT* 684/357, 537/373; TAMG, *RT* 595/410; FRANCESCHINI, *Jurisprudência*,1975, v. II, n. 2.306). A ausência de farmacêutico responsável constitui mero ilícito administrativo, penalmente irrelevante (TJSC, *JC* 69/449).

- **Clínica médico-psicanalítica:** Responde por exercício ilegal da Medicina quem, sem ser médico, mantém clínica médico-psicanalítica para cuidar da saúde mental daqueles que o procuram (FRANCESCHINI, *Jurisprudência*,1975, v. II, n. 2.305-A).

- **Estado de necessidade:** Em localidade sem médicos nem recursos, não há crime na prescrição de medicamentos, sutura de cortes etc. (TACrSP, *Julgados* 81/299). Reconhece-se em favor de quem exercita ilegalmente a odontologia, em zona rural distante e desprovida de dentistas habilitados (TJSC, *RT* 547/366; TAMG, *RT* 623/348).

- **Distinção entre exercício ilegal e curandeirismo:** Distingue-se o delito do art. 282 do crime do art. 284 porque, no curandeirismo, o agente é pessoa ignorante e rude, que se dedica à cura de moléstias por meios grosseiros, enquanto no exercício ilegal da Medicina o agente demonstra aptidões e conhecimentos médicos, embora não esteja autorizado a exercer a Medicina (TACrSP, *Julgados* 87/394, *RT* 416/259).

- **Competência:** A competência para o processo por exercício ilegal da profissão farmacêutica é da Justiça Estadual (STF, *RF* 256/346).

CHARLATANISMO

Art. 283. Inculcar ou anunciar cura por meio secreto ou infalível:
Pena – detenção, de 3 (três) meses a 1 (um) ano, e multa.

- **Transação:** Cabe, ainda que resulte lesão corporal grave ou morte – CP, art. 285 c/c o art. 258, preenchidos os requisitos do art. 76 da Lei n. 9.099/95.

- **Suspensão condicional do processo:** Cabe, mesmo que resulte lesão corporal grave ou morte (CP, art. 285 c/c o art. 258 e Lei n. 9.099/95, art. 89).

Charlatanismo
- **Objeto jurídico:** A incolumidade pública, especialmente a saúde pública.

- **Sujeito ativo:** Qualquer pessoa, inclusive o médico (note-se que se o médico não pratica a conduta incriminada por este art. 283, mas apenas se excede nos limites da profissão, colocando em risco a saúde pública, há somente o crime do art. 282).

- **Sujeito passivo:** A coletividade.

- **Tipo objetivo:** São dois os verbos empregados no dispositivo: *inculcar* (aconselhar, recomendar, indicar) ou *anunciar* (noticiar, apregoar, participar, divulgar). O objeto material, isto é, o que o agente inculca ou anuncia, deve ser a *cura por meio secreto ou infalível*. Em face dos princípios da proporcionalidade e da ofensividade, para que haja crime deve haver efetivo perigo de dano à saúde pública. Dessa forma, o simples anúncio de cura, sem possibilidade de causar danos à saúde pública, embora possa não ser ético, não basta para o enquadramento penal do comportamento. Além do efetivo perigo de dano, é indispensável que a inculca ou anúncio de cura se faça com fundamento em *meio secreto* (oculto, ignorado) ou *infalível* (de eficiência garantida, certa). Para a maioria dos autores, apesar do nome do delito (*charlatanismo, isto é, modo ou linguagem daquele que procede como charlatão, explorador da boa-fé do público, embusteiro, trapaceiro*), não seria necessária a habitualidade.

- **Tipo subjetivo:** O dolo, que consiste na vontade de inculcar ou anunciar, com consciência da *ineficácia* do meio de cura. Assim, "é necessário que haja insinceridade e falsidade por parte do agente" (HELENO FRAGOSO, *Lições de Direito Penal – Parte Especial*,1965, v. III, p. 915), que não se trate de um *convicto*, ou seja, que "saiba não ter eficácia o que proclama e anuncia" (MAGALHÃES NORONHA, *Direito Penal*,1995, v. IV, p. 65). Se o agente acredita, efetivamente, na cura, e assim procede para ajudar os outros, não haverá o crime por ausência de dolo. Na escola tradicional pede-se o "dolo genérico". Não há forma culposa.

- **Liberdade de consciência e de crença:** *Vide* nota sob o mesmo título no art. 284.

- **Consumação:** Com a efetiva inculca ou anúncio, independentemente de outro resultado. Trata-se, pois, de crime formal. Deve haver, todavia, perigo de dano concreto à saúde pública. Se o agente, por exemplo, anuncia a cura por meio secreto, mas, de forma expressa, recomenda a procura concomitante do médico, não haverá o crime por ausência de ofensa ao bem jurídico tutelado.

- **Tentativa:** Admite-se.

- **Concurso de crimes:** Pode haver, especialmente com o estelionato (CP, art. 171). A respeito, *vide* nota Confronto com estelionato no art. 282.

- **Pena:** Detenção, de três meses a um ano, e multa.

- **Ação penal:** Pública incondicionada.

Morte ou lesão corporal

- **Remissão:** Cf. art. 285 c/c o art. 258 do CP, quando resulta lesão corporal grave ou morte de alguém.

Jurisprudência

- **Liberdade religiosa:** O charlatanismo e o curandeirismo são crimes contra a saúde pública, ou seja, praticados contra número indeterminado de pessoas e de perigo concreto (probabilidade de dano); sendo o direito penal da culpa incompatível com o perigo abstrato, a denúncia precisa indicar o resultado, sob pena de inépcia. A liberdade de culto é garantia constitucional, com proteção do local e da liturgia (STJ, HC 1.498, *mv – DJU* 16.8.93, p. 15994).

- **Infalibilidade:** Não constitui charlatanice a divulgação da descoberta de tratamento alegando-se ter sido sua eficiência comprovada, mas sem inculcar infalibilidade de cura (FRANCESCHINI, *Jurisprudência*,1975, v. I, n. 750).

CURANDEIRISMO

Art. 284. Exercer o curandeirismo:
I – prescrevendo, ministrando ou aplicando, habitualmente, qualquer substância;

II – usando gestos, palavras ou qualquer outro meio;

III – fazendo diagnósticos:

Pena – detenção, de 6 (seis) meses a 2 (dois) anos.

Parágrafo único. Se o crime é praticado mediante remuneração, o agente fica também sujeito a multa.

- **Transação:** Cabe tanto no *caput* quanto no parágrafo único, desde que não resulte lesão corporal grave ou morte – CP, art. 285 c/c o art. 258, preenchidos os requisitos do art. 76 da Lei n. 9.099/95.

- **Suspensão condicional do processo:** Cabe, mesmo que resulte lesão corporal grave ou morte – CP, art. 285 c/c o art. 258, atendidas as condições do art. 89 da Lei n. 9.099/95.

Curandeirismo

- **Objeto jurídico:** A incolumidade pública, especialmente a saúde pública.

- **Sujeito ativo:** Qualquer pessoa desprovida de conhecimentos científicos. Pode ser partícipe do delito o próprio médico que preste auxílio ao curandeiro.

- **Sujeito passivo:** A coletividade e, secundariamente, a pessoa que é tratada ou diagnosticada pelo agente.

- **Tipo objetivo:** A conduta incriminada é *exercer* (dedicar-se, praticar, exercitar, desempenhar) o *curandeirismo* (atividade de quem se dedica a curar, sem habilitação ou título). É indispensável, portanto, que o agente atue com *habitualidade*, que aja com reiteração, repetição; caso esteja ausente a habitualidade, o delito não se configurará. São três os modos de execução indicados alternativamente: *a. Prescrevendo, ministrando ou aplicando, habitualmente, qualquer substância (I). Prescrever* é receitar, indicar como remédio, recomendar; *ministrar* tem a significação de servir, dar para consumir; *aplicar* tem o sentido de apor, empregar. A lei fala em *qualquer substância*, abrangendo todas elas (vegetais, animais ou minerais), sem distinção relativa à nocividade ou efeito medicinal. *b. Usando gestos, palavras ou qualquer outro meio (II). Gestos* são movimentos do corpo, compreendendo posturas especiais. Como *palavras*, podem ser indicadas as rezas, benzeduras, esconjurações, encomendações etc. E a lei ainda acrescenta *ou qualquer outro meio*. A respeito da liberdade de consciência e de crença, *vide* nota abaixo. *c. Fazendo diagnóstico (III). Diagnóstico* é a determinação de uma doença pelos sintomas dela. É indiferente que o agente atue gratuitamente ou não, mas se a prática for remunerada, terá lugar a figura qualificada do parágrafo único (*vide* comentários ao parágrafo único).

- **Liberdade de consciência e de crença:** A CR assegura, em seu art. 5º, VI, ser "inviolável a liberdade de consciência e de crença, sendo assegurado o livre exercício dos cultos religiosos e garantida, na forma da lei, a proteção aos locais de culto e a suas liturgias". Assim, em face desta garantia, não há crime de charlatanismo ou mesmo de curandeirismo se o agente age *nos limites dessa liberdade* e não há risco à saúde pública. Assim, se o "curandeiro" prescreve substâncias cientificamente inócuas (como água "energizada", chás naturais etc.), mas ressalta a importância da pessoa procurar um médico, não haverá o crime. Somente o caso concreto dirá se o agente agiu ou não dentro dos limites da liberdade de consciência e de crença constitucionalmente garantida, não colocando a incolumidade pública em risco; havendo irrelevante penal. A liberdade de manifestação do pensamento encontra-se prevista no inciso IV do mesmo dispositivo constitucional.

- **Terapias alternativas:** O Ministério do Trabalho, com fundamento na Instrução Normativa n. 01/97, concedeu, no despacho publicado no *DOU* de 16.7.98, seção I, p. 1, referente ao Processo 46000.002902/97, do Sindicato dos Terapeutas, registro de alteração estatutária na denominação, categoria e base territorial, passando este a denominar-se Sindicato dos Terapeutas – SINTE, representante da categoria econômica das "Pessoas Físicas e Jurídicas que exerçam as seguintes atividades:

Aconselhamentos, Acupuntura, Alimentoterapia, Antroposofia, Apiterapia, Aromaterapia, Artes Divinatórias (I Ching, Astrologia, Tarô, Búzios, Runas, Quirologia etc.), Artes Marciais (Kung Fu, Judô, Caratê, Tae-Kwon-do, Tai Chi Chuan, Capoeira etc.), Arteterapia, Auricoloterapia, Ayurveda, Biodança, Bioenergética, Calatonia, Calatonia Auricular, Terapia Chinesa, Chi-Kung, Cinesiologia, Terapias Corporais (Bioenergética, Tai Chi Chuan, Artes Marciais, Dança, Expressão Corporal, RPG, Rolfing, Yoga, Relaxamento, Chi-Kung, Técnicas Respiratórias, Dança do Ventre etc.), Cristaloterapia, Cromopuntura, Cromoterapia, Cura Prânica, Dança do Ventre, Doin, "Medicina" Energética, Enzimoterapia, Estética Integral, Fitoterapia, Terapia Floral, Hidroterapia, Hipnose, Homeopatia Prática, Terapia Holística, Terapia Indiana, Iridologia, Jim Shin Jyutsu, Laserterapia, Litoterapia, Magnetoterapia, Massagem, Meditação, Mitologia Pessoal, Moxabustão, Musicoterapia, Naturoterapia ou Naturopatia, ou Terapia Naturista, Neurolinguística, Oligoterapia, Ortomolecular, Parapsicologia, Pulsologia, Quiropatia, Radiestesia, Radiônica, Reflexologia, Regressão, Terapia Reichiana, Reiki, Relaxamento, Ressonância Biofotônica, Rolfing, Samkhya, Shantala, Shiatsu, Tai Chi Chuan, Terapia Transpessoal, Trofoterapia, Tui-Na, Ventosaterapia, Vivências, Yogaterapia, Softlaserterapia, Terapias Mentais (Indução, Paranormalidade, Meditação, Método Arica, Vivências, Heterossugestão etc.), Alquimia, Elementoterapia, Terapia da Aprendizagem Perfeita e demais áreas afins, com abrangência nacional e base territorial nacional". Essa decisão do Ministério do Trabalho bem demonstra que os costumes têm, com o passar dos anos e com a ampliação da esfera de liberdade dos cidadãos em nossa Democracia, caminhado para uma maior tolerância de práticas que, tempos atrás, eram vistas com absoluto ceticismo e preconceito. Desse modo, *não havendo risco à saúde pública*, entendemos que a prática dessas "terapias", reconhecidas pelo Ministério do Trabalho, não configuram o crime deste art. 284 do CP.

- **Tipo subjetivo:** O dolo, que consiste na vontade livre e consciente de exercer o curandeirismo. Na escola tradicional é o "dolo genérico". Inexiste modalidade culposa.

- **Consumação:** Com o exercício habitual das condutas incriminadas. Trata-se, pois, de crime formal.

- **Tentativa:** Tendo em vista que as condutas não admitem fracionamento (o delito é unissubsistente), não se admite a tentativa. Eventuais atos preparatórios são impuníveis.

- **Confronto:** Se o agente tem conhecimentos médicos e se faz passar por médico, art. 282 do CP. Em face do princípio da especialidade, o delito deste art. 282 prevalece sobre o do art. 171 do CP.

- **Pena:** Detenção, de seis meses a dois anos.

- **Ação penal:** Pública incondicionada.

Remuneração (parágrafo único)

- **Noção:** Se o curandeirismo é exercido pelo agente mediante remuneração. Sobre confronto com estelionato, *vide* nota acima.

- **Pena:** Além da pena do *caput* (detenção, de seis meses a dois anos), aplica-se, também, a pena de multa.

Morte ou lesão corporal

- **Remissão:** Cf. arts. 285 e 258 do CP, quando resulta lesão corporal grave ou morte.

Jurisprudência

- **Habitualidade:** É indispensável para a configuração do delito a habitualidade (TACrSP, *RT* 507/412).

- **Diagnósticos:** O simples comportamento de fazer diagnósticos caracteriza o crime (TACrSP, *RT* 516/345).

- **Prescrição:** Não configura crime a indicação de remédios que podem ser vendidos ao público sem receita médica, como vitaminas etc. (TACrSP, *Julgados* 74/306).

- **Confronto:** O delito de exercício ilegal da Medicina do art. 282 distingue-se do curandeirismo do art. 284, porque neste o agente é pessoa inculta ou ignorante, que se vale de meios grosseiros para curar, enquanto naquele crime do art. 282 o agente revela conhecimentos ou aptidões médicas, embora não possua autorização legal para exercer a profissão (TACrSP, *Julgados* 87/394, *RT* 416/259).

- **Consumação:** Como o delito do art. 284 é crime habitual, se o agente o continuou praticando, o início da ação penal deve ser considerado como momento consumativo, inclusive para a contagem da prescrição (HELENO FRAGOSO, *Jurisprudência Criminal*, 1979, v. I, n. 151).

- **Farmacêutico:** O farmacêutico que diagnostica e prescreve medicamentos não pode ser equiparado ao curandeiro, pois possui habilitação técnico-profissional, embora não esteja habilitado a praticar a arte de curar (TACrSP, *RT* 390/322).

- **Orações de fé:** Se a cura apregoada era pedida comunitariamente, através de orações, pura questão de fé, não se configura o delito (TACrSP, *RT* 446/414).

- **Crime de perigo:** O fato de não ter havido vítimas do curandeirismo praticado não descaracteriza a infração, que é crime de perigo (TACrSP, *RT* 438/425).

- **Liberdade religiosa:** O charlatanismo e o curandeirismo são crimes contra a saúde pública, ou seja, praticados contra número indeterminado de pessoas e de perigo concreto (probabilidade de dano); sendo o direito penal da culpa incompatível com o perigo abstrato, a denúncia precisa indicar o resultado, sob pena de inépcia. A liberdade de culto é garantia constitucional, com proteção do local e da liturgia (STJ, HC 1.498, *mv – DJU* 16.8.93, p. 15994). A liberdade religiosa não alcança atos que, sob aparência mística, são tipificados no CP (STF, *Julgados* 89/449). Não pratica curandeirismo o dirigente de seita religiosa registrada que ministrava hóstias, águas e óleos bentos, pregando curas milagrosas na dependência da fé dos fiéis (TACrSP, *RJDTACr* 1/77-8).

- **Espiritismo:** No espiritismo, os "passes" fazem parte do ritual, como as bênçãos dos padres católicos, e não configuram o delito do art. 284(TACrSP, *RT* 404/282). A boa-fé de quem acredita estar atuando como "aparelho mediúnico" pode afastar o dolo (TACrSP, *mv – RT* 425/328). A cobrança da prática de consultas de curas, realizadas por agente que se diz incorporado por entidade espírita, em que são utilizados fórmulas e procedimentos como forma de solução de problemas, configura, em tese, delitos de curandeirismo e estelionato (TJRJ, *RT* 777/679).

- **Perigo à saúde:** Há crime se comprovada a habitualidade com que o acusado ministrava "passes" e obrigava adultos e menores a ingerir sangue de animais e bebida alcoólica, colocando em perigo a saúde e levando os adolescentes à dependência do álcool (STJ, REsp 50.426, *DJU* 29.8.94, p. 22211, in *RBCCr* 8/226).

- **Figura qualificada pelo resultado morte:** É preciso que haja relação entre a medicamentação ministrada e a morte da vítima (TAMG, *RT* 542/410).

FORMA QUALIFICADA

Art. 285. Aplica-se o disposto no art. 258 aos crimes previstos neste Capítulo, salvo quanto ao definido no art. 267.

Morte ou lesão corporal

- **Noção:** Sob a rubrica *Formas qualificadas de crime de perigo comum*, o art. 258 do CP prevê o aumento de pena nos casos em que da conduta resultar lesão corporal (que deve ser grave, nos crimes dolosos) ou morte. Entendeu por bem o legislador, por meio deste art. 285, estender a aplicação do referido art. 258 aos crimes contra a saúde pública, com exceção do previsto no art. 267(epidemia), que já prevê causa especial de aumento de pena (§ 1º) e figura qualificada (§ 2º) se do fato, doloso ou culposo, resultar morte.

- **Remissão:** *Vide* nossos comentários aos arts. 258 e 19 do CP. *Vide*, também, nota *Incongruência*, nos arts. 272 e 273.

Título IX
DOS CRIMES CONTRA A PAZ PÚBLICA

■ **Nota explicativa:** A expressa previsão dos crimes contra a paz pública foi novidade introduzida pelo legislador de 1940, já que o anterior Código de 1890 dela não cuidava. Não é a mesma denominação utilizada pelos Códigos de outros países, que muitas vezes empregaram o termo "ordem pública" (Argentina e Itália). O Código Penal português, a exemplo do brasileiro, faz emprego da expressão "paz pública". Como assevera NORONHA, é melhor o emprego do termo "paz pública", pois a ordem pública é demasiadamente ampla e vaga, designando mais do que aqui se compreende (*Direito Penal*, São Paulo, Saraiva, 1962, p. 123). Não obstante todo crime ofenda, em certo grau, a ordem pública, os delitos de que ora se trata ofendem-na particularmente quanto ao "sentimento de paz e tranquilidade defendido pela ordem constituída", podendo-se daí dizer que a ordem pública é gênero e a paz pública espécie, ou melhor, esta é uma consequência daquela, pois sem ela não pode existir (NORONHA, ob. cit., p. 124). Como ensina FRAGOSO, "a expressão paz pública pode ser compreendida em dois sentidos. Objetivamente, corresponde ao que ROCCO (*L' Oggetto del Reato*, Roma, 1932, p. 595) chamava de ordem social, ou seja, ordem nas relações da vida social, que resulta das normas jurídicas (especialmente penais), que regulam as referidas relações, compreendendo, portanto, a paz, a quietude, a tranquilidade e a segurança sociais. Subjetivamente, corresponde ao sentimento coletivo de segurança na ordem jurídica (*Gefuehl der Rechtssicherheit*). É neste último sentido que a lei penal prevalentemente protege a paz pública, como bem jurídico em si mesma" (*Lições de Direito Penal*, São Paulo, 1959, v. 3, p. 743). No mesmo sentido, manifesta-se HUNGRIA: "O termo 'paz pública' é aqui empregado em seu sentido subjetivo, isto é, com o sentimento coletivo de paz que a ordem jurídica assegura", não se exigindo uma efetiva perturbação da paz pública no sentido material, "mas apenas se cria a possibilidade de tal perturbação, decorrendo daí uma situação de alarma no seio da coletividade; (...) o perigo de interrupção da estabilidade da ordem pública tem por efeito imediato abalar o sentimento ou a consciência da segurança geral ou da paz pública" (*Comentários ao Código Penal*, cit., v. IX, p. 163). Busca-se, pois, tutelar o sentimento público de segurança que a ordem jurídica traz. O que se considera "não é a perturbação da paz pública como dano mediato ou consequencial de todas as ações delituosas, mas, sim, o atentado direto e imediato à tranquilidade e à segurança social" (FRAGOSO, *Lições...*, cit., v. 3, p. 744). O legislador, na verdade, antecipa-se na punição de condutas perigosas, isto é, de condutas que poderão levar à prática de (outros) crimes. Daí com razão LUIZ RÉGIS PRADO, ao dizer que o que se pune, em realidade, são "atos preparatórios", tratando-se de exceção à regra do art. 31 do CP (*Curso de Direito Penal Brasileiro*, 4ª ed., São Paulo, Revista dos Tribunais, v. 3, p. 592). Contudo, tendo em vista a grande amplitude do significado da locução "paz pública", deve-se atentar para o fato de que a punição dos "atos preparatórios" como tipificadores de um crime autônomo àquele que seria praticado traz grande risco ao Estado Democrático de Direito e às liberdades individuais pela excessiva utilização do aparato repressivo estatal. Esses tipos penais, se mal interpretados, podem levar à punição da "mera intenção", o que, a nosso ver, não se sustenta quando defendemos que o Direito Penal deve ser mínimo, sempre excepcional e proporcional. Com efeito, só se pode constitucionalmente justificar a imposição de uma pena quando a conduta incriminada tiver, efetivamente, ofendido um bem jurídico ou, ao menos, exposto esse bem a um efetivo perigo de lesão (perigo concreto), e não hipotético, imaginário. São quatro os crimes que compõem o presente Título IX: 1) incitação ao crime; 2) apologia ao crime; 3) associação criminosa; e 4) constituição de milícia privada.

INCITAÇÃO AO CRIME

Art. 286. Incitar, publicamente, a prática de crime:
Pena – detenção, de 3 (três) a 6 (seis) meses, ou multa.

Parágrafo único: Incorre na mesma pena quem incita, publicamente, a animosidade entre as Forças Armadas ou entre estas e os poderes constitucionais, as instituições civis ou a sociedade.

- **Alteração:** Parágrafo único incluído pela Lei n. 14.197, de 1.9.2021.
- **Acordo de não persecução penal:** É possível, nos termos do art. 28-A do CPP.
- **Transação:** Cabe, preenchidos os requisitos do art. 76 da Lei n. 9.099/95.
- **Suspensão condicional do processo:** Cabe, atendidas as condições do art. 89 da Lei n. 9.099/95.

Incitação ao crime (caput)

- **Objeto jurídico:** A paz pública, considerada em seu aspecto subjetivo (*vide* nota explicativa acima).
- **Sujeito ativo:** Qualquer pessoa.
- **Sujeito passivo:** A coletividade.
- **Tipo objetivo:** O verbo *incitar* tem a significação de açular, excitar, provocar. Pune-se o comportamento de quem incita a *prática de crime*. Portanto, deve tratar-se de fato expressamente previsto em lei como *crime*, não se enquadrando na figura o incitamento para praticar contravenção penal ou ato imoral. É imprescindível que se trate de fato criminoso *determinado*, pois "a instigação feita genericamente, por ser vaga, não teria eficácia ou idoneidade" (MAGALHÃES NORONHA, *Direito Penal*, 1995, v. IV, p. 81). Registra a lei que a ação deve ser realizada *publicamente*. A publicidade é, assim, requisito do tipo. Por incitamento público considera-se o que é feito de modo a ser recebido por indeterminado número de pessoas. É indiferente que o incitamento se dirija "a pessoa determinada, contanto que percebido ou perceptível por indefinido número de pessoas" (HUNGRIA, *Comentários ao Código Penal*, 1959, v. IX, p. 166). Dessa forma, o incitamento realizado em reunião familiar ou em pequeno grupo de amigos, sem atingir o público, não apresenta a tipicidade necessária. O delito pode ser praticado por qualquer meio: palavras, gestos, escritos ou outro meio de comunicação, inclusive pela Internet. Não é necessário que qualquer crime seja praticado em virtude do incitamento, tratando-se, pois, de crime formal. Todavia, é necessário que o incitamento seja idôneo (isto é, capaz, apto) a gerar no outro a vontade de praticar crime.
- **Tipo subjetivo:** O dolo, ou seja, a vontade livre e consciente de incitar. Na doutrina tradicional é o "dolo genérico". Não há punição a título de culpa.
- **Dolo e saúde pública:** O dolo do agente de incitar a prática de crime, em nosso entendimento, há de restar claramente demonstrado, podendo-se lembrar, por exemplo, a hipótese de panfletos advertirem, com nítida intenção de minimizar os danos causados pela droga e de proteger a saúde pública, que o consumo de drogas por uma pessoa viciada seja realizado com seringas descartáveis, a fim de evitar a transmissão de doenças, como a AIDS. Nesta hipótese, o dolo exigido por este art. 286 não estará presente.
- **Consumação:** Com a prática da incitação perceptível por indeterminado número de pessoas. Trata-se de crime *formal*, sendo desnecessário que alguém, efetivamente, cometa o crime objeto da incitação.
- **Tentativa:** Admite-se, conforme o meio de execução empregado permita ou não o *iter criminis*.
- **Confronto:** Se o incitamento é para a prática de crimes punidos pela Lei de Genocídio, art. 3º da Lei n. 2.889/56. Se o agente instiga alguém ao uso indevido de droga, art. 33, § 2º, da Lei de Tóxicos – Lei n. 11.343/2006.
- **Concurso de crimes e *bis in idem*:** Se a pessoa instigada pelo agente pratica o crime (na sua forma consumada ou mesmo tentada), não poderá o instigador, a nosso ver, ser

punido duplamente: (moral) no delito incitado (CP, arts. 29 e 31), sob pena de inadmissível *bis in idem*.

- **Pena:** É *alternativa*: detenção, de três a seis meses, ou multa.
- **Ação penal:** Pública incondicionada.

Incitação à animosidade
Figura equiparada
(parágrafo único)

- **Objeto jurídico:** A paz pública, notadamente o Estado Democrático de Direito, a harmonia e a preservação dos Poderes Legislativo, Judiciário e Executivo, das instituições civis e da sociedade com as Forças Armadas.
- **Sujeito ativo:** Qualquer pessoa.
- **Sujeito passivo:** O Estado, na pessoa jurídica da União, bem como a coletividade.
- **Tipo objetivo:** Na revogada LSN (Lei n. 7.170/83) havia um crime previsto em seu art. 23, II, com semelhante redação (incitar "*à animosidade entre as Forças Armadas ou entre estas e as classes sociais ou as instituições civis*"), punido com reclusão de 1 (um) a 4 (quatro) anos. Agora, com a edição da Lei n. 14.197, de 1.9.2021, pune-se, com pena mais branda de detenção, de três a seis meses, ou multa, a conduta mais ampla, ou seja, de quem incita (açula, excita, provoca, estimula veementemente), *publicamente* (feito de modo a ser recebida por indeterminado número de pessoas, sendo a publicidade requisito do tipo), a *animosidade* (*vide* nota abaixo): *a*. entre as Forças Armadas, ou seja, do Exército entrando em conflito com a Marinha ou com a Aeronáutica, ou vice-versa; ou *b*. entre estas e os poderes constitucionais, ou seja entre o Exército, a Marinha e/ou a Aeronáutica e o Poder Legislativo, Judiciário e/ou Executivo; *c*. das Forças Armadas contra as instituições civis (como órgãos de classe como a OAB, partidos políticos e sindicatos); ou *d*. das Forças Armadas contra a sociedade, isto é, contra os cidadãos que se agrupam em diversas classes sociais vinculadas às diferentes atividades laborais e profissionais desenvolvidas, como agricultores, industriais, bancários, banqueiros, empresários, jornalistas, artistas etc. Todas essas condutas têm a potencialidade de gerar desestabilização do Estado Democrático de Direito.
- **"Animosidade":** O presente dispositivo legal há que ser cotejado com a Constituição Federal de 1988, que garante a "livre manifestação do pensamento" e a "livre expressão da atividade intelectual, artística, científica e de comunicação" (art. 5º, IV e IX), sendo que o termo animosidade, que é extremamente amplo (abrangendo o significado de rancor, aversão), há que ser interpretado de forma *restritiva*, como grave estado de *conflito*, propalando inequívoca insurgência com reais possibilidades de vias de fato, o que não se confunde com manifestações críticas, ainda que veementes. Afinal, o Direito Penal sempre excepcional.
- **Competência:** No crime previsto no parágrafo único do art. 286 do CP, será da Justiça Federal (CR, art. 109).

Jurisprudência

- **Crime formal:** É crime formal, que se consuma com a incitação pública, desde que percebida por um número indeterminado de pessoas (TJSP, *RT* 718/378), não sendo um mister a indicação do *nomen juris* ou o número do artigo do Código (TJDF, TR, RCr 0010744-20.2016.8.07.0003, j. 26.7.2017).
- **Publicidade:** Para a configuração deste delito é necessário que a incitação se faça perante certo número de pessoas (TACrSP, *Julgados* 84/221).
- **Incitamento a crime determinado:** A incitação genérica não basta para configurar o crime do art. 286 (TACrSP, *Julgados* 79/413).
- **Greve:** Em face da CR, que consagrou o direito de greve de forma ampla, inclusive para os servidores públicos civis, a sua incitação não é mais punível como crime (TRF da 2ª R., *JSTJ* e *TRF* 5/351).
- **Incitação a desobediência:** Em tese, comete o delito do art. 286 quem incita, publicamente, a desobediência de ordem judicial (TACrSP, *RT* 495/319). Configura o crime a conduta do agente que, publicamente, incita moradores a desobedecerem ordem legal

de desocupação de imóvel objeto de invasão, incentivando-os a agredirem os policiais, mediante uso de paus e pedras (TJDF, *RT* 779/621).

▪ *Lockdown* e pandemia – COVID-19: "A prisão em flagrante comunicada é *manifestamente ilegal* e deve ser relaxada, nos termos do art. 5º, inciso LXV, da Constituição da República, e do art. 310, inciso I, do Código de Processo Penal. De acordo com a capitulação jurídica atribuída pela autoridade policial, a conduta do preso, consistente em manter seu estabelecimento comercial aberto, em desobediência à 'determinação do Governo Estadual', que ordenou o fechamento do comércio na chamada 'Fase Emergencial' da pandemia de *Covid-19*, e ter incitado outros comerciantes a fazerem o mesmo, teria caracterizado os crimes definidos nos artigos 268, 286 e 330 do Código Penal. A Constituição da República, em seu art. 5º, reconhece, entre outros, os direitos fundamentais, inerentes à dignidade humana, à *propriedade* (caput), ao *livre exercício do trabalho, ofício ou profissão* (inciso XIII), à *intimidade,* à *vida privada e à honra das pessoas* (inciso X) e à *livre locomoção no território nacional em tempo de paz* (inciso XV). Conforme ressabido, de acordo com os artigos 136 e 137 da *Magna Carta* brasileira, as únicas hipóteses em que se podem restringir alguns dos direitos e garantias fundamentais são os chamados Estado de Defesa e o Estado de Sítio, cuja decretação compete ao Presidente da República, com aprovação do Congresso Nacional, nos termos dos mesmos dispositivos constitucionais citados. Atualmente, não vigora nenhum desses regimes de exceção no Brasil, de modo que o direito ao trabalho, ao uso da propriedade privada (no caso, o estabelecimento comercial) e à livre circulação jamais poderiam ser restringidos, sem que isso configurasse patente violação às normas constitucionais mencionadas. Veja-se que nem a *lei* poderia fazê-lo, porque, não havendo decreto presidencial, aprovado pelo Congresso Nacional, reconhecendo Estado de Defesa ou Estado de Sítio e estabelecendo os limites das restrições aplicáveis, tal lei seria inconstitucional. No presente caso, o que ocorre é mais grave: tal proibição foi estabelecida por *decreto* do Poder Executivo. O decreto governamental é instrumento destinado exclusivamente a conferir fiel cumprimento à lei; presta-se unicamente a regulamentá-la. Não lhe é permitido criar obrigações não previstas em lei (o chamado 'decreto autônomo'). É o que decorre do art. 5º, inciso II, da Constituição da República, segundo o qual *ninguém será obrigado a fazer ou deixar de fazer alguma coisa senão em virtude de lei*. Portanto, o decreto em que se fundou a prisão do indiciado, pelas razões até aqui expostas, é manifestamente inconstitucional, e, portanto, nulo de pleno direito, de modo que os elementos imprescindíveis à caracterização dos tipos penais imputados pela autoridade policial ao indiciado – 'determinação do poder público' (art. 268 do CP), 'prática de crime' (art. 286 do CP) e 'ordem legal' (art. 330 do CP) evidentemente não se concretizaram no caso em análise. De fato, como admitir: (1) que um decreto do Poder Executivo, cujo teor viola francamente o texto constitucional, possa ser considerado validamente uma 'determinação do poder público'; (2) que seu descumprimento possa ser considerado 'prática de crime'; e (3) que a ordem emanada de funcionário público para seu cumprimento seja uma 'ordem legal'? Admiti-lo equivaleria à total subversão do ordenamento jurídico. O fato praticado pelo indiciado, portanto, é notoriamente atípico. (...) Ante o exposto, dada a manifesta ilegalidade da prisão em flagrante do indiciado, determino seu imediato relaxamento, com fulcro no art. 5º, inciso LXV, da Constituição da República, e no art. 310, inciso I, do Código de Processo Penal. Expeça-se alvará de soltura. Reconhecida a ilegalidade da prisão em flagrante, por consequência, deve ser reconhecida também a ilegalidade da apreensão dos bens pertencentes ao indiciado, descritos no auto de exibição e apreensão de fls. 14/15. Determino, pois, a imediata restituição dos referidos bens apreendidos indevidamente. Expeça-se o necessário. Cumpra-se. Intimem-se" (TJSP, decisão da Vara de Plantão da Comarca de Ribeirão Preto (41ª CJ), proferida nos autos de prisão em flagrante n. 1500681-23.2021.8.26.0530, em 17.03.2021, pelo Juiz de Direito Giovani Augusto Serra Azul Guimarães).

▪ Rede social: Agente que, em sua página, incita a prática de homicídio contra policiais. Direito de manifestação do pensamento que não é absoluto. Crime configurado (TJSC, Ap. 0001958-93.2015.8.24.0020, j. 7.11.2017).

▪ MST: Embora típica e ilícita, não é culpável a conduta de integrantes do MST que, em defesa da causa, fazem barreiras para impedir o acesso de fiscais do INCRA a terras passíveis de desapropriação, já que tais fiscais estariam se utilizando de índices para medir a produtividade das mesmas absolutamente falsos (TRF da 4ª R., Ap. 2002.04.01.009723-2/RS, j. 6.3.2003, *DJU* 26.3.2003, p. 801, *in Bol. IBCCr* 128/718). Não pratica o crime quem, segundo a denúncia, não incitou ninguém à prática do delito, mas, ao contrário, teria acedido à instigação de terceiro (STF, HC 75.755/GO, *DJU* 20.3. 98, p. 6).

- **Parlamentar:** Dizeres proferidos por Deputado Estadual em discurso na Assembleia Legislativa estão acobertados pela inviolabilidade parlamentar (TJSP, Órgão Especial, RPCR 2114321-53.2019.8.26.0000, *DJe* 28.6.2019).

APOLOGIA DE CRIME OU CRIMINOSO

Art. 287. Fazer, publicamente, apologia de fato criminoso ou de autor de crime:
Pena – detenção, de 3 (três) a 6 (seis) meses, ou multa.

- **Transação:** Cabe, preenchidos os requisitos do art. 76 da Lei n. 9.099/95.
- **Suspensão condicional do processo:** Cabe, atendidas as condições do art. 89 da Lei n. 9.099/95.

Apologia de crime ou criminoso

- **Objeto jurídico:** A paz pública, considerada em seu aspecto subjetivo (*vide* nota explicativa a este Título IX).
- **Sujeito ativo:** Qualquer pessoa.
- **Sujeito passivo:** A coletividade.
- **Tipo objetivo:** A ação incriminada é fazer *apologia*, isto é, louvar, elogiar, enaltecer, exaltar. Assim sendo, não se confunde a *apologia* com "a simples manifestação de solidariedade, defesa ou apreciação favorável, ainda que veemente, não sendo punível a mera opinião" (HELENO FRAGOSO, *Lições de Direito Penal – Parte Especial*, 1965, v. III, p. 928). A apologia que se pune é: *a. de fato criminoso*, ou seja, fato real e determinado que a lei tipifica como crime, não bastando a apologia de fato contravencional ou imoral; *b. de autor de crime*, que é a apologia do criminoso em razão de crime que cometeu. A exemplo do que ocorre na incitação ao crime (CP, art. 286), a conduta deve ser praticada *publicamente*, porquanto a publicidade é requisito do tipo. Assim, a apologia deve ser realizada de maneira a ser percebida ou perceptível por indeterminado número de pessoas. É indiferente o meio de que se vale o agente para a prática deste crime: palavras, gestos, escritos ou outro meio de comunicação, inclusive pela Internet.
- **Tipo subjetivo:** O dolo, que consiste na vontade de praticar a apologia, consciente da publicidade. Pode haver, conforme o caso, erro de proibição ou mesmo erro de tipo (CP, arts. 20 e 21). Na escola tradicional aponta-se o "dolo genérico". Não há forma culposa.
- **Garantias constitucionais:** Referindo-se o art. 287, em sua segunda parte, a autor de crime, e não a acusado de crime ou simplesmente acusado, pensamos que, diante das garantias constitucionais da desconsideração prévia de culpabilidade (CR, art. 5º, LVII) ou presunção de inocência (CR, art. 5º, §§ 2º e 3º, c/c o art. 14, 2, do PIDCP e o art. 8º, 2, primeira parte, da CADH, os dois últimos tratados subscritos e ratificados pelo Brasil) e da reserva legal (CR, art. 5º, XXXIX; PIDCP, art. 15, 1; CADH, art. 9º), esta igualmente prevista no art. 1º do CP, que veda o emprego de interpretação com efeitos extensivos e da analogia *in malam partem*, a apologia que este tipo penal incrimina, em sua segunda parte, é somente a de autor de crime que assim tenha sido considerado por decisão condenatória passada em julgado. Portanto, a apologia de acusado de crime, ou seja, de pessoa que ainda não tenha sido condenada definitivamente, será atípica. Dir-se-á, talvez, que tal interpretação poderá ter consequências sociais danosas, deixando impunes aqueles que, em evidente conduta antissocial, por exemplo, fizerem a apologia de acusado de um crime hediondo como a extorsão mediante sequestro. Mas, então, que se altere o CP, pois é este, como lei ordinária, que deve se adaptar à CR, e

não o contrário (nesse sentido, STJ, RHC 2.472-4, rel. Min. Adhemar Maciel, vu – DJU 10.5.93, p. 8648). De qualquer modo, poderá ocorrer que, ao enaltecer acusado de crime (e não condenado por crime), esteja o agente a fazer a apologia de um fato criminoso, hipótese em que responderá pela primeira figura deste art. 287. Com entendimento contrário ao por nós defendido, cf. LUIZ RÉGIS PRADO, *Curso de Direito Penal Brasileiro*, 4ª ed., São Paulo, Revista dos Tribunais, v. 3, p. 601).

- **Liberdades públicas:** Pode ocorrer que a conduta do agente esteja amparada por garantias constitucionais, como ocorre com as da liberdade de manifestação do pensamento (CR, art. 5º, IV) e da livre expressão da atividade intelectual, artística, científica e de comunicação, independente de censura ou licença (inciso IX), havendo um conflito aparente de normas com a proibição prevista no crime deste art. 287. O que o Direito Penal pune, evidentemente, são os *abusos* no exercício dessas liberdades. Dependendo do caso, não haverá antijuridicidade ou ilicitude na conduta daquele que, por exemplo, propugna pela descriminalização do aborto, do porte de droga para uso próprio e da eutanásia. Isto porque, defender a descriminalização de certas condutas previstas em lei como crime, não é fazer apologia de fato criminoso ou de autor de crime. Igualmente, não configura o crime deste art. 287 a conduta daquele que usa camiseta com a estampa da folha da maconha, por ser inócua a caracterizar o crime e por estar abrangida na garantia constitucional da liberdade de manifestação do pensamento. Ademais, para que se justifique a punição de uma pessoa, o perigo de dano ao bem jurídico (paz pública) há que ser concreto, não bastando o chamado perigo abstrato (*vide*, a respeito, nota no art. 13 do CP sob a rubrica *Antijuridicidade ou ilicitude material e os crimes de "perigo abstrato"*). *Vide*, também ROBERTO DELMANTO, "Antes de tudo, a liberdade", *Folha de S. Paulo*, "Tendências e Debates", edição de 10.5.2008, p. A3).

- **Consumação:** Com a apologia, sem dependência de outras consequências, não obstante exija-se, para a configuração do crime, que da conduta do agente decorra perigo concreto (palpável, efetivo) à paz pública (*vide* nota acima).

- **Tentativa:** Admite-se nos casos em que o meio empregado permitir o fracionamento da conduta (isto é, nos casos em que o crime se mostrar plurissubsistente), como no caso de apologia por meio da mídia que não chega a ser publicada.

- **Pena:** É alternativa: detenção, de três a seis meses, ou multa.

- **Ação penal:** Pública incondicionada.

Jurisprudência

- **Contravenção penal e publicidade:** Sua apologia não satisfaz elemento constitutivo deste delito; além disso, a apologia deve ser dirigida ou presenciada por número indeterminado de pessoas ou em circunstância em que a elas possa chegar a mensagem (STJ, HC 3.997, *mv* – *DJU* 12.12.94, p. 34378; RHC 7.922/RJ, *DJU* 16.11.98, p. 123-4, in Bol. IBCCr 74/318; RHC 4660/RJ, *DJ* 30.10.95).

- **Imunidade parlamentar:** O vereador que, no uso da palavra na Tribuna da Câmara Municipal, faz apologia a extermínio de meninos de rua, não comete o crime porque está acobertado pela inviolabilidade parlamentar prevista no art. 29, VIII, da Cf/88 (STJ, RHC 3.891/RS, *DJ* 24.4.95, p. 10427).

ASSOCIAÇÃO CRIMINOSA

Art. 288. Associarem-se 3 (três) ou mais pessoas, para o fim específico de cometer crimes:

Pena – reclusão, de 1 (um) a 3 (três) anos.

Parágrafo único. A pena aumenta-se até a metade se a associação é armada ou se houver a participação de criança ou adolescente.

- **Suspensão condicional do processo:** Cabe no *caput*, desde que não haja o aumento de pena previsto no parágrafo único, atendidas as condições do art. 89 da Lei n. 9.099/95.

- **Alteração:** A Lei n. 12.850, de 2.8.2013, conferiu nova redação ao art. 288 do CP, mudando, inclusive, o seu *nomen juris*. Desta forma, o antigo crime de quadrilha ou bando, previsto na anterior redação deste art. 288, foi substituído pelo atual crime de associação criminosa.

- **Irretroatividade:** Em virtude da nova redação deste art. 288, que se contenta com *apenas* três pessoas, em vez da antiga redação que exigia *mais* de três, o novel dispositivo não retroage, por se tratar de norma penal mais gravosa.

Referência em outras leis ao art. 288

- **Art. 8º da Lei n. 8.072/90 (Lei dos Crimes Hediondos):** Prevê o referido dispositivo legal que "será de três a seis anos a pena prevista no art. 288 do CP, quando se tratar de crimes hediondos, prática da tortura, tráfico ilícito de entorpecentes e drogas afins ou terrorismo". Sobre o terrorismo, *vide* Lei n. 13.260/2016). Embora o *nomen juris* do art. 288 do CP tenha sido alterado para "associação criminosa", a qual passou a exigir o mínimo de apenas três pessoas (e não mais quatro), entendemos que o art. 8º continua em vigor e com plena eficácia (validade), pois o delito continua essencialmente o mesmo, não tendo havido *abolitio criminis*.

- **Art. 87 da Lei n. 12.529/11 (cartel e ordem econômica):** Dispõe esse artigo que "Nos crimes contra a ordem econômica, tipificados na Lei n. 8.137, de 27 de dezembro de 1990, e nos demais crimes diretamente relacionados à prática de cartel, tais como os tipificados na Lei n. 8.666, de 21 de junho de 1993, e os tipificados no art. 288 do Decreto-Lei n. 2.848, de 7 de dezembro de 1940 – Código Penal, a celebração de acordo de leniência, nos termos desta Lei, determina a suspensão do curso do prazo prescricional e impede o oferecimento da denúncia com relação ao agente beneficiário da leniência". O seu parágrafo único, por sua vez, dispõe que: "Cumprido o acordo de leniência pelo agente, extingue-se automaticamente a punibilidade dos crimes a que se refere o *caput* deste artigo". Tendo em vista que o art. 288 do CP *permanece* em vigor, não tendo ocorrido *abolitio criminis* em virtude da Lei n. 12.850/2013, a disposição prevista no art. 87 da Lei n. 12.529/2011 continua sendo aplicável ao novo art. 288.

Art. 288 e delação ou colaboração premiada

- **Delação premiada (Lei n. 7.492/86, alterada pela Lei n. 9.080/95):** Na Lei dos Crimes contra o Sistema Financeiro Nacional, o legislador estabeleceu, em seu art. 25, § 2º, que "nos crimes previstos nesta Lei, cometidos em quadrilha ou coautoria, o coautor ou partícipe que através de confissão espontânea revelar à autoridade policial ou judicial toda a trama delituosa, terá a sua pena *reduzida de um a dois terços*". Embora tal dispositivo faça menção à quadrilha (*nomen juris* hoje alterado pela Lei 12.850/2013), ele se aplica ao atual art. 288 (associação criminosa), desde que voltada à prática de crimes contra o Sistema Financeiro Nacional; a única diferença é que, agora, a associação criminosa exige apenas três pessoas.

- **Delação premiada (Lei n. 8.072/90):** O parágrafo único do art. 8º da Lei n. 8.072/90 dispõe que "o participante e o associado que denunciar à autoridade o bando ou quadrilha, possibilitando seu desmantelamento, terá a pena *reduzida de um a dois terços*". Mesmo com o advento da Lei n. 12.850/2013, que deu nova redação ao art. 288 do CP (o *nomen juris* "quadrilha ou bando" foi substituído por "associação criminosa", alterando-se também a exigência para o mínimo de três pessoas), o art. 8º, parágrafo único, da Lei n. 8.072/90, continua em vigor e com plena eficácia; o dispositivo, assim, continua sendo aplicável ao atual crime de associação criminosa (art. 288). Em nosso entendimento, a diminuição de pena (decorrente da delação) se aplica não só ao crime de quadrilha (atual associação), mas também aos crimes por ela eventualmente cometidos, inclusive os hediondos, a tortura, o tráfico ilícito de entorpecentes e drogas afins e o terrorismo (*vide* Lei n. 13.260/2016). Com efeito, se a intenção do legislador foi premiar a delação para possibilitar o desmantelamento da quadrilha (hoje associação criminosa), com o consequente esclarecimento dos delitos porventura já cometidos, não teria sentido que a diminuição de pena alcançasse apenas o crime de associação, desestimulando a delação. A respeito, JÚLIO F. MIRABETE lembra que "como a lei não contém palavras inúteis, deve ser distinguido o *associado* (membro da quadrilha, crime de concurso necessário) do *participante* (coautor ou partícipe em crime praticado em concurso eventual); pode-se entender que a diminuição é cabível ao delator não só quanto ao crime de quadrilha (nesse caso o agente é *associado*), como também pelo crime por ele praticado, entre os referidos na lei, como integrante da quadrilha (nessa hipótese o agente é *participante*)" ("Crimes hediondos: aplicação e imperfeições da lei", *RT* 663/268-272). Quanto à *delação*, *vide* também nota *Causa especial de diminuição de pena (§ 4º)* no art. 159 do CP.

- **Delação premiada (Lei n. 8.137/90):** Nos crimes previstos na Lei n. 8.137/90, que tratam da Ordem Tributária, Econômica e das Relações de Consumo, cometidos em quadrilha ou coautoria, o coautor ou partícipe que através de confissão espontânea revelar à autoridade policial ou judicial toda a trama delituosa terá a sua pena reduzida de um a dois terços (art. 16, parágrafo único). Embora o *nomen juris* do art. 288 do CP tenha sido alterado para associação criminosa, o referido dispositivo legal continua em vigor e com plena eficácia (validade), aplicando-se atualmente ao crime de associação criminosa.

- **Delação premiada (Lei n. 9.613/98):** Tratando-se de crime de lavagem de dinheiro, o art. 1º, § 5º, da Lei n. 9.613/98 estatui que "a pena será reduzida de um a dois terços e começará a ser cumprida em regime aberto, podendo o juiz *deixar de aplicá-la* ou substituí-la por pena restritiva de direitos, se o autor, coautor ou partícipe colaborar espontaneamente com as autoridades, prestando esclarecimentos que conduzam à apuração das infrações penais e de sua autoria *ou* à localização dos bens, direitos ou valores objeto do crime". Embora o dispositivo não mencione o antigo crime de quadrilha ou bando, nem mesmo o atual crime de associação criminosa (art. 288 do CP), nada impede a aplicação da delação premiada no caso de haver "quadrilha ou bando" ou mesmo a atual associação criminosa, bastando que o autor (coautor ou partícipe) "colabore espontaneamente com as autoridades", e cumpra os demais requisitos previstos no dispositivo ora em comento. De outro lado, poderá a delação premiada ocorrer ainda que o acusado (coautor ou partícipe) não traga elementos para a identificação de outros autores ou partícipes, mas tão somente para a localização dos bens, ou vice-versa. Observe-se que, nos crimes de lavagem de dinheiro, o legislador foi, quanto ao instituto da delação premiada, mais benéfico ao delator do que em outras leis até então editadas, permitindo ao juiz *até deixar de aplicar a pena*, o que, a nosso ver, é salutar, pois retira do delator o medo de represálias na prisão, de forma a incentivar a delação e, consequentemente, favorecer a elucidação dos crimes. Atualmente, a Lei n. 12.850/2013 prevê, inclusive, o perdão judicial e a possibilidade do Promotor de Justiça até mesmo deixar de oferecer denúncia (*vide* abaixo).

- **Delação premiada (Lei n. 9.807/99):** Ao cuidar dos programas de proteção à testemunha, a Lei n. 9.807/99 estabelece, em seu art. 14, que "o indiciado ou acusado que colaborar voluntariamente com a sua investigação policial e o processo criminal na identificação dos demais coautores ou partícipes do crime, na localização da vítima com vida e na recuperação total ou parcial do produto do crime, no caso de condenação, terá a pena reduzida de um a dois terços". Trata-se de dispositivo mais abrangente, que alcança *qualquer* tipo de crime.

- **Delação premiada (Lei n. 11.343/2006):** O art. 41 da nova Lei de Drogas, sobre a delação premiada, estatui: "O indiciado ou acusado que colaborar voluntariamente com a investigação policial e o processo criminal na identificação dos demais coautores ou partícipes do crime e na recuperação total ou parcial do produto do crime, no caso de condenação, terá pena reduzida de um terço a dois terços". Observe-se que, também aqui, não há mais a exigência de que a delação premiada só ocorra em hipóteses de associação criminosa (antiga quadrilha ou bando), sendo admitida, também, para casos de simples coautoria ou participação.

- **Delação premiada nas organizações criminosas (Lei n. 12.850, de 2.8.2013):** A Lei n. 12.850/2013, ao revogar a Lei n. 9.034/95, criou a chamada "nova lei de organizações criminosas", na qual a delação premiada vem assim prevista: "Art. 4º O juiz poderá, a requerimento das partes, conceder o perdão judicial, reduzir em até 2/3 (dois terços) a pena privativa de liberdade ou substituí-la por restritiva de direitos daquele que tenha colaborado efetiva e voluntariamente com a investigação e com o processo criminal, desde que dessa colaboração advenha um ou mais dos seguintes resultados: I – a identificação dos demais coautores e partícipes da organização criminosa e das infrações penais por eles praticadas; II – a revelação da estrutura hierárquica e da divisão de tarefas da organização criminosa; III – a prevenção de infrações penais decorrentes das atividades da organização criminosa; IV – a recuperação total ou parcial do produto ou do proveito das infrações penais praticadas pela organização criminosa; V – a localização de eventual vítima com a sua integridade física preservada". Observe-se que os requisitos exigidos não são cumulativos, bastando que a delação atinja um ou mais resultados. Por sua vez, o § 4º do art. 4º dispõe que "nas mesmas hipóteses do *caput*, o Ministério Público poderá deixar de oferecer denúncia se o colaborador: I – não for o líder da organização criminosa; II – for o primeiro a prestar efetiva colaboração nos termos deste artigo". Trata-se de importante inovação legislativa que veio a relativizar o chamado princípio da *indisponibilidade da ação penal pública*, podendo o Ministério Público abrir mão desta, ainda que formada a *opinio delicti*.

Art. 288 (caput)

- **Noção:** Cuida-se de punir, pelo perigo que representa para a paz e a segurança públicas, a associação de três ou mais pessoas, para o fim específico de cometer crimes. Excluem-se, por evidente, os crimes culposos e preterdolosos, não sendo possível haver associação criminosa para a prática de crimes não dolosos. Tal como se defendia para o antigo crime de quadrilha ou bando (hoje alterado), no atual crime de associação criminosa deve-se exigir o requisito da estabilidade ou permanência do vínculo associativo, não bastando uma associação eventual ou passageira, hipótese em que poderá haver mera coautoria ou participação (CP, art. 29). O tipo penal em questão trata, na verdade, de punir verdadeiros "atos preparatórios", exceção esta, todavia, que é expressamente autorizada pelo art. 31 do CP ("O ajuste, a determinação ou instigação e o auxílio, salvo disposição expressa em contrário, não são puníveis, se o crime não chega, pelo menos, a ser tentado"). Por se tratar de crime de perigo, e não de dano, não se exige para a sua consumação a efetiva prática de crimes, bastando que esta seja a finalidade da associação criminosa.

- **Crítica:** Na 8ª edição deste *Código Penal Comentado*, antes, portanto, do advento da Lei n. 12.850, de 2.8.2013, fazíamos uma crítica que merece ser mantida na atual edição. Trata-se da atuação das autoridades públicas no combate ao antigo crime de quadrilha ou bando (hoje associação criminosa), em que têm sido frequentes os abusos por parte da Polícia Judiciária, de membros do Ministério Público (...), ao imputar o crime deste art. 288 em quase todo caso em que haja a participação, hoje, de três ou mais pessoas, sem atentar para o requisito da estabilidade ou permanência do vínculo associativo (a respeito, cf. RENÉ ARIEL DOTTI, "Um bando de denúncias por quadrilha", *Bol. IBCCr*, n. 174, maio de 2007). Essa injusta e ilegal forma de proceder agrava, em muito, a situação processual do acusado, bastando lembrar que a quadrilha ou bando (atual *associação criminosa*) inclui-se dentre os crimes que admitem a prisão temporária (Lei n. 7.960/89), e permitem o emprego de procedimentos específicos de investigação e colheita de provas, como a colaboração premiada, captação ambiental e ação controlada, dentre outros (Lei n. 12.850, de 2.8.2013).

- **Antecedentes históricos no Brasil e a previsão em outros países:** O antigo crime de quadrilha ou bando, previsto na anterior redação deste art. 288, foi novidade no Código Penal de 1940, não havendo previsão semelhante nos Códigos Penais precedentes. Todavia, tanto o Código Criminal do Império (arts. 285 e ss.) quanto o Código Republicano de 1890 puniam, sob o título de *ajuntamento ilícito*, condutas que guardavam alguma afinidade com o antigo crime de quadrilha ou bando, mas que com ele não se confundiam, uma vez que não passavam de "reunião acidental de sediciosos ou amotinados na praça pública, sem nenhum caráter de estabilidade" (HUNGRIA, *Comentários ao Código Penal*, 2ª ed., Rio de Janeiro, Forense, 1959, v. IX, p. 174). O novo crime de associação criminosa deste art. 288, incluído pela Lei n. 12.850, de 2.8.2013, encontra previsão semelhante em outros países, como ocorre nos Códigos Penais da Argentina (art. 210. *Asociación ilícita*), Itália (art. 416. *Associazione per delinquere*) e Portugal (art. 299º. Associação criminosa). É importante frisar que o crime de associação criminosa (art. 288 do CP) não se confunde com o conceito de organização criminosa, nem mesmo com o crime de organização criminosa (*vide* notas abaixo).

- **Objeto jurídico:** A paz e a segurança públicas.
- **Sujeito ativo:** Qualquer pessoa. Trata-se de crime coletivo ou plurissubjetivo, que requer necessariamente o concurso de pelo menos *três pessoas* (crime de concurso necessário).
- **Sujeito passivo:** A coletividade.
- **Tipo objetivo:** O núcleo indicado é *associarem-se*, que traz a significação de ajuntarem-se, reunirem-se, aliarem-se, agregarem-se. A finalidade da associação deve ser específica para a prática de crimes, não havendo o crime se for para o cometimento de contravenção penal (jogos de azar, por exemplo). Exige a lei o número mínimo de três pessoas (*vide* abaixo).
- **Para a formação do mínimo legal de pessoas:** Na 8ª edição deste *Código Penal Comentado*, em que ainda *vigorava* o antigo crime de quadrilha ou bando, trazíamos os diversos entendimentos a respeito da formação do mínimo legal de pessoas necessárias para a caracterização daquele crime, o que pode ser aplicado para o novo crime de associação criminosa (no qual agora bastam três pessoas), *verbis*: "1. Contam-se os inimputáveis (como no caso de menor de 18 anos), desde que tenham capacidade para entender e integrar a associação (neste sentido, HUNGRIA, *Comentários*..., cit., v. IX, pp. 178-179). 2. Não se contam os inimputáveis (BENTO DE FARIA, *Código Penal Comentado*, Rio de Janeiro, Record Editora, 1959, p. 14; GALDINO SIQUEIRA, *Tratado de Direito Penal*, Rio de Janeiro, 1947, v. 4, p. 400). Há, outrossim, entendimento no sentido de que a impossibilidade de identificação de algum dos integrantes da quadrilha não impede o seu reconhecimento, 'desde que se tenha certeza moral de sua existência' (VICENTE SABINO JUNIOR, *Direito Penal*, São Paulo, 1967, v. 4, p. 1138). Nesse sentido manifesta-se LUIZ RÉGIS PRADO: 'Mesmo que na associação existam inimputáveis ou que nem todos os componentes sejam identificados, e mesmo se algum deles não for punível em razão de alguma causa pessoal de isenção de pena, o delito subsiste' (*Curso de Direito Penal Brasileiro*, 4ª ed., Revista dos Tribunais, v. 3, p. 606)". A nosso ver, os inimputáveis não devem ser contados no número mínimo de pessoas, pois, não sendo eles penalmente responsáveis, sua associação aos demais – que exigiria vontade livre e consciente, por tratar-se de crime doloso – não pode ter relevância para os fins do art. 288 do CP. O mesmo se diga quanto ao componente da associação criminosa não identificado, pois, sem sua identificação, não se pode saber se ele é ou não imputável e se agiu dolosamente.
- **Estabilidade e permanência:** A exemplo do que ocorria com o antigo crime de quadrilha ou bando, para a caracterização do crime de associação criminosa não basta uma associação eventual ou acidental entre três ou mais pessoas para a prática de crimes, devendo haver uma associação estável ou permanente. Com efeito, o núcleo *associar-se* exprime a ideia de estabilidade ou permanência, "para a consecução de um fim comum" (HUNGRIA, *Comentários*..., cit., v. IX, pp. 177-178; BENTO DE FARIA, *Código*..., cit., p. 12). Note-se, portanto, que "a nota de estabilidade ou permanência da aliança é essencial" (HUNGRIA, *Comentários*..., cit., v. IX, p. 178). A estabilidade, a bem da verdade, "somente é alcançada com o passar do tempo e com o renovar do propósito associativo" (MOHAMAD ALE HASAN MAHMOUD, "Quadrilha ou bando: crime habitual", *Bol. IBCCr*, n. 185, abril de 2008).
- **Para o fim específico de cometer crimes:** A lei requer que as pessoas se associem (donde se exige a estabilidade e permanência) "com o fim de praticar reiteradamente crimes, da mesma espécie ou não, mas sempre mais ou menos determinados" (HELENO FRAGOSO, *Lições de Direito Penal – Parte Especial*,1965, v. III, p. 934). Se a finalidade da associação for a de praticar contravenções, fatos ilícitos ou imorais, não haverá o crime deste art. 288. Como bem adverte NORONHA (*Direito Penal*, Saraiva, 1962, v. 4, p. 144), "não bastam meros atos preparatórios da convenção comum; não é suficiente simples

troca de ideias, ou conversa 'por alto' acerca do fim, mas o propósito firme e deliberado, a resolução seriamente formada, com programa a ser posto em execução em tempo relativamente próximo, de modo que se possam divisar no fato a lesão jurídica e o perigo social, contra os quais se dirige a tutela penal". Quanto à possibilidade de caracterização do crime deste art. 288 para a prática de um único crime continuado, há dois entendimentos: *a.* "a associação não se coaduna com a unidade individuada do crime a praticar" (HUNGRIA, *Comentários..., cit.,* v. IX, p. 178); *b.* caracteriza-se o crime ainda que a quadrilha tenha sido formada para a prática de um só crime continuado (DAMÁSIO DE JESUS, *Direito Penal*,1996, v. III, p. 394; HELENO FRAGOSO, *Lições de Direito Penal – Parte Especial*, 1965, v. III, p. 934; MAGALHÃES NORONHA, *Direito Penal*, 1995, v. IV, p. 94; LUIZ RÉGIS PRADO, *Curso ...*, cit., v. 3, p. 609). Entendemos mais correta a primeira posição, visto que a figura do crime continuado é uma ficção jurídica criada pelo próprio legislador, de forma que deve continuar a existir para os fins deste art. 288. Ademais, não se podendo admitir contradição lógica no Direito, é inviável considerar o crime continuado como *crime único* para efeito de aplicação de pena (CP, art. 71) e não o considerar como tal para efeito deste art. 288, que exige a intenção de praticar *crimes* (no plural).

- **Tipo subjetivo:** O dolo (de perigo) de associar-se em três ou mais pessoas, acrescido do elemento subjetivo do tipo referido pelo especial fim de agir ("para o fim específico de cometer crimes"). Na doutrina tradicional é o "dolo específico". Não há modalidade culposa.

- **Consumação:** Ocorre no momento em que três ou mais pessoas se associam para a prática de crimes. Não se exige a prática de qualquer crime, devendo, todavia, existir a real intenção e possibilidade de sua prática. Deve a denúncia, contudo, demonstrar que a associação visava a prática de crimes mais ou menos determinados, provando, por exemplo, a existência concreta de planejamentos para o seu cometimento, nos termos do art. 41 do CPP. Em outras palavras, os crimes visados hão de ser "palpáveis" e não "imaginários", devendo a denúncia demonstrar que a associação efetivamente buscava o cometimento de crimes determinados, como o de roubo, por exemplo. É *infração permanente*, em que a consumação se prolonga ao longo do tempo, o que autoriza o flagrante delito. Como já dizíamos em comentários ao antigo crime de bando ou quadrilha, entendimento hoje que se aplica ao atual crime de associação criminosa, na prática "nem sempre é fácil a prova da existência da quadrilha ou bando: a certeza a respeito só é possível, as mais das vezes, quando se consegue rastrear a associação pelos crimes já praticados" (HUNGRIA, *Comentários...*, cit., v. IX, pp. 180-181).

- **Tentativa:** Não se admite, porque o núcleo "associarem-se" não permite fracionamento: ou as pessoas se associaram efetivamente para a prática de crimes, e o crime está consumado; ou não o fizeram, não passando a conduta de mera intenção ou mesmo de atos preparatórios impuníveis.

- **Concurso de crimes:** Caso a associação criminosa venha efetivamente a cometer crimes, haverá concurso material entre o crime de associação criminosa (art. 288) e os demais cometidos pela associação, respondendo por estes, evidentemente, apenas os membros da associação que tiverem concorrido para a sua prática (CP, art. 29) (nesse sentido, em comentários ainda sobre o antigo crime de quadrilha ou bando: NORONHA, *Direito Penal*, Saraiva, 1962, v. 4, p. 149; HELENO FRAGOSO, *Lições de Direito Penal*, São Paulo, 1959, p. 758; LUIZ RÉGIS PRADO, *Curso de Direito Penal Brasileiro*, 4ª ed., Revista dos Tribunais, v. 3, p. 608). Não obstante o crime deste art. 288 seja autônomo (isto é, sua consumação não depende da efetiva prática de crimes pela associação), se dois ou mais membros da associação praticam furto ou roubo, não poderá incidir a qualificadora do concurso de pessoas relativa a este crime, já que, em nosso entendimento, haveria neste caso *bis in idem* (dupla punição pela mesma circunstância). Em sentido contrário, admitindo o concurso com as figuras qualificadas pelo número de agentes, HUNGRIA, *Comentários...*, cit., v. IX, p. 180, nota; LUIZ RÉGIS PRADO, *Curso ...*,cit., v. 3, pp. 608-609.Há, todavia, entendimento jurisprudencial que perfilha nossa posição de que o concurso com as figuras qualificadas representa *bis in idem* (*vide* jurisprudência abaixo). O mesmo entendimento deve ser aplicado na hipótese de concurso entre os crimes de associação criminosa armada e roubo qualificado pelo emprego de arma, não podendo a "arma" incidir duas vezes; neste caso, devem os agentes responder, em concurso material, pelos crimes de associação armada e roubo simples.

- **Associação criminosa e concurso de pessoas (diferenciação):** Como acima visto, nem todo crime cometido por três ou mais pessoas permite a imputação do delito de associação criminosa, porquanto a configuração deste exige requisitos próprios, como a estabilidade e a permanência. Como assevera HELENO FRAGOSO (Lições..., cit., v. 3, pp. 755-756), "o que mais comumente ocorre é a cooperação ocasional entre delinquentes, para a prática de determinados 'golpes'. Carrara, aliás, advertia contra a tendência de certos acusadores em ver nessa reunião ocasional verdadeiras quadrilhas". GALDINO SIQUEIRA (Tratado de Direito Penal, Rio de Janeiro, 1947, v. 4, p. 399) faz questão também de ressaltar a distinção entre participação criminosa e associação para delinquir. É necessário que haja, portanto, um maior controle por parte dos juízes e tribunais ao analisarem denúncias ou pedidos de prisão temporária nos casos em que caracterizado mero concurso de pessoas, e não uma associação criminosa propriamente dita.

- **Confronto com o art. 35 da Lei Antidrogas:** Com o advento da Lei n. 11.343/2006 (atual Lei Antidrogas), passou a vigorar o crime de associação para o tráfico (art. 35), verbis: "Associarem-se duas ou mais pessoas para o fim de praticar, reiteradamente ou não, qualquer dos crimes previstos nos arts. 33, caput e § 1º, e 34 desta Lei", com pena de reclusão, de três a dez anos, e o pagamento de setecentos a mil e duzentos dias-multa". Assim, a associação de duas ou mais pessoas para a prática dos crimes mencionados no referido art. 35, dentre os quais se inclui o de tráfico ilícito de entorpecentes, configura o crime do art. 35 da Lei Antidrogas, e não o crime deste art. 288 (princípio da especialidade).

- **Associação criminosa e organização criminosa:** Referidos conceitos não se confundem. Enquanto a associação criminosa vem definida neste novo art. 288 (com redação dada pela Lei n. 12.850, de 2.8.2013), a organização criminosa é conceituada pelo art. 2º da Lei n. 12.694, de 24.7.2013. Embora a Lei n. 9.034/95 (hoje revogada pela Lei n. 12.850/2013) dispusesse sobre meios de prova e procedimentos investigatórios nos ilícitos decorrentes de ações praticadas por "quadrilha ou bando ou organizações ou associações criminosas de qualquer tipo", não havia, até então, conceito sobre essas duas últimas expressões, o que era objeto de séria crítica pela doutrina. Tal falha atualmente encontra-se superada. O conceito de organização criminosa foi primeiramente fixado pela Lei n. 12.694, de 24.7.2013 (art. 2º). Ocorre que, dias após, a Lei n. 12.850, de 2.8.2013, veio a estabelecer um novo conceito de organização criminosa (hoje em vigor), verbis: "Considera-se organização criminosa a associação de 4 (quatro) ou mais pessoas estruturalmente ordenada e caracterizada pela divisão de tarefas, ainda que informalmente, com objetivo de obter, direta ou indiretamente, vantagem de qualquer natureza, mediante a prática de infrações penais cujas penas máximas sejam superiores a 4 (quatro) anos, ou que sejam de caráter transnacional" (art. 1º, §1º). Além de definir o conceito de organização criminosa, a Lei n. 12.850/2013 estabeleceu regras específicas sobre a investigação criminal, os meios de obtenção da prova, infrações penais correlatas e o procedimento criminal nesses casos.

- **Confronto com crime de organização criminosa:** A Lei n. 12.850/2013 criou, também, o crime de organização criminosa, endereçado àquele que promover, constituir, financiar ou integrar, pessoalmente ou por interposta pessoa, organização criminosa (vide art. 2º). Pune-se ainda com a mesma pena do caput quem impede ou, de qualquer forma, embaraça a investigação de infração penal que envolva organização criminosa (§ 1º).

- **Pena:** Reclusão, de um a três anos. Não há previsão de pena de multa.

- **Ação penal:** Pública incondicionada.

Causa especial de aumento de pena (parágrafo único)

- **Noção:** Houve por bem o legislador prever a punição mais severa dos agentes que participarem de associação armada ou se houver a participação de criança ou adolescente. O antigo entendimento sobre crime de quadrilha ou bando armado pode e deve ser mantido para o atual crime de associação criminosa armada. A doutrina era pacífica no sentido de que se podia tratar tanto de arma própria (isto é, fabricada para a defesa ou o ataque) quanto de arma imprópria (objeto qualquer ameaçador, mas desde que utilizado como arma), de forma que ambas permitiam o aumento da pena. Não era pacífico, entretanto, que fosse suficiente estar armado um só membro da quadrilha (hoje associação), embora predominasse esse entendimento na doutrina, desde que ao menos os demais tivessem conhecimento da existência de um membro armado, sob pena de haver inadmissível responsabilidade penal sem culpa. Para que haja incidência da causa de aumento de pena, exige-se, outrossim, que alguma arma tenha sido encontrada em poder da associação criminosa. A exemplo do que sucede no art. 157, § 2º, I, do CP, sobretudo após o cancelamento da Súmula 174 do STJ, a arma de brinquedo não basta igualmente para caracterizar a qualificadora deste art. 288.

- **Criança ou adolescente:** Incide ainda a causa especial de aumento de pena do crime de associação criminosa se houver a participação de criança ou adolescente (parágrafo único). Nos termos do art. 2º do ECA – Estatuto da Criança e do Adolescente (Lei n. 8.069/90), "Considera-se criança, para os efeitos desta Lei, a pessoa até doze anos de idade incompletos, e adolescente aquela entre doze e dezoito anos de idade". A nosso ver, bem agiu o legislador ao prever esta causa de aumento de pena na segunda parte do parágrafo único. Com efeito, ao invés da pretendida diminuição da maioridade penal, que acarretará inevitavelmente o contágio dos menores de dezoito anos com adultos, agravando ainda mais a criminalidade, melhor seria estender essa causa de aumento de pena para os acusados que venham a se utilizar de menores para a prática, como autores ou partícipes, de crimes hediondos ou outros graves como o roubo qualificado. Por se tratar de crime doloso, para que haja o aumento de pena deste parágrafo único, é necessário que os demais tenham conhecimento de que um dos participantes da associação era criança ou adolescente. A ausência deste conhecimento impede a aplicação do aumento. A nosso ver, na contagem do mínimo de três agentes exigidos pelo art. 288, não devem ser incluídos os inimputáveis (cf. nota ao *caput* sob o título *Para a formação do mínimo legal de pessoas*). Assim, deve haver a participação de pelo menos três imputáveis para que se caracterize o crime de associação criminosa.

- **Irretroatividade:** Por ser uma nova causa de aumento de pena, a sua incidência em virtude da participação de criança ou adolescente somente se aplica para fatos cometidos após a entrada em vigor da Lei n. 12.850, de 2.8.2013.

- **Pena e retroatividade:** Aumenta-se a pena até a metade, nos casos de associação armada ou se houver a participação de criança ou adolescente. No que tange à associação armada, tendo em vista que a pena do novo parágrafo único do art. 288 é menos severa do que a anterior (aumento em dobro), tal norma penal deve retroagir, aplicando-se a fatos cometidos anteriormente, mesmo que já haja condenação definitiva (*novatio legis in mellius*); neste caso, será cabível *habeas corpus* ou revisão criminal.

Jurisprudência (anterior à Lei n. 12.850, de 2.8.2013)

- **Observação:** Embora a antiga redação do art. 288 do CP tenha sofrido alteração com a Lei n. 12.850, de 2.8.2013, passando a denominar-se associação criminosa, optamos por manter a jurisprudência a respeito do antigo crime de quadrilha ou bando, pois em muitos casos é aplicável ao tipo penal.

- **Autonomia:** A quadrilha é crime autônomo, que independe dos crimes cometidos pelo bando (STF, *RT* 565/409; TJSC, *RT* 710/327; TRF da 4ª R., Aps. 5.616 e 28.400, *DJU* 7.12.94, p. 71870). O crime de quadrilha é sempre independente dos crimes que pelo bando vierem a ser praticados; o membro da quadrilha será coautor do crime para o qual concorrer e este delito poderá ser isolado do conjunto dos demais crimes praticados pelo bando (STF, *RTJ* 88/468). O fato de participar da quadrilha, e ser por esse crime condenado, não leva também à condenação pelos crimes que o bando praticou, se não há prova de que tenha participado desses crimes (TJRJ, RT 608/365). O delito de formação de quadrilha ou bando é formal e se consuma no momento em que se concretiza a convergência de vontades, independentemente da realização ulterior do fim visado (STJ, 5ª T., HC 49.470/PB, j. 15.8.2006, vu – DJ 11.9.2006, p. 319; HC 90900/CE, j. 18.12.2008, DJ 2.3.2009).

■ Qualquer crime: A quadrilha pode ser formada visando à prática de qualquer tipo de crime (TFR, Ap. 4.979, DJU 18.6.82, p. 6013). Em tese, o crime de quadrilha não é incompatível com o de receptação (STF, RTJ 102/614).

■ Para outro fim: Inexistindo prova de que os integrantes do MST se associaram para cometerem crimes de furto e de dano, figuras que, corriqueiramente, ocorrem no curso das invasões, não há se falar em quadrilha ou bando; este delito exige associação para o cometimento de crimes e não para outro fim, da qual resultem ou possam resultar na prática de delitos (TJSP, RT 787/594).

■ Sujeito ativo: A quadrilha é crime necessariamente coletivo ou plurissubjetivo (STF, RTJ 101/147).

■ Para mais de um crime: Deve ser formada para cometer crimes, e não um só crime (TJSP, RJTJSP 178/304-5; TRF da 4ª R., Aps. 5.616 e 28.400, DJU 7.12.94, p. 71870; TJSC, RT 725/651).

■ Absolvição quanto aos demais crimes: Optando o julgador pela absolvição do acusado, em virtude da não comprovação do roubo, sequestro e contrabando de armas, não pode subsistir a condenação por quadrilha, cuja base real consistira unicamente nos mesmos fatos (TRF da 1ª R., Ap. 98.01.00.024439-7/TO, DJU 4.6.99, p. 185, in RBCCr 27/364).

■ Denúncia. Inépcia: É inepta a denúncia que não descreve o concurso de pelo menos quatro pessoas (atualmente três), a finalidade dos agentes voltada ao cometimento de delitos e a exigência de estabilidade e permanência da associação (STJ, HC 107.503/AP, j. 25.11.2008).

■ Crime permanente: O crime deste art. 288 é infração de natureza permanente (STF, RTJ 116/515; STJ, RHC 2.720, DJU 6.9.93, p. 18047, in RBCCr 4/180). Sendo o crime de quadrilha permanente, cujo momento consumativo se protrai no tempo, o agente que sofreu condenação anterior em processo judicial diverso não pode ser condenado novamente pela prática do mesmo fato delituoso, sob pena de bis in idem (STF, RT 749/573).

■ Crime continuado: Não se tipifica a quadrilha se o crime praticado era continuado, pois falta a pluralidade de crimes e estabilidade (TJSP, RJTJSP 86/422; TACrSP, mv – RT 533/362; contra: TJRJ, RT 600/383; TJPR, RT 538/390).

■ Permanência e estabilidade: São requisitos do crime do art. 288: estabilidade, permanência e existência de no mínimo quatro pessoas (hoje três) (TJSP, RJTJSP 173/328-9, RT 759/597, 758/534; TJSP, RT 765/582). Não é suficiente a prática de delito por quatro (atualmente três) ou mais comparsas, sendo imprescindível a organização, preordenação dolosa, estabilidade e permanência (TJRO, RT 697/346; TJSE, RT 759/721). Deve haver animus associativo prévio, agindo os participantes de modo coeso, numa conjugação de esforços unindo suas condutas, embora separando as funções (TJDF, Ap. 13.867, DJU 23.11.94, p. 14631; TRF da 5ª R., Ap. 1.163, DJU 28.4.95, p. 25319). É mister a reunião estável, para cometer crimes em caráter reiterado e permanente (TRF da 4ª R., Aps. 5.616 e 28.400, DJU 7.12.94, p. 71870; TRF da 2ª R., HC 852, mv – DJU 18.4.96, p. 25289, in RBCCr 15/410; TJSP, RJTJSP 178/304-305, 173/324-325), que não se confunde com um isolado concurso de agentes (TJSP, RT 721/422-423, 751/580; TJRO, RT 812/679). É preciso haver vínculo associativo permanente para fins criminosos, não bastando a sucessividade de eventuais ações grupais (TJSP, RT 722/436).É suficiente a preparação estável, pois a habitualidade não é requisito do crime (TJSP, RJTJSP 68/380). Basta que seja uma associação permanente, em trabalho comum, combinado (TJMG, RT 705/353). Para que haja o crime, é indispensável prova sobre um grupo estável e planejamento reiterado para a prática dos ilícitos; inexistindo tal prova, aplica-se o princípio do in dubio pro reo (TRF da 4ª R., Ap. 2000.70.02.001875-9/PR, JSTJ e TRF 176/512).O crime de quadrilha exige a associação de forma estável e permanente, bem como o objetivo de praticar vários crimes, os quais devem ser regularmente demonstrados no processo, o que inocorreu *in casu* (TJPR, Ap. 345.922-9, *RT* 856/649).

▪ Consumação: Consuma-se no momento da associação (STF, *RT* 565/409; TJRO, *RT* 761/695; TJSP, *RT* 756/562). Em relação aos fundadores, consuma-se no momento em que aperfeiçoada a convergência de vontades entre mais de três pessoas (atualmente mais de duas); quanto àqueles que venham posteriormente a integrar-se ao bando, no momento da adesão de cada qual; é crime formal, sendo irrelevante a realização ulterior de qualquer delito (STF, *RT* 707/414). Basta existir o propósito de associação do agente ao grupo criado para a prática de crimes, sendo desnecessário atribuir-lhe ações concretas (STJ, *RT* 756/523).

▪ Atos preparatórios: O simples ajuste para formar a quadrilha não constitui crime, se ela não chegou a se formar e operar (TJRJ, *RT* 522/429).

▪ Prisão em flagrante: Para prisão em flagrante no crime de quadrilha é necessário, ao menos, que o agente, surpreendido, esteja realizando uma ação que faça supor associação para fim de cometer crimes, não podendo fundamentar-se em meras investigações policiais (STJ, RHC 9.535, *DJU* 2.5.2000, p. 150).

▪ Número de agentes (na redação anterior do art. 288, o mínimo era de quatro, mas atualmente é de três): O número de pessoas necessário à tipificação do crime de quadrilha é considerado objetivamente, no momento da consumação, pouco importando se depois houve prescrição para alguns, restando só três (hoje dois) condenados pelo art. 288(STF, *RT* 604/461, *RTJ* 124/999). São necessárias, no mínimo, quatro (atualmente três) pessoas, e que sejam sempre os mesmos os autores das infrações (TJSP, *RT* 529/317; TJSP, *RT* 787/594; TRF da 1ª R., *RT* 774/690; TJSP, *RT* 764/562). Diante da ausência de dados de fato que comprovem, no caso, a associação de mais de três pessoas (hoje mais de duas), não se caracteriza o crime (STF, *RT* 837/523). Não há, se os partícipes são diversos (TACrSP, *RT* 535/325). Se um dos quatro (agora três) acusados é absolvido, não mais se pode cogitar do art. 288, por falta do número mínimo de agentes (TFR, Ap. 7.605, *DJU* 18.12.86, p. 25197;TJSP, *RJTJSP* 72/360). Deve ser anulada a sentença que condenou três (hoje dois) acusados como integrantes de uma quadrilha, uma vez que o quarto (agora terceiro) agente, acusado em processo desmembrado, ainda não foi julgado, hipótese que levaria ao seu inadequado prejulgamento (TJSP, *RT* 818/576). Permanece tipificado o delito do art. 288, mesmo se em grau de apelação ocorrer anulação do processo em relação a corréus e restarem somente dois condenados (STJ, *RT* 772/546). A impossibilidade de identificar um deles não obsta o reconhecimento do número de agentes exigido (TJSP, *RJTJSP* 69/334, *RT* 748/627; TJRO, *RT* 761/695). A inimputabilidade de alguns não descaracteriza (TJRJ, *RT* 550/353; TJSP, *RT* 748/627). Embora o acusado não tenha agido sozinho, mas em coautoria com outros indiciados, não pode ser condenado por quadrilha se somente ele respondeu ao processo (TRF da 2ª R., *RT* 755/742).

▪ Concurso com roubo qualificado: Não pode haver concurso entre quadrilha e roubo, *ambos qualificados* por concurso de pessoas ou emprego de armas, pois redundaria em dupla qualificação pelo mesmo fato (STF, *RTJ* 120/1056,114/185; HC 62.563, *DJU* 30.8.85, p. 14346;HC 62.564, *DJU* 28.6.85, p. 10678). *Contra:* Pode haver concurso entre roubo qualificado por uso de armas e quadrilha qualificada pelo uso de armas, não havendo *bis in idem* porque "o porte de arma que qualifica a quadrilha (perigo abstrato) não é equivalente ao emprego efetivo de arma que qualifica o roubo (perigo concreto)" (STF, Pleno, *mv* – RHC 64.772, *DJU* 10.8.89, p. 12910, *RT* 755/546; *mv – RTJ* 128/325; STJ, *JSTJ* e *TRF* 2/246; TJSP, *RT* 752/567; TJRO, *RT* 761/695). Pode haver concurso entre roubo qualificado pelo concurso de agentes e quadrilha, por serem tipos autônomos e com objetividades jurídicas diversas (TJSP, *RJTJSP* 117/480). Não há que se falar em *bis in idem* na condenação por crime de quadrilha armada e roubo qualificado pelo uso de armas e concurso de pessoas, tendo em vista a autonomia e independência dos delitos (STJ, 5ª T., REsp 819.773/TO, j. 17.8.2006, *vu – DJU* 11.9.2006, p. 343). Inexiste incompatibilidade entre os crimes de quadrilha e de roubo qualificado pelo concurso de pessoas e com emprego de armas (TJSP, *RT* 776/571).

- **Concurso com porte ilegal de arma:** Pode haver concurso entre os crimes de quadrilha armada e porte ilegal de armas, não havendo que se falar em consunção, uma vez que tais crimes se afiguram, no caso, absolutamente autônomos, inexistindo qualquer relação de subordinação ou nexo de dependência entre as condutas (STJ, *RT* 819/549).

- **Concurso com furto qualificado:** Não pode haver concurso do art. 288 com furto qualificado pelo concurso de pessoas; só com furto simples (STF, *RT* 553/448; *contra:* STF, HC 77.485-9/MG, *DJU* 7.5.99, *Inf. STF* n. 86-E, p. 2, *in RBCCr* 27/364).

- **Concurso com estelionato:** Pode haver concurso material entre estelionato e quadrilha (atual associação criminosa) (TRF da 5ª R., *RT* 768/732).

- **Sonegação fiscal e quadrilha:** A finalidade lícita de exercer atividade comercial, bem como a extinção da punibilidade da sonegação fiscal, em decorrência do parcelamento, tornam insubsistente a imputação de delito de quadrilha (STJ, *RT* 754/564; STJ, 6ª T., RHC 16.871/RJ, rel. Min. Paulo Gallotti, j. 23.5.2006, *vu* – *DJU* 2.10.2006, p. 313). Em sentido contrário: O aperfeiçoamento do delito de quadrilha ou bando não depende da prática ou da punibilidade dos crimes a cuja comissão se destinava a associação criminosa. Por isso, a suspensão da punibilidade de crimes contra a ordem tributária imputados a membros da associação para delinquir, por força da adesão ao REFIS II (Lei n. 10.684/2003), não se estende ao de quadrilha. O crime contra a ordem tributária absorve os de falsidade ideológica necessários à tipificação daqueles; não, porém, o *falsum* cometido na organização da quadrilha (STF, 1ª T., HC 84.453/PB, rel. para o acórdão Min. Sepúlveda Pertence, j. 17.8.2004, *mv* – *DJU* 4.2.2005, p. 27; no mesmo sentido: STF, 1ª T., HC 84.423/RJ, rel. Min. Carlos Britto, j. 24.8.2004, *mv* – *DJU* 24.9.2004, p. 42; STF, 1ª T., HC 84.223/RS, rel. Min. Eros Grau, j. 3.8.2004, *DJU* 27.8.2004, p. 71). O aperfeiçoamento do delito de quadrilha ou bando não depende da prática ou da punibilidade dos crimes a cuja comissão se destinava a associação criminosa (STJ, 5ª T., HC 49.470/PB, rel. Min. Felix Fischer, j. 15.8.2006, *vu* – *DJU* 11.9.2006, p. 319). A posição adotada nos julgados do STF, acima referida, *data maxima venia,* não nos parece a mais adequada, sobretudo diante de uma realidade em que a imputação do crime de quadrilha ou bando (atual associação criminosa), de forma injusta e ilegal, tem se tornado praticamente "automática" em inquéritos policiais e em juízos de primeira instância, confundindo-se esse delito com o mero concurso de agentes. Em suma: nem todo crime cometido por três ou mais agentes implicará o delito de associação criminosa, pois, neste caso, os requisitos são outros (estabilidade e permanência, e a finalidade específica de prática de crimes).

- **Concurso de causas de aumento:** Havendo duas causas de aumento (emprego de arma – parágrafo único do art. 288, e objetivo de prática de crimes hediondos – art. 8º, *caput,* da Lei n. 8.072/90), aplica-se a regra do parágrafo único do art. 68 do CP, ou seja, um só aumento, prevalecendo a causa que mais aumente (STJ, RHC 3.853, *DJU* 7.11.94, p. 30026).

- **Crime único:** O crime de quadrilha é único, não se podendo cogitar de infração continuada (TACrSP, *Julgados* 67/63).

- **Distinção da coautoria:** Não basta a coparticipação, sendo necessária a associação permanente com finalidade preestabelecida do cometimento de crimes (TJSP, *RT* 544/349, 764/562, 783/615). Não configura a coautoria momentânea, sem associação estável (TACrSP, *RT* 538/383; TJSP, *RT* 721/422-423). Para a configuração da quadrilha, não basta a simples coautoria em diversos crimes, de forma continuada ou em concurso material, se não houver organização estável e permanente entre os coautores (TACrSP, *RT* 521/425). A quadrilha não se confunde com a coparticipação em crime continuado (TJPR, *RT* 570/352). O crime de quadrilha reclama prova segura e convincente do engajamento de todos os agentes a um vínculo associativo e consolidado para empreitadas delitivas (TJSP, *RT* 781/576).

- **Figura qualificada (antes da alteração feita pela Lei n. 12.850/2013):** O parágrafo único do art. 288 não exige que todos os partícipes estejam armados (STF, *RTJ* 102/614). O fato de um dos acusados eventualmente estar armado, isoladamente, não tipifica o delito de quadrilha armada (STJ, Pet 1.035, *mv* – *DJU* 17.12.99, p. 399). Incide a qualificadora quando o bando dispunha de armamentos e uma das suas atividades-fim seria a eliminação de intrusos não desejados na exploração da contravenção do "jogo do bicho" (STF, *RT* 707/414).

- **Extensão:** Se em recurso especial se afastou a qualificadora do parágrafo único para um dos acusados, reduzindo-se a pena imposta, os efeitos desse recurso devem ser estendidos aos corréus (STJ, *RT* 750/565).

- **Separação dos processos:** A separação facultativa de processo contra os vários membros do bando não impede que um deles seja condenado separadamente dos outros, se no processo desmembrado havia prova da participação de todos (STF, *RTJ* 112/1064).

CONSTITUIÇÃO DE MILÍCIA PRIVADA

Art. 288-A. Constituir, organizar, integrar, manter ou custear organização paramilitar, milícia particular, grupo ou esquadrão com a finalidade de praticar qualquer dos crimes previstos neste Código:
    Pena – reclusão, de 4 (quatro) a 8 (oito) anos.

- **Alteração:** Art. 288-A incluído pela Lei n. 12.720, de 27.9.2012.

Organização paramilitar ou equivalente

- **Crítica:** A Lei n. 12.720/2012 é fruto do Projeto de Lei n. 370/2007, do deputado federal Luiz Couto (PT da Paraíba), o qual surgiu como desfecho dos trabalhos da CPI que investigou as ações de grupos de extermínio e milícias privadas na região Nordeste do Brasil (cf. exposição de motivos do PL referido). Desta forma, com o objetivo de punir mais ampla e severamente a *organização paramilitar, milícia particular, grupo ou esquadrão* voltado à prática de crimes previstos no CP, foi aprovada a Lei n. 12.720. Referida lei, além de incluir no CP este art. 288-A, fez inserir o § 6º ao art. 121, e o § 7º ao art. 129, de forma a punir mais severamente tais crimes quando praticados por milícia privada.

- **Objeto jurídico:** A paz e a segurança públicas.

- **Sujeito ativo:** Qualquer pessoa. Trata-se de crime coletivo ou plurissubjetivo.

- **Sujeito passivo:** A coletividade.

- **Tipo objetivo:** A exemplo do que sucede no art. 288 do CP, cuida-se de punir, pelo perigo que representa para a paz e a segurança públicas, a constituição, a organização, a integração, a manutenção ou o custeio de organização paramilitar, milícia particular, grupo ou esquadrão com a finalidade de praticar qualquer dos crimes previstos neste Código. Excluem-se, por evidente, os crimes culposos e preterdolosos, não sendo possível haver tal associação para a prática de crimes não dolosos. São cinco os núcleos do tipo: (i) constituir; (ii) organizar; (iii) integrar; (iv) manter ou (v) custear. Tais condutas devem recair sobre: (a) organização paramilitar; (b) milícia particular; (c) grupo ou (d) esquadrão, desde que criados com a finalidade de praticar qualquer dos crimes previstos no CP. Portanto, quando a finalidade for a prática de crimes previstos em lei penal extravagante (e não em crimes no CP), não se caracterizará o delito deste art. 288-A, uma vez que a interpretação, em matéria penal, há que ser sempre restritiva. A ausência de definição sobre tais conceitos (*a, b, c* e *d*) dificultará a aplicação do novel tipo penal (a respeito, *vide* notas abaixo). Outros problemas surgem neste art. 288-A: (i) não é feita exigência quanto ao número mínimo de participantes, ao contrário do que sucede no art. 288 (mínimo de três pessoas), ou mesmo no conceito de organização criminosa da Lei n. 12.850 (mínimo de quatro pessoas), sendo que, a nosso ver, o mínimo haverá de ser de três pessoas, pois, menos do que isso seria incompatível com as noções de organização, milícia, grupo ou esquadrão; (ii) os requisitos da estabilidade e da permanência não foram expressamente trazidos pelo legislador; apesar disso, entendemos que esses requisitos são ínsitos ao novo art. 288-A, tal como ocorre no art. 288 (*vide* nota abaixo). Tais questões deverão ser definidas pela jurisprudência.

- **Organização paramilitar, milícia particular, grupo ou esquadrão:** O novo art. 288-A não observou a garantia da legalidade, no sentido de taxatividade das normas penais incriminadoras, uma vez que não definiu o que venha a ser "organização paramilitar, milícia particular, grupo ou esquadrão". Não obstante, é possível encontrar a definição dessas expressões no *Novo Dicionário Aurélio da Língua Portuguesa* (4ª ed.): *organização paramilitar* é a corporação particular de cidadãos armados, fardados e adestrados, que não fazem parte do exército ou da polícia de um país (p. 1491); *milícia* é qualquer corporação sujeita a organização e disciplina militares, congregação ou agrupamento militante (p. 1331); *particular*, como o próprio nome diz, quer dizer o que não é público, mas privado; *grupo*, por seu turno, é a pequena associação ou reunião de pessoas ligadas a um fim comum (p. 1007), enquanto *esquadrão* só tem significado militar ou policial como uma modalidade de exército ou de polícia (*Larousse Cultural*, 1995, v. 9, p. 2225), o que não serve para o conceito deste art. 288-A, embora se possa imaginar um grupo maior com característica militar ou policial. A nosso ver, o art. 288-A constitui uma verdadeira *associação criminosa armada qualificada*, de forma que, para a sua caracterização, devem estar presentes, além dos elementos normativos deste art. 288-A, os elementos normativos do tipo do art. 288, parágrafo único, quais sejam, estabilidade e permanência.

- **Estabilidade e permanência:** Apesar de não constar como elemento normativo do tipo penal deste art. 288-A, cremos que, a exemplo do que a doutrina e a jurisprudência exigem para o crime do art. 288 do CP, o deste art. 288-A demanda também a estabilidade e a permanência, não bastando, portanto, uma associação eventual ou acidental. Não se trata de importar o conceito do art. 288 para o deste art. 288-A, senão de interpretar os próprios núcleos do tipo ("Constituir, organizar, integrar, manter ou custear organização paramilitar, milícia particular, grupo ou esquadrão"), que, a nosso ver, não prescindem da existência de estabilidade e permanência.

- **Tipo subjetivo:** O dolo (de perigo) representado pela prática das condutas incriminadas, acrescido do elemento subjetivo do tipo referido pelo especial fim de agir ("para o fim de cometer crimes previstos no Código Penal"). Na doutrina tradicional é o "dolo específico". Não há modalidade culposa.

- **Consumação:** Trata-se de crime de perigo, não exigindo a efetiva prática de crimes por parte da *organização paramilitar, milícia particular, grupo ou esquadrão*. A consumação ocorre, portanto, no momento em que se dá a constituição, a organização, a integração, a manutenção ou o custeio. Nas três primeiras modalidades, é crime instantâneo, que se consuma no momento em que ocorre a constituição, a organização ou a integração. Já nas duas últimas modalidades, é crime permanente, cuja consumação se protrai no tempo, além de exigir uma série de atos concatenados, marcados pela rotina na conduta do agente, de forma a permitir a caracterização da *manutenção* ou do *custeio*.

- **Tentativa:** Não se admite, porque os núcleos não permitem fracionamento.

- **Concurso de crimes:** Caso a *organização paramilitar, milícia particular, grupo ou o esquadrão* venha efetivamente a cometer crimes, haverá concurso material entre o delito deste art. 288-A e os demais cometidos pelo grupo, com exceção do homicídio qualificado do art. 121, § 6º, que prevê aumento da pena de 1/3 (um terço) até a metade se o crime for praticado por milícia privada, sob pena de *bis in idem*.

- **Crime de associação criminosa, organização criminosa, crime de organização criminosa e milícia privada:** É preciso não confundir esses quatro conceitos, embora muitas vezes eles coincidam em alguns pontos. Assim é que: *1º conceito*: O crime de associação criminosa (antiga quadrilha ou bando) vem previsto no novo art. 288 do CP; se for armada ou se houver a participação de criança ou adolescente, haverá causa especial de aumento de pena (parágrafo único). *2º conceito*: O conceito de organização criminosa (utilizado sobretudo para a aplicação de regras processuais de obtenção de prova e procedimentos) vem previsto no art. 2º da Lei n. 12.694, de 24.7.2013: "Considera-se organização criminosa a associação de 4 (quatro) ou mais pessoas estruturalmente ordenada e caracterizada pela divisão de tarefas, ainda que informalmente, com objetivo de obter, direta ou indiretamente, vantagem de qualquer natureza, mediante a prática de infrações penais cujas penas máximas sejam superiores a 4 (quatro) anos, ou que sejam de caráter transnacional" (art. 1º, § 1º). *3º conceito*: O crime de organização criminosa vem tipificado no art. 2º da Lei n. 12.850, de 2.8.2013, punindo com pena corporal aquele que *promover, constituir, financiar ou integrar, pessoalmente ou por interposta pessoa, organização criminosa* (vide art. 2º da Lei n. 12.850, de 2.8.2013); pune-se ainda com a mesma pena quem impede ou, de qualquer forma, embaraça a investigação de infração penal que envolva organização criminosa (§ 1º). *4º conceito:* A milícia privada é objeto art. 288-A (pois, como visto, o art. 288, parágrafo único, já pune a associação criminosa armada); o legislador não definiu o que venha a ser "organização paramilitar, milícia particular, grupo ou esquadrão", o que certamente gera perplexidades ao intérprete e aplicador da lei. Procuraremos, abaixo, definir tais conceitos.

- **Confronto com a associação criminosa (art. 288):** Caso o crime de associação criminosa armada (art. 288, parágrafo único) caracterize, também, uma organização paramilitar, milícia particular, grupo ou esquadrão (desde que constituídos para a prática de crimes previstos no CP), o delito do art. 288, parágrafo único, ficará absorvido pelo crime deste art. 288-A, mais gravemente punido.

- **Se houver organização criminosa:** A *organização paramilitar, milícia particular, grupo ou esquadrão* referida neste art. 288-A poderá, por vezes, tipificar, *também*, o crime de organização criminosa, *verbis*: "Considera-se organização criminosa a associação de 4 (quatro) ou mais pessoas estruturalmente ordenada e caracterizada pela divisão de tarefas, ainda que informalmente, com objetivo de obter, direta ou indiretamente, vantagem de qualquer natureza, mediante a prática de infrações penais cujas penas máximas sejam superiores a 4 (quatro) anos, ou que sejam de caráter transnacional" (art. 1º, § 1º, da Lei n. 12.850, de 2.8.2013). Nesses casos, aplicar-se-ão as regras de colheita de provas e procedimentos previstas na nova Lei de Organizações Criminosas (Lei n. 12.850/2013), inclusive aquela da delação premiada prevista no art. 4º da referida lei.

- **Confronto com o crime de organização criminosa:** O conceito de organização criminosa encontra-se previsto no art. 1º, § 1º, da Lei n. 12.850, de 2.8.2013 (*vide* nota acima). Já o crime de "promover, constituir, financiar ou integrar, pessoalmente ou por interposta pessoa, organização criminosa" está previsto no art. 2º da mesma lei, com pena de reclusão, de 3 (três) a 8 (oito) anos, e multa, sem prejuízo das penas correspondentes às demais infrações penais praticadas. Por outro lado, se o agente constituir, organizar, integrar, manter ou custear *"organização paramilitar, milícia particular, grupo ou esquadrão"*, o crime será o deste art. 288-A, que é mais gravemente punido e específico. É importante lembrar que o crime do art. 288-A incide apenas nas milícias armadas destinadas à prática de crimes previstos neste Código (são os chamados "justiceiros"), geralmente integrados por ex-policiais ou mesmo policiais criminosos, ou ainda "matadores de aluguel". Assim, se a milícia armada for criada para a prática de delitos previstos na legislação penal especial, como de tráfico de drogas, o crime será o da Lei n. 12.850/2013 (art. 2º), e não o deste art. 288-A, desde que satisfeitos seus requisitos legais (*v.g.*, o mínimo de quatro pessoas).

- **Pena:** Reclusão, de quatro a oito anos. Não há previsão de pena de multa.

- **Ação penal:** Pública incondicionada.

Título X
DOS CRIMES CONTRA A FÉ PÚBLICA

■ **Nota explicativa:** O presente Título X cuida de punir condutas que atentem contra o bem jurídico da fé pública, que pode ser entendida como aquela fidúcia (confiança, crédito) usual que o próprio ordenamento (organização) das relações sociais e atuação prática destas determina que exista entre as pessoas ou entre essas e a autoridade pública, relativamente à emissão e à circulação monetária, aos meios simbólicos de autenticação pública ou de certificação, aos documentos e à identidade ou qualificação das pessoas (MANZINI, *Trattato di Diritto Penale Italiano*, Torino, 1946, p. 432). De fato, conforme lição de Pessina traduzida por HUNGRIA (*Tratado...*, cit., v. IX, p. 185), "a fé pública é a expressão da certeza jurídica, é a confiança geral na verdade de certos atos, símbolos ou formas (testemunho, moeda, documento) a que a lei atribui valor jurídico". O interesse de se proteger a fé pública, portanto, é da própria coletividade, e não se confunde com aquele voltado a proteger o indivíduo, como ocorre nos delitos contra o patrimônio objeto do Título II do Código Penal (p. ex., estelionato). Daí, com razão, MANZINI ao dizer que "a fé pública constitui um interesse jurídico coletivo, que é necessário garantir do modo mais enérgico, isto é, mediante a tutela penal, contra aqueles fatos que não somente traem a confiança individual, mas que também são passíveis de levar a engano a autoridade pública ou um número indeterminado de pessoas" (*Trattato...*, cit., p. 432, livre tradução). Justamente por se tratar de crime contra a fé pública, a configuração do delito de falso dispensa a ocorrência de um prejuízo, podendo a fé pública ser violada ou colocada em perigo com a simples falsidade; entretanto, "é preciso que o *falsum* encerre em si mesmo, pelos menos, a potencialidade de um *eventus damni*" (HUNGRIA, *Comentários...*, ob. e v. cits., p. 195). Tendo em vista que a fé pública constitui bem jurídico bastante amplo e genérico, e a fim de ser tutelada sob os seus aspectos mais variados, houve por bem o legislador dividir o presente Título X em quatro capítulos, a seguir comentados. A falsidade poderá também integrar tipos penais previstos em outros títulos, como ocorre no delito de estelionato constante do Título II, hipótese em que, todavia, o bem jurídico prevalentemente tutelado é o patrimônio, e não a fé pública.

Capítulo I
DA MOEDA FALSA

MOEDA FALSA

Art. 289. Falsificar, fabricando-a ou alterando-a, moeda metálica ou papel-moeda de curso legal no país ou no estrangeiro:

Pena – reclusão, de 3 (três) a 12 (doze) anos, e multa.

§ 1º Nas mesmas penas incorre quem, por conta própria ou alheia, importa ou exporta, adquire, vende, troca, cede, empresta, guarda ou introduz na circulação moeda falsa.

§ 2º Quem, tendo recebido de boa-fé, como verdadeira, moeda falsa ou alterada, a restitui à circulação, depois de conhecer a falsidade, é punido com detenção, de 6 (seis) meses a 2 (dois) anos, e multa.

§ 3º É punido com reclusão, de 3 (três) a 15 (quinze) anos, e multa, o funcionário público ou diretor, gerente, ou fiscal de banco de emissão que fabrica, emite ou autoriza a fabricação ou emissão:

I – de moeda com título ou peso inferior ao determinado em lei;

II – de papel-moeda em quantidade superior à autorizada.

§ 4º Nas mesmas penas incorre quem desvia e faz circular moeda, cuja circulação não estava ainda autorizada.

- **Transação:** Cabe no § 2º deste art. 289, preenchidos os requisitos do art. 76 da Lei n. 9.099/95.

- **Suspensão condicional do processo:** Cabe no § 2º, atendidas as condições do art. 89 da Lei n. 9.099/95.

Moeda falsa (caput)

- **Objeto jurídico:** A fé pública.

- **Sujeito ativo:** Qualquer pessoa.

- **Sujeito passivo:** O Estado.

- **Tipo objetivo:** O núcleo é *falsificar*, que tem a significação de apresentar como verdadeiro o que não é, de dar aparência enganosa a fim de passar por original. São previstos dois meios de execução: *a. Fabricando-a*, hipótese em que há contrafação, isto é, o agente faz a moeda falsa, totalmente. É necessário que a moeda fabricada se assemelhe à verdadeira, que haja imitação. *b. Ou alterando-a*, caso em que há modificação ou alteração da moeda, para que esta aparente valor superior. A alteração punível, portanto, é aquela operada nos sinais que indicam o valor. A moeda falsa (fabricada ou alterada) precisa ser apta a enganar o homem comum, não caracterizando o crime deste art. 289 a falsificação grosseira. Vale consignar que, em caso de falsificação grosseira de moeda, é possível a caracterização do crime de estelionato previsto no art. 171 do CP. Neste sentido, encontra-se a Súmula 73 do STJ: "A utilização de papel-moeda grosseiramente falsificado configura, em tese, o crime de estelionato, da competência da Justiça Estadual". O objeto material é *moeda metálica ou papel-moeda de curso legal no País ou no estrangeiro*, que o agente fabrica ou altera, dando a impressão de verdadeiro. Moeda de curso legal é aquela cujo recebimento é obrigatório por lei. A falsificação, portanto, de moeda que não esteja mais em vigor ("Cruzeiro real", por exemplo) não configura o crime deste art. 289. Quanto à possibilidade da falsificação de moeda que não esteja mais em vigor caracterizar o crime de estelionato, há duas correntes: *1.* pode caracterizar, se apta a ludibriar o homem médio; *2.* não pode caracterizar, porque haveria crime impossível por ineficácia absoluta do meio (CP, art. 17).

- **Recorte e colagem de pedaços de cédula verdadeira em outra:** Trata-se de hipótese, antigamente frequente, em que o agente apõe algarismos ou dizeres de uma cédula em outra, para que aparente maior valor. Na *doutrina*, opinam pelo enquadramento da conduta no art. 289 do CP: HELENO FRAGOSO (*Lições de Direito Penal – Parte Especial,1965*, v. III, p. 955), HUNGRIA (*Comentários ao Código Penal*,1959, v. IX, p. 211), JÚLIO F. MIRABETE (*Manual de Direito Penal*,1985, v. III, p. 190), MAGALHÃES NORONHA (*Direito Penal*, 1995, v. IV, p. 108); para outros, classifica-se no art. 290 do CP: BENTO DE FARIA (*Código Penal Brasileiro*,1959, v. VII, p. 8), THEODOLINDO CASTIGLIONE (*Código Penal Brasileiro*,1956, v. X, p. 168). Na *jurisprudência* também há divergência, ora se enquadrando o fato no art. 289, ora no art. 290 do CP.

- **Tipo subjetivo:** O dolo, que consiste na vontade de falsificar, com consciência do curso legal e da possibilidade de vir a moeda a entrar em circulação. Na escola tradicional aponta-se o "dolo genérico". Não há modalidade culposa.

- **Consumação:** Com a efetiva falsificação, independentemente de outros resultados, como o prejuízo a terceiro. Trata-se de crime formal.

- **Tentativa:** Admite-se, haja vista que o núcleo do tipo *falsificar* permite o fracionamento da conduta.

- **Pena:** Reclusão, de três a doze anos, e multa.

- **Ação penal:** Pública incondicionada, da competência da Justiça Federal. Se for grosseira a falsificação, a competência para apreciar eventual crime de estelionato será da Justiça Estadual (*vide* nota *Tipo objetivo* acima).

Circulação de moeda falsa (§ 1º)

- **Objeto jurídico, sujeito ativo e sujeito passivo:** Iguais aos do *caput*. Na hipótese de o próprio agente que falsifica a moeda colocá-la também em circulação, haverá um crime único, consistindo o ato subsequente em mero exaurimento da primeira conduta.

- **Tipo objetivo:** O objeto material é *moeda falsa* (*vide* nota ao *caput*). Pune-se a conduta de quem, *por conta própria ou alheia*: a. importa (faz entrar no território nacional); b. exporta (faz sair do território nacional); c. adquire (obtém para si, onerosa ou gratuitamente); d. vende (transfere por certo preço); e. troca (permuta); f. cede (entrega a outrem); g. empresta (entrega com a condição de haver restituição); h. guarda (tem sob guarda ou à disposição); i. introduz na circulação (passa a moeda a terceiro de boa-fé). Embora o tipo não faça previsão expressa, diante do bem jurídico tutelado e dos princípios constitucionais da proporcionalidade e da ofensividade, entendemos ser necessário, a exemplo do que sucede no *caput*, que se trate de moeda falsa de curso legal no País ou no estrangeiro. A mudança da moeda ocorrida após a prática da conduta não afasta o crime, uma vez que o bem jurídico tutelado, no caso, foi atingido à época.

- **Tipo subjetivo:** O dolo, que consiste na vontade livre e consciente de praticar as ações alternativamente previstas. Para os tradicionais é o "dolo genérico". Não há forma culposa.

- **Consumação:** Com a efetiva prática de uma das ações, sem dependência de outras consequências. Não é preciso, por exemplo, que tenha havido prejuízo a terceiros. Na hipótese de *guarda* o crime é permanente.

- **Tentativa:** Admite-se, salvo nos casos em que a conduta não puder ser fracionada, como na *guarda*.

- **Pena e Ação penal:** Idênticas às do *caput*.

Figura privilegiada (§ 2º)

- **Objeto jurídico e sujeito passivo:** Iguais aos do *caput*.

- **Sujeito ativo:** Qualquer pessoa que tenha recebido a moeda de boa-fé.

- **Tipo objetivo:** A *moeda falsa ou alterada* deve ter sido recebida de *boa-fé*, como *verdadeira*. Ou seja, o agente recebeu o dinheiro como se fosse legítimo, ignorando a sua falsidade. Embora recebendo a moeda de boa-fé, o agente a *restitui à circulação* (passa a moeda a terceiro de boa-fé), *depois de conhecer a falsidade*, ou seja, após ter certeza de que ela é falsa. No caso de dúvida quanto ao conhecimento da falsidade, a solução deve beneficiar o agente, pois o crime não é punido a título de culpa ou mesmo de dolo eventual (o agente deve saber, com certeza, que a moeda é falsa). A exemplo do que se expôs no § 1º, deve tratar-se igualmente de moeda falsa de curso legal no País ou no estrangeiro. Se a moeda não for de curso legal no País ou no estrangeiro, e o agente, ao restituí-la à circulação, induzir alguém a erro, obtendo para si ou para outrem vantagem ilícita, haverá em tese o crime de estelionato. A devolução à própria pessoa de quem recebera a moeda falsa, desde que o agente comunique no ato da devolução a falsidade da moeda, é atípica; isto porque, neste caso, o agente não estará restituindo a moeda à circulação, mas apenas devolvendo-a a seu possuidor.

- **Tipo subjetivo:** O dolo, ou seja, a vontade livre e consciente de restituir moeda falsa à circulação, com pleno e efetivo conhecimento de que é falsa; exige-se o dolo direto, não bastando o eventual. Na doutrina tradicional é o "dolo genérico". Não existe forma culposa.

- **Consumação:** Com a restituição à circulação, independentemente de prejuízo a terceiro. Trata-se, pois, de crime formal.

- **Tentativa:** Admite-se.

- **Pena:** Detenção, de seis meses a dois anos, e multa.

- **Ação penal:** Igual à do *caput*.

Figura qualificada (§ 3º)

- **Objeto jurídico e sujeito passivo:** Idênticos aos do *caput*.
- **Sujeito ativo:** Somente o funcionário público, diretor, gerente ou fiscal de banco emissor de moeda (*crime próprio*).
- **Tipo objetivo:** Pune-se, com pena mais elevada à do *caput*, o *funcionário público ou diretor, gerente, ou fiscal de banco de emissão* que: a. fabrica; b. emite; c. autoriza a fabricação; d. autoriza a emissão. Ao contrário do que ocorre no *caput* e nos §§ 1º e 2º, o objeto material não é a moeda falsa ou alterada (de curso legal no País ou no estrangeiro), e, sim, a moeda verdadeira, mas cujo título ou peso esteja abaixo do determinado em lei (inciso I) ou mesmo o papel-moeda em quantidade superior à autorizada (inciso II). Título é a relação entre o metal fino e o total da liga empregada na moeda. Para a tipificação é necessário que o título ou o peso sejam *inferiores*, pois, se forem superiores, apenas haverá eventual infração administrativa. A quantidade inferior é penalmente atípica. Trata-se de norma penal em branco, a exigir do intérprete a busca das especificações exigidas pela legislação complementadora pertinente.
- **Tipo subjetivo:** O dolo, que consiste na vontade de praticar a ação, com consciência da violação quanto à quantidade, título ou peso. Na escola tradicional é o "dolo genérico". Não há figura culposa.
- **Consumação:** É intranquila a natureza *material* ou *formal* do crime. Por isso, é questionado o momento de sua consumação: a. Com a fabricação, emissão ou autorização seguida do fabrico ou emissão, pois é infração *material* (Magalhães Noronha, *Direito Penal*,1995, v. IV, p. 116). b. Para outros autores, porém, o crime seria *formal* (Heleno Fragoso, *Lições de Direito Penal – Parte Especial*,1965, v. III, p. 962; Hungria, *Comentários ao Código Penal*,1959, v. IX, p. 225; Júlio F. Mirabete, *Manual de Direito Penal*, 1985, v. III, p. 194). Entendemos mais correta a segunda posição, pois o tipo não exige qualquer resultado naturalístico seguido da conduta, tratando-se, ademais, de crime de perigo (concreto) e não de dano.
- **Tentativa:** Admite-se, salvo nos casos em que a conduta não puder ser fracionada, como no caso de autorização de emissão ou fabrico.
- **Pena:** Reclusão, de três a quinze anos, e multa.
- **Ação penal:** Idêntica à do *caput*.

Desvio e circulação indevida (§ 4º)

- **Objeto jurídico e sujeito passivo:** Iguais aos do *caput*.
- **Sujeito ativo:** Embora o tipo não seja expresso, é evidente que o crime previsto neste § 4º somente pode ser praticado pelo funcionário público encarregado da guarda e liberação de circulação da moeda. Trata-se, pois, de crime próprio.
- **Tipo objetivo:** O objeto material, neste parágrafo, não é moeda falsa ou emitida em excesso, mas a moeda legal, *cuja circulação não estava ainda autorizada no País (elemento normativo do tipo)*. A existência de autorização torna a conduta atípica. Pune-se a ação de *quem desvia e faz circular* essa moeda, ou seja, a retira de onde está guardada e a põe em circulação. Para que haja a consumação do crime, deve o agente não apenas desviar, mas também pôr em circulação. Se o agente apenas desvia, mas não chega a colocar em circulação, há tentativa. Sobre a exigência de proveito pelo agente, *vide* nota *Consumação* abaixo.
- **Tipo subjetivo:** O dolo, que consiste na vontade de desviar e fazer circular moeda com consciência de que a circulação ainda não estava autorizada. Na doutrina tradicional é o "dolo genérico". Não há punição a título de culpa.
- **Consumação:** Com a entrada em circulação. Para a maioria dos autores não se exige proveito do agente (Heleno Fragoso, *Lições de Direito Penal – Parte Especial*,1965, v. III, p. 963; Magalhães Noronha, *Direito Penal*, 1995, v. IV, p. 116; *contra:* Hungria, *Comentários ao Código Penal*,1959, v. IX, p. 226).
- **Tentativa:** Admite-se (*vide* nota *Tipo objetivo* acima).

- **Pena:** Até a 6ª edição, entendíamos que a expressão "nas mesmas penas" referia-se às penas do *caput*. Já por ocasião da 7ª edição, mudamos nosso entendimento: não apenas pela posição topográfica deste § 4º, colocado logo em seguida à figura qualificada do § 3º, mas também pela gravidade equivalente das condutas, cremos ser mais acertado o entendimento de que a pena referida por este § 4º é a do § 3º, e não a do *caput* (nesse sentido, cf. MIRABETE, *Manual de Direito Penal*, 23ª ed., Atlas, v. III, p. 187).

- **Ação penal:** Igual à do *caput*.

Jurisprudência

- **Falsificação grosseira:** Se for visível a grosseria da falsificação da moeda, não se justifica a incriminação no art. 289, *caput*, mas sim em crime de estelionato, da competência da Justiça Estadual e não Federal (STF, *RTJ* 98/991,85/430; STJ, Súmula 73; *RT* 697/370-371; CComp 24.538/SP, *DJU* 24.5.99, p. 92; CComp 2.083, *DJU* 2.9.91, p. 11787; CComp 3.564, *DJU* 26.10.92, p. 18996; CComp 4.389, *DJU* 17.5.93, p. 9291; TRF da 1ª R., Ap. 9.624, *DJU* 18.8.94, p. 44384, *in RBCCr* 8/228). Se o acusado entrega em restaurante duas notas falsas, sendo na mesma ocasião descoberta a falsidade das notas, a hipótese é de falsificação grosseira, a ensejar a absolvição (TRF da 3ª R., *RT* 814/718). Não sendo grosseira a falsificação, o crime enquadra-se no art. 289, § 2º, e não no art. 171 do CP, sendo competente a Justiça Federal (TRF da 2ª R., Ap. 11.320, *DJU* 29.5.90, p. 11256). A falsificação grosseira que se torna incapaz de iludir o homem médio descaracteriza o delito de moeda falsa, por absoluta impropriedade do objeto (TRF da 5ª R., 4ª T., Ap. 0002884-85.2010.4.05.8500, rel. Bruno Teixeira de Paiva, j. 15.10.2013, publ. 17.10.2013, Cadastro IBCCr 2909).

- **Aptidão para enganar:** É pacífico na jurisprudência que a falsificação grosseira elimina o delito; o crime de moeda falsa pressupõe uma imitação capaz de enganar o homem médio, de atenção, vigilância e atilamento comuns (TRF da 3ª R., Ap. 45.394, *DJU* 26.7.94, p. 39577, *in Bol. AASP* n. 1.863). Sendo apta a iludir o homem médio, possibilitando a circulação como se moeda verdadeira fosse, caracterizado está o crime (TRF da 2ª R., *RT* 817/690; TRF da 2ª R., *RT* 875/671). É necessário que a moeda contrafeita tenha potencialidade lesiva, iludindo o homem médio (TFR, Ap. 8.249, *DJU* 13.2.89, p. 430; *RTFR* 69/208). Não é grosseira, se os próprios peritos necessitaram de lupa para certificar-se da falsidade (TFR, CComp 4.660, *DJU* 26.11.81, p. 11952). Para que se caracterize o crime, não é necessário que a falsificação seja perfeita, bastando que apresente possibilidade de ser aceita como verdadeira, fato, aliás, atestado por laudo pericial; não incidência do princípio da insignificância (STJ, 5ª T., HC 52620, j. 7.8.2007, *DJ* 10.9.2007, p. 251).

- **Ciência da falsidade:** A ausência de prova acerca do conhecimento, pelo agente, de que a moeda é falsa, gera dúvida sobre o elemento subjetivo e recomenda a absolvição (TRF da 2ª R., Ap. 1999.0201032213-1, *DJU* 29.9.2003, p. 185, *in Bol. IBCCr* 136/782). De outro lado, se comprovada a inequívoca ciência da falsidade das notas apreendidas em poder do acusado, é de rigor a condenação. Hipótese de acusado que apresentou explicação vacilante ou incomprovada acerca da origem das cédulas (TRF da 4ª R., *RT* 813/722). Não havendo prova robusta de que o acusado teria ciência da falsidade das cédulas, não se justifica a condenação (TRF da 3ª R., Ap. 9703014551-5, *DJU* 10.12.2001, p. 132, *in Bol. IBCCr* 112/594). Não comete o crime a pessoa que, ao receber cédulas, desconfia da autenticidade e as guarda com o intuito de averiguar junto a um banco ou casa de câmbio se as notas são realmente verdadeiras (TRF da 4ª R., Ap. 200004011454490, *DJU* 17.4.2002, p. 1194, *in Bol. IBCCr* 116/620). Não deve prevalecer a alegação de desconhecimento da falsidade, em se tratando de pessoa com experiência de vida, sobretudo no câmbio clandestino de moedas estrangeiras, e que não oferece explicação razoável para a aquisição das cédulas falsas (TRF da 1ª R., *RT* 804/694). Simples alegação de desconhecimento da falsidade da nota não leva a acusação ao ônus de provar o dolo; ademais o réu em nenhum momento negou a propriedade das notas, estando em seu poder somente moedas falsas (TRF da 3ª R., ApCr. 2007.61.81.007201-0, j. 24.3.2009, *DJF* 2.4.2009, p. 239). O agente que guarda moeda que sabe ser inautêntica comete o crime do art. 289, § 1º, do CP (TRF da 4ª R., ApCr 2000.72.07.002708-6/SC, *RT* 871/719).

- **Ciência da falsidade e *animus***: Ausentes elementos que evidenciem a ciência do réu quanto à falsidade da moeda e o *animus* voltado ao especial fim de praticar a ação delitiva disposta no art. 289, § 1º, do CP, deve-se manter a absolvição com fulcro no princípio do *in dubio pro reo* (TRF da 5ª R., 3ª T., Ap. 0005664-07.2010.4.05.8400, j. 9.1.2014, p. 10.1.2014 – Cadastro IBCCr 2.952).

- **Dolo genérico, crime de perigo e consumação**: Para a caracterização do crime de moeda falsa, não se exige o dolo específico, sendo bastante o dolo genérico; não se exige, outrossim, *animus lucri faciendi*. Por se tratar de crime de perigo, não se requer resultado lesivo a terceiro, bastando a simples ofensa potencial de causar dano à fé pública. Inaplica-se, outrossim, o princípio da insignificância (TRF da 1ª R., *RT* 819/689).

- **Aplicação do princípio da insignificância**: Sendo grosseira a falsificação, devem os autos ser remetidos à Justiça Estadual. *Habeas corpus* concedido de ofício dado que a suposta falsificação ocorreu em uma única nota de R$ 50,00, o que enseja a aplicação do princípio da insignificância (TRF da 2ª R., *RT* 822/705; *contra*: TRF da 1ª R., *RT* 819/689; TRF da 3ª R., Ap. 200260000008626, *DJU* 1.4.2003, p. 333, *in Bol. IBCCr* 126/702).A apreensão de nota falsa com valor de cinco reais, em meio a outras notas verdadeiras, não cria lesão considerável ao bem jurídico, tornando a conduta atípica (STF, HC 83.526/CE, j. 16.3.2004, *DJ* 7.5.2004, p. 25).

- **Não aplicação do princípio da insignificância**: Tendo em vista que o bem jurídico tutelado é a confiança que as pessoas devem depositar na moeda (fé pública), e não o seu valor em pecúnia, inaplica-se o princípio da insignificância (TRF da 3ª R., *RT* 816/713; ApCr 2007.61.81.007201-0, j. 24.3.2009, *DJF* 2.4.2009, p. 239; TRF da 1ª R., *RT* 819/689; no mesmo sentido: STJ, REsp 964.047/DF, j. 25.10.2007, *DJ* 19.11.2007, p. 289). A apreensão de duas notas de R$ 50,00, de regular qualidade de impressão, conforme laudo pericial, não permite a aplicação do princípio da insignificância (STJ, 5ª T., AgRg no REsp 102.652-2/CE, j. 19.8.2008, *DJ* 8.9.2008). A menor quantidade de notas ou o pequeno valor de seu somatório (no caso, foram apreendidas dez notas de cinco reais cada) não é apto a quantificar o prejuízo advindo do ilícito perpetrado, a ponto de caracterizar a mínima ofensividade da conduta para fins de exclusão de sua tipicidade (STF, HC 93.251-7/DF, *RT* 877/515).

- **Colagem**: Na alteração de cédula com fragmentos de outra, havia divergência jurisprudencial no antigo TFR, ora se enquadrando a ação no art. 289, ora no art. 290 do CP (HELENO FRAGOSO, *Jurisprudência Criminal*,1979, v. II, n. 357).

- ***Traveler's check***: Não equivale a moeda falsa, pois sua circulação é restrita, sendo competente a Justiça Estadual (TFR, CComp 7.397, *DJU* 29.10.87, p. 23615). Os chamados *traveler's check* ou "cheques de viagem" não se confundem com moeda para fins deste art. 289 do CP; além disso, a fraude perpetrada, por não afetar bens ou interesses da União, é de apuração da Justiça Comum Estadual (STJ, 3ª S., CComp 94.848/SP, j. 16.2.2009, *DJ* 20.3.2009; no mesmo sentido: STJ, CComp 21.908, *DJ* 22.3.2009).

- **Guarda de moeda falsa (§ 1º)**: É mister reste comprovada a ciência, pelo agente, da falsidade da moeda (TRF da 5ª R., Ap. 996, *DJU* 12.8.94, p. 43505; TRF da 2ª R., Ap. 24.610, *DJU* 13.2.96, p. 6715, *in RBCCr* 14/429), impondo-se a absolvição se existir dúvida razoável de que tivesse o acusado essa ciência (TRF da 1ª R., Ap. 3.456, *mv – DJU* 18.5.95, p. 30056, *in RBCCr* 12/288; TRF da 4ª R., *RT* 769/726). A moeda guardada deve ser apta a enganar número ilimitado de pessoas (TRF da 1ª R., Ap. 5.746, *DJU* 26.8.91, p. 19970). Caracteriza-se pela intenção de manter sob sua guarda, por conta própria ou de terceiro, moeda que sabe ser falsa (TFR, Ap. 5.136, *DJU* 6.5.82, p. 4231), independente da intenção de introduzir na circulação (TRF da 1ª R., Ap. 2.560, *DJU* 1.7.93, p. 26116). É crime de natureza permanente (TRF da 2ª R., Ap. 24.610, *DJU* 13.2.96, p. 6715, *in RBCCr* 14/429; TFR, HC 4.984, *DJU* 11.6.81, p. 5653).

- **Com violação de dever funcional**: A guarda de moedas falsas de dólares, por policial civil, caracteriza o crime do art. 289, § 1º, do CP, não podendo, todavia, sob pena de *bis in idem*, incidir a agravante do art. 61, II, *g*, do CP (TRF da 1ª R., Ap. 2003.32.00.004222-8, *DJU* 12.11.2004, p. 52).

- Introdução na circulação (§ 1º): Para caracterização do § 1º, é imprescindível a demonstração da ciência inequívoca por parte do agente da falsidade da moeda (TRF da 5ª R., *RT* 784/745; TRF da 3ª R., *RT* 776/712). Não havendo qualquer indicativo de que o acusado tivesse conhecimento da falsidade da cédula, absolve-se por inexistência da prova do dolo (TRF da 4ª R., Ap. 98.04.01.024.714-5/RS, *DJU* 2.6.99, p. 574, *in RBCCr* 27/363-4), sendo insuficiente o simples fato de ser detentor de maus antecedentes e de ter sido encontrado com veículo de origem suspeita (TRF da 2ª R., *RT* 763/685). Rejeita-se a denúncia, por ausência de ofensa à fé pública, no caso de colocação em circulação de cédula falsa de cem reais por pessoa que possui apenas instrução primária e não tem antecedentes (TRF da 4ª R., RCr 98.04.01.051398-2/PR, *DJU* 2.6.99, p. 574, *in RBCCr* 27/364). Não se configura o § 1º, se o agente, tomando conhecimento da falsidade, restitui a moeda ao vendedor (TRF da 1ª R., HC 61, *DJU* 4.12.89, p. 15646). O agente que, por quatro vezes consecutivas, efetua compras de mercadorias de pequeno valor, pagando-as com cédula de alto valor nominal e apropriando-se do troco em moeda verdadeira, confirma a sua plena ciência da origem espúria das cédulas (TRF da 3ª R., *RT* 789/724). Caracteriza o crime deste art. 289, § 1º, do CP o agente que coloca em circulação cédulas de dinheiro com falsificação de boa qualidade apta a enganar o homem médio (TRF da 2ª R., *RT* 875/671).

- Consumação da figura do § 1º: A consumação do crime independe da introdução da moeda falsa em circulação; a mera ação de adquirir ou guardar a cédula, tendo ciência de sua inautenticidade, configura o delito (TRF da 4ª R., *RT* 765/732; TRF da 3ª R., *RT* 753/724, 759/743). É crime permanente, que se consuma pela simples posse de dinheiro falso (TRF da 2ª R., Ap. 12.337, *DJU* 3.5.90, p. 8596). Por se tratar de crime de mera conduta, não se exige dano material à vítima, bastando que haja potencialidade lesiva à fé pública (TRF da 3ª R., *RT* 813/710).

- Aplicação das agravantes do art. 61, inciso II, "e" e "h", do CP: Nos casos de prática do crime de introdução de moeda falsa em circulação (art. 289, § 1º, do CP), é possível a aplicação das agravantes dispostas nas alíneas "e" e "h" do inciso II do art. 61 do CP, incidentes quando o delito é cometido "contra ascendente, descendente, irmão ou cônjuge" ou "contra criança, maior de 60 (sessenta) anos, enfermo ou mulher grávida" (STJ, HC 211.052-RO, rel. Min. Sebastião Reis Júnior, rel. para acórdão Min. Rogerio Schietti Cruz, j. 5.6.2014).

- Concurso com estelionato: Quem adquire bens utilizando dinheiro falso deve responder somente pelo crime do art. 289, § 1º, ficando o estelionato absorvido pela aplicação do princípio da consunção (TRF da 4ª R., Ap. 96.04.65531-0/RS, j. 4.11.97, *DJU* 24.12.97).

- Figura privilegiada do § 2º: Só se configura se o agente restitui a moeda à circulação com dolo e efetivo conhecimento de ser ela falsa (TFR, RCr 1.235, *DJU* 28.8.86, pp. 15033-4). Incorre no § 2º do art. 289 quem, recebendo a moeda de boa-fé, após saber de sua falsidade, a põe em circulação (TFR, Ap. 7.045, *DJU* 19.4.89, p. 5724).

CRIMES ASSIMILADOS AO DE MOEDA FALSA

Art. 290. Formar cédula, nota ou bilhete representativo de moeda com fragmentos de cédulas, notas ou bilhetes verdadeiros; suprimir, em nota, cédula ou bilhete recolhidos, para o fim de restituí-los à circulação, sinal indicativo de sua inutilização; restituir à circulação cédula, nota ou bilhete em tais condições, ou já recolhidos para o fim de inutilização:

Pena – reclusão, de 2 (dois) a 8 (oito) anos, e multa.

Parágrafo único. O máximo da reclusão é elevado a 12 (doze) anos e o da multa a Cr$ 40.000 (quarenta mil cruzeiros), se o crime é cometido por funcionário que trabalha na repartição onde o dinheiro se achava recolhido, ou nela tem fácil ingresso, em razão do cargo.

Crimes assimilados ao de moeda falsa

- **Objeto jurídico:** A fé pública.
- **Sujeito ativo:** Qualquer pessoa.
- **Sujeito passivo:** O Estado.
- **Tipo objetivo:** Como próprio *nomen iuris* indica, as condutas previstas neste art. 290 são muito semelhantes às do art. 289, sendo aquelas um pouco menos gravosas em virtude da pena de reclusão cominada ser menor. Há muita semelhança, por exemplo, entre as modalidades de *formar* (art. 290, *caput*) e de *falsificar, fabricando-a ou alterando-a* (art. 289, *caput*), o que tem gerado divergências na doutrina e na jurisprudência sobre o enquadramento de algumas condutas. São três as condutas punidas por este art. 290: a.*Formação com fragmentos* (primeira parte). Pune-se a conduta de quem, utilizando-se de *fragmentos* de cédulas, notas ou bilhetes representativos de moeda, os justapõe, *formando* cédulas, notas ou bilhetes capazes de circular como verdadeiros. Quanto ao *recorte e colagem* de pedaços de cédula verdadeira em outra, *vide* nota específica ao art. 289 do CP. Segundo os autores que opinam pelo enquadramento da referida conduta no art. 289, o crime do art. 290 prevê a *formação* e não a *alteração* (modificação) de papel-moeda. b. *Supressão de sinal de inutilização* (segunda parte). O objeto material é nota, cédula ou bilhete recolhido. A conduta punida é a *supressão* (eliminação ou remoção) *de sinal indicativo de sua inutilização*, com finalidade especial: *para o fim de restituí-los à circulação* ("vide" Tipo subjetivo). c. *Restituição à circulação* (última parte). O objeto material é a moeda formada com fragmentos (primeira parte do *caput*) ou a que teve seu sinal de inutilização suprimido (segunda parte), ou, ainda, qualquer outra já recolhida para o fim de inutilização. Embora o tipo penal não exija, cremos que, em face do bem jurídico tutelado (a fé pública), a moeda deve ser de curso legal no País ou no estrangeiro, a exemplo do que requer o art. 289. A conduta punida é *restituir à circulação*, ou seja, colocá-la novamente em circulação. Tratando-se do próprio agente que formou a moeda ou suprimiu sinal, a conduta de *restituir* não é punível, pois o agente já é punido pela primeira conduta (*formação* ou *supressão*). Nas três figuras do art. 290 é necessário que haja potencialidade lesiva, isto é, capacidade para enganar número indeterminado de pessoas, de forma que a moeda falsa passe a circular como se fosse moeda boa. Desta forma, se a formação for grosseira ou a supressão de sinal indicativo for evidente, a ponto de retirar a capacidade de enganar o homem médio, a conduta não será típica.
- **Tipo subjetivo:** Na modalidade *a* (*formação*) é o dolo, que consiste na vontade de formar moeda, com a consciência de que ela poderá circular (na doutrina tradicional é o "dolo genérico"). Na modalidade *b* (*supressão*) é o dolo e o elemento subjetivo do tipo que consiste no especial fim de restituí-la à circulação ("dolo específico", para os tradicionais). Na modalidade *c* (*restituição*) é o dolo, ou seja, a vontade de restituir à circulação com consciência das especiais condições do papel-moeda ("dolo genérico"). O art. 290 não é punido a título de culpa.
- **Consumação:** Com a efetiva formação de cédula idônea a enganar (modalidade *a*). Com o desaparecimento do sinal indicativo de inutilização (modalidade *b*). Com a volta à circulação (modalidade *c*). Nas três modalidades, não se exige a ocorrência de prejuízo.
- **Tentativa:** É admissível nas três modalidades, já que todas admitem o *iter criminis*.
- **Pena:** Reclusão, de dois a oito anos, e multa.
- **Ação penal:** Pública incondicionada, da competência da Justiça Federal.

Figura qualificada (parágrafo único)

- **Noção:** Se o agente é funcionário que trabalha na repartição onde o dinheiro se acha recolhido, ou tem fácil ingresso naquela, em razão do seu cargo, a figura é qualificada.
- **Pena:** O máximo de reclusão é elevado a doze anos. No tocante à pena de multa, também aplicável, esta deve ser fixada na forma do art. 49 do CP. Isto porque o art. 2º da Lei n. 7.209/84 cancelou quaisquer referências a valores de multa, de forma que o limite previsto no parágrafo único é inaplicável.

Jurisprudência

- **Colagem:** Na alteração da cédula com colagem de fragmentos de outra, a jurisprudência não é pacífica, classificando-se a ação no art. 290 ou no art. 289 do CP (HELENO FRAGOSO, *Jurisprudência Criminal*, 1979, v. II, p. 357).

PETRECHOS PARA FALSIFICAÇÃO DE MOEDA

Art. 291. Fabricar, adquirir, fornecer, a título oneroso ou gratuito, possuir ou guardar maquinismo, aparelho, instrumento ou qualquer objeto especialmente destinado à falsificação de moeda:

Pena – reclusão, de 2 (dois) a 6 (seis) anos, e multa.

Petrechos para falsificação de moeda

- **Objeto jurídico:** A fé pública.
- **Sujeito ativo:** Qualquer pessoa.
- **Sujeito passivo:** O Estado.
- **Tipo objetivo:** Os núcleos indicados são: *a. fabricar* (construir, manufaturar ou produzir); *b. adquirir* (obter para si); *c. fornecer* (proporcionar, prover, abastecer), a título oneroso ou gratuito; *d. possuir* (ter a posse ou propriedade); *e. guardar* (ter sob guarda, abrigar). As condutas (núcleos) devem incidir (objeto material) sobre maquinismo, aparelho, instrumento ou qualquer objeto especialmente destinado à falsificação de moeda. Costuma-se entender como especialmente os que "mais propriamente, mais adequadamente, ou via de regra, são utilizados para o fim de falsificar moeda, e mais que a tal fim sejam destinados no caso concreto" (HUNGRIA, *Comentários ao Código Penal*, 1959, v. IX, p. 230). Geralmente, são os clichês, matrizes, moldes, cunhos etc. Em vista do princípio da taxatividade da lei penal (CP, art. 1º), entendemos ser indispensável o criterioso e prudente exame do juiz a propósito de ser inequívoco o destino dos objetos apreendidos.
- **Tipo subjetivo:** O dolo, que consiste na vontade livre e consciente de praticar as ações incriminadas, com conhecimento da destinação específica dos objetos. Na escola tradicional é o "dolo genérico". Não existe modalidade culposa.
- **Consumação:** Com a efetiva prática de uma das ações. Nas modalidades de possuir e guardar é crime permanente.
- **Tentativa:** Admite-se, salvo nos casos em que se mostra impossível o *iter criminis* (p. ex., posse e guarda).
- **Confronto:** Se o agente, efetivamente, usar o material descrito neste art. 291 para falsificar moeda, o crime será apenas o do art. 289, ficando o deste art. 291 absorvido (crime subsidiário). Da mesma forma, se usar o material para formar cédula, nota ou bilhete representativo de moeda com fragmentos de cédulas, notas ou bilhetes verdadeiros, o crime será *apenas* o do art. 290.
- **Pena:** Reclusão, de dois a seis anos, e multa.
- **Ação penal:** Pública incondicionada, da competência da Justiça Federal.

Jurisprudência

- **Guarda ou posse dos petrechos:** Como é crime de natureza permanente, mesmo que o agente não se encontre, ao ser preso, no local onde mantém os petrechos depositados, justifica-se o flagrante (STF, *RTJ* 118/164). A guarda ou posse de material destinado à falsificação de dinheiro é crime de natureza permanente, autorizando a prisão em flagrante, enquanto não cessar a permanência (TFR, HC 6.385, *DJU* 13.2.86, p. 1174; HC 4.459, *DJU* 5.11.79, p. 8331).
- **Tentativa:** Pode haver (STF, *RTJ* 123/1220).

EMISSÃO DE TÍTULO AO PORTADOR SEM PERMISSÃO LEGAL

Art. 292. Emitir, sem permissão legal, nota, bilhete, ficha, vale ou título que contenha promessa de pagamento em dinheiro ao portador ou a que falte indicação do nome da pessoa a quem deva ser pago:

Pena – detenção, de 1 (um) a 6 (seis) meses, ou multa.

Parágrafo único. Quem recebe ou utiliza como dinheiro qualquer dos documentos referidos neste artigo incorre na pena de detenção, de 15 (quinze) dias a 3 (três) meses, ou multa.

- **Transação:** Cabe no *caput* e no parágrafo único, preenchidos os requisitos do art. 76 da Lei n. 9.099/95.

- **Suspensão condicional do processo:** *Idem*, atendidas as condições do art. 89 da Lei n. 9.099/95.

Emissão de título ao portador sem permissão legal (caput)

- **Objeto jurídico:** A fé pública, especialmente a proteção da moeda contra a concorrência de títulos ao portador.

- **Sujeito ativo:** Qualquer pessoa.

- **Sujeito passivo:** O Estado.

- **Tipo objetivo:** O objeto material deste delito é nota, bilhete, ficha, vale ou título que contenha promessa de pagamento em dinheiro ao portador ou a que falte indicação do nome da pessoa a quem deva ser pago. Trata-se, como se vê, de título que contém promessa de pagamento em dinheiro e que é transmissível por simples tradição, sem necessidade de endosso ou de autorização do emitente. Não abrange os *warrants*, conhecimentos a ordem, "passes" ou passagens, vales particulares etc. O núcleo é emitir, que tem a significação de pôr em circulação, não bastando à tipificação a simples feitura do título. Ressalva a lei, sem permissão legal, de modo que a autorização legal exclui a tipicidade da conduta.

- **Tipo subjetivo:** O dolo, ou seja, a vontade livre e consciente de emitir, ciente da inexistência de permissão legal. Na doutrina tradicional é o "dolo genérico". Não há forma culposa.

- **Erro de tipo e erro de proibição:** É possível ocorrer tanto o erro de tipo quanto o erro de proibição, ambos no que tange à permissão legal (cf. CP, arts. 20 e 21).

- **Consumação:** Com a entrada em circulação do título ao portador, sem dependência de qualquer outro resultado (crime formal).

- **Tentativa:** Admite-se.

- **Pena:** É alternativa: detenção, de um a seis meses, ou multa.

- **Ação penal:** Pública incondicionada, de competência da Justiça Federal.

Recebimento ou utilização como dinheiro (parágrafo único)

- **Objeto jurídico, Sujeito ativo e Sujeito passivo:** Iguais aos do *caput*.

- **Tipo objetivo:** Ao contrário do que ocorre no *caput*, em que se pune a conduta daquele que emite sem permissão legal, no caso do parágrafo único pune-se aquele que receber ou utilizar como dinheiro qualquer dos documentos referidos no *caput*. Note-se, assim, que o objeto material aqui é idêntico ao do *caput* (*vide* nota acima).

- **Tipo subjetivo:** O dolo, que consiste na vontade livre e consciente de receber ou utilizar. Embora o tipo não faça previsão expressa, exige-se que o agente que recebe ou utiliza tenha conhecimento da falta de autorização legal com que o título foi emitido. Pode ocorrer erro de tipo ou mesmo de proibição (CP, arts. 20 e 21), dependendo das circunstâncias do caso concreto. Não há punição a título de culpa.

- **Pena:** É alternativa: detenção, de quinze dias a três meses, ou multa.

- **Ação penal:** Pública incondicionada, da competência da Justiça Federal.

Jurisprudência

- **Dinheiro e não mercadoria:** A emissão de notas, bilhetes, fichas, vales ou títulos, ainda que ao portador ou sem o nome do beneficiário, prometendo serviços, utilidades ou mercadorias, nunca foi punida entre nós, sendo fato atípico (TACrSP, *RT* 432/339).

Capítulo II
DA FALSIDADE DE TÍTULOS E OUTROS PAPÉIS PÚBLICOS

FALSIFICAÇÃO DE PAPÉIS PÚBLICOS

Art. 293. Falsificar, fabricando-os ou alterando-os:

I – selo destinado a controle tributário, papel selado ou qualquer papel de emissão legal destinado à arrecadação de tributo;

II – papel de crédito público que não seja moeda de curso legal;

III – vale-postal;

IV – cautela de penhor, caderneta de depósito de caixa econômica ou de outro estabelecimento mantido por entidade de direito público;

V – talão, recibo, guia, alvará ou qualquer outro documento relativo à arrecadação de rendas públicas ou a depósito ou caução por que o poder público seja responsável;

VI – bilhete, passe ou conhecimento de empresa de transporte administrada pela União, por Estado ou por Município:

Pena – reclusão, de 2 (dois) a 8 (oito) anos, e multa.

§ 1º Incorre na mesma pena quem:

I – usa, guarda, possui ou detém qualquer dos papéis falsificados a que se refere este artigo;

II – importa, exporta, adquire, vende, troca, cede, empresta, guarda, fornece ou restitui à circulação selo falsificado destinado a controle tributário;

III – importa, exporta, adquire, vende, expõe à venda, mantém em depósito, guarda, troca, cede, empresta, fornece, porta ou, de qualquer forma, utiliza em proveito próprio ou alheio, no exercício de atividade comercial ou industrial, produto ou mercadoria:

a) em que tenha sido aplicado selo que se destine a controle tributário, falsificado;

b) sem selo oficial, nos casos em que a legislação tributária determina a obrigatoriedade de sua aplicação.

§ 2º Suprimir, em qualquer desses papéis, quando legítimos, com o fim de torná-los novamente utilizáveis, carimbo ou sinal indicativo de sua inutilização:

Pena – reclusão, de 1 (um) a 4 (quatro) anos, e multa.

§ 3º Incorre na mesma pena quem usa, depois de alterado, qualquer dos papéis a que se refere o parágrafo anterior.

§ 4º Quem usa ou restitui à circulação, embora recebido de boa-fé, qualquer dos papéis falsificados ou alterados, a que se referem este artigo e o seu § 2º, depois de conhecer a falsidade ou alteração, incorre na pena de detenção, de 6 (seis) meses a 2 (dois) anos, ou multa.

§ 5º Equipara-se a atividade comercial, para os fins do inciso III do § 1º, qualquer forma de comércio irregular ou clandestino, inclusive o exercido em vias, praças ou outros logradouros públicos e em residências.

■ **Alterações:** A Lei n. 11.035, de 22.12.2004, conferiu nova redação ao inciso I do *caput*, ao § 1º, acrescentando-lhe os incisos I, II e III, tendo ainda acrescentado o § 5º.

- Transação: Cabe a transação no § 4º, desde que não combinado com o art. 295, preenchidos os requisitos do art. 76 da Lei n. 9.099/95.

- Suspensão condicional do processo: Cabe nos §§ 2º e 3º, desde que não estejam combinados com o art. 295 do CP; também cabe no § 4º, ainda que combinado com o art. 295, atendidas as condições do art. 89 da Lei n. 9.099/95.

Falsificação de papéis públicos (caput)

- Objeto jurídico: A fé pública e, em alguns casos, a ordem tributária (cf., p. ex., o caso do inciso I do *caput*).

- Sujeito ativo: Qualquer pessoa. Se o agente é funcionário público, e comete o crime prevalecendo-se da função, incide causa especial de aumento de pena (cf. art. 295 do CP).

- Sujeito passivo: O Estado.

- Tipo objetivo: A ação incriminada é falsificar, isto é, apresentar como verdadeiro o que não é, dar aparência enganosa a fim de passar por original. Como é comum aos crimes de falso, a falsificação deve ser apta a enganar, de forma que a falsificação grosseira, inapta a enganar, não configura o crime deste art. 293; também não haverá o crime de estelionato, por ineficácia absoluta do meio (cf. CP, art. 17 – crime impossível). Dois são os meios pelos quais a falsificação é punida: *a.* quando o agente fabrica algum dos papéis públicos referidos, hipótese em que há contrafação propriamente dita, ou seja, o agente cria, faz o objeto falso; *b.* quando o agente os altera, caso em que há modificação ou alteração do objeto já existente, com a finalidade de aparentar maior valor. O objeto material, embora chamado genericamente pelo legislador como "papéis públicos", há que ser necessariamente (princípio da taxatividade) um dos seguintes: *a.* selo destinado a controle tributário, papel selado ou qualquer papel de emissão legal destinado à arrecadação de tributo (I). Sobre a falsificação de selo postal, outra fórmula de franqueamento ou vale-postal, cf. art. 36 da Lei n. 6.538/78; *b.* papel de crédito público que não seja moeda de curso legal (II). São os títulos da dívida pública, nominativos ou ao portador, de emissão federal, estadual ou municipal; *c.* vale postal (III). Substituído pelo art. 36 da Lei n. 6.538/78; *d.* cautela de penhor, caderneta de depósito de caixa econômica ou de outro estabelecimento mantido por entidade de direito público (IV). Abrange os estabelecimentos mantidos pela União, Estados, Municípios, Distrito Federal ou autarquias; *e.* talão, recibo, guia, alvará ou qualquer outro documento relativo à arrecadação de rendas públicas ou a depósito ou caução por que o Poder Público seja responsável (V); *f.* bilhete, passe ou conhecimento de empresa de transporte administrada pela União, por Estado, por Município ou pelo Distrito Federal (VI). A empresa pode não ser pública, mas precisa ser administrada pelo Poder Público.

- Tipo subjetivo: O dolo, que consiste na vontade livre e consciente de falsificar. Na doutrina tradicional é o "dolo genérico". Não há forma culposa.

- Consumação: Com a efetiva falsificação, sem dependência de outro resultado (crime formal).

- Tentativa: Admite-se, já que a conduta punida permite o *iter criminis*.

- Confronto: Se a falsificação for de moeda metálica ou papel-moeda de curso legal, o crime será o do art. 289. Pode ocorrer de a falsidade ser utilizada como meio para a prática de outro crime (ordem tributária, descaminho etc.), hipótese em que, via de regra, haverá a absorção do chamado "crime-meio" pelo "crime-fim" (*vide* algumas hipótese de confronto com outros crimes nos comentários ao § 1º).

- Pena: Reclusão, de dois a oito anos, e multa.

- Ação penal: Pública incondicionada.

Figuras equiparadas (§ 1º)

- Noção: Como visto acima, o § 1º deste art. 293 foi alterado pela Lei n. 11.035/2004, de modo que o legislador passou a punir não apenas aquele que *usa* o objeto falsificado (era o que previa a redação anterior), mas aquele que também *guarda, possui, detém ou pratica qualquer das demais condutas* descritas nos novos incisos do § 1º. Houve, assim, um significativo alargamento do poder punitivo estatal, o que exige cautela do aplicador da lei penal para não cometer injustiças. Veja-se, por exemplo, que a mera detenção de um dos papéis públicos falsos referidos (no *caput* ou no § 1º) já configura, em tese, o crime. Todavia, há que restar provado, por exemplo, que o agente detentor do objeto falso tinha conhecimento de sua falsidade, não bastando a presunção de dolo. Com a alteração legislativa, passou-se também a punir condutas que, antes, caracterizavam meros atos preparatórios para a prática de crimes (p. ex., para crimes contra a ordem tributária ou mesmo contra a previdência social).

- Objeto jurídico, Sujeito ativo e Sujeito passivo: Iguais aos do *caput*.

- § 1º, inciso I: Antes do advento da Lei n. 11.035/2004, este § 1º punia tão somente o uso de qualquer dos papéis falsificados a que se refere o artigo. Após a referida alteração legislativa, passou a punir também a sua guarda, posse ou detenção. Para que haja o crime, deve o agente ter conhecimento de que se trata de papéis falsificados. Na escola tradicional é o "dolo genérico". Não há punição a título de culpa. O uso, a guarda, a posse e a detenção pelo próprio autor da falsificação não caracteriza concurso de crimes, mas delito único (o do *caput* deste art. 293), já que o § 1º resta absorvido (fato posterior impunível). Se o agente faz uso dos documentos falsos previstos neste artigo, com o fim exclusivo de suprimir ou reduzir tributos, o crime deste § 1º, I, fica absorvido pelo crime tributário (art. 1º, IV, da Lei n. 8.137/90, na modalidade de "utilizar" documento falso).

- § 1º, inciso II: Este inciso II, acrescentado pela Lei n. 11.035/2004, dispõe que também incorrem na mesma pena do *caput* aqueles que praticarem alguma das dez novas condutas incriminadas (importar, exportar, adquirir, vender, trocar, ceder, emprestar, guardar, fornecer ou restituir à circulação), desde que referentes a *selo falsificado destinado a controle tributário* (objeto material do crime). Da mesma forma que ocorre no inciso I, se o agente falsifica o selo e, em seguida, pratica uma das condutas previstas neste inciso II, há delito único (o do *caput*) e não concurso de crimes. Se a conduta do agente se destinar à prática de crime tributário (arts. 1º e 2º da Lei n. 8.137/90) ou previdenciário (arts. 168-A e 337-A do CP), em proveito próprio e exclusivo, haverá delito único, devendo, no caso, o crime-meio (deste § 1º, inciso II) ser absorvido pelo crime-fim (crime tributário ou previdenciário). Todavia, caso o agente pratique as condutas incriminadas, não com o objetivo de sonegar impostos, mas, sim, de facilitar ou possibilitar para que outros o façam, haverá o crime deste § 1º, inciso II, independentemente da prática do crime tributário ou previdenciário por terceiros. Se a conduta volta-se à prática do descaminho, deve também o crime-meio ser absorvido pelo crime-fim.

- § 1º, inciso III: Nesta nova modalidade de crime, inserida também pela Lei n. 11.035/2004, são treze as condutas alternativamente previstas (importa, exporta, adquire, vende, expõe à venda, mantém em depósito, guarda, troca, cede, empresta, fornece, porta ou, de qualquer forma, utiliza), praticadas *no exercício de atividade comercial ou industrial*, e relativas a *produto ou mercadoria* que se encontre numa das seguintes situações: *a*) no qual tenha sido utilizado selo falsificado destinado a controle tributário; ou *b*) que não apliquem o selo oficial, nos casos em que a legislação tributária determina a obrigatoriedade de sua aplicação; nesta última hipótese, trata-se de norma penal em branco, a exigir o complemento pela legislação tributária. Note-se que, enquanto no *caput* e nas figuras previstas no § 1º, I e II, pune-se o agente que falsifica ou que, de alguma forma, faz uso do selo falsificado, neste § 3º, III, o objetivo é punir o *comerciante ou o industrial* que se beneficia, ou favorece outrem, com o selo falsificado. Deve o agente ter conhecimento de que a mercadoria ou o produto contenham selo falsificado destinado a controle tributário. A ausência desse conhecimento torna a conduta atípica, por ausência do dolo que exige o crime. Para a configuração deste crime não é necessário haver autuação tributária. Contudo, se, em razão das condutas previstas, o agente sonegar impostos e houver autuação, haverá tão somente o crime tributário, e não concurso de crimes. Vale dizer, o emprego do selo falsificado, nessas circunstâncias, insere-se na fraude inerente ao crime tributário, constituindo-se crime-meio para a prática do crime-fim. Sobre hipóteses de equiparação da atividade comercial, para fins deste § 1º, III, *vide* § 5º.

- Confronto com contrabando: No caso de importação ou exportação de mercadoria proibida, acompanhada ou não de selo falso, o crime será apenas o de contrabando (art. 334, *caput*, primeira parte, do CP).

- **Confronto com descaminho:** No caso de o agente iludir, no todo ou em parte, o pagamento de direito ou imposto, devido pela entrada, pela saída ou pelo consumo de mercadoria, ainda que para tanto faça uso de selo falsificado destinado a controle tributário, haverá tão somente o crime do art. 334, *caput*, segunda parte, do CP, ficando o crime deste art. 293, § 1º, III, absorvido por aquele. Da mesma forma, se o agente vende, expõe à venda, mantém em depósito ou, de qualquer forma, utiliza em proveito próprio ou alheio, produto ou mercadoria de procedência estrangeira (que introduziu clandestinamente no País ou importou fraudulentamente ou que sabe ser produto de introdução clandestina no território nacional ou de importação fraudulenta por parte de outrem), ainda que nesta haja selo falsificado ou que não possua selo oficial, haverá tão somente o crime do art. 334, § 1º, *c*, do CP, ficando o crime deste art. 293, § 1º, III, absorvido por aquele. Por fim, se o agente adquire, recebe ou oculta, em proveito próprio ou alheio, no exercício de atividade comercial ou industrial, mercadoria de procedência estrangeira, desacompanhada de documentação legal (ou sem selo oficial), ou acompanhada de documentos que sabe serem falsos (como, por exemplo, selos falsos), haverá tão somente o crime do art. 334, § 1º, *d*, do CP, restando o crime deste art. 293, § 1º, III, também absorvido por aquele.

Supressão de sinal de inutilização (§ 2º)

- **Objeto jurídico, sujeito ativo e sujeito passivo:** Iguais aos do *caput*.
- **Tipo objetivo:** Incrimina-se a supressão (eliminação ou remoção) de carimbo ou sinal indicativo de sua inutilização, desde que feito evidentemente de forma legítima pelo órgão público competente. A remoção de um carimbo ou sinal indicativo falso ou imprestável não caracteriza o crime. A finalidade da conduta é especificada: com o fim de torná-los novamente utilizáveis. Não é preciso, todavia, que o agente chegue a utilizar o documento, bastando que a supressão torne o documento novamente utilizável. Não há crime, portanto, se a supressão foi parcial (e, como tal, incapaz de atingir o objetivo) ou feita de modo grosseiro, perceptível ao "homem médio". O objeto material são os papéis públicos apontados nos incisos do *caput*, quando legítimos, isto é, desde que verdadeiros.
- **Tipo subjetivo:** O dolo e o elemento subjetivo do tipo indicado pelo especial fim de agir ("com o fim de torná-los novamente utilizáveis"). Na doutrina tradicional é o "dolo específico". Não há modalidade culposa.
- **Consumação:** Com a efetiva supressão do sinal de inutilização, independentemente de sua real utilização.
- **Tentativa:** Admite-se.
- **Confronto:** Se após a supressão prevista neste § 2º o papel público é utilizado, há apenas o crime do § 3º. Em caso de selo postal, outra fórmula de franqueamento ou vale-postal, cf. art. 37 da Lei n. 6.538/78.
- **Pena:** Reclusão, de um a quatro anos, e multa.
- **Ação penal:** Pública incondicionada.

Uso de papéis com inutilização suprimida (§ 3º)

- **Objeto jurídico, sujeito ativo e sujeito passivo:** Iguais aos do *caput*.
- **Tipo objetivo:** O objeto material são os papéis que tiveram suprimidos os carimbos ou sinais de inutilização (cf. § 2º). Pune-se o uso de tais papéis.
- **Tipo subjetivo:** O dolo, que consiste na vontade livre e consciente de usar os papéis, com conhecimento de que o sinal de inutilização foi suprimido. Para os tradicionais é o "dolo genérico". Inexiste forma culposa.
- **Confronto:** Se o agente não chega a usar, mas é o autor da supressão do carimbo ou sinal de inutilização, há o crime do § 2º. Se é selo postal, outra fórmula de franqueamento ou vale-postal, art. 37, § 1º, da Lei n. 6.538/78.
- **Concurso de crimes:** O uso é absorvido, caso o agente seja o autor da supressão (fato posterior impunível).
- **Pena e ação penal:** Iguais às do § 2º.

Figura privilegiada
(§ 4º)

- **Objeto jurídico e sujeito passivo:** Iguais aos do *caput*.
- **Sujeito ativo:** Qualquer pessoa, desde que tenha recebido o papel de boa-fé.
- **Tipo objetivo:** O objeto material são os papéis públicos falsos do *caput* ou os legítimos, mas com a inutilização suprimida do § 2º. Pune-se a conduta de quem, tendo recebido os papéis na ignorância da falsificação ou alteração, os usa ou restitui à circulação, depois de conhecer (estar certo de) a falsidade ou alteração. É atípica a restituição à própria pessoa de quem o agente recebeu o papel.
- **Tipo subjetivo:** O dolo, que consiste na vontade livre e consciente de usar ou restituir à circulação, com a certeza de que o papel é falso ou alterado. Na doutrina tradicional é o "dolo genérico". Não há punição a título de culpa. A dúvida quanto ao conhecimento da falsidade ou alteração pode afastar o dolo.
- **Consumação:** Com o efetivo uso ou restituição à circulação.
- **Tentativa:** Admite-se.
- **Confronto:** Tratando-se de selo postal, outra fórmula de franqueamento ou vale-postal, art. 37, § 2º, da Lei n. 6.538/78.
- **Pena:** É alternativa: detenção, de seis meses a dois anos, ou multa.
- **Ação penal:** Igual à do *caput*.

Equiparação de atividade comercial
(§ 5º)

- **Noção:** Por meio deste § 5º, inserido pela Lei n. 11.035/2004, o legislador houve por bem equiparar a atividade comercial, para os fins do inciso III do § 1º, qualquer forma de comércio irregular ou clandestino, inclusive o exercido em vias, praças ou outros logradouros públicos e em residências. Trata-se de posição semelhante à adotada no crime de descaminho (CP, art. 334, § 2º). Como se nota, o objetivo do legislador é claro: estender a punição para aqueles que se dedicam ao comércio informal, realizado de forma irregular ou clandestina.

Funcionário público

- **Remissão:** Se o agente é funcionário público, *vide* nota ao art. 295 do CP, quanto à previsão para aumento da pena.

Jurisprudência

- **Tipo subjetivo:** Em qualquer das modalidades previstas pelo art. 293, exige-se que fique comprovado o dolo do agente, pois inexiste forma culposa para esses crimes (TFR, Ap. 6.269, *DJU* 31.10.85, p. 19525).
- **Coautoria:** Caracteriza a cooperação psicológica de fiscal do IPI que anuiu em introduzir, nas repartições fazendárias, guias falsificadas, recebendo pagamentos para essa conduta (STF, *mv – RTJ* 112/1280).
- **Papéis públicos:** Não é papel público o formulário de retirada de dinheiro da Caixa Econômica Federal, pois o "qualquer outro documento", a que se refere o inciso V do art. 293, deve ter características semelhantes aos demais indicados (TJSP, *mv – RT* 522/331).
- **Guia florestal:** A sua falsificação não caracteriza o delito deste art. 293, V, pois a guia a que o dispositivo alude é a que se destina ao fim de recolhimento ou depósito de dinheiros ou valores *ex vi legis*. A guia florestal não tem essa destinação, servindo ao controle do transporte de madeiras (STJ, *RT* 689/400).
- **Crime-meio e prescrição:** A prescrição do crime-fim (sonegação fiscal) abrange o crime-meio (falsificação de papéis públicos) (TJSP, *mv – RJTJSP* 169/293).
- **Ato preparatório e absorção:** Se o agente fabrica, adquire, fornece, possui ou guarda petrechos de falsificação, conforme dispõe o art. 294, consubstanciando mero ato preparatório para chegar ao fim de usar os papéis públicos falsos, não há se falar em concurso material, pois tal delito resta absorvido pelo art. 293, § 1º (STJ, *RT* 781/553).
- **Materialidade:** Em caso de falsificação e utilização de guias de recolhimento da Previdência Social, entendeu-se ser dispensável o exame pericial, na hipótese de a materialidade puder ser comprovada por outros meios (TRF da 2ª R., *RT* 855/710).

- **Desnecessidade de constituição definitiva do crédito tributário:** É dispensável a constituição definitiva do crédito tributário para que esteja consumado o crime previsto no art. 293, § 1º, III, "b", do CP. Isso porque o referido delito possui natureza formal, de modo que já estará consumado quando o agente importar, exportar, adquirir, vender, expuser à venda, mantiver em depósito, guardar, trocar, ceder, emprestar, fornecer, portar ou, de qualquer forma, utilizar em proveito próprio ou alheio, no exercício de atividade comercial ou industrial, produto ou mercadoria sem selo oficial. Não incide na hipótese, portanto, a Súmula Vinculante 24 do STF. Com efeito, conforme já pacificado pela jurisprudência do STJ, nos crimes tributários de natureza formal é desnecessário que o crédito tributário tenha sido definitivamente constituído para a instauração da persecução penal. Essa providência é imprescindível apenas para os crimes materiais contra a ordem tributária, pois, nestes, a supressão ou redução do tributo é elementar do tipo penal (STJ, REsp 1.332.401-ES, j. 19.8.2014).

- **Posse de maços de cigarros com selo do IPI falsificado:** A posse, guarda ou detenção de papéis públicos falsificados já caracteriza o crime do art. 293, § 1º,I,do CP, sendo irrelevante a inexistência de provas de que a acusada tivesse sido a autora da falsificação (TRF da 5ª R., *RT* 875/689).

PETRECHOS DE FALSIFICAÇÃO

Art. 294. Fabricar, adquirir, fornecer, possuir ou guardar objeto especialmente destinado à falsificação de qualquer dos papéis referidos no artigo anterior:

Pena – reclusão, de 1 (um) a 3 (três) anos, e multa.

Petrechos de falsificação

- **Suspensão condicional do processo:** Cabe, desde que não esteja combinado com o art. 295, atendidas as condições do art. 89 da Lei n. 9.099/95.

- **Objeto jurídico:** A fé pública.

- **Sujeito ativo:** Qualquer pessoa. Se funcionário público, cf. art. 295.

- **Sujeito passivo:** O Estado.

- **Tipo objetivo:** O objeto material é assim indicado: objeto especialmente destinado à falsificação de qualquer dos *papéis* referidos no artigo anterior, ou seja, dos papéis públicos expressamente arrolados no art. 293 do CP; diante do princípio da taxatividade, não se encontram incluídos, portanto, o *produto ou mercadoria* referido no seu § 1º, inciso III. Quanto ao conceito de especialmente destinados, *vide* nota à expressão no art. 291 do CP. As ações incriminadas são: *a. fabricar* (produzir ou manufaturar); *b. adquirir* (obter para si); *c. fornecer* (proporcionar, abastecer, prover); *d. possuir* (ter a posse ou propriedade); *e. guardar* (ter sob guarda, abrigar).

- **Tipo subjetivo:** O dolo, ou seja, a vontade livre e consciente de praticar as ações com conhecimento da destinação dos objetos. Na doutrina tradicional aponta-se o "dolo genérico". Não há punição a título de culpa.

- **Consumação:** Com a efetiva prática de qualquer das ações. É crime permanente nas modalidades de possuir e guardar.

- **Tentativa:** Admite-se.

- **Confronto:** Caso o agente use os petrechos e falsifique, o crime deste art. 294 ficará absorvido pelo do art. 293. Em caso de petrechos para falsificação de moeda, o crime será o do art. 291 do CP. Tratando-se de selo postal, outra fórmula de franqueamento ou vale-postal, art. 38 da Lei n. 6.538/78.

- **Pena:** Reclusão, de um a três anos, e multa.

- **Ação penal:** Pública incondicionada.

Funcionário público ▪ **Causa especial de aumento de pena:** Se o sujeito ativo é servidor público, e comete o crime prevalecendo-se do cargo, haverá aumento de pena (art. 295 do CP).

Jurisprudência ▪ **Objeto inequívoco:** Configura este crime a apreensão de carimbo, conduzido de forma oculta, inequivocamente destinado a falsificar, mediante alteração, declarações de bagagem (TFR, Ap. 3.257, *DJU* 27.7.79, p. 5575). Configura a posse de carimbos e máquinas destinadas à falsificação de recolhimento (TFR, Ap. 4.151, *DJU* 18.2.82, p. 1038).

▪ **Especialmente destinado:** É necessário que o objeto se revele especialmente destinado à falsificação dos papéis taxativamente enumerados pelo art. 293 do CP (TJSP, *RT* 542/340).

▪ **Consumação:** A simples posse ou guarda do objeto já constitui o crime, independentemente da sua utilização ou falsificação (TRF da 1ª R., *JSTJ* e *TRF* 48/385; TJSP, *RT* 606/303).

▪ **Concurso de crimes:** Se o agente usa os petrechos e pratica a falsidade, o crime deste art. 294 fica absorvido pela falsidade cometida; o crime de sonegação fiscal, que absorve a falsidade e o uso de documento falso, também deve absorver o do art. 294 (TJSP, *RJTJSP* 83/407).

▪ **Ato preparatório e absorção:** Se o agente fabrica, adquire, fornece, possui ou guarda petrechos de falsificação, conforme dispõe o art. 294, consubstanciando mero ato preparatório para chegar ao fim de usar os papéis públicos falsos, não há se falar em concurso material, pois tal delito resta absorvido pelo art. 293, § 1º (STJ, *RT* 781/553).

Art. 295. Se o agente é funcionário público, e comete o crime prevalecendo-se do cargo, aumenta-se a pena de sexta parte.

Figuras qualificadas ▪ **Noção:** Tanto na hipótese do crime descrito no art. 293 como no do art. 294, a pena é aumentada de sexta parte se o agente é funcionário público e comete o crime prevalecendo-se do cargo. Não basta, pois, que o agente seja funcionário público, sendo mister que o cargo que ocupa tenha, de alguma forma, contribuído ou facilitado a prática delitiva. Sobre o conceito de funcionário público para efeitos penais, *vide* nota ao art. 327 do CP.

Capítulo III
DA FALSIDADE DOCUMENTAL

FALSIFICAÇÃO DE SELO OU SINAL PÚBLICO

Art. 296. Falsificar, fabricando-os ou alterando-os:

I – selo público destinado a autenticar atos oficiais da União, de Estado ou de Município;

II – selo ou sinal atribuído por lei a entidade de direito público, ou a autoridade, ou sinal público de tabelião:

Pena – reclusão, de 2 (dois) a 6 (seis) anos, e multa.

§ 1º Incorre nas mesmas penas:

I – quem faz uso do selo ou sinal falsificado;

II – quem utiliza indevidamente o selo ou sinal verdadeiro em prejuízo de outrem ou em proveito próprio ou alheio;

III – quem altera, falsifica ou faz uso indevido de marcas, logotipos, siglas ou quaisquer outros símbolos utilizados ou identificadores de órgãos ou entidades da Administração Pública.

§ 2º Se o agente é funcionário público, e comete o crime prevalecendo-se do cargo, aumenta-se a pena de sexta parte.

- **Alteração:** A Lei n. 9.983, de 14.7.2000 (*DOU* de 17.7.2000), que entrou em vigor somente noventa dias após publicada, acrescentou o inciso III ao § 1º deste artigo.

Falsificação de selo ou sinal público (caput)

- **Objeto jurídico:** A fé pública, especialmente os sinais públicos de autenticidade.
- **Sujeito ativo:** Qualquer pessoa.
- **Sujeito passivo:** Primeiramente, o Estado; em segundo lugar, o particular eventualmente prejudicado.
- **Tipo objetivo:** O núcleo é *falsificar*, que tem a significação de apresentar como verdadeiro o que não é. A falsificação punida por este tipo penal é aquela feita mediante a: *a. fabricação* (é a contrafação, em que o agente faz o selo ou sinal); ou *b. alteração* (modificação de selo ou sinal verdadeiro). A falsificação, para caracterizar o crime, em qualquer de suas modalidades acima referidas (*a* e *b*), deve ser apta a enganar a generalidade das pessoas. A falsificação grosseira não caracteriza, pois, o crime. O objeto material vem assim indicado: I. Selo público destinado a autenticar atos oficiais da União, de Estado ou de Município. O selo aqui referido não tem relação alguma com o selo postal. Trata-se de peça, geralmente metálica, que se usa para imprimir em papéis, com a finalidade de autenticá-los. É indispensável à tipificação o fim de autenticação de atos oficiais. II. Selo ou sinal atribuído por lei a entidade de direito público, ou a autoridade, ou sinal público de tabelião. Não inclui o selo ou sinal estrangeiro, mas compreende os de autarquia ou entidade paraestatal, desde que atribuídos por lei. Sinal público de tabelião é a assinatura especial deste, enfeitada, que constitui a sua marca de tabelião e que não se confunde com a assinatura simples (esta chamada "sinal raso").
- **Tipo subjetivo:** O dolo, ou seja, a vontade livre e consciente de falsificar, com conhecimento, na hipótese do inciso I, de que o selo é destinado à autenticação de atos oficiais. Na doutrina tradicional é o "dolo genérico". Não há forma culposa.
- **Consumação:** Com a falsificação, sem dependência de outro resultado. Trata-se de crime formal.
- **Tentativa:** Admite-se, na medida em que as modalidades que contém o núcleo do tipo (*fabricação* e *alteração*) permitem o *iter criminis*.
- **Confronto:** Se há falsificação de sinal empregado no contraste de metal precioso ou na fiscalização alfandegária, art. 306, *caput*, do CP. Se o sinal falsificado é o usado por autoridade pública para fiscalização sanitária, ou para autenticar ou encerrar determinados objetos, ou comprovar o cumprimento de formalidade legal, art. 306, parágrafo único, do CP.
- **Símbolos nacionais:** A utilização dos símbolos nacionais (bandeira, hino, armas, selo e cores nacionais) é disciplinada pela Lei n. 5.700/71. Cumpre observar que, no tocante ao Brasão da República (armas), o art. 26 da citada lei estipula as hipóteses em que a sua utilização é obrigatória, não estabelecendo vedações para a sua utilização em outras hipóteses. Ressaltando tal aspecto, manifestou-se a Subprocuradora Regional da República Julieta E. Fajardo Cavalcanti de Albuquerque, nos autos do IP n. 98.0700104-8 da 3ª Vara Federal em São José do Rio Preto-SP, em parecer ratificado pelo então Procurador-Geral da República, Geraldo Brindeiro. A matéria, contudo, não é pacífica.
- **Pena:** Reclusão, de dois a seis anos, e multa.
- **Ação penal:** Pública incondicionada.

Uso de selo ou sinal falsificado (§ 1º, I)

- **Objeto jurídico, Sujeito ativo e Sujeito passivo:** Iguais aos do *caput*.
- **Tipo objetivo:** Pune-se quem faz uso do selo ou sinal falsificado. Não se incrimina qualquer uso, mas apenas aquele em que o sinal ou selo público falsificado é usado em sua destinação normal e oficial.
- **Tipo subjetivo:** O dolo, que consiste na vontade livre e consciente de usar, com conhecimento de que se trata de selo ou sinal falsificado (dolo genérico).

- **Consumação:** Com o uso do selo ou sinal falsificado, independentemente de causar efetivo resultado. Trata-se de crime formal.

- **Concurso de crimes:** O uso, pelo próprio agente que falsificou o selo ou sinal, é fato posterior impunível (*ne bis in idem*), respondendo o agente apenas pela falsificação (*caput*).

- **Pena e Ação penal:** Iguais às do *caput*.

Utilização indevida de selo ou sinal verdadeiro (§ 1º, II)

- **Objeto jurídico, Sujeito ativo e Sujeito passivo:** Idênticos aos do *caput*.

- **Tipo objetivo:** Ao contrário do que sucede no inciso I, aqui, o objeto material é o selo ou sinal verdadeiro e não o falsificado. Incrimina-se quem utiliza, indevidamente (elemento normativo do tipo), agindo em prejuízo de outrem ou em proveito próprio ou alheio. O resultado referido pela lei (sem o qual não há crime) é alternativo: prejuízo alheio ou proveito próprio ou de terceiro.

- **Tipo subjetivo:** O dolo, ou seja, a vontade livre e consciente de utilizar indevidamente, acrescido do especial fim de agir (em prejuízo de outrem ou em proveito próprio ou alheio). Para a doutrina tradicional, é o dolo específico.

- **Consumação:** Com o efetivo prejuízo ou proveito. Trata-se, pois, de crime material.

- **Pena e Ação penal:** Iguais às do *caput*.

Alteração, falsificação ou uso indevido (§ 1º, III)

- **Objeto jurídico:** A fé pública, especialmente as marcas, os logotipos, as siglas ou outros símbolos da Administração Pública.

- **Sujeito ativo e Sujeito passivo:** Iguais aos do *caput*.

- **Tipo objetivo:** Os núcleos são três: *a.* alterar, que tem o sentido de modificar; *b.* falsificar, que tem o significado de reproduzir, imitando; de fazer parecer original, verdadeiro, aquilo que não é; *c.* usar indevidamente, ou seja, utilizar de forma imprópria. O objeto material compõe-se de: *1.marcas* (sinais que se fazem em coisas para reconhecê-las); *2. logotipos* (conjunto de letras unidas em um único tipo, formando siglas ou palavras); *3.siglas* (sinais convencionais); 4. *outros símbolos* (sinais, signos). Há necessidade de que o objeto material seja utilizado por órgãos ou entidades da Administração Pública, ou identifique estes. A alteração e a falsificação devem ser aptas a enganar a generalidade das pessoas, pois do contrário não há potencialidade lesiva.

- **Tipo subjetivo:** O dolo, ou seja, a vontade livre e consciente de alterar, falsificar ou fazer uso indevido de marcas, logotipos, siglas ou outros símbolos, sabendo que são utilizados pela Administração Pública ou que servem para identificá-la. Para os clássicos, é o dolo genérico.

- **Consumação:** Com a alteração, falsificação ou uso indevido, independentemente de resultado naturalístico (p. ex., efetivo prejuízo de alguém). Trata-se de delito formal. Nas modalidades de alteração e falsificação, a tentativa é possível, pois se trata de condutas que admitem o *iter criminis*.

- **Pena e Ação penal:** Iguais às do *caput*.

Figura qualificada (§ 2º)

- **Noção:** Se o agente é funcionário público (*vide* nota no art. 327 do CP) e comete o crime prevalecendo-se do cargo, incide a causa especial de aumento de pena deste § 2º. Aplica-se tanto ao *caput* como ao § 1º.

- **Pena:** A do *caput*, aumentada de sexta parte.

Jurisprudência

- **Tipo subjetivo:** O crime do art. 296 exige a prova inconteste do dolo, por inexistência da forma culposa (TRF da 1ª R., Ap. 26.569, *DJU* 18.5.95, p. 30064, *in RBCCr* 12/288).

- **Selo:** O selo de que fala o art. 296 do CP é o destinado à autenticação de atos oficiais e não a estampilha usada para arrecadação de rendas públicas, cuja falsificação é prevista no art. 293 (TJSP, *RT* 470/335).

- **Carimbo:** Não tipifica o crime do art. 296, II, a falsificação de carimbo para reconhecimento de firmas em tabelionatos, pois não se trata de sinal público (TJRS, *RT* 571/394).

- **Art. 296, § 1º, II:** O tipo previsto no inciso II do § 1º do art. 296 do CP exige, além do uso indevido de selo ou sinal público verdadeiro, a obtenção de vantagem para o agente ou terceiro ou o prejuízo de alguém. Portanto, restando patente a ausência de tais elementos na conduta do acusado, impõe-se o não recebimento da denúncia (STJ, APn 200700346410, j. 22.10.2009).

- **Art. 296, § 1º, III:** O tipo previsto no inciso III do § 1º do art. 296 do CP exige que haja uso indevido dos signos na norma descritos. Ausente a hipótese de uso indevido, não procede a acusação. Hipótese de rejeição da denúncia (STJ, APn 200700346410, j. 22.10.2009).

- **Competência:** Hipótese de falsificação e utilização de selos postais e de sinais de autenticação. Embora tais condutas tivessem o fim de burlar o Fisco estadual, acabou-se por atingir serviços e interesses de empresas públicas federais (ECT, CEF). Crimes em tese previstos no art. 36 da Lei n. 6.538/78 e no art. 296 do CP. Competência da Justiça Federal reconhecida (TRF da 1ª R., *RT* 817/682).

FALSIFICAÇÃO DE DOCUMENTO PÚBLICO

Art. 297. Falsificar, no todo ou em parte, documento público, ou alterar documento público verdadeiro:

Pena – reclusão, de 2 (dois) a 6 (seis) anos, e multa.

§ 1º Se o agente é funcionário público, e comete o crime prevalecendo-se do cargo, aumenta-se a pena de sexta parte.

§ 2º Para os efeitos penais, equiparam-se a documento público o emanado de entidade paraestatal, o título ao portador ou transmissível por endosso, as ações de sociedade comercial, os livros mercantis e o testamento particular.

§ 3º Nas mesmas penas incorre quem insere ou faz inserir:

I – na folha de pagamento ou em documento de informações que seja destinado a fazer prova perante a previdência social, pessoa que não possua a qualidade de segurado obrigatório;

II – na Carteira de Trabalho e Previdência Social do empregado ou em documento que deva produzir efeito perante a previdência social, declaração falsa ou diversa da que deveria ter sido escrita;

III – em documento contábil ou em qualquer outro documento relacionado com as obrigações da empresa perante a previdência social, declaração falsa ou diversa da que deveria ter constado.

§ 4º Nas mesmas penas incorre quem omite, nos documentos mencionados no § 3º, nome do segurado e seus dados pessoais, a remuneração, a vigência do contrato de trabalho ou de prestação de serviços.

- **Alteração:** A Lei n. 9.983, de 14.7.2000 (*DOU* de 17.7.2000), que entrou em vigor somente noventa dias após publicada, acrescentou os §§ 3º e 4º a este artigo.

Falsificação material de documento público (caput)

- **Objeto jurídico:** A fé pública, especialmente a autenticidade dos documentos.
- **Sujeito ativo:** Qualquer pessoa. Se funcionário público, incide causa especial de aumento de pena (cf. § 1º deste art. 297).
- **Sujeito passivo:** O Estado, primeiramente; e a pessoa em prejuízo de quem foi o falso praticado, secundariamente.

- **Tipo objetivo:** A falsidade que este art. 297 pune é a material, ou seja, aquela que diz respeito à forma do documento. A falsidade ideológica (de documento público ou particular) é punida pelo art. 299 do CP; sobre a diferença entre as duas falsidades, *vide* nosso comentário ao art. 298 do CP. São duas as condutas punidas por este art. 297, *caput*: *a.* falsificar, no todo ou em parte, documento público. É a contrafação, a formação do documento público falso. Pune-se tanto a falsificação integral (*no todo*) quanto a parcial (*em parte*); *b.* ou alterar documento público verdadeiro. Nesta modalidade, não há exatamente a contrafação (ou formação) de um documento público, mas a alteração (isto é, modificação) de um documento público já existente. Em qualquer das hipóteses, é imprescindível que a falsificação seja idônea para enganar indeterminado número de pessoas, pois o falso grosseiro não traz perigo à fé pública. Exige-se, ainda, que a falsificação seja capaz de causar *prejuízo* para outrem, pois o falso inócuo não configura o delito.

- **Objeto material:** É o documento público, considerando-se como tal o elaborado, de acordo com as formalidades legais, por funcionário público no desempenho de suas atribuições. São alcançados tanto o documento formal e substancialmente público, como o formalmente público mas substancialmente privado. Também é incluído o documento público estrangeiro, desde que originariamente considerado público e atendidas as formalidades legais exigidas no Brasil. São também documentos públicos as certidões, traslados, xerocópias autenticadas e o telegrama emitido com os requisitos de documento público. As xerocópias não autenticadas não se consideram documentos, para fins penais. Existem, também, os documentos públicos por equiparação legal (cf. § 2º deste art. 297). Certidões públicas *eletrônicas*, que contenham os requisitos formais de um documento público, como a assinatura digital, são documentos para fins deste art. 297. O *e-mail*, por falta de formalidades legais, a nosso ver, não pode ser considerado documento público.

- **Tipo subjetivo:** O dolo, ou seja, a vontade de falsificar documento público ou alterar documento público verdadeiro, com a consciência de que pode causar prejuízo a outrem. Na escola tradicional é o "dolo genérico". Não há punição a título de culpa.

- **Consumação:** Com a efetiva falsificação ou alteração, independente da ocorrência de qualquer resultado. Trata-se, pois, de crime formal.

- **Exame de corpo de delito:** É necessário à comprovação da materialidade, pois se trata de infração que deixa vestígios (CPP, art. 158).

- **Tentativa:** Admite-se, à medida que as condutas punidas (*falsificar* ou *alterar*) permitem o *iter criminis*.

- **Concurso de crimes:** São pelo menos três os concursos possíveis*: a.* prevalece o entendimento de que o falsário não responde, em concurso, pelo crime de falso e uso de documento falso (art. 304), havendo, no entanto, controvérsia em relação a qual dos crimes fica sujeito o agente (*vide* jurisprudência no art. 304, sob o título *Uso pelo próprio autor da falsidade*); *b.* se a falsidade do documento público é empregada para a prática de estelionato, divide-se a jurisprudência, dando lugar a quatro correntes diferentes (*vide*, no art. 171 do CP, nota *Concurso de crimes*); *c.* se a falsidade é usada como crime-meio para a prática de crime contra a ordem tributária (Lei n. 8.137/90) ou mesmo contra a previdência social (CP, art. 337-A), ou descaminho, que tem natureza tributária (CP, art. 334), entendemos que o crime-meio fica absorvido pelo crime-fim. Nesse caso, importa ressaltar que a extinção da punibilidade pelo pagamento, ainda que realizado após o recebimento da denúncia, nos termos do art. 9º, *caput*, e §§ 1º e 2º da Lei do PAES (Lei n. 10.684/2003), e dos arts. 68 e 69 da Lei do "REFIS da Crise" (Lei n. 11.941/2009), faz extinguir também a punibilidade do crime-meio, não havendo como este subsistir se o crime-fim pelo qual ele é absorvido já teve sua punibilidade extinta.

- **Crime-meio para delitos tributários e de descaminho (falta de justa causa para a ação penal):** Se o crédito tributário não foi definitivamente constituído (Súmula Vinculante 24 do STF; HC 81.611 entre outros), ou se ainda não houve sequer autuação, é *manifesta* a falta de justa causa para a ação penal pelo crime tributário, incluindo-se, a nosso ver, o descaminho que tem inegável natureza tributária. Com maior razão, é também manifesta a falta de justa causa para ações penais que venham a ser movidas imputando, exclusivamente, o crime-meio de falsidade ideológica, falsidade material ou uso de documento falso, como alguns membros do Ministério Público estadual e federal têm feito, em casos de demora do Fisco para lavrar a autuação fiscal, ou de demora na constituição definitiva do crédito tributário. Assim agem, por vezes, para evitar a prescrição criminal. Tendo em vista serem *pacíficas* a doutrina e a jurisprudência de nossas Cortes superiores no sentido de que o crime-fim tributário (no qual se inclui o descaminho, por ter a mesma natureza) *absorve* o crime-meio do falso ideológico, do falso material e do uso de documento falso, é evidente a falta de justa causa para essas ações penais, seja pela aplicação do princípio da consunção (absorção), seja pelo fato de que, havendo pagamento do débito fiscal, inclusive acessórios, até o trânsito em julgado de eventual condenação, haverá a *extinção da punibilidade do crime tributário* (que inclui, evidentemente, a extinção da punibilidade do crime-meio), nos termos do art. 9º, *caput* e §§ 1º e 2º, da Lei do PAES (Lei n. 10.684/2003) e dos arts. 68 e 69 da Lei do "REFIS da Crise" (Lei n. 11.941/2009). *Vide* jurisprudência neste artigo, bem como notas *Término do processo administrativo-fiscal, parcelamento e pagamento* no art. 334 do CP, e notas no art. 107 do CP, inclusive no tocante à penhora de bens como garantia do débito tributário.

- **Confronto:** Se o documento é particular, art. 298 do CP. Se a falsidade é ideológica e não material, art. 299 do CP. Se a falsidade é de títulos ou valores mobiliários, Lei n. 7.492/86, arts. 2º e 7º. Se o documento público falsificado tem fins eleitorais, art. 348 da Lei n. 4.737/65.

- **Pena:** Reclusão, de dois a seis anos, e multa.

- **Ação penal:** Pública incondicionada.

Causa especial de aumento de pena (§ 1º)

- **Noção:** Se o agente é funcionário público (*vide* nota ao art. 327 do CP) e comete crime prevalecendo-se do cargo, a pena do *caput* é aumentada da sexta parte. Não basta, portanto, que o agente seja funcionário público, sendo indispensável a comprovação de que o mesmo valeu-se, aproveitou-se, de sua função pública para a prática do crime. Esta causa de aumento de pena aplica-se, por sua localização, somente ao *caput* e não aos crimes previstos nos §§ 3º e 4º.

Documentos públicos por equiparação (§ 2º)

- **Noção:** Para fins penais, são equiparados a documento público: *a.* O documento emanado de entidade paraestatal (as autarquias). *b.* O título ao portador ou transmissível por endosso (cheque, nota promissória, duplicata, *warrant* etc.). Como observa HUNGRIA, tais documentos, quando após certo prazo não mais podem ser transferidos por endosso, mas somente "mediante cessão civil, deixam de ser equiparados a documentos públicos" (*Comentários ao Código Penal*, 1959, v. IX, p. 266). *c.* As ações de sociedade comercial. *d.* Os livros mercantis. *e.* O testamento particular (não abrange o codicilo). Igualmente, se os títulos forem falhos quanto aos seus requisitos essenciais, não poderão ser equiparados a documento público (SYLVIO DO AMARAL, *Falsidade Documental*, 1978, p. 25). Em face da inserção do § 3º a este art. 297, restaram equiparados a documentos públicos, além dos já previstos neste § 2º, os documentos mencionados nos incisos I, II e III do referido § 3º.

Figuras equiparadas (§ 3º)

- **Noção:** Buscando tutelar os interesses da Previdência Social e, subsidiariamente, do próprio beneficiário, a Lei n. 9.983, de 14.7.2000, acrescentou o § 3º a este art. 297, punindo com as mesmas penas do *caput* aquele que inserir ou fizer inserir, nos documentos que enumera, *pessoa que não possua a qualidade de segurado obrigatório* (inciso I), *declaração falsa ou diversa da que deveria ter sido escrita* (inciso II) ou *declaração falsa ou diversa da que deveria ter constado* (inciso III). Vale anotar que os crimes previstos neste § 3º constituem normas penais em branco, à medida que precisam ser complementadas pela legislação previdenciária respectiva (cf., p. ex., Lei n. 8.213/91). Vale registrar, por oportuno, que os incisos I, II e III deste § 3º reproduzem, em sua essência, as alíneas *g, h* e *i* do revogado art. 95 da Lei n. 8.212/91, para os quais, contudo, não havia imposição de pena.

- **Inciso I:** Pune a conduta daquele que insere ou faz inserir, na folha de pagamento ou em outro documento de informações destinado a fazer prova perante a Previdência

Social, pessoa que não possua a qualidade de segurado obrigatório. Sobre a relação de pessoas físicas consideradas como segurado obrigatório, cf. art. 11 da Lei n. 8.213/91.

- **Inciso II:** Incrimina a conduta de quem inserir ou fizer inserir, na CTPS – Carteira de Trabalho e Previdência Social do empregado ou em documento que deva produzir efeito perante a Previdência Social, declaração falsa (contrária à realidade, fictícia) ou diversa (diferente, distinta) da que deveria ter sido escrita. Como acima dito, por se tratar de norma penal em branco, cabe ao intérprete verificar na legislação previdenciária pertinente quais os documentos que, além da CTPS, produzem efeitos perante a Previdência Social e quais as declarações que deles precisam constar. A nosso ver, o legislador aqui incorreu em exagero ao incluir no tipo "a declaração diversa da que deveria ter sido escrita", pois a inclusão de "declaração falsa" já configura a fraude inerente ao crime.

- **Inciso III:** Tipifica como crime a conduta daquele que insere ou faz inserir, em documento contábil ou em qualquer outro referente às obrigações da empresa perante a Previdência Social, declaração falsa (contrária à realidade) ou diversa da que deveria ter sido escrita.

- **Objeto jurídico:** A fé pública, especialmente a veracidade dos documentos relacionados com a Previdência Social.

- **Objeto material:** São os documentos elencados nos incisos I, II e III.

- **Sujeito ativo:** Qualquer pessoa. Tratando-se de funcionário público, não incidirá a causa especial de aumento de pena do § 1º, a qual, por sua localização neste artigo, aplica-se apenas ao *caput*.

- **Sujeito passivo:** Primeiramente, o Estado, representado pela Previdência Social; secundariamente, o segurado e seus dependentes que vierem a ser prejudicados.

- **Tipo objetivo:** Ao contrário do *caput*, a falsidade empregada pelo agente neste § 3º é a ideológica, que se refere ao conteúdo do documento. Por esse motivo, de melhor técnica legislativa seria a inclusão dos §§ 3º e 4º no art. 299 do CP, que cuida da falsidade ideológica. As condutas previstas nos três incisos são comissivas. A inserção de pessoa que não seja segurado obrigatório (inciso I), ou de declaração falsa ou diversa da que deveria constar (incisos II e III), deve ser juridicamente relevante e ter potencialidade para prejudicar direitos.

- **Tipo subjetivo:** O dolo, ou seja, a vontade de inserir ou fazer inserir, nos documentos que enumera, determinados fatos falsos ou diversos dos que deveriam constar. Na escola tradicional é o "dolo genérico". Não há punição a título de culpa.

- **Consumação:** Com a efetiva inserção de pessoa que não possua a qualidade de segurado obrigatório, ou de declarações falsas ou diversas das que deveriam constar, nos documentos enumerados pelos incisos I, II e III.

- **Concurso de crimes:** Se o agente pratica qualquer das condutas (comissivas) descritas no § 3º deste art. 297, com o fim de suprimir ou reduzir contribuição social, fica o crime deste art. 297 absorvido pelo crime contra a ordem tributária (arts. 1º e 2º da Lei n. 8.137/90). Não há que se falar, aqui, em absorção pelo crime do art. 337-A, pois as condutas neste previstas não coincidem com as condutas descritas no § 3º deste art. 297, o que impede a absorção; com efeito, enquanto aqui o agente age de forma comissiva (insere ou faz inserir declaração falsa ou diversa), no art. 337-A, as condutas são omissivas (omite ou deixa de lançar) e taxativas.

- **Extinção da punibilidade do crime-fim:** Em caso de absorção do crime de falso pelo crime tributário ou previdenciário (CP, arts. 168-A e 337-A; Lei n. 8.137/90, arts. 1º e 2º), a extinção da punibilidade do crime-fim pelo pagamento do tributo (que pode ser feita mesmo após o recebimento da denúncia, *ex vi* do art. 9º, § 2º, da Lei n. 10.684/2003) extingue também a punibilidade relativa ao crime-meio, não havendo justa causa para se proceder criminalmente em relação a este. Nesses casos de absorção, também não poderá haver qualquer persecução penal relativa ao crime-meio enquanto não estiver constituído, definitivamente, o crédito tributário relativo ao crime-fim, nos termos do que ficou decidido pelo STF, Pleno, HC 81.611.

- **Tentativa:** Não se afigura possível. *Vide* nota, sob o mesmo título, no art. 299, *caput*, do CP.

Outra figura equiparada (§ 4º)

- **Noção:** Este § 4º foi acrescentado pela Lei n. 9.983, de 14.7.2000.
- **Objeto jurídico, Objeto material, Sujeito ativo e Sujeito passivo:** *Vide* notas, sob os mesmos títulos, no § 3º.
- **Tipo objetivo:** Enquanto o § 3º trata de condutas comissivas, esta figura equiparada incrimina condutas omissivas, punindo com as mesmas penas do *caput* aquele que omitir, nos mesmos documentos elencados no § 3º, as seguintes informações: *a.* o nome do segurado e seus dados pessoais; *b.* a sua remuneração; *c.* a vigência do contrato de trabalho ou de prestação de serviços. Na primeira hipótese (*a*) só haverá crime se houver a omissão concomitante do nome dos segurados e de seus dados pessoais (nome + dados pessoais). A omissão empregada pelo agente deve ser juridicamente relevante e ter potencialidade para prejudicar direitos.
- **Tipo subjetivo:** Trata-se de crime doloso. Eventual omissão culposa, fruto de negligência, não configura o crime.
- **Consumação:** No momento em que se verificar a omissão, de acordo com a legislação vigente.
- **Concurso de crimes:** Se o agente pratica as condutas omissivas descritas neste § 4º, com a finalidade de suprimir ou reduzir contribuição social previdenciária ou qualquer acessório, haverá absorção do crime deste art. 297 pelo crime do art. 337-A. É o caso, por exemplo, do empresário que omite da folha de pagamentos ou mesmo da GFIP valores de remuneração pagos a funcionário segurado: responderá apenas pelo crime do art. 337-A, III, ficando o crime deste art. 297 absorvido. Vale anotar que a capitulação da conduta no art. 337-A do CP, ao invés do art. 297, § 4º, é de inteira relevância para a situação processual do acusado, já que o crime previdenciário, além de ser apenado mais levemente, permite a extinção da punibilidade pelo pagamento (Lei n. 10.684/2003, art. 9º, § 2º) e exige a constituição definitiva do crédito tributário para que possa haver ação penal ou mesmo inquérito policial.
- **Tentativa:** Não se admite. *Vide*, também, nota sob o mesmo título no art. 299, *caput*, do CP.

Jurisprudência

- **Documento público:** É o formado por funcionário público, com atribuição ou competência para isso, em razão do ofício, lugar e matéria (STF, *RTJ* 86/291). Requerimento endereçado à Administração Pública não é (TJSP, *RT* 525/332). Carnês de contribuição previdenciária são (TRF da 2ª R., *JSTJ* e *TRF* 82/469). *Vide*, também, documentos públicos por equiparação (CP, art. 297, § 2º). A aposição de impressão digital e assinatura em documento sabidamente falso configura o crime previsto no art. 297 do CP (TRF da 5ª R., *RT* 812/721). É atípica a conduta de advogado que, após ter seu pedido negado no âmbito civil, ingressa com outra ação renovando o pleito, reproduzindo a petição inicial da demanda anteriormente julgada improcedente. Peça processual que, antes de seu ingresso em juízo, é de cunho particular, não podendo ser considerada documento (TJSP, *RT* 835/546).
- **Xerox não autenticado:** Inexiste o crime, pois as reproduções fotográficas não autenticadas não constituem documentos (STF, *RTJ* 108/156; STJ, RHC 3.446, *DJU* 30.5.94, p. 13493, in *RBCCr* 7/213; TJSP, *RT* 746/568; TJRJ, Ap. 2006.050.00100, *RT* 858/652). Não configura o crime a cópia reprográfica de petição inicial não autenticada e sujeita a verificação (TJSP, 1ª C., HC 350.930-3/3, j. 25.6.2001, *Bol. AASP* n. 2.334, p. 2801). Se forem autenticadas, configura-se o delito (TRF da 1ª R., RCr 63.581, *DJU* 18.6.90, p. 13035).
- **Fax não autenticado:** Não configura o delito do art. 297 (TRF da 2ª R., *RT* 778/707).
- **Impressos:** Não há crime na posterior reedição de um jornal, pois é absoluta a impropriedade de ser o jornal considerado documento para fins penais (STF, Pleno, *RT* 589/399). O impresso sob a forma de guia de recolhimento de prestações previdenciárias não possui as características de documento, para efeito penal (TFR, Ap. 5.448, *DJU* 17.11.83).

- **Placas ou chapas de veículos:** Não são documentos públicos (TJSP, *RJTJSP* 78/368).

- **Carteira Nacional de Habilitação:** Se o acusado não falsificou a carteira nem foi responsável por sua viciosa expedição, deve ser absolvido (TJPR, *PJ* 44/263). No tocante à competência da Justiça Estadual, *vide* jurisprudência intitulada *Competência*.

- **Cheque assinado em branco:** O agente que preenche cheque assinado em branco, após se apossar dele indevidamente, infringe o art. 297, pois não estava credenciado a preenchê-lo (TJSP, *RJTJSP* 124/471).

- **Consumação:** É crime de perigo e se consuma no momento da falsificação, independentemente da prova do uso (TRF da 2ª R., Ap. 12.769, *DJU* 15.5.90, p. 9799; TJSP, *RJTJSP* 155/304). *Contra:* Todos os crimes de falsidade são formais e de perigo concreto, o que demanda prova do perigo, que deve ser grave e iminente; se os cheques preenchidos não chegaram a ser postos em circulação, não ingressaram no mundo factual e, consequentemente, no mundo jurídico (TJSP, *RJTJSP* 152/295).

- **Guarda sem uso:** Não se configura o crime do art. 297 se o agente falsificou o documento mas o manteve guardado, pois, neste estado, não produz efeito jurídico (TJSP, *RJTJSP* 103/442, *mv* – 123/494, *RT* 606/328; TJRJ, *RT* 589/363). *Contra:* se há possibilidade de causar dano (STF, *RT* 605/398); *idem*, por ser crime de perigo, que se aperfeiçoa independentemente do uso efetivo (TJSP, *mv* – *RJTJSP* 122/507; TRF da 3ª R., *JSTJ* e *TRF* 62/500-1; Ap. 107.196, *DJU* 3.9.96, p. 64221).

- **Falsidade grosseira:** Prontamente constatada, incapaz de ludibriar o cidadão comum, afasta o crime (TJRS, Ap. 70074541053, j. 3.5.2018). Não é grosseira a falsidade que enganou seus destinatários durante longo período e que só pôde ser descoberta com exame acurado ou por pessoa com conhecimentos especializados (STF, *RTJ* 93/1036). A possibilidade de constatação, a olho nu, da adulteração da data de validade de exame médico em CNH, não é suficiente a afastar o delito de falsificação, mormente se a falsidade passasse desapercebida pelo homem médio, o que somente não ocorreu em razão da experiência dos policiais que perceberam a falsificação (TJSP, *RT* 815/560). Não configura o crime, quando é falso grosseiro, incapaz de causar prejuízo a terceiros (TJSP, *RT* 587/302; TRF da 4ª R., *RT* 754/743). Falsidade grosseira, inapta a causar qualquer prejuízo, configura crime impossível por absoluta ineficácia do meio (TFR, Ap. 6.576, *DJU* 24.4.86, p. 6342). Para ser punível, a falsidade deve ser capaz de enganar o homem de inteligência e capacidade estritamente comuns (TJSP, *mv* – *RJTJSP* 80/417; TRF da 2ª R., Ap. 15.788, *DJU* 1º.9.94, p. 47851, *in RBCCr* 8/227-8; TJPR, *RT* 759/687). Não configura o crime a falsidade grosseira facilmente perceptível (STF, *RTJ* 108/156; TJSP, *RJTJSP* 75/317, *RT* 701/303, 694/312; TJPR, *PJ* 48/282). Assinatura feita sem intenção de imitar é falso grosseiro, sem potencialidade danosa (TJSP, *RT* 584/315, *mv* – 695/302). *Contra:* tratando-se de títulos de crédito, não há necessidade da *imitatio veri*, bastando que a falsidade seja hábil para iludir o *homo medius* (TJSP, *mv* – *RT* 646/268). Não é inócua nem grosseira a falsidade que surtiu efeito durante longo tempo (TJSP, *mv* – *RT* 528/311). Não configura o crime a falsificação grosseira que não causa prejuízos a terceiros (TJSP, *RT* 514/338). Não se perfaz o crime, a não ser que o documento tenha um mínimo de idoneidade material que o torne aceitável (TJSP, *RT* 499/308). Se a carteira de identidade teve o plástico arrancado e a foto substituída por outra, sem ser plastificada novamente, há falsidade grosseira, sendo inapta a contrafação (TJPR, *PJ* 47/278).

- **Capacidade de prejudicar:** Não há falso punível, sem a potencialidade de prejuízo para outrem (STF, *RT* 575/472). Não configura o crime o falso sem aptidão para causar prejuízo (TJSP, *RT* 525/349). Sem repercussão na órbita dos direitos ou obrigações de quem quer que seja, não é ilícito penal (TJSP, *RT* 518/347). Basta a potencialidade apta a enganar e a prejudicar, sendo dispensável o efetivo dano (TJSP, *RT* 539/284, 779/548; TJPR, *PJ* 48/308, *RT* 759/687; TRF da 5ª R., *RT* 812/721). Não há justa causa para a ação penal se a rasura em certidão para recebimento de honorários junto à Procuradoria não possui qualquer relevância, uma vez que os honorários foram arbitrados em quantia certa, não resultando em qualquer lesividade o comportamento do acusado, o que torna a conduta atípica (TJSP, *RT* 809/576). A conduta do policial militar que, com o intuito de obter promoção por ato de bravura, lavra, depois de três anos, uma ocorrência, na qual noticia fato verdadeiro, não configura o crime de falsificação de documento, ainda que este contenha rasuras grosseiras, feitas pelo acusado, para corrigir as datas do evento (TJMS, Ap. 2008.004229-1, *in Bol. IBCCr*, n. 190, p. 1199).

- **Coautoria:** Comete o crime de falsidade documental o agente que manda falsificar documento público, fornecendo sua foto, pouco importando que a ação física da falsificação tenha sido realizada por terceiro (TJRJ, *RT* 758/633).

- **Participação:** Aquele que, mesmo não praticando nenhuma das condutas previstas no art. 297, atua como agenciador de Carteira Nacional de Habilitação falsa, responde como partícipe, pois, ainda que de forma indireta, sua colaboração contribuiu para a consumação do delito (TJMG, *RT* 768/658).

- **Tentativa:** Sendo o crime do art. 297 plurissubsistente, que se compõe de etapas e não é passível de execução por um só ato material, admite-se a tentativa (TJSP, *RT* 698/340).

- **Exame de corpo de delito:** É necessário exame pericial, sob pena de nulidade ou de não comprovação da materialidade do fato (STF, *RTJ* 114/1064; TJSP, *RT* 580/316 e 322), não bastando, sequer, a confissão do acusado (TRF da 4ª R., *JSTJ* e *TRF* 3/400). Se o documento não foi apreendido, o exame de corpo de delito direto pode ser suprido pelo indireto (TJSP, *RT* 550/272; TRF da 1ª R., Ap. 6.558, *DJU* 30.4.90, p. 8275).

- *Mutatio libelli*: Imputado ao acusado, na denúncia, o crime do art. 297, e desenvolvida a defesa, durante todo o curso do processo, nessa linha, não podia sentença, confirmada pelo acórdão recorrido, condená-lo pelo delito do art. 304, sem observância do art. 384, *caput*, do CPP (STJ, *RT* 757/510).

- **Substituição de foto:** O agente que altera cédula de identidade de terceiro, mediante a substituição da foto, com o intuito de iludir outras pessoas, comete, em tese, o crime do art. 297, que não é absorvido pelo uso na prática de outro crime (TJSP, *RT* 760/616).

- **Concurso com o crime de uso de documento falso:** É pacífico que o agente que falsifica e usa não pode ser punido pelos dois crimes (TJSP, *RT* 571/308; TFR, Ap. 3.377, *DJU* 19.9.79, p. 6953). Todavia, há controvérsia quanto a qual dos dois crimes ficará sujeito: *a.* Só crime de uso (STJ, *RT* 750/582; TJSP, *RT* 604/351, 539/276, 537/304, 504/333). *b.* Só crime de falso (STF, *RTJ* 111/232, *RT* 552/409; TRF da 2ª R., Ap. 2.182, *mv – DJU* 18.9.90, p. 21397; TJSP, *mv – RJTJSP* 120/507; TJSC, *RT* 530/395).

- **Concurso com estelionato:** Ocorre a absorção do delito de falsificação de documento público pelo de estelionato, na hipótese daquele ter sido praticado como meio para a prática deste, "considerando-se o finalismo da conduta, não podendo o objetivo visado ser dissociado da conduta pretérita, que integrou e instruiu no elemento subjetivo" (TJRJ, Ap. 2006.050.00100, *RT* 858/658). Como meio para a prática de estelionato, fica absorvida por este. A falsificação e uso de cheque caracteriza o crime de falsificação de documento equiparado ao público, previsto no art. 297, § 2º, não havendo falar em desclassificação para o crime de estelionato (STF, *RT* 755/550). Como se trata de questão das mais discutidas, *vide*, também, jurisprudência na nota ao art. 171 do CP, sob o título *Concurso de crimes*.

- **Concurso com falsidade ideológica:** Os crimes de falsificação de certidões de nascimento e expedição de carteiras de identidade ideologicamente falsas (CP, arts. 297 e 299), não obstante apresentem elementares distintas, ofendem o mesmo bem jurídico, de forma que podem ser considerados da mesma espécie para fins de reconhecimento da continuidade delitiva (TRF da 4ª R., *RT* 814/725).

- **Concurso com apropriação indébita:** Há duas correntes: *a.* o falso não é punível se constituiu manobra para encobrir apropriação anterior (TJSP, *RT* 521/361); *b.* existe concurso material (TJSP, *RT* 620/276, *RJTJSP* 70/336).

- **Concurso com sonegação fiscal:** Qualquer espécie de falsidade, usada como meio para o crime de sonegação fiscal, fica absorvida por este (TJSP, *RJTJSP* 91/480). A sonegação absorve a falsidade de documento público (TJSP, *RT* 571/308).

- **Extinção da punibilidade do crime-fim:** A questão de se saber se a extinção da punibilidade pelo pagamento do crime contra a ordem tributária extingue ou não a punibilidade (ou afasta a justa causa para a ação penal) daqueles crimes que serviram como meio para alcançar-se a evasão fiscal (falsidade documental e uso de documento falso) era tema até pouco tempo delicado e polêmico, havendo basicamente duas correntes: *a.* o crime de falso e de uso de documento falso são autônomos, não tendo qualquer repercussão sobre eles o fato de o crime contra a ordem tributária ter tido sua punibilidade extinta pelo pagamento; *b.* se os crimes de falsidade documental e uso de documento público constituíram elementares do crime contra a ordem tributária, servindo-lhe como verdadeiro crime-meio, a extinção da punibilidade pelo pagamento deste crime extingue, por evidente, a punibilidade também dos eventuais crimes-meio praticados (princípio da consunção) ou mesmo afasta a justa causa para a ação penal. Recentemente, o STF adotou a segunda corrente, conforme ementa a seguir transcrita: "Inicialmente afastada a tese da absorção do delito de falso pelo de sonegação fiscal em virtude de que aquele, no caso concreto, poderia influenciar também na configuração do crime de enriquecimento ilícito, apurado em feito diverso. Posterior notícia, em sede de declaratórios, de que este feito foi arquivado, configura-se fato novo apto a demonstrar a falta de justa causa para a consideração do crime previsto no Código Penal como autônomo. Em face do pagamento do tributo, concedeu-se a ordem para trancar a ação penal" (STF, 2ª T., HC 83.115, rel. Min. Gilmar Mendes, j. 12.12.2006, *DJU* 9.2.2007).

- **Concurso com peculato:** O peculato absorve a falsidade, se constituiu meio para a prática do desfalque (HELENO FRAGOSO, *Jurisprudência Criminal*, 1979, v. II, n. 375; TJSP, *RT* 513/357; TFR, Ap. 3.863, *DJU* 29.9.80, p. 7526; Ap. 3.355, *DJU* 21.6.79, p. 4855). *Contra:* há concurso formal (STF, *RTJ* 98/852, 91/814).

- **Confronto com falsa identidade:** Sendo verdadeiro e não forjado o documento de identidade, mas apenas adulterado quanto à fotografia, o delito é o do art. 307 (falsa identidade) e não o do art. 297 do CP (TJSP, *RT* 609/307, 612/316, *RJTJSP* 157/301, 102/401). *Contra:* Compromete a materialidade e individualização do documento verdadeiro, pela troca da foto, configurando-se o art. 297 (STJ, REsp 1.679, *mv* – *DJU* 28.5.90, p. 4741; TJSP, *mv* – *RJTJSP* 113/561; TJDF, ED 13.856, *DJU* 23.11.94, p. 14630; TJPR, *RT* 812/641; TRF da 3ª R., Ap. 107.196, *DJU* 3.9.96, p. 64221, *in RBCCr* 16/377 – hipótese de passaporte). *Vide*, também, jurisprudência no art. 307 do CP, sob o título *Substituição de fotografia em documento*.

- **Certificado de dispensa do Exército:** A substituição, por uma do réu, da fotografia originalmente constante de certificado de dispensa de incorporação do Exército, tipifica o crime do art. 297 (TRF da 4ª R., Ap. 11.698, *DJU* 5.9.90, pp. 20126-7).

- **Concurso com furto:** Se o falso é cometido posteriormente, para vender a coisa furtada, há concurso material (TJSC, *RT* 523/443).

- **Crime continuado:** É crime único e não continuado a falsificação de várias assinaturas para a realização de um único fim (TJSP, *RT* 528/346). Configura crime continuado e não concurso material a conduta do agente que falsifica dois documentos públicos na mesma ocasião, pelas mesmas condições de tempo e lugar (TJSP, *RT* 758/547).

- **Competência:** Se a falsificação é praticada em detrimento de órgão estadual, a competência é da Justiça Estadual, ainda que o documento seja expedido por repartição pública federal (TJSP, *RT* 649/266; *mv* – *RJTJSP* 162/305). De Carteira Nacional de Habilitação é da competência da Justiça Estadual, pois se trata de documento emitido por órgão estadual de trânsito (STJ, CComp 765, *mv* – *DJU* 5.3.90, p. 1397). Se de taxa rodoviária única, é competente a Justiça Federal (STF, CJur 6.909, *DJU* 12.5.89, p. 7791). A simples anotação falsa na Carteira de Trabalho, que não acarreta lesão à União, não desloca a competência para a Justiça Federal (STJ, *JSTJ* e *TRF* 79/327; sobre Carteira de Trabalho, *vide* nota no art. 299).

- **Funcionário público (§ 1º):** A exasperação do § 1º requer que o agente se tenha prevalecido da função para a prática do crime (STF, *RT* 530/434; TJSP, *RT* 527/311). É preciso que pratique o crime em face das facilidades proporcionadas pelo desempenho do ofício (TJSP, *RT* 490/291). Comprovada a impossibilidade de efetuar-se a distribuição eletrônica de processo, a utilização de método manual não basta para caracterizar direcionamento ilícito do feito a determinado relator, mormente se observado o Regimento Interno do Tribunal (STJ, CEsp, Ap. 219/SP, j. 7.6.2006, *DJU* 25.9.2006, *in Bol. IBCCr* 168/1035).

- **Registro de inquérito policial:** A escriturária de Delegacia de Polícia que, agindo a mando de escrivão-chefe, adultera registro de inquérito policial, rasurando o documento a fim de excluir o nome do indiciado, substituindo-o pelo de outro, incorre no art. 297, § 1º (TJSP, *RT* 774/560).

- **Certidão ou atestado escolar:** Quanto à falsidade de atestado ou certidão de aprovação ou conclusão escolar, para matrícula em escola superior ou ingresso em cargo público, há duas posições: *1ª*. É falsidade material de atestado ou certidão, prevista no art. 301, § 1º, do CP (STF, RHC 59.426, *DJU* 2.4.82, p. 2883; *mv – RTJ* 101/559; TFR, Ap. 4.497, *DJU* 21.5.80, p. 3640; TJSP, *RJTJSP* 101/500, *RT* 715/435, 592/304, 581/281). *2ª*. É falsidade de documento público, prevista no art. 297 do CP (TJPR, *RT* 543/386; TJSP, *mv – RT* 573/344, 560/323, 528/311). Quanto à competência, é da Justiça Estadual e não da Federal (STF, Pleno, *RT* 512/455; TJSP, *RT* 519/311). Documento de estabelecimento particular de ensino: a competência é da Justiça Estadual (STJ, Súmula 104: "Compete à Justiça Estadual o processo e julgamento dos crimes de falsificação e uso de documento falso relativo a estabelecimento particular de ensino"; CComp 6.508, *DJU* 7.3.94, p. 3621, *in RBCCr* 6/234; *RT* 707/377).

- **Justiça gratuita. Falsa declaração de hipossuficiência. Atipicidade:** É atípica a mera declaração falsa de estado de pobreza realizada com o intuito de obter os benefícios da justiça gratuita. O art. 4º da Lei 1.060/1950 dispõe que a sanção aplicada àquele que apresenta falsa declaração de hipossuficiência é meramente econômica, sem previsão de sanção penal. Além disso, tanto a jurisprudência do STJ e do STF quanto a doutrina entendem que a mera declaração de hipossuficiência inidônea não pode ser considerada documento para fins penais (STJ, 6ª T., HC 261.074-MS, rel. Des. Convocada do TJSE Marilza Maynard, j. 5.8.2014).

- **Reparação de prejuízo:** No crime de falsificação de documento equiparado ao público, por tratar-se de delito formal, não se admite a extinção da punibilidade pela reparação do prejuízo, mesmo que esta tenha ocorrido antes do início da ação penal (STF, *RT* 755/550).

FALSIFICAÇÃO DE DOCUMENTO PARTICULAR

Art. 298. Falsificar, no todo ou em parte, documento particular ou alterar documento particular verdadeiro:

Pena – reclusão, de 1 (um) a 5 (cinco) anos, e multa.

FALSIFICAÇÃO DE CARTÃO

Parágrafo único. Para fins do disposto no *caput*, equipara-se a documento particular o cartão de crédito ou débito.

- **Alteração:** A Lei n. 12.737, de 3.12.2012, apelidada de "Lei Carolina Dieckmann", acrescentou o parágrafo único a este art. 298.

Falsificação material de documento particular

- **Objeto jurídico:** A fé pública, especialmente a autenticidade dos documentos.
- **Diferença entre falsidade material e ideológica:** Por muitas razões, é importante observar a distinção que existe entre o falso material (arts. 297 e 298) e o falso ideológico (art. 299): *a*. Na falsidade material, o que se frauda é a própria forma do documento, que é alterada, no todo ou em parte, ou é forjada pelo agente, que cria um documento novo.

b. Na falsidade ideológica, ao contrário, a forma do documento é verdadeira, mas seu conteúdo é falso, isto é, a ideia ou declaração que o documento contém não corresponde à verdade. Efeitos da distinção: *1.* Quanto à capitulação penal. Se a falsidade de documento público é material, incide no art. 297; mas se é ideológica, enquadra-se no art. 299. Se o falso em documento particular é material, insere-se neste art. 298; e, se for ideológico, igualmente no art. 299 do CP. *2.* Exame de corpo de delito. Só é indispensável nas falsidades materiais, não nas ideológicas; todavia, mesmo naquelas, há entendimento jurisprudencial minoritário no sentido de que o exame de corpo de delito é dispensável quando a materialidade puder ser comprovada por outros meios. *3.* No cível. Se o documento, ideológica ou materialmente falso, é apresentado no processo cível, pode a parte contrária arguir incidente de falsidade (CPC, art. 390; *vide arts. 430 e s. do CPC/2015*).

▪ **Sujeito ativo:** Qualquer pessoa.

▪ **Sujeito passivo:** O Estado primeiramente; secundariamente, a pessoa eventualmente prejudicada pela falsidade.

▪ **Tipo objetivo:** A falsidade que este art. 298 pune é a material, ou seja, aquela que diz respeito à forma do documento particular. A falsidade ideológica (de documento público ou particular) é punida pelo art. 299 do CP. São duas as condutas punidas por este art. 298, *caput*: *a.* falsificar, no todo ou em parte, documento particular. É a contrafação, a formação do documento particular falso. Pune-se tanto a falsificação integral (*no todo*) quanto a parcial (*em parte*); *b.* ou alterar documento particular verdadeiro. Nesta modalidade, não há exatamente a contrafação (ou formação) do documento, mas a alteração (isto é, modificação) de um documento particular já existente. Em qualquer das hipóteses, é imprescindível que a falsificação seja idônea para enganar indeterminado número de pessoas, pois o falso grosseiro não traz perigo à fé pública. Exige-se, ainda, que a falsificação seja capaz de causar *prejuízo* para outrem, pois o falso inócuo não configura o delito.

▪ **Objeto material:** É o documento particular, considerando-se como tal (i) o que não está compreendido como documento público (art. 297, *caput*), (ii) o que não é a este equiparado para fins penais (art. 297, § 2º), ou, ainda, (iii) o cartão de crédito ou débito (art. 298, parágrafo único). O próprio documento público, quando nulo por falta de formalidade legal, poderá ser considerado documento particular. Para a lei penal, documento "é todo escrito devido a um autor determinado, contendo exposição de fatos ou declaração de vontade, dotado de significação ou relevância jurídica" (Heleno Fragoso, *Lições de Direito Penal – Parte Especial*, 1965, v. IV, p. 988). Como assinala o mesmo autor, são requisitos do documento: *a.* Forma escrita. Não se incluem as fotografias, as reproduções fotográficas (xerocópias) não autenticadas de documentos, as gravações, pinturas etc. Deve o escrito ser feito sobre coisa móvel, transportável e transmissível. Exige-se certa permanência, embora não precise ser indelével. É irrelevante o meio empregado para escrevê-lo, desde que seja idôneo para a documentação. No caso de reprodução mecânica é indispensável a subscrição manuscrita (de todo ou parte do documento), não se considerando documentos os impressos. *b.* Que tenha autor certo. O escrito anônimo não é documento. A identificação deve advir da assinatura ou do próprio teor do documento. *c.* Seu conteúdo deve expressar manifestação de vontade ou exposição de fatos. A simples assinatura em papel em branco não é documento, como também não o é o escrito ininteligível ou desprovido de sentido. Quanto ao *e-mail*, mudamos nossa opinião constante da 8ª edição: o *e-mail*, desde que preencha os requisitos acima assinalados, pode ser considerado documento para fins de caracterização dos crimes de falsidade de documento particular (art. 298) e de falsidade ideológica (art. 299), não podendo, todavia, ser considerado documento público (*vide* nota *Objeto material* ao art. 297). *d.* Relevância jurídica. É necessário que seu conteúdo seja juridicamente relevante, que possa ter consequências no plano jurídico (*idem*, pp. 988-991).

▪ **Exame de corpo de delito:** Sempre que a falsidade deixar vestígios, entendemos ser imprescindível o exame de corpo de delito, já que a lei é clara nesse sentido (CPP, art. 158); deve-se ressaltar, todavia, a existência de entendimento jurisprudencial contrário, no sentido da desnecessidade do exame pericial quando a materialidade puder ser comprovada por outros meios de prova.

- **Tipo subjetivo:** O dolo, que consiste na vontade de falsificar ou alterar o documento particular, com consciência da possibilidade lesiva a interesse de terceiro. Na escola tradicional é o "dolo genérico". Não há forma culposa.

- **Consumação:** Com a efetiva falsificação ou alteração. Não obstante a falsidade deva ter relevância jurídica, e ser capaz de causar prejuízo a terceiro, não se exige a ocorrência de prejuízo para consumação do crime. Trata-se, pois, de crime formal.

- **Tentativa:** Admite-se, já que a conduta comporta o *iter criminis*.

- **Concurso de crimes:** Se o próprio autor da falsidade faz uso do documento falso (CP, art. 304), é pacífico que não responderá pelos dois crimes; todavia, divide-se a jurisprudência quanto a responder pelo falso ou pelo uso (*vide* jurisprudência no art. 304). Quando a falsidade for o meio para a prática de estelionato, deverá haver, igualmente, a absorção do crime-meio pelo crime-fim, não sendo, todavia, pacífico tal entendimento na jurisprudência (*vide* nota *Concurso de crimes*, no art. 171 do CP).

- **Crime-meio para delitos tributários e de descaminho (falta de justa causa para a ação penal):** Se o crédito tributário não foi definitivamente constituído (Súmula Vinculante 24 do STF; HC 81.611 entre outros), ou se ainda não houve sequer autuação, é *manifesta* a falta de justa causa para a ação penal pelo crime tributário, incluindo-se, a nosso ver, o descaminho que tem inegável natureza tributária. Com maior razão, é também manifesta a falta de justa causa para ações penais que venham a ser movidas imputando, exclusivamente, o crime-meio de falsidade ideológica, falsidade material ou uso de documento falso, como alguns membros do Ministério Público estadual e federal têm feito, em casos de demora do Fisco para lavrar a autuação fiscal, ou de demora na constituição definitiva do crédito tributário. Assim agem, por vezes, para evitar a prescrição criminal. Tendo em vista serem *pacíficas* a doutrina e a jurisprudência de nossas Cortes superiores no sentido de que o crime-fim tributário (no qual se inclui o descaminho, por ter a mesma natureza) *absorve* o crime-meio do falso ideológico, do falso material e do uso de documento falso, é evidente a falta de justa causa para essas ações penais, seja pela aplicação do princípio da consunção (absorção), seja pelo fato de que, havendo pagamento do débito fiscal, inclusive acessórios, até o trânsito em julgado de eventual condenação, haverá a *extinção da punibilidade do crime tributário* (que inclui, evidentemente, a extinção da punibilidade do crime-meio), nos termos do art. 9º, *caput* e §§ 1º e 2º, da Lei do PAES (Lei n. 10.684/2003), e dos arts. 68 e 69 da Lei do "REFIS da Crise" (Lei n. 11.941/2009). *Vide* jurisprudência neste artigo, bem como notas *Término do processo administrativo-fiscal, parcelamento e pagamento* no art. 334 do CP, e notas no art. 107 do CP, inclusive no tocante à penhora de bens como garantia do débito tributário.

- **Confronto:** Se a falsificação material incide sobre documento público, art. 297 do CP. Se a falsidade é ideológica e não material, art. 299 do CP. Se a finalidade é sonegação fiscal, Lei n. 8.137/90. Se falsificação tem fins eleitorais, art. 349 da Lei n. 4.737/65. Se a adulteração é referente a resultado do jogo de bingo, art. 79 da Lei n. 9.615/98. Se a falsificação é de cartão de débito ou crédito, *vide* o parágrafo único deste art. 298.

- **Pena:** Reclusão, de um a cinco anos, e multa.

- **Ação penal:** Pública incondicionada.

Equiparação do cartão de crédito ou débito (parágrafo único)

- **Conceito:** *Cartão de crédito* é um cartão magnético, por vezes acompanhado de *chip*, geralmente emitido por um banco, que permite que o seu titular realize compras pagando-as posteriormente. Ao utilizar este cartão, o comprador contrai uma dívida que deverá pagar no final de um determinado período. Já no *cartão de débito*, cuja estrutura física é idêntica, o pagamento é imediatamente debitado da conta que o seu titular mantém em uma Instituição Financeira. Quando dispõem de *chip*, ambos funcionam mediante validação do Código Pessoal Secreto (PIN). Tanto o cartão de crédito quanto o de débito podem permitir o saque em dinheiro de terminais eletrônicos (ATM). A diferença principal entre os dois, portanto, é que o cartão de débito faz o desconto imediato do valor na conta corrente do usuário, enquanto o cartão de crédito gera uma dívida a ser paga na fatura a vencer. Com o avanço da tecnologia, geralmente ambos hoje necessitam da senha pessoal do usuário.

- **Tipo objetivo:** A falsidade que este art. 298, parágrafo único, pune é a material, ou seja, aquela que diz respeito à forma do documento (no caso, cartão de crédito ou débito). A conduta punida é a de falsificar cartão de crédito ou débito; trata-se da contrafação, isto é, da formação do cartão magnético falso, utilizando-se de dados de um cartão verdadeiro ("clonagem"). Para ser relevante, a falsificação há de ter potencialidade lesiva, isto é, ser o cartão falsificado apto a realizar compras ou saques. Assim, não é preciso que alguém seja enganado, ou que uma compra ou saque sejam realizado. Todavia, se houver o emprego do cartão falso, o crime será o de estelionato (crime-fim), que absorverá a falsidade do cartão (crime-meio).

- **Tipo subjetivo:** O dolo, que consiste na vontade de falsificar o cartão de crédito ou débito, com consciência da possibilidade lesiva a interesse de terceiro. Na escola tradicional é o "dolo genérico". Não há forma culposa.

- **Consumação:** Com a efetiva falsificação. Não obstante a falsidade deva ter relevância jurídica, e ser capaz de causar prejuízo a terceiro, não se exige a ocorrência de prejuízo para consumação do crime. Trata-se, pois, de crime formal.

- **Tentativa:** Admite-se, em tese, já que a conduta comporta o *iter criminis*.

- **Concurso de crimes:** Se o cartão de débito ou crédito falso é utilizado, haverá a prática de estelionato por quem dele faz uso, restando absorvida a falsificação quando o autor for o mesmo. Caso o autor da falsidade não atue em concurso com aquele que se utiliza do cartão, o falsário responderá por este art. 298, parágrafo único, ao passo que o outro, por estelionato.

Jurisprudência

- **Documento:** As fotocópias e outras reproduções mecânicas, quando não autenticadas, não são documentos por sua inaptidão probatória (STJ, RHC 3.446, *DJU* 30.5.95, p. 13493), assim como papéis totalmente datilografados ou impressos sem assinatura (TJSP, *RT* 729/522, 616/295, 651/260). *Vide*, também, jurisprudência no art. 297 do CP, sob os títulos *Xerox não autenticada* e *Impressos*.

- **Distinção entre falsidade material e ideológica:** Na falsidade material o que se falsifica é a materialidade gráfica, visível, do documento; na ideológica, é seu teor ideativo ou intelectual (STF, *RTJ* 122/557). O falso material envolve a forma do documento, enquanto o falso ideológico diz respeito ao conteúdo do documento (STF, *RTJ* 105/960). Quem cria documento, valendo-se de identidade alheia, comete falsidade material e não ideológica (TJSP, *RT* 580/322). A falsidade ideológica concerne ao conteúdo, e não à forma. Quando esta é alterada, forjada ou criada, a falsidade a identificar-se é a material (TJSP, *RT* 513/367). Os representantes sindicais que procedem à lavratura de ata de assembleia, que não ocorreu, para criação de novo sindicato, levando-a a registro e arquivamento em cartório, cometem apenas o crime do art. 298, e não, também, o do art. 299, pois as declarações falsas contidas na ata compõem o próprio documento particular falso (TJSP, *RT* 770/551).

- **Extinção da punibilidade do crime-fim de natureza tributária e falta de justa causa para a ação penal pelo crime de falso ou seu uso:** I – A sonegação fiscal absorve a falsidade, quando esta é o meio fraudulento empregado para a prática do delito tributário (RHC 1.506/SP rel. Min. Carlos Thibau). II – A extinção da punibilidade do réu, no tocante ao crime de sonegação fiscal, porque efetuado o pagamento do tributo, é decisão que motiva o trancamento da ação penal, por falta de justa causa, relativamente aos corréus que se utilizavam do crime de falso para a realização do delito tributário. III – Ordem concedida (STJ, HC 4.547/RJ rel. Min. Anselmo Santiago, j. 16.12.96). O crime de sonegação fiscal absorve o crime-meio de uso de documento falso, sendo que, uma vez extinta a punibilidade daquele pela prescrição, este é abrangido (STJ, HC 5.154, rel. Min. Fernando Gonçalves, j. 28.4.97, *Lex*-STJ 97/321). *Vide* também jurisprudência no art. 299.

- **Trancamento da ação penal por descaminho e falta de justa causa para a ação penal pelo crime-meio de falso:** O pretérito trancamento da ação penal com relação ao crime-fim (descaminho) não autoriza a persecução penal dos acusados pelo crime-meio, sob pena de se praticar absurdos resultados, eis que o crime fiscal pode ser alvo de adimplemento, o que extinguiria a punibilidade dos investigados. Nítida a falta de justa causa para a persecução penal dos acusados em juízo em relação exclusivamente ao crime- -meio, claramente absorvido pelo crime-fim, sendo, pois, imperioso o trancamento da ação penal (STJ, 6ª T., HC123.342, rel. Min. convocada Jane Silva, j. 6.2.2009).

- **Concurso com crime de uso:** Não há concurso entre falsidade e uso do documento falsificado (TJSP, *RT* 571/308, 514/321). *Vide* comentários e jurisprudência no art. 297, bem como no art. 304.

- **Concurso com apropriação indébita:** Se a falsidade objetivou ocultar apropriação anterior, é ação posterior irrelevante (TJSP, *RT* 510/348).

- **Concurso com crime de tóxico (antes da Lei n. 11.343/2006):** A falsidade de receita médica para a compra de entorpecentes é absorvida por esta (TJRJ, *RF* 257/295).

- **Concurso com estelionato:** *Vide* jurisprudência no comentário ao art. 171 do CP.

- **Concurso com perturbação de concorrência pública:** Inadmissível a absorção da falsificação de documento particular pelo delito do art. 335 do CP (TJSP, *RJTJSP* 176/320-321).

- **Capacidade para prejudicar:** Não há falsidade sem capacidade para causar prejuízo (HELENO FRAGOSO, *Jurisprudência Criminal*, 1979, v. II, n. 237; TJSP, *RT* 637/265). Não há, porém, necessidade de que resulte prejuízo efetivo (TJSP, *RJTJSP* 108/471). Basta a possibilidade de causar dano (TJSP, *RT* 519/320). Não podem ser objeto de falso os documentos juridicamente inócuos, isto é, alheios à prova de qualquer direito ou obrigação, ou alheios a fato com efetiva ou eventual relevância na órbita jurídica (TJSP, *RT* 522/359). Não caracteriza o crime a conduta de escrevente extrajudicial que, no intuito de agilizar o procedimento relativo a casamento civil, falsifica, no pedido de habilitação, a assinatura dos nubentes, pois tal documento representava a vontade já formalmente manifestada pelos interessados, os quais, de fato, posteriormente, vieram a se casar (TJPB, *RT* 839/648).

- **Consumação:** Consuma-se com a efetiva falsificação ou alteração, e não a partir de sua utilização; no caso de escritura, na confecção desta e não quando do registro (STF, *RTJ* 124/976).

- **Falsidade grosseira:** O *crimen falsi* só existe quando realizado com um mínimo de idoneidade material, necessário para tornar possível a aceitação do falso por verdadeiro e enganar não apenas um indivíduo ou um grupo determinado de pessoas, mas a coletividade em geral (TJSP, *RJTJSP* 157/304, *RT* 507/341).

- **Imitação do verdadeiro:** É necessária a imitação do verdadeiro, não bastando simples rabisco (TJSP, *RT* 495/292). Não se configura a falsidade se o agente não teve a menor preocupação de imitar a letra da vítima (TJSP, *RJTJSP* 181/270; TJSC, *JC* 69/515).

- **Papel assinado em branco:** É falso material e não ideológico a conduta de quem se vale de papel assinado em branco para forjar documento que não lhe fora confiado para posterior preenchimento (TJSP, *RT* 528/321). Se o papel firmado em branco não foi confiado ao agente, mas este dele se apossou, o crime é de falsidade material e não ideológica (TJSP, *RJTJSP* 104/440, *RT* 571/310).

- **Autoria da falsidade:** Estando comprovada a falsidade da assinatura da vítima na alteração do contrato social da empresa, mas não havendo prova da autoria do delito, tranca-se a ação penal, sem prejuízo do oferecimento de nova denúncia, se apurada a autoria ou mesmo para imputação do crime de uso de documento falso, visto que a alteração falsificada foi submetida a registro na Junta Comercial (TJSP, *RT* 774/586).

- **Exame de corpo de delito:** O crime de falsidade material requer exame de corpo de delito (STF, *RTJ* 121/110). Estando os documentos à disposição para exame, torna-se este indispensável e sua falta induz nulidade absoluta, posto que o exame é essencial à apuração da verdade e à decisão da causa (STF, RHC 62.743, *DJU* 2.8.85, p. 12047).

- **Reconhecimento de firma:** Mesmo em documento particular, sua falsificação é de documento público (STF, *RTJ* 122/557).

- **Competência:** Compete à Justiça Federal processar e julgar o crime do art. 298, com o objetivo de ingressar em instituição de ensino superior, embora particular, pois está sujeita à fiscalização federal, configurando o interesse da União (art. 109, IV, da CR) (STF, *RT* 747/603). *Contra:* Súmula 104 do STJ: "Compete à Justiça Estadual o processo e julgamento dos crimes de falsificação e uso de documento falso relativo a estabelecimento particular de ensino". Se o prejuízo causado pela falsificação de atestado médico do INAMPS, a fim de justificar faltas ao trabalho, seria suportado exclusivamente pela empregadora, a competência é da Justiça Estadual (TJSP, *RJTJSP* 174/307).

FALSIDADE IDEOLÓGICA

Art. 299. Omitir, em documento público ou particular, declaração que dele devia constar, ou nele inserir ou fazer inserir declaração falsa ou diversa da que devia ser escrita, com o fim de prejudicar direito, criar obrigação ou alterar a verdade sobre fato juridicamente relevante:

Pena – reclusão, de 1 (um) a 5 (cinco) anos, e multa, se o documento é público, e reclusão de 1 (um) a 3 (três) anos, e multa, se o documento é particular.

Parágrafo único. Se o agente é funcionário público, e comete o crime prevalecendo-se do cargo, ou se a falsificação ou alteração é de assentamento de registro civil, aumenta-se a pena de sexta parte.

- **Suspensão condicional do processo:** Cabe no *caput* (art. 89 da Lei n. 9.099/95), seja o documento público ou particular.

Falsidade ideológica
- **Objeto jurídico:** A fé pública, especialmente a genuinidade ou veracidade do documento.

- **Sujeito ativo:** Qualquer pessoa, não precisando, necessariamente, ser quem redige o documento. Se o agente for funcionário público, *vide* parágrafo único.

- **Sujeito passivo:** Primeiramente, o Estado; secundariamente, a pessoa prejudicada pela falsidade.

- **Tipo objetivo:** A falsidade que este art. 299 incrimina é a ideológica, que se refere ao conteúdo, à mensagem do documento, e não o falso material, que trata da forma do documento (sobre a diferença entre falsidade material e ideológica, *vide* nota no art. 298 do CP). No crime deste art. 299, o objeto material pode ser tanto o documento público quanto o documento particular. São três as modalidades alternativamente previstas: *a. Omitir declaração que dele devia constar*. Aqui, por meio de conduta omissiva, o agente omite (isto é, silencia, não menciona) fato que era obrigado a fazer constar no documento. *b. Inserir declaração falsa ou diversa da que devia ser escrita*. Nesta modalidade (comissiva), o agente, diretamente, insere (faz constar, coloca) declaração falsa ou diversa da que devia ser consignada. *c. Fazer inserir declaração falsa ou diversa da que devia ser escrita*. Aqui também a conduta é comissiva, mas o agente atua indiretamente, fazendo com que outrem insira a declaração falsa ou diversa. Ambos respondem, igualmente, pelo crime (CP, art. 29). Em qualquer das modalidades, é indispensável que a falsidade seja capaz de enganar, e tenha por objeto fato juridicamente relevante, ou seja, "é mister que a declaração falsa constitua elemento substancial do ato ou documento", pois "uma simples mentira, mera irregularidade, simples preterição de formalidade etc., não constituirão" (MAGALHÃES NORONHA, *Direito Penal*, 1995, v. IV, p. 163). Assim é que a alteração da verdade deve ser juridicamente relevante e ter potencialidade para prejudicar direito; caso contrário, será "um dado supérfluo, inócuo, indiferente" (MIGUEL REALE JÚNIOR, *RT* 667/250). Quanto à simulação, não é pacífica na doutrina a sua caracterização como falsidade ideológica (*contra:* BENTO DE FARIA, *Código Penal*

Brasileiro, 1959, v. VII, p. 53). Na hipótese de abuso de folha assinada em branco, exige-se que se trate de papel entregue ou confiado ao agente para preenchimento; caso contrário, o falso será material. O *e-mail* pode ser objeto material do crime deste art. 299.

- **Tipo subjetivo:** O dolo, que consiste na vontade livre e consciente de omitir, inserir ou fazer inserir, e o elemento subjetivo do tipo referido pelo especial fim de agir ("com o fim de prejudicar direito, criar obrigação ou alterar a verdade sobre fato juridicamente relevante"). Na doutrina tradicional indica-se o "dolo específico". Não há forma culposa. Não há crime, portanto, se o agente age por brincadeira ou faz declaração atestando a maioridade de filha menor tão somente para que esta ingresse num concurso de beleza, boate ou festa.

- **Consumação:** Com a efetiva omissão de declaração que devia constar ou inserção de declaração falsa ou diversa. Não se exige, todavia, a ocorrência de prejuízo para a consumação do crime. Trata-se, assim, de crime formal.

- **Tentativa:** Admite-se, salvo na modalidade de omitir declaração (nesse sentido: DAMÁSIO DE JESUS, *Direito Penal*, 1995, v. IV, p. 54; contra, também não admitindo a tentativa na modalidade de inserir: MAGALHÃES NORONHA, *Direito Penal*, 1995, v. IV, p. 166, e JÚLIO F. MIRABETE, *Manual de Direito Penal*, 1985, v. III, p. 237).

- **Crime-meio para estelionato e uso de documento falso:** Como ocorre em todos os casos de falsidade documental, se a falsidade ideológica é empregada, exclusivamente, como meio para a prática de outro crime (p. ex., estelionato), há a absorção do falso (crime-meio) pelo crime-fim. *Vide* comentários e jurisprudência aos arts. 171 e 297. O mesmo entendimento é aplicável aos crimes de natureza tributária, entre eles o de descaminho (*vide* nota abaixo).

- **Crime-meio para delitos tributários e de descaminho (falta de justa causa para a ação penal):** Se o crédito tributário não foi definitivamente constituído (Súmula Vinculante 24 do STF; HC 81.611 entre outros), ou se ainda não houve sequer autuação, é *manifesta* a falta de justa causa para a ação penal pelo crime tributário, incluindo-se, a nosso ver, o descaminho, que tem inegável natureza tributária. Com maior razão, é também manifesta a falta de justa causa para ações penais que venham a ser movidas imputando, exclusivamente, o crime-meio de falsidade ideológica, falsidade material ou uso de documento falso, como alguns membros do Ministério Público estadual e federal têm feito, em casos de demora do Fisco para lavrar a autuação fiscal, ou de demora na constituição definitiva do crédito tributário. Assim agem, por vezes, para evitar a prescrição criminal. Tendo em vista serem *pacíficas* a doutrina e a jurisprudência de nossas Cortes superiores no sentido de que o crime-fim tributário (no qual se inclui o descaminho, por ter a mesma natureza) *absorve* o crime-meio do falso ideológico, do falso material e do uso de documento falso, é evidente a falta de justa causa para essas ações penais, seja pela aplicação do princípio da consunção (absorção), seja pelo fato de que, havendo pagamento do débito fiscal, inclusive acessórios, até o trânsito em julgado de eventual condenação, haverá a *extinção da punibilidade do crime tributário* (que inclui, evidentemente, a extinção da punibilidade do crime-meio), nos termos nos termos do art. 9º, caput e §§ 1º e 2º, da Lei do PAES (Lei n. 10.684/2003), e dos arts. 68 e 69 da Lei do "REFIS da Crise" (Lei n. 11.941/2009). *Vide* jurisprudência neste artigo, bem como notas *Término do processo administrativo-fiscal, parcelamento e pagamento* no art. 334 do CP, e notas no art. 107 do CP, inclusive no tocante à penhora de bens como garantia do débito tributário.

- **Confronto:** Se a falsidade ideológica incide sobre documento que deva fazer prova perante a Previdência Social, art. 297, §§ 3º e 4º, do CP. Todavia, se o fim é sonegação de contribuições previdenciárias, poderá haver absorção tanto pelo art. 337-A quanto pela Lei n. 8.137/90 (art. 1º ou 2º), conforme se trate de conduta omissiva ou comissiva (*vide* a respeito notas sob o título *Concurso de crimes* ao art. 297, §§ 3º e 4º). Se há fins eleitorais, art. 350 da Lei n. 4.737/65. Se o crime é o de registro de filho alheio como próprio, art. 242 do CP. Se a falsidade ideológica é para fraudar a fiscalização ou o investidor de títulos ou valores mobiliários, Lei n. 7.492/86, art. 9º. Tratando-se de afirmação falsa ou enganosa, ou omissão da verdade, por parte de funcionário público em procedimentos de autorização ou de licenciamento ambiental, art. 66 da Lei n. 9.605/98.

- **Microempresa:** Nos termos do art. 33 da Lei n. 9.841/99, a falsidade de declaração prestada, objetivando os benefícios da mesma, caracteriza o crime do art. 299 do CP.

- **Contas bancárias "fantasmas":** Segundo o art. 64 da Lei n. 8.383/91, responderão como coautores de crime de falsidade o gerente e o administrador de instituição financeira ou assemelhada que concorrerem para que seja aberta a conta ou movimentados recursos sob nome falso (I), de pessoa física ou jurídica inexistente (II) e de pessoa jurídica liquidada de fato ou sem representação regular (III).

- **Remição de pena:** Declarar ou atestar falsamente prestação de serviço para fim de instruir pedido, constitui o crime do art. 299 do CP (LEP, art. 130).

- **Pena:** Se a falsidade ideológica incide sobre documento público, reclusão, de um a cinco anos, e multa. Se em documento particular, reclusão, de um a três anos, e multa.

- **Ação penal:** Pública incondicionada.

Figuras qualificadas (parágrafo único)

- **Duas são as hipóteses:** *a.* Se o agente é funcionário público (*vide* conceito no art. 327 do CP) e comete o crime prevalecendo-se do cargo. *b.* Se a falsificação ou alteração é de assentamento de registro civil. São assentamentos os indicados na Lei n. 6.015/73. Todavia, em face do princípio da especialidade, se o agente faz inscrição de nascimento inexistente há apenas o crime do art. 241 do CP; se a falsidade é posterior ao parto suposto ou à supressão ou alteração de direito de estado de recém-nascido (decorrentes de sua ocultação ou substituição), configura-se tão somente o delito do art. 242 do CP.

- **Registro de filho alheio como próprio:** A chamada "adoção à brasileira", antes enquadrada neste art. 299, parágrafo único, é atualmente objeto de definição penal especial, que a Lei n. 6.898/81 inseriu no art. 242 do CP (*vide* nota a esse artigo).

- **Prescrição:** Tratando-se de falso em registro civil, *vide* nota ao art. 111, IV, do CP.

- **Concurso de pessoas:** Note-se, no caso de declaração perante o registro civil, na presença de testemunhas, que estas são testemunhas da declaração e não do fato declarado. Serão partícipes do crime só se tiverem agido com conhecimento da falsidade.

- **Pena:** A do *caput*, aumentada de sexta parte.

Jurisprudência

- **Distinção entre falsidade ideológica e material:** A falsidade material envolve a forma do documento, enquanto a ideológica diz respeito ao conteúdo do documento (STF, *RTJ* 105/960). Se o agente cria documento, mas se valendo de identidade de outrem, o falso é material e não ideológico (TJSP, *RJTJSP* 84/384). A falsidade ideológica concerne ao conteúdo, e não à forma. Quando esta é alterada, forjada ou criada, a falsidade a identificar-se é a material (TJSP, *RT* 513/367). *Vide*, ainda, jurisprudência com igual título no art. 298 do CP.

- **Tipo subjetivo:** O crime de falsidade ideológica só se perfaz com o dolo específico (STF, *mv* – *RTJ* 143/129-130), que é o fim de prejudicar direito, criar obrigação ou alterar a verdade sobre fato juridicamente relevante (TJSP, *RT* 719/390, 642/283, 590/334, 543/331; STF, *RT* 807/531). Não há falsidade ideológica sem consciência da falsidade (TJSP, *RT* 672/292, 491/292). A denúncia deve referir-se ao elemento subjetivo, sob pena de inépcia (TJSP, *RT* 519/363). Se o estrangeiro faz declaração falsa em processo de transformação de visto, no sentido de que não está sendo processado por crime no país ou no exterior, a dúvida sobre se agiu com dolo ou não deve favorecer o agente (TRF da 4ª R., ApCr 2003.71.01.001153-0-RS, j. 7.6.2006, *Bol. AASP* 2497). Se afirmou em documento público possuir somente um cargo de professor na secretaria estadual de educação, quando possuía outros dois em prefeituras, seu comportamento pode ser compreendido como um erro (TJRJ, Ap. 0005719-92/2009.8.19.0017, publ. 10.3.2016). Ausente o dolo de prejudicar terceira pessoa, não se caracteriza o crime do art. 299 do CP (TJSC, 4ª CCr, ApCr

n. 2013.023270-0, rel. Des. Jorge Schaefer Martins, j. 24.10.2013). Mantém-se a absolvição da apelada que, recentemente casada e por não possuir documentos que atestassem seu novo estado civil, declarou ser solteira, fazendo inserir esta informação em instrumento particular de cessão de direitos e em procuração pública, com o fim de acelerar a venda de imóvel, por não configurar sua conduta o dolo específico exigido pelo tipo penal previsto no art. 299 do Código Penal (TJDF, 3ª Turma Criminal, ApCr n. 20100410106080-DF, rel. Des. João Batista Teixeira, j. 13.12.2012, *vu*).

- **Falsidade "culposa":** Não há falsidade ideológica culposa (TJSP, *RT* 537/272). Não pode haver participação culposa (TJSP, *RT* 537/301).

- **Consumação:** Consuma-se pela inserção da declaração falsa (TRF da 4ª R., RCr 4.988, *DJU* 17.10.90, pp. 24360-1), sendo prescindível a ocorrência de dano efetivo, bastando a potencialidade lesiva de alterar fato juridicamente relevante (TJMG, Ap. 10024132399213001, publ. 4.9.2019).

- **Requisitos do tipo:** Para a caracterização do delito de falsidade ideológica é mister que se configurem os seguintes requisitos: a) alteração da verdade sobre fato juridicamente relevante; b) imitação da verdade; c) potencialidade de dano; d) dolo (TJSP, *RT* 812/555).

- **Documento sujeito a verificação ou comprovação:** Não existe falso ideológico em documento sujeito a verificação (TJSP, *RT* 779/548, HC 278.762-3/1, *Bol. IBCCr* 89/441, *RJTJSP* 170/297, *RT* 602/336; TRF da 3ª R., *JSTJ* e *TRF* 39/451; TJRS, *mv* – *RJTJRS* 165/78; TRF da 1ª R., *RT* 792/722; TRF da 1ª R., 4ª T., RSE 0000259-49.2013.4.01.3500, rel. Des. Fed. Hilton Queiroz, j. 14.7.2014, *DJe* 31.7.2014). A declaração, feita em documento público ou particular, para produzir efeito jurídico com força probante, deve valer por si só; se depender, para tais fins, de comprovação, não é idônea para configurar o crime de falsidade ideológica (TJMS, *mv* – *RT* 691/342; TJMG, Ap. 166.701-3/0, j. 24.2.2000, *Bol. IBCCr* 100/524). Assim, e por esse motivo, não caracterizam o delito: *a.* A declaração prestada por particular ao funcionário, de que o título extraviou-se (TJSP, *RJTJSP* 107/432). *b.* A falsa declaração em requerimento de atestado de residência (TJSP, *RT* 525/349). *c.* A declaração prestada pelo agente de que o protesto referia-se a homônimo (TJSP, *RJTJSP* 81/367), ou a declaração de não possuir títulos protestados, em pedido de concordata (atualmente recuperação extrajudicial ou judicial – Lei n. 11.101/2005) (TJSP, *RT* 524/344). *d.* O pedido de registro de nascimento sujeito a verificação judicial (TRF da 4ª R., Ap.15.481, *mv* – *DJU* 25.4.90, p. 7839). *e.* O requerimento dirigido à OAB para fins de registro, contendo informação falsa sobre a residência do requerente (TRF da 1ª R., *JSTJ* e *TRF* 89/415). *f.* O preenchimento de questionário junto ao Banco Central, com vistas a se habilitar a cargo de mando em instituição financeira (TRF da 3ª R., *JSTJ* e *TRF* 77/486).*g.* A declaração de não estar respondendo nem ter respondido a nenhum inquérito policial, já que tal afirmação dependia de averiguação por parte do funcionário (TJSP, *RJTJSP* 170/297). *h.* A inserção em carteira de trabalho de falsos vínculos empregatícios, com o fim de obter emprego em empresa privada, por sujeitar-se à pronta averiguação (TJSP, *RT* 733/543). *i.* A notificação extrajudicial, pois depende de comprovação (TJRJ, *mv* – *RT* 817/649). Há ressalva, interpretando que a possibilidade de verificação da verdade só se aplica quando esta é apurável por meio de confronto objetivo e concomitante da autoridade (STF, *RTJ* 115/171; TJSP, *RT* 649/247). A falsa declaração de pobreza para fins de assistência judiciária, por estar sujeita à verificação de ofício pelo juiz, bem como impugnação da parte contrária, não caracteriza o crime (TRF da 3ª R., HC 2008.03.00.006171-0, *Bol. IBCCr* 190/1196).

- **Requerimento ou petição:** Ainda que contenha informação inverídica, simples requerimento ou petição não é considerado documento para efeitos penais (TJSP, *RJTJSP* 124/524-7, 157/304, *RT* 701/317; TJMG, *RT* 779/634; TRF da 3ª R., *JSTJ* e *TRF* 38/481; TJRS, *RJTJRS* 165/121), pois o documento deve ser autossuficiente a provar um fato juridicamente relevante (TJSP, HC 416.172-3/3, j. 8.4.2003, *Bol. IBCCr* 129/727). A simples informação de endereços falsos em declaração cadastral não é falsidade ideológica, pois aquela declaração não é documento (TJSP, *RT* 508/327). Não há crime de falso na petição de advogado que nega a autenticidade de assinatura verdadeira; restringem-se as consequências da hipótese aos arts. 17, II, e 18 do CPC (*nota nossa: vide arts. 80, II, e 81 do CPC/2015*) (TJSP, *RT* 585/334). É atípica a falsidade ideológica, em tese, praticada por advogado através de petição em juízo, por não ser capaz de produzir prova por si mesmo (TJRS, Ap. 70067424341, *DJe* 28.7.2016). Salvo nos casos excepcionais, isto é, nos casos em que a lei imputa ao requerente o dever de veracidade, a inserção em petição de qualquer espécie de alegação de um fato inverídico não pode constituir falsidade ideológica; caso, ademais, em que a veracidade ou não da informação era indiferente ao deferimento da petição de simples vista de processo administrativo para extração de cópias (STF, HC 82.605-9/GO, *DJU* 11.4.2003, p. 37, *in Bol. IBCCr* 126/700). A falsificação de assinatura em petição não configura o crime, já que petição não é considerada documento, podendo haver litigância de má-fé, nos termos dos arts. 17 e 18 do CPC (*nota nossa: vide arts. 80, II, e 81 do CPC/2015*) (TRF da 2ª R., HC 2008.02.01.011349-1, *Bol. IBCCr* 191/1205).

■ **Indicação de terceiro como condutor de veículo multado (transferência de pontuação):** "Ementa: Falsidade ideológica. Transferências de pontos decorrente de infração de trânsito para terceiro. O formulário preenchido pelo acusado não pode ser considerado documento para fins penais. Trata-se de requerimento que será submetido à verificação da autoridade administrativa. Reconhecida a atipicidade da conduta. Extensão da decisão aos corréus que se beneficiaram da suspensão condicional do processo. (...) Contudo, não pode subsistir o decreto condenatório. É que o formulário preenchido por Luís não é apto, por si só, a produzir efeitos. Em outras palavras, trata-se de requerimento que, posteriormente à sua elaboração, é submetido à verificação da autoridade administrativa, o que lhe retira os contornos necessários para a configuração de documento para fins penais. Assim, ainda que não verdadeira, se a declaração constante do requerimento estiver sujeita à verificação, não se configura o crime de falsidade ideológica. Este é exatamente o caso dos autos, conforme se observa, inclusive, dos formulários de indicação de condutor infrator (fls.), no qual também se exige o envio de documento que comprove a assinatura do infrator, deixando patente a análise posterior efetivada sobre o aludido formulário. Dessa maneira, diante da ausência, no caso, de documento – uma elementar do tipo penal ora analisado –, entendo como única solução possível o reconhecimento da atipicidade da conduta. Com efeito, tenho para mim que essa decisão deve ser estendida aos corréus, uma vez que a razão de decidir baseia-se na atipicidade da conduta praticada" (TJSP, Ap. 0031598-31.2014.8.26.0050, 12ª C., rel. Des. Amabile Lopez Souto, j. 4.3.2020, publ. 5.3.2020). "Na verdade, o documento público que depende de verificação não leva à tipificação do artigo 299 do Código Penal. No caso em tela o Detran nada fez que verificar quem era o proprietário do veículo e quem o estava dirigindo. Se aquele era o mesmo, ou seja, se era quem dirigia, então ele deverá pagar a multa e receber a pontuação correspondente à infração de trânsito. Se o condutor era outro a ele será aplicada a pontuação. É só para esse efeito que no documento é permitida a indicação do condutor. Em resumo, para o Detran o que consta do documento é só para esse efeito, não lhe interessando saber se quem conduzia era esta ou aquela pessoa. Sendo assim, é de perguntar-se: em que a fé pública estaria sendo atingida? E assim vem entendendo a doutrina e a jurisprudência: 'Não existe falso ideológico em documento sujeito à verificação' (TJSP, *RT* 779/548, HC 278.762-3/1, *Bol. IBCCr* 89/441, *RJTJSP* 170/297, *RT* 602/336; TRF da 3ª R., *JSTJ* e *TRF* 39/451). A declaração, feita em documento público ou particular, para produzir efeito jurídico com força probante, deve valer por si só; se depender, para tais fins, de comprovação, não é idônea para configurar o crime de falsidade ideológica. (...)" (TJSP, Ap. 0010526-52.2012.8.26.0019, 15ª C., rel. Des. Poças Leitão, j. 12.12.2019, publ. 17.12.2019).

■ **Declaração cadastral:** A simples declaração de endereços falsos em declaração cadastral não é falsidade ideológica, pois aquela declaração não é documento (TJSP, *RT* 508/327).

■ **Microfilme:** Inexiste a materialidade do delito se o documento é apenas um microfilme, reprodução fotográfica, que não pode dar ensejo à responsabilidade penal (TRF da 2ª R., *mv – DJU* 17.2.94, p. 4798, *in RBCCr* 6/234).

■ **Dano potencial:** *a.* Não há crime de falso ideológico se inexistiu dano, pois não beneficiou o agente nem prejudicou terceiros (TJSP, *RT* 609/319, *mv – RJTJSP* 81/366). O fato jurídico relevante não basta ser indicado apenas hipoteticamente; o dano é pressuposto da falsidade (STJ, CEsp, *mv – JSTJ* e *TRF* 52/203-11). *b*. A falsidade ideológica não exige dano efetivo, bastando a potencialidade de evento danoso (STF, *RT* 641/388; STJ, *JSTJ* e *TRF* 35/339, *RT* 704/410; TRF da 2ª R., Ap. 15.071, *DJU* 27.8.92, p. 25938; TJSP, *RJTJSP* 174/314-315; TJMG, *JM* 131/480). Configura-se, ainda que não resulte efetivo prejuízo ou lucro (TJSP, *RT* 543/321, 765/592; TJMG, *RT* 760/681). Não há crime, se não havia possibilidade de prejuízo, em vista do fim a que se destinava (TJRS, *RT* 553/401; TJSP, *RT* 531/328; STF, *RT* 837/513), ou era ineficaz, por ser o seu uso inócuo (TRF da 3ª R., *JSTJ* e *TRF* 38/481). A falsidade inócua, sem qualquer repercussão na órbita dos direitos e das obrigações de quem quer que seja, não constitui ilícito penal, embora contenha em si ostensivamente o requisito da alteração da verdade documental (TJSP, *RJTJSP* 175/148). A conduta do agente que presta declaração inverídica a respeito do seu domicílio, objetivando permitir o licenciamento de veículo em local diferente do imposto pela legislação de trânsito, não caracteriza o delito do art. 299, já que não é potencialmente lesiva nem prejudica direitos ou cria obrigações (STJ, *RT* 783/582; TJSP, HC 403.900-3/7, j. 24.2.2003, *Bol. IBCCr* 130/735).

■ Inidoneidade do falso: É impunível a falsidade ideológica que não tenha, ao menos, potencialidade de dano (TJSP, *RT* 613/311). Não tipifica o crime do art. 299 a falsidade de documento particular de cessão ao portador de direitos hereditários, pois tal cessão só se opera mediante escritura pública (TJSP, *mv – RT* 523/326). O falso ideológico exige que seja verossímil (TJRJ, *RT* 559/368). Não há crime, se o falso era grosseiro, incapaz de enganar e causar prejuízo (TFR, Ap. 6.173, *DJU* 19.9.85, p. 15894; TRF da 3ª R., Ap. 81.963, *DJU* 3.9.96, p. 64215; TJSP, *RJTJSP* 157/304). Não há crime na conduta daquele que omite em Ata de Assembleia registro de matérias indicadas em termo de protesto lavrado *a posteriori* no próprio corpo do documento (STJ, RHC 15.048-MG, *DJU* 30.5.2005, p. 416).

■ Capacidade para enganar: Inexiste o crime do art. 299, se os documentos não estão revestidos das características que os tornam hábeis a enganar (TJSP, *RT* 499/307).

■ Crime único: Não respondem por falsidade em concurso material os agentes que se utilizam de oito falsificações para instruir um único pedido de autorização para sorteio de carros, porquanto as falsificações, neste caso, não apresentam, isoladamente, potencialidade lesiva (TRF da 4ª R., *RT* 763/705).

■ Assinatura de papel em branco: O preenchimento de folha de papel assinada em branco é falsidade ideológica, se o papel fora confiado ao agente; mas se este se apossou do papel, é falsidade material (TJSP, *RJTJSP* 81/365). Não é falso ideológico a assinatura verdadeira de fichas em branco (TJSP, *RT* 520/370). Quanto ao abuso de folha assinada em branco, *vide* nota ao art. 298 do CP, sob o título *Papel assinado em branco*.

■ Nota promissória assinada em branco: O preenchimento do valor e data de vencimento de nota promissória assinada em branco pela vítima e deixada com a acusada, como garantia de joias entregues em consignação, não configura o crime do art. 299, pois esta não quis prejudicar direito, criar obrigação ou alterar a verdade sobre fato juridicamente relevante, mas apenas ressarcir-se daquilo que achava justo (TJSP, Ap. 256.995-3/3, j. 10.11.99).

■ Boletim de ocorrência: É documento público, praticando falsidade ideológica o pai que, com intuito de afastar óbice à percepção do seguro, afirma ser ele, e não o filho menor, que estava dirigindo (STF, *RT* 641/388; TJSP, *RT* 760/593). Ainda que mal explicada, a existência de dois boletins de ocorrência a propósito do mesmo fato não constitui falsidade ideológica, se os documentos não apresentam contradição e um deles não foi subscrito pelo acusado (TJSP, *RT* 767/584).

■ Denúncia: Não basta que a denúncia indique o elementar "fato jurídico relevante" apenas hipoteticamente (STJ, CEsp, *mv – JSTJ* e *TRF* 52/203). A denúncia deve abranger, além dos elementos materiais que configuram o crime, a descrição do elemento psicológico do tipo, ou seja, em que consistiu o fim do agente, sob pena de inépcia (TJPR, *RT* 781/648).

■ Atestado médico: Não tipifica falsidade ideológica o atestado médico que, identificando o código da doença, opina pela necessidade de tratamento ou de repouso. É ensinamento doutrinário que sobre o fato doença é que o *falsum* deve versar, não sobre juízo de convicção (TJMT, *RT* 651/306). Se o tenente-coronel médico de corporação militar atestou a incapacidade de soldados com base em laudos médicos, desconhecendo a falsidade destes, não pode ser responsabilizado penalmente pela má-fé de terceiros (STJ, *RT* 818/528).

- **Defesa prévia (com a reforma do CPP, trata-se da atual Resposta):** Não configura falsidade ideológica a apresentação de defesa prévia com rol de testemunhas presumidamente fraudulento, por não possuir a peça processual natureza de documento (TRF da 3ª R., HC 84.140, *DJU* 1.2.95, p. 3027, *in RBCCr* 10/221).

- **Mandado de intimação:** Não caracteriza o crime do art. 299 a aposição de data falsa de intimação em mandado judicial, por prevalecer a data firmada por oficial de justiça, que goza de fé pública (TRF da 3ª R., HC 84.140, *DJU* 1.2.95, p. 3027, *in RBCCr* 10/221).

- **Depoimento pessoal:** A omissão da verdade ou inverídica declaração, em depoimento pessoal, não se enquadra no art. 299 do CP (TJSP, *RT* 613/311).

- **Declaração de pobreza:** Firmada pelo acusado para beneficiar-se da justiça gratuita, não configura o delito deste art. 299 (TJSP, *RJTJSP* 183/294).

- **Vestibular ou concurso público:** O preenchimento, através de "cola eletrônica", de gabaritos em vestibular não tipifica crime de falsidade ideológica, pois neles não foi omitida, inserida ou feita declaração falsa diversa da que deveria ser escrita; a eventual fraude mostra-se, também, insuficiente para caracterizar o estelionato, que não existe *in incertam personam* (STJ, *mv – RT* 758/502; TRF da 1ª R., *RT* 783/754).

- **Diploma superior:** A falsidade ideológica de diploma de estabelecimento de ensino superior apto a receber registro no MEC é de documento público (TRF da 4ª R., RCr 4.988, *DJU* 17.10.90, pp. 24360-1).

- **Xerox não autenticado:** O agente que, após solicitação de autoridade policial, apresenta simples fotocópia de carteira da OAB pertencente a pessoa já falecida e preenchida com os dados pessoais do acusado, não comete o crime de falsidade ideológica nem de uso de documento falso, pois reprodução fotográfica não autenticada não constitui documento (TJSP, *RT* 784/603).

- **Passaporte:** Caracteriza o delito do art. 299 o fornecimento, para emissão de passaportes, de dados pertencentes a pessoas diversas daquelas cujas fotografias foram apostas nos documentos, visto que estes são autênticos em sua forma e falsos em seu conteúdo (TRF da 1ª R., *RT* 780/707).

- **Habilitação de casamento:** A declaração feita em processo de habilitação de casamento, de que o pai da noiva encontrava-se em lugar ignorado há mais de quinze anos, sem potencialidade para prejudicar direito, criar obrigação ou alterar a verdade sobre fato juridicamente relevante, não configura falso ideológico (STJ, *RT* 776/530).

- **Remição de pena:** A falsificação de atestado de prestação de serviço para instruir pedido de remição (art. 39 do CP) não configura o delito do art. 301 do CP, mas sim o do art. 299, tendo em vista o preceituado no art. 130 da LEP (TJSP, *RT* 690/320).

- **Necessidade de prova judicial:** Se os indícios de falsidade que dão conta dos crimes de falsidade ideológica pelo acusado não restaram confirmados ao longo da instrução, ante a inexistência de prova suficiente a alicerçar um decreto condenatório, a manutenção da absolvição é medida que se impõe, na estrita observância do princípio *in dubio pro reo* (TJMG, Ap. 1.0024.08.141013-6/001, j. 1.3.12, *Bol. AASP* 2787).

- **Relevância:** A falsificação precisa ser relativa a fato juridicamente relevante (TJSP, *RT* 546/344). Não constitui falsidade a mentira em declarações meramente enunciativas, ou sobre fatos a respeito dos quais o documento não se destina especificamente a provar: caso de pessoa que alegara haver perdido a carteira de habilitação quando, na verdade, esta fora apreendida (TJSP, *RT* 605/269).

- **Exame pericial:** A falsidade ideológica dispensa a prova pericial (STF, *RTJ* 125/184; TJSP, *RJTJSP* 170/336; TJMG, *JM* 131/480). *Contra:* depende, conforme a sua modalidade (TFR, Ap. 4.419, *DJU* 26.11.81, p. 11957; Ap. 4.102, *DJU* 4.6.81, p. 5314).

- **Registro de menor "adotado":** O registro de filho alheio como próprio passou a ser tipificado pelo art. 242 e não mais pelo art. 299 do CP (TJSP, *RT* 595/336). O fato enquadra-se, agora, no art. 242 do CP, em face da alteração que lhe introduziu a Lei n. 6.898, de 30.3.81. Antes era dominante a orientação que decidia ser atípica a conduta de registrar filho alheio como próprio, para beneficiar o menor (*vide* jurisprudência na nota ao art. 242 do CP).

- **Pedido de refúgio e anistia com nome falso:** A conjuntura que levou o imigrante a sair de seu país era grave, apta a justificar seu receio em retornar. Causa supralegal de excludente da culpabilidade reconhecida (TRF2, Ap. 0035032-77.2012.4.02.5101, rel. Des. Fed. Simone Schreiber, j. 6.12.2016).

- **Prescrição:** O termo inicial da contagem do prazo é a data do conhecimento do fato (art. 111, inciso IV, do CP) (TRF1, AP. 0002062-72.2011.4.01.4200, publ. 28.10.2016).

- **Absorção do falso pelo crime de natureza tributária:** Se usado para sonegação fiscal, o falso ideológico é absorvido por aquele crime (TFR, HC 6.778, *DJU* 9.4.87, p. 6270; TJSP, *RT* 697/288, 531/320). Assim, se a empresa aderiu ao REFIS, suspendendo-se a pretensão punitiva, não pode ser instaurada ação penal por falsidade ideológica, trancando-se a ação penal (TRF da 1ª R., *RT* 815/705). Nos casos em que a falsidade ideológica tiver ocorrido como meio para a sonegação fiscal, falta justa causa para a ação penal pelo delito-meio enquanto não estiver definitivamente constituído o crédito tributário (STJ, HC 94.452, *Bol. IBCCr* 191/1204). Se a falsidade foi empregada para a prática do crime de descaminho, e restando evidenciado o nexo entre as condutas e a inexistência de dolo diverso que enseje a punição do falso como crime autônomo, fica o falso absorvido pelo descaminho (STJ, 5ª T., RHC 31.321-PR, rel. Min. Marco Aurélio Bellizze, j. 16.5.2013). O crime de sonegação fiscal absorve o de falsidade ideológica e o de uso de documento falso praticados posteriormente àquele unicamente para assegurar a evasão fiscal. Aplicação do princípio da consunção ou da absorção quando os crimes de uso de documento falso e falsidade ideológica – crimes-meio – tiverem sido praticados para facilitar ou encobrir a falsa declaração, com vistas à efetivação do pretendido crime de sonegação fiscal – crime-fim –, localizando-se na mesma linha de desdobramento causal de lesão ao bem jurídico, integrando, assim, o *iter criminis* do delito-fim. Cabe ressalvar que, ainda que os crimes de uso de documento falso e falsidade ideológica sejam cometidos com o intuito de sonegar o tributo, a aplicação do princípio da consunção somente tem lugar nas hipóteses em que os crimes-meio não extrapolem os limites da incidência do crime-fim. Aplica-se, assim, *mutatis mutandis*, o comando da Súmula 17 do STJ (Quando o falso se exaure no estelionato, sem mais potencialidade lesiva, é por este absorvido). Precedentes citados: AgRg no REsp 1.366.714-MG, 5ª T., *DJe* 5.11.2013; AgRg no REsp 1.241.771-SC, 6ª T., *DJe* 3.10.2013. (STJ, 3ª Seção, Emb. em REsp 1.154.361-MG, rel. Min. Laurita Vaz, j. 26.2.2014).

- **Extinção da punibilidade do crime-fim de natureza tributária e falta de justa causa para a ação penal pelo crime de falso ou seu uso:** I – A sonegação fiscal absorve a falsidade, quando esta é o meio fraudulento empregado para a prática do delito tributário (RHC 1.506/SP rel. Min. Carlos Thibau). II – A extinção da punibilidade do réu, no tocante ao crime de sonegação fiscal, porque efetuado o pagamento do tributo, é decisão que motiva o trancamento da ação penal, por falta de justa causa, relativamente aos corréus que se utilizavam do crime de falso para a realização do delito tributário. III – Ordem concedida (STJ, HC 4.547/RJ rel. Min. Anselmo Santiago, j. 16.12.96). O crime de sonegação fiscal absorve o crime-meio de uso de documento falso, sendo que, uma vez extinta a punibilidade daquele pela prescrição este é abrangido (STJ, HC 5.154, rel. Min. Fernando Gonçalves, j. 28.4.97. *Lex*-STJ 97/321).

- **Trancamento da ação penal por descaminho e falta de justa causa para a ação penal pelo crime-meio de falso:** O pretérito trancamento da ação penal com relação ao crime-fim (descaminho) não autoriza a persecução penal dos acusados pelo crime-meio, sob pena de se praticar absurdos resultados, eis que o crime fiscal pode ser alvo de adimplemento, o que extinguiria a punibilidade dos investigados. Nítida a falta de justa causa para a persecução penal dos acusados em juízo em relação exclusivamente ao crime--meio, claramente absorvido pelo crime-fim, sendo, pois, imperioso o trancamento da ação penal (STJ, 6ª T., HC 123.342, rel. Min. convocada Jane Silva, j. 6.2.2009).

- Concurso com corrupção: Em se tratando de delito-meio, deve a corrupção, ativa ou passiva, ser absorvida pelo falso ideológico, como delito-fim (TJMG, *RT* 643/330).

- Concurso com falsa identidade: Se o acusado compareceu em juízo sob falso nome, visando evitar descoberta de seus antecedentes criminais, desclassifica-se para o art. 307 do CP (TJSP, *RJTJSP* 154/285). *Vide*, também, jurisprudência no art. 307, sob os títulos *Autodefesa* e *Para ocultar o passado*.

- Concurso com estelionato: Há quatro correntes (*vide*, no art. 171 do CP, nota *Concurso de crimes*).

- Concurso com apropriação indébita: Se a falsidade da autenticação da guia "DARF" teve por finalidade tornar viável o cometimento de apropriação indébita, este delito, como crime-fim, absorve aquele (TRF da 5ª R., *RT* 767/718).

- Concurso com crime ambiental: Não é possível a absorção do crime de falsidade pelo ambiental, em face da autonomia das condutas, praticadas de formas distintas e em períodos diversos (STJ, RESP 1745308/MG, *DJe* 14.5.2019).

- Competência: Súmula 104 do STJ: "Compete à Justiça Estadual o processo e julgamento dos crimes de falsificação e uso de documento falso relativo a estabelecimento particular de ensino". Súmula 62 do STJ: "Compete à Justiça Estadual processar e julgar o crime de falsa anotação na carteira de trabalho e previdência social, atribuído a empresa privada". Se o documento ideologicamente falso destinado à obtenção de benefício previdenciário sequer chegou a ser usado perante o INSS, a competência é da Justiça Estadual (STJ, *RT* 729/507). Inocorrendo lesão aos serviços da União, a competência é da Justiça Estadual (TJSP, *RJTJSP* 174/314). A obtenção de CPF falso com o objetivo de ocultar a própria identidade e, assim, livrar-se da persecução penal, sem o propósito de lesar a Receita Federal, não atrai a competência da Justiça Federal (STJ, HC 19.623/BA, *DJU* 13.5.2002, p. 234, *in Bol. IBCCr* 116/625).

FALSO RECONHECIMENTO DE FIRMA OU LETRA

Art. 300. Reconhecer, como verdadeira, no exercício de função pública, firma ou letra que o não seja:

Pena – reclusão, de 1 (um) a 5 (cinco) anos, e multa, se o documento é público; e de 1 (um) a 3 (três) anos, e multa, se o documento é particular.

Falso reconhecimento de firma ou letra

- Suspensão condicional do processo: Cabe, tanto no caso de documento público como particular, atendidas as condições do art. 89 da Lei n. 9.099/95.

- Objeto jurídico: A fé pública, especialmente a autenticação de documentos.

- Sujeito ativo: Somente o funcionário com fé pública para reconhecer firma ou letra (crime próprio).

- Sujeito passivo: Primeiramente o Estado, e, secundariamente, a pessoa eventualmente prejudicada.

- Tipo objetivo: O núcleo é reconhecer (atestar, certificar). Pune-se o reconhecimento como verdadeiro de firma ou letra que não o seja. Firma é a assinatura, enquanto letra é o manuscrito todo da pessoa, que só se costuma reconhecer em casos de testamento de próprio punho. Na doutrina, considera-se indiferente ser o reconhecimento feito por semelhança, autêntico ou indireto.

- **Tipo subjetivo:** O dolo (direto), consistente na vontade livre e consciente de reconhecer firma ou letra que sabe ser falsa. Admite-se o dolo eventual, como no caso do agente que age na dúvida quanto à autenticidade da firma ou letra. Na escola tradicional é o "dolo genérico". Não há punição a título de culpa.

- **Concurso de pessoas:** Nos moldes do art. 30 do CP, é possível o concurso de terceira pessoa (coautoria ou participação) que não possua essa qualidade, desde que saiba da qualidade especial de funcionário público do agente.

- **Consumação:** Com o efetivo reconhecimento falso, sem dependência de outra consequência (delito formal).

- **Tentativa:** Partindo do pressuposto de que a conduta incriminada (reconhecer) não admite fracionamento, não é possível haver tentativa.

- **Confronto:** Se há fins eleitorais, art. 352 da Lei n. 4.737/65.

- **Pena:** Se o documento é público, reclusão, de um a cinco anos, e multa. Se o documento é particular, reclusão, de um a três anos, e multa.

- **Ação penal:** Pública incondicionada.

Jurisprudência

- **Dolo:** O crime só é punido a título de dolo, que compreende a ciência da falsidade da assinatura reconhecida; a culpa não é punida na esfera penal, só na civil (TJSP, *mv – RJTJSP* 78/384). É nula a denúncia omissa a respeito do dolo, pois não existe o crime do art. 300 sem procedimento doloso do agente (TJSP, *RT* 512/333). Se reconheceu como autêntica assinatura que sabia não ser verdadeira, incorre na figura típica (STJ, AREsp 472.454/ES, publ. 19.3.2014).

- **Formas de reconhecimento:** O art. 300 do CP não faz distinção entre os modos que os praxistas ou as fórmulas tabelioas enumeram; o reconhecimento, sem ressalva ou explicação, faz presumir que foram dadas por autênticas (STF, *RF* 193/327).

- **Reconhecimento por semelhança:** Se o reconhecimento da assinatura foi feito por semelhança, cumpre à acusação mostrar a dessemelhança, pelo confronto com a firma constante dos registros do cartório, caso existente (TJSP, *RJTJSP* 94/407).

- **Consumação:** Consuma-se com o reconhecimento, independentemente do fim dado ao documento em que a firma foi reconhecida (STF, *RT* 524/458).

CERTIDÃO OU ATESTADO IDEOLOGICAMENTE FALSO

Art. 301. Atestar ou certificar falsamente, em razão de função pública, fato ou circunstância que habilite alguém a obter cargo público, isenção de ônus ou de serviço de caráter público, ou qualquer outra vantagem:

Pena – detenção, de 2 (dois) meses a 1 (um) ano.

FALSIDADE MATERIAL DE ATESTADO OU CERTIDÃO

§ 1º Falsificar, no todo ou em parte, atestado ou certidão, ou alterar o teor de certidão ou de atestado verdadeiro, para prova de fato ou circunstância que habilite alguém a obter cargo público, isenção de ônus ou de serviço de caráter público, ou qualquer outra vantagem:

Pena – detenção, de 3 (três) meses a 2 (dois) anos.

§ 2º Se o crime é praticado com o fim de lucro, aplica-se, além da pena privativa de liberdade, a de multa.

- **Transação:** Cabe tanto no *caput* quanto no § 1º, combinado ou não com o § 2º, preenchidos os requisitos do art. 76 da Lei n. 9.099/95.

- **Suspensão condicional do processo:** Cabe igualmente tanto no *caput* quanto no § 1º, combinado ou não com o § 2º, atendidas as condições do art. 89 da Lei n. 9.099/95.

Certidão ou atestado ideologicamente falso (caput)

- **Objeto jurídico:** A fé pública, especialmente a das certidões e atestados.

- **Sujeito ativo:** Só o funcionário público, quando age em razão de seu ofício (crime próprio).

- **Sujeito passivo:** O Estado.

- **Tipo objetivo:** São dois os núcleos do tipo: atestar ou certificar. Pune-se o funcionário público que, em razão de função, atesta ou certifica falsamente. Quanto ao que se atesta ou certifica, a lei diz, exemplificativamente: fato ou circunstância que habilite alguém a obter cargo público, isenção de ônus de serviço de caráter público, ou qualquer outra vantagem. Embora a cláusula final "ou qualquer outra vantagem" seja, geralmente, entendida como da mesma natureza das demais (ou seja, vantagem de caráter público), a interpretação não é pacífica (SYLVIO DO AMARAL, *Falsidade Documental,* 1978, p. 131). Predomina a opinião de que a falsa atestação deve ser originária e não cópia falsa de documentos oficiais (HUNGRIA, *Comentários ao Código Penal,* 1959, v. IX, p. 293; MAGALHÃES NORONHA, *Direito Penal,* 1995, v. IV, p. 177; *contra:* BENTO DE FARIA, *Código Penal Brasileiro,* 1959, v. VII, p. 58).

- **Tipo subjetivo:** O dolo, que consiste na vontade livre e consciente de atestar ou certificar falsamente, com consciência de que poderá propiciar vantagem a outrem. Na escola tradicional é o "dolo genérico". Não há punição a título de culpa.

- **Concurso de pessoas:** Nos termos do art. 30 do CP, é possível o concurso de terceira pessoa (coautoria ou participação) que não possua essa qualidade, desde que saiba da qualidade especial de funcionário público do agente.

- **Consumação:** Embora o resultado não seja necessário à consumação, exige-se, porém, que a conduta do agente efetivamente seja capaz de ocasionar o resultado buscado pelo agente (potencialidade concreta de dano). Todavia, se o atestado ou certidão ideologicamente falso não chega a sair da esfera daquele que criou o documento, ficando, por exemplo, em uma gaveta, entendemos que não terá havido a consumação do delito.

- **Tentativa:** A tentativa não nos parece possível, posto que as condutas de atestar e certificar falsamente não admitem fracionamento (são unissubsistentes).

- **Pena:** Detenção, de dois meses a um ano.

- **Ação penal:** Pública incondicionada.

Falsidade material de atestado ou certidão (§ 1º)

- **Objeto jurídico:** A fé pública, especialmente a das certidões e atestados.

- **Sujeito passivo:** O Estado.

- **Objeto jurídico e sujeito passivo:** Iguais aos do *caput*.

- **Sujeito ativo:** Ao contrário do que sucede no *caput*, neste § 1º o crime pode ser praticado por qualquer pessoa (crime comum quanto ao sujeito).

- **Tipo objetivo:** Enquanto no *caput* pune-se o falso ideológico (relativo ao conteúdo do documento), nesta modalidade a falsidade é material (relativa à forma), pois aqui o agente *falsifica*, no todo ou em parte, ou *altera* o teor de certidão ou atestado verdadeiro. O objeto material é igual ao do *caput*. A respeito dos núcleos falsificar e alterar, *vide* nota ao art. 297 do CP.

- **Tipo subjetivo:** Semelhante ao do *caput*, mas a vontade é de falsificar ou alterar. Inexiste forma culposa.

- **Concurso de pessoas:** Pode haver coautoria e participação (CP, art. 29).

- **Consumação:** Com a efetiva falsificação (total ou parcial) ou alteração. Não se exige, todavia, a ocorrência de qualquer outro resultado (delito formal)

- **Tentativa:** Admite-se, já que os núcleos *falsificar* e *alterar* permitem o fracionamento (*iter criminis*).
- **Pena:** Detenção, de três meses a dois anos.
- **Ação penal:** Pública incondicionada.

Figura qualificada pelo fim de lucro (§ 2º)

- **Alcance:** Aplica-se tanto ao delito do *caput* como ao do § 1º.
- **Tipo subjetivo:** Se o crime é praticado com fim de lucro, haverá incidência também da multa. Em face da proibição de interpretação extensiva das normas penais incriminadoras, o elemento normativo do tipo "lucro", a nosso ver, não abrange qualquer vantagem ou benefício senão o de cunho econômico/financeiro. Trata-se de especial fim de agir, que indica o elemento subjetivo do tipo. Para os tradicionais, é o "dolo específico".
- **Pena:** Além da privativa de liberdade, aplica-se, também, a de multa.

Jurisprudência

- **Diferença:** No *caput* do art. 301, a falsidade é ideológica, enquanto no § 1º, o falso é material (TACrSP, *Julgados* 78/262). O *caput* e o § 1º do art. 301 não são crimes autônomos, pois o parágrafo é fração do artigo (TRF da 1ª R., RSE 97.01.00.048185-9/DF, DJU 21.11.97, p. 103177, *in RBCCr* 21/309).
- **Certidão ou atestado escolar:** Há duas orientações jurisprudenciais diferentes, tipificando a falsidade de atestado ou certidão escolar, para matrícula em estabelecimento superior, neste art. 301, § 1º, ou no art. 297 do CP (*vide* jurisprudência na nota ao art. 297 do CP). Tratando-se de falsificação de certificado ou diploma de conclusão de curso, visando à obtenção de vantagem funcional, a tipificação é a do art. 301, § 1º (TRF da 5ª R., Ap. 1.024, *DJU* 3.5.96, p. 28541), em face do princípio da especialidade (TRF da 5ª R., Ap. 610, *DJU* 26.4.96, p. 27211, *in RBCCr* 15/409).
- **Certidão Negativa de Débito (CND):** O crime de alteração de CND, com vistas à averbação de construção de imóvel, é o tipificado no art. 301, § 1º, e não no art. 297 do CP (TRF da 2ª R., Ap. 6.013, *DJU* 13.2.96, p. 6715, *in RBCCr* 14/428-429).
- **Confronto:** O art. 301 do CP é uma modalidade mais brandamente apenada de falsificação de documento público ou falsidade ideológica cometida por funcionário público. O campo de aplicação dos arts. 297, § 1º, e 299, parágrafo único, limita-se àqueles documentos emitidos pelos órgãos da administração pública que não caibam dentro dos conceitos de "atestado" e "certidão" (TJSP, *RT* 650/282). Se o agente, ao utilizar a certidão ou atestado ideologicamente falso, visa obter vantagem no serviço público, tem-se que sua ação se amolda no art. 304, com remissão ao art. 301, § 1º, e não ao art. 297 (STJ, REsp 210.379-DF, *DJU* 2.10.2000, p. 187, *in Bol. IBCCr* 96/493). Pratica o crime do art. 301 do CP, e não o do art. 299, o agente que certifica que os documentos falsos correspondiam com o original, no exercício da função pública de registrador, para que os demais denunciados auferissem vantagem de caráter público, qual seja, a obtenção de recursos públicos do Pronaf (TRF da 1ª R., HC 2006.01.00.031873-2, *in RT* 856/686).
- **Remição de pena:** A falsificação de atestado de prestação de serviço para instruir pedido de remição (art. 39 do CP) não configura o delito do art. 301 do CP, mas sim o do art. 299, tendo em vista o preceituado no art. 130 da LEP (TJSP, *RT* 690/320).
- **Consumação do *caput* do art. 301:** O delito do art. 301 do CP não é de natureza permanente, embora permanentes sejam os seus efeitos. Dá-se a sua consumação com o ato inicial do uso ou utilização do documento ideologicamente falso (TJSP, *RT* 519/362; TACrSP, *RT* 538/380, 499/369).
- **Consumação do § 1º:** Consuma-se com a apresentação dos documentos falsificados (TRF3, Ap. 0007421-83.2012.4.03.6181, e-DJF3 Judicial 1 de 5.12.2016). *Contra:* a consumação se dá com a efetiva falsificação e não com o seu uso, ao contrário do que ocorre com o crime do *caput* do mesmo art. 301 (TACrSP, *Julgados* 78/263).
- **Prescrição:** O crime é instantâneo de efeitos permanentes e sua prescrição começa a correr do primeiro ato de uso (TACrSP, *RT* 538/380; TJSP, *RT* 519/362).

- **Tipo objetivo:** O fato ou circunstância deve ser atinente à pessoa a quem se destina a certidão ou atestado e visando a benefício de caráter público (TJSP, *RT* 536/287).

- **Sujeito ativo:** O delito do art. 301, *caput*, é próprio, só podendo ser praticado por funcionário público (TJSP, *RT* 536/310, 513/355; TRF da 1ª R., *RT* 756/686; TRF da 2ª R., RCr 18.860, *DJU* 14.2.95, p. 5940, *in RBCCr* 10/221). Quanto ao art. 301, § 1º, divide-se a jurisprudência: *a.* é crime comum e o sujeito ativo pode ser qualquer pessoa (STJ, *RT* 778/561, 767/555; REsp 210.379-DF, *DJU* 2.10.2000, p. 187, *in Bol. IBCCr* 96/493; REsp 205.367-DF, *DJU* 14.8.2000, p. 189; TJSP, *RJTJSP* 120/539); *b.* o sujeito ativo do § 1º deve ser funcionário público (TJSP, *RT* 690/324, *mv – RT* 533/311; TRF da 2ª R., RCr 18.860, *DJU* 14.2.95, p. 5940, *in RBCCr* 10/221-222).

- **Aptidão do documento:** Se o atestado falso era inapto ao fim almejado pelo seu beneficiário, não se configura o delito do art. 301 (TJSP, *RT* 429/399).

- **Competência:** É da Justiça Estadual, salvo se for falsificada assinatura de autoridade federal (TFR, CComp 3.712, *DJU* 5.3.80).

FALSIDADE DE ATESTADO MÉDICO

Art. 302. Dar o médico, no exercício da sua profissão, atestado falso:

Pena – detenção, de 1 (um) mês a 1 (um) ano.

Parágrafo único. Se o crime é cometido com o fim de lucro, aplica-se também multa.

- **Transação:** Cabe no *caput* e na sua combinação com o parágrafo único, preenchidos os requisitos do art. 76 da Lei n. 9.099/95.

- **Suspensão condicional do processo:** Cabe, atendidas as condições do art. 89 da Lei n. 9.099/95.

Falsidade de atestado médico

- **Objeto jurídico:** A fé pública, especialmente com relação aos atestados médicos.

- **Sujeito ativo:** Somente o médico (crime próprio).

- **Sujeito passivo:** O Estado.

- **Tipo objetivo:** Não só o agente precisa ser médico, como a conduta deve ser praticada no exercício da sua profissão. O que se pune é dar (fornecer, entregar) atestado falso. A falsidade deve ser praticada por escrito (pois se trata de atestado) e relacionada com o exercício médico do atestante. É necessário, ainda, que a falsidade (total ou parcial) seja referente a fato juridicamente relevante, pois deve haver, ao menos, potencialidade de dano no atestado falso. Entendemos que a tipificação deve ficar restrita à atestação de fato indiscutivelmente falso e não de mera opinião ou prognóstico médico, dada a subjetividade destes e o direito de o médico ter opinião própria (que pode divergir da opinião de colegas). A interpretação, porém, não é pacífica, discutindo-se se o falso abrange só o fato e não o juízo ou opinião (Magalhães Noronha, *Direito Penal*, 1995, v. IV, p. 179) ou ambos (Heleno Fragoso, *Lições de Direito Penal – Parte Especial*, 1965, v. IV, p. 1030).

- **Tipo subjetivo:** O dolo, que consiste na vontade livre e consciente de atestar falsamente. Na doutrina tradicional é o "dolo genérico". Não há modalidade culposa.

- **Consumação:** Com a efetiva entrega do atestado ao beneficiário ou a outrem. Embora não se exija a ocorrência de prejuízo, é necessário que o atestado médico falso tenha relevância jurídica, pois do contrário o falso é inócuo.

- **Tentativa:** A partir da 7ª edição, inclusive, revimos nossa posição, para entender que a tentativa não é possível, posto que a conduta de dar atestado falso não admite fracionamento (*iter criminis*). Ou o agente dá o atestado falso e o crime se consuma; ou ele não dá e a execução do crime nem mesmo se inicia. Ademais, a conduta do médico que subscreve um atestado falso que não chega ao seu destinatário, além de não caracterizar a conduta punível (dar, ou seja, entregar atestado falso), não ostenta potencialidade ofensiva qualquer, sendo juridicamente irrelevante.

- **Concurso de crimes:** Pode haver concurso com outros crimes. Todavia, se o atestado falso for utilizado para a prática de outro crime (p. ex., estelionato), o crime deste art. 302 fica absorvido pelo crime-fim.

- **Confronto:** Se o agente é funcionário público e pratica o delito abusando de sua função, art. 301 do CP.

- **Pena:** Detenção, de um mês a um ano.

- **Ação penal:** Pública incondicionada.

Figura qualificada (parágrafo único)

- **Noção:** Se o crime é cometido com o fim de lucro, aplica-se também a pena de multa, a ser fixada nos termos do art. 49 do CP. Trata-se, aqui, do especial fim de agir, que é elemento subjetivo do tipo (para os tradicionais, "dolo específico"). Note-se, todavia, que se o agente usa o atestado falso com o fim de ludibriar outrem para obter lucro, o crime deste art. 302 fica absorvido pelo de uso de documento falso (art. 304) ou mesmo pelo de estelionato (art. 171), conforme o caso.

Jurisprudência

- **Atestado de óbito:** Em tese, configura o delito do art. 302 do CP a atestação de óbito, sem exame, mediante paga (STF, *RT* 507/488). Se a finalidade for alterar a verdade sobre *causa mortis* de nascituro, no Registro Público, tipifica-se o delito do art. 299 e não o do art. 302 do CP (TJSP, *RJTJSP* 83/380).

- **Dolo:** É indispensável que o acusado tenha elaborado com dolo, ao atestar que o favorecido, quando do exame médico, estava em situação diversa da apontada (Franceschini, *Jurisprudência*, 1975, v. II, n. 2.351). Se conseguiu ludibriar o empregador, não é possível absolvição (TJSP, Ap. 0027885-19.2013.8.26.0071, publ. 27.3.2017).

REPRODUÇÃO OU ADULTERAÇÃO DE SELO OU PEÇA FILATÉLICA

Art. 303. Reproduzir ou alterar selo ou peça filatélica que tenha valor para coleção, salvo quando a reprodução ou a alteração está visivelmente anotada na face ou no verso do selo ou peça:

Pena – detenção, de 1 (um) a 3 (três) anos, e multa.

Parágrafo único. Na mesma pena incorre quem, para fins de comércio, faz uso do selo ou peça filatélica.

- **Revogação tácita:** O art. 303 e seu parágrafo único foram tacitamente revogados e substituídos pelo art. 39 e parágrafo único da Lei n. 6.538/78, que preveem figuras praticamente idênticas, mas com sanção inferior. Estabelecem os citados dispositivos: "Art. 39. Reproduzir ou alterar selo ou peça filatélica de valor para coleção, salvo quando a reprodução ou a alteração estiver visivelmente anotada na face ou no verso do selo ou peça: Pena – detenção, até dois anos, e pagamento de três a dez dias-multa. Parágrafo único. Incorre nas mesmas penas quem, para fins de comércio, faz uso de selo ou peça filatélica de valor para coleção, ilegalmente reproduzidos ou alterados".

USO DE DOCUMENTO FALSO

Art. 304. Fazer uso de qualquer dos papéis falsificados ou alterados, a que se referem os arts. 297 a 302:

Pena – a cominada à falsificação ou à alteração.

- **Transação:** Cabe apenas quando o uso se referir à falsificação ou alteração prevista nos arts. 301, *caput*, e sua combinação com o § 2º, 301, § 1º, mesmo que combinado com o § 2º, e 302, *caput*, e sua combinação com o parágrafo único, preenchidos os requisitos do art. 76 da Lei n. 9.099/95.

- **Suspensão condicional do processo:** Cabe quando o uso se referir à falsificação ou alteração prevista nos arts. 298, *caput* e parágrafo único, e 299, *caput*.

Uso de documento falso

- **Objeto jurídico:** A fé pública.

- **Sujeito ativo:** Qualquer pessoa. Cabe ressaltar, todavia, a existência de forte entendimento no sentido de que o autor do falso não pode responder, também, pelo uso, ou vice-versa (*vide* jurisprudência abaixo sob o título *Uso pelo próprio autor da falsidade*).

- **Sujeito passivo:** O Estado, primeiramente; a pessoa eventualmente prejudicada com o uso, secundariamente.

- **Tipo objetivo:** A conduta punível é fazer uso, que tem a significação de empregar, utilizar. Incrimina-se, assim, o comportamento de quem faz uso de documento materialmente falsificado, como se fora autêntico; ou emprega documento que é ideologicamente falso, como se verdadeiro fora. A conduta é comissiva e o documento deve ser utilizado em sua destinação própria, com relevância jurídica. Exige-se o uso efetivo, não bastando a mera alusão ao documento. Para que se caracterize o uso, entendemos ser mister que o documento saia da esfera do agente por iniciativa dele próprio. Trata-se de crime remetido, e seu objeto material é o documento falso ou alterado, referido pelos arts. 297 (documento público), 298 (documento particular), 299 (documento ideologicamente falso), 300 (documento com falso reconhecimento de firma), 301 (certidão ou atestado ideológica ou materialmente falso) e 302 (atestado médico falso). Requer-se que o agente conheça a falsidade do documento que usa. Não haverá o crime de uso se faltar ao documento requisito necessário à configuração do próprio falso (p. ex., no caso de falsificação grosseira inapta a enganar o "homem médio" ou de *xerox* não autenticada).

- **Tipo subjetivo:** O dolo, ou seja, a vontade de usar o documento, com consciência da sua falsidade. Para nós, é o dolo direto, mas alguns autores admitem o dolo eventual. Na doutrina tradicional é o "dolo genérico". Não há forma culposa.

- **Consumação:** Com o efetivo uso, embora não se exija resultado naturalístico (p. ex., prejuízo de terceiro). Trata-se, pois, de crime formal.

- **Tentativa:** Considerando-se o *uso* uma conduta que não pode ser fracionada, entendemos não ser possível o *iter criminis*. Assim, os atos anteriores ao uso não caracterizam início de execução, configurando atos meramente preparatórios; podem, todavia, tipificar outros tipos penais (p. ex., falsidade documental, no caso de o agente ter sido o autor da falsidade; posse ou detenção de papéis públicos falsificados, nos termos do art. 293, § 1º, I, do CP).

- **Confronto:** Quanto ao uso de documento falsificado ou alterado, com fins eleitorais, art. 353 da Lei n. 4.737/65.

- **Concurso de crimes (com estelionato, absorção):** Se o uso de documento se dá com a finalidade exclusiva de praticar outro crime, ocorre a absorção do crime-meio pelo crime-fim. É o caso, por exemplo, do agente que faz uso de documento falso com o fim de praticar o crime de estelionato, hipótese em que deverá responder apenas por este crime, ficando o uso de documento absorvido.

- **Crime-meio para delitos tributários e de descaminho (falta de justa causa para a ação penal):** Se o crédito tributário não foi definitivamente constituído (Súmula Vinculante 24 do STF; HC 81.611, entre outros), ou se ainda não houve sequer autuação, é *manifesta* a falta de justa causa para a ação penal pelo crime tributário, incluindo-se, a nosso ver, o descaminho, que tem inegável natureza tributária. Com maior razão, é também manifesta a falta de justa causa para ações penais que venham a ser movidas imputando, exclusivamente, o crime-meio de falsidade ideológica, falsidade material ou uso de documento falso, como alguns membros do Ministério Público estadual e federal têm feito, em casos de demora do Fisco para lavrar a autuação fiscal, ou de demora na constituição definitiva do crédito tributário. Assim agem, por vezes, para evitar a prescrição criminal. Tendo em vista serem *pacíficas* a doutrina e a jurisprudência de nossas Cortes superiores no sentido de que o crime-fim tributário (no qual, em nosso entendimento, inclui-se o descaminho, por ter a mesma natureza) *absorve* o crime-meio do falso ideológico, do falso material e do uso de documento falso, é evidente a falta de justa causa para essas ações penais, seja pela aplicação do princípio da consunção (absorção), seja pelo fato de que, havendo pagamento do débito fiscal, inclusive acessórios, até o trânsito em julgado de eventual condenação, haverá a *extinção da punibilidade do crime tributário* (que inclui, evidentemente, a extinção da punibilidade do crime-meio), nos termos do art. 9º, *caput*, e §§ 1º e 2º, da Lei do PAES (Lei n. 10.684/2003), e dos arts. 68 e 69 da Lei do "REFIS da Crise" (Lei n. 11.941/2009). *Vide* jurisprudência neste artigo, bem como notas *Término do processo administrativo-fiscal, parcelamento e pagamento* no art. 334 do CP, e notas no art. 107 do CP, inclusive no tocante à penhora de bens como garantia do débito tributário.

- **Pena:** A pena para o crime de uso de documento falso é a mesma prevista para a falsificação ou alteração, devendo-se verificar de qual documento se trata (cf. arts. 297 a 302 do CP).

- **Ação penal:** Pública incondicionada.

Jurisprudência

- **Tipo subjetivo:** É indispensável o dolo, direto ou eventual, sendo inepta a denúncia que não o refere (STF, *RTJ* 122/61, 94/101). A boa-fé exclui o dolo (TJSP, *RT* 512/365; TJPR, *PJ* 42/181, 40/331), mas a dúvida não (TJSP, *RT* 734/662). É preciso ciência da falsidade do documento (TJSP, *RT* 513/367; TJPR, *PJ* 48/309). Ainda que se trate de documento público, não se configura o crime de uso se não houve intenção de prejudicar (TJSP, *RT* 556/302, 544/319). Não há crime, por ausência de dolo e ausência de relevância jurídica, no caso de mulher já separada de fato do cônjuge, e na iminência de obter o divórcio, que usa o nome de solteira para retirar passaporte (TRF da 1ª R., Ap. 2001.39.00.007514-6, *Bol. IBCCr* 184/1157).

- **Requisitos do falso:** Não se tipifica o crime de uso de documento falso quando falta ao documento usado requisito necessário à configuração do próprio falso, como na hipótese de documento sem potencialidade de causar danos (STF, *RTJ* 121/140; TRF da 5ª R., Ap. 904, *DJU* 3.5.96, p. 28541, *in RBCCr* 15/411). Não há crime se o uso do documento falsificado é inócuo, sem relevância jurídica, como no caso de CNH falsa já vencida (TJGO, Ap. 28.592-5/213, *DJU* 11.10.2006, *in Bol. IBCCr* 168/1038). A existência de falso penalmente reconhecido é pressuposto básico para a configuração do uso, pois o art. 304 é crime remetido, fazendo menção a outro que o integra, de modo que não pode faltar elemento necessário à tipificação deste último (TJSP, *RJTJSP* 96/472, *RT* 564/331). Não se caracteriza o crime se o documento utilizado, embora contrafeito, é inócuo, sem relevância jurídica, eis que apresentado para satisfazer exigência julgada inconstitucional (TRF da 3ª R., *RT* 774/706). O uso de substabelecimento falso em ação cível, do qual não resultou prejuízo a ninguém, não caracteriza o crime de falso ou de uso de documento falso (TJSP, Ap. 267.200-3/2, j. 11.11.99). Também não configura a apresentação de carteira funcional falsificada, que ateste o exercício de função pública inexistente (TJSP, *RT* 783/613). Grosseira a falsificação, incapaz de iludir o homem comum, não é passível de constituir material do *falsum* necessário à configuração do delito do art. 304 (STJ, *RT* 721/546; TJSP, *RT* 690/323, 685/314). Enquadra-se na hipótese do art. 304 do CP quem se vale da internet para forjar carteira do Conselho Regional de Contabilidade do Estado do Rio Grande do Norte e a autentica, enviando-a por *fax* à Secretaria Estadual de Tributação para obter trabalho de Contadora, ludibriando o órgão oficial e diversas empresas. Documento público autenticado em Cartório tem a mesma fé do seu original (art. 223 do CC/2002 e art. 365, III, do CPC) *(nota nossa: vide arts. 425, III, do CPC/2015)*. Caso peculiar em que houve autenticação do documento forjado em cartório, entendendo esta Corte Superior ser desnecessária a apresentação física do documento falso para a caracterização do delito em tela (STJ, 5ª T., AgRg no REsp 1363665/RN, rel. Min. Moura Ribeiro, j. 5.12.2013. DJe 11.12.2013).

- **Prescrição do falso:** Não impede a configuração do crime de uso a prescrição da própria falsidade (TJSP, RF 268/312).

- **Posse sem uso:** Trazer consigo o documento falso não equivale a fazer uso (STJ, RHC 1.827, DJU 17.8.92, p. 12509; TJSP, RJTJSP 103/507, RT 541/369, 536/310; Ap. 160.150, j. 7.12.95, in Bol. IBCCr 38/128; TJDF, Ap. 12.018, DJU 24.6.92, p. 18739). Para caracterizar o crime de uso de documento falso, é necessário que o documento saia da esfera pessoal do agente, iniciando-se uma relação qualquer com outra pessoa, de modo a determinar efeitos jurídicos (TFR, Ap. 5.536, DJU 23.2.84). Enquanto não empregado para o fim útil, não é praticada conduta típica (STJ, RT 729/505). Não há uso, em sentido penal, se o agente foi forçado pela autoridade a exibir o documento (TJSP, RT 541/369; TRF da 2ª R., Ap. 405, DJU 29.8.91, p. 20421). Não se tipifica quando o documento é solicitado pela autoridade, e não exibido espontaneamente pelo agente (TJSP, RJTJSP 123/478, 102/453, RT 651/259; contra: TJSP, RJTJSP 75/313). Não há crime de uso sem que o documento saia da esfera do agente por iniciativa dele próprio (TJSP, RT 646/282). Se o documento falso foi encontrado em revista policial, sem que o acusado o tivesse usado, o documento não saiu de sua esfera e o crime não se tipificou nem na forma tentada, pois é infração instantânea, que não admite tentativa (TJSP, RJTJSP 179/301, 158/313, RT 707/297). Se o documento falso foi compulsoriamente apreendido, não há crime (Lex-STJ 276/531). Se exibiu voluntariamente à polícia, há o crime (TJSP, RJTJSP 108/473; STJ, CComp 12.878, DJU 4.9.95, p. 27800, in RBCCr 13/362); igualmente, se instado a se identificar, exibe cédula de identidade que sabe falsificada (STF, RTJ 155/516). Se não o exibiu, mas correu e jogou no mato, onde foi encontrado, não há crime (TJSP, RT 686/338).

- **Posse e uso de CNH falsa:** Há quatro posições para a sua posse por parte de quem está dirigindo: *a*. Simples porte de documento sabidamente falso consiste em verdadeiro uso (TJMG, Ap. 10024120363320001, publ. 11.12.2018; TJSP, RT 772/565), configurando-se o crime do art. 304 do CP, ainda que a sua exibição decorra de exigência da autoridade policial (STJ, JSTJ e TRF 8/197; STF, HC 70.813, DJU 10.6.94, p. 14766, in RBCCr 7/213; RT 647/386; TJSP, mv – RJTJSP 174/351, mv – RT 668/267). *b*. Pouco importa, para a caracterização do crime, se o documento é apresentado espontaneamente ou por exigência da autoridade (STJ, RHC 22.663/RJ, DJ 2.6.2008; TJMG, Ap. 1064714006465001, publ. 18.9.2019; TJSP, RT 789/605, 724/608, 719/386, 776/560). *c*. O ato de portar não se confunde com o de fazer uso e não há crime se a exibição se dá por ordem policial (TJSP, mv – RJTJSP 124/512, mv – 117/462, mv – 112/514, mv – 116/478, mv – RT 636/276, mv – 630/301), ou se o documento é encontrado em revista pessoal (TJSP, mv – RT 711/308). *d*. O ato da autoridade de exigir os documentos equivale a solicitar, permitindo a resposta de não os possuir. Assim, se há exibição, esta é voluntária e configura o crime do art. 304 (TJSP, RT 729/527, 653/280 e 287; STF, HC 70.512, DJU 24.9.93, p. 19577, in RBCCr 4/177; TJMG, 5ª C., Ap. 1.0625.02.022626-6/001, DJ 9.9.2013). Xerox: a exibição de xerox do documento falso original da carteira de habilitação afasta a prática do crime do art. 304 (TJSP, RT 706/301; vide, também, jurisprudência sob o título Xerox sem autenticação, neste art. 304). Exame médico: o requerimento à autoridade de trânsito para renovação de exame médico como motorista, servindo-se de "espúria cártula", não configura o delito deste art. 304, pois não é empregada em sua específica destinação probatória (TJSP, RJTJSP 171/318). Ciência da falsidade: não pratica o crime, se desconhecia a falsidade do documento, fornecido por despachante (TJPR, PJ 48/309, 42/181) ou por agente de autoescola (TJPR, PJ 40/331). Pratica o crime se recebe a CNH sem prestar o devido exame de habilitação, não podendo alegar erro de tipo (TJRJ, RT 764/652). Renovação e transferência: a apresentação da carteira falsa à própria autoridade de trânsito para requerer sua renovação e transferência, evidentemente leva a crer que o agente desconhecia a falsidade; trata-se, aliás, de crime impossível, pois a transferência só se daria após a chegada do prontuário (TJSP, RT 689/332). Igualmente, se o agente pleiteava apenas a sua renovação, uma vez que não se efetivou, tecnicamente, o uso do documento na sua destinação, que é conduzir veículo (TJMG, JM 128/361). Transeunte: não caracteriza a exibição de carteira falsa por transeunte para comprovar identidade em fiscalização policial, pois falso uso de documento é empregá-lo para o fim a que serviria, se não fosse falso (TJSP, *RJTJSP* 176/329). Liberação de ciclomotor: a utilização de carteira falsa para a sua liberação não tipifica, por ser desnecessária habilitação legal para dirigir tal veículo (TJSP, Ap. 160.150, j. 7.12.95, *Bol. IBCCr* 38/128).

- **Uso pelo próprio autor da falsidade:** Pacífico que o falsário não responde, em concurso, pelo crime de falso e uso do documento falsificado (TJSP, *RT* 686/338, 571/308). No entanto, há controvérsia em relação a qual dos crimes fica sujeito o agente: *1*. Só ao crime de falso (STF, *RTJ* 102/954; RHC 58.602, *DJU* 2.10.81, p. 9773; TJSP, *RJTJSP* 104/440, *RT* 562/318; TJSC, *RT* 530/395; TJRJ, 3ª CCr, Ap. 1937.2000, *Bol. IBCCr* 111/587). *2*. Só ao crime de uso (STJ, CComp 3.115, *DJU* 7.12.92, p. 23282; TRF da 3ª R., Ap. 96.03.069551-3, *DJU* 25.11.97, p. 101745, *in RBCCr* 21/309; TJSP, *RJTJSP* 99/256, *RT* 768/557, 581/310, 545/317, 539/276).

- **Uso por menor:** Há falta de justa causa para o pai figurar como acusado, se a denúncia não descreve a sua participação, mas lhe atribui responsabilidade penal, inexistindo em nosso Direito culpa por transferência (TFR da 1ª R., HC 1.962, *DJU* 11.3.93, p. 7499).

- **Falsidade grosseira:** Sendo grosseira as alterações, perceptíveis *ictu oculi*, não se configura a falsidade, excluindo, via de consequência, o crime do art. 304. De outro lado, se o INSS já possuía comprovação de situação diversa daquela atestada no documento falso, o meio empregado é absolutamente ineficaz, hipótese de crime impossível (TRF da 4ª R., *RT* 809/706).

- **Potencialidade lesiva:** A simples posse de documento de veículo com autenticação falsa, mas de conteúdo efetivamente verdadeiro, do qual não se extrai qualquer potencial lesivo sobre fato juridicamente relevante, não configura o delito de uso de documento falso (STJ, HC 18.963/SP, *DJU* 22.4.2002, p. 228, *in Bol. IBCCr* 114/609).

- **Consumação:** O art. 304 é crime formal, que não exige resultado para sua consumação (TFR, Ap. 6.211, *DJU* 22.2.85, p. 13659). Consuma-se com o primeiro ato de uso, independentemente de lograr proveito ou causar dano (TJMG, *RT* 538/415). A consumação se dá no local onde foi utilizado (STJ, *RT* 729/505).

- **Autodefesa:** Sua alegação não torna atípica a atribuição de falsa identidade perante a autoridade judicial (Súmula 522/STJ; TJRS, Ap. 70079716858, *DJ* 28.3.2019).

- **Exame de corpo de delito:** Também para a condenação pelo crime deste art. 304 é exigido o exame de corpo de delito para provar que o documento usado era falso (TJSP, *RT* 813/588), não o suprindo a própria confissão (TJSP, *RT* 770/568; *RJTJSP* 124/495, *RT* 600/339, 567/313), sob pena de nulidade (TJSP, *RT* 791/597). *Contra*: em caso de carteira de habilitação (STJ, REsp 41.476, *DJU* 31.10.94, p. 29513, *in RBCCr* 9/208) ou se comprovado por outras provas, inclusive documental e testemunhal (STF, *RT* 773/508). Tendo em vista que o crime do art. 304 do CP deixa vestígios, o exame de corpo de delito é imprescindível, nos termos do que prevê o art. 158 do CPP (TJSP, *RT* 805/565).

- **Uso de atestado ou certidão escolar falso:** *Vide* jurisprudência na nota ao art. 297 do CP, sob o título *Certidão ou atestado escolar*.

- **Certidão de nascimento falsa:** Sua utilização para obter passaporte preenche o tipo do art. 304 (TRF da 4ª R., Ap. 8.921, *DJU* 11.10.94, p. 57739).

- **Xerox sem autenticação ou não conferido:** Não pode ser objeto material do crime de uso de documento falso (STJ, *RT* 761/548; REsp 17.584, *DJU* 14.9.92, p. 14981; TJSP, *RT* 729/522, 651/259). Entretanto, se autenticado, pode (TRF da 1ª R., RCr 6.350, *DJU* 2.4.90, p. 5731; RCr 6.351, *DJU* 12.11.90, p. 26815; TRF da 3ª R., *RT* 822/722; TJSP, *RT* 753/582).

- **Uso de passaporte nacional verdadeiro com visto falso:** Tipifica, em tese, o crime do art. 304 do CP, que tem por sujeito passivo a União e, secundariamente, a terceira pessoa prejudicada, enquanto o objeto jurídico tutelado pela norma é a fé pública. Evidencia-se lesão ao bem jurídico porquanto a lei não admite o desvirtuamento tanto dos documentos públicos, em sua acepção material, quanto das informações neles constantes. Não há falar-se em extraterritorialidade do prejuízo intentado com a ação típica, na medida em que o réu foi impedido de embarcar ainda em território nacional, ao apresentar o passaporte às autoridades (TRF da 3ª R., *RT* 818/716).

- **Microfilme:** Sendo reprodução fotográfica, não configura o uso de documento falso (TRF da 2ª R., RCr 12.235, *mv – DJU* 17.2.94, p. 4798).

- **Concurso formal:** Já se entendeu que a exibição de dois documentos falsos, apesar de atos distintos, constitui uma única ação e representa concurso formal homogêneo (TJRJ, *RT* 604/396).

- **Confronto com falsa identidade:** Se o agente, mesmo ciente da falsidade do documento público, utiliza-o, comete o crime do art. 304, não havendo que se falar em desclassificação para o delito do art. 307 (TJPR, *RT* 759/687; TJSP, *RT* 788/578). No mesmo sentido, no caso de uso de CNH falsa (STJ, RHC 22.663/RJ, *DJ* 2.6.2008). Comete o crime do art. 304, e não do art. 307 do CP, o agente que apresenta à polícia identidade com sua foto e assinatura, mas com impressão digital de outrem, não cabendo alegação de que o uso se deu em autodefesa (STF, HC 92.763/MS, *DJ* 25.4.2008).

- **Concurso com estelionato:** O estelionato absorve o uso de documento falso (TRF da 3ª R., Ap. 40.498, *DJU* 4.2.97, p. 4703). *Vide*, também, jurisprudência sob o título *Concurso de crimes*, na nota ao art.171 do CP.

- **Concurso com sonegação fiscal:** Esta absorve a falsidade e o uso de documento falso (TJSP, *RJTJSP* 91/480, 571/307, 531/320, 524/319).

- **Concurso com crime hediondo:** O concurso entre os crimes de uso de documento falso e equiparados a hediondo não torna aquele crime hediondo, não podendo sofrer as restrições processuais previstas na Lei n. 8.072/90 (TRF da 4ª R., Ap. 200071040014312, *DJU* 4.6.2003, p. 759, *in Bol. IBCCr* 129/726).

- **Impossibilidade de absorção do falso por contravenção penal:** (...) 1. O princípio da consunção é aplicável quando um delito de alcance menos abrangente praticado pelo agente for meio necessário ou fase preparatória ou executória para a prática de um delito de alcance mais abrangente. 2. Com base nesse conceito, em regra geral, a consunção acaba por determinar que a conduta mais grave praticada pelo agente (crime-fim) absorve a conduta menos grave (crime-meio). 3. Na espécie, a aplicabilidade do princípio da consunção na forma pleiteada encontra óbice tanto no fato de o crime de uso de documento falso (art. 304 do CP) praticado pelo paciente não ter sido meio necessário nem fase para consecução da infração de exercício ilegal da profissão (art. 47 do DL n. 3.688/41) quanto na impossibilidade de um crime tipificado no Código Penal ser absorvido por uma infração tipificada na Lei de Contravenções Penais. 4. *Habeas corpus* denegado (STF, 1ª T., HC 121652/SC, rel. Min. Dias Toffoli, j. 22.4.2014, *DJe* 4.6.2014, *vu*).

- **Competência:** Se ajuizou ação previdenciária utilizando procuração com endereço ideologicamente falso, com objetivo de alterar a competência constitucionalmente prevista, a Justiça Federal é a competente (TRF4, Ap. 5006101-73.2016.4.047108, j. 17.12.2018). Sendo incerto o local da consumação da falsificação, a fixação da competência ocorre pelo local da apresentação do passaporte adulterado (TRF4, CComp 151503 SP 2017/0062682-3, *DJ* 29.10.2018). Compete à Justiça Federal, se o uso do documento falso se deu em processo judiciário federal (STF, *RT* 782/513). Súmula 104 do STJ: "Compete à Justiça Estadual o processo e julgamento dos crimes de falsificação e uso de documento falso relativo a estabelecimento particular de ensino". Se o documento falso foi apresentado à autoridade estadual e em detrimento de serviço do Estado-membro, a competência é da Justiça Estadual (TJSP, *RT* 791/597); é o que ocorre se o agente apresenta CNH falsa à autoridade estadual (TJPR, *RT* 816/633). O foro competente é o da utilização do documento (STJ, RHC 3.439, *DJU* 30.5.94, p. 13493; CComp 12.878, *DJU* 4.9.95, p. 27800, *in RBCCr* 13/362), se impossível identificar-se o lugar da falsificação (STJ, *RT* 767/540). Consoante a jurisprudência, "a qualificação do órgão expedidor do documento público é irrelevante para determinar a competência do Juízo no crime de uso de documento falso, pois o critério a ser utilizado para tanto define-se em razão da entidade ou do órgão ao qual foi apresentada, porquanto são estes quem efetivamente sofrem os prejuízos em seus bens ou serviços" (STJ, CComp 99.105/RS, rel. Min. Jorge Mussi, 3ª Seção, *DJe* 27.2.2009; CComp 108024/SC, rel. Min. Assusete Magalhães, 3ª Seção, j. 13.11.2013, *DJe* 11.12.2013). Súmula 546 do STJ: "A competência para processar e julgar o crime de uso de documento falso é firmada em razão da entidade ou órgão ao qual foi apresentado o documento público, não importando a qualificação do órgão expedidor".

SUPRESSÃO DE DOCUMENTO

Art. 305. Destruir, suprimir ou ocultar, em benefício próprio ou de outrem, ou em prejuízo alheio, documento público ou particular verdadeiro, de que não podia dispor:

Pena – reclusão, de 2 (dois) a 6 (seis) anos, e multa, se o documento é público, e reclusão, de 1 (um) a 5 (cinco) anos, e multa, se o documento é particular.

Supressão de documento

- **Suspensão condicional do processo:** Cabe quando a supressão for de documento particular, atendidas as condições do art. 89 da Lei n. 9.099/95.
- **Objeto jurídico:** A fé pública, especialmente a segurança do documento como prova.
- **Sujeito ativo:** Qualquer pessoa, incluindo o proprietário do documento que não possa dele dispor.
- **Sujeito passivo:** Primeiramente, o Estado; secundariamente, a pessoa eventualmente prejudicada com a supressão.
- **Tipo objetivo:** São três os núcleos alternativamente indicados: *a. destruir* (eliminar, extinguir); *b. suprimir* (fazer desaparecer sem destruir nem ocultar); *c. ocultar* (esconder, colocar em lugar onde não possa ser encontrado). O objeto material é documento público ou particular verdadeiro, de que não podia dispor. Assim, não é típica a conduta se o agente pode, livremente, desfazer-se do documento. A incriminação não alcança cópias, traslados ou certidões de documentos originais arquivados em repartições, cartórios, registros etc. Por exemplo, não configura este crime a supressão de certidão de nascimento ou casamento, pois o assentamento original está em cartório. Sobre o conceito de documento, vide nota *Objeto material* no art. 297 do CP.
- **Tipo subjetivo:** O dolo e o elemento subjetivo do tipo relativo ao especial fim de agir: finalidade de benefício próprio ou de outrem ou de prejuízo alheio. Além disso, para muitos há, também, a finalidade de atentar contra a integridade do documento como meio de prova. Na doutrina tradicional indica-se o "dolo específico". Não há modalidade culposa.
- **Consumação:** Com a efetiva destruição, supressão ou ocultação. Embora não se exija a superveniência de benefício (próprio ou alheio) ou prejuízo alheio (crime formal, portanto), a conduta, além de visar tais resultados, deve também torná-los possíveis de ocorrer no caso concreto (potencialidade lesiva). Na modalidade de ocultar, é crime permanente; nas demais, instantâneo (de efeitos permanentes).
- **Tentativa:** É possível, na modalidade de destruir.
- **Concurso de crimes:** A supressão "consome o furto ou a apropriação indébita anterior e exclui o dano" (HELENO FRAGOSO, *Lições de Direito Penal – Parte Especial*, 1965, v. IV, p. 1043) relacionados com o documento.
- **Confronto:** Tratando-se de processo ou documento judicial e sendo o agente advogado ou procurador, art. 356 do CP. No caso de documento confiado à custódia de funcionário, em razão de ofício, ou de particular em serviço público, art. 337 do CP. Na hipótese de extravio, sonegação ou inutilização de documento por funcionário público,

art. 314 do CP; na mesma hipótese, se acarretar pagamento indevido ou inexato de tributo ou contribuição social, art. 3º, I, da Lei n. 8.137/90.

- Pena: Se o documento é público, reclusão, de dois a seis anos, e multa; se o documento é particular, reclusão, de um a cinco anos, e multa.

- Ação penal: Pública incondicionada.

Jurisprudência

- Tipo subjetivo: É essencial a finalidade de beneficiar a si próprio ou a terceiro, ou causar prejuízo alheio (TJSP, *RJTJSP* 76/345-6). Consiste não só no propósito de obter benefício ou causar prejuízo alheio, como também no de atentar contra a verdade documental ou a integridade do documento como meio de prova (HELENO FRAGOSO, *Jurisprudência Criminal*, 1979, v. II, n. 511). É preciso o "dolo específico", o fim de obter benefício próprio ou alheio, ou de causar prejuízo a outrem (TJSP, *RT* 596/308, 536/310, 527/309, 522/334, 516/289; TJRJ, *RT* 496/347).

- Disponibilidade: Não se tipifica o crime se o agente podia dispor do documento (TJSP, *RT* 559/304).

- Restauração ou cópia: As duplicatas, enquanto sem aceite ou aval, são facilmente substituíveis pelas triplicatas, não configurando o crime sua supressão (TJRJ, *RT* 559/371; TJSP, *RT* 646/270, 545/312). Não se tipifica, se o documento era cópia do original (TACrSP, *Julgados* 69/136). Não configura, se o documento rasgado pode ser obtido por cópias ou certidões (TJSP, *RT* 543/351). A inutilização de assinatura de documento registrado em cartório não configura, em tese, pois não pode acarretar prejuízo (TJSP, *RT* 522/334). Exige-se que o documento suprimido ou ocultado seja insubstituível em seu valor probante (TJSP, *RT* 520/392). Não há crime se o documento foi objeto de registros e anotações, e pode, assim, ser restaurado (TJSP, *RT* 447/375, 676/296).

- Documento: É preciso que se trate de documento (TJSP, *RT* 543/351), mas pode ser documento particular (TJSP, *RT* 536/284).

- Cheque: Em tese, configura o crime do art. 305 a ação de quem risca a assinatura constante no cheque, inutilizando-a com o objetivo de impossibilitar o resgate no banco (TJSP, *RT* 599/328). Igualmente, se inutiliza a assinatura de cheque emitido em garantia de dívida, prejudicando o beneficiário que dele se poderia utilizar como meio de prova do crédito (TJPR, *PJ* 41/185). O cheque, para efeitos penais, é considerado documento público (TJSP, *RT* 623/281); todavia, depois de apresentado ao banco e recusado por falta de fundos, não mais é transmissível por endosso, passando a ser documento particular (TJSP, *RT* 602/341).

- Tipo objetivo: Retirada: configura o crime retirar, o agente, título seu do cartório, em confiança, não mais o devolvendo (TJSP, *RT* 541/369). Ocultação: reter em lugar desconhecido do interessado documento que subtraiu ou lhe foi confiado, configura o crime do art. 305 (TJSP, *RT* 536/284).

- Subtração: Escrivão de polícia que subtrai despacho de Delegado e o substitui por outro com data mais recente, comete o delito (TJMS, Ap. 0002898-31.2014.8.12.0019, publ. 1º.7.2019).

- Descaracterização: Não havendo prejuízo alheio, benefício próprio ou de terceiro, além de ter havido composição voluntária entre as partes na liquidação da dívida representada pelo documento, não se caracteriza o delito (TJRO, *RT* 701/364).

- Tentativa: Se o cheque rasgado pode ser reconstituído, há só tentativa e não crime consumado (TJSP, *RT* 602/341). Pode haver, no caso de documento rasgado e só reconstituído após muito trabalho (TJSP, *RT* 515/325, *RJTJSP* 119/478).

- Consumação: É irrelevante que o agente não alcance a finalidade visada (TJSP, *RT* 495/291), desde que esta fosse possível na conduta (TJPR, *PJ* 41/185). A consumação prescinde da realização efetiva do benefício ou do prejuízo, bastando serem eles o fim ou o escopo da conduta (TJSP, *RJTJSP* 164/305).

- **Sonegação de processo judicial:** Advogado que retira autos de processo e desaparece com eles comete o crime do art. 356 do CP, que é delito típico de advogado, e não o crime do art. 305 do CP (TJSP, *RT* 529/310). *Idem*, quanto à retenção de autos por advogado (TJSP, *RT* 403/83).

- **Concurso de crimes:** Se a supressão tinha por finalidade a sonegação fiscal, este delito absorve o do art. 305 do CP (TJSP, *RJTJSP* 91/480, *RT* 483/271).

Capítulo IV
DE OUTRAS FALSIDADES

FALSIFICAÇÃO DO SINAL EMPREGADO NO CONTRASTE DE METAL PRECIOSO OU NA FISCALIZAÇÃO ALFANDEGÁRIA OU PARA OUTROS FINS

Art. 306. Falsificar, fabricando-o ou alterando-o, marca ou sinal empregado pelo poder público no contraste de metal precioso ou na fiscalização alfandegária, ou usar marca ou sinal dessa natureza, falsificado por outrem:

Pena – reclusão, de 2 (dois) a 6 (seis) anos, e multa.

Parágrafo único. Se a marca ou sinal falsificado é o que usa a autoridade pública para o fim de fiscalização sanitária, ou para autenticar ou encerrar determinados objetos, ou comprovar o cumprimento de formalidade legal:

Pena – reclusão ou detenção, de 1 (um) a 3 (três) anos, e multa.

- **Suspensão condicional do processo:** Cabe no parágrafo único, atendidas as condições do art. 89 da Lei n. 9.099/95.

Falsificação e uso de marca ou sinal (caput)

- **Objeto jurídico:** A fé pública, especialmente a autenticidade das marcas e dos sinais públicos.
- **Sujeito ativo:** Qualquer pessoa.
- **Sujeito passivo:** O Estado.
- **Tipo objetivo:** O objeto material é marca ou sinal empregado pelo Poder Público: *a.* no contraste de metal precioso (que serve para atestar o título ou quilate); *b.* na fiscalização alfandegária (usado para assinalar as mercadorias liberadas). Trata-se de norma penal em branco, na medida em que o objeto material há de ser complementado pela legislação pertinente que trate do assunto. Pune-se a ação de: *a. falsificar*, fabricando-o ou alterando-o (*vide* significação no comentário ao art. 296 do CP); *b. usar* (empregar, utilizar) marca ou sinal falsificado por outrem. Como se vê, pelo uso não será punido o agente se for ele o próprio autor da falsificação. Nesse caso, evidentemente, responderá o agente apenas pela falsificação.
- **Tipo subjetivo:** O dolo, ou seja, a vontade livre e consciente de falsificar ou de usar, sabendo da falsidade. Na doutrina tradicional é o "dolo genérico". Não há modalidade culposa.
- **Consumação:** Com a fabricação ou alteração idônea, ou com o uso efetivo, independentemente da ocorrência de prejuízo ou dano a terceiro (crime formal).
- **Tentativa:** Admissível, exceto na modalidade de usar (que não admite o *iter criminis*).
- **Pena:** Reclusão, de dois a seis anos, e multa.
- **Ação penal:** Pública incondicionada.

Outros sinais ou marcas (parágrafo único)

- **Noção:** A figura é semelhante à do *caput*, mas diverso o objeto material. Trata-se, aqui, de marca ou sinal que usa a autoridade pública (federal, estadual ou municipal) para: *a.* o fim da fiscalização sanitária; *b.* autenticar ou encerrar determinados objetos; *c.* comprovar o cumprimento de formalidade legal. A exemplo do que ocorre no *caput*, trata-se de norma penal em branco, cujo complemento há de vir da legislação pertinente.
- **Pena:** Reclusão ou detenção, de um a três anos, e multa.

Jurisprudência

- **Sinais ou marcas:** Não se configura o parágrafo único do art. 306 do CP, se a própria autoridade fiscalizadora reconhece que a menção utilizada no rótulo apreendido não corresponde ao padrão da marca por ela usada (TRF da 5ª R., *JSTJ* e *TRF* 79/618).
- **Imposto sobre consumo:** A falsificação e uso de estampilhas do imposto sobre consumo, colocadas nos litros de uísques, também falsificados, é conduta inidônea para fraudar a arrecadação tributária, pois esse imposto foi extinto com a entrada em vigor do Código Tributário Nacional (TRF da 4ª R., Ap. 94.04.56199-1/SC, *DJU* 13.11.96, p. 87196, *in RBCCr* 17/358).

FALSA IDENTIDADE

Art. 307. Atribuir-se ou atribuir a terceiro falsa identidade para obter vantagem, em proveito próprio ou alheio, ou para causar dano a outrem:

Pena – detenção, de 3 (três) meses a 1 (um) ano, ou multa, se o fato não constitui elemento de crime mais grave.

Falsa identidade

- **Transação:** Cabe, preenchidos os requisitos do art. 76 da Lei n. 9.099/95.
- **Suspensão condicional do processo:** Cabe, atendidas as condições do art. 89 da Lei n. 9.099/95.
- **Objeto jurídico:** A fé pública, especialmente em relação à identidade pessoal.
- **Sujeito ativo:** Qualquer pessoa (crime comum quanto ao sujeito).
- **Sujeito passivo:** Primeiramente, o Estado; secundariamente, a pessoa eventualmente prejudicada.
- **Tipo objetivo:** A conduta punida é atribuir-se ou atribuir a terceiro falsa identidade. Incrimina-se, assim, a ação de quem, verbalmente ou por escrito, irroga, inculca ou imputa, a si próprio ou a terceira pessoa, identidade que não é a verdadeira. O silêncio ou consentimento tácito a respeito da falsa identidade atribuída por outrem não se enquadra no dispositivo, que pune apenas a modalidade comissiva. Na doutrina, costuma-se dar sentido amplo à expressão "identidade" (compreenderia idade, filiação, nacionalidade, estado de casado ou solteiro, profissão etc.), mas o entendimento não é pacífico e há boas razões em sentido contrário, limitando o alcance à identidade física. Em nossa opinião, aquele entendimento, que alarga a significação da palavra "identidade", não só viola o princípio da reserva legal (CR, art. 5º, XXXIX e § 2º; PIDCP, art. 15, 1; CADH, art. 9º; CP, art. 1º), como ainda conflita com a acepção que a própria lei penal dá ao vocábulo "qualidade" (p. ex., profissão, ocupação), como se observa pela comparação entre o *caput* e o parágrafo único do art. 309 do CP.
- **Tipo subjetivo:** O dolo (de atribuir-se ou atribuir a terceiro falsa identidade) e o elemento subjetivo do tipo relativo ao especial fim de agir (para obter vantagem, em proveito próprio ou alheio, ou causar prejuízo a outrem). Na corrente tradicional é o "dolo específico". Não há punição a título de culpa.
- **Autodefesa (novo posicionamento dos Tribunais Superiores):** Nosso posicionamento continua sendo no sentido de que não pratica o crime de falsa identidade o agente que, ao ser preso em flagrante ou procurado pela polícia, declara falsa identidade para esconder passado criminoso, porquanto vigora em seu favor a garantia do direito ao silêncio (CR, art. 5º, LXIII e § 2º), a garantia de não ser obrigado a depor contra si mesmo, e

a de não confessar-se (PIDCP, art. 14, 3, *g*) ou a declarar-se culpado (CADH, art. 8º, 2, *g*), bem como pela ausência de dolo específico exigido pelo tipo. Todavia, o STF, a partir do julgamento da repercussão geral no RE 640.139/DF, *DJe* 14.10.2011, pacificou o tema entendendo que o princípio constitucional da autodefesa (art. 5º, LXIII, da CF) não alcança aquele que se atribui falsa identidade perante autoridade policial com o intento de ocultar maus antecedentes, sendo, portanto, típica a conduta praticada pelo agente (art. 307 do CP). Nesse sentido, também, a *Súmula 522 do STJ*: "A conduta de atribuir-se falsa identidade perante autoridade policial é típica, ainda que em situação de alegada autodefesa". *Vide* jurisprudência neste artigo.

- **Consumação:** Com a simples atribuição da identidade falsa, sem dependência de efetivo benefício ou dano (delito formal). Todavia, para que haja crime, é preciso que a conduta tenha relevância jurídica, isto é, que seja capaz efetivamente de causar benefício, em proveito próprio ou alheio, ou dano a outrem.

- **Tentativa:** Não é possível, por se tratar de conduta unissubsistente.

- **Confronto:** Se há simulação da qualidade de funcionário público, art. 45 da LCP. Se há uso ilegítimo de uniforme, art. 46 da LCP. Se há recusa em fornecer dados de identidade à autoridade, ou fornecimento de dados inverídicos, art. 68 e parágrafo único da LCP. Se há usurpação de função pública, art. 328 do CP. Se a falsa identidade é usada para realizar operação de câmbio, Lei n. 7.492/86, art. 21.

- **Concurso de crimes:** Diante do que expressamente prevê o tipo deste art. 307 ("se o fato não constitui elemento de crime mais grave"), vê-se que o delito é subsidiário, devendo ser absorvido por outro crime mais grave, quando constitui elemento deste. É o caso, por exemplo, do agente que se atribui falsa identidade para a prática de estelionato (CP, art. 171).

- **Pena:** É alternativa: detenção, de três meses a um ano, ou multa.

- **Ação penal:** Pública incondicionada.

Jurisprudência

- **Tipo subjetivo:** O art. 307 exige "dolo específico" (TFR da 2ª R., Ap. 11.318, *DJU* 15.5.90, p. 9802).

- **Há crime mesmo se age em autodefesa, para esconder passado criminoso ou para ocultar a condição de foragido:** Tal entendimento ficou cristalizado com o julgamento, pelo STF, da repercussão geral no RE 640.139/DF, j. 22.9.2011, *DJe* 14.10.2011. Nesse sentido, o STJ editou a *Súmula 522*: "A conduta de atribuir-se falsa identidade perante autoridade policial é típica, ainda que em situação de alegada autodefesa". Igualmente, os precedentes: STJ, 3ª Seção, Rcl 15920/MG, rel. Min. Laurita Vaz, j. 14.5.2014, *DJe* 20.5.2014; 3ª Seção, REsp 1.362.524, rel. Min. Sebastião Reis Junior, j. 23.10.2013, *DJe* 2.5.2014; 6ª T., AgRg no REsp 1.697.955, *DJe* 23.4.2018; 5ª T., AgRg no REsp 1.385.271/MG, rel. Min. Regina Helena Costa, j. 1.4.2014, *DJe* 7.4.2014; 5ª T., HC 151.866/RJ, j. 9.12.2011, *DJ* 13.12.2011). Configura se apresenta falsa identidade para ocultar condição de foragido (STJ, 6ª T., HC 293128/SP, rel. Min. Maria Thereza de Assis Moura, j. 4.9.2014, *DJe* 16.9.2014). Configura o crime se o agente apresenta identidade falsa para esconder passado criminoso (TJSP, Ap. 8.930, *RT* 882/590; ApCr 993.07.022419-3, j. 3.3.2009; *RT* 876/611, 788/582, 781/572, 755/613, 748/604, 733/582, 644/270; TJRJ, *RT* 778/663; TACrSP, *RT* 820/601, 817/577, 749/680, *mv* – 783/641, 779/602, 762/650, 757/577; *mv* – *RT* 735/610). A autodefesa deve estar relacionada com o fato praticado e não à qualificação ou identidade do acusado (TJSP, Ap. 1.117.396-3/7, *RT* 874/576).

- **Não há crime se o agente age em autodefesa** (jurisprudência anterior à mudança de posicionamento dos Tribunais Superiores após o julgamento da repercussão geral no RE 640.139/DF, *DJe* 14.10.2011): Não se tipifica o delito se o agente se atribui falsa identidade em autodefesa, ao ser preso (STJ, HC 97.857/SP, *DJ* 10.11.2008; *RT* 814/570; TJSP, *mv* – *RJTJSP* 124/468-70; TJRJ, Ap. 1.003, j. 21.9.99, *Bol. IBCCr* 90/449; TACrSP, *RT* 746/610, *RJDTACr* 27/98, 14/77, *Julgados* 90/228, 91/404, 88/361, 75/261, 73/384, *RT* 754/645, *mv* – 608/352, 512/393, 511/402), perante a autoridade policial ou judicial (TARJ, *mv* – *RT* 532/419) ou ainda perante a autoridade policial e o Ministério Público (STJ, 6ª T., HC 35.309-RJ, rel. Min. Paulo Medina, j. 6.10.2005, *Bol. AASP* n. 2.461, p. 3818). Não se tipifica por ausência do elemento subjetivo do tipo (Colégio Recursal/SP, 2ª T., ACr 241, rel. Juiz Sérgio Rui, j. 22.11.2004; TACrSP, 1ª CCr, Ap. 1.377.987-4, rel. Juiz Laércio Laurelli, j. 13.5.2004, *mv*). Não há o delito se o agente se atribui falsa identidade, apenas para esconder antigo passado criminoso (STJ, *RT* 788/551; TACrSP, *Julgados* 91/234, *RT* 613/347, 512/393). É atípica a conduta daquele que omite o verdadeiro nome perante a autoridade policial, porque a declaração falsa não produzirá efeito prático (TJDF, Ap. 2005.09.1.002628-9, *Bol. IBCCr* 185/1166). A mentira sobre a real identidade da pessoa presa em flagrante não configura o crime do art. 307 do CP, porquanto a pronta legitimação pelo método datiloscópico demonstra ter sido a conduta absolutamente ineficaz (TJSP, Ap. 993.07.071868-4, j. 18.2.2009). Não há crime porque a conduta daquele que se atribui falsa identidade ao ser preso encontra-se ao abrigo da garantia constitucional do direito ao silêncio (TJMT, Ap. 44.850/2008, *Bol. IBCCr* 190/1199).

▪ **Consumação:** O crime do art. 307 é de natureza formal e completa-se com a mera atribuição de identidade que não pertence ao agente, independendo de vantagem própria, ou dano a terceiro (TACrSP, *RJDTACr* 25/468; TJSP, *RJTJSP* 157/301).

▪ **Concurso de crimes:** A falsa identidade e o constrangimento ilegal são delitos autônomos, não havendo absorção de um pelo outro (TACrSP, *RT* 517/360). Se o agente, para demonstrar a falsa identidade, utiliza documento falso, é art. 304 e não art. 307 do CP (TJSP, Ap. 0001367-64.2018.8.26.0540, publ. 5.8.2019; *RT* 620/284). Quando a falsa identidade foi o meio empregado para a prática de estelionato, há só este crime, ficando impunível o do art. 307 (TFR, Ap. 5.330, *DJU* 17.6.82). O conflito aparente entre os arts. 299 e 307 do CP deve ser resolvido pela regra da especialidade, e não pela da subsidiariedade; comete o crime do art. 307 quem assume identidade de terceiro para frustrar a execução de condenação criminal (TJSP, *RT* 644/270).

▪ **Só a identidade física:** Não configura o delito a atribuição de falsa qualidade social, como inculcar-se padre ou militar (FRANCESCHINI, *Jurisprudência*, 1975, v. II, n. 2.346-A), ou, ainda, funcionário público (TACrSP, *RT* 720/476). É preciso que o agente se atribua identidade inexata, não bastando a indicação de falsa profissão (TACrSP, *RT* 414/267; FRANCESCHINI, *Jurisprudência*, 1975, v. II, n. 2.345-A). *Contra:* TACrSP, *RT* 641/349. É atípica a conduta de adulteração, em proveito próprio, de carteira de sócio de clube, por não ser esta considerada documento de identidade (TAMG, *RT* 667/325).

▪ **Alegação de menoridade:** Não comete o crime deste art. 307 o agente que, ao ser preso, alega, falsamente, ser menor de idade (TJSP, *RT* 757/541).

▪ **Substituição de fotografia em documento:** A troca, em documento de identidade subtraído da vítima, da fotografia desta pela sua, configura a falsa identidade do art. 307 e não a falsidade de documento do art. 297 (TJSP, *RT* 756/553, 603/335-6, *RJTJSP* 157/301), nem mesmo a falsidade ideológica do art. 299 (TJSP, *RT* 781/572). *Contra:* A substituição de fotografia em passaporte, com o objetivo de fazer-se passar por terceiro, obter CIC e *traveller's checks*, tentando ingressar em outro país, configura os delitos dos arts. 297 e 299 do CP (TRF da 3ª R., Ap. 107.196, *DJU* 3.9.96, p. 64221). *Vide*, também, jurisprudência no art. 297 do CP, sob o título *Confronto com falsa identidade*, e no art. 308 sob o nome *Substituição de fotografia em passaporte*.

▪ **Confronto com o art. 304:** Se o agente, mesmo ciente da falsidade do documento público, utiliza-o, comete o crime do art. 304, não havendo que se falar em desclassificação para o delito do art. 307 (TJPR, *RT* 759/687). Aquele que, ao ser detido, apresenta documento de outrem, pratica o crime do art. 307 e não o do art. 304 (TJSP, *RJTJSP* 180/320).

▪ **Confronto com o art. 308:** O agente que, ao ser autuado em flagrante, apresenta certidão de nascimento de outra pessoa, comete o crime do art. 307 e não o do art. 308, pois não tem a intenção de usar documento alheio, mas somente atribuir-se dados identificativos falsos e em proveito próprio (TACrSP, *RJDTACr* 27/100). O crime do art. 307 incrimina a conduta daquele que, verbalmente ou por escrito, imputa a si próprio ou a terceira pessoa, identidade que sabe não ser verdadeira; já o art. 308 refere-se àquele que usa ou cede a alguém documento que sabe ser de terceira pessoa, ou que, sendo seu, o oferece para que outra pessoa dele se utilize (TRF da 3ª R., 2ª T., Ap. 0012483-17.2006.4.03.6181, Des. Fed. Cotrim Guimarães, j. 28.4.2009).

- **Competência:** É da competência da Justiça Estadual, se não foram atingidos bens, serviços ou interesses da União, autarquia, empresa pública ou fundação pública federais (TRF da 1ª R., RCr 9.472, *DJU* 9.6.94, p. 30061), como no caso de registro nacional de estrangeiro utilizado pelo réu para se identificar perante os policiais militares, não lhe sendo atribuída conduta de ter falsificado o referido documento (STJ, 3ª Seção, CComp 112442/SP, rel. Min. Marco Aurélio Bellizze, *DJe* 13.9.2012). É da competência da Justiça Federal, se o investigado que residiu no Brasil usou de documento falso e falsa identidade perante o Consulado Geral do Brasil em Xangai, na China, tratando-se de hipótese de extraterritorialidade incondicionada, nos termos do art. 7º, I, *b*, do CP, sendo competente o Juízo Federal da Capital do Estado de seu último domicílio (STJ, 3ª Seção, CComp 12219/DF, rel. Min. Marco Aurélio Bellizze, *DJe* 15.8.2012).

Art. 308. Usar, como próprio, passaporte, título de eleitor, caderneta de reservista ou qualquer documento de identidade alheia ou ceder a outrem, para que dele se utilize, documento dessa natureza, próprio ou de terceiro:

Pena – detenção, de 4 (quatro) meses a 2 (dois) anos, e multa, se o fato não constitui elemento de crime mais grave.

- **Transação:** Cabe, preenchidos os requisitos do art. 76 da Lei n. 9.099/95.

- **Suspensão condicional do processo:** Cabe, atendidas as condições do art. 89 da Lei n. 9.099/95.

Uso de documento de identidade alheio

- **Objeto jurídico:** A fé pública, em especial no que concerne à identidade pessoal.

- **Sujeito ativo:** Qualquer pessoa. Se o beneficiado pela cessão realmente usar o documento, incidirá na primeira modalidade (uso); já aquele que cedeu o documento responderá pela segunda figura (cessão).

- **Sujeito passivo:** O Estado (principal) e o terceiro eventualmente prejudicado.

- **Tipo objetivo:** Como objeto material a lei fala em passaporte, título de eleitor, caderneta de reservista ou qualquer documento de identidade, de forma a compreender todo documento admitido, pela legislação vigente, como prova de identidade. São duas as condutas previstas: *a.* Usar, como próprio, documento de identidade alheia. É o emprego ou utilização, pelo agente, de documento de terceira pessoa, como se fosse seu. *b.* Ceder a outrem, para que dele se utilize, documento dessa natureza, próprio ou de terceiro. Aqui, o documento pode ser do agente ou de outrem. É a hipótese em que o agente o cede (entrega, fornece) a outra pessoa, para que esta dele se utilize. A cessão pode ser gratuita ou onerosa e não é necessário que a pessoa que recebe o documento o use, efetivamente. Basta que a cessão se tenha dado indiscutivelmente para uso de terceiro. Embora o tipo penal não faça menção, para que haja o crime, tanto o uso quanto a cessão devem ter relevância jurídica, pois, do contrário, não haverá ofensa ao bem jurídico tutelado.

- **Tipo subjetivo:** É o dolo, que consiste na vontade de usar, como próprio, o documento, ou na vontade de cedê-lo a outrem, com consciência de que este pretende utilizá-lo como se fosse próprio. Na doutrina tradicional é o "dolo genérico". Inexiste forma culposa.

- **Consumação:** Com o uso efetivo para prova de identidade, na primeira conduta; na segunda, com a efetiva entrega do documento a outrem, sendo, todavia, desnecessário seu efetivo uso. Em ambos os casos, não se exige a ocorrência de qualquer outro resultado, como prejuízo ou dano a terceiro. Trata-se, pois, de crime formal.

- **Tentativa:** Admite-se apenas na forma de ceder, já que a outra conduta punida (usar) não admite o *iter criminis*.

- **Concurso de crimes:** É delito expressamente subsidiário e será absorvido por outro mais grave, quando constituir elemento deste (*vide* nota *Concurso de crimes* ao art. 307).

- **Confronto:** Se o crime é praticado para realização de operação de câmbio, Lei n. 7.492/86, art. 21.

- **Pena:** Detenção, de quatro meses a dois anos, e multa.

- **Ação penal:** Pública incondicionada.

Jurisprudência

- **Confronto com o art. 307 – adulteração de passaporte e alteração de fotografia:** Se a intenção do apelante fosse de apenas imputar-se falsa identidade, o uso da identidade alheia teria de ser feito com a singela apresentação de passaporte verdadeiro pertencente a outrem. Se, como ocorreu no caso concreto, houve adulteração e alteração de fotografia, resta configurado o art. 308 (TRF da 3ª R., 5ª T., Ap. 0005593-49.2009.4.036119, rel. Des. Fed. Ramza Tartuce, j. 8.11.2010).

- **Confronto com art. 297:** Se o agente troca a foto do dono de documento de identidade pela sua, é art. 297 do CP (TJSC, *RT* 530/395; TJSP, *RT* 686/324). *Contra:* Configura o art. 308 do CP (TRF da 3ª R., *RT* 731/663).

- **Confronto com art. 304:** Se o paciente utilizou-se de passaporte alheio nele inserindo a sua fotografia, essa circunstância evidencia a falsidade desse documento e impede a desclassificação do art. 304 para o art. 308 do CP (STJ, 5ª T., HC 198066/RJ, rel. Min. Jorge Mussi, *DJe* 29.2.2012).

- **Certificado digital:** Configura o delito do art. 308 a conduta daquele que fornece certificado digital da empresa em nome do sócio para terceiro, a fim de que este o utilize como se fosse próprio (TRF4, Ap. 5036728-35.2012.4.04.7000, j. 7.3.2018).

- **Cessão de documento:** Configura o crime do art. 308, segunda parte, o empréstimo de carteira de estrangeiro a compatriota, para que este a utilize ao entrar no País (TFR, *RF* 275/287).

- **Certidão de casamento:** Com reservas, entendeu-se que pode ser considerada documento de identidade (STF, *RT* 546/440).

- **Carteira Nacional de Habilitação:** Seu empréstimo caracteriza o crime do art. 308, uma vez que o termo "identidade" compreende não só a identidade civil, como também outros documentos que especificam qualidade, atribuição ou qualificação profissional (TACrSP, *RJDTACr* 10/73-74).

- **Competência:** A competência da Justiça Federal para o crime de uso de passaporte falso é do local da apresentação visando o embarque (STJ, CComp 156.124/PI, *DJ* 18.5.2018).

FRAUDE DE LEI SOBRE ESTRANGEIROS

Art. 309. Usar o estrangeiro, para entrar ou permanecer no território nacional, nome que não é o seu:

Pena – detenção, de 1 (um) a 3 (três) anos, e multa.

Parágrafo único. Atribuir a estrangeiro falsa qualidade para promover-lhe a entrada em território nacional:

Pena – reclusão, de 1 (um) a 4 (quatro) anos, e multa.

- **Alteração:** A Lei n. 9.426, de 24.12.96, transformou o antigo art. 310 do CP no atual parágrafo único deste art. 309.

- **Remissão:** *Vide* Lei de Migração (Lei n. 13.445/2017).

- **Suspensão condicional do processo:** Cabe no *caput* e no parágrafo único, atendidas as condições do art. 89 da Lei n. 9.099/95.

Fraude de lei sobre estrangeiros (caput)

- **Objeto jurídico:** A fé pública.
- **Sujeito ativo:** Só o estrangeiro (crime próprio).
- **Sujeito passivo:** O Estado.
- **Tipo objetivo:** A conduta punida é usar nome que não é o seu. Incrimina-se, assim, o uso (emprego, utilização) pelo agente estrangeiro de nome que não é o verdadeiro (nome fictício ou de terceiro). O comportamento deve ser praticado para entrar ou permanecer no território nacional, ou seja, o agente usa o nome para atingir uma dessas finalidades. Não é qualquer uso que se pune, mas apenas o uso que, efetivamente, tiver a capacidade (aptidão) de fazer com que o estrangeiro entre ou permaneça ilegalmente no território brasileiro. Entendemos que o uso do nome deva ser por escrito, já que, oralmente, não possui relevância jurídica e capacidade para atingir o fim almejado.
- **Tipo subjetivo:** O dolo e o elemento subjetivo do tipo referente ao especial fim de agir (para entrar ou para permanecer). Na escola tradicional pede-se o "dolo específico". Não há modalidade culposa do delito.
- **Consumação:** Com o efetivo uso para entrar ou permanecer, ainda que a entrada ou permanência não se realize.
- **Tentativa:** Não se admite, pois a conduta não permite fracionamento, sem o que não há falar em *iter criminis*.
- **Confronto:** Se promover, por qualquer meio, com o fim de obter vantagem econômica, a entrada ilegal de estrangeiro em território nacional ou de brasileiro em país estrangeiro, *vide* art. 232-A do CP, acrescentado pela Lei de Migração (Lei n. 13.445/2017).
- **Pena:** Detenção, de um a três anos, e multa.
- **Ação penal:** Pública incondicionada, de competência da Justiça Federal (CR, art. 109, X).

Atribuição de falsa qualidade a estrangeiro (parágrafo único)

- **Objeto jurídico:** A fé pública.
- **Sujeito ativo:** Qualquer pessoa, funcionário público ou não.
- **Sujeito passivo:** O Estado.
- **Tipo objetivo:** O núcleo é *atribuir*, que tem a significação de irrogar, inculcar imputar. Da mesma forma que no *caput*, entendemos que a atribuição da falsa qualidade deva ser feita por escrito, já que, oralmente, não possui relevância jurídica e capacidade para atingir o fim almejado. Pune-se a atribuição a estrangeiro de falsa qualidade. A qualidade, para HELENO FRAGOSO, toca à "subjetividade jurídica (comerciante, credor, sacerdote, engenheiro, militar etc.)" (*Lições de Direito Penal – Parte Especial*, 1965, v. IV, p. 1054). Já para MAGALHÃES NORONHA, o conceito é mais amplo, abrangendo "atributo ou predicado emprestado ao estrangeiro" (*Direito Penal*, 1995, v. IV, p. 192). É imprescindível, porém, que a qualidade falsamente atribuída seja requisito para a entrada (e não para a permanência, como prevê o *caput*) do estrangeiro em território nacional. A atribuição para a permanência do estrangeiro não configura o crime deste art. 309, parágrafo único. É evidente que a conduta absorve eventual falsidade ideológica praticada pelo autor da atribuição falsa (princípio da especialidade).
- **Tipo subjetivo:** O dolo (que consiste na vontade livre e consciente de atribuir, ciente da falsidade da qualidade) e o elemento subjetivo que o tipo contém, referente ao especial fim de agir ("para promover-lhe a entrada"). Na corrente tradicional pede-se o "dolo específico". Não há punição a título de culpa.
- **Consumação:** Com a atribuição de falsa qualidade a estrangeiro, em ato relativo à imigração, independentemente do efetivo ingresso do estrangeiro no País. Trata-se, pois, de crime formal. Exige-se, todavia, que a atribuição tenha relevância jurídica, isto é, que seja capaz, idônea, para promover a entrada de estrangeiro em território nacional.
- **Pena:** Reclusão, de um a quatro anos, e multa.
- **Ação penal:** Igual à do *caput*.

Jurisprudência

- **Intenção de permanecer:** O desígnio de permanecer no território nacional não integra o crime do art. 309 do CP (TFR, Ap. 3.856, DJU 28.11.79, p. 8904).

Art. 310. Prestar-se a figurar como proprietário ou possuidor de ação, título ou valor pertencente a estrangeiro, nos casos em que a este é vedada por lei a propriedade ou a posse de tais bens:

Pena – detenção, de 6 (seis) meses a 3 (três) anos, e multa.

- **Alteração:** A Lei n. 9.426/96 renumerou o antigo art. 311 do CP para 310.
- **Suspensão condicional do processo:** Cabe, atendidas as condições do art. 89 da Lei n. 9.099/95.

Falsidade em prejuízo da nacionalização de sociedade

- **Objeto jurídico:** A fé pública e a ordem econômica e social (CR, art. 176, § 1º, com nova redação dada pela EC n. 6/95, e art. 222 e § 1º, com nova redação dada pela EC n. 36/2002).
- **Sujeito ativo:** Somente o brasileiro.
- **Sujeito passivo:** O Estado.
- **Tipo objetivo:** A conduta incriminada é prestar-se a figurar. Visa ao agente que condescende em servir, que se sujeita a ser interposta pessoa ("testa de ferro", "laranja", "homem de palha"), encobrindo o verdadeiro interessado. Pune-se aquele que se presta a figurar como proprietário ou possuidor de ação, título ou valor pertencente a estrangeiro. Trata-se de norma penal em branco, que se completa com outras leis, pois o dispositivo ressalva: nos casos em que a este (ao estrangeiro) é vedada por lei a propriedade ou posse de tais bens. É a hipótese, por exemplo, do brasileiro que se presta a figurar como proprietário de empresa jornalística ou de radiodifusão, cuja propriedade na verdade é de estrangeiro, fato vedado pela Magna Carta de 1988 (cf. CF, art. 222, *caput*, alterado pela EC n. 36/2002).
- **Tipo subjetivo:** O dolo, que consiste na vontade de prestar-se a figurar, como proprietário ou possuidor, consciente do encobrimento que faz. Na doutrina tradicional é o "dolo genérico". Não há forma culposa.
- **Consumação:** Quando o agente passa a figurar como proprietário ou possuidor.
- **Tentativa:** Admite-se.
- **Pena:** Detenção, de seis meses a três anos, e multa.
- **Ação penal:** Pública incondicionada.

ADULTERAÇÃO DE SINAL IDENTIFICADOR DE VEÍCULO AUTOMOTOR

Art. 311. Adulterar ou remarcar número de chassi ou qualquer sinal identificador de veículo automotor, de seu componente ou equipamento:

Pena – reclusão, de 3 (três) a 6 (seis) anos, e multa.

§ 1º Se o agente comete o crime no exercício da função pública ou em razão dela, a pena é aumentada de um terço.

§ 2º Incorre nas mesmas penas o funcionário público que contribui para o licenciamento ou registro do veículo remarcado ou adulterado, fornecendo indevidamente material ou informação oficial.

- **Alteração:** Artigo com redação dada pela Lei n. 9.426/96.

Art. 311 Código Penal 1062

Adulteração de sinal identificador de veículo automotor (caput)

- **Objeto jurídico:** A fé pública, especialmente em relação à propriedade, ao licenciamento ou ao registro dos veículos automotores.

- **Sujeito ativo:** Qualquer pessoa (crime comum quanto ao sujeito).

- **Sujeito passivo:** Primeiramente, o Estado; secundariamente, o terceiro eventualmente prejudicado pela adulteração ou remarcação.

- **Tipo objetivo:** A conduta punida é *adulterar* (falsificar, contrafazer) ou *remarcar* (marcar de novo). Para que seja típica, a conduta há que ser praticada sobre (a) número de chassi ou (b) qualquer sinal identificador de veículo automotor, de seu componente ou equipamento (objeto material). Como sustentávamos desde a 6ª edição desta obra, obviamente o sinal ou número resultante da adulteração ou remarcação há de ser *diverso* do número original, pois do contrário não haverá violação do bem jurídico tutelado (nesse sentido, Luiz Flávio Gomes, "Adulteração das placas do veículo: atipicidade frente ao art. 311 do CP", *RT* 759/497). Trata-se o crime deste art. 311 de norma penal em branco, devendo-se buscar na legislação pertinente o conceito dos elementos do tipo. Quanto ao conceito de chassi, não há qualquer dúvida a respeito: "é uma armação formada por longarinas e travessões aos quais se fixam o motor, a transmissão, a direção, os freios, os eixos e a suspensão" (Manuel Arias-Paz, *Manual de Automóveis*, 1965, Editora Mestre Jou, *apud* Geraldo de Faria Lemos Pinheiro, "O novo art. 311 do CP", *Bol. IBCCr* n. 53, abril de 1997), o que confere com o verbete do *Dicionário Aurélio*: "estrutura de aço sobre a qual se monta toda a carroceria de veículo motorizado" (*idem, ibidem*). O problema surge quanto ao elemento normativo do tipo "qualquer sinal identificador de veículo automotor, de seu componente ou equipamento", porque conforme o entendimento que a ele se der, o tipo penal deste art. 311 será demasiadamente amplo, abrangendo situações que não ofendem ou mesmo colocam em risco o bem jurídico tutelado (*vide* nota abaixo *Adulteração de placas do veículo para burlar a fiscalização*).

- **Sinal identificador de veículo automotor:** Tal conceito, como ensina Geraldo de Faria Lemos Pinheiro (ob. cit.), deve ser buscado na Convenção de Viena (Decreto Legislativo n. 33, de 13.5.80), na Norma Brasileira NBR n. 6.066, de 1980, na Resolução n. 659/85 do CONTRAN e no Regulamento do Código Nacional de Trânsito, aprovado pelo Decreto n. 62.127, de 1968). Referido autor lembra que, de acordo com a Resolução n. 659/85, que instituiu o critério de identificação veicular obrigatório, "além da gravação no chassi ou monobloco, os veículos serão identificados, com, no mínimo, os caracteres VIS (*vehicle indicator section*), previstos na NBR 6.066, podendo ser, a critério do fabricante, por gravação, na profundidade mínima de 0,2 mm, quando em chapa ou por plaqueta colada, soldada ou rebitada, destrutível quando de sua remoção, ou ainda por etiqueta autocolante e também destrutível no caso de tentativa de sua remoção. Os sinais deverão estar nos seguintes compartimentos e componentes: a) no assoalho do veículo, sob um dos bancos dianteiros; b) na coluna da porta dianteira lateral direita; c) no compartimento do motor; d) em um dos para-brisas e em um dos vidros traseiros, quando existentes; e e) em pelo menos dois vidros de cada lado do veículo, quando existentes, excetuados os quebra-ventos". O Código Brasileiro de Trânsito (Lei n. 9.503/97), por sua vez, ao tratar da identificação dos veículos, faz distinção entre identificação *obrigatória* e identificação *externa*. Dispõe, em seu art. 114, que "o veículo será identificado *obrigatoriamente* por caracteres gravados no chassi ou no monobloco, reproduzidos em outras partes, conforme dispuser o CONTRAN". Em seu art. 115, prevê que "o veículo será identificado *externamente* por meio de placas dianteira e traseira, sendo esta lacrada em sua estrutura, obedecidas as especificações e modelos estabelecidos pelo CONTRAN". Em nosso entendimento, somente a adulteração ou remarcação de sinais de identificação obrigatória (nos termos do que prevê o art. 114 do CTB), apta a impossibilitar ou dificultar a identificação ou origem do veículo, seus componentes ou equipamentos, constitui o crime deste art. 311.

- **Componente ou equipamento:** Como se percebe da leitura ainda deste art. 311, o legislador penal pretendeu punir também aquele que adulterar ou remarcar sinal identificador em componente ou equipamento de veículo automotor. Como acima visto, há determinados componentes e equipamentos do veículo que levam, por força da lei, sinais identificadores, tudo com o objetivo de se combater o comércio ilegal de peças de veículos roubados ou furtados. Assim, o que se pune é a conduta do agente que, para disfarçar a origem ilícita de determinado componente ou equipamento, procede à adulteração ou remarcação dos sinais identificadores. Não se pune, portanto, qualquer adulteração, mas somente aquela que se der sobre sinais identificadores obrigatórios do veículo, quer estejam no chassi, em componentes ou equipamentos do veículo. Aliás, de acordo com a Exposição de Motivos constante da Mensagem n. 784 da Presidência da República, o objetivo da Lei n. 9.426/96 foi o de "combater uma crescente e inquietante forma de criminalidade de nossos dias", atrelada ao furto, roubo e receptação de veículos, objetivo esse que não pode ser desconsiderado ao interpretar-se este art. 311.

- **Adulteração de placas do veículo para burlar a fiscalização:** Pelas razões acima expostas (vide, em especial, nota sob o título *Sinal identificador de veículo automotor*), entendemos que a conduta do agente de alterar, mediante o emprego de tinta, fita adesiva ou qualquer outro meio, as placas do veículo, com o fim de burlar rodízio municipal ou evitar multas, não configura o crime deste art. 311, tratando-se apenas de infração administrativa (gravíssima), conforme art. 230, I, da Lei n. 9.503/97. Isto porque não se está adulterando sinal identificador *obrigatório* do veículo, mas mero sinal *externo* (placas), de forma que o veículo permanece sendo perfeitamente individualizado, bastando conferir o número do chassi não adulterado. Aliás, como bem assevera Luiz Flávio Gomes("Adulteração das placas do veículo: atipicidade frente ao art. 311 do CP", *RT* 759/497), o interesse que sobressai na norma do art. 311, para além da proteção da fé pública, "é o interesse específico em se preservar a identidade intrínseca do veículo automotor", de forma que "não se alterando os números do chassi e do motor, assim como outros sinais identificadores *essenciais* do veículo, ele sempre poderá ser individualizado, ainda que tenha sido objeto de algum delito precedente"; o que se busca, continua o autor, "é que nenhuma conduta seja dirigida a adulterar qualquer número ou sinal identificador *substancial* seu, de tal forma a desindividualizá-lo ou não possibilitar descobrir sua origem (ano de fabricação, nome do fabricante, primeiro adquirente etc.)". Referido autor, após lembrar a diferença substancial entre identificação "obrigatória" e "externa", anota que a primeira, porque essencial e original, "é exatamente a que define, com pretensão de perpetuidade, a individualização do veículo". Por isso é que – conclui esse doutrinador – as placas do veículo, "pelo que se depreende dos complementos normativos supramencionados, não podem ser consideradas 'sinal identificador do veículo' para os fins do art. 311 do CP, e a razão central, óbvia e incontestável dessa afirmação, é a seguinte: com ou sem elas, desde que no veículo se mantenham intangíveis os sinais e números 'obrigatórios' (chassi, motor etc.) originais, pode-se perfeitamente individualizá-lo" (art. e loc. cits.). A jurisprudência a respeito, nos Tribunais estaduais, não é pacífica; já no STJ, harmonizou-se em sentido contrário, ou seja, pela tipicidade dessa conduta (vide jurisprudência).

- **Tipo subjetivo:** O dolo, ou seja, a vontade livre e consciente de adulterar ou remarcar, sabendo da falsidade do novo número ou sinal. Embora o tipo não faça exigência expressa, pelas razões acima expostas, para que a conduta seja típica há que se provar também que o agente buscava, de fato, impossibilitar a identificação do veículo, seus componentes ou equipamentos. Na doutrina tradicional é o "dolo genérico". Não há modalidade culposa.

- **Consumação:** Com a adulteração ou remarcação idônea a dissimular a identificação do veículo.

- **Tentativa:** Admite-se.

- **Pena:** Reclusão, de três a seis anos, e multa.

- **Ação penal:** Pública incondicionada.

Aumento de pena (§ 1º)

- **Noção:** A pena do *caput* é aumentada de um terço, se o agente comete o crime no exercício da função pública ou em razão dela. Nesta hipótese, em que o agente age como autor do crime, a função pública deve, de alguma forma, propiciar ou facilitar a prática da conduta incriminada. Não basta, pois, que o agente seja funcionário público, devendo a função pública específica que exerce ser um facilitador ou mesmo o meio para a prática do crime. Daí, com razão, a punição mais severa do agente que se aproveita indevidamente da função pública que exerce. Sobre o conceito de funcionário público, aplica-se o disposto no art. 327 do CP.

Aumento de pena (§ 2º)

- **Noção:** Pune-se com as mesmas penas (do § 1º) o funcionário público que *contribui* (concorre) para o licenciamento ou registro do veículo remarcado ou adulterado, fornecendo indevidamente material ou informação oficial. Note-se que, neste caso, o agente pode responder tanto como coautor quanto partícipe. O fornecimento de material ou informação oficial deve ser indevido, isto é, realizado em desacordo com as normas vigentes. De outro lado, sendo o crime punido apenas a título de dolo, inexistirá o crime se o agente não sabia que o veículo havia sido remarcado ou adulterado. Não há punição a título de culpa.

Jurisprudência

- **Irretroatividade:** A conduta hoje punida por este art. 311 era, na época, um fato não criminoso, apesar de imoral, antissocial ou danoso. Inadmissível a aplicação retroativa da lei penal por afronta ao princípio da legalidade (TJSP, HC 306.023-3/7-00, de Campinas, rel. Des. Jarbas Mazzoni, j. 21.2.2000).

- **Dolo:** Basta o dolo genérico, não exigindo finalidade especial do agente (TJRS, Ap. 70079569711, *DJ* 21.6.2019).

- **Raspagem de chassi:** A supressão por raspagem do número do chassi não configura o crime do art. 311, tendo em vista que a conduta não equivale à de adulterar, podendo constituir somente ato preparatório do crime (TJSP, *RT* 792/609).

- **Adulteração de placas de veículos:** O ato de adulterar ou remarcar placas dianteira e traseira configura o crime deste art. 311 (STJ, *RT* 772/541). A adulteração de placa numerada dianteira ou traseira do automóvel, consistente na remoção de parte da tinta de determinada letra, transformando-a em outro símbolo alfabético, caracteriza, em tese, o delito do art. 311 do CP (STF, *RT* 783/563). As placas de veículos integram o conceito de sinal identificador para efeito do art. 311 do CP, ensejando sua adulteração a incidência da norma (TRF da 4ª R., *RT* 791/723). O agente que confecciona placas clonadas, para identificação de veículo roubado, pratica o delito (TJDF, *RT* 789/658). Pratica o crime aquele que sobrepõe (ou substitui) placa falsa à original de sua motocicleta (TJMG, *RT* 876/663).

- **Para evitar multas:** A jurisprudência deste Superior Tribunal de Justiça firmou-se no sentido de que a norma contida no art. 311 do Código Penal busca resguardar a autenticidade dos sinais identificadores dos veículos automotores, sendo, pois, típica, a simples conduta de alterar, com fita adesiva, a placa do automóvel, ainda que não caracterizada a finalidade específica de fraudar a fé pública (STJ, 5ª T., AgRg no REsp 1327888/SP, rel. Min. Jorge Mussi, j. 3.3.2015, *DJe* 11.3.2015). *Contra*: A colocação de fita adesiva de cor preta no último algarismo da placa de veículo, com o único intuito de burlar o rodízio de circulação instituído pelo Poder Público, é fato atípico, por inexistência de afronta à fé pública, especialmente em relação à propriedade e ao licenciamento ou registro de veículos automotores (TJSP, *RT* 761/602; HC 422.684-3/9, *Bol. IBCCr* 134/767; *RJTJSP* 269/552).

- **Uso indevido de placas oficiais:** A substituição de placas particulares de veículo automotor por placas reservadas obtidas junto ao DETRAN não se mostra apta a satisfazer o tipo do art. 311 do CP. Não há qualquer dúvida de que o órgão de controle – DETRAN – sabia e poderia saber sempre que se cuidava de placas reservadas fornecidas à Polícia Federal. Ordem concedida para que seja trancada a ação penal contra o paciente, por não restarem configurados, nem em longínqua apreciação, os elementos do tipo em tese (STF, 2ª T., HC 82.973-2/SP, rel. para o acórdão Min. Gilmar Mendes, j. 11.10.2005, *mv* – *DJU* 27.10.2006, p. 63).

- **Prova da materialidade:** A falta de prova concreta de adulteração ou remarcação do chassi enseja absolvição (*JTJ* 232/307).

- **Pintura:** A pintura de veículo, objeto de roubo, com o fim de cobrir o logotipo da empresa proprietária do bem, não configura o crime, pois tal representação gráfica não constitui sinal identificador de veículo automotor, nos termos dos arts. 114 e 115 da Lei n. 9.503/97 (TJSP, *RT* 824/587).

- **Fita isolante:** A alteração da placa mediante a utilização de fita isolante é adulteração grosseira, não permitindo ocultar a identificação do delito, circunstância que obsta a conformação da tipicidade do delito (TJRS, Ap. 70079828554, *DJ* 18.1.2019).

- **Prova da autoria:** A mera apreensão do veículo com sinal identificador adulterado, sem qualquer outro elemento probatório, não é capaz de ensejar a condenação pelo art. 311, remanescendo, em tese, o delito do art. 180, devendo o MP se manifestar sobre a suspensão condicional do processo (TJRS, Ap. 70080665409, *DJ* 21.6.2019). É prova suficiente da autoria do crime do art. 311, o veículo ter sido encontrado, um dia após o roubo, com as placas originais ainda no seu interior (TJRS, Ap. 70078643053, *DJ* 11.12.2018).

- **Confronto com o art. 180 do CP:** O crime de receptação não absorve o de adulteração de sinal identificador de veículo automotor, por tratar-se este de crime autônomo (TACrSP, *RT* 792/609).

- **Prisão preventiva (fundamentação):** "(...) 3. O Juiz de primeiro grau entendeu devida a prisão preventiva do paciente, com base tão somente em elementos inerentes aos próprios tipos penais em tese violados (como a plena consciência da origem espúria da coisa e a instabilidade nas relações comerciais causadas pelos ilícitos em questão), sem, no entanto, ter apontado nenhum elemento concreto que, efetivamente, evidenciasse que o paciente, solto, pudesse colocar em risco a ordem pública ou a ordem econômica, ou mesmo se furtar à aplicação da lei penal. 4. A prevalecer a argumentação dessas decisões, todos os crimes de receptação e de adulteração de sinal identificador de veículo automotor ensejariam a prisão cautelar de seus respectivos autores, o que não se coaduna com a excepcionalidade da prisão preventiva, princípio que há de ser observado para a convivência harmônica da cautela pessoal extrema com a presunção de não culpabilidade" (STJ, 6ª T., HC 315.886/SP, rel. Min. Rogério Schietti Cruz, j. 14.4.2015).

Capítulo V
DAS FRAUDES EM CERTAMES DE INTERESSE PÚBLICO

FRAUDES EM CERTAMES DE INTERESSE PÚBLICO

Art. 311-A. Utilizar ou divulgar, indevidamente, com o fim de beneficiar a si ou a outrem, ou de comprometer a credibilidade do certame, conteúdo sigiloso de:

I – concurso público;

II – avaliação ou exame públicos;

III – processo seletivo para ingresso no ensino superior; ou

IV – exame ou processo seletivo previstos em lei:

Pena – reclusão, de 1 (um) a 4 (quatro) anos, e multa.

§ 1º Nas mesmas penas incorre quem permite ou facilita, por qualquer meio, o acesso de pessoas não autorizadas às informações mencionadas no *caput*.

§ 2º Se da ação ou omissão resulta dano à administração pública:

Pena – reclusão, de 2 (dois) a 6 (seis) anos, e multa.

§ 3º Aumenta-se a pena de 1/3 (um terço) se o fato é cometido por funcionário público.

- **Alteração:** Capítulo V e art. 311-A incluídos pela Lei n. 12.550, de 15.12.2011. Referida lei entrou em vigor na data de sua publicação.

- **Irretroatividade da Lei n. 12.550/2011 e atipicidade dos fatos anteriores:** Até o advento da Lei n. 12.550/2011, inexistia tipo penal específico para fraudes em certames de interesse público, conhecida popularmente como "cola eletrônica". Desta forma, as denúncias apresentadas pelo Ministério Público geralmente procuravam tipificar a conduta no crime de estelionato em desfavor de entidade de direito público (art. 171,

§ 3º, do CP), no delito de falsidade ideológica ou mesmo no crime de receptação com causa especial de aumento de pena (art. 180, § 6º, do CP); era o que ocorria no caso do candidato que recebesse indevidamente gabarito de prova, por exemplo. A nosso ver, todavia, tais enquadramentos eram indevidos, por violação ao princípio da taxatividade. Assim, se os fatos foram cometidos antes da Lei n. 12.550/2011, deve-se reconhecer a atipicidade da conduta. Todavia, se os fatos foram praticados após, e houver perfeita adequação típica, aplica-se o novo art. 311-A do CP. Note-se que, antes mesmo do advento da Lei n. 12.550/2011, o Plenário do STF, no julgamento do Inquérito 1.145-PB, decidiu que a conduta conhecida como "cola eletrônica" era atípica, sendo indevido o seu enquadramento como crime de estelionato ou mesmo como falsidade ideológica. No Superior Tribunal de Justiça, em decisões proferidas em 2013, existem também diversos acórdãos reconhecendo a atipicidade de fatos cometidos antes da Lei n. 12.550/2011, com a determinação de trancamento da ação penal. No Tribunal Regional Federal da 3ª Região já se decidiu pela impossibilidade de aplicação retroativa do novo art. 311-A; porém, a alegação de atipicidade dos fatos anteriores à Lei n. 12.550/2011 não foi analisada, sob o fundamento de que demandaria exame aprofundado da prova, o que seria inviável na via do *habeas corpus* (vide jurisprudência abaixo).

- **Suspensão condicional do processo:** Cabe somente no *caput* e no § 1º (Lei n. 9.099/95, art. 89).

- **Objeto jurídico:** A confiabilidade, a lisura e a credibilidade dos processos de seleção, exame e avaliação de candidatos que deles participem, inclusive para ingresso em Faculdades, públicas ou particulares.

- **Sujeito ativo:** Qualquer pessoa. Em caso de funcionário público, há aumento de pena (*vide* § 3º), devendo ser observado o rito procedimental adequado (CPP, arts. 518 a 523).

- **Concurso de pessoas:** É possível tanto a coautoria quanto a participação.

- **Sujeito passivo:** O Estado, nas pessoas jurídicas de direito público que são prejudicadas com a violação do sigilo, a coletividade e os demais candidatos.

- **Tipo objetivo:** São duas as condutas puníveis: *a. utilizar* (fazer uso de); *b.* divulgar (tornar público, difundir, publicar) conteúdo sigiloso. Ambas as condutas são comissivas e devem ser praticadas *indevidamente* (elemento normativo do tipo), isto é, devem ser contrárias ao previsto no ordenamento jurídico. Assim, se houver qualquer norma jurídica que autorize a utilização ou a divulgação não haverá o crime. O objeto material (sobre o qual recai a conduta) é o *conteúdo sigiloso* de um dos seguintes certames com *interesse público*: I – concurso público (por exemplo, para ingresso no funcionalismo); II – avaliação ou exame públicos; III – processo seletivo para ingresso no ensino superior (seja pública ou particular a Faculdade); ou IV – exame ou processo seletivo previstos em lei (lembramos o caso do programa "Mais Médicos" do Governo Federal). Como visto, o sigilo ou não de determinado certame de interesse público somente pode se dar em virtude de lei ou regulamento governamental. No caso do ingresso no ensino superior, as normas são editadas pelo MEC – Ministério da Educação. O sigilo violado, geralmente, ocorre antes do certame; porém, pode acontecer da violação do sigilo ocorrer durante a própria realização da prova ou exame, mediante a utilização de equipamentos eletrônicos, para que terceiros estranhos deem as respostas ao candidato.

- **Tipo subjetivo:** É o dolo, acrescido do especial fim de agir consistente em uma das seguintes finalidades espúrias: *1.* beneficiar a si; *2.* beneficiar a outrem; *3.* comprometer a credibilidade do certame. Para a doutrina tradicional é o dolo específico. Não há modalidade culposa.

- **Consumação:** Ocorre com a mera utilização ou divulgação do conteúdo sigiloso, sem depender da ocorrência de prejuízo (crime formal). Em caso de dano à Administração Pública, o crime será qualificado (*vide* § 2º). Note-se, todavia, que para que o crime se configure, a conduta do agente deve efetivamente colocar em risco o bem jurídico tutelado, isto é, ter possibilidade concreta de causar benefício (a si ou a outrem) ou ainda de comprometer a credibilidade do certame de interesse público; deve haver, portanto, relevância jurídica na conduta.

- **Tentativa:** É possível, embora de difícil configuração.

- **Confronto:** Não se tratando de certame de interesse público, se o agente revela fato de que tem ciência em razão do cargo e que deva permanecer em segredo, ou facilitar-lhe a revelação, *vide* art. 325 do CP. Se há fraude na apuração de certame, com a inserção de dados falsos por funcionário público no sistema informatizado, *vide* art. 313-A do CP. Se há violação de sigilo de proposta de concorrência pública (procedimento licitatório), *vide* art. 337-J do CP.

- **Pena:** Reclusão, de 1 (um) a 4 (quatro) anos, e multa.

- **Ação penal:** Pública incondicionada.

Figuras equiparadas (§ 1º)

- **Equiparação:** O § 1º deste art. 311-A incrimina, com as mesmas penas do *caput*, aquele que (i) *permite* ou (ii) *facilita*, por qualquer meio, o acesso de pessoas não autorizadas às informações mencionadas no *caput* (isto é, ao conteúdo sigiloso do certame, exame ou avaliação de interesse público). Enquanto no *caput*, a conduta é comissiva (o agente utiliza ou divulga indevidamente), neste § 1º a conduta pode ser comissiva ou omissiva. O acesso às informações sigilosas pode ser físico ou eletrônico. Trata-se, a exemplo do *caput*, de crime formal. No mais, aplicam-se ao § 1º os comentários feitos ao *caput* deste art. 311-A. A norma penal em análise pune o agente (funcionário público ou não) que, dispondo das informações mencionadas no *caput*, permite ou facilita (dolosamente) que pessoas não autorizadas (elemento normativo do tipo) tenham acesso às informações sigilosas. Portanto, impõe-se ao agente o dever legal de zelar pelo sigilo, não divulgando e não permitindo o acesso de terceiros ao segredo. Como se percebe, no caso deste § 1º, o agente geralmente será funcionário público ou equiparado; se o for, haverá o aumento de pena previsto no § 3º.

Figura qualificada (§ 2º)

- **Dano à Administração Pública:** Se da ação ou omissão resultar dano à Administração Pública, haverá a figura qualificada prevista neste § 2º, cuja pena é de reclusão, de 2 (dois) a 6 (seis) anos, e multa. Para que haja a incidência desta qualificadora, não basta o dano à imagem da Administração Pública (em virtude de notícias jornalísticas, por exemplo), pois tal é inerente ao próprio *caput*, sendo de rigor, a nosso ver, a ocorrência de dano econômico para a Administração Pública, como, por exemplo, os custos com a realização de novo certame, exame ou avaliação.

Agente funcionário público (§ 3º)

- **Aumento de pena:** Aumenta-se a pena de 1/3 (um terço) se o fato é cometido por funcionário público. Sobre o conceito deste, *vide* comentários ao art. 327 do CP. Se o particular concorre com o funcionário na fraude, sabendo da condição de funcionário público do coautor ou partícipe, a ele comunica-se essa circunstância (CP, art. 30).

- **Licitações:** Em caso de fraude à concorrência pública, não tem aplicação este art. 311-A, nem mesmo o art. 335 do CP (hoje revogado tacitamente pela Lei n. 8.666, de 21.6.93; *vide* comentários ao art. 335 do CP), mas sim os tipos penais dos arts. 90, 93, 95, 96 e 98 da Lei n. 8.666, de 21.6.93.

Jurisprudência

- **Irretroatividade da Lei n. 12.550/2011:** (...) 4. Inviável, portanto, o pretendido aditamento à denúncia requerido pelo *Parquet* Federal, na medida em que, diferente do quanto alegado pela acusação, não se está diante de situação mais benéfica ao paciente. Por esta razão, não deve subsistir a decisão proferida pelo MM. Juízo da 3ª Vara Federal de Santos/SP, que recebeu o aditamento à denúncia, tal como requerido pela acusação, ante a patente violação aos princípios da legalidade e da irretroatividade da lei penal. (...) 6. Ordem denegada. Determinado, de ofício, sejam anulados os atos processuais decorrentes do aditamento à denúncia recebido pela autoridade impetrada, que deu definição jurídica diversa à conduta do paciente, fazendo retroagir a aplicação do artigo 311-A do Código Penal aos fatos descritos na denúncia (TRF da 3ª R., HC 0005875-72.2013.4.03.0000/SP, rel. Des. Fed. Paulo Fontes, mv, j. 29.7.2013).

- "Cola eletrônica". Atipicidade. Fatos anteriores à Lei n. 12.550, de 15.12.2011: Facilitação do uso de "cola eletrônica" em concurso vestibular. Denunciado que era deputado federal à época. Denúncia oferecida, primeiramente, por estelionato; depois, ratificada para falsidade ideológica. Denúncia rejeitada, por maioria, ante a inexistência de tipo penal adequado, aplicando-se o princípio da legalidade (STF, Pleno, Inq. 1.145-2/PB, rel. p/ acórdão Min. Gilmar Mendes, j. 16.12.2006, DOU 19.12.2006). No mesmo sentido: O Plenário do STF, no julgamento do Inquérito 1.145 (no qual fiquei vencido), reconheceu que a conduta designada "cola eletrônica" é penalmente atípica. O que impõe o trancamento, no ponto, da ação penal contra o paciente. Prosseguimento da ação penal, quanto a acusações de outra natureza. Ordem parcialmente concedida (STF, 1ª T., HC 88967/ACRE, rel. Min. Carlos Britto, j. 6.2.2007, DJ 13.4.2007). 3. A conduta de fraudar concurso público por meio da utilização da cola eletrônica praticada antes da vigência da Lei n. 12.550/2011, nada obstante contenha alto grau de reprovação social, na linha da jurisprudência do Supremo Tribunal Federal e desta Egrégia Corte, é atípica. Precedentes. 4. Narrando a denúncia e indicando os elementos dos autos que o paciente tem papel de liderança em organização criminosa voltada para a prática de crimes de fraudes em concursos públicos, se torna prematuro o trancamento da ação penal também em relação ao crime de formação de quadrilha. 5. Ordem concedida em parte para reconhecer a atipicidade da conduta e trancar a ação penal em relação ao paciente, no que tange a conduta tipificada no art. 171, § 3º, do Código Penal, mantida a ação penal no que tange ao crime de formação de quadrilha (STJ, 5ª T., HC 208969/SP, rel. Min. Moura Ribeiro, j. 5.11.2013, DJe 11.11.2013). No mesmo sentido: (...) 4. Embora o paciente tenha utilizado meio fraudulento para tentar a aprovação no concurso público, a conduta não é apta a causar prejuízo de ordem patrimonial, sendo inviável, inclusive, determinar quem suportaria o suposto revés, circunstâncias que impedem a configuração do delito descrito no art. 171 do Código Penal. 5. O Supremo Tribunal Federal, por seu turno, no julgamento do IP n. 1.145/PB, firmou entendimento no sentido de que a conduta denominada "cola eletrônica", a despeito de ser reprovável, é atípica. Precedentes também deste Superior Tribunal. 6. Ordem não conhecida. Concessão de habeas corpus de ofício para reconhecer a atipicidade do fato, nos termos do art. 397, inciso III, do Código de Processo Penal (STJ, 5ª T., HC 245039/CE, rel. Min. Marco Aurélio Bellizze, j. 9.10.2012, DJe 17.10.2012); em idêntico sentido: 5ª T., HC 227550/CE, rel. Min. Jorge Mussi, j. 12.6.2012, DJe 20.6.2012). Operação Tormenta" da Polícia Federal: Fatos praticados antes da Lei n. 12.550, de 15.12.2011. Réus denunciados, à época, por crimes de estelionato e formação de quadrilha. A Juíza Federal Lidiane Maria Oliva Cardoso, da 3ª Vara Federal de Santos/SP, absolveu os acusados por entender que, antes da edição da referida lei que tipificou no art. 311-A o crime de "fraude em certames de interesse público", os fatos eram atípicos; como consequência, houve absolvição também no tocante ao crime de quadrilha (processo n. 0004615-83.2010.403.6104, decisão de 27.6.2014 – vide também no Conjur de 19.8.2014).

- Ponto eletrônico: Configura o crime do art. 311-A, a conduta do agente que, em concurso para policial rodoviário federal, se utiliza de sistema de escuta para receber gabarito (STJ, REsp 1728799/PE, DJ 6.4.2018).

- Conteúdo sigiloso: O elemento normativo "conteúdo sigiloso" não se restringe à transmissão do conteúdo das provas, anterior à sua realização, ou do gabarito oficial. Como decidido pelo STJ no RHC 81.735/PA, ele pode ser entendido como "aquele conteúdo de conhecimento de poucos e que não poderá ganhar publicidade antes do tempo e forma devidos, tudo de forma a resguardar a isonomia em certames de interesse público" (STJ, REsp 1728799/PE, DJ 6.4.2018).

- Aumento do § 3º: Para que incida esta causa de aumento, é imprescindível que se mostre que o servidor público acusado se utilizou das facilidades que o cargo lhe proporciona, sob pena de responsabilidade penal objetiva (STJ, 3ª Seção, Recl 37.247/PA, DJe 3.4.2019).

Título XI
DOS CRIMES CONTRA A ADMINISTRAÇÃO PÚBLICA

■ **Nota explicativa:** Neste último Título XI, da Parte Especial do Código Penal, são previstos crimes que têm como objetivo a proteção do bem jurídico *Administração Pública*. Como ensina HELENO FRAGOSO (*Lições de Direito Penal*, 1959, v. 4, p. 872), "a administração pública aqui não se entende no sentido estrito e técnico, e que significa o conjunto de órgãos em que se desenvolve o funcionamento dos serviços públicos"; em verdade, a Administração Pública "é aqui considerada pela lei penal num sentido amplo, ou seja, como atividade funcional do Estado em todos os setores em que se exerce o poder público (com exceção da atividade política)". Outro não é o entendimento de NÉLSON HUNGRIA (*Comentários ao Código Penal*, Rio de Janeiro, Forense, 2ª ed., 1959, v. IX, p. 313), para quem a objetividade jurídica dos crimes previstos neste Título XI "é o interesse de normalidade funcional, probidade, prestígio, incolumidade e decoro da Administração Pública", expressão esta que, "em sentido lato (que é o jurídico penal), é a atividade do Estado, de par com a de outras entidades de direito público, na consecução de seus fins, quer no setor do Poder Executivo (administração pública no sentido estrito), quer no do Legislativo ou do Judiciário". O presente Título XI encontra-se dividido em cinco capítulos, a saber: Capítulo I – Dos crimes praticados por funcionário público contra a administração em geral (arts. 312 a 327); Capítulo II – Dos crimes praticados por particular contra a administração em geral (arts. 328 a 337-A); Capítulo II-A – Dos crimes praticados por particular contra a administração pública estrangeira (arts. 337-B a 337-D); Capítulo III – Dos crimes contra a administração da justiça (arts. 338 a 359); Capítulo IV – Dos crimes contra as finanças públicas (arts. 359-A a 359-H). A proteção da Administração Pública em geral não é objeto apenas de tutela penal, sendo, antes disso, objeto também de tutela de outras áreas do Direito, como ocorre com a Lei n. 8.249, de 2.6.92, conhecida como "Lei de Improbidade Administrativa", e com a Lei n. 8.666, de 21.6.93, que trata das licitações e dos contratos com a Administração Pública.

■ **Defesa preliminar (art. 514 do CPP):** Para os crimes funcionais típicos (CP, arts. 312 a 327), o processo deve seguir o procedimento especial previsto nos arts. 513 e ss. do CPP, aplicando-se, subsidiariamente, as regras do procedimento comum ordinário (CPP, art. 394, § 5º, alterado pela Lei n. 11.719/2008). Dentre as regras do procedimento especial, merece destaque a do art. 514 do CPP, que prevê a obrigatoriedade, nos crimes funcionais típicos afiançáveis, de o juiz, antes de receber a denúncia, notificar o acusado para responder à acusação por escrito, isto é, para que apresente a chamada "defesa preliminar". Sobre o tema, surgem três considerações importantes: *1ª*) a resposta ou "defesa preliminar" a que alude o art. 514 não se confunde com a "resposta" prevista no novo art. 396, com redação dada pela Lei n. 11.719/2008, e permanece em vigor mesmo após a alteração legislativa (nesse sentido, cf. DAMÁSIO E. DE JESUS, *Código de Processo Penal Anotado*, 23ª ed., Saraiva, p. 423, nota *Subsistência*); assim, nos crimes funcionais típicos afiançáveis, o acusado deve ser citado para apresentar "defesa preliminar", após o que o juiz recebe ou não a denúncia; se a receber, deverá aplicar a regra do art. 396, que prevê citação do acusado para responder à acusação, com o que poderá ou não absolvê-lo sumariamente, nos termos do art. 397 do CPP; se não absolver sumariamente, segue-se no procedimento comum ordinário até prolação de sentença (CPP, arts. 518 c/c o art. 394, § 5º); *2ª*) até há pouco tempo, a regra do art. 514 era pouco respeitada pela jurisprudência, de modo que geralmente era mitigada nos casos em que tivesse havido inquérito policial ou mesmo procedimento administrativo em que o acusado (funcionário público) tivesse exercido já a defesa; todavia, tal entendimento mudou com o julgamento, pelo Pleno do STF, do HC 85.779, rel. Gilmar Mendes, "para firmar, como *obter dictum*, o entendimento de que a notificação prévia não é dispensada ainda quando a denúncia se apoie em inquérito policial" (STF, HC 89.686-3, rel. Sepúlveda Pertence); *3ª*) na hipótese de existir, no mesmo processo, acusado que é funcionário público (*intraneus*), e acusado que não o é (*extraneus*), indaga-se: somente o acusado funcionário público terá direito à defesa preliminar (CPP, art. 514)? Entendemos que a resposta há que ser negativa, de forma que o acusado que não é funcionário público deve também ser intimado para oferecer defesa preliminar. Isto, por força das garantias constitucionais da isonomia processual e da paridade de armas dos sujeitos parciais do processo. De fato, não é razoável que um acusado tenha mais oportunidade de exercer seu direito de defesa do que outro, tão somente pela condição jurídica em que se encontra. Nesse sentido, alterando posicionamento anterior (Código de Processo Penal Anotado, 23ª ed., p. 425), DAMÁSIO DE JESUS, "O particular acusado e a defesa preliminar do funcionário público", publicado no jornal jurídico Carta Forense, edição n. 70, março de 2009, p. 14). A respeito, cf. ainda: PAULA BAJER FERNANDES MARTINS COSTA, Igualdade no direito processual penal brasileiro, ed. Revista dos Tribunais, 2001, pp. 64-65. E, sustentando que "não é dado estabelecer privilégios, nem discriminações, sejam quais forem as circunstâncias", ROGÉRIO LAURIA TUCCI, Constituição de 1988 e Processo – regramento e garantias constitucionais do processo, Saraiva, 1989, p. 39). Aliás, em face da garantia da ampla defesa e amplitude da liberdade dos cidadãos, CELSO DELMANTO já defendia: "o ideal seria que a defesa preliminar ou audiência prévia pudesse alcançar todos os acusados de infrações penais, independentemente de suas qualificações pessoais e sem distinção quanto à natureza do crime imputado" ("A defesa preliminar do funcionário público e o novo sistema processual penal", RDP 26/90, RF 266/115 e RT 526/115).

Capítulo I
DOS CRIMES PRATICADOS POR FUNCIONÁRIO PÚBLICO CONTRA A ADMINISTRAÇÃO EM GERAL

PECULATO

Art. 312. Apropriar-se o funcionário público de dinheiro, valor ou qualquer outro bem móvel, público ou particular, de que tem a posse em razão do cargo, ou desviá-lo, em proveito próprio ou alheio:

Pena – reclusão, de 2 (dois) a 12 (doze) anos, e multa.

§ 1º Aplica-se a mesma pena, se o funcionário público, embora não tendo a posse do dinheiro, valor ou bem, o subtrai, ou concorre para que seja subtraído, em proveito próprio ou alheio, valendo-se de facilidade que lhe proporciona a qualidade de funcionário.

PECULATO CULPOSO

§ 2º Se o funcionário concorre culposamente para o crime de outrem:

Pena – detenção, de 3 (três) meses a 1 (um) ano.

§ 3º No caso do parágrafo anterior, a reparação do dano, se precede à sentença irrecorrível, extingue a punibilidade; se lhe é posterior, reduz de metade a pena imposta.

- Transação: Cabe no § 2º, ainda que combinado com o § 2º do art. 327, preenchidos os requisitos do art. 76 da Lei n. 9.099/95.

- Suspensão condicional do processo: Cabe no § 2º, mesmo que combinado com o § 2º do art. 327, atendidas as condições do art. 89 da Lei n. 9.099/95.

Peculato (caput)
- Divisão: O *caput* do art. 312 contém duas modalidades de peculato: o peculato-apropriação (primeira parte) e o peculato-desvio (segunda parte). No § 1º vem previsto o

chamado peculato-furto e, no § 2º, o peculato culposo. O § 3º cuida da extinção da punibilidade e da redução da pena, pela reparação do dano, hipóteses aplicáveis apenas à figura culposa. O artigo seguinte (art. 313) dispõe sobre o peculato-estelionato, também chamado peculato impróprio.

- **Objeto jurídico:** A Administração Pública, em seu aspecto patrimonial e moral (a respeito, *vide Nota Explicativa* a este Título XI).

- **Sujeito ativo:** Só o funcionário público (sobre o conceito e equiparação de funcionário público, *vide* art. 327, *caput* e §§ 1º e 2º). É imprescindível à caracterização do crime que a *apropriação* ou o *desvio* feito pelo funcionário público seja praticado em razão do cargo que ocupa, não bastando a mera qualidade de funcionário público. Todavia, pode haver coautoria ou participação de pessoas que não sejam funcionários públicos, desde que elas tenham conhecimento da qualidade de funcionário público do autor (*vide* notas ao art. 29, sob o título *Crimes próprios, crimes de mão própria e o concurso de pessoas,* e ao art. 30, sob o título *Comunicabilidade ou não*). *Vide*, também, jurisprudência abaixo sob o título *Concurso de pessoas*.

- **Sujeito passivo:** O Estado e a entidade de direito público prejudicada; secundária e eventualmente, também o particular que sofreu prejuízo.

- **Tipo objetivo:** Na modalidade de peculato-apropriação (primeira parte do *caput*), o núcleo é apropriar-se, que tem a significação de assenhorear-se, apossar-se. O funcionário age como se a coisa fosse sua, retendo, dispondo ou consumindo o objeto material. Diversamente da apropriação indébita comum (CP, art. 168), entende-se que o peculato não admite compensação nem é descaracterizado pela intenção de restituir. Todavia, não configura o crime "a simples mistura dos dinheiros públicos com o próprio dinheiro" (Heleno Fragoso, *Lições de Direito Penal – Parte Especial*, 1965, v. IV, p. 1073), pois aí não há falar-se, evidentemente, em apropriação. Embora seja questão intranquila, predomina o entendimento de que a infração não fica excluída pela caução ou fiança prestada anteriormente. Na modalidade de peculato-desvio (segunda parte do *caput*), o núcleo é *desviar*. Pune-se o funcionário que dá ao objeto material destinação diferente daquela para a qual o objeto lhe fora confiado. O desvio deve ser, porém, em proveito (patrimonial ou moral) próprio ou alheio. Se o desvio for praticado em benefício da própria administração, poderá ocorrer outro delito (como é o caso do crime de emprego irregular de verbas ou rendas públicas – CP, art. 315), mas não o peculato.

- **Objeto material:** O objeto material (sobre o qual recai a conduta punida) é amplo: dinheiro, valor (títulos, apólices, ações etc.) ou qualquer outro bem móvel. Esta última expressão deve ser entendida, à semelhança do objeto do crime de furto, como toda coisa móvel, infungível ou não, que possa ser transportada. Assim, por exemplo, o aproveitamento do trabalho de funcionário subalterno ou o uso indevido de linha telefônica pública não tipifica o peculato, por não ser coisa móvel. É indiferente que o objeto material seja público ou particular, mas é imprescindível que o agente, em razão do cargo, tenha a posse dele. Os doutrinadores dão sentido largo à posse, abrangendo tanto a detenção como a posse indireta. Para que se caracterize o crime deste art. 312, a posse em razão do cargo precisa ser lícita e legítima.

- **"Peculato de uso":** É dominante o entendimento de que não há crime na conduta do funcionário público que não se apropria nem desvia, mas apenas faz uso indevido da coisa pública. O *impropriamente* denominado "peculato de uso", portanto, é conduta atípica, podendo caracterizar, todavia, infração administrativa se houver previsão legal. Para que haja o "peculato de uso", costuma-se exigir dois requisitos: *1.* que o agente tenha a intenção de restituir a coisa; *2.* que a coisa seja infungível (não substituível). *Vide* jurisprudência ao final.

- **Tipo subjetivo:** Na modalidade de peculato-apropriação, é o dolo, consistente na vontade livre e consciente de apropriar-se. Na modalidade de peculato-desvio, é também o dolo, ou seja, a vontade livre e consciente de desviar. O elemento subjetivo do tipo vem referido pelo especial fim de agir ("em proveito próprio ou alheio"), expressamente mencionado na segunda modalidade e implicitamente contido na primeira. Na doutrina tradicional, requer-se o "dolo genérico" para a primeira e o "dolo específico" para a segunda ou mesmo para ambas. A figura culposa é prevista no § 2º.

▪ **Consumação:** Na modalidade peculato-apropriação, o crime se consuma quando o agente, efetivamente, passa a dispor do objeto material como se fosse seu. Na de peculato-desvio, a consumação se dá com o efetivo desvio, sem dependência de ser alcançado o fim visado. De toda forma, o dano material é indeclinável no peculato (HUNGRIA, *Comentários ao Código Penal*, 1959, v. IX, p. 345).

▪ **Confronto:** Se o agente é prefeito municipal, art. 1º, I e II, do Decreto-Lei n. 201/67 e Súmula 164 do STJ: "Prefeito Municipal, após a extinção do mandato, continua sujeito a processo por crime previsto no art. 1º do Decreto-Lei n. 201, de 27.2.67"). Quanto às associações ou entidades sindicais, equiparam-se ao peculato os atos que importem em malversação ou dilapidação de seus patrimônios (art. 552 da CLT). Se há fraude à licitação, conferir art. 337-F do CP.

▪ **Tentativa:** Tendo em vista que as condutas punidas (apropriação ou desvio) admitem fracionamento (crime plurissubsistente), é possível, em tese, a tentativa.

▪ **Pena:** Reclusão, de dois a doze anos, e multa.

▪ **Ação penal:** Pública incondicionada, predominando o entendimento de que não fica sujeita à desaprovação de contas pelo órgão competente. Sobre o procedimento especial aplicável e a defesa preliminar, *vide* nota *Defesa preliminar (art. 514 do CPP)*, no início deste Capítulo I, Título XI.

Peculato-furto (§ 1º)

▪ **Objeto jurídico, sujeito ativo e sujeito passivo:** Iguais aos do *caput*.

▪ **Objeto material:** É semelhante ao do *caput*, até mesmo quanto à indistinção entre bem público e bem particular. Todavia, ao contrário do *caput*, neste § 1º o agente não tem a posse: "embora não tendo a posse do dinheiro, valor ou bem".

▪ **Tipo objetivo:** Incrimina-se o funcionário público que subtrai, ou concorre para que seja subtraído. Assim, na modalidade de subtrair, é o próprio funcionário quem subtrai o bem, como no crime de furto (*vide* nota ao art. 155 do CP). Na outra modalidade, o funcionário, voluntária e conscientemente, concorre para que terceira pessoa subtraia o objeto material. Nesta última modalidade, há concurso necessário entre o funcionário e o outro sujeito, lembrando-se que a condição funcional daquele se comunicará a este, porque se trata de circunstância elementar ao crime (CP, art. 30). Todavia, é imprescindível que o particular tenha conhecimento da qualidade de funcionário público do agente principal (*vide* nota ao art. 30 do CP, sob o título *Comunicabilidade ou não*). Em ambas as modalidades é indispensável que o agente atue valendo-se da facilidade que lhe proporciona a qualidade de funcionário (sua ou do agente principal). Quanto à facilidade, comenta HUNGRIA que "é qualquer circunstância de fato propícia à prática do crime, notadamente o fácil ingresso ou acesso à repartição ou local onde se achava a coisa subtraída", sendo a condição de funcionário ocasião e não causa para o crime (*Comentários ao Código Penal*, 1959, v. IX, p. 350). Nas duas modalidades, a conduta do agente deve ser praticada em proveito próprio ou alheio.

▪ **Tipo subjetivo:** O dolo, consistente na vontade livre e consciente de subtrair ou de concorrer para a subtração, e o elemento subjetivo que o tipo contém, referente ao especial fim de agir (visando a proveito próprio ou alheio). Na escola tradicional é o "dolo específico". A figura culposa está prevista no § 2º.

▪ **Consumação:** Com a efetiva subtração. Trata-se, pois, de delito material.

▪ **Tentativa:** Admite-se, uma vez que a conduta punida admite fracionamento (*iter criminis*).

▪ **Sujeitos ativo e passivo, pena e ação penal:** Iguais às do *caput*.

Peculato culposo (§ 2º)

▪ **Noção:** Ao contrário do que ocorre no *caput* e no § 1º deste art. 312, em que se exige o dolo, neste § 2º pune-se o funcionário que age culposamente para o crime de outrem. A modalidade culposa é aplicável tanto ao peculato-apropriação e ao peculato-desvio (*caput*) quanto ao peculato-furto (§ 1º). Neste § 2º, o funcionário, por não observância do dever de cuidado a que estava obrigado pelas circunstâncias (*vide* nota ao CP, art. 18, II), concorre (facilita) para que outrem pratique aquelas condutas delituosas, em quaisquer de suas modalidades (até mesmo na de concorrer para a subtração). É imprescindível que exista nexo causal entre o comportamento culposo do funcionário e o crime cometido por outra pessoa. O outrem, a que o parágrafo se refere, pode ser particular ou também funcionário público. Exemplo: o responsável pelo cofre da coletoria que o esquece aberto ao se ausentar, propiciando, culposamente, oportunidade para que outro funcionário subtraia o dinheiro que ficou à vista.

- Pena: Detenção, de três meses a um ano.

Reparação do dano no peculato culposo (§ 3º)

- Noção: É aplicável tão só ao peculato culposo (§ 2º). Se a reparação do dano é anterior à sentença irrecorrível (antes de decisão transitada em julgado), ela extingue a punibilidade. Se o ressarcimento é posterior, reduz de metade a pena imposta. *Vide* nota no final do art. 107 do CP e jurisprudência neste art. 312. *Arrependimento posterior*: embora este § 3º não incida nas demais modalidades de peculato, a reparação do dano ou restituição da coisa, se ocorrida de forma voluntária e antes do recebimento da denúncia, permite a aplicação do art. 16 do CP.

Figura qualificada

- Remissão: Na hipótese de ocupantes de cargos em comissão, função de direção ou função de assessoramento, *vide* § 2º do art. 327 do CP.

Jurisprudência

- Distinção: Se o recebimento do dinheiro não cabia ao agente, é art. 313 e não art. 312 do CP (TFR, *RTFR* 71/143).

- Tipo subjetivo: É irrelevante a sua intenção de restituir ou a ausência do ânimo de ter para si (TJSP, *RT* 608/319; TFR, Ap. 4.356, *DJU* 18.6.80, p. 4601; Ap. 3.990, *DJU* 6.6.80, p. 4150). O dolo do peculato-apropriação é genérico, mas pressupõe o ânimo de ter para si (TJSP, *mv – RJTJSP* 72/343). Não comete o crime o agente que guarda em sua residência bens móveis públicos com a anuência de seu superior hierárquico, sem intenção de deles se apropriar, restituindo-os quando destituído do cargo (TJAC, *RT* 757/593). O peculato-desvio exige o dolo específico (STJ, AREsp 1.009.152/RN, publ. 4.8.2017; TJRS, RJTJRS 166/84; TJPI, *RT* 807/689). A figura de desviar em proveito alheio exige a vontade de desviar de forma que o terceiro tenha proveito desse desvio do bem (STJ, *JSTJ* e *TRF* 47/288-9). O envio de missivas aos advogados por secretário de justiça, ao deixar o cargo, veiculando propaganda eleitoral subliminar, não se amolda ao peculato-desvio, que exige o dolo e o elemento subjetivo de agir em proveito próprio ou alheio (STF, HC 73.128, *DJU* 12.4.96, p. 11074, *in RBCCr* 15/410). O temporário desaparecimento de equipamentos médicos de hospital público, devido à falta de controle acerca da manipulação de tais materiais, demonstra mera desordem administrativa, e não os elementos tipificadores do art. 312 (TRF da 5ª R., *RT* 786/780).

- Funcionário público: Equipara-se a funcionário público o agente que, mesmo sendo empregado de empresa de segurança, aproveita-se da sua condição de vigilante noturno da EBCT e furta objetos do interior de correspondências (TRF da 3ª R., *RT* 771/721). *Vide*, ainda, art. 327, § 1º, do CP.

- Posse (*caput*): A posse, a que se refere o texto legal, deve ser entendida em sentido amplo, compreendendo a simples detenção, bem como a posse indireta (STF, *RTJ* 119/1030; STJ, *RT* 792/578).

- Concurso de pessoas: A qualidade de funcionário comunica-se ao particular que é partícipe do peculato (STF, *RTJ* 153/245-6, 100/144; HC 74.558-1/RS, *DJU* 7.2.97, p. 1340, *in RBCCr* 18/223; STJ, *JSTJ* e *TRF* 72/268; TJMG, *JM* 131/419). Não, porém, se o particular desconhecia a condição de funcionário do agente (TJSC, *RT* 536/360). Resta caracterizado o delito de peculato na conduta daquele que, mesmo não sendo funcionário público, aceita emprestar sua conta bancária para compensar valor desviado de banco estadual (TJAP, *RT* 788/631).

- **Caução:** A caução ou fiança prestada antes não afasta o crime de peculato (STF, *RTJ* 91/664; TJRJ, *RT* 523/476).

- **Consumação do peculato-apropriação:** Consuma-se no momento e lugar em que o agente se apropria do dinheiro, valor ou bem móvel (STF, *RTJ* 97/452). Com o ato da apropriação, mesmo quando o funcionário tinha certeza de repor o dinheiro (TFR, Ap. 3.351, *DJU* 24.10.79, p. 7959). Para a consumação basta a posse, não sendo exigível que o agente ou terceiro obtenha vantagem com a prática do delito (STJ, *RT* 792/578).

- **Denúncia:** É inepta se não especifica os desvios, não aponta o seu montante, modo de execução nem a participação de cada um dos acusados (STJ, HC 928, *DJU* 11.5.92, p. 6439).

- **Ação penal:** A "resposta prévia" (art. 514 do CPP) é inexigível quando o acusado já não é mais funcionário público (TRF da 1ª R., *RT* 727/597).

- **Bem particular:** É irrelevante serem particulares os bens apropriados ou desviados (STF, *RT* 528/396; TRF da 2ª R., *RT* 806/686). Basta a posse da coisa em razão do cargo, ainda que a sua propriedade seja de particular (STF, *RT* 520/519). Comete peculato o policial que se apropria de valores de preso, cuja guarda lhe foi confiada (TJPR, *RT* 512/427). Policial que subtrai toca-fitas, ao revistar veículo abandonado, pratica furto simples e não peculato-furto, pois o objeto não se achava sob a guarda e responsabilidade da Administração Pública (TJSP, *RT* 566/300). Hipótese especial: não pratica peculato o funcionário público que deixa de recolher sua própria contribuição ao órgão de previdência do Estado (TJSP, *RJTJSP* 103/451).

- **Em razão de ofício:** Para a configuração do peculato, não basta que a coisa tenha sido confiada em razão do ofício, sendo necessário que a entrega resulte de mandamento legal, ou, pelo menos, de inveterada praxe, não proibida por lei (TJSP, *RJTJSP* 73/345, *RT* 517/298). Escrevente de Vara Cível, que recebe diretamente da parte o valor correspondente à execução que ali se processava, pratica apropriação indébita e não peculato, ao dele se apossar, pois o CPC não atribui aos escreventes tal encargo (*nota nossa: vide arts. 152 e 154 do CPC/2015*) (TJRJ, *RT* 572/393). Escrevente auxiliar de cartório pode ser sujeito ativo de peculato (STF, *RT* 640/384). Se a atribuição de receber não competia, por lei, ao agente, se a confiança da vítima não foi em razão de ser ele funcionário competente, mas, tão só, pela sua condição genérica de servidor público, o crime é de apropriação indébita e não de peculato (STF, *RT* 552/436; TFR, Ap. 5.081, *DJU* 17.2.83, p. 1139).

- **Benefício próprio ou alheio:** É indispensável que o desvio se faça em benefício próprio ou alheio (TJSP, *RT* 490/293), inclusive no peculato-furto (TRF da 1ª R., *JSTJ* e *TRF* 90/407). Quando o desvio de verba se verifica em favor do próprio ente público, em utilização diversa da prevista, há emprego irregular de verba e não peculato (TFR, Ap. 5.375, *DJU* 16.10.86, p. 19468; TJSP, *RT* 520/353; STF, *RT* 833/462).

- **Circunstância agravante (*bis in idem*):** A incidência da circunstância agravante de violação de dever funcional, prevista no art. 61, II, *g*, do CP, caracteriza *bis in idem*, pois o peculato tem como elemento do próprio tipo o motivo da majoração (STJ, *RT* 758/516; TJAC, *RT* 756/608).

- **Compensação:** O fim de compensação, alegado pelo agente, não exclui o crime (TJSC, *RT* 535/339). É inadmissível a compensação no crime de peculato, pois a Administração Pública somente perde a disponibilidade de seus bens quando expressamente a consinta, ou a lei administrativamente o autorize, uma vez que o que importa neste delito não é tanto a lesão patrimonial, mas, sobretudo, a ofensa aos interesses da Administração (TJSP, *RT* 784/589).

- **Dano material:** Não há peculato sem dano patrimonial à administração (TFR, *RTFR* 70/108; TJPR, *PJ* 43/234). Não configura o aproveitamento de material usado e imprestável, com o consentimento do seu responsável por este (TJPR, *PJ* 42/196). *Contra:* a caracterização do peculato doloso não reclama lucro efetivo pelo agente, sendo suficiente a violação do dever de fidelidade para com a Administração (TJRS, *RT* 776/667).

- **Princípio da insignificância:** Não se admite a sua aplicação em face do pequeno valor apropriado, pois tal delito fere o aspecto patrimonial e moral da Administração Pública (TRF4., Ap. 5032514-84.2015.4.04.7100, j. 10.12.2018; *RT* 769/729; TRF3, *RT* 771/722).

- **Aprovação de contas:** A aprovação de contas não exclui o crime (STF, RHC 55.452, *DJU* 26.8.77, p. 5762), nem impede o Ministério Público de oferecer denúncia (STJ, RHC 3.061, *DJU* 28.2.94, pp. 2916-7, *in RBCCr* 6/234). A falta de tomada de contas igualmente não impede o início da ação penal (TJPR, *RF* 260/340).

- **Processo administrativo:** Não descaracteriza o peculato doloso o fato de o Poder Legislativo ter inocentado o agente (TJPB, *RT* 702/377).

- **Funcionário público que deixa de prestar contas do *quantum* que lhe foi adiantado:** Evidenciada apenas a omissão em prestar contas, até admitida pelo funcionário com justificação plausível, a ser decantada na esfera administrativa ou judicial, para efeito de eventual ressarcimento, sem se demonstrar, contudo, apropriação ou desvio do *quantum* adiantado, não se configura o peculato (TJPR, *RT* 817/643).

- **Concurso de crimes:** O peculato absorve a falsidade, se esta constituiu meio para a prática do desfalque (TFR, Ap. 3.863, *DJU* 29.9.80, p. 7526; Ap. 3.801, *DJU* 18.10.79, p. 7794; TJSP, *RT* 513/357). *Contra:* há concurso formal (STF, *RTJ* 91/814); há concurso material, pois o peculato e a falsidade ideológica resultam de ações distintas e autônomas (TJSE, *RT* 790/692). Se inseriu, em documento público de assistência patronal, declarações falsas para obtenção de ressarcimento de despesas médicas em nome próprio e de terceira pessoa, desclassifica-se para o art. 171, § 3º, do CP (TRF da 4ª R., Ap. 5.589, *DJU* 23.11.94, p. 67831, *in RBCCr* 12/288). O funcionário da Caixa Econômica Federal que subtrai guias de depósito e talões de cheques e, empregando meio fraudulento, consegue proveito para si, comete peculato-furto que, por ser mais grave, absorve o estelionato (TRF da 1ª R., *RT* 727/597). Não pratica peculato, nem mesmo o de uso, mas prevaricação, o funcionário que retarda ato de ofício para satisfazer interesse próprio, não dando ao dinheiro recebido das partes a sua destinação e só o devolvendo quando por elas pressionado (TJSP, *RT* 505/305).

- **Confronto com peculato-furto e estelionato:** Pratica o crime de peculato próprio, e não o de peculato-furto ou estelionato, o carteiro da EBCT que se apropria de encomenda Sedex, contendo talonário de cheques, e emite uma das cártulas mediante falsificação da assinatura da correntista (TRF da 4ª R., *RT* 784/739).

- **Confronto com furto:** O servidor público que subtrai armas que estavam sob a guarda da Administração, valendo-se de sua qualidade de funcionário, pratica o crime de peculato, e não o de furto (TJAC, *RT* 756/608).

- **Confronto com fraude à licitação:** Se há fraude à licitação, configura-se o art. 90 da Lei n. 8.666/93 (TJRS, 4ª C., Ap. 70020685476, rel. Des. Gaspar Marques Batista, j. 11.10.2007), atualmente substituído pelo art. 337-F do CP.

- **Confronto com o art. 314 (*extravio de livro ou documento*):** Se sonegou e depois provocou o extravio de volume de inquérito policial, visando exclusivamente ocultar o crime de peculato, absolve-se do crime do art. 314, por força do princípio da consunção (TJSP, Ap. 0081837-44.2011.8.26.0050, publ. 5.4.2019; *RT* 612/316).

- **Confronto com o art. 315 (emprego irregular de verbas):** Se o Prefeito tinha posse de valores que não eram verbas públicas, mas privadas, ou seja, parte da remuneração de servidores descontada em folha de pagamento, dinheiro este que deveria ser repassado a instituições financeiras para adimplemento de empréstimos contraídos pelos próprios funcionários, o desvio desses valores, ainda que não em proveio próprio, mas em proveito do município, caracteriza o art. 312, e não o art. 315 do CP ou o art. 1º, III, V ou IX, do Decreto-Lei n. 201/67 (TJSP, 3ª CCr Extraordinária, Processo 0001756-07.2013.8.26.0352, j; 7.10.2016).

- **Desclassificação para estelionato:** É admissível a desclassificação para estelionato se o agente, funcionário de empresa pública, obtém para si, através de artifício fraudulento, vantagem ilícita (TRF da 4ª R., *RT* 759/754).

- **"Peculato de uso"**: O chamado "peculato de uso" é figura atípica, eis que o agente, ao fazer uso momentâneo de coisa pertencente à administração pública, não possui a intenção de incorporá-la ao seu patrimônio ou de outrem (TJMG, Ap. 10012150004609001, publ. 26.10.2019). Constitui peculato, em tese, a aplicação de dinheiro público em proveito próprio ou de outrem, embora com intenção de restituir (STF, APn 218, *DJU* 5.5.78, p. 2977; TJSP, *RT* 537/302). O peculato de uso pressupõe que a coisa seja infungível, o que não é o caso do dinheiro (STF, *RT* 499/426). O desvio de mão de obra pública não caracteriza o delito deste art. 312 (TJSP, *RT* 749/669; *RJTJSP* 140/261, *RT* 506/326), bem como o empréstimo de material (TJSP, *RT* 506/319). É só ilícito administrativo, e não peculato, o uso de veículos ou máquinas oficiais em serviços particulares, ainda que haja consumo de combustível (TJSP, *RT* 541/342, *RJTJSP* 140/261).

- **Peculato-furto ou impróprio:** Comete este crime o policial que, no exercício do dever funcional de repressão ao descaminho, se apropria de mercadorias estrangeiras irregularmente introduzidas no território nacional (TRF da 5ª R., *RT* 759/757).

- **Aplicações financeiras:** Não tipifica peculato (art. 312), nem prevaricação (art. 319) ou emprego irregular de verbas ou rendas públicas (art. 315), por ausência de dolo específico, a conduta do administrador que desvia fundos disponíveis para aplicações a curto prazo a fim de salvaguardá-los da inflação desenfreada (STF, *RTJ* 125/25). Configura, entretanto, se depositava as quantias em sua conta bancária, aplicava-as no *open market* e devolvia, posteriormente, o principal, ficando com os juros (TRF da 2ª R., *mv* – *JSTJ* e *TRF* 83/465).

- **Reparação no peculato doloso:** A extinção da punibilidade pela reparação do dano só é possível no peculato culposo (STJ, RHC 7.497/DF, *DJU* 8.9.98, p. 76, *in RBCCr* 24/318; nesse sentido: TRF da 1ª R., *RT* 814/700). A restituição não descaracteriza o peculato doloso (TJSP, *RJTJSP* 114/498; TRF da 2ª R., *mv* – *JSTJ* e *TRF* 83/465; TRF da 1ª R., *JSTJ* e *TRF* 76/312), mas influi na pena e permite a aplicação do art. 16 do CP (TJSP, *RT* 632/280, *mv* – *RJTJSP* 113/522; TRF da 4ª R., *RT* 769/729; TRF da 5ª R., Ap. 604, *DJU* 19.3.93, p. 8948, *in RBCCr* 2/242). *Contra, em parte*: se o réu não recompôs totalmente o prejuízo causado à CEF, a redução máxima da pena, pela aplicação do art. 16 do CP, resta impossibilitada (TRF da 3ª R., *RT* 806/689). *Contra*: a reparação do dano deve ser integral, voluntária e antes do recebimento da denúncia para haver a incidência do art. 16 do CP (TRF4, Ap. 5063367-51.2016.4.04.7000, j. 25.3.2019). A restituição não influi na tipificação do peculato doloso, ainda que feita antes do procedimento disciplinar (STF, *RT* 605/399). A devolução não descaracteriza (TJSP, *RT* 633/266). A reposição do dinheiro não extingue a punibilidade (STF, *RT* 499/426), mas pode influir na pena (STF, *RTJ* 84/1067; TFR, Ap. 5.088, *DJU* 11.9.86, p. 16275). Depois de consumado o peculato doloso, o recolhimento das importâncias desviadas não configura o arrependimento eficaz do art. 15 (atual) do CP (TFR, Ap. 3.524, *DJU* 27.6.79, p. 5013).

- **Peculato culposo (§ 2º):** Pratica o funcionário público incumbido de fiscalizar o serviço, que falta ao seu dever, propiciando que seu subordinado aumente o número de horas extras a que tem direito e se aproprie da diferença (TFR, Ap. 5.450, *DJU* 22.5.86, p. 8641). Comete o delito de peculato culposo o funcionário de agência bancária, pertencente a empresa pública, que, agindo com negligência, não confere assinaturas apostas em cheque nem segue as formalidades necessárias para desconto, e, ainda assim, entrega numerário correspondente ao valor do título subtraído e falsificado (TRF da 5ª R., *RT* 760/757). Para a configuração da modalidade culposa, é necessário que o agente concorra para que outrem pratique o crime, ou seja, que o acusado, por negligência, imprudência ou imperícia, leve uma outra pessoa a cometer o ilícito (TJPB, *RT* 785/654). Inexistindo prova de que o agente agiu com dolo, desclassifica-se para a modalidade culposa (TRF da 1ª R., ApCr 2000.01.00.003914-4/RR, *DJU* 5.2.2003, p. 37, *in Bol. IBCCr* 125/614).

- **Reparação no peculato culposo (§ 3º):** Extingue-se a punibilidade se o agente, funcionário de agência bancária pertencente a empresa pública, ressarce a entidade financeira da quantia que fora irregularmente sacada (TRF da 5ª R., *RT* 760/757).

- **Associações sindicais:** O Decreto-Lei n. 925, de 10.10.69, equiparou ao peculato os crimes praticados em detrimento de associações sindicais (STF, RHC 56.847, *DJU* 6.4.79, p. 2682; *RT* 520/521; TJRJ, *RT* 520/460).

- **Prefeito municipal:** Em termos de nomenclatura, tanto são peculatos os do art. 312 do CP quanto a figura do art. 1º, I, do Decreto-Lei n. 201/67 (TJSP, *mv – RJTJSP* 141/448). Não pratica crime se adquire presentes para ofertar às secretárias do Município, com verba do seu gabinete, destinada a recepções, homenagens e festividades (TJMG, *RT* 698/385). O peculato-desvio exige o dolo específico, não se vislumbrando má-fé no caso de prefeito sem formação jurídica e sem assessoria técnica, que dá à norma interpretação equivocada (TJRS, *RJTJRS* 166/84). Não se caracteriza se não comprovado que os valores pagos pela Prefeitura eram realmente indevidos, em relação aos preços correntes e usuais (TJPR, *PJ* 43/234). Configura o crime a determinação de aquisição de bens ou realização de serviços sem o devido processo licitatório, sendo irrelevante a ausência de perdas materiais, eis que o objeto material é a moralidade administrativa (TJSE, *RT* 790/692). Caracteriza peculato a conduta de prefeito que cede linha telefônica do Município para uso pessoal da esposa (TJSP, Ap. 0002258-76.2017.8.26.0037, publ. 13.12.2018).

- **Exame pericial:** Se o peculato deixou vestígios materiais, será indispensável a realização de exame de corpo de delito direto, ou, na impossibilidade deste, de indireto (STF, *RTJ* 103/156). Embora não haja necessidade de perícia para evidenciar a prática de peculato, se a prova existente é precária, torna-se imprescindível a elaboração de laudo pericial (TJSP, *RT* 779/548). É desnecessária a perícia contábil para constatação do peculato, se a apropriação fica comprovada por outro meio (STF, *RF* 270/277; TJPR, *RT* 638/318). Na maioria dos casos de peculato, não é indispensável o exame de corpo de delito (TFR, Ap. 4.585, *DJU* 27.8.81, p. 8201).

- **Perda da função pública:** Para que seja decretada a perda de função de policial civil, que praticou crime de peculato, é necessário que a pena corporal aplicada seja superior a quatro anos (TJRO, *RT* 767/676). *Vide*, também, jurisprudência ao art. 92 do CP.

- **Competência:** Tratando-se de crime de peculato praticado por ex-Secretário da Saúde estadual, consistente no desvio de recursos oriundos de convênios com o SUS, a competência é da Justiça Federal, nos termos do art. 109, IV, da CR (STF, *RT* 753/536).

PECULATO MEDIANTE ERRO DE OUTREM

Art. 313. Apropriar-se de dinheiro ou qualquer utilidade que, no exercício do cargo, recebeu por erro de outrem:
Pena – reclusão, de 1 (um) a 4 (quatro) anos, e multa.

Peculato mediante erro de outrem (peculato- -estelionato ou peculato impróprio)

- **Suspensão condicional do processo:** Cabe, se não houver combinação com o art. 327, § 2º, atendidas as condições do art. 89 da Lei n. 9.099/95.

- **Objeto jurídico, Sujeito ativo e Sujeito passivo:** Iguais aos do art. 312 (*vide* nota ao art. 312, *caput*, do CP).

- **Objeto material:** É dinheiro ou qualquer utilidade, entendendo alguns que esta deve alcançar, apenas, as coisas móveis e de valor econômico; para outros, porém, compreende qualquer coisa que represente vantagem.

- **Tipo objetivo:** O núcleo é o mesmo apropriar-se da figura principal do peculato (*vide* nota ao art. 312, *caput*, do CP). É necessário, porém, que o funcionário se aproprie de objeto que recebeu: *a.* Por erro de outrem. O erro deve ser da vítima que faz a entrega e não pode ter sido causado pelo agente. A pessoa que se engana na entrega tanto pode ser particular como outro funcionário público. *b.* No exercício do cargo, isto é, em razão do cargo público que o agente exerce.

- **Tipo subjetivo:** Igual ao da primeira modalidade do art. 312, *caput* (*vide* nota ao art. 312, *caput*, do CP).

- **Consumação:** Quando o agente passa a dispor da coisa recebida, como se fosse sua.

- **Tentativa:** Admite-se, já que o núcleo *apropriar-se* pode ser fracionado, permitindo o *iter criminis*.

- **Concurso de pessoas:** Pode haver coautoria e participação (CP, arts. 29 e 30), desde que o coautor ou partícipe tenha ciência da qualidade de funcionário público do agente.

- **Pena:** Reclusão, de um a quatro anos, e multa.

- **Ação penal:** Igual à do art. 312, *caput*, do CP.

Figura qualificada

- **Aplicação:** A pena referida no *caput* é aumentada da terça parte se o autor do crime for ocupante de cargo em comissão, função de direção ou assessoramento de órgão da administração direta, sociedade de economia mista, empresa pública ou fundação instituída pelo poder público (*vide* § 2º do art. 327 do CP).

Jurisprudência

- **Confronto com o art. 312:** Se o recebimento do dinheiro apropriado não cabia ao agente, a tipificação é no art. 313 e não no art. 312 do CP (TFR, *RTFR* 71/143). Para que haja desclassificação do art. 312 para o art. 313 é necessário que o erro da vítima, em entregar o valor, não tenha sido induzido pelo agente (TFR, Ap. 5.337, *DJU* 6.8.87, p. 15169). Contra: pouco importa se o equívoco nasceu espontaneamente ou foi induzido pelo agente receptor (TJMG, Ap. 10284150017424001, publ. 20.8.2019).

- **Confronto com o estelionato:** Pratica o delito do art. 171, § 3º, e não o do art. 313, a funcionária pública que, induzindo a erro caixa de agência bancária, obtém vantagem econômica ilícita com o desconto de cheque subtraído de entidade a que era vinculada (TRF da 5ª R., *RT* 760/757).

- **Vencimentos pagos a mais:** No caso de vencimentos pagos a mais ao funcionário, só se consuma quando este, chamado a dar conta, cai em mora e não os devolve (TJSP, *RT* 521/355).

INSERÇÃO DE DADOS FALSOS EM SISTEMA DE INFORMAÇÕES

Art. 313-A. Inserir ou facilitar, o funcionário autorizado, a inserção de dados falsos, alterar ou excluir indevidamente dados corretos nos sistemas informatizados ou bancos de dados da Administração Pública com o fim de obter vantagem indevida para si ou para outrem ou para causar dano:

Pena – reclusão, de 2 (dois) a 12 (doze) anos, e multa.

Inserção de dados falsos em sistema de informações

- **Alteração:** Artigo acrescentado pela Lei n. 9.983, de 14.7.2000 (*DOU* 17.7.2000), cuja entrada em vigor deu-se em noventa dias, ou seja, 15.10.2000.

- **Objeto jurídico:** A Administração Pública, em seus aspectos patrimonial e moral, especialmente seus sistemas informatizados ou bancos de dados.

- **Sujeito ativo:** Só o funcionário público *autorizado*, ou seja, aquele administrativamente designado para a função, e não qualquer funcionário público; trata-se, pois, de crime de mão própria. Embora este artigo não mencione a expressão funcionário público, mas apenas funcionário autorizado, evidentemente àquele se refere, posto que se encontra incluído no Capítulo I "Dos Crimes Praticados por Funcionário Público contra a Administração em Geral" do Título XI "Dos Crimes contra a Administração Pública" do CP. A respeito do conceito de funcionário público para efeitos penais, *vide* nota no art. 327 do CP, especialmente a alteração de seu § 1º feita pela Lei n. 9.983/2000 (art. 2º).

- **Sujeito passivo:** O Estado e a entidade de direito público; em segundo lugar, o particular que eventualmente vier a ser prejudicado.

- **Tipo objetivo:** São quatro as condutas incriminadas: *a. inserir* (introduzir, incluir) dados falsos; *b. facilitar* (tornar fácil, auxiliar, afastar dificuldades) a inserção de dados falsos; *c. alterar* (mudar, modificar) indevidamente dados corretos; *d. excluir* (eliminar) indevidamente dados corretos. Todas essas condutas têm por objeto os sistemas informatizados ou bancos de dados da Administração Pública. Obviamente, para que haja crime, as condutas incriminadas (alíneas *a* a *d* acima) devem ser juridicamente relevantes e ter potencialidade lesiva. Nas condutas *a* e *b*, o objeto material é composto por *dados falsos*. Nas condutas *c* e *d* o agente atua sobre dados corretos, mas, nestes casos, exige-se o elemento normativo do tipo (*indevidamente*).

- **Tipo subjetivo:** O dolo, consistente na vontade livre e consciente de praticar as condutas incriminadas, acrescido do especial fim de agir (obter vantagem indevida para si ou para outrem ou causar dano). Na doutrina tradicional (clássica), é o dolo específico. Não há modalidade culposa.

- **Consumação:** A consumação se dá com a efetiva inserção ou facilitação de inserção (facilitação + inserção facilitada) de dados falsos ou, ainda, com a real alteração ou exclusão indevida de dados corretos. Embora o agente deva agir com o fim de obter vantagem indevida ou causar prejuízo ou dano (*vide Tipo Subjetivo* acima), para a consumação não se exige a ocorrência de quaisquer desses resultados.

- **Tentativa:** Embora teoricamente possível, na prática será de difícil ocorrência.

- **Concurso de pessoas:** Pode haver participação (material ou moral) de terceiro, mas não coautoria, porquanto se trata de crime de mão própria (*vide*, a respeito, nota ao art. 29 do CP sob o título *Crimes próprios, crimes de mão própria e o concurso de pessoas*). Exige-se, todavia, que o partícipe tenha conhecimento da condição de funcionário público do autor (CP, arts. 29 e 30).

- **Confronto:** Tratando-se de utilização ou divulgação de conteúdo sigiloso de certame de interesse público, *vide* art. 311-A do CP.

- **Pena:** Reclusão, de dois a doze anos, e multa.

- **Ação penal:** Pública incondicionada. Sobre o procedimento especial aplicável e a defesa preliminar, *vide* nota *Defesa preliminar (art. 514 do CPP)*, no início deste Capítulo I, Título XI.

Jurisprudência

- **Elementos objetivos:** Para a subsunção da conduta ao tipo penal do art. 313-A, é essencial a presença dos seguintes elementos objetivos: inclusão de dado falso ou alteração/exclusão de dado verdadeiro realizada por funcionário público autorizado a lidar com o sistema informatizado (TRF4, Ap. 5002240-93.2018.4.04.7016/PR, j. 8.10.2019).

- **Seguro-Desemprego:** Se o servidor do Ministério do Trabalho alterou indevidamente dado verdadeiro no sistema do Órgão, consistente na data de demissão de segurado, para que esse obtivesse o seguro-desemprego, resta caracterizado o crime do art. 313-A (TRF4, Ap. 5003917-38.2016.4.04.7111, j. 22.5.2019).

- **Tipicidade e coautoria:** 1. Comete o delito do art. 313-A do CP o servidor lotado no Setor de Informática de Universidade Federal que, nessa condição e para obter vantagem pecuniária indevida em proveito de terceiro, adultera as folhas óticas assinaladas por determinado candidato a fim de permitir a inserção dos dados contrafeitos no sistema informatizado responsável pela apuração do referido certame. 2. Comunicabilidade da circunstância de caráter pessoal, elementar do tipo, à coautora que ao intervir, voluntária e decisivamente para a perpetração da conduta ilícita, detinha o prévio conhecimento da qualidade pessoal do agente (funcionário público). 3. O dolo encontra-se demonstrado pela atuação livre e consciente dos acusados direcionada à inserção de elementos falsos em banco de dados com o intuito defraudá-lo e, assim, obterem a benesse indevida (aprovação em concurso público) decorrente do processamento fraudulento do resultado da referida seleção (TRF da 4ªR., 8ª T., ACR 2007.71.00.009526-5/RS, j. 19.5.2010, rel. Paulo Afonso Brum Vaz, *DJ* 27.5.2010).

MODIFICAÇÃO OU ALTERAÇÃO NÃO AUTORIZADA DE SISTEMA DE INFORMAÇÕES

Art. 313-B. Modificar ou alterar, o funcionário, sistema de informações ou programa de informática sem autorização ou solicitação de autoridade competente:

Pena – detenção, de 3 (três) meses a 2 (dois) anos, e multa.

Parágrafo único. As penas são aumentadas de um terço até a metade se da modificação ou alteração resulta dano para a Administração Pública ou para o administrado.

- **Alteração:** Artigo acrescentado pela Lei n. 9.983, de 14.7.2000 (*DOU* 17.7.2000), cuja entrada em vigor deu-se em noventa dias (15.10.2000).

- **Transação:** Cabe no *caput* deste art. 313-B, desde que não haja incidência do seu parágrafo único ou do § 2º do art. 327, preenchidos os requisitos do art. 76 da Lei n. 9.099/95.

- **Suspensão condicional do processo:** Cabe no *caput* e no parágrafo único, ainda que haja combinação com o art. 327, § 2º, do CP, atendidas as condições do art. 89 da Lei n. 9.099/95.

Modificação ou alteração não autorizada de sistema de informações (caput)

- **Objeto jurídico:** A Administração Pública, especialmente seus sistemas de informação e programas de informática.

- **Sujeito ativo:** Só o funcionário público (crime próprio). Ao contrário do art. 313-A, não se exige que seja funcionário autorizado, isto é, administrativamente designado para a função. Embora este artigo não mencione a expressão funcionário público, mas apenas funcionário, evidentemente àquele se refere, posto que se encontra incluído no Capítulo I ("Dos Crimes Praticados por Funcionário Público contra a Administração em Geral") do Título XI ("Dos Crimes contra a Administração Pública") do CP. A respeito do conceito de funcionário público para efeitos penais, *vide* o art. 327 do CP, especialmente a alteração de seu § 1º feita pela Lei n. 9.983/2000 (art. 2º).

- **Sujeito passivo:** O Estado, representado pela pessoa jurídica de direito público; secundariamente, o particular prejudicado.

- **Tipo objetivo:** São duas as condutas incriminadas: *a.* modificar sistema de informações ou programa de informática; *b.* alterar sistema de informações ou programa de informática. Embora a lei não deva usar palavras desnecessárias, os verbos acima referidos têm o mesmo significado (AURÉLIO BUARQUE DE HOLANDA FERREIRA, *Novo Dicionário da Língua Portuguesa*, Nova Fronteira). Para ANTONIO LOPES MONTEIRO, entretanto, o conceito de alterar é mais abrangente que o de modificar, sendo este espécie e aquele gênero (*Crimes contra a Previdência Social*, Saraiva, 2000, p. 49). O sistema de informações ou programa de informática deverá ser da Administração Pública. Exige-se, ainda, para a configuração deste art. 313-B, que a modificação ou a alteração seja feita sem autorização ou solicitação de autoridade competente (elementos normativos do tipo). Evidentemente, para que haja crime, a modificação ou alteração deve ser juridicamente relevante e ter potencialidade lesiva.

- **Tipo subjetivo:** O dolo, consistente na vontade livre e consciente de praticar as condutas incriminadas. Para a doutrina tradicional (clássica), é o dolo genérico. Não há forma culposa.

- **Consumação:** A consumação se dá com a efetiva modificação ou alteração de sistema de informações ou programa de informática, independentemente da ocorrência de dano para a Administração Pública ou para o administrado; se o dano ocorrer, haverá incidência da causa especial de aumento de pena prevista no parágrafo único deste art. 313-B.

- **Tentativa:** Embora teoricamente possível, já que as condutas incriminadas admitem o *iter criminis*, na prática será de difícil ocorrência.

- **Concurso de pessoas:** Pode haver coautoria ou participação tanto de funcionário público quanto de particular, mas desde que tenham conhecimento da condição de funcionário público do autor (CP, arts. 29 e 30). *Vide* nota ao art. 29 sob a rubrica *Crimes próprios, crimes de mão própria e o concurso de pessoas.*

- **Confronto:** Quanto à violação de direitos de autor de programa de computador, inclusive em prejuízo de entidade de direito público, autarquia, empresa pública, sociedade de economia mista ou fundação instituída pelo Poder Público, art. 12 e parágrafos da Lei n. 9.609/98.

- **Pena:** Detenção, de três meses a dois anos, e multa.

- **Ação penal:** Pública incondicionada. Sobre o procedimento especial aplicável e a defesa preliminar, *vide* nota *Defesa preliminar (art. 514 do CPP)*, no início deste Capítulo I, Título XI.

Causa especial de aumento de pena (parágrafo único)

- **Noção:** Se da modificação ou alteração resulta dano (no sentido naturalístico) para a Administração Pública ou para o administrado (o particular), a pena é aumentada de um terço até a metade.

Jurisprudência

- **Caracterização:** Comete o delito do art. 313-B o servidor de empresa pública que, não autorizado a lidar com o sistema informatizado ou requisitado por quem detenha competência para tanto, modifica dados relativos à restrição de crédito para provocar a concessão fraudulenta de talonários de cheques (TRF4, Ap. 128 SC 2007.72.06.000128-9, publ. 13.1.2010).

EXTRAVIO, SONEGAÇÃO OU INUTILIZAÇÃO DE LIVRO OU DOCUMENTO

Art. 314. Extraviar livro oficial ou qualquer documento, de que tem a guarda em razão do cargo; sonegá-lo ou inutilizá-lo, total ou parcialmente:

Pena – reclusão, de 1 (um) a 4 (quatro) anos, se o fato não constitui crime mais grave.

Extravio, sonegação ou inutilização de livro oficial ou documento

- **Suspensão condicional do processo:** Cabe, se não houver combinação com o art. 327, § 2º, atendidas as condições do art. 89 da Lei n. 9.099/95.

- **Objeto jurídico:** A Administração Pública.

- **Sujeito ativo:** Somente o funcionário público que tenha a guarda do livro ou documento em razão do cargo (*vide* notas ao art. 327 e §§ 1º e 2º do CP). Trata-se, pois, de crime de mão própria.

- **Sujeito passivo:** O Estado e a entidade de direito público.

- **Tipo objetivo:** Três são os núcleos alternativamente previstos: *a. extraviar* (desviar, desencaminhar, fazer perder); *b. sonegar* (não apresentar, ocultar fraudulentamente); *c. inutilizar* (tornar imprestável ou inútil), total ou parcialmente. O objeto material é: *a. livro oficial*, que deve ser livro criado por lei e usado em escriturações, lançamentos, registros etc.; *b. ou qualquer documento*, que pode ser público ou particular (*vide* conceito de documento na nota ao art. 298 do CP). Seja livro oficial ou documento, é imprescindível que o agente tenha a guarda em razão do cargo, isto é, que a guarda seja *dever do seu cargo*.

- **Tipo subjetivo:** O dolo, ou seja, a vontade livre e consciente de extraviar, sonegar ou inutilizar. Na escola tradicional é o "dolo genérico". Não há forma culposa. Note-se que, na conduta de *sonegar*, o mero atraso na apresentação do livro ou documento, mormente se justificado pelo agente, não caracteriza o crime por ausência de dolo.

- **Consumação:** Com o efetivo extravio ou inutilização (ainda que parcial), sem dependência de qualquer outro resultado (ex.: dano à Administração Pública ou a particular). Na modalidade de sonegar, consuma-se quando o agente é instado (por exigência legal) a apresentar o livro ou documento e não o faz.

- **Tentativa:** Admite-se, salvo na hipótese de sonegação (que não admite o *iter criminis*).

- **Concurso de pessoas:** O particular somente pode ser partícipe, pois se trata de crime de mão própria (*vide*, a respeito, nota ao art. 29 do CP sob o título *Crimes próprios, crimes de mão própria e o concurso de pessoas*). Ademais, o partícipe deve ter conhecimento da condição de funcionário público do autor (CP, arts. 29 e 30).

- **Confronto:** Se há especial fim de agir, art. 305 do CP. Se o agente não tiver a guarda ou não for funcionário, art. 337 do CP. Se a sonegação é de papel ou objeto de valor probatório, recebido pelo agente na qualidade de advogado ou procurador, art. 356 do CP. Se o extravio, sonegação ou inutilização acarretar pagamento indevido ou inexato de tributo ou contribuição social, art. 3º, I, da Lei n. 8.137/90 (Lei dos Crimes contra a Ordem Tributária, Econômica e contra as Relações de Consumo).

- **Subsidiariedade:** O crime do art. 314 é expressamente subsidiário ("se o fato não constitui crime mais grave"), de forma que é absorvido por outro crime que o englobe (p. ex., o peculato).

- **Pena:** Reclusão, de um a quatro anos.

- **Ação penal:** Pública incondicionada. Sobre o procedimento especial aplicável e a defesa preliminar, *vide* nota *Defesa preliminar (art. 514 do CPP)*, no início deste Capítulo I, Título XI.

Aumento de pena (art. 327, § 2º)

- **Incidência:** Na hipótese de agente ocupante de cargo em comissão, função de direção ou de assessoramento, cf. § 2º do art. 327 do CP.

Jurisprudência

- **Dolo:** É necessário o dolo genérico, não bastando a culpa funcional do serventuário pelo extravio do livro, para configurar o crime do art. 314 (TJSP, *RT* 575/347). O art. 314 do CP só é punível a título de dolo, não de culpa (TJRS, Pleno, *RT* 458/411). A sonegação de documento exige prova segura do dolo (TJSP, *RT* 492/315).

- **Só o funcionário público pratica:** Por se tratar de crime próprio, só pode ser praticado por funcionário público no exercício de sua função (STJ, *RT* 831/538).

- **Promotor:** Se verificando a errônea nominação das testemunhas da denúncia, trocou a segunda página sem o propósito de extraviar, sonegar ou inutilizar tal documento, não praticou o delito do art. 314 (TJSP, Órgão Especial, RPCR 2171271-19.2018.8.26.0000, publ. 23.8.2018).

- **Guarda:** A guarda irregular de documento na casa do funcionário, por si só, não configura o crime do art. 314 (TJSP, *RT* 556/297).

- **Relevância:** Não se equiparam a livro oficial ou documento as fichas ou cópias não assinadas que estavam na repartição pública (TJSP, *RJTJSP* 105/433).

- **Concurso de crimes:** Não há se a sonegação de livro foi praticada apenas para acobertar o peculato cometido pelo mesmo agente (TJSP, *RT* 612/316). Se sonegou e depois provocou o extravio de volume de inquérito policial, visando exclusivamente ocultar o crime de peculato, absolve-se do crime do art. 314, por força do princípio da consunção (TJSP, Ap. 0081837-44.2011.8.26.0050, publ. 5.4.2019; *RT* 612/316).

- **Inutilização:** Comete o crime quem inutiliza folha contendo cota do Ministério Público em autos judiciais; para sua caracterização não importa a ocorrência ou não do prejuízo, pois o dano, efetivo ou potencial, não é elemento do tipo (TJSP, *RT* 639/277). Se o servidor do ministério do trabalho inutilizou documentos relacionados às atividades do órgão sem observância do procedimento administrativo e legal, resta configurado o delito do art. 314 (TRF4, Ap. 5003917-38.2016.4.047111/RS, j. 22.5.2019).

EMPREGO IRREGULAR DE VERBAS OU RENDAS PÚBLICAS

Art. 315. Dar às verbas ou rendas públicas aplicação diversa da estabelecida em lei:

Pena – detenção, de 1 (um) a 3 (três) meses, ou multa.

Emprego irregular de verbas ou rendas públicas

- **Transação:** Cabe, mesmo que haja combinação com o art. 327, § 2º, do CP, preenchidos os requisitos do art. 76 da Lei n. 9.099/95.

- **Suspensão condicional do processo:** Cabe, ainda que combinado com o art. 327, § 2º, do CP, atendidas as condições do art. 89 da Lei n. 9.099/95.

- **Objeto jurídico:** A regularidade da Administração Pública.

- **Sujeito ativo:** Só o funcionário público com poder de disposição de verbas ou rendas (o chamado "ordenador de despesas"). Trata-se, pois, de crime de mão própria, de forma que pode haver participação (material ou moral) de particular, mas não coautoria (*vide*, a respeito, nota ao art. 29 do CP sob o título *Crimes próprios, crimes de mão própria e o concurso de pessoas*). Exige-se, todavia, que o partícipe tenha conhecimento da condição de funcionário público do autor (CP, arts. 29 e 30).

- **Sujeito passivo:** O Estado e a entidade de direito público.

- **Tipo objetivo:** O objeto material do delito é: *a. verbas*, que são as somas de dinheiro reservadas ao pagamento de determinadas despesas; *b. rendas públicas*, que são os valores, em dinheiro, recebidos pelo erário. A conduta que se incrimina é a de dar aplicação diversa da estabelecida em lei às verbas ou rendas públicas; trata-se, portanto, de norma penal em branco, em que as verbas ou rendas devem ser *vinculadas*, por lei, a certa destinação (educação, saúde etc.). Referindo-se o art. 315 a *lei*, esta deve ser entendida em seu sentido estrito, de modo que é inadmissível ampliar o significado da expressão para alcançar decretos ou outros provimentos administrativos, nem mesmo, tratando-se do Governo Federal, a medida provisória, *enquanto não tiver ela sido convertida em lei* (CR, art. 62, § 3º). A respeito, assinala HELENO FRAGOSO que é "pressuposto do fato que exista lei regulamentando a aplicação dos dinheiros", sendo vedada a interpretação extensiva, de modo que ficam excluídos decretos ou atos administrativos (*Lições de Direito Penal – Parte Especial*, 1965, v. IV, p. 1087). É desnecessário que a conduta cause dano patrimonial à Administração Pública, bastando que atinja a sua regularidade (*vide* nota *Objeto Jurídico*).

- **Tipo subjetivo:** É o dolo, que consiste na vontade livre e consciente de dar aplicação diferente. Na corrente tradicional é o "dolo genérico". Não há punição a título de culpa.

- **Consumação:** Com a efetiva aplicação diversa das verbas ou rendas, independentemente de prejuízo patrimonial ao ente público.

- **Tentativa:** Admite-se, haja vista que a conduta permite o *iter criminis*.

- **Confronto:** Se o agente é Presidente da República, art. 11 da Lei n. 1.079/50. Se o agente é prefeito municipal, art. 1º, III, do Decreto-Lei n. 201/67. Se o agente ordena despesa não autorizada por lei, art. 359-D. Havendo, por qualquer pessoa, aplicação em finalidade diversa da prevista em lei ou contrato de recursos provenientes de financiamento concedido por instituição financeira oficial ou por instituição credenciada para repassá-lo, *vide* art. 20 da Lei n. 7.429/86.

- **Pena:** É alternativa: detenção, de um a três meses, ou multa.

- **Ação penal:** Pública incondicionada. Sobre o procedimento especial aplicável e a defesa preliminar, *vide* nota *Defesa preliminar* (art. 514 do CPP), no início deste Capítulo I, Título XI.

Aumento de pena

- **Incidência:** Tratando-se de agente ocupante de cargo em comissão, função de direção ou de assessoramento, a pena é aumentada de um terço (cf. CP, art. 327, § 2º).

Jurisprudência

- **Estabelecida em lei:** Se o orçamento fora aprovado por decreto do próprio Poder Executivo, e não por lei, falta o requisito que o art. 315 exige (STF, *RT* 617/396). É imprescindível à caracterização do crime deste art. 315 a existência de lei, em sentido formal e material, a prever a destinação da verba (STF, *RT* 833/462).

- **Vigência:** O art. 315 do CP não foi revogado pelo art. 1º da Lei n. 6.397/76, que deu nova redação ao art. 59 da Lei n. 4.320/64 (STF, RHC 55.942, *DJU* 5.5.78, p. 2978).

- **Prefeito municipal:** O emprego de subvenções, auxílios ou recursos de qualquer natureza deve fazer-se com estreita observância de sua destinação específica, caracterizando ilícito penal o desvio para fim diverso (TJRJ, *mv – RT* 699/344).

- **Competência:** O processo pelo emprego irregular de verba federal, doada a Estado com finalidade específica, compete à Justiça Comum e não à Federal, pois, já tendo a verba sido entregue pela União ao Estado, é este que foi afetado (TFR, HC 4.991, *DJU* 6.8.81, p. 7380).

- **Confronto com apropriação indébita:** Se a acusada não utilizou o numerário para a finalidade específica da aquisição do fármaco, optando por satisfazer o seu próprio interesse particular, configura-se o art. 168, e não o art. 315 do CP (TRF4, Ap. 5001306-60.2012.404.7109 RS, j. 27.5.2015).

- **Confronto com peculato:** Se o Prefeito tinha posse de valores que não eram verbas públicas, mas privadas, ou seja, parte da remuneração de servidores descontada em folha de pagamento, dinheiro este que deveria ser repassado a instituições financeiras para adimplemento de empréstimos contraídos pelos próprios funcionários, o desvio desses valores, ainda que não em proveio próprio, mas em proveito do município, caracteriza o art. 312, e não o art. 315 do CP ou o art. 1º, III, V ou IX, do Decreto-Lei n. 201/67 (TJSP, 3ª CCrim Extraordinária, Processo 0001756-07.2013.8.26.0352, j. 7.10.2016).

CONCUSSÃO

Art. 316. Exigir, para si ou para outrem, direta ou indiretamente, ainda que fora da função ou antes de assumi-la, mas em razão dela, vantagem indevida:

Pena – reclusão, de 2 (dois) a 12 (doze) anos, e multa.

EXCESSO DE EXAÇÃO

§ 1º Se o funcionário exige tributo ou contribuição social que sabe ou deveria saber indevido, ou, quando devido, emprega na cobrança meio vexatório ou gravoso, que a lei não autoriza:

Pena – reclusão, de 3 (três) a 8 (oito) anos, e multa.

§ 2º Se o funcionário desvia, em proveito próprio ou de outrem, o que recebeu indevidamente para recolher aos cofres públicos:

Pena – reclusão, de 2 (dois) a 12 (doze) anos, e multa.

- **Alteração:** A pena máxima prevista no *caput* do art. 316 do CP foi alterada pela Lei n. 13.964, de 24.12.2019, tendo sido aumentada de 8 (oito) para 12 (doze) anos de reclusão, mantida a pena mínima de 2 (dois) anos. § 1º com redação dada pela Lei n. 8.137/90 (Lei dos Crimes contra a Ordem Tributária, Econômica e contra as Relações de Consumo). Observe-se que, com a alteração do §1º, o mínimo da pena cominada ao excesso de exação do §1º, de 3 (três) anos, passou a ser superior ao mínimo de 2 (dois) anos da pena da concussão (*caput*), bem como superior ao mínimo também de 2 (dois) anos da pena do crime excesso de exação qualificado do § 2º. Trata-se de uma incongruência do legislador, pois tanto a concussão (*caput*) quanto, obviamente, a figura qualificada do excesso de exação são delitos *mais graves* do que o excesso de exação simples (§ 1º) (a respeito, cf. ROBERTO DELMANTO, "A pressa em punir e os atropelos do legislador", *Revista do Advogado,* AASP, 35/91, outubro de 1991). Em face dos princípios da razoabilidade e da proporcionalidade, ínsitos ao conceito de *devido processo penal substantivo*, pensamos que o juiz, em caso de condenação pelo § 1º, deverá considerar como o mínimo abstratamente cominado aquele do *caput* e do § 2º, ou seja, 2 (dois) anos e não 3 (três).

Concussão (caput)

- **Objeto jurídico:** A Administração Pública.

- **Sujeito ativo:** Somente o funcionário público (*vide* notas ao art. 327 e §§ 1º e 2º do CP), ainda que fora da função ou antes de assumi-la, tratando-se, pois, de crime próprio. Contudo, o particular pode ser coautor ou partícipe, desde que tenha conhecimento da condição de funcionário público do autor (CP, arts. 29 e 30).

- **Sujeito passivo:** O Estado, a entidade de direito público e a pessoa que sofre a concussão.

- **Tipo objetivo:** O núcleo previsto é *exigir*, que tem o sentido de impor, ordenar, intimar. A exigência deve ser para si (para o agente) ou para outrem (terceira pessoa). E pode ser feita de forma direta (pelo próprio agente) ou indireta (por meio de interposta pessoa). A exigência pode ser explícita ou implícita. É indispensável que o funcionário faça a exigência em razão da função pública, ainda que não esteja mais nela ou ainda não a tenha assumido. O que o agente exige é vantagem indevida, considerando-se, como tal, a vantagem ilícita, imediata ou futura, de natureza econômica ou patrimonial. A vantagem deve beneficiar o próprio agente ou terceira pessoa (*vide Tipo subjetivo*). Caso a Administração Pública seja a beneficiada, o crime será outro, qual seja, o de excesso de exação (§ 1º deste art. 316). Note-se que a ação incriminada na concussão é exigir e não receber. Assim, a exigência consuma o crime e o recebimento da vantagem exigida é mero exaurimento.

- **Tipo subjetivo:** O dolo, que consiste na vontade livre e consciente de exigir vantagem que sabe ser indevida, e o elemento subjetivo do tipo contido na expressão "para si ou para outrem". Na doutrina tradicional é o "dolo específico". Não há modalidade culposa.

- **Consumação:** Com a efetiva exigência, independentemente do recebimento da vantagem (crime formal).

- **Consumação e prisão em flagrante:** Por se tratar de crime formal e instantâneo, o agente não pode ser preso em flagrante com fulcro no art. 302, I, do CPP, quando vai, dias depois da exigência ter sido feita, receber a vantagem. Todavia, pode ocorrer a prisão em flagrante se presentes as outras modalidades previstas no mencionado art. 302, como é o caso daquele que "acaba de" cometer a infração (CPP, art. 302, I), ou seja, quando o recebimento é próximo ao momento da exigência.

- **Tentativa:** Caso a exigência não seja verbal, mas feita de forma em que seja possível o *iter criminis* (uma carta ou *e-mail* enviado, por exemplo), a tentativa é possível. HUNGRIA, por sua vez, entende ser inadmissível a tentativa (*Comentários ao Código Penal*, 1959, v. IX, p. 362).

- **Crime putativo provocado:** *Vide* nota ao art. 17 do CP.

- **Confronto:** Em face do princípio da especialidade, se a concussão é praticada "para deixar de lançar ou cobrar tributo ou contribuição social, ou cobrá-los parcialmente", o crime é o do art. 3º, II, da Lei n. 8.137/90 (Lei dos Crimes contra a Ordem Tributária, Econômica e contra as Relações de Consumo).

- **Pena:** Reclusão, de dois a doze anos, e multa. Para os fatos cometidos antes da entrada em vigor da Lei n. 13.964, de 24.12.2019, que se deu trinta dias após a sua publicação, a pena máxima será de oito anos de reclusão (princípio da irretroatividade da lei penal mais gravosa – CP, art. 2º, parágrafo único; CF, art. 5º, inciso XL).

■ **Ação penal:** Pública incondicionada. Sobre o procedimento especial aplicável e a defesa preliminar, *vide* nota *Defesa preliminar (art. 514 do CPP)*, no início deste Capítulo I, Título XI.

Excesso de exação (§ 1º)

■ **Objeto jurídico:** A Administração Pública.

■ **Sujeito ativo:** Igual ao do *caput*.

■ **Sujeito passivo:** O Estado, a entidade de direito público e o particular prejudicado.

■ **Tipo objetivo:** O excesso de exação é previsto sob duas modalidades distintas: exigência indevida e cobrança vexatória. *1ª modalidade*: pune-se a conduta do funcionário que exige (reclama, demanda) tributo ou contribuição social que sabe ou deveria saber indevido. Como assinala MAGALHÃES NORONHA, são indevidos "porque não são determinados por lei, ou porque não os deve o contribuinte, ou porque excedem ao *quantum* legal" (*Direito Penal*, 1995, v. IV, p. 241). *2ª modalidade*: incrimina-se o comportamento do funcionário que, embora devido o tributo ou contribuição social, emprega na cobrança meio vexatório ou gravoso, que a lei não autoriza. Aqui, não obstante ser devido pelo contribuinte o tributo ou contribuição social, o agente emprega (faz uso, lança mão, serve-se), na cobrança, meio vexatório (humilhante, que causa vergonha) ou gravoso (que acarreta maiores despesas para o contribuinte), que a lei não autoriza. Como exemplos de meios vexatórios, podem ser lembrados: cobrança realizada de modo a humilhar o contribuinte, ofensas morais ou físicas, diligência aparatosa, alarde ou publicidade desnecessária etc. Observe-se que a lei só se refere a "tributo ou contribuição social", não se podendo, portanto, em face do princípio da reserva legal, alargar a figura do § 1º.

■ **Tipo subjetivo:** Na primeira parte do § 1º é o dolo, que consiste na vontade livre e consciente de exigir tributo ou contribuição social que sabe (dolo direto) ou deveria saber (dolo eventual) indevido (*vide* nota ao art. 18 do CP, sob o título *Punição por culpa* – parágrafo único). Na segunda parte é apenas o dolo direto. Na escola tradicional é o "dolo genérico". Não há forma culposa.

■ **Consumação:** Na primeira modalidade, com a efetiva exigência, sem dependência do recebimento. Na segunda modalidade, com o emprego do meio não autorizado.

■ **Tentativa:** Embora difícil de ocorrer na prática, a tentativa é admissível, porque as condutas permitem, em tese, o *iter criminis*.

■ **Confronto:** Se o funcionário desvia, em proveito próprio ou de terceiro, o que recebeu indevidamente, o crime é o do § 2º deste art. 316 (figura qualificada).

■ **Pena:** Reclusão, de três a oito anos, e multa. Todavia, em face dos princípios da razoabilidade e da proporcionalidade, entendemos que a pena mínima deva ser a mesma do *caput* e do § 2º, isto é, de dois anos (*vide* nota *Alteração* acima).

■ **Ação penal:** Pública incondicionada. Entendemos que o acusado do crime deste art. 316, § 1º, também terá direito à defesa preliminar prevista no art. 514 do CPP. Sobre o procedimento especial aplicável e a defesa preliminar, *vide* nota *Defesa preliminar (art. 514 do CPP)*, no início deste Capítulo I, Título XI.

Figura qualificada (§ 2º)

■ **Alcance:** Este § 2º diz respeito, tão só, ao crime de excesso de exação previsto no § 1º (primeira parte).

■ **Objeto jurídico, sujeito ativo e sujeito passivo:** Iguais aos do § 1º.

■ **Tipo objetivo:** Pune-se a conduta do funcionário que, após praticar a primeira modalidade do delito de excesso de exação (exigir tributo ou contribuição social que sabe ou deveria saber indevido), em vez de recolher aos cofres públicos o tributo ou contribuição social que recebeu indevidamente do contribuinte, o desvia. O desvio deve ser em proveito próprio ou de outrem (*vide Tipo subjetivo*). O desvio precisa ser antes do recolhimento ao tesouro público, senão poderá caracterizar peculato (CP, art. 312).

- **Tipo subjetivo:** O dolo, que consiste na vontade livre e consciente de desviar a importância indevidamente recebida, e o elemento subjetivo do tipo contido na expressão "em proveito próprio ou de outrem". Na doutrina tradicional é o "dolo específico". Não há modalidade culposa.
- **Consumação:** Com o efetivo desvio.
- **Tentativa:** Admite-se.
- **Pena:** Reclusão, de dois a doze anos, e multa.
- **Ação penal:** Igual à do *caput*.

Figura qualificada especial
- **Aplicação:** Na hipótese de agente ocupante de cargo em comissão, função de direção ou assessoramento, *vide* nosso comentário ao § 2º do art. 327 do CP.

Jurisprudência da concussão
- **Consumação:** O crime de concussão é de mera conduta, consumando-se com a exigência do agente; o recebimento posterior é mero exaurimento da infração (STF, *RTJ* 71/651; TFR, Ap. 3.726, *DJU* 6.6.80, p. 4150; TJSP, *RJTJSP* 111/508, *RT* 725/546; TJMG, *RT* 560/374; TJPR, *RT* 519/407; TJBA, *RT* 815/621). É crime formal, consumando-se com a só exigência (TJMG, *RT* 728/623; TRF da 3ª R., *RT* 735/721), em razão da função pública (TJPR, *RT* 628/343), mas o efetivo recebimento da vantagem "pode ser considerado na medida da pena" (TJSP, *RJTJSP* 173/313).
- **Rateio de vencimentos ("rachadinha"):** Desembargador que exige vantagem indevida consistente no rateio de vencimentos percebidos por duas servidoras comissionadas, como condição para indicação a cargo em comissão e sua posterior manutenção, pratica o crime do art. 316, *caput* (STJ, CEsp, APn 825/DF, *DJe* 8.4.2019).
- **Prisão em flagrante:** É crime formal, não podendo haver prisão em flagrante dias depois, quando o agente vai receber o que exigira antes (TFR, HC 6.319, *DJU* 12.9.85, p. 15341; TJSP, *RT* 487/271, 483/287). *Contra, em parte*: não é nula a prisão em flagrante realizada após a consumação do delito; inteligência do art. 302, III e IV, do CPP (STF, 2ª T., HC 92.711/RS, j. 10.6.2008).
- **Prova da exigência:** Para a caracterização do crime de concussão é indispensável que o funcionário público exija vantagem indevida, devendo sempre existir prova da exigência, posto que o crime do art. 316 do CP nada mais é do que uma espécie de extorsão (TJSP, *RT* 779/548).
- **Desclassificação:** Se não houve exigência de vantagem, mas só o seu recebimento, não se configura o crime previsto neste art. 316, *caput* (TJSP, *RT* 585/311). Desclassifica-se para o delito de prevaricação (CP, art. 319), se não houve exigência de importância superior à devida, mas retardamento na prática do ato quando não atendida a pretensão (TJSP, *RT* 525/324). Se não há "exigência", mas "solicitação", é corrupção passiva (CP, art. 317) e não concussão (STJ, 6ª T., AgRg no REsp 1.675.716 RS, *DJe* 4.2.2019; TJSP, *RT* 388/200, 736/618). Havendo descrição suficiente da conduta na denúncia, é possível a desclassificação do crime de corrupção passiva para o de concussão, ainda que a pena mínima cominada a este seja maior que a cominada àquele (TRF da 4ª R., *RT* 819/709). A "insinuação sutil, a sugestão, a proposta maliciosa" não configuram concussão, mas, quando muito, corrupção passiva (TJSP, *RT* 685/307).
- **Concussão e corrupção ativa:** Pelas mesmas ações são incompossíveis os crimes de corrupção ativa praticados pelo particular e de concussão cometidos pela autoridade pública (STF, *RTJ* 93/1023).
- **Concussão e corrupção passiva:** Pratica corrupção passiva, e não concussão, o médico credenciado ao INSS que solicita importância em dinheiro, por fora, sem imposição, para realizar operação em beneficiária da autarquia (TRF da 4ª R., *RT* 752/728). Comete o crime de concussão, e não o de corrupção passiva, o médico credenciado ao INSS que, para a realização de cirurgia imprescindível em paciente segurado pela Previdência, exige pagamento de importância que não lhe é devida, já que a vítima cede mediante constrangimento moral invencível (TJSP, *RT* 755/605). Pratica concussão, e

não corrupção passiva, o servidor do INSS que, ante a recusa de pensionista em ceder à exigência de pagamento para dar tramitação a processo administrativo, ameaçou-a de criar entraves à percepção do benefício (TRF da 4ª R., *RT* 783/775). Há concussão e não corrupção passiva se, embora formalmente partida do particular, a oferta da vantagem indevida corresponde, nas circunstâncias do fato, a uma exigência implícita na conduta do funcionário público (STF, *RT* 765/535). Comete corrupção passiva o funcionário público que apenas solicita valor indevido para a expedição de cédula de identidade, sem que a vítima tenha cedido à exigência exclusivamente por temor, mas por entender tratar-se de quantia devida e necessária para a expedição do documento (TJMG, *RT* 774/646).Caracteriza-se concussão – e não corrupção passiva – se a oferta da vantagem indevida corresponde a uma exigência implícita na conduta do funcionário público, que, nas circunstâncias do fato, se concretizou na ameaça (STF, 1ª T., HC 89.686/SP, j. 12.6.2007, *DJ* 17.8.2007, p. 58).

- **Concussão e prevaricação:** Há concurso formal se o policial exige vantagem indevida para ignorar prática contravencional. Para a concussão não importa examinar se havia ou não contravenção; para a prevaricação é pressuposto haver a contravenção (STF, *RT* 653/395).

- **Concussão e extorsão:** "O principal traço distintivo entre os dois crimes é que, na extorsão, o intuito de obter indevida vantagem econômica decorre de constrangimento causado pela violência física ou grave ameaça perpetrada contra o sujeito passivo, não exclusivamente do temor genérico que a simples condição funcional do agente inspira na vítima, como acontece na concussão. *In casu*, ainda que o delito tenha sido cometido por funcionários públicos (policiais militares), os quais teriam se valido dessa condição para a obtenção da vantagem indevida, o crime por eles cometido corresponde ao delito de extorsão qualificada e não ao de concussão, uma vez configurado o emprego de grave ameaça e violência" (TJPE, Ap. 0063897-29.2015.8.17.0001, publ. 21.8.2019).

- **Concussão e crime contra a ordem tributária:** O funcionário público que, em razão de sua função de fiscal de rendas, exige dinheiro para não lavrar o auto de infração e imposição de multa, comete o delito do art. 3º, II, da Lei n. 8.137/90, e não o crime de concussão (TJSP, *RT* 750/595).

- **Concurso de pessoas:** Particular pode ser partícipe de concussão (STJ, RHC 5.779/SP, *DJU* 1.12.97, p. 62812-3, *in RBCCr* 21/306; TJSP, 704/329, 698/342; TJPR, *PJ* 46/176; TRF da 3ª R., Ap. 74.647, *DJU* 25.10.94, p. 61013). O crime de concussão é crime funcional, ou seja, cometido por funcionário público, sendo comunicável tal circunstância elementar do delito ao coautor que não ostente esta condição (TJSP, *RT* 792/611).

- **Para "aliviar a barra":** Pratica concussão se exige para si vantagem indevida para "aliviar a barra" do larápio que conduziu à Delegacia (TJDF, Ap. 3/92, *DJU* 5.8.93, p. 30264).

- **Crime militar:** Impossível a incidência de circunstância agravante se esta caracteriza o próprio tipo penal, sob pena de incorrer-se em *bis in idem*, valorando negativamente os mesmos fatores, em prejuízo à liberdade do acusado. No crime de concussão, a violação aos deveres do cargo integram o próprio tipo penal (STJ, 6ª T., HC 51.859/SP, j. 12.5.2009, *DJe* 1.6.2009).

- **Hospital ou laboratório:** Incide no crime de concussão o responsável por estabelecimento hospitalar ou laboratorial, conveniado com a Previdência Social, que exige dos segurados pagamento adicional pelos serviços a que se obrigou (TRF da 4ª R., Pleno, APn 29.858, *mv* – *DJU* 9.3.94, pp. 8738-9, *in RBCCr* 6/232).

- **Médico:** É atípica a conduta do médico que faz acordo com paciente no sentido de serem ressarcidas as despesas de uso de aparelho em cirurgia feita em hospital público (TRF da 4ª R., Ap. 95.04.13.920-5/SC, *DJU* 13.11.96, p. 87195, *in RBCCr* 17/358). Se exige o pagamento de uma quantia para cirurgia não coberta pelo SUS, e, ao mesmo tempo, se beneficia pelo valor pago pelo procedimento coberto pelo SUS, comete o crime do art. 316 (TJRS, 4ª CCrim, Ap. 70069542793, *DJe* 12.8.2016).

- **Defensor dativo:** Ao contrário do integrante da Defensoria Pública, não exerce função pública, mas somente *munus publicum*, não podendo ser considerado funcionário público para fins penais. Fato atípico (TJRS, Ap. 70048117394, j. 13.9.2012, in Bol. AASP 2849, p. 16).

■ Falta funcional: Simples pedido de oficial de justiça ao citando, residente na zona rural, a título de reembolso do táxi, é tão somente falta funcional (TJMG, RT 633/327).

■ Serventuários extrajudiciais: Se o oficial ou escrivão faz a cobrança de emolumentos de acordo com a tabela expedida por sindicato dos notários e registradores, apoiada em decreto estadual, não há concussão, por falta de dolo, até que o juiz da comarca baixe norma determinando deva ser seguida a tabela oficial, da Corregedoria de Justiça (TJMG, JM 131/456).

■ Pena-base: Não se justifica o aumento da pena-base em razão de o crime ter sido cometido em detrimento de instituto público, visto que a gravidade do crime com relação ao bem jurídico afetado é inerente ao próprio tipo penal (TRF da 2ª R., RT 775/697). Considerando que os crimes descritos nos arts. 312 e 316 do CP só podem ser praticados por funcionário público, o acréscimo da pena-base, com fundamento no cargo exercido pelo paciente, configura bis in idem (STF, 2ª T., HC 88.545/SP, j. 12.6.2007, DJ 31.8.2007, p. 55).

■ Competência: Tratando-se de agentes federais, que agiram em nome do Poder Público, valendo-se da função que exerciam, houve lesão a interesse da União, sendo competente a Justiça Federal (TRF da 3ª R., RT 735/721). Igualmente, no caso de responsável por estabelecimento hospitalar ou laboratorial, conveniado com a Previdência Social, que exige dos segurados pagamento adicional pelos serviços a que se obrigou (TRF da 4ª R., Pleno, APn 29.858, mv – DJU 9.3.94, pp. 8738-9, in RBCCr 6/232). Remanescendo somente os delitos de concussão e formação de quadrilha, pela eventual conduta de receber valores de clientes atendidos por meio do SUS, não se evidencia prejuízo a ente federal, produzindo tão somente efeitos no âmbito particular, sendo a competência da Justiça Estadual (STJ, 3ª S., CComp 84.813/RS, j. 10.6.2009, DJe 29.6.2009). Compete à Justiça Estadual o processo e julgamento de crime de concussão praticado por médico de hospital conveniado ao SUS, contra pacientes internados na referida instituição, consistente na cobrança indevida de taxas extras pela prestação de serviços médico-hospitalares (STJ, RT 761/565; TJRJ, RT 815/653; TRF da 1ª R., RT 822/702; TRF da 4ª R., Ap. 2001.04.0644007, DJU 9.10.2002, p. 949, in Bol. IBCCr 122/674; contra: TRF da 4ª R., Ap. 775/712; HC 2000.04.01.019017-0/RS, j. 4.4.2000, DJU 26.4.2000, p. 50, in Bol. IBCCr 91/456; TJRS, RT 775/674). Compete à Justiça Estadual o processo e julgamento do crime de concussão ou de corrupção passiva que tem como sujeito passivo secundário indivíduo condenado pela Justiça Federal, que, por força de delegação legal, cumpre pena em estabelecimento penitenciário estadual (STF, RT 758/486). A 3ª Seção desta Corte reafirmou o posicionamento pela competência da Justiça Estadual para a apuração dos delitos de concussão, entendendo, em síntese, que não se cuida de crime afeto à Justiça Federal, porquanto o delito objeto da investigação envolve obtenção de vantagem indevida por parte do agente, em prejuízo do respectivo paciente, sem nenhuma violação aos interesses da Autarquia Previdenciária. (STJ, 3ª S., CComp 26.424/SP, DJ de 26.8.2002; 6ª T., HC 41.985/AP, j. 22.9.2009, DJe 13.10.2009; 3ª S., AgRg no CComp 64.322/RS, j. 12.5.2009, DJe 1.6.2009).

Jurisprudência do excesso de exação

■ Tipos objetivo e subjetivo: O excesso de exação tem como tipo objetivo a exigência de tributo ou contribuição e, como tipo subjetivo, o dolo (TRF da 2ª R., HC 492, DJU 14.6.94, p. 30917).

■ Desembaraço aduaneiro: Não caracteriza excesso de exação a exigência, pela autoridade administrativa, do pagamento do ICMS para efetuar o desembaraço de mercadorias importadas, não obstante se trate de matéria sumulada pelo STF (TRF da 2ª R., HC 492, DJU 14.6.94, p. 30917).

■ Confronto com concussão (art. 316, caput): Se o acusado, no exercício da função pública, fez a exigência indevida de emolumentos relativos ao Registro de Imóveis, os quais são classificados como taxas, impossível a desclassificação do delito para o tipo penal previsto no caput do art. 316 do CP (TJSC, ED 0010371-76.2012.8.24.0125, j. 22.10.2019).

Jurisprudência do excesso de exação (anterior à atual redação dada pela Lei n. 8.137/90)

- **Erro:** Não há crime se o agente supõe, por erro, que a exigência é legítima (TJSP, *RT* 535/259).

- **Exigência:** A exigência, no crime de excesso de exação, equipara-se à pura cobrança (TACrSP, *RT* 505/348).

- **Serventuários da justiça:** Há acórdãos admitindo que o art. 316, § 1º, não se aplica a eles, ou só é cabível em caso de reincidência, por força do art. 18 do Decreto-Lei n. 115/67 (STF, *RTJ* 94/31; TJSP, *RJTJSP* 85/367).

- **Serventuários extrajudiciais:** É atípica a cobrança excessiva de custas e emolumentos por escrivão de cartório extrajudicial, pois o art. 316 do CP não se aplica aos serventuários deste (TJSP, *RJTJSP* 111/549).

CORRUPÇÃO PASSIVA

Art. 317. Solicitar ou receber, para si ou para outrem, direta ou indiretamente, ainda que fora da função ou antes de assumi-la, mas em razão dela, vantagem indevida, ou aceitar promessa de tal vantagem:

Pena – reclusão, de 2 (dois) a 12 (doze) anos, e multa.

§ 1º A pena é aumentada de um terço se, em consequência da vantagem ou promessa, o funcionário retarda ou deixa de praticar qualquer ato de ofício ou o pratica infringindo dever funcional.

§ 2º Se o funcionário pratica, deixa de praticar ou retarda ato de ofício, com infração de dever funcional, cedendo a pedido ou influência de outrem:

Pena – detenção, de 3 (três) meses a 1 (um) ano, ou multa.

- **Alteração e irretroatividade:** Com o advento da Lei n. 10.763, de 12.11.2003, a antiga pena do *caput* (reclusão, de um a oito anos, e multa) foi alterada. Por força da garantia da irretroatividade da lei penal maléfica, a nova pena, por ser mais gravosa, somente se aplica para fatos cometidos após a vigência dessa lei, ocorrida em 13.11.2003.

- **Transação:** Cabe no § 2º deste art. 317, ainda que combinado com o § 2º do art. 327, preenchidos os requisitos do art. 76 da Lei n. 9.099/95.

- **Suspensão condicional do processo:** Cabe no § 2º.

Corrupção passiva (caput)

- **Nota:** Estudo mundial realizado pela OCDE – Organização para a Cooperação e Desenvolvimento Econômico, cuja Convenção foi subscrita pelo Brasil no ano de 2000, abrangendo quatro setores (indústrias de extração, infraestrutura e serviços públicos, saúde e educação) adverte que a corrupção, além de implicar aumento de custos com desvios de dinheiro público, de minar o caráter competitivo e a busca de inovações tecnológicas de empresas que contratam com o setor público, de corroer a confiança nas instituições e na própria Democracia, acarreta efeitos indiretos que muitas vezes não são lembrados, gerando graves consequências no próprio crescimento econômico e no desenvolvimento social de países altamente envolvidos com corrupção, inclusive na redução da pobreza. Como salientou, em editorial, o jornal *O Estado de S. Paulo* (edição de 4.4.2015), na área da saúde, por exemplo, não são apenas os remédios que ficam mais caros; "por causa da corrupção, uma parcela significativa da população pode ficar sem remédio" e, como tem sido comum no Brasil, sem leitos, exames e médicos suficientes em hospitais públicos. Na educação, acrescentamos, a corrupção pode comprometer a escolha dos livros a serem comprados pelo Estado, sem a devida consideração de seu conteúdo, a própria localização e até mesmo o número de escolas construídas. Situação correlata ocorre na área habitacional: a corrupção, além de aumentar o custo dos imóveis, compromete a qualidade dos materiais utilizados e a sua durabilidade. Nesse sentido, "a OCDE vê a corrupção como causa de escassez, além de outros perniciosos efeitos sistêmicos" (o relatório pode ser obtido no *site* www.oecd.org).

- **Remissão:** A corrupção ativa é prevista, como infração separada e independente, no art. 333 do CP. Note-se, todavia, que na forma de *aceitar*, há a prática, por outra pessoa, do crime de corrupção ativa (CP, art. 333). Quanto à figura de *receber*, vide nota *A conduta de dar*, no art. 333.

- **Objeto jurídico:** A Administração Pública.

- **Sujeito ativo:** Só o funcionário público (*vide* notas ao art. 327 e §§ 1º e 2º do CP), ainda que fora da função ou antes de assumi-la, mas desde que pratique o crime em razão da função pública. Contudo, o particular pode ser coautor ou partícipe, desde que tenha conhecimento da condição de funcionário público do autor (CP, arts. 29 e 30). Trata-se, pois, de crime próprio.

- **Sujeito passivo:** O Estado, a entidade de direito público e a pessoa prejudicada.

- **Tipo objetivo:** São três as ações previstas: *a.* solicitar (pedir); *b.* receber (aceitar, entrar na posse); *c.* aceitar promessa (anuir, concordar com a promessa). O objeto material é a vantagem indevida. A respeito, divide-se a doutrina, entendendo-se ser apenas a vantagem patrimonial, como dinheiro ou qualquer utilidade material (Hungria, *Comentários ao Código Penal*, 1959, v. IX, p. 370) ou qualquer espécie de benefício ou de satisfação de desejo (Heleno Fragoso, *Lições de Direito Penal – Parte Especial*, 1965, v. IV, p. 1103; Magalhães Noronha, *Direito Penal*, 1995, v. IV, p. 250). De toda forma, pode-se dizer que *indevida* é a vantagem que a lei não autoriza. A solicitação, recebimento ou aceitação de promessa, deve ser para si (para o próprio agente) ou para outrem (*vide Tipo subjetivo* abaixo). E pode ser solicitada direta (pelo próprio funcionário) ou indiretamente (mediante interposição de outra pessoa). A solicitação tanto pode ser feita expressamente como disfarçada ou veladamente. É imprescindível, sempre, que seja em razão da função pública do agente, ainda que fora dela ou antes de assumi-la. Note-se, portanto, o que se pune é o tráfico da função pública. A expressão "em razão dela" não exige que a solicitação, recebimento ou aceitação de vantagem indevida, esteja relacionada a um ato de ofício, caracterizando-se o crime ainda que as ações ou omissões indevidas estejam fora das atribuições formais do funcionário público. É indiferente, portanto, que a contraprestação visada seja ato legal e regular (será a chamada corrupção imprópria) ou não (neste caso, denominada corrupção própria). A conduta, todavia, deve sempre estar atrelada à função pública do agente. Gratificações de pequena monta: "as gratificações usuais, de pequena monta, por serviços extraordinários (não se tratando, é bem de ver, de ato contrário à lei), não podem ser consideradas material de corrupção" (Hungria, *Comentários ao Código Penal*, 1959, v. IX, p. 370; no mesmo sentido: Heleno Fragoso, *Lições de Direito Penal – Parte Especial*, 1965, v. IV, p. 1105; Damásio de Jesus, *Direito Penal*, 1995, v. IV, p. 135; Magalhães Noronha, *Direito Penal*, 1995, v. IV, p. 251, e Júlio F. Mirabete, para quem "aplica-se, na hipótese, o princípio da insignificância ou da bagatela", *Manual de Direito Penal*, 1996, v. III, p. 314).

- **Ato de ofício:** Conforme decidido pelo STF, no julgamento do "Caso Collor" (Pleno, mv, APn 307-3/DF, j. 13.12.1994), a jurisprudência exigia, para a caracterização do delito de corrupção passiva, a efetiva prática de ato de ofício. Ocorre que, posteriormente, tal entendimento mudou, passando a prever que, para a caracterização do crime, não se exige a efetiva prática de ato de ofício, que configura o aumento de pena previsto no §1º do art. 317 do CP (*vide* jurisprudência abaixo sob o mesmo título).

- **Tipo subjetivo:** O dolo, ou seja, a vontade livre e consciente de praticar as ações previstas, e o elemento subjetivo do tipo implícito na expressão "para si ou para outrem". A doutrina tradicional divide-se, indicando o "dolo específico" (Magalhães Noronha, *Direito Penal*, 1995, v. IV, p. 251) ou "genérico" (Heleno Fragoso, *Lições de Direito Penal – Parte Especial*, 1965, v. IV, p. 1106; Hungria, *Comentários ao Código Penal*, 1959, v. IX, p. 371). Não há forma culposa.

- **Consumação:** Com a efetiva solicitação, recebimento ou aceitação.

- **Tentativa:** Embora difícil de ocorrer na prática, em tese, é possível.

- **Crime putativo provocado:** *Vide* nota ao art. 17 do CP, sob igual título.

- **Concurso de pessoas:** Quanto à coautoria ou participação de particulares, *vide* nota acima, sob o título *Sujeito ativo*.

- **Confronto:** Se, em vez de solicitação, há exigência do agente, o crime será o de concussão (cf. art. 316, do CP). Como já dito acima, na modalidade de aceitar, o corruptor incide no art. 333 do CP (corrupção ativa).

- **Pena:** Reclusão, de dois a doze anos, e multa.

- **Ação penal:** Pública incondicionada. No *caput* e no § 2º, é necessária a apresentação da defesa preliminar (CPP, art. 514), em razão de se tratar de crime funcional próprio e afiançável. No § 1º, todavia, por ser a pena mínima superior a dois anos, e, portanto, inafiançável o crime (CPP, art. 323, I), o acusado, em tese, não terá direito à defesa preliminar. Sobre o procedimento especial aplicável e a defesa preliminar, *vide* nota *Defesa preliminar (art. 514 do CPP)*, no início deste Capítulo I, Título XI.

Aumento de pena (§ 1º)

- **Noção:** É a chamada corrupção própria exaurida. Ocorre quando o funcionário, em consequência da vantagem ou promessa (*vide* nota ao *caput*), efetivamente: a. retarda (atrasa) ato de ofício; b. deixa de praticar qualquer ato de ofício (se omite); c. ou pratica infringindo dever funcional (pratica ato que viola dever de sua função).

- **Pena:** A pena do *caput* é aumentada de um terço.

- **Ação penal:** Igual à do *caput*.

Figura privilegiada (§ 2º)

- **Noção:** Nesta figura, o funcionário pratica, deixa de praticar ou retarda ato de ofício, com infração de dever funcional (*vide* nota ao § 1º), mas o faz cedendo a pedido ou influência de outrem. O agente transige em seu dever não por visar a uma vantagem direta, mas em razão de pedido ou influência de terceira pessoa, a quem lhe interessa agradar ou adular. A pena é menor porque o legislador entendeu que a conduta aqui é menos reprovável do que as outras figuras deste art. 317.

- **Confronto:** O superior hierárquico que deixa, por indulgência (e não por vantagem indevida), de responsabilizar subordinado, incide nas penas do crime de condescendência criminosa (CP, art. 320).

- **Pena:** É alternativa: detenção, de três meses a um ano, ou multa.

- **Ação penal:** Pública incondicionada. Faz-se necessária a notificação do acusado e seu defensor para apresentar defesa preliminar (CPP, art. 514).

Aumento de pena (figura especial)

- **Aplicação:** Tratando-se de ocupante de cargo em comissão, função de direção ou assessoramento, a pena será aumentada da terça parte (*vide* nosso comentário ao § 2º do art. 327 do CP).

- **Tipo misto alternativo:** O tipo do art. 317 do Estatuto Repressivo é misto alternativo, na medida em que a prática de mais de uma conduta, como solicitar e receber, importa em infração penal única, cujo sujeito ativo é funcionário público, no caso, o ora paciente, "que solicitou, por mais de uma vez, vantagens indevidas (STF, 1ª T., AgRg no RHC 0328282-59.2016.3.00.0000 ES, DJe 3.9.2019).

Jurisprudência

- **Infração bilateral:** Na modalidade de receber o crime é bilateral, de forma que não é possível a condenação dos passivos, quando os corruptores ativos foram absolvidos (Heleno Fragoso, *Jurisprudência Criminal*, 1979, v. I, n. 114). *Vide* nota no art. 333, sob a atipicidade da conduta de *dar*.

- **Em razão da função:** Há basicamente duas posições: 1ª. Deve ser para ato de ofício: Não se tipifica o crime deste art. 317 se a execução dos atos não era inerente à função e ofício do funcionário (TJSP, *RJTJSP* 99/428); 2ª. Não precisa ser para ato de ofício, mas apenas em razão da função: "(...) 8. O crime de corrupção passiva consuma-se ainda que a solicitação ou recebimento de vantagem indevida, ou a aceitação da promessa de tal vantagem, esteja relacionada com atos que formalmente não se inserem nas atribuições do funcionário público, mas que, em razão da função pública, materialmente implicam alguma forma de facilitação da prática da conduta almejada" (STJ, 6ª T,. REsp 1745410 / SP. rel. Sebastião Reis Junior (vencido), j. 2.10.2018, *DJe* 23.10.2018). Embora o crime possa ser praticado antes mesmo de o agente assumir função pública, mas em razão dela deve ficar demonstrado que o acusado iria, efetivamente, assumi-la (TJSP, *RT* 791/589). Na modalidade de solicitar, pouco importa que o agente não tenha assumido função pública ou que não tenha recebido qualquer forma de pagamento, já que se trata de crime formal (TJSP, *mv* – *RT* 774/570).

- **Concurso de pessoas:** Configura o crime a participação no comportamento omissivo penalmente relevante do réu que, como delegado de polícia e responsável pelo serviço de identificação civil, ciente da conduta delituosa perpetrada por sua concubina e subordinada, empresta ares de legalidade à cobrança indevida de valores para expedição de cédula de identidade civil (TJMG, *RT* 774/646).

- **Ato de ofício:** Para a configuração da corrupção passiva deve ser apontado ato de ofício do funcionário, configurador de transação ou comércio com o cargo então por ele exercido (STF, Pleno, *mv*, APn 307-3-DF, j. 13.12.94, caso Collor). Contra: A corrupção passiva dispensa a exigência da efetiva prática de ato de ofício, o que constitui causa de aumento de pena prevista no §1º do art. 317, conforme precedente do STF (STJ, CE, Apn 841/DF, *DJe* 22.5.2019).

- **Desnecessidade de identificação do corruptor:** Para a caracterização da corrupção passiva, não é necessário que o corruptor ativo seja identificado (STJ, CE, Apn 841/DF, *DJe* 22.5.2019).

- **Em proveito da administração:** Não configura o art. 317 se a importância não foi recebida para si ou para outrem, mas em proveito do próprio serviço público (TJSC, *RT* 527/406).

- **Gratificação:** Excluem-se da incriminação de corrupção pequenas doações ocasionais recebidas pelo funcionário, em razão de suas funções (TJSP, *RT* 389/93, 761/592).

- **Pedido de reembolso:** Não configura crime a solicitação de importância pequena, para reembolso das despesas feitas com combustível na realização de diligência (TJSP, *RT* 579/306).

- **Consumação:** Na forma de solicitar é crime de mera conduta e seu momento consumativo se dá com a simples solicitação da vantagem indevida (STJ, *RT* 734/646; TRF da 4ª R., *RT* 784/741; TJSP, *RJTJSP* 104/426, *RT* 686/320, 648/265), sendo irrelevante a concordância da pessoa a quem dirigida a solicitação ou a entrega concreta e material daquilo que foi solicitado (TJSP, *RT* 718/372).

- **Irrelevância da destinação do valor auferido:** Sendo a corrupção passiva um crime formal, ou de consumação antecipada, é indiferente para a tipificação da conduta a destinação que o agente confira ou pretenda conferir ao valor ilícito auferido, que constitui, assim, mera fase de exaurimento do delito (STF, Pleno, Inq 2.245/MG, j. 28.8.2007, *DJ* 9.11.2007, p. 38).

- **Denúncia:** Deve descrever a relação entre a "vantagem econômica" recebida ou aceita e a prática ou omissão de fato inerente à função pública do agente, sob pena de trancamento da ação penal por falta de justa causa (TRF da 1ª R., *RT* 783/756; TJSP, *RT* 761/592). No mesmo sentido: STF, Inq 785-4/DF, j. 8.11.95, *mv* – *DJU* 7.12.2000, p. 11, *in Bol. IBCCr* 99/516.

- **Vendas de carteira de motorista:** Vendida por funcionário público é corrupção própria (§ 1º) e não estelionato, ainda que o corruptor ativo não seja condenado (TJSP, *RT* 536/306).

- **Vantagem impossível:** Embora o crime seja de natureza formal, não se tipifica se a vantagem desejada pelo agente não é da atribuição e competência do funcionário (TJSP, *RT* 538/324, 526/356, *RJTJSP* 160/306).

- **Vantagem patrimonial indevida:** Não há crime de corrupção passiva na conduta de Delegado de Polícia que conduz preso à sua propriedade rural e aceita que ele faça serviço de limpeza nos canos d'água de uma pequena represa situada naquela; hipótese em que a vantagem não tem caráter patrimonial (TJMG, *RT* 817/628). Não há crime de corrupção passiva na conduta de prefeito que propõe a entrega de cestas básicas para vereadora a fim de que esta as distribua a famílias carentes, de forma a promover seu nome para futuros pleitos políticos, em troca de voto favorável à aprovação de projeto de lei. Vantagem indevida não caracterizada (TJMG, *RT* 818/650).

- **Figura qualificada do § 1º:** Há quando o funcionário, em virtude da aceitação de promessa de vantagem, omite-se, efetivamente, na prática de atos de seu ofício, infringindo o dever funcional (TFR, Ap. 3.656, *DJU* 27.7.79, p. 5574). Não tendo o agente, em razão da vantagem indevida recebida, retardado ou deixado de praticar qualquer ato de ofício, ou o praticado infringindo dever funcional, incabível é a aplicação da causa de aumento do § 1º do art. 317 do Código Penal (TJMG, Ap. 10388150020203001 MG, publ. 22.4.2019).

- **Figura privilegiada do § 2º:** Para a sua configuração, o agente funcionário deve ceder a pedido ou influência de outrem, e não por indulgência, pois, nesta última hipótese, o delito seria o do art. 320 do CP (TFR, RCr 901, *DJU* 14.10.82, p. 10363). Se o agente que recebeu a vantagem indevida for ocupante de cargo em comissão ou função de direção ou assessoramento, responde pelo dispositivo do § 2º do art. 327 do Código Penal (TJMG, Ap. 10388150020203001 MG, publ. 22.4.2019).

- **Corrupção passiva e concussão:** Se não houve exigência por parte do agente, mas mera solicitação de propina, é corrupção passiva e não concussão (STJ, 6ª T., AgRg no REsp 1.675.716 RS, *DJe* 4.2.2019; TJSP, *RT* 736/618).

- **Corrupção passiva e contrabando:** Policiais que, mesmo fora do horário de serviço, recebem vantagem ilícita para fazer segurança de contrabando, sem dele participar diretamente, não praticam coautoria de contrabando, nem mera facilitação deste crime, mas sim corrupção passiva (TRF da 2ª R., *JSTJ* e *TRF* 6/354).

- **Corrupção passiva e falsa perícia:** A simples solicitação de vantagem indevida formulada por perito caracteriza o delito de corrupção passiva, sendo a eventual falsidade do laudo mero exaurimento e configurando causa especial de aumento de pena do § 1º (TJSP, *RT* 686/319).

- **Corrupção passiva e violação de sigilo funcional:** Se o policial recebia pagamento mensal para fornecer informações sobre a atuação da polícia na repressão à atividade de contraventor, responde por corrupção passiva, estando a ela subsumida a violação de sigilo funcional (TJRS, Ap. 700743181155, *DJ* 29.10.2018).

- **Competência:** Corrupção passiva de patrulheiro federal é da competência da Justiça Federal (TJSP, *RT* 702/337). Se a corrupção passiva foi praticada por policiais militares no exercício de suas funções, a competência é da Justiça Militar Estadual (TJSP, *RT* 808/621). Se a solicitação de vantagem ilícita é feita por telefonema interurbano, a consumação ocorre quando e onde formulada a rogativa (crime formal), sendo competente o juízo em que originado o pedido (STJ, 5ª T., RHC 26.256, j. 1.9.2009, *DJe* 28.9.2009).

FACILITAÇÃO DE CONTRABANDO OU DESCAMINHO

Art. 318. Facilitar, com infração de dever funcional, a prática de contrabando ou descaminho (art. 334):*

Pena – reclusão, de 3 (três) a 8 (oito) anos, e multa.

* Leia-se arts. 334 e 334-A.

Facilitação de contrabando ou descaminho

- **Alteração:** Com o advento da Lei n. 8.137/90, a pena deste art. 318 foi aumentada.

- **Noção:** Além da punição daquele que pratica contrabando (que pode ser particular ou funcionário público), no caso de haver facilitação, com infração de dever funcional, de contrabando ou descaminho, o funcionário público responderá por este art. 318.

- **Objeto jurídico:** A Administração Pública.

- **Sujeito ativo:** Só o funcionário público (*vide* nota ao art. 327 e §§ 1º e 2º do CP), com dever funcional de fiscalização ou repressão ao contrabando ou descaminho. Trata-se, pois, de crime próprio.

- **Sujeito passivo:** O Estado.

- **Tipo objetivo:** Incrimina-se a *facilitação* (tornar fácil, auxiliar, afastar dificuldades) da prática de contrabando ou descaminho (*vide* arts. 334 e 334-A do CP). A conduta pode ser comissiva ou omissiva. A facilitação precisa ser com infração de dever funcional do agente, de forma que, se não houver transgressão do dever de sua função, poderá haver coautoria ou participação do funcionário público nos crimes de contrabando ou descaminho, mas não a caracterização deste art. 318.

- **Tipo subjetivo:** O dolo, que consiste na vontade de facilitar, com consciência de estar infringindo o dever funcional. Na corrente tradicional é o "dolo genérico". Não há forma culposa.

- **Consumação:** Com a efetiva facilitação, ainda que não se consume o contrabando ou descaminho.

- **Tentativa:** Embora seja, em tese, possível, na prática será difícil de ocorrer.

- **Concurso de agentes:** Pode haver coautoria ou participação de funcionário público incumbido igualmente de reprimir o contrabando ou descaminho. O funcionário público, que não tenha tal incumbência, e o particular podem ser apenas partícipes, desde que tenham conhecimento da condição de funcionário público do autor (*vide* CP, arts. 29 e 30, em especial nota ao art. 29 sob o título *Crimes próprios, de mão própria e o concurso de pessoas*).

- **Pena:** Reclusão, de três a oito anos, e multa.

- **Ação penal:** Pública incondicionada, sendo o processo da competência da Justiça Federal.

Aumento de pena

- **Aplicação:** No caso de ocupante de cargo em comissão, função de direção ou assessoramento, cf. § 2º do art. 327 do CP.

Jurisprudência

- **Sujeito ativo:** Não basta a condição de funcionário público, pois se exige, ainda, que o agente viole o seu dever funcional (TFR, Ap. 6.428, *DJU* 18.9.86, p. 16966). O agente deve ter, por lei, o dever funcional de reprimir o contrabando ou descaminho (TRF da 1ª R., *RT* 771/711; TFR, *RTFR* 61/104).

- **Mero descumprimento:** O simples fato de descumprimento do dever funcional, concernente à vistoria na oportunidade da saída do cais, não pode conduzir à conclusão da ocorrência do delito do art. 318 do CP (TFR, Ap. 2.896, *DJU* 6.6.80, p. 4157).

- **Consumação:** Consuma-se o crime do art. 318 com a efetiva facilitação, independentemente da consumação do contrabando objetivado pela conduta (STF, *RT* 616/386; TFR, Ap. 5.985, *DJU* 25.10.84, pp. 17895-6).

- **Extinção da punibilidade:** A extinção da punibilidade do descaminho, pelo pagamento dos tributos, não se estende ao crime de facilitação deste art. 318 que lhe seja conexo (STF, RE 93.921, *DJU* 6.5.83, p. 6028).

- **Competência:** "Compete à Justiça Federal o julgamento dos crimes de contrabando e de descaminho, ainda que inexistentes indícios de transnacionalidade na conduta" (STJ, 3ª Seção, CC 160.748-SP, rel. Min. Sebastião Reis Júnior, por unanimidade, julgado em 26.9.2018, *DJe* 4.10.2018).

PREVARICAÇÃO

Art. 319. Retardar ou deixar de praticar, indevidamente, ato de ofício, ou praticá-lo contra disposição expressa de lei, para satisfazer interesse ou sentimento pessoal:

Pena – detenção, de 3 (três) meses a 1 (um) ano, e multa.

Prevaricação

- **Transação:** Cabe, ainda que combinado com o § 2º do art. 327, preenchidos os requisitos do art. 76 da Lei n. 9.099/95.

- **Suspensão condicional do processo:** Cabe, mesmo que haja combinação com o art. 327, § 2º, do CP, atendidas as condições do art. 89 da Lei n. 9.099/95.

- **Objeto jurídico:** A Administração Pública.

- **Sujeito ativo:** Só o funcionário público. Sobre o conceito de funcionário público, *vide* notas ao art. 327 e §§ 1º e 2º do CP. Trata-se, pois, de crime próprio.

- **Sujeito passivo:** O Estado.

- **Tipo objetivo:** São três as modalidades previstas: *a.* Retardar, indevidamente, ato de ofício. O funcionário atrasa, delonga, não praticando o ato em tempo útil ou excedendo os prazos legais. *b.* Deixar de praticar, indevidamente, ato de ofício. O agente omite, não pratica, definitivamente, o ato. *c.* Praticá-lo contra disposição expressa de lei. O funcionário pratica o ato, mas de forma contrária à expressa previsão legal. Ato de ofício "é aquele que se compreende nas atribuições do funcionário, ou em sua competência, ou seja, ato administrativo ou judicial" (MAGALHÃES NORONHA, *Direito Penal*, 1995, v. IV, p. 258). Nas duas primeiras modalidades (*a* e *b*), a omissão ou retardamento é feito indevidamente, ou seja, de modo indevido, injustificado ou ilegal. Na última modalidade (*c*), há prática de ato, mas não é ato de seu dever, e, sim, ato que transgride disposição expressa constante de lei (não de regulamento), "escoimada de qualquer dúvida ou obscuridade" (HUNGRIA, *Comentários ao Código Penal*, 1958, v. IX, p. 376). Na prevaricação, a conduta é para satisfazer interesse ou sentimento pessoal (de natureza material ou moral), finalidade que marca o dispositivo e o diferencia de outros delitos contra a Administração Pública (*vide Tipo subjetivo*).

- **Tipo subjetivo:** O dolo, ou seja, a vontade livre e consciente de praticar as condutas indicadas, e o elemento subjetivo do tipo expresso pela especial finalidade de agir ("para satisfazer interesse ou sentimento pessoal"). Na doutrina tradicional é o "dolo específico". Não há punição a título de culpa.

- **Para fugir de responsabilidade:** Embora não seja pacífica a questão, entendemos que, em face do princípio de que ninguém está obrigado a fazer prova contra si mesmo, não haverá este crime se o agente retarda ou omite ato de ofício que, se praticado, poderia acarretar a responsabilidade penal ou administrativa dele próprio (ex.: retardar a prestação de contas, ou mesmo não apresentá-la, para encobrir seu próprio desfalque).

- **Consumação:** Com o efetivo retardamento, omissão ou prática, independentemente de suas consequências.

- **Tentativa:** Embora difícil de ocorrer na prática, a tentativa, em tese, é admissível nas formas comissivas (retardar e praticar), mas não na omissiva (deixar de praticar).

- **Confronto:** Há delitos semelhantes em outras leis penais especiais, como na de produção de açúcar e álcool (art. 3º do Decreto-Lei n. 16/66) e na do Sistema Financeiro Nacional (art. 23 da Lei n. 7.492/86).

- **Pena:** Detenção, de três meses a um ano, e multa.

- **Ação penal:** Pública incondicionada. Faz-se necessária a notificação do acusado para apresentar defesa preliminar (CPP, art. 514). Sobre o procedimento especial aplicável e a defesa preliminar, *vide* nota *Defesa preliminar (art. 514 do CPP)*, no início deste Capítulo I, Título XI.

Aumento de pena

- **Aplicação:** Tratando-se de ocupante de cargo em comissão, função de direção ou assessoramento, cf. § 2º do art. 327 do CP.

Jurisprudência

- **Tipo subjetivo:** O interesse ou sentimento pessoal é essencial à tipificação (TJRJ, Ap. 0049101-42.12.8.19.0014, j. 19.7.16; STF, *RT* 727/439, *RTJ* 111/289; STJ, CEsp, Inq 44, *DJU* 17.5.93, p. 9262, *in RBCCr* 3/258; TRF da 4ª R., Inq 59.991, *DJU* 17.4.96,

p. 25005, in RBCCr 15/410; TJSP, Pleno, RT 537/269; TACrSP, RJDTACr 11/196). A prevaricação exige "dolo específico", sendo necessário que a prova revele que a omissão decorreu de afeição, ódio, contemplação, ou para satisfazer interesse, e não por erro ou dúvida de interpretação do agente (TFR, RCr 895, DJU 14.10.82, p. 10363). Não se pode dizer que se omitiu por sentimento pessoal, se havia duas versões e optou por tomar as providências indicadas por uma delas (TACrSP, RT 622/296). A recusa em cumprir requisição para prestar informações ao Ministério Público não caracteriza o crime do art. 319, pois ausente o dolo específico consistente em satisfazer interesse ou sentimento pessoal (TACrSP, RT 749/677). Além do dolo específico, é necessária a consciência de que o ato praticado contraria expressa disposição legal, devendo a prova dos autos revelar que o ato comissivo decorreu de afeição, ódio ou contemplação para satisfazer interesse ou sentimento pessoal; se, ao contrário, ficar demonstrado que agiu movido pelo senso de cumprimento do dever, não há falar em prevaricação, pois mera negligência não caracteriza o delito (TJMG, RT 780/656). Não há crime de prevaricação, por ausência do elemento subjetivo do tipo, na determinação por desembargador de arquivamento de procedimento disciplinar instaurado contra juíza de primeira instância, diante da ausência de provas de que visava favorecer a magistrada investigada (STJ, RT 838/508).

- **Requisitos da denúncia:** A denúncia precisa indicar qual a omissão e sua natureza, se a conduta foi por interesse ou por sentimento pessoal, pois são elementos necessários à configuração do delito do art. 319 (STF, RT 589/436; STJ, HC 30.792/PI, DJU 15.12.2003, p. 408, in Bol. IBCCr 135/773; RHC 8.479-SP, DJU 28.2.2000, p. 93, in Bol. IBCCr 89/439, JSTJ e TRF 68/377, mv – RT 714/431; TJSP, RT 612/310; TACrSP, RT 732/650). O retardamento de ato de ofício, por si só, não configura o crime, devendo a denúncia indicar o fato que caracterizaria o interesse ou sentimento pessoal do autor nesse retardamento (STF, RT 817/490). Não basta a afirmação genérica de que o agente agiu movido por interesse ou sentimento pessoal (STF, HC 81.504/SP, DJU 31.5.2002, p. 44, in Bol. IBCCr 116/624).

- **Consumação:** Para consumar-se o delito, exige-se que se retarde ou deixe de praticar ato de ofício, e que essa conduta venha a satisfazer interesse pessoal (TJRO, Ap. 0002370-02.2015.822.0013, j. 14.2.2019).

- **Falta disciplinar:** Não basta para a tipificação, sendo indispensável o elemento subjetivo do art. 319 (STF, RTJ 94/1; TJSP, RT 612/310).

- **Desídia:** Mera desídia não configura (TRF da 1ª R., HC 23.178, DJU 3.12.92, p. 40764, in RBCCr 1/228; TJSP, RT 543/342; TJMT, RT 767/643). Não há crime de prevaricação na conduta de quem omite os próprios deveres por indolência, comodismo, preguiça, erro ou negligência, sem o propósito deliberado de retardá-los (TACrSP, Julgados 71/320, 69/209). Mera negligência do funcionário não caracteriza o crime, por incapaz de definir-lhe o dolo específico (TACrSP, RSE 1.320.985/1, in Bol. IBCCr 126/704).

- **Erro:** O erro ou desatenção na interpretação da lei pode excluir o crime; quanto ao juiz, a boa ou má interpretação que dá à lei não basta para configurar (STF, RTJ 94/25 e 41). O erro ou a simples negligência não configura o delito (TAPR, RT 486/356).

- **Contra disposição expressa de lei:** Na modalidade de praticar ato contra disposição expressa de lei, é necessário que antes se defina a própria legitimidade da norma legal que veda o ato incriminado (TJSP, RF 256/361). É indispensável que o ato retardado ou omitido se revele contra disposição expressa de lei (TACrSP, RT 728/540; nesse sentido: STJ, RT 831/538). Servidores estaduais que deixam de atender ordem de Procurador da República, que os requisita para prestar serviços em inquérito civil, não praticam prevaricação, pela inexistência de norma legal que imponha o acatamento da aludida requisição (TRF da 3ª R., Inq 157, DJU 26.8.97, p. 67424, in RBCCr 20/398).

- **Ato de ofício:** É imprescindível que o agente esteja no exercício da função (TACrSP, Julgados 71/290; TJSP, RT 544/347). Se a ordem judicial não pode ser materialmente cumprida pelo servidor, por ausência de competência na sua esfera de atribuições, inexiste crime de prevaricação (TRF da 1ª R., HC 5.363, DJU 19.4.93, p. 13421, in

RBCCr 2/242; TRF da 4ª R., *RT* 774/713; TAPR, *RT* 486/357). Ato de ofício é todo ato que corresponde à competência e atribuição do funcionário (TACrSP, *RT* 507/399).

- **Animosidade:** O retardamento por animosidade ao solicitante revela satisfação de sentimento pessoal (TJSP, *RT* 520/368).

- **Dificuldades burocráticas:** Não se confundem com retardamento doloso (STJ, *JSTJ* e *TRF* 68/377; TACrSP, *RJDTACr* 30/349).

- **Juiz do trabalho:** Não comete o crime deste art. 319, em face do princípio da insignificância, o juiz presidente de Junta que, para consecução de tarefas mais importantes, deixa de praticar atos, embora de ofício, delegando-os aos (antigos) juízes classistas (TRF da 5ª R., Pleno, *RT* 725/681).

- **Prefeito:** A utilização da frase "estamos com você" e de símbolo próprio, por parte de prefeito, em placas de obras públicas, não configura prevaricação, pois foram retirados depois de representações junto à Câmara Municipal e a frase, redigida no plural, pode significar a administração como um todo (TJSP, *RT* 728/616-617). Prefeito que expede medida provisória não pratica ato de ofício, pois não está dentro das atribuições de seu cargo, o que torna a sua conduta atípica, inclusive por não ter causado dano (STJ, *RT* 746/560).

- **Delegado de polícia:** Inexistindo norma que o obrigue a autuar em flagrante todo cidadão apresentado como autor de ilícito penal, considerando seu poder discricionário, não há se falar em prevaricação (TACrSP, *RT* 728/540, 748/639). Devendo buscar elementos que sirvam de base à instauração da ação penal, o delegado pode juntar os documentos que entenda pertinentes aos fatos da investigação, não se podendo falar, nesta hipótese, de prática do delito do art. 319 (STJ, *RT* 783/588). Pratica prevaricação delegada que, em caso de porte ilegal de arma, deixa de lavrar termo circunstanciado ou instaurar inquérito e devolve a arma apreendida, para satisfazer interesse pessoal e sentimento de amizade amplamente comprovados (TJRO, *mv – RT* 772/677). O simples fato de não se ter lavrado auto de prisão em flagrante delito, formalizando-se tão somente o boletim de ocorrência, não configura o crime, pois não demonstrado que a conduta omissiva estivesse voltada a satisfazer interesse ou sentimento próprio (STF, HC 84.948/SP, *DJU* 18.3.2005, p. 63, *in* Bol. IBCCr n. 150, maio de 2005).

- **Oficial de Cartório de Registro de Imóveis:** Os mandados judiciais não estão dispensados do controle administrativo feito pelo oficial em todos os títulos que lhe são endereçados, não se caracterizando prevaricação se arguiu dúvida quanto à capacidade das partes ou a requisito formal (TACrSP, *RT* 719/426).

- **Funcionário de tabelionato:** Comete o crime se, para satisfazer sentimento ou interesse pessoal, reconhece firma posta em certificado de registro de veículo sem a presença de seu signatário, contrariando o disposto no art. 369 do CPC (*nota nossa: vide art. 411, I, do CPC/2015*) (TACrSP, *RT* 781/613).

- **Mandado de segurança:** O descumprimento por autoridade administrativa de sentença proferida em mandado de segurança configura, em tese, o delito (TRF da 1ª R., HC 11.161, *DJU* 12.3.90, p. 3891).

- **Prevaricação e desobediência:** Se o ato de desobedecer não se refere às atividades exercidas pelo funcionário, configura-se o art. 330 do CP; se a ordem descumprida diz respeito à sua atividade funcional propriamente dita, tipifica-se o art. 319 (TACrSP, *RJDTACr* 27/218). Pratica o delito do art. 319 o funcionário público que, nesta qualidade, deixa de cumprir ordem legal; agindo como particular, caracteriza-se o crime de desobediência (TAMG, HC 11.307, j. 4.1.89).

- **Prevaricação e peculato:** Não pratica peculato, nem mesmo o de uso, mas prevaricação, o serventuário da justiça que retarda atos de ofício para satisfazer interesse próprio, não dando ao dinheiro recebido das partes a sua destinação, e só o devolvendo quando por elas pressionado (TJSP, *mv – RT* 505/305).

- **Absorção:** A prevaricação não pode absorver crime mais grave (TJSP, *RJTJSP* 106/429).

- **Ação penal:** Nos crimes funcionais, é imprescindível a notificação prévia do acusado para apresentar resposta (CPP, art. 514), visando evitar queixas infundadas contra servidores públicos (STJ, *RT* 708/374).

Art. 319-A. Deixar o Diretor de Penitenciária e/ou agente público, de cumprir seu dever de vedar ao preso o acesso a aparelho telefônico, de rádio ou similar, que permita a comunicação com outros presos ou com o ambiente externo:

Pena – detenção, de 3 (três) meses a 1 (um) ano.

- **Alteração:** Artigo acrescentado pela Lei n. 11.466, de 28.3.2007 (*DOU* 29.3.2007).

- **Transação penal:** Cabe, ainda que haja o aumento previsto no art. 327, § 2º do CP, preenchidos os requisitos do art. 76 da Lei n. 9.099/95.

- **Suspensão condicional do processo:** Cabe, mesmo que incida a causa especial de aumento de pena do art. 327, § 2º, do CP, atendidas as condições do art. 89 da Lei n. 9.099/95.

Vedação de celular em presídios

- **Noção:** O presente tipo penal foi acrescentado ao CP pela Lei n. 11.466, de 28.3.2007, que também inseriu o inciso VII ao art. 50 da LEP, tornando falta grave a conduta do preso que "tiver em sua posse, utilizar ou fornecer aparelho telefônico, de rádio ou similar, que permita a comunicação com outros presos ou com o ambiente externo". Como se depreende da leitura do Projeto de Lei apresentado pelo Senado (PL n. 7.225/2006), o objetivo é combater o crime organizado e, em especial, o uso de aparelhos celulares por presos. É válido anotar que, no projeto de lei original, a alteração se dava tão somente na LEP, tornando falta grave o uso de celulares por presos (na verdade, antes mesmo da referida alteração, havia entendimento de que a posse de celulares por parte do preso já configurava falta grave, nos termos dos arts. 50, VI, e 39, V, ambos da LEP; no Estado de S. Paulo, *vide*, ainda, Resolução n. 113 da SAP, de 25.11.2003). Foi apenas com a apresentação de projeto substitutivo na Câmara que se optou por criminalizar a conduta, agora objeto deste art. 319-A. Em nossa opinião, a criminalização da conduta representou um exagero do legislador que, certamente para atender os reclamos da mídia, optou por tentar resolver o "problema de celulares em presídios" mediante a criminalização da conduta omissiva do diretor de penitenciária ou agente público em evitar a entrada de celulares, ao invés de efetivamente investir em tecnologia para evitar o ingresso e o funcionamento de celulares em estabelecimentos prisionais. A vedação de celulares, que têm sido frequentemente utilizados por organizações criminosas que se instalaram em nosso sistema prisional, não obsta que o Estado passe a adotar política de permitir a instalação de telefones públicos nos presídios, *sempre monitorados*, com ciência desse monitoramento pelos usuários, para que o preso possa continuar a manter contato com seus familiares, tornando, assim, o seu retorno à liberdade mais promissor, com redução da reincidência. A proposta faz sentido, lembrando-se que, mesmo atualmente, os presos continuam a se comunicar mediante correspondência escrita, enviada pelos correios, cientes eles de que o seu conteúdo é controlado pela Administração Penitenciária, por questões de segurança.

- **Objeto jurídico:** A Administração Pública, notadamente a segurança dos estabelecimentos prisionais, bem como o combate ao crime organizado em seu interior.

- **Sujeito ativo:** Somente o Diretor de Penitenciária ou o agente público que tenha o dever de impedir o acesso dos presos a celulares e afins, como diretores de cadeia pública e centros de detenção provisória, agentes penitenciários, Delegados de Polícia ou carcereiros em cujas delegacias se achem recolhidos presos. Todavia, não abrange o diretor ou agente público responsável pela internação de adolescentes na Fundação Casa (ex-Febem).

- **Sujeito passivo:** O Estado, no âmbito da União, dos Estados federativos ou do Distrito Federal, conforme se trate de presídio federal, estadual ou do distrito federal.

- **Tipo objetivo:** Trata-se de crime omissivo próprio, em que se pune a conduta do agente (sujeito ativo) que deixa, dolosamente, de agir, quando podia e devia fazê-lo para evitar o resultado (art. 13, § 2º, do CP). A conduta punida é *deixar de cumprir o dever* (omitir-se em tomar as cautelas necessárias) *de vedar ao preso o acesso* a aparelho telefônico (celular), de rádio ou similar (*walk talk,* por exemplo), que permita a comunicação com outros presos *ou* com o ambiente externo (objeto material). Vê-se, assim, que se trata de crime de perigo (e não de dano), de forma que não se exige resultado naturalístico (p. ex., que sejam encontrados celulares com presos). Basta que a conduta omissiva gere o perigo de ingresso de celulares ou similares no sistema prisional. A efetiva entrada de celulares no presídio, portanto, configura mero exaurimento do crime. Na verdade, o tipo penal deste art. 319-A, na forma como está redigido, é demasiadamente aberto, já que toda e qualquer omissão no dever de vedar ao preso o acesso a celulares (p. ex., não fiscalizar a entrada devidamente, ou dispensar a revista), configura, em tese, o crime. Como advertíamos na 7ª edição desta obra, melhor seria que o legislador tivesse se utilizado da expressão "permitir que o preso tenha acesso", o que acabou ocorrendo com a criação do crime do art. 349-A, pela Lei n. 12.012/2009 (*vide* nota *Confronto*). O *dever* referido decorre do próprio cargo público exercido pelo agente, que deve atuar de acordo com as diretrizes impostas pela LEP e legislação pertinente. Evidentemente, não configura o crime se a omissão recai sobre rádio receptor (para ouvir músicas, por exemplo), já que, quando o tipo penal utiliza-se da palavra *comunicação* com outros presos, pressupõe-se não só ouvir, mas também falar e ser ouvido por algum interlocutor. É preciso, outrossim, que haja prova da relação de causalidade entre a conduta omissiva do diretor ou agente público e o perigo gerado com tal conduta, sob pena de inadmissível responsabilidade penal objetiva.

- **Tipo subjetivo:** É o dolo, consistente na vontade livre e consciente de deixar de cumprir o dever de vedar que o preso tenha acesso ao aparelho telefônico, de rádio ou similar. Ao contrário do que sucede na prevaricação (CP, art. 319), não se exige aqui o elemento subjetivo do tipo "para satisfazer interesse ou sentimento pessoal". Note-se que o encontro de celulares, por si só, não permite a responsabilização do diretor ou funcionário, sob pena de inadmissível responsabilidade penal objetiva. Evidentemente, se o diretor tomou todas as medidas cabíveis, as quais não foram cumpridas por subalterno, sem a sua ciência, não há como responsabilizá-lo. Para a doutrina tradicional, é o "dolo genérico". Não há forma culposa.

- **Consumação:** Ocorre no momento em que o sujeito ativo deixa de cumprir o dever de vedar o acesso, independentemente da ocorrência de qualquer resultado naturalístico (p. ex., que tenha sido encontrado o aparelho telefônico, de rádio ou similar com o preso). Exige-se, todavia, que a conduta omissiva tenha efetivamente gerado perigo de dano ao bem jurídico tutelado (a Administração Pública, notadamente a segurança do sistema prisional).

- **Tentativa:** Não é possível, já que se trata de crime omissivo próprio.

- **Confronto:** Caso o agente pratique a conduta descrita neste art. 319-A "para satisfazer interesse ou sentimento pessoal", poderá haver conflito com o art. 319 do CP. Neste caso, deverá prevalecer a norma especial deste art. 319-A, o que, na prática, não fará diferença posto ser a mesma a pena cominada. Se o agente, funcionário público ou não, ingressar, promover, intermediar, auxiliar ou facilitar (condutas *comissivas*, portanto) a entrada de aparelho telefônico, de comunicação móvel, de rádio ou similar, sem autorização legal, em estabelecimento prisional, o crime será o do art. 349-A do CP, apenado com a mesma repriminenda deste art. 319-A. Se houver corrupção do funcionário público, art. 317, cuja pena é mais grave (reclusão de dois a doze anos).

- **Concurso de agentes:** Pode haver coautoria ou participação de funcionários públicos e de terceiros, desde que estes (*extraneus*) tenham conhecimento da condição especial do agente funcionário público (CP, arts. 29 e 30).

■ **Ação penal:** Pública incondicionada, sendo necessária a notificação prévia do denunciado para apresentar resposta (CPP, art. 514). Sobre o procedimento especial aplicável e a defesa preliminar, *vide* nota *Defesa preliminar (art. 514 do CPP)*, no início deste Capítulo I, Título XI.

Jurisprudência

■ **Celular:** Comete o crime do art. 319-A, o agente penitenciário que ingressa com celular no estabelecimento prisional com o claro propósito de entregar o objeto a detento (TJRO, Ap. 0000992-56.2016.822.0019, j. 26.9.2019). Também pratica o delito se ingressa com "chip" de celular habilitado (TJDF, Ap. 0003826-94.16.8.07.004, j. 27.11.2018).

■ **Conflito com o crime de receptação:** O crime previsto no art. 180 do CP, como cediço, conserva acessoriedade material com um crime antecedente, não necessariamente classificado como "crime patrimonial". Indispensável, no entanto, que este crime antecedente produza resultado naturalístico, que ostente valor monetário ou utilidade mensurável economicamente, correspondendo a um prejuízo sofrido pelo seu legítimo proprietário ou possuidor. Hipótese em que o crime antecedente, descrito na denúncia, qual seja, o de ingressar, promover, intermediar, auxiliar ou facilitar a entrada de aparelho telefônico em estabelecimento prisional, consiste em crime formal que não produz resultado naturalístico passível de corresponder a objeto material do crime de receptação. 3. O resultado naturalístico, porventura existente, do crime previsto no art. 349-A do CP, formal e de perigo abstrato, não causa interferência na órbita patrimonial do sujeito passivo, que vem a ser o Estado e, em um segundo plano, a sociedade. 4. Embora não se possa ignorar que o paciente sabia, em tese, da origem ilícita do celular com o qual foi apreendido, pois a *res* entrou no estabelecimento prisional, pela prática do delito previsto no art. 319-A ou no art. 349-A do CP, não há como imputar-lhe a prática do crime de receptação, a menos que haja suspeita fundada de que o aparelho telefônico seja oriundo de um prejuízo ilícito sofrido pelo seu legítimo proprietário ou possuidor (TJRS, 6ª CCr, HC 70058892902, rel. Bernadete Coutinho Friedrich, j. 10.4.2014, publ. 16.4.2014).

CONDESCENDÊNCIA CRIMINOSA

Art. 320. Deixar o funcionário, por indulgência, de responsabilizar subordinado que cometeu infração no exercício do cargo ou, quando lhe falte competência, não levar o fato ao conhecimento da autoridade competente:

Pena – detenção, de 15 (quinze) dias a 1 (um) mês, ou multa.

Condescendência criminosa

■ **Transação:** Cabe, ainda que combinado com o § 2º do art. 327, preenchidos os requisitos do art. 76 da Lei n. 9.099/95.

■ **Suspensão condicional do processo:** Cabe, mesmo que haja incidência do art. 327, § 2º, do CP, atendidas as condições do art. 89 da Lei n. 9.099/95.

■ **Objeto jurídico:** A Administração Pública.

■ **Sujeito ativo:** Só o funcionário público (*vide* notas ao art. 327 e §§ 1º e 2º do CP), superior hierárquico do funcionário infrator.

■ **Sujeito passivo:** O Estado.

■ **Tipo objetivo:** O tipo em comento contém duas modalidades: *a.* Deixar de responsabilizar subordinado que cometeu infração no exercício do cargo. O agente, embora tenha competência, deixa de responsabilizar, isto é, não promove a apuração da falta nem aplica ao subordinado as cominações legais. *b.* Não levar o fato ao conhecimento da autoridade competente, quando lhe falte competência. Embora não tenha competência para responsabilizar o infrator, o agente não leva o fato ao conhecimento da autoridade competente. É pressuposto do delito que o subordinado haja cometido infração (administrativa ou penal) no exercício do cargo. Deve, portanto, existir relação entre a infração e o exercício do cargo. Em ambas as modalidades deste delito, a omissão do agente deve ser por indulgência, ou seja, por tolerância ou condescendência (vide Tipo subjetivo).

- **Tipo subjetivo:** O dolo, consistente na vontade livre e consciente de se omitir, acrescido do elemento subjetivo referido pelo motivo de agir ("por indulgência"). Na doutrina tradicional indica-se o "dolo genérico". Não há forma culposa.

- **Consumação:** Ocorre no momento em que o agente podia e devia agir, mas não agiu. Independe da ocorrência de qualquer resultado. Trata-se, pois, de crime formal.

- **Tentativa:** Por se tratar de crime omissivo próprio, a tentativa é inadmissível.

- **Confronto:** Se a omissão é para satisfazer interesse ou sentimento pessoal, art. 319 do CP. Tratando-se de omissão em relação ao crime de tortura, art. 1º, § 2º, da Lei n. 9.455/97.

- **Pena:** É alternativa: detenção, de quinze dias a um mês, ou multa. Se o agente for ocupante de cargo em comissão, função de direção ou assessoramento, a pena será aumentada da terça parte (CP, art. 327, § 2º).

- **Ação penal:** Pública incondicionada. Faz-se necessária a notificação do acusado para apresentar defesa preliminar (CPP, art. 514). Sobre o procedimento especial aplicável e a defesa preliminar, vide nota *Defesa preliminar (art. 514 do CPP)*, no início deste Capítulo I, Título XI.

Jurisprudência
- **Fuga de menor da Fundação Casa (antiga FEBEM):** Ainda que se trate de mera infração administrativa por parte do funcionário que devia vigiá-lo, a sua falta de apuração afronta, em tese, a este art. 320 (TACrSP, *RT* 701/321).

ADVOCACIA ADMINISTRATIVA

Art. 321. Patrocinar, direta ou indiretamente, interesse privado perante a administração pública, valendo-se da qualidade de funcionário:

Pena – detenção, de 1 (um) a 3 (três) meses, ou multa.

Parágrafo único. Se o interesse é ilegítimo:

Pena – detenção, de 3 (três) meses a 1 (um) ano, além da multa.

- **Transação:** Cabe, tanto no *caput* quanto no parágrafo único, ainda que haja incidência do art. 327, § 2º, preenchidos os requisitos do art. 76 da Lei n. 9.099/95.

- **Suspensão condicional do processo:** Cabe no *caput* e no parágrafo único, mesmo que combinados com o art. 327, § 2º, do CP, atendidas as condições do art. 89 da Lei n. 9.099/95.

Advocacia administrativa (caput)
- **Objeto jurídico:** A Administração Pública.

- **Sujeito ativo:** Somente o funcionário público (sobre o conceito, vide art. 327 do CP). Trata-se, pois, de crime próprio. Não obstante a rubrica indicar "advocacia" administrativa, o sujeito ativo não precisa ser advogado, mas agir como tal. Admite-se a participação e a coautoria de particulares, desde que eles tenham conhecimento da qualidade de funcionário público do autor (CP, arts. 29 e 30; vide nota ao art. 29 sob o título *Crimes próprios, crimes de mão própria e o concurso de pessoas*).

- **Sujeito passivo:** O Estado.

- **Tipo objetivo:** O núcleo é patrocinar, que tem a significação de pleitear, advogar, defender, apadrinhar interesse alheio. A ação pode ser exercida direta (pelo próprio funcionário) ou indiretamente (com a interposição de terceira pessoa). Pune-se o comportamento do funcionário agente que patrocina interesse privado, interesse esse que, embora legítimo (se for ilegítimo, *vide* parágrafo único), pode ser justo ou não. O interesse deve ser de terceira pessoa e não do agente, como faz ver o verbo empregado na definição do delito. O patrocínio deve ser realizado perante a Administração Pública, valendo-se da qualidade de funcionário. Como anota Hungria, o agente patrocina "junto a qualquer setor da administração (e não apenas na repartição em que está ele lotado), valendo-se de sua qualidade, ou seja, da facilidade de acesso junto a seus colegas e da camaradagem, consideração ou influência de que goza entre estes" (*Comentários ao Código Penal*, 1959, v. IX, p. 383). Para Magalhães Noronha, este delito poderia ser praticado também por omissão (*Direito Penal*, 1995, v. IV, p. 265).

- **Tipo subjetivo:** O dolo, que consiste na vontade livre e consciente de patrocinar. Pouco importa o que motivou o agente a agir assim. É o "dolo genérico" na doutrina tradicional. Não há forma culposa.

- **Consumação:** Com a prática de ato que demonstre o patrocínio, sem dependência do resultado da conduta. Trata-se, pois, de crime formal. Todavia, é necessário que a conduta tenha potencialidade lesiva e que haja, efetivamente, colocado em risco o bem juridicamente tutelado.

- **Tentativa:** Teoricamente admissível, por se tratar de crime plurissubsistente, mas de difícil ocorrência na prática.

- **Confronto:** Se a advocacia administrativa é praticada perante a administração fazendária, art. 3º, III, da Lei n. 8.137/90 (Lei dos Crimes contra a Ordem Tributária, Econômica e contra as Relações de Consumo). Se a advocacia administrativa der causa à instauração de licitação ou à celebração de contrato, cuja invalidação vier a ser decretada pelo Poder Judiciário, art. 337-G do CP.

- **Pena:** É alternativa: detenção, de um a três meses, ou multa. Se o agente for ocupante de cargo em comissão, função de direção ou assessoramento, a pena será aumentada da terça parte (cf. CP, art. 327, § 2º).

- **Ação penal:** Pública incondicionada. Faz-se necessária a notificação do acusado para apresentar defesa preliminar (CPP, art. 514). Sobre o procedimento especial aplicável e a defesa preliminar, *vide* nota *Defesa preliminar (art. 514 do CPP)*, no início deste Capítulo I, Título XI.

Figura qualificada (parágrafo único)

- **Noção:** Se é ilegítimo o interesse que o agente patrocina, incide a figura qualificada. O agente precisa ter conhecimento (dolo) da ilegitimidade. Admite-se, todavia, o dolo indireto.

- **Pena:** Detenção, de três meses a um ano, cumulada com a multa do *caput*. Se o agente for ocupante de cargo em comissão, função de direção ou assessoramento, a pena será aumentada da terça parte (cf. CP, art. 327, § 2º).

- **Ação penal:** Igual à do *caput*.

Jurisprudência

- **Dolo:** Ausente a comprovação de que o servidor valeu-se dolosamente de seu cargo para patrocinar interesses privados, impõe-se a absolvição (TRF da 4ª R., Ap. 5007881-71.2013.4.04.7102/RS, j. 31.7.2019).

- **Patrocínio:** Patrocinar é advogar, amparar, apadrinhar ou pleitear interesse de outrem; a antecipação de pagamento de obra, determinada por prefeito, não configura advocacia administrativa (TJSP, *RT* 488/308).

- **Atos privativos de advogado:** O delito se caracteriza quando o agente pleiteia, advoga, a causa de alguém, em processo administrativo, fazendo petições, razões, acompanhando processo, fazendo pedidos, ou seja, praticando atos privativos de advogado, e não quando proporciona aposentadoria rural a pessoas que não exerciam tal atividade (TRF da 3ª R., *RT* 748/725). Exige-se a prática de atos próprios ou privativos de advogado, com a vontade livre e consciente de patrocinar interesse (TRF da 1ª R., 3ª T., HC 2005.01.00.024796-3, j. 21.6.2005, *mv*).

- **Indagar é patrocinar:** O elemento material do tipo consiste em patrocinar, que significa advogar, facilitar, proteger, favorecer interesses de terceiros, e no qual enquadra-se também o verbo indagar. Transgredida a administração pública em seus aspectos material e moral, o réu pratica o crime de advocacia administrativa, consistindo a indagação, verdadeiramente, em advogar, pedir, em favor de interesse privado alheio. Inteligência do art. 321 do CP. Ausência de conduta delitiva que somente se reconhece quando o réu é detentor de poder hierárquico sobre o outro funcionário (TRF da 3ª R., ApCr 199961020150383, j. 2.7.2003).

- Não caracterização: Não há crime no fato de uma autoridade pública, na condição de superior hierárquico de funcionário investigado em inquérito policial, dirigir ofício à autoridade policial pedindo o adiamento de audiência de inquirição do subordinado, em razão das tarefas funcionais (perícias médicas) anteriormente agendadas, com a designação de outra data para a prática do ato (TRF da 1ª R., 3ª T., HC 2005.01.00.024796-3, j. 21.6.2005, mv; no mesmo sentido: TRF da 1ª R., 3ª T.,HC 200501000340929, j. 8.7.2005. Para que haja o crime de advocacia administrativa, previsto no art. 321 do CP, é necessário que o interesse patrocinado seja particular e alheio, sendo atípica a conduta se o interesse for do próprio órgão público (no caso, Tribunal Regional do Trabalho) (STJ, APn 200700346410, j. 22.10.2009). Não há crime na conduta do denunciado que responde, por ofício, às insinuações feitas à sua pessoa em requisição de abertura de inquérito policial. Denúncia rejeitada por falta de justa causa (STJ, APn 200301723633, j. 25.10.2004). Não há fato típico na conduta daquele que tão somente sugere ao segurado que se submete a perícia o agendamento de uma consulta particular, devendo-se trancar o inquérito policial (TRF da 4ª R., 8ª T., HC 200604000224779, j. 16.8.2006).

- Sujeito ativo: Este crime do art. 321 do CP somente pode ter como agente funcionário público, salvo a hipótese de coautoria ou participação (TACrSP, RT 467/356).

- Valendo-se da condição: Não basta que o agente ostente a condição de funcionário público, pois é necessário e indispensável que pratique a ação aproveitando-se das facilidades que sua condição de funcionário lhe proporciona (TACrSP, Julgados 81/128, RT 400/316).

- Juiz: A denúncia deve apontar a causa ou causas de interesse de qualquer pessoa que tenha, perante a Administração Pública, sido patrocinada pela acusada, valendo-se da sua condição de magistrada (TRF da 5ª R., RT 725/680-681).

- Xerox para advogado: O crime do art. 321 exige para a sua tipificação transparente e inequívoca defesa de interesse alheio, não se configurando com o simples pedido de manuseio de autos de processo, formulado ostensivamente por funcionário público, para extrair cópias e encaminhar a advogado residente em localidade distante (TRF da 1ª R., RCr 19.937, DJU 29.10.92, p. 34855, in RBCCr 2/251).

- Desclassificação: Ausente prova cabal do interesse ilegítimo, mas tão só do patrocínio indireto de interesse privado, desclassifica-se para a figura do caput do art. 321 do CP (STJ, APn 200401118330, j. 24.10.2005).

VIOLÊNCIA ARBITRÁRIA

Art. 322. Praticar violência, no exercício de função ou a pretexto de exercê-la:

Pena – detenção, de 6 (seis) meses a 3 (três) anos, além da pena correspondente à violência.

Violência arbitrária

- Suspensão condicional do processo: Cabe, mesmo que combinado com o art. 327, § 2º, do CP, atendidas as condições do art. 89 da Lei n. 9.099/95. Todavia, se no concurso com crime atrelado à violência (p. ex., lesão corporal grave), a pena mínima cominada superar a um ano, não caberá a suspensão (Súmula 243 do STJ).

- Objeto jurídico: O Estado e a pessoa que sofre a violência.

- **Sujeito ativo:** Somente o funcionário público. Trata-se, pois, de crime próprio. Sobre o conceito de funcionário público, *vide* notas ao art. 327 e §§ 1º e 2º do CP. Admite-se a participação ou coautoria de particulares, desde que eles tenham conhecimento da qualidade de funcionário público do autor (CP, arts. 29 e 30; *vide*, ainda, nota ao art. 29 sob o título *Crimes próprios, crimes de mão própria e o concurso de pessoas*).

- **Sujeito passivo:** Primeiramente, o Estado; secundariamente, a pessoa que sofre a violência.

- **Tipo objetivo:** O verbo empregado no artigo é praticar, que tem o sentido de cometer, fazer, executar. Pune-se a prática de violência, entendida esta como "a violência física exercida sobre a pessoa visada, não bastando, portanto, a simples violência moral (ameaça) ou o emprego de estupefacientes ou hipnose" (HELENO FRAGOSO, *Lições de Direito Penal – Parte Especial*, 1965, v. IV, p. 1121). Igualmente MAGALHÃES NORONHA, para quem a ameaça, a coação moral, a *vis compulsiva* e o emprego de entorpecentes ou hipnóticos podem "dar lugar a outro delito, como o do exercício arbitrário ou abuso de poder" (*Direito Penal*, 1995, v. IV, p. 269). É requisito do tipo que a violência seja cometida: *a.* no exercício da função, ou seja, quando o agente está efetivamente desempenhando sua atividade funcional específica; *b.* ou a pretexto de exercê-la (a função), hipótese em que o agente faz acreditar que se acha exercendo sua função, quando, na realidade, não está. Como consta do próprio tipo, o que se pune é a violência arbitrária, de forma que a violência justa, isto é, a praticada dentro da lei, não configura o crime. É o caso, por exemplo, da violência cometida em estado de necessidade, legítima defesa, estrito cumprimento de dever legal. *Vide*, a respeito, os casos de resistência, fuga etc., previstos nos arts. 284 e 292 do CP.

- **Tipo subjetivo:** O dolo, ou seja, a vontade de praticar violência com consciência da arbitrariedade. Na escola tradicional é o "dolo genérico". Não há modalidade culposa.

- **Consumação:** Com a prática da violência, independentemente da ocorrência de qualquer resultado. Trata-se, pois, de crime formal.

- **Tentativa:** Admite-se, teoricamente, haja vista que a conduta é plurissubsistente.

- **Confronto com a Lei de Abuso de Autoridade (Lei n. 13.869/2019):** Se o agente público constranger preso ou detento, mediante violência, grave ameaça ou redução de sua capacidade de resistência, a: I – exibir-se ou ter seu corpo ou parte dele exibido à curiosidade pública; II – submeter-se a situação vexatória ou a constrangimento não autorizado em lei; III – produzir prova contra si mesmo ou contra terceiro, *vide* art. 13 da Lei n. 13.869/2019. Quanto ao conceito de agente público para efeito da Lei n. 13.869/2019, *vide* seu art. 2º, parágrafo único.

- **Concurso de crimes:** Determina o art. 322 que a pena da violência arbitrária seja acrescida da pena correspondente à violência. Haverá, pois, concurso material (CP, art. 69) com a lesão corporal, com o homicídio etc., só ficando absorvida a contravenção de vias de fato (LCP, art. 21). Evidente que, se o contexto em que praticada a violência arbitrária for um só, ou servir como meio para a prática do crime-fim, o crime deste art. 322 fica absorvido crime mais grave.

- **Pena:** Detenção, de seis meses a três anos, além da pena correspondente à violência.

- **Ação penal:** Pública incondicionada. Faz-se necessária a notificação do acusado para apresentar defesa preliminar (CPP, art. 514). Sobre o procedimento especial aplicável e a defesa preliminar, *vide* nota *Defesa preliminar (art. 514 do CPP)*, no início deste Capítulo I, Título XI.

Aumento de pena

- **Aplicação:** Tratando-se de ocupante de cargo em comissão, função de direção ou assessoramento, haverá aumento de pena em um terço (*vide* § 2º do art. 327 do CP).

Jurisprudência

- **Violência física e não moral:** Violência simplesmente moral, constituída pela intimidação por ameaça, não basta ao reconhecimento do delito do art. 322 do CP, sem prejuízo de eventual configuração de exercício arbitrário ou abuso de poder (FRANCESCHINI, *Jurisprudência*, 1976, v. IV, n. 6.788).

- **Concurso material:** Se da violência arbitrária resultam lesões corporais, o agente será punido pelos dois crimes, em concurso material (TACrSP, *RT* 609/344).

- **Caracterização:** Tendo o acusado, no desempenho de suas funções, prendido duas vítimas sem que estas se encontrassem em situação de flagrância e sem autorização judicial, além de ter desferido um tapa no rosto de uma delas, imperiosa é a sua condenação pela violência arbitrária (TJMG, Processo 1.0079.96.013388-6/001(1), j. 16.9.2004).

ABANDONO DE FUNÇÃO

Art. 323. Abandonar cargo público, fora dos casos permitidos em lei:

Pena – detenção, de 15 (quinze) dias a 1 (um) mês, ou multa.

§ 1º Se do fato resulta prejuízo público:

Pena – detenção, de 3 (três) meses a 1 (um) ano, e multa.

§ 2º Se o fato ocorre em lugar compreendido na faixa de fronteira:

Pena – detenção, de 1 (um) a 3 (três) anos, e multa.

- **Transação:** Cabe no *caput* e no § 1º, ainda que haja incidência do art. 327, § 2º, preenchidos os requisitos do art. 76 da Lei n. 9.099/95.

- **Suspensão condicional do processo:** Cabe no *caput* e no § 1º, mesmo que combinados com o art. 327, § 2º, do CP. Cabe no § 2º deste art. 323, se não houver combinação com o art. 327, § 2º, atendidas as condições do art. 89 da Lei n. 9.099/95.

Abandono de função (caput)

- **Objeto jurídico:** A Administração Pública, especialmente a continuidade e regularidade dos seus serviços.

- **Sujeito ativo:** Só o funcionário público (*vide* notas ao art. 327 e §§ 1º e 2º do CP) em exercício de cargo público.

- **Sujeito passivo:** O Estado.

- **Tipo objetivo:** Embora a rubrica do delito seja "abandono de função", a conduta que, efetivamente, se pune é abandonar cargo público. E são coisas diversas, pois a incriminação diz respeito à deserção de cargo público, que compreende a totalidade das funções, enquanto o abandono de função pública poderia significar só o abandono de certa função, persistindo o exercício de outras. A figura penal alcança o cargo em entidade paraestatal (*vide* nota ao art. 327 do CP). De modo unânime, a doutrina empresta ao delito um sentido menos severo, dando-se ao núcleo abandonar o sentido de deixar ao desamparo. Assim, assevera HUNGRIA que o delito deste art. 323 "pressupõe, necessariamente, a consequente acefalia do cargo, isto é, a inexistência ou ocasional ausência de substituto legal do desertor" (*Comentários ao Código Penal*, 1959, v. IX, p. 391). Semelhantemente, MAGALHÃES NORONHA subordina o abandono "à probabilidade de dano ou prejuízo" (*Direito Penal*, 1995, v. IV, p. 275). HELENO FRAGOSO, embora considerando tecnicamente duvidoso tal entendimento, reconhece que ele "atende, sem dúvida, ao escopo da norma" (*Lições de Direito Penal – Parte Especial*, 1965, v. IV, p. 1124). No final da descrição legal, é expressamente ressalvado que o abandono só constitui crime fora dos casos permitidos em lei. Em face do princípio constitucional da ofensividade, para a caracterização do crime, é necessário que o abandono de função (isto é, de cargo público) efetivamente coloque em perigo ou em risco a Administração Pública.

- **Greve:** Tratando-se de suspensão ou abandono coletivo de trabalho, ou seja, de greve, ainda que em serviços essenciais e por funcionário público, desde que pacífica, *vide*, sobre sua atipicidade, nota *Revogação tácita* no art. 201 do CP e ROBERTO

Delmanto e Roberto Delmanto Junior, "A greve pacífica nos serviços essenciais e o Código Penal", *Bol. IBCCr* 54/13-14, maio de 1997.

- **Tipo subjetivo:** O dolo, que consiste na vontade de abandonar, sabendo que o cargo ficará acéfalo. Na escola tradicional indica-se o "dolo genérico". Inexiste punição a título de culpa.

- **Consumação:** Com o abandono por tempo relevante, com probabilidade concreta de dano à Administração. É desnecessária, portanto, a efetiva ocorrência de dano. Se do fato resultar prejuízo público, cf. § 1º.

- **Tentativa:** Inadmissível.

- **Pena:** É alternativa: detenção, de quinze dias a um mês, ou multa. Se o agente for ocupante de cargo em comissão, função de direção ou de assessoramento, a pena é aumentada da terça parte (cf. CP, art. 327, § 2º).

- **Ação penal:** Pública incondicionada. Faz-se necessária a notificação do acusado para apresentar defesa preliminar (CPP, art. 514). Sobre o procedimento especial aplicável e a defesa preliminar, *vide* nota *Defesa preliminar (art. 514 do CPP)*, no início deste Capítulo I, Título XI.

Figura qualificada pelo prejuízo (§ 1º)

- **Noção:** Se do fato resulta prejuízo público. Existem duas correntes a respeito: *a.* é o prejuízo social ou coletivo, diverso do que resulta, necessariamente, do abandono (Magalhães Noronha, *Direito Penal*, 1995, v. IV, p. 278); *b.* é o prejuízo que "afeta os serviços públicos ou interesse da coletividade" (Heleno Fragoso, *Lições de Direito Penal – Parte Especial*, 1965, v. IV, p. 1125).

- **Pena:** Detenção, de três meses a um ano, e multa. Tratando-se de agente ocupante de cargo em comissão, função de direção ou de assessoramento, a pena é aumentada da terça parte (cf. CP, art. 327, § 2º).

Figura qualificada pelo lugar de fronteira (§ 2º)

- **Noção:** Se o fato ocorre em lugar compreendido na faixa de fronteira. Por lei, considera-se faixa de fronteira a situada dentro de 150 km ao longo das fronteiras nacionais (Lei n. 6.634/79).

- **Pena:** Detenção, de um a três anos, e multa.

Jurisprudência

- **Acefalia do cargo:** O delito do art. 323 pressupõe deixar o cargo acéfalo, ao desamparo, sem alguém que possa substituir o desertor (TJSP, *RT* 501/276; Franceschini, *Jurisprudência*, 1975, v. I, n. 2-4).

- **Probabilidade de dano:** Não se configura o delito do art. 323, sem que haja probabilidade de dano para a administração (TJSP, *RT* 526/331).

- **Consumação:** Consuma-se o delito quando a ausência injustificada perdura por tempo suficiente para criar perigo de dano (TJSP, *RT* 522/358).

- **Problemas de saúde:** Se o Delegado de Polícia ausentou-se do serviço em virtude de problemas de saúde, tendo fornecido, inclusive, o número do telefone do local onde poderia ser encontrado, sem demonstrar, contudo, dolo ou propósito de abandonar arbitrariamente o cargo público exercido, deve ser reconhecida a atipicidade da conduta para o fim de determinar-se o trancamento da ação penal (STJ, RHC 11.621/SP, *DJ* 17.9.2001, p. 175).

EXERCÍCIO FUNCIONAL ILEGALMENTE ANTECIPADO OU PROLONGADO

Art. 324. Entrar no exercício de função pública antes de satisfeitas as exigências legais, ou continuar a exercê-la, sem autorização, depois de saber oficialmente que foi exonerado, removido, substituído ou suspenso:

Pena – detenção, de 15 (quinze) dias a 1 (um) mês, ou multa.

Exercício funcional ilegalmente antecipado ou prolongado

- **Transação:** Cabe, ainda que haja incidência do art. 327, § 2º, preenchidos os requisitos do art. 76 da Lei n. 9.099/95.

- **Suspensão condicional do processo:** Cabe, mesmo se houver combinação com o art. 327, § 2º, do CP, atendidas as condições do art. 89 da Lei n. 9.099/95.

- **Objeto jurídico:** A Administração Pública.

- **Sujeito ativo:** É o funcionário público que, apesar de ter sido nomeado, ainda não tenha tomado posse do cargo ou preenchido algum requisito legal (*vide* notas ao art. 327 e §§ 1º e 2º do CP), ou, ainda, o funcionário público exonerado, removido, substituído ou suspenso (na segunda modalidade do delito).

- **Sujeito passivo:** O Estado.

- **Tipo objetivo:** Duas modalidades são previstas: *a.* Entrar no exercício de função pública antes de satisfeitas as exigências legais. É a hipótese de exercício antecipado. O agente foi nomeado funcionário público, mas inicia o exercício da função (pratica atos de ofício) antecipadamente, antes de satisfazer as exigências legais. Trata-se de norma penal em branco, que é completada pelas exigências que outras leis (não regulamentos ou portarias) impõem (ex.: exame de saúde, posse etc.). *b.* Continuar a exercê-la (a função pública), depois de saber oficialmente que foi exonerado, removido, substituído ou suspenso (a lei não alude ao funcionário aposentado). Naqueles casos, há a prolongação (prorrogação) do exercício. O agente continua a exercer a função pública (pratica atos de ofício), mesmo depois de ter recebido comunicação oficial informando que foi exonerado, removido, substituído ou suspenso (não são incluídas no tipo penal as cessações por licença ou férias). A notificação deve ser pessoal, sendo imprescindível que o agente tenha conhecimento direto e certo, não bastando a dúvida. Entende-se que a comunicação oficial seria dispensável apenas na hipótese de aposentadoria compulsória, mas a aposentadoria não foi arrolada entre os casos expressos deste art. 324. Para que haja o crime, a conduta tem que ser praticada *sem autorização* (elemento normativo do tipo). A ilicitude também será excluída em caso de urgente necessidade de serviço, quando o agente permanece no exercício para não prejudicar a Administração.

- **Tipo subjetivo:** O dolo, que consiste na vontade de antecipar ou prolongar o exercício, com consciência da ilegalidade. Na escola tradicional é o "dolo genérico". Inexiste forma culposa.

- **Consumação:** Com a prática de algum ato de ofício, antes de tomar posse (primeira modalidade) ou depois de oficialmente comunicado da exoneração, remoção, substituição ou suspensão (segunda modalidade).

- **Tentativa:** Admite-se, na medida em que a conduta pode ser fracionada, permitindo o *iter criminis*.

- **Pena:** É alternativa: detenção, de quinze dias a um mês, ou multa. Em caso de ocupante de cargo em comissão, função de direção ou assessoramento, a pena é aumentada da terça parte (cf. § 2º do art. 327 do CP).

- **Ação penal:** Pública incondicionada. Sobre o procedimento especial aplicável e a defesa preliminar, *vide* nota *Defesa preliminar (art. 514 do CPP)*, no início deste Capítulo I, Título XI.

Jurisprudência

- **Funcionário suspenso:** Configura o delito do art. 324 a prática de atos funcionais, por escrivão suspenso, durante o período em que sabia estar suspenso (TACrSP, *Julgados* 79/268).

- **Funcionário à disposição de outro órgão:** Não pratica o crime do art. 324 a defensora pública que, no interior do chamado "ônibus da cidadania", requer abertura de inventário e gratuidade de justiça para pessoas carentes, sem estar afastada de suas funções, mas apenas à disposição de órgão do Poder Executivo (TJRJ, *RT* 791/678).

VIOLAÇÃO DE SIGILO FUNCIONAL

Art. 325. Revelar fato de que tem ciência em razão do cargo e que deva permanecer em segredo, ou facilitar-lhe a revelação:

Pena – detenção, de 6 (seis) meses a 2 (dois) anos, ou multa, se o fato não constitui crime mais grave.

§ 1º Nas mesmas penas deste artigo incorre quem:

I – permite ou facilita, mediante atribuição, fornecimento e empréstimo de senha ou qualquer outra forma, o acesso de pessoas não autorizadas a sistemas de informações ou banco de dados da Administração Pública;

II – se utiliza, indevidamente, do acesso restrito.

§ 2º Se da ação ou omissão resulta dano à Administração Pública ou a outrem:

Pena – reclusão, de 2 (dois) a 6 (seis) anos, e multa.

- **Alteração:** A Lei n. 9.983, de 14.7.2000 (*DOU* 17.7.2000), que entrou em vigor noventa dias após sua publicação, acrescentou os §§ 1º e 2º a este artigo.

- **Transação:** Cabe no *caput* e no § 1º, desde que não haja incidência do art. 327, § 2º, preenchidos os requisitos do art. 76 da Lei n. 9.099/95.

- **Suspensão condicional do processo:** Cabe no *caput* e no § 1º, ainda que haja combinação com o § 2º do art. 327 do CP, atendidas as condições do art. 89 da Lei n. 9.099/95.

Violação de sigilo funcional (caput)

- **Objeto jurídico:** A proteção da Administração Pública, especialmente da regularidade de seu funcionamento.

- **Sujeito ativo:** Só o funcionário público que, em razão do cargo, tem ciência do segredo. Trata-se, pois, de crime próprio. Para a maioria dos autores, a norma também alcança o funcionário aposentado ou posto em disponibilidade (HELENO FRAGOSO, *Lições de Direito Penal – Parte Especial*, 1965, v. IV, p. 1131; HUNGRIA, *Comentários ao Código Penal*, 1959, v. IX, p. 397; MAGALHÃES NORONHA, *Direito Penal*, 1995, v. IV, p. 285; RUI STOCCO e TATIANA STOCCO, *Código Penal e sua Interpretação Jurisprudencial*, coord. ALBERTO SILVA FRANCO e RUI STOCCO, 8ª ed., Revista dos Tribunais, 2007, p. 1514; JÚLIO FABBRINI MIRABETE, *Manual de Direito Penal*, 1996, v. III, p. 336; GUILHERME DE S. NUCCI, *Código Penal Comentado*, 7ª ed., Revista dos Tribunais, 2007, p. 1026), que não perde seu vínculo com a Administração.

- **Sujeito passivo:** O Estado; eventualmente, também o particular prejudicado com a revelação.

- **Tipo objetivo:** São dois os núcleos previstos: *a. Revelar*, que tem a significação de comunicar, transmitir, dar a conhecer a terceira pessoa. A ação pode ser feita oralmente ou por escrito, inclusive por *e-mail*, ou com a exibição de documentos. *b. Facilitar* (a revelação). É maneira de revelação indireta. O funcionário público, dolosamente, torna fácil a descoberta (ex.: propositadamente, não guarda, como devia, o documento sigiloso). Tanto o primeiro núcleo quanto o segundo (revelar ou facilitar) incidem sobre fato de que o agente tem ciência em razão do cargo, e que deva permanecer em segredo. É pressuposto do delito, portanto, que o agente tenha conhecimento do fato em razão do cargo, isto é, em virtude de sua específica atribuição funcional (é o chamado "segredo de ofício"). Não haverá tipificação se o funcionário houver tido ciência do fato por motivo diverso. Além disso, dizendo a lei ser fato que deva permanecer em segredo, é mister que se trate de fato relevante e de segredo de interesse público, embora também possa existir um particular interessado no sigilo. Considera-se segredo o fato cujo conhecimento é restrito a limitado número de pessoas (como os funcionários que dele precisam ter informação) e em que há interesse de que seja mantido em sigilo. Obviamente, a revelação a quem já conhecia o segredo não configurará o delito. Por fim, cumpre notar, como assinala MAGALHÃES NORONHA (*Direito Penal*, 1995, v. IV, p. 287), que sendo o interesse público que obriga à guarda do segredo, "tal obrigatoriedade cessa quando outro interesse público maior se levanta".

- **Tipo subjetivo:** É o dolo, ou seja, a vontade livre de revelar ou facilitar a revelação, com consciência de que o fato devia ser mantido em sigilo. Na doutrina tradicional indica-se o "dolo genérico". Não há punição a título de culpa.

- **Consumação:** Quando o segredo é revelado a terceiro (primeira modalidade) ou quando outrem fica conhecendo o segredo (segunda modalidade).

- **Tentativa:** Admite-se.

- **Concurso de pessoas:** O particular pode ser coautor ou partícipe, desde que saiba da condição de funcionário público do agente (CP, art. 30). Note-se que a pessoa que simplesmente recebeu o segredo, sem ter concorrido para o crime (CP, art. 29), não é coautor ou partícipe.

- **Subsidiariedade:** O delito deste art. 325, *caput*, é subsidiário, na medida em que só se configura se não houver crime mais grave.

- **Confronto:** Se o segredo é de proposta apresentada em procedimento licitatório, art. 337-J do CP. Tratando-se de sigilo concernente a energia nuclear, art. 23 da Lei n. 6.453/77. Na hipótese de sigilo relativo ao Sistema Financeiro Nacional, Lei n. 7.492/86, arts. 18 e 29, parágrafo único. No caso de violação de sigilo por parte de autoridade fiscal do Ministério da Economia, Fazenda e Planejamento que procede a exame de documentos, livros e registros das bolsas de valores, de mercadorias, de futuros e assemelhadas, § 3º do art. 7º da Lei n. 8.021/90. Tratando-se de fraude em certame de interesse público com utilização ou divulgação indevida de conteúdo sigilo, *vide* art. 311-A do CP.

- **Pena:** É alternativa: detenção, de seis meses a dois anos, ou multa, se o fato não constitui crime mais grave.

- **Ação penal:** Pública incondicionada. Sobre o procedimento especial aplicável e a defesa preliminar, *vide* nota *Defesa preliminar (art. 514 do CPP)*, no início deste Capítulo I, Título XI.

Formas equiparadas (§ 1º)

- **Objeto jurídico:** A proteção da Administração Pública, notadamente dos seus sistemas de informações ou bancos de dados.

- **Sujeito ativo:** Somente o funcionário público. *Vide*, também, nota ao *caput*.

- **Sujeito passivo:** O Estado; em segundo lugar, o particular eventualmente prejudicado.

- **Tipo objetivo:** São três os núcleos previstos: *a. permitir* (dar licença para; consentir em); *b. facilitar* (tornar ou fazer fácil ou mais fácil); *c. utilizar* (fazer uso de). Nos dois primeiros (*a* e *b*), o agente permite ou facilita, por meio de atribuição, fornecimento e empréstimo de senha, ou por qualquer outra forma, o acesso de pessoas não autorizadas aos sistemas de informações ou banco de dados da Administração Pública. A expressão "qualquer outra forma" viola, a nosso ver, o princípio da reserva legal (art. 5º, XXXIX, da CR, e art. 1º do CP) e, em consequência, a regra da taxatividade, segundo a qual as leis que definem crimes devem ser precisas, marcando exatamente a conduta que objetivam punir (*vide* nota *Efeitos do princípio* no art. 1º do CP). No terceiro núcleo (*c*), o agente se utiliza, indevidamente, do acesso restrito que, em razão do cargo, lhe foi confiado. A expressão indevidamente constitui o elemento normativo do tipo. Nas modalidades de permitir ou facilitar, a ação pode ser comissiva ou omissiva. Já na modalidade de utilizar, a ação é sempre comissiva.

- **Tipo subjetivo:** É o dolo, consistente na vontade livre e consciente de permitir ou facilitar o acesso de pessoas não autorizadas a sistemas de informações ou banco de dados (§ 1º, I) ou de utilizar-se, indevidamente, do acesso restrito (§ 1º, II). Para a doutrina clássica, é o "dolo genérico". Inexiste modalidade culposa.

- **Consumação:** Ocorre no momento em que o acesso de pessoas não autorizadas é permitido ou facilitado (§ 1º, I), ou quando o acesso restrito é utilizado indevidamente (§ 1º, II). Por se tratar de crime formal, não se exige efetivo resultado (no sentido naturalístico), como um prejuízo financeiro para a Administração Pública.

- **Tentativa:** É possível em qualquer dos incisos deste § 1º, embora de difícil ocorrência na prática.

- **Concurso de pessoas:** Pode haver coautoria ou participação, mas aquele que apenas teve o acesso permitido ou facilitado, sem ter concorrido para o crime (CP, art. 29), não pode ser coautor ou partícipe. O particular pode ser coautor ou partícipe, desde que saiba da condição de funcionário público do agente (CP, art. 30).

- **Pena e ação penal:** Iguais às do *caput*.

Figura qualificada (§ 2º)

- **Noção:** Se da conduta comissiva ou omissiva resultar dano à Administração Pública ou a terceiro, a pena será de reclusão, de dois a seis anos, e multa.

Causa especial de aumento de pena

- **Incidência:** Tratando-se de ocupante de cargo em comissão, função de direção ou assessoramento, a pena é aumentada da terça parte (cf. § 2º do art. 327 do CP).

Jurisprudência do caput

- ***Animus defendendi:*** Não há crime quando o indiciado, com *animus defendendi*, remete os documentos ao procurador-geral, sem quebra do caráter confidencial (STJ, CEsp, Inq 12, *DJU* 1.10.90, p. 10424).

- **Crime próprio e formal:** O delito deste art. 325 é próprio e formal, porque exige a potencialidade de dano para com a Administração Pública (TACrSP, *RT* 723/613).

- **Crime subsidiário:** Se o policial recebia pagamento mensal para fornecer informações sobre a atuação da polícia na repressão à atividade de contraventor, responde por corrupção passiva, estando a ela subsumida a violação de sigilo funcional (TJRS, Ap. 700743181155, *DJ* 29.10.2018).

- **Violação em processo:** Não se tratando de ação judicial que obrigatoriamente corre em sigilo, é necessário que tenha sido deferido o seu processamento em segredo de justiça (TACrSP, *Julgados* 69/92).

- **Violação em inquérito:** Se as informações decorreram de inquérito policial e de decisão judicial que não estavam sob sigilo, a denúncia imputou fato atípico (STJ, REsp 1.759.600/RJ, *DJe* 13.12.2018).

- **Relevância do sigilo:** O art. 325 visa a proteger segredo relevante, cuja divulgação seja potencialmente danosa, e não interesses fúteis, carecedores de relevância jurídica (TACrSP, *Julgados* 73/183).

VIOLAÇÃO DO SIGILO DE PROPOSTA DE CONCORRÊNCIA

Art. 326. Devassar o sigilo de proposta de concorrência pública, ou proporcionar a terceiro o ensejo de devassá-lo:

Pena – detenção, de 3 (três) meses a 1 (um) ano, e multa.

- **Revogação tácita:** O art. 326 do CP já havia sido tacitamente revogado pelo art. 94 da Lei n. 8.666/1993, tendo esse dispositivo, por sua vez, sido revogado pela Lei n. 14.133/2021, que incluiu o art. 337-J do CP, que pune a violação de sigilo com pena de 2 (dois) a 3 (três) anos de detenção e multa.

FUNCIONÁRIO PÚBLICO

Art. 327. Considera-se funcionário público, para os efeitos penais, quem, embora transitoriamente ou sem remuneração, exerce cargo, emprego ou função pública.

§ 1º Equipara-se a funcionário público quem exerce cargo, emprego ou função em entidade paraestatal, e quem trabalha para empresa prestadora de serviço contratada ou conveniada para a execução de atividade típica da Administração Pública.

§ 2º A pena será aumentada da terça parte quando os autores dos crimes previstos neste Capítulo forem ocupantes de cargos em comissão ou de função de direção ou assessoramento de órgão da administração direta, sociedade de economia mista, empresa pública ou fundação instituída pelo poder público.

Conceito penal de funcionário público

- **Alterações:** A Lei n. 6.799, de 23.6.80, transformou o antigo parágrafo único em § 1º e acrescentou o § 2º. A Lei n. 9.983, de 14.7.2000 (*DOU* 17.7.2000), que entrou em vigor noventa dias após sua publicação, deu nova redação ao § 1º.

- **Conceituação:** Segundo MARIA SYLVIA ZANELLA DI PIETRO, "o ocupante do cargo público tem um vínculo estatutário, regido pelo Estatuto dos Funcionários Públicos", ao passo que "o ocupante de emprego público tem um vínculo contratual, sob a regência da CLT"; já a função pública "é o conjunto de atribuições às quais não corresponde um cargo ou emprego", não exigindo concurso público, ao contrário daqueles (*Direito Administrativo*, 12ª ed., São Paulo, Atlas, pp. 420-422). Embora seja importante o conceito administrativo, para efeitos penais, o conceito de funcionário público é um pouco diverso do que lhe dá o Direito Administrativo. Para o CP, é funcionário público quem, embora transitoriamente ou sem remuneração, exerce cargo, emprego ou função pública. Para a caracterização do conceito penal, portanto, é desnecessária a permanência ou remuneração pelo Estado. Ao mencionar função pública, a lei "quis deixar claro que basta o simples exercício de uma função pública para caracterizar, para os efeitos penais, o funcionário público" (HELENO FRAGOSO, *Jurisprudência Criminal*, 1979, v. II, n. 250). Assim, ainda que a pessoa não seja empregada nem tenha cargo no Estado, ela estará incluída no conceito penal de funcionário público, desde que exerça, de algum modo, função pública.

- **Alcance do *caput*:** O conceito de funcionário público, inscrito no *caput* do art. 327, é regra de caráter geral, aplicável a todo o CP e à legislação penal extravagante. Quanto ao conceito de funcionário público dado pelo art. 84, § 1º, da Lei de Licitações Públicas (Lei n. 8.666/93), *vide* abaixo nota *Confronto*. Quanto à extensão dos §§ 1º e 2º deste art. 327, *vide* nota em separado.

Equiparação do § 1º

- **Função pública e serviço público (a "privatização" da Administração Pública):** Em tempos em que a "privatização" é uma realidade cada vez mais presente, delegando a particulares (a chamada "terceirização") a prestação de *serviços públicos* que, tradicionalmente, eram realizados por pessoas exercendo *função pública em nome do órgão* para o qual atuam (isto é, funcionários públicos do Poder Executivo, Legislativo e Judiciário), o legislador brasileiro ampliou o conceito de funcionário público *para fins penais*. Assim, nos termos deste § 1º, é considerado funcionário público "quem trabalha para empresa *prestadora de serviço* contratada ou conveniada para a execução de atividade típica da Administração Pública". Tendo em vista a interpretação restritiva da lei penal, a prestação de serviço contratada ou conveniada, para a equiparação, deve ser *típica da Administração Pública*, e não qualquer atividade. A propósito, cf. monografia de JOSÉ MANUEL DAMIÃO DA CUNHA, *O conceito de funcionário para efeito de lei penal e a "privatização" da Administração Pública*, Coimbra, Coimbra Editora, 2008, p. 117.

- **Entidade paraestatal e prestadora de serviço contratada ou conveniada:** O antigo § 1º já equiparava a funcionário público quem exercesse cargo, emprego ou função em entidade paraestatal. O novo § 1º ampliou esta equiparação, para nela incluir "quem trabalha para empresa prestadora de serviço contratada ou conveniada para a execução de atividade típica da Administração Pública". Conforme anota Maria Sylvia Zanella Di Pietro, discordam os administrativistas quanto ao conceito de entidades paraestatais: *a.* são as autarquias (Cretella Júnior, citando Miguel Reale e Themístocles Brandão Cavalcanti); *b.* compreende as empresas públicas, as sociedades de economia mista e as fundações instituídas pelo Poder Público (Hely Lopes Meirelles); *c.* abrange pessoas privadas que colaboram com o Estado desempenhando atividade não lucrativa e à qual o Poder Público dispensa especial proteção, não incluindo as sociedades de economia mista e as empresas públicas, tratando-se de pessoas privadas que exercem função típica (embora não exclusiva do Estado), como as de amparo aos hipossuficientes, de assistência social e de formação profissional (SESI, SESC, SENAI) (Celso Antonio Bandeira de Mello). Empresa prestadora de serviço contratada é aquela que celebra contrato com a Administração Pública, "para a consecução de fins públicos, segundo regime jurídico de direito público". Já a empresa conveniada é aquela que celebra ajuste com o Poder Público "para a realização de objetivos de interesse comum, mediante mútua colaboração" (Maria Sylvia Zanella Di Pietro, ob. cit., pp. 232 e 284, 397 e 398).

- **Irretroatividade:** Por força dos princípios da reserva legal e da anterioridade (CR, art. 5º, XXXIX e XL; CP, art. 1º), a ampliação dada a este § 1º pela Lei n. 9.983/2000 não retroage, valendo apenas para fatos posteriores.

- **Confronto com a Lei de Abuso de Autoridade:** Quanto ao conceito de agente ou funcionário público, para efeito da Lei de Abuso de Autoridade, *vide* art. 2º, *caput*, e parágrafo único, da Lei n. 13.869/2019.

- **Confronto com a Lei de Licitações (Lei n. 8.666/1993):** O § 1º do art. 84 da Lei n. 8.666/93, que define crime em licitações e contratos da Administração Pública, equipara a servidor público, para os fins desta lei, "quem exerce cargo, emprego ou função em entidade paraestatal, assim consideradas, além das fundações, empresas públicas e sociedades de economia mista, as demais entidades sob controle, direto ou indireto, do poder público". Para Roberto W. Battochio Casolato, o referido art. 84, § 1º, dá o "efetivo significado" da expressão entidade paraestatal empregada pelo § 1º do art. 327 do CP (*Os crimes contra a Administração Pública – Parte 1*, São Paulo, 1998, p. 138). Já na opinião de Damásio de Jesus, para quem a expressão entidade paraestatal do § 1º deste art. 327 só alcança a autarquia, o referido art. 84, § 1º, apenas tem aplicação para os crimes relacionados na Lei n. 8.666/93 (*Direito Penal*, 6ª ed., Saraiva, v. 4, p. 102).

Equiparação e figura qualificada do § 2º

- **Noção:** Instituído pela Lei n. 6.799/80, o § 2º estatui que será aumentada de um terço a pena do funcionário público que ocupar cargo em comissão ou em função de direção ou assessoramento: *a.* de órgão da administração direta; *b.* sociedade de economia mista; *c.* empresa pública; *d.* fundação instituída pelo Poder Público. Quanto à aplicação do aumento a chefes do Poder Executivo, *vide* jurisprudência.

- **Confronto:** O conceito de *servidor público*, na Lei n. 8.666/93 (Lei de Licitações) é assim disposto: "Art. 84. Considera-se servidor público, para os fins desta Lei, aquele que exerce, mesmo que transitoriamente ou sem remuneração, cargo, função ou emprego público. § 1º Equipara-se a servidor público, para os fins desta Lei, quem exerce cargo, emprego ou função em entidade paraestatal, assim consideradas, além das fundações, empresas públicas e sociedades de economia mista, as demais entidades sob controle, direto ou indireto, do Poder Público. § 2º A pena imposta será acrescida da terça parte, quando os autores dos crimes previstos nesta Lei forem ocupantes de cargo em comissão ou de função de confiança em órgão da Administração direta, autarquia, empresa pública, sociedade de economia mista, fundação pública, ou outra entidade controlada direta ou indiretamente pelo Poder Público". O Código Eleitoral (Lei n. 4.737/65) considera, em seu art. 283, membros e funcionários da Justiça Eleitoral, para efeitos penais: "I – os magistrados que, mesmo não exercendo funções eleitorais, estejam presidindo Juntas Apuradoras ou se encontrem no exercício de outra função por designação de Tribunal Eleitoral; II – os cidadãos que temporariamente integram órgãos da Justiça Eleitoral; III – os cidadãos que hajam sido nomeados para as mesas receptoras ou Juntas Apuradoras; IV – os funcionários requisitados pela Justiça Eleitoral. § 1º

Considera-se funcionário público, para os efeitos penais, além dos indicados no presente artigo, quem, embora transitoriamente ou sem remuneração, exerce cargo, emprego ou função pública. § 2º Equipara-se a funcionário público quem exerce cargo, emprego ou função em entidade paraestatal ou em sociedade de economia mista".

- **Pena**: A causa de aumento de pena do § 2º (aumento da terça parte) é aplicável somente aos crimes dos arts. 312 a 326 do CP e às pessoas ocupantes dos cargos e funções textualmente indicados no § 2º.

Alcance dos §§ 1º e 2º

- **Noção**: Mesmo antes da Lei n. 9.983/2000, que deu nova redação ao § 1º, já havia duas correntes acerca da abrangência do antigo § 1º: *a.* A equiparação é feita, apenas, para o sujeito ativo (HUNGRIA, *Comentários ao Código Penal*, 1959, v. IX, p. 404; MAGALHÃES NORONHA, *Direito Penal*, 1995, v. IV, p. 208). *b.* Refere-se tanto ao sujeito ativo como ao passivo (HELENO FRAGOSO, *Jurisprudência Criminal*, 1979, v. II, n. 250). A nosso ver, o § 2º deixa claro que a primeira corrente é a certa, pois limita a causa de aumento "aos autores dos crimes previstos neste Capítulo", demonstrando que tanto a equiparação do antigo § 1º como a do § 2º devem ficar limitadas ao sujeito ativo. A nova redação dada agora ao § 1º não alterou este nosso entendimento.

Jurisprudência

- **Médicos e administradores de hospitais particulares credenciados pelo SUS (após a vigência da Lei n. 9.983/2000)**: "O conceito de agente público se estende aos médicos e administradores de entidade hospitalar privada que administram recursos públicos provindos do Sistema Único de Saúde" (STJ, 6ª T., REsp 2002/0017860-8, rel. Min. Hamilton Carvalhido, j. 25.6.2004, *DJ* 6.12.2004, p. 374). A extensão do conceito de funcionário público para médicos e administradores de hospitais particulares, que apesar de credenciados pelo Sistema Único de Saúde – SUS exigiam pagamento aos beneficiários, só é possível após a vigência da Lei n. 9.983/2000, que alterou a redação do art. 327 do CP (STJ, 5ª T., REsp 102.382-2/PR, j. 17.2.2009, *DJe* 16.3.2009). No mesmo sentido, sob pena de violar o princípio constitucional da irretroatividade da lei penal (STJ, 6ª T., HC 115.179/RS, j. 19.2.2009, *DJe* 6.4.2009).

- **Alcance do *caput***: O conceito de funcionário público, do *caput* do art. 327, é aplicável não só ao CP como à legislação penal especial (TACrSP, *Julgados* 90/75). O agente que desempenha funções e encargos de interesse de órgão público, recebendo e executando ordens de uma autoridade, é considerado funcionário público para efeitos penais, ainda que se trate de contrato de prestação de serviços de caráter esporádico e descontínuo (TRF da 1ª R., *RT* 774/690).

- **Alcance do § 2º**: A majorante do art. 327, § 2º, não se aplica a prefeito, mas somente a servidor que exerceu o cargo em comissão ou função de direção ou assessoramento (TJGO, Processo 0196367-49.2015.8.09.0000, j. 12.7.2016). O aumento do § 2º não incide na conduta de funcionário da caixa que substituía o gerente de forma ocasional ou interina (TRF da 5ª R., Pleno, Agravo Interno de Vice-Presidência 0000536-26.2012.4.05.8306, *DJe* 19.2.2019). Aplica-se o aumento do art. 327, § 2º, a governador acusado de peculato (STF, Inq 1.769/DF, Pleno, j. 1.12.2004, *mv– DJU* 3.6.2005). O § 2º cuida de condição de exasperação de pena e é aplicável, exclusivamente, ao autor da infração (TACrSP, *Julgados* 67/383). É defeso, no ordenamento jurídico penal, o uso da analogia em prejuízo do réu, não se configurando a causa de aumento do § 2º, quando o agente não ocupe quaisquer dos cargos ou funções ali estritamente numerados (TJPB, *RT* 785/654). Reflexo no § 1º: há acórdão no sentido de que o atual § 2º serve para explicitar quais são as entidades paraestatais referidas no § 1º (STF, *RTJ* 103/869).

- **Hipóteses diversas do *caput***: *a.* Vereadores. São funcionários públicos, para efeitos penais (TJSP, *RT* 570/296; TACrSP, *RT* 672/325). *b.* Escreventes de cartório não oficializados. São (STF, *RTJ* 126/1018; TJSP, *RT* 533/315). *c.* Serventuários da justiça. São, ainda que não remunerados (TJSP, *RT* 507/339). *d.* Funcionários de cartório. São, pois exercem função de interesse público (STF, *RTJ* 128/739). *e.* Peritos judiciais. São (STF, *RT* 640/349; TJSP, *RJTJSP* 170/293, *RT* 686/319; TAMG, *RT* 569/376). *f.* Contador de prefeitura. É, ainda que seja pessoa estranha à administração (TJSC, *RT* 535/339). *g.* Síndico de falência. Não é (TJSP, *RJTJSP* 85/388, *RT* 480/315). *h.* Prefeito municipal.

É (STF, RHC 62.496, *DJU* 12.4.85, p. 4933; STJ, REsp 50.486-4, *DJU* 26.9.94, p. 25673, in *RBCCr* 8/228; TJPR, *PJ* 43/234; TACrSP, *RT* 599/349). *i*. Inspetor de quarteirão. É (TJSP, *RT* 613/291). *j*. Leiloeiro oficial. É, quando no exercício da função de auxiliar do juízo (TFR, Ap. 6.121, *DJU* 18.12.86, p. 25160). *k*. Defensor dativo. Exerce múnus público, mas não é funcionário público (TJSP, *RT* 624/311; STJ, RHC 8.856-RS, *DJU* 21.2.2000, p. 188, in *Bol. IBCCr* 89/439). *l*. Defensor público. É funcionário público, pois, ao contrário do advogado, exerce função pública (STJ, RHC 3.900-0-SP, *DJU* 3.4.95, p. 8148). *m*. Pessoa que exerce serviços na repartição pública, de modo contínuo, duradouro e público, recebendo salário de outros funcionários e também contribuições. É funcionário público (TJPR, *PJ* 46/167). *n*. Administradores e médicos de hospitais privados credenciados pelo SUS. Não são (STJ, RHC 8.267-RS, *DJU* 17.5.99, p. 240, in *RBCCr* 27/361).

- **Função delegada:** Quando no exercício de atribuição delegada pela União, são funcionários públicos os empregados do Banco do Brasil (STF, *RTJ* 46/27; TACrSP, *Julgados* 94/516). Administrador de hospital que presta atendimento a segurados da Previdência Social também é, pois exerce função pública delegada federal (TRF da 4ª R., HC 26.099, *DJU* 25.11.92, p. 39456).

- **Investidura:** Para fins penais é dispensável, bastando o exercício da função pública (TJRJ, *RF* 279/334).

- **Compreensão da equiparação do antigo § 1º:** Funcionário de sociedade de economia mista: não pode ser equiparado a funcionário público pelos termos do antigo parágrafo único, atual § 1º (TJSP, *RJTJSP* 76/299, *RF* 257/291; TJSC, *RT* 513/451, *RF* 256/391; contra: STF, HC 72.198-2, *DJU* 26.5.95, p. 15158, in *RBCCr* 12/288). Empresa pública: *a*. Seu funcionário é equiparado, como no caso da "Empresa Brasileira de Correios e Telégrafos" ou da "Cobal" (STF, *RT* 585/417, *RTJ* 103/413 e 869). Empresa particular: Equipara-se a funcionário público o agente que, mesmo sendo empregado de empresa de segurança, aproveita-se da condição de vigilante noturno da EBCT, e furta objetos do interior de correspondências (TRF da 3ª R., *RT* 771/721). *b*. Não é, como na hipótese da Empresa Brasileira de Correios e Telégrafos (TFR, *RTFR* 72/285). Empresa franqueada: Empregado de agência franqueada pela EBCT não se equipara a funcionário público (STJ, *RT* 783/602). Empresa de segurança: É considerado funcionário público por equiparação, o empregado de empresa de segurança que exerce as funções de vigilante noturno da EBCT (TRF da 3ª R., *RT* 771/721). Empresa conveniada: Equipara-se a funcionário público o médico que presta serviços em hospital particular conveniado ao Sistema Único de Saúde (TRF da 4ª R., *RT* 757/685). Autarquia: É funcionário público o seu servidor (STJ, HC 1.390, *DJU* 19.10.92, p. 18253; TACrSP, *Julgados* 67/383; TJSP, *mv – RT* 490/309). Servidor da Caixa Econômica Federal: É (TRF da 5ª R., *JSTJ* e *TRF* 78/646).

- **Alcance do antigo § 1º:** É razoável o entendimento de que a equiparação do § 1º só é aplicável ao funcionário quando ele for sujeito ativo, e não passivo, do crime (TRF da 1ª R., *JSTJ* e *TRF* 8/245); assim, o diretor de sociedade de economia mista apenas é considerado funcionário quando for agente, e não vítima do delito (STF, *RT* 606/444), o mesmo ocorrendo no caso de funcionário de empresa pública (TRF da 1ª R., Ap. 3.229, *DJU* 29.6.90, p. 14394). O servidor da FUNAI só é equiparado a funcionário público como sujeito ativo (TFR, CComp 7.148, *DJU* 13.11.86, p. 21987). Aplica-se ao funcionário autárquico, mas só como sujeito ativo e não como passivo (TACrSP, *Julgados* 78/416, *RT* 564/356).

Capítulo II
DOS CRIMES PRATICADOS POR PARTICULAR CONTRA A ADMINISTRAÇÃO EM GERAL

USURPAÇÃO DE FUNÇÃO PÚBLICA

Art. 328. Usurpar o exercício de função pública:
Pena – detenção, de 3 (três) meses a 2 (dois) anos, e multa.

Parágrafo único. Se do fato o agente aufere vantagem:
Pena – reclusão, de 2 (dois) a 5 (cinco) anos, e multa.

- **Transação:** Cabe no *caput*, preenchidos os requisitos do art. 76 da Lei n. 9.099/95.
- **Suspensão condicional do processo:** Cabe no *caput*, atendidas as condições do art. 89 da Lei n. 9.099/95.

Usurpação de função pública (caput)

- **Objeto jurídico:** A Administração Pública, especialmente a normalidade de seus serviços.
- **Sujeito ativo:** Qualquer pessoa. Geralmente, é o particular, embora o funcionário público também possa ser agente do delito, quando se investe em função que *absolutamente* não possui.
- **Sujeito passivo:** É o Estado, notadamente a pessoa jurídica de direito público (União, Estado, Distrito Federal ou Município) cujo funcionário teve a função usurpada.
- **Tipo objetivo:** A conduta incriminada é usurpar o exercício de função pública. O verbo *usurpar* tem o sentido de exercer indevidamente, apoderar-se, tomar. Pune-se o agente que, ilegítima ou indevidamente, assume função pública e executa ato de ofício. É necessário o *efetivo* exercício da função, não bastando que o agente apenas arrogue a si função que não tem. Sobre o conceito de função pública, *vide* nota no art. 327 do CP.
- **Tipo subjetivo:** É o dolo, ou seja, a vontade de usurpar a função, com consciência da ilegitimidade do exercício. Na doutrina tradicional pede-se o "dolo genérico". Não há forma culposa. Ensina a esse respeito NÉLSON HUNGRIA que "o elemento subjetivo é a consciência de que age *sem direito*. Há casos em que o particular, independentemente de investidura oficial, pode exercer, *ex vi legis*, uma função pública" (*Comentários ao Código Penal*, cit., v. IX, p. 406), hipótese, evidentemente, em que não haverá o crime. É o caso, por exemplo, do particular, portador de diploma superior, a quem é delegada, por falta de perito oficial, a realização do exame de corpo de delito (CPP, art. 159, § 1º).
- **Consumação:** Com a efetiva prática de algum ato de ofício, independentemente de outro resultado.
- **Tentativa:** Admite-se.
- **Confronto:** Se o agente apenas simula a qualidade de funcionário, ou usa uniforme ou distintivo, arts. 45 e 46 da LCP. *Vide*, também, *Exercício funcional ilegalmente antecipado ou prolongado*, art. 324 do CP.
- **Pena:** Detenção, de três meses a dois anos, e multa.
- **Ação penal:** Pública incondicionada.

Figura qualificada (parágrafo único)

- **Noção:** Se o agente, ao usurpar a função pública (*vide* comentário ao art. 327 do CP), aufere (efetivamente) vantagem (material ou moral).
- **Pena:** Reclusão, de dois a cinco anos, e multa.

Jurisprudência

- **Objeto jurídico:** A objetividade jurídica é o interesse na normalidade funcional, probidade, prestígio, incolumidade e decoro no serviço público (TJSP, *RT* 507/358).
- **Sujeito ativo:** É necessário que o sujeito ativo seja um particular (TACrSP, *mv* – *RJDTACr* 14/206). *Contra*: o funcionário público, fora de sua função, pode ser agente deste delito (TJSP, *RT* 533/317; TACrSP, *mv* – *RT* 637/277).
- **Ânimo de usurpar:** O delito do art. 328 não se configura sem o ânimo de usurpar (STJ, RHC 2.356-2, *DJU* 17.12.92, p. 24256, *in RBCCr* 1/228), como no caso de escrevente que interroga o réu em lugar do juiz (TJSP, *RF* 277/276). A simples irregularidade do exercício da função pública não se equipara à usurpação dela; era caso de vereadores que ocuparam a mesa da Câmara, embora fosse questionada a regularidade da eleição (TACrSP, *Julgados* 71/128). Não comete o crime a esposa, juíza de uma Junta, que

substitui o marido, juiz de outra, em audiências trabalhistas desta, sem provimento específico (TRF da 5ª R., *RT* 725/680). Não pratica o delito escrevente juramentado em Cartório de Registro de Imóveis que, embora em local diverso do cartório, emite simples protocolos de entrega de documentos para registro no balcão (TJSC, *RT* 749/742).

- **Tipo subjetivo:** O elemento subjetivo é a consciência de que se age sem direito (TJSP, *RT* 490/283). Se o exercício decorreu de boa-fé e não de dolo, fica descaracterizada a figura do art. 328 (TJMG, *RT* 757/618). Não há usurpação de função pública na hipótese de interrogatório judicial realizado pelo escrivão e datilografado pelo escrevente do cartório, uma vez demonstrado que a vontade era apenas a de colaborar para o bom andamento dos serviços forenses da parte de ambos, não havendo qualquer vantagem pessoal e, consequentemente, de dolo (TJSP, *RT* 542/320).

- **Função inexistente:** É mister que o agente se faça passar por exercente de função que realmente exista e pratique atos a ela pertinentes, o que não é o caso de quem se intitula "polícia secreta" ou "detetive", em Estados onde inexistem tais cargos (TJPR, *RT* 568/317; TACrSP, *RT* 401/309).

- **Contratação irregular:** A contratação irregular não caracteriza o crime, que somente se configura se o sujeito ativo investe-se e pratica ofício público de forma indevida, arbitrária, sem título legítimo (TJSP, *RT* 779/549).

- **"Despachante policial":** Sendo mero intermediário entre os particulares e os órgãos públicos, exerce atividade eminentemente privada, razão pela qual o agente que pratica irregularmente tal profissão não comete o delito deste art. 328 (TACrSP, *RJDTACr* 27/91-2).

- **Guarda municipal:** Não cometem o delito agentes da Guarda Civil Municipal que, com fundada suspeita de ocorrência de crime, efetuam prisão em flagrante, pois agem como se fossem qualquer do povo; ademais, estando o delito inscrito no capítulo dos crimes praticados por particular contra a administração em geral, não se tipifica quando os agentes são funcionários da administração, salvo se agirem na qualidade de particular (TACrSP, *RT* 791/634).

- **Ato de ofício:** Inexiste usurpação de função pública na ação de quem, intitulando-se delegado de polícia, pratica violência ou ludibria pessoas (Franceschini, *Jurisprudência*, 1976, v. IV, n. 6.708; contra, em caso de estelionato: TJSP, *mv* – *RT* 541/369).

- **Escrivão *ad hoc*:** O Delegado de Polícia que nomeia escrivão *ad hoc* pessoa que aguardava nomeação em concurso público não comete crime de prevaricação, bem como o nomeado não comete o delito de usurpação de função pública, já que o motivo da nomeação, bem como o seu exercício, tiveram por finalidade satisfazer interesse imediato da Administração (TAPR, *RT* 797/687).

- **Competência:** Se a função pública usurpada é federal, o processo e julgamento competem à Justiça Federal (TFR, Ap. 5.866, *DJU* 18.6.87, p. 12259).

RESISTÊNCIA

Art. 329. Opor-se à execução de ato legal, mediante violência ou ameaça a funcionário competente para executá-lo ou a quem lhe esteja prestando auxílio:

Pena – detenção, de 2 (dois) meses a 2 (dois) anos.

§ 1º Se o ato, em razão da resistência, não se executa:

Pena – reclusão, de 1 (um) a 3 (três) anos.

§ 2º As penas deste artigo são aplicáveis sem prejuízo das correspondentes à violência.

- **Transação:** Cabe no *caput*, desde que o acréscimo da pena correspondente à violência (§ 2º), a ser feito conforme a regra do concurso material, não torne a pena máxima cominada em abstrato superior ao limite de dois anos, preenchidos os requisitos do art. 76 da Lei n. 9.099/95.

- **Suspensão condicional do processo:** Cabe no *caput* e no § 1º, atendidas as condições do art. 89 da Lei n. 9.099/95.

Resistência

- **Objeto jurídico:** A Administração Pública.
- **Sujeito ativo:** Qualquer pessoa.
- **Sujeito passivo:** É o Estado, notadamente a pessoa jurídica de direito público (União, Estado, Distrito Federal ou Município) que determinou a execução do ato legal.
- **Tipo objetivo:** São pressupostos do delito do art. 329: *a. Ato legal*. É indispensável a legalidade do ato a que o agente opõe resistência, devendo a legalidade ser não só substancial mas também formal (meio e forma de execução). Assim, a ilegalidade do ato do funcionário público torna legítima a resistência e afasta a tipicidade do comportamento. A ilegalidade, porém, não se confunde com a injustiça do ato executado, hipótese esta em que o crime subsiste (basta, portanto, que o ato seja legal). *b. Funcionário competente*. O executor do ato precisa ter efetiva competência funcional. Essa qualidade estende-se a outro funcionário público (sem competência ou atribuição legal) ou mesmo ao particular que o assiste, em sua presença. O núcleo é opor-se, que tem o sentido de resistir. O agente resiste à execução de ato legal, isto é, ato que está sendo executado, no momento, pelo funcionário público competente ou a quem lhe esteja prestando auxílio. Para a configuração do delito é necessário que a oposição seja mediante violência ou ameaça a funcionário (ou a quem lhe esteja prestando auxílio). Entendemos que a violência deve ser a física, exercida contra o executor ou seu auxiliar (a favor: HELENO FRAGOSO, *Lições de Direito Penal – Parte Especial*, 1965, v. IV, p. 1143; MAGALHÃES NORONHA, *Direito Penal*, 1995, v. IV, p. 300; contra, admitindo a violência contra coisa: HUNGRIA, *Comentários ao Código Penal*, 1959, v. IX, p. 412). Não serve à tipificação deste delito a resistência passiva, a simples desobediência, pois a conduta punida é comissiva. A ameaça referida no tipo em comento é o prenúncio de causar mal, a intimidação pela promessa de malefício. Simples impropérios, todavia, não configuram a ameaça, podendo caracterizar, eventualmente, crime contra a honra.
- **Tipo subjetivo:** O dolo, que consiste na vontade de empregar violência ou usar ameaça, com consciência da legalidade do ato e da condição de funcionário do executor. Exige-se, ainda, o elemento subjetivo do tipo referido pelo especial fim de agir (a fim de opor-se à execução). Na escola tradicional pede-se o "dolo específico". Inexiste forma culposa.
- **Consumação:** Com a prática da violência ou ameaça, independentemente de conseguir obstar a execução (delito formal).
- **Tentativa:** Admite-se.
- **Confronto:** Se o ato é de Comissão Parlamentar de Inquérito, art. 4º, I, da Lei n. 1.579/52. Quanto ao Conselho Administrativo de Defesa Econômica – CADE, art. 78 da Lei n. 8.884/94.
- **Pena:** Detenção, de dois meses a dois anos. Haverá concurso material com o crime resultante da violência (*vide* nota ao § 2º).
- **Ação penal:** Pública incondicionada.

Figura qualificada (§ 1º)

- **Noção:** Se o ato, em razão da resistência, não se executa, incide a figura qualificada deste § 1º. Aqui, o agente, efetivamente, consegue obstar a execução do ato legal (é o exaurimento da resistência já consumada). É necessário, portanto, que o funcionário não consiga vencer a resistência, não bastando que desista da execução por falta de empenho maior de sua parte.
- **Pena:** Reclusão, de um a três anos.

Concurso material (§ 2º)

- **Noção:** Por expressa previsão deste § 2º, afora a aplicação das penas do delito de resistência (*caput* ou § 1º), determina-se a incidência das penas correspondentes à violência (lesão corporal, por exemplo). Aplica-se, no caso, a regra do concurso material (CP, art. 69). É preciso observar se a violência não se encontra já absorvida pela própria resistência, hipótese que ocorre, p. ex., no caso da violência consistir no emprego de vias de fato (empurrões, p. ex.). Como bem observa Arthur Lavigne, não pode haver concurso do delito de resistência com o de ameaça, injúria ou perigo para a vida ou saúde de outrem ("Resistência e perigo de vida", *RDP* 29/136), já que tais condutas – completamos nós – encontram-se, geralmente, absorvidas pela própria resistência.

Jurisprudência

- **Legalidade do ato:** Se no cumprimento da ordem é empregada violência arbitrária, não se configura o delito de resistência (TJRS, Ap. 71008503625, *DJe* 24.5.2019). É necessária a rigorosa comprovação da legalidade do ato do funcionário (TJSP, *RT* 519/363). Não se configura, se há dúvida quanto à legalidade da ordem de prisão (TACrSP, *RJDTACr* 27/78-9). A dúvida quanto à qualidade de ser o agente funcionário público e ser o ato legal, afasta o dolo necessário à tipificação do delito (TRF da 3ª R., Ap. 93.03.065111-1/SP, *DJU* 8.5.97, p. 31355, *in RBCCr* 19/349). É indispensável a legalidade, substancial e formal, do ato do funcionário (TACrSP, *Julgados* 83/493; TJSP, *RT* 518/331). Não há crime se a resistência, mediante disparo de arma de fogo, é empregada contra guarda civil municipal, que dá voz de prisão por iniciativa própria, sem a concorrência de funcionário público competente para cuidar da segurança pública (TJSP, *RT* 783/608). Não se configura o crime do art. 329 do CP, se a resistência se dirige a ato ilegal do funcionário (TRF da 2ª R., *JSTJ* e *TRF* 5/351, TAMG, *RF* 279/344; TACrSP, *mv* – *RT* 697/317), como no caso de flagrante provocado (TARS, *RT* 686/370). Todo cidadão tem direito de opor-se à arbitrariedade policial (TACrSP, *RJDTACr* 1/58). Não é crime a resistência a prisão para averiguações (TARJ, *RT* 511/433) ou a prisão ilegal (TJSP, *RT* 546/348).

- **Flagrante:** O ordenamento jurídico brasileiro não permite que pessoas encontradas em situação de flagrância resistam à abordagem policial (TJMG, Ap. 10056150008961001, publ. 20.3.2019).

- **Dolo:** A resistência exige dolo, elemento subjetivo que consiste na vontade de empregar violência ou de usar ameaça, com consciência da legalidade do ato resistido e da condição de funcionário do executor (TJRS, Turma Recursal, Recurso n. 71008503625, *DJ* 24.5.2019).

- **Competência do funcionário:** A ordem precisa ser de atribuição e competência do funcionário (TJRS, *RF* 269/368). É necessário que o funcionário que executa o ato seja competente (TJSP, *RT* 518/350). Não caracteriza o delito a oposição a diligência efetuada por guardas municipais, pois estes são incompetentes para abordar, revistar ou prender alguém por porte ilegal de arma (TJSP, *RJTJSP* 157/294; no mesmo sentido: TJSP, RvCr 292.414-7/00, *Bol. IBCCr* 121/667; *RT* 816/546, 809/563). Há crime quando o agente se opõe à prisão, mediante violência contra policial militar, competente para executá-la (TJRJ, *RT* 813/672).

- **Violência ou ameaça:** É essencial à configuração do crime que o agente use violência física ou ameaça (STF, *RTJ* 106/494; TJSP, *RT* 532/329; TJMT, *RT* 522/441; TARJ, *RT* 525/442). Comete o crime o réu que, ao ser preso por policiais, instiga seu cão de forma a ameaçá-los (STJ, *RT* 808/610). Não há crime, se as ameaças proferidas pelo denunciado não tiveram poder intimidatório (TJRS, Ap. 70080338437, j. 26.9.2019).

- **Fuga:** Mera fuga ou ações da pessoa que está sendo detida e que apenas procura se desvencilhar de seus captores, não configura (TRF da 3ª R., Ap. 85.528, *DJU* 22.5.96, p. 33268, *in Bol. IBCCr* 44/157; TJMT, *RT* 751/649). Embora a simples fuga ao cumprimento de mandado de prisão não caracterize resistência, resta configurado o delito se há o uso de arma de fogo (TJSP, *RT* 755/613; TJRJ, *RT* 779/643; TACrSP, *RJDTACr* 18/110). Luta corporal para frustrar prisão em flagrante legítima, configura (TACrSP, *Julgados* 71/325). Se o ferimento no pé do policial se deu por ter empreendido descalço a perseguição do fugitivo recapturado, afastada está a versão da resistência ativa do acusado (TRF da 4ª R., Ap. 5.361, *DJU* 18.9.91, p. 22641).

- **Confronto:** Simples ofensas por palavras, gestos ou vias de fato ultrajantes constituem o delito de desacato e não de resistência (TJSP, *RT* 532/329).

- **Erro:** Não há concurso de pessoas, se o coautor ignorava a condição de policial da vítima (TJSP, *RT* 536/309).

- **Simples ofensas:** Ofensas por palavras não podem ser equiparadas a ameaças ou violência ao funcionário (TJSC, *RT* 516/366). Comportamento rude e deselegante, por si só, não configura (TJSP, *mv – RJTJSP* 122/498).

- **Resistência passiva:** A oposição pacífica não tipifica o delito de resistência (TJSP, *RT* 617/285). Não configura o crime a resistência apenas passiva, sem emprego de violência ou ameaça (TACrSP, *Julgados* 74/261; TAMG, Ap. 18.261, j. 28.11.89; TARS, *RF* 264/344). A ação de espernear ou esbravejar contra policial, ao ser preso, não configura (TACrSP, *Julgados* 66/345). A negativa de acompanhamento até a delegacia, seguida da expressão "não há homem para me levar", dirigida a policiais, não tipifica (TACrSP, *RT* 656/307).

- **Simples indisciplina:** Simples ato de indisciplina, sem oposição à execução de ato legal, não configura o delito de resistência (TACrSP, *RT* 423/422). Se a conduta do acusado, ao ser preso, não ultrapassar os limites toleráveis da indisciplina, rebelando-se de forma moderada no anseio de libertar-se, não se caracteriza o crime de resistência, máxime considerando-se o seu estado de embriaguez (TJMG, *JM* 128/311).

- **Embriaguez:** Predomina o entendimento de que ela é incompatível com o elemento subjetivo do crime de resistência (TACrSP, *RT* 719/444, 566/321, 525/366; TAPR, *JTA-PR* 5/286; TJDF, *RT* 859/622). *Contra:* TACrSP, *Julgados* 79/223; TJRN, *RT* 790/682. Se a embriaguez for mínima, não é incompatível (TACrSP, Ap. 765.179, j. 18.11.92, *Bol. AASP* n. 1.805). A embriaguez só exclui o dolo quando proveniente de caso fortuito ou força maior (TJMG, *JM* 128/345).

- **Represália:** Não há resistência, mas desacato, se a violência empregada não visa a obstar a ordem legal, constituindo mera represália ao executor (Francheschini, *Jurisprudência*, 1976, v. IV, n. 5.913).

- **Busca e apreensão:** A tentativa de fuga por agentes, que se assustam com diligência de busca e apreensão policial em sua casa, não configura o delito de resistência, ainda que um deles tenha empunhado uma arma, que não foi utilizada, sendo natural o anseio pela liberdade; inexistência de ordem de prisão e diligência não prejudicada (TACrSP, *RJDTACr* 12/120).

- **Revista pessoal:** A resistência não se confunde com o impedimento de revista pessoal para apreensão de objeto do crime (TFR, Ap. 8.516, *DJU* 19.4.89, p. 5726).

- **Testemunho de policiais:** Absolve-se, se as únicas testemunhas – patrulheiros do DNER – são, no fundo, sujeitos passivos secundários (TRF da 1ª R., Ap. 18.273, *DJU* 20.8.90, p. 18226).

- **Concurso de crimes:** O fato de a resistência ter sido oposta a dois ou mais policiais que prendiam o agente não configura concurso formal, pois o sujeito passivo é a administração e não os seus funcionários, individualmente (TJSP, *RJTJSP* 85/364; TACrSP, *Julgados* 79/31). O delito de resistência absorve a exposição a perigo de vida do art. 132 (TACrSP, *Julgados* 67/62). Se, durante a prática de roubo, há violência contra os policiais que tentam impedi-lo, não há concurso do crime de roubo com o de resistência (TACrSP, *Julgados* 79/31, 77/55), constituindo este simples desdobramento da violência característica do roubo (TJSP, *RJTJSP* 163/142). Se o crime de resistência ocorreu em momento diverso daquele em que se deu a prática do roubo que motivou a perseguição, não há absorção daquele por este (TJSP, *RT* 780/587). O delito do art. 329 é absorvido pelo do art. 157, a não ser que este se dê apenas na forma tentada (TACrSP, *RT* 704/358). Em caso de resistência a prisão, após prática delituosa, o delito do art. 329 não é crime autônomo, a não ser que haja interrupção temporal entre o crime que provocou a prisão e a resistência que o agente lhe opõs (TACrSP, RvCr 347.947, j. 14.2.85; TJSP, *RJTJSP* 110/471). Se a resistência ocorre em momento diverso do cometimento do roubo frustrado, não caracterizando simples desdobramento deste, configura-se o crime do art. 329 (TACrSP, *RJDTACr* 28/225). O delito de resistência absorve o de desobediência (FRANCESCHINI, *Jurisprudência*, 1976, v. IV, n. 5.924-A) e também os de ameaça e desacato, quando praticados em um mesmo episódio (*idem*, n. 5.928; TJDF, Ap. 12.946/93, *DJU* 5.8.93, p. 30265). Em sentido contrário: A resistência é absorvida pelo desacato (TACrSP, *RJDTACr* 17/71). Havendo lesões corporais em decorrência da violência empregada na resistência, há concurso material (STJ, *RT* 778/559; TJMG, *JM* 131/468. *Contra:* as lesões corporais leves são absorvidas pelo delito de resistência, por representarem crime-meio (TJMG, *RT* 750/691). Ausente o *animus necandi*, desclassifica-se para o crime de resistência (TJSP, *RT* 805/573).

- **Figura qualificada do § 1º:** Para configurar-se é preciso que a resistência seja invencível (TJSP, *RJTJSP* 106/444; TJMG, *RF* 261/336). As gravíssimas consequências penais da figura qualificada não podem advir do ânimo timorato, da tibieza ou da displicência do servidor público; só se há de reconhecer o § 1º quando o funcionário não consegue dominar a resistência e tem de desertar ou ceder em face da violência material ou constrangimento moral (TACrSP, *RT* 410/301). No mesmo sentido: TJSP, *RT* 617/285.

DESOBEDIÊNCIA

Art. 330. Desobedecer a ordem legal de funcionário público:
Pena – detenção, de 15 (quinze) dias a 6 (seis) meses, e multa.

- **Transação:** Cabe, preenchidos os requisitos do art. 76 da Lei n. 9.099/95.

- **Suspensão condicional do processo:** Cabe, atendidas as condições do art. 89 da Lei n. 9.099/95.

Desobediência

- **Objeto jurídico:** A Administração Pública, especialmente o cumprimento de suas ordens.

- **Sujeito ativo:** Qualquer pessoa, até mesmo o funcionário público que aja como particular.

- **Sujeito passivo:** É o Estado, notadamente a pessoa jurídica de direito público (União, Estado, Distrito Federal ou Município) ao qual pertence o funcionário público cuja ordem é desobedecida.

- **Tipo objetivo:** O núcleo do tipo é desobedecer, que tem o sentido de não cumprir, faltar à obediência, não atender. Pune-se a conduta de quem desobedece à ordem legal de funcionário público. É necessário, pois, que: *a.* Trate-se de "ordem". Não basta que seja um pedido ou solicitação, sendo mister a efetiva ordem para fazer ou deixar de fazer alguma coisa. A ordem deve ser dirigida direta e expressamente ao agente, não bastando que seja a ele encaminha por meio de interposta pessoa (secretária, por exemplo). Isto porque é imprescindível à caracterização do crime que o agente tenha conhecimento inequívoco da ordem. *b.* Seja ordem "legal". É indispensável a sua legalidade, substancial e formal. A ordem pode até ser injusta, mas não pode ser ilegal. *c.* Seja ordem de "funcionário público". É necessária a competência funcional deste para expedir ou executar a ordem. Além disso, para a tipificação da desobediência é indispensável que o destinatário da ordem tenha o dever jurídico de obedecê-la, isto é, a obrigação de acatá-la. Não há crime, por exemplo, se o agente se recusa a assumir o encargo de depositário de bens penhorados, podendo inclusive recusar-se expressamente a fazê-lo (Súmula 319 do STJ: "O encargo de depositário de bens penhorados pode ser expressamente recusado"). Também não há crime se o agente, apesar de receber a ordem legal, não possui condições materiais de cumpri-la, o que deverá restar devidamente comprovado por ele. Melhor que o agente justifique por escrito, e a tempo, a impossibilidade do cumprimento da ordem legal a si dirigida.

- **Penalidade administrativa ou civil:** Se a lei cominar penalidade administrativa ou civil à desobediência da ordem, "não se deverá reconhecer o crime em exame, salvo se a dita lei ressalvar expressamente a cumulativa aplicação do art. 330" (HUNGRIA, *Comentários ao Código Penal*, 1959, v. IX, p. 420).

- **Tipo subjetivo:** É o dolo, ou seja, a vontade livre e consciente de desobedecer a ordem legal que tem obrigação de cumprir. O erro ou o motivo de força maior exclui o elemento subjetivo. Na doutrina tradicional pede-se o "dolo genérico". Não há forma culposa do delito.

- **Consumação:** Se a conduta é comissiva, com a prática da ação; se omissiva, com a efetiva omissão, respeitado o prazo que eventualmente se deu para o cumprimento.

- **Tentativa:** Admite-se na forma comissiva, não na omissiva.

- **Confronto:** Se há resistência, por violência ou ameaça, à execução da ordem, art. 329 do CP. Se há desobediência a decisão judicial sobre perda ou suspensão de direito, art. 359 do CP. Quanto ao Conselho Administrativo de Defesa Econômica – CADE, art. 78 da Lei n. 8.884/94. No que concerne à ordem judicial de recolhimento imediato ou busca e apreensão de material que consista em corpo de delito de crime de preconceito ou discriminação, bem como de cessação das respectivas transmissões radiofônicas ou televisivas, § 3º do art. 20 da Lei n. 7.716/89, com redação dada pela Lei n. 9.459/97. Se o agente "violar a suspensão ou a proibição de se obter a permissão ou a habilitação para dirigir veículo automotor", imposta com fundamento no Código de Trânsito Brasileiro (Lei n. 9.503/97), art. 307 deste diploma. Se o condenado "deixa de entregar, no prazo estabelecido no § 1º do art. 293" do Código de Trânsito Brasileiro, "a permissão para dirigir ou a carteira de habilitação", art. 307, parágrafo único, da mesma lei.

- **Pena:** Detenção, de quinze dias a seis meses, e multa.

- **Ação penal:** Pública incondicionada.

Questões relevantes

- **Entrega de documentos a juiz criminal ou a Comissão Parlamentar de Inquérito por acusados ou testemunhas:** Em face do direito ao silêncio (CR, art. 5º, LXIII), que abrange o direito de não se autoincriminar (PIDCP, art. 14, 3, *g*; CADH, art. 8º, 2, *g*), os acusados não têm o dever legal de entregar documentos a juiz criminal ou a CPI, não caracterizando o crime de desobediência a negativa em fazê-lo. Nas CPIs, aliás, frequentemente os depoentes são convocados na qualidade de testemunhas, não obstante sejam, na realidade, tratados como acusados. Alguns deles são instados a entregar documentos que essas Comissões entendem necessários à apuração dos fatos. Entretanto, ainda que as CPIs insistam em considerar, formalmente, acusados como testemunhas, estas também não estão obrigadas a fornecer documentos. Com efeito, dispõe o art. 5º, II, da CR, que "ninguém será obrigado a fazer ou deixar de fazer alguma coisa senão em virtude de lei". Ora, nenhuma lei diz que a testemunha tem obrigação de entregar documentos. Pelo contrário, o art. 203 do CPP, ao elencar os deveres da testemunha, não inclui a entrega de documentos. Nenhum dos outros artigos do Capítulo VI do Título VII do Livro I do mesmo Código, que trata "Das testemunhas", igualmente o faz. Ou seja, os depoentes não têm o dever jurídico de acatar às intimações das CPIs para entregar documentos que estejam em sua posse, não se podendo, portanto, cogitar igualmente de eventual delito de desobediência. O mesmo se aplica às testemunhas em inquérito policial ou processo criminal. A respeito, já decidiu o STF que "não se tipifica o delito de desobediência se o destinatário da ordem não tinha o dever legal de obedecê-la" (*RTJ* 103/139). Restaria, assim, tanto no caso de acusados como testemunhas, a expedição de mandado judicial de busca e apreensão dos documentos (CPP, arts. 240 e ss.).

- **Comparecimento do acusado:** A ampla defesa, que se subdivide no direito de audiência (de ser interrogado) e no direito de presença (em todos os atos processuais), é, antes de mais nada, um direito que assiste a todo acusado, nos termos do art. 5º, LV, da CR e art. 14, 3, *d*, do PIDCP. Além disso, estará o imputado, em face do contraditório no processo penal ser real, efetivo e indisponível, sempre representado por seu defensor, seja ele constituído, pertencente aos quadros da Procuradoria de Assistência Judiciária, da Defensoria Pública, dativo ou *ad hoc*. Por outro lado, o art. 367 do CPP, ao tratar do não comparecimento do acusado, citado ou intimado pessoalmente, não faz qualquer menção à incidência do art. 330 do CP, determinando que, nesta hipótese, se não houver motivo justificado, o processo prosseguirá. De outra parte, mesmo estando o acusado em liberdade provisória mediante fiança, tendo o dever de comparecer a todos os atos processuais, sob pena de sua quebra (CPP, arts. 327 e 341), não há, igualmente, qualquer referência ao delito de desobediência. Tanto em um caso quanto em outro, não haverá, portanto, que se falar no crime do art. 330 do CP; ao não comparecer ao ato processual, será o próprio acusado, via de regra, o maior prejudicado e, não, a administração da justiça. Quanto à sua colaboração em diligências como o reconhecimento, acareação etc., é ela facultativa, em face do direito ao silêncio e de não se autoincriminar, previstos na CR, art. 5º, LXIII, no PIDCP, art. 14, 3, *g*, e na CADH, art. 8º, 2, *g*. *Vide*, a respeito, notas abaixo.

- **Bafômetro, exame sanguíneo e outros:** Em decorrência do direito ao silêncio (CR, art. 5º, LXIII), que compreende o direito de não se autoincriminar (PIDCP, art. 14, 3, *g*; CADH, art. 8º, 2, *g*), ninguém está obrigado a produzir prova contra si mesmo. Assim, a recusa do suspeito de direção de veículo em estado de embriaguez, a acatar ordem de autoridade pública para assoprar em "bafômetro", não tipifica o crime deste art. 330. (cf., a respeito, ROBERTO DELMANTO, "As inconstitucionalidades da Lei Seca", *Bol. IBCCr* n. 189, agosto de 2008). No que diz respeito ao exame hematológico para a mesma finalidade, a recusa em submeter-se a ele também não pode acarretar qualquer presunção de culpabilidade (cf. VICENTE GRECO FILHO, *A Culpa e a sua Prova nos Delitos de Trânsito*, Saraiva, 1993, p. 47) e, muito menos, configurar delito de desobediência, em face não só dos referidos direitos ao silêncio e de não ser obrigado a produzir prova contra si mesmo, como também do direito à integridade física (CADH, art. 5º, 1). Quanto ao direito à integridade física, anote-se a existência de países que, apesar de reconhecê-lo, admitem exceções. A Alemanha, por exemplo, estabelece, como medida cautelar, a possibilidade do encaminhamento daquele que se nega a se submeter ao "bafômetro" para um hospital, a fim de que um médico lhe extraia sangue para análise, mesmo que à força, desde que não haja nenhum perigo para a sua saúde (cf. JUAN-LUIS GOMEZ COLOMER, *EL PROCESO PENAL ALEMÁN – Introducción y Normas Básicas*, Bosch, 1985, p. 118, *in fine*). Ressalte-se, por fim, que a concentração de álcool por litro de sangue igual ou superior a 6 decigramas não poderá ser aferida por exames clínicos ou prova testemunhal, tornando *inaplicável* a sanção penal do art. 306 do CTB, ao motorista que, exercendo seu direito constitucional, se negar a usar o bafômetro ou realizar exame de sangue.

- **Cooperação do acusado:** Na esteira do que foi explanado na nota acima (*Bafômetro, exame sanguíneo e outros*), diante do direito ao silêncio, consagrado em nossa Constituição da República (art. 5º, LXIII), que engloba o direito do acusado não se autoincriminar (PIDCP, art. 14, 3, *g*; CADH, art. 8º, 2, *g*), a não colaboração do acusado em participar de acareação, reconstituição e reconhecimento, bem como em fornecer material grafotécnico ou outro qualquer, não configura o delito de desobediência, podendo haver, no máximo, por parte da autoridade, a determinação de sua condução coercitiva para a tentativa de realização do ato (CPP, art. 260) (cf., nesse sentido, ROBERTO DELMANTO JUNIOR, *As Modalidades de Prisão Provisória e seu Prazo de Duração*, 2ª ed., Rio de Janeiro, Renovar, 2001, pp. 156-157).

Jurisprudência

- **Legalidade da ordem dada:** O crime de desobediência só se configura se a ordem é legal (STJ, *RT* 726/600; HC 1.288, *DJU* 16.11.92, p. 21163, *in RBCCr* 1/235; TJSC, ApCr 2013.020735-0, j. 9.7.2013; TACrSP, *RT* 722/467, 655/304). Assim, não se caracteriza no caso de flagrante provocado (TARS, *RT* 686/370) ou de determinação de juiz do trabalho de depósito judicial sob pena de prisão (TRF da 1ª R., *JSTJ* e *TRF* 46/384). Não há desobediência no descumprimento ou resistência a ordem ilegal ou dada sem respeito às formalidades legais; dessa forma, se o funcionário dá ordem arbitrária, não pode pretender sua obediência (TACrSP, *RT* 586/334). Não há crime se o advogado, após instruir cliente a manter-se em silêncio, não atende ordem de Delegado de Polícia para retirar-se da sala, porque manifestamente ilegal (Colégio Recursal Criminal de São Paulo, 2ª T., HC 32-SP, j. 11.4.2005, *Bol. AASP* n. 2.491, p. 4061). A dúvida sobre a legitimidade da ordem estende-se à própria existência do delito, pois este só se configura quando a ordem é legal e emana de funcionário competente (TACrSP, *Julgados* 71/38). Não se caracteriza a desobediência se existe dúvida sobre a competência do funcionário, como no caso de policial que manda baixar o volume de som em estabelecimento comercial (TACrSP, *RJDTACr* 27/78-9).

■ *Lockdown* e pandemia COVID-19: "A prisão em flagrante comunicada é *manifestamente ilegal* e deve ser relaxada, nos termos do art. 5º, inciso LXV, da Constituição da República, e do art. 310, inciso I, do Código de Processo Penal. De acordo com a capitulação jurídica atribuída pela autoridade policial, a conduta do preso, consistente em manter seu estabelecimento comercial aberto, em desobediência à 'determinação do Governo Estadual', que ordenou o fechamento do comércio na chamada 'Fase Emergencial' da pandemia de *Covid-19*, e ter incitado outros comerciantes a fazerem o mesmo, teria caracterizado os crimes definidos nos artigos 268, 286 e 330 do Código Penal. A Constituição da República, em seu art. 5º, reconhece, entre outros, os direitos fundamentais, inerentes à dignidade humana, à *propriedade* (caput), ao *livre exercício do trabalho, ofício ou profissão* (inciso XIII), à *intimidade, à vida privada e à honra das pessoas* (inciso X) e à *livre locomoção no território nacional em tempo de paz* (inciso XV). Conforme ressabido, de acordo com os artigos 136 e 137 da *Magna Carta* brasileira, as únicas hipóteses em que se podem restringir alguns dos direitos e garantias fundamentais são os chamados Estado de Defesa e o Estado de Sítio, cuja decretação compete ao Presidente da República, com aprovação do Congresso Nacional, nos termos dos mesmos dispositivos constitucionais citados. Atualmente, não vigora nenhum desses regimes de exceção no Brasil, de modo que o direito ao trabalho, ao uso da propriedade privada (no caso, o estabelecimento comercial) e à livre circulação jamais poderiam ser restringidos, sem que isso configurasse patente violação às normas constitucionais mencionadas. Veja-se que nem a *lei* poderia fazê-lo, porque, não havendo decreto presidencial, aprovado pelo Congresso Nacional, reconhecendo Estado de Defesa ou Estado de Sítio e estabelecendo os limites das restrições aplicáveis, tal lei seria inconstitucional. No presente caso, o que ocorre é mais grave: tal proibição foi estabelecida por *decreto* do Poder Executivo. O decreto governamental é instrumento destinado exclusivamente a conferir fiel cumprimento à lei; presta-se unicamente a regulamentá-la. Não lhe é permitido criar obrigações não previstas em lei (o chamado 'decreto autônomo'). É o que decorre do art. 5º, inciso II, da Constituição da República, segundo o qual *ninguém será obrigado a fazer ou deixar de fazer alguma coisa senão em virtude de lei*. Portanto, o decreto em que se fundou a prisão do indiciado, pelas razões até aqui expostas, é manifestamente inconstitucional, e, portanto, nulo de pleno direito, de modo que os elementos imprescindíveis à caracterização dos tipos penais imputados pela autoridade policial ao indiciado – 'determinação do poder público' (art. 268 do CP), 'prática de crime' (art. 286 do CP) e 'ordem legal' (art. 330 do CP) evidentemente não se concretizaram no caso em análise. De fato, como admitir: (1) que um decreto do Poder Executivo, cujo teor viola francamente o texto constitucional, possa ser considerado validamente uma 'determinação do poder público'; (2) que seu descumprimento possa ser considerado 'prática de crime'; e (3) que a ordem emanada de funcionário público para seu cumprimento seja uma 'ordem legal'? Admiti-lo equivaleria à total subversão do ordenamento jurídico. O fato praticado pelo indiciado, portanto, é notoriamente atípico. (...) Ante o exposto, dada a manifesta ilegalidade da prisão em flagrante do indiciado, determino seu imediato relaxamento, com fulcro no art. 5º, inciso LXV, da Constituição da República, e no art. 310, inciso I, do Código de Processo Penal. Expeça-se alvará de soltura. Reconhecida a ilegalidade da prisão em flagrante, por consequência, deve ser reconhecida também a ilegalidade da apreensão dos bens pertencentes ao indiciado, descritos no auto de exibição e apreensão de fls. 14/15. Determino, pois, a imediata restituição dos referidos bens apreendidos indevidamente. Expeça-se o necessário. Cumpra-se. Intimem-se" (TJSP, decisão da Vara de Plantão da Comarca de Ribeirão Preto (41ª CJ), proferida nos autos de prisão em flagrante n. 1500681-23.2021.8.26.0530, em 17.3.2021, pelo Juiz de Direito Giovani Augusto Serra Azul Guimarães).

■ **Ordem:** Simples ofício em que se solicita, caso não respondido, não basta para a caracterização do delito, que requer ordem legal (TAPR, *RT* 492/398).

- **Sanção processual – Descumprimento de medida protetiva (Lei Maria da Penha):** Descumprida ordem judicial de determinada medida protetiva, será cabível requisitar auxílio policial, bem assim decretar prisão preventiva (arts. 22, § 3º, e 20 da Lei n. 11.340/2006), mas não haverá crime de desobediência, pela existência de sanção processual cautelar e ausência de ressalva de cumulação das sanções penal e extrapenal (TJRS, ApCr 70037055720, j. 24.2.2011).

- **Destinatário da ordem:** Se o agente não é responsável pela efetivação do ato, não se caracteriza o crime (STJ, HC 11.506/CE, *DJU* 26.6.2000, p. 192, *in Bol. IBCCr* 92/463; *RT* 781/530). A desobediência deve ser à ordem endereçada diretamente a quem tem o dever legal de cumpri-la (STJ, *RT* 726/600; TJSP, *RT* 531/327). É imprescindível a existência de uma ordem dirigida direta e expressamente a destinatário certo (TACrSP, *RJDTACr* 26/76). O descumprimento de ordem judicial indevidamente endereçada não configura a desobediência (TRF da 3ª R., HC 44.068, *DJU* 6.2.96, p. 4853, *in RBCCr* 14/428).

- **Sujeito ativo funcionário:** São encontradas três posições: *a.* Não pode ser (STJ, *RT* 777/559; RHC 4.546, *DJU* 5.6.95, p. 16675, *in RBCCr* 12/287; TJSP, *RT* 487/289; TRF da 2ª R., HC 96.02.30368-9/RJ, *DJU* 23.9.97, p. 77038, *in RBCCr* 20/397; RCr 17.410, *DJU* 27.8.92, p. 25933; TRF da 1ª R., 3ª T., HC 2006.01.00.033120-7/BA, *DJU* 13.10.2006, *in Bol. IBCCr* 168/1036). *b.* Pode ser (TACrSP, *RT* 418/249; TARS, *RT* 656/334), tratando-se de não cumprimento de ordem judicial concessiva de mandado de segurança (STJ, *RT* 791/562). *c.* Depende da sua função: o funcionário público só pode praticar desobediência se age como particular, pois, se atua na condição de funcionário, o delito será outro (STF, *RT* 567/397; STJ, *RT* 781/530, 738/574; HC 2.374, *DJU* 20.6.94, p. 16125; TRF da 4ª R., HC 2002.04.01.020410-3, *DJU* 10.7.2002, p. 507, *in Bol. IBCCr* 122/674). A desobediência tem o particular como sujeito ativo; o funcionário somente pratica esse delito, caso a ordem desrespeitada não seja referente às suas funções (STJ, HC 1.390, *DJU* 19.10.92, p. 18253; HC 1.322, *mv – DJU* 15.3.93, p. 3840; HC 1.371, *mv – DJU* 29.6.92, pp. 10334-5; TRF da 4ª R., *RT* 774/612; TACrSP, *RT* 727/497; TRF da 5ª R., Inq 200081000281100, *DJU* 3.1.2005, *in Bol. IBCCr* n. 151, junho de 2005). Todavia, se era seu dever, não há desobediência, mas pode haver o delito de prevaricação do art. 319 do CP (STF, *RTJ* 92/1095, 119/168; TRF da 1ª R., HC 1.993, *mv – DJU* 15.10.90, p. 24053; TJSC, *JC* 72/613-4; TACrSP, *RJDTACr* 27/218).

- **Agente público por delegação:** Os dirigentes de universidade privada, no exercício de funções pertinentes ao ensino superior, atuam como agentes públicos por delegação e, nessa qualidade, não cometem o crime de desobediência (STJ, HC 8.593-SE, *DJU* 13.12.99, p. 179, *in Bol. IBCCr* 87/423).

- **Conhecimento da ordem:** Sem que o agente tenha expresso conhecimento da ordem, não há o crime do art. 330 (TACrSP, *Julgados* 90/57, *RJDTACr* 26/76). É o caso, por exemplo, da inexistência de comprovação de que os ofícios, contendo a ordem judicial de bloqueio de conta corrente a ser efetuada pelos acusados, foram por eles recebidos (TRF da 2ª R., *RT* 818/708).

- **Impossibilidade material de cumprir a ordem:** Se o acusado não portava os documentos solicitados pela autoridade policial, não tinha condições materiais de entregá-los, havendo crime impossível (TJPE, ApCr 92.104-8, *Bol. AASP* n. 2.374, p. 891). Não há crime, por ausência de dolo, se o agente, ao cumprir a ordem, se depara com entraves burocráticos ou materiais (TACrSP, *RT* 805/594).

- **Inexistência de disposição legal:** Não tipifica o crime de desobediência, o desatendimento de resolução de caráter genérico (proibição de venda de cerveja em dia de eleições), sem amparo legal (TACrSP, *Julgados* 95/175).

- **Desobediência a ordem judicial:** É necessária a intimação pessoal do destinatário da ordem judicial não cumprida (TRF da 5ª R., *RT* 762/759). Não há crime, se a ordem foi dada por juiz incompetente (TACrSP, *RT* 655/304), como depois reconheceu o tribunal (STF, *RTJ* 111/285); todavia, o simples fato de o réu acreditar que uma ordem provém de autoridade incompetente não afasta a caracterização da desobediência (TAMG, Ap.17.806, j. 31.8.89). Só a ilegalidade formal, extrínseca da ordem judicial, justifica sua desobediência; não, porém, a ilegalidade intrínseca da ordem formalmente válida (STF, *mv – RTJ* 114/1036). O destinatário da ordem judicial não pode descumpri-la, ainda que invoque precedente do STF (STJ, RHC 2.817, *mv – DJU* 22.2.94, pp. 2184-5, *in RBCCr* 6/232-3). Não comete o crime reitor de universidade que descumpre decisão judicial determinando a matrícula de aluno, por existir no regimento interno disposição que proíbe a matrícula de quem esteja sofrendo sindicância administrativa (TRF da 5ª R., *RT* 762/759). *Vide*, também, jurisprudência sob os títulos *Mandado judicial* e *Mandado de segurança*.

- **Desobediência a CPI:** Não pratica desobediência servidor público federal, presidente da Comissão de Valores Mobiliários, que, com base em expressa disposição legal, se recusa a fornecer informações sigilosas a Comissão Parlamentar de Inquérito estadual, havendo inexigibilidade de conduta diversa (STJ, HC 7.943/MS, *DJU* 1.2.99, p. 231-232, *in RBCCr* 26/306).

- **Dever de obedecer:** Não se tipifica o delito de desobediência se o destinatário da ordem não tinha o dever legal de obedecê-la (STF, *RTJ* 103/139; STJ, HC 17.697-RJ, *DJU* 2.9.2002, p. 121, *in Bol. IBCCr* 119/649), como no caso de médico que, não sendo funcionário público nem perito nomeado, não entrega a juiz laudo de exame cadavérico (TAPR, *PJ* 43/282). A omissão só se caracteriza quando a pessoa não cumpre obrigação jurídica (STJ, HC 1.390, *DJU* 19.10.92, p. 18253). *Vide*, também, jurisprudência sob o título *Sigilo profissional*.

- **Dever de cooperar:** Entendeu-se que não comete desobediência quem, surpreendido dirigindo sem portar a carteira de habilitação, recusa-se a entregar ao policial as chaves do veículo, pois não se pode exigir que coopere, em prejuízo próprio, para a apreensão e remoção do seu bem (TACrSP, *Julgados* 71/292).

- **Exame de sangue (investigação de paternidade):** Não configura a recusa em se submeter a exame hematológico para esse fim, já que não há o dever jurídico de agir ou deixar de agir (TACrSP, *RJDTACr* 28/258).

- **Exame de sangue (jurisprudência anterior à Lei n. 11.705/2008):** Não caracteriza a recusa de fornecer sangue para averiguação de embriaguez contravencional, uma vez que não há dever jurídico de obedecer (TACrSP, *RJDTACr* 9/171).

- **Recusa a fornecer padrões gráficos:** Em face do privilégio de que desfruta o indiciado contra a autoincriminação, não se pode obrigar o suposto autor do delito a fornecer prova capaz de levar à caracterização de sua culpa (STF, HC 77.135, *Inf. STF* n. 122, *DJU* 16.9.98, *in RBCCr* 24/317).

- **Recusa à identificação datiloscópica:** Antes da CR, havia duas correntes: *a*. É desobediência (STF, *RT* 554/460; TACrSP, *Julgados* 88/227). *b*. Não é, se por instinto de defesa (TACrSP, *Julgados* 65/257). Após a CR, decidiu o TJSP que a identificação criminal, que sempre foi compulsória, passou a ser desnecessária quando o acusado já foi identificado civilmente, daí por que sua recusa de submissão à identificação datiloscópica não caracteriza o delito de desobediência (*RT* 638/290).

- **Recusa a assumir a função de depositário de valores penhorados:** Inexistindo a obrigação de assumir o encargo de depositário, não comete crime de desobediência o diretor-presidente de empresa que se recusa a fazê-lo (STJ, HC 36.276-SP, *Bol. AASP* n. 2.475).

- **Perturbação ao sossego não comprovada:** Ausente prova segura de que o acusado estava perturbando o sossego alheio, não é possível reconhecer a tipicidade do delito do art. 330, por não haver certeza da legalidade da ordem emanada pela autoridade policial (TJRS, Ap. 70079402319, *DJe* 18.1.2019).

- **Acusado ou indiciado:** O desatendimento à ordem de comparecimento não caracteriza o delito, pois faz parte de seu direito de defesa (TACrSP, *RT* 427/430). Igualmente, no caso de sindicado que se recusa a atender convocação para submeter-se a interrogatório (TACrSP, *RT* 690/340).

- **Sigilo profissional (médico):** Não configura crime de desobediência a conduta do médico que deixa de atender requisição judicial para prestar informações sobre o estado de saúde de seu cliente, acusado em processo criminal (TACrSP, *RT* 643/304). Igualmente não tipifica a conduta de médico que deixa de apresentar fichas clínicas de vítima de lesão corporal, necessitando para tanto da anuência do paciente ou responsável, nos termos do Código de Ética Médica (TACrSP, *RJDTACr* 26/209). Entretanto, caracteriza-se o delito "quando o médico desatende reiteradas vezes ofícios expedidos por juiz a requerimento de autora de ação previdenciária, visando o fornecimento de seu prontuário" (TACrSP, *RT* 705/332). *Vide*, também, jurisprudência no art. 154 do CP.

- **Sigilo profissional (advogado):** Não fere o disposto no art. 330 a recusa do advogado em prestar informações requisitadas pelo Ministério Público sobre fatos havidos em processo no qual funcionou, bem como acerca de suas relações profissionais com seu cliente (TJMG, *RT* 695/348). *Vide*, também, jurisprudência no art. 154 do CP.

- **Quando há sanção administrativa, civil, processual civil, trabalhista ou processual penal não cumulada:** As determinações cujo cumprimento for assegurado por sanções de natureza civil ou processual civil tal quanto às administrativas, retiram tipicidade do delito de desobediência (TACrSP, *RT* 713/350). *1. Sanção administrativa*. Não se configura o crime de desobediência quando o descumprimento for sujeito a sanção administrativa ou civil, salvo se a lei ressalvar dupla penalidade (TACrSP, *RT* 728/562; HC 1.459.906-8, *Bol. IBCCr* 144/848). Assim, não há crime de desobediência nestas infrações de trânsito: *a.* negativa de exibição dos documentos do veículo (TJSP, *RT* 534/327; TACrSP, *RT* 516/345; *contra*, no caso de direção perigosa: TACrSP, *RJDTACr* 19/96); *b.* estacionamento irregular ou recusa em retirar o veículo de local proibido (TJSP, *RT* 542/338, 534/327 e 344; *contra:* TACrSP, *RJDTACr* 9/80); *c.* desobediência a sinal de parada (STJ, *RT* 709/385; TJSP, *RT* 534/344; TACrSP, *Julgados* 95/328; *contra:* TACrSP, *RJDTACr* 19/94; TACrSP, *mv – RT* 717/413, *RJDTACr* 12/76). Igualmente não se caracteriza desobediência, no caso de inobservância de horário de funcionamento de casa comercial (STJ, *RJDTACr* 26/286-7; TACrSP, *RJDTACr* 25/409-10), de interdição de estabelecimento (TACrSP, *RT* 573/398), de seu fechamento administrativo por estar em situação irregular de uso (TACrSP, *RJDTACr* 1/170), ou, ainda, de descumprimento a embargo da polícia florestal com base no Decreto federal n. 99.274/90 (TACrSP, *RJDTACr* 19/207). *2. Sanção civil ou processual civil*. Também não se tipifica o crime de desobediência quando o descumprimento for sujeito a sanção civil, sem ressalva da sanção penal, como nos seguintes exemplos: CPC, art. 433, parágrafo único (*nota nossa: vide arts. 471, § 2º, e 477 do CPC/2015*) (STF, *RT* 613/413); recusa, por um dos pais, do direito de visita a filho (TACrSP, *RT* 655/297, 579/348-349); CPC, art. 412 (*nota nossa: vide art. 455, § 5º, do CPC/2015*) (TACrSP, *Julgados* 80/543); CPC, arts. 881 e 921, I e II (TACrSP, *Julgados* 71/81, *RJDTACr* 21/121). Não há crime no descumprimento de decisão judicial proferida em ação cominatória; hipótese em que havia expressa previsão de pena pecuniária (STJ, RHC 12.130/MG, *DJU* 18.3.2002, *in Bol. IBCCr* 122/673). *3. Sanção trabalhista*. Não caracteriza o não cumprimento de ordem de reintegração imediata de empregado estável, pois o art. 729 da CLT não ressalva a sua acumulação com a sanção penal (TRF da 5ª R., HC 317, *DJU* 24.12.93, p. 56852, *in RBCCr* 6/232). *4. Sanção processual penal*. A falta injustificada da vítima à audiência apenas a sujeita à condução coercitiva, nos termos do art. 201, parágrafo único, do CPP, que não ressalva a possibilidade de cumulação com o crime de desobediência (TACrSP, *RJDTACr* 28/84, *Julgados* 90/159; TJMS, *RT* 604/409).

- **Medidas protetivas:** O descumprimento das medidas protetivas da Lei Maria da Penha (Lei n. 11.340/2006) é atípico, em atenção ao princípio da intervenção mínima do direito penal, visto existir previsão legal de consequência específica cominada ao ato (art. 20 daquela lei e art. 313, III, do CPP) (TJMG, Ap. 10090180003015001, publ. 19.7.2019).

- **Punição civil à pessoa jurídica:** A punição civil, consistente em multa diária, quando destinada à pessoa jurídica que figura como parte na relação processual, não inibe nem interfere na consumação do crime de desobediência pela pessoa natural que se recusa a implementar a ordem judicial (TJDF, Ap. 2006.01.1.033833-0, *DOE* 26.2.2008, *in Bol. IBCCr* 185/1166).

- **Quando as sanções são cumuladas:** Se há ressalva de cumulação de sanções civis e penais, configura. Exemplo: CPC, art. 362 (*nota nossa: vide art. 403, parágrafo único,* do CPC/2015) (TACrSP, RT 558/319). Também tipifica, se as sanções penais e administrativas são cumuladas (TACrSP, Julgados 69/126).

- **Obra:** Não é desobediência o desrespeito a embargo ou ordem de paralisação, pois há sanção administrativa (TJSP, RT 542/338, 524/332; TACrSP, Julgados 86/97 e 135). Contra: a Lei municipal n. 8.266/75 ressalva a aplicação do art. 330 do CP (TACrSP, Julgados 96/304). Incorre nas sanções deste art. 330 o agente que desobedece ordem de funcionário público municipal que o notifica a regularizar ou demolir obra que edifica (TACrSP, RJDTACr 20/82).

- **Advogado:** Não comete o delito de desobediência se ingressa na sala de audiências em dia e horário designados, sem, entretanto, haver funcionário ou magistrado no recinto, e, quando determinado pelo juiz a aguardar o início da audiência fora da sala, não o faz, pois lhe assiste o direito de permanecer naquele lugar, conforme o Estatuto da OAB (TACrSP, RJDTACr 24/144). A não devolução de autos por advogado não configura, nem mesmo em tese, crime de desobediência, se não houve uma ordem legal, dirigida diretamente ao paciente, consubstanciada na intimação judicial (TACrSP, RT 630/310). Cf. CP, art. 356.

- **Jurado:** Pratica desobediência o jurado que, regularmente intimado, deixa de comparecer à reunião do Tribunal do Júri, sem justificar a ausência (TACrSP, RJDTACr 5/244).

- **Prisão por juiz cível:** Na jurisdição civil, não se pode mandar prender ninguém por crime de desobediência, a não ser, evidentemente, em caso de flagrante, o que pode ser feito por qualquer do povo (STJ, HC 2.737, DJU 10.10.94, p. 27181; TRF da 4ª R., HC 30.185, DJU 3.11.93, p. 46752; TRF da 1ª R., 3ª T., HC 2006.01.00.033120-7/BA, DJU 13.10.2006, in Bol. IBCCr 168/1036). Mesmo em caso de flagrante não cabe a prisão, devendo ser lavrado termo circunstanciado. Juiz cível não pode adotar a prisão de servidor público, como forma de compelir o acusado, órgão da administração, a cumprir decisão judicial (TRF da 2ª R., HC 96.02.30368-9/RJ, DJU 23.9.97, p. 77038, in RBCCr 20/397; no mesmo sentido: TRF da 1ª R., 3ª T., HC 2006.01.00.033120-7/BA, DJU 13.10.2006, in Bol. IBCCr 168/1036). Não pode o juiz cível, prolator da ordem judicial descumprida, determinar a prisão do eventual infrator, senão dar conhecimento ao fato ao Ministério Público, sob pena de ilegalidade (TRF da 1ª R., 3ª T., HC 2006.01.00.036046-5/RO, DJ 27.10.2006, in Bol. IBCCr 169/1044).

- **Mandado judicial:** A lei não prevê a prisão por desobediência, como o faz no depósito infiel (nota nossa: considerada inconstitucional pelo STF) ou na recusa de alimentos, sendo ilegal e abusiva a ordem judicial de prisão como forma de coação ao cumprimento do julgado (TRF da 4ª R., HC 30.185, DJU 3.11.93, p. 46752, in RBCCr 5/191-192; HC 22.519, DJU 28.10.92, p. 34701; TRF da 1ª R., HC 27.669, DJU 11.11.93, p. 48093). Não tendo o magistrado, em sua jurisdição cível, competência para determinar prisão estranha ao seu âmbito de atuação, o descumprimento à ordem de prisão não configura o crime (TRF da 1ª R., HC 01000489241, DJU 8.3.2002, p. 62, in Bol. IBCCr 115/618). Em tese, incide no art. 330 o impedimento a mandado de busca e apreensão que o oficial de justiça procura cumprir (STF, RTJ 95/131). Recusa em receber intimação judicial não configura, pois a ordem é ao oficial de justiça (TJSP, RT 534/301).

- **Juiz trabalhista:** Não se tratando de flagrante delito, não pode decretar prisão por desobediência, cabendo, se entender configurado o delito, remeter as peças necessárias ao Ministério Público Federal (TRF da 5ª R., HC 479, DJU 10.3.95, p. 12615). Tanto o juiz cível quanto o trabalhista não têm poderes para expedir mandado de prisão fora dos casos de depositário infiel (observação nossa: declarado inconstitucional pelo STF) e de devedor de alimentos; no caso de flagrante, não cabe prisão, devendo ser lavrado termo circunstanciado e encaminhadas as partes ao Juizado ou colhido termo de compromisso de comparecimento, nos termos da Lei n. 9.099/95 (TRF da 1ª R., 3ª T., HC 2006.01.00.033120-7/BA, DJU 13.10.2006, in Bol. IBCCr 168/1036).

- **Delegado de polícia:** Não pratica o crime deste art. 330 o delegado que expede autorização para soltura do preso, antes de esgotado o prazo de cinco dias da prisão temporária (TACrSP, RJDTACr 21/354). Não caracteriza desobediência o simples fato de ter se manifestado sobre a conveniência e oportunidade do cumprimento da diligência requisitada pelo juiz (TACrSP, *RJDTACr* 11/169). Embora o delegado de polícia tenha o dever funcional de realizar diligências requisitadas por juiz ou promotor, sua eventual recusa não consubstancia, sequer em tese, o crime de desobediência, que somente ocorre quando praticado por particular contra a Administração Pública (STJ, *RT* 747/624).

- **Ministério Público:** Não caracteriza crime de desobediência o não envio de resposta a ofícios enviados pelo Ministério Público, com base no art. 10 da Lei n. 7.347/85, eis que ausentes as elementares dados técnicos indispensáveis à propositura da ação civil pública e requisição, bem como o dolo, imprescindível à configuração do delito (TJSP, *RT* 805/584).

- **Perito:** Perito judicial não pode ser agente do delito de desobediência, pois é equiparado a funcionário público e a lei lhe comina sanções civis (TACrSP, *RT* 598/327). Não configura desobediência a recusa de perito em prestar compromisso, pois há cominação de multa processual civil (TJSP, *RT* 534/301).

- **Perícia:** Não configura crime de desobediência deixar de atender requisição, feita pela autoridade a particular, de levar veículo para perícia de acidente de trânsito (TACrSP, *Julgados* 91/269).

- **Testemunha no cível:** Sua ausência não tipifica o art. 330 do CP, pois o art. 412 do CPC prevê sanção civil não cumulada (*nota nossa: vide art. 455, § 5°, do CPC/2015*) (TACrSP, *Julgados* 80/543, 66/445).

- **Parte no cível:** Sendo parte, não estava obrigada a comparecer à audiência, sendo preconizadas sanções à parte faltosa, mas não a da desobediência (TAPR, *JTAPR* 5/329).

- **Audiência preliminar:** Não cometem o crime de desobediência o advogado e o réu, seu cliente, que não comparecem à audiência preliminar com vistas à transação penal prevista na Lei n. 9.099/95, pois tal comparecimento é facultativo, não sendo também possível a condução coercitiva (TACrSP, *RT* 764/569).

- **Audiência de reconciliação:** O não comparecimento do querelado à audiência de reconciliação, antes do recebimento da queixa-crime, não configura desobediência, pois não está obrigado a comparecer (STJ, RHC 2.401, *DJU* 8.3.93, p. 3128, *in RBCCr* 2/248).

- **Testemunha trabalhista:** Seu não comparecimento não caracteriza o delito, pois há a penalidade administrativa do art. 730 da CLT (TFR, Ap. 3.312, *DJU* 18.10.79, p. 7794).

- **Vítima:** A conduta de vítima de furto que, apesar de intimada, não comparece, sem motivo justo, à presença da autoridade judiciária, não configura o delito de desobediência; na hipótese, a vítima faltosa pode, tão somente, ser conduzida coercitivamente (TACrSP, *RT* 746/623).

- **Testemunha no crime:** Sua falta configura, pois o art. 219 do CPP ressalva a cumulação das sanções (TACrSP, *RJDTACr* 12/78; TJSP, *RT* 546/344). *Contra, em parte*: A testemunha que, intimada, não comparece, só deve ser submetida a processo por desobediência, após esgotadas outras medidas previstas em lei, como a condução coercitiva, a aplicação de multa e o pagamento de custas das diligências (TACrSP, *RJDTACr* 9/225). Só há crime de desobediência se a testemunha faltosa, ao ser conduzida à presença do juiz, não justificar, convenientemente, sua falta à audiência (TACrSP, *RT* 587/326). Não configura, por ausência de dolo, se a testemunha se enganou quanto à data da audiência (TJMG, *RT* 696/381). Igualmente não se caracteriza o delito do art. 330, se se trata de rurícola semianalfabeta e não há prova robusta no sentido de ter agido com dolo (TACrSP, *RJDTACr* 15/77). Não é lícita a requisição de instauração de inquérito policial, sem que a justificativa apresentada seja adrede examinada pelo juiz do processo (TACrSP, *RT* 690/341). Não caracteriza o delito a conduta do agente que, intimado, não comparece para depor em inquérito contra seu irmão, vez que, podendo recusar-se a depor nos termos do art. 206 do CPP, o não atendimento à intimação é de ser interpretado como recusa (TACrSP, *RJDTACr* 20/83), o mesmo ocorrendo se se tratar de depoimento de irmã em processo criminal (TACrSP, *RJDTACr* 14/66).

- **Questão de saúde:** Não se caracteriza o delito de desobediência, se o desatendimento teve por motivo questão de saúde (TJMT, *RT* 631/334; TJMG, *RT* 722/502-503).

- **Precatório:** Não configura, em tese, desobediência, o descumprimento da ordem direta de pagamento, quando a cobrança se faz por precatório (TRF da 4ª R., HC 30.185, *DJU* 3.11.93, p. 46752; STJ, HC 4.038, *DJU* 4.3.96, p. 5419, *in RBCCr* 14/428).

- **Em *habeas corpus*:** No atraso ou embaraçamento de *habeas corpus,* a multa prevista no art. 655 do CPP não obsta a cumulação da sanção penal prevista no art. 656, parágrafo único, do mesmo Código (TACrSP, *RT* 560/326).

- **Em mandado de segurança:** O não cumprimento, pela autoridade coatora competente para o ato, de liminar concedida, configura, em tese, o crime de desobediência (TRF da 1ª R., HC 22.010, *DJU* 29.10.92, p. 34863; STJ, *RT* 791/562). Todavia, não configura no caso da autoridade impetrada ser incompetente para atender o pedido feito, pela impossibilidade material de atendimento à ordem judicial (STJ, *RT* 727/440), como no caso de estar subordinado à ordem hierárquica superior (TRF da 1ª R., HC 16.455, *DJU* 8.2.93, p. 2561, *in RBCCr* 2/242) ou na hipótese de ordem judicial a dirigente ou preposto de instituição financeira que não o Banco Central, para conversão em cruzeiros dos cruzados novos bloqueados (STF, *RT* 710/384; STJ, RHC 1.371, *mv – DJU* 29.6.92, pp. 10334-5; TRF da 5ª R., HC 194, *DJU* 28.8.92, p. 26262).

- **De prisão-albergue:** O descumprimento das obrigações da prisão-albergue não configura o delito, pois existem medidas especiais contra o fato (TACrSP, *RT* 493/313).

- **Desobediência a portaria:** Há duas correntes de julgados: *a.* Não configura (TJSP, *RT* 543/347; TACrSP, *RT* 422/278). *b.* Configura, se inequívoco o conhecimento (TACrSP, *RT* 427/424 e 426).

- **Tipo subjetivo:** O delito de desobediência exige dolo, não sendo punido quem desobedece culposamente, por negligência, e não por vontade de desobedecer (TACrSP, *RT* 617/306). É preciso o dolo, a vontade de desobedecer, não se configurando o delito se o agente teve dificuldades em cumprir a ordem (TACrSP, *Julgados* 88/398), como no caso de entraves burocráticos (TACrSP, *RJDTACr* 30/349, 26/212). Não havendo provas suficientes de que a ré tenha praticado qualquer ação, deliberada, no sentido de obstar ou criar empecilhos às visitas de seu ex-marido ao filho, determinadas em acordo judicial, não há que se falar na prática do crime de desobediência (TJDF, *RT* 838/599). Exige vontade consciente de não obedecer (TRF da 5ª R., HC 479, *DJU* 10.3.95, p. 12615; TJSC, *JC* 70/384), não se caracterizando se o agente for usuário de drogas que tem as faculdades mentais lesadas (TAMG, Ap. 15.821, j. 18.2.88).

- **Fuga à prisão:** A fuga à voz de prisão não tipifica, pois é instinto de liberdade e não vontade de desobedecer (TJSP, *mv – RJTJSP* 71/317; TACrSP, *RT* 555/374). *Contra:* Responde por desobediência se, cientificado da ordem de prisão, deixa de atendê-la e procura se retirar do local (TJDF, Ap. 11.841, *DJU* 17.6.92, pp. 17962-3).

- **Auxílio a fugitivo:** Não configura desobediência a recusa, por parte do agente, a cumprir ordem dada pela autoridade pública no sentido de que entregasse seu irmão fugitivo; inteligência do art. 348, § 2º, do CP (TACrSP, *RT* 721/432).

- **Evasão:** Evadir-se da fiscalização quando há ordem legal de parada, emitida por autoridade pública competente, configura o delito do art. 330 (TRF da 4ª R., Ap. 5000932-54.2015.4.047007/PR, j. 13.3.2019). *Contra*: Não comete o delito se desobedece a ordem de parada para evitar o risco de prisão em flagrante, face à sanção administrativa do art. 195 do CTB (TJMS, Ap. 0004360-51.2017.8.12.0008, publ. 11.9.2018).

- **Desobediência por omissão:** O propósito de desobedecer deve ser deduzido de atos ou circunstâncias inequívocos e resultar de omissão por prazo razoável (TACrSP, *Julgados* 67/154). No caso de omissão, é crime permanente, enquanto perdurar o "não fazer" (TRF da 5ª R., HC 172, *DJU* 3.7.92, p. 20236).

- **Quando há prazo para cumprimento:** Consuma-se o delito após o prazo fixado pela autoridade ou lapso suficiente que caracterize a desobediência (TJSP, *RT* 499/304).

- **"Resistência passiva":** A resistência passiva à prisão não configura o delito de desobediência (Heleno Fragoso, *Jurisprudência Criminal*, 1979, v. I, n. 197; TACrSP, *RT* 423/416).

- **Fotografia em audiência:** Caracteriza o crime de desobediência a conduta do fotógrafo que tira fotos de audiência e, sob determinação de que entregasse o filme, entrega outro, sendo a foto publicada nos jornais do dia seguinte (TACrSP, *Julgados* 96/151).

- **Denúncia:** É inepta a denúncia que não indica, especificamente, qual a ordem que teria sido desobedecida (TJSP, *RT* 512/376).

- **Prova:** Declarações isoladas da vítima não bastam, só por si, para a condenação (TFR, Ap. 3.406, *DJU* 12.12.79, p. 9352).

- **Confronto com resistência e desacato:** Pratica o crime de desobediência, e não o de resistência, quem, na direção de veículo, não para em local onde se realiza *blitz* policial, quando instado; se, ainda, ofende os policiais, desrespeitando-os, comete o crime de desacato (TARJ, *RT* 748/716). Caracteriza desacato, e não desobediência, a conduta de quem profere palavras de baixo calão e se rebela ante a voz de prisão dada por policiais (TACrSP, *RJDTACr* 10/64).

- **Confronto com o art. 346 do CP:** A ação de tirar, suprimir, destruir ou danificar coisa própria, que se acha em poder de terceiro por determinação judicial, não configura o crime de desobediência, mas, em tese, o do art. 346 do CP (TJMG, *JM* 126-127/417).

DESACATO

Art. 331. Desacatar funcionário público no exercício da função ou em razão dela:
Pena – detenção, de 6 (seis) meses a 2 (dois) anos, ou multa.

- **Transação:** Cabe, preenchidos os requisitos do art. 76 da Lei n. 9.099/95.

- **Suspensão condicional do processo:** Cabe, atendidas as condições do art. 89 da Lei n. 9.099/95.

Desacato

- **Objeto jurídico:** A Administração Pública, especialmente o respeito à função pública.

- **Sujeito ativo:** Qualquer pessoa. Quanto ao funcionário público poder ser agente, *vide* nota abaixo sob o título *O funcionário público como sujeito ativo*.

- **O funcionário como sujeito ativo:** Trata-se de questão controvertida. Existem três posições a respeito: *a.* Não pode ser, a menos que aja despido da qualidade de funcionário ou fora de sua função (HUNGRIA, *Comentários ao Código Penal*, 1959, v. IX, pp. 424-425). *b.* Só pode ser, se for inferior hierárquico do ofendido (BENTO DE FARIA, *Código Penal Brasileiro*, 1959, v. VII, p. 140). *c.* Pode ser, independentemente de ser inferior ou superior hierárquico (HELENO FRAGOSO, *Lições de Direito Penal – Parte Especial*, 1965, v. IV, p. 1156; MAGALHÃES NORONHA, *Direito Penal*, 1995, v. IV, p. 307).

- **O advogado como sujeito ativo:** A Lei n. 8.906, de 4.7.94 (Estatuto da Advocacia), dispõe em seu art. 7º, § 2º, que "o advogado tem imunidade profissional, não constituindo injúria, difamação ou desacato puníveis qualquer manifestação de sua parte, no exercício de sua atividade, em juízo ou fora dele, sem prejuízo das sanções disciplinares perante a OAB, pelos excessos que cometer". No que concerne ao desacato, todavia, este § 2º foi considerado inconstitucional pelo STF (ADIn 1.127-8, j. 17.5.2006), de forma que o advogado pode ser sujeito ativo do crime do desacato.

- **Sujeito passivo:** O Estado, notadamente a pessoa jurídica de direito público (União, Estado, Distrito Federal ou Município) à qual o funcionário público está vinculado, bem como, secundariamente, o próprio funcionário ofendido.

- **Tipo objetivo:** O núcleo desacatar traz o sentido de ofender, menosprezar, humilhar, menoscabar. Na definição de HUNGRIA, desacato é "a grosseira falta de acatamento, podendo consistir em palavras injuriosas, difamatórias ou caluniosas, vias de fato, agressão física, ameaças, gestos obscenos, gritos agudos etc.", ou seja, "qualquer palavra ou ato que redunde em vexame, humilhação, desprestígio ou irreverência ao funcionário" (Comentários ao Código Penal, 1959, v. IX, p. 424). No entanto, a crítica ou censura, mesmo veemente, não tipifica o desacato, salvo se proferida de modo injurioso. É indispensável que o desacato seja contra funcionário público: *a.* No exercício da função, ou seja, estando o funcionário praticando ato relativo ao ofício, dentro ou fora da sede de sua repartição. *b.* Ou em razão dela (função). Nesta hipótese, embora o funcionário não esteja praticando ato de sua atribuição, o desacato é em virtude da função. Como distingue MAGALHÃES NORONHA, no primeiro caso "basta a ocasião de exercer a função; noutro é necessária a causa de exercer" (Direito Penal, 1995, v. IV, p. 309). É mister que o desacato seja praticado na presença do funcionário ou, ao menos, de forma que este tome conhecimento direto da ofensa. Não haverá crime se o funcionário houver dado causa ao desacato, pois neste caso será retorsão ou justa repulsa, em que ausente o dolo inerente ao tipo.

- **Tipo subjetivo:** É o dolo, consistente na vontade livre e consciente de proferir palavra ou praticar ato injurioso ou difamatório, acrescido do elemento subjetivo do tipo referente ao especial fim de agir (com a finalidade de desprestigiar a função pública do ofendido). O agente deve estar consciente da condição e da presença do funcionário no momento da conduta. Podem ocorrer situações em que o elemento subjetivo (intenção de menosprezar, humilhar) fique excluído, como no caso de exaltação ou cólera ou até mesmo de uma embriaguez. Na doutrina tradicional é o "dolo específico". Inexiste forma culposa.

- **Consumação:** Ocorre no momento em que o ofendido presencia ou toma conhecimento direto do desacato.

- **Tentativa:** Admite-se, na dependência do meio empregado pelo agente.

- **Concurso de crimes:** O desacato absorverá a infração cometida em sua execução, caso esta seja mais leve (vias de fato, lesão corporal leve, ameaça etc.). Se for mais grave, haverá concurso formal (CP, art. 70). Pode haver também concurso material, se o outro crime for praticado em contexto diverso (por exemplo, muito depois do desacato o agente agride ou ameaça o funcionário público). Se vários funcionários forem desacatados em uma só ação, o delito será único.

- **Pena:** É alternativa: detenção, de seis meses a dois anos, ou multa.

- **Ação penal:** Pública incondicionada.

Jurisprudência

- **Sujeito ativo funcionário:** Só pode ser, se agir fora do exercício de sua função (TACrSP, *Julgados* 73/235, 70/130 e 372). Pode ser, se for subordinado do ofendido (TJSP, *RT* 507/328; TACrSP, *Julgados* 83/126; TARS, *RT* 656/335). Pode ser, como na hipótese de funcionário público que agride verbalmente Promotor de Justiça, pois o bem jurídico tutelado é o prestígio da função pública (TJRJ, *RT* 760/692-3). Pode ser, como no caso do fiscal de tributos que, exercendo sua função no interior de estabelecimento comercial, recusa-se a se identificar como funcionário público perante o policial chamado pelo gerente (TJMG, *RT* 750/691).

- **Sujeito ativo advogado:** Há situações diversas: *a.* Oficial de justiça pode ser desacatado por advogado, pois este não exerce função pública (STF, *RT* 555/447). *b.* Entre promotor público e defensor não pode haver, pois ambos desempenham funções públicas e são partes (TAPR, *RF* 267/325). *c.* Pode haver desacato de advogado contra juiz (TACrSP, *RT* 561/357). Em caso de advogado que ofendeu o juiz em razão da proibição de que ele obtivesse certidões ou fotocópias de processo em segredo de justiça, sem possuir procuração específica nos autos, se houve entendimento entre ambos no sentido de se relevar o incidente, tranca-se a ação penal (TJBA, *RT* 765/644). *d.* Não configura, se a advogada se exaltou por não ter sido tratada com urbanidade pelos serventuários e em face da insistência destes em dizer que o processo não se encontrava no cartório, sendo depois localizado (STF, *RT* 668/361), ou por não ter o escrivão certificado o trânsito em julgado de sentença prolatada há mais de dez dias (TARS, *RT* 706/357). *e.* Não caracteriza a aparente arrogância ao se manifestar em delegacia, argumentando em defesa do cliente, em vias de ser autuado em flagrante (TACrSP, *RJDTACr* 29/100). *f.* Não configura desacato nem desobediência a ação de advogado que impede policiais militares de prender cliente que se encontrava nas dependências de seu escritório, por ausência de dolo, já que se encontrava na iminência de ser ofendido em sua prerrogativa de função (TACrSP, HC 379.876-8, j. 15.3.2001, *Bol. AASP* n. 2.214, p. 1845). *g.* Não comete o crime o advogado que, em desabafo e nervosismo, manifesta repulsa pela ação injusta provocada pela vítima; ausência de dolo específico (TACrSP, HC 429.038-1, *Bol. AASP* n. 2.344).

- **Sujeito passivo:** Pode ser sujeito passivo quem exerce função pública, embora não seja funcionário, pois o art. 327 do CP é regra geral (TACrSP, *RT* 617/302; TRF da 4ª R., *RT* 772/721). Críticas genéricas dirigidas a órgão público, por si só, não configuram, pois é necessário que a ofensa seja dirigida contra funcionário público (TRF da 3ª R., *RT* 775/707).

- **Oficial de justiça:** Caracteriza desacato a reação ao cumprimento de ordem judicial por oficial de justiça, com insultos e agressão verbal (TRF da 1ª R., Ap. 31.163, *DJU* 2.9.91, p. 20751).

- **Tipo objetivo:** A conduta do agente pode ser verbal ou na forma de gestos (TACrSP, *RJDTACr* 19/92; TAPR, JTAPR 5/317). Irromper na sala do Delegado da Receita não é desacato, mas descortesia (TFR, RCr 1.320, *DJU* 29.10.87, p. 23626). Configura dirigir palavras de baixo calão a delegado de polícia (TACrSP, *Julgados* 95/173), ou desferir empurrão contra agente fiscal de controle de preços (TRF da 1ª R., Ap. 64.480, *DJU* 12.2.90, p. 1661). Tapa no rosto também tipifica (TACrSP, *RJDTACr* 17/68). Não se configura o desacato quando o insulto atingir, no máximo, a honra subjetiva (TACrSP, *RT* 649/285). Se ao ofender o policial utilizou-se de elementos de raça e cor para ultrajá-lo, sua conduta não se confunde com liberdade de expressão (TJSC, Ap. 0001342-02.2016.8.24.0015, j. 19.9.2019).

- **Tipo subjetivo:** O desacato pede, como elemento subjetivo, a intenção de menosprezar ou diminuir o funcionário (STF, *RT* 604/457; TRF da 1ª R., Ap. 6.514, *DJU* 2.4.90, p. 5732; TJSP, *RT* 516/297; TACrSP, *mv – RT* 720/467). O desacato requer "dolo específico" (TJSP, *RT* 542/338), vontade e consciência de ultrajar e desprestigiar (TARS, *RT* 751/684), não bastando a mera enunciação de palavras ofensivas, em desabafo ou revolta momentânea (TACrSP, *RT* 576/382, 596/361, *Julgados* 71/268), crítica ou censura do agente irritado com a ineficiência da repartição (TACrSP, *Julgados* 73/330, *RT* 695/334), ou, ainda, o tratamento pouco cordial dado ao funcionário (TACrSP, *Julgados* 90/56; TFR, *RTFR* 64/85). Pechas dirigidas ao servidor público, após discussão acalorada, desfiguram o crime de desacato (TRF da 5ª R., *RT* 774/715). Absolve-se se as palavras ofensivas foram proferidas em momento de descontrole emocional, ao ser preso e quase arrastado para uma viatura de polícia (TJDF, *RT* 779/621). *Contra:* É irrelevante o estado emocional do agente no momento da prática delituosa (TJDF, *RT* 856/626). Se profere xingamento contra PMs, revela o dolo específico de vilipendiar (TJDF, Ap. 0003968-40.2017.8.07.0012, *DJe* 21.8.2019).

- **Exaltação ou desabafo:** Mero desabafo momentâneo não configura (TJSP, *RT* 531/312; TJES, *RT* 856/611), como no caso da expressão "a justiça é estaca zero", pois todos reconhecem que a aplicação da lei, em nosso país, está longe de ser o que devia ser (TAPR, *PJ* 40/352). Não caracteriza se houve discussão motivada pela exaltação mútua de ânimos (STJ, *mv – RT* 697/372). Não configura o proferido em momento de exaltação e nervosismo (TJSP, *RT* 526/357; TACrSP, *RT* 752/622, 642/306; TRF da 1ª R., *mv – RT* 781/692; Ap. 6.458, *DJU* 16.4.90, p. 6990; TRF da 5ª R., Ap. 1.401, *DJU* 3.5.96, p. 28542; TJDF, Ap. 11.841, *DJU* 17.6.92, pp. 17962-3; *contra:* TACrSP, *RJDTACr* 27/74, 19/91, 15/69; TJRJ, *RT* 817/652), sendo necessário ânimo calmo e refletido (TARS, *RT* 706/357). Agressão verbal e inexpressiva agressão física, perpetrada no calor e euforia de luta política, não caracterizam (TRF da 1ª R., Ap. 93.01.37158-8/AC, j. 3.8.94, *DJU* 18.8.94). A reação indignada do cidadão em repartição pública, onde esbarra com intolerância do servidor com quem discute, não configura desacato (STJ, RHC 9.615/RS, *DJU* 25.9.2000, p. 113, *in Bol. IBCCr* 96/493).

- **Embriaguez:** A embriaguez afasta o desacato, pois despoja o agente da plena integridade das suas faculdades psíquicas (TACrSP, *RT* 719/444). A embriaguez do agente pode excluir o elemento subjetivo do tipo ou o "dolo específico" (HELENO FRAGOSO, *Jurisprudência Criminal*, 1979, v. I, n. 192; TJSP, *RT* 554/346, 532/329; TACrSP, *RT* 550/330, *RJDTACr* 1/90), ainda que não seja completa (TJSP, *RT* 537/301). *Contra:* a semialcoolização não exime (TACrSP, *RJDTACr* 16/86, 14/115; Ap. 765.179-0, j. 18.11.92, *Bol. AASP* n. 1.805; TJMG, *JM* 128/338), assim como a embriaguez mínima, que só coloca o agente em estado de euforia (TACrSP, *RT* 756/603). A embriaguez voluntária não elide (TJSP, *RT* 757/537; TACrSP, *RJDTACr* 27/76; TAMG, *RT* 564/389; TARJ, *RF* 272/306; TJRJ, *RT* 811/684). Também não ilide a embriaguez culposa (TRF da 2ª R., *RT* 858/692). Só há isenção de pena quando for completa e proveniente de força maior ou caso fortuito (TJMG, *JM* 126-127/391; TARS, *RT* 751/684).

- **Denúncia:** Não basta que a denúncia cite as palavras, pois é preciso que examine o dolo com que foram proferidas (TACrSP, *RT* 498/312; Colégio Recursal/SP, RSE 258, 1ª T., j. 22.11.2004). É nula a que não especifica as ofensas (TACrSP, *Julgados* 80/540, 67/128, 65/399).

- **Sentença:** A sentença condenatória também precisa consignar as palavras que julgou injuriosas (TACrSP, *Julgados* 78/319).

- **Ilegalidade do ato:** Não há desacato se o funcionário ofendido estava exercendo sua função com desobediência às formalidades da lei (TACrSP, *RT* 586/334). Não se configura quando a tentativa de condução do acusado à Delegacia de Polícia se apresenta infundada e formalmente ilegal (TAPR, *RT* 789/705).

- **Fora da função:** O funcionário, que atua em assunto fora de sua alçada, age como particular e não pode ser vítima do delito (TACrSP, *RT* 502/336).

- **Guinchamento de veículo:** Age fora de sua função o prefeito que determina guinchamento de veículo estacionado sobre a calçada, não configurando desacato as ofensas a ele irrogadas (TACrSP, *RT* 642/306).

- **No exercício ou em razão da função:** É preciso que, na ofensa, esteja associado o ofendido à função pública que exerce (TACrSP, *RT* 728/580; STJ, *RT* 815/532). Não há desacato se as ofensas foram dirigidas a agente policial fora do exercício de sua função (TRF da 2ª R., Ap. 5.089, *DJU* 30.6.92, pp. 19603-4). Não se configura se o funcionário praticava ato que não era de sua atribuição (TFR, RCr 936, *DJU* 14.4.83, p. 4545; TACrSP, *RJDTACr* 27/77), como no caso de policial federal que fiscalizava o trânsito, ainda que em área especial de estacionamento (TRF da 5ª R., RHC 149, *DJU* 3.7.92, p. 20217). A ofensa precisa ser contra o funcionário no exercício de suas funções, não bastando críticas gerais à instituição a que ele pertence (TJSP, *RT* 524/326). Não se tipifica o desacato, se a ofensa foi exclusivamente à pessoa da vítima, e não em razão de sua função (TACrSP, *Julgados* 78/270; TRF da 5ª R., Inq 81, *mv – DJU* 27.5.94, p. 26144). Não basta que a vítima seja um funcionário, sendo essencial que esteja no exercício da função ou seja o delito praticado em razão desta (TACrSP, *Julgados* 78/356, *RT* 505/365). É irrelevante que a ofensa não tenha ligação com a função do funcionário, desde que em razão dela tenha sido proferida (TACrSP, *Julgados* 68/115; TJSP, *RT* 524/334).

- **Ignorância da condição:** Não há desacato, se o agente desconhecia a condição de funcionário do ofendido (TACrSP, *Julgados* 71/38, *RJDTACr* 1/90).

- **Presença do ofendido:** A tipificação pressupõe a ocorrência do fato na presença da autoridade (STF, *RTJ* 115/199), não se configurando se a ofensa for irrogada por telefone (TACrSP, *RT* 776/599). Não há desacato se o funcionário público estava ausente no momento dos fatos, vindo a saber do ocorrido por intermédio de terceiros (TACrSP, *RT* 824/609). Não há que falar em desacato, quando o funcionário não viu nem ouviu as injúrias (TJMG, *RT* 695/348; TAPR, *RT* 602/405). Não é desacato a ofensa por telefone ou pela imprensa (TJSP, *RT* 429/352). Como é essencial a presença da vítima, a ofensa encaminhada por petição pode constituir injúria, mas não desacato (TJSP, *RT* 534/324). Ofensas a juiz e promotor em petições não configuram desacato, mas podem configurar crime contra a honra; o desacato não pode ser praticado por escrito nem por telegrama

(STJ, *RT* 667/341). Caracteriza desacato o gesto de rasgar e atirar ao chão auto de infração de trânsito na presença do policial (TACrSP, *RJDTACr* 31/112).

- Provocação, abuso ou ilegalidade do funcionário: Não se configura o delito se o funcionário deu causa ao desabafo ou retorsão (TFR, Ap. 4.635, *DJU* 28.5.81, p. 4996; TRF da 1ª R., Ap. 22.095, *DJU* 18.12.89, p. 16745; TJSP, *RT* 542/338, 534/343; TACrSP, *RJDTACr* 19/93, *Julgados* 82/401). Também não se caracteriza o crime, se a ação do agente decorre de ato ilegal ou abusivo do funcionário (TACrSP, *RT* 722/467, *Julgados* 85/342, 83/296; TAPR, *PJ* 44/301), como no caso de flagrante provocado (TARS, *RT* 686/370). O comportamento da vítima, ensejando lamentável e desnecessário desentendimento, não implica na ocorrência de desacato, dada, *in casu*, a ausência de menoscabo em relação à função pública. A irritação ou a falta de educação, por si, não pode ser, automaticamente, alçada à categoria de matéria penal (STJ, Inq 292/AC, *DJU* 4.2.2002, p. 248, *in* Bol. IBCCr 114/609).

- Indiferença do funcionário ofendido: Se a delegada de polícia demonstrou indiferença diante da agressão verbal praticada pelo acusado em estado de embriaguez, deixando de autuá-lo em flagrante, parece evidente que o resultado (ofensa à honra da função pública) não existiu (TRF da 4ª R., HC 97.04.44351-0/PR, *DJU* 15.10.97, p. 85691, *in RBCCr* 21/307). Contra: o desacato independe da vítima sentir-se ofendida, uma vez tratar-se de crime formal (TJSC, Ap. 0009286-43.2016.8.26.0001, publ. 14.8.2019).

- Ofensas contra vários servidores: Considera-se crime único o desacato praticado num só contexto fático, ainda que dirigido contra vários servidores, pois o Estado é o sujeito passivo primário e os funcionários, sujeitos passivos secundários (TACrSP, *RT* 748/650).

- Crime único: Sendo a administração pública sujeito passivo primário do desacato, os insultos a dois PMs proferidos em um mesmo contexto fático, configura delito único (TJSC, Ap. 0001216-26.2015.8.24.0034, j. 12.4.2018).

- Concurso de crimes: O delito de desacato absorve o de injúria, por ser este elemento constitutivo e conceitual daquele (STF, *RTJ* 106/494). O desacato absorve a lesão corporal leve, praticada em desdobramento às ofensas morais (TACrSP, *Julgados* 73/249, 71/364; *RT* 785/631). Se o agente desacata, desobedece e ameaça funcionário, só responde pelo delito mais grave que é o desacato, ficando os outros absorvidos (TAMG, *RT* 536/378). No crime complexo, constituído de ofensas verbais e físicas a funcionário público, com o fim específico de resistir ao cumprimento de uma ordem legal, o desacato fica absorvido pela resistência (TJDF, Ap. 12.946, *DJU* 5.8.93, p. 30265). Tendo ocorrido a regressão do desacato para a resistência, e levando-se em conta as circunstâncias de tempo, lugar e motivação, e verificada a unitariedade episódica dos fatos, ocorre a absorção do desacato pela resistência (TACrSP, *mv – RT* 824/609). A subtração de óculos, com o fim de continuar a humilhar o funcionário, não configura furto, mas apenas desacato (TACrSP, *RJDTACr* 14/64).

- Desacato e injúria a funcionário público. Presença da vítima: O desacato só se tipifica na presença da vítima; a injúria pode ser feita na ausência desta. No desacato é sujeito passivo o Estado e, secundariamente, o funcionário; na injúria a tutela se estende à honra pessoal, subjetiva do funcionário (TACrSP, *RT* 640/320).

- Prova: As declarações isoladas da vítima não são suficientes para a condenação do réu (TFR, Ap. 3.436, *DJU* 12.12.79, p. 9352).

TRÁFICO DE INFLUÊNCIA

Art. 332. Solicitar, exigir, cobrar ou obter, para si ou para outrem, vantagem ou promessa de vantagem, a pretexto de influir em ato praticado por funcionário público no exercício da função:

Pena – reclusão, de 2 (dois) a 5 (cinco) anos, e multa.

Parágrafo único. A pena é aumentada da metade, se o agente alega ou insinua que a vantagem é também destinada ao funcionário.

Tráfico de influência (caput)

- **Alteração:** *Nomen juris* ("Tráfico de influência"), artigo e parágrafo único com redação dada pela Lei n. 9.127, de 16.11.95. A antiga rubrica deste art. 332 era "exploração de prestígio" e da anterior redação do *caput* constava: "Obter, para si ou para outrem, vantagem ou promessa de vantagem, a pretexto de influir em funcionário público no exercício da função: Pena – reclusão de um a cinco anos e multa". O antigo parágrafo único só foi alterado quanto ao montante do aumento da pena, que era de um terço e passou a ser de metade.

- **Objeto jurídico:** A Administração Pública.

- **Sujeito ativo:** Qualquer pessoa, podendo ser também funcionário público.

- **Sujeito passivo:** O Estado, notadamente a pessoa jurídica de direito público (União, Estado, Distrito Federal ou Município) ao qual o funcionário público pertence; secundariamente, a pessoa objeto da solicitação, exigência, cobrança ou obtenção ludibriada pelo agente, bem como, a nosso ver, o próprio funcionário público "vendido", isto é, cujo nome foi utilizado.

- **Tipo objetivo:** O núcleo é *solicitar* (pedir, rogar), *exigir* (reclamar, impor, ordenar), *cobrar* (fazer com que seja pago) ou *obter* (conseguir, alcançar) vantagem ou promessa de vantagem, que pode ser material ou moral, para si ou para outrem. A característica do delito está na razão da conduta do agente: a pretexto de influir em ato praticado por funcionário público no exercício da função. Daí o nome pelo qual este crime era chamado antigamente: "venda de fumaça". O sujeito ativo solicita, exige, cobra ou obtém a vantagem ou promessa de vantagem a pretexto de influir (fundamento suposto, desculpa imaginária). O comentário de HUNGRIA a respeito da antiga redação do art. 332, que tinha o *nomen juris* de exploração de prestígio, continua válido: "O agente atribui-se, persuasivamente, influência sobre o funcionário, comprometendo-se a exercê-la em favor de interessado perante a administração pública" (*Comentários ao Código Penal*, 1959, v. IX, p. 427). A conduta pode ocorrer tanto quando o agente faz supor a influência como ao não desmentir igual suposição. A influência pretextada pode ser por meio de terceira pessoa que influiria no funcionário. Obviamente, a expressão "ato praticado" deve ser entendida como "ato a ser praticado".

- **Tipo subjetivo:** É o dolo, consistente na vontade livre e consciente de praticar as condutas incriminadas, a pretexto de influir. Na doutrina tradicional é dolo genérico. Não há modalidade culposa.

- **Consumação:** Com a efetiva solicitação, exigência, cobrança ou obtenção de vantagem ou promessa desta, sem necessidade de outro resultado.

- **Tentativa:** Com a nova redação, a mera tentativa de obter acaba configurando a figura de solicitar, exigir ou cobrar. Nas modalidades de solicitar, exigir ou cobrar, a tentativa pode ser imaginada por nós, naqueles casos em que essas condutas, sendo por escrito ou por interposta pessoa, não cheguem ao conhecimento da vítima.

- **Concurso de pessoas:** A pessoa que dá ou promete a vantagem não é partícipe, pois estaria praticando corrupção ativa (*vide* nota ao CP, art. 17).

- **Confronto:** Se há, realmente, o acordo com o funcionário público, o crime será de corrupção (arts. 317 e 333 do CP). Se o agente solicita ou recebe dinheiro ou qualquer outra utilidade, a pretexto de influir na *administração da justiça* (juiz, jurado, órgão do Ministério Público, funcionário de justiça, perito, tradutor, intérprete ou testemunha), o crime é o de exploração de prestígio, cuja pena mínima é inferior (um ano de reclusão), art. 357 do CP.

- **Pena:** Reclusão, de dois a cinco anos, e multa.

- **Ação penal:** Pública incondicionada.

Causa de aumento (parágrafo único)

- **Noção:** Se o agente alega ou insinua que a vantagem (material ou moral) pretendida é também destinada ao funcionário (para corrupção deste).
- **Pena:** A do *caput*, aumentada da metade.

Jurisprudência

- **Tipo objetivo:** O crime do art. 332, *caput*, pressupõe influência, jactância, e não simplesmente suborno; deve decorrer de mediação e não de mandato profissional (TJSP, *RJTJSP* 91/468).

- **Tipo subjetivo:** O elemento subjetivo é a vontade de obter vantagem ou promessa desta, sabendo que não tem prestígio para influir no funcionário ou que este não é acessível a suborno (TJSP, *RT* 519/319).

- **Pretexto:** É essencial a prova de que o agente, efetivamente, alardeou ter prestígio junto ao funcionário (TJSP, *RT* 527/321).

- **Sujeito ativo:** O crime previsto no art. 332 do CP pode ser praticado por particular para obter, para si ou para outrem, vantagem ou promessa de vantagem, a pretexto de influir em ato praticado por funcionário público por equiparação no exercício da função (STF, *RT* 788/526).

- **Crime formal:** O tráfico de influência previsto no parágrafo único é crime formal, cuja configuração se dá com a mera solicitação de vantagem indevida (TJMG, Ap. 10056102366905001, publ. 16.10.2019).

- **Intermediário:** A atuação do agente como intermediário, sem que haja qualquer solicitação, exigência, cobrança ou obtenção de vantagem, não caracteriza o delito de tráfico de influência (TJMG, Ap. 1.0024.02.855855-9/001(1), *DOE* 10.5.2008, in Bol. IBCCr 187/1183).

- **Funcionário público:** Não se caracteriza o crime do art. 332, caso o funcionário não seja servidor público ou equiparado a este (TACrSP, *RT* 409/70).

- **Funcionário certo:** Não se pode cogitar do delito de exploração de prestígio quando não se sabe junto a que funcionário o agente pretextava influir (TACrSP, *Julgados* 27/108).

- **Advogado e delegado:** Configura o delito do art. 332, parágrafo único, a conduta de advogado que, no exercício profissional, a pretexto de influir na atuação do delegado de polícia, obtém para si, de seu cliente, vantagem indevida (TJSP, *RJTJSP* 122/466), incidindo a causa de aumento se o agente diz que o dinheiro será repassado à autoridade policial (TJSE, *RT* 827/692).

- **Flagrante esperado:** Se os réus já tinham solicitado dinheiro das vítimas a espera dos policiais para prendê-los a comparecerem para recebê-lo, não configura nulidade (TJDF, AP. 0003054-37.2016.8.07.0003, j. 13.12.2018).

- **Consumação:** Independe do efetivo recebimento da vantagem, bastando que o agente obtenha a promessa dela para estar consumado o crime do art. 332 (STF, mv – *RTJ* 117/572).

- **Confronto com estelionato:** O tráfico de influência absorve o estelionato uma vez praticado ambos em um mesmo contexto. Agentes que solicitavam vantagem para influir na facilitação da aquisição de imóvel às vítimas, bem como para facilitar o financiamento e a negociação perante terceira pessoa, funcionário da caixa (TJGO, AP. 0363379-74.2015.8.09.0134, j. 1.8.19). Não comete o crime do art. 332 do CP o sujeito que, não sendo funcionário público e passando-se por fiscal do trabalho, oferece a diversas empresas espaço em fictício boletim trabalhista, prometendo, de forma genérica e aleatória, vantagens e favores futuros. A conduta, senão atípica, quando muito configuraria estelionato (TRF da 2ª R., *RT* 798/717).

- **Confronto com corrupção ativa:** Se o tráfico de influência se deu com o pagamento e solicitação de vantagem indevida, ele resta absorvido pela corrupção ativa (TRF da 1ª R., Ap. 0017796-53.2002.4.01.3400, publ. 12.11.2018).

CORRUPÇÃO ATIVA

Art. 333. Oferecer ou prometer vantagem indevida a funcionário público, para determiná-lo a praticar, omitir ou retardar ato de ofício:

Pena – reclusão, de 2 (dois) a 12 (doze) anos, e multa.

Parágrafo único. A pena é aumentada de um terço, se, em razão da vantagem ou promessa, o funcionário retarda ou omite ato de ofício, ou o pratica infringindo dever funcional.

- Alteração e irretroatividade: A Lei n. 10.763, de 12.11.2003, majorou a pena deste art. 333, antes cominada com pena de reclusão, de um a oito anos, e multa. Por força da garantia da irretroatividade da lei penal maléfica, a nova pena somente se aplica para fatos cometidos após a vigência da referida lei.

- Suspensão condicional do processo: Para fatos cometidos antes da vigência da Lei n. 10.763/2003, isto é, antes de 13.11.2003, a suspensão será cabível no *caput*. Após tal data, ela não será mais cabível, porque aí a pena mínima já será superior a um ano, atendidas as condições do art. 89 da Lei n. 9.099/95.

- Lei n. 12.846, de 1º.8.2013 (Lei Anticorrupção): Embora não preveja crimes, a referida lei dispõe sobre a responsabilização administrativa e civil de pessoas jurídicas pela prática de atos contra a administração pública, nacional ou estrangeira, dentre os quais a corrupção.

Corrupção ativa (caput)

- Remissão: A corrupção passiva é prevista, como infração separada e independente, no art. 317 do CP.

- Objeto jurídico: A Administração Pública.

- Sujeito ativo: Qualquer pessoa.

- Sujeito passivo: É o Estado, notadamente a pessoa jurídica de direito público (União, Estado, Distrito Federal ou Município) à qual o funcionário público pertence.

- Tipo objetivo: Dois são os núcleos alternativamente indicados: *a.* Oferecer, que tem o sentido de pôr à disposição, apresentar para que seja aceito; o oferecimento pode ser praticado das mais diversas formas, mas precisa ser inequívoco. *b.* Prometer, cuja significação é obrigar-se, comprometer-se, garantir dar alguma coisa. O objeto material é a vantagem indevida. A respeito da natureza da vantagem há duas correntes: *a.* é apenas a vantagem patrimonial, como o dinheiro ou outra utilidade material (HUNGRIA, *Comentários ao Código Penal*, 1959, v. IX, pp. 430 e 370); *b.* compreende qualquer espécie de benefício ou satisfação de desejo (HELENO FRAGOSO, *Lições de Direito Penal – Parte Especial*, 1965, v. IV, pp. 1168 e 1103; MAGALHÃES NORONHA, *Direito Penal*, 1995, v. IV, pp. 322 e 250). Vantagem indevida é a que a lei não autoriza. O oferecimento ou promessa deve ser a funcionário público (*vide* nota ao art. 327 do CP), direta ou indiretamente, para determiná-lo a praticar (executar), omitir (deixar de praticar) ou retardar (atrasar ou não praticar em tempo útil) ato de ofício (administrativo ou judicial, da competência do funcionário). O ato a que o agente visa pode ser legal ou ilegal, irregular ou não. Note-se que não caracteriza o crime o oferecimento posterior à ação ou omissão, sem anterior promessa, pois o crime é oferecer para que se faça ou omita e não dar porque se fez ou se omitiu. Se houve imposição do funcionário para o oferecimento ou promessa, não há corrupção ativa, mas concussão praticada pelo funcionário (CP, art. 316). Também não haverá crime se o agente oferece ou promete a vantagem para livrar-se de ato ilegal do funcionário ou para que este pratique ato que não é de sua competência. Se, após oferecer ou prometer, o agente vem a dar, efetivamente, a vantagem indevida, esta última conduta constituirá mero exaurimento do crime (*post factum* impunível).

- A conduta de dar: Caso o agente ofereça ou prometa e, depois, venha a dar a vantagem indevida, a conduta de *dar* constitui mero exaurimento do crime, uma vez que este já se consumou com o oferecimento ou promessa. Todavia, na hipótese de o agente *dar* a vantagem indevida, porém sem tê-la oferecido ou prometido anteriormente, surge a questão de saber se há ou não o crime. Para Victor Eduardo Rios Gonçalves ("Corrupção ativa?", *Bol. IBCCr* n. 43, julho de 1996), a resposta seria negativa, pois "o art. 333 do CP pune a corrupção ativa em apenas duas condutas, ou seja, oferecer ou prometer", condutas estas que "pressupõem que a *iniciativa* seja sempre do particular". Para esse autor, "ao incriminar a corrupção ativa, a intenção do legislador era punir os particulares cujas condutas tivessem o condão prático de corromper ou, ao menos, potencial para fazer com que um funcionário público se tornasse corrupto... Se, ao contrário, o próprio funcionário toma a iniciativa de solicitar a vantagem, significa que ele já está corrompido e, portanto, a conduta do particular que entrega a vantagem pedida não tem o potencial lesivo que a lei quis evitar e punir". Por fim, lembra o mesmo autor que no crime do art. 343 do CP (corrupção ativa de testemunha ou perito) "há *três* condutas puníveis: '*dar*, oferecer e prometer', enquanto na corrupção ativa do art. 333, *apenas duas*, ou seja, 'oferecer ou prometer'", para concluir, partindo "da premissa de que o tratamento desigual dado pelo legislador deve ter alguma finalidade, (...) que a pessoa que entrega vantagem anteriormente solicitada por funcionário público, não pratica o crime de corrupção ativa". A esses argumentos poderia somar-se um outro: também no art. 337-B (corrupção ativa em transação comercial internacional), acrescentado pela Lei n. 10.467/2002, há três condutas a serem punidas (prometer, oferecer ou dar), mais uma vez *ao contrário* do art. 333, que não prevê a conduta de *dar*, a qual pressupõe a *tradição* da coisa, diferentemente das condutas de oferecer e prometer (em que não há *tradição*). A jurisprudência, contudo, entende que a conduta de *dar* (por ser mais do que oferecer e prometer) configura o tipo.

▪ Tipo subjetivo: O dolo (consciência e vontade de oferecer ou prometer vantagem a funcionário público) e o elemento subjetivo do tipo referente ao especial fim de agir (para determiná-lo a praticar, omitir ou retardar). Na doutrina tradicional indica-se o "dolo específico". Não há modalidade culposa.

▪ Consumação: Quando o oferecimento ou promessa chega ao conhecimento do funcionário, ainda que ele o recuse. É crime formal ou de mera conduta, que se consuma mesmo que o funcionário rechace o suborno.

▪ Tentativa: Admite-se, teoricamente.

▪ Flagrante preparado ou provocado e crime impossível: *Vide* comentários e jurisprudência no art. 17 do CP, inclusive quanto a *ação controlada e infiltração por agentes (Lei n. 9.034/95)*. *Vide*, igualmente, jurisprudência abaixo.

▪ Confronto: Se o suborno é imposto ou exigido pelo funcionário, o crime será só deste (concussão, art. 316 do CP).

▪ Concurso de pessoas: Pode haver participação, até mesmo de algum funcionário que auxilie o corruptor. No entanto, não existe coautoria entre o corruptor e o corrupto, pois este comete o crime do art. 317 do CP (corrupção passiva) e aquele, o deste art. 333 (corrupção ativa).

▪ Pena: Para fatos cometidos a partir de 13 de novembro de 2003, inclusive, a pena será de dois a doze anos, e multa. Antes disso, aplica-se a pena anteriormente cominada (reclusão, de um a oito anos, e multa).

▪ Ação penal: Pública incondicionada.

Aumento de pena (parágrafo único)

▪ Noção: Há aumento de pena se, em razão da vantagem ou promessa (*vide* nota ao *caput*), o funcionário efetivamente retarda ou omite ato de ofício, ou pratica ato infringindo dever funcional (ato indevido).

▪ Pena: Sobre a pena do *caput*, o aumento é de um terço.

Jurisprudência

▪ Corrupção ativa e concussão: Pelas mesmas ações são incompatíveis os crimes de corrupção ativa praticado pelo particular e de concussão cometido pelo funcionário (STF, *RT* 529/398; TJSP, *RJTJSP* 80/343).

- **Sugestão do funcionário:** A lei não distingue se a oferta ou promessa se fez por sugestão ou solicitação do funcionário, sendo irrelevante para a tipificação (TJSP, *mv – RT* 684/316, 641/316).

- **Flagrante de corrupção ativa provocado:** Há flagrante preparado ou provocado na conduta de delegado de polícia que, atemorizando o detido, o induz a ofertar dinheiro (TJPR, *PJ* 41/186). Todavia, não há flagrante preparado ou provocado, mas sim esperado, se a autoridade se limitou a não opor resistência às investidas espontâneas dos corruptores; no preparado há instigação, participação ou colaboração da autoridade, enquanto no esperado esta aguarda, vigilante, o desenrolar dos fatos até o momento mais oportuno para a prisão (STJ, *JM* 128/419).

- **Para evitar ato ilegal ou arbitrário:** Não há corrupção ativa se o oferecimento é para que o funcionário não pratique ato ilegal (TJSP, *RJTJSP* 114/475, *RT* 605/301; TJRJ, *mv – RT* 522/430) ou se tem por objetivo contornar exigência arbitrária feita por este (TJMG, *JM* 125/309).

- **Ato de ofício:** O art. 333 do CP pressupõe ato de ofício, que seja da atribuição do funcionário a quem é oferecida ou prometida a vantagem (TRF da 1ª R., Ap. 4.031, *DJU* 8.11.93, p. 47286, *in RBCCr* 5/191; TJSP, *RT* 513/380). A oferta deve ser a funcionário encarregado de praticar ou omitir, e não a qualquer funcionário (TJSP, *RJTJSP* 82/363, *RT* 511/349). O ato deve estar compreendido entre as específicas atribuições funcionais do servidor público (TJSP, *RT* 571/302, 498/292). Escrivão de polícia não tem atribuição para indiciar pessoas e determinar o ordenamento do inquérito policial, o que é reservado ao delegado de polícia; assim, não tipifica corrupção ativa o oferecimento de dinheiro àquele para que o inquérito não prosseguisse (TJPR, *PJ* 42/179). Inexiste o crime no caso de guarda municipal, pois inexistente dever de ofício na repressão contra o crime (*JTJ* 269/514). Configura corrupção ativa a proposta a escrevente de outorga de vantagem econômica para acelerar o andamento de processos (STF, *RTJ* 128/742). É irrelevante que a oferta ao policial tenha se dado após o término de seu turno de trabalho (TJSP, *RJTJSP* 111/477).

- **Promessa de recompensa:** A promessa de recompensa não dirigida a determinado funcionário, mas feita em geral, não tipifica corrupção ativa; tipifica, porém, se a promessa é feita a determinado funcionário, para que este cumpra seu dever (STF, *RT* 603/445). Configura o oferecimento direto de recompensa a policial, para que este encontre o veículo furtado (TJSP, *RT* 601/315).

- **Oferecimento posterior:** Não tipifica o oferecimento posterior à ação ou omissão, sem anterior promessa, pois o crime é dar para que se faça ou omita e não dar porque se fez ou omitiu (TJSP, *RJTJSP* 95/404, 70/347). Não se configura o crime do art. 333 do CP, se a omissão do ato de ofício já se tinha consumado antes da oferta da vantagem; dar para que se faça ou omita não é a mesma coisa que dar porque se fez ou omitiu (STF, *RF* 266/275). É inócua a oferta de dinheiro feita a guarda de trânsito, após a autuação (TJSP, *RT* 535/286). Se a oferta ou promessa é posterior ao ato de ofício, o crime não se aperfeiçoa por não haver possibilidade de dano real (TJSP, *RT* 672/298).

- **Pagamento posterior:** Fica descaracterizado o crime de corrupção ativa se o pagamento efetuado ao funcionário público o foi posteriormente à prática do ato de ofício e a alegada promessa anterior se baseia em mera presunção (TJSP, *mv – RT* 699/299).

- **Finalidade:** Mesmo que tenha entregue dinheiro a policial, não pratica o acusado corrupção ativa se não o fez para induzi-lo a deixar de praticar ato de ofício ou a praticar ou retardar (TJSP, *RT* 519/361). Se o agente retribui ao funcionário público, não pelo medo de evitar um dano injusto, mas pelo temor de que aquele exercite em seu prejuízo atos de ofício legítimos, caracteriza-se o delito (TJSP, *RT* 790/606).

- **"Jeitinho":** Não é crime pedir a autoridade para dar um "jeitinho" sem, porém, oferecer ou prometer algo (TJSP, *RT* 539/290).

- **Pedido de preferência:** Simples pedido de preferência de prestação de serviço público, sem a formulação de oferta ou promessa de vantagem indevida, não constitui corrupção ativa (TRF da 1ª R., HC 69.316, *mv – DJU* 22.6.92, p. 18222).

■ **Indireta:** É indiferente para a tipificação que a dação, oferta ou promessa seja feita ao funcionário diretamente ou por meio de intermediário não funcionário (TJSP, *RJTJSP* 80/343, *mv – RT* 542/323).

■ **Suborno para fugir:** Detento que corrompe guarda para fugir não pratica crime, pois a evasão sem violência é atípica (TJPR, *RT* 611/385; TJSP, *RT* 539/270).

■ **Proposta de associação para tráfico:** É atípica a conduta de preso que propõe a carcereiro associação para tráfico de entorpecentes (TJSP, *RJTJSP* 178/293).

■ **Promessa impossível:** Embora seja delito unissubsistente e formal, a corrupção ativa reclama seja a oferta ou promessa, além de certa, factível em relação ao agente e idônea, de molde a agredir a consciência do funcionário (TJSP, *RT* 788/581). Se a promessa feita pelo agente ao funcionário público era absolutamente inviável e impossível de efetivar-se, não se configurou o crime (TJRJ, *RT* 565/352). Se o acusado não trazia consigo qualquer importância em dinheiro, não sendo, ademais, pessoa de posses que pudesse garantir como séria a oferta, inexiste corrupção ativa (TJDF, Ap. 12.018, *DJU* 24.6.92, p. 18739).

■ **Consumação:** É delito de mera conduta, sendo despicienda a existência, em si, da vantagem (STF, HC 71.334, *DJU* 19.5.95, p. 13994, *in RBCCr* 12/286). O crime de corrupção ativa é formal, consumando-se com a mera oferta ou promessa (TJSP, *RT* 545/344, 642/289; TRF da 3ª R., *RT* 751/695; TRF da 4ª R., *RT* 791/723), ainda que haja recusa por parte do funcionário (TJSP, *RT* 736/627). O delito de corrupção ativa não se aperfeiçoa sem possibilidade de dano real, como no caso de oferta ou promessa posterior ao ato de ofício (TJSP, *RT* 672/298; *vide*, também, jurisprudência sob os títulos *Oferecimento posterior* e *Pagamento posterior*). É delito de expressão e como tal somente se consuma mediante palavras ou gestos utilizados pelo agente, claramente compreendidos ou percebidos pelo destinatário (TRF da 4ª R., Ap. 15.449, *DJU* 5.9.90, p. 20128).

■ **Tentativa:** Para que se configure a tentativa, é necessário que o corruptor ou interposta pessoa inicie a execução do delito, o que não ocorre no caso de esta ter desprezado a missão delitiva daquele, não chegando o funcionário público sequer a saber da intenção do agente; hipótese de mero ato preparatório, impunível à luz do art. 31 do CP (TRF da 3ª R., HC 01.03.00.006294-9, *DJU* 6.11.2001, p. 378, *in Bol. IBCCr* 111/586).

■ **Não é bilateral:** Não é crime bilateral, necessariamente, podendo haver corrupção passiva sem que haja corrupção ativa (TJSP, *RT* 419/110). Não comete corrupção ativa quem dá dinheiro a delegado de polícia que, praticando corrupção passiva, solicita importância para não indiciá-lo em inquérito (TJPR, *PJ* 43/238). Na forma de dar e receber, se é absolvido quem recebeu, por não haver sido provado ter recebido, não pode ser condenado o que era acusado de dar (STF, *desempate – RTJ* 80/481).

■ **Gratificação:** Excluem-se da incriminação de corrupção pequenas doações ocasionais recebidas pelo funcionário, em razão de suas funções (TJSP, *RT* 389/93). O oferecimento de vantagem indevida a oficial de justiça, após o cumprimento de diligência, apenas como gratificação, não configura o crime de corrupção ativa, que pressupõe a existência de promessa anterior de recompensa (TJSP, *RT* 792/626). Também não configura a oferta de modestíssima importância, como gratificação, feita por estagiária de direito a serventuário da justiça, para que prestasse um favor, remetendo Carta Precatória pelo correio, e não para que praticasse, omitisse ou retardasse ato de ofício (TJSP, *RT* 773/574).

■ **Embriaguez:** Não exclui, salvo proveniente de caso fortuito ou força maior (TJSP, *RT* 531/327). Na atitude espalhafatosa de acusado embriagado, que oferece "uma cervejinha" a policial para liberar seu amigo de uma *blitz*, não se vislumbra o dolo de corromper, não podendo ser levado a sério (TJPR, *PJ* 43/236).

■ **Confronto com tráfico de influência:** Se o tráfico de influência se deu com o pagamento e solicitação de vantagem indevida, ele resta absorvido pela corrupção ativa (TRF da 1ª R., Ap. 0017796-53.2002.4.01.3400, publ. 12.11.2018).

DESCAMINHO

Art. 334. Iludir, no todo ou em parte, o pagamento de direito ou imposto devido pela entrada, pela saída ou pelo consumo de mercadoria:

Pena – reclusão, de 1 (um) a 4 (quatro) anos.

§ 1º Incorre na mesma pena quem:

I – pratica navegação de cabotagem, fora dos casos permitidos em lei;

II – pratica fato assimilado, em lei especial, a descaminho;

III – vende, expõe à venda, mantém em depósito ou, de qualquer forma, utiliza em proveito próprio ou alheio, no exercício de atividade comercial ou industrial, mercadoria de procedência estrangeira que introduziu clandestinamente no País ou importou fraudulentamente ou que sabe ser produto de introdução clandestina no território nacional ou de importação fraudulenta por parte de outrem;

IV – adquire, recebe ou oculta, em proveito próprio ou alheio, no exercício de atividade comercial ou industrial, mercadoria de procedência estrangeira, desacompanhada de documentação legal, ou acompanhada de documentos que sabe serem falsos.

§ 2º Equipara-se às atividades comerciais, para os efeitos deste artigo, qualquer forma de comércio irregular ou clandestino de mercadorias estrangeiras, inclusive o exercido em residências.

§ 3º A pena aplica-se em dobro, se o crime de descaminho é praticado em transporte aéreo, marítimo ou fluvial.

- **Alteração:** O antigo art. 334 do Código Penal abrangia tanto o contrabando quanto o descaminho. A Lei n. 13.008, de 26.6.2014, que entrou em vigor no dia seguinte à data de sua publicação, separou as duas figuras. Assim, enquanto o art. 334 passou a cuidar apenas do descaminho, o novo art. 334-A passou a tratar somente do contrabando.

- **Irretroatividade:** A segunda e terceira partes do § 3º, acrescentadas pela Lei n. 13.008/2014, que prevê a aplicação de pena em dobro no caso de descaminho praticado em transporte marítimo ou fluvial não retroagirá, pois o antigo § 3º do art. 334 estabelecia tal aumento unicamente para o transporte aéreo.

- **Suspensão condicional do processo:** Cabe em todas as figuras, desde que não haja combinação com o § 3º, atendidas as condições do art. 89 da Lei n. 9.099/95.

Descaminho (caput)
- **Objeto jurídico:** A nosso ver, o bem juridicamente tutelado é de natureza tributária. A jurisprudência pátria, todavia, tem acrescentado como objeto jurídico do crime de descaminho a proteção da indústria nacional contra a concorrência de produtos estrangeiros, com qualidade e tecnologia muito superiores aos brasileiros, sendo fabricados em países que não possuem níveis de impostos tão altos quanto os do Brasil. De fato, como nosso País tem níveis de tributação escorchantes, com modelos tributários que geram um efeito cascata, onerando a produção industrial, tem sido comum a alta tributação na importação de mercadorias. Na realidade, ao invés de diminuir a carga tributária da produção nacional, o Governo a mantém em níveis altíssimos, afastando a competitividade da indústria nacional que não consegue exportar produtos com alta tecnologia e competir no mercado global, bem como com eles competir no mercado interno. A indústria brasileira fica, assim, fadada ao sucateamento devido ao custo tributário altíssimo da produção; ao mesmo tempo cresce a indústria de *commodities*, exportando produtos brutos básicos, baratos por não terem valor agregado nenhum, e que geram muito menos emprego, como minério, grãos e carne. Exportamos minério de ferro e importamos aço, por exemplo. Desse modo, quando se afirma que o bem jurídico protegido pelo crime de descaminho não é só a arrecadação tributária, mas sim a "concorrência" e a

"balança comercial", há, em nosso ver, uma visão distorcida, porque é no âmbito da Organização Mundial do Comércio e de tratados internacionais que se combate a concorrência desleal internacional, denominada *dumping* (quando países reduzem artificialmente os custos de seus produtos, para aniquilar a indústria de outros), o que é proibido. Como se vê, o que está por detrás do crime de descaminho é, sem dúvida alguma, a proteção desse sistema tributário anacrônico que incide sobre a indústria nacional, sendo a sua natureza, reafirmamos, *tributária*. Não se protege a "indústria brasileira" contra os produtos importados mais competitivos, a "balança comercial"; o que se está a proteger é a arrecadação tributária de nossos governos que sufoca a indústria brasileira, tolhendo a sua competividade no Brasil e no exterior. Desse modo, quando nos deparamos com preceitos como o do descaminho, ao se analisar o bem jurídico tutelado, é fundamental ao exegeta enxergar a realidade.

- Sujeito ativo: Qualquer pessoa. Se houver participação de funcionário público, com transgressão de dever funcional, a sua participação tipificará o crime especial do art. 318 do CP.

- Sujeito passivo: O Estado, na pessoa jurídica da União.

- Tipo objetivo: A figura incriminada no *caput* deste art. 334 é o *Descaminho:* Iludir, no todo ou em parte, o pagamento de direito ou imposto devido pela entrada, pela saída ou pelo consumo de mercadoria. Ao contrário do contrabando (art. 334-A), aqui, não se trata de mercadoria proibida. O que se incrimina é a ação de iludir (fraudar, burlar), total ou parcialmente, o pagamento de direito ou imposto devido pela entrada, saída ou consumo, observando-se que o imposto de consumo não mais existe sob tal denominação. O tipo deste art. 334 constitui norma penal em branco, devendo ser complementado por outras normas jurídicas, notadamente tributárias.

- Tipo subjetivo: É o dolo, que consiste na vontade livre e consciente de iludir o pagamento de direito ou imposto. Na corrente tradicional fala-se em "dolo genérico", mas há acórdãos exigindo, para o descaminho, o dolo específico consistente no ânimo de lesar o Fisco (*vide* jurisprudência sob o título *Princípio da insignificância*, neste artigo). Não há punição a título de culpa.

- Erro: O eventual erro do agente quanto ao valor do direito ou imposto devido deve ser apreciado, conforme o caso, sob o enfoque do erro de tipo (CP, art. 20) ou do erro de proibição (CP, art. 21).

- Descaminho e alfândega: Sobre a regulamentação das atividades aduaneiras, a fiscalização, o controle e a tributação das operações do comércio exterior, *vide* Decreto n. 6.759, de 5.2.2009. Entendemos não haver dolo de fraudar o Fisco naquelas situações em que o agente – não procurando desviar-se das barreiras alfandegárias e tampouco se utilizando de fraude para diminuir o valor dos bens adquiridos no exterior (p. ex., notas ideologicamente falsas) –, não se dirige espontaneamente à autoridade aduaneira para declarar o excesso da cota de isenção sobre a aquisição de bens no estrangeiro que componham a sua bagagem. Nessas hipóteses, em que a singela fiscalização das autoridades aduaneiras constataria o excesso, mesmo que o agente não tenha trazido recibos das suas compras, haverá, a nosso ver, somente ilícito fiscal. Observe-se, também, que muitas vezes essas condutas não chegam a afetar, de modo relevante, o interesse arrecadador do Estado, diante da pouca expressão econômica dos tributos (e não das mercadorias) incidentes sobre o valor que exceda a cota de isenção, o que, pelo princípio da insignificância, torna a conduta criminalmente atípica (*vide* nota *Princípio da insignificância*, nos comentários que antecedem o art. 13 do CP). O que a lei penal deve punir, e com rigor, são os autores de grandes descaminhos e não o mero turista que em viagens ao exterior compra bens para uso pessoal ou para presentear parentes ou pessoas próximas (como roupas), que acabam porventura excedendo a cota de isenção. De outro lado, não há sentido em se estabelecer uma cota de isenção para o passageiro que realiza viagem ao exterior por via terrestre, e outra para aquele que, com destino ao mesmo país, a faz por via aérea, como salienta o Desembargador Federal Fabio Pietro de Souza ("A inconstitucionalidade da discriminação no regime jurídico-penal da bagagem acompanhada", *Ajufe* 44/45). A respeito de apreensões realizadas em ônibus de turismo que já tenham sido liberados pelas barreiras alfandegárias, cf. WALTER NUNES DA SILVA JÚNIOR, "A descaracterização do crime de descaminho embasado apenas na inexistência de comprovação do recolhimento do imposto de importação", *RT* 706/438.

- **Princípio da insignificância:** É atípica a conduta, diante do princípio da insignificância, se o valor do tributo devido não ultrapassar R$ 20.000,00, que é o montante mínimo para que a União proceda às ações de execução fiscal (cf. Portaria n. 75, de 22.3.2012, do Ministério da Fazenda, art. 1º, II, aumentando o anterior valor de R$ 10.000,00 – art. 20 da Lei n. 10.522/2002). Se o valor do tributo devido é inferior, o fato será atípico. O argumento de que uma *portaria* (Portaria n. 75, de 22.3.2012) não poderia embasar a conclusão de que tributos inferiores a R$ 20.000,00 não seriam insignificantes, mas somente os abaixo de R$ 10.000,00 previstos em lei (art. 20 da Lei n. 10.522/2002), já se encontra superado, conforme entendimento recente da 3ª Seção do STJ (vide jurisprudência). É importante registrar que no valor de R$ 20.000,00 não se incluem as multas e juros. Válido, ainda, lembrar que a jurisprudência tem negado a aplicação do princípio nos casos de reiteração delitiva. Vide jurisprudência ao final deste artigo.

- **Consumação:** Distingue-se se a mercadoria entra ou sai: *a.* pela alfândega, consumando-se com a liberação; *b.* não pela alfândega, consumando-se com a entrada ou saída do território nacional.

- **Tentativa:** Admite-se, como na hipótese de mercadoria não liberada pela alfândega.

- **Confronto:** Na hipótese de receptação, *vide* nota ao § 1º, IV, deste art. 334. No caso de falsificação de marca ou sinal empregado na fiscalização alfandegária, art. 306 do CP.

- **Pena:** Reclusão, de um a quatro anos.

- **Ação penal:** Pública incondicionada, de competência da Justiça Federal, ficando prevento o juízo do lugar da apreensão dos bens (Súmula 151 do STJ). Quanto à questão do término do processo administrativo-fiscal, *vide* notas ao final dos comentários deste artigo.

- **Extinção da punibilidade pela prescrição:** A nosso ver, a prescrição do crime-fim faz desaparecer a justa causa para a persecução penal pelo crime-meio eventualmente praticado. P. ex.: a prescrição do crime de descaminho, punido com reclusão de um a quatro anos, acarreta, também, a prescrição do crime de uso de documento materialmente falso, art. 304 c/c o art. 297, *caput*, do CP –, ainda que apenado mais gravemente, com pena de reclusão de dois a seis anos, desde que praticado única e exclusivamente para a prática do descaminho, havendo nítida absorção (*vide* nota *Prescrição do crime-fim*, no art. 109 do CP).

Figuras assimiladas (§ 1º)

- **Navegação de cabotagem (§ 1º, I):** É norma penal em branco, que se completa com as leis que regulamentam a navegação entre portos brasileiros (CR, art. 178, parágrafo único, com redação dada pela EC n. 7, de 15.8.95).

- **Fato assimilado a descaminho, em razão de lei especial (§ 1º, II):** Completa-se com leis especiais, sendo, portanto, também norma penal em branco.

- **Uso comercial ou industrial de mercadoria que o próprio agente importou ou introduziu, ou que sabe ser produto de descaminho (§ 1º, III):** Pune-se quem, no exercício de atividade comercial ou industrial (quanto à comercial, *vide* ampliação do § 2º), pratica as seguintes ações: *a.* vende (cede ou transfere por certo preço); *b.* expõe à venda (mostra aos eventuais compradores, com oferecimento, expresso ou tácito, de venda); *c.* mantém em depósito (tem guardado à disposição em lugar não exposto); *d.* ou, de qualquer forma, utiliza em proveito próprio ou alheio (a utilização punida é aquela referente à atividade comercial ou industrial). O objeto material é mercadoria estrangeira: *a.* que introduziu clandestinamente no País (o próprio agente introduziu); *b.* ou importou fraudulentamente (o próprio agente importou); *c.* ou que sabe ser produto de introdução clandestina no território nacional ou de importação fraudulenta por parte de outrem: o descaminho foi praticado por terceira pessoa, mas o agente sabe, isto é, tem certeza (não basta o dolo eventual, sendo necessário o dolo direto) da origem clandestina ou fraudulenta. Nas hipóteses "*a*" e "*b*", apesar de o agente ter sido autor do crime previsto no *caput*, somente será punido pela figura do § 1º.

- Receptação de produto de descaminho (§ 1º, IV): A figura tem igual pressuposto de ser praticada no exercício de atividade comercial ou industrial (vide, também, o § 2º). Os núcleos são: a. adquirir (obter para si, a título oneroso ou gratuito); b. receber (tomar posse por qualquer título que não seja a propriedade); c. ou ocultar (esconder a mercadoria, dissimulando a posse). As ações devem ser praticadas em proveito próprio ou alheio. O objeto material, neste inciso, é mercadoria de procedência estrangeira: a. Desacompanhada de documentação legal. Embora seja bastante que elas não estejam acompanhadas de documentação, é evidente que a demonstração de que a documentação existe e a importação foi regular excluirá a ilicitude. b. Ou acompanhada de documentos que sabe serem falsos. É necessário, portanto, que o agente saiba, isto é, tenha ciência segura da falsidade dos documentos, sendo necessário o dolo direto, pois a dúvida não será suficiente para a tipificação.

- Confronto com receptação: Com as alterações introduzidas pela Lei n. 9.426/96, a pena do caput do art. 180 do CP (receptação dolosa simples) continuou a mesma da sua antiga redação, ou seja, reclusão, de um a quatro anos, e multa. Por sua vez, o novo § 1º desse art. 180, sob o nomen juris de receptação qualificada, passou a punir com pena de reclusão, de três a oito anos, e multa, a conduta de "adquirir, receber, transportar, conduzir, ocultar, ter em depósito, desmontar, montar, remontar, vender, expor à venda, ou de qualquer forma utilizar, em proveito próprio ou alheio, no exercício de atividade comercial ou industrial, coisa que deve saber ser produto de crime". De outra parte, este art. 334, § 1º, IV, continua a punir a receptação de descaminho, no exercício de atividade industrial ou comercial, com a pena de reclusão de um a quatro anos. Assim, a pena do art. 334, § 1º, IV, do CP, que, por não cumular pena privativa de liberdade com multa, já era inferior à do art. 180, caput, passou a ser ainda mais inferior do que a nova figura da receptação qualificada (art. 180, § 1º). Havendo um concurso aparente de normas, o art. 334, § 1º, IV, por ser norma específica, deve prevalecer sobre o art. 180, § 1º, que é norma geral. Observe-se, por outro lado, que a pena cominada ao novo § 1º do art. 180 é flagrantemente desproporcional em relação à deste art. 334, § 1º, IV. Por exemplo: enquanto a receptação de televisores furtados, no exercício da atividade comercial ou industrial, é punida com pena de reclusão, de três a oito anos, e multa (art. 180, § 1º), a receptação de televisores descaminhados, no mesmo exercício da atividade comercial ou industrial, é apenada com reclusão de um a quatro anos (art. 334, § 1º, IV). Nem se diga, nesta hipótese, que a receptação de produtos furtados seria mais grave do que aquela de produtos descaminhados, uma vez que as penas do art. 155, caput, e do art. 334, caput, §§ 1º e 2º, são iguais.

- Confronto com uso de documento falso: Entendemos que o uso de documento falso (CP, art. 304) ficará absorvido por este inciso (IV).

Equiparação às atividades comerciais (§ 2º)

- Noção: Para os efeitos do art. 334 do CP, determina-se a equiparação às atividades comerciais de qualquer forma de comércio irregular ou clandestino de mercadorias estrangeiras, inclusive o exercido em residências. Dessa forma, além dos comerciantes regulares, ficam incluídos os que exercem o comércio irregular ou clandestino. As expressões usadas ("comércio", "exercido") indicam que deve estar presente na conduta o requisito da habitualidade, não bastando uma ou mais vendas esporádicas (vide nota Jurisprudência, pois a matéria é intranquila).

Via aérea, marítima ou fluvial (§ 3º)

- Noção: A pena do descaminho é aplicada em dobro (ou seja, reclusão, de dois a oito anos) quando o crime é praticado por meio de transporte aéreo, marítimo ou fluvial.

- Alcance: Entendemos que esta figura agravada do § 3º deve ser reservada aos voos e barcos particulares ou clandestinos e não aos de carreira. Não vemos sentido em equiparar os últimos aos primeiros, pois os voos e barcos internacionais regulares (de carreira) utilizam-se de aeroportos e portos dotados de perfeita fiscalização alfandegária (no mesmo sentido, quanto ao art. 334: Francisco A. Toledo, "Descaminho", in Enciclopédia Saraiva do Direito, v. 24, p. 8).

Ação penal e processo administrativo-fiscal	■ **Término do processo administrativo-fiscal, parcelamento e pagamento (extinção da punibilidade):** No tocante aos crimes contra a ordem tributária (Lei n. 8.137/90) e contra a Previdência Social (CP, arts. 168-A e 337-A), é pacífico o entendimento de que o inquérito policial ou o processo criminal só poderão ser instaurados após o término do processo administrativo-fiscal. A nosso ver, em face da natureza tributária do delito de descaminho (art. 334, segunda parte), o mesmo tratamento lhe deve ser conferido. ■ **Parcelamento e pagamento:** No que tange aos efeitos penais do parcelamento e do pagamento de débitos decorrentes da prática dos crimes contra a ordem tributária e contra a Previdência, cremos igualmente que o mesmo tratamento deve ser dado ao crime de descaminho. Assim, havendo parcelamento do débito, deverão a ação penal e a prescrição da pretensão punitiva ser suspensas; e, na hipótese de pagamento integral, ser extinta a punibilidade. Isso mesmo que o parcelamento ou o pagamento integral tenham ocorrido após o recebimento da denúncia, desde que antes do trânsito em julgado de eventual decisão condenatória, nos termos do art. 9º, e §§ 1º e 2º, da Lei do PAES (Lei n. 10.684/2003), e dos arts. 68 e 69 da Lei do "REFIS da Crise" (Lei n. 11.941/2009). Ver, também, nota neste art. 334, e notas no art. 107 do CP, inclusive no tocante à penhora de bens como garantia do débito tributário. ■ **Descaminho e falta de justa causa para a ação penal somente pelo crime-meio:** Se o crédito tributário não foi definitivamente constituído (Súmula Vinculante 24 do STF; HC 81.611, entre outros), ou, com maior razão, se ainda não houve autuação, é *manifesta* a falta de justa causa para a ação penal pelo crime tributário material, incluindo-se, a nosso ver, o descaminho, que tem natureza tributária. Com maior razão, é também manifesta a falta de justa causa para ações penais que venham a ser movidas imputando, exclusivamente, o crime-meio de falsidade ideológica, falsidade material ou uso de documento falso, como alguns Procuradores da República têm feito, em casos de demora do Fisco, que tem até cinco anos para lavrar a autuação fiscal, ou da demora na constituição definitiva do crédito tributário. Assim agem, por vezes, para evitar a prescrição criminal. Tendo em vista serem *pacíficas* a doutrina e a jurisprudência de nossas Cortes superiores no sentido de que o crime-fim tributário (no qual, a nosso ver, inclui-se o descaminho, por ter a mesma natureza) *absorve* o crime-meio do falso ideológico, do falso material e do uso de documento falso, é evidente a falta de justa causa para essas ações penais, seja pela aplicação do princípio da consunção (absorção), seja pelo fato de que, havendo pagamento do débito fiscal, inclusive acessórios, até o trânsito em julgado de eventual condenação, haverá a *extinção da punibilidade do crime tributário* (que inclui, evidentemente, a extinção da punibilidade do crime-meio), nos termos do art. 9º, *caput* e §§ 1º e 2º, da Lei do PAES (Lei n. 10.684/2003), e dos arts. 68 e 69 da Lei do "REFIS da Crise" (Lei n. 11.941/2009). *Vide* jurisprudência neste artigo, bem como nos arts. 297, 298, 299, 304, e notas no art. 107 do CP, inclusive no tocante à penhora de bens como garantia do débito tributário.
Jurisprudência	■ **É necessário o término do processo administrativo-fiscal para haver descaminho:** De acordo com a jurisprudência do STJ, o raciocínio adotado pelo STF, relativamente aos crimes previstos no art. 1º da Lei 8.137/90, consagrando a necessidade de prévia constituição de crédito tributário para a instauração da ação penal, deve ser aplicada também, para a tipificação do crime de descaminho (...) Dessa forma, não é possível a instauração de inquérito policial ou a tramitação de ação penal enquanto não realizada a mencionada condição objetiva de punibilidade (STJ, 5ª T., RHC 31.368, rel. Min. Marco Aurélio Belizze, j. 8.5.2012, *DJU* 14.6.2012, in Bol. IBCCr set. 2012, p. 1953). ■ **Não é necessário o término do processo administrativo-fiscal para haver descaminho:** A configuração do crime de descaminho independe de apuração administrativo-fiscal do imposto não pago, não se submetendo à Súmula 24 do STF. O bem jurídico ferido pelo descaminho é maior do que o mero valor do imposto, afetando a balança comercial brasileira e concorrendo de forma desleal com os produtos nacionais (STJ, RHC 34.770/RS, 5ª T., rel. Min. Laurita Vaz, Consultor Jurídico, 10.4.2014). No mesmo sentido: STJ, 5ª T., AgRg no HC 218.691/SP, rel. Min. Laurita Vaz, j. 15.10.2013, *DJe*

25.10.2013. O entendimento cristalizado na Súmula Vinculante 24 do STF – "Não se tipifica crime material contra a ordem tributária, previsto no art. 1º, incisos I a IV, da Lei n. 8.137/90, antes do lançamento definitivo do tributo" – não se aplica ao descaminho, em virtude de sua natureza formal. Crime que se consuma com o mero ato de iludir o pagamento (STJ, 5ª T., AgRg no REsp 1275783/RS, rel. Min. Regina Helena Costa, j. 10.12.2013, *DJe* 13.12.2013).

■ Atipicidade se o valor mínimo do crédito não ultrapassar R$ 20.000,00 (excluídos juros e multa): Embora existam precedentes do STJ no sentido de que o valor mínimo é de R$ 10.000,00, conforme a Lei n. 10.522/2002 , (STJ, 6ª T., REsp 1.454.598 – SP (2014/0113482-7), rel. Min. Rogério Schietti Cruz, *DJe* 9.12.2014; STJ, 6ª T., REsp 1.419.836/RS, j. 13.6.2017, *vu*, *DJe* 23.6.2017), recentemente a 3ª Seção do STJ pacificou-se no sentido de que o valor mínimo para o ajuizamento das execuções fiscais (e consequente tipicidade penal) é de R$ 20.000,00, excluídas as multas e juros, *verbis*: "1. Esta Corte Superior de Justiça, em recente julgamento proferido no âmbito da Terceira Seção, no bojo dos Recursos Especiais 1.709.029/MG e 1.688.878/SP, sob a sistemática dos recursos repetitivos, firmou o entendimento de que incide o princípio da insignificância aos crimes tributários federais e de descaminho quando o débito tributário verificado não ultrapassar o limite de R$ 20.000,00, a teor do disposto no art. 20 da Lei n. 10.522/02, com as atualizações efetivadas pelas Portarias n. 75 e 130, ambas do Ministério da Fazenda. 2. Dessa forma, deve ser considerado como montante mínimo na verificação da tipicidade da conduta prevista no art. 334 do Código Penal, o valor de R$ 20.000,00, posicionamento que já vem sendo adotado pelo Supremo Tribunal Federal. 3. Na hipótese dos autos, considerando-se que o tributo sonegado pela conduta atribuída ao embargado corresponde ao principal de R$ 18.671,55, excluídos juros e multa e sendo tal valor inferior ao limite previsto nas Portarias Ministeriais mencionadas, mostra-se correto o reconhecimento da tipicidade material da conduta do acusado, encontrando-se o acórdão regional alinhado ao entendimento recente deste Sodalício. 4. Embargos declaratórios acolhidos sem efeitos modificativos" (STJ, 5ª T., EDcl no AgRg no AREsp 320.758/PR, rel. Min. Jorge Mussi, j. 28.6.2018, *vu*, *DJe* 28.6.2018).

■ Valor mínimo de R$ 20.000,00 somente se aplica a tributos federais (5ª Turma do STJ): Há posicionamento recente da 5ª Turma do STJ de que o valor mínimo de R$ 20.000,00 somente se aplica a tributos de competência da União: "I – Esta Corte Superior de Justiça, em recente julgamento proferido no âmbito da Terceira Seção, nos Recursos Especiais. 1.709.029/MG e 1.688.878/SP, sob a sistemática dos recursos repetitivos, firmou o entendimento de que incide o princípio da insignificância aos crimes tributários federais e de descaminho quando o débito tributário verificado não ultrapassar o limite de R$ 20.000,00, a teor do disposto no art. 20 da Lei n. 10.522/02, com as atualizações efetivadas pelas Portarias n. 75 e 130, ambas do Ministério da Fazenda. II – Referido entendimento, contudo, tem aplicação somente aos tributos da competência da União. Para ser estendido ao âmbito estadual, necessária seria a existência de lei local no mesmo sentido, o que não restou demonstrado *in casu*. III – Incabível a aplicação do princípio da insignificância ao caso em exame, uma vez que o paciente deixou de recolher ICMS, tributo de competência estadual, conforme o art. 155, II, da Constituição Federal. Recurso ordinário em habeas corpus desprovido" (STJ, 5ª T., RHC 101910/MG, rel. Min. Felix Fischer, j. 2.10.2018, *vu*, *DJe* 8.10.2018).

■ Não aplicação da insignificância (R$ 20.000,00) em caso de reiteração delitiva: "1. No caso de comportamento delitivo reiterado do agente, pacificou-se nesta Corte tese no sentido de que não há como excluir a tipicidade material à vista apenas do valor da evasão fiscal, sendo inaplicável o reconhecimento do caráter bagatelar da conduta em razão do elevado grau de reprovabilidade do comportamento e do maior potencial de lesividade ao bem jurídico tutelado, exceto quando as instâncias ordinárias verificarem que a medida é socialmente recomendável" (STJ, 6ª T., AgRg no REsp 1675665 / PR, rel. Min. Maria Thereza de Assis Moura, j. 3.5.2018, *vu*, *DJe* 15.5.2018).

■ Questões diversas: Liberada e entregue a mercadoria ao paciente pela autoridade, desaparece o crime de contrabando (STF, *RTJ* 56/490); se a Receita Federal, em processo administrativo-fiscal, concluiu pela ausência de dano ao erário, não há justa causa para o inquérito policial (TRF da 3ª R., *JSTJ* e *TRF* 7/390). Tratando-se de simples suspeita de descaminho, é inadmissível a apreensão de mercadorias adquiridas no mercado interno, acobertadas por notas fiscais, sem a prévia instauração de procedimento administrativo (TRF da 3ª R., *RT* 764/693).

- Contrabando e facilitação: A rejeição de denúncia por facilitação de contrabando ou descaminho não obriga à rejeição quanto ao crime do art. 334 (STF, *RTJ* 120/1105).

- Distinção entre ilícitos tributário e penal: Na apreensão de mercadorias estrangeiras por falta de documentos regulares quanto à sua internação, é imprescindível distinguir-se o ilícito tributário do penal, pois este exige a demonstração probatória de que o acusado efetivamente iludiu a fiscalização para introduzi-las ou que as utilizava de qualquer forma no exercício de atividade comercial ou industrial, aí abrangido todo tipo de comércio, inclusive em residências (TRF da 5ª R., Ap. 1.763/RN, *DJU* 25.2.98, p. 341, *in RBCCr* 22/305).

- Mercadoria: Para os fins do art. 334, mercadoria é qualquer coisa móvel, que possa ser comercializada (TRF da 4ª R., Ap. 39.592, *DJU* 6.9.95, p. 58218). Amostra não possui valor comercial (TFR, RemEO 101.672, *DJU* 21.3.85, pp. 3521-2). Para a tipificação, é irrelevante ser a mercadoria nova ou já usada (TRF da 2ª R., Ap. 2.099, *DJU* 5.12 89, p. 15798).

- Origem e procedência da mercadoria: No delito de descaminho é essencial a prova da origem estrangeira da mercadoria (TRF da 4ª R., Ap. 39.592, *DJU* 6.9.95, p. 58218, *in RBCCr* 13/361). Se os técnicos foram incapazes de fundamentar a conclusão quanto à procedência dos bens periciados, inexistindo outras provas que indiquem procedência alienígena, impõe-se a absolvição (TRF da 1ª R., Ap. 291, *DJU* 18.6.90, p. 13079; Ap. 2.561, *DJU* 27.8.90, p. 19074). É insuficiente para a comprovação da procedência estrangeira das mercadorias sua classificação, no termo de guarda lavrado pela Receita Federal, como bens de origem não declarada (TRF da 3ª R., *RT* 728/668). Não restando comprovada a materialidade delitiva, até porque o laudo de homologação do termo de guarda fiscal não se prestou a tal finalidade, impõe-se a absolvição (TRF da 3ª R., *RT* 808/715). *Vide*, também, jurisprudência sob o título *Exame de corpo de delito* e *Dúvida quanto à origem dos bens apreendidos*, neste artigo.

- Reintrodução no País: Configura contrabando e não descaminho a reintrodução no País de produtos de fabricação nacional destinados, exclusivamente, à exportação de venda proibida no Brasil (TRF da 1ª R., *RT* 755/735).

- Denúncia: Para seu recebimento, a procedência estrangeira deve vir respaldada por exame pericial, não se admitindo postergar, para momento ulterior à denúncia, a configuração de um elemento do tipo (TRF da 2ª R., RCr 96.02.01711-2/RJ, *mv* – *DJU* 17.9.96, p. 68861, *in RBCCr* 17/358).

- *Mutatio libelli*: Se o acusado foi denunciado por manter em depósito e estar na posse de armas de procedência estrangeira introduzidas clandestinamente no País para fins de comercialização, não pode ser condenado por receptação (CP, art. 180), sem o procedimento previsto no art. 384 do CPP (TRF da 3ª R., *RT* 781/705).

- Exame de corpo de delito: Absolve-se, se a perícia não determina a sua origem (TRF da 5ª R., RCr 9, *DJU* 17.8.90, p. 18095; Ap. 470, *DJU* 27.9.93, p. 40076, *in RBCCr5*/191). Havendo fabricação de igual no País, e não provada convincentemente a origem estrangeira da mercadoria apreendida, absolve-se (TFR, Ap. 6.717, *DJU* 6.11.86, p. 21425). O exame de corpo de delito deve ser elaborado por peritos oficiais, não bastando a palavra do servidor da Receita, que não tem fé pública (TRF da 2ª R., RCr 1.711, *mv* – *DJU* 17.9.96, p. 68861). O conceito de bagagem é complexo, envolvendo aspectos subjetivos e objetivos, sendo o valor apenas um dos seus elementos; sem um laudo pericial isento pode haver banalização da ação penal (TRF da 2ª R., RCr 24.319, *DJU* 15.2.96, p. 7750). À falta de laudo pericial, a origem estrangeira da mercadoria pode ser comprovada por outros meios de prova (TFR, Ap. 4.228, *DJU* 18.9.80, p. 7146; STF, *RT* 616/386). Basta que o laudo conclua não ser a mercadoria nacional, não havendo necessidade de indicar o país de origem (TRF da 1ª R., Ap. 22.105, *DJU* 23.4.90, p. 7558). *Vide*, também, jurisprudência sob o título *Origem e procedência da mercadoria*, neste artigo.

■ **Remessa do estrangeiro pelo vendedor:** Comete descaminho aquele que adquire mercadoria no exterior e acerta com o vendedor a sua remessa, camufladamente, via aérea, para sua residência em território nacional (TRF da 1ª R., Ap. 20.822, *DJU* 10.9.90, p. 20419).

■ **Dúvida quanto à origem dos bens apreendidos:** A mera confissão do acusado quanto à origem estrangeira da mercadoria é insuficiente para a configuração dos delitos previstos no art. 334, *caput* e alíneas (STJ, CComp 122.389-PR, 3ª Seção, j. 24.10.2012, *in Bol. AASP* n. 2.844, pp. 11-12).

■ **Produtos isentos:** Na entrada: inexiste descaminho, se não incide tributo na espécie (TFR, Ap. 3.827, *DJU* 31.5.82, p. 5210). Introdução de ouro em barra pode configurar, pois estava sujeito à alíquota *ad valorem* de 20%, ao regime de guia de importação e ao recolhimento prévio restituível (TFR, HC 4.980, *DJU* 19.6.81, p. 5991). Não configura descaminho a entrada no País de gado bovino do Paraguai, sem documentação legal, pois sua entrada é isenta de direitos aduaneiros (TFR, RHC 6.605, *DJU* 25.9.86, p. 17582). Já a entrada de gado oriundo do Uruguai configura, pois é devido imposto (TFR, CComp 4.953, *DJU* 2.5.86, p. 8635). Na saída: inexiste crime, se não são devidos tributos fiscais pela saída; a falta de cobertura cambial é só infração administrativa (STF, *RT* 555/421; TFR, RCr 823, *DJU* 17.9.81, p. 9113).

■ **Concurso com norma penal especial:** Quando a importação de certas coisas é especialmente tipificada como crime autônomo (ex.: tóxicos), o enquadramento é na norma específica e não no crime de contrabando (TFR, Ap. 5.196, *DJU* 1.7.82, p. 6530; TJSP, *RT* 429/359). Também a importação de filmes pornográficos enquadra-se no art. 234 do CP, e não neste art. 334 (TFR, *RTFR* 70/231; Ap. 4.447, *DJU* 18.6.80, p. 4617). No entanto, se foram introduzidas, juntas, mercadorias comuns e revistas obscenas, há concurso formal entre o art. 334 e o art. 234 (TFR, Ap. 6.120, *DJU* 28.5.87, p. 10278).

■ **Receptação (antes da nova redação do art. 180, dada pela Lei n. 9.426/96):** Eram encontradas duas correntes a respeito de poder, ou não, haver receptação de coisa produto de contrabando ou descaminho: *a.* Não há. Se houve aquisição no exercício de atividade comercial ou industrial, tipifica-se o art. 334, § 1º, *d* (nota nossa: atual art. 334, § 1º, IV), que absorve o art. 180 do CP; se não foi, porém, aquisição no exercício daquelas atividades, há apenas ilícito fiscal (TFR, Ap. 5.857, *DJU* 29.3.84; TACrSP, *RT* 621/333). A receptação está equiparada no art. 334, § 1º, *d* (nota nossa: atual inciso IV), e não pode ser objeto de desclassificação (TFR, *RF* 258/338). *b.* Pode haver. A aquisição de motocicleta para uso próprio, sem documentação fiscal, pode configurar o delito do art. 180 do CP (TRF da 3ª R., *JSTJ* e *TRF* 12/333) ou do antigo art. 180, § 1º (atual § 3º), do CP (TFR, Ap. 6.328, *DJU* 31.10.85, p. 19526). Desclassifica-se para receptação, se adquiriu mercadoria estrangeira, para uso próprio e sem finalidade de revenda, mas sabendo ser produto de descaminho (TFR, Ap. 4.009, *DJU* 18.6.80, p. 4600). Pode haver receptação culposa (TFR, Ap. 5.896, *DJU* 23.5.85, p. 7862).

■ **Concurso com outros crimes:** Fica absorvida a falsidade documental que foi meio para o descaminho (TFR, HC 5.799, *DJU* 16.2.84, p. 1465; APn 20, *DJU* 6.2.80, p. 424). O contrabando absorve a falsidade ideológica (STJ, RHC 1.257, *DJU* 2.9.91, p. 11818). Os crimes de falsificação e de facilitação utilizados como meio para o contrabando são absorvidos por este (TFR, RCr 579, *DJU* 21.5.80, p. 3621). O agente surpreendido com grande quantidade de ampolas de "lança-perfume" destinadas à venda pratica o crime previsto no art. 12 da Lei n. 6.368/76 (atual art. 33 da Lei n. 11.343/2006), e não o delito de contrabando ou descaminho, eis que tal substância é definida como entorpecente pelo Conselho Nacional de Saúde (TJSP, *RT* 758/530).

■ **Trancamento da ação penal por descaminho e falta de justa causa para a ação penal pelo crime-meio de falso:** O pretérito trancamento da ação penal com relação ao crime-fim (descaminho) não autoriza a persecução penal dos acusados pelo crime-meio, sob pena de se praticar absurdos resultados, eis que o crime fiscal pode ser alvo de adimplemento, o que extinguiria a punibilidade dos investigados. Nítida a falta de justa causa para a persecução penal dos acusados em juízo em relação exclusivamente ao crime-meio, claramente absorvido pelo crime-fim, sendo, pois, imperioso o trancamento da ação penal (STJ, 6ª T., HC 123.342, rel. Des. Federal convocada Jane Silva, j. 6.2.2009).

- **Capitulação:** O mesmo fato não pode ser enquadrado nas alíneas *c* e *d* (atuais incisos III e IV) do § 1º do art. 334 (STJ, REsp 20.527, *DJU* 30.11.92, pp. 22636-7; TFR, Ap. 5.567, *DJU* 19.12.84, p. 21952).

- **Veículo furtado:** Inexiste o crime do art. 334, na saída de veículo furtado para o exterior (Súmula 238 do extinto TFR) (TFR, HC 7.674, *DJU* 19.4.89, p. 5736; CComp 6.996, *DJU* 30.10.86, pp. 20744-5).

- **Tipo subjetivo:** O elemento subjetivo do descaminho é o dolo genérico, consistente na vontade livre e consciente de iludir, no todo ou em parte, o pagamento do tributo (STJ, *RT* 764/527). A caracterização do crime de descaminho somente ocorre quando fica demonstrado que o agente atuou dolosamente, buscando iludir o Fisco (TRF da 5ª R., *JSTJ* e *TRF* 76/451; TRF da 1ª R., Ap. 2000.01.000150879, *DJU* 12.6.2003, p. 80, *in* Bol. IBCCr 129/726; STJ, REsp 259.504/RN, *DJU* 18.3.2002, *in* Bol. IBCCr 122/673), e não na hipótese em que apenas deixa de procurar a repartição competente a fim de efetuar o referido pagamento, ou seja, sem que tenha usado de algum artifício próprio visando ludibriar o Fisco (TRF da 1ª R., Ap. 93.01.19631-0-MG, *apud* WALTER NUNES DA SILVA JÚNIOR, "A descaracterização do crime de descaminho embasado apenas na inexistência de comprovação do recolhimento do imposto de importação", *RT* 706/441). Não configura, se não houve por parte do agente a utilização de qualquer subterfúgio para enganar a fiscalização fazendária (TRF da 5ª R., *RT* 772/724; Ap. 1.388, *DJU* 26.4.96, p. 27288, *in* RBCCr 15/408). Estando a mercadoria guardada no local próprio do ônibus, tanto que identificada sem dificuldade pelos agentes da Polícia Federal, não há a intenção de fraudar o Fisco (TRF da 5ª R., *mv – RT* 780/735; *mv – RT* 775/623). Há falta de dolo, se pessoa iletrada passa a vender mercadoria estrangeira em plena feira (TFR, Ap. 5.753, *DJU* 14.2.85, p. 1208).

- **Tentativa:** Há tentativa de descaminho, se a mercadoria é apreendida no momento do desembarque no País (HELENO FRAGOSO, *Jurisprudência Criminal*, 1979, v. I, ns. 106 e 108; TFR, Ap. 3.908, *DJU* 3.6.82, p. 5398). O descaminho só se consuma pelo ato de burlar o Fisco, tipificando tentativa a apreensão da mercadoria antes desse fato (TFR, Ap. 3.746, *DJU* 19.9.79, p. 6955). Enquanto o agente não houver iludido no todo ou em parte o pagamento de imposto, não se pode falar em delito consumado; a ilusão do pagamento é essencial à consumação (TRF da 4ª R., Ap. 15.355, *mv – DJU* 23.8.90, p. 18771). Há apenas tentativa, se a mercadoria foi só despachada, sem chegar ao passageiro (TFR, Ap. 2.795, *DJU* 13.6.77, p. 3908). *Idem*, se apreendida no momento do pouso do avião (TFR, Ap. 3.908, *DJU* 3.6.82). Apreendida a mercadoria de importação proibida, ainda na zona fiscal, só há tentativa (TFR, Ap. 7.150, *DJU* 2.10.86, p. 18167; Ap. 5.969, *DJU* 21.3.85, p. 3501; TRF da 4ª R., Ap. 15.427, *DJU* 1.11.89, p. 13492).

- **Consumação:** O *caput* do art. 334 é crime instantâneo de efeito permanente, não se confundindo com o crime permanente; a consumação ocorre no local em que o tributo deveria ser pago, pouco importando o local da apreensão (STJ, *RT* 728/511; CComp 14.473, *DJU* 12.2.96, p. 2404, *in* RBCCr 14/427; CComp 4.191, *mv – DJU* 30.8.93, p. 17264; CComp 14.631, *DJU* 4.3.96, p. 5347, *in* RBCCr 14/427; CComp 13.767, *DJU* 25.9.95, p. 31074, *in* RBCCr 13/361). O *caput* do art. 334 é crime instantâneo (STJ, *mv – JSTJ* e *TRF* 67/301; CComp 4.191, *mv – DJU* 30.8.93, p. 17264; TRF da 4ª R., *RT* 793/727), que se consuma no momento em que a mercadoria transpõe as barreiras da fiscalização alfandegária (TFR, CComp 7.206, *DJU* 18.12.86, p. 21155; Ap. 5.672, *DJU* 25.10.84), sendo desnecessário seu transporte ao local a que era destinada ou mesmo sua comercialização (STJ, CComp 4.190, *mv – DJU* 30.8.93, p. 17264; CComp 4.214, *mv – DJU* 29.11.93, p. 25843, *in* RBCCr 5/191). *Contra*: O crime de contrabando ou descaminho é permanente, e sua consumação se protrai no tempo até o ato de apreensão (STJ, CComp 14.345, *DJU* 5.2.96, p. 1353, *in* RBCCr

14/427; CComp 3.364, *DJU* 2.10.95, p. 32311, *in RBCCr* 13/361; CComp 9.966, *DJU* 7.11.94, p. 30002, *in RBCCr* 9/208; TRF da 3ª R., Ap. 65.114, *DJU* 21.3.95, p. 14501).

- **Competência:** "Compete à Justiça Federal o julgamento dos crimes de contrabando e de descaminho, ainda que inexistentes indícios de transnacionalidade na conduta" (STJ, 3ª Seção, CC 160.748-SP, rel. Min. Sebastião Reis Júnior, por unanimidade, j. 26.9.2018, *DJe* 04/10/2018). Súmula 151 do STJ: "A competência para o processo e julgamento por crime de contrabando ou descaminho define-se pela prevenção do Juízo Federal do lugar da apreensão dos bens". É do lugar onde foi apreendida a mercadoria (STJ, *mv – JSTJ* e *TRF* 76/201; CComp 9.377, *mv – DJU* 21.11.94, p. 31704; CComp 13.734, *DJU* 4.9.95, p. 27801, *in RBCCr* 13/361). *Contra*: É competente o juízo onde a mercadoria foi inserida no País e não onde foi apreendida (STJ, *mv – RT* 706/368). No descaminho efetuado a bordo de aeronave, consuma-se o delito no local do pouso e competente é o juízo federal com jurisdição sobre a localidade (TRF da 4ª R., HC 17.542, *mv – DJU* 26.9.90, p. 22374). 1. Desconhecido o local de ingresso irregular da mercadoria estrangeira em território nacional, a competência para o processamento do crime de descaminho, a princípio, se resolve segundo a regra supletiva da prevenção. 2. A investigação demonstrou, entretanto, irregularidades em notas fiscais relativas às mercadorias emitidas por empresas instaladas em São Paulo/SP, possíveis responsáveis pela venda dos produtos. 3. A conveniência à instrução criminal determina a remessa dos autos do Inquérito para a Justiça Federal paulista (STJ, 3ª Seção, CComp 113041/SP, rel. Min. Og Fernandes, j. 14.11.2012. *DJe* 23.11.2012).

- **CDs e DVDs:** A conduta de comercializar CDs e DVDs falsificados caracteriza o delito de violação de direito autoral, em atenção ao princípio da especialidade. Não havendo indícios concretos da introdução ilegal no País de outras mercadorias, afastada está a competência da Justiça Federal para o exame do feito ante a inexistência de ofensa ao art. 109, inciso IV, da CF (STJ, CComp 122.389/PR, 3ª Seção, j. 24.10.2012, *in Bol. AASP* n. 2844, pp. 11-12).

- **Transporte:** Transportar mercadoria descaminhada não é crime assemelhado, sendo atípica a conduta (TRF da 4ª R., Ap. 15.408, *DJU* 20.12.89, p.17039). *Contra, em parte:* O transporte de mercadorias estrangeiras que exceda os limites regulares não configura a letra *d* (atual inciso IV) do § 1º, mas sim o *caput* do art. 334. Absolvição, entretanto, em face da impossibilidade da *mutatio libelli* em segundo grau (Súmula 453 do STF) (TRF da 4ª R., *mv – JSTJ* e *TRF* 9/380).

- **Venda (§ 1º, c – hoje inciso III):** A mera venda de objetos trazidos do exterior, como bagagem, não tipifica ato criminoso; não restando demonstrado que as mercadorias foram introduzidas clandestinamente, se infração houve, foi à legislação fiscal (TRF da 2ª R., Ap. 13.809, *mv – DJU* 3.11.94, p. 62727). O crime tipificado no art. 334, § 1º, *c* (atual inciso III) pressupõe finalidade mercantil; a introdução de mercadoria estrangeira no País, acima da cota permitida, sem o propósito de revenda, importa, apenas, ilícito fiscal (TRF da 2ª R., *RT* 732/736). Quando o próprio agente que descaminha ou contrabandeia a mercadoria, a expõe à venda, mantém em depósito etc., pratica o delito previsto no § 1º, *c* (hoje inciso III), do art. 334, e não no *caput*, já que seu intuito é o de comercializar ou industrializar a mercadoria (TRF da 3ª R., *DJU* 9.11.99, p. 352, *in Bol. IBCCr* 86/415). *Vide*, também, jurisprudência sob o título *Destinação comercial ou industrial*, item 2, neste artigo.

- **Ocultação (§ 1º, d – hoje inciso IV):** Manter oculta mercadoria de procedência estrangeira é crime de natureza permanente, podendo, por isso, o agente ser preso em flagrante fora do lugar onde a mercadoria foi ocultada (STF, *RT* 589/429). A ocultação da mercadoria é elemento do tipo e não causa de aumento da pena (TFR, Ap. 5.217, *DJU* 19.8.82, p.7809). Na figura de ocultar (§ 1º, *d* – hoje inciso IV), a infração é de natureza permanente (TFR, CComp 5.016, *DJU* 14.4.83, p. 4534).

- **Aquisição ou recebimento:** Nessas duas modalidades da alínea *d* (atual inciso IV) do § 1º, o crime tem natureza instantânea (e não permanente), exaurindo-se com a só aquisição ou recebimento da mercadoria; por isso, só pode haver flagrante no momento exato de sua ocorrência (TFR, HC 6.846, *DJU* 25.6.87, p. 13076).

- **Manter em depósito:** Essa modalidade da alínea *c*(hoje inciso III) é crime permanente (STF, *RTJ* 105/1001).

- **Venda de mercadoria importada com isenção de imposto:** A alienação, fora do prazo, de mercadoria legalmente desembaraçada com isenção de impostos é infração fiscal e não penal (TFR, Ap. 6.903, *DJU* 26.2.87, p. 2841).

- **Perdimento de bens:** Súmula 138 do TFR: "A pena de perdimento de veículo, utilizado em contrabando ou descaminho, somente se justifica se demonstrada, em procedimento regular, a responsabilidade do seu proprietário na prática do ilícito". É incabível o perdimento de veículo, se o proprietário não participou do crime (TFR, MS 104.066, *DJU* 25.4.85, p. 7519; Pleno, MS 104.068, *DJU* 13.12.84, p. 21467; TRF da 1ª R., Ap. 254.484, *DJU* 24.9.90, p. 22034). Empresa locadora de veículos, que não teve qualquer participação no transporte, não pode sofrer a sanção de perda dos veículos locados (TRF da 1ª R., RemEO 41.515, *DJU* 5.11.90, p. 26166). É incabível a aplicação da pena de perdimento do veículo transportador, quando há desproporcionalidade gritante entre o seu valor e o das mercadorias apreendidas (TRF da 1ª R., RemEO 5.697, *DJU* 6.5.96, p. 28619). Não se justifica o perdimento de veículo, quando há grande desproporção entre seu valor e o da mercadoria (TFR, Pleno, MS 106.364, *DJU* 14.11.85, p. 20597; TRF da 1ª R., RemEO 96.01.05697-1/DF, *DJU* 6.5.96, p. 28619; TRF da 3ª R., ApMS 9403074496-0, *DJU* 17.6.2004, p. 315, *in Bol. IBCCr* 143/838). "O pagamento dos tributos, para efeito de extinção da punibilidade (Decreto-Lei n. 157, de 1967, art. 18, § 2º; Súmula 560 do STF), não elide a pena de perdimento de bens autorizada pelo Decreto-Lei n. 1.455, de 1976, art. 23" (Súmula 92 do TFR). Decretada a extinção da punibilidade pelo pagamento dos tributos, não cabe ao juiz decretar a perda da mercadoria, mas colocá-la à disposição da autoridade fazendária para instauração do procedimento fiscal de perdimento dos bens (TFR, Ap. 3.945, *DJU* 6.8.80, p. 5633). Se a decisão judicial determinou o trancamento da ação penal por atipicidade, impõe-se a devolução das mercadorias apreendidas no curso do inquérito policial (TRF da 1ª R., Ap. 203.731, *mv* – *DJU* 2.4.90, p. 5750). Embora decretado o perdimento dos bens, pode o juiz da ação penal mantê-los em depósito enquanto interessarem ao processo criminal (TFR, Ap. 4.718, *DJU* 7.5.81, p. 4057). *Vide*, também, jurisprudência sob o título *Desproporcionalidade*, no art. 91.

- **Termo de depósito:** A restituição de veículo apreendido em investigação policial pode ser concedida ao seu proprietário, mediante termo de depósito, para a devida conservação (TRF da 1ª R., Ap. 34.866, j. 27.5.96, *in Bol. AASP* n. 1.988).

- **Destinação comercial ou industrial:** *1*. Para a figura do *caput* do art. 334, não se exige destinação comercial ou industrial da mercadoria (TRF da 1ª R., Ap. 6.352, *DJU* 6.8.90, p.16619; TRF da 3ª R., Ap. 4.521/SP, *DJU* 26.5.98, p. 508; TRF da 5ª R., Ap. 355, *DJU* 23.8.91, p. 19837). *2*. Para a modalidade da alínea *c* (atual inciso III) do § 1º, deve ficar comprovada essa especial destinação da mercadoria (TFR, Ap. 7.097, *DJU* 7.5.87, p. 8234; Ap. 4.393, *DJU* 4.10.84; *contra:* TRF da 1ª R., Ap. 21.947, *DJU* 5.3.90, pp. 3232-3). *Vide*, também, jurisprudência sob o título *Venda* (§ 1º, *c* – hoje inciso III), neste artigo. *3*. Para o crime da alínea *d* (hoje inciso IV) do § 1º, é necessária a destinação comercial ou industrial da mercadoria (STF, *RTJ* 120/143; TRF da 4ª R., *RT* 773/719). Hipóteses e casos diversos: o elemento "atividade comercial" pode ser demonstrado pela quantidade e natureza das mercadorias (TFR, Ap. 4.506, *DJU* 10.12.81, p.12527; TRF da 5ª R., Ap. 148, *DJU* 4.6.90, p.11837). Não se equipara a atividade comercial o encontro de remédios estrangeiros em clínica, só para aplicação e não para revenda (TFR, Ap. 7.264, *DJU* 28.5.87, p. 10318). Configura descaminho a venda de relógios estrangeiros sem cobertura fiscal (TRF da 1ª R., Ap. 20.796, *DJU* 5.10.90, p. 23266), ainda que por ambulantes (TRF da 5ª R., *JSTJ* e *TRF* 12/410; *contra*, inexistindo comprovação do grau de participação no ilícito ou do dolo: TRF da 2ª R., Ap. 87, *DJU* 7.12.90, p. 16052). Evidenciada a ausência de intuito comercial na aquisição das mercadorias que depois resolveu vender, impõe-se a absolvição (TFR, Ap. 4.499, *DJU* 11.6.80, p. 4352). Sendo o acusado um homem de posses, poderia presentear amigos e parentes com as poucas mercadorias apreendidas, não se caracterizando a destinação comercial (TRF da 1ª R., Ap. 22.059, *DJU* 26.11.90, p. 28352).

■ **Habitualidade:** *1.* Na figura do *caput* do art. 334. O descaminho não exige habitualidade (TFR, Ap. 5.218, *DJU* 19.12.84, p. 21982). *2.* Letra *c* (atual inciso III) do § 1º. Exige habitualidade (TFR, Ap. 2.511, *DJU* 5.8.75, p. 1247). *Contra:* Não exige (TRF da 1ª R., Ap. 21.276, *DJU* 9.4.90, p. 6477). *3.* § 2º do art. 334. Não requer habitualidade (STF, *RTJ* 72/176; TFR, Ap. 6.914, *DJU* 7.5.87, p. 8221).

■ **Ciência:** Nas modalidades das alíneas *c* e *d* (hoje incisos III e IV), é necessário que o agente efetivamente saiba que a introdução da mercadoria no País foi clandestina, salvo quando foi ele próprio quem a importou (TFR, Ap. 4.846, *DJU* 1.7.81, p. 6499). Para o caso da letra *c* (atual inciso III) do § 1º, se não foi o agente quem trouxe a mercadoria, deve ele saber que ela foi introduzida clandestinamente (TFR, Ap. 3.433, *DJU* 29.10.79, p. 8110) ou que houve fraude na sua introdução no País (TRF da 5ª R., *RT* 759/761).

■ **Erro de proibição:** No crime de descaminho, caracteriza-se pela falta de potencial consciência da ilicitude do fato, ocorrendo quando nele incidiria qualquer homem de discernimento (TRF da 5ª R., Ap. 849, *mv* – *DJU* 23.9.94, p. 53794).

■ **Alfândega:** Inexiste dolo, se os bens de ingresso não proibido foram vistoriados e desembaraçados pela autoridade fazendária, sem que tenha o agente empregado fraude para obter a liberação, tendo a apreensão ocorrido depois da liberação (STF, *RT* 642/366; TRF da 5ª R., Ap. 521, *DJU* 27.11.92, p. 39943, *in RBCCr* 1/227). Não se configura o crime se houve passagem pela alfândega sem que houvesse qualquer impugnação quanto a excesso de cota, que, se houvesse, caracterizaria um problema fiscal (TRF da 2ª R., Ap. 19.356, *mv* – *DJU* 3.11.94, p. 62722). A introdução de mercadoria estrangeira no País, acima da cota permitida, sem o propósito de revenda, importa, apenas, ilícito fiscal (TRF da 2ª R., *RT* 732/736). Não há dolo se o agente em nenhum momento procurou desviar-se das barreiras alfandegárias, constatando-se o excesso da cota permitida, desacompanhadas as mercadorias de nota fiscal, mediante singela fiscalização; não sendo estas de elevado valor, a apreensão administrativo-fiscal é suficiente para coibir abusos (TRF da 5ª R., Ap. 24.403, *DJU* 20.8.94, pp. 46464-5, *in RBCCr* 8/226). Se não há notícia de que a acusada se tenha furtado, por qualquer sorte, à ação fiscalizadora dos agentes fazendários, tanto que a mercadoria apreendida vinha como bagagem, acondicionada nos compartimentos a ela reservados no próprio ônibus, inexiste dolo (TRF da 5ª R., Ap. 1.882-RN, *DJU* 18.12.98, p. 2343, *in RBCCr* 25/323). Rejeita-se denúncia oferecida contra passageiro por ter acionado o sistema de "duplo canal", no setor de bagagem, com bens considerados pela fiscalização superiores ao limite permitido, pois o conceito de bagagem é complexo, envolvendo aspectos subjetivos e objetivos, sendo o valor apenas um dos seus elementos; sem um laudo pericial isento pode haver banalização da ação penal (TRF da 2ª R., RCr 24.319, *DJU* 15.2.96, p. 7750, *in RBCCr* 14/427). Configura descaminho a introdução no País de produtos estrangeiros, acima da quota legal, sem o pagamento dos tributos devidos (TRF da 1ª R., Ap. 20.802, *DJU* 4.6.90, p. 11811; Ap. 6.591, *DJU* 23.9.91, p. 23128). Vide, também, jurisprudência sob os títulos *Venda* (§ 1º, *c* – hoje inciso III), *Tipo subjetivo* e *Princípio da insignificância (pequena quantidade ou valor)*, neste artigo.

■ **Vias terrestre ou aérea:** No Direito Penal, onde está em jogo a liberdade individual, não se deve fazer distinção entre o ingresso de pessoa no País, via terrestre ou via aérea, por violar o princípio constitucional da igualdade perante a lei, considerando-se a cota de isenção maior prevista para a última (TRF da 4ª R., Ap. 95.04.52412-5/RS, *DJU* 26.11.97, p. 102240, *in RBCCr* 21/307; *RT* 748/749).

■ **Princípio da insignificância. Diversos entendimentos:** Conforme decidido pela Terceira Seção do STJ (Recurso Especial Representativo de Controvérsia n. 1.112.748/TO), no crime de descaminho somente tem cabimento o princípio da insignificância aos débitos tributários que não ultrapassem o teto de R$ 10.000,00 (dez mil reais) – hoje R$ 20.000,00, em conformidade com o art. 20 da Lei n. 10.522/2002. Valor superior a este patamar não pode ser considerado insignificante para fins penais (STJ, 5ª T., AgRg no ARESP 242049/PR, rel. Min. Regina Helena Costa, j. 10.12.2013, *DJe* 13.12.2013). "Curvo-me ao entendimento preconizado pelos Tribunais Superiores no sentido de considerar o patamar de R$ 20.000,00 como limite da aplicação do princípio da insignificâncias aos crimes tributários federais e de descaminho" (TRF da 3ª R., 11ª T., RSE 0002798-93.2015.4.03.6108, rel. Des. Fed. Fausto de Sanctis, j. 4.9.2018). Se o arquivamento de execuções fiscais cujo valor seja igual ou inferior ao previsto no art. 20 da Lei n. 10.522/2002 é dever-poder do Procurador da Fazenda Nacional, aplica-se o princípio da insignificância para descaminho nesse montante (STF, HC 95.749, *DJU* 7.11.2008, *in Bol. IBCCr* 193/1219). Contra: Afasta-se a possibilidade de cogitar-se de atipicidade da conduta se o tributo não recolhido foi de R$ 2.916,17, estando-se diante da proteção do erário público (STF, 1ª T., HC 0010533-36.2017.1.00.0000/PR, j. 7.5.2019). O princípio da insignificância torna atípico o fato denunciado, não sendo adequado considerar circunstâncias alheias às do delito para afastá-lo (STF, RE 550.761, *DJU* 1.2.2008, *in Bol. IBCCr* 184/1155). Se a Fazenda não inscreve dívidas de valor inferior a R$ 5.000,00, há que se beneficiar o acusado, entendendo-se que, para os efeitos penais, cifras abaixo desse valor devem ser consideradas bagatela (TRF da 5ª R., Ap. 1.882/RN, *DJU* 18.12.98, p. 2343, *in RBCCr* 25/323). Se a Fazenda não ajuíza ações fiscais de débitos até R$ 10.000,00 (atualmente R$ 20.000,00), aplica-se o princípio da insignificância para mercadorias de valor inferior (TRF da 3ª R., RSE 2003.61.24.001568-1, *DJU* 7.1.2008, *in Bol. IBCCr* 184/1157). A objetividade jurídica do crime de descaminho é a proteção do interesse arrecadador do Estado, que não chegou a ser agravado pela pouca expressão econômica da mercadoria apreendida (TRF da 3ª R., HC 35.908, *DJU* 20.9.95, p. 63177, *in RBCCr* 13/361-2; RCr 97.898, *DJU* 17.4.96, p. 24874, *in RBCCr* 15/408; TRF da 2ª R., *RT* 793/706; TRF da 4ª R., *RT* 768/728). Para a aplicação do princípio da insignificância deve-se levar em conta não o valor total das mercadorias descaminhadas, mas só ao que excedente do montante da cota de isenção (TRF da 4ª R., Ap. 93.04.34449-2/RS, j. 30.5.95). Se o valor das mercadorias descaminhadas ultrapassa em pouco a cota de isenção de ingresso via aérea, é correta a decisão que rejeita a denúncia (TRF da 4ª R., *RT* 758/693). Se as mercadorias ultrapassavam um pouco mais do que a cota de isenção por via aérea, a evasão tributária é insignificante e o bem jurídico tutelado não restou atingido (TRF da 4ª R., RSE 99.041.01.001783-1/PR, *DJU* 2.6.99, pp. 573-574, *in RBCCr* 27/361-362). Se o valor dos tributos incidentes sobre os bens apreendidos não ultrapassa R$ 1.000,00, incensurável a decisão que, em analogia à legislação fiscal, aplicou o princípio da insignificância (STJ, REsp 233.877-PR, *DJU* 17.4.2000, p. 82, *in Bol. IBCCr* 90/446; TRF da 4ª R., RCr 99.04.01.002118-4/PR e RSE 99.04.01.001796-0/PR, *DJU* 2.6.99, p. 576, *in RBCCr* 27/362; RCr 97.04.42352-7/SC, *DJU* 15.10.97, p. 85691, *in RBCCr* 21/307-308). A introdução no País, sem pagamento de impostos, de mercadorias de pequeno valor adquiridas no exterior, destinadas ao comércio, não caracteriza o crime do art. 334, mas mera infração fiscal, ante o princípio da insignificância (TRF da 1ª R., *RT* 751/687, 731/652, 734/748; TRF da 2ª R., *RT* 734/750; Ap. 315, *DJU* 11.6.92, p. 16929; TRF da 5ª R., Ap. 757, *DJU* 23.9.94, p. 53839; Ap. 848, *DJU* 23.9.94, p. 53839). Exclui-se do tipo os fatos de mínima perturbação social, pois "não se pode castigar o que a sociedade considera correto" (SANTIAGO MIR PUIG) (TRF da 1ª R., Ap. 26.756, *DJU* 18.5.95, p. 30055, *in RBCCr* 12/286-287; *RT* 727/601, 728/658), como no caso de ingresso irregular de mercadorias estrangeiras em quantidade ínfima por pessoas excluídas do mercado de trabalho, que se dedicam ao "comércio formiga" (STJ, REsp 229.390/PR, *DJU* 9.10.2000, p. 208, *in Bol. IBCCr* 96/493). Havendo comércio de escala reduzida, com produtos de origem e qualidade duvidosas, e em valores incipientes, aplica-se o princípio da insignificância, sendo suficiente o confisco dos bens (TRF da 2ª R., Ap. 5.488, *DJU* 1.9.94, p. 47783, *in RBCCr* 8/226). A aquisição de mercadorias de pequeno valor no Paraguai, trazidas em ônibus de turismo, só caracteriza ilícito fiscal (TRF da 1ª R., *RT* 726/751; RCr 1.479, *DJU* 18.5.95, p. 30056, *in RBCCr* 12/287). Mercadoria no valor FOB (*free on board*) de US$ 400,00, oriunda do Paraguai, constitui delito de bagatela (TRF da 1ª R., RCr 17.667, *mv – DJU* 25.9.95, p. 64397, *in RBCCr* 13/362). Não configura a apreensão de sete relógios de valor irrisório e sete pares de meias (TRF da 1ª R., Ap. 1.366, *DJU* 18.8.94, p. 44381, *in RBCCr* 8/226). A pequena quantidade e o pouco valor da mercadoria descaracterizam o crime de descaminho (TRF da 3ª R., Ap. 96.03.082.689-8/SP, *DJU* 18.11.98, p. 396, *in RBCCr* 25/323), pois afastam a ocorrência do dolo específico (ânimo de lesar o Fisco), que é essencial à tipificação (TFR, Ap. 5.809, *DJU* 13.9.84; Ap. 5.620, *DJU* 23.2.84, p. 2108). A apreensão de pouco mais de 239 pacotes de cigarros, avaliados em R$ 644,45, ainda que formalmente seja uma conduta típica, substancialmente não chega a ofender o bem jurídico tutelado (TRF da 4ª R., Ap. 2000.04.01.004151-5/SC, *DJU* 7.6.2000, p. 77, *in Bol. IBCCr* 98/510). Simples camelô que adquire mercadorias estrangeiras em pequena monta, para sobreviver, não comete o crime de descaminho (TRF da 1ª R., *JSTJ* e *TRF* 76/320). A apreensão de quantidade ínfima de mercadoria, no caso um único tubo de lança-perfume, não tem repercussão penal (STJ, *RT* 780/564). Sendo insignificante o valor do tributo que deveria ser recolhido à Receita Federal, e tendo havido o perdimento do bem, não pode haver reprimenda na esfera penal (TRF da 2ª R., Ap. 2000.20.10.59243-6, *DJU* 21.6.2004, p. 152, *in Bol. IBCCr* 114/822; no mesmo sentido: STJ, *RT* 819/540). Aplica-se o princípio da insignificância se o valor do tributo exigido não ultrapassa R$ 2.500,00, conforme art. 20 da Lei n. 10.522/2002 (hoje R$ 20.000,00); a multa prevista no art. 17 da Instrução Normativa SRF n. 117/98, incidente sobre o valor das mercadorias no que exceder a quota de isenção de U$ 150,00, não deve agregar-se ao valor do imposto devido, para fins de perquirir a insignificância do débito (TRF da 4ª R., Ap. 2001.71.05.004240-0/RS, *DJU* 16.6.2004, p. 1.239, *in Bol. IBCCr* 143/838). *Contra*: A pequena quantidade não descaracteriza o descaminho (TRF da 5ª R., EI 246, *mv* – *DJU* 25.5.90, p.10900); só o pequeno valor não leva à absolvição, embora influa na pena (TFR, Ap. 4.857, *DJU* 9.9.82, p. 8722; Ap. 4.881, *DJU* 29.4.82, p. 3943); a primariedade e os bons antecedentes do agente, somados ao valor não muito elevado das mercadorias, enseja a redução da pena e a exclusão da perda dos bens como efeito da condenação (TRF da 5ª R., Ap. 775, *DJU* 2.9.94, p. 48303, *in RBCCr* 8/226-227). Não se aplica o princípio da insignificância em casos de contrabando de cigarros por tratar-se de mercadoria cuja internação em território nacional é proibida (TRF da 4ª R., *RT* 805/717. *Contra*, aplicando-se o princípio: TRF da 4ª R., RSE. 2000.72.03.0015840, *DJU* 7.8.2002, p. 455, *in Bol. IBCCr* 118/642). *Vide*, ainda, outros acórdãos na nota *(d) Descaminho e princípio da insignificância (R$ 10.000,00)*, que antecede o art. 13.

- **Ausência de indicação do valor dos tributos:** Se o Ministério Público não indicou na denúncia nem trouxe durante a instrução judicial maiores informações a respeito, persiste dúvida razoável quanto à tipicidade, tendo em conta a impossibilidade da aferição do princípio da insignificância (TRF da 4ª R., EI na Ap. 2005.70.12.000020-9, *DJU* 29.02.08, *in Bol. IBCCr* 185/1165).

- **Princípio da insignificância. Reiteração da conduta:** A inexistência de contumácia delitiva abre a possibilidade de incidência do princípio da insignificância em relação ao delito de descaminho (STJ, 6ª T., AgRg no REsp 1752824/SC, rel. Min. Sebastião Reis Júnior, *DJe* 22.2.2019). A reiterada omissão no pagamento do tributo devido nas importações de mercadorias de procedência estrangeira impede a incidência do princípio da insignificância em caso de persecução penal por crime de descaminho (STF, 1ª T., AgR no HC 137.749/PR, *DJe* 17.5.2017; STJ, AgRg no REsp 1.779.064/PR, *DJe* 3.5.19), ainda que o valor do tributo suprimido não ultrapasse o limite previsto para o não ajuizamento de execuções fiscais pela Fazenda Nacional. Com efeito, para que haja a incidência do princípio da insignificância, não basta que seja considerado, isoladamente, o valor econômico do bem jurídico tutelado, mas, também, todas as circunstâncias que envolvem a prática delitiva, ou seja, "é indispensável que a conduta do agente seja marcada por ofensividade mínima ao bem jurídico tutelado, reduzido grau de reprovabilidade, inexpressividade da lesão e nenhuma periculosidade social" (STF, HC 114.097-PA, 2ª T., *DJe* 14.4.2014). Precedente citado do STJ: RHC 41.752-PR, 6ª T., *DJe* 7.4.2014. Precedente citado do STF: HC 118.686-PR, 1ª T., *DJe* 3.12.2013. (STJ, 6ª T., RHC 31.612-PB, rel. Min. Rogerio Schietti Cruz, j. 20.5.2014).

- **Princípio da insignificância e maus antecedentes:** Já há algum tempo vinha se firmando jurisprudência no sentido de que, no crime de descaminho, o princípio da insignificância não seria aplicável nos casos em que o agente tenha outros inquéritos ou processos por crime da mesma natureza. Em decisão importante, o STJ afastou tal entendimento ao decidir no sentido de que o fato de o agente possuir maus antecedentes ou responder a outros processos criminais por crime da mesma natureza, em nada afeta no reconhecimento de matéria penalmente irrelevante, sob pena de se admitir o chamado "direito penal do autor", em detrimento do correto "direito penal do fato", o que seria inadmissível no Estado Democrático de Direito (STJ, 5ª T., HC 34.827/RS, j. 20.10.2004, *mv* – *DJU* 17.12.2004, p. 585). O STF, por sua vez, já entendeu não ser razoável concluir que o réu faça do descaminho o seu modo de vida, com base em dois episódios, aplicando o princípio da insignificância (STF, RE 550.761, *DJU* 1.2.2008, *in Bol. IBCCr* 184/1155).

■ Quantidade inexpressiva: Não caracteriza a figura da letra *c* (atual inciso III) do § 1º do art. 334 a constatação de irregularidade apenas em quantidade inexpressiva do total de mercadorias examinado (TFR, Ap. 6.550, *DJU* 5.6.86, p. 9809; Ap. 3.874, *DJU* 19.12.79, p. 9593). Também não caracteriza descaminho a mera posse ou propriedade de algumas garrafas de uísque, licor e vinho, de procedência estrangeira, pois tais mercadorias podem ser adquiridas em supermercados, *free shops* etc., sendo inviável a exigência de notas fiscais (TRF da 2ª R., *RT* 773/708).

■ Ausência de indicação do valor dos tributos: Se o Ministério Público não indicou na denúncia nem trouxe durante a instrução judicial maiores informações a respeito, persiste dúvida razoável quanto à tipicidade, tendo em conta a impossibilidade da aferição do princípio da insignificância (TRF da 4ª R., EI na Ap. 2005.70.12.000020-9, *DJU* 29.2.2008, *in Bol. IBCCr* 185/1165).

■ Zona Franca: Quando se trata de mercadoria produzida na Zona Franca de Manaus, a sua saída para outros pontos do território nacional, sem o pagamento dos tributos, não constitui contrabando ou descaminho, por não se tratar de mercadoria de procedência estrangeira, mas nacional confeccionada em regime especial; a única infração a configurar-se seria o ilícito fiscal, apurável pela Receita Federal (TRF da 2ª R., Ap. 210.402, *DJU* 15.8.91, p. 18856). Sem a demonstração do dolo de fraudar ou burlar o Fisco, trazer mercadoria além da cota de isenção caracteriza apenas o ilícito fiscal (TRF da 5ª R., Ap. 494, *DJU* 23.10.92, p. 34153, *in RBCCr* 1/227-8). A venda, no território nacional, de mercadoria estrangeira regularmente adquirida na Zona Franca de Manaus, dentro da cota permitida e de acordo com as notas fiscais, não configura o crime (TFR, Ap. 2.966, *DJU* 21.6.79, p. 4855). Sua venda e compra, antes do prazo vedado à comercialização, é infração tributária e não penal, pois a entrada no País foi legal (TFR, Ap. 6.239, *DJU* 31.10.85, p. 19525; TRF da 1ª R., Ap. 22.057, *DJU* 17.9.90, pp. 21180-1). A saída de mercadoria da Zona Franca de Manaus, sem autorização legal, configura o crime de contrabando, definido no art. 39 do Decreto-Lei n. 288/67 (TFR, ED 4.796, *DJU* 10.3.83, p. 2393). O Decreto-Lei n. 288/67 considera o crime em pauta como contrabando, cuja classificação correta é a do art. 334, § 1º, *b* (hoje inciso II), do CP (TRF da 5ª R., EI 246, *mv* – *DJU* 25.5.90, p. 10900).

Jurisprudência sobre a extinção da punibilidade

■ Extinção da punibilidade pelo pagamento do tributo (após o advento do art. 34 da Lei n. 9.249/95): Utilizando-se da analogia *in bonam partem*, a norma prevista no art. 34 da Lei n. 9.249/95, que possibilita a extinção da punibilidade pelo pagamento do tributo antes do oferecimento da denúncia, pode ser estendida ao delito de descaminho, visto que este é uma modalidade de sonegação fiscal (TRF da 4ª R., *RT* 776/719; TRF da 3ª R., *RT* 763/694; STJ, HC 48.805/SP, *DJU* 19.11.2007, p. 294). *Vide*, também, nota *Crime de descaminho*, no art. 107. Nota nossa: o STJ tem hoje posicionamento contrário.

■ Independe da constituição definitiva do crédito tributário e não há extinção da punibilidade pelo pagamento: "(...). 2. O Supremo Tribunal Federal e o Superior Tribunal de Justiça firmaram compreensão no sentido de que a consumação do crime de descaminho independe da constituição definitiva do crédito tributário, haja vista se tratar de crime formal, diversamente dos crimes tributários listados na Súmula Vinculante n. 24 do Pretório Excelso. 3. Cuidando-se de crime formal, mostra-se irrelevante o parcelamento e pagamento do tributo, não se inserindo, ademais, o crime de descaminho entre as hipóteses de extinção da punibilidade listadas na Lei n. 10.684/2003. De fato, referida lei se aplica apenas aos delitos de sonegação fiscal, apropriação indébita previdenciária e sonegação de contribuição previdenciária. Dessa forma, cuidando-se de crime de descaminho, não há se falar em extinção da punibilidade pelo pagamento (...)" (STJ, 5ª T., HC 211650/PE, rel. Min. Reynaldo Soares da Fonseca, j. 3.3.2016, DJe 9.3.2016).

▪ Regularização fiscal (Decreto-Lei n. 2.446/88 e Decreto-Lei n. 2.457/88): Analogia *in bonam partem*. Em um Estado de Direito, fundado na democracia, não pode o legislador tratar diferentemente quem se achava na mesma situação jurídica; se a grandes sonegadores abriu-se a oportunidade de pagamento de tributos, com extinção da punibilidade, o mesmo tratamento, por maior razão, deve ser dado ao pequeno sonegador (agente que requereu o pagamento de bens trazidos do Paraguai, de pequeno valor e pouco acima da cota, mas que não se achavam contemplados no Decreto-Lei n. 2.446/88) (TRF da 1ª R., Ap. 6.521, *DJU* 1.10.90, p. 22829; *contra*: TRF da 3ª R., Ap. 681.331, *DJU* 21.2.95, p. 8395, *in RBCCr* 10/221). Permitida pela administração fiscal a regularização das mercadorias de importação suspensa, afastada fica a norma proibitiva do art. 334, primeira parte, do CP, por atipicidade (TRF da 1ª R., HC 9.226, *DJU* 2.4.90, p. 5762), ou por extinção da punibilidade em face da retroatividade da lei que não mais considera o fato como criminoso (art. 107, III, do CP) (STJ, RHC 1.257, *DJU* 2.9.91, p. 11818). É impossível elastecer o Decreto-Lei n. 2.446/88 para alcançar fatos ocorridos após os prazos nele fixados; a denúncia espontânea (CTN, art. 138) não substitui o requerimento previsto nesse decreto-lei (STJ, REsp 65.194, *DJU* 28.8.95, p. 26583, *RT* 438/589). *Vide*, também, jurisprudência no art. 1º do CP, sob o título *Decreto-lei*.

▪ Extinção da punibilidade pelo perdimento de bens: É inadmissível, não se aplicando o art. 34 da Lei n. 9.249/95, pois não se pode equiparar pagamento de tributos ou contribuição à pena de perdimento de bens (TRF da 3ª R., *mv* – *RT* 792/730, 763/694, 755/760). A pena administrativa de perdimento de bens não se equipara ao pagamento do tributo para efeito de aplicação do art. 34 da Lei n. 9.249/95, pois a norma penal que prevê o descaminho como crime busca proteger não só o erário, mas principalmente a entrada e saída de mercadorias do País (STJ, *RT* 765/559) ou mesmo proteger a indústria nacional (TRF da 3ª R., *RT* 763/394).

▪ Confronto com o uso de documento falso: O uso deste (crime meio) é absorvido pelo descaminho (crime fim) (TRF da 4ª R, AP. 5004698-66.2011.4.04.7101/RS, j. 3.4.2019).

▪ Competência: O Tribunal de Justiça não tem competência para apreciar apelação em mandado de segurança que envolve a prática de contrabando ou descaminho (Súmula 151 do STJ) (TJMG, Ap. 0023115-88.2012.8.13.0132, publ. 22.1.2016).

CONTRABANDO

Art. 334-A. Importar ou exportar mercadoria proibida:

Pena – reclusão, de 2 (dois) a 5 (cinco) anos.

§ 1º Incorre na mesma pena quem:

I – pratica fato assimilado, em lei especial, a contrabando;

II – importa ou exporta clandestinamente mercadoria que dependa de registro, análise ou autorização de órgão público competente;

III – reinsere no território nacional mercadoria brasileira destinada à exportação;

IV – vende, expõe à venda, mantém em depósito ou, de qualquer forma, utiliza em proveito próprio ou alheio, no exercício de atividade comercial ou industrial, mercadoria proibida pela lei brasileira;

V – adquire, recebe ou oculta, em proveito próprio ou alheio, no exercício de atividade comercial ou industrial, mercadoria proibida pela lei brasileira.

§ 2º Equipara-se às atividades comerciais, para os efeitos deste artigo, qualquer forma de comércio irregular ou clandestino de mercadorias estrangeiras, inclusive o exercido em residências.

§ 3º A pena aplica-se em dobro, se o crime de contrabando é praticado em transporte aéreo, marítimo ou fluvial.

- **Alteração:** O antigo art. 334 do Código Penal abrangia tanto o contrabando quanto o descaminho. A Lei n. 13.008, de 26.6.2014, que entrou em vigor no dia seguinte à data de sua publicação, separou as duas figuras. Assim, enquanto o art. 334 passou a cuidar *apenas* do descaminho, o novo art. 334-A passou a tratar *somente* do contrabando.

- **Irretroatividade:** A pena de reclusão de dois a cinco anos deste novo art. 334-A, por ser mais gravosa do que a do antigo art. 334 (que englobava o contrabando e o descaminho com punição de um a quatro anos de reclusão) não retroagirá. Igualmente não retroagirão os novos incisos II e III deste art. 334-A.

Contrabando (caput)

- **Objeto jurídico:** A Administração Pública, especialmente o controle e a permissão da entrada e saída de mercadorias do País.

- **Sujeito ativo:** Qualquer pessoa. Se houver participação de funcionário público, com transgressão de dever funcional, a sua participação tipificará o crime especial do art. 318 do CP.

- **Sujeito passivo:** O Estado, na pessoa jurídica da União.

- **Tipo objetivo:** São duas as figuras incriminadas no *caput* do art. 334-A: a. Importar mercadoria proibida; e b. exportar mercadoria proibida. O verbo *importar* tem a significação de fazer entrar no território nacional, considerado este em seus limites territoriais, marítimos ou aéreos. *Exportar* é fazer sair do nosso território, considerados os seus mesmos limites. Como *mercadoria*, entende-se toda coisa móvel e apropriável que se usa negociar. *Proibida*, diz a lei, proibição essa que pode ser absoluta ou relativa, e que deve ser completada por outras leis. O tipo deste art. 334-A, em ambas as figuras incriminadas, constitui norma penal em branco, devendo ser complementado por outras normas jurídicas. É crime comissivo.

- **Tipo subjetivo:** É o dolo, que consiste na vontade livre e consciente de importar ou exportar mercadoria proibida. Na corrente tradicional é o "dolo genérico". Não há punição a título de culpa.

- **Erro sobre a ilicitude do fato:** O eventual erro do agente, sobre a mercadoria ou quanto à sua condição de proibida, deve ser apreciado, conforme o caso, sob o enfoque do erro de tipo (CP, art. 20) ou do erro de proibição (CP, art. 21). Em virtude do avanço do comércio pela *internet*, é de se convir que o erro (de tipo ou de proibição) pode ocorrer mais facilmente, seja pelo desconhecimento de se tratar de mercadoria proibida (art. 21 do CP), seja pelo erro na avaliação do que se entende por mercadoria proibida, hipóteses que deverão ser analisadas caso a caso.

- **Consumação:** No momento em que a mercadoria entra ou sai do País, conforme se trate de importação ou exportação, respectivamente.

- **Tentativa:** Admite-se, como no caso da mercadoria proibida que é apreendida pela alfândega.

- **Confronto:** Existindo disposição penal específica que proíba a importação de determinadas mercadorias (ex.: entorpecentes, art. 33 da Lei n. 11.343/2006), prevalecerá a norma penal especial e não a do art. 334-A. Na hipótese de receptação, *vide* nota ao § 1º, V, deste art. 334-A. No caso de arma de fogo ou munição, sem autorização da autoridade competente, art. 18 e sua combinação com os arts. 19 e 20 da Lei n. 10.826/2003. Na hipótese da exportação de bens sensíveis (de aplicação bélica, de uso duplo e de uso na área nuclear, química e biológica) e serviços diretamente vinculados, Lei n. 9.112/95. Tratando-se de importação ou exportação de produto com violação de patente de invenção ou modelo de utilidade, de desenho industrial ou marca registrados, ou, ainda, que apresente falsa indicação geográfica, arts. 184, 188, 190 e 192 da Lei n. 9.279/96 (Propriedade Industrial).

▪ **Pena:** Reclusão, de dois a cinco anos. Antes da entrada em vigor da Lei n. 13.008, de 26.6.2014, a pena era de um a quatro anos de reclusão, quando contrabando e descaminho eram previstos no mesmo tipo do art. 334.

▪ **Ação penal:** Pública incondicionada, de competência da Justiça Federal, ficando prevento o juízo do lugar da apreensão dos bens (*Súmula* 151 do STJ).

▪ **Extinção da punibilidade pela prescrição:** A nosso ver, a prescrição do crime-fim faz desaparecer a justa causa para a persecução penal pelo crime-meio eventualmente praticado. P. ex.: a prescrição do crime de contrabando, punido com reclusão de dois a cinco anos, acarreta, também, a prescrição do crime de uso de documento materialmente falso, art. 304 c/c o art. 297, *caput*, do CP –, ainda que apenado mais gravemente, com pena de reclusão de dois a seis anos, desde que praticado única e exclusivamente para a prática do contrabando, havendo nítida absorção (*vide* nota *Prescrição do crime-fim*, no art. 109 do CP).

Figuras assimiladas (§ 1º)

▪ **Fato assimilado a contrabando, previsto em lei especial (§ 1º, I):** Pune-se, com as mesmas penas do *caput*, o agente que exporta ou importa mercadoria proibida, nos termos do que dispuser a lei especial. Nota-se que o tipo penal é preenchido com leis especiais, sendo, portanto, também norma penal em branco. A respeito delas, cite-se Zona Franca (art. 39 do Decreto-Lei n. 288/67, que considera crime de contrabando a saída de mercadorias da Zona Franca, sem autorização legal). Assim, se a lei especial (lei penal ou lei não penal, pouco importa) disser que a importação ou exportação de determinada mercadoria é proibida, o agente que praticar a conduta incidirá na figura assimilada deste §1º, I.

▪ **Importação ou exportação clandestina (§ 1º, II):** Pune-se a conduta de quem importa ou exporta *clandestinamente* (isto é, às ocultas) mercadoria dependente de registro, análise ou autorização de órgão público competente. Trata-se, igualmente, de norma penal em branco que deve ser completada por leis especiais. Aqui, a mercadoria não é proibida, mas o agente importa ou exporta clandestinamente por depender de *autorização especial*. Essa figura equiparada foi introduzida no Código Penal pela Lei n. 13.008, de 26.6.2014.

▪ **Confronto (Anvisa):** Quando o produto importado clandestinamente for original, produzido por laboratórios de renome, sendo comercializado em diversos países, ainda que lhe falte registro na Anvisa, se não houver risco à saúde pública, o crime será o de contrabando deste art. 334-A e não o do art. 273, § 1º, que pune com a gravíssima pena de dez a quinze anos de reclusão quem importa, vende, expõe à venda, tem em depósito para vender ou, de qualquer forma, distribui ou entrega a consumo o produto falsificado, corrompido, adulterado ou alterado.

▪ **Reinserção no território nacional (§ 1º, III):** Incrimina-se o agente que *reinsere* (insere de novo) mercadoria brasileira destinada à exportação, que é o objeto material da conduta. Se a mercadoria não for nacional nem se destinar a ser exportada, não haverá o tipo penal. Essa figura equiparada foi introduzida no Código Penal pela Lei n. 13.008, de 26.6.2014.

▪ **Venda, exposição à venda, manutenção em depósito ou utilização (§ 1º, IV):** São quatro as ações incriminadas de quem: *a. vende* (cede ou transfere por certo preço); *b. expõe a venda* (mostra aos eventuais compradores, com oferecimento, expresso ou tácito, de venda); *c. mantém em depósito* (tem guardado à disposição em lugar não exposto); *d. ou, de qualquer forma, utiliza em proveito próprio ou alheio*. O objeto material é a mercadoria *proibida pela lei brasileira*. As condutas devem ser praticadas no exercício de atividade comercial ou industrial, que é o elemento normativo do tipo. É o caso, por exemplo, do comerciante que expõe à venda mercadoria proibida pela lei brasileira. As figuras de exposição à venda, manutenção em depósito ou utilização não comportam tentativa, por serem as condutas unissubsistentes.

■ **A indevida criminalização da contravenção penal do jogo de azar (componentes estrangeiros utilizados em máquinas "caça-níquel"):** Uma das maiores hipocrisias no Brasil é a da proibição dos cassinos, incluindo-se, sobretudo, o das conhecidas máquinas caça-níquel. Há diversos jogos de azar autorizados em nosso país, desde os administrados pela Caixa Econômica Federal (sena, megasena etc.) quanto outros, como o das corridas de cavalo (*turfe*). Para os que ostentam situação financeira um pouco mais privilegiada, e queiram jogar em cassinos, basta adquirir um pacote para um cruzeiro marítimo em águas nacionais; assim que desatracado o navio, o cassino já é aberto; ou, então, ir aos nossos países vizinhos como Uruguai e Argentina; se preferir o hemisfério norte, aos Estados Unidos, Mônaco, Áustria etc. O jogo de azar não autorizado, no Brasil, configura *mera contravenção penal* prevista no art. 50 da Lei das Contravenções Penais. Todavia, tratando-se de máquinas caça-níquel montadas no Brasil com componentes estrangeiros, tem sido frequente o Ministério Público Federal denunciar donos de estabelecimentos comerciais, bem como aqueles que montam e comercializam essas máquinas, como incursos no crime de contrabando, severamente punido, delegando para o Ministério Público Estadual a questão da simples contravenção penal do jogo de azar. Para tanto, o *Parquet* entende que, como alguns itens dessas máquinas são importados (os tais "noteiros", as "placas de vídeo", "placas-mãe" e "placas de rede"), configurado estaria o crime de *contrabando* sempre que houver a manutenção em depósito e a utilização de qualquer produto importado sem documentação fiscal *para o fim ilícito da contravenção*. Ressalte-se que todos esses itens têm classificação fiscal para importação na Receita Federal, inclusive os malsinados *noteiros* ("Posição 8476", "subitem 84769000"), sendo, assim, de importação permitida. Transforma-se um simples dono de bar que tenha uma máquina "caça-níquel" de contraventor do jogo em contrabandista. Nada mais descabido, havendo uma nítida criminalização da contravenção penal, o que viola o princípio da reserva legal. Com efeito, quando o tipo penal deste art. 334-A refere-se a *produto proibido*, essa vedação não pode ser verificada *a posteriori*, isto é, dependendo *da utilização* que o seu eventual destinatário fizer da mercadoria já internalizada. Explica-se. Os "contadores de notas" ou "noteiros" têm a sua importação plenamente *admitida* no Brasil, sendo utilizados frequentemente nas denominadas *"vending machines"*, isto é, máquinas de refrigerantes e de guloseimas em hotéis, locais públicos etc. O mesmo ocorre com processadores de computador e "placas de vídeos". Ora, é evidente que a importação dessas mercadorias é *permitida*; se for realizada *ilegalmente*, estar-se-á diante do crime de *descaminho*, mais levemente apenado (art. 334), e não diante do crime de contrabando deste art. 334-A. Pode perfeitamente ocorrer que um "noteiro" importado regularmente, com o pagamento de todos os impostos, acabe sendo utilizado em uma máquina "caça-níquel". *Em outras palavras, não é o uso de uma mercadoria estrangeira que irá tornar a sua anterior importação proibida ou lícita.* Trata-se o art. 334-A, à evidência, de norma penal em branco, havendo necessidade dos órgãos governamentais *previamente listarem quais as mercadorias são de importação proibida*. Se a mercadoria, como os "noteiros", não estão nessa lista, é um verdadeiro *non sense* tipificar como contrabando a conduta de quem o utiliza para um fim ilícito e, descaminho, para o que dele faz uso lícito, ambos estando sem a documentação de importação. É por isso que a jurisprudência tem recentemente evoluído, entendendo que *somente a importação de máquinas "caça-níquel" inteiras, já montadas*, ou o seu *depósito e utilização*, seria contrabando. Não é o caso desses meros componentes usados em máquinas montadas no Brasil; ainda que não haja documentação apropriada quanto à importação dessas peças, não se trata de contrabando. No máximo descaminho do art. 334, que depende de prévio processo fiscal (vide Jurisprudência).

■ **Adquire, recebe ou oculta (§ 1º, V):** A conduta deve ser praticada em proveito próprio ou alheio, no exercício de atividade comercial ou industrial. O proveito aqui deve ser econômico, não bastando o meramente estético ou decorativo de uma loja, por exemplo. Deve igualmente tratar-se de mercadoria proibida pela lei brasileira (objeto material). Cuida-se, em suma, de receptação de produto de contrabando, que deve ser punida nos moldes deste § 1º, V. Os núcleos são: *a.* adquirir (obter para si, a título oneroso ou gratuito); *b.* receber (tomar posse por qualquer título que não seja a propriedade); *c.* ou ocultar (esconder a mercadoria, dissimulando a posse). O sujeito ativo há de ter consciência da mercadoria ser objeto de contrabando, pois a figura típica é *dolosa*.

■ **Confronto com receptação qualificada:** Com as alterações introduzidas pela Lei n. 9.426/96, a pena do novo § 1º do art. 180, sob o *nomen juris* de receptação qualificada, passou a punir com pena de reclusão, de três a oito anos, e multa, a conduta de "adquirir, receber, transportar, conduzir, ocultar, ter em depósito, desmontar, montar, remontar, vender, expor à venda, ou de qualquer forma utilizar, em proveito próprio ou alheio, no exercício de atividade comercial ou industrial, coisa que deve saber ser produto de crime". De outra parte, este art. 334-A, § 1º, V, pune a "receptação de contrabando", no exercício de atividade industrial ou comercial, com a pena de reclusão de dois a cinco anos. Havendo um concurso aparente de normas, o art. 334-A, § 1º, V, por ser norma específica, deve prevalecer sobre o art. 180, § 1º, que é norma geral (princípio da especialidade). Ou seja, se o crime anterior for o de *contrabando*, o tipo penal será o desta figura equiparada a contrabando, menos gravosa. Outra ferramenta apta a definir qual o tipo penal aplicável ao caso concreto, é o bem jurídico tutelado em cada figura penal: enquanto no art. 180 do CP, o bem jurídico tutelado é o patrimônio, neste art. 334-A, o bem jurídico protegido é a Administração Pública. Observe-se, por outro lado, que a pena cominada ao § 1º do art. 180 é flagrantemente desproporcional em relação à deste art. 334-A, § 1º, V. Por exemplo: enquanto a receptação de mercadorias furtadas, no exercício da atividade comercial ou industrial, é punida com pena de reclusão, de três a oito anos, e multa (art. 180, § 1º), a receptação de mercadorias contrabandeadas, no mesmo exercício da atividade comercial ou industrial, é apenada com reclusão de um a quatro anos (art. 334-A, §1º, V). Caberá ao intérprete definir em qual dos tipos penais a conduta deve ser enquadrada.

Equiparação às atividades comerciais (§ 2º)

■ **Noção:** Para os efeitos do art. 334-A do CP, determina-se a equiparação às atividades comerciais de qualquer forma de comércio irregular ou clandestino de mercadorias estrangeiras, inclusive o exercido em residências. Dessa forma, além dos comerciantes regulares, ficam incluídos os que exercem o comércio irregular ou clandestino. As expressões usadas ("comércio", "exercido") indicam que deve estar presente na conduta o requisito da habitualidade, não bastando uma ou mais vendas esporádicas (*vide* nota *Jurisprudência*, pois a matéria é intranquila). Na prática, esta modalidade atingirá os camelôs que, porventura, comercializem mercadorias proibidas pela lei brasileira.

Via aérea, marítima e fluvial (§ 3º)

■ **Noção:** A pena do contrabando é aplicada em dobro (ou seja, reclusão, de quatro a dez anos) quando o crime é praticado por meio de transporte aéreo, marítimo ou fluvial.

■ **Alcance:** Entendemos que esta figura agravada do § 3º deve ser reservada aos voos e barcos particulares ou clandestinos e não aos de carreira. Não vemos sentido em equiparar os últimos aos primeiros, pois os voos e barcos internacionais regulares (de carreira) utilizam-se de aeroportos e portos dotados de perfeita fiscalização alfandegária (no mesmo sentido, quanto ao art. 334: Francisco A. Toledo, "Descaminho", *in* Enciclopédia Saraiva do Direito, v. 24, p. 8).

Jurisprudência

■ **Princípio da insignificância:** *Não se aplica ao crime de contrabando de cigarros (no caso, 290 maços), por menor que possa ter sido o resultado da lesão patrimonial, pois a conduta atinge outros bens jurídicos, como a saúde, a segurança e a moralidade públicas* (STJ, REsp 1.735.749/PR, DJe 7.8.2018).

■ **Erro de tipo:** Resta configurado, haja vista que o réu não tinha conhecimento de que os cigarros que comercializava eram de procedência ilícita e, portanto, de venda proibida (TRF da 4ª R., Ap. 5015296-47.18.4.04.7000/PR, j. 4.9.2019).

■ **Questão prejudicial:** A configuração do crime de contrabando não depende de questão prejudicial de natureza administrativa (STF, *RT* 643/386, 616/386). *Contra:* Liberada e entregue a mercadoria ao paciente pela autoridade, desaparece o crime de contrabando (STF, *RTJ* 56/490). Fica elidido o crime de contrabando com a posterior demonstração de que a mercadoria entrou regularmente, trancando-se a ação penal por não haver crime sequer em tese (TRF da 2ª R., *JSTJ* e *TRF* 10/329). Tratando-se de simples suspeita de contrabando, é inadmissível a apreensão de mercadorias adquiridas no mercado interno, acobertadas por notas fiscais, sem a prévia instauração de procedimento administrativo (TRF da 3ª R., *RT* 764/693).

- **Contrabando e facilitação:** A rejeição de denúncia por facilitação de contrabando não obriga à rejeição quanto ao crime do art. 334 (STF, *RTJ* 120/1105).

- **Mercadoria:** Para os fins do art. 334 (atual art. 334-A), mercadoria é qualquer coisa móvel, que possa ser comercializada (TRF da 4ª R., Ap. 39.592, *DJU* 6.9.95, p. 58218). Amostra não possui valor comercial (TFR, RemEO 101.672, *DJU* 21.3.85, pp. 3521-2). Para a tipificação, é irrelevante ser a mercadoria nova ou já usada (TRF da 2ª R., Ap. 2.099, *DJU* 5.12 89, p. 15798).

- **Reintrodução no País:** Configura contrabando e não descaminho a reintrodução no País de produtos de fabricação nacional destinados, exclusivamente, à exportação de venda proibida no Brasil (TRF da 1ª R., *RT* 755/735).

- **Denúncia:** Para seu recebimento, a procedência estrangeira deve vir respaldada por exame pericial, não se admitindo postergar, para momento ulterior à denúncia, a configuração de um elemento do tipo (TRF da 2ª R., RCr 96.02.01711-2/RJ, *mv – DJU* 17.9.96, p. 68861, *in RBCCr* 17/358).

- **Mutatio libelli:** Se o acusado foi denunciado por manter em depósito e estar na posse de armas de procedência estrangeira introduzidas clandestinamente no País para fins de comercialização, não pode ser condenado por receptação (CP, art. 180), sem o procedimento previsto no art. 384 do CPP (TRF da 3ª R., *RT* 781/705).

- **Origem e procedência da mercadoria:** Se os técnicos foram incapazes de fundamentar a conclusão quanto à procedência dos bens periciados, inexistindo outras provas que indiquem procedência alienígena, impõe-se a absolvição (TRF da 1ª R., Ap. 291, *DJU* 18.6.90, p. 13079; Ap. 2.561, *DJU* 27.8.90, p. 19074). É insuficiente para a comprovação da procedência estrangeira das mercadorias sua classificação, no termo de guarda lavrado pela Receita Federal, como bens de origem não declarada (TRF da 3ª R., *RT* 728/668). Não restando comprovada a materialidade delitiva, até porque o laudo de homologação do termo de guarda fiscal não se prestou a tal finalidade, impõe-se a absolvição (TRF da 3ª R., *RT* 808/715). Absolve-se, se a perícia não determina a sua origem (TRF da 5ª R., RCr 9, *DJU* 17.8.90, p. 18095; Ap. 470, *DJU* 27.9.93, p. 40076, *in RBCCr* 5/191). Havendo fabricação de igual no País, e não provada convincentemente a origem estrangeira da mercadoria apreendida, absolve-se (TFR, Ap. 6.717, *DJU* 6.11.86, p. 21425). O exame de corpo de delito deve ser elaborado por peritos oficiais, não bastando a palavra do servidor da Receita, que não tem fé pública (TRF da 2ª R., RCr 1.711, *mv – DJU* 17.9.96, p. 68861). À falta de laudo pericial, a origem estrangeira da mercadoria pode ser comprovada por outros meios de prova (TFR, Ap. 4.228, *DJU* 18.9.80, p. 7146; STF, *RT* 616/386). Basta que o laudo conclua não ser a mercadoria nacional, não havendo necessidade de indicar o país de origem (TRF da 1ª R., Ap. 22.105, *DJU* 23.4.90, p. 7558).

- **Componentes estrangeiros utilizados em máquinas "caça-níquel" não caracterizam contrabando:** "No caso dos autos, entretanto, observo que a perícia realizada não identificou a natureza alienígena das máquinas de "caça-níqueis", como um todo (o que seria suficiente para a verificação, em tese, do delito de contrabando), tendo apenas se referido à possível origem estrangeira de alguns dos componentes eletrônicos que integram os referidos equipamentos, para os quais não há indicação, no laudo pericial ou nos autos, de vedação legal às suas importações" (STF, Ação Civil Originária n. 2.115 RJ, rel. Min. Dias Toffoli, decisão monocrática do dia 3.4.2014). *Não basta o exame indireto:*"(...) 2 – Observa-se que embora a descrição dos fatos e enquadramentos legais constantes do AITAGF apresente fundamentação relativa à Mercadoria Estrangeira Sem Documentação Comprobatória de Sua Importação Regular, ao final, quando da discriminação das mercadorias', a origem e/ou o país de procedência das máquinas não foram designadas. O Laudo de Exame Merceológico, por sua vez, procedeu à avaliação indireta das mercadorias através dos dados contidos no AITAGF e relação discriminativa a ele anexado, homologando-o. 3 – Dessa forma, ressalta-se o escasso valor probatório do laudo pericial, já que feito como avaliação indireta, com base apenas no conteúdo do documento fiscal, sendo, portanto, inconclusivo. 4 – Em resumo, não se sabe a origem das máquinas, tampouco a que peças e componentes a denúncia se refere, não estando, portanto, minimamente configurada a materialidade delitiva, seja do contrabando, seja do descaminho.

(...) 9 – Assim, embora a denúncia tenha sido formalmente recebida, correto o magistrado 'a quo' que absolveu sumariamente os réus, ao se deparar com a ausência de tipificação legal dos crimes pelos quais foram acusados, mormente considerando a inépcia da denúncia que não descreveu minimamente o dolo dos denunciados. 10 – Decreto de absolvição sumária mantido com acréscimo de fundamento" (TRF da 3ª R., Ap. 0008898-45.2007.4.03.6108/SP, rel. Des. Federal Cecília Melo, j. 30.8.2013).

■ **Produtos brasileiros de exportação:** Caracteriza contrabando a reintrodução no País de mercadorias de fabricação nacional destinadas exclusivamente à exportação e de venda proibida no Brasil (TRF da 1ª R., RCr 23.235, *DJU* 8.2.96, p. 5761, *in RBCCr* 14/427). A reintrodução de cigarros de fabricação nacional destinados à exportação para fins de comercialização configura o delito do art. 334, § 1º, *d* (atual art. 334-A, § 1º, III) (TRF da 1ª R., *RT* 875/652). Zona Franca: Quando se trata de mercadoria produzida na Zona Franca de Manaus, a sua saída para outros pontos do território nacional, sem o pagamento dos tributos, não constitui contrabando ou descaminho, por não se tratar de mercadoria de procedência estrangeira, mas nacional confeccionada em regime especial; a única infração a configurar-se seria o ilícito fiscal, apurável pela Receita Federal (TRF da 2ª R., Ap. 210.402, *DJU* 15.8.91, p. 18856). Sem a demonstração do dolo de fraudar ou burlar o Fisco, trazer mercadoria além da cota de isenção caracteriza apenas o ilícito fiscal (TRF da 5ª R., Ap. 494, *DJU* 23.10.92, p. 34153, *in RBCCr* 1/227-8). A venda, no território nacional, de mercadoria estrangeira regularmente adquirida na Zona Franca de Manaus, dentro da cota permitida e de acordo com as notas fiscais, não configura o crime (TFR, Ap. 2.966, *DJU* 21.6.79, p. 4855). Sua venda e compra, antes do prazo vedado à comercialização, é infração tributária e não penal, pois a entrada no País foi legal (TFR, Ap. 6.239, *DJU* 31.10.85, p. 19525; TRF da 1ª R., Ap. 22.057, *DJU* 17.9.90, pp. 21180-1). A saída de mercadoria da Zona Franca de Manaus, sem autorização legal, configura o crime de contrabando, definido no art. 39 do Decreto-Lei n. 288/67 (TFR, ED 4.796, *DJU* 10.3.83, p. 2393). O Decreto-Lei n. 288/67 considera o crime em pauta como contrabando, cuja classificação correta é a do art. 334, § 1º, *b* (atual art. 334-A, § 1º, I) do CP (TRF da 5ª R., EI 246, *mv – DJU* 25.5.90, p. 10900).

■ **Mercadoria de importação suspensa:** Não equivale a mercadoria de importação proibida (TFR, HC 4.739 e 4.750, *DJU* 18.12.80, p. 10838; HC 4.551, *DJU* 1.7.80, p. 4966).

■ **Concurso com norma penal especial:** Quando a importação de certas coisas é especialmente tipificada como crime autônomo (ex.: tóxicos), o enquadramento é na norma específica e não no crime de contrabando (TFR, Ap. 5.196, *DJU* 1.7.82, p. 6530; TJSP, *RT* 429/359). Também a importação de filmes pornográficos enquadra-se no art. 234 do CP, e não neste art. 334 (atual art. 334-A) (TFR, *RTFR* 70/231; Ap. 4.447, *DJU* 18.6.80, p. 4617). No entanto, se foram introduzidas, juntas, mercadorias comuns e revistas obscenas, há concurso formal entre o art. 334 (hoje art. 334-A) e o art. 234 (TFR, Ap. 6.120, *DJU* 28.5.87, p. 10278).

■ **Receptação (antes da nova redação do art. 180, dada pela Lei n. 9.426/96):** Eram encontradas duas correntes a respeito de poder, ou não, haver receptação de coisa produto de contrabando: *a.* Não há. Se houve aquisição no exercício de atividade comercial ou industrial, tipifica-se o art. 334, § 1º, *d* (atual art. 334-A, § 1º, V), que absorve o art. 180 do CP; se não foi, porém, aquisição no exercício daquelas atividades, há apenas ilícito fiscal (TFR, Ap. 5.857, *DJU* 29.3.84; TACrSP, *RT* 621/333). A receptação está equiparada no art. 334, § 1º, *d* (hoje, art. 334-A, § 1º, V), e não pode ser objeto de desclassificação (TFR, *RF* 258/338). *b.* Pode haver. A aquisição de motocicleta para uso próprio, sem documentação fiscal, pode configurar o delito do art. 180 do CP (TRF da 3ª R., *JSTJ* e *TRF* 12/333) ou do antigo art. 180, § 1º (atual § 3º), do CP (TFR, Ap. 6.328, *DJU* 31.10.85, p. 19526).

■ **Concurso com outros crimes:** O contrabando absorve a falsidade ideológica (STJ, RHC 1.257, *DJU* 2.9.91, p. 11818). Os crimes de falsificação e de facilitação utilizados como meio para o contrabando são absorvidos por este (TFR, RCr 579, *DJU* 21.5.80, p. 3621). O agente surpreendido com grande quantidade de ampolas de "lança-perfume" destinadas à venda pratica o crime previsto no art. 12 da Lei n. 6.368/76 (atual art. 33 da Lei n. 11.343/2006), e não o delito de contrabando, eis que tal substância é definida como entorpecente pelo Conselho Nacional de Saúde (TJSP, *RT* 758/530).

- **Armas estrangeiras:** Sem haver vínculo com pessoa ou grupo subversivo, enquadra-se no art. 334 (atual art. 334-A) do CP, e não na Lei de Segurança Nacional em vigor à época (TFR, CComp 5.176, *DJU* 19.5.83, p. 6882). Ainda que regular a importação de armas de fogo, é necessária a autorização especial do Ministério do Exército, sem o que resta caracterizado o crime de contrabando (TRF da 4ª R., *RT* 816/724).

- **Tipo subjetivo:** A entrada de navio no porto, por problemas de navegação, não revela intenção de introduzir contrabando (TFR, Ap. 7.565, *DJU* 20.11.86, p. 22726). Há falta de dolo, se pessoa iletrada passa a vender mercadoria estrangeira em plena feira (TFR, Ap. 5.753, *DJU* 14.2.85, p. 1208).

- **Tentativa:** Se o agente não tentou atravessar a fronteira, não há tentativa de contrabando (TFR, CComp 3.970, *DJU* 11.6.80, p. 4339). Se os agentes se dirigiam à fronteira do País com mercadoria proibida, mas em razão de acidente não lograram êxito na sua empreitada, configura-se a tentativa (TRF da 1ª R., *RT* 765/713). Há apenas tentativa, se a mercadoria foi só despachada, sem chegar ao passageiro (TFR, Ap. 2.795, *DJU* 13.6.77, p. 3908). *Idem*, se apreendida no momento do pouso do avião (TFR, Ap. 3.908, *DJU* 3.6.82). Apreendida a mercadoria de importação proibida, ainda na zona fiscal, só há tentativa (TFR, Ap. 7.150, *DJU* 2.10.86, p. 18167; Ap. 5.969, *DJU* 21.3.85, p. 3501; TRF da 4ª R., Ap. 15.427, *DJU* 1.11.89, p. 13492). *Contra:* O crime do art. 334, *caput* (atual art. 334-A, *caput*), consuma-se com a chegada ao território nacional (TFR, Ap. 2.503, *DJU* 6.2.80, p. 424). Há tentativa impossível de contrabando, se o agente apresentou declaração de bagagem (TFR, Ap. 8.467, *DJU* 13.2.89, p. 460). Evidenciado o desvio de rota do caminhão que tinha como destino país vizinho, configura-se a tentativa (TFR, Ap. 7.151, *DJU* 10.4.89, p. 5010).

- **Consumação:** O *caput* do art. 334 (hoje art. 334-A) é crime instantâneo (STJ, *mv* – *JSTJ* e *TRF* 67/301; CComp 4.191, *mv* – *DJU* 30.8.93, p. 17264; TRF da 4ª R., *RT* 793/727), que se consuma no momento em que a mercadoria transpõe as barreiras da fiscalização alfandegária (TFR, CComp 7.206, *DJU* 18.12.86, p. 21155; Ap. 5.672, *DJU* 25.10.84), sendo desnecessário seu transporte ao local a que era destinada ou mesmo sua comercialização (STJ, CComp 4.190, *mv* – *DJU* 30.8.93, p. 17264; CComp 4.214, *mv* – *DJU* 29.11.93, p. 25843, *in RBCCr* 5/191). *Contra:* O crime de contrabando ou descaminho é permanente, e sua consumação se protrai no tempo até o ato de apreensão (STJ, CComp 14.345, *DJU* 5.2.96, p. 1353, *in RBCCr* 14/427; CComp 3.364, *DJU* 2.10.95, p. 32311, *in RBCCr* 13/361; CComp 9.966, *DJU* 7.11.94, p. 30002, *in RBCCr* 9/208; TRF da 3ª R., Ap. 65.114, *DJU* 21.3.95, p. 14501).

- **Competência:** Súmula 151 do STJ: "A competência para o processo e julgamento por crime de contrabando ou descaminho define-se pela prevenção do Juízo Federal do lugar da apreensão dos bens". É do lugar onde foi apreendida a mercadoria (STJ, *mv* – *JSTJ* e *TRF* 76/201; CComp 9.377, *mv* – *DJU* 21.11.94, p. 31704; CComp 13.734, *DJU* 4.9.95, p. 27801, *in RBCCr* 13/361). *Contra*: É competente o juízo onde a mercadoria foi inserida no País e não onde foi apreendida (STJ, *mv* – *RT* 706/368).

- **Venda (art. 334, § 1º, c – atual art. 334-A, § 1º, IV):** A mera venda de objetos trazidos do exterior, como bagagem, não tipifica ato criminoso; não restando demonstrado que as mercadorias foram introduzidas clandestinamente, se infração houve, foi à legislação fiscal (TRF da 2ª R., Ap. 13.809, *mv* – *DJU* 3.11.94, p. 62727). Ocultação (art. 334, § 1º, *d* – hoje art. 334-A, § 1º, V): Manter oculta mercadoria de procedência estrangeira é crime de natureza permanente, podendo, por isso, o agente ser preso em flagrante fora do lugar onde a mercadoria foi ocultada (STF, *RT* 589/429). A ocultação da mercadoria é elemento do tipo e não causa de aumento da pena (TFR, Ap. 5.217, *DJU* 19.8.82, p. 7809). Na figura de ocultar (art. 334, § 1º, *d* – atual art. 334-A, § 1º, V), a infração é de natureza permanente (TFR, CComp 5.016, *DJU* 14.4.83, p. 4534).

- **Aquisição ou recebimento:** Nessas duas modalidades da alínea *d* do § 1º do art. 334 (hoje inciso V do § 1º do art. 334-A), o crime tem natureza instantânea (e não permanente), exaurindo-se com a só aquisição ou recebimento da mercadoria; por isso, só pode haver flagrante no momento exato de sua ocorrência (TFR, HC 6.846, *DJU* 25.6.87, p. 13076).

- **Manter em depósito:** Essa modalidade da alínea *c* do § 1º do art. 334 (atual inciso IV do § 1º do art. 334-A) é crime permanente (STF, *RTJ* 105/1001).

- **Perdimento de bens:** Súmula 138 do TFR: "A pena de perdimento de veículo, utilizado em contrabando ou descaminho, somente se justifica se demonstrada, em procedimento regular, a responsabilidade do seu proprietário na prática do ilícito". É incabível o perdimento de veículo, se o proprietário não participou do crime (TFR, MS 104.066, *DJU* 25.4.85, p. 7519; Pleno, MS 104.068, *DJU* 13.12.84, p. 21467; TRF da 1ª R., Ap. 254.484, *DJU* 24.9.90, p. 22034). Empresa locadora de veículos, que não teve qualquer participação no transporte, não pode sofrer a sanção de perda dos veículos locados (TRF da 1ª R., RemEO 41.515, *DJU* 5.11.90, p. 26166). É incabível a aplicação da pena de perdimento do veículo transportador, quando há desproporcionalidade gritante entre o seu valor e o das mercadorias apreendidas (TRF da 1ª R., RemEO 5.697, *DJU* 6.5.96, p. 28619). Não se justifica o perdimento de veículo, quando há grande desproporção entre seu valor e o da mercadoria (TFR, Pleno, MS 106.364, *DJU* 14.11.85, p. 20597; TRF da 1ª R., RemEO 96.01.05697-1/DF, *DJU* 6.5.96, p. 28619; TRF da 3ª R., ApMS 9403074496-0, *DJU* 17.6.2004, p. 315, *in Bol. IBCCr* 143/838). Se a decisão judicial determinou o trancamento da ação penal por atipicidade, impõe-se a devolução das mercadorias apreendidas no curso do inquérito policial (TRF da 1ª R., Ap. 203.731, *mv – DJU* 2.4.90, p. 5750). Embora decretado o perdimento dos bens, pode o juiz da ação penal mantê-los em depósito enquanto interessarem ao processo criminal (TFR, Ap. 4.718, *DJU* 7.5.81, p. 4057). *Vide*, também, jurisprudência sob o título *Desproporcionalidade*, no art. 91.

- **Termo de depósito:** A restituição de veículo apreendido em investigação policial pode ser concedida ao seu proprietário, mediante termo de depósito, para a devida conservação (TRF da 1ª R., Ap. 34.866, j. 27.5.96, *in Bol. AASP* n. 1.988).

- **Destinação comercial ou industrial:** *1*. Para a figura do *caput* do art. 334 (hoje art. 334-A), não se exige destinação comercial ou industrial da mercadoria (TRF da 1ª R., Ap. 6.352, *DJU* 6.8.90, p. 16619; TRF da 3ª R., Ap. 4.521/SP, *DJU* 26.5.98, p. 508; TRF da 5ª R., Ap. 355, *DJU* 23.8.91, p. 19837). *2*. Para a modalidade da alínea *c* do § 1º do art. 334 (atual inciso IV do § 1º do art. 334-A), deve ficar comprovada essa especial destinação da mercadoria (TFR, Ap. 7.097, *DJU* 7.5.87, p. 8234; Ap. 4.393, *DJU* 4.10.84; *contra:* TRF da 1ª R., Ap. 21.947, *DJU* 5.3.90, pp. 3232-3). *3*. Para o crime da alínea *d* do § 1º do art. 334 (hoje inciso V do § 1º do art. 334-A), é necessária a destinação comercial ou industrial da mercadoria (STF, *RTJ* 120/143; TRF da 4ª R., *RT* 773/719). Hipóteses e casos diversos: o elemento "atividade comercial" pode ser demonstrado pela quantidade e natureza das mercadorias (TFR, Ap. 4.506, *DJU* 10.12.81, p.12527; TRF da 5ª R., Ap. 148, *DJU* 4.6.90, p.11837). Não se equipara a atividade comercial o encontro de remédios estrangeiros em clínica, só para aplicação e não para revenda (TFR, Ap. 7.264, *DJU* 28.5.87, p. 10318). Evidenciada a ausência de intuito comercial na aquisição das mercadorias que depois resolveu vender, impõe-se a absolvição (TFR, Ap. 4.499, *DJU* 11.6.80, p. 4352). Sendo o acusado um homem de posses, poderia presentear amigos e parentes com as poucas mercadorias apreendidas, não se caracterizando a destinação comercial (TRF da 1ª R., Ap. 22.059, *DJU* 26.11.90, p. 28352).

- **Princípio da insignificância. Inaplicação no caso de contrabando de materiais ligados a jogos de azar:** Não se aplica o princípio da insignificância aos crimes de contrabando de máquinas caça-níqueis ou de outros materiais relacionados com a exploração de jogos de azar. Inserir no território nacional itens cuja finalidade presta-se, única e exclusivamente, a atividades ilícitas afeta diretamente a ordem pública e demonstra a reprovabilidade da conduta. Assim, não é possível considerar tão somente o valor dos tributos suprimidos, pois essa conduta tem, ao menos em tese, relevância na esfera penal. Permitir tal hipótese consistiria num verdadeiro incentivo ao descumprimento da norma legal, sobretudo em relação àqueles que fazem de atividades ilícitas um meio de vida. Precedentes citados do STF: HC 97.772-RS, *DJe* 9.11.2009; HC 110.964-SC, *DJe*

2.4.2012; do STJ: HC 45.099-AC, *DJ* 4.9.2006, e REsp 193.367-RO, *DJ* 21.6.99. (STJ, 5ª T., REsp 1.212.946-RS, rel. Min. Laurita Vaz, j. 4.12.2012).

- Contrabando e facilitação: A rejeição de denúncia por facilitação de contrabando ou descaminho não obriga à rejeição quanto ao crime do art. 334 (STF, *RTJ* 120/1105). Fica elidido o crime de contrabando com a posterior demonstração de que a mercadoria entrou regularmente, trancando-se a ação penal por não haver crime sequer em tese (TRF da 2ª R., *JSTJ* e *TRF* 10/329). Se a Receita Federal atribuiu aos produtos apreendidos valor que estava dentro do permissivo estabelecido pelo Regulamento Aduaneiro, não se pode falar em crime de contrabando (TFR, Ap. 3.340, *DJU* 21.6.79, p. 4855). Tratando-se de simples suspeita de contrabando ou descaminho, é inadmissível a apreensão de mercadorias adquiridas no mercado interno, acobertadas por notas fiscais, sem a prévia instauração de procedimento administrativo (TRF da 3ª R., *RT* 764/693).

- Competência: O Tribunal de Justiça não tem competência para apreciar apelação em mandado de segurança que envolve a prática de contrabando ou descaminho (Súmula 151 do STJ) (TJMG, Ap. 0023115-88.2012.8.13.0132, publ. 22.1.2016).

IMPEDIMENTO, PERTURBAÇÃO OU FRAUDE DE CONCORRÊNCIA

Art. 335. Impedir, perturbar ou fraudar concorrência pública ou venda em hasta pública, promovida pela administração federal, estadual ou municipal, ou por entidade paraestatal; afastar ou procurar afastar concorrente ou licitante, por meio de violência, grave ameaça, fraude ou oferecimento de vantagem:

Pena – detenção, de 6 (seis) meses a 2 (dois) anos, ou multa, além da pena correspondente à violência.

Parágrafo único. Incorre na mesma pena quem se abstém de concorrer ou licitar, em razão da vantagem oferecida.

- Revogação tácita: O art. 335 do CP já havia sido tacitamente revogado pelos arts. 90, 93, 95, 96 e 98 da Lei n. 8.666/1993, tendo esses dispositivos sido, atualmente, revogados pela Lei n. 14.133/2021, que incluiu os arts. 337-E a 337-P, ao Código Penal. Permanece em vigor, todavia, o art. 358 do CP, que trata de arrematação judicial promovida por particular.

INUTILIZAÇÃO DE EDITAL OU DE SINAL

Art. 336. Rasgar ou, de qualquer forma, inutilizar ou conspurcar edital afixado por ordem de funcionário público; violar ou inutilizar selo ou sinal empregado, por determinação legal ou por ordem de funcionário público, para identificar ou cerrar qualquer objeto:

Pena – detenção, de 1 (um) mês a 1 (um) ano, ou multa.

Inutilização de edital ou de sinal

- Transação: Cabe, preenchidos os requisitos do art. 76 da Lei n. 9.099/95.
- Suspensão condicional do processo: Cabe, atendidas as condições do art. 89 da Lei n. 9.099/95.
- Objeto jurídico: A Administração Pública.
- Sujeito ativo: Qualquer pessoa.
- Sujeito passivo: O Estado.

- **Tipo objetivo:** Duas são as figuras que este art. 336 contém: *1ª figura* (edital). As ações previstas são: *a. rasgar* (cortar, romper, lacerar); *b. inutilizar* (tornar inútil, inservível ou ilegível); *c. conspurcar* (sujar, macular). Entende-se que o rasgamento não precisa ser total nem a conspurcação necessita tornar inservível. O objeto material é edital, afixado por ordem de funcionário público. Deve, pois, ser edital administrativo ou judicial, autorizado por lei e emanado de funcionário competente. Pondere-se que, em se tratando de edital afixado por certo prazo ou para determinada finalidade, ele perde seu caráter pelo transcurso do prazo ou alcance da finalidade. Nesses casos, já não mais terá a proteção penal. *2ª figura* (sinal ou selo). Os núcleos indicados são: *a. violar* (quebrar, romper); *b. inutilizar* (tornar inservível, destruir). Para alguns autores, estaria compreendida no núcleo "violar" a ação de quem ilude, isto é, rompe "o continente, para devassar o conteúdo, embora deixando intacto o selo ou sinal" (HUNGRIA, *Comentários ao Código Penal*, 1959, v. IV, p. 445), ou vence, transpõe "o obstáculo que o selo ou sinal representa, sem removê-lo, danificá-lo ou quebrá-lo" (MAGALHÃES NORONHA, *Direito Penal*, 1995, v. IV, p. 343), mas essa interpretação nos parece demasiadamente abrangente, devendo as normas penais restritivas ser interpretadas restritivamente. O objeto material é selo ou sinal empregado, por determinação legal ou por ordem de funcionário público, para identificar ou cerrar qualquer objeto. O selo ou sinal pode ser de qualquer material, mas deve trazer a assinatura ou carimbo da autoridade. A legalidade e a competência do funcionário são necessárias para a configuração do delito. Também nesta figura, se o sinal ou selo já perdera sua utilidade ou razão de ser (ex.: havia ordem para descerrar), não se configurará o delito deste art. 336.

- **Tipo subjetivo:** Nas duas figuras é o dolo, que consiste na vontade de praticar as ações, com consciência da natureza do edital, selo ou sinal. Na corrente tradicional aponta-se o "dolo genérico". Inexiste punição a título de culpa.

- **Consumação:** Com a efetiva prática das ações incriminadas, tratando-se de crime material.

- **Tentativa:** Admite-se.

- **Pena:** É alternativa: detenção, de um mês a um ano, ou multa.

- **Ação penal:** Pública incondicionada.

Jurisprudência

- **Afixação arbitrária:** Não pratica o delito do art. 336 do CP quem reage à afixação arbitrária e prepotente de edital (TJSP, *RT* 504/317).

- **Portaria:** O art. 336 do CP cogita apenas da inutilização de "edital", com o qual não se confunde a "portaria" (TJSP, *RT* 516/300).

- **Rompimento:** Pratica o delito do art. 336 quem, conscientemente, rompe selo de interdição, colocado por funcionário público em cumprimento a determinação legal (TFR, Ap. 6.755, *DJU* 5.2.87, pp. 902-3). Comete o delito quem rompe o lacre que interditava o seu estabelecimento comercial por ordem da autoridade pública (TACrSP, *RT* 402/275).

- **Confronto com o art. 168:** A utilização de máquinas de jogos lacradas configura o crime de inutilização de sinal do art. 336 e não apropriação indébita, porque o imputado uso como dono deu-se por quem efetivamente era o real proprietário. A condição de estarem as máquinas no local sob depósito não retira do dono a propriedade sobre as coisas do estabelecimento comercial (TRF da 4ª R., Ap. 2006.72.00.010958-4/SC, j. 15.2.2011, *DE* 24.2.2011).

SUBTRAÇÃO OU INUTILIZAÇÃO DE LIVRO OU DOCUMENTO

Art. 337. Subtrair, ou inutilizar, total ou parcialmente, livro oficial, processo ou documento confiado à custódia de funcionário, em razão de ofício, ou de particular em serviço público:

Pena – reclusão, de 2 (dois) a 5 (cinco) anos, se o fato não constitui crime mais grave.

Subtração ou inutilização de livro oficial, processo ou documento

- **Objeto jurídico:** A Administração Pública.
- **Sujeito ativo:** Qualquer pessoa.
- **Sujeito passivo:** O Estado.
- **Tipo objetivo:** Os núcleos alternativamente indicados são: *a. subtrair*, que tem o sentido de tirar, retirar; *b. inutilizar*, com a significação de tornar imprestável ou inútil, sendo que a inutilização pode ser feita total ou parcialmente. O objeto material é livro oficial (criado por lei e usado em escriturações, registros, lançamentos etc.), processo (administrativo ou judicial) ou documento (*vide* conceito no comentário ao art. 298 do CP), podendo este ser público ou privado. É condição indispensável à tipificação que se trate de objeto confiado à custódia de funcionário, em razão de ofício, ou de particular em serviço público (o motivo da guarda deve ser legal).
- **Tipo subjetivo:** O dolo, que consiste na vontade livre e consciente de praticar as ações indicadas, com conhecimento da natureza do objeto e da custódia em que se encontra. Na doutrina tradicional é o "dolo genérico". Não existe forma culposa.
- **Consumação:** Com a efetiva subtração ou inutilização (completa ou parcial).
- **Tentativa:** Admite-se na figura de subtrair, mas não na de inutilizar, pois com a inutilização parcial o delito já estará consumado.
- **Subsidiariedade:** O crime deste art. 337 é expressamente subsidiário.
- **Confronto:** Se o documento destina-se à prova de relação jurídica, art. 305 do CP. Se o agente for funcionário público incumbido da guarda do objeto, art. 314 do CP. Se for advogado ou procurador, art. 356 do CP.
- **Pena:** Reclusão, de dois a cinco anos, se o fato não constitui crime mais grave.
- **Ação penal:** Pública incondicionada.

Jurisprudência

- **Intenção:** Não se caracteriza o crime sem a intenção de ter o documento para si ou de privar a vítima de tê-lo; tratava-se de processo que foi subtraído para ser levado a outras autoridades e depois devolvido (TJSP, *RT* 450/354).
- **Reconstituição:** Configura-se o crime, ainda que o inquérito tenha sido depois reconstituído e ao final arquivado (TJSP, *RT* 519/354). *Contra:* Não se tipifica se, após rasgado, foi imediatamente reconstituído (TJSP, *RT* 416/101).
- **Auto de prisão em flagrante:** Em caso de preso que rasga o auto durante a lavratura, considerou-se que não incide o art. 337, por tratar-se de documento ainda em elaboração, sem as assinaturas (TJSP, *RT* 416/101).
- **Presos:** Configura o delito se subtraiu e inutilizou livro de registro de saída e entrada de presos do serviço externo (TJRS, Ap. 70074986951, *DJ* 7.5.2018).
- **Erro de proibição:** Ré que subtraiu envelopes com documentos do Detran, onde era diretora há 4 anos; o erro de proibição só ocorreria se fosse invencível (TJMT, Ap. 00039310220148110046140119 2017, public. 26.6.2018).

SONEGAÇÃO DE CONTRIBUIÇÃO PREVIDENCIÁRIA

Art. 337-A. Suprimir ou reduzir contribuição social previdenciária e qualquer acessório, mediante as seguintes condutas:

I – omitir de folha de pagamento da empresa ou de documento de informações previsto pela legislação previdenciária segurados empregado, empresário, trabalhador avulso ou trabalhador autônomo ou a este equiparado que lhe prestem serviços;

II – deixar de lançar mensalmente nos títulos próprios da contabilidade da empresa as quantias descontadas dos segurados ou as devidas pelo empregador ou pelo tomador de serviços;

III – omitir, total ou parcialmente, receitas ou lucros auferidos, remunerações pagas ou creditadas e demais fatos geradores de contribuições sociais previdenciárias:

Pena – reclusão, de 2 (dois) a 5 (cinco) anos, e multa.

§ 1º É extinta a punibilidade se o agente, espontaneamente, declara e confessa as contribuições, importâncias ou valores e presta as informações devidas à previdência social, na forma definida em lei ou regulamento, antes do início da ação fiscal.

§ 2º É facultado ao juiz deixar de aplicar a pena ou aplicar somente a de multa se o agente for primário e de bons antecedentes, desde que:

I – (vetado);

II – o valor das contribuições devidas, inclusive acessórios, seja igual ou inferior àquele estabelecido pela previdência social, administrativamente, como sendo o mínimo para o ajuizamento de suas execuções fiscais.

§ 3º Se o empregador não é pessoa jurídica e sua folha de pagamento mensal não ultrapassa R$ 1.510,00 (um mil, quinhentos e dez reais), o juiz poderá reduzir a pena de um terço até a metade ou aplicar apenas a de multa.

§ 4º O valor a que se refere o parágrafo anterior será reajustado nas mesmas datas e nos mesmos índices do reajuste dos benefícios da previdência social.

- **Alteração:** Artigo acrescentado pela Lei n. 9.983, de 14.7.2000 (*DOU* 17.7.2000), cuja entrada em vigor deu-se noventa dias após a publicação. Referida lei revogou expressamente o art. 95 da Lei n. 8.212/91, cuja alínea *d* punia o crime de não recolhimento de contribuições previdenciárias, trasladado também pela mesma lei para o art. 168-A do CP, sob o *nomen juris* "Apropriação indébita previdenciária".

- **Revogação tácita:** Até o advento da Lei n. 9.983/2000, que acrescentou ao CP este art. 337-A, dentre outros, a sonegação de contribuições previdenciárias era punida pela Lei n. 8.137/90, art. 1º. Com o advento da referida lei, algumas condutas (e não todas, note-se bem) passaram a ser punidas por este art. 337-A. Nesses casos, portanto, pode-se afirmar ter sido o art. 1º, I e II, da Lei n. 8.137/90 revogado tacitamente, e naturalmente apenas no que se refere às contribuições previdenciárias e acessórios. Para situações outras de sonegação de contribuições previdenciárias, permanece em vigor a Lei n. 8.137/90, art. 1º. Na prática, a situação concreta é que definirá, com exatidão, a capitulação da conduta neste art. 337-A ou no art. 1º da Lei n. 8.137/90.

- **Transação penal:** Cabe, a nosso ver, na hipótese do § 3º, em face da previsão alternativa de aplicação da pena de multa, preenchidos os requisitos do art. 76 da Lei n. 9.099/95. Explica-se: se o legislador se satisfaz, no caso do § 3º, com a aplicação *exclusiva* da pena de multa, deve referida infração ser tida como de menor potencial ofensivo, possibilitando a aplicação do instituto da transação penal. Nesse sentido, o entendimento de Ada Pellegrini Grinover, Antonio Magalhaes Gomes Filho, Antonio Scarance Fernandes e Luiz Flávio Gomes, *verbis*: "... a previsão da multa, mesmo de forma alternativa, indica não ser a intenção do legislador punir o crime com privação de liberdade, não o estimando como delito a ensejar maior reprovação social" (*Juizados Especiais Criminais*, 3ª ed., São Paulo, Revista dos Tribunais, 1999, pp. 70-71).

- **Suspensão condicional do processo:** Cabe na hipótese do § 3º, seja pela redução da pena mínima de dois anos pelo máximo (de metade), atingindo-se o patamar de pena mínima igual a um ano (a respeito, cf. Súmulas 723 do STF e 243 do STJ), seja pela previsão de se aplicar exclusivamente a pena de multa.

Sonegação de contribuição previdenciária

- **Noção:** A Previdência Social integra a Seguridade Social, que se encontra prevista no art. 194 do Capítulo II (Da Seguridade Social) do Título VIII (Da Ordem Social) da CR, *verbis*: "A seguridade social compreende um conjunto integrado de ações de iniciativa dos Poderes Públicos e da sociedade, destinadas a assegurar os direitos relativos à saúde, à previdência e à assistência social". Diz, ainda, o art. 195 da Magna Carta: "A seguridade social será financiada por toda a sociedade, de forma direta e indireta, nos termos da lei, mediante recursos provenientes dos orçamentos da União, dos Estados, do Distrito Federal e dos Municípios, e das seguintes contribuições sociais: ..". Por outro lado, diversas leis buscam organizar e garantir o custeio da Seguridade Social, podendo-se citar: Lei n. 8.212/91; Lei n. 8.213/91; Lei n. 8.080/90; Lei n. 8.742/93; EC n. 20, de 15.12.98; além da Lei n. 10.522/2002, que cuida "do Cadastro Informativo dos créditos não quitados de órgãos e entidades federais".

- **Objeto jurídico:** O patrimônio da Previdência Social.

- **Sujeito ativo:** Qualquer pessoa, em especial, o responsável tributário. O crime admite tanto coautoria quanto participação, nos termos do art. 29 do CP.

- **Sujeito passivo:** Primeiramente, a Previdência Social, órgão da União; secundariamente, o segurado que eventualmente vier a ser prejudicado.

- **Tipo objetivo:** Os núcleos alternativamente indicados são: a. *suprimir*, que significa eliminar, fazer desaparecer; b. *reduzir*, que tem o sentido de tornar menor, restringir. O objeto material é a contribuição previdenciária e qualquer acessório. Contribuição (social) previdenciária constitui espécie de tributo com destinação específica, qual seja, o custeio da Seguridade Social (a respeito, cf. CR, art. 149, e Lei n. 8.212/91). Por acessório entende-se tudo aquilo que acompanha o principal; no caso de sonegação de contribuições previdenciárias, os acessórios constituem-se de multa e juros. A supressão ou redução puníveis por este art. 337-A são aquelas praticadas mediante as condutas omissivas descritas nos incisos I, II e III, que repetem, na sua essência, o descrito nas revogadas alíneas *a*, *b* e *c* do art. 95 da Lei n. 8.212/91, que são bastante amplos. Assim, o inciso I pune a conduta de *omitir* (não mencionar, deixar de escrever) de folha de pagamento ou de documento de informações previsto pela legislação tributária (neste particular, é lei penal em branco, devendo-se buscar naquela legislação qual ou quais os documentos previstos) os seguintes segurados: empregado, empresário, trabalhador avulso, trabalhador autônomo ou a este equiparado, que prestem serviços ao agente. O inciso II, por seu turno, incrimina a conduta de *deixar de lançar* (não fazer o lançamento) mensalmente nos títulos próprios da contabilidade da empresa (aqui, novamente, trata-se de lei penal em branco, havendo que se procurar na legislação extrapenal quais os livros obrigatórios e os títulos próprios para esses lançamentos, como a denominada "GPS") as quantias descontadas dos segurados ou devidas pelo empregador ou tomador de serviços. Por fim, o inciso III tipifica como crime a conduta de omitir (não mencionar, deixar de escrever), total ou parcialmente, receitas ou lucros auferidos (obtidos), remunerações pagas ou creditadas e demais fatos geradores de contribuições sociais previdenciárias (cuida-se, mais uma vez, de lei penal em branco, sendo mister conferir na legislação tributária quais os *demais* fatos geradores). O tipo deste art. 317-A é *crime material*, exigindo a efetiva supressão ou redução do tributo (crime de resultado). É com base nesse entendimento que a jurisprudência atual tem entendido inexistir justa causa para a ação penal antes do término do procedimento administrativo-fiscal (*vide* jurisprudência a respeito).

- **Tipo subjetivo:** O dolo, ou seja, a vontade livre e consciente de praticar as condutas incriminadas, acrescido do especial fim de agir, qual seja, o de suprimir ou reduzir contribuição previdenciária ou acessório. Para os clássicos, é o dolo específico.

- **Consumação:** Por se tratar de crime material, ocorre com a efetiva supressão ou redução da contribuição previdenciária ou acessório.

- **Tentativa:** Embora o crime seja material, a tentativa, a nosso ver, não é possível, sendo irrelevantes penais (meros atos preparatórios impuníveis) as condutas de "tentar" suprimir ou "tentar" reduzir o tributo, mesmo porque a supressão ou redução da contribuição social é essencial para a configuração do tipo.

- **Pena:** Reclusão, de dois a cinco anos, e multa.
- **Ação penal:** Pública incondicionada.
- **Confronto:** Se há apropriação indébida de contribuição previdenciária, *vide* art. 168-A do CP.

Extinção da punibilidade (§ 1º)

- **Antes do início da ação fiscal:** A redação deste § 1º, dada pela Lei n. 9.983/2000, dispõe que ocorre a extinção da punibilidade se o agente, espontaneamente, declara, confessa e efetua o pagamento das contribuições, importâncias ou valores e presta as informações devidas à previdência social, na forma definida em lei ou regulamento, *antes do início da ação fiscal*. Sucede que, posteriormente, ocorreram alterações legislativas que ampliaram o marco temporal (*vide* notas abaixo), tendo, a nosso ver, este dispositivo sido tacitamente revogado. Isso porque, com o surgimento das Leis n.s 10.684/2003 (art. 9º) e 11.941/2009 (arts. 68 e 69), a extinção da punibilidade pelo pagamento passou a ser cabível em qualquer momento, *mesmo após o recebimento da denúncia*, e, para alguns, inclusive após o trânsito em julgado. Todavia, em 2011, com a Lei n. 12.382, houve um recrudescimento do sistema penal, exigindo-se que o parcelamento e o pagamento integral ocorram *antes do recebimento da denúncia*. Evidentemente, por ser mais gravosa, referida norma penal não pode ser aplicada retroativamente. Ademais, tal entendimento fica ainda mais reforçado diante do advento da Súmula Vinculante 24 do STF, segundo a qual, "Não se tipifica crime material contra a ordem tributária, previsto no art. 1º, incisos I a IV, da Lei n. 8.137/90, antes do lançamento definitivo do tributo", posicionamento este que também vem sendo aplicado ao crime deste art. 337-A, por se tratar de crime omissivo material, bem como ao crime do art. 168-A do CP (apropriação indébita previdenciária). Portanto, antes do término do procedimento fiscal sequer há o crime deste art. 337-A, bem como do art. 168-A, perdendo este §1º sua razão de ser.

- **Extinção da punibilidade pelo pagamento (antes e depois da Lei n. 12.382/2011):** *Para crimes tributários* (aqui se incluem os crimes previdenciários dos arts. 168-A e 337-A do CP) cometidos em data *posterior* a 1º de março de 2011, quando da entrada em vigor da Lei n. 12.382/2011, *somente o pagamento integral antes do recebimento da denúncia* ocasiona a extinção da punibilidade (art. 34 da Lei n. 9.249/95 e art. 83, § 6º, da Lei n. 9.430/96, com redação dada pela Lei n. 12.382/2011). Igualmente haverá extinção da punibilidade se houver concessão de parcelamento com quitação total das parcelas, *desde que* o pedido de parcelamento tenha sido formalizado *antes do recebimento da denúncia* (*vide* art. 83, §§ 2º, 3º e 4º, da Lei n. 9.430/96, com redação dada pela Lei n. 12.382/2011). Para delitos *anteriores* a 1º de março de 2011, o pagamento pode ser realizado a qualquer tempo, desde que antes do trânsito em julgado da ação penal, extinguindo-se a punibilidade, pela aplicação ultrativa da lei vigente à época da consumação do crime (Lei n. 10.684/2003 ou Lei n. 11.941/2009). Nenhuma dessas leis impunha qualquer marco temporal para o pagamento ou parcelamento do tributo, chegando os Tribunais à conclusão de que ele podia ser feito em qualquer momento anterior ao trânsito em julgado da condenação criminal ou, para alguns acórdãos, até depois dele. Todavia, tal orientação mudou com o advento da Lei n. 12.382/2011, que voltou a exigir que o pagamento integral ou mesmo o parcelamento ocorram antes do recebimento da denúncia.

- **Lei n. 10.684/2003 ("Lei do Paes"; revogado tacitamente pela Lei n. 12.382/2011):** Os efeitos penais do parcelamento e do pagamento integral foram disciplinados no art. 9º da Lei n. 10.684/2003, a chamada "Lei do Paes", nos seguintes termos: "*Art. 9º* É suspensa a pretensão punitiva do Estado, referente aos crimes previstos *nos arts. 1º e 2º da Lei n. 8.137, de 27 de dezembro de 1990, e nos arts. 168-A e 337-A do Decreto-lei nº 2.848, de 7 de dezembro de 1940 – Código Penal, durante o período em que a pessoa jurídica relacionada com o agente dos aludidos crimes estiver incluída no regime de parcelamento. § 1º A prescrição criminal não corre durante o período de suspensão da pretensão punitiva.§ 2º Extingue-se a punibilidade dos crimes referidos neste artigo quando a pessoa jurídica relacionada com o agente efetuar o pagamento integral dos débitos oriundos de tributos e contribuições sociais, inclusive acessórios*". Ocorre que, atualmente, os efeitos penais do parcelamento e do pagamento integral encontram-se disciplinados na Lei n. 12.382/2011, tendo o art. 9º da Lei n. 10.684/2003 sido tacitamente revogado por lei posterior (Lei n. 12.382/2011). Todavia, por ser a nova disciplina mais rigorosa, ela não retroage, aplicando-se ultrativamente o art. 9º da Lei n. 10.684/2003 para fatos cometidos na sua vigência.

- Lei n. 11.941/2009 ("Lei do Refis"; revogado tacitamente pela Lei n. 12.382/2011): A referida lei, basicamente, repetiu as regras previstas na Lei n. 10.684/2003 a respeito dos efeitos penais do parcelamento e do pagamento, *verbis*: "*Art. 68*. É suspensa a pretensão punitiva do Estado, *referente aos crimes previstos nos arts. 1º e 2º da Lei n. 8.137, de 27 de dezembro de 1990, e nos arts. 168-A e 337-A do Decreto-Lei n. 2.848, de 7 de dezembro de 1940 – Código Penal, limitada a suspensão aos débitos que tiverem sido objeto de concessão de parcelamento, enquanto não forem rescindidos os parcelamentos de que tratam os arts. 1º. a 3º desta Lei, observado o disposto no art. 69 desta Lei. Parágrafo único. A prescrição criminal não corre durante o período de suspensão da pretensão punitiva. Art. 69. Extingue-se a punibilidade dos crimes referidos no art. 68 quando a pessoa jurídica relacionada com o agente efetuar o pagamento integral dos débitos oriundos de tributos e contribuições sociais, inclusive acessórios, que tiverem sido objeto de concessão de parcelamento. Parágrafo único. Na hipótese de pagamento efetuado pela pessoa física prevista no § 15 do art. 1º desta Lei, a extinção da punibilidade ocorrerá com o pagamento integral dos valores correspondentes à ação penal*". Como já dito na nota anterior, atualmente, os efeitos penais do parcelamento e do pagamento integral encontram-se disciplinados na Lei n. 12.382/2011, tendo os arts. 68 e 69 da Lei n. 11.941/2009 sido tacitamente revogados por lei posterior (Lei n. 12.382/2011). Todavia, por ser a nova disciplina mais rigorosa, ela não retroage, aplicando-se ainda os arts. 68 e 69 da Lei n. 11.941/2009 ultrativamente, para fatos cometidos na sua vigência.

Parcelamento e pagamento integral. Como está a questão disciplinada hoje

- Parcelamento (Lei n. 12.382/2011): Se o pedido de parcelamento foi formalizado antes do recebimento da denúncia criminal, fica suspensa a pretensão punitiva do Estado referente aos crimes previstos no *caput* do art. 83 da Lei n. 9.430/1996 (arts. 1º e 2º da Lei n. 8.137/90, 168-A e 337-A, ambos do CP), durante o período em que a pessoa física ou a pessoa jurídica relacionada com o agente dos aludidos crimes estiver incluída no parcelamento (art. 83, § 2º, da Lei n. 9.430/96, com redação dada pela Lei n. 12.382/2011). A prescrição criminal não corre durante o período de suspensão da pretensão punitiva (art. 83, § 3º, da Lei n. 9.430/96, com redação dada pela Lei n. 12.382/2011).

- Pagamento integral (Lei n. 12.382/2011): Até o advento da Lei n. 12.382, de 25 de maio de 2011, a extinção da punibilidade ocorria ainda que o pagamento integral se desse após o recebimento da denúncia, e, para alguns, até mesmo após o trânsito em julgado. Contudo, em 2011, com a Lei n. 12.382, passou-se a exigir que o parcelamento e o pagamento integral ocorram *antes do recebimento da denúncia*. Referida norma penal não pode ser aplicada retroativamente, por ser mais gravosa.

- Parcelamento. Efeitos penais (Lei n. 12.382/2011): Esta lei não instituiu um novo REFIS, mas cuidou dos efeitos penais do parcelamento e do pagamento do crédito tributário, inclusive do envio da representação fiscal para fins penais. Novamente impulsionado pelo governo, o legislador aprovou a Lei n. 12.382, que inseriu os §§ 1º a 6º no art. 83 da Lei n. 9.430/96. Referida lei pode ser estudada sob três aspectos: 1º) envio da representação fiscal para fins penais; 2º) pedido de parcelamento antes do recebimento da denúncia; 3º) pagamento integral dos débitos parcelados. *Vide* notas abaixo.

- Parcelamento antes do recebimento da denúncia (Lei n. 12.382/2011): A Lei n. 12.382/2011 inseriu no art. 83 da Lei n. 9.430/96 o novel § 2º, o qual passou a prever que somente o parcelamento com pedido feito (formalizado) *antes do recebimento da denúncia* suspende a pretensão punitiva, *verbis*: "*§ 2º É suspensa a pretensão punitiva do Estado referente aos crimes previstos no caput, durante o período em que a pessoa física ou a pessoa jurídica relacionada com o agente dos aludidos crimes estiver incluída no parcelamento, desde que o pedido de parcelamento tenha sido formalizado antes do recebimento da denúncia criminal*". O § 3º, incluído também pela Lei n. 12.382/2011, previu ainda que "*a prescrição criminal não corre durante o período de suspensão da pretensão punitiva*". A previsão constante do referido § 2º, por ser maléfica em relação à disciplina legal anterior (que não exigia que o pedido de parcelamento fosse realizado "antes do recebimento da denúncia" – vide Leis n. 10.684/2003 e 11.941/2009), não deve retroagir, abrangendo somente fatos praticados após a entrada em vigor da Lei n. 12.382/2011. Embora o § 2º preveja que a suspensão da pretensão punitiva só ocorra com a inclusão do contribuinte no parcelamento (ou seja, com o seu *deferimento*), estando em análise o pedido de parcelamento formalizado antes do recebimento da denúncia, a nosso ver faltará justa causa para a ação penal. Se, entretanto, a denúncia for recebida nessa hipótese, será caso de *habeas corpus* objetivando o seu trancamento por falta de justa causa. A ação penal só poderá ser instaurada se o parcelamento for indeferido ou se o contribuinte deixar de pagar as parcelas e for dele excluído.

- **Pagamento integral dos débitos parcelados (Lei n. 12.382/2011):** A Lei n. 12.382/2011 inseriu no art. 83 da Lei n. 9.430 o novel § 4º, que passou a prever: *"Extingue-se a punibilidade dos crimes referidos no caput (nota nossa: que inclui este art. 168-A) quando a pessoa física ou a pessoa jurídica relacionada com o agente efetuar o pagamento integral dos débitos oriundos de tributos, inclusive acessórios, que tiverem sido objeto de concessão de parcelamento".* Ou seja, estará extinta a punibilidade com o pagamento total do débito parcelado, com pedido *formalizado* antes do recebimento da denúncia.

- **Vedação legal de parcelamento (Lei n. 12.382/2011):** O § 5º do art. 83 da Lei n. 9.430/96, acrescentado pela Lei n. 12.382/2011, prevê: *"§ 5º O disposto nos §§ 1º a 4º não se aplica nas hipóteses de vedação legal de parcelamento".* Em que pese a redação deste § 5º, cremos que, em se tratando de matéria penal, ainda que exista vedação legal, na hipótese de o governo ter concedido o parcelamento ao contribuinte, não há como impedir a incidência dos efeitos penais respectivos (tanto no caso de parcelamento quanto no de pagamento), sob pena de ofensa ao princípio da isonomia e do devido processo legal. Se o Estado concede o parcelamento, beneficiando-se com isso, não há como impedir a suspensão da pretensão punitiva, sob a alegação de que o parcelamento (concedido pelo próprio Estado) era vedado por lei.

- **O art. 34 da Lei n. 9.249/95 ainda vigora, mesmo com o advento da Lei n. 12.382/2011:** O § 6º do art. 83 da Lei n. 9.430/96, acrescentado pela Lei n. 12.382/2011, prevê que *"as disposições contidas no caput do art. 34 da Lei n. 9.249, de 26 de dezembro de 1995, aplicam-se aos processos administrativos e aos inquéritos e processos em curso, desde que não recebida a denúncia pelo juiz".* A expressão *"processos em curso"* parece ter sido infeliz, porque se existe processo existe denúncia recebida. A intenção do § 6º do art. 83 da Lei n. 9.430/96 foi a de ressaltar a vigência do referido art. 34, exigindo que a "promoção do pagamento" ocorra antes do recebimento da denúncia, afastando o entendimento de que ela teria sido revogada por lei posterior. Ou seja, em nossa opinião, operou-se o fenômeno da "repristinação expressa" com a entrada em vigor deste § 6º do art. 83 da Lei n. 9.430/96, acrescentado pela Lei n. 12.382/2011. Em suma, para que surtam os efeitos legais correspondentes, tanto o parcelamento (que leva à suspensão do processo e da prescrição) quanto o pagamento integral (que acarreta a extinção da punibilidade), devem ser realizados antes do recebimento da denúncia.

- **Crime-meio para delitos tributários (falta de justa causa para a ação penal):** Se o crédito tributário não foi definitivamente constituído (Súmula Vinculante 24 do STF; HC 81.611 entre outros), ou se ainda não houve sequer autuação, é *manifesta* a falta de justa causa para a ação penal pelo crime tributário, incluindo-se, a nosso ver, o descaminho que tem inegável natureza tributária. Com maior razão, é também manifesta a falta de justa causa para ações penais que venham a ser movidas imputando, exclusivamente, o crime-meio de falsidade ideológica, falsidade material ou uso de documento falso, como alguns membros do Ministério Público estadual e federal têm feito, em casos de demora do Fisco para lavrar a autuação fiscal, ou de demora na constituição definitiva do crédito tributário. Assim agem, por vezes, para evitar a prescrição criminal. Tendo em vista ser *pacífica* a doutrina e a jurisprudência de nossas Cortes superiores no sentido de que o crime-fim tributário (no qual se inclui, em nosso entendimento, o descaminho, por ter a mesma natureza) *absorve* o crime-meio (p.ex., crime de falsidade ideológica ou material, e o uso de documento falso), desde que cometidos tão somente com o objetivo de alcançar o crime-fim, é evidente a falta de justa causa para essas ações penais, seja pela aplicação do princípio da consunção (absorção), seja pelo fato de que, havendo pagamento do débito fiscal, inclusive acessórios, até o trânsito em julgado de eventual condenação, haverá a *extinção da punibilidade do crime tributário* (que inclui, evidentemente, a extinção da punibilidade do crime-meio), nos termos do art. 9º, *caput*, e §§ 1º e 2º da Lei do PAES (Lei n. 10.684/2003), e dos arts. 68 e 69 da Lei do "Refis da Crise" (Lei n.-11.941/2009). *Vide* jurisprudência neste artigo, bem como notas *Término do processo administrativo-fiscal, parcelamento e pagamento* no art. 334 do CP, e notas no art. 107 do CP, inclusive no tocante à penhora de bens como garantia do débito tributário.

Representação fiscal para fins penais

- **Representação fiscal para fins penais:** Nos crimes contra a ordem tributária previstos nos arts. 1º e 2º da Lei no 8.137/1990, e contra a Previdência Social, elencados nos arts. 168-A e 337-A do CP, a representação fiscal para fins penais somente será enviada ao Ministério Público depois de proferida decisão final administrativa, sobre a exigência fiscal do crédito tributário correspondente (art. 83, *caput*, da Lei n. 9.430/1996, com redação dada pela Lei n. 12.350, de 2010). Como se vê, trata-se de norma penal que se coaduna com a Súmula Vinculante 24 do STF, que prevê que a consumação do crime material tributário (e previdenciário) somente ocorre com o lançamento definitivo do tributo. Havendo parcelamento deferido, a representação fiscal para fins penais somente será encaminhada ao Ministério Público se houver a exclusão da pessoa física ou jurídica do parcelamento (art. 83, § 1º, da Lei n. 9.430/1996, com redação dada pela Lei n. 12.382/2011). Se o parcelamento for cumprido, ocorrerá a extinção da punibilidade. Quanto ao parcelamento solicitado, porém ainda não deferido, antes do recebimento da denúncia, *vide* nota acima sob o título *Parcelamento antes do recebimento da denúncia (Lei n. 12.382/2011)*.

Causas suspensivas e extintivas do crédito tributário (CTN, arts. 151 e 156)

- **Causas suspensivas e extintivas do crédito tributário (CTN):** Questão delicada e pouco enfrentada pela doutrina e pela jurisprudência diz respeito aos eventuais efeitos penais decorrentes das causas suspensivas (CTN, art. 151) e extintivas CTN, art. 156) do crédito tributário. Explica-se. Embora a matéria não se encontre disciplinada no art. 34 da Lei n. 9.249/95, bem como nas leis que posteriormente vieram a tratar dos efeitos penais do parcelamento e do pagamento integral (Leis n. 9.964/2000, 10.684/2003, 11.941/2009 e 12.382/2011), é necessário lembrar que, após o advento da Súmula Vinculante 24 do STF, não se tipifica crime tributário material sem o lançamento definitivo do tributo. Assim, se o crédito tributário constitui elemento normativo do tipo penal tributário, a nosso ver, as hipóteses suspensivas (CTN, art. 151) e extintivas do crédito tributário (CTN, art. 156) acarretam, conforme o caso, profundas consequências penais, como a exclusão da tipicidade penal, a suspensão ou mesmo a extinção da punibilidade. A respeito, *vide* comentários abaixo.

- **Causas extintivas do crédito tributário (CTN, art. 156):** O pagamento constitui apenas uma das causas extintivas do crédito tributário (CTN, art. 156, I), e acarreta a extinção da punibilidade se realizado antes do recebimento da denúncia. Ora, considerando que não há crime tributário material sem a constituição definitiva do crédito (Súmula Vinculante 24 do STF), pensamos que se deve conferir efeito jurídico semelhante às demais causas extintivas previstas no referido art. 156, como é o caso da compensação, da transação, da prescrição e da decadência, desde que ocorridas antes do recebimento da denúncia.

- **A decadência e seus efeitos penais:** A respeito da decadência do crédito tributário, Fabio Machado de Almeida Delmanto e Marcelo Knopfelmacher sustentam que, tendo ocorrido a decadência do crédito, inexiste justa causa para a ação penal nos crimes materiais previstos no art. 1º da Lei n. 8.137/90, devendo tal entendimento ser estendido para as demais causas extintivas do crédito tributário previstas no art. 156 do CTN. O mesmo deve ocorrer com relação ao parcelamento e às demais modalidades de suspensão do crédito tributário (art. 151 do CTN), uma vez que tais situações impedem, igualmente, o início ou a continuidade da ação penal ou mesmo do inquérito policial, durante o período em que a exigibilidade estiver suspensa ("A decadência do crédito tributário e seus efeitos penais". *Boletim IBCCRIM*, São Paulo, ano 15, n. 180, p. 4, nov. 2007). ALDO DE PAULA JUNIOR e HELOÍSA ESTELLITA defendem, também, que "se o tipo penal tributário toma como elemento normativo o termo tributo, que só se configura como objeto de uma relação jurídico-tributária convertida em linguagem jurídica competente (lançamento), e tendo sido a conversão fulminada pela decadência, é inviável a configuração do tipo penal tributário por ausência de um de seus elementos" ("Efeitos da decadência do crédito nos crimes contra a ordem tributária". *Direito penal tributário*. Org. por Marcelo Magalhães Peixoto, André Elali e Carlos Soares Sant'Anna. São Paulo: MP Editora, 2005, p. 11-27).

- **Causas suspensivas do crédito tributário (CTN, art. 151):** Na seara penal, como visto, o parcelamento constitui causa que suspende a pretensão punitiva e a prescrição, enquanto o parcelamento estiver sendo cumprido (art. 83, §§ 2º e 3º, da Lei n. 9.430/96, com redação dada pela Lei n. 12.382/2011), acarretando a extinção do crédito se integralmente cumprido (*vide* art. 83, § 4º, da Lei n. 9.430/96). Já na seara fiscal, o parcelamento constitui apenas uma das causas suspensivas do crédito tributário (CTN, art. 151, VI). Ora, considerando-se que o crime somente existe se houver crédito tributário constituído definitivamente (*vide* Súmula Vinculante 24 do STF), pergunta-se: por qual motivo não se deve conferir efeito jurídico semelhante às demais causas suspensivas previstas no referido art. 151 do CTN, quais sejam: moratória; o depósito do seu montante integral; as reclamações e os recursos, nos termos das leis reguladoras do processo tributário administrativo; a concessão de medida liminar em mandado de segurança; a concessão de medida liminar ou de tutela antecipada, em outras espécies de ação judicial? Entendemos que não há óbice a tal posicionamento. Nesse exato sentido, *vide* FABIO MACHADO DE ALMEIDA DELMANTO e MARCELO KNOPFELMACHER ("A decadência do crédito tributário e seus efeitos penais". *Boletim IBCCRIM*. São Paulo, ano 15, n. 180, p. 4, nov. 2007).

Garantia do débito e carta de fiança

- **Garantia do débito e carta de fiança:** Embora a garantia do débito e a carta de fiança não estejam disciplinadas por leis penais, tais situações podem acarretar efeitos penais, sobretudo em face do entendimento consolidado na Súmula Vinculante 24 do STF ("Não se tipifica crime material contra a ordem tributária, previsto no art. 1º, incisos I a IV, da Lei n. 8.137/90, antes do lançamento definitivo do tributo"), posicionamento que também vem sendo aplicado pela jurisprudência aos crime deste art. 337-A, bem como ao do art. 168-A do CP. Assim, pensamos que o depósito em juízo feito pelo contribuinte ou a apresentação de carta de fiança bancária, ambos em ação anulatória de débito fiscal, *desde que realizados antes do recebimento da denúncia*, pode acarretar os seguintes efeitos: a) extinção da punibilidade com base no art. 34 da Lei n. 9.249/95 ou mesmo no art. 83, § 4º, da Lei n. 9.430/96, com redação dada pela Lei n. 12.382/2011, não havendo razão para não se conferir o mesmo tratamento daquele dado ao pagamento integral do débito; b) atipicidade da conduta e consequente falta de justa causa para a ação penal, em virtude da boa-fé e ausência de dolo do contribuinte, bem como falta de lesividade ao erário (*vide* jurisprudência abaixo). Sobre a ação anulatória do débito fiscal e seus possíveis efeitos penais, *vide* nota abaixo sob o título *Ação anulatória do débito fiscal e suspensão da ação penal (art. 93 do CPP e art. 116, I, do CP)*.

- **Ação anulatória do débito fiscal e suspensão da ação penal (art. 93 do CPP, e art. 116, I, do CP):** Mesmo tendo havido, após o esgotamento da via administrativa, o lançamento definitivo do crédito tributário, a permitir a tipificação do crime material do art. 1º da Lei n. 8.137/90 (*vide* Súmula Vinculante 24 do STF), tem sido comum, no foro, que o contribuinte, já réu na ação penal, proponha ação declaratória de anulação ou desconstituição do crédito tributário. Há casos, inclusive, de decisão de primeiro grau no juízo cível anulando o auto de infração, o que é incompatível com o prosseguimento de uma ação penal que versa sobre o mesmo lançamento tributário. Tal entendimento fica reforçado com a edição Súmula Vinculante 24 do STF, pela qual não há crime material tributário sem o lançamento definitivo do tributo. Ora, se o crédito tributário é anulado por decisão judicial, o crime deixa de existir. Todavia, enquanto a ação declaratória é processada, sem ainda existir decisão judicial a respeito, é hipótese de suspensão da ação penal a fim de que não exista um conflito entre decisões na esfera cível e criminal, mormente levando-se em consideração que, no cível, discute-se a existência do crédito tributário que é elementar do crime. A propósito, dispõe o art. 93, *caput*, do CPP: "Se o reconhecimento da existência da infração penal depender de decisão diversa da prevista no artigo anterior (art. 92), da competência do Juízo cível, e se neste houver sido proposta ação para resolvê-la, o Juiz criminal poderá, desde que esta questão seja de difícil solução e não verse sobre direito cuja prova a lei civil limite, suspender o curso do processo, após a inquirição das testemunhas, e realização das outras provas de natureza urgente". O § 1º do referido art. 93 prevê que "o Juiz marcará o prazo da suspensão, que poderá ser razoavelmente prorrogado, se a demora não for imputável à parte".

Perdão judicial ou aplicação de multa (§ 2º)

- **Noção:** Dispõe este § 2º ser faculdade do juiz deixar de aplicar a pena ou aplicar somente a de multa, desde que presentes duas condições: *a.* ser o agente primário e de bons antecedentes (*vide* nota ao art. 59, sob o título *Antecedentes do agente* e respectiva jurisprudência); *b.* ser o valor das contribuições devidas, inclusive acessórios, igual ou inferior ao estabelecido pela Previdência Social, administrativamente, como sendo o mínimo para o ajuizamento das execuções fiscais (a respeito, *vide* nota abaixo sob o Título Portaria n. 75/2012). Quanto a ser o perdão judicial um direito público subjetivo do acusado e sobre a necessidade de fundamentação de eventual não aplicação deste § 2º, *vide* notas aos arts. 334 e 168-A, § 3º, sob os títulos *Perdão judicial ou aplicação de multa*.

- **Portaria n. 75/2012 (valor mínimo consolidado):** Para que a União proceda às ações de execução fiscal, atualmente o valor consolidado é de R$ 20.000,00 (cf. Portaria n. 75, de 22.3.2012, do Ministério da Fazenda, art. 1º, II, aumentando o anterior valor de R$ 10.000,00 – art. 20 da Lei n. 10.522/2002). A referida Portaria determina, outrossim, que o valor consolidado igual ou inferior a R$ 1.000,00 não será inscrito na dívida ativa (art. 1º, inciso I), ou seja, sequer há possibilidade de crime, cf. Súmula Vinculante n. 24. Sobre o valor mínimo consolidado de R$ 20.000,00, a referida Portaria entende por valor consolidado o resultante da atualização do respectivo débito originário, somado aos encargos e acréscimos legais ou contratuais, vencidos até a data da apuração (art. 1º, § 2º, da Portaria n. 75). Esta Portaria contém, ainda, duas outras normas importantes: (i) O disposto no inciso I do *caput* do art. 1º não se aplica na hipótese de débitos, de mesma natureza e relativos ao mesmo devedor, que forem encaminhados em lote, cujo valor total seja superior ao limite estabelecido (art. 1º, § 3º); (ii) Para alcançar o valor mínimo determinado no inciso I do *caput*, o órgão responsável pela constituição do crédito poderá proceder à reunião dos débitos do devedor na forma do parágrafo a n t e r i o r (art. 1º, § 4º).

Causa especial de diminuição de pena (§§ 3º e 4º)

- **Causa especial de diminuição de pena:** Estabelece o § 3º que, tratando-se de empregador pessoa física e não ultrapassando sua folha de pagamento mensal o valor de R$ 1.510,00, a pena de reclusão poderá ser reduzida de um terço até a metade ou aplicada apenas a pena de multa. O § 4º, por sua vez, dispõe que esse valor será reajustado nas mesmas datas e nos mesmos índices dos reajustes dos benefícios da Previdência Social (trata-se, pois, de norma penal em branco). Em razão do disposto no § 4º, observamos que a Portaria n. 342, de 16.8.2006, do Ministério da Previdência Social, determina que, a partir de 1º de agosto de 2006, este valor será de R$ 2.473,55. A nosso ver, ao conferir tratamento diferenciado ao empregador pessoa física e ao empregador pessoa jurídica, cuja responsabilidade penal recai exclusivamente sobre seus dirigentes, salvo nos crimes ambientais, este § 3º viola a garantia constitucional da isonomia, prevista no art. 5º, *caput*, da Magna Carta, devendo esta causa especial de diminuição de pena ser aplicada em ambos os casos, ou seja, tanto ao particular quanto ao dirigente de pessoa jurídica.

Jurisprudência

- **Dolo genérico:** "(...) 2. Segundo a orientação desta Corte, para a consumação do crime sonegação de contribuições previdenciárias, é suficiente a constatação do dolo genérico. (STJ, 5ª T., AgInt no AREsp 692.950/SP, rel. Min. Reynaldo Soares da Fonseca, j. 5.5.2016, *DJe* 13.5.2016).

- **Dolo genérico e fraude:** O dolo do art. 337-A é genérico, bastando que o sujeito queira não pagar ou reduzir contribuição previdenciária, consubstanciado elemento subjetivo em uma ação ou omissão fraudulenta, voltada a esse propósito. Não se admite a tese de inexigibilidade de conduta diversa se o crime foi praticado mediante fraude (TRF da 3ª R., Ap. 0000770-41.2014.4.03.6124/SP, j. 7.11.2019).

- **Inexigibilidade de conduta diversa:** Comprovada a ocorrência de situação grave, comprometendo a condição financeira da empresa, contingenciada em razão de inadimplência e penhoras sobre o faturamento, que só não levou ao encerramento das atividades em razão de esforços no sentido de sua manutenção, com parcelamento de salários para quitação de dívidas, acolhe-se a tese da excludente da culpabilidade, consistente em dificuldades financeiras intransponíveis, mantendo-se a absolvição (TRF da 4ª R., Ap. 5003196-94.2013.4.04.7110/RS, j. 17.7.2018).

- **Princípio da insignificância:** A supressão ou redução de tributos, em montante diminuto sujeita-se às penalidades administrativo-tributárias, mas não configura crime, porquanto a resposta penal se apresentaria desproporcional (TRF da 4ª R., Ap. 5007758-79.2013.404.7100/RS, j. 9.3.2016).

- **Término do procedimento administrativo-fiscal:** Os crimes definidos nos arts. 1º da Lei n. 8.137/90 e 337-A, III, do CP são de resultado, onde a decisão definitiva do processo administrativo-fiscal constitui elemento típico do crime, de forma que, não sendo certo o tributo devido, deve a ação penal ser trancada (TRF da 4ª R., 7ª T., HC 2005.04.01.026874-0/SC, j. 6.9.2005). *Vide*, também, jurisprudência aos arts. 107 e 168-A do CP. *Vide*, ainda, Súmula Vinculante n. 24 do STF.

- **Parcelamento e delito de falsidade ideológica:** Se a falsidade ideológica foi empregada com o fim de sonegação fiscal, fica aquele crime absorvido por este; tendo o agente ingressado para o Refis, e estando ele em situação regular com o pagamento das parcelas, a ação penal instaurada para a apuração da falsidade deve ser trancada porque evidente o constrangimento ilegal (TRF da 1ª R., *RT* 815/705).

- **Parcelamento após o recebimento da denúncia:** Ementa: "Ação penal. Crime tributário. Não recolhimento de contribuições previdenciárias descontadas aos empregados. Condenação por infração ao art. 168-A, c/c art. 71, do CP. Débito incluído no Programa de Recuperação Fiscal – REFIS. Parcelamento deferido, na esfera administrativa pela autoridade competente. Fato incontrastável no juízo criminal. Adesão ao Programa após o recebimento da denúncia. Trânsito em julgado ulterior da sentença condenatória. Irrelevância. Aplicação retroativa do art. 9º da Lei n. 10.684/2003. Norma geral e mais benéfica ao réu. Aplicação do art. 2º, parágrafo único, do CP, e art. 5º, XL, da Cf. Suspensão da pretensão punitiva e da prescrição. *Habeas corpus* deferido para esse fim. Precedentes. No caso de crime tributário, basta, para suspensão da pretensão punitiva e da prescrição, tenha o réu obtido, da autoridade competente, parcelamento administrativo do débito fiscal, ainda que após o recebimento da denúncia, mas antes do trânsito em julgado da sentença condenatória" (STF, HC 85.048/RS, *DJU* 1º.9.2006, p. 21). No mesmo sentido: Ementa: "*Habeas corpus* substitutivo de recurso ordinário. Apropriação indébita de contribuições previdenciárias descontadas dos empregados. Parcelamento e quitação após o recebimento da denúncia. Extinção da punibilidade, por força de retroatividade de lei benéfica. As regras referentes ao parcelamento são dirigidas à autoridade tributária. Se esta defere a faculdade de parcelar e quitar as contribuições descontadas dos empregados, e não repassadas ao INSS, e o paciente cumpre a respectiva obrigação, deve ser beneficiado pelo que dispõe o art. 9º, § 2º, da citada Lei n. 10.684/2003. Este preceito, que não faz distinção entre as contribuições previdenciárias descontadas dos empregados e as patronais, limita-se a autorizar a extinção da punibilidade referente aos crimes ali relacionados. Nada importa se o parcelamento foi deferido antes ou depois da vigência das leis que o proíbem: se de qualquer forma ocorreu, deve incidir o mencionado art. 9º. O paciente obteve o parcelamento e cumpriu a obrigação. Podia fazê-lo, à época, antes do recebimento da denúncia, mas assim não procedeu. A lei nova permite que o faça depois, sendo portanto, *lex mitior*, cuja retroação deve operar-se por força do art. 5º, XL, da Constituição do Brasil. Ordem deferida. Extensão a paciente que se encontra em situação idêntica" (STF, HC 85.452/SP, *DJU* 3.6.2005, p. 45; no mesmo sentido: STF, HC 81.929/RJ, *DJU* 27.12.2003, p. 27; STJ, RHC 17.367/SP, *DJU* 5.12.2005, p. 378).

- **Vedação ao parcelamento de débitos previdenciários. Irrelevância:** A vedação ao parcelamento dos débitos oriundos de contribuições descontadas dos empregados (art. 5º, § 2º, da Lei n. 10.684/2003) não obsta a extinção da punibilidade do agente. A Lei do PAES, ao estatuir a extinção do *jus puniendi*, remete-se ao *caput* do art. 9º, no qual há menção expressa do delito do art. 168-A do CP. Embora os fatos delituosos sejam anteriores à vigência da Lei n. 10.684/2003, devem ser atingidos pela lei posterior mais benéfica (art. 5º, XL, da CR). O art. 9º, § 2º, da Lei n. 10.684/2003 não padece de vício em sua origem. A MP n. 107/2003, a qual foi convertida na Lei do PAES, não tratava de matéria penal. Os dispositivos relacionados à matéria penal, inclusive o art. 9º, § 2º, foram introduzidos pelo Congresso Nacional, no exercício regular de suas prerrogativas legislativas. Apelação do réu provida, a fim de extinguir a punibilidade pela quitação integral do tributo e seus acessórios. Recurso ministerial desprovido (TRF da 3ª R., ApCr 2002.61.02.013256-4, *DJU* 28.11.2006, p. 350; no mesmo sentido: TRF da 3ª R., ApCr 2002.03.99.024713-8, *DJU* 9.5.2006, p. 526).

Capítulo II-A
DOS CRIMES PRATICADOS POR PARTICULAR CONTRA A ADMINISTRAÇÃO PÚBLICA ESTRANGEIRA

CORRUPÇÃO ATIVA EM TRANSAÇÃO COMERCIAL INTERNACIONAL

Art. 337-B. Prometer, oferecer ou dar, direta ou indiretamente, vantagem indevida a funcionário público estrangeiro, ou a terceira pessoa, para determiná-lo a praticar, omitir ou retardar ato de ofício relacionado à transação comercial internacional:

Pena – reclusão, de 1 (um) a 8 (oito) anos, e multa.

Parágrafo único. A pena é aumentada de 1/3 (um terço), se, em razão da vantagem ou promessa, o funcionário público estrangeiro retarda ou omite o ato de ofício, ou o pratica infringindo dever funcional.

- **Alteração:** A Lei n. 10.467, de 11.6.2002, acrescentou o Capítulo II-A a este Título XI, dispondo sobre os crimes praticados por particular contra a Administração Pública Estrangeira, tendo inserido no CP os crimes de corrupção ativa em transação comercial internacional (art. 337-B) e de tráfico de influência em transação comercial internacional (art. 337-C). Essa lei inseriu no CP, ainda, o conceito de funcionário público estrangeiro (art. 337-D), bem como acrescentou o inciso VII ao rol do art. 1º da Lei n. 9.613, de 3.3.98, para incluir, dentre os crimes antecedentes da lavagem de dinheiro, os crimes praticados por particular contra a administração pública estrangeira (arts. 337-B e 337-C do CP).

- **Suspensão condicional do processo:** Cabe no *caput*, desde que não haja o aumento de pena previsto no parágrafo único (art. 89 da Lei n. 9.099, de 26.9.95).

Caput

- **Noção:** Foi para dar efetividade à Convenção sobre o Combate da Corrupção de Funcionários Públicos Estrangeiros em Transações Comerciais Internacionais – concluída em Paris, em 17.12.97, ratificada por meio do Decreto Legislativo n. 125, de 14.6.2000, e promulgada pelo Decreto n. 3.678, de 30.11.2000 – que se inseriram no CP os novos crimes dos arts. 337-B e 337-C. Dispõe, com efeito, o art. 1º da referida Convenção: "Cada Parte deverá tomar todas as medidas necessárias ao estabelecimento de que, segundo suas leis, é delito criminal qualquer pessoa intencionalmente oferecer, prometer ou dar qualquer vantagem pecuniária indevida ou de outra natureza, seja diretamente ou por intermediários, a um funcionário público estrangeiro, para esse funcionário ou para terceiros, causando a ação ou a omissão do funcionário no desempenho de suas funções oficiais, com a finalidade de realizar ou dificultar transações ou obter outra vantagem ilícita na condução de negócios internacionais".

- **Extraterritorialidade:** Ainda que cometidos no estrangeiro, ficam sujeitos à lei brasileira os crimes que, por tratado ou convenção, o Brasil se obrigou a reprimir, o que, todavia, depende do concurso de algumas condições (CP, art. 7º, II, *a*, c/c o § 2º). No caso deste art. 337-B, é evidente que a transação comercial internacional, para que se configure o tipo, há que envolver o Brasil.

- **Extradição:** *Vide* arts. 81 e seguintes da Lei de Migração (Lei n. 13.445/2017).

- **Proibição de dupla punição (*ne bis in idem*):** *Vide* comentários ao art. 8º do CP, na hipótese de o agente, eventualmente, também ser processado e condenado no exterior.

- **Objeto jurídico:** É a lisura e a transparência das relações comerciais internacionais, coibindo-se a corrupção internacional. A administração pública estrangeira acaba sendo, indiretamente, tutelada, embora, como bem observa LUIZ RÉGIS PRADO, "um país não pode pretender atribuir-se a tutela sobre a integridade da Administração Pública de outro" ("A Lei 10.467/02 e os novos crimes de corrupção e tráfico de influência internacional", *RT* 803/440).

- **Sujeito ativo:** Qualquer pessoa.

- **Sujeito passivo:** É a pessoa física ou jurídica, de direito público ou privado, nacional ou estrangeira, envolvida na transação comercial internacional e que resta prejudicada. A administração pública estrangeira acaba, igualmente, indiretamente atingida.

- **Tipo objetivo:** O crime deste art. 337-B assemelha-se, em parte, ao crime de corrupção ativa previsto no art. 333 do CP, diferenciando-se no tocante ao objeto jurídico tutelado (*vide* nota acima). São três os núcleos do tipo alternativamente previstos: *a. prometer,* isto é, obrigar-se, comprometer-se, garantir dar alguma coisa; *b. oferecer,* ou seja, pôr à disposição, apresentar para que seja aceito; note-se que o oferecimento precisa ser inequívoco; ou *c. dar,* isto é, ceder, entregar (conduta esta não prevista no art. 333). As condutas podem ser praticadas de forma direta (pelo próprio agente) ou indireta (por meio de intermediário). Neste caso, responde também pelo crime o intermediário que, de qualquer modo, tiver concorrido para o crime, na medida de sua culpabilidade, seja como partícipe ou como coautor (CP, art. 29). *Vantagem indevida* é aquela que a lei não permite. Há divergência na doutrina acerca da necessidade ou não de a vantagem indevida ter, necessariamente, caráter econômico, ou, ao contrário, abranger qualquer tipo de vantagem (*vide* comentários ao art. 333 do CP). *Ato de ofício* é aquele inerente ao cargo que o funcionário público estrangeiro ocupa (sem ato de ofício especificado, não haverá crime). A conduta deve ser praticada em relação (isto é, com destinação) a funcionário público estrangeiro (*vide* conceito no art. 337-D do CP) ou terceira pessoa *a ele relacionada* (consciente da sua condição de funcionário público estrangeiro), com o fim de que aquele pratique, omita ou retarde ato de ofício relacionado à transação comercial internacional (evidentemente, a transação comercial internacional, para que se configure o tipo, há que envolver pessoas jurídicas de direito público ou privado, estabelecidas no Brasil, seja como importador ou exportador de bens ou serviços, por exemplo). Dessa forma, não caracteriza o crime deste art. 337-B o oferecimento ou a concessão de vantagem indevida posterior ao ato de ofício, sem anterior promessa. A conduta punível, portanto, deve ser anterior ao ato de ofício, e jamais posterior.

- **Tipo subjetivo:** É o dolo, consistente na vontade livre e consciente de oferecer, prometer ou dar vantagem indevida, acrescida do especial fim de agir "para determiná-lo a praticar, omitir ou retardar ato de ofício relacionado à transação comercial internacional". Para os tradicionais é o "dolo específico". Não há punição a título de culpa.

- **Consumação:** Nos dois primeiros núcleos (prometer e oferecer), o crime se consuma no instante em que o agente pratica a conduta, independentemente de qualquer resultado ou de o destinatário aceitá-la ou não. Já na conduta de dar, o crime se consuma no momento em que o agente efetivamente entrega a vantagem indevida, não sendo, todavia, necessário à caracterização do crime que o destinatário a aceite; deve, contudo, a entrega ser inequívoca. Caso tenha havido anterior promessa ou oferecimento, o ato de dar constituirá mero exaurimento do crime. Se o destinatário da vantagem indevida retarda ou omite ato de ofício, ou o pratica infringindo dever funcional, haverá incidência da causa de aumento de pena (*vide* parágrafo único). Por se tratar de tipo misto alternativo, a eventual prática de mais de uma das condutas descritas configura crime único e não concurso de crimes.

- **Tentativa:** É possível, em tese, sobretudo na modalidade de dar; já nas condutas de prometer ou oferecer, a tentativa, na prática, parece-nos pouco factível.

- **Competência:** A nosso ver, a competência para processar e julgar será da Justiça Federal, já que restam envolvidos funcionários públicos estrangeiros, afetando, assim, as relações internacionais brasileiras, que são de interesse da União (CR, art. 109, V).
- **Pena:** Reclusão, de um a oito anos, e multa.
- **Ação penal:** Pública incondicionada.

Causa especial de aumento de pena (parágrafo único)
- **Noção:** A exemplo do que se prevê para o crime de corrupção ativa (cf. parágrafo único do art. 333 do CP), estabelece o legislador no parágrafo único deste art. 337-B que, se, em razão da vantagem ou promessa, o funcionário público estrangeiro retarda ou omite o ato de ofício, ou o pratica infringindo dever funcional, a pena será aumentada de um terço.

TRÁFICO DE INFLUÊNCIA EM TRANSAÇÃO COMERCIAL INTERNACIONAL

Art. 337-C. Solicitar, exigir, cobrar ou obter, para si ou para outrem, direta ou indiretamente, vantagem ou promessa de vantagem a pretexto de influir em ato praticado por funcionário público estrangeiro no exercício de suas funções, relacionado a transação comercial internacional:

Pena – reclusão, de 2 (dois) a 5 (cinco) anos, e multa.

Parágrafo único. A pena é aumentada da metade, se o agente alega ou insinua que a vantagem é também destinada a funcionário estrangeiro.

- **Alteração:** Artigo acrescentado pela Lei n. 10.467, de 11.6.2002.
- **Incongruência da pena mínima e suspensão condicional do processo:** A pena mínima de dois anos de reclusão, para o crime de tráfico de influência em transação comercial internacional, prevista neste art. 337-C, é superior à pena mínima de um ano de reclusão prevista para o crime de corrupção de funcionário público estrangeiro, previsto no art. 337-B, que é nitidamente mais grave. Como consequência, no crime de corrupção caberá a suspensão condicional do processo (art. 89 da Lei n. 9.099/90), o mesmo não ocorrendo no crime menos grave de tráfico de influência, o que se afigura desproporcional e atentatório ao princípio da proporcionalidade e do devido processo penal substantivo, que pressupõe que as diferenças no tratamento dado pelo legislador sejam justificáveis, razoáveis, proporcionais, devendo-se repelir, na lição de FRANCISCO CLEMENTINO DE SAN TIAGO DANTAS, "como *un due process of law*, a lei caprichosa, arbitrária no diferenciar tratamento jurídico dado a uma classe de indivíduos" (*Problemas de Direito Positivo – Estudos e Pareceres*, Forense, 1953, pp. 46-47).
- **Noção:** Foi para dar efetividade à Convenção de Paris, subscrita pelo Brasil e promulgada pelo Decreto n. 3.678, de 30.11.2000, que se incluiu no CP este novo crime (*vide* comentários ao artigo anterior). Trata-se, na verdade, de crime semelhante ao crime de tráfico de influência previsto no art. 332 do CP, voltando-se, todavia, ao funcionário público estrangeiro.
- **Objeto jurídico:** Como no artigo anterior, é a lisura e a transparência das relações comerciais internacionais, coibindo-se a corrupção internacional. A administração pública estrangeira acaba sendo, indiretamente, tutelada, embora, como bem observa LUIZ RÉGIS PRADO, "um país não pode pretender atribuir-se a tutela sobre a integridade da Administração Pública de outro" ("A Lei 10.467/2002 e os novos crimes de corrupção e tráfico de influência internacional", *RT* 803/440).
- **Extraterritorialidade:** Ainda que cometidos no estrangeiro, ficam sujeitos à lei brasileira os crimes que, por tratado ou convenção, o Brasil se obrigou a reprimir, o que, todavia, depende do concurso de algumas condições (CP, art. 7º, II, *a*, c/c o § 2º). No caso deste art. 337-C, é evidente que a transação comercial internacional, para que se configure o tipo, há que envolver o Brasil.

- **Extradição:** *Vide* arts. 81 e ss. da Lei de Migração (Lei n. 13.445/2017).

- **Proibição de dupla punição (*ne bis in idem*):** *Vide* comentários ao art. 8º do CP, na hipótese de o agente, eventualmente, também ser processado e condenado no exterior.

- **Sujeito ativo:** Qualquer pessoa.

- **Sujeito passivo:** É a pessoa física ou jurídica, de direito público ou privado, nacional ou estrangeira, parte na transação comercial internacional, que é procurada pelo agente e destinatária da solicitação, exigência, ou cobrança da vantagem indevida. O funcionário público estrangeiro "vendido" também será sujeito passivo, já que indiretamente atingido, como também a própria Administração Pública estrangeira. Quanto ao conceito de funcionário público estrangeiro, cf. art. 337-D.

- **Tipo objetivo:** Os núcleos são *solicitar* (pedir, rogar), *exigir* (reclamar, impor, ordenar), *cobrar* (fazer com que seja pago) ou *obter* (conseguir, alcançar) vantagem ou promessa de vantagem, que pode ser material ou moral, para si ou para outrem. A característica do delito está na razão da conduta do agente: a pretexto de influir em ato praticado por funcionário público estrangeiro no exercício da função. O sujeito ativo solicita, exige, cobra ou obtém a vantagem ou promessa de vantagem a pretexto de influir (fundamento suposto, desculpa imaginária). As condutas podem ser praticadas visando interesse próprio ou alheio. Podem também ser cometidas de forma direta (pelo próprio agente) ou indireta (por interpostas pessoas), podendo nesses casos tais pessoas também responder pelo crime, na medida de sua culpabilidade (CP, art. 29). Note-se que são três as pessoas envolvidas: o *agente*, o *destinatário* da solicitação, exigência ou cobrança (vítima) e o *funcionário público estrangeiro* (aquele que é "vendido" pelo agente, que também não deixa de ser vítima). Embora a lei não fale, a vantagem ou promessa de vantagem – a exemplo do que sucede nos arts. 333 e 337-B – precisa ser indevida (isto é, não permitida por lei), pois, do contrário, a conduta não poderia ser punível (o ordenamento jurídico não permite que a mesma conduta seja lícita e ilícita). Há divergência na doutrina a respeito da necessidade de a vantagem ser econômica ou não. O elemento normativo do tipo "a pretexto de influir" demonstra modalidade de fraude, em que o agente ilude ou tenta iludir a vítima quanto à possibilidade de influir em ato de funcionário público estrangeiro no exercício de suas funções, relacionado a transação comercial internacional. A real possibilidade de o agente influir em ato desse funcionário público não afasta o crime. Embora seja mais comum a conduta praticada na forma comissiva (o agente faz supor a influência), é possível imaginar situação em que a conduta se dê na forma omissiva ou comissiva por omissão (o agente não desmente tal suposição).

- **Tipo subjetivo:** É o dolo, consistente na vontade livre e consciente de praticar as condutas incriminadas, a pretexto de influir. Para a doutrina tradicional é o dolo genérico. Não há forma culposa.

- **Consumação:** Nos três primeiros núcleos do tipo (solicitar, exigir ou cobrar), a consumação se dá no momento em que a conduta é praticada, devendo, todavia, chegar ao destinatário. Trata-se, aqui, de crime formal, não se exigindo qualquer resultado. Já na modalidade de obter, deve o agente ter recebido, efetivamente, a vantagem ou promessa de vantagem. A hipótese, neste caso, é de crime material.

- **Tentativa:** A tentativa, nos três primeiros núcleos, é possível (p. ex., no caso de a solicitação, exigência ou cobrança, por circunstâncias alheias à vontade do agente, não ter chegado ao conhecimento do destinatário). Já no último núcleo (*obter*), a tentativa não parece ser possível, pois a tentativa de obter acabará por configurar um dos três primeiros núcleos do tipo, tendo-se já aí o crime por consumado. Por se tratar de tipo misto alternativo, a eventual prática de mais de uma ação, no mesmo contexto fático, configura crime único, e não concurso de crimes.

- **Pena:** Reclusão, de dois a cinco anos, e multa.

- **Ação penal:** Pública incondicionada.

- **Competência:** A nosso ver, a competência para processar e julgar será da Justiça Federal, já que restam envolvidos funcionários públicos estrangeiros, afetando, assim, as relações internacionais brasileiras, que são de interesse da União (CR, art. 109, V).

Causa especial de aumento de pena (parágrafo único)

- **Noção:** A exemplo do que ocorre com o art. 332 do CP, a pena é aumentada da metade, se o agente alega ou insinua que a vantagem é também destinada a funcionário público estrangeiro (para a corrupção deste). A justificativa do aumento reside no fato de que, neste caso, a reprovabilidade da conduta é maior, pois o agente "vende" uma pessoa honesta, que nada sabia sobre os fatos. O objetivo, aqui, é o de proteger a honra do funcionário público estrangeiro, que teve seu nome indevidamente utilizado pelo agente.

FUNCIONÁRIO PÚBLICO ESTRANGEIRO

Art. 337-D. Considera-se funcionário público estrangeiro, para os efeitos penais, quem, ainda que transitoriamente ou sem remuneração, exerce cargo, emprego ou função pública em entidades estatais ou em representações diplomáticas de país estrangeiro.

Parágrafo único. Equipara-se a funcionário público estrangeiro quem exerce cargo, emprego ou função em empresas controladas, diretamente ou indiretamente, pelo Poder Público de país estrangeiro ou em organizações públicas internacionais.

- **Alteração:** Artigo acrescentado pela Lei n. 10.467, de 11.6.2002.

Caput

- **Noção:** O conceito de funcionário público estrangeiro previsto neste art. 337-D foi inserido pela Lei n. 10.467/2002, a fim de que se pudessem aplicar os novos crimes dos arts. 337-B e 337-C. Embora o legislador tenha se utilizado, para a elaboração da redação deste art. 337-D, do conceito trazido pelo Decreto n. 3.678/2000 – que promulgou a Convenção sobre o Combate da Corrupção de Funcionários Públicos Estrangeiros em Transações Comerciais Internacionais –, a redação ali prevista é diferente, não podendo ser usada para efeitos penais, sob pena de ofensa ao princípio da legalidade.

- **Conceituação:** A redação deste art. 337-D é bastante semelhante à do art. 327 do CP, em que se traz o conceito de funcionário público, com a diferença de que, no presente caso, o cargo, emprego ou função pública deve referir-se a *entidades estatais estrangeiras ou a representações diplomáticas de país estrangeiro*.

Parágrafo único

- **Equiparações:** A exemplo do que ocorre no § 1º do art. 327, o parágrafo único deste art. 337-D equipara a funcionário público estrangeiro aquele que exerce cargo, emprego ou função em empresas controladas, direta ou indiretamente, pelo Poder Público de país estrangeiro ou em organizações públicas internacionais. A equiparação aqui trazida tem origem na Convenção de Paris promulgada pelo Brasil, segundo a qual o conceito de funcionário público estrangeiro abrange também "qualquer pessoa que exerça função pública para um país estrangeiro, inclusive para representação ou empresa pública", bem como "qualquer funcionário ou representante de organização pública internacional".

Capítulo II-B
DOS CRIMES EM LICITAÇÕES E CONTRATOS ADMINISTRATIVOS

- **Administração pública direta, autárquica e fundacional:** Os crimes definidos no Capítulo II-B, abaixo tratados, abrangem as licitações e os contratos da administração pública direta, autárquica e fundacional da União, dos Estados, do Distrito Federal ou dos Municípios (art. 1º, *caput*, da Lei n. 14.133/2021), incluindo os órgãos dos Poderes Legislativo e Judiciário da União, dos Estados e do Distrito Federal e os órgãos do Poder

Legislativo dos Municípios, quando no desempenho de função administrativa, bem como os fundos especiais e as demais entidades controladas direta ou indiretamente pela Administração Pública.

- **Abrangência também para empresas públicas, sociedades de economia mista e suas subsidiárias:** Apesar de a Lei n. 14.133/2021, cujo art. 178 inseriu os arts. 337-E a 337-P no Código Penal, não disciplinar as licitações e contratos de empresas públicas, sociedades de economia mista e suas subsidiárias, que são regidos por outro diploma legal, isto é, pela Lei n. 13.303/2016, houve expressa previsão de que às empresas públicas, sociedades de economia mista e suas subsidiárias são aplicáveis os crimes desse Capítulo II-B. Essa ressalva foi feita no próprio art. 1º, § 1º, da Lei n. 14.133/2021 ("Não são abrangidas por esta Lei as empresas públicas, as sociedades de economia mista e as suas subsidiárias, regidas pela Lei n. 13.303, de 30 de junho de 2016, *ressalvado o disposto no art. 178 desta lei*"), bem como no seu art. 185 ("Aplicam-se às licitações e aos contratos regidos pela Lei n. 13.303, de 30 de junho de 2016, as disposições do Capítulo II-B do Título XI da Parte Especial do Decreto-Lei n. 2.848, de 7 de dezembro de 1940 (Código Penal)").

CONTRATAÇÃO DIRETA ILEGAL

Art. 337-E. Admitir, possibilitar ou dar causa à contratação direta fora das hipóteses previstas em lei:

Pena – reclusão, de 4 (quatro) a 8 (oito) anos, e multa.

- **Alteração:** Artigo incluído pela Lei n. 14.133, de 1º.4.2021.

- **Revogação:** O art. 190, I, da Lei n. 14.133, de 1º.4.2021, previu a revogação dos arts. 89 a 108 da Lei n. 8.666/93 na data da sua publicação. Já o art. 190, II, dispõe que a revogação integral da Lei n. 8.666/93 se dará após 2 (dois) anos após ter sido publicada.

- **Sucessão de leis penais:** O presente art. 337-E repete, em linhas gerais, o que previa o art. 89, *caput*, da Lei n. 8.666/90, revogado pela Lei n. 14.133, de 1º.4.2021.

Art. 337-E. Admitir, possibilitar ou dar causa à contratação direta fora das hipóteses previstas em lei: Pena – reclusão, de 4 (quatro) a 8 (oito) anos, e multa.	"Art. 89. Dispensar ou inexigir licitação fora das hipóteses previstas em lei, ou deixar de observar as formalidades pertinentes à dispensa ou à inexigibilidade: Pena – detenção, de 3 (três) a 5 (cinco) anos, e multa. Parágrafo único. Na mesma pena incorre aquele que, tendo comprovadamente concorrido para a consumação da ilegalidade, beneficiou-se da dispensa ou inexigibilidade ilegal, para celebrar contrato com o Poder Público".

Como se nota, o novo art. 337-E, com sua redação mais genérica, inclusive com os verbos *admitir, possibilitar* e *dar causa*, acaba abrangendo praticamente as mesmas condutas previstas pelo revogado artigo; afinal, ao "deixar de observar as formalidades" da dispensa ou inexigibilidade de licitação, o agente acaba "possibilitando" a contratação em desacordo com a lei; não houve *abolitio criminis*, mas sim *sucessão de leis penais*. Com relação à ressalva do parágrafo único, que buscava garantir a punição ao não funcionário público beneficiado com a ilegalidade que tenha concorrido para o crime, entendemos que apesar de o parágrafo único não ter sido repetido na nova lei, a sua punição continua sendo viável, desde que preenchidos os requisitos do concurso de agentes do art. 29 do CP, comunicando-se ao *extraneus* a qualidade de funcionário público do agente, nas hipóteses de coautoria ou participação de crime próprio, desde que ele tenha ciência dessa condição do agente.

- **Irretroatividade:** Com punição mais severa – reclusão, de 4 (quatro) a 8 (oito) anos, e multa – do que a prevista para o antigo art. 89, *caput* – detenção, de 3 (três) a 5 (cinco) anos, e multa –, as penas do novo art. 337-E não retroagem para fatos ocorridos anteriormente.

- **Objeto jurídico:** É a proteção do erário público. Há entendimento que sustenta ser o objeto jurídico também a moralidade administrativa.

- **Administração Pública direta, autarquias, fundações, empresas públicas, sociedades de economia mista e subsidiárias:** A Lei n. 14.133/2021 que disciplina os contratos das Administrações Públicas diretas, autárquicas e fundacionais da União, dos Estados, do Distrito Federal e dos Municípios, e que criou os arts. 337-E a 337-P do CP, abaixo comentados, expressamente dispõe, em seu art. 185, que eles se aplicam, também, aos contratos das empresas públicas, sociedades de economia mista e as suas subsidiárias, regidas pela Lei n. 13.303/2016.

- **Sujeito ativo:** É crime próprio. Apenas o agente público (ou equiparado) designado (também chamado de agente de contratação), os membros da comissão de contratação, a autoridade máxima do órgão ou entidade, ou a quem as normas de organização administrativa indicarem. Agente público é o "indivíduo que, em virtude de eleição, nomeação, designação, contratação ou qualquer outra forma de investidura ou vínculo, exerce mandato, cargo, emprego ou função em pessoa jurídica integrante da Administração Pública" (art. 6º, V). Já a autoridade é o "agente público dotado de poder de decisão" (art. 6º, VI). Quanto ao agente de contratação, trata-se da "pessoa designada pela autoridade competente, entre servidores efetivos ou empregados públicos dos quadros permanentes da Administração Pública, para tomar decisões, acompanhar o trâmite da licitação, dar impulso ao procedimento licitatório e executar quaisquer outras atividades necessárias ao bom andamento da licitação" (art. 6º, LX). Dispõe, ainda, o art. 8º, § 1º, que "*o agente de contratação será auxiliado por equipe de apoio e responderá individualmente pelos atos que praticar, salvo quando induzido a erro pela atuação da equipe.*" Por fim, prevê o art. 8º, § 2º, que "*o agente de contratação poderá ser substituído por comissão de contratação formada de, no mínimo, 3 (três) membros, que responderão solidariamente por todos os atos praticados pela comissão, ressalvado o membro que expressar posição individual divergente fundamentada e registrada em ata lavrada na reunião em que houver sido tomada a decisão*". Anotamos que a responsabilidade *criminal* pressupõe culpa, não se admitindo responsabilização objetiva e tampouco solidária. Como visto, ao membro da comissão que discordar de determinada contratação, a ele não se poderá imputar ilícito e responsabilização quaisquer, nem cível tampouco criminal.

- **Sujeito passivo:** O Estado, isto é, o ente prejudicado da administração pública direta, autárquica e fundacional da União, dos Estados, do Distrito Federal ou dos Municípios (art. 1º, *caput,* da Lei n. 14.133/2021), abrangendo os órgãos dos Poderes Legislativo e Judiciário da União, dos Estados e do Distrito Federal e os órgãos do Poder Legislativo dos Municípios, quando no desempenho de função administrativa, bem como os fundos especiais e as demais entidades controladas direta ou indiretamente pela Administração Pública (art. 1º, I e II).Também as empresas públicas, sociedades de economia mista e as suas subsidiárias, regidas pela Lei n. 13.303/2016, nos termos do art. 185 da Lei n. 14.133/2021, expressamente determinando que a elas são aplicáveis os crimes dispostos neste Capítulo II-B.

- **Tipo objetivo:** Pune-se a conduta do funcionário público que venha a 1) *admitir*, isto é, aceitar, concordar; *2) possibilitar*, ou seja, fazer com que alguma coisa se torne possível para alguém; proporcionar; *3) dar causa*, que significa dar início a *contratação direta* com a Administração Pública, isto é, sem licitação (o que é sempre excepcional), *fora das hipóteses previstas em lei* (elemento normativo do tipo). As situações de contratação direta estão taxativamente disciplinadas nos arts. 72 a 75 da Lei n. 14.133/2021, seja mediante *inexigibilidade de licitação* ou sua *dispensa*. Note-se que os conceitos de inexigibilidade (art. 74) e de dispensa (at. 75 da mesma lei) não se confundem, sendo hipóteses distintas. Trata-se de uma espécie de fraude, burlando o necessário processo licitatório, que é a regra (pregão, concorrência, concurso, leilão ou diálogo competitivo – art. 28), o qual possui rito próprio, com fases (preparatória, divulgação de edital, apresentação de propostas e lances, julgamento, habilitação, recursal e de homologação – art. 17), visando (a) garantir a contratação mais vantajosa para a Administração, (b) tratamento isonômico entre os licitantes e a justa competição, (c) evitar sobrepreço, preços inexequíveis ou superfaturamento na execução dos contratos e (e) incentivar a inovação e a sustentabilidade (art. 11).

- **Tipo subjetivo:** É o dolo (vontade livre e consciente) de admitir, possibilitar ou dar causa, sabendo o autor que a lei veda a dispensa ou a não exigência de licitação, ou que as formalidades para tal são de rigor. Não há forma culposa.

- **Coautoria ou participação:** Apesar de ser crime próprio de funcionário público (ou equiparado), nos termos dos arts. 29 e 30 do CP pode haver concurso de agentes não funcionários públicos, desde que tenham ciência dessa circunstância, a eles se comunicando essa condição.

- **Consumação:** Quanto ao crime do revogado art. 89 da Lei n. 8.666/90, a jurisprudência encontrava-se dividida entre aqueles que entendiam tratar-se de delito formal e os que sustentavam ser o crime material (*vide* jurisprudência abaixo). Em nosso entendimento, trata-se de crime material, necessitando ter havido algum prejuízo ou efetivo dano ao erário público para se consumar, decorrente da ilegal dispensa ou não exigência de licitação.

- **Tentativa:** Em tese é possível, se o contrato não vier a ser celebrado por razões alheias à vontade do agente, apesar de a ilegal dispensa, não exigência ou não observância das formalidades legais ter ocorrido.

- **Competência:** Dependerá da origem da verba empregada na licitação e da sua incorporação ao patrimônio do ente beneficiado. Segundo a Súmula n. 208 do STJ, "Compete à Justiça Federal processar e julgar prefeito municipal por desvio de verba sujeita a prestação de contas perante órgão federal". Já a Súmula n. 209 STJ dispõe que "Compete à Justiça Estadual processar e julgar prefeito por desvio de verba transferida e incorporada ao patrimônio municipal".

- **Pena:** Reclusão, de 4 (quatro) a 8 (oito) anos, e multa. Sobre a pena de multa, *vide* art. 337-P.

- **Ação penal:** Pública incondicionada.

Jurisprudência do antigo art. 89 da Lei n. 8.666/90 que se aplica em boa parte ao atual artigo

- **Dúvida:** "Elementos encartados aos autos que não permitem excluir a hipótese de que a falta de licitação para abastecimento de combustíveis decorreu do simples despreparo do administrador (...). Apelo não provido, com confirmação, por seus próprios e jurídicos fundamentos, da sentença absolutória" (TJRS, 4ª CCr, ApCr 70035099837, rel. Des. Marcelo Bandeira Pereira, j. 8.7.2010). "Processo-crime. Prefeito municipal. Dispensa de licitação fora das hipóteses legais. Ausência de dolo. Contratação de serviços de vigilância sem a realização de procedimento licitatório. Dispensa de licitação fora das hipóteses legais. Reconstituição probatória que aponta mais para negligência da administração no atendimento das formalidades da licitação, ou de sua dispensa, do que propriamente a conduta típica prevista no art. 89 da Lei n. 8.666/93. Dúvida sobre o dolo impõe absolvição. Ação penal julgada improcedente. Unânime" (TJRS, 4ª CCr, AP – Procedimento Ordinário 70029382769, rel. Des. Aristides Pedroso de Albuquerque Neto, j. 11.11.2010).

- **Delito formal ou material:** Como anota Paulo Henrique Figueiredo de Araújo ("Artigo 89 da Lei n. 8.666/93: crime material ou formal?", *Jus Navigandi*. Disponível em: <http://jus.com.br/revista/texto/19776>), a jurisprudência do STJ encontra-se dividida, entendendo as 5ª e 6ª Turmas e a 3ª Seção que se trata de delito *formal*, e a Corte Especial que se cuida de delito *material*. Nesses dois sentidos, também em outros tribunais, confira-se:

- **Súmula 645 do STJ:** "O crime de fraude à licitação é formal, e sua consumação prescinde da comprovação do prejuízo ou da obtenção de vantagem".

- **É delito formal:** "[...] 2. O tipo penal descrito no art. 89 da Lei de Licitações busca proteger uma série variada de bens jurídicos além do patrimônio público, tais como a moralidade administrativa, a legalidade, a impessoalidade e, também, o respeito ao direito subjetivo dos licitantes ao procedimento formal previsto em lei. 3. Já decidiu a 3ª Seção desta Corte que o crime se perfaz com a mera dispensa ou afirmação de que a licitação é inexigível fora das hipóteses previstas em lei, tendo o agente a consciência dessa circunstância; isto é, não se exige qualquer resultado naturalístico para a sua consumação (efetivo prejuízo ao erário, por exemplo) (HC 94.720/PE, Rel. Min. Felix Fischer, DJ 18.8.2008 e 113.067/PE, Rel. Min. Og Fernandes, DJe 10.11.2008)" (5ª T., REsp 1.073.676, rel. Min. Napoleão Nunes Maia Filho, j. 23.2.2010, DJe 12.4.2010). "[...] O tipo previsto no art. 89 da Lei n. 8.666/93 é delito de mera conduta, não exige dolo específico, mas apenas o genérico, representado, portanto, pela vontade de contratar sem licitação, quando a lei expressamente prevê a realização do certame. Independe, assim, de qualquer resultado naturalístico, como por exemplo, prejuízo ao erário" (6ª T., HC 113.067, rel. Min. Og Fernandes, j. 21.10.2008, DJe 10.11.2008). No mesmo sentido: STJ, 5ª T., REsp 1.058.261, DJe 1º.2.2011; HC 118.292, DJe 6.12.2010; REsp 1.185.750, DJe 22.11.2010; HC 122.011, DJe 28.6.2010, HC 109.039, DJe 30.6.2011; 6ª T., HC 171.152, DJe 11.10.2010; HC 159.896, DJe 15.6.2011; TJPR, 2ª CCr, ApCr 0539062-5, rel. Juíza Lilian Romero, j. 3.9.2009; TJSP, ApCr 0009092-30.2004.8.26.0400, 15ª CCr, rel. Des. Adriane Bandeira Pereira, j. 20.1.2011; TJRS, ApCr 70024446189, j. 16.12.2010.

- **É delito material:** "1. O entendimento dominante no Superior Tribunal de Justiça é no sentido de que o crime do art. 89 da Lei 8.666, de 1993, somente é punível quando produz resultado danoso ao erário" (STJ, Corte Especial, APn 375, rel. Min. Fernando Gonçalves, DJ 24.4.2006; APn 480/MG, rel. Min. Maria Thereza de Assis Moura, DJe 15.6.2012). No mesmo sentido: STJ, Corte Especial, APn 261, rel. Min. Eliana Calmon, j. 2.3.2005, DJ 5.12.2005, p. 197; STJ, Corte Especial, APn 330, rel. Min. Francisco Falcão, j. 3.10.2007; TJRN, Pleno, APO 2006.004967-7, rel. Juiz Convocado Nilson Cavalcanti, j. 20.8.2008.

- **Dolo específico:** "2. Não restou demonstrada a vontade livre e conscientemente dirigida a superar a necessidade de realização da licitação. Pressupõe o tipo, além do necessário dolo simples (vontade consciente e livre de contratar independentemente da realização de prévio procedimento licitatório), a intenção de produzir um prejuízo aos cofres públicos por meio do afastamento indevido da licitação. 3. O simples fato de aparecer o denunciado, nominalmente, como responsável pelo convênio, sem demonstração de sua ciência de que serviços outros complementares tenham sido contratados sem a devida observância do procedimento licitatório adequado, não conduz automaticamente à tipificação do ilícito que lhe é imputado, hipótese em que se estaria adentrando no campo da responsabilidade objetiva. 4. Ação penal julgada improcedente" (STF, Pleno, APn 527, rel. Min. Dias Toffoli, j. 16.12.2010, DJe 63, divulg. 1º.4.2011, publ. 4.4.2011; Pleno, Inq. 3.077/AL, DJe 25.9.2012; Pleno, Inq. 2.646/RN, DJe 13.8.2010). "(...) a configuração do crime de dispensa irregular de licitação exige a demonstração da efetiva intenção de burlar o procedimento licitatório, o que não se demonstrou na espécie vertente (...)" (STF, Pleno, Inq. 2648, rel. Min. Cármen Lúcia, j. 12.6.2008, DJe 157, divulg. 21.8.2008, publ. 22.8.2008, Ement. v. 02329-01, p. 46, LexSTF n. 360, 2008, pp. 460-466). "(...) a Corte Especial é firme no sentido de que I) o dolo genérico não é suficiente a levar o administrador à condenação por infração à Lei de Licitações (Apn 261-PB, Relatora Ministra Eliana Calmon, Corte Especial, DJ de 5 de dezembro de 2005); II) a insuficiência da prova leva à absolvição (APn 55-BA, Relator para acórdão Ministro José de Jesus Filho, DJ 25 de novembro de 1996); na decisão final, a dúvida beneficia o réu e, nesta fase de recebimento da exordial, a dúvida beneficia a acusação (Apn 195- RO, Relator Ministro Gilson Dipp, Corte Especial, DJ de 15 de setembro de 2003). 17. Acusação improcedente, ou, ad eventum, atipicidade da conduta que conduz à improcedência da ação penal" (STJ, Corte Especial, APn 214, rel. Min. Luiz Fux, j. 7.5.2008, DJe 1º.7.2008). "3. O dolo genérico não é suficiente para levar o administrador à condenação por infração à Lei de Licitações. 4. Prática de padronização de mobiliários ou equipamentos que não afasta a exigência de licitação, mas não se configura como crime, senão quando ocasiona dano ao erário. 5. Denúncia rejeitada" (STJ, Corte Especial, APn 261, rel. Min. Eliana Calmon, j. 2.3.2005, DJ 5.12.2005, p. 197).

- **Dolo específico e efetivo prejuízo:** "1. A jurisprudência desta Corte Superior passou a considerar indispensável a presença de dolo específico de causar dano ao erário e da caracterização do efetivo prejuízo para a configuração do crime do art. 89 da Lei n. 8.666/93 (*leading case*: APn 480/MG, Corte Especial, rel. Min. Maria Thereza de Assis Moura, Rel. p/Acórdão Min. Cesar Asfor Rocha, DJe de 15.6.2012). 2. Na hipótese dos autos, o Tribunal de origem consignou não haver dúvidas quanto à existência do dolo por parte dos agentes, bem como do prejuízo causado ao erário (...)" (STJ, 5ª T., AgRg no AREsp 152.782/SP, rel. Min. Laurita Vaz, DJe 18.2.2013). No mesmo sentido: STJ, 6ª T., AgRg no AREsp 582.568/DF, rel. p/ acórdão Min. Rogério Schietti Cruz, DJe 29.6.2015; TJRS, 4ª CCr, ApCr 70061987368, j. 7.5.2015.

- **Dano ao erário:** "1. O hodierno entendimento deste Superior Tribunal de Justiça é que para a consumação do delito previsto no art. 89 da Lei de Licitações haja a demonstração da efetiva ocorrência de dano ao erário. Precedentes. 2. Agravo regimental parcialmente provido para ajustar o dispositivo da decisão agravada, fazendo constar que se deu parcial provimento ao recurso especial, para cassar o acórdão recorrido e determinar o retorno dos autos para o Tribunal de Justiça local, a fim de que se verifique eventual existência de prejuízo ao erário, essencial à caracterização do crime do art. 89 da Lei n. 8.666/93" (STJ, 5ª T., AgRg no REsp 1.370.458/DF, rel. Min. Laurita Vaz, DJe 2.9.2014).

- **É dispensável o dolo específico e a existência de prejuízo:** "3. No que tange à caracterização do ilícito previsto no artigo 89 da Lei 8.666/1993, ao contrário do que sustentado na inicial do *writ*, é dispensável a comprovação de que teria ocorrido prejuízo ao erário, sendo suficiente a ocorrência de dispensa irregular de licitação ou a não observação das formalidades legais, consoante a reiterada jurisprudência desta Corte Superior de Justiça, que também afasta a necessidade de dolo específico para que o crime se configure. 4. Igualmente, não se exige a presença de elemento subjetivo específico para a ocorrência do delito disposto no inciso II do artigo 1º do Decreto-lei 201/1967, que pressupõe apenas a vontade consciente do agente de desviar a adequada utilização de bens, rendas ou serviços públicos, fazendo-o deliberadamente em favor de si próprio ou de outrem" (STJ, 5ª T., HC 109.039, rel. Min. Jorge Mussi, j. 14.6.2011, DJe 30.6.2011). No mesmo sentido: STJ, 5ª T., REsp 1.058.261/RS, rel. Min. Jorge Mussi, DJe 1º.2.2011.

- **Sujeito ativo:** "O sujeito ativo do crime previsto no *caput* desse artigo é o administrador que dispensa ou inexige licitação ou não obedece ao procedimento legal pertinente à dispensa ou à inexigibilidade. Assim, a conduta do Recorrente se subsume ao tipo legal" (STJ, 5ª T., REsp 724.859/PR, rel. Min. Laurita Vaz, DJe 28.9.2009).

- **Norma penal em branco:** "No delito do art. 89 da Lei n. 8.666/93, a conduta consiste em dispensar ou inexigir a licitação quando essa for indispensável ou exigível. Trata-se, portanto, de norma penal em branco, cujo alcance encontra limites nas disposições dos arts. 24 e 25 da mesma lei" (TRF5, 3ª T., ApCr 000897-83.2008.4.01.4300/TO, rel. Des. Fed. Mário César Ribeiro, e-DJF1 050914, p. 284).

- **Parecer técnico:** "Absolvição Sumária. Conduta atípica. I. O parecer técnico sobre a conveniência e oportunidade da contratação, ainda que invada seara jurídica acerca da inexigibilidade da licitação, não vincula o administrador, pois cabe à assessoria específica opinar quanto aos aspectos legais da contratação. II. Recurso não provido" (TJDF, 1ª T., ApCr 2013.011.0459144/DF, Rel. Sandra de Santis, DJe 4.9.2013, p. 175).

- **Dúvida:** "A dúvida sobre se o agente atuou com dolo eventual ou culpa, restando o delito punível tão somente a título de dolo específico, na forma de jurisprudência da Corte e da doutrina do tema, impõem a aplicação da máxima *in dubio pro reo* posto decorrente dos princípios da reserva legal e da presunção de inocência. Sob esse ângulo, a doutrina e a jurisprudência preconizam: No processo criminal, máxime para condenar, tudo deve ser claro como a luz, certo como a evidência, positivo como qualquer expressão algébrica. Condenação exige certeza [...], não bastando a alta probabilidade..., sob pena de se transformar o princípio do livre convencimento em arbítrio (in RT 619/267, sobre o escólio de Carrara)" (STJ, Corte Especial, APn 214, rel. Min. Luiz Fux, j. 7.5.2008, DJe 1º.7.2008).

- Notória especialização – Advogados: "1. A presença dos requisitos de notória especialização e confiança, ao lado do relevo do trabalho a ser contratado, que encontram respaldo da inequívoca prova documental trazida, permite concluir, no caso, pela inexigibilidade da licitação para a contratação dos serviços de advocacia. 2. Extrema dificuldade, de outro lado, da licitação de serviços de advocacia, dada a incompatibilidade com as limitações éticas e legais da profissão (L. 8.906/94, art. 34, IV; e Código de Ética e Disciplina da OAB/1995, art. 7º)" (STF, 1ª T., HC 86.198, rel. Min. Sepúlveda Pertence, j. 17.4.2007, DJe 47, divulg. 28.6.2007, publ. 29.6.2007, DJ 29.6.2007, p. 58, Ement. v. 02282-05, p. 1033). No mesmo sentido: "Criminal. HC. Art. 89 da Lei n. 8.666/93. Prefeito. Contratação de escritório de advocacia para defesa do ente público em causas tributárias. Singularidade do serviço e notória especialização reconhecidas. Condenação criminal, mantida pelo tribunal a quo, baseada em condenação em ação civil pública, reformada pela mesma corte estadual. Ausência de intenção de fraudar a lei. Inexistência de prejuízo ao erário. Hipótese de inexigibilidade de licitação. Ausência das formalidades legais. Irrelevância. Constrangimento ilegal evidenciado. Trancamento da ação penal determinado. Ordem concedida. Análise dos demais pedidos prejudicada" (STJ, 5ª T., HC 53.103, rel. Min. Gilson Dipp, j 19.9.2006, DJU 16.10.2006, p. 393).

- Inviabilidade de competição: "I. A inviabilidade de competição, da qual decorre a inexigibilidade de licitação, deve ficar adequadamente demonstrada. II. Os casos de inexigibilidade de licitação ocorrem quando não há qualquer possibilidade de competição, diante da existência de apenas um objeto ou pessoa capazes de atender às necessidades da Administração Pública. III. Hipótese em que a Administração Pública, sem qualquer fundamentação ou embasamento legal, a pretexto de utilização do seu poder discricionário, celebrou contrato para prestação de Serviços de Educação sem procedimento licitatório. IV. Não demonstrada a inviabilidade de competição, da qual decorre a inexigibilidade de licitação. V. Recurso provido, nos termos do voto do Relator" (STJ, 5ª T., REsp 1.113.345, rel. Min. Gilson Dipp, j. 16.12.2010, DJe 1º.2.2011).

- Decisão cível, ausência de dolo específico e inexistência de dano ao erário: "Na esfera cível, o Tribunal a quo entendeu pela ausência de intenção de fraudar a lei por parte do paciente, bem como pela inexistência de qualquer dano ao erário, notadamente em razão do êxito da atuação do escritório de advocacia em grau recursal, impondo à Fazenda do Estado a obrigação de pagar à municipalidade as diferenças retidas de ICMS. Tais fundamentos, trazidos para a esfera penal, tornam atípica a conduta do paciente, não havendo falar-se na prática do delito previsto no art. 89 da Lei n. 8.666/93, que para sua configuração exige, além da ocorrência de prejuízo ao erário, a presença de dolo específico na conduta do agente, a qual é penalmente irrelevante se presentes os pressupostos para a contratação direta. Precedentes da Corte Especial do STJ. Deve ser anulado o acórdão impugnado e trancada a ação penal instaurada contra o paciente, ante a atipicidade da conduta por ele praticada, decorrente da ausência de dolo específico e de inexistência de dano ao erário, bem como diante da presença da hipótese de inexigibilidade de licitação, reconhecida pelo próprio Juízo criminal" (STJ, 5ª T., HC 53.103, rel. Min. Gilson Dipp, j. 19.9.2006, DJU 16.10.2006, Seção 1, p. 393).

- Renovação de contrato: "V. Hipótese em que o ato de renovação do contrato de prestação de serviços já estava previsto no contrato originário, ocasião em que a licitação fora considerada inexigível. Ato de renovação no qual não houve nova declaração de inexigibilidade da licitação, mas tão somente a prorrogação do contrato primeiro, conforme constante no ajuste inicial. No ato de renovar o contrato não se inclui o ato de inexigir a licitação, já anteriormente declarada por outros servidores. VI. Ausência de descrição de fato típico, afetando a possibilidade de responsabilização penal pela prática do delito descrito no art. 89 da Lei 8.666/93. VII. Denúncia rejeitada" (STJ, Corte Especial, APn 423, rel. Min. Gilson Dipp, j. 21.11.2007, DJ 18.2.2008, p. 19).

- **Competência:** "(...) Na linha do entendimento inserto nos enunciados n. 208 e 209 da Súmula deste STJ, compete à Justiça Federal processar e julgar crimes de desvio de verbas oriundas de órgãos federais, sujeitas ao controle do Tribunal de Contas da União e não incorporadas ao patrimônio do Município" (STJ, 5ª T., HC 62.998, rel. Min. Arnaldo Esteves Lima, j. 27.2.2007, *DJU* 12.3.2007, p. 282).

- **Regularidade das contas e falta de justa causa:** "2. Cabe realçar ainda que uma vez atestada a regularidade das contas e, *ipso facto*, da gestão, nela incluídas as transações envolvendo a necessidade ou dispensa de licitação, sob o exclusivo prisma do art. 89, não haverá justa causa para ação penal, quando nada, pela ausência do elemento mínimo culpabilidade que viabiliza seja alguém submetido a um processo criminal, dada a falta de probabilidade ainda que potencial de uma condenação. Não se pode deixar de lado o entendimento de que somente a intenção dolosa tem relevância para efeito de punição. 3. Denúncia rejeitada" (STJ, Corte Especial, APn 375, rel. Min. Fernando Gonçalves, *DJ* 24.4.2006).

- **Aluguel. Dispensa de licitação:** "Ementa: Processo Penal. Recurso em sentido estrito. Lei 8.666, de 21.6.93. Lei das Licitações. Denúncia. Falta de justa causa. Denúncia divorciada dos fatos. 1. A ausência de formalidades previstas em lei somente dá lugar à configuração do crime previsto no art. 89 da Lei 8.666, de 1993, quando levar a contrato de compra ou locação de imóvel indevido, que traga um resultado danoso. 2. A falta de avaliação prévia (art. 89, X, da Lei 8.666, de 1993), verificando-se, posteriormente, no entanto, que o valor do aluguel estava compatível com o valor de mercado, não tendo havido superfaturamento, não leva à configuração de crime. Inexistência de dolo no fato de ser dispensada a licitação. 3. Não basta examinar-se a legalidade formal da denúncia. A denúncia não pode ser pura criação mental da acusação. Tem a denúncia de lastrear-se em fatos concretos. Se está divorciada do que foi apurado no procedimento investigatório preliminar, não pode ser recebida. Há de se cotejá-la com os elementos de investigação em que se baseia, sob pena de atingir-se o *status dignitatis* do cidadão, com a carga aviltante, degradante, ignominiosa, sem dúvida alguma, que contém, cometendo-se, deste modo, uma ilegalidade, uma imoralidade, uma injustiça" (TRF da 1ª R., RCr 2000.34.00.024608-3/DF, rel. para acórdão Des. Fed. Tourinho Neto, j. 29.11.2005, *DJU* 13.1.2006, Seção 2, p. 22).

- **Material exclusivo:** "(...) Deve ser trancada ação penal em que se apura o crime previsto no art. 89, *caput*, da Lei n. 8.666/93, na conduta de acusado que, exercendo o cargo de secretário municipal da educação, autoriza compra de produto sem exigir licitação, na hipótese em que o material é exclusivo, constatando-se que somente ele poderia atender às necessidades da Administração Pública, quer pela sua natureza, que pelo seu menor preço, inviabilizando qualquer competição por ser produzido apenas pelo fornecedor, não havendo, portanto, possibilidade de licitação" (TACrSP, 2ª T., HC 361.362/8, rel. Juiz Euvaldo Chaib, j. 3.8.2000, rol/ flash 1343/62).

- **Parecer de Advogado (Procurador Municipal):** "Procurador do Município que emite parecer sobre dispensa de licitação não comete o delito do art. 89 da lei de licitações. O advogado é inviolável pelas manifestações exaradas no exercício de sua profissão, nos termos do art. 133 da Constituição da República e do art. 2º, § 3º, do Estatuto da Advocacia (Lei n. 8.906/04). Provida a apelação de réu Procurador do Município, para absolvê-lo" (TJRS, 4ª CCr, ApCr 70035726843, rel. Des. Gaspar Marques Batista, j. 29.6.2011).

FRUSTRAÇÃO DO CARÁTER COMPETITIVO DE LICITAÇÃO

Art. 337-F. Frustrar ou fraudar, com o intuito de obter para si ou para outrem vantagem decorrente da adjudicação do objeto da licitação, o caráter competitivo do processo licitatório:

Pena – reclusão, de 4 (quatro) anos a 8 (oito) anos, e multa.

- **Alteração:** Artigo incluído pela Lei n. 14.133, de 1º.4.2021.

- **Não houve *abolitio criminis*:** O presente art. 337-F tem redação que abrange as condutas do art. 90 da Lei n. 8.666/90, revogado pela Lei n. 14.133/2021, que incluiu este novo artigo no CP. Desse modo, há *sucessão de leis penais* que incriminam condutas similares:

Art. 337-F. Frustrar ou fraudar, com o intuito de obter para si ou para outrem vantagem decorrente da adjudicação do objeto da licitação, o caráter competitivo do processo licitatório: Pena – reclusão, de 4 (quatro) anos a 8 (oito) anos, e multa.	Art. 90. Frustrar ou fraudar, mediante ajuste, combinação ou qualquer outro expediente, o caráter competitivo do procedimento licitatório, com o intuito de obter, para si ou para outrem, vantagem decorrente da adjudicação do objeto da licitação: Pena – detenção, de 2 (dois) a 4 (quatro) anos, e multa.

- **Irretroatividade:** Embora tenha havido sucessão de leis penais, continuando a conduta a ser incriminada no novo tipo, como a atual punição é mais severa – reclusão, de 4 (quatro) a 8 (oito) anos, e multa – do que a prevista no antigo art. 90 – detenção, de 2 (dois) a 4 (quatro) anos, e multa –, as atuais penas não retroagem.

- **Objeto jurídico:** A lisura das licitações e dos contratos com a Administração Pública, e o regular uso dos recursos públicos.

- **Administração Pública direta, autarquias, fundações, empresas públicas, sociedades de economia mista e subsidiárias:** A Lei n. 14.133/2021 que disciplina os contratos das Administrações Públicas diretas, autárquicas e fundacionais da União, dos Estados, do Distrito Federal e dos Municípios, e que criou os arts. 337-E a 337-P do CP, aqui comentados, expressamente dispõe, em seu art. 185, que eles se aplicam, também, aos contratos das empresas públicas, sociedades de economia mista e as suas subsidiárias, regidas pela Lei n. 13.303/2016.

- **Sujeito ativo:** Qualquer pessoa, seja agente público (ou equiparado) (*intraneus*), seja particular (*extraneus*). Sobre o conceito de agente público, *vide* art. 6º, V, da Lei n. 14.133/2021.

- **Sujeito passivo:** Primeiramente o Estado, isto é, o ente prejudicado da Administração Pública direta, autárquica e fundacional da União, dos Estados, do Distrito Federal ou dos Municípios (art. 1º, *caput*, da Lei n. 14.133/2021), abrangendo os órgãos dos Poderes Legislativo e Judiciário da União, dos Estados e do Distrito Federal e os órgãos do Poder Legislativo dos Municípios, quando no desempenho de função administrativa, bem como os fundos especiais e as demais entidades controladas direta ou indiretamente pela Administração Pública (art. 1º, I e II).Também as empresas públicas, sociedades de economia mista e as suas subsidiárias, regidas pela Lei n. 13.303/2016, nos termos do art. 185 da Lei n. 14.133/2021, expressamente determinando que a elas são aplicáveis os crimes dispostos neste Capítulo II-B. É sujeito passivo, ainda, o concorrente que restou prejudicado com a frustração ou fraude da licitação.

- **Tipo objetivo:** Duas são as modalidades de conduta, bastante semelhantes: a) *frustrar* (enganar a expectativa de, iludir); b) *fraudar* (cometer fraude contra, lesar por meio de fraude). O objeto da fraude é o caráter competitivo do procedimento licitatório, ou seja, a possibilidade de todos os interessados concorrerem em igualdade de condições. A frustração ou fraude pode ser feita de qualquer forma, desde que apta para atingir seu fim. O revogado art. 90 da Lei n. 8.666/93 previa que a frustação ou fraude fosse feita *mediante ajuste, combinação ou qualquer outro expediente*, o que não foi repetido neste novo art. 337-F, deixando o tipo penal mais abrangente.

- **Tipo subjetivo:** O dolo, vontade livre e consciente de frustrar ou fraudar, acrescido do especial fim de agir, ou seja, para obter, para si ou para terceiro, vantagem (econômica) decorrente da adjudicação (ato de transferência) do objeto da licitação. Para os tradicionais é o dolo específico. Não há forma culposa.

- **Consumação:** Com a efetiva frustração ou fraude do certame, isto é, do caráter competitivo da licitação, não sendo necessário prejuízo aos cofres públicos. Trata-se de crime formal.

- **Tentativa:** Pode haver quando a conduta puder ser fracionada (plurissubsistente), como na hipótese de a fraude ser descoberta já na abertura dos envelopes do certame.

- **Coautoria ou participação:** Apesar de ser crime próprio de funcionário público (ou equiparado), nos termos dos arts. 29 e 30 do CP pode haver concurso de agentes não funcionários públicos, desde que tenham ciência dessa circunstância, a eles se comunicando essa condição.

- **Ação penal:** Pública incondicionada.

- **Pena:** Reclusão, de quatro a oito anos, e multa. Sobre a pena de multa, *vide* art. 337-P.

Jurisprudência do revogado art. 90 da Lei n. 8.666/90, abrangido pelo art. 337-F do CP

- **Denúncia em crime de autoria coletiva:** "4. Os delitos plurissubjetivos, que veiculam crime de autoria coletiva, reclamam descrição individualizada da participação de cada um dos acusados no delito, para que possam eles exercitar sua defesa, sob pena de rejeição da peça inicial. Precedentes do STF: Inq 2.245/MG, Tribunal Pleno, rel. Min. Joaquim Barbosa, *DJU* 28.8.2007; HC 83.947/AM, 2ª T., rel. Min. Celso de Mello, *DJU* 7.8.2007; HC extensão 87.768/RJ, 2ª T., rel. Min. Gilmar Mendes, *DJU* 17.4.2007; HC 81.295/SP, 1ª T., rel. Min. Ellen Gracie, *DJU* 6.11.2001. 5. Denúncia rejeitada" (STJ, Corte Especial, APn 330, rel. Min. Francisco Falcão, j. 3.10.2007).

- **Denúncia genérica, abstrata e alternativa:** "Apelação Criminal – Artigo 90, 'caput', da Lei n. 8.666/93 – Denúncia genérica, abstrata e alternativa, que imputa aos apelantes, a um mesmo tempo, fraude e inexistência de licitação, sem relatar fatos concretos, datas, compras e valores específicos. Evidente prejuízo ao contraditório e à ampla defesa – Apelos providos para acolher a preliminar de inépcia da denúncia e anular o feito a partir de fl. 4.205, inclusive" (TJSP, 15ª CCr, ApCr 990.08.035402-7, rel. Des. Pedro Gagliardi, j. 20.10.2009).

- **Denúncia inepta:** "2. Se a inicial acusatória não descreve minimamente as condutas supostamente delituosas, ela é considerada inepta, pois impede o exercício da ampla defesa pelo acusado, que deve se defender dos fatos narrados, ainda que sucintamente, na exordial. 3. No caso em exame, a exordial quedou-se em demonstrar a relação causal entre eventual conduta do paciente e o resultado lesivo reclamado, cingindo-se a atribuir-lhe de forma objetiva a responsabilidade penal pelo evento delituoso apenas em razão do cargo que ocupa na sociedade empresarial, que teria restado derrotada intencionalmente em processo licitatório, em benefício de outra empresa. 4. Ordem concedida, determinando-se o trancamento da ação penal instaurada contra o paciente em razão de falta de justa causa e da inépcia da denúncia" (STJ, 5ª T., HC 79.775, rel. Min. Jorge Mussi, j. 19.8.2010, *DJe* 20.9.2010).

- **Caracterização:** "No crime do art. 90 da Lei n. 8.666/93 (*nota nossa*: atual art. 337-F do CP), a conduta consiste em empregar alguma manobra ardilosa que impeça ou burle o caráter competitivo do procedimento licitatório, a fim de favorecer um dos concorrentes" (TRF1, 3ª T., ApCr 000897-83.2008.4.01.4300/TO, rel. Des. Fed. Mário César Ribeiro, e-DJF1 5-9-2014)."4. Basta à caracterização do delito tipificado no artigo 90 da Lei 8.666/93 que o agente frustre ou fraude o caráter competitivo da licitação, mediante ajuste, combinação ou qualquer outro expediente, com o intuito de obter vantagem decorrente da adjudicação do objeto do certame, vantagem essa que pode ser para si ou para outrem. 5. As demais questões, como a prova do dolo subjetivo do acusado, por desmandarem exame aprofundado de provas, não pode ser apreciada em Recurso Especial (Súmula 7/STJ). 2. Agravo Regimental improvido" (STJ, 5ª T., AgRg no AgI 983.730, rel. Min. Napoleão Nunes Maia Filho, j. 26.3.2009, *DJe* 4.5.2009). Configuração. Ausência de prejuízo aos cofres públicos. Eliminação da empresa beneficiada: "7. No mesmo julgamento (STJ, Ag 983.730/RS – AgRg, publ. 4.5.2009), decidiu-se que 'basta à caracterização do delito tipificado no artigo 90 da Lei 8.666/93 que o agente frustre ou fraude o caráter competitivo da licitação', não colhendo sorte, assim, a alegação de que a eliminação da empresa supostamente beneficiada do certame – e a ausência de prejuízos aos cofres públicos – impediria a configuração da referida prática criminosa" (STJ, 5ª T., HC 123.234, rel. Min. Laurita Vaz, j. 22.6.2010, *DJe* 2.8.2010).

- **Tipicidade e ausência de prejuízo:** "Apelação Criminal – Lei de Licitações – Artigo 90 da Lei n. 8.666/93 – Caracterização – Materialidade e autoria documentalmente comprovadas – Ausência de prejuízo ao erário – Irrelevância para a configuração do tipo penal – Modificação da fundamentação legal da sentença – Possibilidade – Condição de Membro Permanente da Comissão de Licitação e de Prefeito do Município justificam a fixação da pena acima do mínimo legal – Crime em que as circunstâncias utilizadas para exasperação da pena-base não são inerentes ao tipo – Condenação mantida – Parcial provimento do recurso apenas para modificar a fundamentação da elevação da pena-base, mantendo-se a condenação e provimento do recurso do co-réu Valdir, reconhecendo a extinção da punibilidade em face da prescrição" (TJSP, 15ª CCr, ApCr 990.08.176639-6, rel. Des. Flávio Cunha da Silva, j. 26.5.2009).

- **Ajuste prévio de preços e desnecessidade de efetivo prejuízo:** "Comprovada a existência do intuito de fraudar o procedimento licitatório, mediante ajuste prévio de preços a serem propostos à administração municipal, objetivando a vitória de determinada empresa, está configurado o delito do art. 90 da Lei de Licitações. Desnecessário o efetivo prejuízo para os cofres públicos. Apelações da defesa improvidas" (TJRS, 4ª CCr, ApCr 70040124075, rel. Des. Gaspar Marques Batista, j. 19.5.2011).

- **Tipicidade e anulação do certame licitatório:** "1. O trancamento da ação penal pela via de *habeas corpus* é medida de exceção, que só é admissível quando emerge dos autos, sem a necessidade de exame valorativo do conjunto fático ou probatório, a atipicidade do fato, a ausência de indícios a fundamentarem a acusação ou, ainda, a extinção da punibilidade, circunstâncias não evidenciadas. 2. A anulação do certame licitatório, em razão do evidente ajuste prévio entre os licitantes, não afasta a tipicidade da conduta prevista no art. 90 da Lei n. 8.666/93. 3. Narrando a denúncia a participação do Recorrente no ajuste que frustrou o caráter competitivo do procedimento licitatório, com todas as suas circunstâncias, de modo a possibilitar sua defesa, não é possível o trancamento da ação penal na via do *Habeas corpus*, mormente quando a alegação de falta de justa causa demanda o reexame do material cognitivo constante dos autos. 4. Recurso desprovido" (STJ, 5ª T., RHC 18.598, rel. Min. Laurita Vaz, j. 6.11.2007).

- **Tentativa:** "A utilização de documento falso por sócio de empresa, na fase de habilitação, subsume-se ao tipo penal do art. 90, da Lei n. 8.666/93, na modalidade de 'outro expediente', pois visava tolher a competitividade do procedimento licitatório e, assim, lograr-se vencedor da disputa. O delito somente não se consumou por circunstâncias alheias à vontade do réu, uma vez que a Comissão de Licitações, ao efetivar diligências para reconhecimento da validade da proposta descobriu que a empresa não satisfazia todos os requisitos do edital, restando inabilitada à concorrência pública. Apelação desprovida. Por maioria" (n.ApCr 70057882276, 4ª CCr, TJRS, Rel. Rogério Gesta Leal, j. 28.8.2014, *DJ* 10.9.2014). "1. A diminuição da pena pela tentativa deve considerar o *iter criminis* percorrido pelo agente: quanto mais perto da consumação, menor a redução. 2. No caso, a fraude no procedimento licitatório (tomada de preços) foi descoberta já na ocasião da abertura dos envelopes contendo a documentação de habilitação e propostas. 3. Demonstrando as instâncias ordinárias que o paciente percorreu quase todo o caminho do crime, mostra-se correta a redução em 1/3 (um terço). 4. Ordem denegada" (STJ, 6ª T., HC 86.858, rel. Min. Og Fernandes, j. 18.11.2008). "Cometem o delito previsto no art. 90 da Lei 8.666/93, na forma tentada, os agentes que, mediante ajuste, tentem fraudar o caráter competitivo do procedimento licitatório, com o intuito de obter vantagem, somente não conseguindo por circunstâncias alheias à sua vontade. Condenação mantida. Pena. Se somente duas das operadoras do art. 59 do CP são consideradas desfavoráveis aos réus, a pena não pode afastar-se muito do mínimo legal. Sentença confirmada. Prescrição Retroativa. Matéria de ordem pública que supera qualquer outra alegação, prejudicando o exame do mérito e de nulidades. Extinção da punibilidade declarada, em face da pena concretizada na sentença" (TJRS, 4ª CCr, ApCr 70014033500, rel. Des. Constantino Lisbôa de Azevedo, j. 8.6.2006).

- **Sujeito ativo:** "Delito pelo qual o paciente foi condenado, previsto no art. 90 da Lei de Licitação, que, embora tenha sido praticado à época em que o mesmo seria Vereador-Presidente da Câmara Municipal, não é crime de responsabilidade, tampouco crime funcional ou próprio. Para que se configure a prática do referido crime, não é necessário o desempenho de função pública, a ocupação de cargo público, ou o exercício de mandato eletivo. Qualquer pessoa pode cometê-lo, eis que não há vínculo subjetivo com o funcionário público. Amparo da doutrina, no sentido de que os crimes de responsabilidade ou funcionais são aqueles em que 'a condição de funcionário público é inerente à prática do delito (delito próprio, portanto), não abrangendo outros ilícitos comuns que podem ser cometidos por qualquer pessoa, ainda que a condição de funcionário público intervenha como circunstância qualificadora', como ocorre nas infrações previstas na Lei de Licitações. Pedido julgado prejudicado, em parte, e, no mais, indeferido" (STJ, 5ª T., HC 26.089, rel. Min. Gilson Dipp, j. 6-11-2003).

■ **Dolo específico:** O art. 90 requer o fim específico dos agentes de fraudar o caráter competitivo da licitação (STJ, HC 84.320/SC, rel. Min. Og Fernandes, 6ª T., j. 17.12.2009, DJe 22.2.2010).

■ **Convite para apenas duas empresas:** Amolda-se "ao disposto no art. 90 da Lei 8.666/93, a ação de promover licitação, mediante o convite de apenas duas empresas, sendo que uma delas sequer atuava no ramo profissional, cujo serviço compunha o objeto do certame" (STJ, HC 114.717/MG, rel. p/ acórdão Min. Maria Thereza de Assis Moura, 6ª T., j. 17.12.2009, DJe 14.6.2010).

■ **Não caracterização:** Se o edital dispensa exigência que limitaria a competição, há ampliação da concorrência (STF, APn 314/MT, rel. Min. Ari Pargendler, Corte Especial, j. 19.10.2005, DJ 5.12.2005, p. 198).

■ **Provas insuficientes:** "(...) 1. Não havendo provas suficientes de que teria havido a frustração do caráter competitivo do procedimento licitatório, impõe-se a absolvição, nos termos do art. 386, inc. VI, do Código de Processo Penal. 2. Denúncia julgada improcedente, absolvendo-se o Réu" (STF, APn 430/RS, rel. Min. Cármen Lúcia, Pleno, j. 7.8.2008, DJe 182, divulg. 25.9.2008, publ. 26.9.2008, ement. v. 02334-01, p. 00001).

■ **Indícios insuficientes:** "Peculato. Desvio de renda pública. Fraude através de licitação. Indícios insuficientes para afirmar-se a ocorrência de crime. Licitação por carta convite, sem nenhum vício aparente, não se tipifica como peculato, art. 1º, inc. I, do Dec.-Lei 201, nem como fraude através de licitação, art. 90 da Lei 8.666, ainda que a empresa vencedora do certame obtenha lucro significativo com o contrato, mesmo subcontratando grande parte da obra. O vantajoso preço recebido pela empresa vencedora da licitação não é indício suficiente para afirmar-se que ocorreu superfaturamento. Da mesma forma, o fato de que um dos sócios da empresa vencedora é a chefe de gabinete do Prefeito Municipal, tendo em vista que o detentor do cargo citado não tem ingerência direta sobre a comissão julgadora dos certames. Apelações defensivas providas" (TJRS, 4ª CCr, ApCr 70023343171, rel. Des. Gaspar Marques Batista, j. 26.6.2008).

■ **Confronto com peculato-desvio (art. 312 do CP):** "Prefeito Municipal – Licitação – Aquisição de Medicamentos – Significativo conjunto de indícios – Peculato – Art. 90 da Lei 8.666. 1. Significativo conjunto de indícios, dando conta de que foram adquiridos, mediante licitação direcionada, medicamentos por preços muito superiores aos de mercado, sempre das mesmas empresas distribuidoras, inclusive desprezando mercado de ótima estrutura e potencialidade de concorrência, fica demonstrada a fraude mediante ajuste, com vantagem para as fornecedoras dos objetos das licitações. 2. Editada a Lei 8.666, não mais se cogita de peculato-desvio, se o crime estiver caracterizado como fraude mediante ajuste para dar vantagem a fornecedor do objeto da licitação. Entendimento diverso tornaria ocioso o art. 90 da lei licitatória. Provida apelação do Ministério Público para condenar os réus" (TJRS, 4ª CCr, ApCr 70020685475, rel. Des. Gaspar Marques Batista, j. 11.10.2007).

■ **Caráter competitivo e dolo não demonstrados:** "Fraude à Licitação. Insuficiência probatória. Não demonstrado cabalmente que o caráter competitivo da licitação foi prejudicado, ou mesmo demonstrado o dolo dos agentes em fraudar o procedimento licitatório, a absolvição é medida que se impõe. Apelo não provido, com confirmação e transcrição da sentença" (TJRS, 4ª CCr, ApCr 70037355450, rel. Des. Marcelo Bandeira Pereira, j. 9.6.2011).

■ **Ajuste prévio de valores:** "Prefeito Municipal. Crime de Licitação (art. 90, Lei n. 8.666/93). Recebimento da denúncia. Ajustar valores dos serviços, objeto da licitação, com os participantes, de forma a permitir que todos os convidados viessem a ser contemplados, com as adjudicações previamente estabelecidas, constitui, em tese, o crime descrito na denúncia. Denúncia recebida" (TJRS, 4ª CCr, Proc.-crime 70000 654012 de Taquara, rel. Des. José Eugênio Tedesco, j. 17.6.2004).

- Prefeito – empresas do mesmo grupo: "Ajuste ou combinação para fraudar licitação, entre Prefeito Municipal e empresários da coleta de lixo, havendo sinalização de que todas as empresas concorrentes ao certame pertenciam ao mesmo grupo e eram geridas por um dos denunciados. Possibilidade de que o Prefeito não desconhecesse a quem pertenciam as empresas concorrentes, numa comunidade de menos de três mil habitantes. Hipótese em que a denúncia deve ser recebida" (TJRS, 4ª CCr, APn – Procedimento Ordinário 70039637988, rel. Des. Gaspar Marques Batista, j. 14.4.2011).

PATROCÍNIO DE CONTRATAÇÃO INDEVIDA

Art. 337-G. Patrocinar, direta ou indiretamente, interesse privado perante a Administração Pública, dando causa à instauração de licitação ou à celebração de contrato cuja invalidação vier a ser decretada pelo Poder Judiciário:

Pena – reclusão, de 6 (seis) meses a 3 (três) anos, e multa.

- Alteração: Artigo incluído pela Lei n. 14.133, de 1º.4.2021.

- Acordo de não persecução penal: Diante da pena mínima inferior a quatro anos, e o crime ser sem violência ou grave ameaça, em tese cabe, a depender do preenchimento dos demais requisitos do art. 28-A do CPP, como a confissão.

- Suspensão condicional do processo: Diante do requisito da pena mínima ser igual ou inferior a um ano, em tese cabe, a depender da satisfação dos outros requisitos do art. 89 da Lei n. 9.099/95.

- Não houve *abolitio criminis*: O presente art. 337-G tem redação idêntica àquela do art. 91 da Lei n. 8.666/90, revogado pela Lei n. 14.133/2021, havendo apenas o aumento da pena máxima. Desse modo, há *sucessão de leis penais no tempo*.

Art. 337-G. Patrocinar, direta ou indiretamente, interesse privado perante a Administração Pública, dando causa à instauração de licitação ou à celebração de contrato cuja invalidação vier a ser decretada pelo Poder Judiciário:	Art. 91. Patrocinar, direta ou indiretamente, interesse privado perante a Administração, dando causa à instauração de licitação ou à celebração de contrato, cuja invalidação vier a ser decretada pelo Poder Judiciário:
Pena – reclusão, de 6 (seis) meses a 3 (três) anos, e multa.	Pena – detenção, de 6 (seis) meses a 2 (dois) anos, e multa.

- Irretroatividade: Com punição mais severa – detenção, de 6 (seis) meses a 3 (três) anos, e multa – do que a prevista para o antigo art. 91 da Lei n. 8.666/90 – detenção, de 6 (seis) meses a 2 (dois) anos, e multa –, as penas previstas no art. 337-G do CP não retroagem para fatos ocorridos anteriormente. Há sucessão de leis penais no tempo, continuando a conduta a ser incriminada na figura do atual art. 337-G, mas, para os crimes cometidos anteriormente à sua vigência, as penas continuarão a ser a do revogado art. 91, havendo *ultratividade* nesse aspecto, uma vez que a lei penal mais gravosa não pode retroagir.

- Objeto jurídico: A lisura dos atos administrativos no que concerne à licitação e à celebração do respectivo contrato.

- Administração Pública direta, autarquias, fundações, empresas públicas, sociedades de economia mista e subsidiárias: A Lei n. 14.133/2021 que disciplina os contratos das Administrações Públicas diretas, autárquicas e fundacionais da União, dos Estados, do Distrito Federal e dos Municípios, e que criou os arts. 337-E a 337-P do CP, ora comentados, expressamente dispõe, em seu art. 185, que eles se aplicam, também, aos contratos das empresas públicas, sociedades de economia mista e as suas subsidiárias, regidas pela Lei n. 13.303/2016.

- **Sujeito ativo:** Somente o agente público, ou seja, o indivíduo que, em virtude de eleição, nomeação, designação, contratação ou qualquer outra forma de investidura ou vínculo, exerce mandato, cargo ou emprego público (art. 6º, V, da Lei n. 14.133/2021). Trata-se, pois, de crime próprio. No entanto, como bem observa Vicente Greco Filho, "somente haverá o crime se o agente, funcionário, patrocina interesse privado perante a Administração, valendo-se daquela qualidade", o que não ocorrerá se houver atuado "sem qualquer vínculo com sua função, que pode ser remota e sem vínculo com a pretensão" (*Dos Crimes da Lei de Licitações*, 2ª ed., São Paulo, Saraiva, 2007, p. 80). Em sentido contrário, GUILHERME DE SOUZA NUCCI (*Leis Penais e Processuais Penais Comentadas*, São Paulo, Revista dos Tribunais, 2006, p. 447).

- **Sujeito passivo:** O Estado, isto é, o ente prejudicado da Administração Pública direta, autárquica e fundacional da União, dos Estados, do Distrito Federal ou dos Municípios (art. 1º, *caput*, da Lei n. 14.133/2021), abrangendo os órgãos dos Poderes Legislativo e Judiciário da União, dos Estados e do Distrito Federal e os órgãos do Poder Legislativo dos Municípios, quando no desempenho de função administrativa, bem como os fundos especiais e as demais entidades controladas direta ou indiretamente pela Administração Pública (art. 1º, I e II).Também as empresas públicas, sociedades de economia mista e as suas subsidiárias, regidas pela Lei n. 13.303/2016, nos termos do art. 185 da Lei n. 14.133/2021, expressamente determinando que a elas são aplicáveis os crimes dispostos neste Capítulo II-B.

- **Tipo objetivo:** O presente tipo penal é uma espécie de "advocacia administrativa qualificada", voltada a licitações ou contratações públicas. O núcleo é *patrocinar*, que tem a significação de pleitear, advogar, defender, apadrinhar interesse alheio. A ação pode ser exercida direta (pelo próprio funcionário) ou indiretamente (com a interposição de outra pessoa). Pune-se o comportamento do funcionário que, prevalecendo-se da sua especial condição funcional, patrocina interesse privado, interesse esse que, embora legítimo, pode ser justo ou não. O interesse deve ser de terceira pessoa e não do agente. O patrocínio deve ser realizado *perante* a Administração Pública, com o propósito de *dar causa à instauração de licitação ou à celebração de contrato* a ela referente. E acrescenta a norma em comento: cuja invalidação *vier a ser decretada* pelo Poder Judiciário; cuida-se de elementar do tipo, só se perfazendo o crime se houver decisão cível que anule a licitação ou o contrato, exigindo-se, a nosso ver, trânsito em julgado desta decisão. Trata-se, portanto, de tipo penal cuja configuração *não depende exclusivamente da conduta do agente*, mas sim da propositura de uma ação cível por terceiros (Ministério Público ou outros concorrentes) voltada a anular um certame ou um contrato, que venha a ser julgada procedente pelo Judiciário.

- **Tipo subjetivo:** É o dolo, ou seja, a vontade livre e consciente de patrocinar interesse privado perante a Administração Pública, acrescido do especial fim de agir: para causar a instauração de licitação ou a celebração de contrato. Para os tradicionais, é o dolo específico. Não há forma culposa.

- **Coautoria ou participação:** Apesar de ser crime próprio de funcionário público (ou equiparado), nos termos dos arts. 29 e 30 do CP pode haver concurso de agentes não funcionários públicos, desde que tenham ciência dessa circunstância, a eles se comunicando essa condição.

- **Consumação:** Embora a conduta do agente seja anterior, o tipo só se perfaz com a invalidação judicial da licitação ou do contrato, sendo atípica a conduta se a invalidação for exclusivametne administrativa. Com a mesma opinião, comentando o idêntico tipo penal da revogada Lei n. 8.666/90, ADEL EL TASSE, *Legislação Criminal Especial*, coordenada por Luiz Flávio Gomes e Rogério Sanches Cunha, São Paulo, Revista dos Tribunais, 2009, p. 676.

- **Tentativa:** Não nos parece possível, já que a invalidação judicial, com a qual o crime se consuma, é elementar do tipo. Nesse sentido, Vicente Greco Filho, ob. cit., p. 84.

- **Confronto:** Caso, apesar do patrocínio, não haja licitação ou contrato, ou, tendo existido, não seja invalidado judicialmente, poderá haver o delito do art. 321 do CP (advocacia administrativa), cuja pena é muito inferior: detenção de 1 (um) a 3 (três) meses, se o interesse for legítimo, e detenção de 3 (três) meses a um ano, além da multa, se for iletítimo. Nesse sentido, JOSÉ GERALDO DA SILVA, PAULO ROGÉRIO BONINI e WILSON LAVORENTI, *Leis Penais Especiais Anotadas*, 12ª ed., Campinas, Millenium, 2011, p. 377).

- **Ação penal:** Pública incondicionada.

- **Pena:** Reclusão, de seis meses a três anos, e multa. Sobre a pena de multa, *vide* art. 337-P.

Jurisprudência do antigo art. 91 da Lei n. 8.666/90, idêntico ao art. 337-G

- **Invalidação *ab ovo*:** "2. Carece de justa causa a ação penal quando se imputa a prática do crime do art. 91 da Lei 8.666/93, que depende da invalidação da contratação, uma vez coarctada, *ab ovo*, a concretização da licitação. 3. Ordem concedida, em menor extensão, para trancar, em parte, a ação penal em relação ao paciente, apenas em relação ao art. 91 da Lei 8.666/93" (STJ, 6ª T., HC 114.717, rel. p/ acórdão Min. Maria Thereza de Assis Moura, j. 17.12.2009, *DJe* 14.6.2010).

MODIFICAÇÃO OU PAGAMENTO IRREGULAR EM CONTRATO ADMINISTRATIVO

Art. 337-H. Admitir, possibilitar ou dar causa a qualquer modificação ou vantagem, inclusive prorrogação contratual, em favor do contratado, durante a execução dos contratos celebrados com a Administração Pública, sem autorização em lei, no edital da licitação ou nos respectivos instrumentos contratuais, ou, ainda, pagar fatura com preterição da ordem cronológica de sua exigibilidade:

Pena – reclusão, de 4 (quatro) anos a 8 (oito) anos, e multa.

- **Alteração:** Artigo incluído pela Lei n. 14.133, de 1º.4.2021.

- **Não houve *abolitio criminis*:** O presente art. 337-H tem redação muito similar àquela do *caput* art. 92 da Lei n. 8.666/90, revogado pela Lei n. 14.133/2021, que incluiu este novo artigo no CP. Desse modo, há *sucessão de leis penais* que incriminam condutas similares. Quanto ao parágrafo único do antigo art. 92, *vide* nota abaixo sob a rubrica *Coautoria ou participação*.

| Art. 337-H. Admitir, possibilitar ou dar causa a qualquer modificação ou vantagem, inclusive prorrogação contratual, em favor do contratado, durante a execução dos contratos celebrados com a Administração Pública, sem autorização em lei, no edital da licitação ou nos respectivos instrumentos contratuais, ou, ainda, pagar fatura com preterição da ordem cronológica de sua exigibilidade:

Pena – reclusão, de 4 (quatro) anos a 8 (oito) anos, e multa. | Art. 92. Admitir, possibilitar ou dar causa a qualquer modificação ou vantagem, inclusive prorrogação contratual, em favor do adjudicatário, durante a execução dos contratos celebrados com o Poder Público, sem autorização em lei, no ato convocatório da licitação ou nos respectivos instrumentos contratuais, ou, ainda, pagar fatura com preterição da ordem cronológica de sua exigibilidade, observado o disposto no art. 121 desta Lei:

Pena – detenção, de 2 (dois) a 4 (quatro) anos, e multa.

Parágrafo único. Incide na mesma pena o contratado que, tendo comprovadamente concorrido para a consumação da ilegalidade, obtém vantagem indevida ou se beneficia, injustamente, das modificações ou prorrogações contratuais. |

- **Irretroatividade:** Com punição muito mais severa – reclusão, de 4 (quatro) anos a 8 (oito) anos, e multa – do que a prevista para o antigo art. 92 – detenção, de 2 (dois) a 4 (quatro) anos, e multa –, as penas previstas no art. 337-H do CP não retroagem para fatos ocorridos anteriormente. Há sucessão de leis penais no tempo, continuando a conduta a ser incriminada na figura do atual art. 337-H, mas, para os crimes cometidos anteriormente à sua vigência, as penas continuarão a ser à do revogado art. 92, havendo *ultratividade* nesse aspecto, uma vez que a lei penal mais gravosa não pode retroagir.

- **Objeto jurídico:** A lisura dos contratos com a Administração Pública, e o regular uso dos recursos públicos.

- **Administração Pública direta, autarquias, fundações, empresas públicas, sociedades de economia mista e subsidiárias:** A Lei n. 14.133/2021 que disciplina os contratos das Administrações Públicas diretas, autárquicas e fundacionais da União, dos Estados, do Distrito Federal e dos Municípios, e que criou os arts. 337-E a 337-P do CP, ora comentados, expressamente dispõe, em seu art. 185, que eles se aplicam, também, aos contratos das empresas públicas, sociedades de economia mista e as suas subsidiárias, regidas pela Lei n. 13.303/2016.

- **Sujeito ativo:** Trata-se de crime próprio, sendo sujeito ativo apenas o funcionário público (ou equiparado) (*intraneus*), ou seja, o "indivíduo que, em virtude de eleição, nomeação, designação, contratação ou qualquer outra forma de investidura ou vínculo, exerce mandato, cargo, emprego ou função em pessoa jurídica integrante da Administração Pública" (art. 6º, V, da Lei n. 14.133/2021).

- **Sujeito passivo:** Primeiramente, o Estado, isto é, o ente prejudicado da Administração Pública direta, autárquica e fundacional da União, dos Estados, do Distrito Federal ou dos Municípios (art. 1º, *caput*, da Lei n. 14.133/2021), abrangendo os órgãos dos Poderes Legislativo e Judiciário da União, dos Estados e do Distrito Federal e os órgãos do Poder Legislativo dos Municípios, quando no desempenho de função administrativa, bem como os fundos especiais e as demais entidades controladas direta ou indiretamente pela Administração Pública (art. 1º, I e II). Também as empresas públicas, sociedades de economia mista e as suas subsidiárias, regidas pela Lei n. 13.303/2016, nos termos do art. 185 da Lei n. 14.133/21, expressamente determinando que a elas são aplicáveis os crimes dispostos neste Capítulo II-B. Na segunda parte do artigo, o terceiro prejudicado com a modificação ou vantagem, ou preterição da ordem cronológica.

- **Tipo objetivo:** O presente tipo penal pune condutas praticadas em contratos já firmados com a Administração Pública, após o término do processo de licitação. Sobre os contratos administrativos, *vide* arts. 89 e seguintes da Lei n. 14.133/2021. Trata-se o presente art. 337-G de tipo misto alternativo, sendo duas as hipóteses previstas. Na primeira parte (*1*), a conduta pode ser praticada de três formas: *a) admitir* (aceitar, permitir); *b) possibilitar* (tornar possível); *c) dar causa* (causar). O objeto material é qualquer modificação (alteração) ou vantagem (benefício), inclusive prorrogação, em favor do contratado, durante a execução dos *contratos* celebrados com a Administração Pública, acrescido do elemento normativo *sem autorização em lei* (lei penal em branco). As condutas são praticadas no *edital de licitação* ou *nos respectivos instrumentos contratuais*. Quanto aos *contratos administrativos, vide* arts. 89 e seguintes da Lei n. 14.133/2021. Na segunda parte do artigo ora em comento, pune-se a conduta de pagar fatura com preterição (deixando à parte, desprezando) da ordem cronológica de sua exigibilidade. Quanto à ordem cronológica dos pagamentos, o art. 141 da Lei n.14.133/2021 traz diretrizes: a) fornecimento de bens; b) locações; c) prestação de serviços; e d) realização de obras. Exceções são previstas em seu § 1º, mediante prévia justificativa com comunicação ao órgão de controle e ao Tribunal de Contas competente: a) grave perturbação da ordem, emergência ou calamidade pública; b) pagamento a microempresa, empresa de pequeno porte, agricultor familiar, produtor rural pessoa física, microempreendedor individual e sociedade cooperativa, desde que demonstrado o risco de descontinuidade do cumprimento do objeto do contrato; c) pagamento de serviços necessários ao funcionamento dos sistemas estruturantes, desde que demonstrado o risco de descontinuidade do cumprimento do objeto do contrato; d) pagamento de direitos oriundos de contratos em caso de falência, recuperação judicial ou dissolução da empresa contratada; e) pagamento de contrato cujo objeto seja imprescindível para assegurar a integridade do patrimônio público ou para manter o funcionamento das atividades finalísticas do órgão ou entidade, quando demonstrado o risco de descontinuidade da prestação de serviço público de relevância ou o cumprimento da missão institucional.

- **Tipo subjetivo:** É o dolo, ou seja, a vontade livre e consciente de admitir, possibilitar ou dar causa à modificação ou vantagem, inclusive prorrogação, em favor do contratado (na primeira parte do artigo), ou, ainda, de pagar fatura fora da ordem cronológica (na segunda parte). Para a doutrina tradicional, é o dolo genérico. Não há forma culposa.

- **Consumação:** Com a efetiva modificação ou concessão de vantagem, inclusive prorrogação, em favor do contratado (na primeira parte do artigo), ou, ainda, com o efetivo pagamento de fatura fora da ordem cronológica. Cuida-se, assim, de delito material, que depende de resultado naturalístico. Tratando-se de tipo misto alternativo, caso o agente, no mesmo contexto fático, pratique mais de uma conduta, responderá por um único crime. Nesse sentido, JESSÉ TORRES PEREIRA JUNIOR, *Comentários à Lei das Licitações e Contratações da Administração Pública,* Rio de Janeiro, Renovar, 2007, pp. 911- 912. Para JOSÉ GERALDO DA SILVA, PAULO ROGÉRIO BONINI e WILSON LAVORENTI, se o agente, além da prorrogação contratual, também efetuar pagamento de fatura fora da ordem cronológica, haverá concurso material (ob. cit., p. 379). Com essa última orientação, igualmente VICENTE GRECO FILHO (ob. cit., p. 93).

- **Tentativa:** Não nos parece possível em nenhuma das condutas incriminadas, por serem todas unissubsistentes, não podendo ser fracionadas.

- **Erro de tipo ou proibição:** Pode haver (CP, arts. 20 e 21).

- **Coautoria ou participação:** Apesar de ser crime próprio de funcionário público (ou equiparado), nos termos dos arts. 29 e 30 do CP pode haver concurso de agentes não funcionários públicos, desde que tenham ciência dessa circunstância, a eles se comunicando essa condição. Desse modo, a situação do particular beneficiado que concorre para o crime praticado pelo funcionário público, que era prevista com a mesma punição no parágrafo único do revogado art. 92 da Lei n. 8.666/90 ("*o contratado que, tendo comprovadamente concorrido para a consumação da ilegalidade, obtém vantagem indevida ou se beneficia, injustamente, das modificações ou prorrogações contratuais*"), e que não foi reproduzida, pode configurar concurso de agentes do novo crime do art. 337-H.

- **Ação penal:** Pública incondicionada.

- **Pena:** Reclusão, de 4 (quatro) anos a 8 (oito) anos, e multa. Sobre a pena de multa, *vide* art. 337-P.

Jurisprudência do antigo art. 92 da Lei n. 8.666/90

- **Dolo genérico:** "5. O tipo previsto no art. 92 da Lei n. 8.666/93 reclama dolo genérico, inadmitindo culpa ou dolo eventual posto dirigido ao administrador desonesto e não ao supostamente inábil. É que a intenção de desviar e favorecer são elementos do tipo, consoante a jurisprudência da corte" (STJ, Corte Especial, APn 226, rel. Min. Luiz Fux, j. 10.8.2007, *DJ* 8.10.2007, p. 187).

- **Majoração do preço:** "A majoração substancial do preço, fora do figurino previsto na Lei n. 8.666/93, pouco importando, na espécie, de serviços e não de venda de mercadorias, configura, em tese, o tipo penal – arts. 92 e 96 da citada Lei" (STF, 1ª T., HC 102.063, rel. Min. Marco Aurélio, j. 5.10.2010, *DJe* 233, *divulg.* 1º.12.2010, publ. 2.10.2010, *Ement.* v. 02443-01, p. 131).

- **Prorrogação contratual:** "1. A conduta atribuída ao paciente se subsume ao ilícito tipificado no art. 92 da Lei n. 8.666/93, que, sendo misto alternativo, compreende no seu núcleo, além de admitir e dar causa, possibilitar a prorrogação contratual em favor de adjudicatário na execução de contrato com o poder público. 2. Não há que se falar em inexistência de crime ou ilegalidade qualquer da sentença, podendo o secretário de governo, enquanto parecerista, cometer o crime se evidenciado que o ato de ofício foi expressão formal de conduta efetivamente criminosa. 3. A existência de circunstâncias judiciais desfavoráveis, que determinam a exasperação da pena privativa de liberdade na sua quantidade e regime de cumprimento, não impede que a pena alternativa se mostre suficiente para a prevenção e repressão do crime, até porque permanece como reserva a assegurar a efetividade do direito penal. 4. Havendo similitude de situações, nada obsta que a solução dada ao corréu (HC n.65.230/SP, 6ª T., *DJ* de 8.3.2010) seja também aplicada ao ora paciente. 5. Ordem parcialmente concedida, a fim de substituir a privativa de liberdade por prestação pecuniária e prestação de serviços à comunidade. Fica a cargo do juiz das execuções a implementação das restritivas de direitos" (STJ, 6ª T., HC 64.372, rel. Min. Og Fernandes, j. 6.5.2010, *DJe* 24.5.2010).

PERTURBAÇÃO DE PROCESSO LICITATÓRIO

Art. 337-I. Impedir, perturbar ou fraudar a realização de qualquer ato de processo licitatório:

Pena – detenção, de 6 (seis) meses a 3 (três) anos, e multa.

- **Alteração:** Artigo incluído pela Lei n. 14.133, de 1º.4.2021.

- **Acordo de não persecução penal:** Diante da pena mínima inferior a quatro anos, e o crime ser sem violência ou grave ameaça, em tese cabe, a depender do preenchimento dos demais requisitos do art. 28-A do CPP, como a confissão.

- **Suspensão condicional do processo:** Diante do requisito da pena mínima ser igual ou inferior a um ano, em tese cabe, a depender da satisfação dos outros requisitos do art. 89 da Lei n. 9.099/95.

- **Não houve *abolitio criminis*:** O presente art. 337-I tem redação quase idêntica à do art. 93 da Lei n. 8.666/90, revogado pela Lei n. 14.133/2021. As únicas alterações foram o aumento da pena máxima, que passou de 2 para 3 anos, e a substituição da expressão *procedimento licitatório* por *processo licitatório*. Desse modo, não houve *abolitio criminis*, tratando-se de *sucessão de leis penais no tempo*.

Art. 337-I. Impedir, perturbar ou fraudar a realização de qualquer ato de processo licitatório:	Art. 93. Impedir, perturbar ou fraudar a realização de qualquer ato de procedimento licitatório:
Pena – detenção, de 6 (seis) meses a 3 (três) anos, e multa.	Pena – detenção, de 6 (seis) meses a 2 (dois) anos, e multa.

- **Irretroatividade:** Com punição mais severa – detenção, de 6 (seis) meses a 3 (três) anos, e multa – do que a prevista para o antigo art. 93 – detenção, de 6 (seis) meses a 2 (dois) anos, e multa –, as penas previstas no art. 337-I do CP não retroagem para fatos ocorridos anteriormente. Há sucessão de leis penais no tempo, continuando a conduta a ser incriminada na figura do atual art. 337-I, mas, para os crimes cometidos anteriormente à sua vigência, as penas continuarão a ser à do revogado art. 93, havendo *ultratividade* nesse aspecto, uma vez que a lei penal mais gravosa não pode retroagir.

- **Objeto jurídico:** A normalidade e a regularidade das licitações.

- **Administração Pública direta, autarquias, fundações, empresas públicas, sociedades de economia mista e subsidiárias:** A Lei n. 14.133/2021 que disciplina os contratos das Administrações Públicas diretas, autárquicas e fundacionais da União, dos Estados, do Distrito Federal e dos Municípios, e que criou os arts. 337-E a 337-P do CP, ora comentados, expressamente dispõe, em seu art. 185, que eles se aplicam, também, aos contratos das empresas públicas, sociedades de economia mista e as suas subsidiárias, regidas pela Lei n. 13.303/2016.

- **Sujeito ativo:** Qualquer pessoa.

- **Sujeito passivo:** Primeiramente o Estado, isto é, o ente prejudicado da Administração Pública direta, autárquica e fundacional da União, dos Estados, do Distrito Federal ou dos Municípios (art. 1º, *caput*, da Lei n. 14.133/2021), abrangendo os órgãos dos Poderes Legislativo e Judiciário da União, dos Estados e do Distrito Federal e os órgãos do Poder Legislativo dos Municípios, quando no desempenho de função administrativa, bem como os fundos especiais e as demais entidades controladas direta ou indiretamente pela Administração Pública (art. 1º, I e II). Também as empresas públicas, sociedades de economia mista e as suas subsidiárias, regidas pela Lei n. 13.303/2016, nos termos do art. 185 da Lei n. 14.133/2021, expressamente determinando que a elas são aplicáveis os crimes dispostos neste Capítulo II-B. Quanto aos demais licitantes prejudicados, para VICENTE GRECO FILHO, "os participantes regulares do procedimento impedido, perturbado ou fraudado podem ser prejudicados, mas não ofendidos no sentido jurídico-penal, porque não têm bem jurídico próprio atingido" (ob. cit., p. 99). A nosso sentir, como licitantes, eles têm direito a que as regras sejam respeitadas, sendo não só prejudicados, mas também sujeitos passivos deste crime.

- **Tipo objetivo:** Trata-se de tipo misto alternativo, sendo três as condutas incriminadas: *a) impedir* (impossibilitar, obstruir); *b) perturbar* (causar perturbação, estorvar, pôr fim a tranquilidade); *c) fraudar* (cometer fraude ou lesar por meio de fraude, enganar, iludir). O objeto material é a realização de qualquer ato de processo licitatório, que está detalhadamente regulamentado na Lei n. 14.133/2021. Para DIOGENES GASPARINI, comentando o antigo art. 93, "os atos anteriores, a exemplo da aprovação da minuta e do edital pela assessoria jurídica, e os posteriores, a exemplo da publicação do resumo do contrato, não integram o procedimento licitatório propriamente dito" (*Crimes na Licitação*. 3ª ed., São Paulo, NDJ, 2004, p. 124).

- **"Perturbação" e movimentos sociais de protesto:** A incriminação da "perturbação" de uma licitação pública, com pena de detenção, de seis meses a três anos, e multa, é desproporcional e atentatória ao legítimo direito dos cidadãos de *protestar* contra determinada concorrência pública. Deveria o legislador ter colocado, com prudência, o adjetivo *grave* perturbação. A nosso ver errou ao tipificar essa modalidade de conduta, que pode implicar séria restrição ao legítimo protesto público, como os conhecidos "panelaços". Em nossa opinião, só haverá o crime se a conduta causar efetiva ofensa ao bem jurídico tutelado, não caracterizando o delito, por exemplo, a manifestação legítima contra alguma licitação, em vias públicas, estando os cidadãos amparados pelo direito à livre manifestação do pensamento (CF, art. 5º, IV).

- **Tipo subjetivo:** É o dolo, a vontade livre e consciente de praticar as condutas incriminadas, ciente da ilicitude de seu comportamento. Para os tradicionais, trata-se do dolo genérico. Não há modalidade culposa.

- **Consumação:** Na figura de perturbar, com a ação que efetivamente vier a causar perturbação no processo licitatório. Na de impedir, com o real impedimento. E, na de fraudar, quando a fraude produz efeito, enganando terceiro ou terceiros. Na primeira hipótese, o crime é formal; nas duas últimas, material.

- **Tentativa:** Na modalidade de perturbar não é possível, por se cuidar de conduta unissubsistente, que não pode ser fracionada. Na de impedir é possível, porém, o agente, ao tentar impedir, já terá provavelmente causado perturbação. Na conduta de fraudar, a tentativa é possível.

- **Concurso de agentes:** É possível (arts. 29 e 30 do CP).

- **Confronto:** Este 337-I mantém a revogação tácita do *caput* do art. 335 do CP, sob o *nomen juris* "Impedimento, perturbação ou fraude de concorrência", que já havia ocorrido pela Lei n. 8.666/90.

- **Ação penal:** Pública incondicionada.

- **Pena:** Detenção, de 6 (seis) meses a 3 (três) anos, e multa. Sobre a pena de multa, *vide* art. 337-P.

VIOLAÇÃO DE SIGILO EM LICITAÇÃO

Art. 337-J. Devassar o sigilo de proposta apresentada em processo licitatório ou proporcionar a terceiro o ensejo de devassá-lo:

Pena – detenção, de 2 (dois) anos a 3 (três) anos, e multa.

- **Alteração:** Artigo incluído pela Lei n. 14.133, de 1º.4.2021.

- **Acordo de Não Persecução Penal:** Diante da pena mínima inferior a quatro anos, e o crime ser sem violência ou grave ameaça, em tese cabe, a depender do preenchimento dos demais requisitos do art. 28-A do CPP, como a confissão.

- **Não houve** *abolitio criminis*: O presente art. 337-J tem redação muito similar àquela do art. 94 da Lei n. 8.666/90, revogado pela Lei n. 14.133/2021, que incluiu este novo artigo no CP. A única alteração foi a substituição da expressão *procedimento licitatório* por *processo licitatório*. Desse modo, há *sucessão de leis penais* que incriminam condutas similares. As penas previstas são as mesmas.

Art. 337-J. Devassar o sigilo de proposta apresentada em processo licitatório ou proporcionar a terceiro o ensejo de devassá-lo:	Art. 94. Devassar o sigilo de proposta apresentada em procedimento licitatório, ou proporcionar a terceiro o ensejo de devassá-lo:
Pena – detenção, de 2 (dois) anos a 3 (três) anos, e multa	Pena – detenção, de 2 (dois) a 3 (três) anos, e multa.

- **Objeto jurídico:** A regularidade das licitações, notadamente de seu caráter competitivo em busca da melhor proposta para o Poder Público. Nos termos da Lei n. 14.133/2021, "os atos praticados no processo licitatório são públicos, ressalvadas as hipóteses de informações cujo sigilo seja imprescindível à segurança da sociedade e do Estado" (art. 13, *caput*), sendo a publicidade diferida (isto é, postergada, adiada para um momento posterior) em duas hipóteses: I – quanto ao conteúdo das propostas, até a respectiva abertura; II – quanto ao orçamento da Administração, nos termos do art. 24 desta Lei (art. 13, parágrafo único).

- **Sujeito ativo:** Na primeira modalidade (devassar), apenas o funcionário público responsável pelo sigilo das propostas, tratando-se de crime próprio. Na segunda modalidade (proporcionar), não só o funcionário, mas também o terceiro para quem a devassa é proporcionada.

- **Sujeito passivo:** Primeiramente, o Estado, isto é, o ente prejudicado da Administração Pública direta, autárquica e fundacional da União, dos Estados, do Distrito Federal ou dos Municípios (art. 1º, *caput*, da Lei n. 14.133/2021), abrangendo os órgãos dos Poderes Legislativo e Judiciário da União, dos Estados e do Distrito Federal e os órgãos do Poder Legislativo dos Municípios, quando no desempenho de função administrativa, bem como os fundos especiais e as demais entidades controladas direta ou indiretamente pela Administração Pública (art. 1º, I e II). Também as empresas públicas, sociedades de economia mista e as suas subsidiárias, regidas pela Lei n. 13.303/2016, nos termos do art. 185 da Lei n. 14.133/2021, expressamente determinando que a elas são aplicáveis os crimes dispostos neste Capítulo II-B. Secundariamente, os concorrentes prejudicados.

- **Tipo objetivo:** Duas são as condutas incriminadas: *a) devassar* (invadir e pôr a descoberto, descobrir) o *sigilo* (segredo) de proposta apresentada em processo licitatório, que é o objeto material, "qualquer que seja sua modalidade": pregão, concorrência, concurso, leilão e diálogo competitivo (art. 28 da Lei n. 14.133/2021); *b) proporcionar* (dar, oferecer) a terceiro o ensejo (ocasião, oportunidade) de devassá-lo. O processo licitatório está previsto nos arts. 11 e seguintes da Lei n. 14.133/2021. Como anota WOLGRAN JUNQUEIRA FERREIRA, comentando o revogado art. 94 da Lei n. 8.666/90, similar ao atual art. 337-J, "o devassamento terá de ser praticado em tempo útil, isto é, antes de expirado o prazo do edital ou antes do momento seletivo, de modo a permitir ou possibilitar a insídia de substituições ou alterações, ou a quebra de normalidade da concorrência" (*Licitações e Contratos na Administração Pública*, Bauru, Edipro, 1994, p. 157). E DIOGENES GASPARINI, por sua vez, ressalta: "O conhecimento da proposta, via de regra, só pode acontecer no momento oportuno do procedimento licitatório e em sessão pública. Até esse momento a proposta é sigilosa..." (ob. cit., p. 130).

- Tipo subjetivo: É o dolo, ou seja, a vontade livre e consciente de devassar ou de proporcionar a terceiro a oportunidade de fazê-lo. Para os tradicionais, é o dolo genérico. Não há forma culposa.

- Consumação: Com o efetivo ato da devassa, por si próprio ou pelo terceiro a quem proporcionou tal ocasião, quebrando o sigilo do processo licitatório. É crime formal, não sendo necessário resultado naturalístico para se aperfeiçoar, como a efetiva contratação da licitação devassada com prejuízo aos cofres públicos.

- Tentativa: Não nos parece possível na primeira conduta de *devassar*, por ser ela unissubsistente, não podendo ser fracionada. Reavaliando a segunda figura, entendemos que igualmente não será possível a tentativa na hipótese de *proporcionar* a outrem a possibilidade de devassar o sigilo, pois mesmo que recusada pelo terceiro, o simples fato de o funcionário ter proporcionado o ensejo de o fazer já configura o delito.

- Coautoria e participação: É possível, tanto da parte de outro *intraneus* (funcionário público) como de *extraneus* (não funcionário), nos termos dos arts. 29 e 30 do CP.

- Confronto: Se a licitação fraudada com a devassa do sigilo das propostas foi concretizada, haverá a tipificação do crime do art. 337-F, punido mais gravemente, restando a infração deste art. 337-J absorvida.

- Ação penal: Pública incondicionada.

- Pena: Detenção, de dois a três anos, e multa. Sobre a pena de multa, *vide* art. 337-P.

AFASTAMENTO DE LICITANTE

Art. 337-K Afastar ou tentar afastar licitante por meio de violência, grave ameaça, fraude ou oferecimento de vantagem de qualquer tipo:

Pena – reclusão, de 3 (três) anos a 5 (cinco) anos, e multa, além da pena correspondente à violência.

Parágrafo único. Incorre na mesma pena quem se abstém ou desiste de licitar em razão de vantagem oferecida.

- Alteração: Artigo incluído pela Lei n. 14.133, de 1º.4.2021.

- Acordo de Não Persecução Penal: Não cabe no *caput*, nos casos de violência ou grave ameaça. Se o delito for praticado mediante fraude ou oferecimento de vantagem, cabe no *caput*, diante da pena mínima inferior a quatro anos. No parágrafo único também cabe, a depender do preenchimento dos demais requisitos do art. 28-A do CPP, como a confissão.

- Não houve *abolitio criminis*: O *caput* do presente art. 337-K tem redação similar àquela do art. 95 da Lei n. 8.666/90, revogado pela Lei n. 14.133/2021, que incluiu este novo artigo no CP. No *caput*, além da modificação da pena, a única alteração foi a substituição da expressão "procurar afastar" por "tentar afastar". O novo dispositivo penal trouxe, ainda, em seu parágrafo único, nova incriminação consistente em se abster ou desistir de participar de licitação em razão de vantagem:

Art. 337-K. Afastar ou tentar afastar licitante por meio de violência, grave ameaça, fraude ou oferecimento de vantagem de qualquer tipo:	Art. 95. Afastar ou procurar afastar licitante, por meio de violência, grave ameaça, fraude ou oferecimento de vantagem de qualquer tipo:
Pena – reclusão, de 3 (três) anos a 5 (cinco) anos, e multa, além da pena correspondente à violência.	Pena – detenção, de 2 (dois) a 4 (quatro) anos, e multa, além da pena correspondente à violência.
Parágrafo único. Incorre na mesma pena quem se abstém ou desiste de licitar em razão de vantagem oferecida.	

- **Irretroatividade:** Com punição mais severa – reclusão, de 3 (três) anos a 5 (cinco) anos, e multa – do que a prevista para o antigo art. 95 – detenção, de 2 (dois) a 4 (quatro) anos, e multa –, as penas previstas no neste art. 337-K não retroagem. Há uma *sucessão de leis penais no tempo*, continuando a conduta a ser incriminada na figura do atual art. 337-K, mas com as penas do revogado art. 95 da Lei n. 8.666/90, uma vez que a lei penal mais gravosa não pode retroagir. A nova figura do parágrafo único igualmente não retroage.

Caput

- **Objeto jurídico:** A regularidade das licitações, de seu caráter competitivo, em busca do melhor contrato para o Poder Público.

- **Administração Pública direta, autarquias, fundações, empresas públicas, sociedades de economia mista e subsidiárias:** A Lei n. 14.133/2021 que disciplina os contratos das Administrações Públicas diretas, autárquicas e fundacionais da União, dos Estados, do Distrito Federal e dos Municípios, e que criou os arts. 337-E a 337-P do CP, abaixo comentados, expressamente dispõe, em seu art. 185, que eles se aplicam, também, aos contratos das empresas públicas, sociedades de economia mista e as suas subsidiárias, regidas pela Lei n. 13.303/2016.

- **Sujeito ativo:** Qualquer pessoa.

- **Sujeito passivo:** Primeiramente o Estado, isto é, o ente prejudicado da Administração Pública direta, autárquica e fundacional da União, dos Estados, do Distrito Federal ou dos Municípios (art. 1º, *caput,* da Lei n. 14.133/2021), abrangendo os órgãos dos Poderes Legislativo e Judiciário da União, dos Estados e do Distrito Federal e os órgãos do Poder Legislativo dos Municípios, quando no desempenho de função administrativa, bem como os fundos especiais e as demais entidades controladas direta ou indiretamente pela Administração Pública (art. 1º, I e II).Também as empresas públicas, sociedades de economia mista e as suas subsidiárias, regidas pela Lei n. 13.303/2016, nos termos do art. 185 da Lei n. 14.133/2021, expressamente determinando que a elas são aplicáveis os crimes dispostos neste Capítulo II-B. Em segundo lugar, o licitante vítima da violência, ameaça, fraude ou do oferecimento de vantagem para que viesse a se afastar.

- **Tipo objetivo:** Duas são as condutas incriminadas: *a)* afastar (pôr de lado, tirar do caminho); *b)* tentar afastar (buscar, empregar todos os recursos para afastar) o licitante, ou seja, aquele que está apto a participar de concorrência pública. A incriminação demanda que o afastamento ou a tentativa de fazê-lo seja por meio de: 1) *violência* (física contra pessoa); 2) *grave ameaça* (ameaça séria e idônea); 3) *fraude* (ação de enganar ou iludir); ou 4) *oferecimento de vantagem de qualquer tipo* (econômica ou não). Nessa última hipótese, há uma espécie de "corrupção no setor privado" em detrimento de uma licitação efetivamente competitiva. Para Wolgran Junqueira Ferreira, "a violência física pode ser empregada até mesmo contra coisas" (ob. cit., p. 291). Com a costumeira proficiência, Vicente Greco Filho salienta: "A ação deve dirigir-se a alguém que tem condição de licitar, que poderia participar, em princípio, da licitação. Se aquele que é afastado ou se tenta afastar não tem, em tese, qualificação para licitar, há crime impossível" (ob. cit., p. 109).

- **Tipo subjetivo:** É a vontade livre e consciente (dolo) de praticar violência, grave ameaça ou fraude, ou de oferecer vantagem, acrescido do especial fim de agir, para afastar ou tentar afastar licitante. Para os tradicionais, é o dolo específico. Não há punição a título de culpa.

- **Consumação:** Como o tipo emprega a expressão "afastar ou tentar afastar", o crime é formal, consumando-se o crime independentemente do terceiro concorrente efetivamente deixar de participar da licitação da qual desejava e estava apto, bastando a prática da violência, da ameaça, fraude ou oferecimento de vantagem.

- **Tentativa:** Embora em tese seja possível a tentativa na conduta de *afastar*, é fato que, diante do fato do tipo também incriminar o próprio ato de *tentar afastar*, não há como ser aplicável o disposto no art. 14 do CP.

- **Coautoria ou participação:** Pode ocorrer, nos termos do art. 29 do CP. Quanto ao licitante que se abstém ou desiste de licitar em virtude do oferecimento de vantagem, ele será punido em função da figura equiparada do parágrafo único.

- **Concurso de crimes:** Deverá ser analisado em cada caso. A nosso ver, haverá concurso formal se da violência resultar lesão corporal (CP, art. 129). Já o crime de ameaça (art. 147) estará absorvido; como também os de falsidade material ou ideológica, e uso de documento falso (arts. 297, 298, 299 e 304), na hipótese de emprego de fraude, por integrarem o próprio tipo.

- **Ação penal:** Pública incondicionada.

- **Pena:** Reclusão, de 3 (três) anos a 5 (cinco) anos, e multa, além da pena correspondente à violência. Sobre a pena de multa, *vide* art. 337-P.

Parágrafo único

- **Objeto jurídico, sujeito passivo, ação penal e pena:** Iguais aos do *caput*.

- **Sujeito ativo:** Na conduta de se abster, qualquer pessoa em condições de licitar; na de desistir, somente o licitante, isto é, aquele que já se inscreveu no certame. Nesse sentido, JESSÉ TORRES PEREIRA JUNIOR (ob. cit., p. 925).

- **Tipo objetivo:** Pune-se a conduta daquele que se abstém (se priva, deixa de) ou desiste (não prossegue, renuncia) de licitar, em razão da vantagem oferecida, que, a exemplo do *caput* e por decorrência lógica, poderá ser econômica ou não. Na primeira modalidade (de se abstrair) é imprescindível a prova concreta de que o agente pretendia licitar (retirando, por exemplo, cópia dos editais), mas não o fez por motivo da vantagem que lhe foi oferecida. O recebimento da vantagem em razão da abstenção ou desistência constitui mero exaurimento do crime, sendo, para a sua consumação, irrelevante que a vantagem oferecida tenha sido dada.

- **Tipo subjetivo:** É a vontade livre e consciente de se abster de licitar ou desistir de fazê-lo em razão do oferecimento de vantagem. Para a doutrina tradicional, é o dolo genérico.

- **Consumação:** Na modalidade de se abster, a consumação ocorre com a efetiva abstenção; na de desistir, com a prática de ato ou omissão configuradora da desistência. Em ambas, a consumação independe do recebimento da vantagem prometida.

- **Tentativa:** Não é possível, por serem, tanto a abstenção quanto a desistência, condutas unissubsistentes, que não podem ser fracionadas, além da abstenção ser sempre um comportamento omissivo.

- **Confronto:** Este 337-K mantém a revogação tácita do parágrafo único do art. 335 do CP, sob o *nomen juris* "Impedimento, perturbação ou fraude de concorrência", que já havia ocorrido pela Lei n. 8.666/90.

FRAUDE EM LICITAÇÃO OU CONTRATO

Art. 337-L. Fraudar, em prejuízo da Administração Pública, licitação ou contrato dela decorrente, mediante:

I – entrega de mercadoria ou prestação de serviços com qualidade ou em quantidade diversas das previstas no edital ou nos instrumentos contratuais;

II – fornecimento, como verdadeira ou perfeita, de mercadoria falsificada, deteriorada, inservível para consumo ou com prazo de validade vencido;

II – entrega de uma mercadoria por outra;

IV – alteração da substância, qualidade ou quantidade da mercadoria ou do serviço fornecido;

V – qualquer meio fraudulento que torne injustamente mais onerosa para a Administração Pública a proposta ou a execução do contrato.

Pena – reclusão, de 4 (quatro) anos a 8 (oito) anos, e multa.

- **Alteração:** Artigo incluído pela Lei n. 14.133, de 1º.4.2021, originária do PL 4.253/2020.

- **Não houve** *abolitio criminis*: O presente art. 337-L tem redação, embora similar, mais abrangente do que a dos incisos do art. 96 da Lei n. 8.666/90, revogado pela Lei n. 14.133/2021, que incluiu este novo artigo no CP. Desse modo, há *sucessão de leis penais* que incriminam condutas similares, além de outras antes não previstas. Inclusive no que tange ao antigo inciso I do art. 96 da Lei n. 8.666/93 (*I - elevando arbitrariamente os preços*), ele encontra tipificação no atual inciso V deste art. 337-L, que é mais abrangente.

Art. 337-L. Fraudar, em prejuízo da Administração Pública, licitação ou contrato dela decorrente, mediante:	Art. 96. Fraudar, em prejuízo da Fazenda Pública, licitação instaurada para aquisição ou venda de bens ou mercadorias, ou contrato dela decorrente:
I – entrega de mercadoria ou prestação de serviços com qualidade ou em quantidade diversas das previstas no edital ou nos instrumentos contratuais;	I – elevando arbitrariamente os preços;
II – fornecimento, como verdadeira ou perfeita, de mercadoria falsificada, deteriorada, inservível para consumo ou com prazo de validade vencido;	II – vendendo, como verdadeira ou perfeita, mercadoria falsificada ou deteriorada;
III – entrega de uma mercadoria por outra;	III – entregando uma mercadoria por outra;
IV – alteração da substância, qualidade ou quantidade da mercadoria ou do serviço fornecido;	IV – alterando substância, qualidade ou quantidade da mercadoria fornecida;
V – qualquer meio fraudulento que torne injustamente mais onerosa para a Administração Pública a proposta ou a execução do contrato.	V – tornando, por qualquer modo, injustamente, mais onerosa a proposta ou a execução do contrato:
Pena – reclusão, de 4 (quatro) anos a 8 (oito) anos, e multa.	Pena – detenção, de 3 (três) a 6 (seis) anos, e multa.

- **Irretroatividade:** Com punição mais severa (reclusão, de 4 anos a 8 anos, e multa) do que a prevista para o antigo art. 96 (reclusão, de 3 anos a 6 anos, e multa), e também com tipificação mais abrangente para determinadas hipóteses, as penas previstas neste art. 337-L do CP não retroagem para fatos ocorridos anteriormente. Igualmente as hipóteses de tipificação que não existiam anteriormente. Há uma sucessão de leis penais, continuando a conduta a ser incriminada na figura do atual art. 337-L, mas com as penas do revogado art. 96 da Lei n. 8.666/90.

- **Objeto jurídico:** A regularidade das licitações, dos respectivos contratos e de seu fiel cumprimento, bem como a proteção do erário público.

- **Sujeito ativo:** O licitante ou o contratado em virtude da licitação.

- **Sujeito passivo:** O Estado, isto é, o ente prejudicado da Administração Pública direta, autárquica e fundacional da União, dos Estados, do Distrito Federal ou dos Municípios (art. 1º, *caput*, da Lei n. 14.133/2021), abrangendo os órgãos dos Poderes Legislativo e Judiciário da União, dos Estados e do Distrito Federal e os órgãos do Poder Legislativo dos Municípios, quando no desempenho de função administrativa, bem como os fundos especiais e as demais entidades controladas direta ou indiretamente pela Administração Pública (art. 1º, I e II).Também as empresas públicas, sociedades de economia mista e as suas subsidiárias, regidas pela Lei n. 13.303/2016, nos termos do art. 185 da Lei n. 14.133/2021, expressamente determinando que a elas são aplicáveis os crimes dispostos neste Capítulo II-B.

■ **Tipo objetivo:** A conduta incriminada é *fraudar* (enganar, iludir, ludibriar), a qual deve recair sobre *licitação* ou *contrato dela decorrente*, isto é assinado ao final de processo licitatório (objetos materiais do crime). O primeiro objeto material é a licitação instaurada para aquisição ou venda de bens ou mercadorias. O segundo é o contrato decorrente dessa licitação, em prejuízo (delito material) da Administração Pública (sobre o seu conceito, *vide* art. 6º, III, da Lei n. 14.133/2021). Há uma lacuna da lei, diante do teor do tipo penal, quando se tratar de contrato celebrado *com dispensa de licitação*, em situações emergenciais previstas em lei; isso porque, como visto, o texto é expresso: "licitação ou contrato *dela decorrente*"; nesses casos, haverá atipicidade. Mas *não será qualquer descumprimento* do contrato que configurará o crime; é necessário, como visto, existir *fraude*, que pressupõe engodo, ardil, falsidade, mentira etc., nas seguintes ações (rol taxativo):

■ **Inciso I:** Entrega de mercadoria ou prestação de serviços com qualidade ou em quantidade diversas das previstas no edital ou nos instrumentos contratuais. O texto é autoexplicativo; insistimos, contudo, sobre a necessidade de haver, para além do mero inadimplemento (que já possui sanções administrativas e cíveis severas), a fraude exigida pelo tipo penal para que se configure o crime. Será sempre necessária a realização de perícia (CPP, art. 158) para avaliar, com certeza, se a qualidade ou quantidade das mercadorias ou dos serviços prestados foi real ou materialmente inferior às licitadas, causando prejuízo ao erário. O fato de o Estado ter recebido as mercadorias ou os serviços, dando por integralmente cumprido o contrato, não havendo nenhum questionamento por parte da conduta dos gestores públicos ao fazê-lo, há que ser levado em consideração sob pena de se criar grande insegurança jurídica.

■ **Inciso II:** Fornecimento, *como verdadeira ou perfeita*, de mercadoria *falsificada* (imitada, adulterada, contrafeita), *deteriorada* (danificada, estragada), *inservível* para consumo ou com *prazo de validade vencido*. Nesses casos, igualmente, deve haver perícia oficial comprobatória dessas circunstâncias (CPP, art. 158). O caráter de *fraude*, aqui, é naturalmente evidenciado em razão das condutas narradas.

■ **Inciso III:** Entrega de uma mercadoria por outra. O texto também é autoexplicativo, sendo necessário, contudo, a prova de que houve por parte do contratado *fraude*, ou seja, engodo, má-fé, falsidade etc., fazendo com que o fiscal e o gestor do contrato fossem enganados, ludibriados, acreditando estar recebendo uma determinada mercadoria, quando na verdade era outra.

■ **Inciso IV:** *Alteração* (mudança, modificação do original) de *substância* (a parte real ou essencial de alguma coisa, aquilo que lhe define as qualidades materiais), *qualidade* (propriedade ou atributo de uma coisa capaz de distingui-la de outra) *para pior* (reduzindo, diminuindo as propriedades terapêuticas, nutritivas, funcionais etc. da substância original), ou *quantidade* (número de unidades ou grandeza expressa em números) da *mercadoria* ou do *serviço* fornecido, para menor daquela prevista na licitação ou no contrato. O caráter fraudulento, aqui, decorre da própria conduta de *alterar*.

■ **Inciso V:** Qualquer meio fraudulento (com emprego de falsidade, mentira, ardil etc.) (tipo penal de conteúdo variado) que torne *injustamente* (de forma iníqua, sem fundamento, infundada) *mais onerosa* (dispendiosa) para a Administração Pública *a proposta ou a execução do contrato*. Lembramos, aqui, de casos em que o traçado de uma estrada foi alterado, de forma mais onerosa para o Estado, a fim de beneficiar o acesso a uma propriedade rural de determinado diretor ou acionista da empresa contratada, ou deste ou daquele funcionário público, político etc. Igualmente, se durante a execução do contrato, falsos laudos forem utilizados para tornar determinada obra mais custosa, mediante aditivos que seriam desnecessários. Para ADEL EL TASSE, comentando o antigo inciso V do art. 96 da Lei n. 8.666/93, que é similar ao inciso V deste art. 337-L, tal dispositivo "*merece cautela ao ser analisado, pois... é passível de inconstitucionalidade. Na realidade, cabe ao Estado a decisão de aceitar ou não quando uma proposta não está de acordo com o valor de mercado... O particular estipula o valor que quiser, sabendo do risco de não ser escolhido pela Administração Pública...*" (ob. cit., p. 680). Tal ponderação, a nosso ver, é apropriada em se tratando de proposta, mas não no caso de "execução de contrato". Por outro lado, como bem observa DIOGENES GASPARINI, comentando igualmente a antiga lei, "*se a proposta, ainda que mais onerosa, não for a vencedora o crime não se configura*" (ob. cit., p. 149 *in fine* 150).

- **Tipo subjetivo:** É o dolo, a vontade livre e consciente de fraudar a licitação ou o contrato e sua execução. Embora o tipo penal não exija, expressamente, entendemos que, pela interpretação das condutas dos incisos I a V, deve haver o especial fim de agir *para obter vantagem econômica em prejuízo da Administração Pública*. Para a doutrina tradicional, é o dolo específico. Não há forma culposa.

- **Consumação:** É crime material, consumando-se com o efetivo prejuízo econômico da Administração Pública. Não se trata de crime formal e tampouco de mera conduta. Nesse sentido, DIOGENES GASPARINI (ob. cit., p. 151) e VICENTE GRECO FILHO (ob. cit., p. 118-119).

- **Tentativa:** É possível quando, por razões alheias à vontade do agente, o prejuízo estatal não chega a se concretizar. Com igual posição, DIOGENES GASPARINI (ob. cit., p. 151) e VICENTE GRECO FILHO (ob. cit., p. 119).

- **Coautoria e participação:** Pode haver, inclusive com funcionários públicos. Isso porque pode ocorrer, eventualmente, conluio entre o executor do contrato e o fiscal do mesmo, sendo necessário, todavia, haver *prova* nesse sentido, mesmo porque o fiscal pode ter sido enganado, como também, por via de consequência, o gestor do contrato. Se tiverem agido com boa-fé, não serão coautores nem partícipes.

- **Ação penal:** Pública incondicionada.

- **Pena:** Reclusão, de 4 (quatro) anos a 8 (oito) anos, e multa. Sobre a pena de multa, *vide* art. 337-P.

Jurisprudência do antigo art. 96 da Lei n. 8.666/93, similar ao art. 337-L

- **Entrega de coisa falsificada ou deteriorada:** "Nesse delito, o bem jurídico protegido é a moralidade administrativa e os princípios da competitividade e isonomia, a fim de garantir a proposta mais vantajosa para a administração. Esse delito ocorre quando o objeto do contrato licitado é fraudado pela entrega de coisa falsificada ou deteriorada" (TRF1, 3ª T., ApCr 0015478-33.2007.4.01.3300/BA, rel. Des. Fed. Tourinho Neto, *e-DJF* 16.9.2012, p. 607). "O acusado, de modo consciente e voluntário, ludibriou a própria Justiça Federal fraudando licitação na medida em que forneceu material que sabia ser adulterado. 4. Conclui-se que a conduta imputada ao réu, ora apelante, é típica, antijurídica e culpável (...)" (TRF5, 3ª T., ApCr 200783000125228-SL, rel. Des. Fed. Geraldo Apoliano, j. 16.10.2014, publ. 21.10.2014).

- **Majoração substancial do preço:** "Denúncia – Completude. Propiciando a denúncia elementos capazes de viabilizar a defesa, descabe tomá-la como inepta. Licitação – Contrato – Majoração Substancial do Preço. A majoração substancial do preço, fora do figurino previsto na Lei n. 8.666/93, pouco importando o envolvimento, na espécie, de serviços e não de venda de mercadorias, configura, em tese, o tipo penal – arts. 92 e 96 da citada Lei. [...] É certo que o preceito legal não trata de licitação para prestação de serviços, mas não menos correto é que, ao lado da referência a mercadorias, tem-se a alienação de bens. De início, não se pode assentar que nestes não estejam incluídos, em termos de utilidade, os serviços. A par desse aspecto, vale frisar que a Lei em questão, conforme consta do primeiro artigo nela inserto, versa licitações e contratos administrativos pertinentes a obras, serviços, inclusive de publicidade, compras, alienações e locações no âmbito dos Poderes da União, dos Estados, do Distrito

Federal e dos Municípios" (STF, 1ª T., HC 102.063, rel. Min. Marco Aurélio, j. 5.10.2010, *DJe* 233, publ. 2.12.2010, Ement. v. 2443-01, p. 131).

- **Decisão administrativa (independência):** "Paciente denunciado como incurso nas sanções do art. 96, I, da Lei n. 8.666/93, considerado, administrativamente, isento de culpa. Relatório Sintético de Auditoria de Gestão da Secretaria Federal de Controle, concluindo pela probidade de sua gestão na utilização dos recursos públicos, com ressalvas. – Ressalvas que, por si sós, seriam suficientes para instauração e prosseguimento da ação penal. – Tanto o Inquérito Administrativo quanto o Relatório da Auditoria de Gestão, tendo em vista a sua natureza administrativa, não têm o poder de interferir na esfera judicial, o que, *a contrario sensu*, pode acontecer. – Princípio da independência das esferas civil, administrativa e criminal, vigente em nosso ordenamento jurídico. – Ordem denegada" (TRF da 2ª R., HC 2000.02.01.015982-0, rel. Des. Fed. Francisco dos Santos, j. 5.12.2000, *DJU* 19.6.2001, Seção 2, p. 136).

- **Posse posterior à concorrência:** "Se o acusado só tomou posse na presidência da CDHU após a abertura da concorrência pública, não se pode pretender que responda por eventuais atos ocorridos anteriormente à data de sua posse" (TJSP, 8ª CCr, Ap. 00830213.3/0-0000-000 de São Paulo, rel. Des. Poças Leitão, j, 3.7.2007).

- **Acusado que comunicou a discrepância de valores:** "Não se vê fraude se foi o próprio acusado quem comunicou à Receita Federal e à Prefeitura de Garça a discrepância de valores observada na primeira escritura de compra e venda realizada entre a empresa e a Família... Daí a outra escritura retificando a falha. Demais, o preço global não restou alterado, pese embora o terreno tenha sido vendido por valor bem maior à CDHU" (TJSP, 8ª CCr, Ap. 00830213.3/0-0000-000 de São Paulo, rel. Des. Poças Leitão, j 3.7.2007).

- **Prejuízo não causado pela fraude:** "Não basta haver prejuízo financeiro de alguém. É necessário que o prejuízo tenha sido causado pela fraude. E esta inexistiu neste caso vertente... A [...] é certo, ganhou – e ganhou muito ao vender o terreno para a CDHU por bem mais de R$ 700.000,00, lucrando a diferença de cerca de R$ 300.000,00. Mas ela, como proprietária, podia vender o terreno pelo preço que quisesse... Não restaram, portanto, caracterizadas as condutas ilícitas e criminosas descritas na exordial, eis que o preço global não ultrapassou o limite do edital. Portanto, não há nos autos prova a revelar fraude, sendo, pois, impossível a condenação do réu. Fala-se muito em impunidade, como se todas as pessoas processadas devessem, obrigatoriamente, ser punidas sempre. Justiça que só pune, não é justiça. A que só absolve também não é. Deve-se procurar sempre o justo, o justo concreto. A condenação de alguém deve estar lastreada em provas seguras, caso contrário o caminho será a absolvição por insuficiência de provas, ou, então, porque crime não houve, situação em que o fundamento será outro e mais amplo" (TJSP, 8ª CCr, Ap. 00830213.3/0-0000-000 de São Paulo, rel. Des. Poças Leitão, j. 3.7.2007).

CONTRATAÇÃO INIDÔNEA

Art. 337-M. Admitir à licitação empresa ou profissional declarado inidôneo:

Pena – reclusão, de 1 (um) ano a 3 (três) anos, e multa.

§ 1º Celebrar contrato com empresa ou profissional declarado inidôneo:

Pena – reclusão, de 3 (três) anos a 6 (seis) anos, e multa.

§ 2º Incide na mesma pena do *caput* deste artigo aquele que, declarado inidôneo, venha a participar de licitação e, na mesma pena do § 1º deste artigo, aquele que, declarado inidôneo, venha a contratar com a Administração Pública.

- **Alteração:** Artigo incluído pela Lei n. 14.133, de 1º.4.2021, originária do PL 4.253/2020.

- **Acordo de não persecução penal:** Diante da pena mínima inferior a quatro anos, e o crime ser sem violência ou grave ameaça, em tese cabe, em todas as figuras, a depender do preenchimento dos demais requisitos do art. 28-A do CPP, como a confissão.

- **Suspensão condicional do processo:** Diante do requisito da pena mínima ser igual ou inferior a um ano, em tese cabe no *caput* e no § 2º, primeira parte (participar de licitação), a depender da satisfação dos outros requisitos do art. 89 da Lei n. 9.099/95.

- **Não houve *abolitio criminis*:** O presente art. 337-M tem redação que abrange todas as condutas antes previstas no art. 97 da Lei n. 8.666/90, revogado pela Lei n. 14.133/2021, que incluiu este novo artigo no CP. Desse modo, há *sucessão de leis penais no tempo* que incriminam condutas similares, além da tipificação, de forma expressa, no tocante ao particular declarado inidôneo, que venha a participar de licitação ou contratar. Mesmo com relação ao particular, expressamente tratado no atual § 2º do art. 337-M, na antiga redação do art. 97 ele também poderia ser imputado, mas na condição *exclusiva* de coautor ou partícipe, a ele se comunicando a qualidade do funcionário público, desde que ciente dessa circunstância, nos termos dos arts. 29 e 30 do CP.

Art. 337-M. Admitir à licitação empresa ou profissional declarado inidôneo:	Art. 97. Admitir à licitação ou celebrar contrato com empresa ou profissional declarado inidôneo:
Pena – reclusão, de 1 (um) ano a 3 (três) anos, e multa.	Pena – detenção, de 6 (seis) meses a 2 (dois) anos, e multa.
§ 1º Celebrar contrato com empresa ou profissional declarado inidôneo:	Parágrafo único. Incide na mesma pena aquele que, declarado inidôneo, venha a licitar ou a contratar com a Administração.
Pena – reclusão, de 3 (três) anos a 6 (seis) anos, e multa.	
§ 2º Incide na mesma pena do *caput* deste artigo aquele que, declarado inidôneo, venha a participar de licitação e, na mesma pena do § 1º deste artigo, aquele que, declarado inidôneo, venha a contratar com a Administração Pública.	

- **Irretroatividade e ultratividade:** Com punição mais severa do que a prevista para o antigo art. 97 – detenção, de 6 (seis) meses a 2 (dois) anos, e multa –, as penas previstas neste art. 337-M do CP não retroagem. Há uma sucessão de leis penais no tempo, continuando, *para as condutas praticadas antes da entrada em vigor do novo art. 337-M*, a serem aplicadas as penas do revogado art. 97 da Lei n. 8.666/90 (ultratividade quanto às penas).

Caput

- **Objeto jurídico:** A regularidade das licitações e a efetividade da pena de declaração de inidoneidade para licitar ou contratar com o Poder Público.

- **Sujeito ativo:** Apenas o *intraneus* (agente público ou equiparado) responsável pela admissão do licitante. Cuida-se de crime próprio. A situação do *extraneus* (particular) que participa de licitação é tratada especificamente no § 2º.

- **Sujeito passivo:** Primeiramente, o Estado, isto é, o ente prejudicado da Administração Pública direta, autárquica e fundacional da União, dos Estados, do Distrito Federal ou dos Municípios (art. 1º, *caput*, da Lei n. 14.133/2021), abrangendo os órgãos dos Poderes Legislativo e Judiciário da União, dos Estados e do Distrito Federal e os órgãos do Poder Legislativo dos Municípios, quando no desempenho de função administrativa, bem como os fundos especiais e as demais entidades controladas direta ou indiretamente pela Administração Pública (art. 1º, I e II).Também as empresas públicas, sociedades de economia mista e as suas subsidiárias, regidas pela Lei n. 13.303/2016, nos termos do art. 185 da Lei n. 14.133/2021, expressamente determinando que a elas são aplicáveis os crimes dispostos neste Capítulo II-B. Secundariamente, os demais licitantes que tenham sido prejudicados.

- **Tipo objetivo:** Pune-se a conduta do agente público (ou equiparado) que *admite* (aceita, permite) à licitação pessoa jurídica (empresa) ou física (profissional) *declarada inidônea*. Embora o art. 91, § 4º, da Lei n. 14.133/2021 afirme que é no momento da formalização do contrato, ou de sua prorrogação, que o funcionário público encarregado deverá verificar se o licitante está impedido de contratar com o Poder Público ("§ 4º Antes de formalizar ou prorrogar o prazo de vigência do contrato, a Administração deverá verificar a regularidade fiscal do contratado, consultar o Cadastro Nacional de Empresas Inidôneas e Suspensas (Ceis) e o Cadastro Nacional de Empresas Punidas (Cnep), emitir as certidões negativas de inidoneidade, de impedimento e de débitos trabalhistas e juntá-las ao respectivo processo"), o *caput* do art. 337-M incrimina, de forma *antecedente* e com pena mais leve do que a da contratação, até mesmo a "admissão" no certame de licitante que tenha sido declarado inidôneo por decisão administrativa. Para devidamente examinar o tipo objetivo, faremos notas específicas, abaixo:

- **a. Declaração de inidoneidade:** A declaração de inidoneidade do *licitante* ou *contratante*, imposta administrativamente, e de forma direta, pelo ente público afetado, ou, a depender do caso, por Tribunal de Contas, está prevista na própria Lei n. 14.133/2021, em seu art. 155, onde são dispostas as infrações administrativas do licitante e, entre uma das penas, em seu art. 156, IV, encontra-se a sanção de "declaração de inidoneidade para licitar ou contratar". A reabilitação, após 3 (três) anos da aplicação da penalidade, está prevista no art. 163, III, da mesma lei.

- **a1. Extensão da declaração de inidoneidade:** A declaração de inidoneidade limita-se ao âmbito da Administração Pública que a fez. Assim, a decisão de um Município que venha a declarar um fornecedor inidôneo, não tem o condão de impedir que essa mesma empresa participe de licitações de outros entes públicos. Da mesma forma, a declaração de inidoneidade feita por um Governo estadual não pode atingir contratações de municípios ou da União, e vice-versa. Assim está disposto, expressamente, no § 4º do art. 156 da Lei n. 14.133/2021: a sanção "impedirá o responsável de licitar ou contratar no âmbito da Administração Pública direta e indireta do ente federativo que tiver aplicado a sanção, pelo prazo máximo de 3 (três) anos". Se assim não fosse, a decisão administrativa de um pequeno município teria o condão de atingir toda a atuação de uma empresa que viva de contratos com o Poder Público, significando a sua pena de morte. A situação se torna mais complexa nas hipóteses em que determinado edital exija, como condição prévia para licitar, a inexistência de qualquer declaração de inidoneidade, inclusive de outros entes.

- **a2. Declaração de inidoneidade não se confunde com outros impedimentos legais:** A sanção administrativa da *declaração de inidoneidade* (que pressupõe processo administrativo com direito de defesa por infrações administrativas) é uma das causas de impedimento legal para participar de licitação, nos termos do art. 14 da Lei n. 14.133/2021, como: 1) do autor do anteprojeto ou projeto básico ou executivo, pessoa física ou jurídica, quando a licitação versar sobre obra, serviço ou fornecimento de bens a ele relacionados; 2) igualmente da empresa, isoladamente ou em consórcio, responsável pelo projeto básico ou do projeto executivo, ou aquela com a qual o autor do projeto mantenha determinados vínculos; 3) da pessoa física ou jurídica que esteja impossibilitada de participar da licitação em decorrência de sanção imposta; 4) do licitante que mantém vínculo de natureza técnica, comercial, econômica, financeira, trabalhista ou civil com dirigente do órgão público ou da entidade contratante, ou ainda com funcionário público que atua no processo licitatório; 5) das empresas controladoras, controladas ou coligadas, que não podem concorrer entre si; e 6) da empresa que tenha sido condenada nos últimos 5 anos por exploração de trabalho infantil ou escravo, ou contratação de adolescentes nos casos em que vedada pela lei.

- **a3. Declaração de inidoneidade não se confunde com pena de proibição de contratar com o Poder Público da Lei de Improbidade Administrativa:** A Lei n. 8.429/92, que trata das sanções nos casos de improbidade administrativa de funcionários públicos da Administração direta, indireta ou fundacional de qualquer dos Poderes da União, Estados, Distrito Federal e Municípios, ou de empresas incorporadas ao patrimônio público ou de entidade cuja criação ou custeio o erário tenha concorrido ou concorra com mais de

50% do patrimônio, prevê uma série de punições de natureza civil, impostas pelo Poder Judiciário. Após prever quais são os atos de improbidade em seu art. 11, estabelece as punições no art. 12, aplicáveis "independentemente das sanções penais, civis e administrativas previstas na legislação específica". Dentre elas, além (a) da perda de bens ou valores acrescidos ilicitamente ao patrimônio, (b) do ressarcimento aos cofres públicos, (c) da perda da função pública (quando o réu for funcionário público), (d) da suspensão de direitos políticos e ainda (e) do pagamento de multa até duas ou até três vezes, a depender do caso, do valor do acréscimo patrimonial, há também a pena (f) de *proibição de contratar com o Poder Público* ou receber benefícios ou incentivos fiscais ou creditício do Estado, aplicável a pessoas físicas e jurídicas que tenham participado (como *extraneus*) e se beneficiado com o ato de improbidade administrativa. A decisão judicial que imponha essa última sanção não se confunde com a *declaração de inidoneidade* prevista no art. 337-M, diante do princípio da *taxatividade da lei penal*. Diferentemente seria se o tipo penal falasse: "admitir à licitação empresa ou profissional declarado inidôneo *ou a quem tenha sido imposta pelo Poder Judiciário a proibição de contratar com o Poder Público*". Não é o caso, sendo a nosso ver atípica a situação de se admitir licitante que esteja proibido de contratar com a Administração, mas que não tenha sido declarado inidôneo nos termos do art. 156, IV, da Lei n. 14.133/2021.

■ *a4*. Declaração de inidoneidade não se confunde com medida cautelar criminal: Embora o art. 319 do CPP não preveja, e apesar de a Pessoa Jurídica não poder ser acusada em processo criminal (com exceção de crimes ambientais), mas somente as pessoas físicas encarregadas de sua gestão, tem sido frequente que juízes criminais imponham, em casos de investigação criminal envolvendo fraudes à licitação, a "proibição de contratar com o Poder Público", o que pode significar, se a medida não se limitar a determinado ente público (por exemplo um único município onde o caso ocorreu), uma pena de morte para a empresa. Os Tribunais têm se fundado no "poder geral de cautela" para assim decidir, mesmo que fora das hipóteses estabelecidas no Código de Processo Penal, violando o princípio da legalidade. De qualquer modo, a imposição dessa medida cautelar não se confunde com a "declaração de inidoneidade" prevista no art. 337-M do CP, havendo, nessa hipótese, atipicidade.

■ *b*. Admissão à licitação (no oferecimento de proposta ou na habilitação?): No *caput* pune-se a *admissão à licitação* (e no §1º, abaixo comentado, com punição muito mais severa, a própria *contratação*). A pergunta que se faz é a seguinte: quando ocorre a *admissão* à licitação? A Lei n. 14.133/2021 dispõe que o processo de licitação possui, em regra, 7 (sete) fases: *preparatória*, *divulgação do edital*, *apresentação de propostas e lances*, *julgamento*, *habilitação*, *recursal* e *homologatória*. Na atual disciplina, a fase da *habilitação* poderá anteceder àquela da apresentação de propostas, se assim for definido no edital (art. 17 e seu §1º), sendo que as licitações serão preferencialmente realizadas de forma eletrônica. Em resposta à indagação, em termos administrativos poder-se-ia imaginar: haveria *admissão* no momento em que o licitante apresentou uma proposta ou um lance; afinal, já estará "participando da licitação". Sucede que, atualmente, são comuns os *cadastros prévios* de fornecedores para as licitações, como ocorre nos certames no âmbito do Governo Federal. Na grande maioria dos casos o edital exige que os licitantes estejam previamente credenciados na plataforma digital denominada SICAF – *Sistema de Cadastramento Unificado de Fornecedores do Governo Federal*, passando as empresas, por vezes, a participar dos certames sem nenhuma decisão de admissão prévia da Comissão de Licitação ou de determinado funcionário público encarregado. A admissão nesse cadastro digital, que é genérico e em regra viabiliza a realização de lances em pregões ou, a depender do caso, o envio de propostas em concorrências, a nosso ver não se confunde com a conduta proibida pelo art. 337-M do CP, voltada, a nosso ver, sempre a uma *decisão administrativa* proferida em *determinado certame*. Diante disso, a única hipótese possível de incriminação, que demande decisão do funcionário público com análise mais detalhada do licitante e possa ser entendida como "admissão à licitação", *não é a da realização de lance ou envio de proposta*, mas sim a da fase da *habilitação para contratar* (arts. 62 e s.), seja ela feita somente em relação ao vencedor após o julgamento do certame, ou então mediante pré-habilitação de todos os participantes, antes da apresentação das propostas, se assim o edital prever, como falculta a Lei n. 14.133/2021.

- **Sócio não se confunde com a pessoa jurídica:** Para WOLGRAN JUNQUEIRA FERREIRA, em comentário à antiga lei, similar à atual, como "as pessoas jurídicas têm existência distinta da dos seus membros" (art. 20 do CC), "a inidoneidade (art. 87, IV) é da pessoa jurídica e não dos seus membros e assim, como a lei não faz qualquer ressalva, as outras empresas com nomes diferentes, mas com os mesmos sócios, poderão licitar normalmente" (ob. cit., p. 297). O tema, contudo, é muito polêmico, havendo decisões do Tribunal de Contas da União abrangendo a inidoneidade a outras empresas, se os sócios forem os mesmos daquela que havia sido declarada inidônea.

- **Anulação da pena de inidoneidade para licitar ou contratar:** VICENTE GRECO FILHO, comentando o antigo art. 97, com razão ressalta que "se o licitante ou contratado obtém, posteriormente, a revogação ou anulação da declaração de inidoneidade, por meio de recurso administrativo ou ação judicial, desaparece o elemento do tipo 'declarado inidôneo', o qual, na verdade, nunca existiu de modo que inexiste a infração penal, extinguindo-se qualquer providência penal a respeito, inclusive após sentença condenatória transitada em julgado" (ob. cit., p. 123), mediante revisão criminal ou *habeas corpus*, aduzimos. Já a reabilitação, na opinião desse último autor, e com quem igualmente concordamos, "não exclui o crime, porque se dá... por fato posterior, o ressarcimento, que não faz desaparecer a declaração de inidoneidade nem seus efeitos" (ob. cit., pp. 123-124).

- **Tipo subjetivo:** É o dolo, ou seja, a vontade livre e consciente do funcionário público (ou equiparado) admitir à licitação empresa ou profissional, *sabendo que ele foi declarado inidôneo, estando a sua punição em vigor*. Como os cadastros são públicos, é muito difícil haver alegação, por parte do funcionário, de erro ou ignorância. VICENTE GRECO FILHO ressalta a hipótese de dolo eventual (ob. cit., p. 126), pois ao funcionário público se impõe todo o zelo em fazer as consultas aos cadastros sobre a idoneidade dos licitantes. Para os tradicionais, é o dolo genérico. Não há punição a título de culpa.

- **Consumação:** Com a mera admissão à licitação, independentemente da pessoa inidônea ter vencido o certame e assinado o contrato. É crime formal.

- **Tentativa:** Não é possível por ser a conduta unissubsistente, não fracionável. O funcionário público admite ou não.

- **Coautoria ou participação:** Se mais de um agente público era responsável pela admissão, sabedor do impedimento, poderá haver coautoria ou participação, nos termos do art. 29 do CP.

- **Ação penal:** pública incondicionada.

- **Pena:** Reclusão, de 1 a 3 anos, e multa. Quanto a esta, *vide* art. 337-P do CP.

Figura qualificada (§ 1º)

- **Objeto jurídico:** A regularidade das licitações e a efetividade da pena de declaração de inidoneidade para licitar ou contratar com o Poder Público.

- **Sujeito ativo:** Só o funcionário público ou equiparado. A situação do particular que contrata é tratada no § 2º.

- **Sujeito passivo:** Além do Estado, na pessoa do ente público que faz a licitação, os demais licitantes que perderam o certame.

- **Tipo objetivo:** Pune-se, aqui, conduta *mais grave* do que a do *caput*. Enquanto na cabeça do artigo já se prevê o crime com a mera admissão à licitação de pessoa declarada inidônea, neste § 1º a incriminação é a da conduta de *celebrar contrato* nessas circunstâncias. Há duas situações: (a) quando, no processo licitatório, a pessoa inidônea, além de ser habilitada, sai vencedora do certame e assina o contrato; (b) nos casos em que há formalização ou prorrogação de contrato, *independentemente* de licitação, o que ocorre nas hipóteses de *contratação direta* (arts. 72 e 73 da Lei n. 14.133/2021) com *inexigibilidade de licitação* ou sua *dispensa* (arts. 74 e 75 da mesma lei). Lembramos que, nos termos do art. 91, § 4º, da Lei n. 14.133/2021, no momento da formalização do contrato, ou de sua prorrogação, o funcionário público encarregado deverá verificar se o licitante está impedido de contratar com o Poder Público, incidindo na figura penal se essa condição for ignorada: "§ 4º Antes de formalizar ou prorrogar o prazo de vigência do contrato, a Administração deverá verificar a regularidade fiscal do contratado, consultar o Cadastro Nacional de Empresas Inidôneas e Suspensas (Ceis) e o Cadastro Nacional de Empresas Punidas (Cnep), emitir as certidões negativas de inidoneidade, de impedimento e de débitos trabalhistas e juntá-las ao respectivo processo". A inidoneidade é tratada nos arts. 91, § 4º, 155, IV, e a reabilitação, no art. 163 da Lei n. 14.133/2021. Nos casos em que há processo licitatório, pode ocorrer de a inidoneidade do participante ser declarada após iniciado o certame, mas antes de firmado o contrato, cabendo ao funcionário público, sempre, conferir a regularidade da situação do contratante, consultando os cadastros públicos. A declaração de inidoneidade do *licitante* ou *contratante*, pela Administração Pública, está prevista na própria Lei n. 14.133/2021: em seu art. 155 estão dispostas as infrações administrativas e, em seu art. 156, IV, a pena de "declaração de inidoneidade para licitar ou contratar"; a reabilitação, após 3 (três) anos da aplicação da penalidade, está disposta no art. 163, III, da mesma lei.

■ **Tipo subjetivo:** É o dolo, ou seja, a vontade livre e consciente de celebrar contrato com empresa ou profissional declarado inidôneo. A nosso ver, para que haja a incriminação, o funcionário há que ter consciência desse fato. Todavia, VICENTE GRECO FILHO ressalta a hipótese de dolo eventual (ob. cit., p. 126), pois ao funcionário público se impõe todo o zelo em fazer as consultas aos cadastros sobre a idoneidade dos licitantes. Para os tradicionais, é o dolo genérico. Não há punição a título de culpa.

■ **Consumação:** Com a celebração do contrato, independentemente de resultado naturalístico (prejuízo aos cofres públicos). É crime formal.

■ **Tentativa:** Não é possível por ser a conduta unissubsistente, não fracionável.

■ **Coautoria ou participação:** Se mais de um agente público era responsável pela contratação, e sabia do impedimento, poderá haver coautoria ou participação, nos termos do art. 29 do CP. A situação do *extraneus* (particular que contrata, mesmo inidôneo), está prevista no § 2º.

■ **Ação penal:** Pública incondicionada.

■ **Pena:** Reclusão, de 3 a 6 anos, e multa. Quanto a esta, *vide* art. 337-P do CP.

Figuras equiparadas (§ 2º, primeira parte)

■ **Objeto jurídico:** A regularidade das licitações e a efetividade da pena de declaração de inidoneidade para licitar ou contratar com o Poder Público.

■ **Sujeito ativo:** O gestor da empresa declarada inidônea ou o profissional igualmente impedido para para contratar com o Poder Público, quando a licitação tratar de pessoa física.

■ **Sujeito passivo:** Igual ao do *caput*.

■ **Tipo objetivo:** Pune-se a conduta do administrador da empresa declarada inidônea, que *participa* da licitação, bem como a do profissional, nessa mesma condição, que venha a participar de licitação, como pessoa física. A inidoneidade é tratada nos arts. 91, § 4º, 156, IV, e a reabilitação, no art. 163 da Lei n. 14.133/2021. Não se pune o mero registro nos cadastros do ente público, mas a efetiva *participação* em determinado certame. Por vezes, são outros concorrentes que denunciam a sua situação irregular. Conferir mais comentários no *caput*.

■ **Tipo subjetivo:** É o dolo, ou seja, a vontade livre e consciente de participar de licitação, tendo ciência de que a empresa que administra ou ele mesmo, como profissional, está declarado inidôneo para contratar com o Poder Público. Para a doutrina tradicional, é o dolo genérico. Não há punição a título de culpa.

■ **Consumação:** Com a admissão no processo licitatório, a partir do qual passa a participar do certame, independentemente de sair ou não vitorioso. É crime formal.

- **Tentativa:** Embora seja um crime formal, a conduta possui *iter criminis*, sendo plurissubsistente; desse modo, a tentativa de se habilitar de certame, sendo vetado, pode configurar o *conatus*. Nesse sentido, JOSÉ GERALDO DA SILVA, PAULO ROGÉRIO BONINI e WILSON LAVORENTI, em comentário ao antigo art. 97, parágrafo único, similar à primeira parte deste § 2º (ob. cit., p. 385).

- **Coautoria ou participação:** Poderá haver se mais de um representante de empresa declarada inidônea vier em conjunto a assinar a licitação. O *intraneus* que admitir a licitação com pessoa física ou jurídica declarada inidônea, sabendo desta circunstância, já estará incurso no *caput*.

- **Ação penal:** Pública incondicionada.

- **Pena:** Reclusão, de 1 a 3 anos, e multa. Quanto a esta, *vide* art. 337-P do CP.

Figuras equiparadas (§ 2º, segunda parte)

- **Objeto jurídico:** A regularidade das licitações e a efetividade da pena de declaração de inidoneidade para licitar ou contratar com o Poder Público.

- **Sujeito ativo:** O gestor da empresa declarada inidônea ou o profissional igualmente impedido para para contratar com o Poder Público.

- **Sujeito passivo:** Além do Estado, na pessoa do ente público que faz a licitação, os demais licitantes que perderam o certame.

- **Tipo objetivo:** O crime, aqui (celebrar contrato), é mais grave do que o da primeira parte do § 1º (ser admitido à licitação). Pune-se de forma mais rigorosa a conduta do *extraneus*, ou seja, o profissional declarado inidôneo ou gestor de empresa declarada inidônea, que *celebra o contrato* com a Administração Pública. Há duas situações: (a) quando, no processo licitatório, a pessoa inidônea, além de ser habilitada, sai vencedora do certame e assina o contrato; (b) nos casos em que há formalização ou prorrogação de contrato, *independentemente* de licitação, o que ocorre nas hipóteses de *contratação direta* (arts. 72 e 73 da Lei n. 14.133/2021) com *inexigibilidade de licitação* ou sua *dispensa* (arts. 74 e 75 da mesma lei). A inidoneidade é tratada nos arts. 91, § 4º, 156, IV, e a reabilitação, no art. 163, da Lei n. 14.133/2021. Conferir mais comentários no § 1º.

- **Tipo subjetivo:** É o dolo, ou seja, a vontade livre e consciente de celebrar contrato com a Administração Pública, tendo ciência de que, antes de fazê-lo, ele ou sua empresa já haviam sido declarados inidôneos pela Administração Pública. Para a doutrina tradicional, é o dolo genérico. Não há punição a título de culpa.

- **Consumação:** Com a celebração do contrato, independentemente de resultado naturalístico (prejuízo aos cofres públicos). É crime formal.

- **Tentativa:** Se houve processo licitatório, tendo sido admitido à licitação, mas sendo impedido de assinar o contrato, haverá a tipificação na primeira parte do § 2º deste art. 337-M (participar de processo licitatório, mesmo declarado inidôneo). Assim, não entendemos ser possível a tentativa na segunda figura deste § 2º *nos casos em que tiver havido licitação*. Todavia, nas hipóteses de *contratação direta* (arts. 72 e 73 da Lei n. 14.133/2021) com *inexigibilidade de licitação* ou sua *dispensa* (arts. 74 e 75 da mesma lei), ou ainda em outras situações em que ela é dispensada, como em casos de emergência de saúde pública de importância internacional como a COVID-19 (art. 4º da Lei n. 13.979/2020), pode ocorrer a tentativa de assinar contrato, mesmo declarado inidôneo, uma vez que o crime, embora formal, possui *iter criminis* (é plurissubsistente).

- **Coautoria ou participação:** Poderá haver se mais de um representante de empresa declarada inidônea vier em conjunto a celebrar o contrato. O funcionário público que celebrar contrato com pessoa física ou jurídica declarada inidônea, sabendo desta circunstância, já estará incurso no § 1º.

- **Ação penal:** Pública incondicionada.

- **Pena:** Reclusão, de 1 a 3 anos, e multa. Quanto a esta, *vide* art. 337-P do CP.

IMPEDIMENTO INDEVIDO

Art. 337-N. Obstar, impedir ou dificultar injustamente a inscrição de qualquer interessado nos registros cadastrais ou promover indevidamente a alteração, a suspensão ou o cancelamento de registro do inscrito:

Pena – reclusão, de 6 (seis) meses a 2 (dois) anos, e multa.

- **Alteração:** Artigo incluído pela Lei n. 14.133, de 1º.4.2021.

- **Acordo de não persecução penal:** Diante da pena mínima inferior a quatro anos, e o crime ser sem violência ou grave ameaça, em tese cabe, a depender do preenchimento dos demais requisitos do art. 28-A do CPP, como a confissão.

- **Transação:** Pelo critério da pena máxima não ser superior a dois anos, cabe a transação, dependendo do preenchimento dos demais requisitos do art. 76 da Lei n. 9.099/95.

- **Suspensão condicional do processo:** Diante do requisito de a pena mínima ser igual ou inferior a um ano, em tese cabe, a depender da satisfação dos outros requisitos do art. 89 da Lei n. 9.099/95.

- **Não houve *abolitio criminis*:** O presente art. 337-N tem redação idêntica àquela do art. 98 da Lei n. 8.666/90, revogado pela Lei n. 14.133/2021, tendo apenas sido alterada a modalidade de pena restritiva de liberdade, que passou de detenção para reclusão. Desse modo, há *sucessão de leis penais* que incriminam condutas similares:

Art. 337-N. Obstar, impedir ou dificultar injustamente a inscrição de qualquer interessado nos registros cadastrais ou promover indevidamente a alteração, a suspensão ou o cancelamento de registro do inscrito: Pena – reclusão, de 6 (seis) meses a 2 (dois) anos, e multa.	Art. 98. Obstar, impedir ou dificultar, injustamente, a inscrição de qualquer interessado nos registros cadastrais ou promover indevidamente a alteração, suspensão ou cancelamento de registro do inscrito: Pena – detenção, de 6 (seis) meses a 2 (dois) anos, e multa.

- **Irretroatividade:** A pena de reclusão prevista neste art. 337-N não retroage, por ser mais gravosa do que a detenção constante do antigo art. 98 da Lei n. 8.666/93.

- **Objeto jurídico:** A regularidade, o caráter competitivo e a segurança das licitações, especialmente de seus registros cadastrais. No entender de VICENTE GRECO FILHO, "o bem jurídico tutelado é o interesse da Administração em que haja o maior número possível de concorrentes em licitações e, de maneira indireta ou consequente, o interesse de obter a melhor proposta no mercado" (ob. cit., p. 129).

- **Sujeito ativo:** Só o agente público que tenha acesso aos registros cadastrais de interessados. No mesmo sentido, WOLGRAN JUNQUEIRA FERREIRA, para quem, nas duas partes do tipo, "a figura criminal tem como agente qualquer servidor que cuide do *registro cadastral* (art. 34)" (ob. cit., p. 298). É crime próprio.

- **Sujeito passivo:** Primeiramente, o Estado, isto é, o ente prejudicado da Administração Pública direta, autárquica e fundacional da União, dos Estados, do Distrito Federal ou dos Municípios (art. 1º, *caput*, da Lei n. 14.133/2021), abrangendo os órgãos dos Poderes Legislativo e Judiciário da União, dos Estados e do Distrito Federal e os órgãos do Poder Legislativo dos Municípios, quando no desempenho de função administrativa, bem como os fundos especiais e as demais entidades controladas direta ou indiretamente pela Administração Pública (art. 1º, I e II). Também as empresas públicas, sociedades de economia mista e as suas subsidiárias, regidas pela Lei n. 13.303/2016, nos termos do art. 185 da Lei n. 14.133/2021, expressamente determinando que a elas são aplicáveis os crimes dispostos neste Capítulo II-B. Secundariamente, tratando-se de impedimento indevido, o interessado (pessoa física ou jurídica) prejudicado.

- **Tipo objetivo:** Duas são as condutas puníveis: na primeira (1), subdividida em três modalidades, o agente *a)* *obsta* (opõe-se, serve de obstáculo), *b)* *impede* (impossibilita) ou *c)* *dificulta* (torna difícil, põe dificuldade), acrescido do elemento normativo do tipo *injustamente* (de forma iníqua, sem fundamento, infundada). As condutas devem recair sobre a inscrição de qualquer interessado nos registros cadastrais; na segunda (2), tendo já ocorrido a inscrição, o agente, *indevidamente* (de forma não devida), *promove* (causa, gera) a alteração, suspensão ou cancelamento do registro do inscrito. Como anota Jessé Torres Pereira Junior, comentando o antigo art. 98, a disposição do tipo sobre a primeira conduta "é redundante, pois *obstar* significa *impedir*, devendo a distinção recair, possivelmente, entre a oposição deduzida pessoalmente pelo agente (obstar) e o simples ato material do impedimento" (ob. cit., p. 934). Na oportuna observação de José Geraldo da Silva, Paulo Rogério Bonini e Wilson Lavorenti, "os dois elementos normativos do tipo... os advérbios *injustamente* e *indevidamente*... funcionam como causas excludentes da tipicidade do fato, se presentes de forma positiva" (ob. cit., p. 386).

- **Tipo subjetivo:** É o dolo, ou seja, a vontade livre e consciente de obstar, impedir ou dificultar a inscrição, tendo o agente ciência da injustiça de sua conduta, ou, então, de promover alteração, suspensão ou cancelamento do registro, ciente de que sua ação é indevida. Para os tradicionais, é o dolo genérico. Não há forma culposa.

- **Consumação:** Consuma-se quando a inscrição do interessado é obstada, impedida ou dificultada pelo agente, ou, ainda, quando seu registro é alterado, suspenso ou cancelado. Trata-se de crime formal. Para a configuração do tipo, não há "necessidade de demonstração de eventuais vantagens obtidas pelo sujeito ativo", como ressalta Adel El Tasse (*Legislação Criminal Especial,* coordenada por Luiz Flávio Gomes e Rogério Sanches Cunha, São Paulo, Revista dos Tribunais, 2009, p. 681).

- **Tentativa:** Nas modalidades de obstar, impedir ou dificultar não nos parece possível, pois ao tentar obstar ou impedir, o agente já terá dificultado, conduta esta que é unissubsistente, não podendo ser fracionada. Nas modalidades de alterar, suspender ou cancelar, em tese poderá haver tentativa se o procedimento para tanto for plurissubsistente (por exemplo, se demandar do funcionário que pratica a ilicitude, um requerimento a ser convalidado por superior hierárquico que impede o indevida alteração, suspensão ou cancelamento).

- **Coautoria ou participação:** Se mais de um funcionário público com acesso aos registros estiver envolvido, pode haver.

- **Ação penal:** Pública incondicionada.

- **Pena:** Reclusão, de 6 (seis) meses a 2 (dois) anos, e multa.

OMISSÃO GRAVE DE DADO OU DE INFORMAÇÃO POR PROJETISTA

Art. 337-O. Omitir, modificar ou entregar à Administração Pública levantamento cadastral ou condição de contorno em relevante dissonância com a realidade, em frustração ao caráter competitivo da licitação ou em detrimento da seleção da proposta mais vantajosa para a Administração Pública, em contratação para a elaboração de projeto básico, projeto executivo ou anteprojeto, em diálogo competitivo ou em procedimento de manifestação de interesse.

Pena – reclusão, de 6 (seis) meses a 3 (três) anos, e multa.

§ 1º Consideram-se condição de contorno as informações e os levantamentos suficientes e necessários para a definição da solução de projeto e dos respectivos preços pelo licitante, incluídos sondagens, topografia, estudos de demanda, condições ambientais e demais elementos ambientais impactantes, considerados requisitos mínimos ou obrigatórios em normas técnicas que orientam a elaboração de projetos.

§ 2º Se o crime é praticado com o fim de obter benefício, direto ou indireto, próprio ou de outrem, aplica-se em dobro a pena prevista no *caput* deste artigo.

- **Alteração:** Artigo incluído pela Lei n. 14.133, de 1º.4.2021.

- **Acordo de não persecução penal:** Diante da pena mínima inferior a quatro anos, e o crime ser sem violência ou grave ameaça, em tese cabe, a depender do preenchimento dos demais requisitos do art. 28-A do CPP, como a confissão.

- **Suspensão condicional do processo:** Diante do requisito de a pena mínima ser igual ou inferior a um ano, em tese cabe, a depender da satisfação dos outros requisitos do art. 89 da Lei n. 9.099/95.

Caput

- **Objeto jurídico:** A regularidade, o caráter competitivo e a segurança das licitações.

- **Sujeito ativo:** É a pessoa física (*extraneus*) responsável pelo levantamento cadastral ou condição de contorno (projetista).

- **Sujeito passivo:** Primeiramente, o Estado, isto é, o ente prejudicado da Administração Pública direta, autárquica e fundacional da União, dos Estados, do Distrito Federal ou dos Municípios (art. 1º, *caput*, da Lei n. 14.133/2021), abrangendo os órgãos dos Poderes Legislativo e Judiciário da União, dos Estados e do Distrito Federal e os órgãos do Poder Legislativo dos Municípios, quando no desempenho de função administrativa, bem como os fundos especiais e as demais entidades controladas direta ou indiretamente pela Administração Pública (art. 1º, I e II).Também as empresas públicas, sociedades de economia mista e as suas subsidiárias, regidas pela Lei n. 13.303/2016, nos termos do art. 185 da Lei n. 14.133/2021, expressamente determinando que a elas são aplicáveis os crimes dispostos neste Capítulo II-B. Secundariamente, o licitante (pessoa física ou jurídica) prejudicado.

- **Tipo objetivo:** Três são as condutas puníveis: *a.* omitir, isto é, deixar de fazer alusão; *b.* modificar, ou seja, mudar, alterar; ou *c)* entregar (disponibilizar), as quais devem recair (objeto material) sobre levantamento cadastral (*vide* art. 6º, XXIV, *h*, da Lei n. 14.133/2021) ou condição de contorno (cf. § 1º deste art. 337-O). Para que haja o crime, o levantamento cadastral ou condição de contorno devem estar: *1.* em relevante dissonância com a realidade; *2.* em frustração ao caráter competitivo da licitação; ou *3.* em detrimento da seleção da proposta mais vantajosa para a Administração Pública (elementos normativos do tipo). Não é qualquer levantamento cadastral ou condição de contorno que caracteriza o crime, mas, apenas, aquele feito em contratação para a elaboração de projeto básico (art. 6º, XXV), projeto executivo (art. 6º, XXVI) ou anteprojeto (art. 6º, XXIV), em diálogo competitivo (art. 6º, XLII), ou em procedimento de manifestação de interesse (art. 77, III). Em razão do bem jurídico tutelado, e da própria teoria geral do delito, só haverá o crime se as condutas elencadas tiverem potencialidade lesiva para afetar a regularidade das licitações; em acréscimo, nota-se que o *nomen juris* deste art. 337-O refere-se especialmente à omissão *grave* de dado ou de informação.

- **Tipo subjetivo:** É o dolo, ou seja, a vontade livre e consciente de omitir, modificar ou entregar à Administração Pública levantamento cadastral ou condição de contorno. Para a doutrina tradicional, é o dolo genérico. Não há punição a título de culpa.

- **Consumação:** Consuma-se com a efetiva omissão, modificação ou entrega de levantamento cadastral ou condição de contorno, nas condições previstas no tipo penal, independentemente do resultado naturalístico. Trata-se de crime formal.

- **Tentativa:** Na modalidade de omitir, não cabe por se tratar de conduta omissiva e unissubsistente; na de modificar, igualmente descabe por se tratar de conduta unissubsistente, que não pode ser fracionada; já na de entregar, em tese é possível se ela for obstada por circunstância alheia à vontade do agente.

- **Coautoria ou participação:** Pode haver (CP, art. 29).

- **Ação penal:** Pública incondicionada.

- **Pena:** Reclusão, de 6 (seis) meses a 3 (três) anos, e multa. Quanto à multa, *vide* art. 337-P, do CP

Condição de contorno (§ 1º)

- **Conceito:** Este § 1º traz o conceito da *condição de contorno* referida no *caput*, consistindo nas *informações e nos levantamentos suficientes e necessários para a definição da solução de projeto e dos respectivos preços pelo licitante*, nos quais estão incluídos sondagens, topografia, estudos de demanda, condições ambientais e demais elementos ambientais impactantes, *desde que* considerados requisitos mínimos ou obrigatórios em normas técnicas que orientam a elaboração de projetos. Trata-se, portanto, de norma penal em branco.

Causa especial de aumento de pena (§ 2º)

- **Dolo específico:** Sendo o delito cometido *com o fim de obter benefício*, direto ou indireto (através de terceira pessoa), próprio ou de outrem, aplica-se em dobro a pena prevista no *caput* deste artigo. Aqui, o *dolo é específico*. O legislador vislumbrou a possibilidade (embora improvável) de o agente, no *caput*, ter agido de forma dolosa, mas sem intuito de beneficiar a si próprio ou a terceiro, como na hipótese de assim agir por mau profissionalismo, mas sem nenhum interesse, vindo a prejudicar o caráter competitivo da licitação ou em detrimento da seleção da proposta mais vantajosa para a Administração Pública.

Art. 337-P. A pena de multa cominada aos crimes previstos neste Capítulo seguirá a metodologia de cálculo prevista neste Código e não poderá ser inferior a 2% (dois por cento) do valor do contrato licitado ou celebrado com contratação direta.

- **Pena de multa:** Este art. 337-P, incluído pela Lei n. 14.133/2021, determina que a pena de multa aplicada aos crimes deste Capítulo siga as regras de cálculo previstas no CP (arts. 49 a 52; 58 e 60), com a ressalva de que não poderá ser inferior a 2% (dois por cento) do valor do contrato licitado ou celebrado com contratação direta. Entende-se por *contratação direta* aquela em que há *inexigibilidade* ou *dispensa* de licitação (art. 72 da Lei n. 14.133/2021).

Capítulo III
DOS CRIMES CONTRA A ADMINISTRAÇÃO DA JUSTIÇA

REINGRESSO DE ESTRANGEIRO EXPULSO

Art. 338. Reingressar no território nacional o estrangeiro que dele foi expulso:

Pena – reclusão, de 1 (um) a 4 (quatro) anos, sem prejuízo de nova expulsão após o cumprimento da pena.

- **Suspensão condicional do processo:** Cabe, atendidas as condições do art. 89 da Lei n. 9.099/95.

Reingresso de estrangeiro expulso

- **Remissão:** Lei de Migração (Lei n. 13.445/2017). *Vide*, ainda, art. 232-A do CP ("Promoção de migração ilegal"), acrescentado por essa lei.

- **Objeto jurídico:** O ato oficial de expulsão, embora o crime venha inscrito entre aqueles praticados contra a administração da justiça.

- **Sujeito ativo:** Somente o estrangeiro (crime próprio).

- **Sujeito passivo:** O Estado.

- **Tipo objetivo:** O verbo reingressar tem o sentido de reentrar, voltar, entrar outra vez. Pune-se o reingresso no território nacional, considerado este em seus limites territoriais, marítimos e aéreos. O agente será o estrangeiro que dele foi expulso. É, pois, pressuposto do crime que o sujeito tenha, antes de praticá-lo, sido regularmente expulso por ato legal. Como este art. 338 fala em "reingresso", nele não se enquadra a conduta do alienígena que, embora tendo contra si expulsão decretada, continua no nosso país. Observe-se que a expulsão (arts.54 a 60 da Lei n. 13.445/2017 – Lei de Migração) não se confunde com a deportação (arts. 50 a 53 da mesma lei) nem com a extradição (arts. 81 a 99 desse diploma).

- **Tipo subjetivo:** O dolo, que consiste na vontade livre e consciente de reingressar, ciente da anterior expulsão. Para os tradicionais é o dolo genérico. Não há punição a título de culpa.

- **Consumação:** Com a reentrada no território nacional.

- **Tentativa:** Admite-se.

- **Pena:** Reclusão, de um a quatro anos, sem prejuízo de nova expulsão após o cumprimento da pena. Sobre a expulsão, *vide* arts.54 a 60 da Lei n. 13.445/2017 – Lei de Migração.

- **Ação penal:** Pública incondicionada, de competência da Justiça Federal (CR, art. 109, X).

Jurisprudência

- **Decreto de expulsão:** Eventual injustiça do anterior decreto de expulsão não basta para relevar o crime do art. 338 do CP (TFR, *RF* 265/352).

- **Autorização consular:** Inexiste o crime do art. 338 do CP, se o reingresso do agente foi autorizado por autoridade consular competente (TFR, Ap. 3.941, *DJU* 18.9.80, p. 7145). Caracteriza-se o delito com o simples retorno do estrangeiro, se estava ciente do decreto presidencial de expulsão e inexistia autorização consular para o seu reingresso (TRF da 4ª R., *RT* 747/786).

- **Concessão de *sursis*:** Embora a antiga proibição legal de conceder *sursis* a estrangeiro temporário seja considerada hoje revogada, não se pode conceder a suspensão da pena ao condenado pelo crime do art. 338, pois resultaria em permitir o que a lei veda, ou seja, sua permanência no país em liberdade (TFR, Ap. 7.242, *DJU* 22.5.86, pp. 8643-4).

- **Consumação:** O crime se consuma no momento do reingresso vedado do estrangeiro expulso em território nacional, tratando-se de crime instantâneo (TRF da 4ª R., Ap. 5006587-84.2013.404.7101/RS, j. 14.12.2016). O delito se consuma tão somente pelo reingresso do estrangeiro no território do país do qual foi expulso, cabendo ao acusado comprovar o erro de tipo em que teria incorrido no sentido de que, decorridos dez anos, poderia retornar (TRF da 2ª R., *RT* 777/716).

- **Tentativa:** Configura, se preso logo após entrar no território nacional, próximo à fronteira (TRF da 4ª R., Ap. 5.303, *mv* – *DJU* 31.1.90, p. 831). Não se caracteriza a tentativa, mas sim delito consumado, se o lugar em que foi flagrado o agente é bem distante da divisa deste país com o seu de origem (TRF da 4ª R., *RT* 747/786).

DENUNCIAÇÃO CALUNIOSA

Art. 339. Dar causa à instauração de inquérito policial, de procedimento investigatório criminal, de processo judicial, de processo administrativo disciplinar, de inquérito civil ou de ação de improbidade administrativa contra alguém, imputando-lhe crime, infração ético-disciplinar ou ato ímprobo de que o sabe inocente:

Pena – reclusão, de 2 (dois) a 8 (oito) anos, e multa.

§ 1º A pena é aumentada de sexta parte, se o agente se serve de anonimato ou de nome suposto.

§ 2º A pena é diminuída de metade, se a imputação é de prática de contravenção.

- **Alteração:** A Lei n. 14.110, de 21.12.2020, deu nova redação ao *caput* deste artigo, sendo bem-vindas as alterações, uma vez que a denunciação caluniosa é crime que traz grandes prejuízos à própria Administração Publica, bem como enorme desgaste à pessoa que é falsamente acusada, não só pelo cometimento de crime, mas também de infração ético-disciplinar ou de ato ímprobo. Desde a promulgação do CP, na década de 1940, esse tipo penal já havia sido alterado uma única vez, pela Lei n. 10.028, de 19.10.2000.

- **Suspensão condicional do processo:** Cabe no § 2º, desde que não haja incidência do § 1º, atendidas as condições do art. 89 da Lei n. 9.099/95.

Denunciação caluniosa (caput)

- **Objeto jurídico:** O interesse da justiça, primeiramente, e a honra da pessoa acusada, secundariamente.

- **Sujeito ativo:** Qualquer pessoa. Nada impede que o próprio delegado de polícia, promotor público ou procurador da República possa cometer o crime deste art. 339. Observe-se que, nos crimes de ação penal privada ou pública condicionada, somente as pessoas que podem exercê-la serão agentes do crime.

- **Sujeito passivo:** O Estado e a pessoa acusada caluniosamente.

- **Tipo objetivo:** A estrutura do delito é baseada em quatro fundamentos: (a) acusação da prática de um *crime*, ou de uma *infração ético-disciplinar*, ou ainda de um *ato ímprobo*; (b) contra pessoa determinada; (c) que o denunciante tenha consciência da inocência do acusado ou da inexistência do fato; (d) que esta acusação tenha dado causa: (d.1) à instauração de *inquérito policial* (não bastando, para a consumação, uma mera investigação ou diligência policial preliminar para realizar averiguação prévia sobre a denúncia, sem abertura de inquérito); (d.2) à abertura de *procedimento investigatório criminal* (que é o conhecido PIC, a cargo do Ministério Público); (d.3) à inauguração de *processo judicial* (com oferecimento e recebimento de denúncia na hipótese de imputação de crime); (d.4) à abertura de *processo administrativo disciplinar* (não sendo suficiente a mera investigação administrativa preliminar, da redação anterior); (d.5) à instauração de *inquérito civil público* por parte do Ministério Público; (d.6.) ou finalmente a abertura de *ação de improbidade administrativa*, por iniciativa do *Parquet*. A omissão não configura a infração, pois o crime é comissivo. *Crime* é o fato típico, antijurídico e culpável previsto no Código Penal ou leis penais especiais; *infração ético-disciplinar* é a conduta violadora do respectivo diploma legal que rege a atuação de determinadas categorias profissionais, disciplinadas e fiscalizadas por órgãos de classe ou por órgãos da Administração quando se tratar de funcionário público; *ato ímprobo* é a conduta má, perversa, corrupta, desonesta, falsa, enganadora, atentatória aos princípios da Administração Pública, sendo que a Lei n. 8.429/92 dispõe ser ele de três espécies: *a.* conduta que importa enriquecimento ilícito (art. 9º); *b.* que causa prejuízo ao erário (art. 10); *c.* que atenta contra os princípios da Administração Pública (art. 11). A provocação pode ser feita pelo sujeito ativo, diretamente, ou por meio de terceira pessoa, indiretamente. Em face do verbo usado, não é necessário que a provocação se revista de formalidade, podendo até ser oralmente apresentada à autoridade, desde que seja lavrado termo a respeito. Exige-se, para a configuração do tipo:

- *a.* **Pessoa determinada:** Deve haver individualização certa da pessoa acusada pelo agente.

- *b.* **Imputação de crime, infração ético-disciplinar ou ato ímprobo:** Deve tratar-se de fato determinado, objetivamente previsto como crime em lei penal vigente. O fato pode ser real ou fictício, mas deve ter os elementos que levem à sua configuração como crime (se for contravenção penal, cf. § 2º), infração ético-disciplinar ou ato ímprobo.

- *c.* **Ciência da inocência:** Consignando a lei "de que o sabe inocente", o agente deve saber que o imputado é inocente, seja porque não foi o autor do crime, da infração ético-disciplinar ou do ato ímprobo, seja porque eles não existiram. Na doutrina, considera-se que não haverá crime de denunciação caluniosa se o fato já tiver tido sua punibilidade extinta, se há excludente de ilicitude, se a falsidade da imputação restringe-se a circunstâncias agravantes etc. Como assinala Magalhães Noronha, não se confunde a denunciação caluniosa "com a conduta de quem solicita à polícia que apure e investigue determinado delito, fornecendo-lhe os elementos de que dispõe" (*Direito Penal*, atualizado por Adalberto José Q. T. de Camargo Aranha, 1995, v. IV, p. 356).

- **Tipo subjetivo:** É o dolo direto, não bastando o dolo eventual, pois o agente precisa saber, sem dúvida, que o imputado é inocente, seja por não ter sido o autor do crime, da infração ético-disciplinar ou do ato ímprobo, ou por ele não existir. Se, subjetivamente, o agente acredita na imputação que faz, não haverá o crime deste art. 339. O dolo superveniente também não basta à configuração. Na doutrina tradicional é o "dolo específico" para alguns autores, enquanto outros referem-se, apenas, ao dolo genérico. Evidentemente, o crime não é punido a título de culpa.

- **Consumação:** Com a efetiva instauração do inquérito policial, do procedimento investigatório criminal, do processo judicial, do processo administrativo disciplinar, do inquérito civil ou da ação de improbidade administrativa.

- **Tentativa:** Admite-se, na hipótese em que, embora o agente tenha feito a imputação, por cautela da autoridade, não chegou a ser instaurado o inquérito policial, tendo havido apenas diligência preliminar. Igualmente haverá tentativa, se não tiver sido instaurado, por circunstâncias alheias à vontade do agente, o procedimento investigatório criminal, o processo judicial, o processo administrativo disciplinar, o inquérito civil ou a ação de improbidade administrativa.

- **Confronto:** Se a comunicação é de crime imaginário ou atribuído a pessoa indeterminada, sem acusação específica a alguém, o crime será o do art. 340 do CP. Com a edição da Lei n. 10.028/2000, que deu nova redação ao *caput* deste art. 339, o art. 19 da Lei n. 8.429/92, que prevê como crime a representação por ato de improbidade contra agente público ou terceiro beneficiário, quando o autor da denúncia o sabe inocente, continua em vigor. Todavia, o mesmo só terá aplicação quando o ato de improbidade constituir apenas infração administrativa; se o ato de improbidade imputado também constituir crime, aplica-se este art. 339 (nesse sentido, Damásio E. de Jesus, *Comentários à Lei de Responsabilidade Fiscal*, 2001, São Paulo, Saraiva, p. 605. Igualmente no sentido de que o art. 19 da Lei n. 8.429/92 não foi revogado tacitamente pelo novo art. 339 do CP, André Luís Garcia de Pinho, "Lei de Responsabilidade Fiscal e sanções heterogêneas", *Bol. IBCCr* 110/11).

- **Retroatividade:** Nas modalidades em que a nova lei é mais gravosa, como na instauração de *procedimento de investigação do Ministério Público*, antes não prevista, não haverá retroatividade. Igualmente não há retroatividade quando a falsa imputação tiver se limitado a infração ético-disciplinar ou ato ímprobo, pois a antiga redação exigia mais: a imputação de *crime*. Quanto à exigência, para a consumação do crime, de que haja efetiva instauração de *inquérito policial* ou abertura de processo administrativo disciplinar, o tipo penal deve retroagir de forma benéfica, pois a anterior redação já entendia configurado o delito na forma consumada, com a mera abertura de investigação policial ou de investigação administrativa; atualmente, teríamos, nesses casos, a forma tentada, cuja punição é atenuada (CP, art. 14, II).

- **Subordinação ao inquérito ou processo iniciado:** Na hipótese de ter sido instaurada a investigação policial ou iniciada a ação penal contra a pessoa imputada, discute-se se a ação penal pelo crime do art. 339 fica na dependência do arquivamento do inquérito ou da absolvição do imputado no processo penal. Opinam que sim: Heleno Fragoso (*Lições de Direito Penal – Parte Especial*, 1965, v. IV, p. 1206), Hungria (*Comentários ao Código Penal*, 1959, v. IX, p. 466) e Magalhães Noronha (*Direito Penal*, 1995, v. IV, p. 357). *Vide* jurisprudência sob o mesmo título neste artigo.

- **Concurso de crimes:** Pode haver concurso com outros crimes. O de calúnia, porém, fica consumido.

- **Pena:** Reclusão, de dois a oito anos, e multa.

- **Ação penal:** Pública incondicionada.

Causa de aumento de pena (§ 1º)

- **Noção:** Se o agente se serve de anonimato ou nome suposto para praticar a denunciação caluniosa. O agravamento deste § 1º se justifica na medida em que a própria CR diz: "É livre a manifestação do pensamento, sendo vedado o anonimato" (art. 5º, IV).

- **Pena:** A do *caput*, aumentada de sexta parte.

Figura privilegiada (§ 2º)

- **Noção:** Incide o § 2º se a imputação é somente de prática de contravenção, e não de crime. Se se tratar de representação por ato de improbidade, *vide* nota *Confronto* no *caput* deste artigo.

- **Pena:** A do *caput*, diminuída de metade.

Jurisprudência (antes da Lei n.14.110/2020)

- **Certeza da inocência:** Exige-se que haja por parte do agente a certeza da inocência da pessoa a quem se atribui a prática criminosa (STJ, *RT* 873/532) Para configuração do delito é necessária a presença do dolo específico (TJSP, *RT* 776/566). É imprescindível o dolo direto, caracterizado pela certeza do agente em torno do conhecimento da inocência de quem recebe imputação de fato criminoso (TJMG, *RT* 776/644). Assim, se o agente acredita na imputação que fez ou tem dúvidas quanto à inocência do acusado, não há crime por atipicidade da conduta (TJPR, *RT* 838/635). Não basta o dolo eventual, pois o agente precisa efetivamente saber que a pessoa acusada é inocente (STF, Pleno – *RT* 568/352; TRF da 3ª R., Pleno, *JSTJ* e *TRF* 1/420; TJSP, *RT* 613/296, 612/290, 593/333). Sem a certeza da inocência da pessoa a quem se atribui a prática de crime, não se configura a denunciação caluniosa (STJ, *RT* 783/588; TJSP, *RJTJSP* 106/479, *RT* 720/418, 602/332; TJMG, Ap. 88.622-6, j. 7.10.97, *Bol. AASP* n. 2.244; TJPR, *PJ* 47/280; TRF da 4ª R., *RT* 875/676; TJMT, *RT* 506/411; TJSC, *RF* 256/389; TJMG, *RT* 634/326, *mv* – *JM* 131/425). O simples estado de dúvida afasta a tipicidade do delito (TJSP, *RJTJSP* 112/532; TJMG, *RT* 757/618). Também afasta, se a queixa é instruída com elementos que geravam fundada suspeita (TJSP, *RJTJSP* 116/519). Configura-se o crime se o próprio denunciante foi quem implantou a *res furtiva* e o psicotrópico na bolsa da vítima (TJSP, *RT* 792/603).

- **Boletim de ocorrência:** Não há crime se os agentes se limitaram a registrar boletim de ocorrência, restringindo-se a descrever os fatos ocorridos, sem apontar a prática de qualquer crime (STJ, *RT* 813/530), ou se o agente registra boletim de ocorrência para averiguação policial (STJ, *RT* 873/532).

- **Fato determinado e típico:** A imputação precisa referir-se a fato determinado e penalmente típico (STF, *RTJ* 119/172, 56/621; TJSP, *RJTJSP* 72/315, *RT* 543/347, 510/351). Não há denunciação caluniosa se o fato imputado é atípico (TJSP, *RT* 602/338).

- **Pessoa determinada:** Se o inquérito policial foi requerido contra uma pessoa, mas, depois, alcançou outra, não pode haver denunciação caluniosa contra esta última (TJSP, *RT* 562/294).

- **Pessoa indeterminada:** *Vide* jurisprudência sob o título *Acusação pessoal*.

- **Fato verdadeiro:** Inexiste dolo específico se o denunciante imputa fato verdadeiro que, porém, não caracteriza crime, não falseando a verdade, nem imputando a outrem delito de que a sabe inocente (TJSP, *RT* 639/294). Igualmente não se configura o delito, se o agente estava sendo vítima, realmente, de exercício arbitrário das próprias razões, mas pediu instauração de inquérito por furto (TJPR, *PJ* 43/233).

- **Retratação:** A retratação judicial da vítima em processo de estupro não configura, se tudo indica que se retratou em virtude de ameaças sofridas (TJMS, *RT* 716/484).

- **Falsidade objetiva e subjetiva:** A imputação deve ser objetiva e subjetivamente falsa (TJSP, *RT* 510/351, 493/276).

- **Punibilidade extinta:** Inexiste denunciação caluniosa, se não mais era possível a apuração do ilícito atribuído a outrem, em razão da extinção da punibilidade do fato pela decadência (TJSP, *RJTJSP* 83/375).

- **Absolvição por calúnia:** Se o agente foi absolvido, por insuficiência de provas, pelo crime de calúnia, deve ser rejeitada queixa-crime, oferecida pelo mesmo fato, por denunciação caluniosa (TJSP, *RT* 775/582).

- **Advogado:** O advogado que expõe fatos em nome do cliente não assume responsabilidade (TJSP, *RJTJSP* 100/514, 90/540, *RT* 558/281, 547/301, 530/315, 526/320; TJRJ, *RT* 572/368). O exercício normal da advocacia, com estrita observância das instruções do cliente, não faz o advogado coautor da denunciação caluniosa deste (TJSP, *RT* 508/324, 509/329; TJRJ, *RT* 488/398). No exercício do *múnus* público, o advogado não pode ser responsabilizado por eventuais imprecisões, possíveis excessos ou alguns exageros lançados na peça técnica que formula sob a orientação do cliente (TJSP, *RT* 771/588). Todavia, pode o advogado ser também responsabilizado, se agiu sabendo da falsidade da imputação feita por seu cliente contra a vítima (STF, *RT* 569/407; TJSP, *mv* – *RJTJSP* 95/515, *RT* 591/325). Não pratica o crime deste art. 339 o advogado que leva ao conhecimento do juízo comentário ouvido em visita a preso, pela esposa deste, sobre eventual crime praticado por policiais civis que liberaram, após negociação, outro acusado da mesma infração, tendo em vista que a formulação de meras suspeitas não configura o crime de denunciação caluniosa (TJSP, *RT* 809/579).

- **Cliente de advogado:** É irrelevante ter assinado ou não a *notitia criminis* juntamente com seu advogado, se da procuração outorgada constava poder especial para efetuá-la contra terceiro, como incurso no art. 171 do CP (TJSP, *RJTJSP* 176/310).

- **Subordinação ao inquérito ou processo iniciado:** A respeito, existem duas correntes, sendo a primeira delas predominante: *1*. É necessário, antes, o arquivamento do inquérito ou a absolvição do acusado no processo (TJSP, *RJTJSP* 111/472, *RT* 543/347; TJRS, *RT* 583/396; TJPR, *RT* 570/357, 548/345, *PJ* 42/192; Heleno Fragoso, *Jurisprudência Criminal*, 1979, v. I, n. 181). Repugna à racionalidade subjacente à garantia do devido processo legal admitir-se possa o aparelho repressivo estatal, simultaneamente, estar a investigar a veracidade de uma delação e a processar o autor dela por denunciação caluniosa (STF, HC 82.941-4/RJ, *DJU* 27.6.2003, p. 35, *in Bol. IBCCr* 129/724). Nada impede, porém, que o promotor, ao receber o inquérito instaurado contra o imputado, se convença da inocência deste e, com base nas provas do mesmo inquérito, ofereça denúncia contra o denunciante caluniador (STF, *RTJ* 104/125). *2*. Não é necessário (TJSP, *RT* 536/283, *mv* – 530/296).

- **Absolvição ou arquivamento:** O crime de denunciação caluniosa caracteriza-se, ainda que da investigação resulte a improcedência da imputação, ou que a investigação não tenha êxito (STF, RHC 54.566, *DJU* 15.4.77, p. 2352).

- **Resultado, por si só, não faz configurar:** O simples fato de o crime averiguado não resultar bastantemente comprovado, e ser o inquérito arquivado, não justifica, por si só, a existência de denunciação caluniosa (TJSP, *RJTJSP* 112/532, 106/480, 76/295, 69/314). Também não justifica, se o inquérito foi arquivado por versar sobre assunto de natureza cível (TJSP, *RT* 538/314). Igualmente, por ter faltado à acusação um elemento integrativo ou estar ultrapassado o prazo para a ação penal privada (TJSP, *RT* 538/317).

- **Investigação administrativa:** O fato de ter representado contra promotor de justiça perante a Corregedoria-Geral do Ministério Público não afasta, por si só, a tipicidade do delito, em face do novo teor do art. 339 do CP que incluiu a instauração de investigação administrativa (TJBA, *RT* 855/619).

- **Sindicância ou expediente:** Não basta que a conduta dê causa a expediente administrativo, pois é necessário que vise à instauração de inquérito policial ou processo judicial (TJSP, *RT* 504/301 – antes da Lei n. 10.028/2000). Não é admissível o crime de denunciação caluniosa em caso de sindicância formal, e não de inquérito policial ou processo judicial (STF, *RTJ* 89/820; TJSP, *RT* 558/281, *RT* 771/588; TJRJ, *RT* 765/675; TACrSP, *RJDTACr* 1/63). *Vide*, também, jurisprudência sob os títulos *Consumação* e *Necessidade de instauração de inquérito*.

- **Consumação:** Há duas posições: *a.* Não se consuma enquanto não tenha sido formalmente instaurado inquérito policial ou processo judicial (STF, *RT* 561/418; TFR, HC 5.266, *DJU* 2.4.82, p. 2918; TJPR, *PJ* 48/294), não bastando boletim de ocorrência, que não é peça inicial de investigação policial (TJSP, *RJTJSP* 174/317). *b.* Basta à consumação a investigação policial ou sindicância, sendo dispensáveis as formalidades do inquérito (TACrSP, *Julgados* 68/201; TJMG, *RT* 731/627). *Vide*, também, jurisprudência sob os títulos *Sindicância ou expediente* e *Necessidade de instauração de inquérito*.

- **Necessidade de instauração de inquérito:** Há orientação jurisprudencial nesse sentido: o crime de denunciação caluniosa não se constitui enquanto não formalizado o inquérito a que a imputação tenha dado causa (STF, *RT* 561/418; TJSP, *RJTJSP* 123/448). Não se configura a denunciação caluniosa, se foi logo apurada a mentira do boletim ou registro de ocorrência, não se instaurando a investigação policial (TJSP, *RT* 540/290). *Vide*, também, jurisprudência sob os títulos *Consumação* e *Sindicância ou expediente*.

- **Indiciamento da vítima:** Para a configuração do crime do art. 339 não é necessário que a vítima venha a ser indiciada em inquérito policial ou denunciada em processo criminal (TJRJ, *RT* 791/686).

- **Representação a corregedor-geral:** Não equivale à investigação policial ou processo judicial previsto pelo art. 339 (TJSP, *RJTJSP* 70/306). *Contra*: Se representou ao corregedor-geral, imputando falsamente a juiz de direito o crime de advocacia administrativa e a representação gerou a instauração de sindicância disciplinar contra o magistrado, embora arquivada, não se infere a alegada atipicidade da sua conduta (STJ, REsp 1658270/MG, *DJe* 9.10.2017).

- **Preexistência de procedimento:** Se já havia procedimento investigatório em curso, quando da oitiva do recorrente na Promotoria de Justiça, sua conduta é atípica (TJRS, Ap. 70078225307, *DJ* 19.11.2018).

- **Representação a juiz:** O direito de representação é uma das garantias de todo e qualquer cidadão e não pode, sob pena de ver-se instaurada a mais completa impunidade, sofrer restrições. A simples petição informando a autoridade judicial que pode ter ocorrido crime ou má prestação de serviços não se enquadra dentro do conceito de inquérito ou processo judicial, tendo natureza jurídica diversa (TJSP, *RT* 770/555).

- **Autoridade incompetente:** Não se descaracteriza o delito, se o inquérito foi instaurado por autoridade sem competência específica (TJSP, *RJTJSP* 118/505).

- **Busca e apreensão judicial:** Por violação de patente, depois abandonada, jamais pode ser equiparada a inquérito ou processo; a vítima pode ou não propor queixa-crime (TJSP, *RT* 617/290).

- **Dar causa:** Para que o agente dê causa, não é preciso que a iniciativa seja por denúncia ou queixa formal (TJRJ, *RF* 262/292).

- **Espontaneidade:** É essencial que tenha agido por sua própria iniciativa (voluntariamente) e não em resposta a pergunta de terceiro (STF, *RTJ* 89/820; TJSP, *RT* 613/301, 611/351, *RJTJSP* 72/315; TJRJ, *RT* 550/357).

- **Pedido de apuração:** Solicitar a apuração da responsabilidade não equivale a imputar (STF, *RTJ* 89/427; TJSP, *RJTJSP* 71/319, 70/307).

- **Promotor de justiça:** Não há crime na conduta do promotor de justiça que, mesmo diante da dúvida quanto ao estado de inocência do acusado, propõe denúncia, pois estará agindo de acordo com o princípio da obrigatoriedade e com a sua função institucional de titular privativo da *persecutio criminis* (TJBA, *RT* 806/593).

- **Acusação pessoal:** Ainda que a acusação seja falsa, se não for feita direta e pessoalmente contra alguém, o crime será o do art. 340 e não o deste art. 339 do CP (TJSP *RT* 613/301; TACrSP, *Julgados* 68/201).

- **Cheque sem fundos em garantia:** Não há denunciação caluniosa, se desde o início declarou que o cheque sem fundos foi recebido em garantia (TJSP, *RT* 524/362). Não pratica denunciação caluniosa, ainda que tenha recebido o cheque em garantia (TJSP,

RT 631/305, 547/283, RJTJSP 83/429, 74/289). Não se configura, se pediu à polícia para apurar o fato que entendia criminoso, sem deixar de fornecer os elementos de que dispunha para a apuração (TJSP, RT 538/322).

- **Autodefesa:** Não há crime se a denunciação caluniosa é feita pelo agente para livrar-se de ação contra si, concordando a pessoa imputada (TJSP, RT 494/293). Inexiste o crime, quando é feita pelo réu, em defesa, no seu interrogatório (TJRJ, RF 275/298; TJSP, RT 504/337). *Contra:* Pratica o crime de denunciação caluniosa réu que, pretendendo ser absolvido, acusa terceiro como o mandante, sabendo-o inocente (TJSP, RT 606/317).

- **Denunciação de denunciação:** O pedido de inquérito por denunciação caluniosa também pode, em tese, constituir denunciação caluniosa (TJSP, RT 538/317).

- **Retratação:** A retratação não tem qualquer efeito após a instauração do inquérito (TJSP, RT 520/385; TJMG, *mv – JM* 131/425).

- **Sujeito ativo:** Pode ser quem divulga fato inverídico em assembleia de órgão de classe, induzindo a erro terceiros de boa-fé e levando-os a instaurar inquérito contra pessoa inocente (TJSP, RT 641/321).

- **Sujeito passivo:** É a pessoa imputada que sofre as consequências diretas da denunciação caluniosa (TJSP, RT 494/293, 518/333). Se, como sócio diretor da empresa beneficiária dos cheques emitidos e devolvidos, decidiu apresentar notícia-crime contra a vítima pela prática do estelionato, incabível o trancamento da ação penal sob a alegação de ilegitimidade para figurar no polo passivo (STJ, RHC 90.391/CE, *DJe* 19.6.2018).

- **Crime complexo:** A denunciação caluniosa é crime complexo, que absorve a calúnia, se ambas estiverem fundadas no mesmo fato (STF, RT 599/421, 561/418; TJSP, RT 608/313; TJMG, RT 757/618). A denunciação caluniosa não absorve, porém, os delitos de injúria e difamação (STF, RT 599/421).

- **Competência:** Compete à Justiça Federal julgar, quando o delito falsamente imputado foi perante ela apurado (STF, *RTJ* 105/585, 89/453; TRF da 4ª R., Ap. 2002.04.01.0236128, *DJU* 14.1.2004, p. 479, *in Bol. IBCCr* 138/790), ou quando servidor federal foi acusado da prática de crime funcional (STF, RT 522/449).

COMUNICAÇÃO FALSA DE CRIME OU DE CONTRAVENÇÃO

Art. 340. Provocar a ação de autoridade, comunicando-lhe a ocorrência de crime ou de contravenção que sabe não se ter verificado:
Pena – detenção, de 1 (um) a 6 (seis) meses, ou multa.

- **Transação:** Cabe, preenchidos os requisitos do art. 76 da Lei n. 9.099/95.

- **Suspensão condicional do processo:** Cabe, atendidas as condições do art. 89 da Lei n. 9.099/95.

Comunicação falsa de crime ou de contravenção

- **Objeto jurídico:** A administração da justiça.
- **Sujeito ativo:** Qualquer pessoa.
- **Sujeito passivo:** O Estado.
- **Tipo objetivo:** O núcleo empregado é provocar, que tem o sentido de motivar, ocasionar. Incrimina-se o comportamento de quem provoca a ação de autoridade (policial ou judiciária), comunicando-lhe a ocorrência de crime ou de contravenção que sabe não se ter verificado. É indiferente a maneira como a comunicação é feita (escrita ou oral, neste caso pessoalmente ou por telefone). Deve referir-se, porém, a crime ou contravenção imaginário, ou seja, a fato que o agente sabe que não ocorreu. Na hipótese em que a comunicação seja referente a crime diverso do que realmente se verificou, a doutrina é no sentido de que não haverá crime se a diferença for estrutural, mas existirá se a

diversidade for essencial. Se a comunicação indicar pessoa determinada como autora, a infração será a do art. 339 do CP; mas se a pessoa apontada for imaginária ou indeterminada, o crime será o deste art. 340. À semelhança da denunciação caluniosa, não haverá o delito deste art. 340 se já estiver extinta a punibilidade do ilícito que falsamente se comunicou.

- **Tipo subjetivo:** O dolo direto (vontade livre e consciente de comunicar infração que sabe que não ocorreu), não bastando o dolo eventual. E o elemento subjetivo do tipo referente ao especial fim de agir (para provocar a ação da autoridade). Na doutrina tradicional é o "dolo específico". Não há forma culposa do delito.

- **Consumação:** Com a efetiva ação da autoridade.

- **Tentativa:** Admite-se, como no exemplo em que o Delegado, apesar de comunicado sobre uma ocorrência falsa, não chega a agir.

- **Confronto:** Se é indicada pessoa certa como autora, art. 339 do CP. Se o intuito é fraudar seguro, art. 171, § 2º, V, do CP.

- **Pena:** É alternativa: detenção, de um a seis meses, ou multa.

- **Ação penal:** Pública incondicionada.

Jurisprudência

- **Comunicação oral:** Não é necessário que a comunicação seja feita por escrito ou tomada por termo (TACrSP, *RT* 517/358). Se for feito boletim de ocorrência, este prescinde da assinatura do queixoso (TACrSP, *Julgados* 96/69).

- **Dolo:** O art. 340 exige "dolo específico" (TACrSP, *Julgados* 69/77). É indispensável que o agente esteja certo de que nenhum crime ocorreu (TAPR, *RT* 762/724; TJSP, *RT* 510/350). Não se configura o delito se, ao pedir a apuração de contravenção contra o meio ambiente, o agente ressalva a possibilidade de entendimento contrário da autoridade policial, demonstrando sua boa-fé (TACrSP, *RT* 765/607).

- **Pessoa indeterminada:** No crime do art. 340 o agente não indica o autor do delito que afirma ter ocorrido (TJDF, Ap. 0005477-80.2015.8.07.0010, *DJe* 7.3.2017). Se é feita acusação falsa, mas a pessoa incerta ou indeterminada, a ação é enquadrável neste art. 340, e não no art. 339 (TJSP, *RT* 613/301; TACrSP, *RJDTACr* 1/62).

- **Crime verdadeiro diferente:** Não se configura a infração do art. 340, se o agente comunicou ter sofrido roubo, quando, na verdade, houvera furto com sua própria participação, pois um fato criminoso realmente ocorrera, embora de natureza diversa daquele comunicado (TACrSP, *Julgados* 73/376). Contra, em parte: Configura a comunicação falsa de furto de moto à polícia, objetivando a sua apreensão e recuperação, quando, na verdade, a tinha vendido e recebido cheque sem fundos em pagamento (TACrSP, *RJDTACr* 10/43).

- **Meras bravatas:** Segredadas pelo réu a um companheiro de cela não configura o delito, o qual pressupõe que o agente se valha de meio idôneo e apto à produção do efeito desejado, que é dar causa à desnecessária atuação da autoridade para investigar fatos inexistentes (TJMG, Ap. 10521140143046001, j. 3.5.2018).

- **Consumação:** Tipificam o delito simples comunicação e investigação preliminar (TACrSP, *Julgados* 79/290). Configura-se após simples diligência ou indagação acerca dos fatos (TJSP, *RT* 727/484). Consuma-se com a ação da autoridade, ainda que não vá além de indagações preliminares, e mesmo que não seja aberto o inquérito (TACrSP, *Julgados* 67/459, 96/69). Consuma-se, desde que provocada a ação e ainda que esta não vá além de indagações; para o voto vencido, é necessário que a autoridade promova diligência, para que se dê a consumação (TJSP, *mv – RF* 257/288). A consumação se dá quando, lavrado o Boletim de Ocorrência, a autoridade policial, civil ou militar, dá início a investigações e diligências (TACrSP, *RJDTACr* 19/73). Contra, em parte: O tipo penal se refere à ação da autoridade, a que não se podem equiparar policiais militares, seus agentes, em face do princípio da reserva legal (TACrSP, *RJDTACr* 28/57).

- **Direito de defesa:** A decretação de prisão em flagrante do acusado durante interrogatório, sob alegação de cometimento de comunicação falsa de crime, mostra-se incabível e sem amparo legal, porquanto, como réu, não estava obrigado a dizer a verdade (TJAP, *RT* 748/671). O acusado que, em interrogatório judicial, noticia sua versão dos fatos, não pratica o crime do art. 340, por ausência de elemento subjetivo, já que manifesto o interesse de defender da imputação (TACrSP, Ap. 1.240.591-7, j. 6.6.01, *Bol. AASP* n. 2.231, p. 447).

- **Arrependimento eficaz:** Há, se após a comunicação arrependeu-se e contou a verdade, antes de iniciadas as diligências policiais (TACrSP, *Julgados* 69/336).

- **Concurso:** Não configura o crime do art. 340, mas só o do art. 168 do CP, a conduta do empregado que noticia à polícia haver sofrido assalto, para cometer apropriação indébita (TACrSP, *RT* 536/337). Admite-se a absorção do crime de falsa comunicação de crime pelo de estelionato, tratando-se de *post factum* impunível (TJSP, *RJTJSP* 275/508).

AUTOACUSAÇÃO FALSA

Art. 341. Acusar-se, perante a autoridade, de crime inexistente ou praticado por outrem:
Pena – detenção, de 3 (três) meses a 2 (dois) anos, ou multa.

- **Transação:** Cabe, preenchidos os requisitos do art. 76 da Lei n. 9.099/95.

- **Suspensão condicional do processo:** Cabe, atendidas as condições do art. 89 da Lei n. 9.099/95.

Autoacusação falsa
- **Objeto jurídico:** A administração da justiça.
- **Sujeito ativo:** Qualquer pessoa.
- **Sujeito passivo:** O Estado.
- **Tipo objetivo:** Pune-se a conduta de acusar-se (imputar-se, atribuir a si próprio) de crime inexistente ou praticado por outrem. Trata-se, portanto, de autoacusação falsa, na qual o agente se atribui a prática de crime (doloso ou culposo, mas não basta contravenção) inexistente (que não houve) ou praticado por outrem (cometido por terceira pessoa e sem coautoria ou participação do agente). É indispensável, porém, que a autoacusação seja feita perante autoridade (policial ou judicial), e não a qualquer pessoa (particular ou funcionário público) sem a qualidade de autoridade. Deve, outrossim, ser feita por meio de comunicação escrita à autoridade, em declaração ou confissão tomada por termo e assinada pelo agente.

- **Tipo subjetivo:** É o dolo, consistente na vontade livre de acusar-se, com consciência de que o crime inexistiu ou foi cometido por outrem. Na escola tradicional indica-se o "dolo genérico". Inexiste modalidade culposa.

- **Autodefesa:** A nosso ver, o acusado que, na polícia ou em juízo, se autoacusa de crime inexistente ou praticado por outrem, para se defender de outro delito que lhe é imputado, não comete o crime deste art. 341 do CP, em virtude das garantias constitucionais do direito ao silêncio (CR, art. 5º, LXIII e § 2º), de não ser obrigado a depor contra si mesmo, nem a confessar (PIDCP, art. 14, 3, *g*) ou a declarar-se culpado (CADH, art. 8º, 2, *g*). Como lembra DAVID TEIXEIRA DE AZEVEDO, "o faltar à verdade equivale a silenciar sobre ela, omiti-la", pois "sob o plano ético-axiológico, como adequação da coisa à escala valorativa... o que é mais valioso tem precedência ontológica sobre o menos valioso" ("O interrogatório do réu e o direito ao silêncio", *RT* 682/288).

- **Consumação:** Quando a autoridade, efetivamente, toma conhecimento da autoacusação.

- **Tentativa:** De difícil configuração.

- **Concurso de crimes:** Pode haver concurso formal com o crime do art. 339 (CP, art. 70) se o agente, além de se autoacusar, imputa a terceiro coautoria ou participação, dando causa à instauração de investigação policial.
- **Pena:** É alternativa: detenção, de três meses a dois anos, ou multa.
- **Ação penal:** Pública incondicionada.

Jurisprudência

- **Perante autoridade:** É imprescindível que o agente se acuse perante a autoridade e não perante outras pessoas ou populares (TJSP, *RT* 536/295; TACrSP, *RT* 517/283). Não é imprescindível a presença física da autoridade, bastando que tenha sido feita ao escrivão que a tomou por termo (TACrSP, *Julgados* 69/318).
- **Autodefesa:** Não se configura o delito do art. 341 se o agente, não assumindo falsamente a autoria do acidente automobilístico, estaria se autoacusando de participação em contravenção (TJSP, *RT* 545/343).
- **Coautor:** Não há crime de quem chama a si a exclusiva autoria de delito de trânsito praticado por filho menor, quando o agente foi coautor desse delito, ao permitir que o filho, sem habilitação, dirigisse ao seu lado (TACrSP, *Julgados* 82/205, 79/448).
- **Vítima:** Não pratica o crime deste art. 341 o pai que assume a autoria de acidente de trânsito perante autoridade policial, para proteger o filho inabilitado que fora o responsável e o único a lesionar-se, pois o Direito Penal não pune a autolesão (TACrSP, *RJDTACr* 30/49).
- **Filho e noivo:** Comete o delito do art. 341 o filho que assume responsabilidade de crime praticado pelo pai, mas a pena deve ser de simples multa (TJSP, *RT* 523/374). Também comete, ao declarar à polícia que dirigia o veículo acidentado, para isentar a noiva, provocando a instauração de inquérito contra si (TACrSP, *Julgados* 86/262).
- **Falso testemunho (desclassificação):** Não há falar-se em falso testemunho, mas sim no crime do art. 341, se o agente assume a autoria de delito cometido por terceiro, seu parente, na tentativa de evitar a ação penal contra aquele (TJSP, *RT* 770/553).
- **Só em boletim de ocorrência:** É necessário que a autoacusação falsa seja feita por meio de comunicação escrita à autoridade, em declarações ou confissão tomada por termo e assinada; não basta a feita em boletim ou registro de ocorrência, se depois o agente a corrigiu (TJSP, *RT* 536/295).
- **Retratação:** Se houve autoacusação falsa, visando subtrair terceiro à responsabilidade criminal, e, no mesmo instante, retratação, tendo esta sido aceita pela autoridade policial, que empregou toda a atividade para elucidar o crime e a autoria, afastado fica o dolo de perigo (TJMG, *JM* 128/355). A autoacusação não admite retratação (TAMG, *RT* 491/368; contra, admitindo-a: TJSP, HC 70006226799, *Bol. IBCCr* 129/727; TACrSP, *RT* 565/341, 499/369). Não se admite, ainda que feita antes de eventual denúncia, podendo servir como mera atenuante, uma vez que se trata de crime formal (TACrSP, *RT* 728/561-2).
- **Consumação:** Consuma-se quando chega ao conhecimento da autoridade policial ou judicial (STF, *RT* 497/405).
- **Dolo:** Basta o dolo de perigo para a configuração do delito do art. 341 (TACrSP, *RT* 503/347).
- **Fato criminoso:** Não se tipifica o delito do art. 341, se era penalmente atípico o fato de que se autoacusou falsamente (TACrSP, *Julgados* 85/509 e 407). Não sendo considerado criminoso, por inexistência de culpa, o fato de que o agente se acusou e do qual foi o seu verdadeiro autor absolvido, não ficou tipificado o delito do art. 341 (TACrSP, *Julgados* 72/320, *RT* 384/248).
- **Agravante:** Na hipótese de haver sido praticado por outrem o crime de que o agente se autoacusa, não incide a agravante genérica de ser o delito cometido para facilitar a impunidade, por já estar esta contida no art. 341 (TACrSP, *Julgados* 72/195).

FALSO TESTEMUNHO OU FALSA PERÍCIA

Art. 342. Fazer afirmação falsa, ou negar ou calar a verdade, como testemunha, perito, contador, tradutor ou intérprete em processo judicial, ou administrativo, inquérito policial, ou em juízo arbitral:

Pena – reclusão, de 2 (dois) a 4 (quatro) anos, e multa.

§ 1º As penas aumentam-se de um sexto a um terço, se o crime é praticado mediante suborno ou se cometido com o fim de obter prova destinada a produzir efeito em processo penal, ou em processo civil em que for parte entidade da administração pública direta ou indireta.

§ 2º O fato deixa de ser punível se, antes da sentença no processo em que ocorreu o ilícito, o agente se retrata ou declara a verdade.

- **Alteração:** A Lei n. 12.850, de 2.8.2013, aumentou a pena do *caput*, que era de 1 a 3 anos de reclusão e multa, para 2 a 4 anos de reclusão e multa, sendo, portanto, evidente a irretroatividade da nova pena.

Falso testemunho ou falsa perícia (caput)

- **Objeto jurídico:** A administração da justiça, especialmente a veracidade das provas.
- **Sujeito ativo:** Somente a testemunha, perito, contador, tradutor ou intérprete. Quanto à participação ou coautoria no falso testemunho, *vide* nota Concurso de pessoas neste artigo.
- **Sujeito passivo:** O Estado; secundariamente, a pessoa prejudicada pela falsidade.
- **Tipo objetivo:** Três são os comportamentos incriminados: *a.* Fazer afirmação falsa. Trata-se de conduta comissiva, na qual o agente afirma inverdade. *b.* Negar a verdade. Nesta hipótese, o sujeito ativo nega o que sabe. *c.* Calar a verdade. Nesta última modalidade, o agente silencia, omite o que sabe (é a chamada reticência). A falsidade deve ser relativa a fato juridicamente relevante ou potencialmente lesiva, pois "se a circunstância em nada influi, se não há possibilidade de prejuízo, apesar da inverdade, não haverá falso testemunho" (MAGALHÃES NORONHA, *Direito Penal*, 1995, v. IV, p. 369). Duas teorias existem acerca da falsidade: a objetiva e a subjetiva. Pela primeira, falso será o que não corresponde ao que aconteceu. Para a subjetiva, o falso será o que não corresponde ao que o agente efetivamente percebeu; é a teoria entre nós adotada por HUNGRIA (*Comentários ao Código Penal*, 1959, v. IX, p. 476) e MAGALHÃES NORONHA (*Direito Penal*, 1995, v. IV, p. 369). Assim, pode haver o crime quando o agente, falsamente, afirma ter presenciado fato verdadeiro, mas que, na verdade, não viu. O falso testemunho ou falsa perícia deve ocorrer em processo judicial (civil, trabalhista ou penal), administrativo (perante a autoridade competente), inquérito policial ou em juízo arbitral (Lei n. 9.307/96). A nosso ver, em face do princípio constitucional e legal da reserva legal, não haverá crime se o falso se deu em inquérito civil público, pois este não está previsto no tipo. No falso testemunho, a falsidade deve referir-se a fato, pois a testemunha não opina; na perícia, porém, a falsa opinião é relevante. Na doutrina, considera-se irrelevante a falta de compromisso da testemunha (HELENO FRAGOSO, *Lições de Direito Penal – Parte Especial*, 1965, v. IV, p. 1218; HUNGRIA, *Comentários ao Código Penal*, 1959, v. IX, p. 475; MAGALHÃES NORONHA, *Direito Penal*, 1995, v. IV, p. 368), mas há jurisprudência em sentido contrário (*vide* abaixo, sob os títulos Parentesco, Informante, Concubino(a) ou Amásio(a) irmão(ã) do acusado). Com efeito, enquanto o art. 203 do CPP dispõe que "a testemunha fará, sob palavra de honra, a promessa de dizer a verdade do que souber e lhe for perguntado", o art. 208 do mesmo estatuto prevê que "não se deferirá o compromisso a que alude o art. 203 às pessoas a que se refere o art. 206", ou seja, "o ascendente ou descendente, o afim em linha reta, o cônjuge, ainda que desquitado, o irmão e o pai, a mãe, ou o filho adotivo do acusado", que poderão até "recusar-se" a depor (art. 206). Ora, se a lei não tem dispositivos ou palavras inúteis, não haveria sentido em deferir-se compromisso a certas testemunhas e não a outras, se ambas – as compromissadas e as

não compromissadas – são passíveis de falso testemunho. Afinal, se assim não fosse, nenhum valor jurídico teria, então, o compromisso, a "promessa de dizer a verdade", "sob palavra de honra". Não haverá, outrossim, falso testemunho se a testemunha mente, ainda que compromissada, para não se incriminar (autodefesa), pois há inexigibilidade de outra conduta. Se o processo for anulado, também nulo será o testemunho ou a perícia.

- **Tipo subjetivo:** O dolo, ou seja, a vontade livre de fazer falsa afirmação, negar ou calar a verdade, com consciência de que falta à verdade. O engano ou esquecimento exclui o dolo. Na doutrina tradicional é o "dolo genérico". Não há forma culposa.

- **Consumação:** Com a assinatura do depoimento ou da interpretação, ou, ainda, com a entrega do laudo pericial ou da tradução. O crime permite retratação (cf. § 2º).

- **Tentativa:** É bastante controvertida a sua admissibilidade.

- **Subordinação:** O § 2º deste art. 342 cria uma verdadeira condição resolutiva da punibilidade. Embora o falso testemunho, perícia, laudo contábil, tradução ou interpretação já esteja consumado, sua punição depende de o agente não se retratar ou declarar a verdade "antes da sentença no processo em que ocorreu o ilícito". Por isso, não se pode condená-lo anteriormente a tal ocasião. Inexiste óbice legal à instauração de ação penal antes de proferida a sentença ou decisão no processo em que ocorreu o falso testemunho ou perícia, desde que fique sobrestado seu julgamento até a outra sentença ou decisão. Há, porém, ponderáveis razões de ordem prática e de economia processual que justificam se aguarde tal momento para a instauração da ação penal, ressalvada, contudo, a possibilidade de prescrição.

- **Concurso de pessoas:** É questão muito discutida saber se pode existir ou não coautoria no crime do art. 342. Para uma corrente, pode haver codelinquência, nos termos do art. 29 do CP. Já para outra, é delito de "mão própria", que só pode ser cometido por testemunha, perito, contador, tradutor ou intérprete, não admitindo coautoria. Poder-se-ia argumentar, contudo, que os crimes de mão própria, apesar de não admitirem coautoria, admitem participação (moral ou material), o que viabilizaria a possibilidade de haver concurso de agentes, nesta última modalidade, para o crime deste art. 342.

- **Advogado:** A Lei n. 8.906/94 (Estatuto da Advocacia) inclui, entre os direitos do advogado, o de "recusar-se a depor como testemunha em processo no qual funcionou ou deva funcionar, ou sobre fato relacionado com pessoa de quem seja ou foi advogado, mesmo quando autorizado ou solicitado pelo constituinte, bem como sobre fato que constitua sigilo profissional" (art. 7º, XIX). O art. 154 do CP, aliás, pune a violação do segredo profissional (*vide*, também, jurisprudência naquele artigo, sob a rubrica *Sigilo de advogado*). Por outro lado, o advogado que eventualmente solicita à testemunha que, caso queira, por sua livre e espontânea vontade omita determinado fato na hipótese de não ser perguntada, ou mesmo o negue, faltando com a verdade, comete, a nosso ver, falta ética a ser apurada pela Ordem dos Advogados do Brasil, mas não o crime deste art. 342, sequer como partícipe, pelos motivos expostos na nota *Concurso de pessoas*, de acordo com a corrente que admite concurso de pessoas.

- **Confronto:** Tratando-se de Comissão Parlamentar de Inquérito, haverá o crime previsto no art. 4º, II, da Lei n. 1.579/52, que, todavia, não inclui como sujeito ativo o contador.

- **Parlamentares federais:** O art. 53, § 6º, da CR, com a redação que lhe deu a EC n. 35/2001, dispõe que "os deputados e senadores não serão obrigados a testemunhar sobre informações recebidas ou prestadas em razão do exercício do mandato, nem sobre pessoas que lhes confiaram ou deles receberam informação".

- **Pena:** Reclusão, de dois a quatro anos, e multa.

- **Ação penal:** Pública incondicionada, mas a sentença não pode ser dada antes que se profira decisão no processo em que o falso testemunho, laudo pericial, tradução ou interpretação ocorreu (*vide* nota *Subordinação*).

Causas especiais de aumento de pena (§ 1º)

- **Noção:** Se o crime é praticado mediante suborno ou se é cometido com o fim de obter prova destinada a produzir efeito em processo penal, ou em processo civil em que for parte entidade da Administração Pública direta (União, Estados, Municípios e Distrito Federal) ou indireta (Autarquias, Fundações, Empresas Públicas e Sociedades de Economia Mista), as penas aumentam-se de um sexto a um terço. Em face da necessária interpretação restritiva das leis penais incriminadoras, não incidirá esta causa de aumento se a prova for destinada a gerar efeito em inquérito policial, processo administrativo ou juízo arbitral, referidos no *caput*.

- **Suborno:** Para a configuração desta causa especial de aumento de pena, não basta o simples suborno das pessoas mencionadas no *caput*, sendo necessário que o falso testemunho, laudo pericial, tradução ou interpretação tenha sido efetivamente cometido. Tratando-se de perito oficial, e não nomeado, incide no art. 317 do CP, segundo HUNGRIA (*Comentários ao Código Penal*, 1959, v. IX, p. 488). A corrupção ativa de testemunha ou perito é prevista no art. 343 do CP.

- **Pena:** Aumenta-se de um sexto a um terço.

Retratação (§ 2º)

- **Noção:** Dispõe o § 2º deste art. 342 que o fato deixa de ser punível se, antes da sentença no processo em que ocorreu o ilícito, o agente (testemunha, perito, contador, tradutor ou intérprete) se retrata ou declara a verdade. A retratação é o ato de desdizer-se, de retirar o que se afirmou. Cuida-se, pois, da hipótese em que o agente se retrata (da afirmação ou negação que fizera), ou declara a verdade (que antes calara). A sentença mencionada é a referente ao próprio processo judicial (criminal, civil ou trabalhista) onde ocorreu o falso testemunho, laudo pericial, tradução ou interpretação (cf. jurisprudência: STF, *RTJ* 100/276; TJSP, *RT* 713/328).

- **Natureza jurídica e efeito:** Constitui causa extintiva da punibilidade (CP, art. 107, VI). Muito embora lembre o arrependimento eficaz, é medida especial de política criminal, instituída com o objetivo de proteger os mais superiores interesses da justiça. Como esta busca a apuração da verdade, entende-se preferível à condenação do agente a sua retratação ou declaração da verdade. Ou seja, mais atende à justiça a descoberta da verdade do que a punição do falso testemunho, laudo pericial, tradução ou interpretação falsos. Trata-se, pois, de condição resolutiva da punibilidade: embora já consumado o crime, a punição depende de o agente não se retratar ou declarar a verdade até a sentença no processo em que ocorreu o ilícito. Se o faz, há a extinção da punibilidade, que diz respeito à própria pretensão punitiva. Seus efeitos, porém, são restritos ao âmbito penal (CPP, art. 67, II).

- **Alcance:** A previsão do § 2º do art. 342 compreende tanto a figura do *caput* como a do § 1º. Não se estende, porém, ao tipo do art. 343 do CP.

- **Oportunidade:** Preceitua o § 2º que a retratação ou declaração da verdade deve ocorrer antes da sentença no processo em que ocorreu o ilícito. Na hipótese de processo administrativo ou juízo arbitral, é necessário que preceda suas respectivas decisões. Quanto ao limite temporal, na doutrina domina o entendimento de que a sentença referida no § 2º, como limite, é a de primeira instância, ainda que sujeita a recurso. Na jurisprudência, segue-se igual interpretação (TJSP, *RJTJSP* 238/317, 116/457, *RT* 758/527, 751/577, 602/339, 533/313), mas há acórdãos que a admitem até o trânsito em julgado (TJSP, *RT* 528/314), estes, a nosso ver acertadamente, pois se a apuração da verdade é o objetivo maior do processo penal, a retratação, antes do trânsito em julgado da sentença, também deverá ser preferível à punição do agente que falseou. Há, a propósito, julgado entendendo que o falso testemunho só se consuma quando o depoimento se torna irrevogável pelo trânsito em julgado do processo em que foi prestado (TJSP, *RT* 528/314).Nos processos do júri, deve-se entender como limite a sentença do presidente do júri e não a decisão de pronúncia, que tem natureza diversa (cf. ROBERTO DELMANTO JUNIOR, "Considerações a respeito do ato decisório de pronúncia", *RT* 700/302; jurisprudência: TJRJ, *RT* 526/427; TJSP, *RJTJSP* 124/475).Em caso de anulação da sentença, reabre-se ao agente a oportunidade do § 2º. Já se admitiu igual possibilidade na hipótese em que o tribunal declarara prescrita a ação penal onde os depoimentos haviam sido prestados (TJSP, *mv* – *RT* 570/301).

- **Retratação na polícia:** Se o acusado se retratou perante a autoridade policial, reconhecendo seu equívoco, antes do oferecimento da denúncia, o fato deixa de ser punível, nos termos do § 2º deste art. 342 (TRF da 4ª R., *RT* 756/704).

- **Voluntariedade:** Basta que a retratação ou declaração seja voluntária, sendo indiferente a sua espontaneidade. É necessário, porém, que seja total e completa.

- **Comunicabilidade:** Para os que admitem coautoria ou participação, discute-se se a extinção da punibilidade do § 2º pode ou não ser estendida aos coautores ou partícipes, pois o CP emprega a expressão "o fato deixa de ser punível". Há, a propósito, duas correntes: *a.* Comunica-se (EMERIC LEVAI, "Retratação penal", *RP* 21/159; HUNGRIA, em seu primeiro entendimento, *Novas Questões Jurídico-Penais*, 1945, p. 126; MAGALHÃES NORONHA, *Direito Penal*, 1995, v. I, p. 363; TJSP, *RT* 493/273). *b.* Não se comunica (HELENO FRAGOSO, *Lições de Direito Penal – Parte Especial*, 1965, v. IV, p. 1224; HUNGRIA, em seu segundo entendimento, *Comentários ao Código Penal*, 1959, v. IX, p. 489; STF, *RTJ* 100/1018). Nossa posição: Em vista dos termos em que foi redigido o § 2º (o fato deixa de ser punível), entendemos que ele tem caráter misto e não apenas subjetivo, ao contrário da retratação prevista no art. 143 do CP. Por isso, e em razão também do desaparecimento do perigo que representava o falso testemunho ou perícia, cremos possível a extensão aos coautores ou partícipes. Há julgado recente do STJ nesse sentido (*vide* jurisprudência abaixo).

Jurisprudência

- **Potencialidade lesiva:** Para a configuração deve existir potencialidade de dano para a administração da justiça, descaracterizando-se o delito se a inveracidade da informação for óbvia (TRF da 2ª R., *RT* 776/704). Não se caracteriza o falso testemunho, se foi prestado em processo cujos acusados foram absolvidos, por não ser crime o fato a eles atribuído, porquanto faltou potencialidade lesiva à administração da justiça (STF, *RTJ* 107/134; TJSP, *RT* 706/301). É impossível haver falso testemunho, se no processo em que teria sido prestado o fato apurado foi julgado atípico (TJSP, *RJTJSP* 183/298). Não importa o dano, mas sim a sua potencialidade (TJSP, *RJTJSP* 76/316; TRF da 4ª R., *RT* 815/731). A capacidade de influir na decisão é requisito implícito do crime, devendo, pois, referir-se a fatos juridicamente relevantes (TJSP, *RJTJSP* 92/435, 75/319). É necessário que o teor inverídico do depoimento, atinente a circunstância juridicamente relevante, seja hábil a interferir na decisão do mérito da causa (TRF da 4ª R., Ap. 0004997-77.2006.4047110/RS, j. 27.10.2010). Diante da irrelevância dos fatos omitidos pelo depoente para o deslinde do feito, vez que a demanda não poderia ter desfecho diverso em razão de seu objeto, não resta caracterizado o crime (TRF da 4ª R., Ap. 2000.72.00.009138-3/SC, *DJU* 13.10.2004, *in Bol. IBCCr* n. 148, março de 2005). O falso testemunho precisa ser referente a fato juridicamente relevante (TJSP, *RJTJSP* 108/476, *RT* 577/354; TJMG, *mv* – *RT* 721/493), pois, sem potencialidade lesiva, é imoral, mas não antijurídico (TJSP, *RT* 567/312; TJMG, *mv* – *JM* 131/458); deve, outrossim, ser pertinente ao objeto do processo ou do inquérito (TRF da 1ª R., HC 25.176, *DJU* 3.12.92, p. 40740, *in RBCCr* 1/228; TJSP, *RT* 507/355). Basta a potencialidade de produzir dano, não sendo necessário o efetivo dano à administração da justiça (STF, *RTJ* 95/573, 79/784; TJSP, *RT* 758/527; TJPR, *RT* 806/620), pois é crime formal (STJ, REsp 4.454, *DJU* 3.12.90, p. 14331; TJSP, *RT* 777/592). Não há potencialidade lesiva, se o inquérito em que prestou o depoimento falso foi arquivado (TJSP, *RJTJSP* 117/501). Igualmente, se trancada a ação penal em que o depoimento foi prestado (TJSP, *RT* 753/597).

- **Crime de bagatela:** A insignificância penal do fato da desavença entre familiares, afinal harmonizados, configura crime de bagatela e recomenda o trancamento do inquérito policial (STJ, HC 3.725, *DJU* 1.8.94, p. 18665, *in Bol. AASP* n. 1.865).

- **Tipo subjetivo:** O crime de falso testemunho exige a vontade consciente de falsear a verdade (TJSP, *RT* 543/348; nesse sentido: TRF da 4ª R., *RT* 812/719). É preciso que o agente tenha consciência de que deforma o fato ao narrá-lo (TJSP, *RT* 551/307; TAMG, *RT* 510/436). Inocorre o dolo, se o agente desconhece a falsidade do fato afirmado (TRF da 3ª R., Ap. 60.113, *DJU* 24.4.96, p. 26441, *in RBCCr* 15/409). Não sendo possível avaliar-se a potencialidade lesiva do depoimento, devido às contradições existentes nos demais testemunhos e também a real intenção dolosa do agente, absolve-se (TRF da 3ª R., Ap. 94.03.081957-0, j. 15.8.95).

- **Contradição:** Simples contradição entre depoimentos não configura, por si só, o crime deste art. 342 (TJSP, *RJTJSP* 99/461, 120/514; TJMG, *RT* 650/318; TRF da 1ª R., Ap. 37.649, *DJU* 29.9.95, p. 66036, *in RBCCr* 13/362; TRF da 4ª R., *RT* 780/727), já que o tipo exige dolo específico (TJSP, *RT* 753/597; TJMG, *RT* 753/671). Contradições secundárias entre os depoimentos policial e judicial da mesma testemunha também não caracterizam (TJSP, *RJTJSP* 174/319). O falso testemunho é a divergência entre o depoimento e a ciência da testemunha (TJSP, *RT* 498/293). Deve haver distorção entre o dito e a realidade ou entre o visto ou percebido e o dito (TJSP, *RT* 522/322). O falso testemunho deve ser desconforme com o que o agente viu, ouviu e percebeu, não bastando que só contraste com a verdade objetiva (TJSP, *RT* 536/308; TRF da 4ª R., *RT* 858/697). Somente é possível vislumbrar o crime quando a contradição nos depoimentos refere--se à questão relevante, bem como quando há descompasso entre aquilo que a testemunha conhece e o que relatou (TRF da 1ª R., *RT* 820/684). A ocorrência de contradição entre as declarações policiais e judiciais caracteriza o crime, visto que dolosa a conduta do acusado visando induzir a erro o Judiciário (TJSP, *RT* 774/558). *Vide*, ainda, jurisprudência sob o título *Falsa perícia*.

- **Crime único:** Se o depoimento falso foi prestado na jurisdição cível e na criminal, sobre o mesmo fato, há crime único; assim, se o agente foi condenado pela falsidade no processo civil, não pode vir a ser condenado posteriormente por ter corroborado a mentira na esfera penal (TJSP, *RT* 787/592).

- **Espécies de processos alcançados:** *a.* Em processos administrativos. Pode haver o crime do art. 342 (TJSP, *RT* 609/320). *b.* Em sindicância. Não pode haver crime de falso testemunho (TJSP, *RJTJSP* 102/475). *Contra:* pode haver (TJSP, *RT* 613/305).

- **Declarações extrajudiciais por instrumento público (tabelionato):** Não configuram (TRF da 4ª R., HC 21.761, *DJU* 4.8.93, p. 29973).

- **Autodefesa:** Não há falso testemunho, se o agente mente para defender-se, imputando a outrem o fato que lhe é atribuído (TJSP, *RT* 544/345). O crime deste art. 342 é de mão própria, só podendo ser cometido por testemunha; assim, não comete o crime o corréu que acusa outro (TJSP, Ap. 242.268-3, j. 10.2.2000, *RJTJSP* 238/317). Não comete o crime a testemunha que tinha interesse em não se envolver (TJSP, *RT* 576/353, 519/353 e 317). Ninguém é obrigado a declarar a verdade, se assumir, com a declaração, o risco de ser incriminado (STF, HC 73.035-3, Pleno, j. 13.11.96, *in RBCCr* 18/222-223; TJSP, *RT* 613/302, *RJTJSP* 114/485). Ainda que deponha como testemunha, o verdadeiro autor do crime não pode cometer falso testemunho (TJSP, *RT* 532/345). Não há falso testemunho, se envolve elucidação que poderá acarretar responsabilidade penal ao depoente (TJSP, *RJTJSP* 177/311). Se depôs falsamente em inquérito, só não sendo denunciado como coautor de estelionato porque à época deste crime era menor, não pode figurar como sujeito ativo do delito do art. 342 do CP (TJSP, *RJTJSP* 124/474). Réu é parte e não se enquadra no art. 342 (TJSP, *RJTJSP* 171/342; TJRS, *RJTJRS* 167/98).

- **Flagrante por falso testemunho em CPI:** É nulo o auto de prisão em flagrante lavrado por determinação de Presidente de CPI e presidido pelo Diretor-Substituto da Coordenação de Segurança Legislativa da Câmara dos Deputados, por não revestir este a qualidade de "autoridade de que fala o art. 307 do CPP", bem como por não ter sido consignado qual a declaração falsa feita pela testemunha e a razão pela qual assim a considerou a Comissão (STF, HC 73.035-3, Pleno, j. 13.11.96, *in RBCCr* 18/222-3).

- **Informante:** Existem duas posições: *a.* Não há falso testemunho se o agente depõe como informante (TJSP, *RT* 835/543; 693/348, 607/305; *RJTJSP* 90/472; Ap. 317.411-3/3, *in Bol. IBCCr* 141/823; TJPR, *RT* 597/333; TJRS, *RT* 819/666). *b.* Não exclui o crime, ainda que dispensado do compromisso (TJSP, *RJTJSP* 83/430, 68/397).

- **Testemunha não compromissada, mas advertida:** Quem não é obrigado a depor como testemunha, mas se dispõe a fazê-lo e é advertido pelo juiz, mesmo sem ter prestado compromisso pode ficar sujeito às penas do falso testemunho (STF, mv – RT 712/491).

- **Coação moral irresistível:** São isentas de pena, por sofrerem coação moral irresistível, testemunhas que, ameaçadas de sofrer mal injusto e grave, modificam em Juízo, a versão já dada anteriormente na polícia (TJRS, Ap. 70003953189, in Bol. IBCCr 125/695).

- **Temor reverencial:** O mero intento de não desagradar a patroa, ou simples temor reverencial, não é justificativa suficiente para autorizar a prática do crime (TJMG, Ap. 10479140212479001, publ. 10.5.2019).

- **Concubino(a) ou amásio(a) do acusado:** Não pode ser sujeito ativo (TJSP, RJTJSP 178/297, 160/308, 725/538), sendo o fato atípico, em face da influência exercida pelo acusado (TJSP, RJTJSP 173/318). O crime de falso testemunho não pode ser imputado à concubina, pois a união estável foi equiparada a entidade familiar pela Constituição Federal. Assim, deve estar inserida no rol das pessoas que não estão obrigadas a depor e, se o fizer, não lhe será deferido o compromisso legal (TJMG, Ap. 1.0433.03.096269-3/001, DOE 28.11.07). Não há crime de falso testemunho se houver a *affectio familiae*, vínculo afetivo que enlaça os integrantes de um grupo familiar; hipótese em que o depoimento foi prestado pelo amásio da ré (TJSP, Ap. 394.081.3/00, j. 30.7.2003, Bol. IBCCr 134/767).

- **Parentesco:** Não há crime de falso testemunho se havia relação de parentesco, podendo até mesmo haver recusa em depor (TJSP, JTJ 271/571).

- **Irmão(ã) do acusado:** Não comete o crime, já que não se exige o compromisso de dizer a verdade, mormente se não cientificado da faculdade de recusar-se a depor (TJSP, RT 751/595; TJAP, RT 783/661).

- **Depoimento pessoal e declarações da vítima:** A vítima não pode ser sujeito ativo do crime do art. 342 (TJSP, RT 793/596, 735/568, RJTJSP 162/296; TJMG, RT 694/359; TJRS, RJTJRS 167/98). Não comete falso testemunho quem era parte no processo, como é o caso do exequente embargado (TJSP, RT 525/350). A omissão de declaração em depoimento pessoal, prestado em ação cível, ainda que sobre fato relevante, não encontra adequação no art. 342, em que só há tipificação do falso testemunho (TJRJ, RT 488/400). Se a testemunha era o lesado, não há crime (TJSP, RT 485/299).

- **Policiais civis ou militares:** Não são suspeitos nem impedidos de depor, ficando sujeitos às penas do falso testemunho (TACrSP, RJDTACr 20/142).

- **Silêncio da testemunha:** Sobre temas acessórios, que não ajudam nem prejudicam o deslinde do feito, não configura (TJMG, JM 125/307).

- **Não autoincriminação:** Se o réu, ao prestar falso testemunho, o fez sob o temor da autoincriminação, exercendo o direito de não fazer prova contra si mesmo, resta caracterizada a atipicidade da conduta (TRF da 4ª R., Ap. 5000239-42.2016.4.04.7005/PR, j. 14.5.2019). Se o réu foi apontado como autor do delito do art. 310 da Lei n. 9.503/97 (entrega de condução de veículo a pessoa não autorizada), não poderia ter prestado o compromisso de falar a verdade, sendo atípica a afirmação falsa por ele feita (TJRS, Ap. 70080369028, j. 7.10.2019). Pratica o crime do art. 342, § 1º, do CP, a testemunha compromissada que nega a verdade, a despeito da sua ciência sobre os fatos, quando não há evidência de que suas declarações teriam o condão de lhe autoincriminar (TJDF, RT 876/641). Se, por ocasião de sua oitiva pelo MPF, a perita avaliadora já ostentava (em outros autos) a condição de investigada pelo crime de falsidade ideológica, referida pessoa não responde pelo crime de falso testemunho, pois não está obrigada a fazer prova contra si mesma (STJ, 5ª T, RHC 30302/SC, rel. Min. Laurita Vaz, j. 25.2.2014, DJe 12.3.2014).

- **Concurso de pessoas:** Há duas correntes a respeito da possibilidade de haver participação no falso testemunho: *a.* Não pode haver (TJSP, mv – RT 655/281, mv – 605/301, 601/321, 592/317, mv – 572/291, mv – 570/289, RJTJSP 72/284, mv – 75/266, 71/322, 69/336). *b.* Pode haver, por instigação ou auxílio (STF, RT 641/386, 607/424, RTJ 112/226; STJ, RT 784/579; TJSP, RT 717/393, 672/294, 635/365, RJTJSP 120/495; TJPR, PJ 47/272).

- **Participação de advogado:** Mera orientação do testemunho, embora contra a ética, não configura o delito deste art. 342, que é crime de mão própria (STJ, *JSTJ* e *TRF* 34/303). O advogado que se limita a instruir a testemunha a dizer isso ou aquilo em juízo criminal sem, no entanto, dar, oferecer ou prometer qualquer vantagem, não comete o crime de falso testemunho, tratando-se de fato atípico (STJ, *RT* 755/591). Na espécie, a conduta da recorrida (advogada) é atípica, porquanto limitou-se a instruir a testemunha a dizer isso ou aquilo em juízo trabalhista sem, frise-se, conforme restou consignado pelo acórdão recorrido, dar, oferecer ou prometer qualquer vantagem (STJ, 6ª T., REsp 169.212/PE, rel. Min. Fernando Gonçalves, j. 24.6.99, *RSTJ e TRFs* v. 130, p. 486). O delito de falso testemunho é uma exceção pluralística à teoria monista concernente à natureza jurídica do concurso de agentes prevista no art. 29 do CP; assim, a testemunha que faz afirmação falsa responde pelo delito do art. 342 e quem dá, oferece ou promete dinheiro ou outra vantagem para que aquela cometa o falso no processo penal, incide nas penas do parágrafo único do art. 343 (STJ, *RT* 755/590). *Contra:* Advogado que induz testemunhas a prestar falso testemunho é partícipe do crime do art. 342 (STF, RHC 81.327, rel. Min. Ellen Gracie; STJ, HC 30.858/RS, j. 12.6.2006, *DJ* 1.8.2006, p. 549; HC 45.733/SP, *DJ* 13.3.2006, p. 380; HC 36.287/SP, *DJ* 20.6.2005, p. 305; TRF da 3ª R., 1ª T., Ap. 0000740-14.2006.4.03.6115/SP, rel. p/ac. Des. Fed. Hélio Nogueira, *mv*, j. 3.3.2015; TJSP, *mv – RT* 731/562). Se foi a testemunha que procurou o advogado, e não este a ela, sem que o profissional tenha exercido qualquer influência ou agido no sentido de dela obter um depoimento que lhe fosse favorável, não há falar-se em auxílio ou participação no delito de falso testemunho (TJMG, *RT* 785/652).

- **Pessoa que não é testemunha não comete o crime do art. 342 e, por isso, advogado não pode ser partícipe:** Adolescente que, em razão de sua inimputabilidade, deixa de ser incluído na denúncia como autor. Adolescente que não pode ser considerado testemunha, uma vez que não perde a sua característica de parte na produção delituosa, faltando-lhe um dos requisitos essenciais para figurar como testemunha, qual seja, a estraneidade em relação às partes e ao litígio. Ausente a qualidade de testemunha do depoente, uma vez que não foi arrolada na denúncia como tal, não é possível falar em participação do advogado, por induzimento ou instigação, em crime de falso testemunho (STJ, 5ª T., RHC 16.248/SP, *DJ* 22.5.2006, p. 220).

- **Resultado do processo:** Havendo decisão definitiva na esfera em que os depoimentos falsos foram prestados, esta deve ser levada em consideração na instância penal, a fim de evitar decisões contraditórias (TRF da 4ª R., *RT* 780/727). Não se configura falso testemunho, se o depoimento falso não teve nenhuma influência no deslinde da causa (TJSP, *RJTJSP* 120/512). *Contra:* É indiferente que o falso testemunho não tenha alcançado o fim desejado (TJSP, *RT* 734/667, 694/311) ou não tenha influído na decisão (STF, HC 73.976, *DJU* 11.10.96, p. 38501, *in RBCCr* 16/378; TJMG, *RT* 650/316). É irrelevante que a afirmação falsa tenha sido desprezada e condenado o réu favorecido pelo depoimento mentiroso (TJSP, *RT* 537/301). É crime formal que se consuma com o depoimento falso, independentemente da produção do efetivo resultado material a que visou o agente (STF, *RTJ* 124/340; TJSP, *RT* 713/328; TJPR, *PJ* 48/278).

- **Extinção do processo em que foi prestado:** A propósito, há duas posições: *1ª* Não impede a configuração do crime: A extinção da punibilidade, pela prescrição, do processo em que o depoimento foi prestado, não neutraliza o crime de falso testemunho (STF, *RT* 546/431, *RTJ* 124/340; STJ, *RT* 747/606; REsp 4.454, *DJU* 3.12.90, p. 14331; TJPR, *RT* 710/320). *2ª* Impede. Extinta a punibilidade no processo principal (por sedução, antigo delito previsto no art. 217 do CP, e que foi revogado pela Lei n. 11.106/2005), onde o falso testemunho foi prestado, a extinção se estende ao processo por falsidade testemunhal (STF, *RTJ* 34/245; TJSP, *mv – RJTJSP* 122/469, *RT* 693/329, 611/322), ou se reabre às testemunhas a oportunidade de retratação (TJSP, *RT* 570/301). Se o processo originário não atingiu a fase da prestação jurisdicional, em face da ausência de representação no prazo legal, dando azo à extinção do processo, o agente ficou obstado de exercitar seu direito de retratação, devendo estender-se a extinção da punibilidade ao processo por falso testemunho (TJSP, Ap. 255.360-3/9, j. 9.11.99, *Bol. IBCCr* 92/465). Trancada a ação penal em que o depoimento foi prestado, inexiste potencialidade de dano, requisito do crime (TJSP, *RT* 753/597). Contra, em parte: Não impede, se a testemunha foi reinquirida e especificamente advertida da suspeita da inverdade de seu depoimento anterior (STJ, REsp 4.106, *DJU* 9.10.90, p. 10903).

- **Deficientes mentais:** Ainda que admitidos a depor, não podem ser autores de falso testemunho (TJSP, *RT* 524/322).

- **Vereador:** Declarações prestadas por vereadores no plenário da Câmara e reafirmadas em depoimento judicial não podem servir de base para o oferecimento de denúncia por falso testemunho, em virtude da sua inviolabilidade por opiniões, palavras e votos, no exercício do mandato, na circunscrição do Município (CR, art. 29, VIII) (STJ, RHC 4.603, *DJU* 12.2.96, p. 2443, *in RBCCr* 14/428).

- **Consumação:** A consumação do crime do art. 342 do CP ocorre no momento em que é feita a afirmação falsa, nada impedindo, portanto, o oferecimento da denúncia antes mesmo da sentença definitiva do processo principal, que obsta somente a conclusão do processo em que se apura o crime de falso testemunho diante da possibilidade de retratação, nos termos do art. 342, § 2º, do CP (STJ, 5ª T., RHC 22.200/SP, rel. Min. Arnaldo Esteves Lima, j. 9.3.2010, *DJe* 5.4.2010). Consuma-se com o encerramento do depoimento (TJMG, *RT* 747/725; TJSP, *RT* 595/344, 657/287, *mv* – *RJTJSP* 69/368). Tratando-se de depoimento colhido por meio de carta precatória, consuma-se no juízo deprecado, que é o lugar onde foi prestado o falso testemunho (TJSP, *RJTJSP* 100/539). O falso testemunho é crime formal e se consuma com a simples prestação do depoimento falso (STF, HC 73.976/SP, *DJU* 11.10.96, p. 38501, *in RBCCr* 16/378; TJSP, *RT* 517/285; TJMG, *RT* 747/725), ainda que o magistrado, percebendo a falsidade, não o tenha em consideração para a formação da sua convicção (TRF da 4ª R., Ap. 5005481-89.2015.4.04.7110/RS, j. 24.4.2019; Ap. 51660-02.2018.4.04.7101, j. 5.6.2019; TRF da 3ª R., Ap. 0001127-07.2017.4.03.6127/SP, j. 10.10.2019). *Contra:* Consuma-se quando o depoimento se torna irrevogável pelo trânsito em julgado da decisão do processo em que foi prestado (TJSP, *RT* 528/314).

- **Subordinação:** Discute-se se a ação penal por crime de falso testemunho pode ser iniciada antes de decidido o processo em que o depoimento mendaz foi prestado. Há posições divergentes a respeito: *1.* Não pode ser iniciada antes de proferida decisão no outro processo, mas não precisa esperar o trânsito em julgado (STJ, *RT* 747/606, 704/388; REsp 2.452, *mv* – *DJU* 22.10.90, pp. 11674-5; REsp 17.716, *DJU* 24.4.93, p. 10013; TJSP, *RT* 753/596, 621/312, 618/303, *RJTJSP* 160/298; TJMG, *JM* 125/307; TRF da 2ª R., *RT* 781/698; TRF da 3ª R., HC 43.500, *DJU* 29.6.94, p. 35178). *2.* Não deve ser iniciada antes do trânsito em julgado da decisão do processo em que o falso testemunho foi prestado (TJSP, *RT* 528/314, *RJTJSP* 162/296). *3.* Pode ser iniciada antes da sentença do processo em que o testemunho foi prestado (STJ, *RT* 710/350), mas não pode ser julgada antes do proferimento da mesma (TJSP, *RT* 611/351-2, 460/281). *4.* Descoberto no inquérito, pode ser denunciado junto com o agente que favoreceu, desde que ressalvada a possibilidade de retratação (TJSP, *RJTJSP* 78/272; *contra:* STJ, RHC 229, *DJU* 18.12.89, p. 18479).

- **Inquérito:** É possível a instauração de inquérito para apurar delito do art. 342 do CP, ainda que o feito principal, onde o depoimento acoimado de falso foi prestado, não se ache sentenciado (TACrSP, *Julgados* 95/413) ou, na sentença, o juiz não tenha vislumbrado a prática de falso testemunho ou tenha deixado a apreciação de sua ocorrência para outra oportunidade (TJSP, *RJTJSP* 161/308). *Contra:* É prematura a sua instauração (TJSP, *RT* 645/286).

- **Reforma da sentença pelo tribunal:** Não há justa causa para a ação penal por falso testemunho, se o tribunal, ao apreciar depois o processo original, julga válidos os depoimentos que a sentença considerara falsos (TJSP, *RT* 533/305).

- **Concurso de crimes:** Se o agente depôs duas vezes sobre o mesmo fato, uma no juízo cível e outra no criminal, há crime único e não continuado, mas incidindo o § 1º do art. 342, em razão do depoimento prestado no processo penal (TJSP, *RJTJSP* 79/381). O falso testemunho não absorve o crime contra a honra (TACrSP, *Julgados* 88/151).

- **Ação penal:** É pública e não está condicionada à providência do juiz, assinalada no art. 211 do CPP (STF, *RTJ* 79/784).

- **Falsa perícia:** Pratica-a o perito que distorce a verdade, com o objetivo preciso de favorecer alguém e influir sobre a decisão judicial, enganando a autoridade julgadora, ainda que não atinja o fim desejado (TJSP, *RT* 507/346; STJ, *RT* 707/367). Simples diferença de diagnóstico entre laudos médicos não leva à conclusão de ter havido propositada distorção da verdade (TJRJ, *RT* 584/391).

- **Retratação:** Segundo o entendimento firmado nos tribunais superiores, é necessária para a prolação da sentença do crime de falso testemunho a existência de sentença proferida nos autos em que ocorreu o falso, tendo em vista a possibilidade de retratação nestes (TJRS, Ap. 70077818581, *DJ* 3.10.2018). No crime de falso testemunho a retratação de um dos acusados, estende-se aos demais corréus e partícipes, conforme redação do art. 342, § 2º, do CP (STJ, HC 36.287/SP, *DJ* 20.6.2005, p. 305). *Contra:* Em falsa perícia, a retratação tem caráter exclusivamente pessoal, sendo incomunicável aos demais autores (STF, RHC 58.483, *DJU* 22.5.81, p. 4736). A composição amigável, havida posteriormente entre as partes, não tem o condão de desfazer o testemunho tido como criminoso, o qual persiste até ser desfeito no decorrer da instrução judicial (STJ, RHC 483, *DJU* 7.5.90, p. 3834). *Vide*, também, jurisprudência referida na anotação ao § 2º deste art. 342. Para que haja a incidência do § 2º do art. 342, basta que a retratação ocorra antes da sentença proferida pelo Tribunal do Júri, podendo ocorrer mesmo após a pronúncia; de outro lado, pouco importa tenha a retratação ocorrido no próprio processo em que praticado o falso ou, como *in casu*, em interrogatório em juízo, nos autos da ação penal por falso testemunho movida contra o réu (TJSP, Ap. 270.137-3/1, *Bol. IBC-Cr* 110/579).

- **Confronto com o art. 341 do CP:** Não há que se falar em desclassificação do art. 342, § 1º, para o art. 341, se a testemunha compromissada em processo judicial fez afirmação falsa com o fim de produzir efeito em processo penal (TJDF, Ap. 0020617-78.2015.8.07.0003, *DJe* 16.10.2017).

- **Competência:** "Compete à Justiça Federal processar e julgar crime de falso testemunho cometido no processo trabalhista" (STJ, Súmula 165; CComp 13.512, j. 17.8.95, *Bol. AASP* n. 1.992; *RT* 723/549).

Art. 343. Dar, oferecer ou prometer dinheiro ou qualquer outra vantagem a testemunha, perito, contador, tradutor ou intérprete, para fazer afirmação falsa, negar ou calar a verdade em depoimento, perícia, cálculos, tradução ou interpretação:

Pena – reclusão, de 3 (três) a 4 (quatro) anos, e multa.

Parágrafo único. As penas aumentam-se de um sexto a um terço, se o crime é cometido com o fim de obter prova destinada a produzir efeito em processo penal ou em processo civil em que for parte entidade da administração pública direta ou indireta.

- **Alteração:** A Lei n. 10.268, de 28.8.2001, publicada no *DOU* de 29.8.2001, deu nova redação a este artigo e seu parágrafo único. A antiga pena (reclusão, de um a três anos, e multa) foi aumentada (reclusão, de três a quatro anos, e multa).

Corrupção ativa de testemunha ou perito (caput)

- **Objeto jurídico:** A administração da justiça, especialmente a veracidade das provas.
- **Sujeito ativo:** Qualquer pessoa.
- **Sujeito passivo:** O Estado; secundariamente, a pessoa que tiver sido prejudicada pelo falso testemunho, perícia, cálculos, tradução ou interpretação.
- **Tipo objetivo:** Os núcleos indicados são: *a. dar* (entregar, presentear); *b. oferecer* (pôr à disposição); *c. prometer* (garantir dar alguma coisa). O objeto material é dinheiro ou qualquer outra vantagem (quanto à expressão "vantagem", cf. comentário ao art. 333 do CP). Incrimina-se a dação, oferta ou promessa a testemunha, perito, contador, tradutor

ou intérprete, para fazer afirmação falsa, negar ou calar a verdade em depoimento, perícia, cálculos, tradução ou interpretação. As ações incriminadas referem-se, obviamente, aos mesmos processos anotados no artigo anterior (cf. nota ao art. 342 do CP). Antes da Lei n. 10.268/2001, a corrupção era punida ainda que a oferta ou a promessa não fosse aceita pela testemunha ou perito. Por esta razão, a doutrina entendia que o crime era formal. Entretanto, com a nova redação conferida ao *caput* deste art. 343, que suprimiu a expressão "ainda que a oferta ou promessa não seja aceita", para que haja a configuração do crime, a oferta ou a promessa deve ser aceita, tratando-se, doravante, de crime material.

- Tipo subjetivo: O dolo, que consiste na vontade livre e consciente de praticar as ações indicadas, e o elemento subjetivo do tipo referente ao especial fim de agir (para que seja falseada a verdade). Na doutrina tradicional é o "dolo específico". Inexiste forma culposa.

- Consumação: Com a dação, oferta ou promessa, desde que aceitas pela testemunha, perito, contador, tradutor ou intérprete.

- Tentativa: É possível.

- Concurso de pessoas: Pode haver participação, mas não da testemunha, perito, contador, tradutor ou intérprete, que, aceitando, estarão incursos no art. 342, § 1º, primeira parte, do CP.

- Pena: Reclusão, de três a quatro anos, e multa.

- Ação penal: Pública incondicionada.

Causas especiais de aumento de pena (parágrafo único)

- Noção: Se o crime é cometido com o fim de obter prova destinada a produzir efeito em processo penal ou em processo civil em que for parte entidade da Administração Pública direta ou indireta, as penas aumentam-se de um sexto a um terço. Em face da necessária interpretação restritiva das leis penais incriminadoras, esta causa de aumento não incidirá se se tratar de prova destinada a gerar efeito em inquérito policial, processo administrativo ou juízo arbitral.

- Pena: A do *caput*, aumentada de um sexto a um terço.

Jurisprudência

- Efetiva condição: É necessário que a testemunha, perito, tradutor ou intérprete tenha essa efetiva qualidade no momento da prática delituosa, não bastando a possibilidade de vir a ter tal condição no futuro (TJSP, *RJTJSP* 78/353, *RT* 641/321; TJPR, *RT* 633/317). Ainda que já haja prestado depoimento no inquérito e possa vir a ser novamente inquirido em juízo, não se configura se, no momento da oferta ou promessa, não tinha a qualidade de testemunha (TJSP, *RJTJSP* 118/505). É mister tenha a pessoa objeto da oferta ou promessa a qualidade atual de testemunha, figurando no rol apresentado pelas partes ou mandado ouvir pela autoridade; não configura se até a data da oferta não havia sido determinada a sua inquirição, não tendo sido sequer arrolada no boletim de ocorrência (TJSP, *RJTJSP* 167/298). Para fins do art. 343 do CP, não se pode considerar testemunha a pessoa que apresentou a notícia do crime à autoridade policial (TFR, HC 5.711, *DJU* 15.12.83). Igualmente o delegado de polícia (STF, *RT* 643/349). Testemunha que também é vítima de outro delito: A testemunha de homicídio, que sofre lesões corporais durante os atos de execução do mesmo, não perde aquela qualidade para os efeitos de tipificação do art. 343 (TJMS, *RT* 680/377).

- Súplicas ou pedidos: O pedido à testemunha não basta para a configuração do crime (TJSP, *RT* 530/313). Simples súplicas não são suficientes para a tipificação (TJSC, *RT* 481/388).

- Advogado: É atípica, embora imoral, a conduta de advogado que solicita, sem oferecer contraprestação, que o depoimento seja favorável ao acusado (STJ, *RT* 690/374). O advogado que oferece e promete pagamento em dinheiro à testemunha para mentir em juízo não comete o crime deste art. 343, se no momento do oferecimento e da promessa aquela não tinha sido arrolada ou convocada formalmente para depor, podendo, entretanto, configurar infração ética (TJSP, *RT* 790/604).

- Qualquer vantagem: Prometer a prestação de serviços profissionais gratuitos à testemunha pode ser, em tese, a "qualquer outra vantagem" do art. 343 (TJSP, *RT* 539/264).

- **Relevância:** Não se configura o crime, se o suborno da testemunha visava a obter declaração sobre fato irrelevante para o julgamento da causa; da mesma forma que não se caracteriza o falso testemunho sobre dado sem relevância, o suborno com igual finalidade é imoral, mas não injurídico (TJSP, *RT* 601/309).

- **Suborno da vítima:** A corrupção da vítima não configura o crime, pois, ainda que ela falseie a verdade, não comete falso testemunho (TJSP, *RT* 458/316).

- **Testemunhas que já prestaram depoimento:** O oferecimento de dinheiro às testemunhas para mudarem seus depoimentos já prestados na fase policial é atípico, tendo em vista que não se trata de testemunhas atuais (TJSP, *RT* 812/547).

- **Pessoa que não é testemunha:** A qualidade de testemunha é elementar do tipo do art. 343, não constituindo crime a imputação de suborno a quem não figurou como testemunha em processo no qual pretendia-se evitar desfecho desfavorável (TJRJ, Ap. 0010748-93.2017.8.19.0001, publ. 13.3.2018).

- **Pessoa que pode vir a ser testemunha, perito ou intérprete:** Não configura o delito o oferecimento de vantagem a quem eventualmente possa vir a ser testemunha, perito ou tradutor (TRF da 5ª R., *RT* 805/733).

- **Vítima:** Não se configura o delito quando a pessoa subornada é a vítima (TJMG, Ap. 100791205256410001, publ. 22.3.2019).

- **Indiciado:** Se a pessoa que recebeu o oferecimento de vantagem para prestar declarações falsas em inquérito policial detinha a condição de indiciado, não se caracteriza o crime do art. 343 (TRF da 5ª R., *RT* 805/733).

- **Não aceitação pela testemunha:** O crime do art. 343 do CP se consuma com a dação, oferta ou promessa, independentemente da aceitação pela testemunha (TJPR, *RT* 809/640).

COAÇÃO NO CURSO DO PROCESSO

Art. 344. Usar de violência ou grave ameaça, com o fim de favorecer interesse próprio ou alheio, contra autoridade, parte, ou qualquer outra pessoa que funciona ou é chamada a intervir em processo judicial, policial ou administrativo, ou em juízo arbitral:

Pena – reclusão, de 1 (um) a 4 (quatro) anos, e multa, além da pena correspondente à violência.

Parágrafo único. A pena aumenta-se de 1/3 (um terço) até a metade se o processo envolver crime contra a dignidade sexual.

- **Alteração:** A Lei n. 14.245, de 22.11.2021, acrescentou a causa de aumento de pena do parágrafo único.

- **Suspensão condicional do processo:** Cabe (art. 89 da Lei n. 9.099/95), desde que não haja o aumento correspondente à violência, pois nesse caso a pena mínima cominada ultrapassará o limite de um ano, hipótese em que não seria mais cabível a suspensão (a respeito, *vide* Súmulas 723 do STF e 243 do STJ). *Vide*, também, posicionamento contrário nosso no art. 69, em nota sob o título *Suspensão condicional do processo* (*Súmulas 243 do STJ e 723 do STF em face do art. 119 do CP*).

Coação no curso do processo

- **Objeto jurídico:** A administração da justiça.
- **Sujeito ativo:** Qualquer pessoa.
- **Sujeito passivo:** O Estado; secundariamente, a pessoa que sofre a coação.
- **Tipo objetivo:** Pune-se quem usar (empregar) de violência ou grave ameaça. Como violência, entende-se a violência física, aplicada sobre pessoa; por grave ameaça, a promessa de causar mal futuro, sério e verossímil. Não configura grave ameaça, assim, a advertência feita por advogado a testemunha no sentido de que, caso não exponha

todos os fatos de que tem conhecimento, poderá ser processada e condenada por falso testemunho. A finalidade das ações vem expressa: com o fim de favorecer interesse próprio ou alheio (vide Tipo subjetivo). A violência física ou moral é exercida contra autoridade (juiz, delegado etc.), parte (autor, acusado, promotor público etc.), ou qualquer outra pessoa que funciona ou é chamada a intervir (escrivão, perito, tradutor, intérprete, testemunha, jurado etc.) em processo judicial (cível ou penal), policial (inquérito) ou administrativo, ou em juízo arbitral (Lei n. 9.307/96).

- **Tipo subjetivo:** O dolo, que consiste na vontade livre e consciente de usar de violência ou grave ameaça, e o elemento subjetivo do tipo referente à especial finalidade da ação ("com o fim de favorecer interesse próprio ou alheio"). Para a escola tradicional é o "dolo específico". Inexiste forma culposa.

- **Consumação:** Com o uso da violência ou grave ameaça, sem dependência do resultado alcançado.

- **Tentativa:** Admite-se.

- **Concurso de crimes:** Haverá concurso material (CP, art. 69) com o crime de violência (lesões corporais, homicídio), mas a contravenção de vias de fato ficará absorvida.

- **Confronto:** Quanto ao CADE (Conselho Administrativo de Defesa Econômica), art. 78 da Lei n. 8.884/94.

- **Pena:** Reclusão, de um a quatro anos, e multa, além da pena correspondente à violência.

- **Ação penal:** Pública incondicionada.

Causa de aumento de pena (parágrafo único)

- **Aumento de pena:** Se a coação ocorrer em processo administrativo (inquérito policial) ou judicial (ação penal) que envolva a apuração da autoria e materialidade, bem como a responsabilização da prática de crime contra a dignidade sexual, a pena será aumentada de 1/3 (um terço) até a 1/2 (metade). Os crimes contra a dignidade sexual são os previstos no Título VI do CP (arts. 213 a 218-C).

- **Crítica:** Como bem ponderou Fabio Suardi D'Elia, "pode-se depreender que a *Lei Mariana Ferrer* é fruto de um processo legislativo expansionista, no sentido de aproximar a sociedade do discurso vítima, a exigir produção de leis. Todavia, em que pese o nobre mister acima aduzido, no tocante à inovação no âmbito do Direito Penal material – a instituição de causa especial de aumento de pena no crime de coação no curso do processo quando o processo envolver crime contra a dignidade sexual – denota incremento penal seletivo, divorciado da objetividade jurídica do tipo, que cuida da administração da Justiça, modalidade de crime contra a Administração Pública que, salvo melhor juízo, não guarda relação de proteção específica à dignidade sexual, a seus processos e suas vítimas. O que se pretendeu com a referida lei foi difundir um entendimento de que no 'caso Mariana Ferrer' teria havido uma coação no curso do processo e, a partir de então, foi criada empatia da maioria com a vítima desse processo específico para, consequentemente, se afirmar que os processos envolvendo crimes contra a dignidade sexual são mais suscetíveis a ter coação no curso do processo. Tal leitura, no afã de proteger determinado episódio, quebra a isonomia, na medida em que se deixam situações notoriamente relevantes alheias ao âmbito de proteção normativa. É o exemplo dos processos envolvendo crimes contra a integridade física no âmbito de violência doméstica, de suma gravidade e que não são protegidos de forma específica no crime de coação no curso do processo. Depreende-se, portanto, que embora exista a possibilidade de proteção específica no âmbito penal, considerando-se inclusive a vulnerabilidade da vítima, as reformas legislativas requerem um alinhamento à objetividade jurídica, sob pena de se produzirem determinados recortes desproporcionais e que ferem princípios caros, como no caso em tela, o da isonomia, decorrente da própria dignidade da pessoa humana" ("Lei 14.245/2021: alguns traços do Direito Penal de emergência", site CONJUR, publicação de 2.12.2021, https://www.conjur.com.br/2021-dez-02/fabio--delia-lei-14245-tracos-direito-penal-emergencia).

Jurisprudência

- **Grave ameaça:** A ameaça precisa ser grave, sendo insuficiente a simples advertência (TJSP, *RT* 598/293, *RJTJSP* 87/346). A grave ameaça a que alude o art. 344 é a capaz de intimidar seriamente o *homo medius* (TJSP, *RT* 492/278). Pratica o crime de coação no curso do processo o agente que profere ameaças e promessas de vingança contra juiz que presidia audiência, em processo no qual respondia por tráfico de entorpecentes (TJSP, *RT* 815;582). Diante da realidade do mercado de trabalho brasileiro, é grave a ameaça de demissão às vítimas para que desistam de ações trabalhistas ajuizadas (TRF da 4ª R., *RT* 838/691). É a ação capaz de intimidar a vítima, causando-lhe aflição, não sendo necessário que ela se sinta efetivamente intimidada (TRF da 4ª R., Ap. 5004234-62.2013.404.7007/PR, j. 19.4.2016). *Contra*: Se a conduta não consistiu de gravidade ou violência capaz de intimidar a testemunha, não restou configurada a elementar "grave ameaça", impondo-se a manutenção da absolvição (TRF da 4ª R., Ap. 5029510-77.2017.4.04.7000/PR, j. 21.5.2019). Ameaça de maior rigor: Não comete o crime do art. 344 a autoridade fazendária que, mencionando liberalidades que vinha permitindo, promete cumprir com maior rigor a legislação fiscal com relação às empresas que haviam acionado a justiça (STF, *RT* 641/394).

- **Ameaça e reiteração:** Basta a ameaça grave, capaz de incutir justificável receio (TJSP, *RJTJSP* 177/291); mas a reiteração da ameaça, com o mesmo objetivo, não implica continuidade delituosa (TJSP, *RT* 512/356).

- **Palavras e gestos:** Pratica o delito quem, ainda que por meio de meras palavras e gestos, intimada seriamente testemunha arrolada em ação penal a não relatar a verdade dos fatos (TJMG, Ap. 10005180045063001, publ. 18.11.2019).

- **Violência doméstica e familiar:** Nesse contexto alcança relevo a palavra da vítima, que deve ser considerada e constitui elemento suficiente de prova quando verossímil, coerente e razoável, especialmente se amparada em outros elementos probatórios (TJRS, Ap. 70080004435, *DJ* 26.4.2019).

- **Advogado:** A advertência feita por advogado de defesa a vítima de estelionato, de que se não recebesse dinheiro a título de reparação do dano poderia vir a ser processada, não caracteriza o delito do art. 344 do CP; a perspectiva de se ver envolvido em processo pode assustar, especialmente as pessoas mais simples, mas não chega a constituir a grave ameaça necessária a configurar o delito (TJSP, *RT* 691/312). Igualmente, a advertência feita por advogado a testemunha no sentido de retratar-se para não ser processada por falso testemunho; embora não se exija no tipo que o mal ameaçado seja injusto, a gravidade da ameaça dependeria de ser o testemunho realmente falso, hipótese em que o advogado estaria agindo nos limites do exercício regular da profissão (STJ, REsp 24.544, *DJU* 16.11.92, p. 21154, *in RBCCr* 2/251).

- **Altercação:** A simples altercação entre reclamado e reclamante, no interior do edifício da Justiça do Trabalho, por motivo relacionado com reclamação trabalhista em curso, exclui a tipificação do delito, máxime quando o próprio juiz do trabalho esclarece ter sido o fato posterior à audiência, sem nenhuma influência no pronunciamento judiciário (TRF da 1ª R., Ap. 4.925, *DJU* 16.9.96, p. 68489, *in RBCCr* 17/357).

- **Em inquérito policial:** Não só durante o processo penal, como no decorrer de inquérito policial, pode haver a coação incriminada pelo art. 344 (TJSP, *RJTJSP* 103/431). Praticada a coação antes da instauração de inquérito, desclassifica-se para o art. 147 do CP (TJSP, *RT* 656/282). Não existindo prova de que, quando o acusado coagiu a testemunha, o inquérito já estava arquivado, não se admite o trancamento, por falta de justa causa, do inquérito instaurado para apurar a coação (TJSP, *RT* 782/577).

- **Em audiência judicial:** O agente que, em audiência de processo-crime, ameaça de morte testemunha, pratica o crime deste art. 344, não havendo o que se falar em desclassificação para o delito do art. 147, notoriamente subsidiário (TJSP, *RT* 752/573).

- **Não intimidação:** O fato de as testemunhas não se intimidarem com a ameaça grave que receberam, depondo normalmente depois de ouvi-la, não descaracteriza o crime (TJSP, *RT* 583/310, 616/284). Sendo apta a ameaça a intimidar os ofendidos, é desnecessário que a vítima sinta-se ameaçada ou ainda que o pretendido pelo réu se consume, pois tais circunstâncias consistem no exaurimento do crime (TRF da 4ª R., RT 804/728).

- **Tipo subjetivo:** O art. 344 exige "dolo específico", consistente no fim de favorecer interesse próprio ou de terceiro; sem tal finalidade, a mera agressão à parte não configura (TJSP, RT 555/343).
- **Consumação:** Não depende de o ameaçado ceder à coação (TJSP, RJTJSP 103/431). Consuma-se com o emprego da violência ou grave ameaça, sem dependência de alcançar ou não o fim desejado (TJSP, RJTJSP 87/345, RT 757/536; TJAL, RT 764/606), tratando-se de crime formal (TRF da 3ª R., Ap. 2003.61.06.009868-7, DJU 26.8.2008, in Bol. IBCCr 191/1205).

EXERCÍCIO ARBITRÁRIO DAS PRÓPRIAS RAZÕES

Art. 345. Fazer justiça pelas próprias mãos, para satisfazer pretensão, embora legítima, salvo quando a lei o permite:

Pena – detenção, de 15 (quinze) dias a 1 (um) mês, ou multa, além da pena correspondente à violência.

Parágrafo único. Se não há emprego de violência, somente se procede mediante queixa.

- **Composição civil:** Cabe, nos casos em que a ação penal for privada ou pública condicionada à representação (arts. 72 a 74 da Lei n. 9.099/95). Exemplos: se não tiver havido violência a ação penal será privada, cabendo composição civil; se a violência empregada consistir em lesões corporais leves, a ação penal será pública condicionada, sendo igualmente cabível a composição civil; se a violência consistir em lesões corporais graves, não caberá composição civil.
- **Transação:** Cabe, tendo havido ou não o emprego de violência. Anote-se, todavia, que, na hipótese de concurso de crimes (entre o crime deste art. 345 e o correspondente à violência), caso a soma das penas cominadas (concurso material) ou o aumento decorrente de eventual concurso (formal) seja superior a dois anos, a transação penal não será cabível. Tal entendimento decorre de aplicação analógica das Súmulas 723 do STF e 243 do STJ, em que pese nosso posicionamento contrário [vide nota ao art. 69 do CP sob o título *Suspensão condicional do processo (Súmulas 243 do STJ e 723 do STF em face do art. 119 do CP)*].
- **Suspensão condicional do processo:** Cabe, tendo havido ou não o emprego de violência. Na hipótese de concurso de crimes (entre o crime deste art. 345 e o correspondente à violência), caso a soma das penas cominadas (concurso material) ou o aumento decorrente de eventual concurso (formal) torne a pena mínima superior a um ano, a suspensão condicional do processo não será cabível. A respeito, vide Súmulas 723 do STF e 243 do STJ, bem como nosso posicionamento contrário no art. 69, na nota *Suspensão condicional do processo (Súmulas 243 do STJ e 723 do STF em face do art. 119 do CP)*.

Exercício arbitrário das próprias razões

- **Objeto jurídico:** A administração da justiça.
- **Sujeito ativo:** Qualquer pessoa.
- **Sujeito passivo:** O Estado e a pessoa prejudicada.
- **Tipo objetivo:** O artigo emprega a expressão fazer justiça pelas próprias mãos. Visa-se, com ela, à punição de quem, tendo ou acreditando ter direito contra outra pessoa, em vez de recorrer à justiça, arbitrariamente satisfaz sua pretensão. Qualquer meio de execução pode ser empregado: violência, ameaça, fraude, subtração etc. É pressuposto do delito, porém, que o comportamento seja para satisfazer pretensão, embora legítima. Pretensão é o direito que o sujeito ativo tem ou crê ter. A pretensão pode ser legítima ou ilegítima, em face do advérbio embora. Comenta HELENO FRAGOSO ser

irrelevante que à pretensão corresponda efetivo direito, "desde que o agente suponha de boa-fé que o possui" (*Lições de Direito Penal – Parte Especial*, 1965, v. IV, p. 1230). É indiferente a natureza do direito ou pseudodireito (pessoal, real, de família etc.) e a pretensão pode ser do agente ou de representado seu. Para os comentadores, a pretensão deve ser daquelas que permitem ao interessado o recurso à justiça.

- Exclusão de ilicitude: Ressalva a cláusula final: salvo quando a lei o permite. É indiferente que a permissão venha de lei civil (defesa ou desforço imediato, retenção, corte de raízes e ramos de árvores limítrofes etc.) ou penal (legítima defesa, estado de necessidade etc.).

- Tipo subjetivo: É o dolo, que consiste na vontade livre e consciente de praticar a ação, e o elemento subjetivo do tipo referente ao especial fim de agir (para satisfazer pretensão). Na escola tradicional pede-se o "dolo específico". Inexiste forma culposa.

- Consumação: A respeito, há duas posições: *a*. Consuma-se com a efetiva satisfação da pretensão (HELENO FRAGOSO, *Lições de Direito Penal – Parte Especial*, 1965, v. IV, p. 1231; HUNGRIA, *Comentários ao Código Penal*, 1959, v. IX, p. 498). *b*. Em sentido contrário, opina MAGALHÃES NORONHA que a consumação se verifica com o emprego dos meios de execução (*Direito Penal*, 1995, v. IV, p. 381). É mais acertada, a nosso ver, a primeira (*a*) posição.

- Tentativa: Admite-se.

- Confronto: Se o agente se "utilizar, na cobrança de dívidas, de ameaça, coação, constrangimento físico ou moral, afirmações falsas, incorretas ou enganosas ou de qualquer outro procedimento que exponha o consumidor, injustificadamente, a ridículo ou interfira com seu trabalho, descanso ou lazer", art. 71 do CDC (Lei n. 8.078/90).

- Pena: É alternativa: detenção, de quinze dias a um mês, ou multa, além da pena correspondente à violência física (exceto a contravenção de vias de fato, que ficará absorvida).

- Ação penal: Pode ser de iniciativa privada ou pública, e esta, condicionada (se houver lesões corporais leves) ou incondicionada (se as lesões forem graves). O parágrafo único determina que somente se procede mediante queixa (ação de iniciativa privada), salvo se houver emprego de violência. Como violência, deve-se entender, unicamente, a violência física contra pessoa, não abrangendo a violência moral (grave ameaça), nem a violência contra coisa (em igual sentido: HUNGRIA, *Comentários ao Código Penal*, 1959, v. IX, p. 493; MAGALHÃES NORONHA, *Direito Penal*, 1995, v. IV, p. 382; contra: HELENO FRAGOSO, *Lições de Direito Penal – Parte Especial*, 1965, v. IV, p. 1233).

Jurisprudência

- Tipo objetivo: O crime do art. 345 compõe-se de uma pretensão legítima (ou supostamente tal) e de uma ação (ou omissão) que, em outras circunstâncias, constituiria fato delituoso autônomo. Se a ação ou omissão não constitui fato delituoso autônomo em tese, impõe-se a absolvição por atipicidade (TACrSP, *RT* 639/324).

- Pressuposto: O delito de exercício arbitrário das próprias razões "tem por pressuposto uma presunção ligada a um direito que o agente tem ou julga ter, e para cuja satisfação ou defesa possa ser invocada a intervenção da Justiça, a qual não é efetuada" (TACrSP, *RT* 723/608), sendo indispensável que a denúncia mencione essa finalidade (TJSP, *RT* 564/309).

- Pretensão: Basta que o agente, de boa-fé, acredite que sua pretensão corresponda a um direito seu (TACrSP, *Julgados* 76/382). Ainda que o crime de exercício arbitrário das próprias razões abarque pretensões legítimas e supostamente legítimas, exige-se, ao menos, que se comprove a existência de uma pretensão e o dolo de satisfazê-la (TJDF, Ap. 0019795-77.2015.8.07.0007, *DJe* 24.7.2018).

- Confronto com roubo: Retirar a coisa à força, não para tê-la, mas como garantia de dívida, não é roubo, mas exercício arbitrário das próprias razões em concurso com lesões corporais (TJPR, *RT* 486/326). Comete exercício arbitrário das próprias razões quem, mediante grave ameaça, subtrai dinheiro de ex-empregador para pagamento de serviços prestados, não ficando o delito do art. 345 afastado pela improcedência da reclamatória trabalhista, bastando a suposição de que era detentor desse direito (TJDF, *RT* 767/633). Se a intenção do agente, embora de forma arbitrária, não era a de subtrair, e sim, satisfazer dívida de sua companheira que havia trabalhado no estabelecimento e ainda não havia recebido seus haveres, configurado está o crime de exercício arbitrário das próprias razões e não de roubo qualificado, visto que o réu somente pretendia satisfazer pretensão patrimonial que entendia legítima (TJPR, 3ª CCr Ap. 7167955 PR 07166795-5, rel. Des. Edvino Bochnia, j. 26.5.2011). Para a configuração do crime de exercício arbitrário das próprias razões é necessário que a pretensão seja legítima, o que não ocorre se o agente, mediante o uso de violência ou grave ameaça, subtrai bem e exige o pagamento de dívida oriunda do crime de tráfico de drogas (TJMG, 4ª C., Ap. 1.0400.14.000002-9/001, rel. Des. Eduardo Brum, j. 28.10.2014, *DJ* 4.11.2014).

- **Confronto com latrocínio:** Para a configuração do delito, exige-se que a dívida seja legítima, não havendo lógica em admitir como tal, a conduta de alguém que, a pretexto de satisfazer pretensão, arrebata bem de valor muito superior ao que supostamente teria direito, deixando nítido o ânimo de obter vantagem ilícita, o que, no caso, caracteriza o crime de latrocínio (TJMS, Ap. 0004060-55.2018.8.12.0008, publ. 3.9.19).

- **Confronto com falsidade ideológica:** A simulação de dívida, através da emissão de notas promissórias, para alcançar, de forma mais célere, meação em bem imóvel, diante de processo de separação com a esposa, não configura o crime de falsidade ideológica, mas o de exercício arbitrário das próprias razões (STF, *RTJ* 164/266).

- **Confronto com apropriação indébita:** Havendo o intuito de ressarcir-se de pretenso direito trabalhista, ainda que ilegítimo e não o de locupletar-se com a coisa alheia, não há o que se cogitar do delito do art. 169, mas sim deste art. 345 (TACrSP, *RJDTACr* 28/103). Havendo dúvida se o administrador de imóveis, ao deixar de restituir dinheiro ao locador originário de depósitos em caução, agiu com dolo de apropriação ou com o intuito de compensar multa a que se julgava com direito em razão de rescisão unilateral de contrato, absolve-se (TJRJ, *RT* 816/653). Se a ré, após ser destituída do cargo de síndica, aproveitou-se de estar na posse do cartão magnético, retirou valores da conta bancária e, após a constatação da retirada indevida, recusou-se a restituir a quantia, nega-se a desclassificação do art. 168, § 1º, III, para o art. 345 (TJSC, Ap. 0008492-81.2016.8.24.0064, j. 7.11.2019).

- **Confronto com extorsão:** Se a vantagem pretendida não era indevida, pois o agente cuidava de se reembolsar de dinheiro que fornecera à vítima, ainda que à força, o delito é de exercício arbitrário das próprias razões e não o de extorsão (TJRJ, *RT* 507/449). Igualmente, se obrigou a vítima a assinar um recibo, mediante grave ameaça e até violência, para procurar tornar efetivo um direito que realmente tinha, qual seja, obter a desocupação de terreno de sua propriedade, cedido sem ônus (TJSP, *RJTJSP* 110/457). O possuidor de boa-fé tem direito à indenização das benfeitorias necessárias e úteis que não lhe foram pagas, podendo exercer o direito de retenção pelo valor destas. Havendo cobrança abusiva da dívida, por meio da exigência de assinatura de um contrato de confissão de dívida para liberação do veículo submetido a reparos, fica evidenciado exercício arbitrário das próprias razões, vedado pela legislação pátria (TJMG, 9ª C., Ap. 1.0480.12.005295-0/001, rel. Des. Luiz Artur Hilário, j. 31.3.2015, publ. 23.4.2015). A ameaça na cobrança de dívida não configura o crime de extorsão, por ausência da elementar do tipo da vantagem indevida, amoldando-se à conduta de exercício arbitrário das próprias razões, previsto no art. 345 do Código Penal (STJ, 5ª T., HC 135.398/ES, j. 3.12.2009, *DJe* 28.6.2010; TJPR, 5ª CCr, Ap. 8623209, rel. Des. Jorge Wagih Massad). *Desclassificação pelo Tribunal em* habeas corpus: Crime de Extorsão Qualificada. Desclassificação para Exercício Arbitrário das Próprias Razões. Crime de Ação Penal Privada. Ilegitimidade Ativa do Ministério Público Federal. Decadência do Direito de Queixa pelo Ofendido. Ordem Concedida. 1. O tipo penal inscrito no art. 158 do CP exige que a vantagem econômica obtida pelo agente seja considerada indevida. 2. O crime de exercício arbitrário das próprias razões praticado sem violência somente se procede mediante queixa. 3. O não exercício do direito de queixa no prazo de seis meses, a contar do conhecimento da autoria pelo ofendido, enseja a extinção da punibilidade. 4. Ordem concedida para desclassificar a conduta atribuída aos pacientes para exercício arbitrário das próprias razões, previsto no art. 345 do Código Penal, anulando-se a Ação Penal n. 008003001579-9 que teve trâmite na comarca de Barra do São Francisco/ES em razão da ilegitimidade ativa do Ministério Público e, consequentemente, declaro extinta a punibilidade dos pacientes pela decadência do direito de queixa pelo ofendido, nos termos do art. 103 c/c 107, inciso IV, do Código Penal (STJ, 5ª T., HC 135.398, rel. Min. Arnaldo Esteves Lima, j. 3.12.2009, DJe 28.6.2010). A pretensão não era ilegítima, o que afasta o tipo de constrangimento ilegal. O meio empregado não foi o correto, o esperado daqueles que pretendem viver sob a ordem jurídica, devendo os agentes por tal circunstância responderem. Não aguardaram a decisão judicial, antecipando-se à mesma. Procuraram obter o que tinham direito pelas próprias mãos, não esperando a manifestação da justiça. A lei prevê tal comportamento como fato criminoso, estando devidamente tipificado no artigo 345 do Código Penal. Esta seria a correta adequação típica, podendo a alteração ser feita no curso do processo, até mesmo na sentença. Ocorre, porém, que tal delito é de ação privada, não tendo o Ministério Público legitimidade para dar início ao processo respectivo, destacando-se que o fato do comportamento ter sido praticado mediante grave ameaça não caracteriza o modelo do parágrafo único que se refere apenas à violência, não podendo se estender o seu conceito para encampar a violência moral, eis que o código sempre procurou tratar a última como grave ameaça (vide artigo 157 do CP). Diante do exposto, descrevendo a inicial o tipo do artigo 345 do CP, dirijo meu voto no sentido de conceder a ordem a fim de que o processo seja anulado *ab ovo* em razão da manifesta ilegitimidade ativa do *parquet*. É como voto (TJRJ, HC 886/00, rel. Des. Marcus H. P. Basílio, j. 2.5.2000). *No mesmo* sentido: TJMG, 3ª CCr, Ap. 1.0372.02. 003251-5/001-Lagoa da Prata-MG, rel. Des. Antônio Armando dos Anjos, j. 27.1.2009; v.u.; TJPB, Ap. 0008937-21.2013.815.0011, rel. Des. Joás de Brito Pereira Filho, j. 7.8.2014).

▪ **Confronto com constrangimento ilegal:** Para a sua configuração, o exercício arbitrário das próprias razões pressupõe que o agente causa uma sujeição legítima à vítima, sendo inadmissível a desclassificação do art. 146 (constrangimento ilegal) para o art. 345 (TJRR, Ap. 0009137-72.2014.8.23.0010, DJe 13.11.2019). Incide no art. 345 do CP, e não no art. 146, o agente que, ao cobrar para outrem uma nota promissória vencida, constrange o devedor a lhe entregar um bem em pagamento (TACrSP, *RJDTACr* 1/68). A conduta do agente de constranger a vítima a praticar algo que poderia ser obtido através de medida judicial própria configura o delito do art. 345 do CP e, não, o do art. 146, já que este exige ser a pretensão ilegítima (TJRJ, *RT* 788/677).

▪ **Confronto com economia popular:** É atípico o corte de água do imóvel locado, visando a desocupação do prédio, uma vez que o locador não está satisfazendo pretensão jurídica alguma; haveria o delito se tivesse, com as próprias mãos, desalojado o inquilino. Infração contratual a ser resolvida no juízo cível (TACrSP, *RT* 644/298). *Contra:* Locador que corta luz e água pratica o crime do art. 345, que absorveu a antiga contravenção referente à economia popular (TACrSP, *RT* 429/430).

▪ **Confronto com dano:** O delito de dano é absorvido pelo deste art. 345 (TACrSP, *RJDTACr* 1/99).

▪ **Confronto com cárcere privado:** Configura exercício arbitrário, e não crime de cárcere privado, a retenção de paciente em hospital, até o pagamento das contas (TJPR, *RT* 512/423).

▪ **Ilícito civil:** Não há o crime do art. 345, se a ação do agente constituiu mero ilícito civil (TACrSP, *Julgados* 83/122). Se já existia decreto judicial determinando a remoção da cerca, a ação do acusado derrubando-a, e assim executando pessoalmente o decreto, não configura o delito do art. 345, mas mero ilícito civil (TACrSP, *RT* 445/409). Não se caracteriza o crime, no caso de desligamento de telefone integrante da locação, a pedido do locador que saldou o débito do locatário junto à companhia telefônica (TACrSP, *RT* 656/301). Igualmente não configura a conduta do proprietário que, tendo notificado o inquilino de que pretendia reaver seu apartamento, cujo contrato vencido se prorrogara por força de lei, determina à companhia telefônica a transferência da linha;

tratando-se de acessório que não integra o prédio locado, era seu direito fazer a transferência (TACrSP, *RJDTACr* 11/276).

▪ **Retirada dos filhos:** Confira o crime a conduta do pai que, ao pressupor estar legitimado a fazer valer seu direito à guarda provisória das filhas, consubstanciado pelo deferimento de liminar, de forma indevida, e valendo-se de força contra sua ex-mulher, as retira da mãe (TJPR, Ap. 15565543, *DJ* 31.1.2017).

▪ **Não devolução dos filhos:** Não configura o delito de exercício arbitrário das próprias razões, a conduta do pai que, exercendo seu direito de visita, retira seus filhos do poder de sua ex-companheira e não os devolve, justificando sua atitude diante da constatação de maus-tratos por ela impingidos aos menores, tendo, em seguida, ingressado com ação de modificação de guarda (TACrSP, Ap. 1.391.887/4, j. 1.3.2004, *Bol. IBCCr* 141/824).

▪ **Herança:** Pratica o delito do art. 345 o agente que, supondo ter direitos sobre os bens de parente falecido, invade a casa onde os mesmos se encontram e apodera-se de parte deles (TACrSP, *RJDTACr* 25/456).

▪ **Execução hipotecária:** Comete o crime de exercício arbitrário das próprias razões quem, tendo adquirido imóvel em execução hipotecária, ao invés de utilizar-se das vias judiciais próprias para desocupar o imóvel, muda o cilindro da fechadura e contrata caminhão para a remoção da mobília do ocupante (TACrSP, *RJDTACr* 14/203).

▪ **Síndico:** Não comete o crime do art. 345 o síndico de edifício que aciona a companhia de gás, determinando o desligamento do seu fornecimento e a retirada do medidor de apartamento que apresenta defeito (TACrSP, *RJDTACr* 24/186).

▪ **Direito de retenção:** Não é criminosa a utilização legítima do direito de retenção (TACrSP, *RT* 404/256).

▪ **Ação penal:** Ainda que haja grave ameaça, com emprego de armas, mas sem violência física contra pessoa, a ação penal será de iniciativa privada (TACrSP, *Julgados* 77/373, 72/297). Se praticado sem violência a pessoa, a ação penal é privada (TJMG, *RT* 615/336; STF, *RTJ* 164/267), ainda que cometido em detrimento de entidade de direito público interno (STF, *RTJ* 93/1083). É privada, se só há coação moral e não violência real (TACrSP, *Julgados* 76/95; TJRJ, *RT* 788/677; TARJ, *RT* 523/464; TJSP, *RT* 519/361; TJMG, *RF* 265/382). Apenas a violência física contra pessoa, e não contra coisa, enseja a ação pública (TACrSP, *Julgados* 74/119, *RT* 503/333; TAMG, *RT* 503/429; TJSE, *RF* 270/322). Em caso onde o delito foi praticado com vias de fato, entendeu-se que a ação penal seria pública (TACrSP, Ap. 321.145, *mv*, j. 19.4.83). Apurado no curso do processo que o acusado agira, sem violência, com o dolo do crime de exercício arbitrário das próprias razões, e não com a intenção de apropriar-se de coisa alheia móvel, falece legitimidade ativa ao Ministério Público, ocorrendo nulidade do feito desde o início (TACrSP, *RJDTACr* 28/103).

Art. 346. Tirar, suprimir, destruir ou danificar coisa própria, que se acha em poder de terceiro por determinação judicial ou convenção:

Pena – detenção, de 6 (seis) meses a 2 (dois) anos, e multa.

▪ **Transação:** Cabe, preenchidos os requisitos do art. 76 da Lei n. 9.099/95.

▪ **Suspensão condicional do processo:** Cabe, atendidas as condições do art. 89 da Lei n. 9.099/95.

Supressão ou dano de coisa própria em poder de terceiro

▪ **Noção:** Esta figura penal é modalidade (distinta e mais grave) do delito anterior de exercício arbitrário das próprias razões (CP, art. 345).

▪ **Objeto jurídico:** A administração da justiça.

▪ **Sujeito ativo:** Somente o proprietário da coisa; mas pode haver participação de terceiros.

▪ **Sujeito passivo:** O Estado; secundariamente, a pessoa prejudicada.

- **Tipo objetivo:** O objeto material é coisa própria, isto é, de propriedade do sujeito ativo, mas que se acha em poder de terceiro por determinação judicial ou convenção. É indispensável, pois, que haja ordem judicial ou vínculo jurídico (contrato). Os núcleos são: a. *tirar* (subtrair, retirar); b. *suprimir* (fazer desaparecer); c. *destruir* (tornar inexistente na essência); d. *danificar* (estragar, tornar pior, deteriorar).

- **Tipo subjetivo:** O dolo, que consiste na vontade livre de praticar as ações indicadas, com ciência da determinação judicial ou convenção. Para os tradicionais é o "dolo genérico". Inexiste forma culposa. Por se tratar de modalidade do crime de exercício arbitrário das próprias razões (CP, art. 345) (*vide* nota *Noção* acima), o agente (sujeito ativo) age movido por conflito interno ou psicológico (ao sentir-se insatisfeito ou desgostoso com a situação de a coisa própria encontrar-se em poder de terceiro, ainda que tal situação seja fruto de uma determinação judicial ou convenção).

- **Consumação:** Com a efetiva tirada, supressão, destruição ou danificação.

- **Tentativa:** Admite-se, por se tratar de condutas que podem ser fracionadas, de forma a permitir o *iter criminis*. Observe-se, no entanto, que ao tentar destruir o agente provavelmente já terá danificado, hipótese em que o crime será consumado.

- **Pena:** Detenção, de seis meses a dois anos, e multa.

- **Ação penal:** Pública incondicionada.

Jurisprudência

- **Tirar:** "Responde pelo crime do art. 346 do CP quem, embora posteriormente acordado com a contraparte em ação cível, tendo bem patrimonial sequestrado por ordem judicial, aproveita-se do descuido do meirinho para, do poder deste, retirar a *res*" (FRANCESCHINI, *Jurisprudência*, 1975, v. II, n. 2.284-A).

- **Depositário judicial:** Se inutiliza coisa penhorada, incide no art. 179 e não neste art. 346 (TACrSP, *RT* 453/419).

- **Pressupostos:** Não se configura o delito do art. 346, se a coisa não estiver em poder de terceiro por determinação judicial ou convenção subsistente (TJSP, *RT* 536/300).

- **Determinação judicial:** Comete o delito do art. 346 quem tira, suprime, destrói ou danifica coisa própria, em poder do compromissário comprador por determinação judicial (TJSP, *RT* 538/327), e não crime de desobediência (TJMG, *JM* 126-7/417).

- **Imóvel alugado:** Proprietário que danifica a casa alugada, para forçar a desocupação do inquilino, comete o crime do art. 346 e não o do art. 345 (TJSP, *RT* 532/331). Proprietário que corta água do imóvel locado, visando a compelir o locatário a desocupar o prédio, não pratica o delito do art. 346 do CP, pois a materialidade deste consiste em tirar, suprimir, destruir ou danificar (TACrSP, *RT* 644/298; TJMG, *JM* 125/298). Nossa opinião: neste caso, o agente incorrerá no crime do art. 345 do CP. *Vide*, também, jurisprudência no art. 345, sob o título *Confronto com economia popular*.

- **Exame de corpo de delito:** Quando deixa vestígios, é necessária a realização de exame de corpo de delito (TACrSP, *Julgados* 74/305).

- **Ação penal:** É pública incondicionada (STF, *RTJ* 98/118).

FRAUDE PROCESSUAL

Art. 347. Inovar artificiosamente, na pendência de processo civil ou administrativo, o estado de lugar, de coisa ou de pessoa, com o fim de induzir a erro o juiz ou o perito:

Pena – detenção, de 3 (três) meses a 2 (dois) anos, e multa.

Parágrafo único. Se a inovação se destina a produzir efeito em processo penal, ainda que não iniciado, as penas aplicam-se em dobro.

- **Transação:** Cabe no *caput*, preenchidos os requisitos do art. 76 da Lei n. 9.099/95.

- **Suspensão condicional do processo:** Cabe no *caput* e no parágrafo único, atendidas as condições do art. 89 da Lei n. 9.099/95.

Fraude processual (caput)

- **Objeto jurídico:** A administração da justiça.
- **Sujeito ativo:** Qualquer pessoa, sendo indiferente que tenha interesse direto no processo.
- **Sujeito passivo:** O Estado.
- **Tipo objetivo:** É pressuposto do delito que ele seja cometido na pendência de processo civil ou administrativo (quanto ao processo penal, cf. parágrafo único). Deve, pois, existir processo civil ou administrativo em curso, ou seja, já instaurado ou iniciado. Incrimina-se a ação de inovar (modificar, mudar, alterar). A inovação deve ser praticada artificiosamente, ou seja, com artifício ou ardil. Para que haja o crime, exige-se a idoneidade da inovação, tanto subjetiva (capacidade de enganar) como objetiva (inovação material), porquanto a ação é praticada com o fim de induzir a erro o juiz ou o perito (*vide Tipo subjetivo*). Incrimina-se a inovação de: *a.* estado de lugar (local); *b.* coisa (móvel ou imóvel); *c.* pessoa (aspecto físico). Vale lembrar os exemplos de MAGALHÃES NORONHA: plantio ou derrubada de árvores, abertura de janelas, retirada de mancha, cirurgia plástica na pessoa etc., não se considerando como inovação o crescimento ou corte de bigode, cavanhaque ou barba (*Direito Penal*, 1995, v. IV, p. 386).
- **Tipo subjetivo:** O dolo, representado pela vontade livre e consciente de inovar, acrescido do elemento subjetivo do tipo, que é a especial finalidade de agir (com o fim de induzir a erro o juiz ou o perito). Embora o tipo não faça exigência expressa, para que haja dolo o sujeito ativo deve ter conhecimento da existência de processo civil ou administrativo. Na doutrina tradicional é o "dolo específico". Não há forma culposa.
- **Consumação:** É controvertida na doutrina. Para uns, consuma-se com a idônea e efetiva inovação artificiosa, enquanto para outros a consumação se dá quando a inovação chega ao conhecimento das pessoas a que é destinada (juiz ou perito). Por se tratar de delito formal, é indiferente que o agente consiga, realmente, induzir a erro aquelas pessoas (seria o exaurimento do delito já consumado). Todavia, como já visto acima (*Tipo objetivo*), a inovação artificiosa deve ser idônea a induzir a erro.
- **Tentativa:** Admite-se, porquanto o núcleo *inovar* é conduta que pode ser fracionada.
- **Coautoria e participação:** Pode haver.
- **Pena:** Detenção, de três meses a dois anos, e multa.
- **Ação penal:** Pública incondicionada.
- **Confronto com a Lei de Abuso de Autoridade (Lei n. 13.869, de 5.9.2019):** No caso de agente público, se a inovação artificiosa ocorrer no curso de diligência, de investigação ou do processo, com o fim de eximir-se de responsabilidade ou de responsabilizar criminalmente alguém ou agravar-lhe a responsabilidade, *vide* art. 23, *caput*, da Lei n. 13.869/2019). Quando a inovação for para eximir-se de responsabilidade civil ou administrativa por excesso praticado no curso de diligência, cf. art. 23, parágrafo único, inciso I, da Lei n. 13.869/2019). Já se a inovação artificiosa for para omitir dados ou informações ou divulgar dados ou informações incompletos para desviar o curso da investigação, da diligência ou do processo, cf. art. 23, parágrafo único, inciso II, da Lei n. 13.869/2019). Quanto ao conceito de agente público, para efeito da Lei n. 13.869/2019, cf. seu art. 2º, *caput*, e parágrafo único.

Fraude qualificada pela natureza penal do processo (parágrafo único)

- **Objeto jurídico, sujeito ativo e sujeito passivo:** Iguais aos do *caput*.
- **Tipo objetivo:** Relativamente ao *caput*, apenas difere o pressuposto. Aqui, a inovação artificiosa, praticada na pendência de processo civil ou administrativo, destina-se a produzir efeito em processo penal. Pede-se a destinação e não a existência ou início da ação penal, "mas desde que venha efetivamente a iniciar-se" (HELENO FRAGOSO, *Lições de Direito Penal – Parte Especial*, 1965, v. IV, p. 1237). Assevera MAGALHÃES NORONHA que o delito também pode ser praticado pelo ofendido, acusado ou advogado; quanto a este, entretanto, lembra a lição de MANZINI, para quem "a simples conivência, conquanto constitua dolo processual e grave falta profissional, não é suficiente para concretizar o crime (*Direito Penal*, 1995, v. IV, p. 386).

- **Tipo subjetivo, consumação e tentativa:** Iguais aos do *caput*.
- **Confronto:** Se o agente "inovar artificiosamente, em caso de acidente automobilístico com vítima, na pendência do respectivo procedimento policial preparatório, inquérito policial ou processo penal, o estado de lugar, de coisa ou de pessoa, a fim de induzir a erro o agente policial, o perito e o juiz", *vide* art. 312 da Lei n. 9.503/97.
- **Pena:** Aplicam-se as do *caput* em dobro.
- **Ação penal:** Igual à do *caput*.

Jurisprudência

- **Pressuposto:** Não há o tipo, se inexistiu citação válida, capaz de ensejar o processo, pois é indispensável que o agente tenha ciência inequívoca da existência da ação cível (TAMG, *RJTAMG* 26/348). Não se pode cogitar do crime deste art. 347, sem que exista processo em andamento (TACrSP, *Julgados* 83/154). O delito de fraude processual não pode ter o inquérito policial por cenário, pois este procedimento não tem a natureza de processo administrativo (TACrSP, *RJDTACr* 9/95). *Contra*: A pré-existência de processo em andamento não é requisito necessário à configuração do delito descrito no parágrafo único do art. 347 do Código Penal, na medida em que o próprio dispositivo prevê aumento de pena para os casos em que o processo ainda não tenha iniciado (STJ, 5ª T., AgRg nos EDcl no Ag. 711.502/SP, rel. Min. Gilson Dipp, j. 16.3.2006, *DJ* 10.4.2006).

- **Induzir a erro:** Só se configura o delito, quando haja inovação com a finalidade de induzir em erro o juiz, diretamente ou por via reflexa pericial (TACrSP, *Julgados* 77/98). A respeito, *vide* a nova Lei de Abuso de Autoridade (Lei n. 13.869/2019, art. 23).

- **Idoneidade:** Não se configura o delito deste art. 347, se o meio empregado, objetivamente considerado, não era idôneo para conseguir o resultado (TJSP, *RT* 512/350). Inexiste o delito se a medida tomada não foi apta para alterar o estado da coisa litigiosa (TACrSP, *RT* 491/335).

- **Inovação:** A modificação de local dos bens não caracteriza a inovação exigida no tipo penal do art. 347 (TRF da 4ª R., Ap. 5005006-74.2017.4.04.7204/SC, j. 13.11.2019). Inovar é modificar, alterar ou mudar (TACrSP, *Julgados* 91/96). A inovação de estado de pessoa deve ser do aspecto físico ou externo, e não psíquico, civil ou social (TACrSP, *RT* 502/297; TRF da 1ª R., Ap. 113.953, *DJU* 26.11.92, p. 39591).

- **Troca de pessoas:** Não tipifica o crime do art. 347 apresentar-se um réu preso por outro, em audiência, para evitar identificação pelas testemunhas, pois não há inovação de pessoa, mas substituição (TACrSP, *RT* 581/322).

- **Em caso de absolvição:** É contraditória a sentença que absolve o acusado pelo delito culposo, mas o condena pelo art. 347 do CP, por haver lavado o carro no dia seguinte, inovando para induzir em erro (TJSP, *RT* 543/349).

- **Autodefesa:** O acusado de homicídio, que nega o crime e dá sumiço à arma, pratica direito natural de defesa (TJRJ, *RF* 258/356). O fato do acusado mentir ou omitir-se sobre os fatos assim imputados, ainda que antiético, é amparado pelo direito à autodefesa (TJMS, RCr 0006290-28.2017.8.12.0001, j. 18.5.17).

- **Ocultação de cadáver:** Não pratica o crime de fraude processual o sujeito que mata pessoa em clínica médica, oculta o seu cadáver e faz limpeza do local para ocultar vestígios de sangue. O crime de fraude processual fica absorvido pelo crime mais grave de ocultação de cadáver (CP, art. 211), sob pena de *bis in idem* (STF, HC 88733, j. 17.10.2006).

- **Assinatura:** Não configura o disfarce de assinatura, ao fornecer material para exame grafotécnico (TJSP, *RT* 584/334).

- **Modificação de vídeo:** A modificação de vídeo gravado não é apenas alteração de dado eletrônico, mas efetivo registro físico, enquadrável na categoria jurídica coisa, como também o seria uma fotografia (e o vídeo nada mais é do que uma sucessão de fotos), assim passível de adulteração, nos termos do art. 347 do Código Penal (STJ, 6ª T., RHC 45.164/DF, rel. Min. Nefi Cordeiro, j. 15.5.2014, *DJe* 3.6.2014).

- **Álibi:** O uso de notas fiscais de hospedagem, receita e atestados médicos falsos, em *habeas corpus*, com o fim de induzir juiz em erro, não consiste em alteração do estado de pessoa, mas em alteração de fato ligado à autoria, podendo configurar, em tese, crime de uso de documento falso (TACrSP, *RT* 702/342).

- **Penhora:** A retirada de bens, para fugir à penhora, não tipifica, pois inexiste inovação probatória (TACrSP, *Julgados* 77/97). No curso de execução civil, obstando a penhora, não configura o art. 347, mas pode tipificar a fraude à execução do art. 179 (TACrSP, *Julgados* 68/154). Comete o crime de fraude processual, e não o de fraude à execução, o agente que, no curso do processo, simula contrato de comodato a fim de embargar arrematação de bem penhorado (TACrSP, *RJDTACr* 27/254).

FAVORECIMENTO PESSOAL

Art. 348. Auxiliar a subtrair-se à ação de autoridade pública autor de crime a que é cominada pena de reclusão:

Pena – detenção, de 1 (um) a 6 (seis) meses, e multa.

§ 1º Se ao crime não é cominada pena de reclusão:

Pena – detenção, de 15 (quinze) dias a 3 (três) meses, e multa.

§ 2º Se quem presta o auxílio é ascendente, descendente, cônjuge ou irmão do criminoso, fica isento de pena.

- **Transação:** Cabe no *caput* e no § 1º (art. 76 c/c o art. 61 da Lei n. 9.099/95, este com redação dada pela Lei n. 11.313/2006).

- **Suspensão condicional do processo:** Cabe, atendidas as condições do art. 89 da Lei n. 9.099/95.

Favorecimento pessoal (caput)

- **Objeto jurídico:** A administração da justiça.

- **Sujeito ativo:** Qualquer pessoa, exceto se estiver se autofavorecendo. Se for ascendente, descendente, cônjuge ou irmão do favorecido, cf. § 2º.

- **Sujeito passivo:** O Estado.

- **Pressupostos:** Incrimina a lei o favorecimento de autor de crime e não o favorecimento ao crime, hipótese esta diversa, em que poderá haver, conforme o caso, coautoria ou participação no crime objeto do favorecimento (CP, art. 29) ou mesmo o crime de apologia (CP, art. 287). Para que haja o crime deste art. 348, o auxílio ao autor de crime deve ser prestado depois, e não antes ou durante a prática delituosa (pois, neste caso, como visto, poderá haver participação ou até mesmo coautoria – CP, art. 29). Daí resultam os dois pressupostos do delito deste art. 348: *a.* Que o agente não seja coautor ou partícipe do crime anterior. Falando a lei em beneficiar "autor", o agente do favorecimento não pode ter sido coautor ou partícipe no crime anterior, pois é impunível a ação de quem se autofavorece. *b.* Que o favorecido seja autor de crime anterior. Não basta a autoria de contravenção penal, mas é indiferente que se trate de crime doloso ou culposo, consumado ou tentado (se a pena não for de reclusão, *vide* § 1º). Não há o delito deste art. 348, se, antes do favorecimento, no crime anterior houve: extinção da punibilidade, exclusão da ilicitude, irresponsabilidade ou inimputabilidade penal, imunidade penal absoluta. Igualmente, se o crime precedente for de ação privada, e não houver queixa, ou, sendo a ação pública condicionada à representação ou requisição ministerial, estas não forem oferecidas.

- **Garantias constitucionais:** Referindo-se o art. 348 a autor de crime (*caput*) e criminoso (§ 2º), e não a acusado de crime ou simplesmente acusado, entendemos que, diante das garantias constitucionais do direito à desconsideração prévia de culpabilidade (CR, art. 5º, LVII) ou presunção de inocência (CR, art. 5º, §§ 2º e 3º, c/c o art. 14, 2, do PIDCP e art. 8º, 2, primeira parte, da CADH – os dois últimos, tratados subscritos e ratificados pelo Brasil) e da reserva legal (CR, art. 5º, XXXIX e §§ 2º e 3º; PIDCP, art. 15, 1; CADH, art. 9º), esta igualmente prevista no art. 1º do CP, que veda o emprego da interpretação extensiva ou da analogia para punir, o auxílio ou favorecimento que este tipo penal incrimina é somente o prestado àquele que já tiver sido condenado por crime, com decisão transitada em julgado. Portanto, o auxílio ou o favorecimento a acusado, ou seja, a pessoa que ainda não tenha sido condenada definitivamente, em nossa opinião, será atípico. Dir-se-á, talvez, que tal interpretação poderá ter consequências morais danosas, deixando impunes aqueles que, em evidente conduta antissocial, por exemplo, favorecerem acusado de um crime hediondo, como a extorsão mediante sequestro. Mas, então, que se altere o Código Penal, pois é este, como lei ordinária, que deve se adaptar à CR, e não o contrário (nesse sentido, ou seja, da necessidade de adaptação da lei ordinária à Constituição: STJ, RHC 2.472-4, rel. Min. Adhemar Maciel, *vu* – *DJU* 10.5.93, p. 8648).

- **Tipo objetivo:** Pune-se a conduta de auxiliar a subtrair-se à ação de autoridade pública. A conduta deve ser comissiva e não omissiva, mas qualquer meio de execução pode vir a caracterizar o delito: ocultação do autor de crime, auxílio para sua fuga, despistamento etc. A autoridade pública referida é tanto a judicial como a policial. Nesta figura do *caput*, o crime do favorecido deve ser daqueles a que é cominada pena de reclusão (se não for pena reclusiva, cf. § 1º). O auxílio deve ser idôneo a causar a subtração daquele que é procurado pela autoridade pública.

- **Tipo subjetivo:** É o dolo, ou seja, a vontade livre de auxiliar, com consciência de que o favorecido está ou irá ser perseguido pela autoridade, em virtude de decisão condenatória transitada em julgado. Na doutrina tradicional é o "dolo genérico". Inexiste punição a título de culpa.

- **Consumação:** Com a ação idônea de que resulte efetiva, ainda que passageira, subtração do favorecido.

- **Tentativa:** Admite-se, se o auxílio não lograr resultado.

- **Pena:** Detenção, de um a seis meses, e multa.

- **Ação penal:** Pública incondicionada.

Figura privilegiada (§ 1º)

- **Noção:** Incorrerá na figura privilegiada se ao crime do favorecido for cominada apenas pena de detenção ou multa, e não reclusão.

- **Pena:** Detenção, de quinze dias a três meses, e multa.

Escusa absolutória (§ 2º)

- **Noção:** Se o agente do favorecimento pessoal é ascendente, descendente, cônjuge ou irmão do criminoso favorecido, fica isento de pena. Entendemos que, tratando-se de pai ou filho adotivo, ou pessoa com outro grau de parentesco, é possível o reconhecimento da não exigibilidade de outra conduta (a favor: Heleno Fragoso, *Lições de Direito Penal – Parte Especial*, 1965, v. IV, p. 1243). Igualmente, no caso de amásio ou concubino, tendo em vista o reconhecimento constitucional da união estável como entidade familiar (CR, art. 226, § 3º).

Jurisprudência

- **Tipo subjetivo:** É necessária prova do dolo, ou seja, do auxílio consciente objetivando subtrair o autor de crime da ação da autoridade (TAMG, *RT* 604/415). A prática do delito de favorecimento pessoal "exigiria que o apelante não fosse autor ou partícipe do crime anterior e, ainda, que tivesse a vontade livre de auxiliar o autor deste, com consciência de que o favorecido estaria ou iria ser perseguido por autoridade, não se inferindo, dos autos, nem mesmo indícios de que o apelante tivesse razões para isto, em relação ao corréu" (TJMG, 5ª C., Ap. 1.0142.09.026008-4/001, rel. Des. Alexandre Victor de Carvalho, j. 28.8.2012, publ. 3.9.2012).

- **Tipo objetivo:** A lei não pune o auxílio para iludir as investigações da autoridade, frustrando a ação policial que visava ao esclarecimento da autoria; só se pune a assistência prestada com a finalidade de subtrair o autor de crime da ação da autoridade, para evitar sua detenção ou condução coercitiva (TACrSP, *RT* 591/358).

- **Abrigo a réu foragido:** Se confessa haver dado abrigo a réu foragido, não se há negar a tipificação do delito de favorecimento pessoal retratado no art. 348 do CP (TJMG, 2ª C., Ap. 1.0313.11.003575-2/001, rel. Des. Matheus Chaves Jardim, j. 21.3.2013, publ. 5.4.2013).

- **Ocasião do favorecimento:** Conforme HUNGRIA, "não é preciso, sequer, que, no momento, a autoridade esteja procurando o criminoso"; "basta que, mais cedo ou mais tarde, o favorecido tenha de ser alcançado pela autoridade como criminoso" (STJ, RHC 2.824, *DJU* 11.10.93, p. 21341).

- **Tentativa:** Se não houve sucesso no auxílio dado, apesar de ter dado início aos atos executórios, reconhece-se a tentativa (TJMG, Ap. 10083180001972001, publ. 8.2.2019).

- **Advogado:** Não comete o crime de favorecimento pessoal o advogado que não auxilia oficial de justiça a citar seu cliente em ação penal, porque o delito do art. 348 pressupõe ajuda ao infrator para evitar sua prisão e não auxílio para dificultar sua citação (TRF da 4ª R., *mv – RT* 752/729). É atípica a conduta de advogado que incentiva réu a fugir, a fim de subtrair-se à ação da autoridade policial, pois o núcleo auxiliar deixa claro que só interessa à configuração do crime a participação física, material, sendo irrelevante a participação moral (TACrSP, *RT* 721/432). Configura crime, em tese, a ação de advogado que proporciona a fuga de seu constituído, condenado definitivamente, levando-o em seu veículo, quando este encontra-se em casa cercada por policiais, aguardando a chegada de cópia de mandado de prisão (TACrSP, *RJDTACr* 27/240).

- **Crime anterior:** É necessário que subsista a punibilidade do crime anterior, não se tipificando o art. 348 se o favorecido é penalmente irresponsável ou está extinta a punibilidade (TAMG, *RT* 604/415). Se o acusado procurou evitar a ação da polícia em face de uma contravenção, sua conduta é atípica, posto que o fato incriminado consiste em auxiliar a subtrair-se à ação da autoridade autor de crime (TACrSP, *RT* 724/669).

- **Favorecimento do autor de crime pelo acolhimento da vítima:** Há decisão, isolada, entendendo que pratica o delito do art. 348 do CP o agente que, com o único objetivo de subtrair à ação da autoridade os autores do crime anterior, acolhe a vítima até que desapareçam os vestígios das lesões que esta sofrera (STF, *RTJ* 88/93; há crítica ao acórdão na *RDP* 30/104).

- **Confronto com consunção:** Se o favorecimento pessoal foi delito-meio para o delito de posse de arma de fogo de uso permitido, operou-se a consunção, trancando-se a ação penal em relação ao crime do art. 348 (TJMS, Ap. 0001038-81.2013.8.12.0034, j. 13.12.2016).

- **Contravenção penal:** A ela não se aplica o art. 348 do CP (TACrSP, *RJDTACr* 24/201-2).

- **Desobediência:** Se ao agente é dado o direito de auxiliar seu irmão na fuga sem que seja responsabilizado penalmente, não tem lógica puni-lo por desobediência por não promover o restabelecimento da situação anterior, após ter recebido ordem para entregar o mesmo (TACrSP, *RT* 721/432).

- **Favorecimento real:** Comete o crime de favorecimento pessoal, e não real, mas sujeito a isenção de pena a teor do § 2º do art. 348 do CP, o agente que auxilia o filho, autor de roubo, a ocultar provas que o incriminam, vez que com tal conduta não presta auxílio destinado a tornar seguro o proveito do crime (TACrSP, *RJDTACr* 24/200).

- **Receptação:** Pratica o crime deste art. 348, e não o do art. 180, quem guarda coisas roubadas, ocultando-as, não visando proveito próprio ou econômico, mas tão somente encobrir o autor do delito antecedente (TACrSP, *RJDTACr* 30/158).

- **Agente coautor:** Evidenciada a participação do réu na subtração da "res furtiva", impossível a desclassificação do delito para o de favorecimento pessoal (TJMG, 5ª Câm., Ap. 1.0145.13.069472-5/001, Rel. Des. Eduardo Machado, j. em 18.11.2014, publ. 26.11.2014). Não há favorecimento pessoal, se o agente é coautor do favorecido

(TJSP, *RT* 512/358), mesmo tendo auxiliado os comparsas na fuga (TJMG, Ap. 10474160050859001, j. 13.12.2017).

▪ **Omissão:** A omissão em denunciar não configura o delito de favorecimento pessoal (TJSP, *RT* 487/278).

▪ **Ocultação:** O ato de esconder criminoso, para que não seja alcançado fisicamente pela autoridade, configura o delito do art. 348 do CP (TACrSP, *RT* 423/426). Se a esposa guardou a arma de fogo de uso permitido sob suas roupas, tão somente para evitar que o marido fosse abordado portando-a ilegalmente, é isenta de pena, nos termos do § 2º (TJDF, Ap. 0007185-66.2018.8.07.0009, *DJe* 22.10.2019).

FAVORECIMENTO REAL

Art. 349. Prestar a criminoso, fora dos casos de coautoria ou de receptação, auxílio destinado a tornar seguro o proveito do crime:
Pena – detenção, de 1 (um) a 6 (seis) meses, e multa.

▪ **Transação:** Cabe, preenchidos os requisitos do art. 76 da Lei n. 9.099/95.

▪ **Suspensão condicional do processo:** Cabe, atendidas as condições do art. 89 da Lei n. 9.099/95.

Favorecimento real

▪ **Objeto jurídico:** A administração da justiça.

▪ **Sujeito ativo:** Qualquer pessoa, exceto o coautor ou partícipe do crime anteriormente praticado. Embora este artigo exclua apenas os coautores, tal exceção, por imperativo lógico, igualmente se estende aos partícipes. Explica-se: o coautor ou partícipe do crime anterior não pratica o crime deste art. 349, porquanto o eventual auxílio prestado constitui, neste caso, mero exaurimento do crime (o coautor ou partícipe já responderá pelo crime anterior praticado, não podendo incorrer também no crime deste art. 349, sob pena de *bis in idem*). Se o auxílio prestado caracterizar o crime de receptação, o agente incorrerá somente nas penas do crime do art. 180 do CP, e não nas penas deste art. 349 (daí a expressão "fora dos casos de coautoria ou receptação"). Se o auxílio ao criminoso configurar crime de lavagem de dinheiro, *vide* nota Confronto abaixo.

▪ **Sujeito passivo:** O Estado.

▪ **Pressupostos:** São semelhantes aos do favorecimento pessoal (CP, art. 348), pois, também nesta figura, o auxílio deve ter sido dado ou assegurado após (e não antes ou durante) a prática delituosa; isto porque, se o auxílio for praticado antes ou durante a prática do crime, haverá obviamente coautoria ou participação, não se cogitando da prática do crime deste art. 349. Assim, são pressupostos: *a.* Que o agente não seja coautor, partícipe ou receptador. A lei ressalva: "fora dos casos de coautoria ou de receptação" (cf. arts. 29 e 180 do CP), incluindo-se a participação, seja ela material ou moral, de maior ou menor importância (CP, art. 29, *caput* e § 1º). *b.* Que o favorecido seja autor de crime anterior, não de contravenção. O crime precedente não precisa ser de natureza patrimonial. Quanto à necessidade de o crime precedente ser consumado ou não, há duas correntes: *1ª)* deve ser consumado e não só tentado (Hungria, *Comentários ao Código Penal*, 1959, v. IX, p. 510); *2ª)* pode ser consumado ou tentado (Heleno Fragoso, *Lições de Direito Penal – Parte Especial*, 1965, v. IV, p. 1244; Magalhães Noronha, *Direito Penal*, 1995, v. IV, p. 394). Entendemos mais correta a primeira posição (*1*), posto ser difícil imaginar-se "um proveito do crime", se este foi apenas tentado. Ao contrário do favorecimento pessoal, no favorecimento real entende-se que a extinção da punibilidade e a imunidade penal absoluta não interferem. Quanto à inimputabilidade penal, Heleno Fragoso discorda, assinalando que não poderia haver, por exemplo, favorecimento real de "furto" de menor (*Lições de Direito Penal – Parte Especial*, 1965, v. IV, p. 1244).

- **Garantias constitucionais:** Tendo o art. 349 empregado a expressão criminoso, e não acusado de crime ou simplesmente acusado, cremos que, diante das garantias constitucionais do direito à desconsideração prévia de culpabilidade (CR, art. 5º, LVII) ou presunção de inocência (CR, art. 5º, §§ 2º e 3º, c/c o art. 14, 2, do PIDCP e art. 8º, 2, primeira parte, da CADH – os dois últimos, tratados subscritos e ratificados pelo Brasil) e da reserva legal (CR, art. 5º, XXXIX e §§ 2º e 3º; PIDCP, art. 15, 1; CADH, art. 9º), esta igualmente prevista no art. 1º do CP, que veda o emprego da interpretação extensiva ou da analogia para punir, o auxílio ou favorecimento que este tipo penal incrimina é somente o prestado àquele que já tiver sido condenado por crime, com decisão transitada em julgado. Portanto, o auxílio ou o favorecimento a acusado, ou seja, a pessoa que ainda não tenha sido condenada definitivamente, será atípico. Dir-se-á, talvez, como no artigo anterior, que tal interpretação poderá ter consequências morais danosas, deixando impunes aqueles que, em evidente conduta antissocial, por exemplo, favorecerem acusado de um crime hediondo como a extorsão mediante sequestro. Mas, então, que se altere o CP, pois é este, como lei ordinária, que deve se adaptar à CR, e não o contrário (nesse sentido, ou seja, da necessidade da adaptação da lei ordinária à Constituição: STJ, RHC 2.472-4, rel. Min. Adhemar Maciel, *vu – DJU* 10.5.93, p. 8648). *Vide*, a respeito, jurisprudência sob o título *Pressuposto*, neste artigo.

- **Tipo objetivo:** O objeto material é o proveito do crime anterior praticado pelo favorecido. Como proveito, considera-se "toda vantagem, material ou moral, obtida ou esperada em razão de crime anterior, seja direta ou indiretamente" (HUNGRIA, *Comentários ao Código Penal*, 1959, v. IX, p. 510). Incluem-se, assim, a recompensa, o produto (original ou alterado) e o resultado do delito precedente, mas ficam excluídos os instrumentos do crime. A ação incriminada é prestar a criminoso auxílio destinado a tornar seguro o referido objeto material, isto é, auxiliá-lo na posse e gozo do proveito do crime anterior.

- **Tipo subjetivo:** O dolo, que consiste na vontade livre e consciente de auxiliar o criminoso, e o elemento subjetivo do tipo, indicado pelo especial fim de agir (finalidade de tornar seguro o proveito do crime anterior). Na escola tradicional pede-se o "dolo específico". Inexiste modalidade culposa. Assim, se o agente ignora a origem delituosa do proveito, mesmo que tenha sido negligente em conhecê-la, não há crime em sua conduta.

- **Consumação:** Trata-se de crime formal, que independe de resultado (isto é, de o favorecido conseguir segurança para o proveito de seu crime). Assim, o crime se consuma com a simples prestação do auxílio, que, todavia, deve ser efetivo e idôneo a tornar seguro o proveito do crime.

- **Tentativa:** Admite-se, pois o conduta de auxiliar permite o *iter criminis* (é fracionável).

- **Confronto:** Se o sujeito ativo visa a proveito próprio ou de terceiro, pode configurar-se o crime de receptação (CP, art. 180). Pode haver também o crime de lavagem de dinheiro (Lei n. 9.613, de 3.3.98) que, em nossa opinião, nada mais é do que uma "forma especial" do crime de favorecimento real, previsto no art. 349 do CP, embora este exija dolo específico ("a tornar seguro o proveito do crime") e o delito do art. 1º, *caput*, da Lei de Lavagem de Dinheiro, apenas o dolo genérico. Referimo-nos a uma "forma especial" de favorecimento real em razão do crime de lavagem de dinheiro, pela sua natureza, exigir um *plus* em relação ao mero favorecimento real deste art. 349 do CP, não bastando que o agente *preste, ao criminoso, auxílio destinado a tornar seguro o proveito do crime* (CP, art. 349), mas sendo necessário que *oculte ou dissimule a natureza, origem, localização, disposição, movimentação ou propriedade de bens, direitos ou valores provenientes, direta ou indiretamente, de infração penal* (vide art. 1º, *caput*, e §§ 1º e 2º, da Lei n. 9.613/98).

- **Pena:** Detenção, de um a seis meses, e multa.

- **Ação penal:** Pública incondicionada.

Jurisprudência

- **Tipo objetivo:** Só pode haver tipificação no art. 349, se o favorecimento não foi prestado ou prometido antes ou durante o crime (STF, *RTJ* 103/450).

- **Tipo subjetivo:** Exige-se o dolo, não podendo haver punição a título de culpa (TAMG, *RJTAMG* 12/284).

- **Ciência da procedência do proveito:** É indispensável que o agente saiba que a coisa é produto de crime (TJRS, *RF* 267/318; TACrSP, *RJDTACr* 9/94) e que sua ação torna seguro o seu proveito (TACrSP, *RJDTACr* 28/108).

- **Sem fim de lucro:** O favorecimento real não pode ter sido prestado em proveito do próprio agente, mas sim em favor ou no interesse do autor do crime anterior (STF, *RTJ* 91/746). Se visa a proveito econômico, próprio ou de terceiro, o crime é de receptação e não de favorecimento real (TACrSP, *RT* 533/370).

- **Distinção:** Distingue-se a receptação do favorecimento real, pois naquela está em causa o proveito econômico próprio ou de terceiro, enquanto o favorecimento não é crime patrimonial, mas contra a administração da justiça, e é a pessoa autora do crime antecedente que é auxiliada (TACrSP, *RT* 476/372). O agente que oculta a coisa furtada, em proveito exclusivo do próprio autor do furto, comete o crime deste art. 349, e não o de receptação dolosa (TACrSP, *RT* 752/620).

- **Participação no crime anterior:** Descabe a desclassificação do delito de roubo para o de favorecimento real, se apurada a participação consciente e efetiva do agente no assalto (FRANCESCHINI, *Jurisprudência*, 1975, v. II, n. 2.393-A). Se participou efetivamente do descaminho, inviável a desclassificação para favorecimento real (TRF da 4ª R., Ap. 500439-47.2015.4.04.7017/PR, j. 27.3.2019). Se não estava presente na cena do crime, mas apenas busca dinheiro proveniente do roubo, o que não configura coautoria nem participação, viável a desclassificação do art. 157 para o art. 349 (TJAP, Ap. 0011265-50.2014.8.03.0001, j. 17.2.2017).

- **Pressuposto:** "Constitui pressuposto do delito de favorecimento real a comprovação prévia da existência de crime anterior praticado pelo favorecido e reconhecido por decisão transitada em julgado" (FRANCESCHINI, *Jurisprudência*, 1975, v. II, n. 2.393). *Contra:* Basta a certeza do crime anterior (TJSP, *RJTJSP* 71/323).

- **Inimputabilidade do favorecido:** Não pode haver favorecimento a menor inimputável (TACrSP, *Julgados* 67/487; *contra:* STF, *Julgados* 96/429).

- *Mutatio libelli*: Se o crime de favorecimento real, resultante de desclassificação de furto qualificado, não foi referido na denúncia implícita ou explicitamente, houve *mutatio libelli*, em detrimento do réu que daquele delito não pode defender-se; não havendo recurso ministerial e a defesa se conformando com a desclassificação, a anulação da sentença viria apenas em prejuízo do acusado, de forma que a única solução correta em segunda instância é a absolvição (TJSP, *RT* 699/298).

- **Crime impossível (Tráfico e Favorecimento Real):** Verificada a ineficácia absoluta do meio utilizado para consumação do fato. Logicamente, não há como ingressar na casa prisional portando entorpecentes, tendo em vista a invariável submissão à minuciosa revista pessoal. Durante a revista pessoal, o detector de metais identificou a presença de corpos estranhos, vindo-se a encontrar com a ré expressiva quantidade de maconha e cocaína, além de um celular, um cabo USB e um fone de ouvido. A hipótese comprova que a indispensável e rigorosa revista pessoal torna ineficaz o meio utilizado, mormente porque a quantidade de materiais trazidos pela ré em muito dificultavam sua ocultação. Aplicação crítica da lei. Conforme o constitucionalismo contemporâneo, há uma reaproximação da ética ao Direito na aplicação. O princípio da razoabilidade serve de exemplo. Doutrina. Deficiência do Estado. A deficiência do Estado na sua infraestrutura prisional não pode ser solucionada pela imposição de pena a fatos que, em sentido lógico e rigoroso, jamais seriam concretizados em ilícitos penais. A permissão de facções no interior de casas prisionais não pode ser esquecida. Uma vez que o sistema prisional se auxilia da organização interna que permite nas casas prisionais, deve atentar para a imposição de ordens às pessoas externas ao sistema que possuem parentes ou companheiros apenados, que tentam ingressar para visitas portando substâncias entorpecentes as quais, em situações normais, jamais deixariam de ser apreendidas. Recurso provido. Absolvição (TJRS, 3ª CCr, Ap. 70055779698, rel. Des. Diógenes Vicente Hassan Ribeiro, j. 29.5.2014).

Art. 349-A. Ingressar, promover, intermediar, auxiliar ou facilitar a entrada de aparelho telefônico de comunicação móvel, de rádio ou similar, sem autorização legal, em estabelecimento prisional.

Pena: detenção, de 3 (três) meses a 1 (um) ano.

- **Alteração:** Artigo introduzido pela Lei n. 12.012, de 6.8.2009.
- **Transação:** Cabe, preenchidos os requisitos do art. 76 da Lei n. 9.099/95.
- **Suspensão condicional do processo:** Cabe, atendidas as condições do art. 89 da Lei n. 9.099/95.
- **Noção:** O presente artigo foi introduzido pelo legislador com a finalidade de coibir o uso de celulares por presidiários, notadamente pertencentes a organizações criminosas, na autoria intelectual de novos crimes. A nosso ver, melhor seria que, a exemplo do que existe nos presídios norte-americanos, houvesse telefones públicos nos estabelecimentos prisionais, permitindo o seu uso pelos detentos em horário e tempo pré-determinados, na presença de agente penitenciário, sem prejuízo de outras regras do estabelecimento prisional. Com isso, se desestimularia o ingresso de celulares nos presídios, garantindo-se, por outro lado, o direito de comunicação telefônica *lícita* dos presidiários, que a Constituição Federal, a LEP e o próprio CP não vedam, o mesmo ocorrendo com o CP, tratando-se de telefone fixo. Afinal, não se pode presumir que toda comunicação telefônica dos presos seja para fins criminosos.
- **Objeto jurídico:** A administração da justiça e a administração penitenciária.
- **Sujeito ativo:** Qualquer pessoa.
- **Sujeito passivo:** O Estado.
- **Tipo objetivo:** Cinco são os núcleos alternativamente previstos: *a. ingressar* (entrar); *b. promover* (dar início, causar); *c. intermediar* (mediar, entremear, estar de permeio); *d. auxiliar* (prestar auxílio, ajudar); e. *facilitar* (tornar fácil ou mais fácil, retirar obstáculo) a entrada, ou seja, o ingresso de aparelho de comunicação móvel (celular), de rádio ou similar (da mesma natureza, como *walk talk*), que é o objeto material. As condutas incriminadas devem ser praticadas *sem autorização legal* (elemento normativo do tipo) e em *estabelecimento prisional*, isto é, os estabelecimentos penais assim definidos no Título IV da LEP (penitenciárias, colônia agrícola, industrial ou similar, casa do albergado, centro de observação, hospital de custódia ou tratamento psiquiátrico, e cadeia pública).
- **Tipo subjetivo:** É o dolo, ou seja, a vontade livre e consciente de praticar as condutas incriminadas, com a finalidade, ínsita ao tipo, de fazer chegar ao preso o celular, rádio ou similar. Para a doutrina tradicional é o "dolo específico". Nesse sentido, Renato Marcão, para quem "a regra de tal maneira interpretada, não alcança os funcionários da administração penitenciária, os advogados ou qualquer outra pessoa que trabalhe ou se encontre nas dependências de determinado estabelecimento penal, *exceto* quando demonstrada a intenção de fazer com que o aparelho eletrônico vá desaguar em mãos de qualquer pessoa submetida ao confinamento por decisão judicial", acrescentando: "o princípio da razoabilidade, entre outros, assim determina" ("Ingresso de aparelho de telefonia celular em estabelecimento penal", *in* Jornal *Carta Forense*, setembro de 2009, pp. B-14 e 15). Não há forma culposa.
- **Consumação:** Com a efetiva entrada do aparelho no estabelecimento prisional, independentemente do aparelho chegar ou não às mãos do preso.
- **Tentativa:** É possível nos cinco núcleos.
- **Concurso de agentes:** Pode haver coautoria ou participação.
- **Confronto:** Se o diretor de penitenciária e/ou agente público deixa de cumprir seu dever de vedar ao preso o acesso a aparelho telefônico, de rádio ou similar, que permita a comunicação com outros presos ou com ambiente externo, art. 319-A do CP, introduzido pela Lei n. 11.466/2007. O inciso VII do art. 50 da LEP, acrescentado pela

mesma lei, considera falta grave ter o preso em sua posse, utilizar ou fornecer aparelho telefônico, de rádio ou similar, que permita a comunicação com outros presos ou com o ambiente externo. Sobre a impossibilidade do crime deste art. 349-A servir como antecedente do crime de receptação, *vide* jurisprudência neste artigo.

- **Pena:** Detenção, de três meses a um ano.
- **Ação penal:** Pública incondicionada.

Jurisprudência

- **Confronto com o crime de receptação:** O crime previsto no art. 180 do CP, como cediço, conserva acessoriedade material com um crime antecedente, não necessariamente classificado como "crime patrimonial". Indispensável, no entanto, que este crime antecedente produza resultado naturalístico, que ostente valor monetário ou utilidade mensurável economicamente, correspondendo a um prejuízo sofrido pelo seu legítimo proprietário ou possuidor. Hipótese em que o crime antecedente, descrito na denúncia, qual seja, o de ingressar, promover, intermediar, auxiliar ou facilitar a entrada de aparelho telefônico em estabelecimento prisional, consiste em crime formal que não produz resultado naturalístico passível de corresponder a objeto material do crime de receptação. 3. O resultado naturalístico, porventura existente, do crime previsto no art. 349-A do CP, formal e de perigo abstrato, não causa interferência na órbita patrimonial do sujeito passivo, que vem a ser o Estado e, em um segundo plano, a sociedade. 4. Embora não se possa ignorar que o paciente sabia, em tese, da origem ilícita do celular com o qual foi apreendido, pois a *res* entrou no estabelecimento prisional, pela prática do delito previsto no art. 319-A ou no art. 349-A do CP, não há como imputar-lhe a prática do crime de receptação, a menos que haja suspeita fundada de que o aparelho telefônico seja oriundo de um prejuízo ilícito sofrido pelo seu legítimo proprietário ou possuidor (TJRS, 6ª CCr, HC 70058892902, rel. Bernadete Coutinho Friedrich, j. 10.4.2014, public. 16.4.2014).

- **Punição penal e disciplinar (quando o próprio preso reingressa com celular):** Devidamente comprovadas a materialidade e a autoria do delito, na qual o réu tentou ingressar em estabelecimento prisional portando telefone celular, sem autorização legal, imperativa a condenação. Sanção disciplinar imposta no estabelecimento prisional pelo mesmo fato, não gera *bis in idem*, haja vista a independência das esferas administrativa e judicial (TJRS, Turma Recursal, RCr 71004098026, rel. Des. Edson Jorge Cechet, j. 28.1.2013).

- **Estabelecimento prisional:** O tipo penal do art. 349-A abrange qualquer parte do estabelecimento, e não apenas a carceragem (TJDF, Turma Recursal, Ap. 20150111067490, DJe 5.4.2016).

- **Coação moral irresistível:** Não aceitável tal alegação, quando sequer atribui a autoria a um coator (TJPB, Ap. 0014898-13.2015.8.15.2002, j. 6.8.2019).

EXERCÍCIO ARBITRÁRIO OU ABUSO DE PODER

Art. 350. (*Revogado*)

- **Revogação:** A Lei n. 13.869, de 5.9.2019, que passou a dispor sobre os Crimes de Abuso de Autoridade, revogou o art. 350 do CP, tipificando condutas semelhantes, havendo sucessão de leis penais.

FUGA DE PESSOA PRESA OU SUBMETIDA A MEDIDA DE SEGURANÇA

Art. 351. Promover ou facilitar a fuga de pessoa legalmente presa ou submetida a medida de segurança detentiva:

Pena – detenção, de 6 (seis) meses a 2 (dois) anos.

§ 1º Se o crime é praticado a mão armada, ou por mais de uma pessoa, ou mediante arrombamento, a pena é de reclusão, de 2 (dois) a 6 (seis) anos.

§ 2º Se há emprego de violência contra pessoa, aplica-se também a pena correspondente à violência.

§ 3º A pena é de reclusão, de 1 (um) a 4 (quatro) anos, se o crime é praticado por pessoa sob cuja custódia ou guarda está o preso ou o internado.

§ 4º No caso de culpa do funcionário incumbido da custódia ou guarda, aplica-se a pena de detenção, de 3 (três) meses a 1 (um) ano, ou multa.

- **Transação**: Cabe no *caput*, desde não haja o aumento de pena previsto no § 2º, o que tornaria a pena máxima cominada superior a dois anos. Cabe também no § 4º, preenchidos os requisitos do art. 76 da Lei n. 9.099/95.

- **Suspensão condicional do processo**: Cabe no *caput* e nos §§ 3º e 4º, atendidas as condições do art. 89 da Lei n. 9.099/95.

Fuga de pessoa presa ou submetida a medida de segurança (caput)

- **Objeto jurídico**: A administração da justiça.

- **Sujeito ativo**: Qualquer pessoa, exceto o próprio preso, que sequer pode ser coautor deste crime. É irrelevante se o agente é funcionário público ou não. Se o preso promove ou facilita a fuga de outro preso, incide no crime deste art. 351. É atípica a conduta do preso que empreende a própria fuga, salvo se cometer violência contra pessoa, hipótese em que haverá o crime do art. 352. Registre-se que o art. 50, II, da LEP considera ser a fuga do condenado uma falta grave.

- **Sujeito passivo**: O Estado.

- **Tipo objetivo**: Dois são os núcleos indicados: *a. promover*, que tem o significado de diligenciar para que se efetue; *b. facilitar*, que possui o sentido de auxiliar, ajudar, tornar mais fácil. Incrimina-se a promoção ou facilitação de fuga de pessoa legalmente presa ou submetida a medida de segurança detentiva. Fuga é a saída rápida ou disfarçada, a fugida de quem se acha sob prisão ou custódia. Deve tratar-se de pessoa legalmente presa (prisão provisória ou definitiva, incluindo-se a prisão civil) ou submetida a medida de segurança detentiva (CP, art. 96, I). Tanto a prisão como a medida de segurança devem ser legais, originariamente e no tempo de duração, que não pode ser excedido, pois as transforma em arbitrárias e ilegais. É indiferente o local da prisão ou internação, desde que a custódia seja formalmente legal.

- **Tipo subjetivo**: O dolo, ou seja, a vontade livre e consciente de promover ou facilitar a fuga, com conhecimento da legalidade da custódia. Na corrente tradicional é o "dolo genérico". A modalidade culposa é prevista à parte, na figura do § 4º (*vide* nota a esse parágrafo).

- **Consumação**: Com a efetiva fuga, ainda que a pessoa seja recapturada.

- **Tentativa**: Admite-se.

- **Confronto**: Se o crime é praticado mediante o emprego de violência física contra pessoa, aplica-se também a pena correspondente à violência (cf. o § 2º deste artigo). Se o agente, na própria fuga, comete ato de violência contra pessoa, o crime será o do art. 352 do CP.

- **Pena**: Detenção, de seis meses a dois anos.

- **Ação penal**: Pública incondicionada.

Figura qualificada pelo meio ou concurso (§ 1º)

- **Noção**: Se o crime é praticado a mão armada (arma própria ou imprópria, usada como meio de execução), ou por mais de uma pessoa, ou mediante arrombamento. Quanto à última circunstância, é o "rompimento de qualquer obstáculo material", servindo como meio necessário para a realização da fuga (HELENO FRAGOSO, *Lições de Direito Penal – Parte Especial*, 1965, v. IV, p. 1255).

- **Pena**: Reclusão, de dois a seis anos.

Concurso material
(§ 2º)
- **Noção:** Determina-se o concurso material (CP, art. 69), com a aplicação cumulativa da pena correspondente à violência, quando esta é empregada contra pessoa.

Figura qualificada pela condição do agente (§ 3º)
- **Noção:** Se o crime é praticado por pessoa sob cuja custódia ou guarda está o preso ou o internado (aqueles que têm dever funcional, como guarda, carcereiro etc.). Obviamente, neste caso, o sujeito ativo será somente o funcionário público ou equiparado.
- **Pena:** Reclusão, de um a quatro anos.

Figura culposa
(§ 4º)
- **Noção:** No caso de fuga resultante da não observância do dever de cuidado necessário (CP, art.18, II), pelo funcionário incumbido da custódia ou guarda. A culpa deve contribuir como causa para a promoção ou facilitação da fuga, não se considerando delituosa a conduta do carcereiro que, por engano, coloca o detido em liberdade. Também nesta figura culposa, é imprescindível o requisito da legalidade da prisão ou internamento.
- **Pena:** É alternativa: detenção, de três meses a um ano, ou multa.

Jurisprudência
- **Legalidade da prisão:** É elementar do tipo tratar-se de pessoa legalmente presa ou submetida a medida de segurança detentiva, cabendo à acusação a prova dessa legalidade (TACrSP, *Julgados* 74/366). É necessária a prova de que a prisão era legal, para a configuração do art. 351, § 4º (TAPR, *RT* 514/435). Não desnatura a legalidade da prisão ter sido o preso irregularmente transferido pela administração para outro presídio (TFR, RCr 1.242, *DJU* 6.11.86, p. 21421). É irrelevante a consideração da prisão do fugitivo ser ou não provisória (TACrSP, *RJDTACr* 14/79).
- **Corrupção:** Guarda que aceita vantagem, e facilita a fuga de preso, comete só o crime do art. 351 do CP e não também o de corrupção passiva, que resta absorvido, em vista do princípio da especialidade, não podendo haver dupla punição (TJMT, *RT* 770/630). Em sentido contrário, dando o agente como incurso no crime do art. 317, § 1º; neste precedente, embora condenado em 1ª instância também pelo crime do art. 351, § 3º (em concurso formal com o crime de corrupção passiva), foi julgada extinta a punibilidade (TJSP, ApCr 990.09.313181-1, j. 27.5.2010; RvCr 993.07.062271-7, j. 4.8.2009). Preso que corrompe guarda para fugir não pratica crime algum, nem de corrupção ativa, pois a evasão sem violência é atípica (TJPR, *RT* 611/385; TJSP, *RT* 539/270).
- **Sujeito ativo:** Pode ser qualquer pessoa, inclusive outro detento que, agindo isoladamente ou em concurso com outra pessoa, venha a promover ou facilitar a fuga de alguém legalmente preso; somente o beneficiário da fuga, ainda que instigue ou induza terceiro a promover-lhe ou facilitar-lhe a evasão, é que não responde pelo delito do art. 351, ressalvada a hipótese do art. 352 do CP (STF, HC 69.440, *DJU* 28.8.92, p. 13455; TACrSP, *RJDTACr* 14/79). É impossível a incriminação do próprio preso fugitivo (TACrSP, *RJDTACr* 30/175). Se não só deu cabo à sua própria fuga e à do preso E.C., bem como oportunizou a de outros presos, que não o fizeram por livre opção, praticou o crime do art. 351 (TJCE, Ap. 0031460-09.2013.8.06.0001, j. 30.7.2019).
- **Figura qualificada do § 1º:** A razão da qualificadora ("por mais de uma pessoa") está na maior periculosidade do crime associado (TJRS, *RF* 259/282). Não podem ser consideradas "outras pessoas" os companheiros de prisão que ajudam e fogem juntos (TJSP, *RT* 624/286).
- **Concurso material (§ 2º):** A pena correspondente à violência só é aplicável se esta tiver sido objeto de ação penal (denúncia) (TAMG, *RT* 617/352).
- **Figura culposa (§ 4º):** É necessário que o acusado seja encarregado direto da custódia e que a pessoa evadida esteja legalmente presa (TAPR, *PJ* 42/225; TACrSP, *RJDTACr* 24/394). Escrivão de polícia não pode ser responsabilizado pela figura culposa do § 4º, pois não tem dever de custódia ou guarda (TACrSP, *Julgados* 90/124; STJ, RHC 8.020/SP, *DJU* 1º.2.99, p. 219, *in RBCCr* 26/307; STJ, *RT* 763/529). *Idem*, tratando-se de delegado de polícia que determinou o cumprimento de alvará de soltura expedido em favor de preso, libertado irregularmente pela culpa ou negligência de outros

funcionários que não observaram as cautelas costumeiras (TACrSP, *RT* 780/613). A negligência do carcereiro pode caracterizá-la (TACrSP, *Julgados* 77/362, *RJDTACr* 9/96; TJSP, *RT* 510/352). É culposa a facilitação por deixar inadvertidamente abertas as portas (TJSP, *RT* 520/393). Configura a conduta de policial civil que, inobservando determinação para conduzir preso em flagrante até a cela do distrito, deixa o mesmo em um corredor (TACrSP, *RJDTACr* 28/110). Carcereiro que amplia o regulamento, dando liberdade relativa, facilita a fuga (TJSP, *RT* 518/347). Soltar por engano não equivale a fuga, sendo atípico (TACrSP, *RT* 615/294, 709/348).

- **Tentativa:** Se a serra, que o agente tentou introduzir na cadeia, foi interceptada antes de chegar às mãos do preso, houve mero ato preparatório e não tentativa punível do delito do art. 351 (TACrSP, *RT* 428/347).

- **Competência:** "Compete à Justiça Comum Estadual processar e julgar o policial militar por crime de promover ou facilitar a fuga de preso de estabelecimento penal" (STJ, Súmula 75; *JSTJ* e *TRF* 12/195; CComp 359, *DJU* 23.10.89, p. 16190). Não se encaixando no art. 99 do CPM, é competente a Justiça Comum Estadual (STJ, CComp 3.601, *DJU* 7.12.92, p. 23283).

EVASÃO MEDIANTE VIOLÊNCIA CONTRA A PESSOA

Art. 352. Evadir-se ou tentar evadir-se o preso ou o indivíduo submetido a medida de segurança detentiva, usando de violência contra a pessoa:

Pena – detenção, de 3 (três) meses a 1 (um) ano, além da pena correspondente à violência.

- **Transação:** Cabe (art. 76 da Lei n. 9.099/95), desde que o aumento em decorrência da violência não torne a pena máxima superior a dois anos.

- **Suspensão condicional do processo:** Cabe, a não ser que o aumento da pena correspondente à violência torne a pena mínima superior a um ano, atendidas as condições do art. 89 da Lei n. 9.099/95.

Evasão com violência contra a pessoa

- **Objeto jurídico:** A administração da justiça.

- **Sujeito ativo:** Somente a pessoa legalmente presa ou submetida a medida de segurança detentiva (crime próprio). Como a medida de segurança detentiva (ou de internação) é, hoje, própria dos inimputáveis, deve-se atentar para a aplicação do art. 26 do CP.

- **Sujeito passivo:** O Estado e, secundariamente, a pessoa que sofre a violência.

- **Tipo objetivo:** É atípica a conduta do preso ou internado que empreende fuga, desde que não pratique violência física contra pessoa; não obstante, a fuga do condenado constitui falta grave (art. 50, II, da LEP). As ações incriminadas são evadir-se ou tentar evadir-se (com a qual é equiparada a tentativa à infração consumada). Evadir-se é escapar da guarda ou custódia. O local da evasão dá margem a duas correntes: *a.* não é evasão, mas delito de resistência, a fuga fora dos muros do estabelecimento, quando o preso está sendo transportado (HUNGRIA, *Comentários ao Código Penal*, 1959, v. IX, p. 520); *b.* é sempre evasão, desde que o agente já esteja preso ou internado (HELENO FRAGOSO, *Lições de Direito Penal – Parte Especial*, 1965, v. IV, p. 1258; MAGALHÃES NORONHA, *Direito Penal*, 1995, v. IV, p. 409). A evasão ou tentativa é de preso ou indivíduo submetido a medida de segurança detentiva, sendo indispensável que a prisão ou internação seja formalmente legal (*vide* nota ao art. 351 do CP). O delito somente se tipifica com a ocorrência da cláusula final: *usando de violência contra a pessoa*. É imprescindível que haja emprego de força física (violência) contra pessoa (carcereiro, guarda, outro preso ou terceira pessoa). Assim, por força do princípio da tipicidade (e da interpretação restritiva das normas penais incriminadoras), o delito deste art. 352 só se configura com a violência física, não sendo suficiente a grave ameaça para caracterizá-lo.

- **Tipo subjetivo:** É o dolo, que consiste na vontade livre de evadir-se, usando de violência contra pessoa e com consciência da legalidade formal da prisão. Na doutrina tradicional, há autores que indicam o "dolo genérico", enquanto outros apontam o "específico" (emprego de violência com o fim de evasão). Não há forma culposa.
- **Consumação:** Com a prática da violência física idônea para a fuga ou tentativa.
- **Tentativa:** Não se admite, pois a tentativa, aqui, é equiparada ao delito consumado.
- **Confronto:** Há duas correntes jurisprudenciais quanto à configuração, ou não, do art. 163 do CP, na hipótese de fuga com violência contra coisa: *a.* tipifica-se o delito de dano (TACrSP, *RJDTACr* 19/86, *mv – RT* 477/361); *b.* não se caracteriza o delito de dano, pela ausência da vontade de prejudicar ou "dolo específico" (TACrSP, *RT* 545/380, 538/373; FRANCESCHINI, *Jurisprudência*, 1975, v. I, n. 1.533, 1.534 e 1.537). A nosso ver, a segunda corrente é a mais acertada. *Vide*, também, jurisprudência sob o título *Em fuga de preso*, no art. 163. Se o preso, ao fugir, imobiliza e trancafia o policial na cela em que estava, não se configura o cárcere privado, mas somente o da evasão mediante violência, tratando-se de crime-meio, absorvido por este art. 352.
- **Pena:** Detenção, de três meses a um ano, além da pena correspondente ao crime de violência (contra pessoa).
- **Ação penal:** Pública incondicionada.

Jurisprudência

- **Violência contra pessoa:** Só é crime a fuga do preso quando realizada ou tentada com violência contra pessoa e não contra obstáculos materiais (TACrSP, *RT* 519/401). A fuga ou tentativa de fuga do preso só é crime quando ele pratica violência física contra pessoa, não bastando a ameaça, ainda que armada (TJSP, *RJTJSP* 108/479; 12ª C., Ap. 0002241-91.2011.8.26.0185, Estrela D'Oeste, rel. Des. Angélica de Almeida, j. 11.12.2014; TACrSP, *RT* 559/344, *Julgados* 66/397).
- **Investigador embriagado que agride preso:** Investigador de polícia que, em estado de embriaguez, adentra o cubículo onde se encontravam os réus, tendo agredido sem motivo um deles, que reagiu, repelindo a agressão e trancafiando o policial naquele cubículo. Absolvição mantida diante da demonstração de que a agressão foi exercida em repulsa legítima à do investigador de polícia, somente desapossando-o de sua arma (TJES, Ap. 44930002918, rel. Des. Ewerly Grandi Ribeiro, j. 30.11.94, publ. 21.12.94).
- **Ausência de exame de corpo de delito e prova da violência:** A ausência de exame de corpo de delito não afasta a configuração do crime de evasão mediante violência contra a pessoa, pois o tipo penal exige apenas o emprego de violência, não sendo necessário que desta resulte lesões na vítima (TJMG, 1ª C., Ap. 10024122571466001, rel. Des. Alberto Deodato Neto, j. 17.9.2013, publ. 27.9.2013).
- **Fuga da delegacia:** Comete o crime do art. 352 o acusado que, ao tentar subtrair um veículo é levado à delegacia, local onde agride um policial e empreende fuga, adentrando em uma loja para furtar uma camiseta e, ao ser apanhado novamente, com violência resiste à prisão (TJSC, 2ª C., Ap. 2013.024458-5, rel. Des. Volnei Celso Tomazini, j. 20.1.2014).
- **Evasão da escolta:** Configura o delito do art. 352 a fuga fora dos muros, evadindo-se o agente da escolta (TACrSP, *RT* 559/344; TJSP, *RT* 534/340).
- **Resgate de preso:** Configurado está o crime do art. 352 por parte do apenado se "os agentes penitenciários são inequívocos em referir que escoltavam um dos réus quando um veículo aproximou-se, nele estando o outro réu e mais três agentes, que os renderam mediante o aponte de pesado armamento, dando fuga ao apenado" (TJRS, Ap. 70054915152, rel. Des. Aymoré Roque Pottes de Mello, j. 22.8.2013).
- **Concurso de crimes:** Pode haver concurso com o crime de sequestro (TJSP, *RJTJSP* 77/417; TJDF, *mv – DJU* 29.3.90, p. 5559). Há concurso com o crime de lesão corporal (TJSP, *RJTJSP* 68/391, *RT* 534/340). Não é punido o furto de arma ou veículo para a fuga, se a intenção foi só usá-los na evasão, sem o propósito de se apropriar dessas coisas (TACrSP, *RT* 559/344).

- **Concurso com cárcere privado – inexistência:** 1. Responde pelo crime previsto no art. 352 do Código Penal quem, legalmente preso, consegue evadir-se do presídio, trancafiando o policial de guarda numa cela depois de imobilizá-lo e reduzir-lhe a capacidade de resistência. 2. Não há crime de cárcere privado na hipótese dos agentes terem trancado o agente de segurança visando apenas garantir a evasão do presídio. A conduta narrada na peça acusatória não é autônoma, desvencilhada do crime-fim consistente na evasão da unidade prisional, mas, tão somente, o crime-meio para se alcançar tal objetivo (TJPR, 1ª C., Ap. 828692-2, rel. Des. Antonio Loyola Vieira, j. 11.10.2012).
- **Legalidade da prisão:** Se era ilegal a prisão, o delito do art. 352 do CP não se configurou (TACrSP, *RT* 487/324).

ARREBATAMENTO DE PRESO

Art. 353. Arrebatar preso, a fim de maltratá-lo, do poder de quem o tenha sob custódia ou guarda:

Pena – reclusão, de 1 (um) a 4 (quatro) anos, além da pena correspondente à violência.

- **Suspensão condicional do processo:** Cabe, desde que não haja o aumento da pena em decorrência de eventual violência (art. 89 da Lei n. 9.099/95), hipótese em que a pena mínima cominada será superior ao limite de um ano (Súmulas 723 do STF e 243 do STJ).

Arrebatamento de preso

- **Objeto jurídico:** A administração da justiça.
- **Sujeito ativo:** Qualquer pessoa.
- **Sujeito passivo:** O Estado; secundariamente, o preso arrebatado.
- **Tipo objetivo:** O núcleo indicado é *arrebatar*, que tem o sentido de tomar à força, arrancar. A pessoa arrebatada é o preso e ele é tomado de quem o tenha sob custódia ou guarda. Não tem relevo para a tipificação o local onde se acha o preso (em presídio, cadeia pública, centro de detenção provisória, delegacia de polícia ou mesmo sob escolta), desde que se ache custodiado ou guardado (por carcereiro, escolta policial, oficial de justiça etc.). Também é indiferente, para o tipo deste art. 353, a legalidade ou não da prisão. No entanto, este art. 353 abrange só o preso e não a pessoa submetida a medida de segurança. O arrebatamento não visa à fuga do preso, mas, ao contrário, ao fim de maltratá-lo, o que marca o elemento subjetivo da figura.
- **Tipo subjetivo:** O dolo, que consiste na vontade livre e consciente de arrebatar o preso, com conhecimento de que o retira de quem o tem sob custódia ou guarda; e o elemento subjetivo do tipo, indicado pela especial finalidade de agir: a fim de maltratá-lo. Na doutrina pede-se o "dolo específico". Não há modalidade culposa.
- **Consumação:** Com o efetivo arrebatamento do preso de quem o guarda ou custodia, ainda que ele não chegue a sofrer maus-tratos.
- **Tentativa:** Admite-se.
- **Pena:** Reclusão, de um a quatro anos, além da pena correspondente à violência contra pessoa (guarda ou preso).
- **Ação penal:** Pública incondicionada.

Jurisprudência

- **Sujeito ativo:** Pode ser agente policial em férias (TJSP, *RJTJSP* 71/346).
- **Tipo objetivo:** É praticável dentro ou fora da cadeia, não sendo necessário que a vítima seja afastada do local onde se encontra, bastando a sua subtração da proteção da autoridade, para maus-tratos (TJSP, *RJTJSP* 71/346).

- **Consumação:** Consuma-se no momento em que o preso é tirado, com violência, da esfera da vigilância da escolta, da guarda ou do carcereiro; assim, ainda que a vítima consiga evadir-se, fugindo das mãos de seus agressores, não há que se falar em delito tentado (TJMG, *RT* 734/716).

MOTIM DE PRESOS

Art. 354. Amotinarem-se presos, perturbando a ordem ou disciplina da prisão:

Pena – detenção, de 6 (seis) meses a 2 (dois) anos, além da pena correspondente à violência.

- **Transação:** Cabe, se não houver acréscimo de pena correspondente à violência, caso em que a pena máxima ultrapassará o limite de dois anos, preenchidos os requisitos do art. 76 da Lei n. 9.099/95.

- **Suspensão condicional do processo:** Cabe, desde que o aumento correspondente à violência não torne a pena mínima cominada superior a um ano (Súmulas 723 do STF e 243 do STJ).

Motim de presos

- **Objeto jurídico:** A Administração Pública.

- **Sujeito ativo:** Somente os presos (crime coletivo ou de concurso necessário). Os agentes devem ser *numerosos* (vide jurisprudência).

- **Sujeito passivo:** O Estado.

- **Tipo objetivo:** O núcleo é amotinarem-se, que tem o sentido de levantarem-se em motim, revoltarem-se. Motim – em sua significação penal – é a revolta conjunta de significativo número de presos, tumultuando seriamente a ordem ou disciplina da prisão, mediante atos de violência contra seus funcionários ou instalações. Como agentes, o art. 354 indica presos (no plural), sem fixar o número mínimo. Em vista da etimologia e da própria acepção corrente do vocábulo amotinação, entendemos que é necessário um número significativo ou expressivo de presos, para que possa ocorrer, de fato, a sublevação que a lei penal incrimina. A sanção não alcança internados em razão de medida de segurança, pois o dispositivo alude, somente, "a preso" e a "prisão". A cláusula final é perturbando a ordem ou disciplina da prisão. A propósito dela, lembra Hungria que não se pode "confundir atitudes coletivas de irreverência ou desobediência *ghândica* com o motim propriamente dito, que não se configura se não assume o caráter militante de *violências* contra os funcionários internos ou de depredações contra o respectivo edifício ou instalações, *com grave perturbação da ordem* ou disciplina da prisão" (*Comentários ao Código Penal*, 1959, v. IX, p. 522). Para que haja o crime, a situação prisional dos amotinados deve ser formalmente legal e o delito somente pode ocorrer no interior de estabelecimento carcerário, pois a lei faz referência expressa à ordem ou disciplina da prisão.

- **Tipo subjetivo:** O dolo consistente na vontade livre de levantarem-se em motim, com consciência de perturbar a ordem ou disciplina. Para os tradicionais é o "dolo genérico". Não há modalidade culposa.

- **Penas cruéis, tratamento desumano, estado de necessidade e exigibilidade de conduta diversa:** A CR (art. 5º, III e XLVII), bem como o PIDCP (art. 7º) e a CADH (art. 5º, 2), tratados internacionais ratificados por nosso país e cujas garantias foram acolhidas em patamar supralegal (STF, Pleno, RE 466.343/SP) (CR, art. 5º, §§ 2º e 3º), não admitem as penas cruéis nem o tratamento desumano. Todavia, a situação dramática da maioria das prisões brasileiras não só desrespeita os direitos constantes da LEP, como resulta na execução cruel das penas dos presos definitivos e no tratamento desumano dos presos provisórios (vide, a respeito, nota *Princípios da sanção penal* nos comentários ao art. 33 do CP e Roberto Delmanto, "Vergonha paulista e brasileira", *Folha de S.*

Paulo, 19.4.97, "Ainda há juízes em Berlim", *Bol. IBCCr* 157/3, dezembro de 2005, e "Da Máfia ao RDD", *in Bol. IBCCr* 163/05, junho de 2006). Daí por que, como observam PEDRO ARMANDO EGYDIO DE CARVALHO e R. FRANCISCO REARDON, a rebelião, em geral, "visa exteriorizar-se, tornar evidente aos olhos do público os desmandos da autoridade, causadores do movimento de revolta" e "por isso, normalmente, os amotinados exigem a presença da imprensa" ("Regras para a direção do espírito no enfrentamento de uma rebelião de presos", *RBCCr* 16/197). A nosso ver, diante desse quadro e dependendo da análise criteriosa de cada caso concreto, o delito deste art. 354 poderá não se caracterizar em face do estado de necessidade, que é uma das causas legais de exclusão da ilicitude ou antijuridicidade (arts. 23, I, e 24 do CP), ou mesmo da inexigibilidade de conduta diversa, que é uma causa supralegal de exclusão da culpabilidade (*vide* nota *Não exigibilidade de conduta diversa* no art. 22 do CP). Igualmente, se o motivo do amotinamento é justo (p. ex., para protestar contra más condições do cárcere), poderá, conforme o caso, não haver o crime por falta de dolo.

- Consumação: Com a efetiva perturbação da ordem ou disciplina da prisão.
- Tentativa: Teoricamente é possível, mas difícil de ocorrer na prática, pois os atos preparatórios são impuníveis.
- Pena: Detenção, de seis meses a dois anos, além da pena correspondente à violência (física contra pessoa).

Jurisprudência

- Vários sujeitos ativos: *Mais de três agentes*: "para a caracterização do delito de motim de presos é necessário que concorram vários agentes, tendo em vista seu caráter multitudinário, não bastando a ação de apenas três detentos. O objeto jurídico do crime de incêndio é a incolumidade pública, isto é, a segurança e a tranquilidade de um número indeterminado de pessoas. Assim, para sua caracterização, não basta que os agentes tenham ateado fogo em algum objeto, provocando a destruição de parte de algum patrimônio. Efetivamente, é necessário que os agentes tenham agido imbuídos de vontade e consciência de causar perigo efetivo ou concreto para pessoas ou coisas indeterminadas" (TJMG, 5ª C., Ap. 10499120032945001, rel. Des. Alexandre Victor de Carvalho, j. 2.9.2014). *No mínimo três agentes*: É de se exigir no mínimo três sujeitos ativos, pois quando o CP se contenta com a participação de duas pessoas, o faz expressamente (arts. 155, § 4º, IV, 157, § 2º, II, etc.) (TACrSP, *RT* 653/310).

- Prova e absolvição: O modo como os fatos se desenvolveram, assim como a participação dos acusados no evento, não resultaram comprovados de modo límpido, porquanto os testemunhos são contraditórios entre si, impedindo um veredicto condenatório. Como salientado pelo juízo *a quo*, não se trata de um ou outro detalhe que lhes tenham escapado à percepção, mas de dados essenciais que dizem respeito à razão pela qual os policiais ingressaram nas galerias, aos atos praticados pelos detentos, bem assim ao grau de participação de cada um dos réus no episódio (TJRS, Turma Recursal, RCr 71001932185, rel. Des. Cristina Pereira Gonzales, j. 16.2.2009).

- Briga: Não se caracteriza o delito do art. 354 se houve simples briga entre os presos sem intuito de ir contra a ordem e a disciplina da prisão ou contra os guardas e os funcionários (TAMG, *RT* 615/341).

- ECA: Se estavam cumprindo medida socioeducativa no momento dos fatos, não eram presos e, assim, não poderiam figurar como agentes do crime do art. 354 (TJES, Ap. 0016284-29.2015.8.08.0012, j. 31.1.2018).

- Pena e reincidência: O exame do conjunto probatório revela que o acusado amotinou-se com outros apenados, agindo com o dolo inerente ao tipo penal, ficando implementados todos os requisitos exigidos pelo art. 354 do Código Penal. Não sendo desfavoráveis todas as circunstâncias judiciais, a pena não pode se aproximar do máximo fixado, ainda que presente a agravante da reincidência (TJRS, Turma Recursal, RCr 71002198281, rel. Des. Volcir Antônio Casal, j. 10.8.2009).

PATROCÍNIO INFIEL

Art. 355. Trair, na qualidade de advogado ou procurador, o dever profissional, prejudicando interesse, cujo patrocínio, em juízo, lhe é confiado:

Pena – detenção, de 6 (seis) meses a 3 (três) anos, e multa.

PATROCÍNIO SIMULTÂNEO OU TERGIVERSAÇÃO

Parágrafo único. Incorre na pena deste artigo o advogado ou procurador judicial que defende na mesma causa, simultânea ou sucessivamente, partes contrárias.

- **Suspensão condicional do processo:** Cabe no *caput* e no parágrafo único, atendidas as condições do art. 89 da Lei n. 9.099/95.

Patrocínio infiel (caput)

- **Objeto jurídico:** É a administração da justiça. A Lei n. 8.906/94 (Estatuto da Advocacia) dispõe no art. 2º, *caput*, que "o advogado é indispensável à administração da justiça" e, no seu § 1º, que "no seu ministério privado, o advogado presta serviço público e exerce função social". A CR, em seu art. 133, igualmente considera o advogado indispensável a essa administração.

- **Sujeito ativo:** Somente o advogado ou procurador judicial (aquele que tem poderes *ad judicia*), inscrito na Ordem dos Advogados do Brasil (crime próprio). Exercem a atividade de advocacia os integrantes da Advocacia Geral da União, da Procuradoria da Fazenda Nacional, da Defensoria Pública e das Procuradorias e Consultorias Jurídicas dos Estados, do Distrito Federal, dos Municípios e das respectivas entidades de administração indireta e fundacional (art. 3º, § 1º, da Lei n. 8.906/94 – Estatuto da Advocacia).

- **Sujeito passivo:** O Estado e, secundariamente, a parte prejudicada.

- **Tipo objetivo:** A ação incriminada é trair o dever profissional, ou seja, ser infiel aos deveres da profissão; a traição pode ser comissiva ou omissiva. Como o núcleo do tipo é trair e o que se visa a evitar é o prejuízo, o consentimento do interessado (ou de todos, se for mais de um) arreda a antijuridicidade do fato, salvo em se tratando de defesa penal, onde há indisponibilidade do interesse em jogo. O tipo legal é complementado: *prejudicando interesse, cujo patrocínio, em juízo, lhe é confiado*. São, pois, requisitos necessários: *a. Prejuízo de interesse*. O prejuízo deverá ser concreto e não potencial, mas tanto pode ser material como moral. Além disso, o interesse deve ser legítimo, porquanto não haverá crime (só eventual infração à ética profissional) se era ilegal ou ilícito o interesse, pois a ilegitimidade deste é incompatível com o prejuízo que o tipo requer (no mesmo sentido: HELENO FRAGOSO, *Lições de Direito Penal – Parte Especial*, 1965, v. IV, p. 1265; MAGALHÃES NORONHA, *Direito Penal*, 1995, v. IV, p. 417). *b. Patrocínio que lhe é confiado*. Exige-se que exista um mandato, escrito ou verbal, gratuito ou oneroso, ou mesmo por nomeação do juiz (defensor público, dativo ou *ad hoc*). *c. Em juízo*. A ação deve ser praticada em causa judicial, seja cível ou penal.

- **Tipo subjetivo:** É o dolo, que consiste na vontade livre de trair o dever profissional, com consciência de prejudicar o interesse confiado. Na escola tradicional é o "dolo genérico". Inexiste punição a título de culpa.

- **Consumação:** Com o efetivo prejuízo causado pela traição (crime material), ainda que posteriormente reversível.

- **Tentativa:** Admite-se na forma comissiva, como na hipótese de uma transação danosa que não venha a ser homologada pelo juiz. Já na forma omissiva, como, por exemplo, na conduta *deliberada* de deixar escoar um prazo fatal para prejudicar o seu cliente, a tentativa não é possível.

- **Concurso de pessoas:** Pode haver participação de terceiros (CP, arts. 29 e 30), desde que ele tenha consciência de que o autor é advogado ou procurador judicial do constituído (a pessoa, física ou jurídica, traída).

- **Competência:** Se o patrocínio infiel se deu em processo aforado na Justiça Federal, dela será a competência para o processo criminal. O mesmo se aplica à Justiça Estadual.

- **Pena:** Detenção, de seis meses a três anos, e multa.

- **Ação penal:** Pública incondicionada.

Patrocínio simultâneo ou tergiversação (parágrafo único)

- **Objeto jurídico, sujeito ativo e sujeito passivo:** Iguais aos do *caput*.

- **Tipo objetivo:** O núcleo é *defender* (patrocinar, pleitear em favor). Partes contrárias são as pessoas (físicas ou jurídicas) cujos interesses colidem, são antagônicos (como autor e réu, vítima e denunciado etc.). A defesa deve ser na mesma causa; embora o patrocínio deva, sempre, ser em processo judicial, não é necessário que seja no mesmo processo, mas na mesma causa. Como explica HUNGRIA, "se um indivíduo intenta, com fundamento na mesma relação jurídica ou formulando a mesma *causa petendi* em torno do mesmo fato, várias ações contra pessoas diversas, o seu advogado, em qualquer delas, não pode ser, ao mesmo tempo ou sucessivamente, advogado de algum réu em qualquer das outras, pois, no fundo, se trata da mesma causa" (*Comentários ao Código Penal*, 1959, v. IX, p. 527). Incrimina-se o agente que defende, na mesma causa, partes contrárias, simultânea ou sucessivamente. Simultânea é a defesa feita ao mesmo tempo, concomitantemente. Sucessivo é o patrocínio em que o advogado passa a tratar do interesse da parte contrária, depois de abandonar ou ser dispensado pela parte primitiva. Em ambos os casos (patrocínio simultâneo ou sucessivo), há tergiversação, pois o advogado ou procurador judicial que assim age o faz de forma a trair ou a "virar as costas" a seu constituinte.

- **Tipo subjetivo:** É o dolo, que consiste na vontade livre e consciente de defender simultânea ou sucessivamente as mesmas partes em litígio. Na doutrina tradicional é o "dolo genérico". Inexiste punição a título de culpa.

- **Consumação:** Com a efetiva prática de ato processual (não basta o recebimento de procuração), sem dependência de efetivo prejuízo para a parte (crime formal). O prejuízo, todavia, deve ser possível, palpável, sob pena de crime impossível.

- **Tentativa:** Embora o crime de patrocínio *simultâneo* seja formal, se a conduta for plurissubsistente, a tentativa, em tese, é possível, como na hipótese em que o advogado de uma das partes apresenta alegação em favor da parte contrária, mas ela é repelida de plano pelo Juiz, não sendo sequer juntada aos autos. Quanto ao patrocínio *sucessivo*, a tentativa não é possível, por se tratar de ato unissubsistente, ou seja, o advogado assume ou não assume o patrocínio sucessivo. No mesmo sentido, MAGALHÃES NORONHA (*Direito Penal*, atual. por Adalberto José Q. T. de Camargo Aranha, 20ª ed., v. IV, p. 419).

- **Concurso de pessoas, competência, pena e ação penal:** Iguais às do *caput*.

Jurisprudência do caput

- **Em juízo:** Não se caracteriza o patrocínio infiel quando o ato foi praticado após o trânsito em julgado (TRF da 1ª R., RSE 0001080-61.2016.4.01.3819, j. 1º.8.2017). O patrocínio infiel pressupõe a existência de causa em juízo, não se caracterizando se o advogado recebeu o mandato mas não chegou a propor ação (TACrSP, *Julgados* 77/294). Igualmente não se configura se a sua atuação foi extrajudicial, embora possa significar transgressão disciplinar (TACrSP, *RT* 580/352).

- **Tipo subjetivo:** Não basta à configuração negligência ou imperícia, sendo necessário dolo ou malícia (TACrSP, *Julgados* 69/103, *RT* 721/441). Não pratica o advogado que, reclamando contra a morosidade judicial, num rasgo de desassombro, talvez de estratégia imprudente, chega a sugerir ao juiz a extinção do processo sem julgamento do mérito para que, recorrendo, possa buscar decisão mais rápida (STJ, *RT* 709/386).

- **Dano:** O art. 355 só se configura quando o advogado trai o dever profissional, causando prejuízo ao seu patrocinado (TRF da 4ª R., Ap. 0021009-67.2016.4.01.3500, j. 13.11.2017). Não é suficiente o dano potencial para a tipificação do patrocínio infiel, sendo preciso que ocorra real evento lesivo (TACrSP, *RT* 464/373; *RJDTACr* 20/194, 13/185). Não pratica o crime advogado que, em ação penal por tóxicos (art. 12, *caput*, c/c o art. 18, I, em concurso material com o art. 14, todos da Lei n. 6.368/76 – cf. atuais arts. 33 e 35 da Lei n. 11.343/2006), desiste de exame de sanidade mental que havia requerido objetivando a redução da pena, se o Ministério Público também pedira a sua redução, embora sob outro fundamento (aplicação do art. 8º da Lei n. 8.072/90) (STF, *RTJ* 145/259-260).

- **Transação danosa:** Em tese, pratica o advogado que, sem expressa autorização do cliente, realiza transação, nos autos, altamente danosa ao seu constituinte (STF, *RT* 521/500; TACrSP, *Julgados* 67/425; TJSP, *RT* 522/314).

- **Divórcio consensual:** 1. Tendo a advogada da recorrente representado ambas as partes na ação de divórcio consensual não pode ela deduzir pretensão contra o interesse recorrido no mesmo processo, pois tal conduta é vedada pela lei e configura patrocínio infiel. 2. Patrocínio infiel é um tipo de crime previsto no Código Penal brasileiro que é cometido somente por advogado que trai a confiança do seu cliente ou um dos seus clientes (TJRS, 7ª Câm. Cível, Agravo de Instrumento 70059636910, rel. Des. Sérgio Fernando de Vasconcellos Chaves, j. 8.5.2014).

- **Defensor dativo:** Em tese, incide no art. 355 o advogado dativo que exige dinheiro dos familiares de réu preso, sob ameaça de não produzir a defesa (STF, *RTJ* 85/809). Defensor dativo que pede pagamento pratica ato contrário à ética, mas penalmente atípico (TJSP, *RT* 534/321). Advogado constituído pelo cliente no interrogatório judicial que pede dinheiro para apresentar apelação não pratica o crime, ainda que o juiz, após o referido interrogatório, houvesse oficiado à OAB para que o mesmo causídico fosse indicado como defensor dativo (TACrSP, *RJDTACr* 20/194).

- **Abandono:** O abandono do processo criminal sujeita o advogado só à multa do art. 265 do CPP, não caracterizando o delito do art. 355 do CP, que é crime doloso (TACrSP, *RT* 464/373).

- **Acordos trabalhistas danosos aos empregados:** I – O prejuízo causado pelos acusados ao interesse de seus clientes restou devidamente demonstrado, na medida em que as reclamações trabalhistas ajuizadas objetivavam, de fato, a homologação do acordo extrajudicial firmado com a empresa reclamada, impossibilitando aos reclamantes pleitear quaisquer outras verbas trabalhistas decorrentes da rescisão contratual. II – Descabe, no entanto, a tipificação da conduta delituosa no parágrafo único do art. 355 do CP, eis que não restou configurado o patrocínio simultâneo de partes opostas, assim como no art. 171 do CP, visto que a denúncia se limitou a narrar fatos relativos à conduta do patrocínio infiel, não tendo ocorrido qualquer aditamento (TRF da 2ª R., 2ª T. especializada, Ap. 201250010023080, rel. Des. Federal Simone Schreiber, j. 16.7.2014).

- **Competência:** O Egrégio Superior Tribunal de Justiça entende que o crime de patrocínio infiel, quando praticado em processo de competência federal, configura afronta à Justiça Federal, pelo que deve ser julgado por esta Justiça (TRF da 3ª R., 5ª T., RSE 0000427-50.2011.4.03.6124, rel. Des. Federal Antonio Cedenho, j. 27.5.2013).

Jurisprudência do parágrafo único

- **Mesma causa:** Como "mesma causa" deve-se entender a mesma pretensão jurídica, ainda que ela se estenda em processos diversos, como, por exemplo, a cobrança de alimentos por períodos sucessivos (TACrSP, *RT* 603/339).

- **Partes contrárias:** Partes contrárias são as pessoas com interesses antagônicos na mesma relação jurídica (TACrSP, *RT* 546/353). Não basta o contraste de interesses, pois as partes precisam ser contrárias (TACrSP, *Julgados* 68/391). Na separação consensual, os cônjuges podem contratar o mesmo advogado, pois inexistem partes contrárias (TACrSP, *RT* 635/382). Herdeiros com interesses antagônicos em relação à herança são partes contrárias, para efeitos penais (TACrSP, *Julgados* 91/96).

- **Minuta:** Não constitui crime o fato de advogado ter elaborado petição para o reclamante em ação trabalhista contra empresa, na qual funciona como preposto e causídico, uma vez que não defendeu a parte contrária na reclamação trabalhista, pois dela não recebeu mandato nem assinou a exordial (TRF da 5ª R., Ap. 1.307, *DJU* 3.5.96, p. 28542).

- **Simultaneidade:** Incide, em tese, no delito de patrocínio simultâneo, o advogado que recebeu mandato das duas partes, exercendo-os ao mesmo tempo e na mesma causa (STF, *RT* 645/349).

- **Sucessivo:** Após haver cumprido o mandato que recebera, pode o advogado promover ação contra o ex-cliente que antes defendera, sem incorrer, por isso, no parágrafo único ou no *caput* do art. 355 (TACrSP, *RT* 622/290, 700/329, 495/315, *RJDTACr* 12/178). Cumprido o mandato judicial recebido do cliente e liberado o advogado de qualquer outro compromisso com aquele, não pratica o crime de patrocínio simultâneo ou tergiversação, por lhe mover, posteriormente, liquidação de sentença, mormente se o causídico, ao constatar a irregularidade cometida, renuncia ao mandato que lhe fora conferido, não praticando mais nenhum outro ato processual (TRF da 1ª R., *RT* 770/695). Caracteriza tergiversação a conduta de advogado que, passando de um lado para o outro, defende interesses antagônicos na mesma relação controvertida (TACrSP, *RT* 626/320).

- **Ato comum às partes:** Não configura o delito do art. 355, parágrafo único, a simples juntada de documento que poderia ser requerida por ambas as partes, pois não é ato de defesa (TACrSP, *Julgados* 88/103).

- **Não prática de ato processual seguida de renúncia:** Não há justa causa para a ação penal, fundada no parágrafo único do art. 355 do CP, se a tempo e a hora os advogados, a par de não terem praticado atos de ordem processual, renunciaram aos poderes a eles conferidos por procuração, tendo-o feito um dia após a outorga do mandato e um dia antes da data do fato supostamente delituoso (STJ, HC 60.266/RS, j. 17.8.2006, *DJU* 6.11.2006, *in Bol. IBCCr* 170/1052).

- **Consumação:** É delito formal, consumando-se com a prática de ato relativo ao patrocínio de partes contrárias, sendo irrelevantes os motivos ou fins do agente (STF, *mv – RTJ* 102/539). Consuma-se com a efetiva prática de ato processual no interesse simultâneo de partes contrárias; por ser crime formal, desnecessária a ocorrência de efetivo prejuízo (TACrSP, *mv – RT* 632/303; STF, *RT* 626/388).

- **Manifestação da OAB:** Não é pressuposto a prévia apreciação administrativa da Ordem dos Advogados (TACrSP, *mv – Julgados* 67/96).

- **Inquérito policial:** Ocorre constrangimento ilegal na instauração de inquérito policial com objetivo de apurar a prática de crime de patrocínio infiel por advogado de empresa quando o Juiz do Trabalho, ao solicitar a instauração do procedimento, alega apenas que a defesa da empresa demandada, exercitada pelo causídico, foi de má-fé. Essa expressão tem um espectro de compreensão muito grande, o que torna a averiguação policial um campo muito extenso e por isso muito genérico. A ninguém é exigido que se submeta a uma investigação fundamentada exclusivamente na interpretação de atos processuais (TACrSP, *RJDTACr* 67/169).

SONEGAÇÃO DE PAPEL OU OBJETO DE VALOR PROBATÓRIO

Art. 356. Inutilizar, total ou parcialmente, ou deixar de restituir autos, documento ou objeto de valor probatório, que recebeu na qualidade de advogado ou procurador:

Pena – detenção, de 6 (seis) meses a 3 (três) anos, e multa.

Sonegação de papel ou objeto de valor probatório

- **Suspensão condicional do processo:** Cabe, atendidas as condições do art. 89 da Lei n. 9.099/95.

- **Objeto jurídico:** A administração da justiça.

- **Sujeito ativo:** Somente o advogado ou procurador judicial, inscrito na OAB (crime próprio). Exercem a atividade de advocacia (e, portanto, podem ser sujeitos ativos) os integrantes da Advocacia Geral da União, da Procuradoria da Fazenda Nacional, da Defensoria Pública e das Procuradorias e Consultorias Jurídicas dos Estados, do Distrito Federal, dos Municípios e das respectivas entidades de administração indireta e fundacional (art. 3º, § 1º, da Lei n. 8.906/94 – Estatuto da Advocacia).

- **Sujeito passivo:** O Estado e, secundariamente, a parte prejudicada.

- **Tipo objetivo:** Dois são os núcleos previstos: *a. inutilizar* (tornar inservível, imprestável), podendo a inutilização ser total ou parcial; *b. deixar de restituir* (não devolver, sonegar). Embora a pena cominada seja a mesma, a primeira conduta é mais grave do que a segunda. Como objeto material são indicados: *a.* autos (processo cível, penal, trabalhista ou inquérito policial); *b.* documento de valor probatório (comprobatório de fato juridicamente relevante); *c.* objeto de valor probatório (coisa corpórea capaz de comprovar fato juridicamente relevante). Para a tipificação deste art. 356 é necessário que o agente tenha recebido o objeto material (autos, documento ou objeto) na qualidade de advogado ou procurador judicial (estagiário de advocacia). Quanto aos autos, dispõe o art. 34, XXII, da Lei n. 8.906/94 (Estatuto da Advocacia) que constitui infração disciplinar "reter, abusivamente, ou extraviar autos recebidos com vista ou em confiança".

- **Tipo subjetivo:** O dolo, que consiste na vontade livre e consciente de inutilizar ou sonegar. Na doutrina tradicional é o "dolo genérico". Não há forma culposa. Como assevera Hungria, "a negligência, por mais crassa, determinante do perdimento ou não restituição dos autos, documento ou objeto probatório poderá ser contrária à ética profissional, mas não constituirá crime" (*Comentários ao Código Penal*, 1959, v. IX, p. 528). Embora o tipo penal não faça exigência expressa, a conduta *deixar de restituir* somente se caracteriza quando o agente, após ter sido intimado pessoalmente pelo Juiz (não basta, portanto, intimação pelo *Diário Oficial*), deixa de restituir no prazo indicado sem dar qualquer justificativa, a qual, se apresentada, exclui o dolo.

- **Consumação:** *a.* Na modalidade de inutilização, consuma-se com a perda da aptidão probatória. *b.* Na de sonegação de autos, quando o agente deixa de restituí-los, após ser intimado pessoalmente a devolvê-los, na forma da legislação processual. *c.* Na de sonegação de documento ou objeto, quando não o devolve por tempo juridicamente relevante, depois de haver sido intimado pessoalmente a restituir.

- **Tentativa:** Admite-se na modalidade de inutilização, mas não na de sonegação. Isso porque, neste último caso, a conduta não é fracionável, consumando-se o crime com a expiração do prazo fixado pelo juiz.

- **Confronto:** Se o agente é funcionário público e extravia, sonega ou inutiliza, total ou parcialmente, livro oficial ou documento, de que tem a guarda em razão do cargo, art. 314 do CP. Na hipótese de subtração ou inutilização, total ou parcial, de livro oficial, processo ou documento confiado à custódia de funcionário, em razão de ofício, ou de particular em serviço público, art. 337 do CP. Quanto à supressão de documento público ou particular verdadeiro, de que o agente não podia dispor, art. 305 do CP.

- **Pena:** Detenção, de seis meses a três anos, e multa.

- **Ação penal:** Pública incondicionada. Em caso de sonegação de autos, *vide* jurisprudência abaixo.

Jurisprudência

- **Só dolo:** Para a caracterização do delito do art. 356 não basta a culpa (TJMG, Ap. 10024132400508001, j. 12.12.2018), mesmo grave, exigindo-se o "dolo genérico" (STF, *RT* 616/403; TJSP, *RT* 517/252; TRF da 1ª R., Ap. 21.943, *DJU* 23.4.90, p. 7535; *RT* 785/719; TACrSP, *RT* 725/617, 450/422). O crime de deixar de restituir os autos exige como elemento subjetivo do tipo o dolo, vontade consciente e dirigida ao resultado, não sendo punível uma possível negligência (TJMG, HC 1.0000.12.102249-5/000, j. 13.11.2012, in Bol AASP 2837, p. 11).

- **Não devolução de autos:** O advogado deve ter ciência da ordem de devolução dos autos para que o delito do art. 356 se configure (TJRS, HC 70080677479, DJ 15.5.2019). No caso de retenção de autos, ainda que a ação penal venha a prescrever, o delito do art. 356 deve ser interpretado em conjugação com a legislação processual e somente se consuma quando o advogado, depois de intimado nos termos da lei processual civil ou penal, deixa de devolvê-los no prazo marcado; não basta a anterior solicitação ou pedido do escrivão (STF, *RTJ* 112/184, *RT* 550/382). Somente se consuma pelo não atendimento de intimação do juiz para restituir os autos (STF, *RT* 616/403, 593/436, *RTJ* 76/456; STJ, RHC 625, *mv – DJU* 20.8.90, p. 7971), não sendo suficiente a solicitação ou pedido de escrivão (TACrSP, *RJDTACr* 12/194). Em caso de retenção ilegítima de autos, ao juiz cumpre, primeiramente, mandar intimar o retentor para efetuar a entrega em três dias. E só não sendo obedecido é que deverá providenciar a instauração de ação penal (TACrSP, *RT* 493/311). Se o paciente, sendo notificado a devolver os autos que retinha em seu poder, cumpre a determinação no prazo concedido, inexiste justa causa para o seu processamento como infrator do art. 356 (TACrSP, *RT* 486/299; TJMS, *RT* 611/409). Não basta a simples retenção dos autos, pois o delito só se consuma após o não atendimento de intimação do juiz, o que caracteriza a recusa (TACrSP, *Julgados* 81/338, 96/293, *RT* 725/617, 709/348; TRF da 4ª R., *JSTJ* e *TRF* 74/594), devendo a prescrição do delito deste art. 356 ser contada a partir da data do vencimento do prazo constante da referida intimação (STJ, *RT* 711/389). Sem prévia intimação do advogado, somente após a qual se poderia cogitar de ter agido dolosamente, a instauração do processo criminal constitui coação ilegal e imerecida (TACrSP, *RT* 410/272). A intimação pode ser feita pelo *Diário Oficial* (TACrSP, *RJDTACr* 14/189). Pratica o crime advogado que retém processo por mais de oito meses, depois de intimado, motivando a prescrição do crime (TAPR, *JTAPR* 4/247). A intimação não precisa ser pessoal, podendo ser feita pelo *Diário da Justiça* (STJ, RHC 89.059/MG, *DJe* 9.3.2018; TJRS, Ap. 70078548484, *DJ* 30.11.2018).

- **Devolução espontânea:** Se a devolução dos autos se deu de forma espontânea, independentemente de qualquer providência judicial, houve, no máximo, conduta negligente consubstanciada em atraso ou retardamento na devolução do feito em cartório, que porém não constitui crime (TJMG, HC 1.0000.08.468665-8/000(1), *DOE* 12.4.2008, in *Bol. IBCCr* 186/1174).

- **Consumação:** É crime formal, perfectibilizado no momento em que, cientificado, o advogado deixa de proceder à devolução (TJRS, Ap. 70077721843, *DJ* 19.3.2019).

- **Documentos irregularmente apreendidos:** Se o procurador das empresas obteve os documentos irregularmente apreendidos de suas clientes mediante cumprimento de ordem deferida nos autos de mandado de segurança impetrado para tal finalidade, não pode, o fato de os haver restituído a suas constituintes, ser classificado como configurador da hipótese prevista no art. 356 do CP. Porque irregulares, os documentos não revestem o valor probatório que constitui elemento do tipo referido no artigo, trancando-se o inquérito policial por ausência de justa causa (STF, HC 83.722-1/SP, *DJU* 6.6.2004, p. 59, in *Bol. IBCCr* 141/820).

- **Inutilização:** Caracteriza o delito do art. 356 a inutilização de documento de valor probatório, retirado de autos entregues ao agente como advogado (TFR, Ap. 3.948, *DJU* 5.12.79, p. 9118).

- **Confronto com o art. 337 do CP:** O advogado que subtrai peça do processo, inutilizando-a, comete o crime de sonegação de papel ou objeto de valor probatório do art. 356 e, não, o de subtração ou inutilização de livro ou documento previsto no art. 337 do CP, em face do princípio da especialidade (STF, *RT* 754/536).

- **Subordinação:** A sonegação de autos não se condiciona à prévia apuração da falta pela OAB, mas só à notificação judicial para devolver (STF, *RT* 593/436; TACrSP, *RT* 590/351, *Julgados* 80/306). *Contra:* Em caso de sonegação de autos, o ilícito penal está subordinado às sanções administrativas previstas no Estatuto da OAB, não se consumando sem as providências administrativas a cargo do órgão de classe ou do juiz (STF, *RT* 435/415; TAMG, *RT* 589/386).

- **Culpa de terceiro:** Não há o delito do art. 356, se o advogado entregou os autos a colega também procurador (TJSP, *RT* 403/84).

- **Devolução antes da denúncia:** Não se cogita do art. 356, se os autos foram restituídos antes da denúncia (TACrSP, *Julgados* 86/379, *RT* 580/374; TJSP, *RT* 403/84; TAMG, *RT* 589/386). *Contra:* Em tese, a devolução tardia, antes da denúncia, não afasta a incidência do art. 356 (STF, *RTJ* 116/958; TACrSP, *Julgados* 85/187, *RJDTACr* 14/189). A devolução antes da denúncia representa indício de ausência de dolo na conduta do agente (TACrSP, *RJDTACr* 31/316).

- **Gravação de ato processual por advogado:** A recusa de sua entrega não constitui o crime do art. 356, sequer em tese, tratando-se de propriedade particular, lícita, e não de peça processual. O juiz detém, apenas, o poder de polícia, e se houvesse algum motivo que impedisse essa gravação, como no caso de segredo de justiça, não a teria permitido (TRF da 2ª R., *RT* 731/662).

- **Ausência de valor probatório:** Não há crime se os documentos suprimidos por advogada não têm valor probatório, sendo reproduzidos por cópia (STJ, RHC 11.403/CE, *Bol. IBCCr* 117/633).

EXPLORAÇÃO DE PRESTÍGIO

Art. 357. Solicitar ou receber dinheiro ou qualquer outra utilidade, a pretexto de influir em juiz, jurado, órgão do Ministério Público, funcionário de justiça, perito, tradutor, intérprete ou testemunha:

Pena – reclusão, de 1 (um) a 5 (cinco) anos, e multa.

Parágrafo único. As penas aumentam-se de um terço, se o agente alega ou insinua que o dinheiro ou utilidade também se destina a qualquer das pessoas referidas neste artigo.

- **Suspensão condicional do processo:** Cabe, atendidas as condições do art. 89 da Lei n. 9.099/95.

Exploração de prestígio (caput)

- **Objeto jurídico:** A administração da justiça.
- **Sujeito ativo:** Qualquer pessoa.
- **Sujeito passivo:** O Estado.
- **Tipo objetivo:** Dois são os núcleos previstos: *a. solicitar* (pedir); *b. receber* (entrar na posse). O objeto material é dinheiro ou qualquer outra utilidade (vantagem). A expressão utilidade é controvertida, mas entendemos que seu sentido é amplo, abrangendo utilidades (vantagens) tanto materiais como subjetivas (CELSO DELMANTO, *Crimes de Concorrência Desleal*, 1975, p. 183). Incrimina-se a simples solicitação ou recebimento a pretexto (desculpa imaginária, fundamento suposto) de influir em juiz, jurado, órgão do Ministério Público, funcionário de justiça, perito, tradutor, intérprete ou testemunha. Note-se que a enumeração é taxativa, não se estendendo a outras pessoas. *Vide*, por sua semelhança a este art. 357, os comentários referentes ao tipo objetivo do art. 332 do CP (tráfico de influência).

- **Tipo subjetivo:** É o dolo, consistente na vontade livre e consciente de solicitar ou receber, a pretexto de influir em ato daquelas pessoas. Na doutrina tradicional é o "dolo genérico". Inexiste modalidade culposa. É indiferente saber se a pessoa cujo prestígio é explorado pelo agente tinha ou não conhecimento da solicitação ou recebimento.

- **Consumação:** Com a efetiva solicitação (ainda que rejeitada) ou recebimento (crime formal).

- **Tentativa:** Admite-se, na dependência do modo de execução (isto é, se o modo permite, ou não, o *iter criminis*).

- **Confronto:** O crime deste art. 357 abrange os funcionários da administração da justiça. Já o crime de tráfico de influência (art. 332 do CP) é mais genérico, abrangendo qualquer funcionário público. Daí por que aquele constitui crime contra a administração da justiça, e este crime contra a administração pública.

- **Pena:** Reclusão, de um a cinco anos, e multa.

- **Ação penal:** Pública incondicionada.

Aumento de pena (parágrafo único)

- **Noção:** Incorre nas penas agravadas deste parágrafo único (causa especial de aumento de pena), o agente que, ao solicitar ou receber dinheiro ou qualquer outra utilidade, a pretexto de influir em juiz, jurado, órgão do Ministério Público, funcionário de justiça, perito, tradutor, intérprete ou testemunha, alega (diz, afirma, por qualquer meio) ou insinua ("dá a entender", deixa nas "entrelinhas"), que o dinheiro ou utilidade também se destina àquelas pessoas. Na gíria, diz-se que a pessoa "vende" o juiz ou a autoridade.

- **Confronto:** Se a pessoa (cujo prestígio é explorado) concorre, de qualquer forma, para o pedido ou recebimento, responderá, juntamente com o autor da solicitação ou do recebimento, pelo crime do art. 317 do CP. Já aquele que oferece ou entrega o dinheiro ou utilidade, desde que tenha conhecimento de que o destinatário é funcionário público ou equiparado, incorrerá no crime do art. 333 do CP.

- **Pena:** As do *caput* aumentam-se de um terço.

Jurisprudência

- **Figura qualificada:** Basta à tipificação do parágrafo único a insinuação de que o dinheiro se destinava ao promotor e ao escrivão (TJSP, *RT* 467/333). Comprovado nos autos que o réu prestava, sem habilitação, assessoria jurídica como se advogado fosse, mediante pagamento para o serviço, falsamente garantindo decisões judiciais favoráveis à manutenção do funcionamento da casa de jogos, tendo recebido dinheiro a pretexto de influir em ato a ser praticado por Juiz de Direito, fica caracterizado o delito (TRF da 4ª R., ApCr 2006.72.00.010958-4/SC, j. 15.2.2011, *D.E.* 24.2.2011).

- **Palavra da vítima:** Evidenciada a inexistência de materialidade da conduta, uma vez que a única prova do suposto fato constitui a palavra da vítima, por ela mesma infirmada, cabível o trancamento da ação penal, por falta de justa causa (STJ, HC 30.966/SP, DJU 31.5.2004, p. 368, in Bol. IBCCr 141/821).

- **Não absorção:** Alegação de atipicidade do delito do art. 358, por ter sido crime-meio para o estelionato, não acolhida (TRF da 1ª R., Ap. 0003592-76.2013.4.01.3801, j. 14.11.2017).

VIOLÊNCIA OU FRAUDE EM ARREMATAÇÃO JUDICIAL

Art. 358. Impedir, perturbar ou fraudar arrematação judicial; afastar ou procurar afastar concorrente ou licitante, por meio de violência, grave ameaça, fraude ou oferecimento de vantagem:

Pena – detenção, de 2 (dois) meses a 1 (um) ano, ou multa, além da pena correspondente à violência.

- **Transação:** Cabe (art. 76 da Lei n. 9.099/95), desde que o aumento correspondente à violência não torne a pena máxima cominada superior a dois anos.

- **Suspensão condicional do processo:** Cabe (art. 89 da Lei n. 9.099/95), ainda que o aumento correspondente à violência torne a pena mínima superior a um ano. Nesse sentido, entende a jurisprudência que, *mesmo* sendo a pena privativa de liberdade superior a um ano, é possível a suspensão condicional do processo, considerando como mínima a pena *alternativa* de multa (STJ, HC 34.422/BA, j. 22.5.2007, HC 125850/SP, j. 31.5.2011; STF, HC 83926/RJ, j. 7.8.2007).

Violência ou fraude em arrematação judicial

- **Objeto jurídico:** A administração da justiça.
- **Sujeito ativo:** Qualquer pessoa.
- **Sujeito passivo:** O Estado, primeiramente; o concorrente, licitante ou terceiro prejudicado, secundariamente.
- **Tipo objetivo:** Este artigo cuida, tão só, da arrematação judicial promovida por particular e não pela administração federal, estadual, municipal, ou por entidade paraestatal. Contém o tipo penal duas figuras distintas: *1.* Impedimento, perturbação ou fraude em arrematação judicial (primeira parte do art. 358). Como núcleos, estão previstos: *a. impedir* (obstar, obstruir); *b. perturbar* (atrapalhar, embaraçar); *c. fraudar* (usar ardil ou artifício para iludir). *2.* Afastamento ou tentativa de afastamento de concorrente ou licitante (segunda parte do art. 358). As ações incriminadas são: *afastar* (arredar, pôr de lado) ou *procurar* (tentar) afastar. O afastamento pode referir-se não só ao ato da arrematação judicial, como à própria entrada de interessado no recinto em que ela se realiza (abstenção). Pune-se o afastamento ou a tentativa de afastamento de concorrente ou licitante. São expressamente previstos os meios de execução: *a.* Por meio de violência. É a violência física sobre pessoa, não abrangendo a violência contra coisa. *b.* Grave ameaça, isto é, promessa idônea de causar mal sério. *c.* Fraude, ou seja, ardil ou artifício para levar o concorrente ou licitante a erro. *d.* Oferecimento de vantagem, que pode consistir em proveito ou benefício de qualquer tipo. Não haverá tipificação neste art. 358, se o concorrente for fictício.
- **Tipo subjetivo:** É o dolo, consistente na vontade livre e consciente de impedir, perturbar ou fraudar arrematação judicial, ou, então, de afastar ou procurar afastar concorrente ou licitante. Na doutrina tradicional é o "dolo genérico". Inexiste modalidade culposa.
- **Consumação:** Na primeira figura (impedimento, perturbação ou fraude em arrematação judicial), com o efetivo impedimento ou perturbação, bem como com a prática de fraude em arrematação judicial. Na segunda figura (afastar ou procurar afastar), a consumação se dá com a prática da violência, da grave ameaça, da fraude ou com o oferecimento de vantagem.
- **Tentativa:** Na primeira figura (impedimento, perturbação ou fraude em arrematação judicial) admite-se, na dependência do modo de execução. Na segunda figura, que engloba não só o ato de afastar mas também o de procurar afastar, não é possível haver tentativa.
- **Confronto:** Tratando-se de impedimento, perturbação ou fraude de concorrência pública ou venda em hasta pública, promovida pela administração federal, estadual, municipal, ou por entidade paraestatal, arts. 337-E a 337-P do CP.
- **Pena:** É alternativa: detenção, de dois meses a um ano, ou multa, além da pena correspondente à violência.
- **Ação penal:** Pública incondicionada.

Jurisprudência

- **Pressuposto:** Este crime pressupõe a preexistência de atos destinados à realização da arrematação judicial (TACrSP, *Julgados* 77/108).
- **Arrematação que não se aperfeiçoou:** Se a arrematação não chegou a se aperfeiçoar, inexistindo nos autos cópia do auto de arrematação, é inadmissível a condenação do agente pelo delito do art. 358 do CP (TACrSP, *RJDTACr* 21/155).
- **Tipo subjetivo:** Só é punível a conduta dolosa (TACrSP, *Julgados* 78/297).
- **Cheque sem fundos:** Dado o cheque sem fundos como princípio de pagamento de lance aceito, o crime é o deste art. 358 e não o do art.171, § 2º, VI, do CP (TACrSP, *Julgados* 88/114, *RT* 524/382).
- **Inadimplemento de lance ofertado:** Não há como equipará-lo com fraude à arrematação (TACrSP, *RJDTACr* 21/155).

- Sustação da praça (art. 651 do CPC; *vide art. 922 do CPC/2015*): Se requereu o adiamento sob pretexto de remissão da dívida, mas não cumpriu a obrigação processual assumida, não há crime, pois o juiz, ao adiar, assumiu esse risco (TACrSP, *RT* 649/280).

- Competência: Se a fraude foi em arrematação judicial trabalhista, a competência é da Justiça Federal (TFR, RCr 973, *DJU* 30.6.83, p. 9842).

DESOBEDIÊNCIA A DECISÃO JUDICIAL SOBRE PERDA OU SUSPENSÃO DE DIREITO

Art. 359. Exercer função, atividade, direito, autoridade ou múnus, de que foi suspenso ou privado por decisão judicial:

Pena – detenção, de 3 (três) meses a 2 (dois) anos, ou multa.

- Transação: Cabe, preenchidos os requisitos do art. 76 da Lei n. 9.099/95.
- Suspensão condicional do processo: Cabe, atendidas as condições do art. 89 da Lei n. 9.099/95.

Desobediência a decisão judicial penal

- Objeto jurídico: A administração da justiça penal.
- Sujeito ativo: Somente a pessoa contra quem foram declarados efeitos extrapenais específicos da condenação (CP, art. 92, I a III).
- Sujeito passivo: O Estado.
- Tipo objetivo: O núcleo indicado é *exercer* (desempenhar, exercitar). Pune-se a conduta de quem exerce função, atividade, direito, autoridade ou múnus de que foi suspenso ou privado por decisão judicial. Como decisão judicial, deve-se entender apenas a de natureza penal. Antes da reforma penal de 1984, este art. 359 era aplicado aos condenados que infringissem as interdições sofridas por força de pena acessória. Como tal tipo de pena foi abolido pela Lei n. 7.209/84 (*vide* comentário ao art. 92 do CP, sob o título *Extinção das antigas penas acessórias*), o delito deste art. 359 passou a ser aplicável, tão só, às hipóteses do art. 92 do CP: perda de cargo ou função, incapacidade para o exercício do pátrio poder (poder familiar) etc., e inabilitação para dirigir veículo. Entendemos ser incabível a aplicação deste art. 359 aos casos de desobediência a interdição temporária de direitos (CP, art. 47), pois, para tais hipóteses, já é prevista a conversão da pena restritiva em privativa de liberdade (CP, art. 45, II). No que concerne à privação ou suspensão de função, atividade, direito, autoridade ou múnus determinadas na esfera extrapenal (em ação civil pública, por exemplo), observamos que tais restrições vêm sempre acompanhadas de multas estipuladas para a hipótese de descumprimento, o que, também por esse motivo, afasta a caracterização deste art. 359, sob pena, aliás, de inadmissível *bis in idem*.
- Tipo subjetivo: O dolo, que consiste na vontade livre e consciente de exercer, com conhecimento da suspensão ou privação aplicada por decisão judicial penal. Não há forma culposa.
- Consumação: Com o efetivo exercício.
- Tentativa: Admite-se.
- Pena: É alternativa: detenção, de três meses a dois anos, ou multa.
- Ação penal: Pública incondicionada.

Jurisprudência

- Decisão penal: O art. 359 do CP pressupõe decisão judicial penal e não civil (STF, *RTJ* 79/401; TACrSP, *Julgados* 67/164). Idem, não se aplicando à hipótese de perda do pátrio poder em razão de desquite (TACrSP, *RT* 405/302; *vide* jurisprudência do art. 249 do CP). A autoridade impetrada – desembargador relator de mandado de segurança cível – é incompetente para ordenar a prisão em flagrante por crime de desobediência, na ausência de previsão legal. Se a hipótese não se identifica com as situações de dívida alimentícia ou depositário infiel (*observação nossa:* esta última hipótese foi considerada inconstitucional pelo STF – cf. RE 349.703 e RE 466.343), resta demonstrada a incompetência absoluta e a ilegalidade da ameaça concreta de prisão. Ordem concedida para expedição de salvo-conduto em favor do paciente (STJ, HC 32.326/AC, *DJU* 10.10.2005, p. 438).

▪ Tipo subjetivo: Basta o dolo genérico, com consciência da proibição (TACrSP, *Julgados* 70/237).

▪ Medida protetiva de urgência (Lei Maria da Penha): Seu descumprimento não configura o crime do art. 359, podendo importar a imposição de outras medidas legais cabíveis (STJ, 6ª T., AgR no AREsp 1.226.600, *DJe* 12.6.2018), inclusive prisão preventiva (TJMG, Ap. 10686120156845002, j. 23.7.2019).

Capítulo IV
DOS CRIMES CONTRA AS FINANÇAS PÚBLICAS

▪ Nota explicativa: Buscando preservar a saúde das finanças públicas, a LC n. 101, de 4.5.2000, estabeleceu normas voltadas para a responsabilidade na gestão fiscal, a fim de prevenir riscos e corrigir desvios capazes de afetar o equilíbrio das contas públicas. Esta Lei Complementar obriga a União, os Estados, o Distrito Federal e os Municípios, compreendendo: *a.* os Poderes Executivo, Legislativo (inclusive Tribunais de Contas) e Judiciário, além do Ministério Público; *b.* as respectivas administrações diretas, fundos, autarquias, fundações e empresas estatais dependentes (art. 1º). Na esteira desta Lei Complementar, foi editada a Lei n. 10.028, de 19.10.2000, que, em seu art. 2º, acrescentou este Capítulo IV (Dos Crimes contra as Finanças Públicas) ao Título XI (Dos Crimes contra a Administração Pública) da Parte Especial do CP (arts. 359-A a 359-H).

CONTRATAÇÃO DE OPERAÇÃO DE CRÉDITO

Art. 359-A. Ordenar, autorizar ou realizar operação de crédito, interno ou externo, sem prévia autorização legislativa:

Pena – reclusão, de 1 (um) a 2 (dois) anos.

Parágrafo único. Incide na mesma pena quem ordena, autoriza ou realiza operação de crédito, interno ou externo:

I – com inobservância de limite, condição ou montante estabelecido em lei ou em resolução do Senado Federal;

II – quando o montante da dívida consolidada ultrapassa o limite máximo autorizado por lei.

Contratação de operação de crédito (caput)

▪ Alteração: Artigo acrescentado pela Lei n. 10.028, de 19.10.2000.

▪ Transação: Cabe, preenchidos os requisitos do art. 76 da Lei n. 9.099/95.

▪ Suspensão condicional do processo: Cabe, atendidas as condições do art. 89 da Lei n. 9.099/95.

▪ Objeto jurídico: O equilíbrio das contas públicas, especialmente o controle legislativo do orçamento.

▪ Sujeito ativo: Somente o agente público que possua atribuição legal para ordenar, autorizar ou realizar operação de crédito. Trata-se, portanto, de crime próprio.

- **Sujeito passivo:** É o Estado, seja nas pessoas jurídicas de direito público da União, dos Estados, dos Municípios ou do Distrito Federal.

- **Tipo objetivo:** Os núcleos indicados são: *a. ordenar*, que significa determinar, mandar; *b. autorizar*, ou seja, dar, conferir autorização; *c. realizar*, que tem o sentido de pôr em prática, efetuar. Trata-se de condutas comissivas. Entende-se por operação de crédito o "compromisso financeiro assumido em razão de mútuo, abertura de crédito, emissão e aceite de título, aquisição financiada de bens, recebimento antecipado de valores provenientes da venda a termo de bens e serviços, arrendamento mercantil e outras operações assemelhadas, inclusive com o uso de derivativos financeiros" (LC n. 101/2000, art. 29, III). Operação de crédito interna é a feita em nosso país; externa, aquela realizada com o exterior, que dependerá de autorização específica do Senado Federal (LC n. 101/2000, art. 32, § 1º, IV). Exige-se para a configuração do crime que as condutas sejam praticadas "sem prévia autorização legislativa", que vem a ser o elemento normativo do tipo. A prévia autorização deverá constar no texto da lei orçamentária, em créditos adicionais, ou em lei específica (LC n. 101/2000, art. 32, § 1º, I). Para Luiz Flávio Gomes, Alice Bianchini e Cláudio Zoch de Moura, a conduta do agente "precisa interferir diretamente no planejamento e/ou equilíbrio das contas públicas", causando "lesão ou ao menos perigo concreto de lesão" ao bem jurídico tutelado ("Bens jurídicos protegidos nos crimes contra as finanças públicas", www.direitocriminal.com.br, de 16.1.2001). Nessa esteira, entendemos que o montante da operação de crédito em tela deva ser efetivamente expressivo.

- **Tipo subjetivo:** O dolo, ou seja, a vontade livre e consciente de praticar as condutas incriminadas, sabendo inexistir anterior autorização legislativa. Na doutrina tradicional é o dolo genérico. Apesar da não exigência de especial fim de agir no tipo penal, é mister que o agente tenha conhecimento da inexistência de prévia autorização legislativa, podendo haver erro de proibição (CP, art. 21). Não há modalidade culposa.

- **Exclusão da ilicitude:** Como anota Damásio E. de Jesus, poderá haver no crime deste art. 359-A e nos demais crimes contra as finanças públicas a incidência da causa de exclusão da ilicitude prevista no art. 24 do CP (estado de necessidade) (*Comentários à Lei de Responsabilidade Fiscal*, Saraiva, 2001, p. 611). A nosso ver, poderá, ainda, incidir nesses delitos a inexigibilidade de conduta diversa, como causa supralegal de exclusão da culpabilidade (*vide* nota *Não exigibilidade de conduta diversa* no art. 22 do CP).

- **Consumação:** Com a efetiva ordem, autorização ou realização da operação de crédito. Nesta última hipótese (realização), a consumação só ocorrerá com a efetiva contratação da operação de crédito. Tratando-se de crime formal, não se exige a ocorrência de resultado (no sentido naturalístico), ou seja, o efetivo desequilíbrio das contas públicas, bastando que a conduta tenha potencialidade para causá-lo (*vide* nota *Tipo objetivo*).

- **Tentativa:** Nas três modalidades (ordenar, autorizar e realizar), a tentativa, em tese, é possível, embora de difícil ocorrência.

- **Concurso de pessoas:** O não funcionário público pode ser coautor ou partícipe, desde que conhecedor da qualidade de funcionário público do autor. *Vide* nota *Comunicabilidade ou não* no art. 30 do CP.

- **Confronto:** Sendo o sujeito ativo Presidente da República, poderá haver também crime de responsabilidade (Lei n. 1.079/50, art. 10, ns. 6 e 9, acrescentados pela Lei n. 10.028/2000). Em caso de Prefeito, haverá igualmente crime de responsabilidade (Decreto-Lei n. 201/67, art. 1º, XX, acrescido pela Lei n. 10.028/2000). De acordo, ainda, com o art. 73 da LC n. 101/2000, poderá incidir a Lei de Improbidade Administrativa (Lei n. 8.429/92, arts. 9º a 11).

- **Pena:** Reclusão, de um a dois anos.

- **Ação penal:** Pública incondicionada, observado o procedimento dos arts. 513 a 518 do CPP.

Figuras equiparadas (parágrafo único, I e II)

- **Objeto jurídico, sujeito ativo e sujeito passivo:** Os mesmos do *caput*.

- **Tipo objetivo:** Pune-se, com as mesmas penas do *caput*, o agente público que ordena, autoriza ou realiza operação de crédito, nas seguintes condições: *Inciso I*. Com inobservância de limite, condição ou montante estabelecido em lei ou em resolução do Senado Federal. *Inciso II*. Quando o montante da dívida consolidada ultrapassa o limite máximo autorizado por lei. Em ambas as hipóteses, ao contrário do *caput*, existe prévia autorização legislativa, mas o sujeito ativo desrespeita as normas ali constantes. Observe-se que, na primeira situação, desrespeita-se lei ou resolução do Senado Federal; na segunda, descumpre-se lei. Entende-se por dívida pública consolidada ou fundada o "montante total, apurado sem duplicidade, das obrigações financeiras, do ente da Federação, assumidas em virtude de leis, contratos, convênios ou tratados e da realização de operações de crédito, para amortização em prazo superior de doze meses" (LC n. 101/2000, art. 29, I). Os limites para a dívida consolidada deverão ser objeto de proposta apresentada pelo Presidente da República ao Senado Federal (Resolução n. 69/95). O art. 60 da LC n. 101/2000 dispõe, contudo, que lei estadual ou municipal poderá fixar limites inferiores aos nela estabelecidos, para as dívidas consolidadas e para as operações de crédito.

- **Tipo subjetivo:** O dolo, ou seja, a vontade livre e consciente de praticar as condutas incriminadas. Para os tradicionais, é o dolo genérico. Não há modalidade culposa.

- **Consumação, tentativa, pena e ação penal:** Iguais às do *caput*.

Jurisprudência

- **Existência de autorização legislativa:** A Lei n. 11.131/2005 alterou a Medida Provisória n. 2.185-31 para admitir que as operações de crédito relativas ao programa RELUZ não se submetam aos limites ordinários de refinanciamento das dívidas dos municípios. A disposição legal está a indicar que referidas operações são autorizadas por lei, afastando-se, assim, o elemento normativo do tipo "sem autorização legislativa" mencionado no *caput* do art. 359-A do CP (STF, Inq. 2591, rel. Min. Menezes Direito, j. 8.5.2008, *DJ* 13.6.2008).

INSCRIÇÃO DE DESPESAS NÃO EMPENHADAS EM RESTOS A PAGAR

Art. 359-B. Ordenar ou autorizar a inscrição em restos a pagar, de despesa que não tenha sido previamente empenhada ou que exceda limite estabelecido em lei:

Pena – detenção, de 6 (seis) meses a 2 (dois) anos.

- **Alteração:** Artigo acrescentado pela Lei n. 10.028, de 19.10.2000.
- **Transação:** Cabe, preenchidos os requisitos do art. 76 da Lei n. 9.099/95.
- **Suspensão condicional do processo:** Cabe, atendidas as condições do art. 89 da Lei n. 9.099/95.

Inscrição de despesas não empenhadas em restos a pagar

- **Objeto jurídico:** O equilíbrio das contas públicas, especialmente a regularidade da escrituração das contas públicas.

- **Sujeito ativo:** Somente o agente público que possua atribuição legal para ordenar ou autorizar a inscrição em restos a pagar. Trata-se, portanto, de crime próprio.

- **Sujeito passivo:** É o Estado, seja nas pessoas jurídicas de direito público da União, dos Estados, dos Municípios ou do Distrito Federal.

- **Tipo objetivo:** Os núcleos indicados são: *a. ordenar*, que significa determinar, mandar; *b. autorizar*, ou seja, dar, conferir autorização. Ambas as condutas são comissivas. De acordo com o art. 36 da Lei n. 4.320/64, "consideram-se restos a pagar as despesas empenhadas mas não pagas até o dia 31 de dezembro, distinguindo-se as processadas das não processadas". A inscrição em restos a pagar, objeto da ordem ou da autorização, apresenta-se sob duas modalidades: *1*. de despesa que não tenha sido previamente empenhada. Entende-se por empenho da despesa "o ato administrativo praticado pelo agente público competente que cria para o ente público obrigação futura de pagamento geralmente pendente de condição (*v.g.*, entrega de obra ou de serviço ou das mercadorias contratadas com o credor)"; constitui "reserva ou bloqueio de recursos orçamentários no valor da transação, com a sua dedução do saldo da dotação própria do orçamento vigente à época do empenho" (MARINO PAZZAGLINI FILHO, *Crimes de Responsabilidade Fiscal*, Atlas, 2001, p. 62); *2.* de despesa que exceda limite estabelecido em lei. Nesta modalidade, ao contrário da anterior, a despesa foi empenhada, mas excede o limite estabelecido na lei orçamentária anual ou em lei que tiver concedido crédito especial ou extraordinário.

- Tipo subjetivo: O dolo, ou seja, a vontade livre e consciente de praticar as condutas incriminadas. Para os tradicionais é o dolo genérico. Embora não se exija especial fim de agir, deve o agente ter conhecimento de que a despesa não foi previamente empenhada ou de que a mesma excede limite estabelecido em lei, podendo ocorrer erro de proibição (CP, art. 21), que pode levar à isenção de pena ou à sua diminuição. Inexiste forma culposa.

- Consumação: Ocorre com a efetiva ordem ou autorização de inscrição em restos a pagar. Trata-se de crime formal, que não exige resultado no sentido naturalístico, ou seja, que a despesa tenha sido efetivamente inscrita em restos a pagar. No entanto, exige-se, para a sua configuração, o resultado jurídico ou normativo, ou seja, que a conduta tenha lesado ou colocado em risco o equilíbrio e controle das contas públicas.

- Tentativa: Embora de difícil configuração na prática, em tese a tentativa é possível.

- Concurso de pessoas: O não funcionário público pode ser coautor ou partícipe, desde que conhecedor da qualidade de funcionário público do autor. *Vide* nota *Comunicabilidade ou não* no art. 30 do CP.

- Pena: Reclusão, de seis meses a dois anos.

- Ação penal: Pública incondicionada, observado o procedimento dos arts. 513 a 518 do CPP.

ASSUNÇÃO DE OBRIGAÇÃO NO ÚLTIMO ANO DO MANDATO OU LEGISLATURA

Art. 359-C. Ordenar ou autorizar a assunção de obrigação, nos dois últimos quadrimestres do último ano do mandato ou legislatura, cuja despesa não possa ser paga no mesmo exercício financeiro ou, caso reste parcela a ser paga no exercício seguinte, que não tenha contrapartida suficiente de disponibilidade de caixa:

Pena – reclusão, de 1 (um) a 4 (quatro) anos.

- Alteração: Artigo acrescentado pela Lei n. 10.028, de 19.10.2000.

- Suspensão condicional do processo: Cabe, atendidas as condições do art. 89 da Lei n. 9.099/95.

Assunção de obrigação

- Objeto jurídico: O equilíbrio das contas públicas, especialmente o comprometimento financeiro da futura administração.

- Sujeito ativo: Somente o agente público que possua atribuição legal para ordenar ou autorizar a assunção de obrigação. Cuida-se, assim, de crime próprio.

- Sujeito passivo: É o Estado, nas pessoas jurídicas de direito público da União, dos Estados, do Distrito Federal ou dos Municípios.

- Tipo objetivo: São duas as condutas previstas, ambas comissivas: *a. ordenar*, que tem o sentido de determinar, mandar; *b. autorizar*, que significa dar, conferir autorização. A ordem ou autorização, que tem por objeto a assunção de obrigação nos dois últimos quadrimestres do último ano do mandato ou legislatura, configurará crime nas seguintes hipóteses: *1.* se a despesa não puder ser paga no mesmo exercício financeiro; *2.* se, restando parcela a ser paga no exercício seguinte (ou seja, na próxima gestão), não houver contrapartida suficiente de disponibilidade de caixa. Obviamente, essa disponibilidade de caixa deverá existir no ano em que o agente pratica as condutas incriminadas. Idêntica proibição encontra-se no art. 42 da LC n. 101/2000. Conforme anota Luiz Celso de Barros, "o lapso dos dois últimos quadrimestres corresponde ao momento em que se envia, ao Parlamento, o projeto de Lei de Diretrizes Orçamentárias que, aprovado, passa, ainda, pelo crivo do Projeto de Lei Orçamentária Anual, ordinária, que se sobrepõe ao último ano do mandato ou legislatura. Porém, as despesas a serem realizadas neste ano devem estar contidas nas leis anteriores, referente ao penúltimo ano do mandato ou legislatura" (*Responsabilidade Fiscal e Criminal*, Edipro, 2001, p. 167). Quanto à disponibilidade de caixa, prevê o art. 43 da LC n. 101/2000 que ela deverá ser depositada conforme o previsto no § 3º do art. 164 da CR: a da União, no Banco Central; a dos Estados, do Distrito Federal, dos Municípios, e dos órgãos ou entidades do Poder Público e das empresas por ele controladas, em instituições financeiras oficiais, ressalvados os casos previstos em lei. Por sua vez, o parágrafo único do art. 42 da referida Lei Complementar dispõe que "na determinação de disponibilidade de caixa serão considerados os encargos ou despesas compromissadas a pagar até o final do exercício".

- **Tipo subjetivo:** O dolo, ou seja, a vontade livre e consciente de praticar as condutas incriminadas. Na doutrina tradicional, é o dolo genérico. Embora não se exija especial fim de agir, deve o agente ter conhecimento de que a despesa não poderá ser paga no mesmo exercício financeiro, ou, caso reste parcela a ser paga no ano seguinte, de que não há disponibilidade de caixa suficiente. Inexiste modalidade culposa.

- **Consumação:** Com a efetiva ordem ou autorização de assunção da obrigação. Trata-se de crime formal, não se exigindo resultado no sentido naturalístico, ou seja, que a obrigação tenha sido efetivamente assumida. É necessário, contudo, que a conduta tenha comprometido ou ameaçado comprometer financeiramente a futura gestão (resultado normativo ou jurídico).

- **Tentativa:** De difícil configuração na prática, a tentativa, em tese, é possível.

- **Concurso de pessoas:** O não funcionário público pode ser coautor ou partícipe, desde que conhecedor da qualidade de funcionário público do autor. *Vide* nota *Comunicabilidade ou não* no art. 30 do CP.

- **Pena:** Reclusão, de um a quatro anos.

- **Ação penal:** Pública incondicionada, observado o procedimento dos arts. 513 a 518 do CPP.

Jurisprudência

- **Irretroatividade:** Se o paciente foi denunciado por fatos cometidos em junho de 2000, a conduta praticada não era criminosa à época, uma vez que a norma incriminadora somente integrou o ordenamento jurídico-penal com o advento da Lei n. 10.028, de 19.10.2000 (TJMG, HC 1.0000.08.471932-7/000(1), *DOE* 9.5.2008, in Bol. IBCCr 187/1183).

- **Último quadrimestre:** Para a configuração do tipo, faz-se necessário que a ordenação ou autorização de assunção de obrigações tenha ocorrido nos dois últimos quadrimestres da legislatura, sendo atípico se praticado no último quadrimestre (TJGO, RvCr 0459560-61.2018.8.09.0000, *DJ* 28.3.2019).

- **Estado de necessidade:** Prefeito que, como interventor da Santa Casa local, assumiu despesa extraordinária ou especial para atender a manutenção da saúde pública. Situação que, embora típica, não é penalmente ilícita ou culpável (TJSP, RvCr 0071664-72.2015.8.26.0000, j. 11.5.2016).

ORDENAÇÃO DE DESPESA NÃO AUTORIZADA

Art. 359-D. Ordenar despesa não autorizada por lei:
Pena – reclusão, de 1 (um) a 4 (quatro) anos.

- **Alteração:** Artigo acrescentado pela Lei n. 10.028, de 19.10.2000.

Ordenação de despesa não autorizada

- **Suspensão condicional do processo:** Cabe, atendidas as condições do art. 89 da Lei n. 9.099/95.

- **Objeto jurídico:** O equilíbrio das contas públicas, especialmente o controle legislativo do orçamento.

- **Sujeito ativo:** Apenas o agente público com atribuição legal para ordenar despesa. Trata-se, pois, de crime próprio.

- **Sujeito passivo:** É o Estado, seja nas pessoas jurídicas de direito público da União, dos Estados, dos Municípios ou do Distrito Federal.

- **Tipo objetivo:** O núcleo indicado no tipo é *ordenar*, que significa determinar, mandar. O objeto material é a despesa não autorizada por lei, devendo-se entender como tal aquela que estiver em desacordo com a lei orçamentária anual. A LC n. 101/2000, em seu art. 15, considera como despesa não autorizada a que não atende ao disposto nos seus arts. 16 e 17. Não haverá crime, contudo, se a despesa tiver sido autorizada a título de crédito especial ou extraordinário, em lei específica, nos termos dos §§ 2º e 3º do art. 167 da CR. Há acórdão do STJ no sentido de que despesa "não autorizada por lei" é somente aquela que for *expressamente proibida por norma legal complementar*.

- **Tipo subjetivo:** O dolo, consistente na vontade livre e consciente de ordenar despesa não autorizada por lei. Para os tradicionais é o dolo genérico. Embora não se exija especial fim de agir, é necessário que o agente tenha conhecimento de que a despesa não se encontra autorizada em lei. Não há modalidade culposa.

- **Consumação:** Com a efetiva ordem de despesa não autorizada por lei. Trata-se de crime formal, não se exigindo resultado no sentido naturalístico, ou seja, que a despesa tenha sido efetuada. É necessário, contudo, que a conduta tenha comprometido ou ameaçado comprometer o equilíbrio das contas públicas (resultado normativo ou jurídico).

- **Tentativa:** Embora de difícil configuração na prática, em tese é possível.

- **Concurso de pessoas:** O não funcionário público pode ser coautor ou partícipe, desde que conhecedor da qualidade de funcionário público do autor. Vide nota *Comunicabilidade ou não* no art. 30 do CP.

- **Confronto:** Se o agente dá às verbas ou rendas públicas aplicação diversa da estabelecida em lei, CP, art. 315.

- **Pena:** Reclusão, de um a quatro anos.

- **Ação penal:** Pública incondicionada, observando-se os arts. 513 a 518 do CPP.

Jurisprudência

- **Denúncia:** Tratando-se de lei penal em branco, cumpria ao órgão ministerial indicar quais prescrições da Lei de Responsabilidade Fiscal, notadamente as relativas à autorização legal para a ordenação da despesa, ou mesmo em outras leis de natureza fiscal, que teriam sido violadas na concessão das verbas de representação (TJPR, Órgão Especial, Ap. 13796220, *DJ* 18.2.2016).

- **Despesa devidamente explicável:** (...) 2. O art. 359-D, segundo o qual é crime "ordenar despesa não autorizada por lei", consiste em norma penal em branco, uma vez que o rol das despesas permitidas e das não autorizadas haverá de constar de outros textos legais, entre os quais, por exemplo, o da Lei de Responsabilidade Fiscal (Lei Complementar n. 101/2000). 3. Se, na peça acusatória, inexiste referência à norma integradora, falha é a denúncia. 4. Ademais, quando devidamente explicável a despesa, deslegitima-se a possibilidade de punição da conduta ao menos no âmbito penal. A inexistência de autorização de despesa em lei constitui, tão somente, indício de irregularidade. Para se criminalizar a conduta, é necessária a existência de lesão não justificada ao bem jurídico, isto é, às finanças públicas, o que, no caso, não ocorreu. O fato narrado evidentemente não constitui crime. 5. Denúncia rejeitada (STJ, Corte Especial, APn 389/ES, rel. Min. Nilson Naves, j. 15.3.2006, *DJ* 21.8.2006).

- **Despesa "não autorizada por lei" exige lei específica que proíba a despesa:** 8. O tipo do artigo 359-D do Código Penal reclama, para sua configuração, a ordenação de despesa "não autorizada por lei". 9. O complemento legal necessário do tipo inserto no art. 359-D do Código Penal, por força de sua própria letra, há de dizer direta e imediatamente da despesa proibida, em nada se identificando com norma jurídica outra, mesmo se referente a ato mediato que possa ser relacionado com a despesa pública, como seu antecedente, ainda que necessário. 10. Requisita, por sem dúvida, o tipo penal norma legal complementar de proibição expressa da despesa, afastando interpretações constitutivas e ampliadoras da tutela penal, que desenganadamente violam o princípio da legalidade, garantia constitucional do direito fundamental à liberdade, enquanto limite intransponível do *ius puniendi* do Estado. 11. Faltasse outro argumento, não seria, como não é, outro o resultado da interpretação sistemática do tipo do artigo 359-D do Código Penal, especialmente da elementar "despesa não autorizada por lei", pois que a Lei n. 10.028/2000 não só acrescentou o Capítulo IV ao Título XI do Código Penal, Dos Crimes contra as Finanças Públicas, mas também os itens 5 a 12 ao art. 10 da Lei n. 1.079/50, relativamente aos crimes de responsabilidade do Presidente dos Tribunais, e os incisos XVI a XXIII ao art. 1º do Decreto-Lei n. 201/67, aperfeiçoando especificamente a tutela jurídica das finanças públicas, que parte da Constituição da República, Capítulo II do Título VI, Das Finanças Públicas, principalmente o art. 163, inciso I, e passa pela Lei Complementar n. 101/2000, que estabelece normas de finanças públicas voltadas para a responsabilidade na gestão fiscal. 12. Há de se declarar atípicas as condutas imputadas pelo Ministério Público Federal aos denunciados, que, de qualquer modo, quando e se contrataram, o fizeram, na letra mesma da denúncia, pautados "(...) em inúmeras leis estaduais que supostamente 'autorizariam' a criação dos cargos e, consequentemente, a nomeação dos servidores", às quais se acresceram leis orçamentárias discutidas e votadas pela Assembleia Legislativa, não se sabendo, afinal, qual a realidade e a verdadeira causa da situação legal-institucional da Justiça Maranhense, existente há mais de duas décadas de anos e sem qualquer notícia de propositura de ação civil pública ou de declaração de inconstitucionalidade de lei ou ato do Poder Público pelos legitimados (STJ, Corte Especial, APn 398/MA, rel. Min. Hamilton Carvalhido, j. 18.10.2006, *DJ* 9.4.2007, p. 218).

- **Lei estadual autorizando remanejamento de despesas:** Inexiste substrato probatório mínimo que autorize a deflagração da ação penal contra o denunciado com base no art. 359-D, CP, levando em consideração o art. 41, CPP, porquanto inexiste justa causa para o início da persecução penal em face da existência de hipóteses que autorizam a rejeição da denúncia (CPP, art. 395, II e III). *b)* O art. 8º, da Lei Estadual n. 7.300/2002 (Lei Orçamentária Anual), autoriza o remanejamento orçamentário, incluindo anulação de dotações, conforme aquelas implementadas pelo Decreto n. 24.783/2003, *verbis*: "Art. 8º Fica o Poder Executivo autorizado a: I. abrir créditos suplementares até o limite de 25% (vinte e cinco por cento) do montante das despesas orçamentárias fixadas nesta Lei;" *c)* Os artigos 1º e 2º, da Lei Estadual n. 7.433/2003, autorizaram a abertura de créditos suplementares, mediante remanejamentos e/ou anulação, parcial ou total, de dotações orçamentárias, para assegurar a execução de programas e de despesas continuadas, *verbis*: "Art. 1º O Governador do Estado fica autorizado a suplementar dotações relativas a: I – Pessoal e Encargos II – Juros e Encargos da Dívida Interna e Externa III – Transferências constitucionais e legais a Municípios IV – Amortização da Dívida Interna e Externa. § 1º A autorização de que trata o *caput* é limitada em R$ 500.000.000,00 (quinhentos milhões de reais), acima do limite fixado no art. 8º da Lei n. 7.300, de 27 de dezembro de 2002. § 2º Para realizar as suplementações, exclusivamente para atender às insuficiências registradas nas dotações das despesas constantes dos incisos I a IV do *caput*, é o Governador do Estado autorizado a realizar: *a)* anulação total ou parcial de dotações de uma mesma categoria de programação e órgão; *b)* remanejamento total ou parcial das dotações de programas, projetos, atividades e/ou operações especiais dentro de um mesmo órgão ou não, podendo, ainda, alterar a categoria da programação. § 3º As mudanças de categoria de programação ou a transferência de dotações de um órgão para outro, do mesmo Poder ou não, far-se-á na estrita obediência aos limites e às condições estabelecidas nesta lei, ou seja, no limite fixado no § 1º deste artigo, e visando a suplementar as dotações dos Grupos de

Natureza de Despesas definidas nos incisos I a IV do *caput* deste artigo, despesas obrigatórias de caráter continuado, conforme o art. 17 da Lei de Responsabilidade Fiscal. Art. 2º Os decretos de abertura dos créditos adicionais ora autorizados explicitarão as dotações a serem anuladas e os programas e as despesas continuadas para as quais serão transferidas os valores daqueles dotações, observado o disposto nos artigos 42, 43, § 1º, III, e 46 da Lei Federal n. 4.320/64, bem assim o § 2º, art. 9º, da Lei de Responsabilidade Fiscal. *d)* O Tribunal de Contas local aprovou as contas do Estado da Paraíba. *e)* O remanejamento efetuado por meio do Decreto n. 24.783/2003 ocorreu dentro do mesmo órgão, qual seja, do Poder Judiciário do Estado da Paraíba, o que descaracterizaria a ocorrência de fato típico (STF, 1ª T., Inq 3393, rel. Min. Luiz Fux, j. 23.9.2014, *DJe* 13.11.2014).

PRESTAÇÃO DE GARANTIA GRACIOSA

Art. 359-E. Prestar garantia em operação de crédito sem que tenha sido constituída contragarantia em valor igual ou superior ao valor da garantia prestada, na forma da lei:

Pena – detenção, de 3 (três) meses a 1 (um) ano.

- **Alteração:** Artigo acrescentado pela Lei n. 10.028, de 19.10.2000.
- **Transação:** Cabe, preenchidos os requisitos do art. 76 da Lei n. 9.099/95.
- **Suspensão condicional do processo:** Cabe, atendidas as condições do art. 89 da Lei n. 9.099/95.

Prestação de garantia graciosa

- **Objeto jurídico:** O equilíbrio das contas públicas, especialmente a proteção do erário. Sujeito ativo: Apenas o agente público que possua atribuição legal para prestar garantia em operação de crédito. Trata-se, portanto, de crime próprio.

- **Sujeito passivo:** É o Estado, seja nas pessoas jurídicas de direito público da União, dos Estados, dos Municípios ou do Distrito Federal.

- **Tipo objetivo:** O núcleo indicado é *prestar garantia*, que significa dar, conceder. A garantia é prestada sem ter sido constituída contragarantia em valor igual ou superior àquela, na forma da lei. Dispõe, a respeito, o art. 40, § 1º, primeira parte, da LC n. 101/2000 que "a garantia estará condicionada ao oferecimento de contragarantia, em valor igual ou superior ao da garantia ao ser concedida", observando-se que: *a.* não será exigida contragarantia de órgãos ou entidades do próprio ente federativo (inciso I); *b.* a contragarantia exigida pela União a Estado ou Município, ou por Estado a Município, poderá consistir "na vinculação de receitas tributárias diretamente arrecadadas e provenientes de transferências constitucionais, com outorga de poderes ao garantidor para retê-las e empregar o respectivo valor na liquidação da dívida vencida".

- **Tipo subjetivo:** O dolo, ou seja, a vontade livre e consciente de praticar a conduta incriminada, sabendo o sujeito ativo que o ente federativo em favor de quem foi prestada a garantia não deu contragarantia em valor igual ou superior àquela. Para os tradicionais, é o dolo genérico. Inexiste modalidade culposa.

- **Consumação:** Com a prestação de garantia sem a correspondente contragarantia, em valor igual ou superior àquela. Tratando-se de crime formal, não se exige resultado no sentido naturalístico. É necessário, contudo, que da prestação da garantia tenha ocorrido dano ou perigo (concreto) de dano ao equilíbrio das contas públicas. Conforme anotam Luiz Flávio Gomes e Alice Bianchini, impõe-se a "comprovação do perigo concreto de lesão às finanças públicas" (*Crimes de Responsabilidade Fiscal*, Revista dos Tribunais, 2001, p. 52).

- **Tentativa:** Embora de difícil configuração na prática, a tentativa, em tese, é possível.

- **Concurso de pessoas:** O não funcionário público pode ser coautor ou partícipe, desde que conhecedor da qualidade de funcionário público do autor. *Vide* nota *Comunicabilidade ou não* no art. 30 do CP.

- **Pena:** Detenção, de três meses a um ano.

- **Ação penal:** Pública incondicionada, observados os arts. 513 a 518 do CPP.

NÃO CANCELAMENTO DE RESTOS A PAGAR

Art. 359-F. Deixar de ordenar, de autorizar ou de promover o cancelamento do montante de restos a pagar inscrito em valor superior ao permitido em lei:
Pena – detenção, de 6 (seis) meses a 2 (dois) anos.

- **Alteração:** Artigo acrescentado pela Lei n. 10.028, de 19.10.2000.

- **Transação:** Cabe, preenchidos os requisitos do art. 76 da Lei n. 9.099/95.

- **Suspensão condicional do processo:** Cabe, atendidas as condições do art. 89 da Lei n. 9.099/95.

Não cancelamento de restos a pagar

- **Objeto jurídico:** O equilíbrio e a regularidade das contas públicas, notadamente a proteção da administração seguinte.

- **Sujeito ativo:** Apenas o agente público que tenha atribuição legal para ordenar, autorizar ou promover o cancelamento de restos a pagar. Trata-se, pois, de crime próprio.

- **Sujeito passivo:** É o Estado, seja nas pessoas jurídicas de direito público da União, dos Estados, dos Municípios ou do Distrito Federal.

- **Tipo objetivo:** Cuida-se de crime omissivo, que pode ser praticado por meio das seguintes condutas: *a. deixar de ordenar*, que significa deixar de determinar, de mandar que se faça; *b. deixar de autorizar,* ou seja, deixar de dar, de conceder autorização; *c. deixar de promover*, que tem o sentido de deixar de gerar, de provocar. O objeto material é o cancelamento do montante de restos a pagar inscrito em valor superior ao permitido em lei. Trata-se, portanto, de lei penal em branco, devendo o montante ser estabelecido pela lei orçamentária anual. Consideram-se restos a pagar "as despesas empenhadas mas não pagas até 31 de dezembro, distinguindo-se as processadas das não processadas" (art. 36 da Lei n. 4.320/64). Entende-se por despesas processadas aquelas que, embora liquidadas, não foram pagas; já as despesas não processadas são as que não foram nem mesmo liquidadas. Obviamente, se o agente público ordena, autoriza ou promove o cancelamento, mas o mesmo não ocorre por culpa de outrem, não haverá crime. Por outro lado, aplicando-se analogicamente o art. 42 da LC n. 101/2000 e o art. 359-C do CP, que preveem a inexistência de disponibilidade de caixa como requisito da ilicitude administrativa e penal, respectivamente, se o cancelamento do montante de restos a pagar deixar de ocorrer, mas houver disponibilidade de caixa no exercício em que o cancelamento deveria acontecer, o crime não se configurará.

- **Confronto:** Se o agente público que praticar as condutas omissivas incriminadas neste art. 359-F for o mesmo que tiver ordenado ou autorizado a inscrição em restos a pagar, de despesa que exceda limite estabelecido em lei, responderá apenas pelo crime do art. 359-B.

- **Tipo subjetivo:** O dolo, ou seja, a vontade livre e consciente de praticar as condutas omissivas incriminadas, sabendo o agente que o montante de restos a pagar inscritos é superior ao permitido em lei. Para a doutrina tradicional, é o dolo genérico. Inexiste modalidade culposa.

- **Consumação:** Consuma-se no momento em que se escoa o prazo para que o agente ordene, autorize ou promova o cancelamento. Tratando-se de crime formal, não se exige resultado no sentido naturalístico. Contudo, é necessário haver dano ou perigo (concreto) de dano ao equilíbrio das contas públicas, notadamente à proteção da administração seguinte.

- **Tentativa:** Sendo crime omissivo próprio, é impossível haver tentativa.
- **Pena:** Detenção, de seis meses a dois anos.
- **Ação penal:** Pública incondicionada, observados os arts. 513 a 518 do CPP.

AUMENTO DE DESPESA TOTAL COM PESSOAL NO ÚLTIMO ANO DO MANDATO OU LEGISLATURA

Art. 359-G. Ordenar, autorizar ou executar ato que acarrete aumento de despesa total com pessoal, nos 180 (cento e oitenta) dias anteriores ao final do mandato ou da legislatura:

Pena – reclusão, de 1 (um) a 4 (quatro) anos.

- **Alteração:** Artigo acrescentado pela Lei n. 10.028, de 19.10.2000.
- **Suspensão condicional do processo:** Cabe, atendidas as condições do art. 89 da Lei n. 9.099/95.

Aumento de despesa total com pessoal no último ano do mandato ou legislatura

- **Objeto jurídico:** O equilíbrio das contas públicas, principalmente a proteção da administração seguinte.
- **Sujeito ativo:** Somente o agente público que tenha atribuição legal para ordenar, autorizar ou executar ato que acarrete aumento de despesa total com pessoal. Trata-se, pois, de crime próprio.
- **Sujeito passivo:** É o Estado, seja nas pessoas jurídicas de direito público da União, dos Estados, dos Municípios ou do Distrito Federal.
- **Tipo objetivo:** Os núcleos apontados são: *a. ordenar*, que tem o sentido de determinar, mandar; *b. autorizar*, que significa dar, conferir autorização; *c. executar*, ou seja, efetuar, efetivar, realizar. O objeto material é o ato que acarrete aumento de despesa total com pessoal, nos cento e oitenta dias anteriores ao final do mandato ou da legislatura. O conceito de despesa total com pessoal é dado pelo art. 18 da LC n. 101/2000. Em conformidade com este art. 359-G, dispõe o art. 21, parágrafo único, daquela Lei Complementar ser nulo de pleno direito o ato de que resulte aumento da despesa com pessoal expedido nos cento e oitenta dias anteriores ao final do mandato do titular do respectivo Poder ou órgão. A nosso ver, se o aumento de despesa total com pessoal tiver sido ordenado, autorizado ou executado nos cento e oitenta dias anteriores ao final do mandato ou legislatura, mas não exceder os percentuais da receita corrente líquida de 50% para a União e de 60% para os Estados e Municípios, estabelecidos pelo art. 19 da LC n. 101/2000, em conformidade com o disposto no art. 169 da CR, não se configurará o crime deste art. 359-G.
- **Tipo subjetivo:** O dolo, ou seja, a vontade livre e consciente de praticar as condutas incriminadas nos cento e oitenta dias anteriores ao final do mandato ou legislatura. Para os tradicionais, é o dolo genérico. Não há forma culposa.
- **Consumação:** Consuma-se com o aumento da despesa total com pessoal, no prazo referido no tipo. Trata-se, portanto, de crime material.
- **Tentativa:** É possível na modalidade de executar, mas não nas de ordenar ou autorizar, por serem condutas unissubsistentes.
- **Concurso de pessoas:** O não funcionário público pode ser coautor ou partícipe, desde que conhecedor da qualidade de funcionário público do autor. *Vide* nota *Comunicabilidade ou não* no art. 30 do CP.
- **Pena:** Reclusão, de um a quatro anos.

Jurisprudência

- Ação penal: Pública incondicionada, observados os arts. 513 a 518 do CPP.

- Dolo genérico e consumação: (...) 2. O crime do art. 359-G do Código Penal tem por objetivo tutelar a regularidade das contas públicas, salvaguardando-as de eventuais desmandos e irresponsabilidades por parte de titulares de mandatos, sobretudo nos momentos de transição governamental. 3. A formulação do tipo incriminador do art. 359-G do Código Penal expressa vinculação direta aos Princípios da Legalidade Administrativa e da Moralidade, coibindo atos originados do gestor público em vias de deixar a Administração, de molde a salvaguardar qualquer comprometimento do patrimônio e do orçamento declinados ao administrador subsequente. 4. A consumação do crime do art. 359-G do Código Penal se contenta com o chamado dolo genérico e se aperfeiçoa no instante em que o agente promove a efetiva execução do ato ensejador do aumento de despesa total com o pessoal, nos 180 dias anteriores ao final do mandato ou legislatura. (...) (TJRJ, 3ª C., APL 00015472220098190013, rel. Des. Carlos Eduardo Roboredo, j. 30.7.2013, publ. 22.1.2014).

OFERTA PÚBLICA OU COLOCAÇÃO DE TÍTULOS NO MERCADO

Art. 359-H. Ordenar, autorizar ou promover a oferta pública ou a colocação no mercado financeiro de títulos da dívida pública sem que tenham sido criados por lei ou sem que estejam registrados em sistema centralizado de liquidação e de custódia:

Pena – reclusão, de 1 (um) a 4 (quatro) anos.

- Alteração: Artigo acrescentado pela Lei n. 10.028, de 19.10.2000.

- Suspensão condicional do processo: Cabe, atendidas as condições do art. 89 da Lei n. 9.099/95.

Oferta pública ou colocação de títulos no mercado

- Objeto jurídico: O equilíbrio das contas públicas, notadamente o controle da dívida pública.

- Sujeito ativo: Apenas o agente público que tenha atribuição legal para ordenar, autorizar ou promover oferta pública ou a colocação no mercado financeiro de títulos da dívida pública. Cuida-se, assim, de crime próprio.

- Sujeito passivo: É o Estado, seja nas pessoas jurídicas de direito público da União, dos Estados, dos Municípios ou do Distrito Federal.

- Tipo objetivo: Os núcleos indicados são: *a. ordenar*, que tem o sentido de determinar, mandar; *b. autorizar*, que significa dar, conferir autorização; *c. promover*, que tem o sentido de gerar, provocar, dar início. O objeto material é a oferta pública ou a colocação no mercado financeiro de títulos da dívida pública. A oferta pública ou a colocação no mercado financeiro incriminada ocorre em duas hipóteses, que constituem o elemento normativo do tipo: *a.* sem que os títulos da dívida pública tenham sido criados por lei; ou *b.* sem que estes estejam registrados em sistema centralizado de liquidação e de custódia. Os títulos da dívida pública emitidos pela União (inclusive os do Banco Central do Brasil), pelos Estados e Municípios constituem a dívida pública mobiliária (LC n. 101/2000, art. 29, II). A MP n. 1.974-87, de 21.12.2000, convertida na Lei n. 10.179/2001, em seu art. 3º define as formas de oferta pública (leilões) e de colocação no mercado financeiro dos títulos da dívida pública da União. Mais recentemente, a Lei n. 10.179, de 6.2.2001, que dispõe sobre a dívida pública de responsabilidade do Tesouro Nacional, consolidou a legislação sobre a matéria.

- Tipo subjetivo: O dolo, ou seja, a vontade livre e consciente de praticar as condutas incriminadas, sabendo que os títulos da dívida pública não foram criados por lei ou não estavam registrados em sistema centralizado de liquidação e custódia. Para a doutrina tradicional, é o dolo genérico. Não há modalidade culposa.

- **Consumação:** Ocorre com a efetiva ordem, autorização ou promoção da oferta pública ou da colocação de títulos da dívida pública no mercado financeiro; trata-se, pois, de crime formal. É necessário, contudo, que tenha havido dano ou perigo (concreto) de dano ao equilíbrio das contas públicas, notadamente ao controle da dívida pública.
- **Tentativa:** Embora em tese possível, a tentativa será de difícil ocorrência já que, ao "tentar promover", o agente já terá "ordenado" ou "autorizado" a oferta pública ou a colocação de títulos no mercado.
- **Concurso de pessoas:** O não funcionário público pode ser coautor ou partícipe, desde que conhecedor da qualidade de funcionário público do autor. *Vide* nota *Comunicabilidade ou não* no art. 30 do CP.
- **Pena:** Reclusão, de um a quatro anos.
- **Ação penal:** Pública incondicionada, observados os arts. 513 a 518 do CPP.

Título XII
DOS CRIMES CONTRA O ESTADO DEMOCRÁTICO DE DIREITO

- **Alteração:** A Lei n. 14.197/2021 revogou a Lei de Segurança Nacional (Lei n. 7.170/83) e acrescentou o presente Título XII ao CP, que trata dos crimes contra o Estado Democrático de Direito (arts. 359-I a 359-T).

Capítulo I
DOS CRIMES CONTRA A SOBERANIA NACIONAL

- **Soberania nacional:** Ela pode ser entendida como a "propriedade ou qualidade que caracteriza o poder político supremo do Estado como afirmação de sua personalidade independente, de sua autoridade plena e governo próprio, dentro do território nacional e em suas relações com outros Estados" (Houaiss, *Dicionário Eletrônico*.1.0.7). A respeito, o Pleno do STF, em acórdão da lavra do Min. Luiz Fux, por todos asseverou: *"6. O art. 1º da Constituição assenta como um dos Fundamentos do Estado Brasileiro a sua soberania – que significa o poder político supremo dentro do território, e, no plano internacional, no tocante às relações da República Federativa do Brasil com outros Estados Soberanos, nos termos do art. 4º, I, da Carta Magna. 7. A Soberania Nacional no plano transnacional funda-se no princípio da independência nacional, efetivada pelo Presidente da República, consoante suas atribuições previstas no art. 84, VII e VIII, da Lei Maior. 8. A soberania, dicotomizada em interna e externa, tem na primeira a exteriorização da vontade popular (art. 14 da CRFB) através dos representantes do povo no parlamento e no governo; na segunda, a sua expressão no plano internacional, por meio do Presidente da República"* (Rcl 11.243, j. 8.6.2011, DJE 5.10.2011).

ATENTADO À SOBERANIA

Art. 359-I. Negociar com governo ou grupo estrangeiro, ou seus agentes, com o fim de provocar atos típicos de guerra contra o País ou invadi-lo:

Pena – reclusão, de 3 (três) a 8 anos.

§ 1º Aumenta-se a pena de metade até o dobro, se declarada guerra em decorrência das condutas previstas no *caput* deste artigo.

§ 2º Se o agente participa de operação bélica com o fim de submeter o território nacional, ou parte dele, ao domínio ou à soberania de outro país:

Pena – reclusão, de 4 (quatro) a 12 (doze) anos.

Caput

- **Alteração:** Artigo acrescentado pela Lei n. 14.197, de 1.9.2021.
- **Objeto jurídico:** A soberania nacional, notadamente a proteção de nosso território.
- **Sujeito ativo:** Qualquer pessoa.
- **Sujeito passivo:** O Estado, na pessoa jurídica da União, e a coletividade.
- **Tipo objetivo:** A conduta punida é negociar (manter relação para ajustar, celebrar, concluir) com *governo* (administração de um Estado – pessoa jurídica de direito internacional) ou *grupo* (pequena associação ou reunião de pessoas ligadas a um fim comum, lembrando-se, por exemplo, grupos como as conhecidas Forças Armadas

Revolucionárias da Colômbia – FARC) *estrangeiro* (de outra nação), ou seus agentes (representantes do governo estrangeiro). O tipo penal, aqui, não faz a exigência de o grupo estrangeiro ser criminoso (cf. quanto ao conceito de organização criminosa estrangeira, a Lei n. 12.850/2013, art. 1º, § 1º). A negociação tem, necessariamente, que ter o fim de (*a.*) *provocar* (gerar, ocasionar) atos típicos de guerra (*vide* abaixo), ou (*b.*) *invadi-lo* (*idem*). Não cabe, aqui, falar em "guerra interna"; o tipo penal é expresso ao se referir a estrangeiro.

- **Com o fim de provocar atos típicos de guerra:** Quando o legislador se refere a atos típicos de guerra, tendo em vista que estamos tratando de *soberania nacional*, há necessidade de negociação com *país estrangeiro* ou grupos políticos estrangeiros com o fim de provocar tais atos contra o Brasil, como, por exemplo, o ataque, em fronteiras, a aeronaves ou navios brasileiros, visando atentar contra a nossa soberania. Note-se que o conceito clássico de guerra, com ataques violentos e físicos, envolvendo danos materiais e morte de pessoas, tem adquirido outros contornos diante da era digital, não sendo descabido, atualmente, a possibilidade de um país estrangeiro realizar ataques aos sistemas de armazenamento e transmissão de dados ou informações de outro, como tática de guerra. Não se deve confundir esses atos típicos de guerra com conceitos amplos como os de "guerra comercial", anda que existam boicotes. O tipo penal exige *agressão* à nossa soberania.

- **Ou invadi-lo (invasão do território nacional):** De acordo com dados do Instituto Brasileiro de Geografia e Estatística (IBGE), o território brasileiro se estende por 8.515.767,049km². No entanto, para fins de aplicação da lei penal, tal informação revela-se imprecisa, já que leva em conta apenas o espaço abrangido pelo *solo* nacional. Há de se considerar outros fatores. Nos termos da Lei n. 8.617/93, o Brasil exerce plena soberania sobre seu espaço aéreo sobrejacente ao seu território, suas águas marítimas, seu leito e subsolo. Da leitura do art. 1º da legislação citada, depreende-se que o mar territorial compreende uma faixa de 12 milhas marítimas de largura (22.224 metros), medidas a partir da linha de baixa-mar do litoral continental e insular. Acrescente-se que nosso país, em sua zona contígua (24 milhas marítimas ou 44.448 metros), tem competência para fiscalizar, evitar e reprimir infrações às leis e aos regulamentos aduaneiros, fiscais, de imigração ou sanitários, no território ou mar territorial (arts. 4º e 5º da lei anteriormente citada). O espaço aéreo brasileiro compreende a porção de atmosfera que se encontra acima de todo o solo brasileiro, somado ao mar territorial. Não há consenso sobre a medida exata deste espaço, mas há autores que recorrentemente afirmam que ele seria de 80 quilômetros contados do solo (http://paises.ibge.gov.br/#/pt/pais/brasil/info/sintese; http://www.planalto.gov.br/ccivil_03/leis/L8617.htm; http://www.stf.jus.br/repositorio/cms/portalTvJustica/portalTvJusticaNoticia/anexo/Roteiro_Aula_01_Saber_Direito_Georges_Ferreira.pdf; http://www.lawinter.com/62007dfalawinter.htm).

- **Tipo subjetivo:** É o dolo, ou seja, a vontade livre e consciente de praticar a conduta incriminada (*negociar*), acrescida do fim especial de provocar atos típicos de guerra contra nosso País ou sua invasão. Para os tradicionais, é o dolo específico. Não há modalidade culposa.

- **Consumação:** Com a efetiva entrada em negociação, independentemente de resultado material. Trata-se de crime formal.

- **Tentativa:** Não nos parece possível, por ser a conduta unissubsistente. Difícil imaginar a hipótese da pessoa "tentar negociar" sem que essa proposta tenha chegado ao conhecimento do governo ou do grupo estrangeiro. Na hipótese da negociação ter sido imediatamente refutada, com a proposta já terá havido início de negociação.

- **Concurso de agentes:** Pode haver coautoria e participação (CP, art. 29).

- **Competência:** Se não houver o envolvimento de militares, será da Justiça Federal (CR, art. 109); caso contrário, a competência será da Justiça Militar (art. 124 da Magna Carta).

- **Ação penal:** Pública incondicionada.

- **Pena:** Reclusão, de 3 (três) a 8 (oito) anos.

Aumento de pena (§ 1º)

- **Noção:** Se, em virtude das condutas previstas no *caput*, a guerra é declarada (devendo, em nosso entendimento, ser esta declaração oficial, formal), a pena é aumentada de metade até o dobro.

Figura qualificada (§ 2º)

- **Noção:** A pena será de 4 (quatro) a 12 (doze) anos de reclusão, se sujeito ativo participa (tem ou toma parte em) de operação bélica (manobra ou combate militar, que envolve armas, tanques, navios, submarinos, aviões ou soldados) com o fim (com o objetivo) de submeter (sujeitar, reduzir) o território nacional, ou parte (porção) dele, ao domínio (dominação de fato) ou à soberania (autoridade, com aplicação de leis) de outro país.

ATENTADO À INTEGRIDADE NACIONAL

Art. 359-J. Praticar violência ou grave ameaça com a finalidade de desmembrar parte do território nacional para constituir país independente:

Pena – reclusão de 2 (dois) a 8 (oito) anos, além da pena correspondente à violência.

- **Alteração:** Artigo acrescentado pela Lei n. 14.197, de 1.9.2021.

- **Objeto jurídico:** A integridade territorial e a soberania nacional; o regime representativo e democrático, a Federação e o Estado de Direito.

- **Sujeito ativo:** Qualquer pessoa.

- **Sujeito passivo:** O Estado, na pessoa jurídica da União, e a coletividade, bem como a pessoa que sofrer a violência ou grave ameaça.

- **Tipo objetivo:** A conduta punida é praticar (realizar, executar) violência (física, *vis absoluta*), ou grave ameaça (violência moral, ou seja, a promessa de causar mal futuro, sério e verossímil – *vis compulsiva*), com a finalidade (objetivo) de desmembrar (dividir, separar) parte (porção) do território nacional. Trata o tipo penal dos chamados "movimentos separatistas", mas com a *intenção*, o *propósito* de constituir (formar, compor) um *outro país* independente (livre de qualquer dependência do nosso), que é o elemento normativo do tipo, ou seja, se o desmembramento não tiver objetivo de constituir um país independente, o delito em epígrafe não restará configurado. Como já se teve notícia no passado, cuida esse dispositivo de casos em que há uma verdadeira "guerra interna" de grupos de determinada região do Brasil, insurgindo-se contra a unidade nacional. Se não houver essa finalidade, a violência ou grave ameaça configurará outros delitos do Código Penal. A nosso ver, é necessário, para a caracterização do crime, que existam condutas concretas, idôneas, sérias, aptas a concretizar o desmembramento do território nacional, o que não se confunde com mero debate de ideias sobre o tema, ínsito à liberdade constitucional de livre manifestação do pensamento.

- **Tipo subjetivo:** É o dolo, ou seja, a vontade livre e consciente de praticar a conduta incriminada, objetivando desmembrar parte do território nacional para formar um país independente. Na doutrina tradicional, é o dolo específico. Não há modalidade culposa.

- **Consumação:** Com a prática da violência ou ameaça.

- **Tentativa:** Entendemos que não pode haver, pois a conduta punida não pode ser fracionada. Se houver concreta *incitação*, isto é, efetivo discurso voltado a que pessoas ponham em prática a conduta proibida (que se distingue da exposição de mera opinião), poderá haver a configuração do delito do art. 286 do CP.

- **Coautoria e participação:** O tipo penal envolve, naturalmente, a coautoria ou participação de várias pessoas.

- **Concurso de crimes:** Como a parte final do preceito secundário faz menção "além daquela correspondente à violência", haverá concurso de crimes com outros delitos, como o de homicídio e lesão corporal.
- **Competência:** Se não houver o envolvimento de militares, será da Justiça Federal (CR, art. 109); caso contrário, a competência será da Justiça Militar (art. 124 da Magna Carta).
- **Ação Penal:** Pública incondicionada.
- **Pena:** Reclusão de 2 (dois) a 6 (seis) anos, além daquela correspondente à violência.

ESPIONAGEM

Art. 359-K. Entregar a governo estrangeiro, a seus agentes, ou a organização criminosa estrangeira, em desacordo com determinação legal ou regulamentar, documento ou informação classificados como secretos ou ultrassecretos nos termos da lei, cuja revelação possa colocar em perigo a preservação da ordem constitucional ou a soberania nacional:

Pena – reclusão, de 3 (três) a 12 (doze) anos.

§ 1º Incorre na mesma na pena quem presta auxílio a espião, conhecendo esta circunstância, para subtraí-lo à ação da autoridade pública.

§ 2º Se o documento, dado ou informação é transmitido ou revelado com violação do dever do sigilo:

Pena – reclusão, de 6 (seis) a 15 (quinze) anos.

§ 3º Facilitar a prática de qualquer dos crimes previstos neste artigo mediante atribuição, fornecimento e empréstimo de senha, ou de qualquer outra forma de acesso de pessoas não autorizadas a sistemas de informações:

Pena – detenção, de 1 (um) a 4 (quatro) anos.

§ 4º Não constitui crime a comunicação, a entrega ou a publicação de informações ou de documentos com o fim de expor a prática de crime ou a violação de direitos humanos.

- **Alteração:** Artigo acrescentado pela Lei n. 14.197, de 1.9.2021.
- **Acordo de não persecução:** Diante da pena mínima inferior a quatro anos, não havendo violência ou grave ameaça, é possível no *caput*, no § 1º e no § 3º, desde que preenchidos os demais requisitos do art. 28-A do CPP.
- **Suspensão condicional do processo:** Cabe unicamente no § 3º (facilitação), em face da pena cominada, uma vez satisfeitos os demais requisitos do art. 86 da Lei n. 9.099/95.
- **Objeto jurídico:** Os segredos da Administração Pública do Estado Brasileiro.
- **Sujeito ativo:** Qualquer pessoa no *caput* e no § 1º; nas figuras dos §§ 2º e 3º apenas o funcionário público (ver seu conceito amplo para fins penais no art. 327 do CP).
- **Sujeito passivo:** O Estado, na pessoa jurídica da União.
- **Tipo objetivo:** A conduta punida é entregar (passar às mãos ou à posse) a governo estrangeiro, a seus agentes (representantes) ou a organização criminosa estrangeira (cf. seu significado na Lei n. 12.850/13, art. 1º, § 1º), em desacordo (discordância) com determinação legal ou regulamentar (elemento normativo do tipo), documento (qualquer base de conhecimento fixada materialmente e disposta de maneira que se possa utilizar para consulta) ou informação (informe, dados) classificados como secretos ou ultrassecretos nos termos da lei (*vide* nota abaixo), cuja revelação (divulgação) possa colocar

em perigo (real e concreto) a preservação da ordem constitucional ou a soberania nacional (elementos normativos do tipo), não se configurando crime se o documento ou informação não tiver essa qualidade ou potencialidade. Observamos que, tratando-se de organização criminosa estrangeira, jamais poderá ter havido determinação legal ou regulamentar a respeito. Assim, o desacordo a que o tipo se refere aplica-se, por imperativo lógico, apenas a governo estrangeiro e seus agentes. A princípio, o tipo penal em comento *não se refere* à chamada *espionagem comercial ou industrial*, salvo se essa espionagem trouxer perigo à nossa soberania, quando, por exemplo, envolver informações classificadas pela União como sigilosas ou ultrassecretas em poder de empresas que prestam serviços ao Ministério da Defesa, incluindo-se as Forças Armadas brasileiras, ou que detenham informações *com essa classificação* dada pelo Governo, que digam respeito a questões estratégicas nacionais.

- **Documentos secretos ou ultrassecretos:** A Lei de Acesso à Informação (Lei n. 12.527/2011), no Capítulo IV – Das Restrições de Acesso à Informação, Seção II – Da Classificação da Informação quanto ao Grau e Prazos de Sigilo, dispõe: "Art. 23. São consideradas imprescindíveis à segurança da sociedade ou do Estado e, portanto, passíveis de classificação as informações cuja divulgação ou acesso irrestrito possam: I – pôr em risco a defesa e a soberania nacionais ou a integridade do território nacional; II – prejudicar ou pôr em risco a condução de negociações ou as relações internacionais do País, ou as que tenham sido fornecidas em caráter sigiloso por outros Estados e organismos internacionais; III – pôr em risco a vida, a segurança ou a saúde da população; IV – oferecer elevado risco à estabilidade financeira, econômica ou monetária do País; V – prejudicar ou causar risco a planos ou operações estratégicos das Forças Armadas; VI – prejudicar ou causar risco a projetos de pesquisa e desenvolvimento científico ou tecnológico, assim como a sistemas, bens, instalações ou áreas de interesse estratégico nacional; VII – pôr em risco a segurança de instituições ou de altas autoridades nacionais ou estrangeiras e seus familiares; ou, VIII – comprometer atividades de inteligência, bem como de investigação ou fiscalização em andamento, relacionadas com a prevenção ou repressão de infrações. Art. 24. A informação em poder dos órgãos e entidades públicas, observado o seu teor e em razão de sua imprescindibilidade à segurança da sociedade ou do Estado, poderá ser classificada como ultrassecreta, secreta ou reservada. § 1º Os prazos máximos de restrição de acesso à informação, conforme a classificação prevista no *caput*, vigorem a partir da data de sua produção e são os seguintes: I – ultrassecreta: 25 (vinte e cinco) anos; II – secreta: 15 (quinze) anos; e III – reservada: 5 (cinco) anos. § 2º As informações que puderem colocar em risco a segurança do Presidente e Vice-Presidente da República e respectivos cônjuges e filhos(as) serão classificadas como reservadas e ficarão sob sigilo até o término do mandato em exercício ou do último mandato, em caso de reeleição. § 3º Alternativamente aos prazos previstos no § 1º, poderá ser estabelecida como termo final de restrição de acesso a ocorrência de determinado evento, desde que este ocorra antes do transcurso do prazo máximo de classificação. § 4º Transcorrido o prazo de classificação ou consumado o evento que defina o seu termo final, a informação tornar-se-á, automaticamente, de acesso público. § 5º Para a classificação da informação em determinado grau de sigilo, deverá ser observado o interesse público da informação e utilizado o critério menos restritivo possível, considerados: I – a gravidade do risco ou dano à segurança da sociedade e do Estado; e II – o prazo máximo de restrição de acesso ou o evento que defina seu termo final'.

- **Tipo subjetivo:** É o dolo, ou seja, a vontade livre e consciente de praticar a conduta incriminada. Inexiste punição a título de culpa.

- **Consumação:** Com a efetiva entrega do documento ou informação secreta ou ultrassecreta.

- **Tentativa:** É possível.

- **Coautoria e participação:** Pode haver.

- **Ação penal:** Pública incondicionada.

- **Pena:** Reclusão, de 3 (três) a 12 (doze) anos.

Figura equiparada (§ 1º)

- **Noção:** Aquele que *presta auxílio* (dá ajuda, assistência) a espião (agente secreto encarregado de recolher informações acerca de uma potência estrangeira e fornecê-las ao governo por cujo interesse trabalhe), conhecendo (sabendo) desta circunstância (elemento normativo do tipo) para subtraí-lo (fazer escapar, livrá-lo) à ação da autoridade pública, é punido com a mesma pena do *caput*. Aquele que presta auxílio há que ter ciência de que o documento ou a informação transmitida é secreto ou ultrassecreto.

Figura qualificada (§ 2º)

- **Noção:** Se o documento, dado ou informação secreto ou ultrassecreto for transmitido (passado) ou revelado (mostrado) com violação de dever de ofício. Neste caso, o sujeito ativo será apenas o funcionário público (ver seu conceito amplo para fins penais no art. 327) responsável pelo sigilo. Entendemos, aqui, que o agravamento da pena pela condição do funcionário público, por *não ser elementar do tipo*, não se comunica ao partícipe que com ele colabora.

Facilitação (§ 3º)

- **Noção:** Se o agente facilitar (tornar fácil ou mais fácil) qualquer dos crimes previstos neste artigo (*caput*, §§ 1º e 2º) mediante atribuição (ato de atribuir, conferir), fornecimento (entrega) ou empréstimo (ato de confiar alguma coisa a alguém, gratuitamente ou não) de senha, ou de qualquer outra forma de acesso de pessoas não autorizadas a sistemas de informações, relativos a documentos secretos ou ultrassecretos, estará incurso nesse § 3º, cuja pena é *inferior* às outras figuras típicas, sendo punido com reclusão de 1 (um) a 4 (quatro) anos. Também aqui o sujeito ativo *facilitador* será somente o funcionário público. A nosso ver, exige-se que ele *tenha ciência* de estar facilitando uma ação de espionagem *estrangeira*.

Conduta impunível (§ 4º)

- **Noção:** Não configurará o delito deste art. 359-K, a entrega ou publicação de informações ou de documentos com o objetivo de expor (tornar público) o cometimento de crime ou a violação de direitos humanos. Trata-se de ressalva das mais importantes em um Estado de Direito Democrático que não pode considerar secreto ou ultrassecreto tal tipo de crime ou violação. Nesse sentido, exemplos internacionais têm sido frequentes, como verificado no famoso caso *Wikileaks* de Julian Assange, em que dados secretos do governo dos EUA envolvendo, inclusive, atividades potencialmente ilícitas de agências governamentais como a CIA – *Central Inteligence Agency*, inclusive o monitoramento das conversas dos cidadãos norte-americanos de forma generalizada, e sem autorização judicial, foram expostos publicamente. Cada caso haverá de ser avaliado de forma individualizada para se verificar a incidência, ou não, da descriminante.

Capítulo II

DOS CRIMES CONTRA AS INSTITUIÇÕES DEMOCRÁTICAS

ABOLIÇÃO VIOLENTA DO ESTADO DEMOCRÁTICO DE DIREITO

Art. 359-L. Tentar, com emprego de violência ou grave ameaça, abolir o Estado Democrático de Direito, impedindo ou restringindo o exercício dos poderes constitucionais:

Pena – reclusão, de 4 (quatro) a 8 (oito) anos, além da pena correspondente à violência.

- **Alteração:** Artigo acrescentado pela Lei n. 14.197, de 1.9.2021.

- **Objeto jurídico:** A proteção do Estado Democrático de Direito, de suas instituições constitucionalmente estabelecidas. Nossa Democracia é constituída pelo Legislativo, Executivo e Judiciário, que são os Poderes da nossa República, que devem atuar de forma harmônica e independente, respeitando-se mutuamente dentro de suas competências constitucionais e que têm, como um de seus pilares, o pluralismo político (CF, art. 1º, V). Observamos que a República Federativa do Brasil compreende a União, os

Estados, o Distrito Federal e os Municípios, todos autônomos (CF, art. 18, *caput*) tendo como fundamentos (CF, art. 1º), além da soberania (inc. I) e do pluralismo político (inc. V), a cidadania (inc. II), a dignidade da pessoa humana (inc. III) e os valores sociais do trabalho e da livre-iniciativa (inc. IV), consubstanciados no Estado Democrático de Direito.

- **Sujeito ativo:** Qualquer pessoa.

- **Sujeito passivo:** O Estado e a coletividade.

- **Tipo objetivo:** A conduta punida é tentar (buscar, procurar), *por meio* (com emprego) de *violência* (física contra pessoa – *vis absoluta*) ou grave ameaça (violência moral, ou seja, a promessa de causar mal futuro, sério e verossímil – *vis compulsiva*), abolir (exterminar, extinguir) *o próprio Estado de Direito Democrático* (ou seja, as suas instituições), (a) impedindo (impossibilitando, inviabilizando) ou (b) restringindo (reduzindo, limitando) o exercício (desempenho) de seus poderes constitucionais. Note-se que a *violência* e a *grave ameaça* são elementos essenciais do delito.

- **Tipo subjetivo:** É o dolo, ou seja, a vontade livre e consciente de praticar a conduta incriminada, acrescida do *especial fim de agir*: para abolir o Estado de Direito Democrático, impedindo ou extinguindo o exercício dos Poderes Executivo, Legislativo e Judiciário, criados pela Constituição. Para os tradicionais, cuida-se do dolo específico. Não há modalidade culposa.

- **Protestos pacíficos com manifestações críticas *versus* grave ameaça:** O crime em testilha é muito grave, demandando cautela na sua aplicação, observando-se a exigência do tipo penal de que é necessário haver efetiva *violência* contra pessoa (e não contra coisa) ou *grave ameaça* também contra pessoa (por exemplo, promessa séria e verossímil de morte a um Ministro de Estado ou dos Tribunais Superiores, de um Senador ou Deputado Federal, do Presidente da República ou de seu vice) *vinculada* ao exercício das funções públicas exercidas por membros dos Poderes Constitucionais (Executivo, Legislativo e Judiciário). Essas condutas não se confundem com *protestos pacíficos com manifestações críticas* às instituições ou à atuação de autoridades que compõem os Poderes, as quais, pelo próprio exercício da função pública, a elas estão sujeitas. Em caso de ofensas à honra, praticadas com ânimo *caluniandi, diffamandi* ou *injuriandi*, poderá haver a configuração dos crimes de calúnia, difamação ou injúria (CP, arts. 138, 139 e 140). Em casos específicos, o delito de desacato (CP, art. 331).

- **Consumação:** Com a inequívoca prática da violência ou da grave ameaça.

- **Tentativa:** Não pode haver, pois o crime se consuma com a própria conduta de tentar.

- **Coautoria e participação:** É possível.

- **Ação penal:** Pública incondicionada.

- **Pena:** Reclusão, de 4 (quatro) a 8 (oito) anos, além da pena correspondente à violência.

GOLPE DE ESTADO

Art. 359-M. Tentar depor, por meio de violência ou grave ameaça, o governo legitimamente constituído:

Pena – reclusão, de 4 (quatro) a 12 (doze) anos, além da pena correspondente à violência.

- **Alteração:** Artigo acrescentado pela Lei n. 14.197, de 1.9.2021.

- **Objeto jurídico:** Como o tipo penal refere-se a "golpe de Estado" no *nomen juris* e ao "governo legitimamente constituído", o objeto jurídico é a proteção da Presidência e da vice-Presidência da República, uma vez que o Presidente, no Brasil, é chefe de governo e chefe de Estado. Protege-se a sua posse e o exercício de seu mandato popular, nos termos da Constituição.

- **Sujeito ativo:** Qualquer pessoa.

- **Sujeito passivo:** O Estado, na pessoa jurídica da União, o Presidente da República e o Vice-Presidente, além de outras pessoas que tenham sido vítimas da violência ou da grave ameaça.

- **Tipo objetivo:** A conduta punida é tentar (buscar, procurar) depor (despojar, tirar do cargo) o governo legitimamente constituído através de eleições livres, periódicas e democráticas, ou seja, o Presidente ou o vice-Presidente, como chefes de governo, mediante violência (física contra pessoa – *vis absoluta*) ou grave ameaça (violência moral contra pessoa, a promessa de causar mal futuro, sério e verossímil – *vis compulsiva*). Sem *violência* ou *grave ameaça* contra pessoa, não há o crime. Desse modo, se um Presidente da República é deposto pelos meios legais, por *impeachment*, por ter afastamento determinado pelo Congresso Nacional após ter contra si recebida uma denúncia pelo STF por suposto crime cometido durante o exercício do mandato, apesar daqueles que se sentirem politicamente atingidos poderem afirmar vulgarmente que teria ocorrido um "golpe legislativo", evidentemente não há se falar em crime de "golpe de Estado". Igualmente, por inexistir violência física contra pessoa ou grave ameaça, não há o crime deste art. 359-M nos casos de ataques verbais em redes sociais ao Presidente da República (com calúnias, difamações ou injúrias), bem como com falsas notícias (*fake news*), acompanhadas de um autoritarismo crescente e, por vezes, de interpretações falaciosas do texto da Lei Maior com os eufemisticamente chamados de "golpes constitucionais", ou melhor, (in)constitucionais, que temos vivenciado com a polarização da sociedade.

- **Tipo subjetivo:** É o dolo de perigo, ou seja, a vontade consciente e livre de praticar a conduta incriminada, acrescida de especial fim de agir: para tentar depor o governo legitimamente constituído. Na doutrina tradicional, é o dolo específico. Não há punição a título de culpa.

- **Consumação:** Com a inequívoca prática da violência ou grave ameaça.

- **Tentativa:** Não pode haver, já que o delito se consuma com a própria conduta de tentar.

- **Coautoria e participação:** Pode existir.

- **Ação penal:** Pública incondicionada.

- **Pena:** Reclusão, de 4 (quatro) a 12 (doze) anos, além da pena correspondente à violência.

Capítulo III

DOS CRIMES CONTRA O FUNCIONAMENTO DAS INSTITUIÇÕES DEMOCRÁTICAS NO PROCESSO ELEITORAL

INTERRUPÇÃO DE PROCESSO ELEITORAL

Art. 359-N. Impedir ou perturbar a eleição ou a aferição de seu resultado, mediante violação indevida de mecanismos de segurança do sistema eletrônico de votação estabelecido pela Justiça Eleitoral:

Pena – reclusão, de 3 (três) a 6 (seis) anos, e multa.

- **Alteração:** Artigo acrescentado pela Lei n. 14.197, de 1.9.2021.
- **Acordo de não persecução penal:** Diante da pena mínima inferior a quatro anos, não havendo violência ou grave ameaça contra pessoa, é possível, desde que preenchidos os demais requisitos do art. 28-A do CPP.
- **Objeto jurídico:** A normalidade e a segurança das eleições e de seus resultados.
- **Sujeito ativo:** Qualquer pessoa.
- **Sujeito passivo:** O Estado, na pessoa jurídica da União, notadamente a Justiça Eleitoral, e a coletividade.
- **Tipo objetivo:** A conduta punida consiste em impedir (impossibilitar, bloquear, prejudicar) ou perturbar (atrapalhar, dificultar) a eleição, especificamente o dia de sua realização e os que o precedem, ou a aferição (contagem) do seu resultado, *da seguinte maneira*: por meio de *violação indevida* (sem autorização do Tribunal Superior Eleitoral) de mecanismos de segurança do sistema eletrônico de votação. Embora o tema seja polêmico, com o TSE negando a possibilidade de haver violação do sistema de segurança das urnas eletrônicas, por não estarem elas conectadas à *internet*, sendo transmitidos os dados de cada urna, acompanhados da impressão do "boletim de urna", por *pen drive*, aos computadores que fazem a somatória dos votos em todo o Brasil, o legislador não descartou a hipótese neste crime do art. 359-N. Em tese, essa *violação* indevida pode ocorrer mediante atuação de *hackers*, por exemplo, com a implantação de programas maliciosos, que são os *malwares*, isto é, *softwares* criados para sorrateiramente violar computadores, servidores, redes de transmissão de dados no sistema eletrônico envolvido na cadeia de cômputo de votos, violando os mecanismos que dão segurança ao sistema eletrônico (senhas, *firewalls* etc.) de votação. Se no triste passado político brasileiro havia o "voto de cabresto", atualmente há o risco de ataques cibernéticos, uma realidade no mundo contemporâneo, merecendo toda a atenção do legislador e das autoridades diante dos nefastos resultados que podem causar. No caso, a preservação da integridade dos votos e de seu cômputo é essencial à Democracia. Registre-se que nosso sistema de urnas eletrônicas significou grande avanço, nunca tendo havido em cerca de vinte e cinco anos de sua instituição, prova de qualquer fraude; isso não significa, obviamente, que, com os avanços da tecnologia, as urnas não possam ser aperfeiçoadas para trazer à população ainda maior confiança.
- **Tipo subjetivo:** É a vontade livre e consciente de impedir ou perturbar a eleição ou a sua apuração, com a violação do sistema eletrônico de votação. Para a doutrina tradicional, trata-se do dolo genérico. Não há modalidade culposa.
- **Consumação:** Com o impedimento ou a perturbação, ressaltando-se que ela há de ter relevância jurídica.
- **Tentativa:** Na modalidade de impedir, pode ocorrer na hipótese de ter havido violação do sistema eletrônico, mas prontamente sanada. Já na de perturbar, a tentativa não nos parece possível, pois, ao violar o sistema, já se estará perturbando as eleições.
- **Coautoria e participação:** Pode haver.
- **Competência:** Por se tratar de processo eleitoral, a competência, a nosso ver, será da Justiça Eleitoral.
- **Ação penal:** Pública incondicionada.
- **Pena:** Reclusão, de 3 (três) a 6 (seis) anos e multa.

Art. 359-O. (Vetado.)

- **Comentário em anexo:** O art. 359-O foi *vetado* pelo Presidente da República quando da promulgação da Lei n. 14.197, de 1.9.2021. Como a derrubada ou não desse veto será ainda decidida pelo Congresso Nacional, ele é comentado em anexo, ao final da presente obra.

VIOLÊNCIA POLÍTICA

Art. 359-P. Restringir, impedir ou dificultar, com emprego de violência física, sexual ou psicológica, o exercício de direitos políticos a qualquer pessoa em razão de seu sexo, raça, cor, etnia, religião ou procedência nacional:

Pena – reclusão, de 3 (três) a 6 (seis) anos, e multa, além da pena correspondente à violência.

- **Alteração:** Artigo acrescentado pela Lei n. 14.197, de 1.9.2021.

- **Objeto jurídico:** A liberdade e a segurança dos cidadãos ao exercerem seus direitos políticos.

- **Sujeito ativo:** Qualquer pessoa.

- **Sujeito passivo:** A pessoa vítima da violência que tem o exercício de seus direitos políticos atingidos; secundariamente, o próprio Estado na medida em que a garantia do sufrágio é de interesse público.

- **Objeto jurídico:** Três são as condutas punidas: (a) *restringir* (limitar, reduzir), (b) *impedir* (impossibilitar), ou (c) *dificultar* (tornar difícil, pôr dificuldade), empregando *violência física* (contra pessoa, *vis absoluta*), *sexual* (atingindo a dignidade sexual de uma pessoa) ou *psicológica* (causando perturbação mental), o *exercício de direitos políticos dos cidadãos* (votar e ser votado em eleições livres e periódicas, de se manifestar publicamente etc.), em razão do *sexo* (incluídas, aqui, todas as escolhas de gênero LGBTQIA+), *raça* (conjunto de indivíduos de origem étnica comum), *cor*, *religião* (judaica, cristã, mulçumana, de origem africana etc., bem como os agnósticos e os ateus) ou *procedência nacional* (não só de diferentes regiões do Brasil, como também estrangeiros naturalizados, com direito de votar e serem votados).

- **Violência física, sexual e psicológica:** O art. 7º da Lei Maria da Penha – Lei n. 11.340/2006, traz os seguintes conceitos: "Art. 7º. (...) I – a violência física, entendida como qualquer conduta que ofenda sua integridade ou saúde corporal; II – a violência psicológica, entendida como qualquer conduta que lhe cause dano emocional e diminuição da autoestima ou que lhe prejudique e perturbe o pleno desenvolvimento ou que vise degradar ou controlar suas ações, comportamentos, crenças e decisões, mediante ameaça, constrangimento, humilhação, manipulação, isolamento, vigilância constante, perseguição contumaz, insulto, chantagem, ridicularização, exploração e limitação do direito de ir e vir ou qualquer outro meio que lhe cause prejuízo à saúde psicológica e à autodeterminação; III – a violência sexual, entendida como qualquer conduta que a constranja a presenciar, a manter ou a participar de relação sexual não desejada, mediante intimidação, ameaça, coação ou uso da força; que a induza a comercializar ou a utilizar, de qualquer modo, a sua sexualidade, que a impeça de usar qualquer método contraceptivo ou que a force ao matrimônio, à gravidez, ao aborto ou à prostituição, mediante coação, chantagem, suborno ou manipulação; ou que limite ou anule o exercício de seus direitos sexuais e reprodutivos".

- **Tipo objetivo:** É o dolo, a vontade consciente e livre de praticar qualquer das condutas incriminadas, acrescido do especial fim de agir: com o objetivo de restringir, impedir ou dificultar o exercício de direitos políticos de uma pessoa. Na doutrina tradicional, é o dolo específico. Não há punição por culpa.

- **Consumação:** Com a inequívoca prática de uma das três condutas do tipo.

- **Tentativa:** Não nos parece possível, pois as ações de restringir e dificultar não podem ser fracionadas. Na conduta de tentar impedir, o sujeito ativo já terá restringido ou dificultado.

- **Competência:** Por se tratar de exercício dos direitos políticos, a competência, a nosso ver, será da Justiça Eleitoral.

- **Coautoria e participação:** Pode haver.

- **Ação penal:** Pública e incondicionada.

- **Concurso de crimes:** Como o preceito secundário do tipo penal, ao prever a pena, faz a ressalva "além da pena correspondente à violência", haverá concurso do crime do art. 359-P, com os outros que venham a ser praticados em razão da violência física, sexual ou psicológica, como os delitos de lesão corporal (art. 129), sequestro ou cárcere privado (art. 148), estupro (art. 213) etc. Quanto ao delito de perseguição (art. 147-B), entendemos que ele restará absorvido.

- **Pena:** Reclusão, de 3 (três) a 6 (seis) anos, além da pena correspondente à violência.

Art. 359-Q. (Vetado).

- **Comentários em anexo:** O art. 359-Q foi *vetado* pelo Presidente da República quando da promulgação da Lei n. 14.197, de 1.9.2021. Como a derrubada ou não desse veto será ainda decidida pelo Congresso Nacional, ele é comentado em anexo, ao final da presente obra.

Capítulo IV
DOS CRIMES CONTRA O FUNCIONAMENTO DOS SERVIÇOS ESSENCIAIS

SABOTAGEM

Art. 359-R. Destruir ou inutilizar meios de comunicação ao público, estabelecimentos, instalações ou serviços destinados à defesa nacional com o fim de abolir o Estado Democrático de Direito:

Pena – reclusão, de 2 (dois) a 8 (oito) anos.

- **Alteração:** Artigo acrescentado pela Lei n. 14.197, de 1.9.2021.

- **Acordo de não persecução penal:** Diante da pena mínima inferior a quatro anos, se não tiver havido violência ou grave ameaça contra pessoa, é possível, desde que preenchidos os demais requisitos do art. 28-A do CPP.

- **Objeto jurídico:** A defesa nacional e o Estado Democrático de Direito estabelecido em nossa Constituição.

- **Sujeito ativo:** Qualquer pessoa.

- **Sujeito passivo:** O Estado, na pessoa jurídica da União, notadamente seus meios de defesa. Em segundo lugar, a pessoa física ou jurídica vítima da destruição ou inutilização.

- **Tipo objetivo:** Como diz o *nomen juris* deste artigo, o que ele pune é a *sabotagem* (invasão ou ocupação dos referidos locais para impedir ou dificultar seu trabalho, ou danificar as coisas que neles existem). Sabotagem esta, feita por meio de duas condutas: *destruir* (aniquilar, destroçar) ou *inutilizar* (tornar imprestável): (a) os meios de comunicação ao público destinados à defesa nacional (os instrumentos de que o Governo dispõe para se comunicar com a população, por exemplo mediante mídias sociais, televisão, rádio etc.), *estabelecimentos* que possuem papel na defesa nacional (a sede de quartéis militares ou da ABIN – Agência Brasileira de Informações), suas *instalações* (aeródromos, radares de vigilância aérea, antenas transmissoras de sinais de *internet* (3G, 4G e 5G), de televisão e de rádio, o local onde se encontram os computadores do Governo na área da defesa, galpões de armazenagem de armamentos etc.) ou ainda os *serviços* (atuação de empresas que prestam serviços ao Governo na área da segurança nacional, inclusive os provedores de logística). Assim é necessário que os mesmos tenham tal destinação (defesa nacional), ainda que provisória ou temporariamente.

- **Tipo subjetivo:** O dolo, qual seja, a vontade livre e consciente de praticar uma das condutas incriminadas, acrescido do especial fim de agir: para abolir (acabar, extinguir) o Estado de Direito Democrático. Se o agente, no mesmo contexto fático, praticar mais de uma ação típica, responderá por um só delito.

- **Consumação:** Com a efetiva destruição ou inutilização. Tratando-se de infração que deixa vestígios, será necessária a realização de exame pericial, nos termos do art. 158 do CPP.

- **Tentativa:** É possível.

- **Coautoria e participação:** Pode haver.

- **Ação penal:** Pública incondicionada.

- **Competência:** A competência será da Justiça Federal, não se descartando, a depender do caso, a da Justiça Militar.

- **Confronto:** Se a finalidade não é abolir o Estado Democrático de Direito, cf. os crimes contra a segurança dos meios de comunicação, de transporte e outros serviços, previstos nos arts. 260 a 266 do CP.

- **Pena:** Reclusão, de 2 (dois) a 8 (oito) anos.

Capítulo V
(VETADO)

Art. 359-S. (Vetado.)

- **Comentários no anexo:** O Capítulo V e o art. 359-S, único nele inserido, foram *vetados* pelo Presidente da República quando da promulgação da Lei n. 14.197, de 1.9.2021. Como a derrubada ou não desse veto será ainda decidida pelo Congresso Nacional quando da edição desta obra, ele é comentado em anexo, ao final do presente livro.

Capítulo VI
DISPOSIÇÕES COMUNS

Art. 359-T. Não constitui crime previsto neste Título a manifestação crítica aos poderes constitucionais nem a atividade jornalística ou a reivindicação de direitos e garantias constitucionais por meio de passeatas, de reuniões, de greves, de aglomerações ou de qualquer outra forma de manifestação política com propósitos sociais.

- **Alteração:** Artigo acrescentado pela Lei n. 14.197, de 1.9.2021.

- **Noção:** Trata-se de dispositivo dos mais importantes do Título XII, que cuida Dos Crimes Contra o Estado Democrático de Direito. Assim, após criminalizar nos artigos anteriores diversas condutas que atentam contra a democracia, passa a enumerar outras que não constituem delitos, dando proteção a direitos individuais e sociais garantidos pela Magna Carta, como a liberdade de manifestação e de reunião.

- **Ações impuníveis:** São elas: I. A manifestação crítica (de condenação, apreciação desfavorável) aos poderes constitucionais (Executivo, Legislativo e Judiciário), incluindo-se os seus membros, lembrando-se as sábias palavras de Rui Barbosa de que temos o dever de respeitar as autoridades, mas o direito de criticá-las. A manifestação crítica, por vezes ácida e veemente, é essencial à Democracia, estando os funcionários públicos de todos os Poderes sujeitos a recebê-las em razão do exercício de suas funções. A crítica por vezes pode ser desagradável a quem a recebe, sabendo-se que *o ânimo de criticar* afasta o *animus caluniandi, diffamandi* e *injuriandi* (cf. comentários aos arts. 138, 139 e 140 do CP). II. A atividade jornalística, vedando-se qualquer censura prévia e garantindo-se o sigilo da fonte, sem olvidar que a liberdade de imprensa tem a mesma dimensão da sua responsabilidade, devendo ter sempre como norte a busca da verdade material ou real. Atualmente, diante da revolução tecnológica que estamos vivenciando, exercem atividade jornalística não só aqueles que trabalham para grandes veículos de mídia, mas também aquelas pessoas que são proprietárias ou laboram com canais de comunicação digitais na *internet*, por vezes próprios, como os conhecidos "influenciadores digitais", que visam apurar, trazer informações de interesse público, veiculando notícias, fazendo reportagens, trazendo críticas, escrevendo artigos ou realizando entrevistas sobre os fatos que ocorrem na sociedade. III. Ou a reivindicação de direitos e garantias constitucionais por meio de: *a. passeatas* (devendo-se observar as posturas municipais e estaduais, evitando-se o bloqueio de ruas e estradas, bem como a escolha do mesmo dia e local para grupos políticos antagônicos); *b. reuniões* (encontros de diversas pessoas numa determinada localização); *c. greves* (cabendo respeitar, sob pena de multas aos sindicatos, as decisões dos Tribunais Regionais do Trabalho quanto, por exemplo, à exigência de manter em funcionamento um número mínimo de ônibus, trens e metrôs; por outro lado de se consignar que o STF, ao julgar os Mandados de Injunção 670, 708 e 770, reconheceu o direito de greve previsto na Lei n. 7.783/89 aos funcionários públicos; *d. aglomerações* (ajuntamento, agrupamento); *e.* ou qualquer outra forma de manifestação política com propósitos sociais, sempre vinculados à reivindicação de direitos e garantias constitucionais. Anotamos que a ressalva deste art. 359-T pressupõe que as manifestações sejam *pacíficas*, não significando autorização para o cometimento de crimes, sendo possível que uma manifestação inicialmente pacífica acabe se transformando em protesto violento, devendo os responsáveis por depredações (art. 165), rixa (art. 137), lesões corporais (art. 129) e até homicídio (art. 121) que porventura ocorrerem, ser responsabilizados criminalmente. Igualmente, haverá punição caso ocorra incitação à prática de crimes (art. 286), apologia de crime ou criminoso (art. 287), associação para cometer crime (art. 288) ou constituição de milícia privada (art. 289).

Art. 359-U. (Vetado.)

- **Comentários no anexo:** O art. 359-U foi *vetado* pelo Presidente da República quando da promulgação da Lei n. 14.197, de 1.9.2021. Como a derrubada ou não desse veto será ainda decidida pelo Congresso Nacional, ele é comentado em anexo, ao final da presente obra.

DISPOSIÇÕES FINAIS

Art. 360. Ressalvada a legislação especial sobre os crimes contra a existência, a segurança e a integridade do Estado e contra a guarda e o emprego da economia popular, os crimes de imprensa e os de falência, os de responsabilidade do Presidente da República e dos Governadores ou Interventores, e os crimes militares, revogam-se as disposições em contrário.

Ressalva da legislação especial

- **Regras gerais:** As regras gerais do CP são aplicáveis à legislação penal especial, salvo quando nesta estiverem consignadas regras gerais próprias (*vide* nota ao art. 12 do CP). A Lei de Imprensa (Lei n. 5.250/67) não mais vige entre nós, por ter sido julgada inconstitucional pelo STF (ADPF 130, j. em 30.5.2009).

- **Não existe mais a antiga LSN:** A ressalva à Lei de Segurança Nacional restou prejudicada com a edição da Lei n. 14.197/2021, que incluiu os Crimes contra o Estado Democrático de Direito no Título XII do CP e revogou a antiga Lei n. 7.170/83.

- **A Lei de Imprensa não foi recepcionada pela Constituição de 1988:** O STF julgou, na ADPF 130/DF, que a antiga Lei de Imprensa (Lei n. 5.250/67) não foi recepcionada pela Constituição da República de 1988.

- **Crimes falimentares:** Os crimes falimentares são atualmente disciplinados pela Lei n. 11.101/2005, a qual revogou o antigo Decreto-Lei n. 7.661/45.

Art. 361. Este Código entrará em vigor no dia 1º de janeiro de 1942.

- **Vigência:** Por sua vez, a Lei n. 7.209/84, que reformou a Parte Geral do CP, entrou em vigor às 24 horas do dia 12.1.85.

- Rio de Janeiro, 7 de dezembro de 1940; 119º da Independência e 52º da República.

GETÚLIO VARGAS

TABELA PARA CÁLCULO DE PENAS DE MULTA

PENAS DE MULTA COM BASE NO SALÁRIO MÍNIMO

Tabela para cálculo das penas de multa previstas na base do salário mínimo

de	26.3.68	a	30.4.69:	Cr$	129,00	(Decreto n. 62.461, de 25.3.68)
de	1.5.69	a	30.4.70:	Cr$	156,00	(Decreto n. 64.442, de 1.5.69)
de	1.5.70	a	30.4.71:	Cr$	187,00	(Decreto n. 66.523, de 30.4.70)
de	1.5.71	a	30.4.72:	Cr$	225,00	(Decreto n. 68.576, de 1.5.71)
de	1.5.72	a	30.4.73:	Cr$	268,00	(Decreto n. 70.465, de 27.4.72)
de	1.5.73	a	30.4.74:	Cr$	312,00	(Decreto n. 72.148, de 30.4.73)
de	1.5.74	a	30.4.75:	Cr$	376,00	(Decreto n. 73.995, de 29.4.74)
de	1.5.75	a	30.4.76:	Cr$	532,00	(Decreto n. 75.679, de 29.4.75)
de	1.5.76	a	30.4.77:	Cr$	768,00	(Decreto n. 77.510, de 29.4.76)
de	1.5.77	a	30.4.78:	Cr$	1.106,00	(Decreto n. 79.610, de 28.4.77)
de	1.5.78	a	30.4.79:	Cr$	1.560,00	(Decreto n. 81.615, de 28.4.78)
de	1.5.79	a	31.10.79:	Cr$	2.268,00	(Decreto n. 83.375, de 30.4.79)
de	1.11.79	a	30.4.80:	Cr$	2.932,00	(Decreto n. 84.135, de 1.10.79)
de	1.5.80	a	31.10.80:	Cr$	4.149,00	(Decreto n. 84.674, de 30.4.80)
de	1.11.80	a	30.4.81:	Cr$	5.788,00	(Decreto n. 85.310, de 1.10.80)
de	1.5.81	a	30.10.81:	Cr$	8.464,00	(Decreto n. 85.950, de 29.4.81)
de	1.11.81	a	30.4.82:	Cr$	11.928,00	(Decreto n. 86.514, de 9.10.81)
de	1.5.82	a	31.10.82:	Cr$	16.608,00	(Decreto n. 87.139, de 29.4.82)
de	1.11.82	a	1.5.83:	Cr$	23.568,00	(Decreto n. 87.743, de 9.10.82)
de	2.5.83	a	31.10.83:	Cr$	34.776,00	(Decreto n. 88.267, de 30.4.83)
de	1.11.83	a	30.4.84:	Cr$	57.120,00	(Decreto n. 88.930, de 1.10.83)
de	1.5.84	a	31.10.84:	Cr$	97.176,00	(Decreto n. 89.589, de 26.4.84)
de	1.11.84	a	1.5.85:	Cr$	166.560,00	(Decreto n. 90.381, de 9.10.84)
de	2.5.85	a	3.11.85:	Cr$	333.120,00	(Decreto n. 91.213, de 30.4.85)
de	4.11.85	a	9.3.86:	Cr$	600.000,00	(Decreto n. 91.861, de 1.11.85)
de	10.3.86	a	3.3.87:	Cz$	804,00	(Decreto-Lei n. 2.284, de 10.3.86)
de	4.3.87	a	9.8.87:	Cz$	1.368,00	(Decreto n. 94.062, de 27.2.87)
de	10.8.87	a	1.9.87:	Cz$	1.969,92	(Decreto-Lei n. 2.351, de 7.8.87)
de	2.9.87	a	30.9.87:	Cz$	2.062,31	(Decreto n. 94.816, de 1.9.87)
de	1.10.87	a	31.10.87:	Cz$	2.159,03	(Decreto n. 94.990, de 30.9.87)
de	1.11.87	a	30.11.87:	Cz$	2.260,29	(Decreto n. 95.093, de 29.10.87)
de	1.12.87	a	31.12.87:	Cz$	2.550,00	(Decreto n. 95.308, de 30.11.87)
de	1.1.88	a	31.1.88:	Cz$	3.060,00	(Decreto n. 95.580, de 29.12.87)
de	1.2.88	a	29.2.88:	Cz$	3.600,00	(Decreto n. 95.687, de 29.1.88)
de	1.3.88	a	31.3.88:	Cz$	4.248,00	(Decreto n. 95.759, de 29.2.88)
de	1.4.88	a	30.4.88:	Cz$	4.932,00	(Decreto n. 95.885, de 29.3.88)

de	1.5.88	a	31.5.88:	Cz$	5.918,00	(Decreto n. 95.988, de 28.4.88)
de	1.6.88	a	30.6.88:	Cz$	6.984,00	(Decreto n. 96.108, de 31.5.88)
de	1.7.88	a	31.7.88:	Cz$	8.376,00	(Decreto n. 96.236, de 29.6.88)
de	1.8.88	a	31.8.88:	Cz$	10.464,00	(Decreto n. 96.443, de 29.7.88)
de	1.9.88	a	30.9.88:	Cz$	12.702,00	(Decreto n. 96.626, de 31.8.88)
de	1.10.88	a	31.10.88:	Cz$	15.756,00	(Decreto n. 96.858, de 29.9.88)
de	1.11.88	a	30.11.88:	Cz$	20.476,00	(Decreto n. 97.025, de 31.10.88)
de	1.12.88	a	31.12.88:	Cz$	25.595,00	(Decreto n. 97.152, de 30.11.88)
de	1.1.89	a	31.1.89:	Cz$	31.866,00	(Decreto n. 97.386, de 22.12.88)
de	1.2.89	a	30.4.89:	NCz$	36,74	(Decreto n. 97.454, de 15.1.89)
de	1.5.89	a	31.5.89:	NCz$	46,80	(Decreto n. 97.697, de 27.4.89)
de	1.6.89	a	30.6.89:	NCz$	120,00	(Lei n. 7.789, de 3.7.89)
de	1.7.89	a	31.7.89:	NCz$	149,80	(Decreto n. 97.915, de 6.7.89)
de	1.8.89	a	31.8.89:	NCz$	192,88	(Decreto n. 98.003, de 31.7.89)
de	1.9.89	a	30.9.89:	NCz$	249,48	(Decreto n. 98.108, de 31.8.89)
de	1.10.89	a	31.10.89:	NCz$	381,73	(Decreto n. 98.211, de 29.9.89)
de	1.11.89	a	30.11.89:	NCz$	557,33	(Decreto n. 98.346, de 30.10.89)
de	1.12.89	a	31.12.89:	NCz$	788,18	(Decreto n. 98.456, de 1.12.89)
de	1.1.90	a	31.1.90:	NCz$	1.283,95	(Decreto n. 98.783, de 28.12.89)
de	1.2.90	a	28.2.90:	NCz$	2.004,37	(Decreto n. 98.900, de 31.1.90)
de	1.3.90	a	31.3.90:	NCz$	3.674,06	(Decreto n. 98.985, de 28.2.90)
de	1.4.90	a	30.4.90:	Cr$	3.674,06	(Portaria n. 3.143, de 23.4.90)
de	1.5.90	a	31.5.90:	Cr$	3.674,06	(Portaria n. 3.352, de 22.5.90)
de	1.6.90	a	30.6.90:	Cr$	3.857,76	(Portaria n. 3.387, de 1.6.90)
de	1.7.90	a	31.7.90:	Cr$	4.904,76	(Portaria n. 3.501, de 13.7.90)
de	1.8.90	a	31.8.90:	Cr$	5.203,46	(Portaria n. 3.557, de 13.8.90)
de	1.9.90	a	30.9.90:	Cr$	6.056,31	(Portaria n. 3.588, de 31.8.90)
de	1.10.90	a	31.10.90:	Cr$	6.425,14	(Portaria n. 3.628, de 28.9.90)
de	1.11.90	a	30.11.90:	Cr$	8.329,55	(Portaria n. 3.719, de 31.10.90)
de	1.12.90	a	31.12.90:	Cr$	8.836,82	(Portaria n. 3.787, de 30.11.90)
de	1.1.91	a	31.1.91:	Cr$	12.325,60	(Portaria n. 3.828, de 28.12.90)
de	1.2.91	a	28.2.91:	Cr$	15.895,46	(Lei n. 8.178, de 1.3.91)
de	1.3.91	a	31.8.91:	Cr$	17.000,00	(Lei n. 8.178, de 1.3.91)
de	1.9.91	a	31.12.91:	Cr$	42.000,00	(Lei n. 8.222, de 5.9.91)
de	1.1.92	a	30.4.92:	Cr$	96.037,33	(Portaria n. 42, de 20.1.92)
de	1.5.92	a	31.8.92:	Cr$	230.000,00	(Lei n. 8.419, de 7.5.92)
de	1.9.92	a	31.12.92:	Cr$	522.000,00	(Portaria n. 601, de 28.8.92)
de	1.1.93	a	28.2.93:	Cr$	1.250.700,00	(Lei n. 8.542, de 23.12.92)
de	1.3.93	a	30.4.93:	Cr$	1.709.400,00	(Portaria Interministerial n. 4, de 1.3.93)
de	1.5.93	a	30.6.93:	Cr$	3.303.300,00	(Portaria Interministerial n. 7, de 3.5.93)

de	1.7.93	a	31.7.93:	Cr$	4.639.800,00	(Portaria Interministerial n. 11, de 1.7.93)
de	1.8.93	a	31.8.93:	Cr$	5.534,00	(Portaria Interministerial n. 12, de 2.8.93)
de	1.9.93	a	30.9.93:	Cr$	9.606,00	(Portaria Interministerial n. 14, de 1.9.93)
de	1.10.93	a	31.10.93:	Cr$	12.024,00	(Portaria Interministerial n. 15, de 1.10.93)
de	1.11.93	a	30.11.93:	Cr$	15.021,00	(Portaria Interministerial n. 17, de 29.10.93)
de	1.12.93	a	31.12.93:	Cr$	18.760,00	(Portaria Interministerial n. 19, de 1.12.93)
de	1.1.94	a	31.1.94:	Cr$	32.882,00	(Portaria Interministerial n. 20, de 30.12.93)
de	1.2.94	a	28.2.94:	Cr$	42.829,00	(Portaria Interministerial n. 2, de 1.2.94)
de	1.3.94	a	30.6.94:	URVs	64,79	(Lei n. 8.880, de 27.5.94, art. 18)
de	1.7.94	a	31.8.94:	R$	64,79	(Lei n. 8.880, de 27.5.94, art. 3º, § 1º)
de	1.9.94	a	30.4.95:	R$	70,00	(Medida Provisória n. 782, de 23.12.94)
de	1.5.95	a	30.4.96:	R$	100,00	(Lei n. 9.032, de 28.4.95)
de	1.5.96	a	30.4.97:	R$	112,00	(Medida Provisória n. 1.463, de 29.5.96)
de	1.5.97	a	30.4.98:	R$	120,00	(Medida Provisória n. 1.572-1, de 28.5.97)
de	1.5.98	a	30.4.99:	R$	130,00	(Medida Provisória n. 1.656-1, de 28.5.98)
de	1.5.99	a	2.4.2000:	R$	136,00	(Medida Provisória n. 1.824, de 30.4.99)
de	3.4.2000	a	31.3.2001:	R$	151,00	(Medida Provisória n. 2.019-1, de 20.4.2000)
de	1.4.2001	a	31.3.2002:	R$	180,00	(Medida Provisória n. 2.194-6, de 23.8.2001)
de	1.4.2002	a	31.3.2003:	R$	200,00	(Lei n. 10.525, de 6.8.2002)
de	1.4.2003	a	31.4.2004:	R$	240,00	(Lei n. 10.699, de 9.7.2003)
de	1.5.2004	a	31.4.2005:	R$	260,00	(Lei n. 10.888, de 24.6.2004)
de	1.5.2005	a	31.3.2006:	R$	300,00	(Lei n. 11.164, de 18.8.2005)
de	1.4.2006	a	31.3.2007:	R$	350,00	(Lei n. 11.321, de 7.7.2006)
de	1.4.2007	a	28.2.2008:	R$	380,00	(Lei n. 11.498, de 28.6.2007)
de	1.3.2008	a	31.1.2009:	R$	415,00	(Lei n. 11.709, de 19.6.2008)
de	1.2.2009	a	31.12.2009:	R$	465,00	(Lei n. 11.944, de 28.5.2009)
de	1.1.2010	a	31.12.2010:	R$	510,00	(Medida Provisória n. 474, de 23.12.2009)
de	1.1.2011	a	28.2.2011:	R$	540,00	(Medida Provisória n. 516, de 30.12.2010)
de	1.3.2011	a	31.12.2011:	R$	545,00	(Lei n. 12.382, de 25.2.2011)
de	1.1.2012	a	31.12.2012:	R$	622,00	(Decreto n. 7.655, de 23.12.2011)
de	1.1.2013	a	31.12.2013:	R$	678,00	(Decreto n. 7.872, de 26.12.2012)
de	1.1.2014	a	31.12.2014:	R$	724,00	(Decreto n. 8.166, de 23.12.2013)
de	1.1.2015	a	31.12.2015:	R$	788,00	(Decreto n. 8.381, de 29.12.2014)
de	1.1.2016	a	31.12.2016:	R$	880,00	(Decreto n. 8.618, de 29.12.2015)
de	1.1.2017	a	31.12.2017:	R$	937,00	(Decreto n. 8.948, de 29.12.2016)
de	1.1.2018	a	31.12.2018:	R$	954,00	(Decreto n. 9.255, de 29.12.2017)
de	1.1.2019	a	31.12.2019:	R$	998,00	(Decreto n. 9.661, de 01.01.2019)
de	1.1.2020	a	31.1.2020:	R$	1.039,00	(Lei n. 14.013, de 10.6.2020)
de	1.2.2020	a	31.12.2020:	R$	1.045,00	(Lei n. 14.013, de 10.6.2020)
de	1.1.2021	a	31.12.2021	R$	1.100,00	(Lei n. 14.158, de 2.6.2021)

- **Datas de vigência:** Como data de vigência do salário mínimo, considerou-se a de sua publicação no *DOU*, sempre que esta tenha sido posterior à data marcada para entrada em vigor do respectivo decreto, portaria ou lei.

- **Salário mínimo e salário mínimo de referência:** De 10.8.87 a 31.5.89 vigorou o salário mínimo de referência. A Lei n. 7.789, de 3.7.89, o extinguiu, voltando a vigorar o salário mínimo.

- **O critério do salário mínimo, a Constituição e o STF:** A Magna Carta de 1988, ao tratar do salário mínimo como um dos direitos dos trabalhadores, foi expressa: "Art. 7º (...) IV – salário mínimo, fixado em lei, nacionalmente unificado, capaz de atender a suas necessidades vitais básicas e às de sua família com moradia, alimentação, educação, saúde, lazer, vestuário, higiene, transporte e previdência social, com reajustes periódicos que lhe preservem o poder aquisitivo, *sendo vedada a sua vinculação para qualquer fim*". No que concerne à vinculação do salário mínimo para fins diversos, o STF tem entendido, no âmbito administrativo, que viola a CR a vinculação da remuneração e benefícios de funcionários públicos e de funcionários de autarquias, a múltiplos do salário mínimo (entre outros, Pleno, ADIn 1.425/PE, rel. Min. Marco Aurélio, *DJU* 26.3.99; ADPF 33/PA, rel. Min. Gilmar Mendes, j. 7.12.2005; RE em EDv 190.384, rel. Min. Octavio Gallotti, j. 4.10.2000; 2ª T., RE 426.059/SC, rel. Min. Gilmar Mendes, j. 30.6.2005), decidindo não terem sido recepcionadas pela CR normas anteriores que dispunham nesse sentido, bem como serem inconstitucionais as que tenham sido editadas com o mesmo teor já na vigência da atual Magna Carta. Embora tratando-se de outro ramo do Direito, é de se questionar, dessa forma, se o art. 49, § 1º, do CP teria sido recepcionado pelo art. 7º, IV, *in fine*, da Lei Maior, que é expresso em vedar a vinculação do salário mínimo para qualquer fim. Mas não é só. É de conhecimento público e notório que uma das aspirações de nosso país é justamente a agregação de valor ao salário mínimo, com real aumento de seu poder aquisitivo, a fim de atender o citado art. 7º, IV, da Magna Carta. Em outras palavras, um aumento gradual do salário mínimo em patamar superior ao da inflação, o que é fundamental para que o País tenha diminuídas as suas enormes desigualdades sociais (cf., a propósito, STF, ADIn 1.442/DF, rel. Min. Celso de Mello, j. 3.11.2004). Ora, sendo implementada essa política, ainda que aos poucos, o aumento do valor aquisitivo do salário mínimo implicará aumento da punição penal, o que nos parece algo absolutamente descabido, consoante lembrado, igualmente, por Rogério Lauria Tucci em aulas de pós-graduação na Faculdade de Direito do Largo São Francisco, em São Paulo, no segundo semestre de 2006, urgindo que o nosso legislador altere o § 1º do art. 49 do CP.

SÚMULAS DA JURISPRUDÊNCIA PREDOMINANTE DO STF E DO STJ EM MATÉRIAS PENAL E CORRELATA

SÚMULAS VINCULANTES DO STF

9 O disposto no artigo 127 da Lei n. 7.210/1984 (Lei de Execução Penal) foi recebido pela ordem constitucional vigente, e não se lhe aplica o limite temporal previsto no *caput* do artigo 58.

11 Só é lícito o uso de algemas em casos de resistência e de fundado receio de fuga ou de perigo à integridade física própria ou alheia, por parte do preso ou de terceiros, justificada a excepcionalidade por escrito, sob pena de responsabilidade disciplinar, civil e penal do agente ou da autoridade e de nulidade da prisão ou do ato processual a que se refere, sem prejuízo da responsabilidade civil do Estado.

14 É direito do defensor, no interesse do representado, ter acesso amplo aos elementos de prova que, já documentados em procedimento investigatório realizado por órgão com competência de polícia judiciária, digam respeito ao exercício do direito de defesa.

24 Não se tipifica crime material contra a ordem tributária, previsto no art. 1º, incisos I a IV, da Lei n. 8.137/90, antes do lançamento definitivo do tributo.

26 Para efeito de progressão de regime no cumprimento de pena por crime hediondo, ou equiparado, o juízo da execução observará a inconstitucionalidade do art. 2º da Lei n. 8.072, de 25 de julho de 1990, sem prejuízo de avaliar se o condenado preenche, ou não, os requisitos objetivos e subjetivos do benefício, podendo determinar, para tal fim, de modo fundamentado, a realização de exame criminológico.

35 A homologação da transação penal prevista no art. 76 da Lei n. 9.099/95 não faz coisa julgada material e, descumpridas suas cláusulas, retoma-se a situação anterior, possibilitando-se ao Ministério Público a continuidade da persecução penal mediante oferecimento de denúncia ou requisição de inquérito policial.

36 Compete à Justiça Federal comum processar e julgar civil denunciado pelos crimes de falsificação e de uso de documento falso quando se tratar de falsificação da caderneta de inscrição e registro (CIR) ou de carteira de habilitação de amador (CHA), ainda que expedidas pela Marinha do Brasil.

45 A competência constitucional do Tribunal do Júri prevalece sobre o foro por prerrogativa de função estabelecido exclusivamente pela Constituição Estadual.

46 A definição dos crimes de responsabilidade e o estabelecimento das respectivas normas de processo e julgamento são da competência legislativa privativa da União.

56 A falta de estabelecimento penal adequado não autoriza a manutenção do condenado em regime prisional mais gravoso, devendo-se observar, nessa hipótese, os parâmetros fixados no RE 641.320/RS.

SÚMULAS NÃO VINCULANTES DO STF

1 É vedada a expulsão de estrangeiro casado com brasileira, ou que tenha filho brasileiro, dependente da economia paterna.

3 A imunidade concedida a deputados estaduais é restrita à Justiça do Estado.

■ *Vigência:* Esta súmula encontra-se superada, em razão do art. 27, § 1º, da Constituição da República de 1988.

4 Não perde a imunidade parlamentar o congressista nomeado ministro de Estado.

- *Cancelamento:* A Súmula 4 foi cancelada em 26.8.81 (STF, Pleno, Inq. 104, *RT* 556/387).

18 Pela falta residual não compreendida na absolvição pelo juízo criminal, é admissível a punição administrativa do servidor público.

145 Não há crime quando a preparação do flagrante pela polícia torna impossível a sua consumação.

- *Extensão:* Há correntes divergentes a propósito do alcance desta Súmula 145 (*vide*, no comentário ao CP, art.17, nota sob o título *Crime putativo provocado*).

146 A prescrição da ação penal regula-se pela pena concretizada na sentença quando não há recurso da acusação.

- *Vigência:* Editada anteriormente às reformas penais das Leis n. 6.416/77 e n. 7.209/84, esta Súmula 146 está superada pelo atual art. 110, §§ 1º e 2º, do CP (*vide* nossos comentários aos citados dispositivos).

147 A prescrição de crime falimentar começa a correr da data em que deveria estar encerrada a falência, ou do trânsito em julgado da sentença que a encerrar ou que julgar cumprida a concordata.

- *Vigência:* Esta súmula encontra-se superada com a edição da Lei n. 11.101/2005, cujo art. 182 manda aplicar os critérios do CP para a prescrição dos crimes falimentares, começando a correr o curso do prazo prescricional a partir do dia da decretação da falência, da concessão da recuperação judicial ou da homologação do plano de recuperação extrajudicial.
- *Vide* Súmula 592.

245 A imunidade parlamentar não se estende ao corréu sem essa prerrogativa.

246 Comprovado não ter havido fraude, não se configura o crime de emissão de cheque sem fundos.

- *Vide* Súmula 521.

297 Oficiais e praças das milícias dos Estados no exercício de função policial civil não são considerados militares para efeitos penais, sendo competente a Justiça comum para julgar os crimes cometidos por ou contra eles.

- Quanto a militares, *vide* Lei n. 9.299/96.

310 Quando a intimação tiver lugar na sexta-feira, ou a publicação com efeito de intimação for feita nesse dia, o prazo judicial terá início na segunda-feira imediata, salvo se não houver expediente, caso em que começará no primeiro dia útil que se seguir.

> ▪ A Súmula 310 aplica-se aos prazos processuais penais, mas não à contagem dos prazos penais (*vide* nota ao art. 10 do CP).

421 Não impede a extradição a circunstância de ser o extraditando casado com brasileira ou ter filho brasileiro.

422 A absolvição criminal não prejudica a medida de segurança, quando couber, ainda que importe privação da liberdade.

> ▪ *Vigência:* Esta Súmula 422 tinha como referência o antigo art. 79 do CP, que foi derrogado; com a abolição da medida de segurança aos imputáveis, entendemos que ela está superada.

496 São válidos, porque salvaguardados pelas disposições constitucionais transitórias da Constituição Federal de 1967, os decretos-leis expedidos entre 24 de janeiro e 15 de março de 1967.

497 Quando se tratar de crime continuado, a prescrição regula-se pela pena imposta na sentença, não se computando o acréscimo decorrente da continuação.

> ▪ O atual art. 119 do CP conduz a igual resultado.

498 Compete à Justiça dos Estados, em ambas as instâncias, o processo e o julgamento dos crimes contra a economia popular.

499 Não obsta à concessão do *sursis* condenação anterior à pena de multa.

> ▪ Expressamente, o § 1º do art. 77 do CP, reformado pela Lei n. 7.209/84, traz disposição semelhante.

521 O foro competente para o processo e julgamento dos crimes de estelionato, sob a modalidade da emissão dolosa de cheque sem provisão de fundos, é o do local onde se deu a recusa do pagamento pelo sacado.

> ▪ Decidiu o STF que a Súmula 521 só se aplica ao cheque sem fundos (art. 171, § 2º, VI) e não ao *caput* do art. 171, ainda que para a prática do estelionato tenha sido usado cheque sem provisão de fundos.
>
> ▪ *Vide* Súmulas 246 e 554.

522 Salvo ocorrência de tráfico para o exterior, quando então a competência será da Justiça Federal, compete à Justiça dos Estados o processo e julgamento dos crimes relativos a entorpecentes.

523 No processo penal, a falta da defesa constitui nulidade absoluta, mas a sua deficiência só o anulará se houver prova de prejuízo para o réu.

524 Arquivado o inquérito policial, por despacho do juiz, a requerimento do promotor de justiça, não pode a ação penal ser iniciada, sem novas provas.

525 A medida de segurança não será aplicada em segunda instância, quando só o réu tenha recorrido.

- *Vigência:* Com a supressão da possibilidade de ser imposta medida de segurança aos imputáveis, esta Súmula 525 perdeu sua aplicabilidade. Persiste, porém, a regra que veda a reforma para pior em recurso exclusivo do réu.

554 O pagamento de cheque emitido sem provisão de fundos, após o recebimento da denúncia, não obsta ao prosseguimento da ação penal.

- *Vigência:* Em nossa opinião esta Súmula 554 continua em vigor, apesar do novo art. 16 do CP; *vide* porém comentário no citado artigo sob o título *A Súmula 554 e o art. 16.*
- *Vide* Súmulas 246 e 521.

560 A extinção de punibilidade pelo pagamento do tributo devido estende-se ao crime de contrabando ou descaminho por força do art. 18, § 2º, do Decreto-Lei n. 157/67.

- *Vigência:* A Lei n. 6.910/81, à sua época, expressamente determinou que a extinção da punibilidade pelo pagamento dos tributos não alcançava o crime de descaminho. Todavia, tendo em vista a natureza tributária do crime de descaminho, entendemos que se os crimes contra a ordem tributária têm a punibilidade extinta pelo pagamento do débito, inclusive acessórios (art. 34 da Lei n. 9.249/95; art. 9º, *caput*, e §§ 1º e 2º da Lei do Paes – Lei n. 10.684/2003; arts. 68 e 69 da Lei do "Refis da Crise" – Lei n. 11.941/2009), o mesmo tratamento deve ser dado ao crime de descaminho (*vide* comentários ao art. 334 do CP).

592 Nos crimes falimentares, aplicam-se as causas interruptivas da prescrição previstas no Código Penal.

- *Vigência:* Esta súmula, a nosso ver, continua válida para a atual Lei de Falências (Lei n. 11.101/2005), cujo art. 182 manda aplicar a disciplina do CP à prescrição dos crimes falimentares, começando a correr o curso do prazo prescricional a partir do dia da decretação da falência, da concessão da recuperação judicial ou da homologação do plano de recuperação extrajudicial. O seu parágrafo único, ademais, estabelece que a decretação da falência do devedor interrompe a prescrição cuja contagem tenha se iniciado com a recuperação judicial ou com a homologação do plano de recuperação extrajudicial.

594 Os direitos de queixa e de representação podem ser exercidos, independentemente, pelo ofendido ou por seu representante legal.

601 Os arts. 3º, II, e 55 da Lei Complementar n. 40/81 (Lei Orgânica do Ministério Público) não revogaram a legislação anterior que atribui a iniciativa para a ação penal pública, no processo sumário, ao juiz ou à autoridade policial, mediante Portaria ou Auto de Prisão em Flagrante.

- Esta Súmula 601 ficou prejudicada pelo art. 129, I, da CR/88, que dispõe ser função institucional do Ministério Público "promover, privativamente, a ação penal pública, na forma da lei".

603 A competência para o processo e julgamento de latrocínio é do Juiz singular e não do Tribunal do Júri.

604 A prescrição pela pena em concreto é somente da pretensão executória da pena privativa de liberdade.

- *Vigência:* Pouco depois de sua publicação (em 29.10.84) esta Súmula 604 foi superada pela reforma dos §§ 1º e 2º do art. 110 do CP, em que se baseava

605 Não se admite continuidade delitiva nos crimes contra a vida.

- *Vigência:* Esta Súmula 605 está também superada pelo novo parágrafo único do art. 71 do CP.

607 Na ação penal regida pela Lei n. 4.611/65, a denúncia, como substitutivo da Portaria, não interrompe a prescrição.

- Esta Súmula 607 ficou prejudicada pelo art. 129, I, da CR/88, que dispõe ser função institucional do Ministério Público "promover, privativamente, a ação penal pública, na forma da lei".

608 No crime de estupro, praticado mediante violência real, a ação penal é pública incondicionada.

- Esta súmula restou prejudicada com a nova redação do art. 225 do CP e com a revogação do antigo art. 224 (que tratava da "presunção de violência"), advindas com a Lei n. 12.015, de 7.8.2009. De acordo com a nova disciplina do art. 225 do CP, a ação penal nos crimes contra a liberdade sexual passou a ser, em regra, *pública condicionada à representação da vítima*. O mesmo artigo estabelece, todavia, que a ação penal será *pública incondicionada* se: (*a*) a vítima for menor de 18 anos, e (*b*) a vítima for pessoa vulnerável. *Vide* nossos comentários ao art. 225, inclusive quanto à hipótese de *ação penal pública incondicionada*, quando da violência resultar lesão corporal grave ou morte, aplicando-se a regra do *crime complexo* do art. 101 do CP.

609 É pública incondicionada a ação penal por crime de sonegação fiscal.

- *Vide* Súmula Vinculante 24 do STF. Quanto à exigência de representação fiscal, após o término do processo administrativo, *vide* art. 83 da Lei n. 9.430/96, bem como comentários ao art. 100 do CP.

610 Há crime de latrocínio, quando o homicídio se consuma, ainda que não realize o agente a subtração de bens da vítima.

611 Transitada em julgado a sentença condenatória, compete ao Juízo das execuções a aplicação da lei mais benigna.

640 É cabível recurso extraordinário contra decisão proferida por juiz de primeiro grau nas causas de alçada, ou por turma recursal de juizado especial cível e criminal.

690 Compete originariamente ao Supremo Tribunal Federal o julgamento de *habeas corpus* contra decisão de turma recursal de juizados especiais criminais.

- *Vigência:* Superada pelo julgamento do HC 86.834, j. em 23.8.2006 pelo Plenário do STF, cabendo ao competente Tribunal de Justiça ou Tribunal Regional Federal apreciar o *habeas corpus*.

691 Não compete ao Supremo Tribunal Federal conhecer de *habeas corpus* impetrado contra decisão do relator que, em *habeas corpus* requerido a tribunal superior, indefere a liminar.

- A Súmula 691 tem sido mitigada pelo próprio STF em casos excepcionais, sendo superada nos casos de flagrante ilegalidade, teratologia ou abuso de poder (cf., por exemplo, HC 94.411/RJ, rel. Min. Marco Aurélio, j. 3.11.09, *mv*; HC 100.590/DF, rel. Min. Eros Grau, j. 6.10.09, *vu*; HC 95.483/MT, rel. Min. Marco Aurélio, j. 15.9.09, *empate*).

692 Não se conhece de *habeas corpus* contra omissão de relator de extradição, se fundado em fato ou direito estrangeiro cuja prova não constava dos autos, nem foi ele provocado a respeito.

693 Não cabe *habeas corpus* contra decisão condenatória a pena de multa, ou relativo a processo em curso por infração penal a que a pena pecuniária seja a única cominada.

694 Não cabe *habeas corpus* contra a imposição da pena de exclusão de militar ou de perda de patente ou de função pública.

695 Não cabe *habeas corpus* quando já extinta a pena privativa de liberdade.

696 Reunidos os pressupostos legais permissivos da suspensão condicional do processo, mas se recusando o promotor de justiça a propô-la, o juiz, dissentindo, remeterá a questão ao procurador-geral, aplicando-se por analogia o art. 28 do Código de Processo Penal.

697 A proibição de liberdade provisória nos processos por crimes hediondos não veda o relaxamento da prisão processual por excesso de prazo.

- *Vigência:* Prejudicada pela Lei n. 11.464/2007, que alterou o art. 2º, II, da Lei n. 8.072/90, suprimindo a proibição da liberdade provisória nos crimes hediondos.

698 Não se estende aos demais crimes hediondos a admissibilidade de progressão no regime de execução da pena aplicada ao crime de tortura.

- *Vigência:* Esta súmula restou prejudicada pela decisão do STF que julgou inconstitucional a proibição de progressão de regime para os crimes hediondos (HC 82.959/SP, julgado em 23.2.2006) e com a atual redação do art. 112 da LEP, feita pela Lei n. 13.964/2019, que revogou o antigo art. 2º, § 2º, da Lei n. 8.072/90, cuja redação dada pela Lei n. 11.464/2007 vedava a progressão.

699 O prazo para interposição de agravo, em processo penal, é de cinco dias, de acordo com a Lei n. 8.038/90, não se aplicando o disposto a respeito nas alterações da Lei n. 8.950/94 ao Código de Processo Civil.

700 É de cinco dias o prazo para interposição de agravo contra decisão do juiz da execução penal.

701 No mandado de segurança impetrado pelo Ministério Público contra decisão proferida em processo penal, é obrigatória a citação do réu como litisconsorte passivo.

702 A competência do Tribunal de Justiça para julgar prefeitos restringe-se aos crimes de competência da justiça comum estadual; nos demais casos, a competência originária caberá ao respectivo tribunal de segundo grau.

703 A extinção do mandato do prefeito não impede a instauração de processo pela prática dos crimes previstos no art. 1º do DL 201/67.

704 Não viola as garantias do juiz natural, da ampla defesa e do devido processo legal a atração por continência ou conexão do processo do corréu ao foro por prerrogativa de função de um dos denunciados.

705 A renúncia do réu ao direito de apelação, manifestada sem a assistência do defensor, não impede o conhecimento da apelação por este interposta.

706 É relativa a nulidade decorrente da inobservância da competência penal por prevenção.

707 Constitui nulidade a falta de intimação do denunciado para oferecer contrarrazões ao recurso interposto da rejeição da denúncia, não a suprindo a nomeação de defensor dativo.

708 É nulo o julgamento da apelação se, após a manifestação nos autos da renúncia do único defensor, o réu não foi previamente intimado para constituir outro.

709 Salvo quando nula a decisão de primeiro grau, o acórdão que provê o recurso contra a rejeição da denúncia vale, desde logo, pelo recebimento dela.

710 No processo penal, contam-se os prazos da data da intimação, e não da juntada aos autos do mandado ou da carta precatória ou de ordem.

711 A lei penal mais grave aplica-se ao crime continuado ou ao crime permanente, se a sua vigência é anterior à cessação da continuidade ou da permanência.

712 É nula a decisão que determina o desaforamento de processo da competência do júri sem audiência da defesa.

713 O efeito devolutivo da apelação contra decisões do júri é adstrito aos fundamentos da sua interposição.

714 É concorrente a legitimidade do ofendido, mediante queixa, e do Ministério Público, condicionada à representação do ofendido, para a ação penal por crime contra a honra de servidor público em razão do exercício de suas funções.

715 A pena unificada para atender ao limite de trinta anos de cumprimento, determinado pelo art. 75 do Código Penal, não é considerada para a concessão de outros benefícios, como o livramento condicional ou regime mais favorável de execução.

716 Admite-se a progressão de regime de cumprimento da pena ou a aplicação imediata de regime menos severo nela determinada, antes do trânsito em julgado da sentença condenatória.

717 Não impede a progressão de regime de execução da pena, fixada em sentença não transitada em julgado, o fato de o réu se encontrar em prisão especial.

718 A opinião do julgador sobre a gravidade em abstrato do crime não constitui motivação idônea para a imposição de regime mais severo do que o permitido segundo a pena aplicada.

719 A imposição do regime de cumprimento mais severo do que a pena aplicada permitir exige motivação idônea.

720 O art. 309 do Código de Trânsito Brasileiro, que reclama decorra do fato perigo de dano, derrogou o art. 32 da Lei das Contravenções Penais no tocante à direção sem habilitação em vias terrestres.

721 A competência constitucional do Tribunal do Júri prevalece sobre o foro por prerrogativa de função estabelecido exclusivamente pela Constituição Estadual.

722 São da competência legislativa da União a definição dos crimes de responsabilidade e o estabelecimento das respectivas normas de processo e julgamento.

723 Não se admite a suspensão condicional do processo por crime continuado, se a soma da pena mínima da infração mais grave com o aumento mínimo de um sexto for superior a um ano.

727 Não pode o magistrado deixar de encaminhar ao Supremo Tribunal Federal o agravo de instrumento interposto da decisão que não admite recurso extraordinário, ainda que referente a causa instaurada no âmbito dos juizados especiais.

734 Não cabe reclamação quando já houver transitado em julgado o ato judicial que se alega tenha desrespeitado decisão do Supremo Tribunal Federal.

735 Não cabe recurso extraordinário contra acórdão que defere medida liminar.

SÚMULAS DO STJ

6 Compete à Justiça Comum Estadual processar e julgar delito decorrente de acidente de trânsito envolvendo viatura da Polícia Militar, salvo se autor e vítima forem policiais militares em situação de atividade.

9 A exigência de prisão provisória, para apelar, não ofende a garantia constitucional da presunção de inocência.

> ■ *Vigência:* Essa súmula restou prejudicada com a revogação do art. 594 do CPP, pela Lei n. 11.719/2008, que disciplinava a prisão em virtude de sentença condenatória recorrível em casos de reincidência ou de maus antecedentes, vigorando o art. 312 do CPP, que trata da prisão preventiva, a qual requer a devida fundamentação *cautelar*, para não se confundir com inconstitucional punição anterior ao trânsito em julgado de decisão condenatória.

17 Quando o falso se exaure no estelionato, sem mais potencialidade lesiva, é por este absorvido.

18 A sentença concessiva do perdão judicial é declaratória da extinção da punibilidade, não subsistindo qualquer efeito condenatório.

21 Pronunciado o réu, fica superada a alegação do constrangimento ilegal da prisão por excesso de prazo na instrução.

24 Aplica-se ao crime de estelionato, em que figure como vítima entidade autárquica da Previdência Social, a qualificadora do § 3º do art. 171 do Código Penal.

38 Compete à Justiça Estadual Comum, na vigência da Constituição de 1988, o processo por contravenção penal, ainda que praticada em detrimento de bens, serviços ou interesse da União ou de suas entidades.

40 Para obtenção dos benefícios de saída temporária e trabalho externo, considera-se o tempo de cumprimento da pena no regime fechado.

48 Compete ao juízo do local da obtenção da vantagem ilícita processar e julgar crime de estelionato cometido mediante falsificação de cheque.

51 A punição do intermediador, no jogo do bicho, independe da identificação do "apostador" ou do "banqueiro".

52 Encerrada a instrução criminal, fica superada a alegação de constrangimento por excesso de prazo.

53 Compete à Justiça Comum Estadual processar e julgar civil acusado de prática de crime contra instituições militares estaduais.

59 Não há conflito de competência se já existe sentença com trânsito em julgado, proferida por um dos juízos conflitantes.

62 Compete à Justiça Estadual processar e julgar o crime de falsa anotação na Carteira de Trabalho e Previdência Social, atribuído a empresa privada.

64 Não constitui constrangimento ilegal o excesso de prazo na Instrução, provocado pela defesa.

73 A utilização de papel-moeda grosseiramente falsificado configura, em tese, o crime de estelionato, da competência da Justiça Estadual.

74 Para efeitos penais, o reconhecimento da menoridade do réu requer prova por documento hábil.

75 Compete à Justiça Comum Estadual processar e julgar o policial militar por crime de promover ou facilitar a fuga de preso de estabelecimento penal.

81 Não se concede fiança quando, em concurso material, a soma das penas mínimas cominadas for superior a dois anos de reclusão.

90 Compete à Justiça Estadual Militar processar e julgar o policial militar pela prática do crime militar, e à Comum pela prática do crime comum simultâneo àquele.

- *Vide* Lei n. 9.299, de 7.8.96, que alterou os Códigos Penal Militar e de Processo Penal Militar.

96 O crime de extorsão consuma-se independentemente da obtenção da vantagem indevida.

104 Compete à Justiça Estadual o processo e julgamento dos crimes de falsificação e uso de documento falso relativo a estabelecimento particular de ensino.

107 Compete à Justiça Comum Estadual processar e julgar crime de estelionato praticado mediante falsificação de guias de recolhimento das contribuições previdenciárias, quando não ocorrente lesão à autarquia federal.

108 A aplicação de medidas socioeducativas ao adolescente, pela prática de ato infracional, é da competência exclusiva do juiz.

122 Compete à Justiça Federal o processo e julgamento unificado dos crimes conexos de competência federal e estadual, não se aplicando a regra do art. 78, II, *a*, do Código de Processo Penal.

140 Compete à Justiça Comum Estadual processar e julgar crime em que o indígena figure como autor ou vítima.

147 Compete à Justiça Federal processar e julgar os crimes praticados contra funcionário público federal, quando relacionados com o exercício da função.

151 A competência para o processo e julgamento por crime de contrabando ou descaminho define-se pela prevenção do Juízo Federal do lugar da apreensão dos bens.

164 O prefeito municipal, após a extinção do mandato, continua sujeito a processo por crime previsto no art. 1º do Decreto-Lei n. 201, de 27.2.67.

165 Compete à Justiça Federal processar e julgar crime de falso testemunho cometido no processo trabalhista.

171 Cominadas cumulativamente, em lei especial, penas privativa de liberdade e pecuniária, é defeso a substituição da prisão por multa.

172 Compete à Justiça Comum processar e julgar militar por crime de abuso de autoridade, ainda que praticado em serviço.

191 A pronúncia é causa interruptiva da prescrição, ainda que o Tribunal do Júri venha a desclassificar o crime.

192 Compete ao Juízo das Execuções Penais do Estado a execução das penas impostas a sentenciados pela Justiça Federal, Militar ou Eleitoral, quando recolhidos a estabelecimentos sujeitos à administração estadual.

200 O Juízo Federal competente para processar e julgar acusado de crime de uso de passaporte falso é o do lugar onde o delito se consumou.

203 Não cabe recurso especial contra decisão proferida, nos limites de sua competência, por órgão de segundo grau dos Juizados Especiais.

- Redação determinada pela CEsp do STJ em 23.5.2002 (*DJU* de 3.6.2002).

208 Compete à Justiça Federal processar e julgar prefeito municipal por desvio de verba sujeita a prestação de contas perante órgão federal.

209 Compete à Justiça Estadual processar e julgar prefeito por desvio de verba transferida e incorporada ao patrimônio municipal.

220 A reincidência não influi no prazo da prescrição da pretensão punitiva.

231 A incidência da circunstância atenuante não pode conduzir à redução da pena abaixo do mínimo legal.

241 A reincidência penal não pode ser considerada como circunstância agravante e, simultaneamente, como circunstância judicial.

243 O benefício da suspensão condicional do processo não é aplicável em relação às infrações penais cometidas em concurso material, concurso formal ou continuidade delitiva, quando a pena mínima cominada, seja pelo somatório, seja pela incidência da majorante, ultrapassar o limite de um ano.

244 Compete ao foro do local da recusa processar e julgar o crime de estelionato mediante cheque sem provisão de fundos.

256 O sistema de "protocolo integrado" não se aplica aos recursos dirigidos ao Superior Tribunal de Justiça.

265 É necessária a oitiva do menor infrator antes de decretar-se a regressão da medida socioeducativa.

267 A interposição de recurso, sem efeito suspensivo, contra decisão condenatória não obsta a expedição de mandado de prisão.

269 É admissível a adoção do regime prisional semiaberto aos reincidentes condenados a pena igual ou inferior a quatro anos se favoráveis as circunstâncias judiciais.

273 Intimada a defesa da expedição da carta precatória, torna-se desnecessária intimação da data da audiência no juízo deprecado.

280 O art. 35 do Decreto-Lei n. 7.661, de 1945, que estabelece a prisão-administrativa, foi revogado pelos incisos LXI e LXVII do art. 5º da Constituição Federal de 1988.

- *Vigência:* Prejudicada em virtude da revogação da antiga Lei de Falências, sendo que, na atual Lei de Recuperação Extrajudicial, Judicial e de Falências (Lei n. 11.101/2005), não se fala mais em "prisão administrativa" do devedor ou falido. O seu art. 99, VII, contudo, faz referência à prisão preventiva do falido ou de seus administradores, "quando requerida com fundamento em provas da prática de crime definido nesta Lei", o que também é inconstitucional, seja por não se admitir prisão por dívida, pelo fato de o Juiz cível não ter competência para decretar prisão preventiva, e pela ausência de necessidade cautelar (*vide* Roberto Delmanto, Roberto Delmanto Junior e Fabio M. de A. Delmanto, *Leis Penais Especiais Comentadas*, Rio de Janeiro, Renovar, 2006, pp. 678-680).

304 É ilegal a decretação da prisão civil daquele que não assume expressamente o encargo de depositário judicial.

- *Vigência:* Em face da Convenção Americana sobre Direitos Humanos – Pacto de San José da Costa Rica (Decreto n. 678/92), recepcionada por nosso ordenamento em nível supralegal, não mais se admite a prisão civil do depositário infiel, como reconheceu o *Pleno* do STF (Pleno, HC 87.585 e HC 92.566, j. 3.12.2008, revogando-se a Súmula 619). *Vide* comentários ao art. 1º do CP.

305 É descabida a prisão civil do depositário quando, decretada a falência da empresa, sobrevém a arrecadação do bem pelo síndico.

> ■ *Vigência:* A nosso ver, essa súmula restou prejudicada seja pela atual Lei de Falências (Lei n. 11.101/2005), seja pelo fato da Convenção Americana sobre Direitos Humanos – Pacto de San José da Costa Rica (Decreto n. 678/92), recepcionada por nosso ordenamento em nível supralegal, não admitir hipóteses de prisão civil por dívida (art. 7º, 7), a não ser a de caráter alimentar.

320 A questão federal somente ventilada no voto vencido não atende ao requisito do prequestionamento.

330 É desnecessária a resposta preliminar de que trata o artigo 514 do Código de Processo Penal, na ação penal instruída por inquérito policial.

337 É cabível a suspensão condicional do processo na desclassificação do crime e na procedência parcial da pretensão punitiva.

338 A prescrição penal é aplicável nas medidas socioeducativas.

342 No procedimento para aplicação de medida socioeducativa, é nula a desistência de outras provas em face da confissão do adolescente.

347 O conhecimento de recurso de apelação do réu independe de sua prisão.

367 A competência estabelecida pela EC n. 45/2004 não alcança os processos já sentenciados.

415 O período de suspensão do prazo prescricional é regulado pelo máximo da pena cominada.

418 É inadmissível o recurso especial interposto antes da publicação do acórdão dos embargos de declaração, sem posterior ratificação.

438 É inadmissível a extinção da punibilidade pela prescrição da pretensão punitiva com fundamento em pena hipotética, independentemente da existência ou sorte do processo penal.

439 Admite-se o exame criminológico pelas peculiaridades do caso, desde que em decisão motivada.

440 Fixada a pena-base no mínimo legal, é vedado o estabelecimento de regime prisional mais gravoso do que o cabível em razão da sanção imposta, com base apenas na gravidade abstrata do delito.

441 A falta grave não interrompe o prazo para obtenção de livramento condicional.

442 É inadmissível aplicar, no furto qualificado, pelo concurso de agentes, a majorante do roubo.

443 O aumento na terceira fase de aplicação da pena no crime de roubo circunstanciado exige fundamentação concreta, não sendo suficiente para a sua exasperação a mera indicação do número de majorantes.

444 É vedada a utilização de inquéritos policiais e ações penais em curso para agravar a pena-base.

455 A decisão que determina a produção antecipada de provas com base no art. 366 do CPP deve ser concretamente fundamentada, não a justificando unicamente o mero decurso do tempo.

471 Os condenados por crimes hediondos ou assemelhados cometidos antes da vigência da Lei n. 11.464/2007 sujeitam-se ao disposto no art. 112

da Lei n. 7.210/1984 (Lei de Execução Penal) para a progressão de regime prisional.

491 É inadmissível a chamada progressão *per saltum* de regime prisional.

492 O ato infracional análogo ao tráfico de drogas, por si só, não conduz obrigatoriamente à imposição de medida socioeducativa de internação do adolescente.

493 É inadmissível a fixação de pena substitutiva (art. 44 do CP) como condição especial ao regime aberto.

500 A configuração do crime do art. 244-B do ECA independe da prova da efetiva corrupção do menor, por se tratar de delito formal.

501 É cabível a aplicação retroativa da Lei n. 11.343/2006, desde que o resultado da incidência das suas disposições, na íntegra, seja mais favorável ao réu do que o advindo da aplicação da Lei n. 6.368/1976, sendo vedada a combinação de leis.

502 Presentes a materialidade e a autoria, afigura-se típica, em relação ao crime previsto no art. 184, § 2º, do CP, a conduta de expor à venda CDs e DVDs piratas.

511 É possível o reconhecimento do privilégio previsto no § 2º do art. 155 do CP nos casos de crime de furto qualificado, se estiverem presentes a primariedade do agente, o pequeno valor da coisa e a qualificadora for de ordem objetiva.

512 A aplicação da causa de diminuição de pena prevista no art. 33, § 4º, da Lei n. 11.343/2006 não afasta a hediondez do crime de tráfico de drogas.

513 A *abolitio criminis* temporária prevista na Lei n. 10.826/2003 aplica-se ao crime de posse de arma de fogo de uso permitido com numeração, marca ou qualquer outro sinal de identificação raspado, suprimido ou adulterado, praticado somente até 23.10.2005.

520 O benefício de saída temporária no âmbito da execução penal é ato jurisdicional insuscetível de delegação à autoridade administrativa do estabelecimento prisional.

522 A conduta de atribuir-se falsa identidade perante autoridade policial é típica, ainda que em situação de alegada autodefesa.

526 O reconhecimento de falta grave decorrente do cometimento de fato definido como crime doloso no cumprimento da pena prescinde do trânsito em julgado de sentença penal condenatória no processo penal instaurado para apuração do fato.

527 O tempo de duração da medida de segurança não deve ultrapassar o limite máximo da pena abstratamente cominada ao delito praticado.

528 Compete ao juiz federal do local da apreensão da droga remetida do exterior pela via postal processar e julgar o crime de tráfico internacional.

546 A competência para processar e julgar o crime de uso de documento falso é firmada em razão da entidade ou órgão ao qual foi apresentado o documento público, não importando a qualificação do órgão expedidor.

567 Sistema de vigilância realizado por monitoramento eletrônico ou por existência de segurança no interior de estabelecimento comercial, por si só, não torna impossível a configuração do crime de furto. 574 Para a configuração do delito de violação de direito autoral e a comprovação de sua materialidade, é suficiente a perícia realizada por mostragem do produto apreendido, nos aspectos externos do material, e é desnecessária a identificação dos titulares dos direitos autorais violados ou daqueles que os representem.

574 Para a configuração do delito de violação de direito autoral e a comprovação de sua materialidade, é suficiente a perícia realizada por amostragem do produto apreendido, nos aspectos externos do material, e é desnecessária a identificação dos titulares dos direitos autorais violados ou daqueles que os representem.

582 Consuma-se o crime de roubo com a inversão da posse do bem mediante emprego de violência ou grave ameaça, ainda que por breve tempo e em seguida à perseguição imediata ao agente e recuperação da coisa roubada, sendo prescindível a posse mansa e pacífica ou desvigiada.

593 O crime de estupro de vulnerável se configura com a conjunção carnal ou prática de ato libidinoso com menor de 14 anos, sendo irrelevante eventual consentimento da vítima para a prática do ato, sua experiência sexual anterior ou existência de relacionamento amoroso com o agente.

599 O princípio da insignificância é inaplicável aos crimes contra a Administração Pública.

600 Para a configuração da violência doméstica e familiar prevista no art. 5º da Lei n. 11.340/2006 (Lei Maria da Penha) não se exige coabitação entre autor e vítima.

604 O mandado de segurança não se presta para atribuir efeito suspensivo a recurso criminal interposto pelo Ministério Público.

605 A superveniência da maioridade penal não interfere na apuração de ato infracional nem na aplicabilidade de medida socioeducativa em curso, inclusive na liberdade assistida, enquanto não for atingida a idade de 21 anos.

606 Não se aplica o princípio da insignificância a casos de transmissão clandestina de sinal de internet via radiofrequência, que caracteriza o fato típico previsto no art. 183 da Lei n. 9.472/1997.

607 A majorante do tráfico transnacional de drogas (art. 40, I, da Lei n. 11.343/2006) configura-se com a prova da destinação internacional das drogas, ainda que não consumada a transposição de fronteiras.

617 A ausência de suspensão ou revogação do livramento condicional antes do término do período de prova enseja a extinção da punibilidade pelo integral cumprimento da pena.

630 A incidência da atenuante da confissão espontânea no crime de tráfico ilícito de entorpecentes exige o reconhecimento da traficância pelo acusado, não bastando a mera admissão da posse ou propriedade para uso próprio.

631 O indulto extingue os efeitos primários da condenação (pretensão executória), mas não atinge os efeitos secundários, penais ou extrapenais.

636 A folha de antecedentes criminais é documento suficiente a comprovar os maus antecedentes e a reincidência.

639 Não fere o contraditório e o devido processo decisão que, sem ouvida prévia da defesa, determine transferência ou permanência de custodiado em estabelecimento penitenciário federal.

643 A execução da pena restritiva de direitos depende do trânsito em julgado da condenação.

645 O crime de fraude à licitação é formal, e sua consumação prescinde da comprovação do prejuízo ou da obtenção de vantagem.

648 A superveniência de sentença condenatória prejudica o pedido de trancamento da ação penal por falta de justa causa feito em *habeas corpus*.

ÍNDICE ALFABÉTICO-REMISSIVO DO CÓDIGO PENAL

A

ABANDONO
– coletivo de trabalho: CP, arts. 200 e 201
– de animais em propriedade alheia: CP, art. 164
– de incapaz: CP, art. 133
– de função: CP, art. 323
– de recém-nascido: CP, art. 134
– intelectual: CP, art. 246
– material: CP, art. 244
– moral: CP, art. 247

ABERRATIO
– *delicti*: CP, art. 74
– *ictus*: CP, art. 73

ABOLIÇÃO VIOLENTA DO ESTADO DEMOCRÁTICO DE DIREITO
– CP, art. 359-L

ABOLITIO CRIMINIS
– CP, art. 2º

ABORTO
– autoaborto: CP, art. 124
– consensual: CP, art. 126
– consentimento da gestante a que outrem lhe provoque: CP, art. 124
– legal: CP, art. 128, II
– necessário: CP, art. 128, I
– noção e divisão: CP, art. 128, nota
– no caso de gravidez resultante de estupro: CP, art. 128, II
– provocado pela gestante: CP, art. 124
– provocado por terceiro com consentimento: CP, art. 126
– provocado por terceiro sem consentimento: CP, art. 125
– qualificado: CP, art. 127
– resultante de lesão corporal dolosa: CP, art.129, § 2º, V

ABUSO
– de autoridade (circunstância agravante): CP, art. 61, II, *f*
– de confiança em crime de furto: CP, art. 155, § 4º, II
– de incapaz: CP, art. 173

– de poder (circunstância agravante): CP, art. 61, II, g
– de poder ou exercício arbitrário: CP, art. 350
– na fundação ou administração de sociedade por ações: CP, art. 177

AÇÃO PENAL
– divisão: CP, art. 100
– e concurso de crimes: CP, art. 101
– no crime complexo: CP, art. 101
– no crime de ameaça: CP, art. 147, parágrafo único
– no crime de dano: CP, art. 167
– no crime de esbulho possessório: CP, art. 161, § 3º
– no crime de estelionato: CP, art. 171, § 5º
– no crime de exercício arbitrário das próprias razões: CP, art. 345, parágrafo único
– no crime de fraude à execução: CP, art. 179, parágrafo único
– no crime de furto de coisa comum: CP, art. 156, § 1º
– no crime de induzimento a erro essencial: CP, art. 236, parágrafo único
– no crime de introdução ou abandono de animais em propriedade alheia: CP, art. 167
– no crime de lesão corporal culposa: CP, art.103, nota *Representação na Lei dos Juizados Especiais Criminais*
– no crime de lesão corporal leve: CP, art.103, nota *Representação na Lei dos Juizados Especiais Criminais*
– no crime de ocultação de impedimento: CP, art. 236, parágrafo único
– no crime de perigo de contágio venéreo: CP, art. 130, § 2º
– nos crimes contra a dignidade sexual: CP, art. 225
– nos crimes contra a honra: CP, art. 145
– nos crimes contra a inviolabilidade de correspondência: CP, arts. 151, § 4º, e 152, parágrafo único
– nos crimes contra a propriedade intelectual: CP, art. 186
– nos crimes contra o patrimônio: CP, arts. 182 e 183
– privada: CP, art. 100, §§ 2º a 4º
– privada, indivisibilidade: CP, art. 104
– privada subsidiária: CP, art. 100, § 3º
– pública condicionada: CP, art. 100, § 1º
– pública incondicionada: CP, art. 100, § 1º

ACIONISTA
– negociação de voto: CP, art. 177, § 2º

AÇÕES
– caução ou penhor das ações da sociedade: CP, art. 177, § 1º, V
– compra e venda das ações da sociedade: CP, art. 177, § 1º, IV
– equiparação a documento público: CP, art. 297, § 2º
– falsa cotação: CP, art. 177, § 1º, II

ACTIO LIBERA IN CAUSA
– vide EMBRIAGUEZ

ADEQUAÇÃO SOCIAL
– exclusão da tipicidade: vide nota que antecede o art. 13

ADMINISTRAÇÃO
– da justiça, crimes contra a: CP, arts. 338 a 359
– em geral, crimes contra a (praticados por funcionário): CP, arts. 312 a 327
– em geral, crimes contra a (praticados por particular): CP, arts. 328 a 337
– pública, crimes contra a: CP, arts. 312 a 359

ADULTERAÇÃO
– de selo ou peça filatélica: CP, art. 303
– de sinal identificador de veículo automotor: CP, art. 311
– na escrituração do Livro de Registro de Duplicatas: CP, art. 172, parágrafo único
– ou alteração ou falsificação ou corrupção de substância ou produto alimentício: CP, art. 272
– ou alteração ou falsificação ou corrupção de produto destinado a fins terapêuticos ou medicinais: CP, art. 273

ADVOCACIA ADMINISTRATIVA
– CP, art. 321, caput
– figura qualificada: CP, art. 321, parágrafo único

ADVOGADO
– imunidade judiciária: CP, art. 142, I
– patrocínio infiel: CP, art. 355, caput
– patrocínio simultâneo ou tergiversação: CP, art. 355, parágrafo único
– sonegação de papel ou objeto de valor probatório: CP, art. 356

AERONAVE
– exposição a perigo: CP, art. 261
– incêndio ou explosão em: CP, arts. 250, § 1º, II, c, e 251, § 2º

AEROPORTO
– incêndio ou explosão em: CP, arts. 250, § 1º, II, d, e 251, § 2º

AGENTE
– antecedentes do: CP, art. 59
– personalidade do: CP, art. 59
– público; dever de vedar o acesso a celular ao preso: CP, art. 319-A
– retratação do: CP, arts. 107, VI, 143 e 342, § 3º

AGRAVAÇÃO
– pelo resultado: CP, art. 19

AGRAVANTE
– *vide* CIRCUNSTÂNCIA AGRAVANTE

ÁGUA POTÁVEL
– corrupção ou poluição: CP, art. 271
– envenenamento: CP, art. 270

ÁGUAS ALHEIAS
– usurpação: CP, art. 161, § 1º, I

AJUSTE
– caso de impunibilidade (concurso de pessoas): CP, art. 31

ALBERGUE
– *vide* CASA DO ALBERGADO e REGIME DE PRISÃO (ABERTO)

ALICIAMENTO
– de trabalhadores de um local para outro do território nacional: CP, art. 207, *caput* e §§ 1º e 2º
– para o fim de emigração (recrutamento): CP, art. 206
– para prostituição ou satisfazer a lascívia de outrem, inclusive de pessoa vulnerável: *vide* DIGNIDADE SEXUAL

ALIENAÇÃO
– ou oneração fraudulenta de coisa própria: CP, art. 171, § 2º, II

ALIMENTO
– *vide* SUBSTÂNCIA ALIMENTÍCIA

ALOJAMENTO
– fraude em: CP, art. 176

ALTERAÇÃO
– de assentamento do registro civil: CP, art. 299, parágrafo único
– de assentamento do registro civil; início da prescrição nos crimes de: CP, art. 111, IV
– de direito inerente ao estado civil de recém-nascido: CP, art. 242
– de limites: CP, art. 161, *caput*
– de local especialmente protegido: CP, art. 166
– de marca em animais: CP, art. 162
– ou falsificação ou corrupção ou adulteração de produto destinado a fins terapêuticos ou medicinais: CP, art. 273

– ou falsificação ou corrupção ou adulteração de substância ou produto alimentício: CP, art. 272

ALVARÁ
– de arrecadação de rendas públicas; falsificação: CP, art. 293, V

AMEAÇA
– ação penal: CP, art. 147, parágrafo único
– grave no crime de dano: CP, art. 163, parágrafo único, I
– grave no crime de estupro: CP, art. 213
– grave no crime de favorecimento da prostituição: CP, art. 228, § 2º
– grave no crime de mediação para satisfazer a lascívia de outrem: CP, art. 227, § 2º
– grave no crime de rufianismo: CP, art. 230, § 2º
– grave no crime de tráfico internacional de pessoa: CP, art. 149-A

ANIMAIS
– introdução ou abandono em propriedade alheia: CP, art. 164
– supressão ou alteração da marca em: CP, art. 162

ANIMAL SEMOVENTE
– furto de animal semovente domesticável: CP, art. 155, § 6º
– receptação de animal semovente domesticável: CP, art. 180-A

ANISTIA
– extinção da punibilidade: CP, art. 107, II

ANONIMATO
– na prática de denunciação caluniosa: CP, art. 339, § 1º

ANTECEDENTES
– do agente na fixação da pena: CP, art. 59

ANTERIORIDADE DA LEI
– princípio da: CP, art. 1º

APARELHO CELULAR
– *vide* CELULAR

APETRECHOS
– *vide* PETRECHOS PARA FALSIFICAÇÃO

APLICAÇÃO
– da lei brasileira a crime praticado no estrangeiro: CP, art. 7º

– da multa no concurso de crimes: CP, art. 72
– da pena: CP, arts. 59 e 68

APOLOGIA
– de crime ou criminoso: CP, art. 287

APOSTA
– induzimento à (induzimento à especulação ou à prática de jogo): CP, art. 174

APROPRIAÇÃO
– de coisa achada: CP, art. 169, parágrafo único, II
– de coisa havida por erro, caso fortuito ou força da natureza: CP, art. 169, *caput*
– de tesouro: CP, art. 169, parágrafo único, I
– figura privilegiada nos crimes de: CP, art. 170
– indébita: CP, art. 168
– indébita previdenciária: CP, art. 168-A

APROVAÇÃO
– fraudulenta de conta ou parecer de sociedade por ações: CP, art. 177, § 1º, VII

AQUISIÇÃO
– de explosivos ou gás tóxico ou asfixiante: CP, art. 253

ARMA
– emprego no crime de constrangimento ilegal: CP, art. 146, § 1º
– emprego no crime de extorsão: CP, art. 158, § 1º
– emprego no crime de fuga de preso: CP, art. 351, § 1º
– emprego no crime de roubo: CP, art. 157, § 2º, I
– emprego no crime de violação de domicílio: CP, art. 150, § 1º
– emprego por associação criminosa: CP, art. 288, parágrafo único

ARMA BRANCA
– emprego no crime de roubo; qualificadora: CP, art. 157, § 2º, VIII

ARMA DE USO RESTRITO OU PROIBIDO
– emprego no crime de homicídio; qualificadora: CP, art. 121, § 2º, VIII
– emprego no crime de roubo; aumento do dobro da pena: CP, art. 157, § 2º-B

ARREBATAMENTO DE PRESO
– CP, art. 353

ARREMATAÇÃO JUDICIAL
– violência ou fraude em: CP, art. 358

ARREMESSO
– de projétil: CP, art. 264

ARREPENDIMENTO EFICAZ
– CP, art. 15

ARREPENDIMENTO POSTERIOR
– causa de diminuição da pena: CP, art. 16
– circunstância atenuante: CP, art. 65, III, b

ASCENDENTE
– crime contra a dignidade sexual; aumento de pena: CP, art. 226, II
– crime contra; circunstância agravante: CP, art. 61, II, e
– crime contra o patrimônio; imunidade penal: CP, art. 181, II
– crime de favorecimento à prostituição: CP, art. 228, § 1º
– crime de favorecimento pessoal; imunidade penal: CP, art. 348, § 2º
– crime de lenocínio ou rufianismo: CP, art. 230, § 1º
– crime de mediação para servir à lascívia de outrem: CP, art. 227, § 1º
– crime de sequestro e cárcere privado; figura qualificada: CP, art. 148, § 1º, I
– crime de tráfico internacional de pessoa para exploração sexual: CP, art. 149-A, V e § 1º, IV
– crime de tráfico interno de pessoa para exploração sexual: CP, art. 149-A, V

ASFIXIA
– CP, art. 121, § 2º, III

ASSÉDIO SEXUAL
– CP, art. 216-A

ASSISTÊNCIA FAMILIAR
– crimes contra a: CP, arts. 244 a 247

ASSOCIAÇÃO
– atentado contra a liberdade de: CP, art. 199

ASSOCIAÇÃO CRIMINOSA
– CP, art. 288

ATENTADO
– à integridade nacional: CP, art. 359-J
– à soberania: CP, art. 359-I
– contra a liberdade de associação: CP, art. 199
– contra a liberdade de contrato de trabalho: CP, art. 198

– contra a liberdade de trabalho: CP, art. 197
– contra a segurança de outro meio de transporte: CP, art. 262
– contra a segurança de serviço de utilidade pública: CP, art. 265
– contra a segurança de transporte marítimo, fluvial ou aéreo: CP, art. 261, caput

ATENUAÇÃO
– pela pena cumprida no estrangeiro: CP, art. 8º
– vide, também, CIRCUNSTÂNCIA ATENUANTE

ATENUANTE
– vide CIRCUNSTÂNCIA ATENUANTE

ATESTADO
– falsidade material: CP, art. 301, § 1º
– ideologicamente falso: CP, art. 301, caput
– médico, falsidade: CP, art. 302

ATIVIDADE
– exercício de, com infração de decisão administrativa: CP, art. 205

ATO
– obsceno: CP, art. 233
– preparatório: CP, art. 14, II, nota
– religioso; vilipêndio público: CP, art. 208

ATRIBUIÇÃO
– de falsa qualidade a estrangeiro: CP, art. 309, parágrafo único

AUMENTO
– ou diminuição da pena: CP, art. 68

AUTOABORTO
– ou consentimento: CP, art. 124

AUTOACUSAÇÃO
– CP, art. 341

AUTORIZAÇÃO
– irregular de emissão ou fabricação de moeda: CP, art. 289, § 3º

AUTOS
– sonegação ou inutilização de: CP, art. 356
– vide, também, PROCESSO

AUXÍLIO
- a suicídio: CP, art. 122
- caso de impunibilidade (concurso de pessoas): CP, art. 31
- *vide*, também, CONCURSO DE PESSOAS

B

BIGAMIA
- CP, art. 235
- início do prazo de prescrição: CP, art. 111, IV

BILHETE
- de empresa de transporte administrada pelo Poder Público; falsificação: CP, art. 293, VI

BOICOTAGEM
- violenta: CP, art. 198

C

CADÁVER
- destruição, subtração ou ocultação: CP, art. 211
- vilipêndio: CP, art. 212

CADERNETA
- de depósito de caixa econômica; falsificação: CP, art. 293, IV
- de reservista alheia; uso como própria: CP, art. 308

CAIXA
- econômica; falsificação de caderneta de depósito: CP; art. 293, IV

CALAMIDADE
- crime praticado em ocasião de; circunstância agravante: CP, art. 61, II, *j*

CALÚNIA
- ação penal: CP, art. 145
- contra os mortos: CP, art. 138, § 2º
- disposições comuns: CP, art. 141
- divulgação ou propalação de falsa imputação: CP, art. 138, § 1º
- exceção de verdade: CP, art. 138, § 3º
- figuras qualificadas: CP, art. 141
- pedido de explicações: CP, art. 144
- retratação da: CP, art. 143

CÁRCERE
– privado: CP, art. 148

CARGO PÚBLICO
– perda de: CP, art. 92, I

CARRO
– *vide* VEÍCULO AUTOMOTOR

CARTEIRA DE TRABALHO E PREVIDÊNCIA SOCIAL
– falsificação e uso: CP, art. 299, *nota*

CASA
– conceito penal: CP, art. 150, §§ 4º e 5º
– de prostituição: *vide* EXPLORAÇÃO SEXUAL
– habitada ou destinada a habitação; incêndio ou explosão: CP, arts. 250, § 1º, II, *a*, e 251, § 2º

CASAMENTO
– conhecimento prévio de impedimento para: CP, art. 237
– crimes contra o: CP, arts. 235 a 240
– induzimento a erro essencial e ocultação de impedimento para: CP, art. 236
– simulação de: CP, art. 239
– simulação de autoridade para celebração de: CP, art. 238

CAUÇÃO
– de ações da própria sociedade: CP, art. 177, § 1º, V

CAUSA(S)
– de aumento da pena: CP, art. 68
– de aumento da pena; concurso entre elas: CP, art. 68, parágrafo único
– de aumento da pena e prescrição: CP, art. 109, *nota*
– de diminuição da pena: CP, art. 68
– de diminuição da pena; concurso entre elas: CP, art. 68, parágrafo único
– de diminuição da pena e prescrição: CP, art. 109, *nota*
– de exclusão da culpabilidade: CP, arts. 20 a 22
– de exclusão da ilicitude ou antijuridicidade: CP, arts. 23 a 25
– de exclusão da tipicidade: *vide* notas que antecedem o art. 13 do CP
– extintivas da punibilidade: CP, art. 107
– impeditivas da prescrição: CP, art. 116
– interruptivas da prescrição: CP, art. 117
– noção (relação causal): CP, art. 13
– superveniente (relação causal): CP, art. 13, § 1º

– supralegais de exclusão da tipicidade, da ilicitude ou antijuridicidade e da culpabilidade: *vide* notas que antecedem o art. 13 do CP

CAUSALIDADE
– relação ou nexo de: CP, art. 13
– relevância da omissão: CP, art. 13, § 2º

CAUTELA DE PENHOR
– falsificação: CP, art. 293, IV

CÉDULA
– *vide* MOEDA

CELEBRAÇÃO
– de casamento: simulação de autoridade para: CP, art. 238

CELULAR
– ou aparelho telefônico, rádio ou similar; deixar o diretor de estabelecimento prisional ou o agente público de vedar ao preso o acesso: CP, art. 319-A
– ou aparelho telefônico, rádio ou similar; ingresso em estabelecimento prisional: CP, art. 349-A

CERIMÔNIA
– funerária; impedimento ou perturbação: CP, art. 209
– religiosa; impedimento ou perturbação: CP, art. 208

CERTIDÃO
– falsidade material: CP, art. 301, § 1º
– ideologicamente falsa: CP, art. 301, *caput*

CHARLATANISMO
– CP, art. 283

CHAVE
– falsa em crime de furto: CP, art. 155, § 4º, III

CHEFE DE GOVERNO ESTRANGEIRO
– crime contra a honra: CP, arts. 138, § 3º, II, 141, I, e 145, parágrafo único

CHEQUE
– fraude no pagamento por meio de: CP, art. 171, § 2º, VI
– sem fundos: CP, art. 171, § 2º, VI

CINZAS
– de cadáver; vilipêndio: CP, art. 212

CIRCULAÇÃO
– de moeda falsa: CP, art. 289, § 1º
– indevida de moeda: CP, art. 289, § 4º

CIRCUNSTÂNCIA(S)
– agravante: CP, art. 61
– agravante na codelinquência: CP, art. 62
– atenuante: CP, art. 65
– atenuante inominada: CP, art. 66
– comunicáveis: CP, art. 30
– concurso de agravante e atenuante: CP, art. 67
– de caráter pessoal: CP, art. 30
– do crime: CP, arts. 30 e 59
– incomunicáveis: CP, art. 30
– judiciais: CP, art. 59 – objetivas (ou materiais): CP, art. 30
– subjetivas (ou pessoais): CP, art. 30

COABITAÇÃO
– circunstância agravante: CP, art. 61, II, f

COAÇÃO
– irresistível: CP, art. 22
– no curso do processo: CP, art. 344
– para impedir suicídio: CP, art. 146, § 3º, II
– resistível; circunstância atenuante: CP, art. 65, III, c

COAUTORIA
– circunstâncias agravantes aplicáveis à: CP, art. 62
– impunibilidade da: CP, art. 31
– incidência: CP, art. 29

CODELINQUÊNCIA
– *vide* CONCURSO DE PESSOAS

CÓDIGO PENAL
– aplicação das suas regras gerais às leis especiais: CP, art. 12

COISA
– achada: *vide* APROPRIAÇÃO DE COISA ACHADA
– alheia; disposição como própria: CP, art. 171, § 2º, I
– de valor artístico, arqueológico ou histórico; dano: CP, art. 165
– fraude na entrega de: CP, art. 171, § 2º, IV

– havida por erro, caso fortuito e força da natureza; apropriação: CP, art. 169
– própria; alienação ou oneração fraudulenta: CP, art. 171, § 2º, II
– própria em poder de terceiro; furto, supressão ou dano: CP, art. 346

COMBINAÇÃO
– de leis: CP, art. 2º, *nota*

COMBOIO
– incêndio ou explosão: CP, arts. 250, § 1º, II, *c*, e 251, § 2º

COMÉRCIO
– fraude no: CP, art. 175

COMPARTIMENTO
– em que é exercida profissão ou atividade; casa: CP, art. 150, § 4º, III
– habitado; casa: CP, art. 150, § 4º, I

COMPORTAMENTO
– da vítima: CP, art. 59

COMPRA E VENDA
– de ações da sociedade: CP, art. 177, § 1º, IV

COMPUTADOR
– inserção de dados falsos em sistemas de informações: CP, art. 313-A
– modificação ou alteração não autorizada de sistemas de informações: CP, art. 313-B

CÔMPUTO DO PRAZO
– CP, art. 10

COMUNICABILIDADE
– das circunstâncias: CP, art. 30

COMUNICAÇÃO
– crimes contra a segurança dos meios de: CP, arts. 260 a 266
– falsa de crime ou de contravenção: CP, art. 340
– radioelétrica; violação de: CP, art. 151, § 1º, II
– telefônica; violação de: CP, art. 151, § 1º, II (revogação tácita), notas *Tipo objetivo* e *Interceptação de comunicações telefônicas*
– telegráfica; violação de: CP, art. 151, § 1º, II

CONCAUSA
– CP, art. 13, § 1º, *nota*
– relativamente independente: CP, art. 13, § 1º

CONCORRÊNCIA

– abstenção de concorrer ou licitar: CP, art. 335, parágrafo único
– corrupção passiva de concorrente ou licitante: CP, art. 335, parágrafo único
– pública; impedimento, perturbação ou fraude de: CP, art. 335, *caput*
– pública; violação do sigilo de proposta de: CP, art. 326 (tacitamente revogado)

CONCURSO

– de agente: *vide* COAUTORIA, PARTICIPAÇÃO e CONCURSO DE PESSOAS
– de causas de aumento ou de diminuição de pena: CP, art. 68, parágrafo único
– de circunstâncias agravantes e atenuantes: CP, art. 67
– de crime e contravenção: CP, art. 76
– de crimes: CP, arts. 69 e 70
– de crimes; aplicação da multa: CP, art. 72
– de crimes e prescrição: CP, art. 119
– de infrações: CP, art. 76
– de pessoas; agravantes no: CP, art. 62
– de pessoas; delação na extorsão mediante sequestro; diminuição de pena: CP, art. 159, § 4º
– de pessoas; divisão: CP, art. 29
– de pessoas; participação: CP, art. 29
– de pessoas; pena: CP, art. 29 e §§ 1º e 2º
– formal: CP, art. 70
– formal e prescrição: CP, art. 119
– formal imperfeito: CP, art. 70, 2ª parte
– ideal: CP, art. 70
– material: CP, art. 69
– material e prescrição: CP, art. 119
– real: CP, art. 69

CONCUSSÃO

– CP, art. 316, *caput*

CONDENAÇÃO

– anterior; não prevalecimento para efeito de reincidência: CP, art. 64, I
– efeitos: CP, arts. 91 e 92

CONDENADO

– direitos do: CP, art. 38
– *vide*, também, PRESO

CONDESCENDÊNCIA CRIMINOSA

– CP, art. 320

CONDUTA SOCIAL
– CP, art. 59

CONFISCO
– dos instrumentos e produtos do crime: CP, art. 91, II
– efeito da condenação: CP, art. 91, II

CONFISSÃO
– espontânea; circunstância atenuante: CP, art. 65, III, d

CONFLITO APARENTE DE NORMAS
– noção: CP, art. 69, nota *Conflito temporal de leis*

CONFLITO TEMPORAL DE LEIS
– noção e apuração: CP, art. 2º, *nota*

CONHECIMENTO
– de depósito; emissão irregular: CP, art. 178
– prévio de impedimento para casamento: CP, art. 237

CÔNJUGE
– crime contra; circunstância agravante: CP, art. 61, II, e
– crime contra o patrimônio; imunidade penal: CP, art. 181, I
– crime de abandono de incapaz; aumento: CP, art. 133, § 3º, II
– crime de favorecimento pessoal; escusa: CP, art. 348, § 2º
– crime de sequestro ou cárcere privado; aumento: CP, art. 148, § 1º, I
– oferecimento de queixa ou prosseguimento na ação penal privada: CP, art. 100, § 4º
– separado judicialmente ou desquitado; crime contra o patrimônio (representação): CP, art. 182, I

CONSENTIMENTO DO INTERESSADO (OFENDIDO)
– *vide* nota no art. 13

CONSEQUÊNCIAS DO CRIME
– minoração ou evitação; circunstância atenuante: CP, art. 65, III, b
– na fixação da pena privativa de liberdade: CP, art. 59

CONSTITUIÇÃO DE MILÍCIA PRIVADA
– CP, art. 288-A

CONSTRANGIMENTO ILEGAL
– exclusão da tipicidade: CP, art. 146, § 3º
– figuras qualificadas: CP, art. 146, §§ 1º e 2º

CONSTRUÇÃO
– desabamento (crime contra a incolumidade pública): CP, art. 256

CONSUMAÇÃO
– do crime: CP, art. 14, I

CONTAGEM DE PRAZO PENAL
– CP, art. 10

CONTÁGIO
– de moléstia grave; perigo de: CP, art. 131
– venéreo; perigo de: CP, art. 130

CONTINUIDADE DELITIVA
– CP, art. 71 e parágrafo único

CONTRABANDO
– comércio clandestino ou irregular de mercadorias estrangeiras: CP, art. 334-A, § 2º
– em transporte aéreo; aumento de pena: CP, art. 334-A, § 3º
– facilitação de: CP, art. 318
– fato assimilado a: CP, art. 334-A, § 1º, I
– no exercício de atividade comercial ou industrial: CP, art. 334-A, § 1º, IV e V
– receptação de produto de: CP, art. 334-A, § 1º, V
– venda, exposição, depósito ou utilização de produto: CP, art. 334-A, § 1º, IV

CONTRAVENÇÃO
– comunicação falsa: CP, art. 340
– concurso com crime: CP, art. 76
– falsa imputação: CP, art. 339, § 2º

CONTRIBUIÇÃO PREVIDENCIÁRIA
– vide APROPRIAÇÃO e SONEGAÇÃO

CONVERSÃO
– da pena restritiva de direitos: CP, art. 45

CORREÇÃO MONETÁRIA
– da pena de multa: CP, art. 49, § 2º

CORRESPONDÊNCIA
– comercial: CP, art. 152
– crimes contra a inviolabilidade de: CP, arts. 151 e 152
– vide, também, SONEGAÇÃO OU DESTRUIÇÃO DE CORRESPONDÊNCIA e VIOLAÇÃO DE CORRESPONDÊNCIA

CORRUPÇÃO
– ativa: CP, art. 333
– ativa de intérprete: CP, art. 343
– ativa de perito: CP, art. 343
– ativa de testemunha: CP, art. 343
– ativa de tradutor: CP, art. 343
– ou adulteração ou alteração ou falsificação de produto destinado a fins terapêuticos ou medicinais: CP, art. 273
– ou adulteração ou alteração ou falsificação de substância ou produto alimentício: CP, art. 272
– ou poluição de água potável: CP, art. 271
– passiva: CP, art. 317, *caput*
– passiva; figura privilegiada: CP, art. 317, § 2º
– passiva; figura qualificada: CP, art. 317, § 1º

COSTUMES
– *vide* DIGNIDADE SEXUAL

CRIANÇA
– crime contra; circunstância agravante: CP, art. 61, II, *h*
– extraviada ou abandonada; omissão de socorro: CP, art. 135
– *vide*, também, MENOR e VULNERÁVEL

CRIME(S)
– a distância: CP, art. 6º, *nota*
– anterioridade da lei: CP, art. 1º
– apologia de: CP, art. 287
– assimilados ao de moeda falsa: CP, art. 290
– circunstâncias do: CP, art. 59
– classificação dos: CP, art. 13, *nota*
– complexo: CP, art. 101
– comunicação falsa de: CP, art. 340
– conexo e extinção da punibilidade: CP, arts. 108 e 117, § 1º
– consequências do: CP, art. 59
– consumado: CP, art. 14, I
– consumado; início da prescrição no: CP, art. 111, I
– continuado: CP, art. 71
– continuado e prescrição: CP, art. 110, *nota*
– contra a administração da justiça: CP, arts. 338 a 359
– contra a administração em geral (praticados por funcionário): CP, arts. 312 a 327
– contra a administração em geral (praticados por particular): CP, arts. 328 a 337
– contra a administração pública: CP, arts. 312 a 359

- contra a assistência familiar: CP, arts. 244 a 247
- contra a dignidade sexual: CP, arts. 213 a 234
- contra a dignidade sexual; ação penal: CP, art. 225
- contra a família: CP, arts. 235 a 249
- contra a fé pública: CP, arts. 289 a 311
- contra a fé pública da União, Estado, Município, empresa pública, sociedade de economia mista, autarquia ou fundação instituída pelo Poder Público; extraterritorialidade: CP, art. 7º, I, b
- contra a honra: CP, arts. 138 a 145
- contra a incolumidade pública: CP, arts. 250 a 285
- contra a inviolabilidade de correspondência: CP, arts. 151 e 152
- contra a inviolabilidade do domicílio: CP, art. 150
- contra a inviolabilidade dos segredos: CP, arts. 153 e 154
- contra a liberdade individual: CP, arts. 146 a 154
- contra a liberdade pessoal: CP, arts. 146 a 149
- contra a organização do trabalho: CP, arts. 197 a 207
- contra a paz pública: CP, arts. 286 a 288
- contra a pessoa: CP, arts. 121 a 154
- contra a propriedade imaterial: CP, arts. 184 a 196
- contra a propriedade intelectual: CP, arts. 184 a 186
- contra a saúde pública: CP, arts. 267 a 285
- contra a segurança dos meios de comunicação, transporte e outros serviços públicos: CP, arts. 260 a 266
- contra as finanças públicas: CP, arts. 359-A a 359-H
- contra as instituições democráticas: CP, arts. 359-L e 359-M
- contra a soberania nacional: CP, arts. 359-I a 359-K
- contra a vida: CP, arts. 121 a 128
- contra o casamento: CP, arts. 235 a 240
- contra o estado de filiação: CP, arts. 241 a 243
- contra o estado democrático de direito: CP, arts. 359-I a 359-U
- contra ofendido sob proteção da autoridade; circunstância agravante: CP, art. 61, II, i
- contra o funcionamento das instituições democráticas no processo eleitoral: CP, arts. 359-N a 359-Q
- contra o funcionamento dos serviços essenciais: CP, art. 359-R
- contra o patrimônio: CP, arts. 155 a 183
- contra o patrimônio; imunidade penal nos: CP, arts. 181 e 183
- contra o patrimônio; representação nos: CP, art. 182
- contra o patrimônio da União, Estado, Município, empresa pública, sociedade de economia mista, autarquia ou fundação instituída pelo Poder Público: CP, art. 7º, I, b
- contra o pátrio poder, tutela ou curatela: CP, arts. 248 e 249
- contra o respeito aos mortos: CP, arts. 209 a 212
- contra o sentimento religioso: CP, art. 208

- culposo: CP, art. 18, II
- de abandono de incapaz; aumento: CP, art. 133, § 3º, II
- de apropriação indébita; aumento: CP, art. 168, § 1º, II
- de estupro: CP, art. 213
- de estupro contra vulnerável: CP, art. 217-A
- de favorecimento à prostituição: CP, art. 228
- de favorecimento à prostituição ou outra forma de exploração sexual de vulnerável: CP, art. 218-B
- de indução de menor de 14 anos para servir à lascívia de outrem: CP, art. 218
- de manutenção de estabelecimento para exploração sexual: CP, art. 229
- de mediação para servir à lascívia de outrem: CP, art. 227
- de perigo comum: CP, arts. 250 a 259
- de perigo comum; figuras qualificadas nos: CP, art. 258
- de perseguição: CP, art. 147-A
- de promoção de migração ilegal: CP, art. 232-A
- de rufianismo: CP, art. 230
- de satisfação da lascívia mediante a presença de criança ou adolescente: CP, art. 218-A
- de tráfico internacional de pessoa para exploração sexual: CP, art. 149-A, V e § 1º, IV
- de tráfico nacional de pessoa para exploração sexual: CP, art. 149-A, V
- do liquidante de sociedade por ações: CP, art. 177, § 1º, VIII
- doloso: CP, art. 18, I
- do representante de sociedade anônima estrangeira: CP, art. 177, § 1º, IX
- formal; noção: CP, art. 13
- impossível: CP, art. 17
- impossível; flagrante preparado: CP, art. 17; Súmula 145 do STF
- incitação ao: CP, art. 286
- início de execução do: CP, art. 14, II
- lugar do: CP, art. 6º
- material; consumação do: CP, art. 14, I, *nota*
- material; noção: CP, art. 13
- militares próprios e reincidência: CP, art. 64, II
- motivos do: CP, art. 59
- noção: cf. notas que antecedem o art. 13 do CP
- omissivo impróprio; consumação do: CP, art. 14, I, *nota*
- omissivo próprio; consumação do: CP, art. 14, I, *nota*
- omissivo próprio; noção: cf. notas que antecedem o art. 13 do CP
- para facilitar ou assegurar a execução, a ocultação, a impunidade ou a vantagem de outro crime (circunstância agravante): CP, art. 61, II, *b*
- permanente; consumação do: CP, art. 14, I, *nota*

– permanente; início da prescrição no: CP, art. 111, III
– políticos e reincidência: CP, art. 64, II
– preterdoloso: CP, art. 19, *nota*
– putativo provocado: CP, art. 17; Súmula 145 do STF
– qualificado pelo resultado: CP, art. 19
– sexual: *vide* DIGNIDADE SEXUAL
– tempo do: CP, art. 4º
– tentado: CP, art. 14, II

CRIMINOSO
– apologia de: CP, art. 287

CRÍTICA
– literária, artística ou científica, impunidade: CP, art. 142, II

CRUEL
– *vide* MEIO CRUEL

CULPA
– CP, art. 18, II

CULPABILIDADE
– CP, art. 59

CURANDEIRISMO
– figura qualificada: CP, art. 284, parágrafo único

CURATELA
– incapacidade para o exercício: CP, art. 92, II

D

DANO
– ação penal nos crimes de: CP, art. 167
– de coisa própria em poder de terceiro: CP, art. 346
– em coisa de valor artístico, arqueológico ou histórico: CP, art. 165
– emocional, causado à mulher: CP, art. 147-B
– não reparação; revogação do *sursis*: CP, art. 81, II
– qualificado: CP, art. 163, parágrafo único
– reparação antes do julgamento; circunstância atenuante: CP, art. 65, III, *b*
– reparação (efeito de condenação): CP, art. 91, I
– reparação para obtenção de livramento condicional: CP, art. 83, IV
– ressarcimento no peculato culposo: CP, art. 312, § 3º

- ressarcimento para a reabilitação: CP, art. 94, III
- simples: CP, art. 163, *caput*

DEBILIDADE
- permanente de membro, sentido ou função: CP, art. 129, § 1º, III

DECADÊNCIA
- CP, arts. 103 e 107, IV
- contagem do prazo de: CP, art. 103
- do direito de queixa: CP, art. 103
- do direito de representação: CP, art. 103
- e prescrição; diferença: CP, art. 109, *nota*
- exceções aos prazos de: CP, art. 103, *nota*
- prazos de: CP, art. 103

DEFESA
- do ofendido; recurso que dificulte ou torne impossível a; homicídio; qualificadora: CP, art. 121, § 2º, IV

DEFORMIDADE
- permanente; lesão corporal: CP, art. 129, § 2º, IV

DEFRAUDAÇÃO DE PENHOR
- CP, art. 171, § 2º, III

DELAÇÃO PREMIADA
- *vide* notas sobre as diversas leis que tratam da: CP, art. 159, § 4º
- no crime de extorsão mediante sequestro; diminuição de pena: CP, art. 159, § 4º

DENTISTA
- exercício ilegal da profissão de: CP, art. 282
- infração de medida sanitária preventiva; aumento de pena: CP, art. 268, parágrafo único

DENUNCIAÇÃO CALUNIOSA
- CP, art. 339

DEPÓSITO
- de explosivo, combustível ou inflamável; incêndio e explosão; aumento de pena: CP, arts. 250, § 1º, II, *f*, e 251, § 2º
- necessário; apropriação indébita; aumento de pena: CP, art. 168, § 1º, I

DESABAMENTO
- culposo: CP, art. 256, parágrafo único
- doloso: CP, art. 256, *caput*

DESACATO
– CP, art. 331

DESASTRE FERROVIÁRIO
– culposo: CP, art. 260, § 2º
– pena: CP, art. 260, § 1º
– perigo de: CP, art. 260, *caput*

DESCAMINHO
– comércio clandestino ou irregular: CP, art. 334, § 2º
– em transporte aéreo: CP, art. 334, § 3º
– facilitação de: CP, art. 318
– fato assimilado: CP, art. 334, § 1º, II
– navegação de cabotagem: CP, art. 334, § 1º, I
– no exercício de atividade comercial ou industrial: CP, art. 334, § 1º, III
– receptação de produto de: CP, art. 334, § 1º, IV
– venda, exposição, depósito ou utilização de produto de: CP, art. 334, § 1º, III

DESCENDENTE
– circunstância agravante: CP, art. 61, II, *e*
– crime contra o patrimônio; imunidade: CP, art. 181, II
– crime de favorecimento pessoal; escusa: CP, art. 348, § 2º
– crime de sequestro ou cárcere privado; aumento: CP, art. 148, § 1º, I
– crimes de mediação para servir à lascívia de outrem, favorecimento à prostituição, rufianismo e tráfico internacional e nacional de pessoas para exploração sexual; aumento: CP, arts. 227, § 1º, 228, § 1º, 230, § 1º, e 231, § 1º
– oferecimento de queixa e prosseguimento na ação penal privada: CP, art. 100, § 4º

DESCONHECIMENTO
– da lei; circunstância atenuante: CP, art. 65, II

DESCRIMINANTE PUTATIVA
– noção: CP, art. 20, § 1º

DESENVOLVIMENTO
– mental incompleto ou retardado: CP, art. 26 e parágrafo único

DESGRAÇA
– particular do ofendido; crime praticado em ocasião de (circunstância agravante): CP, art. 61, II, *j*

DESISTÊNCIA VOLUNTÁRIA
– CP, art. 15

DESMORONAMENTO
– culposo: CP, art. 256, parágrafo único
– doloso: CP, art. 256, *caput*

DESOBEDIÊNCIA
– CP, art. 330
– a decisão judicial sobre perda ou suspensão de direito: CP, art. 359

DESTRUIÇÃO
– de cadáver: CP, art. 211
– de correspondência: CP, art. 151, § 1º, I
– ou rompimento de obstáculo; furto qualificado: CP, art. 155, § 4º, I

DESVIO
– do que recebeu indevidamente para recolher aos cofres públicos: CP, art. 316, § 2º
– e circulação indevida de moeda: CP, art. 289, § 4º

DETENÇÃO (pena de)
– CP, art. 33

DETRAÇÃO
– CP, art. 42

DEVER(ES)
– inerente a função pública; violação; pena restritiva de direitos: CP, arts. 43, II, 47, I, e 56
– legal; estrito cumprimento de: CP, art. 23, III

DIA-MULTA
– CP, art. 49

DIFAMAÇÃO
– ação penal: CP, art. 145
– disposições comuns: CP, art. 141
– exceção da verdade; limitação: CP, art. 139, parágrafo único
– exclusão do crime: CP, art. 142
– figuras qualificadas: CP, art. 141
– pedido de explicações: CP, art. 144
– pena: CP, art. 139
– retratação da: CP, art. 143

DIFUSÃO DE DOENÇA OU PRAGA
– culposa: CP, art. 259, parágrafo único
– dolosa: CP, art. 259, *caput*

DIGNIDADE SEXUAL

- estupro: CP, art. 213
- estupro contra vulnerável: CP, art. 217-A
- favorecimento à prostituição: CP, art. 228
- favorecimento à prostituição ou outra forma de exploração sexual de vulnerável: CP, art. 218-B
- indução de menor de 14 anos para servir à lascívia de outrem: CP, art. 218
- manutenção de estabelecimento para exploração sexual: CP, art. 229
- mediação para servir à lascívia de outrem: CP, art. 227
- registro não autorizado da intimidade sexual: CP, art. 216-B
- rufianismo: CP, art. 230
- satisfação da lascívia mediante a presença de criança ou adolescente: CP, art. 218-A
- tráfico internacional de pessoa para exploração sexual: CP, art. 149-A, V e § 1º, IV
- tráfico nacional de pessoa para exploração sexual: CP, art. 149-A, V

DIREITO(S)

- assegurado por lei trabalhista; frustração: CP, art. 203
- autoral; violação: CP, art. 184 e §§ 1º a 3º
- do preso: CP, art. 38
- exercício regular de: CP, art. 23, III

DISPOSIÇÃO

- de coisa alheia como própria: CP, art. 171, § 2º, I

DISSIMULAÇÃO

- circunstância agravante: CP, art. 61, II, c
- qualificadora; homicídio: CP, art. 121, § 2º, IV

DISTRIBUIÇÃO

- de lucros ou dividendos fictícios de sociedade por ações: CP, art. 177, § 1º, VI

DIVULGAÇÃO DE CENA DE ESTUPRO

- CP, art. 218-C

DIVULGAÇÃO DE SEGREDO

- CP, art. 153

DOCUMENTO

- de identidade alheia; uso de: CP, art. 308
- de valor probatório; sonegação de: CP, art. 356
- extravio, sonegação ou inutilização de: CP, art. 314
- falso; uso de: CP, art. 304
- particular; falsificação de: CP, art. 298

- público; falsificação de: CP, art. 297, *caput*
- público por equiparação: CP, art. 297, § 2º
- subtração ou inutilização de: CP, art. 337
- supressão de: CP, art. 305

DOENÇA
- contagiosa; infração de medida sanitária preventiva: CP, art. 268
- de notificação compulsória; omissão: CP, art. 269
- difusão de: CP, art. 259
- mental; superveniência a condenado: CP, arts. 41 e 52
- que possa causar danos a animais: CP, art. 259

DOENTE MENTAL
- inimputabilidade: CP, art. 26, *caput*
- semirresponsabilidade: CP, art. 26, parágrafo único

DOLO
- dolo e culpa consciente, diferenciação: CP, art. 18, I, *nota*
- exclusão: CP, art. 20, *caput*
- noção e diversas espécies: CP, art. 18, I

DOMICÍLIO
- crime contra a inviolabilidade do: CP, art. 150
- violação de: CP, art. 150

DUPLICATA
- simulada: CP, art. 172, *caput*
- *vide*, também, REGISTRO DE DUPLICATAS

E

EDIFÍCIO PÚBLICO
- incêndio ou explosão em: CP, arts. 250, § 1º, II, *b*, e 251, § 2º

EDITAL
- ou sinal; inutilização de: CP, art. 336

EFEITOS DA CONDENAÇÃO
- de natureza penal: CP, arts. 91 e 91-A
- extrapenais da condenação: CP, art. 92

EFICÁCIA
- da lei no espaço: CP, art. 5º
- de sentença estrangeira: CP, art. 9º

ELEMENTARES DO CRIME
– CP, art. 30

ELEMENTO
– subjetivo do injusto: CP, art. 18, I, *nota*
– subjetivo do tipo: CP, art. 18, I, *nota*

EMBARCAÇÃO
– exposição a perigo: CP, art. 261
– incêndio ou explosão: CP, arts. 250, § 1º, II, *c*, e 251, § 2º

EMBOSCADA
– circunstância agravante: CP, art. 61, II, *c*
– qualificadora; homicídio: CP, art. 121, § 2º, IV

EMBRIAGUEZ
– preordenada; circunstância agravante: CP, art. 61, II, I
– voluntária ou culposa; não exclusão da imputabilidade penal: art. 28, II

EMIGRAÇÃO
– aliciamento ou recrutamento, mediante fraude, para o fim de: CP, art. 206

EMISSÃO
– de cheque sem fundos: CP, art. 171, § 2º, VI
– de título ao portador sem permissão legal: CP, art. 292
– irregular de conhecimento de depósito ou *warrant*: CP, art. 178
– irregular de moeda: CP, art. 289, § 3º

EMOÇÃO
– não exclusão da imputabilidade penal: CP, art. 28, I
– *vide*, também, VIOLENTA EMOÇÃO

EMPREGADOR
– autor de crime contra a dignidade sexual; aumento de pena: CP, art. 226, II

EMPREGO
– de processo proibido ou de substância não permitida: CP, arts. 274 e 276
– irregular de verbas ou rendas públicas: CP, art. 315

EMPRÉSTIMO
– ou uso indevido de bens ou haveres de sociedade por ações: CP, art. 177, § 1º, III

ENERGIA ELÉTRICA
– ou outra de valor econômico; furto de: CP, art. 155, § 3º

ENFERMEIRO

– infração de medida sanitária preventiva; aumento de pena: CP, art. 268, parágrafo único

ENFERMIDADE

– incurável; lesão corporal gravíssima: CP, art. 129, § 2º, II

ENFERMO

– crime contra; circunstância agravante: CP, art. 61, II, h

ENTERRO

– vide CERIMÔNIA FUNERÁRIA

ENTREGA

– a consumo de produto nas condições dos arts. 274 e 275 do CP: CP, art. 276
– arbitrária de menor ou interdito: CP, art. 248
– de filho menor a pessoa inidônea: CP, art. 245
– de filho menor a pessoa inidônea; formas qualificadas: CP, art. 245, § 1º
– de filho menor a pessoa inidônea; participação no envio para o exterior: CP, art. 245, § 2º

ENVENENAMENTO

– de água potável ou de substância alimentícia ou medicinal: CP, art. 270

EPIDEMIA

– CP, art. 267

EQUIVALÊNCIA

– dos antecedentes causais: CP, art. 13

ERRO

– de proibição: CP, art. 21
– determinado por terceiro: CP, art. 20, § 2º
– de tipo: CP, art. 20
– essencial; induzimento para casamento: CP, art. 236
– na execução: CP, art. 73
– sobre a ilicitude do fato: CP, art. 21
– sobre a pessoa: CP, art. 20, § 3º
– sobre elementos do tipo: CP, art. 20

ESBULHO

– possessório: CP, art. 161, § 1º, II

ESCALADA

– furto qualificado: CP, art. 155, § 4º, II

ESCÁRNIO
– por motivo de religião: CP, art. 208

ESCRAVO
– redução a condição análoga à de: CP, art. 149

ESCRITO OBSCENO
– CP, art. 234

ESPECIFICAÇÃO DAS CONDIÇÕES
– do livramento condicional: CP, art. 85
– do *sursis*: CP, arts. 78 e 79

ESPECULAÇÃO
– induzimento: CP, art. 174

ESPIONAGEM
– CP, art. 359-K

ESTABELECIMENTO
– industrial, comercial ou agrícola; invasão ou ocupação: CP, art. 202

ESTAÇÃO FERROVIÁRIA
– incêndio ou explosão: CP, arts. 250, § 1º, II, *d*, e 251, § 2º

ESTADO
– civil; supressão ou alteração de direito inerente a: CP, art. 242
– de filiação; sonegação: CP, art. 243

ESTADO DE NECESSIDADE
– conceito: CP, art. 24
– exclusão de ilicitude: CP, art. 23, I
– putativo: CP, arts. 20 e 21

ESTALEIRO
– incêndio ou explosão em: CP, arts. 250, § 1º, II, *e*, e 251, § 2º

ESTAMPILHA
– falsificação: CP, art. 293, I

ESTELIONATO
– pena: CP, art. 171
– privilegiado: CP, art. 171, § 1º

– qualificado ou agravado: CP, art. 171, § 3º
– qualificado contra idoso: CP, art. 171, § 4º

ESTRADA DE FERRO
– conceito penal: CP, art. 260, § 3º

ESTRANGEIRO
– atribuição de falsa qualidade a: CP, art. 309, parágrafo único
– crimes cometidos no; sujeição à lei brasileira: CP, art. 7º
– expulso; reingresso de: CP, art. 338
– fraude de lei sobre: CP, art. 309, *caput* e parágrafo único
– igualdade para regime semiaberto, aberto, livramento condicional e *sursis*: CP, art. 33, *nota*
– pena cumprida no: CP, art. 8º
– prática de crime por brasileiro no: CP, art. 7º, II, *b*
– sentença estrangeira, eficácia: CP, art. 9º
– *sursis*: CP, art. 77, nota
– uso de nome que não é o seu para entrada ou permanência: CP, art. 309, *caput*

ESTRITO CUMPRIMENTO DE DEVER LEGAL
– CP, art. 23, III

ESTUPRO
– CP, art. 213
– divulgação de cena, sem autorização: CP, art. 218-C
– gravidez resultante de; aborto: CP, art. 128, II

EVASÃO
– do condenado; prescrição: CP, art. 113
– mediante violência contra a pessoa: CP, art. 352
– *vide*, também, FUGA

EXAÇÃO
– excesso de: CP, art. 316, § 1º
– excesso; figura qualificada: CP, art. 316, § 2º

EXAME
– criminológico: CP, arts. 34 e 35
– para verificar a cessação da periculosidade: CP, art. 97, § 2º

EXAURIMENTO
– do crime: CP, art. 14, I

EXCEÇÃO DE VERDADE
– CP, arts. 138, § 3º, e 139, parágrafo único

EXCESSO
– de exação: CP, art. 316, § 1º
– de exação; figura qualificada: CP, art. 316, § 2º
– punível nas excludentes de ilicitude: CP, art. 23, parágrafo único

EXCLUSÃO
– da antijuridicidade, causas supralegais: CP, art. 23
– da antijuridicidade ou ilicitude: CP, art. 23
– da culpabilidade: CP, art. 22
– da culpabilidade, não exigibilidade de conduta diversa: CP, art. 22
– da imputabilidade: CP, arts. 26 e 27
– da tipicidade, princípio da adequação social: *vide nota* no CP, art. 13
– da tipicidade, princípio da insignificância: *vide nota* no CP, art. 13
– do interessado (ofendido): *vide nota* no CP, art. 13

EXECUÇÃO
– fraude à: CP, art. 179

EXECUÇÃO PENAL
– da multa: CP, art. 51
– *vide*, também, REGIME DE PRISÃO

EXERCÍCIO
– arbitrário das próprias razões: CP, art. 345
– de atividade com infração de decisão administrativa: CP, art. 205
– funcional ilegalmente antecipado ou prolongado: CP, art. 324
– ilegal da medicina, arte dentária ou farmacêutica: CP, art. 282
– regular de direito: CP, art. 23, III

EXPLICAÇÕES
– pedido de: CP, art. 144

EXPLOSÃO
– culposa: CP, art. 251, § 3º
– dolosa: CP, art. 251, *caput*
– privilegiada: CP, art. 251, § 1º
– qualificada: CP, art. 251, § 2º

EXPLOSIVO
– circunstância agravante: CP, art. 61, II, *d*
– furto qualificado pelo emprego de: CP, art. 155, §§ 4º-A e 7º

– fabrico, fornecimento, aquisição, posse ou transporte de: CP, art. 253
– homicídio; qualificadora: CP, art. 121, § 2º, III

EXPOSIÇÃO
– a perigo para a vida ou saúde de outrem: CP, art. 132
– ou abandono de recém-nascido: CP, art. 134

EXTERIOR
– participação no envio de menor para o: CP, art. 245, § 2º

EXTINÇÃO
– de medida de segurança: CP, art. 96, parágrafo único

EXTINÇÃO DA PUNIBILIDADE
– anistia: CP, art. 107, II
– casos de não extensão: CP, art. 108
– causas de: CP, art. 107
– decadência: CP, art. 107, IV
– de crime que é pressuposto, elemento constitutivo ou agravante de outro: CP, art. 108
– graça: CP, art. 107, II
– indulto: CP, art. 107, II
– morte do agente: CP, art. 107, I
– noção: CP, art. 107
– nos crimes conexos: CP, art. 108
– nos delitos de natureza tributária: CP, art. 107, nota
– perdão do ofendido: CP, art. 107, V
– perdão judicial: CP, art. 107, IX
– perempção: CP, art. 107, IV
– prescrição: CP, arts. 107, IV, e 109 a 118
– renúncia do ofendido: CP, art. 107, V
– ressarcimento do dano no peculato culposo: CP, art. 312, § 3º
– retratação do agente: CP, art. 107, VI
– retroatividade da lei benéfica: CP, art. 107, III

EXTORSÃO
– CP, art. 158
– indireta: CP, art. 160
– mediante sequestro: CP, art. 159

EXTRATERRITORIALIDADE
– aplicação da lei brasileira a crime praticado no estrangeiro: CP, art. 7º

– condicionada: CP, art. 7º
– incondicionada: CP, art. 7º

EXTRAVIO
– ou sonegação ou inutilização de livro oficial ou documento: CP, art. 314

F

FÁBRICA
– incêndio ou explosão: CP, arts. 250, § 1º, II, e, e 251, § 2º

FABRICAÇÃO
– ou emissão, ou autorização de fabricação ou emissão irregular de moeda: CP, art. 289, § 3º

FABRICO
– ou fornecimento, aquisição, posse ou transporte de explosivos ou gás tóxico, ou asfixiante: CP, art. 253

FACILITAÇÃO
– de contrabando ou descaminho: CP, art. 318

FALSA
– autoacusação de crime: CP, art. 341
– comunicação de crime ou de contravenção: CP, art. 340
– cotação de ações ou títulos de sociedade por ações: CP, art. 177, § 1º, II
– identidade: CP, art. 307
– indicação em invólucro ou recipiente: CP, art. 275
– moeda ou papel-moeda: CP, arts. 289 e 290
– perícia: CP, art. 342, *caput*
– perícia qualificada pela natureza penal do processo: CP, art. 342, § 1º
– perícia qualificada pelo suborno: CP, art. 342, § 2º
– perícia; retratação na: CP, art. 342, § 3º
– qualidade a estrangeiro; atribuição de: CP, art. 309, parágrafo único
– *vide*, também, FALSO

FALSIDADE
– atestado médico: CP, art. 302
– em prejuízo da nacionalização de sociedade: CP, art. 310
– ideológica: CP, art. 299
– ideológica de atestado ou certidão: CP, art. 301, *caput*
– material de atestado ou certidão: CP, art. 301, § 1º
– material e ideológica; diferença entre: CP, art. 298, *nota*

FALSIFICAÇÃO

– de Carteira de Trabalho e Previdência Social: CP, art. 299, *nota*
– de documento particular: CP, art. 298
– de documento público: CP, art. 297
– de papéis públicos: CP, art. 293
– de selo ou sinal público: CP, art. 296, *caput*
– de sinal empregado na fiscalização alfandegária ou no contraste de metal precioso: CP, art. 306, *caput*
– de sinal empregado pela autoridade pública para outros fins: CP, art. 306, parágrafo único
– ou adulteração na escrituração do Livro de Registro de Duplicatas: CP, art. 172, parágrafo único
– ou alteração de assentamento do registro civil; início da prescrição no crime de: CP, art. 111, IV
– ou corrupção ou adulteração ou alteração de produto destinado a fins terapêuticos ou medicinais: CP, art. 273
– ou corrupção ou adulteração ou alteração de substância ou produto alimentício: CP, art. 272

FALSO

– reconhecimento de firma ou letra: CP, art. 300
– testemunho: CP, art. 342, *caput*
– testemunho qualificado pela natureza penal do processo: CP, art. 342, § 1º
– testemunho qualificado pelo suborno: CP, art. 342, § 2º
– testemunho; retratação no: CP, art. 342, § 3º
– *vide*, também, FALSA

FAMÍLIA

– crimes contra a: CP, arts. 235 a 249

FARMACÊUTICO

– exercício ilegal da profissão de: CP, art. 282
– infração de medida sanitária preventiva; aumento de pena: CP, art. 268, parágrafo único

FATURA

– simulada: CP, art. 172, *caput*

FAVORECIMENTO

– da prostituição: CP, art. 228
– pessoal: CP, art. 348, *caput*
– pessoal; escusa absolutória: CP, art. 348, § 2º
– pessoal; figura privilegiada: CP, art. 348, § 1º
– real: CP, art. 349

FÉ PÚBLICA
– crimes contra a: CP, arts. 289 a 311

FEMINICÍDIO
– qualificadora do homicídio: CP, art. 121, § 2º, VI e VII, e § 7º, I a IV

FILHO
– alheio; registro como próprio: CP, art. 242
– alheio; registro como próprio; perdão judicial: CP, art. 242, parágrafo único
– deixado em asilo ou instituição de assistência: CP, art. 243
– em idade escolar; abandono intelectual: CP, art. 246
– menor de 18 anos; entrega a pessoa inidônea: CP, art. 245 e §§ 1º e 2º
– menor de 18 anos ou maior inapto para o trabalho; abandono material: CP, art. 244

FILIAÇÃO
– crimes contra o estado de: CP, arts. 241 a 243
– sonegação de estado de: CP, art. 243

FINANÇAS PÚBLICAS
– crimes contra as: CP, arts. 359-A a 359-H

FIRMA
– ou letra; falso reconhecimento de: CP, art. 300

FISCAL DE SOCIEDADE POR AÇÕES
– fraudes de: CP, art. 177, § 1º, I, II e VII

FISCALIZAÇÃO
– alfandegária; falsificação de sinal empregado na: CP, art. 306, *caput*
– sanitária; falsificação de sinal empregado na: CP, art. 306, parágrafo único

FIXAÇÃO DA PENA
– de multa: CP, arts. 58 e 60
– privativa de liberdade: CP, arts. 59 e 68

FLAGRANTE
– preparado e crime impossível: CP, art. 17, *nota Crime putativo provocado*

FOGO
– circunstância agravante: CP, art. 61, II, *d*
– homicídio; qualificadora: CP, art. 121, § 2º, III

FRAÇÕES
– não computáveis da pena: CP, art. 11

FRAUDE(S)

– à execução: CP, art. 179

– civil e fraude penal: CP, art. 171, *nota Tipo objetivo*

– de concorrência: CP, art. 335

– de lei sobre estrangeiros: CP, art. 309 e parágrafo único

– de refeição, alojamento ou uso de transporte sem dispor de recursos: CP, art. 176

– de refeição, alojamento ou uso de transporte sem dispor de recursos (perdão judicial): CP, arts. 107, IX, e 176, parágrafo único

– em arrematação judicial: CP, art. 358

– em certames de interesse público: CP, art. 311-A

– na entrega de coisa: CP, art. 171, § 2º, IV

– na fundação ou administração de sociedade por ações: CP, art. 177

– no comércio: CP, art. 175

– no furto: CP, art. 155, § 4º, II

– no pagamento por meio de cheque: CP, art. 171, § 2º, VI

– outras: CP, art. 176

– para recebimento de indenização ou valor de seguro: CP, art. 171, § 2º, V

– processual: CP, art. 347

– sobre as condições econômicas de sociedade por ações: CP, art. 177, § 1º, I

– violação sexual mediante: CP, art. 215

FRUSTRAÇÃO

– de direito assegurado por lei trabalhista: CP, art. 203, *caput* e §§ 1º e 2º

– de lei sobre a nacionalização do trabalho: CP, art. 204

– de pagamento de cheque: CP, art. 171, § 2º, VI

FUGA

– de pessoa presa ou submetida a medida de segurança; modalidade culposa: CP, art. 351, § 4º

– de pessoa presa ou submetida a medida de segurança; modalidade dolosa: CP, art. 351, *caput*

– de pessoa presa ou submetida a medida de segurança; qualificação ou agravação pelo meio ou concurso: CP, art. 351, § 1º

– do agente: CP, art. 351, § 3º

– do condenado (prescrição em caso de): CP, arts. 112 e 113

– *vide*, também, EVASÃO

FUNÇÃO PÚBLICA

– abandono de: CP, art. 323

– perda de: CP, art. 92, I

– usurpação de: CP, art. 328

FUNCIONÁRIO

– público; aumento da pena nos crimes dos arts. 293 e 294 do CP (disposições comuns): CP, art. 295

– público; aumento especial de pena: CP, art. 327, § 2º

– público; conceito penal de: CP, art. 327, caput

– público por equiparação: CP, art. 327, § 1º

FURTO

– agravado ou qualificado pelo repouso noturno: CP, art. 155, § 1º

– de coisa comum: CP, art. 156

– de energia elétrica ou outra que tenha valor econômico: CP, art. 155, § 3º

– de pequeno valor; privilegiado: CP, art. 155, § 2º

– de uso: CP, art. 155, nota

– de veículo automotor; figura qualificada: CP, art. 155, § 5º

– de animal semovente domesticável: CP, art. 155, § 6º

– divisão: CP, art. 155, nota

– noção: CP, art. 155

– noturno: CP, art. 155, § 1º

– privilegiado: CP, art. 155, § 2º

– qualificado: CP, art. 155, § 4º, I a IV

–' qualificado pelo emprego de explosivos: CP, art. 155, § 4º-A

– simples: CP, art. 155, caput

– supressão ou dano de coisa própria em poder de terceiro: CP, art. 346

FÚTIL

– vide MOTIVO FÚTIL

G

GALERIA DE MINERAÇÃO

– ou poço petrolífero; incêndio ou explosão: CP, arts. 250, § 1º, II, g, e 251, § 2º

GÁS

– tóxico ou asfixiante; fabrico, fornecimento, aquisição, posse ou transporte de: CP, art. 253

– tóxico ou asfixiante; uso de: CP, art. 252

GERENTE

– fraude em sociedades anônimas: CP, art. 177, § 1º

GOLPE DE ESTADO

– CP, art. 359-M

GRAÇA
– CP, art. 107, II

GRAVIDEZ
– resultante de estupro; aborto legal: CP, art. 128, II

GREVE
– com paralisação de trabalho de interesse coletivo: CP, art. 201, *nota Revogação*
– violenta: CP, art. 200

GUIA
– de arrecadação de rendas públicas; falsificação: CP, art. 293, V

H

HABITAÇÃO COLETIVA
– CP, art. 150, § 4º, II, e § 5º, I

HASTA PÚBLICA
– impedimento, perturbação ou fraude de venda em: CP, art. 335

HOMICÍDIO
– culposo; aumento de pena: CP, art. 121, § 4º, primeira parte
– culposo; perdão judicial no: CP, art. 121, § 5º
– culposo simples: CP, art. 121, § 3º
– divisão: CP, art. 121, *nota*
– doloso: CP, art. 121, *nota*
– doloso; aumento de pena: CP, art. 121, § 4º, segunda parte
– doloso qualificado: CP, art. 121, § 2º
– doloso qualificado; asfixia: CP, art. 121, § 2º, III
– doloso qualificado; contra autoridade ou parente seu: CP, art. 121, § 2º, VII
– doloso qualificado; contra mulher: CP, art. 121, § 2º, VI, § 2º-A e § 7º, I e II
– doloso qualificado; dissimulação: CP, art. 121, § 2º, IV
– doloso qualificado; emboscada: CP, art. 121, § 2º, IV
– doloso qualificado; explosivo: CP, art. 121, § 2º, III
– doloso qualificado; fogo: CP, art. 121, § 2º, III
– doloso qualificado; meio cruel: CP, art. 121, § 2º, III
– doloso qualificado; meio de perigo comum: CP, art. 121, § 2º, III
– doloso qualificado; meio insidioso: CP, art. 121, § 2º, III
– doloso qualificado; motivo fútil: CP, art. 121, § 2º, II
– doloso qualificado; motivo torpe: CP, art. 121, § 2º, I
– doloso qualificado; paga: CP, art. 121, § 2º, I

– doloso qualificado; para assegurar a execução, ocultação, impunidade ou vantagem de outro crime: CP, art. 121, § 2º, V
– doloso qualificado; promessa de recompensa: CP, art. 121, § 2º, I
– doloso qualificado; recurso que dificulte ou torne impossível a defesa: CP, art. 121, § 2º, IV
– doloso qualificado; superioridade em armas: CP, art. 121, § 2º, *nota Mediante outro recurso*
– doloso qualificado; surpresa: CP, art. 121, § 2º, *nota Mediante outro recurso*
– doloso qualificado; tortura: CP, art. 121, § 2º, III
– doloso qualificado; traição: CP, art. 121, § 2º, IV
– doloso qualificado; veneno: CP, art. 121, § 2º, III
– doloso simples: CP, art. 121, *caput*
– noção: CP, art. 121, *nota*
– privilegiado: CP, art. 121, § 1º

HOMOLOGAÇÃO DE SENTENÇA ESTRANGEIRA
– CP, art. 9º

HONRA
– crimes contra a: CP, arts. 138 a 145
– exposição ou abandono de recém-nascido por motivo de: CP, art. 134

HOSPEDARIA
– CP, art. 150, § 5º

HOSPITALIDADE
– circunstância agravante: CP, art. 61, II, *f*

HOTEL
– hospedagem fraudulenta: CP, art. 176

I

IDADE
– circunstância atenuante: CP, art. 65, I
– redução do prazo de prescrição: CP, art. 115
– *vide*, também, MENOR

IDENTIDADE
– falsa: CP, art. 307

IDOSO
– crime contra; circunstância agravante: CP, art. 61, II, *h*

– estelionato contra: CP, art. 171, § 4º
– *vide*, também, MAIOR DE 70 ANOS

ILICITUDE
– causas de exclusão de: CP, art. 23
– excesso punível nas causas de exclusão de: CP, art. 23, parágrafo único

IMPEDIMENTO
– de ato relativo a culto: CP, art. 208
– ou perturbação de cerimônia funerária: CP, art. 209
– ou perturbação ou fraude de concorrência pública: CP, art. 335
– para casamento; conhecimento prévio de: CP, art. 237
– para casamento; ocultação de: CP, art. 236

IMPERÍCIA
– CP, art. 18, II

IMPORTUNAÇÃO SEXUAL
– crime de: CP, art. 215-A

IMPRUDÊNCIA
– CP, art. 18, II

IMPUNIBILIDADE
– na codelinquência: CP, art. 31

IMPUTABILIDADE
– noção: CP, art. 26

IMPUTAÇÃO OBJETIVA
– noção: CP, art. 13

IMUNIDADE
– judiciária do advogado: CP, art. 142, I
– penal absoluta nos crimes contra o patrimônio: CP, art. 181
– penal nos crimes contra o patrimônio; exceções à: CP, art. 183
– penal relativa nos crimes contra o patrimônio; representação: CP, art. 182

INCAPACIDADE
– para as ocupações habituais por mais de 30 dias; lesão corporal grave: CP, art. 129, § 1º, I
– para o exercício de curatela: CP, art. 92, II
– para o exercício de tutela: CP, art. 92, II

— para o exercício do pátrio poder: CP, art. 92, II

— permanente para o trabalho; lesão corporal gravíssima: CP, art. 129, § 2º, I

INCAPAZ(ES)
— abandono de: CP, art. 133

— induzimento a fuga, entrega arbitrária ou sonegação de: CP, art. 248

— subtração de: CP, art. 249

— *vide*, também, ABUSO DE INCAPAZ

INCÊNDIO
— culposo: CP, art. 250, § 2º

— doloso: CP, art. 250, *caput*

— doloso qualificado: CP, art. 250, § 1º

— ocasião de (circunstância agravante): CP, art. 61, II, *j*

— subtração, ocultação ou inutilização de material de salvamento; por ocasião de: CP, art. 257

INCITAÇÃO
— ao crime: CP, art. 286

INCOLUMIDADE PÚBLICA
— crimes contra a: CP, arts. 250 a 285

INDENIZAÇÃO
— ou valor de seguro; fraude para recebimento: CP, art. 171, § 2º, V

INDIVISIBILIDADE
— da ação penal privada: CP, art. 104

INDULTO
— causa de extinção da punibilidade: CP, art. 107, II

INDUZIMENTO
— a erro essencial e ocultação de impedimento para casamento: CP, art. 236

— a erro essencial; morte do ofendido no crime de (extinção da punibilidade): CP, art. 107, *nota*

— à especulação: CP, art. 174

— a fuga de menor ou interdito: CP, art. 248

— a suicídio: CP, art. 122

INEXIGIBILIDADE DE CONDUTA DIVERSA
— *vide nota* no CP, art. 22

INFANTICÍDIO
– CP, art. 123

INFLUÊNCIA
– de multidão em tumulto (circunstância atenuante): CP, art. 65, III, e

INFRAÇÃO
– de decisão administrativa; exercício de atividade com: CP, art. 205
– de medida sanitária preventiva: CP, art. 268

INIMPUTABILIDADE
– CP, art. 26
– imposição de medida de segurança: CP, art. 97
– menor de 18 anos: CP, art. 27

INJÚRIA
– ação penal: CP, art. 145
– com preconceito: CP, art. 140, § 3º
– disposições comuns: CP, art. 141
– exclusão do crime: CP, art. 142
– figuras qualificadas: CP, art. 141
– pedido de explicações: CP, art. 144
– pena: CP, art. 140
– perdão judicial: CP, arts. 107, IX, e 140, § 1º, I e II
– real: CP, art. 140, § 2º

INSIDIOSO
– *vide* MEIO INSIDIOSO

INSIGNIFICÂNCIA
– exclusão da tipicidade material: *vide nota* no CP, art. 13

INSTIGAÇÃO
– a suicídio: CP, art. 122
– coautoria; impunibilidade: CP, art. 31

INSTRUMENTOS
– do crime; perda dos: CP, art. 91, II, *a*

INTERDIÇÃO TEMPORÁRIA DE DIREITOS (pena substitutiva)
– CP, arts. 43, II, 47, 56 e 57

INTERNAÇÃO
– em hospital; contagem do tempo (detração): CP, art. 42
– em hospital de custódia e tratamento psiquiátrico (medida de segurança): CP, art. 96, I

INTERPELAÇÃO JUDICIAL
– vide PEDIDO DE EXPLICAÇÕES

INTÉRPRETE
– corrupção ativa: CP, art. 343
– exploração de prestígio: CP, art. 357
– falso testemunho: CP, art. 342

INTERRUPÇÃO
– da prescrição; causas de: CP, art. 117
– ou perturbação de serviço telegráfico ou telefônico: CP, art. 266

INTERRUPÇÃO DO PROCESSO ELEITORAL
– CP, art. 359-N

INTIMIDADE SEXUAL
– registro não autorizado: CP, art. 216-B

INTRODUÇÃO
– ou abandono de animais em propriedade alheia: CP, art. 164

INUNDAÇÃO
– CP, art. 254
– ocasião de (circunstância agravante): CP, art. 61, II, j
– perigo de: CP, art. 255
– subtração, ocultação ou inutilização de material de salvamento; por ocasião de: CP, art. 257

INUTILIZAÇÃO
– de edital ou de sinal oficial: CP, art. 336
– de livro oficial ou documento: CP, art. 314
– de livro oficial, processo ou documento confiado à custódia de funcionário: CP, art. 337
– de membro, sentido ou função; lesão corporal gravíssima: CP, art. 129, § 2º, III
– subtração ou ocultação de material de salvamento: CP, art. 257

INVASÃO
– ou ocupação de estabelecimento industrial, comercial ou agrícola: CP, art. 202

INVÓLUCRO
– ou recipiente com falsa indicação: CP, arts. 275 e 276

IRMÃO
– crime contra a dignidade sexual; aumento de pena: CP, art. 226, II
– crime contra; circunstância agravante: CP, art. 61, II, e

– crime contra o patrimônio; representação: CP, art. 182, II
– crime de abandono de incapazes; aumento de pena: CP, art. 133, § 3º, II
– crime de favorecimento pessoal; isenção de pena: CP, art. 348, § 2º
– crime de mediação para servir à lascívia de outrem, favorecimento à prostituição, rufianismo, tráfico internacional de pessoas, lenocínio, tráfico interno e internacional de pessoas; figuras qualificadas: CP, arts. 227, § 1º, 228, § 1º, 230, § 1º, 231, § 2º, III e 231-A, § 2º, III

IRRESPONSÁVEIS
– *vide* INIMPUTABILIDADE

IRRETROATIVIDADE
– da lei penal maléfica, noção: CP, art. 1º, *nota*

J

JOGO
– ou aposta; induzimento à prática de (induzimento à especulação): CP, art. 174

JUIZ
– pretexto de influir em; exploração de prestígio: CP, art. 357

JUIZADOS ESPECIAS CRIMINAIS
– Código de Trânsito Brasileiro e Lei dos: CP, art.100
– estaduais: CP, art. 100, *nota*
– federais: CP, art. 100, *nota*
– Justiça Militar: CP, art. 100, *nota*

JUÍZO ARBITRAL
– coação no curso do processo: CP, art. 344
– falso testemunho ou falsa perícia: CP, art. 342

JURADO
– pretexto de influir em: exploração de prestígio: CP, art. 357

JUSTIÇA
– crimes contra a administração da: CP, arts. 338 a 359
– feita pelas próprias mãos (exercício arbitrário das próprias razões): CP, art. 345

L

LATROCÍNIO
– CP, art. 157, § 3º, segunda parte

LAVOURA
– incêndio ou explosão: CP, arts. 250, § 1º, II, h, e 251, § 2º

LEGALIDADE
– princípio da: CP, art. 1º

LEGISLAÇÃO ESPECIAL
– aplicação a ela das regras gerais do CP: CP, art. 12
– ressalva da: CP, art. 360

LEGÍTIMA DEFESA
– CP, arts. 23, II, e 25
– da honra conjugal (inexistência): CP, art. 25, *nota*
– de terceiros: CP, art. 25
– excesso punível na: CP, art. 23, parágrafo único
– por agente de segurança pública: CP, art. 25, parágrafo único
– própria: CP, art. 25
– putativa: CP, art. 20, § 1º

LEI
– anterioridade da: CP, art. 1º
– brasileira; aplicação a crime cometido no estrangeiro: CP, art. 7º
– excepcional: CP, art. 3º
– intermediária; retroatividade: CP, art. 2º
– penal "em branco": CP, art. 3º, *nota*
– posterior: CP, art. 2º
– posterior; competência para a aplicação: CP, art. 2º, *nota*
– sobre a nacionalização do trabalho; frustração de: CP, art. 204
– sobre estrangeiros; fraude de: CP, art. 309, *caput* e parágrafo único
– temporária: CP, art. 3º
– trabalhista; frustração de direito assegurado por: CP, art. 203

LESÃO CORPORAL
– com violência doméstica: CP, art. 129, § 9º
– com violência doméstica; aumento de pena: CP, art. 129, § 10
– contra deficiente: CP, art. 129, § 11
– culposa; aumento de pena: CP, art. 129, § 7º
– culposa; perdão judicial: CP, arts. 129, § 8º, e 107, IX
– culposa qualificada: CP, art. 129, § 7º
– culposa simples: CP, art. 129, § 6º
– dolosa: CP, art. 129, *caput* e §§ 1º a 3º
– dolosa; aumento de pena: CP, art. 129, § 7º

– dolosa; diminuição de pena: CP, art. 129, § 4º
– dolosa grave: CP, art. 129, § 1º
– dolosa gravíssima: CP, art. 129, § 2º
– dolosa leve: CP, art. 129, caput
– dolosa qualificada: CP, art. 129, §§ 1º, 2º e 3º
– dolosa seguida de morte: CP, art. 129, § 3º
– dolosa simples: CP, art. 129, caput
– dolosa; substituição de pena: CP, art. 129, § 5º

LEX MITIOR
– noção: CP, art. 2º, nota

LIBERDADE
– de associação; atentado contra a: CP, art. 199
– de contrato de trabalho; atentado contra a: CP, art. 198
– de trabalho; atentado contra a: CP, art. 197
– individual; crimes contra a: CP, arts. 146 a 154
– pessoal; crimes contra a: CP, arts. 146 a 149
– sexual; crimes contra a: CP, arts. 213 a 216

LIMITAÇÃO DE FIM DE SEMANA (pena substitutiva)
– conceito: CP, art. 48
– pena restritiva de direitos: CP, art. 43, III

LIMITE(S)
– alteração de: CP, art. 161, caput
– máximo de cumprimento das penas privativas de liberdade: CP, art. 75

LIQUIDANTE
– de sociedade por ações; crimes do: CP, art. 177, § 1º, VIII

LIQUIDATÁRIO
– crime de apropriação indébita; aumento de pena: CP, art. 168, § 1º, II

LIVRAMENTO CONDICIONAL
– CP, arts. 83 a 90
– efeitos da revogação do: CP, art. 88
– em crime hediondo: CP, art. 88, V
– e prescrição: CP, arts. 112 e 113
– especificação das condições: CP, art. 85
– expiração do prazo do (extinção da pena): CP, arts. 89 e 90
– requisitos do: CP, art. 83 e parágrafo único

– revogação do: CP, arts. 86 e 87
– soma das penas para fins de: CP, art. 84
– término do: CP, art. 90

LIVRO
– mercantil; equiparação a documento público: CP, art. 297, § 2º

LIVRO OFICIAL
– extravio, sonegação ou inutilização de: CP, art. 314
– subtração ou inutilização de: CP, art. 337

LOCAL
– especialmente protegido por lei; alteração de: CP, art. 166

LOCKOUT
– com paralisação de trabalho de interesse coletivo: CP, art. 201, *nota Revogação*
– violento: CP, art. 200

LUCROS
– ou dividendos fictícios; distribuição por diretor ou gerente de sociedade por ações: CP, art. 177, § 1º, VI

LUGAR
– do crime: CP, art. 6º
– ermo; crime de abandono de incapaz; aumento de pena: CP, art. 133, § 3º, I
– ermo; crime de violação de domicílio; figura qualificada: CP, art. 150, § 1º
– público, aberto ou exposto ao público; ato obsceno em: CP, art. 233
– público ou acessível ao público; escrito ou objeto obsceno em: CP, art. 234, parágrafo único, III

M

MAIOR DE 70 ANOS
– circunstância atenuante: CP, art. 65, I
– prescrição penal em caso de: CP, art. 115

MAIORIDADE PENAL
– CP, art. 27

MANDATO ELETIVO
– perda de: CP, art. 92, I

MARCA
– em animais; supressão ou alteração de: CP, art. 162

– ou sinal empregado no contraste de metal precioso ou na fiscalização alfandegária; falsificação de: CP, art. 306, *caput*

– ou sinal usado na fiscalização sanitária ou para outros fins; falsificação: CP, art. 306, parágrafo único

MARCO

– supressão ou deslocamento de; alteração de limites: CP, art. 161

MARIDO

– crimes de mediação para servir à lascívia de outrem, favorecimento à prostituição, rufianismo, tráfico internacional de pessoas, lenocínio, tráfico interno e internacional de pessoas; figuras qualificadas: CP, arts. 227, § 1º, 228, § 1º, 230, § 1º, 231, § 2º, III, e 231-A, § 2º, III

– *vide*, também, CÔNJUGE

MATA

– incêndio ou explosão: CP, arts. 250, § 1º, II, *h*, e 251, § 2º

MATERIAL DE SALVAMENTO

– subtração, ocultação ou inutilização de: CP, art. 257

MAUS-TRATOS

– CP, art. 136 e §§ 1º a 3º

– em crime de sequestro e cárcere privado; qualificadora: CP, art. 148, § 2º

MEDIAÇÃO

– para servir a lascívia de outrem: CP, art. 227

MEDICAMENTO

– em desacordo com receita médica: CP, art. 280

MEDICINA

– exercício ilegal da: CP, art. 282

MÉDICO

– atestado falso: CP, art. 302

– infração de medida sanitária preventiva; aumento de pena: CP, art. 268, parágrafo único

– omissão de notificação de doença: CP, art. 269

MEDIDA DE SEGURANÇA

– CP, arts. 96 a 99

– de internação: CP, art. 96, I

– espécies de: CP, art. 96

- extinção da punibilidade: CP, art. 96, parágrafo único
- internação em Hospital de Custódia e Tratamento Psiquiátrico: CP, art. 96, I
- princípio da legalidade e: CP, art. 96, *nota*
- semirresponsável; possibilidade de substituição da pena por tratamento ambulatorial: CP, arts. 96, II, e 98
- tratamento ambulatorial; incompatibilidade do agente com o: CP, art. 97, § 4º

MEDIDA SANITÁRIA PREVENTIVA
- infração de: CP, art. 268

MEIO
- cruel; circunstância agravante: CP, art. 61, II, *d*
- cruel; homicídio qualificado: CP, art. 121, § 2º, III
- insidioso; circunstância agravante: CP, art. 61, II, *d*
- insidioso; homicídio qualificado: CP, art. 121, § 2º, III
- secreto ou infalível de cura; charlatanismo: CP, art. 283

MENDICÂNCIA
- permissão a menor de 18 anos, abandono moral: CP, art. 247, IV

MENOR
- abandono intelectual de: CP, art. 246
- abandono material de: CP, art. 244
- abandono moral: CP, art. 247
- abuso de incapazes: CP, art. 173
- corrupção de: CP, art. 218
- de 14 anos: CP, art. 218
- de 18 anos: CP, art. 27
- de 21 anos (circunstância atenuante): CP, art. 65, I
- de 21 anos; prescrição penal em caso de: CP, art. 115
- entrega a pessoa inidônea de filho: CP, art. 245
- entrega a pessoa inidônea de filho; formas qualificadas: CP, art. 245, § 1º
- entrega arbitrária de: CP, art. 248
- induzimento a fuga de: CP, art. 248
- participação no envio de menor para o exterior; forma qualificada: CP, art. 245, § 2º
- sonegação de: CP, art. 248
- subtração de: CP, art. 249
- *vide*, também, CRIANÇA e RECÉM-NASCIDO

MERCADORIA
- fraude no comércio: CP, art. 175

METAL PRECIOSO
– falsificação do sinal empregado no contraste de: CP, art. 306, *caput*
– venda fraudulenta de: CP, art. 175, § 1º

MIGRAÇÃO ILEGAL
– promoção de: CP, art. 232-A

MILÍCIA PRIVADA
– constituição de: CP, art. 288-A

MINISTÉRIO PÚBLICO
– ação penal pública: CP, art. 100, § 1º
– na revogação da reabilitação: CP, art. 95
– pretexto de influir em órgão do; exploração de prestígio: CP, art. 357

MINISTRO DA JUSTIÇA
– *vide* REQUISIÇÃO DO MINISTRO DA JUSTIÇA

MOEDA
– desvio e circulação indevida: CP, art. 289, § 4º
– fabricação, emissão ou autorização irregular: CP, art. 289, § 3º
– falsa: CP, art. 289, *caput*
– falsa; circulação de: CP, art. 289, § 1º
– falsa; crimes assimilados ao de: CP, art. 290
– falsa; figura privilegiada: CP, art. 289, § 2º
– falsa; restituição à circulação: CP, art. 289, § 2º
– petrechos para falsificação de: CP, art. 291

MOLÉSTIA
– grave; perigo de contágio de: CP, art. 131

MORTE
– do agente; extinção da punibilidade: CP, art. 107, I
– do ofendido; sucessão processual: CP, art. 100, § 4º
– falsa do agente: CP, art. 107, I, *nota*
– resultante de abandono de incapaz: CP, art. 133, § 2º
– resultante de abandono ou exposição de recém-nascido: CP, art. 134, § 2º
– resultante de aborto; aumento de pena: CP, art. 127, última parte
– resultante de arremesso de projétil: CP, art. 264, parágrafo único
– resultante de crime contra a saúde pública: CP, art. 285
– resultante de crime contra a segurança dos meios de transporte: CP, art. 263
– resultante de crime de estupro: CP, art. 213, § 2º

- resultante de crime de estupro contra vulnerável: CP, art. 217-A, § 4º
- resultante de crime de perigo comum: CP, art. 258
- resultante de epidemia: CP, art. 267, § 1º
- resultante de extorsão: CP, art. 158, § 2º
- resultante de extorsão mediante sequestro: CP, art. 159, § 3º
- resultante de lesão corporal dolosa: CP, art. 129, § 3º
- resultante de maus-tratos: CP, art. 136, § 2º
- resultante de omissão de socorro: CP, art. 135, parágrafo único
- resultante de rixa: CP, art. 137, parágrafo único
- resultante de roubo: CP, art. 157, § 3º

MOTEL
- CP, art. 229, jurisprudência *Estabelecimentos diversos*

MOTIM
- de presos: CP, art. 354

MOTIVO
- de relevante valor social ou moral; circunstância atenuante: CP, art. 65, III, *a*
- de relevante valor social ou moral; homicídio privilegiado: CP, art. 121, § 1º
- de relevante valor social ou moral; lesão corporal privilegiada: CP, art. 129, § 4º
- egoístico; dano; figura qualificada: CP, art. 163, parágrafo único, IV
- egoístico; induzimento, instigação ou auxílio a suicídio; aumento de pena: CP, art. 122, parágrafo único, I
- fútil; circunstância agravante: CP, art. 61, II, *a*
- fútil; homicídio qualificado: CP, art. 121, § 2º, II
- torpe; circunstância agravante: CP, art. 61, II, *a*
- torpe; homicídio qualificado: CP, art. 121, § 2º, I

MULHER
- cumprimento de pena: CP, art. 37
- grávida; crime contra (circunstância agravante): CP, art. 61, II, *h*

MULTA
- CP, arts. 49 a 52 e 60
- aplicação no concurso de crimes: CP, art. 72
- aumento da pena de: CP, art. 60, § 1º
- cobrança; dívida de valor: CP, art. 51
- cobrança mediante desconto: CP, art. 50, §§ 1º e 2º
- correção monetária: CP, art. 49, § 2º
- dias-multa: CP, art. 49 e § 1º
- fixação da pena de: CP, arts. 49 e 60

– frações não computáveis da pena de: CP, art. 11
– pagamento da: CP, art. 50
– pagamento em parcelas ou prestações: CP, art. 50
– prescrição da pena de: CP, art. 114, I e II
– substitutiva: CP, art. 60, § 2º
– suspensão da execução da pena de: CP, art. 52

MULTIDÃO EM TUMULTO
– crime praticado sob influência de; circunstância atenuante: CP, art. 65, III, e

MUNICÍPIO
– crime contra o patrimônio ou fé pública de; extraterritorialidade: CP, art. 7º, I, b
– dano contra o patrimônio de: CP, art. 163, parágrafo único, III
– receptação de bens ou instalações do patrimônio de: CP, art. 180, § 6º

N

NACIONALIZAÇÃO
– de sociedade; falsidade em prejuízo da: CP, art. 310
– do trabalho; frustração de lei sobre a: CP, art. 204

NÃO EXIGIBILIDADE DE CONDUTA DIVERSA
– *vide nota* no CP, art. 22

NASCIMENTO
– inexistente; registro de: CP, art. 241

NAUFRÁGIO
– ocasião de (circunstância agravante): CP, art. 61, II, j

NAVEGAÇÃO
– de cabotagem; contrabando ou descaminho: CP, art. 334, § 1º, a
– marítima, fluvial ou aérea; impedimento ou dificultação: CP, art. 261

NEGLIGÊNCIA
– CP, art. 18, II

NEGOCIAÇÃO DE VOTO
– de sociedade por ações: CP, art. 177, § 2º

NOITE
– repouso noturno; furto; aumento de pena: CP, art. 155, § 1º
– violação de domicílio durante a; figura qualificada: CP, art. 150, § 1º

NOME

– alheio; usurpação de: CP, art. 185

– suposto; para a prática de denunciação caluniosa; aumento de pena: CP, art. 339, § 1º

NOTA DE VENDA

– simulada: CP, art. 172, caput

NOTIFICAÇÃO

– de doença; omissão de: CP, art. 269

O

OBEDIÊNCIA

– hierárquica; causa de exclusão da culpabilidade: CP, art. 22

– hierárquica; circunstância atenuante: CP, art. 65, III, c

OBJETO

– de valor probatório; sonegação de: CP, art. 356

– obsceno: CP, art. 234

OBRA

– intelectual; violação de direito autoral: CP, art. 184, §§ 1º, 2º e 3º

OBSCENO

– ato: CP, art. 233

– escrito ou objeto: CP, art. 234

OCULTAÇÃO

– de cadáver: CP, art. 211

– de impedimento para casamento: CP, art. 236

– de material de salvamento: CP, art. 257

– de recém-nascido: CP, art. 242

– de recém-nascido; figura privilegiada; perdão judicial: CP, art. 242, parágrafo único

OFENDIDO

– sob proteção de autoridade; crime contra (circunstância agravante): CP, art. 61, II, i

OFENSA

– irrogada em juízo, na discussão da causa: CP, art. 142, I

OFICINA

– incêndio ou explosão: CP, arts. 250, § 1º, II, e, e 251, § 2º

OMISSÃO
- causalidade normativa da: CP, art. 13, § 2º
- de notificação de doença: CP, art. 269
- de socorro; crime de: CP, art. 135
- de socorro nos crimes de homicídio culposo e lesão corporal culposa: CP, arts. 121, § 4º, e 129, §§ 6º e 7º
- relevância da: CP, art. 13, § 2º

ONERAÇÃO
- fraudulenta de coisa própria: CP, art. 171, § 2º, II

ORDEM DE SUPERIOR HIERÁRQUICO
- *vide* OBEDIÊNCIA

ORGANIZAÇÃO
- do trabalho; crimes contra a: CP, arts. 197 a 207

P

PADRASTO
- crimes contra a dignidade sexual: aumento de pena: CP, art. 226, II

PAGAMENTO OU DEPÓSITO
- do tributo devido: CP, art. 107, *nota Extinção da punibilidade pelo pagamento*

PAGA OU PROMESSA DE RECOMPENSA
- agravante no concurso de pessoas: CP, art. 62, IV
- crimes contra a honra; aumento de pena: CP, art. 141, § 1º
- homicídio doloso qualificado: CP, art. 121, § 2º, I

PAI
- adotivo; crimes contra a liberdade sexual; aumento de pena: CP, art. 226, II
- *vide*, também, ASCENDENTE

PAIXÃO
- não exclusão da imputabilidade penal: CP, art. 28, I

PAPÉIS PÚBLICOS
- falsificação de: CP, art. 293, *caput*
- falsificados; restituição à circulação de: CP, art. 293, § 4º
- falsificados; uso de: CP, art. 293, § 1º
- petrechos para falsificação de: CP, art. 294

PAPEL
– de crédito público, que não moeda; falsificação: CP, art. 293, II
– selado, ou qualquer papel de emissão legal; falsificação: CP, art. 293, I

PARALISAÇÃO DE TRABALHO
– de interesse coletivo: CP, art. 201
– seguida de violência ou perturbação da ordem: CP, art. 200

PARTICIPAÇÃO
– cooperação dolosamente diversa na: CP, art. 29, § 2º
– de menor importância: CP, art. 29, § 1º
– em suicídio: CP, art. 122
– noção: CP, art. 29

PARTO
– aceleração; lesão corporal grave: CP, art. 129, § 1º, IV
– suposto: CP, art. 242
– suposto; figura privilegiada; perdão judicial: CP, arts. 242, parágrafo único, e 107, IX

PASSE
– de empresa de transporte administrada pelo Poder Público; falsificação: CP, art. 293, VI

PASTAGEM
– incêndio ou explosão: CP, arts. 250, § 1º, II, h, e 251, § 2º

PATRIMÔNIO
– crimes contra o: CP, arts. 155 a 183

PÁTRIO PODER
– crimes contra o: CP, arts. 248 e 249
– incapacidade para o exercício do: CP, art. 92, II

PATROCÍNIO
– infiel: CP, art. 355, caput
– simultâneo ou tergiversação: CP, art. 355, parágrafo único

PAZ PÚBLICA
– crimes contra a: CP, arts. 286 a 288

PEÇA FILATÉLICA
– reprodução ou adulteração de: CP, art. 303

PECULATO
– apropriação: CP, art. 312, *caput*, primeira parte
– culposo: CP, art. 312, § 2º
– culposo; ressarcimento do dano no: CP, art. 312, § 3º
– desvio: CP, art. 312, *caput*, segunda parte
– de uso: CP, art. 312, *nota*
– estelionato: CP, art. 313
– furto: CP, art. 312, § 1º
– impróprio: CP, art. 313
– mediante erro de outrem: CP, art. 313

PEDIDO DE EXPLICAÇÕES
– CP, art. 144

PENA
– aplicação da: CP, arts. 59 e 68
– aumento ou diminuição da: CP, art. 68
– base: CP, arts. 68 e 59
– cálculo da: CP, arts. 68 e 59
– cumprida no estrangeiro: CP, art. 8º
– da tentativa: CP, art. 14, II, parágrafo único
– de detenção: CP, art. 33
– de multa: *vide* MULTA
– de reclusão: CP, art. 33
– espécies de: CP, art. 32
– fixação da: CP, arts. 59 e 68
– frações não computáveis da: CP, art. 11
– limite máximo de cumprimento da: CP, art. 75
– pecuniária ou monetária: *vide* MULTA
– privativa de liberdade: *vide* PENAS PRIVATIVAS DE LIBERDADE
– restritiva de direitos: *vide* PENAS RESTRITIVAS DE DIREITOS
– substitutiva: CP, arts. 44 e 60, § 2º

PENA ACESSÓRIA
– extinção da antiga: CP, art. 92, *nota*

PENAS PRIVATIVAS DE LIBERDADE
– cominação das: CP, art. 53
– noção e espécies: CP, art. 33
– regimes de cumprimento das: CP, art. 33
– substituição das: CP, arts. 44 e 60, § 2º
– tabela das substituições: CP, art. 59, *nota*

PENAS RESTRITIVAS DE DIREITOS

– aplicação: CP, art. 54
– conversão: CP, art. 44, §§ 4º e 5º
– duração: CP, art. 55
– interdição temporária de direitos: CP, arts. 43, V, e 47
– limitação de fim de semana: CP, arts. 43, VI, e 48
– noção: CP, art. 43
– prestação de serviços à comunidade ou a entidades públicas: CP, arts. 43, IV, e 46

PENHOR

– defraudação de: CP, art. 171, § 2º, III

PENSÃO ALIMENTÍCIA

– crime de abandono material: CP, art. 244

PERDA

– de função pública: CP, art. 92, I
– do produto do crime: CP, art. 91, II, b
– do proveito do crime: CP, art. 91, II, b
– dos instrumentos do crime: CP, art. 91, II, a
– ou inutilização de membro, sentido ou função; lesão corporal gravíssima: CP, art. 129, § 2º, III
– ou suspensão de direito; desobediência a decisão judicial sobre: CP, art. 359

PERDÃO

– do ofendido: CP, art. 105
– do ofendido; aceitação do: CP, art. 106, III
– do ofendido; divisão: CP, art. 106
– do ofendido; extensão do: CP, art. 106, I e II
– do ofendido; extinção da punibilidade: CP, art. 107, V
– expresso: CP, art. 106
– extraprocessual do ofendido: CP, art. 106
– judicial: vide PERDÃO JUDICIAL
– não admissibilidade do perdão: CP, art. 106, § 2º
– processual do ofendido: CP, art. 106
– tácito: CP, art. 106, § 1º

PERDÃO JUDICIAL

– extinção da punibilidade: CP, art. 107, IX
– homicídio culposo: CP, art. 121, § 5º
– injúria: CP, art. 140, § 1º, I e II
– lesão corporal culposa: CP, art. 129, § 8º

– não geração de reincidência: CP, art. 120

– outras fraudes: CP, art. 176, parágrafo único

– parto suposto, registro de filho alheio, ocultação ou subtração de recém-nascido: CP, art. 242, parágrafo único

– receptação culposa: CP, art. 180, § 5º

– subtração de incapazes: CP, art. 249, § 2º

PEREMPÇÃO

– e prescrição; diferença: CP, art. 109, *nota*

– extinção da punibilidade: CP, art. 107, IV

PERÍCIA FALSA

– *vide* FALSA PERÍCIA

PERÍCIA MÉDICA

– para averiguação da cessação de periculosidade: CP, art. 97, § 2º

PERICLITAÇÃO DA VIDA E DA SAÚDE

– CP, arts. 130 a 136

PERICULOSIDADE

– CP, art. 96, *nota*

– perícia médica para averiguação da cessação da: CP, art. 97, § 2º

PERIGO

– comum; crimes de: CP, arts. 250 a 259

– comum; emprego de meio de que podia resultar; circunstância agravante: CP, art. 61, II, *d*

– comum; emprego de meio de que possa resultar; homicídio qualificado: CP, art. 121, § 2º, III

– de contágio de moléstia grave: CP, art. 131

– de contágio venéreo: CP, art. 130

– de desastre ferroviário: CP, art. 260, *caput*

– de inundação: CP, art. 255

– de vida; lesão corporal grave: CP, art. 129, § 1º, II

– para a vida ou saúde de outrem: CP, art. 132 e parágrafo único

PERITO

– corrupção ativa de: CP, art. 343

– falsa perícia: CP, art. 342

– pretexto de influir em; exploração de prestígio: CP, art. 357

PERTURBAÇÃO

– de concorrência: CP, art. 335

– de saúde mental: CP, art. 26, parágrafo único
– ou impedimento de ato relativo a culto: CP, art. 208
– ou impedimento de cerimônia funerária: CP, art. 209
– ou interrupção de serviço telegráfico, radiotelegráfico ou telefônico: CP, art. 266

PESSOA
– crimes contra a: CP, arts. 121 a 154
– inidônea; entrega de filho menor a: CP, art. 245
– jurídica; responsabilidade penal (impossibilidade): CP, art. 29, *nota*
– tráfico nacional e internacional para fins de exploração sexual: CP, arts. 231 e 231-A

PETRECHOS PARA FALSIFICAÇÃO
– de moeda: CP, art. 291
– de papéis públicos: CP, art. 294

PLÁGIO
– CP, art. 184, *caput* e §§ 1º a 3º

POÇO PETROLÍFERO
– incêndio ou explosão: CP, arts. 250, § 1º, II, *g*, e 251, § 2º

POLUIÇÃO
– ou corrupção de água potável: CP, art. 271

PRAGA
– difusão de: CP, art. 259

PRAZO
– contagem: CP, art. 10
– de duração das penas restritivas de direitos: CP, art. 55
– de decadência: CP, art. 103
– de prescrição da pena de multa: CP, art. 114, I e II
– de prescrição das penas privativas de liberdade: CP, art. 109, I a VI
– de prescrição das penas restritivas de direitos: CP, art. 109, parágrafo único
– de reincidência: CP, art. 64, I
– do *sursis*: CP, art. 77, *caput* e § 2º
– para exame de cessação da periculosidade: CP, art. 97, § 1º
– para requerer a reabilitação: CP, art. 94 e parágrafo único

PRECEPTOR
– crime contra a dignidade sexual; aumento de pena: CP, art. 226, II

PRESCRIÇÃO

- CP, arts. 107, IV; 109 a 118
- absorção das penas mais leves: CP, art. 118, *nota*
- antes de transitar em julgado a sentença final; noção: CP, art. 109
- aumento do prazo pela reincidência: CP, art. 110, última parte
- causas impeditivas da: CP, art. 116
- causas interruptivas da: CP, art. 117
- causas suspensivas da: CP, art. 116
- contagem do prazo de: CP, art. 109
- crimes conexos e: CP, art. 108, segunda parte
- da ação (pretensão punitiva): CP, art. 109
- da ação (pretensão punitiva); início da: CP, art. 111
- da condenação (pretensão executória): CP, art. 110, *caput*
- da condenação (pretensão executória) e fuga do condenado: CP, arts. 112 e 113
- da condenação (pretensão executória) e revogação do livramento condicional: CP, arts. 112 e 113
- da condenação (pretensão executória) e revogação do *sursis*: CP, art. 112
- da condenação (pretensão executória); início da: CP, art. 112
- da condenação (pretensão executória); interrupção da execução e: CP, art. 112
- da condenação (pretensão executória); noção: CP, art. 109, *nota Divisão*, e art. 110, *caput*
- da tentativa; início da: CP, art. 111, II
- das penas restritivas de direitos: CP, art. 109, parágrafo único
- de crime consumado; início da: CP, art. 111, I
- depois de transitar em julgado a sentença condenatória; noção: CP, art. 110, *caput*
- divisão da: CP, art. 109
- do crime permanente; início da: CP, art. 111, III
- e causas de aumento ou diminuição da pena: CP, art. 109, *nota*
- e concurso formal: CP, art. 119
- e concurso material: CP, art. 119
- e crime continuado: CP, art. 119
- e crime de alteração ou falsificação de assentamento do registro civil: CP, art. 111, IV
- e crime de bigamia: CP, art. 111, IV
- e decadência; diferença: CP, art. 109, *nota*
- e desconto do tempo de prisão provisória: CP, art. 113, *nota*
- e maior de 70 anos: CP, art. 115
- e menor de 21 anos: CP, art. 115
- e multa: CP, art. 114
- e perempção; diferença: CP, art. 109, *nota*
- e *sursis*: CP, art. 112, I
- extinção da punibilidade: CP, art. 107, IV

– formas de: CP, art. 109, *nota Divisão*

– interrupção pela decisão confirmatória da pronúncia: CP, art. 117, III

– interrupção pela pronúncia: CP, art. 117, II

– interrupção pela reincidência: CP, art. 117, VI

– interrupção pela sentença condenatória recorrível: CP, art. 117, IV

– interrupção pelo início ou continuação do cumprimento da pena: CP, art. 117, V

– interrupção pelo recebimento da denúncia ou queixa: CP, art. 117, I

– natureza jurídica: CP, art. 109, *nota*

– noção: CP, art. 109, *nota*

– posterior à sentença condenatória transitada só para a acusação ("prescrição subsequente" ou "superveniente"): CP, art. 110, § 1º

– prazos de: CP, art. 109, I a VI

– redução do prazo em razão da idade: CP, art. 115

– retroativa: CP, art. 110, §§ 1º e 2º

PRESIDENTE DA REPÚBLICA

– crime contra a honra: CP, arts. 138, § 3º, II, 141, I, e 145, parágrafo único

– crime contra a vida ou liberdade; extraterritorialidade: CP, art. 7º, I, *a*

PRESO

– arrebatamento de: CP, art. 353

– direitos do: CP, art. 38

– evasão mediante violência contra a pessoa: CP, art. 352

– motim de: CP, art. 354

– ou internado; facilitação ou promoção de fuga: CP, art. 351

– *vide*, também, CONDENADO

PRESTAÇÃO DE SERVIÇOS À COMUNIDADE OU A ENTIDADES PÚBLICAS (pena substitutiva)

– CP, arts. 43, IV; 46 e parágrafos

PRESTÍGIO

– exploração de (crime contra a administração da justiça): CP, art. 357

– *vide*, também, TRÁFICO DE INFLUÊNCIA

PRETENSÃO

– executória: CP, art. 109, *nota Divisão*

– punitiva: CP, art. 109, *nota Divisão*

PRETERDOLO

– crimes preterdolosos: CP, art. 19, *nota*

PREVARICAÇÃO
– CP, art. 319

PREVIDÊNCIA SOCIAL
– *vide* APROPRIAÇÃO
– *vide* CARTEIRA DE TRABALHO E PREVIDÊNCIA SOCIAL

PREVISIBILIDADE
– CP, art. 18, II

PRIMARIEDADE
– CP, art. 63, *nota Primariedade e reincidência*

PRINCÍPIO DA ADEQUAÇÃO SOCIAL
– exclusão da tipicidade: *vide nota* no CP, art. 13

PRINCÍPIO DA INSIGNIFICÂNCIA
– exclusão da tipicidade material: *vide nota* no CP, art. 13

PRISÃO
– provisória; detração; contagem do tempo de: CP, art. 42
– regimes de: CP, arts. 33 a 37

PROCESSO
– coação no curso do: CP, art. 344
– inovação artificiosa no curso de: CP, art. 347 e parágrafo único
– proibido; emprego de: CP, art. 274
– sonegação de autos: CP, art. 356
– subtração ou inutilização de: CP, art. 337

PROCURADOR
– patrocínio infiel: CP, art. 355, *caput*
– patrocínio simultâneo ou tergiversação: CP, art. 355, parágrafo único
– sonegação de papel ou objeto de valor probatório: CP, art. 356

PRODUTO
– alimentício (falsificação ou corrupção ou adulteração ou alteração): CP, art. 272
– alimentício (substância destinada à falsificação de): CP, art. 277
– do crime; perda do: CP, art. 91, II, *b*
– medicinal (falsificação ou corrupção ou adulteração ou alteração): CP, art. 273
– medicinal (substância destinada à falsificação de): CP, art. 277
– ou substância nas condições dos arts. 274 e 275 do CP: CP, art. 276

– terapêutico (falsificação ou corrupção ou adulteração ou alteração): CP, art. 273
– terapêutico (substância destinada à falsificação de): CP, art. 277

PROFANAÇÃO DE SEPULTURA
– CP, art. 210

PROGRESSÃO
– *vide* REGIME DE PRISÃO

PROJÉTIL
– arremesso contra veículo em movimento: CP, art. 264

PROMESSA OU PAGA DE RECOMPENSA
– circunstância agravante no concurso de pessoas: CP, art. 62, IV
– crimes contra a honra; aumento de pena: CP, art. 141, §1º
– homicídio doloso qualificado: CP, art. 121, § 2º, I

PRÓPRIAS RAZÕES
– exercício arbitrário das: CP, art. 345

PROPRIEDADE
– intelectual ou imaterial; crimes contra a: CP, arts. 184 a 186

PRORROGAÇÃO
– do período de prova do *sursis*: CP, art. 81, § 2º

PROSTITUIÇÃO
– estabelecimento destinado à exploração da: CP, art. 229
– favorecimento da: CP, art. 228

PROVEITO DO CRIME
– perda do: CP, art. 91, II, *b*

PROVOCAÇÃO
– injusta da vítima; homicídio privilegiado: CP, art. 121, § 1º
– injusta da vítima; lesão corporal privilegiada: CP, art. 129, § 4º

PSEUDÔNIMO ALHEIO
– usurpação de nome ou: CP, art. 185

PUDOR
– ultraje público ao: CP, arts. 233 e 234

PUNIBILIDADE
– noção: CP, art. 109, nota Noção

Q

QUEIXA
– ação penal privada: CP, art. 100, § 2º
– decadência do direito de: CP, art. 103
– mulher casada; desnecessidade de outorga uxória: CP, art. 100, nota Outorga uxória
– recebimento da; interrupção da prescrição: CP, art. 117, I
– renúncia do direito de: CP, art. 104

R

REABILITAÇÃO
– competência para conceder a: CP, art. 94, nota Competência
– efeitos da: CP, art. 93
– renovação do pedido de: CP, art. 94, parágrafo único
– requisitos para a: CP, art. 94, caput
– revogação da: CP, art. 95

RECEITA MÉDICA
– medicamento em desacordo com: CP, art. 280

RECÉM-NASCIDO
– exposição ou abandono de: CP, art. 134
– ocultação de: CP, art. 242
– substituição de: CP, art. 242
– supressão ou alteração de direito inerente ao estado civil de: CP, art. 242

RECEPTAÇÃO
– CP, art. 180
– autonomia da: CP, art. 180, § 4º
– culposa: CP, art. 180, § 3º
– culposa; perdão judicial na: CP, arts. 107, IX, e 180, § 5º, primeira parte
– de produto de contrabando ou descaminho: CP, art. 334, § 1º, d
– de animal semovente domesticável: CP, art. 180-A
– dolosa: CP, art. 180, caput
– dolosa; aumento de pena: CP, art. 180, § 6º
– dolosa imprópria: CP, art. 180, caput, segunda parte
– dolosa própria: CP, art. 180, caput, primeira parte
– privilegiada: CP, art. 180, § 5º, última parte

– qualificada: CP, art. 180, §§ 1º e 2º

– qualificada; equiparação à atividade comercial: CP, art. 180, § 2º

RECIBO

– de arrecadação de rendas públicas; falsificação: CP, art. 293, V

RECIPIENTE

– com falsa indicação: CP, arts. 275 e 276

RECLUSÃO

– CP, art. 33

RECOMPENSA

– *vide* PROMESSA OU PAGA DE RECOMPENSA

RECONHECIMENTO DE FIRMA

– ou letra; falso: CP, art. 300

RECURSO

– que dificulte ou torne impossível a defesa; circunstância agravante: CP, art. 61, II, *c*

– que dificulte ou torne impossível a defesa; homicídio qualificado: CP, art. 121, § 2º, IV

REDES SOCIAIS

– crime contra a honra praticado nas redes sociais; aumento do triplo da pena: CP, art. 141, § 2º

REDUÇÃO

– a condição análoga à de escravo: CP, art. 149

REFEIÇÃO

– fraude em: CP, art. 176

REFORMATIO IN PEJUS

– e prescrição penal: CP, art. 109, *nota* Prescrição pela pena da condenação anulada

REGIME DE PRISÃO

– aberto: CP, arts. 33 e 36

– especial para mulheres: CP, art. 37

– fechado: CP, arts. 33 e 34

– inicial; determinação do: CP, arts. 33, § 3º, e 59, III

– progressão: CP, art. 33, § 2º

– regressão: CP, art. 33, § 2º

– semiaberto: CP, arts. 33 e 35

REGISTRO

– civil; falsificação ou alteração de assentamento de; aumento de pena: CP, art. 299, parágrafo único

– de duplicatas; falsificação ou adulteração na escrituração do livro de: CP, art. 172, parágrafo único

– de filho alheio como próprio: CP, art. 242

– de filho alheio como próprio; perdão judicial: CP, arts. 242, parágrafo único, e 107, IX

– de nascimento inexistente: CP, art. 241

REGRAS

– do regime aberto: CP, art. 36

– do regime fechado: CP, art. 34

– do regime semiaberto: CP, art. 35

– gerais do CP; aplicação às leis especiais: CP, art. 12

REGRA TÉCNICA

– de profissão, arte ou ofício; inobservância; homicídio culposo; aumento de pena: CP, art. 121, § 4º

– de profissão, arte ou ofício; inobservância; lesão corporal culposa; aumento de pena: CP, art. 129, § 7º

REGRESSÃO

– *vide* REGIME DE PRISÃO

REINCIDÊNCIA

– CP, arts. 63 e 64

– aumento do prazo de prescrição pela: CP, art. 110, última parte

– e crimes militares próprios: CP, art. 64, II

– e crimes políticos: CP, art. 64, II

– interrupção da prescrição pela: CP, art. 117, VI

– temporariedade da: CP, art. 64, I

REINGRESSO

– de estrangeiro expulso: CP, art. 338

RELAÇÃO(ÕES)

– de causalidade: CP, art. 13

– domésticas; circunstância agravante: CP, art. 61, II, *f*

– domésticas; lesão corporal: CP, art. 129, § 9º

RELEVANTE VALOR SOCIAL OU MORAL

– motivo de; circunstância atenuante: CP, art. 65, III, *a*

– motivo de; homicídio privilegiado: CP, art. 121, § 1º
– motivo de; lesão corporal privilegiada: CP, art. 129, § 4º

RELIGIÃO OU CRENÇA
– escárnio por motivo de: CP, art. 208

REMÉDIO
– vide SUBSTÂNCIA MEDICINAL

REMIÇÃO
– CP, art. 39, nota
– declaração falsa para o fim de; equiparação a falsidade ideológica: CP, art. 299

REMUNERAÇÃO
– crime de curandeirismo: CP, art. 284, parágrafo único
– do trabalho do preso: CP, arts. 39 e 40

RENDAS PÚBLICAS
– emprego irregular de verbas ou: CP, art. 315

RENÚNCIA
– do direito de queixa: CP, art. 104
– do direito de queixa; extinção da punibilidade: CP, art. 107, V
– expressa: CP, art. 104
– tácita: CP, art. 104

REPARAÇÃO DO DANO
– arrependimento posterior: CP, art. 16
– vide DANO

REPOUSO NOTURNO
– furto praticado durante; aumento de pena: CP, art. 155, § 1º

REPRESENTAÇÃO
– CP, art. 102
– decadência do direito de: CP, art. 103
– do ofendido: CP, art. 100, § 1º
– irretratabilidade da: CP, art. 102

REPRESENTANTE DE SOCIEDADE ANÔNIMA
– estrangeira; crimes do: CP, art. 177, § 1º, IX

REPRODUÇÃO
– ou adulteração de selo ou peça filatélica: CP, art. 303

REQUISIÇÃO DO MINISTRO DA JUSTIÇA
– crime contra a honra: CP, art. 145, parágrafo único
– em ação penal pública condicionada: CP, art. 100, § 1º
– em caso de extraterritorialidade: CP, art. 7º, § 3º, b
– em homologação de sentença estrangeira: CP, art. 9º, parágrafo único, b
– retratação de: CP, art. 102, nota Requisição

RESERVA LEGAL
– princípio da: CP, art. 1º

RESISTÊNCIA
– CP, art. 329

RESPEITO AOS MORTOS
– crimes contra o: CP, arts. 209 a 212

RESPONSABILIDADE
– diminuída: CP, art. 26, parágrafo único
– diminuída; redução da pena: CP, art. 26, parágrafo único
– diminuída; substituição da pena por medida de segurança: CP, art. 98
– penal da pessoa jurídica: CP, art. 29, nota

RESSALVA
– da legislação especial no CP: CP, art. 360

RESSARCIMENTO DO DANO
– vide DANO

RESTAURANTE
– refeição fraudulenta: CP, art. 176

RESULTADO
– agravação da pena pelo: CP, art. 19
– diverso do pretendido; aberratio delicti: CP, art. 74

RETORSÃO IMEDIATA
– injúria: CP, art. 140, § 1º, II

RETRATAÇÃO
– do agente; extinção da punibilidade pela: CP, art. 107, VI
– na calúnia e difamação; isenção de pena: CP, art. 143, caput e parágrafo único
– no falso testemunho e falsa perícia; condição resolutiva de punibilidade: CP, art. 342, § 3º

RETROATIVIDADE DA LEI
– CP, arts. 2º e 107, III
– efeitos penais e civis da: CP, art. 2º, *nota*

REVOGAÇÃO
– da reabilitação: CP, art. 95
– do livramento condicional: CP, arts. 86 e 87; LEP, arts. 140 a 143
– do *sursis*: CP, art. 81

RIXA
– CP, art. 137

ROUBO
– CP, art. 157
– impróprio: CP, art. 157, § 1º
– próprio: CP, art. 157, *caput*
– qualificado pelas circunstâncias: CP, art. 157, § 2º
– qualificado pelo resultado lesão corporal grave: CP, art. 157, § 3º, primeira parte
– qualificado pelo resultado morte (ou latrocínio): CP, 157, § 3º, segunda parte
– de substâncias explosivas ou de acessórios: CP, art. 157, § 2º, VI e § 2º-A, II

RUFIANISMO
– CP, art. 230

S

SABOTAGEM
– CP, art. 202, segunda parte

SABOTAGEM CONTRA O ESTADO DEMOCRÁTICO DE DIREITO
– CP, art. 359-R

SALÁRIO MÍNIMO
– CP, art. 49, § 1º

SALVAMENTO
– *vide* MATERIAL DE SALVAMENTO

SAÚDE PÚBLICA
– crimes contra a: CP, arts. 267 a 285

SEGREDO
– crime contra a inviolabilidade do: CP, arts. 153 e 154
– de justiça (Crimes contra a dignidade sexual): CP, art. 234-B

– divulgação de: CP, art. 153

– profissional; violação do: CP, art. 154

– *vide*, também, SIGILO

SEGURO

– fraude para recebimento de indenização ou valor de: CP, art. 171, § 2º, V

SELO

– ou peça filatélica para coleção; reprodução ou adulteração de: CP, art. 303

– ou sinal empregado por determinação legal ou por ordem de funcionário público; inutilização ou violação: CP, art. 336

– ou sinal público; falsificação de: CP, art. 296, *caput*

– ou sinal público falsificado; uso de: CP, art. 296, § 1º, I

– ou sinal público verdadeiro; utilização indevida de: CP, art. 296, § 1º, II

– postal; falsificação: CP, art. 293, I

SEMIRRESPONSÁVEIS

– CP, art. 26, parágrafo único

– redução de pena: CP, art. 26, parágrafo único

– substituição da pena por medida de segurança: CP, art. 98

SENTENÇA ESTRANGEIRA

– homologação de: CP, art. 9º

SENTIMENTO RELIGIOSO

– crime contra o: CP, art. 208

SEPULTURA

– ou urna funerária; violação ou profanação de: CP, art. 210

SEQUESTRO

– e cárcere privado: CP, art. 148

– extorsão mediante sequestro: CP, art. 159

SERVIÇOS

– de utilidade pública; atentado contra a segurança de: CP, art. 265

– públicos; crimes contra a segurança dos meios de comunicação, transporte e outros: CP, arts. 260 a 266

– telegráficos, radiotelegráficos ou telefônicos; interrupção ou **perturbação** de: CP, art. 266

SIGILO

– de advogado: CP, art. 154, jurisprudência

– de médico: CP, art. 154, jurisprudência

– de proposta de concorrência; violação do: CP, art. 326

– funcional; violação de: CP, art. 325

– *vide*, também, SEGREDO

SIMULAÇÃO

– de autoridade para celebração de casamento: CP, art. 238

– de casamento: CP, art. 239

SINAL

– ou edital; inutilização de: CP, art. 336

– ou selo público; falsificação de: CP, art. 296, *caput*

– ou selo público falsificado; uso de: CP, art. 296, § 1º, I

– ou selo público verdadeiro; utilização indevida de: CP, art. 296, § 1º, II

SÍNDICO

– crime de apropriação indébita; aumento de pena: CP, art. 168, § 1º, II

SINISTRO

– em transporte marítimo, fluvial ou aéreo: CP, art. 261, § 1º

SOBRINHO

– crime contra o patrimônio de; representação: CP, art. 182, III

SOCIEDADE

– anônima estrangeira; crimes do representante de: CP, art. 177, § 1º, IX

– falsidade em prejuízo da nacionalização de: CP, art. 310

– por ações; fraudes e abusos na fundação ou administração de: CP, art. 177, *caput*

SOCORRO

– omissão de: CP, art. 135

– omissão em homicídio culposo; aumento de pena: CP, art. 121, § 4º

– omissão em lesão corporal culposa; aumento de pena: CP, art. 129, § 7º

SONEGAÇÃO

– de autos: CP, art. 356

– de contribuição previdenciária: CP, art. 337-A

– de estado de filiação: CP, art. 243

– de incapazes: CP, art. 248

– de livro oficial ou documento: CP, art. 314

– de papel ou objeto de valor probatório: CP, art. 356

– ou destruição de correspondência: CP, art. 151, § 1º, I

SUBORNO
– vide CORRUPÇÃO

SUBSTÂNCIA
– alimentícia; envenenamento de: CP, art. 270
– alimentícia; falsificação, corrupção, adulteração ou alteração de: CP, art. 272
– destinada à falsificação de produtos alimentícios, terapêuticos ou medicinais: CP, art. 277
– medicinal: vide PRODUTO MEDICINAL
– medicinal; envenenamento de: CP, art. 270
– não permitida no fabrico de produto destinado ao consumo; emprego de: CP, art. 274
– nociva à saúde pública; outras: CP, art. 278
– ou produto nas condições dos arts. 274 e 275 do CP: CP, art. 276
– terapêutica: vide PRODUTO TERAPÊUTICO

SUBSTITUIÇÃO DE RECÉM-NASCIDO
– crime: CP, art. 242
– perdão judicial: CP, arts. 242, parágrafo único, e 107, IX

SUBTRAÇÃO
– de cadáver: CP, art. 211
– de incapazes: CP, art. 249
– de incapazes; perdão judicial no crime de: CP, arts. 107, IX, e 249, § 2º
– de material de salvamento: CP, art. 257
– ou inutilização de livro oficial, processo ou documento: CP, art. 337

SUICÍDIO
– coação para impedir; não constitui crime: CP, art. 146, § 3º, II
– induzimento, instigação ou auxílio a: CP, art. 122

SUPERIOR HIERÁRQUICO
– vide OBEDIÊNCIA HIERÁRQUICA

SUPERIORIDADE
– em armas: vide HOMICÍDIO DOLOSO QUALIFICADO

SUPERVENIÊNCIA
– de causa independente: CP, art. 13, § 1º
– de doença mental: CP, arts. 41 e 52

SUPRESSÃO
– de coisa própria em poder de terceiro por determinação judicial ou convenção: CP, art. 346

– de documento: CP, art. 305

– ou alteração de direito inerente ao estado civil de recém-nascido: CP, art. 242

– ou alteração de marca em animais: CP, art. 162

SURPRESA

– *vide* HOMICÍDIO DOLOSO QUALIFICADO

SURSIS

– CP, arts. 77 a 82

– condições judiciais do: CP, arts. 78, *caput* e § 1º, e 79

– e anterior condenação a pena de multa: CP, art. 77, § 1º

– e prescrição: CP, art. 112

– especial: CP, art. 78, § 2º

– etário ou por motivo de saúde: CP, art. 77, § 2º

– prorrogação do: CP, art. 81, §§ 2º e 3º

– revogação do: CP, art. 81, *caput* e § 1º

– término do: CP, art. 82

SUSPENSÃO

– condicional da pena: *vide* SURSIS

– da execução da multa por doença mental do condenado: CP, art. 52

– ou abandono coletivo de trabalho, com violência: CP, art. 200

– ou abandono coletivo de trabalho de interesse coletivo: CP, art. 201, *nota Revogação*

– ou perda de direito; desobediência a decisão judicial sobre: CP, art. 359

T

TALÃO

– de arrecadação de rendas públicas; falsificação: CP, art. 293, V

TAPUME

– deslocamento ou supressão: CP, art. 161

TAXATIVIDADE

– da lei: CP, art. 1º, *nota Efeitos do princípio*

TELEFONE

– violação de comunicação telefônica: CP, art. 151, § 1º, II, *nota*

TEMPO DO CRIME

– determinação do: CP, art. 4º

TEMPORARIEDADE
– da reincidência: CP, art. 64, I

TENTATIVA
– CP, art. 14, II
– desistência voluntária e arrependimento eficaz: CP, art. 15
– imperfeita: CP, art. 14, II, *nota Falta de consumação*
– início da prescrição na: CP, art. 111, II
– pena da: CP, art. 14, parágrafo único
– perfeita: CP, art. 14, II, *nota Falta de consumação*

TERGIVERSAÇÃO
– ou patrocínio simultâneo: CP, art. 355, parágrafo único

TÉRMINO
– do livramento condicional: CP, arts. 89 e 90
– do *sursis*: CP, art. 82

TERRITORIALIDADE
– CP, art. 5º

TESOURO
– *vide* APROPRIAÇÃO DE TESOURO

TESTAMENTEIRO
– apropriação indébita; aumento de pena: CP, art. 168, § 1º, II

TESTEMUNHA
– corrupção ativa de: CP, art. 343
– pretexto de influir em; exploração de prestígio: CP, art. 357

TESTEMUNHO
– falso: *vide* FALSO TESTEMUNHO

TIO
– crime contra a dignidade sexual; aumento de pena: CP, art. 226, II
– crime contra o patrimônio; representação: CP, art. 182, III

TÍTULO
– ao portador, emitido sem permissão legal; recebimento ou utilização de: CP, art. 292, parágrafo único
– ao portador sem permissão legal; emissão de: CP, art. 292, *caput*
– equiparação a documento público: CP, art. 297, § 2º

TORPE

– vide MOTIVO TORPE

TORPEZA BILATERAL

– CP, art. 171, jurisprudência *Fraude bilateral*

TORTURA

– emprego de; circunstância agravante: CP, art. 61, II, *d*
– emprego de; homicídio qualificado: CP, art. 121, § 2º, III

TRABALHO

– atentado contra a liberdade de: CP, art. 197
– atentado contra a liberdade de contrato de: CP, art. 198
– crimes contra a organização do: CP, arts. 197 a 207
– de interesse coletivo; paralisação: CP, art. 201, *nota Revogação*
– frustração de lei sobre a nacionalização do: CP, art. 204
– paralisação de; seguida de violência ou perturbação da ordem: CP, art. 200

TRABALHO DO PRESO

– Previdência Social: CP, art. 39
– remuneração do: CP, art. 39

TRADUTOR

– corrupção ativa: CP, art. 343
– falso testemunho: CP, art. 342
– pretexto de influir em; exploração de prestígio: CP, art. 357

TRÁFICO

– de influência: CP, art. 332
– de pessoas: CP, art. 149-A

TRAIÇÃO

– circunstância agravante: CP, art. 61, II, *c*
– cometido à; homicídio qualificado: CP, art. 121, § 2º, IV

TRANSPORTE

– atentado contra a segurança de outro meio de: CP, art. 262
– crimes contra a segurança dos meios de: CP, arts. 260 a 264
– de explosivos ou gás tóxico, ou asfixiante: CP, art. 253
– fraude em: CP, art. 176
– marítimo, fluvial ou aéreo; atentado contra a segurança de: CP, art. 261, *caput*
– marítimo, fluvial ou aéreo; sinistro em: CP, art. 261, § 1º

TRATAMENTO AMBULATORIAL
– espécie de medida de segurança: CP, art. 96, II
– necessidade de internação do preso em: CP, art. 97, § 4º

TUTELA
– crimes contra a: CP, arts. 248 e 249
– incapacidade para o exercício: CP, art. 92, II

TUTOR
– abandono de incapazes; aumento de pena: CP, art. 133, § 3º, II
– apropriação indébita; aumento de pena: CP, art. 168, § 1º, II
– crime contra a dignidade sexual; aumento de pena: CP, art. 226, II
– crimes de mediação para servir à lascívia de outrem, favorecimento à prostituição, rufianismo, tráfico internacional de pessoas, lenocínio, tráfico interno e internacional de pessoas; figuras qualificadas: CP, arts. 227, § 1º, 228, § 1º, 230, § 1º, 231, § 2º, III e 231-A, §2º, III

U

ULTRAJE
– a culto religioso e impedimento ou perturbação de ato a ele relativo: CP, art. 208
– público ao pudor: CP, arts. 233 e 234

ULTRATIVIDADE
– CP, art. 2º, *nota Noção*

UNIÃO
– crimes contra o patrimônio ou a fé pública da; extraterritorialidade: CP, art. 7º, I, *b*
– dano contra o patrimônio da; figura qualificada: CP, art. 163, parágrafo único, III
– receptação de bens e instalações do patrimônio da; aumento de pena: CP, art. 180, § 6º

URNA FUNERÁRIA
– ou sepultura; violação ou profanação de: CP, art. 210

USO
– de documento de identidade alheia: CP, art. 308
– de documento falso: CP, art. 304
– de gás tóxico ou asfixiante: CP, art. 252
– de papéis públicos falsificados: CP, art. 293, § 1º
– de selo ou sinal público falsificado: CP, art. 296, § 1º, I
– indevido de bens ou haveres de sociedade por ações: CP, art. 177, § 1º, III
– indevido de verbas e rendas públicas: CP, art. 315

USURPAÇÃO
– de águas: CP, art. 161, § 1º, I
– de função pública: CP, art. 328
– de nome ou pseudônimo alheio: CP, art. 185

UTILIZAÇÃO
– indevida de sinal ou selo público verdadeiro: CP, art. 296, § 1º, II

V

VACÂNCIA DA LEI
– noção: CP, art. 2º, *nota*

VALE POSTAL
– falsificação de: CP, art. 293, III

VALOR MORAL OU SOCIAL
– *vide* RELEVANTE VALOR SOCIAL OU MORAL

VANTAGEM DE OUTRO CRIME
– circunstância agravante: CP, art. 61, II, *b*
– homicídio qualificado: CP, art. 121, § 2º, V

VEÍCULO AUTOMOTOR
– furto de; figura qualificada: CP, art. 155, § 5º

VENDA
– de substância alimentícia ou medicinal; crime contra a saúde pública: CP, arts. 272, § 1º, 273, § 1º, 276 e 277
– de substância nociva à saúde: CP, art. 278
– fraudulenta de coisa própria: CP, art. 171, § 2º, II

VENENO
– emprego de; circunstância agravante: CP, art. 61, II, *d*
– emprego de; homicídio qualificado: CP, art. 121, § 2º, III

VERBAS
– ou rendas públicas; emprego irregular de: CP, art. 315

VIDA
– crimes contra a: CP, arts. 121 a 128
– ou saúde de outrem; exposição a perigo: CP, art. 132

VIDEOFONOGRAMA

– destruição da produção ou reprodução criminosa: CP, art. 184, § 3º
– violação de direito autoral: CP, art. 184, §§ 1º e 2º

VILIPÊNDIO

– a cadáver ou suas cinzas: CP, art. 212
– público a ato ou objeto de culto religioso: CP, art. 208

VIOLAÇÃO

– de comunicação telegráfica, radioelétrica ou telefônica: CP, art. 151, § 1º, II, *nota*
– de conversação telefônica: CP, art. 151, § 1º, II, *nota*
– de correspondência: CP, art. 151, *caput*, *nota Revogação*
– de dever inerente a cargo, ofício, ministério ou profissão; circunstância agravante: CP, art. 61, II, *g*
– de direito autoral: CP, art. 184, *caput* e §§ 1º e 2º
– de direito autoral; destruição da produção ou reprodução criminosa: CP, art. 184, § 3º
– de domicílio: CP, art. 150
– de domicílio; exclusão da antijuridicidade: CP, art. 150, § 3º
– de segredo profissional: CP, art. 154
– de sepultura ou urna funerária: CP, art. 210
– do sigilo de propostas de concorrência: CP, art. 326
– de sigilo funcional: CP, art. 325

VIOLAÇÃO SEXUAL

– mediante fraude: CP, art. 215

VIOLÊNCIA

– arbitrária: CP, art. 322, *nota Vigência*
– doméstica: CP, art. 129, §§ 9º a 11
– ou fraude em arrematação judicial: CP, art. 358
– psicológica contra a mulher: CP, art. 147-B

VIOLÊNCIA POLÍTICA

– CP, art. 359-P

VIOLENTA EMOÇÃO

– circunstância atenuante: CP, art. 65, III, *c*
– homicídio privilegiado: CP, art. 121, § 1º
– lesão corporal privilegiada: CP, art. 129, § 4º

VÍTIMA

– comportamento da; circunstância judicial: CP, art. 59

VULNERÁVEL
- estupro de pessoa vulnerável: CP, art. 217-A
- favorecimento à prostituição ou outra forma de exploração sexual de vulnerável: CP, art. 218-B
- indução de menor de 14 anos para servir à lascívia de outrem: CP, art. 218
- satisfação da lascívia mediante a presença de criança ou adolescente: CP, art. 218-A
- tráfico internacional de pessoa para exploração sexual; figura qualificada: CP, art. 149-A, V e § 1º, IV
- tráfico nacional de pessoa para exploração sexual; figura qualificada: CP, art. 149-A, V

W

WARRANT
- ou conhecimento de depósito; emissão irregular de: CP, art. 178

ANEXO

ARTIGOS VETADOS DA LEI N. 14.197/2021 CUJOS VETOS AINDA PODERÃO SER DERRUBADOS

■ **Artigos com vetos em análise pelo Congresso Nacional:** Como a presente 10ª edição de nosso Código Penal Comentado está finalizada em dezembro de 2021, existe a possibilidade de o Congresso Nacional derrubar os vetos do Presidente da República aos artigos abaixo comentados. Diante dessa possibilidade, os autores optaram por, desde logo, comentar os artigos vetados, *em anexo* à presente obra.

COMUNICAÇÃO ENGANOSA EM MASSA

Art. 359-O. Promover ou financiar, pessoalmente ou por interposta pessoa, mediante uso de expediente não fornecido diretamente pelo provedor de aplicação de mensagem privado, campanha ou iniciativa para disseminar fatos que sabe inverídicos, e que sejam capazes de comprometer a higidez do processo eleitoral:

Pena – reclusão de 1 (um) a 5 (cinco) anos e multa.

■ **Artigo com veto em análise pelo Congresso Nacional:** Esse dispositivo poderá ser incorporado à Lei n. 14.197, de 1.9.2021, caso ocorra a derrubada do veto.

■ **Acordo de não persecução penal:** Diante da pena mínima inferior a quatro anos, é possível, desde que preenchidos os demais requisitos do art. 28-A do CPP.

■ **Suspensão condicional do processo:** Cabe em face da pena mínima de um ano, uma vez satisfeitas as demais condições do art. 86 da Lei n. 9.099/95.

■ **Objeto jurídico:** A proteção do processo eleitoral.

■ **Sujeito ativo:** Qualquer pessoa.

■ **Sujeito passivo:** O Estado e a coletividade. Subsidiariamente, o candidato atingido pela veiculação em massa de fatos inverídicos.

■ **Tipo objetivo:** Duas são as condutas punidas: I. *promover* (dar impulso, trabalhar a favor, fomentar) e II. *financiar* (prover as despesas, custear), mediante *o uso de expediente não fornecido diretamente pelo provedor de mensagem privado* (elemento normativo do tipo), *campanha* (conjunto de ações, de esforços objetivando um fim) ou *iniciativa* (ação daquele que é o primeiro a propor uma coisa) para *disseminar* (difundir, propagar, espalhar para um *grande número de pessoas*) *fatos* (situações vivenciadas no mundo real, que não se confundem com manifestações de humor, bem como com críticas, ainda que veementes, ou até mesmo injúrias assacadas contra determinada pessoa), que *sabe* (tem ciência) *inverídicos* (mentirosos), *capazes* (com real capacidade) de *comprometer* (prejudicar) a higidez (com sentido de integridade, de respeito às normas) do processo eleitoral. Note-se que, além *nomen juris* ser "comunicação enganosa em massa", o tipo penal refere-se a *campanha* e *disseminação*, que pressupõem que a promoção ou o financiamento de comunicação de *fatos mentirosos* seja *maciça*, direcionada a indeterminado número de pessoas, sendo, assim, *grave o suficiente* para comprometer o processo eleitoral. Além de maciçamente divulgada, a notícia falsa há que ser, portanto, verossímil e grave, com *capacidade* para afetar as intenções de voto de grande número de pessoas, de forma desleal. Quanto ao elemento normativo *uso de expediente não fornecido diretamente pelo provedor de mensagem privado*, isso significa dizer com o emprego de *robôs*, de impulsionamento eletrônico da divulgação das mensagens mediante programas criados especificamente para isso, não configurando o crime a divulgação de *fake news* de forma manual e espontânea, com emprego dos próprios meios de divulgação disponibilizados normalmente pelos aplicativos como o *Whatsapp, Instagram, Telegram* e *Twiter*. O objetivo do tipo penal é realmente proibir campanhas com fatos sabidamente mentirosos realizadas em massa, mediante *robôs*.

- **Tipo subjetivo**: O tipo penal exige que o sujeito ativo efetivamente tenha consciência de que os fatos divulgados maciçamente sejam falsos, agindo com o dolo específico de divulgá-los ou financiar essa divulgação. Não há punição a título de culpa.
- **Consumação**: Com efetiva promoção ou financiamento.
- **Tentativa**: Não nos parece possível por serem as duas condutas unissubsistentes.
- **Coautoria e participação**: Pode haver.
- **Desclassificação**: Se não houver a utilização de "robôs" para a divulgação em massa, e a pessoa tiver ciência de que se trata de fato falso, o caso poderá configurar crime contra a honra (CP, arts. 138, 139 e 140).
- **Competência**: Por se tratar de processo eleitoral, a competência, a nosso ver, será da Justiça Eleitoral.
- **Ação penal**: Pública incondicionada.
- **Pena**: Reclusão, de 1 (um) a 5 (cinco) anos.

AÇÃO PENAL PRIVADA SUBSIDIÁRIA

Art. 359-Q. Para os crimes previstos neste Capítulo, admite-se ação privada subsidiária, de partido político com representação no Congresso Nacional, se o Ministério Público não atuar no prazo estabelecido em lei, oferecendo denúncia ou ordenando o arquivamento do inquérito.

- **Artigo com veto em análise pelo Congresso Nacional**: Esse dispositivo poderá ser incorporado à Lei n. 14.197, de 1.9.2021, caso ocorra a derrubada do veto.
- **Titularidade da ação penal na CR/88**: O art. 129 da Carta Magna estabelece que, entre as "funções institucionais do Ministério Público", está a de (inc. I) "promover, privativamente, a ação penal pública, na forma da lei".
- **CPP**: O art. 29 da lei adjetiva penal admite a ação privada subsidiária da pública, se esta não for intentada no prazo legal, por parte da vítima ou de seus parentes.
- **Noção**: Além das hipóteses previstas no CPP de ação penal privada subsidiária, possibilitando que o ofendido ou seus parentes (quando ele tiver falecido ou for menor) ofereçam queixa-crime subsidiária diante da inércia do Ministério Público, o presente artigo outorgou a legitimidade para a propositura da ação penal privada *aos partidos políticos* que possuam algum Deputado ou Senador empossado. Embora o dispositivo seja taxativo, admitindo-a "se o Ministério Público não atuar no prazo estabelecido em lei", entendemos que o excesso de prazo deverá ter relevância jurídica (não o caracterizando, por exemplo, poucos dias de atraso), bem como ser injustificado (não o sendo por motivo de força maior comprovado). O que deve haver é uma inércia do Ministério Público, que não se confunde com o pedido de retorno do inquérito à polícia para a realização de diligências, ou a promoção de arquivamento. Registre-se que o texto deste artigo parece atender o pleito do Ministério Público no sentido de que, como titular da ação penal, o *Parquet* não "requer" ao juiz o arquivamento do inquérito policial, mas sim "promove o seu arquivamento". Já no CPP, a sistemática continua sendo a do Ministério Público requerer o arquivamento, cabendo ao juízo do feito deferi-lo ou, se considerar improcedentes as razões invocadas, fazer a remessa dos autos ao chefe do Ministério

Público para que confirme a promoção de arquivamento, ou ofereça denúncia (art. 28 do CPP).

Capítulo V
DOS CRIMES CONTRA A CIDADANIA

ATENTADO AO DIREITO DE MANIFESTAÇÃO

Art. 359-S. Impedir, mediante violência ou grave ameaça, o livre e pacífico exercício de manifestação de partidos políticos, de movimentos sociais, de sindicatos, de órgãos de classe ou demais grupos políticos, associativos, étnicos, raciais, culturais e religiosos:

Pena – reclusão, de 1 (um) a 4 (quatro) anos.

§ 1º Se resulta lesão corporal grave:

Pena – reclusão, de 2 (dois) a 8 (oito) anos.

§ 2º Se resulta morte:

Pena – reclusão, de 4 (quatro) a 12 (doze) anos.

- **Artigo com veto em análise pelo Congresso Nacional**: Este dispositivo poderá ser incorporado à Lei n. 14.197, de 1.9.2021, caso ocorra a derrubada do veto.

- **Suspensão condicional do processo**: Em razão da pena mínima, em tese cabe no *caput*, desde que presentes os demais requisitos do art. 89 da Lei n. 9.099/95.

Caput

- **Objeto jurídico**: A proteção das garantias constitucionais da livre manifestação do pensamento e de comunicação, bem como da liberdade de reunião e associação (CF, art. 5º, incisos IV, IX, XVI e XVII).

- **Sujeito ativo**: Qualquer pessoa.

- **Sujeito passivo**: Em primeiro lugar, as pessoas físicas e as entidades (sindicatos, partidos políticos etc.) diretamente afetadas pela violência ou grave ameaça. Secundariamente, o próprio Estado, na medida em que, na Democracia, é fundamental garantir a liberdade de manifestação.

- **Tipo objetivo**: Como diz o *nomen juris* deste artigo, ele é o *atentado* (execução de um crime), através da ação de *impedir* (impossibilitar), mediante *violência* (física contra pessoa, *vis absoluta*) ou *grave ameaça* (séria, real e verossímil, *vis compulsiva*) o livre e pacífico exercício de manifestação de: (a) *partidos políticos* (assim registrados na Justiça Eleitoral); (b) *movimentos sociais*; (c) sindicatos; (d) *órgãos de classe* (como a OAB); (e) ou *demais grupos* (pequenas associações ou reuniões de pessoas para um fim comum) políticos, étnicos, raciais, culturais ou religiosos.

- **Tipo subjetivo**: É o dolo, a vontade livre e consciente de praticar a conduta incriminada, acrescida do especial fim de agir: para impedir o livre e pacífico exercício de manifestação. Trata-se do dolo específico. Não há modalidade culposa.

- **Consumação**: Com o efetivo impedimento.

- **Tentativa**: É possível.

- **Coautoria e participação**: Pode haver.

- **Competência**: A competência será da Justiça Federal, não se descartando, a depender do caso, a da Justiça Eleitoral.

- **Ação penal**: Pública incondicionada.

- **Pena**: Reclusão, de 1 (um) a 4 (quatro) anos.

Formas qualificadas
(§§1º e 2º)

- **Lesão corporal grave (§ 1º):** Se da violência resulta lesão grave (cf. o conceito no art. 129, §§ 1º e 2º), a pena será de (2) dois a (8) oito anos. Cuida-se de *preterdolo*; isto é, caso em que a vontade do autor era a de obstar o livre direito de manifestação, havendo o resultado lesão grave.

- **Morte (§ 2º):** Se, com a violência, há o resultado morte, a pena é de 4 (quatro) a 12 (doze) anos. Igualmente, trata-se de *preterdolo*; ou seja, hipótese em que a intenção do agente era a de atentar contra o direito de manifestação, ocorrendo o resultado morte não desejado.

- **Concurso de crimes:** Diante da proibição de dupla punição (*ne bis in idem*), nessas hipóteses não haverá concurso com o crime de lesão corporal grave e tampouco com o crime de homicídio. Se a intenção do agente for a de matar ou de causar lesão grave, o crime será mais grave, ou seja, o do art. 121 ou do art. 129 do CP.

AUMENTO DE PENA

Art. 359-U. Nos crimes definidos neste Título, a pena é aumentada:

I – de 1/3 (um terço), se o crime é cometido com violência ou grave ameaça exercidas com emprego de arma de fogo;

II – de 1/3 (um terço), cumulada com a perda do cargo ou da função pública, se o crime é cometido por funcionário público;

III – de metade, cumulada com a perda do posto ou patente ou da graduação, se o crime é cometido por militar.

Causas de aumento de pena

- **Artigo com veto em análise pelo Congresso Nacional:** Esse dispositivo poderá ser incorporado à Lei n. 14.197, de 1.9.2021, caso ocorra a derrubada do veto.

- **Violência ou grave ameaça com emprego de arma de fogo (inciso I):** A pena será aumentada em 1/3 (um terço), se a violência (física contra pessoa – *vis absoluta*) ou a grave ameaça (intimidação, promessa de malefício, que deve ser real, séria e verossímil – *vis compulsiva*) for realizada mediante arma de fogo.

- **Arma de fogo:** A Lei n. 10.086/2003 cuida do registro, cadastro e aquisição de armas de fogo, sendo regulamentada pelo Decreto n. 9.846/2019, conjuntamente com os Decretos n. 10.030/2019 e n. 10.629/2021. Ensina o renomado perito DOMINGOS TOCHETTO: "*Quando existir somente a arma, sem a carga de projeção e o projetil, estaremos diante de um engenho mecânico, de um objeto, talvez contundente, mas não de uma arma de fogo*". Explica: "armas de fogo são exclusivamente aquelas armas de arremesso complexas que utilizam, para expelir seus projetis, a força expansiva dos gases resultantes da combustão da pólvora (...) São considerados elementos essenciais de uma arma de fogo, o aparelho arremessador, ou arma propriamente dita, a carga de projeção (pólvora) e o projetil, sendo que estes dois últimos integram, na maioria dos casos, o cartucho. A inflamação da carga de projeção dará origem aos gases que, expandindo-se, produzirão pressão contra a base do projetil, expelindo-o através do cano e projetando-se no espaço, indo produzir seus efeitos à distância. Para que uma arma de fogo possa ser considerada como tal, deve conter estes três elementos" (*Balística Forense*, Editora Sagra Luzzatto, 1999, p. 12).

- **Funcionário público (inciso II):** Se o crime for cometido por funcionário público, a pena também será aumentada de 1/3 (um terço), sendo efeito da condenação a perda do cargo ou função. Quanto ao seu conceito amplo para fins penais, cf. art. 327.

- **Militar (inciso III):** Caso o autor seja militar, a pena será aumentada de 1/2 (metade), sendo que, em caso de condenação, dela será efeito a perda do posto, da patente ou da graduação. São os membros das Forças Armadas (Exército, Marinha e Aeronáutica) e os Policiais Militares, incluindo-se membros dos Corpos de Bombeiros.